◇2014年湖北省学术著作出版专项资金资助项目
◇2013年华中师范大学出版基金资助项目

杨东莼文集

专著卷（下）

○○ 杨东莼 著
○○ 周洪宇 主编

华中师范大学出版社

新出图证(鄂)字 10 号

图书在版编目(CIP)数据

杨东莼文集·专著卷(上中下)/杨东莼著;周洪宇主编.—武汉:华中师范大学出版社,2014.5

(杨东莼文集)

ISBN 978-7-5622-6393-7

Ⅰ.①杨… Ⅱ.①杨… ②周… Ⅲ.①社会科学—文集 Ⅳ.①C53

中国版本图书馆 CIP 数据核字(2013)第 279611 号

杨东莼文集·专著卷(上中下)
Ⓒ 杨东莼著　周洪宇主编

责任编辑:向　力　郭志刚　张建英	
责任校对:易　雯　王　炜	封面设计:罗明波
出版发行:华中师范大学出版社	
社址:湖北省武汉市珞喻路 152 号	邮编:430079
电话:027－67863426(发行部)	027－67861321(邮购)
传真:027－67863291	
网址:http://www.ccnupress.com	电子信箱:hscbs@public.wh.hb.cn
印刷:湖北恒泰印务有限公司	督印:章光琼
总字数:1640 千字	总印张:104.25
开本:787mm×1092mm　1/16	
版次:2014 年 5 月第 1 版	印次:2014 年 5 月第 1 次印刷
总定价:248.00 元	

欢迎上网查询、购书

敬告读者:欢迎举报盗版,请打举报电话 027－67861321

世界之现状

杨东莼 编

例　言

一、这本小册子，原名《一九二八年国际现势》，是在去年末写成的，现在把书中的内容略加修正，改名《世界之现状》，交由昆仑书店出版。书中内容对于一九二八年的国际事实说得较为详细，于《世界之现状》的名称，是很相适合的。

二、这本小册子，既名为《世界之现状》，当然要把中国的现状说明一番才好，但因为要另编《中国之现状》一书的原故，所以本书中就没有说到中国，这是要向读者声明的。

一、一般的经济情况

要了解世界的现状,必先了解最近的一般的经济情况,因为前者的情况,几乎都是经济情况的反映。

大战后的世界资本主义的趋势,可以分作三个时期:

第一期是世界(特别是欧洲)的革命的危机的时期。这个时期的极点,即1920年至1921年。俄国1917年二月及十月革命,1918年3月的芬兰劳动者革命,同年8月的日本的米骚动,同年11月德国及奥国的革命,1919年3月的匈牙利革命及朝鲜骚动,同年4月的巴维利亚的苏维埃政府的树立,1920年的土耳其民族革命,同年9月的意大利工厂占领,以及1921年德国的3月事件,都是这个时期的主要事实。1923年9月布尔加里亚及同年秋季德国的无产阶级的败北,便终结了这个时期。

第二期是资本主义的部分的安定时期,在这一时期,无产阶级的行动,已由攻击战而退到防御战。英国的总罢工及炭坑罢工,便是明显的例证。我们可以说,这个时期是资本主义生产力回复的时期。

第三期是资本主义再建的时期,即现在这一时期。资本主义因技术的改良与经济组织的改革等,增大了它的生产力,同时资本主义的内在的矛盾也随之增大。

现在就第三期来解剖资本主义的一般的经济状况。

1. 金本位的回复与货币的安定

战后资本主义混乱的中心地点是欧洲,欧洲资本主义的混乱,为世界资本主义混乱的根本原因。金本位的破坏与货币的混乱,便是资本主义混乱的最明显的事实,近来资本主义的安定,便首先表现于金本位的回复与货币的安定上面。物价、生产、贸易的安定,质言之即资本主义自身的安定，都是以金本位的回复与货币的安定为其先决条件。因此欧洲各国均竭全力以谋金本位的回复与货币的安定，这一步完成了，相应而生的，即资本主义的安定的完成。

由这一点观察，便是欧洲资本主义业已完全入于安定期，同时即是世界资本主义已完全入于安定期。去年 6 月法国的法郎的平价减落，随法律的规定而安定，这一事实，便是说欧洲货币的混乱从此告终了。至于美国则因货币的膨胀，久已握了全世界的金融权（另见），自不消说，就是东方的日本，金解禁的空气，最近也就弥漫于全国了①。

2. 产业合理化的成功

产业合理化的目的：（一）在求经济性的向上，（二）在求货物生产的增加，（三）在求货物价格的低减，（四）在求生产费用的减少。要完成这些目的，第一便在技术的改革，因为技术改革的结果，便可以使劳动力增大，同时可使生产增加。第二便在企业组织的改善，因为企业组织改善的结果，便可以使经济性向上，同时可以节约许多不需要的生产费用。

有此改革与改善，从而资本主义的集中形态，便由水平的集中的加特尔，而进到垂直的集中的康策伦（Konzern）②。前者不过是一企业包括许多产业部门，而后者则从原料以至商品的诸过程的诸产业都集中在一企业之下。如德国的 Der Stines-Konzern 便是后者的集中形态的顶好的模范。

果然，产业合理化到今日已经成功了。这种情形，在美国最表现得明显。Karl Koettgen 博士，在其所著的《经济的亚美利加》（Das Wirtschaftliche Amerika）中说道："脚踏车的样式，减少到不出三种以外（编者云：因为样式减少，便是样式的标准化，从而可以减省许多生产费用），其结果节约了 13 000 吨的钢铁。并且燃料、劳银与输送，较之以前，节约了 10％，货物停放的场所，较前则有 25％的过剩。又寝床及寝具的标准化，排除了其他的样式，因构造的简单化与薄铁管的使用，一套寝床与寝具较之以前要节约 33.33％的材料。"这虽不过一二例证，然而由此亦可概见其余了。

---

① 欧洲货币安定情况，此处限于篇幅，不能详述，《英国经济》杂志本年 7 月 14 日号《安定的进展》（Progress of Stabilization）一文，可供参考。

② "加特尔"，现一般译为"卡特尔"，后文中有的地方作者又将其译作"卡台尔"、"加迭尔"等；"康策伦"，现一般译作"康采恩"，后文中有的地方作者又将其译成"康策伍"等。后文不再一一注明（整理者注）。

此外产业合理化的成功，更促进了企业界国际的集中，就是国际的托拉斯化。但是，在另一方面，又形成生产过剩与市场的再分割的危险，以及恒久的失业状态的危险，这就证明在资本主义的再建时期中，已表现了不稳的现象（另见）①。

3. 世界贸易的近况

世界的贸易状况，因金本位的回复货币的安定以及美国金融的流出，而进于良好的地位。在1925年的世界主要国贸易中，即已表现良好的倾向，但在1926年又呈现不振的状态，到1927年又渐次恢复了。可是根据什么原因，而呈现这种起伏的状态呢？关于这点，自然还有其他许多原因，而最基本的原因，便在欧洲的货币关系。属于欧洲货币暴落国的最后几个国家，便是法、比、意及波兰，在1926年的前半，这几个国家都达到货币暴落的顶点，同年夏季以后才渐归于安定。所以1926年，是欧洲货币混乱的最后的时期，惟其如此，便呈现了这3年间的世界贸易的起伏的状态。

国际贸易的趋势，在过去3年间，既如上所述，但在去年，又是怎样呢？兹根据国际联盟统计月报所发表的去年上期前5个月的美国、英本国、德国、法国、日本、意国等六大资本主义国及英领印度与澳洲二大殖民地的贸易状况照录如下，然后加以说明。

去年上期主要贸易国五个月贸易表（单位：千）

国别	单位	输出		输入	
		1928年	1927年	1928年	1927年
美国	美元	1 962 485	1 961 616	1 755 009	1 737 892
英本国	镑	295 759	66 359	449 940	462 518
德国	马克	4 644 113	4 026 168	6 094 160	5 540 056
法国	法郎	21 035 339	22 535 068	21 626 023	22 560 397
日本	日元	772 818	735 803	970 235	1 023 889
意大利	里拉	5 573 285	6 551 445	8 980 322	9 919 913
英领印度	卢比	1 434 596	1 364 026	1 064 217	1 029 037
澳洲	镑	59 168	62 651	54 974	66 682

---

① 关于本节，可参看 Buno Rauecker 博士所著的《产业合理化与社会政策》（Rationalisierung und Sozialpolitik）。

由上表看来，除法国、意大利及澳洲不计外，其他各国的输出入贸易（尤其是输出），均较 1927 年增加。就中最可注目的，便是德国的激增。反之，意大利与法国，却较之 1927 年要减少些；这一事实，尤其证明金本位回复之影响于贸易（按意大利于 1927 年 12 月回复金本位，法国于去年 6 月回复金本位）。

最近贸易状况，既如上所述，兹更进而对于石炭、钢铁、纺织三种重要产业作一明确的鸟瞰。

4. 石炭产业

石炭产业近来依然恶化。这种恶化的原因：（一）因集中注意于燃料处理方法的改善，而石炭消费随之节约；（二）以石油与水力电气代替石炭的使用日益增加，但是石炭产业从去年至本年的恶化的最基本原因，却是生产过剩。从而各国关税的壁障呈现最森严的状态，因禁止输入以振兴国产的办法，在石炭产业方面表现得特别的明显。这不用说，直接间接都是因 1926 年 3 月末至 12 月的英国炭坑大罢工所激成。法国在去年 6 月即公布外国炭输入禁止令，同年 9 月西班牙实行全国石炭的国营化。其他如法国、奥国、匈牙利、荷兰等，虽没有达到西班牙国营化的程度，却都是朝着这方向进行。因此，石炭生产随增。试看下表所列，1927 年，除美国因炭坑罢工延亘数月之久受有相当打击不计外，以世界全体言，都较 1926 年为增加。从国别上去看，这种增加的大部分，却不在美英等主要国，而在比较不重的国家。因此石炭最大的输出国英国与德国，便受了最大的打击。就中英国所受的打击尤为重大。因德国实行道威斯计划，德国素来对于意大利的石炭输出不复可能，于是德对英之石炭市场争夺战争更加激化，而石炭价格也就随之低下。前年因美国的石坑大罢工，两国（尤其是英）乘此机会虽略获得一些利益，但不久又回复以前的状态，生产依旧增加，世界石炭业的危机更加紧逼。到本年以来，石炭生产之减少，即证明这种危机的程度。下表所示，系根据国际联盟的统计月报。

各年月平均	美国	英国	德国	法国	日本	与其他各国合计
1913	43 088	24 337	15 842	3 338	1 311	99 036
1918	51 272	19 284	13 188	2 078	2 336	95 536
1921	38 283	13 823	11 354	2 351	2 185	76 601
1925	43 988	20 590	11 052	3 921	2 622	94 108
1926	50 144	10 692	12 114	4 285	2 433	93 748
1927	45 398	21 355	12 800	4 315	2 597	101 556
1928年1月	45 266	21 889	13 421	4 350	2 560	103 706
1928年2月	42 486	20 982	12 926	4 254	2 723	99 390
1928年3月	44 862	22 438	14 118	4 566	2 959	86 559
1928年4月	35 468	18 500	11 715	4 058	2 566	——
1928年5月	40 581	19 994	11 938	4 248	——	——
上五个月平均	41 733	20 761	12 824	4 295	2 702	96 552

5. 钢铁产业

此期间钢铁产业的特征，便是全体的生产与贸易额的增加，在各国间的增减，表示一相差很大的现象。先就生产上看，如下表所示，1927年比之1926年，铁增加9％，钢增加12％，若比之1925年，则两者均增加12％。去年的增加，则异常和缓，以前5个月论，铁生产比之1927年前5个月却减少0.8％，钢则依然增加4％。进而就五大钢铁产业国言，则英德激增，美法减少。由这一事实，从而引起世界市场的钢铁过剩的危机，而价格从前年年初至年末都在相续的落下。

但是，到了去年，价格又渐次腾上，最近已达到前年年初的高价。这便是前年秋季以来，美国资金吸收（另见），所给予欧洲经济界的结果。盖钢铁产业，为各种产业的基础产业，其市场情况，反映于经济界的变动最强。此外，1926年10月成立的德、法、比、卢森堡、萨尔诸国的钢铁资本家同盟，其在西欧，此种钢铁加特尔的活动，亦未可忽视。

世界钢铁生产量表（单位：千法国吨）

甲、铁

各年月平均	美国	德国	英国	法国	比利时卢森堡	与其他各国合计
1921	1 401	655	222	287	77	2 907
1925	3 082	848	530	708	210	5 936
1926	3 308	804	208	783	246	6 065
1927	3 068	1 092	618	775	270	6 639
1928年上五个月	3 136	1 112	581	831	——	6 814

乙、钢

各年月平均	美国	德国	英国	法国	比利时卢森堡	与其他各国合计
1921	1 628	772	314	258	64	3 337
1925	3 737	1 016	625	621	193	7 014
1926	3 794	1 026	304	703	234	7 025
1927	3 675	1 359	770	690	258	7 834
1928年上五个月	4 278	1 325	728	765	——	8 544

注：上二表根据国际联盟统计月报。

6. 纺织产业

纺织产业于1924年至1925年呈现急激的发展状态，以后其发展便极其迟缓。从世界棉花消费量言，依国际棉花联合会调查，在1924年度（至同年7月末之一年）为2 001.43万包，1925年度即跃为2 316.8万包，1926年度则为2 457.9万包，1927年则为2 588.2万包。然到去年1月末的这半年，较之前半年，却转而减少。如下表所示，前期为1 341.2万包，这期仅为1 298.7万包，实减少42.5万包，即减少3.2％。棉花消费量，影响于纺织产业的消长最巨，由此观之，最近纺织业实呈现一蹶不振的状态。

再从国别言，棉花消费量的增加，仅为欧洲独有的现象，若亚洲与美洲，则均表示减少的情况（而欧洲棉花消费量减少的国家，尚有英国与俄国）。总之，占世界棉花消费量的60％（其至65％）的世界四大纺织国（美、英、日、印度），近来都表示减少的情况，这就是证明纺织业的不振。

世界棉花消费量表①（单位：千包）

（甲）欧洲	英国	德国	法国	俄国	意大利	捷克	比利时	西班牙	荷兰	与其他各国共计
到1927年7月末的半年	1 594	776	557	916	448	286	184	200	145	5 437（A）
到1928年1月末的半年	1 521	824	575	879	455	294	200	2 005	195	5 525（B）

（乙）亚洲	印度	日本	中国	共计
到1927年7月末的半年	1 339	1 408	920	3 667（C）
到1928年1月末的半年	1 148	1 322	769	3 239（D）

（丙）美洲	美国	与其他各国合计
到1927年7月末的半年	4 082	4 178（E）
到1928年1月末的半年	3 590	3 732（F）

注：A、C、E三项总计为1 341.2万包，B、D、F三项总计为1 298.7万包②。

由上三表所得的结论，是棉花消费量由1927年8月至去年1月呈现一激减的趋势，但至去年7月，其情况又加恶化，据下表所示，自明。（下表所示，仅美棉一部分，然美棉既占全棉花消费量之过半数，仅以美棉证之，亦足以明白去年度纺织业恶化的趋势。）

美棉国别消费量（单位：包）

国别	1927年8月至1928年7月	1926年8月至1927年7月
英	1 430 744	2 573 105
法	898 618	1 016 671
德	2 159 917	2 939 979

---

① 表中数据有误，但系原文如此（整理者注）。
② 此处统计数据有误，但系原文如此（整理者注）。

续表

国别	1927年8月至1928年7月	1926年8月至1927年7月
意	694 103	785 871
日本及中国	1 058 774	1 830 896
俄	399 664	491 392
其他	880 304	1 261 580
合计	7 522 124	10 899 494

注：前三表由 International Cotton Federation 所发表的统计摘来。

注：后一表由 The Commercial & Financial Chronicle 杂志摘来。

7. 恒久的失业状态

失业问题，是资本主义国家最难解决的问题。然因产业合理化节约劳动力的结果，使资本主义的内在矛盾的恒久的失业问题，始终得不到一个良好的解决方案。在丹麦、荷兰、法兰西的失业状态，虽然呈现渐减的趋势，而英国的失业状态，却依然没有变动。

英国失业者数的内容，根据该国商务部月报所发表者，其失业率如次：(一) 运河、河川、港湾劳务居 31.8%，(二) 造船及船舶修缮业居 26.5%，(三) 制麻业居 26.2%，(四) 炭坑业居 25.7%，(五) 钢铁居 20.5%，统计言之，英国失业者数，实居全劳动者 1/3 乃至 1/4。

美国虽无全般的失业统计，然依据联邦准备局所发表的工厂就业指数 (Factoryem Plozment Index) (以 1919 年之月平均为 100) 而论，则 1926 年之全年就业指数平均为 96，1927 年却降为 92，去年 5 月则降为 89，即以这一点，便可以证实美国失业者的增加。

8. 资本主义的现势

由上所述，资本主义的现势，便是生产增大与过剩，便是集中的尖锐化，便是失业状态的恒久化。在目前虽说已进到资本主义的再建期，而呈现安定的状态，但是由这些现势所生的资本主义的内在的矛盾与危险，却更加尖锐化。其结果便发生资本主义的新的对立。

这种新的对立，从两个要素发生。第一，因为生产增大，而狭隘的市场，对于这种生产久已达到了饱和点，从而势必引起为获得商品贩卖市场的斗争，为获得新势力范围的斗争，为获得资本输出领域的斗争。并且此种斗争的新的对立，较之大战以前当更激化，斗争的危机，终久不能逃避第二次世界大战。第二，因为一国的托拉斯或康策伦（如美国与德国）增大，国际的托拉斯（如中欧钢铁托拉斯）也一样增大，结果各资本家团体间之世界榨取的斗争当然也必随之尖锐化，换句话说，也必不能逃避世界第二次大战，以谋全世界市场之再分割。

就中，诸资本主义强国间，尤以英美两国的对立，为最显明，为最尖锐（另见）。新兴的美国是取攻势，老大的英国是取守势，如果这两国的战争爆发，则全世界诸资本主义国家，都因其利害关系之不同，或倒在英国一方面，或倒在美国一方面，从而形成全世界的两大对立。

我们明白了以上这些一般的经济情况，与由这种经济情况而发生的新的对立，然后才进而叙述世界各国的现状，看看这些经济情况，反映于国际间的新的对立的事实，到底是怎样？

二、革命后第十一年的苏俄

自中俄断交以后,国人对于苏俄的情况,每多模糊不明;即令听到一些断片的消息,亦鲜有从事于客观的事实的叙述;本节所述,便是要补救这一缺点,而努力于这一年来的苏俄的赤裸裸的描写。

1. 一年来的经济情况

要推测苏俄能否稳定,便要看看它的经济情况能否稳定,尤其是在世界资本主义安定时候这一年来的苏俄经济情况。

据1927—1928年苏俄国家计划经济局的统计数字所示,苏俄这几年来各产业的进展,实在很可使人惊异。下表即苏俄经济的指数,系以1913年为100%。

	1924年—1925年	1925年—1926年	1926年—1927年	1927年—1928年
石炭	55.3	84.1	107.2	124.1
煤油	76.1	89.8	109.7	120.7
铣铁	30.6	52.4	70.5	82.3
金属	39.6	64.1	76.3	85.2
棉花织物	67.0	90.6	105.4	112.0
橡片靴	56.4	90.7	109.6	132.6
盐	68.2	80.3	102.0	114.2
耕地面积	84.4	89.4	95.1	97.6
家畜头数	——	——	96.9	102.8

续表

	1924年—1925年	1925年—1926年	1926年—1927年	1927年—1928年
马铃薯	——	219.0	245.0	——
亚麻	91.0	110.0	97.0	121.0
棉花	——	56.0	56.0	——
大麻	83.0	150.0	134.0	148.0
砂糖	30.0	67.0	60.0	——
小麦	81.0	94.0	108.0	104.0
裸麦	108.0	109.0	120.0	127.0
大麦	41.0	65.0	63.0	57.0
燕麦	51.0	76.0	105.0	94.0
玉蜀黍	149.0	376.0	277.0	278.0
铁道运输	——	——	99.1	114.2

由上表看来，除农业中之小麦、大麦、燕麦较前一年度减少外，其他均无不增加，尤其是工业方面之进展，更惹人注目。不过这个表是由苏俄政府公布出来的，局外人看来，不免觉得它含有宣传的性质；然而依据国际联盟统计月报所公布的《苏俄及世界他部分的生产之发达》统计数字看来，亦可以表示苏俄产业的进展。该统计系以63种生产品（如生活品、纺织品、金属、燃料以及化学工业等）为主，以1913年之生产指数为100，其表如下：

	1913年	1925年	1926年
苏俄在外的欧洲	100	102	93
苏俄在内的欧洲	100	102	98

以上不过就苏俄经济发展的一端而言，其更惹人注目的便是去年末苏俄共产党第十五次大会所立定的1928年至1932年五年的经济计划。包含国内工业化政策之继续，农业之发展，农村经济之聚合化以及对于富农之斗争等方策，其结果如何，目下虽尚未可预定，然总之，苏俄之经济的发展，已超过战前的水准，而入于新建设的时期，则事实俱在，未可否认者。今更就统计，以观察苏俄经济社会化的过程，其对于资本主义的要素与社会主义的要素之斗争，究

竟已达到若何之程度。下表所示，系以百万切诺维茨·卢布为单位。

	社会化的部分	非社会化的部分
1924 年至 1925 年	7 209	16 899
1925 年至 1926 年	10 421	20 568
1926 年至 1927 年	11 773	19 968
1927 年至 1928 年	12 937	19 592

因此，其各各对于前一年度的比例，社会化的部分表示 144.6%、113%及 109.9%之增加，而非社会化的部分却表示 121.7%、57.1%及 98.1%之减少。如依五年的经济计划向前进展，苟不生其他意外的阻碍，其社会化的经济，必更表示急速的增加，实无疑义。

要之，苏俄经济之进展，即其维持社会主义的建设之基础。而确保此基础的方针，则不外：（一）急速地使生产力发展，以除去其国之技术的后进性；（二）从农工业国而变为有高度的发展的生产手段的生产之国；(三)使私的部分更速地成长为经济之社会主义的部分之保证；（四）使工农同盟更即于强固及对于富农之斗争；（五）广泛的大众生活水准之改善；(六)尽可能的广大，引导劳动人口于社会主义的建设之创造事业；以及(七)除去该国之文化的后进性等。

2. 工业与农业的问题

苏俄经济，虽如上所述呈现一大惊人之进展，然因此进展而发生的困难问题，即工业与农业的问题，亦未易得到一至当之解决。

谷物分配之制限，据东京《朝日新闻》揭载的柏林通信上田贞次郎所云，苏俄小麦收获不良（参照上表），铁道与旅馆，多食黑面包，有些地方并实行谷物分配的制限，决定一人一日的购买量。上田氏的通信，谓收获不良，乃由于天候不良而生；其实因政府的买收政策以压迫小麦的价格而惹起的农民之怠业，也是这现象的一主因。本来，苏俄历来的问题，便是一方面既要化代表城市无产阶级的独裁①，他方面又应如何处置私有土地的农民——的一点②。去年小麦的歉收既是事实（只看它从欧洲市场输入

---

① 此处原文如此，仅代表当时人的认识，全书同（整理者注）。
② 此处原文如此（整理者注）。

大量的食物以及秘密地从加拿大输入小麦二事便明），则去年苏俄的问题，当然实际上就是农业问题；特别关于谷物买收政策，更是内政上的重大问题；从而工业与农业是结合还是分离一问题，较之往昔，更显著地成为党内的中心问题。

据该国政府公布，去年1月较之前年，谷物不足为1.28亿普特（Pood）。是政府认为不足的原因，不在天候不良，而在富农与投机家加高谷物价格。从而政府强行此谷物买收政策以对付彼辈的把持。此政策之结果，至3月末，遂收集2.95亿普特之谷物。此种用强制的价格以买收谷物，固属是抑压富农与投机家的良策，然而属于此一阶层的农民，因此而出以怠业，埋怨政府，也是事理之当然。结果城市与乡村之结合，工人与农民之结合，便发生许多破绽，难怪苏俄共产党与政府为对付此一问题而手忙脚乱哩！所幸收获的预想渐呈好况，而强制买收政策亦已撤回，农民之不满始从而镇定，而即于改善的状态。

不过苏俄的经济进展，既由复兴期而进到建设期，其谷物之分配，又为什么会陷入这样的困难境地呢？这个原因，质言之便是谷物的商品性之不足。现今苏俄谷物的生产量，约50亿普特，较之战前，不过少两三亿；然若依去年的预想，却还要超过战前。但是为什么谷物的商品性还不足呢？要解答这一问题，只要看到苏俄农业经营之细分，便可明白。农家的数目，战前只有1 600万户，现在却增加为2 500万户，并且还有更细分的倾向。这样细分了的农家，它的谷物差不多完全用作自己的粮食，其能变为商品的，不过全收获之十分之二或十分之一点五。然而自入建设期以来，城市与工业都急激地发展，其对于谷物的要求（商品性的谷物）也就从而增大。而农业经营，因细分的结果，其谷物之商品率反而减少。这种矛盾，从苏俄谷物策言，实在是一个最困难的问题。

这种困难的防止，列宁也曾经说过，即是若克服这一困难，必得要合并此最不利的最不合时宜的细分的小农，而组织大农；这个主张，在今日的苏俄当局更痛切地感觉着了。去年的谷物策，便是以这个主张为基础。即为振兴中小农业计，而予以各种援助，以增大其收获率与生产率，如改善农具，予以纯粹的良种，供给小型的机械，使各个农家均联合为一组合，而公平地分配肥料，这便是去年的谷物策。由此，谷物的生产率，便可以增大，从而谷物之商品性随之增大，结果都市与农村、工人与农民始能日即于切密的结合。进而工业之重心，亦有由重工业而趋于轻工业之必要。如纺织为农民消费品中之最切要者，果能从事纺织品之多量的生产，以供给农民，则工农的结合亦可因之增进。

然而，工农之结合，绝非仅以对于个人消费为必要的纺织品的增加而可以实现；而是以对于谷物生产的农民所必要的机械与肥料等的增加而后可以实现；换句话说，纺织业虽发达，若其他重工业不同时发达，工业之结合，还是一至大的疑问。加以农民特重于"所有者"的心理，而忽视苏维埃化，更与此结合以一莫大之打击。是故欲谋此问题之根本解决，在今日之苏俄，实为期尚远。

3. 多涅滋炭坑事件

多涅滋炭坑事件的内容，据去年3月10日苏俄高等法院检事的报告，大意如下：

多涅滋盆地的佘哈特意地区，发觉以破坏此地区的煤油产业为目的的反革命的组织，它的本部设在外国，系由该地煤油企业之以前的所有主及股东所组织而成。它在苏俄的支部，是由技师、矿夫长以及其他的职员所组成。该组织于数年来，专事不合理的采掘，无用的支出，并且直接破坏炭矿或工厂，更或放火，爆发以损坏机器，其目的专在妨害苏俄对于此地区的石油企业的经营。结果该地区的生产激减，财政上的基础，亦从而动摇。彼等更进而使工人的生活低下，并煽动工人同盟罢工。

因为案情重大，经过严密的审问，便于7月5日判决了。被告53名，其中11名判处死刑，其他判以一年或七年的禁锢，宣告无罪的仅4名。后因判决处死刑的11名，多系难得的技术家，由高等法院请求党部减刑。

此一事件，在苏俄言之，关系极大。因为这是对于苏俄，对于社会主义的工业化的斗争的新形式新方法。其组织盖欲与外国军队共谋，而以对于苏俄加干涉及准备和苏俄战争为目的。所以苏俄于发觉这组织之后，以迅雷不及掩耳的手段，将与谋者一网打尽，同时党部方面，对于自己也有严格的批评。批评的要点是，（一）苏俄经济活动与经济管理中明白地表现不完满与缺陷；（二）职员缺乏社会主义的素养与对于阶级敌人之革命的直觉；（三）引导工人大众加入生产管理的活动之不充分；（四）号称大众组织之指导机关的组合与党之组织的对于工人日常必要与要求相悬隔；

（五）经济活动领域中的党之指导活动明白地表示着弱点。苏俄更进一步，根据此批评，而决定以后的方策，使此种事件不仅不再发生，而且更加强推进社会主义的工业化的运行。如是此一事件，遂因而告一终结。（方策过长，限于篇幅，从略。）

4. 党之民主化

1927年的苏俄的内部，被不幸的暴风雨时时震荡着，所谓反对派、新反对派以及托洛茨基派，都屡蹶屡起地齐声向党的干部攻击。结果，所谓反对派等被党除名，或被逐远方，数年来的党内争斗，可算告一结束。并且一到去年，所谓反对派中的许多人，又自认谬误，誓遵党的决议，致又重行复党，且都占有相当的党的位置（去年6月22日正式公布，季加里纳夫等38名）。只有负性倔强的托洛茨基，还是始终不变，坚持自己的主张，并不承认自己的错误，虽然被放逐远地，仍旧从事著述，批评当局。

苏俄干部布哈林、斯大林辈，经过这一番苦战之后，深深地觉得党的内部，含有许多不稳定的趋势，加以3月多涅滋炭坑事件发生，更痛感下级党部与政府的腐败，于是霹雳一声民主化的宣言，便于5月公布了。

这一宣言的内容，大要是共产党有民主化的必要，即不外（一）唤起对于党干部与政府之设施的大众之批评；（二）唤起党内的自我批评；（三）扩大防止党干部及苏维埃诸机关官僚化的运动。斯大林沉痛地说道："……问题不在旧的官僚。问题是在同情于苏维埃主权的官僚。最后，问题在共产主义者中的官僚。共产主义者的官僚，是最危险的形式的官僚。为什么呢？因为他们以党员的招牌，将官僚性隐蔽了。这样的共产主义者的官僚，在我们里面，惭愧得很，实在不少。"

所以这一次的民主化，便是反官僚政治的对策，苏俄政治上的过程的变易所在从此也可以看得出来。

5. 一年来的外交

去年苏俄外交上最大的事件，便是前年4月中张作霖搜查北京俄使馆使北京政府与苏俄的断交，及年末国民政府与苏俄的断交；便是5月中因英宪兵搜查伦敦苏俄通商代表本部使英俄通商关系的断绝；便是10月中因苏俄驻法国公使拉可夫斯基氏对法国劳动团体的宣言而遭更迭等事件。这样一来，苏俄对西方与东方的进展，便受了一打击。到去年春间，英俄正式断交，而与中国的情形，仍旧一样，没有取得外交上的关系。尤其是在中国，苏俄失却了它的指挥发动的大本营。

但是说也奇怪，在这一年，苏俄与日本的国交，从事实的经过上看，却表现了显明的进步。1月24日，《日俄渔业改订条约》的调印，便是第一个顶显明的例证。苏俄的公使，不仅在东京安全地住着，而且去年日本，歌舞使左团次一班人，却到了俄国一趟，介绍了日本的歌舞剧，这仿佛是外交上不但毫没有波折而且有歌舞升平的景象。虽说去年3月日本检举共党事件，有许多人预想到日俄的国交不免破裂，然而事实还是平安地过去了。

俄美外交的恢复，目下虽说谈不到，然而俄国的技术家之游美与美国的实业家之游俄，却增进了两国的产业界之结合不少。更就两国年来的输出入贸易额看，也呈一进展的状况。眼前尤其当英美煤油斗争最激烈的时候，美国对于高加索的丰富的煤油，虽不能染指，然因此而可以增进俄美经济上的结合，也是毋庸置疑的。

关于苏俄的外交，暂且告止，此外关于《不战公约》的参加事件，则请读者参看以后所述的《不战公约》一节。

6. 一年来的军备

《不战公约》的声浪正在高入云表之时，各国却都正在扩张军备，这一矛盾现象，不能不使我们深深地觉得第二次世界大战迫在眉睫。尤其是主张撤废物质上的军备以为防止战争的绝对手段的俄国，这一年来军备的扩张，更含有深刻的意义。

前年12月在莫斯科举行共产党第十五次大会时，陆军总长伏罗希洛夫氏在大会席上关于五个年间国防计划案演说道：

吾人专意努力于平和的经济政策，从而，战争之于吾人，乃为不必要之物。然而防备资本主义国对我国的侵略的准备却是不可怠惰的。……关于国防的确切的准备，乃是今春与英国断交以后之事。我国国防的中枢机关，大家都知道是劳动国防会议（C. T. O.），从来因专心致力于平和的经济政策，渐次有忽略国防的倾向，致劳动国防会议，在性质上亦发生变化。但中央党部，自英俄断交以来，乃重视国防之价值，劳动国防会议之纯粹的性质，始得复活，此实可引为国家之庆幸者。兹将国防设施之要点，条举如下：

（一）劳动国防会议，为解决所有关于国防之问题计，在内阁议长指导之下，正则地开始准备。

（二）于内阁各部，组织必要的国家机关，渐次从事于各事业。

（三）于经济部内，创立工业动员之特别机关。

（四）于库罗茨雅罗夫斯基所统辖之国家计划局内，创立特别机关，插入国防关系事项于所有的经济计划中。

伏罗希洛夫氏最后更沉痛地说，关于国防准备问题，甚望全体党员，予以不断地注意。

事实上，苏俄的海陆军，革命十一年后，都有长足的进步。尤其是空军兵力，数年来的进步，较之1920年，要增加六倍以上。其现有实力如下①：

航空旅团司令部	13
（甲）陆军用	58连
（一）侦察队	45连
（二）驱逐队	28连
（三）爆击队	12连
（乙）海军用	13连
（一）侦探队	8连
（二）驱逐队	5连
（丙）气球队	13连

7. 1928—1929年度预算

1928—1929年度预算总额为70亿卢布，较前年度增加14%（按前年度预算总额为60.88亿卢布）。

据苏俄财政委员部的报告，本年度的收入预算，如下所示：

(一) 直接国税10.993亿卢布。较前年度增加9%。

(二) 消费税16.13亿卢布。较前年度增加139%。

(三) 租税以外之收入9.19亿卢布。较前年度增加18.4%。

(四) 运输交通18.7亿卢布。较前年度增加11%。

---

① 下面所列数据原书如此，疑有误（整理者注）。

（五）邮政收入 1.95 亿卢布。较前年度增加 13.2%。

（六）国债 7 亿卢布。前年度为 6.25 亿卢布。

（七）印花税及贵重品税等 5.43 亿卢布。

根据以上七项的收入，苏俄明年度便获得 8 亿卢布的新财源。从而支付于各项建设事业，如铁道建设（较前年度扩张二倍），房屋建筑、山林业等，其结果一方面建立社会主义的经济基础，一方面可以容纳大多数的失业工人，其于苏俄前途，实一至可玩味之事。

8. 结　　论

由以上所述，简单地作一个结论，以终是篇：

第一，农工的结合，在苏俄确实是一未易解决的问题，因为农民的所有观念最重，其不愿意苏维埃化，实有相当之背景，编者认为今后的苏俄，对于工农中间的桥梁之建造，对于城市与乡村间的桥梁之建造，必较今日为更努力。

第二，由多涅滋事件看来，固属暴露苏俄下层的腐败，而苏俄缺乏社会主义的技术人才，也是很明显的事实，相信苏俄今后当更努力于社会主义的技术人才之养成。

第三，苏俄实行独裁政治，到今日已过十一年，然而突于去年宣言民主化，这足以证明苏俄今日所代表的阶级，并非是单一的产业无产阶级，而不得不顾及其他阶级，尤其是农民阶级中的中农层。

第四，苏俄在今日的国际外交，已陷于孤立的境地，使资本主义与社会主义这两个阵营，更加深刻化，更加显明化，苏俄为保持这个阵营计，所以不能不努力于军备之扩张。

总之，苏俄革命后之第十一年，已进到建设的时期，基础也一日一日地巩固了。

三、共和十年后的新德国

1. 一般经济情况

1928年11月9日，是德国改建共和的十周年纪念日。大战结果，德国是战败国，不仅军事的政治的方面被破坏，而且经济的方面更被破坏得厉害。加以战后赔偿金，于五年之犹预期间后，每年必得支出12.5亿马克，给战胜国；虽说赔偿金得道威斯计划而得一时的救济（我们要认清，列强对于德国的救济，目的是在防止因德国资本主义的崩坏共同倒台，却不在德国的经济救济之本身）。德国受此痛创，要想从经济的危机以谋自救，除从美国得到资助外，对于国内生产上，非加以改革不可。所以战后德国产业界的强度的独占化与合理化，便应运而生。这两种运动，虽然是从美国传承下来的，可是在今日的德国，两者都成为模范的发展。

果然，自从生产加以改革后，生产率便渐次地提高了。如铣铁生产，在1925年一劳动者一日之工作率为100，1927年末便增加到140；又如生钢生产，在1925年一劳动者一日之工作率为100，1927年末却增加到137；最后如机械工业，在1925年前半年一劳动者之输出重量为100，1927年后半年便增加为145了。劳动者的工作率既增加到这一程度，自然，生产量也随着增加。依1927年德国统计年鉴所示，最近十余年来生产的增加，实有令人骇异之处。

德国生产表

名目	单位	1913年	1920年	1924年	1925年	1926年	1927年
石炭	百万吨	141.0	108.0	119.0	132.0	145.0	154.0
褐炭	百万吨	87.0	112.0	125.0	140.0	139.0	151.0
焦炭	百万吨	35.0	26.0	25.0	28.0	26.0	32.0

续表

名目	单位	1913年	1920年	1924年	1925年	1926年	1927年
铣铁	百万吨	10.9	6.4	7.8	10.1	9.6	13.1
生钢铁	百万吨	11.7	8.4	9.7	12.1	12.3	16.3
加里	百万吨	11.6	11.4	8.1	12.1	9.4	—
木棉消费额	千吨	486.0	163.0	271.0	368.0	292.0	475.0
造船	进水总吨数单位千吨	465.0	242.0	175.0	406.0	180.0	290.0

上表1913年之木棉消费额及造船两项所示之指数，系包含战前旧领土在内。此外任何项目之生产，均表示增加之趋势。

由上所述，德国生产之增加，即足以表示该国经济情况已渐进于稳定之境地，加以自1924年10月采用"莱希马克"以后，即已恢复其金本位，从而该国之经济情况，更加巩固一步。

2. 一年来的劳动界

资本家所施行的产业合理化，如上所述，已使其地位渐趋于稳定。然其及于劳动者之影响，又为如何？当资本家施行合理化时其所预期之结果，为物价之下落与工资之高腾，然几年来之事实，却全与其预期相反，物价不特没有低下，反而高涨，其高涨率实超越工资高腾率，因此实质上之工资反益形低下。加之，劳动时间之延长，与施行合理化所剥夺之剩余劳动之加多，其结果更形成失业的现象。如莱茵-维斯托法利亚地方的钢铁工厂，1926—1927年之间，其生产量增加37%，而劳动者之增加却仅8.8%。若鲁尔地方之威司达格工厂，则其情形更为不同，1926—1927年之间，其生产量从86 139吨增加到112 297吨，而劳动者却反而由1 300人减至1 000人。总计各工厂之生产量较前增加260万吨，而劳动者反而较前减少24 000人。所以产业合理化云者，自资本家言之，当然合理，若自劳动者言之，则实一极不合理之压迫。从而资本主义之安定，使劳动者的生活，更陷于不安定。

劳动者之不安定，既如上所述，则劳资争议之频出，自属当然之事。十年间德国的劳动界，实资本之攻势与劳动争议间之斗争的历史，实左右两翼劳动者团体（自劳动组合言则德国有一般劳动组合与其反对派，自政党言则有共产党与社会民主党）间之斗争的历史。

去年之初，即有中部德国金属工之大罢工。初，金属工劳动组合提出一时间十五分尼增给案，资本家仅应允每时间增加三分尼，结果调解破裂，遂于1月16日宣布大罢工。参加罢工的有万人，雇主方面，则将此地所有工厂封闭，而劳动者被解雇的陡然便加多3万人。该地劳动组合，素属右翼社会民主党系，左翼共产党乘此时机，多方活动，卒之劳动组合避忌社会民主党团体之援助，共产党起而代之，极力应援，即在苏俄，亦资送二万马克，以援助罢工劳动者。最后结果，经劳动部长之强制调停，遂以一时间增加五分尼了事。此次罢工最令人注目之处，即如上所述，社会民主党与共产党之斗争，而斗争之不统一，斗争力量，随而薄弱，亦毋庸讳言。所以2月间柏林工具制造工罢工之失败，即其例证。

4月鲁尔地方炭坑主与坑夫之争议起。坑夫之要求，为工资15%之增加，为地下劳动七时间地上劳动八时间之规定。炭坑主，对于劳动时间仅允减至八时间与八时半，至工资增加，则全部拒绝。劳动部长出任调停，主张工资增加8%，地上劳动时间减少一时间，结果，劳资两方均不同意，于是工人以罢工相要挟，而雇主乃以封闭工厂相威吓。然劳动者终以生活之压迫，仅以工资增加一项了结。

4月17日内务部长，根据《联邦维持法》第十七条第二项，解散赤旗战士同盟。此同盟为左翼之战斗团体，与国粹派之铁盔团（Der Stahlhelm）及共和派旗手团（Der Reichbanner）针锋相对，有会员28万人。此次解散的直接原因，便是政府对于5月20日总选举之对策。结果，引起左翼劳动团体之猛烈的攻击。然选举结果，卒之社会民主党与共产党大获胜利，而国粹派反形减少（见后节），此亦足以证明合理化运动业已到了山穷水尽的地位了。

9月3日至4日，汉堡地方，举行德国一般劳动组合（A.D.G.B.）年会，大会议决六条：（一）经济民主制之获得；（二）关于公共教育制度的劳动组合之职能；（三）社会立法制度之确定及自治；（四）八时间劳动日；（五）规定五月一日为法定休假日；（六）劳动银行之发达援助及利用。然以 A.D.G.B. 属于黄色国际之劳动组合，所以此种决议，引起左翼之非难。

西部德国地方（即鲁尔一带）制铁公司劳动者对雇主之争议，10月初旬以来渐次恶化。调停员以一时间增加二分尼乃至六分尼为解决之条件，而雇主认为在此种条件之下，制铁业之生产不能与世界各国竞争，坚持拒绝。11月1日工厂封闭，工人则全部解雇。此解雇之工人，合计22.5万人。劳动组合认为雇主此种无理的解雇，违法殊甚，业已提出损害赔偿之诉文。据一般推测，雇主工厂封闭政策，难于持久，是则解决之期，也就为时不远。政府方面，因冬寒已迫，而有如许之失业工人，乃向议会提出工人失业基金支出案，最近消息，议会也就将此案可决了。

总观以上所述，此种合理化而得一时安定之德国资本主义，激成劳动争议之激化，则德国资本主义又已表示一种矛盾现象，而渐趋于险境，便不问可知了。

3. 去年的总选举

去年的总选举，左翼获了胜利，就中社会民主党获152席，较前届多21席，共产党获54席，较前届多9席。右翼则国权党失了38席，在本届议会，仅占到73席，其他右翼政党，亦无不失败，这一次选举，所代表的是什么？即社会民主党之强势，同时代表中资阶级之强势，反映到共和政体之一时的安定。而共产党势力之激增，又是表明德国经济情况之矛盾现象，所反映于政治势力的消长。而右派之失败，便足以证明帝政回复，已经在德国不再出现了。从德国宪法制定以来，至去年5月之第四次选举，其各党势力之消长，如下所示，吾人借此也可以看到德国国民之倾向了。

		第一次议会 1920年6月	第二次议会 1924年5月	第三次议会 1924年12月	第四次议会 1928年5月
威马联盟 （共和派）	社会民主党 （左）	172	100	131	152
	中央党	68	62	69	62
	民主党	39	25	32	25
右翼	国权党	67	96	111	73
	法西斯蒂	3	32	14	12
极左	共产党	15	62	45	54

如上表所示，第二次会议，极左与右翼之议席激增，共和派不利，这一事实，便是当时鲁尔占领，民心激昂的反映。第三次议会，共和派挽回

了它的势力，这就是道威斯计划施行以后，国民感情趋于冷静的反映。这一次的选举，社会民主党与共产党获得大胜，这便是如上所说，资本主义之一时的安定及其矛盾现象之反映。

德国党派最多——共31党，代表的阶级利益，也全不相同，所以要一党出来组织内阁，在事实上行不通。此次穆勒氏（Mueller）以社会民主党的健将出来组阁，也就不能逃出这个例外。社会民主党蛰伏了五年，这次出来组阁既不能不形成一混合内阁的形式，则其主义能否贯彻到底，实一至大疑问，结果，恐怕社会民主党也就不能不投到资本家的怀中，以求安定，更何况尚有它的劲敌共产党呢？

4. 莱茵撤兵之正式要求

根据《凡尔赛条约》，第一期莱茵撤兵，在1926年1月完结，然自1926年9月德国加入国际联盟以来（这是外交部长斯德莱斯曼的政策），本国领土，而驻有外国的军队，未免失了国家的体面，要求莱茵驻军即时全部撤退之德国言论，一时甚嚣尘上。本年1月30日外交部长斯德莱斯曼在议会中的演说，涉及莱茵撤兵问题，他认为："《罗加洛条约》是德国安全之最大保障，然而法国，尚以德国之胁威为口实，更要求二重之安全保障，这实在是不信任英德两国，而加以侮辱。"法国外交部长白里安，却与他针锋相对，于2月2日在上院演说，依旧主张法国之安全，并且指摘德国对法战事之计划，这一篇演说，恰恰给予德国外交部长一大打击。如上所述，莱茵问题，从去年初始，在法德二国间，不时发生论战，但是没有进到具体的交涉。

然自穆勒内阁出现，组阁后不久，他便正式要求莱茵撤兵，向中外宣言，德国当局，预定8月27日在巴黎举行开洛《弭战公约》调印式前后，便是撤兵交涉的好机会，然而结果成为画饼。穆勒看此情势，更于9月3日起举行之国际联盟大会时，亲自出马，来和白里安直接谈判。白里安却冷冷地答道，这不是法国一国的问题，而是关于旧联合国全部的问题。9月10日，关于军缩问题，德国代表对于列强之态度加以非难，白里安便乘此机会，以尖刻的言辞，给予德国代表一大打击，白里安说德国军缩之不完全，尚有战争之可能，因此德法情感，又陷于隔阂。

英代表眼见这个情形，欲从中和缓，便邀请德法两国外交部长及意大利、比利时、日本代表,开了一个茶会,关于莱茵撤兵问题,谈了很久。继之,13日又举行英、法、德、日、比、意六国会议,关于莱茵问题,得了以下三条的结果:

(一)为解决此问题计,于最近举行公式的国际会议。

(二)由英、法、德、日、比、意六国任命的财政专门家,组织委员会,以图赔偿问题之完全的最终的解决。

(三)为撤兵地方处理诸问题计,组织检证及和解委员会。

年来的撤兵问题,只得到空空洞洞的这样一个解决,在我相信,这个问题的解决,在今日帝国主义彼此钩心斗角中,欲得到一个完全的解决,实在离事实还远。

5. 结　　论

从上所述我们可以看到德国的政府,已整个地代表资产阶级,然而,因合理化运动而获得的资本主义的一时的安定,却发生不少的矛盾现象,如失业问题,如市场问题,如共产党抬头,都足以促成一时安定的资本主义渐次地走向崩坏这一条路上去,同时德国介在赤色的苏俄与白色的帝国主义之间,他虽可以挟着苏俄而有时要好于英法,然而自身的病象与各国间的斗争,终久不容德国这样安全地过日子,何况莱茵的兵未撤,而德国又在积极地秘密地变态地扩张军备,结果,第二次大战不发则已,如果爆发,恐怕德国又要在舞台上占一个重要角色。

四、法西斯蒂统治下的意大利的第七年

1. 法西斯蒂党一年来的独裁政治

1922年9月20日,莫索里尼发表的宣言,其中有"现在,我等准备实现罗马进军的初志,我等之主张简单,我等欲统治意大利"数语。果然,10月30日午前10时50分,罗马进军博得既定的大捷,意气扬扬长驱罗马的莫索里尼,在"意大利万岁!法西斯蒂万岁!"的欢呼声中,决定了莫索里尼独裁意大利政治的地位。岁月如流,看来已过七年了。

意大利在大战以后,民生凋敝,国难万端,加以社会党活跃,工人暴动,环境险恶,愈趋愈激。这种一脉相承的意大利历史精神的爱国主义的法西斯蒂党,便应运而生,而统治了全国。意大利政府的灵魂,从此便附在法西斯蒂党身上了。

意大利政府的灵魂,既是法西斯蒂党,而指使灵魂的,便是法西斯蒂党大评议会(Grand Consiglio Fascista)。去年9月20日,大评议会大会可决了他本身的性质与责任,这是一件值得注意的事件。质言之,便是大评议会因今年宪法的改正,而得了法律的根据,从此唯一的政党法西斯蒂党,便成为国家的公器了。

去年大评议会法定案中的第七条,正式地规定大评议会为关于宪法的诸问题的咨询机关,并且以下诸事项之法律的提案,都认定了是有关于宪法的诸问题。如王位之承继,如国王之大权及特权,如大评议会上院及下院之构成及权能,如政府首长总理大臣兼国务大臣之权限及特权,如关于司法的法令颁布的政府之权限,如关于新的加①及企业组合之规则,如意

---

① "新的加",现一般译为"辛迪加",后文中有的地方作者将其译为"新狄加"等。后文不再一一注明(整理者注)。

大利与法王厅之关系，都是要咨询于大评议会的。又第八条，规定如政府首长总理大臣兼国务大臣缺员之时，大评议会有制作次期适任者人名表捧呈于国王之权，并且如国务大臣缺员之时，该会还有选任候补者及制造候补者人名表之权。这样一来，所有关于皇室及大权事项之咨询机关，已由政府而转到大评议会来了。

大评议会的权力既扩大到这一程度，然则一方面为法西斯蒂党的党首，一方面为大评议会议长，同时又是总理大臣的权力，又是如何规定的呢？依新法之规定，便如下所示：（一）国王为行政部之首长，总理大臣为政府之首长，内阁各大臣对总理大臣负责，总理大臣对国王负责，总理大臣整理、统一、裁决阁僚大臣之一切政务，以阁议的议长资格，一人直接对国王而负责，但对议会无责任；（二）总理大臣当未成年的国王登极之时，其职权当然为摄政会议之一员，而取得其他所有王族之首席；（三）有侵犯总理大臣之生命、安全及自由者，得严重处罚之；（四）上下两院一样，不得总理大臣之同意，不能提出何等之动议。这样一来，总理大臣的权力与尊严，便远在国王之上，而意大利的议会，也就同于傀儡了。

现在意大利法西斯蒂党的党首是莫索里尼，大评议会的议长也是莫索里尼，总理大臣也是莫索里尼，同时外务大臣、内务大臣、陆军大臣、海军大臣、空军大臣、司法大臣、殖民大臣、产业组合大臣，八把椅子，也都是莫索里尼坐了。这种独裁政治，集于一身，真是古今未曾有之创局。所以莫索里尼在1927年1月26日于议会演说道："我现在抱有在今后十年间乃至十五年间不得不统治意大利国民之信念。这实在是由于必要而生的结果。因为我之后继者还没有出世哩！"莫索里尼真是好胆量，好魄力，能够有这样大的口气，可是在这十年间乃至十五年间，意大利国王的大权，也就等于死物的状态一般，又还有什么力量呢？难怪巴勒司氏(T. S. Barnes)说道：总理大臣之地位，已由首席（Primusinter Pares）而进于"长"（Chief），同时是保证国王的地位的东西①。

2. 人口问题与产业

根据意大利中央统计协会去年3月所发表的数字，意大利人口，在1927年中，增加44.4万，在1926年中，增加40.9万。出生率与死亡率一

---

① 见巴勒司氏所著 The Universal Aspects of Fascism。

样,在1927年中,都呈现减少的状态,结果出生率超过死亡率。1926年出生人数,为1 134 616人,1927年出生人数,为1 121 072人。1926年死亡人数,为680 074人,1927年死亡人数,为631 897人。意大利政府,为着要调查人口问题,创设一委员会,莫索里尼便是该会的名誉会长。意大利的御用新闻,称人口之增加,为莫索里尼之功绩,并高唱人口之增加,是军事政治经济各方面之要著。意大利将来国力之膨胀,便全在乎人口之增加。

然而,意大利国土狭小,而人口反为年年增加,自不得不向海外移民,以求调节;从前意大利海外移民的目的地是北美,但自北美公布限制移民条例以后,意大利便不得不改变方向,而于内地,以求人民生活安定之方法;而要解决这一问题,除从开发产业下手,实无其他途径。

现今意大利的舆论,都趋于人民生活方法之寻求一方面,如对于物价腾贵之对策,如发动机或电气工业之扩张,如关于殖民及移民的对策,如耕地整理等等,都无不集中于这一方面。从来法西斯蒂的纲领之一,便是"劳动存于平和之中"。结果,以劳动而鼓舞平和与健全的幸福。换言之,便是要振兴产业,才可以导入人民于平和之域。

几年来意大利的工业,虽有长足的进步(见下表),然而究非英法可比,所以它的输出额与输入额相差依旧很大(据最近统计,输入为20亿元,输出为15亿元,相差5亿元,以日金合算)。尤其因为谷物不足,而谷物之输入,尚占多数。莫索里尼当着这种难关,便立意从南部意大利以完成其整理耕地事业,借以防止谷物之输入,其整理耕地计划,预计为14年。凡拒绝耕地整理者,政府没收其土地。其已没收之土地,分售于没有耕作地之农民,使其从事耕种,政府并予以资金之通融。同时水力电气之应用,与发动机械之制造,亦正在着着进步,其于产业之开展与农场之发达,亦为力不少。莫索里尼又为奖励商务起见,于地中海诸商港,均设立商务官,以促其贸易之发展。他如养蚕制绢及石炭开采,亦莫不渐次进行。要之,其中心目标,全在于解决人民之生活问题。

意大利铁、钢产额和棉花纺锤数

	1913年	1920年	1924年	1925年	1926年
铁产额(单位:千吨)	427	88	304	482	529
钢产额(单位:千吨)	934	774	1 458	1 892	1 712
棉花纺锤数(单位:千架)	——	1 800	3 300	3 350	3 426

3. 军　　备

意大利的急谋军备之扩张，其主因，便是法意冲突的反映。法意都要保有地中海的海权，法意都要保有北非殖民地，所以两国的冲突，便不期然而然地从事于军备之扩张。尤其是意大利缺乏木材、石炭、磷酸盐等，更形成它不得不恃贸易以谋生存。而欲达成上述诸目的，便要以军备作保障，但军备之中，尤其要着重于海军。

意大利海军当局，在今年3月16日，已变更它的海军舰队的编制。其变更的情形，便是废除从来的联合舰队，而编为第一舰队与第二舰队，并且使之各自独立。第一舰队以"斯白齐以亚"军港为基本地，第二舰队以"齐依利以"军港为根据地。新舰队编成以后，其各队实力，可从下表所示窥见之。

第一舰队		第二舰队	
轻巡洋舰	4只	战舰	2只
驱逐舰	16只	驱逐舰	27只
潜水艇	31只	潜水艇	8只
航空母舰	1只	敷设舰	2只
给水给油船及其他	5只	工作船及其他	7只

以上数字，系现有舰队，意大利更努力于新舰之建设，依该当局之预定计划，则至1931年末，意大利新添以下所示之海军实力。

巡洋舰	
10 000 吨	4只
5 250 吨	4只
潜水艇	
1 300 吨	5只
8—850 吨①	20只
驱逐舰	
2 000 吨	12只
350 吨	20只

---

① 此处原文如此，疑为800—850吨（整理者注）。

4. 结　　论

　　意大利法西斯蒂党的独裁，已经达到白热的程度。但是这一制度，固由于意大利的历史的传统的民族精神之最后的回光返照，然而也就是大战以后生计艰难人民渴望和平之所致。但是从几年来的事实上看来，这一制度的生死，完全系在莫索里尼的一党之上，而如莫索里尼所言，却大有"人存政举"之感，我们纵然是非英雄史观者，然而看到莫索里尼的这一段对议会的演说，便可以看到这一制度的破绽了。加以第二次的大战，正在酝酿中，如果战事爆发，意大利当然也不能站在这一漩涡之外，从而我们便可以断定这一制度的寿命了。更何况意大利的工人，正在抱怨莫索里尼的独裁呢！①

---

① 参看《东方杂志》，1928年5月，第25卷第10号。

五、一年来的法国情况

1. 一般经济情况

大战后法郎的暴落（1 英镑值 240 法郎），引起了法国金融的大混乱，朴荫凯赉内阁出现，大展其理财的手腕，才渐次地归于安定，到去年 6 月，正式恢复金本位制，于是安定的状态又更巩固一层。

随金融界的渐趋于安定，产业界亦渐呈活跃的状态，惟较之德国的猛烈的进展，则相差甚远。又因 1927 年金融的混乱达于极点，所以它反映于产业界的情况，便是生产之停顿。下表所示，即法国之生产情况。

名目	单位	1913年	1920年	1924年	1925年	1926年	1927年
煤炭	百万吨	44.0	25.0	45.0	48.0	52.0	52.0
铣铁	百万吨	9.0	3.3	7.7	8.5	9.4	9.3
生铁钢	百万吨	7.0	2.7	6.9	7.4	8.4	8.2
加里	百万吨	——	1.2	1.7	1.9	2.3	——
棉花消费额	千捆	1 010.0	——	1 063.0	1 122.0	1 179.0	1 182.0
造船	千吨	176.0	93.0	80.0	76.0	121.0	44.0

法国的农业生产，占全国生产之主要地位。然大战时，西北部之农场，全归荒废，又北部及东部之十县，占法国全面积之十分之一，占耕作地全面积 36%，亦因战事之故，沦于荒落。加以战时征发农民，其死伤之数，亦殊巨大。步兵之大部分，出自农民，其战死数为 120 万。所以大战以后，法国农业，一方面感受耕作地面积荒芜之困难，一方面又感受农业劳动之缺乏，再加以牛马供给之不足，纵令努力恢复，几年来之结果，亦不能达到战前之状态。所幸年来窒素肥料便宜，全国使用亦渐次增大，因之农产

物亦比较的增大，这或者是法国恢复农业的一条出路。

2. 内　　政

要考究这一年的法国内政，首先便要说到这一次的总选举，要说到总选举，首先便要说到选举当时之政界情势及国内事情。

本来法国的政党，与美德各国都不同。它既不如英美两大政党的对立，又不如德国政党虽多而其团结强。法国够得上号称政党的，恐怕只有社会党，社会党受第二国际的指挥，但自1920年分裂以后，另外又有共产党出现，而受第三国际的指挥。其次够得上号称政党的，便是急进党，然而不及社会党与共产党之团结之严。

法国政党既无团结，所以在议会，要以特定的政纲为中心，而约束多数，始终是不可能的。战前法国政界的二大对立势力，便是保守的集团与倾向于社会主义的左翼。保守派的中心，即所谓共和民主合同派。它是拥护旧社会组织的中坚势力，含有浓厚的加特力教的色彩，反对急激的社会改革。左翼恰恰与此相反。

年来法国的政治情况，保守派的势力，渐次凋落，而转移到左翼的掌握中。1924年的总选举，便是左翼联合——社会党与急进党——获得胜利，然而这一联合，在当时并不是关于国家的大政策之结合，不过是一种政略的联合。总选举后，代朴荫凯赉而组阁的哀理欧，以专致力于传统的教理问题，而于国民生活所关的财政问题，却毫无定见，左翼联合，便发生破裂。1926年哀理欧又出而组阁，徒以党略而弄政权，法郎于其时便益加暴落，而引起空前之大恐慌，所以在职不三日，内阁便倒了。当着这个难关，朴荫凯赉便再出组阁。然而议会，依然与二年前一样，左翼占了优势。朴荫凯赉运用他的手腕，便成立所谓国民联合的混合内阁，内阁的中坚，仍旧是左翼。急进党的哀里欧等占四人，社会共和党的白里安、班乐卫，也都入阁。反之，真正的保守派，马兰却不过做了养老俸给部部长。朴荫凯赉一方便利用左翼的白里安做外交部长，使之继续他的左翼的外交；他方在财政上，则利用右翼的政策，使资本家即于安定，由增税的方法使预算得以均衡，以爱国公债而整理浮动公债。一句话，朴荫凯赉内阁，是站在议会之中央。

去年的总选举，便是在这种情形之下举行的，结果，依然朴荫凯赉获得胜利。左翼政党，在这一次选举，业已败北；败北的原因，就是新选举法，即是废除以前的大选举区比例代表而改行小选举区单记投票。结果，共产党得票虽较前届增加20万，然议席却只占到14；社会党得票虽然较前届增加30万，然而却失了3个议席。但是，朴荫凯赉的胜利，并不是右翼的胜利，而是支持他的中央诸政党之胜利：因为左翼虽说败北，可是社会党还保有101个议席，急进党尚保有123个议席。社会共和党并且较前届增加5个而得有47个议席。所以这一次的组阁，朴荫凯赉仍旧不离他的惯弄的手段，外交部长还是白里安，班乐卫却做了陆军部长，哀理欧却做了教育部长，而右翼马兰依旧是坐了那不居重要的椅子——养老俸给部部长。换句话说，便是朴荫凯赉以中央诸政党为中心，而与左翼提携。虽然在去年11月为1929年度外交部预算中之海外布教国库辅助案（即加特力布教）的困难问题，而引起急进党的反对及朴荫凯赉内阁的一时的摇动，然而究竟因为朴荫凯赉整理财政的功绩，为一般人——尤其是资本家——所信仰，也就平静地过去了。

3. 外　　交

上一年中法国外交问题的焦点，所谓《不战公约》问题，所谓莱茵撤兵问题，都是过去数年间继续下来的问题。战后法国外交之要谛，便是安全保障及赔偿问题。关于安全保障及赔偿问题的这一年的经过，在(三)说述德国的撤兵问题一段中，业已说过，至于《不战公约》，因为是这一年的国际重要问题，当另外说明之。又《英法海军协定》，亦当另外说明，此处暂不提及。

4. 结　　论

法国这一次选举，又是朴荫凯赉得胜，这便是证明法国资本主义的暂时的安定，大有赖于朴荫凯赉的效力，虽说朴荫凯赉自己不承认是保守主义者，然而他究竟久已成为资本家的御用政治家。尤其是这一次新选举法的施行，更足以证明法当局压迫共产党的方法的恶辣。卒之共产党这一次所得的议席，比以前少了一半（前届27，本届14）。法国这一现象，都是资本主义国家大战以后的共同的现象，并非法国所独有。

法国一方拼命地挣扎，以求资本主义的安定，然而法国所处的境地，实在危险万分。一方要对付德国,所以不得不采取国防的二重保障,然而英国却向德暗送秋波,援助德国的复兴,以牵制法国。法国见这风势不好,于是又向美国要好,来牵制英国。同时,法国与意大利在地中海的冲突,又与日俱进,法国既与南斯拉夫订立友谊仲裁条约,意大利却引着亚尔巴尼亚,订立防守同盟,以与法国对抗。法国这一些与列国的明争暗斗,都是第二次世界大战的准备工作。前途战云的暗淡,在1928年岁末执笔的作者,实有许多说不出的痛感。

六、日 本

1. 1928年经济界之回顾

1928年日本之经济界，是因1927年的恐慌所受的打击从而加以整理之时期，也就是合理化进展之时期，也就是资本攻势最激化之时期。恐慌以后汇兑行情的动摇，根本地妨碍日本整理期中之经济的恢复。1928年秋季以来，因金解禁问题（向来的恐慌之直接原因）之浓厚化，经济界又以汇兑之动摇，所以直到年终，都呈现忧郁的空气。

经济界情况之良否，全视物价为转移，即物价腾贵，便是经济界情况之良的象征，反是便是不良的象征。日本物价，从1920年3月以来，即渐次低落。但是在1927年春季的恐慌，物价却例外的高腾，可是因恐慌之镇定，物价也就随之落下。1928年不用说，物价依旧低落。东京物价指数，以1913年1月末为100，则1925年1月的物价指数为228.2（最高），1926年4月及5月便降为193.5及191.2，1926年4月及5月又降为185.3，到1928年的3月及6月，便降为174.4（最低）。物价低落的状况如此，自然资本家感受痛苦，然而资本家在产业合理化一名义之下，却将此种痛苦转嫁于劳动者身上。

如上段所述，经济界之良否随物价之升降为转移，然而左右这个问题的关键，还是汇兑。在金解禁尚未实施的日本，最近汇兑虽然渐次恢复，所以汇兑动摇的程度也渐次减少，但是汇兑依然拥有支配经济界的势力。这就是说，如果汇兑腾贵（其他条件，就中外国物价，尤其是美国物价，如果也是同一情况），则国内物价便会与之相应而下落；反之，汇兑下落，则国内物价腾贵。去年夏季日本物价腾贵，便是汇兑下落的结果（从3月下旬至8月，汇兑由48元美金下落至44元美金）。然而这是一时的现象，物价之腾贵，并不会继续维持下去。何以故？我们只要看看金解禁在日本国内空气紧张之时，国际的收买日本浮钱的投机，汇兑却从而腾贵了（去年 10 月下旬达到 47 元美金）。而汇兑腾贵，却没有不影响物价下落之理。所以去年 9 月末的物价指数为 229.8，到 10 月末便落下为 229.7（以 1914 年为 100 计算），其间落下数目虽微小，然而这一个汇兑变动的影响，却马上反映到物价的升降之上了。

以上从物价、汇兑、金解禁三方面，去观察日本这一年的经济界，但在这样的一般情况之下，日本经济界之实体，又是怎样？

先从外国贸易去考察。1928 年 1 月至 3 月，比之 1927 年同期，输出入两方面，都增加了。即输入 61 060 万元，输出 47 445 万元，比之 1927 年，输入增加 531 万元，输出增加 4 418 万元。又 1927 年同期之入超为 18 001 万元，1928 年却减为 14 215 万元。所以在这三个月间，日本经济界颇呈活跃的现象。然而到了 4 月至 6 月，情形陡变，输出入都激减了。即输入 56 282 万元，输出 46 884 万元，比之 1927 年同期，输入减少 7 319 万元，输出减少 5 000 万元。这三个月的入超则从 1927 年同期之 11 722 万元减为 9 397 万元。7 月至 9 月，输出为 52 066 万元，与 1927 年同期相较，增加 850 万元；输入为 47 789 万元，比之 1927 年同期，增加 2 190 万元；因此出超从 5 717 万元而减至 4 377 万元，这便足以表示日本经济界气象之恶劣。但是这种贸易起伏之波，其发动原因，依旧是汇兑。即汇兑若是腾贵，则输出（不利）受压迫，而输入（有利）被促进；反之，若汇兑下落，则输出被促进，而输入受压迫。

总计自 1 月至 10 月，输出为 164 425 万元，输入为 182 481 万元，比之 1927 年同期，输出减少 1 880 万元，输入减少 1 075 万元。因输入之减少少于输出之减少，所以入超从 17 251 万元（1927 年）增加为 18 056 万元（1928 年），即增加 800 万元。今更就输出入贸易额之内容考察之。

在输出方面，其减少最显著的为棉织物之 2 227 万元，生丝之 2 223 万元，棉织丝之 1 333 万元。合计 5 683 万元。其他输出品从全体言之，却反为增加。这一事实，便足以证明一年来日本纺织事业之不振（但是对中国及关东州①的输出，却比 1927 年增加 5 135 万元）。

---

① 此处原文如此，仅代表当时人的认识。全书同。

在输入方面，则因纺织业之不振，所以原料棉花输入也就激减。棉花在 1 月至 10 月，减少 8 713 万元，其他米减少 4 778 万元，油糟减少 1 461 万元。此外羊毛却增加 2 142 万元，木材增加 1 224 万元，小麦增加 816 万元。

贸易状况，如上所述，由此可知日本事业界在这一年确实呈现不振的状态。只就 1 月至 10 月新设及增资二项合计 83 664 万元看来，比之 1927 年同期，减少 9 641 万元，比之 1926 年同期，减少 13 200 万元，便可证明。加以因金解禁之压迫，其将来更即于不振状态，不言而喻。最后，就事业别言，则信任及金融业（银行业在外）之不振居首，次为电气业，制造工业，食料品工业及纺织业。其景况优良者，则为铁道及酿造业。

经济界一般之情况，既不优良，从而其影响于劳动者的情形，当更加严重。依据日本银行之劳动统计，其情况大致如下：该统计所包括之工厂数（使用 40 或 50 名以上之职工之工厂，但制丝业为 300 名以上）为 3 525 所，职工数为 927 601 人。

以 1926 年每月平均就业指数为 100，则以上各工厂，在 1927 年 1 月为 97.6，4 月为 97.8，12 月为 91.8；在 1928 年 3 月为 90.4，8 月为 89.8。这种就业指数之逐渐减少，便是证明失业者之逐渐加多，不用说，这便是所谓资本之攻势，表现于劳动者之解雇与失业者之增加者。同时生活艰难，加以因合理化而延长劳动时间与加强劳动强度，处处都使劳动者的生活不安，所以劳资争议与罢工事件，不时发现，而在去年值得大书特书的，便是拥有组合员 55 000 余的日本海员组合，从 5 月 8 日起，维持将近一个月的大罢工。

最末，关于日本金融资本之集中，略加说述。1926 年全国普通银行之存款总额，依财政部报告，为 903 109 万元，其中十二银行（东京之安田、三井、三菱、第一以及川崎第百，大阪之住友、三十四、山口以及鸿池，名古屋之爱知、名古屋以及明治）之存款总额为 373 022 万元，占全体 41.3%，又其中之五大银行（安田、三井、住友、第一以及三菱）之存款总额则为 229 085 万元，占全体 25.4%。到 1927 年，因恐慌之影响，全国普通银行存款总额为 881 088 万元，较前年减少 22 021 万元，而十二银行却增加了 35 795 万元而为 408 817 万元，五大银行却增加了 42 560 万元而为 271 645 万元。即十二银行占全体之 46.4%，五大银行占全体之 30.8%。到

1928年，全国总存款额为 890 647 万元，十二银行占 425 651 万元，为全体之 47.8%，五大银行占 281 786 万元，为全体之 31.6%。由以上三年来的变动，便可以看到集中的趋势，十分显明。加以各银行更集中许多信用公司及保险公司，其掌握之金融权之大，更可想见。至于此多数之存款，在最近二三年来，多投入于国债方面，因之资本家与政府之结合，更形巩固。

2. 政　　治

由上面所述的日本经济界的情况，显而易见的便是一方面大资本之集中，一方面劳动者之贫乏化，从而由这种经济情况，反映于政治方面，也是一样。即是一方面政友会之保守主义之淳化，自由主义的民政党之动摇与小资产阶级之崩坏，一方面便是无产阶级之抬头。

政友会好像是英国的保守党。它代表了日本的资本家大地主及一切有权的支配阶级。在当初它也是向官僚藩阀斗争的团体，然而运动愈进展，阶级的色彩便愈表现得明白，所以在自由思想的摇篮期，它也一般地反对官僚藩阀，可是运动的进展，愈现出它的本来面目了（同时资本主义的进展也促成它这一倾向）。现在政友会的总裁，便是内阁总理兼外交部长的田中义一。人家都说田中义一是"长阀"，其实不过他的出身，与"长阀"的巨头如山县有朋等很有关系，与"长州"的实业家西村秀造很有关系，若论他的家世，他的父亲田中信祐不过身材高大为"长州"毛利侯所喜爱而雇为舆夫罢了。可是田中义一因为他的出身，无处不是长州巨头的提拔，所以他无论如何，都是代表长阀的军人。若论他决心来参与政治，却还是1925年以来的事件。他对于政治外交财政，没有一项是内行，然而他偏要硬干，便是一方他几十年来的社会地位，已经明明白白地站在保守主义的阵头，如他努力组织在乡军人会等团体，便可证明，他方政友会正需要这样一个总裁，来贯彻它代表资本家等的工作。同时资本主义的发达，也促成非有这样一个硬干的傀儡，不足以遂其向中国侵略的野心。所以田中做了政友会的总裁，做了内阁总理，便完全证明政友会的保守主义之淳化。明白这一点，则田中之对山东出兵，则田中去年3月之共党检举事件，则劳农党之解散，则特高警察之施设，则禁止无产党之结社自由等，均可从此明白了。至于田中内阁中之商工部长中桥德五郎之为船舶大王，农林部长之山本悌二郎之为砂糖大王，邮务部长久原房之助之为矿山铁工大王，更足以证明现在的政友会内阁代表什么,与现在的日本政府代表什么了。

民政党大约像英国的自由党。它多半倾向于自由主义。因为它所代表的是小市民及知识分子,虽然它的后台是三菱财阀撑着。但是因为阶级分化的显明,这一党的形态,发生了特大的问题。虽然这一次的总选举,它获得217议席,然而一年未了,便发生床次竹二郎之脱党组党运动,结果现在它的议席便只剩下180席了。而它的敌党政友会,却依然拥有219议席。民政党的本身如此,纵令高唱倒阁的高调,然而田中之为田中,并不发生变化。所以民政党在日本虽说不是山穷水尽,然而也就发生动摇了。

由这一事实而连带发生的现象,便是小资产阶级之崩坏,或是小资产阶级之烦闷,这一现象并不是日本所独有,而是各资本主义国家均有的同一现象。

回头看看无产阶级之抬头,究竟是怎样一件事?去年劈头的总选举,无产党方面,获得8名议席,便是无产阶级抬头之第一声(1 000万票中,获得49万票)。但是无产政党方面的危机,便是组织不统一,从而它的战斗力量也就薄弱。年来虽说努力于合同的问题,然而并没有达到成功。所以我们可以说,日本无产党政党运动,业已达到它的生长的第一期,现在便要进到第二阶段,即内部的整理时期,即战线之统一,无产诸政党之合同的时期。但是一方政府的高压,更足以促成这个时期的实现。如旧劳农党自去年三月被解散后,即组织新党组织准备会,在12月24日新党准备会开会中,却突然被政府明令解散了。而该党首领大山都夫氏,反再接再厉,不稍妥协,是目下一时虽被解散,然而我们总观日本的经济背景,无产诸政党之发展,还是方兴未艾哩!

3. 外　　交

这一年的日本外交的最大事件,便是山东出兵。我们看到了田中义一所代表的是什么,我们便明白田中之对中国的积极政策是什么了。关于这些问题,国内的杂志报章,已经说得很详尽,现在不愿赘说。不过日本资本主义之动摇与否,一方面视其本身尚有发展之余地与否为转移,一方面却以侵略中国能否收得效果得到保证为转移,所以日本之侵略中国,乃是日本资本主义自身发展所必然而至的现象,田中义一却不过领着这个差使来硬干罢了。

其次，日本与苏俄的关系，也值得我们注意。在前面，我已举出日俄两国的关系日益接近的事实。但是日俄的接近，是一种什么意义？不用说，便是日本为得要保证其在满蒙的特殊利益（？），则与满蒙毗连的苏俄，着实是日本的心腹之患，然而日本测度本国的现况，对苏俄与其硬不如软，同时苏俄年来的外交政策也由硬而趋于软，所以当英国与中国和苏俄断绝往来的当儿，日本却居然和苏俄接近了。

再次，日本和英国的关系，自从桂太郎订立英日同盟起，到如今还有采取同一步调的可能。尤其是在英美两国的对立激化的时候，英国在东方实有与日本联络以制美国之必要。而何况日本之于美国，因为日本移民美国之受限制以后（自然还有许多其他的原因），两国间的情感已趋于恶劣。至于在中国的关系上，三国的明争暗斗，更表现得这上面的情况甚为明白。中国目前这个政局，或许是英美日三帝国主义的势力的反映。

由以上看来，日本的外交的对手虽不同，然而它外交的出发点，却不能离开中国。

4. 结　　论

日本经济界的恐慌，使资本主义走向了山穷水尽的一条路，然而我们不要忘记，客观的事实，绝不完全如此。第一，日本资本主义的本身，尚容有发展的余地，换言之，即是它的自身，在目前很富于弹性，而没有达到饱和的程度，所以资本主义虽因恐慌而动摇，然而这不过是一时的现象。第二，日本资本主义的支持，全在对于中国的剥削，目前中国的现状，正是日本资本主义恣意剥削的好机会，所以它的保障，从这一事实又即于巩固了。

虽然，日本资本主义也是跟国际资本主义为转移的，若国际资本主义发生破绽，它的地位也就难于维持了；更何况上面所述的两个条件，都是有时间的限制，绝不是永久是如此的。

七、老大的英国

1. 英国产业之停滞

英国是产业革命的模范国,在产业革命史上,由今日看来,它确实是个老大的国家。而在许多后进的资本主义国家,如美、如德,在产业的规模上、组织上、机能上,都赶上了英国。老大的英国的产业,在今日已呈现一停滞的状态。

要明白英国产业,何以走到停滞的这条路上去的这一问题,首先便要明白英国产业的两个共同的要素。

第一,英国的产业是素朴的资本主义的产业。我们一翻英国的输出的内容,便有十分之七,是纺织品、石炭、毛织品、皮革、铁及铁制品、油脂以及食料品等,这些不是属于原料的产业,便是属于比较的模仿容易的工业制品。近年虽在澳洲各属地制了相当大额的汽船、汽车、电器机械以及染料与化学工业等精制工业品,然在输出全额言,尚不过十分之一上下。

第二,是英国产业经营的规模的狭小。除汽船公司、造船公司以及化学工业公司的规模稍大外,其他任何产业的规模,都少有赶得上美国和德国。英国的主要产业如石炭,全国便散布着3 000个炭矿,经营这些炭矿的公司,约计有1 500所;同样,主要产业的纺织业,全国便有312个公司,而其资本总额却不过5 474.7万镑,所以在英国求一个如日本的东洋纺织会社这般大的规模的公司,都是很难;由这一点,便可以知道英国产业经营的规模是怎样的小了。

这两个要素一方是使英国产业呈现停滞状态的原因,一方也就是英国产业不能凌驾美国甚或德国的原因。尤其在产业合理化流行,由水平的集中趋向于垂直的集中的时候,这两个要素更使英国的产业徘徊于歧路之上。

其次，值得我们注意的，便是英国产业所使用的机械，多系过时之物，而美国、德国却全部采用了最新式的机械。沿用旧式机械，在机械设备上、机械管理上、工厂组织上、机械运用上，其效能都要弱于新式机械的采用。即以石炭产业而论，英国到今日便远不及德国了。这一点也是使英国产业呈现停滞状态的原因。

但是，英国资本主义为欲维持其地位计，绝不任其产业如此停滞下去，而必拼命以谋最后之挣扎，这是无疑的。我们只要看到英国新兴产业之向上，便可以证明这一点。

以下我们再从统计上，以说明英国产业停滞的状态及新兴产业之向上。

1927年之《经济商业史》（1928年2月出版）一书中所表示的英国的生产：

名目	单位	1913年	1920年	1924年	1925年	1926年	1927年
石炭	百万吨	387.0	233.0	270.0	247.0	131.0	259.0
铁	百万吨	10.3	8.2	7.3	6.2	2.4	7.3
钢铁	百万吨	7.7	9.2	8.2	7.7	3.6	9.1
造船	进水容积千吨	1 932.0	2 056.0	1 440.0	1 079.0	640.0	1 226.0
电气工业	以1920年之指数为100	——	100.0	——	76.0	87.0	114.0
汽车	千辆	22.0	——	132.0	176.0	159.0	200.0
棉花消费额	千捆	3 825.0	——	2 718.0	3 235.0	3 022.0	3 010.0

上表所示，除新兴工业如电气工业及汽车两项表示进展外，其他任何产业（钢铁例外）都没有赶上大战前的数量，这便是明白地证实英国产业呈现一停滞的状态。此表数字，虽止于1927年，然而在1928年中并无特殊的异动，所以我们可以肯定一年来的产业状态，并不优于1927年。总之，英国的石炭业、铁工业、纺织业等主要产业，都是向困境来了。

2. 失业问题

产业界之不振，既如前所述，与此相因而生的，便是恒久的失业状态。这个失业问题，从来便是英国当局最恼人的问题。尤其在以石油及电力代石炭而石炭万能已成过去的时候，又逢着德国石炭产业量的增加，更逢着从来是英国石炭的顾主的意大利现在转而接受德国的赔偿石炭,使英国的石炭业更即于悲惨的境地,而大群的失业,便从此发生了。如南威斯地方,如杜安姆(Durham),如罗宗巴兰(Northumberland)地方,从来都是石炭业的中心,现在因石炭业之不振,失业工人,只就这数处而论,便已达到20万人。在1926年的石炭业大罢工,那时失业的总数,便是173.7万人,罢工风潮平静后,到1927年12月便减为119.4万人,到1928年3月的失业总数,并不见多大的减少,而是112.8万人。从此我们可以明白,英国的失业状态,久已成为一恒久的状态,并没有显著的减少;换言之,即从1921年起至1928年止,英国失业者的总数,都在100万以上。

失业状态既如此严重,政府从来便有所谓失业保险金的救济政策,然而每周至多夫妇两人也不过23先令,以英国生活之难,每周房租便要费了6先令,剩下的17先令,究竟无法维持失业者的生活。在失业保险期限终止以后,政府又将这种负担,归于地方事业,现在伦敦各市,正在募集救济失业基金。然而不论是失业保险,或是募集救济失业者基金,到底都不是治本的法子,并且足征将入衰老期的英国资本主义,所得的这一病症,已经成为不治之症的了。

战后英国产业的中心,已渐由北方,迁移到南方来了。这便是电力时代代替石炭时代的结果。内阁总理鲍特温因向该处的各工厂函告,要他们雇用这些失业工人。现在虽没有找到失业工人已被雇用的总数,然而失业的数目,至今依旧在百万以上。这一现象,更证明英国的产业地位,不特不是美国的对手,就是对于德国的新进产业,恐怕也要退避三舍了。所以这一政策,能否解决英国的恒久的失业状态,便全恃英国的产业在国际产业界中所占的地位以为断。

最后英国当局认为海外移民政策,也是解决失业问题的方法。最近建立许多教育机关,专门教育失业者子弟以农业及其他技术,同时劝诱石炭业的失业工人,改业国内其他行业,殖民部长爱麦利氏并与加拿大政府协议,以一万的石炭业失业工人从事加拿大中部小麦收获的临时工作,其中8 500名业已到达加拿大。并且在收获期间,每日可以得到美金4元之谱。不过从我们看来,这一政策依旧是治标而不是治本的办法,能否解决恒久的失业问题,目下实成疑问,何况所被救济的人数,还不到全数的百分之一哩!

总之,恒久的失业状态,与资本主义的进展有至切的关系,最近产业合理化,尤其使失业的状态固定,这并不是英国一国的现象,其他各国也莫不如此,不过英国这一现象,表现得最分明,而且英国失业者的来源,却不在产业合理化,而是由于旧式的产业,已不适于今日生存竞争的环境所酿成的。关于这一点,更足以证明老大的英国从来所掌握着的霸权,不得不让于美国的一事实了。

3. 劳动状况

英国自石炭大罢工失败后,资本家对于劳动者乃采取猛烈的攻势。1917年所订定七时间法因而废止,同时工资减低而时间延长。至1927年又颁布《产业争议及劳动组合法》,对于以前的本法加以严酷的改正,改正的第一点便是认同情罢业者为违法,第二点便是禁止与官吏及官厅办事员等劳动组合的联合。

到了1928年1月12日,便举行英国产业史上未曾有的劳资协调会议,召集的名称是"产业改革及产业关系会议"(The Conference on Industrial Peorganisation and Industrial Relations)。到3月21日共同委员会议,资本家方面所提出的议案,便是产业合理化与加特尔、劳动者地位之确保与改善、住宅、保健及失业保险、教育与产业,及于国税及地方税之产业的影响、工厂委员会、劳动者之参加事业财政、劳动争议原因之探究、协议委员会之常设;劳动者方面所提出的议案,便是劳动组合之公认、劳动时间之规定、失业、事业经营与劳动者、工厂委员会、高率工资策、劳动者参加因生产增加之利益分配、最低工资之原则、与生活程度较低的外国竞争、国际协定及国际条约、国际经济会议、产业之组织技术及支配、生产方法、产业金融、国税及地方税。依上面双方的提案,劳资到底难于一致,便明白地表现了。所以到7月5日共同委员会的第一回报告,便约集这些提案为六项。六项中之最重要者有三:(一)劳动组合之承认,(二)全国产业协议会之成立,(三)产业合理化之施行。从这一事实看来,便可以知道英国的资本家正以"产业和平"这一口号来号召天下,以期英国资本主义于其末运之中而求最后之挣扎之胜利,虽然这个会议的最终的结局我们没有见到,然而可以这般地判定。

资本家对劳动者之攻势既如此之激烈,而领导劳动者去斗争的政党,却又分裂而力量不集中;共产党自1921年成立以后,自然是接受第三国际的命令，从事于不断的阶级斗争；同时劳动党自1924年政权失堕以后，党内即表现一不统一的现象，左翼的少数派运动渐次强大，所谓"今日之社会主义"（Socialism in Our Time），很足以使劳动党的右翼恐惧，所以在这一次劳资协调会议中，左翼的首领大声疾呼，说右翼与资本家协调，是"劳动运动之堕落"，是"科学的社会主义之放弃"。

话虽如此，然而今日英国最多数的劳动组合依旧是受右翼劳动党的指导。他们的首领麦克唐纳的信念，即劳动党是实践的政党，所以要达到它的实行的目的计，不得不获得权力。因此麦克唐纳在该党今年所通过的小册子《劳动与国民》（The Labour and The Nation）——劳动党的新纲领——的序文上说道："关于劳动组合运动，以协力行之，而支配产业上及政治上之权力，使社会统制其经济的资源，使其组织确保于正义而改造之。"只要看到这一点，便可以明白劳动党的目标，在于政治的德谟克拉西，在于产业立法，在于社会政策之设施，在于商工业之发展，其一种对于资本家之攻势所取之守势，便不言而喻了。劳动党蛰伏了四年，今年的总选举，他们很想跃跃一试，企图在这一次议会要获得250名议席，而树立一第一位之政党，其他350名议席倒由保守、自由两党分领。

但是英国资本家的攻势既这般的猛烈，纵令劳动党获得政权，我相信也不得不向资本家退让了。总之，资本家的攻势，乃是他的无路可走时之一条路，待到这条路走不通的时候，而因世界市场的再分割，便不能不有第二次大战爆发了，到那时劳动党还是代表资本家去从事大战呢，还是代表劳动者去夺取政权以建立社会主义呢？我相信，前者怕还要可能些吧！

《劳动与国民》的麦克唐纳序文中有劳动党与其他政党异，并非弥缝恶制度之破绽者，而是以变革资本主义为社会主义为目的之政党。

4. 反苏俄战线

反苏俄战线的盟主是英国，引用同一的理由，可以说这是英国资本主义的最后之挣扎。英国保守党内阁有名政治记者Ougur所著的《反抗文明的苏维埃》一小册子中，可以作为英国反苏俄的理论看。他的主要的意见有三：（一）苏维埃联邦的存在，是威胁英国之世界的富之生存利害的所在。这两国的对立，是绝对不能调和的。因此，对于无产阶级独裁国家的英国之干涉战争，是必要的。（二）并且不仅是英国，就是全欧洲，都为苏维埃联邦之生存所威胁。但是英国因苏维埃联邦之生存所受直接间接的损害——中国革命之发展，印度共产党之援助，炭坑工人之大罢工之应援等——均凌驾其他各国所受之损害。因此，英国不可不掌握反布尔什维克的全欧洲权力之指导权。（三）在反苏维埃联邦的战争同盟中，含有决定的意义，即德国加入此同盟是。因此，英国不可不尽引导德国企业家加入干涉权力之战线之各手段。

我们看到这三个理论，便很可以明白英国之所以反苏俄，何况在今日正是保守党当权，有外交部长张伯伦的纵横捭阖的手段，更足以使这反苏联的战线巩固一层。

只是英俄的冲突，绝非这般简单，此外我们还不可忘记1926年阿富汗王阿孟乌拉汗与苏俄所订的《阿俄中立仲裁条约》而引起了英国的嫉妒，更不可忘记风传一时的俄、土、阿富汗、波斯的四国军事同盟而引起英国的阿拉伯联邦（伊拉克、叙利亚、阿曼、汉志）的企图，也都是使英国不得不反苏联的显著的事实。

虽然罗加洛政策，经张伯伦的布摆，形成了反俄的外交的政治的统一战线，然而资本主义国家方面的对立的深刻化，却渐次地即于爆发了。这样的局势，张伯伦的法宝灵不灵，大英帝国倒不倒，都是拿不定的。中国在这大海惊涛中，赶急地立稳自己的立场吧！

5. 一年来英领殖民地的纠纷

今日的英国，已进到衰老的时代，前文已说得很明白。英领殖民地的纠纷，便因英国的衰老与民族运动的震荡而愈不可解。这一现象，就是大英帝国崩溃的预征。现在将这一年的纠纷情形，略述于后。

埃及自1922年独立，1923年便颁布宪法，在形式上可以说是民族运动的胜利。然而英国始终没有忘记埃及地位的重要，所以自治领土虽经1926年帝国会议的决议，允许自治领土具备独立国的形体，可是1927年却暗地与萨华德（1927年4月成立的埃及内阁的总理）订立十四条有伤埃及的《英埃同盟条约》。后来这个密约泄露了，激成埃及广大的反英运动（1928年3月初旬），英国竟惨无人道地用坦克飞机对付群众，死伤的有数十人之多。结果民众的反抗愈烈，萨华德不得已而辞职。继任的便是"华夫托党"首领穆斯达华·奈哈斯·巴谢，他的对外政策，纯取强硬的方法，并于下院提出《公众集会条例法案》。在埃及政府认为此法案全系维持国内治安上必要的国内法，绝无仇视外人之意，英国却认为这是反英政策之强烈的表现，当该案在下院通过之时，英政府提出警告。然而埃及却毫不畏惧地于下院通过了。英政府见情势急转，便于4月30日提出最后通牒，并限于5月2日午后7时撤回《公众集会条例》法案，外交部长张伯伦又于4月30日在下院演说谓"《公众集会条例》乃变更过去五年来埃及实施各现行法令之条例，在埃及官宪之掌握中，其维持公安之自由之范围，益形扩大……埃及政府既忽视我以前之警告，而允许民众集会示威运动之自由，此实含有危害外人之意味，而违反1922年埃及独立承认之附带条件，今政府为保护利益计，实有采取断然处置之必要"。同夜英政府又召集紧急会议，决定如埃及对于最后通牒无正式之答复，决取断然之处置。据一般推测，所谓断然之处置，不外除已派地中海军舰向埃及示威外，加派应援的军舰，及增派陆军，进而占领埃及之关税，最后破弃1922年之宣言等。埃及政府处此难境，不得已于5月1日承认此案延期交议，而向英国要求谅解，此交涉从而告一段落（以后情形如何，因无确实资料，未敢乱说）。

印度与英本国之关系，是英国目前的重大问题。英帝国间之关系，已于1926年之帝国会议所决定，关于印度政治组织，由1919年之印度政府法，至10年后之1929年止，设立调查委员会，专调查今后之政治成绩，本此调查，以改正印度政府法。印度自治之许可与否，全以此结果为断。1928年2月西蒙（Simon）氏率领由英国议会保守自由劳动三党及上院所选出之委员，一同出发抵印。印度舆论界，以此种委员全无印度人参加为理由，激起广大的同盟抵制运动。

这两件纠纷，虽说没有多大的成果，然而都非同小可。埃及的独立运动，自从柴鲁尔领导之后，已有一日千里之势。此次虽说没有成果，可是埃及独立运动既有了巩固的基础，我相信只是时间的问题，换言之，即是帝国主义的对立愈激化，便愈促成埃及的成功。印度所受英国人的榨取，更不用说，印度一亿农民中，便有五千万人以上受了英人的剥削而变成贫农，而且资本主义组织的输入，剥夺了农村中自给自足的生活，而不得已变为无产阶级的工资劳动者。尤其在大战以后，印度人所受的刺激，更激起他们民族运动的自觉。不待言，印度的独立，迟早也要成功的。

英国资本主义既已成老衰的状态，最近急于施行产业合理化，一方延长工作时间减少工资酿成恒久的失业状态。一方榨取殖民地以缓和本国的劳资冲突，然而结果只是智穷计短，难于应付，而不得不即于崩溃之一途了。

八、黄金时代的美国

1. 一般的经济情况

谁都知道,大战以后,全世界的金融中心——其实,政治中心,也是一样的——已由伦敦转移到纽约去了。读者只要参看本文第一节,便可以明白这一事实的正确。1928 年前 5 个月世界石炭的全产额 96 552 000 法吨,美国便占了 41 733 000 法吨;铣铁全产额 6 814 000 法吨,美国便占了 3 136 000 法吨;钢全产额 8 544 000 法吨,美国便占了 4 278 000 法吨:这样不是美国明明地占了全世界主要产业全产额之半数么?美国的国富,总计在 800 亿美金以上;美国对全世界,又是 500 亿美金的债权者:在全世界,除了美国还有这样一个富于金融的国家么?美国的对外投资,只以近数年而论,便有这样的数目:

美国对外投资(单位:千美金,四舍五入)

年别	全年	上半期
1922	756 476	627 077
1923	347 626	193 646
1924	1 244 796	384 738
1925	1 307 308	567 006
1926	1 349 793	616 458
1927	1 718 796	792 926
1928	——	1 163 338

由这表所示,证明美国对外投资,与年俱增。

美国既已达到了黄金时代,难怪共和党胡佛氏在加里福尼亚州的候选演说中大声地叫道:

八年以来(共和党治下),人口增加了 8%。然而我国的收入,增加300亿元美金,即增加45%。我们的生产——随而我们的消费——增加25%。这些增加,广布于我国全人口之间,由以下的事实,可以证明。住宅所有者业已增加,在这八年之间,家庭之数增加230万,而我们新建筑的住宅增加350万所。在此短期间,900万家庭业已装置了电气设备,改良了妇人们的悲惨状况。并且同时增设了600万架电话,700万架无线电播音机,1400万辆汽车,时间与距离的障碍,均已除去了。(中略)中央政府努力的结果,一年减少了20亿元美金的中央政费,并且偿还60万亿①元美金的国债。

胡佛氏这一段演说,便活活地描写了美国的黄金时代,便活活地描写了代表资本家的政府的口气。

一般的经济状况,既已达到黄金时代,其基础不用说是建筑在大资本垂直的集中之上,是建筑在产业合理化之上,是建筑在积极地剥削劳动者之上,是建筑在压榨殖民地及半殖民地之上。而另一方面的现象,不用说是生产的过剩,信用的过剩,国内市场扩大的停止,技术的异常的进步,从事生产的劳动者之绝对数的减少,失业的增大,劳动者状况的恶劣,1924年以来的农业不断的恐慌,劳动者及农民的反抗等。美国资本帝国主义一方达到了黄金时代,一方与此相应而生的矛盾便层出不穷,最后便不能不采取积极的侵略政策,以求消解这些矛盾而确保美国资本帝国主义在全世界的首位。

2. 美国的积极的侵略政策

美国要消解这些矛盾确保这样的地位,自然只有采取积极的侵略政策。因为非如此,便不足以克服由这些矛盾所生的危机。所以美国掠取新市场,扩大旧市场,便是克服这个危机的不二法门。从而美国的军事上、外交上、政治上以及经济上之一切计划,都不得不建筑在这个政策的基石之上。美国不论怎样牺牲,不论怎样艰难,都不得不集中力量于这个政策以求出路。

美国要获得这一条出路,其一脉相承的政策——自道威斯计划以至近来的《开洛克条约》——便是使欧洲的资本拜倒在美国的支配之下,便是代替国际联盟的空洞的结合而掌握全世界政治外交的枢机,便是使欧洲诸

---

① "60万亿"明显有误,原文如此(整理者注)。

资本主义国间的矛盾增大,便是确保侵略殖民地及半殖民地的自由,便是破坏苏俄的安定。在这一政策之下,大英帝国的堡垒已被美国摧破了:加拿大、拉丁亚美利加、澳洲、印度以及极东,都渐次地移向美国的支配之下来了;石油、棉花、橡皮,以及海上运输等的战争胜利,也都归于美国来了;而英美的对立,益形尖锐化。所谓门罗主义一口号,便是美国的"只此一家并无分店在外"式的侵略美洲各国的护身符;所谓门户开放主义一口号,便是美国对于从来没有基础的殖民地及半殖民地——尤其是中国侵略的护身符。拉丁亚美利加已化为美国的奴隶了;尼加拉瓜不断的内乱,便是美国造成的,美国毕竟监督尼加拉瓜的总统选举,美国的军队毕竟威胁尼加拉瓜——好一个门罗主义的口号;中国政府向美国的借款和聘用美国的实业家、经济学家做经济顾问,便是美国的门户开放主义已经奏了奇效;这些都是美国的积极的侵略政策的表现。

美国要贯彻积极的侵略政策,自然会碰着敌人英国,此外还有一个苏俄。由美国认苏俄与第三国际为一物一事看来,由美国站在不承认苏俄的阵头一事看来,便明证美国对于苏俄之不断的攻击。将莫索里尼和美国资本帝国主义比较,则莫索里尼不过是美国的傀儡罢了。

美国的积极的侵略政策,还要巩固这一政策基础——军备。7亿美金的大巡洋舰建造计划①,3亿美金的空军预算②,近来军事学校的增设,军事教育的厉行,以及军队的机械化与战争的化学化等,都没有不是贯彻积极的侵略政策的手段。从来大吹大擂的外交上的《弭战公约》的戏法,也

---

① 美国海军部向前议会提出总经费7.4亿美金军舰71只建造的大海军扩张案。大总统柯立芝于1928年11月11日大战休战纪念日演说,极力指摘美国军舰不足以保护领土、属地以及通商,并且较之英国低劣,而不得不努力于海军的扩张。英国外交部长张伯伦便给柯立芝一个强硬的回声,张伯伦说英国毫无和美国竞争的理由,随之造舰竞争的意思也是没有的;不过英本国系跨有全世界的大英帝国的中心,有确保与各属地领土间的海上交通之必要;英国不仅一般地保护此重要的交通,与其国土的安全,并且因为以图英国的存立与保护必需品之出入道路,而不得不采取当然的相当的防备手段;若美国认明了此等事实,则必以进一步的同情之态度,而确信英国的立场。如此,英美的对立的尖锐化,成了更明显的事实。

② 华盛顿1月3日电,美国下院开始审议1930年度陆军预算,总额为4.354 2亿美金,内直接军事费支出额约1 700万美金,非军事用10 700万美金,航空军用3.03亿多美金。欲于1930年度新造飞机275架,于最近五年内,完成800架飞机的新建造。

就"司马昭之心,路人皆知"了。

3. 胡佛当选大总统的意义

1928年11月6日美国选举大总统的结果,当选者是共和党的胡佛。胡佛是在如上所述的美国的情况之下,而当选为大总统。然则,胡佛的当选,到底含有什么意义呢?要明白这一点,首先便应知道这一次选举的特征。这一次选举的特征,不外下述的四点:

(一)这一次选举中,工业及金融大王,发生了绝对的重大的力量(胡佛的后援,便是大资本家,如石油大王斯坦达特,如钢铁大王莫尔冈,如汽车大王福特等)。

(二)社会党丧失了代表工人阶级的性质,所谓在资产阶级的二大政党之外另处其间的第三党运动,已成画饼(如亚美利加矿夫组合的反动化与官僚化,如素来介在民主共和二大政党中间自居中立地位的亚美利加劳动总同盟之投票胡佛,如社会党由全国的党而化为地方的党,如社会党的赞美国际联盟并承认开洛克条约是军备撤废的保证等事实)。

(三)劳动者党(共产党)成为唯一强有力的工人阶级的政党之活动(大选以前,该党会于1928年5月末举行大会,有如次之各特点:1. 出席人数最多,为美国空前所未有,即39州有296名之代表及150名友谊团体之代表出席;2. 黑人代表25名出席;3. 旧日战士加入者特多;4. 党已形成为全国的。又在选举斗争时,努力以求大众之获得与组织,并将矿夫罢工,失业者斗争以及反帝国主义战争等与选举战争结合)。

(四)美国于获得全世界资本帝国主义的首要地位之后,而举行此最初的大选。

这一次选举的特征,既如上所示,我们便可以用一句话而表明胡佛当选的意义,即确保美国资本帝国主义在全世界的首要地位。由这一意义,我们便可以分析到今后美国所必采取的政策:

(一)对中国以门户开放主义一口号,同时向中国政府表示好感,以期在中国建立一侵略中国的基础(一年来报上所载的龙潭蚕业借款以及浚河借款,都是美国侵略中国的成绩;同时又向英国借款,以完成粤汉路并建筑由广东经过福建浙江等省的新路;这一点更使英美的冲突即于尖锐化。再美国如向中国北方发展,又必惹起日美两国的冲突。读者更当明白,胡佛以前曾与中国的矿山业有四五年悠久的历史)。

(二)继续菲律宾的统治权,不仅是为橡皮及热带生产品之必要而如此,并且要进一步建立向太平洋发展的根据地。

(三)以协力的名义,帮助中南美洲各国产业的发展,一方以协力二字见好于中南美洲各国,以和缓其仇视美国的运动,他方可以使美国的现金流出,因为中南美洲各国如要发展实业,自必依赖美国的资本,其结果中南美洲各国势必离美国便不能存立(现美国投资中南美洲各国的总额已达110亿美金,又美国对中南美洲各国贸易额1928年已达20亿美金,占美国全贸易额1/5。胡佛于当选后,即历访中南美洲各国,便可以证明其用意之所在)。

(四)凿成尼加拉瓜运河,一方为美国沟通太平洋大西洋向东方进展之最便利的可以航行大船的交通航路,一方以丰塞卡海湾(Gulf of Fonscca)为太平洋海岸之防御中心(1914年8月5日美国与尼加拉瓜订约,以丰塞卡海湾租与美国,以99年为期。实际上,丰塞卡海湾为尼加拉瓜、洪都拉斯以及萨尔瓦多三国所共有,故胡佛此次出发,最初即历访这三国,以期得到谅解。又尼加拉瓜运河,美国已于1928年,交付300万美金与尼加拉瓜,以取得此运河的开凿权。此运河沿太平洋沿岸,经过两个湖沼,而斜向于大西洋,计可以航行极大之商船与兵舰,较之巴拿马运河为更便利)。

(五)对墨西哥必继续采取其石油压迫政策,以维持各石油公司的来源(观胡佛此次当选之受石油大王的援助即明)。

(六)继续对加拿大的经济的侵略(现对加拿大投资已有70亿美金,反之,英国却只有40亿,这一点,也可以明证英美对立之尖锐化)。

(七)其他充实军备,赓续共和党的外交政策,都是题中应有之文。

总之胡佛氏属于共和党,而共和党素来就是代表金融资本的政党,则胡佛氏此次当选的意义,其为确保美国资本帝国主义在全世界的首要地位,自不待言。

4. 农业恐慌

自1924年以来,美国农业即已陷于永久的恐慌之中,这是黄金时代的美国集全力于工商业所得的结果,其原因虽多,然其显著的,不外以下数种:

（一）因农场机械化，而农产物的生产率随之增高；因生产率的增高，随之酿成农业劳动者的失业状态与人口之相对的过剩状态。

（二）地租高涨，十年以来，涨至二倍乃至三倍，因此农家不易于找到耕地。

（三）工业商品与农业出产品价格差异之增大，往往工业商品的价格大于农业出产品。

（四）因工业商品价格较农业出产品为大，随之农村购买力减退。

（五）人民嗜好之变迁，据美国农业部报告，小麦一人的需要，1909年为1.04桶（Barrel），1925年减至0.89桶，16年间减少14%，又肉的需要，1907年为159磅（Pound），现在减至143磅，加以禁酒律严，小麦的需要，更因之减少，又汽车发达，从前农家以饲养牛马为副业的，也随之减少。

有此以上诸因，一方使农业陷于恐慌，他方使农家陷于穷境，这确实是美国目前的重大问题。

胡佛于竞选之时，预先便向农民表示——设一新机关专门解决农业问题——以取得农业区域选民的好感。可是工业和农业的这一矛盾现象，我们看看胡佛到底怎样去消解？

九、目前国际外交与各国对立的尖锐化

1.《和平公约》

《和平公约》是1927年6月20日法外长白里安向美国务卿开洛提出《法美永久友好条约草案》的结晶,草案的内容是:

(一)缔约国以法美人民的名义,严谨宣言,惩恶战争并捐弃战争为国家政策之工具。

(二)所有法美间各项争端或冲突,无论其性质若何,起因若何,其唯一解决的方法,为和平的方法。

开洛接到是项草案后,于同年12月28日答复法国云:捐弃为国家政策工具的战争一事,用意很好,但能使主要列强均能加入,更为有效。这便是法国主张两方条约,美国主张多方条约。其间经过无穷的波折,卒之依照草案,加以开洛修正,于1928年6月27日在巴黎正式签字了。这就是《和平公约》,也就是风靡一时的《开洛条约》。

我们要认清:在帝国主义对立即于露骨的尖锐化的今日,在帝国主义正在努力充实军备的今日,而有这个轰动全世界的《和平公约》出现,这不是别的,这就是预想第二次国际帝国主义战争到来的世界资本帝国主义的自白。

可是《和平公约》的政治意义是什么?美国反对两方条约而力主多方条约,其意图又是什么?

美国政府并没有梦想到由《和平公约》可以促进世界的和平,从大总统柯立芝于1928年8月10日的谈话中,便可明证。柯立芝说:

《和平公约》……美国海陆军的权力与能率,并不受公约的干涉,并不因公约而无力,美国现在的军备,全然以防御为目的,《和平公约》之于纯粹的国防问题,几乎没有关系,因此,关于国防的美国之主要政策，并不受《和平公约》的影响。

美国在事实上是《和平公约》的主导者，而美国的元首，却这样轻描淡写地说着，这不明证《和平公约》是一纸具文么？

英国是美国的敌方，却又高唱英国式的门罗主义，即是自卫手段的行动自由，法国也同样的要求这个自卫权；似此英国对埃及的武力干涉，日本对中国的武力干涉，美国对尼加拉瓜的武力干涉，都是自卫权的行动自由而不受《和平公约》的束缚，则《和平公约》的力量也就渺乎其小了。

自卫手段的自由行动，在《和平公约》中并没有明文规定，然则掌握决定权的自然只属于缔约国中占有最有力的地位的国家。美国的意图，便在这里。在第二次大战中，到底站在哪一方面，为"正义"而战；取得这个最后判决的地位的，便只有美国，这就是美国在《和平公约》中的政治的收获。

从他方面言，美国这一次的成功，可以说是对于表现于国际联盟的英法在欧罗巴中的指导地位的胜利。尤其是在日即没落的大英帝国与方兴未艾的美国资本帝国主义间的对立，在《和平公约》订立的过程中，更表现得厉害。世界帝国主义诸势力的对立，已结集于英美两极的对立。从《凡尔赛和约》的国际外交战以来，其间经过多次为和平而召开会议并签订协定以及条约，可是帝国主义诸势力的对立，便隐蔽在这些国际外交战之中。《和平公约》的特征，便是帝国主义诸势力对立之再组织的新近的阶段，现在这两个体系，更显明地对立了——一个便是以美国为指导者的《和平公约》的体系，他一个便是以英法为指导者的国际联盟的体系。

《和平公约》的问世，可以说是美国的和平体系的胜利，在事实上，也可以说确保了美国对于国际联盟的发言权。然而对于美国的"努力世界和平"的《和平公约》，法英却又以他一个"努力世界和平"的方式来应对美国，这便是《英法海军协定》，《和平公约》就因这个协定而葬入坟墓里面去了。

当然《英法海军协定》的招牌，也是"以求保证世界和平"。当《和平公约》案正式向英、德、日、意十四国提出不到数星期时，英外长张伯伦便在下院，声明英法间的海军协定的成立。由苏俄的《赤星报》披露了这个秘密协定，内容是：

（一）太平洋中英法舰队的共同动作（对美），分割地中海为英法两势力。

（二）在包括苏俄的欧洲以外的地域中，发生协约国的一国的军事行动时，其他之一国，以空军援助协定国（对苏俄），在地中海沿岸，预想有反于英法两国利益之军事行动的国家时，分担空军的活动地域（对意大利）。

（三）交换东洋诸国的军事调查报告（对中国及苏俄）。

后来英法正式发表的协定条约内容，虽然否认英法军事协定的广及于海陆空三方面，然而这种密约的一部分是事实，则毋庸置疑。如此，《英法海军协定》便是力谋和平的《和平公约》的最好的注释了。

受《英法海军协定》的影响特大且直接的，自然是美国。由华盛顿会议所规定的神圣不可侵犯的5∶3∶3比例，从而由这一协定而倾覆了。英法的谅解，即许可法国于欧洲大陆达到陆军的首位，同时承认英国的海军力占世界第一位；结果英美两国的世界霸权战，更形激化。

其次，所谓将来海军军备限制案的基础之海军军备协定的内容，也完全和美国的利害相反。美国在地势上，一方沿太平洋，一方沿大西洋，万吨大巡洋舰及大洋航行用潜水舰，都感到必要。反之，英以属土散居各方，军舰不宜于大，而宜于小与速度大，故小巡洋舰的多数建造，又为英国所必需。法国所必要的，便是保护海岸线而为美国所主张全废的潜水舰。关于补助舰限制的冲突，自三国军备缩小会议以来，每触必发。但是这一次的海军协定，关于这一点，英法都得到谅解。可是于美国又怎样的不利呢？只看以下所示的主要条款，自明：

（一）关于万吨巡洋舰，各国总吨数制限必得均等，但各国实际上于国防有必要之范围以内，得建造之。

（二）潜水舰亦适用（一）之原则。

（三）潜水舰区别为六百吨以上及六百吨以下二种，六百吨以下的潜水舰不受此限制。

英法关于这个协定征求美国的同意时，美国予以强硬的反对，不得已《英法海军协定》便声销迹匿了。这一点，我们可以看做暗中促进了英法的接近，同时明证美国在国际政治上确保了重要的发言权。也就是这两个体系对立激化的表示。

现在进而要分析现今全世界各国的具体的形态。

2. 现今各国的具体的形态

现今各国具体的形态，有些方面，较诸战前为简单，有些方面，却较诸战前为复杂。战后德奥俄都脱离了帝国主义的列强的地位，全世界只剩下四个独立的帝国主义，即英、美、法、日，所以在这一点看来，便成为简单了。所谓复杂，却有以下诸事实：

（一）从人口与经济上的重要言之，世界列强之一的德国，战后已解除了武装，剥夺了帝国主义的活动之可能性。可是今日的德国，却具备一特异的形态，即兼有帝国主义的特质与殖民地的特征。德国的经济的下部构造——因赔偿义务而被强制的资本之输入除外——是帝国主义的特质。武装解除①，赔偿义务，资本输入，外国的统制等，却是殖民地的特征。德国的资产阶级，于经济的方面，都不得不带有帝国主义的活动的色彩，所以竟提起夺回已被剥夺的殖民地的问题，所以竟染指于法国殖民地的经济的活动，所以力谋建筑土耳其与波斯的铁道。虽然如此，可是不能说德国全部带有帝国主义的色彩，它实是充满了特异的矛盾的怪物，它一半是帝国主义国，一半是站在帝国主义列强支配下的殖民地。

（二）因战争技术的进步与四列强的优势，使弱小诸国仅保有独立之形式，而无独立的外交政策之可言。弱小诸国的外交政策，只有仰承强国的鼻息，而于两个对立之中，站在于它本身有益的一方。如荷兰，自己便不能维护其殖民地，而必有赖于英国的保护；如葡萄牙虽一方有它的殖民地，可是它的自身却沦为英国的半殖民地；如比利时虽立于国际的保护的旗帜之下，可是它又接近于法国的势力范围。

（三）独立国、殖民地、半殖民地三者的界限，战后益形混沌。如希腊形式上是独立国，但在事实上变为英国的自治领地。

（四）半殖民地及殖民地对于列强的关系之中，有二重的过程进行着。南美中美以前的诸独立国家，陷于美国的羁绊中。在一方面，美国要促进南中美诸国的资本主义的发展，反抗封建的土地所有制，以支持诸国的资产阶级，这是进步的一方面。但是，在他方面，美国又同时将诸国及其资

---

① 德国虽说被解除武装了，然而不能说德国没有防备。德国在技术上，有优良的已养成的武装的将校及下级干部。只要一旦战事勃发，对于业已施了预备教育的军队，略加补充，举国即可化为大军。并且民用飞机发达，数时间就可以改为军用。又得着金属工业的帮助，短时间便能将发动机与铁板组成坦克车。德国化学工业的进展，在全世界居第一位，其有助于战争，更不待言。德国所缺的，只是重炮兵队与舰队。

产阶级置于美国统御之下,这便是妨碍诸国进展的一方面。又在大英帝国的内部,英国自治领地却成功了离心的发展,帝国主义的压迫,一般增大了殖民地及半殖民地的反抗。此种反抗,在土耳其等,便完全得到成果;在中国则一时的发生帝国主义的强大的支配力。

(五)这些形态,因联合国相互间的债务与赔偿,因苏俄的存在,而益形复杂。

其次略述四大强国的具体形态:

(一)美国十年来达到了资本帝国主义的黄金时代。美洲大陆当然是她的大舞台,事实上益加侵入到太平洋各地,而与英国对立。

(二)大英帝国,除加拿大外,它的核心,包括了印度洋。印度的周围,便是后印度、澳洲、新西兰以及非洲。到印度的通路,有埃及、美索不达米亚以及马耳他。所以大英帝国,除加拿大等地不计外,实集中于印度周围。但是因美国的伸张与民族运动的兴起,动摇了大英帝国的基石。

(三)日本是极东的强国。从经济上言,有重要的绢输出于美国,而依存美国的资本之流入。它的原料,仰给于中国及其殖民地。

(四)法国是地中海——非洲的强国。非洲的殖民地接近于本国,经济上、战略上均占重要。在欧洲大陆有强大的兵力,政治上、军事上又与波兰、捷克、罗马尼亚结合。

各国的具体的形态,如上所述。现在要进而叙述各国的对立,借以证明第二次帝国主义战争之可能。

3. 各国的对立

由以上所述,全世界的二大对立,便是英美。英美对立的激化,而有爆发战争之可能,乃由以下各根据而断定:

(一)英建立新加坡军港,美则建立丰塞卡海湾对太平洋的防御中心。

(二)非洲里比利亚的橡皮战。

(三)美国势力伸及于加拿大、澳洲以及新西兰。

(四)石油战海运战之激化。

(五)《和平公约》中所表现的破绽。

(六)海军问题的紧张。

(七)美国势力的侵入中国,从而影响英国对中国的侵略。

可是对立的情形，不仅是英美，不过英美是两个体系，两个大阵营，其实，各国间亦无不表现着对立的情形。

日美的对立，有以下的事实，可以断定：

（一）日本以"满蒙的特殊地位"的口号而侵略中国，美国以"门户开放"的口号而侵略中国。

（二）美国企图成为太平洋之整个的支配者。

（三）日本力谋中美结合的破裂，美国力谋驱逐日本的势力于中国之外。

（四）美国力谋日英同盟的解体，而日本田中内阁却派内田康哉到英国以定英日解决中国问题的方针，并且英日续盟，在事实上也是可能。

（五）华盛顿会议中美国于关岛建筑军港问题。

世界第二次战事如果发生，自然日本会倒在英国方面。

再之，英法的对立，其根据如下：

（一）争取欧洲的霸权。

（二）争取地中海的支配权，在英国方面言之，可以因地中海而保持各地的联络，在法国方面言之，可以因地中海而保持与北非的联络，并且在法国只要以亚尔雪黎一水道，便可以阻碍英国的通路。

（三）法国陆军的强大，激起英国海军的扩张。

（四）法有南斯拉夫之小协约，英则与希腊、意大利联合，亚得利亚海便被法国所封锁，希腊的海军参谋本部将校多为英国人。

法德的对立，已有历史上的根据，其最近的根据，便是：

（一）因德国经济的发展，德法的对立随之尖锐化。

（二）德国人口之激增，二倍于法国。

（三）莱茵的撤兵问题与赔偿问题。

（四）德国的复仇战争与法国安全的二重保障。

法意的对立，有如下之根据：

（一）英国恐怖法国陆军之雄厚，引入意大利以牵制法国。

（二）地中海贸易的冲突。

（三）大战后意大利的所得不良，时时有垂涎法国所属殖民地的倾向。

英俄的对立，有以下各根据：

（一）石油战，因俄国石油激增（1913 年为 9 215 000 吨，1928 年便增加到 10 191 000 吨）而更尖锐化。

（二）张伯伦的反俄战线之联结。

（三）阿富汗问题。

综上所述，系举其显明者而言；此外俄美对立，其原因便存在资本主义与社会主义的根本冲突上；英国与法国对立，自必强德以弱法，但是引起了德国产业的向上，又形成了英德的对立；德在经济困难时期，是亲西欧而远离俄国，可是现在因精制品与机械多数向俄输入，又因俄国的小麦价廉的供给（计德输入于俄的总额，在 1926—1927 年，为 277 200 万马克，其中精制品与机械占 83%。又俄输入于德的小麦，在 1925 年度为 497 200 马克），却渐次转移了这一趋势，而与俄缔结通商条约，关于这一点，又于英国不利；最后德国对波兰，匈牙利对罗马尼亚、南斯拉夫，捷克斯拉夫以及波兰之对里多亚尼亚，保加利亚之对南斯拉夫等，都有历史的根据与客观的必然性。

总之这许多的对立，只有因英美的对立的战事的勃发，而倾向于其本国有利的一方，演出比第一次大战更惨酷更剧烈的大战，这就是全世界资本主义的没落期到了（苏俄与帝国主义英美等的对立虽有发生大战之可能，然不如英美对立之快与容易）。

世界的情况是这样的，目前的世界的情况是这样的，只有血腥，只有惨酷，只有可怕。然而我们到底是中国人，再回头看看中国这一年的情况是如何，作者也不愿多说，让读者自己去体认罢！

第二次世界大战问题

杨东莼　编

例　言

一、这本小册子，系赓续拙编《世界之现状》一书写成的；也可以说这本小册子是《世界之现状》的结论。

二、这本小册子，完全根据事实来下论断，既不愿意空谈，又不敢于虚构。作者的见闻有限，如果根据的事实有错误，却诚恳地要求读者指正。

三、读这本小册子时，请参看宁敦武君译的《帝国主义没落期之经济》一书。

作者附志
1929年4月21日

第一章 序　说

　　肉的弹丸，血的火花，我们想到战争，何等惨酷，何等可怕！但是，我们从辩证法的唯物论的见地去观察，则每一战争的发生，都是必然的，而非偶然的，都有其存在的根据，而非穷兵黩武的英雄所造成的。拿破仑虽然野心勃勃，威廉第二纵有雄图伟略，然而都不是掀起骇浪惊涛的飓风。战争的真正原因，只有从它的存在的根据中去探求，只有从社会的变革中去探求，才不会错误。其他一切的说明，都只看到部分，没有把握全体；其结果不仅不能说明事实与原因的关联，而且颠倒事实与原因的关联。本书要避免这一弊病，所以力求运用辩证法的唯物论的见地，以说明第二次世界大战何以必然地会到来。惟其如此，所以第一次世界大战，是必然的事实，从而第二次世界大战，也是必然要来到的事实。因为第二次世界大战，在第一次世界大战以后孕育了它的存在的根据，获得了它的母地；这一未来的大战，既不会因何人的倡导而发生，也不会因何人的防卫而消灭；它是必然地而发生，并且必然地而消灭。根据这一点，所以本书所说的都是事实，并非造谣；不然，作者岂不要负着煽动惨酷的战争的罪名吗？

　　第二次世界大战的涵义，较诸第一次世界大战的涵义特别繁复。关于这一点，有三个重大的原因。

　　第一，自第一次世界大战以后，诞生了苏维埃社会主义共和国大联盟（以下简称苏联），因为苏俄的稳定，使全世界分为两个敌对的阵营，一个是反资本主义反帝国主义的大阵营，一个是全世界资本帝国主义大联合的大阵营。

　　第二，自第一次世界大战以后，激起了半殖民地及殖民地的民族解放运动。如土耳其革命的成功，如中国革命、摩洛哥民族运动、叙利亚民族运动、印度民族运动等。

第三，自第一次世界大战以后，德国退出了帝国主义列强斗争的舞台；代德国而起与英国争欧洲霸权的便是法国，代德国而起与英国争全世界霸权的便是美国。

因为这三个重大原因，使国际的问题更形成繁复；而第二次世界大战的涵义，便随国际的问题的繁复，而变为特别繁复。我们从第一次世界大战以后国际所发生的特殊关系及全世界所发生的独特的现象，加以分析，可以看到第二次世界大战的涵义，不外下列三种：

第一，帝国主义列强与苏联的战争。

第二，帝国主义列强对于半殖民地及殖民地的压迫战争，与反帝国主义的半殖民地及殖民地的民族革命战争。

第三，帝国主义列强间争夺世界霸权的战争。

第二次世界大战的涵义，既有如上所述的三种；但是我们应当明白，这三种战争都不是孤立的，都不是个别的，而是彼此都有息息相关的联系，而是一串连环中之三个环。到达某一程度，爆发了这三种战争之某一种战争，其他两种战争必然地相应而起。这是因为三种战争之相互间，都有连带的利害关系之故。所以第二次世界大战的特征，就在于由战争引起不断的战争，由不断的战争引起革命。

然而战争的原因，在今日就是资本主义。资本主义自身无法避免战争，却孕育了战争。帝国主义列强之所以对苏联作战，之所以对半殖民地及殖民地实行压迫战争，便是要倾覆无产阶级独裁的苏联，便是要把苏联开拓为最大的原料产地与市场，便是要取得中国之无限制的支配，便是要破坏民族革命运动，这就是国际资本主义的生死问题，这就是目前紧迫着的新帝国主义战争的危险之基础。在这一点上面，帝国主义列强的利害，并不是均一的，并不是完全采取一致步调的；换言之，即帝国主义列强各依其有利于自身的立场，而呈现一更尖锐的对立；所以在帝国主义反苏联战争没有发生以前，而帝国主义列强间的争夺世界霸权的战争有发生之可能。本书根据这两个原则——第一个原则，是第二次世界大战中的三种战争，有连带的关系；第二个原则，是第二次世界大战中帝国主义彼此间的战争，因其各自利害的关系，必然地先于反苏联的战争而发生——同时从资本主义的本身,首先阐明帝国主义间的战争之不可避免,其次再说到与苏联及半殖民地与殖民地的战争问题,再次关于新兵器之进展以及海军在第二次世界大战中所占的地位,也得附带加以说明。

最后还有一点要说明的,便是本书的一切论断,都系由事实出发;不是先有论断,然后加以事实的附会。

第二章　第一次世界大战牺牲之总结算

1914年到1918年亘四年有余的世界大战，是破天荒的战争，是帝国主义分赃不遂的大混杀，也就是资本主义与帝国主义发生动摇的表现。这一次大战，全世界51个独立国，转入战争漩涡的，计33国。在这血肉的厮杀中，死亡了几多的性命，残废了几多的人类；在这枪林弹雨中，荒废了多少的耕地，毁灭了多少的经济的存在；这些都是帝国主义与资本主义所赐与我们人类的。抛在战场的骸骨，一片荒凉的废墟，这些都是帝国主义与资本主义的文明所赐与我们人类的。在帝国主义第二次世界大战迫于眉睫的今日，我们回忆过去的牺牲，再观察帝国主义的扩张军备，我们便可以推测将来的大战的牺牲，还要千百倍于过去。

从以上的统计，我们要认清帝国主义的罪恶，反对世界再分割的第二次大战。

1914年—1918年的动员数①

	动员数	与全人口之百分比
法国（本国）	7 960 000	20.4
英国（本国）	4 971 000	10.1
英国殖民地、自治领及印度	4 525 000	—
俄国	15 123 000	8.5
意大利	5 615 000	15.3
美国	3 800 000	3.8
罗马尼亚	1 000 000	13.3
德国	13 260 000	20.0
奥地利、匈牙利	9 000 000	17.5
总计	70 000 000	

---

① 表中数据有误，原文如此（整理者注）。

世界大战中军队的损害

	战死者①	负伤者	废兵
法国	1 550 000	3 100 000	800 000
英国	725 000	2 050 000	350 000
德国	1 835 000	4 215 000	665 000
俄国	700 000	2 750 000	410 000
交战国全体之损害	9 000 000	19 000 000	3 500 000

世界大战中人口之直接的减少②

1913年的人口	400 850 000
平时状态中的1919年半之假定人口数	424 480 000
1919年半之事实上的人口数	389 030 000
因战争而损害的总数	35 380 000
战死者及因负伤而死者数	9 829 000

由上表看来,即以欧洲十个国家而言,在大战中便减少了3 538万人口。这几千万人,都是因战时的不自由,因饥饿与流行病而牺牲了。若统计各国因流行病而死亡的人数,则在1 200万以上。

7 000万的性命,都直接死在大战中,其他几百万工人便都从事于武器、军用品以及毒气等杀人工具之制造。大战中许多制造生活必需品的大工厂,都移作战时用的生产。在大战中,便制造了以下所示这样多的武器。

	大炮	机关枪	飞机	坦克车
法国	21 000	88 000	51 000	5 200
英国	27 000	24 000	55 000	2 818
意大利	10 000（轻炮）	17 000	——	——
俄国	17 860	27 477	3 000	

---

① 因负伤而死者亦包含在内。
② 仅限于欧洲十国。

各国因需制造这样多量的武器,于是在大战中,将从事平常生产的工人移作制造武器的人数,便如下所示。

法国	1 600 000
英国	2 000 000
美国	1 200 000

德国军队,在大战中所消耗的炮弹数为2.86亿个,以现在价格计算,约240亿马克。这240亿马克既成了烟灰,而德国国民经济便受了240亿马克的损害。在2.86亿个炮弹底下,即法国而论,便破坏了290 000的住宅,500 000的建筑,65 000公里的交通路(铁道、街道、水路),97 000的铁桥以及22 160的工厂。

亘四年有余的大战,主要交战诸国国富力之大部分,都消耗在惨酷的战场里。

	国富力	国家收入	直接的战事费用	每年之总额与平均率
英国(本国)	70.5	11.0	33.4	7.7
法国	48.5	6.0	31.3	7.2
德国	80.5	10.5	46.3	16.8
奥地利、匈牙利	40.0	3.8	24.8	5.7
俄国	60.0	6.5	26.5	7.6
11个主要交战国	567.0	80.8	249.4	57.5

几百万的工人,都由平时生产,而转为战时生产,最后因战争的破坏,激起经济的一般的损害与工人群众之穷乏。世界经济的全体,因大战的影响,遂呈现一极衰弱的状态。下表所示,即战前1913年与战后1919年各种主要生产的比较,以表明战后全体经济衰弱的程度。

	1913年	1919年	减少百分率
石灰(单位:百万吨)	121.600	105.800	13.0
生铁(单位:百万吨)	77.200	61.000	21.0
钢铁(单位:百万吨)	73.600	68.000	7.7
钢(单位:千吨)	1.133	1.076	5.0
铅(单位:千吨)	1.292	940.000	27.3
亚铅(单位:千吨)	1.100	715.000	35.0

续表

	1913年	1919年	减少百分率
木棉（单位：百万俵）	25.4	20.6	19.0
羊毛（单位：百万磅）	316.2	289.4	9.0
小麦（单位：百万吨）	79.9	76.0	5.0
裸麦（单位：百万吨）	21.4	17.7	17.3
大麦（单位：百万吨）	26.5	22.1	16.3
燕党①（单位：百万吨）	49.4	42.7	13.6
玉蜀黍（单位：百万吨）	97.1	92.6	5.7
马铃薯（单位：百万吨）	113.4	9.2	19.0
砂糖（单位：百万吨）	18.8	15.9	15.0
世界四十个国家海外贸易额②	155.0	120.0③	——

其次，从欧洲诸国言，其所受损害，如下表所示。

	1913年	1920年	减少百分率
石灰（单位：百万吨）④	46.1	35.6	23.0
铸铁（单位：百万吨）⑤	301.5	16.5	55.3
钢铁（单位：百万吨）⑥	257.9	184.5	28.7

  以上所示大战中牺牲的总结算，便明示了资本主义与帝国主义的罪恶，然而正在准备中的第二次世界大混战，其将来的牺牲的程度，无疑要千百倍于过去。因为经过第一次世界大战以后，从种种经验与教训中，改良了杀人的工具，改善了杀人的方法，紧张了杀人的军队编制与国防计划，在将来拼命的大战中，当然要演出空前的大惨剧，说不定今日的作者与读者，都会间接地贡献于将来的大战的祭坛上。这是何等的恐怖！这是何等的不幸！然而这一恐怖与不幸，都必然来到，而不是平和主义可以消弭的；只有由这一未来的世界大战之自身变成为其反对物时，这一大战才会归于消灭，这就是由不断的战争所导出的革命。

---

① 此处原文如此（整理者注）。
② 单位10亿战前马克。
③ 1922年数字。
④ 包含英国、比利时、德国、法国。
⑤ 包含英国、比利时、德国、卢森堡、法国、瑞典。
⑥ 包含英国、比利时、德国、卢森堡、法国、瑞典。

第三章　资本主义之最近的危机

自第一次世界大战以后至1923年止，是资本主义最动摇的时期，各处革命运动的勃发，苏联战胜了国内外的干涉，便是这一时期的特征。这一时期以1921年为其最高点，以1923年德国无产阶级的失败为其终结。

1923年以后，便是逐渐形成资本主义制度部分稳定的时期。在这一时期中，资本主义开始了复兴的过程，资本主义的进攻，随之发展，随之扩大。

最后，便是现在这一时期，便是因技术的发达，资本主义经济超过战前水平线的时期。也就是加特尔、托拉斯迅速增加，并且发生了国家资本主义的倾向的时期。同时又是由资本主义过去一般危机过程所形成的世界经济的矛盾强烈扩大的时期。在这时期中，生产力进步与市场干涸之间的矛盾，特别地尖锐化，从而必然地创生一新时期。这一新时期，就是帝国主义的战争之不可避免，便是帝国主义列强反苏联的战争之不可避免，便是反帝国主义的民族革命战争之不可避免的一新时期。资本主义达到了这一时期，必然地由稳定的时期，而走到普遍的恐慌，而走到天翻地覆的大破坏的地步。这就是由战争而引起不断的战争，由不断的战争而引起革命。

以下就资本主义之最近的危机，以立证未来的大战之不可避免。

产业合理化的危机

产业合理化，是大战以后产业界革新的倾向。它的目的，就在于：(一)求经济性的向上；(二)求商品生产的增加；(三)求商品价格的低减；(四)求生产费用的减少；(五)求劳动力的加大。一言以蔽之曰：便是费本少而利润多。可是因产业合理化的结果，便发生资本主义的危机。

第一，因劳动力的加大与经济性的向上，自然地惹起生产过剩。现在英美各国，关于各种重要原料的生产，都无不呈现过剩状态。如煤炭、煤油、棉花、橡皮、铜铁等，便是供过于求（参看拙编《世界之现状》9页至 20 页①）。此外如美国的汽车，每年的生产，便在 600 万辆以上。这一生产过剩的状态，只有从以下所述几个方法去勉强地支持：（一）独占的价格垄断；（二）加重对劳动者的剥削；（三）加重对殖民地与半殖民地的榨取。不然，便会出现世界市场与殖民地之再分割之大战，以得到一个解决。第二，因产业合理化的独占价格，而中小企业家均因之崩溃。第三，因劳动力的增大，而引起不断的失业状态。美国的失业劳动者，在 400 万人以上，其中属于工业的劳动者为 175 万人。德国的失业者为 150 万人；英国的失业者，在过去九年以来，都保持百万以上的状态；意大利的失业者，也有数十万人。所以在资本主义各国的失业者，总计在 1 000 万人以上，并非过言。资本主义这些矛盾，都只有因第二次世界大战而消解。

煤油斗争

世界煤油之独占的组织，一个是 Standard Oil（即美孚公司），一个是 Royal Dutch。这两个独占的组织，近来的斗争，益加深刻化。它们斗争的重要舞台，如下所述。（一）为印度。这两个大托拉斯，因斗争而使价格低落非常。斗争之焦点，便是灯油；汽车用油，在印度不占重要位置。印度煤油之消费，在 1926 年，约 700 万樽（按 1 樽约合 8 普特），其中一半，系由与 Royal Dutch 有密切关系的布尔马煤油公司（Burma Oil Company）所供给；其中之 1/4，系由兰领印度的 Royal Dutch 所供给，美国美孚公司，不过占全数之 1/4。然而因斗争的结果，美孚公司便损失了 400 万元，Royal Dutch 便损失了 200 万元。Royal Dutch 为得要给予美国美孚公司在印度以重大的打击，结果，要求在印度设立煤油关税。（二）为英国本身。美国的美孚公司的汽车用油，开始输入英国。这种煤油，与以前所用的煤油比较，在同一距离中，所需油量较为减少，所以价格如果两者都相同，则美国的煤油，在英国的销行必定较大。Royal Dutch 与 Anglo Persian 两个公司，为对付外国煤油输入英国计，所以不断地主张重课入口税。（三）为委内瑞拉（Venexuela）。美孚公司在委内瑞拉用种种策略，确立了该公司对于委内瑞拉之全煤油生产的无限制的统制权。在这种情形之下，便不得不努力增加委内瑞拉之煤油生产额。委内瑞拉在 1926 年，还是次于美国墨西哥以及苏俄，而居第 4 位；可是到 1928 年，便超越墨西哥与苏俄而居

---

① 此页码为原书影之页码（整理者注），后同。

第 2 位了，在他方面，Royal Dutch 却又努力向美国之势力范围内扩大。

煤油斗争中最可注目的事实，便是一方面因急激的过剩生产，而发生市场的斗争，同时，纵令生产过剩，然而却不得不努力于煤油生产地域之扩大之斗争。美国在 Royal Dutch 的根据地兰领东印度占领了 2% 的煤油产额，Royal Dutch 却也占领了美国之生产额的 5%。在其他各处，两个独占公司，都不相上下地争夺产地。例如哥仑比亚之生额，便完全落在美国掌中。其他秘鲁的 81%，墨西哥的 71%，加拿大的 59%，都落在美国手中；与这一点相对抗，Royal Dutch 却以亚细亚为其大本营。最后，还有一点值得注意的，便是美国煤油产地的开发，将近于枯竭，而没有采掘全尽的煤油产地，却完全在 Royal Dutch 指挥之下。这一不断的斗争，也酝酿着第二次世界大战的胚胎。

石炭的危机

石炭危机之发生，有三个要因。第一，因燃烧技术上的改良，所用的石炭量少；而产生的"能力单位"反大。观下表所示，便易于明白一人石炭消费量之减少的事实。

	石炭消费之总计（单位：百万吨）		一人石炭消费量（单位：吨）	
	1909年—1913年	1925年	1913年	1925年
加拿大	23	25	4.00	2.60
美国	442	508	5.10	4.40
德国	159	138	2.60	2.20
比利时	25	31①	3.50	3.90
法国	61	74	1.60	1.80
意大利	10	11	0.30	0.30
荷兰	10②	12	1.60	1.60
英国	184	176	4.20	3.90
瑞士	3	3	0.90	0.70
俄国	34	17	0.30	0.40
中国	14	20	0.03	0.05
印度	15	21	0.05	0.07
日本	16	31	0.40	0.50

① 包含卢森堡在内。
② 系1913年的统计。

如上表所示，中国、印度、日本一人之石炭消费量之增加，是一种特殊现象；这是因为大战发生，这三处的工业特别发达而起的特殊现象。其他各国，除比利时与法国稍有增加外，都无不较诸1913年为少。这些都是因为燃料技术的改良而发生的必然的结果。这便是石炭生产过剩的根本原因之一。

第二，因煤油与水力的作用，代替了石炭的作用。如美国的情形，便在下表中可以看出。

	1911年—1915年（单位：百万吨）	1921年—1925年（单位：百万吨）	增加百分率
石炭	513	540	5
煤油	33	75	125
瓦斯（自燃物）	26	43	65
合计	572	658	15

由这一表，便可以看到，战前用煤油与瓦斯5 900万吨，代替了燃料全部消费的1/10。大战以后，加增为11 800万吨，即代替了燃料全部消费的1/6。此外还有水力之利用，在1925年，水力工厂所制成的能力，便代替了2 800万吨石炭的能力，换言之，即代替了石炭消费之2.3%。这一情形，不仅美国如此，即在德国、法国以及英国，亦莫不如此，不过其间有程度之差而已。

第三，今日石炭消费国，都努力于自给自足的石炭生产，以期减少国外石炭的输入。下表即明示石炭输出国与输入国的石炭生产之发展情形（以百万吨为单位）。

		1909年—1913年（平均）	1913年	1925年
输出国	英国	273.9	292.0	248.1
	德国	137.7	160.1	163.8
	波兰	36.0	41.0	29.1
	捷克斯拉夫	17.9	19.4	16.9
输入国	法国	42.0	44.0	47.3
	其他欧洲诸国	9.5	10.8	18.5
	中国	12.9	13.8	20.5
	日本	19.7	23.3	31.5
	非洲	6.9	8.2	12.6
	澳洲	12.2	14.0	15.3
	印度	15.1	16.5	21.5

在这一表，便发见输入国的石炭生产之增加与输出国的石炭生产之减少一事实。其次，重要输出国的石炭纯输出额，又如下表所示。

	1913年 （单位：百万吨）	1924年 （单位：百万吨）	1925年 （单位：百万吨）
美国	28.0	23.4	23.2
德国	32.7	12.4	25.5
波兰	——	11.5	8.2
英国	99.7	85.5	72.4
捷克斯拉夫	——	2.0	0.9
合计	160.4	135.3	130.2

由上表所示，石炭之总输出，战前除波兰与捷克斯拉夫不计外，为16 040万吨，而至1925年，便减少了3 000万吨。所谓石炭之危机，从这一点，便可以看得很明白。

美国的石炭输出，不过为其全生产之4%，英国不过为其全生产之19.6%（都以1925年为标准），从此可见英美两个主要石炭生产国，无论如何，都不能避免生产过剩的危机。这一危机，必然地导出第二次世界大战。

铁及钢铁的斗争

依世界经济会议之报告，铁及钢铁之生产产额，如下表所示（单位：百万吨）。

	1909年—1913年	1913年	1926年
铁	68.3	78.8	79.2
钢铁	65.2	76.6	93.9

由上表所示，铁及钢铁之生产额，在大战以后均有显著的增加；而在大战前，则铁生产较钢铁生产为大，大战以后的今日，则钢铁生产较铁生产要高出15%。同时，这两项原料的生产之分担额，在欧洲各国显明地减少了，而美国反逐年增多，观下表自明。

		1913年	1925年	1926年
铁（百分率）	美国	39.9	48.5	56.5
	欧洲	57.9	47.4	40.1
钢铁（百分率）	美国	41.5	50.8	52.4
	欧洲	56.6	45.8	44.2

欧洲各国，与美国对抗，便组成了欧洲钢铁加特尔（这是一种国际联合），努力于钢铁生产之增加，但是，其对于钢铁世界生产之分担额，依然减落，而不能与美国匹敌。

欧洲钢铁生产（单位：百万吨）及其分担额之百分比率

	1913年	百分率	1925年	百分率	1926年	百分率
德国	12.24	15.96	12.19	13.43	12.34	13.14
比利时	2.47	3.30	2.55	2.81	3.37	3.59
法国	6.97	9.11	7.41	8.17	8.39	8.93
卢森堡	1.34	1.74	2.08	2.30	2.24	2.39
萨尔地方	2.08	2.72	1.58	1.74	1.73	1.85
钢铁加特尔	25.10	32.75	25.81	28.45	28.07	29.90

钢铁加特尔在1925年及1926年之钢铁生产额，都要凌驾1913年，但是对于世界生产之分担额，却减少了3%。其次，就钢铁与铁之消费额而言，如下表所示。

	总消费额（单位：百万吨）		一个人消费额（单位：启罗格兰姆）	
	1913年	1925年	1913年	1925年
德国	17.53	12.35	261	197
比国①	1.45	2.06	190	255
法国②	6.40	11.35	151	203
英国③	10.84	9.05	236	200
意大利	1.17	1.94	38	61
波兰	0.17	0.88	32	28
美国	38.42	55.35	372	468
日本	1.13	1.40	30	20

上面一人之消费量，在欧洲四工业国（德、法、比、英）都不相上下，换言之，都在200启罗格兰姆左右。意大利、日本、波兰则远不及各国。

---

① 1925年包含卢森堡在内。
② 1925年包含萨尔在内。
③ 1925年爱尔兰除外。

反之，美国一人的消费量，便超过欧洲四工业国一倍以上。

由以上所述，欧洲钢铁加特尔与美国的斗争，已经明证其为不可避免的事实；在另一方面，因德国消费之增加与生产之向上，而使欧洲钢铁加特尔内部又发生深刻的斗争。这些斗争，都必然地要导出第二次世界大战。

独占之形成

自由竞争，发展到了一定的阶段，便必然地转化为独占。独占便是市场支配的意思。但是这一支配，又以什么为根据呢？以下所述三者，便是它的根据。

（一）资本之独占。新的企业之建立，若无银行资本的援助，便不能周转自如；所以新的企业与银行资本，息息相关。从而某一企业发生，如其金融基础薄弱，便容易因价格的斗争，而为其他拥有强大的资本之独占所压倒，如德国独立的色门德土工厂，为其加特尔所压倒，便是明证。

（二）原料产地之独占。与资本之独占一样，原料产地之独占，也发生重要的作用，尤其在矿业中是如此。

（三）技术之独占。与化学工业之跃进而俱来的技术方面之独占，形成了独占的一个重要的基础。在今日一切发明家之活动，都无不仰承大资本之鼻息，而为大资本所运用。例如德国 IG 康策伍（Konzern）的实验室，便网罗了全国的化学家之大半数。从而与它对敌的竞争企业，就因为技术上的原因，而归于失败。再若资本之独占与技术之独占，结合为一，则其独占之基础，便非常巩固了。

其次独占之目的，便全在于提高企业的利润。要达到企业的利润之高大，不外以下数个方法。

（一）因贩卖价格高于生产价格以上的方法，即恃其独占价格以垄断贩卖的方法，换言之，即牺牲无组织的资本家及独立生产者，而获得价值总额中之较大的部分的方法，用这一方法，以达到企业利润之高大。

（二）施行合理化，在最廉价的生产经营中，以集中生产，从而生产费用，便因之低下；以这一方法，而达到企业利润之高大。

（三）在工厂内之作业，使一定的商品，变成专门化，并且避除因竞争而损失的支出，使一切的特许权与技术上的方法，广范围地利用，用这一方法，而达到企业利润之高大。

(四)因劳动力之价格,低落在其价值之下,以这一方法,而达到企业利润之高大。

最后,在其形态上言,便有水平的独占与垂直的独占。前者一企业包括许多产业部门,后者从原料以至商品的诸过程的诸产业都集中在一企业之下。

独占的形成,是资本主义的必然的结果。在独占的形成中,许多无组织的资本家,必因之而破产,许多独立生产者,必因之而灭亡。从而最少数的独占组织的斗争,便进到短兵相接你死我活的阶段,而斗争便随之尖锐化,其结果,为资本家代理人的帝国主义的政府,便不得不出于一战,以谋解决。

农业化与工业化

资本主义使从前包含于农业经济的诸产业要素独立化,资本主义崩坏了农民阶级;一方面,农民转化为小农业资本家,他方面,农民转化为农业无产阶级;因此,资本主义分解了农业与工业之前资本主义的统一。结果,都市与农村益形隔离,都市便成了工业之中心地,这一分离,普及于国际,最后西欧便是世界之工业的工厂,而其他各地,就成为原料供给者。

虽然如此,但是相应于资本家的生产方法之敌对的性质,直接呈现一相反的倾向。某一国度,走入了资本主义的世界市场,于是资本之前资本主义的形态(商人资本与借贷资本),便容易转化为产业资本。某种产业部门,从其位置上的方便,又发生于农业国度,这就是因为原料在半制品状态中,其所需要之运费特别的少之故,从而原料之采集与贮藏之经营以及运输之经营,也都发生了。

基于位置上的方便,在形成了为一整个的阶级的产业资本家之利害与个别的资本家之私人的利害之间,便发生矛盾。在产业资本家言,以从来为其商品的顾主之国度不发生新产业为其利益。

但是在个别的资本家言,与其从殖民地或半殖民地输入原料到本国,再在本国制成商品输出到殖民地或半殖民地,其间费了来往两重的运费,反不如即在殖民地或半殖民地直接经营,利用其原料与劳力,再制成商品销售于其地域之为有利。从而个别的利益,超越全体的利益,资本输出的时代,因之开始;这一资本输出,对于以前所谓工业地域与农业地域之分离，恰恰发生一种相反的作用；换言之，就是农业国之工业化时代之开始。

农业国之工业化，因世界大战而促进。因船舶之缺乏，因海运之腾贵，因交战诸国自身的工业商品之缺乏，更与海外农业诸国之工业化以良好的机会与动力。这一农业国之工业化，只因机械之缺乏与熟练工人之缺乏，使其进展，发生相当的妨碍。

其次，在军事的需要上言，更予农业国之工业化以良好的机会。因船舶之缺乏，帝国主义对于殖民地之军事的需要，依然如大战前一般，专假母国之手，以充足这一需要，业已成为不可能。所以英国便抛弃以前抑止印度工业发展的政策，为使武装近东亚细亚之战斗部队计，从而用种种方法，以助长印度之工业化。

但是大战告终，欧洲诸国又恢复了大战以前的生产状况，从而只要欧洲诸国商品出现于殖民地与半殖民地时，这些地域的工业，以其根基薄弱之故，便被欧洲工业所惨败。

可是随农业国之工业发展而俱来的，又发生了由国内资本家及由国外资本家所形成的资本家群；这些资本家，对于新工业的维持及其利益，都有休戚与共的利害关系，而不得不起来以维持这一新工业。这一维持的具体表现，就是工业保护关税之创设。

然而由世界大战所得的经验，假使自国没有工业，在战争的情形中，是得不到利益的——这一现象，从各国大战以后的军事扩大上，可以确证。所以各国都以高率保护关税，企图在国内以助成为战争所必要的工业。

同时，与这一点相矛盾的，便是权力政治的作用。例如被压迫的殖民地（埃及、朝鲜、法领非洲），便因权力政治的作用，而无施行独立关税政策之可能。中国的关税自主权，为帝国主义的暴力所限制，便只能施行世界最低的关税。而在其他各国，综合力量薄弱，不能与强大的帝国主义匹敌，可是为创设本国工业计，都无不企图施行最彻底的独立关税政策。英国的自治领地，与此一样。

弱小国家创设本国产业的企图，因其国内市场之收容能力，不含有近代的素质，无法收容全部生产，从而许多产业部门，随之失败。失败以后，便发生劣等的小规模的经营。所以弱小国家之保护关税政策，无异乎就是生产力之自由的发展之障碍。他方面工业关税之存续——在国内市场之收容能力十分雄大的情况中——使以阻止工业化为利益的资本家之阶级利益与转移其生产于施行保护关税的国度之个别资本家之特别利益之间，发生深刻的对立与斗争。

资本主义安定以后，工业商品之市场，便成为欧洲工业诸国的大问题，而反对农业诸国的保护关税制度之新的经济政策战争因之开始。关于这一点，使我们想到有名的银行家在要求保护关税之撤废时所发出的宣言中的"人为的工业化"之不利一个警句。可是这一宣言，却被波兰、意大利以及美国产业资本家所反对。到今日，世界经济会议之自由贸易的诸决议，依然无实际的成果，而关税率不拘何处都不见减落，工业之人为的助长，依旧在各地继续进行。这一点，便是资本主义最近的重大危机。

农业国的工业化之积极退步，而再回复到农业化的倾向，已如前所述；但是事实绝非如此简单，请以统计证明之。

（一）机械输入。机械的生产之全部，美德英居85%。

新工业国所使用的机械之大部分，都从这三国购买。看下表，即明白新工业国使用机械，在1925年较诸战前为多。

	1913年（单位：百万马克）	1925年（单位：百万马克）
拉丁亚美利加	358	505
日本	109	324
中国	20	54
英领印度	139	225
其他亚洲诸国	75	76
南非洲联邦	64	99
其他非洲诸国	43	68
澳洲	152	292

（二）石炭生产（单位：千吨）

	1913年	1920年	1924年	1925年	1926年	1927年
荷兰	1 873	3 941	5 882	6 848	8 650	9 324
西班牙	4 016	5 421	6 128	6 117	6 276	——
英领印度	16 468	18 250	21 514	21 240	21 256	21 324
中国	13 776	20 669	20 524	20 500	——	——
日本	21 316	29 245	30 111	31 459	29 191	30 460
南非联邦	7 984	10 409	11 332	11 793	12 458	——
澳洲	12 617	13 183	14 108	14 739		

（三）煤油生产（单位：千吨）

	1913 年	1920 年	1924 年	1925 年	1926 年	1927 年
罗马尼亚	1 848	1 109	1 861	2 317	2 241	3 976
委内瑞拉	——	70	1 330	2 885	5 329	8 520
波斯	248	1 669	4 316	4 622	4 667	5 538
荷兰领印度	1 526	2 365	2 926	3 066	3 066	2 840

（四）铁生产（单位：千吨）

	1913 年	1920 年	1924 年	1925 年	1926 年
意大利	427	88	304	482	529
西班牙	425	251	497	582	457
匈牙利	190	——	116	93	188
罗马尼亚	——	19	46	64	85
巨哥斯拉夫	——	6	15	35	——
加拿大	1 031	1 015	629	580	749
英领印度	207	316	891	894	927
日本	240	721	820	838	864
澳洲	48	350	423	446	457

（五）钢铁生产（单位：千吨）

	1913 年	1920 年	1924 年	1925 年	1926 年
意大利	934	774	1 458	1 892	1 712
西班牙	242	306	545	626	578
匈牙利	443	62	239	231	325
罗马尼亚	140	35	87	101	——
加拿大	1 059	1 128	670	765	789
英领印度	32	159	340	456	457
日本	305	844	1 098	1 168	1 219
澳洲	14	170	311	357	366

(六) 纺织锤数（单位：千个）

	1913年	1921年	1924年	1925年	1926年
中国	——	1 800	3 300	3 350	3 426
印度	6 084	6 763	7 928	8 500	8 510
日本	2 300	4 126	4 825	5 292	5 573
巴西	1 200	1 521	1 700	1 950	2 493
加拿大	855	1 100	1 167	1 319	1 167
墨西哥	700	720	802	814	830
意大利	4 600	4 507	4 570	4 771	4 833
荷兰	479	630	686	817	921
葡萄牙	480	400	503	503	503
芬兰	220	240	251	253	255
匈牙利	——	22	——	——	101

由以上各表证明，可见农业国之工业化，正在不断地进展。这一现象，明明表现资本主义的危机，已到了崩溃的境地。帝国主义各国的产业资本，企图弱小诸国及殖民地由工业化而转到农业化的倾向，以维持资本主义的残喘。这一企图，不仅没有成功，反而得到两个恶果。第一，便是使产业资本之全体利益与个别资本家之私人利益之间的矛盾，益加深刻化。第二，惹起了弱小诸国、自治领土及半殖民地的反抗。其次，因殖民地及半殖民地的工业的发达，必然地使最多数的无产阶级都集中于都市，而加强世界革命的推进力。

赔偿问题

资本主义最近的危机，以上各节，已详为细述，此外如国内市场之狭隘化，如工人生活条件之恶劣化，如基于平和主义的国际协定之崩坏（橡片国际协定①，即其例证），都无不是资本主义的致命伤。这一切的矛盾，都必然地出于一战，以谋解决。但是，最后还有一个资本主义的当面问题，便是德国赔偿问题。这一问题，正反映了各资本帝国主义的利害冲突。在1928年秋季，道威斯计划的正常年度，才开始施行。恰当这个时候前数个

---

① 此处原文如此（整理者注）。

月，赔偿支付总务理事巴克吉博迪（Barker Gilbert）在他的报告中，便正式地声明了道威斯计划之不可能。他说道："根据已往的实际经验，深悉若无外国的监督，则赔款支付便无保障，在对于德国没有明确的课以任务之时，赔偿问题及附随于此一问题之其他的问题，都得不到一个最后的解决。"一言以蔽之曰：道威斯计划不能解消赔偿问题中所含之诸矛盾。以下简单叙述这些矛盾，以示各资本帝国主义之明争暗斗。

大战中英法资产阶级，都以战时一切损失归德国赔偿为口实，而规定赔偿总额为2 260亿金马克，其后才减到1 320亿金马克。赔偿额决定之时，英国即与法国以不利，于物质的损害之外，英国还提出所谓战时恩金，在这笔赔偿总额规定之后，英国又提出这一支出，明明地予法国以不利。因为法国所受的物质的损害最厉害，满望在这赔偿总额中取还，而在此一总额内，意外中又多一笔开支，则赔偿物质的损失在法国所预定的数目，便不能达到了。反之英国除被德国击沉舰船以外，并没有受什么物质上的损失，现在提出这一笔战时恩给，自然可以从中多获几个了。这一点，便是赔偿问题中的矛盾之一。其次，美国反对欧洲联合国与赔偿问题并为一谈，便是矛盾之二。因为美国对欧洲联合国是唯一的债权国，同时在赔偿额中，美国却不得染指，所以美国便力持向欧洲联合国索还借款，而整个的成为一独立的问题，不牵涉到赔偿问题。

反之，英法各国的主张，便又不同，英法以大战所受损失过大为口实，认为取不到赔偿额，便不能执行债务，换言之，便是将对美国的债务问题与赔偿问题并为一谈。

赔偿支付的强制。其结果崩坏了德国汇兑行情，质言之，即使赔偿支付陷于困境。法国看见这一情势，不顾一切地实行占领鲁尔，用武力来索取赔偿，同时取得德国的石炭与铁矿，又破坏了德国的经济。法国这一武力行动，在军事上固属奏了功效，可是他的索取赔偿的意图，并没有成功。这一方面，因为英国资本家绝对不容许法国在欧洲大陆有独特的优越的地位；他方面因为美国认为德国乃其良好的投资范围，对于法国的武力行动，必然地要予以防卫。还有重要的一点，便是随汇兑行情之破坏与鲁尔之占领，又使德国的无产阶级革命的空气浓厚，如果这一革命成功，资本主义的德国固属不能维持而必得灭亡，就是英法美各国，也必然地陷于同一的险境；如此原来的计划（以道威斯计划直接维持资本主义的德国，间接就是维持英美法各国），恰好得了一个相反的结果。以上所述，便是赔偿问题中所含的矛盾之三。

本来道威斯计划的任务，第一在于使陷于破坏的德国经济之复兴，随而可以确保德国资产阶级之支配地位，以维持其原有的社会关系（所以在这一点，我们要认明，资本帝国主义列强之维持德国，并不是维持德国之本身，而在于使德国资产阶级的统治安定，以防止无产阶级革命，以维持资本帝国主义列强一系列之存在）；第二在于使德国的汇兑行情固定，随而可以按期支付赔款；第三在于贯彻第一次世界大战之本来的目的，使德国的产业发展，不得凌驾于英美之上；第四在于确立美国对德投资之保障。

但是这四个任务，都含有矛盾。如果德国从本国的生产物的输出，以正规地支付赔款，则预先便有一个条件，即是德国的商品输出要超过其商品输入始为可能，质言之，即德国之输出，每年必有 60 亿金马克之增加，始为可能。但是在现下的情势中，德国为人口稠密的工业国，现在除石炭与加里之外，其他一切原料品均无输出之可能，这种输出超过，因此便全靠工业的精制品之输出。如此言之，赔偿支付，便以德国对世界市场之竞争能力的特别增大为前提，然而，德国受了种种负担，使这一能力之增大，又成为不可能；这便是一个最大的矛盾，也就是赔偿问题中所含矛盾之四。这一矛盾，正反映到各个战胜国资产阶级之相互间的利害对立与同一国之内部的诸阶级间之利害对立。何以言之？第一，赔款之取得，在英国言之，不过约合英国国家预算之 3％，在财政上，并不占重要地位；质言之，即赔款之支付与不支付，并不是英国的当面问题，反之，德国如果再在世界市场上称霸，倒是英国资产阶级所不愿意而必得设法破坏德国这一企图。第二，在法国言，便绝对与英国相反，法国取得的赔款，占赔偿总额之 52％，合于法国国家预算之 1/5，这一赔款，于法国财政上，便有左右支配的重要，所以法国无论如何，都得向德国索取赔款，不然鲁尔占领与武力行动，明明惹人嫉视，又何苦自讨苦吃呢？第三，在美国言，既没有与赔偿问题发生直接的关系，则德国支付与不支付，在美国都无关痛痒。这种钩心斗角的关系，便是赔偿问题中所含矛盾之五。

最后，从各个阶级的利害关系去观察，又发见许多新的矛盾。第一，如果德国因履行赔款支付，而企图输出之扩大，则英法产业资本必受极大的损害，所以英法产业资本家都极力反对德国以货物支付赔款；第二，英法小资产阶级与农民，因其对于国家是赋税的负担者，如果赔款按期支付，对于他们便直接减轻许多负担，所以他们对于赔款问题，都有极大的利害关系；第三，在英法无产阶级言，便对于赔款支付之取消，有极大的利害关系，因为德国支付赔款，自必加重德国无产阶级的剥削，同时随国际竞争之结果，这一剥削，自必又会转嫁于各国的无产阶级。对于赔偿问题，各阶级所采取的态度之不同，便是赔偿问题中所含矛盾之六。

以上所述六个矛盾，不过举其荦荦大端而言，其实赔偿问题的矛盾，还不止此。各资本帝国主义国家，对于这一问题，始终得不到一个最终的解决。现在虽然召集了一个委员会，来共同交换意见，以谋解决；然而我们深信，其结果依然是如此这般，对于这一问题的本身，还是无法消解；因为资本帝国主义各国间的矛盾，都一齐反映在这一问题上。一切的矛盾没有消解，这一问题，便无从解决，结果，同样也只有第二次世界大战才可以消解它。

以上所述，都是资本主义最近的危机，写来不觉已是万言了，然而本章所述，还不足以尽其万一，不过从这一危机的系列中，完全立证了第二次世界大战之不可避免。这一立证，都是根据事实，换言之，即第二次世界大战，已有其存在的根据，只要到达某一情况，便必然地爆发，这是我们可以断言的。

此稿甫定，4月21日东京《朝日新闻》关于赔偿问题登载一则极重要的新闻，兹移译如下：

> 巴黎18日发电：为求得到德国对旧协约国的赔偿额之最终的决定而举行的七个关系国家的赔偿专门委员会，在2月11日开会以来，关于德国应支付的赔偿年金一问题，债权国的要求与德国的提案，相隔悬殊。旧协约国主张年额22亿金马克以58年为期。德国委员奢哈蒂氏则坚持年额16.5亿金马克以37年为期的提案，毫不让步。结果，德国委员即表示从明日以后不列席会议之态度。

> 又本日午前二时间及午后三时间，举行共计五时间的会议，努力于双方的妥协，但是德国委员举措极其郑重，对于支付赔偿年金的增加，在16.5亿金马克以37期年为期以外，丝毫没有改变，会议便因此停顿。

第四章　大战后的世界分割

资本主义发展到需要向外寻找市场的阶段，资本帝国主义的武力征取便相应而生；过去百余年资本帝国主义夺取领土的斗争，本书限于篇幅，当然不能叙述；但是，大战后的世界分割，却与第二次世界大战有直接的关联，这一点，便不能不予以十分的注意。要叙明大战后的世界分割，最好先列举《奥匈条约》、《布尔加利亚条约》以及《土耳其条约》的内容，然后总括地说明帝国主义列强的领土及其势力范围的现状。由这一说明，才可以明白各国的明争暗斗。以下便按照这一大纲，分条叙述。

《奥匈条约》

战前的奥地利、匈牙利的领土，在欧洲是次于俄国而居第二位，它的面积，计26万平方哩，人口5 100万。大战以后，奥国领土减少35 000平方哩，人口减少650万；匈牙利领土，较之以前，减少1/3，人口减少750万。《奥匈条约》的要点，便是领土分割的规定，今摘其大略如次。

（一）割让与捷克斯拉夫者。

（1）波希米亚（Bohemia）　波希米亚，旧为奥国工业要地之一。石炭、玻璃、染料以及纺织品，便是该地出口的大宗商品。

（2）摩拉维亚（Moravia）　摩拉维亚是大麦与葡萄的生产地。

（3）喀尔巴阡地方（Carpathian）　是农业与牧畜的要地，并且富于森林。

从全体上言，捷克斯拉夫这一新兴国家，实占有掌握中部欧洲咽喉的要地，德国与法国，无论何时，都是不肯放松这一地方的。

（二）割让与波兰者。

（1）西利西亚（Silesia）　上部西利西亚之石炭产地，从其出产额言，是欧洲最丰富的产地，其1/3，属于奥国。大战后割让与波兰。

（2）加里西亚（Galicia）　加里西亚横位于喀尔巴阡山脉，事实上是俄国之大平原之一部分。首都勒谟堡（Lemberg）为重要工业中心地，克拉科（Cracow）则以出产岩盐著名。

（三）割让与罗马尼亚者。

（1）布柯维纳（Bukovina）　布柯维纳系山岳地带，产亚麻及其他农产物，北方与罗马尼亚比邻。

（2）德兰斯斐尼亚（Transylvania）　也是山岳地带，矿物与葡萄酒，是其主要产物。

（3）巴纳特（Banat）　巴纳特地方，为罗马尼亚与巨哥斯拉夫两国所分割。罗马尼亚取得该地重要石炭产地及特默斯发（Temesvar）都市，所占地域，较巨哥斯拉夫为优。但以两国国境连接，界线含混，容易惹起轧轹，却是我们所当注意的。

（4）比萨拉比亚（Bessarabia）　战前原为俄国领土，以后被罗马尼亚所占领。

（四）割让与巨哥斯拉夫者。

（1）巴纳特之一部分。（见前项）

（2）士的里亚（Styria）之一部分。这是重要的市场，是铁道交通的中心地。

（五）割让与意大利者。

（1）德林迪罗（Frentino）。

（2）伊斯的里亚（Istria）包含的里雅斯德（Trieste）及阜姆（Fiumo）二港。

《布尔加利亚条约》

《布尔加利亚条约》的意义，便是牺牲了布尔加利亚，延长了希腊的海岸线。即从布尔加利亚之南部起，至德德加治（Dedegatch）港止，其间所包含之爱琴海沿岸的全体，均让与希腊。布尔加利亚之西部国土，则割让与巨哥斯拉夫，然不及爱琴海沿岸之重要。

以上二条约，除割让领土之外，还有多数的赔款，结果，匈牙利、奥地利、布尔加利亚都与德国陷于同一运命，只得在列强支配之下，苟延残喘而已。

《土耳其条约》

《土耳其条约》关于土地之割让，可以分下之三项。

（一）欧罗巴土耳其。除君士坦丁堡及该市附近地域外，其他所有土耳其在欧洲的领土，均全部丧失。色雷斯（Thrace）割让与希腊，爱琴海北部海岸全体，均为英国所有。

（二）海峡地带（Zone of the Straits）。包含博斯破鲁斯海峡（Bosphorus）、马尔摩拉海（Marmora）、他大尼里海峡（Dardanelles）之两侧，以及密迪利尼岛（Mytylene），这一广大的海峡地带，均划归国际联盟管理。

（三）亚细亚土耳其，以士麦拿（Smyrna）割与希腊。

除上述三项之外，其他如亚美尼亚、米索不达米亚、叙利亚、巴勒斯坦以及赫查兹（Hedjax）各地，均受列强委任统治，古的斯坦（Kurdistan）则任其自治。然而以上诸地方的界线，均不确定，易于引起纠纷。以上各地，最值得注目的，便是受英国委任统治的米索不达米亚与巴勒斯坦。米索不达米亚，是世界最大的谷物及棉花的产地，同时又出产煤油；巴勒斯坦，在军事的战略上，居重要的地位，英国有了巴勒斯坦，便可以确保埃及与苏伊士运河的安定；这两个于英国有利的地方，必然地要惹起美法二国的垂涎。次之，叙利亚受法国委任统治，该地以绢丝工业著，这是于法国有利的。

土耳其除丧失这些领土不计外，还得承认法国对于突尼斯与摩洛哥的保护权，还得承认意大利对于利比亚（Libya）的主权，还得放弃其自身对于埃及与昔布鲁斯岛（Cyprus）的全权。

以上三个条约，系大战后奥地利、匈牙利、布尔加利亚以及土耳其四国割让国土的情况。四国受此痛创，当然一时陷于困厄的境地；然而土耳其的民族运动的成功，却是大战以后的新趋势。大战中同盟国方面除以上所述四国之外，还有同盟国的盟主德意志。德意志国家，在大战以后，兼备帝国主义之特质与殖民地之特征。从其经济的下部构造言——但道威斯计划中之资本之强制的输入当除外——便是资本帝国主义的国家。

从其解除武装，割让国土，赔偿支付以及外资输入言，便极明白地含有殖民地的特征。但自大战以后，厄尔萨斯、罗勒内割于法，波森、西普鲁士割于波兰，马来斯纳德、由坪以及马耳美地割于比利时，石勒苏益格北部，又由住民投票属于丹麦，但泽则改为自由市，默麦则初由协约国管理，终属于立陶宛；四分五裂，总计所失土地，约3万方哩；此外更加以1 320亿金马克之赔款；故德国战前之帝国主义的色彩，显然减削，而退出世界资本帝国主义强国之位置。俄国自1917年革命以后，业已抛弃以前之"沙"的政策，当然地退出世界资本帝国主义强国之位置。所以大战以后，所谓世界资本帝国主义的主要列强，便只剩下英、法、美、日四国了。以下进而叙述四大强国之领土及其势力范围，以明其相互间的明争暗斗。

英 国

英国系以印度洋为中心，而建立一大英帝国。所以从大西洋来，有其直布罗陀海峡，为它的门户；经过地中海的马耳他岛、希腊（希腊实质上是英国的殖民地）塞普罗斯岛，处处都取到联络[①]，再经过苏伊士运河，便是其地中海之向东方的门户；再往东走，亚丁又是红海的门户；出红海以达到印度洋，而集中于印度。又从上海来，便有香港，这是大英帝国侵略东亚（尤其侵略中国）的大本营；再往西走，便达到新加坡（这是大英帝国对太平洋作战的海军根据地），而集中于印度，且与南方之澳洲以及诸小岛取到联络，以上便是普通所谓"3S政策"，即上海、新加坡与苏伊士是。其在非洲，则埃及、英领苏丹、南非联邦、尼日利亚、多哥兰、冈比亚以及巴巴拉，均其势力范围，且以从开普墩至开义罗之南北纵断铁道，以巩固其在非洲之地位；再由开义罗以陆上交通而达于加尔各答，使非洲各地，均集中于印度。（阿拉伯半岛，即联络印度与埃及之媒介）以上便是普通所谓"3C政策"，即开普墩、开义罗以及加尔各答是。同时巴勒斯坦与米索不达米亚，又为英所有；前者在军事上，为苏伊士运河与埃及之安全上的保障；后者为丰富的物资产地；而都集中于印度。至于欧洲，葡萄牙、荷兰、丹麦、希腊、爱沙尼亚、立陶宛以及拉脱利亚各国，均无不仰承大英帝国的鼻息，奉命惟谨。其在美洲，则北美之加拿大，中美之牙买加岛，南美之圭亚那，均其势力范围。其在中国，则扬子江流域以及广东、西藏是其势力范围。要之，大英帝国的领土与殖民地，虽东西散布，而其集中之一点，便是印度洋，这是无可疑义的。

---

① "取到联络"系原文如此，后同（整理者注）。

美 国

美国的大本营，当然是美洲。西印度群岛的海地岛、波尔多利各、古巴，事实上为美国所合并。中亚美利加的哥斯利加、萨尔多瓦、巴拿马、尼加拉瓜、洪都拉斯、危地马拉，事实上也为美国所合并。

墨西哥以及南亚美利加各国，在美国的门罗主义一口号之下，都为美国所操纵。北亚美利加的加拿大，虽然是英国的领地；然而经济上的重心，都倾向于美国，所以事实上成了美国的势力范围。如上所述，美国便是美洲的霸王，便是美洲的皇帝。加以巴拿马运河，握在美国掌中，既可通大西洋，又可通太平洋，是一最重要的咽喉。丰塞卡军港成立，便因巴拿马运河的交通，而可以出进于大西洋与太平洋。太平洋是美国的舞台，太平洋的沿岸诸国中的中国是美国的舞台，所以美国之与太平洋的关系，与英国之与印度的关系，是一样的重要。但以美国在中国从来没有根据地，所以又不得不在太平洋中找出路。太平洋中的夏威夷群岛，便是它的中心；从夏威夷到山佛南西斯哥，距离为 2 100 哩，到巴拿马为 4 700 哩；从夏威夷到关岛为 3 337 哩，到菲律宾群岛为 4 350 哩。而关岛又是海军的重镇。

日 本

日本的势力范围，从桦太岛起，至太平洋中之加罗林群岛止，都在太平洋之西岸。日本的唯一对象，便是中国。已往所割去的台湾、琉球、朝鲜不用说，现在的山东与满蒙，便完全是日本的天下①。这些地方，是日本的原料产地，是日本的资本与商品输出地，是日本移民的目的地。日本所领有的地方，其在太平洋中与黄海间者，都有海军为之联络；其在朝鲜与满洲者，便有铁道网为之联络。

法 国

法国的领土及其势力范围，是以地中海为中心。地中海的哥塞牙岛，与法国本土的都伦以及马尔塞里，取到联络。地中海的法国本土对岸，便

---

① 此句系原文如此，仅代表当时人的认识，后同（整理者注）。

是非洲。非洲的西部，均为法国领有，而丹吉尔便与英之直布罗陀对立，突尼斯便与法之西铁里岛对立。欧洲的弱小国如罗马尼亚、波兰、比利时以及捷克斯拉夫，均在法国指挥之下。法国利用这些弱小国，以隔离俄国与德之联络，以与英国指挥下之葡萄牙、荷兰、丹麦等对立。法国从德国得到的厄尔萨斯、罗勒内，便是石炭及铁的产地。

亚洲，则安南是其领土，广州湾以及广西与云南，都是它的势力范围。

第一次大战以后的世界领土分割的大略情况，不外如上所述；以下第五章，便要综合本章及第三章之事实，以说明各帝国主义列强对立之尖锐化。

第五章　帝国主义列强对立之尖锐化

资本主义的最近危机及帝国主义列强之世界分割，已如前所述，本章根据上两章所述的事实，进而说明帝国主义列强对立之尖锐化。但在没有进到本文以前，有一事实必得予以正确之认识。这一事实，便是现代帝国主义的国家与政府，是资本家的国家与政府，是资本家的工具，是资本家的代表。意大利的法西斯蒂政府的独裁，是彰明较著的资本家的独裁，无待赘述；就是号称民主共和北美合众国，也不过是资本家的民主共和而已。

关于这一点，只要看到共和党胡佛氏当选为大总统是煤油大王、钢铁大王、汽车大王卖力的结果，便可立证。其他如英如日如法，都是一丘之貉。

明白了这一点，则由资本主义的斗争而引起帝国主义列强的战争，便不待说明了。

我在拙著《世界之现状》一书中，即已说到帝国主义列强对立一事实，并且说世界列强的对立，不仅是英美的对立，其他各国也表现有对立的情形，不过英美是两个体系，两个大阵营，其他各国都随其自身之利害以与两个大阵营中之一个结为同盟而已。关于这一点，也是在没有进到本文以前，所当预先明白的。以下先述英美的对立，然后涉及其他各国的对立。

英美的对立

在第一次世界大战以前，英国唯一的敌人，无论在军事上，或在经济上，都是德国。大战以后，德国变成了帝国主义的特质与殖民地的特征兼而有之的怪物，力量薄弱，已经不在大英帝国的眼下了。

可是乘着大战的绝好机会，美国的金融资本，得以大量地向欧洲协约国输入,各种商品及原料,也得以充分地向外输出,不到三两年,美国居然代德国而起与英国争全世界的支配权了。其实,不仅是与英国争取世界支配权,而且美国正式取到了世界支配权,欧洲和会的纵横捭阖,道威计划的强制决定,华盛顿会议的召集以及最近的《弭战公约》等,又哪一样不是美国占了指导的地位呢?英国的世界霸权,既为美国的崛起所摇动,于是两国的轧轹,两国的对立,便必然地日益深刻化尖锐化了。萨克逊民族的两个兄弟,到今日已是仇雠相视各逞身手而不得不出于一战了。要明白两兄弟的不和,便有以下诸事实为证。

(一)产业贸易上的对立。大战以前,贸易上的行情,都要从伦敦决定,伦敦在当时是世界金融的中心,是左右世界市场的发动机。大战以后,美国的金融资本,堆积如山,它的国富,在800亿美金以上,它对全世界,又是500亿美金的债权者,只要纽约发号施令,全世界的市场,又哪一个敢违抗呢?所以从大战以后,金融的重心,已由伦敦移到纽约,美国资本家便头顶皇冠不可一世地而君临于全世界了。美国的商品,本来以国内市场的推销为最大,其对世界市场之输出,不过10%;然而美国的产业,都运用了现代的组织与机械,脱去了旧式的残渣,产业合理化,便使它的产业进展到一个独特的新的阶段。反之,英国的对外输出,虽然庞大,但是老大的英国,在产业的组织与机械方面,都墨守成法,无大变动,虽然近来也努力采用合理化,可是较诸美国,便未可同日而语。所以,只从这一点而论,美国在最近的将来,对全世界贸易的进展,英国就望尘莫及。下面两个统计,是1927年的英美对外输出的情况,英国以千镑为单位,美国以美金千元为单位。

英国本国的主要输出品及输出额

绵丝布	148 780
铁及钢	69 429
毛及毛织物	56 751
机械	49 944
石炭	45 531
车辆船舶	35 422

美国的主要输出品及输出额

棉花	826 318
石油	486 143
谷类	443 767
机械	435 476
车辆	420 652
铁及钢	160 632
烟草	156 194
铜	150 163
果实	121 699
绵制品	109 066
动物性油脂	108 388
木材	107 629

以上两表所示，都不过是其主要输出品，而非其全体。英国因劳资冲突之频发与工资之高涨，予产业界以重大的不利；它的主要产业如纺织物，又因日本的竞争，与中国、印度纺织业之发展，更呈现一不活跃的状态。钢铁与石炭，则除美国与之竞争外，又加以欧洲大陆加特尔的崛起，与煤油代石炭之普及的应用，更使英国的旧来工业，陷于不振。反之，美国的输出超过，每年都在7亿美金乃至10亿美金左右，至于海外投资，则只以1927年一年而论，其总数便为16.48亿美金。英美产业贸易这一对立，无论如何调解与协定，都不能消灭这一对立，在今日如此，在将来亦必如此，要得到终结的解决，便只有第二次世界大战。

（二）钢铁战。钢铁是工业国必需的原料，尤其在交通、军备以及一切的机械方面是如此。在本书第三章中，业已说到欧美的铁及钢铁产额，今进而说明英美两国铁及钢铁的生产情形。

从1913年起，美国的铣铁产额，除1921年及1922年不计外，其他各年度，都保有3 000万吨至4 000万吨左右；英国则恰相反，其最高额如1913年，亦仅及1 000万吨稍强，其他各年度，则均不及1 000万吨，观下表自明，单位千吨。

英美铣铁产额表

	英国	美国
1913 年	10 424	31 143
1917 年	9 471	38 776
1918 年	9 231	39 052
1919 年	7 516	31 068
1920 年	8 164	36 983
1921 年	2 658	16 770
1922 年	4 980	27 281
1923 年	7 559	40 666
1924 年	7 436	31 574
1925 年	6 336	36 952
1926 年	2 438	39 903
1927 年	7 463	36 931

由上表，可知美国铣铁产额多于英国 4 倍左右。其次钢产额，也是一样。如下表所示，单位千吨。

	英国	美国
1913 年	7 787	31 802
1917 年	9 872	45 782
1918 年	9 692	45 173
1919 年	8 020	35 226
1920 年	9 212	42 807
1921 年	3 762	20 060
1922 年	5 975	34 141
1923 年	8 618	45 663
1924 年	8 353	38 539
1925 年	7 515	46 126
1926 年	3 556	49 357
1927 年	9 347	44 921

由上表，得知英国从 1913 年至 1927 年，其间十余年之久，都没有一

年达到 1 000 万吨的高额。反之,美国除 1921 年不计外,其他每年产额均在 3 000 万吨以上。其次就输出额与输入额言,则输出超过额,英国略强于美国。如下表所示,单位千吨。

英美钢铁输出入表

	美国			英国		
	输出	输入	输出超	输出	输入	输出超
1913 年	2 746	317	2 429	4 969	2 231	2 738
1925 年	1 680	843	837	3 731	2 721	1 011
1926 年	1 992	1 084	908	3 200	3 360	——

输出超虽英略强于美,然在 1926 年,则英国输入反超过输出 14 万吨,所以英国未可乐观。最后就人口一人分铁与钢生产能力而言,而英国不及美国远甚。如下表所示,以吨为单位。

	镕矿炉数	铁生产能力	人口一人分铁生产能力	钢生产能力	人口一人分钢生产能力
美国	399	49 000 000	0.462	56 000 000	0.528
英国	464	12 000 000	0.179	12 000 000	0.279

由上所述,可知美国钢及铁两项重要产业,均凌驾英国。且英国所使用之熔炉与采矿机,多系旧式,其生产能力,殊为薄弱;英国处此难境,而想努力与美国匹敌,实属不易。

(三)海运战。海运业的第一位,当然要算英国,因为它在海运业的历史上,比较的悠久。但是,大战以后,美国的海运业异常发达,在今日虽然没有赶上英国,然而从它的进展速度言,较诸老大的英国,却有长足的进步。英国的海运业在全世界的地位,便从而发生摇动了。下表便是英美汽船总吨数。

	1913 年	对世界总数之百分比	1927 年	对世界总数之百分比	1927 年较 1913 年之数量比较
世界合计	43 079 177	100.0	63 267 302	100.0	1.47
英国	16 849 167	46.1	21 877 969	34.6	1.10
美国	1 971 903	4.6	11 171 283	17.7	5.67

下表以 1913 年为 100，以示英美汽船增加之趋势。

	世界	英国	美国
1913 年	100	100	100
1914 年	105	103	103
1915 年	106	105	131
1916 年	105	103	145
1919 年	111	92	496
1920 年	125	102	630
1921 年	137	109	684
1922 年	142	109	688
1923 年	145	109	682
1924 年	143	109	632
1925 年	145	110	606
1926 年	146	111	678
1927 年	147	110	567

由上两表，便可明证美国汽船增加，大战以后，较诸战前在 4 倍以上，而英国则呈现一停滞的状态。

（四）煤油战。煤油在海军与海运上，现在都居极重要的位置，英美煤油战争的恶化，其主要原因，即在乎海军与海运。英美煤油战争的情况，本书第二章中，业已叙明。以下更就二三事实，以明证英美煤油战之深刻化。第一，以产额论。美国居全世界的 3/4（1926 年全世界产额为 1 254 952 000 樽，美国占 903 800 000 樽），英国简直望尘莫及。第二，美国的向苏俄石油投资，惹起英国的反感，以前美国国务卿许斯氏，是反对承认苏俄的健将，现在却做了美孚公司的顾问，这一事实，耐人寻味。第三，美国与 IG 康策伍成立协定，惹起英国的反感（IG 康策伍近来发明从石炭制成挥发油的方法，这一方法的特许权，已为美国所收买）。第四，亚细亚的油田，除苏联所有者不许外，其他均为英国所独占，从而不得不惹起美国的垂涎（按美国煤油政策，第一在于保存国内未开发的油田，以为海军预备油田之用；第二对世界油田，则力倡门户开放机会均等主义；第三对于墨西哥油田之获得，采取积极的政策）。第五，委内瑞拉油田，美国虽得到最大的统制权，但是英国在该地的势力亦不可侮，今后美国对于委内瑞拉油田之获得,自当百尺竿头,更进一步。综上所述,可见英美煤油战争之恶化,亦是彰明较著的事情。并且煤油是含有特殊性质的商品,其于对外政策上及军事上,均发生极大作用。煤油在现代的战争上,已成为绝对不可缺少的原料,不拘何等精锐的战舰,不拘何等新式的飞机与最富于战斗力的坦克车,倘若发动力的煤油之供给不能确保,则这些武器都成了废物。

要之,现在的对外政策,便是煤油政策,现在的军备斗争,便是煤油斗争。

(五)加拿大。加拿大本来是英国的领土,然而十余年来的变迁,加拿大的经济重心,却落在美国掌握中来了。1912年12月号的《自由》月刊上说道:"加拿大虽然高悬着大英的国旗,但是加拿大的担保物件之555 943 000美金,却握在美国手中,英国所握着的,不过是153 758 000美金。"这是大战以前的事实,大战以后以至今日,美国对加拿大投资已经超过70亿美金,而英国却不到40亿美金。这真叫做卧榻之侧,岂容他人鼾睡?并且西印度群岛之古巴,海地岛以及波尔多利各,在事实上已合并于美,则英国在该岛附近的牙买加岛等,又岂能安全地维持下去?这些地方,都无不使英美对立急于深刻化。

(六)墨西哥。墨西哥的连年内乱,在中国人看来,或许是一个不可究诘之谜,然而细考墨西哥内乱的背景,便明明是美国鼓动的结果,其中并无所谓不可究诘之谜。请以从1911年起至1913年止墨西哥所起的事变证之。1911年的稚慈(Diaz)大总统被废,代而起者,便是马德罗(Medero)将军。再度革命,起于1913年,马德罗即被暗杀,次任大总统为胡尔达(Huerta)将军。事实上,便是因为的雅慈惹起了美孚公司的反感而被废,马德罗便是美孚公司的唯一工具。然而因美国的鼓动,就招惹了英国的反对,所以马德罗不久就被暗杀。美国为什么要鼓动墨西哥内乱?英国为什么要出马反对?一言以蔽之曰:为的是墨西哥的油田。

(七)巴拿马运河税。1912年8月24日,美国议会通过《巴拿马运河税法案》,除美国从事亚美利加沿岸贸易(如菲律宾群岛贸易)的船舶,其往来运河得免除运河税外,其他一切经过运河的船舶,均应缴纳运河税。

英国因为这一法案,与它在拉丁亚美利加各地的贸易,大有妨碍,即刻提出抗议,谓美国运河之防御设备,违了1901年的条约,立意以运河闭锁他国的航行,并且在战争发生时,美国得以合于自己之目的而使用巴拿马运河。自这一抗议提出，便惹起了世人的注目。并且在大战前数年间，这一问题的全体，已转移到南美西部沿岸新近发达的诸市场。

南美西部沿岸，从地理上的位置言，其经济的发展，后于东岸。美国关于运河税之规定与美国在运河中经过的船舶之特惠待遇，便是要在南美西部沿岸获得市场与独占的地位。在大战前，美国议会拒绝了英法于1912年所提出的仲裁条约的缔结，果然由这一问题——巴拿马运河税的问题——便引起了商业界的大动摇。与这一问题关系最密切的，只有英国，因为在1912年以前，英国在拉丁亚美利加政府的担保物件的价格，已达300 075 675英镑，中央及南美的铁道投资，已达431 253 732英镑，普通商业的投资，计175 919 530英镑，而南美的银行业，差不多全落于英国掌中。但是大战以后，情形为之陡变，拉丁亚美利加事实上已是美国的势力范围，中美则事实上已为美国所合并，南美的投资及银行业，美国已有取英国之地位而代之的倾向。加以巴拿马运河的全权，为美国所独占，更使英国处处陷于不利。

美国要完全夺取含在老虎口中的肉，又焉得不惹起第二次世界大战？

（八）军港斗争。美国去年的七亿美金的大巡洋舰建造计划，显明地表现了积极的备战，前任大总统柯立芝并且立言美国军舰不足以保护领土，而有增设海军之必要；英国外交部长张伯伦便回了柯立芝一条冷箭，大有旗鼓相当、各现身手之概。关于建舰问题，报纸上至今还一样的喧叫，可是美国还有一个中心问题，比建舰问题还要紧急，这就是与英国的军港斗争。英国以印度洋为中心，形成一个大帝国，而中心之中心，就是新加坡军港。新加坡军港问题，在麦克唐拿执政时，曾经否决了，可是保守党鲍特温代麦克唐拿而起，这一问题再燃的结果，不仅耸动全世界耳目，并且由建议而进到事实了。美国的舞台，除了美洲大陆以外，便只剩下太平洋，眼见英国这般地积极备战，美国又岂肯默尔而息，所以胡佛当选总统以后，即努力丰塞卡海湾之建立与尼加拉瓜运河之开凿。这样一来，太平洋中，真是战云密布暗淡无光的了。

（九）中国。我在拙著《世界之现状》中，已说到美国最近向中国侵略的事实，同时说到美英在中国的利益冲突。英国侵略中国，已有其根深蒂固的历史，今后只要取守势，也都是财源广进利达三江，更何况这次又取得江浙筑路的借款权。美国却不然，它在中国历来就无根据，所以它要侵略中国，便只有以门户开放利益均等一口号来做幌子。但是中国的势力圈，业已整个的划定了，无论美国往中国的哪一方面走，不遇着敌人英国，便碰着敌人日本。可是事实上，一年来美国却已走进中国大门以内来了，所以英日美的明争暗斗，便随之激化。明眼人都可以看到，英、美、日的斗争，处处都反映到中国的大地上来了，换言之，中国问题，已成为列强短兵相接的问题。第二次大战不发生则已，否则中国便是第一次大战的巴尔干半岛。这些事实，用不着作者提示与列举，因为只要找到每日的日报看看，便随处都可以立证这一事实是真确的。我们要反问自己的，便是第二次大战时，中国到底往何处去？李宗仁辈的勾结英帝国主义固属不可，难道勾结美帝国主义与日本帝国主义又可以吗？这些问题，我们如果得不到回答，便只好甘做第二次大战的牺牲，以外还有甚么可说。

（十）其他。英美的对立，如以上所述，业已证明英美战争是不可避免的，而其他各国，便由这两个阵营发号施令，集中为两个集团以演成第二次世界大战。可是英美之对立，还有其他的根据。如海底电线的斗争，如英国对美国的债务问题，如委内瑞拉的煤油战，如非洲里比利亚的橡片战，如《弭战公约》中所表现的破绽，如《英法海军协定》等，这些对立，无不一触即发而有演成第二次世界大战之可能。次于英美对立的，还有日美对立，英法对立，法意对立等，以下依次说明。

日美对立

日美对立的程度，并不亚于英美对立。不过英美对立为的是争取世界的霸权与独占，其范围广大；而日美对立仅集中于太平洋，其范围狭小而已。但是，在事实上，不论是英美对立或日美对立，都已结集于太平洋的一点，质言之，即是中国为英、美、日三国最后决战的战场。

这一点，我们必得认明，因为第二次世界大战到来之时，我们再也不能和第一次大战一般，袖手旁观了。以下就各种事实，以立证日美之对立。

（一）移民问题。日本人口生殖增加的速度以及生殖率超过死亡率之加多，这一人口问题，已成为日本的当面问题。要解决这一问题，最简捷的方法，便是移民。日本自维新以后，移住美国大陆及夏威夷各地的日本人，总数在30万以上。在加利芬尼亚各州，日本人均努力操作，从事沙漠地带的开拓。美国眼见"美洲人之美洲",除了欧洲的移民百万不计外,又新添30万的日本健儿,自然放心不下。第一,因移民过多,使其国家的意识渐次薄弱,很妨碍美国资本帝国主义的心理建设。第二,日本人的忍苦耐劳,成绩卓著,便是无形中日本人在美国的境内掏取一笔横财。所以1900年旧金山的排日市民大会,正式地通过许多决议,对日本移民进攻。加利芬尼亚的《威布条例》禁止日本人在该地购买土地,结果日本提出抗议。四年前,美国国会通过的移民法案,更是美国限制移民的积极手段。通过这一法案的当时,日本全国的报纸,都无不表示反抗;日本舆论的煽动,处处都引起了日本国民对美的反感;日本这些宣传,并不是无代价的白费事,而是准备日美战争的宣传工作;这原是照着日俄战争以前一模一样的做法,帝国主义的麻醉国民,真是周详万分。

(二)华盛顿会议。巴黎会议时,近视的中国政府,以为美国主持公理反对强权,中国可以借此机会,一吐几十年来的积怨。谁知事与愿违,威尔逊虽然狡狯,却不是克里满沙与路易乔治的对手,而堂堂皇皇的十四条,也就不得不等于乌有。华盛顿会议的时候,近视的中国政府,还是满望着美国的援助,然而会议中关于中国问题的决议,却只得听英、日、美的摆布,中国反无置喙的余地。所以这两大会议,都只可以说美国外假见好于中国之名,实则想乘着这一机会,要在中国分一杯羹。华盛顿会议,便明明表示了美国要驱逐日本在中国的势力的企图,便明明表示了美国要使英日同盟解体的企图。大会中关于军备的限制,更表现日美对立的尖锐化。关岛成为美国在太平洋中的海军根据地,使日本不得高枕而卧。

日本的八八造舰计划,又使美国感觉不安。美国去年的造舰计划,又引起日本的恐慌。所以美国有太平洋的海陆空的大演习,日本去年也就针锋相对而有海陆空的大演习。真是箭在弦上,只待一发。

(三)中国问题。从上节两大会议中,可以看到日美对中国问题的利害冲突。美国的口实,便是机会均等门户开放;日本的盾牌,便是所谓的"满蒙特殊地位"。然而中国目下所谓建设,正待外国投资,投资能力最充分的,又要算美国。今日的美国,极力和中国政府要好,极力拉拢中国大资本家,便是美国进攻中国的新式方法。不论是浚河借款也好,不论是龙潭蚕业借款也好,甚或以后的矿山汽车路诸建设事业,美国都要取得重要的位置。日本山东出兵,演成济南惨案的武力政策,反引起了中国民众的反感,美国却利用这些机会,收买中国人的欢心。日本在目前利于速战,美国则利于缓战(其原因在美国现时军舰的速度不及日本,太平洋上的军港尚不足抵抗日本军舰的袭击)。所以日本对中国采取武力政策,处处向美国挑战,美国便不得不用和平的方法向中国进攻,以避免与日本的冲突。然而这不过是一时的现象,只要美国的海军达到了相当的程度,日美因中国问题而爆发战争,最后是不可避免的。

(四)其他。日美的对立,自然以中国为中心,此外产业上的斗争,即就糖业与丝业而论,日本便无不以美国为对象,而与之竞争。日本近来在台湾的糖业的发展,便极为可惊。日本的生丝产额,占世界产界之1/10,其最大的消费国,便是美国,美国生丝消费的总额之9/10,都来自日本。但是美国近来丝业,甚为发达(尤其在人造丝方面);而丝制品的工厂数,由1924年的3 167,增加为1928年的3 448,每年出品的价格,在15亿美金以上。这些事实,都必然地使日美对立激化。

英法对立

英法对立的中心,是在争取欧洲霸权,虽然英法的海军协定已成事实,然而这不能说是英法的调协,而只是英法代表国际联盟的这一大阵营以与美国争取世界的支配权,这一事实,必得认明。英法的对立,从以下诸事实而断定。

(一)欧洲霸权的争取。欧洲各国,除同盟国的德、奥、匈等为列强共同支配外,都集中于英法两个大阵营之下。葡萄牙与荷兰,在世界上虽散有它的殖民地,但是这些殖民地,都必得依靠英国的海军的保护,才能得到安全,所以在事实上,葡萄牙与荷兰成了英国的半殖民地。其他丹麦、挪威、芬兰、爱沙尼亚、立陶宛以及拉脱利亚诸小国,或因地理上的依存关系,或因人种上的依存关系,或因英国对苏俄的政策上的关系,均集中于大英帝国之下,事事仰其鼻息。意大利与希腊,一则因其与法国对立的关系,一则因其在巴尔干半岛及地中海的地理上的关系,都与英国联结,而结成一个以大英帝国为中心的大阵营。捷克斯拉夫与波兰,法国均有大数量的投资,这一资本的依存关系,事实上使捷克斯拉夫与波兰变成为法国的殖民地。比利时则因地理上的关系(并且因其与德国的对立,而不得不依存于法国),接受法国的指挥。其他罗马尼亚与巨哥斯拉夫,也都集中于法国的领导之下。以上便是以法国为中心的一个大阵营。第二次世界大战发动之时，这一群欧洲小国，均各随其依存关系的决定，而隶属于这两大阵营。

（二）地中海问题。地中海的重要，不论在法国方面，或在英国方面，都是一样的。英国要保持其本国与印度的联络，地中海便是它的必经之路，要保持其"3S政策"与"3C政策"的安全，地中海便是它的枢纽。法国要确定其与非洲属地及叙利亚的联络，地中海便是它的唯一的纽带。同非洲的丹吉尔，与直布罗陀对立，可以影响到英国的地中海的门户——直布罗陀海峡——的安全。阿拉伯半岛的法国领土的叙利亚，受英国领土米索不达米亚及巴勒斯坦的包围，使法国时时感觉不安。而法国在近东，代德国而起，变成回教徒之拥护者，又使英国在阿拉伯半岛的势力动摇。英国的同盟希腊与意大利，在地中海的牵制法国，又于法国不利。

这些钩心斗角的关系，明证英法对立之不可避免。

（三）军备。英国拥有强大的海军，法国却拥有强大的陆军。因战争技术变化的结果，英国在战略上，已成为一个孤岛。法国的远距离炮，可以从大陆射击英国的沿岸；飞机只需要一小时，可以达到英国的伦敦，伦敦全市，便会因法国炮弹的掷击而成为灰烬。法国的潜水艇，可以危险英国的航海。法国这一陆军力量，使英国不能高枕而卧。

法意对立

法意对立，也是以地中海为中心。意大利在第一次大战以后，没有得到特殊的利益，时时引起它的领土扩张的野心。尤其在莫索里尼专政以后，更力谋地中海沿岸的领土之扩大。意大利西方的哥塞牙岛，对岸的突尼斯，东南方的叙利亚，都是法国的领土，意大利却时时在垂涎中。这一事实，使法意对立不可避免。此外，加以对地中海的贸易问题与意大利的联英，都使这一对立确定。

法德对立

法德对立，从普法战争起，一直到今日，都是每经一次战争，而使法德对立更趋于紧张。大战以后，德国的石炭产地（厄尔萨斯、罗勒内）既割于法；巨额的赔款，使德国的生命窒息；法国满望从此可以安稳；谁知德国的产业,因美国的投资与产业合理化的结果(参看拙著《世界之现状》),却有长足的进展,而人口的激增,又二倍于法国;这些事实,都于法国不利。

英国为使大大陆率制法国计①,却又与旧日敌人(德国)要好。此外如莱茵撒兵问题与赔偿问题,都是不可解的纠纷。德法的对立,便随这些事实而决定。

从以上所述,列强的对立,已成不可掩饰的事实;并且由这些对立而必出于一战,也是必然的结果。但是我们检讨以上这些对立,英法对立、法意对立以及法德对立,都不会引起孤立的战争。如英法的对立,英国的政策,便在于在欧洲力求和平,以维持它的帝国的统一,绝对不愿意和法国单独战争,反之,法则既受德国的牵制,又受意大利的监视,也不敢和英国轻于尝试。

如法意的对立,则限于地中海的问题,对立虽然分明,但是在最近的将来,并没存有不得不宣战的根据。如法德的对立,则德国自第一次世界大战惨败以后,它的元气才渐次恢复,纵然法国不时挑战,可是也只得"十年生聚,十年教训",以待羽翼丰满的时候,再图报复,故当法国进兵莱茵之际,德国并无积极的反抗,所以英法对立、法意对立以及法德对立,都缺乏激成孤立的战争之可能性。此外美日对立与英美对立,则完全不同。第一英美日的战争中心,都集中于太平洋,质言之,即集中于中国,目下已成短兵相接之势(如关于中国问题),而有在最近的将来爆发战争之可能;第二彼此的对立,都已格外显明,处处都藏着一触即发之危机。但是英美战争较诸日美战争,更为可能。不过一旦英美战争爆发,日本当然不能中立,而有倾向于英国的趋势。进一步言,其他法意等国,亦必转入战争漩涡,各依其自身的利益的关系,或倾向于美,或倾向于英,而演成第二次世界大战。

事实是如此,所以论断也是如此。

---

① 此处文句不通,系原文如此(整理者注)。

第六章 列强军备的现势

上章从种种事实，立证第二次世界大战的不可避免，进而叙明帝国主义列强军备的现势，使我们更可以明白可怕的大战业已迫在眉睫。帝国主义列强的粉饰太平与高唱平和（闷葫芦里面卖的什么药，谁也明白），便是大战紧张的表现。第一次大战以前，1899年的第一次万国和平会议以及1907年的第二次万国和平会议，帝国主义列强不是努力于军备的限制与和平的维持么？然而1914年至1918年的大战，却继这两个和平会议而起。大战以后，1918年的巴黎和会，1921年的华盛顿会议以及最近的《弭战公约》，都仿佛是惩前毖后，恐怕爆发第二次世界大战似的。然而帝国主义列强，一方高唱和平，一方却力谋军备的扩张，这显然地表示每次会议都不过是假和平之名以缓延战争，而从事于军备更充实的企图而已。所以我们要立证第二次世界大战之不可避免，最具体的最明显的证据，便是帝国主义列强的军备充实。这是直接的证据，是一切对立的具体的表现，有了这一证据，便无从否认第二次世界大战之必然的到来。本章先叙明帝国主义列强的海陆空三军的现状及其军费的情况，其次叙明各国对于第二次世界大战的准备，最后说明最近新武器的进展，以证明第二次世界大战当较第一次世界大战为更惨酷为更可怕。

先就陆军言，帝国主义列强的陆军人数，如下表所示（单位：千人）。

国名	1913年	1923年	1927年	1928年	预备兵
美国	226	372	404	413	3 500
法国	546	732	727	695	5 500
英国	516	329	372	381	4 500
意大利	264	248	270	369①	4 000
日本	275	236	205	208	3 200
合计	1 827	1 917	1 978	2 066	20 700

---

① 内含宪兵6万人及殖民地军5万人，但法西斯蒂军团30万人不在其内。

如上表所示，五大帝国主义强国的陆军兵数，在1928年较诸1913年增加24万。但是陆军兵力之数字上的增大，并不能表示帝国主义列强的全部陆军兵力之状态。因为平时受有训练的预备军的兵力，较之目前的现役常备军的兵力要加多十倍以上。现役期间，各国在战前普通为2年与3年，现在则缩短为18个月或1年。现役期间的缩短，使军队的收容力特别增大，因之国民的军事训练，便有长足的进展。换言之，即现在的预备军的训练，在同一时间，较诸战前所训练的预备兵数要增加一倍以上。现役期间的缩短，使军事训练的责任，转移于军队以外的团体，如加重学校的军事训练与提倡竞技以及各种军事演习是。由上表所示，五大帝国主义列强共有2 000万以上可以应战的预备兵，准此比例，在最近的将来，必可完成1亿左右的军队。

其次就海军军舰之只数言，如下表所示。

国别	巡洋舰			潜水艇			航空母舰		
	1922年	1928年	1932年	1922年	1928年	1932年	1922年	1928年	1932年
英国	48	55	71	85	56	85	6	9	9
美国	23	32	40	142	121	127	2	2	3
日本	17	38	44	58	68	85	1	4	6
法国	11	13	17	51	60	86	0	3	4
意大利	13	15	20	43	42	63	0	1	1
合计	112	153	192	379	347	446	9	19	23

上表可以确证帝国主义列强的海军力的扩大（表中1932年者，系目下建造计划中的想定）。1927至1928年度，英国开始建造战斗舰、巡洋舰、水雷艇以及潜水艇各2只；美国则改造旧式的战斗舰3只，又新建新式航空母舰2只（每只均可容飞机10架）及水雷布设舰1只；日本则建造巡洋舰4只，航空母舰1只以及多数的水雷艇和潜水艇；法国则建造巡洋舰3只，航空母舰1只，通报舰7只以及多数的潜水艇；意大利则建造巡洋舰2只，水雷艇16只以及多数的潜水艇。这一年度帝国主义列强海军的竞争，便大有战机成熟只待一发之势。次之就最近数年间英美间造舰的激烈竞争言，可以由以下一事实表明之。即1927年，海军主要国（英、日、美三国）的海军缩少会议，英美两国关于海军力的平等一问题，便没有达到一致的调解，而会议的结果，因之完全失败。会议以后，美国就预定了海

军五个年间的扩大计划。即在五年以内,美国要建造1万吨的巡洋舰25只,33 000吨的航空母舰5只以及潜水舰32只,实现这一计划的经费,已预定7.25亿美金至10亿美金。美国海军部长威尔波亚氏关于这一造舰计划的理由,正式地宣言道:

> 我国的商业家及工业家,不可不保有获得海外市场的机会。……我们为我国的生产界计,不可不力求新市场。我国国旗的声威,促进了我国企业家努力于新的贩卖市场之取得,这种斗争的效果,实明白地表示了依存于为企业家而建造新式巡洋舰的政府之威权。

这一段宣言,正确地表示了帝国主义的政府为资本家的利益而作战的口吻,英美海上争夺战争的准备,也就显然地表现在我们眼前了。

再其次,从水陆飞机的建造数言,如下表所示。

国别	1923年	1928年	1930年—1932年的预定
法国	1 350	1 650	2 000—2 500
英国	385	850	1 000—1 200
美国	420	950	1 200—1 300
意大利	250	600	1 000—1 200
日本	250	475	600—800
合计	2 655	4 525	5 800—7 000

上表所示,帝国主义列强的空军,在过去五年间,实增1倍以上的力量。三四年以后,当然也是按照这个速度而增加。

空军除了在数量上的激增以外,并且达到了战斗技术的完成。与1918年比较,现在的军用飞机的战斗技术,业已得到如下所示的改善。

(一)速力增加5/10至6/10,(二)搜索机与战斗机的行动范围,扩大3/10,(三)爆发机的行动范围,扩大3倍以上,(四)爆弹投下速度,增加4倍,(五)机关枪的发射速度,增加7倍。所以空军战斗力的增大,较诸1918年,实在增加了好几倍。在第一次大战时,德国空军以280吨的炮弹,向英国领土投下,其结果死者1 413名,负伤者3 408名。而现在法国的空军,以同量的炮弹,袭击英国伦敦,便足以使伦敦全市变成焦土。从而空军之使用化学的战斗手段,便是对于大工业中心地的都市的最大危险。1927年至1928年,英日意法诸国,均实行大规模的空军演习,飞机参加数,在300至500左右,一方演习袭击都市,一方演习防御飞机对于都市的袭击;然而各国的参谋本部,都认为现在的防御手段,都不足以对付空军向大都市袭击。空军战斗力之这一发达,扩大了战场的范围与容积,这种扩大,不仅在军队言,是很危险的,即对于内地平和区域的一般市民,亦予以极大的危险。从而战场与非战场的界线,便因战场的扩大,而没有分别了。

结果,第二次世界大战的损失与危险,较诸第一次大战,其凌驾的程度,实无从形容。

最后,帝国主义列强的军事预算,如下表所示。

国别	1923—1924年（百万美金）	1927年（百万美金）	1928年		
			总额（百万美金）	全预算中之百分比	人口一人分之负担（美金）
法国	300	300	346	21.1	8.7
英国	690	578	561	15.0	11.5
美国	580	685	653	18.4	5.7
意大利	136	203	254	23.8	6.3
日本	187	229	235	27.8	3.9
德国	109	169	168	8.3	2.7
合计	2 002	2 164	2 217	——	6.5（平均）

军事预算的增加率,假定1923至1924年度为100,则1927年为107.8,1928年为110.3。长此以往,各国因军备的扩大,其军事费用亦必与之俱增。即以1928年论,法国人民的军事负担便为8.7美金,英国则为11.5美金。不用说,这些负担,都是转嫁在农民与劳动者身上,如果军备再扩大,势必负担愈加重;这样的局面,到了人民负担重到不可再加时,又势必出于一战。

帝国主义列强对于海陆空三军的充实以及军费的增加,已如上所述;现在进而说明列强对于大战的准备。

帝国主义列强对于大战的准备,根据过去第一次大战的经验,更加周密。军国主义的真精神,就在于一切的行政、交通以及工业等,都集中于军事的一点。所谓战时国家总动员,便是这一精神的表现。即以日本的参谋本部而论，就有无上的权力（各帝国主义列强在形式上虽有不同，然而实质上，都以这一精神为中心），它直接受天皇的指挥，而不隶属于内阁。在事实上，内阁却受参谋本部的指挥。铁道、教育、邮政、农、林、商、工各部，都处处与参谋本部结合。教育部的教育宗旨与教育方法，参谋本部有决定的权能，各学校的军事训练与竞技演习，便是参谋本部的军国主义精神侵入教育界中的具体表现。铁道在平时固然是在乎运输与交通，然而铁道的敷设，却都要按着参谋本部的军事计划与国防计划，而不能任意建筑，即私人经营的铁道，也一样的要得到参谋本部的许可，才能够决定铁道经由的路线。再如车辆的大小，铁轨的宽度，都要归参谋本部取决，使全国归于划一。工业上工厂的建立，也要得到参谋本部的许可；工厂建立的地方，工厂使用机械的种类与样式，原料的集中，参谋本部都有详细的规定。此外全国的汽车路线，商船的大小与样式，农家马匹的饲养，各地医院的建立，参谋本部均无不一一规定，有条不紊。参谋本部的权力之所以扩大到这一程度，便是作战的准备。因为一旦战事勃发，铁道汽车既已统一，军事运输，便无丝毫困难；工厂既已统一，则改变平时商品的制造而为军用品的制造，便易如反掌；原料既已集中，物资的调达，便无障碍；此外学校的学生，就是战场上的斗士；农家的马匹，就是军用的马匹；民有的医院，就是军用的医院。这一精神，就叫做国家总动员（其实国家总动员尚不止此，上自化学家医学家，下至没有技能的人，无分男女，都集中于作战的一点，这才是国家总动员的真精神；现在的日本固然如此，即其他列强亦莫不如此）。可以说，这是战争的合理化与机械化。

关于大战的准备，再示一个实例。法国战时国民组织之法令，根据以下各根本原则而规定。

（一）为战争之延长计，不可不有充分的准备。

（二）战争包含国民活动之一切方面，包含军事的、政治的、经济的方面。

（三）国内之物质的贮蓄与准备，分为二期：(1) 在平时充分地制成技术的战时用品，以贮藏战斗部队所必要的装备与给养，因战争之故，充分扩大含有战争上最大意义的经济部门之生产力；(2) 在动员之时，自动地供给武器，军需品及其他一切之战时用品。

（四）无分男女，不问长幼，所有法国国民，以及一切私人团体与经营,均应起而防卫国家,在经济的及道德的方面,均有参加防卫国家的义务。

(五)政府得经所有者之同意,调达一切关于战争上所必需的物质的手段。

(六)在战时,内阁得统制国内生产,分配以及消费。

这种法令,完全是彻底的军国主义化。要之,不仅法国如此,其他帝国主义列强,亦莫不如此。法西斯蒂的意大利与军国主义的日本,则更表现得分明;意大利的法西斯蒂军团与日本的在乡军人会,都是同一臭味。从此可见世界第二次大战,不是交战国的军队与军队的战争,而是倾全国之所有,倾全国的国民,以决雌雄的战争。战争的范围扩大到这样,战争的牺牲,也就可以想象了。

最后,叙述最近新兵器的进展。第一次大战以后,帝国主义列强目击大战中德国兵器的优良,于是均努力于新兵器的研究(其实在大战中即已如此,不过最近的进展,更使人惊心动魄而已)。试观列强的兵器研究费用,美国1927年度兵器费总额为947万美金,其中研究费占147万美金;英国1928年度总额310.99万金镑中,研究费占68.96万金镑;即此一端,便可见列强对于新兵器研究的努力。以下就最新兵器的种类及作用略述如下,其已用于第一次大战的新兵器则从略。

(一)电气炮。电气炮不用火药;无烟无声,若予以3 000米的初速,它便有1 200哩的射程,若予以4 000米的初速,则有2 500哩的射程。如果使用此炮,则第一次大战中德国所使用的以炮击巴黎的各种大炮,均为废物。

(二)不用人力操纵的兵器。即汽车、飞行机、战车、军舰等,应用电波自远方操纵,不用人力的兵器。汽车以及小艇,列强均已完成此种方法。一万吨以上的兵舰,则英美业已成功。

(三)恶魔线。又名死光,系强力短电波的集中作用,此种兵器,足以破坏敌人的电力设备,足以妨碍飞机,战车以及汽车的进行,足以焚烧房屋以及人畜。

(四)赤外线探照灯。系应用赤外线以制成的探照灯,虽云霞烟雾,亦可了如晴空。此种方法,于短距离内,早已可能。

(五)空雷。为美国所发明。是在飞机上,用自动的装置,向目标投下而爆发的一种爆弹。

（六）无限的续航的飞机。系以电力代煤油的发动力，而电力又得由无线电补充，所以飞机得无限的飞行。

上述六种新兵器，都是在第一次大战中所没有的。然而即此六种新兵器，也可想象到未来的大战的惨酷，更何况帝国主义列强的化学家又正在日夜不休地埋头研究杀人的新兵器呢？

总结以上各点，我们可以知道未来的大战较之第一次大战至少有以下各特点：

（一）化平面战为立体战。因飞机的战争，使以前专在大陆与海洋决战的平面战而为立体战。

（二）因飞机及各种新兵器的发达，使战争地带与非战争地带的界线混淆，一旦战争开始，交战国的全领土，势必到处血肉横飞，而无所谓安全地带。

（三）因战争的机械化全国总动员，一旦战争开始，交战国必倾全国的所有与全国的人民，以决雌雄。

所以第二次世界大战的牺牲与惨酷，较之第一次大战，更要加增到若干倍；然而有其存在的根据的未来大战，却始终不能避免，这是何等的可怕。

第七章　第二次世界大战中之海军的地位

　　第二次世界大战，从英美对立及美日对立的关系上看来，战争的中心，一定在太平洋。在太平洋中，除了日本的领土，保持了与本土直接的联络以外，其他英美两国都无不全恃海军来维系各领土的联络。似此，则在第二次世界大战中，海军自然站在最重要的位置。但是，要以海军作直接的决战，在事实上是不可能的。因为海军的补充，较陆军更为困难，如果海军遭遇极大的损失，其结果便会影响到全般的战局。所以海军的作用，不在于直接的决战，而在于海上的封锁，而在于破坏敌人本土与其殖民地的联络。海上封锁，在今日已成为最重要的战略。在第一次大战中，德国因协约国的海上封锁，其所发生的经济的困厄与军队给养的损害如下表所示。

名目	1913年（单位：十法吨）	1917年（单位：十法吨）
油类	1 571 925	14 785
糖	1 744 927	10 174
油粕	532 927	1 979
酿造物及麦	202 202	8 916

　　由这一事实，便可立证德奥的惨败，并非完全关系军队的作战的原因，而物质的缺乏，来源的断绝，却是它的要因。英、美、日三国，除美国的原料充足，不需借助于殖民地的供给以外，英日两国的生命，却完全仰给于殖民地的输入。所以要保持本土与殖民地的联络，更为切要。要进一步言，在第一次大战中，德国直捣巴黎，或法国占领柏林，都是可能的；但在未来的大战中，则因日、英、美三国周围都有大海保护，要直入本土占领它的首都，固属不可能，即以现在的军事技术的手段论，要占领它的最重要的殖民地，也是很困难的。所以未来的大战，其主要的决定点，当在海上封锁与隔绝敌人本土和殖民地的联络。以下就目前各国情况，以说明

各国海上战争的趋势;这一趋势,虽属推想,然系根据事实的推想,所以在未来大战中,是可能的。

英美战争

由前章所述,自大体上言,美国最近业已追及英国的海军势力。美国的海军组织,也完全与英国相同,只有速度一项,美国还不及英国。英国因为殖民地散布全地球,为顾虑到远距离的航行计,所以特别重视速度。华盛顿会议的比例分配,英国接受英美海军同等比例的原则,但英国因考虑与殖民地的联络计,不久又提出关于巡洋舰须得超过该原则的约定(这就是因为在第一次大战中,英国贸易上所受潜水艇的损失,尚耿耿不忘之故)。又军舰中的最大型,凡具三万吨至四万吨的排水量者,都只限于战斗舰。同等比例的原则,表面上虽已按着实行,然而这绝不是为和平与军缩而如此,实在还有其他的重要理由在。第一,巴拿马运河为美国国防的枢纽。有巴拿马运河,美国便无须在太平洋与大西洋各设特种舰队。若无这一运河,则美国海军自大西洋至太平洋时,或自太平洋至大西洋时,必须回航南美。有巴拿马运河,则自华盛顿至旧金山可缩短距离8 000公里。然而巴拿马运河的幅员,尚受制限,且其所处地势,想扩大幅员,亦不可能(现在在战斗舰以上的军舰,即不能通过,美国之所以努力于丰塞卡海湾之取得,这也是一个最重要的原因)。倘若军备竞争,继续延长,势必战斗舰型随而加大,结果,巴拿马运河无法收容这种军舰。所以,美国对于限制战斗舰的体积,感受很大的利益。

进一步,美国欲求不丧失巴拿马运河在战略上的价值,所以极力提倡海上军备的缩少(自然,美国还含有以爱好海上和平为根据而企图获得世界政策指导权的目的)。关于这一点,日本与意大利,因财政上的制限,当然乐于赞成。

列强外观上虽然部分地放弃它的新战斗舰的建造,然而从其破坏陈旧无用的战斗舰一点看来,就可以明证列强并无诚心缩少海上军备与战斗舰的建造,并且同时战斗舰以外的军舰,列强都开始猛烈的竞争。在这一情况之下,无论量质,均可加以严重的注意。立于海军缩少最先头的美国,运用华盛顿协定的"自由解释",又发表所谓补助舰(巡洋舰、水雷艇以及潜水艇均谓之回补助舰)的建造计划。若这一计划实现,则不及数年,美国海军便立于天下莫与强焉的地位。现在建造中的军舰及旧军舰的改造益加增大，这在海军军备的竞争方面，有重大的作用。在这一点，财政丰富的美国，已具有压倒英国的势力。故当英美战争的时候，在美国一方面，就其地理的、经济的以及战略的地位观察，最初即取得优势。

英国为"世界的帝国"，它的生存，和海上的支配权，殖民地以及其他市场之结合，有直接的关系。每一星期以内，英国须有600万吨的食粮与2 000万吨的原料之输入，因此每月须有3 000吨以上的排水量的商船1 400只出动于海外，又须有同数量的船只，在世界各地装货及卸货。故大战勃发，若英国于二三星期中停止输入，则其国内所受经济的动摇的情况，便不难于想象。事实上，如果能完全断绝英国的海上交通，即可使之降伏。反之，美国却拥有全美洲的支配权，所有战时的必要品与粮食，都足以自给，而无待于海外的接济。

英国的殖民地及领土，散布全世界，从而为防御诸地方针，结果英国海军，不得不分散于各地。海军的分散，便不得不处于防御的状态。英国苟能使英国殖民地及领土，陷于相当的长期间的孤立，即早已取得胜利。美国的殖民地，数量既不及英国之多，且不如英国之分散，所以美国海军应战甚易，且能集中。并且更有重要的一点，即是纵令美国孤立于其殖民地及世界市场之外，甚或美国的殖民地被敌人占领（与美国本土远隔的菲律宾便有此顾虑），美国亦不会因此而感受致命的打击；即令丧失了殖民地与世界市场，美国仍可继续战争。总之美国海上战争，具备如下的三个特点：

（一）海军集中。

（二）与英战争时，有先发制人的利益。

（三）能冒险实行决定的海战，又依其目的，亦可避免海战。

自然，英国只要从自己的立场看来，真正的海上决战，只要认为有利时，也可采取决然挑拨的态度，并且可以努力地应战。

然英国自其一般的状况言之，非到敌人强烈的挑拨海上决战时，必不得随意采取海上的决战。例如在第一次世界大战中，英国采取封锁政策，德国为突破此封锁政策起见，挑拨英国海战，结果英国不得不与德国实行朱特兰（Jutland）的海战。但是英国虽不行海战，也可以确保它的海上贸易，自始即无于某种情况之下非应战不可的事实。这一点在英国看来，确系战略上的最大利益。

在未来的大战中，海上是否能行真正的决战的战斗，还是一个疑问。因为陆军在重大的牺牲之后，尚易于补充，若在海军，则事实上属于不可能。舰队的建造，不仅因为所费过巨，而且建造中非积数年之久，也无法补充；在某种情况之下，或尚不能补充。因此，列强都尽可能地避免海上的决战。

然而若不经过海上的决战，则英美战争的胜负，便无从期待。

盖纵令占领敌人的土地，尚不能认为决定胜败的手段一事，已由世界第一次大战的时候，在加里波里地方敌人死守的海岸，不能以多数的军队上陆一例，业已证明了。英美间的距离及其殖民地间的距离，均相隔悬远。故占领土地一事，已属不可能（横于美国前面的西印度群岛，则从其地理上的关系，事实上早已合并于美国）。

值得英国攻击的，并且在攻击奏效时，在英国方面即可有利的早日决定战争之运命的唯一攻击目标，就只有巴拿马运河。

美国也早已看到这一点，所以早几年前的巴拿马海湾的大演习，就是以英国为作战的目标。事实上，西印度群岛与美国的距离，仅为 850 浬，而英国则远在 4 000 浬以外；所以在以牙买加为中心的英国海军，攻击此种有最进步的防御设备之巴拿马运河时，美国海军便可先发制人而占领西印度群岛。

由上所述，故未来的大战中的英美战争，完全属于一种海上封锁战争。

即长期间妨害敌国与殖民地及世界市场的结合，同时又确保自身之此种结合的一种海上小战斗。第一次大战以后，世界经济及帝国主义侵略政策之重心，为亚细亚，尤其是中国。以资本主义的方法开拓中国的产业，其用意便在于注射新血液于已就衰颓的资本主义制度之中。因此世界支配权的保持与获得的战争，必于太平洋支配权之获得上，发挥其重大的作用。从而妨碍中国的统一，以及确保中国海上及太平洋上自己的统制权，便是今后一般的决定的战争目标。

在中国海上，因其地理上的关系，具有支配地位的强国，便是日本。但是日本以其被制限的经济手段，绝非世界霸权之第一候补者。世界霸权之夺取，已成英美互相斗争的症结。日本的问题，只是在这二大强国之间，或明或暗，与某一方结为同盟而已（然而在事实上，日美对立绝对不能使日美结为同盟,观以前所述,自明)。以前的英日同盟,最初固可说是对抗当时俄国向东方的侵略,若更明快言之,也就是对抗日本传统的敌人——美国。日英同盟,现在虽已解除,可是实际上并未变更(如田中内阁派遣内田康哉到英国以定英日解决中国问题的方针,如最近松平公使之使英,如最近日本高唱英日续盟等),尤其是对于中国最近诸事件的关系上,更可证明英日之接近(如济案发生以后,英帝国主义不仅没有反对日本的这一行动,并且外相张伯伦在国会演说,还承认这一行动是需要的;如南京一炮之为合理炮一样,日本的这一行动,也是合理的行动。又英国荷包中的国际联盟,拒绝这一事件的过问,更显明了英帝国主义的态度及其与日本帝国主义的关系)。所以英日两国对于美国的共同利害,依然存在。设使日美发生战争,英国绝对不能守中立,因为太平洋上的支配权问题,就是世界的支配权问题,美国战胜日本,即可取得太平洋上的支配权,这便是英国不能袖手旁观的理由。

由以上所述,便可以看到新加坡军港(英国海军在太平洋上的主要根据地)的大规模建筑计划,在获得太平洋的支配权一点上,含有重大的意义。

事实上,新加坡军港又与日本以一大威胁(距台湾1 600浬),然而对于菲律宾,却予以更重大的打击。因为今后凡经过新加坡的海船,都无不感受极重大的制限。英国现在建造中的巡洋舰,即系适合新加坡军港而设计。

今后新加坡军港,遂使英国能在极东经常地保持有力的海军。从这一事实,更可立证英美争夺太平洋的支配权,已到了短兵相接的程度。

日美战争

如上所述,日本于世界支配战之英美二国间,占有重要的地位。日美在太平洋上的对立,历史甚久,且极尖锐,关于此点,以上业已说明。

1921年,美国于关岛(日本南方、菲律宾东方)建造一巨大要港,同时又于菲律宾建造一具有船坞的造船厂。

这种建设,便是在日美战争时,美国得保有对于日本输送舰队的根据地。但是美国顾虑到因此种建设的完成,而即刻惹起日美战争,□前已说明,日本利于速战,而美国利于缓战。所以计划的大部分,置未即行。

日美战争,在下面所述的情况上,日本取得战略上极有利的位置。盖日本的主要战争目标，一方为确保岛国的防卫，及与亚细亚大陆的结合（第一为与朝鲜及满洲的结合）；他方则为破坏美国与中国的结合。因它与自己的根据地甚近，所以这两个目的，都有达到的可能。日本在战略上的地位，因其为群岛所结成的国度，与朝鲜及满洲，又仅隔一衣带水（日本若于此海峡地，施行水雷连锁，则美国海军便不能接近日本海与黄海），其次日本又没有防御远方殖民地及根据地之必要，所以日本的海上战斗力，可以确保最大限度的集中性。

反之，美国却与日本隔离8 000哩的大洋，要与日本决战，自必于太平洋中求得一最重要的海军根据地。然而如前所述，美国目下仍无此等根据地。华盛顿会议时，日本的态度，便着重于使美国放弃其太平洋中海军根据地的建设。日本代表加藤男爵，首先就宣言：只要美国放弃了关岛及马尼拉的建设计划，则日本可同意于任何关于海军的制限（结果美国放弃了这一计划）。反之，美国亦只要在夏威夷群岛（距美国旧金山2 100浬，距日本3 400浬）得自由行动，便可与日本同意。结果，日美在这一限定以内妥协了（事实上，日本也放弃了关于太平洋诸岛的防备，不过诸岛直接属于日本本土，已有坚固的防备）。这一妥协，实不利于美国，因为美国最重要的殖民地菲律宾，与美国本土相距太远（马尼拉至夏威夷4 350浬，再加上夏威夷至旧金山的2 100浬，便为6 450浬），一旦战争爆发，当美国强有力的舰队尚未到达菲律宾以前，日本即已先行占领该岛。

其次，美国海军的速力，亦不及日本，也使美国感受海战上极大的困难。

美国海军，果真欲肉迫日本时，势必不顾一切，排除以上各种困难，以进出中国海上，而实行破坏日本与亚细亚大陆的结合，盖除歼灭日本海军以外，这是予日本以致命伤之唯一的方法。美国此种计划如果成功，则日本海军纵令能动员与战斗，然非不断地受朝鲜石炭的供给不可，尤其是日本的石油贮藏（即使日本能保持与库页岛之联络，不致为美国所搅乱），即平时亦不充分，更予日本以莫大的不利（日本其他的输入品，亦相当的重要）。所以美国只有由这种输入的断绝一方法，才可以降伏日本。然而美国要试行这种封锁，其牺牲的巨大，其与中国的损害，便可想象了。

英法战争

孤立的英法战争,是不会有的,且较之孤立的日美战争,更乏可能性。

然而英法战争,于未来的世界大战中,是不可避免的。英法的对立,以上说得很明白,此地用不着赘述。现在仅就英法海战的情形,予以推想的叙述。

第一次世界大战以前,英国海军的根本战略,系以海军主力置于北海。

关于1924年度英国海军的预算,英国海军部曾宣言以"顺应一般战略的情势",努力强大地中海的舰队。彻底遂行这一宣言以后,今日英国海军的主力,已着重于地中海。

其最重要的根据地,为欧亚非三大路交叉点之马耳他岛。从马耳他岛至英国,有2 000哩的距离,至新加坡有6 000哩的距离。在新加坡军港未完成以前,马耳他岛为英国至东洋道上惟一要港,并且最大军舰,亦能出入。

英国又为确保自大西洋向地中海进入的门户——直布罗陀海峡——的安全计,可努力交换取得非洲北岸之梭打及其背面土地拉尔他尔。梭打在直布罗陀的对面,向丹吉尔直接突出,虽然,此一交换的结果,英国不过得到对地中海入口之支配权而已,若百尺竿头更进一步,而将摩洛哥西北角丹吉尔前端西岸亦划入防备区域,则在法国攻击时,可行有利的防御。

自第一次世界大战以后,法国海军势力有显明的进展(看第六章"列强海军势力表")。近来,则多数的军舰与新式的潜水艇,均在继续建造中。

最重要的一点,就是法国海军的构成,系以对英作战为目标而设计。并且法国的海军,具有精良的兵器,有敏捷的巡洋舰以及善于活动于海上的水雷舰与潜水艇。在苏伊士大运河方面,在地中海方面,在非洲海岸各地,法国均有强固的海军根据地。又其战斗力,较之1914年,实有惊人的进展。法国海军之扩大,其目的在于应付地中海战争,在于确保本土与非洲领土及殖民地的结合,在于隔断英国本土与其殖民地及领土的联络。

由上所述,英法海战,其集中地点,便是地中海。在法国以潜水艇封锁英国(法国议会财政委员会报告者开尔额克说,法国若保有250至300的潜水艇时,则可毫无疑惑地应付将来;又在华盛顿会议时,法国反对潜水艇的任何限制,同时英国代表却指摘法国此种主张,全系对付英国作战而发),这是于法国有利的;在英国联络意大利,以牵制法国,却是于英国有利的。但是英法战争，属于世界大战之一部分，所以要决定它的胜负，不仅在于英法战争，而且在于整个的世界战争。其他法意战争，也一样的不是孤立的战争，而是随世界战争之爆发而爆发的。

总结以上英美、美日、英法三大战争，以英美的战争最为可能，而且英美战争的决定的胜负，又多在太平洋的海战上的海上封锁；同时在他方面，如果英美爆发战争，日本自不能中立，而必倾向于英，其他各国，均随其利害关系，以与某一方结为同盟，结果演成世界第二次大战。战争既以海上封锁为重要，则世界大战的目标，又自必是太平洋。所以风平浪静的太平洋，从此便是未来大战帝国主义的战场了。

第八章　反苏联的战争及民族革命战争

自苏联革命成功以后，帝国主义列强于1918年至1921年间，实行对苏联施以侵略的战争，与海上封锁；然而这一企图，终于失败。近几年来，苏联因施行新经济政策之故，国内产业渐次发展，并且确立了社会主义建设的基石。帝国主义列强眼见武力政策的失败，于是改头换面，企图获得苏联资源的管理权，从而不得不与苏联缔结经济的妥协。苏联一方面承认有外国资本投入之必要，他方面又认识了帝国主义列强的投资政策在于使苏联殖民地化，所以苏联在接受外国投资的时候，都确保其对于资源的管理权，而不让外人染指。结果帝国主义列强不仅没有实现原来所规定的企图，而且苏联在全世界中的经济地位，却日渐巩固了。

在欧洲方面，反对苏联的主要国家，第一就是英国。在第一次世界大战以后，苏联的波罗的海沿岸，均随而丧失了；尤其是两个海港，一个是勒佛尔湾，被爱沙尼亚所夺取，一个是利加湾，被立陶宛所夺取。英国的目的，就在于联合波罗的海的诸小国，如芬兰、爱沙尼亚、立陶宛以及拉脱利亚四国，以结成反苏联的战线。英国与苏联之间，有此反苏联战线，英国就无异乎取得了安全的屏藩。而芬兰与爱沙尼亚对峙，都直接地向着苏联的列宁格勒特示威，这当然使苏联难于安枕高卧。然而这一小同盟，并不见得成功，因为立陶宛与波兰的地盘问题，英国就无法调解。何况这些小国彼此之间，还含有其他的矛盾与对立。其次，在法国指导之下的反苏联的战线，便有波兰、罗马尼亚、捷克斯拉夫几个国家。法国和英国一样，也是借这几个国家以取得对苏联的安全保障（法国借这几个国家，以隔离苏联与德国的联络，也是这一企图之主要目的）。但是，这几个国家的力量，并不见得足以威胁苏联，更何况法国对这一个小联盟表现着动摇之势。

其次，英国反苏联的主要政策之一，就在于"拉拢德国向西方去"。德国在战败以后，在经济上政治上以及国家地位上低落的时候，当然有与苏联结为同盟之可能；但是，德国因美国投资的结果，使新帝国主义的倾向渐次长成，在这时候，德国自然又会走到反苏联的战线上去。所以1928年上半年以前，英国这一政策，确实获得相当的成果。然而在1928年10月国际联盟第九次会议以后，德国又明白地表示了不甘于做英法各国反苏联的工具。我们要明白，德国这一表示，并不是示好于苏联，而是有其他的原因在。盖德国自稔所处的地理上的位置，在反苏联的战线中，有举足轻重之势，英法如果要反对苏联，自不能不拉拢德国。在德国方面言，英法如果拉拢德国到反苏联的战线上去，则不得不向协约国方面，取得相当的代价；质言之，就是德国要求莱茵河撤兵，要求协约国方面对于赔偿问题的让步，要求在《凡尔赛条约》之下得到相当的自由的解放；德国得不到这些代价，便不甘于做英法的反苏联的重要工具。然而，法国借口赔偿问题与二重保障，却不肯撤退莱茵河的驻兵。英国虽然与法国联合，以对抗美国，却又恐怕法国在莱茵河流域占有特殊的优势，而于自己不利。所以英、法、德彼此间的利害冲突，就始终不能整备反苏联的战线而不致动摇。

反苏联的大本营，不用说就是国际联盟。然而国际联盟的本身，并不坚实，内部英法的斗争，为夺取欧洲支配权之故，却一天一天地激化起来了。固然如此，可是反苏联的方法，却途途是道。如利用黄色职工国际与法西斯蒂，前者便是分散工人团结的唯一工具，后者便是压迫工人的唯一工具。所以英国的《劳动组合法》，德国的仲裁制度、产业平和运动、非政治的劳动组合运动，美国的企业家组合，意大利的法西斯蒂国家劳动组合，以及法国战时劳动组合军队化的法律等，都是准备将来对苏联作战，以巩固后方的唯一工具。同时，如德国的铁盔团与旗手团，芬兰的防卫团，波兰的猎兵以及奥国的国防团，这些都不是正式的军队。而是在与苏联作战时，利用这些非正式的军队，以破坏工人的罢工，以禁止工人的活动。最后，帝国主义列强，其在东南欧罗巴以及波兰、罗马尼亚，则努力支持法西斯蒂。这就是因为法西斯蒂是反苏联战争中之唯一的工具之故。

总之，无论在理论上，或在事实上，帝国主义列强与苏联的对立都是很明显的，并且由这种对立，又必然地爆发战争。

苏联对于这一点，与帝国主义列强一般，也看得异常透彻。这一战争，固属是资本帝国主义的生死关头，然而也一样地是苏联的生死关头。苏联如果不能突破这一个生死关头,则所谓世界革命固属要候河之清,即目前苏联的基础,亦将为之倾覆。所以苏联在某一范围以内,尽可能地避免与帝国主义列强冲突,如英国的搜索公使馆事件,如某国的杀害俄领事事件,苏联都一声不响。这并不是苏联的屈服,这正是苏联自稔苏联的失败,关于社会主义的前途甚大之故,苟苏联不到出于万不得已不得不与帝国主义列强以兵戎相见之时,苟苏联不到确有把握能够制胜帝国主义列强时,苏联绝不轻于挑战,而只有尽可能地避免大战。所以最近的美国投资,《日俄渔业条约》的缔结,德俄经济关系的相互依存,苏联都处处与各国调协。

然而苏联的这一调协,也不过是目前的一种策略,预知大战的到来,依然是不可避免的。苏俄根据这一立场,所以国内的军备扩张与红军的训练,并不松懈一点。红军的常备军,自1924年起到现在止,都保持有562 000人之多。这是苏联的党军,训练的方法与军队的意识,都异乎普通的军队。苏联的劳动国防会议(C.T.C.)自英俄断交以后,其工作更形紧张。苏联的国防计划的特征,全在于政府与民众一致的合作,尤其是工人团体,几乎可以说每一工会都是作战的单位。苏俄这种力量,实未可忽视,何况革命以后,又经过十一年之久的不断的训练呢?其他,如俄国的航空兵力,较之1920年,便增加到6倍以上(参看拙编《世界之现状》第39页)。总之,苏联对于帝国主义列强的攻击,正在准备着充实的力量,以谋最后的一战之解决。

其实,苏联对于帝国主义列强的作战的准备,还不止此。国际共产党第六次世界大会,关于帝国主义战争一项,便决定了很详细的纲领(见日本产业劳动调查所编的《国际》第三卷第三号)。这些纲领,都针对着帝国主义列强的战争准备而发,可谓水银泻地,无孔不入。就中,如转变对外战争为对内战争及本国战争的败北主义两口号,便是资本帝国主义列强所最害怕的。在第一次世界大战时,这两口号都为拥护祖国一口号所掩盖,丝毫没有收到成果。然而大战十一年后的今日,这两口号却有充实的意识上的与组织上的准备,而绝非第一次世界大战时的情况。如果这两个口号实现,帝国主义列强必定发生极大的恐慌。就是以前所说的,由大战而引起不断的战争,由不断的战争而引起革命。

总之,帝国主义列强反苏俄的战争,是具有爆发的可能性。不过一方面因为苏联与帝国主义列强彼此都有顾虑,一方面因帝国主义列强间彼此的对立过于尖锐化，则帝国主义间的战争，或许较之帝国主义列强反苏俄的战争，更要爆发在先。因为事实如此，所以论断也就如此。

其次，说到民族革命战争。民族革命战争在世界革命之现阶段，占重大的地位。如反抗法国及西班牙帝国主义的摩洛哥战争，如叙利亚的叛乱，如反美国帝国主义的墨西哥及尼加拉瓜战争，如1925年的香港罢工，如1926年的中国革命运动等，到处都摇动了资本帝国主义的柱石，都使资本帝国主义恐慌。但是，新近的形势，便截然不同了。整个的国际资本主义，因技术的进步，已进到完全稳定的时期。从而资本帝国主义列强，对民族革命战争，便由守势而转到攻势，所以用武力镇压民族革命与干涉民族革命，是目前最显明的事实。帝国主义列强对中国革命的武力镇压的口实，便是"生命财产的保护"，便是"通商的保护"，便是"国旗的保护"。因为如此，所以英国对南京所发的炮，是合理的炮；所以日本演成济南惨案，是合理的惨案。这些都是表示帝国主义列强转守势为攻势的所在。并且中国革命问题，是帝国主义列强的重要问题，今后因帝国主义列强间谋中国之再分割的纷争的激化，当更使这一问题的意义严重。

现在民族革命战争，虽因帝国主义列强的进攻而陷于沉伏，然而民族革命战争的客观条件（即存在的根据）尚充分的具有，民族革命战争，只到了某一程度，一定用广大地爆发，征诸往事，这是无可否认的。换言之，即是帝国主义的战争一旦爆发，民族革命战争必然地相因而至。其次，更值得我们注目的，便是大战以后，殖民地及半殖民地的工业化，使殖民地及半殖民地自身，渐次进到资本主义的倾向；尤其是大英帝国的殖民地，因这一倾向的进展，已显明地与大英帝国的传统政策，立于矛盾的地位。

这些矛盾，必然地引起民族革命战争，以脱离大英帝国统治的羁绊。这也就是由战争引起不断的战争，由不断的战争引起革命。最后要由这一革命，才可以扬弃现在一切的矛盾，才可以产生一新时期。

第九章 结 语

由上所述，因资本主义的危机，因帝国主义列强对立的尖锐化，因帝国主义列强的军备扩张，而断定帝国主义列强间的战争之不可避免。

其次，因帝国主义列强与苏联的冲突，而断定帝国主义列强与苏联的战争的不可避免。

再次，因帝国主义列强间的战争之爆发，而断定殖民地及半殖民地的反帝国主义的战争之不可避免。

最后，这三种战争，都有其连带的关系，必然地由这一关系，而汇为第二次全世界的大战。

但是，因资本帝国主义列强间的矛盾之尖锐化，资本帝国主义列强的战争，在最近的将来，有爆发之可能。果如此，则苏联必然地不能中立，而必采取其自身的立场，来对付这一战争。民族革命战争，便因这一战争而爆发，而向前奔放。最后，全世界要展开一个新局面，要进到一个新时期。

复次，从帝国主义列强的斗争中心言，是太平洋问题，尤其是中国问题。中国问题，便是第一次世界大战的巴尔干半岛。中国在未来的大战，不能袖手旁观，而必然地要采取自身的立场，以对付这一战争。

所以未来的大战，是中国的生死关头，是中国的存亡问题。中国唯一的出路，只有由第二次世界大战而展开。

肉的炮弹，血的火花，惨酷的战神，正来到我们的前面。最后我要向读本书的人，提出一个问题，以作本书的终结。

"在未来的大战中，中国到底往何处去。"

经济概要

杨东莼 著

经济概要

第一章　中国社会经济之特质

公民必需的经济知识，不在于一般理论之抽象的理解，而在于正确的认识本国国民经济的现状。对于国民经济各种具体事实的分析，仍然离不了一般经济理论的应用，故学者在国民经济的探讨过程中，不知不觉地养成了理论研究的基础，却又是当然的事。

我们在研讨国民经济各方面的状况以前，首先要把本国社会经济的特质认识清楚，然后依着这个根本概念的指导，去向各方面进行研究，这样，我们的理解才可以深入，才可以系统化。

要理解本国社会经济的特质，不外乎从把握本国经济之地理的因素及历史的因素入手。所谓地理的因素，就是中国民族①所处的自然环境。历史的因素，就是中国经济的文化背景。以下分两节说明之。

第一节　中国民族的自然环境

中国民族何以有几千年的文化史？何以开化很早而进化很迟？我们要答复这些问题，除历史的因素外，便不能不首先明白中国民族所处的自然环境，具有若干的特征。而且，我们明白了自己所处的自然环境，便是关于经济现状的分析，以及将来发展趋势的估量，也不会茫无头绪了。

所谓自然环境，就是（一）国土的位置和面积，（二）气候，（三）地质及（四）河流、湖泊、海岸诸地理的条件。而地质一项，是包括（甲）地势（乙）土壤（丙）矿产而言。现在依次叙述起来。

国土的位置和面积，中国的地位，占在亚细亚洲的中部和东部。它的四界，极东到东经 135 度 2.5 分，即黑龙江会合乌苏里江处；极西到东经 74

---

① "中国民族"为作者原文，代表当时人的看法（整理者注）。

度，即帕米尔高原之乌赤别里山南口；极南到北纬15度46分，即西沙群岛中之特里屯岛南端；极北到北纬53度52.5分，即阿尔泰山脉之萨彦山脊①。

中国的幅员，南北长7 100里，东西宽8 800里，据政府测定，全国面积为34 966 000余方里，合4 277 000余方英里，但据外人Stauford调查，则为4 376 000方英里。总之，数目上虽然尚待精细的测定，而中国面积必在430万方英里上下，则可以断言。这就是说，中国的面积，相当于全亚洲的1/4，又相当于全世界陆地的1/12。它比全欧洲还大。

如果和当代各大国比较，则中国为第四大国，这是将各国面积连殖民地计算的话（这样计算，英法比中国大。但根据中国面积的另一估计，则法国比中国略小，而中国为第三大国）。如果不连殖民地计算，则中国仅次于苏联，而大于美国，其他各国，不足和中国比。

中国的行政区划，包含28行省（江苏、浙江、福建、安徽、江西、湖北、湖南、四川、云南、贵州、广东、广西、山东、河北、山西、河南、陕西、甘肃、青海、西康、宁夏、新疆、绥远、察哈尔、热河、辽宁、吉林、黑龙江），1939县，14普通市，5院属市（首都、上海、北平、青岛、西京），4行政区（威海卫、东省特别区、蒙古、西藏）。

现在被强邻侵占之东北四省，其面积为377.6万余方里（计辽宁85万方里，吉林88万方里，黑龙江146.6万余方里，热河58万方里）。在危急中之华北五省，其面积为310.5万余方里（计河北44万余方里，山东54.4万余方里，山西47万方里，察哈尔83万方里，绥远82万方里）。

气候　大致说来，我国气候是大陆性的，只有东南沿海一小部分是海洋气候。现在从南方说起。

珠江流域位于热带及亚热带，高温多雨，气候很少变化，其沿海地方，以及内地的高地，四季都令人舒适。东海岸地方，气候温和，雨量适度。

扬子江流域，气温最适中，雨量最适度，下游沿海地方受海洋影响更显著。上游四川等地，因地势高，四时的变化不多，只有中部湖北、湖南一带，不免为大陆气候。

黄河流域，气候的大陆性很显著，每年寒暑的变化很大，河海冬季，大抵结冰，雨量夏多冬少。

---

① 此处所述疆域不全面（整理者注）。

关东三省也是大陆性气候。冬季气压极高，寒风怒号，河湖结冰。夏季短促，但日中颇热。

以上是东部近海诸平原区域的气候。至于西北高原地带，自蒙古、新疆以至西藏，冬寒夏热，相差达于极点。雨量非常缺乏。因其四围山脉，遮断了外来的水蒸气（东部江河流域，山脉不与海岸线平行，所以含蒸气的风得以吹入）。

我国本部的雨量，是季候风带来的。东南季候风，每年清明节左右，从印度洋、太平洋吹来，直到秋分节左右，才转变西北季候风。

东南海中，每年到夏秋之交，就有一种凶暴的旋风（叫做飓风），从菲律宾群岛附近吹来。广东、福建、浙江等省，常常受它的害。

地势和土壤　地势及土壤，也可以把西北高原地带与东方近海平原分开来说。

东方近海部分，包括本部与满洲①，是季候风的区域，雨量充足，是适于发展农业的地方，这又可分为四个区域：（一）满洲，（二）黄河流域，（三）长江流域，（四）珠江流域。

满洲的松花江及辽河流域为平原，北部东部及南部为丘陵地，平均高度达3 000尺，富于森林。至于土壤，北部瑷珲附近，素称肥沃。海拉尔以西，土中多含盐分，不大好。中部森林，朽土富厚，为最美的林地。辽宁的土壤，由河流沉积而成，上层多系殖土或殖质土壤，适于各种农产，下层多系砂土或砾土，排水力大。

黄河流域地势，西北高，东部低。有直鲁豫平原，汾河流域平原，关中平原，河套平原。东部多为黄沙土壤或冲积层的腐殖土，西部系黄土层，适于棉麦的栽培。不过黄河下游两岸，沙土面积很大，大都荒芜不能耕种。

长江流域，四川地势最高，多丘陵地，而成都附近，有70余万方里的盆地。南岭山脉，横于江南，直达浙江，其间多丘陵，但沿江有江浙平原，江淮平原，云梦、皖、赣、宁、芜等平原，土地都很肥美，大半系冲积层。

珠江流域，云南为高原地，其间有滇池平原和大理平原。贵州、两粤各有丘陵地，其间有粤东平原和潮州平原。福建也有丘陵地及福州平原。但只有粤东平原较大，而适于农业——土壤肥沃，高温多湿，农产物易于成熟。

---

① "满洲"是中国自古就有的地理概念，不同于伪满洲国（整理者注）。

西北内陆部分，包括蒙古、新疆、青海、西藏等区域，地势均属高原。蒙古、新疆，有 2/3 的面积属于沙漠地带。只有沙漠以南，长城以北的草原带，适于畜牧。青海也是富于水草的大牧场。新疆有伊犁河谷盆地及塔里木河谷盆地，土壤颇肥，宜于农产。西藏为世界第一高原，地味含盐质，不便种植，仅拉萨附近一小部分地方，农产物颇多。

矿产　我国矿产极为丰富，无论煤、铁、石油、金、银、锰、钨、钼、铜、铅、锌、锡、汞、锑、砒、铋、铝，以及其他各种矿产，如黏土、食盐、石膏、明矾、硝、自然碱、磷、硫黄、石棉、滑石、萤石、苦土、白云石、石墨，乃至制造石灰、水泥、玻璃的原料，建筑用的石材等，无一不备。其最主要的是煤铁等数种。

中国的煤矿，如果把烟煤、无烟煤、褐煤、泥炭合起来计算，其总储量在 248 000 兆（百万）吨以上。若是除开褐煤、泥炭不算，则在 243 000 兆吨以上（另一说在 995 兆吨以上，差不多占全世界 1/4）。有名产地是山西、河北、山东、河南一带，以及湖南、江西等省。中国煤质多优良，无烟煤占 1/4，多产于湖南、江西（世界所有的无烟煤与烟煤，为 1 与 8 之比）。

铁矿的储量，据实业部四次矿业纪要，为 1 100 兆吨。辽宁一省，占全国铁矿储量 77%，察哈尔占 9%。

煤油储量，估计为 3 600 兆桶（另一说是 4 337 兆桶，每桶 42 加仑）。其中抚顺含油页岩约有 1 900 兆桶，已占全国总储量 53%；与美国比较，相当于 1/3；与世界总量比较，则占 1/20。除抚顺外，陕西油矿最有希望。

金银产额不多。金矿以黑龙江漠河金矿为第一，甘肃次之，阿尔泰山亦产金。银以热河省所产为最多，约 227 吨。

我国锡矿有余而铜矿不足。就开采情形看，每年产锡 9 000 吨而产铜不过 600 吨。至于铜之消费量，每年当在 6 000 吨左右。

与军火有密切关联之锑、钨二矿，我国很多。全世界产锑 16 000 万吨，中国占了 3/4。全世界产钨 14 000 万吨，中国占了 2/5。

制造飞机的铝，可以从明矾取得，据调查，浙江平阳产明矾石，有 2 000 兆吨之多，如果提炼出来，中国可以成为世界第一的产铝国。

河流及海岸线　中国三大河流（黄河、长江、珠江），是联络中国内部各地的重要交通工具，同时也是农业灌溉的源泉。不过黄河的泛滥与溃决，几乎把河流的经济意义否定了。黄河不能航行吃水很深的船舶，使西方诸省的商品经济，发展得异常迟缓。而其不断发生的水患，常常毁灭无数的农村。但是黄河流域为中国文化的摇篮，如果能以最大力量治理黄河，则黄河仍然有造福中国的一日。

至于长江，不仅本身便于航行与灌溉，而且在湖泊与支流的系统中，联络了中部诸省。不过现在也常常发生水患，有加以修治的必要。

珠江汇合东、西、北三江，联结西南诸省，颇便于航运及灌溉，但目前也常发生水患，应当从事整治。珠江下游，很是富足，为现代文化的策源地。

黄河、长江、珠江都有水流湍急的地方，其水力也是天然的富源，因而可以利用起来发电。

人工开筑的大运河，把中国南北各省联络起来，曾经是封建时代各省间经济互相依赖的脉络。

中国没有像地中海一样的内地海，所以古代的人民，只是利用河流，而不能充分地发展海上的航行——因为不经过在风平浪静的内地海作初步航行的阶段，很难把航海术练习出来，这样，骤然向巨浪滔天的大洋中航行是不可能的。

可是中国的海岸线，东北从鸭绿江口之大东沟起，西南至广东之东兴埠止，总长一万数千里，包括黄海、东海及南海，其中有很多的海岛，有很好的港湾，可以充作军港或商港的。在近百年内，沿海地方，尤其成为全国经济的菁华所在地了。

合看以上各点，可见中国地大物博，具有发展经济的极大潜能。不过因为西北有摩天的山岭与荒凉的沙漠，东南有茫无际涯的大洋，曾经把中国造成一个孤立的环境。这一孤立的环境，在文化开辟的阶段，为了避免外来的侵袭，保障建设的安全，倒是尽了一点帮助进步的作用。但到了后来，这一与外面隔绝的形势，便使中国民族不能与外面的文明民族相接触，养成了一种自高自大，不求进步的心理。再加以地大物博的条件，很可以自给自足，越发自满起来，所以一辈子不长进。目前锁国主义已经打破，问题就在怎样利用我们的自然环境，来增进国民经济生活的水准。可是又因为被帝国主义所劫持，而有不能自由开发国有富源的样子，这就只有从民族主义的发展过程中，去求得根本的解决了。

第二节 中国经济的文化背景

民族文化的发展，本来是随着经济状况而决定的，另一方面，文化又可以促进经济的发展。有时因时代变迁,而文化沉滞不前,又常常足以阻碍经济的进步。例如工业革命以后,西方一般文化都随着经济而变动。如果到了现代,还有什么国家笃守中世纪的文化而不肯改变,则其国民经济的现代化也将受着阻碍。

中国文化的渊源　中国文化起源很古。几千年来和中国民族相接触的诸邻近民族,其社会经济大抵仅发展到游牧阶段,因之文化水准都比中国低,而在两相接触的过程中,他们终于渐渐为中国民族所同化,所吸收了。

西北游牧民族侵入中国的历史,自秦汉以来,也不知经过了若干次。其间最显著的如五胡十六国的盘踞中原,沙陀、党项的归化唐朝,辽、金、元、满清的征服中国一部或全部,当时以游牧民族的强悍善战,虽然暂时屈服了中国的农耕民族,可是结果他们自身也变成农耕民族的一部分,这是因为农耕社会,本来是比较游牧社会进了一步。大体说来,现在中国本部所谓汉族,早已不是纯粹的汉族,而是混杂了无数的蛮夷的血统了。至于边疆各地,如满洲、内蒙、新疆等地,凡属适于农耕的所在,又莫不有从内地前往的移民。只有蒙古、西藏的草原地带,其人民为环境所限,仍然保持着游牧的经济生活,而具有其特殊的文化。

但另一方面,因为近百年来,海禁大开,欧美的工商业先进国,挟着现代文化,侵入中国,使我们素来自夸为衣冠文物之邦的,也感觉事事不如他人,于是发生了输入西方文化的运动。这一运动,自所谓"中学为体,西学为用"的主张一直到"全盘西化"的说素,虽然有种种程度的不同,总之是承认西方文化有他的优越处。这是几千年来的一个大变局。这一时代的中外交通,变更了历代"用夏变夷"的惯例,而走向"变于夷"的道路了。我们看,近年来从轮船、铁道、兵工之类的物质建设起,一直到政治制度的改变,学术思想的革新,何一而非外来文化的影响呢?

不过,外来文化之属于自动吸收者,应和固有文化的发展部分一样,视为现代中国文化的一部分,惟有由外力所强迫移植的文化事业,则直接或间接地与经济上政治上的侵略相呼应。

我们由以上所述,可知中国社会正有几种文化在交流或递嬗之中。(一)游牧社会的文化,是最落后的一种。只有很少的人民,仍然停滞在这个文化生活的阶段里面,这自然不足以代表中国的文化。(二)侵略性的外来文化，虽然日益深入，但是，那不足以作为中国文化的一部分，更是显然的。现在所可以认为今日中国的文化的，便是几千年来农业社会的固有文化，与近几十年自外国工商业社会输入的新文化。在以新文化接合于固有文化之后，当然将有一个光辉灿烂的前途。不过目前还是没有达到相互融合的地步，以致守旧之士，则拘守封建时代的陈死教条而不能善用古人的文化遗产，趋新之徒，则漠视资本主义文明的弊害而无条件地接收，相隔愈远，相争愈烈。我们现在不必一一加以评述，但就其与目前经济生活有关之点，略加说明。

人口与文化　首先就我国各种职业人口的比例，来观察我国是农业社会还是工商业社会。我国人口总数，据十七年内政部调查，共 474 兆；据十九年邮局调查，共 485 兆；据二十年海关估计，则为 438 兆（不包含京、沪、津、汉四埠）。虽各种统计，数目很不一致，但可推知其数当在 450 兆至 500 兆之间。在此一总数之中，农民约占 315 兆（据实业部最近估计），即占全人口 70%—80%。军人约占 150 万至 200 万，产业工人 268 万，手工业工人 1 100 万（工人数系据十六年全国总工会调查）。此外，则为商人、官吏以及其他有业的或无业的分子。由此看来，农业人口占了绝对多数，可知农业仍然是经济的重心，至于工业，是很微小的一点点东西罢了。

再看看这些工业人口吧。合产业工人与手工业工人的总数来计算，也不过全国人口的 3%—4%。但所谓手工业工人，11 兆的总数之中，乃包含了 5 兆的非真正制造者，如船业、苦力、店员、缝纫等工人。而 1.5 兆至 2 兆之产业工人中，矿山、铁路、纱厂的劳动者占了 1 兆，这中间就有一部分是替外国资本家做工的。这可见民族工业，真是微弱已极了。

因为这个缘故，所以从工业国吸收进来的新文化，虽然在表面上很有势力，实在还是农业社会的固有文化，占着绝对的优势。

农业文化的特征及其评判　然则农业社会的文化又是怎样的呢？章士钊氏《农国辩》说得最明了。试看他区别农国与工国的要点（据李权时《现代中国经济思想》）：

（一）建国的本源不同。农国重自足，工国重致富。

（二）政治、道德、法律、习惯等的不同。

甲、欲望　"农国主节欲，勉无为，知足戒争，一言蔽之，《老子》之书，为用极宏，以不如此，不足以消息盈虚，咸得其宜也。"故农国尚俭。"工国则反之,纵欲有为,无足贵争,皆其特质,事事积极,人人积极,无所谓招损,损更圆满,损满回环,期于必得;以不如此,不足以兴集国富,日起有功也。"故工国尚奢。

乙、为政　"农国政尚清净,以除盗安民,家给人足,为兴太平之事。"故农国于财务节流。"工国则言建设,求进步,争于物质,显其功能。"故工国于财务开源。

丙、礼教　"农国说礼教,尊名分,严器数。""工国则标榜平等,一切脱略,惟利之便。"

丁、立身　农国"于人务苦行,于接物务挹谦"。工国则"人以有幸福求骊虞为上,接物以发扬蹈厉为上"。

戊、人生观　"农国重家人父子,推爱及于闾里亲族,衣食施与恒不计。""工国以小己为单位,视钱如命,伦理之爱,别为一道,姊弟同车,各出铜币一枚,分购车位,反相安焉。"

己、讼事　"农国恶讼,讼涉贷钱分产,理官每舍律例,言人情,劝两造息争以退。""工国则财产之事,毫不肯苟,全部民法,言物权、债权者八九,讼师数万,蠹食于兹。"

庚、人选　"农国以试科取人,言官单独风闻奏事,不喜朋党,同利之朋,尤所痛恶。""工国则明言财利,内贿外政,比周为党,立代议制,朋分政权。"

辛、结语　总之,"欲寡而事节,财足而不争",这是农国的精神。"欲多而事繁,明争以足财",这是工国的精神。

不过章氏是主张农村立国的,他想拘守着农国文化,不免忽视了当前现实。杨铨氏说得好:"吾虽不欲兴工,而欧美之制造家□已挟其资本,建厂于吾腹心之地,上海、天津、汉口诸地,非吾神农苗裔之版图耶?然其人则弃农而工矣。""徒□□则以原料供人,而其一己之衣、食、住以及农具与消耗品,皆将仰人之鼻息。"① 故中国之工业化,乃属必然的趋势,因而章氏的主张,不免与时代潮流相反。

章氏又指出工国的危险如穷富悬殊,供求不应,生产过剩,世界大战等,这本不错。然而认泰西之第一国际、第二国际、第二半国际及第三国

---

① 杨铨:《中国能长为农国乎》,《申报》,1923年10月28日。

际的运动,隐然有逃工归农之意,则又似乎把社会主义与封建主义视为同一。其实第一国际等运动,虽然有补救资本主义工业国的危险的旨趣,却并不是想回复到封建时代农业社会去;在生产方法上,与其说他们是逃工归农,还不如说他们是彻底工业化,因其不仅工业本身继续发展,即农业也将尽量受工业的洗礼呢。不过他们所愿意继承的只是资本主义的大规模生产制,而想去掉那成为所谓"工国危险"的泉源之财产私有制罢了。至于封建时代的家庭生产制,是比资本主义更落后的经济制度,在社会进化的趋势上是不容回复的。因此,目前经济学者,大半不赞同拘守农国文化之说。有一部分,明白地提倡资本主义的个人主义,有一部分则主张用全体主义来救济个人主义的偏枯。至于他们对于农国文化的观感,则一致以大家庭制度为经济发展的障碍。

马寅初氏说:"中国国民袭封建遗风,宗族思想,牢不可破,事事以家庭为单位,甚至以家庭为本位。五世同居,九世同堂,传为美谈。民族思想,甚形薄弱。故军阀割据成雄,拥兵自卫;官僚假公济私,贪污靡费,其头脑中何尝有国家民族?国联调查团报告书,申述中国缺乏团结力之原因,实在大多数之国民,只知有家族乡土,而不知有国。"①

他又说:"吾国人家族思想,过于发达,每主一事,权势所及,无不引用私人,能力之胜任与否不问也。"②

关于缺乏个人主义精神之点,他亦说道:"中国人财产少个人所有权,多家庭共有权,父子兄弟收入,除秘密积存外,如不归公,必招责难。"③这种个人主义的缺乏,有人认为阻滞中国工业化的主因,如方显廷氏在《中国之工业化与乡村工业》一文内说:"新式工业在中国之不能长足发展,其因首在所处之环境。自社会政治经济各方面言之,均未脱离中古时代之本质。中国之社会组织,始终拘泥于终古不变之家族制度,此足使力能造成世界新工业地位之私人企业为之濡滞不前。盖徒知崇法先贤之顽固思想,而不愿人类进化之自然法则;奖进财产之集团消耗,而不事私人资本之积

---

① 马寅初:《中国经济改造》,商务印书馆,1935年,第9页。
② 马寅初:《中国经济改造》,商务印书馆,1935年,第132页。
③ 马寅初:《中国经济改造》,商务印书馆,1935年,第145页。

储,遂致新式工业无由发荣滋长。"① 这一段话,对于家族主义的弊病,可以说完全暴露了。

不过家族主义固然不好,同时资本主义的个人主义,也徒然造成贫富悬殊的悲惨境况,那么,中国现代文化的前途,恐怕还是继承着传统的非个人主义的精神,而把家族主义改变为国族主义,才可以引导国民经济走向繁荣的境地,使全体国民的生活获得平行的发展。

从以上两节的说明,可知中国的社会经济,尚没有脱离中古时代的本质,同时又因帝国主义势力的侵入,形成了旧经济的破产趋势与新经济的难产状态。

不过,资本主义的生产方法,在破坏中国的自给自足的旧经济的过程之中,却开辟了在中国的自己的道路,而为欧洲工业革命的继起者。这些经济上急剧的变动,以及中国天然富源的丰足和劳动力的低廉,倘若不受政治条件的任何阻害,那么,在最近的将来,将渐渐使整个中国进于最高度的工业国家,是毫无疑义的。同时农业也将由于工业化而大大的发展,如同美国一样。

【问题演习】

一、中国的自然环境,是有利还是有碍于经济的发展?
二、试述东北四省及华北五省的面积及著名矿产。
三、中国为什么开化早而进化迟?试从历史及地理两方面推论之。
四、所谓东方文化的特征何在?有什么优点和缺点?
五、什么是中国国民经济发展的障碍物?
六、今后的中国,是不是应当纯粹以农立国?
七、试就经济发展的需要来评判家族制度及个人主义的利弊?

---

① 方显廷:《中国之工业化与乡村工业》,《大公报》,1936年5月20日。

第二章 中国之农业

中国自古以农立国,便是在目前,国民经济的主要部分,也还是农业。不但是这样,而且因为中国的地理环境,具有广大的农业区域,将来工业化十分成熟以后,也还是会要农工业同时发展的。所以农业在整个中国国民经济的范围内占了特殊重要的地位。

同时,因为农业生产物有许多是工业的原料,有许多是工业人口所需要的粮食,而广大的农业人口,又供给工业品以充分的国内市场,所以农业又是工业的基础。

我们根据这两点认识,所以对于中国国民经济现状的解剖,就从农业开始。

第一节 农地及农产

土地是生产的要素之一,而农业生产又全靠土地,所以研究农业经济,不能不把土地作为主要的题目。其次便是在土地上所生产的农产物。

农地的研究 在农业经济上所研究的土地,无非是生产农产物的农田。关于农田的研究,首先是要知道全国有多少可耕之地,这些可耕地是不是完全开辟了;其次则从土地与人口的比例上,去考察土地是不是够用的问题;最后,就要把土地的使用形态及所有形态弄清楚。

(甲)全国可耕及已耕之地 我国全国总面积约计 1 464 000 万亩,其中可耕地约占总面积28%弱,就是 408 000 万亩。这可耕地面积的里面,已耕地占 144 000 万亩(据最近南京实业部调查,则仅 112 600 万亩)。可见我国土地的面积虽大,而可耕地并不多;但即就此不多的可耕地而言,也只有小部分被我国民利用了,这是很可注意的事。

但实际情形,比这还要严重。因为可耕而没有耕的地固然不少,就是耕过而放弃不耕的也极多。所以近年以来，荒地的面积就越来越大了。

据北京农商部调查，中国荒地面积，在民国三年，是358 235 867亩，到民国十一年便增加到896 316 784亩。民国十九年南京内政部统计司，曾根据21省567个县份的报告，作出一个荒地面积的统计，共有1 177 340 261亩。这不过是全国1 900多县中的一小部分调查，已经就比较民三农商部统计超过2倍以上！但到民国二十年大水灾发生以后，据南京国民政府主计处调查，全国荒地又增加到141 070万亩了，而天灾最重的陕西还没有计算在内。陕西荒地，据该省建设厅调查，有330万亩，而报章所载，则每县平均有70%没有耕作。

除灾荒使田园荒芜外，中国各省耕地，多有栽种鸦片烟的，而云南、贵州、四川、河南、安徽、热河等省，过去鸦片占地更多，这种耕种的结果，徒然荼毒中国民众，减少粮食的生产，加速农村经济的崩坏，也就等于荒弃了土地。

（乙）土地与人口　据民国二十年国民政府主计处的统计，除青海、西康、广西三省和蒙古、西藏尚未计入外，全国（25省）人民总户数为78 568 245户，农民户数为58 569 181户。即农民户数占总户数的74.5%。又，全国（25省）水田计302 309 000亩，旱地计946 472 000亩，田地合计，为1 248 781 000亩。平均计算起来，每户田地不过21亩而已。

依最新统计（合实业、财政二部的统计而取其平均数），全国共有农民306 317 753人，而农田则共有1 126 000 000亩，平均每人所能得的耕地面积为3.6亩。

照欧美各国现在的生活程度，每人须有2.5英亩（每英亩合6.5华亩）的耕地，方足以供给营养。如果中国农民想把生活水准提高到和欧美农民一样，每人非有16亩以上的田地不可。现在降低标准，依古梅氏推算，中国农民至少每人需要6.5亩土地，方才足以应付支出。然则每人3.6亩的土地，很显明的是不够中国农民的需要了。

又据中央农业实验所的调查，自同治十二年（1873年）至民国二十二年（1933年）60年间，全国人口增加31%，而全国耕地面积，仅增加1%。这表示耕地面积之相对的缩小，更为明显。

（丙）土地的所有形态　我们现在要考察的是地权在谁的手里，这也就是土地的所有形态。关于这个问题，有人以中国多中小地主为理由，而断定土地没有分配不均的现象。又有人以一般农民感到土地不足为理由，而肯定土地分配的不均。

一般说来，黄河流域的农户，自耕农多于佃农，长江及珠江流域，佃农多于自耕农，而珠江流域尤甚。不过即以黄河流域而论，自耕农较多也只是上游的现象。而农民生活的是否优裕，农业生产的是否发达，仍然不能仅仅以自耕农较多这一条件来决定（参阅本章第三节）。

二十二年，农村复兴委员会和中山文化教育馆调查陕、豫、粤等省耕地分配结果，租田比重超过半数，最近5年（十七年至廿二年），且渐渐增加。又据下列的统计（日人田中忠夫氏作），也可见佃农一年一年的加多，而自耕农则一年一年的减少。

	佃农（%）	半自耕农（%）	自耕农（%）
十九年	28	23	49
二十年	31	23	46
廿一年	31	23	46
廿二年	32	23	45

总而言之，农民缺乏土地的现象是普遍的。就北方说，河北定县14 617农家之中，有70%的农家，仅占耕地30%弱；保定1 565农家中，有65%的农家，非无地可耕，即耕地不足者。就长江流域说，杭州平湖，地主以3%的人口，竟占土地80%；江苏无锡，地主不及6%的人家，占有耕地47%；其余69%的人家，非贫农即雇农，他们仅占土地14.2%。就珠江流域说，2%的人家，占有耕地1/2以上，同时，74%的贫苦农家，仅有耕地不及1/5（以上据1929年及1930年中央研究院调查）。

又据陶直夫氏的估计（1934年），地主与富农，仅占10%的户数而占地68%，中农贫农及雇农虽占90%的户数，而所有的土地仅占土地1/3。全国田租每年在1亿元以上。

（丁）土地的使用形态　以何种的形式来利用土地，便是土地的使用形态。土地使用的形态有种种差别，主要的是大规模的农场经营，及小农的零碎地经营两种。

土地的使用权和所有权有密切的关系。因地主操纵了土地所有权，农民缺乏资力，不能租借广大的土地来使用，自然无法作大规模的经营。又因中国有众子均分的财产继承制,加以贫困的农民,常常零碎出卖其田地,使所有形态也很零碎;而这种所有形态当然也影响到使用方面,所以,农民所耕的土地,常常是东一小块,西一小块,很少是完整的。

总而言之,中国是小农经济极占优势的国家。据中央农业实验所最近调查,我国农家经营土地面积分配概况,以 20 亩内者占 61%;20 亩至 30 亩,占 14%;30 亩至 50 亩占 17%;至 50 亩以上占 8%。综括地说,北方各省,尚有大农,南方则以小农为普通,在十亩内的,约占半数①。

这种小农经营,在农业理论家中,也有赞美他的,其最大理由就是"农民意识着为自己而劳动,差不多有超人的勤勉和俭约,而且注意周到,因而劳动的生产力就要大些"。但是考茨基就反对这种说法,他以为"小农民经营的剩余,不是从充实的谷仓生出来的,而是从枵腹的胃袋内生出来的。注意的周到,诚然是小农的长处,但小农其他的武器,如劳动过度,营养不良,知识缺乏,在在都是可以阻碍那注意的周到的。反之,在大农经营方面,劳动者生活较好,故能够发挥周到的注意力;而且因为采用机械,可以得到农民无论怎样注意都得不到的结果"②。

耕地的使用及所有形态,如上所述,暴露了许多的缺点,于是国家就施行土地政策,这就是用以补救这些缺点的。关于土地政策之理论与实际,等到第三节去说明,现在且将农产物加以检讨。

农产物的研究　我国的农产物,最重要的是米、麦、高粱、大豆、粟、杂谷、甘薯、茶叶、棉花、蚕丝等物。而大豆、茶、丝,尤其是出口货的大宗。不过近年因大豆主要产地东三省的丧失,日本生丝及印度锡兰茶叶的竞争,出口的农产物大见减少;而洋米洋麦的进口,则大见增加。农业衰退的情形,实为严重。今就粮食、棉花、丝、茶分述之。

(甲) 粮食　粮食的主要部分是米和小麦。我国产米区域极宽,每年产量约 87 800 余万担,以川、湘、赣、皖、苏、浙等省为主要产地。小麦多产于黄河流域,河南、河北、山东、江苏四省所产最多。全年产量约 42 400 万担。

其他的粮食,如高粱,为中国特产,多产于东北及华北干燥之地,每

---

① 见《时事新报》,1936 年 1 月 15 日。
② 考茨基:《农业的社会化》,新生命书局,1929 年。

年产量约 23 300 万担（去年中央农业实验所估计，只有 13 200 万担）。如大豆，也是我国特产，多产于东北及江苏，每年约产 23 000 万担（去年估计，只有 11 200 余万担）。如玉米，四川及河北、辽宁多产之，每年产量约 14 800 万担。如小米（粟），为北方各省主要食粮之一，山东及河北、河南、湖北所产较多，每年产量约 21 700 万担（去年估计为131 098 000担）。如大麦，多产于江苏及河南、湖北，年产约 12 800 万担。此外，河南、山东、河北等省，产落花生很多，每年产量约 4 400 万担。四川等省多产甘薯，每年产量约为 26 800 万担。

粮食的运销，因内地交通不便，运费过高，经过仲买的手续又太麻烦，加以外洋米麦倾销，所以丰收年岁，反因不能流通而有谷贱伤农之慨！

外来粮食输入的数量，可以由下列表中看出一个大概：

民国二十一年

种类	数量（公担）	价值（元）
米	13 599 692	185 764 906
小麦	9 123 088	80 843 001
面粉	6 636 658	50 112 342

民国二十二年

种类	数量（公担）	价值（元）
米	12 953 998	150 819 109
小麦	10 714 634	88 043 295
面粉	1 957 113	27 808 396

民国二十三年

种类	数量（公担）	价值（元）
米	7 710 610	65 684 678
小麦	4 649 149	31 869 171
面粉	595 748	7 075 112

粮食进口虽有如此之多，但中国人民还不知有多少仅吃甘薯蔬菜度日的，可见粮食缺乏得很。

（二）棉花　中国最主要的原料作物，首推棉花。根据中华棉业统计会二十四年的全国棉产修正估计，棉田面积为 34 939 121 亩，皮棉产额为

8 197 688 担,至棉田之因灾害而成废田的,也有 9 625 075 亩。二十四年因水旱灾过重,棉花产额比较平常年少。再看二十三年的估计吧,产额为 11 201 999 担,而棉田面积则为 44 971 264 亩(按这是中部 11 省的统计,国府主计处 25 省的统计,棉田面积为 63 734 000 亩,年产量为 16 279 360 担)。我国植棉区域,以扬子江、黄河二流域为多,最主要产地是江苏、山东、河北、湖北、河南等省。

中国棉种不及美棉之好,现在全国经济委员会棉业统制会,积极改良棉种,本年(二十五年)改良棉田达 200 万亩。同时日人亦在华北各省推广植棉事业。

中国每年需用棉花 1 200 万担,本国所产的棉花,还不足自给,每年输入外国棉花,约 300 余万担(但本年收获突增至 1 600 万担,还有 400 万担的剩余)。

(丙) 蚕丝 我国产丝的区域,有十余省,其中最为主要的,当推浙江、江苏,次要的是广东、四川。每年产额,据日本专家估计,约在 20 万担至 25 万担之间①,但据《中国经济年鉴》(二十四年续编),二十二年度产丝仅 15 万担。

我国蚕丝出口,向来居世界第一位,但自日本丝业改良以后,日丝占世界产额 60%,华丝只占 24%,现在更为减少,已不及世界产额 10% 了。在民国十八年时,生丝出口,差不多有 19 万担,值 14 000 余万海关两,而二十三年出口总量,仅 54 000 余担,值国币 2 300 余万元。这不仅在数量上有显著的减退,便是在价值方面,也有巨大的伸缩——5 年之间,竟减少 8 成以上。

政府为救济丝业起见,已经实行蚕种统制。统制办法,是以政府信用向制种家收买蚕种,再之推销给农民,想借此使农民由土种改养改良种。每年从日本输入的蚕种,为数颇多。

(丁) 茶叶 茶叶也是我国的重要出口货,数百年以来独占世界的市场,19 世纪中叶,销额仍见增多,但自 1896 年以后,逐渐减少。民国五年,我国茶的输出额还在 150 万担以上,近年来出口量不过 65 万担而已。至于全部产额,约 450 万担。

---

① 马场锹太郎:《支那重要商品志》,禹域学会,1928 年。

华茶出口的减少，是由于印度、锡兰、日本茶业的兴起，加之华茶制造不进步，华商又缺乏竞争力量，故销场被外人夺去。

政府现在开始统制祁门红茶，目的在于改良运销方法，将中间人索取陋规、高利贷、减价竞卖及种种把持操纵的恶习，加以革除。不过对于全国茶业复兴的希望，还要待诸将来。

（戊）除以上各项农产物外，桐油一物，很可注意。近年来丝茶出口逐渐减少，但桐油，因为军事工业上需要得很多，仍然维持其优越的地位。桐油产地在长江上游及华南山地中，每年出口值3 000余万元。

沿海人民，多以渔盐为业。数千年来之农业社会，久已视渔盐为莫大富源，但近年来渔民盐民的生活，困苦也不下于农民。因近年社会经济衰落，人民购买力弱，两淮两浙，盐销都很迟滞，盐场储盐日多，供过于求。两浙盐田，因此拟实施化盐为农的计划，将盐田筑塘养淡，改种桑棉豆麦。我国渔区，达20余万方里，每年估计可捕鱼5亿元，但因日本渔船侵入我国领海捕鱼，而我国渔业设备陈旧，故日形衰落。

第二节 农业技术及组织

中国农业生产的衰退，不是一个简单的技术问题，因为还有帝国主义和封建势力诸障碍物，妨碍着农业的发展，其严重性比技术落后还要大。这些障碍物的除去，正是改进农业技术的前提。不过我们绝不要忽视改进农业技术的重要性，在祛除农业经济发展的障碍物之际，同时要时时刻刻不放弃改进农业技术的任务。因为我国的农业技术实在是太落后了。

落后的农业技术　我国目前的农业技术是怎样的呢？这可以从农具、肥料、灌溉各方面来看。

（甲）农具　农具是决定农业发展程度的主要因素之一。农具的制造，必然地受着社会经济发展的阶段所限制。而且，就是同一性质的农具，在不同的社会经济关系下也会发生不同的作用——就是仅有个别农家之简单的集合，而暂不改变农具，其生产力也要比各自单独经营时大些。

就中国的情形来说，现在普遍通行的农具，还是与封建时代小农经营相适应的旧式农具，至于使用现代机械的农具的，就很少很少，可以说几乎没有。

中国通行的农具，有几个特点：（一）其构造简单，大多用木制造，只有重要的部分用铁;(二)其规模极小,价钱很低,大多只值数角至数元;(三)其动力,大多用人力,用畜力的极少;(四)其效率极低,系原始的,历来进步很少,仍然是不发达的原状。

近年来,有的地方,如江苏的武进、无锡等地,已经开始使用灌溉机器。不过就一般而言,农业机器在全般农具经济中所起的作用还是微小之至,比方曳引机、播种机、收割机等重要的机械农具,简直连影子都没有。而且应用农业机器的地方,大半还是属于公共机关的试验性质。

中国农具,其所以不能改良,是因为:(一)农民缺乏资本;(二)失业者过多,劳动力低廉,可以用人工补救农具的不足;(三)现行普遍的零碎地耕作,使改良的农具不能应用;而且(四)资本主义国家的农产物,倾销中国,使各个小农,仅能加倍使用自己及家人的血汗,并把生活降低到非人的程度,以减低成本,而勉强维持现状,至于应用新式农具,徒然增高成本,结果是有损无益。

(乙)灌溉 水利对于农业,是息息相关的。但所谓水利,是指有组织的灌溉系统,并不是指单纯的自然水流而言。因为自然的水流,虽然可以助进农作物的生长,但有时也可以造成灾害。

中国的农业,大致可分为华南、华北两大区域。华南的主要作物是水稻,其需要适当的水分是不待言的,但同时又惧怕大水的侵害。华北一带是黄土区域。黄土的特性,主要的是能够吸收地面上的水分,这种水分在最深的地方,遇到了土壤中最下层而富于营养物质的湿气,经过微细管作用,就上升到地面上来,而且带着一切地底下的营养物质,足为农作物的滋养。所以黄土本身能够施肥料,土壤自然的成分非常肥沃。但是黄土的这种美德,必须要有相当的水分供给,才能表现出来,如没有水,则黄土中一切微细管作用,就完全停止,如水过多,则黄土的原有组织也均被破坏。所以,不论是在水田区域或是黄土区域,都是需要有适当水分的供给的,而对于过多水分的侵害也都是需要防止的。

灌溉系统的建设是整个的社会事业,并不是每个农民所能单独经营的。即使有一部分农民,集合当地共同的力量,小规模的建设了一部分灌溉系统,而在社会骚扰,政治混乱的时候,也只有被破坏。

中国历来水利建设的成绩,如水闸、运河等,都是令人惊叹的。近年因军阀内战,政治未上轨道,水利组织,日就破坏。具有培养水源作用的森林，也多被斩伐。因之各种水旱灾荒，相继发生。

至于尚未破坏的自然灌溉系统，因为水源大部分为豪绅地主所私有，小农们常常不能得到满足的水的供给，例如福建的南部和东部，当大旱时，溪水上流的土地占有者，常常建设水闸，剥夺最下流土地占有者的水利。因此旱年争水的斗争，时常发生。

（丙）肥料　肥料的作用是改良土壤的性质，增加其肥沃度。在资本主义发生以前，地方自足自给经济时代，农家所用的肥料，大部是草灰、朽烂植物及畜粪人粪，这种肥料称为自然肥料。自从资本主义兴起后，化学的人工肥料才代替了自然肥料的地位。

中国农业上应用的肥料，主要的还是自然肥料。其中以人粪占最重要的地位，次之是畜粪。使用人粪作肥料，这是中国农业上的一个优点。西方资本主义的都市，很不合理的把自然肥料抛之于无用之地，反而使城市四周和工厂附近的区域的河流和空气，都沾染着不洁，那是过于浪费了。

除粪外，各种植物油料的糟粕如豆饼之类，都是很好的肥料，在中国也是应用得很多的。此外，还有一切的残物，什么灰，断瓦颓垣的碎屑，蚕，甚至蚕茧、鱼等，以及淤泥、杂草之类，都作为肥料。为了搜集及贮藏这些肥料，所费的人工极多。在施肥的时候，使用得非常节省，即对于每个单独的植物施肥，而不是对于土地施肥，因此也要耗费较多的劳力。

使用自然肥料，过分的耗费农民的劳动力，而专门使用人粪，则使土地肥沃度完全倚赖人口的稠密，因此耕地面积完全受了人口数量的限制而不容易扩张。所以改良土壤，不能专门倚靠粪类，而必须依靠进步的技术与农业化学的帮助，必须使用人工肥料。近来中国使用人工肥料的地方渐渐多起来了。这种肥料，都是舶来品，是中国一笔不小的"漏卮"。最近政府筹办肥料厂，当然是应付农业上的急需的。

过去中国农民对于土壤肥沃度的保护以及施肥的周到，常为外国农业家所称道。可是目前的情形就不同了，土壤的肥沃度已有不能维持之势了。中国农作物的性质，由自足植物逐渐转变为原料植物，如鸦片、烟草和棉花，过分的吸收土壤中苛性钾、硝酸盐等的物质。而历年来战争兵匪的频仍，常常把稻草和各种植物拿来作为燃料，又破坏了土地的有机营养物；同时都市中的粪肥因交通的阻碍而不能运到农村，农村中的人粪畜粪，则因农民贫乏，人畜俱饿，而发生不足的现象。

（丁）家畜　农村中的家畜可以分为耕作畜和肉食畜两种，前者如牛、马、骡、驴，后者如猪、羊、鸡、鸭。中国的家畜业，在农业上不起很大的作用，因为大多数中国人不吃牛油、牛乳，牛肉也不常吃，不用羊毛制衣服，不着皮鞋，养牛羊的用处很少。目前便是为耕作目的的家畜业，因为农民贫乏，特别廉价的人工，又与兽力竞赛，也不能充分发展，且有衰减的现象。

南方水田，耕种多用牛力。北方旱田，用驴子和马比较适宜。骡马在北方的平原，是交通上的重要工具。南方交通以水路为主，此外则用苦力挑运或扛抬，很少使用畜力的。

牛、马等畜类，在中国不但是耕作及运输的工具，其排泄物又用作肥料及燃料（如北方的烧马粪），所以牲畜的减少，在动力及肥料两方面都要损失。

每头耕畜能够负担多少亩耕地，据金陵大学的调查，水牛1头能负担耕作31亩，阉牛1头可负担耕作26亩，驴每头可负担23亩。如果平均起来，每头耕畜只能负担26亩。那么，把耕畜密度（把各省平均起来，大约须有60亩才有1头耕畜）和耕作力比较起来，则中国的耕地一半以上还没有耕畜。

中国农业上的动力，固然谈不上电气化，就是兽力都缺乏得很，而农业上耕作的方法和强度，又需要很多量的劳动，所以中国农业消耗了大量的手工劳动。

总而言之，无论从农具，从肥料，从灌溉，从劳动家畜上去看，都证明中国农业技术的落后性。

散漫的农业组织　农业生产的组织和农业技术是密切相关的，金陵大学白克教授在他的《中国农村经济》一书里说，中国农村组织的特质，第一是以家庭为本位，第二是工具的简单，第三是小农制的盛行，第四是奖励生育，第五是生产方法的墨守成规与注重经验。他所举出的这几点，很明显的是互相适应的。以家庭为生产本位，最适宜于小农经营，而小农经营，只能使用简单的工具。以家庭为生产本位，则其劳动力的补充，只能从多生几个小孩上去着想。至于墨守成规与注重经验，这也和家庭本位有关，因为在封建的社会经济阶段，一切技术知识，都不是公同研究，而是私家传授，一代一代地把个人经验积累下去。

一句话说，中国农业经济组织，到现在还是停留在自给自足的形态上面。我国农村劳力之所以过剩，生产方法之所以守旧，交通之所以不发达，无不以自给自足的农村组织为其背景。中国农家的副业——家庭手工业，逐渐为外来的资本主义所破坏，但农业经济还不能相适应地改变为商品生产，各土地所有者不能实行企业资本主义的经营，而采用小农民租地等等非资本主义的形态，即不能吸收由副业解放出来的过剩劳力，故农村中产生相对的过剩人口。生产技术之不能改进，已经在前面讲农具的时候说过，主要的是由于劳力低廉与小农贫乏，而在此农业受外来资本主义破坏的时候，农村中没有资本主义化的反应，当然不能解决资本贫乏与劳力过剩的问题，也就不能促进技术的改善了。至于交通之所以不发达，由于自给自足经济，无此需要，是很明显的。

自给经济的农场组织，是各个农家的单独经营，所有各单位的农场，可说全是属于各个单独的农家。但资本主义的农场组织，是和工厂一样的共同企业，这种农场和小农农场有一个根本不同之点，便是小农农场主人是直接从事于农业生产的，而共同企业的主人，则并不直接从事于农业，而用钱雇佣许多农业工人以担任耕作的任务。这种农场不是企业者的单独经营，而是由企业者与农业劳动者结合以后，再由农业劳动者去经营的，所以超越了家庭经济的范围。

中国农村中虽然也普遍地存在着被雇佣的农业工人——雇农，但他们的雇主仍然是那些亲自参加生产的小农。这些小农因为劳动力的不足，间或招请雇农以作补充，而雇农本身也不完全靠工钱劳动而生活，所以不能和资本主义雇农相比。

在个人企业的农场组织之中，农业经营者又分为自耕农、半自耕农及佃农诸种类。这中间的佃农和资本主义佃农又是不同的。资本主义农场也有借地经营的，这是资本主义的佃农，其付给地主的地租，不过是超过平均企业利润的那一部分利益。但中国的佃农，付给地主的地租，常常把全部利润都包括在内，甚至连自己必需的生活费（与工钱相当的部分）都拿去一部分，这是非经济的剥削，也就是封建的剥削。这种剥削，是封建式的地主，凭借其特殊的政治地位，强制的加到农民身上的。

农业金融的组织，旧式的如典当及合会，仍然普遍的存在。典当是高利贷的一种形式。合会是整借零还的一种借贷方式，而含有互助的性质，利率也较低。现在新式组织，如农民银行及合作社，已经开始推行，不过对高利贷的扫除还做得有限。

农产物运销的组织，有经纪、牙行等多层的中间商人，因为小农没有直接推销其生产物于消费者的能力，不得不假手于中间商人，因而受了商业资本的操纵与剥削。

以上所述，是农业经济组织的一个大概，至于农村政治组织，在现行地方自治制度尚未颁行以前，大都是流行着地保制度，其武装组织则为团防局。此等组织的指导权，大抵是操在当地绅士及地主手里。

第三节　农业经济

我国农业经济，因为帝国主义侵入，而封建势力尚残存于农村之中，所以形成破产的局面。现在农村复兴运动，就是针对的这一局面，而用革新农业的方法，来复兴中国的农业经济。兹再分述于下：

农民之缺乏土地　经济学家以土地、劳力、资本为生产的三要素，而在农业，尤其是注重土地。不过土地是自然物，所以，在资本以外。现在因为被少数人据为私有，生产者要使用它的时候，就不得不挪出一部分甚至一大部分的资本去租或者去买，这就不能不使企业资本大大减少了。

企业资本过少，则设备不能不简陋，技术没有改良的希望，而农民即不得不于狭小的土地上，耗费过多的劳力。于是恰与"以最少劳力获最大效果"的经济原则背道而驰，而土地也跟着贫瘠起来。

而且，因为缺乏土地，农民不得不屈服于地主之下而受着过度的剥削。人也随着土地而贫瘠了。

中国农民缺乏土地的事实，已于前面述明，这是农业经济上最重要的问题。

农民所受的封建剥削　过重的地租（按，有人把封建地租命一"佃租"的专名，以与资本主义"地租"相区别）为主要的封建剥削，前面已经解释了。中国的地租是否过重呢？这可以从"购买年"的统计数字上去看。所谓"购买年"，是以佃租除地价所得的数目。据各专家根据东南各省及华北某些地方的地租地价算出来的购买年，最高的不过16.5，最低的竟只有4.6，普通都在10至12之间。试与欧洲的购买年数相比较吧。俾士麦时代普鲁士的购买年数为28至32；18世纪末英国产业革命时代为20至25；欧战后的德意志为20,英国为27至30。由此可知中国佃租的过重,是很显然的。

中国佃租制度很复杂。佃租率也有在总收获额50%以下的,是因为佃农付了很多的保证金(押租)。平常佃租率是在50%以上,且有高到70%至80%的。纳租的形式,主要的是缴付收获物,很少缴货币的。除正租外,常常有附加的苛例,如缴纳田鸡、田鸭,提供义务劳动等。这显然地还是封建时代劳动地租(力役之征)现物地租(布帛之征、粟米之征)的老例。

除地租外,高利贷及商业资本的剥削,也是封建性的。如果在资本主义社会,借贷资本所要求的利息是只能相当于企业者收入的一小部分,而不能侵夺企业者应得的那一部分利益的,但封建性的高利贷,常常侵夺了农民企业利润的全部,甚至还要超过。中国农村中的高利贷,名目繁多,如"九出十三归"、"借水谷"、"青稻钱"、"青麦钱"、"印子钱"之类,其利息多在本钱的50%以上。甚至如安徽滁县等地,借钱10元,三个月内还清本钱外,须以约合市价5元的稻或麦1石,作为利息,年利竟达200%。江浙蚕区在蚕忙时,借钱1元,40天内,还本再加息1元,年利是900%。南通地方,借钱1元,3个月内须还棉籽1担,约合市价三四元,年利高至1 400%。除了单纯的借贷金钱以外,如农产物卖买,农具租借,以及称为平民金融机关的当铺等,都受着高利贷的支配。

商业资本的剥削,即前面所说的中间商人的剥削。他们于农民急需出卖农产物的时候,故意抑低价格,当农民急需买入粮食的时候,故意把价格抬高,这样去取得特殊的利润。但农民于一出一入的过程中,就大亏其本了。他们在经营商业的时候,常给农民赊账,而在赊账中加上苛刻的重利,这就是附带着高利贷的作用。假使在资本主义社会,商业利润仅能分得企业收入的一小部分,绝不能侵夺企业者应得的利润,更不能使企业者亏本。

政治不良的影响　在军阀内战时期,水利工程完全放弃。即令有救治水灾的临时施设,也不过是"以邻省为壑"的封建办法罢了。再加以交通的阻碍,使农产运输不便;捐税的烦苛(如厘金、米捐等的妨害谷物流通,田赋附加及田赋预征的直接妨害农业生产),更使农民难以生活,而农业生产不能不衰落。苛捐杂税,也是封建剥削的一种,和佃租、高利贷等一样。

帝国主义之破坏农业 帝国主义的工业品，倾销到中国市场以后，农村的家庭手工业随之破坏，如洋布破坏土布业，人造丝破坏蚕丝业，洋纸破坏中国纸业，外国染料破坏靛青业等，使农村劳动力发生过剩的现象。

帝国主义的粮食倾销，更直接破坏农业的主要部分了。我国因农业技术不及他国，运输方法也不及他国，故国产粮食，往往不能与由外国进口的米粮竞争，而在进口粮食增多及国内农产丰收的年岁，农民的亏耗尤其巨大。

帝国主义收买农产物为工业原料，常常通过商业高利贷资本，使农民受了双重剥削。这种收买，使许多地方的作物逐渐转变为原料作物，而且有些地方，帝国主义自身有计划地去促成这一转变（如日本资本家在华北的植棉计划，英美烟公司在山东的提倡种烟叶），于是中国农业，开始受国际市场的支配。

帝国主义维持农村中的封建势力，以阻止中国农业的革新运动。并且与封建剥削者联结起来，榨取农民的血汗。农民以廉价的原料和帝国主义高价的工业品相交换，自然吃亏不小，再加以各种封建剥削，所以日益穷困。同时民族工业也因帝国主义的阻碍而不能发展，故农村中的过剩劳力，无法吸收。

灾荒与恐慌的相继发生 因为森林破坏，水利失修，水旱灾便不断地产生。于是近年来巨大的灾荒，形成了崩溃农业经济的大动力之一。但如民国二十一年，紧接着二十年大水灾的后面，获得丰收，照理是应当减少人民的困苦的，可是反而弄出"丰收成灾"的结果。这种灾荒与恐慌并行的奇异现象，表示着现阶段中国农业经济的特性。

人们都知道的，中国是一个生产不足的国家，而在水旱灾的年岁，生产尤其不足，那么，像外国那种因生产过剩而发生的恐慌，当然应当是没有的吧。然而不然，民国二十一年的丰收成灾，正和外国的农业恐慌一模一样，农民因农产物价格的惨落而大折其本。造成这种现象的原因，约有四个：（一）因灾民没有购买力；（二）因各省承袭封建的地方观念，封境遏粜，加以交通不便，以致米粮不能自由调剂；（三）因银价上升，外汇跌落，洋货贬价，国产也不能不跟着减价；（四）因世界农业恐慌，外国粮食倾销我国，外国丝茶倾销国际市场，夺去了我国农产品的销路。

我国水旱灾的严重程度，可举吴文晖氏《灾荒与人口问题》一文中的数字作一说明。吴氏根据各报纸记载,指出民国十七年至十九年的西北大旱灾,灾民3 000万人,其中死亡的数目,仅仅陕西、甘肃两省,就有500万人至600万人,若加上其他各省,全国死亡恐怕要突破1 000万人。民国二十年水灾,灾民总数为5 000万人,其中被灾最甚的湘、鄂、皖、赣、苏、豫、浙7省死亡估计,约有370万人。二十四年黄河、长江、珠江三大流域水灾,死亡亦在300万人至400万人之间。死亡的样式,除饿死外,还有病死、溺死、自杀等。这是生命的损失。至于财产的损失,以二十年水灾为例,据全国赈务委员会的调查,长江流域七省的财产损失,为1 575 330 360元。民国二十三年十一省旱灾,被灾田亩达13 000余万亩;又14省水灾,被灾田亩也有3 000余万亩,损失仅农产一项,已超过10亿元以上。若把连年水旱灾总损失统计起来,数目真不知大到怎样了。

农业破产的现象　中国农业破产的现象,最显著的有两点:(甲)是农产品贸易的入超,(乙)是农民离村者的增加。

农产品贸易的入超,是由粮食进口的增加及丝茶出口的减少所造成的结果,已于前面述明。农民离村的运动,是农村劳力过剩,农民生活恶化,加之灾荒与恐慌不断的袭来,使他们非死亡即不得不逃亡。

江、浙、鲁、冀诸沿海省份,农民的离村率,占农村人口的1.44%至8.72%,其平均数为4.61%。河北定县、长垣县等地,离村率甚至达70%至80%。河北冀东一带,因憬惧于日帝国主义的暴行,农民离村他往的更多。

我国古来的宗法制度,现在都还有很大的势力,所谓五代同堂、九世同居,当作家族中的光荣。这样,自然不容许有离乡背井的事实。可是,因为封建经济组织的崩溃,农民急剧的破产失业,使家族离散四方的趋势,日见显著,虽有强大的宗法制度之威力,也敌不过生活上的压迫。于是以农业劳动为基础的大家族制度,已渐渐弛缓崩溃了。

但是,我国农民的离村,是不是和欧洲工业先进国的工业革命时期一样,帮助了社会经济的进步呢?这又不然,因为:(一)农民离村,除极少数部分外,都不是变为工人,不能为国家增加生产;(二)农民离村者有一部分系投奔于都市而充当苦力或佣仆,其劳力非施于自然界,也没有增加生产的作用;(三)农民,尤其是北方的农民,离村后多投身军队,以当兵为职业,于是造成世界唯一庞大的雇佣军数目,成为军阀内战的基础,促进国家财政的支绌,而使无数可事生产的壮丁,专门用炮火来毁坏生产;(四)一部分离村的农民,投身绿林,专门打家劫舍,其损丧国家的生产力,更不待言。

过去北方农民,常常大批移殖满洲,近年因东北丧失,出关已受日本及伪国的限制,这一出路因此断绝。过去南方沿海诸省,农民多往南洋等地垦殖,近年因世界经济不景气,华侨归国的很多,这一出路也不见佳了。有些学者因此认为中国人口太多,主张节制人口。其实近年因水旱灾兵灾疫病而减少的人口,也不在少数了。如果不从政治上、经济上做到农村的复兴,则这一相对的人口过剩问题终于是不能解决的。

农业复兴的道路　近来农业复兴的运动,已经逐渐开展,形成国民经济建设的一重要部分。讲到它的内容,大约有下列数项:

(甲)关于佃租及土地的政策　中国土地政策的理论,基础是孙中山先生的"平均地权"的主张。其入手办法,为使地主陈报地价,由政府照价抽税或照价收买,而且将土地自然的增价(即因人口增加和交通发达而腾贵的地价)收归公有。其目标,在使耕者有其田,以至于土地国有。

中国土地政策的实际,表现于各种土地法令。最主要的是南京国民政府在十九年公布的《土地法》。这个法案,原则上认土地为国民全体所有,但对于依法取得的私有权,则承认之。又规定了申报地价、估计地价、采用累进税率以征收土地的自然增值各点。其次为廿二年所谓的《剿匪区内各省农村土地处理条例》。这个条例,对有主的田地,以发还原主为原则,无主的田地,以计口授田为原则。再次为廿三年的《闽西善后委员会计口授田暂行法》,这个法案完全是计口授田的规定。此外,山西还有"土地村公有制"的试行。

对于佃租的政策,浙江曾有二五减租的施行。

(乙)关于苛捐杂税的废除　二十三年第二次财政会议,决定把不见于法律的税捐,一笔勾销,各省已经逐渐实行。又,关于田赋,也有整理的计划。

(丙)关于交通及水利的建设　民国十年华洋义赈会成立后,即有"以工代赈"的计划,开始水利及公路的建设。近年政府注意交通的建设,于铁路则积极完成粤汉、陇海、浙赣湘3大干线,于公路则已筑有9万公里。至于水利,灌溉方面,以政府与华洋义赈会的合作,在西北方面修了萨托民生渠、泾惠渠、洛惠渠、洮惠渠及夏惠渠等;疏浚与筑堤方面,有全国水灾救济委员会、黄河水灾救济委员会、全国经济委员会水利处诸机关的共同努力;造林方面,实业部林垦署也有相当计划。

(丁)关于农业资金的融通　近年政府提倡农村合作事业,故信用合作社及产销合作社渐渐在各省成立,这些合作社都对农民融通资金。而中国农民银行及其他银行也相率向农村贷款,或帮助合作社,或办理农业仓库,使农民以农产物押借款项。

(戊)关于农产物产销的统制　为提高价格、免除中间商人的剥削及改良生产起见,政府开始施行产销统制的办法,如对蚕业的茧行统制、蚕种统制,对茶业的祁门红茶产销统制,对棉业的产销合作经营等都是。

(己)关于农业技术的改进　国内农业教育机关对技术改进,早已注意,自从二十二年中央农业实验所成立以来,工作更趋具体化。主要作物如米、麦、棉花、大豆等,经过试验后,收获量都有增加的报告。蚕丝与牧畜,也都在研究改良的过程中。

综合以上六点,可见我国目前农业复兴的运动,已经开始。但据专家观察,隔离当前的需要还很遥远。其原因是由于农事组织的叠状架屋(全国有机关691处),而缺乏系统,由于农事机关经费的缺乏,且由于农业人才的太少。

如果全面地观察起来,则解决中国农村经济的办法,就消极方面的治标而言,对外应当废除不平等条约,实行保护税则,对内应当抑制封建势力,取消田赋附加及各种封建的剥削。至于积极的治本方法,不外是充分地做到平均地权,改良技术,整顿水利,开辟交通各点。而移民垦荒,发展农家副业,提倡合作制度,改善农业金融,也是当务之急。将来技术上必须整理过小耕地,并提倡使用机器以提高生产力。至于资本问题,当更发展以农业金融为唯一业务的农民银行,减低利率,加放长期贷款。并且要使目前注意农业贷款的普通银行转向工商业投资,平均发展农工业,然后农业上节省下来的劳力才有出路。

【问题演习】

一、中国的农业生产物是不是能够自给自足？

二、什么农产品在我国对外贸易上占着重要的地位？

三、什么叫做土地问题？中国土地问题应当怎样解决？

四、农业何以应当工业化？

五、试述小农经济的利弊。

六、什么叫做封建的剥削？

七、灾荒和恐慌为什么同时发生于中国？

第三章　中国之工业

我国的手艺工业，已有了几千年的历史，但在封建时代，因为以重农轻商为传统政策，所以工业很难发展。中国过去的织染、陶瓷等业，虽然也曾有兴旺的时候，那不过是为皇室制造贵重品，并不是一般人民日用品的大量生产，其在国家的经济地位，并不重要。

自从清末外国资本主义输入，中国的手艺工业，便发生变化。同时新工业渐渐发生。其发展的途径，是从军事工业（兵工厂）与交通工业（造船）开始，后来才发展到各种工业部门；而主要的工业不过是纺织、面粉、缫丝等轻工业与矿业而已。

至于就发展各时期的特征来看，第一时期（1862—1881）是"企业官办"。第二时期（1882—1894）是"官督商办"。第三时期（1895—1902）是"外资侵入与民业萌芽"，因为这时期《马关条约》签字，准许外人在华自由设立工厂。第四时期（1903—1913）是"保护民业与抵抗外资"。第五时期（1914—1922）是"华资与日资工业乘战时机会同时焕发"。第六时期（1923年至现在）是"华资衰落"。

现在就我国新旧工业的现状，分（一）种类，（二）组织及技术，（三）原料，（四）投资及管理四节略述其梗概。

第一节　工业种类

我国工业的种类，大致可分为新旧两大系统来讲。就旧式工业来说，一般的虽然都是手艺工业，可是乡村工业与城市手工业，又各有它的特点。在乡村工业方面，一部分仍然保存着自然经济的旧形态，另一部分则和商业资本有密切的关系。至于城市手工业，则不仅除开旧式行会制的手艺店，还有商业资本的手工作坊，而且连工业资本的成分也常常含有（参阅本章

第二节)。

旧式工业的分类 旧式工业所包含的部门是很复杂的。有人把它分成四类：

第一是纺织工业类，这一类包括棉、丝、麻、羊毛、人造丝的手机纺织业、针织业、花边业、草帽辫业、织席业等。

第二是食品工业类，这一类包括面粉业、酿酒业、制茶业、皮丝烟业、蔬菜果品干制业等。

第三是化学工业类，这一类包括榨油业、制纸业、玻璃业、陶器业、砖瓦业等。

第四是杂俎工业类，这一类包括土法采矿业、铁匠业、木匠业、锯匠业、泥水匠业、造车匠业、制水车业、制辘轳业及掘井业等。

乡村工业的优越地位 中国的新式工业，虽然已经开始发展，可是以生产数量言，手工业，特别是作为农民副业的乡村工业，仍然占着优越的地位。试以主要衣料的棉布为例：据最近的统计数字，民国十九年一年间，全国织布工业的棉纱消耗量，达961兆磅，其中力织机制成的是207兆磅，手织机制成的居然有754兆磅。换句话说，便是中国机织业和手织业的比例，照棉纱消耗量讲，不过是1对4罢了。

乡村工业比城市工业优越的一点，本是农业国的特色。乡村工业在中国至今还占优越地位的原因，一则是农村劳动力因过剩而低廉，二则是各地交通闭塞，运费昂贵，限制了新工业的销售市场。因此，乡村工业，可以依靠地方富源或副产物，地方商场，及农暇劳动力的利用，而取得它的存在。

手工业衰落的趋势 不过在中国工业化的途径中，手工业的逐渐衰落，这乃是当然的趋势。近年因为新式运输的方法，逐渐开发，随着世界恐慌而来的外货倾销，又长驱直入，使得乡村工业，更有显著的崩溃现象。

现在拿流行最宽的手织棉布业来讲。自民国二年至十九年间，虽因机纱产量的激增，影响手工纺纱业的衰落，使得手织棉布业的纱线消耗量，增加39％；但在同一期间内，机织业方面，竟陡增13倍左右。再看近数年江西土布销数逐年低减的情形吧。十九年销布320万匹，二十年290万匹，二十一年210万匹，二十二年200万匹。再看高阳棉织区域的情形吧。十五年至二十一年间，棉布产量骤然从300万匹降到100万匹，十八年到二十三年间，布机从 33 800 架降到 12 600 架。江苏南通也是一个著名的棉织工业区域；可是最近三四年间，每年运销土布竟从 800 万匹降到 70 万匹。

此外，如向以瓷业驰名全国的景德镇，近数年来，窑户由 4 000 减到 1 000，工人由 10 万人减至三四万人，营业总额由 1 500 万元缩减到二三百万元。福建连城县向来产纸每年 6 万担，每担价约 50 元，现在年产万余担，每担价格，反跌到 30 余元。可见手工业是多方面地迅速崩溃了。

新式工业的分类 就新式工业的分类来讲，首先应分为重工业与轻工业二大类。重工业是制造生产工具（包含工业原料）的工业，为一切工业发展的基础，故也可称为基本工业。轻工业是指生产消费品的工业而言。

重工业 中国的重工业，是很微弱的。可以列在重工业范围里面的，只有煤、铁、石油、机器、造船及电气这几个部门罢了。

中国的新式煤矿，大都属于辽、吉、黑、热、冀、鲁、豫、晋、鄂、赣、浙等省。以规模论，每年生产百万吨以上的大矿有 4 个，在 10 万吨以上的约 30 个。其中资本最雄厚，规模最巨大的，便是日本人经营的抚顺煤矿和英国人经营的开滦煤矿。

我国铁矿，75% 在辽宁省。全国的钢铁厂，有 10 余处。国人自办的，只有山西的保晋、上海的和兴、汉口的扬子，还间时开炉，作微量的制炼（每年至多不过炼出 3 万吨钢）。此外简直完全停顿。和日本八幡铁厂同时成立的汉阳钢铁厂，也老早变成了鼠雀的乐土。但是，日本人经营的本溪湖及昭和钢铁厂，则产量日增，营业日盛。

我国石油储量，以抚顺的页岩为最多。石油工业，以南满路附设的抚顺炼油厂，规模最大。国人自办的唯一新法炼油厂，是陕西延长的官矿，但是经营不得法，成绩很少。

远在 70 年前，中国政府即于上海、大沽、马尾、厦门等地，开设造船厂，或船政局，但是到现在，除江南造船厂外，华资经营的造船工业，毫无足道。机器工业，也没有什么成绩，大多数仅能修理装配，至于少数规模较大的厂，也不过仿作简单的机器或翻砂铸造零件罢了。

说到电气工业，全国约有电厂 724 所。就 724 电厂分析之，民营的 523 厂，官营的 17 厂，各式厂自备 149 厂，外人经营 35 厂。发电容量，全国共达 835 366 基罗瓦特。每年发电为 20 亿度（工厂自备的在内），以人口比较，平均每人只得 4.5 度，如果和挪威的每人平均 3 500 度去比，简直差得远。而且中国的电力大半使用在消费方面，真正用在生产方面的还不多。

　　轻工业　轻工业所包含的部门很多，如棉纺织业、丝业、化学工业、饮食品工业等都是的。

　　棉纺织业，在中国新式工业中间，规模最大。全国的棉纺织厂，合计为136厂，其中华资计92厂，日资计41厂，英资计3厂。全国中外纱厂，共有锭子480万余枚，华商92厂，仅占58％，日商41厂，则占38％。近年因经济恐慌，华商不能和外商竞争，以致停工减工的锭数达百万以上，超过华厂总锭数40％。

　　我国缫丝及丝织业，从前是专利于世界商场的，现在日本、意大利、法兰西都产丝，我国不但不能专利，而且销路大减。因为技术没有进步，推销的力量也不如外人，再加以人造丝的竞争，自然弄到这步田地。廿四年下半年，因为国外丝价高涨，币制改革后汇兑率也比较有利，所以生丝业稍有起色，但丝织业仍不见转好。不过即以生丝论，我国每年生丝产量为5万担，而日本为50万担，即不论品质，专言数量，也不足以与日人竞争①。从前上海丝厂最盛时，共有112家，现在开工的只三四十家。民国二十年，广东缫丝厂共有149家，现仅存37家。二十四年上海、无锡及浙江的丝厂，开工厂数，共计87家，开工丝车共计23 197部，可见现在江、浙两省的丝业，还不及从前上海一处的规模。

　　除纱业丝业外，饮食品工业中的面粉业，也是民族工业的主要部门。我国的面粉业，萌芽于东北，开始系俄人创办。大战时，面粉贸易出超，面粉业很发达，现在就大不如当年了。面粉厂数目，或云大小50余家，据实业部统计，共92家，平均每年产100兆袋以上。

　　卷烟叶、制糖业也属于饮食品工业。卷烟工业大部分为英美烟公司改组的颐中烟草公司所控制。上海华商烟厂60家，共计资本1 500余万元，而英美烟公司1家，便有资本4亿元，比前者多了20几倍。糖的产量每年仅15万担，以广东省营的4大糖厂产量较多。

　　化学工业，是包含水泥、火柴、造纸等工业而言。水泥与军需工业有关，年来各地建筑公路碉堡，所需颇多，因此有相当发展。华资水泥厂共9个，4个属省营，5个属民营。外资5厂，日本3个，英国2个。日厂除

---

　　①　商品检验局蚕丝专家语，见《时事新报》，1936年3月17日。

1厂在山东外,其余都在东北。全国每年生产的水泥,在廿四年为377万桶。

火柴工厂,全国共计百余个。外资以日资最占优势。华厂则规模大都狭小。年来因受舶来品倾销及走私的影响,营业颇感困难,现在已由中日厂商合组产销联营社,统制全国产销。

中国的新式造纸厂,全国合计只有40余家,除日资厂外,规模大半狭小,产量不多,所以仰赖洋纸的输入。现在实业部正筹办造纸厂,广东的及江西的省营造纸厂,也将于二十五年成立。

此外,还有橡胶、肥料、制油以及作为化学基本工业的酸碱工业,或则还很幼稚,或则尚在实业部筹办的过程中(此等工业之著名工厂,除上海的大中华橡胶厂,天津的久大盐厂、永利碱厂,上海的天原电化厂、天利淡气厂外,尚有在浦口建设中的700万元资本硫酸铔厂,上海浦东已开工的250万元酒精厂,天津制造各种染料的有机染料厂,及山西制造酸类酒精与以太的新设化学工厂等。又最近拟办的工厂有中央与各省合办的植物油料厂,江、浙合办的化学肥料厂等)。

第二节 工业技术及组织

一般说来,中国工业的技术,是比较工业先进国落后得多。而占着优势的手工业,又比较都市上的新工业落后,是不待说的。

随着技术的落后,组织上也非常的散漫。

旧式工业的组织及技术 我们现在从乡村工业及手工业工人的店铺工业开始吧。

中国乡村工业,并没有固定的组织制度,常常是以一项工业而兼两种制度。或者在甲地方为此一种,在乙地方又属于彼一种。这些不同的组织制度,大概分别一下,有家庭工业制、工匠制、商人雇主制及工厂制。

所谓家庭工业制,是在一家之内,拿自己所有的原料、劳力、器具等,实行制造而供一家的消费。比方织布、制茶、酿酒、榨取菜油等,拿农产品做原料的饮食品或其他制造业,都是的。不过现在这种绝对家庭化的工业也就很少,常常是掺用了别的制度的,尤其是兼用工匠制为普遍,例如绍兴酒的制造。因为生产品不但是供自身的消费,还要把一大部分供给市场上的需要。

工匠制度,又可分为主匠制和家庭工匠制两种。所谓主匠制,是用自己的工具和工作场所，将买入的原料，制成各种精美物品，售给消费者或商人。至于家庭工匠制，便是常常使自己的家属，做工匠的事，其工作时间不一定，时作时歇，技术方面，也十分简陋，没有成本过高的设备，也不需要多数房屋充作工厂，所有出品，不是售给小本商人，便送到集市，很少直接售给消费者的。属于家庭工匠制的工业，有草帽辫业、织席业、缫丝业及夏布织造业等。而酿酒业、陶器业、制纸业等，则常常属于主匠制。

商人雇主制，是以商人雇主为中心的工业制度。商人于购进大批原料以后，或者直接由其公事房、堆栈等处，或者间接由其代理人，将原料分给散工，制成粗细不等的各级物品。浙江平湖的织袜业，江苏人无锡的花边业，都属于这种制度。前者的原料，是由商人雇主直接供给。后者则委托于代理人，同时对于制成品，也由代理人收集。这大概是因为工人分散各处，距离太远。但是这种制度，仍然不能单独施行。因为到了市况呆滞期间，商人雇主必然缩小他的事业，而使所有雇工陷于失业或半失业状态。于是这些雇工，便不得不就自身的若干财力，进行购入原料及售出生产品等一切事项，也就是不得不冒险作小本企业的经营。这就形成了主匠制了。

工厂制度能够在集中的场所内，在统一的管理下面，求得大量的生产。乡村工业中采用这种组织的有装纸业、陶器业及采煤业等。不过这种制度，除少数特殊的例子外，不大适合于乡村环境。因为工厂制度，需要不断的工作，而农村的劳工供给，仅在农暇的时候。至于陶器制造业之类，为了原料和人工方面，都可以就地取材，所以能采用这种制度。

乡村工业现在占了国民经济的重要地位，可是在工业化的过程中，是不是将被都市大工业所驱除呢？在从前，乡村工业遭受大工业的打击而至于消灭，是必然的趋势。但近年以来，为了自动或半自动机械的取代人工，电力运用的推广，工业之分散化已有可能。假使乡村工业能够采用合作组织，便是资力薄弱的小生产者，也和城市工业一样，可以享受大规模经营的实际利益，而向上发展了。目前中国虽然已有合作社 2 万余所，但是从事乡村工业的，还是很少很少。

至于城市手工业工人的"店铺工业"，和上述的乡村工业比较起来，虽然在技能训练、工具、方法及所用的时间方面，都有差异，可是类似的地方更多。中国各城市中都有无数密集的小店铺，在其中工作的独立小生产者，如金银匠、珠玉匠、雕刻象牙的、刺绣的、纺织的、制景泰蓝的、制瓷器的、制珐琅的、铜匠、漆匠及制家具的，种种工匠，数也数不尽。这些店铺工业的组织，可以天津织毡的店铺为例。

天津织毡店铺的组织方式，有的是手工业者自己充当老板的制度，有的是为商人雇主而工作的制度。做店主的，或者自身经营此项事业，或者是替输出业商人作包工。在这两种情形之下，织机都属于店主，只有原料及花样，便是一个由本人供给，另一个由输出业的贸易公司供给。这种手工业者，和那些为商人雇主而工作的散工差不多。虽然在理论上，前者是为物价而工作，后者是为工钱而工作，但在事实上，独立手工业者也常常失去他的地位而变成散工。

手工业店铺的工作人，除店主外，还有伙计和学徒，每一种行业，各有其同业行会的组织，这种组织是学徒们所不能加入的。行会决定物价的高低，决定利率的多寡，决定商品交易的习惯，决定学徒的人数。物价与劳工，既然都受限制，所以工业品的产量，不能任意增加。那些有介绍新工业可能的个人企业，常常受行会的阻碍。新式机械的应用，常常受行会的限制。这种封建式的集团统制，一般学者都认为是妨碍新事业发展的落后的经济组织。

城市上的小规模工厂，形式上也像手工业店铺，实在是趋向资本主义式大规模工厂的过渡组织。例如织袜工厂，大多是30个工人还不到的。他们不仅是散工，学徒也很不少。这种工厂，常常只有一两间工作室，厂主、工头及工人挤在一块儿，周围堆满了东西，仍然带着手工作坊的意味。

就手工业的技术而论，它的特点是在于注重手的技巧，而不十分依靠工具的优良，在同样工具的条件之下，可以由各个工人手艺的高下而得出大不相同的成绩。其次，就是分工不细密，虽然工具有相当的分化，可是一个工人，时而要拿这个工具工作，时而要拿那个工具工作。所以工作时间，使用得很不经济。同时要训练一个熟练的工人，也不是短时期所能办到的。

尤其是制作物品的速度，因为是依靠人力，不能不受生理的限制，无论如何，不能有大的增加，所以不适宜于大量生产。

不过目前的乡村工业与城市小工业，在技术上也不通通是保守旧式工业的原形，比方织袜工业，便是采用了简单的机器的。这种工厂，在乡村与偏僻城市，还不能使用人力以外的动力。只到有电力供给的地方，他们才常常安置电气马达。

因此，我们不妨把这种小工业看做由手工业到大工业的过渡形式。

新式工业的组织及技术　城市工业，除开上述的店铺工业与小规模工厂以外，还有在大城市中的大规模工厂。这类工厂，大半集中于沿海的通商口岸，而且大半在外人资助及管理之下，只有一部分在国人的掌握中。他们的企业组织，一般说来，都是资本主义式的。

资本主义组织的特点，是工人仅须为工资而工作，所有原料、器具及工作场所等，都由雇主预备，但此等雇主，则仅出资经营，并不直接参加生产。

采用这种制度，便可以集中大量的资金，设备一采用新式机器的大规模工厂，而集合多数工人于一处工作。同时分工能够细密，出货能够精良，而且迅速。所以便于大量生产。这是资本主义在技术上的长处。

此等新式工业的组织方式，还可以再分为独资创办、合伙及公司三种。

独资创办，因为个人身体及才智的能力有限，个人的资本及借个人资本所能筹得的资本也有限，所以不适于大规模工业的经营。

合伙，是由二人以上的企业家，结合其资本、精力、技能与经验于同一营业，以求盈利为共同目的的制度。这种组织，因为责任在于每个合伙人身上，合伙人常常苦于受同伙的拘束，并且任何动作都须等待全体同伙的决议，很难得到敏捷合一的效果，又，如果同伙中有死亡、疯痴或厌倦营业的情事，其存在与继续就成了问题。所以这种组织也不适宜于大工业的发展。

公司，虽然与合伙同系集合个人所组织，但其性质大不相同：（一）公司是法人，合伙不是；（二）权利义务的主体，在合伙营业，是组织合伙的各个人，而在公司营业，并不是各个股东，乃是独立于股东外的公司本身，所以公司和股东可以有相互诉讼的行为；（三）合伙的财产，便是组织合伙的各个人的共有财产，公司的财产，则离开股东的财产而特别存在。

公司的种类，按照我国《公司法》的规定，分为四种：（一）无限公司，以二人以上的无限责任股东组织之，股东的全体对于公司债务都连带无限制负偿还的责任；（二）两合公司，由有限责任股东与无限责任股东混合组织之；(三)股份有限公司，以7人以上的股份股东组织之；(四)股份两合公司，以无限责任股东及股份股东组织之。

公司组织，能够集合多数人的资力来经营事业，又不因个人发生意外而妨碍进行，所以适宜于大工业。在公司制度中，股份有限公司又是最重要的，最普通的，最适用的。这种公司的大权，虽然集中于少数大股东的手中，可是，很能够吸收大量的零碎资本，因为股东的责任以股份为限，投资者不会遇到意外的危险，同时股票又容易买卖、转让。

中国新兴工业，在外资压迫之下，感觉到非集中组织，不足以图存，近来渐渐成立了统制产销的组织。同时在技术上也感到非常的落后，即如占着民族工业主要地位的纺织工业，大多数纱厂只能纺16支或20支的粗纱（普通1磅棉纱，长840码的，叫做1支，如果1磅棉纱，长1 680码，就是2支），而且所用机械，4/10是20年以上的陈货，所以花费人工特别地多，比方日资纱厂纺20支纱，每万锭仅用240工人，而在华资纱厂，则非用350—750工人不可。所以改良技术的呼声也很高，并且和国联成立了技术合作的关系。不过目前的工作还只限于交通与农业方面，谈不到工业本身技术的改进。——交通与农业的改良，可以扩大国内市场及增加原料的生产，对工业自然也有促进的作用。而彻底的改变不利于民族工业的税则为保护民族工业的税则，也是促进工业发展的一个条件。

第三节 工业原料及动力

我国号称地大物博，但根据科学的考察，地大诚然不错，物博则还够不上说，因为工业原料，还不是完全无缺。除原料外，动力也是发展工业的一个要素。我国蕴藏的动力泉源，尚属丰富，不过还有待于开发罢了。

工业原料 工业原料，所包含的种类很多。现在分重工业轻工业两部分来说。

（甲）重工业的基本原料是铁矿砂，这种原料的全国储量，仅占全世界的16‰，共约1 130兆吨。其中752兆吨产于辽宁省，90兆吨产于察哈尔省，至于湖北、河北、安徽等省，所产又居其次。现在全国铁砂的6/7，已在他人手中，而其余的1/7，也不免受日人直接或间接的操纵。例如长江中游湖北、安徽的铁矿，都是拿矿石输出日本。

钢铁的生产极少，世人叫我国为"无钢之国"。现在全国需要的钢铁量,每年约60万吨,多半是由英日两国输入。据海关册统计,历年钢铁入口价值,常在8 000万元至1亿元之间,占全国进口总额8%—9%。

我国生铁与钢铁的消费量,平均每人仅占1.5公斤,相当于日本的1/10,英、德的1/100,美国的1/180。

其他金属矿产,如铜、锌、锡、铅、硝石、铝等项,都和重工业或军事工业有关系。我国锡矿有余而铜矿不足。全年产锡约9 000吨,最大部分由云南个旧产出。铜的消费量每年约6 000吨,生产量仅约1/10。铜虽不用于造枪炮,但因其为电气材料,也间接的和军事有关。锑、钨二矿,都是制造军火的材料,我国湖南的锑,江西的钨,是世界闻名的。全世界锑的生产额是每年16 000吨,而中国占3/4,钨14 000吨,而中国占2/5强。不过锑钨矿砂,几乎全部出口,本国不能采用。铝为制造飞机的原料。我国浙江平阳产明矾石,约2 000兆吨,可以提炼钝铝,如果试验成功,我国铝的生产,可以超越任何一国。铅用于髹漆、颜料及制造水管、煤气管、玻璃等物。我国铅矿储量约150万吨,现已开采130余万吨。湖南水口山铅矿最有名,年产五六千吨。锌矿常和铅在一处,水口山所产也著名,年产约1万吨。锌的用途很多,涂在铁皮上,防锈之力,优于涂锡。硝分硝酸钾、硝酸钠二种,前者用于制火药,后者用于肥田。我国制硝多由倾墙败屋的土中煎熬而得,钾、钠二种都有。天然硝产于青海西宁北山,层厚七八尺,延长20里,还没有开采。

我国过去把锰矿当作无用的铁矿,近年来方才开采,每年产2 000余吨,从前生产盛时,达2万余吨。锰的用途是炼钢而用于医药、化学方面,也是和军事工业有关的原料。江西、广东、浙江都产钼矿,也是作制钢用而有关军事的原料,因为世界稀有,外国人正谋取得开采权。

我国金银产量不多,每年各约10万两。黑龙江过去年产黄金6 000两,现在据说只半年可产10万两以上了。白银的生产,多由长沙炼铅厂自铅矿中提出。

(乙)轻工业所需的原料很复杂,且拿棉花、小麦、蚕茧、羊毛、烟叶、纸粕及化学工业上应用的各种原料做例子吧。

中国的自然环境,很适于栽培棉花。主要的棉产区域是华北黄河流域冀、鲁、晋、陕、豫诸省。过去数年间,年产额,全国约900万石,而这5省占其一半。本年度(1936—1937)的棉产有丰收的可能,据中华棉业统计会的调查,预计可产皮棉 1 600 万石,为中国有史以来之新纪录。增收的主要原因是(一)栽种激增及(二)天候良好。又该日棉会社将最近 4 年全华的棉花需要与供给情况作成下表:

全华棉花需给预想(单位:千担)

		1933—1934 概算	1934—1935 概算	1935—1936 预想	1936—1937 预想
供给	前期转入	700	850	1 860	910
	全华棉产	9 250	10 640	9 500	15 000
	共计	9 950	11 490	11 360	15 910
需要	纺织消费量总计	8 550	8 500	8 000	9 000
	内美棉	1 250	680	200	100
	印棉、其他	900	450	450	100
	华棉消费量	6 600	7 370	7 350	8 800
	纺织外消费	2 000	2 000	2 400	3 000
	输出	500	160	700	2 000
	共计	9 100	9 630	10 450	13 800
	差额转入次期	850	1 860	910	2 110

由上表可知棉花的需给概况了。中国棉因绒短,不适于纺制细纱,故须输入外棉,近年提倡种植美棉,增加产量,当能渐渐走向棉花自给的途径。不过华北棉花已经被日人垄断了。

生丝是丝织业的原料,而蚕茧又是缫丝业的原料。这两物中国的生产额,在廿四年,为蚕茧 140 万担,生丝 95 000 担。中国的丝织业不大发达,生丝是纯靠国外销场,特别是靠美国的销场。因为日本的缫丝业比中国进步,所费成本比较轻,而品质反高,中国的生丝很难和它竞争,再加以人造丝的倾销,使中国的丝业更难立足了。因为丝业衰落,影响到了蚕茧。近年因茧价低落,蚕业颇呈衰落的样子。

中国有好几省农民,以养蚕为唯一副业,譬如江、浙两省,有一半以上县份的农民是从事养蚕的,广东有 200 万以上的人口靠蚕丝业为生,此外四川和山东,丝业也相当发达。今后如果能够改良丝业的技术,抵制人造丝的倾销,前途是有希望的。

小麦是面粉业的原料。小麦的产量，前于农业章已加说明。我国小麦，因作为粮食的消耗过大，加以运输不便，成本过高，品质又不如洋麦，所以面粉业每年向澳洲、加拿大、芝加哥等处，订购洋麦原料颇多。据荣宗敬氏说，国麦全年产量，只够供面粉厂四五个月的消耗罢了①。

国产的羊毛，多半是毛粗绒短，因此纺织较细的出品，还是要倚赖舶来原料的供给。

烟叶是制造卷烟的主要原料。国内所产的烟叶，对于卷烟制造适用的，有山东的潍县、青县及坊子，河南的许州、襄城及邓县，安徽的凤阳及蚌埠，广东的南雄，湖北的均州等地的产品。但产量还不足以应付需要，品质也比较美国或埃及产的差多了。所以国内制造上等卷烟的原料，大半是用舶来品。

国产的造纸原料，有竹浆、树皮、棉麻、芦苇、稻草等物，但作为造纸主要原料的木粕，则不具备，各造纸厂所用，都从外国买来。木粕，在制造印书类上等纸时，尤为必需的原料，长此倚赖价昂的舶来品，太不合算。现在实业部计划在温州设立的造纸厂，将利用浙江的林木，自造纸粕云。

化学工业所需的原料，十分之八九是从国外输入，例如火柴工业所用的药品，及其他化学工业所用的酸碱等，除小部分采用国产外，其余都用舶来品。这是因为我国的化学重工业还很幼稚，三酸、曹达、阿莫尼亚的出品很少很少。

动力　工业上应用的动力，最重要的应推煤、石油及水力三项。电气虽然是更进步的动力，可是它仍然要靠煤、石油或水力，推动原动机，才能发生电力。现在来看我国的动力泉源吧。

（甲）煤的储量，我国很多，这一部分的动力泉源，是不愁缺乏的。不过煤矿多半集中华北内地，距离沿海的工业中心城市，很远很远，所耗运费，常常相当于成本的五六倍，这是值得注意的一个问题。

（乙）我国石油储量，本来不多，而东北油田，又已经失去，这一动力的供给，很成问题。但石油为内燃机的必要燃料，每年消耗之量，一年多似一年，即世界也有完结的危险，所以各国纷纷寻求石油的代替品。

---

① 见《时事新报》，1936年4月1日。

石油对于一般工业，还没有煤的重要，但因为是飞机、汽车等的必需燃料，和交通及国防很有关系，实有开发应用的必要。

（丙）水力是天然动力，有"白煤"的称号。我国的天然水力，蕴藏颇多。北方的黄河，中部的长江，南部的西江，水势流动，都很猛烈，而黄河的龙门，长江流域的三峡，西江流域的苍梧附近及抚河一带，水力尤其可供利用。其他各省如福建、浙江、湖北、湖南等省，也有流动湍急的水力，可供利用。据估计，中国可利用的总水力，约2亿匹水力，和加拿大差不多，同居世界第4位。可是已经开发的数量，就比加拿大差远了。加拿大已经开发的水力，相当于总水力的13.8%，中国则不及1%。

由以上所述，可见中国工业所需的动力，非常丰富。将来如果充分利用，拿来发电，对于工业发展的前途，当有无限的希望。因为电气的应用，是间接传动，比较石油、蒸汽、煤炭等的直接传动，设备简单，管理容易，而效率增高，加之可以远道输送，所以非常便利。

第四节　工业投资及管理

向来经济学家说生产有三个要素：（一）土地，（二）劳力和（三）资本。他们所说的资本，是指原料、工具、机器及厂屋而言，换句话说，便是指的劳动对象和劳动工具罢了。不过现代是资本主义的社会，如果谁若不是有了巨额的货币，拿来购买原料、工具、机器及厂屋，再购买劳力而运用之，则大量生产便不能进行（这就是资本由货币形式向商品形式的转化。当生产过程终了，新的商品造出来，又可以转化为货币。不待说，这个货币数量比原来增多，而且又可以作为资本，而再卷入"货币—商品—货币"的轮回中去。现代资本家的巨大财富是这样积累起来的，这自然不是"自耕而食自织而衣"的时代所能梦想的）。所以投资问题非常重要，而投资者常常具有伟大的支配生产的势力，也是当然的结果。

投资的五种方式　就我国工业上的投资而论，可以说有五种方式，同时存在。哪五种方式呢？

（甲）国家资本　我国工业的萌芽时期，是采取官办，那时资本完全是国家的。目前有许多工业，由国营或省营的，都属于国家资本范围。

（乙）私人资本　通常所谓商办或民营的事业，都属于私人资本的范围。我国民营工业，到欧战时，方才大大的发达。

（丙）国家资本和私人资本的结合　这就是官商合办，在一个企业中，有一部分官股，另有一部分商股。

（丁）中外合资　这是本国资本与外国资本相结合在一个企业当中的方式。本国资本，有时是官股，有时是商股。外股属于后述之国际间接投资方式。

（戊）外资　这是纯粹外国资本的直接投资。

自从帝国主义实行资本输出的政策以来，外资的侵入中国很不少。其投资方式又分直接与间接两种。所谓直接投资，即是外国资本家，将其所有资本，不经中国人的手，直接投于中国所发生的营业关系。它的特征，是一切事业的经营管理，及由经营所得的结果，都归外人独占，中国人丝毫不能过问。所谓间接投资，又分两种：其一是外国资本家购买中国的国债或地方公债，而照规定金额收入利息；其二是外国资本家，将资本贷与中国的私人或私团体，取得股票或债票而按年收入其利息与红利。这两种的相异点，即在于红利金之有无，而相同点，则在于对中国同保有债权关系。所谓实业借款，合办事业，都属于间接投资。

外资在中国的支配形势　就上列五种投资方式来比较，只有外资（连中外合资在内）占极大的比重。如果连工业、商业等的投资以及政治借款一并计算，则各国对中国投资的总数，在 1902 年为 78 790 万美元，在 1914 年为 161 030 万美元，在 1931 年为 324 250 万美元（据美国 C. F. Remer 氏统计）。即自义和团战役后至欧战发生时，增加一倍；自欧战至"九一八"事变时，又增加一倍。

就外资国别而言，过去以英国投资为特多，次之是俄、德，至于日本是毫□□□□□到目前，日本已赶上英国了，其余各国的比重都很小。特别是"九一八"以后，□□□□□至 1934 年之间，日本在东北的投资，突增 430 兆元，如果把它和过去的投资额合计，是要超过英国了。

英国对华投资总额为 1 189 兆美元（1931 年），其投于矿业的占 8 790 兆、投于电气煤气自来水的占 15 355 兆，投于制造业的占 603 948 兆。

日本对华投资总额为 1 137 兆美元（1931 年），其投于矿业的占 23 450 兆（内投在东北的有 11 650 兆）；投于动力工业的占 38 928 兆（内东北 36 128 兆）；投于其他工业的占 302 299 兆（内东北 105 611 兆）。

就各主要工业而论，我国的重工业几乎被外国资本独占了。铁矿开采权有82%是握在日本资本的铁掌之中。每年百万吨的以新式方法生产出来的铁矿砂,有90%是和日本资本有关;40万吨的生铁中,和日资有关的铁厂占95%以上。煤矿以抚顺与开滦为最大。抚顺,资本1 100万元,每年产煤600万吨。开滦,资本1 400万元,每年产煤四五百万吨。抚顺系日资经营,开滦是由英资经营。就全国每年2 600至2 800万吨的煤产量来看,英国资本占25%,日本资本占40%(自东北沦陷,日、英之间的比例,在名义上起了变化)。作为新兴动力工业的电力工业,外资产量占总产量的60%以上。最大的发电组织上海电力公司,便是在美国资本独占之下。

轻工业方面,可以拿占中国工业首位的棉纺织业做例子。民国廿四年中、英、日资本在全国棉纺织业中的比例是:

	厂数	占全国纱锭(%)	占全国绵锭(%)	占全国布机(%)
华资	96	56.68	32.53	48.86
日资	44	39.29	66.86	44.86
英资	4	4.03	0.61	8.28
外资总计	48	43.32	67.47	53.14

其他轻工业也是外资占优势的多,如卷烟业,英国资本与中国资本,成20与1之比(华商烟厂60家资本合计1 546万元,英商只英美烟公司一家资本,约40 000万元左右)。

民族资本的当前困难　中国民族资本,在中国产业中的比重,还不如外国资本,从上面所述可以推知。纱业、丝业、面粉是中国民族工业的主要部门。现在纱业中外资势力的对比,在数字上已有喧宾夺主的形势。如果再从发展过程上去看,日本厂的纺锤,自1923年至1934年的12年间增加246%,中国厂,自1923年至1933年,仅仅增加24.3%罢了。日厂织布机数,自1923年至1934年,增加1 139.5%,而中国厂自1923年至1932年,仅仅增加179.05%罢了。近年日厂纷纷增资,华北日商且有增加30万锭子的计划,而华厂则停工减工的锭数,在廿四年占了总锭数40%以上,华北各厂如裕大、宝成等纷纷售与日人。彼伸此绌,显然可见。丝业的整个地盘虽然属于民族资本,可是目前开工厂数远不如前,如上海过去有丝厂百余家,现在开工的不过30多家了。面粉业自"九一八"以后,销场减少，廿四年因灾荒而销量略增，但因华北的原麦供给，为日人控制，以后原料有断绝之虞，出路大成问题。

民族资本的最大困难，即于不平等条约的限制之下，没有获得特殊保护的可能，只有希望能够凭着雄厚的资本，和优良的技术，去和外资企业竞争，才有立足的余地。而资本问题尤其重要，因为技术的改良，也要靠着雄厚的资本。现在中国厂家，都苦于资金不足，所以资本的有机构成非常低下。什么叫做资本的有机构成呢？那就是机器、原料、动力等项在全部资本所占的成数，和工钱所占成数的对比。假如前者所占的成数较大，便是资本的构成较高。资本构成高，则技术的水平随之增高。试以纱厂为例。日资纱厂平均每锭占680元，华资纱厂不过占50元。日资纱厂纺20支纱，每万锭仅用240工人，然而华资同样纺20支纱，每万锭非用350至750工人不可。据1934年估计，日资纱厂平均每厂资本约有417万元，华商纱厂平均每厂157万元，英资纱厂平均每厂500万元，由此可见华商纱厂资本过于薄弱，所以在技术上赶不上英、日，尤其赶不上日厂，仅能凭着工人们的埋头苦干去和外资竞争。

资金不足，就不能不依赖金融界的资金融通。但是因为一般利率仍然过高，社会游资大多投到不生产的事业去，如银行的营业对象，偏于公债和地产，很少投到工业方面来，这是很值得注意的一个问题。

发展国家资本与利用外资　中国民间资本的薄弱，已如上述，则中国工业将来的发展，不能不利用外资。而利用外资的经营方式，则以国营为佳，因为由此可以发展国家资本的势力，而奠定实现民生主义经济的基础。

国营生产的原则，中山先生在《民生主义》第二讲中说过："单是节制资本，仍恐不足以解决民生问题，必要加以制造国家资本，才可以解决这个问题。何谓制造国家资本呢？就是发展国家实业。其计划已详于《建国方略》第二卷的《物质建设》。"而《实业计划》的第一计划说："凡事物之可以委诸个人或较国家经营为适宜者，应任个人为之，由国家奖励，而以法律保护之。……至其不能委托个人，及有独占性质者，由国家经营之。"这是中山先生指示的原则。

甚么是有独占性质的事物？如铁路、电车、自来水、电灯、瓦斯之类是。什么是不能委托个人的事物？如大规模之企业，为私人力所不能办的，以及烟、酒、食盐之类，于国民健康及生活有密切关系，不能让私人经营的都是。

现在我们来看看最近国营生产的发展趋势吧。在实业部所主持的工业建设中,已经开始营业的有酒精厂(资本250万元)及渔市场;正在建设中的有机器厂及造纸厂(全部股款450万元);此外在计划中的有钢铁厂,资本1 000万元,汽油厂,资本500万元,蚕丝厂,资本80万元,以及糖厂、人造丝厂、橡胶厂、水泥厂等(均由官商合办)。此外还有山西的"十年计划",广东的"三年计划"。不过实现的成分不多,仅广东计划中的纺织、水泥、制糖三个部门,有一点成绩。

这些国营事业,并不是纯粹由国家资本来经营,除一部分官商合办外,还得利用外资。如山西和广西的开发,已有日本资本来同他们合作;广东及四川的建设计划,也有英国资本做他们的后盾。像中国这样资本贫乏的国家,利用外资,本来势所难免。不过应注意两点:第一,国际投资应为间接投资,不应为直接投资。外人直接投资,开设工厂于中国,是《马关条约》的贻误,这种条约将来必须废除。第二,间接投资虽然比较地好,但债权国常常因债务国没有偿还能力而监督债务国的财政,且因此而进入政治的侵略,像中国这样的半殖民地国家,尤其容易被债权国操纵。在间接投资中有中外合办事业,及外人对各种公司投资的两种,都是外国资本操纵中国工业的好机会。尤其是合办事业,常常是资本与经营权,完全是外人的,中国仅有一个空名而已。外人有这一权利,是根据1902年《中英续约》的规定,这也是应修改的条约。总之,间接投资,也要依照中山先生《实业计划》利用外资的原则,确保主权,不受投资的干涉,这一点是必须注意的。

如果一方面把民间资本引导到生产事业方面来运用,另方面又能在确保主权的条件下利用外资,同时又能运用自上而下及自下而上的双方监督,来洗刷国营事业的官僚积弊,则国营生产的前途,大有希望,而国家资本的制造,也易于观成了。

中国工业的资本问题,大略如此,现在且说生产管理。先就工业管理的一般原则略加说明,而后把我国工厂管理的批判作为结束。

工厂管理制度 谈工业管理,通常要从企业组织开始,不过企业组织,已于前第二节说过,此地只就工厂内部组织,即管理制度,加以说明。

管理制度分为总部组织及分部组织。总部组织有(一)集权办公处,

(二)分权办公处及(三)混合办公制三种。分部组织则有(一)系统制,即军队式,(二)系统兼参赞式,(三)分部式,即专责式,(四)委员制式及(五)分科制式。这些组织各有利弊,不过军队式组织,把事权集中于少数当局者,只能适用于小规模工厂;若是规模较大的工厂,就不能不分工。科学管理法创始人泰洛氏所创的专责式组织,便是根据分工的原理。

管理包含的事项 有所谓资本管理,即关于原料的选择及材料的节省,厂房地点、建筑及厂内设备的设计、机器的选择及布置等项。有所谓劳动管理,这是科学管理的主要部分,其总的意义是提高劳动效率,其要点有(一)规定单位工作的标准时间,以为督促工人及甄别工人的标准;(二)设功用指导员来指导工人,练习采用最适宜的工作方法;(三)设差别工资制,按劳动效率给报酬;(四)设分部制度,即上述的分工组织以便管理等项。还有关于出品的管理,即出品的标准化(规定很少的几种商品,专门去大量制造),成本管理(应用成本会计,精密地检查每一种货,把那不能获利的剔出来,停止生产),数量统制(视销场而定生产量),以及价格管理(熟察商情,预测物价变迁的趋势)等。

彭考夫氏对中国工厂管理的评判 二年前棉统会邀请曾服务于英国纺织机器制造厂三十年之彭考夫(H. Bancraft)氏来华视察我国的棉纺织厂,氏对于工厂管理方面,指出(一)职员过多而不精;(二)厂房过旧,不适于工作,即整理也空费资金;及(三)机工多偷惰而无人督促各点;又说根本上组织即有缺点,责任不专,效率便很难增进。

政府对于民间工厂之管理 以上是就工厂本身的内部管理说的,现在且说政府对于一般工厂的管理。政府对于国营工业,是直接管理,无须说明,现在所指的对象是非国营工业。这种管理,可就其目的分为数种:

(甲)代表消费者的管理,例如食物检验、验疫等。

(乙)代表劳动者的管理,例如工厂立法(包含保健、保护安全、最低工资、最高工时、劳动保险等),工厂检查(检查各工厂是否实施了工厂法)。

(丙)代表投资者的管理,例如规定最高利率,是代表借方利益的,如关于储蓄银行、保险业及公司营业的立法,是代表贷方利益的。

(丁)代表普泛社会的管理,例如为了扶持某一事业而给予补助金。

【问题演习】

一、试指出新式工业与旧式工业的差别点。

二、目前我国新式工业在国民经济上的比重,是不是比旧式工业较大?

三、中国民族工业发展的经过是怎样的?现状怎样?

四、外资与中国工业的关系是怎样的?

五、就现代经济的观点说中国地大物博的话,并不完全正确,为什么?

六、公司组织的优点何在?

七、什么叫做科学管理法?

第四章　中国之商业

我国商业，有了两千年的历史，这是人所共知的。不过在和东西列强通商以前，商业在我国经济上的地位，是很低下的。除了很少的地方特产，必须运销国内较远的地方以外，差不多一般日用的消费品，都是以家庭为生产单位，而实行自给自足的，即使有些剩余的产品可以拿到市场上去交换，大概也不出一个地方的小范围。至于国际贸易，更谈不到，偶然间有些"互市"，那也不过是帝王贵族弄些远方珍物来表示豪华的企图，或者被动的以剩余生产品应付国外商人的交换的要求罢了。

海通以后，现代化的商业，逐渐发生，可是因为国内生产事业，还没有十分现代化，所以旧时代的商业，依然存在。同时，因为外商雄厚势力的侵入，使本国商业大受其掣肘或支配，无论市面是假态的繁荣，或悲惨的不景气，都表现出中国商业的当前困难，这是需要国人共同努力，加以排除的。

第一节　价值与价格

商品经济和自然经济（自给自足经济）的区别点，就在于生产的分工和生产物的相交换。在交换的时候，几种不同的生产物之间，必有其交换比例的标准，比方1只牛换5只羊，1只羊换6丈布之类。这里就发生了价值和价格的问题。

价值和价格　价格是什么呢？凡是一种生产品和另一种生产品相交换的时候，实际上能够交换多少，那就是价格。例如1只牛的价格等于1只羊，6丈布的价格等于1只羊之类。但价格之狭义的解释，就是一种生产品能换得多少货币，例如1头牛可卖30元，则30元即为此牛的价格。现代一般所谓价格，就指狭义的解释。

价格跟着市场上的供求关系,时常发生变化,比方1头牛,有时只卖20几元,有时可卖30几元。但它的变化,是有一个范围的,比方1尺绸,价格无论如何低落,总不会和1尺布相等;1两银子,无论如何,换不了1两金子。由此看来,在变动不定的价格里面,仍然有一种不变动(但不是永远不变动)的标准存在,这种内在的标准,就是价值。

使用价值和交换价值　通常所谓价值,是指交换价值而言。但作为商品的生产品,不但有交换价值,它还有使用价值的。一件东西,对人能有某种用处,可以满足人类的某种欲望,我们说它有使用价值,比方面可以充饥,棉布可以做衣服,面和棉布就有使用价值。凡有使用价值的生产品,虽然不一定就是商品(例如自然经济中的生产品),但一切商品必须有使用价值,因为对人们没有用处的东西,人们不会互相交换。

但商品的交换价值,并不是根据使用价值而定的。比方米麦的使用价值比金子大,但交换价值反而低了千百倍。甜味和咸味,并没有高下之分,但交换价值则有高低的差别。可见交换价值的大小和商品用处的大小不相干。

而且,同一物品,对于人可以有不同的用处。例如人们可以用布做衣服,也可以用它做口袋或船帆等等。至于不同性质的物品,其使用价值的不同,更不待言。所以使用价值,是没有共同基础的。至于交换价值,则是存在于各种商品中的共同基础,它没有性质的不同,只有数量的差别。

价值的来源　关于交换价值的来源,有种种不同的学说,概括起来,可分为三大派:

(甲)成本价值说　这一说的主张,是说一切商品的交换价值,没有不决定于其生产的成本的。成本越大,价值也越大;成本越小,价值也越小。这一派中,各家学说又有大同小异的地方。举其最重要的来说,则有三派:第一是狭义的劳动价值说。这是经过古典派经济学家亚当·斯密、李嘉图及社会主义派经济学家马克思等而逐渐完成的主张。他们以为决定商品价值的基础,是该商品所含的劳动量,比方甲物生产所需的劳动为3小时,乙物生产所需的劳动为9小时,我们就可以知道乙物的价值,相当于甲物的3倍。不过他们知道,就每个生产者的个别劳动来讲,做同一工作,所费时间是各不相同的,所以说决定价值,是依据社会平均的必要劳动时间。他们也知道,同一时间的劳动,高级技术和低级技术的价值,是不相等的,所以把劳动分成简单劳动和复杂劳动两种，认定复杂劳动需要经过相当时期的学习，那个时期的劳动是不能取得报酬的，所以在能取得报酬时，就要取得相当的补偿费，而使他自己的价值高于简单劳动。再则以劳动计算价值，不但计算目前施于劳动对象的劳动，同时连那包含在原料、工具里面的过去的劳动，也要加进去的。

第二是生产费说。这说约翰·穆勒主张最力，他以为一物的价值，是由工资、利息、利润三部分合成。但这种说法，是将原料、工具那一部分消耗的填补，也分析为工资、利息、利润三部分。这仍然是祖述亚当·斯密把全部价值分为"地代，利润及工资"三部分的学说。所以和狭义劳力说同一渊源。不过工资、利息（这是借贷资本所得的报酬）和利润（这是企业资本所得的报酬）三者是国民纯收入的部分，如果此外没有专门填补原料、工具等消耗的一部分价值，则再生产的基础就很渺茫了。

第三是广义劳动价值说。因为生产费说不完满，狭义劳力说也太偏于直接生产者的一面，于是广义劳力说就起而纠正它们的缺点。这就是孙中山先生所主张，他在"民生主义"讲演中曾说明其大意。以棉纱价值为例，纱厂每年的盈余价值，除工人的劳动外，凡农业家、农学家、机器制造家和发明家、蒸汽电气发明家、金属的采矿家、制造家、木料种植家以及社会的消费者都有关系。"由此可见所有工业生产的盈余价值，不专是工厂内工人劳动的结果，凡是社会上各种有用有能力的分子，无论是直接间接，在生产方面，或者是在消费方面，都有多少贡献。"这一说，除直接劳动外，还注意到间接劳动，而且，除生产方面外，还兼顾消费方面，这是它的特长之点。

（乙）效用价值说　这一学说是完全从消费方面来决定价值的。他们以为效用是满足人类欲望的能力，如果在同一时候，供给同一商品于同一人，那么，供给愈多，则这商品的效用必愈小。比方，第一碗饭对于饥饿者的效用，是大极了；第二碗饭的效用就比较小；第三碗饭更小；第四饭碗更更小；第五碗饭，小到等于零；第六碗饭以下，就要发生反效用。假使这里只有三碗饭，那么，这三碗饭的价值，是依照第三碗饭的效用来决定的。那最后一碗饭，即第三碗饭的效用，叫做限界效用，又名边际效用。依照限界效用来决定价值，那么，假使这里只有两碗饭，则饭的价值增高；假使有四碗饭，则饭的价值必减低。倡导这种学说的是英国的耶方斯及奥国的庞巴威克等。

（丙）折衷派价值说　这一派以为上述的成本价值说偏于客观，效用价值说偏于主观，各有所失，于是调和起来，主张价值的产生，供求两方都有关系。这也无非是根据交换价值必有使用价值同时存在的道理来说的吧。倡导这说的是英国的马夏尔。

价格的变动　前面说价格是变动的，价值是不变的，这不过是比较的说法。如果因为技术进步的结果，社会的采金变为容易，那么，不论从成本减轻来解说，或从"供给增多以致限界效用减低"来解说，总之，金子的价值是变低了。在这时候，如果其他商品的价值没有变动，则以金子体现的商品价值必因而增高，换句话说，就是一般商品的价格昂贵起来了。反之，如果金子价值不变，而商品价值发生变化，则商品价格也将因而变动，是不待言的。

跟着价值变化而变化的商品价格，应当是较为长期的固定的。事实上每一瞬间，商品价格都有时高时低的小变动，不过是以价值为中心而动摇着罢了，这是因为商品生产，常常不能和购买者的购买力相适应，不是供过于求，就是求过于供。

资本主义的商业市况，有一种循环变动，由繁荣而恐慌，恐慌过了顶点，又好转而走向萧条，由萧条再走向新的繁荣。在大战前，大约每十年循环一次。每经一次循环，商品价格必由涨而跌，再由跌而涨。这种变动，也是生产量和购买力不相适应的结果。

竞争价格与独占价格　竞争价格，也叫市场价格，这就是卖者和买者在市场上互相竞争而决定的价格。当供给和需要相等时，则为供需的平衡点，也就是市价的决定点。在竞争过程中，卖者有讨价很低的，买者也有出价很高的，但均有一个限界。这种限界与决定的价格之差数，在买者方面，称为"消费者之剩余"；在卖者方面，称为"生产者之剩余"。比方市价为1元，原先准备以8角的起码价格出卖的，可得"生产者之剩余"2角。原先准备以1元3角的最高价格收买的，可得"消费者之剩余"3角。

市场价格，在充分的自由竞争之下，并且从它的长期趋势观察，则得到所谓正常价格。这个正常价格，就是依限界生产者的生产成本而决定的价格。这种限界生产者，是在同一生产部门各生产者中耗费成本最高而仍能（仅能）维持其事业者。所以正常价格，也叫做成本价格，还有叫做自然价格的。市场价格并不是常常和这种价格相符,这只有在充分自由竞争的条件下,才能够实现。

另一方面,在生产上形成了独占的时候,生产者就不妨把价格提高,于是就有所谓独占价格。独占价格,通常是高于市场价格,可是也还有个限度的,因为高到某种程度以上,大多数购买者就会完全没有办法来买了。

目前各资本主义强国,在其国内借关税壁垒的帮助,维持一种独占价格,而在国外则用非常低廉的价格来实行倾销。

我国近年物价的变动 我国各地物价,是不一致的,现在就最大通商口岸的上海来说。据上海市最近十年来的统计,这一时期中以民国十九年为物价的最高峰。在这一年以前,物价逐年高涨,指数(物价指数,是假定一年为基年,将基年的物价平均数作为100,其余的年份,照此改作,如物价为基年的一倍,则改作200,以便比较)逐年上升。因为当时美国将白银倾销中国,银价低则物价涨,故造成了中国商业一时的繁荣。可是自民国二十年以后,外受世界经济恐慌的波动,内因国难严重,上海事变又起,物价开始跌落,指数逐年下降。二十三年,因受美国白银购买政策的影响,白银大量流出,银价高涨,物价跌势更凶。到了二十四年十一月,我国实施法币政策(参阅金融章),方见回涨的机运。但到二十五年四月以后,因为外货走私,异常猖獗,价格特别低贱的私货种类,有呢、绒、棉布、面粉、煤油以及各种杂货,差不多尽是一些日常必需之品、销数很多,物价指数因此又现出回落的形势了。这无疑是给了我国民族工业一个绝大的打击。

第二节 市场与运输

商品的流通,要倚赖良好的运输制度。商业的发达,必须有广大的市场。在现代经济先进的国家,交通设备异常完美,故其商品流通的速度特别增加。而其开辟市场,早已突破国境,遍历世界的荒僻地带,尽量寻求;乃至因开辟已尽,不得不彼此争夺,并不惜酿成政治的冲突或战争,也是显明的事实。然而,我国则不仅国外市场,听人家排挤而不能维护,就是国内市场,也被外力攘夺而未能反抗。加以半封建的生产关系(即由经济形成的社会制度)没有肃清,交通也还不很便利,国内市场还没有达到十分完成的地步。这是很有待于复兴运动的挽救的。

市场的意义 市场有广狭二义。通常所谓市场，即广义的市场，这是指货物的贩路说的，例如棉花市场、生丝市场以及国内市场、国外市场等等。狭义的市场，是指买卖双方定时集合而行交易的场所说的，例如鱼市场、菜市场以及各种交易所。这两种市场的区别，又存在于价格上面。广义的市场，是指同一种类，同一品质的物品，在同时以同一价格而行交易的范围。所以尽管地点隔得很近，如果就相同的物品而有不同的价格成立，便是不同的市场。另一方面，如果同一物品而有同一价格成立，不论范围大到怎样，也属于同一市场。就这个意义上说，交易所也属于广义的市场，因为在那里是有统一的价格，而其价格所支配的范围，并不限于交易的场所。狭义的市场，是以场所为范围，至于价格，倒不一定是统一的。

市集 封建时代的交换范围，大部分不出百数十里之外，交换的次数也比较的稀少。所以产生一种赶集的办法，隔几天交易一次。现在我国内地还有许多这样的市场，到了规定的日期，农民便将农产品或家庭手工业制品拿到市场上去出卖，或买进所需要的东西。这是生产者和消费者直接交换的方式。现代的交换方式一般的虽很复杂，可是直接交换，也还存在。

日用品市场 这就是现代直接交换的场所。所买卖的是蔬菜、水果、肉类等难于保存的东西。关于这种交易，除生产者和消费者之间的市场外，生产者、批发商、零售商之间，也常开市场的。

交易所 交易所的发生，是因为交易的分量和区域扩大，一般人不容易观察市况而决定价格，于是有雄厚资本和特别的知识经验者，出来经营投机的商业，自行负担决定价格的危险。在交易所买卖的是大量的最重要的货物，如公债、公司债、股票及谷物等。交易所的长处，是能使对大量货物的需要和供给两方，于很短的时间内互相适合；是能使价格变化的倾向很灵敏地表现出来；而且能对于一般工商业给予一点保险作用。怎样表现它的保险作用呢？比方纱厂资本业在进行生产时，要购买棉花做原料，但棉花价格是一步一步高涨的；它为了预防棉花市价的变化，就在交易所买了一大批期货，而对于在生产中所需要的棉花，则仅为少量的购买；等到后来棉花价高涨时，他再卖去他的期货，便可以赚一笔钱，抵补他在少量购买现货时的损失了。由此看来，在资本主义的盲目的商品生产的时代，交易所的用处是非常之大的。不过如果不是资力雄厚而经验丰富的人去经营投机事业，则交易所仅成为瞎碰运道的赌博场，有时还要扰乱市场，损害一般工商业呢。

商埠 前面所说的市集，是定期的市场；一般城市和市集的区别，在于常期交易，可以说是常期市场。在常期市场中，又有旧城市和商埠的分别。

商埠在国际经济上占很重要的位置，因为一切货物交易，金融关系，都是以此为中心而活动的。商埠有自开和他开的分别。自开商埠，是为本国经济发达计，而自行开放，以供全世界交通及货物聚散、旅客往来之用，而关于商埠的组织及税则，都是以本国为本位的。他开商埠就不是这样，它虽然也是供世界交通、货物聚散、旅客往来的使用，可是一切组织及税则等，都是以他国的利害为中心的。我国有商埠百余处，大半是根据条约或协定而被动地开放的他开商埠。

国内市场 中国的国内市场，原来就是很松懈的。因为交通不便利，生产不发达，许多地方还没有完全脱离自给自足的阶段。各地物产的交换，常常是不能超出一个地方的狭小范围，比方，有些省份正在闹着饥荒的时候，另外有些省份，在同时间还苦于粮食生产过多，嚷着"谷贱伤农"呢！自从东北失陷，国内市场，去掉1/3了。其余各省，不仅没有完成一个整体，而且有背道而驰的征象，如某些省份的"省统制经济"、"省保护税则"，都是以地方市场为本位，而不能不对于整个国内市场的统一性有损害的。所以我国正在积极统一全国的税制，划一全国的度量衡和币制，发展全国的交通，想借此把统一的国内市场，创造出来。

国外市场 中国商品达到国外市场去，是被动的，只在外国人容许并需要的时候，我国的商品才能出现于国外市场。过去中国的丝茶，在世界市场颇有地位，现在受了外人的排挤，便不如从前了。我国没有远洋航业，也没有在国外活动的商业机关，一切进出口贸易，都是经由外人开设的洋行全权办理。因此，我国人所接触的国外市场，实际上不过是国内各大商埠的洋行。

运输和市场的关系 陆上的车辆，水上的船舶，空中的飞机，都是运输商品的工具。运输和市场的关系是很密切的。一般城市，都在水陆交通便利之处，可见运输足以决定市场的地点。在运输不便的时代，市场的范围极为狭小，近世交通发达，市场也跟着扩大起来，比方小麦在我国各地有各地的市场，而在欧洲和美洲，反只有一个市场，这就是运费低廉的效果，由此可见，运输又可以决定市场的范围。运输费减低，则商品价格必变得低廉，而需要供给的数量也必然增多，可见运输又能影响市场需给的形势。运输便利，使一个地方的生产者，可能专门生产一种东西，同时又可以使一个市场上具有多数地方的出品，可见运输能使市场商品复杂化。运输便利，商品不会在一处地方屯集太多，而在另一处地方则任其缺货，因此市价也不会暴涨暴落，这就是运输能使市场价格稳定。一个国家的运输业，发展得很厉害的时候，比方英国的海运业，成了海上霸王，这一国的商品，也就销行得普遍。反之，像我国的航业，操在外人手里，内外市场都被他们夺去。这就可见运输能开辟商品的市场。

旧式的运输工具　我国自海通以来，新式的运输工具，日益发达，自铁路、轮运以至公路、航空的设施，也算应有尽有了，但是因为幅员广大，目前发展的程度，还只能起一小部分作用。因此，旧式的交通机关，在许多地方，还是不可少的运输工具。

旧式陆路运输的工具，有车辆及驮兽两种。搬运货物的车辆，有大车、牛车等。货客兼用的，有窝车、小车等。大车，又称长车，用骡马数头拖曳之，普通可载货物 1 450 斤以至 4 000 斤。窝车形状也和大车相似。此等车辆，多用于北方的平坦道路。南方道路崎岖，就大半只能用小车了。驮运的兽类，有骆驼、马、驴、骡、牦牛等。骆驼多半在蒙古、新疆使用；牦牛多半在川边、西藏使用。

旧式水上运输的工具，为各种民船。大的民船，能积载数千石，在沿海及近海航行。小的能载数十石，航行内河。目前内地的农产物，还要靠民船运输，才能到达中心市场。据民国十三年统计，民船只数共计 49 945 只，总吨数为 3 869 788 吨。

新式的运输工具　我国新式交通工具，可分铁路、航业、公路、航空四点来说。

（甲）铁路　我国铁路总长 15 470 公里。其中由外人经营及中外合办的，占 3 595.19 公里；专用路占 586.06 公里，日军占去东北四省的铁路，计 2 740.3 公里；其余的 8 548.45 公里，内属省营或民营的计 584.11 公里，属国营的计 7 964.34 公里。最近粤汉路株韶段告成，全线通车；浙赣路已由杭州通南昌；民营江南铁路已由南京通至芜湖；淮南铁路、苏嘉铁路均已通车；北方陇海线的延长，同蒲路的修筑，均在急进中；西南的湘黔路也在开始建筑。

全国铁路所负的债务，共计约13万万元（截至二十二年），内债只占1/10，外债计1 174 569 858.10元，平均每公里欠外债15万元。但主要各路的盈余，每年不过5 000万元，大部分还不是现金收入，拿它付外债利息，都还不够。(见《申报》馆《中国经济现势讲话》)因此，近年当局积极整理债务，并设法增加营业收入。不过一时还不容易解除这笔大的债务。

我国铁路，因过去受各种影响，以至路轨枕木，年久不修，机车破旧，不能应用的情形，很普遍，运输能力因而减少。同时运费又过于昂贵。这都是要费许多力量去改良的。

（乙）航业　中国航业，差不多全由外资经营。这不仅外洋航业是这样，便是内河航业，因为《南京条约》及《天津条约》允许外人有内河航行权，也完全落到他们手中去了，现在来往各口岸的轮船，几乎全部属于英商太古、怡和两公司及日商日清、大连两会社，尤其英国势力大，有船186只，净吨数241 629，占外商总吨数65%。据1935年统计，这一年内全国进出口商轮只数，中国47 123只，英国13 341只，日本5 105只，这算是中国最多，英国第二，日本第三；可是从船只总吨数看，英国的18 541 804吨，占第一位，日本的9 197 376吨，占第二位，中国的7 622 430吨，仅占第三位而已。国营招商局，近年虽然在力图发展，但所欠汇丰、花旗等外国银行的债务，达2 500万元以上，一时还不容易和外商竞争。我国航业的根本对策，只有收回航业主权的一法。

（丙）公路　这是近年来的新建设；有公路则汽车可以通行了。我国公路总长，到1935年，即达9万公里以上。所耗建筑费，超过54 000万元；所占土地，不下1万万亩。不过汽车的运输成本过高，铁路每公里每公吨平均运价为3分2厘，而公路则需2角4分，相差7倍以上，不免使农民及小商人望而生畏，故货运暂时很少发展。

（丁）航空　民用航空，也是新兴的事业。中美合办的中国航空公司，开办于民国十八年，资本1 000万元，规模最大。次之是中德合办的欧亚航空公司，民国二十年成立，资本510万元。再次为西南民航公司，资本30万元。中航航线有沪汉、汉渝、渝成、沪平、沪粤诸线，欧亚航线有欧亚、沪新、平粤、兰包诸线，西南航线有广龙、广琼诸线。航空事业在这初办时期，营业上还没有什么利益可说。

总之，我国新式的运输工具，正在急进的发展过程中，这无疑是完成统一的国内市场之一重要基点。不过要注意的是：在运输事业本身上，须减低运费，整理债务，收回主权；同时，在商业政策上，要实行保护政策，才可以保证运输工具对国民经济的积极作用。而不至于白白地"为他人作嫁衣裳"呢。

第三节　商业组织

商业的经营方式，也和工业一样，有独资营业、合伙营业及公司营业的分别，现在不再复述。不过就商人所经营的业务说，有逐渐专门化的形势，故各项商业机关的特点，有可以说一说的价值。再则商品怎样经过这些商业机关而完成其运销的过程，我们也得注意一下。

商业的分化　第一，商业在从前是兼营运输业的，后来交通机关从商业分离出来，于是银行业、运输业、保险业、堆栈业等纷纷宣布独立，而成为补助商业了。这是受了分工发展原则的支配。

第二，是固有商业，同样因分工而起分化。这种分化，有因商品的种类不同而产生的，其中又有两种：一种是因材料不同而分化的，比方磁器业、陶器业、五金业等；另一种是按照不同的使用目的而分化的，比方家具店、罗列各项材料制成的种种家具，食品店罗列各项材料制成的种种食品，此等商店，便于消费者的购买，是很进步的组织。

这种分化，又有由于在商品流通过程中所表演媒介作用的不同而产生的，比方批发商、零售商和居间商等。

（甲）**批发商**　批发商的主要业务，是向农工业者整批买进货物而分售于零售商。批发商的种类很多，有专门经营一种业务的，比方药材批发商，有兼营数种业务的，比方杂货批发商，有专做本地生意的，有兼营外埠生意的。批发商所表演的作用有两方面。一方面，对于农工业生产者，批发商是良好的推销员，因为他放账比较单纯可靠，货物运费也比较节省。另一方面，对于零售商，批发商是良好的进货部，因为他可以按照市场需要，向各地生产者选购各色货物，集合在一处地方，以供零售商的选择。零售商资本不多，从放账和运送方面说，与批发商交易，也比较与生产者直接交易适当一些。

（乙）**零售商**　直接以商品供给消费者的商店，叫做零售商。他的作用，在于集合消费者所需要的东西于一处，并且利用广告和商柜陈列，吸引消费者的购买。零售商进货，大半是从批发商贩来，但也有直接向生产者购买的，不过只有大规模的商店，才能获得一点便利。

零售商店，约可分为四种：（一）普通商店，像现在街市上的一般商店，其店主及经理和店伙共同操作，店内大小事都亲自过问的。（二）百货商店，是大规模的零售商店。这种商店，渊源于法国巴黎的杂货店，各国大都市都有设立，在凌云的大厦中，把人类生老病死，衣食住行，装饰游艺，以及教育文化应用物品，通通集合起来，分部经营，这对于购买者的选购，是何等的便利呀！我国上海的先施、永安等公司，就是这种商店。不过内地很少这种商店，仅有许多小规模的洋货店。因为百货商店的商品，常常仅适合于富人的需要，内地人民，风尚俭朴，购买力薄弱，所以这类商店，极不相宜。（三）连锁商店，即同时开设许多商店，销售同样货物，而受总店管理的商店。它的长处，在于能与多数消费者接触，店名传播得较宽，不过店费开支较大，办事难免涣散，这是它的缺点。（四）通信商店，这是专门经营邮购货物而不做门市买卖的商店。

（丙）居间商　居间商的任务，是在需要者和供给者的中间尽介绍的职任。他介绍制造家与批发商或零售商，帮助作成交易，而从中取得佣金（介绍费）。居间商对于市场情形，极为熟悉，所收佣金，数目极小，所以各方面都愿意和他交易。这种商人又名掮客，或叫经纪人。

还有一种寄售商，或叫代理商，其任务是以自己的名义，执行他人所委托的买卖。例如外国商店有一种商品要销到中国来而不能亲自来中国经营，于是委托在中国的寄售商某洋行代售，便可以不为了一种商品而自讨麻烦，这是何等便利呢！我国向来有的牙行，也是代理商，他们对于农产品的运销，表演着重要的角色。这种商人，性质也和居间商相同，他们可以说都是纯粹的商业的补助业。

（丁）负贩商　负贩商或叫行脚商，这是商业的幼稚形式，不过这种形式在现在还是有效的。在乡村中，他们所贩卖的，是那些需要不会频繁发生的制造品。在城市中，他们所贩卖的，是那些迅速消费的日用品。还有工厂工业所生产的旧货，以及家内手工产品，也需要这些行脚商收去贩卖。此外，还有一种巡历商店，也和负贩商差不多，可说是大规模的行脚商。

（戊）特种零售商　消费合作社，在形式上也是零售商店，故有人认为特种零售商。但在实际上，它的作用是和商店不同的。商店的目的，是在获得商业利润。消费合作社的目的，是在免除中间人的剥削。它是以消费者团体的组织和生产者直接发生关系，除去营业上必要费用外，把其他部分的商业利润收归消费者平均享受，故能使许多人获得廉价商品的供给。

商业的独占组织　商业原来是由各各独立的组织来经营的，是不是可以互相联合起来，形成具有独占力的强大的组织呢？这是不可能的，除非生产者联合组织的托拉斯加以援助。

不过这是就现代的独占组织说的。我国商人，另有一种限制竞争的旧式组织。这是和手工业团体一样的同业公会，有点儿像欧洲中世纪的商人基尔特。公会规章严厉，对于同业，监督很是周密。会员营业的数额，依照能力，都须在公会登记，以免过度滥买，横遭损失。这样，同业间的竞争，就比较地少。

现代虽然崇尚营业自由，但对于不正当的竞争，还是不容许的。近年来商界常常有冒用别家牌号或商标的，有故意损害同业名誉的，有粗制滥造以骗顾客的，有借不正当广告欺骗买主的，种种情形，颇令正当营业者不满意。故近来有一种恢复固有商业道德的呼声。不过如果真的要严格保守中世纪基尔特的制度，又似乎过于违反现代社会的竞争原则了吧。

买办制　以上所说，是一般商业的情形，在进出口贸易，还有一种特殊制度，须指出的，那就是买办制。因为在中国经营进出口贸易的都是洋行。这些洋行老板从外国初来的时候，不通中国语言，不了解中国风俗，感觉处处隔膜，足为通商障碍，因此不得不借重某些中国商人，替他居间媒介。中国商人不知道和洋商竞争进出口贸易的经营，其中反有一部分，甘愿为外人爪牙，仰其鼻息，想借此分得一些余利，他们于是遂成为中外贸易的媒介人物，而被称为买办。凡洋行对华人交易，一概由买办负责，华人的信用怎样，资本怎样，能力怎样，外商都不过问。洋商运进货物，依赖买办寻觅主顾；收取货款，也由买办负责，如有倒欠或盗劫情事，洋商都要买办负责。买办因为是中国商界中的人物，商情熟悉，当然能够操纵自如。于是因为有了买办制，而洋商可以不受情形隔阂的阻碍而顺利地推销洋货，收买原料，同时买办本身也就因此大发其财，而成为中国大资产者的中心。不过后来外人渐渐熟悉中国情形，逐渐改变方式，不用买办，改用专门家经营，此种专门家，大半是在外国留学过的中国人，知识程度比较从前的买办高得多了。同时又产生一种新式经纪人，常往来于洋行间，对于各行的货品种类，数量价格，极为熟悉，随时可以指示华商，同时更通晓本国国情，也可供给外人以种种便利。所以外人渐渐能和华商直接交易，不必再借重买办了。现在只有少数守旧的洋行，保存旧买办制，但仍将他们的责任缩小了。

商品流通的过程　以上已就各种商业机关的作用，加以概略的指明，现在可以说到商品流通的过程了。这可以分国内商业和进出口贸易来说。而最重要的是进出口贸易，因为它占着主导的地位，所有国内商业活动，差不多大部分是销售洋货，与集中农产物、矿产物以供外商采购而已。国产工艺品虽有发展的希望，目前还不敌外货的势力。

（甲）农产品销行内地的方式　我国国产商品，大部分为农产品，而农产品又可以米、麦代表。麦的销售方式，大概先由农家卖给土贩，再由土贩雇船运至市镇，托杂粮行家（即牙行）兜卖，又由杂粮行家卖给各地行家分庄，或面粉公司收麦处。米的销售方式，普通约有三种：（一）由船户以自己资本或向银钱业者借入资本，到内地向农民或屯户、砻坊买米，运到市镇，再托米行代卖。（二）由砻坊把米交给船户贩卖，赚到的钱平分或四六折。（三）由内地米行，托船户代运到市镇，船户仅取运费，伙食由米行供给；米行将米卖给米号，或本地的米庄，或直接向米行进货的米客。或将米送入堆栈，向银钱业做押款。若是船户得不到好的售价，则米非载往他埠去销售不可。这种买卖的特点，就是从生产者到消费者的中途，要经过多数的媒介者，既费时间，又多消耗，使生产者既苦于"谷贱伤农"，消费者又慨叹着"米珠薪桂"。

（乙）进出口贸易的方式　有人说，中国的进出口贸易，是"寄生商业"，因为一般华商并不是直接和国外实业界做生意，只是对洋行贸易罢了。就进口商业来说，其方式约有四种：（一）定货，其手续是华商到洋行立合同，洋行打电给本国厂家，把货运来，货到时，华商登广告，说"本店从外国运到了新货"。（二）包销，其手续是外国行家厂家，在我国通商口岸设立支店或代理店，整批的把货运来，迳把华商包销，包销者再把货分给本地帮和客帮的坐庄客，他们拿去在门市发售。（三）叫货，其手续是外商把大宗商品（例如匹头）整批运来，在洋行叫庄拍卖，拍与中国批发商，批发商转卖给零售商。（四）直接买卖，即纯粹由华商（和外商）自己负担损益，向外国购货，在华卖出。就出口商业说，以丝业为例，约有三种方式：①农家将蚕茧缫成黄丝白丝，卖与丝商，丝商再将它缫成黄经丝白经丝，经过丝栈，卖与洋行。②农家将蚕茧卖与茧行，茧行又卖给丝厂，丝厂将丝缫好之后，经过丝栈，卖与洋行。③由洋行直接向农家买茧，缫丝。

又以棉花为例。我国棉花商，差不多没有直接经营海外（或其他商港）之输移出（入）事业的，所以关于输移出（入）的事业，常常依赖外人，自己则居于生产者与外人之间，营一种经纪的业务，名叫花行。花行除代客买卖外，大半多为自己经营，常向不同地方的农户、轧户、客商等，买入大宗棉花，互相混合，造成一种特别种类的棉花，再另贴商标，区别等级，卖与洋商或厂家。花行之外，又有花号、客商。花号，乃营棉花零卖业的商人，其资本较大的，常常观察市价的高下，囤积棉花，以便垄断将来的利益，故又名囤户。其资本小而设有轧花机的，则名为轧户。客商又称号客，或称贩户，是直接往生产地，购入实棉或纯棉，而转卖与花行的。这些商人，眼光短浅，不知道集合起来，作大规模的组织，以抵制外商，现在他们不但不能经营输出（入）贸易，便是中间商人的地位，也动摇起来了。许多洋商，已实行派遣店员，越过本地花行，直接向内地开设支店，从事购买棉花了。

但，中国进出口贸易，过去虽多借洋行居间媒介，现在本国人也渐渐能直接经营了，这些经营者多半是从前洋行所聘用的专门家，近来国际贸易局，也随时介绍国产行销海外，极力设法发展国外贸易。

第四节　商业金融

商业金融，就是指商业资本的融通说的。平常说起金融两个字，大半就意味着商业金融，因为在各种类的金融中，商业金融的规模特别伟大，机能特别发达。在我国这个产业幼稚的国度里面，尤其是这样。

商业金融的特色与我国金融业　商业金融的特色，是资金的收回比较迅速，而且它的利率也比较有利。原来银行的发生，是起于存托的必要。但，银行对于存款，非付利息不可，所以从收入存款的银行立场上看，非将存款加以运用而图利殖不可。而所谓运用，便是以将款项贷予需要资金的人，为最有效的方法。银行中有以存款作为资金中心的储蓄银行，其所谓存款，主要的是活期存款，这种存款的优点，是存户得于必要时随时提取。便是定期存款，其期间也不很长。因此，这种银行于运用资金的时候，也应该以短期的融通为必要。而资金的确实而短期间的运用，则以商业往来为最适当而有效。自然，一般所谓商业银行，无不如此。我国159家银行之中，商业银行占75家。储蓄银行占5家。便是不以商业、储蓄命名的银行，他们的放款，也大半是"商业性的"，即偏于公债及地产两方面，和产业隔离很远，所以有人说，中国银行性质，一般的只能说是商业资本银行。农业金融，目前虽有开展的现象，但各银行仍然不能不认商业金融较为有利。因为商业放款，其资金的收回，较为敏速，不像农业放款，非等到生产品的成熟收获，决定难以收回；如果拿资金供给商业交易，既能在短期内予以收回，而且可以辗转循环，贷给他人，不是好得多吗？银行如此，钱庄更不待言，因为他们是传统的商业金融机关。

商业金融的融通方法 商业金融的融通方法，可分为放款及贴现两种。什么叫贴现呢？比方有一商人，出售万元的货物，如果不能向买主立刻取得现金，这一商人就会感觉资金的不足。但因为有了银行，卖货人可以对买货人出一张汇票（由一银行命令另一银行付款的票据，叫汇票；由个人或公司命令他人付款于银行的票据，也叫汇票）。或由买主交给卖主的期票（期票，是由负债人承诺债权者于某时期付还某金额的票据）向银行贴现，便可立刻得到现金。假定是1万元的汇票，期限3个月，月利1分8厘，那么，只要预付162元的利息，便可马上得到9 838元的本金（这就是所谓贴现）。商人有了这个资金，便可再去做第二件买卖。银行方面，因此也可以得到一点利息。就是银行方面在未到期前有资金的需要时，也可以将其票据转卖中央银行求其再贴现。

放款分为五种。有抵押品的为抵押放款，此种抵押品，通常是货物，代表证券如股票、债票、提货单等。有保证人的为保证放款。不要抵押品与保证人，单凭借款人信用而放款的，为信用放款。银行对活期存款人许其于存款以上，以一定金额为限的过支，为活期透支；银行对证券经纪商通融一种要求即还的放款，为活期放款。末一种对一般商业的关系是间接的。

商业承兑汇票的提倡 年来因为救济市面恐慌，颇有人致力于金融组织缺陷的弥补，其最显著的一点，便是提倡使用商业承兑汇票。所谓商业承兑汇票,就是由售货商店印制一种三联式的票据,第一联交与购货者执存,第二联则为本票,由售货商拿到购买者处,请求签字盖章,于限定期内再拿去兑现;第三联则为存根,由售货商保存备查。这就是把债务不记存账上,而用信用票据形式使它成为活动的资金。因为倘使售货商在兑现期以前需款,即可将此票据拿到与自己有往来的银行去请求贴现。

旧式的账面放款,即信用放款,既不能抵押,又不能持向银行贴现。一遇市面紧急,银根奇紧的时候,便周转不灵,因此各商店,不能拿账面放款,作为偿债的担保,而钱庄又不能拿这去向银行抵押或转借。一方周转不灵,立即影响他处,所以欠人无法以账面放款去偿付,人欠也无法以此收回。所以市面恐慌的膨胀,是由金融市场组织的缺陷和旧式信用放款所造成的,因此"承兑汇票"的提倡便应运而生。

据专家意见,商业承兑汇票的长处,是很多的。商号方面,以前买卖,通常只有两种办法,不是现付,便是赊账。付现当然最好,不生问题。赊账亦是债权,与票据无异,但有不同之点。赊账纵有10万元的债权,于未收到现款以前不能抵用,而票据则可持向往来银行贴现,利息既较普通借款为低,而周转又较灵活。以前商界虽亦有一种本票,俗名期票,但使用不多,而银行方面,又无贴现的习惯,很不便利,此其一。又商界放款,往往不能准期收款;越集越多,不免呆滞,若是用承兑汇票,到期不付,则承兑人丧失信用,关系更大,不但以后旧货商号不肯放账,银行钱庄也必减少用款数额,或竟不许再欠,所以使用承兑汇票之后,容易养成如期付款的习惯。这是承兑汇票比赊账(即信用放款)办法较好的又一点。

商业金融与工业金融 商业金融,是指商业上的资金融通说的,至于融通的对象,却并不限于商人,就是对工业家的资金融通,倘若是工业家将其制造品卖给趸批商人,而以其票据向银行求贴现时,也是一种商业金融。所以商业金融这件事,不论从事之者是商人,是工业家,还是农业者,总还是商业金融,他和农业金融、工业金融区别的标准,在于资金的本身,是商业的,而不是制造工业的,或农业的资金。

由资金本身的性质来辨别,在理论上是不成问题,不过在实际上,商业金融和其他种类的金融,特别是和工业金融,颇有难加区别的场合。因为商人要求融通营业上的周转资金时,固然是商业金融,但工业家的取得经营资金,也有属于商业上的交易的。商人将原料卖给工厂,而收得一纸票据，持往银行，要求贴现，则其金融是商业金融，自不待说；可是，另一方面，假使工业家拿它购入的原料做担保而向银行融通资金，并将它存在银行里，即以此存款签发支票，来付原料代价时，则系完全供工业资金的使用了；这只能算工业金融。可见，交易买卖上虽然是同一物品，因其资金调度方法的差别，一方面是商业金融，另一方面又成了工业金融了。

  商业经营资金与商业金融　任何产业的经营，都同时需要固定资金及流动资金，商业的经营也是一样。所谓固定资金，在工业上，是机器费厂屋建筑费等，而流动资金，就是购买原料及发放工资的资金。就商业经营说，则所需固定资金较少，流动资金的需要额较大。商业经营所需要的固定资金，是店铺的装修及家屋杂具费用。这种资金，是难以在短时期内取回的（即须在长期的买卖中陆续收回这笔本钱），所以应拿自己的资本抵充，或由他处借入长期借款以充足之；其性质倒有些像工业资金及农业资金的地方。但商业资金的大部分是流动资金。一年做数千万元生意的进出口商人，其办事处常常不过一间小屋子，故固定资金，并不需要多少，只有流动资金，有受巨额融通的必要。但因流动资金，能于短期内收回，银行也高兴成全他。相反，工业农业的经营，则需要巨额的固定资金，这种长期信用，颇难于为一般金融界所接受。

  进出口金融　在商业金融之中，其规模最大的是进出口金融。进出口金融是对于一国与他国间的商业行为的金融，可分为进口金融和出口金融两种。对外贸易的结算，是以汇兑市价为标准的，故从事于贸易金融的，是国际汇兑银行。如购买出口票据，或对进口商给以资金上的供给，均为汇兑银行的主要任务。欧美先进的国家，无不以国际贸易为最大规模的商业，故每个国家，都有特别的对外汇兑银行的存在。英国的汇丰银行，即是汇兑银行之一。美国的花旗银行，也是兼负汇兑银行的任务的。我国的国际汇兑银行，是中国银行，它在伦敦设立了经理处，在大阪及纽约设立了分行。

  当中国自己金融机关还不十分强健的时候，中国对外贸易中的国际汇兑工作，不消说，大半都由列强在华金融机关包办。而中国的银行，只是在洋货输入内地和土货输出国外的行程中尽了极大的任务。流通于输出入口岸与内地的，有一种所谓"客帮"的掮客，他们或派代表，长驻在通商要埠，将输入洋货分配到内地大商店，然后贩卖给内地民众。一方面内地出口的土货，也须经由客帮的手，贩到外商出口洋行。就在这种客帮贩运进出口货的过程中，中国的银行（和钱庄）便尽了流通资金、汇划（交换票据，抵消清算）、汇兑以及填款等等任务。有时外商信任了某家银行，一切收支也由银行执管。各大银行现时正在内地扩张其分行支行，尽量代行收支款项的职务。在这一过程中，一般说来，中国旧式钱庄，因为其经济组织和技术较劣，已有逐渐被银行淘汰的趋势；有些钱庄为要适应潮流，也便银行化起来。

前曾说过，中国进出口贸易，逐渐有由本国商人直接经营的倾向了。华人既自己经营，不假手于洋行，则贸易上资金的融通，非借本国银行的帮助不可。因此新式银行与新式进口商人合成一气，没有新式银行，新式商人无从兴起，没有新式商人，新式银行的业务，也难于发展。现在中国银行，经营国外汇兑，使华商在海外者易得通融，其于贸易进展，是很有帮助的。

第五节　国际贸易与关税

现代经济，是有把全世界联结成一整体的倾向，国际贸易的重要性一天天增加起来。我国历来重农轻商，是对外实行闭关主义的国家，但到鸦片战后，五口通商，从此被迫而大开海禁，也正式进入国际贸易的市场了。不过我国对外贸易的增进，并不是我国本身经济发展的表征，而是帝国主义在中国经济侵略程度加大的一种具体现象。我国对外贸易既处于被动地位，就没有贸易政策可说，这在关税制度上表现得很清楚，因为关税制和贸易政策有密切的关系。近年我国努力进行关税自主，并提倡国际贸易，将来是希望无穷的。

国际贸易的特质　国际贸易是怎样发生的呢？第一，各国生产物品的种类不同。例如中国产锑矿，巴西产咖啡，如果互相交换起来，则锑与咖啡的需要，两国都能同样满足了。第二，同样物品的绝对生产费，各国有高低的差别。假如中国的生丝成本是每担500元，法国是每担700元；法国的葡萄酒成本是每磅6角，中国是每磅1元；那么，中国最好专门生产丝，法国最好专门生产葡萄酒，然后彼此交换起来。总而言之，国际贸易是以经济的国际分工为基点的。

由此可见国际贸易的性质，根本上和国内贸易相同。不过事实上也有若干差别点。第一是各国货币制度的不同;第二是文字的不同;第三是商业习惯的不同(例如我国通行三节解账的办法,而在外国则没有)。此外,还有商事法规、课税制度、交通设备等方面的差异。

还有一点,就是国内贸易发生的原因,只有上述的两点(即天产的差别,成本的高低),而国际贸易的发生,除那两个原因外,还有第三个原因,那就是"比较生产利益"的原则。假定美、德两国,生产铜和布,假定两国产布的成本相同,而产铜的成本,也都比布少,不过美国产铜的成本更少一些,那么,美国应该舍弃成本较高的布的生产而专门生产铜,是没有问题,但德国产铜成本,虽然比产布的成本低,却不应生产铜而应当专门生产布,这是因为美国产铜成本更低。因为生产的专门化,国际贸易就要发生。又如甲国生产10斗麦、5匹布的生产费,和乙国生产8斗麦、4匹布的完全相同,这就是两国的绝对生产费完全不同。但甲国要把资本移入乙国去,比较在国内移转要困难,于是便把资本集中到生产利益更大的一种,比方是布。同样,乙国也把仅有的资本集中到生产成本比较低的一种,比方是麦。这样一来,不怕甲国的生产费,各部门都比乙国低,也变到和乙国互相交换的必要了。这一原则,是与前述第二原因专就绝对生产费来说的有别。

贸易政策与关税 世界各国的贸易政策,向来有自由贸易与保护贸易的对立。自由贸易论者以为:世界上的生产,按照地理上的分工,有些生产品,在本国制造无利,不如由外国输入,有些生产品,外面输入无利,是应在本国生产的;在这种情形之下,如果政府与一般人民以自由,不加以干涉,这生产事业,自然会有长足的进步;我们在国内经济,曾经实行了自由贸易,需要供给,各方面都很便利,为什么不可以应用到国际上去呢?这种主张的首先实行者是英国。英国采用自由贸易的政策,正是它在工业制造上独占优胜的时候。它需要从殖民地输入廉价的原料,却不怕外国制造品的输入竞争。

至于产业比较英国后进的国家,如德国、美国,都主张保护贸易政策。所谓保护贸易,就是依课税而将输入品价格与内地价格相调剂。或者使输入品的价格提高,超过内地出口的价格,而自居于有利的地位。

保护贸易政策的作用,在从前不过是保护产业后进国产业的发展,防御先进国的竞争而已,可是到了后来,这些后进国的生产能力,不仅完全满足了国内的需要,并且有输出的能力,这时施行保护关税,则所谓保护贸易的政策,就变了性质了。因为德、美等国,以"加迭尔"、"托拉斯"等高度的资本主义组织形态,和保护关税政策相提携,一方面以人工的方法,把内地市场的供给,限制在全需要以下,以便获得独占的高价,另一方面则以大量商品输出海外市场,为了和对手竞争,有时把商品价格降到价值以下去倾销,也是毫不顾惜的,因为他还有本国市场价值以上的特殊利润来填补。

在这一时代,各帝国主义形成了尖锐的对立,各国都在努力获得很大的经济地域。就是英国,也觉得过去支配世界的自由贸易政策,已不适用,而不能不厉行保护政策,不能不把自己的属领、殖民地、自治领地,结成一个关税集团,来抵抗外来的势力了。

就关税制度而言,有的偏重增加收入的财政目的,叫做收入主义;有的偏重保护产业的作用,叫做保护主义。所谓保护关税,是因课税物品之不同,而于税率有高低加减的斟酌。如进口货物为制造品的原料或补助材料时,则不仅不课税,有时反奖励其进口;至于精制加工品,可以同本国制品竞争的,就必须课以重税,使进口减少,甚至使该货物完全不能出现于本国市场。这是进口税方面。至于出口税,除本国特产品外,对于出口货物,通常是不课税的,但有些原料须留给本国用的,则亦须课重税。其他保护关税的制度,还有几点可讲的,即是出口返还税、出口奖励金及进口加工制等。什么叫做出口返还税?即是曾经上了税的进口货,如再加以精制而运出口时,则由政府偿还其所纳税金。进口加工制是什么?即是对于原料品或粗制品,如以再运出为条件而运进口时,即得免除其课税。出口奖励金是什么?即是政府对于出口商人,赐予一定金额,以奖励其输出。

近年世界各强国,因争夺市场而准备大战,有鉴于战时资源问题的严重,于是各自设定自给自保的方策,各自高筑关税的壁垒,这就是所谓关税战争。此外,还有所谓输入比例制(或称限额进口制),有所谓以物易物制,都是新保护贸易政策的实施方式。

我国处于资本主义列强经济压迫的环境下,国内产业又尚属幼稚,所应采取的贸易政策,很明显的是保护贸易政策。因而关税制度,也不能不以保护产业为第一义,虽然财政收入的作用也是非常重要的。

我国国际贸易的发展状况 我国对外贸易,从开始有海关报告的同治三年起，到民国二十年止，贸易总额大致是逐年增加，但从民国二十一年以来，对外贸易形势，已由上升而转成急剧下降。如以 1912 年贸易指数为 100，则 1921 年为 191，1932 年为 301，即 20 年内恰恰增加 2 倍。这又可见即在增加的时候，也增加得很慢。以我国国民经济发展的迟钝，与大众的贫穷，是不得不有如是的结果的。

民国二十一年以来，因受了世界恐慌的影响，加以东北突然失陷，国内农村经济凋敝，生产力及消费力同时减缩，日货又漏税输入，于是贸易额就大幅低减了。二十年输出入商品总值 365 000 万元，二十一年减至 240 000 万元，二十二年减至 195 000 万元，二十三年竟减至 156 000 万元，二十四年又减至 149 000 余万元，比二十年减少了大半。不过二十四年减势减小，可云形势好转。

就我国进出口商品内容加以分析，则出口货物以原料占第一位，次之为半制品及饮食品，再次为全制品，最少为杂货。进口货以全制品占第一位，次之为原料，再次为饮食品及半制品，最少为杂货。以原料换完全制造品，这种贸易表现出殖民地性，是很明显的。今以 1932 年为例，进口货中全制品值 448 557 982 海关两，占总值 42.8%，而原料及半制品合计，不过 230 502 322 海关两，占总值 21.99%。出口货中全制品，不过 98 491 699 海关两，占总值 20.04%，而原料及半制品，则有 230 057 938 海关两，占总值 46.82%。近年来出口货中半制品如生丝之类，更见减少，而与军需工业有关的原料，则大见增加，如钨、锑、锡、桐油等物，输出都非常活跃，这完全跟着帝国主义列强准备战争的动向为转移。

在对外贸易上不仅表现我国工业的不发达，同时还表现农业的破产。这就是粮食进口量比较出口量超过得很远。民国二十四年进口货物中，杂粮及杂粮粉一类，共值 13 600 万元，占 27 类进口货之第一位。其中包括米约 9 000 万元，小麦约 3 500 万元，麦粉 600 万元，其他杂粮及粉 500 余万元，较之二十三年约增 2 400 余万元，虽然整个进口货值是比较二十三年减少。

如就进出口货值的对比来说，则自有海关报告以来，只有 1864 年及 1872—1876 间数年，是出超的年份，其余这几十年，每年都是入超，即进口货值超过出口货值。而且这种入超的数额，是逐渐增加的，1920 年以后数年，总在 20 000 万元到 30 000 万元之间。到 1930 年，增至 64 600 余万元，1931 年，增至 81 600 余万元，1932 年，又增至 86 700 余万元。到

1933年，方才稍见减低，为73 300余万元。这两年仍逐渐减低。近年入超减少的数目，不见得确实，因为私运进口货，这几年来很多，如1934年私进口货，据估计，其值15 400余万元，1935年，其值32 000余万元，这些货物都是海关册上所不载的。就算入超真的有些减少，那也是由于一方面中国购买力一般的低降，在华外资企业相当的发展，使进口额不能不减少，另一方面列强对于军需工业的尽量扩展，对于若干原料需要得更迫切，使出口额不能不增加。

如果从进出口物价指数的差额来看，则可知我国的国际贸易，完全是一种不等价的交换。就近几年进出口物价总指数说吧，每年出口方面都低于入口方面，其差数且是带逐渐增加的形势的，如1930年差数为18.4，1932年为49.8，1933年为50.3，1934年为60.4，1935年为50.8。

如从对外贸易的国别来分析，则以英、日、美三国的对华贸易占着主要地位，其次是德国、苏联、荷、意、法、比等国。中国对英、日、美三国贸易额，约占对外贸易总额的60%以上。就英、日、美三国来比较呢？在19世纪末叶，英国常常占中国对外贸易的首位，当时日本所占部分尚属极小。到本世纪初叶，英国逐渐下降，日本逐渐上升，同时美国对华贸易的地位也逐渐提高了。自1910年起，20年间，日本总是占着中国对外贸易的首位。直到1931年"九一八"事变以后，进口贸易的第一位，不得不让给美国，但以进出口总值而论，日本仍居首位。"一·二八"事变起后，日本已不能保持1932年全年进出口总值的首位，于是美国便跃居各国对华贸易的首位了。英国在这时期，也乘机进展，先从1931年的第4位，升居1932年的第3位，继由1932年的第3位，升为1933年的第2位。因此1933年列强对华贸易的阵容，还具有"九一八"事变后所起变化的余波。但是，列强对华贸易，最近却又显然起着新的变化。如果拿1935年的情势和1932年比较，则1932年的特征是：日本的地位趋向低落，英、美乃至德国则乘机上升；反之，1935年的特征是：日本和德国所占的地位显然倾向上升，而美、英两国地位的日益退缩，似已成为必然的趋势。在进口和进出口总值方面，英国却由第2位退到第3位，美国也减低了百分数，但日本却由第3位而升居第2位了。

国际收支平衡问题　广义的国际贸易的内容，包括两种东西：一种是有形贸易即商品贸易，另一种是无形贸易即非商品贸易，如国际之借贷、劳务、旅行等是。通常所谓国际贸易，是指有形贸易而言。如果包括有形无形的贸易来说，就叫做国际收支。一国的国际贸易如果是入超，则必倚赖无形贸易的出超以为抵偿，然后国际收支方才得以平衡，比方英、日两国都是贸易入超国，而他们在国外投资，以及经营运输业等所获利益，在日本每年以数万万元计，在英国以数万万镑计，自然很容易抵补。我国既没有海外投资的巨大收入，而每年贸易入超有数万万元之多，然则靠什么来抵补这个差额呢？这就是（一）华侨汇款回国；（二）在华外人的消费（这两项和英、日等国也相同，不过他们是以投资利得为主）；（三）现金；（四）借债；（五）外国投资等项。其中尤以借债及列国投资为最重要。假使60余年的贸易入超60万万元，尽以现金清偿，则中国的国富，早已倾尽，还不能有今日埋头苦干的国运，其所以尚有现金存留者，就是外人把赚去的钱，仍然借给中国或直接投资中国开发实业的缘故。不过这个抵偿方法，究竟是和民族独立的目标背道而驰，假如不是根本把不平等条约废除的话。

我国关税沿革及其问题　我国在初和外国通商的时候，对于关税问题，是不大注意的。所谓关税政策，更是茫然无知。因此在侵略国的欺骗与威胁之下，就把关税自定权及关税管理权通通丧失了。

关税自定权是怎样丧失的呢？最初是《南京条约》中有"秉公议定"的一句话，到1843年《中英通商章程》就规定了"应核估时价照值百抽五例征税"的条文，从此我国的国定税率就变成协定税率了。后来《中英天津条约》又规定每隔10年更改一次税则，使条约成了永久性，而税则纵有大不利处，也不能随时修改了。还有一点，即关于外国货进口后，运往内地销行的时候，有一种代替厘金的子口税，其税率规定为2.5%。外国货只要还了此税，就可以免除一切杂税而通行无阻；但在厘金存在的时期，我本国货物，反而处处受厘金杂税的敛取，这就使我国关税成了一种"反保护关税"了。

关税管理权是怎样丧失的呢？因为1853年9月7日，上海发生乱事，海关道潜逃，于是由外国领事代征关税。其后《天津条约》更承认外国人管理税务，普遍于全国各通商口岸了。被任的总税务司，则为英国人。其后1896年及1898年两年英、德借款合同中，又载明"在债款偿还以前，中国海关行政，仍照现今办法办理"等话。可知外人用意，是借口担保外债问题而攫取关税管理权。我国累次赔款外债，都指定关税为担保品，外人因中国政府有不能按期清偿债务的情形，更于民国元年和我国订立协定，将关税收入存放外国银行，完全由外人经营，每年收入，优先拨还到期债款，余款方由中国领用，叫作"关余"，丧失国权，已达极点了。

针对上述两个问题，我国的关税自主运动，便于五四运动前后，勃兴起来。华盛顿会议中，各国曾承认逐步加税的过渡办法，但当时并没有实现。后来国民政府计划于十六年九月一日实行关税自主，亦没有做到。直到十七年订立《中美关税条约》后，关税自主的原则，方才逐渐为各国所承认，于是十八年二月一日起，即开始施行自定的税率了。但税率内容，还没有超过华府会议及 1925 年北京关税会议所决定的范围，二十年又宣布裁撤厘金，二十二年五月，又值与日本所订特别待遇的关税协定也满期了，于是进一步把税率改订，对于增加税收与保护产业两方面，兼筹并顾，尤着重于保护产业的一方面。

但此项税则，施行未久，因某国要求改订，以致又加修订。二十三年七月修正的税则细目，于各项商品税率多有增减，但由日本输入中国的主要货物，如水泥及染料等，丝毫没有增加，加工棉布之进口税率，反见减低，而水产物一项减低更多。但日本当局，仍然觉得中国对日本商品的待遇不公平，有提出减低关税的要求之说。这是我国关税自主以后所遇的阻碍。

海关行政，现已逐渐收回自管，关税收入，亦已改存中央银行。但有与海关行政相连属的一个重要问题，即缉私问题，目前成了异常重要而麻烦的事。这一问题如果不能解决，则增订税则的自由也将失掉，因为某些外人正借偷运漏税，以减少我国家的收入，而逼迫我国减低税率以为免除偷漏的条件。近来走私的严重，已经成了妇孺皆知的事，依二十四及二十五两年情形，以每月损失 800 万元计算，每年关税损失即已达 1 万万元之多，其严重程度可想而知了。这也是关税自主途径中的荆棘。

因为有种种障碍，一方面我国关税还不能从收入主义完全走到保护主义的道路，另方面关税的自主权很难充分地发挥。故我国正在努力排除这些障碍。

【问题演习】

一、价值与使用价值的区别何在？

二、中国国内市场是不是完全统一的？为什么？

三、洋商及外国银行，在我国国际贸易中起了一些什么作用？

四、我国进口货，以何项为大宗？出口货以何项为大宗？

五、贸易入超，对国民经济有什么影响？

六、什么叫做保护关税？中国应当采取保护关税制么？为什么？

七、中国关税问题的症结何在？

八、我国交通事业与外资的关系是怎样的？

九、经济恐慌的原因何在？

第五章　中国之金融

货币及其代用物，叫作通货。市场上运转流通的一部分通货，叫作"金融市场通货"或"银行通货"。但"金融"二字的意义，则不仅是指"金融市场通货"或"银行通货"的本身来说，而且是指此项通货的流动现象及其作用来说的。后一意义，实在是金融的主要意义。

金融作用的种类，可分为三：第一是异种通货供需的调节，即通常所谓兑换；第二是异时通货供需的调节，即银钱业的存款、放款、票据贴现、买卖证券等业务；第三是异地通货供需的调节，即汇兑及现金运输等。

中国金融资本虽然有了相当的发展，但因为外国资本曾经抓住中国金融的枢纽，目前也还占有雄厚的势力，所以还不能充分作独立而自由的活动。同时旧式金融组织也还有不小的势力，这对于中国现代化，也是一个障碍。因此对外的奋斗与对内的革新运动，都成为金融界刻不容缓的工作。

兹就我国金融制度的沿革，金融机关，以及币制改革各点，分别述之。

第一节　金融制度之沿革

货币的沿革　在列强侵入中国以前，中国的货币情况，是随着封建经济时盛时衰的形势，表现出时而稳定发展，时而紊乱衰落的姿态。而在总趋势上，中国货币正和其经济情形一样，是异常落后的。

从周朝直到清末，这3 000多年间，中国只是用铜，以铜为主币，而且所用的还是极细小的制钱。自汉武帝时到隋末，有名的五铢钱，断断续续地统治了735年。由唐高祖时至清末，通宝钱更是在大致上维持了1 293年的权威。而即在今日，中国的大众还在以铜为主币，且在穷乡僻壤间，还有应用制钱的事呢。

列强侵入中国以后，在货币方面，输入了种种洋银元。又在中国设立银行，发行钞票，企图以外币直接统治中国。同时，中国货币方面，也就弄到异常纷乱而带着割据性。直到最近几年，中国币制才逐渐走向统一的道路。

中国货币的沿革，大致是如上述。现在就纸币再说一说。我国汉武帝时，因与匈奴战争，曾制白鹿皮币，流通市面，以充军饷。此种皮币，和现今的不兑换纸币，性质毫无区别，不过材料不同而已。至于用纸为币，是从宋朝开始的。当时蜀人因为行用铁钱，而苦于铁钱过重，于是私造一种券来代替，叫做"交子"，以便贸易。后来官方仿造，设交子务，专司发行，并禁民间私造。此是当时的不兑换纸币。至宋高宗时，又有所谓"会子"，其性质与交子同。后来元、明、清各代，都大发纸币，以充国用，如元时的行用钞交钞及元宝钞，明时的大明宝钞，清时的顺治及咸丰时的宝钞。至于现代式的银行钞票，是列强侵入后产生的。

旧式金融机关的沿革 货币经济既有相当的发展，则融通资金的金融机关随而产生。我国在唐代即发生了镖局（即山西的汇票号），做国内汇兑的生意，替商人活动银钱。可见金融机关的产生，由来已久。不过旧时组织的传统，久已不存，而现在的旧式金融机关，如钱庄、银行、票号等，追溯源流，大致只一两百年的历史。

钱庄与银号，实在是一类的组织，不过在长江一带，大半名叫钱庄；在北方各省及广州、香港，多呼为银号。在钱庄中，以上海各庄实力为最雄厚。其初创时日，大约在百余年前。当时因上海南市豆麦交易极繁，而钱庄乃应时而兴。但当时所有钱庄，都开设于南市。到道光二十三年，上海开埠，后二年，租界设立，租界逐渐繁荣，钱庄也渐于北市设立。嗣后上海经咸丰三年的小刀会及咸丰十年的太平军两次军事以后，南市商业，因受军事影响，骤见凋零，北市则地处租界，并未波及，所以上海钱庄的中心，自咸丰十年以后，已由南市而逐渐至北市。钱庄创设的初年，资本很小，业务也仅兑换货币一项。直到租界开辟，进出口交易渐繁，业务方逐渐发达。投资经营钱业的，也大大增加。据上海市通志馆统计，上海钱庄在光绪二年极为兴盛，南北两市汇划钱庄，共计105家。其后经过倒账风潮，橡皮股票风潮，及战争革命的影响，大为减少，至民国元年，仅存24家。民国以后，钱庄营业逐渐恢复，自民国九年到二十一年止，平均总在七八十家之间。最近数年，又逐渐减少，至民国二十四年底止，仅存54家了。

票号是山西人所创办，所以又叫"山西票号"，其主要营业是国内汇兑。据前经济讨论处的调查，票号起源于清朝乾隆、嘉庆的年代。当时有一在天津营业的山西颜料商，因常往四川购货，感觉运输现银的不方便，乃在四川设一分号，创行汇兑方法，凡川商中须运款往天津的，可由该分号代兑，津商要寄款往四川的，也可由天津总号划付。商人大称便利。后来这位颜料商便抛弃颜料生意，在各省广设分号，专营汇业。而其他山西人仿效他经营的也很多，于是票号成了山西人专营的专业。近来银行代兴，票号势力便逐渐衰落下去了。

新式金融机关的沿革　新式的金融机关，是由外国银行的设立开始的。在华外国银行的历史，已有80余年之久。开始时是咸丰三年英商麦加利银行的分设上海分行。同治七年，汇丰银行也设立分行于上海。其初来目的，原不过为便利国际金融，发展贸易，但因我国对外条约，处处失败，此种银行，便取得种种特权，因之势力雄厚，外国政府拿它作了经济侵略的工具。外国银行行数虽不多，但资本力很充实，并有母国及总行做后盾，所以不是我国各银行所能抗衡的。据吴承禧氏《中国的银行》一书，外国在华银行的行数及资本，有如下表：

各国在华银行之行数及其已付资本之合计表

国别	家　数	中国境内分行共计	已付资本合计（元）
英国	5（麦加利、汇丰、有利、大英、沙逊）	27	120 412 400
美国	6（花旗、大通、美丰、运通、信济、友邦）	18	777 700 000
法国	4（东方汇理、义品、中法工商、法亚）	18	43 000 000
比利时	1（华比）	3	31 684 825
荷兰	2（荷兰、安达）	6	202 454 000
德国	1（德华）	6	6 328 671
意大利	1（华义）	2	3 000 000
俄国	1（远东）	2	5 000 000
日本	32（正金、三井、三菱、台湾、朝鲜、住友及其他）	71	319 366 959
总计	53	153	1 508 946 855

按，此表内的美丰银行，在停业清理中，又俄国在华银行，现为莫斯科国民银行。表中日籍银行虽占多数，但除掉正金、台湾、朝鲜等几家而外，资力都很薄弱，营业范围也偏于一隅，其势力并不及英国。英籍银行大约总资本中有1/3是用在中国。美籍银行，大约只有2%的资本是投在中国的。综合各国在华银行估计，大约有150 000 000元资本是用在中国的，恰为上表总数的1/10。

我国第一家自办的新式银行，是光绪二十三年设立的中国通商银行。该行是由招商局与汉冶萍公司创办人盛宣怀氏向度支部（即财政部）借银100万两仿照汇丰银行的章程合股创办的。本质上，这个银行是一个私立的商业银行。到光绪三十年，设立户部银行，后改名大清银行，这就是现在中国银行的前身。这个银行在设立时带有中央银行的性质。光绪三十三年，邮传部又设立交通银行，以为路电航邮四政款项存放及经营机关。民国三年修改章程，该行也带有国家银行性质。事实上，在1928年以前，大家也是把中交两行当作我国的中央银行看待的。自从1928年冬，中央银行成立于上海以后，中国银行就改变了从来的性质而成为政府特许的国际汇兑银行，交通银行也变成了特许实业银行。

中、交两行以外，在清末设立的银行，还有浙江兴业、浙江实业及四明诸家。至中国银行业之蓬勃的发展，乃是最近20余年的事。而最踊跃的时期，则在欧洲大战以后的几年。当时北京政府公债发得很多，款子借得很滥，各银行因政府借债，利息既高，折扣又大，在买卖抵押之中，获利很多，所以新设的银行，也骤然加多。又，十七年以后，国民政府奠定全国，政治渐趋于常轨，而公债发行达10万万元以上，银行因其利润优厚所诱致而成立的，亦达80余家。

中国的银行资本，非常薄弱，拿全国170家银行的资本总额——355 954 833元——和美国的大通银行（The Chase National Bank）一家的资本额——美金148 000 000元——比较，还是赶它不上。中国资本最大的银行是中国银行，它的资本超过了2 000万元（这是中、中、交三行资本未增以前的情形。二十三年决定中央增资至1万万元。二十四年又决定中国增资至4 000万元，交通增至2 000万元，此后情形就不同了）。其余银行，资本在50万及50万元以下的最多，100万到300万元的也不少，500万元以上的就很少了。

银行集中的地点是上海,因上海是全国最大商场,是金融中心的缘故。就银行营业的性质说,以商业、储蓄银行为最多,计104家,占银行总数61%。与产业发展有密切关系之实业与农工银行,则仅32家。

据专家观察,我们的金融制度,在立法上,虽然应有尽有,然而在事实上,大家都跑到一条路——普通商业银行的路。而所谓普通商业银行的路,还往往逃不出地产和证券的投机。我国的银行界,对于经济社会的贡献,实在远不如钱庄,因为银行界平日和一般商业太隔膜了。

这是我国金融制度沿革之简略的叙述。以下当就金融机关的组织和业务,加以分析。

第二节 金融机关之组织与业务

我国金融机关,有新式旧式的分别。旧式金融机关,包括票号、钱庄、银号等组织。新式金融机关,则可分为银行、信托公司及交易所等。

旧式金融机关的组织 就营业组织而言,钱庄、银号,大概都是由少数富有的钱商,合伙组织,股东负无限责任,不以所出资本额为限。钱庄、银号的博得社会信用,不单是在营业的资本及准备金的充实,尤其在股东个人的希望及财产上。钱庄或银号的内部组织,都是经理独裁制,所以经理的责任很重大。经理以下,设从业员若干人,各有专司,其人数视营业规模的大小而定。其分工方式,在上海的钱庄,则"经理"总揽全权;其下有"清账",专管清理账目事务;有"汇划",专管会计事务,如记录账目,查核票据等;有"信房",掌理文书事项;有"洋房",或称"洋务",专司银洋钞票的出纳,及洋款账目的记录;有"钱行",又称"市场员",专任市场拆银、买卖银元等务;有"跑街",专司在外承揽生意,兼任信用调查之责;有"客堂",专任庄内接应宾客及一切庶务;有"栈司",专任送银、送票、解银行、打回单等事。在广州的银号,则"司理"总理全店事务;"内柜"数人,分理店内一切账务;"外柜"数人,职司门市找换金银纸币、买卖库券公债等项以及钱银出入(此职为找换店所设);"交收员"数人,职司一切交收及估币筛银等事务;"行街"专向各客户接洽来往生意,调查市情及雇客信用,并赴银业公布买卖。

至于票据组织,也是合伙或独资制,其资本大都比钱庄雄厚,有多到百万两以上的。股东负无限责任,与钱庄同。其内部管理大权操在大掌柜手里。

新式金融机关的组织 新式银行的组织，大抵都遵照公司法，以集股方式组织有限公司。并且照二十年公布的《银行法》规定："银行应为公司组织。"这便是不承认"独资"及"合伙"的组织为合法。至于内部组织，最高管理机关有股东会、董事会及监察人三种。股东会由全体股东组织之，每年开会一两次，决定行务进行方针及选举董事监察人等事项。董事会由股东选举，其职权为审核各种业务的具体计划及进退重要职员等。监察人由股东选举，以监察董事会、杜绝私弊为职务。银行行政，则以经理副经理总其大纲。其下分工任事，各尽其力。分工方式，各行并不一致。大致对外营业部分，其最主要的是商业部，也有另设储蓄部信托部的（该行必系兼办储蓄及信托业务的）。对内管理，则总务、稽核两部，必不可少，故为各行所司，此外还有推广部，则视情形而有差别，有特设调查部，或经济研究室而不用推广部名目的。各部又分许多股，如商业部可分存款、放款、内汇、外汇、出纳、同业、证券、仓库等股，总务部可分文书、庶务、人事、股务（股票事务）等股之类。

信托公司的组织 和银行差不多，但其业务是执行他人经济上的委托职务，如代企业者选择投资处，代公司募集股份，代管产业等。交易所的组织，可分为会员组织及股份组织两种，前者交易的责任属于买卖人，后者则属于交易所。我国交易所，是采取股份组织的。交易所的性质上差别，也有证券交易所、物品交易所两种，其与金融有密切关系的，只是证券交易所罢了（上海还有金业交易所，也和金融有密切关系）。但关于产业证券的经营，上海华商证券交易所，还不及洋商众业公所势力的伟大。

金融机关的公共组织 就钱庄（银号）及银行的公共组织而言，则钱庄（银号）向来有行会的组织，最近则均依照国民政府公布的《工商同业公会法》改组了。但钱庄（银号）仍有其保持传统的部分组织，如广东的忠信堂、上海的南市钱业会馆、北市钱业会馆等。上海汇划钱庄所组织的上海市钱业同业公会，其任务为研究及促进业务的进展。且曾为巩固全体同业基础，调剂市面金融起见，特设上海钱业联合准备库，办理联合准备事宜，如同业的存款、放款、贴现、票据交换等事项。南北市各有设立的钱业会馆，则为讨论本市同业公共事项的会所。至于钱业间的交换票据，通常在汇划总会行之；评议市价，则在钱行行之。广州的银业同业公会，其组成分子包括银行（少数华人银行）银号找换店及包纸客（包纸客是代人买卖金银货币而没有店铺的），其任务不止维持增进同业的公共利益，且在会内设立银业公市，以为本市唯一的金银贸易市场。此外尚有历史悠久的忠信堂，职务也和公会相似，不过加入资格限于"做架银号"（这是专门经营存款放款的银号）。

银行业的公共组织有银行业同业公会。例如上海市银行业同业公会，其任务为举办各种有利于金融业之公共事项，如设立票据交换所及征信所，调解会员间及与非会员间之争议事项等。该会又曾组织联合准备委员会，办理联合准备及拆放事宜。

上海许多外商银行，又有一个上海国外汇兑银行公会的组织，是由几个较大的外商银行组织起来的，现在中央、中国、交通及中国通商等四银行，也加入了这个会。

以上是新旧金融机关的组织概况。现在进而分析其业务。分析的程序，则先从新式机关的银行着手而后及于旧式机关的钱庄。

银行的业务　我国银行的主要业务，不外乎存款、放款及汇兑三种。其贴现、透支各项，就其性质而言，大致不出放款范围。其附属营业，照二十年《银行法》的规定，计有（一）买卖生金银及有价证券，（二）代募公债及公司债，（三）仓库业，（四）保管贵重物品，（五）代理收付款项五种。至储蓄及信托两业务，则非经财政部之核准，不得兼营，故含特许的性质。

存款是银行实际运用的资金。银行资本为其信用的基础，通常并不借以运用，故存款一项，实在是银行的重要资源。银行主要存款，计有四种：（一）活期存款，（二）特别活期存款，（三）定期存款，（四）通知存款。

活期存款，无一定期限，存款人于银行办公时间内，可以自由存支，取款时用支票。此种存款，利息较轻，在外国有不给利息的。特别活期存款比普通活期存款，进出数额较小，凭折进出，不用支票。存息也略高。定期存款系有一定期限的存款，未到定期，不能提款，定期存单亦不能如支票的辗转流通。此种存款利息较优。通知存款，必须在存款时预定通知期限，非在此期限前预先通知银行，届期便不能取款，这是介于活期、定期之间的一种。

此外，还有代现存票，是在银行应付的款项，没有即时付现时，由银行发给取款人，以代现款的票据。又称"存款票据"，俗称"本票"。还有暂时存款，是指各种暂存性质的款项说的。还有同业存款，是银钱同业存入的款项，有寄存性质，无一定期限。

利用低利的存款以为高利的放款，是银行主要的生财之道，凡一切放款、贴现、透支各项，以其性质而论，都可归入放款项下。

银行对于往来户，许其于存款用完后，在约定的范围内，继续填发支票，透支款项，故透支是由往来存款发生的放款。有信用透支及抵押透支两种。通常所谓放款，是指定期放款而言，因为透支便等于活期放款，放款也分信用及抵押两种。贴现也可看作放款的一种，与普通放款不同的地方，不过是不在还款时征收利息，而于放出时预扣利息的一点。商业汇票的贴现，前章已经说及，此外还有银行票据，如远期本票等，也可贴现。

汇兑分国内国外两大类。国内汇兑，大约可分电汇、条汇、票汇及活支汇款四项。四项中以电汇为最快，条汇系以银行印就的便条，由汇款人照填，为汇款的根据。票汇，则以银行签发的汇票，为收款人取款的凭证。便条或汇票，都由银行邮寄。至于活支汇款，乃便于旅行者而设。还有押汇，自商人方面说，是对于发售外埠的货物，于运输中先向本地银行抵押贴现，以获资金的周转。但银行方面，在付款后，即将商人所作的汇票及提单，寄该外埠支行收款，是有两地汇款关系，故可归入汇兑。

国外汇兑，是清理国际债务的唯一良法。其汇款种类，也有电汇、票汇、活支汇款的分别，而押汇一项，尤其占重要地位。不过国外汇兑，因为路途遥远，制度习惯不同，货币涨落不定，以致情形异常复杂，故除资力较大的各银行外，并不为其他各银行所普遍经营。

各家银行，因其主要业务各有不同，可分为种种类别。我国银行可分为九大类：（一）中央银行，（二）特许银行，（三）省立银行，（四）市立银行，（五）商业银行，（六）储蓄银行，（七）实业及农工银行，（八）专业银行及（九）华侨银行。

中央银行是十七年十一月一日成立的。据二十四年公布的《中央银行法》，该行特权有（一）发行本位币及辅币之兑换券，（二）经理政府所铸本位币、辅币及人民请求代铸本位币之发行，（三）经理国库，（四）承募内外债，并经理还本付息事宜等项。其普通业务中如"国民政府发行或保证之国库证券及公债息票之重贴现"、"国内银行承兑票、国内商业汇票及期票之重贴现"及"买卖国外支付之汇票"等项,亦可注意。

我国的特许银行有二,一为中国银行,一为交通银行,前者是政府特许设立的国际汇兑银行,后者是政府特许设立的实业银行。

其余数种银行的性质,从其类名,可以大概推知。其中专业银行一种,系侧重一业的金融机关,盐业银行,即此种银行之规模较大者。

至各类银行数量的比较,则以商业银行为最多。

以上所说为各银行的业务与类别。现在就钱庄来说。

钱庄的业务 钱庄的主要业务,以上海为例,大致可分为定期或活期存款、透支或定期放款及代理收解数种。钱业的庄票,和银行的本票相似,为可以移转的票据,在上海市面上颇流行。钱庄放款,以信用放款为主,不重抵押,但最近趋势也稍有转变。票号业务向来以国内汇兑为主,近来因新式银行资本雄厚,组织完密,票号的生意被银行夺去,渐就没落了。

钱庄类别,可分为四,即所谓"元""亨""利""贞"四字号。元字号钱庄,俗名挑打钱庄,原来专做现款业务,现在兼营存款放款,不过为数很少。亨字号钱庄,俗名关门挑打,大都无力收解现款,对于往来商号收入,不得不转托汇划庄,或托上等挑打钱庄代为受理。利字号钱庄,又名折兑钱庄,专做银洋辅币的买卖,也有附带经营零兑业务。贞字号钱庄,即兑现钱庄,一名门市钱庄。又名零兑钱庄,俗称烟纸钱庄,专营兑换银洋铜元,兼卖烟纸。

钱庄中最大的,就是汇划钱庄,它不仅经营存款放款,还经营汇兑事业。它一方面代理外商银行及华商银行放款于工商业者,一方面经理上海与国内各大商埠的银钱汇兑。

外商银行的业务 华商银钱业情形,大略如是,还得说说外商银行的业务。这个大致可分国外汇兑、存款、放款及发行钞票数点。国外汇兑营业,包括外国货币的投机交易,及卖买正当的国际汇票。外商银行在这项业务上占很大势力,这与进出口贸易操在洋行手中有关系,从前已经说过。外商银行的存款来源,有洋商、华商、华银行及钱庄、中国富户或官僚军阀等的几方面。放款则有(一)洋商借款、贴现及透支,(二)借与中国政府短期借款或组织银行团作大借款,(三)借款与中国商人或钱庄等几种。至于发行钞票,只有汇丰、麦加利、花旗、正金等八九家,但目前外国银行钞票渐渐地不大流行了。

第三节　钱币革命论与币制改革

关于钱币的基础知识　钱币（即货币）的起源，由于物物交换的不便。当交换的时候，必以一定数量的甲物，表示一定数量的乙物之价值。在开始交换的时期，一物有种种不同的价值形态，比方1斗米，可以用10尺布来表示它的价值，同时又可以用12斤盐、5斤肉等来表示。到后来渐渐改变，用唯一的一种东西来表示一切其他物品的价值了，这就是一般的价值形态，又名中介。比方有些文化较低的民族，使用兽皮，有的使用盐块，而我国古时则使用贝壳。这也就是初期的钱币。

社会进步到某种程度，人们就知道采用金属做钱币。这是因为用金属做钱币，有几种好处：（一）有用且有价值，因钱币是价值的尺度，本身不可采用没有用处、没有价值的东西，这一点在不换纸币未能施行时，极为重要。（二）便于运输携带，因金银体积较小。（三）坚固耐久，不容易破损消失。（四）品质均匀。（五）分合容易，且不因分合而受损失。（六）价值比较稳固，不是涨落无常的。（七）便于辨别真伪。（八）可施印铸，这一点在施行铸币时代，更为重要。

钱币的功用，是从历史过程中产生出来的。大概有以下数种：（一）作为流通的工具，也就是交换的媒介，这是钱币的主要功用，前面已经说明。（二）作为价值的尺度，因其本身有价值，故可表明一切商品的价值，而作为一般价值的公共尺度。（三）作为延期支付的标准，因在法律上钱币价值是假定不变的，故债务的偿还，通常以钱币履行之。（四）作为价值储藏的手段。一切商品，包括劳动力，都可以从交换中变为钱币，以后可以在异时或异地用它再购买商品，当商品变为钱币时，其价值便储藏在钱币之中了，不待说，经久不坏的钱币，是再好没有的储藏手段。

我国过去，铸币只有制钱一种。于使用银块时，常常要用秤来衡量各种大小银块的重量。近代方才仿效外国制度，铸造银币。钱币铸造的方式，各国通行的是对于主币，即本位币，采取自由铸造，对于名目币即辅币，则采取限制铸造。至于铸造权是属于政府的。所谓自由铸造，是允许人民随时拿生金（在银本位国为生银）到政府造币厂请求代铸的办法。所谓限制铸造，则是不接受人民请求而由政府独造的办法。

钱币的种类有两种，即上述的本位币及辅币。本位币是法律上特许其无限授受的支付工具（叫作无限法偿），又称法币。辅币是法律上限制于一定数额内得通用（叫作有限法偿）的钱币，其实际价值照例低于公称的价值，理由是防止铸毁与流出，又可增加国库收入。

钱币制度中最重要的是本位制度。本位制度是由一个国家所规定的法币而定。本位币（即法币）或为金，或为银，或为铜，则因各国经济发展的程度而有差别。现代各国曾采用的本位制度，有（一）金单本位制，（二）银单本位制，（三）复本位制，（四）跛行本位制，（五）金汇兑本位制等。

单本位制是以一种钱币为本位。复本位制是兼用金银两种钱币为本位，但于金银两种钱币之间，设立法定比价。跛行本位制是从复本位制改良而来，虽然仍用金银两种钱币为无限授受的法币，但银币不能自由铸造，并且限制其流通额，借此维持两种钱币的法定比价。金汇兑本位制是对国外用金，国内用银，由国家规定金银币兑换的不变比率，于国外汇兑时用之。

纸币是金属钱币的代表物，称为软币，而金属钱币则称硬币。纸币的发行，必有定额的现金准备，因为纸币本身并没有票面所载那样的价值，它不过代表着现金的价值，故在使用纸币为价值尺度的时候，不能不有现金准备来维持信用。纸币有兑换与不兑换的分别，不兑换纸币中，有只对内不兑换，而对外还可以购买汇票，兑换外面的硬币的，也有完全不兑现的。完全不兑换的纸币，对内虽然能借政府力量，行使无阻，对外概不发生效力，因此现金必致大批流出而不能回复。这就是纸币本位制度。

在一定的市面情形之下，适当的钱币流通额是一定的。纸币发行的数量，如果所代表的现金恰好适合当时必要的钱币流通额，虽不兑换，也于物价不生影响，但如果超过了这个限度，则纸币在市面上的价值必低于票面价值，而其表现方式则为物价高涨。不兑换纸币滥发后价值大跌的例子，有骇人听闻的，如世界大战时，俄国的卢布、德国的马克，都是要花几千百万，才能买一顿饭的。这是通货膨胀的极端现象。通货膨胀的目的，有的是解决财政上的困难，有的是救济经济上的恐慌。在后者的场合，通货膨胀能提高物价，增高活动资金，尤其能借汇兑率的减低以促进输出贸易。——比方美金便宜了，则美国货就容易在中国销行。通货膨胀的方法，除多发不换纸币外，还有减低钱币的成色重量等等。

钱币流通过程中，有一个"劣币驱逐良币"的法则。比方有两种成色不同的银元，公称价值同是一元，人们必然把成色高的一种留起而专门使用成色低的，结果市面上流通的将全是成色低的一种了。这一法则通用的场合，限于两种钱币，同为无限使用的法币。这个法则的发现者是英国格勒襄，又叫格勒襄法则。

由以上所述，我们已知关于钱币的许多要点，现在可以谈到钱币革命。

钱币革命论 我国首先提出钱币革命论的是孙中山先生。那时正是民国二年，民国初建，俄国侵略外蒙，政府财政非常困难，中山先生于是主张实行钱币革命，以应付非常的局面。

中山先生说："钱币为何？不过交换之中准，而货财之代表耳。此代表之物，在工商发达之国，财富溢于金银之千百万倍，多以纸币代之矣。然则纸币者，将必尽夺金银之用而为未来之钱币，如金银之夺往者之布帛刀贝之用而为钱币也。此天然之进化，势所必至，理有固然；今欲以人事速之进行，是谓之革命。"这是他的钱币革命的理论。

至于实施方法呢？他说："即以国家法令所制定纸币为钱币，而悉贻金银为货物。国家收支，市廛交易，悉用纸币，严禁金银。其现作钱币之金银，只准向纸币发行局兑换纸币，不准在市场流行。如此，则纸币一出，必立得信用，畅行无阻，财用可通矣。"他又指出，"纸币之代表百货，其代表之性质一失，则成为空头票"，如果要使纸币确实能代表财货，"其法当设两机关：一专司纸币之发行，一专司纸币之收毁。纸币之功用，既为百货之代表，则发行之时必得代表之货物，或人民之负担，而纸币乃生效力。今如国家中央政府，每年赋税，应收 3 万万元，税务处既得预算之命令，即可如数发债券于纸币发行局，该局如数发给纸币以应国家度支。至期，税务处当将所收 3 万万元税项之纸币，缴还纸币销毁局，取消债券，如是，发行局于得税务处之债券时，如数而发行纸币，此等纸币，以有人民之负担，成为有效之纸币，名之曰生币。及税务处于所收税项如数缴购债券之纸币，为失效力之纸币，因代表赋税之功用已完，名之曰死币。故当毁之也。如收税之数溢于预算之数，则赢余之纸币效力尚在，可再流转市面无碍也。以上为国家赋税保证所发行之纸币。至于供社会通融之纸币，则悉由发行局兑换而出。当纸币之存在发行局，为未生效力之币，或必须以金银，或货物，或产业兑换之，乃生效力。如是，纸币之流于市面，悉有代表他物之功用，货物愈多，则钱币因之而多，虽多亦无流弊。发行局发出纸币而得回代价之货物，其货物交入公仓，由公仓就地发售，其代价只取纸币，不得取金银。此种由公仓货物易回之纸币，因代表之货物去其功效，立成为死票，凡死票悉当缴交收毁局毁之"。这是办法的大概。

这种制度，一方面可以应付非常的财政需要，一方面又可以适应平时社会金融的需要。因为数量受了节制，便不致因过多而贬值。不过要实施这种制度，必须有良好的政府，其对于赋税预算，不故意提高，对于失了代表性的死票，立予销毁，这样严格地去执行，才能有利无弊。再则公仓货物的不容易卖出，也是一个问题。比方山西省试行的物产证券制度，就有点和此地所说的公仓相像，而他们的困难，就在于货物的不容易卖出。

总之，钱币革命如果实现，则政府可集中金银以控制国际汇兑；可有多量的金银来偿还外债；可借此来统一我国的币制；国人有充足的资本，各种实业可以发达——利益是非常之多的。目前我国所行的新币制，就是依据钱币革命的原则，而变通制定的。

币制改革的经过　在说明新币制以前，首先要指出我国固有钱币制度的紊乱及金融恐慌的严重，那是币制改革的背景。

我国固有币制的紊乱情形是怎样的呢？就现洋来说，有龙洋、鹰洋、站人洋、袁头洋、总理像新洋，这许多种大洋，成色并不一律，因而市面上价格显然参差。大洋之外，又有小洋，即双角，其价格低于大洋，而且涨落不定。就纸币来说，有政府纸币、银行券、私票三大类，而纸币的区别，除银行券之外，又有银辅币券、小洋兑换券、铜元券、海关金券等。所谓政府纸币，即是国库券，此种库券，从前有作为普通钞票使用的场合，不过近来很少作为一般交换工具的。银行券的发行，我国从来是采取"多数发行制"，即多数银行都有发行权，各银行发行制度，也极不统一。又同一银行钞票而采取"分区发行制"，在钞票上加以上海、汉口等字样。这是预防钞票挤兑的。假如甲地信用动摇时，则盖有甲地字样的钞票，乙地银行可以拒绝兑现。这种制度，反映了中国市场的不统一。在这种发行制度之下，常常是同一银行的钞票，因地域的差异而价格悬殊。

私票在内地颇多，发行者为钱庄，地方银行，或地方军事机关——用军队名义发行的为军用票，四川从前发行不少。

我国辅币极不统一，尤其是辅币中最主要的铜元。铜元的鼓铸，以四川省为最多最滥，各县长各保卫团长也有铸造铜元的。价值50文、100文，甚至500文的也有。湘、鄂、豫诸省又行用值20文的双铜元，而江、浙、赣、皖、闽、粤等省则使用值10文的单铜元。这些铜元都是有地方性的，在这一区域所通用的，到那一区域就不通用了。

铜元券的发行，是私票的另一形态，发行的不仅有银行、大商家，便是小商店稍微殷实一点的也有。

我国的铸币与纸币，不统一的情形固然都很显著，所谓辅币本位币的差别也就很模糊。因为造币权不统一，发行权不统一，无论银元铜元钞票，都可以任意增加，数额毫无限制，法定比价决无从维持起来。

钱币的单位，也因为主币成色的不统一，过去在贸易上乃不以"银元"为基准，而以"银两"为基准。但市面上一般使用银元而大宗贸易则使用抽象的银两单位，这又是非常紊乱的钱币制度了。这种畸形现象，直到民国二十二年方才消除。

民国二十二年的废两改元同时确立银本位制度，是币制改革的第一步成功。这是主币的统一。但严格说来，此种统一，因为市面上仍行用成色参差的旧银元，还没有充分达到，直到二十四年十一月新币制政策施行，方才统一于法币之下。

这次新币制产生的远因，不待说，是为了解决历年来的币制不统一问题，其近因则是为了解决白银问题。自1934年（廿三年）美国实施购银政策后，我国存银在三个半月以内，骤然流出2万万元以上，银价高涨，通货收缩，物价与外汇跌落，因之本国产业不振，外货输入更多，经济上大呈不景气的状态。政府当局虽曾明令征收白银出口税及平衡税（如伦敦银价折合上海汇兑的比价，与中央银行当日照市设定之汇价相差之数，除缴纳上述出口税而仍有不足时，应照其不足之数加征平衡税），但实际上还不能完全阻止白银的外流，因此为了保存现金，稳定汇价，以防止外货倾销，防止经济破产，并解决财政困难计，不得不实行"通货管理政策"，即新币制。

新币制的基础是白银国有，其要点有三：（一）将中央、中国、交通三行所发行纸币，定为法币（法定纸币）；（二）禁止使用现金，凡民间所有的一切银币及银块，以额面及纯分量用法币收买之；（三）一元对英汇兑，定为一先令二便士半。

新币制的精义有四点：（一）统一发行；将从来钞票的多数发行制改为

单一发行制,借此可以维持价值的稳定。同时并可利用发行的伸缩,适应社会的实际需要,促进国民经济之合理的发展。(二)集中准备;从前现金准备分散,一遇提存挤兑,便感难于应付,现在准备金集中,由发行准备委员会保管,则法币信用自然巩固,而准备金的效用,也可以充分发挥。(三)保存现银;因现银既已集中保管,不得使用,则私运可以杜绝,这是对于白银外流的根本对策。(四)复兴产业;从前对外汇价,随银价涨跌而变动,特别是银价高涨时,外汇低落,使洋货倾销便利,国货输出大受打击、现在新币制明白宣示:由中央、中国、交通三银行无限制买卖外汇(供多即买,求多即卖),使法币对外汇价趋于稳定,结果自可调整国际贸易。同时法币又使筹码增加,资金流动活泼,适应于工商需要。所以生产将由此发展起来。

新币制使法币价值与银价脱离,以外汇为标准,这是外汇本位制度。但一先令二便士半的汇价,仍系根据银本位币而规定的(廿四年十一月四日新币制开始实行,那时国币汇价为一先令三便士又四分之一,自十二月以后,即稳定于一先令二便士半),并且仍用现银为准备金,故又可说并非放弃银本位。新币制钞票发行,规定六成准备,显然有它的限制,而且不是仅认钞票为钱币,把金银作货物看的办法,所以又不是纸本位制。此次新币制,既没有停止发行准备,或减低发行准备金比例(从前六成现金准备的比例仍没有变更)来滥发纸币,也没有用减低本位币成色与重量的方法来增加准备金的单位,以便加发纸币(银本位币,原规定每元含纯银 23.493 448 公分,现在依新币制规定,凡所有银币生银等银类,照所含纯银数量,兑取法币,其间关系,仍是纯银 23.493 448 公分,兑换法币 1 元),所以新币制并不是通货膨胀。

自廿四年十一月实行新币制后,物价与汇兑,果然由动荡而趋于安定。经济恐慌与金融枯竭的威胁,逐渐减除。到了廿五年五月十七日,政府对于新币制又有一种推进。其要点有三:(一)政府为充分维持法币信用起见;其现金准备部分,仍以金银及外汇充之,内白银准备,最低限度应占发行总额25%。(二)政府为便利商民起见,即铸造半元一元银币,以完成硬币之种类。(三)政府为增进法币地位之巩固起见,其现金准备业已筹得巨款,将金及外汇充分增加。

这里应注意的有几点。第一,六成的现金准备,所包含的金、银、外汇，各占若干，原没有规定，而这次规定了白银的比例。第二，硬币原不许使用，现在新铸一元半元硬币，又可使用了，不过这种硬币是辅币性质，所谓一元并不会有本位币一元那样高的成色与重量。第三，金及外汇的准备充分增加了。又据孔财长在二中全会报告，"现又与美国接洽，由美向我购买银货，并随时由美给予我方以美国货币之便利，外汇准备既更充实，法币保障日益增厚"，可以了解币制改革新阶段的大概。

关于辅币的改革，廿五年亦开始实施。辅币条例于一月通过，规定了辅币种类、重量、成色及法定价格，又规定"铸造权属于中央"，"以十进计算"诸点。辅币以十进计算的原则，民国三年的《国币条例》虽有规定，但因造币权没有集中，始终没有实行。今后新辅币推行，旧辅币收回，是可以逐渐实现的。这样，中国币制统一的彻底完成，就为期不远了。

【问题演习】

一、货币有些什么作用？
二、银行的主要业务是什么？
三、什么叫做通货膨胀？
四、什么叫做钱币革命？
五、我国币制何以必须改革？
六、试指出废两改元的意义。
七、新币制有些什么要点？
八、试指出钱庄、银行及外商银行三者在我国国民经济中所发生的作用。

第六章　中国之财政

中国的财政,过去是很紊乱的,有人说是"有财无政",并非过于苛刻的话。民国成立以后,这种情形并没有什么改变,政令不出都门的北京政府,虽然也曾想法子整顿中央和地方的财政,陆续颁布过许多关于财政的法规,但这都只是纸上空谈,因为当时各地的封建军阀,都不奉行中央的政令。

国民政府统一中国以后,累次召集财政会议,逐渐统一财权,实行预算制度,改良税制,财政上方才具有相当的规模。但财政的紊乱情形,还需要继续努力,才能够彻底除去。而且今后的困难,仍然随着国难而增长,所以全国人士都应明了国家财政情形,以全力扶助国家财政政策的新开展。

第一节　预算与决算

预算的意义与类别　关于财政情形的研究,我们从国家的预算与决算,可以获得一个大概的认识。所谓预算,乃是政府根据预计的一定时间(通常为一年)的岁入、岁出,所拟定之该时间内的财政计划。近代国家所以必须施行预算的主因,是满足民权的要求,因为公共的收入都从人民手中取来,收支情形,人民当然应该过问,方才符合民治的原则。此外还有几个理由:(一)国家组织复杂,规模远大,如果不预定计划,则支出的先后缓急和多少,很难支配得当,收支也很难适合;(二)预定计划,就可以免除财政上的错误,使人民不受其影响;(三)财政的得失,不能从结果上判断,因为财政的结果多半是无形的福利,故只有从原因上预筹全局,妥为分配;(四)执行财政的人,都和财政效果没有直接关系,如果不明定预算,难免怠工或贪污的毛病。

预算有种种的分类。(一)依岁入的性质为标准,则有总额预算和纯额预算的分别。总额预算，是记载一切岁入总额的预算。纯额预算，是将征收费除外，仅记载纯收入额的预算。纯额预算，不能表明征收费的多少以及人民的实在担负，很难实施财政上的监督，故各国都采用总额预算。我国现行制度，也是采用总额预算制。（二）依时期的先后为标准，则有假预算、本预算和追加预算的分别。假预算，是当本预算还没有议定，而年度已经开始的场合，划定一个时期，而编制的临时预算，是专行于本预算没有施行以前的。本预算，即本年度应行的预算。追加预算，是当本预算已经提出国会以后，为了补本预算所不足，或者为了应付新发生事实所追加的预算。不过追加预算应有限制，方才可避免发生流弊。故我国法律上规定了"除因必不可免之经费，及本于法律或契约所必需之经费致生不足外，不得提出追加预算"。（三）依预算范围的广狭，则有普通预算和特别预算的分别。普通预算是包含一切岁入岁出而将特别预算除外的全体预算。特别预算是关于特别会计岁出岁入的预算。我国邮电、铁路、航空等机关，现在都采用特别会计。

决算 决算是从客观的事实上，决定实际收支额的多少，从这里去看预算上的估计，是不是完全实现。预决算相辅而行，然后财政的实际状况方才明了，而财政的监督方才完备。

我国预算案的例子 预算的形式，我国所采用的是将岁入列在前，岁出列在后，又将经常、临时两项列在岁入岁出的下面。现在试举《二十五年度国家普通岁入岁出总预算案》为例。

民国二十五年度国家普通岁入岁出总预算案

（一）岁入经常门

第一款　关税　303 676 073 元

第二款　盐税　189 187 225 元

第三款　烟酒税　16 987 395 元

第四款　印花税　11 300 000 元

第五款　统税　132 796 117 元

第六款　矿税　3 631 862 元

第七款　交易所税及交易税　1 350 000 元

第八款　所得税　5 000 000 元

第九款　银行税　1 600 000 元

第十款　国有财产收入　5 733 129 元

第十一款　国有事业收入　20 611 389 元

第十二款　国家行政收入　10 888 269 元

第十三款　国有营业纯益　41 397 583 元

第十四款　协款收入　2 998 000 元

第十五款　其他收入　6 666 113 元

合计　753 823 155 元

(二)岁入临时门

第一款　关税　14 297 441 元

第二款　国有财产收入　58 638 元

第三款　国有事业收入　590 142 元

第四款　国家行政收入　12 963 元

第五款　协款收入　200 000 元

第六款　债款收入　125 000 000 元

第七款　其他收入　96 676 111 元

合计　236 835 295 元

岁入经临总计　990 658 450 元

(三)岁出经常门

第一款　常务费　5 029 080 元

第二款　国务费　14 842 976 元

第三款　军务费　293 014 600 元

第四款　内务费　5 198 914 元

第五款　外交费　9 229 212 元

第六款　财务费　64 141 844 元

第七款　教育文化费　35 478 553 元

第八款　司法费　2 133 015 元

第九款　实业费　3 956 844 元

第十款　交通费　4 703 934 元

第十一款　蒙藏费　2 265 624 元

第十二款　建设费　2 212 130 元

第十三款　补助费　61 481 500 元

第十四款　抚恤费　5 664 704 元

第十五款　债务费　239 037 908 元

第十六款　第二预备费　5 712 360 元

合计　754 063 198 元

(四) 岁出临时门

第一款　党务费　390 000 元

第二款　国务费　692 154 元

第三款　军务费　29 004 600 元

第四款　内务费　3 677 606 元

第五款　外交费　461 022 元

第六款　财务费　373 722 元

第七款　教育文化费　8 861 409 元

第八款　司法费　1 107 883 元

第九款　实业费　269 603 元

第十款　交通费　131 800 元

第十一款　蒙藏费　55 142 元

第十二款　建设费　50 898 091 元

第十三款　补助费　44 334 500 元

第十四款　国有营业资本支出　96 337 720 元

合计　236 595 252 元

岁出经临合计　990 658 450 元

上列的表，是一个概略的预算，如果每款之中再分项列出，每项之中或者再分目列出，那就是详明的预算。比方关税一款中，可分关税、船钞、附加税等项；统税一款，可分卷烟税、棉纱税、麦粉税、火柴税、水泥税、薰烟税、火酒税等项。

预算案中一个重要的问题，就是收支适合的问题。如上述的例子，收支两方合计数字，同为 990 658 450 元，便是收支适合的表示，这样，对于全部用费的来源，都不能不列出，同时，盈余或亏短的情况，也很明显。不过，这还是表面上的收支适合，实际上，像上述的例子，收支相差，还亏短很多，其所靠以弥补收入不足的，就是债款收入 12 500 万元了。

预算编制有一个满收满支的原则，这就是和前面所说总额预算一样的意思。严格说来，仅仅包括了征收费的总额预算，还不足以表现财政情形的实际，假使不把属于特别会计范围的国有营业盈亏，列入预算的话。现在我国预算案，是将国有营业收入列入经常预算了。

我国实施预算制度的状况　预算是财政监督工具之一。国民政府成立以来，多数人主张非有预算不可，于是成立了主计处，处里边设立岁计局，专办预算。所以自民国二十年以后，每年都有预算。不但中央有预算，现在连各省也都有了。像边远省份的青海、宁夏等省，最近都成立了预算。此外，像江苏、浙江、湖北、河南各省，不但有省预算，而且县预算也成立了。

过去各省财政，因内战频仍，极紊乱而且困难，遗毒到民国二十年后，还使各省收支大多不能平衡。后来各省当局，以"量入为出"为口号，表面上似乎做到了收支相抵，但实际上，或者列出虚伪的收数，或者故意将支出数减少，或者用补助款收入来弥缝，或者拿借款收入来抵补，真能做到收支适合的还是很少。

而且，预算的实施，应该以"统收统支"为原则，现在虽然由于国家与地方收支系统的划分，树立了统收统支的基础，但事实上国家收支款项，并没有完全经过国库，许多省份仍然流行着从来"坐支"、"直放"、"解拨"各方式的拨款制度。故现在地方财政还没有完全入正轨的时候，国家财政的处理，还只能做到名义上的统筹。

第二节　公共支出与收入

国家财政的原则　国家财政的原则，一般地说，应该是"量出为入"，因为社会愈进化，人类愈文明，则公共财政支出的数字也愈庞大，国家在编制预算时，如果支出增加，国库的收入可由增加税率以谋相适应的增加。

不过这个原则应该有它的限制。因为扩大地说，国家的支出，仍然要随国民收入的多少而伸缩。即如我国，民国初年的岁出，不过3亿元，目前已超过9亿元，这是逐渐增加的形势，可以证明国家欲望的扩张与社会的进步，但拿来和外国比较，比方日本就有20余亿元，还是差得远，这就证明国家岁出不能不受国民富力的限制。

我国岁出的分析　我国国库的岁出，第一位是军务费，第二位是债务费，而各种消耗性的支出数字合计，跟非消耗性支出的数字，其所占的比例，相差也非常之大。这在上节所举的预算案中，就可以看出。

再看前两三年的财政情形吧，二十二年度，军务费和债务费两项的支出，占岁出总额78.18%；二十三年度为64.32%；二十四年度为62.2%。其中尤其是军费一项，所占的数字，更为巨大，因在二十二年度，军费竟占岁出总额50.14%，二十三年度与二十四年度，虽将一部分为着军事上建筑的费用划归建设费项下去了，而其占岁出百分数还有36.27%与33.5%之多。实际上我国支出的军费还不止预算案所列的这样多，因为军费并不是完全由国库支给，还有一部分是由地方支给的。像那些积极扩张海陆空军备的列强，除日本外，还没有一国的军费在岁出总额中占了这样大的百分数（英美军费占岁出总额14%，德国约占11%，法国约占21%，意国也不过占26%）。

我国军费浩大的原因，并不是像列强一样，他们大半在于充实武器加强战斗力。我国这方面支出的绝大部分是供养将近300万军人的薪水与公费。中国这样庞大的雇佣军队是过去多年军阀内战中产生出来的。

至于债务费，在支出总额中，也占了28%以上，这一方面是因为历年来收支不均衡而不得不发行巨额公债的结果，另方面又因为过去赔款与外债的担负，虽在世界经济恐慌，各国普遍赖债的时候，也不能不忠实地如数缴付。事实上，在这巨额债务费的支出中，差不多有半数是偿付外债的本息与赔款的。

其他各项支出，多半是国家向上发展所需要的经费，目前反占了较小的比例。不过在二十五年度预算案中，已将建设费教育文化费增加了相当的数目，足见中国的财政，已在尽可能地改进中。

我国岁入的分析 现在再说到岁入。我国岁入，可分三大类。第一是租税。第二则为非真正的岁入，即债款。第三是其他收入，如国营事业收入等。债款是为了平衡收支而暂时收入，终于要靠将来的租税等项收入来偿还的，故不是真正的岁入。现在就真正岁入的租税及其他收入来说，世界各国中，靠国营事业收益为主要财源的，此时还只有苏俄，其他都是靠租税作主要财源的。不过租税之中，有直接税和间接税的分别。直接税乃是直接对人民的财富而征收的，例如所得税、土地税等；间接税乃是根据其他标准，以推测人民的财富而征收的，例如印花税、关税等。间接税大概是转嫁到消费者的身上，不论贫富，同等担负，是很不合理的，而且人民在间接付出租税时,并没有感觉自身和国家的关系,这也是它的坏处。所以按照贫富采用累进税率的直接税,是比较良好的制度。因为这个缘故,各先进国家早已减少间接税,增加直接税,使主要财源倚靠直接税了。英、美各国专家,主张直接税应该占80％以上,间接税占20％以下。现今虽然没有办到,可是直接税已经有数个国家超过60％了。我国租税的情形又是怎样的呢?

说到中国的捐税,差不多90％以上是间接税,直接税虽然有一两种,可是像田赋和营业税(营业税是贩卖税,按照营业数额而征收的),内中还有一小部分是间接税性质。直接税如此少,间接税如此多,实在是极不合理的。加之以征收方法又非常坏。比方过去的厘金,一种货物,经过十个地方,要征十次税,经过二十个地方,就要征二十次税,因此弄得民不堪命,并且收税人要多方勒索,可是人民的负担,虽然不晓得有多少重,而政府并得不到多少,每年厘金收入,不过两三千万元而已。所以国民政府成立以后,积极进行裁撤厘金,就是其他间接税,也在积极整顿。尤其注意直接税的创设,如所得税决于二十五年双十节实行一部分开征,二十六年一月完全实施,又遗产税也在拟办中。

目前厘金虽已裁撤,各地仍然不免有变相厘金的存在,其名目有清匪善后捐、蚕丝改进费、产销税、专税、落地税、饷捐、特种消费税等等①,但这也不过是暂时的事。除厘金外,各省有许多苛捐杂税,名目异常的繁杂。什么叫做苛捐杂税呢?据马寅初先生的意见,他的界说可分六点:(一)凡与中央税收抵触,足以妨碍中央收入之来源的。例如统税是中央收入的一种,若是地方政府对于同样货物征收产销税等,无异变形的统税,这不能不说是苛税。(二)妨害公共利益的是苛捐杂税。(三)凡中央已经征收的税,地方又对之征收的"复税"。(四)妨害交通的税。(五)为一个地方的利益,对于他地方为不公平的课税。(六)各地方的物品通过税。凡地方捐税性质,有和上述六项相当的都可以说是苛捐杂税。这些税捐是应当废除的。故第二次全国财政会议曾决定把不见于法律的捐税,索性一笔勾销。现在各省已经逐渐把这些苛捐杂税废除了。

此外,国民政府对于关税、盐税、田赋等税,都有许多的改革。向来

---

① 见1936年7月23日《申报》载二十一商会联电。

盐税的征收，把全国分成若干区，称为"食岸"，每一个税区，定一种税率，为了各区盐价的悬殊，偷漏税收的私货异常之多，使公家不能不设许多缉私队，而这些缉私队恰好就靠包办走私大发其财。所以新盐法制定后，就要划一盐税税率，集中征收地点，就场征税，只在盐场设几个场警，其余的盐务缉私队，一律撤销。这样，盐税便简单化了。田赋方面，旧有税的名称很多很多，没有一定的标准。比方正税是一两银子，实际上能征收8元、10元或12元之多。所以国家制定土地法规定了地价税的征收办法，以代替向来的田赋。这样，土地税也简单化了。至于关税，从前税率限于值百抽五，对中外货物毫无差别，现在我国已能自定税率，按照货物性质抽税，关税附加一律撤销。这样，关税也简单化了。不过土地税法与新盐法的实施，目前还不能完全实现，关税税率的自由增加，也常常受外力的牵掣。

我国捐税中最重要的是关税、盐税和统税，这三项税收形成中国财政上的主要收入。从数字上说，它们几乎常占每年国库岁入总额的60%以上。这几年来的百分数大约是这样的：二十二年度为87.9%；二十三年度为75.17%；而二十四年度是历年来最低的数字，也占了52.8%。这三项税收都属于间接税，故我国目前财政还是以间接税为中心。

这种情形，就从二十五年度预算案去看，也是很明显的。在岁入方面，占第一位数字的，仍然是关税，再总计关于间接税项下的盐税、烟酒税、印花税、统税、矿税等六款，其总数就达65 000余万元之多，占总收入额的67%。至于直接税项下交易所税及交易税、所得税、银行税等三款，仅占8%而已。可见财政上的改进，是不能够一蹴而成的。

关税占国库岁入的第一位。而其中各项，出口税与转口税，为数不多，主要的是进口税，这表示中国财政，是建立于和国民经济的发展全相矛盾的基础上的。因为洋货输入，原是国民经济的障碍，但对于我国的财政，则表现着有利益。然而，自从华北走私横行，从廿四年八月一日至廿五年四月三十日，九个月当中，进口税损失即达2 500万元之多。这对于中国财政是多么重大的打击呀！

占岁入第三位的统税，原是为了抵补厘金而创行的新税。这种税就是面粉、火柴、水泥、棉纱、卷烟、洋酒等出厂税，其中以卷烟收入为大宗，因为这是无益的消费，所以税率比别的也重一点。不过统税的来源，是出于民族工业,只有使民族工业能够从困苦的挣扎中打开一条出路,这种税收才会有增无减。

至于占收入第二位的盐税,实收数字是逐年增加的。但盐税的加重,影响于平民的生计很大,在间接税中为更不好的一种。近年来盐的生产虽然增加,但销售很不旺。同时有一部分产盐区域,已经与走私漏税问题渐渐打成一片。将来在实收方面,也是一个问题。

各省收支的概况　以上是中央收支的大概情形。各省收支情形,自从中央地方收支系统划分以后,主要的支出,可以说是公安费及债务费,其次才是一般的行政费;主要的收入是田赋,其次是营业税和契税。入不敷出的数目,大半用债款来抵补,还有用特税及"筹饷"方法的。

营业税是在裁撤厘金、废除苛捐杂税时所创设以资抵补的新税。其征收办法是:看商人每年赚多少钱,若是容易查的,就调查各商店每年营业纯收益有多少,按照纯收益的额数去抽税,若是不容易查的,就按他的资本额或贸易额来征税。现在创办的所得税,有一部分不免和营业税重复起来,将来也许废除这种多少带点间接税性质的营业税,而将所得税支配一部分归地方收入以资弥补吧!

第三节　公　　债

关于公债的基础知识　公债是什么呢?它是国家于收入不足时,以一定形式向人民或外国募集借款,附以利息,并承认于一定期间还本的债务。

公债的种类:因所依标准而有种种的分法。其最重要的,如:(一)以债务人来区别,由中央政府发行的,叫国家公债,由省或市政府发行的,叫地方公债。(二)依债权人来区别,则由本国人民应募的为内国公债,由外国资本家应募的为外国公债。(三)依抵押品的有无来区别,则有国家财产、税收或其他确实可靠抵押品以担保公债之还本付息的,叫有担保公债,完全根据国家信用而募集的,叫无担保公债。(四)依购买公债的是否自由来区别,则在特别紧急时,政府以权力强迫人民认购的,叫强制公债,平常一般公债的发行,由人民自由认购的,这叫做自由公债。(五)依公债的时间、目的及公债条例的种类来分别,则一年以内的叫做短期公债,又名流动公债,一年以上至数十年的,叫长期公债,又名确定公债。还有永久公债,只偿付利息,没有还本期限的规定。(六)依本息偿还的方法来区别，则平时仅付利息，满期始归还本金的，叫做普通公债；其有不付利息，或付息较低，而实行分期抽签附奖还本的，叫做有奖公债；最后，还有将一定期限内的本利合并计算，逐年平均归还的，叫做年金公债。

公债发行的方式，或者由政府依照一定价格（照票面价格或者低于票面价格），分发债票于一般应募者；或者由政府委托银行代理发行而给以相当的报酬；或者由银行或银行团向政府收买全部公债，包办募集。究竟用什么方式，则要看公债性质和市场情形来决定。偿还的方式，或者抽签还本，或者由政府按时价买销。

公债票的市场价格，有高于票面价格的，有低于票面价格的，也有照票面价格平价出售的。这和政府信用及利率高低颇有关系。

公债的发行，和政治经济各方面都有影响。如内国公债发行太多，可使本国利息上涨，社会游资尽为公债所吸收，金融界将没有余力以投资于实业。外国公债虽不致影响利率，但利益落于外人，且债权国对于债务国，常常不免作政治上的操纵。

以上是关于公债的基础知识。现在我们来说我国的公债。

我国公债的种类和数量　我国中央政府所发行的国币公债，截至二十五年三月底止，由财政部经管的有13种，发行金额共计2 038 919 775元；由铁道部经管的有6种，共计105 000 000元；交通部经管的有2种，共计18 000 000元；由建设委员会经管的有3种，共计10 000 000元。总计用国币计算的公债发行额，达2 171 919 775元，现未归还的本金也有2 145 121 520元。

在这217 000余万元的公债中间，有146 000万元是属于一项公债的，那就是二十五年二月所发行的"统一公债"。这项巨额的公债为什么发行的呢？因为过去内国公债名目繁多，利率又不一致，很需要把它们换成一项统一的新公债；再则过去各项公债的利率，大半是周年7厘或8厘，未免使国家担负过重，而偿还期限也有很迫促的，为解除财政困难计，也有减低利率延缓偿期的必要。因此财政部才发行统一公债，来换偿旧公债、库券、凭券，所换者共计33种之多。统一公债，利率定为周年6厘，偿还期分为5种，自十二年至二十四年不等。

中央政府的外币公债，属财政部经管的有14种，共计英金56 769 246镑，美金59 893 900元，日金53 608 700元，法金100 000 000法郎。属铁道部经管的有 16 种，共计英金 31 300 000 镑，日金 55 000 000 元，法金 62 250 000 法郎，比金 137 743 000 比法郎，荷金 30 750 000 弗鲁令。总计全部外币公债，以二十五年汇价换算，约 20 亿元，其未还清的本金约 15 亿元。

原来财政部经管的外币公债，连前清政府发行的在内，共 17 种，如：（一）1895 年的俄、法借款；（二）1896 年的英、德借款；（三）1898 年的英、德续借款；（四）1912 年的克利斯浦借款；（五）1913 年的善后大借款；（六）1914 年的浦口借款；（七）1918 年的马可尼无线电话借款；（八）1919 年的芝加哥大陆商业银行借款；（九）太平洋拓业公司烟酒借款及（十）费克司公司飞机借款；（十一）1922 年的九六公债日金部分；（十二）1923 年的青岛盐田库券；（十三）1925 年的史高德借款，及（十四）中、法，（十五）中、意两项美金债券；（十六）1928 年的中、比、美金债券；和（十七）1934 年新发行的民二十三年 6 厘英金庚款公债。除俄、法，英、德及中、意美金等 3 种已经清还或收回外，仍欠本金的，计 14 种。如果按照担保品分类，则由关税收入担保的，有英、德续，善后，中法 5 厘，中比 6 厘及 6 厘庚款等 5 种；由盐税收入担保的，有克利斯浦、青岛盐田及九六等 3 种；所余的 6 种，则由烟酒等收入担保之。

铁道部所管的外币公债，原有 18 种，因正太及沪杭甬两铁路公债已经清偿，只有 16 种了。如果按照路线分类，陇海路最多，计 4 种。其次是平汉、津浦，各 2 种。再次是平绥、北宁、四洮、京沪、道清、广九、湖广、胶济等 8 路，各 1 种。内北宁、京沪、广九的全部及津浦原续两借款的英发部分，都是由英商中英公司经手订借。其由比国铁路电车公司经手的，有汴洛、陇海（1913 年），陇海比荷之比款，及陇海 8 厘短期（1925 年）等 4 种。又英商福公司经手的，也有 1 种，即道清路借款。由此可见，英国资本对于我国铁路的关系，是非常之密切的。铁路债票的担保品，大概都是各铁路的财产及营业收入，只有平汉英法借款、湖广铁路借款等，是用盐税收入担保的。

这些外币公债，债票大半是由外国银行发售，本息也归他们经手付给，而承揽此种事业最多的银行，就是英商汇丰银行。汇丰银行对于外币公债的关系，正和中、中、交三行对于国币公债的关系一样。

满清时代的巨额外币公债，是为支付赔款而发行。近年各国退还庚子赔款，于是又拿它作基金而发行新的公债。不待说，这是要商得外人的同意的。于此可见中国债务的半殖民地性。

除中央政府所发行的公债外，省市政府发行的地方公债，亦复不少。目前（二十五年一月）省公债合计国币 209 793 879 元，市公债合计 26 504 334 元，两者共计 23 600 余万元。

我国所负内外债额，共约 39 亿元，和现代文明国家比较，并不算怎样巨大，但以近年国民经济破产的激烈和贸易入超的发展，我国在本息支付方面，自然已经感觉国家信用的维持是一桩不很容易的事情。不过外债到近年来很少借入，只有国内公债则有逐年增加的形势。这些债务的担保品，目前还可以维持国家的信用而有余。

我国公债的特征 然而，过去我国的公债，有几个和一般国家不同的特征。第一点，自民国初元以来，我国政府所发行的公债，大部分是用在内战方面，只有很少数是用在建设方面的。其中有些为了调剂金融或整理财政而募集的，也间接地和军事有关，因为平时军费支出或军事透支过多，便使金融不得不调剂，财政不得不整理了。第二点，中国国家支出一年一年地增加，但因为国民经济衰落，不能大量地加税，以致入不敷出，就是对于旧有公债的本息也不能清偿，所以继续不断地发行新公债，就成为不可避免的现象。第三点，因为人民贫穷，不能很踊跃地购买公债，所以每达发行新债的时候，政府总是向银行抵现，而且为了推销有效，还把债息提得非常高。这件事和国内工商业的一蹶不振相配合，就使公债成了银行业的投资唯一对象和一般投机家的活动目标。这几点，是很值得我们注意的。今后国家的财政，除开增加税收外，仍然不能不发行公债；公债不是什么坏的东西，只要能用在发展国民经济的方面，它正是理财的必要工具。国民能认识这一点，也就会踊跃地购买国家公债了。

第四节　主计与会计

我国过去财政上的毛病是不能严格地执行预算，尤其是一般官吏的贪污中饱，成了普遍的现象。自从国民政府成立以来，为了整理财政上的积弊，设立了主计处及审计部，采用严密的主计制度与审计制度，厉行会计独立，方才逐渐把财政紊乱与官吏贪污的毛病纠正起来，不过这些办法暂时并没有完全做到。我们对于这种新的制度，应当了解它的作用。

预算会计及统计　第一，良好的财政监督制度，是可以防止滥费与贪污的，而监督财政的工具，最主要的有三种，即（一）预算，（二）会计制度和（三）统计报告。国民政府主计处里面设有岁计局、会计局和统计局，分掌上列三种工具。

关于预算的重要性，前第一节已经有所说明。现在要说的是预算的编制程序。我国规定，每年7月1日起至次年6月30日止，为一个会计年度。国民政府应于每年7月，决定下次会计年度的施政方针，令行全国各机关，依照施政方针，各自拟定其收支概算。同时主计处也于每年7月通知各机关拟编次年度概算。中央政府概算的拟编，自最下级单位开始，依次递至最高级机关单位。上级机关对于所属各机关的概算各数额假决定后，应连同本机关的概算，拟编其机关单位的全部概算，呈送再上一级的机关。岁计局汇集各第一级机关单位的概算，编造中央政府总概算书，呈国民政府委员会，转送中央政治会议，核定其概数。中央政治会议核定概算后，各机关单位，即依据这项概数，编成拟定预算，仍依编制概算程序，由主计处汇集各机关拟定预算，编成拟定总预算书，送经行政院会议核定，核定后咨送立法院审议。但立法院审议预算，不能超越中央政治会议所决定的范围。这是目前预算成立的程序，将来实行宪政后，中央政治会议核定概算的职权，也许是由国民大会来代替，也许即由行政首长来执行。

关于会计制度，向来各机关都是由会计人员自己随便去记的。所以各个机关的账簿，只有各个机关的会计人员自己晓得，而审查账目也就无从着手。所以主计处会计局，编制了统一的会计制度，要对于普通公务机关，一律实施。后来立法院通过会计法，更规定了较好的方式，今后官厅会计的改革，都要以此为张本。

至于统计，向来各地方都是随意填写的，所以极不可靠。自从主计处统计局接收之后，对于各机关办理统计人员，都认真去调查，如果查出有捏报假造的情事，依照统计法的规定，是犯了罪，要受处分的。这样，有负责机关认真地去督促，以后的统计数目字，应当比较可靠一点。

行政监督及审计监督　其次，财政监督制度，在组织方面也有其可注意的地方。这就是财政上的行政监督与审计监督。

什么叫做行政监督呢？一个行政机关，无论大小，它的事务，总是具有两种不同的性质：一是行政的，一是非行政的。例如一个公立学校，校长负学校行政的全责,他的主要职务是设施教育计划,聘请教职员,监督教学,管理及扩充校舍及其他教学设备等等。这些职务是行政职务。可是为了执行这些职务,就不能不用钱,用钱就会发生银钱"出纳及保管"的职务和"登账及结算"的职务。前者可以说是金库职务,后者可以说是会计职务。这两种职务都是非行政的。如果把这两种职务从校长手里分离出来,不但不会减少他的行政效能,还要增加他的办事上的便利。如果不把它们分离出来,则不仅不便利,而且可以发生弊端。因为任何机关的长官,即使有严格的预算制度经其他权力机关批准,假如在实施时出纳由他任意左右,登账也由他任意上下,他对于收入自然可以以多报少,对于支出可以以少报多,这样,账簿上所写和预算所定,表面上可以完全相合,上级机关又从哪里看得出来呢?所以要使财政监督有效,非使行政首长、管钱人和管账人三种人员各自独立不可。这三种人员隔离,已经成为现代大企业管理的铁则,也就是现代政府实施财政监督的良规。隔离的方法,就是各机关的出纳人员及会计人员,不由本机关长官任用,而由另一独立统一的机关任命,并各自对其任命机关负责而独立行使其职权。这样,在机关长官守法的时候,出纳员和会计员,当然秉承他的指挥而服务,但在违法的场合,出纳员必须拒绝支付,会计员也必须拒绝登账,而同时各自独立报告其上司。这就是所谓独立会计与统一金库的办法,而这种牵制办法,与岁计事务的统制,常常合称为财政上的行政监督。

什么叫做审计监督呢?因为看到行政人员和出纳、会计人员仍然有串通作弊的机会,认定单用钱囊账簿的隔离方法还是不够,还需要在消极方面实施审计与稽查制度。审计有事前审计和事后审计两种。比方行政长官的收支命令,事前非经审计员的审查签字,会计员不得登账,出纳员不得执行,这就是事前审查。等到开支之后,审计机关还可以派事后审计人员,去检查会计员登账及结算等事务有没有违法或错误等情形,这就是事后审计。此外,还可以派稽查人员,去就事实上作独立的调查与证实,这是和事后审计相辅而行的。稽查人员对人对事对物,都是有权稽查的。比方某一个机关,报告用有120人,其实他只有70人,像这种情形,审计机关就可以派人去调查。这是对人的稽查。又如从前北京政府时代,曾拨了一笔款子给盐务缉私队,购买缉私用的火轮,每年还有轮船修理费及船员的开支,但实际上是没有这一只船的,要是早有稽查制度,就不会虚糜公款到十几年之久了。这是对事的稽查。又如军事机关,购买皮鞋,一买就是几十万双,经手人如果对于每一双鞋,只赚一角钱,数目也就不少了。以后可以派人调查,究竟有没有折扣回佣的情形。这是对事的稽查。总之,审计和稽查的监督职权,是由行政机关以外的独立机关行使,而对民意机关负责,在欧西各国称为司法监督,在中国目前这几种职务,是由监察院的审计部执掌,所以可称为审计监督。

财政上的行政监督和审计监督,在现代国家中,都有严密的组织并且严格地执行。我国过去各行政机关,现金出纳,各自为政,并没有统一的管理,而现金出纳和登账职务,又混合不分,故各机关长官对于其他职员,也许还可公开任用,而对于会计庶务员,则非用私人不可。因此贪污便不能免。近年来国府既有主计处和审计部的设立,而会计法、审计部组织法的规定,也都注意到"独立会计"、"联综组织"以及审计稽察各项监督的实施。而独立金库的原则,也早已确定。今后的目标,是要完全做到"管钱的专管钱,管账的专管账,查账的专查账"的原则。管钱的一部分,由国库统一管理;管账的一部分,由主计处掌管;查账的一部分,由审计部掌管。至于每一个机关的会计、统计人员的任免、迁调、训练、政绩,以后都要归主计处管理。这样,贪污作弊与滥费公款的情事,就可以大大地减少了。

【问题演习】

一、国家财政,何以必须施行预算?

二、我国岁出以哪几项费用为最多?岁入以哪几项收入为最多?

三、我国共负外债多少?内债多少?

四、直接税与间接税怎样区别?这两种税制,以何种为较好?为什么?

五、主计处和审计部各有一些什么任务?

六、会计独立的意义何在?

第七章　中国经济之改造

综合以上几章所述，可见我国经济正在转变的过程中，这一个转变，是从农业国转变到现代化的工农并重国，是从半殖民地半封建的经济转变到独立自由地发展的国民经济。不待说，这一个转变，是一项非常艰难伟大的事业，因为种种障碍充塞在进展的道路中。因为这样，所以中国经济的改造，不能不根据一种适合国情而精密周到的计划，经过大规模的运动，动员全国的物力人力，去作有组织的埋头苦干。中山先生《实业计划》，给了经济改造一个基本的指针；蒋介石先生发起的国民经济建设运动，便是推动经济改造的动力。再加以西方计划经济的借镜，及合作组织的运用，则中国经济的改造，是不难获得圆满成功的。以下分节加以说明。

第一节　中山先生《实业计划》

中山先生拟定《实业计划》，是在欧战告终的时候。当时欧、美各国的工业，骤然间从军需生产转变到正常的生产，而一般人民则因战争而穷困，失去了购买力，如此，难免发生生产过剩的毛病。同时，中国却正需要输入大量的机器，来建立工厂，经营农业，开采矿产，扩张运输，及发展公用事业。假使欧、美各国把他们过剩的生产工具供给中国，如中山先生所说："造巨炮之机器厂，可以改制蒸汽辗压，以治中国之道路；制装甲自动车之厂，可制货车，以运输中国各地之生货，凡诸战争机器，一一可变成平和器具"，既可以销纳外国工厂的剩余生产品，又可以开发中国潜藏的财富，岂不是两全其美吗？所以中山先生主张国际合作开发中国实业，同时拟定具体的《实业计划》，分送国内外当局，征求意见，并向民间作广大的宣传。现在虽然时过境迁，国际合作的机会有所改变，但国际合作的原则，即利用外国资本及技术的原则，依然适用。尤其是《实业计划》本身，规模宏大，擘划精详，今后的经济建设，仍不能不奉为基础的方案。

本来中山先生的计划，虽然提出于欧战告终的时期，实际是早已成竹在胸的了。因为这个计划，是他的民生主义的具体化。他在《民生主义》第二讲说过："我们在中国要解决民生问题，想求一劳永逸，单靠节制资本的办法是不足的。……因为外国富，中国贫，外国生产过剩，中国生产不足，所以中国不单是节制私人资本，还是要发展国家资本。"他的伟大的《实业计划》，不待说，是为了发展国家资本而写的。

中山先生《实业计划》，全部包含十种事业，即：（一）交通之开发；（二）商港之开辟；（三）铁路中心及终点并商港地设新式市街，各具公用设备；（四）水力之发展；（五）设冶铁制钢并造士敏土（即水泥）之大工厂，以供上列各项之需；（六）矿业之发展；（七）农业之发展；（八）蒙古、新疆之灌溉；（九）于中国北部及中部建造森林；及（十）移民于东三省、蒙古、新疆、青海、西藏。这十种事业分见于六大计划中。现在依六大计划的次序说明。

第一计划　第一计划是以北方为对象的，包含五部分。

（一）建筑北方大港于渤海湾。地点在大沽口、秦皇岛两地的中途，青河、滦河两口之间，沿大沽口、秦皇岛间海岸岬角上。该地海水最深。若将青、滦两河的淡水远引他去，便可成为深水不冻大港。附近为产盐区域，又有开滦煤矿，繁荣已有基础。将来西北铁路干线以此地为起点，如果完成，则满、蒙、新疆及黄河流域的输出入贸易，都会要集中此港。

（二）建筑西北铁路系统。由北方大港起，经滦河谷地，以达多伦诺尔，再由多伦诺尔分三线，第一线向北偏东以达漠河，第二线向北偏西北走，以与赤塔附近的西伯利亚相接，第三线向西行，以达迪化、伊犁、疏纳与于阗，并有到恰克图及经乌里雅苏台到俄国边境的一线。全路长7 000余公里，经过地方极为广阔。如果完成，则由太平洋岸前往欧洲，以此一路线为最近，当成为欧亚铁路系统的主干。

（三）移殖人民于蒙古、新疆。这一点与铁路计划有相互为用之妙。蒙古、新疆气候不良，将来可用科学方法，施以人力的补救，使垦殖发展，所容人口必多。

（四）开浚运河以联络中国北部中部通渠及北方大港。此项工程，包含整理黄河及其支流，陕西的渭河，山西的汾河及相连诸运河。黄河两岸筑堤，使航运可达兰州。天津至杭州的运河应加疏浚，并在北方大港至天津之间筑一新运河。

（五）开发河北、山西煤铁矿源，并设制铁、炼钢工厂。

第二计划　第二计划以长江流域为对象，包括五部分。

（一）建筑东方大港，地点在杭州湾中乍浦岬与澉浦岬之间，两点相距约15英里，应自此岬至彼岬筑一长堤，堤中开一缺口，以为港之正门。该处水量很深，且近旁并无挟泥之水，日后不会填满此港及其通路，加以该地原来没有开辟，发展十分自由，又不需用高价购买地皮，故比较上海便于建设。同时中部铁路干线以此为起点，又将运河联络此港与芜湖，使与长江上游交通便利，其繁荣自当超过上海。不过对上海也当救济，其方法即改良上海港本身及整理扬子江。

（二）整治扬子江水路及河岸。由上海至汉口，分六段进行。

（三）建设内河商埠。分"镇江"、"南京及浦口"、"安庆及其对岸"、"武汉"、"长江与鄱阳湖间应行添设的鄱阳港"等处。

（四）改良现存水路及运河。如北运河、淮河、江南水路系统、鄱阳系统、汉水、扬子江上游，都在修浚的范围内。

（五）创立大士敏土厂。长江沿岸，富于水泥原料，故可建立无数士敏土厂，以供给现代建筑的需要。

第三计划　第三计划也分五部分，是以南方各省及海岸线为对象。

（一）改良广州为一世界港。广州通大洋的水路，大概很深，只有两处较浅，可筑堤防，加以浚深，使航海大船可以达到广州城下。广州既然是南方内河水运的中轴，又为海洋交通的枢纽，如果西南铁路系统完成，则广州港将和东方北方两大港有同等的重要性。

（二）改良广州水路系统。如广州河汊，西江、北江与东江，都要加筑堤防及疏浚。

（三）建设西南铁路系统。共分七线。(1) 广州、重庆第一线，经由湖南；(2) 广州、重庆第二线，经由湖南、贵州；(3) 广州、成都第一线，经由桂林、泸州；(4) 广州、成都第二线，经由梧州、叙府；(5) 广州、云南、大理、腾越线，至缅甸边界为止；(6) 广州、思茅线；(7) 广州、钦州线，至安南界东兴为止。

（四）建设沿海商埠及渔业港。如营口、海州、福州、钦州，可作二等海港；葫芦岛、黄河港、芝罘、宁波、温州、厦门、汕头、电白、海口，可作三等海港；至于渔业港，则有15个，即北方海岸的安东、海洋岛、秦皇岛、龙口、石岛湾，东部海岸的新洋港、吕四港、长涂港、石浦、福宁、湄州港，及南部海岸的汕尾、西江口、海安、榆林港。

（五）创立造船厂。至少造成航海商船1 000万吨，及大队内河浅水船及渔船，方可满足运输的需要。

第四计划　第四计划包含六部分，都是关于铁路方面的。铁路计划，前在第一、第三计划中，已经提出了西北及西南两大系统，本计划中则于西北、西南外，把全国铁路网全部拟定。

（一）建设中央铁路系统。此系统包括长江以北的中国本部，及蒙古、新疆的一部分，计24路线，共长约16 600英里。

（二）建设东南铁路系统。计13路线，共长约9 000英里，纵横于长江、珠江两大流域之间。

（三）建设东北铁路系统。计20路线，共长约9 000英里，纵横于东北四省而联结于北方大港。

（四）扩张西北铁路系统。计18路线，共长约16 000英里，构成蒙古、新疆各地的脉络。

（五）建设高原铁路系统。以西藏为中心，计16路线，共长约11 000英里。

（六）设立机关车、客货车制造厂。因本计划所预定的路线，约共长99 800公里，前面第一、第三两计划所预定的路线，约计32 500公里，其中多数干线，又应该铺设双轨，所以合计各计划的路线，至少应有161 000公里。假定这161 000公里铁路，在10年内建筑完成，则所需要的机关车客货车自必不少，所以有自行设厂制造的必要。

第五计划　前四种计划，专论关键及根本工业的发达方法，第五计划则进而阐述工业本部的如何发展。工业本部，是以生产消费资料为目的的，凡属生活的物质要件，如衣食住行及印刷，都属于本部。本计划也分为五部分。

（一）粮食工业，如关于（1）食物的生产，（2）食物的储藏及运输，（3）食物的制造及保存，（4）食物的分配及输出等工业。特别注意用机器以增加农业生产。

（二）衣服工业，即丝工业、麻工业、棉工业、毛工业、皮工业、制衣机器工业等。

（三）居室工业，即关于建筑材料的生产及运输，居室的建筑，家具的制造，及家用物的供给等工业。

（四）行动工业，即制造自动车（即汽车）的工业。全国应建筑碎石大路100万英里，通行各种自动车，如农用车、工用车、商用车、旅行用车及运输用车等。

（五）印刷工业，除在一切大城乡中设立大印刷所，由公设机关管理外，还要同时设立其他辅助工业，其最重要的是纸工业。除纸工厂之外，如墨胶工厂、印模工厂、印刷机工厂等，都要次第设立，归中央管理，产出印刷工业所需诸物。

第六计划　第六计划是矿业计划，分七部分。

（一）铁矿。除河北、山西经拟开采的铁矿外，其余各地铁矿，也应次第开采。并多设钢铁工厂于各处内地，以便利经营钢铁工业者的需要。

（二）煤矿。北美合众国，每年采煤约6亿吨，中国依人口比例，则产出之煤，应4倍于美国。中国各地发见煤矿很多，产额可以预定。

（三）油矿。我国四川、甘肃、新疆、陕西等省，已发见有油源，不能开采应用，以致外国人口的煤油、汽油等，年年增加，未免可惜。故须从速自行开采油矿。

（四）铜矿。四川、云南与扬子江一带，都是产铜很多的区域。将来工业发达，铜的需要必增加百倍。不可不适用近代机器，使有大宗的出产。

（五）特种矿的采取。如云南个旧的锡矿，黑龙江的漠河金矿，新疆的和田玉矿等。

（六）矿业机械的制造。政府应设厂制造矿业机械，以供给矿业的需要，从小规模开始，逐渐推广。

（七）冶矿厂的设立。这个应仿合作制度组织，获得纯利，按各种工人的工资，及各资本家所供给于铸炉生矿的多少加以分配。这样，对于私人矿业者可以鼓助，而工业的基础，也可以成立。

实业计划的原则　实业计划是使中国全部工业化的伟大计划，从上述各点可以明白。中山先生于作这个计划时，曾依据了四个原则：（一）必选择最有利之途以吸外资；（二）必应国民之所最需要；（三）必期抵抗之至少；（四）必择地位之适宜。他又曾指出利用外资发展之权，须操之在我。延揽外国专门技师，其条件必以教授训练中国的佐役，使能将来继承其乏，为应尽义务之一。

第二节　国民经济建设运动

国民经济建设的事实，自从国民政府定都南京以来，即由建设委员会、实业部、交通部、铁道部等机关，开始进行。加之，和国联有技术合作的关系，各项新兴事业的设计，所得裨益不少。近年来，我国农业、交通、水利、币制、税捐……各方面的改进，都有可观的成绩，无不直接间接予中国工业化以推动力。不过这些事实，仅仅是政府方面的设施，力量还是不够，所以要造成一种举国上下的经济建设运动。

国民经济建设运动的开展　廿四年十月，蒋介石先生发表了《国民经济建设运动之意义及其实施》一文以后，国民经济建设运动方才开展起来。经过几个月的宣传，到廿五年六月，于是有国民经济建设运动委员会的组织，而蒋先生即为此会的会长。

据六月三日的通电，该会除总会外，各省又设分会，各县设支会。其主要目的分为五项：（一）协助推行中央地方经济计划；（二）研究并建设各地方应办经济建设事项；（三）养成经济建设人才；（四）对各地方工农副业及特殊产品，加以扶植与奖励；（五）提倡节俭，奖用国货。因为中央对各地方应办事项不尽明了，故有第二项的规定。至于第五项的用意，也不是绝对排斥外货，实在是对生产工具的输入表示欢迎，不过纯粹消费用品，则须提倡改用国货罢了。

国民经济建设运动的意义　国民经济建设运动的用意，是促起人民去自动改善国民的经济，也就是集合全国社会与生产机关各部分的努力，来建设健全的国民经济，政府则拿所有的力量，替他排除障碍，而且给以种种的助力和便利。国民经济建设运动，以建设国民经济即解决民生问题为目的，与国家经济政策，范围有广狭的不同，因为国家经济政策于"民生"而外，更须注重于"国计"，而国民经济建设运动的本位，却是国民，它的对象则是"民生"。中山先生以民生主义为三民主义的中心，国民经济建设运动，是实行三民主义的基点，也就是民生主义实现的初步。

国民经济建设运动产生的原因　从上面所说的意义，我们就不难推知

1443

这一运动产生的原因。有的人以为振兴国民的经济，救济人民的生活，都是国家政策中应当包含的内容，只要政府努力实行就够了，何必另外作一种运动呢？却不知道中国国民经济枯竭疲敝的由来，就是人与物的脱节，是人与事的脱节，是生产要素与生产事业间的脱节，也就是生产各部门间的不相调整，不相联系，而形成整个的脱节，社会不明白生产的重要性，产业不能得到良好的环境，来成就其发展。所以想要使中国国民经济更生起来，不可不首先唤起广大民众的自觉心，不可不使人才或人力与天然资源发生极密切的关系，不可不使各种人力与生产要素为全体适当的配置，与全民为共同的结合而达到有效的发展，不可不改变一切旧观念而消除有形无形的障碍，尤其是不可不调剂供给和需要，使生产状况和消费状况互相适应。在这一运动中，政府固然有种种应做的事，但是特别紧要的是使人民积极参加，成为这一运动的主要推动力。另一方面，这一运动又不是和其他的社会运动一样，仅仅由人民团体鼓吹提倡，或者那些团体的分子遵守约束，各自努力，便可以收效的，因为它常常关连到国家的法令和政策，并且当中有许多事项，又必须依赖国家机关的政治力量去推行。所以必须集合政府人民各种公私集团一切的力量，方才能够推行到十分有效。

国民经济建设运动应有的目标　这一运动的总目标是"尽人力，开地利，均供求，畅流通，以谋国民经济之健全发展"。分开来说，则在积极方面，是（甲）增加生产总量，解决生活需要；（乙）增加工作机会，解决失业问题；（丙）增加输出产品，促进贸易平衡；（丁）保障投资安全，鼓励生产活动等数点。在消极方面，是（甲）解除阻碍生产发展之方面的原因（如捐税、产业法规、劳资关系等）；（乙）解除阻碍经济发展之内在的原因（如缺乏经营方法与人才等等）；（丙）解除阻滞货物流通的障碍（如交通、金融、运销制度等）；（丁）解除妨碍生产建设之心理的因素（如愚昧、迷信、保守、缺乏劳动习惯及忽视经济等等）。

在上述各点中，首要的急务是使"人尽其才"。这就是说，一方面使专门人才有机会贡献能力于经济建设，一方面使有劳动能力的国民，尽量发挥其劳动能力于经济建设，同时还要培养中级人员，使他们有实务的经验和指导的能力。因为必须"人尽其才"，然后可以"地尽其利"。这是我国实行国民经济建设时所不可忽视的一点。

国民经济建设运动的实施要项　这一运动的实施要项可分八点：

（一）振兴农业　对于农业，尽量增加生产。关于肥料制造，种子选择，农作方法的改良，农业金融的活泼化，农产品运销的流畅化，都由合作社做基础，来实施指导和改进。初步目标，要达到粮食的自给自足。同时增加工业原料的生产量，并且提倡农产的就地加工制造。

（二）鼓励垦牧　这里包含的是鼓吹大规模的移民垦荒与经营畜牧，实施军区屯垦制，利用集团劳力开发农村，恢复并增进牛羊马匹与农村各种副产物（如猪鱼鸡鸭之类）的生产，同时提倡各省所有荒废土地的开垦与耕作，以"地无旷土"为目标。

（三）开发矿产　中国过去矿业，地方官吏与人民，往往加以阻碍，此后务须采用积极的保护与奖励。实施事项，是调查矿业状况，及摧残束缚矿业发展的原因；建设政府，改善矿业法规；鼓励矿产投资，扶助矿商的独立经营与自由发展。

（四）提倡征工　筑路、浚河、筑堤、植林、垦荒等等，都是开发天然富源的必要条件，而且需要多量的劳力，采用征工制度，最为适宜。所以全国成年民众，应当有对国家对地方服工役的义务。关于这一点，本运动的实施事项，是赞助政府实施征工制度，鼓励民众参加义务劳动。将来要由政府明定每个人民一生对国家服义务工役若干月的期限，和每年为地方服义务工役若干日的期限，前者从事于较大规模的公共工程，后者则为着他的本县区域所在农村，作有关于农田水利道路卫生公共建筑等等的工作。在实施征工以前，必须给予民众以宣传与训练，并替他们把食物住所工具等准备得很周到，然后指导他们去实施。除一般征工外，同时实施兵工政策，以军队补助各地征工的不足，并且作为建设地方公共工程的倡导。

（五）促进工业　对农村简易工业及农产品加工制造的简单工业，提倡就在农村或其附近，按照合作系统去经营。对于一般工业，由政府分别加以保护或者奖励。一方面设立劳资调节机关，遇着劳资纠纷，即给以公平的调处。并且要赋予该机关以最后的强制执行权，借此保障企业的安全和劳动者的工作。

（六）调节消费　统计各地，特别是农村的消费品种额与数量，努力使供给需要互相调剂，对于必要的消费品，尽量由自己来生产，不能生产的，要尽可能节约其消费。此项工作，要由当地职业团体及合作社协力进行，并且要取得进口业同业公会的赞助，同时解除输出品的困难，也是本运动的任务之一，应当征求出口业同业公会的协力赞助。

（七）流畅货运 一方面尽可能发展各县各省区间的道路交通，改进水陆货运，努力设法增进货物流通的便利；一方面为各重要地区的主要农产品，如棉、麦、米、丝、茶等，设立公共仓库与运销机关。

（八）调整金融 鼓励民间的储蓄，活泼资金的融通，由政府执行健全的货币政策与汇兑政策，而人民则忠诚地加以拥护。

国民经济建设运动的初步工作步骤 初步工作的步骤，约分五点：

（一）关于调查统计的 凡是和本运动有关系的各种材料，由总机关搜集统计之，并征求全国公私机关的赞助。各地所需要材料由总机关供给。

（二）关于集中人才的 设立专门人才的调查登记机关，按照各产业机关的需要，分别介绍，如国内专家不足，则介绍国外的专家担任。

（三）关于研究及设计的 如军区屯垦制的实施，征工制度的改进，输出入贸易平衡的促进，合作社系统的扩大运用等等，都应加以实地的研究。此项研究工作，由总机关主持，或委托相当机关办理之，并且征求主管机关及公私团体的协作。

（四）关于训练人才的 招收国民经济建设运动志愿服务员，施以短期训练，使他们担任初步宣传调查及指导的工作。至于继续进行本运动所需要的服务人员，则委托各大学训练之。

（五）关于宣传及指导的 除技术上的指导，需供给专门人才及曾受较高训练的人员外，关于本运动的初步宣传指导工作，应当由下列人员担任：(1) 各地中等以上的学校员生、社会教育机关人员及小学校校长教员，(2) 各地农工商会进出口同业公会，及其他地方团体的主持者，(3) 各地已成立合作社的职员，(4) 各地驻在军队的高级长官及 (5) 各地方政府及各级自治机关职员。

此等初步宣传事项，包含改变人民漠视生产的习惯，扫除迷信苟安的旧观念；阐明各种地方经济建设及接受国家关于经济建设政策的必要，以及义务工役的意义；生产方面及经营方法的改进；其他有关于促进生产调节消费诸事项。又，已在进行中有关国民经济建设的事项，也要同时解决关于他们的疑问，并指导其进行。

第三节　合作运动

近代企业，有集中的趋势。集中的利益，在于增加生产效率，鼓励专精，减少运费和推销费，减轻资本贷借的息金，使供求比较易于调剂，而且能操纵定价，惟己所欲。这对于少数资本大王，诚然有很大的利益，但中等以下的小农、小工、小商等，就不免受少数人的压迫而无立足之地了。小农、小工、小商等，为了对抗少数资本大王而求生存，就不得不互相团结而有合作制度的产生。我们中国没有独占性大资本家，而小农、小工、小商占生产界的绝大多数，他们在帝国主义经济势力压迫之下，生存感受威胁，也非常需要互相团结起来，以资抵抗。同时凭借团结的力量，可以作大规模经济事业的设施。故合作运动是国民经济建设组织方面的主要基础。以下就合作的一般内容及我国合作运动的现状分述之。

合作事业的主要原则　合作社成立的初步，每个社员的加入，都是为了本身的利益，可以说合作社是为个人谋福利的机关。但是合作社和别的为个人谋利益的机关不同，它并不限制任何人的加入，只要他了解合作的利益，即可入社。社务发达起来后，合作社又需经营许多教育的、生产的、利用的各种事业，以为大家服务。所以谁加入了合作社，使社务发达，不但是在为个人谋利益，而且实际也在为大家谋利益。合作事业实在具有"人人为我，我为人人"的精神。合作事业有三条主要的原则，是承袭1844年英国罗赤得尔（Rocdbale　地名）合作社而来，那三条是：

一、社员无论认股多少，每人只有一投票权。

二、向合作社投资假使是有利息的，这种利息不得超过最低的通行利率。

三、赢余除提出公积金及教育金外，其余按各社员在该社的购买额比例分配。但有时雇用者也得依照工资大小享受赢余的分配。

这几条原则都有很深的用意。如第一条，是防止大股东的操纵的，普通以利润生产为目的的工商组织，所有主权全为大股东所垄断，因为投票权是随股款多少而定的。合作组织，就纠正了这个毛病，而合于民主精神。第二条的用意，则在限制财产的所得。合作社的股本，和借款性质同样，故其利率应该以市场利率为标准。第三条非常重要，因为一个公平的价格，绝不应超过成本太远，现在把赢余摊还于购买者，便是求价格的近于成本而表示公平。有人说这是根本打消利润制度,这句话似乎是有条件的,但在一定范围内打消了利润的独占,却是毫无疑问的。

再有一点要注意的,就是社中物品售价,应与市价相等,这是避免和一般商人的直接冲突。

合作社的种类 合作社可分为消费合作社、生产合作社、贩卖合作社、信用合作社等数种。不过一切合作社,都可以说是广义的消费合作社之简称。因为消费合作社是所有合作社的基点,也是合作运动的初步。合作社的社员固然不排斥有钱的人,但有钱的人并不感觉合作社的必要。只有穷苦的人,是合作社的主要社员,他们最需要的是购物省些钱,故消费合作社就适应他们需要而首先产生。加以消费合作社,资本大小,最可伸缩,营业又比较安稳,也是消费合作首先成立的原因。消费合作初步业务,不过是购买大批货物供给社员,等到业务发展以后,合作社又可以自己设立工厂、农场,自己制造物品;甚至进而创办银行,建设铁路,置办轮船,一切经济生活都由社来经营。这样一来,由消费合作为基础,不是可以包括贩卖、信用、生产等事业在内吗?不过,上述的方法,虽然是合作运动的正轨,但因各地方特殊情形,不能从消费合作做起而先就一种特殊业务开始,也是常有的事。所以合作社的分类,仍有必要。

狭义的消费合作社,也可称为购买合作社,业务的中心,全然是供给社员以需要的物品,和普通的零卖商店一样。所不同的是,商店以营利为目的,所有利润都归了商店主人,而消费合作社的盈余,则分还给消费者。此外消费合作社还有种种事业给社员服务。

生产合作社,也可称为制造合作社,对于小生产者最为合宜。在资本主义社会,大资本势力比小资本优越。一般小生产者,只有结成生产合作社,才可以救济资本及其他能力的不足,并抵抗大资本的压迫。

贩卖合作社,和购买合作社恰恰立于相反的地位。贩卖合作社是把社员所生产的物品,直接贩卖到消费市场去,以避免中间商人的剥削,并获得集合贩卖的利益。这对于一般小生产者功用最大。因为小生产者的生产品数量不大,自己没有力量直接贩卖到消费市场,非经过许多中间商人的手不可,结果所有的利益大部分给商人剥削,生产者常常收不回成本。贩卖合作社便可以补救这种缺陷。

信用合作社,作用和银行、钱庄相似,而性质不同。信用合作社的业务，是放款给社员，或吸收社员的存款，这和普通的金融机关相同；但普通金融机关以谋利为目的，放款的利率很高，并且常常要求很苛刻的抵押，而信用合作社则全以服务为目的，利率很低，往往凭社员的信用，不需要抵押，即使需要抵押，那条件也平和。

合作事业的起源和发展　合作社的起源是在工业最先发达的英国，1844年英国罗赤得尔地方，有28个纺织工人，他们看到物价的高涨，中间商人的剥削，以及市场商品的多属劣等货诸点，于是各人出资1镑，集合28镑资本，在11月21日，开设了一个小小的店铺。他们把本来要给商人侵蚀去的利润，省了下来，在一年之内，竟至积蓄了140金元。这使他们的信念更加坚定下来，于是他们具体地订立了合作社的三个原则。这三个原则不久即为各地所采用，奉为合作主义的信条。

自从罗赤得尔合作社成功以后，英国的合作社便增加了很多。在1863年,各合作社联合起来，组织了批发合作社。1913年，批发合作社举行50周年纪念时，其势力差不多支配了大部分英国人的生活，现在英国全国有一千三四百个合作社，社员达500万以上，英国1/3的家庭都已成为合作社的社员。

合作运动虽然开始于英国，但英国并不是合作社最发达的国家，现在丹麦、瑞士、德国、捷克斯拉夫、芬兰、苏俄等国的合作运动，比较英国更为发达。

即如华伯士《什么是合作》一书所载，一个小小的瑞士，合作社员共有三四百万人，全国合作联合会所属消费合作社有六七百所，还有许多的合作自来水厂、电气厂、合作银行等。德国有消费合作社二千四五百所，合作银行2 000多所，居住合作社4 000多所，社员总计500余万人。奥国仅维也纳一处，已有合作社数百所，社员近20万人。捷克的合作社种类很多，有一个消费合作社设有200所以上的合作店铺。丹麦以农业合作著名，丹麦合作运动起源于农产运销供给社，现在丹麦全国合作协会所属合作社约2 000所，社员30余万人。依照人口计算，合作社社员的人数比率，要占各国最高额。苏俄的农业合作社，也很发达，此外还有消费合作社、工业生产合作社很多。单就1933年合作社生产的工业品价值而言，即有500 800万卢布之多。

中国合作运动的发展　中国合作事业的历史，并不很久，大概在五四运动的时候，合作运动的思想传入中国，有许多著作家时常提起它，方才为一部分中国人所注意。中国合作运动的初期，薛仙舟先生在宣传鼓吹与组织的方面，尽了许多力。中国的第一个合作社，上海国民合作储蓄银行，便是薛先生所创办的。1920年间，复旦大学诸合作同志，在薛先生领导下，组织了一个平民周刊社，是初期合作运动的有力宣传机关。1921年，该周刊社改组为平民学社，进一步进行实际的合作运动。于是各地的合作社，逐渐产生。

自从国民政府定都南京以后，因党国的提倡，合作运动颇有迅速的进展。据中央农业实验所调查，在二十一年八月卅一日，全国有3 069所合作社，到二十二年，增至5 335所，到二十三年，计9 341所，于廿三年底，共有14 649所之多。又据该实验所第二次全国合作社调查统计，截至廿四年十二月止，全国共有登记备案的合作社26 224社，社员1 004 402人，平均每社有社员38人，此外还有预备社及互助社332社。廿四年一年内新增的合作社共12 517社，社员486 290人，但合作社的被解散者，也有1 084社之多。

就我国现有的各合作社按质分类，则信用合作社最多，占59%；运销、生产各占9%；利用占4%；购买占3%；兼营占16%。

信用合作社，多半是从各银行借款，借给社员，廿四年内放款金额共9 956 674元，平均每社员的流通资金为9元9角。

合作社又有兼营食粮储押的，即由合作社设置农业仓库，凡农民借款，可以粮食为抵押品，储存仓库中。山东邹平实验县还有"庄仓合作社"的名目。银行投资经营粮食储押的颇多，许多农仓是由银行直接办理的。

运销合作，也多由银行投资办理，以棉花运销为最显著。此种合作社，大抵在生产时期社员需款的时候，放款与社员，凡加入合作社的农民，须将全部生产物（例如棉花）交与合作社，可向社中预支物价，社中则将产品向银行抵借以为支付社员之用。银行放贷款前，可先将收得的农产，纳入仓库，到借款偿还时拨出。由此可见，运销合作和农业仓库粮食储押也有关系。运销合作社必须取得市场的相当联系以及运输上的各种方便，才能够以有利的条件销售其产品。

利用合作社的用意，是想就我国小农制情形之下，而获得集体农场及逐渐改善农村土地制度的实效，开始实行于剿匪区域。其要旨，即合业主、佃户、自耕农为一体，凡属各该农村整个的土地，由利用合作社社员分别经营，社中多替他们整理土地，以增进耕作的便利。凡耕作器具、耕作技术及一切防灾防虫的设备，不是农家所能独力举办的，都由合作社统顾兼筹，代为购置，并替他们经营管理，以供社员共同利用或分别利用的需要。

互助社是灾荒区域的组织，可以不必在政府登记，其主要业务在于承受农赈贷款，分配使用，以便恢复农事。这是华洋义赈会指导农民创办合作事业的一种组织。但也有比这个稍微不同的互助社，即如江苏省的生产互助会，是一种平常的借款团体，不限于灾荒区域，其组织由农民7人形成，彼此负连环保证责任，无须指导及登记，每次向农民银行借款，最长不得过1年，每人借额不得超过50元。

中央农业实验所统计中所谓购买合作社，包括农业供给及消费两种合作社，而供给合作社，也就是着眼于节省农民消费，使日常消费获得低廉的供给。至于生产合作社，则包括农业、垦殖、养蚕、养蜂、养鱼、森林、畜牧、储藏、盐业、渔业等合作社。

我国合作社的缺点及其改进 据郭午峤氏说（见廿五年八月七日《时事新报》）：我国合作社有几个重要缺点：（一）组织不健全，多为一时的补救设想，而没有根本的计划，信用合作社占大多数的原因，也是因为一般农民利用合作社作事后的补救，而不是求生产的发展。因此，就常常不能维持永久的生命。（二）豪绅操纵，如山东菏泽的农村互助社，社员须有10亩以上的田产，贫农没有加入的机会。定县各合作社，其经理大半是富农或村中有最大势力者，故银行的低利借贷，常常被土劣自借，冒名借出，转以高利贷剥削贫农。（三）借贷限制，如浙江国溪县合作社，农业仓库抵押品，必须价值20元或50元以上的物品，中小农民，没有此种价值的物品，大概都把农产品以最廉价格卖给经理仓库者，经理仓库者收集后，等待价值上腾时，再行出售。（四）人材缺乏，办理合作社的人，多半不是专门人才，既没有整个计划，而办理上又多违背经济原则，故我国合作社数量上虽发展得快，而质量则不进步。

据信用合作专家英人史脱兰氏说："中国合作运动的特征，是发展过于迅速，而且趋向于竞争的道路。但对于社员合作教育的灌输，则不大理会。所以，健全的合作社，很难产生。"不过他又指出"中国农民对合作事业最有希望，因其重信用，能刻苦节省"。此种观察，由河北华洋义赈会办理合作放款，及湖南棉业试验场办理农村贷款的经验，可以证明其正确。我国农民，有如此的道德观念与经济意识，合作前途大有希望。不过进行时应注意数点：（一）合作社须保持独立性，不可完全依赖政府的指导，或银行方面的贷款，因合作社是自助互助的团体，不应变成合借社。（二）合作社的指导机关应有联络，全国合作社应有一个总的组织，使工作计划能互相一致，工作经验能互相交换。（三）信用合作应尽可能兼营其他合作业务，使社员与合作社有经常密切的关系，因而对合作社发生兴趣，而合作社的实力，也可以因此增大。此外对于社员的合作教育，也要极力注意。至于豪绅操纵，借贷限制诸点，只要组织健全，有统一的计划与指导，自然可以消灭。

第四节　计划经济

中国经济的改造，是非常艰难而巨大的事业，必须用国家力量来担负，才能够有成就。加之，中国以三民主义立国，不能不朝着民生主义的目标迈步前进。所以中国必须实行计划经济。

中山先生的《民生主义》演讲，明白地指出："资本主义是以赚钱为目的，民生主义是以养民为目的。"从这个目的上的差别而发生的特征，在前者则是无计划的生产，其结果必至对内经济恐慌，对外经济侵略；后者是有计划的生产，则不至于有恐慌与侵略的事实发生。

中山先生的《实业计划》，则是民生主义计划经济的基本方案。

计划经济在理论上固然是新中国建设必由之路，而在事实上也不得不这样做。因为中国经济落后，想要迎头赶上先进各国，需要很经济很迅速的方法，此其一。中国在帝国主义经济势力压迫之下，如果不用整个力量来建设，则不能打破种种的阻碍，此其二。现在各先进国家，如苏联则有两次五年计划的实施，如德、意、美都有统制经济的成绩，有计划的经济成了时代潮流，我们中国绝不能违反大势，甘于落伍，此其三。

以下再就计划经济的理论与实际加以剖析。

计划经济的概念　什么叫计划经济？第一，计划经济是有组织的经济；第二，计划经济是非个人的经济。严格说来，只有社会主义的生产关系下之经营方式，才算得计划经济。因为只有社会主义经济，才是彻底地非个人的，也才是完全地有组织的。资本主义是立足于私有财产的基础之上，盲目地为市场而生产，这就是以"个人的"及"无组织的"为特征，自然没有完全实现计划经济的可能。但是资本主义发展到最高阶段，独占渐渐代替了自由竞争，有计划的生产也产生了，这就是由各资本家间的协定，以维持价格绝灭自由竞争为目的而行的统制。虽然这时候，资本主义的统制本质上仍然维持私有财产制，但所谓独占者并不是个别的企业家，那是比之资本主义初期无政府状态合理得多了。同时，这时候国家自身成为一大资本家，许多产业收归国有，虽然由此所得的利益，仍然大部分归到资产者方面去，可是产业社会化的基础是确立了。故就计划经济的广义说，我们不能不承认资本主义后期也有其计划经济。

有些学者以为社会主义的计划经济，就应当叫做计划经济，至于独占资本主义的计划经济，就应当叫做统制经济。这样的设定区别，在本质上诚然必要，但在形式上统制经济也是有计划的经济。另一方面，实行计划经济的苏联，它也模仿资本主义的"新狄加"、"托拉斯"等组织形式，可见在形式上是没有什么分别的。

我们中国一方面没有独占资本主义，另方面又不能即时实现社会主义，我们民生主义的任务，是从扫除资本主义发展的障碍出发，而朝着非资本主义前途迈进的一个长远过程，故在本质上，不能和上述两种范畴中的任何一种作机械的比拟。我们只要把握着计划经济的形式，使它成为民生主义的工具而已。

计划经济流行的动因 计划经济为什么流行于世界各国，这并不是偶然的，考其动因，约有七点：（一）资本主义本身缺点的暴露，不得不采用计划经济去弥缝；（二）世界经济大恐慌的困扰，如生产减少1/2，物价跌落一半以上，国际贸易减少2/3，失业人数增加五六千万，这种严重局面，非用计划经济的力量是不能打开的；（三）欧战中战时计划经济的经验，比方，为总动员全国资源及劳动力起见，对于各自的国民经济，采用集权制，管理农工业及贸易；分配消费则设摊分制（Ration System），对有关军需的资料执行更为严格；又颁布劳动非常法令，不论在作战方面、运输方面、生产方面，都受严格的统制等；这些经验在目前非常局面，即经济危机与战争威胁的局面下很可以利用；（四）产业合理化即科学管理法，从德国开始后，各国仿行，企业上颇获利益，这种科学管理本来仅属于一个企业单位以内，现在既有成效，则不妨推广应用到整个国民经济；（五）苏联五年计划的成功，如第一次五年计划，以4年3个月完成，结果：工业生产增加2倍，重工业则增加2.5倍，比之战前，工业增加3倍的生产，而重工业则增加4倍以上；播种面积，比之1927—1928年度，增加2 100万公亩，用机器耕田，用飞行机播种，数秒钟内播种数千万顷；国民经济工业化，农业人口比较减低；社会化生产的投资额，从前占总投资额41.9%（1923—1924至1927—1928），而在此5年间占87.5%，即增加5倍。这种成功的刺激，使各国都觉得要在资本主义机构下仿行计划经济的办法；（六）美、德、日、意等国，独占资本压倒一切的势力，都已形成，他们迫切地要求对国民经济的统制，要使得他们的经济统治完满无缺；（七）近年来世界上几个强大国家，用关税政策、货币政策等，各自团结其殖民地及其经济势力支配下的国家，形成了几个大的集团，这种集团经济的发展，便使自由放任政策归于没落，而统制政策抬头。

计划经济运动的发展　计划经济的开始实行是在欧战时期，其发展可分三个阶段：

第一阶段是战时计划经济试行时期。其实施事项包含国民总动员，产业总动员（优先制度、原料统制、价格统制、农业统制、摊分制度），交通总动员（陆上运输、海上运输与贸易、船舶的统制），金融及财政的统制（债务延付令、纸币增发、维持贴现、管理汇兑、集中现金）。

第二阶段是产业合理化运动时期。科学管理是美国泰罗（Taylor）氏于1916年所创设，至1924年方才具有世界的意义。首先厉行此制的是德国。德国设有经济管理局来执行，其任务有两方面：（一）在生产过程上，采用自动工作机，传送制度（Conveying System）等；（二）在流通过程上，扩大贩卖部，完成独占组织等。产业合理化的结果，使资本主义曾有暂时的（1924—1928）稳定。

第三阶段是国际的风行时期。这个时期，不仅以国家为单位的计划经济，以经济集团为单位的计划经济，成为普遍的运动，而且以世界为单位的计划经济，也提出于议事日程了。1933年8月，居然有所谓"世界计划经济会议"，开会于阿姆斯特丹，不仅英、美、德、法、日、意等国参加，即苏俄亦有代表参与。在会议中，美国代表主张在资本主义经济制度之下实行计划经济，并且参加世界经济的计划统制，而苏俄代表则认为不可能。虽然此次会议，对于计划经济，毕竟没有什么贡献，但也足以证明计划经济运动的国际化了。

计划经济实施的前提 苏俄代表奥新斯基在"世界经济会议"上，曾经否定资本主义制度下施行计划经济的可能性。他的理由是：计划经济的基础，在于生产的计划化；各种生产品都有其生产计划，同时分配及消费的计划化，也是应有的。而"供给对需要之适合，是社会主义经济制度的特色"。在资本主义，则与此相反，常常供给超过需要。在资本主义底下，利润的追求与市场的无政府，乃是必然的形态，所以资本主义经济制度底下，计划经济不能成立。我国有些学者也认为，计划经济实施的前提，须具备（一）劳动独裁，（二）生产手段及分配机关的社会化，（三）废除阶级差别，（四）提高经济及文化水平，（五）指导集中，生产集中，（六）消灭都市与农村间的矛盾，（七）消灭民族间的不平等，及（八）发展文化及科学各点。此外还有三大原则，即：（一）参加的人，其社会的经济的条件都要平等；（二）实行者和计划者须具有同一的人格；（三）直接生产者须是站在主人的地位。

究竟计划经济实施的前提，果然必须像他们所说的那样吗？这是尚待讨论的。不过我们可以拿他们的话作一种参考罢了。

我国实施计划经济的必要 我国何以必须实行计划经济，前面已将理论及事实上的要点说明，现在再将经济专家马寅初氏的指示，摘述于下。马氏以为我国必须采用统制经济（即计划经济）的理由，有七点：（一）今日中国正当危难之秋，人人都想团结御侮，其向心力甚强，政府正可利用人民的心理，而领导其组织。（二）今日的生产者，其动机无不为自私自利，若无社会以制裁之，则彼等剥削劳工与消费者，将无所不用其极。统制者即所以约束彼等的行为。今日中国的商业道德，极为堕落，故亟有统制的必要。（三）我国煤虽多而铁少，煤矿又过于分散，其大者则又落于外人之手，重工业的基础已失，故中国不能从资本主义而成大工业国。（四）即国家可以支配的煤矿，距离海岸太远，运费昂贵，沿江铁矿，大都抵押日本，一时又不易收回，因此大工业的集中发展，不容易办到。（五）工业幼稚，不堪与外货竞争，日本维新之际，各国正忙于非洲、南美、澳洲等殖民地的争夺，无暇东顾，所以能够从容布置，中国现在已没有从容布置的优势，绝不能走自由经济的路。（六）从前资本主义国家，只用关税政策，拒绝外国货物进口，现在加上一个货币政策，鼓励大量的国货及资本出口，以侵略弱小国家的经济。故今日保护幼稚工业，除保护税外，尚须通力合作，用统制的方法，发展国内工业，以与之相抗。（七）倾销政策，或与货币政策相联系，或单独施行，总之是今日经济竞争的武器，贫弱的国家，除统制外，无法抵抗其潮流。

马氏又指出货币政策与倾销政策，中国不能仿行，因中国还不是自由独立的国家，有不平等条约的束缚。

我国实施计划经济的可能性　有一部分人对于中国实施计划经济的可能性，估计得很低，他们的理由，不外下列三点：（一）中国产业没有现代化，不仅金融资本的脉络没有深入产业界中，连产业界的组织基础也没有，凭空实施统制经济，一定失败。（二）中国政治及社会的机构，都是一盘散沙，没有实行统制经济的集中力量。（三）帝国主义的资本侵略，已经深入中国的领域，不许中国自由自在地从事建设大业。

但是主张实行计划经济的学者们，就说计划经济是金融资本主义世界的产物，不是国家的产物，我国金融资本虽然幼稚，并不能妨碍计划经济的实施。至于中国社会机构的涣散，未必不正是民间希望国家实施统制的基点，而且像那些资本国的阶级对立及产业界对立的深化，常常增加统制上的困难，中国是没有的。可见弱点所在，同时也有强点。再检讨帝国主义对中国实施计划经济，将具如何态度，则当知帝国主义的侵略有其本身的必然性，绝不因中国的实施计划经济与否而有所不同，也许他们因为"投资的安全"起见，还相当地希望中国经济建设的计划化。

马寅初氏更说得明显，他说："中国容易实施统制经济之理由：（一）中国实业界领袖，其资力远不及美国之所谓钢铁大王、煤油大王者，尚属易于制裁。（二）中国政府除理应归国营之事业，如电气事业等外，并无收私产为国有，而亦无与民争利之意，不过领导私人之组织（按，系指各业联合会），使其为有计划的行动，反对者自属不多。（三）统制经济，世界各国，均雷厉风行，中国则实行温和的统制，外人（按，系指帝国主义者）当不能如反对苏俄者之态度，加之于我，友好者或且赞成而扶掖之也。"

由此看来，我国实行计划经济的可能性是很大的，不过不能操之过急，而应遵守"温和的统制"原则罢了。实施此等"温和的统制"，不但不能仿行俄国式的计划经济，也不能仿行德、意式的统制经济。俄国式的不能仿行，理由虽然很多，而主要的是主义不同，这是无需多加解释的。至于意、德两国，虽其资本主义与我国的民生主义，目的相反，究竟社会经济的体制，实际上并不怎样悬隔，然而仍然不能机械地仿行者，则因为他们是自由独立的强国，而我国是在不平等条约束缚中的弱国，两者的国际环境大不相同。

  我国实施计划经济的实际 以上所说，是我国应当实行计划经济的理论检讨。现在且看我国实施计划经济的实际情形如何。本来，如果要彻底地施行计划经济，则不能不首先废除不平等条约，及实现中山先生"耕者有共田"的主张，借此排除帝国主义及封建残余的两大障碍。但我们现在既然处于不得不采取"温和的统制"原则的地位，则排除障碍的工作亦不必过于急进。不过，无论如何，所谓计划经济，一定是要有一个全盘的计划。所以，目前我国虽有某些"省计划经济""中央实业部四年计划"以及局部的产销统制，如蚕茧统制、红茶统制等，仍然是枝枝节节的，还不能算做真正的计划经济。特别是"省计划经济"，如果不是在全国总计划底下形成有机体的一部分，而仅仅以"省"为本位，则不仅无补于整个国民经济，有时反要妨害它。至于中央一部的计划，虽可作计划经济的萌芽看，当然也是不够。今后应当有一个更周密而包括一切部门（如交通、财政、水利以及农工商业等）的计划，而这种计划，只有由一个最高的计划机关来统筹，才能实现。

【问题演习】

  一、中国经济何以必须改造？
  二、中国经济改造的目标是什么？
  三、中山先生实业计划与民生主义的关系是怎样的？
  四、国民经济建设运动，在中国经济改造过程中具有何种意义？

杨教育长报告集第三辑

第一分册
历史的教训和任务

两个伟大的纪念日

——二十八年五月二十九日 总理①纪念周报告

内容提要

一、近百年来封建势力与帝国主义勾结，阻碍中国革命势力发展。"五卅"运动是由于中国人民反抗帝国主义压迫而起的群众运动。

二、中国人民在"五卅"运动中用自己的力量保卫自己的祖国，给帝国主义者以打击，提高了民族的自信心与自尊心。

三、"五卅"运动表现了民众力量的伟大，影响到北伐革命能以劣势的军队，战胜优势的北洋军阀，使帝国主义为之发抖。

四、纪念"五卅"应加强团结，肃清一切主和分子，以自力更生的力量驱逐日本强盗，建立新的中国。

五、"六三"是中国禁止外人输入鸦片，防止白银外流，维持国民经济及民族生命而引起的事件。

六、鸦片战争是中国历史上一个时期的事件，从此中国成了世界的中国，帝国主义的枷锁便加在中国的身上。

七、纪念"六三"要唤起全国人民切实禁烟，粉碎敌人的毒化政策，充实抗战力量。

各位同事，各位同学：

　　这次纪念周是第九周的纪念周。打算将"五卅"、"六三"纪念合并在此举行。所以，今天主要的报告是关于"五卅"纪念和"六三"纪念的意义。

---

① 指孙中山。

一、先把"五卅"纪念的意义作一简单报告

（一）"五卅"运动之发生与"五卅"前的中国局势

"五卅"运动以前，中国国民党在民国十三年一月一日的第一次全国代表大会中，决定了许多对内对外政策，这些政策表示着国民党在飞跃地进步。这是因为中国国民党在总理领导下改组，把全国各地优秀的、坦白的、勇敢的、热情的青年都收纳在国民党下，都集中在黄埔军校。因此当时国民党所领导的国民革命才使帝国主义恐惧，害怕。我们可以说当时国民党的飞跃进步，已直接打击了中国的封建军阀，间接打击了封建军阀所赖以生存的帝国主义。因为帝国主义对半殖民地或殖民地国家民族的一贯政策，在政治上是扶助其最落后最反动的力量，去打击最进步力量的。所以在中国我们也能看见反动的封建军阀和帝国主义勾结来摧残进步势力，阻止革命势力发展的事实，这在中国历史上还可以找出更多的明显的例子。

"五卅"惨案的发生，即因帝国主义害怕中国进步的革命势力的发展，而对之加以直接压制的具体例证，这次的直接压制，超过过去他们一贯利用封建势力以阻止进步的革命势力所用的一切方法，因为他们感觉旧时所用的压制方法太不够了，封建军阀已不能满足他们的要求了，所以才亲自动手，用枪用炮屠杀中国人民，压迫中国进步的革命势力。

本来对国际政治稍有几分认识的人，都会明了帝国主义在政治上经济上采用怎样的方式来侵略中国的。但是中国人民的知识水准很低，不能了解这点，所以帝国主义将枷锁加在全中国人民身上，已经整整一百年了，大家还没有清醒，还没有明白的认识。莫说五十、三十年前，就是目前在穷乡僻壤的地方，老百姓还是不知道帝国主义怎样压榨我们，吸我们的血，吃我们的髓骨。因为帝国主义政治的经济的侵略，是杀人不见血的。但在"五卅"事件中帝国主义却在全中国人民面前，开始暴露其狰狞恐怖的真面目了。同时也因此而掀起中国人民直接的反帝运动——中华民族争取解放的伟大运动。

（二）"五卅"运动的意义

在当时，帝国主义者不但在上海杀我工人、学生和市民，在广州的沙基、湖北的汉口也同样的杀我市民、学生和工人。帝国主义者不仅将其疯

狂恶态、狰狞面目暴露给全上海的民众看，同时也暴露给中国中部的汉口、南部的广州等大都市的中国人民看。这即无异说全中国人要好好地服从他，要规规矩矩地受他支配，受他剥削侵夺，千万不要反抗，要是反抗那就对不起，就是拿枪和炮来对付。可是四万万五千万的中国人民，真能受帝国主义者的支配吗？不能！中国人民不能受帝国主义者的支配。因此上海、汉口、广州沙基的农、工、商、学、兵都起来作广大的反帝——反英日运动。而且马上就成为帝国主义侵略中国以来，最伟大而最有力量的反帝运动。香港罢工使香港变成臭港、死港，即中国人民不受人支配，并且具有强大的反帝力量的明证。

"五卅"运动这狂大的潮流，影响了全中国人民，说明全中国人民不会一辈子帖帖服服地受帝国主义的压迫，我们要起来做中国的主人翁。所以帝国主义用武力来镇压我们的革命运动，我们就要给打击者以打击，就要以牙还牙以血还血。我们黄帝的子孙都是有热血的，我们接受了祖先和民族遗产，我们要用力来保卫我们自己的祖国。"五卅"运动既是一个信号，又说明了中国人总有一天要做他自己的主人翁。帝国主义企图勾结中国军阀，或直接用武力压迫中国的革命运动，都是不会成功的。同时亦即强固了我们民族自信心与自尊心。早几十年，乡里有"百姓怕官，官怕洋人"的俗语，但我们这怕洋人的心理却已被自信心完全扫荡、洗刷。我们坚信我们的奋斗会使中华民族得到平等与自由。

(三)"五卅"运动的影响

"五卅"运动是北伐革命的序幕，是北伐的信号。所以"五卅"运动后接着的是北伐。因为"五卅"运动使大家有了自信心，不怕洋人。而全中国人民的反帝力量，亦使帝国主义害怕。所以当时国民党所领导的北伐能推翻帝国主义在中国的势力，能推翻和帝国主义勾结的军阀。而这亦正是当时全国人民的一致要求。所以当时的口号是工农商学兵大家都联合起来。这正说明中国国民革命的全民性。由那一次革命运动的发展，更证明了总理所说下面两句话："与人民结合的武力才是最有力量的武力，有主义有信仰的武力能以一当百"的正确。

在北伐的当时，我们所看见的北伐军只有八个军，每军只有三个师，而且每军还要分出一师留在后方，这样八军人就只有十六师，只有十几万人的光景。在武器上虽有苏联的相当接济，但极不整齐，极不一致。我们知道武装的不整齐是极不利于作战的,中日战争便是一个明证。又当时粤汉铁路尚未完成,革命军完全靠着两条腿跑路。根据地又只有广西、广东和湖南的一部。广西当时没有钱,单是广东一省又供给不起这样多军队,所以当时财政上也是处于劣势的。在敌人方面,吴佩孚、孙传芳却每人都有三十万军队,合起来要等于革命军的四倍,并且有最精良最进步的器械,有后台老板英帝国主义的借款,和长江、平汉、南浔等路的交通。总之,对方不论在军队的数量,配备和财政的供给上都比国民革命军优越若干倍。但是,国民革命军仍能以少胜多,以低劣的武器战胜优良武器,这不能不说是革命军和民众结合的结果。因为当时正是反帝反封的浪潮高涨,对执行反帝反封任务的革命军,人民是没有不乐于帮助的。因此我们不但能亲眼看见老百姓替国民革命军送茶烧饭,为革命军宰杀大只的猪,给革命军带路,而且在敌人后方广泛地发动起来扰乱敌人,打击敌人。这样能代表人民的要求,和人民结合在一起的军队,当然要无往而不胜。所以打到汉口就收回汉口英租界,打到九江就收回九江英租界。真是以牙还牙,以血还血。全国人民的伟大力量使老牌的英帝国主义在我们的面前发抖,屈服,不得不规规矩矩地交还租界。

(四)今天我们该怎样去纪念"五卅"

当然,"五卅"运动时工人是以最勇敢的姿态站在反帝的最前线,但中国国民革命是全民性的,所以北伐时便是工、农、兵、学、商的大联合。我们今天也正是不分阶层,不分贫富,不分派别,只有汉奸除外的全国大联合。在"五卅"的当时,我们看见帝国主义屈服在我们全国大联合的力量之下;在今天我们也必须团结全国的力量,才能使日本帝国主义在我们的面前发抖。所以我们今天应学习"五卅"的精神,要巩固团结,集中意志,集中力量去对付日本强盗。这是一。

其次,在二期抗战的今天,我们已看见有不少动摇分子,不忠于民族国家的分子和汪精卫、周佛海之流,正在进行其出卖民族,出卖祖国的勾当。我们既知只有全民族力量团结才能使帝国主义屈服,在纪念"五卅"的今天,就应肃清一切主和分子。我们要把主和分子和他的代表者一脚踢出去,使他在全国人民的面前完全暴露其丑恶的本来面目。

第三,由"五卅"运动到国民革命军北伐,我们可以看见中国人是有意志的,我们已能用我们自己的力量写出我们自己的光辉历史。虽然帝国主义者在联合他们的力量,成为联合阵线以屠杀我们,但我们却能以自力更生的力量给他们以回答。省港罢工与十六年革命军北伐正给他们以大的打击。所以我们今天纪念"五卅",不要忘记"五卅"自力更生的创造精神。我们要凭我们自己伟大的力量去创造我们的历史。我们要驱逐日本强盗出境,建立新的中国。当然,我们并不忘记中国不是孤立的,世界的和平是不可分割的。我们之所以强调自力更生,是为着要打破等待主义、机会主义、依赖主义的错误观念。我们不能把自力更生与孤立相混。正相反的,我们要认识我们是世界和平阵线的堡垒,我们要做坚强和平的堡垒,就要接纳更多的朋友,孤立敌人。

二、关于"六三"纪念的报告

(一) 纪念"六三"的意义

"六三"是1839年(道光十九年)发生的事,距今已经整整百年。是帝国主义的枷锁加在我们身上的一百周年。所以今天纪念"六三"有特殊的意义,尤其在二期抗战的今天来纪念"六三"更有其特殊的意义。

"六三"大家都知道是中国禁止外人输入鸦片,而引起的事件。鸦片在唐朝输入甚少,大家只把它当作药品来用,后来大家吸食成了嗜好,没有它就不能做事,所以后来输入渐多,到清道光年间是顶多的时候。因为最先用近代帝国主义的侵略方式向我侵略的,是老牌的英帝国主义,它不同当时的西班牙、葡萄牙那样只是以货换银的随便做些买卖,它是有计划地收买印度许多地方,成立东印度公司,用最进步的方法去进行东方的贸易的一个国家。中国便是在这情况之下,被输入大量鸦片。

鸦片输入的结果:第一是使我们的白银外流。我们的银子宝贝一批一批地向外流,制钱的价格就一天一天地低落,白银的价格也一天一天地高涨,用制钱的老百姓就更加吃亏,生活就更加难过。因为完粮的是制钱,纳税的也是制钱。虽然纳税好像只是商人的事,但羊毛出在羊身上,结果还是老百姓吃亏。所以我们说鸦片输入的结果,第一是使我们的白银外流,老百姓和政府都大受影响。第二是鸦片一吸,可以灭种。现在还有很多人吸鸦片,吸鸦片的人是站不到两个钟头就会倒的。从前四川的轿夫抬着轿走不上几里路便要吸烟,乃至吸食的方法都合理化:一间茅屋,伸出两支烟枪。抬着轿的轿夫可以连轿都不放下站着就吸,吸了再走。这样有钱的人吸，没钱的人也吸。所以林则徐说：鸦片是非禁不可，否则国穷民弱，数十年后人民将无力纳粮，全国将无可练之兵。各位将来是担任乡村工作的，在乡村里一定可以遇着许多抽鸦片的人。抽鸦片的人都是顶会引诱人家的。最初你不会抽的时候，他很大方的请你，说是玩玩，耍下子，可是到你上了瘾他却不再这样。所以他们是最慷慨而又最小气的。他们又是白天当夜晚，晚上当白天，简直是变了鬼，弄得面黄消瘦，背弯腰曲。而且有些是丈夫抽，妻子抽，父亲抽，儿子也抽，全家都抽。这样我们的民族国家便受极大影响。所以，各位同学出去做禁烟工作，也要从国家民族的利益上着眼，才能发挥禁烟的最大作用。

（二）"六三"与鸦片战争

英国取得东印度公司专卖权后，乃向我国要求自由通商，前后凡四次（1755年、1793年、1814年、1834年），均被拒绝。当时外国人只能在广州通商，还要经过十三行——外人商馆，受我们限制。那时外国人都叫夷人，老番，毛子。所以他们的商馆也叫夷馆。外国人不但做生意要经过十三行，并且被限制在船上不得吹奏乐器。在街上不得坐轿，不得带家眷，不得直接会见中国官吏……老牌的英帝国主义对这严格的限制，自然是很不服气，所以在四次要求自由通商被拒绝后，乃在禁烟事件发生时，乘机武力进攻中国。

鸦片战争是英帝国主义向中国这块处女地侵略的开始。当时因为鸦片输入，白银流出，国势日趋贫危，两广总督林则徐乃实行禁烟，在虎门焚烧外人鸦片20 283箱。并令各领事具结：以后不得再将鸦片输入中国。但英领事义利不肯具结，并即拍电回国主张以武力解决。当时在九龙已发生过小冲突，接着便是鸦片之战。

鸦片战争的结果：第一，是把古老的中国拖上了世界的历史舞台。封闭着的中国门户，被帝国主义的大炮打开了，中国人自夸自大的心理也跟着消灭。中国成了世界的中国。第二，鸦片战争结束后中国和英国订立了《南京条约》，《南京条约》亦名《江南条约》或《中英修好条约》，是中国和外国第一次订立的不平等条约，是各种不平等条约的缩影。从此帝国主义的枷锁便加在我们的身上，我们的产业因而更被破坏，人民生活更痛苦，整个中国的经济在大起变化，一切的一切都比前更坏。这在中国历史上是一个划时期的事件。

(三) 今天我们应该怎样去纪念"六三"

今天，我们在二期抗战中举行"六三"百周年纪念，第一，要继续林则徐不怕强权，维护公权的精神，驱逐日本强盗出境，完成我民族革命大业，洗雪百年耻辱。第二，今天敌人是最贪婪最反动最无耻的法西斯强盗，他不但用飞机大炮袭击我们，强占我们的地方；并且还拿吗啡、红丸、白面来毒害我们，要我们不但亡国而且灭种；所以，我们今天纪念"六三"就要唤起全国人民切实实行禁烟，给敌人毒化政策的毒计以有效的打击。第三，要把种鸦片的地方，都改种我们所需用的物品，增加生产以加强抗战力量。

如何纪念"七七"两周年

——二十八年七月三日 总理纪念周报告

内要提要：

一、我们对"七七"两周年纪念应有的认识

1. 抗战的意义——我们的抗战是为了保持中华民族的独立，维护人类正义与世界和平，所以我们的抗战是义战；敌人是破坏世界和平，违反人类正义的侵略的战争，它是不义之战。

2. 抗战的前途——我们的抗战是义战，是进步的革命战争，前途是光明的胜利的；敌人是野蛮的，反动的，落后的侵略战争，它的前途必然崩溃与死灭。

3. 抗战二年来的成果——政治上团结统一，民主政治推行；军事上训练与指挥统一，军民关系改善；经济上法币巩固，经济建设事业发展；文化交流，民众知识提高；社会生活朴实化，养成警觉性与同情心。

4. 敌人二年来的败绩——政略战略失败，兵员伤亡惨重，军费支出膨大，人民负担加重，生产事业不振，财政基础动摇，物价暴涨，失业人数增多，农村问题严重，反战运动扩大。

二、如何纪念"七七"两周年

1. 认识自己的困难，克服自己的困难，争取最后胜利。
2. 加速整军建军工作，发展敌后游击工作。
3. 加强团结，巩固统一，实现民主政治，肃清主和汉奸。
4. 发动广大民众积极参加抗战建国工作。
5. 扩大反汪运动，粉碎汪逆伪组织政权。

各位同学，各位同志：

这次报告是关于"七七"两周年纪念的，整个报告分为下面两部分：

一、我们对"七七"两周年纪念应有的认识

(1) 抗战的意义——我们的抗战是为了保持中华民族的独立，维护人类正义与世界和平，所以我们的抗战是义战；敌人是破坏世界和平，违反人类正义的侵略的战争，它是不义之战。

(2) 抗战的前途——我们的抗战是义战，是进步的革命战争，前途是光明的胜利的；敌人是野蛮的、反动的、落后的侵略战争，它的前途必然崩溃与死灭。

(3) 抗战二年来的成果——政治上团结统一，民主政治推行；军事上调度与指挥统一，军民关系改善；经济上法币稳固，经济建设事业发展；文化交流，民众知识提高；社会生活朴实化，养成警觉性与同情心。

(4) 敌人二年来的败绩——政路侵略失败，兵员伤亡惨重，军费支出庞大，人民负担加重，生产事业不振，财政基础动摇，物价暴涨，事业人数增多，农村问题严重，反战运动扩大。

我们应明确地认识到，维持这战争就不得不进步，所以这战争是进步的战争，所以又是革命的战争。相反，日本是资本主义高度发展的法西斯国家，此时正是资本主义发展的最高从而向下降落的时候，它发动的侵略战争，拿自己的生命来赌博，企图从这赌博中去消灭国内的矛盾，去维持它自己的生命。这恰是自掘坟墓，一定走不通。同时它在这次战争中用尽了一切残暴而野蛮的手段，这都明白地显示敌人的侵略是卑污的，反动的，落后的。而我们的抗战却是世界史中最光荣的一页，因此有很光明的前途，而敌人的侵略却只有促成其自身的崩溃与死灭。

(一) 抗战二年来的成果

1. 政治方面

(1) 全国团结御侮　未抗战的全国四分五裂，连年内战，消耗了不少力量。要是没有抗战，这样发展下去简直是不堪设想。然而正由于敌人向我加强进攻，我全民族乃趋团结一致，把国家民族之利益置于第一位，在国民党及总裁①领导之下进行英勇的抗战。这统一的局面正是几十年来希望完成而未能完成的局面；这统一的局面是"抗战必胜，建国必成"的基本条件。

---

① 指时任中国国民党总裁蒋介石。

(2) 恐敌心理的消灭　在抗战前，不论哪个，一提到日本帝国主义就多是觉得可怕，一提到日本帝国主义的野蛮，和我们自己的没准备就觉得心慌，以为真是敌人一个小国就可以吞食中国，简直把民族的自尊心完全丧失了，好像中国人就得做日本帝国主义的奴隶不可似的。许多人都异口同声地说不经抗战，则会养成害怕敌人的恐日病。然此二年来的抗战，已经完全证明了敌人不可怕，只要我们能团结一致，坚持到底，便可以获得胜利；把过去无自信的心理完全反转过来，变得相信我们是有出路，有前途的。大家只要和前线回来的士兵谈一谈就可知道，他们就绝不像过去一般人那样颓丧悲观。这正是我们政治上的一大进步，是我们用血和肉换取得来的进步，提高了我们的民族自信心和自尊心。

(3) 民主政治的推行　国民党全国大会宣言，与《抗战建国纲领》都明白地指出，民主政治与抗战的关系之重要。为了动员及组织庞大的民众以参加抗战，就必须民主政治之推行，而民主政治之推行，也正表示政治之一大进步。当然，民主政治也不是一蹴而就的，它必须配合实际情势逐步推行。年来参政会及各省各县参议会的成立，和地方行政机构的改善，都证明民主政治在逐步地推行。尤其广西的地方行政，已成为全国民主政治主要的一环。

(4) 民众运动的开展　在抗战以前，除了广西对民众有组调工作外，其他各省都很少有这种工作的推行，但抗战以后每个乡村，每个城市，以至每个小小的角落都动员了广大民众，并且展开了民众组调工作，这是中国政治上的一大进步。

(5) 动摇妥协空气之消除　抗战已到了两年，但在抗战阵营中却还有不少主张和平妥协、向日投降的败类，尤其是自"七七"至长沙大火这一个时期，汪逆①及其党羽的活动，更令人发指。俗语说，"真金不怕火炼"，汪逆终于不得不暴露其狐狸尾巴，在四万万五千万同胞之前暴露其狰狞面目。汪逆本人不但在党中占着很高的地位，而且又是中央要人，以这样重要的人物，而干卖国求荣的勾当，的确是不幸的事情。但以另一面看，由于我们对日寇的坚决抗战，由于全中国人民抗战火焰的加高，使这些汉奸败类不能再在我们的阵营内隐蔽而被一脚踢出去；这又证明了过去我们政

---

① 指汪精卫。

治的警惕性还不够。今后更应努力防范汉奸汪逆的活动,并继而加强我们的警惕性,这也是政治上的一大进步。

(6) 抗战外交的确立 在《抗战建国纲领》中,我们的抗战外交已采取独立自主的姿态出现了。这次我们对日抗战不但是保卫自己国家民族的独立解放战争,并且是保卫世界和平的战争。在抗战以前,大家都想到:如果与日本作战要找哪个国家做朋友呢?那时虽然意见纷纷,但大体上都是主张参加和平阵线。正因为有汪逆及其党羽还潜伏在我们抗日的阵营内,说外交只有利害没有是非,应该走德意路线,它们也可以帮助我们抗日,是我们的朋友。汪派那时还说:世界上没有和平阵线和侵略阵线存在。但事实证明:日本帝国主义在远东伸出魔手侵略中国的时候,也是法西斯德意伸出魔手去夺弱小民族生命的时候,这就证明他们的行动是完全一致的。再所谓德意轴心,和德意日反共同盟,都同样地说明着他们是彼此勾结趁火打劫。在我们的战场上就能够见到意大利制造的飞机在我们的领空上横行无忌,滥炸我无辜民众;能够见到德意军火不断地输日,日本再拿这种军火来对我们瞄准。世界上从来没看见有这样的朋友的!每一次当敌人的战事遇到困难的时候,德意就用政治力量和敌人的军事力量配合着向我们进攻,破坏我们内部团结,使我们不能继续抗战,如德国驻华大使陶德曼的调解阴谋便是。汪逆败类又到处散播谣言:说苏联在外蒙出兵助我,等过了十天八天又说苏联军大炮不助我,用以挑拨我与苏联两大民族间的感情。对英国则说:中国与苏联关系密切,使中国有完全赤化的可能,用这样的危言来动摇英国对我们的帮助。把我们的仇人当作友人看,把真正的友人却当做仇人看。事实上,白主任①也曾说过:苏联给我们的帮助最大,买飞机不要用现钱,飞机师在中国战死的也好几百,这不能不说是好朋友。但在一年前,却没有人敢说苏联是我们的友人,一说就是人民阵线,是共产党,这都充分证明了汪逆的一贯阴谋。今天的真理已经显现了,再也没有人敢说德意是朋友了,这个进步,是血肉换来的。苏联不但是我们今天最亲密的朋友,就是以后也还是我们的朋友。现在我们已认清谁是敌,谁是友,谁是援助我们,谁是反对我们的了,我们应学习土耳其的革命经验,来完成国民革命伟业!我们更应确守独立自主的外交政策,争取兴国,来

---

① 指白崇禧。

孤立敌人。

2. 军事方面

(1) 训练与指挥的统一　未抗战前我们的军队名目繁多，不但编制复杂，就是指挥也不统一。今天，全国已经统一了，这象征着政治上的进步，同时也象征着军事上的进步。中国军队的不统一、复杂，从清末起就这样，一直到抗战开始才把指挥和训练统一起来。在抗战中，为阻敌前进并准备进攻，为准备驱逐日寇出境，我们不但要动员民众，主要的是还要有新军的建立，所以在武汉撤退后，有建军口号的提出，这是准备反攻的主要力量。不但如此，并且军队中的政治工作，也在抗战后提高了。在北伐的时候，为什么革命军能以一当百？以百当千？是不是那时我们的武器比人家精良？兵力比人家大？都不是！主要的是各个士兵头脑都能够武装，有着高度的政治认识。军队中建立了党代表制，政治工作非常活跃，才能克服当时许多困难，才能那样势如破竹地战胜当时的封建军阀。虽然当时的政治工作也有许多毛病，但我们不能否认它在那一次战争中所起的决定作用。抗战以来军队中的政治工作又被提高了，今天在前线作战的官兵，绝非两年前的官兵，这都是政治力量使他们变得更坚强，使他们更进步。

(2) 军民关系的改善　现在军队与民众的关系很好，从前老百姓一看见军队就怕，但由于大家要共同求生存，关系已逐步地改善了。在北伐的时候，已证明了只有武力与人民的结合，才能不断获得胜利，不管当时的封建军阀有怎样强大的力量，有帝国主义在幕后支持，还是要被打倒的！

那时还是内战，今天是中国人民一致起来，为求民族的独立生存而反抗日本强盗的战争！因此我们更要提高军队的政治教育，广泛地动员民众，才能达到最后胜利的目的！两年来，我们已能见到不少事实：如徐州会战、武汉会战等役，军民肩并肩同上前线；敌后游击战的展开，民众大规模的破坏敌人交通，使敌人陷入难拔的泥沼。今天我们所用的战略战术，是世界没有过的，日本军阀对我们的侵略战虽有多年的准备，有现代化的组织和装备，但不曾想到今天要遇到我们这种战略战术，而陷入泥沼，不能自拔。

3. 经济方面

在经济上，最初大家都以为我们只要打几个月就没有办法，但两年来我们法币的地位，却能始终稳定，外汇也一样稳固。铁路线和海口虽大半沦入敌手,但在我们的大后方却有新的交通线建立。我们的物质可以靠自己的富源来开发,对外贸易也畅行无阻,民族工业已经脱离了买办化,脱离了帝国主义的桎梏而以自力更生的姿态出现。小手工业也有大规模的发展,小手工业的发展,不是说明我们在经济上发生危机没有办法;相反,证明了我们在经济上有出路。这两年来对外贸易,不但不减少,且可以用桐油茶叶去换取必需品。不必要的商品的输入,已大大减少,由入超而变为出超。敌人封锁我们的海口,今天在游击区我们的游击队却对他们进行反封锁,这是在经济上的进步。

4. 文化方面

(1) 创造文明　首先要特别指出的,是中国精神由于这次抗战而提高。中国人过去不相信自己的民族国家,以为自己什么都不行,都比不上人家。当然这也是事实,但不能完全否定我们的进步,尽管进步得缓慢。直到今天为止,还有人不承认要用中国精神,才能创造出中国的崭新的文化的。这观点是很不正确的,因这次战争的进步性,所以尽管中国社会落后,但为了抗战的最后胜利,所以不能不在落后中创造出崭新的文化。虽然战争是破坏文明,但战争也是创造文明的,今日中国正是创造世界文明的主流,这是必然的,我们不要妄自菲薄。

(2) 文化交流　今天的中国文化在交流着,虽然在中国历史中,文化交流的例子不少;但从来没有如今天这样由东西南北互相交流的。过去中国由于交通困难,经济落后,有许多不毛地方的文化,竟随着抗战后国防经济的建设而提高了。过去中国文化的发展是不平衡的,成剪刀型的,但现在这样的发展方式,再也不会有了。这都是我们文化上的伟大进步!这种交流,不能比之晋朝南宋偏安之局的交流,因为今天文化交流是建筑在今天新经济基础之上的。

(3) 民众智识提高　这两年来,抗战已把民众的知识大大提高了,其进步之快,胜过我们几十年的普及教育。过去有人说中国的弱,是由于教育不普及,这话有百分之二三十是真理,百分之七八十是错误的。过去一定要有一块黑板,坐在教室内,叫老百姓来读书才算是民众教育;当然这也是教育,但不能说是民众教育,只是识字教育而已。要把民众实际生活,与现在的政治形势配合起来才是活的教育。今天我们在政治、经济、社会各方面都有莫大的变动,这对于一般民众生活影响之大,实远胜于我们实行几十年的普及教育。这时的民众已经有了这样新的基础,这正是我们迎接新中国到来的主要条件。

(4) 教育改革　中国的教育,现在已经起了变革。教育的变革,是不是就否定过去的教育制度?并不否定——相反,今天中国的教育,是从过去教育的形式,加以内容的改变,起码要使学生了解书本与实际生活是一样重要。这在前次全国教育会议上,已经表现出来。今天许多抗战团体,一面学习一面工作,采取集体教育方式,便是教育上的一大变革、一大进步!

5. 社会方面

在社会方面,已比从前大不相同了,大家都有机警性能。过去老百姓都是麻木不仁,现在却变得很敏感警觉,这是由于整个社会变动,已把麻木不仁醉生梦死的积习打破了!

第二,一般的同情心的提高,由于有些地区的沦陷,人民大批的流落他乡忍受饥饿,产生了这种同情心。这种同情心的产生,是基于民族意识的提高而来的;尽管它不浓厚,但已经有。又如大家的生活都比从前朴实多了,这也是不可忽视的进步!

(二) 抗战二年来给与敌人的打击

我们打了两年仗,死伤了很多将士,但拿我们的损失和所得成果,去和敌人比较起来又如何呢?无异议的,敌人所受的损失和打击要比我们来得大。以战争来讲,从"七七"起到今天止,我们已经得到一个很大的胜利了!大家也许不相信:我们不是有许多大城市失守,我们不是死伤了相当数目的将士?为什么却说我们得了大胜利?拿上海战争来讲,这一次战役表面看来是失败了,但事实上却是胜利的,为什么?最初敌人原想不战而胜我们,以为中国有恐日病,不敢和他们打,哪里知道"七七"事变起,我们却敢在卢沟桥和他打起来,而且能在上海这个地方,和他抵抗了三个月之久。后来虽然我们失去了卢沟桥,退出了上海,但在政略战略上我们是胜利了的。在资本主义或社会主义这样有组织、有计划的国家里,他们是有一定的国策的,同时有其假想敌,比方说他们要发动一次战争,早就要精密地打算过,如物质要怎样积蓄,外汇要如何平衡,要有多少陆海空军,要养成多少军力等等,算盘打得好了才来动手,我们是一个落后国家,我们就没有这算盘。日本帝国主义想侵略我们的时候,就打过这算盘:最初想不战而胜,以为可以花了很少代价便可以达到灭亡中国的目的,哪里曾想到我们会抵抗,而且能持久地抵抗下去,他的算盘完全打错了。算盘一错,于是牵一发而动全身,最后,这一仗,敌人根本就打败了。又如速战速决这个战略,原是敌人已定的国策,他们以为只要用少数兵力,用几个师团可以灭亡中国,使中国屈膝,想不到只去一年就增加到35个师团。最初它们以为作为中国咽喉的淞沪一失去便可以讲和了,后来又以为首都一失去便可以讲和,想不到打到徐州、武汉还是一样不和,这不和证明了日本打仗的算盘可打错了。敌人"不战而胜"、"速战速决"的算盘打错之后,便又进一步打算来一套"速战速和"的新戏法:一方面找我们的主力决战,另一方面加紧政治进攻,如去年近卫声明便是。哪里知道主和的首魁汪精卫会被我们一脚踢到上海去,这又证明了敌国国策的失败。速战速和既不行,于是他们也不得不来跟我们长期战争了,这更证明了敌人在政略战略上的失败。

　　日本帝国主义正在害着霍乱症,上吐下泻,再而消耗。它一面要跟中国打,一面要准备对付英、美、苏联,它本来已经是先天不足的,现在再害了这不治之病,是必然要灭亡的。到目前为止,敌兵力的消耗到底有多少,虽然还没有正确的统计,但起码也是在70万人以上。这70万人口的消耗,不能拿来和我们比,因为今天日本帝国主义来中国作战的士兵,都是相当成年的人,在社会上各有工作岗位,负担着生产事业和维持家庭的责任,他们出征了,在国民经济上便失去了一大批从事生产的劳动力,而政府对他们的家庭又要负供养之责,这里便又在上吐下泻。但在我们却不然,比如临桂大村在这两年中,曾征去了几个人?事实上:还只占着极少数量,根本没有什么大不了的问题。他们消耗了70万人我们就是拿700万人去和他们拼也还值得,更何况我们的死伤还不到100万呢?在金钱方面,两年来也消耗了敌人100万万元。军火没有统计,只去年一年飞机的损失就有600架,现在已不止这个数目。他们最初利用伪军,实行以华制华的毒计,但今天伪军都陆续反正,已经知道中国人不该打中国人。在军事上,到现在在襄樊战线敌人还无力突破,连绵成万里的战线,已使其无法再继续支持下去了,因此不得不改为跳跃战争。同时日本在财政经济基础上也发生了动摇,国内生产减少,国际贸易降低,有这许多原因已使日本从一等国降为二等国了。这两年来我们死伤了许多人,流了许多血,纵不算是白花的。

（7月3日　总理纪念周报告到这里结束，以下便是7月4日下午5时继续作的二次报告。）

关于昨天报告的《抗战二年来给与敌人的打击》一项，今天想补充一点具体材料以证明敌人的损失为的确的事实。

首先要补充的，是关于敌人两年来死亡负伤总数。第一个数目字是根据6月12日军政部何部长①在重庆中央纪念周的报告：两年来敌人伤亡864 500人，第二个数目字是根据路透社消息（见6月份《大公报》）：两年来敌人死亡40万人，伤60万人。比何部长所报告的，更多14万人。

第二，关于敌人全国能动员到前线作战，与已被动员到中国来的兵力的统计。6月25日，白主任在桂林时事座谈会上报告说：敌人全国能动员80个师团兵力（敌人一师团比中国一师人多一倍以上），已动员到中国来进行侵略战争的兵士，已有46个师团。在46个师团中，已直接参加前线作战的有33个师团，就是说日本全国能动员的80个师团现在已动员了46个师团。再6月10日军委会政治部陈部长②，在重庆招待文化界时的报告，敌受训练兵员全国有190多万，可以补充动员对前线作战的有240万，现在对中国使用和已被消灭的已有200多万，这就是说日本全国400多万兵力对中国作战的已有一半，这与白主任报告一样。

第三，两年来日本侵略我们所消耗的军费，6月26日《香港报》和本市的《扫荡报》都一致说：从卢沟桥到现在，敌人已消耗了120亿元。再根据5月6日《广西日报》郑森禹所撰替日人算账一文：从"七七"事变起到明年3月，如敌人要继续维持下去，要消耗185亿元。现在日本政府是否能担负这样庞大一笔军费支出，实在是大成问题。到今年3月底，日本已负债17 344 853 000元，如果再算到明年3月，日本整个要负债225亿元，这样大的数目字，日本实在无法担负，这又证明我昨日所说：日本已得了霍乱症，上吐下泻，没有办法的话是不错的。

第四，关于敌人的生产方面。在1936年日本全国农产品总产量为6 730万担，1938年降了一半为3 410万担，从这个数目字可见两年来战争影响到敌人农业生产是如何重大了。再从人造丝说，1937年日本产额为

---

①　指何应钦。
②　指陈诚。

30 198万担，1938年减为18 000万担（6月17日孔院长①的广播报告）。我们看一个资本主义国家的经济状况，不能仅看它农产品工业品的产量，还要看它的输入，才能知道其实际情况。羊毛输进日本，去年较前年少59%，棉花少53%，这表明了日本工业不振的情形。两年来的抗战已使日本大大地缩小农业生产，工业也一样地趋于悲惨的境地。再从物价来说："七七"事变前，假定日本物价指数为100，到现在却已增至123.2，就是说日本物价比较战前涨至1/5。再从敌人失业人数的增加，也可见其很不振作的情形。去年失业人数为115 000人，今年4月29日本市某报称：如再延续下去，可能增加至195 500人，连以前失业人数合共为200万人。

因为农工业的不振，物价的飞涨，而战争还继续地延长下去，于是便发生敌国民众的反战运动。根据《新闻报》4月16日统计：日本去年一年因厌战或反战而罢工的有1 455次，参加的人数18万。在农村中关于农民地主的纠纷发生过299次，由于反战而发生的工厂消极破坏的，在1937年东京市的大火灾竟达229次，1938年工厂发生火灾有379次，损失达3 072 231元，1939年在东京只3个月中就有49次，损失8 329元②。不但如此，由于生活费用提高，工人自杀事件也很可观，1938年在东京一地自杀者1 498人，还有自杀未遂者386人。

从敌兵力死伤数量、动员数量、军费支出、负担加重、生产不振、失业人数加多、农工反战运动扩大自杀风气蔓延等，都证明了我两年来的抗战，已得到极大的收获。

二、我们应如何纪念"七七"二周年

两年来对日本法西斯强盗的抗战，已如我刚才所说的：已使敌人遭受了很大的损失，而我获得了不少进步。但我们不能把一双眼睛只对着日本帝国主义的困难。过分地夸大了敌人的困难，就等于忽视自己的困难，过分地夸大敌人的困难而忽视自己的困难，是很危险的。为什么？因为过分夸大了敌人的困难是可能使自己不能在进步的基础上再继续进步，而满足于现状，这无异于自己的削弱这次抗战必胜的根据，所以很危险。我们要一面认清敌国的损失与困难，同时也要看到自己的困难与不够的地方，这

---

① 指孔祥熙。
② 此处数据疑误（整理者注）。

是我们应有的警惕；否则，就没有法子把日本帝国主义驱逐出去，没法完成建国伟业。所以我们一方面有了进步，但是也不能忽略自己的困难，我们要在困难中求得更大的进步，渡过这个难关，争取最后胜利。

首先我们应该指出的，抗战二年来，许多大城市都被敌人占领了，北平、天津、济南、开封、武汉、南京、上海、广州、南昌都在敌人的铁蹄下。由于这些大城市的失守，确使我们受了不少的损失。但不要忘记我们是一个次殖民地落后国家，我们的力量与其说是在城市不如说是在乡村。在淞沪抗战时候，我们支持了三个月，战略上被动地挨打。那时的战略是被政略支配的；因为淞沪在国际上很重要，为要对全世界表示我们抗战的坚决，不得不在淞沪坚持了三个月战争，所以说是政略支配了战略。在南京退出后，在廿六年十二月十七日总裁的《告国人书》曾说："决战重心不在南京，且不在各大都市，实决于广大乡村及坚强民心！"这是在抗战三个月后才决定的大计，不可忽略。南京失守后，我们的国策并没有变更，日本想速战速决，但我并不和他决战。徐州会战时，我们又支持了好几个月。徐州会战时接受淞沪战争的教训，知道阵地战非我所长，所以在徐州会战的时候，在战术上能有进步，凭运动战与阵地战的配合，造成台儿庄空前大胜利，粉碎敌人打通南北交通的企图。武汉大会战的时候敌人的企图，以为武汉是中国的心脏，如果这个心脏一被他拿到，中国便不得不屈服。但武汉却能支持了10个月，日本对武汉的进攻动员了几百个兵团，近百万军队，千余架飞机，我还能支持了10个月，才有计划地退出。这时，总裁又发表《告国人书》，主要的指出了三点：一、实行持久战，保持主力避免和敌人进行大决战，用空间换取时间，积小胜为大胜；二、实现全面战，抗战应不分前方后方，不分东西南北，更深一层说，不仅是军事的且为政治和文化的；不仅军队要动员且为政治、经济、文化的总动员。三、争取主动。在同一文告中，总裁又说明了：我们为什么要保卫大武汉，目的在哪儿？总裁说保卫大武汉主要目的是要发展我西北西南的重工业的建设，能维持南北交通达10个月之久，才可以从容把机器原料向西北西南迁移，建设国防工业。这是保卫武汉的主要目的。保卫大武汉战争，是收到相当效果的，当敌人到武汉的时候，所得到的只是一个空城，而我们却能在10个月保卫战中让机械原料西迁，达成我们的任务。这是第一期抗战三次大会战（淞沪会战、徐州会战、武汉会战）中最后的一次会战。

自武汉会战后战争已转到一个新阶段，从南岳会议以后，我们的军事力量有了飞跃的进步，在会议中最高军事当局把领导战争原理原则确定了。如果我们认为平时常讲的淞沪会战、徐州会战及武汉会战，为抗战的三期，那便是绝大的错误。如果照这样分法，把每次战役作为一期阶段来看，那么不但有二期、三期，还会有十期、八期的。固然我们要消灭敌人，用空间来换取时间，但这也是有限度的，在这限度内是真理，超出这限度就不是真理了。武汉会战我们认为是第三次大战役，三次战役加在一起叫第一期，退出武汉后是转入第二期，这一点重要得很。在第一期的时候，我们消耗了敌人的力量，第二期就要转到阻止它的进攻了！我们要保持反攻必需的空间，才能生出新的力量，才能准备进攻，才能争取最后胜利，如果一直退到堪察加去，那里还谈得到反攻？那时恐怕连动员去作战的人力物力也要成问题了。所以南岳会议时决定把以前三个战役定为第一期，这一点重要得很。在那次会议中，更有许多重要的决定，主要的有下列几点：

（1）要整军建军，单有游击队不能驱逐日寇出境，不能反攻，所以要建军整军，建立坚强的新军。

（2）武汉会战前忽视了游击战。在南岳会议中才强调游击战争，但如果把它看为唯一的战术也是不正确的。由于过去对游击战争的忽视，政府不指导，使游击区的发展不能配合正规军的行动，所以在南岳会议中决定加强敌后游击工作。

此外如"政治重于军事"、"宣传重于作战"、"民众重于士兵"等也是在那次会议决定的。南岳会议把指导战争的最高原则确定了，已是划时代的进步。

总裁在退出南京时发表的《告国人书》，到武汉退出时的《告国人书》都持着一贯的态度，就是坚持持久战的战略。为什么呢？因为中国虽是一个落后的国家，但也有它优良的条件，如地大物博、人口众多等等，所以只要善于运用这些优良条件，在整个战争中，便能每次有每次的进步，来逐渐克服我们的弱点。要明白这个道理，才能说明决定这次战争的关键在于广大农村，而不在城市。

今天来纪念"七七"二周年，我们应该怎样根据政府所颁布的宣传要点，而加以努力呢？如其中第三点"积小胜为大胜"。我们能做到要点内所指定的哪几项才能整军建军，才能持久抗战消灭敌人力量，才能由相持转到反攻,做到最后驱逐日寇出境呢?今天敌人已经提出经济建设与长期作战的口号,但针对着敌人这个阴谋,我们便应广泛地发展敌后游击区工作,大量地破坏敌人经济建设,消灭傀儡政权。今天来纪念"七七"二周年,尤应认清:我们现在的力量还谈不到反攻,还要加速整军建军的工作,加强敌后的游击区工作,才能转到胜利的反攻。

最后一点是关于要点中的第五点的,即"抗战与建国不能分开"。昨天我曾说,战争是破坏文明同时又是创造文明的,这句话对于次殖民地国家,尤为不移的真理。在政治上我们今天提出了民主政治,而且已经在逐步地实行了,汪逆精卫假民主政治之名,实行出卖国家民族的阴谋已被我们粉碎了,他已在全国人民面前暴露了他的真面目了。我们说,"抗战必胜,建国必成",在第一次全国临时参政会中又说:"要加强团结,巩固统一,才能走到'抗战必胜,建国必成'的道路。"因为团结一致,是"抗战必胜,建国必成"的主要基础,所以从抗战以后,全国能够不分性别、民族、阶层、职业,在中央政府领导之下,团结一致对付敌人。但是抗战二年来,我们还看见有不少分子潜伏在抗战阵营中,企图破坏团结,还有许多有成见的人在加强摩擦,替敌人造挑拨离间的机会,这是抗战前途的最大危险。而这大危机最明显的表现,便是汪逆去年12月26日的"艳电"。现在汪逆虽已在全国人民面前暴露其真面目,但还有不少败类,企图破坏团结,替敌人做工具,因为敌人在军事上已陷入无可救药的厄运,必然会在政治上进行挑拨离间,汪逆就是做了敌人这种工具。针对着这个危机,所以我们今天纪念"七七"二周年,首先要加强团结,巩固统一,应在国民党领导下坚持抗战到底的国策,才能粉碎敌人的阴谋,抗战建国才有前途。因此不管他的词句理由说得怎样漂亮,只要他是挑拨离间,破坏团结的,就是汉奸。加强团结,巩固统一,是争取"抗战必胜,建国必成"的基础,这是今天我们纪念"七七"二周年应有的警惕。

其次应发动广大民众,积极参加抗战建国工作。在廿八年二月廿一日全国临时参政会第三次会议闭会时,总裁演词中曾说:"要'抗战必胜,建国必成',必须组织民众动员民众。"全面战争如不动员民众,组织民众便是抽象的概念;要动员民众,组织民众,如不保障民众的利益也是抽象的概念。虽然今天的现实,和我们的希望还有一段距离,但今天来纪念"七七"二周年就应尽最大的努力,使这距离缩短,使它成为事实,因为它与民主政治的推行是分不开的，并且也只有这样，所谓动员民众，组织民众，才能使其从抽象变为具体。

在政府颁发的纪念"七七"二周年第二部分："我们纪念'七七'应有的努力"中，共分十四项。在这十四项中，我只想讲一项，就是第十二项："纪念'七七'要打倒汉奸特别是汪精卫。"大家要知道，汪逆精卫在政治上是最反复无常、自私自利的人，当民国十三年国民党改组的时候，我前次不是说过，总理写给总裁的信说："汪精卫长于调和现状，不长于彻底解决。现在之不生不死局面最好叫他维持，若另开新局，则非彼长，故只好用其所长。但若到维持不住，即应快刀斩乱麻，不宜拖泥带水。"那时，总理已把他的本质看得清清楚楚了。在民国十五年，汪在国民党中居然以左派自居，向青年说："革命的向左边来！"拿这样革命的口号，来巩固他的权位。民国十七年，汪逆屡屡碰壁，却异想天开，竟跑到上海大世界召开会议，这种下流的事也做得出来。"九一八"后，汪身居行政院院长却提出了一面抵抗，一面谈判的荒谬主张，西安事变前，汪逆在欧洲进行勾结法西斯国家，与希特拉①来往很密，这反映到远东来，便是投入日本帝国主义怀抱，与日本军阀勾结。西安事变后，汪逆利用时机赶回国来，又爬上了政治舞台，与希特拉更勾结得紧。"八一三"后汪逆派人到德国进行"和平"的勾当。上海撤退，接着又从南京退到武汉，汪逆便加紧活动"和平"，由德国大使陶德曼出面调解。汪逆说我们经不起打，一打即完，又说我们经济困难不能再打，又说为保存人民力量不能打，把失败主义论调到处传播，以削弱我"抗战必胜，建国必成"的信念。当我最高军事当局在南岳会议，特别强调游击战，举办游击训练班的时候，汪逆却在重庆发表文章，说游击战是游来游去，游而不击，与明末流寇一样，说这样打下去必败。这不但分散抗战力量，且违犯总裁的决定，违反了抗战国策，这已把他的叛国行为表现出来了。长沙大火时，他叫日本赶快进攻，他就可以公开主和，要日本做德意，汪逆本人做弗朗哥。南岳会议后，总裁由桂林到重庆，汪又到成都不和他见面，不久又偷偷到河内，发表"艳电"与近卫②相应和。东有近卫的声明，西有精卫的"艳电"，巧得很，这证明汪逆

---

① 通译希特勒。
② 指时任日本首相近卫文麿。

早已与日本有勾结了！"艳电"发出后，汪逆又派高宗武与日人讲和，不久汪逆主和理论在上海即受敌人办的汉奸报《新申报》所支持，日本飞机不带炸弹却带汪逆的"艳电"，"举一个例"，到处散发，这证明汪逆和日寇勾结还不够明白吗？汪逆在这时称中央政府为重庆政府，这不明明是与敌人同一鼻孔出气么？汪逆写文章主张中国加入反民主的侵略阵线，这真可笑，我们是被压迫被侵略的国家，有什么理由与日本帝国主义共同走上反民主路线？在国内他主办《新中华报》、《民力周刊》，说中日两国讲和是共存共荣，不和则两败俱伤，好像汪逆祖宗原来就是日本人似的，不然为什么他担心日本法西斯强盗会伤亡！

从1914年到今天止，汪逆这笔流水账，实在够我们瞧了。我们应该明白今天反侵略不止是国内问题，且为国际问题，今天我们除肃清失败主义理论外，且须指出汪逆理论所含的国际毒素；在国际上加强和平阵线力量，与反汪斗争有整个关系，不能分开来看。所以我们要纪念"七七"除巩固统一，发动民众，加强民主政治外，对汪逆的国际活动应有觉醒，并且应该遵从总裁去年发布的对近卫声明的答辩，作为我们行动的准绳。总裁在这个答辩中，主要地指出了下面几点：

第一，所谓"建立东亚新秩序"，便是日寇企图在国际上排挤欧美在远东利益，在中国是独吞整个中国。我们要打击敌人这个企图，在国际上要加强对民主国家的团结，特别是在今天要加强反侵略运动，在国内不要相信敌人这些鬼话，它是想一口吞灭中国的，如中国一亡，不管你是什么党什么派都不能存在，所以我们要加强团结，巩固统一，用加强团结，巩固统一来回答敌人的阴谋。

第二，所谓"日满支经济提携"，便是敌人企图一手握住我们的经济命脉，扼住我们的咽喉，使中国永远成为它的殖民地的最大阴谋。

第三，所谓"共同防共"，日本喊这口号，并不是去对付苏联，而来想利用这幌子来灭亡中国。因为只有这样才能使我们国内分化，才能发生内战，日寇才能达到灭亡中国的阴谋。

去年，总裁这答辩是最直截了当的，所以去年国府通过它作为我们抗战的最高原则。再根据总裁的卢沟桥事变时的谈话，南京、武汉退出后的两次《告国人书》、《告国际友人书》，以及参政会的几次训词，我们可以包括在下列几点：

(1) 中途妥协便是灭亡。
(2) 抗战是持久和全面的。
(3) 抗战要推行民主政治，组织民众，训练民众。
(4) 敌人的所谓反共，是分化中国、灭亡中国的毒计，我们要用加强团结，巩固统一去回答它。

关于第二部分已经讲完了，现在要对大家提出一个要求，作为学习上的总结，就是要大家根据我在上面报告的几点，详细研究，用加紧我们的学习来纪念"七七"二周年。

纪念"八一三"与我们应有的认识和任务

——二十八年八月十四日 总理纪念周报告

内容提要

一、"八一三"抗战的意义

1. 确立全面全民抗战的局势。
2. 粉碎敌人不战而胜与速战速决的阴谋。
3. 粉碎敌人和汉奸十天亡华的谬论,提高中国在国际上的地位。
4. 增强我们民族的自信心与自尊心,扫除恐日病。
5. 促进全国人民的团结,奠定中华民族复兴的基础。

二、对于目前新形势应有的认识

1. 敌人"不战而胜"、"速战速决"的战略失败,迫着提出"长期战争"的口号,以挽救它的颓势,拔出它的泥足。

2. 敌人经济上提出"以战养战"和"经济建设"的口号进行掠夺我们的物质,在政治上提出"以华制华"的口号,进行挑拨离间造谣中伤的分化政策。

三、纪念"八一三"和我们的任务

1. 加强团结,巩固统一,粉碎敌人"以华制华"政策,与汪派汉奸进行坚决的战斗。

2. 从各方面加强敌后的抗战工作,粉碎敌人"经济建设"、"以战养战"和"以华制华"的毒辣的阴谋。

3. 加紧整军建军运动,以配合广泛的游击战争,驱逐敌人出境。

4. 坚决奉行总裁对全国士绅及教育界所指示的事项,以争取抗战建国的成功。

各位同事，各位同学：

昨天是"八一三"两周年纪念日，我们改在今天与总理纪念周合并举行。因此，今天要报告的就是"纪念'八一三'与我们应有的认识和任务"。

一、"八一三"抗战的意义

第一，"八一三"抗战是继续"七七"抗战而爆发的；"七七"是全面抗战的序幕，卢沟桥事变发生的当时，国内还有不少的人学着日本法西斯强盗的口吻，说这是地方事件，战争不会扩大，可以作为地方事件来解决。但自"八一三"抗战发生后，全国人民真的做到了地无分南北、人无分老幼，都一致在总裁领导之下参加到抗战阵营里来了，全面抗战的局势才从此正式确立。

第二，上海是国际贸易的商港，是中国经济的咽喉，而且距离首都近在咫尺，从这点看来，上海的重要便可想而知了。日本法西斯强盗最初想不战而胜，继而想速战速决，所以使用庞大的兵力，打算压迫中国马上向他投降，达到他灭我国家灭我种族的企图。但自"八一三"抗战爆发后，我几十万英勇的将士，在我英明的总裁的指挥之下，与日本法西斯强盗在淞沪一带作浴血的苦斗，竟支持了三个月之久，终于粉碎了敌人不战而胜和速战速决的阴谋。

第三，上海地位的重要，刚才已经说过了，所以"八一三"抗战爆发后，国际视线便都集中到上海一隅。由于我英勇将士三个月苦斗的结束，已经粉碎了敌人和汉奸经常所宣传的十天可以亡中国的谬论，降低了日本法西斯强盗的国际地位，提高了中国在国际上的地位。

第四，抗战以前，有些人拿两个武力的对比来证明中国不能抗战，一战即亡，但"八一三"三个月浴血苦斗的经验，便已经证明了这种看法是错误的：中华民族不仅富有无限的抵抗力，能够与敌人作战，并且有把握能够战胜敌人。这里，就增强了我们民族的自信心与自尊心，把恐日病一扫而光。

第五，"八一三"抗战开始后，全国人民不分男女老幼，党派信仰，有钱无钱，都一致团结在总裁领导之下，为求中华民族的独立自由而奋斗；团结就是力量，"抗战必胜，建国必成"的基础就在这里，日本法西斯强盗所最害怕的也就在这里。我们有了这样坚固的团结，就证明了中华民族的复兴,是有着光明的前途的。

上述五点,都是"八一三"抗战开始后表现出来的,在"七七"事变的当时还不曾显明。今天是"八一三"两周年纪念,抗战踏进了第三年的第一天,我们对目前的新形势应有一番正确的认识,来作为我们行动的准绳。

二、对目前新形势应有的认识

第一,从两年来的抗战,已证明了"敌愈战愈弱,我愈战愈强"是铁一般的事实,敌人尽管占领许多城市,但战争的本身敌人是失败了的。拿战略来说:敌人最初是不战而胜,继而又改为速战速决,现在又改为速和速结;这样的一改再改,便证明了敌人的失败。然而我们却始终一贯地坚持着持久战,丝毫没有改变,单拿这一点来说,也就证明了我们已经得到了胜利。这理由很简单,因为一个现代国家的国防,都有它假想的敌人,它一切准备都是根据假想敌来布置的;日本法西斯强盗的假想敌是英、美、苏联,中国够不上是日本的假想敌,日本根本也就没有把中国放在眼中。但是两年来由于我们团结一致坚决抗战,已把这形势全部改变过来了,到今天,中国不但是日本法西斯强盗的假想敌,而且是不可能战胜的劲敌;她这一招一输,全盘的打算也就随着输了。今天日本法西斯强盗正深深地陷入泥沼,不能自拔,所以迫着不能不提出"长期战争"的口号,不能不用最大的冒险,东奔西窜,以求挽救它的局势,以求拔出它的泥脚;这就是今天敌人向我进攻的新形势,这虽然是日本法西斯强盗的回光返照,但我们对之却不能不有一番警惕。

第二,今天日本法西斯强盗为要维持长期侵略战争,所以在经济上提出了"以战养战"和"经济建设"的口号,在政治上提出了"以华制华"的口号。日本法西斯强盗这种毒辣的手段,较单纯的军事进攻更为可怕,因为这是杀人不见血的毒辣的手段;今天日本法西斯强盗在她占领区域内实行的抢夺政策和仇货倾销政策,今天日本法西斯强盗在南北各地所扶植大小傀儡政府以及她所进行的挑拨离间造谣中伤的分化政策,便是日本法西斯强盗向我进攻的新形势的主要特点。

三、纪念"八一三"和我们的任务

日本法西斯强盗向我进攻的新形势已如上所述,我们针对着这个新形势，应该有最恰当而有力的对策，来粉碎日本法西斯强盗的新阴谋；我们坚决地执行我们的对策，便是在"八一三"两周年纪念中完成了我们神圣的任务。

第一是坚强团结巩固统一。这是"抗战必胜，建国必成"的基础，在今天也就是粉碎日本法西斯强盗"以华制华"阴谋的强有力的炸弹。凡是中国国民都应尽最大力量来加强团结巩固统一，其有分散团结破坏统一的，或挑拨离间造谣中伤企图不利于团结统一的，就是汉奸，就是国家民族的罪人。我们今天来纪念"八一三"两周年，积极方面便是加强团结巩固统一，消极方面就是对敌人"以华制华"政策要有敏感的警惕性，同时要丝毫不犹豫地对汪逆精卫及其同党和一切汉奸进行坚决的战斗。

第二是从各方面加强敌后的抗战工作。从经济方面来说，应发动敌后民众，罢工抗税，进行破坏敌人工厂和一切经济开发经济建设的工作，不与敌人合作，不用敌人的钞票。从政治方面来说，应发动敌后民众，粉碎各地大小傀儡政权，收揽民心，强固民心，打击一切汉奸活动，展开民主政治，肃清贪污。从军事方面来说，应发动敌后民众，展开游击战争，处处拖住敌人、牵制敌人，破坏敌人的交通，劫取敌人的军用品。总结一句：就是不让敌人有片刻的休息。只有这样，才能够粉碎敌人"经济建设"、"以华制华"的毒辣的阴谋。

第三是加紧建军整军运动。我们过去曾指摘过"唯武器论者"的错误，也曾指出了日本法西斯强盗的泥脚愈陷愈深；但我们不能说：日本法西斯强盗经过两年来的战争已经没有力量向我作再进一步的进攻了，同样，也不能说：我们单凭现在这样的军备就能够把日本法西斯强盗驱逐出境。像这样的看法是于我们的抗战有害的；因此，我们不仅应该发展游击战争，尤应加紧建军整军运动。这里所谓的加紧建军整军运动，实际上包含着两种意义：一种是从物质与技术两方面来说，要求建立装备完整技术优良的近代化的国防军；一种是从精神与政治两方面来说，要求建立"与国民结合"、"以一当百"的革命武力。只有这样的建军整军运动，再配合广泛的游击战争，才能够促成反攻阶段的赶快到来，才能够把日本法西斯强盗驱逐出境。

第四是坚决奉行总裁二十八年一月十九日《告全国士绅及教育界书》和同年八月十一日《再告全国士绅及教育界书》所指示的事项。在第一书里面，指示两件大事：一为"协助政府推行兵役，以充实抗战急需之兵员"；一为"积极开发地方经济，以充实长期抗战之资源"。在第二书里面，亦指示两件大事：一为"领导当地同胞，实行精神总动员，誓践国民公约"；一为"协助地方政府，整理地方财政，奠立自治基础"。总裁所指示的四端，不但与抗战建国伟业有着深切的关系，而且是本校同事、同学在工作岗位上所应负起的重大任务。在纪念"八一三"两周年的今天，我们应该举行动员来纪念，切实奉行上述四端，以争取抗战的胜利，建国的成功。

最后，关于外交方面，我在"七七"两周年纪念中，已经有了详细的报告，在这里只好从略。完结。

纪念廖仲恺先生的意义

——二十八年八月二十一日 总理纪念周报告

内容提要

一、廖仲恺先生对于党国的伟大功绩。

1. 帮助总理改组国民党，充实本党新的生命力，完成了北伐的胜利。
2. 在革命军财政困难的环境中尽心筹划财政，支持革命武力。
3. 尽力支持黄埔军校，培养革命军人。
4. 建立军队中的政治工作。

二、廖先生是最坚决、最彻底的战士，是不妥协奋斗到底的革命先锋，是对公忘私、对党国贡献的忠实同志。

三、我们纪念廖仲恺先生应有的努力。

1. 学习他坚决的精神，粉碎汉奸卖国贼的阴谋。
2. 学习他丝毫不动摇，坚决的帮助总理、总裁执行国民革命任务的精神，来回答汪逆的"和平"和卖国的勾当。
3. 继承他革命武力离不开人民和团结全国一切革命力量的主张，唤醒民众，组织民众，加强团结，拥护统一，反对分裂。

各位同事，各位同学：

昨日是八月二十日，在十四年前的昨天，中国死了一位很重要的战士，死了一位总理最重要的帮手，他就是廖仲恺先生。关于这位被反革命派所戕杀、恐怕今天已有许多人忘记了的廖仲恺先生，我想稍为对大家讲一讲。

第一，中国之有今天，中国之能够完成北伐，廖先生的功劳是不能磨灭的。首先，总理觉得中国国民党本身异常不健全，坚决主张要改组国民党，使它成为一个有生气、有活力，能够领导国民革命的政党。这时国民党把旧党员重新登记过，并吸收了许多新的革命分子到国民党里面来。这次重组的意义，及其对内对外的政纲，充分表现在民国十三年国民党第一次全国代表大会的宣言上。国民党有这一次改组，才完成了北伐的胜利，才完成了全国的统一。而这一次改组，廖仲恺先生却用了很大的力量帮助总理进行工作。所以我们今天纪念廖仲恺先生，便应记取他帮助总理进行改组国民党的功劳。

第二，我们都晓得革命军的力量，最初只在广东一省。兵力最初只在广东一省。兵力除粤军以外，还有好些湘军、滇军和桂军，尽管广东很有钱，很有办法，但同时要养活这么多部队也是困难的。然而由于廖仲恺先生的努力，他那时做了财政部长兼广东财政厅厅长，不顾一切，坚决执行整理财政的办法，把财政统一了，因此广东财政有了办法，使当时革命武力能够维持下去。所以我们今天纪念廖仲恺先生，便应记取他尽力筹划财政支持革命武力的功劳。

第三，总理看到要中国革命成功，须有许多有热血、坦白、纯洁的青年参加到革命队伍里来，尤其在总理的建国三个时期的第一时期中，应该注重军事人才的训练。总理看到随他多年的革命军人，有许多有革命精神，也有些不了解革命的。总理深切感到要养成许多革命军人，便不能不办革命的军校，后来的黄埔军校，就是根据这个认识而建立的。黄埔军校，当时总裁当校长，廖仲恺先生当党代表。关于黄埔军校的一切计划和训练方针，总裁和廖仲恺先生都费了不少的心血，所以全国青年能不远千里而来，使它成为推动革命的最有力的发动机。黄埔军校开始训练不久，接着就是杨刘之役。黄埔军校学生能在短时期的训练中，马上武装起来，且能在东江之役得了胜利，这说明了革命军队的特点，不止有物质武装，还得要有精神的武装，换一句话说，革命军人不但要武装自己的手，还要武装自己的头脑。总理说：革命军人能以一当百，以百当千，就是这个道理。在东江之役，革命军人的确能够做到武装头脑，能有明确的认识，能对三民主义有信仰，所以能够得着胜利，这一方面是由于总裁领导黄埔军校的得力，另一方面我们又不能不归功于廖仲恺先生当时的尽力支持黄埔军校。所以我们今天纪念廖仲恺先生，便应记取他维护黄埔军校的功劳。

第四，本来，总理决定要派总裁到上海，由上海再到苏联。那时苏联代表越飞正和我们商量中苏邦交。后来，总理为要研究苏联革命如何成功，就派总裁到苏联去。考察回来后，表现在改革方面的：是加强党的组织，党与民众关系的确定，在军队中建立政治工作体系。所以在当时革命军和军校,都有一种制度叫党代表;比方黄埔军校有一位校长,同时也有一位党代表,某一军设军长,同时也有党代表。这种党代表制的建立,是要使军与政合一,这是革命军与军阀不同的地方。一直到今天军队中有政工人员,都是当时党代表制发展下来的,我们今天要战胜日寇,我们单靠现有的武器和火力是不够的,一定要有政治教育,去加强军队政治认识,加强军民合作,才有把握取得最后胜利。所以我们今天纪念廖仲恺先生,便应记取他建立军队中政治工作的功劳。

廖仲恺先生是最坚决、最彻底的战士,是不妥协奋斗到底的革命先锋,是对公忘私、对党国贡献最大的忠实同志,惟其如此,所以许多反革命派都认为他是眼中钉。在民国十四年八月二十日,当他要到中央党部去开会的时候就被戕杀了。

我们今天要怎样来纪念廖仲恺先生?

首先,要学习廖仲恺先生这种不妥协的精神,针对汪精卫这汉奸正在进行出卖祖国分化团结的时候,我们纪念廖仲恺先生,就要学习他这种坚决的精神来粉碎汉奸卖国贼的阴谋。

其次,当时广东谁也不敢承认它是革命策源地,谁也没有把握说北伐可以成功,因为当时环境很恶劣,革命政府对外只有苏联的帮助,扼住广东咽喉的香港英国政府又和陈炯明勾结,日夜正在想尽方法要来摧残革命的幼芽。对内又因国民党刚刚改组,一部分不满意的分子起了分化,跟随总理革命的旧部也有一些叛变了。在这样的局势之下,廖仲恺先生能坚决地坚持下去,丝毫不动摇,帮助总理、总裁执行国民革命的任务。我们现在正处在一个艰苦的阶段,敌人的政治经济进攻,正配合着军事力量想来征服我们,同时旧官僚如梁鸿志等与中途叛变的汪逆,又正在企图建立伪组织,和敌人配合来灭亡中国的时候,我们正要学习廖仲恺先生坚决的精神,来回答汪逆的"和平"和卖国勾当!

再次,廖仲恺先生当时认定国民党要健全,是离不开民众的,当时的基础是在民众身上。他看见革命武力一离开人民,革命就不会有力量,所以廖仲恺先生对民众力量特别重视,尤其是他晓得中国一切都不如人家,所以他主张一切革命力量要团结。我们今天来纪念廖仲恺先生,就要继承先生这种主张,唤醒民众,加强团结,拥护统一,反对分裂。这是我们纪念廖仲恺先生应有的认识。完结。

纪念"九一八"
——"九一八"八周年纪念会报告

内容提要

一、"九一八"到今天整整是八个年头,在八年中最初的五年又整整十个月当中,我们天天在受着日本帝国主义的侵略和压迫。

二、"八一三"全面抗战发动后,全国上下不分阶层信仰派别的大团结,粉碎了中国不能抗战的谬论,全国民众动员起来了,站在自力更生的立场坚持抗战,树立了民族的自尊心和自信心。

三、对八年来在敌人铁蹄下过非人生活的东北同胞,我们应给他们以同情,而且要实际地援助他们。

四、纪念"九一八"应该对八年来与敌人长期苦斗和为民族国家而牺牲的东北同胞致无限崇高的敬礼。

五、今天纪念"九一八"我们要做到:加强团结,巩固统一,动员民众,建立新军,加强军民合作,坚持自力更生的国策,争取国际的援助,扫除苟且偷生的心理,大大地改造自己。

六、我们是将来的基层干部,今天在学校里应努力工作和学习,将来出了学校,对于工作要真诚,不苟且,不敷衍,才能负起责任,对得起民族国家。

各位同事,各位同学:

今天是二期同学到校第七周纪念周,与"九一八"八周年纪念合并举行。

"九一八"到今天整整是八个年头,在八年中最初的五年又整整十个月当中,我们差不多天天在受着日本帝国主义的侵略和压迫,国内团结统一在当时还成问题，我们虽说要加紧准备，但由于日寇侵略的加紧，到底准备到哪一天才能抵抗侵略？那时大家以为国际不起变化，中国就没有出路，中华民族就不能解放。这些人不相信中华民族能自己救自己。自"七七"事变发生，接着"八一三"全面抗战发动后，就不同了，至少刚才讲的几点我们得到了相反的结果：第一，我们看见了全国上下不分阶层信仰派别的大团结。第二，虽然在全面抗战发动的当初，还有人把中国的武力和敌人的武力，在静止的状态中对比，说中国武力够不上抵抗敌人；但是三个月的淞沪战争，以我们毫无准备，武器不精良的国家，竟能对于一个素有准备世界一等的强国抵抗了三个月。至少在此三个月对敌抗战中，说明了中国不能抗战之理论的错误。第三，自"八一三"全面抗战发动以后，上海军民的合作，接着各地人民风起云涌地参加抗日战争，这一事实，证明了中国抗战获得了全国人民的拥护；也只有得到全国人民的拥护，这一战争，才有前途。第四，在两年多来的抗战中，已证明了靠国际变化才能抗战的说法，是不对的。甚至在两年多的抗战当中，中国虽然得到了友邦的援助，使我们抗战力量更加坚强，但主要的还是靠我们自己争气，站在自力更生的立场上，以自己的力量来变化国际情势，挽救中华民族之危亡。只有以自己的力量抗战到底，才能得到国际友人之援助，才能得到外国民众之同情。第五，抗战两年多来，我们已确立了民族的自尊心，再也不要妄自菲薄。我们知道自己的力量是伟大的，不拘人力物力和财力，都是全世界不可侮的力量。过去我们自己菲薄自己，看不起自己，没有民族自尊心和自信心，然而两年来的抗战廓清了这些毒素。这一切在"九一八"以后的五年中是看不出来的，但在"七七"、"八一三"以后，起码有这五点，可以作为划分两个时代的鸿沟。如果我们不能够团结，害怕敌人，说敌人一月可以亡中国，说我们的武力不能够抗战；还是不组织民众，使民众不能参加抗战；对国际仍存依赖和投机的心理，没有民族自尊心，今天会成为怎样的局面，我们是不能想象的。今天的中国也绝不会是抗战两年来有了空前进步的中国。然而由于两年多的抗战，我们得到了明确的结论，我们团结一致集中力量集中意志，动员民众，站在自力更生的国策上，不去依赖国际，但是也不是放弃国际友邦的援助，提高民族自尊心和自信心，我们的抗战是有前途的，"最后胜利属于我们"的八个大字定能实现。如果如此做下去，不仅"九一八"的国耻可以洗净，就是从甲午以后敌人给我们的枷锁，也可以从这次战争中得到解放。

今天纪念"九一八"：第一，我们要回想东北同胞八年来在敌人铁蹄下所过的非人的生活。我们应该给他们以同情，不仅要同情而且要实际地援助他们，我们每一个人都应该参加抗战建国的工作，驱逐敌人出中国，挽救陷于水深火热的东北同胞。

第二，东北同胞真是甘心受敌人的蹂躏吗？一声不响地做日本帝国主义的顺民吗？不是的。"九一八"的炮火在沈阳爆发以后，八年来东北同胞是用种种方法组织起来，在艰苦的环境中，在日寇的四面的包围中，不断地进行着反日本帝国主义的斗争。我们只要看八年来东北义勇军的活动没有一天停止就可以知道了。八年来敌人费了很大的气力，开了许多军队驻扎在东北，用一切世界最落后最野蛮的警察国家的压迫手段压迫我东北的同胞，企图消灭义勇军；然而八年来的结果是日本没有成功，这说明了东北没有亡，说明了敌人没有把东北吞下去；更说不上敌人消化东北了。为什么？主要的原因在于东北同胞有志气，有国家观念，有民族思想；能奋斗，能反抗。所以日本军阀用了八年的力量费了无数的钱，驻了大军在东北也不能消灭我义勇军之活动与反抗。不但如此，我们还看见被日本帝国主义压迫的朝鲜同志跑过松花江来参加我们的义勇军作反日的战争；我们还看见日本军队反正参加到义勇军来反对他们国内的法西斯强盗。这就说明了日本法西斯走到了没落的末路，说明中华民族不会亡，同时说明了我们的力量之外，更有敌人自身向我们投降来的力量，这些力量足够致日本帝国主义的死命。

纪念"九一八"应该对东北同胞致无限崇高的敬礼！他们八年的长期苦斗，在世界史上是没有过的。同时对于八年来为民族国家而牺牲的同胞，我们也应向他们致崇高的敬礼！

这些事实说明了中国的前途，日本八年来尚无法吞并东北，而敌人又有什么能力吞并我们整个中国呢？日本的泥脚落在我们的泥沼中是愈深，自己得不到结果。但是我们说中国不会亡，说我们有光明的前途是不是空洞的抽象的话，是不是单纯的观念？不是的。我们说敌人一定崩溃，中华民族不会亡，中国一定能够胜利是有根据的，这根据除了在敌人身上之外，最重要的还是在我们身上。当今天敌人陷入泥沼而不能自拔，敌人实行以战养战的策略的时候；汪精卫盗窃三民主义欺骗老百姓，组织伪政府，做敌人之工具的时候；我们说中华民族不会亡的根据，就是我们刚才所讲的五点。

因此，今天我们纪念"九一八"，我们大家就要做到下面几点：

第一，要加强团结，巩固统一，集中意志，集中力量。不论如何，凡是破坏团结，破坏抗战，反对政府，都是替敌人做工作，都是汉奸。这些只有老牌汉奸王克敏、梁鸿志，新牌汉奸汪精卫等会做，只有这些民族的叛徒才会通敌。其余全国人民，是一定坚持团结统一拥护抗战国策的。

第二，虽然我们说我们不靠武力也可以战胜敌人，说精神重于物质，但是我们不是说我们不要有新的军队，新的武器；今天的问题是如何从量上动员民众，从质上建立新军，加强我们的武器，完成新军的建立。

第三，军民的合作还不够，在许多地方我们只看见军队作战，不见老百姓参战，我们要加强军民合作，加强政治经济文化的进步，以配合军事之进步。

第四，在欧战已经爆发了的今天，谈到外交问题，在一般人看来是有变化的，但自政府看却并没有变化，我们不是依赖国际，不是机会主义，但是我们要自力更生，站在独立自主的立场上，但是我们并不是孤立主义，我们需要国际的援助，但是我们要坚持自力更生的国策。

抗战两年多了，我们以自己力量担任着反侵略的最前卫的任务，反对头等侵略者的进攻，假使我们要彻底执行这个的话，就应该继续反对日本的侵略。反对日本侵略是我们主动的因素。我们只要坚持抗战国策，才能刺激国际变化，才能够得到国际上更多的援助。

第五，大家都存着侥幸苟且的心理，抗战已经两年，但是这种心理仍然存在着；做官的想做官，发财的想发财，尽管有大多数人在这时为国家民族而牺牲，但是仍有许多人醉生梦死。我们说民族自信心、民族自尊心，不是抽象的观念，而是有着具体行动的东西。所以我们要有民族自尊心和自信心，就应该根据"国民精神总动员"第五节将自己改造，大大地改造。

我们相信只有这五点才能看出中华民族不会亡，最后胜利属于我们的根据，不然就只是空洞的没有内容的话。今天纪念"九一八"，我们对于这五点要从信仰到行动来实现。

诸位同学是将来的基层干部,对于这五点的任务各位担负得很重大。今天在学校里纪念"九一八",我们应该拿自己的工作和学习的努力纪念,将来出了学校,对于工作要真诚,不苟且,不敷衍,才是负了责任,才对得起国家,对得起民族,够得上说有一天要洗雪国耻,才敢说最后胜利属于我们。我们要反省:我们来这里干什么?将来干什么?怎样干?起码每个人都要有这几个问题,能够正确地解答这几个问题,那才够得上用行动来纪念"九一八"。

纪念民族复兴节我们应有的努力

——二十八年十二月二十五日民族复兴节纪念会上的报告

内容提要

一、民族复兴节是反袁护国、使中华民国得以再造的纪念日；里面包括有十二月五日肇和兵舰起义和二十五日云南起义。

二、民元总理让临时大总统位于袁世凯后，袁氏一切的非法行为，致发生二次革命；二次革命失败，袁氏即进行帝制运动，其步骤：1. 就任正式大总统，下令解散国民党，撤销国会中国民党的议员；2. 组织政治会议代替国会，改组内阁；3. 取消国会，解散各省议会；4. 非法修改旧约法，个人支配国家大权；5. 削弱各省军权，总揽全国武力，修改大总统选举法，公布治安警察法。同时在国际上勾结日本帝国主义，不惜承认二十一条件。民国三年，唆使其走狗组织筹安会，公民请愿团，要求变更国体，假借民意，召集国民代表大会，变更国体为君主立宪，袁氏便于民国四年改元洪宪，实行帝制自位。

三、袁氏进行帝制运动时，中华革命党正进行反袁的工作；民国四年，总理先后发表《讨袁宣言》和《讨袁檄文》，号召全国人民参加反袁运动，上海镇守使郑汝成的被刺，是中华革命党反袁的第一步工作；接着陈其美在上海袭占肇和兵舰，发难讨袁；十二月二十五日云南起义，宣布独立，组织护国军讨袁；其后各省均先后宣布独立。袁氏羞愤病死，护国运动于以成功。

四、从肇和兵舰举义和讨袁运动的历史中可得的意见：1. 历史说明了民主政体是全国人民所要求的，中华民国是代表全国四万万五千万人的利益的，谁背叛历史的要求，谁就要被毁灭；2. 讨袁运动的成功，说明了凡勾结帝国主义，危害国家人民的利益者必定失败与灭亡；3. 纪念民族复兴节不要忘记袁世凯的后台老板——日本帝国主义——是我们的民族敌人；我们应该在全民族爱戴的蒋委员长①领导下坚决抗战到底，争取民族解放的胜利；4. 护国运动中表现了中华革命党与中国国民党的伟大力量，我们今天纪念民族复兴节，更需要服从国民党的领导，集中意志，集中力量，向着三民主义的新中国的前途英勇迈进。

各位同事，各位同学：

今天纪念周与民族复兴节合并举行。民族复兴节是反袁护国、使中华民国得以再造的纪念日；里面包括有十二月五日肇和兵舰起义和二十五日云南起义，因为肇和兵舰起义与云南起义都是反对袁世凯帝制，都是要保护辛亥革命产生的中华民国，所以国民政府又规定了十二月二十五日为民族复兴节。

在前几次纪念周和中国近现代史这个课程里，都说民国元年，总理是怎样的为了国家民族把临时大总统职位让与袁世凯，也曾说过袁氏做了临时大总统后的一切非法行为，以致发生了中国国民党领导的二次革命——二次革命在民国二年七月十二日首先发动于江西，因为当时国民党势力不及袁世凯的雄厚，所以到了九月一日即完全失败了。二次革命失败后，国民党许多掌握军权的同志——如胡汉民、柏文蔚、李烈钧三都督——都随着革命的失败而下野了，袁世凯便乘着这时机布满他爪牙于广东、江西、福建、湖南等几省。到了民国二年十月十日，袁世凯更觉得临时大总统的味道不够，想做正式大总统，所以嗾使其走狗和利用一帮流氓地痞在北京组织所谓公民团，包围国会，选举袁世凯为正式大总统。袁氏的目的达到后，于同年十一月四日，竟下令解散中国国民党，所以国会里的国民党议员也一律撤销，这是二次革命失败后袁氏准备实现帝制的第一个阶段。

本来，国会议员中以国民党的议员居多，他们的议席也占最多数。袁世凯把国民党的议员撤销后，国会议员便不够法定人数了，不能开会，于是他索性于十二月十五日另组政治会议来代替它。同时，当袁世凯做临时大总统的时候，为了压迫国民党，他与进步党联合，任用熊希龄为国务总理，梁启超为财政总长，但是到了这时，袁世凯见进步党的熊希龄还是非我所属，像梁启超这样的人也不是容易驾驭的，所以他乘这时候把内阁改组，以孙宝琦

---

① 此处仅为当时人的提法（整理者注）。

兼代国务总理，梁启超也连带去职，这是袁世凯进行帝制的第二个阶段。

袁世凯虽然组织了政治会议，但是还有国会存在着，而且残留的议员虽非国民党，也有不少反对袁世凯的非法命令的人，所以他总觉得不把国会解散还是不够。三年一月四日，袁世凯乃以各省都督民政长等呈请大总统解散国会残留议员的联电，根据政治会议讨论的具复，下令停止两院议员职务，取消国会。二月三日又下令停办各省地方自治，三月二十八日更以政治会议议决："省议会不宜于统一国家"为理由，下令解散各省议会。这三件事是袁世凯进行帝制运动的第三阶段。

国会和省议会被解散了，地方自治也停办了，这时，袁世凯还要进行一件事：即把旧约法（《临时约法》）修改。袁氏何以要修改约法呢？因为约法上规定了责任内阁制，凡大总统的所为，非经国会与内阁许可是不发生效力的。这个约法，对于袁氏进行个人独裁的帝制运动是不利的，所以袁氏于三年三月二十八日召开约法会议，修改约法，制定了所谓新约法，这个新约法，是由袁氏用御用的约法会议制定的，它与旧约法最重要的不同点，就是民元约法规定采取责任内阁制，新约法采取总统制，即改责任内阁制为总统制，使国家大权集中到大总统一个人身上，不需经过国会和内阁而可以乱作胡为，这是袁氏进行帝制运动的第四阶段。

新约法公布后，袁世凯即于五月一日下令废止国务院官制（即取消了内阁制），另设政事堂于大总统府。为了削弱各省的军权，在北京设立将军府，设将军诸名义，以督理各省的军务，有事时派出去，没事时又回到将军府，想这样把全国的武力集中，同时又改各省民政长为巡按，加大他的职权，使各省的政权也集中起来，又依照新约法，其立法机关为一院制，名为立法院，另有参政院，为大总统的咨询机关，最初的意思本来想以立法院代替国会的，可是袁世凯恐怕自己把握不住，所以他始终不成立立法院，只是在六月二十日下令成立参政院，并宣布立法院未成立前由参政院代行其职权。到了十二月二十八日约法会议开会，议决通过修正大总统选举法，为什么要修改呢？因为原来的大总统法只规定大总统的任期为五年，袁世凯想把任期延长，所以他的爪牙所组织成的约法会议便遵照主子的意思改五年为十年；不但如此，袁氏为满足他万万年专制的欲望，更把原来连任的有关规定改为连任无限。民国三年十二月又公布治安警察法，以钳制人民言论集会的自由，压迫革命分子活动，这可说是袁世凯帝制运动的第五阶段。

上面所说的,是袁世凯进行帝制运动在国内政治上的布置,但他不得到列强的默许,还不敢大胆进行。到了民国三年欧战发生,日本帝国主义便于民国四年提出二十一条要求,压迫袁世凯承认,当时日本公使日置益对袁氏说:"日本臣民,大半以为贵总统反对日本,若不开诚交涉,即是反对日本之证,若开诚交涉,则日本希望贵总统再高陞一步。"大家试想想,做了大总统还要再高升一步是什么呢? 那就是做皇帝了,袁世凯既想帝制自为,要得到日本帝国主义的帮助,便勾结日本帝国主义做他的后台老板,不惜与日本妥协,所以日本在民国四年五月七日提出亡国灭种的二十一条件后,五月九日袁氏便答复承认了(内中第五号保留),这事又叫做"五七"、"五九"国耻。袁世凯承认这二十一条件,是中国历史洗不清的罪过,他为了一个空头皇帝,甘愿出卖国家民族,真是历史上的千古罪人。

袁世凯在政治上布置好了他的帝制罗网,在国际上勾结了今天正与我们斗争的日本帝国主义后,便大胆地进行帝制运动了。民国三年八月,大总统顾问美人古德诺发表一文,题为"共和与君主",即说中国适宜行民主制还是君主立宪制呢? 是中华民国还是中华帝国呢? 古氏多方引证,其结论是中国不适宜行民主共和,适宜行君主立宪制。同年八月十四日,杨度等六人(所谓六君子)在北京发起筹安会,名义上说是发起讨论中国到底适合君主还是民主的问题,而实际则是替袁世凯捧场。九月参政院开会,杨度包办的各省公民请愿团,模仿了从前要选举正式大总统时一样的作风,包围参政院,要求议决变更国体,改民主共和为君主专制,参政院原是袁氏的附庸,自然接受了这个要求,答应召集国民会议讨论——由这点可见最专制的魔皇还是要假借民意,民众力量的伟大可想而知。十月,帝制派梁士诒等以召集国民会议时间太慢为名,改为召集国民代表大会,以加速度的替他的主子进行帝制。十月二十五日,各省区开始选举代表,二十八日以后,各代表开始投票决定国体,至十二月十一日参政院开会,宣布全国国民代表共1 993人,全体赞成改国体为君主立宪,没有一票例外。同时,参政院并宣布接到各省区国民代表大会文电,一致推戴袁世凯为皇帝。袁氏最初表示推辞,假装客气,后来参政院又上一推戴书,袁氏便假仁假义的说既承全国一致推戴,无法推却,那就只好就职了,这显然是一种鬼话。

袁世凯既登基,做了皇帝,自然也得建元,因此十二月三十一日袁氏下令改明年为洪宪元年,他的皇帝梦便这样的做成了。

但是这个梦是不是不长久的好梦呢?是不是革命势力真的被它镇压下来,全国人民都服服帖帖地让他作威作福呢?绝对不是的。袁世凯宣布称帝,同时也是宣布了他的死刑。当袁世凯帝制运动正在酝酿时,总理领导的中华革命党正行反袁运动,民国四年,总理曾先后发表《讨袁宣言》和《讨袁檄文》,指出袁世凯执政后三年多以来摧残民主政治,压迫人民,压迫革命势力,危害中华民国的事实,号召全国人民赶快参加倒袁运动,在袁氏帝制运动达到高潮时,上海镇守使郑汝成的被刺,是中华革命党反袁的第一步工作,接着总理又派陈其美由日本返国,谋在广州起义讨袁,不料陈其美到了上海见局势岌岌可危,乃与同志商量变更在上海举事,十二月五日,陈其美率领了同志30余人袭占肇和军舰,发难讨袁,同时占领电报局等官署,后来敌军云集,卒以寡不敌众而失败,这就是肇和军舰起义的经过。这次起义虽不成功,但这两件事——刺杀郑汝成与肇和兵舰起义——已说明当时"山雨欲来风满楼"的情况,也是刺激云南护国军起义的重要因素。

袁世凯进行帝制时,除了中华革命党进行反袁的工作外,国民党和进步党也采取一致的反袁的行动。到了帝制运动发生的时候,进步党已由在朝党变为在野党,他们也有反袁的要求——进步党本身是一种自由主义思想的结合,最初他们勾结袁世凯,压迫国民党,等到他们看见袁氏的专制,知道受了袁氏的愚弄以后,便有反袁的倾向了——因此,他们便和国民党采取一致的行动,进行反袁的工作。

蔡锷本与进步党的首领梁启超有师生之谊的,辛亥革命时,蔡被推为云南都督,同时蔡锷又命唐继尧率滇军入贵阳,从此云南与贵州两省的势力便在蔡锷手里了,后来蔡锷进京,就召唐继尧返云南,把军政大权都交给唐继尧掌握,等到袁氏帝制运动成熟时,他就离开北京,秘密地经香港而到云南,这时国民党的李烈钧也到云南活动,促唐继尧发难。民国四年十二月廿三日他们一切布置好了之后,便致电袁世凯,请他取消帝制,惩办祸首,并限二十五日午前答复。届时袁氏并不答复,于是云南便首先宣布独立,组织护国军三军,由蔡锷、戴戡、李烈钧分任军长,起义讨袁,但这时只有云南、贵州为反袁势力,到了民国五年三月十五日,广西的陆荣廷也宣布独立,从此反袁势力已有三省了。这时,袁世凯对独立的空气发展下去，非常可怕，便于三月二十二日宣布取消帝制，二十三日废除洪宪年号，仍以本年为中华民国五年，以徐世昌为国务卿，段祺瑞为参谋总长，自己仍做大总统，可是蔡锷领导的反袁运动，是非袁氏退位不可的。四月六日，广东宣布独立，十二日浙江也跟着宣布独立，同时五月一日"两广都司令部"成立，八日，两广和云南、贵州独立的各省又于广东肇庆成立军务院，统一反袁的力量，以唐继尧为首领，进行轰轰烈烈的反袁护国运动。

五月一日，冯国璋通电各省，召集南京会议，但是在会议还未举行前，中华革命党已在山东、江苏、江西、湖南、湖北、安徽、福建等各省积极活动起事了，袁世凯虽然废除了帝制，可是宣布独立的省份纷纷加多，局势岌岌可危，到了四月二十日湖南宣布独立，五月二十二日四川也宣布独立了，原来湖南督军汤芗铭，四川督军陈宧，这两人原是袁世凯的爪牙，但因湖南和四川的地方部队要求反袁，他们便不得不宣布独立了。这时候，袁世凯看见自己的心腹也宣布独立，知道大势已去，乃羞愤成疾，竟于六月六日一命呜呼了。袁氏既死，所谓帝制运动便完全消灭了。

在前面，我们已把肇和兵舰举义和讨袁运动的经过说过了，我们从这段历史中，可以得出如下几点意思：

第一，中华民国的诞生，尽管如我们平常所说：辛亥革命虽然推翻了满清的专制，挂起了中华民国的招牌，但因为这座房子建筑在旧的基础上，所以不结实不牢固，招牌也挂得不稳。可是，中华民国的诞生，说明了中华民族的新生，尽管中华民国只有二十八年的历史，受了许多灾难，如袁世凯称帝、张勋复辟以及十余年来的军阀混战，但无论如何他是不会灭亡的，犹如一个患过伤寒病的小孩，他不但不会再患伤寒病，而且将保证他身体的永久健康，中华民国已把数千年的封建专制推翻，已把袁氏称帝的幻梦粉碎，从此他只有天天发展强壮了，假如谁再向他侵略，谁就不会得到好结果。例如后来的辫子军张勋，把宣统皇帝抬了出来，但是这些最顽固的落后的封建分子要危害民国，结果也终于失败了。历史说明了民主政体是全国人所要求的，中华民国是代表全国四万万五千万人的利益的，谁要虐待中华民国，背叛历史发展的要求，谁就要被历史毁灭。

第二，袁世凯当初敢胡作乱为，不单是凭着他传统的军事力量做基础——袁氏的基础来源已有几十年，由曾国藩至李鸿章，由李鸿章至袁世凯，都是有他一脉相传的历史的——还要勾结日本帝国主义，依赖它的帮助,因此他不惜承认二十一条要求,出卖国家民族的利益,而日本帝国主义所加于我们的枷锁二十一条件,也应该由袁世凯一个人来负担,全中国是没有一个人承认的。讨袁运动的成功,正是说明凡勾结帝国主义、与帝国主义打成一片、危害国家人民的利益者必定失败与灭亡。关于这点,我们还可以再举一例:民国十五年北伐时,孙传芳、陈炯明、吴佩孚(吴氏今天不做汉奸,是个好汉,但对于历史我们必须正视的)等勾结帝国主义,危害国家民族,结果没有一个不遭失败。今天,我们与日本强盗进行了二十九个月的抗战,回想当年受日本帝国主义的压迫、欺凌,我们更要强调中华民国是永久生存的这一点来动员民众,支持抗战;也只有这样,才能表现出我们的力量,才能达到"抗战必胜,建国必成"。所以我们纪念民族复兴节,不但不要忘记了袁世凯的后台老板——日本帝国主义,而且要加强信心,振作精神,发挥我们所有力量,进行比二十九个月来更英勇更坚决的抗战,消灭我们的民族敌人日本帝国主义。

第三,今天的情势与讨袁当年的情势完全不同了。今天我们已有了全民族爱戴的主持抗战最坚决的最高领袖蒋委员长,今天蒋委员长正代表着全民族的利益,领导着全国人民进行抗战建国的伟业,也就是说,中华民国过去遭受的许多欺凌与侮辱,都将要在这次神圣伟大的民族解放斗争中把它洗清了。我们想起当年云南起义保卫中华民国使他不致夭折永久存在的精神,今天在蒋委员长领导下进行的抗日民族解放战争中应该更英勇,更努力,只有这样,才能坚持抗战到底,争取民族解放的胜利,才配得上今天纪念民族复兴节。

第四,在护国运动中已表现了中华革命党与中国国民党的伟大力量,中华民国之得以不受袁氏摧残而保持至今,便是这种伟大力量的赐予。今天抗战建国的伟业,不但要保持中华民国的永存,而且要使它脱离帝国主义强盗的压迫,得到民族的解放,并使他壮大起来。今天领导全国进行这一伟业负起这一神圣责任的,就是中国国民党,因此,我们纪念民族复兴节,在今天更需要服从国民党的领导,集中意志,集中力量,向着三民主义的新中国的前途英勇迈进。

同志们,我们都是广西优秀的青年干部,针对着敌人今天进攻西南,我们应以最大的努力保卫家乡,保卫支持抗战最有力的支撑点的广西,来纪念这个民族复兴节!

第二分册
工作的认识和工作的作风

如何克服我们当前的困难

——二十八年六月十三日、十九日 总理纪念周报告

内容提要

一、我们将来是基层建设的干部,我们的任务从整个的中国来说是建设三民主义的新中国,单从广西来说是建设模范省的新广西。

二、抗战建国是艰苦的过程、艰巨的任务之原因:

1. 落后性——中国受着帝国主义和封建残余势力的压迫和束缚,使得一切都表现落后。

2. 买办性——次殖民地的中国在文化及政治诸部门上都充分地带着买办性。

3. 不平衡的发展——次殖民地的中国一切都成为不平衡的发展,使中国社会复杂,五花八门。

三、克服抗战建国的困难,要用我们自己的力量做到下列几点:

1. 要有正确的认识——从整个历史中去观察问题,从整个世界去认识中国,从整个中国去认识广西。

2. 要有事先的洞见——从整个的历史、国际形势、抗战形势去了解广西的问题。

3. 要有耐久的精神——要集体的有耐久精神,发动全国民众来克服当前的困难。

4. 有镇静的态度——对五花八门的矛盾现象不要惊异,要镇静,要认识它的存在是必然的。

5. 有诚恳的心地——能诚心即能成事,即能有勇而不怕。

6. 有耐苦的生活——有耐劳的生活才能坚持工作,负担艰巨的任务。

7. 对工作要有突击的精神——有计划、有组织、有秩序地进行工作,

自动地去找寻工作，争取工作，把工作放在第一位。

8. 对社会要有透彻的了解——了解对象是为了展开工作，增加实现工作的可能性和效力。

9. 要克服知识分子的弱点——在集体训练中克服我们的领袖欲、支配欲和经不起人家批评的弱点。

10. 改造旧的生活习惯——创造现代化的生活，生活上事事注意，处处留神。

11. 以行动代替宣传——使坐而言进为起而行，不要做空口的"卖膏药"。

12. 要积极地引导落后分子——群策群力，众志成城，必须争取许多落后分子，才能建设起新的中国。

各位同事，各位同学：

今天举行的是第十一周的纪念周。在过去十次纪念周中，本来已经向各位讲过不少的话，但要讲的话还很多。在过去十次纪念周中，我们只是阐述了总理遗教和本校的训练方针，关于各位同学将来到社会上工作的态度和方法还未提到。各位在校的时间一天一天地减少，要对各位讲的却像一天一天地加多，兄弟个人深感对大家说话的时间太少，想各位也会感觉到我们接触的机会太少而了解得很不够。因此我打算以后根据总理遗教的指示更多作些关于工作的切实的报告，以便大家将来在社会工作时更有把握。不过单靠纪念周来作报告恐怕还不够得很，所以以后打算除了纪念周外，每周还要多见几次面，给大家多讲几次话。希望大家不要虚度时光，错过机会。因为将来我们见面的机会也许不多，而许多问题却正等着我们解决。

我们将来是基层的干部。要努力抗战，求得民族独立以实现民族主义；要施行民主政治以实现民权主义；要推进及发展人民生活以实现民生主义。从整个的中国来说是建设三民主义的新中国，单从广西来说便是建立抗战的坚强堡垒的新广西，便是建立新中国模范省的新广西。但这是一个最艰巨的任务，问题就在我们应该怎样去负担起这艰巨的任务。

首先，关于怎样担负起这艰巨的任务，可以分开两个部分来说明：第一，为什么我们的抗战建国是艰苦的过程、艰巨的任务？第二，怎样克服我们自己的弱点才能负起这艰巨的任务？关于这，又可分为下面三点来说明：

(1) 由于中国是个残存着封建势力的次殖民地的社会，使得一切都落后。从经济方面来说，仅有的工业和交通工具，都是很脆弱的，并且其中的大部分，还是操在帝国主义者的手里。譬如很多大工厂便是外人的资本所创办的，很多铁路又是向外国借款的抵押品。由于都市与农村经济发展的不平衡，帝国主义者与国内残余封建势力之重重压迫，这一切，都使得中国经济落后。在政治方面也一样的落后，中国虽然挂起了民主的招牌，有过国会与约法。但国会里充满着残余封建势力，约法根本就被袁世凯撕破了。在文化上的落后是更来得明显，四万万五千万人中不知有多少文盲，不知有多少连自己是中国人都不知道的。外国人一家报纸要销到五百万份以上不成问题，而中国却很少有一家报纸能销到二十万份以上。在整个的生活形态来说，我们是散漫、无秩序、随便、松懈，以至于有很多留学生都说我们中国人不如外国人：外国人买车票、船票都是很有秩序地排起行列，我们中国人却挤得一塌糊涂，好像我们黄帝子孙都是天生的贱种。其实中国人并非天生贱种，也不是我们自己不争气，主要的是因为我们被帝国主义者和残余封建势力压迫，使得我们不得不陷于落后的境地。这一切的落后又正说明中国国民革命任务的艰巨。因为落后，因为人家已经用摩托车而我们还是用两条腿走，甚至连用腿走的路都没有；人家已经是机械化、电气化，用的是电车电灯，而我们却连用植物油灯都还有很多人不够资格；我们很多地方没有近代的印刷机器，很多城市连报纸都没有。所以我们须得迎头赶上，今天我们要用最大努力消灭我们的落后性。诸位试想，这是多么艰巨的任务！虽然我们不能否认自己的落后，要是否认自己的落后就会发生侥幸苟且的心理，至少也会在遇到困难时就松懈下来，所以我们必须清楚地认识这个落后性。

(2) 由于中国是次殖民地的社会，使得中国一切都带买办的气氛。从军事上看：第一次中日战争的甲午之役，就充分表现了这种买办性。中国的海军在亚洲本来是首屈一指的，大清帝国的龙旗曾在日本的领海飘扬，大清帝国的海军士兵曾在日本的大街上耀武扬威。有名的黄海之役，我们的大炮也的确打中了日本的军舰，而且看着那被打中的军舰就要沉没了。但是因为当时军舰上的大炮有各种不同的样式，而且使用着各种不同的炮弹。常常是一门炮的炮弹不能拿到别一门炮去用，这一门炮的炮弹用完了就不能再拿别门炮的炮弹来发射。所以眼看敌人在我们的面前被击中而又逃脱了。这不是充分地表示中国军事上的买办性吗？从教育上看：在四十年新兴的教育中，最初就是模仿日本的教育，派出速成师范学生到日本留学，把日本教育一模一样地搬了过来。民国建立后，有一个时期模仿德国的教育。后来又有胡适之等提倡美国式的教育，李石曾等提倡法国大学区的教育。各色各样，但都是将外国的整套搬过来。直到今天，中国还未有一种最切合自己需要的教育制度。在医学上有所谓德日派与英美派之争，在哲学上有胡适之倡导的杜威詹姆士的哲学和傅铜所倡导的罗素的哲学之争。所以敌人敢于公开地说我国的某些人是亲日派，某些人是英美派。其实很多留学生也的确是自己有成见，留学哪一国便说哪一国好，真好像中国人就失了灵魂，根本就丧失了民族自尊心。尤其是在政治上更为明显，如过去的吴佩孚、陈炯明、段祺瑞、孙传芳就都曾做过政治上的买办。这一切正说明次殖民地的中国在文化及政治诸部门上都充分地带着买办性。

（3）由于中国是次殖民地的社会，中国一切都成为不平衡的发展：在帝国主义用为侵略根据地的所在，政治、经济、文化都高度地发展，其他的地方却还很落后。这样就使得中国社会更为复杂，所谓五花八门，使人看了不易理解。

说不定在同一个地方就有两种相反的现象同时存在，譬如有人主张民主便同时有人主张反民主。这种情形，不但使我们不易弄得明白，而且增加我们工作的困难，使中国的国民革命和新中国的建立，成为一幅不易着手的图画。

平常时大家只知道乡村工作困难的现象，而未知困难的原因，今天我们便是从经济性质上去指出它的困难的原因。当然，其他方面我们还是不能忽略，而这却是最基本的。我们只能指出这困难原因最重要的一部分，告诉大家怎样拿起这把钥匙去开，至于怎样实际去解决这困难，主要还在大家更深入地去研究。这对各位将来的工作会有极大帮助，而且这帮助不限于乡村工作。

其次，如何克服我们抗战建国的困难？要克服这困难，并没有《封神榜》上的法宝，也没有《西游记》里的法宝。有的只是我们的力，我们的人，我们自己。历史是人写成的，我们读历史不要忽视人力的成分，创造历史更不要忽视人力的作用。当然，历史的发展自有其客观的法则，但写历史的到底是人，而且是活生生的人。要是我们专等客观的自然发展，那便

是定命论者。这样革命绝对不会成功,新中国更不会到来。所以今天我们首先要自己努力,我们应该努力做到下列各点:

(一) 要有正确的认识

这是我们过去常说的话,但是我们现在还要说,以后还要说。我们要怎样才能获得正确的认识?我们要从整个的历史中去观察问题,要从整个的世界去认识中国,从整个的中国去认识广西。我们不能闭门造车,我们不能拿坐在房子里所产生的空想当作我们的认识。没有正确的认识即不能有坚强的信仰,即不能不屈不挠地顶住。文天祥、史可法除了当时的时代决定他们的思想我们在此不谈外,不可否认的他们是有其坚强的信仰的,所以他们能不怕威迫,不怕刀俎。我们今天也要做到尽管天翻地覆,自己还是有自己的主张,一点也不动摇,如孟子所谓之"定于一",没有这种"一"便根本够不上执行工作,像汪精卫那样便是三心二意,不能"定于一"。这样的态度不但使工作无所成,而且将使学习亦无所得。所以我们的认识与信念必须"定于一",并且不单在口头上、文章上做到,而且要在实际的行动上做到"定于一"。这样我们才够得上说克服困难。

(二) 要有事先的洞见

世界上有没有能够事先洞见的刘伯温和诸葛亮呢?真有。诸葛亮的前后《出师表》分析天下大势了如指掌,这便是事先的洞见。今天我们应比当时的诸葛亮更强。自然,这不是说我们能比诸葛亮更高明,而是说我们今天有比诸葛亮当时更进步的科学,有比当时更进步的分析方法。今天我们可以从整个的历史,整个的国际形势,整个的抗战形势去了解我们广西的问题。这样我们便可以有一把钥匙获得事先的洞见,我们便可以预先看见事物的必然发展而不至于做它的尾巴,这样我们才可以谈得上领导,才不致临事慌张,才不致"啊啊"一声地又把事情做坏了。

(三) 要有耐久的精神

我们的工作正同整个的抗战建国大业一样要有刻苦硬干的精神,干就必须是能耐久,持久的。就是看电影也须得两个钟头啦,何况我们的工作正是中国社会性质决定下的艰巨工作。因此我们不但要有不怕困难坚持下去的决心,还要有愚公移山的耐久精神。愚公移山的耐久精神还是个人的,我们要有集体的耐久精神,我们要发动全国民众来克服当前的困难!我们不能在困难的面前低头,不能在困难面前作揖,不能在困难面前打滚,我们要在困难面前勇敢地去克服它。

（四）要有镇静的态度

刚才我说过：中国社会甚为复杂，使得同一个地方在同一个时候，可以有数种矛盾的现象出现，所以我们不能幻想有单一的人、单一的社会存在，我们对这些五花八门的矛盾现象不要惊异，要镇静，要认识它的存在是必然的。要不然，旧势力整天向你造谣，你的脑筋就会整天的像看电影，一会儿又是一个变幻，你在外面表现出来的样子也就会时风时雨，别人看了简直莫名其妙。这样自己就是成事不足而败事有余，恰恰使旧势力对我们的消耗战获得了成功。因此我们要有镇静的态度。

（五）要有诚恳的心地

精诚所至，金石为开。能诚心即能成事，即能有勇而不怕。俗话所谓"平生不做亏心事，夜半敲门心不惊"，便是这个意思。有诚心就须说老实话，做老实事——当然这"老实话"不是汪精卫的"老实话"，汪精卫的"老实话"是没诚心，不做老实事的"老实话"——所以能诚心也就能老实，没有所谓意气。

（六）要有耐劳的生活

有耐劳的生活才能坚持工作，负担艰巨的任务，这个要求在广西的同志中不成问题，我们大部分都能做到。

（七）对工作要有突击的精神

前天，主席在本校成立典礼中训示我们说办公主义是要不得的。兄弟根据主席的指示，观察中国目前一般人对工作的态度，觉得有三种不同的方式：第一种是办公主义，第二种是事务主义，第三种是工作主义。"办公"、"事务"、"工作"的下面加上"主义"二字，这就不再是普通的简单的说法，这是说：这种工作态度是基于一定的政治认识而发生的工作态度，它不是一时的、偶然的表现，而是经常的，对每一件事情都是从这态度出发的一种基本看法。因之持不同样的工作主义的人，对同一问题就会有不同看法，也就会有不同的做法。

办公主义是中国落后的封建意识的代表。办公主义者的工作完全是被动的，没有一定计划的。他每日按着办公时间上办公厅，有公事就办公事，没公事就喝喝茶，谈谈身边琐事，他不会看些什么书，他不会求上进，他每天这样消磨八个钟头，到了下办公厅的时间就溜走，要是有一个要紧的公事在下办公厅之前几分钟送来,他会给你留到第二天再办。这样一来,一个公事在他们手里打一个圈圈就是十几天。他们的工作生活很悠闲,所以他们靠的是年月久、资望高,奔走经营,为的无非是升职加薪,他们脑袋里哪会有国家社会?哪会想到他所办的公事对国家社会有何影响?所以在衙门住了十年八年的人,那样子就十分难看。这种代表封建残余的人物,在中国的各地正普遍地存在着。这样的一种工作态度,又当然是不对的。

事务主义者的工作态度,是比办公主义者较为进步的工作态度,它有现代资本主义文明的精神,它对工作能有一定计划,能在一定的时间内完成。凡经过直接与外国人有关的机关如海关、邮局、铁路等训练过的人员,便多有这种工作态度。这种精神是现代资本主义文明的反映,它进步的地方我们自然不该否认,但它不够的地方,如论报酬来定工作时间的长短,如不能做到人来找事做,这些我们也要认识。

工作主义者的工作精神,即是我们所谓突击的工作精神。今天在中国广泛的敌后游击区里,和许多热心抗战的团体中的工作者,都充分地表现出这种工作精神。此种工作精神当然比事务主义更为进步,他不但有组织、有计划、有秩序地进行工作,而且是自动地去寻找工作,争取工作,绝不等待工作;他不但时时刻刻都没有忘记进修,而且能在工作中教育自己和教育同伴;他的脑袋里只有工作,而没有金钱与时间观念来计较工作的尺度。应在今天完成的工作,一定在今天完成。他能不着眼于别人八十块钱的月薪,而自己只有五十块钱的月薪,他的快乐与安慰是在工作的完成上。当然,这不是说工作主义者就不要吃饭,不要活命,而是说他能把工作放在第一位。

中国今天正需要工作主义者,因为中国落后,要建立三民主义的新中国就必须加速前进,才能迎头赶上。倘若我们没有像苏联斯达哈诺夫那样的精神来加强工作,我们就不能有进步,尽管我们地大物博,人口众多;但有博大的物力而没有人去运用,有众多的人口而没有组织起来,则根本就不能用来建造新中国。许多人都知道没有国家民族便没有个人,但许多人却没有具体知道怎样振奋自己的精神,来挽救国家民族。所以,总裁说:今天中国"要以一人当二人用,一钱当二钱用,一天当二天用"。这即是说:人家已经走了一百万里,我们还只走到五十里。我们要兼程并进,迎头赶上。大家试想想:我们做到了一人当二人用,一钱当二钱用,一天当二天用了没有？惭愧得很，我们没有做到。我们的弱点还很多，我们正要克服工作中的办公主义以进到事务主义，由事务主义再进到工作主义。因为我们的一切都落后，我们不能不加倍努力。

诸位同学马上就要分散到乡村里去工作，倘若还是一套办公主义，因循苟且，县府今天送来的公事明天转，明天送来的公事后天办，这样便什么都完了。我们不能这样，我们要把工作放在第一位。县府要我今天办到的事，我一定今天办到。并且我们不是一天都坐在办公厅里，我们要多多接近民众，只有接近民众，了解民众，我们所发出的命令才能够实行。

（八）对社会要有透彻的了解

中国社会比资本主义发达了的社会还要复杂，那种复杂的情形，简直难于想象。在人与人的关系中，除了公事公办的关系之外，还可以看见亲戚、同乡、师生乃至男女的关系。这些关系都成为影响我们工作的社会关系。但很多有工作热情的人，却忽视了这些关系，自己主观上认为要怎样干便怎样干，结果自然是遭遇了困难和障碍。

在中国处理人与人的关系是特别困难的，那须得有极丰富的经验，须得自己随时随地留意。没有人写过一本书，或者写过一篇文章把这些告诉你，但是只要大家留意，起码在我们学校里就可以看见许多复杂的人与人的关系：你决定的关于团体的事，须得别人的同意；别人决定的也须得你的同意。处理人与人的关系主要的是了解对象，不了解对象便没法工作。今天我们的工作根本是对人的工作，要是没有了解对象，没有好的方法去处理人与人的关系，工作就根本不能开展。处理人与人的关系，不能单凭个人主观的见解，因为你有你的主观，他有他的主观，说不定你的主观见解与他的主观见解恰恰相反。所以说要了解对象。了解对象，不是为了迁就对象，更不是为了利用对象，而是为了工作，为了展开工作，为了增加实现工作的可能性和效力。

（九）要克服知识分子的弱点

诸位不但在乡村里是不可多得的知识分子，就是在全中国也是极可宝贵的民族精华。在有惊人数量的文盲，一切都极落后的中国，知识分子要担负极重大的任务。但是知识分子有亟待克服的弱点：

第一，领袖欲太强：所谓文人相轻，自古皆然。由于领袖欲强，支配欲也强，尽管他如何的不够，但他在团体中却非做领袖不可。其实一个领袖的产生不是简单的，无条件的。一个领袖的产生须先具备许多客观的条件，不是说我要做领袖就可以做领袖。单凭主观的要做领袖，只能是没有帮众的寡头领袖。能受别人支配和受别人领导的人，才可以支配别人和领导别人。这完全是从工作岗位上说的。譬如在军队中，上级有统帅，下级有官长士兵，上级发的命令下级就必须绝对服从。这是为了什么呢？这完全是为了作战。今天我们为了工作，为了实现三民主义的新中国也必须如此。须知上级发下的命令是要对大家绝对负责的，虽然它未经过开会的形式取得大家同意，但是他却必须能代表大家的要求，也惟有真能代表大家的要求，命令才能下达，才能有力。要做到这一点并不容易，也就是说做领袖并不容易，他必须先要自己能受人支配和受人领导才能做到，因为不能受别人支配和受别人领导的人，就不能理解支配别人和领导别人是怎样不容易的事，就不会知道怎样使他自己的命令的确能代表大家的要求。至于受人支配和受人领导也绝非被动，因为支配者和领导者根本就不是代表个人而是代表团体。知识分子的最大毛病就是三五个人谈一个问题就有三五种意见。这是要不得的，我们应彻底去克服它。

第二，经不起人家的批评：虽然人家批评的话是对的，自己的心里也完全接受了，但是口里却绝不承认，说起话来就是面红耳赤。这是知识分子的通病，亟须改正。

我们学校的自我批评，正是针对知识分子这种弱点而来的集体训练，我们正要在这集体训练中克服我们的领袖欲、支配欲和经不起人家批评的弱点。

（十）要改造旧的生活习惯

我们要有现代化的生活，但我们现在的生活就一点也不现代化：开会时迟到早退，精神不集中；在公共的场所随便大声谈笑，走路时两脚用力踏，好像唯恐走得不响；买票和搭公共汽车就争先恐后，横蛮地伸开两只手把人家挤到后面；搭火车、在戏院里看戏就霸占两个座位，人家问问这里有没有人坐？他就说有，解手去了。三五个朋友旅行，每到一个站头就只管自己的行李，不管别人的行李；到要住的时候，就只管自己住的地方，不管别人有没有住的地方。平时桌子上和抽屉里乱得一塌糊涂，寻找一件东西就得花上大半天的时间。睡的地方简直像狗窝，早上起来随便把被窝一掀，晚上又是向那乱被窝里钻。当着人家面前，毫不在意地大声喷嚏；

坐下来谈话，腿子就高高地架起来抖动，好像他就不能安定，就时时刻刻都在动摇似的。还有所谓悠然自得，人家问他去哪里？他说去街耍。到街上去耍，这在现代化的生活里简直是笑话，过现代化生活的人就没有这样悠哉游哉的。他们要么就是游泳，要么就是运动，或是为了消除精神的疲劳，或是为了强健身体，每一活动都有目的，绝不是去街耍那种无聊的悠游。凡此种种，都是我们必须改造的旧生活习惯，这些虽然都是小节目，但要配合整个的工作，就要注意这小节目。譬如男女问题、礼貌问题，我们稍有疏忽就都可以影响工作。我们为了达成工作，就应事先注意，处处留神，丝毫也不可以疏忽，并且我们要使这成为习惯，到处都表现得自然。所以我们要强调军事管理，使我们能更快地做到这一点。

（十一）要拿行动来代替宣传

从前有人说做政治工作的好像卖膏药。卖膏药的一个箱子摆出来，就是一篇天花乱坠的演讲，这演讲单听一次的确是很好的，他能够配合许多时事在里面，说得活现。但他是不是完全懂得他所说的东西呢？没有。所以这演讲听到第二次就不要再听。为什么呢？因为他是在那里"卖膏药"。倘若做政治工作像"卖膏药"，那是顶危险的，那工作简直是白做了，尤其是到老百姓里头去做工作更不容易。在老百姓面前一定要有真正的硬功夫，譬如你对他们说国家民族如何重要，他就说："明天我就没有饭吃，怎么办？"只这一句，他就替你做了结论，你就不能再说。倘若叫你做乡长，则你高高在上，要筑公路，你就只知说路如何重要，叫大家工作，可是自己却不动手；禁止别人抽烟，自己却常常抽烟。那就不行，不但不行，而且要引起大家的反感。当然，我们的学校是不会这样的，但同学的毛病却在只学习一套——和平阵线，侵略阵线。这一套要是原装不动地拿到老百姓面前去，那又会成为"卖膏药"了。要使我们不至成为"卖膏药"，就得充实我们的内容，并且多靠行动来代替说话。在老百姓面前说话多用浅近的名词是必要的，但这样还很不够，必须使坐而言进为起而行，能真正以行动来代替命令是没有做不到的。能真的做到这点，就是文章写得差也可能把事情做得很好，否则整日坐在办公桌前，那便将一事无成，文章写得再怎样好也是假的。

（十二）要积极地引导落后分子

今天各位到这里是受教育，但同时应负起教育其他落后同学的责任。

到农村里工作，就要注意村里有多少知识分子，要时时和他们来往，因为中国是土地广大而文化落后，我们要是不努力地去争取许多落后分子，我们就没法建设新中国。我常常说："要建设新中国，还须得是我们这些人努力，新的干部是不会从天上掉下来的。"在交通不便的中国，能到桂林这样的省城受教育是不可多得的事。但诸位回去就不要以为我进过省城，看见过白主任，看见过黄主席，了不起，旧的隔壁邻居都是乡下佬，不足与语。这态度是要不得的，须知独木难支大厦，孤掌难鸣。所谓群策群力，众志成城，就是这个意思。诸位将来回去就千万不要专门鄙夷乡下的人守旧，看见他穿的差点，用的差点，就认定他什么都不懂，不屑与之接近。在这里也许大家不会有这样的感觉，这并不是说你们主观上有这样的观念，而是因为他们的生活环境与我们的生活环境确有不同。不说别的，单是你口袋上的自来水笔就要使他觉得很神秘，要是这里再加上你自己主观上也自命不凡，认为自己的确与众不同，那真会使距离愈走愈远，愈不能合作。外国人到中国来传教就不这样，譬如利玛窦到我们中国来传教，就非孔子的书不读，非中国式的长衣不穿，他们中国化的苦心正明白得很。我们要是没有这种中国化的精神，我们和大众就会渐渐隔开，大众都愈离愈远，工作的障碍也就愈弄愈多。所以我们必须保持许多与他们接近的条件，才能争取许多落后分子，才能把新的中国建设起来！

几个重要名词的解释
——二十八年七月十日 总理纪念周报告

内容提要

一、教育者也被教育——教育者要根据被教育者的反应与变化来领导别人。

二、民主与集中——民主是配合着集中二字来讲的，把问题透过大家的思考过程，把大家的意思正确地表现出来，才是民主。

三、分工与合作——分工是每个人站稳一个固定的工作岗位，合作也少不了分工，两者相反相成，不是冲突。

四、突击与计划——突击不是无计划，是根据计划来加强工作效率，缩短工作时间。

五、严肃与活泼——严肃不是槁木死灰，活泼不能忘了严肃，二者都是为了加强工作与学习效率，不可分的。

六、学生守则与自觉纪律——学生守则是保证自觉纪律的执行，是保持集体生活的。

七、仪表与精神——仪表是表现精神的，二者是一致的。

八、工作与兴趣——工作不能根据兴趣，要从工作中找兴趣。

九、集体生活与平均主义——集体生活要消灭个人的自私自利，但不是一切都要平均。

十、一般与个别——一般与个别，对人与对事要分清。

十一、主观与客观——加强主观的努力，克服主观的困难。

各位同事，各位同学：

今天是第十五次纪念周，在这次纪念周中，我想对过去我们经常使用过的许多名词，作一次总的解释，不然许多名词在各同学的脑袋里或头上不正确地想，不正确地使用，都会妨碍我们的学习与训练的。

一、教育者也被教育

我们学校的训练方针中，有自助学习与自我教育两个名词。由于对这两个名词的误解，有些同学就以为自助学习与自我教育是自己干自己的，把自我教育与指导分开，说自助学习是不要指导的，这样片面的了解，是一种最大的错误。学校里是否有这种现象呢？如上周第一、二中队派代表到五、六中队参加总检讨会时，有位代表就对五、六中队的同学说："你们这边指导员说话太多，小组指导员简直是操纵会场，我们那边是自己干自己的。"这位代表说这些话，根本就不了解自我教育与自助学习是什么东西。

指导员是否万能呢？我说不是万能，只有一能或者多能。不仅我们学校的指导员不是万能，即全世界有历史以来也没有万能的人。我们既然不是万能，为什么有力量指导你们，有什么根据指导你们呢？一般说来，我们大几岁，经验多些，这是一种条件；或者说在社会中生活的时间长久些，遇事比较多，或者受的教育多，多读了几本书，所以能指导你们，这是一般的说法。但还有一种说法，比刚才说的更合理、更正确，这就是"教育者被教育"。关于这，我还要加上三句，即"命令者被命令，支配者被支配，领导者被领导或指导者被指导"。这几句话，从表面上看来是说不过的，但从内容上来看，却是最合理的。就拿我来说吧，我每次纪念周对你们说很多话，你们以为我读了万卷书吗？其实，我正在受你们五百多位同学的教育哩。我站在这台上讲话，好像是领导你们，是的，我是领导你们，但我的领导不是空中楼阁，是根据你们的生活、学习、工作、言论、行动和许多材料才能领导你们的，是根据你们的反应和变化才能领导你们的，所以我对你们说，你们受了教育，但我也从你们种种活动中，使我能在台上指出你们言论行动诸方面的正确与错误，我在领导你们之先已被你们领导了、教育了。但是否每个人都能如此呢？那就不简单了。要做到这样，还有许多条件：第一，政治认识要清楚，倘若我是个糊涂虫，对于今日中国的政治一点不懂，即不能懂得这些问题，首先不会注意到这些问题；第二，起码要知道一些技术，才能够好好地去指导。

教育者也被教育之外，为什么要加上命令者要被命令呢？本校训练方针有一条,是养成自觉的纪律,也就是白主任所训示的:培养自治的精神。你们的生活公约,便是自觉纪律的具体表示。但你们有一种误解,以为学校既提倡自觉纪律、强调自治精神,为什么又有命令呢?以为既有生活公约,为什么又有学生守则呢?这不是一种矛盾现象么?其实一点也不矛盾,因为只有富于自治精神确守自觉纪律的人,才能够切实地完成命令的任务,也只有不违犯生活公约的人,才能够不违犯学生守则。命令不是学生在房子里凭空发生出来的,那些命令不能产生什么效果。拿军队来说,军队有统帅命令,在表面上看来,命令都是统帅下的,在作战时,国策和战略表面上看来是由统帅决定的,但统帅下的命令,决定的国策和战略,实际上不是他坐在房子里空想出来的,他必须集合许多材料如参谋本部的报告以及政治家经济专家文化教育家的意见,即集合这许多报告与内容才能决定的,所以表面上是由上而下的,但实际上是由许多材料结集而成的,即是由下而上的反映。拿我们延长两个月学习时间的问题来说,我们的命令是有许多材料作根据的,如入学试验与几次的测验,虽然把目前几个重要政治问题再三地测验并复习过了,但到今天还有这样的事,即指导员问:"日本侵略中国是不是因为日本人多地少?"这位同学毫不疑惑地答道:"是的!"好家伙,这还了得,学校训练了几个月,还有这样的事,这简直是在替敌人作宣传。大家想想伤心不伤心?不知道这位同学是别有企图,还是真不懂?如果是真不懂的话,便希望他多多努力。又如前次写的慰劳信,曾经给指导员过,结果合意的并不多,换句话说即是内容空洞,文字不通得很。昨天有一个同学写报告给我,自称"该生",这写得还好,因为并没有写上"该死"两个字。我在这里把这些事赤裸地说出来,并不是在同学面前丢他的丑,因为大家都是我的学生,同是自家人,自家有缺点,应该有勇气来指出它,并设法来挽救它,所以我才把它说出来。根据上述这些事实,我敢于说延长两个月是有充分理由的。但是延长两个月是不是能够进步到如我们所最理想的那样呢?工作无论如何突击,也是办不到的,我们当然不能说再延长两个月你们什么东西都能了解,不过有几个基本问题是必须了解的,这就是上次报告中的三个问题:①中国革命的性质,②中国革命过程中可能发生的变化,③抗战与建国的关系及其前途。大家起码要了解这几个问题,才能建立信心,才有把握去解决许多实际问题。

从上面所说看来，可知我们所说的"教育者被教育"、"命令者被命令"、"支配者被支配"、"领导者被领导"、"指导者被指导"这几句话一点也不矛盾，一点也不冲突，并且只有这样的了解，彼此才能进步，也只有这样的了解，教育者的教育方针，命令者的命令，支配者的支配，领导者的领导，指导者的指导，才可能是正确的，才可能是具体的。因此，本校训练方针，虽然是强调自助精神、自觉纪律与自治能力，但绝不能说自助学习就不需要教育者来教育指导者来指导，也绝不能说自觉纪律就不需要命令者来命令，更不能说自治，就不需要支配者来支配。

二、民主与集中

对民主二字的解释，已经讲过好几次，但今天还有滥用民主与曲解民主的事实发生，如刚才说一、二中队派代表到五、六中队，这代表说指导员操纵会场，便无几乎说不民主，于是教育长命令延长两个月，他也可以说这是不民主呀！不召集大家先开会讨论，是不民主，是独裁！许多事实都被少数同学把民主二字加上去了，但是另一方面，许多最民主的东西他就不说，如生活公约是民主的产物，大家就不能自觉自动地执行了，他们为什么执行不力呢？这就有道理，即是说，他们对于不便于一己的东西或约束，就强调民主，他们自己在同学当中主张民主，而自己却天天在违背民主产物的生活公约，如不请假进城，这是违背生活公约的，要处分他时他就说学校是自觉纪律，为什么要处分呢？所以不便于他时即不理，便于他时即投机取巧，强调民主。学校提出讨论的问题，是经过思考以后才提出的，但问题发下后，他便说问题提得不彻底，如讨论三自政策，他说三自政策没有摸到问题的痛痒，不彻底，说四大建设没有成绩。在抗战到了两年的今天，还有破坏政策的言论，这便可能走到汉奸的道路上去，因为今天的汉奸反对政府，专从消极方面去批判、去破坏，好的方面却一点也不说，如汪精卫说"抗战苦了老百姓"这类的话，便是彻头彻尾的反对政府的汉奸。我们当然不能说，今天的政治已经做到十全十美，但同样也不能说，今天的政治没有进步，我们应该明白我们今天所见的广西政治，是经过千辛万苦的奋斗过程而得到的结果，因此，我们有什么理由和根据，去抹杀摆在眼前的现实呢？我们提出三自政策来讨论，主要目的，并不是专从消极方面来批评，而是要大家根据过去的经验与自身的体验，从积极方面来推进三自政策的实现。少数同学滥用民主、曲解民主，在小组讨论会上便完全失却意见了。

其次，在小组讨论上，每当问题提出的时候，少数同学对这问题讨论的看法，变成为要不要与好不好，其实我们提出问题是问你们懂不懂，懂得透彻不透彻，了解得深入不深入，而他们却变为要不要。例如我们讨论"如何充实基层建设以增加抗战力量"的时候，如果变成为要不要与好不好的结论，那我可以说只有汉奸就会说不要，会说不好，除此以外的人，都会集中力量，来讨论"如何充实"的问题。像这样的滥用民主、曲解民主，其可能产生的恶果，真是不堪设想。同时，有些自由主义色彩很浓厚的同学，如家里好点的，过惯了舒服的生活，或在别的学校过惯了自由生活的，他们把民主配合自由主义，这是最合他们脾胃的，我们也必得予以严格的纠正。

所以，我们所谓民主，是配合着集中二字来讲的，是要把问题透过大家的思考过程，把大家的意思正确地表现出来，如果曲解民主，即不能正确地表现大家的意思，以前讨论某些政治问题也举手表决，这便叫做不懂民主，以后希望大家不要滥用民主与曲解民主。

三、分工与合作

有些人把分工与合作的相互关系看得太深了，以为既有了分工，则在自己工作岗位之外的工作便一概不提问；以为需要合作，便连自己工作岗位上的工作也等待人家来合作。其实，分工是每一个人要有一个固定的工作岗位，站在这工作岗位，并完成这个工作岗位，才叫做分工。但分工本身绝不是孤立的东西，真正了解分工的人，一定是站在工作的整体性与联系性上来看分工的，因此，分工本身就少不了合作。同样，合作也少不了分工，如果分工不周密，各人不能站在自己的工作岗位，各人不能完成自己的工作，根本就谈不上合作，即是说合作便无从合作得起。因此，分工与合作是分不开的，从工作的整体来看，分工需要合作，合作也需要分工，分工是为了工作的完成，合作也是为了工作的完成，两者相反而相成的，是不相冲突的。但有些同学不能了解分工与合作的相互关系，才会把工作堆在少数人身上，才会使得某些工作根本没有人理会，根本没有人负担。

四、突击与计划

大家都记得"突击完成"这句话,是与计划工作不能分开的,如果突击完成而没有计划,那就变成"临时抱佛脚"了。我们根据这个了解,就会明白突击绝不是昼夜不停地来工作,绝不是放弃平日经常的工作来突击完成某一项工作,也绝不是根本改变日常生活来突击完成某一项工作,而是紧紧地根据计划来突击,来加强工作效率,来缩短工作时间。只有这样,才能算是突击,否则便是表示了工作的无计划,便是表示了手忙脚乱,这是最要不得的。

五、严肃与活泼

我在纪念周讲话,对大家说生活要严肃,你们一定会说这是老八股,为什么在自助自觉自治的训练方针之下还需要这老八股呢?这是因为大家把严肃解成槁木死灰。走路怕踏死蚂蚁能够叫做严肃与整天板起面孔一声不吭能够叫做严肃吗?像这样的严肃,并不能加强工作与学习的效率,恰恰相反,这却对工作与学习有害。我们所要求的严肃,是日常整个生活有秩序、有条理、有纪律,不要在做工作的时间开玩笑,如上课时坐在门口挨着门框乘风凉,便是不严肃;如在纪念周时,把帽子衣服拉拉,东望西张,也是不严肃。严肃是为了提高学习的效率和工作的效率,不是说需要严肃时便板起面孔。可是,有些同学说不定回到队上便随便使用严肃二字,例如晚餐后在野外唱歌,他便可假借我的话说:"要严肃",不要唱歌。他在这个场合,便只说一面,要活泼这一面他便不说了。又如我们说要活泼,在紧急警报集合时,他就说不要站队,这就是活泼,而又把严肃的一面不说了。所以,严肃与活泼是不可分的,两者都是为了提高工作与学习的效率。

六、学生守则与自觉纪律(生活公约)

我们为什么要自觉纪律呢?这即是要使学生守则能由自动地自觉地成为坚强的最有威力的一点不马虎的东西,它发展到了最高率,便可以使学生守则变成无用之物,也就叫做"无为而治"。但是,有了自觉自治的精神还不够得很,对于生活公约,并没有做到切实遵守的地步,处处都表现得散漫松懈；我们固然一方面即从积极方面来强调生活公约与自觉纪律，不过针对着目前你们所表现的散漫松懈的情形，却又不得不从消极方面来执行学生守则。最可怕的，是你们曲解自觉纪律，把自觉纪律与军事管理对立起来，只从一些漂亮的名词上，如自觉自治之类，翻来覆去，而自己的生活，却异常凌乱，异常散漫，异常松懈。你们应该明白：学生守则与军事管理中所规定的条款，都是与集体生活相符合的，也即是保持集体生活的；集体生活是人人有份的，是与每个人有密切关系的，你们既然知道违反了集体生活妨害了集体生活是要不得的，却为什么不知道违反了或妨害了那保持集体生活并且与之完全相符合的学生守则与军事管理，也是要不得的呢？这并不奇怪，依我想来，还是自由主义、英雄主义、浪漫主义在作祟，只要这作祟的病根一天不被割除，那么，不论是生活公约与自觉纪律也好，不论是学生守则与军事管理也好，你们都是不能切实遵守的。我希望你们赶快割除这些病根，便毫无疑问地可以做到遵守生活公约，发扬自觉纪律的精神，到了这一步，也就不觉得学生守则与军事管理于你们有什么不便了。

七、仪表与精神

所谓仪表，就是衣服要整齐，风纪扣要扣好，指甲头发要整齐清洁，走路要有精神，说话要沉着，态度要从容。但这样一讲，你们就会说这是形式化，这是道学先生的做法。要知道仪表并非形式，是有内容的，是表现精神的，如大家戴的帽子，如果有的戴得歪斜，风纪扣有的扣有的不扣，这便是没有精神，所以仪表与精神是分不开的。如果内务整理得好，走入寝室也感到有精神，如内务很紊乱时就没有精神了。所有仪表与精神是一致的，为着要振作精神，所以要讲仪表。

八、工作与兴趣

我们常常听到有些同学说："这工作归你去做吧，我对它没有兴趣！"因为他认为没有兴趣，所以就不做了。但是，我们做工作不能只讲兴趣的，却要问这工作应不应该做，如果应该做，不管你有无兴趣都要去做。我们有很多工作是不能根据兴趣的，只有从工作中找兴趣，工作做得有成绩，工作做得有进步，便自然对工作有了兴趣。首先问兴趣之有无，那便只有整日成天玩耍了,还谈得上工作吗?所以我们要将工作与兴趣打成一片。

九、集体生活与平均主义

我们学校是过集体生活的,但因此大家就把集体生活曲解为平均主义。什么叫做平均主义呢?如有的同学说:我们的伙食津贴只有7元,文具费抵得1元,你们的伙食又好,职员和官长拿的钱又多,这叫做不平均。又如有教育长进城要坐汽车,我们就要走路,不平均的事多得很啦,还谈什么集体生活?你们这样的了解;拿平均主义去曲解集体生活,则天下不平的真是多得很了!我进城为什么要坐汽车呢?这并不是因为我是教育长我就可以坐汽车,而是因为我要计划全校的事,我的工作与几百人都有关,我的时间比你们的时间要宝贵,我不能不爱惜时间,不然我的工作便不能完成,影响到全校了。同学方面,一因为是个人的事情,二因为事情的本身就很简单,所以你们不能搭车。如说到薪水,我一个人每月拿160元,和你们所领的津贴比较起来,是多了20倍,这真奇怪!为什么当教育长每月就要拿160元的薪水!要知道,你们每月8元津贴并不妨害你们的工作和学习,我就是三个160元还不够,拿你们的社会关系和我比较,看谁复杂,恐怕我拿160元还比不上你们8块钱的用处。所以把集体生活解释为一切都要平均,这是不正确的,集体生活是要减少个人的自私自利,养成好的生活习惯,却不是一切都要平均。

十、一般与个别

我拿一件事来说,如在意见箱里,有些同学要请求学校关照理发工人挖耳朵,这是不是大多数人的意见呢?要知道这是某个人的意见呀!把个人的意见与大多数人的意见分不清,把个别与一般弄不清,这样一来,如果对人与对事也弄不清,有时对事便变成对人了。

十一、主观与客观

有些同学有意破坏学校,首先鼓劲同学反对延长两个月的训练,后来知道反对不成,便又提出"只好加强学习,但要加强学习,就要改善生活"的要求;好像不改善生活,则加强学习是不可能的。这少数同学的鼓励,自然别有用心，但只要这一说，就表现了他没有一点力量，完全被物质支配。这是不求之主观，只求之客观的最大错误。倘若主观方面不努力，客观上就是起了十层洋房，有电梯不用走，洗有大盆子，大小便不闻臭，也是不会有长进的。如果主观上没有办到，即使有了天堂也不过是行尸走肉罢了。固然客观的条件要好，但是如果能够加强主观的努力，就是客观条件不好，也是可以克服客观的困难的。

以上是那些与训练方针有关的几个名词的解释，今天讲过以后，希望大家不要曲解这些名词，不要滥用这些名词。

关于实习

——二十八年八月十八、二十六、三十日对第一大队学生训词

内容提要

一、实习的意义：1. 实习是理论与实践、行与知的统一；2. 在实习中可以碰到新的困难、新的问题，促进我们的进步；3. 从实习中创造新的工作方法；4. 把学到的理论在农村中应用，了解现实问题；5. 用地方自治的理论去解决推行地方自治的困难问题；6. 不幻想将乡村工作完全做完，对工作不奢求。

二、实习的技术问题：1. 身教重于宣传；2. 口头谈话重于文字和图画宣传；3. 个别谈话重于演讲；4. 讲老百姓所要讲的听得懂的话；5. 做老百姓要做的和想做的事；6. 建立持久的工作态度；7. 不能有夸大骄傲的态度；8. 改变过去对政府不正确的态度；9. 注意对乡村长的态度；10. 说服重于教训；11. 要尊敬村中的长者；12. 了解农村中的习惯；13. 避免损害民众的利益；14. 要说到做到；15. 不能挑动民众之间的仇恨；16. 不能正面打击乡村中的封建思想；17. 找寻容易接近的工作对象；18. 要接近乡村中的绅士；19. 不可单凭主观去了解事情；20. 要加强团结，巩固统一。

三、调查方面：1. 要避免用审问口气；2. 注意抗战前和抗战以来农村的变化情形；3. 注意调查方法的运用。

四、工作方面：1. 不怕困难，迎接困难；2. 要创造克服困难问题的方法；3. 要勤于记录；4. 计划工作要精细，不随便；5. 检讨工作要严格，不苟且；6. 注意和当地工作者取得联系；7. 与民干同学要建立良好的关系。

五、生活方面：1. 刻苦耐劳；2. 节约；3. 互助；4. 遵守军风纪；5. 注意健康。

六、学习方面：实习就是我们的学习，要把学习到的在实习中试验引证，并天天看报读书。

各位同学：

在本校训练计划大纲中，关于实习一部分也讲得很明白，以前也有过一个机会，关于实习方面的事，简单地对各同学讲过，今天再把在我们的实习计划大纲里未曾说到的，综合起来对大家说一说。

我们的实习是理论与实践，是行与知的统一。各位同学在学校学习已经五个月了，在这五个月中，由于指导员和军训官长的指导，同学彼此帮助切磋，从书本上所得到的指示，在学习的方法上，校内各种组织活动上，已有相当进步；即使这种进步不是全体的，不是很大的，但这种进步现象我们是不能忽略的。我们不怕收获成果的少；我们怕的是自己稍微进步一点，理论稍微懂得一点，不能把平常在学校所学到的理论，通过实际工作去运用，以致变为一些抽象的东西。平常时发生的一些现象，从理论上着想，觉得很有把握，但一遇到实际问题，就要感到困难，无从处理了。我们的实习工作，就是要把平时所学到的理论知识，通过实际问题，试一试凭我们这些理论可以解决多少问题，凭这些技巧可以处理多少问题，这是第一点意义。

第二点，在我们这一次实习当中，倒不希望很顺利地进行。什么问题、什么困难都没有。相反的，我们倒希望能在实习当中发生许多困难和许多问题。为什么我们要这样希望？因为我们觉得，在我们实习期中，无可避免地会产生这许多困难和许多问题。要是在这次实习当中，没有产生困难和问题，就是说我们这次实习是敷衍的，是表面的工作。我们希望能在实习中产生许多新的问题、新的困难的理由有二：①能发生新的问题、新的困难，就是说我们已深入工作里层了；②只有我们能深入新的困难、新的问题中去，将来才能解决工作上所遇到的实际问题。也只有这样，才能促进我们的进步。

关于这一点，要附带说明的是：过去民团干校对于实习工作也很重视，每一次实习要花很多钱，还有一个实验区，有各种设备。我们没有这些，在我们实习工作的方案中，没有实验区的设备，只能在将来设一个辅导区在东附廓乡。这辅导区不是给同学去实习，是给同学去见习的。不但第一期的同学这样，以后每一期同学都不希望他们在固定地区实习。我们的打算是：第一期在桂林区，包括桂林、兴安、灵川、全县等四县实习，第二期改到柳州区，第三期平乐区。要更换地方实习的主要原因：是因为如每一期同学都在固定几乡几村实习，虽然实习的人不相同，实习的对象却相同。老是某几个村，老是那些民众，第一期同学实习是那几个内容，第二期实习也是那几个内容，这在老百姓中是不会发生什么反应的。有许多法令在第一期同学实习时老百姓已经熟识了，第二期来实习便得不到新的问题、新的困难。这是第一个原因。

第二个原因，大家都觉得中国经济的发展是不平衡的，只是广西一省来讲就有三个经济单位。一是大河流域，包括玉林、梧州等地，这是另一个经济体系，是近代化的经济体系。广西到南洋去经商的，不是桂林区人，而是大河流域的人。这个经济体系是直接附属于广州的，梧州是广西的地方，但是由梧州开到广州去的船，却叫开到省城去：这说明了大河流域是受广州支配，再大一点就是受香港支配的。大河流域各方面都较现代化，就农业生产来讲，也是最进步的。从桂林区讲，包括兴安、灵川、全县等地，秦始皇分天下为三十六郡时，桂林也是一郡。它的文化不是从广州坐船来的，中原文化输入桂林，是由湖南、由大陆来的，这又是一系。另外是左右两江区，它不但比桂林区不如，更比不上大河流域，它又另成一系。

广西既然有这样复杂，广西政治制度要确定下去，同一方法去做行不行？不行！政治制度可以相同，方法则不能不随各地的特殊情形而变：所以，我们要更换好些地点去实习，将来还要到梧州区，左右两江一带去实习，看看有哪一些经验，哪一些问题，哪一些困难，从这些困难的经验中，抽出来提供政府参考，多多地创造出新的工作方法。第一期，因为学校刚刚成立，有许多工作来不及准备，所以只能在附近四县实习，我们要实实在在去找许多新问题、新困难。只有我们能得到新问题、新困难回来，我们就已达到我们这一次实习的目的了。

第三点，从前的民团干校同学，在乡村中做了很多工作，替我们做开路先锋。从工作的方法上讲，不见得民团干校同学的工作方法，都是万古不变的方法，如果这样看，我们就没有进步了。第三个意义就是要我们从实习当中，去创造新的工作方法，拿过去民团干校同学给我们的丰富经验，给我们做榜样，更深入地、更进一步地去创造新的工作方法。这个可能有二：①拿中国和别的许多进步国家来比，我们是落后的国家，再拿广西和别的文化水准高的省份，如江苏、浙江、广东等地方比，我们又是落后的省份。这落后的国家，落后的省份，要进步就需要有新的工作方法，客观事实需要我们有新的方法。②我们这个新的方法，是从新的困难中产生的，没有新的困难，就不会有新的方法，它不是凭脑袋可以幻想出来的。

第四点，我们都是来自农村，以前虽然生长在农村，对农民却只有一点直觉的感觉。有什么现象发生了，便马上反映到我们头脑里，从来没有用我们的理论，用我们这把钥匙去了解现实问题。我们在学校已学到一点理论，已有多少基础，再回到农村去实习，看我们对事情的了解是不是和以前一样。

第五点，今天抗战已到了第二期，动员民众参加抗战，成为我们目前主要工作之一。抗战与建国是分不开的，尤其是地方自治的推行。我们要把学习到关于地方自治的许多理论，配合着第二期抗战，到地方去推行，自然会有许多困难，怎样解决这个困难呢？一定要在实习中去解决！

第六点，这次实习如果想把乡镇的工作完全做完，这是幻想。我们对于工作并无奢求，有一部分是我们必须去做的，有一部分是带着见习态度去实习的，不能说我们在学校内已学了五个月了，到乡村去便件件都会，是万能！万能是会变成一能都无，这一点，我们要特别认清。

这是本人对于这次实习意义的看法。

最后我要特别指出一点，就是我们在学校的时候，把"组织活动"这四个字特别强调，而我也曾经指出：组织活动就是教育过程。今天我们去实习，就是要在实习中检讨我们这个组织力量。在学校的时候我们不觉得，现在马上就要出去了，一切事情都要交在自己的身上，怎样准备，怎样运用，都要交给你们自己去做；比方你们一小组带一盏煤气灯，你们三十人就要有一个会点煤气灯的。第二个例子，平常时学校为了卫生要替你们打防疫针，还有逃跑的。到外面去工作，天气这样热，在你们一小组中起码也要有两个人担任卫生的，三十人也要有几个管伙食的。到这时，你们再也不能分哪是事务主义哪是工作主义了。从这儿出发到实习的地区，背包衣服及什具要怎样准备，都是学问，我从前不是说过蒋百里将军在陆军大学出的考题是：一个联络参谋要带多少行李的吗？你们要带多少东西，分量多重都要有准备，不要走到全县才喊："啊啊，我忘记带什么东西来了。"所以，我讲军队行动是一个组织活动，军队的生活实在是最合理的。关于这一次实习的准备，我希望同学能充分地讨论，拿我们学的许多知识用用看。今天是八月十八号，到实习期间还有十几天，还来得及准备，这实在是我们组织活动最好的试金石。从前生活竟进会把许多工作堆在少数同学身上，将来实习个个都要出马，这点我要特别指出，我们学校这五个月的军事训练，要拿这次的组织活动来试验了，这是比什么书本上知识都要好些。关于这次实习，学校当局想到的不可谓不周到了，首先我们派了三个指导员去调查，而且调查了相当久，要带什么东西都计划好了，以后要怎样生活，怎样工作，是同学自己的事情。再从组织上讲，你们有支配者也有被支配者，有领导者也有被领导者。在你们三十人中选一个组长出来，你去选他，他就有这种权利，可以支配你，可以领导你，可以命令你，老实不客气的，要是三十个人个个称王，那还了得！这是到了发挥我们的组织的时候了，希望各同学注意。

技术问题

关于技术方面的有二十条，这二十条中或者我已经同你们讲过，或者大家都已经晓得了，但是趁大家去实习的时候不妨重述一遍。

（1）身教重于言传：这是拿我们的行动来影响人家，来教育人家。在学校里，在集体中生活，我们经常注意组织活动，对于宣传和鼓励，大家都有一点经验，不过这次下乡去我们要特别注意农村中老百姓的落后性，他们的思想赶不上我们，我们的宣传鼓动工作只是在学校集团中实行的时候才有成效，在农村中我们这种方法是不大适宜的。我很怕同学们不能忘情于在学校的作风，到了乡村以后，不期然而然地把它运用起来，这对工作是有坏的影响的；因为在我们和老百姓的思想中间还有相当遥远的距离，这种距离老百姓自己是没有法子把它缩短的；而要靠我们自己去缩短它。要达到这个目的，不是一般的宣传工作所能办得了的，我们应该拿"身体力行"四个字来教育老百姓。我们到乡下去应该时时刻刻检点自己，不要说空话，不要言而不行，要拿事实来表现，实实在在地影响并教育老百姓。

(2) 口头谈话重于文字和图画宣传：在文字宣传方面，我们将来要成立一队小型油印报。文字的教育意义是很大的。然而乡村中还有很多文盲，他们是看不懂我们的报纸和传单的，所以文字宣传应该配合着实际的教育，我们的壁报或小型油印报工作的同学，不要忘记除写作和编辑之外，还要特别注重口头谈话的教育。漫画也是如此。往往有许多事情我们认为是毫无问题的，而老百姓却认为是大问题。比方"七七"的漫画中有一幅画着一个敌人脚底下踏着两架坦克车，这在我们当然容易明白他的意思，但是老百姓却可走到《火烧红莲寺》和《封神榜》的思想上面去，而误认为敌人真的有什么了不起的道法。我们只有在口头谈话中才能解释漫画的意义，也只有在口头谈话中我们才能够知道老百姓的真实情形和痛苦，我们只有经常地接近老百姓才能收到良好的教育效果。不要以为把几张在学校中画好的图画张贴出去，几篇写好的文章张贴出去就算是做了工作，这样不够得很，因为农村中文盲是那样多，我们口头的宣传和解释壁报漫画的时间也需要更多了，所以我们提出口头谈话重于文字和图画的宣传。

(3) 个别谈话重于演讲："七七"纪念，我们在乡村中工作的结果，学会了演讲的技术，这在宣传的意义上是很重要，然而这还不及与老百姓谈话重要，更显得我们与老百姓之间的亲切。老百姓要讲的话没有人听他讲，老百姓的悲哀和苦痛没有人听他诉，我们和他谈话，他就可以向我们讲，向我们吐露他的悲哀与欢乐。我们素来有一个毛病就是爱出风头，喜欢在群众中高高地站在台上讲话，以为个别谈话是麻烦琐碎的工作。是的，个别谈话是麻烦的、困难的，要不是我们有很好的工作技术，便往往不容易和老百姓接近，也就听不到他的真心话来。

(4) 讲老百姓所要讲的、听得懂的话：我们和老百姓讲话，不要和他们的生活距离得太远。不能先从国际政治讲起，说："你们晓得么？现在苏德订立了互不侵犯条约呀！"又说："苏联是怎样，德国又是怎样，互不侵犯条约是什么？"这一切乡村中的老百姓是听不懂的，他们会讨厌我们和他们谈这些我们认为重要而与他们却一点关系也没有的话。我们要和他们谈他们愿谈的话，才能收到最大的效果。老百姓愿谈和他们本身有关的事情，乡村中的事情，乃至政府的法令，他们都愿意谈。从他们身边的事情讲起，讲到征兵的事情，从他们的一只鸡讲起，讲到抗战的问题。不要学大学教授和教员一样，不管人家需要不需要，不管人家懂不懂，像灌肠一样地灌进去。

（5）做老百姓要做的和想做的事情：到农村工作，我们不要一开头就教他们唱歌，就教他们如何开会，如何喊口号；因为老百姓和我们有相当的距离，他们对于这些事情，并不感觉到什么需要，所以我们做的事情不能和他们的生活离得太远。我们看见他们晒谷就去帮他们晒谷，我们看见他们割禾就去帮助他们割禾，尽量做老百姓所要做的事情，尽量做老百姓所想做的事情，老百姓一定是欢迎的。我们和老百姓先建立了这样一种亲切的关系，使老百姓相信我们，然后再去做其他的事情，展开其他的工作，老百姓一定是跟着我们走的。

（6）建立持久的工作态度：同学们来到学校五个月，我承认已有多少进步，但你们并没有深切地了解中国革命是一个艰苦的过程，并没有切实地了解中国的实际情形，因此缺乏健全的工作态度。比方，我们眼高手低，小的事情、琐碎的事情都不愿意做，不管做哪一件事我们都表现出表面化、公式化，并且对于工作时而表示热情，时而又表示冷淡，这都是由于我们不能从中国革命艰苦过程建立我们持久的工作态度的结果。因此，我们不仅表现得眼高手低，而且碰不得钉子。我们常常把碰钉子的原因，寻在自己以外的事情上面或他人身上，却不计较自己的工作态度成不成问题，倒说人家落后，或者责备人家不切实际，或者归咎于客观的事情，不说设备不周不能顺利进行工作，便说环境太坏，妨碍了工作的情形。要不然碰上了三个钉子，就索性丢了自己的事情不干了。我们针对着这个毛病，在工作态度上，便亟应有所改变。这即是说，我们正确的工作态度，是需要富有耐性的，不怕麻烦，不怕琐碎，要持久，要有恒，要切合实际，要不怕钉子，要克服困难与障碍，只有这样我们才能够完成我们的艰苦的任务。

（7）不能有夸大骄傲的态度：五个月来我们多少有一点理论的基础，但怕的是同学们却因此夸大骄傲起来。因为将来我们工作的对象都比不上我们，在这种情形之下，骄傲的态度便无形中养成了。今天的乡村工作者即明天的基层干部，尽管主观力量怎样强，怎样大，然而在这样的客观环境之下，他即使把主观力量用尽，但可能做到的也不过如此而已。因此，我们就批评他们不行，说人家没有办法，这实在是最要不得的。须知隔岸观火，站在局外来说风凉话，是人人会做的；但是如果要自己真的负起责任来，在这种客观环境之下，也不见得有特别了不起的展开。工作固然要有计划，不过它的成绩，却是一点一点地堆上去的。所以，你们这次下乡实习，千万不要凭着一点点空洞理论，自高自大，任意批评人家，或瞧人家不起。

（8）改变过去对政府的不正确的态度：过去大家对于政府的态度是不对的，以为政府的公务人员是官，只要是官，就有官格、官派、官架子，讲官话，打官腔，因之看不起官，以为都是落伍的，腐败的，只有我自己才是最进步的最革命的。其实有一天我们到乡村中去做了乡村长，这也就是说有一天我们自己做了一个小官的时候，我们也许会有官格、官派、官架子的，但到这时候我们就能够自认为是落伍是腐败么？再也不求进步不去从事革命么？如果这样，那我们一切都完了，我们今天的训练工作也就白费了，也就毫无意义了。你们对于县长的态度就有许多不对的地方，对年老的县长常常要骂他一声"老鬼"，或者骂他为"落伍分子"，倘若将来离校出任了村长，你们对县长也持这种态度，则结果便处处与县长发生摩擦，人事既不和谐，工作自然无法展开。到了这个地步的时候，你们又有话讲了，一定说县长如何压迫干生，如何歧视干生，如何贪污，如何违法，而自己对自己的工作岗位，也就随之失掉了信心。所以这次当你们出发实习之时，我便指出这一点来，正望你们处处要服从政府领导，丝毫不可随便，即令地方长官有某些不妥之处，你们也应隐恶扬善，并且处处求其在我，久而久之，自然可以得到人事谐和，工作亦能展开。这是对实习来说的，就是以后出任乡村长，也更应如此。

（9）对乡村长的态度：第一，我们要认清行政系统，比方我们到乡村中去，见到一位乡村长的品行学问都不好，但是我们不能当面去指责他，不能把行政系统破坏。因为他的学识和工作是另外有人负责去考核的，用不着我们来代庖。我们实习时担任的乡村长都是假想的，我们到外面去所遇见的乡村长才是实实在在的，我们应该对他们表示虚心。比方明明这个工作计划是我拟的，但是为了保全他们的威信，最好是不要向人家宣布说是我拟的，这笔账不要写在自己身上，而要用种种方法在形式上表示出是他们的功劳。我们有什么好的意见，应该提供给他们，使这意见变为他们的意见。我们即令明明白白晓得他们实在不行，但切忌在群众中对他们表示不满，以至损害他们的威信和尊严，加重了我们与他们之间的纠纷。我们要虚心，不可表示自己是强有力的，表示自己是"大好佬"。

你们到十八个乡村中去实习，在这里面，忠诚朴实的人自然也不少，对于这些工作同志，我们应该对他们忠实，帮助他们，与他们建立良好的朋友关系。然而也有些饱经世故的人，我们对这样的人，态度就要老练一点，不能丝毫有小孩子脾气。所以我们到乡村中去要估计对象来讲话，来做事，千万不可随便。

一般来说，我们对于现任乡镇村街长应该帮助他，对他持虚心谦让的态度。如果帮助他而对他骄傲，即便他表面上感谢你，但他心里是不会悦服你的，所以这里需要谦虚，帮助人家才能够收到实在的效果。你们在校受训，自我批评占了很重要的地位，这原是很好的办法，但最怕的是你们不根据对象，来滥用这个办法，那就糟了。因此，在这里，我要提醒你们一点，即你们不好随意使用自我批评，要根据对象来使用，尤其是批评人家要小心，更不好对甲批评乙，对乙又批评丙，以致惹起许多无谓的纠纷。所以与其消极地批评人家，倒不如从积极方面向人家建议，提出具体办法的好。

还有一点应该注意的，现任乡镇村街长，或者颇富热情做事不免太露锋芒，或者因为推行政府法令异常认真，便惹起来某些人的反对，或者某些地方上的劣绅竟和他冲突起来。或者有些乡镇村街长的确有些不正当的行为，惹起了地方人士的不满。你们这次下乡实习，或许会遇到这些情形，这时你们只能听取双方面的报告与意见，只能从中予以调解，绝对不可以听信一面之词，把自己也卷入这个漩涡里面去，甚至反而把纠纷扩大了。

还有一层，或者有些老百姓受了某一乡村长的气，他们见了你们穿着公务人员衣服，而且是从桂林来的，或许竟认为你们是政府派来的官，他们就会向你告状，说哪一位甲长不好，哪一位村长不好，我们在这时候绝对不能鼓励民众来和这甲长或村长作对，我们只有好好地向民众解释，替他们尽力调解。即使真正有赌钱舞弊、贪赃枉法抽大烟的乡村长，我们明明知道他不好，我们也不能直接去干涉他，不能在群众中去打击他，因为一来在行政系统上不许可，二来即令打击他也是无益处。

(10) 说服重于教训：我们不能处处采用教训人家的态度，比方有些乡村长所做的事情我们认为不对或者不够完善，我们只能向他提出意见说"我想如此如此比较好，你以为怎样"，并向他说明为什么应该如此，为什么不应该如此，我们不能开口就说你做得根本不对，要不得，那么他们会恼你，不同你合作。只有用说服的办法，使他了解这样的事要这样做才是对的，他才肯接受你的意见，我们才能在工作上更接近，使我们的工作不会和他们的工作互相分离。

(11) 要尊敬乡村中的长者：在乡村中，老年是最被乡人所尊敬的，我们对于老年人也应该尊敬，在礼貌上要对他们特别恭敬。同时到乡村中去我们要先打听他们称呼的习惯，普通年老的称为伯伯，年轻的叫做兄弟，但是也有些地方又不是这样称呼的。只有我们处处尊敬老年人，才容易展开工作；因为老年人在乡村中有地位有资望。只要得到老年人的赞许，事情便容易办了。

(12) 要了解农村中的习惯：我国各地习惯不同，我们下乡工作应该了解每个地方的习惯。比方乡村中，最重禁忌，早晨不讲龙虎，不讲"鬼"字和"死"字。上河不洗衣，面盆不洗脚，不要字纸出恭，晒衣时裤子不高挂，下午不看病等等，在北方，到人家里去要先叩门，这些细微环节我们都应该注意到。虽然，农村中有许多习惯和迷信在我们看来是非常可笑的，但是我们不能因此就大刀阔斧地把这些习惯砍掉，因为老百姓还存在着顽固的思想，我们不能用我们自己的尺度去衡量他们，要是我们不注意这些，老百姓将要闭门不纳，更谈不到工作的展开。进一步来讲，即令要改革旧习惯，打破顽固的迷信，也不是一蹴可以成功的，尤其不是你们这次短短的实习期间可以奏效的，这里还需要与各部门工作配合，并需要经过相当悠久的时间，才可以看出它的效果。

(13) 避免损害老百姓的利益：乡村老百姓最重实际利益，所以老百姓有一句成语："多得不如少得，少得不如现得。"他们对一草一木都看得十分重要。比方学校在这里建筑房子，要是你占了他的土地的，虽然是长年不用并且不满一亩大的荒地，也必须给他多少报酬，老百姓才没有闲话可讲。假如附近一带的树木，你不留意折断了几枝，他就会十分伤心。所以我们应该时刻避免损害老百姓的利益。恰恰相反，假如我们的工作于老百姓有实利的话，老百姓一定是异常欢迎的，同时我们的工作也最容易展开，所以我们不但在消极方面不损害老百姓的利益，而且要从积极方面替老百姓谋利益，就是一针一线之微，老百姓也是很感激的。

(14) 要说到做到：在乡村中工作，切忌发不兑现的支票，假使我们说出来的话不能兑现，那是有很坏的影响的，小之影响到我们的工作，大之影响到政府新政的推行。因此，大家要记住，说得出的，便要做到；做不到的，索性就不说。

（15）不能挑动老百姓之间的仇恨：乡下老百姓常有许多纠纷，最能惹起纠纷的是天旱时候的争水，他们常常因为争水而打起架来，甚至有杀伤人命的事情发生。他们为了土地或坟墓地界的争夺，常常有村与村之间，姓与姓之间的械斗，甚至打成几十年仇恨还不消解的都有。很小的一件事都可以造成人与人之间、姓与姓之间、村与村之间的仇恨，我们对于这些事情，应注意设法去消灭他，不应该火上加油，使他们的仇恨加深和扩大。因此，我们下乡实习，不但不应该挑动老百姓之间的仇恨，并且要替他们排难解纷。

（16）不能正面打击乡村中落后的封建思想：乡村落后的封建思想仍然是存在着的，而且很浓厚，尤其是男女之间的关系应该特别注意。我们这次出去实习的同学只有男性，而没有女性，到乡下去对着年轻的女性，应该特别留意，在我们的表情上、态度上、言语上都要十分严肃。往往我们认为是极平常而毫无问题的行动，但到了乡村中却可能因封建思想的存在而引起反感和仇恨，这对于工作是有很大的妨碍的。我们不可以将一般的了解，运用到农村中去。

（17）找寻容易接近的工作对象：我们到乡村中去，最困难的是找工作对象，那么我们要注意两点：即①哪种对象容易接近；②哪种对象有机会与我们接近。这很重要。在农村中老百姓老早就锁了门，大人们去打柴，去种田，小孩子去牧牛了，我们是常常看不见老百姓的。那容易接近而且有机会接近的只有两种人，一是老人家，一是小孩子。因为老年人身体衰弱不能出去工作，所以整天坐在家里正需要人去陪伴。我们要把握这个机会，去和老年人接近；从老年人那里，我们可以知道他几十年来的生活经验，他会告诉你光绪二十年时乡村情形怎样，光绪三十年时又怎样，民国以来又怎样，现在又怎样，他会同你说村子里哪一家兴起来了，哪一家又衰落下去。只要你不厌烦，有耐性，他可以同你从天上说到地下，从古代说到现在。从他们的谈话中我们对于那一乡的人情风俗社会的变化等都可以知道了。不但如此，并且老年人多半在乡村中都是有地位的，最得乡村民众的信仰，所以你们与他多多接近，对你们的工作还会有很多的帮助。

小孩子也是一样，我们要和他的关系弄得好就可以和小孩子的父母接近，小孩是达到与成人（其父母）接近的桥梁。在田野中，在牧场上，我们可以找到他们，我们可以带一些香烟罐子和报纸花纸，给他们玩耍，最好还能买两个铜板的糖给他们吃，只要一两天你就可以和他混熟了。小孩子是很坦白的，他甚至邀你到他家中去玩，这样你就可以达到你的目的，和你的工作对象接近了。带些香烟罐子、图画报纸给他们，他们的父母也是很喜欢的，乡下的妇女需要香烟罐子来放针放线，报纸可以包东西、裱房子，我们以为是很不中用的东西，老百姓看来却十分宝贵。同时我们还要多学几支歌，教他们唱，多预备几个故事讲给他们听，这样便可以更加接近他们，而结果，你们的工作，在无形中也获得不少的便利。

（18）要接近乡村中的绅士：每一个乡村中都有几个绅士，他们很有地位，从前县长初到县城里来上任，最先要去拜当地的绅士，叫做拜码头。我们不要自命是有新思想、最进步的青年，不要以为绅士们都是些昏庸老朽，而瞧不起他们；如果这样下去，你们的工作便会遇着阻碍，便不能够展开。好的绅士固然要和他们接近，要与他们合作，就是坏的绅士我们也应该去拜他一两次，恭维他一番。所谓化阻力为助力，便是这个意思。

（19）不可单凭主观去了解事情：人的十个指头不能一样齐，"人心不同如其面焉"。这两句话说明了社会的错综与复杂，我们对于一件事情的发生就不能单凭我们的主观去了解，用自己的尺度去衡量人家，我们的了解与认识，老百姓是不知道进步的，正确的，他只知道你对于事情的看法和他不同，他会因此不高兴，甚至引起了不必要的麻烦，这于工作上只有坏的影响，不会有好的影响。说话做事，都要对对象有正确的估计，不要单凭主观，这是在工作中应时时记牢的。

（20）要加强团结巩固统一：今天是团结御侮，不分男女老幼阶层和党派都团结在抗战的旗帜下努力奋斗，这个原则，我们应该用到乡村中去。然而今天乡村中还有许多问题存在，佃农和自耕农的困苦，他们现在受着高利贷者的剥削，征兵征工不公平以及其他舞弊的事情，现在乡村中还是或多或少存在着。有钱的人对于征兵征工是便利的，他们有势力可以利用，他们只要花几个钱就可以避免征兵和征工，痛苦的仍是一般贫苦农民。然而，我们到乡村中去，不能强调这些缺点，不能挑起阶级的仇恨。我们的工作，是加紧乡村中的团结，动员乡村的抗战的力量。然而我们也不是故意使无力的老百姓吃苦。政府有许多好的法令就是替老百姓减轻痛苦的，我们要去调查看哪些法令还没有兑现，研究它为什么不能兑现，但是即使我们调查清楚了，也不能自己去解决这一类问题，而要交给县府去解决。今天，政府已经颁布了许多新的好的法令，然而在乡村中还有多少缺点，还有多少不能如意的事情存在，这些并不是立法的问题，是怎样推行这些法令的问题；即使他们推行得不好，我们也只有帮助他，向他们提供意见，我们却不能依彼此的关系变化。今天，我们应该加紧团结，巩固统一，内部的摩擦要极力避免，只有抗战，才高于一切。

关于实习的调查、工作、学习和生活

现在要讲的是关于实习的调查、工作、学习和生活四部分。

先讲调查。关于乡村调查，我们有一个总原则，就是要进行挨户调查工作。学校备有调查表格，可以给同学带去。

挨户调查或是利用其他方式而达到这个目的，但总的原则是避免用审问口气。往往民众看见我们是从省城来的，并且穿着一身军服，便满以为是政府派来的，再看见我们用审问式的口气，他们便是感得我们不容易接近了。在这样的形式之下去进行调查工作，乡村民众就不敢把他们的真实情况说出来，结果我们所调查的就是只有一些空洞的东西了，这有什么用？进行访问时，要表明态度，使他们知道这个调查，是来协助他们解决困难，不是来调查他们的秘密的。对乡村民众要采用慰问同情的口气，从这慰问同情当中去了解他们的生活情形，对政治上所发生的问题和意见；对老前辈用请教的态度。

我们这次实习的地点，是交通最便利的地方，有公路、有火车，这是一个特点。我们对这些地区要调查些什么呢？

(1) 要注意调查抗战前和抗战以来的情形。湘桂铁路通车还不久，通车以前是那样，通车以后又是那样，这是我们需要详细调查的。从前老百姓不愿意开公路，因为公路常常要开到他们的田地，常常伤害家畜和公路两旁的农作物，而他们因汽车费贵坐不起，又不能利用它来运东西，所以农民对于公路没有好感。可是现在广西的湘桂铁路却不同，从前湖南零陵开铁路的时候常常闹出事来，政府要开路，民众便起来反对，甚至演出流血的惨剧。但湘桂铁路沿全县一直到永福，都是征用民工筑起的，铁路两旁的农民不但不反对，反而都感到它的好处，因为由于铁路的兴筑，交通的便利，使得农产物输出徒然增加，农产物价格也随着增高；同时劳力需要也徒然增加，工价也随着增高。铁路未通时与铁路既通后的变化，抗战前和抗战以来的变化，一定有了很大的差别，调查时不能忽略。

　　由于这是一个交通便利的地区，我们还要注意从交通发达后，从抗战发生后，这沿交通线民众的反应如何？有没有表现出新的现象？举个例说，比方沿这条交通线是不是有奸商在操纵物价，是不是有仇货在倾销，这都是值得注意的问题，尤其是兴安、全县、桂林、灵川等县的同学要特别注意。又如铁路开通以后，沿铁路线的老百姓是不是受到了铁路的利益，又如从前老死不相往来的生活，是不是被这交通线所打破了，又如因为交通便利，老百姓的见闻是不是较前丰富多了；这一切，也都是值得注意的。

　　(2) 调查的方法要注意，对地方当局可以把调查表拿出来当面填，对老百姓就不能如此，你挨户去调查，如把调查表当面拿出来老百姓见了调查表就会害怕，从坏的方面去想。我们在进行调查工作以前，自己应有充分准备，不能说要调查就一个人拿一张表找老百姓去，他说一句我们填一项，这样的调查方法是一点也没用处的。调查以前对调查内容要有一个全面的了解，在进行调查时，你应有主动性，不要死板板地总是那一套；如到这家去问：你有多少人，有多少壮丁，到那家去也是多少壮丁，因为这，会使老百姓联想到抽壮丁或者征工上面，而不肯切切实实地告诉你。所以，你应能利用当时情况，时时变化你的调查方式，如在谈话时谈到某一件事情，或谈到某一个问题，你就可以把谈话联系到这表内所要调查的内容。谈话谈得投机时，内容不同，谈话谈得不投机时内容又不同了。要做到这些，一定要对调查表的内容有一全面的了解。而谈话最好的方式，是从问题当中，从日常生活当中出发，去挑动他，逗引他，从四方八面的资料中来完成这调查。所以调查工作不是一件容易的事。

　　还有，在调查时，对老百姓的兴趣要时时注意，如果你对他讲他感不到兴趣，或者他对你讲，海阔天空无所不讲，到这时你就要转移他的注意。如遇到一个不着边际的谈话，你就要另外打算，把谈话转移到另一方面去吸引他。要向他们调查，不要到他们家里去，你跑到他们家里去，他就要怀疑你是去调查他的虚实。我们应该随时把表带在身边，如看见他在割稻，或者在牧羊，我们就去帮他，和他谈谈，这样常能在无意中得到很真实的材料。

关于工作方面，也有好几点：

(1) 要迎接困难。我希望同学不要害怕困难，相反要去迎接困难，要去分析这困难所以发生的主要原因和次要原因。我们现在还没有到实习工作时，就知道困难发生，到实习时一定会遇到我们意想不到的困难。对困难不要害怕，怕的是我们不能去分析它的主要和次要原因。

(2) 要创造克服这些困难的方法。在这一个月实习中，训练我们创造出克服困难的方法。但是大家不要忘记主要的一点，就是要克服困难，是要有一个完全过程的。我们先要分析它发生的原因，才能想得到克服困难的具体方法。

(3) 记录要勤。今天有了若干的工作心得要记录，今天有什么困难也要记录，越勤快越好。在学校时我们记周记，实习时希望大家能写日记。记录便是工作经验的结集。

(4) 计划工作要精细，不要随便，不要因天气热开起会来便马虎，要知道我们事前若不详细计划，工作便无法开展。

(5) 检讨工作要十分严格，不要苟且，不能客气。

(6) 要注意和当地工作者取得联系，不但在一个月实习中要和他们取得联系，就是在今后出去工作也要和他们取得联系。一方面可以对他们起教育作用，另一方面能从他们学习到更多的经验和工作方法。

(7) 与民团干校同学要建立良好的关系，在自己的主观上不要看成民团干校是另一个学校，我们又是一个学校，不要在自己主观上把这界线划开，要把这鸿沟填平。主要的做到这一点，才能很自然地与民团干校同学采取合作。民团干校同学散在很广的地区，到处都可以遇到他们，工作要展开，便需要向他们学习，便需要和他们密切地合作。

关于生活方面。

(1) 要克苦耐劳。在二期抗战的今天，在我们这个贫穷的省份，需要把这种精神加以发扬。这是最重要的一点，也是在这次实习中要特别地充分地发扬出来！

(2) 要节约。在这次实习中，学校花了不少钱，大家要特别注意节约，每一片纸头、一滴墨汁，都是学校花了钱买来的，能够节省的就要尽量节省。

(3) 要互助。在我们每一小组的三十人中，要彼此互助，对别的乡村工作者也要这样。如看见别的乡村工作者工作很消极，情绪颓丧，不能用口头去批评他，露出看不起的神气，要用积极的行动和工作精神去影响他。

(4) 要遵守军风纪。要严格维持军风纪，千万不能随便。我们实习工作做得不好没有关系，假使我们的军风纪不好，尽管你实习做得如何的好，又有什么用！到实习地点后，仍要按时起床，升旗，会报，开小组会，休息，要完全按照规矩做去。

(5) 希望大家注意疾病。这个疾病问题，我已再三对大家讲过。关于乡村卫生，在今天广西要通通用西医是办不到的，即用中医，也办不到。如桂林这个地方是省会所在地，附近村民生病时还有不去买药就在山上随便找草药吃的，在我们同学中也有这样的人。现在霍乱症虽然已经没有了，却可能发生伤寒和痢疾。除疟疾外，别的都是从饮食不小心发生的，我们要乘这个机会对民众宣传，最少能做到防疫。

最后一点是关于学习方面的。

这次实习就是我们的学习，不能把它看成我今天已有大本领了，所以要到外边去显显身手。不要忘记把以前学到的东西，拿出来实验引证，看所学到的哪一些是不合的，哪一些不能的或相抵消的。我们要发现了这一些后，再来设法补救。并要天天看报，读书。

本人关于实习的三个报告：①实习的意义；②实习的技术；③实习的调查、工作、学习和生活，到这儿完了。这次实习是我们学习五个月来的一次总考核，不能存依赖心理，应从自动、自觉、自治的精神出发，再配合我所讲的那些，我相信在这一个月中，一定能得到一些好的收获。

检讨工作报告提纲

——在第二大队小组指导员办公室第六次室务会议上的报告

内容提要

一、工作本身是有发展过程的,其步骤:1. 估计工作环境;2. 根据情况确定计划;3. 依照计划布置工作;4. 执行严格的工作纪律;5. 进行检讨,结束工作。

二、检讨工作的重要性:1. 检讨工作本身也是一种工作过程,是新旧工作的枢纽;2. 从检讨工作中接受创造过程中的经验与教训;3. 训练思考问题与处理问题的能力。

三、过去检讨工作的缺点:1. 缺乏领导干部;2. 不能起充分的教育作用;3. 时间支配不充分;4. 检讨无争论;5. 缺少严密的注意与检查;6. 把错误归答于其他的人或物上;7. 不能运用检讨所得的结论于新工作;8. 没有作检讨之检讨。

四、今后的改进:1. 检讨前须作普遍而深入的发动工作;2. 要有经常的充分的准备;3. 要能分析问题;4. 意见要讨论,结论要讨论;5. 把握检讨对象的中心问题;6. 不忽略检讨对象的次要问题;7. 结论要切实、具体、有根据,要运用结论于新工作;8. 根据运用结论的结果修正结论;9. 对于复杂的工作或在大会上进行检讨,先须将检讨的中心与目标报告,并须先作出初步的结论或注意点;10. 要认真、复杂、具体,不敷衍空泛,不对人;11. 不隐瞒缺点、夸耀优点;12. 不怕困难,迎接困难;13. 对上级的检讨,不影响其威信;14. 确定检讨工作进行原则,培养检讨能力。

各位同事,各位同学:

紧接着第六周晚会活动之后,本周(第七周)活动的中心节目是"检讨工作"，这次检讨工作的任务，一方面在总结第二期同学第一阶段训练的经验与教训，以便展开第二阶段的训练；一方面作全校总检讨的准备。现在第一期同学快要结业了，第二期同学入校也将近两个月，在这几个月的工作当中，我们全校的同事与同学，从早到晚，都忙得了不得。但是，我们忙的效果在哪呢？学校的建设已经达到了计划中的某种程度呢？第一、二期同学入校以来，在生活中有无改变呢？工作和学习上有无进步呢？我们须要用事实来答复这些问题，不然就是过糊涂日子。要答复这些问题，就须要用一次最精密、最科学、最合理的检讨工作来普遍而深入地检讨自己，从本校部的三处两室到两个大队都要来一次严密的检讨。

现在，在未进行检讨工作前，我想将关于"检讨工作"作个提纲式的报告。

一、检讨工作的重要性

"检讨工作"四字，分开作"检讨"、"工作"来读时，是工作后的附带工作；但是合起来读时，"检讨工作"本身也是一种工作，我们要将检讨工作当作一种工作看待，才能正确地了解检讨工作的意义。

我们普通所说的"工作"，其实应当加上"过程"两字，成为"工作过程"，因为工作本身是有发展过程的。做工作而无发展或步骤，直截了当，见这样咬这样，见那样咬那样。或者头痛医头，脚痛医脚；处处被工作所左右，自己处于被动地位。要争取工作上的主动，就要能够了解和支配工作的全般发展过程。"工作过程"是怎样的呢？可以用五个步骤来说明。第一是工作环境的估计，也就是军事工作战前的"了解情况"。情况包含时、空、人三个因素。所谓了解情况就是要正确认识空间的特殊性；认识时间的性质和数量；估计领导人、干部和工作者的力量。第二是根据情况的了解，定出适宜的工作计划。所以计划不是房间中想出来的，必须有客观的估计做根据。我们普通说"某人做事有计划"。这是不够的，我们必须进一步检查他的计划是否有环境的估计做根据，并且注意那估计是否正确，不然计划就成为想象中的空中楼阁，永远没有实现的希望。第三是依照计划布置工作。这时就发生了组织问题。计划必通过组织活动才能见诸实行。普通我们只了解组织是"人"的因素，这是错误的。组织要是没有时、空两因素做根据，"人"也是机械的人，是没有办法活动的，我们常看见很多组织是空洞的停止的，就是没有时、空因素根据的原故。所以我们所指的组织活动，应当是根据环境（时、空、人）的正确估计，将计划作具体的分工，求左右要紧与上下一贯的合作，定出何时是最适当的时机，把握何地是最适当的空间。组织愈活动、健全，就愈能够保证计划的具体实现。工作布置完竣后。第四就是执行，执行时须有严格的工作纪律。计划需要人来执行，要是主观力量不能尽量地发挥，就是有如何良好、正确的计划也是没有用的。工作纪律的作用就是要保证工作者对计划忠实地执行，不动摇，不怀疑，不害怕困难，耐心坚久，直到计划的完全实现为止。第五是结束。我们常犯一种毛病，以为工作结束时，一句就完了。其实，并没有完，那只是我们把"工作"作孤立去了解的错误，工作本身是永远不会完的，这一工作的结束，就是新一工作的开始，在这结束与开始的中间，有一个重要的关键，就是检讨。检讨就是把工作的全过程来一次翻查，看估计有哪些不准确的地方，计划与布置有哪些不周密的地方，执行是否彻底等等。将这些经验和教训作为新工作的依据和张本。所以检讨工作可以是新书工作的枢纽，是文章的结论和绪论。

　　这是工作过程的具体了解，也是必须进行检讨工作的第一个意义。

　　第二，本校在训练的原则、内容、方针和学生的成分上，有许多的特殊性，这些特殊性使本校既不同于从前民国十三年的黄埔；也不完全同于从前的民国干校，更不同于其他的短期训练班和学校，因此我们没有既成的经验可借用，一切只有凭自己去创造，现在仍未脱草创时间。虽然我们不是实验品，无原则地这样试试，那样试试；我们有"集体主义的自我教育"做我们训练的最高原则，但是这还只是一个原则，要能够求得具体的实现，还需要我们不断地创造与试验。为求缩短创造试验的时间，适应政府对大批干部的急需，我们必须接受创造过程中的每一个经验和教训，使学校最迅速地走上正常的轨道，这是我们必须进行检讨工作的第二个意义。

　　第三，我们学校以集体主义自我教育为训练的最高方针，要养成学生有自动、自觉、自治、批判、进取的精神，有单独思考问题、解决问题的能力。现在同学中很多还没有这种素养。对抽象的一般的理论认识，也许还可以；但是一遇到实际的具体问题，就常表示没有办法。学校发动一个工作，就只知道机械地依照上面的指示去做，不曾用脑作具体的思考，自己重新去计划与布置。一句是"精神愈用愈出"，另一句是"精神要留有余地"。前句是勉励懒人，后句是鼓励努力工作的人，两句话对我们都有深刻的教育意义。我们现在天天都忙，渐渐要变成事务主义者去了，什么事情都只看见现在，不能预见将来；做工作的尾巴，不能洞见工作的发展。这就是每天，没有留精神去思考问题的原故。然而要训练我们的思考问题、处理问题的能力，唯一良好的方法，不是在小组会上，座谈会上，名人演讲会上，而是在检讨工作上，因为检讨的过程，就是将实际的工作作具体分析的过程，就是接受旧经验创造新工作的过程。这是我们必须进行检讨工作的最后一个意义。

二、过去检讨工作的缺点

（1）检讨前没有进行深入的政治动员工作，未能对不注意检讨甚至厌烦检讨之倾向进行说服工作；未能造成检讨的气氛；未能将最关切、最积极、意见最多的分子形成检讨工作中的主干，因此在检讨工作中失去了领导干部。

（2）在进行检讨之先，指导者未能将检讨对象作一详细分析，先成一个初步结论作为领导检讨工作的根据。故检讨常表现出无中心、无布置、无组织、无目标。各人发表的意见，大多是支离破碎，只抓住片面不能把握工作的全过程和问题的本质。指导者也仅就会场反映的片面意见，作一机械的综合结论。因此，检讨不能深入问题的底蕴，不能产生新问题，不能起充分的教育作用。

（3）由于把检讨工作看成附带工作的错误，在时间的支配上极不充分，往往因时间不够，不问已否达成教育作用，已否将过去经验充分分析与吸收，即匆匆结束。

（4）检讨无争论，各人只注意提出自己的意见，不注意他人的意见，喜欢清谈抽象概念，回避具体实际问题，谦逊客气，敷衍塞责，隐恶扬善，一点不切实际。

（5）对工作的过程缺少严密的注意与检查，不能经常地将工作经验记录，不能随时进行部分地检讨，使检讨工作失去了丰富的内容。

（6）自己站在被检讨的外面，把一切错误都归咎在其他的人与物上。

（7）检讨后不能把所得的结论技巧地运用于新工作中，使结论继续发展。我们若将结论运用于新工作中，将发现若干部分要被修正，正确的经验要在不断的修正中成立。

(8) 每次检讨之后，对于检讨之本身，须有一检讨，求检讨工作本身之进步。此点过去全未注意到。

三、今后怎样改进

(1) 每一检讨须作一普遍而深入的发动工作，目前，当检讨工作尚是一新工作，未为人普遍注意时，发动工作，尤其必要。发动的对象，不仅限于学生方面，即指导工作之各级机构也应包括在内，务使每一个参加检讨者均能深切了解检讨工作的意义。

(2) 检讨前应有经常的充分的准备，造成一切必需的前提。每一检讨因对象的不同，其目标、中心与方式均可不同，应先决定一检讨工作的进行办法，拟定检讨大纲，指导者对检讨大纲有自己初步的结论。此外尚须预见一切可能发生的问题，先准备一下解决的办法。

(3) 要能分析问题，将最适当的检讨对象交与最有能力的工作同志，从事此种检讨的部分。不能将参加检讨者一视同仁，以免意见之庞杂庸浅。

(4) 意见要讨论，结论也仍然要讨论，不容许模糊和不确定的意见存在，要深入问题的底蕴。要在一定的工作条件（包括空间、时间、对象等因素）下去了解问题与分析问题，得出具体切实的结论。

(5) 在无数可以检讨之对象中，应把握中心问题。欲检讨中心问题，首先须对于工作之目标，训练阶段之发展，下一阶段之训练目标，目前之主要缺点等有深刻的了解。如仅就检讨对象之本身考虑，就使检讨过程孤立，中心也无由把握。这次第二期学生第一阶段训练结束的检讨应以组织活动为中心，因为这一阶段训练的中心是生活学生会的活动，我们应当接受一切组织活动的经验与教训。

(6) 但也不应忽略次要问题，要把次要问题配合到中心问题中去，使中心问题更充实。学生发表的意见，大都是具体的、片面的，我们要善于引导他们到中心问题上去，不应生硬地制止。

(7) 无论对于一般工作或检讨工作本身的检讨，其结论皆须切实、具体、有根据，并须使此结论继续发展至成为进行工作之原则或具体办法，足以应用生效之程度。结论的记录须详尽，分别于主要与次要，一般与特殊，送达进行工作有关的各方面，作成新工作进行时的决议案，使结论能够真正运用于新工作中。

(8) 第一次检讨所获的结论未必正确，所以不仅简单的运用结论，并且要根据运用的结果修正结论。检讨过程，应该是不断的发展过程，不应停滞在某一阶段上。有因条件的认识不充分而带有多少假定的结论，应明白确定其假定为何，确定的现象而未能求得其原因，因而成为问题者，应该将问题明白保留，提出在解决此问题上现尚缺少的条件及为获取此条件应有工作之布置。

(9) 对于较复杂的工作，尤其是在去会场上进行检讨时，首先必须对本次检讨的中心与目标作一简要报告，最好还能先作出初步的结论或注意点，以使会场注意力集中于最重要的部分。

(10) 检讨要认真，要负责；不客气，不敷衍；具体而不空泛，对事不对人；切忌一切模棱两可的"橡皮式"结论。

(11) 隐瞒缺点，夸耀成绩；回避自己，只说他人；只见缺点，不见优点；或者只作消极的批评，没有积极的建议；只能看见枝节的现象，不能深入核心或本质；只看见问题的技术性，不看到问题的政治性等这些不正确的倾向，都是足以引导检讨远离正确的结论，应当事先严加警惕与防止。

(12) 检讨是为着发现新问题，新困难，并由此而设法解决，所以我们要不怕困难，准备着迎接困难的到来。

(13) 检讨时，下级对上级的检讨，要依照一定组织手续，以建议方式行之；不应在会场上批评，影响领导者的威信。更不容许借口民主，发泄私欲，或挑拨离间、捏造是非等不良倾向。

(14) 确定检讨工作进行之原则，增强检讨与领导检讨及检讨之检讨之能力，为创造工作及保证工作中自觉性主动性所必需，亦为本校目前阶段上的中心任务，我们应以最大的努力去完成。

第三分册
战时生活与干部修养

应有公勇诚毅的精神

——二十八年六月五日　总理纪念周报告

内容提要

一、本校的校训

公——国家至上，民族至上；大公无我，工作第一。

勇——军事第一，胜利第一；勿学匹夫之勇，勇于为国家民族努力，担负工作，加紧学习，见义勇为。

诚——意志集中，力量集中；诚心而后能成功。

毅——抗战必胜，建国必成；有耐性，能持久，毋一曝十寒，愈磨愈坚强。

二、青年问题

1. 青年有热情、要干、肯牺牲、不要命，有思想、会思想、要思想，别的人要他们不干、不思想，所以有青年问题。

2. 我们不害怕青年，信任青年，积极地领导青年。

各位同事，各位同学：

今天的纪念周是第十周的纪念周，主要的报告是关于本校校训的报告，其次是关于青年问题的报告。

一、关于本校校训的报告

我们学校的校训是"公勇诚毅"，它和国民精神总动员以及本校的训练总方针有密切的关系，所以这里把它们配合着加以解说：

公——国民精神总动员中"国家至上，民族至上"的口号，即是我们学校校训里的"公"。一个人能不专替自己打算，能为国家民族牺牲自己的利益，甚至牺牲自己的生命，这叫大公。所谓大公无私，大公无我。我们学校总的训练方针有六项，其中第二项是"养成学生自觉的纪律行动"，第四项是"实施集体的自我教育"，这便是公。我们能大公无我，自然能有纪律，能朝着一个总的目标行动，能朝着国家民族这总的目标行动。像这样自然不会只为了方便自己而妨碍他人。集体的自我教育正是要打破自私自利的个人主义，正是要从一切集体活动中发扬互助友爱的精神，正是要从集体的纪律中养成完美的工作者应有的修养和工作态度。我们所谓"集体"和校训中所谓"公"没有两样，所以校训里的"公"是配合着国民精神总动员里的"国家至上，民族至上"，同时也是配合着我们学校总的训练方针里第二项和第四项的。

公字本从八从厶，八是背，厶是私，背私为公，我们一点都不为私便是公。这是公字的本义。引申之则爱群，爱团体，爱社会，爱国家，爱民族，甚至爱人类都是公。我们不但希望自己好，并且希望朋友好，希望朋友的朋友也好；在会场里保持会场的秩序，一点不苟且是公。爱护学校的名声，爱护国家的名誉，使国家的声誉一天一天地提高，不再受外人的欺凌，永远保持中国国际地位的平等也是公。一个人一定要把公与私分别清楚，不要把公与私混乱。譬如我们在课堂里上课就不要以为自己随便行动是自己一个人的事，须知你一个人随便行动就会影响大家的生活，这就是公与私的分辨不清。公与私分辨不清的人是没有是和非的，因为他们根本分辨不了孰是孰非。他常常会用"私"的观点去秤衡"公"的是非，因此是与非，他常常弄不清楚。

奉公是一件不容易的事，能不贪污、不违法才算得是公，因为贪污违法都是从自私自利出发的。虽然不容易做到，但我们还是要从集体生活中训练出公的美德。因为一个革命者没有公的美德，是没法执行革命工作的，一定要有公的精神才能不畏一切艰苦，不计报酬多少，不问薪金厚薄，把工作放在第一位，才能为工作而牺牲个人名利，牺牲个人家庭幸福，牺牲个人生命。所以我们要养成不怕难，不畏苦，不怕牺牲，工作第一的奉公精神。所以我们校训的第一个字便是"公"。

诸位将来是到全省各乡村或城市去担负基层建设工作的。倘若今天不能好好地了解自己对国家民族所负的任务之重大，就不能有奉公的精神，就不能以不怕苦不畏难的精神，担负起艰巨的工作。所以我们第一要能"公"。

勇——国民精神总动员中的军事第一,胜利第一便是"勇"。我们今天的一切努力都为着争取胜利,要取得胜利就必须有"勇"。所以我们学校的总训练方针第三项是"唤起学生战斗的工作精神",第五项是"实施战时生活,强调动员精神"。而这些又都是要有"勇"的。

勇字从甬从力,是表现有力。前面我们讲过"勇",要大家将"智"配合着"勇",勿学匹夫之勇。即是说不要盲目的,外强中干的勇,必须是有正确的理论根据的勇。勇是"不怕"。但这"不怕"不是随便的,凭空的不怕,譬如在违犯了军训纪律的时候便说:"这算什么?最多不过禁闭两天?我不怕!"这种"不怕"不能算是勇,只能算是鲁莽灭裂,盲目的妄动。真正有勇的人是依着正确的认识而不畏强权,不屈服于威迫利诱的。他任何时候都不动摇,都保持最纯洁而有勇气的工作精神。在今天来讲,就是要能坚决地为国家为民族努力,不当汉奸才是勇。要是像汪精卫那样的屈膝投降,卖国求荣便是无勇。有勇的人是能服从真理,能以正确的认识去指导行动的。所以他的心目中只有真理而无强权。他只问事情该不该做而不计有没有障碍。

有勇者是不苟安,不苟且的。分派在自己身上的事情自己就可以全力负担起来,一点也不苟且才是勇。要是派在自己身上的工作却拿来推给别人便是没有勇气。譬如打仗,自己不敢上前却叫人家上前便是无勇。搬柴时只管叫别人多搬而自己却两个搬一把也是无勇。这样只是表现了自己的苟安懦弱。

打抱不平,见义勇为是勇。看见不对的事情而庄严正直地批评是勇。你做得不好我来做,并且我一定比你做得好;我做得不好,我站开,你来做,你比我做得好。这都是有勇。要是自己做不好又不让人做,自己做错了又不接受别人的批评,那便是无勇。所以有勇者须能接受别人的批评。

有勇气的人都有坚强的信仰,所以他没有一天是倒霉的。尽管工作是极度的忙,但他绝对没有颓丧的气象,他天天一样的积极。

有勇气的人不因稍有进步便停留,稍有所获便满足,他绝对不因稍微懂得一些便自命不凡,便削弱自己学习进步的念头。相反的,他是不断地加紧学习,时时刻刻地在追求进步。

诚——国民精神总动员中的意志集中、力量集中便是"诚"。诚者,一也。集中一切意志为一个统一的意志，集中一切力量为一个大力量便是诚。在我们学校总的训练方针里"提高学生自动的学习能力"，"理论与实践并重，并力求两者的密切联系"，即是诚。前次纪念周的报告里我们说"诚"是理论与行动之统一便是这个意思。能够诚即能够根据自己的认识去实践。自己认识到哪一步便做到哪一步。自己认识应该献身国家社会，使抗战更快得到胜利，建国更快得到成功，便真的不畏艰险献身国家，努力于抗战建国之大业，这是诚。各位同学在学校认识了乡村工作对整个广西的建设，整个的新中国的建设的影响之大，认识了乡村工作之重要，便努力去实行这种工作才是诚。否则口口声声说要献身国家民族，为抗战建国努力，而实际的行动却无时无刻不在打算升大官发大财，便是不诚。或者在校时说要怎样努力于乡村工作，而回去后却与乡村里反动的恶势力同流合污，也是不诚。不诚则不成，诚者，成也。世界上没有不诚而能成功的。木匠必须有诚心才能造成房子。种田人也必须有诚心种田才能有收获。要成功必须诚心。所以我们学习也要诚。九周来的学习是否真正达到了我们预定的那一步？是否真的够了？这就要真能以知之为知之，以不知为不知来回答才能算诚。否则便是不诚，便是自欺欺人。自欺欺人是知识分子、读书人最容易犯的大毛病，明明他是不懂的，但他无论如何不肯说不懂，譬如说天狗吃月是怎么一回事的问题，他明明是不懂的，但是你问到他的时候，他绝不会说不懂，他会说："这是属于天文学上的问题。"同样的道理，要是你问他说："我们的敌人为什么直到今天还未结束战争？"他会答说："这是属于战略上的问题。"还有许多问题都可以拿"这是属于哲学上的问题"、"这是属于心理学上的问题"、"这是属于经济学上的问题"等话来答复你。他样样都懂，没有一个问题答不出。这正是读书人的大毛病。我们应该不同于这样，懂的便要真懂，便要完全了解，彻底地懂。不懂的便是不懂，便要拿出战斗的精神来学习；今天不懂明天一定要弄懂。不能含糊地说这是属于什么，那是属于什么，要是总这样便什么都会给你"属于"完了。所以我们学习必须诚，不诚则不成。

在工作上也是一样。哪些工作应该是我做的，我便丝毫不苟且地担负起来，这才是诚，也才能成功。有些人是滥揽生意，随便谁叫他做什么他都答应，但他做起来却一事也不成，这便是不诚。一个人说话务须负责，自己说的话自己负责，好不好都自己承认。做事情也是一样，做得好不好自己负责。不要只把好的账都记在自己身上,坏的账却都记在别人身上。不要当面一个样,背后又是一个样。否则便是不诚。譬如说我在梁大队长面前说陈主任怎样,在陈主任面前又说另外的一套,这可不可以呢?不可以。要知你对某甲说话某甲的反应怎样?他在某乙的面前对你会表示怎样的一种态度?能担保他一定说你好吗?所以我们对事对人都必须诚。不诚的人一辈子也不会成功!

毅——针对着目前的情形来说,便是要"抗战必胜,建国必成"。因为我们的抗战是持久战争,建国是艰苦的过程。必须要在长的时间,用多的人力去争取。要达到持久战和完成这个艰苦的过程,就必须有极大的毅力去支持,否则在半途不是跌倒便是灰心。譬如今天便有些人有这样特殊的想法:以为抗战到今天已经是23个月,怎么还不结束?究竟是打到哪时才能结束呢?尤其是有钱的人,过去过惯了舒服的日子,今天更耐不了。这是一种想法。另一种想法则以为今天打了23个月还是如此,将来继续打下去当然也还不过如此。有前一想法的人是因为过去坐惯了汽车,住惯了洋房,今天没有汽车坐,没有洋房住便认为这是"不得了";有后一种想法的人是因为今天还有汽车坐,还有洋房住,所以他觉得打了23个月还是不过如此。这都是因为他们没有认识抗战的战略,没有了解整个抗战建国过程中将来还有比今天更困难的时候。这些人在抗战进到更艰难的阶段时便要动摇。所以我们必须有坚强的毅力。诸位在将来回去工作的时候,也必然会遇到许多艰难与险阻,绝非我们在学校所想象的那么容易。当然,在我们这许多同学中,也有近百人有丰富的乡村工作经验,能深知其中困难的。但问题就在于怎样在这个困难中支持下去。有耐性,能持久,是事业成功之重要因素。有毅力的人必能坚持一年到头都是一样,绝对不是一曝十寒的。有毅力的人必定有恒,对工作必定能像打仗一样死力顶住。有毅力的人一定是不怕挫折的,尽管艰险对他为难,但他只有愈磨愈坚强,而永远没有消沉。今天我们对工作的态度正需这样有毅力、有耐性。

今天我们说明的这四个字本来是老生常谈,在中国古书上也到处都有,俯拾即是。但是在口里讲讲很轻便,要实行就很不容易,尤其是要配合着今天的情势去实行就更不容易。在这里我们要下一番苦工,要对正确的理论有彻底的认识,并且要真是彻头彻尾的清楚认识。这样才能真正做到"公勇诚毅"。本来生活是谁个都要生活。谁不要穿衣吃饭住房子?但有些人就生活得有意义，有些人就生活得没有意义。生活得有没有意义不在别的，只在我们能否根据正确的理论去实践生活。所以我们生活过一天就要问这一天有什么味道，这一天是否做到"公勇诚毅"。当然这里我们又绝不能离开正确的认识，要不然我们便无从做到"公勇诚毅"。所以我们在这里特别提出，希望今后大家都把它当作行动的准绳。根据正确的认识去处理我们的行动。要做好口到、心到、手到。

二、关于青年问题的报告

为什么"青年"二字下面要加上"问题"二字？为什么青年会成为问题？老年却不成问题？这就因为一切电光灯都照射在青年的身上。正如我们只听到说有妇女问题而没有听到说有男子问题一样，因为妇女要挣脱旧礼教的束缚，要反对旧礼教。因为一切电光灯都集中照射在青年身上，所以能成问题。青年有热情，要干，肯牺牲，不要命。可是旁的人却不要干，不肯牺牲，所以一切电光灯都集中照射在他们身上，所以他们也成为问题。这是"青年问题"的来源。

因为电光灯集中照射在青年人身上，所以他一动人们便说他好动，思想不正确；便说他有什么把戏，有什么组织。这意思即是说青年人最好不要动，最好是老成持重，规规矩矩。因为这样才能方便他们。由于青年有思想，会思想，要思想，但旧社会里许多龌龊的问题就思不得，想不得。所以他们都不愿意你思，都不愿意你想。你一思想他便要说你不正确，你一说一动他便要说你成问题。但青年人是有热情的，他不得不想，不得不说。所以认为青年成问题的人便用种种方法去对付青年，由最强硬的方法到最柔软的方法都无所不用。总之，目的是要使青年学生不想，不说，不动。

我们的脑袋里有没有"青年问题"呢？没有。只因为社会上一般人用惯了这四个字，所以我们也沿用这四个字。同时又因为十周于兹，诸位在校之日不多，所以今日不得不提出来一说。其实我们的脑袋里并没有"青年问题"，因为我们并不害怕青年，譬如我当教育长我就不怕你们：我一不怕你们起风潮，二不怕你们起冲突，三不怕你们联合起来告我。为什么？因为你们根本没什么，没有什么可怕啦。有些办学的人是顶怕学生的，专用目光盯注着少数有能力而活跃的学生，用最强的电光灯照射着他们。可是我们却绝不这样，我们绝不用电光灯照射少数同学，我们要照射就是用普遍的太阳光向全体同学，向524个人的身上照射。有些人主张对青年要加以约束，但结果是只约束了青年的形式而赶走了青年的精神。倘若我们也采用这种约束的办法，那就会只留得524个躯壳在这里，大家的精神一定早就飞诸九霄云外。这样的教育当然是不能有所成就。所以今天我们为领导者就不但要使你们的躯壳在学校，并且还要使你们的精神也在学校；不但要你们身躯在学校里走来走去，并且要你们的心也在学校里各处活动。要你们的心并没有依靠什么封神榜上的法宝，唯一的法宝就只有"不怕青年"——说不怕青年还是消极的说法，从积极方面说应该是"信任青年"。怕青年的人都是因为心虚才怕，不然是不会害怕的。所谓平生不做亏心事，半夜敲门心不惊。今天我们能够信任你们，就是因为我们的心不虚，你们的思想发展到哪一个阶段我们都能掌握。

我们对于青年的态度是积极的领导重于消极的防范。我们的学校绝对没有密探会特别地探你们谁个行动怎样怎样，现在对五百多同学是这样，将来对一千多同学也是这样。因为我们是积极的领导，并不是出于害怕的消极防范。

我们要以实际的行动去领导大家，要以正确的理论，坦白的态度去领导大家。我们在房间里可以说的话，在这个广场也可以说，我们没有不可告人之隐。关于这点，白主任在前月十六日对桂林全市党政军公务人员训话中就提到。白主任认为："本省对于任用基层人员，应重视其思想之前进与否以为衡。不必论其年龄之大小。思想前进，虽年老亦有足取。""本省基层人员，宁可有前进的思想，切不可存腐化的观念。宁可能动而致于有误，不可因静而至于一事无成。"（《广西日报》二十八年五月十七日第三版）这意思就是说：任用基层工作人员应重视其思想是否先进，是否够得上担负基层工作，而不问其为二十余岁之壮年人。并且基层工作人员要能动，因为动而发生错误，我们还可根据错误的表现而知道问题的所在，还可以想法改进。要是你静得根本就没有表现，那就完全没有办法。大家不要因为说要动就乱动。动要对事情能负责的动。譬如说：擦枪时弄坏了一件什么东西，在大队长问到的时候大家就不要说："我不知道啊。"是好汉的就应该说："报告大队长：学生因为一时不小心，把它弄坏了。"这才是负责的态度，我们对一切事情都应这样。总之，动须是根据正确思想，正确理论的动。不要是盲动乱动。须是有理由、有步骤和有系统的动。

这是关于青年问题的基本看法。本来下面还有很长的文章，但这长的文章是指大家出了校门以后的问题。那真是成问题的问题。所以今天所说的实可算是不成问题的青年问题。即是说今天只望大家努力学习，努力工作，不要担心电光灯会照在身上。我们是没有电光灯的，我们有的是青天白日，用不着电光灯。不过大家要记着不可断章取义，不要以为教育长在第十次纪念周上叫我们动，我们就动，就乱动。

至于下一段文章，我们等到以后再说。到那时给你们做一次刘伯温，替你们算一次命，今天主要的是先要大家努力学习，努力工作，根据正确的理论去动。

集体生活与军事管理

——七月二十四日 总理纪念周及二十六日报告

内容提要

一、旧的生活习惯常常表现：1. 生活散漫；2. 生活凌乱无计划；3. 动作迟钝；4. 繁文缛节；5. 爱自由自在；6. 专替自己打算盘；7. 拖泥带水；8. 不守时刻；9. 不重视责任；10. 生活无常态，时冷时热。

二、集体就是团体，就是集合多数人经营共同生活的团体。军事管理是集体生活最具体的表现。

三、军事管理的要求：1. 万众一心；2. 整齐划一；3. 动作敏捷；4. 简单明了；5. 纪律森严；6. 机动警觉；7. 有斩钉截铁的作风；8. 遵守时刻；9. 动作正确；10. 维持常态；11. 镇定不乱；12. 生活有计划。

四、集体生活的内容：1. 确定了个人与集体的关系；2. 要把对事与对人分清；3. 集体生活的学习要友爱互助；4. 站稳自己的工作岗位；5. 集体生活是最有组织性计划性的生活；6. 集体生活是最有纪律性的生活；7. 集体生活要有自我批判。

五、严格执行军事管理，才能扫除生活上的缺点，加强集体生活，更能帮助军事管理的执行。集体生活与军事管理欲达到的目的只有一个，两者是互相帮助，不是互相抵消。

六、自发自觉的纪律与学生守则最终的目的都是维持集体生活，两者并行不悖，不是冲突而是相辅而行的。

七、集体主义不是平均主义。

八、集体生活希望大家进步，大家好，同时更希望有特殊的好，这个特殊的好正是促进一般好的因素。

各位同事，各位同学：

今天的纪念周是分开举行的，第一大队全体在第一大队部举行，因为那边请了李指导员紫翔讲演"宣传与组织问题"，这个演讲与第一大队同学的政治科目有关，所以在那边讲。第二大队同学和校本部同事，在此地举行。

第二大队同学到昨天止，一共到了336名，其中男生271名，女生65名，和我们的定额还差240名，大概在今明两天可以到齐。前一次我和第二大队同学讲的题目叫"本校的组织及其使命"，今天讲的题目叫"集体生活与军事管理"。集体是团体的意思，集体生活就是团体生活。

在未讲这个题目以前，首先应该明白的，是大家过去的生活到底是哪样的？从早上起来一直到晚上睡觉，大家的生活到底是哪样的？各位同学是来自各个不同的地方，广西全省有99县，有的地方交通便利，有的不便利，恐怕今天到的336位同学中，还有很多未出本县一步的，这是一。

第二，今天到的336位同学，每一位同学的家庭不见得完全一样，因此家庭生活也不见得完全相同。

第三，大家过去所进的学校，尽管经过小学、中学或简易师范，尽管学制一样，但由于每个学校主持人的不同，由于每个学校的教育训练方法多少有点差别，所以大家是由各种不同的学校生活培养出来的。

第四，各同学有不少在社会上做过事，或在国基小学当教员，或在乡公所服务，或在其他机关工作，但由于各服务机关的环境习惯不同，因此社会生活也不同。

我们把它分开为四点：①地方生活不同；②家庭生活不同；③学校生活不同；④社会生活不同。有了这四点不同，所以今天我们336位同学当中，可以有各种各样的生活形式出现。我们学校要把这些不同的给它同，不一致的使它一致。这就是说诸位同学今天已到了这个新环境、新团体，要在这团体中，把各样不同的生活统一起来给它一致。这是我们学校希望改变大家生活的主要的一点，虽然我们刚才讲过，有着地方、家庭、学校、社会等四种生活不同；但我们要用种种方法，把你们336位同学训练出来过着同一的生活。这同一生活正是我们今天要讲的集体生活和军事管理。在336位同学里面，生活上没有坏现象的恐怕很少数，今天我们要实行集体生活和军事管理，就是要使大家生活统一起来，改革你们过去坏的生活习惯。你们过去生活坏的方面，可以具体分为下面几点：

（1）生活散漫。比方说，今天高兴起来一早就起来，明天却睡到八九点钟也无所谓，今天多做两小时事情，明天便不做事，散散漫漫，这是我们的大毛病。各人有各人的做法，我要这样做，他要那样做，不能一样，不能集中。

（2）生活凌乱无计划。到底今天应该做哪些事，到底这些事情要到什么时候做完，我们全无计划，高兴做哪个就做哪个，不高兴做就不高兴做。不仅做事没有计划，就是我们工作的地方，睡觉的地方，也是凌乱的。拿我们的床来说吧，起来时就不去管它，被单不折，地方不扫，枕头不拂好。再拿桌子来说吧，也乱七八糟，放上许多东西，抽屉里也是凌乱的。不整齐，不划一，这是我们生活的第二点大毛病。

（3）我们的动作异常迟钝。比方说，我约一个朋友到饭馆吃饭，约的是八点钟，而自己却到八点钟才从家里动身，到的时候，朋友已先在那儿等了，最多也只说："对不起，来迟了。"走起路来也好像怕把蚂蚁踩死似的，迟迟缓缓的。没事时就在街上大摇大摆地走，看看这样，又看看那样，在大都市如此，在农村里也如此。

（4）繁文缛节。比方在路上遇到朋友，本来是无话可说的，也要拉住他讲上大半天。朋友有事情来找你，讲完事可以走了，也要留住他坐半天。本来可以简单明了，各做各的事，我们却不同，在家里朋友来要留吃饭，否则好像对不住，不留吃饭说小气。尽是这些繁文缛节，一天不知白费了多少时间精神，与我们的工作一点也没有关系。还有更腐败的，抽大烟，一次这样做着，一辈子也就这样做下去，不知道人生还应做些什么，担负些什么工作。

（5）爱自由自在。我们常说："无官一身轻"，我不食公粮，谁也管不了我，今天高兴上天就上天，爱下地就下地，大家管不了我。这种自由自在的心理，在我们生活上表现出来得尤其厉害。比方到一个新地方去，随便哪种规矩他都不管，一走到公共场所，就不知道该怎样了，爱吐痰就吐，皮鞋踏得响得很厉害，不管会不会吵扰人家，随地大小便，甚至在街上也这样。又如看有声电影，便在戏院里大嗑瓜子，吃橘子、香蕉，找朋友大声叫"某人"，这样一来，还有什么有声电影，这都是自由自在的大毛病。

(6) 专替自己打算。比方说坐公共汽车，随便什么人也好，必首先挤上去找好座位，不管是小孩子、女人或老人被挤倒了也不管。坐火车，要买票就挤，把人挤开自己去买。在站上只见火车一到，车门人多挤不进，就从窗口爬，连窗口也变成门！假如有三五个同行的便先商量好，我打先锋，先占座位，再把行李慢慢地拿上去。女人、老太婆或孩子，因限于旧礼教的束缚不能学他们这样，往往占不到位子，见有一个人而占有两个三个位子的，于是老太婆就来问了："这儿有没有人？"他必定要说："有人，刚刚有事去了！"等车一开，自己一翻身就睡下去。他有地方睡，而人家却要在那儿站！我们学校坐汽车也是这样，我坐到了，他后来坐不到也不管。一桌人吃饭就不管别人，只要自己动作敏捷自己就吃饱饭。拿一件公家的东西一定要选好的，因为这是我要用的，那些坏的，是人家用的。这种只朝着自己打算盘的习惯，实在是我们的大毛病。

(7) 拖泥带水。我们的生活都是拖泥带水的，一点也不干净。一天到晚拖泥带水地过着，不知怎样把日子打发过去。还有这样脾气，在街上一看见朋友不管有事无事一拖住就谈上大半天，这儿拉拉手，那儿又点点头，以多认得几个朋友为有面子，却不知道这是拖泥带水。

(8) 不守时刻。因为生活拖泥带水，没有计划，便不守时刻，于是钟表一到中国也起了变化。外国人是把表当看时刻用的，我们却拿来当装饰品，差五分钟没有关系（我们学校的钟就没有一天是统一的）。在乡村中还怪不得，因为他们没有钟，如问："你哪时来？"便说："吃过早饭来。"或是"吃过午饭来"。但是我们这些有知识的人，有了表还是摆着做装饰品看。表在外国的确有用，比方有一个故事说：德国有一个哲学家叫康德，他不结婚，只一听差的跟他。他生活很按规矩，什么时候喝茶、看书、写文章、会客、散步，都有一定的时间，今天这样，明天也是这样。他住在乡下，乡下人看见他出来散步时，就说："康德先生出来，要吃晚饭了！"大家都把他当表看。中国也有中国的钟表，如曾国藩他就有一个表，早晨什么时候起床，什么时候写大小字、读书、办公、教家人读书、吃饭、饭后走多少步，一直到睡觉都是过一种刻板生活。每天早上起来，一定要把当头要做的事在纸上写着，放好在桌上。他就有这样一个表；可是今天我们惭愧得很，他的表不能起作用，我们就不同，例如请客吃饭，约的五点钟，能按时到的一桌八个人恐怕难得到几个，大家还说："中国人的事本来都是这样!"外国留学回来的留学生,上了几次当,受过了几次教训,以后有什么约会起码也要迟一个钟头才到,本来他是守时刻的,到这时也不守了,还说只有这样才合大家的味道。开会也是七零八落,有的到了结束才来,有的开了一半才来,当主席的又得把刚才说过的话重说一遍。说是礼貌,说这是客气,不如说是互相包庇,主席到这时不但不批评他,反奖励他迟到,怪不得中国人不喜欢开会,一开会头就痛。在我们这儿就不这样,假如我们上课,144个人中你到迟了,指导员绝不再把刚才教过的重教一遍。

(9)不重视责任,没有阶级服从。大家脑里都存着谁也管不了我的念头,把一切事都看作是人家来支配我,不知道今天做的事是为了什么?官长交代做的事,一定要做到。但是有很多人做不到,尤其是知识分子,大家给他高帽子戴,他便高兴;如果说他做错了他就不高兴。本来事情明明是做错了,便东东西西的找理论来解释,再差的根本就不解释,说没有这事,更差的便索性说:"我高兴!你能管我?"能做到人家做不到的我来做,有什么事做错了,朋友批评时能够勇敢承认、大胆改正的就很少。

(10)生活无常态,时冷时热。高兴时把要做的事情都做了,不高兴时根本就不做。没有常态,整个生活时冷时热,可以说是没有"恒"。

这十点是最具体的,要这样举下去恐怕举不胜举。对于上面这些毛病,今天要请一位医生来诊治,这位医生开的单子,就是厉行"集体生活和军事管理"。

本校六项训练总方针中,其第四项便是关于集体教育的。什么是集体,集体就是团体,就是集合多数人经营共同生活的团体。我们的学校,便是集体;军队也是集体;任何机关都应该是一个集体。我们只要加入一个集体,我们每个人便应以集体中的一个成员或一个分子来看待自己,只有这样,才能够经营正常的共同生活。个人与集体,应该有休戚与共的关系,也只有这样才能够经营正常的共同生活。今天讲的军事管理,就是集体生活最具体的表现。我为什么要先讲军事管理呢?因为你们刚一跨进校门,生活就要变化,你们来的时候,头发、衣服,甚至连带的箱子都是各式各样的。女同学还有穿旗袍烫头发的。现在衣服要一式,头要剃光,吃饭要站队,躲警报也要站队。被头随便一摆就得了,为什么要折得那样端方四正,要在一定地方摆好?受过军事管理的同学,也一定有这样感觉:麻烦透了!这是刻板的,机械的生活,大家也许要这样看。

刚才在读《总理遗嘱》的时候,我为什么要停那么久?因为同学当中还有少数人在那儿乱动的,这在军队中是不准许的。在军队中一立正就不能动,大家也许以为这是麻烦,其实军事管理不但能诊治刚才说的那十种毛病,而且是在抗战二年后的今天最需要的生活,尤其是知识分子要医好刚才说的那十种毛病最需要的生活。诸位听了也许不相信,还需要自己去体验,才能了解这道理。今天我把军事管理的理由稍为说一说,意思是要你们把旧生活的缺点改革过来。

(1) 军事管理的要求是万众一心。这是我们的心理建设,今天我们与敌人作战要四万万五千万人有钱的出钱,有力的出力,大家一条心,把枪口对准敌人,军事管理就是要达到这万众一心的要求的。不能说你的头发要这样分开,而他却又要往后梳上去,这哪能万众一心!我们要由形式训练的万众一心达到精神训练的万众一心。比方在战场上,一万五千人,就有一万五千条心,你说还能不能作战?抗战是这样,建国也是这样。又如诸位将来出去做基层建设工作,如不能万众一心,只想刮地皮,过舒服日子,做新土豪,我们有五百多同学出去,就有五百多条心,怎能够建设新广西呢?建国要万众一心,抗战也要万众一心,都要一样,不能两样。只有这样,才能抗战,才能建国。不能说剃光头只是形式。形式要统一,精神才能统一;同样,没有精神的统一,形式也不能好好地统一。假如女同学的头发不剪成一定的形式,甲要烫头发,乙要留刘海,不知有多少种类。各式各样都有,哪还能万众一心!能够了解这万众一心的道理,便知道学校为什么要实行军事管理。

(2) 军事管理是要做到整齐划一。比如床上的被,每天起来不仅要折好,而且要折成四个角,枕头要放在一定的位置。我们现在因为要过战时生活,没有桌子,将来只有内务架。为什么东西一定要放在内务架,而且要放得整整齐齐的?你以为好看,好看是整齐划一吗?光只从好看去了解是不够的,它是别有意思的。我举几个具体的例子给大家看看:从前湖北省主席何成浚,有一个好习惯,在他办公桌上所摆的笔、墨、纸等文具,都有一定位置,到时看看有没有改变,离开办公室也要看看有无更动,假如有人去动它,他第二天就知道。这是一个好的例子。另有一个朋友,甚至他放洋火也有一定的地方,有一晚来了一个贼,这时灯已经熄了,但他还能很快地把灯点好，结果把贼捕到了；要是我们，等到自己起来找洋火点灯，再去找贼的时候，恐怕贼已跑了几里路了。大家都有一个坏习惯，就是把钥匙乱放，要用的时候一时又忘了，为了找它常常白费了一两个钟头。自己不能整齐，到处找东西耽搁了两个钟头，怪谁？假如一架飞机在飞机场等我，一切要带的东西都在昨晚整理好了，为了要慎重起见把重要公事锁在柜里，到要走的时候忽然钥匙不见了。飞机快要起飞，你却在这里找钥匙，满身大汗，向勤务兵发脾气。到这时只有两个办法：一个是找木匠来把柜子打开，另一个是只好不去。这样看来叫见整齐划一、有计划，是我们最好的生活。再以实际的例子比方，假使我是一个有钱人，我一定要把来往的账目、股票，用一个小箱子装好，假如房子突然起了火，就把那箱子拿着带跑，要是凌乱放就没有办法。人家偷了你的东西你不知道，等到发觉了才"啊啊"一声，已经来不及了。整齐划一是要训练你拿起东西来便当，所以我们大家都要受这训练。为什么被头一定要折成四个角？东西为什么一定要那样摆？因为怕你随便疏忽，因为要增加你的工作效率，因为要训练你不致浪费时间。

(3) 军事管理是要做到动作敏捷。我们中国人走路总是优哉游哉，从前老先生讲八字步，我们今天也这样。抗战已经两年，还是这样优哉游哉。起床号已吹过了，说还早，纪念周集合号吹了，同学已集合了，职员还是优哉游哉的。为着要做到一切动作敏捷，我们一定要跑步，跑步是练习动作敏捷的。喊一声集合，就是要唤起我们的注意，提起我们的精神。打仗动作不敏捷，哪还能打胜仗？今天我们还是这样不敏捷，上课时教员已到，同学还是七零八落的。我们要知道中国是一个什么都比人家落后的国家，一切都要赶快，才能赶得上人家。要不是这样，今天事明天做，这便是工作不敏捷。不但今天一切要用跑步，要讲敏捷，将来建设，做基层政治工作也要讲敏捷。军队不讲敏捷就要打败仗；政治上不敏捷，就不能赶上人家。你们这一期每天早上要跑步，是要训练你们动作敏捷。

(4) 军事管理是要做到简单明了。这是天地间最合理的生活，前一回我讲过蒋百里先生在陆军大学出的思考题是，一位联络参谋最低限度和最高限度要带多少行李？不要说这题目容易，当真有很多人答不出来。行李带多，在阵地上转移时没有人搬，带少不够用，要做到刚刚好，不多带也不少带就不容易。今天很多人的生活都是噜噜苏苏。吃一顿饭要两个钟头,一点也不简单明了。要是军队里也这样,那还得了!所以今天你们要练习生活简单明了,不能噜噜苏苏,一天到晚从起身、吃饭到睡觉都是噜噜苏苏——如有不好习惯的更不用谈了。尤其是女同学,要把很多女子不好的习惯革除,就是剪了头发每早起来要对准镜子慢慢地梳,起码也要浪费二十分钟。生活这样的不合理,怎能赶得上人家,怎能打胜仗!

(5) 军事管理是要做到纪律森严军令如山。一定要这样做,如今天大队长下令要筑路,你说太阳大不做,行吗?不行!如没有事请假进城去耍下子,或去看朋友,行吗?不行!如在做纪念周时一定要站着你却要坐下,行吗?不行!为什么要这样呢?我们知道不论军队或行政机关,都有一定工作系统,各人有各人的工作岗位。比如军队中的师长,他要支配一师人,这一师人作战每一个命令下去他都要负责的。因此他下的命令,团长说不干是不行的,从团长起,到营连排长都要认真执行。我们学校也是一样,教育长命令下去大家都要执行。为什么他一个人有这样大的权力呢?在军队里是为了打胜仗——师长下命令给团长、营、连、排长乃至士兵接受命令,都是为了打胜仗。我们学校,我当教育长下的命令,各主任都要接受,并不是为了我是杨东莼,乃是为了我是教育长,是为了学校好,是为了同学好。所以纪律是森严的。命令也不是心里想哪样就哪样,无所不为,这样一来士兵一定反对他,不执行命令,所以命令不能马虎。懂得这个道理,便明白为什么军人以服从为天职,服从是从训练中得来的,如不训练以服从为天职,不养成服从习惯,一切的一切都"算了,算了",到战场真正打起仗来,师长派团长去,团长不去,或去了回来,"报告师长这任务不能达到",这还行!所以平常要服从,阶级要分明,纪律要森严,这并不是为了对个人的服从,而是为了打胜仗,为了工作做得好。

(6) 军事管理是要养成机动警觉。军队不机动,便不能打胜仗,一遇到变化不居的环境便不能作战,因为他们不能机动应变。我们今天又很多事情需要警觉,如敌机来轰炸,与其等他炸了再说我失了什么,不如早早准备,警报一到,集合命令一下,大家就整队拿东西进岩洞。机动是在于能够临机应变,是在于能够于变化不居的环境当中创造出新的方法来适应环境;警觉是一种预先的洞见,是从事物之动的过程去见到它的发展。这是军队生活中最大的优点。我们现在过的是麻木不仁的生活,正需要拿这种优点来医治我们的缺点。

(7) 军事管理是要养成斩钉截铁的作风。不但军队要有这种作风，我们知识分子尤其要努力养成这种作风，平常是大家都喜欢说："或者是这样"、"我想差不多"、"说不定"、"恐怕会这样"，可可否否。在军队中就不能说："报告团长，差不多到齐了！"或"大概是二百人"。到齐就到齐了，二百人就二百人，没有什么"差不多"、"大概"的，一切让他"恐怕"、"大约"、"大概"那就什么都完了。军人豪爽的脾气，就是这样训练出来的。是就是，否就否，为什么要"也许"、"差不多"、"大概"呢？我们文人的大毛病是欢喜逃避责任，尤其是批公事的人，像"事出有因查无实据"一类的批语，便表示得异常不负责任。还有，一件工作交给你，问你几时可以完成，懂得逃避责任的做法的人，绝不会斩钉截铁地答复，恰恰相反，一定是用"大概几天内外可以完成"或"一个月左右"这一类的话来敷衍。我们不能这样的可可否否，今天我们要对抗战建国负责，就要学军人斩钉截铁的作法，来处理我们的工作。

(8) 军事管理是要养成守时刻习惯。军人最守时间，限你几点几分达到任务，不能达到，就要受到严重处分。几天我们的生活就不同，大家根本就没有时间观念，仿佛以为今天办不成的事情，还可以留到明天来办，明天办不了，可以推到后天，一推几天，并不算希奇。倘若一件公事有时间性，需要立刻办到，那便什么都完了。我们一切落后，需要突击精神，迎头赶上去，所以我们不但应该确守时间，而且应该依照总裁的训示，做到"一天当两天用"。

(9) 军事管理是要做到动作正确。一个立正的姿势为什么要讲两三个钟头？这是有道理的，一切小动作要做到正确，是一种心理建设，要养成对各事不苟且，不随便。动作要节段分明，一马虎，便不整齐，便不划一。为什么讲姿势要正确呢？这是要训练你从形式的正确达到内容的正确，达到精神的正确。比方团长叫一个连长来吩咐，吩咐完了一定要问："你知道没有？"连长一定要"报告团长"，把刚才的话一字不改地重背一遍，这就是训练你要正确。我们常常以讹传讹，一句话一传出去就完全把本意改变了。军队是不能这样的，倘若这样，那还能够作战吗？

(10) 军事管理是要做到维持常态。在军队生活中，随便什么时候，都要维持常态，没有命令，是不能随便乱动的。比方今天天气很热，太阳很厉害，站在这里的人，有一个晕倒了，其余的人便不能乱动；大家或许以为这太不近人情了，其实不然，这种训练是要使我们始终如一。不然，就会扰乱军心不能作战，就会一时冷一时热，一时上课一时不上课。我们现在不出操行不行？不行。天下雨也要出操，不然将来在作战时，一遇到雨，便不能行军，甚至不能打仗。

（11）军事管理是要做到镇定不乱。一个指挥官，一个战斗员，如果不镇定，指挥官便不能指挥，战斗员也不能作战。比方我们喊一声"立正！"不要以为每个立正口令都是敬礼，这是唤起你的注意，要使大家的精神集中起来。只有唤起你的注意，集中精神，才能做到镇定。

（12）最后，军队生活都是有计划的。比方在行军时，要带多少米，都有计划，如果一到野外，才发现米没有或不多了，再来叫"啊啊"，那还行！

由于各位来的地方不同，生活也各不同，但坏的方面却有许多共同之点，这些毛病通常存在着，我们只有拿集体生活和军事管理，才能把这些缺点改正过来。因为大家刚一进校门就要受军事管理，所以特别在这儿讲一讲，使大家明白军事管理是挺有道理、挺有意思的东西。因为只要我们有了这样的认识，有了这样的信心，才能严格执行军事管理，借军事管理的力量来改善大家的生活。以后希望大队长和小组指导员要严格执行。

各位同学：

今天是本人第三次对第二期同学讲话。第一次讲的题目是"本校的组织与使命"。那次讲话，在座有些来得较迟的同学，恐怕还没有听到。在那次讲话中，首先说明本校的组织系统，其次说明本校对于广西建设所担负的任务。第一部分说得较详细，第二部分则较为简略。第二次讲话是在纪念周，听到这次讲话的有336位同学，题目是"集体生活和军事管理"，但当时只略略地说明大家过去生活上的缺点，指出要改变这些缺点，只有严格执行军事管理，同时把军事管理的许多优点与特点指出来。这次讲话，在座中还有一百多位同学没有听到。据教导处报告，截至此刻止，到校的同学有501位，与原定的数额只少75位。今天所讲的题目，仍旧是集体生活和军事管理，不过内容着重在集体生活这部分罢了。

在上次纪念周，我曾经说过，我们的生活有很多毛病，如散漫、凌乱、迟钝、拖泥带水、自由自在、替个人打算、无常态、不守时刻等，这些，那天听讲的同学恐怕还记得；其后就说军事管理有许多优点，可以把散漫、凌乱、迟钝、无纪律的生活改变；同时还说到军事管理的许多好处：万众一心、整齐划一、简单明了、机动警觉、维持常态、镇定不乱、动作正确、有计划、有步骤。那天讲得很详细，演讲稿正在整理中，将来印刷出来分发给各位看。

今天说的"集体生活"即是团体生活。我所要说明的：集体生活是什么？集体生活的内容包括些什么？集体生活与军事管理有什么关系？"集体生活"这四个字，从字面上解释，大家会觉得很空洞很抽象，惟其是空洞抽象，大家才觉得容易解释，如果要将它的内容具体地一件件说出来，那就不是这样简单了。其实，集体生活包含有丰富的内容：

(1) 集体生活确定了个人与团体的关系。集体生活内容的第一点，把个人与集体的关系确定得很明白。譬如我们学校里整个学校各处、股、室以至工友，是一个大集体，分开来是个人，是集体内的个人，无论他是指导员也好，工友也好，他都是集体中的个人。个人与集体的关系分清，才能了解"集体生活"。个人在集体中，是当作集体中的一分子出现的。比方：我们每个人各有各的姓名，性格不同，工作不同，任务不同；像学校的指导员，有教课的，有不教课的；军训方面，有专门执行军训的，有专门教学科的；学校中这许多各个不同的个人，他们所做的工作是为了什么？是为了团体。所以我们要注意，自己的一举一动，发一个命令，说一句话，都要为了集体，都把力量用在集体里。每个工作同志，担任政治工作的或是会计庶务，都不能随自己的高兴与不高兴去做，不能由自己爱与不爱去做，如果个人爱这样便这样，爱那样便那样，哪还成什么团体？今天我们加入了这团体，便不能问爱不爱，不能由个人作主了。从同学说，每个同学是团体中的一分子，进了学校，参加了这团体就要把自己高兴不高兴，放在第二位，而主要应该是服从团体了。比方学校规定你们一天到晚要打绑腿，假如有一个人说不高兴打，或者说某种政治学科我不爱听，这是以个人的意志来支配团体的，是不行的。我们不能以个人为主，以团体为附属。今天进了学校即为团体中的一个成分，一举一动，一言一语，都能影响团体，所以个人的行动要记着对团体有利抑或有害，不可随自己的高兴不高兴与爱不爱为转移。譬如上课时唱戏是不可以的。同时凡个人的举动，不要为自己而着想，不能以个人的意见冒充作团体的意见。军事管理也是一样，比方要同学剃光头，假如有位同学不爱剃，这是万不可能的。因为你不能以个人的意见支配团体。你要服从团体才是。总之我们要将团体与个人的关系弄清楚，任何一个人都要把自己作为团体中的一分子来看，好像身体的细胞一样，要整个身体的细胞都健全，才算是健康的身体。所以集体生活主要的一点，是把个人与团体的关系明确地分清。

(2) 集体生活要分清对事对人。很多人往往不了解，把对事的问题当作对人，对于许多工作，不从事的本身去看，专门对人看，这是没有把对人与对事的关系弄清楚的结果，因之有些人常常不问这件事的本身如何，只计较人的方面。如果这个人平常和他有什么过不去的地方，他就把事情拨开，把问题弄到人的方面来；或者专从私人感情出发，不管事情对与不对。这样，由于对人对事的关系弄不清楚的结果，就影响到公私的关系分不清。凡对人与对事含混，对事变作对人的，这个人一定是公私分不清，在团体中定会经常出乱子的。今天大家才到校几天，我只把这个原则对大家说，今后只要把生活上学习上工作上种种事实引证今天所说的原则，那时你们就更容易明白了。

(3) 集体生活的学习要友爱互助。从学习上说，集体生活的学习（不论是上课、阅读或讨论），主要内容是要彼此帮助，相互友爱，使大家都有进步。我们不能说五百多人中只要我一个人好，别人怎样我都不管，这在集体生活中是要不得的。集体生活要互相帮助，使大家在集体生活中都有进步，就是所谓"手牵手，一路走"，这是反映在学习上的集体生活。

(4) 在集体生活中要站稳自己的工作岗位。反映在工作上，集体生活的工作表现，是要每个人都有一个工作岗位，同时要在集体生活中完成自己的岗位工作。能够站稳自己的工作岗位，同时也就是帮助了别人的工作，如果在自己的工作岗位站不稳，自己的工作不能够完成，是会妨碍别人的工作的，只有大家的工作都做得好，才够得上是全体的工作好，才够得上集体生活。

(5) 集体生活是最有组织性计划性的生活。集体生活是最有组织性计划性的生活，它把每个分子都拉进有组织有计划里面，不能让一个人放在这个有组织性计划性的生活之外。譬如八点钟吃饭，大家都要在这时候吃的，假如有一个人说"我不高兴，我到九点钟才吃"，这是绝对不行的。有组织的有计划的团体性的生活，不能把个人置身度外，每个人都要放在集体的里面活动的。

（6）纪律是集体生活的灵魂。集体生活是最有纪律的生活，这是从确定个人与团体的关系，从对事与对人的关系，从个人站稳自己的工作岗位，从有组织性、计划性的关系中建立的。假如这些关系弄得好，集体生活便是最有纪律的生活，假使不能把上面的各种关系弄得清楚，那只是一盘散沙，谈不上纪律。每个人都要在有组织性、计划性的生活中，才可能产生纪律，这种纪律是维护集体生活的，不是消灭制止，而是积极培养集体生活向上发展的动力。所以集体生活全靠有纪律，因为有纪律才能算得是集体生活，也可以说只有纪律的生活，才能维系集体生活。我们过去的生活散漫凌乱，自由自在，学习也不紧张，将来大家一定会感到生活要有组织性、计划性，要有纪律来维持，到这时候，这纪律就是代表集体生活的要求的东西，如果没有纪律，即不能使集体生活健全，学习就不会紧张，工作会受到障碍，受到坏的影响，因此，集体生活不能缺少纪律，无论学习、工作和生活都要有纪律来维持，所以纪律是集体生活的灵魂。

（7）集体生活的自我批判。在集体生活中，除纪律以外，还有一种东西，使纪律达到最高峰，这叫做"自我批判"，有时也称做"检讨"。集体生活不能离开这个，只有严格执行自我批判，集体生活才能健全。

知识分子有一个大毛病，即是不愿受人批判，总希望别人说自己好，或自己的文章好、工作好，很少有人喜欢人家说自己坏处的。所以对于工作学习，往往不能跟着时代进步，不能接受别人的批判，这是主要原因。别人说自己不好，总是喜欢解释，有的心里知道错，口头还是不肯承认，这种人是很难进步的。只有有勇气承认错的人，能够公开坦白地承认错的人，才能有进步的，愈把自己的错误弱点缺点掩饰的，即是愈不能进步。为什么呢？因为勇于承认自己错误的人，总希望问题得到解决，希望有进步，而自满自大自高和不虚心的人，是永远不能进步的。所以集体生活一方面要有纪律，一方面还要严格地检讨，执行自我批判，才能求得进步，只有在进步的基础之上，纪律才能发生效力，如果不能接受自我批判，有了错误还不肯承认，还要解释，纪律是不会发生很大作用的，能够接受自我批判，才是有灵魂的纪律。

自我批判不是对人批判，而是对工作的批判，不是专门寻找别人的毛病来批判他，而是站在对事的观点批判他。如果不弄清楚这点，自我批判便成为闹意气了。所以自我批判在形式上说是对人,而从内容上说则是对事的批判。

以上我所说的七点,只是几个抽象的原则,今后就要运用这些原则放在你们的工作、学习、生活里面,在你们的一举一动中,都可以用这些原则来检讨你们的生活,看哪些地方是非集体的,哪些地方才合于集体生活的要求。这样可以把散漫、凌乱、自由自在等一切不好的生活,都在集体生活中扫除干净。同时严格执行军事管理,才能扫除这些缺点与弱点。今天加强集体生活,更能帮助军事管理的执行,因此,集体生活与军事管理的关系更容易明白了。我们可以说集体生活与军事管理两者欲达到的目的只有一个,即是把过去自私自利的生活改变过来,把过去散漫、自由自在的生活变为有组织、有计划的生活,所以集体生活的要求与军事管理是同一的,两者是互相帮助,不是互相抵消;只有相辅而行,才能对学习与工作有帮助,使学习与工作有进步。

此外,还有几个问题很多人还未明了的:

(1) 既有自发自觉的纪律,为什么要有处罚呢?为什么要有学生守则呢?这很奇怪,好像这么一来与训练上有抵触似的。其实不然,中国有古话:"防患于未然。"在未发生某事之前,首先要有防范某事情发生的办法。学生守则也一样,在未到这境界之前,先告诉大家不要做错,如果做错了就是违反纪律,是要受处分的。学生守则是维持集体生活的,是防患于未然的,并非和集体生活抵触,换句话说,我们先要告诉大家,你们要有自觉自发的纪律,要完成学生守则的要求,其最终的目的,是要维持集体生活,如果能够执行纪律,一点不犯,结果是达到了学生守则的要求;因此二者是一个东西,不是两个东西。我们的纪律好,即能达到学生守则对我们的要求了。学校中一方面有学生守则,一方面又有自觉自发的纪律,二者并行不悖,不是冲突而是相辅而行的。

(2) 如果只从表面去了解集体生活,有一个危险,即是容易犯平均主义平等主义的错误。譬如说,教育长是集体中一个成分,我们到桂林要走路,教育长也应该走路才对啦!这话在表面上看来是异常对的,谁说我不是集体中的一个成分呢?我为什么要坐车进城?为的是要快。为什么要快呢?因为我的事情多,所以我的时间很经济。同时我进城是为了集体,如果我坐车到城里是为了进馆子,那就是我错误了。所以为了整个学校的工作,我是应该坐车的。你们应不应该呢?你们只有一个岗位,而我的工作是影响全体的。又如，今天举行卫生运动，全体员生都参加，我是当作参加这运动中的一个人看的，如果把我编为某队的队员，那时我不是教育长，而是服务的一员，我要服从队长的指挥，但是过了执行卫生运动的这两个钟头，我可仍旧是教育长了，这时我便要用教育长的地位来行使我的职权，不然集体等于平均主义了。所以集体主义不是平均主义，如果以平均主义来看，那是有毒素的。

（3）集体生活是希望大家好，但有些人以为这是要造成同一模型，好像这501位同学都要从这模型出来，把大家单纯化一般化了，这是不对的。集体生活虽然希望大家进步，"手牵手，一路走"，但并不否定好的同学特殊发展，更向前进步，我们固然要求大家好，但更希望有特殊的发展，这是和集体生活不相冲突的。因此，在施教上有时也不能一样，正因为有不一样，就有特殊人才，因为有特殊人才，就有特殊的发展。我们不能以为一般化就是集体，这种见解是不对的。譬如读一本书，有些一天可读完，有些要一星期才能读完，我们不能说一天读完的同学要等一星期后才能读第二本书，如果这样呆板地了解集体生活，那就是妨碍了集体生活。所以集体生活是希望大家进步，大家好，同时更希望有特殊的好，这个特殊好的正是促进一般好的因素，这一点是要深刻了解的。

以上说明集体生活的内容，以及把集体生活可能发生的误解预先指出，大家对集体生活已有初步的概念了。但这并不是口头上说了就可以做到的，是要在一切学习工作活动中表现出来，在军事管理的联系中表现出来，这纯理论的讲演只能使大家有初步的抽象的了解，今后在许多实际生活中还要拿具体的事实来证明集体生活的道理，得到正确的结论，把过去散漫、自由自在、无纪律的旧生活扫光，并在工作上打破自私自利的个人主义，执行军事管理，养成健全的干部。将来诸位同学到乡村服务，正要把腐化的生活，从严格的军事管理中洗刷干净，这是今天广西需要的基层干部，浪漫的自由主义者就不是今天广西所需要的干部了。因此本校以养成集体生活为训练目标，主要的是打破自私自利的思想，成为坚强结实的青年干部，这是本人第三次对各位的讲演。

下次讲的题目是"战时生活"，因为养成战时生活也是本校训练方针之一，所以有和大家讲演的必要。完了。

除三害
——二十八年七月二十七日对第一大队学生精神讲话

内容提要

一、我们不能做到切实负责，自我批判，分工合作，都犯了自由主义的毛病。

二、自觉、自动、自治都不是自由主义。

三、散漫、无组织、因循苟且、敷衍塞责，都是自由主义一贯发展下来的，我们要深刻反省，除自由主义之害。

四、从头脑思想到生活行动，都能表现个人主义。

五、拿别人的东西，对于公的东西可以随便，凡事朝个人打算，都是自由主义的表现。

六、要完成今天中国这艰苦的革命任务，主观上须有坚强的信念，因此我们不要希望自己做一个个人主义者。

七、有理想主义的人，要找丰富的生活经验，不要有谋自己生活舒服的理想，应有崇高的理想，有对社会对国家的理想。

八、我们施行军事管理，执行集体生活，用自动学习，自我教育以提高我们的政治认识，主要的意思是要扫除自由主义、个人主义、理想主义这三害。

各位同学：

今天的一个主要报告，是根据四个月来的经验得到的，题目叫"除三害"。除哪三害呢？一是除自由主义之害，二是除个人主义之害，三是除理想主义之害。这个除三害的题目，是根据四个月工作经验得到的结论，对第二期同学不好讲，对第一期同学可以讲了。关于这三害，有许多具体事实，今天讲了可以使同学发生警惕心，可以改变过来。

第一，除自由主义之害。我们这个学校，今天还不能做到切实负责，分工合作，从教育长到职员、同学以至工友止，都犯了自由主义的毛病。这毛病表现在很多方面上，比方关于民主问题，这个问题先头没有了解，把"民主"两个字了解得不正确，后来又滥用民主，一滥用民主便什么事都变成要同学自己来；"我要民主，自觉纪律，自动学习，自治精神！"因此学校稍为带点命令形式，便说："怎么有命令？我们是自觉纪律，自动学习，自治精神呀！"于是乎得出了结论，说这个学校失败了，起码说学校的教育方针失败了，才用命令。个人对这个问题的看法，一开始就把自觉纪律、自动学习、自治精神与命令并行不悖，一点也没有冲突；但是大家却只看到一面："我们是自觉，自动，自治，大家管不了我。"学校公布学生守则，便说这学校不是理想的学校，事实上世界上就不会有什么理想学校。一直发展到今天，还有抽烟，大摇大摆，睡在宿舍床上，指导员来看也不理会，在路上见到职员不敬礼。有一天某队长来处罚某一位犯了过错的同学，你们又说是教育长矛盾："叫我们活泼，自动自觉，现在又要实行学生守则来处罚了！"比方禁带金戒指，剃光头，我从前都讲过，假使那时我便要你们自觉、自动、自治，你们便可能有各式各样的头，各式各样的戒指，不只金戒指有，连银戒指铜戒指都会有，你们只把我的话随便斩杀了一段来替自己的错误掩饰，不去了解我说的话的全部意思，这种倾向现在已发展到所有的生活上了。你们把自由主义曲解为自觉、自动、自治，不能了解学校的命令与你们的自觉、自动、自治是相因想成的。常常拿理论来替自己的错误去解释，方便自己的就拿这去反对不方便自己的东西，于是不请假出去，只是拿"这是不对，是不对！"一套自我批判的话就完结了，全是自由主义在脑里作怪，这个星期我第一次对大家讲过这问题，但在我们的同事中却已经检讨过了。

一直到今日，还有越级呈报的事情。在军队中越级呈报便是犯罪，各级有各级的系统，有一定的规则，比方你们要打报告给我，一定要经过大队长的手，这是最实际的，今天你们却不照这样做，大家或者以为我不懂军事，可以随便，其实你们是看错了。你们在这儿听我讲话，脑子却在想别的事，甚至站好队还要讲话，这都是散漫、无组织在生活上的表现，至于表现在思想意识上的自由主义更为可怕。今天我们说因循苟且，敷衍塞责，都是自由主义一贯发展下来的。今天来检讨几个月来的毛病，我对大家要求反省，我们这五百多位同学当中，有许多是受过军事训练，经过军事管理，懂礼节的，因为这自由空气的影响，大家也随便起来。以后大家要有深刻的反省，今天只是简单给大家一个提示。

第二，除个人主义之害。关于这，我主要的指出几点，就可以看出个人主义的弊病。不管是自由主义也好，个人主义也好，都要从两方面去看，一方面是头脑思想，另一方面是生活行动。从头脑思想到生活行动，都能表现出个人主义。我们到今天，在同学当中，还有许多坏习惯：比方有一件衣服不见了，查出来以后，知道是某位同学拿了，某位同学便说："我拿错了。"其实，每件衣服上面都有号头，这是不好错的！还有把自己衣服失掉了，不管三七二十一把人家的拿来穿上再讲。你们想一想，你自己的失掉了去拿人家的，人家失掉了衣服再去向谁要呢？这都是从个人主义出发的结果。在我们的同学中，还有把公的东西和私的东西分开来看，"那是公家的刻意随便，这是我的不能随便"。

再从思想的表现来看，比方我们这一次讨论少数捣乱分子破坏学校的事，便有许多人发言和计划，都是朝个人打算，不替学校打算。再比方那一次签名运动，我是这样看：当然有人在背后主持，有的却是毫无成见跟在人家后面跑。同学当中有许多只朝自己打算，捣乱分子便利用这个弱点进行活动。其实我们没有对人，直到今天还是对事，同学们没有看清，还是朝自己打算，大家刚刚跨进校门的时候，就有三问，一问："训练做什么？"答是"乡村长"。二问："服务多少年？"答是："三年！"三问："津贴多少？"答是："八块半！"却没有一个问："今天的整个抗战情形怎样？"这都是朝自己打算，都是自私自利个人主义的倾向。有些一知半解的人也可以这样说："今天还是在私有财产制度的时代，当然是这样！"其实这不好说是"当然！"我们对社会对民族对国家，都需要诚实负责，对革命尤不好这样忽视自己的力量。我们今天要求改造成果，要完成国民革命，主观力量是占了一半，所谓精神胜过物质就是这个道理。每个人都应有这种信心，根据这种信心，才能把弱点克服过来。假使说私有财产存在就应自私，社会上就不该有大公无私的人，如有这种人不是思想成问题便是傻瓜。事实上，这完全犯了把自己的主观力量对客观推托，对社会不负责任的错误。我们只晓得时势造英雄，却不晓得英雄造时势，这便是所谓自私自利的个人主义，当然我觉得这不是讲几句话可以改过来的。

我们了解到今天中国这样艰苦的革命任务，是放在我们肩上，要是主观上不建立一种力量，就不能完成革命，如果我们这些人还像一盘散沙不能团结，就没有法子驱逐日寇出中国，把三民主义的新中国建立起来。尽管你是地大物博，尽管你是人口众多也是没有用。不要说我们得天独厚便可以中华不亡，单只说我们地大人多是很不够的，我们中华民族的不亡，是建在一种坚强的信念上，有了这种坚强的信念，尽管抗战建国艰苦到什么地步，也不会颓丧，也不会灰心，尽管中国的落后大众多，我们也可以提高他们的水准，这一切都要靠我们的主观力量。作战的能够一鼓作气，老实说也是靠我们的主观力量。不要以为大家都自由自在，大家都想升官发财，就可以完成中国的革命任务。在今天中外的许多革命家，他利用客观形势只是为加速他的革命任务，主要的还是要靠主观力量，一个革命者一年三百六十日都要完全一样，他们什么都看得清清楚楚，才不会把革命力量任务估计错误，才不会看错哪是高潮哪是低潮。革命这种力量不是靠脑子想出来的东西，它是以中国的客观条件作依据，它是有根据的。因此，我们的同学不要希望自己做一个个人主义者。大家也许要问："为什么学校有许许多多奖励的办法呢？这是不是鼓励个人主义吗？"我们的同学把集体主义当作平均主义来了解，集体主义是要把坏的、政治落后的使其进步和提高，要不是这样，将来我们五百多名同学，会变成同一胚子出来，一模一样的。我们讲集体生活是一般的提高，进步，但需要有差别，需要个别更进步，有了这个差别，才能使别人更进一步。把集体生活看成平均化，我们不是这样看，只有站在个人主义立场才会这样看。

第三，除理想主义之害。在我们的同学中，有不少理想主义者，尤其是那些平时喜欢研究理论书籍，生活经验最少的。生活经验少的人，不应有太多的理想，相反的，我们对那些世故深，家里有老婆孩子的人，我们反要提倡他有理想主义。我们有些同学是刚从学校出来的，有些是在社会上服务过的，十分复杂，这复杂是有利于我们的学习和训练的，因为复杂的关系，对生活的态度、理想、希望，对人的看法都各不相同。这个不同正是我们互相学习的最好机会。有一些刚毕业离开学校的，有一脑子理想，在未进这个学校以前，以为这是一个怎样新怎样理想的学校，一进这学校来，以为个个职员都很威武雄赳赳的，不觉得却也有几个老的，以为每一个人都是热心的，却想不到也有漫散不负责的，以为杨东莼在当教育长提倡自动精神，却想不到也要实践学生守则，想不到这儿的月亮也和别的地方月亮一样，于是乎失望！有些同学帮助人家了解，不管帮得好不好那是另外一回事，这正是取人之长去己之短的机会，对同学这样，对自己也要这样。我们这儿是一个内容丰富的小天地，什么都有，你要什么就有什么，是磨炼我们，训练我们的好天地。假使个个人都和我杨东莼一样，也就没有多大意思。世界上其实也不可能有这样。这些少数理想主义的同学要赶快找一点经验。我们以为经验有两种：一是工作经验，二是生活经验。拿大题目来讲，工作经验常包括在生活经验里，我们希望对工作经验丰富，生活经验丰富，不是将来想多得一点薪水，谋自己生活的舒服。如有这种人的话，我倒希望这种人有理想，有崇高的理想，有对社会对国家的理想。有一部分同学要去掉这理想，有一部分同学倒希望他有一点理想。这三害有互相关系，勾结在一道，所以我们今天要除三害，要一起除掉才可以。

我们今天所以施行军事管理，所以执行集体生活，所以用自动学习自我教育，以提高我们的政治认识，主要的意思是要扫除这三害，目的都在这儿。这三害是不是在我们训练几个月就除得了？我想除不了。我们对过去已有总的方面的检讨，有个别的，有一般的检讨，但还是不够得很。将来各同学同乡去工作，这些毛病还是要继续发生出来。今后对这些理论还要加深研究，我们的干部训练不只七个月就完了，将来还有三年，也还需要除三害。

这是对我们过去生活上、工作上、学习上的一个总的批判，希望各同学善自勉励！

战时生活

——二十八年八月二日对第二期学生训话

内容提要

一、生活本身就是战斗，就是奋斗。人类的历史，是充满着战斗意味的历史。

二、我们的抗战是为了人类的和平与幸福，为了世界正义，也为了我们民族的自由解放；我们是以战争来消灭战争，我们需要和平，但不是需要屈膝投降、亡国灭种的和平。只有在一切平等的原则上，才谈得上和平。

三、抗战固然是伟大的战斗，建国也是一种最英勇的战斗。战时是有形的战争，平时是无形的战争，"平时一如战时，战时一如平时"，这是生活即战斗的看法。

四、所谓战时生活，并不是要全国人民都扛起枪杆到战场上作战；从事其他工作，只要于抗战有利益，只要是为了争取最后胜利的实现，也可以叫做参加了战争。

五、战时生活的内容：1. 简单——生活不力求简单、合理，便熬不过战时的苦痛，还会动摇我们对抗战建国的信心。

2. 机警——我们平日生活不机警，日子过久了，就变成麻木不仁，对一切没有感觉，事到临头，便手忙脚乱。

3. 迅速——迟钝缓慢，拖延推诿，是我们生活中最普通的毛病。我们要认清我们国家的落后性，加倍努力，兼程并进，迎头赶上。

4. 确实——我们需要迅速，同时又需要确实。应该做到：知之为知之，不知为不知。

5. 节约——集中我们的一切人力、物力、财力，有计划、有组织地合理地应用到抗战建国的伟业上，才不致浪费，才够得上节约。

6. 相互亲爱相互帮助——彼此相顾，相互督促，团结一致，安危与共，生死与共，相亲相爱，相互帮助，来渡过难关，争取光明的到来。

各位同学：

今天第四次和诸位讲话，题目是"战时生活"。前两次同诸位讲过"军事管理和集体生活"，今天讲的题目，就是继续前两次而来的，所以这三次讲话可以说是一个题目。

生活本身就是战斗，就是奋斗。人类祖先——太古时代的人，没有一天不在战斗，不在奋斗，因为只有战斗，只有奋斗，才能生活，才能生存。最初和自然战斗，因为野兽危害他们，所以不能不战胜野兽。他们把野兽的肉拿来充饥，把野兽的皮拿来御寒。在今天，我们可以看见非洲黑人与美洲印第安人的生活，还保存着太古时代的状态，即是和自然战斗，来维持生活与生存。后来人类渐渐进步了，能够制造工具——锄头刀斧等，陆续地把自然支配人类的威力降低了；接着不断地在征服自然。但从此以后，人和人之间的战争却又发生了，在野蛮时代可以看到甲部落和乙部落的战争，乙部落又同其他部落战争。部落和部落为什么有战争？也是为了生活，为了生存，为了生命的延续。后来部落发展为国家和民族，而民族和民族之间，国家和国家之间，又发生了战争，今天我们又看见帝国主义国家侵略弱小国家的战争，过去如意大利对阿比西尼亚的侵略战争，现在如日本强盗对我们中国的侵略战争，便是最好的例子。此外帝国主义国家与帝国主义国家之间，为了争夺市场，为了争夺殖民地，也发生了战争，如第一次世界大战便是。同时帝国主义国家内部也有战争，那便是工人反对资本家的革命和斗争。总括一句话，人类的历史，就是充满着战斗意味的历史。要到什么时候人类才会停止战争呢？我们的答复是：要到总理说的大同世界实现的时候。但这大同世界的实现，离今天还有相当遥远的距离，恐怕今天在座诸位都看不见未来的大同世界的实现。要实现这大同世界，还需要经过长期艰苦奋斗的过程。我们既生在这个战争的时代，我们的生活也就需要着战斗。

第一次世界大战以后，在政治上，在文学上，在艺术上，都表现了反战非战的空气，这是为了人类和平与幸福，不愿残酷的战争重演而发出来的微弱的呼声。然而这微弱的呼声，终究挡不住法西斯侵略者的魔手。在今天，我中华民族正遭遇着空前的危机，亡国灭种的大祸迫在眉睫，我们正需要以牙还牙，反对日本法西斯强盗的侵略。我们今天的抗战在本质上和第一次世界大战完全不同，我们抗战正是为了人类和平与幸福，为了世界正义，同时也是为了我们民族自由解放，我们是以战争来消灭战争。目前还有许多理想主义者在这样地想着：为什么人类还有战争呢？战争的结果不是到处破瓦颓垣断肢残臂么？不是号哭与呻吟么？不是留下千万无人赡养的孤儿寡妇么？但理想主义者并不知道，今天还存在着法西斯侵略者，战争在今天便无法避免。我们明白了这一点，便不应抱着这样不合实际的空想，今天日本法西斯强盗正在进行亡我国家民族的侵略战争，倘若我们不起来抵抗，不用战争来消灭战争，那便是汪精卫的投降政策，那便是汪精卫所主张的"和平"，我们只有准备做敌人的顺民和奴隶这一条死路。但是我们是否需要和平呢？我们是保卫世界和平维护人类正义的急先锋，我们当然需要和平；不过我们需要的和平，绝不是屈膝投降亡国灭种的"和平"，也绝不是敌为主子我为奴隶"人为刀俎，我为鱼肉"的"和平"。像这样，绝不能得到和平。"不平则鸣"，自然更说不上和。我们只有在一切都平等的原则上，才谈得上和，也才能谈得上和平，汪精卫主张的"和平"，正和我们相反，他曲解总理遗教来替他的投降论调辩护，他断章取义地附会总理所说的话来做他投降论调的根据。总括一句话，他的"和平主张"，是亡国灭种屈膝投降的主张，凡不愿做顺民和奴隶的黄帝子孙，是没有一个不反对这种主张的。

我们对日本法西斯强盗的神圣抗战固然是一种伟大的战斗，但我们今天的建国事业又何尝不是一种伟大的战斗。我们今天的建国伟业，是在极度困难的环境中进行的，也是在极度困难的条件下进行的，这伟业的进行，就是一种最英勇的战斗。

抗战建国的伟业是一种英勇神圣的战斗，想来大家已经明白了。有形的战斗和战争，是大家最容易看到最容易感觉的；那无形的战斗和战争，大家便不容易看到，便不容易感觉。大家要等到大炮响了，敌机来轰炸了，人死了，房屋烧了，才看见战争，才感觉到这是战争。其实，我们平常时又何尝不在战斗、不在战争中呢？例如最近霍乱很流行，我们打针，我们进行许多防疫工作，难道这不是在同病菌战斗吗？难道这不是在同病菌战争吗？一般人把平时和战时很呆板地很固定地分开来，这是最不合理的看法。正确一点说：不过平时是无形的战争，战时是有形的战争罢了。假如说：大炮响了，敌机来轰炸了，人死了，房屋烧了，才算是战时，酒馆旅馆热闹了，戏院满员了，就算是平时的话，那么，现在的桂林及后方其他重要都会里酒馆旅店又何尝不热闹呢？戏院又何尝不满员呢？难道我们还能说现在是平时吗？总裁说过两句最值得注意的话，即"平时一如战时，战时一如平时"，这就是说：平时应和战时一样，战时应和平时一样，平时与战时不能有绝对的区别，这便是生活即战斗、生活即奋斗的看法。

现代国家工业的发达，交通工具的完善，海陆空军的齐备，他们哪一天不是在准备战争呢？日德意三个法西斯国家固然不消说，就是民主国家如英法美各国又何尝不是在那里准备战争呢？甚至苏联，又不是一样在准备战争么？虽说，我们到巴黎，到伦敦，到柏林，到罗马，到莫斯科，到华盛顿，都看不见战争的气象，都感觉不到战时的气象，但是，他们在实际上都在准备战争，只要动员令一下，不到几个钟头便可以发动大规模的战争。拿中国的古话来说，这便是"安不忘危"；意思即是说平日安乐的时候，不要忘记了危难的一天；也可以说，安就是平时，危就是战时。"安不忘危"就是"平时一如战时"，一个国家应该如此，一个人也应该如此。

所谓战时生活，并不是要全国人民都扛起枪杆到战场上作战。拿现代战争的立体性来说，根本就没有前方和后方的区别；再拿全国总动员的意义来说，全国人民或直接参加战争，或间接参加战争，都没有一个人不被纳在战争的范围以内。其次，现代国家的分工是最严密的，各人有各人的工作岗位，但一到战时，各人的分工，便都集中在争取胜利这一点上面。再次，现代战争的胜负，不仅取决于战场上的决战，而尤在于整个国力的决斗。大家明白了这几点，也就会明白"所谓战时生活，不是要全国人民都扛起枪杆到战场上作战"这一句话，是有充分的理由的。

国力是什么？就是人力、物力、财力。这三种力谁多些，谁好些，谁就能够胜利。可是，人力物力财力，都要有组织，有计划，才能够动员起来，才能够发生伟大的力量；否则，便不能适应战争的需要。尽管今天我们失去了许多都市，在战场上打了几次败仗，但是不是我们真的失败了呢？没有。因为这还不是国力的决斗，我们的国力还足够支持这一战争至三年或五年之久，反之敌国却真的失败了，因为它梦想不到我们会抗战，而且能够支持抗战至两年之久，因为它梦想不到动员了这样多的兵力花费了这样多的金钱继续打了两年之久的仗，还不能结束战争，反而使泥足愈陷愈深。不过如果我们没有组织，没有计划，不能够积极地动员起来，那么，即令我们是地大物博人口众多的国家，也依旧没有用处，即不能与敌人作国力的决斗。正因为这个缘故，所以我们一方面固然说"平时一如战时"，他方面却不能不强调"战时一如平时"这句话。你们常唱的《军民合作》这支歌，不是有"挖战壕、送子弹、抬伤兵、做茶饭"的句子？里面已经显示了要打胜仗，首先还得要实行军民合作。军民合作的内容，绝不止此，进一步如后方增加生产，安定社会秩序，努力国防建设，厉行国民精神总动员等，又何尝不是为了争取"胜利第一，军事第一"而发生的"军民合作"之最高度的表现呢？我们的抗战，叫做全面抗战。这就是说：不单是军事动员，还应有政治动员、经济动员、文化动员紧密地配合着，才符合全面抗战的真义，才能够争取最后胜利的实现（当然，所谓全面战争，另外还有一种意义，即现代战争是立体战争，根本没有前方和后方的分别，任何人任何地方都不能逃过在战争之外，依照这个看法，也叫做全面战争）。这样看来，可见不一定拿起枪杆上前线杀敌才叫做参加战争，就是从事其他工作，只要于抗战有利益，只要是为了争取最后胜利的实现，也可以叫做参加了战争。所以说：我们要分工合作，我们不能放弃平时工作，也只有加强平时工作才能够加强力量。中国老话说"处变如处常"，这就是说战时生活要和平时一样，然而这并不是说平时吃两块钱的肉，战时也要吃两块钱的肉，平时穿七八十块钱一套的衣服，战时也要穿七八十块钱一套的衣服，这是说战时要和平时一样有秩序，战时一样要进行平时的工作。如果战时不能和平时一样有秩序，如果战时停止了平时的工作，则一切都陷于混乱状态，又还有什么力量作战呢？比方说前天敌机来轰炸，我们就停止了工作和学习，大家只是躲在岩洞里，倘若天天有警报，像这个样子下去，那还成话吗？我们绝不能让它这样下去，就是敌机来轰炸，我们也一刻不能停止工作和学习，外面不能工作和学习，我们便到岩洞里工作和学习。总裁所说"平时一如战时，战时一如平时"这一句名言，就是从生活即战斗得出来的结论，假如不了解这两句话的真义，就会以为总裁的话是矛盾的；假如能了解这两句话的真义，我们便可以看出这两句话的统一性来了。

以上一段，只说到战争与生活的关系，就已经讲了四十分钟，而什么是战时生活还没有说到，现在进一步说到战时生活的内容。

第一，战时生活要简单。——我们平日的生活，是拖泥带水繁文缛节的生活，像这样的生活，绝不能应付今天变化不居的战时环境。拿一般人来说，他们的生活，从早至晚，时间精力和金钱的浪费，真是不知如何计算。大家不要以为我个人的浪费，没有多大关系。其实，如果大多数人都这样浪费，则浪费的总和，便又不能不算国家民族的损失了。一般人且莫去管他，最可怕的是号称是国家柱石社会栋梁的青年学生——受过集体训练经过集体生活的青年学生，他们的生活也和一般人没有两样，也是在这样地去浪费他们的时间精力和金钱，也是在这样地过着不合理的腐败生活。像这样的生活，无论如何，是受不起战争洪流的冲洗的，经不住大时代熔炉的钢炼的，是不能适应今天变化不居的战时环境的。我们平日的生活，是最不合理最繁琐的生活，是最浪费最腐败的生活，对"平时一如战时"这句话，根本就不了解，根本就没有体验过，所以一到战时，生活上便感觉到起了急激而突然的变化，处处感觉到不安，时时感觉到不便，像这样下去，自然要被战争淘汰，要为大时代所摒弃，还谈得上适应变化不居的战时环境吗？我们对倭寇抗战是持久战，十年八载的长期战争是说不定的，倘若我们的生活不力求简单，不力求合理，便会熬不过战时的苦痛，挨不过战时的困难，甚至还要动摇我们对抗战建国的信心，这是异常危险的。

单拿食一项来说，就不简单，就不合理。广州人除了二餐之外，还要上茶馆吃点心，江南一带也盛行着上茶馆的风气。但回头看看我们的敌人，便完全两样，他们的学生公务员和劳动者在外面午餐的时候，都用那早上从自己家里携带出来的"便当"，"便当"是一个五寸长三寸宽一寸高的盒子，那里面盛着少许的饭，菜就是两三片萝卜和一条手指头大小的鱼，这样就算是一餐了；他们爬山的时候，把饭捻成一团，里面包着一粒梅子，梅子是预备吃好饭让它放在口里去生津液的。这是他们的平时生活，和我们今天的战时生活比较，那我们便比他们优越多了，直到今天，我们每餐还保持着三个菜，而饭是凭你的量来吃的，绝对不受限制。单从这一点看，我们的生活，就不够简单，就不合于战时要求；至于其他生活部门，则更谈不到简单两个字，更谈不到适应变化不居的战时环境。抗战建国的重负，放在我们的双肩之上，我们要下决心受战争洪流的冲洗，我们要咬紧牙关接受大时代熔炉的钢炼，我们就得首先改造我们的生活，使它简单化合理化，这是第一点。

第二，战时生活要机警。——我们平日的生活最不机警，日子过久了，就变成麻木不仁了，对一切没有感觉，更没有反应。一件事情不能看到其发展，不能预料其发生，等到事情临到头上来了，自然是手忙脚乱，不能很恰当地去应付它，去处理它，后来事情弄坏了，也只有"呵呵"的一声，轻描淡写地便过去了。事情过去了，如果能够反省一下，能够检讨一下，诚恳地接受过去的教训和经验，还来得及改正，还有进步的希望；倘若不能够反省，不能检讨，其结果便是同一件事可以坏至若干次，事情愈坏得多，便愈没有感觉，便愈没有反应，时日既久，自己也就愈弄愈懵懂了。像这样，便是不机警的结果。受过军事训练的人，听见了炮声或爆炸声，马上就会睡到地下；然而我们听见了，却还在说："这是什么声响？"有时警报发放了，却还在咕噜着："这样东西不见了，那样东西不知摆在哪里。"叫了半天，紧急警报又发放了，那时他还不忙不慌；等到敌机在空中响了，他才赶忙地乱跑，倘被敌机发见了，那自然是机关枪扫射，不会和我们讲客气的。幸而没有中弹，便说"运气真正好"，不幸而中了弹，那就要大叫倒霉了。

这次敌机轰炸桂林，死了不少的人，可是去年炸了几次，却总共也没有死过这多人，这是为什么呢？因为敌机有几个月没有来轰炸桂林，所以大家就有些麻木，并且因为好几次发放了空袭警报，都没有紧急警报，大家也就以为这一次不过和平时一样拉拉空袭警报罢了，不见得敌机就会真的来轰炸，大家抱着这种莫名其妙的侥幸心理，结果我们竟蒙了重大的损失。甚至还有更奇怪的事情，竟有荒唐无稽的人在计算，发放警报的时间，假定今天是上午八时发放警报，便大叫大嚷说明天也是这个时候要发放警报。因此太阳一出便躲到岩洞里去了。要是某天下午两点钟发放了警报一次，这荒唐无稽的人便又改变口调，说以后上午不要躲警报，反而下午要躲警报。他们不知道敌人的残酷，更不知道敌人的诡计多端。难道敌人要预先大声地叫："喂！站开些！我们要来轰炸了！"说句实在话，敌人绝没有这样傻，而我们这些荒唐无稽的人在客观上却无意识地起了汉奸的作用。像这样，便是我们生活最不机警的表示，也就是我们一种侥幸苟免的心理的最明确的表示。我只要举出这个显明的例子，大家便可以拿来对自己的生活详细地检讨一下。

第三，战时生活要迅速。——迟钝缓慢，是我们平时生活最大的缺点。

因为我们平日最不注重时间，脑海中根本没有时间观念，与人家相约会面，差上半个钟头，并不算一件奇怪事情，你的表和我的表比较，差上十五分钟，也不认为稀奇，反而自己解释说"差一点无所谓"，就由于这一些，便养成了我们迟钝缓慢的习惯。在工作上也是如此。例如一件工作交下去，限三天完成，一定要五天才能够完成；所以在交下工作的时候，有丰富经验的人，一定不说"限三天完成"，却说"一天完成"，因为说了后面一句，到了下面自然是把"一天"改作"三天"了。又如上办公厅的工作同志，脑海里只有八个钟头的工作时间，倘若在临下办公厅前十分钟交来三两件公事，他多半是把他搁在一边，到明天再来处理，而很少有利用这十分钟或延长半点钟把它办妥的。大家试想，如果是三件普通公事，还不要紧；假若是含有时间性的公事，那便糟到不可收拾了。像上面这些例子，真是不胜枚举。总括一句话：迟钝缓慢，拖延推诿，便是我们生活中最普通的毛病，根本上谈不到迅速两个字。

我们是落后的国家。事事不如人，我们要建立三民主义的新中国，不是要不要的问题，而是如何去建立的问题，而是如何去努力的问题。说到这里，我们首先就应该注意到我们这个国家的落后性，认清楚我们自己事事不如人，我们注意到这一点，认清楚这一点，我们才能够力求进步来克服这一落后性，我们才能够加倍努力兼程并进迎头赶上。总裁训示的"一钱当两钱用，一人当两人用，一天当两天用"，便是针对这一个主要需要而说的，我们应该接受并实行总裁的训示，首先就应该从生活上做到迅速两个字。如何才能够做到迅速两个字，第一就要生活有计划，第二就要做到合理简单的生活。做到了这两步，我们才能够做到"今日事今日了"的地步，才能够克服迟钝缓慢的弱点，才能够迅速。

第四，战时生活要确实。——单单做到了迅速，够不够呢？不够，异常不够。因为一般人的弱点，就是只看到迅速一方面，而没有见到确实这一方面，于是潦草塞责的，敷衍了事的，便随时随地都有，所以古人说"欲速则不达"，是有道理的。因此，我们需要迅速，同时又需要确实。我们经常在口头上说的，多半是"大概"、"大约"、"或许"、"约莫"、"差不多"、"也许会"、"几乎如此"、"仿佛如此"这一类的字句，这充分地说明了我们对一件事或对一个问题采取了可可否否的态度，是采取了可左可右可上可下的态度，这是不负责任的表示，这是怕负责任的表示，这影响我们的工作学习和生活异常重大，我们应该努力去纠正它，去克服它。

拿学习来说，我们应该做到"知之为知之，不知为不知"的地步，一点也不能模糊，绝不能说"我约莫知道了"；倘若我们真的不知，也应尽力求知。拿工作来说，我们应该做到定期完成的地步，甚至应该用突击的方式在定期以内完成，一点也不能含混，绝不能说"我大约二三天内可以把它完成"，是两天便是两天，三天便是三天，绝不应该这样拖泥带水。拿生活来说，我们应该做到丝毫不苟且的地步，一点也不能懒散，绝不能说"我或许可以早起早睡，倘若我精神好的话"，应早起早睡便应早起早睡，绝对不好另外找些原因来掩饰自己的毛病。只有这样说一是一说二是二，才能够达到"确实"两个字的要求。

比方本人是实际上主持本校训练工作的人，倘若有人问我："贵校有多少学生？每月经费若干？"我答道："大约有千多学生，每月开支三万余元。"诸位想想，这成什么话。又如在作战的时候，如果指挥官作敌情报告，说某处大约有敌千余，又说由此处到某处约莫有三四十里路，诸位又想想，像这样还能作战吗？更谈得上打胜仗吗？诸位不久就要出去投身基层建设工作，在今天的战时不但工作繁重，而且件件工作都直接或间接与战争有关，如果不能做到确实两个字，便不能说是完成了自己的任务，并且对抗战与建国都是有害的。所以希望诸位赶快锻炼生活中"确实"这个优点，来应付马上就要加在诸位肩上的工作。

第五，战时生活要节约。——上面说过，我们平时的生活，最不简单，最不合理，最无计划，惟其如此，所以我们过的是浪费的生活。在今天，我们只有一个工作，就是争取战争的最后胜利，完成建国的伟业，因此，我们应该集中一切物力财力人力，来达成这个伟大任务。不但应该集中，而且应该使我们的物力财力人力都使用得恰当，支配得合理，有精详的计划，有严密的组织，才不致浪费，才够得上节约。

拿我们现在的生活来说吧，还没有做到节约两个字。我们每天的消耗，如文具纸笔，如柴火煤油，其数量都大得很有可观，但里面真正用到工作和学习上面的，顶多不过百分之五六十，其余的百分之四五十，大都是随便浪费了。再就时间和精力来说，也使用得很不合理，浪费之处也很多。今后物质条件将更形困难，加上我们肩上的工作和应该学习的东西更多，需要我们付出更多的时间和精力，因此，我们要渡过这个难关，就得厉行节约，使一分物力一分时间一分精力都使用得更加合理。

第六，战时生活要相互亲爱相互帮助。——外国人讥笑我们不能团结，好像一盘散沙。的确，我们是散漫，是各自替各自打算盘，一种农民型的生活，到处都表现着。所以"各人打扫门前雪，休管他人瓦上霜"，便成为各人明哲保身的金科玉律。

本校集体生活的训练，就是矫正过去"各自替各自打算盘"的生活，养成大家互相帮助的合作精神，我们要彼此关顾，相互督促；我们要团结，要一致；所以"手携手一路走"，成为我们工作学习生活上的主要口号。

自私自利的个人主义者，各自为各自打算，当然不会而且不能相互亲爱相互帮助。本校的集体教育，便是和个人主义的教育斗争的教育，它是从集体活动中，从组织活动中，去克服个人主义的缺点，来提高相互亲爱相互帮助的精神。我们反对的是个人主义，并不反对个性的发展；所以集体主义的教育，也着重特殊的个别的进步与发展，而不是呆呆板板的均一主义，更不是某一种类的定型化。恰恰相反，特殊的个别的进步与发展，在集体生活中，在互相亲爱、互相帮助的精神中，反倒引起了并帮助了一般的大家的进步与发展。

军事管理要养成万众一心的精神，只有万众一心，才能够作战，才能够克敌制胜。要养成万众一心的精神，首先就要提高相互亲爱相互帮助的精神。军事管理注重阶级服从，但这是就工作岗位来说的，是就各人的任务来说的，他的作用，是在完成工作与任务，所以上级命令下级，绝不能恣意地擅作威福，下级服从上级，也不是盲目地任人调摆。明白了这一点，便能够明白阶级服从和相互亲爱与相互帮助并不是对立的，恰恰相反，而是互为表里的。

战时生活尤其需要相互亲爱相互帮助，因为在战争的时候，我们大家都是安危与共，生死与共，我们还能够各自打各自的算盘吗？我们还能够彼此猜忌各抱成见吗？各位同学来自99个县，虽然过去不相识，但是，现在大家已经是生活在一个集体里面。并且大家生活在战争里面，大家都担负着抗战建国的使命，都担负着"建设广西，复兴中国"的使命，所以大家应当相亲相爱，相互帮助，来渡过当前的难关，争取将要到来的光明。

上述六点，便是战时生活的主要内容。其实，这些主要内容和集体生活及军事管理的主要内容,并不冲突,而是相互为用。真正能够过着集体生活的人,才能够真正接受严格的军事管理;能够真正接受严格的军事管理的人,才能够惯于战时生活。反转来讲,能够接受严格的军事管理的人,才能够了解集体生活的真正意义;也只有能够了解集体生活的真正意义的人,才能够惯于战时生活。我们根据这个看法,所以本校的训练,把军事管理、集体生活与战时生活三者看得同等重要,并且把这三种东西看成一个统一体。诸位听过我这三次接连的讲话,对于这一点,想必大家已经明白了,现在留下的问题,只是要求大家切切实实地执行。

关于干部问题
——二十八年八月十二日对第一大队学生精神讲话

内容提要

一、在主观上要对政治的发展和动向有认识，在客观上一定存在有使这干部能顺利展开工作的时间和空间的条件，这样的干部才能决定一切。

二、行新政要用新人，而新人也只有在新政推行中才能培养出来。

三、干部的训练，除了教育训练的方法之外，主要的还要从工作中去训练。

四、干部的培养：

1. 爱护干部——指导他，督促他。
2. 善用干部——真正了解干部，发挥他的特长，不埋没干部。
3. 信任干部——了解干部，不起猜疑。
4. 组织干部——使工作上感情上有联系，推行政府的法令更有力量。

五、在学习上、工作上、生活上多多帮助、指导、领导干部，便是提拔干部。最理想的干部是从真正群众中产生出来的，我们要帮助他，培养他，提拔他。

各位同学：

上周本人因有要事，所以规定好的讲话时间未能按照规定的做，本来昨晚又轮到本人对大家说话，恰好又有事情进城一趟，这两周来有许多事，没机会对大家说，同时拟定好的题目，也只能在今天才有时间对大家说。现在，讲的是"干部问题"。我想把这个问题分成五节来讲。

一、干部决定一切

有这么一个口号："干部决定一切。"这口号在某一些情形之下是正确的，在某一些情形之下是不正确的，正同说历史是人造成的一样。人造历史不是凭脑子去造，是在某一种客观条件下，才能写成一部历史，这客观条件不具备，这种历史便写不出来。干部决定一切，这话也是一样，起码在我们的主观上有种种条件，起码在客观上也要有种种条件。主观上有什么条件呢？对政治的发展和动向，看得最清楚，以这个政治发展和动向，看出我们的前途。看清了这个政治动向，我们便可以走到光明的前途。只要有这样的一个政治路线，只要这路线是正确的，我们沿着这个路线走，便可以得到光明的前途。假使今日我们还是一样糊里糊涂，对抗战建国，对广西建设这个前途没有认识清楚，我们哪能够做到干部决定一切呢？恐怕我们不能决定一切，而一切已经先决定我们了！在主观上要对政治的发展和动向有认识，这样的干部才能谈得上决定一切。在客观上，一定存在有使这干部能顺利展开工作的时间和空间的条件，我们的干部才能决定一切。比如一个革命政党，不能把握和接近民众，不能在民众中起作用，取得他们信任，这个革命政党也是空的。如我们没有政治认识，不能接近民众，把握民众，就是有许多工作，交给我们这些干部来做，也是没有办法做的，所以干部决定一切，不是一句空洞的话，是有主观和客观上的许多条件的。

二、行新政用新人与干部的关系

白主任再三说：行新政必须用新人。行新政用新人与干部的训练很有关系，政府下了一个新的法令，不管这个法令怎样好法，也要有新人去执行，有"好人"才能执行"好法"，所以要行新政就要用新人。反之，要有"好法"才有"好人"，所以要用新人才能行新政，也只有在新政推行中，才能培养出新人才。所以我们对这句话不能只从一面来看，要把两面联系着来看：就是说行新政要用新人，而新人也只有在新政推行中才能培养出来。其中有许多错综复杂的关系，恐怕很多同学对这句话还没有了解，以为现在政府要行新政了，所以要用我们这些新人，我们是受过干部训练出来的，所以我们是新人。其实要做一个干部也是不容易的事情，他必须经过训练、培养、提拔三个阶段。大家都觉得"干"就是树上的树干，人家说有干材，意思是说他可以做栋梁。所谓干部是要能承上接下，要单独支持工作。假使没有它，上面有叶下面有根也没有用。再拿我们的政治来讲，上面是政府，下面是民众，要是没有这些干部在中间把他们连接起来，上下便形成脱节状态，就不能统一，政府的法令就不能直接下达民众。所以干部在政治的推行上，在政治的作用上都占有很重要的地位，不要把干部随便看。我们今天要做的干部，是真正能承上接下，负责到底的干部。

三、干部训练问题

普通人讲干部训练，以为是开干部训练班，开课请人演讲，实行小组讨论，训练几个月出去就是干部了。当然，我们不否认实行集体生活，请人演讲，也是训练干部的办法，但这办法只是一面。本人对本校的看法完全两样，各位受训已经四个多月了，还有两个月就要出去，我们的关系还只有六十几天。本人关于干部训练问题的看法，认为不只在学校这二百多天的训练，才算训练期间，将来各位出去工作也是训练时间。我们对干部的训练，除了教育训练的方法之外，主要的还是从工作中去训练。过去一般干部训练机关的缺点，主要的是把干部训练出去就不管了，但我们不这样，各位离校后的进修，也就是加油问题——比方在工作上遇到什么困难，发生了问题，需要解决和帮助的，学校还要尽量替你们解决。在训练期间，大家多少把过去许多坏习惯除去了，到结业那一天大家把行李一捆，你们认为已经得到解放了，可是我们的看法恰恰相反，有许多责任已加在你们的肩上。在学校的时候，你们是在学习时期，有什么困难不能解决的，有指导员可以帮助你们解决；到乡村去你们就不能说是来学习做乡村长，也没有指导员来替你们解决困难，什么都要自己想办法，这时你们的担负重了，要处理问题，不能说不负责任的话，因为你们说的每一句话，在民众身上都要起作用的。学校的责任并没有完结，相反地也是加重了。关于这一点我要特别提醒大家。

四、干部培养问题

在学校训练到出校后的训练，是从训练干部慢慢走到培养干部。一株树要长大，要开花结果，也要有空气、水分和肥料；因此干部的培养也要有许多条件：

一要爱护干部——这可以说是关于我们自己的，也可以说是关于你们自己的。在学校的时候，我们关心着你们的学习和进步，出校后也是要关心着你们的工作和进步,另一面还要指导你们,拿一根鞭子时常来督促鞭策你们,这叫做爱护干部。这些工作是关于我们自己的。反转来讲,你们到乡村去做基层工作时,不要以为你受过训练,有天大本事,一个人就可以干起来。你一个人也是挑不动的,自己还要培养干部,比方村里有些做事有条理,有热情,能吃苦,对你们有感情的青年,书读得少一点没关系,便可以把他变成你们的干部,这也是爱护干部。你要时时去指导他,要事事去督促他,这也叫做爱护干部。这些工作是关于你们自己的。

二要善用干部——没有一个敢说自己是全才,是十全十美一点缺点也没有的人。世界上也没有一个连一技之长都没有的人,各人多少总有一些特长。你们五百多名同学,各式各样的人都有,所谓"人上一百武艺俱全",连玩魔术的都有,但没有一个敢说自己样样都懂。如某人有什么特长,我们就去发挥他的特长,这叫做善用干部。我们要经常连接干部,对干部不了解,就没法子用得恰当,用得合理。假使你不去了解干部,就会埋没干部,葬送干部。你不去了解或了解得太公式化,一般化了,这也是不对的。要是我们过于单纯、过于公式化地去了解干部,一定许多人才要被埋没的;动不动就要问人家,是否合自己的尺寸,思想应那样,信仰又应那样,似乎还不知有许多干部独特的地方,是不在这些公式之内的。

三要信任干部——我们不能在用干部的时候起疑心,不能对干部猜疑。如主席认我是他的干部,他就不疑心我,把这个学校交给我办。我下面有三个主任,我也一样地信任他们,使他们能有力量去处理事情,假使我不信任他,使他连讲一句话都怕错,便不能放胆工作,就要使工作弄得一塌糊涂。信任干部不是盲目信赖,而是经常由了解干部走到信任干部,善用干部是信任干部的基础。

四要组织干部——我们不能让干部像散沙一样,我们要把他们加以组织。但我们的组织,不是为自己着想,想升官发财,而是为要使工作更有力量,是为着政府的法令在社会上能更有力地执行起来,所以我们需要组织。关于这问题,主席和本人都很看重。过去民团干校有同学会,本校是继承民团干校的传统,所以和民团干校不应分彼此,现在要把它和本校同学打成一片,改为干部学校同学会,交由本校来办理。关于怎样把民团干校同学和本校同学打成一片?想到的办法有几个:比方第十八期省府办的公务人员政治训练班,就有民团干校同学六七十位,现在都是在政府机关内做工作的,我已签呈主席,等他们受训完了,请他们来学校住一两天,彼此联络感情,使他们看看我们的学习情形,他们有许多工作经验,我们也可以向他们学习,他们有什么困难,我们也可以想方法替他们解决。每县干校同学会支会有干事3人,99县就有297位干事,12区民团指挥部也有26位干事,一共是333人,每一次抽三分之一,即111人,到本校来共同生活共同研究一个相当时期,不但可以获得情感上的联系,并且可以达到彼此进修的目的。

最后,本校又有一个巡回指导团,民政厅和本校也打算组织一个流动教育团,或者由学校派人,或由民厅与本校共同派人去巡回指导。我们现在所能想到的方法,正逐步在实行。

五、干部提拔问题

在学习上,在工作上,在生活上多多地帮助、指导、领导干部,这便是提拔干部,尤其是各位出去工作时,到民众中去工作,应想法把自己成为民众间的一分子,不要摆领导者的面孔,"我是干部,我要领导你",使民众逐渐离开你,不信任你。你们在村工作中,不要忘记真正能帮助你工作的,正是你周围的民众,最理想的干部,是从真正群众中产生出来的。将来各位在工作中,应多注意吸收干部来帮助你的工作,从民众间去吸收干部,只有这种干部才是最有力的干部。我们要吸收他,首先就要帮助他。不但要了解,还要培养,提拔他。今天在本校训练叫做训练干部,以后各位出去工作帮助人家也是训练干部。能够做到以上五点,才能做到考核、训练、培养以及提拔干部,才能使他在民众中地位提高,所谓"人望高水望低",这样一来有许多干部就不会被埋没,被摧残。如曾国藩对左宗棠、李鸿章都是这样,他能把他的干部的地位提高。要没有这些干部帮助,他自己是没有办法的。

我们无可否认的,在过去这些工作还没有做到,做到的只是训练干部工作。怎样培养干部,怎样提拔干部,这两件工作还没有好好做,而这三者是分不开的。但不能说还没有做到培养干部,提拔干部,就不训练干部。今天兄弟作这提示主要是要使大家理解到:

(1) 我们做一个干部不是呆板,不是一辈子都是乡村长。主要的靠自己的努力,靠政府和学校的培养和提拔,来加强你们的工作效能,来提高你们的工作地位。

(2) 今天学校是用那些方法训练你们，在你们毕业以后，大家还是学校的一分子，学校还要想许多方法来支持、帮助你们的工作。

(3) 我是一个干部，我到一个乡去当乡长是没有用的，所谓"孤掌难鸣"。将来你们到乡村去工作，应多注意教育、训练、培养、提拔干部，这是乡村工作的主要课题。

今天因时间关系，只对各位作一个提纲式的报告，希望大家把它作为工作手册来看。

青年思想与青年职业
——二十八年六月二十六日 总理纪念周报告

内容提要

一、青年人心地纯洁，感情丰富，主观重，理智易为感情支配，只见现实的黑暗面而不见光明的一面，只有消极的批判而少有积极的建议。

二、青年人懂得了一些基础理论，容易自满，不感到自己的浅薄，到了社会，不能具体运用书本的知识去解决问题，往往就对现实投降。

三、思想不系统化，不具体化，不了解客观环境，易于走到相反的道路。青年人思想要系统化，以思想支配行动。

四、离开实际客观问题，离开现实政治的思想，即能走到落空的一面。

五、对宇宙，对历史，对人生有具体的彻底的认识，思想才能系统化。

六、有可能性和现实性的思想，才是正确的思想。

七、了解社会、自然界的发展，注意客观现实的问题，是一切思想的基础，想问题要从一般、从本质去想，从整个方面及其发展中去看问题。

八、近代中国的教育一方面养成了一批敏感的知识青年，在革命史中表现伟大的力量，一方面却弄成学非所用，用非所学。

九、职业问题不是单独可以解决的，应该在打倒日本帝国主义，求得国家民族的自由独立才有方法可谈。

各位同事，各位同学：

今天是第十三次纪念周，我想继续第十次纪念周关于青年问题的报告再说几句话。这次报告，分为青年思想和青年职业两部分。如时间允许的话，就将两部分一道报告完，如不可能，只报告青年思想这一部分。

一、青年思想

关于青年思想问题，在白主任训话中已指示得很明白。白主任已说过的，以及各位在小组会上讨论的部分，这里不再重述，今天讲的是从别的方面看到的几点意见。

大家都知道，一般青年人，在心地上多是纯洁的，感情上多是热烈的。正因为如此，青年人才容易犯感情支配理智，容易用纯洁的主观的看法去看一切问题，这是青年人不能避免的。由于青年人的心地纯洁，感情丰富，所以他们对于社会现实每每抱着不满的见解，不满的看法，这即是说，他们只看到社会黑暗的腐败的一面。同时因为感情支配理智，主观地看一切问题，所以对社会光明进步的另一面则不大看得到。由于这个缘故，青年人的思想便没有老年人那样持重，而特别好动些，活泼些。由于青年人对社会的不满，所以每每只有消极的批评，指摘社会如何如何的不对，每每问题落到青年人的手里，即揭发其坏的一面，很少有青年人对于问题有积极的建议与具体办法的提供，这是青年思想上的一个大毛病。我们今天不重于消极的批判，重要的是在想具体办法去积极地克服黑暗与腐败的现实，这就是说，积极的建议重于消极的批判。

其次，青年人——尤其是知识青年，在学校在图书馆对于基础理论有了初步的了解，即像《红楼梦》中的刘姥姥进到大观园一样。刘姥姥进到大观园，看见这也奇怪，那也稀奇，后来出了大观园，对别人说：我今天在大观园看见的东西真是了不起，她简直变成了博士。但是刘姥姥感到一切都新奇，却没有感到自己的浅薄。一般青年人也是这样，在图书馆在学校或与朋友接触，懂得了一些基础理论，自以为很满足，一离开学校便像刘姥姥离开了大观园一样，目空一切，感到自己不知如何进步，如何了不起，好像经过了一个突变过程一样，这是青年人常犯的毛病。但是，仅仅是基础理论的了解是不够的，因为一到了社会，书本的知识不能具体地应用，只是抽象地了解是不能解决问题的。因此，青年人往往就容易对现实讲和，对现实投降，这是应该注意的。

第三，正因为初步了解是不够的，正因为思想不系统化，不具体化，所以青年人很容易走到相反的道路。如幼小时革命思想很浓厚，革命的要求比任何人都热烈，极左倾。但在中途遇到极大困难的问题不能解决时，这个青年人可以由最左走到最右，与从前判若两人。为什么青年人可以从极左走到极右呢？这就是因为思想不坚定，不系统化，没有了解客观环境，所以他可以走到相反的一端。因此，青年人要使思想系统化，要使思想坚定，要以思想支配行动，他的行动才能持久，而仅仅是初步理论的了解是不够的。

第四，知识青年的思想，每每离开实际客观问题，离开现实政治。对一切问题，只是从书本上去想，从周围去想，再也不能走远一步，不能将问题从现实去了解，所以离开现实的思想，即能走到落空的一面。要如何才能使思想系统化，一贯化呢？这就要：

第五，对宇宙、世界有一个正确的看法，对社会对历史有一个彻底的了解，对人生有一个彻头彻尾的认识，起码对这几方面有彻底的了解，我们的思想才能系统化，才可以靠得住。这即是说：只有对宇宙——自然发展史、对历史——人类发展史、对人生有具体了解，思想才能系统化。假如说对宇宙相信鬼神，对人生相信定命论、宿命论，这样的人有什么法子谈革命呢？又如今天说这，明天说那，对宇宙的看法是这样，对人生的看法是那样，这样的人便叫做莫名其妙。如此莫名其妙，不叫有思想，可说是空想、幻想。

第六，思想是有根据的，是客观的反映，它不但有可能性，而且有现实性。有可能性、现实性的思想，才是正确的思想。理想有可能性，但不一定有现实性，至于幻想空想，则既无可能性，又无现实性。例如坐在房子里希望战胜敌人，自己不努力而希望别人帮助，这当然不会有可能性，也不会有现实性。又如自己不努力学习，不努力看书而希望一旦豁然贯通，这都是空想幻想。今天我们谈的思想，便不是空想和幻想。

第七，想要有法子去想，不是胡思乱想。因为思想是客观的反映，所以首先要了解社会、自然界的发展，时时注意客观现实的问题，这是一切思想的基础。其次，问题要从一般去想，从本质上去想，不要从特殊方面去想，要从一般中去看特殊。同时，要从整个方面去看问题，不要孤立地看问题，这就是说，不要把问题放在海岛上，应摆在大陆上从多方面关联着去看。从问题发展中去看，不要静止地看问题，我们不能只看到今天而不看到明天。关于这些问题，不是今天在纪念周中三言两语可以说完的。

总之，只有有方法地去想问题，思想才能系统化，一方面我们要留心问题，一方面要加深理论研究，今天我们自己承认我们的思想还不够深刻，所以要告诉大家如何去思想。不过今天所说的思想问题只是一个提纲，给同学们自己研究时参考。

二、青年职业

一个人总要吃饭、穿衣，有些人还要养家活眷，所以职业问题是一个很严重的问题。

今天的教育——集合很多人在一起而成的学校教育，还只有四十年的历史。这四十年的历史中，就产生了好和坏两方面的效果。好的方面是养成了一批很敏感的知识青年在落后的国家中，在中国革命史上走在革命最前端，表现了最伟大的力量；坏的方面，新教育的结果就是学非所用用非所学，这在十多年当中就有人提出来了。因为中国的教育制度是从外国抄袭来的，但中国社会经济不同外国，中国见外国办工业大学，我们也办工业大学，见别人办农业大学，自己也办农业大学，但结果教育出来的工业专家、农业专家不会用机器，于是师范教育训练出来的学生是教书，工业大学、农业大学毕业的学生也是教书，这就叫做读书教育、教书教育，直到今天，这问题还未解决。

次殖民地国家受着帝国主义的束缚，我们的经济不能发展，政治不能独立，不能走上现代化国家的道路，新的教育也就不能有很好的效果。在今天，我们主要要指出这次殖民地的性质影响到职业问题的严重。尤其是日本帝国主义的侵略，使我们职业的范围愈缩愈小，再则由于世界经济恐慌的影响，使我们到外国去当苦力也不可能，所以职业问题不是单独地可以解决的。今天的职业问题应该在打倒日本帝国主义，实现国家民族的自由独立，才有方法可谈。

另外，我们今天是一面抗战一面建国，这里面就需要大批人员，所以今天一方面要打退敌人，职业问题才能解决；另一方面在建设新中国时，又不能不需要许多人才。我们并不怕无职业，怕的是我们没有能力担负建国的工作，这是千真万确的真理。

我们看职业问题不要单纯地看职业问题这四个字，要从各方面联系起来去看，尤其今天的广西，成了一个支援抗战主要的重心，我们为什么怕没有职业呢？我们只怕自己没有本领罢了。

国际新闻读法

杨东莼 著

一、引　言

　　报纸上记载的国际新闻，是最新开展着的世界历史事实，是国际生活进展过程中的记录。国际新闻不但是到了历史的现阶段才能丰富充实；并且在某种限度内，每日的国际新闻就是最详细的世界史的某一页。

　　国际生活的范围最广泛。自从世界史踏上了资本主义时代，特别是到了资本主义最后阶段的帝国主义时代，世界上各国间和各民族、殖民地半殖民地及少数民族间，产生了紧密而又纵横交错的各种关系。除经济关系之外，还有政治关系、文化关系、社会关系等等。这些关系在互相对立、互相联系和互相斗争的过程中，构成了整个的继续向前发展的国际生活。国际新闻就是这些生活，特别是国际政治生活的记录。

　　新闻是最新的消息，因此有人说：国际新闻就是报纸上发表的国际情形的最新消息。所谓消息，当然不一定是正确的事实。国际新闻经常是政治和主义宣传的工具，有时故意歪曲事实，甚至捏造事实；不过并不因此而抹杀了国际新闻能报告正确事实的意义。

　　我们阅读国际新闻的目的，首先是为着要认识这个世界的真面目。具体地说：第一，我们要明了国际的总形势和国际情势的诸特征。这是说，不仅要明了国际生活的总体，而且要找出在发展过程中的各个基本特点。第二，我们要了解国际关系的对立和斗争，找出国际情势变动的规律性和因果关系。把握着不断变动的现在，更由此而测定其未来的动向。第三，我们要明白各国间和各民族间的关系，了解它们在国际上的地位和对外的策略。

　　其次，我们的目的是为着要知道中国在国际的关系和国际上的地位。无疑的，今日的中国，已经和世界发生紧密的关系；国际上一切大小事变，无论直接或间接的都影响到中国来。别一方面，中国自身的变动也会波动到全世界。

中国自从"九一八"以后，遭逢着空前的灾难；我们的"友邦"正进行用军事的或其他的力量来征服我们。在这样严重的时候，如果我们对国际情势毫无所知，或者只是一些皮毛的认识，没有把握着问题的症结所在；例如《敌乎？友乎？》的著者，将敌人认作朋友，那真是荒天下之大唐；如果在"共存共荣"的友谊合作之下，中国不早就完了吗？因此我们读国际新闻的最主要目的，是在透彻地了解了国际情势以后，辨别友和敌，决定对友国或敌国的策略，将民族解放运动推上最合理的轨道。

最后，关于国际新闻的读法，我想分开两方面来讲：第一是我国报纸所载国际新闻的特殊性质；第二是国际新闻所载的国际政治消息。

二、各国通讯社的背景及其作用

大家都知道我国的新闻事业，比较欧美各国落后得多。报纸的规模很小，没有能力遣派驻外国的记者，甚至没有能力设立一个能够供给国际新闻的大规模的国际通讯社，例如国人所设的两个通讯社——华联社和世界新闻社，就因为规模太小，不能负起国际通讯的任务。我们每日所读的国际新闻，可以说完全是由外国的通讯社供给的；例如英国的路透社，法国的哈瓦斯社，日本的同盟社等等。

因为经济和时间的关系，外国通讯社所供给的新闻，通常是很短的；并且各国通讯社所代表的立场不同，因此发出的新闻有时也很矛盾。我国报纸碰到这种情形，只好将几个通讯社的不同的消息都登出来，让读者自己去理解。像这样没有系统的登载新闻，当然是一个大缺陷；不过读者从各个通讯社所发出的不同的消息中，能够看出它们政府间的关系。

本来通讯社的任务，只在正确地传播事实，不该发出歪曲事实的新闻；但事实上，任何国际通讯社都代表本国政府的立场，以宣传政策来操纵世界舆论，有时更捏造事实来达到某种政治目的，因此我们要注意到在中国几个主要的外国通讯社的立场。

1. 各种通讯社的背景

（1）路透社在我国的活动已有长久的历史。远在一二十年前就单独操纵我国报纸中国际新闻的供给，现在还占着最优势的地位。路透社虽然不是英国政府所设立的，但它跟英国政府很有联络，事实上是属于英政府的。它完全以英国的立场为自己的立场。在英国势力所到的地方，就有路透社活动的踪迹。现在路透社除伦敦的总社外，在世界七个中心都市（上海、孟买、开罗、新金山、开浦镇、纽约、哇太华）都设有分社。它的新闻传播政策采用分权制，即各支社可自行负责发出新闻，所以它的消息传达得最快而消息所包括的范围也最广。路透社怎样在中国报纸供给新闻呢？上海报纸的国际新闻是它直接供给的，其余各地均由中央社代发，用"中央社××（地名）×日路透电"的字样。即路透社的国际新闻译为中文后，交中央社代发到上海以外的中国各地。路透社的译文，中央社是不能更改的。

（2）哈瓦斯社在1931年末成立支社于上海，随后在北平、南京也设立分社。它是法国唯一的半官式通讯社。它除了每年受政府定额的补助金外，还受政府政治力量的帮助，维持着独占的地位。法政府特许哈瓦斯社有使用各省电线的权利。因此它的立场就是法国政府的立场。它支配新闻的范围，就是法国所直辖的统治地及法国政治经济势力所到的地方。目前哈瓦斯社在法国设有40余支社，在外国有20几个支社。它传播新闻的方法是采用集中制，即将采得的新闻集中于巴黎总社，然后发到需要新闻供给的地方。哈瓦斯社的国际新闻所包括的地域范围也很广，它在世界各大都会都有特派记者，发出的新闻也不少。路透社和中央社成立交换新闻的办法后，哈瓦斯社也仿照路透社办法，把上海以外的几处分社取消，新闻改由中央社代发。

（3）国民社原是中国外交部的半官式的通讯社。它和美国的合众社、德国的海洋社合作，将这两个通讯社的国际新闻用国民社的名义发出。合众社当然代表美国立场，新闻包括的范围主要是南北美洲和跟美国政治经济有关系的地方。海洋社是德国半官式的通讯社，所以它的立场就是德国的立场。新闻范围包括欧洲，特别是中欧各国。两个通讯社的新闻，在上海方面，完全由国民社代发。其余各地仍由它们自己发送新闻，因为除上海之外，国民社没有发稿的分社。

（4）塔斯社是苏联半官式通讯社，它专管理对外的新闻传播。自从加入国际新闻通讯社联合会后，在世界各大都市如纽约、伦敦、巴黎、柏林与上海等地都有支社的设立。它所供给的新闻主要是苏联的。其他资本主义国家的通讯社所不愿传播的苏联社会主义建设的新闻，多由塔斯社供给，极受中国报纸的欢迎。

（5）同盟社和电通社都是日本的通讯社。同盟社是最近成立的，据说该社组织的委员，多属日本各大报及广播协会的代表。日本新闻联合社亦已并入，而成为一个规模较大的日本半官式的通讯社。据最近消息，本年5月同盟、电通两社将实行合并。电通社虽然最初不是官办的，但事实上，电通社所发出的新闻，其宣传日本政策的态度，比同盟社和以前的日本新闻联合社（简称日联社）更为明显。

2. 通讯社的作用

所有外国通讯社，即使在平时发出的新闻，也多含有作用和带有宣传的性质。关于特殊问题，则巧妙地发出利于本国政策的消息；在非常时期，则更为本国政策所支配。原因是国际通讯社受本国政府的政治势力的拥护和经济上的援助，不得不负着为本国政府执行国际宣传的使命，而且给予本国外交政策一种有力的协助。通讯社发出的国际新闻的作用，通常以下列几种方式表现出来：

（1）发出的新闻都显出本国政府的立场。合众社是代表美国的政治立场的，例如今年2月合众社发出这样一段新闻：

> 檀香山24日国民电：萧伯纳今日于此受当地人士之欢迎。萧氏曾声称，美国应确守其对于苏俄之友谊关系，以防日本之威胁。但又谓，唯最近则绝不会有任何战争，盖我人过于怯懦也。

这不过是记载英国幽默文豪萧伯纳到檀香山的普通新闻，但可以看出美政府对苏、对日的立场。哈瓦斯社的新闻，最能显示法国与德国的相反立场。今年2月20日捷克京城哈瓦斯电：

> 警厅顷逮捕德国人15名，其中大部分系由该国移居此间者，曾在各处散布宣传小册，主张以暴力推翻捷克民治政体。此项小册流传颇广，尤以外国侨民所居区域为甚。

这是揭破国社党的党徒们在捷克活动的消息。海洋社是德国半官式的通讯社，当叙利亚反法运动高涨的时候，海洋社就发出"叙利亚的纠纷法政府应负其咎"的新闻。其次，反苏联的消息都由海洋社传出来。以"英帝国的立场为自己的立场"的路透社，不消说是代表英政府的了。塔斯社的新闻则经常报告苏联建设成功和各国革命势力发展的消息，而同盟社或电通社的新闻，则不外是"东亚安定势力"和"大陆政策"的宣传工具。

（2）为本国政策作宣传，或对于敌国的政策作反宣传。外国通讯社发出的新闻，固然不能断定完全含有宣传作用，不过外国人所选择的通讯，自然带有自己本位的色彩，甚至露骨地显出本国政府的立场；我们阅读这类新闻，在不知不觉间，已受外国的宣传。当上次世界大战的时候，英国路透社独占了世界海底电线的利用，一方面完全封锁德国的新闻，另一方面总动员对德国作宣传和反宣传。因通讯社的宣传威力，德国被认为和平的破坏者，协商国是为着自由和平法律而战。有人以为协商国获得胜利，宣传力量是主要原因之一。反宣传不一定根据事实，例如去年9月24日日联社传出新疆将宣告独立，成立苏维埃共和国和加入苏联的消息，9月26日塔斯社就发出辟谣的新闻：

　　……据莫斯科熟悉新疆情势者观察，此项消息绝无根据，且系无耻挑衅之谣言。彼等复以此类新疆脱离中国统治、加入苏联谣言，无疑由日本军阀造出，此等军阀在中国各省造成所谓独立国家，已成专家，彼等或将借此谣言，复向中国准备新举动云。

　　(3) 与本国的外交政策作密切的呼应。有人说过："在外交关系上，一个国家的通讯社的态度常是它的政策的晴雨表。"这是很正确的。例如关于特殊的外交问题，通讯社时常发出试探各方空气的新闻；有时也发出乐观的空气，使外交难关容易打破。因此可以从各个通讯社的态度，预先知道各国外交关系的转变。例如1934年法国拉拢苏联加入国际联盟，在当年9月国联开会通过苏联加入的决议之前，3月28日哈瓦斯社就放出这样的试探空气：

　　苏联加入国联会之说，甚嚣尘上。一般人预料苏联加入，使国联恢复均势，将为本年9月国联会十五届大会中之重大事件。自日本、德国陆续退出国联会之后，所遗行政院永远会员两缺，至今尚悬；苏联加入国联会必要求为行政院永远会员，此事如何解决，将成法理上重要问题。

三、从和平阵线与侵略阵线来读国际新闻

现阶段的国际关系明显地划分为两条阵线：一条是和平阵线，一条是侵略阵线。这不仅是研究国际问题的人们的主观的正确观点，而且事实上是客观地摆在我们眼前的。这是目前国际总形势的最鲜明的特点，我们要正确地把握住今日的国际情势，拿和平阵线与侵略阵线，作为阅读国际新闻的第一个出发点，似乎是很必要的。我想先将两条阵线解释明白，再拿具体事实做例证。

和平阵线是由四种不同的和平力量构成的。第一是苏联，它根据社会主义的精神，主张民族友善与世界大同，反对民族间的压迫或侵略，反对帝国主义的进攻；衷心地要求贯彻世界的永久和平，因此采取和平的外交政策。第二是弱小民族，谈不上侵略别人，他们反对帝国主义的侵略和压迫，再接再厉地进行民族的解放运动，其目的也不外是寻求真正的和平。第三是资本主义各国的被榨取的劳苦大众，他们不愿意替帝国主义去做战争的炮灰；他们需要以革命战争来消灭帝国主义的战争。第四是帝国主义国家，为着维持现状，为着镇压急进的帝国主义的捣乱，高唱所谓集体安全制度，采取所谓和平的外交政策。不论他们在主观上是为着维持帝国主义的地位，或为着真正的和平；不过在反对扰乱和平，要求国际的和平合作上，他们有着相同的目的；像这样的国家，弱小民族和全世界爱好和平的广大群众，就渐次结成一条和平阵线。

跟和平阵线站在最尖锐的对立地位的是侵略阵线。侵略阵线是由两种不同的要求联结起来的：第一是因社会主义和资本主义的根本对立，使帝国主义诸国结成一条反苏联的统一战线；第二是因为各国资本主义发展速度的不平衡，改变了帝国主义间的势力关系，他们不满意于维持现状，必然互相呼应来要求全世界殖民地的再分割。有这样要求的国家亦渐次团结

成一条侵略阵线。

这两条阵线的互相矛盾和斗争,以很鲜明的色彩出现于国际新闻,可以作为我们阅读国际新闻时的主要线索。读者如果注意一下,经常可以找出这两条阵线的斗争消息。和平阵线方面,以法苏为领导的中心:苏联与弱小国家、弱小民族及全世界爱好和平的人士,形成一个和平的集团;法国领导中欧各国,例如罗马尼亚、捷克、南斯拉夫等国,形成以维持现状为有利的凡尔赛集团;苏联加入国际联盟和《法苏协定》的签订,表示法苏两大集团已经团结成一条和平阵线。我们阅读国际新闻的时候,看到《法苏协定》批准的消息,或《苏捷协定》的消息,甚至《苏蒙互助协定》的消息;不用说,可以知道和平集团已陆续取得切实的合作。就是去年各种国际反法西斯反战争大会的新闻;今年南非和印度表示不参加帝国主义战争的消息;法国和西班牙人民阵线的胜利等等;都可以看出和平阵线的逐渐形成。最近的新闻,登载着如下的消息(1936年4月22日):

　　国民社22日纽约电:美国今日有中等以上400学校之学生,50余万人,罢课1小时,反对战争。据悉法、比、西班牙等处之学生,亦有参加此项表示者。

这无疑是可以看作和平力量的加强,因为,这是拥护和平的学生的活动成果呢!其次,我们要注意帝国主义参加和平阵线是极有限度的,举例来说,去年12月解决意阿问题的英法和平方案的提出,可见法帝国主义并不是真心爱护和平。不过从和平方案的被否决,究竟可以知道和平阵线的威力。

侵略阵线方面,以德意××三国为中心,波兰、匈牙利、保加利亚等国也站在一起。大家都知道,近年来××帝国主义侵略中国和意大利进攻阿比西尼亚的消息,占了国际新闻的最大篇幅,这是帝国主义者们重新分划世界殖民地的历史事实。德帝国主义要求殖民地的再分割的新闻,我们最近几乎经常可以读到。下面一段新闻,表示希特拉是怎样疯狂地要求殖民地和攻击和平主义者。

　　慕尼黑26日路透电:德元首希特拉今日对国社党大学学生六千人演说,谓欧洲国家有殖民海外之权。德国现已十分强固,无需国联援助,且无需条约或盟约,殖民地系以强权取得者。欧洲需要原料与殖民地,白种以其生活之豪迈观念,定为统治人物,但若统治国屈服于和平派之观念而允殖民地自治，则无异宣布不复需要欧洲云。

我们再举例来证明帝国主义侵略殖民地是站在同一阵线的。今年5月15日有这样一段消息：

> 哈瓦斯社15日罗马电：第二十届国际劳工大会，定于6月间在日内瓦开会，日本代表团闻当提出建议，主张将世界各国殖民地，重新加以分配。此间政府人士闻讯之后，至为注意。缘意国对于此种主张，素所赞同，其对于阿比西尼亚所由作战者，正所以尊重英法两国殖民地。现战事虽告终了，但意国对于殖民地问题之态度，并不因而有所变更；其对于日本代表团所可提出之建议，自亦极端表示同情云。

德国的进兵莱茵非武装区域和反对《法苏协定》，更明显地向和平阵线进攻。最近我们屡次从报纸上读到日德军事同盟的新闻，这消息说明东西两个好战巨头的勾结，已是进行很久的事实。其次，德国和波兰、匈牙利都是站在侵略阵线方面的。德、波、意、匈、奥五国合作的酝酿空气也曾经浓厚一时。我们可以说，侵略阵线的步伐已渐趋一致。英国究竟站在哪一条阵线呢？国际新闻的读者如果留意观察，可以知道以"狡猾"著名的英国外交，在外表上似乎站在两条阵线之外，但从对日妥协、纵容德国等事实看来，它实在是组织侵略阵线的一个帮忙者呢！

四、从帝国主义间的矛盾来读国际新闻

目前国际情势主要特征之一，就是帝国主义阵营里的矛盾和斗争的尖锐化；二次世界大战的爆发，不过是时日问题。报纸上关于帝国主义冲突的新闻登载得特别多；什么海军会议、军事同盟、经济裁制等等，花样多得很。此外，各国外交使节的来来往往，也忙得不亦乐乎。帝国主义间利害的冲突，外交的纠纷，实在是非常错综复杂的；因此我们阅读国际新闻必须了解帝国主义间的矛盾和斗争。

为什么意大利侵略阿比西尼亚会引起英意的冲突？为什么法德是死对头，而英美的合作始终是貌合神离呢？换句话说，为什么帝国主义间会发生矛盾和冲突，甚至爆发战争呢？要回答这问题，必先明白帝国主义的侵略性质。

帝国主义是最后阶段的资本主义，是独占的资本主义。在资本主义发展初期，以自由竞争为主要条件；自由竞争的结果，小资本家敌不过大资本家，中小的资本家都被吞并；生产和资本都集中到大资本家手里。生产和资本的集中以至扩大达到最高程度时，便产生了独占的组织；例如托拉斯、卡台尔、康策伍和新提加等等的少数独占组织，支配了全国甚至全世界的经济生活。独占由自由竞争产生，但没有排除竞争，只是从自由竞争变成更剧烈的独占竞争。独占的资本主义可以说是帝国主义的第一个，并且是最基本的特征。

帝国主义的第二个特征是：银行资本和产业资本互相融合，变成金融资本。在金融资本的基础上，一国的政治支配权都掌握在独占的金融资本家集团的手里，造成金融寡头政治。

在国民经济中形成独占的形势的时候，过量的资本积累所造成的资本过剩，使资本输出比商品输出更占重要的地位。资本输出的经常方式是：

政治经济的借款或直接在外国经营各种产业和开设银行。这是帝国主义的第三个特征。

第四个特征是国际上资本的独占组织,广大地发展起来,形成世界市场的分割。

由国际经济的独占进到领土的独占,于是全世界的领土被资本主义列强分割完尽。这是帝国主义的第五个特征。

经济的和政治的发展的不平衡性是资本主义发展的绝对法则;在帝国主义时期,资本主义诸国发展的不平衡性起了质的变化。后进的新兴的帝国主义国家的发展速度超过其他的先进国;以前形成的势力关系起了显著的变动。其结果,帝国主义各国的生产力的发展及资本的大小之间,和商品市场、原料市场、殖民地及势力范围的分配之间,形成莫大的不调和。但全世界已经分割完了,再没有自由的或尚未被人占有的领土;那么,为着新的市场,为着自己的扩张,必然要求世界的再分割。这就是帝国主义含有侵略性质的原因,也是帝国主义间会发生矛盾和斗争的原因。

帝国主义战争是解决世界再分割的唯一手段,1914—1918年的世界大战就是这样发生的。大战以后,因为社会主义国家的存在和殖民地工业相当发展的结果,根本缩小了资本主义发展的范围。1929—1932年的世界经济恐慌更促进了帝国主义间的矛盾,因此帝国主义间的冲突也就更加尖锐。实在目前的国际情势已步入第二次世界大战的前夜,帝国主义国家为着寻求新市场和要求殖民地的再分割,显得非常迫切。我们现在可以将几个帝国主义国家的矛盾和斗争,作一概括的叙述。

(1)英美争夺世界霸权。英美二大帝国主义的世界争霸战,是现阶段帝国主义阵营里的基本对立。在大战前,大英帝国是世界的霸主,殖民地遍布全世界;不论在商品输出上或在资本输出上,都占了全世界独占的地位;他以海上霸王的资格,用海军的力量统治了全世界。在大战后,美国经济势力的飞跃的发展,竟然超过英国;资本主义之王的美帝国主义公然要和大英帝国互争世界霸权。英美两帝国主义在拉丁美洲、在加拿大、在澳洲、在中国、在印度的斗争都非常激烈,并且美国显然是占着优势的。甚至在欧洲,美国的金元势力也压倒了英国;日本绘所阵平据1928年R. Kindersley的统计,估计英国在欧洲的投资和战债的总额只占美国在欧洲投资总额的1/10。当1934年1月15日美国总统罗斯福提出新的货币法

案,从1月16日起,将美元价值减低40%。同时我们在报纸上读到这样的消息:

> 国民社16日伦敦电:英内阁今日开常会时,将讨论美元减值所及于英国贸易之影响;并将设法杜防美货倾销于大不列颠帝国。闻英内阁如见美货源源输入,则将增加现行税率;或将以前无税之货收征新税,凡决定之办法将要各自治领合作,俾收实效。……

从上面一段新闻,可以知道美英的矛盾和斗争范围极其广泛而又尖锐。美元减值会刺激美国商品的输出,这当然会影响到遍布全世界的英国国际贸易;而且美货的倾销简直深入大不列颠帝国的内部。因此英国绅士不得不高筑关税壁垒来抵抗美国的进攻。

英美的经济矛盾也反映到海军军备的竞赛上。华盛顿会议的结果,英国忍痛承认美国海军的均等要求;但只限于主力舰和航空母舰。到了1927年夏日内瓦海军会议,关于补助舰的比率问题,英美固执己见,终于只有正式的决裂。会议的失败,使英美的冲突更加尖锐化;当时英美战争的空气,极为浓厚。1931年的伦敦海军会议,由于英国的一再让步,解决了两国补助舰的均等问题;而英国海上霸王的头衔,就从此取消了。去年日本撕破《华府公约》,今年在日本退出伦敦海会之后,英、美、法、意四国通过实质上允许造舰竞赛的《交换造舰情报协定》,当时因对日的关系,英美曾经有过暂时的合作;不过今后两国海军竞赛的趋势,一定更加剧烈,英国海上霸王的地位快要让给美国了。

(2) 日美争霸太平洋。太平洋的争霸战以中国领土的分割为主要的对象;因此有人说,太平洋问题是以中国的宰割为中心的问题。这就是说,谁能独占中国,即可以掌握太平洋的霸权。大家知道太平洋上有日、英、美的三角对立关系;但英美的矛盾,与其说是太平洋上的,毋宁说是整个世界的。其次,英日对立的关系,也因为英美的经济冲突超过英日的经济冲突,因此在政治上,英国对日采取妥协的态度。今年1月6日伦敦海军会议继续开会,10日报纸上载有如下的新闻:

> 巴黎10日哈瓦斯电:据《事业报》外交访员所知,英国海军界一部分人士,现主恢复英日同盟;以为美国既泥于孤立政策,未能顾问远东事件,则中日两国自可成立一般谅解。然则,英日同盟若能予以恢复,则英国在中国之利益得以保持,即大战以前英国在中国所处地

位亦得以回复云。

英日同盟的旧事重提,可见英国还希望联日抗美。争霸太平洋的主角是日美二大帝国主义,自从"九一八"××帝国主义占领东北四省以后,日美在太平洋的争霸可说是最厉害而最深刻的。这是帝国主义间最基本的矛盾之一。

美国侵略中国的政策是"门户开放"与"机会均等";所谓门户开放政策,就是排除英日在中国的特权,将中国转移到国际共管,使美国有侵略的机会。《九国公约》的签订就是门户开放政策的具体表现。美国这个政策与日本企图独吞中国的"大陆政策"刚好相反。例如去年11月,所谓华北自治运动非常紧张的时候,报纸上有这样的一条新闻:

> 国民社华盛顿29日电:美国对于"华北自治运动",非常关心,本日国务院发表谈话云:美国政府对于"华北自治运动",虽非常关心,然至今日止,尚无如英国质问日本政府之事。今后究将如何,未能明言。美国政府将视中国政府本身对此事之反响如何,然后决定采取适当之行动。惟依据《九国公约》之原则,美国当然反对此种企图云。"

日美的矛盾也反映到海军会议上,日本已经宣布废止《华府海约》,今年1月更正式退出伦敦海缩会议。这次日美在海军问题上的冲突,可以下面的新闻为例:

> 华盛顿12日国民电:此间官场方面今日对于伦敦会议甚为悲观,又视为无法挽回;惟以失败之责,似应由日本负之,美国独觉差堪告慰……五年以来,日本恃现有之海军力量,已能在亚洲为所欲为;则美国之不能允许日本增加海军,已彰彰甚明。现在美国人民皆不知日本何以再需更大之海军。日本虽建议作实际上之减缩。然其平等要求,实为比较实力之增加,故仍难祛世人之疑虑。且菲列宾群岛即将独立,现在日本与菲岛之经济关系,已日益增加,故益使美国人民深感不安。……海军专家今日声称:伦敦会议失败之后,海军方面要求拨款,在阿留申群岛设防,及在夏威夷群岛或菲列宾群岛增加防务之运动,将更有力。

(3) 英意的地中海争霸战。意大利是地中海的唯一强国。自从墨索里尼领了一群黑衫党徒进军罗马,而且建立了法西斯政权后,产业积极发展的结果,使意大利有向外侵略的必要。意大利是资源贫乏的国家,国内缺乏煤和铁,所以市场和原料的要求更显得迫切。1934年3月意、匈、奥三国协定的签订,不仅是黑衫首相树立中欧霸权的基础,而且意大利在匈奥的经济势力也获得显著的发展。意大利自从获得东非的索马里兰和以利特里亚以后,即企图统治阿比西尼亚。去年1月法意《罗马协定》的缔结,一方面缓和了法意间地中海的冲突;另一方面更助长了墨索里尼侵阿的野心。去年10月意阿战争便正式开始爆发。

意阿冲突必然发展为英意的冲突。大英帝国是一个世界的帝国,也是最易受创伤的帝国。大英帝国的范围包括大陆与海洋,它的重心在印度;自英伦经直布罗陀海峡到地中海,再经苏伊士运河,穿过红海直到印度洋的海上交通线,是英帝国的生命线。意大利侵占阿国必然危害到英国的生命线,这是英意冲突的第一个主要原因。其次,埃及和苏丹供给英国以棉花,而灌溉埃及、苏丹棉田的尼罗河,其水源来自蓝尼罗河,蓝尼罗河的水源在阿国境内的查那湖。意大利占领阿国就曾妨碍到英国的利益,这是英意冲突的第二个主要原因。此外,意大利吞并阿国也威胁到埃及和巴力斯坦,这是英国所不能容忍的。现在意大利已正式吞并阿国,因此英意间的矛盾更不容易解决。

近年来报纸上关于英意冲突的新闻,登载得很多!国联判意为侵略国,国联对意的经济制裁等等,都是英国从中策动的。当去年10月意阿战争爆发之后,英意的矛盾,差不多发展到武装冲突的地步,现在我将三个不同的通讯社的新闻都抄录在下面:

哈瓦斯社伦敦17日电:今晚此间外交情势,极为混沌,因此间盛传英国驻意大使德鲁蒙向内阁报告。谓意相墨索里尼知英国已准备一切,必欲使意国屈服,撤退其在阿国之军队。故现已决定先发制人,立与英国开始武装冲突云。此项消息,殊足骇人听闻,因其性质十分严重,官方自不至加以证实;然有足注意者,则官方对于此说,竟亦不愿加以否认。……

电通社纽约17日电:以地中海为主要战斗之意英开战危机自意军开始侵入阿境以来,至于本日益重大化。英舰拒绝退出地中海已为不可掩之事实,英之拒绝,据一般推测,即英舰在地中海之"行动准备"。……

华联社东京19日电:意大利海军现团团将潘托拉里岛包围,倘英意战事爆发，意舰即拟横断地中海，截断英舰队东西之连络云。

（4）德法的冲突。因为德意二大帝国主义的抬头，英法争霸欧洲大陆的矛盾早已降到次要的地位了。德法冲突，本来是长久以来的事；不过自希特拉在德国建立了法西斯政权以后，德法的关系更成为欧洲政局的中心。希特拉对外有二个重要政策，一是废除《凡尔赛和约》的束缚，二是要求殖民地的再分割。《凡尔赛和约》所给德国的损失和束缚是很大的：亚尔萨斯和罗仑归还法国，西普鲁士二省的大部土地和波森割给波兰，一切殖民地完全放弃，莱茵东岸辟为不设防区域；其次，财政经济的限制和巨大的赔款都压得德国透不过气来；此外还限制德国的军备，陆军不得超过十万人，飞机潜水艇都一概禁绝。因此修改《凡尔赛和约》是德国一贯的外交政策。希特拉夺得政权后，修改和约的形势更加激烈；原因是：德帝国主义已经复活，在军火大王克鲁伯和钢铁大王蒂森等指导之下，德国需要殖民地了。1935年3月希特拉违反《凡尔赛和约》的规定，正式宣告恢复军备；这样就跟法国发生正面的冲突。

法国是《凡尔赛和约》的拥护者，它从条约中得到的利益是很大的，所以主张维持现状。法国为着削弱德国的势力，使各国保障自己的安全，喊出"安全保障"的口号；同时跟罗马尼亚、捷克、南斯拉夫和比利时等国保持着军事同盟的关系，造成对德的包围战线。在这样的情形之下，法德的矛盾是永远不会消失的。

法德冲突的国际新闻也是经常可以读到的，下面一则新闻是表示反对《凡尔赛和约》破坏德国经济生活的（今年3月1日）：

> 德国莱浦齐1日哈瓦斯电：此间春季市集，今日开幕，由宣传部长郭培尔主持典礼，并发表演说。略谓：《凡尔赛和约》者剥夺德国原料品之来源，攫取德国所囤积之资本金，实足以毁坏德国之经济生活。彼在凡尔赛和会谈判者，心目中无不抱有此宗旨，即德国日以贫弱，其他国家，即日以繁荣是也。……

今年3月7日德国进兵莱茵不设防区域，引起法德间的严重冲突，抄录在下面的两条新闻，就是一个好例子：

> 科仑7日国民电：德国军队今日已重返莱茵河区，十七年来德国受《凡尔赛和约》之束缚，迄今乃一旦摆脱。今日傍晚开入莱茵地者有步兵十九营、炮兵二十三分队，总计约二万五千人。……

> 巴黎7日国民社电：法国决心拒绝莱茵地之重整军备，并要求《罗加诺条约》其他签字国家，作军事上之援助，今日已经外部发言人证实。……该发言人谓：法国已决意反对莱茵河区之重新驻兵，因此事之背景，为德国准备以帝国主义之行动，对付中欧及东欧。法国不信希特拉所主张之新约，系出于诚意，因希氏废弃彼所不喜之条约过于轻易。

前面已将帝国主义间的几个主要的矛盾，简略地加以叙述，不过国际新闻的读者应该注意这一点：帝国主义间的关系是非常微妙而又复杂的，而且资本主义发展的不平衡，经常改变帝国主义间的势力关系。例如英法在欧洲的矛盾——欧洲霸权的争夺，会因意德两帝国主义的抬头，而有合作的倾向。法意的矛盾也因德国的威胁，使法国对意大利让步，而法意在地中海以至在中欧的冲突有暂时妥协的可能。又如英日间的矛盾，会因英美的对立而暂时缓和。因此我们可以得到这样的结论，帝国主义间的关系可以暂时妥协，但是永远对立。

五、从帝国主义进攻苏联来读国际新闻

现在不是一个世界，而是两个世界，远在1917年11月间就有1/6的世界从资本主义世界分裂出来。苏联的产生是国际关系转变的枢纽，国际最基本的矛盾，已是资本主义体系和社会主义体系的矛盾，一切资本主义的矛盾都集中在这两个体系的矛盾上。自从1929年世界经济恐慌以后，苏联社会主义建设的胜利，更反映出资本主义世界的没落，使这两个世界的矛盾越发尖锐起来。帝国主义进攻苏联的消息，苏联和平外交胜利的消息，都不断地从报纸上传出来。

帝国主义进攻苏联的原因，至少我们可以指出以下五点：第一，苏联首先获得社会革命的胜利，为世界革命的前途，奠下了一块巩固的基石；第二，苏联本身飞跃的发展，使资本主义国家的经济危机和革命危机日益加深；第三，苏联革命的胜利，增加了殖民地半殖民地反帝运动的力量和勇气；第四，苏联有广大的市场和丰富的资源，为帝国主义垂涎的目的物；第五，苏联是世界和平的殿堂，竖起反战反法西斯的大旗，获得全世界爱好和平的人们的同情与拥护；同时也引起帝国主义强盗们的顾忌与愤怒。上面五个原因，特别是第一、第二和第三三个原因可说是根本动摇了帝国主义的基础的，所以帝国主义者们要联合起来，组织反苏战线，而向苏联进攻了。

帝国主义向苏联进攻可以划分为四个时期：第一是直接武装干涉时期，那时大战刚刚终止，帝国主义国家如英、美、法、日等国，援助白俄，实行共同武力干涉。1918年到1919年就是这个时期。第二从1919年起，一直到1921年止，为经济封锁时期。第三从1923年到1932年，为外交围攻时期。例如1925年罗加诺会议，就是英国领导的反苏统一战线。第四是二次武装干涉的准备时期，从希特拉夺得政权起，一直到现在为止。

帝国主义进攻苏联的消息，可以日德军事同盟的新闻，作为很好的例子。1934年10月6日上海《申报》载有如下的消息：

> 中联社：法国哈瓦斯社前发表巴黎各报所传日德同盟消息，惟其电文简单，无由测知其内容。据大阪《每日新闻》巴黎特派员专电，巴黎各大报所载《日德同盟密约》内容全文如后：
>
> 日本对苏外交失败后，进行联德计划，由日要人德川公爵、前陆相荒木及今夏访问德陆海军当局之松下中将进行日德秘密同盟，8月密约成立，内容要点：一、德国承认日本在贝凯湖以东西伯利亚一带之特殊利益；二、日本承认德国在乌黑兰一带之殖民地计划；三、两国约定政治上军事上互相援助；四、该约期限为五年。……

1935年12月28日哈瓦斯柏林电传：法国《人道报》载有日德商订军事协定的消息。同年同月30日塔斯社也发出如下的消息：

> 塔斯社莫斯科30日电：伦敦电讯，称伦敦政界对于日德在柏林谈判缔结军事互助协定一节，仍极注意。谈判详情逐渐暴露，此番日德共有二约，一为军事密约，一为对付共产国际之公开协定。……

今年1月5日美联社也发出日德军事同盟的新闻：

> 伦敦5日国民电：据极可靠之英国某非官场方面今日向美联社称：德日两国于四个月前，已草签军事联盟之秘密协定一件，其最主要之目标为对付苏联。惟此项报告未能证实，且经若干方面否认。按类此之消息，已流传二年之久。上述之某非官场方面谓，此项协定本可公布，惟因日德两国共同反对共产活动之外，尚有秘密条款一项，其中有对于苏联攻击任何一国两国实行军事合作之详细办法云。据称此项条约计十六款。……

此外，××帝国主义几年来不断地向苏联越境挑战的新闻，希特拉主张反苏的新闻，实在太多，这里用不着举例了。

日德军事同盟的进行已成为公开的秘密，日本和德国自然是反苏战争的急先锋了；不过反苏战线的策动者和真正的组织者还是老谋深算的英国绅士。我们无论从英国的对日妥协，或英国援助德国恢复军备，缔结英德海军协定，抑制法国的霸权等等，都可以看出来。然而英国绅士的计划，因为日德的过分要求和意大利在地中海的威胁，受了不少的打击；因此英国绅士的反苏阴谋，究竟还要等待一下了。

苏联怎样拆散帝国主义的包围战线呢？苏联一向都采取和平的外交政策，就是在击破了帝国主义的直接武装进攻之后，还是一贯的运用和平外交的手腕，来跟帝国主义者周旋。社会主义与资本主义世界根本上尽管不同而且对立，但帝国主义国家不能不和苏联发生经济关系。在和平外交活动之下，各国都先后承认苏联政府，恢复正常的经济关系。在政治上，苏联多边不侵略条约的解围运动，拆散了帝国主义的包围战线。土耳其、阿富汗、立陶宛、波斯、芬兰、爱沙尼亚、波兰和意大利等国都先后和苏联缔结互不侵略及中立条约。由于第一、第二次五年计划的继续成功，苏联本身的经济政治国防也日益强大和巩固，这样就加强了和平外交的主观力量。更因帝国主义势力关系的变动和矛盾的尖锐化，有些国家要借重苏联的力量来维持现状，使苏联在国际的地位越发提高了。

1934年苏联加入国际联盟，是法国要借重它的结果。近年来，苏联的和平外交已经获得巨大的胜利；《苏捷协定》、《法苏协定》的缔结，可说是苏联外交史上极大的成功。今年3月间法国因德国进兵莱茵不设防区域，受了莫大的威胁，已迅速地将《法苏协定》加以批准。当时我们在报纸上读到这样的一则新闻：

> 莫斯科15日路透电：法参院之通过《法苏互助协定》，苏联各报皆为欢悦，称之为集体安全链之又一连环。《伊斯维斯蒂亚报》认此为苏联政府之大手笔，并警告德国，法苏两国虽遭种种阴谋，已决议保卫和平云。《真理报》谓该协定完全为和平起见，非志在抵抗任何国云。

此外，苏联和东欧各小国的外交关系，可以下面二条新闻为例：

> 莫斯科5日国民电：苏联与爱沙尼亚、拉脱维亚及立陶宛三国，决定将前订之不侵略条约延期十年之新约，业已于星期三日经苏联外交委员长李维诺夫及三国公使，在此间共同签字。此约之有效期间延至1945年止。（1934年1月5日）
>
> ……
>
> 莫斯科7日塔斯电：苏联与芬兰所订互不侵略及和平解决争端之公约，决予展期至1945年年底。此项文书今日于此间签字。

苏联的和平外交，虽然获得很大的胜利；但社会主义和资本主义的矛盾如果仍然存在的话，帝国主义进攻苏联是不会停止的。反苏战线的发展和构成这个战线的分子的变动,是依据下列三个要素的强度和现实性来决定的:第一,苏联社会主义建设的进展与和平外交的运用;第二,帝国主义间的矛盾及其势力关系的变动;第三,资本主义国家及殖民地半殖民地的经济危机和政治危机的强弱。要从帝国主义进攻苏联来读国际新闻,应该注意上述三点,不能机械地断定,而应该灵活地去运用;不过两个体系的冲突终于要爆发是毫无疑义的。

六、从弱小民族的解放运动来读国际新闻

帝国主义对于弱小民族反抗自己的消息，是极不愿意传播出来的；不过有时也因为掩蔽不了自己的丑恶，或者为着造成一种欺骗的国际宣传，不能不把歪曲了事实的真相传播出来。此外，也因为有些帝国主义，为着某种政治上的目的，将另一个帝国主义压迫下的弱小民族叛乱的消息，如实地传播出来。因此我们也有从我们报纸上读到这些新闻的机会。

帝国主义的民族政策，可以分开两方面来讲：第一是对外的民族政策。帝国主义为着要掠夺殖民地，他们就借口低劣民族应该受优秀民族的统治；因而主张什么大斯拉夫主义、大土耳其主义、大日耳曼主义、门罗主义以及我们"友邦"的大亚细亚主义来实行他们的侵略。其次，帝国主义为了镇压殖民地的解放运动，经常地挑拨殖民地各种民族间的憎恨，使弱小民族自相残杀，自己好从中取利。今年4月间，在英国统治下的巴力斯坦的犹太人和阿拉伯人的冲突，便是一例：

  耶路撒冷19日国民电：数日来犹太人与阿拉伯人之感情冲突，今日已在乍法及台拉维夫二处爆发，成为极猛烈之暴动。警察不得不连次开枪，始得恢复秩序。当时击毙犹太人七名，阿拉伯人二名。……

  耶路撒冷24日哈瓦斯电：阿拉伯人与犹太人发生冲突之后，阿拉伯回教领袖即回教委员会主席法克莱，顷向本社访员发表谈话称：我辈与犹太人，自两世纪以来，相安于巴力斯坦，素能保持良好关系。迨英国政府委任斯特拉斯为巴力斯坦卫戍司令之后，该司令径自组织犹太民族生息地，并不征询人民意见，阿拉伯与犹太两民族，即因之而发生恶感。……

第二是对内的民族政策。帝国主义不仅利用民族意识来榨取同一民族的劳苦大众，而且对于国内的少数民族也特别加以压迫，因此惹起严重的

少数民族问题。

由上述，可知弱小民族的解放有二个最重要的问题，即少数民族问题和殖民地半殖民地的民族解放问题。

(1) 少数民族的解放运动。现在的民族国家是资本主义时代的产物。产业革命的结果，资产阶级握得政权，这造成了现代的民主政治。同时因交通和产业的发达，要求打破封建的地域的区分，更造成政治统一的民族独立国家。不过由单个民族组成的资本主义国家，只存在于资本主义最发达的领域，例如英、法、意、德等国是。其他诸国，特别是战后新兴诸国，并不是依照民族的分野来组成的，波兰、捷克、南斯拉夫等国都包括两个以上的民族。如波兰境内有乌克兰人、俄罗斯人、犹太人与日耳曼人；捷克境内有日耳曼人、乌克兰人与马其亚人；匈牙利境内有日耳曼人与斯拉夫人。

在一个国家里，民族间的信仰、言语和文字都不相同，而且强大的民族更能统治国内的少数民族。尽管有些国家曾经签订保护国内少数民族的国际条约，但被压迫的少数民族还是丝毫没有获得政治上和经济上的平等权利。由此可知，少数民族问题发生的原因，不外是资产阶级为着自己的利益，所以压迫少数民族，而且压迫同一民族里的不同阶层。少数民族的解放问题，只有消除民族间的成见，共同推倒他们的同一统治者，才能获得最后的解决。1934年10月9日曾经有过这样的一段国际新闻：

> 马赛9日路透社电：南斯拉夫国王亚历山大与法外长巴尔都，今日下午被一克罗特人暗杀殒命，按南王欧战后，第一次正式来游法国，乃抵此不数分钟即遭杀，外交界大为震动。南王遇害时为今日下午4时10分。南王与法外长巴尔都同乘汽车而行，当车抵交易所时，突有克罗特人名卞理门者，由人丛中突出，跃登汽车遮泥板，出手枪，隔窗向车中人射击。南王被击中三弹，顿时晕倒，血从口出，胸部亦鲜血直冒，巴尔都则腹部及左臂受弹。凶犯行刺后，即以枪对口拟自杀，但警察阻之，正拟拘入警署，乃数分钟后，凶手为狂怒之群众所夺获。当场击毙之。

这是曾经轰动全世界的马赛惨案。原来，南斯拉夫是由五个主要民族组成的，即塞尔维亚人 (Serbs)、克罗特人 (Croats)、斯洛文尼人 (Slovenes)、日耳曼人和匈牙利人。克罗特人不甘忍受塞尔维亚人的统治，所以演出这一幕少数民族要求解放的惨剧。民族解放运动当然不能由个人的恐怖行动而获得胜利，但从这一则新闻，可以知道弱小民族反抗压迫的迫切。

（2）殖民地半殖民地的民族解放运动。没有殖民地就不成其为帝国主义，殖民地是帝国主义的商品市场，原料供给地和投资地。此外，帝国主义还可以在殖民地作经济外的剥削和榨取；而殖民地在军事上和战略上，对于帝国主义也有极重要的意义。在资本主义发展的整个过程中，帝国主义各国为着获得和扩大殖民地而斗争，可以说是从来没有停止过。远在资本的原始积蓄时期，他们已经残忍地掠夺殖民地了；但在帝国主义阶段，全世界都被帝国主义分割完了。全世界人口约有176 000万人，而殖民地半殖民地以及从属国的人口占了70%，即120 000万人，都在帝国主义铁蹄践踏之下，过着非人的生活。

帝国主义要达到上述目的，必然跟殖民地半殖民地的封建势力互相勾结，共同来压迫他们的奴隶。

在欧战期间，殖民地半殖民地的民族资本主义有了相当的发展，民族意识渐次浓厚；他们不甘忍受帝国主义在战后的加紧剥削及压迫，都相继奋起，作反帝国主义的斗争。当时各殖民地的民族解放运动的浪潮，曾经震撼了整个世界。

1929—1932年世界经济恐慌的普遍和深入，使垂死的帝国主义不得不加紧对殖民地的榨取、侵略与屠杀。新兴的和复活的帝国主义，在法西斯的独裁之下，更疯狂地要求殖民地的再分割；而且正在进行着再分割。这样自然促进了弱小民族的反抗。近年来，民族解放的运动普遍地蔓延到全世界：拉丁美洲各小国、埃及、叙利亚、巴力斯坦、摩洛哥、南非、印度、菲列宾、荷属东印度、安南、朝鲜等地都有反帝运动的消息。最近阿比西尼亚的反帝自卫战争给全世界弱小民族以巨大的刺激，而被宰割中的中国也发出愤怒的吼声。

民族解放的主要任务是反对封建势力和反对帝国主义的压迫；因为殖民地的奴隶们，不仅受国内地主和有产者群的剥削，而且受帝国主义的剥削。在民族革命的发展过程中，殖民地的有产者群的革命情绪是有限度的。当革命发展到威胁他们的剥削基础的时候，民族资本的进步作用就告终结。他们便中途叛变，投降国内的封建势力和帝国主义，要彻底地完成民族的解放，必须以广大的劳苦大众为主力，联合世界弱小民族和帝国主义家里的被压迫群众，向帝国主义进攻，同时也要向民族解放的叛徒进攻。

今年2月间，法国委任统治地叙利亚的民族解放运动消息，可以从下面的新闻看出来：

>10日耶路撒冷国民电：经过三星期沸腾之纠纷流血总罢工等等，使国内经济状况为之呆滞不动。但此种纠纷现仍有加无已，全叙利亚之反法风潮日趋险恶，戒严令之宣布，亦指愿间事。叙利亚国会议长今日致电国联及法外部，抗议当局在坎斯及哈玛两地用高压手段，致酿成流血案件。伊拉克国会议员五十人联名，致抗议书于国联委任统治官，谓叙利亚现在一切纠纷，法国政府应负其咎。此种形势，使英国亦感非常忧虑。因此种土人民族运动及外朱尔丹尼亚等地阿拉伯人对之十分表示同情，而图谋组织泛阿拉伯国。

关于印度民族解放运动的消息，今年4月也有两段新闻：

>勒克诺12日路透电：全印大会今日举行全体大会时，会长尼赫鲁致词，指印度新宪法乃奴隶式新宪章，志在巩固英帝国统治权的束缚。劝令全印大会同人，利用新宪法以夺取立法权，并利用此立法权以作进行其经济程序而造成政治僵局之根据。昨日大会事务委员会决定暂不议决大会会员可否在新宪法下接受官职，故会长之词，兴趣大减。将闭会时，大会之社会主义派提出动议，主张大会会员不得担负责任，并采行可破坏新宪法之计划，但此建议为44对23票所打消。前会长甘地亦参加此次会议。查印度新宪法去夏为英国会通过，许印度35 000万人民享有自治权，中央与各省各组织政府，其阁员对立法院负责，与英国阁员对国会负责同。国防外交与宗教由总督主持，至于其他事件，凡不碍及维持公安及保障少数民族利益与财政安定之特殊责任者，总督与省长将照阁员之主张办理。……

>勒克诺13日路透电：全印大会之全体大会今日通过议案，反对印度之参加任何帝国主义的战争。表示对于阿国抵抗意国之同情，并诋责国联强国在意阿战争中之政策。今日大会甫开会，即有某派印度教徒多人冲入会场，对于大会之干涉宗教事件提出抵抗，主席尼赫鲁在示威者退散以前，不得不暂时退席。

对于上面引用的两段冗长的新闻，值得我们注意的有数点：第一，从什么"会长之词，兴趣大减"与主席"不得不暂时退席"等字眼，可知路透社的英国政府背景。第二，印度民族解放运动已经走上更正确的路。第三，"国防外交与宗教由总督主持"的新宪法，允许印人以小部分的自治权的原因，不外是英国缓和印度革命势力的发展。第四，因大战期间，印人曾受很大的牺牲，而英国允许印度在战后独立的诺言，始终是一种骗局，现在战争危机日益迫切，所以有再不参加任何帝国主义战争的决议。

关于各殖民地民族解放运动的消息，报纸上时有登载，这里不再一一举例了。

七、从各国法西斯与左翼的斗争来读国际新闻

最近法西斯的运动，已经弥漫于全世界了。这是革命与战争时代的产物；也是大战以后，独占金融资本主义发展的特征；因为金融资本与政治的融合，已经公开地采取独裁的反动统治了。当资本主义发展到极度，而内部的基本矛盾——生产的社会性和私人占有形式间的矛盾快要达到爆裂的时候，换句话说，当颓废的垂死的资本主义行将崩溃的时，议会政治已经没有能力镇压革命势力，一天天高涨的革命势力已经动摇了资本主义社会的基础。在这时候，在金融的寡头们看来，一个暴力的恐怖的法西斯独裁，自然是很必要的了。

现在除一般人所熟知的意德两大法西斯国家以外，法西斯的势力已是弥漫于整个资本主义世界了。在欧洲方面，南斯拉夫、波兰及奥地利都是独裁的国家。最近奥国的法西斯领袖斯带伦堡失势，继起的许士尼格就做了奥地利的唯一独裁者。法国的法西斯也有很大的势力。法国行动党（L'Action Francaise）、爱国青年、法国团结党（La Solidarite Francaise）和火十字团等等都是法西斯的组织，其中最有力的是火十字团，首领为罗克大佐（Rocque）。以摩斯莱为首领的不列颠法西斯同盟，是英国的法西斯团体，带有军事性质的黑衫团是这个团体的姊妹组织。英国的国民内阁是有充分的法西斯倾向的，反对鲍尔温的妥协而主张强硬政策的右派保守党员，自然带着浓厚的法西斯色彩，就是所谓青年的保守党员也有法西斯的倾向。

美国也有很多法西斯组织，什么美国蓝色团、灰衫团，什么银衫党、一七七六主义团等等都是这一类的团体，其中最大的是"经济解放十字军骑士党"，据说党员有200万人。实在罗斯福政府可以说是准法

西斯的政府呢！被最高法院判为违法的"新政"就含有法西斯的意味。日本的法西斯势力也很大，有名的"二·二六"政变就是法西斯企图夺取政权的结果。事实上，政变以后的日本政府，已经完全法西斯化了。

法西斯的运动与资产阶级独裁为什么采取不同的形态呢？像上面所说的，有些是准法西斯的政府，有些是法西斯化的政府，有些是货真价实的法西斯国家。为什么有这样的不同呢？因为各国在历史上、社会上和经济上都不相同。其次，各民族的特性和各国在国际的地位也有很大的差异。最后，各国左翼各党派能否联合起来，跟法西斯斗争，那更是一个决定的原因。

法西斯运动开始时，用欺骗的手段和动听的口号去诱惑一般在没落过程中的小资产阶级，拉拢他们参加法西斯运动。法西斯在对内方面，反对议会政治，实行暴力的独裁统治；用暴力的恐怖的行动，摧残革命势力和压迫其他的政敌。攻击自由主义者，摧残异族，蔑视个人权利，主张建立强有力的国家。盲目的古代崇拜，国粹与"国渣"的发扬光大，狭隘爱国主义的提倡等等，这一切，都是法西斯拿来压迫国内一般群众的法宝。在对外政策方面，主张组织反苏联的十字军；压迫弱小民族；加紧侵略殖民地；要求世界的再分割；公开地提倡战争，例如希特拉说："在永久的战争中，人类已变成伟大了；而在永久的和平中，人类却要毁灭了。"墨索里尼也说："唯有战争能使一切人类的努力激发到最高点。"甚至鲍尔温首相也这样说："战争是最老的人类天性。"由此可知法西斯的战争狂热了。

在这样的情形之下，法西斯给一般群众，特别是劳苦大众的威胁实在太大了。他们为着维护那仅有的民主自由，为着避免战争的危险，为着社会革命的前途，都一致起来，支持和要求左翼各党派组织反法西斯的统一战线，于是各国法西斯和左翼的政治斗争便日趋激烈。法国和西班牙的著名的"人民阵线"，便是这种组织。左翼各党派的政治主张，当然有很大的分歧；但他们却有一个共同点，那就是法西斯的威胁，在反对法西斯这一点上，他们就有统一的可能，这也是统一战线能够成立的一个原因。

各国左翼和法西斯的斗争，可以说是最近三年来才正式开始的。目前各国左翼各政党都有反法西斯统一战线的组织，其中获得选举胜利的有西班牙和法国。今年2月西班牙第三届国会选举，左翼各党组织人民阵线，反对法西斯，已获胜利。抄录在下面的新闻，便是一例：

> 玛德里17日哈瓦斯电：此次众议院选举，左派各党事前组织联合阵线，厥名"人民阵线"以与右派角逐。顷据政府所发公报云，众议院名额473名中，已知结果者已有420名，计左派225名，右派135名，中央派60名云。是则左派业已获胜，诚非意料所及。事前该派最乐观之人士，原以为纵使胜利，亦不过多获若干议席而已，今见结果如是，亦为之讶异不止……

今年4月26日西班牙选举"选民代表"，左翼"人民阵线"也获得胜利。当时哈瓦斯社有这样的消息：

> 哈瓦斯社27日玛德里电：全国选民代表共473名，昨日业由选民投票选举，截至目前，已揭晓者计有317名。其中259名属于左派人民阵线；62名属于其他各党。此项选民代表，当于下月10日，会同众议员选举继任总统。……

法国是反法西斯统一战线的发源地。随着法国经济政治的危机日益加深，法国左翼各政党都联合起来了。1934年3月11日哈瓦斯社发出如下的新闻：

> 巴黎11日哈瓦斯电：正统派社会党全国执行委员会开会，由党魁勃鲁姆提出关于反法西斯主义态度之决议案。当经提付表决，计赞成者13 752权，反对者75权，另有72权放弃投票。该决议案与所谓"狄雄城之演说"用意相同，狄雄城之演说，认为共产党对于共同行动以反抗法西斯主义之呼请，能否遵循，虽可怀疑；但社会党则诚意愿望行动之团结，并主张在各地"反法西斯委员会"内，应尽量吸收知识分子，中产阶级及农民不宜加以忽视，盖知识分子、中产阶级及农民向系主张维持各种主要自由权者也。此次社会党全国执行委员会所通过之决议案，其立意与此项演说相同……对于法西斯之威胁，取防卫行动。对于争取政权，则取进攻方式。因此本党主张集合一切劳工分子，以谋联合共同行动，此种行动，在可能限度之内，应受社会党之指导。此外无论何人，不问其目前属于何种政治派别，凡具有决心反对法西斯阴谋，主张保护共和自由制度者，均应设法使其与本党合作。本党深信有此自信力，对于

前途殊多希望云。

同年 6 月"人民阵线"就建立起来了。去年 7 月 14 日人民阵线曾经在巴斯替场举行示威游行，参加的有社会党、共产党、急进社会党、正统派社会党、人权联合会、赤色工会和黄色工会劳动同盟等。7 月 27 日又在布伦开一次大会。今年 5 月初法国第十六届议会的选举，人民阵线也大获胜利。选举的结果可以从下面的新闻看出来：

> 哈瓦斯社 5 日巴黎电：各党在新众议院所获议席，暨在旧众议院所占席数，倾由内政部公布如次：

		此次所得票数	原有票数
（一）左派人民阵线		共 381 席	344 席
	甲、共产党	72 席	10 席
	乙、独立共产党	10 席	11 席
	丙、正统派社会党	146 席	97 席
	丁、共和社会主义联合党	26 席	45 席
	戊、独立社会党	11 席	22 席
	己、急进社会党	116 席	159 席
（二）中央派		共 138 席	188 席
	甲、独立急进党	31 席	66 席
	乙、左派共和党	84 席	99 席
	丙、人民民主党	23 席	23 席
（三）右派国民阵线		共 99 席	83 席
	甲、共和民主联合党	88 席	77 席
	乙、保守党	11 席	6 席
共计		618 席	615 席

此外，美国、日本、波兰等国都有反法西斯的统一战线的组织，这里不再一一举例。

八、中国为世界之一环

在第一节中曾经讲过，今日的中国已和全世界发生紧密的关系，所以世界与中国的相互关系，是形成目前国际情势的主要条件之一。现在我们来谈谈怎样从中国是世界之一环的关系来读国际新闻，作为这本小书的结束。

中国以怎样的资格出现于国际政治舞台呢？从帝国主义看来，中国是具有广大的销售商品和提供原料能力的市场，也是国际金融资本家投资的主要市场。而且进一步来说，现阶段的中国是世界仅有的尚待开发的、有无限发展的可能性的市场。在这点上，中国是目前仅存的世界最大的半殖民地。

在所有重要的殖民地都被占领完了的时候，帝国主义国家要争夺那些在政治上也被别的帝国主义完全霸占了的殖民地，当然是比较不容易，所以半殖民地的中国，就是他们最好的角逐场所。其次，在社会主义体系和资本主义体系间的矛盾快要达到爆发点的今日，帝国主义进攻苏联的野心更加来得明显与迫切；而中国在国际上所占的地位，从帝国主义看来，也是进攻苏联的最好根据地，所以占领中国是帝国主义反苏准备工作的第一步。基于上述两个原因，中国便成为帝国主义二重目的下的牺牲品了。

关于英、美、日三大帝国主义在中国的斗争，在前面"日美争霸太平洋"里已经说过，这里只抄录三则新闻在下面，作为一个例子，以便读者参照。

路透社华盛顿10日电：参院外交委员会主席毕德门今日在参院发言，痛诋日本在远东之政策。谓日本拟闭中国门户，不许美国通商。纵使开战，亦所不惜。故美国极宜有充分海军与空军，以保护美国权利。渠请国会认识日本政策及于美国之影响。中国现仍为一独立主权国，与世无争，且愿与美国贸易，在法律上固无物可干涉此贸易也，日本之威胁与宣传，骄傲已极，日本已公然毅然破坏《国联盟约》，《凯洛格非战公约》与《九国公约》云。……(1936年2月)

哈瓦斯社伦敦2日电：日本最近对华政策之发展，及所谓华北自治运动之传说，极为此间人士所注目。关系各方面根据最近东京传来消息，认为华北自治运动之发展，足使英国对华借款之以关税为担保品者，受直接之威胁。缘华北各省一旦成立自治政府，而以天津关税收入，为发展华北经济之经费，则英国对华若干借款，将骤失其担保品。因此此间人士主张中国债券之英国持券人，应与中国中央政府进行谈判，以维护持券人之利益。不过上述威胁，尚属辽远，则以中国似不欲放弃华北各省故也。……(1935年11月)

同盟社19日东京电：最近在苏"满"国境空气中出现之苏联远东政策积极性，使日本外交政策重点置于对俄外交关系之调整，而日本对英外交亦与对苏外交有重要关系，有田外相因认确保英国为日本实行大陆政策善意理解者之必要。当其作成新任驻英吉田大使携行训令之时考虑如上事情，力谋日英两国之协力，有田外相调整日英关系政策中应要注目之点，大体如左：

（一）日英两国确认两国之间并无不能以和平手段解决之政治的悬案。

（二）日英两国在中国之关系，因日本在华经济力之发展，其利害冲突之面积将必增大，然英国应认日本在东亚为其安定力之地位，而日本尊重英国在华既存权益。

（三）华盛顿、伦敦两条约虽失败，然两国之间并无诱发造舰竞争等事实，日本既有准备与英国订立单独军缩条约。

（四）日本关于英帝国通商区域之经济的武装，拟与英属领与自治领政府分别进行交涉，同时准备与英本国开始交涉调整通商关系，日本又根基于世界资源再分割论之方针，主张原料资源之自由获得，及世界市场之公平开放。(1936年5月)

其他的帝国主义怎样呢？例如法国，可以下面的一条新闻为例：

巴黎15日哈瓦斯电：名记者塔布衣夫人，顷于《事业报》发表长文，就伦敦海军会议有所评论。略谓法国在远东与中国，尤其在越南，置有利益。故允宜与日本维持最良好之关系。日本若果退出海军会议，而由英、美、法、意赓续开会，则法国代表务当注意，毋任今后之会议转具反日意味。……（1936年1月）

读者细心玩味上面引用的四则新闻，即可以知道日美对立的尖锐，法国袒日的态度，英日经济的矛盾和英日在进攻苏联（所谓东亚安定力）上的妥协态度。不过其中却有一个共同点，那就是加紧对中国的再分割，将半殖民地的中国变成完全的殖民地。此外，最值得注意的是××帝国主义侵略中国的急进。所谓"东亚安定力"就是企图独霸东亚的最露骨的表现，而"大陆政策"简直就是吞并整个的中国。

在帝国主义，特别是××帝国主义正在进行中国再分割的进程中，我们中国怎样呢？中国广大的民众，在帝国主义和少数卖国汉奸的残酷剥削与高压之下，为着生存而奋斗，必然跟其他的殖民地、半殖民地一样，爆发了轰轰烈烈的民族解放运动。如果我们集中全国的人力、财力、物力，发动广大的民族抗战，必然能够轰毁××帝国主义吞并中国的幻梦。最后的胜利是属于我们的，在这一点上，世界之一环的中国将会改变整个的国际关系。

◇2014年湖北省学术著作出版专项资金资助项目
◇2013年华中师范大学出版基金资助项目

杨东莼文集

专著卷（中）

○○ 杨东莼 著
○○ 周洪宇 主编

华中师范大学出版社

新出图证(鄂)字 10 号
图书在版编目(CIP)数据

杨东莼文集·专著卷(上中下)/杨东莼著；周洪宇主编.—武汉：华中师范大学出版社,2014.5
(杨东莼文集)
ISBN 978-7-5622-6393-7

Ⅰ.①杨… Ⅱ.①杨… ②周… Ⅲ.①社会科学—文集 Ⅳ.①C53

中国版本图书馆 CIP 数据核字(2013)第 279611 号

杨东莼文集·专著卷(上中下)

ⓒ 杨东莼著　周洪宇主编

责任编辑：向　力　郭志刚　张建英	
责任校对：易　雯　王　炜	封面设计：罗明波
出版发行：华中师范大学出版社	
社址：湖北省武汉市珞喻路 152 号	邮编：430079
电话：027－67863426(发行部)	027－67861321(邮购)
传真：027－67863291	
网址：http://www.ccnupress.com	电子信箱：hscbs@public.wh.hb.cn
印刷：湖北恒泰印务有限公司	督印：章光琼
总字数：1640 千字	总印张：104.25
开本：787mm×1092mm　1/16	
版次：2014 年 5 月第 1 版	印次：2014 年 5 月第 1 次印刷
总定价：248.00 元	

欢迎上网查询、购书

敬告读者：欢迎举报盗版，请打举报电话 027－67861321

高中本国史

杨东莼 著

第一编　绪　论

第一章　历史之定义及其价值

历史有广义和狭义的区别。广义的历史包括宇宙间一切生物与无生物的进化过程和递变现象；植物有它自身的历史，地球有它自身的历史，一切生物和无生物，都莫不如此。至于人类，从广义方面说，却只是宇宙的一部分；因此，人类社会的历史，也就是宇宙的历史的一部分。这里所谓狭义的历史，即指这一部分而言；换句话说，即专指人类社会的进化过程和递变现象而言。现在我们所研究的，便是这狭义的历史；至于广义的历史，却有各种专门科学分担研究，不是狭义的历史所能兼顾的。

历史事实、历史记述和历史科学这三种东西是有区别的。历史事实即是历史的自身；历史记述即是历史著作；历史科学或简称史学，却是综合整个历史的过程的事实，发现历史自身的进化和递变之因果法则及其一般的原则的科学。历史科学是种专门而深邃的学问，这里可以不谈；现在只说说历史事实和历史记述的关系。

我们通常所读的《二十四史》及各种史书，都是历史记述，并非历史的自身。我们对于历史的自身，无法作直接的观察；因为历史事实的发生都是过去了的，我们既没有亲身经历过历史事实，也就不能直接去观察它。我们所知道的历史事实，都是根据历史事实所遗留的事迹间接知道的，这遗留下来的事迹，一般叫做史料。史料的种类很多，但最能保存历史遗迹的，莫如文字、言语和器物三种。史料是史家记述历史事实的根据，由历史事实到历史记述必须有史料作渡桥；像司马迁作《史记》，便是如此。至于现在我们所读的《高中本国史》，就连《史记》这一类的前人的著作，也算作史料了。

自从地球有了人类，就有人类的活动；既有人类的活动，就有人类的历史。但这里所谓历史，只是历史事实，还不是历史记述；因为历史记述要在既有文字之后才会出现的。人类在这无文字的时代，只凭着记忆，把过去的事迹和经验，口耳相传；这时只有传说和神话，尚无记载的历史，所以称这时为先史时代。既有文字以后，便有记载的历史，这时就进到历史时代，或称为有史时代。介在两者之间，还有一个时代；这时已有文字，但未十分完成，历史的记述是和传说并行的；这就叫做原史时代。不过到了现在，因为考古学的发达，这种区别便随着发生变化。考古学对先史时代或原史时代的遗物的研究，扩大了历史的范围。从遗物的研究，使我们认识有史以前的人类生活状况；并且这种研究，随着遗物的不断的发现，更加扩大这种认识的范围。因此，所谓先史、原史和历史的区别，就只剩下文字的历史和遗物的历史的区别了，而先史和原史也就逐渐被圈入到历史范围以内去了。但考古学的研究，属于专门学问，非本书所能兼顾；所以本书以记述的历史为主。

以上所述，都是本节的预备知识；现在把上述各节归纳起来，历史的定义就是：历史是人类社会活动的进化历程之事迹及其有系统的记述。这里有几点应注意：（一）这里标出"人类"二字，就明示着专指狭义的历史而言。（二）过去的历史记述，偏重特殊人物；不错，历史是人类创造的，并且特殊人物在创造历史中有着指导的作用，但我们不要忘记社会上数量最多的常人在创造历史中也显出决定的作用，而人类创造历史，更必须合于社会发展的趋势，才有实现的可能。这里标出"人类社会"四字，为的就是要纠正过去历史观念的错误。（三）这里"活动"二字，是广义的，包括着文化政治经济各方面。（四）历史是进化的，并且是不断之流，这里标出进化历程，便含有这层意义；我们研究历史，也只重在历史的进化历程。（五）这里把事迹和记述并列，意思就在要使这定义无偏重某一方面之弊；至于在记述之上加以有系统的四字，则明示着历史记述不应是漫无体系的[①]。

明白了历史的定义，对于历史的价值这问题也就有了相当的了解。历史的价值：主要的就在它能够指示出现在以前的历史是如何造成的，同时，在人类社会进化的法则上，又指示出现在以后的历史应如何创造。莱不尼兹（Leibnitz）说："现在包含着过去，孕育着未来。"这句话最能显示出历史的价值。现在是我们创造历史的时代,现代社会是我们创造历史的舞台;要把握住现在,首先就应对过去有充分而确切的了解,对未来有预见的调查。要做到这一步,就只有学习历史;同时,历史的价值,也就在这里。其次,历史的价值就在它能够保存前人的经验传递给后代,继长续增,使后代根据既往的经验,改善他们的生活,以适应他们的时代。至于"惩恶劝善",含有教训的意味,却非历史的主要的价值。

注释

① 英文 History 一字,本于拉丁文 Historia,意即事实之有系统的纪录。

第二章 我国民族之形成

民族、地域和时间,是构成历史事实的三大要素;本章专述我国民族的形成。民族和种族不同:民族是社会学上的群,是历史的研究对象;种族是生物学上的群,是人类学的研究对象。前者是由于精神上的和生活上的共同性而产生的,换言之:即有了共同的语言、文字和共同的风俗、习惯,有了共同的生活地域和共同的生活状态,再经过历史发展的融合过程,才显现出民族意识,才形成一个民族。后者是由于生理上的共同性而产生的,换言之:即根据头盖骨的形态、身体的长度、皮肤和眼球的色彩以及鼻和发等等生理上的区别,把人类分做若干类型,就叫做种族。民族又和国家不同:国家是政治学上的群,是政治学的研究对象。国家为一种政治的共同状态团体,在同一国家之中,可以有不同的种族和不同的民族,从而可以有不同的文化和不同的生活状态。例如苏联,就是如此。民族、种族和国家这三者的区别既说明了,以下就我国民族的形成,作简单的鸟瞰。

构成本国史的民族,有汉、满、蒙、回、藏五族,而以汉族为主干。汉族最初的根据地,在黄河流域今河南及山东西部、山西南部、陕西东南部;后繁殖遍全中国,且散布于南洋群岛。汉族在太古时,分为若干部落,不相统属;相传至黄帝山,才建立国家。黄帝以后,如唐、虞、夏、商、周、秦、汉、晋、宋、齐、梁、陈、北齐、隋、唐、后梁、后周、宋、明,都是此族建立的朝代;而魏、蜀、吴三国以及五胡十六国时之北燕、前凉、西凉和五代十国时之吴、南唐、前蜀、后蜀、南汉、北汉、楚、荆南、吴越、闽还不在内。汉、唐两代，声势最为煊赫，至今尚以汉人泛称中国人；而南洋、北美一带，且有称中国人为唐人的。此族开化最早，势力最大，立国最古，历史上被此族所同化的民族亦最多；故今日所谓汉族，只是一个大共名，其中包含无数历史上被同化的民族。

满族或称东胡族，西籍称为通古斯族。此族的根据地大抵在今吉林以东、朝鲜以北、乌苏里江流域之地；后繁殖于东三省、热河、察哈尔、绥远及北平，其他散处于南京、杭州、广州、福州、江陵、成都、宁夏。唐、虞、三代的肃慎，秦、汉时的挹娄、鲜卑、乌桓，都属此族。挹娄至南北朝时为靺鞨，分为粟末、黑水、白山诸部；唐代，粟末靺鞨建立渤海国。五代时，渤海国为契丹所灭，因分为生、熟二女真，黑水靺鞨即属生女真，建国号曰金，后为蒙古所灭。元亡以后，女真渐强，分建州、海西、野人三部，满洲即属建州女真，明衰，建国号为金，后又改为清，灭明而据有中国。鲜卑于晋时入主中国的，有慕容氏的前燕、后燕、南燕、西燕，乞伏氏的西秦和秃发氏的南凉；于南北朝时入主中国的，有拓跋氏的北魏、东魏、西魏和宇文氏的北周。其在青海方面，则有慕容氏的吐谷浑。自鲜卑入主中原后，塞外东胡族的代兴者，有库莫奚、契丹，其中以契丹为最强，五代时建国号曰辽。辽亡以后，其族又建西辽于阿母河流域，至蒙古兴起时，始被灭于乃蛮苗裔古出鲁克。他如柔然（蠕蠕）、室韦、鞑靼，亦均属此族。此族以屡次入主中原之故，几全部同化于汉族。

蒙古族简称为蒙族；原属东胡族，是室韦的一部。或称为蒙兀室韦，或称为蒙瓦部，通或称为盟古，或称为忙豁勒，此外尚有蒙兀斯、蒙骨斯、蒙古里、朦骨、蒙瓦、盲骨、萌古等称号，都是一音之转；至明修元史，始定名为蒙古。此族初居今黑龙江以南，后西徙于今肯特山，役属于金、辽而总隶于靺鞨别部的鞑靼，故其人又自称为鞑靼。至成吉思汗出，统一内外蒙古，其势始盛；忽必烈继起，入据中国，建立元朝。元亡以后，此族仍以蒙古为根据地，而散处于新疆、青海及俄属中央亚细亚。

回族当称突厥族；以其人相信回教，故又称为回族。此族与汉族交涉最早最密且最久：太古时的荤粥、周代的獯鬻、猃狁，春秋、战国时的北狄、林胡、楼烦，秦、汉时的匈奴、丁灵，魏、晋、南北朝时的赤勒（即敕勒）、铁勒（即高车）、丁零，隋、唐时的突厥、薛延陀、黠戛斯、沙陀、回纥（即回鹘），元的畏兀尔，都属此族。此族的匈奴在汉时分为南北：北匈奴至东汉时为窦宪击败，越阿尔泰山北遁，至晋时侵入欧洲，做了匈牙利人的始祖。南匈奴在汉代款塞称臣，入居西河、美稷（今山西汾阳、离石一带），至晋时，其酋刘渊倡乱，遂开五胡乱华之局，建立前赵、北凉、夏、后赵诸国。沙陀于五代时，则建立后唐、后晋、后汉诸国。此族世世盘踞今蒙古、新疆一带，后为蒙古族所迫，其大部分于明景宗景泰四年（1453）西窥东罗马，陷君士但丁。建立国家，即今土耳其国的始祖。其小部分，则明、清以来号为回回，散居新疆及甘、陕、滇之一部。此族和汉族交涉最久且最密，故其同化于汉族者不在少数。

藏族或称氐羌族，即唐的吐蕃族，西人因音讹为图伯特族。此族在上古总称为西戎，而犬戎、申戎、义渠戎、氐、羌均属此族；在汉有广汉羌、武都羌、抱罕羌、烧当羌、大种赤水羌、发羌、白马、武都、大月氏、小月氏；晋代有仇池、前秦、后秦、后凉、前蜀；唐有党项羌、吐蕃；而党项羌至宋则开西夏；他如元的乌斯藏，明的西蕃，亦均属此族。西藏全境青海南部及西康一带，为其根据地。至于秦陇、巴、蜀间的氐、羌，则在隋唐之际均已同化于汉族。惟西康一带的土司，迄未同化，至清犹有大小金川之乱。

五族之外，尚有苗族和韩族。苗族，西人称为印度支那族。此族最初根据地在长江流域，现今则散居于湘、桂、滇、黔之间，分为生苗和熟苗：生苗不与汉族往来，熟苗大抵已为汉族所同化。韩族即汉的三韩，隋唐的新罗，明、清的朝鲜。此族与汉族交涉甚密，其被汉族同化者必多。此外，古代南方尚有濮族，即今的猓猡；又有越族，亦作粤，其人和现在的马来人相似，但在秦、汉时即已为汉族所同化。古代东方更有莱夷、淮夷、徐戎，在春秋、战国时，亦逐渐为汉族所同化。他如塞种，则汉时已入伊犁；阿剌伯人、波斯人、犹太人，则唐代已入南方沿海一带。

第三章　中国疆域之沿革

构成历史事实的第二要素为地域，本章所述，就是这一点。中国是亚洲惟一大国：北接西伯利亚，西抵葱岭，东面临海，南与印度及印度支那半岛接壤。就全国地理的形势，得区分为四部：　为中国本部，包括黄河、长江、粤江三大流域；二为关东三省，包括今辽宁、吉林、黑龙江三省；三为蒙古、新疆高原，包括今外蒙古、热河、察哈尔、绥远、宁夏及新疆；

四为青海、西藏高原，包括今青海、前后藏及西康。四部总面积为4278347方里，在全世界居第二位①。

我国太古疆域，其详已不可考。大抵在春秋以前，汉族活动尚不出黄河流域。春秋时，楚与吴、越渐强，长江流域始渐次发达。战国时：秦并巴、蜀；魏有上郡；赵有代郡、云中、雁门；燕开右北平、渔阳、上谷、辽东、辽西五郡；而楚又独霸长江流域，是为中国疆域的第一次扩张。秦灭六国，分天下为三十六郡，又平百越，置四郡。当时四界所至：东至海及朝鲜，西至临洮，南至南交，北至沙漠，今中国本部的疆域，至是略定，是为中国疆域的第二次扩张。汉代继起，南服南海，北逐匈奴，东制朝鲜，西通西域，今本部诸省及新疆要地、蒙古边隅，均入版图，是为中国疆域的第三次扩张。至于唐代，东伐高丽，北平突厥，灭薛延陀，西降西域诸国，并吐谷浑，南服诸蛮；当时四界所至：东至海，西逾葱岭，南尽林邑，北被沙漠，是为中国疆域的第四次扩张。蒙古崛起，并吞西夏、金、宋，统一中国，建立元朝；又屡次西征，深入欧洲；当时四界所至：东临海，西至黑海，北尽大漠，南接印度，版图之大，为从来所未有，是为中国疆域的第五次扩张。满清入关，倾覆明室，蒙古、青海、西藏并入版图，东自朝鲜、琉球，南至安南、暹罗、缅甸，西至哈萨克、不哈耳、布鲁特、浩罕，西南至不丹、廓尔喀，无不称藩内附，是为中国疆域的第六次扩张。清代仁、宣以后，外藩尽失，我国疆域便只限于中国本部及关东三省、蒙古、新疆、西藏、青海了。

次就政治区域来说：则有颛顼创制九州，虞舜肇十有二州和禹贡九州，周礼职方九州②诸说，秦一统天下，始立四十郡；汉代继起，又分天下为十三部。其后晋有十九州之分，唐有十道之分，宋有十五路之分，元代疆域最广，始创行省之制，分全国为十一中书行省，而云南设省，也始于此时。明代又设十三承宣布政使司，而贵州建省，又始于此时。清代分全国为十八行省，末年又将关东建为三省，新疆建为行省，于是全国共有二十二行省[1]。到了民国，又设西康、热河、察哈尔、绥远、宁夏、青海六省，于是全国就有二十八行省了③。

注释

①苏联面积为8189374方里，居世界第一位。

〔1〕 此处遗漏台湾。

②颛顼创九州为兖、冀、青、徐、豫、荆、扬、雍、梁。舜十有二州为兖、冀、青、徐、豫、荆、扬、雍、梁、并、幽、营。《尚书·禹贡》九州为冀、兖、青、徐、扬、荆、豫、梁、雍。《周礼·职方》九州为扬、荆、豫、青、兖、雍、幽、冀、并。

③自秦四十郡至民国二十八行省，各朝政治区域的名称，均详见以后各编。

第四章　本国史时期之划分

本章所讲的，是构成历史事实的第三个要素，即时间。本国史的纪年，到底始于何时，诸说纷纭，莫衷一是。有谓应始于周代共和元年（B. C. 841）的，至今（民国二十六年）共历 2778 年；有以周平王四十九年（B. C. 722）为纪年之始的，至今共历 2659 年；有以尧元年（B. C. 2357）为纪年之始的，至今共历 4294 年①。以上三说，各有根据；但为计算便利计，反不如以黄帝元年（B. C. 2697）为纪年之始，计至今共历 4634 年。

历史和流水一样，前后衔接，本来不可割断；但为着明了时代的递变起见，也可以把整个历史划作几个时期。兹就一般的划分法，同时顾到本国史转变的关键，把本国史分做上古、中古、近世和现代四个时期。现在把这四个时期表列如下：

时期	相距年数	历年总数	内包朝代
上古	公元前二六九七（二六九七以前也包入）至公元前二二二	二千四百七十五年以外（公元前二六九七以前包入）	黄帝以前，黄帝至尧舜，夏商周，至秦之统一
中古	公元前二二一至公元一五七二	一千七百九十三年	秦、汉、新莽、更始、东汉、魏、晋、宋、齐、梁、陈、隋、唐、后梁、后唐、后晋、后汉、后周、宋、元、明
近世	公元一五七三至一九一一	三百三十九年	明清之际至清亡
现代	公元一九一二至一九三四	二十三年	民国

这个划分，也有一定的标准。秦以前，诸国分立，所谓帝王，只是共主，实际上并无统治诸国的力量，所以根据这一点，把秦以前划为上古期。

秦并六国，才确立统一的国家。汉代继起，制作大备，从此直至明代，政治设施大都因袭秦、汉之旧，并且闭关独立，始终保有我自成一系的文化，所以把这个长时期划为中古期。明清之际，西学和西教士同时入于我国，中西交涉，才由此开始，中经鸦片之役，以至清末，西人更挟其倾山倒海之力以侵略我国，摧破我国的闭关主义，使我国不得不跑到世界史的舞台上去，所以根据这一点，又把自明清之际至清末这时期划为近世期。现代期为时虽只有二十三年，但这是中华民族复兴的起点，是推翻专制建立民主政体的变革时代，所以也应该另外划为一个时期。

其实，这四时期，各期都可以划为数个小阶段。在上古期中，黄帝以前不可稽考，应属传疑时代，这是一个阶段。黄帝始建国家的雏形，被推为部落的共主，帝王世系，从此可考，这又是一个阶段。唐、虞以后，渐由部落政治进于封建政治，至周而封建政治入于成熟时期，这又是一个阶段。东周以后，封建解纽，王室不振，而霸者叠起，互争雄长，这又是一个阶段。在中古期中，秦、汉开疆辟土，武功极盛，这是一个阶段。魏、晋以后，外族杂居内地，卒召五胡乱华之祸，而分裂为南北朝，这又是一个阶段，隋、唐之世，统一宇内，征服异族，回复秦、汉的规模，这又是一个阶段。唐中叶后，武人擅权，卒成割据之局，这又是一个阶段。宋代厉行中央集权制度，而武力不足以抵御外族的侵入，所以始则与辽、金成对峙之局，终竟为元所代，这又是一个阶段。元代武力及于欧、亚二洲，建立空前的大帝国，这又是一个阶段。明代驱逐胡元，恢复汉族的统治，这又是一个阶段。在近世期中，则以鸦片之役，为划分时期的关键。鸦片之役以前，西力虽已东渐，但我国在经济和政治上，尚能保守旧日的规模；鸦片之役以后，外力侵略日深，便不能不起急剧的变化了。在现代期中，则民国成立以后，军阀割据，为一阶段。北伐以后，对内铲除军阀，对外废除不平等条约，又为一阶段。

以上只说到一个轮廓，以下再详述各时期的史实。

注释

①司马光《资治通鉴》□起共和元年，孔子《春秋》始鲁隐公元年，即周平王四十九年。宋邵雍《皇极经世》断自尧元年。

第二编 上古史
自太古至秦一统（公元前221年）

第一章 我国民族之起源

本章讨论汉族起源问题，现在先讲汉族这名称的由来。上古只有华、夏两个名称，并无汉族的名称。夏族见于经传的：《尚书·尧典》有"蛮、夷猾夏"；《左传·闵公元年》有"戎、狄豺狼，不可厌也，诸夏亲昵，不可弃也"；《论语》有"夷、狄之有君，不如诸夏之亡也"。春秋之世，又称华族：《左传·襄公十四年》戎子、驹支对晋人说："我诸戎饮食衣服，不与华同"；又定公十年有"夷不乱华"。至于汉族这名称，则始于汉武帝拓边以后；因为当时征服异族，武威很盛，所以异族就以汉族称中国人，从此以后，连本族也就以汉族自称了。此外还有支那的名称，起于秦的译音。至于国名叫做中国，则首见于《禹贡》。

汉族是中国的土著，还是从别处迁徙而来，关于这问题，至今依然聚讼纷纭，莫衷一是[①]。以下只就几种有力的主张来说说，现在先述西来说。倡这一说的，以法人拉克伯里（Laconperie）为最有名，其名著《支那太古文明西来论》说："有奈亨台（Nakhunte）者，于底格里斯河有战功，当纪元前2282年，率巴克（Bak）民族东徙，从土耳其斯坦，经喀什噶尔，沿塔里木河，达于昆仑山脉之东方。此东徙之酋长，以中国古史证之，即黄帝也。"他又以创建前巴比伦的莎公（Sargon）用火焰形的符号以纪事，附会为神农以火德王，故称炎帝，又以但克（Dunkit）制象鸟兽爪形的文字，附会为仓颉；又以巴比伦的楔形文字，说是八卦所自蜕；更以一年十二分法二十四小别法和置闰法为中国上古文明源于巴比伦之证。其实，汉族为黄种，巴比伦的塞米的人（Semitics）和霭南人（Elam）都是白种，莎公为塞米的人，奈亨台为霭南人；如果以莎公为神农，奈亨台为黄帝，则神农、黄帝便应为白种人，而国人也就是白种人的子孙了。即此一端，便足以明证拉氏西来说之不足信。

其次为于阗说。倡自德人利希陀芬（Richthofen）。利氏根据《魏书·于阗传》所述②"自高昌以西，诸国人等，深目高鼻。唯此一国，貌不甚胡，颇类华夏"，遂断定汉族由新疆而来，初至甘肃西部，沿昆仑山脉的北麓，经兰州等地，出渭水的上流，逐渐东进，入陕西之平原。继又分为二支：一渡黄河，由汾水下流至山西；一沿黄河，东至河南中原，以次才进至黄河下游及淮河流域、长江流域。其实，于阗人貌类华夏，或系汉代以后华人到于阗的日多，与胡人血统混合之故，却不一定是汉族来自于阗之证。并且据斯坦（M. A. Stein）探险的结果，证明古于阗的文化是公元前三世纪由印度而来的③，和汉族文化并无关系。

民国十年至十一二年间，古生物学家师丹斯基（Zdansky）在北平西南一百十里房山县周口店附近灰窑中获得化石很多，发现其中有臼齿和前臼齿各一，和现今人齿相近，研究结果，断定为人齿，其年代距今约五六十万年，或云百万年。十五年，安特生（Andersson）公布此齿，定名为北京齿，并称生此齿之人为北京人。后步林（Bohlin）和国人裴文中等，在同地继续掘发，也获得牙齿多枚及猿人头骨，并定名这种猿人为北京猿人。因为这些发现，于是中国几乎成为世界人类的发源地④；不过这种猿人是否就是汉族祖先，至今尚无定论。所以土著说能否成立，也还有待考察。所幸地下的掘发，日有进步，将来自然不难得到一定的结论⑤。

由上所述，可知西来说和于阗说都不可相信，但在五六十万年以前，中国就有人类生息着，却无疑义。至于这种原始人是否即汉族祖先，则还待研究。汉族的起源既不可考，所以我们现在可以断定的，就只有汉族最初的根据地为黄河流域这一点。

注释

①德国 Wieger 主汉族来自印度支那半岛，日本岛居龙藏又谓出自甘肃，瑞典 Karlgarm 则言来自土耳其。英国 Bail 和美国 Purnpelly 又言来自中亚细亚，法国 Gobineau 又言来自印度，德国 Kircher 诸人竟谓来自埃及：大抵都是附会之谈，所以无叙述的必要。主土著说的，则有法国 Loon de Rossomy 和英国 C. Ross，但也

无充分证据。

②见《魏书》卷一百二。按此卷已佚，利氏所述，盖录自《北史》。利氏的主张，见于他所著的《中国》卷一，48页。

③见斯坦著 *Preliminary Report on a Journey in Chinese Turkestan*，51页。纪元前三世纪正当阿育王朝，当时印度人从 Banjab 的呾叉始罗（Taxila）被逐来到于阗。

④1890与1891年之间，荷兰军医杜波瓦（Eugen Dubuois）在爪哇中部 Trinil 地方的最新世地层内发现爪哇猿人，叫做直立猿人（Pithecanthropus erectus），年代约在三十万至五十万年之前，而北京人的年代较爪哇猿人还早，故谓中国成为世界人类的发祥地。又步达生（Davidson Black）曾研究新石器时代甘肃史前人种的头骨，谓这种头骨和现在华北人种相同，叫做中华原始人，或即有史人民的远祖。但这种原始人的由来，至今尚无确定。

⑤社会学家依人类制造工具的进化，定出人类文化演进的程序，初为石器时代，次为铜器时代，再次为铁器时代；而石器时代最久，又因其工具制作的精粗，更分为旧石器时代和新石器时代。首先发现中国旧石器时代的遗物的，为法人桑志华（Emile Licent）及德日进（P. Geilhard de Chardin）。发见的时候，是在民国十二年夏；发见的地方，为宁夏城南的水东沟，绥远鄂尔多斯东南的萨拉乌苏沟，陕西榆林县南的油房头；发见的遗物有石钻、石刮、□系等。由这几处的石器发见，可知东以榆林，西到宁夏，在史前都曾有用石器的人类繁殖。中国新石器时代遗物的发见，要以安特生之力最多。发见的时候，是在民国十年到十三年间；发见的地方，有绥远宁锦县的沙沙屯，河南渑池县的仰韶村，甘肃民勤县的沙井，宁定县的齐家坪，浇沙县的辛店及临洮县的寺洼山，青海西宁县的朱家寨及乐都县的马厂沿，山西夏县的西阴村，山东历城县的龙山镇城子崖，河南安阳县的谷冈。除石器外，还发见兽骨陶器骨器蚌器等实物，并有几处还发见人骨。又安特生更就辽宁河南甘肃青海各地所得遗物，首先发见的仰韶村石器为标准，定出六个时期：（一）齐家期，（二）仰韶期，（三）马厂期，（四）辛店期，（五）寺洼期，（六）沙井期，其年代安氏定为起于公元前3500年，终于公元前1700年。

⑥据利希陀芬的研究：黄河流域多为黄土区，这种黄土不但本身肥沃，用不着人工施肥，并且容易锄犁：这便是适宜最初步的农业的地带。此外，黄土区的断层，可以做居住上的利用。（此注释在底稿中无相应注码。）

第二章　太古之文化和社会

先史时代只有口耳相传的传说和神话，没有用文字记载的历史：这便是传疑时代。这时代很长，本国史自盘古①至唐、虞前②均属之。盘古之后，相传有三皇，又说自燧人至伏羲有 187 代，异说纷纭，莫可究诘。即通常所谓三皇五帝，诸书所载，也不一致③。可见汉族生息东亚，历时必久，惜无信史可证，所以不能推定其世系和年代。近人蒙文通所著《古史甄微》把太古民族分为三系：以燧人、伏羲为海岱民族，又称泰族；以炎帝神农为江汉民族，又称炎族；以黄帝、颛顼为河洛民族，又称黄族④。这种分法固然不尽妥善，但汉族在太古时以此三系为最有势力，则无疑义；并且就三系的地域及其文化的进展来说，也或许如此。以下就这三系民族的活动，说明太古的文化和社会。

　　社会进化，首渔猎，次牧畜，再次才是耕稼。泰族的文化和社会，正代表着由渔猎到牧畜的过程。这族的根据地为海、岱，即《禹贡》青、徐二州，在黄河下游。当炎、黄二族还未崛起以前，它是强有力的一族，其杰出的部长，前有燧人，后有伏羲⑤，都是风姓。在燧人之世，这族还是以渔猎为生；到了伏羲，才由渔猎进至牧畜⑥。这族的文化，相传多创自伏羲，今条举如下：（一）画八卦，为文字的肇端⑦。（二）以俪皮制嫁娶之礼，而夫妇之伦始正。（三）立周天历度，由是始有甲历之作。（四）作琴瑟，由是始有和民之乐。（五）作结绳为网罟，以佃以渔。（六）他如兵器、律吕、算法、医术，也莫不始创于伏羲。相传伏羲传十五代，都袭伏羲之号。

　　炎族姜姓，其根据地或云在江、汉，或云在河南⑧；其杰出的部长为神农⑨。这族为太古进到耕稼最早的民族⑩，至神农出，始代泰族而有天下。这族的文化，相传多创自神农，今条举如下：（一）由行国进至居国⑪。（二）由母统变为男统⑫。（三）商业的兴起⑬。（四）正四时以利农事⑭。（五）结绳记事：大事结大绳，小事结小绳。（六）他如音乐和医术，则或许是因袭泰族而来的⑮。相传神农传八代，至榆冈而为黄帝所代。

　　黄族起于西北，其根据地在今黄河、洛水两流域之间。这族最初以牧畜为生⑯；以后才进到耕稼⑰。炎族势衰时，黄族部长黄帝崛起⑱，先后平定榆冈和蚩尤⑲，北逐荤粥⑳，凡五十二战而天下大服，各部酋长由是尊黄帝为天子，都于涿鹿（今河北涿县）：是为汉族由部落进到国家之始。国家组织既具雏形，于是护卫这国家组织的一切制作，也随之而起；所以黄帝的制作，不但超迈前代，并且多为后世所因袭。今分述如下：（一）划野分州，经营国邑，为封建之始㉑。（二）经土设井，立步制亩，为井田之始㉒。（三）命仓颉作书，于是我国始有正式的文字㉓。（四）命元妃西陵氏养蚕，为蚕学之始。（五）范金为币，为货币之始。（六）作冕旒，正衣裳，以表贵贱，为服制之始。（七）命隶首作算数，而权度量衡制度，就由此而起。（八）命伶伦作律吕，大容作乐，音乐由是较前进步。（九）帝咨于岐伯而作《素问》，医学由是较前进步。（十）命大挠作甲子，容成制盖天及调历，而历法大进㉔。（十一）作指南车以定方向，为发明磁针之始㉕。（十二）立六相，又立占天之官，而官制较前完备㉖。（十三）他如宫室、棺椁、扉履、舟车、杵臼、弓矢，也都完备。这样看来，可知黄帝时的文化和社会，实较前代大有进步。这原是社会日进、人事日繁的结果，而黄帝前后政治转换的关键，也全在这一点。相传黄帝死后，其子孙昌意颛顼帝喾帝挚继有天下，帝挚以后，始入于唐、虞时代㉗。

以上所述，当然是传说，但从这传说中，可以作如次所述的推测：第一，这传说表现出社会由渔猎进到牧畜再进到耕稼的阶段和国家组织的雏形之出现。第二，太古部落杂处，不相统属。所谓伏羲、神农，决非一系相承的君主，只是各族杰出的部长；并且各族文化和社会的发展，也不是步调齐一的。第三，各族对于文化制度的创造，决不是一二杰出的部长所独创的；其实，这些制作，都是前后相因，相应于社会的需要、依据既往的经验而发生的；甚至这些制作的出现，还远在伏羲、神农、黄帝之后。第四，黄帝前后的政治，完全两样，正表现着由部落到国家的过程；并且据史册所载，也要到黄帝以后，才有世系可考。

注释

①《太平御览》卷二引徐整《三五历记》："天地浑沌如鸡子，盘古生其中。一万八千岁，天地开辟，阳清为天，阴浊为地，盘古在其中，一日九变，神于天，圣于地。天日高一丈，地日厚一丈，盘古日长一丈：如此万八千岁，天数极高，地数极深，盘古极长。"

②孔子上述前世，止于尧、舜，故删书断自唐、虞。司马迁也说："学者多称五帝，尚矣。然《尚书》独载尧以来，而百家言黄帝，其文不雅驯，荐绅先生难言之。"本书据之，故以唐、虞以前为传疑时代。

③三皇之说，群书所述各不相同：《史记·补三皇本纪》以天皇、地皇、人皇为三皇；《白虎通义》以伏羲、神农、燧人为三皇；《史记·秦始皇本纪》以天皇、

地皇、泰皇为三皇;《索隐》以为泰皇即人皇;《春秋运斗枢》以伏羲、女娲、神农为三皇;《风俗通》以燧皇、戏皇、农皇为三皇;王符《潜夫论》:"世传三皇五帝,多以伏羲、神农为三皇,共一者或曰燧人,或曰祝融,或曰女娲。其是与非,未可知也。"而《尚书大传》则以燧人、伏羲、神农为三皇。今按社会进化的次第,当以《尚书大传》所述为是。五帝有神人两说:《周官》"小宗伯兆五帝于四郊",即神之五帝,《吕氏春秋·十二纪》所谓太昊、炎帝、黄帝、少昊、颛顼五帝分主东南中西北五方者是;《周礼·春官》:"外史掌三皇五帝之书",即人之五帝,《大戴记·帝系姓》和《史记·五帝本纪》所谓黄帝、颛顼、帝喾、尧、舜者是,本书沿用之。

④《古史甄微》:"《史记》云:'泰帝兴,神鼎一。'师古曰:'泰帝即太昊伏羲氏。'今姑名此海岱民族为泰族,亦犹江汉民族以炎帝而姑名为炎族,河洛民族以黄帝姑名为黄族也。"

⑤遂人一作燧人,又称遂盅,《易释》注:"遂皇谓人皇。"《春秋命历序》:"人皇出旸谷,分九河。"古文说以为旸谷即今成山,在山东荣城县东北海滨。今文说谓在辽西。九河即禹所疏的九河,在黄河下游。伏羲又作虙戏、宓羲、庖牺、包羲,生于成纪(今甘肃秦安县北),或谓成纪系成阳(今山东濮县东南)之误,后都陈(今河南淮阳县)。

⑥谯周《古史考》:"太古之初,人吮露精,食草木实,穴居野处。山居则食鸟兽,衣其羽皮,饮血茹毛;近水则食鱼鳖螺蛤;未有火化,腥臊多害肠胃。于是有圣人造作钻燧出火,教人熟食。民人大悦,号曰燧人。"由此可知燧人之世尚在渔猎这一阶段中。《易·系辞》:"古者庖牺氏之王天下也,作结绳而为网罟,以佃以渔。"皇甫谧《帝王世纪》:"取牺牲以充庖厨,故号庖牺氏。"刘师培以伏羲一作宓牺,为游牧之王之证。由此可知伏羲之世已入牧畜的阶段。《白虎通义》:"画八卦以治天下,下伏而化之,故谓之伏羲也。"是伏羲得名,又别有一义。

⑦《易纬·乾凿度》:"☰古天字,☷古地字,☴古风字,☶古山字,☵古水字,☲古火字,☳古雷字,☱古泽字。"

⑧《古史甄微》:"《史记·五帝本纪·正义》引《括地志》云:'厉山在随州随县北百里,山东有石穴,曰神农生于厉乡,所谓烈山氏。'则神农固起江、汉之间,北上而有天下。"以建都于陈而论,则在河南。

⑨神农之前,有共工氏,也是炎族的部长,自女娲氏至夏禹,其众世世为中原患。神农之后,有炎帝。一说炎帝即神农,一说即蚩尤,本书依据《帝王世纪》以炎帝为榆罔。又神农或云生于厉乡,或云生于姜水(在今陕西宝鸡县境内),故姓姜,都陈,后徙居曲阜。

⑩《易·系辞》:"庖牺氏没,神农氏作。斫木为耜,揉木为耒,耒耨之利,以

教天下。"

⑪《春秋命历序》:"神农始立地形,甄度四海远近,山川林薮所至,东西九十万里,南北八十二万里。"古之尺度无征,要不免于夸诞,然立国的有封疆,似乎是始于神农,这或许是由于农业重迁,所以才由行国进至居国。

⑫《商君书·画策篇》:"神农之世,男耕而食,妇织而衣。"《说文解字》:"男,丈夫也。从田力。"是力于田之谓男。大抵在耕稼以前,社会为女统,农业既兴以后,因男子从事耕种,拥有经济权,于是男子支配女子,而变为男统的社会。又从妇字妻字立意,亦可互证。

⑬《易·系辞》:"日中为市,教天下之民,聚天下之货;交易而退,各得其所。"

⑭《尸子》:"神农理天下,正四时之制。"

⑮《世本》:"神农和药济人。""神农作瑟。"

⑯《史记·五帝本纪》:"黄帝披山通道,未尝宁居,迁徙往来无常处,以师兵为营卫。"

⑰《五帝本纪》:"时播百谷草木。"

⑱黄帝号有熊氏,《帝王世纪》:"有熊今河南新郑是也。"生于轩辕之丘(在今河南新郑县境内),故名轩辕而《释名》则谓:"黄帝造车,故号轩辕氏。"姓公孙,长于姬水,故姓姬。

⑲黄帝之世,有二大事:一为阪泉(今河北涿县城东)之役,一为涿鹿之役。《史记·五帝本纪》:"轩辕之时,神农氏世衰,诸侯相侵伐,暴虐百姓,而神农氏弗能征。于是轩辕氏乃习用干戈,以征不享,诸侯咸来宾从,而蚩尤最为暴,莫能伐。炎帝欲侵陵诸侯,诸侯咸归轩辕。轩辕乃修德振兵,以与炎帝战于阪泉之野,三战然后得其志。蚩尤作乱;不用帝命。于是黄帝乃征师诸侯,与蚩尤战于涿鹿之野,遂擒杀蚩尤。"《史记》既言神农,又言炎帝,故后人多疑神农与炎帝一人,大抵炎帝即榆罔,依袭神农氏之号者。蚩尤是九黎之君,在颛顼以前称九黎,以后称三苗,非今日西南的苗族。《古史甄微》以三苗为炎帝神农的苗裔,姜姓。如此,则九黎三苗,也属炎族。此族世居江淮间,自黄帝至夏禹,世为中原患,黄帝与战于涿鹿,可见当时此族势力已进至北方,后蚩尤虽被擒杀,然其余众仍占有江、汉,至夏禹始全定。

⑳荤粥一作薰鬻,又作薰育。王国维以合猃狁二字,乃得薰音,而谓薰鬻即猃狁。此族即秦、汉的匈奴。

㉑《汉书·地理志》:"昔在黄帝,方制万里,画野分州,得百里之国万区。"

㉒《通典·食货》:"昔黄帝始经土设井,以塞争端。立步制亩,以防不足。使八家为井,井开四道,而分八宅,凿井于中。一则不泄地气,二则无费一家,三则

同风俗，四则齐巧拙，五则通财货，六则存亡更守，七则出入相司，八则嫁娶相媒，九则有无相贷，十则疾病相救。是以性情可得而亲，生产可得而均。均则欺陵之路塞，亲则斗讼之心弭。"

㉓《说文解字》序："黄帝之史仓颉，见鸟兽蹄迒之迹，知分理之，可以别异也，初造书契。仓颉之初作书，盖依类象形，故谓之文；其后形声相益，即谓之字。文者，物象之本。字者，言孳乳而寖多也。著于竹帛之谓书，书者，如也。"大抵仓颉作书之时，先有指事象形二种，其次才有会意形声二种，而转注假借二种的出现，或远在仓颉之后。

㉔甲、乙、丙、丁、戊、己、庚、辛、壬、癸叫做干，子、丑、寅、卯、辰、巳、午、未、申、酉、戌、亥叫做枝，枝干相配以名日，凡六十日而甲子一周。盖天即浑天仪。调历是黄帝历名。

㉕相传涿鹿之战，蚩尤作大雾，兵士皆迷，黄帝乃作指南车以示四方。

㉖风后为当时，太常为廪者，奢龙为土师，祝融为司徒，大封为司马，后土为李（即法官），叫做六相。又别立占天之官，命臾蓲占星，斗苞授规，羲和占日，尚仪占月，车区占风。

㉗黄帝世系表：

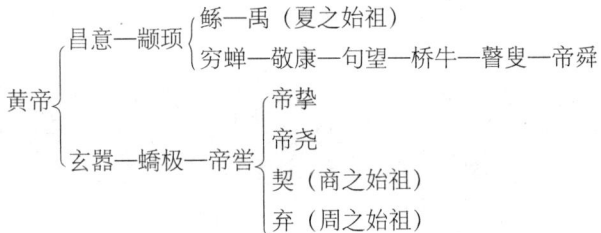

第三章　唐虞之政治

尧、舜以后，因为史料流传较详，所以从这时起，我国历史便可稽考了。尧、舜都是黄帝之后：尧佐兄挚，受封唐侯，姬姓，号陶唐氏；舜姚姓，号有虞氏。尧为唐侯，德最盛，时挚执政微弱，诸侯因推尧为天子，都平阳（今山西临汾县）。舜受尧禅而有天下，都蒲坂（今山西永济县）。

唐、虞之世，是儒家盛称的黄金时代，其政教设施，确较以前进步，今分述如下：（一）官制。中央设百揆总理庶政，尧时舜为之，舜时禹为之。又设司空典司水土，尧、舜之时，皆禹为之；后稷典司农事，尧、舜之时，皆弃为之；司徒典司教化，舜时契为之；士典司兵刑，舜时皋陶为之；共工典司百工，舜时垂为之；虞典司山泽，舜时益为之；秩宗典司祭祀，舜时伯夷为之；典乐典司乐教，舜时夔为之；纳言出纳帝命，舜时龙为之。尧时，又设历官，命羲、和四子司历象①。地方则设四岳（一作四嶽）以统治诸侯，十二州各设州牧以分治诸侯。其用人多由于推举，有三载考绩之法，以定官吏的优劣；有鞭刑，以惩戒官吏的失职。（二）学制。据《礼记·王制》所载：舜时有上庠以养国老，下庠以养庶老，都是国学，前者为太学，后者为小学。而司徒和典乐，便是专司教育的官吏。（三）法制。有墨、劓、剕、宫、大辟五刑，都是肉刑，或谓出自苗民。五刑之外，又有"流宥五刑""鞭作官刑""扑作教刑""金作赎刑"，共计为九刑。（四）历象。据《尚书·尧典》所载：尧时以闰月定四时成岁之制②，沿用至四千余年。而舜时又有璇玑玉衡是为我国有浑天仪之始。（五）祭法。据《礼记·祭法》所载：有上帝六宗山川群鬼③。

唐、虞之世，还有两件大事：一为尧、舜、禹的禅让，一为禹平洪水。据《史记·五帝本纪》所载：尧在位七十年，欲以帝位让给四岳，四岳不受。尧因命四岳推举堪继帝位的人，四岳以虞舜对。尧由是妻以二女，以观其内；历试诸艰，以观其外。知舜贤，乃命摄位。尧没，三年之丧毕，舜让辟尧子丹朱。诸侯不朝丹朱而朝舜，舜以天意所在，遂即天子位。又据《夏本纪》所载：舜子商均不肖，舜乃预荐禹于天。舜没，三年之丧毕，禹也让辟商均；诸侯归禹，然后禹践天子位。禅让的大事，大致如此。大抵当时大权，都在四岳和诸侯手中；所谓禅让和得国，其关键全在诸侯的归从与否；所以舜、禹的辟让丹朱、商均，也就不外是观看诸侯的风色罢了。

相传洪水泛滥，为祸已久。尧时，洪水未平，五谷不登，禽兽逼人；人民无法定居，只得上丘陵，赴树木。尧从四岳之言，用鲧治水。鲧之治水，多筑堤防，以遏水势；经营九载，还未成功。舜既摄政，殛鲧而用鲧子禹治水，并命益和契以助禹。禹之治水，先从测量下手，望山川之形，定高下之势；然后因其高下，从事疏凿。又命益焚山林而驱禽兽；洪水既平之地，又命弃教民种植，使民定居。当时最重要的是河、济、江、淮四条水，叫做四渎。而冀州三面临河，又系帝都所在，所以治水的次第：首为导河，其次瀹济，其次导淮，最后导江，都使之入海。至于小水，则大抵北条之水，多入河、济；南条之水，多入江、淮④。禹劳身焦思，经营十三年，而洪水始平。水土既平，于是舜封禹为夏伯（今河南禹县），赐姓姒；封契于商（今陕西商县），赐姓子；封弃于邰（今陕西武功县），赐姓姬；并祚四岳以国，封于吕（今河南新蔡县），赐姓姜。

由上所述，可知唐、虞之世，其政治设施，较前大有进步；但最重要的，还是洪水的平定：第一，因为洪水既平，人民始得定居，定居之后，始能播艺五谷。第二，人民生活既有保障，然后始能布以五教⑤，使人民日即于礼义之域。第三，水土既平，国内交通为之大进，于是中央和侯国的关系才能逐渐密切，所谓朝觐巡狩的制度，才能建立起来⑥。

注释

①《尧典》："命羲仲，宅嵎夷；命羲叔，宅南交；命和仲，宅西；命和叔，宅朔方。"

②《尧典》："期三百有六旬有六日，以闰月定四时，成岁。允厘百工，庶绩咸熙。"

③《祭法》："有虞氏禘黄帝而郊喾，祖颛顼而宗尧。""共工氏之子曰后土，能平九州，故祀以为社。"《尧典》："望于山川。"六宗之说甚多，郑玄谓指星、辰、司中、司命、风伯、雨师而言。祀六宗名之曰禋，祀上帝为类。

④又当时黄河，自孟津而北，分为徒骇、太史、马颊、覆釜、胡苏、简、洁、钩盘、鬲津九河，所以有禹疏九河之说。

⑤五教即五伦之教，《孟子》："使契为司徒，教以人伦：父子有亲，君臣有义，夫妇有别，长幼有序，朋友有信。"

⑥水平以后，于是各州之路，无不达于河，亦无不达于冀州帝都；详见《禹贡》所载各州贡道。要有这样的交通，始能维持中央和侯国的关系。又《尧典》："五载一巡狩，群后四朝。"即天子适诸侯曰巡狩，诸侯朝天子曰朝觐，又曰述职。

第四章 夏代之政教

禹受舜禅，即位于安邑（山西今县），国号夏。夏禹一代大事，就是征服三苗。原来自黄帝擒杀蚩尤之后，三苗之众还保有江、汉一带。玄嚣政衰，九黎（即苗）复乱，颛顼起而平之。帝喾之衰，九黎又乱，尧起而平之。舜时，窜三苗于三危①，其势稍衰。然舜犹亲征三苗，道死苍梧；足见三苗之乱，依旧未绝。禹平洪水以后，才将三苗完全征服。禹没，子启继位②，诸侯有扈氏③不服，启率师亲征，灭有扈氏：传子之局，至是全定。启没，子太康立，荒于游畋，有穷后羿④于是因夏民而代夏政。太康没，弟仲康立；仲康没，子相立，为羿所迫，徙居商丘（河南今县），羿遂称帝。羿也荒于游畋，为其臣寒浞⑤所杀。浞既代羿，又进而谋相，相后有缗氏有娠，逃于有仍⑥，后来生了少康。少康以田一成众一旅⑦，又得遗臣靡之助，竟灭浞，复都安邑，号为中兴。少康死后，十一传至履癸（即桀），暴虐无道，卒为诸侯商汤所代。夏自禹至履癸，历主十七，传十四世，凡三三九年，其世系表如次：

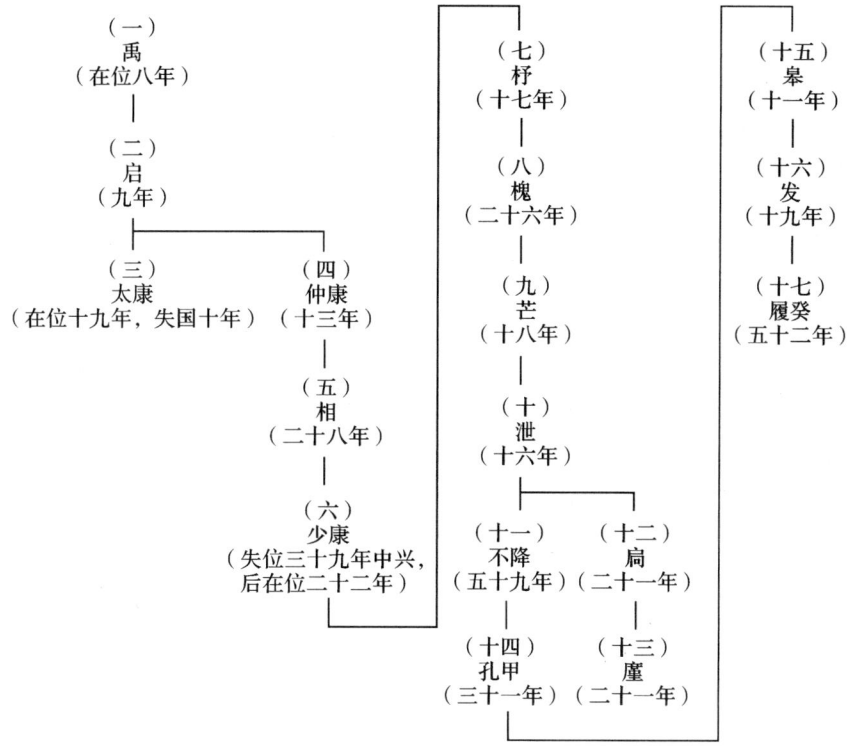

夏代之于黄帝、尧、舜，和秦代之于三代⑧，同是本国史划时期的所在。其重要关键，就是天子的权力，至夏始重。原来自黄帝建国以来，所谓天子，并无统辖诸侯的实权，只是名义上的共主。到了夏禹，天子的权力才扩大起来。禹在唐、虞之世，任司空之职，历时很久，在治水的进行中，他逐渐集大权于一身，水土既平，其德望随之增高，实际上当时诸侯早已无力和他分庭抗礼。所以即位以后，会诸侯于涂山（在今安徽怀远县),防风氏②后至,他竟以后至为罪名杀了防风氏。后来传子之局之所以能确立,亦即天子权力扩大之证。此种局面的形成,固由于禹在治水进行中获得掌握大权,增高声望的机会,但最重要的原因,却在于水土既平以后,人民能安土定居,同时,国内交通进步,消息传递灵通,使国家组织逐渐巩固。这样看来,可知黄帝建国全系传说,而本国史上粗具国家组织的雏形,当自夏始。此外夏代政教影响后世最大的,还有三点:(一)五行至禹而传。五行之说首见于《洪范》。《洪范》:"一五行:一曰水,二曰火,三曰木,四曰金,五曰土。水曰润下,火曰炎上,木曰曲直,金曰从革,土爰稼穑。"这五行并无神秘的意味,都是和人生日用最关切的事物,所以《尚书大传》说:"水火者,百姓之所饮食也;金木者,百姓之所兴作也;土者,万物之所资生也:是为人用。"由此看来,足征这原是夏代行政的要目,所以启伐有扈氏的罪名,亦不外"威侮五行,怠弃三正"。五行的本意,不过如此,但后人附会为天行,便含有神秘的意味了。(二)田赋之制自夏而始。水土既平,人民安土定居,于是授田收赋之制起。据《孟子·滕文公上》所载:夏制一夫受田五十亩,以数年收获的平均数,定一年收赋的标准⑩。(三)夏历沿用至清,无所更改。夏制以孟春月为正月,建寅,今阴历之称夏历或寅历者本此。夏历分叙节气,多合农时,所以商、周而降,正朔虽时有改易⑪,但农时仍用夏历,直至民国,始改用阳历。上述三者之外,他如官制,则初为六卿,后改五官⑫,而诸侯之长,称为九牧。如学制,则有国学和乡学之别:国学是贵族入的,分太学和小学两级,太学叫做东序,小学叫做西序;乡学是平民入的,叫做校。至于学校内容,则国学的教科以乐为重要,而以明人伦为国学乡学共同的训练目标。

由上所述,可知夏代正在由部落社会进到国家组织的行程中,当时君臣之分虽未明定,但天子的权力确较以前加大。同时,粗耕的农业,在夏代虽未成为主要生产部门,但也在逐渐的发展中:这由田赋制的确立和夏代注重农时,便可以看出来。

注释

①三危系西裔最远之地,一说在今甘肃敦煌县南。
②《史纪·夏本纪》:"帝禹立而举皋陶荐之,且授政焉,而皋陶卒。而后举益

任之政。十年，帝禹东巡狩，至于会稽而崩，以天下授益。三年之丧毕，益让帝禹之子启，而辟居箕山之阳。禹子启贤，天下属意焉。及禹崩，虽授益，益之佐禹日浅，天下未洽；故诸侯去益而朝启，于是启遂即天子之位。"可见禅让和传子在当时均未成为定制，而天子即位纯以诸侯之归从与否为转移。

③扈，国名，在今陕西鄠县。有扈氏是启之庶兄。

④有穷，国名，在今山东□县北。

⑤寒，国名，在今山东潍县东北。

⑥有仍，国名，今山东金乡县东北有东缗故城，或即有仍之都。

⑦方十里为成，五百人为旅。

⑧夏、商、周三代。

⑨防风漆姓，是汪芒氏之君，守封嵎之山，封山、嵎山均在今浙江武康县境。

⑩《滕文公上》："夏后氏五十而贡，殷人七十而助，周人百亩而彻，其实皆什一也。龙子曰：'贡者，校数岁之中以为常。'"而赵岐注则谓："民耕五十亩，贡上五亩。"朱熹注亦谓："一夫受田五十亩，而每夫计其五亩之入以为贡。"

⑪商建丑，周建子，自秦至汉景帝均建亥，武帝时又建寅，相沿至清未改。

⑫《甘誓》："乃召六卿。"郑注："《大传夏书》云：六卿者，后稷、司徒、秩宗、司马、作士、共工也。"或谓即后稷、秩宗、司空、司徒、司寇、司马。自不窋失官后，后稷废，故只有秩宗、司空、司徒、司寇、司马五官。

第五章 商代之政教

商代祖先名契，传至天乙（即汤），始代夏而有天下。汤初居南亳（在河南商丘县境），后迁西亳（在河南偃师县境）。夏桀无道，诸侯韦、顾、昆吾皆其同党，九夷也服从夏桀①。于是汤先灭其同党，等到九夷不听桀命之时，才兴师伐桀，曾战于鸣条（今山西安邑县），桀大败，奔南巢（在今安徽巢湖中），汤因而放之。汤既放桀，归南亳，诸侯来会者三千，于是即天子位：是为贵族革命之始。汤没，传至太甲，行多不明，伊尹放之于桐（在今山西闻喜县西南），后太甲悔过，伊尹又还政太甲：是为人臣废立帝王之始。传至盘庚，迁都西亳，改国号为殷②。三传至武丁，用傅说为相，国内大治：是为商代盛世。八传至受辛（即纣），暴虐如桀③，为武王发所代。商自汤至纣，传十四世，历主二十八，凡六四四年④，其世系表如次：

帝名	世数异同				据《殷本纪》所载诸代大事	历年	备考
	殷本纪	三代世表	古今人表	卜辞			
汤（天乙）	主癸子一世	主癸子	主癸子	一世		一三	罗振玉谓天乙为大乙之讹。
太丁	汤子二世	汤子	汤子	汤子二世	汤没，太子太丁未立		
外丙	太丁弟二世	太丁弟	太丁弟		外丙即位三年没④		
中壬	外丙弟二世	外丙弟	外丙弟		中壬即位四年没④		即仲壬
太甲	太丁子三世	太丁子	太丁子	太丁子三世		三三	
沃丁	太甲子四世	太甲子	太甲子			二九	
太庚	沃丁弟四世	沃丁弟	沃丁弟	太甲子四世		二五	
小甲	太庚子五世	太庚弟	太庚子			一七	
雍己	小甲弟五世	小甲弟	小甲弟		殷道衰，诸侯或不至	一二	
大戊	雍己弟五世	雍己弟	雍己弟	太庚子五世	殷复兴，诸侯归之，故称中宗	七五	
中丁	大戊子六世	大戊子	大戊弟	大戊子六世	迁于隞（一作嚣）（在今河南荥泽县西）	一三	即仲丁
外壬	中丁弟六世	中丁弟	中丁弟			一五	
河亶甲	外壬弟六世	外壬弟	外壬弟		殷复衰，居相（在今河南内黄县南）	九	
祖乙	河亶甲子七世	河亶甲子	河亶甲弟	中丁子七世	殷复兴，巫贤任职，迁于邢（今河北邢台县）	一九	
祖辛	祖乙子八世	祖乙子	祖乙子	祖乙子八世		一六	

续表

帝名	世数异同				据《殷本纪》所载诸代大事	历年	备考
	殷本纪	三代世表	古今人表	卜辞			
沃甲	祖辛弟 八世	祖辛弟	祖辛弟			二五	
祖丁	祖辛子 九世	祖辛子	祖辛子	祖辛子 九世		三二	
南庚	沃甲子 九世	沃甲子	沃甲子			二五	
阳甲	祖丁子 十世	祖丁子	祖丁子	祖丁子 十世	自中丁以来，废嫡而更立诸弟子，或争相代立，比九世乱，于是诸侯莫朝	七	
盘庚	阳甲弟 十世	阳甲弟	阳甲弟	阳甲弟 十世	时殷已都河北，盘庚渡河南居成汤之故居（即亳），殷道复兴	二八	
小辛	盘庚弟 十世	盘庚弟	盘庚子	盘庚弟 十世	殷复衰	二一	
小乙	小辛弟	小辛弟	小辛弟	小辛弟		二八	
武丁	小乙子 十一世	小乙子	小乙子	小乙子 十一世	修政行德，天下咸欢，殷道复兴，立其庙为高宗	五九	
祖庚	武丁子 十二世	武丁子	武丁子	武丁子 十二世		七	
祖甲	祖庚弟 十二世	祖庚弟	祖庚弟	祖庚弟 十二世	淫乱，殷复衰	三三	
廪辛	祖甲子 十三世	祖甲子	祖甲子			八	
庚丁	廪辛弟 十三世	廪辛弟	廪辛弟	廪辛弟 十三世		二一	

续表

帝名	世数异同				据《殷本纪》所载诸代大事	历年	备考
	殷本纪	三代世表	古今人表	卜辞			
武乙	庚丁子十四世	庚丁子	庚丁子	庚丁子十四世	去亳,徙河北	四	
太丁	武乙子十五世	武乙子	武乙子			三	
帝乙	太丁子十六世	太丁子	太丁子		殷益衰	三七	
帝辛	帝乙子十七世	帝乙子	帝乙子			三二	即受辛

商代政教特异之点,为继统法和尊鬼先神。商代继统法,以弟及为主,而以子继辅之。无弟然后传子。自汤至纣,三十帝中,以弟继兄的占十四;其以子继父的,也非兄之子,而多为弟之子。至于不合这继统法的却很少。尊鬼先神,夏、商、周三代都相同,不过夏、周只是"事鬼敬神而远之",商代却是"尊鬼,率民以事神,先鬼而后礼"。因为尊鬼,所以信巫⑤,而龟卜也随着流行。因为重祀,所以精治祭器,而美术也随着发达。他如官制:则有太宰、太宗、太史、太祝、太士、太卜,叫做六太,为典司六典之官;有司徒、司马、司空、司土、司寇,叫做五官,为典司五众之官;有司土、司木、司水、司草、司器、司货,叫做六府,为典司六职之官;有土工、金工、石工、木工、兽工、草工,叫做六工,为典司六材之官。如学制,则分国学和乡学两种:国学是贵族入的,分为太学和小学两级,太学称右学,小学称左学;乡学是平民入的,叫做序。其教科和夏代同。如刑法,则有汤刑,或即古之五刑,而"刑三百,莫重于不孝"。至于田赋之制,则见于第六章。

近人以商都屡迁,就断定商代还是个游牧部落,并且拿卜辞中多有田猎之事以为佐证。其实,商代的粗耕农业,已在进展的途中,决不是以牲畜为其生产的惟一部门;并且在政制上讲,也正在由部落社会进到国家组织的行程中。商代重耕稼,在古书中可得到很多的证明⑥,就是在卜辞中,也可找到田、畴、禾、啬、黍、粟、耒、麦诸字,并且和耕稼有关的工艺品,还有酒鬯诸字,而"卜受黍年"的记录,也屡见于卜辞中,甚至有为着农事而卜风、卜雨、卜时的。这样看来,至少可以断定商代的粗耕农业正在进展的途中。至于由部落进到国家组织,也是有原因的。原来汤所居之地,四面都是文化较低的部落,自汤用武力征服诸部落之后,汤就握有大权，所谓诸侯便不得不对汤称臣纳贡。这样看来，足征商代天子权力之大，决非一个部落的酋长所可以比拟；所以至少可以断定，当时正在由部落社会进到国家组织的行程中，不过君臣之分尚无明确的规定罢了。

注释

①韦即豕韦，彭姓。按颛顼孙大彭为夏诸侯，少康时，封其别孙元哲于豕韦（在今河南滑县东南）。顾，已姓，在今山东范县。昆吾，已姓，初居今河北濮阳县西南，后迁至今河南许昌县。九夷就是畎夷、于夷、方夷、黄夷、白夷、赤夷、玄夷、风夷、阳夷。《孟子》载汤以不祀而征葛（在今河南宁陵县西），十一征而无敌于天下。《越绝书》载汤服荆楚。《尚书大传》也说汉南诸侯四十国都归向成汤。足见汤未伐桀时，即已征服诸部落，而拥有雄厚的实力。至是始取韦顾，灭昆吾。

②王国维《观堂集林》卷十二说殷，谓盘庚迁殷，即今河南安阳的殷墟，《殷本纪》所载迁亳非是。又迁殷以后，至纣之亡，均未迁都，《殷本纪》所载武乙去亳徙河北非是。又说商谓盘庚迁殷以后，仍以商为国号，并无改国号为殷之事。其所以称殷，则因商居殷地最久之故。

③按桀、纣恶迹相同，或起于后人的附会，兹表列如次：

恶迹	桀	纣
内宠	妹喜	妲己
沉湎	为酒池，可以运舟，一鼓而牛饮者三千人	以酒为池，悬肉为林，使男女倮，相逐其间，为长夜之饮
土木	为琼台瑶室，以临云雨	造倾宫瑶台，七年乃成，其大三里，其高千仞
拒谏	杀关龙逄	杀比干
贿赂	囚汤于夏台，汤行贿，桀释之	囚西伯于羑里，西伯之徒献美女奇物善马，纣乃赦西伯
信命	桀曰：吾之有天下，如天之有日	纣曰：我生不有命在天

④据《殷本纪》，将外丙、中壬计入，当为十七世，三十主，六五一年。

⑤太戊时的巫咸，祖乙时的巫贤，都是商之巫官，世职为巫，故以巫为氏。

⑥《孟子》："汤使亳众，往为之耕。"《商书·盘庚》："若农服田力穑，乃亦有秋。"又："惰农自安，不昏作劳，不服田亩，越其罔有黍稷。"《商颂·烈祖》："丰年穰穰。"

第六章　周初之政治

周的始祖为弃，尧、舜时为农官，封于邰，叫做后稷。后稷卒，子不窑立,失官,奔于戎、狄之间。再传至公刘,复修后稷之业:周道之兴自此始。公刘没,子庆节立,国于邠(一作豳,陕西今县)。庆节八传至古公亶父,荤粥来侵,迁于岐山(陕西今县)之下,除戎、狄之俗,筑城郭宫室,立五官有司以治民,国号周;周室王业的基础至是确立。亶父有子三人:长泰伯,次仲雍,次季历。季历有子名昌,有贤德,亶父欲传季历以及昌,于是泰伯、仲雍逃走荆蛮。亶父没,季历立,以次征服西方诸小国和戎、狄。季历没,昌立,为商西伯。西伯敬老慈幼,天下贤才多归周,其势益大,纣因命西伯得专征伐。西伯于是伐邘、密须、犬戎、耆、崇诸国①,荆、梁、雍、豫、徐、扬六州都归周,因于崇地营丰邑,徙都之,并命世子发营镐(在今陕西鄠县东)。西伯卒,发继立,以太公望、周公旦②为师辅,会诸侯于盟津③,诸侯不期而会者八百。后二年,乃伐纣,战于牧野(今河南淇县),纣大败,自焚死,于是发代商而有天下,徙都镐,是为周武王。追谥亶父为太王,昌为文王。武王既灭商,因封纣子武庚于殷,使主商民,又封弟叔鲜于管(今河南郑县),叔度于蔡(今河南上蔡县西南),叔处于霍(山西今县),使以监殷,叫做三监。武王卒,子成王诵立,周公摄政,管叔、蔡叔和武庚俱叛,周公亲征,诛管叔、武庚,处蔡叔等以罪。乱平以后,始营洛邑(今河南洛阳县)为东都,而以镐为西都。周的王业,至是始完全巩固。成王卒,子康王钊立。成、康之际,为周的极盛时代。康王卒,子昭王瑕立,南巡死于汉水,王道衰微自此始。传至夷王燮,下堂而见诸侯④,王室益衰。夷王卒,子厉王胡立,暴虐侈傲,国人多谤,王得卫巫,使之监谤;国人不能堪,相率叛王,王奔于彘(今山西霍县):是为我国史上人民自起而反对帝王的第一声。王出奔后,周公、召公二相行政,叫做共和⑤。王卒于彘,子宣王靖立,罢共和,周、召辅政,平定夷、狄,号称中兴。宣王卒,子幽王宫涅立,嬖褒姒,废申后和太子宜臼。申后父申侯(今河南南阳县北)和犬戎因伐周,弑幽王于骊山(今陕西临潼县东南)之下,诸侯共立宜臼,便是平王。平王东迁洛邑,是为东周,后世史家因称都镐时之周为西周。东迁以后,便入于春秋时代,从此政由方伯,就只见霸者的横行,不闻王室的振起了。平王二十四传至赧王延,为秦所灭,周亡。周自武王至赧王,传三十二世,历主三十七,凡八六七年,其世系表如下:

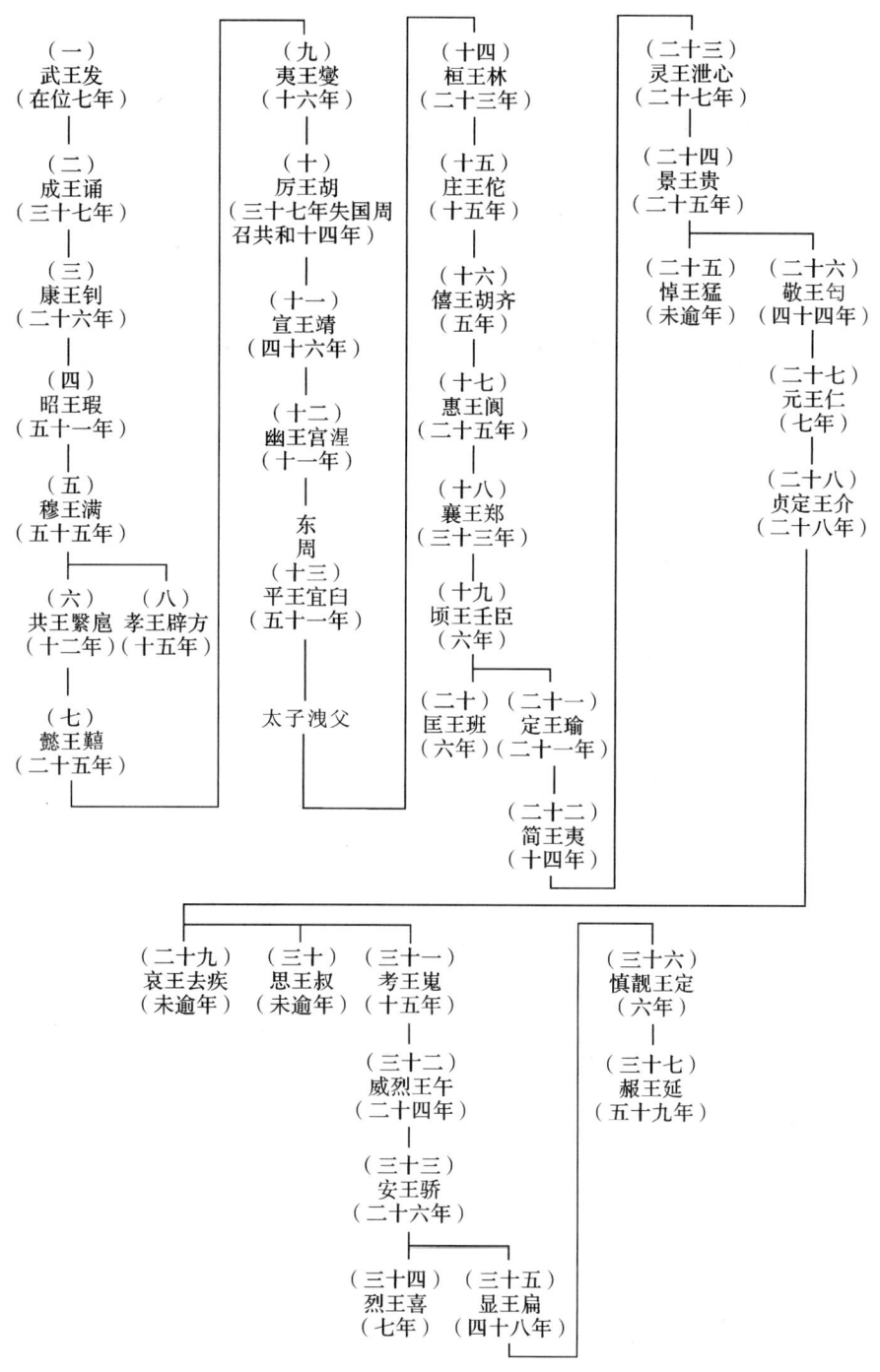

三代政教，以周为最备。周代政教最重要之点，就是嫡庶之制的确立。由嫡庶之制，而有传子传嫡之制，进而又生宗法之制。周初宗法，据《礼记·大传》所载，便是"别子为祖，继别为宗，继祢者为小宗，有百世不迁之宗，有五世则迁之宗"。这种制度，原来是为天子和诸侯的继统法而设，但以此制通之大夫以下，便不为君统而为宗统，由是上自天子，下至庶民，都无不纳之于宗法组织之中；因此，所谓国家，便无异是以宗法为结集的中心而形成的一种团体了。兹将宗法图表列如下，以作参考：

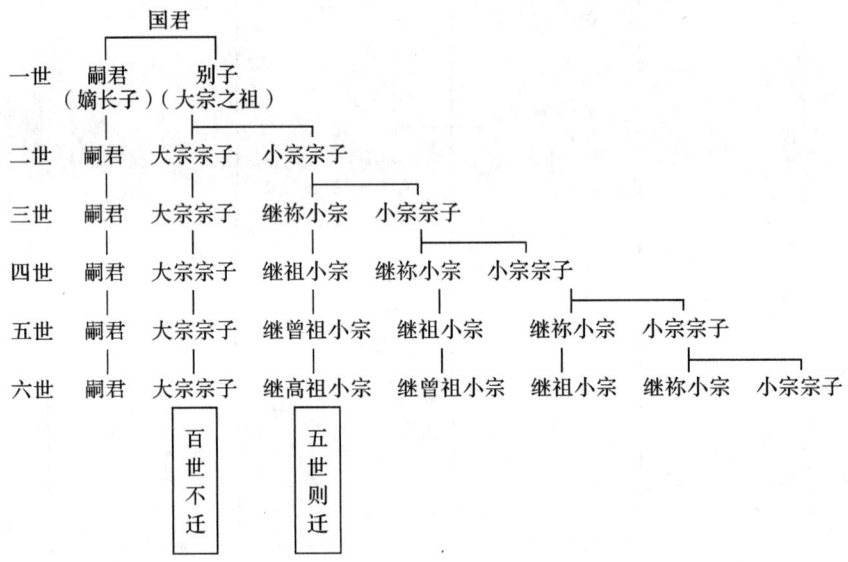

既有嫡庶之制，于是为人子者为之后之制定，而立子立嫡君位前定，便无疑义了。由嫡庶之制，又生丧服之制和祭法，于是尊尊亲亲之义明。他如分封子弟之制，也和嫡庶之制有关，其结果便是异姓诸侯之势弱，而天子之位尊。他如以贤贤之义治官和同姓不婚之制，也为周代政教的要点。此外，周代其他种种制度，也很重要，兹条述如次：一曰官制。有太师、太傅、太保，叫做三公。又有少师、少傅、少保，叫做三孤，又叫做三卿。三公坐而论道，三孤为三公之贰。又有六卿：天官冢宰掌邦治，地官司徒掌邦教，春官宗伯掌邦礼，夏官司马掌征伐，秋官司寇掌刑法，冬官司空掌土木农工之事。六卿与三卿，并叫做九卿。六卿之下，又有中大夫、下大夫、上士、中士、下士诸官，各有所掌。二曰刑法。有墨、劓、剕、宫、大辟五刑，又有徒刑、赎刑及刖髡桎梏等刑。而周代法制的特点，则为议辟和听讼⑥，前者和周代政制有关，后者为审判制度的确立。三曰学制。有国学和乡学之分：国学是贵族入的，分为小学大学两级；乡学是平民入的，在州称序，在党称庠，在闾称塾，都是小学。乡学无大学，其俊秀可升于国学。国学教官有大乐正、小乐正、大胥、小胥，教科有诗、书、礼、乐；乡学方面，据《王制》所述，有"司徒修六礼以节民性，明七教以兴民德，齐八政以防淫，一道德以同俗"⑦。至于入学年龄，则国学方面，规定八岁入小学，十五岁入大学。四曰乡遂制和兵制。乡遂是直隶于天子而行自治之制的区域。据《周礼》所载，王畿方千里，四面各五百里，节次分之⑧。王畿之内，行乡遂之制。其区划：五家为比，五比为闾，四闾为族，五族为党，五党为州，五州为乡，凡六乡；（离王城百里）五家为邻，五邻为里，四里为酂，五酂为鄙，五鄙为县，五县为遂，凡六遂。（离王城二百里）总计乡遂方四百里，十五万家，而自治之官，凡三万七千八百七十五人。其职务：一为调查乡遂的人畜车辇旗鼓兵革以及田野耕器，二为教民读法，三为办理乡遂的教育，四为办理力役和征兵之事，五为办理征敛之事。至于兵制，则六乡各出一军，共六军，凡七万五千人。又遂亦家出一人，以为乡之副，其军数和人数均与乡同。乡遂之家只出兵，而车马出于官。至于乡遂之外，则行甸法，出兵兼出车马。其制：九夫为井，四井为邑，四邑为邱，四邱为甸，甸出长毂一乘，戎马四匹，甲士三人，步卒七十二人，大车三乘，牛十二头，徒二十五人⑨。兵士训练之法，则为春蒐、夏苗、秋狝、冬狩，都是于农隙以讲武事⑩。五曰赋税制。商、周两代，行井田制。商制：划六百三十亩为九区，区七十亩，中为公田，外为私田，八家各受一区，助耕公田，不复税其私田，叫做助法。周制：乡遂用贡法，都鄙用助法，通夏、商二代之法，叫做彻法。彻就是通的意思，乡遂附郭之地，凶丰易察，而人家错处，画井为难，所以贡而不助；都鄙野外之地，情伪难知，而一望平原，画井较易，所以助而不贡。周制一夫受田百亩，余夫二十五亩，年三十受一夫之田，二十受余夫之田，六十归田于公。这种土地，并不是农民的私产，却是贵族的世禄，而由国家分授给农民耕种的；所以这种世禄井田制度，贵族只是坐收贡赋，而农民却要尽力田亩以供奉贵族。田赋之外，又有口赋、杂税、贡献⑪，名目繁多。至于币制，则当时金布谷米并行。

周代制度，是否完全实行过，这当然是疑问；但其影响及于后世至深至大，却无疑义。周代制度完备如此，虽说出自周公之手，但也和时代的变迁及社会经济的发展有关。原来部落社会，至虞舜以后，就已逐渐崩溃，而渐进到国家组织，到了周代，因农业生产工具的进步，农业益加发达⑫，成了主要的生产部门。要在这样的经济阶段中，始能确立宗法之制和封建制度。所以周公明定制度，决非他一人的聪明才力所能独创，而是一方面鉴于夏、商的旧制，他方面相应于时势的需要和社会经济的发展，才产生这样完备的制度。

注释

①邗即于，又作盂，今河南沁阳县。密须在今甘肃灵台县西。耆即黎，又作□，一作阢，今山西晋城县。崇今陕西鄠县。

②太公望姜姓，吕氏，名尚。周公旦是文王之子。

③一作孟津，在今河南孟县西南。

④《礼记·郊特牲》："观礼，天子不下堂而见诸侯；下堂而见诸侯，天子之失礼也，自夷王以下。"

⑤共和有二说：一谓周、召二公共和行政，一谓诸侯奉共伯和行天下事。当以前说为是，但仍为贵族执政，与之民主共和无关。

⑥议亲、议故、议贤、议能、议功、议贵、议勤、议宾叫做八辟。这八种人非与王室有关，即于国家有所裨益，不幸有罪，从而议之，可赦则赦，次亦为之末减。诉讼者以货财相告的入束矢，以罪名相告的入钧金，以备不直之罚。又以三刺断狱：一为讯群臣，二为讯群吏，三为讯万民，合于疑狱与众共议之意。又以五声听讼：辞听观其出言，色听观其颜色，气听观其气色，耳听观其听聆，目听观其眸子。

⑦冠、婚、丧、祭、飨、相见叫做六礼。父子、兄弟、夫妇、君臣、长幼、朋友、宾客叫做七教。饮食、衣服、事为、异别、度、量、数、制叫做八政。

⑧方千里曰王畿，又有九服之制。每隔五百里为一服，分侯、甸、男、采、卫、蛮、夷、镇、藩等服。

⑨甸又叫做乘，百乘为同，故卿大夫采邑之大者，其赋百乘；诸侯之大者十同，其赋千乘；王畿百同，其赋万乘。

⑩以上所说的兵制，是兵农合一的办法。也有人疑古代兵士和农人是分开的，住于乡的是征服者，为兵士，住于遂以外的是被征服者，为农人。这样看来，周代

王畿便只有六乡各出一军,并无遂以外亦服兵役之说。按照当时国人与野人的阶级制度,确系如此,详见第十四章。

⑪《周礼》:太宰以九赋敛财贿。郑注:赋口率出泉也。杂税:纵布为店税,总布为商税,质布为印花税,罚布为罚金,廛布为房屋税,此外有渔征为渔税,屠者之征为屠宰税。大宰以九贡致邦国之用:一为祀贡,二为嫔贡,三为器贡,四为币贡,五为材贡,六为货贡,七为服贡,八为斿贡,九为物贡。

⑫周代农具,见于《诗》的,除耒、耜以外,尚有钱、镈、铚三种。又周代农业的发达,可参看《诗·緜緜瓜瓞》《公刘》《皇矣》《生民》《閟宫》《信南山》《甫田》《楚茨》诸篇,及《书·大诰》《洛诰》《酒诰》《梓材》《无逸》《多方》诸篇。

第七章 古代之封建制度

相传封建制度始于黄帝,这自然不可据为信史。唐、虞之世,据古史所载,也行封建之制,并有朝觐巡狩,以规定天子和诸侯的关系。大抵当时所谓侯国,只是邃古自然发生的部落,其酋长各私其土,各子其民,既非天子所能建置,也非天子所能废除,不过名义上奉天子为共主罢了。即令天子分封,实际上也不外就其原有土地而封之,使自主其国;当时天子的政令不但不能直达侯国,甚至侯国还要干预天子的行政。像这样的情形,还说不上是完备的封建制度。降至夏、商二代,天子的权力虽逐渐加大,国家的雏形虽已粗具,但征诸古史,却不见其时有明确的封建制度。以理推之,当时所谓万国和诸侯三千①,也不过是自然发生的部落,君臣之分,固未明定。至周,而封建制度始正式确立。封建制度至周初才确立,决不是偶然的:第一,周人用武力取得天下以后,把商人及其同党镇压到无法反抗的地步,于是造成了"普天之下,莫非王土,率土之滨,莫非王臣"的局面,周人就在这种局面之下,确立世禄井田制度,其时国王有支配全国土地之权,于是分封同姓和功臣,才能够由国王的意思去分配。第二,因为周人农业特别发达,于是适应这种经济基础,始确立宗法之制;宗法之制是周人社会组织的神经中枢。将它通之于封建制度之中,则上下相维,脉络贯通,使政治组织形成为灵活的有机体。第三,由于土地的授受②和世禄井田制度的确立,于是自天子诸侯卿大夫以至庶人,其间权利和义务的关系,也就随之而确立:阶级的隶属,界限森严,不可逾越;从而所谓名分和礼制，才由是显出其重大的作用。第四，食土食禄的贵族，或从事于政治，或从事于征战，或从事于学术，养尊处优，决无戮力田亩从事耕种的，于是耕种成为庶人的专业，庶人被束缚在土地之上，终日勤劳，以奉贵族，其结果自给自足的庄园制③因以形成，而封建制度的特征，便益加显明。周人具备了这些条件，所以封建制度至周初始正式确立。

周初的封建制度，并非一蹴而成，其间也经过相当的时间。原来自武王灭商之后，便封黄帝之后于蓟（河北今县），唐尧之后于祝（今山东长清县），虞舜之后于陈（今河南淮阳县），叫做三恪。又封夏禹之后东楼公于杞（河南今县），商汤之后武庚于殷，叫做二王之后。武王假借"追思先圣王"的美名，就已表示了"政由我出"的态度。同时又新封同姓和功臣，使与旧有侯国杂处，以收监视和牵制之效。这样一来，旧有诸侯，便不敢不慑服于周，以接受武王的封号。到了平定武庚、管、蔡之后，"周公吊二叔之不咸，故众建亲戚以藩屏周"。周公立国七十一：而姬姓独居五十三④，又设左右二伯：自陕以东，周公主之，以西召公主之⑤。周初封建制度，至是完全确立。其列爵、分土、置军、置卿均有等级⑥，兹分述如下：（一）列爵五等：公、侯、伯、子、男。（二）分土三等：公、侯方百里，伯方七十里，子、男方五十里，不及五十里者，不直属于天子，叫做附庸。（三）置军：方伯二师，诸侯一师，天子自统六师⑦。（四）置卿：大国（公侯之国）三卿，皆命于天子；次国（伯国）三卿，二卿命于天子，一卿命于其君；小国（子男之国）二卿，皆命于其君⑧。至于中央和侯国的关系，据《周礼》所载，则有朝聘、盟约、贡物、刑罚、庆贺、哀恤五者以维系之⑨。周初的封建制度，大抵如此。

注释

① 夏禹会诸侯于涂山，执玉帛至者万国。商汤时，因诸侯兼并，便只剩有三千国。

②《礼运》："天子有田以处其子孙，诸侯有国以处其子孙，大夫有采以处其子孙。"观此，足征自天子至卿大夫均有土地，而土地授予之权，对诸侯则操之于天子，对卿大夫则操之于诸侯，故阶级的隶属关系，即缘此土地之授受而生。

③封建制度的特点：一为阶级的隶属关系，一为自给自足的经济单位。当时交

换经济不发达，农民被束缚在贵族的土地之上，服徭役，纳贡献，以供奉贵族四时日用所需。由此便形成自给自足的庄园制。

④《荀子·儒效篇》："周公立七十一国，姬姓独居五十三人。……周之子孙，苟不狂惑者，莫不为天下之显诸侯。"《左传·僖公二十四年》："富辰曰：昔周公吊二叔之不咸，故封建亲戚以藩屏周。管、蔡、郕、霍、鲁、卫、毛、聃、郜、雍、曹、滕、毕、原、酆、郇，文之昭也；邢、晋、应、韩，武之穆也；凡、蒋、邢、茅、胙、祭，周公之胤也。"总之：周初封建之制，始于武王，定于成王在位周公摄政之时，甚至成、康以降，尚时有封国之事，如郑受封在宣王之世，即其一例。当时同姓之国，以晋、燕、卫为最大，异姓之国，以齐为最大。

⑤平定管、蔡以后，即封周公子伯禽于鲁，而周公治陕以东，及于汝、汉，叫做周南；召公治陕以西，及于江、沱，叫做召南。

⑥正文所述，系根据经今文说。至于经古文说，则谓公方五百里，侯方四百里，伯方三百里，子方二百里，男方百里。其置军，则天子六军，大国（公、侯之国）三军，中国（伯之国）二军，小国（子、男之国）一军，而以一万二千五百人为一军，参见第六章兵制条。其置卿，则大国三卿，二卿命于天子；次国二卿，一卿命于天子；小国一卿，命于其君，称为小卿。

⑦《白虎通义·三军篇》："三军者何？法天地人也。以为五人为伍，五伍为两，四两为卒，五卒为旅，五旅为师，师二千五百人，五师为一军，六军一万五千人。"又《公羊传·隐公五年》何休注："二千五百人称师，天子六师，方伯二师，诸侯一师。"

⑧详见《王制》。郑玄谓小国亦置三卿，一卿命于天子，二卿命于其君。

⑨朝聘是指臣以时朝君，君以时存问诸侯而言，又诸侯使臣也以时聘问。盟约是指天子与诸侯及万民关于治神、治民、治地、治功等事均订立盟约以坚其信而言。贡物有两种：每岁常贡其产物，其目有九，详见第六章；还有一种，就是因朝见而贡货贿，各依远近而定其朝贡的年限：如侯服岁一见，其贡祀物；甸服二岁一见，其贡嫔物；男服三岁一见，其贡器物；采服四岁一见，其贡服物；卫服五岁一见，其贡材物；要服六岁一见，其贡货物；夷服以外皆世一见，各以其所贵宝为挚。刑法是指天子以邦典定诸侯的狱讼，又诸侯有大罪，则有九伐之法即：冯弱犯寡则眚之，贼贤害民则伐之，暴内陵外则坛之，野荒民散则削之，负固不服则侵之，贼杀其亲则正之，放弑其君则残之，犯令陵政则杜之，外内乱、鸟兽行则灭之。国有庆喜之事则贺之，有不幸之事则哀恤之。

第八章　中华民族之滋大

周代的封建制度，和中华民族的滋大很有关系。原来封建制度，有两大作用：一曰分化，一曰同化。所谓分化，就是将同一的精神同一的制度及同一的组织，分布于各地，使各因其环境，得以尽量的发展。《公羊传》注："天子与诸侯俱南面而治，有不纯臣之义。"可见侯国也是一个小朝廷，其行政组织和制度，大略和天子相同，所差的只有规模广狭的不同而已。天子和侯国，虽有种种制度维系其间的关系；但天子并不干涉侯国的内政，侯国在其领土内，得充分行使其治权。侯国行使其治权，似乎是各自为政，不过因为侯国是具体而微的王室，所以侯国行政，在原则上都无不效法王室，而王室的政治，则显然是侯国的楷模。可见侯国所治之地，也就是王化所及之地，质言之，即是以王室的制度和组织为辐射的中心，借侯国的媒介，而向各地方为多元的发展。所谓同化，在文化上言，就是将许多异质的低度文化醇化于高度文化总体之中；在民族上言，就是经过长期的接触使异族逐渐同化于汉族。封建制度有所谓附庸之国，这种附庸，其性质在"司群祀以服事诸夏"，质言之，即旧部落而立于新侯国指导之下。不但如此，就是春秋诸大国如齐、晋、秦、楚、吴、越，都和异族杂处，时日既久，所谓异族自然就被汉族同化了；所以秦、楚在春秋初期虽被目为蛮、戎之邦，吴、越虽和断发文身的越人相处，但到后来，也就彬彬有礼而进于冠裳之列了。由上所述，可知封建制度这两种作用，实予中华民族的滋大以很大的影响。

以下就周代封建各大国在各地逐渐发展的情形，以说明中华民族的滋大：一曰齐国，姜姓，始受封的为太公望，是周初三公之一[①]，侯爵，都营邱（今山东昌乐县），后世迁于薄姑（在今山东博兴县境内），最后迁至临淄（山东今县）。太公以齐地滨海，于是通工商之业，便鱼盐之利，而国富强。其领土"东至海，西至河，南至穆陵（今山东临朐县南穆陵关），北至于无棣（山东今县）"，管、蔡、淮夷作乱之时，太公受命得专征伐，其国益大。传至桓公，为春秋五霸之一。二曰鲁国，姬姓，始受封的为周公旦，是周初三公之一，都曲阜（山东今县），管、蔡乱平之后，周公子伯禽有其地，侯爵。鲁在周初为强国，在齐桓公称霸之时，尚拥有相当的势力。

春秋时，王道衰微。而鲁为礼文最备之国。三曰卫国，姬姓，始受封的为武王弟康叔封，侯爵，都朝歌（今河南淇县东北），以镇殷墟，在周初为大国。后迁楚丘（今河南滑县东），最后迁帝丘（今河北濮阳县）。四曰晋国，姬姓，始受封的为成王弟叔虞，封于唐（今山西太原县北），侯爵。传至其子燮，因地有晋水，改国名为晋。七传至穆侯，徙居绛（今山西翼城县东南）。穆侯有子二：长名仇，次名成师。穆侯卒，仇立，是为文侯。文侯卒，子昭侯立，封成师于曲沃（山西今县），号桓叔。昭侯五传至湣侯，为桓叔之后武公所篡。武公卒，子献公立，灭霍、魏、耿、虢②，于是晋疆西至今陕西大荔县一带，而与秦接境，北与狄为邻，东至于今河南的沁阳县，其国始强大。献公卒，三传至文公，为春秋五霸之一。五曰秦国，嬴姓，周孝王时始封伯益之后非子于秦（今甘肃天水县），伯爵。非子曾孙秦仲，为周宣王大夫，受宣王命伐戎，为戎所杀。秦仲子庄公，以破戎有功，受宣王封，居于犬丘（今陕西兴平县）。庄公传子襄公。当犬戎弑幽王之时，出兵救周，后平王东迁，又发兵护送平王，于是平王将岐以西之地予襄公。襄公八传至穆公，为春秋五霸之一。六曰楚国，芈姓，成王时，始封颛顼之后熊绎于楚，子爵，都于丹阳③。熊绎五传至熊渠，当周夷王政衰之时，熊渠甚得江、汉间民和，西伐庸（今湖北竹山县东南），东伐扬粤④，至于鄂（今湖北武昌县）；于是封其长子康为句亶王，居今湖北江陵县，次子挚红为鄂王，居今武昌县，少子执疵为越章王，居今安徽当涂县。熊渠之后，七传至文王，始迁于郢（今江陵县北十里），当时齐桓公始称霸，楚亦始强大。文王二传至庄王，为春秋五霸之一。七曰宋国，子姓，公爵。管、蔡、武庚之乱平定以后，成王封纣庶兄微子启于宋（今河南商丘县），十八传至襄公，为春秋五霸之一。八曰曹国，姬姓，伯爵，始受封的为武王弟叔振铎，国于陶丘（今山东定陶县）。九曰郑国，姬姓，伯爵，周宣王时封其弟友于郑，都棫林（今陕西华县），其子武公迁于今河南郑县。十曰蔡国，姬姓，侯爵。管、蔡乱平以后，成王封蔡叔度之子胡于蔡（今河南上蔡县西南），后迁新蔡（今河南新蔡县），最后迁来州（今安徽寿县北三十里）。十一曰陈国，妫姓，侯爵。始受封的为帝舜之后陈胡公，都于宛丘（今河南淮阳县）。十二曰燕国，姬姓，侯爵。始受封的为召公奭，是周初三公之一，都蓟（今河北大兴县），至齐桓公称霸时尚为强国。十三曰吴国，姬姓，子爵。太伯、仲雍为吴始祖，仲雍四传至周章，受周武王封，国于梅里（今江苏无锡县东南）。自太伯至寿梦立，经十八世，而吴始大。寿梦得楚亡大夫申公巫臣，教吴用兵乘车，吴于是始通于中国。传至诸樊，迁于吴（江苏今县）。及阖闾立，再传至夫差，而吴益强大。十四曰越国，姒姓，子爵。夏少康初封其庶子无余于越，都会稽（今浙江绍兴县），以奉守禹祀。至周，封为子爵。自无余传二十余世，至句践，其势始强。

当殷、周之际，汉族势力，还不出今陕西、山西、河南及河北、山东之一部；周行封建以后，于是今江苏、湖北、安徽、浙江一带，始为汉族所有：我国中华民族的滋大，由此可以想见。以上十四国之中，以齐、晋、秦、楚、吴、越六国为最强大，而六国都与异族杂处，其为六国所同化的，当不在少数。

注释

① 太公为太师，周公为太傅，召公为太保。

② 霍在今山西霍县西十六里，侯爵，始受封的为文王子叔处。魏在今山西芮城东北七里，姬姓，其爵位及始受封者人名不详。耿在今山西河津县南十二里，姬姓，其爵位及始受封者人名不详。虞在今山西平阴县东北四十五里，公爵，始受封者为仲雍后虞仲。虢在今河南陕县东南，公爵，始受封者文王弟虢叔。

③ 丹阳在今湖北秭归县东南七里。一说在今河南丹水、淅水之间。

④ 扬粤，《史记索隐》作扬越，即今江西零都县。

第九章　春秋之霸业

《春秋》是鲁史之名，孔子修《春秋》，起自鲁隐公元年，即周平王四十九年（B. C. 722），止于鲁哀公十四年，即周敬王三十九年（B. C. 481），共242年，史家就叫这时期为春秋时代。这时代的特征，是王室的号令不行于诸侯，诸侯互相侵伐，争为霸主，而封建制度从此解纽。当时诸国见于《春秋》的有一百四十余国，其有事可纪的，只有第八章中所述的十四国，而齐、晋、宋、楚、秦、吴、越七国为最盛。大抵春秋之世，最初为齐桓公独霸时代，其次为晋、楚争霸中原、秦霸西方时代，最后为吴、越争霸时代，今依次分述如下①：

齐桓公的霸业，得力于管仲。管仲相齐，不使四民杂处；又作内政以寄军令，明为乡自治制，暗则为军制②。更定赎罪律以备军械，官山海盐铁之利以足国用，权谷币以重农事，由是灭谭灭遂以立威③，会鲁侯于柯（今山东阳谷县东北），还鲁侵地以示信。至其霸业，可分三项述之：一曰睦邻。初会宋、陈、蔡、邾④于北杏（今山东东阿县北），以平宋乱⑤；又会宋、陈、卫、郑于鄄（今山东濮县东），而桓公始称霸。二曰攘夷。当时山戎伐燕，桓公率兵逐山戎以救燕，于是诸侯益相附齐。狄灭卫伐邢⑥，桓公会诸侯之师以救邢，迁于夷仪（今山东聊城县西南十二里）；又封卫于楚邱（今河南滑县东），以复其国。又楚势方强，以兵伐郑，桓公会宋、鲁、郑、曹、邾诸国于柽（今河南淮阳县西北）以救郑，率诸国之兵以伐楚，责其不纳贡于周，盟于召陵（今河南郾城县东），于是楚势为之一挫。三曰尊王。时周惠王欲废太子郑，桓公会宋、鲁、陈、卫、许、曹及太子于首止（今河南睢县东南），以定太子之位，这就是后来的襄王。又会周、鲁、宋、卫、郑、许、曹于葵丘（今河南考城县），相约共尊王室，襄王赐以胙肉。后王子带召戎攻周，为管仲所平，王室以宁。由上所述，可知桓公霸业之盛；但召陵之盟，楚虽受挫于齐，而楚于会盟之后，还敢剪灭弦、黄、英三国⑦，桓公竟不能遏止，于是楚势益强。后桓公、管仲相继死，霸业遂衰。宋襄公继起，与楚战于泓（水名，在今河南柘城县境），伤股而死；襄公图霸不成，而楚势益盛。

晋公子重耳少遭骊姬之难，出奔于外，得秦穆公援助，返国即位，是为晋文公。时王子带又引狄人攻周，文公发兵杀带，周襄王因赐以南阳之地（今河南沁阳县一带）。会楚伐宋，宋求救于晋，文公伐楚之与国曹、卫以救宋，又大败楚师于城濮（今山东濮县南），楚势大挫，襄王因命文公为伯，使专征伐；文公霸业，至是告成。文公卒，子襄公立：与秦穆公一战于殽，再战于函（山名，均在河南洛宁县境），三战于彭衙（今陕西白水县东北），秦师均败。自是穆公增修国政，重施于民，于是取晋王官（今山西虞乡县南）之地，而晋人不敢出战。穆公又用由余之谋以伐戎，辟地千里，独霸西方；襄王因命穆公为西方诸侯伯。自是晋、秦屡起战争，多为晋所败；终春秋之世，秦人始终不能得志于中原。襄公死后，而楚又崛起。原来楚国，到了楚庄王的时候，其势始大。这时郑居黄河南岸，介居晋、楚二大国之间，为晋、楚争霸中原所必得的与国。庄王伐郑，晋出兵救郑，为楚败于邲（今河南郑县），于是宋、鲁、曹、邾、卫、秦诸国都附楚，庄王的霸业，由是告成。自是晋专兼并其附近的戎、狄之国，至庄王卒，子共王立，才再起以与楚争郑。晋又使楚叛臣申公巫臣至吴，教之乘车，教之战阵，以牵制楚国。楚既有东方大敌，于是疲于奔命，卒为晋所乘，败于鄢陵（今河南鄢陵县西北）；但楚势仍盛，时出师北侵。当时天下附楚的有陈、蔡、郑、许诸国，而秦为楚的与国；附晋的有鲁、卫、宋、曹诸国，而齐为晋的与国：晋、楚两国，势力相埒，于是宋向戌倡弭兵之会，两国争霸之战始息，而郑得子产佐国，国亦称治。后吴、越崛起，才入于吴、越争霸时代。

原来吴自寿梦得申公巫臣以后，才通于中国，其季子札又往聘中原上国，吴的文化由是益进。及阖闾立，用楚亡臣伍员⑧，国势更强，与楚战于柏举（今湖北麻城县东北），楚师大败，吴师入郢，楚几亡国。后楚大夫申包胥乞援于秦，得秦之助，始得复国。当吴师深入楚境，越又乘虚袭吴；后阖闾率师伐越，与越王句践战于檇李（今浙江嘉兴县），阖闾伤指而死；子夫差继位，谋复父仇，卒败越于夫椒（山名，在今江苏吴县西南太湖中），句践屈身求和，夫差许之。句践阳事夫差，阴谋雪耻，于是十年生聚，十年教训，卧薪尝胆，欲以报吴。夫差不以为意，反北上伐齐、鲁，句践乘虚入吴，吴不能敌，困夫差于姑苏（台名，在今江苏吴县西），夫差乞和，句践不许，夫差自刎死，吴遂亡。句践既灭吴，于是率兵渡淮，与齐、晋会于徐州（今江苏铜山县），致贡于周。周元王赐句践胙，命为诸侯伯，越势极盛。后句践卒，其势始衰，卒为楚所灭。春秋的霸局，至是告终。

春秋以齐、晋、宋、秦、楚、吴、越七国为最盛，其中只有齐为周之勋戚⑨，晋为周之懿亲，所以王室是赖，也以这二国为最多。春秋霸业以尊王攘夷兴灭继绝为主，而真能名副其实的，也就只有齐桓、晋文，所以孟子说："五霸桓、文为盛。"他如宋国，虽为上公，而微子之后；吴国虽同为姬姓，而泰伯之后；于周都有代兴之意，便不知所谓尊王攘夷了；至于秦、楚、越三国，则更于周无关；所以自桓、文尊王之局，至宋、吴、秦、楚、越就变为力征之局了：这是春秋时代的变化，也即是转入战国混战局面的序幕。

注释

①五霸异说有五：有以齐桓、晋文、宋襄、秦穆、楚庄为五霸的，如赵岐《孟子注》；有以齐桓、晋文、楚庄、吴阖闾、越勾践为五霸的，如《荀子》；有以夏昆吾、商大彭、豕韦、周齐桓、晋文为五霸的，如杜预《左传注》；有以齐桓、宋襄、晋文、秦穆、吴夫差为五霸的；有以齐桓、晋文、晋襄、晋景、晋悼为五霸的，如全祖望《春秋五霸失实论》。五说之中，以第一说为最普通。总之：霸者是由武力造成的，普通所谓五霸，除宋襄图霸不成，事实上不能列为霸者之外，其他四霸以及后起的阖闾、夫差、勾践，也都应列为霸者。

②管仲制国郊内之地：五家为轨，轨为之长；十轨为里，里置有司；四里为连，连为之长；十连为乡，乡有良人；以为军令：故五人为伍，轨长帅之；十轨为里，故五十人为小戎，里有司帅之；四里为连，故二百人为卒，连长帅之；十连为乡，故二千为旅，乡良人帅之；五乡为一帅，故万人为一军，五乡之帅帅之。伍之人祭祀同福，死丧同恤，祸灾共之，人与人相畴，家与家相畴，世同居，少同游；故夜战声相闻，足以不乖，昼战目相见，足以相识，其欢欣足以相死，居同乐，行同和，死同哀：是故守则同固，战则同强。

③谭，国名，子爵，子姓，在今山东历城县东南。遂，国名，妫姓，在今山东宁阳县北。

④邾，国名，子爵，曹姓，在今山东邹县东南。

⑤时宋万弑其君捷（即宋闵公），桓公会诸侯以平之。

⑥邢，国名，侯爵，姬姓，周公之后，在今河北邢台县。

⑦弦，国名，子爵，妫姓，在今河南光山县。黄，国名，嬴姓，在今河南潢川县西。英，国名，偃姓，皋陶之后，在今安徽六安县西。

⑧楚平王杀伍奢及其长子尚，其次子员奔吴，图报父仇。

⑨武王娶太公望之女，列王之后，也多出于姜。

第十章　战国之七雄

战国之名，最初见于七国之世①；前汉刘向襄集先秦诸人所记七国时事，并为一编，叫做《战国策》，后人因以这书所记的时代叫做战国时代。《战国策》所记的事情：始于周贞定王十六年（B.C.453），终于秦始皇二十年（B.C.227）；而《春秋》绝笔于周敬王三十九年（B.C.481），是周敬王四十年以后至周贞定王十五年，其间二十余年，《春秋》和《战国策》都无记载，可见《战国策》既不直接《春秋》，也不终于秦之统一六国。现在为叙述便利计，将周贞定王十六年起至始皇二十六年止，其间凡二百三十二年，叫做战国时代。春秋之世，世卿干政，结果三家分晋，田和篡齐，就造成了战国的局面。原来晋在悼公时，因制楚而作六军，命韩、赵、魏、范、中行、智六氏为六卿，各统一军，春秋末，范、中行二氏之地，被智氏所并。周贞定王十六年，韩、赵、魏三氏又合力灭智氏，三分晋地；至周威烈王二十三年（B.C. 403），才命韩虔、赵籍、魏斯三大夫为诸侯。田和的先世出于陈。陈是虞舜之后，自胡公满十三传至厉公，厉公子完以陈乱奔齐，事齐桓公为大夫，别以田为氏。春秋末，其裔田恒杀齐简公，始专齐政权；传至田和遂篡齐。周安王十六年（B.C. 386）命和为诸侯。这样一来，春秋时十四国，除吴、越、陈、曹被灭外②，便只剩下秦、楚、燕、鲁、宋、郑、蔡、卫八国，加上田齐、韩、赵、魏为十二国，而秦、楚、燕、齐、韩、赵、魏最强，这就是战国的七雄。战国时代：开始为六国强盛时代，次为秦变法强盛六国就衰时代，最后为秦灭六国时代，今分述如下：

战国的初期，六国都颇强盛，只有秦势衰弱。楚自为吴所败，势虽不振，但后来还能乘吴、越相争之时，力图振作，至楚悼王时（B.C. 401—B.C. 381），任吴起为相，以兵法行内治，养战斗之士，国势更强，于是南平百越，北却三晋，西伐秦，当时诸侯皆患楚强。三晋以赵为最强，烈侯（即赵籍）任公仲连为相，国内大治；后又伐中山③，雄于北方。韩自景侯（即韩虔）传至哀侯（B.C. 376—B.C. 371），灭郑。魏文侯（即魏斯）师事田子方、卜子夏，四方贤士，多往依魏，又用李悝尽地力之教，用西门豹治邺（在今河南临津县境），兴水利，又用乐羊伐中山，国势益盛。齐自田和传至威王（B.C. 378—B.C. 343）赏罚严明，国内大治。燕当春秋之世，只是闭关自守，未尝预闻外事，传至僖公（B.C. 402—B.C. 373），伐齐而胜，从此以后，燕渐事外营，而国益强。当时只有秦国衰弱，诸夏仍以夷、狄遇秦，摈斥之不得与盟会于中国。

秦至孝公（B.C. 361—B.C. 338）即位，始用商鞅，定变法之令④，行了十年，结果家给人足，山无盗贼，民勇于公战，怯于私斗，国内大治。孝公又并诸小乡聚，集为大县，县置一令，凡四十一县，又为田开阡陌，更赋税之法，而秦益强。当秦国日益强盛的时候，六国却自相攻伐，国势转弱。这时苏秦以不见用于秦惠文君（孝公子），于是倡合纵之说，说六国以摈秦。周显王三十六年（B.C.333），六国会盟于洹水之上（在今河南安阳县），以苏秦为纵约长，佩六国相印，相约："秦攻一国，则五国各出锐师以挠秦，或救之；有不如约者，五国共攻之。"明年，秦使魏人公孙衍欺齐、魏与共伐赵，赵以责苏秦，苏秦亡去，纵约遂解。合纵之说衰，继之而起的又有张仪的连横之说。周显王四十一年，秦任张仪为相，首说魏事秦，又欺楚绝齐，使楚陷于孤立，最后以次说韩、齐、赵、燕，均从其说以事秦，于是连横政策大告成功，时周赧王四年（B.C.311）。明年，秦惠文王⑤卒，子武王立，素不悦仪；六国以仪不得于新主，遂叛横。连横政策虽不及一年而败，但六国自为纵横之说所乱以后，时而摈秦，时而事秦，已无一定政策，于是秦得乘六国之隙，以次侵诸国。原来六国之中，以楚、魏、韩三国与秦接境，楚自绝齐以后，即败于秦，于是楚为秦所制。魏自为张仪之说所惑以后，即纳上郡十五县之地（在今陕西葭县一带）以事秦，后与秦战，又失曲沃，曲沃一失，于是函谷之险为秦所有，而魏从此处于秦威胁迫之下。周赧王八年，秦又取韩宜阳（河南今县），宜阳一失，韩又为秦所制。从此以后，秦、楚时有战事，而楚屡为秦所败，魏、韩则日削地以奉秦，更无力抗秦。这时，只有与秦相隔较远的齐、赵、燕三国，颇能振作。齐在湣王时代（B.C.323—B.C.284），能合韩、魏之师以攻秦，而有函谷之捷。赵在武灵王时代（B.C.325—B.C.299）能变胡服骑射，扩地北至燕代，西至云中、九原⑥，又伐中山。燕在昭王时代（B.C.312—B.C.279）能用郭隗、乐毅诸贤才以战胜齐。但赵自武灵王死后，其势遂衰，燕、齐互相攻伐，也都不振。于是秦得用白起诸将，又任范雎为客卿，用其远交近攻的政策，而有下列诸战：

年代	纪元前	所伐之国	战争结果	备考
周赧王二十一年	二九四	向寿伐韩 白起伐韩	取武始攻新城⑦	
二十二年	二九三	白起败韩、魏于伊阙	斩首二十四万，拔五城，取韩安邑以东至乾河⑧	秦并六国大势伏于此役，自是以后韩、魏屡为秦所败，削地更多
三十五年	二八〇	司马错伐楚	楚献汉北及上庸⑨	

续表

年代	纪元前	所伐之国	战争结果	备考
三十六年	二七九	白起伐楚	取楚西陵⑩	
三十七年	二七八	白起据郢	烧楚夷陵⑪	楚王兵散,遂不复战,东北徙都于陈
三十八年	二八三	伐楚	取楚巫黔中⑫	
四十二年	二七三	破赵、魏之师	魏兵被斩者十三万,赵兵沉于河者二万	
五十三年	二六二	白起伐韩	拔野王、上党地属韩至是降赵⑬	
五十五年	二六〇	白起王乾拔上党	战于长平,赵大败,白起坑赵降卒四十万⑭	赵至是益衰
五十九年	二五六	伐韩、魏	取韩阳城⑮,拔魏三十余县,斩首九万	后又取韩荥阳成皋⑯,秦的疆界由是直接大梁

以上诸役,秦均得利,只有赧王五十八年,白起进围赵都邯郸,为魏无忌(即信陵君)所破。明年,秦伐韩、魏,赧王大恐,约诸侯共伐秦;于是秦命将军摎攻西周⑰,西周武公尽献其地,是年赧王卒,西周遂亡。后七年(B.C.249),又灭东周,周祚遂先六国而绝。

统观以上诸章⑱,可知由西周至春秋而一变,其特征为封建解纽;由春秋至战国又一变,其特征为封建制度全部崩溃,而进于中国大一统的局面。春秋去西周不远,还能保存几分礼法之治的样子,到了战国之世,便无所谓礼法了。春秋之世,每有战事,尚有兴灭继绝、御强卫弱之意,并且霸者尚言尊王,到了战国,却是争地以战,杀人盈野,务在强兵并敌,并且各国次第称王,而所谓周室,反无足轻重。这样看来,足见上古历史转变之剧以战国为最,所以旧日史家拘于昔日的礼法之治,往往以三代为治世,春秋为衰世,战国为乱世,而造成一种退化的历史观。其实:战国之世,交换经济已代自给自足的经济而起;经济既有进展,于是旧日的封建制度必然随之崩溃;同时,在文化政治方面,亦必呈一相异的局面;所以从这一点说来,则战国之世,实为我国历史一大进步的时期。而当时人才辈出,疆土广拓,异族同化,更为这一时期的特点。

注释

①《战国策·燕策一》:"苏代说燕王哙曰:凡天下之战国七,而燕处弱焉。"

②吴亡于越见前,在公元前473年。楚灭越实际上在公元前334年,不过越自勾践死后,为楚讨伐,早已朝服于楚。楚灭陈在公元前478年。宋灭曹在公元前487年。

③中山,国名,白狄别种,又名鲜虞,在今河北新乐县境。一说在今河北定县。

④商鞅因封于商(今陕西商县)为商君,故以商为氏,本卫之庶孙,故又称卫鞅。《史记·商君传》:"卫鞅曰:'治世不一道,便国不法古,故汤、武不循古而王,夏、殷不易礼而亡,反古者不可非,而循礼者不足多。'孝公曰:'善!'卒定变法之令。令民为什伍,而相牧司连坐;不告奸者腰斩,告奸者与斩敌首同赏,匿奸者与降敌同罚;民有二男以上不分异者,倍其赋;有军功者,各以率受上爵,为私斗者,各以轻重被刑;大小僇力本业,耕织致粟帛多者,复其身,事末利及怠而贫者,举以为收孥;宗室非有军功,论不得为属籍;明尊卑秩爵等级,各以差次;名田宅臣妾衣服,以家次;有功者显荣,无功者虽富无所芬华。行之十年,秦民大悦。"

⑤公元前325年,秦惠文君称王。

⑥代在今山西代县一带。云中在今绥远土默特二旗。九原在今绥远乌喇特三旗。

⑦武始在今河北邯郸县西南。新城在今河南洛阳县附近。

⑧伊阙在今洛阳县南。乾河源出山西绛县,南流入黄河。

⑨汉北即汉水以北之地。上庸在今湖北竹山县。

⑩在今湖北宜昌县。

⑪夷陵在今湖北宜昌县。陈在今河南淮阳县。

⑫巫在今四川奉节县。今湖南常德、沅陵、永顺、澧靖、华容及湖北公安、长阳,均为当时楚黔中地。

⑬野王在今河南沁阳县。上党在今山西长治县,一说在今山西晋城县。

⑭长平在今山西高平县西。

⑮在今河南登封县。

⑯荥阳即今河南荥泽县。成皋即今河南汜水县。

⑰周初东都有二:西为王城,又名洛邑;东为成周,即洛阳。平王东迁,居于

王城，至敬王始迁居成周。考王封其弟揭于王城，叫做西周君，考王为东周。揭孙惠公又自封其子班于巩（今河南巩县），叫做东周君。于是周分为三，而有二东周，赧王又迁西周，王城的西周遂与巩的东周分治，而成周之周反无闻。赧王入秦时，西周遂亡。他如韩灭郑在公元前375年，齐灭宋在公元前286年，楚灭鲁在公元前249年，只有卫，至公元前209年始为秦所灭。

⑱自第六章至第十章。

第十一章　中原文化之广播与疆域之拓展

旧史所谓中原，只是现今黄河流域的中部，即今陕西、山西、河南三省及河北、山东之一部，此外或为夷、狄、戎、蛮之地，或为汉族与夷、狄、戎、蛮杂居之地。春秋以后，因为各国努力开辟疆土，于是异族所居之地，逐渐为汉族所占有；而中原的文化，也就因此广播于四方；降至战国之世，异族剪灭几尽，于是我国今日疆域的规模，才大致确定。以下先述疆域的拓展，次述中原文化的广播。

东方今山东、安徽、江苏一带地，多为东夷所居；东夷种类最多，最重要的有以下六种：一曰莱夷。在今山东黄县东南。周初太公望封于齐，莱夷与之争国，至公元前567年始灭于齐。二曰介夷。在今山东胶县南，后为齐所灭。三曰根牟。在今山东沂水县东南，后为鲁所灭。四曰淮夷。在今淮水流域。周初的奄（今山东曲阜县东）即属此族，管、蔡、武庚叛周，主谋的就是奄，所以周公东征，兼及淮夷。厉王无道，淮夷又叛，宣王命召公虎讨平之。至秦有天下，始散为人户。五曰徐戎。一作徐夷，在今江苏铜山县，一说在今安徽泗县北八十里。周穆王时，徐偃称王，行仁义，势最大，服属于他的有三十六国，后为楚所讨平。厉王无道，徐戎又叛，宣王因亲征服之。至公元前512年，始为吴所灭。六曰舒。在今安徽舒城县，其最重要的有舒蓼、舒庸、舒鸠三部，周初，周公征之，春秋时为楚所灭。

北方的狄和汉族关系最密最早，黄帝时的荤粥，周初的薰育、猃狁、獯鬻，春秋、战国时的赤狄、白狄，战国末期的匈奴，都属这一族。北方还有戎，也和汉族关系甚密。今将居于北方和杂居内地的诸戎诸狄表列如下：

	国名	今地	和诸夏的关系	灭亡	备考
戎	骊戎	今陕西临潼	以女嫁晋献公即骊姬	灭于晋，其地后入于秦	
	陆浑之戎	由甘肃安西迁至河南嵩县南	秦晋迁之于嵩县以制伊洛之戎，为晋惠公夷吾之母家	为晋所灭	又名险戎，又名小戎
	姜戎	今山西西南部	佐晋败秦师于殽，自后无役不从	服从于晋	处晋之阴，故又名阴戎，为陆浑的别部。晋执戎子驹支即此
	扬拒泉皋伊洛之戎	先陆浑而居于嵩县，南即伊水洛水之间，故名伊洛之戎	王子带曾召伊洛之戎，以伐王城，为祸最烈	自迁陆浑于嵩县以制伊洛之戎以后，其种渐衰，后服属于晋	扬拒在今河南偃师县附近，泉皋在今河南洛阳县西南，都是戎的邑名
	蛮氏	河南临汝县西南		灭于楚	亦名茅戎，以处茅津而得名。在今山西平陆县东南，又称蛮戎
	山戎	河北卢龙县	春秋初侵郑伐齐后又伐燕	为齐桓公所败走后又破于燕	又称北戎，其别种有无终，在今湖北玉田县西
狄	赤狄	东山皋落氏	今山西垣曲县西北六十里有皋落镇，又山西昔阳县东七十里有皋落山，未知孰是		均灭于晋	春秋时残灭，邢卫侵犯齐鲁，都是狄种，春秋时只称狄，其后始分赤狄、白狄而赤狄之中以潞氏为最强
		廧咎如	今山西昔阳县			
		潞氏	今山西潞城县			
		甲氏	今河北鸡泽县			
		留吁	今山西屯留县东南十里			
		铎辰	今山西长治县			
	白狄	鲜虞	见第十章		灭于赵	以鲜虞为最强，战国时改称中山
		肥	今河北藁城县西南		灭于晋	
		鼓	今河北晋县		灭于晋	

上表所列诸戎诸狄之国，大半在今河北、陕西、山西的南部及河南境内，而与汉族杂居，自经汉族剪灭后，于是中原之地便无戎、狄之国。至于在河北、陕西、山西北部及甘肃境内的戎、狄，却未完全消灭，惟燕、赵北却戎、狄，辟地不少，今分述如次：一曰林胡、楼烦。林胡在今山西朔县，楼烦在今山西崞县；都属狄种。赵武灵王北破林胡、楼烦，于是置代、雁门、云中三郡，又筑长城，自代至高阙塞（在今绥远鄂尔多斯右翼后旗，黄河向北流的东岸），以防狄。二曰东胡。即上表的山戎，为燕将秦开所破，却地千里，于是筑长城，自造阳（今察哈尔怀来县），至襄平（今辽宁辽阳县北七十里），置上谷、渔阳、右北平、辽西、辽东五郡以拒胡。三曰匈奴。自为李牧击破后，至秦汉时始为祸。

　　西方的民族有西戎，商代的西羌，曾为武丁所征服，武王伐商时，羌、髳率师会于牧野；都属西戎。周穆王时，因戎、狄不贡，西征犬戎，自是荒服不至。后犬戎屡为患，至秦仲子庄公始破戎。幽王无道，犬戎弑王于骊山之下，平王即位，避犬戎之患，始东迁于洛邑，丰、岐之地由是为犬戎所有。至秦文公时，始收回丰、岐之地。后秦穆公又用由余之谋，以侵略犬戎，于是开国十二，辟地千里。秦厉共公时，又伐西戎，灭西戎之国大荔（陕西今县）。其时西戎之国义渠（今甘肃泾川县）最强，秦惠文王攻之，其势始弱。后昭王灭之。于是秦有陇西北地上郡①，又筑长城②以拒胡。西戎之外，又有巴蜀③，属氐羌族。周武王伐商，曾征兵巴、蜀。克商以后，又封其宗室于巴，位列子爵。所以巴于周的中世，还奉周职贡；春秋时也时或与于会盟征伐。自楚主夏盟，秦霸西戎，巴遂不复通于中国。蜀则为秦、巴所限，自武王以后，不复通于中国。秦惠文王时，巴、蜀始与秦好。后秦乘巴、蜀不和，始使司马错灭蜀，旋又灭巴，移秦民万家以实蜀，于是今四川之地为秦所有。蜀的西南，又有百濮，散处于今云、贵、湘、鄂等地，这就是旧史上所谓西南夷。其在湘、鄂之地的濮族，在春秋、战国之世，逐渐为楚所灭。楚威王时，命庄蹻率兵循牂牁江而上，略取巴、黔中以西，至于滇池，以兵威略属楚。旋秦夺取巴、蜀，断其归路，于是庄蹻留滇，变服，从其俗以长之。这便是汉族兵力及于今云南的第一次。至于南方，则今江、浙的拓展，以吴、越之力为多；湘、鄂的拓展，以楚之力为多；其详见于上述诸章，兹不赘述。

　　吴越为荆蛮之地，本草莱之区，其俗断发④文身，文化低落，及吴、越崛起,始渐开化。楚本南蛮之地,春秋初期,楚武王还以蛮夷自居,但经楚人筚路蓝缕、以启山林之后,于是楚地文化益进,所以当时人才,楚为最盛⑤。东夷被发文身,有不用火食者,且有用人于社的恶俗,而介夷与鲁最近,其言语竟不通于鲁:其文化低落,由此可见。其后为齐、鲁所灭,始渐同化于汉族。巴、蜀之民善歌舞,最勇锐,自灭于秦以后,亦同化于汉。戎人衣服饮食不与华同,狄则为被发之民,然自与中原文化接触以后,也渐进于文化之域⑥,加之戎、狄尝与汉族通婚⑦,其同化于汉更属容易。

注释

①今地,详第三编第一章。

②今甘肃固原县西北十里有长城遗址,相传为秦灭义渠后所筑。

③《华阳国志》:"人皇始出,继地皇之后,兄弟九人,分理九州为九囿。人皇居中州,制八辅华阳之壤。渠岷之域,是其一囿。囿中之国,则巴、蜀矣。"又《遁山开甲图》:"人皇氏出刑马山提地之国。"按提地即图伯特的音转;观此可知巴、蜀为氐羌族。

④狄为被发民族,吴、越两地之民为断发民族,西南夷或盘发或编发,均和中华冠笄民族不同,故以夷、狄、蛮、戎视之。

⑤楚与中原交通最繁,所以楚虽草莱之地,却受中原文化影响最深,吴、越的接受中原文化,都是由楚间接而来,如吴的巫臣为楚臣,越的范蠡、文种为楚人。春秋时,楚人材最盛,其见用于本国者不具论,其为他国所用者,除上述三人外,还有百里奚佐秦,伍员佐吴。其长于学术者,有左史倚相、析父、士壹、观射父、老子、老莱子、文子、蜎子、鹖冠子、公孙龙、环渊、尸子、陈良、许行、鬼谷子诸人,词赋则有宋玉、景差、屈原诸人,经学则有轩臂子弓、铎椒诸人。

⑥如戎子驹支即长于文辞,由余也是戎人而佐秦穆公霸西戎。

⑦如周襄王的狄后、晋献公的骊姬、晋文公及其异母弟夷吾、奚齐皆诸戎所出,晋文公自娶狄女季隗,而以叔隗妻赵衰;又潞子婴儿的夫人,则为晋景公之姊。

第十二章 春秋战国之学术思想

春秋、战国是我国历史上最重大的变革期。在经济制度、政治制度以及社会组织上，都有根本的变革，而为一大解放的时代。相应于这伟大的变革时代，由是产生种种学说或思想：有的缅怀往昔的黄金时代，力谋恢复或拥护旧日的制度；有的因时制宜，意欲修正旧日的制度；有的意欲另立新制度以代替旧制度；有的批评或反对旧制度；走极端的人，甚至反对一切制度；但都能"持之有故，言之成理"；结果"诸子争鸣，百家蜂起"，遂于我国学术思想上大放异彩。当时百家并起，派别纷繁，据《史记·太史公自序》司马迁述其父谈所论，则区为六家①；据《汉书·艺文志》班固本刘向的《别录》和刘歆的《七略》，则又分为九流十家②。其实，当时壁垒森严而最有势力的，却只有道、儒、墨三家以及晚出的法家。现在先述这四家，其次略述其他诸家及当时的科学和文学。

　　道家的开创者是老子。老子，楚苦县（今河南鹿邑县）人，姓李，名耳，字伯阳，谥曰聃。其生卒年月不可考，大约生在公元前570年左右。老子曾为周守藏室之史，著有《道德经》。其学说可分四端：第一，他反对以前的有意志而能主宰一切的天③，所以他说"天地不仁，以万物为刍狗"；第二，既不相信有天，于是标出一个"道"来，以为万物之本④；第三，其言处世哲学，则为"知其雄，守其雌，为天下谿"；第四，其言政治，则以无为而治为本。所以他的理想的社会为"邻国相望，鸡犬之声相闻，民至老死不相往来"。这是反对旧制度的一派。属于这一派的，有庄周、杨朱、许行诸人。庄周有《庄子》一书，其所谓道，和老子相同，其社会政治哲学，则主张绝对的自由，而为一极端的放任主义者。杨朱或曰字子居，其思想见于伪《列子》中的《杨朱篇》，为为我主义，在孟子时代还很盛行，而受老子思想的影响颇深。许行，楚人，其学说见于《孟子·滕文公上》，主张君臣并耕，为一极端的无治主义者。

　　儒家的开创者是孔子。孔子名丘，字仲尼，鲁昌平乡陬邑（今山东曲阜县）人，生于周灵王二十一年（B.C.551），死于周敬王四十一年（B.C.479）。他尝为鲁大司寇，治绩卓著，因不能行其道，故去官周游列国，在外十四年，年六十八，始返鲁，退而从事删述：于是删《诗》《书》，订《礼》《乐》，传《易》，作《春秋》：叫做六艺，又称六经。又有《论语》二十篇，系孔门弟子的弟子们所记孔子及孔门诸子的谈话议论。又有《孝经》一篇，系孔子为曾子陈孝道所作。孔子极崇周道，对于传统思想如天命之说，都颇信仰；这和老子不同，所以孔子是旧制度的拥护者。孔子的思想，不能离家族主义，所以他又以孝弟为仁之本，为为政之本。孔子所谓仁政，固以德治为主；但正名分，重礼法，严阶级，却是他为政的必要方法。属于这一派的，前有子思、孟子，后有荀子。子思是孔子之孙，名伋，《中庸》即其著作；其言性⑤，开宋人理学的端绪；其言修养，则着重"尊德性而道学问"一语。孟子名轲，字子舆，邹（今山东邹县）人，是子思的弟子，有《孟子》七篇。其学说的要点：为性善，为反功利，至于政治主张，则认君为民而设，故力倡民贵君轻之说，而尧舜禅让，是他的理想的政治制度，世禄的井田制度，就是他的理想的经济制度也即是他所称赞的仁政。荀子名况，又称孙卿，赵人，有《荀子》三十二篇。荀子较晚出，是儒家的改革者，对于各家都有确切的批评，甚至对于子思、孟子也是反对的。他反对主宰的天，而以自然释天，并认天和人事无关，所以他特重人事。他又言性恶，所以特重人为。既言性恶和人为，所以又特重礼乐。惟其主张以礼矫正人性之恶，则必其制度愈周，法令愈章，而后矫正之具愈备；但是他的主张的极端，便会流于严刑一途，所以后来的韩非和李斯，都很受荀子的影响。

墨家的开创者是墨子。墨子姓墨，名翟，或云宋人，或云鲁人。墨子生时约当孔子五十岁、六十岁之间，卒时约在周敬王二十年、三十年之间（B.C.500—B.C.490），有《墨子》五十三篇。墨子主夏政不法周制，实为周制的反对者；他虽受儒家影响⑥，却反对儒家。其学重功利，在实行，处处和儒家立异：儒家言爱有等差，墨家却言兼爱；儒家言厚葬久丧，墨家却言薄葬短丧；儒家重乐信命，墨家却言非乐非命；儒家以鬼为不神，墨家却言明鬼。墨家既言兼爱，由是又倡非攻之说。其言政治，则主尚同尚贤之说。墨者重服从，其首领叫做钜子，钜子对于犯墨者之法的，有生杀之权，故其纪律极严；而其"以自苦为极"、"赴火蹈刃，死不旋踵"的精神，实开后此任侠之风。属于这一派的，有宋钘、尹文和惠施。宋钘的学说，见于《庄子·天下篇》，不外："接万物以别宥为始"、"情欲寡浅"、"禁兵寝攻"三者。尹文有《尹文子》一篇，入名家，其学说以控名责实为主。惠施有《惠子》一篇，久佚，《庄子·天下篇》述其异同之辩很详，而其"泛爱万物"，则为极端的兼爱主义者，和墨学相近。这二人之外，还有禽滑厘，也是"以自苦为极"的墨者。

法家最晚出，是由道儒墨三家之末流嬗变汇合而成的：其所取于道家者为无为主义,所取于儒家者为正名主义,所取于墨家者为平等主义及一同天下之义。法家的思想虽萌芽于管仲,子产、申不害、商鞅诸政治家虽具有法治主义的观念,但都不能说是法家。当时够得上称为法家的,就只有韩非。韩非与李斯同师事荀卿,有《韩非子》五十五篇,今存。韩非以客观的责效,为法治之本,而反对"人存政举,人亡政息"的贤人政治,所以法高于一切。其推行法治的手段,就是执"刑德二柄"以责其效,所以法家又严赏罚。惟其重法治,所以贵因时,由是而形成法家的历史进化观[7]。这些都是法家的长处,至其短处,则因法之产生由于君主而不本于庶民,故易陷于君权无上的流弊。

上述四家之外,据《汉书·艺文志》所载,还有六家。如主张君臣并耕的农家,其代表人物为许行、陈相。如"尚诈谖而弃其信"的纵横家,以苏秦、张仪为代表。如"兼儒墨合名法"的杂家,以尸佼为代表。如正名实的名家,以惠施、公孙龙为代表。如阴阳家,专言吉凶,近于迷信,"然其序四时之大顺"却是他的长处,驺衍为其代表。以上九家,称为九流,加入小说家,便是十家。小说家系"街谈巷语、道听途说者所造",似乎是民间流传之说,但其书久佚。

天文学在春秋、战国之世,大有进步:如《月令》和《吕氏春秋·十二纪》所述,很为详细。测天仪器,在当时想亦备具;惟史称畴人散之四方,其术失传。数学有《周髀算经》《孙子算经》《九章算法》三书,大概都是出于后人的伪造。他如《墨经》里面,也多讨论数学的问题。军事学有《司马法》,相传为春秋末齐司马穰苴所撰,又有《孙子》十三篇,相传为齐人孙武所作;大抵二书都是战国时伪托之作。精于医术的:则春秋时有和缓、扁鹊。历史则首推《春秋》,孔子所作,经左邱明、公羊高、穀梁赤为之传释,遂成三传。又晋有《乘》,楚有《梼杌》,为晋、楚的国别史。又《竹书纪年》,旧说为魏之史记,《国语》一书,汉人谓为左邱明所作。

《书》为散文之祖,《诗》开韵语之先。后起诸子,如孟子、荀子、老子、庄子、韩非子、墨子,都无不以散文著名。《诗》分风、雅、颂三类,大约不出史诗和抒情诗的范围;然自风、雅、颂亡,始一变而为骚体,其代表作家,当推屈原。至于文字,自仓颉作书,行之古代,叫做古文;到了周代而六书大备[8],及宣王时,太史籀作大篆十五篇,叫做籀文,与古文或异，以教学童。其后诸侯力政，不统于王，于是文字异形，言语异声，至秦统一天下，丞相李斯始奏同之。

注释

①阴阳之术、儒者、墨者、法家、名家、道家，叫做六家。

②"儒家者流，盖出于司徒之官。道家者流，盖出于史官。阴阳家者流，盖出于羲和之官。法家者流，盖出于理官。名家者流，盖出于礼官。墨家者流，盖出于清庙之守。纵横家者流，盖出于行人之官。杂家者流，盖出于议官。农家者流，盖出于农稷之官。小说家者流，盖出于稗官。"又："其可观者九家而已"，所以本为十家，除小说家外，又叫做九流。

③参看拙著《中国学术史讲话》第一讲。

④《道德经》："道生一，一生二，二生三，三生万物。"并参看拙著《中国学术史讲话》第二讲。

⑤"天命之谓性，率性之谓道。"详见《中庸》。

⑥《淮南子·要略》："墨子学儒者之业，受孔子之术，以为其礼烦扰而不悦，厚葬靡财而贫民，久服伤生而害事，故背周道而用夏政。"

⑦参看《韩非子·五蠹篇》。

⑧许慎《说文解字序》："周礼：八岁入小学，保氏教国子先以六书：一曰指事，二曰象形，三曰形声，四曰会意，五曰转注，六曰假借。"

第十三章　春秋战国之政制改革

周代的世禄井田制度，到了春秋中叶，即已发生动摇。当时子产相郑，田的封洫便已不复存在，子产想恢复旧制，使田有封洫，结果反为郑人所埋怨。战国初期，魏李悝尽地力之教①，就已开始用政治的力量来改革田制。自是"经界不正，井地不均，谷禄不平"，更成为普遍的现象；所以孟子想恢复旧制，就说"行仁政必自经界始"，但孟子的主张，毕竟阻不住社会的进展，于是和孟子同时代的商鞅，才开阡陌②，废井田。据史书所载，商鞅的开阡陌是"任其所耕，不限多少"，由是人民得私有土地；而此制一变，其他诸制度也就随着变化了。商鞅废井田，开阡陌，原是顺应社会的进展而起的；所以以下就当时社会情形，说明商鞅改革田制的原因：第一，世禄的井田制度的基础，就是自给自足的庄园制。在这自给自足的生活中，依赖市场和需要货币的程度,异常有限,所以那时的经济,农村并不受都市的支配。等到都市日益发达③,手工业离农业而分化而发展,于是交换经济(商品经济)随之而起,庄园制的经济才加深其对于市场的依赖和货币的需要,结果商人和高利贷者④乘隙而入,以摧毁旧日的封建机构。在这种情形之下,贵族便不得不在商人和高利贷者之前出卖其土地,而农民的生活也到了无法维持的地步⑤。第二,在农业工具进步⑥和农业生产发达的时候,少数农民逐渐取得制造私产的机会,从庄园制的土地上解放出来,而成为自由的地主;反之,贵族因其平日养尊处优,不事生产,却逐渐濒于没落而不得不出卖土地以维持其生活。他如井田之制既不能尽地力⑦,而人口滋生又有不敷给养之虞,以及国用不足,各国相率改制,以重征赋税⑧,也都足以促成世禄的井田制度之崩毁。

从来史家都说秦废封建制行郡县制,其实,封建制的崩坏是随世禄的井田制度之崩坏而起的,因为后者为前者的基础,基础既有变动,则建立在此基础上的封建制亦必随之变动。所以自春秋以来,诸国并吞弱小,大概就以其国为县,或以之赏功臣,或命大夫以守之,或置县尹以治之⑨。到了战国之世,各国又以所开之地置郡,郡置守以治之。这样一来,周初的灭国以封国之制,便逐渐消灭,而郡县制遂代封建制而起。因此,秦代统一天下,废封建为郡县,也就不外是继承春秋战国的改革作全盘的筹措而已。

在宗法制度之下,姓氏⑩之分甚严,周制:始祖之姓为正姓,百世不改,如周姓姬,齐姓姜,宋姓子之类是⑪,所以表大宗;正姓之外,又有所以表其支派者,叫做庶姓,就是氏,随时可改,如鲁之三桓、郑之七穆之类是⑫,所以表小宗。当时命氏之法很多,大抵立氏以追溯其祖先为主:有以祖先的国系为氏的,如唐叔、滕叔是;有以祖先的国爵为氏的,如夏侯、息夫是;有以祖先的邑系为氏的,如原伯、申叔是;有以祖先的居地为氏的,如东门、东里、西门、东郭是;有以祖先的族系为氏的,如叔孙、季孙是;有以祖先的执业为氏的,如巫、卜、陶、祝是;有以祖先的官名为氏的,如司马、司徒是;有以祖先的谥号为氏的,如文、武、景、成是。大抵春秋之世,卿大夫都是世官世禄,当时以氏为卿大夫的标征,官职世及,概以氏系为准,并且用氏系以别贵贱,辨亲疏。到了战国之世,一因封建制的崩毁和贵族的没落,一因诸国竞争引用人才,不拘世及,于是开白身而为将，布衣而为相的变局，从而姓氏之辨不严，浸假姓氏混而为一，结果世族崩坏，而后世辟举科举用人之制代之而起。

春秋之世，命官之法，尚依周初之制，所以当时各国官名，如太宰、司徒、宗伯、司马、司寇、司空之类，都能依据周制，无大改革。到了战国，七雄纷纷称王⑫，于是各国始与周制立异：如中央的相国、丞相，如领军的将军、太尉，如地方的县令、县官、守，如司纠察的御史：都起于此时。后来秦代统一天下，即依据此时的官名，以定百官之号，遂为中古官制的起源。

西周兵制，详见第六章和第七章。春秋以后，旧制遂见破坏，于是齐行轨里连乡之法，而作三军，军万人；鲁非大国，亦作三军；晋因制楚，亦作六军；其他各国，亦多增加兵额。但当时列国交兵，其数之多，不过数万，最多也不出十万。到了战国之世，"争城以战，杀人盈城，争地以战，杀人盈野"，于是大事募兵，以多为贵，结果诸侯之国带甲者以数十万计：兵额的增多，可以想见。又春秋多用车战，到了战国，始改车战为骑射；他如齐的技击，魏的武卒，赵的剑士，韩的射卒，秦的锐士，都是诸国用以制胜的特种兵，当时并无以车战制胜之事：战术既有改变，所以每战斩首数万，视为常事。至于因井田制度的破坏，由征兵之制变为募兵之制，更是这时期兵制改革的要点。

西周为封建制度最强固之时，所以阶级最严，有刑不上大夫的规定，又有八议的规定。春秋之世，用刑已较西周为严⑬，降至战国，各自为政，于是西周旧制遂见破坏，刑始为贵贱共有之事，而残酷尤甚于春秋。如秦有三族、七族、十族连坐之法，又有腰斩、弃市、枭首、凿颠、车裂、剖腹、鬼薪诸刑；如齐有烹刑，又有斫，又有车裂；楚有冥室椓棺、灭家、枝解诸刑；赵有夷刑，又有沈，又有收家；魏有膑，又有暴尸；燕有截刑，又有刳腹：皆为诸国酷刑，独韩无所考。至于刑书：则郑邓析作《竹刑》，晋叔向作《刑鼎》，韩申不害作《刑符》，而以李悝的《法经》⑭，为最完备。

观上所述，可知春秋战国时代政制的改革，实为本国史上一大变局；而促成此一改革的根本原因，即为世禄井田制度的崩坏和交换经济的兴起。因为世禄井田制度既坏，封建制度即随之动摇，贵族即随之没落，于是族制、官制、刑制、兵制亦随之而改变；同时，在这重大的改变期间，就已建立了由封建制度过渡到统一的帝国的渡桥。

注释

①《汉书·食货志》:"李悝为魏文侯作尽地力之教,以为地方百里,提封九万顷,除山泽邑居,参分去一,为田六百万亩,治田勤谨,则亩益三升;不勤,则损亦如之。地方百里之增灭,辄为粟百八十万石矣。"

②《文献通考》卷一朱熹《开阡陌辨》:"《汉志》言秦废井田,开阡陌。说者之意,皆以开为开置之开,言秦废井田,而始制阡陌也。按阡陌者,旧说以为田间之道,盖因田之疆畔,制其广狭,辨其纵横,以通人物之往来。此其水陆占地,不得为田者颇多。商君但见田为阡陌所限,而耕者限于百亩,则病其人力之不尽;但见阡陌之占地太广,而不得为田者多,则病其地利之有遗。又当世衰法坏之时,则其归授之际,必不免有烦扰欺隐之奸,而阡陌之地,切近民田,又必有阴据以自私,而税不入于公上者。是以一旦奋然不顾,尽开阡陌,悉除禁限,而听民兼并买卖,以尽人力;垦辟弃地,悉为田畴,而不使其有尺寸之遗,以尽地利。使地皆为田,而田皆出税,以核阴据自私之幸;使民有田即为永业,而不复归授,以绝烦扰欺隐之奸。故《秦纪》《鞅传》皆云:为田开阡陌封疆,而赋税平;蔡泽亦曰:'决裂阡陌以静生民之业,而一其俗。'"

③齐的临淄,据《史记·苏秦传》有七万户;齐的陶,据《史记·货殖传》是居天下之中货物所交易之地;他如赵的邯郸以及新郑、阳翟,都是商业发达的都市;而洛阳、南阳、蓟、江陵,也是当时的市场。

④关于当时高利贷的事实,可参看《管子·轻重篇》。商人如郑的弦高,越的计然和范蠡,周的白圭,秦的吕不韦,都是势力很大的。而猗顿以营盐致富,郭纵以冶铁致富,乌氏倮以畜牧致富,巴寡妇清以矿致富,都与王侯相埒。参看《史记·货殖传》。

⑤《汉书·食货志》李悝说:"今一夫挟五口,治田百亩。岁收亩一石半,为粟百五十石。除十一之税十五石,食人月一石半,五人终岁,为粟九十石,余有四十五石。石三十,为钱千三百五十。除社闾尝薪春秋之祠,用钱三百,余千五十。衣人率用钱三百,五人终岁,用千五百,不足四百五十。不幸疾病死丧之费,及上赋敛,又未与此。此农之所以困,有不劝耕之心,而令籴至于甚贵也。"

⑥春秋时农业生产,已使用铁器如犁之属,并且使用牛。战国时,灌溉术又逐渐普及。

⑦《周官·遂人》:"凡治野,夫间有遂,遂上有径;十夫有沟,沟上有畛;百夫有洫,洫上有涂;千夫有浍,浍上有道;万夫有川,川上有路;以达于畿。"观此则阡陌所占之地必多,而有地力之遗。

⑧如鲁的初税亩,见于《左传·宣公十五年》;鲁的用田赋,见于《左传·哀

公十二年》；郑的丘赋，见于《左传·昭公四年》；都是因井田旧制以重征其赋税。

⑨《通典·职官》："春秋时列国相灭，多以其地为县，则县大而郡小，故《传》云：上大夫受县，下大夫受郡，至于战国，则郡大而县小矣。"

⑩古昔部落社会之所谓姓，因生而得姓，如神农姓姜是；所谓氏，因其居地而得氏，如有熊氏是。到了封建社会，便由君赐姓赐氏，此为由部落之氏变为门阀之氏的关键。周制：姓表世系，女子用之；氏表门第，男子用之；惟国君从其母而称姓。

⑪季孙氏、叔孙氏、孟孙氏均出于鲁桓公，叫做三桓。罕氏、驷氏、丰氏、良氏、国氏、游氏、印氏均出于郑穆公，叫做七穆。

⑫七雄既称王，于是封其臣下，又有封君封侯之举：如商鞅之为商君、白起之为武安君、张仪之为武信君、田文之为孟尝君、赵胜之为平原君、黄歇之为春申君、魏公子无忌之为信陵君及范雎之为应侯、吕不韦之为文信侯是。

⑬如宋有醢，齐有辕，楚有烹，鲁有膊，楚有贯耳，皆春秋时较苛之刑。

⑭《法经》共六篇，即盗法、贼法、囚法、捕法、杂法、具法。

第十四章 上古之社会

太古人民，只知利用自然，或食果实，或食蚌蛤；其后经无数岁月，始进于渔猎生活；又经无数岁月，始进于畜牧生活。在畜牧生活中，已有初步的农业，能够从事粗耕。唐、虞以后，即已进到这个阶段。到了周代，农业成为主要的生产部门，并建立了适应于封建制度的自给自足的庄园制。原来周代取得天下以后，即以土地分给诸侯，诸侯又以土地分给卿、大夫、士。领有土地的贵族，又将土地分给农民耕种，自己只是坐收贡税：这就是所谓世禄井田制。当时土地各依贵族的所属，分成无数庄园，农民便在庄园中为贵族服役。农民除在贵族监督之下耕种公田外，还有对贵族从猎和贡纳衣裳酒醴的义务，并且贵族日常所需的手工业制品，也由农民负担操作。农民被束缚在贵族的土地之上，无所谓自由。这种以庄园为单位的自给自足经济，便是世禄井田制的特征。春秋以后，交换经济发达，侵蚀这自给自足的经济组织，结果庄园制崩坏，土地私有制代之而起。在土地私有制之下：一方面农村中就形成地主、富农、中农、贫农许多阶层，而贫农中没有土地的又不得不变为雇农甚至因天饥岁寒而出卖为奴隶①，在都市中，因工商业的发达和农村依赖市场的程度的加深，于是"乐观时变"

的商人和其他实业家，就益加剥削农民以致富庶。结果：农村逐渐为都市所支配，农民在商业经济剥削之下，益加无以自活。这就是上古期人民生活的最大变化。

人类在原始氏族社会中，共同生产，共同消费，既无私有财产，又无阶级的差别。等到部落和部落相遇的时候，于是由于争取生活的必需品而有战争，结果产生征服者和被征服者的阶级。据古史所载，阶级的发生，远在唐、虞之世。大抵其时征服者叫做百姓，被征服者叫做民，故百姓与民之分，其间显有阶级的差别。到了周代，则为国人和野人的区别：《周官·小司寇》有询国危、询国迁、询立君之礼，享有这些权利的都是国人；厉王无道，袭王和流王于彘的，也是国人；至于野人，则赋役轻减，即歌功颂德，倘遇苛政，也不过"逝将去汝，适彼乐土"而已。大抵当时国人择中央山险之地，筑城而居，以服兵役为主；野人居于四面平夷之地，以从事耕种为主。这是上古最初发生的阶级，其成因全由于武力。阅时渐久，这阶级的差别便逐渐消灭，其原因不外：（一）国的土地有限，野的土地无限，国人人口增加，不得不移居于野，于是国人渐变为野人；世运日进，卿大夫的家邑也日益繁昌，久之竟与国都抗衡，同时因工商业而起的都会，也日增月盛，于是野人渐变为国人。（二）国人与野人，居处既相接近，婚姻自可互通，时日过久，两者的差别，便无从认识。（三）原来国人服兵役，野人则否，后来战争日烈，每战动辄动员数万人，于是兵额不得专取之国人，而不得不推及于野人。

上面说过，国人和野人的阶级区别起于武力，但在同一部落的征服者之中，由于封建制度和世禄井田制度的关系，又有阶级的区别。大抵当时最重要的阶级，就是君子和小人之分：君子（贵族）是治者，是食世禄的人；小人（平民）是被治者，是供养君子的人。在刑法上讲，刑是专为小人而设的，所以"刑不上大夫"；在礼法上讲，礼是专为君子而设的，所以"礼不下庶人"；在教育上讲，则太学专为君子而设，庶人不得入学；在学术上讲，则王官世守，庶人不敢问津。至于人民在执业上，也是固定不变的，绝没有选择执业的自由。这种阶级制度，随着封建制度的解纽和世禄井田制度的破坏，到了春秋之世，也就呈现崩溃的现象。在这时：由庶人升而为官的，有宁戚以饭牛而仕于齐，管仲起于罪隶亦仕于齐，百里奚以奴隶而仕于秦，弦高以商贾而参与郑国的政事，计然、范蠡均以商人而仕越，其他见于史乘者，真是不胜枚举；由贵族降而为民的，有晋贵族乐、郤、原、胥、狐、续、庆、伯皆降为皂隶；孔子本为宋贵族，然"为贫而仕"。至于田氏以商人豪族而篡齐，则更是创闻。进到战国之世，一因田制的破坏，于是贵族式微，工商业者崛起；一因各国竞争甚烈，都竞揽人才，以为己用，于是苏秦、张仪、范雎、蔡泽之辈，徒步而为相，孙膑、白起、乐毅、廉颇、李牧、王翦之流，白身而为将。国君既破格求贤于上，由是大臣贵戚，也争相养士于下②。这样一来，卖浆、沽酒、鸡鸣、狗盗之徒，便居然列为门客了。贵族和平民的阶级，至是遂破坏无余。但土地可以私有，垄断居奇又可致富，于是贵族平民的阶级去，而贫富的阶级又起。

　　上古的礼法，至周而大备，这是封建制度的必然的结果；因封建制度严阶级，重名分，别贵贱，而所谓礼法，就是维持这种制度的工具。当时礼法有五：一曰吉礼，即祭祀之礼。上古崇拜多神，故祭祀可分为四种：第一是天神，昊天上帝、日月星辰、司中、司命、风师、雨师属之；第二是地示，社稷、五祀③、五岳、山林川泽、四方百物属之；第三是人鬼，即祖先；第四是物魅，即百物之神。其中惟天子可祭天，盖天子代天宣化，故有此主祭的特权。至于祖先崇拜，又和当时宗法制有关，如天子于天下为大宗，有七庙；诸侯以其始封者为别子，不得复祖天子，只有五庙；由是递减，大夫有三庙，士一庙，庶人无庙祭于寝。二曰凶礼，即丧葬之礼，亦因阶级而异其制。天子死曰崩，诸侯曰薨，大夫曰卒，士曰不禄，庶人曰死。天子七日而殡，诸侯五日而殡，大夫、士、庶人三日而殡。天子七月而葬，同轨毕至；诸侯五月，同盟至；大夫三月，同位至；士逾月，外姻至。其丧具，则天子的棺椁四重，诸侯三重，皆用松；大夫二重，用柏；士一重，用杂木。此外还有招魂、沐浴、饭含、小殓、大殓之礼。又有丧服之制，分为五等：为父母服斩衰三年，为祖父母伯叔父母服齐衰一年；为从父母兄弟，大功九月；为再从父母兄弟小功五月；为三从父母兄弟缌麻三月；亲疏差别，丝毫不乱，沿用至今，无所更改。三曰军礼，以同邦国，如动众以大师之礼，简众以大田之礼。四曰宾礼，即相见之礼。宾来之时，有介绍为之达情。主延见之时，有傧相以传命。又有挚物以将意：天子用鬯，诸侯用圭，卿用羔，大夫用雁，士用雉。其礼分为三等：一、天子：诸侯北面见天子叫做觐；诸侯西面，诸公东面，叫做朝；时见叫做会，殷见叫做同。二、诸侯：相期叫做会；不期叫做遇，使大夫往叫做聘；

歃血为誓叫做盟。三、臣下：有士大夫相见之礼，有士相见之礼，有见异邦人之礼。五曰嘉礼，即昏冠乡之礼：一、昏礼：娶妻不娶同姓，男子三十而娶，女子二十而嫁，又有纳采、问名、纳吉、纳征、请期、亲迎六礼；二、冠礼：男子二十行冠礼，表其成人之意，行冠礼之后，名之外始有字；三、乡饮酒礼：即乡大夫饮宾于庠序之礼，尊贤养老，所以明长幼之序；四、乡射礼：即州长春秋以礼会民而射于州序之礼。上述五礼，为贵族所用的专礼，其中只有一二为庶人所通用的。惟至战国之世，礼法渐隳。

既信鬼神，于是立术数之法，以探鬼神之意，察祸福之机。据《汉书·艺文志》所载，当时术数，有天文、历谱、五行、蓍龟、杂占、形法六种。天文、历谱、五行三者均留意于天人之际，以为天道人事，互相影响，所谓阴阳五行家，即由此推演而来④。蓍就是筮，也就是卜，即是用卜筮以占吉凶。"众占非一而梦为大。"《左传》中所述占梦之事，都是杂占。形法就是相术。这六种术数，原为明堂羲和史卜之职，自史官见废，其书失传。春秋、战国言术数的人，不过"庶得麤觕"；至于现在的术数，虽源于古代，却不尽为古代的术数。这种术数，在神权政治占重要地位的时候，是国家行政的要目，所以特设巫、卜、祝、觋这些官职；春秋以后，因社会进化，于是对于鬼神，遂表示不信仰的态度。自是除秦、汉儒者糅杂阴阳五行之说之外，所谓术数差不多就只有在民间流行了。术数之外，又有神仙之说，起于战国时燕齐间的方士。其说谓："蓬莱、方丈、瀛洲三神山，在渤海中，诸仙人及不死之药在焉。"当时如齐威王宣王及燕昭王皆信其说，其后秦始皇、汉武帝也深信其说。而有人海求仙之举⑤。

由上所述，可知上古社会，至春秋、战国而剧变。举凡上古的生活、礼俗以及社会组织，到春秋、战国之时，都逐渐离古日远，而距今日近。其他如政制方面，亦莫不如此。这个剧变，就是结束上古期历史的所在，同时也就是为中古期历史开端的所在。

注释

①古代奴隶的发生，或由于罪人，或由于俘虏，至是因"天饥岁寒，嫁妻卖子"（见《韩非子·六反篇》），也变为奴隶，《史记》载吕不韦家僮万人，嫪毐家僮数千，张良家僮三百；他如白圭"用事僮仆"，卓氏家僮千人，更是用奴隶从事实

业以起家。

②《史记·孟尝君传》："孟尝君（即田文）在薛招致诸侯宾客及亡人有罪者，皆归孟尝君。孟尝君舍业厚遇之，以故倾天下之士，食客数千人，无贵贱一与文等。"又《平原君传》："平原君（即赵胜）喜宾客，宾客盖至者数千人。"又《魏公子传》："信陵君（即魏无忌）仁而下士，士无贤不肖，皆谦而礼交之，不敢以其富贵骄士，士以此方数千里争往归之，致食客三千人。"又《春申君传》："春申君（即黄歇），为楚相，客三千余人，其上客皆蹑珠履。"又《吕不韦传》："吕不韦家僮万人。当是时，魏有信陵君、楚有春申君、赵有平原君、齐有孟尝君，皆下士喜宾客，以相倾；不韦以秦之强，羞不如，亦招致士，厚遇之，至食客三千人。"又春秋末，越王勾践，亦有君子六千人。战国时，燕昭王太子丹亦致客无数。

③五祀即木、金、水、火、土之神：勾芒、蓐收、玄冥、祝融、后土。

④《史记·孟子荀卿列传》："齐有三邹子。其前邹忌，以鼓琴干威王，因及国政，封为成侯，先孟子。其次邹衍，后孟子，称引天地剖判以来，五德转移，治各有宜，而符应若兹。"《吕氏春秋·应同篇》言黄帝土气胜，故其色尚黄，其事则土；禹木气胜，故其色尚青，其事则木；汤金气胜，故其色尚白，其事则金；文王火气胜，故其色尚赤，其事则火；又言代火者必将水，水气胜，故其色尚黑，其事则水。观此，所谓"五德"就是五行，五行各有盛衰之时，在其盛时，则天道人事，均受其支配，及其衰时，则能胜而克之者必继之而盛。所以木胜土，金胜木，火胜金，水胜火，土胜水；如此循环，无有止息，这就是"五德转移，治各有宜"的说法。后世改易朝代即易服色，便是根据这里而来的。此外在《洪范》中更有五行、五事及庶征之说，以为人君的措施，如有不合，即能影响及于天时。又《礼记·月令》《吕氏春秋·十二纪》《淮南子·时则训》，也有天人感应之说。汉代儒家杂阴阳五行之说，即由此推演而来。

⑤秦始皇命徐市率童男童女入海求仙；汉武帝时，方士栾大、少翁以神仙之说而佩将军印。

第三编　中古史 自秦一统至明季
（约自公元前 221 年至公元 1572 年）

第一章　秦之统一及其政策

在第二编第十章中，已经说过秦国的强盛及其灭周的经过。秦既灭周，又进而伐韩伐魏，取韩阳城（在今河南登封县），拔魏三十余县，魏无忌乃率魏、楚、燕、赵、韩五国之兵，大败秦师，时公元前 247 年。明年，秦王政（秦始皇）立，政患魏用无忌，于是用万金说魏安厘王，魏中其离间之计，卒废无忌。这样一来，秦得无所顾忌，于是一意剪灭六国。秦王政六年，楚、赵、魏、韩、燕、卫六国合纵伐秦，以楚王完为纵长，兵至函谷，为秦所败，自是天下莫敢抗秦。政于是用李斯之谋，以离间六国的君臣，而以良将率重兵随其后，卒于十数年间，尽灭六国，一统天下。秦王政十七年，秦命内史胜灭韩；灭韩以后，又进而伐赵。这时，赵将李牧善战，屡败秦军，秦因勾结赵嬖臣郭开使间牧，赵果中其计，杀牧。十九年，秦命王翦伐赵，取邯郸，赵亡，赵公子嘉奔代，自立为代王，后七年也为秦所灭。二十二年，王翦之子王贲伐魏，引河沟灌大梁（今河南开封县），城坏，遂灭赵。明年，王翦伐楚，杀其将项燕；又明年，灭楚。二十五年，王贲灭燕。明年，王贲又灭齐，至是六国一统于秦[①]。

秦代在本国史上占着划时期的地位：他结束了分割的封建制度，首先建立了大一统的帝国，其措置设施，竟影响我国至二千余年之久。秦的政策是以大一统的中央集权为中心的，分述如下：一曰标定称号，废除谥法。王绾、李斯等上尊号，尊王为泰皇，命为制，令为诏，天子自称为朕。王曰："去泰著皇，采上古帝位号，号曰皇帝，他如议。"又追尊父庄襄王为太上皇，并下制曰："朕闻太古有号无谥；中古有号，死而以行为谥。如此,则子议父,臣议君也;甚无谓,朕弗取焉。自今已来,除谥法,朕为始皇帝,后世以计数,二世三世,至千万世,传之无穷。"二曰统一法度。东周以来,诸侯力政,不统于王,于是"田畴异亩,车涂易轨,律令异法,衣冠异制,言语异声,文字异形"。始皇即位,即下令统一天下的度量衡、文字以及车轨②,又明定建亥之月为岁首③,又定黄金及钱二等币④。三曰废封建,置郡县。始皇初定天下,丞相王绾等言:"诸侯初破,燕、齐、荆地远,不为置王,毋以填之,请立诸子。"群臣议论,独廷尉李斯力言不可,始皇因谓:"天下共苦战斗不休,以有侯王,赖宗庙天下初定,又复立国,是树兵也,而求其宁息,岂不难哉?廷尉议是。"于是分天下为三十六郡,后略定闽、越,又置四郡,共为四十郡。郡下分置属县,使上下相维,典守郡县的官吏,又是时常调动的流官:于是官不私土,大权集于君主一人。兹将四十郡的名称和今地所在表列于下:

郡名	今地	设置
陇西	甘肃东南部	秦
北地	甘肃东北部及宁夏长城以南	秦
上	陕西北部绥远南部	赵置,秦仍之
九原	绥远西部	秦
云中	绥远东南部	赵置,秦仍之
雁门	山西西北部	赵置,秦仍之
代	山西东北部及察哈尔南部	赵置,秦仍之
太原	山西中部一带	秦
上党	山西东南部	韩置,秦仍之
河东	山西西南部	秦
三川	河南西部黄河两岸各地	秦
内史	陕西中部一带	秦
会稽	江苏东南部及浙江东部南部	秦
鄣	江苏西南部、安徽东南部及浙江西北部	秦
九江	江苏安徽中部及江西	秦
蜀	四川中部	秦

续表

郡名	今地	设置
巴	四川东部	秦
汉中	陕西南部及湖北西北部	秦
泗水	江苏北部及安徽东北部	秦
琅邪	山东东南部	秦
薛	山东南部及江苏东北部	秦
齐	山东东部及东北部	秦
东	河北南部及山东西北部	秦
辽东	辽宁东南部	燕置，秦仍之
辽西	河北东北部及辽宁河以西	燕置，秦仍之
右北平	河北山海关至热河一带	燕置，秦仍之
渔阳	北平附近各地	燕置，秦仍之
巨鹿	河北西南部	秦
上谷	河北西部及察哈尔南一部	燕置，秦仍之
邯郸	河南北部及河北西南一部	秦
砀	河南东部、山东西南部、江苏西北部、安徽北部	秦
南阳	河南西南部及湖北北部	秦
颍川	河南中部南部	秦
象	广东广西西南部及安南北部	以上三十六郡，为秦始皇二十六年所定，此四县系始皇三十三年略定闽越所定
桂林	广西除西南部外均是	
南海	广东除西南部及北一部外均是	
闽中	福建全境	
黔中	湖南西半部	秦
长沙	湖南东半不及广东北部	秦
南	湖北东部及南部	秦

上四十郡，只有内史属京师。《汉书·地理志》："本秦京师为内史。"注：师古曰："秦并天下，改立郡县，而京畿所统，特号为内史。言其在内，以别于诸郡守也。"

四曰焚书坑儒。原来秦行郡县,儒者习于旧闻,常有师古制而复封建的议论。始皇三十四年,博士淳于越又请师古制分封子弟。李斯反对师古的主张,并"请史官,非秦纪皆烧之,非博士官所职,天下敢有藏《诗》《书》百家语者,悉诣守卫杂烧之;有敢偶语者弃市,以古非今者族,吏见知不举者与同罪;令下三十日不烧,黥为城旦;所不去者,医药、卜筮、种树之书;若欲学法令,以吏为师"。始皇可其议,于是私学不敢心非巷议。别白黑而定一尊。继焚书而起的,又有坑儒之事。原来方士卢生因"始皇为人,天性刚戾自用,天下之事无大小,皆决于上"。认为不可为求仙药,于是乃亡去。始皇闻之,由是借题发挥,把"为妖言以乱黔首"的罪名,加在咸阳诸生身上,诸生转相告引,被坑的竟有四百六十余人。其他如改定官制,便是因袭战国时代各国的官名而明定的制度,且和郡县制有深切的关系,其详留到第六章再讲。如伐匈奴,筑长城,平百粤,是对外政策,其详留到第七章再讲。如巡行天下,便是防反侧的方略,而因巡行开辟驰道⑤,却使国内交通为之一变。如收兵器,铸钟镶,便是严禁人民私藏军器的用意。如徙富豪,居咸阳⑥,便是防止豪强作乱的方策。至于定朝仪,尚刑法,也都是从大一统的中央集权政策而起的;而兴土木⑦,求神仙,则更表现了专制帝王的好尚和思想。

注释

①卫虽至秦二世元年始亡,但早已不成为国了。

②《史记·始皇本纪》:"二十六年,一法度衡石丈尺,车同轨,书同文字。"《说文解字序》:"言语异声,文字异形。秦始皇初兼天下,丞相李斯乃奏同之;罢其不与秦文合者。斯作《仓颉篇》,中库府令赵高作《爰历篇》,太史令胡毋敬作《博学篇》(按以上三篇,共三千三百字),皆取史籀大篆,或颇损改,所谓小篆者也。是时秦烧灭经书,涤除旧典,大发吏卒,兴戍役,官狱职务繁,初有隶书(按隶书系秦程邈所作),以趣约易,而古文由此绝矣。自尔秦书有八体:"一曰大篆,二曰小篆,三曰刻符,四曰虫书,五曰摹印,六曰署书,七曰殳书,八曰隶书。"按秦统一文字,固为大一统政策的表征,但其影响后世文化者甚大,不可不知。

③秦以阴历十月为岁首,始于秦昭襄王,至始皇明定为制。

④《汉书·食货志》:"秦并天下,币为二等:黄金以溢(二十两为溢),为名上币;铜钱质如周钱,文曰半两。重如其文;而珠、玉、龟、贝、银、锡之属,为器饰宝藏,不为币,然各随时,而轻重无常。"

⑤《汉书·贾山传》:"秦为驰道于天下,东穷燕、齐,南穷吴、楚,江湖之

上，滨海之观，毕至。道广五十步，三丈而树，厚筑其外，隐以金椎，树以青松。"

⑥《史记·始皇本纪》："二十六年，徙天下豪富于咸阳，十二万户。"按咸阳为秦都。

⑦秦兴土木，除修驰道外，又广建宫室，筑长城。

第二章　秦汉之际

秦自始皇二十六年（B.C.221）一统天下至二世三年（B.C.207）秦亡，其间只有十五年；但从二世元年陈胜、吴广举事起，中国便已入于混乱之局，直到汉高祖五年（B.C.202）才又归于一统；史家因称这期间为"秦汉之际"。

原来自土地私有制确立以后，于是一方为"田连阡陌"的地主，一方为"贫无立锥"的农民。农民既受地主的剥削，又受政府徭役的压迫，结果所谓豪杰如陈胜、吴广、刘邦之流"揭竿而起"，于是这广大的贫农和游民群众，也就群起响应了①：这是亡秦的第一支生力军。其次，六国之后，虽是些没落的旧家贵族；但在秦有天下短短的十五年中，其旧有的潜势力依然存在，所以他们乘着陈胜、吴广举事天下扰乱之际，在项籍、张良②这一班旧家贵族指挥之下，所谓六国之后也就纷纷起来抗秦了：这是亡秦的第二支生力军。始皇三十七年，出巡，没于沙邱（今河北平乡县），少子胡亥③立，是为二世。二世元年，发闾左戍渔阳（今河北密云县西南）者九百人，屯大泽乡（今安徽宿县西南），陈胜、吴广为屯长，会天大雨，道不通，度已失期，失期法当斩；胜、广由是起事，胜号张楚王，以广为假王。于是六国之后，闻风俱起。今将六国复兴，列表如次：

国名	姓名	年月	备考
楚	楚王襄强	二世元年八月	陈胜将葛婴收地至东城（今安徽定远县东南），立襄强为楚王，闻胜已自立为王，因杀襄强还报。胜又杀葛婴，时二世元年
	楚王景驹	二世二年端月	楚将秦嘉闻陈胜为秦章邯所败死，因立楚公族景驹。楚将项梁杀秦嘉，驹走死
	楚怀王心	二世二年六月	项梁既杀驹，求得楚怀王孙心于民间，立之，仍以楚怀王为号。公元前二〇六年，梁兄子项籍尊为义帝

续表

国名	姓名	年月	备考
赵	赵王武臣	二世元年八月	陈胜以武臣为将军,张耳、陈馀为校尉,率兵略赵地;武臣既入邯郸,自立为王,二世二年,为赵将李良所杀
	赵王歇	二世二年	武臣被杀,张耳、陈馀求得赵后歇,立为赵王,时二世二年
齐	齐王田儋	二世元年九月	齐王族田儋自立为齐王,儋后与秦章邯战,败死
	齐王田假	二世二年	故王建之弟假,于儋死后,立为齐王。按建为战国时最后的齐王
	齐王田市	二世二年	儋弟荣杀假,立儋子市为齐王,田荣为相,以荣弟田横为将
燕	燕王韩广	二世元年九月	初,武臣使韩广徇燕,广自立为燕王
魏	魏王咎	二世元年九月	周市立魏后公子咎为魏王。秦章邯击魏、魏大败,咎自杀
	魏王豹	二世二年	咎弟豹,复魏地,继为魏王
韩	韩王成	二世二年八月	韩人张良立公子成为韩王

时赵高独揽政权,而于陈胜起事,讳莫如深。等到胜将周章率众数十万至戏(今陕西临潼县东北),二世大震,才命章邯出征。二世二年,周章、陈胜、吴广先后为邯所败死,于是北击魏,魏王咎自杀,齐王儋救魏,亦败死;与楚战,项梁又败死。秦以楚地不足忧,遂围赵王歇于巨鹿(今河北平乡县)。这时,只有项籍刘邦在楚怀王之下,势颇振。怀王因命籍北救赵,邦西攻秦,并约定先入关者王之。三年,籍大破章邯军于巨鹿,邯降,籍势最盛,诸侯军均属籍。这时,刘邦得彭越、张良,张良又以韩兵从邦,邦因破武关(今陕西商县),赵高恐惧,弑二世,立公子婴。明年(B.C.206),邦入关,婴出降,秦亡。

当刘邦入关之时,项籍的声势,异常浩大,四方豪杰多受他的指挥。籍引领兵数十万入关,关闭,于是击破函谷,大军集鸿门(今临潼县东),欲以击邦,邦至籍营谢罪乃已。于是籍引兵西屠咸阳,杀婴,烧秦宫室,掘始皇家,出关而东。这时项籍俨然为天下霸主,乃尊怀王为义帝,于是自立为西楚霸王,王梁、楚地九郡,都彭城(今江苏铜山县),封刘邦以次为王。兹将项籍分封十八王列表如下：

旧国地	王号	姓名	辖地	都邑	备考
秦	汉王	刘邦	巴、蜀、汉中	南郑（今陕西南郑县）	项籍因邦先入关，如约当王，又恶负约，故析秦地为四，以邦王汉中
秦	雍王	章邯	咸阳以西	废丘（今陕西兴平县）	三人均秦降将，项籍未入关时，即封之，当时称为三秦，后章邯为汉所杀，董翳、司马欣均降汉
秦	翟王	董翳	咸阳以东至河	高奴（今陕西卢施县东）	
秦	塞王	司马欣	上郡	栎阳（今山西临潼县）	
楚	九江王	英布		六（今安徽六安县）	楚将，后降汉，受封为淮南王。一作黥布
楚	衡山王	吴芮		邾（今湖北黄冈县）	本秦鄱阳县令，起兵，受封为衡山王，后来汉封为长沙王
楚	临江王	共敖		江陵（今湖北江陵县）	义帝柱国，子骧为汉所虏
魏	西魏王	魏豹	河东	平阳（今山西临汾县）	本魏王，降汉，仍受封为魏王，旋豹叛汉，为韩信所虏
魏	殷王	司马卬	河内	朝歌（今河南淇县）	本赵将，后降汉
韩	韩王	公子成	韩故地	阳翟（今河南禹县）	本韩王，后为项籍所杀，改立故吴令郑昌为韩王，旋降汉。后来汉以韩襄王孙信为韩王
韩	河南王	申阳	河南	雒阳（今河南洛阳县）	张耳嬖人，后降汉
赵	代王	赵歇	代	代（今察哈尔蔚县）	本赵王，后田荣叛楚，陈馀得荣助，破张耳。耳降汉。馀迎歇为赵王。歇以馀为代王。后歇被韩信所虏，馀被杀
赵	常山王	张耳	故赵地	襄国（今河北邢台县）	本赵相，后降汉，受封为赵王，其子敖，后为汉所废
燕	辽东王	韩广	辽东	无终（今河北玉田县）	本韩王，为臧荼所杀
燕	燕王	臧荼		蓟（今河北蓟县）	本燕将，汉得天下后，谋反被虏

续表

旧国地	王号	姓名	辖地	都邑	备考
齐	临淄王	田都		临淄（今山东临淄县）	田都本齐将，立四月，为田荣击走，降楚。田市本齐王，立六月，为田荣所击杀。田安本故齐王建孙，立六月，为田荣所击杀。田荣本齐相，至是并三秦，后为项籍所击破，走死。项籍因立田假为齐王。荣弟田横反，击假，假走楚，楚杀之。横因立荣子广为齐王，立二十一月，为韩信所击杀。横逃入海岛，汉定天下后，召之，未至洛阳，自杀
	胶东王	田市		即墨（今山东即墨县）	
	济北王	田安		博阳（今山东泰安县）	

上表计王国十八，内秦降将三人，徙分赵、魏、燕、齐、韩五故王，更立诸将九人和汉王一人，而田荣、陈馀不得封，彭越有众万人，也无所属。所以自分封罢兵后，不到一月，田荣首先谋反，陈馀、彭越，不久亦变。籍为霸主，于是亲出戡乱，东击田荣。刘邦乘隙，北定三秦，并遗书项籍，谓仅欲得关中，如约即止。籍不以邦为意，遂并力攻荣，又恐义帝为变，弑之江中：时公元前205年。这时，邦留萧何守关中，以其间出关，以次降河南、韩、魏、雍四国，并立韩襄王孙信为韩王。时籍虽败荣，而荣弟横又立荣子广以抗籍，籍不得西顾。邦至洛阳，为义帝发丧，声讨项籍，劝诸侯兵东伐楚，入彭城。籍闻变，乃令诸将击齐，而自将精兵还击邦，邦大败。诸侯见邦败，于是除韩王信外，复多背汉归楚，汉势大挫。邦虽受挫，但谋楚之心未灭，于是使随何说英布归汉，萧何又发关中兵以补益军队，军势稍振。邦因命韩信渡河，击虏魏王豹，擒赵王歇，斩代王陈馀，下燕，北方大定。而邦则与籍相持于荥阳、成皋之间，屡为籍所败。会彭越扰楚军之后，籍始受困。邦由是命张耳守赵，韩信定齐。齐地定，邦乃封张耳为赵王，韩信为齐王，英布为淮南王，汉室大振。籍自知势弱，遂与邦约中分天下，以鸿沟①为界，西为汉，东为楚。约定，籍引兵东归。邦背约，追击项籍，围籍于垓下（在今安徽灵璧县东南），籍乘夜突围出，至乌江（今安徽和县东北），为邦兵追及，自刎死。临江王骥不降，击虏之，于是楚地尽入于汉，封韩信为楚王，而以梁地封彭越（B.C.202）。计自二世元年天下分裂以后，至是又一统于汉。

观上所述，可知项籍仍在以旧家贵族力谋恢复旧来的领地，此不但违反当时贫农和游民的要求，并且，经济的发展亦不许此种封建领主的存在，所以项籍不得不归于失败，反之，刘邦本来是农民和游民的首领，却能利用此广大群众，以获得最后的胜利。不过刘邦在事成以后，对于当时农民和游民的要求土地，依旧没有解决；所以平民革命之局，虽创自刘邦，但无关于人民的生计，事实上不过是帝王的易姓而已。

注释

①当时人民在始皇和二世之下，都苦于力役。计始皇二十六年，于咸阳北阪上营宫室；二十七年，又作极庙。二十八年，使刑徒三千人伐湘山树，赭其山；三十二年，使蒙恬发兵三十万，北击胡；明年，发诸尝逋亡人赘婿贾人略取陆梁地，三十四年，筑长城，戍南越地；三十五年，隐宫徒刑者七十余万人，分作阿房宫，或作骊山。二世复治阿房宫及骊山，又尽征材士五万人屯卫咸阳。《汉书·食货志》："古者税民，不过什一，至秦则不然。用商鞅之法，改帝王之制，除井田，民得买卖，富者田连阡陌，贫者无立锥之地。邑有人君之尊，里有公侯之富。秦民月为更卒，已复为正一岁，屯戍一岁。力役三十倍于古，田租口赋盐铁之利，二十倍于古。或耕豪民之田，见税什五。（颜师古注云：'下户贫人，自无田而耕垦富豪家田，十分之中，以五输本田主也。'）故贫民常衣牛马之衣，而食犬彘之食。重以贪暴之吏，刑戮妄加，民愁亡聊，亡逃山林，转为盗贼，赭衣半道。"

②项氏世为楚将，项梁之父项燕，与秦王翦战，大败自杀死。楚亡，项梁偕其兄子项籍出走。又张良五世相韩，韩亡，思所以报之，令力士操铁椎击始皇于博浪沙（在今河南阳武县），不中。又有田儋、田市、田安、田都、田荣、田假、田广、魏咎、魏豹、韩公子成、赵歇，都是属于旧家贵族的集团。

③始皇长子名扶苏，以谏始皇得罪，被遣北监蒙恬军于上郡。始皇死，赵高诈为受始皇诏，立胡亥为太子，更为书赐扶苏，责以不能辟地立功，数上书直言诽谤，不得罢归为太子，将军蒙恬不矫正，知其谋，皆赐死。扶苏得书，即自杀。蒙恬不肯死，系诸阳周。

④鸿沟一作洪沟，今河南荥泽县东南二十里河之支流。

第三章　前汉之政治

前汉和后汉，都是后世史家所用的称号。前汉起自高祖，终于孺子婴；后汉起自光武，终于献帝禅位。前汉都长安，故又称西汉；后汉都洛阳，故又称东汉。前汉自高祖至孺子婴，历主十二，传十一世，凡210年①；今先表列其世系如下：

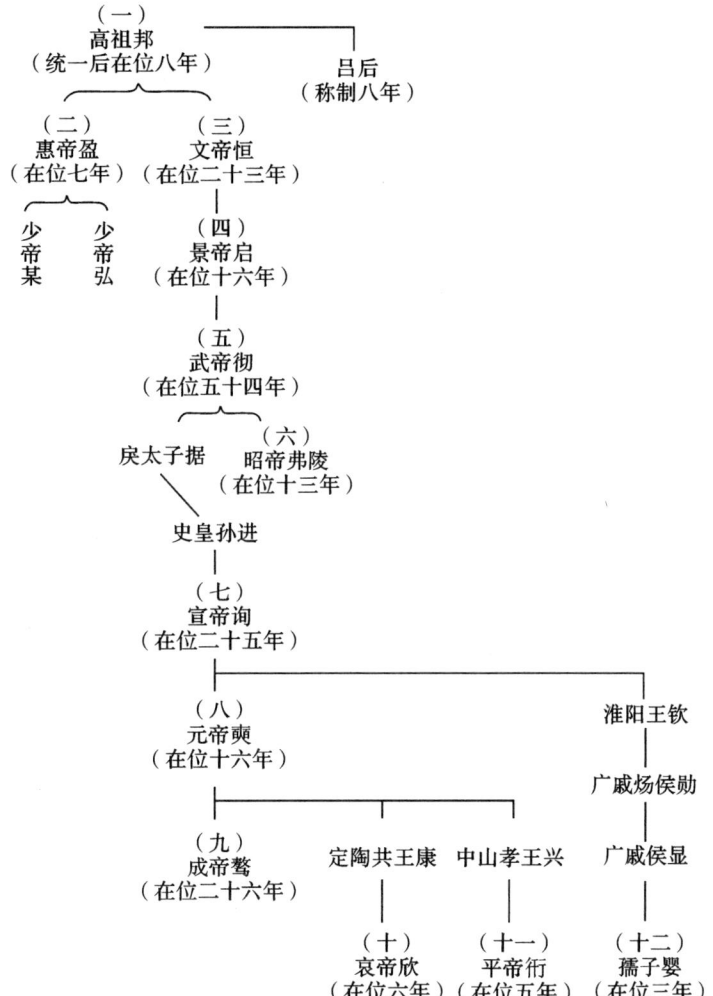

高祖（B.C.202—B.C.195）的统一天下，多得力于当时有力者的背楚归汉，又承项籍恢复封建之后，所以事定之日，势不得不分封原有诸侯之有功于汉室者及佐命诸将，以酬其勋。记当时异姓王国有七②：即楚王韩信、梁王彭越、赵王张耳、韩王信、淮南王英布、燕王卢绾、长沙王吴芮③。七国之中，除长沙王吴芮得幸存外，其余或杀或废，或亡入匈奴，至高祖十一年，都剪灭全尽。高祖惩于秦以孤立而亡，于扑灭异姓诸王之后，又分封同姓子弟，定"非刘氏不王"之法。计其时王国有九：即吴王濞（高祖仲兄子）、楚王交（高祖同父少弟）、代王喜（高祖兄）、齐王肥、赵王如意、淮南王长、梁王恢、淮阳王友、燕王建（以上七王均为高祖子）④。刘氏九王国之外，异姓王国只存长沙王吴芮，而宗室和功臣封侯的，还有一百四十三。大抵王国辖地颇广，侯国食邑而已。名虽为国，仍隶于郡。当时封建⑤郡县并行，郡下有县；以郡守治郡，而以令长治县，一如秦制：盖高祖用意，欲使王侯诸国，与直隶中央的郡县相杂处，以收相互控制之效。高祖没，子惠帝盈（B.C.194—B.C.188）继立，日饮为淫乐，不问政事，吕后因得专大权。惠帝没，吕后称制（B.C.187—B.C.180），破"非刘氏不王"之法，广封诸吕为王⑥，欲谋篡夺，卒为陈平、周勃所平。代王恒继立，是为文帝。

文帝（B.C.179—B.C.157）即位，正当天下大乱之后，人口凋零，农业荒芜，商业颓败，都市衰落。文帝的政策：就在"安集百姓"，使人民在轻赋之下，能够恢复其生产力。根据这政策，所以在政治方面，不愿多有更张；在用费方面，力崇节俭；赵佗虽称帝，匈奴虽入盗，吴王濞虽跋扈，在文帝与民休息的政策之下，都不愿有所动作。行之十年，果然家给人足，刑罚用稀。史家以其治尚无为，所以称为黄、老之治⑦。但是，与民休息的结果，农业生产力已经恢复，商业又走上了繁荣之路，于是所谓王侯，便逐渐富强起来，文帝因为不欲扰民，所以当时贾谊虽请削减王侯的封地，文帝却不听从。到了景帝（B.C.156—B.C.141）即位，晁错用事，实行削地，于是七国结合以反抗中央⑧。后为周亚夫（周勃之子）等所平。乱既平，景帝因摧抑诸侯，不得自治民补吏，而由中央派内吏以治之，又留列侯于京师，不使就国，于是宗室削弱，权移外戚阉臣。史家以景帝治尚刻薄，所以称为名法之治。

武帝（B.C.140—B.C.87）的治术，关系后世很大，今分述如次：一曰建年号。武帝即位，称建元元年，帝王有年号始此。二曰用夏历。汉初承秦制，以建亥月为岁首，武帝时，造汉《太初历》，以寅月为岁首，改用夏历。自此直到清亡，无有改变。三曰策贤良。诏举贤良，帝亲策问，擢用董仲舒、公孙宏诸人⑨，为辟举用人之始。四曰尊儒术。用董仲舒之策，罢"诸不在六艺之科，孔子之术者"，于是黜百家，立学校，置五经博士及弟子，尊儒术始此。五曰用儒吏。"诏吏通一艺以上者，皆选择以补右职"，以儒术为利禄之途始此。六曰卖官爵。武帝用兵四方，国用不足，于是诏令民得买爵为吏，后世捐纳之例始此。七曰尚文词。武帝立乐府，尚词章，开后世崇尚美文之习。八曰重聚敛。以张汤、东郭咸阳、孔仅、桑弘羊诸人理财，行敛财新法，开聚敛之风。武帝一代政治，都与后世有关；秦皇以后，真能为专制政治的典型的，当推武帝，所以史家亦以秦皇、汉武并称。

武帝行事，多与秦皇相合，如信方士、求神仙、修封禅、盛巡幸、益宫观、好武功，都相仿佛。这样一来，文、景两代所蓄积下来的国富，便已消耗殆尽，结果黎民困逼，盗起不可治。幸霍光受命辅昭帝（B.C.86—B.C.74），轻徭薄赋，与民休息，才使天下安定。昭帝没，无子，立昌邑王贺，在位二十七日，淫戏无度，霍光因废贺，立病已为帝，是为宣帝（B.C.73—B.C.49），更名询。宣帝亲政，信赏必罚，综核名实，于是良吏辈出，天下大治。对外又定匈奴、西域，制西羌，其武功几比美武帝。前汉之治，至此终结。

前汉亡于外戚。原来自景帝摧折同姓王侯以后，集权中央，遂成内重的局势，于是腹心之任，寄于近臣，而外戚宦官使得夤缘窃柄以掌大权⑩。前汉外戚之祸，始于惠帝时吕氏称制。宣帝时，霍光夫人显谋杀宣帝后许氏，纳光小女成君为霍后。宣帝察显谋，于是以光子禹为大司马，削其兵权，而以许氏、史氏⑪代之。后禹谋反，尽诛霍氏，废霍后：是为以外戚制外戚之始。元帝（B.C.48—B.C.33）时，外戚史高与萧望之、周堪同受宣帝命辅元帝，元帝信任宦官弘恭、石显，史高因勾结恭、显，谮望之等于帝，望之自杀，堪下狱；是为外戚与宦官勾结乱政之始。成帝（B.C.32—B.C.7）时，因帝出自元帝姬王政君，故王凤以元舅，得为大司马大将军，舅王崇得封为安成侯，又封诸舅王谭、王商、王立、王根、王逢时为侯，叫做五侯。王凤卒，王音、王商、王根、王莽⑫相继为大司马大将军，声势煊赫，后来王莽篡汉，其种因就在此时。哀帝（B.C.0—1）即位，尊其祖母傅太后为恭皇太后，其母丁姬为恭皇后，封丁、傅诸舅为侯；王太后（即王政君），虽尊为太皇太后，但丁、傅诸舅夺权，王氏之势渐绌，莽亦只得退职：外戚与外戚相争始此。哀帝殁，平帝（B.C.6—1）即位，太皇太后临朝，尽贬丁、傅二氏，莽复为大司马。进封为安汉公。后莽又以其女为平帝后，尽杀平帝母卫氏之族。旋莽又加为宰衡，位在诸侯王上，大权独揽，卒毒杀平帝，别立宣帝元孙婴，叫做孺子（6—8）。那时王莽居摄，使臣民尊为摄皇帝，朝见称假皇帝，又以王舜、王邑为心腹，甄丰、甄邯主击断，平晏领机事，刘歆典文章，孙建为爪牙，竟大行废立，自称新皇帝，代汉而有天下。

注释

①公元前202年，即高祖五年，故从高祖元年算起，则前汉应为214年。

②七国之外，又封赵佗为南粤王，勾践后无诸为闽粤王，摇为东海王。

③韩信夷三族，彭越亦夷三族，废张耳子敖，韩王信降匈奴，诛英布，卢绾亡入匈奴，只有吴芮得传，至文帝时因无后除国。

④肥传襄，襄传则，至文帝时因无子遂除国。文帝分齐地，立肥子将闾为齐王，都临淄；志为济北王，都卢（今山东长清县）；辟光为济南王，都东平陵（今山东历城县）；贤为菑川王，都剧（今山东寿光县）；雄渠为胶东王，都即墨；卬为胶西王，都密（今山东高密县）：叫做齐之六王。七国之乱，只有将闾与志未加入。

⑤按汉代封建，本质上和周代绝异。周代以自给自足的庄园制为封建的基础，领主所收的是地租，汉代则因商品经济已发达，王侯所收纳的，只是地税。前者纳租的是农奴，后者纳税的是耕地所有者，而耕地所有者又向佃户收租。前者直接取自农民，后者间接取自农民。

⑥封吕泽、吕禄、吕产、吕台为王，封诸吕六人为侯。

⑦参看第九章。

⑧《汉书·景帝本纪》："三年春，正月，吴王濞、胶西王卬、楚王戊、赵王遂、济南王辟光、菑川王贤、胶东王雄渠，皆举兵反。大赦天下，遣太尉亚夫、大将军窦婴，将兵击之。斩御史大夫晁错，以谢七国。二月，诸将破七国，斩首十余万级，追斩吴王濞于丹途。胶西王卬、楚王戊、赵王遂、济南王辟光、菑川王贤、胶东王雄渠，皆自杀。"

⑨召举贤良，始于文帝，参看第六章。

⑩宦官之祸，不始于汉，如齐桓公时的寺人貂，详见《左传·僖公二年》，如晋文公时的寺人披，详见《左传·僖公五年》，如秦的赵高，都是宦官乱政的先例。汉武帝诏敕多出中官之手，又为汉代宦官与政之始。外戚之祸，始于周代申侯之召犬戎。而天子信任外戚，则始于汉宣帝。

⑪史氏系宣帝祖母家。

⑫莽系王太后之侄。

第四章　新莽之改制

王莽既篡汉，改国号曰新。原来前汉自文、景休养生息以后，农业生产陡增，商业亦随之发达，而地主兼并、富商剥削以及农民穷困，却成为当时不能解决的问题。王莽既代汉而有天下，于是想在新朝之下，援引经义，以谋这问题的解决。兹先将其对于经济上的改革，分述于下：一曰王田制度。收天下田为王田，不得买卖。其男不满八口而田过一井者，分其余田以予九族邻里乡党。二曰禁止商人资本奴隶。当时奴隶有两种：其一是自由人因买卖而为奴隶，即商人资本奴隶；其一是官奴，即因罪没入官为奴。王莽下令更名天下奴婢曰私属，不得买卖，便是禁止商人资本奴隶的买卖。三曰立五均、司市、泉府之官。立金木土谷布五均之官，凡货物有过剩时，由官平价买进，贵时亦以平价卖出。又立司市之官，以规定平时物价，又立泉府之官，贷款给平民。四曰立六筦之令。筦即管。六筦就是盐、酒、铁、名山大泽、五均赊贷、及钱布铜冶六项，都是民生日用所必需，一概归国家管理。五曰整理币制。王莽根据钱币"轻重大小各有差品"的道理，以免钱币成为地主商人操纵物价剥削农民的工具，于是禁积汉五铢钱，作金、银、龟贝、钱布之品，叫做宝货，共五物（金、银、铜、龟、贝）六名（钱货、金货、银货、龟货、贝货、布货）二十八品（钱六品、金一品、银二品、龟四品、贝五品、布十品）。后因民间不通行，于是只以小泉值一和大泉五十并行。此外还有：一、国有富源的管理，凡工商采取金银铜锡龟贝的，都应呈报司市泉府，顺时气而取之；二、工商什一税，令民各以行业所得之利，十分之而贡其一于官；三、不生产税，凡田不耕为"不殖"，出三夫之税，城郭中宅不树艺的为"不毛"，出三夫之布，民浮游无事，出夫布一匹。以上所述，是王莽对当时民生问题的改革政策，其目的不外平均地权及大事业国营，以杜地主的兼并及豪商的剥削与垄断。他如行封建[①]改官制[②]，则泥于复古，与民生无关，故略而不述。

王莽改制，是一种社会改革政策，论理应因政策的实施，其政权当能继续下去，但新朝不过十五年（9—22）而亡，却不是没有原因的。第一，王莽自身即为地主，但又严禁地主兼并，因此地主对于新朝的设施，顿生反抗，所以王莽的均田政策，不到三年之久，就归失败。第二，王莽虽反对豪商，但大权仍落在豪商之手，致使豪商与郡县守令朋比为弊，而莽无法制裁。第三，王莽既为农民解除痛苦，却又行封建政治，结果公田的世禄尚未定好，而所谓"官吏"却"受取赇赂以自给"，这样一来，不仅不曾减少农民的痛苦，反而弄到"农商失业，食货俱废，民人至涕泣于市道"。第四，王莽不明社会进化，泥于复古。迷信法治，制度屡易，民无所遵守，而莽独揽事权，结果日不暇给，反使政务废弛，奸人得以乘隙作弊。第五，莽恃国库充实，妄欲立功域外，挑衅四夷，结果匈奴、西羌皆叛，边徼无宁日，内乱遂乘机以起。总之：王莽的改制，既不能取得地主豪商的拥护，又不能获得农民的帮助，所以在夹攻之中，而新政归于失败，新朝也就随之而亡。

注释

①莽用《周官》《王制》之文，置卒正、连率、大尹、属令、属长、州牧、部监，公氏作牧，侯氏卒正，伯氏连率，子氏属令，男氏属长，皆世其官，其无爵者为尹。分长安城旁为六乡，三辅（京兆、左冯翊、右扶风），众县为六尉，河内、河东、宏农、河南、颍川、南阳诸地为六队。又复天下为九州，取《诗·大雅·板》之章之文，置维城、维宁、维翰、维屏、维垣、维藩六服，以三公作甸侯，是为维城；诸在侯服，是为维宁；在甸服、任服诸侯，是为维翰；在宾服（即卫服），是为维屏；在揆文教，奋武卫，是为维垣；在九州之外，是为维藩。服定千八百诸侯，总六服为万国。

②《汉书·王莽传》："莽策命群司，各以其职，如典诰之文。置大司马司允，大司徒司直，大司空司若：位皆孤卿。更名大司农曰羲和，后更为纳言，大理曰作士，太常曰秩宗，大鸿胪曰典乐，少府曰共工，水衡都尉曰予虞：与三公司卿凡九卿，分属三公。每一卿置大夫三人，一大夫置元士三人：凡二十七大夫，八十一元士：分主中都官诸职。更名光禄勋曰司中，太仆曰太御，卫尉曰太卫，执金吾曰奋武，中尉曰军正，又置大赘官，主乘舆服御物，后又典兵秩，位皆上卿：号曰六监。改郡太守曰大尹，都尉曰太尉，县令长曰宰，御史曰执法，公车司马曰王路。"

第五章　后汉之政治

王莽改制的结果，据《汉书·食货志》所载是："富者不得自保，贫者不得自存。"在这样情形之下，再加上饥馑和用兵外夷，农民无以为活，于是相率为寇，以反抗新朝；而地主亦利用农民暴动，蜂起称王称帝，以推翻新室。当时举事者，如绿林、赤眉和铜马诸路之兵，便是以农民为主干的革命军，如刘縯、刘秀、刘玄诸人所领之兵，便是以地主为主干的革命军，兹分述如下：一曰绿林。天凤四年（17），新市（今湖北京山县）王匡、王凤有众数百人，马武、王常、成丹皆往从之，聚绿林山（今湖北当阳县东北）中，数月间，至七八千人。又有南郡（今湖北江陵县一带）张霸、江夏（今湖北武昌县）羊牧等，有众数万人，与王匡同时起兵。后绿林有众数万，于是王常、成丹西入南郡，号下江兵；王匡、王凤、马武及其支党朱鲔、张卬等北入南阳，号新市兵；匡进攻随（湖北今县），平林（在随县境）人陈牧，聚兵数千，以应匡，号平林兵。二曰赤眉。天凤五年，樊崇起兵于莒（山东今县），有众数万，以赤眉为别，故号赤眉，势最盛。三曰刘縯、刘秀。地皇三年（22），汉宗室刘縯及其弟秀，起兵舂陵（今湖北枣阳县），招说新市、平林兵，又合下江兵，势亦盛。这时汉宗室刘玄在平林兵中，号更始将军。起事诸军以兵众无所统属，因共立玄为更始皇帝（23—24）。更始元年，秀与莽将王寻、王邑大战于昆阳（今河南叶县东北），莽兵大败，于是四方豪杰，纷起响应。更始乘势命王匡等西进，关中军内应，由是破洛阳，下长安，莽为众所杀，新室遂亡。昆阳战后，縯与秀势最盛，为更始所忌，因杀縯；秀深自引过，更始始无除秀意，且命秀略取河北。秀破王郎①，悉定河北，更始因封秀为萧王，秀辞不就，始于更始携贰。时更始在长安，信任群小，关中人民均怀叛心，独秀在北方，声誉最隆，又平铜马诸军②，声势益盛，于是即位于鄗（今河北高邑县），是为光武帝，时公元 25 年。是年，赤眉樊崇反，陷长安，更始降，旋被杀，并立汉宗室刘盆子为帝，而更始将主朱鲔又以洛阳降光武，光武因入洛阳，以为汉都。明年，光武遣冯异攻败赤眉，赤眉以盆子降。这时天下虽为光武所有，而群雄割据，称帝称王的，还是大有人在；光武经数年之力，始次第削平，而归一统。光武以后，明、章继立，为后汉盛世。自是以后，戚宦相互冲突，结果因宦官用事而激起党锢之祸、黄巾之乱，最后召权臣董卓入京，遂形成群雄割据之局，今分述如下。后汉自光武至献帝，历主十四，传八世，凡百九十五年，其世系表如次：

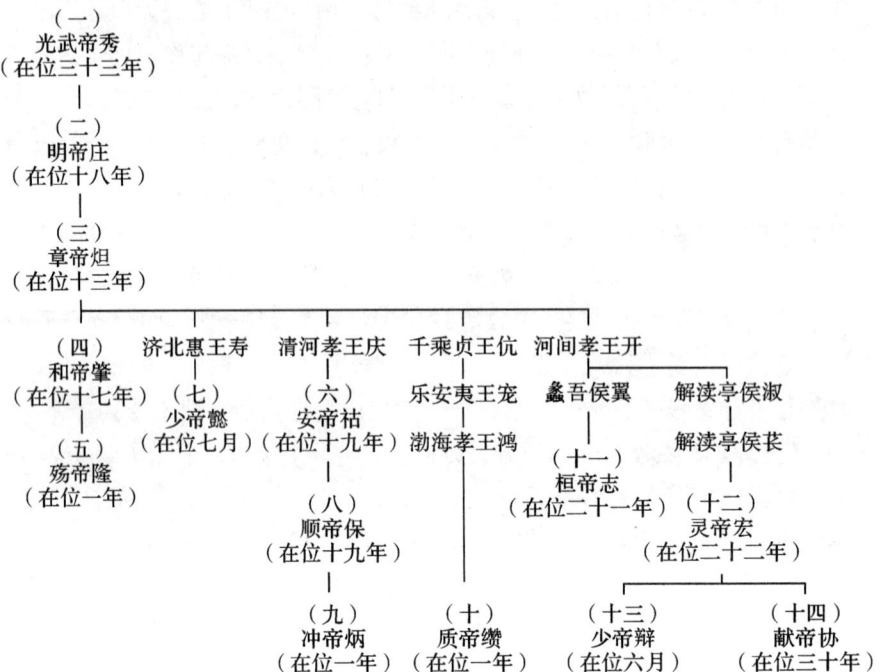

光武（25—57）一代政治，可分五项来说：一曰减轻田赋。光武初年，因军用不足，行什一之税；后诏令郡国收取田租，三十税一。二曰表章气节。前汉末年，硕学通儒，争相附莽，士气卑靡，达于极点。光武即位，于是优礼处士严光、周党、王霸③，以成其节；封卓茂，祀谯玄，旌表李业④，以表其不事二姓，而士风为之一变。及其末流，趋于标榜以为名高，卒之酿成党锢之祸。三曰保全功臣。光武广封功臣，皆以列侯就第，不领甲兵，故贾复、耿弇、邓禹诸人，均以功名终身。四曰留心吏治。光武承王莽法网繁密之后，务用安静，广救民瘼，地方官吏由是宽息百姓，善绩卓著，故后汉一代，循吏辈出。五曰崇尚儒术。光武兴建太学，修明礼乐，又置五经博士。明帝（58—75）、章帝（76—88）继立，亦能崇尚儒术，修明吏治，为后汉治世，足与文、景并称。

后汉一代，除光武、明、章三朝称为治世外，其余都是戚宦冲突的历史；而后汉之亡，即由于此。和帝（80—105）时，窦太后⑤临朝，其兄窦宪掌权，窦女婿郭举得幸太后，谋害帝。帝与宦官郑众谋，卒除宪、举，众得封能乡侯，握大权。宦官封侯始此。安帝（107—125）时，邓太后⑥

临朝，兄邓骘用事，后太后崩，帝亲政。帝乳母王圣与宦官李闰诬害邓骘，李闰握权，其同党江京等均居要职。帝没，闰等废太子保，立少帝懿，安帝后阎氏临朝，弟阎显专权。懿没，宦官孙程等杀江京，立安帝子保，是为顺帝（126—144）；孙程揽政，杀显，废阎太后。顺帝卒，冲帝立，梁太后⑦临朝。冲帝卒，质帝立，为梁冀所毒死，改立桓帝（147—165），梁太后临朝如故，并以冀女弟为帝后。太后没，帝与宦官单超谋杀冀，于是政权又落于宦官之手。桓帝没，灵帝（168—189）立，桓帝后窦氏临朝，其父窦武用事，引用党人。宦官曹节、王甫杀党人，武自杀。灵帝没，少帝辩立，何氏⑧临朝，兄何进用事，用袁绍谋，召董卓入京诛宦官。宦官张让等先杀进，于是袁绍尽杀宫中宦官。及卓入京，遂鸩杀何氏，废辩，改立献帝（190—219）。戚宦之乱止此，然群雄割据之局又成。

　　党人之议，固为宦官所激起，但当时重行谊、严礼法、爱名誉的士习，却也是促成清议的助因。原来清议的风气，以太学为最盛。桓帝时太学三万余人，以郭泰、贾彪为首，与李膺、陈蕃、王畅相褒重，贬议朝政，疾视宦官。宦官因诬膺等"共为党部，诽讪朝政，疑乱风俗"，结果自膺以下二百余人，都被捕下狱，禁锢终身，是为第一次党锢之祸（166）。自是以后，士子益加相互标榜，清议反盛。灵帝即位，窦太后临朝，窦武、陈蕃用事，李膺等相率入朝，党禁大解。旋武、蕃因谋除宦官事败，武自杀，蕃为宦官所害，膺亦被废，于是宦官以"共为部党，图危社稷"的罪名，加诸党人，而党祸又兴。当时自膺以下百余人，都被捕下狱，且多死在狱中，宦官又令州郡穷治，由是罹祸毒而徙死废禁的又六七百人，是为第二次党锢之祸（189）。后十五年，黄巾乱起，才大赦党人。

　　黄巾之乱，是戚宦乱政所激成的。原来自光武统一以后，在三十税一的轻赋下，农业生产又已逐渐恢复，地主兼并，豪商剥削，便是生产恢复以后的必然结果。农民的生活，依旧没有解决；而连年用兵西羌，军费的负担，却取自农民，再加上外戚的骄纵和宦官的横贪，于是乘着天灾的机会，农民就蜂起倡乱了。黄巾之乱，就是这样发生的。先是，巨鹿张角，奉事黄、老，以咒符水治病，号太平道，十数年间，徒众数十万，散布青、徐、幽、冀、荆、扬、兖、豫八州，勾结宦官封谞、徐奉等，以为内应，约期于灵帝中平元年（184）三月五日举事。事泄，谞、奉均下狱死，角因驰敕诸方，裹黄巾为号，旬月之间，全国响应，京师震动。后虽为卢植、皇甫嵩、朱儁所讨平，但与角同时起事诸贼，如黑山诸股②，聚众百万，扰乱河北，声势仍盛。后黑山贼降，而青、徐黄巾余党，及其他诸盗，又复起为乱。终汉之世，莫能征定。黄巾及诸贼之乱，伏下了倾覆汉室的祸根。原来自光武罢郡国都尉并职太守以后，国有征伐，遂全赖京师之兵，其后京师之兵日就衰弱，于是黄巾贼起，灵帝用太常刘焉之言，改刺史为州牧，选重臣出任，以镇州郡，从此州牧拥兵自豪，并得便宜行事，就形成了献帝时群雄割据之局。

董卓之乱，是由于戚宦冲突而来的。原来后汉之世，与西羌之乱相终始，而西羌接近凉州，因此凉州一隅就成为天下精兵会聚之所。当黄巾乱起之时，西羌亦乱，董卓受命征羌，于是卓在凉州一隅，竟树立了足以左右天下的兵力。及董卓入京，汉室政权遂为卓所把持，竟擅行废立，为所欲为。渤海太守袁绍，因纠合州牧，自为盟主，声讨董卓，卓迫献帝徙都长安，而讨卓诸将不睦，不久亦散。由是关东州郡务相兼并以自大就形成了群雄割据之局。后长沙太守孙坚起兵讨卓，攻陷洛阳，而司徒王允又勾结卓部将吕布密谋杀卓，于是关中大乱。旋王允与吕布不和，而卓旧部李傕、郭汜、樊稠、李蒙又进兵合围长安，王允被杀，布出关，投袁术。不久，傕、汜、稠诸将不睦，互相攻伐，献帝出走洛阳，兖州牧曹操乘之，遂迁帝于许（今河南许昌县），于是大权又落于操，而帝仅拥虚名。操以次削平北方诸雄，惟孙权、刘备不为所下，遂成为三国鼎立之局。

注释

①王郎是卜者，诈称成帝子子舆，据邯郸，利用农民暴动，自立为帝，势甚盛。

②《后汉书·光武帝本纪》："又别号诸贼铜马、大肜、高湖、重连、铁胫、大抢、尤来、上江、青犊、五校、檀乡、五幡、五楼、富平、获索等，各领部曲，众合数百万人，所在寇掠。光武击铜马，大破之，受降未尽，而高湖、重连从东南来，与铜马余众合，光武复与大战，悉破降之。将降人分配诸将，众遂数十万，故关西号光武为铜马帝。光武北击尤来、大抢、五幡，大破灭之。于是诸议上尊号，行至鄗，即皇帝位。"

③详见《后汉书·逸民列传序》及《周党传》《王霸传》《严光传》。严光本为庄光，避明帝庄讳，改为严光。

④详见《后汉书·卓茂传》《谯玄传》《李业传》。

⑤窦太后系章帝后，无子，章帝贵人梁氏生子肇，立为和帝。

⑥邓太后系和帝后，邓禹之孙女，无子，立庶子隆，是为殇帝，太后临朝，隆没，立祜为安帝。

⑦梁太后系顺帝后，梁冀为太后弟。

⑧何氏系灵帝后，生子辩，美人王氏，生子协。灵帝没，属协于蹇硕，硕欲除何氏兄何进而立协，不成。辩得立，进用事，诛硕。

⑨《后汉书·朱儁传》："自黄巾贼后，复有黑山、黄龙、白波、左校……之徒，并起山谷间，不可胜数。河北诸郡县并被其害。朝廷不能讨。"

第六章　两汉之制度

两汉官制，多仍秦旧：现在先述官制。中央官制，前汉初期也和秦代一样，设丞相总理庶政，太尉掌全国军政，御史大夫司监察言论，三权分立，使相互钳制。武帝时，改太尉为大司马，以冠将军之号，于是大司马大将军位陵丞相上。成帝时，改御史大夫为大司空，与丞相、大司马同为相职；哀帝时，又改丞相为大司徒，合大司马、大司空并称三公。三公之下有九寺：太常即秦奉常，掌宗庙祭祀；光禄勋即秦郎中令，主宫掖门户；大鸿胪即秦典属国，掌诸归义蛮夷；少府掌皇帝财务；卫尉掌宫门屯卫兵；宗正掌皇帝亲属之事；太仆掌皇帝御车马役（从少府至太仆，皆沿用秦代旧名）；大理即秦廷尉，掌皇帝的监狱；大司农即秦治粟内史，掌公家土地。其长官即九卿。自七国乱后，皇帝集权一身，于是在其左右给役的少府属官尚书①渐趋重要。及武帝托孤于霍光，授光以大司马大将军领尚书事，尚书由是成为掌机密之官。宣帝时，丞相权虽如故，然诏令的造意已归尚书，丞相不外宣布尚书所密拟的政令罢了。成帝以后，外戚王氏，亦均以大司马大将军或车骑将军领尚书事而握中央大权。后汉之世，改大司马为太尉，与司徒、司空仍称三公，是为相职；另设太傅②，位在三公上，以授耆德，无常职；惟九卿则以三公分领之。至于实权，仍归尚书，三公之职，不过备员罢了。章帝以后，又使老臣以太傅录尚书事为真宰相，尚书遂成众务渊府，与三公并称四府。地方官制：武帝时，分天下为十三部③，每部设刺史一人，犹秦之监御史，以巡察郡国的官吏。成帝时，更刺史为州牧；哀帝时，复为刺史，旋又改为州牧。光武中兴，仍复为刺史。部之下为郡，郡置太守，即秦之郡守，治理一郡政务；又设郡丞和长史，以佐太守。又设都尉,即秦之郡尉,佐守典;此外有尉丞,典武职甲卒;有农都尉,主屯田殖谷。郡之下为县,县置令长,治理一县政务;又置县丞,佐县令长,兼主刑狱囚徒;又置县尉,主缉捕武事;均与秦制相同。终两汉之世,无有更易。又汉初封建郡县并行,至七国之乱而止。后虽有封建之名,而封建之国,由皇帝派相国治理,王国之相等于郡守,侯国之相等于县令长,实与秦之郡县制相同。按汉代地方官制,仍为郡县二级制,所谓刺史,只司督察,并无实权,然自后汉灵帝改刺史为州牧,以重臣出任,由是州牧之权特重;始由二级制变为三级制。

两汉的初期④,都是承大乱之后,与民休息,赋税颇轻;但中叶以后,苛税敛财,名目繁多,就成为病民之政了。兹将两汉赋税力役之制,分述如下:一曰田赋。高祖既定天下,轻田租,十五而税一。景帝时,改为三十税一;其后,田赋虽轻,而更赋杂税反多。光武初年,行什一之税,其后令郡国收见田租,三十税一。桓帝令郡国有田者亩税敛钱,每亩征收十钱;灵帝时,亦如之。田赋由是加重,所谓三十税一,便徒有空名了。二曰算赋。高祖时,初为算赋,令民年十五以上至五十六,人出赋钱一百二十文,以治库兵车马。文帝之世,又有"民赋四十"的规定,也属算赋。三曰口赋。汉制民年七岁至十四,每人每年出口赋钱二十文以食天子,武帝又加三文,以补车骑马;并令民产子三岁,则出口钱。昭帝末年,减去口赋十分之三。算赋和口赋,名称虽不同,但是性质却是一样。四曰更赋。更赋即力役,汉制更有三品:一为卒更,古者兵卒无常人,在法令上人人有戍边三日之责,是为"卒更";二为过更,人人戍边三日,但因领土过大,亦属难行,所以凡不戍边者,出钱三百文入官,由官给已在戍边之人,令其留戍一年,是为"过更";三为"践更",凡穷人愿得雇更钱者,依次当去戍边之人,以钱给他,每月二千文,请其留戍,是为"践更"。此外,还有泛役,即征民工,从事筑城穿池修河诸力役。五曰税捐。武帝时,国用不足。用东郭咸阳、孔仅诸人理财,将盐铁收归国有,禁民私铸铁器鬻盐;和帝时又罢盐铁之禁,纵民煮铸,但须入税县官。武帝又立榷酤;又任桑弘羊为大司农中丞,置均输,以通货物⑤。此外还有算缗钱、算船车⑥,亦始于武帝。

前汉兵分三种:一为京师兵,分南北两军,专供拱卫京师之用⑦。二为地方兵,有轻车、骑士、材官、楼船等名目⑧,常以秋后讲武事,有"都试"以检阅士兵。三为屯田兵,初仅屯田守卫,间亦被调作战。征兵之法：民年二十三傅之畴官⑨，为正，以一岁入南北两军为卫士，一年在地方为兵，然后归乡以待调发，年五十六免为庶民，就田里。汉初兵农不分，自武帝时，始募兵，又置羽林，则"长从"始此⑩。后汉京师也有南北军，惟罢地方兵不练，专以京师兵任征伐。中叶以后，内外兵不精练，遇有寇警，只有取办临时；末季宦官掌宿卫，遂得挟制朝廷。灵帝以后，州牧权重，于是州牧拥兵自豪，而兵制遂坏。

前汉学校分京师学与郡国学两种。京师学为太学，立于武帝时。太学的教授称博士，武帝时置五经博士，王莽时，加入《乐经》，为六经。太学的学生，称博士弟子员，其选补之法有二：其一由太常直接挑选，一由郡国选送。修业年限无一定，而以考试能否通过为限；武帝时，定一岁辄课。郡国学的设立，始于武帝时蜀郡太守文翁。蜀地在当时还是草昧之区，自文翁兴学，于是教化大盛。武帝嘉奖其成绩，并下诏令郡国模仿，均设置学校官。平帝时，王莽秉政，因定名郡国的学校曰学，属大学性质，邑侯国的学校曰校，在乡曰庠，在聚曰序，都属小学性质。后汉学制，和前汉相同。京师亦设立太学，教授亦称博士，光武时置经今文学十四博士，由太常选一人为祭酒。学生称太学生，或称太学诸生。至于考试，则自桓帝以后，定满二岁一试。亦有郡国学，其制与前汉相似。后汉又有两种特殊学校，设在京师：一为四姓小侯学，始于明帝时，专教外戚樊氏、郭氏、阴氏、马氏四姓子弟，因外戚非列侯，故称小侯；一为鸿都门学，始于灵帝时，其性质近似文艺学院。又有私学，和政府所设立的学校无关：如"书馆"近似于私塾，其旨在使学童识字习字。属于小学性质；如诸经师设帐讲学，生徒著录有近万人以上者，则属于大学性质。

汉代学校以传授经学为目的，虽一岁辄课，凡通一艺以上的得补右职；但用人之法，多由选举。前汉选举，以学术进的有明经、明法、学童三种⑪，以廉能征用的，有贤良方正和孝廉⑫。又有特科，如茂材异等、孝悌力田等皆属之⑬，令公卿郡国举之。选举之外，兼用考试，其方法有对策、射策二种⑭。后汉用人之法有二：一为选举，一为辟召⑮。选举有贤良方正、孝廉、秀才、明经诸科，只有孝廉由郡国按人口比例察举，非如他科待诏而行，所以得人最盛。到了中叶，所谓孝廉，徒拥虚名，于是顺帝用左雄之言，用限年考试之法，凡孝廉年不满四十的不得察举，并须课试笺奏，是为文字之试之始。至于由太学生应试中第的，亦得为官，其制同于前汉。辟召，如公府的掾吏，州郡的从事，均由公府州郡自置，不经选举。

法典方面，自李悝作《法经》以后，商鞅传习以为秦相，改法之名为律。高祖初入关，与父老约法三章："杀人者死，伤人及盗抵罪"，蠲削秦法的烦苛。其后，三章之法，不足以御奸，于是萧何撮拾秦法，作律九章，即具律、盗律、贼律、杂律、捕律、囚律、兴律、厩律、户律，后叔孙通又增加《傍章》十八篇，以补《九章律》之所不及，张汤复为《越官律》二十七篇，赵禹复为《朝律》六篇，合计为六十篇。而萧、张、赵所定之律，合称三家。律之外，又有令，系天子的命令而在律之外者，但其效力与律等。令之外又有比，亦称决事比，和后世的例相似。后汉末叶，应劭删定律令为《汉仪》。刑名方面，汉初承秦敝，用法也很深刻，如夷三族、腰斩、磔、弃市、腐刑（即宫刑）、髡、钳、完、城旦舂、鬼薪白粲、耐、罚作、笞诸刑⑯，多沿用未改。吕后时，始除三族之刑，文帝又除收帑相坐律令及肉刑，而以笞刑代肉刑。景帝又减笞数，并定棰令。又除宫刑和磔刑。又定赎罪之法⑰。后汉刑名，大抵与前汉同，惟殊死、亡命、右趾、施刑、女徒雇山、女子宫诸刑⑱则为前汉所无。

汉初以秦钱重难用，更令民铸荚钱，重三铢，黄金不以镒计，而以斤计，即一斤为一金。文帝时，以钱多而轻，更铸四铢钱，文为半两。武帝时，更铸五铢钱，轻重得宜，便于使用。王莽改制，虽废五铢钱，但民间仍私用之。直到献帝时，董卓始坏五铢钱而铸小钱，无伦理文章，不便人用；故至曹操为相，又复用五铢钱。武帝又因官府空虚，以白鹿皮为皮币，值钱四十万，为后世行用纸币的先声。

注释

①尚书、中书、门下，为少府属官。

②前汉亦有太师、太傅、太保，但不常置。

③十三部名称：司隶校尉，豫州、兖州、徐州、青州、凉州、并州、冀州、幽州、扬州、荆州、益州、交州，两汉均同。司隶校尉在京畿，权较重。一说，谓有朔方，而司隶校尉不在十三部之列。

④古代封建制度下的赋税，按《孟子》所载，计有粟米之征，即汉之田赋；有布缕之征，即汉之口赋；有力役之征，即汉之更赋。

⑤《汉书·食货志》："宏羊以诸官各自市相争，物以故腾跃，而天下赋输或不偿其僦费。乃请置大农部丞，数十人，分部主郡国，各往往置均输盐铁官。令远方

各以其物，如异时商贾所贩者为赋，而相灌输。置平准于京师，都受天下委输，召工官治车诸器，皆仰给大农。大农诸官，尽笼天下之货物，贵则卖之，贱则买之。如此，富商大贾亡所牟利则反本，而万物不得腾跃。故抑天下物，名曰平准。"

⑥《汉书·武帝本纪》："武帝初算缗钱。注：一贯千钱，出算二十也。师古曰：谓有储积钱者，计其缗贯而税之。"《汉书·食货志》："三老北边骑士轺车一算，商贾人轺车二算，船五丈以上一算。匿不自占，占不悉，戍边一岁。有能告者，以其半畀之。"

⑦南军调于郡国，掌于卫尉。守宫城；北军调于京畿三辅（京兆尹、左冯翊、右扶风叫做三辅)，属于中尉，保卫京师。

⑧《后汉书·光武本纪》注引《汉官仪》："高祖命天下选能引关蹶张，材力武猛者，以为轻车、骑士、材官、楼船，常以秋后讲肄课武，各有员数，平地用车骑，山阻用材官，水泉用楼船，盖三者之兵，各随其地之所宜。"

⑨《汉书·高祖本纪》注师古曰："传，著也，言著其名籍给公家徭役也。"

⑩取从军死事之子孙养之，教以五兵，号曰羽林孤儿。

⑪如孔安国、贡禹、夏侯胜、张禹均以明经为博士；眭弘、翟方进均以明经为议郎。郑崇父宾及薛宣均以明法为御史。又《汉书·艺文志》："萧何草律曰：太史试学童，能讽书九千字以上，乃得为吏。又以六体试之。课最者以为尚书御史，史书令史。吏民上书，字或不正，辄举劾。"

⑫始于文帝。

⑬茂才异等始于武帝。孝悌力田始于惠帝。

⑭对策始于文帝，射策始于武帝。《汉书》注师古曰："射策者，谓为问难疑义，书之于策，量其大小，置为甲乙之科；列而置之，不使彰显。有欲射者，随其所取而释之，以知优劣。射之言投射也。"

⑮《通考》卷二八《选举考》："东汉时，选举辟召，皆可以入仕。以乡举里选，循序而进者，选举也。以高才重名，蹑等而升者，辟召也。"

⑯父族、母族、妻族称为三族。磔谓张其尸。弃市谓杀之于市。髡是割发，钳是以铁束颈。完是不加肉刑，只髡须。且起行治城，舂谓妇人不豫外徭，但舂作米，都是四岁刑。取薪给宗庙为鬼薪，坐择米使正白为白粲，都是三岁刑。凡罪不至于髡，完其耐鬓。罚作为一岁刑。笞先时笞背，景帝改笞臀。

⑰或入粟除罪，或以钱赎罪。

⑱殊死谓斩刑殊绝也。亡命是犯耐罪而背名逃者。右趾谓刖其右足。施读"弛"，谓有赦令，去其钳铁赭衣。女子犯徒，遣归家，每月出钱雇人，于山伐木，名曰雇山。

705

第七章 秦汉之武功

朝鲜自周初箕子立国,已被商、周的文化。始皇时,箕子之后否畏秦而服属于秦。否死,子准立。汉初,卢绾为燕王,绾与准划浿水(今大同江)为界。后绾亡入匈奴,燕人卫满亡命至朝鲜,袭准而有其地,箕氏的朝鲜遂亡(B.C.194)。满传至其孙右渠时,势颇强。汉武帝遣使晓谕,右渠杀使者,武帝因命杨仆、荀彘攻朝鲜,右渠之臣杀右渠以降,于是卫氏的朝鲜亦亡(B.C.108)。武帝因其地置乐浪(今平安南道及黄海道地)、临屯(今江源道地)、玄菟(今咸镜道地)、真番(今辽宁东南地)四郡;昭帝时,又并真番于玄菟,并临屯于乐浪。后汉末年,辽东太守公孙度之子康,领有二郡地,旋又割乐浪的南方,置带方郡,共为三郡。朝鲜的南方又有三韩,为古之辰国,分马韩、辰韩、弁韩。三韩以马韩为最强大,箕准被卫满所逐,即率众至此,自立为韩王。辰韩又名秦韩,系秦民迁徙至此而聚成的部落。弁韩最小,与辰韩杂居,故称弁辰。自武帝定朝鲜以后,三韩均臣服于汉。今朝鲜江原道之地,又有涉貊,属貊族[①];武帝时,涉君南闾降,因于其地置苍海郡,后以其地僻远难治,数年而罢,辽东之北,又有扶余,亦属貊族;后汉光武帝时,始朝贡中国,自是服属于汉。又有沃沮,分为东北二部,也属貊族,东沃沮在今朝鲜咸镜道,服属于汉;北沃沮,自武帝灭朝鲜后,即并入玄菟部。貊族最大的国家为高句骊(一作高句丽),出自扶余,其地在今朝鲜平安道北部,汉武帝及昭帝时,隶属于玄菟郡,至元帝建昭二年(B.C.37)始建国家。王莽伐匈奴,迫高句骊人从征,遂称乱。后汉光武时,屡寇边;至桓帝时,才为玄菟太守耿临所平。又有百济,也属貊族,出自高句骊,居今朝鲜汉水以北,建国于汉成帝鸿嘉三年(B.C.18)。辰韩所辖诸部落中的新罗,亦于汉宣帝五凤元年(B.C.57)崛起,并有辰韩之地,建立国家。后来,马韩为百济所并,弁韩为新罗所并,而高句骊称雄朝鲜北部,于是朝鲜半岛成为三国鼎立之势。

南越亦作南粤,属马来种,地当今两广及法属安南的东部。秦始皇平定南越,置象、桂林、南海三郡。秦二世时,南海尉任嚣病且死,召龙川(今广东封川县)令赵佗,属以后事。嚣死,赵佗即并桂林、象郡,自立为南粤武王。汉高祖定天下,遣陆贾立佗为南粤王。吕后时,佗称帝。文帝即位，命陆贾至南粤，赐佗书，佗奉诏为藩臣，除帝号。传五世至兴，其国相吕嘉以南粤叛汉，并杀兴。武帝因命路博德、杨仆率兵讨平之，于其地置南海、苍梧、郁林、合浦、交趾（今安南北宁）、九真（今安南清华）、日南（今安南河靖）、珠崖（今广东琼山县东南）、儋耳（今广东儋县西）九郡（B.C.111）。元帝初元三年（B.B.46），又罢珠崖、儋耳二郡。至光武建武十六年（40），交趾女子徵侧、徵贰反，为马援所平。

　　闽越亦作闽粤，并东瓯，都属马来种。越王勾践死后，数传至越王无疆，为楚所败，越遂分裂，朝服于楚。秦并天下，废勾践之后闽粤王无诸及东海王摇，置闽中郡。秦末大乱，无诸、摇率其众佐汉，高祖复立无诸为闽粤王，王闽中故地，惠帝又立摇为东海王，王东瓯（今浙江永嘉县），世又称为东瓯王。武帝时，闽粤发兵围东瓯，武帝命严助往救，汉兵未至，闽粤引兵去，武帝因尽徙东瓯之众，处于江、淮之间。后闽粤又攻南越，武帝命王恢、韩安国往讨，闽粤王郢发兵距险，其弟余善杀郢以降，汉因立余善为东粤王，又以无诸孙繇君丑不从郢，封为粤繇王。武帝元鼎五年（B.C.112），南粤反，余善持两端，其部下因杀余善以降，汉以东粤地险阻，反复无常，于是将其众尽徙居江、淮之间，不复置郡，东粤地遂虚。后汉时，始于其地置章安（今浙江临海县）、永亭（今永嘉县）、侯官（属今闽侯县）等县。

　　《汉书》所谓西南夷，所指部落甚多：有夜郎，属濮族，在今四川宜宾县东南直至贵州桐梓县。汉武帝使唐蒙通夜郎②，于其地置犍为郡，治僰道（今宜宾县）。有且兰，在今贵州平越县。武帝征南粤，发南夷兵，且兰君反，武帝命郭昌、卫广讨平之，杀其君，并于其地置牂牁郡，治侯邑（今平越县）。有邛都属濮族，在今四川西昌县。武帝定南粤后，诛邛君，于其地置越巂郡，治邛都。又有筰都（在今四川汉源县）、冉駹（在今四川茂县）、白马（在今甘肃、四川间），均属氐羌族，且兰君、邛君被诛后，均内附。于其地分置沈黎（治筰都）、汶山（治汶山即今茂县）、武都（治武都即今甘肃成县）三郡。又有滇，属濮族，在今云南昆明县。滇自庄蹻王滇后，即不通中国，汉武帝时，张骞自西域还，言在大夏见邛杖蜀布，云购自身毒，身毒应近蜀，且通大夏不如身毒便。因令骞通身毒不得，至滇，后郭昌定且兰，遂进而平滇，于其地置益州郡治滇池（今昆明县）。今云、贵之地，自经汉武开拓后，始渐开化；当时汉威所及，徼外蛮老挝

（安南老挝部）、掸人（缅甸），也闻风归化。此外，巴、蜀在秦、汉时虽已置郡，而其地犹有巴氏蛮、板楯蛮，处今嘉陵江两岸，亦属氐羌族，至是均服属于汉。又秦黔中郡，尚有武陵蛮，汉兴，改黔中郡为武陵郡，武陵蛮虽时为寇盗，然多为郡国讨平之。又有哀牢夷，在今云南保山县，至后汉明帝时始内附，于其地置永昌郡。

匈奴属回族。秦时，匈奴单于头曼，为蒙恬所逐，恬筑长城，西起临洮（今甘肃岷县西十二里），东至碣石（今朝鲜平壤南的碣石山），以御匈奴。秦末，头曼子冒顿继立，乘楚、汉相争，东灭东胡，西破月氏，南并楼烦白羊王，取河南地，更侵燕、代，势骤强大。汉定天下，以韩王信王代，都马邑。冒顿引兵围马邑，韩王信降，遂进攻太原。高祖自将兵击匈奴，被围于白登（山名，在今山西大同县东），后用陈平计，遣使厚遗阏氏（匈奴皇后号），才得解围。高祖因遣刘敬使匈奴，以宗室公主妻单于，约为兄弟。自此以后，惠帝、吕后、文帝、景帝都持和亲政策，但匈奴为患边徼如故。冒顿死，再传至军臣单于；时武帝崛起，遂改和亲为挞伐。元朔二年（B.C.127），卫青击走楼烦白羊王，尽取河南地，置朔方郡，复修蒙恬所为塞，是为武帝挞伐匈奴的第一步。这年冬，军臣死，其弟伊稚斜自立为单于，攻败军臣子於单，於单走降汉。元狩二年（B.C.121），霍去病数败匈奴兵，收休屠王（匈奴属王，在今甘肃武威县地）祭天金人。这时单于怒休屠王、浑邪王（匈奴属王，在今甘肃张掖县地）居西方，为汉所杀虏数万人，欲召诛之。浑邪王、休屠王恐惧，谋降汉。旋浑邪王杀休屠王，并将其众降汉。汉因徙其众于陇西、北地、上郡、朔方、云中等郡塞外，而于其地置武威、张掖、酒泉、敦煌四郡，称为河西四郡，以隔绝匈奴与羌的联络；是为武帝挞伐匈奴的第二步。四年，匈奴入右北平定襄（今绥远和林格尔县），各数万骑，武帝因命青出定襄，去病出代（山西今县），合击匈奴，汉兵围单于，单于溃围遁走，青追至寘颜山（今外蒙古土谢图左旗北），去病封于狼居胥山（一说即外蒙古杭爱山麓，一说在今察哈尔多伦县北），禅于姑衍（一说在杭爱山附近，一说即多伦县），登临瀚海（今内蒙古苏尼特旗北大戈壁）。青斩首万五千级，去病斩首七万级，自是匈奴远遁，漠南无王庭；是为武帝挞伐匈奴的第三步。自经这三次挞伐以后，匈奴之势转弱，汉又西结乌孙，以拊匈奴之背，匈奴益衰。伊稚斜死，六传至壶衍鞮单于，因为乌孙附汉，匈奴乃进攻乌孙。乌孙求救于汉，宣帝本始二年（B.C.72），命田广明、范明友、韩增、赵充国、田顺五将军分道北攻匈奴，而校尉常惠及乌孙兵五万余人，又西攻匈奴，常惠获俘三万九千余，匈奴益弱。这年冬，匈奴怨乌孙，又伐乌孙，会天大雨雪，人民畜产冻死，还者不能十一。于是丁零乘弱攻其北，乌桓攻其东，乌孙击其西，匈奴大败，时本始三年。匈奴既迭遭惨败，而内部又发生变乱，至宣帝神爵四年（B.C.58）呼韩邪立为单于之时，遂有呼韩邪、屠耆、呼揭、车犁、乌藉五单于的争立。明年，呼韩邪单于击灭其余诸单于，匈奴又归一统，然屠耆单于从弟休旬王又在西自立为闰振单于，呼韩邪兄左贤王呼屠吾斯在东又自立为郅支骨都侯单于。郅支单于不久又杀闰振单于，而进攻呼韩邪单于，呼韩邪始降汉，时宣帝甘露元年（B.C.53）。郅支因呼韩邪降汉，遂西徙袭居坚昆（今塔尔巴哈台西）地，会康居怨乌孙，欲迎郅支助康居以攻乌孙，西域副校尉陈汤与都护甘延寿因发兵攻康居，斩郅支，时元帝建昭三年（B.C.36）。郅支既被诛，呼韩邪恐惧，愿求和亲，元帝因以后宫良家子王嫱妻之，自是匈奴不复为患。呼韩邪死，四传为乌珠留单于。这时王莽秉政，分匈奴地为十五国，乌珠留遂叛汉。乌珠留死，呼韩邪子咸立为乌累单于；乌累死，其弟立为呼都而尸单于，为患北方益烈。光武建武二十二年（46），呼都而尸死，其子继立为蒲奴单于。后二年，乌珠留之子比自立为单于，据漠南，号南匈奴；蒲奴仅领漠北，号北匈奴。南匈奴降汉，汉徙其众居于西河美稷（今山西汾阳离石一带），助汉侦逻北匈奴。北匈奴遣使求和亲，光武不许；明帝永平八年（65），再求和亲，许之，而南匈奴不自安，欲合北匈奴叛汉，汉因置度辽营以断绝南北交通，任吴棠为度辽将军，屯五原曼柏（曼柏在今鄂尔多斯黄河西岸）。章帝时，北匈奴国乱，南匈奴欲并其地，上书请遣兵灭之。和帝永元元年（89）命耿秉、窦宪率骑八千，合度辽营兵及南匈奴兵三万，大破北匈奴，出塞三千余里，勒石燕然山（今杭爱山麓）而还。后二年，窦宪又命耿夔等大破北匈奴于金微山（今阿尔泰山），北单于逃走，不知所在。其弟於除鞬自立为北单于，止蒲类海（今新疆巴尔库勒淖尔），遣使款塞，汉立为北单于。永元五年，又叛，汉命王辅与任尚共追斩於除鞬，其余众遂辗转于西域，东晋时深入欧洲，为今匈牙利诸国之祖。南匈奴自比七传至屯屠何，于永元元年与窦宪、耿秉共击北匈奴，屯屠何没，其弟安国立，以其侄师子为右贤王，国人不附安国，安国与北匈奴新降之众谋诛师子，事泄，汉发兵诛安国，立师子为南单于，时永元六年（94）。至是新降之众二十余万俱反，胁立屯屠何子逢侯为单于，汉命邓鸿、冯柱、朱徽、任尚往讨逢侯，斩其众万七千余人，逢侯遂亡走塞外。师子没，其族弟檀继为南单于，安帝永初三年（109），用汉人韩琮之言，举兵叛，汉命庞雄、耿夔、何熙大破南匈奴兵，檀遂乞降。檀没，再传至其弟休利，不能制下，为汉所责，休利自杀，时顺帝永和五年（140）。休利既自杀，匈奴因立句龙王车纽为南单于，车纽引乌桓及西羌寇边，为汉所杀。这时匈奴兜楼储在京师，顺帝汉安二年（143），册立兜楼储为南单于，传至呼徵，为汉将所斩，右贤王羌渠立，灵帝中平五年（188），各部反，攻杀羌渠，子於扶罗立。献帝兴平二年（195），於扶罗死，弟呼厨泉立，呼厨泉自以其先祖与汉约为兄弟，遂冒姓刘氏，至孙渊遂为五胡之一。

  汉初所谓西域，专指今新疆天山南北路而言，后来交通渐广，凡西北之地，便都称为西域了。汉武帝时，西域分三十六国，其后分为五十五国：属南道的有鄯善（本名楼兰，在今罗布泊东南）、且末（在今罗布泊西南）、精绝（在今新疆和阗县车尔成西）、扜弥（在今和阗县东）、于阗（在今和阗县）、莎车（在今莎车县）六国；属于南道以南的有婼羌（在今柴达木郭斯特等处）、小宛（在今阿勒腾塔格山南）、戎卢（在今车尔成东南山间）、渠勒（在今和阗县东南）四国；属北道的有狐胡（在今吐鲁蕃东南鲁克沁县）、车师前国（在今吐鲁蕃县）、车师都尉国（在今迪化县附近）、山国（在今博斯腾泊南）、危须（在今博斯腾泊北）、尉犁（在今博斯腾泊西南）、乌垒（在今策特尔台）、渠犁（在今库勒尔城西北）、焉耆（在今焉耆县）、龟兹（在今库车县）、姑墨（在今拜城县）、温宿（在今阿克苏县）、尉头（在今乌什县）、疏勒（在今疏勒县）十四国；属于北道西的有休循（在今苏约克山）、捐毒（在今察提尔湖边地）二国；属于北道以北的有蒲类（在今镇西县）、蒲类后国（在今巴里坤湖地）、车师后国（在今迪化县）、卑陆（在今迪化县西）、单桓（在今阿尔辉河滨）、乌贪訾离（在今绥来县）、东且弥、西且弥（均在今阜康县）、乌孙（在今伊犁河南特克斯河滨）九国；属于北道再北的有车师后城长国（在今奇台县北）、郁立斯国（在今罗克伦河源地）、卑陆后国（在今阜康县东北）、劫国（在今玛纳斯河南）四国；属于葱岭的有皮山（在今叶尔羌县东南）、西夜（在今库克雅尔地）、子合（在今裕勒里克地）、蒲犁（在今英吉沙县南）、依耐（在今英吉沙县）、无雷（在今阿克苏河地）、难兜（在今英属印度甘竺特）、乌秅（在今英属印度拉达克）、桃槐（在今后阿赖山北）九国；属于葱岭以西的有大宛（在俄属中亚细亚东部费尔干省）、大月氏（兼有今布哈尔及阿富汉北境）、康居（在今俄属中亚北部）、奄蔡（在今俄属高加索地）、罽宾（在今印度克什米尔、木齐两地）、乌弋山离（在今俾路支兼有波斯南境）、安息（在今波斯地）七国。上述五十五国，其种族不一，有氐羌，有塞种③，大概塞种多居国，氐羌多行国，至于葱岭以外西南诸国，则多属白种阿利安族。

武帝以前，西域诸国多役属于匈奴，武帝以后，始通西域，今分述如左：武帝时，匈奴降者言月氏怨匈奴，可与共击匈奴。武帝因募能使大月氏④者，汉中人张骞应募。张骞出塞，为匈奴所得，留十余岁，骞得间亡走。历大宛、康居，至大月氏。骞留年余，不得要领而归（B.C.126）。旋霍去病击匈奴，浑邪王降，以其地置河西四郡，于是至西域之道大通。张骞建招致乌孙之议，以断匈奴右臂。元狩元年（B.C.122），武帝命骞出使乌孙。骞至乌孙，因分遣副使使大宛、康居、大月氏、大夏、于阗、安息及诸旁国，乌孙护送骞还（B.C.115）。岁余，西域诸国均随副使俱来，于是西域始通，而匈奴通西域之道绝。元封六年（B.C.105），武帝以江都王建女细君为公主，往妻乌孙王。旋汉求天马于大宛，大宛不予，又攻杀汉使。太初元年（B.C.104），武帝命李广利攻大宛，宛人杀其王母以降。匈奴闻汉兵攻大宛，欲截击汉兵，因通楼兰王，为汉军所觉，傅介子遂击楼兰王安，以兵戍其地，而西域之通始定，时太初二年（B.C.105）。宣帝神爵三年（B.C.59），以郑吉为都护，拥兵驻乌垒，于是汉之号令，行于西域。以上为第一次通西域。新莽时，四夷背叛，西域不通，诸国又多服属匈奴。后汉明帝永平十六年（73），窦固伐北匈奴，因遣班超使西域。超至鄯善，以三十六人杀匈奴在鄯善使者，鄯善大惧，降汉；超又定于阗、疏勒，西域诸国皆服。这时固亦大破北匈奴，击定车师，置西域都护，以兵屯金蒲城（今迪化），柳中城（今哈密）。西域自绝六十五年，至是复通。以上为第二次通西域。永平十八年，北匈奴破车师，攻金蒲城，焉耆、龟兹亦叛，柳中为匈奴围攻。章帝建初元年（76），命耿秉、段彭击平车师诸国，北匈奴惊走，章帝不欲久疲中国，遂罢都护，并召还班超。超将发疏勒，疏勒与龟兹不和，恐超去，龟兹将攻疏勒，疏勒因留超，超于是击定龟兹、莎车、车师、月氏，西域五十余国皆内附，复置西域都护，以超为都护，时和帝永元三年（91）。以上为第三次通西域。永元十四年，班超卒，以任尚为都护，西域诸国复绝于汉，北匈奴又以兵力役属之。安帝延光二年（123），以班超子勇为西域长史，将五百人，出屯柳中。三年，勇击平鄯善、龟兹、姑墨、温宿均降汉。顺帝永建元年（126），勇又败北匈奴，明年，又平焉耆。于是疏勒、于阗、莎车等十七国，皆来服从，而岭西诸国不至。汉末势衰，西域绝汉，遂不复通，后数百年均被并于突厥。以上为第四次通西域。

西羌属氐羌族，上古即臣服中国。春秋、战国之世，其族多为中国所平服，其逃脱者，徙居河、湟（今黄河湟水间），即两汉的西羌。原来当秦厉公时，羌人无弋爰剑为秦所拘执，后得亡归，其族遂推以为豪长。至爰剑曾孙忍时，秦穆公霸西戎，忍季父卬畏秦强，遂远遁，与众羌绝远，不复交通，惟忍及弟舞独留湟中，忍生九子，为九种，舞生十七子，为十七种⑤，羌之兴盛自此始。忍子研，最豪健，故羌中号其后为研种。这时匈奴冒顿强，研臣服匈奴。武帝北逐匈奴，置河西四郡，于是匈奴与西羌的交通隔绝。旋先零羌与匈奴通，合兵围枹罕（今甘肃临夏县）。为汉李息所平。宣帝时诸羌又叛，攻金城（今甘肃皋兰县以西），为赵充国所平，置金城属国，以处降羌。研十三世孙烧当立，当元帝时，又与诸羌寇陇西，为冯奉世所平。从爰剑五世至研，研最豪健，自后以研为种号；至烧当，复豪健，其子孙又以烧当为种号。新莽即位，讽诸羌献西海地（今青海），因置西海郡。新莽败，烧当玄孙滇良势甚强，其子滇吾率众还居西海。光武时，滇吾入寇，至明帝时，始为窦固、马武讨平。章帝时，滇吾子迷吾作乱，为张纡所平。旋迷吾子迷唐又乱，屡为贯友、吴祉所败。安帝时，滇吾之后麻奴及先零别种滇零又叛，屡败汉军，至顺帝时，始为汉军所击破。桓帝时，烧当、烧何、勒且、先零诸羌称乱，段颎与诸羌前后凡百八十战，斩三万八千余级，羌乱始定。

乌桓、鲜卑同属东胡族。匈奴冒顿强盛时，大破东胡，东胡余众退保乌桓山（在今热河阿鲁科尔沁旗地）、鲜卑山（在今热河科尔沁右翼旗地），因以为种号。后乌桓渐强，屡犯汉边。霍光破匈奴后，迁乌桓于上谷、渔阳、右北平、辽东、辽西五郡塞外，助汉侦察匈奴动静，置乌桓校尉监领之。时鲜卑仍居辽东塞外，不与中国通。昭帝时，乌桓反，为范明友所平。新莽及后汉初，乌桓、鲜卑乘中国内乱，乃联匈奴寇边。及南匈奴降汉，北匈奴势弱，乌桓、鲜卑才又归服。和帝时，北匈奴西徙，鲜卑徙居其地，势顿盛。安帝后，乌桓联合鲜卑寇边，至桓帝时，始为张奂所平。汉末，黄巾之乱，乌桓乘之，寇略腹地。至献帝时，为曹操所破，徙其余众入中国，乌桓平。至于鲜卑，则从后汉桓帝时檀石槐立为大人（即王）以后，即逐渐南下，为晋时五胡乱华之一大势力。

按秦、汉的武功，影响于后世者最大：第一，是今闽、粤、桂、蜀、滇、黔、湘、浙八省的开拓；第二，是西方文明和印度文化的输入（见下章）；第三，是我国现今疆域的确立，由此可知，这时期的拓疆，在本国史上实占有最重要的地位。

注释

①参看吕思勉著《中国民族史》第六章。

②武帝时，唐蒙使南粤，南粤人食蜀枸酱，问所从来，曰：道西北牂牁江（今北盘江）上，出番禺城下。唐蒙归至长安，问蜀贾人，独蜀出枸酱，出市夜郎，南粤以财物役属夜郎。蒙因谓通夜郎，以制南粤。

③塞种即闪族。

④月氏原居敦煌一带，为匈奴所破，走依大夏，号大月氏，其未去者，保南山，号小月氏。按亚历山大王死后，其部将 Seloucus 据叙利亚之地自立，是为条支，后来其东方又分裂为 Parthia 及 Bactria 两国，便是安息和大夏。案羌凡百五十种，其见于史者，只有牦牛种（越巂羌属之）、白马种（广汉羌属之）、参狼种（武都羌属之）、先零种、乡姐种、封养种、烧何种、当煎种、淠南种、当滇种、勒姐种、累姐种、发种、罕种、滇当种、沈氏种、牢种、五同种、钟种、虔人种、全无种、且冻傅难种、巩唐种二十三种。

第八章　两汉对外之交通

日本在汉代和中国交通的，叫做倭国，又名倭奴国，汉代称为委奴国。大约倭国所据之地，即今日本北九州。武帝既灭朝鲜，使译通于汉者三十余国，倭即其一。后汉光武中元二年（57），倭奴国奉贡朝贺，光武赐以印绶，称"汉委奴国王"。这印绶于1784年在日本筑前国糟屋部志贺岛叶崎掘获，现存东京上野博物馆。安帝永初元年（107），倭国王师升遣使朝贡，献生口百六十人。献帝建安六年（201），日本神功皇后即位，时来通好，至三国魏时，而往来益繁。当时交通路线，系由日本筑前胸形（即宗像）出发，经中瀛（即大岛）、远瀛（即冲之岛）、对马岛而至朝鲜半岛的弁辰。再由弁辰，沿马韩海岸，以至乐浪郡朝鲜县。朝鲜县即故王险，在今平壤附近，为汉之极东互市场，濊、貊、韩、倭诸远近民族，似多集于此。自乐浪至后汉都城洛阳，则不由海路，而由陆路辽东。当时交通既开，我国文化亦必随之输入倭国。

两汉通西域，已见第七章。当时通西域的路线，据《汉书·西域传》所载："自玉门、阳关出西域有两道：从鄯善傍南山（阿勒腾塔格山及托古兹山）、北波河（车尔成河）西行，至莎车，为南道。南道西逾葱岭，则出大月氏、安息①。自车师前王庭，随北山（天山）波河（塔里木河）西行，至疏勒，为北道。北道西逾葱岭，则出大宛、康居、奄蔡、焉耆②。"自李广利攻破大宛以后，"于是自敦煌至盐泽，往往起亭，而轮台（今新疆轮台县）渠犁，皆有田卒数百人，置使者校尉领护，以给使外国者③"。后汉如窦固、班超、班勇征西域，也多以屯田政策，以维护交通路线。大抵敦煌一处，为当时绾毂中西交通的要地。当时交通既繁，于是两方文化相互交流，其由西域传入中国的，植物如葡萄、苜蓿、胡麻、胡桃、安石榴，乐器如胡琴、琵琶、羌笛、羯鼓，此外尚有酿葡萄酒法以及佛教，也是由西域输入的；至于由中国传入西域的文化，亦不在少数，如李广利攻贰师城（大宛城名），于城中获得秦人，善凿井，城因而久攻始下，可见凿井之术，实自中国传入西域者。又自宛以西，铸铁之术，亦得自中国。

公元前第四世纪，正是西方希腊亚历山大大王在位，征服波斯，后来其部将 Seloucus 于其地建立条支国。当时希腊古书中载有东方一国出产丝绸，名曰赛里斯（Serice），即丝国之意，盖指中国而言。可见我国出产丝绸，在公元前四世纪以来，即为希腊人所称道。等到汉武开边时，西方正是罗马代希腊而起。这时张骞到了西域，其副使到了安息；但还不知其西有大秦国（即罗马），而大秦却知东方有赛里斯国。及班超定西域，条支、安息诸国，至于滨海四万里外，皆重译贡献，这时班超始知大秦在西。和帝永元九年（97），班超慕大秦富庶，因使甘英使大秦。甘英历西城诸国，经安息，抵条支，至大海（今波斯湾）而返，大秦未通。直到桓帝延熹九年（166），大秦王安敦才遣使由海道从日南徼外献象牙、犀角、瑇瑁于汉，是为中西直接交通之始。当时所谓安敦，据说就是罗马皇帝 Marcus

Aurelius Anoninus。自此直到三国时,又有大秦商人秦伦由交趾来至中国;晋武帝太康时(280—289),大秦又遣使至。其时来中国,多由海道,据《汉书·地理志》所载,当时的路径是:"自日南障塞徐闻、合浦船行,可五月,有都元国。又船行,可四月,有邑卢没国。又船行,可二十余日,有谌离国。步行,可十余日,有夫甘都卢国。自夫甘都卢国船行,可二月余,有黄支国。……自黄支,船行,可八月,到皮宗;船行,可二日,到日南象林界云。黄支之南,有己程不国,汉之译使,自此还矣。"日南今地见前,徐闻、合浦是广东今县名,其他诸国,只有黄支国经日人籐田丰八考证,确指为印度的建志补罗国(Kanchipura),余不可考。但安敦遣使来中国,据近人考证,却是由今波斯湾,经印度,而至今伊洛瓦底江口,更沿今天马来半岛,到今法领安南东京登陆,而至洛阳[①]。当时的日南、交趾便是东西的贸易中枢,而徐闻、合浦、番禺,则为汉代南方的互市场。交通既开,我国的蚕丝便随之输入大秦,而大秦输入中国的,则多为各种织造物品、香料及流离,又美术方面,亦受有西洋作风的影响[⑤]。

波斯在两汉有安息、条支二国,其时安息势盛,领有今波斯和亚美尼亚之地。张骞使西域时,其副使曾至安息,安息以大鸟卵及犁轩善眩人[⑥]献于汉。班超定西域时,安息遣使入贡,甘英欲至大秦,亦曾至安息。和帝永元十三年(101),安息王满屈献狮子及条支大鸟,安息不但进方物,后来到洛阳译经的沙门高世安,就是满屈二世的王子。安息在当时握中西商务的枢纽,故西方及波斯物产,多由安息输入中国,而中国物产亦由此输入西方及波斯。如苜蓿、葡萄、阿月浑、胡桃、石榴、胡麻、亚麻、黄瓜、豌豆、蚕豆、郁金、燕支、茉莉、凤仙、胡椒、金桃、莳萝、波斯枣、莴苣、蓖麻、巴且杏、无花果、水仙、胡萝卜诸植物,苏合、青木香、安息香等香料,以及波斯锦宝石五金等,都是由波斯输入中国的;而中国传入波斯的,则有邛竹、丝缯、桃、李、桂皮、黄连、蜀葵、土茯苓及纸币诸物。

注释

①丁谦《汉书西域传地理考评》:"凡出阳关而西,必先经鄯善,次且末,又西南至精绝,又西至扜弥,至于阗,至皮山,而逾葱岭;至由莎车南行,则不经皮山,而经西夜,子合;皆会于岭西之乌秅,以至罽宾乌弋,至由莎车北行,则历蒲

犁、无雷，而抵大月氏、安息等国。"

②李光廷《汉西域图考》："鄯善当汉冲，出西域者胥由于此。自鄯而北至伊吾为今哈密地，自此而西，由狐胡至车师前庭，经危须、焉耆、龟兹、姑墨、温宿、尉头，以至疏勒。"

③详见《汉书·西域传序》："自宛以西，不知铸铁器，及汉使亡卒降，乃教铸作兵器。"

④详见日人桥本增吉《东洋史辨》。

⑤据近人研究：山东嘉祥县紫云山发现的汉武梁祠石刻画像，其有飞舞形者，略带希腊美术色彩，或系汉代输入希腊美术的影响。至于输入的媒介，则为安息和大夏。

⑥犁轩一作黎轩，即埃及的亚历山大里亚城。善眩人即幻术师。

第九章　两汉之学术

原来秦始皇焚书，只限于民家所藏之书，而"博士官所职"如故。至项籍烧咸阳，于是官家之书亦尽。汉初，有挟书之禁，至惠帝除挟书之律，遗经始渐出，后来又广开献书之路，于是张苍首献《春秋左氏传》；文帝时，伏生（名胜）又以《尚书》二十九篇授晁错；景帝时，鲁恭王坏孔子宅，于壁中得古文《尚书》《礼记》《论语》《孝经》数十篇；景帝子河间献王德亦好广求遗书，所得皆古文《周官》《尚书》《礼记》《孟子》之属。成帝时，以书颇散亡，又使陈农求遗书于天下，诏刘向诸人校书。这样一来，先秦遗书，始渐复旧观。前汉帝王，既力求遗书，又崇儒术，于是经学大盛于两汉，所以近人有两汉学术为经学时代之称。

汉初学术界最有势力的，首推黄、老之学。黄、老之学，始于战国末年，成于秦、汉之际，大盛于文、景之世。其学系由阴阳家的五行终始和道家的清净无为糅合而成，而托始于黄帝、老子。汉初，承天下大乱之后，"民失作业"，于是这无为的政治观，就被统治者用作"安集百姓"的工具。自曹参治齐，直至文帝、窦太后、景帝，都力崇黄、老。直到窦太后死，田蚡为丞相，绌黄、老刑名之言，黄、老之学始就衰。其次，如刑名之学，原属法家，在汉初亦颇流行。汉初的陆贾和贾谊，都接近于法家，而非纯粹的儒家。至于景帝以刑名为治术，而杂用黄、老，晁错力主刑名；武帝崇儒术，而杂用刑名；而宣帝所谓"汉家自有制度，本以霸王道杂之"，亦不出治杂王霸。刑名之学之盛，又可以想见，他如主父偃之流，属于纵横家，田蚡、淮南王安诸人，属于杂家，都是继战国时代诸子之学而起，而流行于经学未盛之前。

原来自武帝力崇儒术以来，儒家逐渐取得独占地位，而代表儒家之学的六经①，遂成为学人必读的经典，经学由是特盛。前汉的经学，本无所谓今古文的分别，至刘歆出，始别据古文经书，力斥前此经师所传之书有阙误，而今古文始分道扬镳。所谓今文经，就是指前汉经师用汉世通行的隶书所写的经书，古文经就是用汉代已不通行的古籀文字所写的经书。今文经，《易》有施雠、孟喜、梁丘贺、京房四家，《书》有欧阳生、夏侯胜、夏侯建三家，《诗》有辕固（《齐诗》）、申公（《鲁诗》）、韩婴（《韩诗》）三家，《礼》有后苍（《仪礼》）、戴德（《大戴礼记》）、戴圣（《小戴礼记》）、庆普四家，《春秋》有公羊传（始于公羊高）、穀梁传（始于穀梁赤）二家。古文经，《易》有高相、费直二家，《书》有孔安国一家，《诗》有毛苌（《毛诗》）一家，《礼》有《周礼》《逸礼》，《春秋》有左氏传（始于左丘明）、邹氏、夹氏三家。经今古文学的争论，始于前汉哀帝建平、元寿间（B.C.6—B.C.1），当时代表古家的为刘歆，代表今文家的为孔光诸人，自是两派屡有争论，各立门户，势同水火。大抵前汉盛行今文学，后汉盛行古文学；前汉经师多专一经，后汉经师兼通数经；前汉经师专凭口述，墨守师法，少有撰述，后汉则不一定遵守师法，而参酌各家，以为经说；前汉虽言训诂，但用力不多，后汉则训诂大昌；前汉传经之业在学官，后汉则散诸民间：两汉经学的异点，不外如此。要之：两汉经学凡经三变，前汉主今文学，而董仲舒糅合方士于儒，于是说经非纯本孔子之见，是为一变；刘歆倡古文，使儒与方士分，于是古文学大行于后汉，是为一变；郑玄遍注群经，不主一家，混合今古文家法，于是郑说行而今文学中绝，是为一变。至于今古文学的内容，则各有不同：大抵今文学崇奉孔子，认孔子为受命的素王，孔子托古改制，六经皆其所作。古文学崇奉周公，尊孔子为先师，孔子信而好古，述而不作，故谓六经皆史；今文学以《公羊传》为主，经的传授多可考，今存《仪礼》《公羊传》《穀梁传》及《韩诗外传》；古文学以《周礼》为主，经的传授不大可考，今存《毛诗》《周礼》《左传》；今文学斥古文经传为刘歆伪造，古文学斥今文经传为秦火残缺之余。

两汉史学，首推司马迁的《史记》。《史记》以前，虽有《尚书》《春秋》《国语》诸史书，但大都偏于政治，而鲜及于经济、文化诸方面。自《史记》出，始集前此文化、政治、经济而冶为一炉，为我国史学界别开生面。以体例言，《春秋》为编年之祖，而《史记》则为传记之祖。至《史记》有十表八书，历叙天文历数各项，则前此所无，而以后《汉书》诸史之作，又多沿其体例，少有变更。其后班彪及子固，又仿《史记》体例，作成《汉书》，为断代史之祖。《汉书》包举一代，事甚该密，固便于学者寻讨，然断代为史，而相因之义遂失。文学，则以诗和赋最为发达。诗如五言始于《古诗十九首》（其中有八首为枚乘所作）和李陵、苏武的赠答诗，如七言始于武帝时柏梁台的唱和诗，皆能别成一格，自为新体。又乐府体，亦创自汉代，始于高祖的《三侯章》和唐山夫人的《房中乐》。惠帝二年，使乐府令夏侯宽备其箫管，名曰《安世乐》。武帝时，始立乐府，以李延年为协律都尉，采取司马相如等所作诗赋，论其律吕使和于八音之调，而乐府之名始立。其中颇多佳作，如《相和歌》中的《孤儿行》《陌上桑》等，《杂曲歌》中的《孔雀东南飞》等均是。而《孔雀东南飞》一篇，凡一千七百四十五字，实为叙事诗的绝唱。赋如贾谊、司马相如、扬雄、班固、张衡诸家，均为一代正宗。散文则对策有晁错、董仲舒，封奏有贾谊、刘向，书启有司马迁、刘歆，碑铭有蔡邕，而著论自成一家言的，则有陆贾的《新语》，贾谊的《新书》，淮南王安门客所作的《淮南子》，扬雄的《太玄》《法言》，王符的《潜夫论》，桓谭的《新论》，王充的《论衡》，仲长统的《昌言》等。至为一代匠宗者，则首推司马迁，后此自唐至清诸古文大家无不师法迁文。但前汉末年，喜以单行之句，运排偶之词，而文体一变，遂开后此骈俪之风。

两汉于其他科学，也多创作。天文学汉代颇为发达，其学本于太古，而其书多出于汉。学者如洛下闳、张衡诸人，均明天文推步之术，而张衡制作浑天仪和候风地动仪，尤为汉代一大事。算学则前汉有张苍、耿寿昌的删定《九章》，尹咸校数术，刘歆的始定圆率值为 3.1547；后汉如蔡邕、张衡对于圆率值均有改正，而马续、郑玄均精通《九章算术》。医学汉初名家有仓公，姓淳于氏，名意，其学得自乘阳庆，传扁鹊（战国时人，姓秦氏，名越人）之术。其后，则蔡邕有《本草》，涪翁有《针经》，而张机的《金匮要略》一书，与黄帝的《素问》、扁鹊的《难经》同为医学中的三典，至今尚为中医所崇奉。至于俞跗解剖之术[②]，至后汉末年，尚有华佗能以之治病。又两汉对于文字的整理，有关我国文化至巨。原来自秦代统一文字以后，于是书有八体。汉代通用隶书，但隶书系秦新制，欲读古书及求他项应用，则于各体文字亦不可不求认识。所以汉代太史试学重以六体，而不专于隶书。当时所谓六体：一为古文，即孔子宅壁中书；二为奇字，即与古文或异者；三为篆书，即李斯所作的小篆；四为左书，即秦隶书；五为缪篆，即秦摹印；六为鸟虫书，即秦虫书。至于字书，则汉初合《仓颉》《爰历》《博学》三篇，并为《仓颉篇》。武帝时，司马相如作《凡将篇》；元帝时，史游作《急就篇》；成帝时，李长作《元尚篇》：皆《仓颉》中正字，只有《凡将篇》颇有出入。元帝时，扬雄又作《训纂篇》。后班固、贾鲂均有制作，至许慎作《说文解字》，始集字书的大成。至于书法，则以蔡邕的《熹平石经》[③]、仇子长的《郙阁颂》、朱登的《衡方碑》为最有名，均属隶书。又作书之具，前汉多用简帛，至后汉蔡伦始造纸[④]，他如笔始于蒙恬，墨始于战国之世[⑤]，都是促进文化的利器。

注释

①六艺即六经，《乐经》既亡，只有五经，其后五经中，《礼》分为《周礼》《仪礼》《礼记》，便为七经。七经中，《春秋》分为《公羊》《穀梁》《左传》，便为九经。九经外，再加《论语》《孟子》《尔雅》《孝经》，便为十三经。

②《史记·扁鹊仓公传》："上古之时，医有俞跗，治病不以汤液醴酒，镵石挢引，案扤毒熨，一拨见病之应，因五脏之输，乃割皮解肌，决脉结筋，搦髓脑，揲荒，爪幕，湔浣肠胃，漱涤五脏，练精易形。"

③详见《后汉书·蔡邕传》。

④《后汉书·蔡伦传》："自古书契，多编以竹简。其用缣帛者，谓之为纸。缣贵而简重，并不便于人。伦乃造意，用树肤、麻头及敝布、鱼网以为纸，元兴元年(105)奏上之。帝（和帝）善其能，自是莫不从用焉，故天下咸称蔡侯纸。"

⑤蒙恬作笔，以柘木为管，以鹿毛为柱，羊毛为被。然笔不始于恬，而秦以前早有作书之具，如楚之聿，吴之不律，燕之弗均是。汉人书中多言墨，惟不详其作于何人；以意推之，当起于战国之世。

第十章 佛教与道教

佛教产生于印度。印度的土著，为达罗毗荼人。公元前三千年时，居于里海沿岸的雅利安人移居印度河，逐渐领有恒河流域，且将达罗毗荼人驱入南部山林之中。后来印度因征服者和被征服者的关系以及执业不同的关系，遂分全国为四种姓：第一为婆罗门即僧侣，专掌祭祀；第二刹帝利，即贵族，掌军政和民政；第三为吠奢，即平民（牧人、商人及地主），以上三种都是雅利安人，为征服者；第四为戍陀罗，即奴隶，为被征服的达罗毗荼人。四种姓执业既异，阶级又严，彼此不得通婚。当时僧侣所奉之教，即雅利安人所创的婆罗门教，奉梵天为主神，重天堂说及轮回说。婆罗门教在内容上虽有高尚的哲学思想，但在社会上却居于垄断的地位，欺压其他诸种姓，而其虚礼空文，道德颓败，更是不可掩的事实，因此生出一种反抗，这就是佛教的产生。佛教创始于释迦牟尼。他是印度迦比罗伐窣都城净饭王之子，姓乔达摩，名悉达多（B.C.557—B.C.477）。七岁时，即诵读婆罗门教的经典《吠陀》。他深感生老病死四大痛苦，又愤婆罗门教的不平等，遂决计出家，削发入雪山修行，时年二十九岁。三十五岁时，成等正觉。然后周游印度诸国，推行其教。年八十，入寂。其门徒，称他为佛，又称为释迦牟尼[①]，称其教为佛教。释迦牟尼入寂后，佛教徒的结集，颇为重要。第一次结集，即在佛祖入寂的那一年，由摩揭陀国阿阇世王主持，会教徒五百人于王舍城（在孟加拉巴哈尔西南），编纂经典，成《经》《律》《论》三藏[②]。第二次结集，在公元前377年，迦罗阿育王会佛徒七百人于毗舍离（在摩苏佛普尔西南），订正经典。第三次结集，在公元前259年，由阿育王主持，会教徒千人于华子城（在孟加拉的巴德拿），定佛教为国教。摩揭陀国亡，佛教顿衰。其时大月氏建国，其王迦腻色迦，甚崇佛教，于是在印度失其保障的佛教徒，遂相率入大月氏，并由迦腻色迦王主持第四次结集，大会教徒五百人于罽宾（在今阿富汗喀布尔）。但因此次结集，南印度僧人未曾与会，于是佛教分为南北二派：南派以锡兰岛狮子国为中心，其经典用巴利语[③]，由锡兰岛而广布于缅甸、暹罗及南洋群岛，至公元后五世纪末始入我国；北派以北印度为根据，其经典用梵文，经中央亚细亚及天山南路诸国，而先入我国。佛教的发生及其发展，大致如此。至于佛教的东来，则旧说以霍去病得休屠王祭天金人，为佛教流入我国之始。但据近人考证[④]，殊不足信。佛经之初入我国，实始于前汉哀帝元寿元年（B.C.2）博士弟子秦景宪从大月氏王使伊存受《浮屠经》。后汉明帝永平七年（64），命蔡愔等使大月氏求佛法，愔等于永平十年得佛经，载以白马，伴沙门摄摩腾、竺法兰二人返洛阳，建白马寺，译经四十二章。这说旧史颇多记载,但据梁启超考证⑤,亦不足信。不过楚王英在这时已为浮屠斋戒祭祀⑥,足见我国人崇奉佛教尚远在明帝之前。而帝王奉佛,则始于桓帝延熹七年(164)。时安息人高世安(安清)[1]已于桓帝建和二年(148)来洛阳,至灵帝建宁中(168—171),前后共译经三十九部,于是月氏僧支谶、天竺僧竺佛朔、安息僧安玄、月氏僧支谦均接踵而至,计自永平至献帝建安(196—219)末,前后共译佛经律二百九十三部,计三百九十五卷。大概这时传入的佛教,多为粗浅的教义,而无深邃的哲理,且当时对于佛教,亦与黄、老无甚区别⑦,虽为佛教建塔造像者颇不乏人,但究未到达独立发达的地步,并且出家修行,在这时尚未列禁条⑧,直到魏、晋以后,佛教始逐渐发达。

原来方士所谓阴阳五行之说,倡自齐邹衍。秦始皇信方士,好神仙,其说渐盛。当时所谓博士儒生,大多和方士糅合⑨,降及汉世,所谓经学,便无不杂有阴阳家言,而其时大儒如董仲舒、刘向,更以五行之说解释人事,于是阴阳五行之说大行,而儒家遂与之糅合为一。然自刘歆倡古文经,主"六经皆史"之说,而儒家始与方士分离。其时经师虽不信阴阳五行之说,但一切神怪之谈,却仍旧弥漫于社会。这样一来,在前汉时所谓鬼神术数并入于儒林者,至是始与儒林分,特立于六艺之外,自成一家,于是鬼神术数,遂专为方士所有,而与儒者无关。至张陵出,始假神仙方士之说,创为道教。张陵,一作张道陵,生于光武建武十年(34),晚年学长生之道,得金丹,入龙虎山(在今江西贵溪县),著道书二十四篇,能治病降魔,百姓奉之,弟子户至数万。一说:陵客蜀,入鹄鸣山修道,作道书以惑百姓,受道者出五斗米,故世称五斗米道。陵死,其子衡及孙鲁,三世均修此术,称陵为天师,衡为嗣师,鲁为孙师。又有张角,创太平道。又案《后汉书·皇甫嵩传》:"巨鹿张角,自称大贤良师,奉事黄、老道,畜养弟子,跪拜首过,符水咒说以疗病。病者颇愈,百姓信向之。"由此可知张角的太平道,属于符箓一派⑩。后张角以此作乱,卒为皇甫嵩所平,其道不传,而张陵一派的五斗米道遂大盛。五斗米道,传至张鲁,正是汉末群雄割据之时,鲁因据汉中,以鬼道教民,鲁自号师君,称初学者为鬼卒,信徒为祭酒,而以祭酒领部众。又教鬼卒读《老子》,于各地建立义舍,置义米肉于义舍,任行路者量腹取足。鲁据汉中垂二十年,后为曹操所逐,

---

[1] 即安世高。

走巴中,令其子盛还龙虎山,奉其祖正一玄坛,世世相传,自称天师,而以剑、印及都功箓三者为传家之宝,称其徒曰道士;自是惟张陵一派独盛,而通俗所谓道教亦即指此。桓帝时,又有魏伯阳作《参同契》一书,专言炼养之说,亦属于道教。观上所述,可知所谓道教,和黄、老有密切的关系,而其托始于黄、老,却有三大原因:第一,当时黄、老已成为迷信的宗教的人物,故借之足以吸引多数信徒;第二,取老子的虚无主义,以笼络不平之徒;第三灾异鬼神之物,自后汉以来,已为儒者所摈斥,自度其说不足以取重于士大夫,故不得不托始于黄、老。

注释

①佛梵语作佛陀,亦作浮屠,为觉悟之意。释迦牟尼释言"能仁",谓其德全道备,堪济万物。

②详见拙著《中国学术史讲话》211页。

③巴利(Paii)语即摩揭陀语。

④日本《史林》第三卷第四号载羽溪了谛《休屠王金人考》一文,言霍去病获金人时,当武帝元狩二年(B.C.121),其时印度尚无佛像的制作。

⑤详见《梁任公近著》第一集《佛教之初输入》。

⑥英好黄、老,为浮屠斋戒祭祖,事在公元65年。

⑦《后汉书·桓帝纪论》:"设华盖以祠浮屠、老子。"《释氏稽古略》:"桓帝永兴二年(154),帝铸黄金浮屠、老子像。"佛、老并重,无甚区别,由此可见。

⑧释慧皎《高僧传》:"王度称汉明(明帝)感梦,初传其道,惟听西域人得立寺都邑,以奉其神;其汉人皆不得出家。魏承汉制,亦循前轨。"由此可见,汉代严禁汉人出家,此与清初禁内地人民信奉耶教相似。但按《历代三宝记》卷三年表中,于魏甘露五年(260)条下注云:"朱士行出家,汉地沙门之始。"则魏时确已许汉人出家。

⑨如卢生、伏生、叔孙通皆故秦博士。《三国志》裴注则云张陵为顺帝时人。

⑩《文献通考·经籍考》神仙类:"道家之说,杂而多端,清净,一说也;炼养(按即丹鼎派),一说也;服食,又一说也;符箓,又一说也;经典科教,又一说也;然皆欲冒老氏为之宗主而行其教。"按张角属符箓派。张陵一派,其后则集诸说之大成,而为道教的正宗。

第十一章 两汉之社会

重农抑商,是地主统治的最重要的政策;因为以农立国,国家主要的收入都出自田赋。商鞅相秦,即实施这政策而收到良好的结果。高祖即位,令贾人不得衣丝乘车,又重租税以困辱商人。惠帝、吕后虽弛商贾律,但市井的子孙,仍然不得仕宦为吏。吕后并置孝弟力田二千石一人,以劝农事。文帝申重农贵粟之令,诏民入粟,得拜爵除罪;又躬耕以劝百姓,数下诏书;劝民种树力田,并置孝弟力田常员以导民;又行恤农之政,令民贷种食未入,入而未备者皆赦免;复诏赐民租税之半,明年又除民田之租税。景帝时,又令民半出田租,三十而税一。由此可见文、景两代,多从积极方面以重农;至于武帝,则更从消极方面以困商,盖其时国用不足,欲借此以增加国家收入。计武帝所行政策,如盐铁官营,如算缗钱,如算船车,如设平准均输,都无不以摧抑商人为主。武帝又令贾人有市籍及家属,皆无得名田[①],以便农;敢犯令,没入田货。又积极改进农业技术,命赵过为搜粟都尉,以代田牛犁之法[②]教民。宣帝时,百姓安土,岁数丰穰。谷每石仅五钱,然农人少利,于是令郡边皆筑仓,谷贱则增其价而籴以便农,谷贵则减其价而粜以利民,名为常平仓;是为后世常平仓之始[③]。王莽行新政,设六管之令,禁商人垄断。又行王田之制,以平地权。后汉明帝更以公田赐贫民,和帝又遣使循行郡国禀贷被灾害不能自存者,令得渔采山林池泽,不收假税。其他恤农之政,如减轻田赋,利农之法,如疏治水利,终汉之世,不胜枚举。而重农抑商的政策,自是以后,也就几乎代代皆有。

汉代帝王,虽用力抑商,但商业依然发达。原来自秦末大乱以后,经过文、景的休养生息,农民生产力早已恢复,各地特殊职业亦因此发达,于是商品流通遂成为必然的结果,原非政府的法令所可阻遏其发展的。商业既已发达,于是大都会如长安、洛阳、邯郸、临淄、宛(今河南南阳县)、成都,便成为商贾荟萃之区,而尤以长安为最繁盛。当时行卖曰商,坐贩曰贾,又有驵侩,则和现今的牙行相似。因为商业发达,于是商人兼并农人,农人无以自存,遂不得不出卖以为商人的奴隶;而商人也就利用奴隶劳动,以致巨富:如齐刁间以使用奴隶而起富数千万,如蜀卓氏有僮千人,以冶铁致富,而卓王孙僮客八百人,程郑亦数百人,都使用奴隶以从事生产事业。又因商品流通的刺戟,而引起产业的发达,当时从事冶铁的,有蜀卓氏、山东程郑、宛孔氏、鲁人曹邴、邯郸郭纵均富至巨万,拟于人君;其以铸钱致富的,则有吴王濞和邓通,均富埒天子,钱布天下;

其以畜牧渔盐起家的，则有刁间。至于以高利贷而行剥削的，则更流行。

汉代重农抑商的政策，始终不能阻止商业的发达，就是减轻田赋，亦只有田者受其实惠，而与无田者无关；于是富者田连阡陌，贫者足无立锥，而形成贫富悬隔的情形。当时经济的发展，实使商人兼并农人，而农人不得不流亡。并且农人流亡，是革命蜂起的危机。土地的兼并，既伏有这样的危机，于是董仲舒有限田之议④。哀帝时，师丹亦建议限吏民名田⑤，新莽又行王田制度，但这种种改革，已无法挽救农民的骚动⑥，而新室也就不得不亡。光武中兴以后，土地的兼并，商人的剥削，农民的痛苦，和前汉并无二致。结果，张角之流，竟假借宗教煽惑农民倡乱，而后汉亦随之衰亡。往后我们可以看到西晋时怎样会产生占田制度。

两汉的礼俗，可分两项来说：一曰嫁娶。汉世纳妾之风盛行，至其配合，不拘行辈，如惠帝张后为帝姊鲁元公主之女，成帝后许氏，为许嘉之女，而许嘉则为宣帝许后叔父延寿之子，哀帝后傅氏，为帝祖母傅太后从弟之女，汉时法制，疏阔如此。又公主不讳私夫，亦见于汉世⑦。二曰丧葬。丧葬多承古礼，但自文帝下短丧之诏，吏民不行三年之丧，遂成例。至于曹操以亡子与甄氏亡女合葬，是为后世冥婚之始。他如前汉重游侠⑧，后汉重气节，则两汉风尚不同所在。

注释

①名田，即占田属己，和后世所谓认粮相同；汉时经战国、秦乱后，人民少，田野未尽辟，故得行名田之制。又当时有七科谪戍：一为吏有罪，二为亡人，三为赘婿，四为贾人，五为故有市籍，六为父母有市籍，七为大父母有市籍。七科之谪，而商人居其四，均所以重困商贾者。

②赵过改良农业技术：一为改良耕具，用二牦为耦以耕田。二为增进犁之使用，亩五项用耦犁二牛三人，其无牛之农家，由官吏教以用人挽犁之法，使农人彼此相互雇用以挽犁，人多每日可犁三十亩，少则十三亩。三为行代田法，即划一亩为宽一尺深一尺的三畎，每年更换使用；播种于畎中，苗生叶，则耨陇田中高处草，取其土附苗根；及盛暑，陇尽根深，遂耐风旱。此种改良的技术，最初试行于宫廷外垣以内，其结果每亩所得较缦田（即不为畎之田）多一斛以上，善者倍之。由是推行于边城，河东、弘农、三辅一带。

③按常平仓之说，实创自战国时李悝。

④《汉书·食货志》董仲舒说武帝：“古井田法难卒行，宜少近古，限民名田，

以赡不足，塞并兼之路。"王应麟《困学纪闻》卷十六："汉董仲舒请限民名田，名田，占田也；名为立限，不使富者过制，贫乏之家可足也。"按仲舒之议，未见用。

⑤《汉书·食货志》："诸侯王列侯皆得名田国中；列侯在长安公主名田县道及关内侯吏民名田，皆毋过三十顷。"

⑥武帝天汉二年（B.C.99），泰山琅琊徐勃之军，阻山攻城，断绝道路。征和元年（B.C.92），动乱起于阙下，大搜上林。次年，宫廷内亦有动乱，而卫太子死，详见《汉书·武帝本纪》。并且当时动乱，都以迷信的方式去煽动农民，如泰山大石自立，如上林仆柳突起，如刘氏将亡，民间将有受命为天子者之类。成帝时，农民骚动更时有所闻，详见《汉书·五行志》，也用宗教迷信作宣传。至新莽时，则有赤眉、绿林、铜马诸贼起事，详见第五章。

⑦《汉书·东方朔传》："武帝姊馆陶公主寡居，宠董偃。十余年，主欲使偃见帝，乃献长门园地，帝喜，过主家，主亲引偃出，偃奏'馆陶公主庖人偃昧死拜谒'，帝大欢乐，呼为主人翁。"又《汉书·霍光传》："武帝女鄂邑盖公主寡居。昭帝初立，年八岁，主以长姊，入禁中供养，而主素通丁外人。帝与霍光闻之，不绝主欢，诏外人侍长公主。"

⑧《汉书·游侠传序》："由是列国公子，魏有信陵，赵有平原，齐有孟尝，楚有春申，皆借三公之势，竞为游侠。……皆以取重诸侯，显名天下。……及至汉兴，禁网疏阔，未之匡改也。……布衣游侠剧孟、郭解之徒，驰骛于闾阎、权行州域，力折公侯；众庶荣其名迹，觊而慕之，虽陷于刑辟，死而不悔。"又《廿二史札记》卷五《东汉尚名节》："自战国豫让、聂政、荆轲、侯嬴之徒，以意气相尚，一意孤行，能为人所不敢为，世竞慕之。其后贯高、田叔、朱家、郭解辈，徇人刻己，然诺不欺，以立名节。"

第十二章　三国之鼎立

自灵帝中平六年（189）董卓入洛阳，天下即已入于混乱之局，中经魏、蜀、吴三国的鼎立，至晋武帝太康元年（280）灭吴，始归一统。但西晋历时仅三十七年（280—316），而五胡之乱起，于是东晋偏安江左百三年（317—419），后为刘裕所代，时北方亦为北魏所统一，由是中国分为南北朝，经百六十九年（420—589），至隋文帝开皇九年（589）灭陈，始又归一统。计自曹丕篡汉（220）起，至开皇九年止，凡经三百七十年，史家总称为魏晋南北朝时代。本章先述三国的鼎立。原来自董卓擅行废立，州郡诸镇同盟西讨以后，即已形成群雄割据之势。其魄力较大，见于正史者有：

渤海太守袁绍据冀、青、幽、并四州，兖州牧曹操据兖、豫二州，豫州刺史袁术据徐州，徐州牧陶谦据彭城，荆州牧刘表据荆州，益州牧刘焉据益州，马腾、韩遂据凉州，宋建据抱罕（今甘肃临夏县），刘虞、公孙瓒、袁熙分据幽州，青州刺史袁谭（绍长子）据青州，并州刺史高干（绍之甥）据并州，辽东太守公孙康据营州，孙策据扬、交二州，张鲁据汉中郡，吕布据下邳（今江苏邳县）。建安元年（196），曹操迁献帝于许，挟天子以令诸侯，势最盛。这时刘备代领陶谦故地，为吕布所袭，走奔操。三年，操攻布，擒杀布。而袁术（绍之从弟）据徐州，也为操所败死，操遂并有徐州。四年，袁绍既并公孙瓒，拥冀、青、幽、并四州之地，众十余万，进攻许。许都大震，操屯兵官渡（在今河南中牟县东北）以备绍。五年，绍为操军所败，丧其将颜良、文丑。后操又破绍护粮军于乌巢（津名，在今延津县东南），乌巢离绍营四十里，绍军惊溃。六年，绍死，其子谭、尚内争不已，卒为操所乘，谭被杀，尚奔幽州，于是操自领冀州牧，时建安十年。尚奔幽州，投州刺史袁熙（绍子），旋熙为其部将焦触所攻，遂与尚奔辽西乌桓。建安十二年，乌桓又为操所破，于是尚、熙奔辽东公孙康。康伏兵斩尚、熙，送其首于操。幽、冀、青三州，由是全为操所定。这时高干也为操所败，而并州又入于操。十三年，汉罢三公官，以操为丞相。同年八月，荆州牧刘表死，操击荆州，其子琮降。这时天下大势，全决于操，其未为操所夷灭的，便只有凉州的马、韩，抱罕的宋建，南郡的张鲁，益州的刘焉，营州的公孙康数人，而孙权则据江东，刘备则流离奔亡，尚无发展。

三国鼎立的关键，在赤壁（山名，在今湖北嘉鱼县西北江滨）一役。现在先述赤壁之役以前的大势。刘备本汉景帝子中山靖王胜之后，以讨黄巾有功，除闻喜（山西今县）尉，旋投陶谦，谦表备为豫州刺史。谦死，备领徐州牧，为布所袭后，投操为豫州牧。这时献帝舅董承与备密谋诛操，事觉，承为操所杀，备因叛操。操自将击备，备败绩，奔袁绍，说绍南连荆州牧刘表。备至荆州，表待以上宾之礼。及操征表，表子琮降操，备始奔夏口（今汉口），使诸葛亮说孙权，同拒曹操（208）。权父坚，仕汉为长沙太守，后坚击刘表，为表所射杀。子策，与周瑜相友善，有复仇之志，袁术奇策才，以坚部众还策，策由是击败扬州刺史刘繇、会稽太守王朗，威震江东，操因表策为讨逆将军，封吴侯。策死，弟权因代领其众，操表权为讨虏将军，领会稽太守。至诸葛亮来说合力拒操，权始命周瑜、程普、鲁肃率精兵三万，与备众合，御曹操于赤壁。这时操众号八十万，以远道南征，士卒疲罢，又因水土不合，兵多疾疫，初一交战，操兵不利，退守江北。瑜用黄盖计，以火烧操军，而瑜等自以精锐随后，操军大败而遁。瑜等过江，追至南郡；自是操兵力不及江南，而三国鼎立的局势渐成，时建安十三年。赤壁战后，曹操的势力既不获南展，于是一意西图，击降张鲁，杀马腾，破韩遂及腾子超，又斩宋建，并有凉州。刘备也乘间据有荆州，西并巴、蜀，破降刘焉之子璋，并有益州。建安十八年（213），操自立为魏公，受九锡。二十一年，自进为魏王。二十五年，操死，子丕篡汉，改是年为黄初元年，是为魏文帝。明年，刘备也自立为蜀汉昭烈帝，改元章武。魏又以孙权为大将军，使持节督交州，领荆州牧事，封吴王，加九锡。至魏明帝太和三年（229），权始改元黄龙，自立为帝，是为吴大帝。至是三方鼎立，各不相下，而三国之名乃大定。

三国以魏地为最广，领有司隶、豫、青、兖、徐、凉、秦①、冀、幽、并、雍诸州及荆州、扬州的一部，都洛阳；吴地次之，领有交、广、郢②诸州及荆州、扬州的一部，初都武昌，后徙建业（故城在今首都南）；蜀地最小，领有益、梁二州及凉州③的一部，都成都。三国鼎立，直到蜀汉被灭，其间凡历四十四年（220—263），现将这期间三国的和战情形分述于下：一曰蜀吴的和战。赤壁战后，刘备以关羽守荆州。建安二十四年，权使吕蒙取荆州，羽被吴兵所害。备耻关羽之败，遂伐吴（222），权命陆逊拒备于猇亭（在今湖北宜都县），备大败。明年，备病亡，子禅立，是为后主，封诸葛亮为武乡侯，领益州牧。事无大小，均取决于亮。亮遣使和吴，而蜀始无东顾之忧。二曰魏吴的和战。蜀伐吴时，权仍称臣于魏，及吴败蜀，魏转击吴，吴复与魏绝。公元226年，魏文帝卒，子叡立，是为明帝。后二年，权与陆逊至皖，与魏战于石亭（在今安徽潜山县北），魏师大败。又三年，权使孙布伪为降魏，以诱魏扬州刺史王凌，凌迎布被击，败于阜陵（在今安徽全椒县）。又三年，权与诸葛亮约同时大举伐魏，权入居巢湖口（今安徽巢县西南），众号十万。明帝命司马懿御亮，而亲征吴。魏将满宠募士焚吴攻具，吴兵多病，又闻明帝至，遂退师。自是两国罢兵但置守而已。至公元253年，吴诸葛恪又围攻新城，连月不下，将士疲劳，病者大半，始引兵还。三曰蜀魏的相拒。蜀既联吴，又南平夷④，以灭后顾之忧，公元227年，诸葛亮率军北驻汉中。明年，马谡与魏张郃战于街亭（在今甘肃秦安县东北），为魏军所败。明年，魏与吴战，关中虚弱，亮因急引兵围陈仓（今宝鸡县），不下，亮引还。明年，亮又伐魏，拔武都（今甘肃成县）、阴平（今甘肃文县）。公元231年，魏令司马懿屯长安，督张郃、郭淮御亮。亮分军攻祁山（在今甘肃西和县西北），自逆懿于上邽（今甘肃天水县），懿敛军依险，兵不得交。自是亮分兵屯田，为久驻计，与司马懿相持，亮设计激懿，懿终不战。公元234年，亮卒，蜀军退还成都。公元253年，姜维伐魏。明年，取魏狄道（甘肃今县）。后三年，维又伐魏，为魏所败。自是蜀势日非，而维屡年攻战，亦不见功。

注释

①秦州系魏新置，治上邽。
②郢州系吴新置，治江夏。
③蜀得武都、阴平二郡，置凉州。
④当刘备初没，益州郡番帅雍闿叛，又使郡人孟获诱扇诸夷，牂柯、越巂均反，后为诸葛亮所平。

第十三章　晋之统一与内乱

魏明帝死，司马懿与曹爽共受命辅废帝芳（明帝之子），旋懿与子师、昭诛爽，自为丞相，于是司马氏始盛。懿卒（251），子师继执朝政，废芳，立其从弟髦为废帝。师卒，其弟昭继执朝政，益专横，自为相国，封晋公，加九锡。后髦忿昭专权，亲率殿中宿卫讨昭，为昭党所杀，改立燕王宇（操之子）之子奂为帝，是为元帝。这时蜀诸葛亮已死，后主亲政，信任宦官，政治始乱。司马昭乘之，遂于公元263年命邓艾、钟会伐蜀，艾直捣成都，后主降，蜀亡。昭以平蜀有功，封晋王。后二年，昭卒，子炎继为晋王，旋迫元帝禅位，是为晋武帝，魏亦亡。吴自孙权没后，子亮立，是为废帝，后其臣孙綝又废亮，立亮兄休，是为景帝。景帝卒，其弟南阳王和之子皓立。晋既受魏禅，于是武帝命羊祜伐吴，旋祜死，以杜预自代。公元280年，预与王浚合攻吴，皓降，吴亦亡。于是三国分裂之局，一统于晋。晋传五世，历主十五，凡一百五十五年，兹将其世系表列如下：

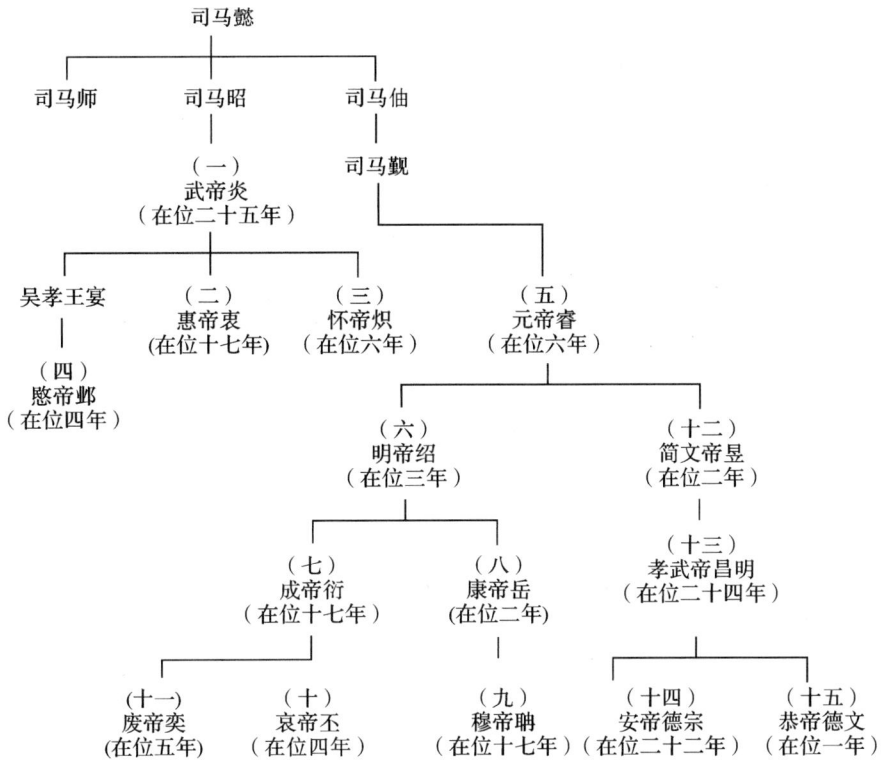

武帝（265—289）即位以后，建都洛阳；其所行政策影响最大者有二：一曰罢州郡兵。武帝惩汉末州牧拥兵自雄之弊，于是罢州郡分置之兵，大郡只置武吏百人，小郡五十人，以典兵事；自然是武备废弛，盗贼蜂起，州郡兵不能制。二曰行封建制。武帝惩曹魏孤立而亡，于是封建子弟为王二十余人，以郡为国。邑二万户为大国，置上中下三军，兵五千人；邑万户为次国，置上下二军，兵三千人；邑五千户为小国，置一军，兵一千五百人。初虽有封国，而王公皆在京师；咸宁三年（277），诏徙诸王公皆归国，并得自选文武官。自是诸王分土而治，卒酿成八王之乱。

武帝卒，子衷立，是为惠帝（290—306），其妃贾后，见惠帝愚暗，颇欲预政。这时杨太后父骏当权为太傅，尝设法抑贾后。贾后怨骏，与宦官董猛谋，诬骏谋反，因杀骏，夷三族。骏既被杀，召汝南王亮（司马懿第四子）入朝为太宰，亮代骏而起，专政又如骏。贾后因使楚王玮（武帝弟五子）诛亮，旋又诛玮。其后贾后又杀杨太后，并毒杀太子遹及其母谢妃。

贾后专杀既久，于是八王之乱作。

八王之中，首起事的为赵王伦（司马懿之子）。当太子遹被废后，遹党司马雅等谋废贾后，复立遹，因伦嬖人孙秀说伦起事。旋秀纵反间胁贾后杀遹，于是伦与梁王肜（伦之兄）、齐王冏（武帝之侄）反，杀贾后，时惠帝永康元年（300）。伦既去贾后，自为相国，以秀为中书令，而秀专横，伦反为所制。同年八月，淮南王允（武帝之子）起兵讨伦，为伦所杀。明年，伦自为皇帝，孙秀大用事。于是齐王冏、成都王颖（武帝之子）、河间王颙（懿之侄孙）、长沙王乂（武帝之子），共起兵反，杀秀，迎惠帝反正，赐伦死。又明年，肜死，大权落冏、乂二人手，立清河王覃（懿之孙），为皇太子，而冏为太子太师。冏既专擅，颙、乂又起兵反，旋乂杀冏。时太安二年（303）。后颙又结颖攻乂，又为颙将张方所杀，颖为丞相，侈妄不道，于是东海王越（懿之侄）起兵讨颖，不胜，时张方据洛阳，挟惠帝及颖西入长安，颙执政废颖。永兴二年（305），越又起兵，破颙军。诛张方，迎惠帝入洛阳，越为太傅，录尚书事。明年，惠帝卒，弟炽立，是为怀帝（307—312）。诏征颙为司徒，越弟南阳王模使人要杀颙于路，而颖先一年赐死。于是八王之中，惟越尚存。怀帝既即位，又讨越，越忧愤成疾而没。八王之乱，至是告终。

原来当惠帝之世，内乱迭起，于是久蛰思起的匈奴民族，乘机入寇。匈奴是五胡之一，其首先入寇的，就是刘聪。汉灵帝时，其先世羌渠单于从西河、美稷徙居离石（山西今县），于其东左国城（今山西介休县西南）建王庭。黄巾之乱，羌渠子於扶罗以其众助汉平黄巾，会羌渠为国人所杀，於扶罗留汉，自立为单于。於扶罗死，弟呼厨泉立，以於扶罗子豹为左贤王，自以汉外孙，遂冒姓刘氏。曹操当国，分其众为五部[①]，部帅皆刘氏，豹为左部帅。晋武帝时，改帅为都尉。豹死，子渊代为匈奴右贤王、左部帅。惠帝时，晋有八王之乱，于是匈奴共推渊为大单于，有众五万，都离石，晋匈奴之患自此始。惠帝永兴元年（304），渊自称汉王。怀帝永嘉二年（308），渊徙都平阳（今山西临汾县），称皇帝。又二年，渊卒，子和立；弟聪杀和，自即帝位。永嘉五年，刘聪命呼延晏、刘曜（渊族子）、石勒、王弥率兵攻破洛阳，怀帝谋奔长安，为聪兵所执。后二年，怀帝被杀，愍帝邺（313—316）即位长安。自是刘曜屡攻长安，建兴四年（316），长安被陷，曜执怀帝而去，旋被杀。西晋亡。

当愍帝时，长安危急，即以琅琊王睿为丞相，都督中外诸军事；长安既陷，乃即晋王位；愍帝遇害，始即帝位于建康，是为东晋元帝②。元帝以王导为丞相，政主清净，抚绥新旧，渐得东南人士的物望；又以王敦出督荆、湘，巩固上游。这时北方刘曜和石勒互攻不下，无暇南侵，故元帝得偏安江左。然自元帝以荆州、江州为北御胡虏的重镇以来，于是复刺史典兵之制，且任州将得自募民兵，而州镇之权特重，权臣之乱由是而起。今分述于下：一曰王敦之乱。王敦与导为从兄弟，得元帝信任。后来敦督江、扬、荆、湘、交、广六州军事，领江州刺史，封汉安侯，镇武昌，自署刺史守令，渐专擅。元帝深惧敦强，于是稍抑损王氏权。永昌元年（322），敦举兵内向，元帝因下诏讨敦，为敦所败，帝忧愤而死，太子绍立，是为明帝（323—325）。明帝即位，敦即力谋篡夺。太宁二年（324），敦疾甚，这时中书令温峤受敦命为丹阳尹，峤以敦谋告帝，帝因命王导讨敦，敦病亡。明年（325），明帝卒，太子衍立，是为成帝（326—342）。二曰苏峻之乱。苏峻以从讨王敦有功，迁历阳（今安徽和县）内史，加冠军将军，朝廷寄以江外，峻遂潜有异志。这时成帝初立，皇太后庾氏临朝，后兄亮为中书令，削峻权，峻遂反（327），攻陷宫城，峻自领尚书事。明年，江州刺史温峤、荆州刺史陶侃皆起兵讨峻，峻坠马被杀，乱遂平。三曰桓温之乱。成帝卒，弟岳立，是为康帝（343—344）。康帝卒，子聃立，是为穆帝（345—361）。时桓温镇守荆州，西并巴、蜀，北伐秦，败符健，入洛阳，走姚襄，威望日隆。穆帝卒，子丕立，是为哀帝（362—365）。哀帝卒，弟奕立，是为废帝（366—370）。废帝太和四年（369），桓温北伐燕，大败于枋头（在今河南浚县），温名实顿减，于是急于废立以立威，乃诬废帝为阉，而立昱为简文帝（371—372）。旋谋代简文帝即位，尚书谢安、侍中王坦之故缓之，温病死。四曰桓玄之乱。简文帝卒，子昌明立，是为孝武帝（373—396）。帝初用谢安执政，颇称小安。谢安没后，政归帝弟司马道子。道子与帝日夕以酣歌为乐，卒为贵人张氏所害，子德宗即位，是为安帝（397—418）。安帝愚暗，大权落道子及其子元显手。时简文帝后王氏之兄王恭为丹阳尹。镇比府③，结荆州刺史殷仲堪兴师向建康，以讨道子党羽王国宝为名。道子斩国宝，恭等罢兵（397）。明年，谯王尚之（懿弟进之玄孙）说道子，请削州郡权。道子因以司马王愉（坦之子、国宝兄）为江州刺史，并割豫州四郡归愉。这时庾楷为豫州刺史，镇西府④，因削其地，乃说王恭、殷仲堪、桓玄（温之孽子）同举兵内向，以诛王愉、尚之为名。楷等叛，为尚之所破；时王恭未发，元显使人说其司马刘牢之袭恭，恭被擒斩。于是北府、西府皆平。惟仲堪及玄连败王愉，朝廷不得已，仍以仲堪为荆州刺史，玄为江州刺史。旋玄与仲堪不和，而雍州刺史杨佺期又与玄有隙，玄恐终为殷、杨所灭，遂攻仲堪，佺期来救，均败死，于是朝廷以玄督荆、江、司、雍、秦、梁、益、宁八州诸军事，领江州刺史。元兴元年（402），帝命元显、牢之讨玄。玄因率军东下，旋牢之降玄，于是玄入建康，杀道子、元显，自署总百揆，都督中外诸军事，录尚书事，扬州牧，领徐、荆、江三州刺史。明年，受安帝禅，国号大楚。又明年，刘裕、刘毅、何无忌共起兵破玄，玄败死，于是朝政归裕。义熙十四年（418），裕弑安帝，立安帝弟德文，是为恭帝。明年，裕为宋王。又明年，受恭帝禅，东晋亡。

注释

①匈奴五部：左部居今山西汾阳县；右部居今山西祁县；南部居今山西隰县东北八十里；北部居今山西定襄县西北；中部居今山西文水县东北。

②建康即建业，晋改业为邺，避愍帝讳，改为建康。又东晋、西晋均系后世史家所用的称号。

③谢安当国，使谢玄以精兵镇京口（在今江苏镇江县北一里），称北府，自是，北府为晋精兵所在。

④豫州刺史镇历阳，称西府。

第十四章 边徼民族与汉族之同化

所谓边徼民族，即旧史上的五胡（匈奴、羯、鲜卑、氐、羌）。汉、魏以来，五胡多杂处内地。郭钦（晋武帝时）、江统（晋惠帝时）均以异族偪处，恐为后日患，曾先后建议徙戎，但都不为朝廷所采纳。于是诸族乘晋室内乱，遂相率叛变，于长江上游及黄河流域先后成立十六国。

原来五胡之乱，起于刘渊建国，中经一百三十六年（304—439）。其初诸国最强者为后赵，前秦继起，版图尤广，几统一北方。自前秦瓦解，又归分裂。至北魏拓跋氏崛起，攻灭诸国，中原复归一统。在这百余年间，东晋偏安江左,虽每遇北方之变,即出兵以图恢复,然终未得志,遂成南北对峙之局。现在将诸国的起伏及其和东晋的关系分述如下:一曰成的兴亡①。自李特率关中饥民入蜀为益州刺史罗尚所杀后,其弟流收集余众,退保赤祖(今四川绵阳县东)。流没,特子雄代领其众,众推为益州牧。雄攻走罗尚,入成都,称成都王;既又即帝位,国号大成。雄卒,其兄荡之子班(雄养子)立;雄子越杀班,立其弟期,期以越为相国。旋特弟骧之子寿,以兵废期自立,改国号为汉。寿没,子势立,至东晋穆帝永和三年(374),为晋将桓温所灭。二曰前赵的兴亡②。自刘渊称汉王立国,至聪攻陷洛阳、长安而势益盛。聪卒,子粲立,政事均听司空靳准专断,准由是有异志。刘曜、石勒因起兵攻准,准败,为其部下所斩,于是曜代粲(时粲已为准所杀)即帝位,改国号为赵(319)。这时,石勒据襄国,与曜抗立,至东晋成帝咸和三年(328),勒、曜会战于洛阳,曜为勒所执。明年,曜子熙又为勒所杀,前赵亡。三曰后赵的兴亡③。石勒灭曜之后,自称赵天王。勒死,子弘立,勒从子虎自为丞相。旋废弘自立为帝。虎死,子世立,兄遵废世夺其位。未几,虎养子冉闵杀遵,立虎庶子鉴,后闵又杀鉴,虎子祇乃自立。咸和七年(332),其将刘显杀祇自立。明年,闵复杀显,后赵亡。四曰前燕的兴亡④。后赵亡后,北方又陷于分裂之局。而最强盛的当推鲜卑慕容氏。原来在后汉中叶,鲜卑有檀石槐出,尽据匈奴故地,时为边患,汉不能制,因分其地为东中西三部,自右北平以东至辽东为东部,自上谷以西至敦煌为西部,自右北平以西至上谷为中部,各置大人统辖其部众,皆隶属于檀石槐;而中部则以慕容氏为大人,是为慕容氏强盛之始。魏明帝时,其部人莫护跋始入居辽西棘城(今辽宁锦县)之北,改以慕容为氏,其孙涉归东徙,居辽东之北,生廆。晋武帝时,以廆为鲜卑都督;怀帝时,廆自称鲜卑大单于;愍帝时,又拜廆为昌黎(在今热河朝阳县境)、辽西二郡公。晋处江左,廆又并辽东,数败高句骊兵,势最盛。元帝时,以廆都督幽、平二州东夷诸军事,授车骑将军。当时石勒畏其强,遣使结好,廆执其使送建康,自是勒与廆不和。成帝咸和八年(333),廆死,子皝立,自称燕王,数败石虎,又东兼高句骊,遂不复受晋命。穆帝时,皝死,子俊立,灭冉闵,与晋成对峙之势。俊死,子暐立。废帝太和四年(369),桓温伐燕,大败于枋头,暐势益盛。这时前秦苻坚势已强大,而慕容垂(皝子)因与太傅慕容评不睦降苻坚,于是坚命王猛伐燕,迁暐及鲜卑四万户于长安，前燕亡，时太和五年。五曰前秦的兴亡⑤。始建国者为苻洪，洪死后，子健立，悉众入关，自称大秦天王（351）。旋称秦帝；晋将谢尚、殷浩伐秦，均为健所败。独桓温伐秦，大败秦兵于蓝田（陕西今县），会温军乏食，徙关中三千户而归。健死，子生立；旋苻坚（苻洪之孙，生之从弟）杀生而自立。坚用王猛为相，国内大治，于是灭前燕、前凉和仇池诸国；攻晋，下汉中，取成都；又平西域诸国，降服高句骊，统一北方。猛卒，戒坚暂勿图晋，而坚不听。孝武帝太元四年（379），坚伐晋，下襄阳，志益骄。又四年，坚大举图晋。时晋谢安执政，安以弟石为征讨大都督，侄玄为前锋都督，大败坚兵于淝水（今安徽寿县东），坚势顿衰，于是慕容垂、慕容冲（晖弟）、姚苌先后俱起，河南亦为谢玄所取。太元九年，冲攻长安，坚败死。子丕即位，又为慕容永所败死。坚族子登，继丕称帝，后为姚苌子兴所杀。登子崇代立，又为西秦乞伏乾归所逐死，前秦亡，时太元十九年。六曰前凉的兴亡⑥。原来张轨仕晋，为凉州刺史，屡破鲜卑，筑姑臧（今甘肃武威县）城，遂世有其地。轨没，晋以其子实代官凉州刺史，旋为其下所杀，州人以实子骏年幼，乃立实弟茂以代其位。后茂降前赵，封凉王。茂没，骏立。石勒灭前赵，骏又臣仕后赵。其后，仇池附晋，凉、晋道通，成帝晋以骏为大将军，都督雍、秦、凉诸州，自是每岁使者不绝于道。不久，仇池降后赵，凉、晋道又梗。骏没，子重华立，自称凉王。重华没，子曜灵立，重华兄祚废曜灵而自立。祚行暴虐，为河州刺史张瓘所杀，立曜灵弟玄靓，而称藩于前秦。后玄靓叔父天锡，又杀玄靓而自立。简文帝咸安元年（371），天锡称藩于前秦。旋坚遣使谕天锡入朝，天锡杀使者，遂与秦开衅，天锡大败，遂降秦，前凉亡，时太元九年。七曰后秦的兴亡⑦。淝水战前，北方统一于前秦，战后土宇分裂，于是北方先后立国者又有十国，现在先述后秦。始建国者为姚苌。其父弋仲原仕石虎，石氏削灭，遂降晋，旋没，子襄代领其众。晋将殷浩惧襄强，阴袭襄，为襄所败，势转盛。穆帝时，桓温败襄于伊水，襄奔关中，为苻坚所杀。弟苌率众降于坚。淝水战后，苌遂叛坚，后坚与慕容冲战败，苌乃杀坚，称秦帝，子兴继立，又杀苻登，于是两秦合而为一。兴又并后凉，拓地日多，而南北西三凉俱入贡。兴没，子泓立，安帝义熙十三年（417），为晋将刘裕所灭。八曰后燕的兴亡⑧。前燕为苻坚所灭后，慕容垂降坚；淝水战后，垂军独存。遂叛秦，称燕帝。垂没，子宝继立，为魏所败，宝奔依幽平牧慕容会（宝之庶子）于蓟，时太元二十一年。宝侄详又自立，为宝弟麟所杀。麟代其位，又为魏所败。时宝为其臣兰汗所杀，宝子盛又杀汗代立，旋亦为将军段玑所杀，改立垂少子熙。熙诛玑，而为政不道，大失民心。冯跋因推熙养子云为主；后熙又为云所杀，云复姓高氏⑨，以跋都督中外诸军。义熙三年，云为其下所杀，后燕亡。九曰南燕的兴亡⑩。始建国者为慕容德，当后燕宝在位时，德为冀州牧。后燕为魏所败，德始称燕王。安帝隆安四年（400），德自称帝，改名备德。备德卒，兄子超立。义熙六年，为晋将刘裕所灭，南燕亡。十曰西秦的兴亡⑪。始建国者为乞伏国仁，其父司繁，始仕前秦，为将军，国仁继之，闻苻坚为姚苌所杀，遂自称单于，进据苑川，苻登知其不可制，因封为苑川王。国仁没，弟乾归立，逐苻崇于湟中，尽有陇西之地，自称秦王。旋乾归为后秦所败，走奔南凉，未几，降后秦，姚兴留乾归居长安。后乾归逃归苑川，仍自称秦王，为其兄子公府所杀，乾归子炽磐又斩公府，迁都抱罕，大破吐谷浑。刘裕受晋禅，受封为秦王，旋又降魏。乾归没，子慕末立，为夏所灭，时宋文帝元嘉八年（431），西秦亡。十一曰南凉的兴亡⑫。始建国者为秃发乌孤，初仕后凉吕光，旋自称武威王，传子利鹿孤，利鹿孤没，弟傉檀继立，始称凉王。安帝隆安元年，为西秦炽磐所灭，南凉亡。十二曰北凉的兴亡⑬。当吕光据凉州称王时，沮渠罗仇与其弟鞠粥均仕光为太守，后为光所杀。其侄蒙逊率众复仇，又为吕纂所败，遂奔建康（今甘肃高台县）太守段业，旋又杀业，入张掖，自称张掖公，国号凉，既又胜南凉，称河西王，旋称藩于晋；晋既禅宋，蒙逊亦并灭西凉。时魏势强，蒙逊又称藩于魏，受封为凉王。传子牧犍，元嘉十五年为魏所灭，北凉亡。十三曰夏的兴亡⑭。始建国者为赫连勃勃，其先世去卑本居并州，至子猛，始以铁弗为氏，旋又冒姓刘氏。传至其侄虎，降刘渊，渊以为宗室，封楼烦公。虎没，子务桓立。务桓没，弟阏陋头立，务桓子悉勿祈逐之自立。悉勿祈没，弟卫辰立，事代，又通前秦，遂导前秦灭代。代王拓拔珪未几复立，改国号曰魏，杀卫辰。卫辰子勃勃奔后秦姚兴，得镇朔方，旋自称大夏天王，数败后秦，破南凉，并改姓赫连。刘裕灭后秦，以其子义真留守长安，勃勃袭走义真，遂据有长安，称帝。勃勃没，子昌立，旋为魏所擒。弟定立，后为吐谷浑所袭擒，送至魏，夏亡，时宋文帝元嘉七年。十四曰后凉的兴亡⑮。始建国者为吕光。光仕苻坚为都督，使西域，下焉耆诸国。及光还,坚已败死,光自以全有金城河、赐支河、湟河之地,因自称三河王,又自称天王。光以秃发乌孤为益州牧,乌孤不受,遂裂地为南凉;同时沮渠蒙逊又以段业叛,再裂地为北凉。光没,子绍立,庶兄纂杀绍代其位;北凉敦煌太守李暠亦以治地叛,又裂而为西凉。未几,后凉内乱起,光从子超杀纂,立其兄隆,为后秦所逼,降姚兴,后凉亡,时晋安帝元兴三年(404)。十五曰西凉的兴亡⑯。西凉李暠为汉李广之后,仕段业为敦煌太守。及业为沮渠蒙逊所害,暠亦自称凉公。暠没,子歆立,受晋封为酒泉公。后歆为蒙逊所败死。其弟恂亦自杀,西凉亡,时宋少帝景平元年(423)。十六曰北燕的兴亡⑰。北燕冯跋,仕后燕,及高云为其下所杀,遂自号天王,仍国名曰燕。跋没,子翼为跋弟宏所杀,宏自立。后为魏所灭,宏奔高句骊,北燕亡,时元嘉十二年。

  以上所述,便是普通所谓十六国,计淝水战前六国,战后十国。其实,十六国之外,尚有西燕、代、仇池、辽西、冉魏、谯蜀,今分述如次:一曰西燕的兴亡⑱。西燕与后燕同时,为慕容晔弟泓所建。原来泓与晔当前燕被前秦所灭之时,俱仕于前秦。淝水战后,泓闻慕容垂已自立,遂称济北王。时泓弟冲亦叛前秦,为前秦所破,走奔泓。燕诸将因杀泓,推冲继其位,时太元十年(385)。明年,将军韩延杀冲,立其将段随为燕王。廆从孙永起兵杀随,立燕宗室。慕容顗为燕王,率鲜卑男女三十余万口,去长安而东,为廆从孙恒所杀。恒立冲子瑶,永又杀之,改立泓子忠。未几,诸将杀忠,推永为主,号河东王,称藩于垂。永求东归,为苻丕所阻,永败丕,遂称帝,太元十九年为垂所杀,西燕亡。二曰代的兴亡⑲。拓拔氏本鲜卑的索头部,三国末,拓拔力微称可汗,传至什翼犍,始建国曰代,时晋成帝咸康四年(338)。至太元元年为苻坚所灭,代亡。三曰仇池的兴亡。仇池属略阳清水(今甘肃清水县西)氐,后汉末,其酋杨驹始徙居武都仇池(今甘肃成县)。池居山巅,方百顷,故又称百顷池。驹孙千万,附于曹魏,受封为百顷氐王。千万无子,养外甥令狐茂搜为子,冒姓杨氏,居仇池,自号辅国将军,右贤王。茂搜没,部众分为二;子难敌为左贤王,居下辨(今陕西南郑县),子坚头为右贤王,居河池(今陕西凤县)。难敌死,子毅立;坚头死,子盘立;臣晋,毅兄初。杀毅并盘而自立,于是二部合而为一。毅弟牢奴复杀初,初子国文又杀牢奴,国从叔俊又杀国,国子安复杀俊自立。仍臣晋。安死,子世立;世死,弟统立;安子纂又杀统自立。简文帝咸安元年（371）为苻坚所灭。徙其众于关中，仇池亡。四曰辽西的兴亡。辽西属鲜卑族，其酋长段务目尘。当晋惠帝时，受封为辽西公，国于令支（在今河北迁安县西），传子就陆眷。就陆眷没，务目尘弟涉伏辰立，就陆目从弟末杯杀之自立。末杯没，弟牙立，就陆眷之子辽杀之自立。咸康四年，石虎、慕容皝合师攻辽西，辽败，降前燕，辽西亡。五曰冉魏的兴亡。冉闵本内黄（河南今县）冉氏子，其父瞻，仕石虎，收闵为养孙。石鉴谋杀闵，其臣孙伏都亦欲诛闵，均为闵所败，伏都被斩，闵又下令斩胡、羯数十万。时穆帝永和五年，明年，闵杀鉴及虎诸孙三十八人，闵自称魏帝。永和八年，前燕伐闵，闵被斩，其子智降，冉魏亡。六曰谯蜀的兴亡。东晋桓氏之乱，谯纵杀益州刺史毛璩自立为成都王，时义熙元年。纵恐晋来伐，先称臣于后秦，姚兴封纵为蜀王。义熙九年，始为晋益州刺史朱龄石所灭，谯蜀亡。按以上六国，只冉闵与谯纵为汉人。

五胡之乱，前后扰攘共百三十六年，而诸族竟因与汉族杂处日久，渐染华风，据《晋书》所载，诸族豪长所受汉化的情形大致如次。以刘氏论：如刘渊师事崔游，习《毛诗》《京氏易》《尚书》，尤好《春秋左氏传》及孙、吴兵法；如刘和亦习《毛诗》《左氏春秋》诸经；如刘宣（渊之从祖）师事孙炎，好《毛诗》《左氏春秋》；如刘聪年十四即究通经史，兼综百家之言，能诵孙、吴兵法，工草隶，善属文，著《述怀诗》百余篇，赋颂五十余篇；如刘曜亦工草隶，善属文。以石氏论：如石勒素好文学，习史书；如石弘受经于杜嘏，诵律于续咸；如石虎好经学。以慕容氏论：如慕容皝尚经学，善天文，并好文籍，亲作《太上章》，以代《急就》，又著《典诫》，以教冑子；如慕容儁亦好文学，著述有四十余篇。以苻氏论：如苻雄（苻坚之父）少善兵书；如苻坚博学多才艺；如苻融（坚之季弟）能下笔成章，过目不忘，著《浮图赋》，时人拟之王粲；如苻丕博综经史；如苻登博览书传。以姚氏论：如姚襄好学博通，善谈论；如姚兴与梁喜、范勖等讲论经籍，不以兵难废业，如姚泓博学善谈论；尤好诗咏，并受经于博士淳于岐。以李氏论：如李班敬爱儒贤，师事何点、李钊，又引名士王嘏等以为宾友；如李期（特之子）聪慧好学，弱冠能属文。此外如秃发傉檀、沮渠蒙逊诸人，亦莫不博涉经史。同时，诸酋又仿中国之制，建立学校：刘曜分建太学小学，学生千五百人；石勒立太学，学生三百人，又立小学；其后建明堂、辟雍、灵台，又命郡国立学官，每郡弟子百五十人；石虎令诸郡国立五经博士；慕容廆以刘赞为东庠祭酒；慕容皝立东庠，以行乡射之礼，每月临观，学徒多至千人；苻坚广修学宫，并置博士授经；姚苌立太学，又于诸镇各置学官；姚兴时，大师如姜龛、淳于岐、郭高等皆讲学长安，诸生自远而至者万数千人，又立律学于长安；李雄在蜀亦兴学校，置史官。他如劝课农桑，力崇礼乐诸政教，诸酋亦多行之；而诸酋引用汉人从政[20]，更为诸族汉化的原因。按春秋、战国之世，戎、夷、蛮、狄同化于汉，是为诸族融合的第一次；五胡入主华夏，则为诸族融合的第二次。前者政治主权在华夏，他族以被治者而同化，多属被动的；后者政治主权不全在汉族，他族以征服汉族者而同化，多属主动的。盖以异族入主中原，欲谋统治的巩固，自不得不行华夏的政教，以范围汉人；其结果，他族在武力上和政治上虽居优势，而在文化上则不能不作有意识的汉化。

注释

①属氐族。世居巴西（今四川阆中县）。汉末，其族李虎依张鲁于汉中，魏克汉中，虎逃洛阳，号巴氐。虎孙特至晋初始入蜀，为成之始祖。成都成都，史称为前蜀。

②初都平阳，后都长安。

③属羯族。羯为匈奴别部，先世曰羌渠，既入中国，居上党羯室（在今山西辽县），因称羯胡。初都襄国（今河北邢台县），后徙邺（今河南临漳县）。

④都邺。

⑤属氐族。苻洪之父怀归，居略阳（今甘肃秦安县），号略阳氐。洪出，始以苻为氏，初仕刘曜，旋降石虎，都长安。

⑥属汉族。都酒泉。

⑦属烧当羌。都长安。

⑧属鲜卑族。都中山（今河北新乐县，一说在今河北定县）。

⑨按云本高句骊族。

⑩属鲜卑族。德为皝少子。都广固（今山东益都县西）。

⑪属鲜卑族。陇西有鲜卑纥干，莫知所出，养于乞伏部。晋武帝时，其后祐邻迁于夏绿（今宁夏宁夏县）。三传至述延，徙苑川（今甘肃靖远县）。至其孙国仁，始建国。都苑川。

⑫属鲜卑族。河西有鲜卑秃发氏，其始迁河西者为八世祖匹孤。都乐都（青海今县）。

⑬属匈奴族。号临松（今甘肃张掖县）卢水胡，为匈奴左沮渠，因以为氏。先

都张掖，后都姑臧。

⑭属匈奴族。都统万（今陕西怀远县）。

⑮属氐族。其先世文和，于汉文帝时徙居略阳，父婆楼及光均仕苻坚。都姑臧。

⑯属汉族。都酒泉。

⑰属汉族。都龙城（今热河朝阳县）。

⑱属鲜卑族。初都长安，后都燕熙城（今山西闻喜县）。

⑲都盛乐（今绥远归绥县）。

⑳如石勒用张宾，苻坚用王猛，慕容廆用裴嶷等均是。

第十五章　南北朝之对峙

自经五胡十六国之乱以后，南方有刘裕于公元420年受晋禅，是为宋武帝；北方也于公元439年一统于北魏：自是南北朝截然划分。南朝有宋、齐、梁、陈；北朝之魏统一仅九十五年，其后有东魏和西魏，又有北齐和北周；至隋文帝开皇九年灭陈，而天下始归一统。现在先述宋的兴亡。宋武帝（420—422）原以卖履为业，为乡里所贱。晋安帝时，孙恩以五斗米道作乱于会稽，以破孙恩有功，为下邳太守，后平桓玄，遂执朝政。灭后秦归，进爵宋王，旋受晋禅，即皇帝位，都建康。武帝没，少帝义符（423）嗣立，而徐羡之、傅亮、谢晦同受武帝命辅少帝。帝游戏无度。羡之等遂召南兖刺史檀道济入建康，杀帝，立武帝第三子义隆，是为文帝（424—453）。帝即位后，杀羡之、亮、晦三人，而以檀道济为司空，任江州刺史。时北魏正当草创，无意南下，故帝得乘此时期，努力政事，结果"内清外晏，四海谧如"，称为元嘉（文帝年号）小康之治。但后来杀戮檀道济等，卒召魏师南下，其政始衰。太子劭无道，帝欲废劭，劭乃弑帝；帝第三子骏又诛劭继立，是为孝武帝（454—464）。帝疏忌宗室，削弱其权，而大臣亦多被杀，宋政益衰。子子业继位，是为前废帝，荒淫无度，未及一年，卒为左右所杀。文帝第十一子彧继立，是为明帝（465—472）。当子业之世，欲杀江州刺史晋安王子勋（孝武帝子），子勋遂反。明帝即位，谕罢兵，子勋不听，称帝寻阳，旋为沈攸之等所平。这时宋多内乱，于是北魏乘机屡兴师攻宋，而宋地益促。帝卒，子昱立，是为后废帝（473—476），桂阳王休范（文帝子）为江州刺史，又起兵攻建康，为萧道成所平。帝残暴无伦，道成因与王敬则等阴谋杀帝，帝既被害，又迎立明帝第三子準即位，是为顺帝（477—478），以道成为司空。自是道成专国政，卒弑準而自立，是为齐高帝，宋亡。宋传四世，历主八，凡五十九年。

齐高帝祖乐子仕宋为辅国将军；父承之位右军将军，数与北魏相攻战。高帝承其家业，亦屡与征讨；宋明帝之世，渐见信用，及平休范之乱，威望始隆，卒代宋而有天下，建都建康，在位四年（479—482）没，子赜立，是为武帝（483—493）。帝留心政治，故永明（武帝年号）之政，比美元嘉。武帝卒，太子长懋早死，太孙昭业即位，是为废帝，时萧鸾（高帝兄道生之次子）为尚书令，颇专政，竟弑昭业而立昭文（长懋第二子）。昭文以鸾为骠骑将军，录尚书事，权势益重，于是尽杀高帝、武帝子孙。又杀昭文而自立，是为明帝（491—498）。明帝卒，子东昏侯宝卷立，是为废帝（499—500）。帝淫昏无道，将军崔慧景欲谋废立，遣使奉江夏王宝玄（鸾子）为主，宝玄斩其使，慧景起兵反，为豫州刺史萧懿所平，宝玄亦被杀。后宝卷又杀懿，于是懿弟雍州刺史萧衍起兵襄陵，奉荆州刺史南康王宝融（鸾子）为主，即位江陵，是为和帝（501），以衍为征东将军。衍拥兵东下，陷建康，宝卷被杀。衍奉宣德太谷（长懋妃）称制，自为相国，封梁公。时和帝在江陵，知梁势已成，遂下诏禅位于衍，齐亡。齐传四世，历主七，凡二十三年。

萧衍篡齐，仍都建康，是为梁武帝（502—549）。时北魏内乱，帝乘其间，锐意政治，民得休息，境内大安：史称天监（武帝年号）中兴之治。但晚年迷信佛教，竟使政务废弛。时侯景仕东魏，与丞相高欢同里，欢以士卒十万，使景专制河南以图梁。欢死，子澄继为丞相，畏景强大，矫诏召景，景恐惧，遂降梁（547）。旋景起兵寿春，攻下建康，于是大权尽归于景；武帝忧愤而卒，子纲立，是为简文帝（550—551）。自是景益专政，竟废帝而自称汉帝。湘东王绎（武帝之子）起兵讨景，命王僧辩、陈霸先分道进兵，遂下建康，景被杀。侯景既诛，绎因即位于江陵，是为元帝（552—554）。而益州刺史武临王纪（武帝之子，绎之弟）又称帝成都叛帝，帝惧，乞救西魏，西魏遣尉迟迥攻成都，成都降于西魏。旋西魏遣于谨代梁，江陵城陷，帝遇害，于是僧辩、霸先共奉晋安王方智（元帝少子）至建康，是为敬帝（555—556）。时梁多内乱，均为霸先所平，霸先因自为相国，旋废敬帝而杀之，自为皇帝，是为陈武帝，梁亡[①]。梁传三世，历主四，凡五十五年。

陈武帝（557—559）既代梁，仍都建康，而王琳之乱作。王琳为梁湘州刺史，兵最强，霸先因征琳为司空，琳不就征，霸先遂遣侯安都进讨。会陈受梁禅，安都战死，琳遂遣使求援于北齐。武帝卒，临川王蒨（武帝之侄、道谭之子）立，是为文帝（560—566），琳与北齐军合攻建康，为陈将侯瑱等所败，琳乱遂定。文帝起自艰难，知民疾苦，明察俭约，勤于政事，为陈代令主。帝卒，子伯宗立，是为废帝（567—568）。安成王顼（文帝之弟）与刘师知同受遗诏辅政，后顼杀师知，独揽大权。顼旋废伯宗，自即位，是为宣帝（569—582），与北周构兵，尽丧江北之地。帝卒，子叔宝立，是为后主（583—588）。时隋文帝已平定北方，势最盛，隋兵来伐，攻下建康，后主被擒，陈亡。按三国之吴及东晋、宋、齐、梁、陈，均建都建康，故史称为六朝，陈传三世，历主五，凡三十二年。

代为苻坚所灭之后，坚使匈奴刘卫辰、刘库仁分领其众。什翼犍孙珪，即依库仁而立。库仁之子显谋杀珪，珪走依其舅贺兰部贺纳，诸部推为代王，仍都盛乐，改国号曰魏，史称北魏，又称后魏。珪既建国，击走刘显，攻破刘卫辰，南胜后燕，遂徙都平城（今山西大同县），是为北魏道武帝（380—408）。帝卒，子嗣继位，是为明元帝（409—423）；明元帝卒，子焘立，是为太武帝（424—451）。太武帝灭夏，灭北燕，灭北凉，统一中国北部；又逐吐谷浑，降柔然；高丽、西域诸国，均来朝贡。晚年帝以太子晃监国，晃以忧卒，而帝又为宦官所害。晃子浚即位，是为文成帝（452—465）。文成帝卒，子弘立，是为献文帝（466—470）；帝慕黄、老、浮屠之学，有遗世之志，传位于太子宏，自称太上皇，后为母冯氏所杀。宏即位，是为孝文帝（471—499）。孝文帝迁都洛阳，改姓元氏，史又称为元魏。帝深慕华风，锐意模仿改革，北魏制度，由是大备，而胡、汉民族，也因此混合。今将其改革，分述如次：一曰政治上的改革。魏初百官无禄，至帝始定班禄之制，并严定罚章，以止贪墨。帝又行均田之制：男子一夫十五以上，受露田四十亩，妇人二十亩；奴婢依良丁，有牛一头，受田三十亩，但牛以四头为限。露田及岁而受，年老则免，身没则还。又有桑田，为世业，盈者得卖其盈，不足者得买所不足，不得卖其分，亦不得买所足。又行户籍之法，五家立一邻长，五邻立一里长，五里立一党长。二曰习俗上的改革。帝又下诏，以为北人谓土为拓，后为跋，魏的先世出于黄帝，以土德王，故为拓跋氏，而土为万物之元，宜改姓元氏；请功臣旧族，姓或重复，亦应改革。于是魏以元为姓。诸臣旧族也多改从汉姓。帝又断北语（鲜卑语），下诏不得以北俗之语，言于朝廷，违者免官。又禁胡服，制公服五等：朱、紫、绯、绿、青。又下诏令诸王子娶中原名族，而以前妻为妾。三曰文化上的改革。魏自道武帝以后，佛道二教互相起仆，至帝始建明堂，辟雍；及迁都洛阳，又征求典籍，立国子太学、四门小学。更定礼乐，行借田养老之礼：于是文化灿然。由上所述，可知孝文帝实是胡、汉民族同化的功臣，然鲜卑尚武之风也由是锐减。

帝卒，子恪立，是为宣武帝（500—515）。宣武帝卒，子诩立，是为孝明帝（516—527），胡太后（宣武帝的妃嫔，诩之生母）称制，淫乱肆情，而六镇之乱作。原来魏于北边置六镇：为武川镇（今绥远萨拉齐县）、怀朔镇（今山西右玉县北塞外）、沃野镇（今宁夏省宁夏东北）、怀荒镇（今山西大同县东北，与察哈尔蔚县相近）、御夷镇（今察哈尔怀安县西北）、柔玄镇（山西天镇县北），均驻重兵，以御朔方。中叶以后，魏廷对六镇官兵待遇渐坏，由是积久生怨，一时蜂起，转向攻剽。朝廷不能制。尔朱荣时为车骑将军，遂乘间招合骁勇，结纳豪杰，而势特盛。会帝与太后有隙，帝遂密诏荣至洛阳谋制太后。荣以高欢为前锋，太后惧，杀帝，及荣至洛阳，又沉太后于河，立子攸（献文帝之子），是为孝庄帝（529—530）。孝庄帝既即位，又杀荣，荣从子兆又起兵杀帝，立晔（献文帝孙），未及一年。为兆所废，改立恭（献文帝孙），是为节闵帝（531）②。时高欢起兵讨尔朱氏，别立朗（太武帝子晃玄孙），是为后废帝（531），欢自为丞相；明年，又废朗，别立修（孝文帝孙），是为孝武帝（532—534），而兆又为欢所败死。修欲除欢，不成，奔于宇文泰，于是魏分为东西。修都长安，以宇文泰为丞相，是为西魏，旋为泰所杀，立宝炬（孝文帝孙），是为文帝（535—551）。帝卒，长子钦立，是为废帝（552—553），又为泰所杀，改立廓（文帝第四子），是为恭帝（554—556），在位三年，禅位于宇文觉（泰第三子）。修既入长安，于是高欢又立善见（孝文帝玄孙），是为东魏孝静帝（534—550），都邺，后禅位于高洋（欢次子）。于是东西魏均亡。魏自道武帝至恭帝传十二世，历主十五，凡一百七十一年。

高洋代东魏，都邺，是为齐文宣帝（550—559），史称北齐。传至武成帝湛，荒怠无道，齐政始乱。后主纬继立，任用群小，又杀名将斛律光，于是国势益衰。时周武帝在位，励精图治，乘齐弱攻邺，后主禅位于太子恒，邺城陷，后主及太子恒走青州，为周军所擒，齐亡。时公元577年。北齐传五世，历六主，凡二十八年。

当宇文泰专政西魏时，用苏绰、卢辩从政，颇多改革③。及其子觉，始篡西魏而自立，是为周孝闵帝（557），史称北周。明年，为其叔父护所杀，泰长子毓继立。是为明帝，复为护所杀，在位凡四年；泰第四子邕继立，是为武帝（561—578）。武帝立十二年，始亲政，由是内诛护，外灭北齐，统一中原。帝卒，子赟立，是为宣帝，淫荒无度，周政遂衰，在位未逾年。让位于太子阐，是为静帝，宣帝后父杨坚辅政，大杀周宗室，尽握朝权，周将尉迟迥、司马消难、王谦等起兵讨坚，均为坚所平，后遂篡周，是为隋文帝，北周亡，时公元581年。北周传三世，历五主，凡二十五年。

南北对峙，时有战争；但北强于南，屡次战争的结果，胜利多归北方；而南朝土地日削，国势日衰，卒为北朝所并。今将南北朝主要诸战分述于下：一为宋与魏的战争。宋初奄有河南地，洛阳、虎牢（河南汜水县）、滑台三城均为沿河要害，而为宋有。至文帝时，三城尽为北魏所攻取；于是宋欲收复三城，遂有瓜步（今江苏江都县江口）之役。文帝元嘉二十七年（450），宋大举伐魏，魏太武帝亲率百万之众渡河，声势甚大。卒败宋军于瓜步。自是河南之地尽入于魏，而宋、魏所争，转移于淮北。宋明帝泰始二年（466），张永、沈攸之与魏战，又大败，于是淮北徐、兖、青、冀四州及豫州淮南之地又入于魏。二为齐与魏的战争。齐明帝建武四年（497），魏伐齐；明年，取齐新野（河南今县）、宛城（今河南南阳县），大捷于邓城（今河南邓县），会明帝卒，魏始罢兵。宝卷永元二年，齐豫州刺史裴敬业以寿阳（今安徽寿县）降魏，于是淮北之地，尽入于魏。三为梁与魏的战争。梁武帝天监二年（503），梁江州刺史陈伯之叛梁降魏，魏因是大举伐梁，拔淮南诸城，又攻梁钟离（今安徽凤阳县），魏师大捷，旋义阳（今河南信阳县）亦为魏所下。又二年，梁汉中太守夏侯道迁以郡降魏，魏入汉中，遂取梁州。会魏统军王足以不悦于其主降梁，而陈伯之也复降梁，于是梁大举伐魏，取魏合肥、梁城（今安徽寿县东北）。又二年，魏攻钟离，大败，魏士卒死淮水者十余万，被梁斩首及生擒者又数万。自是梁魏屡有小战，互有胜负，至天监十三年（514），梁始用王足计，筑淮堰以灌寿阳。又二年，淮堰溃，沿淮城戍村落十余万口，尽漂入海，至是梁与魏人通好。梁武帝大通元年（527），魏北海王颢（献文帝弘之孙）因尔朱荣之乱，率众奔梁，梁封颢为魏王，遣将军陈庆之送颢北还。明年，颢进据洛阳，声势甚大，旋为尔朱荣所败，颢亦死，魏仍复所失地。及侯景乱起，于是东魏又尽取梁淮南地，而巴、蜀又入于西魏，旋北齐代东魏，又尽取梁江北地。自是梁境惟以长江为限。陈氏代梁，因北朝周齐相攻不已，陈始得安居江东，乘间收复淮南地，及周师来伐，仍以长江为界。当时中国之地，陈有其二，周有其八，至隋而天下一统。

注释

①元帝素与湘州刺史河东王誉（昭明太子统之子武帝之孙），常构兵，誉弟詧为雍州刺史，降于宇文泰，及元帝被害，魏立詧为皇帝，都江陵，其后詧没，子岿立，是为明帝；岿没，子琮立，是为后主。卒为隋所废，地并入隋。历主三，凡三十三年，史称后梁，又称西梁。

②节闵帝亦称前废帝，与后废帝同时并立。

③《周书·苏绰传》："苏绰参典机密，自是宠遇日隆。绰始制文案程式，朱出墨入，及计账（课役之大数）户籍（户口之籍）之法。太祖（宇文泰）方欲革易时政，务弘强国富民之道，故绰得尽其智能，赞成其事；减官员，置二长，并置屯田，以资军国。又为六条诏书，奏施行之：其一先治心，其二敦教化，其三尽地利，其四擢贤良，其五恤狱讼，其六均赋役。太祖甚重之，常置诸座右；又令百司习诵之，其牧守令长，非通六条及计账者，不得居官。自有晋之季，文章竞为浮华，遂成风俗；太祖欲革其弊，因魏帝祭庙，群臣毕至，乃命绰为《大诰》，奏行之。自是之后，文策皆依此体。"《周书·卢辩传》："初，太祖欲行《周官》，命苏绰专掌其事，未几而绰卒，乃令辩成之；于是依《周礼》建六官，置公卿大夫士，并撰次朝仪，车服器用，多依古礼，革汉、魏之法，事并施行。"

第十六章　魏晋南北朝之制度

魏、晋、南北朝的制度，从大体上讲，南朝和魏、晋相近，而多因袭汉代之旧；北朝另自成以一体系，而多为隋、唐两代制度的先导。现在先述官制。魏、晋和南朝，中央虽设三公①，但只虚有名号，而真握实权的，却不必居三公之职。这种政权的推移，实始于后汉。当时光武惩三公权重，故凡枢机要务，皆归尚书令掌握，自是尚书令直等于相职。魏文帝时，复置中书令，至是相权又移于中书，而尚书令稍以疏远。晋因魏制，以中书令掌机要，而以门下侍中掌侍从，尚书令总庶政：叫做三省，是为唐代以三省长官为宰相的张本。南朝而后，因侍中常在禁近，时时参预机务，于是实权又渐移于门下省。至于九卿之职，虽皆设置，然均失其职掌，而归入尚书列曹中②。北朝后魏初兴，制多草创，至孝文帝时，始制官品百司位号，皆准南朝，定为永制。北周又命卢辩远师周之建职，置太师、太傅、太保三公，少师少傅少保三孤，以为谕道之官；又置六卿，以分司庶政③：遂为唐代以后六部制度所本。地方官制：京畿之地，秦置内史，前汉置三辅，后汉置河南尹，至魏仍置河南尹，西晋因之。东晋偏安江左，京师所治，置丹阳尹领之，南朝均同。后魏初立代尹，后为万年尹，迁洛以后，置河南尹；北齐则有清都尹，北周又有京兆尹。司隶校尉为汉制，魏、晋因其官职，置司州。东晋渡江以后，罢司隶校尉官，变其职为扬州刺史，于是南朝诸代，均以扬州刺史为京辇重任，以诸王领之。司州之外，魏有扬、青、徐、兖、荆、豫、雍、凉、秦、冀、幽、平十二州；晋除司州之外，有兖、豫、冀、幽、平、并、雍、凉、秦、梁、益、宁、青、徐、荆、扬、交、广十八州；渡江以后，仅有扬、江、湘、荆、交、广、宁、益、徐、豫十州；南朝宋初有扬、南徐、南兖、兖、南豫、豫、江、青、冀、司、郢、湘、雍、梁、秦、益、宁、广、交、越二十州，自是以后，疆土日削，而诸州分析，便不过徒增员位罢了。后魏于孝文帝时，除司州牧统治洛阳诸郡外，共得三十六州，属于河北的有并、肆、定、相、冀、幽、营、平、安、瀛、汾诸州，属于河南的有青、南青、兖、齐、济、光、豫、洛、徐、东徐、雍、秦、南秦、梁、益、荆、凉、河、沙、华、陕、郢、夏、岐、班诸州；其后北齐、北周又滥为分析，于是北齐有九十七州，北周有两百十一州。大抵当时地方行政为三级制度：州设刺史，掌一州的民政；郡置太守，掌一郡的民政；县置县令，掌一县的民政，而小县则置县长。刺史又有领军和单车之别。领兵的，均加都督诸州军事，其专理民政而不领兵的便叫做单车。后周始改都督军事为总管，而都督之名并不废，至隋始为散官。又郡守只理民政，但晋郡守皆加将军，是郡守所理，并不分军民，而与汉制不同。又官品制度，创自曹魏，魏变两汉石禄的级数，始有九品之制，至梁分为十八班，后魏又各以九品分为正从，而隋唐以后因之，后周又改品为命，而以九命分为正从，皆十八等。其间如晋、宋、齐、陈均行九品之制，北齐则行九品正从之制。

魏初田赋：每亩粟四升，每户绢二匹，绵二斤；较汉制为重。晋初始定户调之式：男女年十六以上至六十为正丁；十五以下至十三，六十一以上至六十五为次丁；十二以下，六十六以上为老小，男子一人为户的占田七十亩，女子一人为户的占田三十亩；其外丁男课田五十亩，丁女二十亩；次丁男半之，女则不课。丁男之户，岁输绢三匹，绵三斤。女及次丁男为户的半输。可见凡出赋的，都是有田之人，名为户调，实则田赋与口赋合征，所以视汉制更重。东晋成帝时，取民十分之一，率亩税米三升，而口赋带征于田赋，较汉制尤为便民。南朝田赋之制度，于史无征，但兼并之风颇盛。北朝后魏孝文帝行均田之制，计口授田至其赋调之制，则每调一夫一妇，帛一匹，粟一石。人年十三以上未娶者四人，出一夫一妇之调。奴任耕、婢任绩者，八口当未娶者四。耕牛二十头，当奴婢八。其麻布之乡，一夫一妇，布一匹。北齐仍后魏之制，男子十八以上授田，输租调，六十六退田，免租调。其法：一夫受露田八十亩，妇四十亩，奴婢依良人。丁牛一头，受田六十亩，限止四年。又每丁给永业二十亩为桑田，不在还受之限。其赋调以一夫一妇为一床，调绢一匹，绵八两，租二石五斗，奴婢各依良人之半；牛调绢二尺，租一斗五升。北周也行授田之制，有室的授田百四十亩，单丁百亩。凡民自十八以至六十四，皆赋之。有室的岁不过绢一匹，绵八两，粟五斛，单丁减半；其非桑土有室的，布一匹，麻十斤，单丁减半。丰年全赋，中年减半，下年赋定额的三分之一，凶年不征其赋。按后魏北齐授田有露田和桑田之分，实即隋、唐"口分""世业"的张本。征税南朝之陈，北朝之后魏、北齐、北周均行盐税。又宋、陈行榷酤，后魏也行榷酤。至于杂税，则晋自渡江至于梁、陈，凡货卖奴婢马牛田宅，有文券的率钱一万，输估四百入官，卖者三百，买者一百；无文券的，随物所堪，亦百分收四，叫做散估。后魏行市税，税市入者人一钱，分店舍为五等，收税有差；北齐仍之，亦立关市邸店之税；北周师魏市入之制，名为市门税，而东晋至陈，更有关税，十分税一以入官。

三国至东晋，学校制度的衰败，达于极点。魏时，创立太学，制课试法，置一《春秋穀梁》博士，太学生虽达千数，但成绩非常低劣。州郡学校，北方尚有一二长官从事提倡。至于吴、蜀方面，则非常衰落。但私人讲学颇盛，尚存有两汉的遗风。晋代立国子学，专为贵胄而设，又有太学。刘聪陷洛阳，太学、国子学均被焚毁。东晋孝武帝时，权以中堂为太学。孝武又选公卿二千石弟子，复兴国子学；但人物混杂，品课无章，无足称述。至于州郡学校和私人讲学，则更寥落。南朝宋文帝立儒学馆，又立玄学、史学、文学，总称四学，于是向为经学所独占的国学，至是成为四学的分立，而开唐代设置律书算学等的先声，至于普通国学，则宋、齐两代，时置时辍，等于具文。至梁武帝开五馆，始置五经博士，又设乐雅馆，以招徕远学。陈代虽置学官，但无甚成绩。当时州郡学，以梁武帝时为最发达，曾分遣博士、祭酒，至州郡立学，北朝后魏道武帝时，始立太学，又改国子学为中书学。太武帝建太学，诏王公卿士的子弟入太学，百工技巧驺卒的子弟当习父兄的旧业，不许私立学校。孝文帝时，又改中书学为国子学，并开皇子学，亦称皇宗学。迁洛以后，又立国子学、太学、四门小学。宣武帝时，又先后下诏营缮诸学。北齐学制衰败，无足称述。北周于太学之外，又有露门学，亦称路门学，与虎门学同为教授贵胄的学校；更有道学观，与宋四学中的玄学馆相似。北朝的州郡学，以后魏为最盛。后魏献文帝时，初立乡学，依郡之大小，以定博士，助教与学生的多寡。北齐亦诏修郡国学校，但以办理不善，故无成绩。他如私人讲学，南北朝时实较魏、晋为盛；大抵南方多兼讲佛老，而北方则专研经学。

　　魏文帝为魏王时，用陈群之议，立九品官人之法。其法：郡邑设小中正，州设大中正。由小中正品第人才，列为九品，以上大中正。大中正核实，以上司徒。司徒再核，然后付尚书选用。晋代也用此法。原来汉末清议颇重，所以九品中正的初行，还能矫一时之失；但沿习日久，所谓中正就不免高下任意，荣辱在手，其结果竟弄到"上品无寒门，下品无世族"。南朝宋代，沿用晋法，惟限年三十始得而仕。齐举士考试，定策秀才格五问，并得为上，四三为中，二为下，一不合与第；惟乡举里选，不核才德，其所进取，以官婚胄籍为先，颇有阶级的意味。梁初无中正制，定年未三十不通一经的，不得为官；其后州置州重，郡置郡崇，乡置乡豪各一人，专司搜荐，始稍泯膏梁寒素之隔。陈制与梁相似，无足称述。后魏初行中正官人之法，其后因选叙颓紊，始罢中正；于是登仕的须在位者五人相保，无人保任者夺官还役。又为抑制武人，遂创停年之法，是为以资格为用人标准之始。北齐也行中正之制，而尤重课考。北周从苏绰之议，推举贤良，广收遗逸，门资之制始破，而选举之法为之一变。

魏代兵制略如后汉，京师也置南北军。其后令州郡典兵，州置都督，又置大将军都督。晋中央军，有左卫、右卫、前军、后军、左军、右军、骁骑七军，各有将军，而总统于中领军，其前后左右，亦称四军。又有屯骑、越骑、步兵、长水、射声五校，各领千兵为营，皆在京城中。又增立翊军、积弩二营，专典宿卫。武帝惩曹魏孤立，大封同姓，授以兵权，又防地方官专擅，悉去州郡兵。后谢玄募劲卒，百战百胜，号为北府兵。南朝中央军，多与晋代相同；又有台军，为南朝屯备京师之兵；惟当时战争频仍，故所用之兵，多系临时招募。后魏建都洛阳以后，始诏选天下勇士十五万人，为羽林虎贲，以充宿卫当时行均田之法，户口始有可稽，渐复征兵之制。北齐亦行征兵之制，人民十八授田，二十充兵，六十免役。至北周用苏绰之议，始创府兵之制。其制：籍民魁健材力之士以为兵，而尽蠲其租调，令刺史以农隙教练。合为百府，每府一郎将主之，分属二十四军。领军的叫做开府，一开府领一军，置大将军十二人，各统两开府；一柱国统二大将军，凡柱国六员。总数不满五万人。后此隋、唐兵制，均以北周为张本。

汉律杂乱，已见第六章，魏文帝时，始命陈群等删约旧科，旁采汉律，定为魏法，制《新律》十八篇④。晋武帝又以《新律》科网太密，令贾充等就汉九章，增十一篇，合二十篇⑤，叫做《晋律》，为我国刑律编纂之粗有条理者。南朝宋仍晋旧，齐虽删改，但未实行；至梁武帝时，始定《梁律》二十篇⑥。北朝后魏于太武帝、文成帝、孝文帝之世，均修订刑律，然篇目不传，不可稽考。北齐武成帝时，尚书令赵郡王叡等奏上《齐律》十二篇⑦，又定十恶之条⑧，不在八议论赎之限，而为唐以后所本。北周至武帝时，拓跋迪奏新律，叫做《大律》，凡二十五篇⑨，不立十恶之目，而重恶逆不道、大不敬、不孝、不义、内乱之罪。至于刑名，则魏有五刑：即死刑、髡刑、完刑、作刑、赎刑，而夷三族之刑不废。晋依魏制，减省苛条，稍为简惠。南朝诸代刑名虽略有出入。但不出死、髡钳、耐罪、鞭、杖五种。北朝后魏刑名甚繁，而门房之诛，最为严酷。北齐、北周始采魏、晋故事，立五刑之名。北齐五刑：一为死刑，有辒、枭首陈尸、斩、绞四种；一曰流刑；一曰耐刑，有五岁、四岁、三岁、二岁、一岁五种；三曰鞭刑，自四十至一百，每加二十为一等，共五等；五曰杖刑，自一十至三十，每加一十为一等，共三等。北周五刑：一曰死刑，有斩、绞、磬、裂、枭五种；二曰流刑，自二千五百里至四千五百里，每加五百里为一等，共五等；三曰徒刑，分五年、四年、三年、二年、一年五种；四曰鞭刑，其分等与北齐同；五曰杖刑，自一十至五十，每加一十为一等，共五等。此后隋、唐五刑之名，大抵即以此为张本。

后汉自光武除莽货泉以后，复铸五铢钱，天下以为便。献帝时，董卓又铸小钱，由是货轻而物贵。至曹操为丞相时，遂罢小钱还用五铢。魏文帝罢五铢钱，使百姓以谷帛为市；其后巧伪渐多，于是有竞湿谷以要利，作薄绢以为市的，魏明帝患之，乃更立五铢钱，沿用至晋，无所改创。南朝宋文帝时，铸四铢钱，与古五铢同价。至前废帝子业景和二年，铸二铢钱，其后钱愈铸愈薄小，一千钱长不盈三寸。大小称此，叫做鹅眼钱；劣于此的，叫做綖环钱。梁武帝时，又铸五铢钱，肉好周郭，重如其文；而又别铸，除其肉郭，叫做女钱；二品并行。其后罢用铜钱，更铸铁钱。陈有五铢钱，又铸六铢，以一当五铢之十，与五铢并行，后还当一，民皆不便，其后竟废六铢，专用五铢。至于岭南诸州，多以盐米布交易，均不用钱。后魏至孝文帝时，始有太和五铢钱，其后任民私铸，渐至滥恶。北齐文宣帝时，也铸常平五铢，重如其文，其钱甚贵，制造亦精。后来私铸转甚，而钱货始乱。北周初用魏钱，至武帝始铸布泉，以一当五，与五铢并行。后又铸五行大布钱，以一当十。旋以布泉渐贱而人不用，遂废之。至宣帝时，又铸永通万国钱，以一当十，与五行大布及五铢，凡三品并用。又当时北朝和西域诸国互市，故外币多输入中国。

注释

①魏、晋、宋、齐、梁、陈、后魏、北齐均以太尉、司徒、司空为三公；北周的三公详见本文。晋时又有八公之制：三公之外，加以太宰（即太师，避司马师讳，故称宰）、太傅、太保、大司马、大将军，是谓八公，均为名义上的宰相。

②尚书省后汉叫做尚书台，又叫做中台，宋叫做尚书寺，又叫做内台。尚书省设尚书令一，为省主。又设左右仆射各一（左右仆射有时不置，有时仅置尚书仆射，尚书令阙，即以左仆射为省主）。又设列曹尚书，或五人，或六人，不定；晋太康时，有吏部、殿中、五兵、田曹、度支、左民六曹尚书，渡江后有吏部、祠部、五兵、左民、度支五曹尚书，宋有吏部、祠部、度支、左民、都官、五兵六曹尚书，齐梁与宋同，亦别有起部，但不常置；陈与梁同。

③天官府大冢宰、地官府大司徒、春官府大宗伯、夏官府大司马、秋官府大司寇、冬官府大司空：叫做六卿。

④刑名、户律、擅兴律、盗律、贼律、劫掠、诈伪、杂律、捕律、断狱、毁亡、告劾、系讯、请赇、惊事、偿赃、留律、免坐律，为《新律》十八篇。

⑤刑名、法例、盗律、贼律、诈伪、请赇、告劾、捕律、系讯、断狱、杂律、户律、擅兴律、毁亡、卫宫、水火、厩律、关市、违制、诸侯，为《晋律》二十篇。

⑥《梁律》二十篇，分厩律为厩律、仓库二篇，改盗律为盗劫，贼律为贼叛，改捕律为讨捕，请赇为受赇，无诸侯一篇，其余篇名同《晋律》。

⑦名例、禁卫、户婚、擅兴、违制、诈伪、斗讼、贼盗、捕断、毁损、厩牧、杂律，为《齐律》十二篇。

⑧反逆、大逆、叛、降、恶逆、不道、不敬、不孝、不义、内乱：叫做十恶。

⑨刑名、法例、祀享、朝会、婚姻、户禁、水火、兴缮、卫宫、市廛、斗竞、劫盗、贼叛、毁亡、违制、关津、诸侯、厩牧、杂犯、诈伪、请赇、告言、逃亡、系讯、断狱，为《大律》二十五篇。

第十七章　魏晋南北朝之文化

魏晋南北朝是我国文化的转变期，而和两汉截然不同；但唐代的文化却和这时代有密切的关系。现在先述经学。魏、晋的经学，可分三点来说：第一，今文学的绝灭。据史籍所载：齐《诗》，魏时已亡；永嘉之乱，《易》亡施氏、梁邱氏、孟氏，《书》亡欧阳氏、大小夏侯氏，《诗》亡《鲁诗》《韩诗》，京氏《易》无传人，《春秋》《公羊》《穀梁》寖衰，虽存若亡。到东晋元帝设立博士，置《周易》王氏（弼）、《尚书》郑氏（玄），古文《尚书》孔氏（伪孔安国）、《毛诗》郑氏、《周官》《礼记》郑氏、《春秋》《左传》杜氏（杜预）服氏（服虔）、《论语》《孝经》郑氏各一人，今文学由是绝灭。直至清季，始有今文学的复兴。第二，反郑学运动。原来自后汉郑玄兼采今古文遍注群经以后，于是郑学独盛。直至王肃出，始有反郑学的运动。肃兼通今古文，不主一家；其反对郑学的专书，叫做《圣证论》；又伪作孔安国《尚书传》《〈论语〉〈孝经〉注》《孔子家语》《孔丛子》五书，以互相证明。肃为晋武帝外祖，因此假借帝王的威权，以其伪作立于学官。郑学由是大受打击，今古文的家法，从此无人过问，而当时儒者也就只知斤斤于郑、王之辩了。第三，老庄化的经学的流行。原来两汉说经，或囿于章句训诂，或牵于五行灾异，前者失之烦琐，后者失之迷信，所以后汉之世，就有王充作《论衡》以反对当时儒家的虚妄，其《变虚》《异虚》诸篇，且以老子为上德。三国以后，由于战事的、政治的、经济的影响①，于是自然主义特盛，而老庄之学，竟代经学而起。首倡老庄之学的，要算魏时的何晏、王弼。晏、弼均祖述老、庄，王氏《易注》，尽扫象数，杂以老、庄之旨；何氏《论语集解》，虽采郑注，而说解颇异，并不尽主郑说。这样一来，所谓经学，便脱离了训诂的束缚和迷信的范围，而逐渐进到经学之哲学（玄理）的探讨的地步。自是王、何两氏之说，便居于重要地位，而和王肃、杜预、范宁②不守成说自出心裁的一派，分据了当时的经学界。次述南北朝的经学，南朝的经学，即继承魏、晋一派，叫做南学，北朝变动较迟，多守汉儒之说，叫做北学。当时南学《易》用王弼《注》，《书》用王肃《伪古文》，《左传》宗杜预，北学《易》《书》宗郑玄，《左传》宗服虔；但《诗》同宗郑玄，《礼》并主毛公。南学和北学不同，据《北史·儒林传序》所述，大抵"南人约简，得其英华；北学深芜，穷其枝叶"。又南北朝经师多为义疏之学，虽不及汉、晋诸儒章句学的博大，但于经义大都能疏通而互相证明，实开后此唐人疏注的风气。

　　文学也和经学一样。汉代文章以朴质为主，至后汉末叶，始渐染浮华之风。及曹操父子崇尚文学，其风益盛。于是自魏历晋、宋、齐、梁、陈，文章均尚绮丽，而骈体文大盛。其时梁昭明太子统又集《文选》，以为文章的准的。刘勰又作《文心雕龙》，评论古今文体以及文章组织之法。当时作家，宋有颜延年、谢灵运，齐有王融，梁有沈约、江淹，陈有徐陵；均以修饰词句为文，绮艳而浮靡。只有晋、宋间的陶潜能超出流俗，不受当时文学雕琢的习染。北朝文章，初颇醇厚，后来取法江左，也就渐染绮丽。独宇文泰命苏绰仿《尚书》体作《大诰》，力矫浮华，遂开唐代古文运动的先声。以诗而论，也多词尚缛丽，曹植诸人，倡之于前；其后继之而起的：晋有陆机、潘岳、左思，宋有谢灵运、颜延年、谢朓、鲍照，梁有武帝、简文帝、沈约、江淹，陈有阴铿、徐陵。惟陶潜"独超众类，抑扬爽朗"。而梁钟嵘作《诗品》，为后世评诗者所宗；沈约倡四声八病之说③，于是声律渐谐，格调一变，而唐律始兴。北朝诗学，自后魏孝文帝崇尚文雅，始见盛行，但也习染南朝浮华之风。只有北齐斛律金的作品④，独能词多质直，神趣高古，直追汉京。

因为这时代的诗文，注重音节，所以音韵也随之发达。原来古昔谐声字的音读，必与声母相同：声母在某韵，从其声的即与之同韵。并且籀、篆之字，体正声显，所以音韵正确。自秦汉以来，籀、篆一变而为隶、草，谐声之字，渐不可审；字音无一定标准，故得任情变易，由是周、秦以声母为标准之法，便全不适用，而韵书以兴。音韵学的初起，只有譬况假借，以证音字。但古语与今语殊，其间轻重清浊，犹未可晓。至魏孙炎作《尔雅音义》，始创反切之法⑤。自后音声之辨愈严，至魏李登、晋吕静始有五音的分配。五音既正，四声遂起⑥。自是以音韵用于诗文，自成体制。降至隋世，陆法言等斟酌南北古今，撰为《切韵》，可谓集其大成；今世所传《广韵》，即源于《切韵》。又反切与字母相表里，而孙炎诸人均不言字母；至唐初僧舍利，始作三十字母；后有僧守温，又加六字，于是有见溪群疑端透定泥知彻澄娘帮滂并明非敷奉微精清从心邪照穿床审禅晓匣影喻来日三十六字母，为反切之总持，叫做等韵。现今注音符号的声母，便是损益这三十六字母而成的。

《汉书》而后，后汉班固、刘珍诸人，又成《东观汉纪》，纪后汉一代之事。自是吴谢承又作《后汉书》，晋、宋以后，薛莹、司马彪、谢沈、袁山松、华峤、刘义庆均有著作，合《东观汉纪》及谢承书，为八家《后汉书》。南朝宋范晔始删诸家《后汉书》为一家之作，即今世所传的《后汉书》。晋陈寿又撰《三国志》，与《史记》《汉书》《后汉书》合称为四史。著《晋书》的共有二十家，其属于纪传体的有九家，属于编年体的有十一家。至唐太宗时撰成《新晋书》，叫做御撰，于是诸家之作，多半散亡。梁沈约修《宋书》，梁萧子显作《南齐书》，北齐魏收又作《魏书》，均为正史。此外尚有《十六国春秋》，纪十六国事，为后魏崔鸿所撰；其书至北宋已亡佚，今通行一百卷本，为明万历时的伪作。又有《通史》，为梁武帝时所撰，后世通史之名，实始于此。和史学最有关系的，就是地理。晋裴秀以《禹贡》山川地名，从来久远，多有变易，于是甄摘旧文，疑者则缺，古有名而今无者，皆随事注列，作《禹贡地域图》。南朝宋谢庄又作左氏经传《方丈图》，据《宋书·谢庄传》所载，其法"随国立篇，制木方丈，图山川土地，各有分理，离之则州别郡殊，合之则字内为一"。后魏郦道元，又撰《水经注》。而晋挚虞所作《畿服经》，记州郡及县分野、山陵、水泉、道里、土田、民风、物俗甚详，但其书早亡。至南朝齐陆澄始作《地理书》，任昉又增补澄书而作《地记》，陈顾野王又作《舆地志》，隋代因之，始有《区宇图志》及《诸州图经》诸书之作。同时如晋法显的《佛国记》，亦为与地理有关的重要著作。

数学大家，三国时以曹魏刘徽为最有名。徽研究《九章》，甚有心得，作《九章注》。又作《重差》一卷，唐初称为《海岛算》。《孙子算经》，旧说以为出于孙武，其实为后汉以后人所伪造。晋代夏侯阳和后魏张邱建均著有《算经》，又有《五曹算经》，惜不传其作者姓名。北周甄鸾又撰《五经算术》。南朝宋何承天、齐祖冲之亦均精算，而冲之发明圆周率密率，尤为惊人的创见⑦。以天文历法论：后汉建安中刘洪，发明月绕地的轨道不是正圆而是椭圆，所以运行有迟有疾。晋虞喜又发明岁差法，为后世所宗。后秦姜岌及南朝何承天、祖冲之亦精天文历法，而冲之应用岁差法于历，尤为重要。至于言天文之书，则晋有鲁胜的《正天论》，梁有祖晅（冲之之子）的《天文录》和陶弘景的《天仪说要》，后魏张渊的《观象赋》。图绘则有吴陆绩的《浑天图》和后魏信都芳的《器准图》；浑天仪则吴王蕃、陆绩、葛衡及宋、梁、后魏均有制作。至于其他制作，则蜀诸葛亮损益连弩叫做元戎，以铁为矢，矢长八寸，一弩十矢俱发；又作木牛流马。而魏马钧更巧思绝世，其所作翻车、木人戏，均有新意。祖冲之作千里船、指南车等，则巧又过之。他如医学，除华佗外，当以晋葛洪、王叔和及梁陶弘景为最有名。

书体至后汉大备，三国魏钟繇备具各种书法，为后世言楷书者所祖。魏又有卫觊，好古文鸟篆隶草，无所不善。降至晋代，书家更多。卫桓也善楷书，又作散隶（即今所谓草隶），其所作《四体书势》，于字体的变迁，书家的短长，论评甚详。李矩妻卫夫人（名铄）有《笔阵图》，于笔法论究甚多，为世所重。自是楷书分为南北二派：大抵北派宗汉隶，多法卫觊，用笔劲正，寓圆于方；南方初亦追摹汉隶，但自王导携钟繇《宣示帖》过江，其从子羲之，羲之子献之，皆工楷书，其后效法者，趋于妍媚，易方为圆，与北派笔法不同，而日远于汉隶。宋羊欣、齐王僧虔均师法之，遂成南派。南派长于书帖，北派长于书碑，南帖北碑之分自此始。绘画以三国时吴曹不兴及晋初卫协为最有名，其画能具备六法⑧。其后顾恺之出，虽师法卫协而其造就反在协之上，长于人物、神兽、风景，为后世言画者所宗。又有戴逵以善画圣贤之像见称，兼长雕塑。又泰西油画之法或亦于此时输入我国。南北朝时，宋有陆探微，以顾恺之画法，作连绵不绝的一笔画，与恺之、张僧繇及唐吴道玄（即吴道子）并称为画家四祖。又有宋炳，长于山水，以实地写景为主，开后世画家的创格。齐有谢赫，其绘人物，能于一见之后，想像描绘，毫发无遗；其创著《画品录》序文中所举的六法，为后世论画的典型。梁元帝也善绘画；而张僧繇则以善画佛像见称，又张氏画山水，参用印度画染晕法，特创没骨皴法，实为中印画法融合的成功者。北齐杨子华以画马著名，当时称为画圣；又有曹仲达最善佛画，与张僧繇及唐吴道玄、周昉并称为佛教画上的四典型。北周之世，则以田僧亮之野服柴车的风俗画为最有名。雕刻和造像，在这时期，更为发达。东晋沙门竺道一、道安诸人所造佛像为其滥觞。而北方凿窟造像，则更流行。前秦苻坚时，有沙门乐僔，在敦煌鸣沙山穿一石窟造佛像，叫做莫高窟，为我国凿窟造像的嚆矢。自是至唐，成窟室千余龛，即今所称的千佛岩。北凉沮渠蒙逊也于凉州凿石窟造佛，后魏灭北凉。至文成帝时，僧昙曜又在今山西大同县云岗堡武州山凿造石窟五所，叫做灵岩，其所建寺院甚多，至今尚有石佛古寺一所。孝文帝迁洛以后，又于洛城南伊阙龙门山凿造石窟寺，后名古阳洞，至今依然存在。宣武帝时又于龙门造宾阳洞。东魏又造莲花洞。以上诸石窟，均有造像，且多浮雕，在美术史上均占重要地位。至于南朝，自宋至陈，均造佛像，而以梁武帝时为最盛。最后述音乐。董卓之乱，古乐亡缺；至魏武帝平荆州，获汉雅乐郎杜夔，使其刊定雅律，于是始复先代古乐。永嘉之乱，伶官乐器，尽没于刘、石（刘聪、石勒）。后魏道武帝破慕容宝于中山，获晋乐器，不知采用，于是古乐亡绝。梁武帝虽命沈约考定乐制，但与古法迥异。降至北周武帝时，郑译采龟兹琵琶之法，以定雅乐，于是雅乐与俗乐杂乱，为中国乐律一大变革；而唐宋以后，琵琶便成为乐的主体了。

注释

①参看第十八章清谈一节。
②以前讲《左氏》的，都借用《公羊》、《穀梁》两家的条例，至杜预始就《左氏》自立条例，而和《公羊》《穀梁》脱离，范宁注《穀梁》，于三家均有驳难之辞，注其书而又驳其书，为前此所少见。

③平上去入为四声。沈约以双声叠韵分辨,作诗八病,即平头、上尾、蜂腰、鹤膝、大韵、小韵、傍纽、正纽是。

④斛律金《敕勒歌》:"敕勒川,阴山下,天似穹庐,笼罩四野。天苍苍!野茫茫!风吹草低见牛羊。"

⑤《通志·七音略》:"切韵之学,起自西域,旧所传十四字,贯一切音,文省而音博,谓之《婆罗门书》。其后又得三十六字母,而音韵之道始备。"观此,则我国切韵之学,颇受佛经的影响。

⑥江永《音学辨微》:"汉以前不知四声,但曰某字读如某字而已。四声起于江左:李登有《声类》,周颙有《四声切韵谱》,沈约有《四声》,皆今韵书之权舆。以诗韵读之,实有其声,此后人补前人未修之一端。前人以宫商角徵羽五字,状五音之大小高下。后人以平上去入四字,状四声之阴阳流转,皆随类偶举一字,知其意者,易以他字,各依四声之次,未尝不可。梁武帝问周舍曰:'何为平上去入?'对曰:'天子圣哲是也。'可谓敏捷而切当矣。"

⑦冲之圆周率等于一百十三除三百五十五,至公元1573年德人Valontin otto,始论及之。

⑧气韵生动、骨法用笔、应物象形、随类赋彩。经营位置、传移摹写,叫做六法。

第十八章　魏晋南北朝之社会

如前两章所述,在制度和文化方面,魏晋南北朝显然和汉代不同;在社会方面,也是一样。现在先述南北朝的风尚。原来南北对峙,始于孙吴立国江左抗衡曹魏。当时吴国人才,多产自南土,而山险之地,也多为孙氏所开辟:于是人才济济,物产饶衍,卒能立国数十年,以与魏、蜀鼎峙。及晋平吴,吴士入洛,遂为北人所轻,而当时仕官也多为北人。永嘉之乱,晋室渡江,于是北人南徙,侨寄江左。其初北人犹以贵族轻蔑南士,但因相处日久,而东晋末叶,又厉行断土之法,令北人侨居东南的,所在以土著为断,不得挟注本郡。由是本来所谓北人,遂为南人,而中原遗民及五胡诸种,反为北人,自此降至宋、魏对立,畛域益显:于是南人呼北人为索虏,北人呼南人为岛夷。当时南方多中原旧家;又为汉族正统所在,所以东南成为我国的文化中枢;北方沦于鲜卑族,其一切风尚,自多与南方不同:大抵北人轻别离、务朴实、拙词令、习骑射,南人重别离、务华饰、善言谈、舍武事。至于汉人留居北方的,则多为闾里小人,事耕稼以供奉鲜卑人,其地位直等于奴隶。但自魏孝文帝努力汉化以来,种族之界渐平,隋室代兴,畛域益泯,降至唐代,所谓鲜卑语言民族便不复存在了。

次述清谈。原来后汉末叶,士大夫间已有一种游谈的风尚,实为魏、晋以后清谈之风的滥觞。当时士气很盛,及其末流,竟务为名高互相标榜。自曹操崇奖跅弛之士以来,于是礼法大坏,一般乘时趋势的士子,遂不以道义为重,而群趋于浮诞。加之战事频仍,生活不安,而汉世琐碎的训诂之学,又不为士子所喜习,由是崇尚老、庄,以无为本的清谈之风遂乘之而起。又自司马氏篡魏以后,法网日密,言论渐不自由;于是旷达之士,也就只好托为放逸,而清谈之风益炽。首倡清谈之风的,要推魏末的何晏、王弼。据《晋书·王衍传》所载,还只说"晏、弼祖述老、庄,谓天地万物,皆以无为本"。足见他们尚未放诞不羁,遗落世事。及晋代魏兴,禁网日密,于是士子托于清谈。纵酒昏酣,以保性命,而清谈之风一变。当时如阮籍、嵇康、阮咸、山涛、向秀、王戎、刘伶诸人,都无不蔑弃礼法,好言老、庄,崇尚虚无,嗜酒荒放:时人称为竹林七贤。晋初王戎、王衍都以盛名居大位,但均清谈为务,不顾国事,而贵游子弟如阮瞻、王澄、谢鲲、胡毋辅之之徒,也都相率祖述阮籍,谓得大道之本,故去巾帻,脱衣服,露丑恶,同禽兽,甚者叫做通,其次叫做达:这较之阮籍诸人有所托而然,似又变本加厉,清谈之风,至是又为之一变。晋室渡江以后,风流更广,宋世专立玄学,梁世更以《庄》《老》《周易》总为三玄,于是谈论则为玄言,著述则为玄部,风流所及,所谓士子便无不崇尚清淡玄言了,而清谈之风又为之一变。至于东晋鲍敬言倡无君论①,则更为崇尚虚无者的激烈派。

再次述门阀。原来我国阶级制度,至战国时即已破坏。秦、汉用人,不论门第,更无所谓阶级制度。但自魏行九品官人之法以后,选举多用世族,其弊至上品无寒门,下品无世族,于是阶级制度随之发生。其后又因五胡多冒汉姓,而中国士大夫,耻血统与异族相混淆,由是自矜门第,高自标置,而阶级益显。当时士庶分别,甚为严格:如士庶不通婚,不同坐,甚至一起居动作之微,也不相偕偶。其由此阶级的区别而生的,复有重家讳,尊谱牒之习。当时朝代屡易,而士族门阀不改,依然享受其高官厚禄;所以士族之中,很少忠臣殉节的。人主既不能倚士族为心膂,于是不得不用寒人,故南朝又多以寒人掌机要,由是为国宣劳的多出于寒人,而士族反无功臣。但其时士族已有利庶族之富,而与之结婚通谱的。隋、唐以后,此风更甚。这样一来,所谓士庶之别,就根本动摇,所以一到五代之世"取士不问家世,婚姻不问阀阅",士庶阶级就从此崩溃无余了。

礼俗之中,先述婚姻。士庶不通婚,已如前述;而此时代婚姻的特点,尚有数事:第一为早婚,而北朝更甚,北周武帝更下诏定男年十五女年十三为婚嫁之期。第二为同姓结婚,如晋王皆与王沈婚,刘瑕与刘畴婚,皆其实例。第三为丧内成婚,魏、晋以来,颇为流行。他如婚嫁的奢靡,北朝财婚、卖婚、劫婚的恶习,均为此时代的特点;而继娶纳妾,南北风尚亦多不同②。次述丧葬。三年之丧,此时代亦常行之,而曹丕在其父丧中设伎乐百戏,则为丧不废乐之始;后至谢安期丧不废乐,遂成风俗。丧事用佛,始于北朝。后魏胡太谷父国珍没,诏自始葬至七七,皆为设千僧斋;百日设万人斋;北齐孙灵晖自南阳王绰罪诛后,每至七日至百日,灵晖常为绰诵经设斋行道;于是丧事用佛,也成风俗,而七七百日之名,由是而起。他如厚葬之风,以及停丧改葬,在此时期中,也颇盛行;而郭璞著《葬书》,则为后世堪舆家之祖,祭礼率多用古礼,但民间迷信成风,其遗俗如寒食、重九,以及七月七日、七月十五日诸节,均与现今相去不远。此外如饮酒、博弈、宴会之风,也很流行。

魏、晋以来,亦重农业。三国鼎立,虽时起战争;但陈群有重农之疏,孙吴有广开田业之诏,至于曹操屯田许都、诸葛亮屯留、邓艾屯淮南,更足以明证其时战胜攻取和农事关系的密切。晋武帝曾亲耕田籍,以示提倡;元帝为晋王时,也课督农功。自此以后,南北对立,虽时有攻战,但也颇重农业;而后魏贾思勰所著《齐民要术》,专究农圃之法,更为农学上有名的著述。至于水利,在当时也颇讲求。而尤以晋杜预镇荆州,后魏裴延俊为幽州刺史各引水灌田万余顷为最有名。工业方面,除二三技巧之作已详见上章外,如纺织有斑布、白叠子之属,均来自西域,而琉璃制造亦颇流行,且用之于建筑方面。商业在三国以前,以北方为最盛,但自孙吴立国江左,于是长江流域颇形发达,而吴与交、广诸州往来,也颇频繁。晋室东渡,南北贸易甚盛,日常借互市以维持南北和局。

最后略述这时代的民生状况。原来晋行户调之式,后魏行均田之制,论理人民应各安其业,生活裕如,但事实正得其反。第一,晋和后魏所行田制,徒有虚名,而"田之授否不常,而赋之重者,已不可复轻,遂至重为民病"。第二,因于战事的影响,于是户口锐减,而大旱疫疾,又使人民流徙不常。至于苛征暴敛，币制紊乱，则更是病民之举。这样看来，当时民生之苦就可想而知了。

注释

① 参看《抱朴子外篇·诘鲍篇》，或参看拙编《中国学术史讲话》一七九页。
② 《颜氏家训·后娶篇》："江左不讳庶孽，丧室之后，多以妾媵终家事；疥癣蚊虻，或未能免，限以大分，故稀斗阋之耻。河北鄙于侧出，不预人流，是以必须重娶，至于三四。母年有少于子者，后母之弟，与前妇之兄，衣服饮食，爰及婚宦。至于士庶贵贱之隔，俗以为常。身没之后，辞讼盈公门，谤辱彰道路。子诬母为妾，弟黜兄为佣，播扬先人之辞迹，暴露祖考之长短，以求直己者，往往而有。"

第十九章　隋之统一和政治

隋文帝（581—604）既代周，于是由长安迁郡大兴（今陕西长安龙首山）。文帝开皇七年（587），灭后梁；九年，灭陈；天下复归一统。文帝初政，颇有可观；及炀帝广（605—616）继立，荒淫无度，隋政始乱；至恭帝侑（617）天下大乱，卒为李渊所代。隋自开国至于灭亡，传三世，历主四，凡二十九年（589—617）①，其世系表如次：

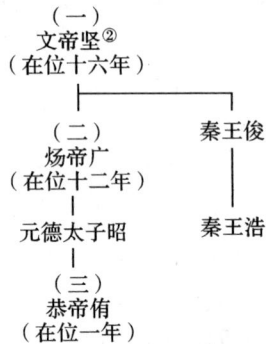

文帝初政，颇有可观，今分述于下：一曰整理财政。自西魏至北周，税法苛重，市者均须纳税；民不能堪。文帝即位，除入市之税，又罢酒坊，通盐池盐井。其整理财政的方策，不在加赋以益民负担，而在除弊以增加收入。加因旧俗欺伪，规免租赋，致户口不实，则责成州县，核其年貌；又开相纠之科，大功以下，各令析籍，以防容隐，于是户口大增，簿计无隐，而国自富。二曰注重吏治。文帝褒赏守令，有功不遗，故州县多称职。

三曰导扬文教。文帝即位，即下诏广求遗书；又令州县广立学校，停罢戎旅军器，诏武力之子，俱习文事；又订定雅乐，禁藏谶纬，诏议明堂制度，都是有功文教之事。总观文帝初政，还能使天下粗安，但好为小数，不达大礼，严刑峻法，轻视民命，却是他的坏处。

炀帝因府库富足，务为奢侈，大事营缮，于是失业者众，民心就从此离叛了。今述其建筑事业如次：一曰营宫室。文帝原都大兴，炀帝又别营东都于洛阳，每月役丁二百万人。又筑西苑，周二百里，穷极华丽。又筑显仁宫和迷楼；晚年更造晋阳宫和汾阳宫。二曰开河渠。文帝时，开广通渠，凿渠引渭水，自大兴东至潼关，长三百余里。炀帝时，又开通济渠（即北运河），自西苑引榖、洛水达于河；又自板渚（今河南汜水县东北）引河入汴，引汴入泗，以达于淮；而河、淮通。又开邗沟（即今江苏里运河），自山阳（今江苏淮安县）至扬子（今江苏仪征县）入江，而江、淮通。又开永济渠（即今卫河，又称御河），引渠入沁，南达于河，北通涿郡（今河北涿县）。又开江南河（即南运河，亦即今镇江杭县间之运河），从京口（在今江苏镇江县）南达余杭（今浙江杭县）。于是南至余杭，西至洛阳，北至涿郡，舟楫都可直达。三曰凿驰道，炀帝发丁男数十万，掘堑自龙门（今山西河津县），东接长平（今山西晋城县）、汲郡（今河南汲县），抵临清关（即河南新乡县临清镇），渡河至凌仪（今河南开封县）襄城（河南今县），达于上洛（今陕西商县），以置关防。又凿太行山，达于并州，以通秦代所开的驰道。又开御道，自榆林（陕西今县）北境东达于蓟，长三千里，广百步。北方陆路交通，为之一变。水陆交通既便，又于各要地，置离宫四十余所，以备巡幸。四曰筑长城。文帝时，曾修筑长城；炀帝又筑长城，西距榆林，东至紫河（在今绥远归绥县西北）；又发丁男二十余万，筑长城，自榆林谷而东。炀帝既嗜营缮，又好武功，结果不但把文帝时代所蓄积的财富耗费尽罄，而且征敛不时，百姓困苦，于是强者聚而为盗，弱者自卖为奴婢。等到用兵高丽，而大乱遂起。

大业七年（611），炀帝亲征高丽，这时山东、河南大水，漂没三十余郡，民相卖为奴婢；而讨伐高丽，山东人民又不胜力役征敛之苦；加之耕稼失时，田畴多荒，谷米踊贵，于是人民始相聚为群盗。政府对于群盗，无根本安抚之计，反专恃威力以谋镇服，结果制盗之法愈严。乱事也就因之愈炽。当时起事的，共有一百三十余人，其势力较大的有窦建德据乐寿（今河北献县），杜伏威据历阳（今安徽和县），辅公祏据丹阳（今首都），李子通据余杭，朱粲据冠军（今河南邓县西北），林士宏据虔州（今江西赣县），高开道据渔阳（今河北大兴县），徐圆朗据任城（今山东济宁县），梁师都据朔方（今陕西横山县），刘武周据马邑（今山西朔县西北），李密据黎阳（今河南浚县东北），郭子和据榆林（陕西今县），薛举据金城（今甘肃皋兰县），李渊据太原，李轨据武威，萧铣据江陵，宇文化及据魏县（今河北大名县），王世充据河南各郡县，沈法兴据毗陵（今江苏武进县）。大抵最初起事的，多属平民，其后具有野心的官吏，也乘机作乱，各谋割据，而杨玄感之变实为首倡。九年，炀帝东征高丽，命玄感于黎阳督运，玄感即乘时称乱，并进围东都，后虽为宇文述所定，但自是以后，如刘武周、梁师都、薛举、李渊、郭子和、李轨、萧铣、宇文化及、王世充、沈法兴诸官吏却相率作乱了。十二年，炀帝幸江都（今江苏属县），以其孙代王侑留守长安，越王侗留守东都。时天下大乱，而帝荒淫如故，欲保江南，无意北归。但从驾禁军，多关中人，久客思乡里，遂多谋叛归。虎贲郎将司马德戡领禁军，因推右屯卫将军宇文化及为主，缢杀炀帝，化及自称大丞相，别立秦王浩为帝，拥众北归，为李密所阻，化及遂据魏县，杀秦王浩，自称许帝（618）。旋化及又为窦建德所擒。当炀帝巡幸江都时，太原留守李渊已起兵，进克长安，悉除隋苛禁，并阳立代王侑为皇帝，尊炀帝为太上皇，自为大丞相封唐王。炀帝被弑以后，渊遂废侑，自即帝位，是为唐高祖（618—626），都长安。这时越王侗尚称帝于东都，朝政归王世充掌握。唐高祖武德二年（619），世充自称郑王，加九锡；旋废侗为潞国公，于是隋之帝系全绝。

注释

① 如从公元581年文帝受禅算起，则隋有国祚三十七年。
② 如从公元581年算起，则文帝在位共二十四年。

第二十章　唐之开国及其盛世

唐自开国至哀帝禅位于朱全忠，共经二百八十九年。在这期间，又可分作三个时期。第一时期，始自高祖开国，直至高宗之死，凡六十六年。这是努力于国内统一充实国力的时期。随着国内的安定，于是才用全力来整理南北朝以来的文化，尤其是在制度上，表示了特出的成绩。武功方面，也有很大的收获，结果中华民族威力远播，唐代竟成为本国史上最强盛的时代；同时由于对外交通的频繁，不但摄取了西域、印度的文化，而且本国文化的东被，也以这时期为最盛。第二时期，始自武后称制，直至安禄山之反，凡七十二年。在这时期中，虽有武后、韦后的乱政，但唐室还保持着开国时的力量，所以自玄宗即位以后，因为交通便利，商业发达，一时又呈现出繁荣的景象，而文艺的发达，尤为这一时期的特点。第三时期，始自安禄山之乱，直至唐之亡，凡一百五十一年。这是唐代的没落时期，结果强藩继起，割据自雄，而唐室遂亡。唐传十四世，历主二十（武后在外）凡二八九年（武后篡唐为周十五年在内），现在先将其世系表列于下：

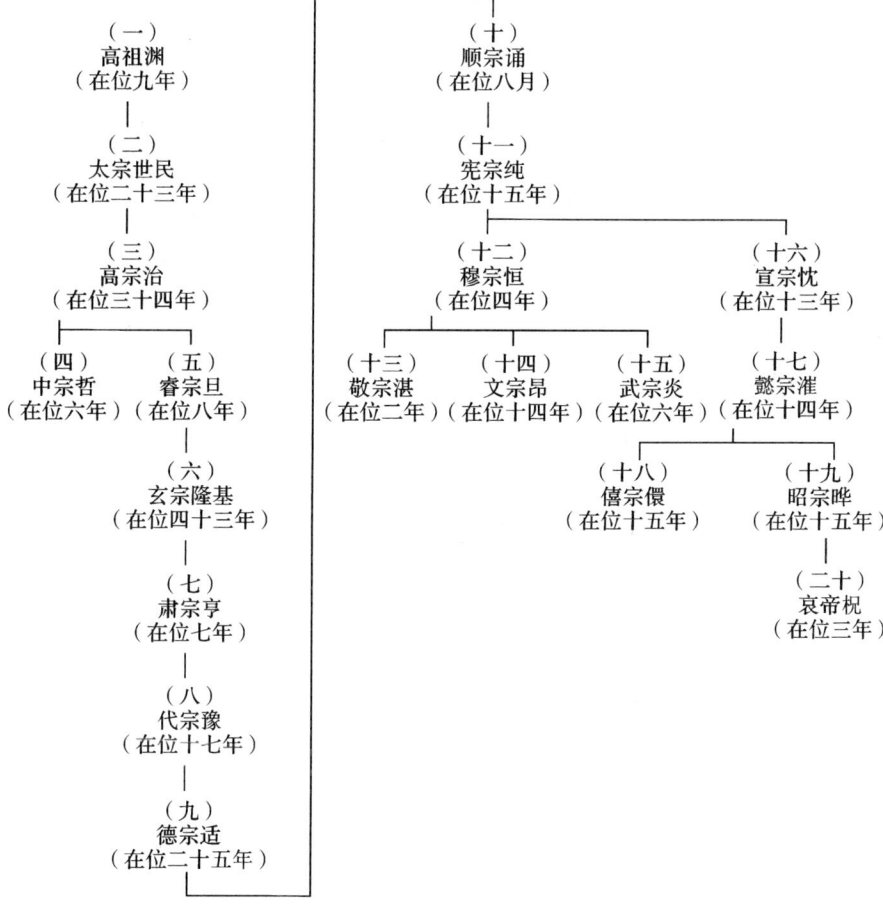

唐高祖李渊，系西凉李暠之后；祖虎，仕北魏，北周受禅，追封唐国公；父昞，袭唐国公爵。渊生七岁，即袭封；年长，仕隋。炀帝时，乘天下大乱，遂以太原留守起兵。代隋之始，群雄割据，于是高祖命其子世民将刘文静及李孝恭、李靖等，以次削平群雄。高祖武德元年（618），世民大破薛举子仁杲，仁杲降，陇西平。明年，密又为其尚书安兴贵所执以降，河西平。薛、李破灭，关中全定，于是高祖无后顾之忧，得并力东向。三年，世民大败刘武周部宋金刚于介休（山西今县），其骁将尉迟敬德以介休降唐，武周与金刚俱奔突厥，河东之地悉定。明年，世民进围东都王世充，世充乞援于窦建德，武牢（今河南汜水县）一战，建德大败，被擒，斩于长安，世充孤立，遂以东都降唐，于是河北、河南悉平。这时建德余党刘黑闼又据漳南（今山东恩县西北）反，高祖命李神通、秦武通往击黑闼，均为所败，于是黑闼尽复建德所据旧地。五年，黑闼据洺州（今河北永年县），与世民战于洺水（在永年县城西），黑闼大败。亡走突厥。同年，黑闼又引突厥兵寇山东，高祖乃遣李道玄往讨，道玄战死，黑闼势振，复据洺州，旋为高祖太子建成所败，斩于洺州，河北再定。

当唐兵东出关时，又另遣一师，经略江南。武德四年，李孝恭、李靖，进围江陵，萧铣出城降。明年，杜伏威来朝，于是江、淮之地全定。这时辅公祏也降唐，留守丹阳。六年，公祏据丹阳反，明年，为李孝恭及李靖所平，公祏为孝恭所斩。同年，高开道为其部将张金树所杀，尽以其地降唐。黑闼平定以后，于是与黑闼相呼应的徐圆朗陷于孤立，七年，高祖命李神通及李世勣往攻圆朗，圆朗大败，逃走为野人所杀。于是群雄悉定，天下一统于唐[①]。

高祖有子二十二人，而皇后窦氏所生之子有四；长建成，次世民，三元霸，四元吉，只有元霸早死。当高祖起兵之时，一切策画，多出自世民；那时高祖就私许立世民为太子。及高祖即位，以世民为秦王，而立建成为太子。后来平定群雄，世民出力最多，高祖遂有意以世民代建成。建成不自安，因与元吉谋害世民，尉迟敬德闻其谋，遂与长孙无忌密报世民。武德九年，世民与敬德、无忌诸人伏兵玄武门外，伺间杀建成、元吉。于是高祖立世民为太子，并禅位世民，是为太宗（627—649），而自为太上皇。太宗为秦王时，即以房玄龄、杜如晦等十八人[②]为文学馆学士，即位后，励精图治，文治武功，远迈前代，这就是历史上所称的贞观之治。兹分述如次：一曰安抚百姓。太宗颇能与民休息，去奢省费，轻徭薄赋，于是人民安于生产事业而天下太平。二曰擢用贤才。以房玄龄、杜如晦为相，玄龄善谋，如晦能断。又以魏徵、王珪为谏议大夫，徵前后上疏数十，太宗无不嘉纳，其他如马周、孙伏伽、褚遂良诸人，也都以直谏著名。三曰留心吏治。太宗以刺史都督为养民之官，县令为亲民之官，所以对于选任外官，很为慎重，务使"官得其人，民去叹愁"，太宗仍恐外官不尽其职，于是又命李靖、孙伏伽、褚遂良诸人巡察四方，问民疾苦，并考察外官政事得失，以备黜陟。

太宗死后，太子治继立，是为高宗（650—683）。高宗初年遵守太宗治法，文治武功，都有可观，所以永徽（650—655）之治，媲美贞观。中年后，宠信武氏，朝政始坏。武氏（则天）本太宗才人，太宗死后，削发为尼。会高宗后王氏与萧淑妃争宠，武氏才得因缘入宫，不久，废皇后王氏，立武氏为皇后。高宗因苦风疾，百司奏事，时时令武氏裁决，武氏由是参预国政，后遂为其所制。高宗卒，太子哲即位，是为中宗（684），尊武氏为皇太后，临朝称制。旋武氏废中宗为庐陵王，立其弟豫王旦，是为睿宗（685—689），仍临朝称制。李勣孙敬业，起兵进讨武氏，败死。武氏由是益猜忌宗室功臣，滥用刑戮，以除异己。公元690年，武氏又废睿宗，自称则天皇帝（690—704），改国号为周。是为我国女后称帝之始。武氏既篡唐为周，于是用严刑以立威，又滥施禄位，以收拾人心。以其侄三思为梁王，承嗣为魏王，嬖宠佞人薛怀义、张易之及其弟昌宗。但武氏处事明决，善用名臣③，留心吏治，颇纳直谏，所以代唐有国，竟能维持至十余年之久。公元705年，宰相张柬之、崔玄暐及敬晖、桓彦范、袁恕己等，乘武氏卧病，阴结羽林大将军李多祚，斩易之、昌宗二人，迎中宗复位（705—706），上武氏尊号为则天大圣皇帝，反周为唐，是年武氏病卒。是为唐代第一次女祸。

中宗复位，立妃韦氏为后，以武三思为司空。韦氏预闻政事，又以女安乐公主适三思子崇训，三思由是得出入宫禁，与韦氏及上官婕妤通①，表里用事。这时柬之、晖、彦范、恕己、玄暐并执朝政，与三思不相容，均为所害，于是朝无正人，大权尽落韦氏及三思手。中宗太子重俊，非韦氏所出，为韦所恶，而三思、崇训尤忌重俊。景龙元年（707），重俊与李多祚等杀三思、崇训，旋入宫城，为宫闱令杨思勖所败，重俊与多祚均被害。三思死后，于是武、韦专政，又一变为韦氏专政。韦氏用其从兄温及宗楚客（武氏从姊之子）辈，掌握大权，而安乐、上官诸人，又多依势营私，由是朝政日非。后韦氏毒害中宗，立温王重茂（中宗第四子）为少帝，韦氏为太后，命韦温总知内外兵马事。这时睿宗之子隆基在京师，与太平公主（武氏之女）密谋诛韦氏，阴结羽林兵，斩韦氏及安乐公主、上官婕妤，杀宗楚客并诸韦。于是韦氏之乱平，迎睿宗复位（710—712），仍以少帝为温王，立隆基为太子。是为唐代第二次女祸。韦氏之乱既平，但不久太平公主之乱又起。原来太平于诛二张，杀诸韦，都有功名，所以其权日重，其子薛崇行、崇敏、崇简皆封王，富贵无比。睿宗先天元年（712），传位隆基，是为玄宗（713—755），尊睿宗为太上皇。这时太平依附太上皇，依旧专权，并与其党谋害玄宗。玄宗因诛太平，并其党羽。是为唐代第三次女祸。

乱定以后，玄宗锐意图治，一时顿呈太平景象，所以开元（713—741）之治，比隆贞观，今述其事实如次：一曰重任贤才，任姚崇、宋璟为相，崇善应变，遇事归其裁决，璟守法持正，颇喜直谏，二人都为玄宗所敬惮。后来正人为相的，又有张九龄、韩休诸人；而张嘉贞的吏治，李元纮、杜暹的俭德，苏颋的让德，也名著一时。二曰讲求吏治。玄宗又讲求吏治，命选京官有才识的，得外任都督刺史，都督刺史有政迹的，又得内任京官，使其出入常均，永为恒式，又以当时县令流于冗滥，于是悉召诸新除县令，试以理人之策，优者擢为县令，劣者放归学问。又制选人有才行的，委吏部临时擢用。他如敦崇俭德，维持教化⑤，以及整理田赋⑥，也为开元时代的要政。

注释

①只有梁师都至太宗时始定。

②十八学士：房玄龄、杜如晦、于志宁、薛收、苏世长、褚亮、姚思廉、陆德明、孔颖达、李玄道、李守素、虞世南、蔡允恭、颜相时、许敬宗、薛元敬、盖文达、苏勖。后薛收卒，又令刘孝孙补充。

③如狄仁杰、娄师德、宋璟诸名臣均在朝，而武氏更信任仁杰，后仁杰又尝荐张柬之及桓彦范、敬晖诸人，卒成反正之功。

④《唐书·上官昭容传》："上官昭容者，名婉儿。（即上官婕妤）天性韶警，

善文章。年十四，武后召见，有所制作，若素构。自通天（武后年号）以来，内掌诏命，掞丽可观。"

⑤如搜访遗书、选吏缮写，四年始成，得四万八千卷。如命张说修《五礼》，七年始成，均系维持教化之事。

⑥《通典·食货》："开元八年，天下户口逃亡，邑役伪滥，朝廷深以为患。九年正月，监察御史宇文融陈便宜，奏检察伪滥兼逃户及籍外賸田。……所在检责田畴，招携户口。其新附客户，则免其六年赋调、但轻税入官。……使还得户八十余万，田亦称是。……至十三年，封泰山，米斗至十三文，青、齐谷斗至五文，自后天下无贵物，两京米斗不至二十文，面三十二文，绢一匹二百一十文。东至宋汴，西至岐州，夹路列店肆待客，酒馔丰溢。每店皆有驴赁客乘，倏忽数十里，谓之驿驴。南诣荆、襄，北至太原、范阳，西至蜀川、凉府，皆有店肆，以供商旅。远适数千里，不持寸刃。"观此又可知当时治绩之善。

第二十一章 隋唐之武功

突厥属回族，系匈奴别种，其始祖姓阿史那氏。北魏太武帝时，阿史那以五百家奔柔然①，居金山（即今阿尔泰山）南，为柔然铁工。西魏大统十一年（545），其酋土门始通中国。十八年，土门灭柔然，自号伊利可汗。土门死，再传至木杆可汗，西破嚈哒，东走契丹，北并契骨②，其地东自大漠南北，西至亚洲边徼而与罗马为邻。木杆死，弟佗钵可汗立，时北周、北齐分争，都畏突厥强大，争相结纳，以为外援。隋初，佗钵死，分裂为四：佗钵之侄沙钵略可汗，居都斤山（今外蒙古杭爱山附近小山）；佗钵子菴罗可汗，居独洛水（今外蒙古土拉河）；木杆子阿波可汗，居金山；沙钵略从叔达头可汗，居千泉（今俄领中亚细亚特穆尔图泊近旁之地）。会文帝用离间之计，以乱突厥，诸可汗果自相猜贰：阿波为沙钵略所破，西奔达头，自是突厥分为东西。东突厥沙钵略死，弟莫何可汗立，西击西突厥，生擒阿波。莫何没，沙钵略子都蓝可汗立。时莫何子突利可汗，求婚于隋，隋妻以宗女安义公主；都蓝求婚不得，遂联合达头击败突利。突利降隋，隋号突利为启民可汗。时安义已死，又复妻以宗女义成公主。不久，都蓝为其部下所杀，达头自立为步迦可汗，其国内乱，文帝使启民分道招慰，突厥部众多降隋，步迦屡攻隋不胜，又不能制其下，于是铁勒等十余部都降启民，步迦西奔吐谷浑。启民遂尽有步迦之众，终其身，事隋甚谨。启民死，子始毕可立汗，复以义成公主为可贺敦③。至炀帝末年，始毕始叛隋不朝。西突厥自阿波为处罗侯所擒后，别立泥利可汗。泥利卒，子泥撅处罗可立汗，始入朝降隋，隋妻以宗女信义公主。隋亡，处罗为突厥人所杀。隋、唐之际，东突厥势最盛，东自契丹、室韦，西尽吐谷浑、高昌诸国，都臣服始毕可汗，始毕没，再传至其弟颉利可汗，而以始毕子什钵苾为突利可汗。时太宗在位，与突利约为兄弟，贞观三年，又命李靖大败颉利兵。明年，生擒颉利，其部众或北附薛延陀，或西奔西域，余众归降唐室。后突利弟结社率作乱，旋即伏诛，太宗因命颉利族人阿史那思摩率其部众，北还旧部。后思摩从征辽东死。又突厥别部，有车鼻，也属阿史那族人，居于金山北，颉利可汗败后，被推为大可汗，贞观二十三年，为高宗所败，高宗永徽元年，俘获车鼻，送至京师，于是东突厥平，分置单于、瀚海二都护府。高宗调露元年（679），其酋泥孰匐又叛，为裴行俭所败，泥孰匐为部下所杀。高宗永淳元年（682），颉利疏族骨咄禄作乱，为薛仁贵所败，武氏天授元年（690），骨咄禄死，弟默啜立，屡为边患，而武氏不能平。玄宗开元四年，默啜被杀，兄墨棘连立，乞和于唐，玄宗许其互市。不久，默棘连为其部下所杀，国内大乱，势日弱，天宝三年，为回纥所灭。西突厥自隋末处罗入隋以后，其部众另立达头孙为射匮可汗。射匮没，弟统叶护可汗立。高祖时，统叶护为其伯父所杀而自立，是为莫贺咄候屈利俟毗可汗，部众不附，共推泥孰莫贺设为可汗，泥孰不受，改立统叶护之子为乙毗钵罗肆叶护可汗。未几，肆叶护又败俟毗，统一诸部。肆叶护没，共推泥孰为咄陆可汗，泥孰没，弟沙钵罗咥利失立可汗。贞观十二年（638），西突厥分为东西，以伊列水（即伊犁河）为界，水以东属咥利失；以西属乙毗咄陆可汗。后乙毗咄陆战败咥利失，统一西突厥。十五年，太宗立俟毗子为乙毗射匮可汗，击乙毗咄陆，乙毗咄陆亡吐火罗，其属阿史那贺鲁招集亡散，又击破乙毗射匮，自称沙钵罗可汗。永徽四年（653），乙毗咄陆死，其部众为沙钵罗所并。高宗显庆二年（657），苏定方大败沙钵罗，沙钵罗为定方所擒，于其地置昆陵、濛池二都护府（昆陵居碎叶川西，濛池居碎叶川东，碎叶川即今俄领中亚细亚吹河）。唐之兵力，至是西尽波斯。

　　高丽属貊族，前汉元帝建昭二年（B.C. 37），朱蒙弃扶余东南走，才建立高句丽国，以高为氏，定都平壤。传至山上王，迁都九都（故城在今辽宁辑安县)。山上王卒，子东川王立，为魏毋丘俭所败。至故国原王，为燕慕容皝所败，迁都平壤。至长寿王，与北魏和亲，北魏始省称之为高丽。五传至平原王，正当隋文帝代周之时，高丽遣使朝贡于隋。子婴阳王(即高元)嗣立，进寇辽西，文帝遣师征讨，婴阳王恐惧，上书自称"辽东粪土臣"，隋始罢兵。炀帝即位，于大业八年亲征高丽，大败而归。九年，十年，又两次出征，都无结果而还。唐兴，时婴阳王已死，异母弟建武立，是为荣留王，遣使入朝。太宗贞观十六年，高丽西部大人泉盖苏文专国政，杀建武，立其侄藏为王，是为宝藏王。时高丽正与新罗构兵，新罗请唐救营。十九年，太宗亲征高丽；明年，拔盖牟城(今辽宁盖平县)和卑沙城(今辽宁海城县南)又进拔辽东城。旋又下白崖城(今辽阳县东北)，进攻安市城(今盖平县东北)，攻两月不下，而太宗旋没。高宗时，高丽又结百济侵新罗，新罗求救于唐，于是唐先平百济，然后进图高丽。时盖苏文已死，其子男生代执国政，与其弟男建、男产不睦，不久，男生为二弟所逐，降唐。高宗总章元年(668)，李勣连下高丽诸城，进围平壤，宝藏王降，唐置安东都护府于平壤以统其地，后又徙都护府于辽东城。于是自隋以来所不能征服的高丽，至是全定。

百济始祖温祚王，系朱蒙的次子，居汉山(今朝鲜京畿道广州)，灭马韩诸部，于前汉成帝鸿嘉三年(B.C.18)建国，以扶余为氏。传至近肖古王始朝贡于晋，迁都北汉山(今汉城)。至文周王时，为高丽所败，迁都熊津(今朝鲜忠清南道公州)。九传至义慈王，正唐高宗时，义慈王与高丽结合，绝新罗朝贡于唐之路，新罗因求救于唐高宗。显庆五年(660)，苏定方进讨百济，生擒义慈王，于其地置熊津、马韩、东明、金涟、德安五都督府。明年，百济故将迎义慈王之弟丰璋于日本，立以为王，并乞援日本，以图复国。又明年，刘仁轨、孙仁师等，大破百济余众，又败日本兵于白江口(即锦江口)，百济全定。

新罗出自辰韩，始祖为朴赫居世，建国于前汉宣帝五凤元年(B.C.57)，都金城(今朝鲜庆尚北道庆州)。至昔脱解王(57—79)改国号为鸡林，至金智证王(500—513)④，又称新罗王。唐灭高丽、百济以后，新罗文武王(即金法敏)又勾结高丽叛众，据有百济故地。高宗上元二年(675)，刘仁轨进讨，新罗大败，谢罪乞降，唐复以法敏为新罗王。唐对朝鲜半岛用兵，至是结束。

薛延陀和回纥均属突厥族，散居碛北，其部落有十五⑤，北魏时，总称为高车，或称为敕勒，又讹为铁勒。突厥盛时，诸部都臣服突厥。自突厥颉利势衰以后，北荒多叛，共推薛延陀部长夷男为可汗，太宗又册封为真珠毗伽可汗。建牙于大漠郁都军山（外蒙古喀尔喀地），其势日盛，并数击东突厥。贞观十五年，夷男攻唐所立阿史那思摩，唐因命李世勣等分道往讨，薛延陀战败。夷男死，子拔灼立，部众不附，为回纥所攻，拔灼被杀。其余众西走，立夷男兄子咄摩支，太宗命世勣等进讨，咄摩支降，遂灭其国，时贞观二十一年。明年，回纥诸部来朝请吏，诏置燕然都护府（在今归绥西），北荒全定。

回纥一作回鹘，在薛延陀北境，初附东突厥。其部人有时健俟斤者，材勇有谋，众始推为酋长。子菩萨继立，附于薛延陀，仍朝贡于唐。菩萨没，其酋帅吐迷度大破拔灼，并薛延陀故地，自称可汗。吐迷度没，唐遂以其子婆闰为瀚海都督。高宗时，婆闰死，其侄比粟毒主领回纥，率众犯边，为唐将郑仁泰、薛仁贵所平，玄宗天宝初，其酋骨力裴罗立，时唐正有事于东突厥，会裴罗定其地，唐因封为怀仁可汗，据东突厥故地，建牙于乌德鞬山、昆河（外蒙古鄂尔坤河）之间。怀仁死，子葛勒立；时安禄山反，葛勒以兵助肃宗，收复两京，唐因以帝女宁国公主下嫁葛勒。葛勒死，次子牟羽立，唐以仆固怀恩女妻之⑥。后牟羽助唐平定史朝义之乱，回纥益骄，所过杀掠，而代宗不能问，并以崇阳公主下嫁。代宗广德二年（764），怀恩反；明年，怀恩引回纥、吐蕃入寇，幸怀恩道死，郭子仪出镇泾阳（陕西今县），严为守备，回纥恐惧，才与子仪共约合击吐蕃而退。德宗时，其宰相顿莫贺达干杀牟羽而自立，是为合骨咄禄毗伽可汗，遣使入朝，唐妻以咸安公主。自是回纥多内乱，渐衰弱，自顿莫贺传十世至阖馺特勒可汗，为黠戛斯所败，可汗死，诸部皆溃（840）。

吐蕃在吐谷浑西，当今西藏地，属藏族，自来不通中国。贞观八年，其⑦赞普弃宗弄赞始遣使朝贡，并求尚公主，唐不许。弄赞疑吐谷浑从中离间，发兵击败吐谷浑，破党项诸羌，并进攻松州（今四川松潘县），太宗命侯君集进讨，败吐蕃于松州城下，弄赞恐惧，遣使谢罪，因请婚，唐遂以宗女文成公主下嫁。高宗时，以弄赞为西海郡王。弄赞死，国事决于大论禄东赞⑧。禄东赞死，子钦陵专国政，战败吐谷浑。高宗咸亨元年（670），命薛仁贵往讨，为吐蕃所败。自是吐蕃连岁犯边，党项诸羌又尽为吐蕃所并。后弄赞曾孙器弩悉弄立，武氏长寿元年（692），王孝杰始大破吐蕃兵，克复西域龟兹、于阗、疏勒、碎叶（即焉耆）四镇，并于龟兹置安西都护府，以备吐蕃。器弩悉弄死，子弃隶蹜赞立，请婚于唐，中宗以宗女金城公主下嫁，自是连岁贡献。睿宗时，吐蕃请河西九曲（今甘肃临夏县边外一带）地，以为公主汤沐之地，唐许其请。代宗时，仆固怀恩反，引吐蕃入长安，赖郭子仪与回纥合盟攻吐蕃，吐蕃始退。弃隶蹜赞死，弟达磨立，政治始乱。武宗时，达磨死，无子，以妃綝氏兄子为嗣，于是国内大乱，宣宗乘之，收复河、湟诸地，自此吐蕃益衰，其事不复见于史乘。

党项属羌种，在今四川西北边外，自周、隋以来，或叛，或朝，屡为边患。唐太宗时，其酋细封步赖内附，但其大酋拓拔赤辞仍臣属吐谷浑，唐屡遣使谕诱，赤辞才率众内属，唐拜为西戎州都督，赐姓李氏。后吐蕃强盛，党项故地尽为吐蕃所据，党项诸部徙居庆州（今甘肃庆阳县），其留于故地的，均役属于吐蕃，吐蕃称为弭药。

吐谷浑属东胡族，有今青海地。其始祖为鲜卑慕容廆之兄，名吐谷浑，与廆不和，率众止于洮水之西，后遂以吐谷浑为国名；北魏、北周之际，始称可汗。其主吕夸，在北周屡为边患。隋文帝时，为元楷所败。吕夸卒，子伏立，奉表称藩，隋以宗女光化公主妻伏。旋国内乱作，国人杀伏，立其弟伏允。炀帝时，伏允遣其子顺来朝，遂留中国。后炀帝又命宇文述等大破其众，伏允遁逃，隋遂领有其地。隋末，伏允又复其故地，时为边患。唐高祖时，遣使与伏允连和，使击李轨，并送顺还其国。太宗时，吐谷浑又寇边，为李靖、侯君集所平，其部众杀伏允，立顺为可汗，诏以为西平郡王，顺又为其部众所杀，其子诺曷钵继为可汗，诏以为河源郡王。贞观十三年，诺曷钵入朝，唐以宗女弘化公主下嫁。又二年，其丞相宣王专权，唐出师进讨，吐谷浑全定。

奚为东胡别种，北魏时，自号库真奚；至隋，改称奚，在契丹西南，当今辽宁西部地。唐高祖时，遣使朝贡。贞观三年，又来朝贡；二十二年，其酋可度者内属，唐因置饶乐（今热河赤峰县）都督府，以可度者为都督，赐姓李氏。高宗时，可度者死。唐发兵进讨，奚降。

契丹属东胡族，北魏时，自号契丹，国于潢水（西喇木伦河）南，酋长姓大贺氏。唐高祖时，遣使入贡。太宗时，其酋摩会降唐。贞观二十二年，窟哥等部又内属，唐置松汉（今热河围场县一带）都督府，以窟哥为都督，赐姓李氏。高宗时，阿卜固继为都督，始叛唐，唐发兵进讨，执阿卜固。武氏时，窟哥孙李尽忠反，陷营州，后尽忠死，契丹人孙万荣代领其众，势颇强；旋为突厥所乘，契丹军溃，万荣被杀；其余党又为武氏所平，自是契丹遂附于突厥。

天竺即汉身毒，今印度。当时其国有五天竺，以东南西北中为识，而中天竺居四天竺之会。隋炀帝时，遣裴矩应接西蕃，诸国多入朝，只有天竺不通。唐高祖时，中天竺王尸罗逸多势最强大，四天竺均臣服。时唐玄奘至天竺，尸罗逸多因知有唐，遂遣使朝贡。贞观二十一年，王玄策至天竺，其四天竺都遣使朝贡。旋尸罗逸多死，其臣阿罗那顺自立，攻玄策，玄策败，逃至吐蕃，发精锐一千二百人并泥婆罗国七十余骑以从，进至中天竺，阿罗那顺被擒，五天竺均来朝。

南诏属濮族，其先渠帅有六，称为六诏：蒙嶲诏，在今四川西昌县；越析诏，在今云南丽江县；浪穹诏，在今云南洱源县；邆赕诏，在今云南邓川县；施浪诏，在洱源县东；蒙舍诏又称南诏，在今云南蒙化县。六诏均以蒙为氏，唐初，南诏酋长细奴达，遣使朝贡。玄宗时，其曾孙皮逻阁继立，唐诏封为云南王，赐名曰归义。时五诏均为归义所并，并徙居太和城（今云南大理县）。归义卒，诏立其子阁罗凤为云南王。时鲜于仲通为剑南节度使，以非礼待阁罗凤，南诏遂反，击败仲通，自是阁罗凤臣事吐蕃，屡为边患。杨国忠当国，进讨南诏，大败。安禄山反，南诏又入寇，唐不能御。代宗时，阁罗凤卒，孙异牟寻立，以吐蕃苛敛为苦，降唐，并大败吐蕃，文宗时，异牟寻曾孙丰祐在位，乘唐边备废弛，攻入成都，劫略而去。宣宗时，丰祐卒，子酋龙立，自称皇帝，国号大理，陷播州（今贵州遵义县）。懿宗时，陷安南都护府，又陷邕州（今广西邕宁县）。唐以高骈为都护，败南诏，安南始定。僖宗时，又攻西川，复为高骈所平。旋酋龙卒，子法立，国势日衰，遂与唐和；后中国乱，不复通①。

以上所述诸民族，系隋、唐两代经营域外耗力最多之处，此外还有许多民族，或未用征伐而即朝贡，或略事征讨而即内属，今分述如下：北方有流鬼（在今贝加尔湖北）和黠戛斯（在今唐努乌梁海之地），均朝贡于唐。西方有高昌（今新疆吐鲁番县），太宗时，为侯君集所平，于其地置安西都护府。又有龟兹（今新疆库车县），唐高祖时来朝，太宗时，臣于西突厥，遂绝，贞观二十年讨降之。又有焉耆（新疆今县），疏勒（新疆今县），于阗（新疆今县）和罽宾（今印度克什米尔），均于太宗时遣使来贡方物。又有康国（今俄属中亚细亚中部），于高祖时，遣使来贡名马，自是朝贡岁至。又有波斯，高宗时，为突厥所迫，朝于唐，唐置波斯都护府，自是朝贡不绝。又有大食（在今阿剌伯半岛），玄宗时，遣使来朝。又有拂菻（即东罗马帝国），太宗时，遣使来贡方物。又有泥婆罗（即尼泊尔国），高宗时，遣使来贡方物。又有石国（在今俄属中亚细亚北部），高祖时，数献方物；玄宗时，封其君长为石国王。东方有日本，其与隋、唐两代的关系，详见第二十二章和第二十六章。又有琉球（今台湾），炀帝时，为陈稜所破，杀其王，虏其民万余口而还。东北方有靺鞨（在今黑龙江境及吉林以东地），高祖时，遣使来朝，自是不绝。又有霫（在今辽宁西部），太宗时，遣使来贡方物。又有室韦（在今黑龙江西部地），高祖、太宗两朝，均遣使朝贡。西南方有林邑（今安南广和地），隋文帝时，遣使来贡方物；炀帝又命刘方定林邑，自是朝贡不绝；唐高祖、太宗两朝，时来朝贡。又有骠国（即今缅甸），唐德宗时，来朝献方物。又有真腊（今柬埔寨地），自唐高祖至玄宗时，均屡遣使来贡方物。又有东谢蛮（在贵州西部），唐德宗时，其酋谢元琛入朝，以其地为应州。又有南平獠（在四川东南部），遣使内附，唐以其地隶于渝州（今四川巴县）。又有牂牁蛮（在贵州南），高祖时，遣使来贡方物，自是不绝。又有婆利（即今峇厘），陁洹（在林邑西南大海中），诃陵（在婆利之西），堕和罗（在真腊之西），堕婆登（在林邑南大海中），均于太宗时，遣使来贡方物。

观上所述，可知隋、唐武功远在秦、汉之上，而唐更逾于隋。唐在极盛时代，其威力所届，东跨辽海，北逾大碛，西被达昌水（即底格里斯河），南包天竺。四方异族，竟尊太宗为天可汗。唐代辖地既广，于是除国内置十道外，又于被征服的各部落境内，分置州府，大凡八百五十六，叫做羁縻。州府长官大抵选各部落首长充任，而受辖于都护府。当时都护府分并置罢，往往不常，现将其最重要的六都护府表列如次：

都护府名	所至道别	治所	控制	设置及沿革	备考
安东	河北	治朝鲜平壤	今朝鲜及东三省	高宗时灭高丽后，始置	肃宗时废
安南	岭南	治交州，今安南东京河内	交趾府州及南洋诸国	隋为交趾部。高祖时，为交州总管府。高宗时，为安南都护府	德宗后，没于吐蕃
安西	陇右	治龟兹	天山南路及中亚细亚诸国	太宗时，破吐谷浑，降高昌后，始置	德宗后，没于吐蕃
安北	关内	治金山，在今科布多境	漠北	初置柔然都护府，改为安北大都护府	天宝初，属朔方节度使
单于	河东	治云中，今绥远归绥县	漠南	高宗时初置云中都护府，后改为单于大都护府	同上
北庭	陇右	治庭州，今新疆迪化县	天山北路诸国	太宗时，平高昌，置庭州。武氏时，改为北庭都护府	德宗后，没于吐蕃

睿宗时，始置节度使，玄宗细之，于是延边有十节度使之设，今表列如次：

节度使名称	治所	控制	设置
平卢	营州，今热河朝阳县	室韦、靺鞨诸部	玄宗时
范阳	蓟州，今北平	奚、契丹诸部	睿宗时
河东	太原，今山西阳曲县	掎角朔方，以击北狄	玄宗时
朔方	灵州，今宁夏灵武县	回纥诸部	同上
河西	凉州，今甘肃武威县	回纥、吐蕃诸部。隔断羌、胡	睿宗时
陇右	鄯州，今青海乐都县	吐蕃诸部	玄宗时
镇西	龟兹，今新疆库车县	西域诸国	同上
北庭	庭州，今地见前	坚昆、突骑施诸部	同上
剑南	益州，今四川成都县	吐蕃、蛮僚诸部	同上
岭南	广州，今广东番禺县	南洋诸国	同上

注释

①内外蒙古本匈奴故地，汉时匈奴西徙后，鲜卑即领有其地。晋时，鲜卑入主中原，其别部柔然，又起而代领其地。柔然一作蠕蠕，其始祖姓郁久闾氏。

②嚈哒属藏族，在南北朝时为跨有葱岭东西的大国。契骨与突厥同族。

③可汗之妻的称呼。

④新罗朴氏十王，昔氏八王，金氏三十八王，共五十六王，凡九九二年。

⑤即回纥、薛延陀、拔野古、仆骨、同罗、浑、契苾、多览葛、阿跌、都播、骨利干、白霫、斛薛、奚结、思结十五都。

⑥仆骨怀恩为铁勒仆骨部人。

⑦赞普为君长的称呼。

⑧大论，官名，即大宰相。

⑨按南诏蒙氏传国至唐昭宗时，为其臣郑买赐所篡，改号大长和。后唐明宗时，又为其臣赵善政所篡，改号大天兴。寻又被篡于其臣杨义贞，改号大义宁。晋高祖时，段思平得共地，改号大理国。宋神宗时，其主连义，为其臣杨义所杀，义遂篡位；高升太起兵平定杨义，立段寿辉。传子正明，避位为僧。国人皆归心高氏，遂奉升太为王，时宋哲宗元祐二年（1087），改号大中。升太死，其子太明，又求段氏子正淳立之。于是段氏复兴，改号后理。宋理宗淳祐十二年（1252），元世祖伐后理；明年，兵临其国。其王兴智被虏，元于其地设大理都元帅府。后中原多故，段氏复据其地，传十一世，至明蓝玉始灭其国，以其地为大理府。

第二十二章　隋唐对外之交通

两汉对倭的交通，详见第八章。魏明帝时，倭女王卑弥呼又遣使入朝；魏遣使报聘，并诏封为亲魏倭王。自是倭屡遣使入朝。当时交通路线：系由今朝鲜半岛南端渡海至对马岛，过对马海峡而至壹岐，复海行至肥前松浦，由此上陆，达筑前怡土，经筑前宇潋，至筑后山门，即为卑弥呼所居之地。晋代因鲜卑崛起辽西，而朝鲜半岛新罗、百济、高句丽三国又并起，于是向来借朝鲜以通倭国之路为之断绝。直到晋安帝时，倭王讃才遣使至中国。这里所谓倭王讃，当为日本仁德天皇，而所谓倭，也非前此卑弥呼治下的倭国，却是指大和朝治下的日本。时日本屡次入贡，南朝宋以其王为安东将军。宋亡梁兴，虽诏以其王为征东大将军，但中、日交通一时中断；至隋才又恢复。炀帝大业四年（608），日本圣德太子遣小野妹子朝隋；隋亦遣裴世清随妹子至日报聘。同年，日本又遣妹子随世清朝隋，高向玄理、清安、僧旻等八人，也于这时随伴来隋留学。十年，又派犬上御田锹等朝隋。当时交通路线：系由百济至竹岛（为全罗南道珍岛西南的一小岛），南望耽罗国（即济州岛），经今对马，东至壹岐，自此至紫筑，即抵难波津，至于由百济至隋之路，或由百济横断黄海直达今山东蓬莱县，或沿高丽西海岸北上经辽东半岛东海岸横过渤海湾口以达蓬莱县，而蓬莱则为当时发航或上陆之地。到了唐代，中日交通，更为发达。于是日本遣使至唐之事益多，而入唐留学生亦多于此时随其使者来中国。计自太宗贞观四年至昭宗乾宁四年（630—894），日本前后遣使至唐凡十九次。当时交通路线：系从今大阪市三津寺町发航，经今濑户内海，至筑前而碇泊于今博多，由此分南北二路。北路经壹岐、对马，通过朝鲜南端与今济川岛之间，到达今仁川附近，由此或直横断黄海，或沿朝鲜西岸及辽东半岛东岸横断渤海湾口，而至今山东蓬莱县上陆。南路从筑紫西岸，经今屋久岛而直抵大岛，再由此横断东海，达于长江口；或由五岛群岛，横断东海，达于长江口。中、日两国停派使节以后，我国商船仍不时往来中、日间。此等商船，专以贸易为主，其由我国运至日本货物，不外经卷、佛像、佛画、佛具以及文集、诗集、药品、香料之类。当时航路，南路与北路并行，其由南路的，所费时日，少则三昼夜，多则六七昼夜，而超过十昼夜的却很少。

汉代对南洋的交通，详见第八章。吴孙权时，遣朱应、康泰通海南诸国，其详不可考。东晋安帝隆安三年（399），高僧法显由陆路赴印度求经，由海道经爪哇回国，是为中国人至南洋见于记载之始。爪哇与广州间，在当时时有商船往来，我国人往来于其间的，当不止法显一人。南朝刘宋时，南洋慕化，阿罗单国、闍婆婆达国（二国均在今爪哇地）及干陀利（即后世所称的三佛齐，在今苏门答腊东南境），均先后奉表入贡。到了梁代，顿逊国（在今新嘉坡）、丹丹国（在今马来吉兰丹地）、干陀利国及今爪哇之东的婆利国，均遣使入贡，交通颇繁。我国人移殖南洋的，想来不在少数。到了隋代，丹丹和婆利均奉表入贡，而通赤土①，尤为隋代对外交通的一大事。唐与南洋交通更为发达，华侨移殖南洋，也从这时起才见于记载。当时遣使朝贡于唐的：有赤土、丹丹堕婆登（在三佛齐境内）、室利佛逝

（即三佛齐）、诃陵（在今爪哇）、婆罗（在今婆罗州）及婆利诸国。交通路线，大抵自广州发航，分为二路：一路经今东京湾以抵交州，由此沿海岸至林邑；一路不经东京湾，横断南海，直达林邑。既达林邑以后，再经罗越（在今马来半岛南端）达于室利佛逝，由此东南行抵诃陵，西北行经今马六甲海峡则抵裸人国（今尼古巴群岛）。从裸人国北行，入今孟加拉湾，则抵耽罗栗底（今加尔各答），由此再达狮子国（今锡兰岛），但也有从裸人国直航至狮子国的。至于船舶，则往来于广州和南海诸国的，有唐使船和昆仑船②；往来于狮子国、南海诸国和广州的，有锡兰、婆罗门船和西域贾人船；往来于耽罗栗底和南海诸国间的，有印度船；往来于交州沿岸各地的，有交趾船。来往船舶，多凑集于室利佛逝，故其地为当时南洋贸易中心地。这时唐代对外贸易，以广州、泉州、杭州为主要商港，设有市舶使，监督中外贸易，并征税入官，实为我国海关制度的先声。他如明州、扬州、交州，则属次要的商港。惟广州一地最为重要，从这时起，广州就占有我国财富和商业上的重要地位。当时来中国贸易的，有波斯人、犹太人、大食人、马来人。那时南洋航海权，全操于华人之手。华人往来既多，其侨居南洋的，当不在少数，大抵今爪哇、新嘉坡、巨港一代，必多华侨足迹。现今华侨称中国为唐山，称中国人为唐人，称汉文为唐文，称华人街为唐人街，就是从唐代向外移殖而起的。

  对古波斯的交通，详见第八章。到了唐代，往来更加密切，并有波斯船，往来于中、波之间。其航行路线，大抵自波斯湾发航，沿今印度半岛西海岸而抵狮子国，由此至耽罗栗底。经今占碑而达室利佛逝，东北行即达广州。当时波斯人侨居我国的很多。高宗永徽二年，波斯为大食所灭，于是波斯人在海上的势力又为大食人所夺。前一年，大食王噉密莫末腻遣使至唐修好，是为中国和大食正式交通之始。玄宗时，以西域诸国不附，命高仙芝往讨，诸国均来朝贡；但因石国国王为仙芝所诱杀，王子求救于大食，天宝十年，大食遂大破仙芝于怛逻斯（在千泉西）。唐代自经这次战败后，即不再与大食结怨，安史之乱且借其兵以平乱。这样一来，于是天宝以还，大食人留住长安的竟多至数千人，他如广州、泉州、杭州、扬州各地，因为贸易关系，也多有侨居的大食人。同时中国人留寓大食的也自不少，仙芝部下杜环为大食所掳，曾见大食有汉匠作画者樊淑、刘泚，织络者乐环、吕礼，即其明证。当时交通分海陆二路：海路和波斯、广州间的路线相同；陆路必经西域诸国。而我国拂菻的交通，则又必经大食。唐中叶以后，大食人的通商范围日益开拓，于是亚洲海陆商权，全归他们掌握。

西域久不通中国，至隋炀帝时，命裴矩于武威、张掖间，引招西域诸国使者，于是相率来朝的有四十余国，因置西戎校尉以应接使者。其时通西域之路有三：一为北道，发自敦煌，经伊吾、蒲类海（在今新疆镇西县），庭州、千泉而至拂菻；中道发自敦煌，从高昌、焉耆、龟兹、疏勒，过葱岭，经昭武九姓诸国③，而至波斯；南道发自敦煌，经鄯善、于阗，过葱岭，又经吐火罗，而至北印度。那时张掖为极西互市场，诸藩均来此贸易，隋于其地置互市监。唐代通西域之路，不出隋时南北中三道，但唐代为统治被征服民族和保护商旅计，却于龟兹置安西都护府，更设焉耆、于阗、疏勒、碎叶四镇。当时以敦煌西面的玉门关和阳关为极西的门户，所有中外商旅和货物，都必得经过其地；而龟兹和四镇便是东西亚细亚的贸易孔道，其在葱岭以西，则昭武九姓诸国握有商务上的霸权，东西货物的贩运，大抵都经过他们之手。

唐代对印度的交通共有五道：法显回国时所走的便是海道，其余都是陆道。兹分述如次：一曰北道。从敦煌出发，经高昌、焉耆、龟兹、跋禄迦、温宿，越拔达岭，抵热海至碎叶，再经千泉，南下而入印度。玄奘西行求法由此道。二曰南道。从敦煌出发，经于阗，越葱岭，经印度河上游而入印度，玄奘归国由此道。三曰吐蕃道。发自长安，经今四川，西南行至吐蕃首府逻些城（即今拉萨），经泥波罗（今尼泊尔），而入中印度。此道在唐初颇通行，但自吐蕃叛乱后即不通。四曰云南道。发自长安，或从今四川入今云南，或从广州溯今西江入云南，或从交州溯红河入云南；再由云南至缅甸而达于东印度的迦摩缕波（今阿萨密）。

隋唐的对外交通，已如上述，据《新唐书·地理志》所载，当时通四夷之路共有七道：第一条由营州（今热河朝阳县）入安东，即自今热河经辽东至平壤，北抵渤海，南抵鸭绿江；第二条由登州入高丽、渤海，这是通日本的要道，其详见前；第三条由夏州（今陕西横山县西）通大同、云中。只有这条路所到达的地方，在今日的邦域之内；第四条由中受降城（今绥远五原县），以通回鹘，这条路从现今五原起，北渡沙漠，至色楞格河流域，极北抵今贝加尔湖，东北抵室韦；第五条由安西入西域道，其详见前；第六条由安南通天竺道，即上述通印度的云南道；第七条由广州，通海夷道，其详见前。

注释

①在今巴大年、吉兰丹、丁加奴等部地。
②南北朝以来，统称南海诸国人为昆仑人。
③即后汉的粟弋，南北朝时的粟特，在今中央亚细亚，所谓九姓，即指安、曹、石、米、何、火寻、戊地、史、康而言，其壬并姓昭武，故称九姓昭武。祖先为月氏人。

第二十三章　隋唐之制度

中央官制：隋唐均置三师（太师、太傅、太保）和三公（太尉、司徒、司空），位虽尊重，但非要职，与宰相之任全异，无其人则缺。真握宰相实权的，却有三省。隋制：尚书省设尚书令一人，门下省设纳言二人，内史省设内史令二人，同行宰相职权；于是中央大权在隋以前归一省独掌，至是变为三省同掌①。唐因隋制，惟改纳言为门下侍中，改内史省为中书省，以中书令为长官。又隋制：尚书令下设左右仆射各一人，下置吏、礼、兵、都官、度、支六曹，分掌庶政。唐同隋制，惟以左仆射统吏、户、礼三部，右仆射统兵、刑、工三部。又唐初，尚书令为太宗所兼领，不以授人，遂以次官仆射为尚书省的长官；其后又不真除，只就他官加以"同中书门下三品""同中书门下平章事"等名目，便算做宰相：这便是唐代中央官制特异之处②。此外隋于中央设三台：谒者主受诏劳使慰抚，司隶主巡察京畿内外，御史主纠察；至唐便只设御史台。隋又有五监：国子监掌教育，将作监掌营造，少府监掌制作，都水监掌河堤水运，长秋监掌宦者；唐因隋制，惟改长秋监为军器监。又有九寺：光禄寺主皇帝膳食，太常寺主祭祀，卫尉寺主宫门卫屯兵，宗正寺主皇族之事，太仆寺主皇帝舆马，大理寺主刑辟，鸿胪寺主诸蕃客，司农寺主谷货，太府寺主帑藏财物：大都为皇帝个人而服务，于政治无重大关系；唐因隋制，无有改易。

地方官制，自晋以来，均行州、郡、县三级制度。东晋以后，又侨置州郡，于是形成有官无地的局面。隋兴，废五百余郡，而以州治民，分全国为雍、梁、豫、兖、冀、青、徐、扬、荆九州，职事同于郡守，无复刺举之任。炀帝又废州置郡，郡置太守，县置县令，几回复秦、汉之旧，为地方两级制。所有侨州侨郡，至是全废。唐初以州转县，州置刺史，县置县令，也为两级制。太宗时，分全国为十道：一曰关内道，辖今陕西中部至河套地及甘肃东部地；二曰河南道，辖今黄河以南淮河以北，山东、河南两省地；三曰河东道，辖今山西省地；四曰河北道，辖今黄河以北山东、河南、河北三省地及辽宁西部地；五曰山南道，辖今四川东北部、湖北西部、湖南北部及陕西、河南二省南部地；六曰陇右道，辖今甘肃西部至新疆地；七曰淮南道，辖今淮河以南长江以北江苏、安徽、湖北三省地；八曰江南道，辖今长江以南南岭以北江西、江苏、安徽、浙江、福建、湖北、湖南、贵州、四川等省地；九曰剑南道，辖今四川西部及甘肃、云南地。十曰岭南道，辖今广西及安南地。玄宗时改为十五道，即析关内道为关内（辖今陕西北部及河套地），京畿（辖今陕西中部及甘肃地）二道，析河南道为河南（辖今山东及河南、安徽地）、都畿（辖今河南西部）二道，析山南道为山南东（辖今河南、湖南、湖北地），山南西（辖今陕西、四川地）二道，析江南道为江南东（辖今浙江、江苏、安徽、福建地），江南西（辖今江西、湖北、湖南地），黔中（辖今贵州、四川、湖南地），其余六道仍旧。各道设使③，督察州县，叫做"监司之官"，掌察善恶，并不直接理事；但历久遂侵夺州县实权，而变为虚三级制。唐初有都督、都护等官，原为边防而设；但中叶以后，于都督加旌节而为节度使，其权始重。安史乱后，节度使遍于各地，掌握民政兵马财政大权，诸使名目，尽为所兼，而各州亦受其支配，不复能与中央直接；因此遂由虚三级制变为实三级制了④。至于京尹之官，则隋于京兆、河南皆置尹，使兼理牧任；唐于京兆、河南、太原各置牧一人尹一人少尹二人。他如正从九品的官阶，则依前制，无有改易。

隋沿北朝旧制，行均田之法。其制：十八以上为丁，受田，从役；六十为老，退田，免役。隋代授田之数，和北齐一样；其赋制：丁男一床，租粟三石，桑土调以绢**绝**，麻土以布，绢**绝**以匹加绵三两，布以端加麻三斤；单丁及仆隶各半之，未受地者皆不课。力役依北周之制⑤，役丁为十二番，匠则六番；一番为三日。唐沿隋制定均田租庸调之法。其制：民年十六为中，二十一为丁，六十为老。授田之数：丁男中男给一顷（百亩为顷），笃疾废疾给四十亩，寡妻妾三十亩，若为户者加二十亩；所授之田，十分之二为世业，八为口分；世业之田，身死则承户者便授之，口分则收入官，更以给人。以工商为业的人，永业口分田各减半给授。田多可以足其人的为宽乡，不足的为狭乡。狭乡授田，减宽乡之半。乡有余田，即给比乡，州县亦然。诸庶人有身死家贫无以供葬的，得卖永业田；诸庶人要徙乡的，亦得卖永业田；其由狭乡徙至宽乡的，得并卖口分田。其赋制：每丁岁入"租"粟二石；"调"则随乡土所产，绫绢**绝**各二丈，布加五分之一，输绫绢**绝**者兼调绵三两，输布者麻三斤。力役，凡丁岁役二旬；若不役则收其"庸"，每日三尺；有事而加役者，旬有五日，免其调；三旬则租调俱免；通正役，并不过五十日。这种制度，是从晋代户调之式和北朝均田之法而来的，果能尽力推行，至少可以使农人无过富赤贫之差。不过这种制度的本身，就有弊病：它一方要行均田，一方却听民买卖，加之货币经济在当时又很发达，这样一来，便免不了土地的兼并。其次，这种制度全以人丁为本，正确的户籍，便是推行这种制度的前提，但自武氏以后，户籍即已紊乱。户籍既紊乱，就自然谈不到口分世业的授受，可是政府依旧按户收赋，而不问田之有无多寡，这样一来，就不免有田者无税，无田者有税，田多者税少，田少者税多了。兼并之风既炽，田之授受又废，于是农民为着规避租调而流亡而改业而为盗匪的就日见增多，从而户籍愈乱，国家岁入愈少。安、史乱后，户口流亡更多，租调更形减少，于是对于后来的赋制，便不能不谋根本的改革，而杨炎的两税法随之而起。德宗时宰相杨炎始定两税法，其法"凡百役之费，一钱之敛，先度其数而赋于人，量出制入。户无主客，以见居为簿。人无丁中，以贫富为差。不居处而行商者，在所州县税三十之一。其租庸杂徭悉省，而丁额不废。夏税尽六月，秋税尽十一月"。这种税法，可以叫做财产课税预算征税，而为后来上下忙之所自始。当时实行这种税法，其用意全在增加国家的岁入，但是均田均赋之义由是荡然无存，而私人买卖土地遂不可改，直到现今还是如此。以上所述，系属于田赋一项，自唐中叶以后，因为国用不足，还有许多杂税，如盐税、茶税、酒税、关税等，留到第二十八章再讲。

隋沿北周旧制，也行府兵之制，分为十二卫，各有将军以分统诸府之兵，府有郎将、副郎将、坊主、团主，以相统治。到了唐代，其制益臻完善。唐制于全国设六百三十四府，而在关内的，有二百六十一府，均隶中央军十六卫，以供宿卫。其总制：每府置折冲都尉一人，而以左右果毅都尉各一人为之副，府分上中下三等：上府千二百人，中府千人，下府八百人。每府辖四团，每团设校尉一人，每团辖六队，每队设队正一人，每队辖五火，每火设火长一人。凡民年二十为兵，六十老免。其能骑而射的为越骑，其余为步兵。府兵平日都安居田亩，折冲以农隙教习战阵。国家有事则临时征发，命将统率；战争完了，兵归其府，将上其印，故无拥兵自雄之人。府兵任宿卫的，叫做番上。至高宗武氏时，府兵之法渐坏，遂由征兵而行募兵。开元十一年，召募强壮，令其宿卫，旬日之间，得精兵十三万人，分隶诸卫，叫做彍骑。彍骑既行，府兵遂不见重；天宝以后，彍骑也渐废弛，有名无实，于是天子所恃，便只有禁军了①。后来德宗信任宦官，使领禁军；结果天子反为宦官所制。

隋代学校，时兴时废，无多大成绩可言；只有把国子自为一监，不隶太常，而为掌握教育行政权的总机关，以及于专究经典的国子、太学、四门以外，另设书、算两学，这两点，就为唐代所因袭。唐代学制很完备，京师有七馆，一曰国子学，学额三百名，三品以上及国公子孙，从二品以上的曾孙得入学；二曰太学，学额五百名，四品五品及郡县公子孙，从三品的曾孙得入学；三曰四门学，学额一千三百名，内五百名为六品七品及侯伯子男之子，八百名为庶人的俊秀者。以上三馆，属大学性质，科目相同：有正经旁经之分，正经又分三类，《礼记》《左氏传》为大经，《诗》《周礼》《仪礼》为中经，《易》《尚书》《公羊传》《穀梁传》为小经；旁经有《孝经》《论语》，有时加《老子》。四曰广文馆，亦属大学性质，其制不详。五曰书学，学额三十名；六曰算学，学额三十名；七曰律学，学额五十名；凡年十八以上二十五以下八品九品子孙及庶人之习文字计算法令者皆得以学：以上三馆，属专门性质。上述七馆，统于国子监，而属于尚书省的礼部，国子监的长官，叫做祭酒，其职权和现今的教育部部长相类似。七馆之中，因广文馆旋即撤废，故又称六学。至于学官，则七馆各设有博士、助教、典学等名目。七馆之外，又有崇文馆，归东宫直辖，置有学士、直学士等学官；又有弘文馆，归门下省直辖，置有馆主；崇文馆学额二十名，弘文馆学额三十名，入学资格，限于皇帝缌麻以上亲属、皇太后皇后大功以上亲属及宰相，散官一品，京官从三品之子；两馆科目与国子学同，属大学性质。此外又有医学，归大医署直辖，而隶属于中书省，内分四门：

一曰医学，医生四十名；二曰针学，针生二十人；三曰按摩，按摩生十五名；四曰咒禁，咒禁生十名：其入学资格不详。各门均设有博士等官，属专门性质。又有崇玄学，隶属尚书省，以《老子》《庄子》《列子》为科目，属专门性质，其学官学额及入学资格均不详。另有小学，则专教贵胄子弟。至于由政方政府办理的，则府、州、县均有学，又有医学和崇玄学。这些学校，其程度只是在中小学之间，其毕业生不必上升于中央各大学，而可以直接应试乡贡；但年在二十一以下，通一经以上，及未通经，精神聪悟者，每年铨最举送所司简试，听入四门学充俊士。

其权全操诸中正之手，士虽有奇才异能，倘不为中正所知，即无法登入仕途。隋初，也沿用此法；至炀帝时，始设进士科，令士人投牒自进，以矫九品官人之法的流弊，是为科举制之始。唐因隋制，定取士之法为三种：由"学""馆"进的，叫做生徒，由州县考送至京师受试的叫做乡贡；由天子自诏以待非常之才的，叫做制举。前二种为常科，后一种则随天子的好尚而定，不拘常格。生徒和乡贡的科目有八，即：秀才、明经、进士、明法、明字、明算、道举、童子，但士人所趋却只有明经、进士两科，所以两科得人特盛。凡明经先试帖经、墨义⑦，答时务策三道；进士试时务策五道，又试帖经，至玄宗时加试诗赋，遂为唐代承袭不变之制。唐初试士，由吏部主之，玄宗时移于礼部，遂为永制。又武氏策贡士于洛城殿，是为殿试之始，而武科亦始于武氏。以上所述，是取士之法；但登科以后，凡要经过铨选，才授之以官，这就叫做"释褐试"。铨选分文武，文选属吏部，武选属兵部。文武官取中后，给以证书，叫做告身。唐初铨选，颇有衡鉴人才之意；但自玄宗用人一循资格，而铨选遂成死法。又汉代郡县之佐，都是由其长官自辟，历代均沿其制。至隋始废其制，由吏部除授。唐因随制，凡五品以上，有册授，有制授；六品以下皆旨授，悉由于铨选按隋、唐两代的科举制，也有好处，也有坏处。如打破魏晋以来的门阀制度，便是它的好处。如自科举制创立以后，而学校遂成为科举的附庸，没有独立养成人才的地位，却是它的坏处。至于帖经墨义但重记诵，诗赋专尚浮华，却都和实际的学问无关；而由科举制所引起的慕虚荣好奔竞的风尚，则更是士子堕落的表征。

隋代刑律，是兼采魏、晋和北魏两种法系加以斟酌而完成的，文帝即位，更定《新律》凡十二卷⑧，又损益北齐旧制，置十恶之条⑨。炀帝以除十恶之条，又敕修新律，凡十八篇⑩，叫做《大业律》。唐初刑法，务取宽大，至太宗时，始按隋律加以修正，成《唐律》十二卷⑪，遂为宋明清诸代所本。其十恶之罪，亦沿隋旧。《唐律》既定，又有增补，于是唐之法律有律、令、格、式四种⑫，而令、格、式三者则所以补律之不足。四者之外，又有《六典》，以官名为别，分理、教、礼、政、刑、事六项，凡三十卷，包括一切国家大政，可以叫做一部行政法典，而为明清诸会典所自本。次述刑名。隋刑名有五：一曰死刑，分斩绞二种。二曰流刑，分三等，二千里居作三年，千五百里居作二年半，千里居作二年。三曰徒刑，分五等，自一年至三年。每等递加半年。四曰杖刑，分五等，自六十至一百，每等递加一十。五曰笞刑，分五等，自十至五十，每等递加一十。唐代五刑，也和隋代一样；只有流刑三等自二千里至三千里，每等递加五百里为异。唐代更有八议，即议亲、议故、议贤、议能、议功、议贵、议宾、议勋；但所犯如属十恶之罪，则虽当八议之条，亦罪在不赦。至于司法的执行，则地方诉讼，自县达于州府，自州府达于大理寺，实为三级制度；其在京师，则杖刑以下的委诸当局的推断，徒刑以上的交大理寺。如遇决断大狱，则刑部尚书，御史中丞大理寺卿俱集参同，是即明清两代三法司之制之所本。

　　隋铸五铢钱，重如其文；末年天下盗起，私铸钱轻，千钱初重二斤，其后更轻。唐兴，废五铢钱。铸开元通宝钱，每十钱重一两，得轻重大小之中。日久法坏，私铸渐多，杂以铁锡，轻漫无复钱形。肃宗时，第五琦铸乾元重宝钱，以一当十，和开元通宝钱并行；既又铸重轮乾元钱，以一当五十。法既屡易，于是物价腾贵，民不聊生。后来乾元重宝钱和重轮乾元钱改铸铜器，由是民间钱少，致使市井交易，以绫罗绢布杂货和钱兼用。至于民间私铸，则终唐之世，莫能禁止。又唐有飞钱，始于惠宗时，其性质等于现今的汇票，为我国纸币制度之始⑬。

注释

①隋有五台，除正文所述三台外，还有殿内台主供奉车服，秘书台掌图书典籍。

②玄宗时，翰林学士以时时接近天子，也就渐次代宰相而掌大权。又唐中叶后，又置枢密院以处宦官，末叶宦官用事，于是枢密使竟夺了宰相的实权。上述两点，都是唐代官制的特异处。

③中宗时，置十道巡察使；睿宗时，改为按察使；玄宗时，改为按察采访处置

使；肃宗时，又改为观察处置使。

④《唐书·兵志》："自高宗永徽以后，都督带使持节者，始谓之节度使，然犹未以名官。景云（睿宗年号）二年，以贺拔延嗣为河西节度使。自此而后，接乎开元、朔方、陇右、河东、河西诸镇，皆置节度使。"其后，节度时兼都护、制置使、经略使、团练使，于是兵、民、财政三权集于一身。

⑤北周之制，凡人自十八至五十九，皆任于役，丰年不过三旬，中年则二旬，下年则一旬。

⑥唐代禁军的来源，据《唐书·兵志》所述如次："初高祖以义兵起太原，已定天下，悉罢遣归，其愿留宿卫者三万人，高祖以渭北白渠旁所弃余田分给之，号元从禁军。后老不任事，以其子弟代，谓之父子军。太宗始置左右屯营于玄武门，领以诸卫将军，号飞骑。高宗置左右羽林军。"其后玄宗时有左右龙武军，肃宗时有左右神武军，代宗时有左右神策军，德宗时有左右神威军，都是禁军。

⑦《通典·选举》："凡举司课试之法，帖经者以所习经，掩其两端，中间惟开一行，裁纸为帖，凡帖三字，随时增损，可否不一，或得四、得五、得六者为通。"墨义则责人熟诵注疏。

⑧即名例、卫禁、职制、户婚、厩库、擅兴、盗贼、斗讼、诈伪、杂律、捕亡、断狱。

⑨即谋反、谋大逆、谋叛、恶逆、不道、大不敬、不孝、不睦、不义、内乱。

⑩即名例、卫宫、违制、请求、户、婚、擅兴、告劾、贼、盗、斗、捕亡、仓库、厩牧、关市、杂、诈伪、断狱。

⑪即名例、卫禁、职制、户婚、厩库、擅兴、贼盗、斗讼、诈伪、杂律、捕亡、断狱。

⑫律是问刑的科条，令是国家的制度，格是百官有司所治之事，式是守常之法。

⑬《唐书·食货志》，"宪宗时，商贾至京师，委钱诸道，进奏院及诸军诸使富家以轻装趋四方，合券乃取之，号飞钱"。

第二十四章　隋唐之学术文艺

南北朝时代，经学分南北二派。隋统一南北，经学也随着统一；其时：《易》王弼注、《书》伪孔传、《诗》毛传、《礼》郑注、《春秋》公羊何休注、《穀梁》范宁注、《左传》杜预注，并行于世，是南派战胜北派。唐代太宗以儒学多门，章句繁杂，诏孔颖达等撰定五经义疏，名曰《五经正义》，于是经义定于一尊。这《五经正义》：《毛诗正义》用毛传郑笺，《尚书正义》用伪孔传,《周易正义》用王注,《礼记正义》用郑注,《左传正义》用杜预集解:均孔颖达疏。其后《礼记》之外,《仪礼》《周礼》并用,叫做三礼;二书均用郑注,贾公彦疏。《左传》之外,《公羊传》《穀梁传》并用,叫做三传;《公羊传》用何休解诂,徐彦疏;《穀梁传》用范宁集解,杨士勋疏。《三礼》《三传》之外,再加《易》《诗》《书》,叫做九经。这种正义,都是本诸六朝,对于经义并无发明。那时科举取士,都以正义为准,士子专务仕进,也就"尽入彀中"[①];所以唐代文化统制政策成功,儒学便销沉达于极点。不过义疏之学只顾经书字义的解释,烦琐破碎,于是经学中就起了一种革新运动。首倡这种运动的要推啖助,其门人赵匡、陆淳又起而附和。他们并不墨守前人成说,而对经传取批判和怀疑的态度,后来宋代盛行的怀疑经传的风气,其端绪便开自他们。其次,唐代儒徒的思想,也有开宋代理学之端绪的,如韩愈及其门人李翱便是。韩愈的思想见于《原道》《谏佛骨表》《原性》《与孟尚书书》中。他在《原道》里面,力持道统之说,而以继承道统,力排佛老自任,后此宋儒所谓道统,即由此发端。其《原性》一篇,分性为上中下三品,全本于孔子性近习远智愚不移之说,粗而不精。至李翱出,始自树壁垒,而为宋代以后诸儒性命之说开其先导。韩愈从夷、夏之见以排佛,而李翱则采取佛、老之长,站在儒家的立场上,以屈佛、老,《复性书》即其思想的代表著作。

唐代文学盛极一时,而以诗为最盛。以诗体论,原来五言、七言、乐府诸体,均起于汉代,至唐又有古体和近体之分。古体就是汉、魏、六朝之体,以五七言为多,但篇无定句,句无定声,曲折长短,惟意是从。近体始于唐人,即取古体五七言诗,调以声律,加以排整而成。通首皆为五言,或皆为七言,句有绳尺,篇有矩矱,近体诗中,又有律诗和绝句之分。至于乐府,则古体、近体均有。作诗之体,至是大备。以诗家论,初唐以宋之问、沈佺期为首。而律体的确立又始于宋、沈。他如王勃、杨炯、卢照邻、骆宾王称为"初唐四杰",贺知章、张旭、包融、张若虚称为"吴中四士"。大抵初唐之诗,还未脱掉六朝靡丽之风;而能一扫浮靡的,却只有魏徵和陈子昂。盛唐以李白、杜甫为首,李有诗仙之称,杜有诗圣之称。杜又长于叙述,善陈时事,所以一时又有诗史之称。此外如王维,系诗人而兼画家,有田园诗人之称,而孟浩然、储光羲、元结都属于这一派;如高适、岑参以咏征旅离别见称,而王昌龄、王翰、王之涣,都属于这一派。

中唐以白居易、元稹为首，白以平易相尚，务令老妪能解。元稹和白友善，故其诗亦多受白之影响。他如韩愈、孟郊以奇警称，韦应物、柳宗元以善咏山水见称，李贺以词美见称，都是中唐的有名诗人。晚唐以李商隐、温庭筠为首，均以技巧和纤丽见称，和元、白的诗截然不同。至于唐代女诗人，则中唐有蜀妓薛涛，晚唐有鱼玄机，都颇有名。除上述诸诗人之外，在唐代能别树一帜的，却有高僧寒山、拾得，其诗因于佛家语录，用白话入诗，纯任自然，如探口而出，遂开宋世邵雍《伊川击壤集》一派之诗。

其次为小说。我国小说作品，以汉武帝时虞初的《周说》为最早，惟其书早佚。自是代有制作，其取材大抵以方士、佛、道诸家灵异神怪之说为最多，间或也有以儿女之私及朝野遗闻轶事为材料的。到了唐代，小说益形发达，当时叫做传奇②，以别于韩、柳诸人的高文。据《唐人说荟》所载，其时作品不下百数十种。其中有别传，大抵所记均为朝野琐闻和轶事，足以补正史的不足：如李肇的《国史补》、尉迟枢的《南楚新闻》以及陈鸿的《长恨歌传》，都属于这一类。有艳情，以记载才子佳人的风流韵事为主，实为唐代传奇的精萃：如蒋防的《霍小玉传》和元稹的《会真记》，都属于这一类。有剑侠，所记都是男女武侠的勇谈：如张说的《虬髯客传》和袁郊的《红线传》，都属于这一类。有神怪，如李公佐的《南柯太守传》，便属于这一类。大抵唐代传奇小说，多为短篇文言体，而想象离奇、情绪丰富、文笔华丽、记叙委婉，是其特点。再其次为散文。六朝以来，骈文盛行，唐初四杰，都以骈文擅长。至韩愈提倡古文，始一变骈丽之风。原来隋文帝即位，曾令臣下章奏，禁用浮词，已对六朝的骈文起了反抗的运动，而姚思廉作《梁书》，解骈为散，以及元结、陈子昂的力矫浮华，也都是古文运动的先声。特自韩愈崛起，与友人柳宗元及其生徒李翱、李汉、皇甫湜排斥骈体，力主复古，才蔚为一种文学革命运动。不过自散文盛行以后，骈文依然不废，自是骈散两体就成为文章上的二大派别，而各自争取正宗的地位，至于陆贽所作诏令和奏议，用骈而不见骈之迹，则又别成一体。

唐代的美术，最为发达，现在分作四项来说：一曰书法。原来书法和经学一样，也分南北二派，至隋一统天下，书法才随着统一。隋重楷书，内承周、齐峻整之绪，外收梁、陈绵丽之风，整齐规矩，自成一局。唐代科举以书法取士，京师又置书学，太宗、高宗、武氏亦皆好书法，故有唐一代，书家辈出。以楷书论：唐初有欧阳询、虞世南、褚遂良三大家，均师法王羲之,善以隶书的笔意运之于楷书,其作品至今犹奉为楷模。又有颜真卿,也以楷书著名,颜书丰肥,与唐初三大家的瘦劲不同,而颜书以篆笔加于楷书,尤为别开生面之作。他如柳公权、徐浩也都以楷书著名。以行书论:如太宗,即以王羲之的《兰亭序》为范本,其所书《晋祠铭》,为用行书书碑之始。高宗的《万年宫铭》和《纪功颂》,也都是行书,而李邕、苏灵芝之辈,投合人主之好,也相率用行书书碑。以草书论:有孙过庭,以刻意模仿王羲之、王献之见称;此外如张旭有草圣之名,高僧怀素也以草书著名。以篆书论:有李阳冰,与秦李斯并称二李。以隶书论:玄宗有《石台孝经》和《华山铭》,而梁鹄、蔡有邻诸人,都是名家。二曰绘画。南北朝时,绘画亦南北各异:大抵北派雄峻峭刻,南派软美蕴藉。隋代统一天下,南派之画战胜北派。隋代画家如展子虔、董伯仁都宗南派,而子虔画人物,尤为特色。唐初画家以阎毗及其子立德、立本为最有名,而立本尤工于写真,用笔细致,还不脱六朝的风格。至开元、天宝间,吴道玄出,画风始为之一变,道玄所绘神像,都以奔放雄伟见称,和六朝以细致见长不同。道玄又长于山水画,用笔自然而接近现实,亦和六朝的非现实性的画风各异。其后又有李思训、李昭道父子,都以山水见长,而画风一宗六朝,与吴道玄立异。其作品为后世着色山水之祖。又有王维,以诗人而兼画家,其画风与道玄相似,其画山水用破墨渲染,始一变从来拗研之法。后来二李之画,流行于北方,王维之画,流行于南方,我国绘画自是复分南北二派。他如张璪以松石画著名;韩干以善画马著名;韩滉以画牛著名,也工人物画;周昉以善画水月观音著名;李真亦善佛画著名;边鸾以善花鸟画著名:都是一代的名家。三曰建筑雕刻和塑像。我国建筑,自僧寺建筑盛行以后,于是月氏和印度的建筑式样、逐渐输入我国,到了隋、唐,遂融合外来的式样,而形成独自的艺术。隋代的显仁宫和迷楼,其建筑的宏壮,其结构的奇巧,在我国建筑史上,都是罕见的。唐代建筑更为发达,长安城内,街坊的整齐,宫殿和僧寺的建筑,都为前此所未有。以僧寺而论,长安的大兴善寺和大慈恩寺,算是最宏大而壮丽的;以塔而论,香积寺的十三层砖塔和兴教寺的玄奘塔算是最有艺术上的价值的;其他类似的建筑,更是不胜枚举。至于雕刻,则云冈石窟、龙门石窟、天龙山石窟(在山西太原县)以及莫高窟,其中所有的佛像,属于隋、唐的作品的,更多至不可胜数,而唐代历代皇陵的雕刻,都是千古的杰作。如塑像，当时以杨惠之为最著名，今江苏吴县、昆山间的用直镇，其寺中所存的佛像，即其作品。四曰音乐。古乐亡后，所盛行的便只有俗乐。南朝的《清商曲》①，便是俗乐之一。隋初，置七部乐。一为国伎，二为清商伎，三为高丽伎，四为天竺伎，五为安国伎，六为龟兹伎，七为文康伎；又杂有疏勒、扶南、康国、百济、突厥、新罗、倭国等伎。其中除清商和文康外①，都是外来之乐。炀帝时，更定《清乐》《西凉（即国伎）》《龟兹》《天竺》《康国》《疏勒》《安国》《高丽》《礼毕（即文康）》，以为九部乐。唐太宗平高昌，尽收其乐，置《高昌乐》，又造《讌乐》而去《礼毕》，定为《讌乐》《清商》《西凉》《天竺》《高丽》《龟兹》《安国》《疏勒》《高昌》《康国》十部乐，总称为燕乐，或称为俗乐，以与雅乐有别。玄宗精音律，于听政之暇，教太常乐工子弟三百人，于梨园，号为梨园子弟；又制新曲四十余，又别制乐谱。凡此都是俗乐。至于雅乐，系唐高祖时祖孝孙斟酌南北，考以古音而作，但亦非古雅乐之旧，并且只行于郊庙。到玄宗提倡俗乐，于是郊庙享祭亦杂用俗乐，而雅乐无人过问。安、史之乱后，俗乐亦多散失，更何论于雅乐。又当时诗人和伶人，每每引诗入乐，或以诗就乐，如《水调歌》《清平调》等，皆其最著者，其结果遂开词为诗余之端。

　　唐代史学最为发达，以正史论：有许敬宗等的《晋书》、姚思廉的《梁书》和《陈书》、令狐德棻的《周书》，李百药的《北齐书》、魏徵等的《隋书》、李延寿的《北史》和《南史》。其中只有《晋书》和《隋书》出于众手，尚称精核，而《隋书》十志，尤具本末。唐代又修国史，其属于起居注和实录的：有温大雅的《创业起居注》、许敬宗的《武德贞观实录》（与敬播合撰）和敬播的《太宗实录》，其属于纪传体的：有姚思廉、顾胤、刘胤之、令狐德棻、吴兢诸家之作。至韦述始勒成一书。天宝乱后，柳芳、于休烈、令狐峘均修国史，而皆以述书为蓝本。以史学论：有刘知几的《史通》，勇于批判古史之失，为我国史评诸书之祖。以政制史论：有杜佑的《通典》，全书共分食货、选举、职官、礼乐、兵、刑、州郡、边防八门，实为我国政制史之祖。又唐初门第之风未泯，故其时谱学亦颇盛行。隋、唐于地理学亦颇注重。隋有裴矩的《西域图记》。已如前述。至唐，又令州府三年一造地图，鸿胪并有《外国山川风土图》。《唐书·经籍志》载《长安十道图》《开元十道图》，当即其时州府所上，惜其图不传。高宗时，许敬宗等撰《西域图志》而制作之法未闻。德宗时，贾耽画《陇右山南图》

和《海内华夷图》，其图今世尚存摹本。现今所存唐人地理书，只有李吉甫的《元和郡县图志》，为后世地志之祖。惟其图亡于宋时，今独志存。

隋代数学名家，当推刘焯和刘炫，焯通《九章算术》，炫自撰《算术》一卷。其见于《隋书·经籍志》的，有李遵义、杨椒、张峻、杨去斤诸家。又《新唐书》有韩延《夏侯阳算经》和《五曹算经》，据清戴震考证，断定韩延为隋时人。唐代数学，上承汉、魏，下接宋、元，为我国算学史上最重要的时期。这时期的特点有三：第一，前此《九章算术》诸书，传注最为庞杂，至李淳风时等受诏注算经十书，付国学行用后，流传始广；以王孝通所著《缉古算经》，实为后世立天元术之所自本。第二，婆罗门天竺数学，于此时多输入中土。第三，中国数学于此时输入百济、日本。唐代数学名家，以李淳风为最著，自《周髀算经》《九章算术》《五经算术》《张丘建算经》《海岛算经》以至祖冲之的《缀术》和王孝通的《缉古算经》，均为淳风所注。他如陈从运、宋泉之、阴景愉诸人，也精数学，并有著作。

天文历法：隋代有刘焯和庾季才二家，刘作《皇极历》，庾有《垂象志》和《盖天图》。唐代名家益多：李淳风以明算而兼明历，作《麟德历》，又作表里三重仪，并撰《法象志》一书，以论前代浑仪得失之差；又作《乙巳占》十二卷，为占察天文的名著。其次有僧一行，亦称名家，有《大衍历》。用大衍之数，一变古来成法。又有梁令瓒，与一行等，造开元黄道游仪及水运浑天仪，史称其精博，后世不能过。又有徐昂，发现日食时有气差、刻差和时差，并作有《观象历》。西域历法，也于此时输入中土，释瞿昙罗所作《光宅历》，即其一例。

医学：隋代以巢元方等所撰的《诸病原候论》为一代名著。唐代医学名家，则有孙思邈、王焘、甄权诸人。孙有《千金方》，方术之书，以此为备。王以《元方》所著，为有论而无方，因别撰《外台秘要》一书以补充之。甄有《脉经》《针方》《明堂人形图》；其弟立言，又撰《本草音义》和《古今录验方》。他如陆贽，虽非医学专家，亦作有《古今集验方》以示乡人。

注释

①太宗私幸端门，见新进士缀行而出，喜曰："天下英雄入吾彀中矣。"见王定

保《唐摭言》。

②元、明戏剧盛行,往往取唐人小说所述之事被之管弦,也叫做传奇。

③自汉盛行《相和歌》(乐府中之一),与之并行的,还有《鼓吹曲》和《横吹曲》。《相和歌》虽非雅乐,但所用乐器,还是中国的乐器,所采歌辞,还是中国人所作。《鼓吹曲》和《横吹曲》,却全用外国乐器,前者用于朝会、道路,传自北狄,如《朱□曲》等是;后者用于军中,来自西域,如张骞由西域传入的《摩诃兜勒曲》等是。南朝江左,又有吴歌杂曲等,都是俚俗之乐,于是取前代遗制,杂以江左新声,而成《清商曲》;这样看来,可见《清商曲》即系由《相和歌》和《吴歌》化合而成的,后北魏用兵淮、汉得南音,便叫做《清商乐》。

④《文康》出于晋太尉庾亮家。

第二十五章　佛教之分宗与新教之输入

佛教自汉代输入中国后,至魏时,又有昙柯迦罗(中天竺人),康僧铠(康居人),昙帝(安息人)来洛阳传布佛法,而朱士行至于阗求经,实为国人西行求法之始。又士行出家,亦即汉地沙门之始。晋武帝时,月支沙门竺法护,西游诸国,得佛经甚多,携至长安翻译。晋末,又有天竺沙门佛图澄至洛阳,后为石勒所推尊,其弟子以万计,而以道安为最有名。道安为我国佛教第一建设者,苻、秦时代的译业,全由他主持;苻坚之迎鸠摩罗什,亦由道安建议。道安弟子慧远,结白莲社于庐山,定心念佛,以期往生净土:是为我国净土宗①的初祖。又有法显,于东晋隆安三年(399),往印度求经,在外十五年,历三十余国,著有《佛国记》,译经百余万言。自显归国后,西行求法的风气大开,除与显同行的法勇、智严、宝云、慧景、道整、慧应、慧嵬、僧绍诸人外,其最著者还有智猛、道普、道泰、惠生、智周诸人。当显去国后二年,龟兹人鸠摩罗什来长安,后秦姚兴待以优礼,什译书三百余卷,成实宗②和三论宗③由是传入中土。大抵什以前,所译经籍,多为小乘。至什始传入大乘,为我国佛教开一新局面。什有弟子数千人,最著名的有僧肇、僧叡、道生、道融,时号四圣。北凉玄始元年(412),中天竺人昙无谶为凉主沮渠蒙逊迎至中国,译《大般涅槃经》,于是我国始有涅槃宗。南朝梁武帝崇信佛教,当时受戒的达四万八千人。武帝大通元年(527),达摩从天竺由海道来中国,为我国禅宗④的始祖。武帝中大同元年(546),西天竺真谛来中国,译《摄大乘论》《唯识论》《俱舍论》等经，俱舍宗⑤和摄论宗由是传入中土。至陈，更有智颉，创立天台宗。⑥北魏宣武帝永平元年（508），有北天竺人菩提流支来朝，译《十地论》《净土论》诸书，地论宗由是入中国。按自魏、晋至南北朝之末，据慧皎《高僧传》所载，胡僧来中土的不下数十人，而汉僧西行求法的亦为六十人，当时所译经、律、论，凡一千五百六十七部，四千一十八卷，其盛可知。

隋、唐两代，佛教益盛。隋代西僧有天竺那连提黎耶舍、毗尼多流支、阇那崛多、达摩般若、达摩笈多诸人，所译经典，多至数百卷。而南山宣明《四分律》，律宗⑦由是完成。炀帝又置翻译馆并翻经博士，而高僧彦琮，尤精译事。唐代太宗时，有杜顺著《五教止观》《法界观门》各书，为华严宗⑧的始祖。又有高僧玄奘、以翻译经典多有讹谬，因于贞观二年出游印度，广求异本，以纠讹谬。在外十七年，经百余国，著《西域记》十二卷，归国以后，移译经典，凡七十五部，一千余卷。玄奘弟子窥基（即慈恩），亦至西方求法，所得经籍很多，与玄奘同为我国法相宗⑨的始祖。自是以后，西行求法的日多，而以义净、会宁、悟空三人为最有名。义净出游印度，经二十五年，历三十余国，归国后译经典数百卷，律部⑩之书，至净始备，密宗⑪教义，至净始传。至于外国高僧来华的，有唐一代，前后亦不下数十人，而玄宗时金刚智及其弟子不空来中国，则为我国真言宗的始祖，总上所述，佛教十三宗，均起于东晋至隋、唐之时，这十三宗之中，除涅槃归入天台、地论归入华严、摄论归入法相外，其他十宗，均经过极光大的时代。

唐代输入的新教有四：一曰回教。回教又名天方教，以其出于天方而得名。天方即唐的大食，现今的阿剌伯。回教教主穆罕默德，以南朝陈宣帝太建三年（571）生于阿剌伯的麦加，参酌犹太、基督两教教义，创立新教，名伊斯兰（Islam），其经典名可兰（Koran）。其教信仰惟一的真神，以求死后升天，为当时崇拜偶像的麦加人所不容，于唐高祖武德五年（622）逃至美地那，后来回教徒即以是年为回教纪元元年。穆罕默德受此挫折后，益加努力布教，其传教的条例有三：凡人民皆须信仰《可兰经》，否则纳租贡以买其信教自由权，否则以刀剑征服之。其教徒称木速儿蛮（Mussulman）。木速儿蛮因征服异教而死的，均有非常的利益。穆罕默德既于美地那获得多数信徒，遂于太宗贞观三年，率其教徒，攻陷麦加，定为首府，统一阿剌伯，建立大食国，即西史所称的萨拉森帝国。贞观六年，穆罕默德死，遗言愿以《可兰经》传于中国。由是撒哈八[12]等从海道入中国，传教于广州、杭州，唐许其建寺于广州，是为我国有回教寺之始。但据《明史·默德那传》所载，则在隋开皇中，其撒哈八撒阿的幹葛思即已传其教于中国。至于天山南路一带的回教，则多由回纥人输入，今日通称为回教，就是这样来的。及唐武宗排斥外教，其势稍衰，但自元、明以来，其教又盛，直到今日，还流行于新疆、甘肃及其他各处。

二曰祆教，祆教出于伊兰，为波斯的国教，其首创者为左罗阿司托尔（Zoroaster），所以又称左罗阿司托尔教，其创立时期，当在我国成周之世。经典为《善德阿勿司他》（Zend Avesta），立阴阳二神：阳神光明清净，为至善之本；阴神黑暗污秽，乃万恶之源。阳神的表征是火，所以拜火，又称为拜火教或火祆教。日为光明之原，故又拜日，其余月星辰诸天体，也在崇拜之列。南北朝时，其教传至葱岭以东，西域如高昌、焉耆、疏勒、于阗、康居诸国，均奉其教。北魏和西域交通，祆教由是传入中国。北齐、北周，欲招徕西域，遂奉其教。到了唐代，大食灭波斯，祆教徒颇受虐待，于是相率东来。其教遂广播于中土。高祖武德四年，敕立祆神祠于长安，置萨宝府于祠内，以掌祭祀，又有祆正、祓祝等官，均以胡祝充任，惟禁民祈祭。太宗时，波斯人可碌又来长安布教，令于长安立祆寺，武宗排斥外教，与佛教、景教等同遭罢黜，但至五代两宋，各地还存有祆祠，元代以后，就不复见于史册了。

三曰景教。景教为基督教中的别派，为乃司脱利安（Nestorius）所创，所以又称乃司脱利安派，原来当南朝宋文帝时，东帝罗马国首府君士坦丁东方教会僧长乃司脱利安，创基督的本身为神人两性并有，而非神人两性合一之说，大为众教徒所不容，被逐于小亚细亚，后来徒众渐多，遂自成一派，流行于波斯、印度诸地。唐太宗贞观九年，波斯人阿罗本（Olopen）携景教经典来长安，太宗留阿罗本居禁中，令翻译经典，又令两京诸州立波斯寺，度僧二十一人。高宗时，更令诸州立寺院，尊阿罗本为镇国大法王。其教徒不嫁娶，病不服药，死则裸葬，自称为景教，取其教旨光辉发扬之意。玄宗时，以景教原出大秦，因令各地波斯寺改为大秦寺。肃宗、代宗均奉其教。德宗时，寺僧景净立《大秦景教流行中国碑》，以志其盛。武宗排斥外教，景教被黜，碑亦埋入土中，至是其势始衰[13]。

四曰摩尼教。摩尼教创自后汉末叶波斯人摩尼（Mani），系以祆教为本，参合佛教及基督教而成。其教条：不嫁娶，不服药，病则祈祷，死则裸葬；大致和祆教相似，但诡异更甚。晋武帝咸宁三年（277），摩尼遭祆教僧正之嫉，竟被诛死，于是其教徒东走回纥，南奔印度。唐武氏延载元年（694），波斯人拂多诞。始持其经典来中国。玄宗开元时，下令严禁，但胡人自行其法者不禁。回纥人素奉其教，自肃宗借兵回纥，其教徒多入居内地，于是其势渐盛。代宗时，敕其教徒在京者建摩尼寺，赐额为大云光明寺。回纥人又请于荆、扬、洪、越（今浙江绍兴县）诸州，并置大云光明寺，代宗皆许其请，宪宗时，又许其于河南、太原两府并置摩尼寺三所，与大秦寺、祆寺并称为三夷寺。武宗排外教，三夷寺皆废，京城女摩尼七十二人皆死，流回纥人于诸道，死者过半。后回教盛行，摩尼教遂亡。

道教的起源，详见第十章。汉末魏伯阳约《周易》作《参同契》一书，于是老子的修真养性之说，始被摄入于道教之中。魏世又有葛洪，作《抱朴子》一书，其说大抵合方士采药服食之说和魏伯阳修养之谈而成，即后世所称道教中的丹鼎派。南北朝时，佛教发达，于是道教中人剽窃佛教经典而作道教诸经，模仿佛教的仪式而立道教的仪式，道教的基础，至是确立，而南齐陶弘景弘布丹鼎派，北魏寇谦之弘布符箓派⑭，尤为道教中的二大功臣。但弘景也言符箓，谦之亦言丹鼎，所以丹鼎、符箓二派，至是合而为一。到了唐代，道教大盛。高祖武德三年，有晋州人吉善行自言于羊角山（在今山西浮山县）见白衣老父，曰："为吾语唐天子，吾而祖也。"因诏于其地立庙。高宗又亲谒老子庙，上尊号为太上玄元皇帝，令王公以下皆习《道德经》，免道士赋役，以道士隶宗正寺，班在诸侯王之次。玄宗亲为《道德经》注疏，令两京诸州各立玄元庙，依道法斋醮，又立崇玄馆，置崇玄博士；又立道举，后玄宗又尊玄元为大圣祖，庄子、列子、文子、桑庚子皆为真人，其书为真经，以《道德经》列于群经之首。武宗更信道教，召道士赵归真等八十一人于宫中，亲受法箓，同时并毁佛寺，排斥其他异教，而天下道观，反多至一千六百八十七所；道教之盛，达于极点。

注释

①净土宗属大乘教，其印度开山祖师为弥陀。慧远开本宗的先声，至北魏时，菩提流支来中国，本宗始确立。隋有道绰，唐有善导，均为本宗大师。本宗又称弥

陀教，至今不衰。现今世俗所称佛教，大抵都是本宗的末流。又佛有释迦佛、大日如来佛、弥陀佛三身，实一佛之总所流出的三体。大日是释迦的法身，释迦是大日的化身。故后世学者综别诸宗，亦分为释迦教、大日教、弥陀教三类。正文所述十宗，只有真言宗属大日教，净土宗属弥陀教，其他八宗都属释迦教。

②成实宗属小乘教，其印度开山祖师为诃梨跋摩。以宗《成实论》，故名。《成实论》本与《三论》并译，其传法者多两者俱习，故本宗又名三论宗的附宗，至唐中叶寖衰。

③三论宗属权大乘教，其印度开山祖师为龙树、提婆二大师。宗《十二门论》《中论》《百论》，故名。鸠摩罗什译《三论》，至隋嘉祥始确立本宗，至唐中叶寖衰。

④禅宗属大乘教，宗禅那，以不著语言、不立文字，直指本心、见性成佛为教义。其印度开山祖师为摩诃伽叶，本宗至宋、明最盛。

⑤俱舍宗属小乘教，宗《俱舍论》，故名。其印度开山祖师为世亲。本宗为法相宗的初步，故又称法相宗的附宗，至晚唐寖衰。

⑥天台宗属大乘教，因初祖智𫖮居于天台山，故名。北齐惠文开其端，至智𫖮始立宗。本宗在印度未立宗，智𫖮为本宗初祖。本宗宗《法华经》，故又名法华宗。至晚唐寖衰。

⑦律宗属权大乘教，宗《四分律》，故名，其印度开山祖师为昙无德，曹魏时，昙摩柯罗始传入中国。本宗分南山、相部、东塔三派，南山一派，至元代不衰，其余均不光大。

⑧华严宗属大乘教，宗《华严经》，故名。其印度开山祖师为龙树。东晋时，跋陀罗始译《华严经》，至陈、隋间，杜顺始立宗名。本宗在印度未立宗，杜顺实为本宗初祖，至晚唐寖衰。

⑨本宗属权大乘教，以《唯识论》为据，故又名唯识宗；又因中国开祖为慈恩，故又名慈恩宗。本宗在印度以弥勒为初祖，无著、世亲二大师始弘布之。玄奘至印度，问教戒贤，尽受其学。玄奘又授慈恩，本宗始立。至晚唐寖衰。

⑩佛教有三大义，即经藏、律藏、论藏。经为佛所说；论为菩萨所著，以阐明佛义；律记戒规威仪，为僧家所共守。

⑪密宗属大乘教，宗秘密之真言，故又名密宗。其印度开山祖师为大日如来。唐时，善无畏来中国，译《大日经》以授金刚智，金刚智与其弟子不空为本宗初祖。本宗不盛行于中国本部，但在蒙、藏、日本、暹罗颇流行。又佛教有显教密教之别。密教即真言宗，以《大日经》《金刚顶经》为主，立十住心，统摄诸教，建立曼荼罗，三密（身、口、意）相应，即凡成圣，其不思议力用，惟佛能知，非因位所能测度，故称密教；自余法门，叫做显教。

⑫撒哈八为阿剌伯语,即大宗师之意。

⑬此碑至明熹宗天启三年(1923)始于长安出土。

⑭陶弘景隐于勾容,修道业,辟谷导引,尤明五行、阴阳、星算、医术、本草等学。梁武帝代齐,弘景援引图谶,数处皆成梁字以献之,由是为武帝所礼敬,有事辄咨访,时称为山中宰相。景尝以为神丹可成,而苦无药物,武帝因给黄金、朱砂、曾青、雄黄等后,合飞丹,色如霜雪,服之体轻。武帝服之有验,益崇敬景。寇谦之少修张鲁之术,自言尝遇老子,命道陵为天师,授以辟谷轻身之术,使清整道教。又遇神人李谱文,云老子之玄孙,授以国学真经,使之辅佐北方太平真君,由是深为北魏太武帝所尊敬。

第二十六章 中外文化之接触

中外文化的接触,发端于汉代,中经魏、晋、南北朝,至隋、唐而极盛。现在先述朝鲜半岛所受我国文化的影响。朝鲜自来臣服我国,自卫满入朝鲜后,我国人移住朝鲜的渐多,汉武帝征服朝鲜,建四郡以统治半岛。六朝时,又从我国输入佛教;隋、唐两代,更遣子弟入中国留学,其所受我国文化影响之大,可想而知。兹分述如次:一曰儒学。儒学传入朝鲜,为时甚早,到了新罗一统半岛之时,始立国学,其后至圣德王(702—736)时,又自唐得孔圣十哲、七十二弟子图像,置于国学。元圣王(785—798)时,又模仿唐代,立科举制度,提倡儒学与文学。朝鲜半岛自从提倡儒学以后,于是《九经》《四史》《玉篇》《字林》诸书,均为彼邦士子所诵习,而尤爱《文选》。二曰佛教。朝鲜半岛的佛教,系从我国输入的,其输入时期,高句丽最早,约在四世纪之末,其次为百济和新罗,约在五世纪之初。但三国以新罗的佛教为最盛。新罗的法兴王(514—539),要算是提倡佛教最力的人。新罗统一半岛以后,又设僧官,以掌理教务,并大建寺塔,以尊崇佛教,当时名僧辈出,如惠通、义湘、慧昭,都有功于佛教,且多为唐之留学生。三曰美术。高句丽和百济的美术品,留存至今的,为数不多,大抵高句丽受北魏的影响,故其绘画、雕刻、建筑,都带着雄伟刚健的作风,而百济则受南朝影响甚深,故以纤巧见长。新罗的美术品留存至今的甚多:如应州南门外出土的黄金宝冠,庆州郊外的瞻星台,以及庆州佛国寺的寺塔、石窟、殿宇等,都在美术史上占有重要地位,其雄浑的作风,便是受了唐代的影响而产生的。

渤海国最初建国者为大祚荣，属貉族，本高丽别种。当唐灭高丽时，大祚荣率其族人徙居营州（今热河朝阳县）。原来营州在唐初是异族杂居之地，武氏万岁通天间（695—696），契丹李尽忠叛唐，攻陷营州，大祚荣因率其族人及靺鞨部众渡辽河向东北远遁。唐命李楷固进讨大祚荣，楷固大败，大祚荣因于今松花江上流建立渤海国，领有靺鞨部众，时武氏圣历二年（699）。其疆域包有今吉林全省、辽宁东半部、朝鲜咸镜平安二道及俄领沿海州。至后唐明宗天成元年（926），被灭于辽。其政治制度，完全模仿唐代。以中央官制论：立宣诏、中台、政堂三省，正和唐代的门下、中书、尚书三省相当；政堂省之下，分左右六司，分理政务。左为忠、仁、义三部，相当于唐代的吏、户、刑三部，右为智、礼、信三部，其智部相当于唐的兵部，信部相当于工部；他如中正台、司义寺、胄子监，又相当于唐制的御史台、太府寺、国子监；而太常诸寺，竟和唐制完全一样。以兵制论：有左右猛贲、熊卫、罴卫、南北左右卫，正与唐中央兵制相合。以地方行政区划论：亦模仿唐制，有十五府六十二州之设。其京城东京城的建造，正与长安城的建造一样。总括一句：当时的渤海国就是唐的缩图，其所受我国文化影响之深，可以想见。

　　隋、唐以前，我国文化多由朝鲜间接传入日本。晋武帝太康四年（286），百济缝衣女入日；明年，百济阿直岐献良马，日本应神天皇即以阿直岐为皇子之师，明年，王仁由百济献《论语》《千字文》：是为汉字传入日本之始。晋惠帝光熙元年（306），阿知使主及其子都加使主代日出使至吴①，求缝织工，阿知等伴吴缝织工归日。南朝宋孝武帝大明六年（462），雄略天皇使身狭青、桧隈博德出使至吴，求得汉织吴织，及缝衣工兄媛、弟媛归国，又集合秦人九十二部一万八千余人，赐姓秦氏，使从事养蚕织绢。明年，又从朝鲜招徕陶部高贵、鞍部坚贵、画部因斯罗我、锦部定安那锦、译语卯安那诸技工。南朝梁武帝天监十二年（513），百济五经博士段杨尔至日，越二年，百济又以博士高安茂代段。梁武帝普通三年（522），汉人司马达等至日，以广布佛教闻于时。梁元帝承圣元年（552），百济进佛像经论至日，明年，百济医、卜、历、算等博士又至。陈宣帝太建九年（577），从百济得经论及律师、禅师，又得百济佛工、寺工，日本佛教由是逐渐发达。这样看来，可知隋、唐以前，日本的汉化，多得力于朝鲜半岛的传递。而在日本文化和政治上的活动者，却全为汉人。据日本史书所载，当时由弓月君从乐浪带方两郡率领至日的汉人,日本称为秦人,由阿知使主率领至日的汉人,日本仍称为汉人。这些汉人,或替日本出使至中国,如阿知使主父子及身狭青、桧隈博德是;或替日本政府掌府藏的出纳,如阿知使主和弓月君子孙秦氏是,后来阿知子孙以内藏、大藏为氏,就是由阿知掌管府藏而起的;或替日本政府掌文书记录,如阿知子孙东文直及王仁子孙西文首是。隋、唐以还,日本所受汉化更深,兹分述于下:一曰政治。隋、唐以前,日本仍是部落杂处,圣德太子时,即有意于政治的改革。后来高向玄理、僧旻出使至唐,目击盛唐中央集权制度的成绩和种种设施的完备,归国后,便力倡政治改革。贞观十九年(645),孝德天皇即位,置国博士,即以玄理、僧旻为博士。明年,遂下大化改新①之诏。所谓大化改新,主要的就是夺取各部落的土地人民。使各部落部长失却独立行使政权的力量,而受天皇的封爵,充当中央政府的官僚;其所属人民,则计口授田,使之成为有封建身分的农民:这样一来,日本就踏入了中央集权的封建社会的阶段。大化改新运动,可以说是唐化运动。以法典论:所谓近江令、大宝令、养老令,都是模仿唐代的法典而撰成的,不过不如唐法之繁复罢了。以官制论:中央设神祇、太政二官,相当于唐之三省,太政官之下设中务、式部、治部、民部、兵部、刑部、大藏、宫内八省,相当于唐之六部。他如行户籍法,定授田之制,设租庸调法,定官阶以别等级,都无不模仿唐代,而当时名的平安京,其布置,其建造,都无不和长安城一样。二曰佛教。自南北朝以来,佛教即已输入日本,至隋、唐而大盛。当时日本留唐学生最多,其传律宗者,有道光,传三论宗者,有智藏、道慈;传法相宗者,有道昭、智通、智达,均从玄奘问学,此外如智凤、玄昉则从智周问学;传真言宗者,有最澄、空海、圆行、常晓、圆仁、惠运、圆珍诸僧,故本宗盛行于日本;传天台宗者,有最澄;他如净土、华严二宗,亦于唐时入日本。以上诸日僧,尤以道昭、最澄、空海为最著名:道昭临死,遗命火葬,是为日本行火葬之始;最澄传天台宗,日人称为传教大师;空海学问渊博,于书画、雕刻、医学无所不通,又采汉字的单音,作平假名,凡四十七字,撰成《伊吕波歌》,是为日本文字之始。他如佛寺佛塔的建筑,佛具的制造,佛像的雕刻,都无不模仿唐代。三曰学术。日本留唐学生中,有吉备真备到长安学习经史,携《唐礼》和《太衍历经》归国;又有大和长冈至唐学刑名之学,与吉备真备同删订律令;又有膳大丘，于长安国子监学经学，归国后任大学助教，继为博士，后奏请尊孔子为文宣王，日天皇许其请；又有永忠，至唐学经论及音律，携《律吕旋宫图》《日月图》回国；又有伊豫部家守，学《五经正义》及《切韵》《说文》，归国后任大学助教，又有橘逸势，到长安历访明哲受业，唐之文人呼之为秀才；又有菅原梶成，通医术，入唐留学，归国后为针博士，继为侍医；又有春苑玉成入唐学阴阳道，传入《难义》，以教阴阳诸生。而最有名的要推吉备真备和阿部仲麻吕留唐十七年模仿汉字，制造片假名，与空海所作平假名，并为日本文字之始；阿部以慕华风，不愿归国，其后仕于玄宗，易姓名为晁衡，见闻该洽，善作诗，与诗人王维、李白、储光羲之流时相赠答。至于汉人留仕日本的，也不在少数，其见于记载的，有沈惟岳、袁晋卿、李元环、皇甫东朝、皇甫昇女、晏子钦、徐公卿、孟惠芝、张道光、卢如津、王维倩、朱政、王希逸、李法琬诸人，均改从日本姓氏，叙位任官。以上所述三项，仅举其最重要的而言，其他如住宅、家具、饮食、衣服、风俗、书画、雕刻、刺绣、染织、耕种方法、音乐、舞蹈诸项，也多由此时传入日本，至今日本人的生活以及所表现出来的文明，还依然带着唐代的流风余韵哩！

交州即今安南地，自汉置郡县后，即隶入中国版图。后汉时徙中国罪人杂居其间，其地始受汉化。马援定交趾，于日南郡象林县置两铜柱，留十余户于铜柱处，至隋有三百余户，土人以为流寓，称为马流人。唐代以还，林邑为东西交通要道，有交趾船，往来于中国、交趾间，于是汉人往林邑的日多，而林邑益染华风。林邑的西方有赤土，即现今的暹罗，相传当梁末隋初之时，有中国公主下嫁赤土为王妃之事，并有陶工及其他美术工艺家随之南来。至隋大业时，始命常骏通赤土，我国文化大抵亦随之传入。赤土之西，有骠国，即汉之掸国，现今的缅甸，汉世曾遣使朝贡，唐世又来献国乐，其所受汉化情形，虽史无记载，但其使臣屡次至中国，或许我国文化也由彼辈传入骠国。诃陵和唐代的关系，已如前述，据 Campbell 所著《爪哇史》所载，则后唐庄宗同光二年（924），有中国大船一艘，在三宝垄附近沉没，其船员招集余众，定居其地，是为中国人定居爪哇之始；但在唐代，诃陵既为南洋交通要道，则华人定居其地者，必早于此时无疑。又有渤泥，即今婆罗洲，其地名以支那（Kina）起首，如 Kinabau 译言中国寡妇山，如 Kinabatangan 译言中国河，其受我国文化影响之深,可以想见。总之唐代南洋交通最为发达,如罗越、室佛利逝、诃陵且为必经的孔道,而西行求法诸僧如义净者,甚至留室佛利逝四年有余:这样看来,海南诸国在当时受有我国文化的影响,便无疑义了。

西域文化,影响我国最大的,如音乐,如琉璃,如葡萄酒酿造法,如葡萄、苜蓿各种植物。在以上各章,都已说过。此外还有毛织品,亦产自西域,自汉世即入中土,而流行于陇右一带,所以至唐而有兰州之绒、凉州之毹,西州之毡。又如胡衣胡食③,以及杂戏中的泼寒胡戏④,大抵亦来自西域。我国文化,影响西域方面的,如铸铁之术,如凿井之法,已如前述。唐代以还,内地和西域交通日繁,其居留西域的汉人,自不在少数,据日本羽田亨《西域文明史概论》所载,唐柳中县(今鄯善县鲁克察克)的户籍断简,业已出土,其上载有柳中县官厅登记的户籍姓名年龄等,其授田课税,一如内地,便足见当时定居西域的汉人之多,而唐代文化亦逐渐传入西域,至于其他文物的出土,则更不可胜记,如 Stein 在敦煌、于阗间所发现的竹简和木简,多至数千,其中有《仓颉篇》和《急就篇》和历书,断定为汉世的遗物;他又在敦煌附近,发现用缣帛写的信札,也系汉世的遗物;此外如吐鲁番附近出土的《论语》的断片、龟兹附近出土的《汉书·张良传》的断片以及各种绘画,都系唐代的遗物。由这些遗物,也可以看出西域所受汉化的情形。

印度文化,影响我国最大的,就是佛教:这在前面已经说过了。其次如建筑、雕刻、塑像、绘画诸美术,随着佛教的传入,也流入我国。单就绘画来说:六朝画家,据张彦远《历代名画记》所载约有百四十人,画题中带有印度成分的有三十九人,占三分之一以上。又谢赫论画有六法,有人以为和第三世纪时印度 Vatayayana 所说的六法相似,而印度东来的高僧如僧迦佛陀、昙摩拙义诸人,也以善画著名。以医学论:印度古有五明,五明之一为医方明,六朝时来中土的印度沙门大都曾学五明;当时僧徒也有通达医理的,如敦煌于道邃即善方药,而于法开且祖述耆婆妙通医法,《隋書·经籍志》载有印度药方达四五十卷。以天文数学论:《隋书·经籍志》也载有印度传入的天文数学书达六十卷,而瞿昙悉达官至太史监,受诏译《九执术》,即今介绍天竺数学之始。以音韵论:唐僧守温所作三十六字母,即取自印度梵文;而《大般涅槃经》和《华严经》亦有梵文字母。以音乐论:苏祇婆所传入的琵琶七调,即印度北宗音乐的一派。他如制糖之法和木棉,也自印度输入。以上所述,都是印度传入我国的文化;但我国的文化,也有输入印度的:如印度自我国输入梨、桃,如玄奘以梵文译老子《道德经》,如唐代《秦王破阵乐》之演奏于戒日王宫廷,都可以窥见其一鳞片爪。

　　古波斯和中国文化的关系,详见第八章。现在述隋、唐时代波斯文化和我国文化的接触。祆教和摩尼教,都是波斯人所创立的宗教,其中如摩尼教徒,最习用粟特人的历法,像"密"(日曜日)、"莫"(月曜日)、"云汉"(火曜日)、"咥"(水曜日)、"温没斯"(木曜日)、"那颉"(金曜日)、"枳浣"(土曜日)七曜之名,或许是由他们传入我国的。其次,就绘画论:唐初流寓长安的康国人康萨陀,其所绘奇禽异兽,即富有伊兰的画风。于阗国人尉迟乙僧的凹凸画,也含有几分伊兰的成分,甚至大家如吴道玄的佛画和人物画也受了这种凹凸画的影响。以雕刻论:太宗昭陵六骏的浮刻,大智禅师碑侧的花纹等,都富有伊兰的作风。他如庵摩勒、毗梨勒、诃勒勒三种植物所酿制的酒,如打球之戏⑤,如波斯锦,也都来自波斯。而唐时所谓胡服、胡姬,其中也有出自波斯的。唐世,波斯人流寓中国的很多,其中深染华风的自不在少数。像李珣及其妹舜弦,便是一例,且在中国文学史上颇享盛名⑥。至于中国文化影响西方最大的,就是蚕织。原来大秦最贵重蚕丝的织物,汉世,安息所以要阻止中国和大秦交通,就在独占丝市之利;而大秦亟欲通中国,也是为此。直到唐代,我国的蚕种,才由波斯人携归君士坦丁;欧洲人至是,始知蚕织之事。又波斯为大食所灭后,中西文化媒介的责任,又由大食人负担,天宝十年(751),怛逻斯一役,大食俘得中国兵士,其中有善于造纸的工人,大食人因令此辈俘虏在撒马尔干(Samarkand)设厂制造,于是中国的造纸术遂由大食人输入欧洲,而成为促进欧洲文化的利器。又大食人流寓唐代的很多,其中也有深受汉化的,像武宗时的李彦昇便是一例,且由卢钧之荐,得登进士第。

注释

　　①三国时代,建国江南之吴,虽已灭亡;但其后在江南建国的宋、齐、梁、陈、三韩之人,依旧称之为吴,故日本也随之而称吴。
　　②大化是孝德天皇的年号,大化元年即贞观十九年,日本有年号始此。
　　③如胡饼,即现今最流行的烧品,或许是西域人或波斯人或北族人在胡店中所

制之饼,其他胡食,散见于唐人笔记中。除胡衣之外,尚有胡帽、胡屐,或系来自西域,或系来自北族。又古时席地而坐,凭则有几,卧则有床。赵武灵王作胡床,实为高坐之始,但未通行,故至汉世依旧席地而坐。至后汉宋,始作坐具,或称为床,或称为塌,至是始通行高坐,惟坐法仍与跪类,未曾垂直坐。梁时,侯景染胡风,始踞胡床,垂脚而坐。隋代以后,垂脚坐乃始通行,至唐改以木榻,而穿以绳,称为绳床,仍旧垂脚坐。详见应劭《风俗通》。可见坐具,亦受胡人影响而作,至宋代始有椅子之名。

④《旧唐书·张说传》:"则天末年,季冬为泼寒胡戏。……泼寒胡未闻典故,裸体跳足。"

⑤程大昌《演繁露》:"军中打毬之戏,则以杖拂毬,使之驰走,而用快马逐之,尚存鞠域之法。"

⑥《花间集》中收有李珣的词,舜弦有《鸳鸯瓦上》一首。据近人陈垣的推测,以为李珣兄弟即唐代波斯人李苏沙之后,世业香药。

第二十七章　唐中叶后之政局

我国的军阀始于汉末的州牧,至晋有都督,唐有藩镇。唐代藩镇之祸,自安、史乱后,足足地闹了一百五十余年,直至唐亡。唐亡以后,虽有五代、十国继起,称帝称王。但依旧是唐代藩镇的延续和扩大,直到宋太祖统一中国,才结束了这种军阀政治。唐代藩镇之祸的酿成,实由于玄宗的失政;因为有玄宗的失政,才有安、史之乱;有安、史之乱,才引起藩镇的纷纷割据。

玄宗本是中兴之主,但他有许多失当的措施,却种下了乱唐的因子。原来太宗定制:中官属内侍省,不置三品官;至玄宗以高力士为右监门将军,于是宦官得势始此。其后平安南,以杨思勖为辅国大将军,于是宦官典兵始此。他又因在位太久,倦于政事,遂用李林甫为相,委以大事,于是奸臣弄权始此。林甫以蕃人善战有勇,奏请以蕃人安思顺为朔方节度使,于是任蕃将为节度使始此。玄宗用韦坚、王铢、杨剑诸人,专事聚敛,以实府库,而聚敛之风始此。节度使之制,始于睿宗之世,至玄宗时,又于沿边置十节度使,掌有民政、财政、兵马大权,于是外重内轻之局成,而中央也就从此无力制驭地方。这样看来,可知唐室统治,至玄宗之世,即已趋于崩溃。这时林甫独揽大权,玄宗不问国事,其后又纳杨妃⑦,其兄杨剑赐名为国忠。林甫死后，国忠继为宰相。时胡人安禄山兼领范阳、河东、平卢三镇节度使，势力雄厚，颇得玄宗欢心，进爵为东平郡王，唐之将帅封王始此。原来禄山事林甫惟谨，及国忠代为宰相，禄山遂藐视国忠；国忠因言禄山有反意，而帝不听。天宝十四年（755），禄山诡言奉密诏讨国忠，反自范阳，陷洛阳，河南州县连陷。玄宗以庶子荣王琬、突厥人哥舒翰为正副元帅，守潼关。这时颜杲卿与其弟真卿联合，谋断禄山归路，所以禄山虽在洛阳，却不能不兼顾河北。明年，禄山自称大燕皇帝，命其将史思明率众渡河，斩杲卿，至是河北尽为禄山所有。幸朔方节度使郭子仪和朔方兵马使李光弼率兵进讨思明，才把思明打败，河北十余郡响应郭、李，杀禄山守将降唐。其在潼关方面，则灵宝（河南今县）一役，翰军大败，禄山入关。玄宗闻耗，仓卒出奔，方至马嵬（今陕西兴平县）而禁军哗变，杀国忠，又请帝即诛杨妃，玄宗不得已杀杨妃，至是兵士才整齐部伍，西行入蜀；而禄山进陷长安，纵情声色，也就无暇穷追。玄宗即奔蜀，太子亨即位于灵武（宁夏今县），是为肃宗（756—762），尊玄宗为上皇。至德二年（757），禄山为其子庆绪所杀，子仪乘之进取洛阳，又合回纥兵大败庆绪，庆绪放弃洛阳，北走保邺，肃宗、玄宗先后还长安。思明见庆绪败，遂降唐；唐以为归义王、范阳节度使，旋思明又杀庆绪，于是安氏之祸绝。思明既杀庆绪，并有其众，势最盛，知唐将不利于己，遂于乾元元年（758）进陷洛阳。明年，其子朝义杀思明。宝应元年（762），玄宗、肃宗先后没，太子豫立，是为代宗（763—779），命仆固怀恩率大军合回纥兵进攻洛阳，朝义大败，洛阳收复。朝义既败，北走莫州（今河北任邱县），莫州将田承嗣以城降唐；又走范阳，为节度使李怀先所杀，史氏之祸绝。

安、史之乱，是唐室统治崩溃的起点：第一，由于假借外兵，平定安、史，结果酿成回纥、吐蕃的变叛；第二，由于安史之乱，而宦官得以典兵揽权；第三，由于安、史之乱而田制大坏，财政紊乱；第四，由于安、史之乱，而迭酿藩镇之祸。现在先述藩镇之祸。原来当玄宗盛时，只于沿边设十节度使，自禄山据洛阳，河南、山南、江淮诸道，也都设置镇府，于是节度使遍于内地，而藩镇之祸起。禄山反时，平卢诸将刘客奴、王玄志均降唐。唐即以客奴为平卢节度使，旋玄宗杀客奴，代为节度使，藩镇的谋杀称代始此。玄志没，其将高丽人李怀玉推其戚侯希逸代玄志，肃宗即以旌节授希逸，节度使由军士推戴又始此。朝义败后，其将薛嵩、张忠志、田承嗣、李怀仙皆降唐，即以忠志为成德节度使，赐姓名李宝臣，治恒州，承嗣为魏博节度使，治魏州；怀仙为卢龙节度使，治幽州；嵩为相卫节度使，治相州（今河南安阳县）。诸镇以承嗣为最强，这时希逸移镇淄青，治青州（今山东益都县），兼领平卢；不久又为怀玉所代，代宗即以怀玉代镇淄青、平卢，赐名正己。幽州兵马使朱希彩杀怀仙，唐即以希彩为卢龙节度使；旋希彩又为部下所害，军众立朱泚为留后，唐即以泚为卢龙节度使。泚入朝，使其弟滔领留后，唐亦任之。嵩死，弟崿代知留后，旋崿为其众所逐，众归承嗣，承嗣遂兼领相卫。这样一来，节度使设官收赋，拥兵自雄，擅自代立，目无中央，唐室也就无法过问了。代宗没，太子适立，是为德宗（780—804）。德宗颇思振作，不许藩镇世袭，于是魏博田悦（承嗣侄）、平卢李正己、成德李惟岳（宝臣子）、山南东梁崇义②，遂连合抗命。后惟岳为其将王武俊所杀，崇义为淮西节度使李希烈所平③，正己又病殁，乱事至此，本来可以敉平；谁知又因功赏问题，讨叛者也从之而叛。原来，武俊以诛惟岳首功，却只得一都团练观察使之职，心怀不平，建中三年（782），遂连合朱滔、田悦反叛：武俊自称赵王，滔称冀王，悦称魏王，正己子纳亦称齐王。不久，希烈亦反，自称建兴王。明年，京师兵变④，德宗奔奉天（今陕西乾县）。这时，朱泚在京师，乘兵变自称秦帝，旋改号曰汉，进围奉天，幸浑瑊力战，又得河中节度使李怀光⑤来救，其围始解。又明年，德宗下诏赦免希烈、武俊、悦、纳之罪，独泚不赦，于是武俊、悦、纳均去王号，上表谢罪，唐亦诏复其官爵。只有希烈恃其兵强，僭称楚帝。时怀光屯军咸阳，又密与泚通谋，欲攻奉天。德宗不得已，出奔梁州（今陕西南郑县）。旋京师为李晟所收复，泚为其众所杀，德宗始还京师。贞元元年（785），德宗命浑瑊及河东节度使马燧⑥进讨怀光，怀光大败，自缢死，其众尽归瑊。明年，希烈为其部下陈仙奇所杀，旋吴少诚又杀仙奇，诏以少诚为淮西留后。至于河朔一方，田悦归唐后，又为承嗣之子绪所害，唐即以绪为魏博节度使；而滔又为武俊所败，退保幽州，旋即病死，诏以刘怦为幽州节度使，未几怦死，以其子济代之。德宗没，太子诵立，是为顺宗（805），在位八月，传位太子纯，是为宪宗（806—820），宪宗初立，力谋削藩，数年之间，诸镇都归命中央，史称元和（宪宗年号）中兴之局，今表列如下：

名称		西川	夏绥	镇海	魏博	成德	淮西	卢龙	横海
治所	州名	成都府	夏州	润州	魏州	恒州	蔡州	见前	沧州
	今释	四川今县	见前	江苏镇江县	今河北大名县	今河北正定县	河南汝南县	见前	河北沧县
平定经过		刘辟以西川叛，高崇文讨平之，诏以崇文为西川节度使	节度使韩全义请入朝，唐命淮南节度使王锷讨平之	节度使李锜反，唐命淮南节度使王锷讨平之	田绪没，子季安立。季安没，承嗣侄兴立。兴事唐甚谨，赐名弘正	武俊没，子士真立。士真没，子承宗立。淮西平后，承宗惧，请命于朝。不久，承宗死。诏以田兴代领	节度使吴少诚宠其将吴少阳，杀其子元庆，及少诚没，少阳立。少阳没，子元济立。元济反，为李晟子愬所平，诏以马总为淮西节度使	纳死，子师古立。师古死，其异母弟师道立。师道为其将刘悟所杀，唐分其地为三道，诏以悟为义成节度使	节度使程日华传于怀直，怀直传弟怀信，怀信子权立。权入朝，诏以郑权代之，后又以乌重胤代权，事唐甚谨
备考		僖宗时，王建有其地	僖宗时，拓跋思恭有其地	光宗时，钱镠为镇海节度使，遂有其地	昭宗时，朱全忠有其地	僖宗时，李存勖有其地	昭宗时，朱全忠有其地	昭宗时，李克用有其地	僖宗时，以杜叔良代重。其将李全略又代叔良。全略卒，子同捷反，兵败伏诛

按自天宝以来，两河陷于强藩六十余年，几同化外，至是始复隶中央，宪宗没，太子恒立，是为穆宗（821—824）。穆宗怠荒丁政，不恤国事，于是卢龙朱克融、成德王庭凑、魏博史宪诚⑦三镇再叛，而河北又失，至于唐亡，不能复取。

宪宗初年，李吉甫为相，牛僧孺、李宗闵应制举对策，痛诋时政之失，并讥切吉甫，吉甫子德裕由是深恶牛、李，穆宗时，德裕又构贬宗闵。自是二李各树朋党，互相倾轧。长庆三年（823），僧孺与李逢吉并为宰相，都和德裕不和，于是僧孺引宗闵为党羽，力排德裕，出德裕为浙西观察使，二李之争遂变为牛、李之争。文宗（827—840）时，征德裕至京，又为宗闵所逐；帝因以德裕为成都尹。太和六年（832），罢僧孺相，以德裕为兵部尚书；明年，又罢宗闵，以德裕为相。这时，李训、郑注均因宦官王守澄得文宗亲信，德裕亟言小人不可近，训、注因恶德裕，出为兴元节度使，而以宗闵代德裕。后训、注又劾宗闵，贬宗闵为潮州司户。这时朋党倾轧很烈，文宗竟有"去河北贼易，去此朋党难"之叹。武宗（841—846）时，又任德裕为相，罢僧孺兵权，贬宗闵为潮州司马。德裕在位六年，颇有政绩，及宣宗（847—859）即位，信牛党白敏中之言，才贬为潮州司马。不久，德裕、僧孺、宗闵都先后去世，于是自穆宗以来四十余年的党争，才告结束。但以当时党争，专闹意气，挟邪取权，纷纭排陷，所以宦官得乘其隙以收取政权，而阉祸转烈。

唐代阉祸最烈，而宦官干政典军，却始于玄宗的失政。安禄山反时，宦官李辅国从肃宗至灵武，甚得信任，及还京师，辅国遂得专典禁军，于是独揽大权。代宗时，辅国权益大，加司空、中书令，封博陵王，宦官封王始此。后辅国为宦官程元振所害，元振代掌禁军，专恣不轨，由是四方藩镇解体，所以吐蕃入寇，诏征诸道兵，都抗命不至；后柳伉上奏请斩元振以谢天下，代宗才流元振于远州，道死。又有宦官鱼朝恩，肃宗尝令监军，代宗时，典神策军，封韩国公。后代宗恶其专恣，才计杀朝恩，自是宦官暂不复典禁军。德宗惩京师兵变，禁军仓猝不及召集，所以又于禁军置护军中尉等官，而以内官窦文场等任之，于是禁军又全归宦寺。后又设枢密使，承受诏旨，出纳王命，于是机务之重，人为宦官所参与。这样一来，阉祸更炽，而天子的废立，也操在他们手里了。今按《唐书·本纪》所载：如陈宏志立穆宗，王守澄立文宗，仇士良、鱼宏志立武宗，马元贽立宣宗、王宗实、兀元实立懿宗（860—873），刘行深、韩文约立僖宗（874—888），杨复恭立昭宗（899—903）；援立之权，都归于宦寺。而宪宗、敬宗至为陈宏志、刘克明所害；昭宗又为刘季述所幽；文宗欲倚李训、郑注诛宦官，而甘露之变⑧，反使仇士良等肆虐；僖宗以宦官田令孜专政，又激成王重荣、李克用之变，出奔宝鸡；宦官之祸，至是可谓达于极点。及昭宗时，宰相崔胤召朱全忠入京师诛宦官，宦官恐惧，韩全诲等遂劫帝奔凤翔，后全忠尽杀京师宦官，李茂贞又杀全诲等七十二人，宦官之祸，至此结局。

唐室末叶，藩镇跋扈于外，宦官专权于内，加以外患频仍，水旱为灾，税捐繁苛，民不聊生，于是激成民变之祸，兹分述于次：一曰仇甫（一作裘甫）之乱。懿宗咸通元年（860），仇甫起事浙东，攻陷象山（浙江今县），又陷剡县（今浙江嵊县），唐命王式为浙东观察使，发诸道兵进讨，甫败，被杀，浙东始定。二曰庞勋之乱。原来南诏进陷交州时，唐命徐泗募兵二千赴援，分八百人别戍桂州（今广西桂林县），约三年而代。咸通九年，戍期已满六年，兵士屡求代还，徐泗观察使崔彦曾不许，戍卒遂反，推庞勋为主，辗转攻陷彭城，杀彦曾。唐命康承训督诸道兵出讨，并令朱邪赤心率西突厥别种沙陀诸部自随，收复彭城。后勋屡战皆败，死于阵中，乱全定。唐以赤心讨平庞勋有功，因置大同军于云州（今山西大同县）。以赤心为节度使，赐姓名李国昌；是为沙陀种人图功中国之始。三曰王郢之乱。僖宗初立，赵隐出镇浙西，王郢等有战功，隐赏以职名而不给衣粮，郢等遂劫库作乱，转掠浙东西，南及福建，大为民患。僖宗乾符四年（877），才为镇海节度使裴璩所招降。四曰王仙芝之乱。原来懿宗以后，重为聚敛，已使民不聊生。僖宗初立，连年凶荒，人饥为盗，河南更甚。乾符元年，王仙芝起事长垣（河北今县）。明年，与其党尚君长攻陷曹（今山东菏泽县）、濮（今山东濮县）二州，转入河南、淮南、荆南诸道。唐命宋威率兵攻仙芝。乾符四年，尚君长请降，为宋威所杀。明年，仙芝又为曾元裕所败，黄梅（湖北今县）一战，仙芝被杀，其众遂散。五曰黄巢之乱。黄巢本与仙芝为同党，当仙芝攻陷曹、濮，巢聚众响应。仙芝死后，尚君长之弟让，遂率仙芝余众归巢，推巢为主，号冲天大将军。由是攻陷濮州，渡江，夺江西诸州，转入浙东，剽掠福建，为高骈所破，窜入广南，陷广州。会巢军中大疫，死者什四，乾符六年，巢拥众北还，自桂乘湘江而下，破潭州（今湖南长沙县），进逼江陵，号众五十万，为刘巨容所败，巢渡江东走，再掠江西诸州。广明元年（880），巢陷浙东诸州，渡淮，又陷河南诸州，既又陷洛阳，唐兵不能御，遂入京师，僖宗奔兴元。巢自称大齐皇帝。中和元年（881），程宗楚等克复京师，而军令不整，为巢所乘，京师复为巢所据。时国昌子克用戍蔚州（今察哈尔蔚县），河中节度使王重荣与宦官杨光复召克用来援，克用将兵四万至河中，中和三年，克用兵与尚让战，让大败，京师克复，诏以克用同平章事。巢将朱温亦降唐，唐赐名全忠，使为宣武节度使。(治汴州，今河南开封县)巢既退出京师，于是东走攻蔡州，节度使秦宗权迎战大败，即臣巢与连和，巢遂进围陈州（今河南淮阳县），声势转盛。明年，温求救于克用，克用率兵五万往救，陈围遂解，尚让降。巢东走，入泰山，为其甥林言所斩，降唐。黄巢倡乱十年，至是平定。六曰秦宗权之乱。黄巢死后，宗权仍据蔡州，势最盛，于是寇荆南，陷洛阳，入淮肥，略江南，乱岳、鄂，所至屠杀，河、淮之间，千里无人烟。僖宗命朱全忠督诸道兵进讨，宗权大败，为其将申丛所囚，执送全忠，昭宗龙纪元年，斩于京师，宗权之乱亦定。

  黄巢乱后，藩镇势力，益加强大，互相争夺，至于唐亡。而朝廷命令，仅止于河西、山南、剑南、岭南西道数十州，当克用克复京师，尾追黄巢至汴州之时，全忠绾克用于上源驿（今开封城南），全忠夜发兵围驿，克用时为河东节度使，遂遁归晋阳（今山西太原县），朱、李自是交恶。僖宗还京师后，田令孜当国事，与河中节度使王重荣不相得，徙为泰宁军节度使（治兖州，今山东滋阳县），令孜并结邠宁节度使朱玫（治邠州，今陕西邠县），凤翔节度使李昌符（治凤翔府，陕西今县）以抗重荣。重荣求救于克用，克用以玫、昌符与全忠相表里，遂率众以救重荣，大败玫、昌符兵，进逼京师；时中和四年。明年，令孜劫僖宗奔宝鸡，而玫、昌符又转与重荣、克用连合，追逼车驾，僖宗又奔兴元。玫与昌符连表请诛令孜，不从，于是别奉襄王煴（肃宗玄孙）于京师，玫自为大丞相，昌符至是，又背玫而通表于僖宗。僖宗因诏重荣、克用进讨朱玫，玫将王行瑜又受帝密诏斩朱玫，襄王奔河中，亦为重荣所杀。光启三年（887），僖宗还京，至凤翔，昌符反，为天威军都头领杨守立所败。退保陇州；重荣又为其下所杀。诏以重荣弟重盈代镇，而命武定节度使李茂贞（治洋州，今陕西西乡县）平昌符于陇州，即以茂贞为凤翔节度使。文德元年（888），僖宗病没，昭宗即位。时克用势最盛，全忠与宰相张浚均言克用可伐，龙纪元年，以浚为行营都督，率华州节度使韩建（治华州，今陕西华县），并朱全忠诸军进讨，三战皆败。明年，复拜克用为河东节度使，罢浚相职。这时宦官杨复恭与克用相表里，独揽大权，昭宗恐惧，因罢复恭兵权，出为凤翔监军，复恭至兴元，起兵反，诏以李茂贞、王行瑜进讨，复恭大败，乱平，时昭宗景福元年（892）。自是茂贞势盛，领凤翔兼山南西道节度使（治梁州），进封秦王，行瑜领邠宁，兼太师，而朝廷动息，全为二人所把持。乾宁二年（895），茂贞、行瑜进犯京师，昭宗奔石门（今陕西蓝田县西南），幸克用率师来救，始败茂贞兵，行瑜又为部下所杀，克用进爵晋王。昭宗还京师，明年，茂贞又犯阙，帝奔华州，依韩建，昭宗命宰相孙偓以兵讨茂贞，茂贞上表谢罪，帝还京师。光化三年（900），昭宗与宰相崔胤杀宦官宋道弼、景务修二人，其党刘季述等恐惧，遂幽帝于东宫，明年，崔胤结神策军指挥使孙德昭等，杀季述，始迎昭宗复位。复位以后，宦官韩全诲等又倚李茂贞为声援，而崔胤亦结全忠以抵抗宦官。天复元年（901），崔胤密召全忠入京师，宦官韩全诲等恐惧，遂劫昭宗奔凤翔，依李茂贞。全忠旋围凤翔，与茂贞战，茂贞不能敌，遂杀全诲等以和。明年，帝还京师，诏进全忠爵梁王。这时全忠独强，克用也为所败，于是渐有代唐之意。天祐元年（904），全忠杀崔胤，劫帝至洛阳，旋又弑帝，杀太子裕，立辉王祚（昭宗第九子），更名祝，是为哀帝（一作昭宣帝）。天祐四年，全忠遂篡唐，即皇帝位。但这时诸镇已纷纷称王，各据一方，遂入五代十国之世。

注释

①即杨贵妃。

②治襄州，今湖北襄阳县。

③按淮泗又称淮宁，后改为彰义，又称奉国。安、史乱后，唐即以禄山降将董奉为淮西节度使，赐姓名李忠臣，至是李希烈代奉为节度使。

④泾原节度使姚令言（治泾州，今甘肃泾川县）将兵五千至京师入援，军士冒雨，寒甚，既至，一无所赐。发至渠水（陕西长安县东），仅粝食菜啖，众还京师，兵变。后姚令言降朱泚。

⑤治蒲州，今山西永济县。

⑥治太原府，今山西阳曲县。

⑦按即河北三镇。卢龙初为范阳，后改名幽州，至穆宗时，朱泚从孙朱克融为众拥立，寻授节度使王武俊养子王庭凑，于穆宗时，杀田弘正，自称留后，寻授节度使，魏博田布（弘正子）于穆宗时，为其将史宪诚所杀，宪诚自称留后，寻授节度使。

⑧李训、郑注初因王守澄而进，既又引宦官仇士良以分守澄权，训又出注为凤翔节度使，专决国事，谋除宦官。太和九年（886）十一月，约其党郭行余、王璠、

罗立言、韩约谋杀宦官。及期，文宗御紫宸殿，韩约奏金吾左仗院石榴树，夜来有甘露，因蹈舞再拜。文宗命宦官仇士良等往观，训又欲于其往观时一网打尽，事泄，宫中流血，训等均为宦官所杀，史称甘露之变。

第二十八章 隋唐之社会

　　隋初国计最富，文帝又能与民休息，所以隋初的政治，还能使天下粗安。及炀帝大兴土木，用兵高丽，于是国库空虚，民生日困，结果群雄并起，而隋室遂亡。唐代继起，贞观、永徽、开元之治，都能使人民安于生业，开元以后，至于天宝，情形便完全两样了。这时玄宗喜用聚敛之臣，再加上人口的激增①和土地的集中②，人民就愈加痛苦，天宝乱后，兵役不息，苛税益繁，而土地荒芜，人民更加无以自存。这时国库岁入锐减，而干戈不息，又在在需款，至是遂不得不另开聚敛新法，于是杂税频兴，今述其重要的如次：一曰盐税。自隋至唐初，食盐无税。玄宗时，目击盐商的操纵，才对盐铁课税。这时盐价，每斗不过十钱。肃宗时，第五琦为盐铁铸钱使，始变盐法，就产盐之地置监院，属国家专卖。这时盐价，每斗涨至一百一十文。后刘晏为盐铁使，以为因民所急而税之，则国足用，遂于产盐之地置盐官，从生产者直接收买，再贩卖于民，而政府坐收中间之利。于是天下之赋，盐利居半。后来盐价愈昂，到德宗之世，江、淮盐每斗竟增至三百七十文，河中盐价亦同是。而私贩食盐之风，也就因之而起，宣宗虽有禁令，然已无法收拾。二曰酒税。唐初无酒禁。肃宗时，以廪食方屈，始禁京师酤酒。代宗时，规定各州酿造数量，逐月输税。德宗时，禁民间酿酒，官自置店酤，收利以助军费，斛收值三十文。其后又令天下置肆以酤者，每斗榷百五十钱。其后民间私酤，官司过为严酷，一人违犯，连累数家，而民愁怨。三曰茶税③。唐初无茶税。德宗时，始税茶：分茶为三等，征什一之税。穆宗时，增天下茶税，率百钱增五十。武宗时，盐铁转运使崔珙，又增江、淮茶税。这时茶商所过，州县皆有重税，或掠夺舟车，露积雨中，诸道节度使因置邸以留茶商，并征税，叫做拓地钱。四曰关税。唐初无关税。德宗时，罗掘益密，凡茶漆竹木皆税十之一，以供国用，又于道津置吏，阅商贾钱，每缗税二十。其后诸道节度使，也相率设场收税，而商民大困。这些税收，论理可以使国库充实，但利之所趋，诸州节度使也就乘间强夺国家税收，这样一来，便不能不再添新税，以充国库，所以德宗之世，又有间架税和除陌钱；代宗以后，又有青苗钱和地头钱①。当时虽行两税法，而其他苛捐杂税依旧不减。于是税外有税，而民日困。至于常平仓和义仓，隋、唐两代，均有设置，但天宝以后，也就荡然无存，其后虽言措置本钱，兴复仓储，但无良好成绩，所以于人民粮食的调节，终无所补，而人民反受剥削之苦。

海禁未开以前，我国工业都不能脱掉手工业的范围，不过到了隋、唐之世，手工业已形成为独立的生产事业，而行会制度，亦从之而兴⑤。当时主要产业有三，分述如次：一曰陶瓷业。我国食器，古代只有竹箧、木豆、瓦簋、铜槃、至晋才有瓷器。隋时瓷器颇流行；至唐禁铜器，而瓷器用途日广，当时产瓷之地：如洪州（今江西南昌县）、寿州（今安徽寿县）、越州（今浙江绍兴县）、鼎州（今湖南常德县）、婺州（今浙江金华县）、岳州（今湖南岳阳县）、邛州（今四川邛崃县，）均负盛名，而河南（今洛阳县）、邢州（今河北邢台县）二地所产，且列为贡品。至于武德中昌南镇（在今江西浮梁县）的瓷器，则又为今景德镇瓷器之祖。五代以后，制法益精⑥。二曰纺织业。隋、唐纺织业，也很发达，少府监所属织染署，即专司各种织物的制造。唐代织物：以河南道诸州的绢，益州（今四川成都县）的锦，润州（今江苏镇江县）的绫，常州（今江苏武进县）的䌷，越州和彭州（四川彭县）的缎为最著名。而亳州的轻纱，举之若无，裁以为衣，真若烟雾，尤为特产。他如宣州（今安徽宣城县）产兔毛褐，今湘、鄂、粤、桂所辖诸州的布，也甚有名。又织物印花，也始于此时。至于毛织品，则已详见第二十六章，兹不赘述。又刺绣业，在唐代亦称发达。三曰矿业。唐代矿业，也很发达，沿隋制，于京师置冶置，以管理全国矿区。当时银铜铁锡之冶，凡一百六十八处。大抵全数的大半都归国家经营，而私人采矿，却备受限制，且应纳税。当时金矿，以岭南道、剑南道的产额为最多；银矿以陕州（今河南陕县）、宣州、润州、饶州（今江西鄱阳县）、衢州（今浙江衢县）、桂州的产额为最多，金银虽有时用为货币，但只通行于上流阶级，而富豪之家，且用金银作首饰器具。铜的产额，以江南、河东、河南诸道为最多，其用途，以货币为主，此外也用作兵器及其他日用器具。铁的产额，以剑南、江南、河南三道为最多，其用途以铸造兵器和农器为主。此外还有铅锡诸矿，产量也多，但比之金、银、铜、铁，却相差颇远。

文宗时，曾以采矿之权，归于诸州，至宣宗时，因裴休奏请，才复归盐铁使专管，以供国用。其他如酿酒和制糖，已如前述；而漆工和螺钿木工，尤见精巧，其遗品至今还存。至于技巧：则隋代有五牙船，唐代田茂广造云艚，李皋造战舰[7]，均甚有名；而古代钟漏的制作法，至隋、唐之世，也有传者。

商业的发达和交通的整备，有很大的关系。炀帝开运河，已如前述；至唐天宝初，又开广运潭，以通广通渠，于是四方舟楫，都可会于长安城下。当时陆路交通，也很整备。交通既这样便利，再加上手工业的独立生产和农业技术的进步，就自然使商业日益发达。隋时，京师东市称都会，西市称利人，东都东市称丰都，南市称大同，北市称通远，而东都尤为繁盛，炀帝时曾徙诸州富商大贾数万家以实之。各市置令，隶太府寺，专司贸易之事；而北市商业尤为发达，其北临通济渠，上有通济桥，天下舟船，集于桥东，常万余艘。唐代京师，分东西二市，西市万商云集，波斯和大食商人，也多集居于此。东西两市，有一百二十行，如肉行、衣行、绢行、药行、银行等是。市中有邸（即仓库），有店铺，有车坊，有碾硙，可以借用。大抵当时所谓市，多属牙行，于客商与坐贾之间，担负买卖介绍的责任。又有柜坊，专为商人保管金银而设。国家于市场管理，设有市署和平准局。市署掌百族交易之事，规定斗秤大小，凡伪造品归署没收，凡货物不中量的市署得禁其发卖，其造弓矢长刀，均由市署立样。平准局专司物价调节，买贱卖贵，以防豪商的独占。京师之外，洛阳、扬州、成都、荆州也均设有市场，而以扬州商业为最发达；至于广州、明州等地，则专为对外贸易的要港。中叶以后，茶盐诸新产业次第发达，于是商务益盛。商业既这样发达，货币自然占重要的地位，加以德宗以后，租税多以钱折物，于是富商大贾，遂积钱以逐轻重，而高利贷资本益加横行作恶，民愈愁苦。

农业方面，如水车的制造，最有利于灌溉；如碾硙[8]的使用，使后来的舂米业变为碾米业，而以水力代人力；都是农业技术上的最大进步。至于开渠溉田，则史不绝书，当时农业的发达，可以想见。

六朝门阀之风，降至隋、唐不衰。隋制：工商不得仕进，有品爵的得免课役，足见工商和官阀，显有区别；此外还有奴婢和乐户[9]，其所处地位，更在工商之下。太宗时，深恶山东崔、卢、李、郑诸族，好自矜夸，因命高士廉等，编案天下谱牒，检正真伪，考定甲乙。首皇族，次外戚，次崔、卢、李、郑诸族，凡二百九十三姓，为九等，叫做氏族志。原来太宗的意思，想用政府的力量，摧抑旧日的士族，但士族在社会上的势力依旧可观，故望不减。不过自科举推行以后，寒门致身显贵的逐渐加多，于是士族和庶族通婚的，也就时有所闻。加之赐姓和义儿⑩制度，自唐至五代又风行一时，由是血统紊乱，谱牒不复足征，士庶之分也就逐渐平夷。其后将帅帝王，多由军士拥立，虽出自白身，却拥有实权，而旧日的士族，在战乱之际，反而失其位置，不为社会所重视，所以到了五代，取士便不问家世，婚姻便不问门阀，而门阀之习，至是荡然无存。门阀之习虽除，但良民和贱民之分又起。唐制：以工农商为良民，奴婢、番户、杂户为贱民，而以奴婢为最贱，终唐之世未改。又自隋废九品官人之法，即以科举取士。九品官人之法，固然产生了门阀的风尚。但中正官人，在当时还要顾到乡里的清议，所以士子慑于清议，行为自不能不加以检点。等到以科举取士，于是士子投牒自举，远离乡里，毫无忌惮，而奔走王公大人之间，以求仕进，便毫不为怪。甚至卫道统的韩愈，也不得不屈节三上宰相书，其他文人，不问可知。这样一来，虽打破了士族和庶族的身分，但士气之坏，却又是由此养成的。后来藩镇割据，需用人才，而士亦乐为之用，其结果，到了五代自然就生出像冯道一般的无廉无耻之徒了。至于由科举而产生的许多慕虚荣的风尚，却也是使士气败坏的一种原因。

隋、唐的风尚，大致如此。至于礼俗，以祭祀论：天地鬼神之祭，大抵都遵古制，惟太宗以左丘明、卜子夏二十二人配享孔子，是为以先儒配孔子之始。以丧礼论：虽依古制，但王公百官，竞为厚葬，明器墓田，均逾常数，至玄宗时，始下诏严禁，他如王玙于开元时充祠祭使，每行祠祈，或焚纸钱，是为后世焚化冥钱之始。开元二十年敕令寒食上墓，定为永式，是为后世寒食节扫墓之始。丧礼以纸作方相、魌头，是为后世开路神之始。以嫁娶论：仍沿六朝之习，颇尚门第。唐制：男子二十而娶，女子十五而嫁，足见早婚之习，至唐未绝。他如庆寿、宴游，也成风尚，且务为奢侈。

注释

①隋文帝时，户数为四百十万，因休养生息的结果，至炀帝大业二年，竟增至八百九十万。隋末大乱，至太宗贞观中，不满三百万。其后承平日久，至玄宗天宝十四年又加至八百九十一万。安、史乱后，户数锐减，故至肃宗乾元三年，便只有

一百九十三万。后至文宗开成四年，始又增至四百九十九万。

②原来唐制：贵族占田，均有制限。但在事实上，却不如此。太宗赐裴寂田千顷；张长贵、赵士达为泽州刺史，占部中腴田数十顷；高宗时，贾敦颐为洛州刺史，举没籍外所占田三千余顷；观此足见当时兼并之风的厉害。这种土地的集中，多由于王公百官富豪寺观的兼并，他们置有庄园，庄园里面，有地主的住宅，有耕地，有客坊、有碾硙。唐中叶以后，因为旧农村的荒废，于是自耕农失其地位，而降为佃户和庄客，住于客坊里面，专替地主耕作。所以土地愈加集中，自耕农就愈加贫困。

③饮茶之习，始见于三国，至唐始尚茶成风。《唐书·陆羽传》："羽嗜茶，著《茶经》三篇，言茶之原、茶之法、茶之具尤备，天下益知饮茶矣。时鬻茶者至陶羽形，置炀突间，祀为茶神。其后尚茶成风。回纥入朝，始驱马市茶。"唐时产茶之地以江、淮为最有名，而茶市最大的，则首推浮梁（江西今县）。

④《续通志·食货略》："唐德宗时，军用不给，乃税间架，算除陌。其间架法：座二架为间，上间钱二千，中间一千，下间五百。吏执笔握算，入人家计其数。除陌法者，公私给与及买卖，每缗官留五十钱，给他物及相贸易者，约钱为率算之。"按前者为家屋税，后者为移转税。《唐书·食货志》："大历元年诏：天下苗一亩，税钱十五，以国用急不及秋，方苗青即征之，号青苗钱。又有地头钱，每亩二十，通名为青苗钱。"按此都是在租庸调以外的剥削。

⑤行会制度起于隋代以前，详见北魏杨衒之所撰《洛阳伽蓝记》。不过隋唐时的行会，多工商不分，而且以商业行会占优势。

⑥五代初，吴越钱镠有秘色瓷，蜀王建有金棱碗，可见其时瓷器着色的进步。至周世宗创柴窑（在今河南郑县），其所烧瓷器，青如天，明如镜，薄如纸，声如磬，制造技术，至是益精。

⑦《隋书·杨素传》："素造大舰，名曰五牙，上起楼五层，高百余尺，左右前后置六拍竿，并高五十尺，容战士八百人。"又隋代精于技巧的，以何稠、宇文恺为最，详见《隋书》本传。《唐书·李密传》："命护军将军田茂广，造云䑕三百具，以机发石，为攻城机械，号将军炮。"《旧唐书·李皋传》："李皋常运心巧思为战舰，挟二轮蹈之，翔风鼓疾，若挂帆席，所造省易而久固。"

⑧按晋杜预造连机水碓，南齐祖冲之又造水碓磨，可见用水力以代人力，自晋即已通行。不过当时用的是碓，唐代用的是碾硙，在技术上却大有进步。

⑨《隋书·裴蕴传》："括天下周、齐、梁、陈乐家子弟，皆为乐户。"

⑩赐姓始于汉代。汉高祖灭项籍，封项伯等为侯，赐姓刘氏；娄敬以劝都关中，亦赐姓刘氏。北周杨忠本汉杨震后，以随宇文泰起事有功，赐姓普六茹氏；唐兴，杜伏威、徐勣，皆以效顺唐室，赐姓李氏。凡此都是因宠其功而赐姓，至安、

史乱后,其风遂大盛,重臣、藩将、降虏,亦往往赐姓李氏。如安息人李元谅,其初养于中官骆奉先,冒姓骆,以战功赐姓李氏,靺鞨人李怀光本姓茹,李叔明本姓鲜于,李抱玉本姓安,李忠臣本姓董名秦,李光进本姓阿跌,朱茂勋本回鹘阿布思之族,沙陀人李国昌本姓朱邪,朱思敬本姓拓跋。均以功赐姓李氏。五代后唐时,其风更甚,如赐梁降将段凝姓名为李绍钦,朱友谦姓名为李继麟,康延孝姓名为李绍琛,温韬姓名为李绍冲均是。后汉宦官滥膺封爵,无人承袭,于是相率养子以袭爵。至唐安、史乱后,藩镇跋扈,自身又往往为部众所拥立,故亦择其骁驵者养为义儿,以为维持地位之计,久之遂成风气。至唐末以中官典兵,更多养军中壮士为子以自大。如昭宗时杨复恭养宦官子六百,皆出为监军,即其著者。由是诸将仿效,而以前后唐为最多。前蜀王建义儿多至百二十人,后唐李克用更置有义儿军,嗣源、存孝均其儿。又周郭威,亦以柴荣为嗣。

第二十九章 五代之混乱

自朱全忠篡唐以后,即入于五代混乱之局。所谓五代,就是指梁、唐、晋、汉、周而言,这是旧史纽于帝王易代而起的称呼,其实五代并未一统全国,而同时据地称王的,还有十国,但以五代所据之地都在中原,所以旧史就把五代列入于朝代的正统。这五代、十国,多半是唐代藩镇的变形,自公元907年全忠篡唐,至九五九年周恭帝为赵宋所代,其间凡经五十三年,都是混乱之局。及赵宋剪灭诸国,中国复归一统,于是自天宝以来的军阀政治,才告结束。

全忠篡唐以后,改国号为梁(史称后梁),是为梁太祖(907—912)。以汴州为东都,洛阳为西都,初以东都为都,继又都西都。原来唐天祐三年(906)时,全忠进兵围沧州,节度使刘仁恭乞援于晋王李克用,晋攻潞州(今山西长治县),以解沧州之围,潞州昭义节度使丁会降晋,明年,全忠即帝位,克用亦病没,子存勖袭晋王位。全忠以丁会降晋,遂攻潞州,为晋将周德威所败。自是晋势愈振,而梁就衰。时王镕(成德节度使王庭凑之后)据赵州(今河北赵县),太祖怕他和晋通好,遂进讨王镕,镕求救于克用。梁乾化元年(911),晋军与梁战,梁兵大败,精锐殆尽。明年,卢龙节度使刘守光自称燕帝,且欲离间赵、晋之交。乾化三年,晋命周德威攻燕,燕求救于梁,太祖自将往援,为晋军所败,晋军乘胜入幽州,把守光及其父仁恭斩了。旋太祖为其子友珪所害,而太祖子友贞又杀友珪,即帝位,是为末帝(913—922)。这时魏博节度使杨师厚势很强,末帝乘师厚死,分魏博为两镇。魏博新节度使贺德伦乞援于晋,晋军大败梁师,自是河北全归晋有,时梁贞明元年(915)。贞明四年,晋又败梁军。明年,晋筑德胜(今河北濮阳县)南北二城,与梁相持,梁屡攻魏州、德胜,均不下。未几,存勖称帝于魏州,改国号为唐(史称后唐),是为庄宗(923—925)又大败梁军,直入汴州,末帝被害,梁亡。梁传二世,历二主,凡十六年。

庄宗既灭梁,迁都洛阳,于同光三年(925),命郭崇韬平前蜀。崇韬素和宦官不合,至是宦官勾结皇后刘氏,以诛崇韬事言于庄宗,庄宗竟命宦官马彦珪至成都斩崇韬。于是中外惊骇,讹言四起。魏博指挥使杨仁晸部兵皇甫晖乘之,杀仁晸奉赵在礼称乱邺都。

庄宗命李嗣源①往讨,进至邺都,嗣源兵忽鼓噪,打算奉嗣源称帝河北,嗣源以其婿石敬瑭②之劝,遂回兵汴州。时庄宗在洛阳,闻警沮丧,伶人郭从谦乘乱起事,就杀了庄宗。嗣源入洛阳即位,是为明宗(929—933)。明宗以租庸使孔谦苛敛,遂下令斩谦,并尽除谦所立的苛法。又以庄宗亡于宦官,因命诸道尽杀其监军,自是诸道监军使亦废。又用任圜为相,不到一年,军民皆足,朝纲粗立,所以明宗之世,于五代号称小康。明宗没,子从厚立,是为闵帝(934),为潞王从珂③所杀。后珂自立,是为废帝(935),素和河东节度使石敬瑭不睦,因移敬瑭镇天平(治郓州今山东东阿县)。敬瑭不受命,借兵契丹,进取洛阳,废帝自焚死,唐亡,唐传二世,历四主,凡十三年。

敬瑭既至洛阳,自即帝位,改国号为晋(史称后晋),是为高祖(936—942)。初都洛阳,后迁汴州。当高祖借兵契丹之时,曾奉表称臣,事以父礼,后又割燕、云十六州地④,以酬其惠,是为中国割地与夷之始。天福二年(937),契丹改国号为辽,自是终高祖之世,事辽甚谨。七年,高祖没,兄子重贵立,是为出帝(943—946)。时辽卢龙节度使赵延寿阴欲代晋,而晋平阳节度使杨光远又叛晋,于是延寿说辽主德光南征。开运元年(944),辽攻晋不利而退,杨光远之叛,也为晋所讨平。明年,赵延寿遣使报晋,伪言身患北房思归,约晋发兵为应,而辽将高牟翰又以瀛州诈降晋,出帝大喜。又明年,出帝命杜重威、李守贞出征辽,至瀛州,牟翰空城而去,晋军大败,重威降辽,于是辽兵攻入汴州,执出帝北去,晋亡。

晋传二世，历二主，凡十一年。

辽主德光既入汴州，遂纵酒取乐，又遣"打草谷军"，四山剽掠；又括借京城及诸州人民丝帛；于是内外怨愤，人思逐辽。辽主见势不佳，就弃众北归。时晋河东节度使刘知远（沙陀人）固守晋阳，等到辽入汴州，知远才称帝；及辽主北归，知远乃乘间下洛阳，入汴州，改国号为汉（史称后汉），是为高祖（947）。高祖没，子承祐立，是为隐帝（948—950）。这时杨邠总机政，史弘肇典宿卫，王章掌财赋，郭威⑤掌征伐，国赖以粗安。后隐帝信任群小，杀邠、弘肇、章诸人，朝政始乱。隐帝又遣使杀郭威，威将兵至汴州自诉，帝遣兵拒威，官军或降于威，或不战而退，帝遂为乱兵所害。威因迎立河东节度使知远弟崇之子赟为嗣，会辽兵南侵，威将兵拒辽，行至澶州（今河北濮阳县），将士大躁，裂黄旗加威身，群呼万岁，拥之南行。威遂入汴州，即帝位，改国号为周（史称后周），是为太祖（951—953），汉亡。汉传二世，历二主，凡四年。

周太祖即位后，即遣人杀刘赟，时赟父崇在太原，闻耗，遂称帝，是为北汉；遣使称侄于辽，辽册之为帝。太祖没，养子柴荣⑥继立，是为世宗（954—959）。北汉乘丧，借辽兵伐周，为世宗所败。时北汉、南唐、后蜀，都想凭借辽的兵力，以震动中原；所以世宗要想伐辽，就不得不用兵于南唐、后蜀。周显德三年（956），世宗伐蜀，连取阶（今甘肃武都县）、成（甘肃今县）、秦（今甘肃天水县）三州；明年，自将伐唐，尽取江北之地；又明年，沿舟师入江，唐割江北地以和。六年，世宗亲征辽，取瀛、莫、易（河北今县）三州，瓦桥关（在今河北雄县）以南之地，尽为周所恢复，于是周以瓦桥关为雄州，益津关（在今河北文安县）为霸州。世宗打算直趋幽州，以病卒而罢，子宗训立，是为恭帝。这时讹言北汉和辽兵入寇，殿前都点检赵匡胤率军拒战，行至陈桥驿（在今河南开封县北），夜深将士以黄袍加匡胤身，群呼万岁，拥之还汴州。匡胤因即位，奉恭帝为郑王，周亡。周传世三，历主三，凡九年。

自唐末至宋初，其间据地称强的，还有吴、南唐、前蜀、后蜀、南汉、北汉、楚、吴越、闽、南平十国，又有岐、燕二国，不在十国之内，今分述其兴亡于下，惟燕事附述于后梁，岐事散见于前蜀。

一曰吴的兴亡。吴杨行密，唐昭宗时，拜为淮南节度使，败秦宗权党孙儒，建府扬州，全有淮南。其后又并有濠（今安徽凤阳县）、泗⑦、苏、杭四州，屡败全忠军，于是尽有江南地。昭宗因以行密为行营部都统，赐爵吴王。行密没，子渥代为淮南节度使，唐封为弘农郡王。全忠篡唐之时，渥为其下张颢所害，行密第三子隆演继立，与徐温谋，诛张颢，隆演改称吴王。后梁末帝时，隆演没，弟溥立，徙都金陵。后唐明宗时，称帝，国号吴。这时徐温养子知诰专政，位至齐王。后晋高祖时，知诰遂篡吴。

二曰南唐的兴亡。南唐李昇，原系行密的养子，因不为杨氏诸子所容，才赐给徐温，冒姓徐氏，名知诰。及篡吴，又复姓李氏，更名昇。昇自谓唐宪宗之后，改国号为唐（史称南唐），仍都金陵。后晋出帝时，昇没，子璟立。璟灭闽灭楚，势最盛，辖地也最广。及后周世宗来伐，才屡为后周所败，并尽失江北地，去帝号，称国主，迁都洪州，留其子煜于金陵。宋初，璟没，煜立，为宋所擒，南唐亡。

三曰前蜀的兴亡。前蜀王建，本系田令孜的养子，唐僖宗时，拜为利州（今四川广元县）刺史，旋陷成都，自称西川留后，昭宗时，李茂贞谋劫迁车驾，建起兵勤王，因取山南西道诸州镇，于是茂贞之地，半入于蜀。这时茂贞称岐王，势仍盛。不久，建也自称蜀王。全忠篡唐，建才称帝，国号蜀（史称前蜀），都成都。后梁末帝时，建没，子衍立，至后唐庄宗时，为郭崇韬所灭。

四曰后蜀的兴亡。后蜀孟知祥，初事克用、存勖，为太原尹，崇韬平蜀，荐为西川节度使，后唐另以董璋为东川节度使。明宗时，知祥、璋同反，后唐发兵进讨，不克。后来璋又袭取西川，为知祥所败死，知祥就领有全蜀。闵帝时，知祥称帝，国号蜀（史称后蜀），仍都成都。知祥没，子昶立，当后晋为辽所灭时，昶乘间取秦、凤、成、阶四州。后周世宗时，昶遣使至北汉、南唐约同出兵伐后周。二国兵未出，后周师已取秦、成、阶诸州。至宋太祖时，昶降宋，后蜀亡。

五曰南汉的兴亡。南汉刘隐，唐哀帝时，为广州节度使。全忠篡唐，封南平王，旋进爵南海王。隐没，弟䶮立，遂称帝号，国名大越，又更号为汉（史称南汉），都广州。后晋高祖时，䶮没，子玢立，旋其弟晟杀玢而代立。至后周世宗时，晟没，子鋹立。宋太宗即位，先使李煜谕鋹称臣，而鋹不从，乃遣潘美进讨，鋹降，南汉亡。

六曰楚的兴亡。楚马殷本是秦宗权的部下，从孙儒剽掠江、淮以南，儒死，殷和刘建锋共有其众，推建锋为帅。唐昭宗时，建锋取潭州（今湖南长沙县），自称武安留后，旋建锋为部下所杀，众推张佶，佶转推殷为主，昭宗因以殷为武安留后，全定湖南地。全忠篡唐，封楚王，改潭州为长沙府，以为楚都。后唐明宗时殷没，子希声立，希声没，弟希范立，拓地日广。后汉高祖时，希范没，弟希广立。这时希广弟希萼为朗州（今湖南常德县）节度使，通款南唐，旋攻破潭州，杀希广，自立为楚王，尽以军政委其弟希崇。希崇作乱，缚希萼，自立为武安留后，遣彭师暠等幽希萼于衡山，师暠奉希萼为衡山王。于是楚势日衰；东境时为南唐所侵，而岭南一带又尽没于南汉，后卒为南唐所并，南唐封希萼为楚王，居洪州；希崇领舒州节度使，居扬州，楚亡。

七曰南平的兴亡。南平高季兴，本全忠将，为荆南留后，居荆州（今湖北江陵县）。后唐时，封南平王，旋与后唐通好，又称臣于吴。后唐明宗时，季兴没，子从诲立，乃进赎罪银三千两于后唐，得复南平王封，后汉隐帝时，从诲没，子保融立，悉以政事委弟保勖，宋兴，保融没，保勖立，入贡于宋。保勖没，子继冲立，降宋。

八曰吴越的兴亡。吴越钱镠，事杭州刺史董昌。昌遣镠取越州，昌遂移镇越州，而以镠知杭州事，其后下常州、润州、苏州；镠以功进至镇海节度使，治杭州。未几昌作乱称帝，为镠所平，镠就领有浙东西地。昭宗时。封为越王，旋又进封吴王，全忠代唐，改封吴越王。后唐代梁，镠遂以镇海节度使授其子元瓘，自称吴越国王，以杭州为都。后唐明宗时，镠没，元瓘立。元瓘没，子佐立，败南唐兵。后汉高祖时，佐没，弟倧立，为其将胡进思所废，弟俶立。宋兴，俶臣于宋，吴越亡。

九曰闽的兴亡。闽王潮，于唐僖宗时，与其弟审知随屠者王绪作乱于光州（今河南潢川县）。后王绪附秦宗权，渡江转掠入闽，部众杀绪，推潮为主，攻陷泉州，唐以潮为泉州刺史。昭宗时，自称留后，诏以为威武节度使。潮没，审知立，治福州，颇有善政。全忠代唐，封闽王。后唐庄宗时，审知没，子延翰立，自号闽国王。不久，延翰为其弟延钧所杀，延钧称帝。后晋高祖时，延钧为其臣李倣所杀，其子昶继立，昶又为其臣朱文进所杀，立审知少子曦。曦素与其弟延政不合，时延政为建州（今福建建瓯县）节度使，屡与曦构兵，互有胜负。旋延政称帝，国号殷，曦也自称大闽皇。后晋出帝时，文进又杀曦，部众推文进为主，称藩于后晋，封闽国王。未几，闽人杀文进，延政也改殷号闽，而其将李仁达又作乱。后南唐来伐，仁达败，降吴越，建州又为南唐所陷，延政降，闽亡。

十曰北汉的兴亡。北汉刘崇（即刘旻），为后汉高祖同母弟，仕高祖为河东节度使，镇太原，及郭威害其子赟，才称帝晋阳。国号汉（史称北汉）。崇没，子承钧立，困于辽。后周世宗时，承钧没，养子继恩立，为侯霸荣所害，继元代立⑧。宋兴，继元降，北汉亡。

注释

①嗣源本胡人，名邈佶烈，为克用养子。
②敬塘先世出于西夷，从朱邪氏归唐。
③从珂本姓王，汉人，为明宗养子。
④燕、云十六州：幽州治蓟，今河北北平。蓟州治渔阳，今河北蓟县。瀛洲治河间县，今河北河间县。莫州治庸（今河北庸宁县）。涿州治范阳，今河北涿县。檀州治燕乐，今河北密云县。顺州寄治营州，今河北顺义县。新州治永兴，今察哈尔涿鹿县。妫州治怀戎，今察哈尔怀来县。儒州治缙山，今察哈尔延武县。武州治文德，今察哈尔宣化县。蔚州治灵丘，今察哈尔蔚县。云州治定襄，今山西大同县。应州治金城，今山西应县。寰州治寰清，今山西朔县东。朔州治善阳，今山西朔县。
⑤郭威父死后，依潞州常氏，或云：本常氏子，母改适郭氏，因姓郭。
⑥郭威无子，以妻兄柴守礼之子荣为养子。
⑦唐置泗州，明属凤阳府，清初因之，其故城于康熙时沦入洪泽湖，后移置旧虹县地，民国改为泗县。
⑧继恩本姓薛氏，父钊，为兵，刘崇妻以女，生继恩；钊后与妻不睦自裁，崇女再适何氏，生子即继元。

第三十章 宋之统一及其初年之政治

五代以来，汉族势力渐就衰微，而域外民族如辽、金、夏却乘时崛起。宋自太祖开国，虽然统一宇内，结束了军阀政治，集大权于中央；但对域外民族，却始终无力征服。所以一到太宗之世，域外民族就相继寇边。到了钦宗之时，金人寇境，徽宗和钦宗竟为金人掳去，宋室至此，遂不得不偏安于南方。后来蒙古崛兴，竟灭掉宋室，君临中国。统观有宋一代，共传十三世，历土十八，凡三一九年，而其间汉族和域外民族斗争的期间，

却占了大部份,所以我们可以说宋代是汉族和域外民族战争的时代。现在先将宋代世系表列如下:

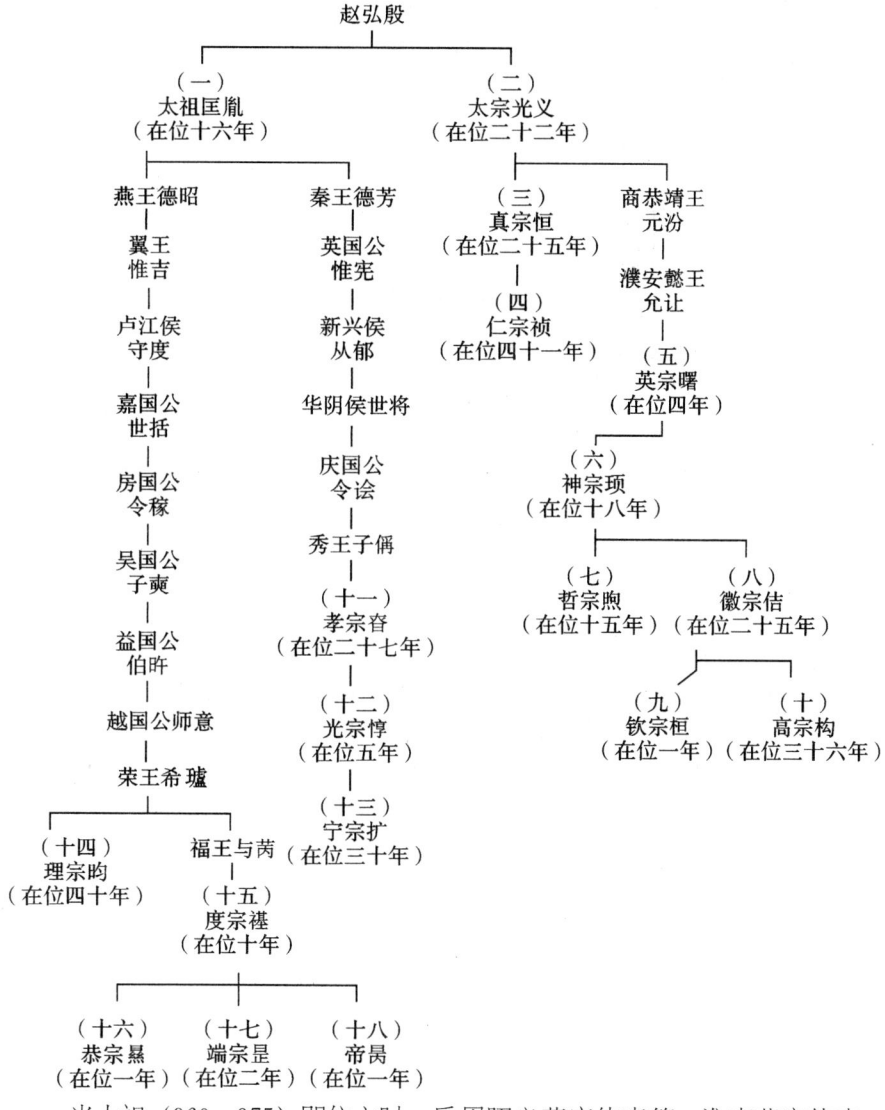

当太祖(960—975)即位之时,后周昭义节度使李筠、淮南节度使李重进均不服,太祖命石守信进讨,并车驾亲征,筠和重进都人败,自焚死。这时马氏之楚已亡于南唐,其将刘言镇朗州、王逵镇潭州,都受命于后周,后言为逵所杀,后周改以楚将周行逢镇潭州,以逵镇朗州。后逵又为其下所杀，于是行逢进据朗州，宋兴，行逢死，子保权嗣，其将张文表称乱潭州，欲进袭朗州，保权恐惧，乞援于宋。太祖建隆三年（962），命慕容延钊、李处耘假道南平以伐文表，继冲出降，于是南平为宋所有。宋师还未到达潭州，而保权将杨师璠已破文表；及宋师至潭州，还趋朗州，保权又打算拒宋，为慕容延钊所败，执保权以归；于是湖南为宋所有。明年，后蜀孟昶约北汉同侵宋；太祖命王全斌、刘光义进讨，昶出降，于是蜀地为宋所有。开宝三年（970），又命潘美伐南汉，明年，进逼广州，刘鋹出降，于是岭南为宋所有。开宝七年，太祖又命曹彬伐南唐，明年，进逼金陵，李煜降，于是江南为宋所有。又明年，太祖死，弟光义即位，是为太宗（976—997），吴越王钱俶来朝，旋尽献其地以降，诏封俶为淮海国王，于是两浙为宋所有。闽在五代之时，已为南唐所灭，其牙将留从效据漳、泉二州，从效死，子绍镃继立，为统军陈洪进所废，推张汉思为留后，洪进旋又幽汉思，而自为留后。及宋平南唐，吴越王入朝，洪进遣子入贡。太宗太平兴国三年（978），钱俶降宋，洪进也以地降，于是漳、泉为宋所有。太祖之世，先后遣王全斌、曹彬、潘美，伐北汉，均无功，而辽时助北汉。太平兴国四年，太宗命潘美，伐太原，别遣郭进以断辽兵来援。辽果以兵救北汉，郭进与辽师战于白马岭（在今山西忻县西南），辽军大败；太宗亲征至太原，继元以外援不至，遂降宋，北汉亡。北汉亡后，中国一统于宋。

　　宋初的政治，就是天宝以来的军阀政治的反动，其结果为中央集权。原来自唐末以后，中央所患，就是藩镇的跋扈和禁军的骄横。太祖即位，首先就解除禁军石守信等的兵权[①]，同时并令凤翔节度使王彦超、安远节度使武行德、护国节度使郭崇义、定国节度使白重赞、保大节度使杨廷璋诸人罢镇[②]，以解除他们的兵柄。至于其他节度使，则或因其身没，或因迁徙致仕，都以文臣代替使知州事，自是藩镇兵权渐失。太祖又更立法制，集权中央，以消弭镇患：（一）设通判于诸州，统治军民两政，事得专达，和诸州长吏均礼；又令节镇所领支郡，皆直隶京师，得直奏事，不属诸藩，这样一来，藩镇便失了民政之权；（二）又命诸州于度支经费外，一切财赋，均归中央，诸州不得占留；又于各路置转运使，以总利权，这样一来，藩镇便失了财赋之权；（三）又收诸州劲兵，列营京畿，以备藩卫；弱的留在本州，叫做厢军，不甚教阅，名虽为兵，其实不过给役而已；又选军中强勇，号为兵样，分送诸道，令如样招募；又分遣禁军，戍守边城，立更戍法，使往来道路，以习勤苦，均劳佚；自是将不得专其兵，兵不至于骄惰；（四）五代藩镇跋扈，敢于枉法杀人，太祖因下令凡诸州决大辟，均应录案奏闻，付刑部详覆之，这样一来，藩镇便不得专擅杀人。以上所述，系削夺藩镇实权的政策，所以立法很严；但大权既集于中央，内重之弊，便随之而起。太祖有见及此，所以中央政府以中书主民，枢密主兵，三司主财，各不相知，这样一来，宰相所统，便只限于民政，其他兵财两政，就无从过问了。再加上台谏之权特重，随时随事，台臣均得弹劾执政；于是所谓宰相遂益加无从擅专。可见太祖立法之初，也具有深意。至于对于人民，则大乱之后，太祖也和历代开国帝王一样，采取与民休息的政策：如榜《商税则例》，令官不得妄取；如诏免旱灾之地的田租，如禁别籍异财，禁赌博；如劝民重农，劝民储蓄：都是安集百姓、恢复农民生产力的政策。他如制禄特厚，以优礼士大夫，派遣重将镇守边塞，以御外夷[③]：都是宋初的要政。还有提倡气节和崇尚儒学，留到三十六章再讲。

注释

①《宋史·石守信传》："乾德（太祖年号）初，帝（太祖）因晚朝，与守信等饮酒，酒酣，帝曰：'我非尔曹不及此，然吾为天子，殊不若为节度使之乐。吾终夕未尝安枕而卧。'守信等顿首曰：'今天命已定，谁复敢有异心，陛下何为出此言邪？'……明日，皆称病，乞解兵权。帝从之，皆以散官就第，赏赍甚厚。"

②诸将与太祖共饮酒，太祖亦以酒酣谕以解兵意，次日均罢镇，奉朝请。

③以郭进、武守琪、李谦溥、李继勋御北汉，实以扼辽；以赵赞、姚内斌、董遵诲、王彦升、冯继业御西夏；其在东北，又以李汉超、马仁瑀、韩令坤、贺惟忠、何继筠以扼辽师的南下。

第三十一章　变法与党争

太宗没，太子恒立，是为真宗（998—1022）。当时政治，只是因循苟且，毫无建树。真宗没，太子祯立，是为仁宗（1023—1063）。这时朝臣范仲淹上书十事[①]，力主改革政治，但未见诸实行，仁宗没，嗣子曙立，是为英宗（1064—1067）。英宗没，太子顼立，是为神宗（1068—1085）。神宗励精图治，以王安石为相，尽革旧制，力去因循，于是变法运动起。那时急于要改革的，就是军政和财政。军政方面，以兵额论：太祖时三七八〇〇〇人，太宗时也还不过六六六〇〇〇人，真宗时就增加为九一二〇〇〇人，仁宗时竟增加为一二五九〇〇〇人，英宗时仍为一一六二〇〇〇人。

这些兵士都是由招募而来，或为市井的无赖子弟，或为陇亩力田之人，养于无事之时，并不识战阵为何事，所以饱于衣食，久而就流于骄惰。他如出戍和代还，还有额外的赏赐，这不但国力所不能支，并且姑息因循，却更加助长了兵士骄惰的习气。财政方面，以岁入岁出而论：太宗时，岁入二二二四五八〇〇缗，支出之外，还盈余大半；真宗时，岁入一五〇八五〇一〇〇缗，支出之外，还盈余二四〇七四九〇〇缗；仁宗时，岁入一二六二五一九六四缗，收支还能相抵；到了英宗之世，岁入虽有一一六一三八四〇五缗，但收支相较，还不足一五七二六〇四七缗，财政不足，惟一的办法，自然只有聚敛括削；结果人民负担日重，生活益苦；而政府的括削，也就到了括无可括的地步。这样一来，军政和财政需要改革，也就缓无可缓了：这就是变法前的局势。

安石为着整理财政，特建立"制置三司条例司"，凡一岁国家用度和郊祀大费，都由"制置条例司"编定预算，内廷土木工作，多所罢省，一年之间，计裁省冗费十分之四。至其所行新法，则如次所述：一曰青苗法。原来宋代有常平法，于各州县设常平广惠仓，如谷稍贵，即减价粜与贫民。后来常平法坏，于是蓄积之家，得以乘时抑塞农夫，邀勒贫民。安石因将常平广惠仓的蓄积，当农忙时借与农民，及秋，随赋税交纳，取息二分，叫做青苗钱。青苗法行，于是蓄积之家，不得邀其倍息，而农民得以赴时趋事，兼并不得乘其急。二曰募役法。原来力役，就是唐代租庸调法的庸，后来既行两税法，则庸钱已在两税之内，不应另外有所谓力役。然自唐中叶以后，仍按人户等第出力役，这便是于两税之外，又加重人民一层负担。宋代沿前代旧制，随户等签差以充役。当时力役重难，有破产不能给的，有父子兄弟不敢同居的，甚至有自杀以免子孙之役的，其惨苦不可胜言。安石因行募役法，以革其弊，其法："凡当役人户，以等第出钱，名免役钱。其未成丁、单丁、女户、寺观、品官之家，旧无色役而出钱者，名助役钱。凡敷钱，先视州若县应用雇直多少，随户等均取雇直；改已用足，又率其数增取二分，以备水旱欠阁，虽增毋得过二分，谓之免役宽剩钱。"这样一来，人民虽出役钱，而其身体却从此恢复自由，无复签差充役之苦，得以从事所操之业。三曰市易法。原来天下货物至京，市无常价，多为兼并之家所困，安石因仿周代司市汉代平准而立市易法，其法："在京置市易务官，凡货之可市及滞于民而不售者，平其价市之，愿以易官物者听；若欲市于官，则度其抵而贷之钱，责期使偿，半岁输息十一，及岁倍之。"这样一来,于是富商大贾不得乘急居奇,而贫穷之户却深受其惠。四曰均输法。我国旧有任土作贡的制度,汉、唐以来,人民除担负租税而外,依旧以土产充贡。宋仍旧制,诸路上供岁有定数。但因年岁丰俭不常,而诸路贡物又不能稍有变更,于是州县为着求副功令,迫不得已,就只好仰给于商贾,商贾乘公私之急,便操有轻重敛散之权。安石因建均输法,以革其弊,其法:"以发运(使)之职,改为均输,假以钱货。凡上供之物,皆得徙贵就贱,用近易远。预知在京仓库所当办者,得以便宜蓄买。"这种方法,本来可以流通货物、调节物价,使大商无从居奇操纵,但因其时朝臣刘琦、苏轼的反对,却不曾实行。五曰农田水利法。当时州县陂塘,多所湮废。安石因奏请神宗,诏州县兴修塘堰圩堤,并令民种植桑榆,于是六年之间(1070—1076),兴修水利田,凡一万七百九十三处,为田三十六万一千一百七十八顷。六曰方田均税法。从来田赋科则,最易紊乱:大抵田亩数目之具于官籍的,多无精确的编查,于是田赋失均,富的取巧抗匿,贫的转多桎梏。安石因立方田法,以整理土地,其法:以东西南北各千步之地为一方;方之角,立木为标帜。丈量之后,面积既定,于是参以地味,以定赋税。均税之法:县各以其租额税数为限,不收奇零,凡瘠卤不毛之地以及山林、陂塘、路、沟、坟墓,皆不立税。神宗时,曾推行此法,但整理所及,才过半数,因官吏奉行,多致骚扰,即诏罢方田。后来徽宗时,蔡京执政,复行方田法,推行不久,而宋室也就南迁了。七曰改革兵制。募兵的穷败,已如前述,安石为相,即实行改革兵制。熙宁元年(1068)诏令裁兵:凡不任禁军的降为厢军,不任厢军的免为民,冗兵由是大减。明年,又诏废诸军营,计一岁所省:为钱四十五万缗,米四十万石,䌷绢二十万匹,布三万端。明年,又改诸路更戍法,置将统兵,使兵知其将,将练其兵,平居知有训厉,而无番戍之劳,有事受命作战,庶兵不为无用。这是安石改革兵制的治标方法。至于治本方法,则以保甲法而推行民兵计划,以渐革募兵之弊。其法:令人民以五家为一保,五十家为一大保,五百家为一都保。保有保长,大保有大保长,都保有都保正、副。户有二丁的,以其一为保丁。初令每一大保夜轮五人,警备盗贼。后来教保长以武艺,令其转教保丁。募兵缺,则收其饟,以充民兵教阅之费。此外还有保马法[1],又置军器监[2],以总内外军器,也是和军政有关的新法。上面所述七项新法,前六项是属于财政的,其主要目的,在抑制豪强的剥削和兼并以救济贫民,而市易诸法,多少又带有以国家权力限制私人资本独占的倾向。此外还有关于学制和贡举的改革,留到三十六章再讲。

宋代朋党之争,始于仁宗时范仲淹与吕夷简之争③;英宗时,因追封濮王典礼④,又惹起了党争。至安石变法,而党争益烈。原来当安石初入相时,朝臣如韩琦、唐介、孙固、吕诲都力持反对,等到安石实行新政,旧臣便相率而去,不和安石合作。安石至此,就不得不引用新进,以为己助,所以陈升之、吕惠卿、章惇、曾布之流,均得入朝执政。这样一来,凡安石立一新法,旧臣便力加反对,而安石为着实行政策计,也就不顾一切,斥逐所有诋毁新政的人,于是而有新旧党争。神宗时,新党得政,安石本来可以借此大行新政,但是一方因为在诸州县推行新法的人,或逼于功令,有时失之操切,或所用非人,每每借新法以中饱私囊。所以新法的推行,遭遇着许多阻碍和非难,他方面又因为旧臣和后族的反对,益以天下久旱,饥民流离,于是力主变法的神宗,也就发生动摇,对安石顿起厌恶之心,安石不安于位,至是也就不得不求去职。安石一去,吕惠卿之流虽仍力守安石之政,但其求治之心不如安石之切,而植党揽权反较安石为甚,所谓新法,到了这个时候也就有名无实了。神宗没,太子煦立,是为哲宗(1086—1100),年幼,太皇太后高氏(神宗之母)临朝,以旧党司马光为相,尽罢新法,新党蔡确、章惇、吕惠卿等俱黜。光卒,又以吕公著为相,这时旧臣俱进,但诸人又不免以类相从,于是旧党之中,又有洛党、蜀党、朔党之分。洛党以程颐为首,蜀党以苏轼为首,朔党以刘挚、梁焘、王岩叟、刘安世为首。公著死后,各党攻击益烈,而洛、蜀两党尤甚。元祐八年(1093),高氏没,哲宗亲政,以章惇为相,复行新法,叫做"绍圣"之政。惇又引用蔡京及其弟卞,贬旧党吕大防、刘挚、苏轼、梁焘诸人于岭南,追夺司马光、吕公著谥号,其他范祖禹、程颐诸人,也遭贬斥。哲宗没,无子,太后向氏与群臣共立端王佶(神宗第十子)嗣位,是为徽宗(1101—1125),向氏临朝。一时颇进用旧党,罢免蔡京、蔡卞。不到一年,徽宗亲政,倾向新政,于是曾布勾结宦官童贯,得与韩忠彦(琦之子)并为宰相。旋布与忠彦交恶,布因引蔡京以自助,于是京得入朝。未几,忠彦去而布又为京所排,由是京为宰相,独揽大权,次第恢复新政,一意排斥旧党,诏司马光等二十一人子弟毋得居京师,又立党人碑,凡百二十人,书其罪状,叫做奸党。至是新党战胜旧党,党争遂止。然朝政尽归小人掌握,北宋统治,也就迫于末运了。

旧党尽除之后,大权落在蔡京手里。蔡京表面上在恢复新政,但实际上却在搜括人民,以供奉徽宗。京命童贯掌苏杭应奉局事,至东南一带监造御器。又命朱缅领花石纲,收买东南人家的花石,以入京师。又命孟昌龄为都水使者,创天成、圣功二桥,大兴工役。又造万岁山,穷极奢侈。自是徽宗侈于游宴,不问国事,帝又信京及其子攸的邪说,力崇道教,迎道士林灵素于京师,为建通真宫,其徒美衣玉食者近二万人;凡为道士的均有俸,每一道观给田亦不下数百千顷;凡设斋醮,每次所费辄数万缗;又置道阶官,立道学,编道史,自号教主道君皇帝。这样一来,国用日益不支,而聚敛搜括又已尽净,于是民不聊生,遂相率为盗。宣和二年(1120)方腊反于东南⑤,明年,宋江又以三十六人横行河、朔⑥,虽不久为朝廷所平,但山东、河北一带,盗匪所在均有,终北宋之世,朝廷不能定。这时金人崛起北方,势力最盛,所以宋自联金灭辽以后,金人乘宋室衰弱,拥兵南下,而宋室就不能不南渡了,其详留到三十四章再讲。

注释

①《宋史·王安石传》:"保马之法,凡五路义保,愿养马者,户一匹,以监牧见马给之,或官与其值,使自市,岁一阅其肥瘠死病者补偿。"

②《宋史·兵志》:"(熙宁)六年,始置军器监,总内外军器之政。先是,军器领于三司,至是罢之,一总于监,凡产材州置都作院。凡知军器监利害者,听诣监陈述,于是吏民献器械法式者甚众。"

③陈邦瞻《宋史纪事本末·庆历党议篇》:"仁宗景祐三年,范仲淹以吕夷简执政,进用多出其门。上百官图,指其次第。又为四论以献,大抵讥切时弊。夷简诉仲淹越职言事,离间君臣,引用朋党。仲淹对益切,由是落职。余靖请改前命,坐落职。尹洙上疏,自承是仲淹之党,夷简怒,斥监郢州酒税。欧阳修责司谏高若讷不能谏,若讷怒,上其书,修坐贬夷陵令。蔡襄作《四贤一不肖诗》,以誉仲淹、靖、洙、修而讥若讷。都人士相传写,鬻书者市之,得厚利。……御史韩缜,希夷简旨,请以仲淹朋党榜朝堂,戒百官越职言事者,从之。"又修有《朋党论》,可参看。

④英宗本濮王允让子,濮王死后,诏群臣集议追封濮王典礼,于是王珪、吕诲、范纯仁、吕大防、司马光等为一派,左仁宗而右濮王;韩琦、欧阳修、曾公亮、赵概等为一派,右仁宗而左濮王,结果后一派得势,而前一派诸人均遭斥贬。

⑤《宋史·童贯传》:"方腊托左道以惑众。时吴中困于朱勔花石之扰,比屋致怨;腊因民不忍,阴聚贫乏游手之徒,宣和二年十月起为乱。不旬日聚众至数万。徽宗遣童贯、谭稹为宣抚制置使,率禁旅及秦、晋、番、汉兵十五万以东。三年四月,生擒腊及妻邵子毫,杀贼七万。四年三月,余党悉平。"

⑥《宋史·侯留传》:"宋江寇京东,蒙上书言:'江以三十六人,横行齐、魏,

官军数万，无敢抗者，其才必过人。今青溪盗起（方腊青溪人，故云），不若赦江，使讨方腊以自赎。'帝命知东平府，未赴而卒。"又《宋史·张叔夜传》载叔夜平宋江事，亦可参看。

第三十二章　辽夏金之兴起

上面说过：自五代以来，直至宋代，是汉族式微、域外民族崛兴的时代。这时崛起的民族有三：即辽、夏、金。辽、金都属东胡族，夏属藏族。辽兴于五代之世，金、夏兴于宋时，均建置国家，定立制度，而和宋关系最密切。现在先将辽、夏、金三国的世系表列于下：

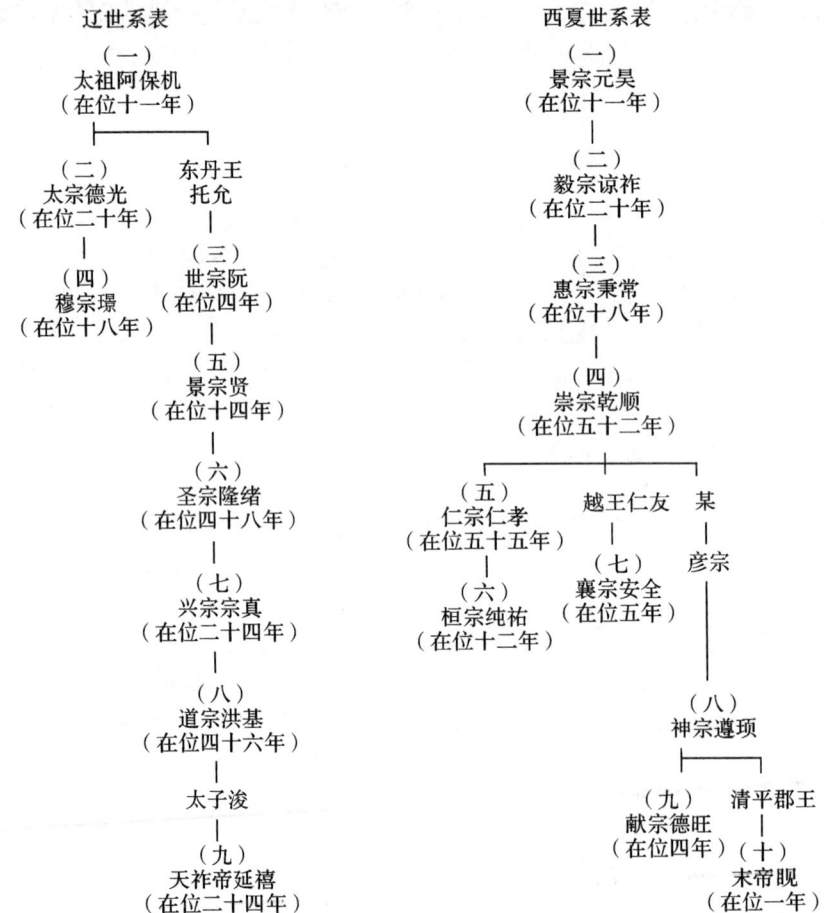

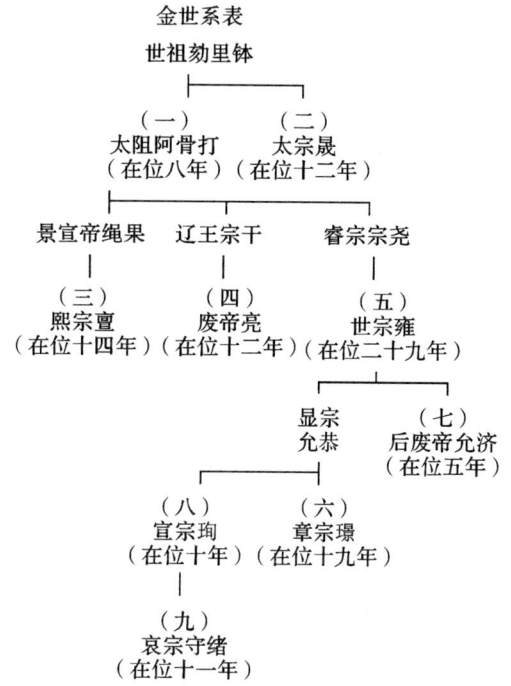

辽的先世，就是契丹，其建国，始于阿保机。这时契丹共分八部，部之长号大人，而常推一大人建旗鼓以统八部。当唐末刘仁恭据有幽州时，契丹正是遥辇氏统辖八部，那时仁恭屡攻契丹，契丹困甚。八部之人，以为遥辇氏不任事，遂共推阿保机代立。阿保机为人多智勇，善骑射，又听言汉人"中国之王，无代立者"的话，不肯代遥辇氏而立，而以威制八部；旋又诱杀八部大人，自立为可汗，治于汉城（今热河围场县西南）。自是阿保机尽力开拓疆土，平奚霫，征突厥、党项诸部。后梁太祖开平元年（907），阿保机率兵三十万，进窥云州，晋王李克用与之连和，约为兄弟；自是契丹才有侵凌中国之心。后梁贞明二年（916），阿保机称帝，是为契丹太祖（916—926），自号天皇王，以其所居横帐地名为姓，号世里（即耶律）。又用燕人韩延徽为相①，国益富强。后唐天成元年（926），又灭渤海国，更名为东丹国，命其长子托允镇守，号人皇王。这年，阿保机死，次子德光立，是为契丹太宗（927—946）。时后唐废帝从珂和石敬瑭交恶，敬瑭反，从珂遣张敬达进讨，敬瑭求救于德光，德光率兵大败敬达，立敬瑭为晋大皇帝。敬瑭感德光之助，遂割燕、云十六州以与契丹，约为父子，并岁输绢三十万匹。时后晋天福元年（936）。明年，契丹改国号为辽。后晋出帝时，德光攻入汴州，灭后晋；后德光以不得志于中国，遂率众北归，死于途中。德光死后，东丹王托允②子永康王阮（即鄂约）立，是为辽世宗（947—950）。鄂约慕中国风俗，多用晋臣，而荒于酒色，侮辱宰执，由是诸部叛变，鄂约兴兵追讨，也就无暇南侵。后来鄂约为部下所杀，德光子齐王璟（即述律）嗣立，是为穆宗（951—968）。述律年少好游戏，不亲国事。时后周世宗势盛，乘辽主昏庸，就收复了瓦桥关以南之地。自是辽势中衰，而宋太祖以初定中国，也无意北伐，直到宋太宗之世，辽和中国才起兵端。

夏之先世，已略述于二十一章中。到了唐末僖宗之时，其酋拓拔思慕③起兵讨黄巢有功，赐李姓，授定难军节度使，治夏州，拥有夏、银（今陕西米脂县）、绥（今陕西绥德县）、宥（今绥远鄂尔多斯右翼前旗地）、静（今米脂县西）五州。思恭卒，弟思谏代为定难军节度使。思谏卒，思恭孙彝昌立。后梁开平时，彝昌遇害，将士迎立其族子仁福。仁福卒，子彝兴立。宋初，加彝兴太尉职，率兵定北汉之乱，彝兴卒，宋追封为夏王，子克睿立，又累加检校太尉职。克睿卒，子继筠立，继筠卒，弟继捧立，率其族人，入朝宋太宗，献银、夏、绥、宥四州，太宗因以继捧为彰德军节度使。继捧族弟继迁不服，聚众袭取银州，降于契丹，契丹以为定难节度使，妻以宗女，评为夏王，于是继迁势盛，屡侵宋边。宋太宗用宰相赵普计，复命继捧镇夏州，赐姓名赵保忠，充定难军节度使，使往招继迁。太宗淳化二年（991），继迁悔过请降，宋授以银州观察使，赐姓名赵保吉，又以其弟继忠为绥州团练使，赐姓名赵保宁。旋保忠为保吉所诱，合兵进寇灵州（今宁夏灵武县），太宗以李继隆为河西都部署，率师进讨。时保忠已附契丹，继隆入夏州，执保忠，送至汴州；太宗又削保忠姓名，复为李继迁，继迁遂服。后继迁又叛，继隆往讨不克。太宗卒，真宗立，继迁遣使修贡，真宗复赐以姓名，拜定难军节度使，以其子德明为行军司马。真宗咸平五年（1002），继迁又叛，攻陷灵州，真宗因与继迁议和，割夏、绥、银、静、宥五州以与继迁。明年，继迁进攻西凉府④，大败，中流矢遁死，子德明立，称臣于宋，宋以德明为西平王；这时辽欲倚夏困宋，也册封为大夏国王。明道元年（1032），德明卒，子曩霄（本名元昊）立。仁宗宝元元年（1038），元昊称帝，国称大夏（史称西夏），是为景宗

(1138—1148)。自是夏益强盛，与宋时有和战。

　　金的先世，出于靺鞨。靺鞨本号勿吉，当古肃慎地。勿吉在北魏时，分为七部：即粟末部、伯咄部、安车骨部、拂涅部、号室部、黑水部、白山部。至隋始称靺鞨，而七部并存。唐初，只有黑水靺鞨、粟末靺鞨二部，其他五部无闻。粟末靺鞨附高丽，建立渤海国。黑水靺鞨于唐玄宗时入朝，置黑水府，拜都督，赐姓名李献诚；后来渤海国强大，黑水靺鞨遂役属渤海，不通于唐。五代时，契丹灭渤海国，尽有其地，于是黑水靺鞨全役属于契丹。契丹把黑水靺鞨分为两部，在混同江之南入契丹籍的，叫做熟女真；在混同江之北不入契丹籍的，叫做生女真。金的始祖名哈富，本来是高丽人，年六十余，始从高丽移居生女真的完颜部，娶完颜部女，生二子，长名乌噜，次名斡噜，这样一来，哈富就做了完颜部人。哈富卒，子乌噜立，史称为德帝；乌噜卒，子巴哈立，史称为安帝。巴哈卒，子绥赫立，史称为献祖。绥赫以前，都是穴居，至是才定居安出虎水（今阿勒楚喀河），筑室而居，并知耕垦树术。绥赫卒，子舒噜立，史称为昭祖，其势渐强，仕辽为特哩衮（辽官名，掌宗族，和唐的宗正卿相同）。舒噜卒，子乌古鼐立，史称为景祖，辽以为生女真节度使。那时邻国以甲胄出售，乌古鼐以厚价购之，于是修弓矢器械，兵势稍振。宋神宗熙宁八年（1075），乌古鼐卒，子合理博立，史称为世祖，袭节度使职，征服叛部，基业渐固。合理博卒，母弟蒲拉舒立，史称为肃宗，时宋哲宗元祐七年（1092）；其后蒲拉舒卒，弟盈格立，史称为穆宗；盈格卒，合理博子乌雅舒立，史称为康宗：都相继为生女真节度使，削平诸部，生女真渐次一统。宋徽宗政和三年（1113），乌雅舒卒，弟阿古达（一作阿骨打）立，这便是金太祖（1115—1122）。阿古达在位，和辽的关系日密。时辽天祚帝在位，淫酗好猎，每年遣使到女真求名鹰海东青，骚扰最甚，为女真人厌苦，颇有叛辽心。阿古达就借此激怒部众，陷辽宁江州（在吉林北松花江右岸，今乌拉旧城），时徽宗政和四年。明年，阿古达即帝位，国号金⑤，更名旻，又取辽咸州（今辽宁铁岭县东）。辽遣使求和，金不许，又进取辽黄龙府，天祚帝因自率兵十余万，亲征阿古达，及师渡混同江，而辽内乱起，天祚帝仓猝西还，阿古达追击其后，大败辽兵。政和六年，辽将高永昌又据东京以叛，金兵往攻，杀永昌，遂取渡东京，其南路籍系契丹的女真至是亦降于金。辽以耶律淳为都元帅，督师再御金，辽师再败，于是辽之显（今辽宁北镇县)、乾、懿、川、濠（四州均在北镇县境）、复（今辽宁复县）、成（今辽宁义县）、惠（今热河喀喇沁右旗界内）八州尽归金有，辽地日蹙，而金势日强，未几就有宋、金相约合攻夏之事。

注释

①韩延徽本刘守光参军，守光末年衰困，遣延徽求援于契丹，契丹因留延徽，至是用为宰相。

②《五代史·四夷附录一》："初，阿保机死，长子东丹王突欲（即托允）当立，其母述律，遣其幼子安端少君之扶余（是时归东丹王镇守）代之，将立以为嗣。然述律尤爱德光。德光有智勇，素已服其诸部。安端已去，而诸部希述律意，共立德光，突欲不得立。长兴元年（后唐明宗年号），自扶余泛海，奔于唐。明宗因赐其姓为东丹，而更其名曰慕华，以其来自辽东，乃以瑞州为怀化军，拜慕华怀化军节度，瑞慎等州观察处置等使，其部曲五人，皆赐姓名。"按李慕华后为废帝从珂所杀。

③按拓跋氏本鲜卑种，系在党项中为酋长。

④宋初以凉州为西凉府，即今甘肃武威县。

⑤《金史·太祖纪》："收国元年（阿古达年号，即宋徽宗政和五年）正月壬申朔，群臣奉上尊号，是日即皇帝，上曰：'辽以镔铁为号，取其坚也。镔铁虽坚，终亦变坏；惟金不变不坏。金之色白，完颜部色尚白。'于是国号大金，改元收国。"

第三十三章　宋与辽夏之关系

原来自太宗削平北汉以后，欲乘机恢复燕、云，才有与辽构兵之事。太平兴国四年（979），太宗亲征辽，进围幽州。时辽主景宗贤在位（969－982），国事决于皇后萧氏，见幽州被围，就命耶律休格（一作耶律休哥）率兵往救，宋师大败。明年，辽侵雁门，为杨业所败。未几，又进围瓦桥关，休格大败宋师，追至莫州。七年，贤没，子隆绪立，是为圣宗（983－1030），复国号为契丹。隆绪年幼，太后萧氏专政，贺令图等因请太宗乘机恢复幽、蓟。雍熙三年（986），命曹彬、潘美等率兵进讨契丹，大败而还。于是契丹连陷瀛、深、邢、德诸州①，剽掠而去。隆绪之时，为契丹全盛时代，真宗景德元年（1004），隆绪攻澶州，中外震骇。朝臣均主迁都，独宰相寇准力主亲征。真宗听从寇准的话，车驾渡河，次于澶州，尽以军事付准，准号令严明，士卒畏悦。隆绪恐惧，因与宋议和，结果：宋纳契丹岁银十万两，绢二十万匹，隆绪称真宗为兄，真宗称萧氏为叔母。和议既成，两国都罢兵，史称为澶州之盟。仁宗天圣九年（1031），隆绪没，子宗真立，是为兴宗（1031—1054）。时宋正有事于西夏，宗真打算乘隙取瓦桥关以南地，因遣刘六符等来求地。仁宗命富弼至契丹报聘，弼力言用兵利在臣下，言和利在主上之理，宗真才打销用兵之意，但要求增加岁币银绢各十万两匹，宋许其请，时庆历二年（1042）。仁宗至和二年（1055），宗真没，子洪基立，是为道宗（1055—1101），于英宗治平三年（1066），复国号为辽，期与宋定疆界。神宗熙宁七年（1074），洪基遣萧禧来，请另定疆界。时王安石为相，神宗因问安石，安石说："将欲取之，必姑与之。"神宗听从安石的话，于是诏以蔚、应、朔三州分水岭为两国界，东西丧地，凡七百余里。自是终神宗之世，两国无兵事。徽宗建中靖国元年（1101），洪基没，孙延禧立，是为天祚帝（1101—1124），荒于政治，辽势大衰，时金势日强，到了辽将耶律余睹（一作耶律伊都）投降于金，于是金人灭辽之心益决。徽宗宣和三年（1121），金以余睹为向导，进兵攻辽。明年，取辽中京，延禧奔夹山（今绥远五原县西北），留宰相李处温与燕王耶律淳守燕京②。延禧既奔夹山，于是李处温、耶律大石（一作耶律达什）等拥立淳为皇帝，尽有燕、云、平州、辽西、上京之地，延禧所有不过沙漠以北诸番部而已。未几，西京为金所陷，而宋又有约金攻辽之事。原来当童贯使辽时，燕人马植力主联金灭辽；童贯返国，就把他带归，引见徽宗；徽宗纳其说，赐姓名赵良嗣，自是徽宗才有收复燕、云之意。宣和元年，金遣使来聘，是为宋、金通好之始。明年，宋命良嗣使金，相约金取中京，宋取燕京，金主阿古达许之。四年，命童贯伐辽，反为辽所败，而辽中京已为金所下。是年，淳死，其妻萧氏称制，遥立延禧次子秦王定为帝。宋闻淳死，复命童贯、蔡攸攻辽，又为辽将萧干所败。贯以伐辽无功，恐得罪，就遣人至金，约夹攻燕京。阿古达因分三道进兵，陷燕京。萧氏出奔，伴耶律大石归延禧于夹山，延禧杀萧氏，萧干亡入奚。时延禧亦为金所困，奔云内（今绥远乌喇特旗西北），辽将共立其子雅里为帝。雅里寻死，又立宗真孙珠尔为帝，不久，珠尔为乱兵所杀。六年，延禧欲谋收复燕、云，又为金所败，走山阴（夹山北）。明年，奔党项，在途为金兵所获，辽亡。

辽既亡，其将耶律大石遂率铁骑二百西走，建都于别喇萨军（今俄属中亚细亚七川州界内），自立为帝，是为西辽德宗。再传至卓勒古，为鞑靼别部乃蛮王屈出律（一作古出鲁克）所灭。

原来阿保机的立国，实本于汉人之教。现在拿辽的制度来说，就可以看出辽人汉化之深。以官制论：有南北二面，南面主汉人之事，中央有三师三少三公，有枢密院，有三省，有吏、户、礼、兵、刑、工六部，有御史台，有翰林院，有太常、光禄、卫尉、宗正、太仆、大理、鸿胪、司农八寺，有秘书、司天、国子、太府、少府、将作、都水七监，其职掌均与汉制相同。地方则京官于东中南三京③设宰相府，五京设留守司及都总管府；州官有刺史、节度使、观察使、团练使、防御使等职，县官有县令，都是治民之官。北面主蕃人之事，其官制与南面稍有出入，兹从略。以刑法论：刑名分死、流、徒、杖四种，又有籍没之法，十恶之罪。以学校论：上京、南京均有太学置祭酒、司业等官，又设学养士，颁《五经传疏》，置博士、助教各一人，又有府学、州学，分设各府道。他如科举，虽全为汉人而设，但其立法，完全和唐、宋之制相同。其次拿文化来说，阿保机能通汉语，其长子托允也工画知书，他如隆绪、宗真、洪基、延禧诸主都无不精通汉学。阿保机又用汉人，增损隶书，制契丹字数千；托允且用契丹字译《阴符经》，萧韩家奴也用契丹字译《贞观政要》《五代史》等书。但契丹喜用汉人，故汉文流行于皇族之间，如托允、耶律国留、耶律资忠、耶律庶成、耶律富鲁诸人，都以工汉文汉诗著名。他如礼仪、音乐，也多模仿汉制。

夏自元昊袭位，励精图治，国始强大。又败吐蕃、回鹘，疆土大辟，据有夏、绥、银、宥、静、灵、盐、会、胜、甘、凉、瓜、沙、肃、洪、定、威、龙十八州④，于仁宗宝元元年（1038），自称大夏皇帝。仁宗闻元昊称帝，即下诏削其官爵，绝互市。明年，元昊反，寇延州（今陕西肤施县），大败宋守将范雍。又明年，宋以夏竦经略陕西，而使韩琦、范仲淹为副，并令仲淹兼知延州。庆历元年（1041），元昊寇渭州（今甘肃平凉县），韩琦命任福拒战，宋兵大败，福战死。明年，元昊进攻镇戎军（今甘肃固原县），宋王沿命葛怀敏拒战，宋兵溃败，夏师长驱，直抵渭州，焚掠而去。夏自三次战胜宋师以后，国中财力大感不给，于是遗书宋将庞籍请和，自称男帮泥鼎国乌珠，上书父大宋皇帝，更名曩霄而不称臣。四年，和议成，宋册封元昊为夏国王，岁赐银绢绮茶共二十五万五千。八年，元昊没，子谅祚立，是为毅宗（1048—1067），先是鄜州（今陕西鄜县）守将种世衡筑青涧城（陕西今县）以备夏，朝廷以世衡知青涧事。世衡卒，子谔继知城事。英宗治平四年（1067），谔袭取绥州，边衅于是再开。不久，谅祚卒，子秉常立，是为惠宗（1068—1086），寇边如故。神宗熙宁二年（1068），宋改筑绥州城，赐名绥德。明年，夏兵入寇，神宗用韩绛为陕西宣抚使，并起用种谔，杀败夏人，进筑啰兀城（在今陕西米脂县北），又明年，夏大举入寇，啰兀城不守，宋罢斥韩绛、种谔。时王韶诣阙上平戎三策，以为欲取夏，当先复河湟⑤，欲复河湟，当先以恩信招抚沿边诸种，使夏人无所连结。王安石听从其言，使韶主洮河安抚司事。五年，韶攻吐蕃，大胜，遂取武胜（今甘肃临洮县），立为城，号镇洮军；同年，复开置熙河路⑥，以韶为经略安抚使。元丰四年（1081）夏有内乱，神宗乘之，诏以宦者李宪会同种谔、高遵裕等分道伐夏，反为夏兵所败。明年徐禧筑永乐城（在今陕西米脂县西），亦为夏人所败，徐禧战死。哲宗元祐元年（1086），秉常死，子乾顺立，是为崇宗（1087—1138），以连年和宋构兵，国益困敝，就归还了永乐之俘百余人，宋亦以神宗时所得的米脂、葭芦（今陕西葭县）、浮图（今陕西绥德县西）、安疆（今甘肃庆阳县东北）四寨还夏。但因划界未定，侵寇仍不绝，于是知渭州章楶请进城平夏（今甘肃固原县），以逼夏人，诸路同时进兵拓地，夏人无力抵抗，遂介辽人以乞和，哲宗元符二年（1099），和议成，自是终北宋之世，无甚兵争。

元昊用汉人张元、吴昊为策士，凡立国规模，都出于他二人的计划。其官分文武班，有中书、枢密、三司、御史台、翊卫司、官计司、受纳司、农田司、群牧司、文思院等名称，自中书令以下，皆分命蕃汉人为之。又立蕃学和汉学。其兵制：凡男年十五为丁，每二丁取正军一人，给马、驼各一，使从事战争。元昊善绘事，通汉文，当自制蕃书，字形体方整，类八分书，教国人纪事用蕃书，又译《孝经》《尔雅》《四言杂字》为蕃语。谅祚又遣使至中国，求得《九经》。乾顺以后，兴学养贤，崇祀孔子，其重视汉人文化，可以推见。

注释

① 深州今河北深县。邢州今河北邢台县。德州今山东陵县。

② 耶律淳为宗真次子耶鲁斡之子。

③ 辽五京：一上京临潢府，本名皇都，在今热河林西县；一东京辽阳府，本名南京，在今辽宁辽阳县；一中京大定府，在今热河平泉县东北；一南京析津府，亦称燕京，在今北平；一西京大同府，在今大同县。

④ 十八州有今甘、陕北境及绥远、宁夏南部。

⑤ 甘肃陇西县以西岷县、临潭县沿洮河一带之地，均属河湟地，唐中叶后，为吐蕃所陷，后来虽经收回，但蕃族留居其地的很多。

⑥ 熙河路本唐熙州、河州地，熙州在今甘肃临洮河县，河州在今甘肃临夏县。

第三十四章　宋与金之关系

宋和金的交涉，始于约金伐辽。原约于克辽之后，要求将五代时陷入契丹的汉地归还中国。及金克复了中京和燕京，金便只许将燕京及蓟、景①、檀、顺、涿、易六州还给中国，宋人却除原有要求外，还索取营、平、滦三州②，金人乘其战胜的余威，亦提出强硬的抗议。宋知力不能抗，而诸州除涿、易二州由辽将郭药师降宋外，其他又都在金人手里，宋廷不得已，只好牵就成盟。结果是：宋岁输银绢各二十万两匹，又别输燕京代税钱一百万缗，遣使贺金主生辰及正旦，并置榷场许其贸易。时徽宗宣和五年（1123），是为宋、金第一次媾和。这年五月，金人就把燕京和景、蓟、檀、顺之地来归，旋又还了应、蔚、儒、妫、奉圣、归化六州。八月，阿古达卒。弟晟（本名吴乞买）立，是为太宗（1123—1134），又以武、朔二州来归。平州地方，金人既不还宋，就建为南京，以辽将降将张觉（一作张瑴）留守。旋觉叛降宋，宋诏纳之。未几，觉为金人攻败，金人索取觉，宋无法，只得缢杀张觉，函其首以畀金。金人借为口实，说宋纳金降将，于宣和七年（1125）命斡离不、粘罕③分东西两路入寇，宋以郭药师守燕山，见斡离不来攻，就降了金人。时徽宗业已禅位其子桓，是为钦宗（1126）。斡离不闻徽宗内禅，遂进围汴京，宰相李纲力主固守，而朝臣李邦彦、张邦昌等主和。会宋将姚平仲夜袭金营不克，金人就借为口实，更加崛强，宋廷不得已乃罢李纲以谢金人，并与金人言和，结果刮借京城金二十万两，银四百万两以与金，并以肃王枢（钦宗弟）为质，斡离不才解围北还：是为宋、金第二次媾和，时钦宗靖康元年（1126）。金师西路进至太原，及闻斡离不议和，饱载而归，粘罕也就遣人来索赂，宋拘其使者。

粘罕大怒，就分兵再犯，未几，金人攻陷汴京，掳徽宗、钦宗及后妃宗室等北去④，而立宋臣张邦昌为楚帝，以治江南，时靖康元年。这时钦宗之弟康王构，开大帅府于元扬州，从宗泽诸人之请，遂趋南京（今河南商丘县）即位，是为南宋⑤高宗（1127—1162）。高宗初立，即起用李纲为相，以宗泽为汴京留守。旋金兵进逼，李纲请幸关中，宗泽请还汴京，以系中原人心，帝皆不听，竟南幸扬州，罢李纲，而用黄潜善、汪伯彦诸小人。金人闻高宗出走，就命粘罕、斡离不会师濮州（今山东濮县），遣兵南下，于是山东东北各地尽为金有。金兵进迫扬州，高宗逃到杭州，金人焚扬州而去。时高宗建炎元年，是为金人第一次南侵。三年，金兀术⑥又大举入寇，进逼建康。这时杜充守建康⑦，与兀术力战，而韩世忠守镇江坐视不救，充不得已，遂降金。于是兀术进逼临安府⑧，高宗先已逃至明州（今浙江鄞县）。明年，金兵攻破明州，高宗入海，金兵用舟师追之三百里，不及而还。于是兀术"衷所俘掠"而北，到了镇江，世忠以舟师邀之江中，相持于黄天荡（今江苏江宁县东北）者四十八日，兀术大窘，旋因世忠所用的是大船，无风不得动；为兀术用火攻所破，宋师大溃，世忠仅以身免，兀术才得北还。是为金人第二次南侵。

以上所述，系就东南一方面而言，至于西北关、陕一带，也早为金人所注目。建炎四年，金以胜果⑨为西路监军，而以娄室攻陕，兀术也到陕西去应援。富平（陕西今县）一役，宋守将张浚大败，关中多为所陷。时吴玠及弟璘守和尚原（在今陕西宝鸡县西南），以断金人来路。绍兴元年（1131），金进攻和尚原，兀术大败，仅以身免。三年，玠、璘与金人战，大败，金师入兴元，蜀中大震；幸金人以馈饷不继，被璘等所邀击，蜀得安全无事。不久，兀术又进攻和尚原，和尚原不守，玠等退保仙人关（今陕西凤县西南）。明年，兀术又攻仙人关，玠、璘等力战，才把金人打退，金人退据凤翔，西蜀始得保全，但关、陕已为金人所有。

金人既得河南、山东之地，又恐汉人难治，于是立宋降将刘豫于大名。国号齐，予以河南、陕西之地，介居金、宋之间，时建炎四年。刘豫南下攻宋，为岳飞所败。豫恐惧，乞援于金，金命挞懒⑩率兵五万会豫军同时攻宋，而以兀术为前锋，时绍兴三年，大仪（今江苏江都县西）一役，韩世忠大败金兵。会金太宗病笃，兀术等才引兵北还，是为金人第三次南侵。明年，金太宗卒，亶⑪立，是为熙宗（1135—1148），高宗亦还临安。金兵既退，高宗遂亲征刘豫，大败豫兵。金人知豫不足抵御宋人，遂废为蜀王。自是高宗奠都临安，南宋立国之基始固。原来当宋室南渡之始，江淮一带群盗蜂起，后来赖岳飞、韩世忠之力，才把他们剿平。群盗肃清之后，张浚、韩世忠、岳飞诸将便请进兵，规复中原。时金熙宗初立，老将剩下的只有挞懒、兀术二人，而挞懒行辈最高，独握大权，和左相宗隽⑫太师领三省事，宗磬⑬各怀异志，跋扈嗜利。宋人就利用这个机会，命王伦使金，求刘豫所辖河南、陕西之地还宋；时绍兴七年。明年，高宗用秦桧为相，专意言和；桧本与挞懒友善，所以和议更易进行。又明年，金果以河南、陕西之地还宋。这时张浚、岳飞虽反对议和，却都为秦桧所扼。后来挞懒谋反伏诛，兀术代执大政，遂变前议，于是和议破裂，战端再开。十年，兀术攻河南，娄室攻陕西。兀术攻入汴京，河南州县多陷，前锋到了顺昌（今安徽阜阳县），才为宋将刘锜所败，岳飞又在郾城（河南今县）大败兀术。娄室入陕西，也为吴璘所扼。岳飞乘胜，进至朱仙镇，距汴京只有四十五里，本有指日渡河之势。谁知秦桧欲划淮以北与金和，于是诏令岳飞班师，飞等新复诸府州又尽为金有。十一年，兀术攻入庐州（今安徽合肥县），幸刘锜、杨沂中大败金人，才把庐州收复。是为金人第四次南侵。时桧又诏锜等班师，于是战事全停，而和局开始。原来桧与金言和，兀术曾遗书桧，有"必杀飞，始可和"之语，桧也以飞不死，终梗和议，所以毕竟把飞杀掉。十二年，和议告成，其条件如次：一，宋称臣奉表于金，金册宋主为皇帝；二，岁输银绢各二十五万两匹；三，金主生辰及正旦，宋遣使致贺；四，东以淮水、西以大散关（今陕西宝鸡县西南）为两国国界。至是金始归还徽宗梓宫及高宗生母韦氏于宋。是为宋、金第三次媾和。十九年，金熙宗被杀，亮立⑭，是为废帝（1149—1160）。三十年，亮迁都汴京，欲统一天下，遂发兵入寇，方至采石（今安徽当涂县西北），而其弟雍⑮已自立于辽阳，是为世宗（1161—1189）。亮欲北还，采石一役，为虞允文所败，于是转趋扬州，又为其部下所杀，金兵引还：是为金人第五次南侵。金兵北退，宋乘机收复两淮州县，又东取唐、邓、陈、蔡、海、泗诸州，西取秦、陇、商、虢诸州，兵势颇振。三十二年，高宗传位于昚，是为孝宗（1163—1189），自称上皇。孝宗日以恢复宇土为心，用张浚为两淮宣抚使，收复虹县（今安徽泗县）、灵璧（安徽今县）和宿州（今安徽宿县）。后宋兵不设防备，金人反攻，宋兵大溃于符离（在宿县境内），于是用兵无功，而和议再开。孝宗隆兴二年（1164），和议告成，其条件如次：一，宋主称金主为叔父；二，改诏表为国书；三，岁输银绢各减五万两匹；四，疆界如绍兴时：是为宋、金第四次媾和。媾和以后，两国都力谋休养，南北安然无事者垂三十余年。淳熙十六年（1189），孝宗内禅太子惇，是为光宗（1190—1194），尊孝宗为寿皇圣帝；同年，金世宗也病没，孙璟⑯立，是为章宗（1190—1208）。绍熙五年（1194），寿皇没。光宗亦内禅嘉王扩，是为宁宗（1195—1224），尊光宗为太上皇帝。宁宗即位，以赵汝为相，引用朱熹以为己助，与韩侂胄不相容。时侂胄出入宫掖，居中用事，不久就把朱熹、赵汝为排挤而去。又设道学之禁⑰，以排除汝为、朱熹门下知名之士。这一来，太学生和道学中人便对侂胄颇多清议，于是侂胄想建边功，"以间执人口"，而伐金之事又起。开禧二年（1206），下诏伐金。开战未久，到处皆败，襄阳、两淮之地又多失陷。侂胄至是，便命邱密使金乞和。金人要求先斩侂胄，始肯言和。宁宗皇后杨氏，素与侂胄不和，杨氏因遣其兄次山，和史弥远密谋，诱杀侂胄，函首以畀金，和议遂成，其条件如下：一，改叔侄之称伯侄之称；二，增岁币为银、绢各三十万两匹；三，宋别以犒军银三百万与金，金亦尽以所侵地还宋：是为宋、金第五次媾和，时嘉定元年（1208）。就在这一年，金章宗死，卫绍王允济⑱立，是为后废帝（1209—1212），金势益弱，而蒙古代之而起。

金的制度，较辽为完备，现在先说官制。中央官制：有三师三公，位高而无实权，大权所寄，全在尚书省。尚书省有尚书令，与左右丞相平章政事，俱为宰相；其下又有左丞右丞及参知政事，为宰相之贰；又有左司郎中，总察吏、户、礼三部，右司郎中，总察兵、刑、工三部。尚书省之外，更有都元帅府，后来改为枢密院，掌武备机密之事。更有宣徽院，掌朝会燕享，有翰林学士院，掌制撰词命。有谏院，专司谏议。有御史台，掌纠察朝仪，弹劾官邪。此外还有大宗正府，掌敦睦纠察宗属；殿前都点检司，掌亲军；卫尉司，掌总中宫事务；有太常、大理诸寺和秘书、国子、太府、少府、军器、都水诸监，其职掌均与汉制同。地方官制：于五京⑲各置留守带本府尹兼本路兵马都总管；于十四路⑳各置总管府，府尹兼领都总管。府之下有州，州分三等：节镇州置节度使；防御州置防御使；刺史州置刺史。州之下有县，县置县令，总判县事。次述兵制。金初，诸部之民，壮丁皆为兵，其部长叫做孛堇，行军则改称猛安、谋克，猛安译言千夫长,谋克译言百夫长。以三百户为一谋克,十谋克为一猛安。灭辽以后,兼收辽、汉人为兵。再次述刑法。金初刑法简陋,熙宗时,才以金人旧制,兼采隋、唐之制,参辽、宋之法,成《皇统制》,颁行中外。世宗又修《大定重修条制》;章宗时,又修《泰和律义》。其名称与《唐律》完全相同。至于刑名,则随事而定。有笞、杀、凌迟诸名,大抵偏于严酷。最后述学校和科举。金的学校,始于金主亮时,定制词赋经义生百人,小学生百人,以宗室及外戚,功臣及三品以上官兄弟子孙年十五以上者入学,不及十五者入小学。世宗又立太学,又置府学十七处,又置女真国子学,以女真字译《尚书》,颁行诸路,择猛安,谋克内良家子弟为学生。金的科举,多因宋制,有词赋、经义、策试、律科、经童之制,又立女真进士科,并立制举宏词科,以待非常之士。又有武举,始设于熙宗时。大抵金的文化,高于辽人。原来石、晋文物,多为辽人所得,辽亡,而金受之,后来金人攻破汴京,北宋一百八十余年的文物,又为金人所有,这样一来,于是金人所受汉人文化的影响,也就较辽人为深,熙宗读书讲学,尊崇孔子;世宗嗜读史书,尤尚儒风,至欲以五经译本,遍化女真种人,他如金主亮和章宗,也都推崇儒学。女真初无文字,太祖时,完颜希尹才依仿汉人楷字。因契丹字,合本国语,制女真大字;后来熙宗亦制女真字,号女真小字。上面所述的女真国子学,即用女真字以教女真人;而徒单镒等且以译书教学,广播女真文字。

注释

①景州为辽所置,在今河北遵化县。
②平州在今河北卢龙县。滦州为辽所置,在今河北滦县。
③斡离不,太祖之次子。粘罕,太祖之侄。
④二帝被掳,金封徽宗为昏德公,钦宗为重昏侯,幽之五国城(今吉林依兰县)。绍兴五年,徽宗卒于五国城,钦宗则金主亮时,以骑兵蹙毙之。或言今黑龙江鱼皮鞑子即二帝的后人,鱼皮亦名黑津,即徽钦的音转云。
⑤高宗以后为南宋,以前为北宋,均后来史家的称呼。
⑥兀术是太祖之第四子。江南呼为四太子。
⑦原来宗泽守汴京,泽死,以杜充代泽,旋汴京为金所陷。至是又以充守建康。
⑧高宗升杭州为临安府。

⑨胜果系太祖之子，熙宗之父。
⑩挞懒，系穆宗之子。
⑪亶本名合剌。
⑫宗隽，太祖之子。
⑬宗磐系太宗长子。
⑭亮本名迪古乃，世宗立，追废为海陵庶人。
⑮雍本名乌禄。
⑯璟本名麻达葛。
⑰详见《宋史·韩侂胄传》及钱士升《南宋书·宁宗纪》。
⑱允济亦作永济，本名兴胜。
⑲金初取辽五京，袭其旧称，仍都金源（即安出虎水之源）之地，号会宁府。熙宗时，升会宁为上京，改辽上京为北京。亮时，迁都于燕，削上京、北京之号，改燕京为中都大兴府，以中京为北京，汴京为南京，而东京、西京仍旧。
⑳金十四路：河北东、河北西、河东南、河东北、山东东、山东西、京兆、中都、鄜延、庆原、大名、咸平、凰翔、临洮；合上京、北京、南京、西京、东京五路，亦称十九路。

第三十五章　宋之学术思想与文艺

前面说过：两汉是经学的时代，魏、晋、南北朝是老、庄（玄学）的时代，唐代是佛学的时代。到了宋代，便是理学的时代。理学①的发生，一方面是汉人训诂、唐人注疏的反动，所以宋人，每喜舍传注而言经，不为古人经说所束缚②，他们要尽祧汉、唐诸儒，直接孔门的心传，而义理之学以立。他方面是佛学的反动，因为佛学偏于出世，宋人就侧重入世，于是究心修己治平的大道，而以躬行实践为指归。这样看来，可知理学之兴，在于恢复孔子之学；不过他们混合禅宗及《参同契》之说，以言心言性，由致知格物而归本于太极无极，标举主敬主静之说，以为为学之方，却又冶儒佛道为一炉，而集中国、印度思想的大成。理学的开创者却要推周敦颐和邵雍，不过周、邵的思想，都和道士陈抟有密切关系，还不算纯粹的理学家，而真能为理学建立基础的，当首推二程和张载，至朱熹而集其大成。今分述如下：（一）周敦颐，道州（今湖南道县）人，学者称濂溪先生。著《太极图说》和《通书》。其《太极图说》，实本于河上公的《无极图》，所以他和道家有关系。他又从僧寿涯得先天地之偈③，并从常聪禅师叩问《太极图》的深旨，所以他又和禅宗有关系。《太极图说》为言宇宙观和伦理观之作。他以为由无极而太极，太极动而生阳，静而生阴，世界之所以变易，就是由这一动一静而来，至于太极，则固无所谓不同。这一动一静，又生出金、木、水、火、土五种物质，万物的错综，都是这五种物质之所为，这便是他的宇宙观。人也是万物之一，所以其性五端皆备④，人之性本无所谓恶，由五性感动，而善恶始分。因此做人要达到道德的极轨，就要主静，而定之以中正、仁、义，所谓中正、仁、义，也就是诚：这便是他的伦理观。至于《通书》，则专言人事，而归之于诚与静。（二）邵雍，范阳人，赐谥康节先生。著《皇极经世》《观物内外篇》《渔樵问答》和《伊川击壤集》。他的《先天图》，实出自陈抟，所以他和道家有关系，但他也以阴阳解释宇宙，则固不离乎《易》。他认为天之大，可以以阴阳尽之；地之大，可以以刚柔尽之。天生于动，而地生于静。动之始则生阳，动之极则生阴。静之始则生柔，静之极则生刚。动之大者，叫做太阳；小者叫做少阳。静之大者，叫做太阴；小者叫做少阴。太阳为日，太阴为月，少阳为星，少阴为辰：这便叫做天的四象。太柔为水，太刚为火，少柔为土，少刚为石：这便叫做四体。这四象和四体，便是形成天地万物的本体：这便是他的宇宙观。不过其学，偏于术数，故传者甚少。（三）张载，陕西郿县横渠镇人，学者称为横渠先生。著《东铭》《西铭》《正蒙》《理窟》《易说》等。《正蒙》专言天地万物之理，以气为万物的本质，分之则为阴阳，这阴阳二气浮沉升降，相感应时，即形成万物万象：这便是他的宇宙观。《西铭》专言伦理，而以"仁"为归宿。因为他的宇宙观是气的一元论，所以他言伦理，也主张一切平等之说，其言仁，也以天地万物为一体，不过他深明"一理而分殊"之理，所以不流于兼爱之弊⑤，这便是他的伦理观。《理窟》专言变化气质，他分性为气质之性和天地之性，变化气质，就是要由气质之性反于天地之性。（四）程颢（学者称为明道先生）及其弟颐（学者称为伊川先生），洛阳人，少受学于敦颐；其著述全收在《二程全书》里面。二程对于宇宙生成的见解，都专取《易》理，认为人类禽兽草木都是乾元一气所生。这里所说的乾元，就是敦颐所说的太极。明道言性，和告子一样，认为"生之谓性"。性本无善恶之分，到了"后天"发而为行为时，才有善恶的差别。惟其如此，所以要"定性"，定性就是绝外诱、舍小我、入于无我的境地，而合于自然的大道。明道的思想，最重要的，就是一个"仁"字，所以他说："仁者浑然与物同体，义礼知信皆仁也，识得此理，以诚敬存之而已。"可见他是以心的修养为重，诉于良知，直参至诚，这便是"识仁"的意思。要做定性的工夫，便只有从识仁做起。伊川言性，和张载相似，也分天地之性和气质之性，所以主张用修养的工夫，由变化气质以近于天地之性。他的修养工夫，就是"涵养须用敬"，这和明道一样。不过他同时又提出"进学在致知"的话，明道却未曾说过。明道只说："万物皆备于我。"这只是良知良能的先天知识，而伊川则进而讲致知在格物，便论及了后天的经验的知识。后此朱、陆之异，就是由此而起的。（五）朱熹，婺源人。寓居于闽崇安，后徙居建阳（今福建建瓯县）的考亭，故又号考亭先生。他师事李侗，而侗之学又出自二程，著述甚多。死后，朝廷且以其《大学中庸章句》《论语孟子集注》立于学官。上述周、邵、张、程都是北宋的人，朱熹为南宋人，较晚出，故能折衷各家，以集理学的大成。他的理气之说，多本于伊川，以为天地之间，有理有气。理是形而上的道，是生物之本。气是形而下的器，是生物之具。所以人物之生，必禀此理，然后有性；必禀此气，然后有形：这便是他的宇宙观。他的性说，多本于伊川、横渠，他说："性便是理，人之所以有善有不善，只缘气质之禀，各有清浊。"因此他又以理为天地之性，而以理与气杂为气质之性，从而他也主张变化气质，以返于天地之性。他一生学问最精到处，便是"穷理以致其知，反躬以践其实，而以居敬为主"，居敬为修养工夫，穷理为学问工夫，实与伊川"涵养须用敬，修学在致知"二语相合。这两种工夫，本来只是一事，不可偏废，不过两者之中，他更侧重于穷理一方面罢了。以上所述，除邵雍外，普通称为四派五子[6]，此外和朱熹同时的，还有张栻、吕祖谦、陆九渊三人。张栻受学于朱熹门人蔡沈，而和熹过从最密，学者称为南轩先生。著《文集》《论语解》《孟子说》等。他言天理人欲之辨最详，而以居敬为穷理之道。吕祖谦也和朱熹友善，学者称为东莱先生。著《东莱博议》等书。他为学不主一家，但取各家长处皆为吾用，所以朱、陆之争，他颇多调停。宋室南渡以后，学者每喜剽窃正心诚意以为浮谈，而视经世之务为末着，所以他有《周礼说》以救其弊，此后浙学的好言事功，便受了他的影响。陆九渊是和朱熹对抗的，学者称为象山先生，其学虽出于伊川，但和禅宗很有关系。他生平不喜著述，故今所传只有《遗书》和《语录》。他为学纯以一心为主,认为心即是理,简易直截,而以朱熹的即物穷理,为支离破碎。后来王守仁出,其学遂大盛。又有浙学较晚出,原来理学家专重修养,到了末流,便鄙弃事功,南渡以后,国是日非,于是浙学出,力矫以前之失,主经制以求事功。浙学分永嘉、永康二派⑦:永嘉之学,始于薛季宣和陈傅良,至叶适出,便显然和程、朱立异。适以为圣人之学,必务平实,所以他力斥周、张、二程,并谓"既无功利,则道义乃无用之虚语"。永康之学,始于陈亮,学者称为龙川先生,其学以著实而适用为主,力斥谈性命之非。此外还有金履祥,虽为朱学的传人,但其治学,也多偏于事功一方面。宋代的文学,颇有变革,今分作四项来说:一曰散文和骈文。唐代虽为古文(散文)的创造时代,但盛行的还是骈文,到了宋代,古文始大盛。宋初提倡古文排斥骈偶的,要推柳开和穆修;至欧阳修出,于是古文大盛。修又尽力汲引后进,由是曾巩、王安石、苏洵及其子轼、辙,都以古文风行一时;并唐的韩、柳,世称为唐宋八大家。南宋只有朱熹一人,足称一代大家。至于骈文,则宋人继六朝、唐后,别创四六一体,以隶事为工,对仗为巧,作家如杨亿、刘筠、宋庠、宋祁,都称首出;后来欧阳修以古文排奡之调为四六,其风格始一变;而王安石、苏轼喜运用经史语入文,尤为特出。南宋工四六的更多,如汪藻、綦崇礼、洪适、洪遵、洪迈、杨万里、魏了翁均为名家,不过他们只以流丽稳妥为能事,其体遂渐趋卑下。又因当时散文盛行,所以律赋也就一变而为文赋,如欧阳修的《秋声赋》和苏轼的《赤壁赋》,即其代表作品。又禅家有语录,二程因之,也用俗话说理,创成语录一体,为后此理学家所宗。二曰诗。宋初之诗,宗法晚唐,作家如杨亿、刘筠,都是词取妍华,而乏骨气。后来欧阳修、王安石、梅尧臣、苏轼兴起,才力矫华巧之风,而诗格一变。而苏轼之诗,尤为一代的宗工。黄庭坚、晁補之、秦观、张耒都出于苏门,以庭坚为最有名,为江西诗派⑧之祖。南宋之诗,以尤袤、范成大、杨万里、陆游四家为首,而陆诗清新,尤为特出。三曰词。词导源于古乐府,因古乐府不合俗,所以唐人才以绝句被乐,如王翰的《凉州词》、张祜的《胡渭州词》和李白的《清平调》都是最明显的例子。到了五代,又以绝句少宛转,于是衍成长短句,就创成为词。所以说:词就是诗之馀。五代词家,以南唐主李璟、李煜及其臣冯延巳为最有名。宋代词家辈出,如晏殊及其子几道、如柳永、贺铸、周邦彦、苏轼、秦观、辛弃疾、姜夔、吴文英、张炎、周密、高观国以及女作家朱淑真、李清照，都很有名，所以后世言词，莫不宗五代及宋。四曰小说。唐代小说，只用文言，至宋才有用语体文与诗或词合组而成的话本，又叫做诨词小说；这种小说便是由文言转变为语体的一种通俗文学。又唐代小说多为短篇，宋代以后的诨词小说才用章回体。宋代诨词小说留传至今的，有《五代史平话》《京本通俗小说》《大唐三藏取经诗话》和《宣和遗事》数种。其他和文学有关系的，如小学有徐铉的《说文解字篆韵谱》及其弟锴的《说文解字系传》，世称大徐小徐。又有吴棫的《韵补》，为明以来言古韵者所祖。他如陈彭年、邱雍的《广韵》、邱雍的《韵略》、丁度的《集韵》，都是音韵的专书，而司马光的《切韵指掌图》，尤为有功于切韵之作。至于欧阳修的《集古录》、赵明诚的《金石录》和薛尚功的《钟鼎彝器款识》，则专在考证金石，都为后世考证所资。

　　宋代史学也很发达，以正史言，石晋时，有刘昫的《旧唐书》，至宋仁宗时，以刘书多阙漏，又命欧阳修、宋祁重删刘书撰成《新唐书》。宋太祖时，命薛居正等修《梁》《唐》《晋》《汉》《周书》，普通称为《旧五代史》，其后欧阳修又私撰《五代史记》，普通称为《新五代史》。欧史博采众书，旁参互证，却较薛史为优。以通史言，有司马光的《资治通鉴》，起自周威烈王二十三年，止于后周世宗显德六年，贯串古今，精博详审，为史家的创体。刘恕又作《通鉴外纪》，录庖牺氏至周威烈王二十二年之事，以与《资治通鉴》相衔接。后李焘仿《资治通鉴》之体，作《续资治通鉴长编》，录自宋太祖至钦宗之事，以接《资治通鉴》之后。袁枢又因《资治通鉴》，分类排纂，各详起讫，作《通鉴纪事本末》，于传纪、编年之外，自为纪事本末一体。朱熹本《资治通鉴》，作《资治通鉴纲目》。郑樵又作《通志》，与杜佑的《通典》、马端临的《文献通考》合称为《三通》，同为我国政史的巨著。又有会要一体，尤能贯串一朝的掌故，如王溥的《唐会要》《五代会要》和徐天麟的《东西汉会要》，都是一代的名著。南宋野史最多，如徐梦莘的《三朝北盟会编》和周密的《齐东野语》，都能补正史的不足。以考证言，有王应麟的《困学纪闻》和黄震的《黄氏日钞》，都为后此考证家所宗；而吴缜的《新唐书纠谬》《五代史记纂误》和刘攽、刘奉世的《两汉书刊误》，则专属于考证史事之书。此外如罗泌的《路史》和吕祖谦的《大事纪》，都是名著。

宋代书法，首推蔡襄、苏轼、黄庭坚、米芾四家。襄善诸体，而草书尤为有名，他以散笔作草书，称为散草，其法生于飞白，所以又称飞草。轼书虽自称仿佛褚、颜、柳诸家之笔，却自具一格。庭坚善行草书，楷法也自成一家。芾书得王献之笔意，字画俊逸。其他如王安石和蔡京（襄之侄）都为一代名家。又法帖虽始于南唐②，然至宋始大盛。绘画：五代画家，山水有荆浩、关同，人物有释贯休、石恪，花鸟有徐熙、黄筌，而郭崇韬之妻李夫人就窗影画竹，称为墨竹之祖。到了宋代，绘事更加发达。北宋山水有范宽、李成、董源，而董源的作品，水墨类王维，著色类李思训，尤集南北宗的大成。其后释巨然和米芾，也多师法董源。又有李公麟（龙眠山人）以善绘人物著名，其作品上追顾恺之、张僧繇。米芾有子友仁，也工山水人物，世称小米。苏轼与米芾，都以善画而兼工书著名，而尤长于竹石。高宗喜书画，工花鸟，置书画学，及书艺局画图家。于是绘事遂成专家之学。南渡以后，置御前画院，而李唐、刘松年、马远、夏珪号称院画四大家。宋末，又有郑思肖，以画兰著名。他如塑像，则以鄜州（今陕西鄜县）田氏为有名；如建筑则有李诫所撰《营造法式》，详载建筑雕刻彩画涂塈之法。

其他科学，以天文论：沈括和苏颂最负盛名，而张思训与苏颂，均有浑天仪的制作。以算学论：有秦九韶的《数学九章》，发明立天元一法，尤为有功于算学；又有杨辉，著《续古摘奇算法》，于级数颇有发明。以地志论：属于总志的，有乐史的《太平寰宇记》、王存的《元丰九域志》和欧阳忞的《舆地广记》，属于郡邑地志的，有周淙的《乾道临安志》和潜说友的《咸淳临安志》；属于地图的，有刘豫所刻的《禹迹图》和《华夷图》，至今还为中外学者所称道。以医学论：当推刘翰为首出，其所定《本草》实集医科著作的大成；其后有王怀隐、赵自化，也颇有名。

注释

①理学家说"释氏本心，吾徒本天"，而他们所谓天，即是理，所以其学称为理学，又他们以为直接孔、孟的道统，故又称为道学。

②宋初如孙复讲经，便已不遵前人的传注，后来欧阳修、王安石、刘敞、苏轼、苏辙、李觏、司马光、吴棫、王柏诸人，竟群趋于疑古疑经的一途。到了程颢，就进而舍经专言心性，所以说理学是和经学对抗的。不过当时的理学家，往往

也是由于贯通经籍而来,只是他们对于经的看法和汉、唐人不同罢了。大抵汉人重师传,渊源有自;自宋儒尚心悟,研索易深;汉儒过于信传,宋儒勇于改经。

③先天之偈:"有物先天地,无形本寂寥,能为万象主,不遂四时雕。"

④五端谓仁、义、礼、智、信。汉儒五行之说,以仁配木,礼配火,信配土,义配金,智配水。

⑤朱熹说:"程子(伊川)以为明理一而分殊,可谓一言以蔽之矣。盖以乾为父,以坤为母,有生之类,无物不然,所谓理一也。而人物之生,血派之属,各亲其亲,各子其子,则其分亦安得而不殊哉?一统万殊,则虽天下一家,中国一人,而不流于兼爱之弊。万殊而一贯,则虽亲疏异情,贵贱异等,而不梏于为我之私。此《西铭》之大指也。"

⑥敦颐濂溪人,称濂派;张载关中人,称关派;二程洛阳人,称洛派;朱熹侨居闽,称闽派。

⑦吕祖谦婺州金华人,薛季宣、叶适均温州永嘉人,陈傅良温州瑞安人,陈亮婺州永康人,都属浙江东路,所以称为浙学,又称为浙东派。专以叶适和陈亮为首领,便分永嘉和永康二派。

⑧吕居仁作《江西诗社宗派图》,共二十五人,以黄为祖;因黄为江西人,故称江西诗派。

⑨陶宗仪《辍耕录》:"江南李后主命徐铉以所藏古今法帖入石,名《昇(李昇年号)元帖》者,则在淳化(宋太宗年号)之前,当为法帖之祖。"

第三十六章 宋之制度与社会

宋代制度,多仍唐旧,现在先述官制。中央有三师(太师、太傅、太保)和三公(太尉、司徒、司空)都不参预政事;徽宗时,才以原有的三师改为三公,又把原有的三公废掉,别立三孤(少师、少傅、少保),于是以三公为真相之任,三孤为次相之任,其职尊于宰相。三师三公之外,握中央实权的,并不是门下、中书、尚书三省,却另设"同中书门下"为真相之任,总理政务,又立枢密院,掌军国机务,又设三司使①以理财:形成"中书主政、枢密主兵、三司理财"的局面,而三省长官,却成为虚职,神宗时,复三省之旧,置门下侍中、中书令、尚书令,以官高不除人,而以尚书令的副贰左右仆射为宰相,并罢三司使,将其职权归入户部,而枢密院仍旧。孝宗时,改左右仆射为左右丞相,并删除门下侍中、中书令、尚书令等虚称。此外又有六部，与唐无异，不过宋初六部多失职②，神宗改革官制，才各还所职。又有九寺，也和唐代无异，但南渡以后，又把光禄、卫尉、太仆、鸿胪诸寺废掉，于是九寺之职，就不完全了。宋仍唐制，有国子、少府、将作、军器、都水、司天六监之设，神宗时，先废司天监，南渡后，又把军器、都水二监并入工部，便只有三监。宋初仍唐末五代之制，又置谏院，但司谏、正言等官多领他职而不预谏诤，神宗时，才把司谏、正言隶入中书省。又沿唐制，设翰林院，以翰林学士知制诰，为清要显美之官。他如御史台，则一如隋、唐，无有改易。地方官有京师和外州之别。五代时，都于京师置尹，宋都汴京，开封府尹不常置，仅设权知府一人，南渡后，都临安府，也是一样。外州之官，宋改唐分道之法为路：太宗时分全国为京东、京西、河北、河东、陕西、淮南、江南、湖北、湖南、两浙、福建、西川、峡西、广东、广西十五路；真宗时，分峡西为利州、夔州二路，分西川为梓州、成都二路，分南江为江南东西二路，共十八路；仁宗时，京东分置京畿路，共十九路；神宗时，分河北、京东、淮南各为东西二路，分京西为南北二路，分陕西为永兴、秦凤二路，共二十四路；徽宗时，又增置燕山、云中二路，共二十六路。南渡后，只剩浙东、浙西、江东、江西、淮东、淮西、湖南、湖北、京西、成都、潼川（梓州升）、利州、夔州、福建、广东、广西十六路其余多没于金。宋初惩五代藩镇的专恣，废地方常置官，仅以朝臣出守各郡，叫做"权知州军事"。当时地方分二级制，即以府、州、军、监统县。府州军监各设知事③，都是用差遣的形式，命文官朝臣，出去治理。又诸州设通判，以为佐贰，与长吏的得直接奏事，以收相互牵制之效。各县也不设正式的县令，由中朝官外补，叫做知某某县事。以上都是亲民官，此外各路还有厘务官，专管一事，也是委派中朝官出去担任的。最初于各路置转运使，只主一路财赋，太宗后，无所不总，到了南宋，便称为漕司。后来怕转运使权重，又把"提点刑狱公事"一官，从转运使属下析出，以分其权，到了南宋，便称为宪司。诸路又有"提举常平茶盐公事"二司，南宋合并，叫做仓司。其因用兵而设的，于路又置经略安抚使，南宋称为帅司，此外还有宣抚、招抚、招讨、制置诸使，也是因用兵而设的，但不常置。这些都是监司之官，兼按察之事，于是地方官制，就由二级变为三级了。此外专为一事而设的厘务官更多，如专管漕运的，有发运使，如专管茶马、坑冶、市舶的，也各设提举司，都是由中朝官出去担任。至于节度使、大都督，虽亦设置，但徒有其名，至南宋都督绾军符，才有实权。

宋制岁赋有五类：一为公田之赋，这种田是属于国家的，分营田、屯田、官庄三种，前二种以兵耕为主，官庄以招人佃耕为主，都由政府收租课。一为民田之赋，民田有两种：一是官户民田，为官吏所有，多不纳税；一是普通民田，归人民私有，对国家纳税，所谓民田之赋，即属于后一种。一为城郭之赋，即宅税和地税。一为丁口之赋，即丁税，由人民岁输身丁钱米。一为杂变之赋，又叫做"沿纳"，原来是唐行两税法之后，复于两税之外，折取他物，而后遂变为常赋的；所输之物，为牛革蚕盐之类，大抵随其所出，变而输之。征收之期：夏税从五月起至七月或八月止；秋税从九月起至十二月止。原来宋的田赋，是本于唐两税法而来的，但两税已将"租庸调"包括在内，自唐中叶以至于宋，又另有所谓力役，这便是于庸之外再取庸，今又另有所谓杂变之赋，这便是于调之外又有额外的征取，所以宋的赋税，较唐初为重。又役法至王安石变法，始改用雇役法。司马光执政，又恢复差役法。自是差雇两法并行。南宋孝宗时，处州松阳县（浙江今县）又行义役法，由众出田谷，以助应役之家。义役法本来有利于民：役户既可免破产之苦，而一处役费，归众均摊，且由人民自办，自然可以办到公平的地步。可惜推行并不普遍，所以宋代人民依旧不能脱掉力役之苦。此外又有官卖品，分盐、茶、酒、矾、香五种，前四种始于唐代，宋代仍之；香的官卖，至宋太宗时才实行。宋盐依产地分为三种：产于沿海诸路的为海盐；产于解州（今山西解县）和安邑（山西今县）两池的为解盐；产于四川的为井盐。海盐于产地设亭场，制盐之民称亭户，或称灶户；制解盐之民则称畦夫；这两种盐都是籍民制盐，由官发卖。四川井盐，大者称盐，小者称井，盐归官掌，井则听民制造贩卖，由官征税。宋时植茶之处称山场，采茶之民称园户；园户都隶属山场，除岁纳茶若干作为租税外，其余的茶都归官收买。官家买茶，预先将钱给园户，叫做"本钱"。于产茶之地设"榷货务"六处，官所收的茶，或送"务"，或就本场发卖。宋时榷酤之法，是于诸州城内由官置"务"自酿；县、镇、乡、闾，或许民酿，而定其岁课。南渡以后，又立隔槽法，由官设场，置备酿酒器具，民以米入场自酿，由官收税。宋代管理礜矿的机关，亦谓之"务"，制矾之民称镬户，所制之矾，由官发卖。香即香药，和宝货都是由国外运来的。宋

847

于京师置榷署,诏诸蕃香药宝货至广州、交趾、两浙、泉州非出官库的,不得私相贸易。又宋代还有一种借官卖以省漕运的办法,是为"入中"和"入边"。"入中"即是商人输钱于京师榷货务,官给以券,使商人持券至一定的地方,凭券取一定的官卖品。"入边"即是商人纳刍粟于边塞,官给以券,使商人持券至京师或其他积钱之处取钱,或偿之以官卖品。最初只有茶盐行此法,后来东南缗钱和香药、犀、齿,也行此法。后来商人从中牟利,却把所入的刍粟,高抬其价,谓之"虚估",而官卖品遂不免虚耗;加以边塞上入刍粟的土人,并不知茶利的厚薄,于是得券都转卖给商人,商人又从中抑勒券价,这样一来,实际入刍粟的土人便获利无几,于是入刍粟的都以利薄不趋,而边备日蹙。到了这种情形,政府才令商人专以现钱买茶,官也以现钱买刍粟以备边,于是茶不为边氽所需,而通商之议起。通商之议,起于仁宗时,其法就是废掉茶禁,停给园户本钱,把从来政府应得息钱的半数,均赋园户,叫做"租钱"①,而听园户和商人买卖。至徽宗时,蔡京执政,又变茶法,重行禁榷,其法由官制短引和长引⑤,卖给商人,商人持此引,即可至园户买茶,得茶之后,即可贩卖。又盐法,也和茶一样,行的是盐钞法,都和"入中"、"入边"有关。其法:积盐于产盐之地,积钱于京师榷货务,积钞于边塞军州。商人"入边"刍粟的,即可得钞,或至京师取钱,或至产盐之地取盐。至蔡京行聚敛,盐钞法始坏。到了南宋,依旧如此,不过淮、浙之盐,也和茶法一样。后来改用通商,又有杂税。杂税,最重要的是商税,于州、县、关、镇置"务"以征取之,行商有过税,每千钱算二十;居商有住税,每千钱算三十。还有耕牛、鱼鸡、果蔬、竹木、柴炭、力胜钱(载米商船所出)、典卖牛畜、舟车、农器、衣履、谷粟、油面等名目,其苛敛可知。此外阬冶有税,典卖田宅有税⑥,而和买及和籴⑦,尤为厉民之政。南渡以后,因国用不足,新兴的杂税便更加苛细了。又江、浙官田,和赋税制有关,也得附带说说。原来韩侂胄被诛之后,凡侂胄与其他权倖之田,多在江、浙,朝廷将这些田没收,募民耕种,纳租很重。南宋末年,贾似道又勒买江、浙私田。其法:除二百亩以下免行派买外,其余都抽取三分之一,买充公田。所买公田,募民耕种,即以私租为税额。这个办法,本来可以限制兼并之风,不过用贱价勒买,有田价值千缗的,却只给四十缗,又要搭发"度牒"、"告身"种种纸币,便成了厉民之政。这样一来,田主固然破家者众,而官租额重而纳重，农民也就受害不浅。加以当时买来的田，不尽是腴田，而政府却硬要承种的人，输出腴田的租额，农民就益加痛苦了。南宋亡后，虽其厉民之政已成过去；但江、浙田租之重，则迄未尝改。

宋代的兵，分禁兵、厢兵、乡兵、蕃兵四种：禁兵拱卫京师；厢兵镇守诸州；乡兵选自户籍，或土民应募，以资防守；蕃兵出自塞下内属诸部落，以为藩离之用。乡兵和蕃兵，不是各地都有；厢兵也少教阅，不堪阵战；所以宋代可用之兵，只有禁兵。后来禁兵也教阅废弛，王安石变法，才以民兵，行保甲法。司马光复古，又废保甲，罢教阅，于是民兵亦衰。南渡后，又立御前五军；以杨沂中将中军，总宿卫；刘光世将右军，岳飞将左军，张浚将前军，韩世忠将后军。光世降刘豫后，即以吴玠将左军。而韩、张、岳均带宣抚使职，号为三宣抚司，权力尤大。等到罢掉三宣抚司，诸军才直隶中央枢密院，于是所谓御前军事实上又变为宋初的禁军。又南宋有水军，号称凌波楼船军。

宋初的法律，沿用唐代的律令格式，而随时随事有所损益。其为律令格式所未备的，则别有"敕"；其一司、一路、一州、一县、也有"敕"，但行于一地方。神宗时，迳更其目，改为敕令格式：凡丽刑名轻重、禁于未然的叫做敕；凡载约束禁止、禁于未然的叫做令；凡言等级高下、设于此以待彼的叫做格；凡言体制模楷、使彼效之的叫做式。至于刑名，亦分笞、杖、徒、流、死五种，和唐代一样，所不同的，就是"流"之外，还有配役和脊杖，"徒"之外，也有脊杖，"杖"和"笞"之外，还有臀杖。此外还有刺配⑧和凌迟，则更惨酷。

宋代学校制最为完备。京师有太学，宋初称为国子监，或称国子学，分国子生和太学生，国子生限于京朝七品以上的子孙，或清要之官的亲戚，太学生由八品以下的弟子及庶民中之俊异的充选。王安石变法，欲以学校养士代替科举取士，才创设三舍升试之法⑨；徽宗时，曾一罢科举，专以学校养士；南渡后，又重建太学。其课程：宋初分习《五经》，兼及词章，神宗以后，王安石的《三经新义》颇占势力。又有辟雍，创立于徽宗时，又名外学，所以处置外舍生，实为太学之一别院，其性质同于现在的大学预科，南渡后废罢。仁宗时，立四门学，哲宗时，立广文馆，其性质都等于大学，但不久即废罢。此外属于专科性质的，有律学，立于神宗时；有算学，立于徽宗时，后并入"太史局"；有书学和画学，也立于徽宗时；有医学，立于神宗时，后并入"太医局"；有道学，立于徽宗时，但不久即废罢；又有武学，立于仁宗时。属于小学性质的，有神宗时创立的小学，理宗时又立内小学，选宗子自十岁以下资质优美的入之，为贵胄学校，而前者则为普通学校。又有宗学和诸王宫学，也都是贵胄学校，而且是大小学合校制的学校，到南宋宁宗时，又把诸王宫学并入宗学。至于地方，则宋初无州县之学，只有书院。书院制因模仿佛教徒的禅林制度而起⑪，而其名称，则仿自唐代⑪。宋初有白鹿洞、岳麓、应天府、嵩阳四大书院，又有石鼓书院⑫，也很有名，其性质，初本为私立，后来发达，于是有官立的，也有改私立为官立的。书院的主持者，有洞主、堂长、山主、山长等名称，此外又有副山长、助教、讲书等辅助他，名号制度殊不一致。其讲学，普通由堂长、山长担任，但有时也请名儒临时演讲。讲学时，时以所讲著为讲义，或录所问所答成为语录。两宋书院的总数，约达八九十，其发达可知。至于州县学，则至仁宗时才设立，神宗又定试程，哲宗并推行三舍升试法，于是规模始有可观。神宗时，又于诸路置学官，其后徽宗、高宗续置学官，地方教育行政自是才有专员管理。

宋代科举制和唐制大同小异，其贡举有进士和明经诸科，又别有制举。进士试诗、赋、策、论和帖经墨义，明经诸科但试帖经墨义；制举即特科，所以待天下的才杰，由天子亲策之，贡举先经州考，州考及格，再送礼部，叫做发解。经礼部考试及格，方为及第。旋太祖以举官用情取舍，因选礼部及格的，亲御讲武殿覆试，始为及第；自是殿试⑬遂成永制，贡举年限，初无定制，至太宗时始定三岁一贡举。不过所试诗赋，流于浮华，帖经墨义，又陷于记诵，都不合实用，于是改革之议起。仁宗时，范仲淹等主张先策论而后诗赋，罢帖经而问大义，便已有改革的倾向，只是不曾实现罢了。至王安石变法，才实行改革。安石欲以学校养士代替科举取士，所以立三舍升士之法；而于科举，则罢诸科，独存进士，废诗赋帖经墨义，改试诸经大义，并以所释《三经新义》颁于学官，又新立明法一科，以待诸科不能业进士的人。徽宗时，曾罢科举，专以学校取士，但不久仍旧恢复科举。哲宗时，分进士为经义、诗赋两科，自是至宋之亡，未有改易。

五代时，蜀、闽、楚都铸铁钱，和铜钱并行。宋兴，铸宋通元宝，而旧俗用铁钱的不禁。以后每朝都铸铜钱，冠以年号，皆称元宝。神宗时，以旧铜铅铸钱，号"折二钱"，通行天下。徽宗时，蔡京铸"当五大铜钱"，旋又铸"折十钱"。后来因为契丹得宋铁钱为兵器，于是京又铸"夹锡钱"，其法以夹锡钱一，折铜钱二。夹锡钱轻，颇困民，所以行而复废，而折二钱独行。又有纸币，起于真宗时。那时张咏镇蜀，以蜀人患铁钱重，不便交易，于是发行一种纸币，叫做"交子"。每一交计钱一缗，三年一换叫做一界。以富民十六户主其事。后来富民穷了，无钱换回交子，于是争讼不息。转运使薛田，奏请于益州设交子务，禁民私造，改由官家发行，仁宗从其议。神宗时，曾以此法推行于河东、陕西，但不久即罢。徽宗时，蔡京又改其名为"钱引"，通行诸路，只有闽、浙、湖、广不行。后来不蓄本钱，而又增造无定数，至一缗只当钱十余文，于是交子之法大坏。南渡之初，仍行交子，其后又有会子和现钱关子，也和交子一样。不过后来既不兑现，每界又不按时收回，于是价格日落；宁宗时，虽拨金、银、度牒、官告、香药去收回（当时称为称提），依旧不能回复额面的价格。此外行于一地域的，更有川引、淮交、湖会。

  宋代的风尚，和唐、五代不同。宋人是讲究砥砺名节的，这固然是五代风俗败坏、廉耻扫地的反动，是由于太祖、太宗诸帝的提倡气节，然宋代理学专讲修养，却也是养成这种风气的原动力。不过宋人持论太过，论人不免失之苛刻，论事不免失之负气，于是到了末流，矫激沽名，而党祸就由是发生。但是南宋之亡，忠臣义士，能够视死如归，却又未始不是砥砺名节的结果。宋代礼俗，大致和前代相似，现在只将特异之点来说说。以婚姻论，妇人再嫁，宋初还颇流行，但自程颐提倡"饿死事小，失节事大"以来，于是夫死守节不嫁，就成为教条。以丧葬论，丧中佛事，至宋犹盛行，惟北魏以来的火葬之风，至宋始有明禁之诏。以祭祀论，天地宗庙之祭，都和前代相同，但孔庙殿名大成，则始于徽宗的赐号。他如节令，有上元节的灯市，四月八日的浴佛节，中元节的盂兰盆，而立春、社日、寒食、清明、重阳、冬至诸节，却和前代相同。如戏玩，则有奕棋、象棋、牙牌、叶子戏、打马、鞭子、升官图、双六和百戏。

  宋代的农业[15]，颇着重于垦荒和边地的开拓方田，但垦荒的利益，全在政府，至于边地的方田，也只是借以省馈饟，都于人民无利益。工业较唐代更为发达，除政府的官营工业外，还有许多从事手工业生产的作坊。同时因为作坊的发达，于是在师傅徒弟二等级之外的独立工匠也特别增多，都为作坊所雇用，有月佣和日佣之分。并且因为手工业的进步，分工也就愈细，行为组织也就愈多，所以南宋时的杭州，竟有四百十四行，较唐代的东都增多了一倍。当时最著名的手工业，当推陶瓷，以景德镇所产为最优，还有定窑（今河北定县）、汝窑（今河南临汝县）、官窑（在汴京）、哥窑和龙泉窑⑯，都有名于世。纺织以锦標为最精，而亳州的轻纱和闽、广的木棉布，也很著名。此外如雕漆，以螺钿漆器为最有名；而印刷、军火、指南针三项，在宋时也都有进步，到第三十八章再说。宋代的商业，虽有政府种种病商之政，但因工业和交换经济的发达，所以商业还是很盛。北宋商业以汴京最称繁盛，南宋首推临安。至于对外通商，则于广州、杭州、明州（今浙江鄞县）、泉州（今福建晋江县）、密州板桥⑰五处设立市舶司，东洋的日本、高丽、南洋的阇婆、占城、渤泥、三佛齐，西洋的印度、大食都来各司所管辖的口岸通商。输出品以金、银、缗钱、铅、锡、杂色帛、瓷器为大宗，输入品以香药、犀象、珊瑚、琥珀、珠琲、镔铁、瑅瑁、玛瑙、水晶、番布为大宗。当时海关税率为十分之一，香药和宝货由官收买，再由官卖出。那时东方海上贸易的枢纽为三佛齐，而三佛齐与泉州之间，每年有两次定期航海。又上述诸州，多有番坊，即外国人所特有的居留地方。其对北方贸易，则于边境置榷场以为互市之所。大抵辽的输出品为钱、银、布、羊、马、橐驼，输入品为香药、犀象、茶。夏的输出品为马、牛、羊、驼、毡毯、甘草，输入品为香药、瓷器、漆器、姜、桂、帛、绮、罗、缯。金的输出品为丝绵、锦绢，输入品以茶为大宗。

宋代人民，最为痛苦；其情形，在上册第三十一章中已详细说过。至于其所以致此，则第一由于宋之赋税取于民者过重，而苛税频兴，征取之法又不良，结果就弄到民力不能担负；第二由于兼并的厉害和力役的纷繁，而高利贷的剥削，益加使民不能自活；他如对外战事的频仍和军费的浩大，也都是增加人民痛苦的原因。所以当时虽有常平仓、义仓、惠民仓、米场、柴局、药局、慈幼局、养济院、安济坊、居养院的设立，以救济贫民，也无济于事。

注释

①合户部、盐铁使、度支使，称为三司使。
②如户部职权划归三司，兵部职权划归枢密院，礼部职权划归太常寺、礼仪院，工部职权分属军器监和文思院。

③知事之名始于唐，唐制县令阙，佐官摄令的便称知事。宋以差遣治事，便仍其制，其以大官兼小官的，就称为判。

④宋初官卖的茶，本是除掉本钱，再加上利息，卖给商人的。例如罗原县的茶，每斤官给园户本钱二十五文，卖给商人的价，是五十六文，则三十一文就是息。现在把这三十一文的半数，均赋园户，就称为租钱。

⑤《宋史·食货志》："产茶州、军，许其民赴场输息，量限斤数，给短引，于旁近郡县便鬻，余悉听商人于榷货务入纳金、银、缗钱，或并边粮草，即本务给钞，取便算，请于场别给长引，从所指州军鬻之。四年（即崇宁四年即一一〇五年），京复议更革，遂罢官置场，商旅并即所在州、县或京师，给长、短引，自买于园户。"按所谓引，即买茶的许可证，后来的盐引即仿此。

⑥《通考·征榷考》："税契始于东晋，历代相承，史文简略，不能尽考。宋太祖开宝二年（969）始收民印契钱，令民典卖田宅，输钱印税，税契限两月。"

⑦和买及和籴，都是官厅和人民的交易。和买所买的是布帛，其预先由官给钱而人民随后输布帛的，便称为预买。和籴是于丰收之处，由官去增价籴谷，原来是借此以备边，但以后却推行于内地了。这两种都不是税收，后来却发生了抑价勒买之事，甚或不即给价，即给价也不给足，而所给的东西或者又是"官告"、"度牒"；他如和籴则每石取"耗"，预买则按户硬派，或外加名目收钱，或预买的帛令折输钱，或预付的钱重取其息：这样一来，竟成为厉民之政。南渡后，把和买改为每匹折输钱二千，称为"折帛钱"，就成为一种赋税了。

⑧刺配之法系既杖其脊，又配其人，而且刺其面，是一人之身一事之犯而兼受三刑。

⑨安石于太学置八十斋，斋容三十人，计外舍生二千人，内舍生三百人，上舍生一百人，共二千四百人。初入学的为外舍生，月一私试，岁一公试，及格的补内舍生。间岁一舍试，内舍生及格的，补上舍生。上舍生得免礼部试，特授以官。称为三舍升试之法。

⑩参看周予同《中国学校制度》八十三页。

⑪唐开元时，改集贤殿修书所为集贤殿书院。这是修书之所，非士子肄业的学校。

⑫白鹿洞书院在今江西九江庐山，南唐时，因洞建学馆，置田以给诸生，以李善道为洞主，掌教授，当时称为白鹿洞书庠。宋太宗时，知江州周述言：白鹿洞学徒数千百人，乞赐九经肄习。诏从之。岳麓书院在今湖南长沙，宋太祖末年，潭州守朱洞所创。应天府书院在今河南商丘，宋真宗时，应天府民曹诚所创。嵩阳书院在今河南登封，建于五代时。石鼓书院在今湖南衡阳，唐宪宗时，李宽所建。

⑬按唐士及第的，未能便入仕途，尚有试吏部一关。宋则殿试及第之后，即行

除官。

⑭如张全义初仕黄巢，历事诸葛爽及其子仲方，仕朱全忠、李存勖。详见《五代史·张全义传》。如冯道初事刘守光，以后历事张承业（宦官）、李存勖、李嗣源、石敬瑭、刘知远、郭威。辽灭晋，又仕辽。一生共事五姓十一君，自号长乐老，著书数百言，陈己更事四姓及辽所得官爵以为荣。详见《五代史·冯道传》。如郑韬光，一生共事十一君，越七十载。详见《旧五代史·郑韬光传》。如马胤孙事多不能决，时号为"三不开"，一为不开口议论，二为不开印以行事，三为不开门以延士大夫，详见《五代史·马胤孙传》。如王衍，子昶之亡，其降表均为李昊所草，蜀人夜书其门曰："世修降表李家。"详见《五代史·后蜀世家》。

⑮宋于农业，甚为注重，太祖、神宗、哲宗尝诏民植树造林；太宗又于县补明树艺之法者一人为农师，以指导农事，又因牛不敷用，改制踏犁，运以人力，又诏各地交植谷种；太宗、仁宗、英宗、神宗又奖励扑除害虫。真宗下诏限制火田，又于诸路、州置农官以督农；而兴修水利，则以神宗为最，计修水利田三十六万余顷。

⑯南宋处州（今浙江丽水县）有章生一、生二兄弟，各主一窑，生一所主称哥窑，生二所主称龙泉窑。

⑰板桥，镇名，即今青岛，宋时属密州，密州即今山东诸城县。

第三十七章　元之勃兴与各汗国之创建

蒙古原属东胡族，是室韦的一部，唐时，其地在望建河（今黑龙江）南，后来徙居斡难河（今敖嫩河，即黑龙江上流）源的不尔罕山（今肯特山），役属于辽、金而总隶于靺鞨别部的鞑靼，故其人又自称为鞑靼①。金熙宗时，蒙古时发兵寇金，金兀术往讨，连年不能克，才与蒙古讲和，封其酋长哈不勒（亦作合不勒）为朦辅国主，哈不勒不受，自称祖元皇帝，号大蒙古国。哈不勒死，再传至也速该，并吞诸部，国势始盛。也速该死，子铁木真立。时大漠南北，部落杂处，各据一方，不相统属，尤以泰赤乌（蒙古同族，沿贝加尔湖而居）、乃蛮（居科布多等地）、克烈（居华克穆、克穆齐克两河会流之处）、塔塔儿（居达里泊）为最强。铁木真先把泰赤乌降服，继灭塔塔儿、克烈，最后灭乃蛮，于是翁吉剌（居呼伦淖尔附近），蔑里乞（居鄂尔坤、色楞格两河流域）、汪古（居绥远归绥县北），都先后率众归服，铁木真遂一统大漠南北。宋宁宗开禧二年（1206），铁木真会诸部酋长于斡难河之源，被推为成吉思汗（即最大之意），这就是元代的太祖

(1206—1228)。自是蒙古势力更盛,于是灭夏灭金,进而灭南宋,君临中国;同时征服各地,创立四个汗国。现在依次分述如下,并表列其世系于下:

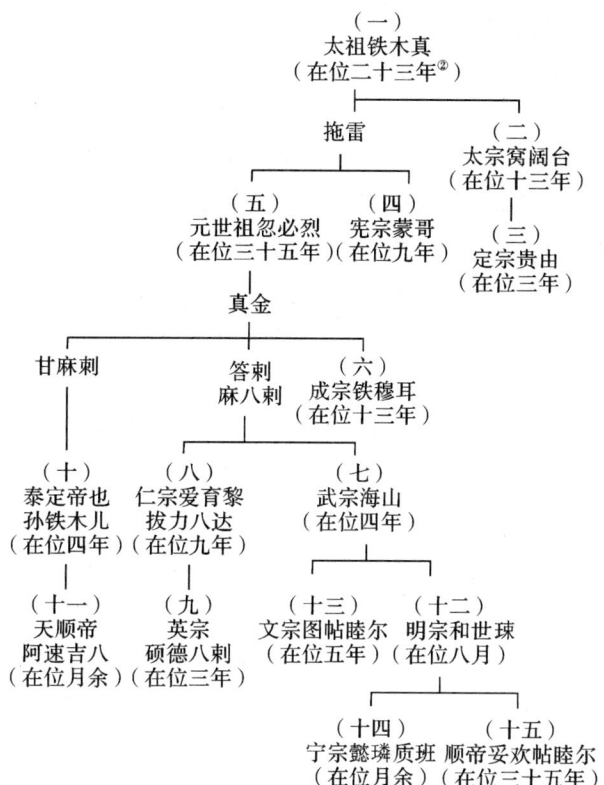

按元自世祖入主中国,至顺帝亡国,传六世,历主十(天顺帝除外),凡八十九年。若自太祖立国算起,则传八世,历主十四(天顺帝亦除外),凡一百六十二年。

蒙古初起时,天山南路为畏兀儿(即回纥的异译)所据,伊犁河、吹河流域为哈剌鲁(即西突厥葛逻禄)所据,及铁木真定乃蛮,便先后来降。而斡亦剌(即明的瓦剌,居西伯利亚南境)、吉利吉思(即唐代的黠戛斯,居额尔齐斯河)、失必儿(居鄂毕河流域)等部,又为铁木真的长子术赤所平。于是通西方之道大通,立国于吹河流域的还有西辽,自乃蛮为蒙古所灭后,其酋屈出律即合花剌子模(居今阿母河之西,里海之东)灭西辽,并进攻蒙古。铁木真因命哲别讨屈出律,屈出律为哲别所杀,于是西辽故地尽入于蒙古,而蒙古遂与花剌子模接境。未几,蒙古商人四百余,随西域商人西行,为花剌子模镇将所杀。铁木真因于宋宁宗嘉定十二年(1219)分四路西征:以次子察合台三子窝阔台攻讹打剌(在锡尔河滨),以术赤扫荡西北一带,托海等扫荡东南一带,而铁木真则与其四子拖雷(亦作图类)进攻不花剌(即今布哈尔)。这年攻破讹打剌,明年,攻破不花剌、寻思干(即今撒马儿干城),其王阿拉哀丁·谟罕默德遁走,铁木真遣别将哲别、速不台追击,王辗转逃入里海中的小岛而死,其子札阑丁打算收拾余众,复为铁木真所破;铁木真恐夏乘虚造反,遂率军东归。至于哲别、速不台一军,则于迫花剌子模王入里海之后,又北伐钦察。钦察(在今乌拉岭之西,里海和黑海之北)遂和阿速(在今里海之西、黑海之北)、撒耳柯思(在高加索山北)合兵来御。蒙古军先打败阿速和撒耳柯思,旋又打败钦察。钦察酋长逃至阿罗思(即俄罗斯),阿罗思倾国来援,又为蒙古军所败。蒙古军不复深入,仅平康里(在花剌子模北)而还,时宋嘉定十七年(1224),是为蒙古第一次西征。

夏自乾顺与宋媾和后,即不复侵宋。宋徽宗宣和四年(1122),金破辽兵,夏将李良辅救辽,为金所败,自是夏臣属于金,不复与宋通使。直到遵顼(1211—1222)之时,为蒙古所侵,求救于金,金人不救,夏遂叛金,由是金、夏构兵凡十余年,一胜一负,两国俱敝。旋遵顼让位于子德旺(1223—1226),遂与金和,称为兄弟之国。这时夏屡受蒙古侵略,土地日削,宋理宗宝庆二年(1226),铁木真取夏西凉府,德旺惊悸而卒,国人立其弟睍。明年,再伐夏,睍被执降,夏亡。夏传九世,历十主,凡一百九十年。

原来自金主亮迁都燕京以来,金人便逐渐失其尚武之风,后来世宗虽打算挽回颓习,也无成效。所以新兴的蒙古军一到,就不免溃败决裂。当允济初立时,铁木真即数侵其西北部。宋嘉定四年,蒙古侵金西京,旋又进攻金桓(今察哈尔沽源县北),抚(今察哈尔张北县北)二州,金兵大败,蒙古兵遂入居庸关,大掠而去。六年,故辽人耶律留格取金辽东州郡,自立为大辽王,而山东群盗,又一时蜂起,于是金势日危。时金又内乱,允济被杀,璟庶兄珣得立,是为宣宗(1213—1223)。铁木真乘之,进攻金怀来（察哈尔今县），金兵大败，蒙古兵遂进围燕京（即金中都），高琪出战，又败。铁木真更分军攻河东及辽西，自将掠山东，所过之地，无不残破，金之河北遂不守。七年，铁木真还军，屯燕京城北，金不得已，以允济之女归蒙古，并给金帛与蒙古和，铁木真至是才退出居庸关。珣因河北残破，蒙古退兵后，就迁都汴京，蒙古见金迁都，便谓金人还有猜疑之心，于是又进围燕京。八年，燕京陷；明年，大辽王又降蒙古；又明年，蒙古复西侵潼关；自是金仅保河南。而西以潼关为界。这时，铁木真正决意西征，于是命木华黎经略中原，而己则亲率大军西征。金在这时财政竭蹶，盗贼蜂起，便已经是个苟延残喘的局面；等到哀宗守绪（1224—1234）继珣即位，便更加无法支持了。所幸木华黎攻金，未能大逞，到了嘉定十六年，木华黎也就病死了。这时铁木真已凯旋东归，宝庆三年，欲再伐金，病死于六盘山（今甘肃固原县南），第四子拖雷监国。理宗绍定二年（1229），库里尔泰③推其第三子窝阔台为大汗，是为太宗（1229—1241）。明年，窝阔台伐金，又明年，下凤翔；时金人扼守潼关，不易攻破，蒙古遂遣使至宋，欲假道淮东以捣河南，宋杀其使者，拖雷就移兵攻宋，宋军民散走，于是拖雷得通过宋境，从汉中经襄阳而北。又明年，窝阔台渡河，命速不台围汴京，并遣人驰报拖雷以师来会。拖雷大败金兵于三峰山（在今河南禹县），金的健将锐卒至是役而尽。而金将又以潼关降蒙古，于是归德、洛阳均被围，金势日弱。会速不台攻汴京不下，遂退师河、洛间。未几，金又杀蒙古行人三十余人，于是再攻汴京。守绪走奔归德。窝阔台又遣王檝至宋，约共伐金，宋命邹伸之报聘，约事成以后，以河南地归宋。旋金将以汴京降蒙古，绍定六年，蒙古下洛阳，守绪奔蔡州（今河南汝南县），宋亦命孟珙出兵会蒙古合攻蔡州，明年，守绪自缢死，金亡。金六世，历九主，凡一百二十年。

蒙古既灭金，即定都和林（即喀喇和林，在库伦西南）。这时窝阔台以西北部还未尽服，于是继续铁木真的遗志，实行第二次西征。宋理宗端平二年（1235），命拔都（术赤子）、皇子贵由、蒙哥（拖雷子）出征，其计五十万人，以拔都为元帅，速不台为先锋。明年，破不里阿耳（居里海之北、乌拉岭之西，其遗族即今之保加利亚人），又败钦察部，北上攻入阿罗思，破莫斯科城。这时分为二军，深入欧洲，拔都自率一军，攻破孛烈儿

（即今波兰），败捏迷思（即今德意志）联军；速不台率一军，攻马札儿（即今匈牙利），进至秃纳河（即今多脑河），陷派斯特（今佩斯），直逼地中海滨的威尼斯。于是全欧震动，不知所措，会窝阔台讣音至，才班师，惟拔都自留其地，建钦察汗国，以领欧、亚的征服地，时宋理宗淳祐三年（1243），是为蒙古第二次西征。

淳祐元年，窝阔台卒，皇后乃马真氏临朝称制凡四年。六年，库里尔泰推贵由即位，是为定宗（1246—1248），在位三年而没，皇后斡兀立海迷失氏称制凡二年，诸王大臣不服，共推蒙哥即位，是为宪宗（1251—1259），即以其弟忽必烈经略漠南军事，旭烈兀率师西征。原来当蒙古二次西征时，西方未平服的，只有木剌夷和报答④。淳祐十二年，旭烈兀出发西征，明年，灭木剌夷，于是波斯之地入于蒙古。更转军入今美索不达米亚，陷报答，进又取天方的麦地那，更西行，至密昔儿（今麦西），降其算滩（又作苏丹，即王之意），渡海，收富浪国（今赛普洛斯岛），旭烈兀自留其地，建伊儿汗国，以统治被征服各地，会蒙哥死，遂还，时理宗宝祐六年（1258），是为蒙古第三次西征。

忽必烈既受命经略漠南军事，遂于淳祐十二年进攻大理，平之，又分师征吐蕃。吐蕃自唐玄宗后，即奉喇嘛教，这时喇嘛扮底达的威令，行于全国；闻蒙古军至，遂与其酋唆火脱同出降。吐蕃既降，忽必烈又与兀良合台伐安南，其主陈日煚⑤逃入海岛，遂班师。这时蒙古势力日盛，而南宋却内乱频仍，权臣专政，毫无抵御外侮的准备，所以蒙古军一到，南宋也就不得不亡。原来南宋自杀掉韩侂胄之后，又用史弥远为相。宁宗病没，弥远矫诏立太祖十世孙贵诚为帝，更名昀，是为理宗（1225—1264）。端平元年（1234），宋与蒙古联合灭金以后，赵范、赵葵就建议收复三京⑥，宰相郑清之于是命全子才攻汴，赵葵的偏将杨谊攻洛阳，两城均为宋所收复；蒙古闻信，即率师南下，陷汴京、洛阳，并责宋败盟，进军攻陷襄阳、成都各地。幸这时蒙古方有事于西域、高丽，并未以全力对宋，所以襄阳、成都各地，孟珙还能乘机恢复，宋人也就在这种局势之下偷安了好几年。等到蒙哥即位、西域平定以后，蒙古就大举入寇。这时宋室朝政更坏，前有史嵩之，后有董宋臣，都在理宗之世，窃弄大权⑦。及蒙哥南侵，宰相贾似道又握大权，而原来蒙哥伐宋，是分两路进军的，西路蒙哥于理宗宝祐六年（1258）从四川进围合州（今四川合川县钓鱼山上），东路忽必烈渡江进攻鄂州（今湖北武昌县）。合州坚守不下，蒙哥为飞矢所中，卒于城下，于是西路之兵退。东路得兀良合台从安南由广西、湖南来会，形势吃紧。宋因命贾似道援鄂，似道不敢与蒙古交兵，因向忽必烈求和，约以岁奉银绢各二十万两匹，划江为界。会其时蒙哥已死，忽必烈想争夺汗位，急欲北归，遂与似道媾和退兵。似道私定和约，及蒙古兵退，反以大捷闻于朝，而理宗尚不知其内幕。忽必烈归至开平（今察哈尔多伦县，后来以为上都），自即帝位，是为世祖（1260—1294），时理宗景定元年（1260）。世祖命郝经至宋索取岁币，似道恐和议事泄，把郝经拘留起来。拘了郝经之后，复不作守计，反忌沿边诸将，时刘整为潼川安抚使，与似道不合，便降了蒙古。蒙古既得整，因尽知宋的虚实，而南伐之谋益决。五年，世祖迁都燕京，以为中都。是年，理宗没，太子禥立，是为度宗（1265—1274）。度宗咸淳四年（1268），蒙古进围襄阳，而宋坐视不救。七年，蒙古建国号曰元，又二年，元陷樊城，吕文焕守襄阳六年，孤城无援，至是只得降元。明年，度宗卒，子㬎立，是为恭宗（1275）。时元已命伯颜从长江上游东下，陷鄂州，并分兵平定两湖、江西，伯颜自将大兵败似道于芜湖，直趋建康。又明年，伯颜陷临安，执恭宗及皇太后北去。临安既陷，陈宜中等奉恭宗兄益王昰于福州，是为端宗（1276—1278）。端宗景炎元年，元进逼福州，端宗走潮州，旋奔惠州。明年，文天祥、张世杰等力谋恢复，旋败还。又明年（1278），端宗退至砜州（今广东吴川县南海中），因舟覆溺水，惊悸得病而死。于是陆秀夫与众共立端宗兄弟卫王昺（1278—1279）于崖山（今广东新会县南海中）。又明年，元张弘范来袭，文天祥被执，陆秀夫奉卫王蹈海死，世杰复收兵至海陵山（今广东潮安县），舟覆而死。天祥幽囚数年，始终不屈，卒为元所杀。宋亡。

元代对东方的高丽、日本和南方的暹罗、缅甸，也都用过兵，而其事多在世祖之世，兹分述如下：一曰征高丽。今朝鲜半岛，唐时一统于新罗。唐昭宗时，新罗国势日衰，于是将军甄萱自立为王，据有半岛南部地，国号后百济。未几，新罗宪康王庶子弓裔，也自立为王，国号摩震，旋改国号为泰封。五代后梁末帝贞明三年（918），弓裔将王建又自立为王，攻破弓裔，尽有其地，国号后高丽。至五代后唐废帝末年（935），新罗末主敬顺王降王建，旋又灭后百济，于是半岛之地，一统于后高丽。自是历五代唐、晋、汉、周及宋太祖，高丽均受中国封爵。宋太宗以后，契丹勃兴，高丽遂臣服于辽；辽灭，又臣服于金；对中国朝贡遂绝。金末，故辽人耶律留格领众窜入其国，不久，金布希万奴又据辽东，僭称东夏。铁木真欲肃清辽东，遂与高丽结好。及耶律留格平定之后，高丽杀蒙古使者，窝阔台才兴师征讨，高丽降，蒙古于其地置达鲁花赤（州县长官名）以监之。不久，高丽权臣崔瑀，尽杀达鲁花赤以叛，于是兵衅再起。理宗绍定五年（1232），窝阔台平定了布希万奴，于是再征高丽，高丽王王皞出降。自是经贵由、蒙哥两世，四次出征高丽，共拔其城十有四。王皞卒，元世祖以其子倎为高丽国王。咸淳六年（1270），元以高丽西京（即平壤）为东宁府，置安抚使，率兵戍之。十年，元以皇女下嫁于倎子愖，是年倎卒，愖袭位。世祖至元二十年（1283），立高丽为征东行中书省，自是一切内政，均为元人所操持，直至元亡，始脱羁绊。二曰征日本。唐时日本遣使至中国朝贡不绝，五代及宋，使聘中断。咸淳四年，元世祖遣使至对马岛，日人拒而不纳；七年，世祖又命赵良弼至日本，日始遣弥四郎入朝。明年，高丽王又以书往，劝其通好于元，日本不报；又明年，元命良弼再往，也无结果而返。至是世祖才绝意东征。十年，命忻都征日本，攻破对马岛，陷壹岐，掠肥前沿海诸郡邑，以矢尽而还。元至元十八年（1281），命范文虎、忻都再征日本，忻都发合浦，文虎发江南，约会于壹岐、平壶二岛。忻都兵先至对马，进攻壹岐，至宗像洋，与文虎兵会。泊于能古、志驾二岛。元将多苦航海，士气不振，不肯即行进攻，于是移泊五龙山（即鹰岛），遇飓风，文虎等弃军而逃。于是十万余人，落在岛上，遭日人袭击，遂致惨败，所余二三万人，为日人掳去。世祖欲谋再举，群臣多谏阻，又适用兵于安南，遂不果。三曰征缅甸。缅甸通中国最早，汉名掸国，唐名骠国，宋始名缅，其国之部落称甸，有大甸、中甸等名，所以称为缅甸，于汉、唐、宋时，均遣使至中国入贡。元初，缅甸势甚强，西并阿剌干（今孟加拉湾沿海地），南并摆古（今仰光北境地），进略暹罗。世祖灭大理以后，遂与缅甸接界，遣使招其王内附，不应。至元十九年，命相答吾儿进讨，明年，破其江头城（或即今八莫），陷其首都忙乃甸（即蛮得勒），缅王请降。二十四年，缅王为其庶子所囚，元又出师征讨，进至蒲甘，缅王奔白古，泛海至锡兰，元兵以粮尽班师，缅王还都，也遣使请降。自是直到顺帝时，始于蒲甘置邦牙宣慰使，干预兵民各政，遂为中国土司。四曰征爪哇。至元二十九年，世祖命史弼、高兴等从泉州出发，进至爪哇，会其王为葛郎国（今谏义里）所攻杀，爪哇举国降，于是元移军伐葛郎，既而爪哇又叛，弼等与爪哇军力战，死三千余人，惟葛郎为元所攻下，遂取葛郎王妻子官属百余人以归，而爪哇终未平定。五曰征瑠求。瑠求即琉求，隋时，为陈稜等所破。至元二十八年，命杨祥往使瑠求，祥至彭湖而还。至成宗时，高兴始以兵至瑠求擒其民一百三十余人而还，其酋终不至。六曰征安南。世祖亲征安南，已如前述。后陈日煚传国于长子光昺，世祖封他为安南国王，并置达鲁花赤以统治其地。光昺卒，国人立其世子日烜，世祖以其不前来请命，就改立其叔遗爱代为安南国王。会元征占城，于是又与安南构兵；原来占城即林邑，其地当今安南平顺城。隋、唐时，入贡不绝。至元十七年，其国王遣使贡方物。十九年，元命唆都就其地设立行省，而其王子掌握国权，负固不服。唆都进讨，为占城兵所扼，不能胜。二十一年，诏封皇子脱欢为镇南王，会唆都兵往讨。会这时安南与占城通谋，其王日烜且遣兵分道扼守边境，脱欢遂与安南交战。安南兵大败，转战至富良江，日烜逃遁，其弟益稷乞降。脱欢以军疲粮尽，而还。途中为安南兵所追袭，唆都战死，时至元二十二年。明年，元立征交趾行省；又明年，命脱欢出征安南，日烜又逃入海，会天热粮尽，脱欢引军还。日烜见元兵将归，复入国集散兵断元归路，元兵且战且行，诸将中安南兵毒矢死者甚多，脱欢由间道始得归国。后世祖谋再举，会日烜死，子日燇立，奉表请降，未几，世祖卒，成宗立，始罢安南之征，日燇也奉职称臣，占城亦内附。

由上所述，总计自铁木真至世祖，其历代武功，除征日本、爪哇、安南不利外，其他每到一处，都势如破竹。而南洋诸国如马八儿（即今麻打拉萨）、马兰丹（麻剌甲）以及暹罗①等也都遣使贡方物。至世祖时，元之辖境，除北亚南亚两小部分外，实已横绝亚洲大陆而跨有欧洲，当时于各地置有四汗国，而世祖居中国为大汗，兼领四汗国，是为蒙古大帝国。兹将四汗国的国名及其辖地，表列如下：

国名	始封	辖地	都城		附注
			原称	今释	
钦察	术赤次子拔都子孙	东自吉利吉思荒原,西至匈牙利,尽于今欧洲东北地	萨莱	俄属窝瓦河下流之地	明宪宗成化十六年(1480)为俄莫斯科大公伊凡三世所灭
察合台	铁木真次子察合台子孙	阿母河以东,至天山附近一带之地	阿力麻里	伊犁西境阿穆尔	明太祖洪武二年(1369)其臣帖木儿建立帝国,后三年灭察合台汗国而有其地
窝阔台	窝阔台子孙	阿尔泰山一带及新疆北部之地	也迷里	新疆塔城县境	后为察合台汗国所并
伊儿	拖雷第三子旭烈兀子孙	俄属中亚南部伊兰高原西,及小亚细亚一带地	玛拉固阿	波斯西北乌罗米亚湖畔	洪武二十六年(1393)为帖木儿帝国所并

注释

①鞑靼因其距汉的远近,而有"生""熟"之分,生鞑靼又因其文野的不同,而有"白""黑"之分。铁木真的祖先,本来是黑鞑靼人,十传至孛儿只吉歹,娶蒙古部女为妻,才和蒙古部合为一部,其后竟以蒙古二字为其部族名。

②铁木真在位二十二年,其子拖雷监国一年,合计为二十三年。又铁木真亦作特穆津,又作忒没真,又作帖木真,姓奇渥温氏。

③库里尔泰亦作忽烈而台,译言大会,凡大汗之立,均由此大会公推,到会的是宗室诸王,驸马和将军,会址为斡难河畔。

④木剌夷是回教徒所立的国家,在里海南山谷中,木剌夷汉译即舍正义入迷途之意。报答系东大食帝国都城。

⑤安南即古交州地,自唐以前,原属中国版图,唐于其地置安南都护府。其南即史称之缴外蛮夷,亦即后汉末年建林邑国的占婆。至五代后梁末帝贞明时,安南土豪曲承美据有安南地,通款后梁,为南汉所灭,以杨廷艺领其地。廷艺旋为部下所杀,牙将吴权自立为王,传至昌文,国内大乱,并于骥州刺史丁部领,建国号为

瞿越。其子琏继立，遣使于宋，宋太祖以为静海军节度使，封交阯郡王。太宗时，为其大将黎桓所篡，太宗遣兵征之，桓遣使谢罪，受宋封为南平郡王。真宗时封为南平王。桓再传，为其将李公蕴所篡，真宗仍以南平王封之，至英宗时，改封为安南国王。公蕴四传至乾德，始改国号为大越，时当宋神宗、哲宗之世。乾德又四传至昺，无子传位于女佛金，佛金嫁陈煚（即陈日煚），即让位于煚，时南宋理宗时。于是李氏之安南亡（1010—1236），而陈氏之安南兴。

⑥宋以汴京为东京，洛阳为西京，宋州为南京，大名为北京。至是议收复三京，遂以赵范为东京留守，赵葵为南京留守，全子才为西京留守。

⑦嵩之为相，一时正人如杜范等均以不合而去，太学生黄恺伯等百余人叩阍上书，请罢嵩之，后嵩之知不为众论所容，始上疏去职。董宋臣以宦者而握大权，与丁大全勾结作恶，太学生陈宜中、黄镛、林则祖、曾唯、刘黼、陈宗六人上书攻其失，大全怒，削六人籍，编管远州，时人称为六君子。而宁宗时太学生杨宏中、林仲麟、徐范、张衜、蒋傅、周端朝以赵汝为被劾，上书为汝为辩诬，被罪编管，时人亦称为六君子。以宁宗时事在先，故杨宏中等为前六君子，而陈宜中等称后六君子。

⑧林邑至唐肃宗时改称环王，五代时始从安南广和南徙于占（即平顺），所以又称占城，但据马司培罗（Maspero）所著《占婆史》，则其国始终自号占婆，并无林邑、环王之号，而占城与占婆则系一音之转。

⑨这时暹与罗斛为二国，世祖时入贡的为罗斛，成宗时入贡的为暹国，顺帝至正间，暹始降于罗斛，因合为暹罗国。

第三十八章　中西文化之交通

自蒙古征服欧、亚各地后，中西的交通，便较前代更加便利。当时自西而东的陆路有二：一由西伯利亚出天山北路，一由中亚出天山南路。元太宗时，令千户分出夫马，定立驿站，站各设夫二十名，备马四百匹，以供宣布号令通达边情之用。自大可汗所居之地，西接察合台、钦察两汗国，东西万余里，沿途都设有驿站，所以商旅往来，毫无险阻。至于海路，则有三：其一取道埃及出红海，其一由地中海东岸登陆，至幼发拉底河顺流出波斯湾，其一由黑海取道美索不达米亚出波斯湾：这三条路线，都要经过印度洋，然后抵中国。那时交通既便利，于是东西商务随之发达。那时从西方到东方来经商的，于陆路则远辟其贩路于和林、燕京；至于海路，则元沿唐、宋旧制，于沿海各港置市舶提举司，专掌中外贸易。元代市舶司共有广州、泉州、上海、杭州、庆元、澉浦（今浙江海盐县）、温州（今浙江永嘉县）七处，其后上海、澉浦、温州三处并入庆元，杭州并入税务，不另设市舶司，便只剩三处。其税法：元初，凡舶货细者二十五分取一，粗者三十分取一，漏税没收其货。土货所征也与番货相等，至至元十四年，始定双抽单抽之法，番货双抽，土货单抽，颇含有保护关税的性质。至元二十年，又改市舶抽分例，细货取十分之一，粗货取十五分之一。三十年，又定粗货十五分取一，细货十分取一，更于抽讫货物内，以三十分为率，抽舶税一分，听舶商任便买卖。元代海外贸易，均由国家经营。当时主要输出品为丝织物、茶叶、瓷器，输入品以胡椒、丁香、姜桂、豆蔻、丁香诸香料，珍珠、钻石、象牙以及棉布等为大宗，而毛毡、鞍辔、兵器、铜器和琺瑯，则多从波斯方面输入。

我国物质文明最有影响于世界文化的，就是蚕丝、制纸、磁针、活字印刷和火药。这五样东西，其中有的是在元代才输入西方的，有的却远在元代以前早就流传到西方，兹分述于下：一曰蚕丝。相传西陵氏发明蚕丝，这固然是传说；但山西夏县西阴村所发见的半个蚕茧，经考古家研究，却断定是新石器时代的遗物。这样看来，我国蚕丝的发明，至少也就有了四千多年的历史了。西洋人知道我国出产蚕丝，也远在公元前四世纪时。汉代大秦国要和我国交通，主要地为的就是蚕丝，而当时安息要阻止大秦和我国交通，也就为的是想独占丝市之利。其传入欧洲，当在南北朝梁简文帝时。二曰制纸。我国古代书籍，统称为方策，策用竹为之，或称为毕，或称为牒，或称为简，大抵单执一札便叫做简，连编诸简才称为策，策本作册，就是象其编简之形。方用木为之，又称为牍。其后或用缣帛，虽较方策为轻，然缣帛甚贵，亦不便于人。直到后汉和帝元兴元年（105），蔡伦才用树皮、麻头、敝布和鱼网以制纸，当时称为蔡侯纸。自是制法益精，种类益多，于是我国书籍才用纸书写。至于制纸之术传入欧洲的历史，则详见第二十六章。三曰磁针。相传黄帝和蚩尤战于涿鹿之野，蚩尤作大雾，兵士皆迷，黄帝因作指南车以定方向。又相传周成王时，越裳氏来朝，使者迷其归路，周公作軿车五乘以定方向。这些多半是传说，不能作为信史。但见于信史的，如后汉的张衡，曹魏的马钧，后赵的解飞，后秦的令狐生，却都造过指南车。后来刘裕平长安，得令狐生指南车，祖冲之又加以改造，而益精巧。晋代又有指南舟。其后宋代仁宗、徽宗两朝，也造过指南车。

这些指南车，是否运用磁针之理，因为史无明文，所以不能确定。不过磁能吸铁的道理，远在秦、汉以前，便为我国人所发见了。《鬼谷子·反应第二》"若磁之取针"，又《吕氏春秋·精通篇》"兹（磁）石召铁，或引之也"：便是明证。到了十一世纪以后，磁针之理，便益加明显，而使用磁针的人，大都是些风水家。到了十二世纪，便有人用作航海了，朱彧的《萍洲可谈》就记载着那时舟师于阴晦时观指南针以定方向的事情。这时大食人掌握着海上的商权，往来我国海岸，就从我国获得制造指南针的知识，并由他们逐渐传入欧洲，直到元成宗大德六年（1302），意大利人乔雅（Gioja）才制造航海磁针盘。四曰火药。清陈元龙的《格致镜原》引宋高承《事物纪原》"轩辕作炮，吕望作铳"，这里所谓铳炮，全系以机发石，并非后世的火炮。《事物纪原》又谓"魏马钧制爆仗（爆竹），隋炀帝益以火药杂戏"，这里使用的虽是火药，但还不是武器。至于用火药制炮为战具，却是宋代的事情。《武经总要》是北宋仁宗时编纂的官书，那上面便载有用焰硝、硫磺、砒霜和木炭末等混合物而成的火药。南宋高宗绍兴三十一年（1161），虞允文大破金兵于采石，发霹雳炮，以迷其人马，便是我国用火药作战具之始，但这战具，依旧和爆竹相类似，还不能算为枪炮。直到南宋孝宗时，魏胜创炮车，才是我国用火药制炮之始。理宗绍定五年（1232），蒙古军围攻金汴京，金人作铁炮以御敌，其声如雷，叫做震天雷；又作飞火枪以攻敌；这些都是用火药制成的枪炮。元得金人火炮，世祖命西域人阿喇卜丹和亦思马音造炮，亦思马音所造之炮，重一百五十斤，机发，声震天地，入地七尺，所击无不摧陷。这时阿剌伯人又从蒙古人获得制造火炮的知识[①]，逐渐由他们传入欧洲，直到元顺帝至正十四年（1354），德国人什瓦尔慈（Schwaltz）才制造火药[②]。五曰活字印刷。古无印刷之法，书籍多系传写，至汉始有石刻。到了隋代，才有雕板印刷之术[③]，唐末，益州有墨板[④]；当时雕板虽已发明，但尚未大行，故唐人之书，仍多写为卷轴，而印刷成册的却很稀少。直到后唐明宗长兴三年（932），宰相冯道、李愚请令判国子监田敏校正《九经》，刻板印卖，才算是官家刻书之始。后周世宗显德二年（955），国子监祭酒尹拙又校正《经典释文》三十卷，雕造印版。自是官书多印于国子监，便称为监本，而私人雕板印书，则称为坊本。当时刻版和书肆，以蜀中和建安（今福建建瓯县）为最盛。宋代，雕板之书，益加发达，其装订之法，也由古之卷轴，改作蝴蝶装[5]；后来以蝴蝶装过于长大，不便翻阅，于是又别有巾厢本，高不过三寸，宽二寸半，一页刊三百二十四字，以其可藏怀袖，故又叫做袖珍本。至宋庆历中（1041—1048），毕昇发明活字排印之法，于是印刷益便[6]。明代，无锡华燧又改用活字铜版，乌程（今浙江吴兴县）又创朱墨本，于是印刷之术益加精巧。十三世纪之末，意大利人马可波罗（Marco Polo）回国，才把印刷术传入欧洲，直到明成祖永乐十八年（1420），荷兰人可斯特（Coster）始发明活板印刷[7]。

以上所述，是东方传入到西方去的几种发明；现在进而要叙述西方文化的东来，关于这点，在上册第八章和第二十六章中，都一再提及过，这里要讲的，却只限于元时西方文明的传入。兹分述如下：一曰蒙古文字的创造。蒙古本无文字，自铁木真灭乃蛮获其臣畏兀人塔塔统阿后，才命他教太子诸王以畏兀字书国言。世祖时，命八思巴制蒙古新字，颁行天下。这种新字，实原本吐蕃之字，属于梵文一支系；自是凡有玺书颁降，都用蒙古新字，惟各国之字仍副之而行。二曰西方天算的传入。世祖至元四年，西域人札马鲁丁造西域仪象，有浑天仪、浑天图、地球仪和昼夜时刻之器。至于算学之书，则多至百余部，大抵亦由西域而来。元代郭守敬之学，史称其集古今天算之大成，然其法亦间有取自西域者。三曰西方技术的传入。当八思巴应世祖之召来中国时，尼博罗（亦作泥波罗）人阿尔尼格也随之而来。其时世祖有王檝使宋所得明堂针灸铜像，岁久阙坏，无人修理，阿尔尼格便制了一具新的，关鬲脉络，无不完备。那时两京寺观神像大小三百余尊，皆出其手。此外尚有禀搠思斡节儿八哈式、阿僧哥、阿哥拨、朵儿只、八儿卜匠，也多精于塑像，大抵都是西域人，而刘元从阿尔尼格学西天梵相，亦称绝艺，其他如葛斯默（阿罗斯人）、步瑟威廉（法兰西人），都以工艺而见重于元室，至于阿剌伯、波斯的学者军人，意大利、法兰西的画家职工，来仕元朝的，更是不胜枚举。四曰马可波罗的东来。南宋理宗景定元年（1260）时，意大利商人尼哥罗波罗（Nicolo Polo）与弟马飞波罗（Mafeo Polo）经商于君士坦丁堡。其后至布哈拉。那时旭烈兀遣使至中国谒世祖，他兄弟两人就随同使者到了燕京。世祖命其致书教皇，请派道行高深、博通科学美术之耶教徒百人东来。至元六年，他两人一同归国，那时教皇格肋孟第四（Cloment IV）新逝，继任者年余尚未选出，急不能待，遂于至元八年东归复命。东行时并携尼哥罗之子马可波罗以俱，于至元十二年到了上都。马可为人聪明，为世祖所宠爱，奉命出使云南、缅甸、占城、印度各地，并任扬州枢密副使三年，前后仕元凡十七年。到了至元二十九年（1292），马可父子三人忽动归国之思，正在那时元廷以公主下嫁波斯，世祖就命马可等扈从公主至波斯，从泉州放洋，历二十六个月始抵波斯。由波斯西归时在途中忽闻世祖的死耗，抵故乡威尼斯后，就不复东来。元成宗大德二年（1298），威尼斯与热内亚开战，马可身与其役，兵败被擒，狱中述其东游经历，由罗斯梯谢奴（Rusticiano）为之笔记，这就是世人共知的《马可波罗游记》。这部游记，详述中国的繁华富庶，便引起了欧人东渐的动机⑧。

中西文化的交通，使黑暗的欧洲变成了光明的欧洲。因为有了磁针，航海远行，不致迷路，欧洲人才能广开殖民地于各洲，并通商于远东。因为有了用火药的枪炮，才改变了兵制和战法，而欧洲封建制度的灭亡和统一国家的兴起，都与此有密切的关联。因为有了印刷术和制纸术，文化才易于传播，智识才易于普及，而文艺复兴运动和宗教改革运动，又与此有连带的关系。至于马可波罗的《游记》，则一方面因其叙述东方情形，处处都使当时欧洲人惊奇，于是引起他们的怀疑精神，而间接予文艺复兴运动和宗教改革运动以重大的影响；他方面因其叙述东方的华丽富庶，又引起了他们东渐的野心，后来科伦布的发现新大陆，便多少受了马可的《游记》的影响。我们可以总说一句：近世文明的序幕，就是中西文化的交通替他揭开的。

注释

①阿剌伯人称火药的主要成分即硝石为中国雪（Thelg as Sin），称火箭为中国兵（Sahm Khatai），观此可知阿剌伯人关于火药的知识，确系得自中国。

②或云元顺帝六年（1346），英军大破法兵，始用大炮。

③陆深《河汾燕闲录》："隋文帝开皇十三年十二月，勅废像遗经，悉令雕造。"

④《国史志》："唐末，益州始有墨板，多术数小学字书。"

⑤孙毓修《中国雕板源流考》引张萱《疑耀》："秘阁中所藏宋板书，皆如今制乡会进呈试录，谓之蝴蝶装，其糊经数百年不脱落。"孙毓修曰："按清季发内阁藏书，宋本多作蝴蝶装，直立架中，如西书式，糊浆极坚牢。"

⑥《梦溪笔谈》："庆历中，有布衣毕昇为活板：其法用胶泥刻字，薄如钱唇，每字为一印，火烧令坚。先设一铁板，其上以松脂、蜡和纸灰之类冒之。欲印，则

以一铁范直铁板上,乃密布字印满铁范为一板,持就火炀之。药稍熔,则以一平面按其面,则字平如砥。若止印一二本,未为简易。若印数十百千本,则极为神速。"

⑦德国人则谓始于德人葛登堡(Gutenburg)。其实,葛登堡系由访问可斯特的工场,见其木板,于1438年始改良而为木制活字,1452年又改用金属活字板。

⑧此外还有意大利人拍果罗谛(Pegolotti)于元顺帝至元六年(1340)著有一部《旅行指南》,书中详记中西交通路线及东方各重要都会的情形,但拍氏是否到过东方,却不敢断定。又顺帝至正二年(1342),非洲人伊本拨都他(Ibn Batntta)也到过中国,于至正九年归故乡,著有《游记》。

第三十九章 元之制度

蒙古初起,官制异常简单:只有万户以统军旅,断事官(即达鲁花赤)以治政刑。窝阔台时,又立十路宣课司以理财。世祖即位,才厘定官制:中央,设太师、太傅、太保三公,但无实权。握中央实权的,就是中书省;其长官叫做中书令,下有左右丞相,居令之次,又有平章政事,为右左丞相的副贰:这些都是宰执。又有参议府,属中书省,设"参议中书省事",典右左司文牍,管辖六部。而吏、户、礼、兵、刑、工六部名称依旧,各设尚书侍郎以主之。掌兵权的,就是枢密院,设枢密正副使等官。但遇有征伐之事,则置行枢密院,事已则罢。掌黜陟的,就是御史台,设御史大夫、御史中丞等官。院有翰林院,分翰林兼国史院和蒙古翰林院,其职掌同于前代的翰林院;有集贤院,掌提调学校、召集贤良,国子监之事均属之;有宣政院,掌释教僧徒,兼治吐蕃之境;有宣徽院,掌供王食、燕享之事;有太常礼仪院,掌祭祀;有太史院,掌天文历数之事;有太医院,掌医事;有将作院,掌百物造作;有通政院,掌传驿之事,此外如寺、监、司,虽有增置,太抵多仍前代之旧,兹不备述。地方官制分路、府、州、县四等,而于其上别置行中书省。行中书省是对中书省而言,原来是有事时设置、事定则罢的,但元代却成为常设之官,于是地方行政区划,又于路、府、州、县之上,别有行省:是为后世行省制之所自始。中书省虽置于京师,但亦统山东西、河北地,叫做腹里,治大都(今北平);而行中书省则有十一,即岭北,治和林;辽阳,治辽阳(辽宁今县);河南,治汴梁(今河南开封县);陕西,治奉天;四川,治成都;甘肃,治甘州(今甘肃张掖县）；云南，治中庆（今云南昆明县）；江浙，治杭州；江西，治龙兴（今江西南昌县）；湖广，治武昌；征东，治开城。行中书省亦置丞相，掌庶务，统郡县；其下有平章，右左丞，佐丞相掌理钱粮、兵甲、漕运、军国重事，又立行御史台，其设官与职掌同京师御史台。又立宣慰使司，分道以总郡县，凡六道，行省有政令，则布于下，郡县有请，则为达于省。每一行省，所统有路府州县，大抵以路领州、领县，而府则多直隶于行省，州亦有直隶于行省者；至于腹里，则以路领府，府领州，州领县。路、府、州、县，都各置达鲁花赤一人，算做正官，以掌一路、一府、一州、一县的庶政。至于元制百官，皆蒙古人为之长，汉人、南人为之贰，则又表现出待遇的不平等。

元代田赋和丁税取于内地的，有丁税和地税，系仿唐代的租庸调法，输纳之期，分为三限：初限十月，中限十一月，末限十二月；取于江南的，有秋税和夏税，系仿唐代的两税法。又有役法，称为科差，有"丝料"和"包银"之分。丝料之法：二户出丝一斤输于官，五户出丝一斤输于本位①。包银之法，凡汉民科纳包银四两，二两输银，二两折收丝绢颜色等物。又有"俸钞"之科，全科户输一两，减半科户输五钱。其后又把丝料包银俸钞诸项合拢起来，作一"大门滩"。分为三限输纳。官卖品有盐、茶、酒、醋、矾五种。盐以四百斤为一引，价银十两，其后减为七两。行盐各有郡邑，是为引地之始。盐的发卖，有由商领盐引而发卖的，也有由官设盐铺而发卖的，又有验户口多少，输纳课钞的，则称为食盐地方，而官卖盐之处，就称为行盐地方。茶归官卖，设榷茶都转运司以主之，定长引、短引之法：长引每引计茶一百二十斤，收钞五钱四分二厘八毫；短引九十斤，收钞四钱二分八厘；其后废除长引，专用短引。酒、醋亦归官卖，世祖时，才免醋课，其酒课也改榷沽之制，令酒户自具工本，听其自造，米一石止输钞五两，以为定例。矾在潭州的，令民自具工本煎煮，每十斤官抽其二；其在河南的，则设立矾课所，每矾一引重三十斤，价钞五两。又有杂税：最主要的要算商税，大抵于三十分取一。他如契本、窑冶、池塘、煤炭、漆、山泽、柴、乳牛、羊皮、磁、竹、船，均各有税，名目繁多，总称为额外课。

元代兵士种类甚多：以蒙古人为兵士的，称为蒙古军；以诸部族之人为兵士的，称为探马赤军；平定中原以后，发民为兵，便称为汉军；平宋以后，所得之兵，便称为新附军，其以技而得名的，又有匠军、炮军、弩军和水手军；而由诸侯将校的子弟所组成之军，则称为质子军。其征调之法：蒙古军和探马赤军相同，即男子自十五以上七十以下尽签为兵，十人为一牌，设牌头；其幼孩稍长，又籍之为"渐丁军"。至于汉军，则或以贫富为甲乙，户出一人的，称为独户军，合二三户而出一人的为正军户，余为贴军户；或以男丁论，凡二十丁出一卒，其后改以十丁出一卒；或以户论，凡二十户出一卒，而限年二十以上的充任；士卒之家为富商大贾的，则又取一人，称为余丁军。天下既定之后，又另立兵籍，把曾经当过兵的人，都定入兵籍。凡在籍的人，均有服兵义务，只有极贫或老而无子的，才除其籍。其统兵之官，初时只有长万夫的万户，长千夫的千户，长百夫的百户。世祖始内立五卫以总宿卫诸军，卫设亲军都指挥使；外则万户之下置总管，千户之下置总把，百户之下置弹压，立枢密院以总之。其镇戍之法：凡边徼襟喉之地，命宗王带兵镇守；河洛、山东，据天下腹心，则戍以蒙古军和探马赤军；江、淮以南，又戍以汉军和新附军：其用意无非是借镇守之兵以压制汉族。

　　京师有国子学，隶于国子监。入学资格：限宿卫大臣子孙、卫士世家子弟、七品以上朝官子孙；不限种族，蒙古人、色目人、汉人都可入学。平民的俊秀者，由随朝三品以上官保举，得充伴读。学科为《六经》《四书》《孝经》、小学；分三级制，曰上斋、中斋、下斋，一如现在学校的大学、中学、小学。有蒙古国子学，隶蒙古国子监。入学资格：限随朝蒙古、汉人百官及怯薛歹官员（宿卫官）的俊秀子弟。学科为《通鉴节要》，用蒙古文译写教之。有回回国子学，隶回回国子监。入学资格：限公卿大夫和富民的子弟，教授亦思替非文字。地方有路学，设教授、学正、学录各一员；有府学和上中州学，各设教授一员；有下州学，设学正一员；有县学，设教谕一员；又江南路学和县学之内，设有小学，选老成的士子任教职。诸路又立医学，设提举、教授，分掌行政和讲授。诸路又有蒙古字学，入学生徒得免杂役，设提举、教授、学正等官，分掌行政和讲授，其学科与蒙古国子学同。诸路又有阴阳学，学官有教授，学科有天文和术数。此外地方又有家学和义学，都是私立的学校；政府亦不加干涉。至于书院，也很发达，其学官，称为山长。各行省所在地，又各设一儒学提举司，以统诸路、府、州、县的学校；而江浙、湖广、江西三省，又各设蒙古提举学校官；河南、江浙、江西、湖广、陕西五省，又各设官医提举司。至于竭力宣扬蒙古的语文，尤为元代学校制度的特点。

　　元代科举始于仁宗时，分进士为右左榜，蒙古、色目人为右，汉人、南人为左。凡蒙古人由科举出身的，授从六品；色目人和汉人，递降一级。其考试：蒙古、色目人，第一场经问五条，第二场策一道；汉人、南人，第一场明经经疑二问，经义一道，第二场古赋、诏、诰、章、表内科一道，第三场策一道。也有乡会试及御试。又朱熹《四书集注》，元世盛行，试士设问，以此为首：是为以《四书集注》试士之始[2]。至于选官，却不一定由于科举，其由学校出身的，有国子学、蒙古国子学、回回国子学、蒙古字学，有医学、阴阳学；其策名于荐举的，有遗逸，有茂异，有求言，有进书；其出于宿卫勋臣之家的，待以不次；其任职于宣徽、中政诸院的，重为内官；他如工匠皆入班次，舆隶也跻流品，至于诸王公主的"投下"，只要得了主人的保任，也都可以入官。

　　元初无法律，世祖时，才定新律，称为《至元新格》。仁宗时，又把格例条画有关于风纪的，类集成书，称为《风宪宏纲》。英宗时，复命宰执将全书加以损益，书成，号曰《大元通制》，其大纲有三：一为诏制；二为条格；三为断例。以上三书，至今均已散佚无存，所以其内容无从考究。至于刑名，也分笞、杖、徒、流、死五种，而笞、杖十减为七。元代崇奉喇嘛教，故其教徒，在法律上享有特权，而待遇汉人则极不平等。

　　钞法本由钱重而起，宋、金行钞，都是拿钞来和铜钱相权。至元则专用官钞，不铸铜钱，而拿丝来和钞相权。世祖时，始造交钞，以丝为本。每银五十两，易丝钞一千两，诸物的价值，也以丝为例。旋又造中统宝钞，分十文、二十文、三十文、五十文、一百文、二百文、三百文、一贯文、二贯文九种，每一贯同交钞一两，两贯同白银一两。中统钞行之既久，物重钞轻，所以世祖又造至元钞，自二贯至五文共十一等，每一贯文，当中统钞五贯，而花银一两可换至元钞二贯，赤金一两可换至元钞二十贯。武宗时，又造至大银钞，自二两至二厘，定为十三等，银钞一两同至元钞五贯，花银一两或赤金一钱均可换至大银钞一两。仁宗即位，以倍数太多，轻重失宜，遂罢去银钞，于是终元之世，通用中统、至元二钞。顺帝之世，始铸至正通宝钱，凡中统钞一贯或至元钞二贯，均可换通宝钱一千文。不过因为当时只在名义上用铜钱相权，而钱实未用，所以行之不久，物价腾踊,民用匮乏。元末,天下大乱,"每日印造,不可数计,舟车装运,舳舻连接"。元代的钞法,至此无从收拾了。

注释

①五户出丝一斤,系诸王、后妃、公主、功臣诸人的收入,但不得私征,仍由地方官代行征收拾与,所以称为输本位。

②按唐时试明经令帖《孝经》《论语》,而《孟子》不立于学。至宋神宗熙宁中,更以经义试进士,才叫专经的人兼治《论语》《孟子》。自二程子出,表章《大学》《中庸》,朱子又为《大学中庸章句》《论语孟子集注》,于是有《四书》之名。后来理学日盛,到了元代仁宗开科,遂以《四书》立于学官。

第四十章　元帝国之瓦解

原来蒙古的大汗,要经库里尔泰推举,窝阔台之立,由于铁木真的遗命,铁木真为各部族所畏服,其遗命发生了很大的效力,虽未经推举,但他却安然即了大汗之位。窝阔台死后,库里尔泰公推了贵由。贵由死后,这帝位的纷争就开始了。起因就是由于窝阔台在日,既说了皇孙失烈门可以君天下,又说了蒙哥可以君天下;于是贵由死后,窝阔台的后人和拖雷的后人便都希望本房的人当选为大汗。但窝阔台的后人多不惬众望,而拖雷的后人却拥有雄厚的实力①,并且宗王中最有威望的拔都又和蒙哥的母亲唆鲁禾帖尼有联络,所以由拔都所召集的库里尔泰,毕竟推举了蒙哥为大汗。蒙哥既立,就把窝阔台的第六子合丹、第七子蔑里及其孙海都、脱脱、蒙哥都分迁于各地,以分散他们的势力,并另委亲王以统率窝阔台的旧部,又把失烈门禁锢起来,将贵由的用事大臣和失烈门的党羽杀掉。这样一来,窝阔台之后和拖雷之后,便结下了不解的仇恨,而蒙古的内争,到此就无法弥缝了。蒙哥死后,世祖竟不待库里尔泰的推戴,自立于开平。那时蒙哥的季弟阿里不哥在和林,也就自立为大汗。于是同是拖雷之后,也就分裂起来了。后来阿里不哥给世祖打败,而海都之乱又起。海都的封地,是在海拉立(在今巴尔哈什湖东南);阿里不哥和世祖争持时,海都是附于阿里不哥的。阿里不哥既降,海都仍自擅于远庭,屡征不至。后来得了术赤和察合台②后王的援助,就公然和世祖对抗。至元十二年(1275),

海都和笃哇③叛，越二年，为世祖将伯颜所平。至元二十四年，海都又和宗王乃颜叛，世祖亲征，获乃颜。世祖还京，乃留皇孙铁穆耳和伯颜戍守漠北，以扼海都。自是终世祖之世，海都不时犯边，终不能平。世祖没，铁穆耳即位，是为成宗（1295—1307），命海山戍守漠北，使专力海都。成宗大德五年（1301），海都和笃哇大举入寇，海山大破之，海都病死。成宗没，海山嗣立，是为武宗（1308—1311）。这时海都子察八儿嗣立，又屡为武宗所败，察八儿入朝请降，诏赦其罪。后笃哇没，其子款彻亦降。又武宗尽以窝阔台封地并入于察合台汗国，窝阔台汗国遂绝。积年的乱事，虽算戡定，可是自海都称乱以来，钦察、察合台、伊儿三汗国的后王，和元室的关系，就几于断绝，此后再也不能恢复。蒙古大帝国，从此解纽。这是元室因争夺帝位而惹起的第一次内争。

但世祖死后，帝位的纷争，依然不绝。原来世祖之立既不由库里尔泰的推戴，于是索性破坏推戴的制度，改立太子，以继承大汗之位。世祖在日所立的太子是真金，真金早死。世祖死时，成宗戍守漠北，以长幼论，则母兄晋王甘麻剌当立，但成宗以重兵在手，又得宿将伯颜的归附和权臣伊实特穆尔的拥戴，所以成宗之立，不会发生事变。成宗所立的太子德寿也早死。成宗死后，皇后伯岳吾欲立安西王阿难答，召之入都。这时海山留戍漠北，手握重兵，伯岳吾因此就与左丞相阿忽台合谋，打算断掉北道，然后拥立阿难答。但右丞相哈喇哈孙却认为武宗和爱育黎拔力八达兄弟都是真金之孙，理宜继统，便先遣使迎爱育黎拔力八达入京，杀阿忽台，执阿难答。等到武宗至京师，爱育黎拔力八达就奉玺于武宗。武宗即位，杀掉阿难答及其党羽，并弑伯岳吾氏，而立爱育黎拔力八达为太子。武宗没，爱育黎拔力八达即位，是为仁宗（1312—1320）。仁宗本欲立武宗子和世㻋为太子，却听信权臣铁木迭儿之言，立了硕德八剌。和世㻋得了武宗旧臣的帮助，就走依察合台汗国。仁宗没，硕德八剌立，是为英宗（1321—1323）。仁宗时，铁木迭儿有宠于太后答吉（仁宗之母），恃势贪虐，英宗惧伤答吉之意，并不追究铁木迭儿。等到答吉死了，英宗才罢其相职；不久，铁木迭儿亦死，英宗才又籍其家产，追夺其官爵。其党羽铁失大惧，就弑杀英宗，迎立甘麻剌之子也孙铁木儿（亦作伊逊特穆尔）即位，是为泰定帝（1324—1327）。泰定帝即位，杀铁失及其同党，而丞相都尔苏又专权。泰定帝没,都尔苏立其太子阿速吉八,是为天顺帝;而签书枢密院事燕铁木儿惧都尔苏专擅,就暗结党羽,署盟迎立武宗次子图帖穆尔。图帖穆尔至京师,暂袭帝位。遣使迎其兄和世㻋于漠北以正位,这时天顺帝为燕铁木儿所败,不知所终,而和世㻋见图帖穆尔屡遣使迎接,也就即位于和林,是为明宗。明宗至漠南,暴死途中,图帖穆尔才正式袭位于上都,是为文宗(1328—1332)④,诏立明宗子懿璘质班为鄜王。文宗病笃,遗属皇后翁吉喇氏,必须立明宗之子。文宗死后,燕铁木儿却要立文宗之子燕帖古思,皇后不可,遣使迎立鄜王,是为宁宗,尊皇后为皇太后。宁宗在位月余病没,皇太后临朝称制,而燕铁木儿又请立燕帖古思,皇太后仍然不允,遂迎明宗长子妥欢帖睦尔至京师。燕铁木儿却迁延不肯立他。等到燕铁木儿死了,妥欢帖睦尔才即帝位,是为顺帝(1333—1367)。由上所述,可知自蒙哥以后,直至顺帝,帝位的纷争,几乎无代无之。纷争的结果,一方面是:帝国的解纽,内部的战争,使元室的力量,逐渐削弱;他方面是:权臣乘机,拥立帝王,以窃取大权,而元室的政治,也就日趋腐败。

　　元代的政治,总括起来说,不外:用高压政策,以防汉族的反叛;用聚敛政策,以增加皇室的收入;用宗教政策,以羁縻西蕃。现在依次分述如下:一曰高压政策。蒙古初入中原,籍民为奴,把降人当作驱丁。世祖时,又把江南民户,分赐诸王、贵戚、功臣,诸王自一二万户以上,有多至十万户的,功臣自四万户以下,至数千、数百、数十户不等。又严阶级之制,分全国人为四等:一为蒙古人;二为色目人,系塞外诸部族如回回、康里、畏兀儿等;三为汉人,系平金时于黄河流域所得的;四为南人,系平宋时于长江流域所得的。四等人,权利义务,极不平等,而防制汉人、南人为尤甚:凡私造军器者,私藏甲全副者,私藏枪、刀、弩有十件者,都处以死刑,又禁汉人、南人投充宿卫士。四等级之外,且有强分人民为十级之事:一官、二吏、三僧、四道、五医、六工、七匠、八娼、九儒、十丐:其阶级之严,可以想见。又编二十家为甲,以北人为甲主,衣服饮食惟所欲,童男少女惟所命,其猜防和压迫之甚,又可想见。二曰聚敛政策。蒙古起自沙漠,其物质享受,本很低劣,所以平定各地之后,很留意于工匠和商人。蒙古旧制,凡攻城邑,敌以矢石相加的,即为拒命。既克之后,例必屠城,只有工匠不在内。又其工部设官之多,也很足以证明蒙古特重工艺。然其目的，却不外是藉其工艺，以满足皇室和贵戚的需要。至于注重商人，开海运，治河道，以及对外贸易，便是想藉通商以增加国富。窝阔台之时，引西域商人奥都剌合蛮扑买课税，便是用商人来承揽税收。世祖更是个讲究富国之主，他前然用了阿合马、卢世荣、桑哥三个计臣，在位三十余年，差不多就和这三个计臣相终始。聚敛之风，即由此开其端，后世就接踵而起；所以成宗之世，贪官污吏被发觉的就有一万数千余人，其未被发觉的，尚不可知；武宗之世，复置尚书省，重用托克托，也以聚敛，流毒百姓；仁宗之世，用张闾经理浙江、江西、河南三省民田，限民于四十日，以所有田自实于官，也弄到民不聊生。以上所述，是元室实行聚敛的几件大事，至于户部设官之多，则更足以证明元室的好利。三曰宗教政策。蒙古本来崇尚佛教，及得西域，世祖就因其习俗，崇奉喇嘛教，以羁縻西蕃。世祖尊喇嘛八思巴为国师，命他总统释教；又封他为大宝法王，治理吐蕃之地。又命其徒嘉木扬喇勒智总统江南释教。自是历代帝王后妃，无不崇信其教。喇嘛僧都佩金字圆符⑤，往来中国和西域。所过之处，都要地方官办差。驿舍不能容，便假馆民舍。他们驱迫男子，奸淫妇女，无恶不作。其在中原的，就豪夺民田，侵占财物。百姓不愿输租税的，就投靠他们，托其包庇。内廷每年佛事，所费之多，更是骇人听闻。诸僧之中，作恶最大的，要推嘉木扬喇勒智，他在钱塘、绍兴掘发宋代帝王及大臣诸陵凡一百一所，戕杀平民，受人献美女宝物无算，又私庇平民不输赋的凡二万三千户。其穷骄极淫，可以想见。元代的政治，既这样腐败，再加上钞票的滥发，物价的腾涌，人民就益加不能自活了。世祖和顺帝，在位各三十五年，几乎占了元代国祚十分之八，而世祖的政治，已经是瘝败不堪，再加上顺帝的荒淫，元室的统治，就日趋摇动。顺帝初以伯颜为丞相，伯颜专政，猜忌汉人，变乱成宪，渐有异谋，后为其侄托克托所劾，贬谪而死。托克托继为丞相，而嬖臣哈麻、雪雪出入禁中，专典宿卫，起初和托克托相结，后又互相排挤。当时朝政日非，再加上山东、河南的连年荒歉，贾鲁治河的惹起人民愁怨⑥：于是革命军起，元室也就不保了。首先起事的，是台州（今浙江临海县）方国珍，于至正八年（1364）首义，出没浙东一带。十一年，颍州（今安徽颍上县）白莲教徒⑦刘福通起兵安丰（今安徽寿县），奉教主韩山童之子林儿为主，国号宋。同年，袁州（今江西宜春县）僧彭莹玉和麻城（湖北今县）邹普胜以妖术聚众作乱，奉徐寿辉为主，国号天完，起事蕲州（今湖北蕲水县）。而萧县李二，也以烧香聚众，起兵徐州。十二年，曹州郭子兴又起事濠州（今安徽凤阳县）。朱元璋走依子兴。十三年，泰州（今江苏泰县）张士诚，起事高邮（江苏今县），国号大周。时各行省进讨多无功，托克托自请出兵，平定了李二，围张士诚于高邮，士诚势已穷蹙；谁知哈麻和托克托不和，托克托等削职，窜死云南，哈麻代为丞相。这样一来，元室征剿之势一松，革命军的势力就转盛。至正十八年，福通分三路进攻：中路出晋、冀，破太原，出雁门，以攻上都；西路出关中，陷兴元，还攻凤翔；东路出山东，陷济南，北陷蓟州（今河北蓟县），以逼大都；而福通自挟林儿攻陷汴梁；后来虽被元兵打败，但南方的革命军，声势转盛：徐寿辉攻破湖北、江西，迁都汉阳；其将陈友谅又进取安庆（今安徽怀宁县），破龙兴，杀寿辉，自称汉帝。寿辉将明玉珍也自立为陇蜀王，旋即帝位于重庆，国号夏，后来就割据四川。张士诚也据有浙西，徙居平江（今江苏吴县），自立为吴王。朱元璋以从子兴转战有功，至是也别为一军，攻破滁、和二州，破太平（今安徽当涂县），据集庆（今江苏江宁县），自称吴国公。旋刘福通为张士诚所杀，元璋败走士诚，挟林儿居滁州，而自称吴王，时至正二十四年（1364），后二年，林儿亦没。这时，元璋已数败陈友谅，至正二十四年，又与友谅大战于泾江（今江西湖口县东北），友谅中流矢而死；明年，元璋攻武昌，友谅之子理以城降。于是湖广、江西尽为元璋所有。武昌既下，即命徐达攻士诚，悉定淮北地；二十七年，陷平江，士诚自杀。于是浙西及吴地又尽为元璋所有。旋又降方国珍，而浙东之地又为元璋所有。平定国珍后，又进而定闽、粤⑧。南方既定，元璋就命徐达、常遇春北伐。明年，元璋即位金陵，称南京，而以开封为北京，称皇帝，易吴为明：是为明太祖（1368—1398）。这时元室内争，已经是疲敝不堪，自然不能和屡战皆捷的明兵抵抗，所以不多时，徐、常二军从开封、济南，就攻陷了德州（今山东德县），又北下通州（今河北通县），顺帝逃到应昌（多伦县东），徐达入大都；元亡。后二年（1370），顺帝没。

注释

①蒙古风俗，称幼子为"斡赤斤"，义谓"守灶"，就是承继家产之意。拖雷便

是铁木真的斡赤斤,所以当分封时,他所得的部兵最多(当时的观念,把部兵也当作财产)。又其时功臣宿将,也大半是他的旧部。拖雷死后,蒙哥及其兄弟均年幼,一切均由唆鲁禾帖尼主持,她很有才智,所以为部下所归向。这些都是拖雷之后获得大汗之位的最好条件。

②当时只有伊儿汗国的阿八哈(旭烈兀之子),以和世祖同为拖雷的后人,所以不附海都。

③笃哇亦作都斡,系察哈台之后,为海都所立,即察合台汗位。

④按天顺帝在位仅月余,明宗在位也只有八月,宁宗在位又只有月余,所以天历二年,至顺三年,共五年,用的都是文宗的年号。

⑤金字圆符本为边防报警时所用,至是无边警,喇嘛僧亦佩之。

⑥《元史·河渠志》:"至正十一年,命鲁为总治河防使。发汴梁大名十有三路民十五万人,庐州等戍十有八翼军二万人,供役一切。先是河南北童谣云:'石人一只眼,挑动黄河天下反。'及鲁治河,果于黄陵冈得石人一眼,而汝、颍之妖寇乘时而起。"议者往往以为天下之乱皆由贾鲁治河之役劳民动众之所致。

⑦按白莲教出于佛教的白莲宗。先是晋沙门慧远结白莲社,以皈依净土为宗。后之白莲宗,本此而出。到了元代,其教更盛。顺帝荒淫乱政,于是刘福通等,遂假借白莲教首先发难。又《元史类编·韩林儿传》:"韩林儿,父山童,自其先以白莲会烧香惑众。"

⑧陈友定据闽,何真据粤,均为元璋所定。

第四十一章　明初之政局

明代凡二百余年,其政局可分作三个时期。自太祖至宣宗,为极盛时期:在本时期中,不但统一了全国,确立了明室统治的基础,并且武功和文治,也颇有可观。自英宗至穆宗,为中落时期:在本时期中,内则宦官祸国,权臣跋扈,外则鞑靼、瓦剌、倭寇相继患边,明室至此,不复振起。自神宗至思宗,为衰亡时期:在本时期中,政治腐败,达于极点,于是民不聊生,变乱蜂起,而满洲乘之,明室遂亡。自此以后,福、唐、桂三王、名义上虽保持着十七年的帝统,但流离奔波,实际上早已不算一个国家了。明自太祖至永历帝,传十二世,历主十九,凡二百九十四年而亡,现在先将其世系表列如下:

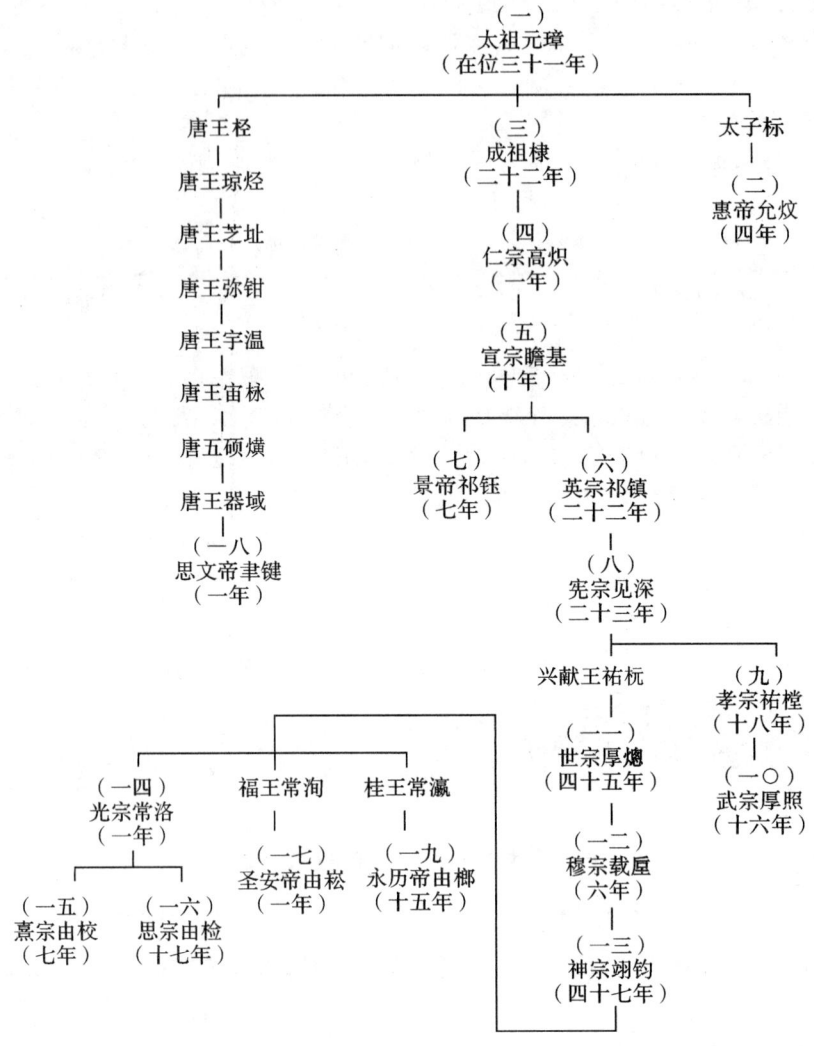

自顺帝北走、太祖定都南京以后，然明还未能全有中国。这时：元将库帖木儿据山西，李思齐、张思道据陕西，元梁王把匝剌瓦密尔（世祖第五子忽哥赤之后），据云南，元将纳哈出出没于辽东；而明玉珍之子昇则据四川，国号夏。洪武元年（1368），太祖命徐达、常遇春、冯胜、汤和征库库，库库兵大败，逃走和林。明年，移师平陕西。四年，又命汤和、傅友德定四川，昇出降。十四年，又命傅友德、蓝玉、沐英定云南，梁王自杀。二十年又命冯胜、蓝玉定辽东，纳哈出降。于是今中国本部之地全定，遂进而移师北伐。原来自顺帝没后，库库北走，又拥立太子爱猷识理达腊于和林。洪武十一年，太子卒，子脱古思帖木儿嗣立。太祖以故元遗寇，终为边患，就于二十年命蓝玉、冯胜诸将进讨，明年，大败之于捕鱼儿海（今绥远克什克腾旗西北），脱古思帖木儿远遁，行至土剌河（即图拉河），为其部下所杀。自是元裔凡五传，至坤帖木儿为其臣鬼力赤所篡，称可汗，去国号，称鞑靼。时成祖永乐十三年（1415）。

太祖厉行君主集权制，其所行政策二：一曰大行封建。太祖惩前代孤立之失，广封诸子二十五人，其用意无非是借以外守边陲，内资镇守。诸王都置相传官属，护卫甲士，少的三千，多的一万九千余人，而燕王棣和晋王㭎以守御北边故，并得节制诸将，权势尤重。二曰杀戮功臣。太祖谋臣，以刘基为最有名，自刘基为胡惟庸害死后，惟庸即握大权。太祖既是个厉行集权的君主，自然不肯放松惟庸，后来惟庸勾结李善长、陈宁、徐节诸人谋反，事泄，太祖就把惟庸、宁、节诸人杀掉。其后，惟庸谋反之状全露，于是太祖一意肃清胡党，遂兴大狱，被诛的达三万余人，善长等至是都坐死。并作《昭示奸党录》，布告国人。不久又有蓝玉之狱。蓝玉是明初骁将，屡建军功，后封为凉国公，惟庸之变，有人说玉也与其谋，太祖以他功高，未曾追究。后来宿将多死，玉擢为大将，总兵征伐；不过他自恃功伐，也就专恣横暴不易驾驭了，旋玉也有反意，事发，遂族诛蓝氏一万五千余人，名将傅友德、曹震、张翼、朱寿、何荣等都坐死。并作《逆臣录》，布告国内。除胡、蓝二大狱之外，其他因细故而死的，则有廖永忠、汪广洋、周德兴、冯胜、胡美诸人。于是老臣宿将全尽。他如大兴文字之狱①，徙江南富民十四万户于中都（今安徽凤阳县），严刑峻法，戒母后临朝，以及禁宦官干政：都无不是由于他的君主集权的专制政策而来。不过他于初定天下之时，能够禁止胡服胡语，以扫腥膻之俗；定立制度，以革胡元旧制；悉心筹备边防，以御外侮；却是他的善政。

太祖没，太子标早死，遗绍皇太孙允炆即位，是为惠帝（1399—1402）。惠帝用黄子澄、齐泰之言，效汉平七国故事，削夺诸藩，又更定官制，令亲王不得节制文武吏士。时燕王棣在北平，拥兵最多，遂于建文元年起兵反，指黄子澄、齐泰为奸臣，请入京清君侧，自署官属，称其兵曰"靖难"，连败中央军耿炳文、李景隆、盛庸诸大将，自瓜州渡江，进军龙潭。左右或劝惠帝他幸，以图复兴，侍讲方孝孺请坚守京城，待四方援兵。

未几，燕军迫城下，李景隆等开门降，都城陷，宫中火起，惠帝不知所终。燕王既入京城，即皇帝位，是为成祖（1403—1424）。于是族诛黄子澄、齐泰，并夷其族，坐党死者数百；方孝孺不肯为成祖草登极诏，也被诛十族②。他如忠于惠帝的卓敬、练子宁、景清都被族诛；又籍盛庸、耿炳文家，庸、炳文均自杀；而李景隆亦旋得罪，削爵籍其家。又改北平为北京（即顺天），于永乐十九年迁都，而以南京为陪都。又分遣御史巡行国内，一时政事整饬，百司称治，史称为永乐之治。帝又北破鞑靼、瓦剌，南并安南，东御东倭，又招致南洋诸国，武功极盛，幅员之广，几和汉、唐相同；是为明的极盛时代。

成祖卒，太子高炽立，是为仁宗（1425），在位一年而卒，太子瞻基立，是为宣宗（1426—1435）。未几，而高煦之乱作。高煦是仁宗之弟，成祖的次子，当成祖起兵时，颇有军功，封为汉王，国乐安（今山东惠民县）。成祖在日，他就以唐太宗自命，骄恣不法，等到宣宗即位，他便遣人约山东诸将同反。后来他竟师法成祖，也以"靖难"为辞，索诛户部尚书夏原吉，指为奸臣。宣宗亲征，大军至乐安，高煦以部下多叛变，遂出降。高煦既降，废为庶人，山东诸将与谋者，相继诛戮，凡六百四十余人，宣宗并作《东征记》，以示群臣。宣宗在位凡十年，委政于杨荣诸人，颇能图治，史称其即位以后："吏称其职，政得其平，纲纪修明，仓庾充羡，闾阎乐业，岁不能灾。"于是明兴至此六十年，人民才得休息，称为宣德（宣宗年号）之治。

注释

①太祖一代，文字狱最多，其被杀原因：或因则字音嫌于贼，或以生字音嫌于僧，或以帝扉音嫌于帝非，或以法坤音嫌于发髡，或以有道音嫌于有盗，或以藻饰太平音嫌于早失太平，或以光字嫌近薙发，或以殊字为我歹朱。盖太祖初为僧，后投郭子兴，所以凡有涉及僧盗之事的，便犯了他的忌讳。太祖法令既如是之严，故其时京官每旦入朝，都必与妻子诀别，及暮无事，则相庆以为又活一日。

②成祖命孝孺草登极诏，孝孺不肯，成祖以诛九族要胁他，他竟说："便十族奈我何！"成祖强授以笔札，他大书"燕贼篡位"四字。成祖因诛方字九族，并连及其门生而诛之，故曰诛十族。

第四十二章　明与北族之关系

太祖虽驱逐胡元，统一中国，但蒙古族在大漠的势力终未消灭。所以他对于北方的边防，很为留意。北边的第一道防线，是开平卫，这就是元代的上都。据此可以控制漠南，辅翼辽西。其后元朝的大宁路（属辽阳行省）来降，太祖即其地分设泰宁、朵颜、福余三卫①。三卫之中，以朵颜地险而兵强。当时边外诸卫，都隶北平行都司，太祖庶子宁王权居大宁（在今热河省赤峰、承德二县之间）以节制之。成祖起兵，恐宁王议其后，诱而执之，而徙北平行都司于保定（今河北清苑县）。又以兀良哈（今乌梁海）兵从征有功，就把泰宁三卫，送给兀良哈。于是北边的开平卫，便势孤援绝了。到了宣宗时，就不得不把开平卫徙治独石（今察哈尔沽源县南）。这样一来，北方的边备，就异常松懈；所以不久瓦剌、鞑靼势强，乘虚而入；北方的边患，便差不多和明代相终始了。

瓦剌就是元初的斡亦剌，亦作瓦拉，又作卫拉特。元亡时，其强臣猛可帖木儿据其地，势甚强。猛可帖木儿死后，众分为三：其酋长一名马哈木，一名太平，一名把秃孛罗，都归降成祖，受封为王，而以马哈木为最强。后来马哈木蓄意谋叛，为成祖所破。马哈木死，子脱欢势甚强，明仍封之为王。旋脱欢袭杀鞑靼的阿鲁台，又杀太平、把秃孛罗，统一三部，想自为可汗，为其部下所反对，遂迎立元裔脱脱不花，自为丞相。脱欢死，子也先嗣，声势更盛，泰宁三卫之地，亦为其所胁服。这时宣宗已死，子祁镇立，是为英宗（1436—1449）。英宗初年任杨荣、杨溥、杨士奇以政，颇有建白。其后昵近宦官王振，朝政始乱。那时也先利明爵赏，每岁使者至明，竟多至数千人；而王振以藻饰太平为名，赐赍甚厚，凡也先所请，明廷无不允许。后稍拂其意，也先就于正统十四年（1449）大举入寇。王振劝帝亲征，车驾到了大同，宦官郭敬密以敌情告振，振知不敌，遂班师。行至土木堡（今察哈尔怀来县西）。为也先所追及，宣宗被执，振亦死于乱军之中。英宗北狩，以皇太后孙氏命，奉郕王祁钰监国，寻即大位，是为景帝（1450—1456），尊英宗为太上皇，以于谦为兵部尚书。也先又从紫荆关（今河北易县西）犯京师，幸谦力战，也先始退兵。谦又整顿边备，以重兵守大同、宣府，也先屡入寇，均不能逞，景泰元年（1450），遂奉太上皇还。自是也先屡与其主脱脱不花遣使致贡。未几，也先杀脱脱不花，并

881

有其众，遂自立为可汗。旋也先又为其下阿拉所杀，于是瓦剌部落分散，势力渐衰，而鞑靼又代之而起。

鞑靼之起，已见前章。当成祖兴兵时，鬼力赤曾命其部下助战；及成祖正位，屡致书鬼力赤，并赐以银币。其后鬼力赤为其臣下阿鲁台所杀，迎立元顺帝后本雅失理为可汗。成祖以书谕之，不听。永乐七年（1409），命邱福往讨，大败而归。明年，成祖亲征鞑靼，大败阿鲁台军。阿鲁台请降，成祖封为和宁王。其后阿鲁台又犯边，成祖屡次亲征，阿鲁台才不敢内侵，仍遣使贡马如故。旋本雅失理为马哈木所杀，而阿鲁台又为脱欢所杀，于是鞑靼中衰。当阿拉杀掉也先之时，瓦剌中衰，而鞑靼部中又出了一个酋长，叫做孛来，把阿拉杀掉，立脱脱不花之子麻儿可儿，号小王子。麻儿可儿死后，众共立马古可儿吉思，也号小王子，于是孛来结合泰宁三卫，时来寇边。英宗复辟（1457—1464）②，鞑靼中又出了一个斡罗出，率众潜居河套，逼近西边；不久孛来又继之而来，携明人做向导，抄掠延、绥一带，于是河套失而明自此有套寇。英宗卒，太子见深立，是为宪宗（1465—1487）。时鞑靼起了内讧：孛来杀掉马古可儿吉思，鞑靼别部酋长毛里孩又杀孛来，更立他汗；斡罗出复与毛里孩相仇杀，毛里孩杀所立汗，逐斡罗出；而鞑靼别部酋长孛鲁乃又与斡罗出合；鞑靼势虽稍衰，但诸人仍犯边如故。其后又有一个叫做满鲁都的，继之而至，以别部长乩加恩兰为太师，盘踞河套。至宪宗成化八年（1472），才为王越所击破。后乩加恩兰为其部下所杀，满鲁都亦死，其他诸强酋也相继略尽，边境才渐次安稳。及宪宗卒，太子祐樘即位，是为孝宗（1488—1505），鞑靼中出了一个达延汗，蒙古由是再兴。达延汗本名巴图蒙克，统一漠南北，于孝宗弘治十七年（1504）即大汗位。达延汗有四子：长名图鲁，早死；次名乌鲁斯，死于内乱；三子名巴尔苏；四子名格埒森札赉尔。及孝宗卒，太子厚照立，是为武宗（1506—1521），达延汗势更盛。武宗卒，厚熜立，是为世宗（1522—1566），达延汗就与嫡孙卜赤（图鲁之子）徙居漠南东部，称为插汉儿部，这就是内蒙古察哈尔部之所自始；而以格埒森札赉尔留守漠北，称为喀尔喀部，这就是外蒙古土谢图、车臣、札萨克图三部之所自始。又封巴尔苏为济农（亦作吉囊，即副王之意），使领漠南西部。旋巴尔苏死，其长子衮弼哩克嗣，居河套，这便是内蒙古鄂尔多斯部之所自始；其次子俺答居阴山附近今归绥西，这便是内蒙古土默特部之所自始③。后来衮弼里克死,其众尽归于俺答,所以在世宗之世,俺答独盛。世宗嘉靖二十九年(1550),俺答犯大同,进至通州,分兵剽昌平,京师震恐。时严嵩当国,戒诸将勿轻举,于是俺答之兵,饱掠由古北口出塞。自是俺答又于嘉靖三十二年、三十八年、四十二年三次剽掠京畿,明兵将死者无数,而患终不弭。世宗卒,太子载垕立,是为穆宗(1567—1572),边患仍不靖。会俺答孙把汉那吉以俺答夺其美妻三娘子迫而降明。三娘子恐明杀把汉那吉,因求俺答遣使至明请和。穆宗隆庆五年,明封俺答为顺义王,名其所居城曰归化。这时俺答始知把汉那吉尚在,俺答感激,誓不犯边。加之俺答受了喇嘛教的感化,就更无意于南侵。俺答死后,传子黄台吉,黄台吉传子撦力克,都以三娘子为妻,她在这时,势力很大,手握兵权,替明捍边,也很恭顺,自是北方始告平靖。穆宗卒,太子翊钧立,是为神宗(1573—1619),就封她为忠顺夫人。撦力克卒,孙卜失兔立,号令不行,套部遂衰。后来东方的插汉儿部转盛。那时正值神宗在位,高拱当国,用戚继光守蓟,李成梁守辽东。继光善守御,成梁骁勇善战,又屡败其众,所以终神宗之世,北边颇为安靖。到了明末,插汉儿部仍盛。

注释

①泰宁卫在元海西的台州站,海西为元代行政区域之名,就是后来扈伦四部之地。朵颜卫,在今吉林永吉县北珠家城子附近。福余卫在今吉林农安县附近。

②瓦剌入寇,京师震动,那时侍讲徐有贞等主迁都,为于谦所斥,有贞由是怨谦。又石亨本谦部下,以御瓦剌有功,颇骄恣,素为谦所裁抑,亨由是亦怨谦。等到景帝病重之时,有贞、亨就勾结宦官曹吉祥等,设计共迫太上皇所居的南宫城,毁垣坏门而入,拥太上皇即位,于是英宗得以复辟;这便叫做夺门之变。事成之后,有贞和亨就诬劾于谦谋迎外藩入继大统(指襄王瞻墡言,仁宗之子)之罪,于是于谦被杀,而吉祥、有贞、亨俱得握大权,后来有贞为亨所排挤,贬死。亨和吉祥又以谋反伏诛。

③又阿鲁台被杀后,其众徙居奥安岭下,是为后来内蒙古科尔沁部之所自始。又瓦剌之后也先远孙乌林台巴丹率众西徙,是为漠西蒙古准噶尔部之所自始。

第四十三章 明之殖民事业与外患

明初屡次遣使出国,然历地最多功业最著的,却要推郑和。和,本姓马,入宫为宦官,赐姓郑;宫中呼为三保,故有三保太监之称。永乐三年(1405),他和尚书王景宏同受命出使,造大船六十二艘,长四十四丈,广十八丈,载士卒三万七千八百余人,从苏州娄家港(即今浏河口)泛海,遍历诸番国,五年返国,自是至宣宗宣德八年(1433),前后凡航海七次,为海上生活者垂三十年。他航海的路线,系从苏州浏河口出海,南至印度支那半岛的西贡;航暹逻湾,循马来半岛,南下至新加坡;绕苏门答腊和爪哇群岛各一周;航孟加拉湾,北至恒河口,南至锡兰岛;再航阿剌伯海,入波斯湾;沿东岸北行,至底格里斯河口,再循西岸南行,至亚丁;越亚丁湾,入红海,北至麦加,循非洲东岸南行,至莫三鼻给海峡;掠马达加斯加岛的南端而东还。所到之国:有马来半岛以东诸国十五,麻剌甲诸国三。苏门答腊诸国七,印度诸国六,阿剌伯诸国五,非洲诸国三,合计三十九国。而台湾、吕宋、婆罗洲,也有郑和足迹,还不在内。所至之地,各国都遣使随和入朝,惟旧港酋陈祖义、锡兰王亚利苦奈何和苏门答腊王子苏干利三人不服,遂为和所擒归。

　　自国人远至南洋,开辟草莱,久居其地以后,于是那做"蛮夷大长"的,便大有人在,现在把明代从事拓殖的伟人,分述如次:一曰梁道明、陈祖义、施晋卿、张琏。爪哇于太祖初年,西侵三佛齐①,三佛齐大乱。时粤、闽人移居其地的很多;有南海人梁道明召而部勒之,保有三佛齐北境,以拒爪哇。不十年,闽、粤军民泛海投奔道明的,多至数千家,推道明为长。成祖时,道明入朝,会其时有海盗粤人陈祖义为道明所抚,得为旧港头目。郑和出使时,曾遣人招谕,祖义伪应,而潜谋劫略。其部下粤人施晋卿把这消息告诉郑和,郑和把他擒住,斩于京师。明于其地设旧港宣慰使,即以晋卿为使。世宗时,粤人张琏作乱,后为明廷所平,张琏远遁三佛齐,到神宗时,做了三佛齐的番舶长(即市舶司之意)。二曰爪哇新村主。爪哇之地凡四处:一处是满者伯夷(Mojopahit),爪哇国王所居,有粤、闽人很多。一处在满者伯夷东北,叫做苏卢马益,即今泗水,有千余家,多半是中国人。一处在苏卢马益之北,叫做厮村,中国人客居这里,成为聚落,遂名新村,约千余家,村主为粤人。一处在厮村之西,叫做杜板,有千余家,多漳州人。按厮村本为荒地,由中国人开辟草莱,始成聚落。三曰婆罗国王,婆罗,《明史》称汶莱。其国王为闽人,佚其姓名,后西班牙人来袭,王率国人走入山谷中,放药水流出,毒杀西班牙人无数。

又神宗时，有漳州人姓张的，仕婆罗女王，官至那督②。四曰林道乾、潘和五。《明史·吕宋传》谓："先是闽人以其地近且饶富，商贩至者数万人，往往久居不返，至长子孙。"即可见国人移殖吕宋之多。及西班牙人侵略菲岛，遂有林道乾③攻略马尼剌之事。道乾本潮州海盗，以兵图闽、粤不成，于神宗时，率众南图吕宋。中途打败西班牙水兵，遂直攻马尼剌，斩西班牙将高第。后西人援兵至，道乾战不利，才引军从海道至马来半岛的大港（Patani），略地以居，遂名其地为道乾港。其余众逃入斐岛深山中，即今伊哥罗德支那人（Igorote-Chinese）的始祖。又有潘和五，留居吕宋。神宗时，西班牙人进攻美洛加，用战舰载西人百名，斐人一千四百名，而以华人二百五十名为水手，和五诸人为哨官。和五以不堪西人苛待，于夜半乘西人熟睡举事，尽杀西人，和五收其金宝甲杖，后遂留寓于安南不返。此外如马来半岛的满剌加（即今麻剌甲）和柔佛，婆罗洲的文郎马神（即今马辰）和交栏山（今婆罗洲西南岸的小岛），斐律宾群岛的沙瑶和苏禄，也多有国人的移居者。上面所述，仅就南洋群岛而言，至于暹罗、缅甸、安南各国，中国人移殖留居的，也大有人在。英宗时有汀州人谢文彬以取盐下海，飘至暹罗，仕至坤岳（和明的学士相同）。而清乾隆时的郑昭，竟做了暹罗的国王；和昭同时的吴某（福建人），也做了宋卡（Singara）的吴王。缅甸在明初，置缅甸宣慰使，以缅王任之，到了明末桂王奔缅以后，于是明遗臣之在缅甸经营事业的便更加多了。中国人移殖安南的，始于汉代，唐代以后，中国人赴其地者益多。宋亡以后，其遗臣流离海外的，或仕占婆，或婿交趾，又有赵忠归越南，且助越南以御元兵；又有宋遗臣逃入占城，乞兵复国。郑和出使，也到过占城、真腊各地。明末粤人郑玖航海至南圻的河仙（Hatien），开辟其地，自为部长，后为越南王所招抚，官至总兵。至于越南历代帝王，如黎季犛、莫登庸、阮潢，也都是中国人。这样看来，今后印度半岛诸国，我国人从事拓殖的，也不算少数。

当华人势力在南洋各地日益雄厚之时，葡萄牙人、西班牙人和荷兰人也逐渐向东方拓殖。嘉靖四十四年（1565），西人占领斐岛，夺取华人在斐势力，致有林道乾进攻马尼剌之役。那时斐岛还很荒凉，虽经是役，西人还是欢迎华侨，替他们从事开辟工作。自是华人来的日多，至万历十六年，竟增至一万余人。三十年，张嶷等言吕宋机易山产金，奏请神宗开采。神宗命海澄丞等至机易山，西人就借此散布谣言，说中国遣使，是探听吕宋虚实。由是严修武备，并有杀尽华人之说。明年，华侨为救死计，便聚众起事，为西人所败，死二万四千余人，存者仅五百人。其后华人仍旧陆续至斐岛，至崇祯十二年（1639），便增至三万余人。时西人强迫华人作苦工，华人忍无可忍，又相率反抗西人。华人不敌，被西人杀死二万余。自是以后，于清康熙元年（1662），二十五年，乾隆二十一年（1756），又有三次惨杀。继西班牙人而起的，是荷兰人。万历四十七年，荷人于爪哇建立巴塔维亚首府。乾隆五年，荷政府颁布新例，向华侨富商索诈，并逮捕无业华人，华人约期举事，事泄，为荷人所乘，巴塔维亚城中华人被杀者万余人，流血所被，河水为赤，这就是历史上所谓红河之役。以上所述，系外人虐待华人最大的惨杀事件，他如纳税的繁重，法律的不平，也在在摧残华人的势力。不过华人本其坚忍不拔的精神，虽备受外人压迫，却依旧在南洋方面继续拓殖，且其势力也日益扩大。现在把清初的拓殖情形，分述如下：（一）爪哇方面。清乾隆时，有福建漳州人陈历至爪哇，继其兄陈映为巴塔维亚甲必丹①。又有连富，也做过巴塔维亚的甲必丹。（二）斐岛方面。有三合会首领厦门人侯亚保，为清廷所迫，遁走马尼剌。马尼剌三合会徒奉为领袖。后于光绪时助斐岛土人革命，事败复返厦门，不知所终。（三）婆罗洲方面。乾隆时，广东梅县人罗芳伯至婆罗洲，有众三四万人，自称大唐客长。至光绪十年始为荷人所灭。又有梅县人吴元盛，为芳伯部下，做了戴燕国王，元盛死，妻袭其位，荷人来侵，降为甲必丹。又有张杰诸，广东潮安人，做了安班澜岛（Ampenan）王，招徕华人很多，至光绪八年为荷人所灭。（四）马来半岛方面。有广东梅县人叶来，于同、光间随其族人流寓于吉隆坡，打败了土人，取得其政权。后英人来侵，封为甲必丹，死后，族人阿石继任，阿石死，叶观盛继任。后遂废此职。

日本到了唐宣宗末年（859）以后，皇室大权，落在武人藤原氏手中，直到宋神宗时，才把他罢黜。然武人平、源二氏又起来相互争夺。起初是平清盛得胜，后来源赖朝灭了平氏，掌握政权。旋足利氏又灭了源氏，遂分为南北朝（1333—1392）。所谓倭寇，即起于是时。原来自元征日本以后，日本才禁国人和中国交通；于是偷出海外来做买卖的，都是无赖的人，久之，便流为海盗。这就是我国所称的倭寇。日本南北朝时代，其势渐盛，等到南朝为北朝所并，南朝的遗民、武士和倭寇相合，就益加不可侮了。明兴之时，太祖灭了方国珍、张士诚，其党徒亡命海外的，也有勾结倭寇进犯山东沿海各地之事。成祖时，倭寇辽东，为刘荣所败。自是虽时扰沿海各地，但为害不甚，至世宗时，因大奸汪直、徐海、陈东、麻叶辈，附入倭寇，诱之入寇，其祸始炽。世宗嘉靖三十二年，汪直引诸倭大举入寇，明命张经往剿，大胜。时严嵩当国，以其党赵文华督视军情，张经之胜，文华攘为己功以奏，于是张经被逮论死，易以周珫、杨宜诸人，都为倭所败。三十四年，倭犯南京，为曹邦辅所败。而文华与其党胡宗宪御倭，反为倭所败。会川军破倭周浦（今江苏奉贤县东南），俞大猷破倭海洋，文华竟以水陆大捷奏，而以宗宪督军讨倭。三十五年，宗宪歼倭于乍浦，杀徐海、陈东、麻叶诸人，明年，又诱杀汪直，于是江南、浙东西始定。又明年，江北诸倭，也为李遂所平。倭寇经此痛剿后，遂转掠闽、广，直到四十二年至四十五年，才陆续为俞大猷、戚继光所平。

高丽自王建建国（918）以后，到了元代征服高丽，就成了元的属国。后来国势日弱，至王瑶时，为李成桂所代，是为朝鲜太祖，时洪武二十五年（1392）。成桂倾向中国，朝鲜遂为中国外藩。传到其第四十代主李昖时，就发生了中、日朝鲜之役。原来日本北朝并了南朝之后，国内虽然统一，但大权仍落在武人足利义满手里，足利氏衰，大权又落在织田信长手里；信长卒，大权又下移于信长的部将丰臣秀吉。秀吉促朝鲜入贡，且使为伐明的向导。李昖不从，秀吉遂发兵攻朝鲜。昖弃京城奔义州，遣使求救于明。时万历二十年。明命祖承训往援，平壤一役，承训仅以身免。又命李如松、宋应昌并率师援剿，如松大捷于平壤，追至汉阳西北的碧蹄馆，恃胜轻敌，反被日兵打败。二十五年，秀吉进攻，神宗命邢玠、麻贵、杨镐拒战，败于蔚山（朝鲜庆州西北），死亡甚众。明年，秀吉死，日兵驾舟东归，明将陈璘、刘绖等追击，才大败日本。

注释

①按三佛齐与旧港自元末已非一国，故本书分述之。
②那督华言为尊官之意。
③按史书所载，林道乾、林凤、李马奔三人事迹均相同，西文林道乾作Limahong，与林凤、李马奔之音相近，或系一人之误。
④甲必丹系荷人委任华人治理华侨的官名。

第四十四章 明末之政局

明自宣宗以后，国势便已中落，阁臣和宦官的专权，都始于这时。原来自胡惟庸谋叛以后，即废除宰职，把庶政分隶六部，而由天子总其成，这本是一种集权制度，如果天子英明，尚能运用自如。谁知后嗣的君主，多系庸懦的人，于是殿、阁学士乘之而起，逐渐掌握宰相的实权。这殿、阁学士①，原系文学侍从之臣，和前代翰林学士一样②，并无大权。成祖时，解缙等居此职，才开始参预机务。仁宗时，杨荣、杨士奇都以东宫师傅领部事而兼学士之职；其地位才渐次隆重。自是凡国家大政，君主都和内阁学士商量，其权限就愈加扩大了。所以有明一代，竟弄到有权臣而无大臣。又太祖即位，即严禁宦官干政。燕王棣起兵"靖难"，多得力于宦官，正位以后，始委以政事，宦官由是获得窃取政权的机会。其后宦官和阁臣勾结，而明政益衰。明代宦官之祸，始于英宗时的王振，继之又有景帝时的曹吉祥；至宪宗时，汪直用事，朝政益坏，原来在成祖之时，设立东厂，归宦官掌领，专缉奸谋，宪宗又设西厂，以汪直领之，而以尚铭领东厂；汪直利用权势，屡兴大狱，排除异己。后来和尚铭不合，才被斥退职。自是尚铭专东厂事，后虽遭贬谪，但宦官梁芳又起而专横。同时阁臣万安、刘吉，也勾结宦官，表里为奸。孝宗继位，固然罢斥了李芳、万安、刘吉诸人，但内官如李广、蒋琮，又贪婪好货。武宗之世，宦官刘瑾得宠独揽大权：指谢迁、刘健等五十三人为奸党，又于东厂之外，立内厂，屡兴大狱，弄得举国惶恐。后来御史杨一清利用宦官张永举发其奸，瑾始被诛。世宗本是个力抑宦官之主，但张璁、桂萼、严嵩诸奸得邀帝宠；于是阁臣之横，达于极点。明室至此，已是难以支持，再加上倭寇、鞑靼的寇边和内乱的频起③，就更加无法应付了。

穆宗之后，就是神宗。神宗初年委政于张居正，本有"起衰振敝"之势。但自居正死后，神宗就荒于酒色，不理朝政。他又好聚财，矿、税两监遍布全国，都由宦官主其事，宦官敲诈勒索，弄到天下骚然。政治既坏，再加上朋党的纷争，国事便更加不堪设想了，原来御史和科道在明代均为言路要职，居正当国，排除异己，言路才因之蔽塞。居正死后，言官以为居正遏抑太久，于是争砺锋锐，持击当路，后来遂有东林和非东林两党之争。东林党的首领为无锡顾宪成，其故里有东林书院，原为宋杨时讲学之所，宪成与其弟允成偕高攀龙、钱一本诸人讲学其中，讽议朝政，裁量人物；朝士也多和他们遥为应和，东林之名始大著。后来孙丕扬、邹元标、赵南星诸人相继讲学，自负气节，和政府相抗，于是东林遂俨然有左右朝政的力量。其与东林党对抗的：有齐党，以亓诗教、周永春、韩浚、张延登为首，有楚党，以官应震、吴亮嗣、田生金为首，有浙党，以姚宗文、刘廷元为首，此外还有宣（宣城）党汤宾尹、崑（崑山）党顾天埈。时内外章奏，多留中不发。于是言路攻击，便无是非曲直可见，而在位的人，只要言路一攻，也就自然引去。李三才和孙丕扬，就是受非东林党的攻击而去的，到了神宗末年，东林党人便被逐净尽了。神宗卒，太子常洛立，是为光宗（1620）。光宗卒，皇长子即位，是为熹宗（1621—1627），光、熹之际，叶向高入阁，才起用东林党人；及赵南星掌吏部，就把非东林党人排斥净尽。为着三案之争①，东林党人总算是得了胜利，而非东林党人却因此恨之刺骨。时太监魏忠贤握大权，非东林党人依附忠贤，尽翻三案，向高、南星去位，宦祸遂作。忠贤罗织细故，把杨涟、左光斗、魏大中、袁化中、周朝瑞、顾大章杀掉，随后又把高攀龙、周顺昌、周起元、缪昌期、李应昇、周宗建、黄尊素杀掉，邹元标等俱夺官，尽毁天下书院；又作《三朝要典》，极意诋諆东林党人，并把党人姓名榜示天下。自是小人无不登用，而善类一空。熹宗卒，遗诏皇弟由检即位，是为思宗（1628—1644）⑤。思宗把忠贤治罪，被放而死；其他归附忠贤的人，都诛谴有差。又毁《三朝要典》，于是党议才告结束，而民变又起。原来明代民变很多，成祖、英宗、宪宗、武宗、神宗、熹宗朝，都有人聚众作乱，不过没有酿成大乱而已。到了思宗之世，李自成、张献忠出而倡乱，情势便完全两样了。这次民变，旧史称为流寇，发动于陕西。当忠贤专政时，其党乔应甲为陕西巡抚，贪婪异常，陕西人民痛苦无比。会思宗崇祯元年，陕西大饥，饥民就群聚为盗。首先起事的王二和王嘉胤，而以马贼高迎祥一股为最强。迎祥自称闯王，其甥李自成依附迎祥，自号闯将。张献忠也自号八大王。明命杨鹤进剿，而鹤主抚，为言官所劾，改以洪承畴代之，时崇祯四年。丞畴命曹文诏攻破诸寇，陕西略定，迎祥、献忠、自成窜入山西，又为文诏所败，山西略定。及调文诏为大同总兵，于是寇势日炽，流入河南、湖广；朝廷改以刘奇瑜专办流寇。七年，奇瑜蹙死。诸寇于车箱峡（在今陕西安康县），本可一网打尽，惜奇瑜误听他们伪降之言，把他们放了出来。

出峡之后，复自陕西犯河南。明年，诸寇大会荥阳，旋又复入陕西，与曹文诏战，文诏败，明至是始命承畴专办西北，而以卢象昇专办东南。九年，迎祥为孙传庭所擒，诸寇共推自成为闯王。自成走甘肃，献忠走湖广，为熊文灿所扼，遂伪降文灿。十一年，清兵入塞，京师戒严，象昇、承畴诸将皆撤兵入援，为献忠所乘，复反于谷城（湖北今县），诏逮文灿，命杨嗣昌代之，而以左良玉为平贼将军，献忠为良玉所败，遁入四川，而自成再攻河南，嗣昌出师督剿，献忠知襄阳为嗣昌饷械聚积之地，于是攻陷襄阳，嗣昌闻变，自尽而死。后良玉败献忠于信阳，献忠才走东南。旋南阳又为自成所陷，开封也被攻陷，良玉败走襄阳。时崇祯十六年。自成既下河南诸州县，又进图襄阳，良玉不敌，率军东走，自成得襄阳，称新顺王。献忠自为良玉所败后，即东陷安徽诸州县，至是闻良玉东下，就撤兵西陷武昌，自称西王。并率师南犯岳州、长沙，转陷江西诸州县，又陷广东南韶，入蜀，陷成都，称大西国王。而自成在襄阳势更盛，于是决计攻潼关，孙传庭战死，西安不守。十七年，自成于西安称号，改名自晟，国号曰顺，寻陷太原，进犯居庸，守将迎降。自成攻京师，太监曹化淳开彰义门迎之，思宗自缢而死。

注释

①殿指中极、建极、文华、武英四殿。阁指文渊阁及东阁，以其授餐大内，常在天子殿阁之下，故亦曰内阁。

②起草诏诰，在唐时本属中书舍人之事。后来翰林学士越俎代庖，本是件越职侵权的事情。明初既废相职，故殿阁学士起而承此职之乏，其势亦极自然。

③倭寇和鞑靼之祸见前。至于内乱：则青州有矿盗王堂之乱，后为俞谏所平；又有大同军之乱，后为蔡天祐所平；又有田州指挥岑猛之叛，后为姚镆所平；又有猛党卢苏、王受之乱，后为王守仁所抚降；又有断藤峡瑶人之叛，为王守仁所平；又有辽东军之乱，为曾铣所平。以上均为嘉靖十四年以前事。

④三案就是梃击、红丸、移宫。常洛既立为太子，至万历四十三年，忽有不知姓名男子，持梃闯入常洛所居之慈庆宫（东宫），击伤守门内侍。刑部王之寀把他拘来审讯。他自说姓张名差，是郑贵妃宫中太监刘成、庞保主使他的。于是众论大哗，都攻击郑贵妃。后来把张差、刘成、庞保三人杀掉才算了结。常洛即位，不数日即病痢，阁臣方从哲鸿胪寺丞李可灼有红丸，常洛服二粒，即崩。礼部尚书孙慎行等请罪从哲，结果，可灼遣戍，而从哲不罪。常洛宠选侍李氏（郑贵妃所进），

欲立为后，因群臣力争，未果。常洛卒，李氏与魏忠贤谋挟熹宗居乾清宫。于是杨涟、左光斗就奏言李氏将借抚养之名，行专制之实。熹宗以其言为然，李氏不得已才移居哕鸾宫。这三案如此处理，可以说是东林党得了胜利。后来忠贤专政，尽翻三案。王之寀下狱死，孙慎行遣戍，李可灼召还。

⑤本谥怀宗，又称庄烈帝，又称毅宗。

第四十五章　明之制度

明代官制，中央置三公，三孤，非常设，且无实权。明初袭元制，也有左右相国、左右丞相、平章政事诸官，属中书省。后因胡惟庸谋叛，才废去中书省，不设丞相。把中书省的政务，分隶吏、户、礼、兵、刑、工六部，而由天子一人总其成。各部以尚书为长官，而以侍郎为副贰。于是六部之权特重，古来三省之制至是尽废。后来殿、阁大学士握权，所谓阁老，便实际上握有宰相的大权。有都察院，即前代的御史台，职权最重，设左右都御史、左右副都御史、左右佥都御史，又有十三道监察御史，除纠弹常职外，凡提督学校、清军、巡漕、巡盐诸务，亦一以委之，而巡按御史，代天子巡狩，其权更重。又有翰林院，自天顺（景宗年号）以后，非进士不入翰林，非翰林不入内阁，所以翰林院的位置，骤觉崇高。有太医院，和元代相同。又历代门下省职主驳正，明沿元旧，虽不设门下省，但独留给事中，分为六科，以省知六部之事而纠其弊误，与御史台并称为科道。寺有大理、太常、光禄、鸿胪、太仆诸寺，而大理寺与都察院、刑部，并称为三法司。监有国子、钦天、司礼，上林苑诸监，而司礼监为明代宦官最尊之职，权如外廷首辅。司有通政、行人、尚宝诸司，而通政司传达章奏，其权尤重。至于地方官制，则明改行中书省为承宣布政使司，于全国设十三布政使司：山东治济南，山西治太原，河南治开封，陕西治西安，四川治成都，江西治南昌，湖广治武昌，浙江治杭州，福建治福州，广东治广州，广西治桂林，贵州治贵州，云南治昆明①；其直隶于中央的则为直隶，北直隶治北京，辖今河北省之地，南直隶治南京，辖今江苏、安徽两省之地。北直隶和南直隶为中央政府及行在政府所在地，以六部长官分理地方行政，其余十三承宣布政使司，则各设布政、按察两司，以布政使理民政，按察使理刑事，另各置都指挥使司，掌军政，与布政、按察并称为三司。布政使司统府、州，府下为县，州则属州和县相同，直隶州和府相同，府设知府，州设知州，县设知县，均为亲民官，是为实三级制。又有总督、巡抚，本系临时派遣之官，后来变为常设，而两司反降为属吏。府、州、县之上，又有分巡、分守、兵备诸道，以巡察地方，或统领地方军政。这样一来，从总督巡抚以至州县，便成为五级制了。

明代赋役之法，一以黄册②为标：册有丁有田，丁有役，田有租。租（即赋）有夏税、秋粮二等：夏税无过八月，秋粮无过明年二月。田分官田、民田二等：凡官田每亩税五升三合五勺，民田减二升。民始生至十六曰未成丁，十六以上曰成丁，成丁而役，六十而免。后来富民畏避差役，往往把田产零星花附于亲邻佃户，叫做贴脚诡寄。太祖因命国子监生分行州县，随粮定区，区设粮长四人，以田多的做粮长，督其乡赋税；同时并量度田亩方圆，次以字号，把田主姓名和田的四至，都写在上面，编类为册，状如鱼鳞，所以叫做鱼鳞图册。贴脚诡寄之弊至是尽除。不过那时所丈量的只是熟地，而荒地却不曾丈量。后来人口滋生，荒地又被垦为熟地，却不曾记入在鱼鳞图册里面。再加以国家不清理文册，久之，这原有的鱼鳞图册也就糊涂不堪，其结果依旧弄得穷人有税而无田，富人兼并，便有田而无税。万历时，张居正秉政，才令天下田亩，通行丈量，力除欺隐，赋税之制，总算略一整顿。至于役法，明初银差（即雇役）和力差，各从其便，当时法令甚严，所以役法还算宽平。后来法令日弛，役名日繁，人民苦累不堪，于是张居正有一条鞭法的创立。其法：总括一州县的赋役，一概均摊之于田亩，征收银两，而一切差役，都由官家自募。此外更有不足，人民不再与闻。自是口赋带征于田赋，沿用至今，并无更改。又英宗正统时，以米麦折银，每石折银二钱五分，自是始以银为正赋。此外如杂税有商税，太祖定商税三十取一，仁宗时欲通钞法，才于市肆各色门摊内酌纳课钞，本来定规钞通即免，但后来国用困乏也就变为常例了。有关税，其率也是三十取一。有门税，始于武宗，时于京师九门置吏，收通过税。又有竹木税和鱼税、均始于太祖时，又有蔬果园税，始于宣宗时。有祠香钱，始于武宗时。有煤窑课，始于中叶以后，神宗时始罢。此外有酒醋税、麴税，而马草则为国初之制，与夏税秋粮并征，视同正赋。至于官营业，则盐也行通商法：商输钱于官，官给引于商，商卖盐于民，严禁私盐。又因边方需要，兼行入中法，有纳米中盐、纳钞中盐、纳马中盐、纳铁中盐等名目，都是视所需而定，不过后来滥发盐引，付不出盐，就渐次丧失信用了。孝宗时，始命商人纳银于"都转运司"，给之以引，而以银供给边用，叫做银盐法。茶也行通商法，令商人于产茶地，买茶纳钱取引。每引茶百斤输钱二百文，严禁私茶。又立茶马司，以茶易西蕃之马，亦为明代驭边的商业政策。矾定三十斤为一引，每引官给工本钱一百五十文，禁私煮，宣宗以后始罢禁。禁民采矿始于成祖时，至神宗命宦官开矿，遂成病民之政。

明的兵制，自京师至地方，都设立卫所，以五千六百人为卫，有指挥使为之长；一千一百二十人为千户所，有正副千户为之长；一百十二人为百户，有百户为之长。京师立前、后、中、左、右五军都督府，设左右都督、同知、佥事，以统全国军旅。承宣布政使司所在之地③，各立都司，以都指挥使为之长。都司统卫、所，然卫、所也有直属于都督府的，但都司则无不属于都督府。卫、所的兵，无事屯田，有事则调，卫、所的兵，命总兵官统领，事毕，将上所佩印，兵亦还卫、所。统率之权，操之都督府；征伐调遣，则由兵部。凡卫、所的兵，皆番上京师。明初，京师有十二卫，为天子的亲军，叫做上直卫。后来改为三大营。明仿元制：自卫指挥使以下，官多世袭，其兵士也是父子相继；而都督、同知、佥事等官，又多用勋戚的子孙。卫、所之兵，其来源有三：一为从征，一为归附，一为谪发。从征是诸将所部的兵，既定其地，因以留戍的；归附是开国时征服各地所得的降卒；谪发是因犯罪而迁隶为兵的。这三种兵，入了军籍以后，则其子孙亦永隶军籍。此外也有由召募而来的兵。

明的学制，京师有国子监，属大学性质，入学的学生，通称监生。学科除《四书》《五经》外，兼及刘向《说苑》与律、令、射、书、数、御、大诰等。学官有祭酒、司业、监丞、博士、助教、学正、学录、典簿、典籍、掌馔等职。学规有升堂、积分和拨历诸法。升堂法，诸生通《四书》未通经的，居正义、崇志、广业诸堂；肄业一年半以上，文理条畅的，改升修道、诚心二堂；又肄业一年半，经史兼通，文理俱优的，乃升率性堂。入了率性堂的诸生，才行积分法。法于孟月试本经义一道，仲月试论一道、诏诰表内科一道，季月试经史策一道，判语二道。文理均优的，给与一分；理优文劣的，给与半分；紕缪的，不给分。一年中积至八分，为及格，给与出身；不及格的，仍留监肄业；才学超异的，奏请上裁。拨历法：凡诸生在监的，拨至六部诸司练习吏事；三月后，诸司加以考核，上中等奏送吏部附选，下等的还监读书。又有宗学，属于贵胄学校性质。其入学资格，限于世子、长子、众子、年未及冠的将军中尉及年十岁的宗室子弟。学科有《四书》《五经》、史鉴、《性理大全》及皇明祖训。学官择王府长史、纪善、伴读教授中的学行优长者充任。学规：规定习学五年，验有进益，准奏请出学，支领本等俸禄。如放纵不守礼法，小则训责，大则参奏降革。初令每年就提举官考试，其后令一律由科举出身。地方学校可分为普通学校性质和专科学校性质二大类。属于前者的：有府学、州学、县学，学生均分廪膳生、增广生及附学生三类。学官府学有教授一人、训导二人；州学有学正一人，训导三人；县学有教谕一人，训导二人。有都司儒学、行都司儒学、卫儒学，都是教授武臣子弟的，学官各有教授一人、训导二人。此外还有都转运司儒学、宣慰司儒学、按抚司儒学、诸土司儒学。这些学校的学科内容，和国子监相似，而程度较低；经、史、律、令、诏诰以外，兼习射、习名人法帖、习《九章算数》等。考试法分岁考和科考，岁考按优劣分六等；一等，补廪膳生；二等，补增广生；三等，如常；四等，朴责；五等，廪增生递降一等，附生降为青衣；六等，黜革。科考一二等为科举生员，使应乡试，其余和岁考相同。又有社学，属乡村小学性质，专收民间子弟，兼读御制大诰及本朝律令。属于专科学校性质的，有京卫武学和卫武学，其入学资格，限于京卫和各卫的幼官及武生；学科有小学、《论语》《孟子》《大学》《五经》《七书》[1]《百将传》；学官各有教授一人、训导一人或二人；考试由兵部主持。又明代于学校之外，书院也很发达，而尤以东林书院和邹元标的北京首善书院为最有名。

明代科举，只有进士一科。其制：凡子午卯酉之年，监生和府州县学生于各省应试，叫做乡试，中试者为举人。明年，即丑未辰戌之年，举人至京师，应礼部试，叫做会试；中试者由天子亲策于廷，叫做廷试，又叫做殿试。殿试及第者分三等；一等为一甲，限状元、榜眼、探花三名，皆赐进士及第；二等为二甲，赐进士出身；三等为三甲，赐同进士出身；二等三等无定员。状元除翰林院修撰，榜眼、探花除翰林院编修；二三甲考选庶吉士的，皆为翰林官。其他或授给事中、御史、主事、中书行人、太

---

[1] "《五经》《七书》"疑为"《武经七书》"之误。

常博士，或授府推官、知州、知县。而任官之权，归于吏部。其所试：首场试《四书》义三道、《五经》义四道；二场试论一道、判五道、诏、诰、表内科一道；三场试经史、时务策五道。乡会试同，惟殿试策一道。所试经义的格式，颇和宋代相同，惟经义一尊程、朱之说，为文体用排偶（即八股）④，却为其特异之点。又有制科，由天子特举，以待非常之才。

明代有《大明律》，共三十卷，篇目一依《唐律》，计《名例律》一卷，《吏律》二卷，《户律》七卷，《礼律》二卷，《兵律》五卷，《刑律》十一卷，《工律》二卷。又有《会典》，也是摹仿唐《六典》的。刑名仍为笞、杖、徒、流、死五刑，和前代相同。但五刑之外，还有非刑：一曰充军，分极边、烟瘴、边远、边卫、沿海、附近各等，又有终身和永远之别；一曰凌迟，以处大逆不道者；一曰廷杖，始于太祖之时，其后京官有罪，辄予廷杖，士大夫当之，深以为辱；此外如断脊、堕指、刺心，皆为非刑，而锦衣卫⑤和东西厂屡兴大狱，尤为明代司法的秕政。

明代钞法和铜钱并行。钞分一贯、五百、四百、三百、一百六种，其定价，系钞一贯值钱一千文，值银一两，值金四钱。一百文以下，即用铜钱。又古来之钱，凡经二大变：隋时尽销古钱，为一大变；熹宗尽销古钱，为又一大变。然自古钱销，而新铸之钱又愈多愈恶，所以到了明代将亡，每钱百文仅值银二分。又钞法行之不久，钞价便已跌落，到了宣宗之时，就只得停造新钞，同时添设许多新税目，或增加旧税的税额，以收回旧钞。后来旧钞收回了，但新添之税反成为常例，就成为病民之举了。钞法既不行，铜钱又恶劣不值价，于是交换的媒介，就只好用银，这是币制上的大变化，不过在当时还没有用银铸做货币以成为本位货币罢了。

注释

①按段氏据云南，为元所灭，元于其地设大理都元帅府，至至元十三年，立云南等处行中书省，是为云南立省之始。段氏虽亡，然元复设大理路军民总管府，以段氏子孙世守其职。到了明代洪武时，元遗臣梁王及段氏，均为明所定，明始于其地置云南等处承宣布政使司。贵州一地，元时曾置八番顺元等处宣慰使司都元帅府，隶四川行中书省，后改隶湖广行中书省。明初以其地分隶四川、湖广、云南三布政司，到洪武十五年，才设贵州都指挥使司。永乐十一年，始建贵州等处承宣布政使司。

②黄册的编造，始于洪武十四年。其法：以一百十户为一里，推丁粮多的十户

为里长,余百户为十甲,甲凡十人。岁役里长一人,甲首一人,董一里之事。先后以丁粮多少为序,凡十年一周,叫做排年。里编为册,每十年,有司更定其册,以丁粮增减而升降之。册凡四:一上户部,其三则布政司、府、县各存一册,上户部的册面为黄纸,所以叫做黄册。

③也有只设行都司或都司而不设布政使司的,如九边(辽东、蓟州、宣府、大同、榆林、宁夏、甘肃、太原、固原),各置有行都司;如北平行都司统福余、泰宁、朵颜三卫,如乌斯藏都司统今西藏、西康一带,如奴儿干都司统今吉林一部分及黑龙江,东北至库页岛,均无布政使司。

④八股之文,虽本于宋之经义;但古代人语气为文,则始于明太祖与刘基,又八股即对偶之名,始于明宪宗成化以后。

⑤明制以三法司掌刑狱,然其后权归于厂卫,厂即指东西厂,卫即指锦衣卫。锦衣卫狱,世称诏狱,始于太祖时。

第四十六章　元明之学术思想与文艺

元代的理学,只能说是宋的余波,其间并无特出之士。元代科举用朱学,故朱学特盛,像许衡、刘因、姚枢诸人,都是传朱学的巨子。至于陆学,则传者颇少,仅陈苑、赵偕二人而已。他如调和朱、陆的,则前有吴澄,后有郑玉。只有事功一派,因元防闲甚严,所以不传。明代初期的理学,依旧不离程、朱的范围。那时以八股取士,专主宋儒之书。成祖又命胡广等撰《五经大全》和《四书大全》,凡宋、元新注,完全辑收在内;又命胡广等撰《性理大全》,均颁行天下。明初学者笃守宋儒矩矱的,有方孝孺、曹端、吴与弼、薛瑄诸人。薛瑄遵守朱学,称为河东学派①。吴与弼以身体力验为本,称为崇仁学派②,其门人以陈献章、娄谅为最有名。献章之学"以虚为基本,以静为门户",上承象山,下启守仁,称为白沙学派③。白沙弟子湛若水(号甘泉),其学以"随处体认天理"为宗旨,称为甘泉学派。娄谅以收放心为居敬之门,而守仁亦尝从之问学。至王守仁出,而理学为之大变。原来朱学不免支离破碎,并且往往被君主利用以羁縻士子,到了末流,便陈腐不堪,毫无新解。守仁处明代专制苛政之下,又受禅宗和陆学的影响,故承朱学之敝而崛起,以矫其失。守仁,余姚人,故称为姚江学派④,著有《阳明全书》,学者称为阳明先生。其学说不外心即理,致良知⑤、知行合一三者,但直截简易,易于入人,所以能够风靡天下。王学流派最多,但最重要的，却只有浙中、江右、泰州三派。江右以邹守谦、罗洪先、刘文敏、聂敬四人为代表，为王学的正宗。浙中以王畿（龙溪）和钱德洪二人为代表。泰州以王艮（心斋）为代表。王学得龙溪、心斋而后风行天下，亦因龙溪、心斋而渐决裂不可收拾，盖龙溪、心斋都不满其师说，而龙溪纯任流行，心斋猖狂机变，都足以使王学堕入禅学的魔障，而渐失王学之真。王学末流，弄到猖狂妄行，就是由他们导出来的。王学到了末流，既已堕入禅宗，所以到了明季就有东林学派，一面讲学，一面干政，以矫王学空疏之失，而明末刘宗周以慎独为宗，也是能够救正王学之弊的。

金、元之际，以诗文著名的，有元好问。元有虞集、杨载、范梈、揭傒斯四家。又有赵孟頫，以善画兼善文著名。明初作家，有宋濂、刘基、王祎、方孝孺诸人，而以濂为第一，同时高启以能诗著名。永乐以后，又有所谓台阁体，以杨士奇为之祖。其后李东阳出，文体一变，李梦阳、何景明继起，文宗先秦，诗法盛唐，一时文人都相率附和他们。其能卓然自成一派者，便只有王守仁一人。嘉靖时，又有王世贞诸人，也以梦阳之文为宗。又当时八股文最盛行，长于此道的，前有王鏊、唐顺之，后有归有光、胡友信。明末如钱谦益、艾南英、张溥、陈子龙也都有文名，然均无特出之点。其实真能代表元、明两代文学的，就只有戏曲和小说。戏曲是由歌曲、说白与科段⑥组成的，产生最晚，大约起于宋代，到了元代，文坛的活动才以戏曲为中心。戏曲的文体，大别可分为两种：一为传奇，最初称为戏文，出数较多，初流行于南方，称为南曲；一为杂剧，也称院本，出数较少，初流传于北方，称为北曲。杂剧作家，元代有关汉卿、王实甫、马致远、白朴诸人⑦。传奇作家，明初有高则诚，明末有汤显祖诸人⑧，而现今还流行的昆曲，就是起源于明嘉靖中昆山魏良辅的。浑词小说，元、明也很盛行。元有全相平话五种：一为《武王伐纣书》，二为《乐毅图齐七国春秋后集》，三为《秦并六国秦始皇传》，四为《吕后斩韩信前汉书续集》，五为《三国志》。还有《水浒传》，据说也是元施耐庵所作。明有《三国志演义》，据说是罗贯中所作，此外如《西游记》《金瓶梅》，也是明人的作品。又有《平妖传》《今古奇观》《东周列国志》《两汉演义》，大抵也是明人的作品。

正史，元有《辽史》《金史》《宋史》，都是托克托诸人所修。明宋濂又修《元史》，颇多脱漏。属于编年体的，明有陈桱的《通鉴续编》，专述宋代史事；又有胡粹中的《元史续编》以补《元史》的阙略；又有商辂等的

《续资治通鉴纲目》，述自宋太祖至元顺帝之事；又有薛应旂的《宋元通鉴》，专述宋、元两代事。属于纪事本末体的，明有陈邦瞻的《宋史纪事本末》和《元史纪事本末》。与历史有关的地理，以元的《大一统志》为最有名，惟其书不存。

元代画家以赵孟頫为一代宗匠，他如高克恭、李衎、柯九思、任仁发、朱德润和王蒙，也都有名。不过他们都不是专门的画家，而是于从政之暇以画而寄其逸趣的，至于专门以善画得名的，则有颜辉、王渊、孙君泽、张远、盛懋。而在野文人之长于绘事的，又有钱选、曹知名，陆广、倪瓒、黄公望、吴镇，而瓒、公望、镇与王蒙并称为元季四大家。明设翰林图画院，所以院画特别发达，其著名的画家，有周位、蒋子成、郭纯、上官伯达、范暹、边文进；宣宗也善绘事，其时院人以谢环、商喜、李在、戴进、周文靖、林良及其子郊为最有名，而林良父子长于水墨花鸟，为写意派的元祖。其后如吴伟、吕纯、吕文英、王谔、朱瑞，都是有名的院人。院画衰落以后，自世宗以至明末，士大夫和文人的画，又代之而起，而以沈周、唐寅、文徵明、董其昌四大家为最有名。而仇英由漆工出身，以工笔画出名；明宗室八大山人，以松鹿著名，曾鲸以写照著名，尤为明末的重要作家。长于书法的，元有赵孟頫、鲜于枢。明以文徵明、董其昌书法为最佳，又有祝允明、王穉登、王世贞、邢侗、李日华也工书法。他如建筑，元时，有欧洲建筑术的输入，不过于中国建筑史上无大影响。明代建筑物，现存的尚多，如北平的天坛和祈年殿，如北平西山的五塔寺，如北平天寿山明陵的祖庙，都很伟丽。塑像有刘原及其弟子张提举、李同知为最有名。雕刻以明陵的石人石兽为最有名，又篆刻以明为最发达，明以前的官印私章，多为铜玉等质，元末才有石印，至明而益发达，并且刻石不假工人之手，所以书法佳妙，镌刻亦精。明代以篆刻著名的，首推文徵明之子彭，称为印家之祖，其次有何震，亦精篆刻。

元时长于天文的，有赵友钦，而郭守敬之学，尤集古今天算的大成，其所编《授时历》，实即明代《大统历》所自本。算学，元有李治，著《测圆海镜》《益古演段》，演绎立天元一术益精；又有杨辉，系宋、元间人，著《详解算法》，阐述乘除、九归、飞归之理，又著《日用算法》，以便初学；又有郭守敬，于弧矢割圆术，大有发明；又有朱世杰著《四元玉鉴》，立四元术；又有赵友钦，立撞归法，其归除次序，和珠算完全一致；或者算盘一物，在元时即已发明。明代算学，以程大位最有名，著《算法统宗》，于是算盘之用，始见普及。医学，元有李杲、王好古、朱震亨诸人，各有著述，留传至今。明代医家有吕复、王履、李时珍诸人；王著有《伤寒立法考》《百病钩玄》《医韵统》诸书，而李的《本草纲目》更为有名。此外，如明宋应星的《天工开物》和方以智的《物理小识》，又为现今言科学者所称道。又明代文物，最称发达，而《永乐大典》一书，尤为空前的巨籍。其书共二万二千八百七十七卷，目录六十卷；惜庚子之乱毁于兵燹，今仅存六十四册。

注释

①薛，山西河津人，河津在河东，故称河东学派。
②吴，抚州崇仁人，故称崇仁学派。
③陈，广东新会白沙里人，故称白沙学派。
④姚江在余姚南，故称姚江学派。
⑤按心即理说，得力于象山，而阳明言之尤精。按致知见于《大学》，而不言良知。良知见于《孟子》，而不言致知。阳明兼而取之，遂有致良知之说。
⑥科段是作剧者在剧本中对于表演者说明应该如何动作的文句。
⑦关汉卿的作品有《拜月亭》《救风尘》《窦娥冤》《单刀会》等。王实甫有《西厢记》等。马致远有《汉宫秋》《青衫泪》等。白朴有《梧桐雨》等。
⑧高则诚撰有《琵琶记》。汤显祖的作品有《南柯记》《邯郸记》《紫钗记》《还魂记》《紫箫记》五种。

第四十七章　元明之宗教与社会

　　佛教以隋、唐为最盛，其后渐趋衰落，但其别派喇嘛教，却代之而起。喇嘛教的前身为真言宗，教祖为北印度巴特玛撒巴斡。天宝六年（747），吐蕃国王吃嘌双提赞招巴特玛撒巴斡至，参酌真言宗，创出适合吐蕃国俗的密教，专以祈祷禁咒为事，擅吞刀吐火诸幻术，许娶妻传子，著红衣红冠。流行于吐蕃，遂成为吐蕃的国教。忽必烈平定吐蕃，即得力于喇嘛扮底达，封其侄八思巴为帝师大宝法王，使领其地，其命令得与元室诏敕并行，是为西藏政教合一之始。明兴，也尊喇嘛为帝师，优礼一如元代。喇嘛教叠承两朝的优遇，流于侈惰，其教遂日趋腐败。及宗喀巴出，始改革其教。宗喀巴以永乐十五年（1417）生于甘肃西宁卫，入雪山修行，以旧教衣冠尚红色，遂黄其衣冠以示别；故人称之为黄教，而名旧教为红教。红教不禁娶妻，其法王能生子袭衣钵，称萨迦胡图克图[①]，黄教不娶妻，其法王承继，均遵宗喀巴遗言，命其两弟子达赖、班禅世世以呼毕勒罕[②]，主持教务。明成化十四年（1478），宗喀巴死，达赖一世根敦珠巴继承衣钵。正德七年（1512），二世根敦错继位，才于寺内设兜率官，以兴文艺学术，又设第巴等官，以理兵刑赋税。三世锁南坚错，名益显著。嘉靖三十八年（1559），俺答亲入藏迎三世于青海，喇嘛教至是才由西藏广布于蒙古、青海。这时红教诸法王，也改从黄教，黄教势力，达于极点。四世云丹坚错以万历十七年转生于蒙古，其教遂布于漠北。后漠北以离西藏过远，遂自奉宗喀巴第三弟子哲布尊丹巴胡图克图，居于库伦，以总理蒙古教务，这就是今蒙古活佛之始。至五世罗卜坚错，始与满清发生关系。

道教自宋太宗崇奉道士陈抟赐号为希夷先生以后，真宗又赐张陵后裔正随为真静先生，徽宗尤崇道教，赐林灵素号通真达灵先生，其后更建道士学，置道学博士，修道史。元代虽奉喇嘛教，然亦优遇道士，太祖且使道士邱处机总领道教。当时所行道教，共有四派；一曰全真教。出于金时王名嚞，其徒有谭处端、刘处玄、马钰、邱处机诸人，而尤以处机为最有名。二曰正乙教，亦作正一教。始自张陵，其四代盛来，居龙虎山，传至三十六代宗演，受元世祖命，主领江南道教。其后子孙均袭领江南道教主，屡代不衰。三曰真大教。为金末道士刘德仁所立，五传至郦希诚，为元蒙哥所推崇，才赐以真大教之名，授希诚为太玄真人，领教事。四曰太一教，亦作太乙教。创自金时道士萧抱珍，四传至萧辅道，应元世祖之召，奏对称旨，留居官邸。其弟子李居寿为世祖所信仰，掌教事。到了明代，道教益盛。洪武间，张陵四十二代孙正常，改天师之名，受太祖所赐真人之号。宪宗尤崇道教，凡道士加号真人、高士的，布满京师。世宗时，道教气焰日张，赐道士邵元节为真人，使总天下道教，又举道士陶仲文。后元节仕至礼部尚书，仲文仕至少保礼部尚书。至穆宗痛抑道教，其势始衰。此外，又有回教。唐时，回教虽入中国，但唐末大乱，回教徒大抵死亡。宋初，其教又盛行于西域。元初用兵中国，其部下士兵便多有崇奉回教的，回教自是又渐入中国。元时又有斡脱，即犹太教，当时也颇流行。

元代颇重农业，世祖于中央立司农司，专掌农桑水利；各地置劝农使，又委所在亲民长官为提点,以督促农事。又立农社,其制:令县邑所属村疃每五十家立一社,选年高而通晓农事的人为社长,专以教劝农桑为务,有奖勤罚惰之权。明世也重农桑,屡颁重农劝耕之诏,而水利尤见重要。大抵宋、元以前,讲究西北水利,自是以后,西北水利不修,而南方圩田大兴,于是天下富力偏于南方。宋、元以来的经济变迁,可由此窥其一二。后来明洪武时命国子监生集吏民修治水利,也多及于东南地方,而西北水利依旧不修。元、明工业,政府均有专官管理,而民间工业,则独立作坊颇为发达,行会制度也和前代一样。两代工业,仍以磁器和纺织为主。元时有浮梁磁局,专掌景德镇磁器,民间所造的,则以宣州、临川、南丰诸窑为最有名。明代磁器,仍以官窑景德镇所产为最盛。宜兴陶器,亦始于明③,其出品雅淡质素,与景德镇以浓彩胜者不同。纺织以木棉为最盛,而元时黄道婆教民以弹棉纺织之法④,尤有功于民生。此外,明有宣德(宣宗年号)的铜炉,景泰(景帝年号)的发蓝器具,至今还驰名海外,而民间工业,如杨倭漆⑤,上海顾氏的刺绣⑥,也很有名。其他特种工艺,则以元代的宫漏为最有名,而明代治玉、治锡、治金、治铜,又各有专家,工事之精,可以想见。最后述商业。元的对外贸易,详见第三十八章,现在只述明的对外贸易。明洪武时于太仓黄渡镇⑦、广州、泉州、宁波设市舶司,永乐时,又设云屯(即云南)市舶司,广州一处,于正德时又移至电白⑧,嘉靖时又由电白移于澳门,并于乍浦设市舶司。明代对外贸易,颇含有怀柔外夷之意,凡归顺的国家,不但许其至中国贸易,且免其关税,其不归顺之国,则禁止或限制其贸易,而国内商人下番贸易的,则又采禁锢政策,以重国防,而杜边患。明代税法,和前代略有不同,即改抽分之法,为量船丈抽。并且其时征税,已改收银两。国内商业,则因会通河和通惠河的开通⑨,于是南北的运河才联络成为一线,而江、淮的货物,可以直达北京。当时漕运之道,即通商之路,运河开通,商业自然随着发达,我们一观元代商人多造大船以运货物,即可推见其概。他如海运之通,虽因漕运而起,但于商业上,也当然有点影响,不过史书上没有明白的记载罢了。又元、明均建都北京,所以北京商业较前代更为发达。

元、明两代的人民,最为痛苦,元代除掉政府的聚敛、喇嘛的横暴和阶级的压迫已如前述外,还有土地的兼并和奴隶制度。土地兼并的原因:第一是由于兵士的占田,第二是由于僧侣的占田,第三是由于豪族的占田,而政府以官田赐臣下,人民以私田献诸王驸马,也和土地的兼并有关。至于奴隶的起源,则全由于元人掠夺良民以为私户,当时奴隶为主人所可随意处分的财产,奴隶子女婚嫁,亦必听命于主人,甚至主人对奴隶操有生杀之权。明代土地的兼并,仍旧一样,当时如奏乞、投献、赐地⑩,都是土地兼并的原因,而皇庄之立,国家也就居然成为地主了。而江、浙田赋特重⑪,尤为有明一代的弊政。他如矿税的骚扰和官吏的贪婪。固然使人民困苦,而末季加增岁赋,竟成为明代灭亡的原因之一。按明代加增岁赋,实始于武宗,因建造乾清宫,加征一百万。世宗因边用故,又加江南、浙江赋一百二十万。神宗因满洲事起,又岁加辽饷五百二十万,思宗又加辽饷一百六十万,合旧所增,岁共六百八十万。其后又加征练饷,"流寇"之起,又加征剿饷,合旧所增共计为一千六百七十万。这样一来,所以加饷愈多,而"流寇"益炽,弄到头来,明室的统治,也就不能不崩溃了。

婚葬之礼,大抵和前代相同,惟明有水葬之风,行诸民间,祭祀也多和前代无异,惟元武宗加号孔子为大成至圣文宣王,则为孔子之膺"大成"之封所自始。明世宗又诏令两京国子监及国内学校,于孔子神位题称至圣先师。风尚方面,最关重要的,就是明太祖的尽革胡俗,以复汉族之旧,但自蒙古族入中国以后,因为改姓和联婚的关系,所谓蒙古及诸色目人也早就和汉族混合了。又诗社之立,自元季以来,也很盛行,至明而其风不衰,始则标榜风雅,交通声气,继则联结党朋,干预政事,所以到了明季的复社,竟以嗣东林为帜,这可以说是明代士子于书院和集会讲学之外的一种特殊活动。

注释

①萨迦即释迦的音转,胡图克图是大喇嘛的尊称,蒙古语"再来人"之意,位次达赖、班禅两喇嘛。亦作胡土克图,又作呼图克图。

②呼毕勒罕,蒙古语化身之义。

③今江苏宜兴县。以产茶壶著名,始于明万历间。

④陶宗仪《辍耕录》:"松江乌泥泾,土田硗瘠,谋食不给,乃觅木棉种于闽、广。初无踏车椎弓之制,率用手去其子,线弦竹弧,按掉而成。其功甚艰。有黄道婆(亦作黄婆)自崖州来,教以纺织,人遂大获其利。未几,道婆卒,乃立祠祀之。三十年祠毁,乡人赵愚轩重立云。"

⑤大顺间,吴中杨埙习倭法而加以己意,作五色金细缥霞的山水人物,神气飞

动,称杨倭漆。他如高深甫、蒋回、方信川,均精此法。

⑥指松江顾兰玉。此外还有夏永,也精刺绣。

⑦太仓市舶司,旋置旋废,其地在今江苏昆山县治东南三十六里的娄江。

⑧广东今县。

⑨元、明都北京,政府用费,全赖东南,故漕运为当时大事,所以两代均开会通河。会通河即今山东运河,于元至元二十六年开始开凿,起须城县(今山东东平县),安山(东平县西南)西南,由寿张西北至东昌,又西北到临清,引汶水以达御河(即天津以南之运河),长二百五十余里。明永乐时复修。通惠河即今大通河,元郭守敬所修,导昌平县(河北今县)白浮村神山水(昌平县东北),过双塔河(昌平县西北)、榆河(双塔河附近),引一亩泉(昌平县西南)、玉泉(今宛平县西北玉泉山下)诸水入城,汇于积水潭(宛平县西北),从东折而南入于金水河。自是江、淮之粟,直达北京。

⑩奏乞是勋旧假势力向政府要求土地。投献是小地主依靠权势豪族以求倖全的一种贡献。赐地是由皇帝赐给勋旧贵族,称为庄田。

⑪元末,张士诚据吴中,尽有元代在吴中的官田。明太祖平定士诚之后,尽籍其子弟功臣庄田入官,又恶富土豪,并坐罪没入田产,都叫做官田。按其家租(私租)簿征之,故苏赋比他处特重。当时官民田租共二百七十七万石,而官田之租为二百六十二万石,其重可知。

第四编　近代史
自明清之际至清亡
（约自公元1573年至1911年）

第一章　明清之际

满洲属东胡族，女贞之后。其祖先，姓爱新觉罗[①]，名布库里雍顺，居于长白山（辽宁长白县北）之东，建号满洲；数传至孟特穆（即猛哥帖木儿），徙居赫图阿拉（辽宁新宾县）。原来明永乐时，分女贞为海西（在今吉林的西部，辽宁的西北部），野人（在今吉、黑两省的极东），建州（初设于朝鲜会宁府的河谷）三卫，其时受职为建州卫指挥使的，就是猛哥帖木儿，于明宣宗时病卒，其弟凡察嗣职，徙居佟佳江（辽宁桓仁县境）。后来猛哥帖木儿的长子董山（《清实录》作充善）和凡察争印，明廷就分建州为左右二卫：以董山为左卫指挥使，凡察为右卫指挥使，董山屡次寇边，至宪宗时，才把他杀掉。部人拥立其子脱罗，明廷许其袭职，脱罗卒，其侄福满袭职，福满传子叫场，叫场生子塔失。那时建州右卫颇强，其指挥使王杲为李成梁所破，逃到哈达，哈达把他执送成梁，成梁杀之，时万历二年。其子阿台，是叫场的孙婿，要替父报仇，就助叶赫攻哈达。满洲的苏克素护河部酋长尼堪外兰为成梁向导，以攻阿台；阿台被杀，叫场、塔失亦俱死。塔失的儿子努尔哈赤向明边吏呼冤，明人乃将叫场、塔失的尸体还给他。这时努尔哈赤势很衰弱，直到万历十一年，才攻破尼堪外兰，并把尼堪外兰杀掉，进而平定女贞诸部：满洲之强始此。当时女贞分为满洲、长白山、东海、扈伦四大部。满洲又分苏克素护河、浑河、完颜、栋鄂、哲陈五部，长白山又分讷殷、鸭绿江、珠舍哩三部：这两大部，都是明建州卫地。东海又分瓦尔喀、库尔喀二部，当明野人卫地。扈伦又分辉发、哈达、叶赫、乌拉四部，当明海西卫地。十六年，努尔哈赤征服满洲五部，旋又征服鸭绿江部。二十一年，又败扈伦四部、长白山讷殷、珠舍哩二部和蒙古科尔沁、锡伯、卦勒察三部共九国的联军。于是珠舍哩、讷殷二部并于努尔哈赤。二十五年，又灭辉发。不久，又攻哈达，哈达乞援于明，明廷不许，于是哈达降了努尔哈赤，时二十七年。四十一年，又灭乌拉，其部长逃入叶赫，努尔哈赤遣使谕叶赫，使速执送，而叶赫恃有明兵为援，不听。四十四年，努尔哈赤自称皇帝，建国号曰金（史称后金），都赫图阿拉。四十六年，他以明助叶赫为口实，进围抚顺，陷清河，全辽震动。明年，明以杨镐为经略，分四路并进。杜松一路，贪功先进，败于萨尔浒山（在新宾县西），其他三路不久皆溃，努尔哈赤遂取开原、铁岭，并乘胜灭叶赫。萨尔浒败后，改以熊廷弼任经略。熹宗即位，罢廷弼，代以袁应泰。天启元年（1621）努尔哈赤进陷辽阳、沈阳，并从赫图阿拉移居辽阳。明廷至是又起用廷弼，廷弼以陆军守广宁（今辽宁北镇县），舟师驻天津、登莱，而经略驻山海关以节制三方。广宁巡抚王化贞和廷弼不协，廷弼拥经略空名，却无指挥的实权。二年，努尔哈赤陷西平堡（在北镇县境内），化贞大败，只得和廷弼仓卒走入关。诏逮廷弼、化贞俱论死，改以孙承宗任经略，使袁崇焕筑城宁远（今辽宁兴城县）。五年，努尔哈赤迁都沈阳，改名盛京。时魏忠贤专权，嫉妒承宗，改以高第代承宗。高第打算放弃宁远，崇焕不肯。明年，努尔哈赤来攻，崇焕死守，满兵失利，努尔哈赤忿懑而死，子黄太吉（亦作皇太极）立。现在先将清世系表列如下：

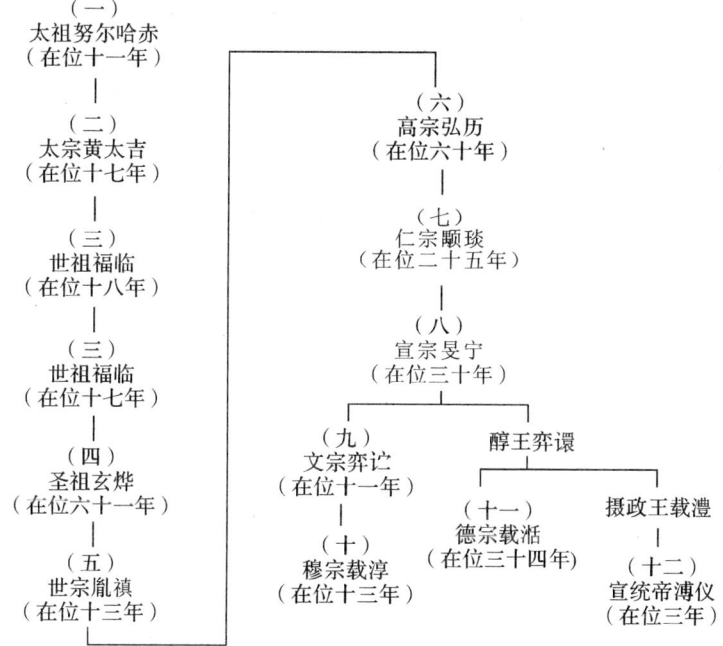

清自努尔哈赤建国起，至宣统帝止，共传十一世，历主十二，凡二九六年；若自世祖入关算起，则共传九世，历主十，凡二六八年。

黄太吉即位，又于天启七年，打败朝鲜，但还攻宁远、锦州，却为明所败。旋忠贤嫉妒崇焕，改以王之臣代之。及思宗即位，才起用崇焕。黄太吉知崇焕备边甚固，不可轻犯，于是乘间征服东海诸部，又败死蒙古插汉儿部林丹汗，遂于崇祯二年，改由喜峰口入长城，陷遵化。时崇焕因皮岛（今海洋岛）守将毛文龙骄纵，就把文龙杀掉。至遵化被陷，崇焕兼程入援，黄太吉纵反间计②，于是思宗下崇焕于狱，诘以擅杀文龙之罪，而改任孙承宗经略山海关。满洲连陷永平、迁安、滦州，及攻山海关不克，才引兵而还。四年，满洲会满兵来攻，战于长山（今辽宁锦县东南），明军大溃，于是承宗引退。先是，自文龙死后，其部将孔有德、耿仲明等走登州（今山东蓬莱县），至是降了满洲，广鹿岛（今光禄岛）副将尚可喜亦投降满洲。九年，黄太吉改国号曰清，复以兵入喜峰口，由间道至昌平，连下畿内诸县，剽掠而去。是年，清兵征朝鲜，朝鲜绝明降清，旋又陷皮岛。十一年，清命多尔衮（努尔哈赤第十四子）等由长城深入，诏以卢象昇督战御清。象昇战死于巨鹿。十四年，清围锦州，祖大寿死守不降。时洪承畴任蓟辽总督，率吴三桂等来援。承畴坚守松山（在锦州西南一里余），为清兵所围。明年，松山食尽，承畴降，大寿闻讯，也以锦州降。于是关外重镇，便只剩一个宁远了。不过明人死守山海关，清兵还不敢深入久留。

崇祯十七年，李自成进迫京师，时吴三桂守宁远，奉命入援；至丰润而京师已陷，遂顿兵山海关。及自成执其父襄其妾陈沅，三桂才降清。这时黄太吉已没，皇子福临立，是为世祖，改元顺治（1644—1661），福临年幼，睿亲王多尔衮摄政，合三桂军入关大破自成，世祖入京师。自成西走，为清军所迫，遂南走湖广，于是山、陕为清所有。自成至湖广，旋又为清军所迫，自成自杀，时清顺治二年。明年，清攻四川，张献忠为清兵所杀，其部将孙可望等南奔贵州。原来自清兵入京师以后，明人又奉明室福王由崧、唐王聿键、桂王由榔，力谋恢复，史称"前三藩"。由崧系神宗之孙，京师被陷，避难淮安。凤阳总督马士英，把他送到仪征，是为弘光帝（1645）。时士英专权，引用魏忠贤党羽阮大铖，把史可法出镇扬州，清兵进迫扬州；可法力战七昼夜，扬州陷，可法死之。清兵留扬州十日，大肆屠戮，才渡江入南京，弘光帝出走芜湖。未几，清兵进攻芜湖。弘光帝被擒，后殉国于北方，清兵入杭州。于是张国维等奉鲁王以海（太祖九世孙），监国绍兴；郑芝龙、黄道周等亦奉唐王聿键于福州，是为隆武帝（1646）。隆武帝为芝龙所制，不能有为。顺治三年，清兵攻绍兴，鲁王走入海。时何腾蛟在湖广，杨廷麟起兵江西，隆武帝打算由江西走依腾蛟，会江西兵败，芝龙又阴与清通，于是清兵下延平，帝由延平走汀州，为清兵所执，死于福州，芝龙降于清。至是瞿式耜等复立桂王由榔于肇庆，是为永历帝（1647—1661）；而苏观生等又别奉隆武帝之弟聿𨮁于广州，清命明降将李成栋攻广州，聿𨮁殉国。四年，成栋进攻肇庆，永历帝走桂林。旋清命有德、可喜、仲明攻湖南，腾蛟退桂林，明降将金声桓又攻江西，廷麟殉节。五年，声桓以江西地，成栋以广东地归附永历帝，腾蛟也乘势收复湖南南部地；帝移跸肇庆。同时姜瓖起事大同，而张名振又奉鲁王于舟山，出没于闽、浙海边。于是清命和洛辉、谭泰会可喜、仲明攻赣、粤；齐尔哈朗、勒克德浑会有德攻湘、桂；博洛、尼堪攻大同；而以洪承畴镇守江宁，经略沿海。六年，声桓、成栋、腾蛟均先后战死，于是湘、赣复为清有。明年，有德攻桂林，式耜亦战死，永历帝由肇庆走南宁。名振与张煌言合攻吴淞，不克，而舟山反为清所陷，二人奉鲁王奔厦门，时顺治八年；这年，姜瓖亦死。时孙可望驻贵州，于九年，劫永历帝至安隆（今广西西隆县），并遣将刘文秀攻四川，李定国攻桂林，有德力守桂林不敌，自焚死。明年，清兵大至，定国退保南宁，文秀退保云南。时帝为可望所制，遂密计召定国兵入卫，十三年，定国奉帝入云南，与文秀合，而可望遂降清。十六年，清兵克云南，时文秀已死，定国、白文选等就奉帝入缅甸。十八年，三桂发大兵出边，缅人乃奉帝入三桂军，明年，帝为三桂所弒。明之帝系，至是全绝。

清既定前三藩，而"后三藩"之乱又作，原来清兵入关，全靠明的降将替他出力，所以当时封有德为定南王，仲明为靖南王，三桂为平西王，可喜为平南王。有德战死桂林，无子，国除。仲明也因进攻江西没于军，其子继茂袭爵。西南平定之后，三桂就镇云南，可喜镇广东，继茂镇福建，史称"后三藩"，而以三桂为最强。时世祖已死，其三子玄烨即位，是为圣祖，改元康熙（1662—1722）。康熙十年（1671）继茂死，子精忠袭爵。十二年，可喜请撤藩归老辽东，清廷许其请。三桂、精忠闻讯，均不自安，亦请撤藩，以探清廷的意向。圣祖又许之，令徙藩山海关外。三桂遂反，贵州巡抚曹申吉首先响应。明年，三桂兵陷湖南，而襄阳总兵杨来嘉、四川巡抚罗森、广西将军孙延龄（有德之婿）与提督马雄，又各以地应三桂，精忠、之信（可喜之子）也先后起事。于是云、贵、桂、粤、闽、湘、蜀七省，一时均脱离清廷的羁绊。而陕西提督王辅臣又据平凉、甘肃以应三桂。三桂打算率军北上，以应辅臣，不曾来得急，而清兵已从江西入湖南。三桂虽回兵打败清兵，而辅臣又旋为清兵所平。同时清军进逼精忠，精忠不得已出降，于是福建之地定。而之信苦三桂索饷急，亦降，于是广东之地又定。延龄等在桂，又蓄意叛三桂，事泄，延龄为三桂从孙世琮所杀。这时三桂在湖南，其据地自湘、云、贵而外，仅有蜀、桂各一部，世琮虽据桂林，也苦为清逼。三桂势危，乃于十七年称帝于衡州，国号周，以图维系人心。不久，三桂死，孙世璠继立，还滇。十八年，清兵平湖南，世琮在桂林与清兵战，亦负重伤而死。明年，四川亦定。又明年，清兵入滇，世璠自杀。于是后三藩之乱全定。之信、精忠既降清，未几均赐死。

郑成功系芝龙之子，芝龙降清，成功力谏不听，遂率众入厦门、金门。成功自入两岛，年年出兵攻略闽、粤，屡困清军。及名振等奉鲁王来奔，遂居鲁王于金门，去监国，号寓公。顺治十一年，舟山为成功所下，而名振死于军。十六年，成功闻清军大举攻云南，遂乘虚由崇明入江，下镇江；直迫南京。而煌言又别由芜湖攻入徽、宁。谁知成功误信清将郎廷佐佯言通款，按兵缓攻，又不为备，而崇明总兵梁化凤先已降成功，至是见其无备，遂引兵攻成功，成功军大溃，遂入海，取台湾，并以兵戍厦门、金门二岛，时顺治十八年。成功既据台湾，于是设学校，置百官，定法律，务农练兵，作永驻之计，又筑馆以招明之遗臣。天南片土，俨然有独立国的规模。康熙元年，成功没，子经立。时鲁王亦病没，张煌言为清所擒，斩于杭州。十八年，经将刘国轩攻闽，大败清兵。明年，清以姚启圣为福建总督，进攻厦门，经及国轩弃金、厦二岛归台湾。又明年，经卒。侍卫冯锡范杀其长子克㙷，而立其次子克塽。启圣奏请伐台湾，荐郑氏降将施琅任征伐事。时国轩守澎湖，为琅所破，琅乘胜入台湾，国轩、锡范共以克塽降，台湾平，时康熙二十二年。清收其地，置台湾府诸罗、台湾、凤山三县，西为澎湖厅，归福建布政使管辖。

注释

①爱新是金的意思，觉罗是赵字拼音。清世称爱新觉罗为官赵或叫做宗室赵。

此外有西林觉罗等，叫做民赵。都散处于吉林的觉罗村，其中或有真出自赵宋的后裔的。

②黄太吉设间谓与崇焕有密约，事可立就，令所获明思宗的宦官知之，阴纵使去。宦官以此告思宗，思宗益疑崇焕，遂下狱。未几，崇焕被杀。又明人与清交战屡败，朝廷掣将兵者之手，亦为其原因之一。按廷弼与化贞不协，而化贞竟内借阁部以困廷弼，所以廷弼有"臣以东西南北所欲杀之人，适遭事机难处之会，诸臣能为封疆容则容之，不能为门户容则去之，何必内借阁（指阁臣叶向高）部（指兵部尚书张鹤鸣），外借抚道（指广宁巡抚王化贞）以相困"等语，又有"经（即经略）抚（即巡抚）不和，恃有言官；言官交攻，恃有枢部；枢部佐斗，恃有阁臣。今无望矣"。其后孙承宗也有"以将用兵，而以文官招练。以将临阵，而以文官指发；以武备略边，而日增置文官于幕；以边事任经抚，而日问战守于朝：此极弊也"之语，袁崇焕也有"以臣之力制全辽有余，调众口不足。一出国门，便成万里，忌能妒功，夫岂无人？即不以权力掣臣肘，亦能以意见乱臣谋"之语。由此可见其时朝臣党见之深，后来史可法之所以败，左良玉之所以起而清君侧，也是由于马士英、阮大铖在朝诸人树党立敌之所致。

第二章　欧人之东略

公元九世纪以来，海上贸易权几全操于阿剌伯人手中，十字军战役①以后，欧洲贸易又全为意大利城市所垄断。那时《马可波罗游记》盛称中国的繁华富庶，已掀动了欧人的求金欲，接着意大利人拍果罗谛又著《旅行指南》，详载中国和印度各市场的贸易状况，就更加促进了欧人东渐的心思。欧洲各国既有东略之心，同时又嫉视意大利城市的垄断，便已感觉着有另找通商道路之必要；恰好在景泰四年（1453），土耳其灭掉东罗马帝国，封锁了东西交通的要道，垄断了欧洲和东方的贸易，更迫着欧洲人不得不另找出路；再加上当时地理知识的进步②和航海工具的帮助③，就益加使欧洲人敢于作航海探险的尝试。

欧洲首先从事航海探险的，就是葡萄牙国。葡国亨利亲王攻回教徒于摩洛哥北岸，时俘囚中有通非洲的地理的，盛称印度的殷富。亨利闻之，并屡派人航行于非洲西岸，先后发见了马得拉群岛和亚速尔群岛，正统十年（1445）发见了威德角。亨利死后，葡王约翰二世又于成化二十二年（1486）派狄雅慈（亦作地亚士 Bartholomeu Dias）到了非洲的极南端，因为他在那里遇着暴风雨，因称之曰暴风角。葡王嫌其名不雅驯，改名为好望角。弘治十一年（1498），葡人奥斯达加马（亦作发斯科达伽马 Vasco da Gama）绕好望角北行，到达印度的科利库特：东方的新航路，由是被发见。正德五年（1510），葡人攻陷印度西岸的卧亚，建立总督府，命打破克尔（D'Albuquerque）为总督，略取麻剌甲和非洲东岸的莫三鼻给。从这时起，东西贸易权又转落葡人手里，并且进而谋与中国通商。正德十年，打破克尔遣拉裴尔伯斯德罗（Rafael Perestrello）乘船至广东，船舶之揭有欧洲国旗而至中国的，以是为嚆矢。明年，又遣安特拉德（Gernao Perez D'Andade）至中国，都无功而还。又明年，再遣安特拉德和比里斯（Thome Pires）往聘中国，武宗拒绝引见。明廷虽不许葡人通商，但葡人仍自由居留在上川（在广东台山县南）、电白、澳门（在广东中山县南）三处，并且上溯到泉州、宁波。原来明于广州设市舶司，正德时，移于电白，嘉靖十四年（1535）都指挥使黄庆受葡商巨贿，请于上官，移之澳门，岁输课二万金，是为西人在中国陆地有根据之始。三十六年，葡人竟于澳门设官置吏，明廷不予抗议。万历元年，明筑墙于澳门半岛北面土腰，只留一门以通出入，而墙以南就无异默认为葡人的自治地。后来葡人屡求减租，到万历十年，竟减为每年只收租金五百两。时葡人握有海上贸易权，凡远来商船，都先到澳门雇请领港人，其由中国出国的，也先到澳门买船。所以在五口通商以前，澳门实为西洋商人汇聚之地。

当葡人开辟东方的新航路时，西班牙政府也力助哥伦布（Christopher Columbus）的西行计划；弘治五年（1492），他获得班政府的帮助，到达新大陆。此后，他又去了三次①，但始终不知道他所到的是新大陆而非印度，因此他叫新大陆的土人做印第安人。直到意大利人亚美利果（Amerigo）数次航行新大陆，于弘治十三年公布了几封信，说他所到的是个新世界，于是，才把他的名字，叫成新大陆的名称。到了正德八年，西班牙人拔尔波亚（Balboa）发见了太平洋，始正式证实新大陆并非亚洲之伸出的一部分。十四年，班人取墨西哥为殖民地。同年，葡人麦哲伦（Magellan）受班政府之命，从西班牙出发，渡大西洋，经过南美南端的一个海峡——这海峡的名字，后来就叫做麦哲伦海峡——继续向太平洋进发。不幸到了斐律宾群岛，和土人格斗，他竟死于土人之手。同行五艘船，仅仅一艘得经印度洋，绕非洲，而于嘉靖元年（1522）回抵西班牙。环行世界一周的大业，由是成功,而地圆之说,也因此得到实证。嘉靖四十四年。班将勒迦斯比(Legaspi)占领斐律宾群岛⑤,建立马尼剌首府。万历三年,马尼剌总督那维柴里斯(Lavezaris)遣马丁拉达(Martin Rada),加奴尼摩马丁(Geronims Mortin)内渡,要求通商。明廷许其在厦门通商。自是马尼剌成为中、班两国的市场。墨西哥和西班牙的银币⑥就在此时流入中国。

　　继葡人和班人而东略的,便是荷兰人。荷兰原来是西班牙的属土,万历九年才离班独立。当葡人在东方商务发达时,里斯本原是东洋货物荟萃的大港,荷、英商人都到这里来从事稗贩。等到班王斐律二世兼并葡国而荷兰又宣布独立以后,便禁止荷人到里斯本通商。荷兰自受班人打击以来,就力图和东方直接通商。万历二十四年,荷政府命好得曼(Cornelius Hortman)率商船四艘,绕好望角。于次年到达爪哇。二十六年,荷人范力克(Van Neek)又率商船八艘,到达爪哇,并满载东方货物而归。三十年,阿姆斯特丹商人私立的东印度公司,得政府许可,有在殖民地设兵置吏之权。三十二年和三十五年,荷人两次至广州,要求与中国通商,均为澳门葡人所阻。不过荷人在南洋的势力很大,马来群岛几全为荷人所占领。并且自从四十七年,又在爪哇建立巴塔维亚(Batavia)首府,以作经营东方的根据地。葡人的海上贸易权至是遂转移于荷人手里。但是荷人不得和中国通商,却始终不休。所以到了天启二年(1622),荷兰水师竟进攻澳门,并侵漳州、厦门各地,被巡抚南居益打败,才退据澎湖。四年,又进据台湾,筑安平、赤嵌二城,至顺治十八年,始为郑成功所夺。后来清平台湾,荷兰也遣舰相助,并屡命使者至中国,请求于内地通商,而清廷仅许其每八年到广州通商一次,船数以四为限。

　　最后崛起而从事东略的,就是英国。当荷兰独立时,英国女王伊利沙伯(Elizabeth)曾帮助荷兰,打击西班牙的海上势力。万历十六年,英人大破西班牙的无敌舰队;英国在海上的威望,登时大振。但自荷兰崛起后,海上运输和东方贸易,都在荷人手里。伦敦商人,不得已乃于万历二十七年自组公司,直接往远东贸易。明年,伦敦东印度公司得到伊利沙伯的特许,有在殖民地定法律、设法庭、征捐税以及统治土人和组织军队之权。自是英人一意向印度侵略。四十三年,孟买海战,英人把葡人打败,于是英人才侵入印度,接着东印度公司又收买玛德拉斯、孟买、加尔各答诸地,以作侵略东方的根据地。其后,英、荷二国,又煽动东方各地土人,助以火器抗拒葡人，葡人在东方的势力至是大衰。葡人的势力虽衰，不过荷人的势力，却又成了英人的眼中钉。自顺治八年（1651）英国用航海令⑦以摧毁荷兰的海上运输业以来，英、荷连年构兵，直到康熙十三年（1674）才订立和约，结果印度半岛全为英国所有，而荷兰则仅限于海岛贸易。原来当英人东略时，本想和中国通商；万历二十四年，伊利沙伯派遣使者至明，不得要领而去。崇祯九年（1636），东印度公司改组，英王查理一世遣威代尔（Wedell）等往中国经营商业。明年，威代尔率三舰一艇抵虎门，虎门守吏开炮击英船，英人也开炮还击，激战数小时，炮台被英人攻陷。后经葡人的斡旋；始得满载中国货物而去。不久中国有鼎革的大变，中英通商，一时中断。清初郑成功据台湾、厦门，英人给以军器，郑氏许其在安平和厦门两地设立货栈。郑氏既亡，清仍许其至厦门贸易。

注释

①十字军之役，是欧洲基督教徒欲于回教属地夺还耶路撒冷圣地而起的战役，凡七次，第一次起于公元一〇九六年，第七次终于一二七〇年，前后亘一百七十余年。

②地圆之说，在当时已渐抬头，不过哥白尼的地动说，到一五四三年才公布于世。

③指中国的罗盘针和希腊的纬度测量仪。

④一四九三、一四九八、一五〇二年各一次。

⑤班王查理，用其太子斐律的名字，号麦哲伦所到的群岛为斐律宾。

⑥当时西班牙把斐岛隶属于墨西哥殖民地之下，凡斐岛行政诸费，都取自墨西哥，故墨西哥银币盛行于马尼剌，经中国商人之手，输入中国。

⑦航海令规定：凡英国输出亚、非、美各洲的货物，必用本国船舶输送，而船长及水手须四分之三为本国人。上述三地的货物，如欲输入英、荷及英领殖民地者，则不可不用各该地的船舶。又规定：禁止荷兰代理商人入居英国殖民地，凡荷兰海产物输入英国的，则课以倍额之税。

第三章　基督教与西方科学之传入

基督教最初传入中国，在唐太宗时，为乃思脱利安派，中国称为景教。唐武宗崇奉道教排斥异教，景教在中国的势力渐衰。宋代有一赐乐业教，也属于基督教的一派。迄于元明，其教还流布于中国北部。到了元代，因东西交通之便，于是基督教也随之传入中国。原来宋理宗淳祐五年（1245），由罗马教皇意诺增爵四世（Innocent IV）召集欧洲奉基督教的国家，开会于里昂，决定组织托钵派①，到东方布教，并派柏郎嘉宾（Piano of Carpini）至元修好。明年，柏氏到达和林，见了贵由，把教皇致大汗的书信送给贵由，贵由复书教皇，对于信教和修好诸端未措一辞，柏氏无功而返。淳祐八年，法兰西王路易九世（Louis IX）派隆如美（Lonjumeau）到和林，也无结果而归。十二年，路易九世派罗伯鲁（Rubruick）到和林，依旧失败西归。直到至元二十八年（1291），罗马教皇尼古拉三世（Nicolas Ⅲ），派孟高未诺（Montecorvino）到北京，世祖始许他在中国布教。成宗大德十一年（1370），罗马教皇就命他为北京大僧正。次年，并派日辣尔（Gerard）等三人，继又派多默（Thomas）等三人来中国帮助他布教。那时除北京外，漳州、泉州、杭州都建有教堂，信徒日多。元亡以后，中西交通断绝，欧洲不复再派教士②东来。直到明末，耶稣教会徒才又相率东来。原来明正德十二年（1517）德人马丁路德（Martin Luther）反抗罗马教皇，大倡宗教改革运动。后来，马丁路德所领导的称为新教，即我国人所称的耶稣教；而前此受罗马教皇管辖的称为旧教，即天主教，一名加特力教。久之，新教势力日盛，旧教反衰。西班牙人罗耀拉（Royola）欲改良旧教，遂组织耶稣会（Jesuits），得教皇许可，从事布教的活动。恰好这时东西交通，已为葡萄牙人开辟了，于是耶稣会教士相率东来传教。首先来中国的，为班人方济各（Francis Xavier），于嘉靖二十八年（1549）往日本宣道；三十年，自日本归国，道经上川岛，欲至中国传教，为葡商所阻。万历元年（1573），意大利人范里安（Alessandro Valignani）至印度布教，路过澳门，遂留居是地。他欲入中国内地传教，因请同国教士罗明坚（Michael Ruggerius）来华相助。罗氏于万历七年抵澳门，至广州数次，得门徒数人。十年，意大利人利玛窦（Matteo Ricci）应范氏之召，至澳门。明年，利氏至肇庆，学习中国语言文字，着华服，从华俗，又绘一世界地图，表明欧洲各国地位，而特置中国于中央，以迎合中国士子的旧观念。他交结士宦，广通声气，竟得一至南京。在南京，得门徒徐光启的帮助，其教始渐广布。二十九年，至北京，献天主像、天主母像、《天主经》《万国图志》等物，神宗赐以第宅；明年，又为他建立天主堂。传教之暇，他又用力攻读中国《四书》《五经》，宣教时，多引用中国经典，以博中国士大夫的信仰。又依华俗，对于中国教徒之崇祀祖先和孔子者，不加禁止。所以当时士大夫都喜和他交结，而徐光启、李之藻、杨廷筠诸人，则更予利氏的传教以很大的帮助。三十八年，得徐光启的介绍，在上海立新会③。是年，利氏没，遗命以意大利人龙华民（Longobardi）继任。四十四年，徐如珂、沈㴶等交章弹劾教士王丰肃（Alphonso Vagnovi）专以天主教惑众，神宗因将他们送回澳门。后明廷和满洲打仗，才从澳门召回葡人阳玛诺（Emmanuel Dian）、罗如望（Johannes de Rocha）制造铳炮；又召用意大利人艾儒略（Julius Aleni）和西班牙人毕方济（Franciscus Sambiaso）等，教禁大解。同时又因历法发生舛错，急待修正，于是德人邓玉函（Terrenz）因徐光启之荐，入钦天监，邓氏死后，光启又荐德人汤若望（Johann Adam Schall von Bell）继其职。清室入关，仍以汤若望为钦天监。圣祖注重西学，教士颇见重用，其时教徒增至十余万人。原来利玛窦等来中国传教，都依从华俗，并且尝用"天主""天""上帝"三名以译西文的God；教皇克莱孟十一世（Clement XI）因于康熙四十三年，下令禁止用"上帝""天"等字，仅许用"天主"以译God，并禁教徒祀祖、奉孔。同时派铎罗（Tormon）来中国传布教皇命令，令凡不从教皇命者即行退去。世祖大怒，就把铎罗捕送澳门，并下令：凡无政府印票的教士，概令退至澳门。世宗即位，因教士有和诸王通谋的嫌疑④，遂令除在钦天监等处任职的以外，其他教士一律送至澳门，并禁止人民信教。于是基督教的势力顿衰，从此直到五口通商以前，形式上迄未解禁。

　　西学的传入，在元世即已见其端倪，明、清之际，随着耶稣会教士的东来，西学便同时传入中国。兹分述如下：一曰天文和历法。万历时，利玛窦著《乾坤体义》，以述天象；又著《经天该》，把恒星作成歌诀，以便记忆；又自制浑天仪等，李之藻因之著《浑盖通宪图说》，为中国人所著第一部介绍西洋天文学的书。原来明代的《大统历》，是参酌回回历法修成的，到万历三十八年十一月日蚀，回回历官推测不验，于是周子愚荐西班牙人庞迪我（Diage de Pantoja）、意大利人熊三拔（Sabbathino de Ursis）修正历法，明廷未能用。崇祯二年，日食，光启依西法推测果验，于是光启荐之藻及龙华民、邓玉函于钦天监，旋邓氏死，以汤若望代之，光启受命督修历法。光启卒，李天经代之。这时，新法书器俱完，屡测交食凌犯，无不密合；到了崇祯十六年，才诏以新历通行天下。清兴，始用新历为《时宪历》，又命汤若望和比利时人南怀仁（Ferdinand Verbiest）同入钦天监。时钦天监守旧法诸人，多排斥新法。顺治时，回回历官吴明煊反对新法未成。康熙四年，杨光先又上书言汤若望新法十谬，并诬各省教士图谋不轨，圣祖遂将汤若望等囚禁治罪，仍用《大统历》，以光先为钦天监监正。但圣祖精通西学，深知旧法不如新法的精确；八年，因命吴明煊和南怀仁各对日影，后明煊果有舛错，于是又罢《大统历》，仍用《时宪历》，自是至清亡，历法未有改易，而南怀仁等由是得再入钦天监。又测天仪器，明代多沿元代之旧，光启修历，才用西法制造仪器，汤若望继之，所造更多，明末，为李自成所毁。圣祖时，复命南怀仁制造，始完成今北平的天文台。至于天文学说，则汤若望著有《历法西传》，介绍托勒密（Ptolemy）、哥白尼（Copernicus）、加利略（Galileo）诸家之说，惟于哥白尼的地动说，不提只字。直到乾隆得德国人戴进贤（Ignace Kogler）才传入克布勒（Kepler）的行星轨道为椭圆之说；其后 Geraldini 至中国，又把地动说介绍过来。

二曰地理和测绘。万历时，利玛窦上《万国图志》，而后知有五大洲，他又著《乾坤体义》，倡地球居于天中之说。其后艾儒略著《职方外纪》，实为我国有五洲万国地志之始。南怀仁继之，有《西方要纪》《坤舆全图》《坤舆图志》诸作。康熙时，又有测绘全国地图之举，主其事者为法国教士白进（Bouvet）、费隐等。图成之后，白进等汇成总图一幅并分图进呈，圣祖命名《皇舆全览图》；是为我国地图有经纬线之始。

三曰数学和物理学。万历时，利玛窦著《乾坤体义》，其下卷即专言数学。其后，又与光启合译欧几里得（Euclid）的《几何原本》前六卷⑤；是为西算输入我国的初步。同时，之藻又从利氏传译《圜容较义》，光启亦从利氏译《测量法义》。到了光启、天经先后奉命督修历法，于是西洋各种数学都随历法而传入中国。如笔算，有之藻所译的《同文算指》；如筹算，有汤若望的《筹算指》和意大利人罗雅谷（Giacomo Rho）的《筹算》；如三角术和三角函数表，有罗雅谷的《测量全义》；如对数，始于顺治时，薛凤祚从穆尼阁（John Nicolas Smogolenski）译《天步真原》。到了康熙时，西士进讲内廷，输入西洋借根法，当时称为阿尔热巴拉，这就是西洋的代数术。而杜德美又传入割圆术。此外和数学有关的，就是物理学。汤若望著

《远镜说》，述远镜的用法和制法；熊三拔著《泰西水法》，中述取水、蓄水各种机械；天启时，泾阳人王征从邓玉函译成《奇器图说》，述说力学上的原理。光启所作《农政全书》，其中言水利、农器、制造诸卷，即受有西法的影响。上述三项之外，其他如哲学，在艾儒略的《西学凡》中，便述及了斐禄所费亚（哲学），默达费西加（形而上学）及尼第加（伦理学）三种学问。而李之藻与葡人傅泛际（Francisco Furtado）合译的《名理探》十卷便是亚理士多德的论理学最初传入中国的书。如人体生理学，则有邓玉函所著的《人身说概》。如音乐，则有西班牙人徐日昇（Thomas Peryra）所修的《律吕正义续编》。如绘画，则宗教图画有意大利人郎世宁（F. Josephus Castiglione）供职画院，折衷西洋和中国的画法。如建筑，则广州的十三行中的碧堂和乾隆时的圆明园及长春园，都是模仿西洋作风而建造的。至于炮火，则本是发明于中国而输入欧洲的，后来欧洲的制造日有进步，中国反落人后。所以到了明、清之际，反要借助于西洋的炮火。

注释

①托钵派多由方济各会和多明峨会组织而成。
②以上诸教士，都属天主教。元人称之曰也里可温教。
③上海的天堂和十字街，最初都是由利玛窦所开。又徐光启为当时传布基督教最力的人，其女教中人称之为康狄达（Candida），也奉教，今上海徐家汇徐氏故宅，即为今代中国耶稣会教育的中心。又徐家汇天文台亦肇造于徐氏。
④世宗即位以后，其兄弟允禟、允禵不服，常有密谋，允禟并用西教士穆经远，另造新体字通信。
⑤利氏所译为 Clavins 的 Enclidis Elementornm Libri，利氏称 Clavins 为丁师。康熙时，白进等所译 Paredies 的 Practical Geometry 亦称《几何原本》。又利氏所译，止有前六卷平面之部。

第四章 清初之内政

满洲文化，原来低落，初兴之时，尚无文字，后虽借蒙古字以创满文，但也未能造成一国的学术。至于官制朝仪，则直至黄太吉时，才粗具规模。这时戎马倥偬，对于内政，自然谈不到"足以为一代法"的设施；甚至在世祖入关以后，也是如此。直到圣祖一统天下，历世宗（1723—1735）、高宗（1736—1795）两朝，才陆续厘定制度，而开国大模，也就定于此时。现在把三朝对于政制的改革，分述如次：一曰废封建制。自平定后三藩以后，圣祖即不以兵权土地，赐与臣下。对于宗室元勋，也只食禄而不赐地，并使之居留北京，以便监视。世宗即位，诸王要求封建，陆生枏又作《通鉴论》，盛言封建之利，于是世宗作《驳封建论》以指斥之。并撤去诸王府所辖的下五旗佐领①，于是诸王手无只兵。二曰废建储制。圣祖有子三十五人，以允禔为长，但非嫡出，次子允礽，系嫡出，因立为皇太子。后允礽以猖狂被废。圣祖自是不复建储，到了临死，才把帝位传给四子胤禛。世宗正位后，诸王认为世宗不是嫡出，于是允禩及其弟允禟结党捣乱，世宗因立储位密建之法②，以杜争夺储位的斗争。三曰禁宦官预政。世祖初年，有十三衙门，都兼用满洲廷臣和宦官。后世祖惩前代之弊，才缩小宦官的权限，规定官不得至三品，非奉差遣，不得出皇城，职司之外，不得干预一事，不得招引外人，不得交接内外官员。圣祖即位，又悉废十三衙门，以其事并归于内务府。这三项改革，都和集权政治有关；不过表现集权政治最明显的，还有下述三事：一曰军机处的设立。清初，仍以殿阁大学士掌国政。世宗时，用兵西北，怕内阁泄漏机密，才于近宫廷处，设立军机处，以亲臣重臣入办密行事件，称军机大臣，于是谕旨不尽由内阁。其后不关军机的事件，也归军机处办理，所谓内阁，便等于虚设了。二曰科道的归并。六科给事中，在明代为言路要职，有封驳诏书之权。世宗时，隶归都察院，自是六科给事中不但不敢昌言罔忌，并且因为例行的本章，既归内阁，而重要的奏折，又出入于军机处，于是虽存有封驳之名，却无审查之实。三曰奏事处的设立。明代有通政司，为收受章奏的机关，世宗又于宫门设立奏事处。凡臣下封事，均许至宫门，由奏事处直达御前。其陈事奏疏，在内各部院，径送内阁，只有在外督抚等章奏，由通政司校阅送内阁。上述三事，如军机处的设立，便是防止内阁的专权；如六科给事中的归并，便是遏止言路，使其无监督帝王的实权；如奏事处的设立，便是帝王直接听取臣下封事的方法。而军机处和内阁并存，通政司和奏事处两立，也无非是使他们互相牵制，无法专擅，而集大权于帝王一人。

清初对付汉人，用的是双管齐下的政策；一方用笼络政策，使汉人知爱；一方用高压政策，使汉人知畏。其高压政策有六：一曰厉行辫发，辫发本是金、元的习俗。金、元入主中国，均实行辫发，至明太祖始尽复汉族之旧。清入占北京，即下令以辫发分顺逆。不久，多尔衮以"甚拂民愿"，又下令"天下臣民照旧束发，悉听其便"，顺治二年（1645），江南略定，才又厉行辫发之令。这原是清人摧残汉人民族性的方法，所以实行得这样厉害。二曰滥行屠戮。清室入关，汉人或眷念故明，图谋恢复，或不堪清人苛待起而反抗，于是清人滥行屠戮以立威。如用兵江南之时，扬州十日的惨杀，嘉定三次的屠戮，即其最显著的例子，他如满骑所至，杀戮虏掠，则更不胜枚举。三曰摧残士气。明代士气很盛，明、清之际，士子仍沿东林之旧，有复社等组织，虽以讲学为名，实则欲借此以作复明抗清的运动。顺治十七年，才于明伦堂之左，刊立卧碑，严禁士子交结势要、干与词讼、上书言事、立盟结社诸事，士子所作文字，也不许妄行刊刻。四曰摧抑绅权。明代绅权很重，清入关后，这种风气，依然存在，到了顺治三年，才下令尽行革去前代乡宦监生名色，凡地丁钱粮杂讯差役，与民一体均当，蒙混冒免的治以重罪。其后江南奏销之祸③，绅衿被褫革而发枷责的，竟多至一万余人。五曰驻防制度。清以猜忌汉人之故，又于各重要城市，列置满、蒙之兵，叫做驻防。其制：将军十三人，盛京、吉林、黑龙江、绥远城、江宁、福州、杭州、荆州、西安、宁夏、伊犁、成都、广州各一人；都统二人，张家口、热河各一人；副都统三十三人，其专城者，密云、山海关、兴京、金州、锦州、宁古塔、伯都讷阿、勒楚格、珲春、三姓、墨尔根城、黑龙江城、呼兰城、青州、京口、凉州各一人，其与将军同城者，盛京、吉林、齐齐哈尔、江宁、福州、杭州、乍浦、成都、宁夏各一人，荆州、西安、伊犁、广州各二人。均与汉人分居，畛域极严。六曰兴文字狱。清初屡兴文字狱，其目的不外摧抑士气，以镇压其眷念故明和革命的思想。最著名的，圣祖时有庄廷鑨《明史》案和戴名世《南山集》案④；世宗时有查嗣庭试题案、陆生枏《通鉴论》狱、谢济世《大学》注案和吕留良遗集案⑤；高宗时有杭世骏时务案、胡中藻诗钞案、王锡侯《字贯》案、徐述夔诗句案、沈德潜遗诗案⑥。

至其笼络政策，则有五项：一曰引用汉人。清初的创业，和一班投效的汉人，确是很有关系的。入关以后，又令明臣以原官同满员一体办事，对于被斥官吏非犯赃的及士子为清望所归与隐居山林而才德可称的，都征辟录用。不过到了圣祖削平天下之后，因不需"为虎作伥"之人，才诛戮降臣、降将；后来高宗更诏国史内增立贰臣传，把明末降臣、降将列入其中，却又寓有奖励臣民不事异姓的意思。二曰减轻赋税。入关以后，即废除明季三饷，世祖又厘订《赋役全书》，征收都以明万历以前为标准。圣祖、世宗、高宗三朝，更迭次减免天下的钱粮；康熙五十一年（1712）又命以后征收钱粮，概以康熙五十年额定丁册为准⑦，新增的叫做盛世滋生人丁，永不加赋。三曰推崇程朱。圣祖、高宗，都提倡理学。圣祖命李光地等把明代的《性理大全》节录为《性理精义》，又刊《朱子全书》，科举考试，以经书为题目，其解义一依朱子。四曰开博学弘儒科。圣祖初定天下，因明室遗臣往往以逸民自居，时时流露其故国河山之感，于是又开博学弘儒科，打算把这班人尽入清廷的彀中。康熙十八年，取中彭遹孙等五十名，都授以翰林院官。但名儒像吕留良、李颙、傅山、魏禧、顾炎武、王夫之、黄宗羲、万斯同、应㧑谦诸人，却志操甚坚，不受他的罗致。圣祖又南巡江、浙，召试诸生，得吴士玉等七十三人，也各授官有差。乾隆元年（1736），又诏开博学鸿词科⑧，初得刘纶等十五名，明年，续取得万松龄等四人，各授以翰林院官。十四年，又诏开潜心经学科。得顾栋高、陈祖范等四人，并授国子监司业。高宗又屡次巡幸，所至也召试诸生，如巡江、浙得王昶等八十五人；巡山东，得黄道熙等十七人；巡天津，得姚文田等十五人；幸五台山，得龙汝言等九人。五曰编纂巨籍。圣祖、高宗两朝，敕纂巨籍很多⑨，而尤以圣祖时的《古今图书集成》和世宗时的《四库全书》为最重要的类书⑩。《古今图书集成》都一万卷，经始于康熙三十九年，完成于雍正三年。初为陈梦雷所编，至世宗时，才命蒋廷锡等完成之。乾隆三十八年，开四库全书馆，网罗古今已刊未刊的书，编成一部，命孙士毅、陆锡熊、纪昀为总纂官。四十七年书成，计七万九千七十卷；存目九万三千五百五十六卷⑪。这种工作，对于我国文化自然有很大的贡献，不过当时士子的精力和时间，差不多都费在这工作上面，而高宗又假着"稽古右文"的空名，销毁许多禁书⑫，这样一来，士子钻研的范围，自然有一定的限制，不会泛滥横流了。观上所述，可知清室对付汉人的政策，总之离不了猜忌二字，所以他们依为心腹的，也就只有旗人。入关之后，籍没明代公、侯、伯、驸马皇亲的田，又圈占民田，以给旗人，由汉人耕种，而旗人食租，自黄太吉以至高宗，清室诸帝，对于旗人，都严禁其习汉语汉文，染华俗，而以习骑射为清室的家法。所有旗兵，都是世袭的，一人领饷，则全家坐食；其驻防八旗，都和汉人分居，以防其日久同化，失其尚武的精神。圣祖、世宗对于旗人又屡次特赐银两，动辄以数百万计。同时又把满洲和蒙古封锁起来，不许汉人移殖，视为这是子孙帝王万世之业。不过后来旗人也和从前的女贞、蒙古一样，久而久之，失却其尚武的风气，深染了华人的习俗，而又不事生产，无以自活，所以到了清代中叶，所谓旗人，就不但不能视为股肱之助，而其生计，反成为迫切的问题了。

注释

①镶白、正红、镶红、正蓝、镶蓝，叫做下五旗。镶黄、正黄、正白叫做上三旗；上三旗称为满洲的精兵，即努尔哈赤以来的亲军，任禁卫侍卫的重职，一称为内府三旗。

②雍正元年八月，召王大臣和文武百官，谕以"诸子尚幼，建储一事，必须详加审慎，特将此事亲写密函，藏于匣内，置之乾清宫中正大光明匾额之后，以备不虞。又别书密旨一道，藏诸内府，为异日勘对之资"。这就是储位密建之法。

③董含《三冈识略》："江南赋役百倍他省，而苏、松尤重。大约旧账未清，新饷已近，积逋常数十万。时司农告匮，始十年并征。民力已竭，而逋欠如故。巡抚朱国治强愎自用，造次册达部，悉列江南绅衿一万三千余人，号曰抗粮。既而尽行褫革，发本处枷责，鞭扑纷纭，衣冠扫地。如某探花欠一钱亦被黜，民间有探花不值一文钱之谣。"

④《明史稿》原为明相国朱国桢所撰，后国桢家落，把原稿卖给庄廷鑨。廷鑨为补撰崇祯一朝事，其中语多指斥清廷。因窜入己名，将付印。廷鑨卒，其父胤城为之刊行。旋为吴之荣所举发，廷鑨戮尸，其父胤城，其弟廷钺皆处斩，这次株连而死的共七十余人，妇女皆给边。方孝标尝受吴三桂官，著《滇黔纪闻》，中多忌讳语。戴名世作《南山集》多采录孝标的《纪闻》。尤云锷、方正玉为之刊行，板藏方苞家。后为赵申乔所举发，名世寸磔，族皆弃市，孝标戮尸，其子孙皆处斩，云锷等皆坐罪，方苞编入旗下，其他株连的共有三百余人。

⑤查嗣庭典试江西，以"维民所止"命题，讦者说"维止"二字，乃取雍正斩首之意，嗣庭父子皆处死，家产充公。陆生楠著《通鉴论》十七篇，中有论立储、封建、兵制等事，其论君主有云："人虽怒之而不敢泄，欲报之而不敢轻，其蓄既深，其发必毒。"廷议以为罪大恶极，命正法。谢济世注《大学》，诽谤程、朱得罪，充当苦差。吕留良是明末的大儒，所评时文中，有论夷夏之防和井田封建等语，康熙二十年卒。雍正时，曾静见留良遗书，很为倾倒。遣弟子张熙至其家，留良子毅中尽以父所著书与熙。静读其书，更加倾服，并日与留良弟子严鸿逵及鸿逵弟子沈在宽等游。当时谣传川、陕总督岳钟琪自以为宋岳飞后，与金世仇，清为金

裔，将谋报复。静因遣熙至陕，劝岳举事。岳举发其事，诏捕静、熙、毅中、鸿逵、在宽。毙鸿逵于狱中。后留良、鸿逵均戮尸，毅中、在宽处斩，并尽诛其族；连坐发给为奴的二十三家。以静、熙（均湖南人）为乡僻陋儒，惑于邪说，免死归田里。世宗又把曾静的供词及御驳吕留良学说合刊为《大义觉迷录》，颁示天下。高宗即位，仍诏杀静、熙，并下令收回《大义觉迷录》。

⑥杭世骏对策中有云："意见不可先设，畛域不可太分。满洲贤才虽多，较之汉人仅十分之三四。天下巡抚，满、汉参半，总督汉人无一焉，何内满而外汉也？"高宗阅策大怒，下诏诘责，免其官。乾隆初，鄂尔泰和张廷玉同辅政，各立门户，互相倾轧。高宗忌鄂尔泰，而右张廷玉，以抑鄂尔泰。胡中藻为鄂尔泰的门生，和鄂尔泰之侄鄂昌相唱和，著有《坚磨生诗钞》，其中有"一世无日月"，"一把心肠论浊清"，"相见请看都盘背，谁知生色是裘人"等句，以为有涉诽谤。又有"记出西林（鄂尔泰字）第一门"一句，认为攀援门户，恬不知耻，诏令中藻凌迟，家属皆坐斩。又以鄂昌本满人，所作《塞上吟》，竟称蒙古为胡儿，斥为党逆忘本，赐自尽。王锡侯删改《康熙字典》，另刻《字贯》，将圣祖、世宗及高宗御名列入凡例中，指为大逆不道。锡侯与其子三人孙四人均处斩，凡有关者一并治罪。徐述夔著有《一柱楼诗》，有咏正德杯云"大明天子重相见，且把壶儿搁半边"之句，高宗说壶儿即胡儿；又有"明朝期振翮。一举去清都"等句，高宗说它有兴明去清的意思。时述夔已死，诏戮尸，子孙及列名校对者均拟斩。沈德潜告归时，高宗把自己所著的诗集，命他改订。德潜死，调其诗集进呈，则平时德潜替高宗所点窜及代作的诗句，都录在其中，高宗怒，命革去官职，撤出贤良祠，后又见其咏黑牡丹诗有"夺朱非正色，异种也称王"等句，指为逆词，命剖棺锉尸。

⑦康熙五十年计直省人丁凡二千四百十七万九百九十九。

⑧原为博学弘儒科，以避高宗御名，改为博学鸿词科。

⑨圣祖时，有《佩文韵府》《渊鉴类函》《数理精蕴》《历象考成》《音韵阐微》《康熙字典》《韵府拾遗》《骈字类编》《分类字锦》《子史精华》《古文渊鉴》等。高宗时更多，其主要的有《明史》《通鉴辑览》《资治通鉴后编》《续通志》《续通典》《续通考》《皇朝通志》《皇朝通典》《皇朝通考》《大清会典》《大清会典则例》《大清通礼》《大清律例》《大清一统志》《皇舆百域图志》《满洲源流考》《授时通考》《历象考成后编》《仪象考成》等。

⑩清代以前的类书：唐有虞世南的《北堂书钞》一百六十卷及欧阳询的《艺文类聚》一百卷，宋有李昉的《太平御览》一千卷及王钦若的《册府元龟》一千卷，明有解缙的《永乐大典》二万二千九百卷。

⑪《四库全书》分经史子集四部，当时分缮七部：一部存宫廷内文华殿后的文渊阁，书今存，现归故宫博物院；一部存奉天文溯阁，民国二十年，散失于日本的

大暴动；一部存热河避暑山庄的文津阁，民国初年，移存京师图书馆，今归北平图书馆；一部存北平圆明园的文源阁，咸丰十年，被毁于英、法联军之役，以上称为内廷四阁。其他三部：一存扬州大观堂的文汇阁，一存镇江金山寺的文宗阁，二部在咸、同年间，被毁于太平军；一存杭州西湖的文澜阁，太平军时，颇有散失，后补钞成帙，今归浙江图书馆：以上称为江、浙三阁。

⑫销毁禁书的命令，始于乾隆三十九年，至四十三年，再加二年之期限，至四十六年，又展限一年。据兵部报告，当时共焚禁书二十四次，五百三十六种，凡一万三千八百六十二部。

第五章　清初之外交

清初的外交，分对英和俄的交涉两项。对英的交涉，详见第八章；本章只述对俄的交涉。元时，俄国为蒙古所征服。明成化十四年（1478），莫斯科大公伊凡三世（Ivan Ⅲ）才率领部众离钦察汗国独立。十六年，灭钦察汗国，并征服哥萨克（Cossack）①，嘉靖二十六年（1547），莫斯科大公伊凡四世才自称沙皇（Czar），并利用哥萨克骑兵，开拓西伯利亚。万历八年（1580），依马克（Yermack）率领哥萨克骑兵占领了西比亚（Sibir）②部落。自是俄于西伯利亚先后建托波儿斯克、托木斯克、叶尼塞斯克、雅库次克诸城。这时俄人东来的渐多，并一意向黑龙江方面侵略。崇祯十七年（1644），俄人波雅可夫（Poyakoff）探险黑龙江，发现了到黑龙江的捷径。公元1652年，哈巴诺夫（Khabaroff）组织远征队，行抵黑龙江；明年，取雅克萨地，筑阿尔巴辛城③，更沿江东进，达于松花江口的会合点。后哈巴诺夫回到莫斯科，继其统率的是斯脱配诺夫（Stepanof），于1654年到达黑龙江，被满洲明安达礼打败。后四年，斯脱配诺夫合倍开笃夫（Beketov）兵由黑龙江到达松花江，又被满洲沙尔呼达打败。这时，叶尼塞斯克知事泊西哥夫（Parhkoff）也从事远征，筑城于尼布楚河口，不久又为巴海（沙尔呼达之子）所败。康熙四年（1665），西伯利亚囚犯有波兰人智尔哥布斯克，欲恢复雅克萨以赎罪，遂率部下侵入黑龙江，于八年占领雅克萨。后为巴海所败，但在尼布楚和雅克萨的俄人仍劫掠不已。九年，圣祖致书于尼布楚俄人，诘责他们的暴行，并命速行退出尼布楚诸城。尼布楚守将知不能和清廷相抗，遂派人到北京，献方物，并告以贸易通商之外，别无他意。圣祖知俄人无诚意，也就命巴海严备边疆。二十一年，后三藩既平，圣祖遂于二十四年，命萨布素、彭春等攻毁雅克萨城，俄兵逃往尼布楚，会途遇援兵，复相率偕还，再筑雅克萨城，从事耕种，作久居计。二十五年，复命萨布素等进迫雅克萨，城将下，而两国议和之局成。

这时，俄皇彼得初立，与波兰、土耳其构兵，无力顾及东方；所以亟愿和中国媾和。会康熙二十五年再征雅克萨时，圣祖又因荷兰使臣，诒书俄皇，提议和俄国订定疆界。俄皇至是也遣使至北京，请求解雅克萨之围。再觅适当地点以便两国使节会见，划定疆界。圣祖允许了他们。二十八年，俄派全权公使费耀多罗（Feodor）与清使索额图、佟国纲、阿尔尼会议于尼布楚，议定黑龙江界约八条，用汉、满、蒙、拉丁、俄罗斯五种文字，在格尔必齐河东岸、额尔古纳河南岸刊立界碑：这就是所谓《尼布楚条约》。今将这条约的要点列在下面：一、将自北流入黑龙江之绰尔纳、即乌鲁木河附近之格尔必齐河为界；沿此河之外兴安岭至海，凡岭南流入黑龙江之河道，悉属中国；其岭北河道，悉属俄罗斯。惟乌得河①以南，兴安岭以北，中间所有地方河道，暂行存放，俟各还国察明后，或行文，或遣使，再行定议。二、将流入黑龙江之额尔古纳河为界：南岸属中国，北岸属俄罗斯；其南岸墨里勒克河口现存俄罗斯庐舍，着徙于北岸。三、雅克萨地方，俄罗斯所筑城垣，居民诸物，悉行撤回察罕汗（清初泛指俄国君主的通称）处。四、分定疆界，两国猎户不得越过，如有一二宵小私行越境打牲偷窃者，拿送该管官分别轻重治罪。此外十人或十五人合伙执仗杀人劫物者，务必奏闻，即行正法。其一二误死者，两国照常和好，不得擅动征伐。五、除从前一切旧事不议外，中国现有之俄罗斯人，及俄罗斯国现有之中国人，仍留居住，不必遣还。六、两国既永远和好，嗣后往来行旅，如有路票，听其交易。和约既定，中国又设屯田兵于精奇里江，以防俄国的侵入。三十二年，俄又遣伊德斯（Ides）来北京，圣祖许俄商三年一至北京，人数以二百为限，得在北京俄罗斯馆居留八十日，贸易免税；俄人进内地通商的规定自此始。又因俄人请派遣学生，学习中国语言文字，特于俄罗斯馆内设立俄罗斯学。

自喀尔喀内附以后，外蒙古主权即属中国。由是外蒙古北境和俄领西伯利亚的交涉，就渐次频繁起来了。原来喀尔喀土谢图汗的人民，和俄人贸易，都是土谢图汗自为经理，清廷并未设官弹压。到了康熙五十九年，理藩院才规定：凡内地人民有往喀尔喀库伦贸易的，都要向理藩院领取出口执照,始许通行;并由院委监视官一人会同土谢图汗等弹压稽查,二年一次更代:是为库伦准互市之始。直到雍正三年,俄女皇加他邻一世即位,才派全权大使萨瓦务拉的思拉维赤到北京,请划定外蒙古和西伯利亚间的疆界。世宗因命喀尔喀郡王策凌、内大臣伯四格、兵部侍郎图理琛于五年七月与萨瓦会议于后贝加尔州的布拉河地方,缔结《恰克图条约》十一款,今列举其要点于后:一、于恰克图小河沟俄国卡伦⑤与鄂尔怀图山(即鄂罗海图山)之中国卡伦地方,建立界碑,自此界碑迤东至额尔古纳河,迤西至沙毕纳伊岭(即沙宾达巴哈岭),此间如横有山河,则以横断山河为界,如空旷地,则于适中地立标为界,阳面作为中国,阴面作为俄国。二、俄商至北京者,仍照原议,以二百人为限,间三年举行一次,买者卖者,概不征税。其零星买卖,在尼布楚、恰克图二处行之,两国人民,均得在其地建造屋宇。三、京师俄罗斯馆,嗣后得许俄人来京者居住;俄使萨瓦请造教堂,归中国办理。教堂听俄国教徒居住,教徒得依本国教规礼拜。四、乌得河等处地方,暂作为两国共有地,彼此不得占据。五、设立边界头目,凡事须秉公办理,速行完结,如怀私推诿贪黩等情,各按本国刑律治罪。六、国界既定,两国各有属下不肖之人,游牧占据地方,盖房屋居住者,查明各自迁回本处;两国之人,各有互相出入杂居者,查明各自收回居住,以静疆界。两国嗣后,于所属之人,各有逃走者,于拿获地方,即行正法。条约既定,于是库伦的互市移至恰克图,而恰克图从此就成为漠北繁富之区。到了乾隆二年(1737),又下令停止俄商在北京贸易,归并于恰克图一处。二十七年,又设库伦办事大臣二人,凡中、俄文书,必经其手。二十九年,又因俄人违约,私收货税,就停闭了恰克图市场。三十三年,库伦大臣庆桂以俄人悔罪请开市入告,高宗才又准其开市。后来四十四年、五十年,又因其他细故,曾经两次闭关。至五十七年,库伦大臣松筠等有以俄人恭顺乞恩入请,乃复与增订条约,在恰克图、买卖城互换,叫做《恰克图续约》,全约五条,摘录其要点于后:一、中国与尔国货物,原系两国商人自行定价,尔国商人,应由尔国严加管束,彼此贸易,货物交易后,各令不爽约期,即时归结,勿令负欠,致启事端。二、嗣后尔守边官当慎选贤能,与我游牧官逊顺相接。三、此次通市,一切仍照旧章。两国民人交涉事件如盗贼人命,各就近查验,缉获罪犯,会同边界官员,审讯明确后,本处属下人,由本处治罪,尔处属下人,由尔处治罪,各行文知照示众,其盗窃之物,或一倍或几倍罚赔,一切皆照旧例办理。这时俄女皇加他邻二世在位,专意分割波兰和扩张黑海领土,无暇经营东方,所以俄人均遵约办理。自是两国相安无事,直到文宗咸丰时,局势才为之一变。又按《尼布楚条约》,我国历史素来称之为最光荣的条约,其实依据此约,则我国已丧失黑龙江上游地方(即额尔古纳河以西的地方)和贝加尔湖南色楞格河以东的地方,而乌得河流域地方暂时存放,则更为后此《恰克图条约》以此河为共有地的张本。自经《恰克图条约》以后,而色楞格河以南的地方,也就不属我国所有了。

注释

①哥萨克族居俄东南境顿河流域。

②当钦察汗国衰落时,月即别族(拔都弟昔班之后裔所领的部族),占据了Aral海、里海的北边,公元1556年,昔班后裔库程于托波儿斯克附近,建立西比亚汗国。

③即雅克萨城。

④乌得河,亦作乌地河,乌特河,乌带河,乌底河,乌德河,在外兴安岭北,东流入鄂霍次克海彼得湾。

⑤卡伦以木棚为之,为边界上的标记物。

第六章　清代之武功

漠南蒙古和满洲的交涉,始于科尔沁部联合扈伦诸部的进攻满洲。后来漠南蒙古察哈尔部(即插汉儿)出了一个林丹汗,横行漠南:破喀喇沁部①,灭土默特部。漠南诸部,不堪其扰,或北走依漠北蒙古,或东走依科尔沁部,而明思宗却利用林丹汗的仇视满洲,叫他进攻辽东。科尔沁部则通款于满洲,林丹汗怒,袭击科部。科部不能敌,率众走归满洲。黄太吉时,乘林丹汗诸部解体,才合漠南蒙古诸部打败了林丹汗。林丹汗西走死于青海。明年,其子额哲,又为多尔衮所败,额哲降,封为亲王。康熙时,传至布尔尼,乘后三藩之乱起兵反,旋为清军所平。自是察哈尔被屏于漠南诸部之外,无王公贝勒等封号,徙其众于宣化、大同边外,叫做"内属游牧部",置察哈尔都统等官以管辖他们。至是漠南蒙古全入中国版图。清廷统称科尔沁、察哈尔、土默特、喀喇沁、鄂尔多斯诸部为内蒙古。

漠北蒙古又称喀尔喀蒙古，分车臣、土谢图、札萨克图三部；又有三音诺颜部②，向归土谢图部管理。黄太吉平定察哈尔部以后，车臣汗即与满洲通好。崇祯九年，黄太吉因车臣汗私与明通市，遣使严责，车臣汗恐惧，遂与明绝市。自是土谢图诸部，相继归附满洲。十一年，札萨克图汗谋掠归化城（今绥远归绥县），为黄太吉所败；是年，土谢图汗遣使贡方物。自是漠北诸部，岁贡如常。后来清兵入关，贡使就中绝了。圣祖时，内蒙古苏尼特部滕吉思和多尔衮不和，率所部北投喀尔喀。圣祖命多铎出征，大败滕吉思联军，滕吉思乞降，喀尔喀三部也各遣子弟来朝。后噶尔丹攻入喀尔喀，喀尔喀三部不能敌，悉众数十万，投内蒙古请降。圣祖叫他们暂居科尔沁地，从事游牧。三十六年，清定噶尔丹，圣祖又叫他们还归故地，于是喀尔喀蒙古尽入中国版图，清廷统称为外蒙古，于乌里雅苏台设定边左副将军，以统治诸部。

天山北路为漠西蒙古，亦称厄鲁特蒙古，就是明代的瓦剌，一作卫拉特。清初，其地分为四部：曰和硕特部，居乌鲁木齐附近，其部长系元太祖弟哈萨尔的后裔；曰杜尔伯特部，居额尔齐斯河附近，其部长系也先长子的后裔；曰土尔扈特部，居塔尔巴哈台附近，其部长系元臣翁罕的后裔；曰准噶尔部，居伊犁，其部长系也先次子的后裔。时红教流行后藏，后藏的藏巴汗，为其护法。达赖五世的第巴③桑结，乃招和硕特部固始汗入藏，击杀藏巴汗，而奉班禅居札什伦布：是为达赖、班禅分主前后藏政教之始。同时，准噶尔部又出了一个噶尔丹，势力很强。噶尔丹和桑结相交最欢，后来桑结苦于达颜汗（固始汗之子）的专横，就勾结噶尔丹，谋去达颜汗，噶尔丹打败达颜汗，并有青海之地，于是厄鲁特四部尽属于噶尔丹，寻又统一天山南路，兼有科布多之地，而和喀尔喀蒙古相接。康熙二十七年，噶尔丹率骑兵三万，突击土谢图汗，其邻部车臣汗、札萨克图汗均被攻破，于是喀尔喀三部率众走投漠南；其地遂为噶尔丹所据。直到三十五年，昭莫多（在土拉河上流东岸，一名东库伦）会战，清兵才大败噶尔丹军，噶尔丹仅以数十骑西遁。原来当噶尔丹进据喀尔喀之后，其伊犁旧地，遂尽为兄子策妄阿拉布坦所并。三十五年，圣祖亲至归化城，檄青海诸部及策妄阿拉布坦协擒噶尔丹。明年，圣祖幸宁夏，大举深入。噶尔丹困顿窘迫，闻清军将至，遂仰药自尽。后策妄阿拉布坦死，其子噶尔丹策零立，于雍正九年，与清将傅尔光战于阿赤特淖尔，傅军士卒死亡殆尽；于是策零西犯蒙古，幸三音诺颜部长策凌①大败之于杭爱山光显寺⑤，策零才畏惧请和。光显寺之役，以策凌功为最高，遂诏以策凌为和硕超勇亲王，使主三音诺颜部事，自是三音诺颜独立为一部，与车臣等三部，同为喀尔喀蒙古四部。十二年，世宗又命傅鼐、阿克敦往谕策零，以阿尔泰山为准噶尔和喀尔喀的边界，彼此不得侵越。乾隆十年（1745），策零死，准部内乱：贵族达瓦齐⑥勾结辉特部台吉阿睦撒纳⑦进攻伊犁，杀策零子喇嘛达耳济，部众拥立达瓦齐为汗。阿睦撒纳既干涉准部的内政，同时又兼并杜尔特伯，并有侵略准部的野心。达瓦齐为自卫计，遂以大兵进攻阿睦撒纳，阿睦撒纳恐力不敌，就于十九年投降中国，高宗封他为亲王。明年，高宗命阿睦撒纳等大败准部兵，达瓦齐南走回疆，为乌什城主霍吉斯所执来献。高宗既定准部，便欲以准部降将分长厄鲁特四部，谁知阿睦撒纳却欲总长四部，闻高宗将实行分封四汗之策，遂号召准部反。二十一年，高宗命策凌子成衮札布和兆惠数败阿睦撒纳，阿睦撒纳走入俄罗斯，患痘死，于是漠西蒙古全定，清设伊犁将军以统之。三十六年，土尔扈特部众亦内服，清封其部长为亲王，使牧于伊犁及科布多附近。同时素为准部利用的乌梁海也内附，清分其地为唐努乌梁海、阿尔泰乌梁海、阿尔泰淖尔乌梁海三部，分隶于乌里雅苏台的定边左副将军及科布多的参赞大臣。

自和硕特部固始汗入据青海以后，清即封为遵文行义敏慧固始汗，使统辖诸厄鲁特。固始汗卒，其裔分为两支：一驻西藏，一分牧青海及河套。噶尔丹勃兴，青海及河套都为所残破，部众离散。及噶尔丹败亡，固始汗第十子达什巴图尔始率其部众朝清，诏封为和硕亲王，自是青海才为中国的外藩。雍正元年，达什卒，其子罗卜藏丹津嗣立，去和硕亲王封号，自称达赖浑台吉，起兵反。二年，世宗命年羹尧驻西宁，而以岳钟琪参赞军务。乘丹津不备，钟琪率兵进至柴达木河，直抵其帐，敌众仓猝惊溃，降者数万，丹津逃走，北投准噶尔部。于是青海、蒙古全定，是为青海完全归清领土之始。清于西宁设办事大臣以统治之。及清平准部，丹津始就获。

清初用兵西北，多和喇嘛教有关，而西藏的平定，更和喇嘛教关系密切，清廷也利用其教⑧，以羁縻其部众。到了固始汗入藏，把藏巴汗杀掉，于是红教势力益衰，而黄教特盛。康熙二十一年，达赖五世卒，桑结秘不发丧；自是桑结专权，并唆使噶尔丹侵入喀尔喀。三十五年，圣祖亲征噶尔丹，拘获准部间谍，得知噶尔丹的内犯，全系桑结主谋，圣祖才遣使谕桑结，叫他介使者与达赖五世相见，并令班禅来京。桑结至此，才密奏达赖五世示寂，并欲立罗布藏仁青策养嘉穆错为达赖六世。这时噶尔丹已死，桑结失了外援，和硕特部势力复盛，固始汗孙拉藏汗留镇西藏，遂于四十四年集众讨桑结。桑结被诛，其所立达赖六世被废，而立伊西坚错为达赖六世，诏封拉藏汗为翊法恭顺汗。其后青海诸蒙古都以拉藏汗所立的新达赖为伪，因别奉里塘噶尔藏坚错为达赖六世，圣祖恐其构衅，就令噶尔坚错暂居塔尔寺（在西宁城西南四十里），以待解决。两部争议未决，而策妄阿拉布坦入藏之事起。原来策妄娶拉藏汗之姊为妻，而赘拉藏汗之子丹衷于伊犁，不令归。至五十六年，策妄以送丹衷夫妇归藏为名，遂命大兵入藏，策妄杀拉藏汗，并将伊西坚错幽禁起来。五十九年，清以大军分道入藏，蒙古诸部兵随扈新达赖噶尔藏坚错进征。自是清军屡战屡胜，直抵拉萨，准部北窜，藏人以喇嘛法座久虚，又遭准部蹂躏，意颇厌乱，也就承认了青海诸蒙古所立的新达赖为真达赖。清廷既平西藏，于是把伊西坚错送至京师，并以拉藏汗旧臣康济鼐、颇罗鼐分掌前后藏的政务。雍正二年，藏中噶布伦等杀害康济鼐，欲投准部，世宗发大兵进讨，未至而颇罗鼐已擒首逆，于是诏以颇罗鼐总藏事，留大臣正副二人，领川、陕兵二千，分驻前后藏镇抚之，是为大臣驻藏之始，而西藏自是也全入中国版图。高宗时，又立金瓶抽签的办法，以解决达赖、班禅继承的纷争⑨。

回部在天山南路，唐以前奉佛教，其以回教著者，则萌芽于隋、唐，而盛于元。明末，穆罕默德后裔玛墨特至喀什噶尔（今新疆疏勒县），为天山南路居民所信奉，遂为其部汗：是为今新疆之地有回酋之始。以其地居民都奉回教，故得回部或回疆之称。元时，天山南路隶察合台；元、明间，察合台子孙复建汗国于喀什噶尔，而天山南路仍为所属。时天山南路分为二派：曰白山宗，为加利宴所倡；曰黑山宗，为伊撒克所倡。会白山宗回酋阿巴克为喀什噶尔汗黑山宗伊嗣马尔所逐，于是噶尔丹入喀什噶尔，击破黑山宗，立阿巴克为汗。而玛墨特之孙白山宗阿布多实特，又于这时受质于伊犁。噶尔丹死，策妄阿拉布坦继起，才又扶助黑山宗，而白山宗始衰。阿布多实特于是时自伊犁来归，圣祖遣人把他护送至叶尔羌；传至其子玛罕木特，为噶尔丹策零所袭击，玛罕木特并其二子大和卓木博罗尼都、小和卓木霍集占⑩被执，幽于伊犁。乾隆二十年，清军定伊犁，释大和卓木，送归叶尔羌，以统治其旧部，而留小和卓木居伊犁，以统率天山北路的回教徒。及阿睦撒纳叛，小和卓木与之通；等到清军再定伊犁，小和卓木又从伊犁逃归喀什噶尔，和大和卓木举兵反。乾隆二十三年，两和卓木都被清兵打败，大和卓木逃喀什噶尔，小和卓木奔叶尔羌。明年，兆惠由乌什取喀什噶尔，富德由和阗取叶尔羌，小和卓木闻警，遂与大和卓木逃入巴达克山，为其酋所杀，函首以献。回部至是全定。清于喀什噶尔设参赞大臣，以统治南路诸城，而西四城喀什噶尔、叶尔羌、英吉沙、和阗，东四城乌什、阿克苏、库车、辟展（今新疆鄯善县）并东路哈密、吐鲁番、哈喇沙尔（今新疆焉耆县）三城，共十一城，或设办事大臣，或设驻防大臣，或设领队大臣，以分治之。回部平定以后，至乾隆二十九年，又有乌什回部之乱，后为明瑞所平，并将喀什噶尔参赞大臣移驻乌什，以资控制。后二年，又有昌吉之乱，旋为温福所平。自后五六十年间，天山南北路得无事，而中国国威远震葱岭以西，吉利吉思、敖罕（即浩罕）、阿富汗诸国，都遣使入贡。

原来今黔、滇、湘、川、桂之间，多为苗、瑶、猓猡诸蛮所据。自宋以来，屡经开辟①，元、明两代，都用羁縻政策，只要他们归附，就把原官授给他们；当时有宣慰、宣抚、招讨、安抚等土司，又有土府、州、县，都是世袭其职，握有甲兵土地财赋的大权。清初，也设土司治理。其时贵州东南境，以古州（今贵州榕江县）为中心，还有苗族所占的一大区域，周围三千余里，叫做苗疆。云南西南，以澜沧江为界，江内各土司和江外诸夷，也不时勾结为患。又四川、云、贵之间，有东川（今云南会泽县）、乌蒙（今云南昭通县）、镇雄（今云南属县）三土府，也很横行跋扈。其他广西、贵州之间，苗寨亦多，地方官吏常以地界的错杂，互相推诿。雍正四年，鄂尔泰建一劳永逸之计，谓"必改土归流，而后可以安民，必归并事权，而后可以治苗"。世宗听其言，即以东川三土府改隶云南，并命他为滇、黔、桂三省总督，任征苗事。鄂尔泰先后招服黔边，东西南三面生苗二千余寨，开辟贵州苗疆二三千里，又劾罢云南诸土司，平定澜沧江以东各地，广西诸土司也就缴纳印信和军器，改土归流的政策，由是大告成功。九年，苗疆事粗定，鄂尔泰以功入为武英殿大学士，任为湖广总督。继任的督抚，从此就把苗事忽视，到了十三年，遂激成了台拱（贵州今县）九股苗之变。直到高宗时，以张广泗为云、贵、湖、广、川、粤、桂七省经略，定计抚熟苗剿生苗，先后共毁苗寨一千二百余，赦免的三百余，斩首四万级，苗才完全平定。

　　金川即金沙江的上游，为四川西边诸土司之一，俗信喇嘛教。明时，其部人有哈伊拉木者，得封演化禅师，世有其地。后来分为两部：清世祖时，始授小金川酋卜儿吉细土司职，至圣祖时，又把演化禅师印授给大金川酋嘉勒巴。嘉勒巴孙莎罗奔，以从岳钟琪征西藏有功，于世宗时，授金川安抚司。高宗时，其势渐强，以女阿扣妻小金川土司泽旺，泽旺懦弱，为阿扣所制。乾隆十一年，莎罗奔劫泽旺，并夺其印。明年，又侵打箭炉（今西康康定县）附近诸土司。高宗叫张广泗督兵进剿。时莎罗奔居勒乌围（在今四川懋功县对河稍西），其兄子郎卡居噶尔崖（在今懋功县对河稍东），凭碉死守，广泗攻不利。十三年，以讷亲前往经略，起岳钟琪赴军自效。讷亲又败，改以傅恒代其任。明年，清分两路进兵，为直捣中坚之计，莎罗奔父子闻警恐惧，遂降。莎罗奔既降，郎卡掌大金川事，乘清廷方有事于伊犁，郎卡就逐渐桀骜，逐泽旺及革布什咱土司（在大金川西南）。乾隆三十一年，朝命阿尔泰进剿，阿尔泰以苟且息事为得策，只谕郎卡反还诸土司侵地，即以安抚司印给郎卡，并许郎卡以女妻泽旺子僧格桑。未几，郎卡死，其子索诺木与僧格桑联合犯边，而阿尔泰按兵不进，诏赐死，改命温福、桂林进讨。时乾隆三十六年。明年，桂林以战败被劾去，改以阿桂代其任。阿桂、温福虽一度攻下小金川，但因进攻大金川，而有木果木（在大金川东）之败，于是温福阵亡，小金川复陷。帝授阿桂为定西将军，渐复小金川，于四十年进破勒乌围，时僧格桑已死，而莎罗奔、索诺木已先期走噶尔崖，阿桂进逼，四十一年，索诺木、莎罗奔出降，金川全定。清以小金川为美诺厅（后赐名懋功，即今四川县），大金川为阿尔古厅（后并入懋功厅），都直隶四川省。

　　西南诸国，有缅甸、暹罗、安南、廓尔喀，今分述其臣服于清室的经过如下：一曰缅甸。元时于缅甸置邦牙等处宣慰使司。明初，缅甸叛，被沐英打平，于其地置缅甸军民宣慰使司，与车里、木邦、八百大甸、孟养、老挝五部，同为明的土司。明世宗时，缅甸宣慰使司莽纪岁为孟养、木邦所害，子瑞体立，打败孟养，并有孟密（在木邦西），遂叛明。瑞体死，子应里嗣，侵入永昌（今云南保山县）、顺宁（云南今县），神宗命刘𫄷进讨，打败缅甸兵，直抵阿瓦，缅人请降。不久，应里子思斗又称乱，为万国春所败。明并筑汉龙、天马、虎踞、铁壁、铜壁、巨石、万仞、神护八关于陇川边境，列兵戍守。后永历帝走入缅甸，其酋莽应时俘帝献给吴三桂，于是缅酋自负其功，不复朝贡于中国。这时永历帝的官属，其子孙多沦入缅甸，自成一部，叫做桂家，据波龙山采银；而云南石屏人吴尚贤，也同时在卡瓦部（木邦附近）开茂隆银场，有众数十万。乾隆初，尚贤想乘时建立边功，说缅酋莽达拉入贡，事甫就绪，适缅有内乱。尚贤又为滇督所害，遂不果。缅甸的内乱，起于白古部，莽达拉遇害，国都阿瓦被陷。阿瓦北境的木疏酋雍籍牙⑫起兵复仇，把白古部打败，进据阿瓦，建立新缅甸国。雍籍牙死，子莽纪瑞立，莽纪瑞死，弟孟驳立，进犯永昌、普洱。乾隆三十四年，以傅恒为经略，大举征缅。时孟驳已卒，子赘角牙立，为其臣孟鲁所杀，缅人又杀孟鲁，立雍籍牙的季子孟云。孟云以连年战争，国用日绌；而世仇暹罗又有约清夹攻之说，孟云恐惧，遂决计入贡。五十五年，孟云遣使入贡，高宗因封他为缅甸国王，定十年一贡。二曰暹罗。暹罗和缅甸，原为世仇。清初，暹罗入贡中国。缅酋孟驳却以兵攻暹罗，陷其国都犹地亚（在湄南河上流）。中国居留人郑昭，募集同志据海滨，为暹罗报仇，恢复犹地亚，驱逐缅甸守兵，部众共推昭为主，迁都于盘古（在湄南河下流近海处）。昭既再造暹罗，于是遣使至中国告捷，并贡献方物。其使节于乾隆四十六年到达北京，而昭先一年却为怨家所害。时昭养子华方统兵在外，走还讨贼即位：这就是现今暹罗王室的始祖。五十一年，入贡中国，受封为暹罗国王。三曰安南。安南在元时，屡为元兵所破。明太祖即位，遣使诏谕安南，其王陈日烃才遣使入贡，受封为安南国王。数传至日烃，被其臣下黎季犛所害，季犛立其子颙及弟奃，复害死颙、奃，而夺其位。未几，季犛自称太上皇，传位于其子苍。成祖时，黎苍遣使入贡，封为安南国王。后来安南旧臣裴伯耆和前王陈日烃弟天平把黎氏篡夺之事告诉成祖，成祖才命大兵护送天平至安南。天平将至，又为黎苍的伏兵所邀杀。于是成祖叫沐晟、张辅进讨，安南兵大败，季犛及其子苍被获，安南平，诏置交趾布政司。原来当明兵初讨安南时，其陈氏旧臣简定先降，未几，定又潜号，称大越，旋又自称上皇，立陈季扩为帝。成祖又叫沐晟、张辅进讨，简定被擒，惟陈季扩遁去。后来季扩乞降，诏以季扩为交趾布政使，季扩不受命，卒为张辅所擒。等到张辅还归，安南陈氏旧将黎利又起兵反，建大越国，定都东京，时宣德三年（1428）。世宗嘉靖时，权臣莫登庸篡国，据河内；而黎氏遗臣阮淦仍拥护黎氏子孙，据清华州，和莫氏对抗。于是大越国分为南北：莫王北，黎王南。至万历二十三年南朝将郑松才起而驱逐莫氏，恢复河内。二十八年，阮淦子潢，又遂据顺化独立，自称广南王，于是黎氏和阮氏对抗，安南复分为大越、广南二国。康熙初年，其嗣王黎维禧受封为安南国王，朝贡不绝。时大越政权全在其臣郑氏之手，至维禧六传至维禟，郑栋辅政益专权。这时广南国势在大越之上，其王阮福要自称安南大帝。福要死，次子福顺立，为臣下所制。郑栋因嗾使广南土豪阮文岳与弟文惠、文虑起兵为乱，福顺被杀；兄子福政继立，不久，自杀；福政弟福映又继立，为郑氏及文岳等所迫，走遁暹罗，广南王室遂绝，时乾隆四十九年。文岳等又进而侵犯大越，五十一年，攻入河内，郑栋自杀，文岳遂代之摄政大越，维禟卒，嗣孙维祁受制于文岳。于是大越、广南尽为三阮所有。后来黎氏王族把文岳等乱国的消息报告粤督孙士毅，高宗才叫士毅进讨，把文惠诸人打败，诏封黎维祁为安南国王，时乾隆五十四年。明年，文惠乘士毅不为守备，又大败清军，高宗改以福康安代士毅。文惠闻清军将再至，而其兄文岳又方与暹罗构兵，无暇北顾，于是改名光平，遣其兄子光显入贡。高宗因将维祁编入旗籍，留置京师，而大越就为文惠所有，诏封文惠为安南国王。光平死，子光缵嗣立；后文岳亦死，文虑又为光缵所杀，三阮相残，至嘉庆七年（1802），卒为福映所乘，攻入河内，光缵遇害，于是安南复入于福映。四曰廓尔喀。尼泊尔亦称巴勒布国，在喜马拉雅山的南麓，居民多属蒙古族，自清平西藏，即奉表贡方物。乾隆三十二年。尼泊尔内讧，为其西境的廓尔喀所乘，于是廓尔喀酋长遂即尼泊尔王位。五十五年，廓尔喀进兵西藏，西藏许纳岁币于廓尔喀，廓尔喀才退兵。明年，藏中岁币爽约，廓尔喀又引兵深入，高宗因命福康安、海兰察进讨，大败廓人，廓人请和，定五年一贡，高宗因建碑于拉萨，自表其十全武功[13]。廓尔喀内附后，其邻哲孟雄、不丹，也遣使入贡。以上所述，系西南诸国内附的情形。至于东方，则朝鲜已于清初内属，而琉球也未用兵，即入贡受封[14]。当时的版图：东起鄂霍次克海、日本海，领有朝鲜和库页岛；南至暹罗湾和孟加拉湾，收复缅甸、暹罗、安南；西越葱岭，臣服阿富汗、敖罕、吉利吉思、巴达克山；西南越喜马拉雅山，臣服廓尔喀、哲孟雄、不丹；北接西伯利亚。除元代以外，实为中国史上版图最大的一代。

注释

①明初为大宁都司辖地，成祖时以其地赐乌梁海（即兀良哈）三卫，朵颜为最强，明末为插汉儿部所灭，以其地予其塔布囊（蒙古官名），是为喀喇沁部。

②三音诺颜部为元太祖十八世孙图蒙肯的后裔。明末，喀尔喀有红教和黄教之争，图蒙肯尊黄教，达赖因把三音诺颜之号赐给他。三音，唐古特语善之意；诺颜，蒙古语长官之意。

③西藏理政务之官。

④图蒙肯之裔。

⑤即额尔德尼昭。

⑥大小策零敦布多于准部为贵族，屡建军功，达瓦齐即大策零敦布多之孙。

⑦一作阿睦尔撒纳，系策妄阿拉布坦的外孙，而和硕特部丹衷（拉藏子）之子。辉特部，本杜尔伯特的属部。当土尔扈特部北徙俄罗斯境后，其地即为辉特部所有。丹衷妻初生子班珠尔，丹衷死，复有遗腹，改嫁辉特部长，即生阿睦撒纳。

⑧明末，黄教由蒙古传入满洲，黄太吉为建实胜寺和嘛哈噶喇楼以处番僧。入关后达赖五世来朝，为建黄寺，封达赖五世为西天大善自在佛。圣祖定喀尔喀后，又建汇宗寺，以处喇嘛。世宗又将北京的藩邸，改为雍和宫，以供养喇嘛。

⑨黄教教主继承法，叫做呼毕尔罕。这种方法，每因不能确定某人而起纷争。高宗另创抽签法，预颁两个金奔巴（即金瓶），一藏西藏大昭寺，一藏北京雍和宫，凡达赖等继承发生争执时，就书名于签，纳入金奔巴中，然后抽签去取。

⑩和卓木译成华语，即圣裔之意，系指回教教祖的后裔而言。

⑪苗族在今四川、湖北间者，在隋、唐以前即已平服。但在湖南境者，则自隋、唐以后，才逐渐加以经营。隋时置辰州（今沅陵县），唐置锦州（今麻阳县）、溪州（今永顺县）、叙州（今黔阳县）、巫州（今四川巫山县）。唐末，群蛮分据其地，自置为刺史。宋初，任徭人秦再雄招降之，于是今沅江流域之地，分为南、北江。北江蛮酋，彭氏最大；南江蛮酋，舒氏、田氏、向氏最大；而资江流域则为梅山峒蛮所据。神宗任章惇招降梅山峒蛮，置安化县；又平南江蛮，置沅州（今芷江县）；又平诚（今靖县）、徽（今绥宁县）二州蛮酋杨氏，置诚州，后改靖州。最后又平五溪蛮（雄溪、横溪、酉溪、武溪、辰溪，本湖南旧辰州府地）。明时，辟施州（今湖北恩施县）、永顺（湖南今县）、保靖（湖南今县）。清康熙时，增辟乾州（今乾城县）、凤凰（湖南今县）二厅。雍正时，改永顺为府，又辟永绥（湖南今县）、松桃（贵州今县）二厅。以上为湖南开辟略史。贵州一省，地最闭塞。宋时，涪州夷内附始置珍州（今贵州桐梓县）、承州（今贵州绥阳县）。元时，于其地设土司。明初，元所属思州来降，分设思州、思南（贵州今县）二土司。洪武十五年，

设贵州都指挥使司；永乐十一年，建贵州等处承宣布政司。后又平都匀苗（今贵州都匀县），改置州县。神宗时，太原人杨端之后杨应龙据播州（今贵州遵义县），反为刘挺所平，于其地置遵义、平越二府，分属川、贵。贵阳附近诸土司，以水西安氏、水东宋氏为最大，后安氏独盛，至明末始讨平之。以上为贵州开辟略史。云南自唐为南诏所据，元始平之，建云南等处行中书省。其蛮族来降者，皆以为土司，以麓川、平缅（皆在今腾冲县）、金齿（今保山县）为最大。明兵取大理，下金齿，平缅酋思伦发请降，诏以思伦发为平缅宣慰使，兼统麓川、后伦发为其部长刀干孟所逐，明兵讨刀干孟，分其地设孟养、木邦、孟定、路江、千崖、大候、湾甸诸土司。伦发子任发，于明英宗时叛，为王骥所平。任发子机发据者蓝（麓川别寨，地通孟养），又为骥所平，明于其地置陇川宣慰司。其后任发少子禄又据孟养，明知思氏终不可灭，始与禄约，立金沙江为界。此外还有乌蛮据乌撒等地，详见本文。以上为云南开辟略史。广西之地，宋时有侬智高之乱。徽宗时，又招降三江蛮（今三江县），以其地置允、格二州。又平南丹州（今南丹县），置黔南路。明时，大藤峡（今桂平县西北）瑶反，先后为韩雍、王守仁所平。以上为广西开辟略史。

⑫雍氏先世为雍田。汉和帝永元九年授印绶，至藉牙时已历一千七百年。

⑬高宗亲作《十全记》，夸耀武功，十全武功即指两平准部，两定金川，两胜廓尔喀，其他回部、台湾、缅甸、安南各一而言。康熙末，朱一贵乘台湾知府王珍苛税病民作乱，后为施世骠（施琅之子）所平。乾隆末，台湾巨族林爽文又叛，为柴大纪所平。高宗十全武功中的平台湾，即指爽文之乱。

⑭琉球至元末，其国分为三：曰中山，曰山南，曰山北，皆以尚为姓。明初，中山王遣子侄入朝，自是三王嗣封，皆请于朝。后中山并山北、山南，终明之世，修贡不绝。清初，其国王世子尚质遣使入贡，诏封为中山王，令二年一贡，著为定例。

第七章 清中叶之内乱

高宗一朝，为清代的极盛时期，但衰机也伏于此时。就财政来说：高宗初年，库项不过二千四百万两，中间虽经他屡次巡幸，以及用兵边徼耗费了不少的款项；但至乾隆四十七年国库存银还有七千余万两之多。他以国库充实，就在这一年，增加了兵额六万有余，增饷三百万两；于是岁支既成定额，日久便难于为继，清代财政盈绌的关键，就在这里。往后仁、宣两朝虽有裁兵之举，但所裁的仅一万六千，于财用节省，究属有限。就政治来说：高宗初年，政治号称清明，当时所用张廷玉、鄂尔泰、傅恒诸人，都能有所建树；但自任用和珅以后，政治的腐败，也就达于极点了。和珅窃秉大权，贪婪掊克，无恶不作①，而大员如国泰、王亶望、陈辉祖、伍拉纳、浦霖之辈也都恃和珅为奥援，赃款动及数十百万之多。政治的黑暗既如此厉害，再加上人口日繁②，谋生不易、旗兵无用和军官豪侈种种原因，便更加促成了清室中衰的局面：所以到了乾隆末年，陆续不断的内乱，就相继发生了。

　　清代的内乱，在乾隆中叶，即已发动，不过没有酿成大乱罢了。到了乾隆末年，苗民发难于湘、黔，于是内乱相继而起，就根本动摇了清室的统治。原来苗疆自改土归流后，苗民"畏隶如官，畏官如神"，有司利用这种心理，来欺压他们。加以汉人移殖苗疆的逐渐增多，苗民的土地，多为所占，苗民为生计所迫，遂相率倡乱。乾隆六十年，贵州铜仁苗石柳邓首先发难，湖南永绥苗石三保、镇筸（在凤凰县西）苗吴陇登、吴半生、乾州苗吴八月群起响应，倡言"逐客民，复故地"。高宗命福康安、和琳、刘君辅会师进剿，先后生擒半生、八月，但八月子廷礼、廷义尚负隅不下。就在这一年，高宗禅位于皇子颙琰，是为仁宗（1796—1820），仁宗嘉庆元年，改以额勒登保任征苗事。额勒登保虽略定苗乱，但川、楚教匪事却在这时紧张起来，于是他移师北上，而苗民依旧四处劫掠。至嘉庆四年以后，凤凰厅同知傅鼐尽力经营：修碉堡，破苗寨，收苗械，广屯田，恤流民，又设书院和义学以教育苗民，前后十余年，苗事才算大定。

　　白莲教起于元末韩山童，明兴，其教遂亡。天启时，又渐起于山东、山西、陕西、四川、直隶、河南等省，其首领为王森，被捕死于狱中。其徒涂鸿儒等继起，倡乱山东，鸿儒败死，其教又亡。至乾隆时，白莲教又起，教主刘松，尝秘密派人到西部各省传教，事发，刘松被捕戍甘肃。其徒刘之协、宋之清等秘密活动，布教于陕西、四川、湖南诸省间，日久党徒渐多，乃推河南鹿邑童儿王发生为主，伪称朱明后裔，打算起兵反清。乾隆五十六年，事泄，发生被捕戍新疆，之协远遁。恰好这时苗乱方炽，清廷调兵转饷，牵动湘、鄂、云、桂、川、贵、粤七省；又川、楚间无赖之民，因禁止食盐密卖及货币私铸，失业者众：于是教徒乘机煽动，乱事遂作。嘉庆元年，教徒聂杰人、张正谟等倡乱于荆州，而襄阳姚之富及教首齐林妻王氏，川东徐天德、陕西张汉潮等，都群起响应，皆以"官逼民反"为词，蔓延鄂、川、陕、甘、豫五省。清廷虽先后命将分途进剿，屡败教民，但乱事并未平息。原来和珅专以老师縻饷、稽压军报、虚张功级、滥叨封爵为目的，故乱事不止。到了嘉庆四年，仁宗杀掉和珅，用额勒登保、杨遇春、杨芳诸名将，实行坚壁清野政策，往来追逐，分路扫荡，到九年才算完全平安。时八旗绿营不堪战阵，全靠民间乡勇以平大乱，清室的弱点，自是暴露无余。

原来安南自阮光平得国以后，因财政困难，乃招纳海上亡命，令劫商船，以佐国用，广东沿海，颇受其害。后来内地奸民，又乘机附和，遂深入闽、浙海疆。嘉庆五年，海贼攻台州，为李长庚所破。会这时阮福映恢复旧领，求中国封册，遂杜绝海贼。诸亡命虽一时丧失安南的保护，但依样横行海上，于是蔡牵起闽海，朱**濆**起粤海，声势更盛。八年，牵犯定海，为长庚所败。明年，牵、**濆**合兵由台湾入闽海，又为长庚所败。十二年，牵为长庚水师所迫，遁入粤海，而长庚亦误中敌弹而死。明年，牵、**濆**合犯浙海，时浙江巡抚阮元用离间之策，**濆**复舍牵窜闽，为许松年所破，余众均领于其弟渥。又明年，渥降于闽督方维甸，于是牵势益孤，卒为长庚部将提督邱良功、王得禄所败，牵沉于海而死。余众遁入粤海，又为粤督百龄所制，海贼全平。

白莲教灭后，其余党四散，分而为八卦、荣华、红阳、白阳诸教，天理教就是八卦教的改名，党众遍布于河南、河北、山东诸省，而以滑县李文成、大兴林清为首领。嘉庆十六年，彗星见西北方，钦天监占主兵，奏移十八年闰八月于次年二月，诸教徒以经典中有"二八中秋黄花落地"之谶，遂附会其说，谓清朝将不利于闰八月，应于十八年九月十五日起事。遂决计乘仁宗秋狝木兰③时，袭据京师。事为滑县知县强克捷所闻，捕文成下狱，其党徒迫不及待，乃于九月七日起兵，出文成于狱，杀克捷。至十五日，清勾结太监刘金等为内应，分攻东华、西华二门，皇次子旻宁急发兵抵御，教徒死伤略尽。时仁宗狩热河，仓猝还宫，清在黄村，待援兵不至，被擒，仁宗磔治清及与谋诸太监，京师遂无事。而文成犹据滑，进兵围濬县，赖那彦成、杨遇春进兵围滑，文成自焚死，下滑县，杀其党二万余，乱事始定。

嘉庆二十五年，仁宗病没，旻宁即位，是为宣宗（1821－1850）。原来乾隆朝平定天山南路之时，回酋大和卓木的次子萨木克亡命浩罕，其第二子张格尔以诵经祈福，颇为回民所信仰。嘉庆末，喀什噶尔参赞大臣斌静等，需索财物，广渔回女，回民大愤。张格尔乘机，于嘉庆二十五年，袭攻喀什噶尔近边。宣宗诏逮斌静至京师，以永芹往代。道光五年，巴彦克图又纵杀布鲁特妇孺百余人，西四城回民大乱。诏以长龄守伊犁，庆祥代永芹，视师喀什噶尔。六年，张格尔合浩罕兵至，清军大败，喀什噶尔陷，庆祥自缢，于是叶尔羌、和田、英吉沙尔三城，同时失陷。七年，长龄等进剿，屡战皆胜，张格尔远遁，西四城尽复。旋宣宗以那彦成代长龄，策善后，而张格尔卒为杨芳所擒。清军以浩罕留助敌，驱逐浩罕商民出境。浩罕酋怒，迎张格尔兄摩诃末玉素普至，以为和卓木，于十年大举寇边，喀什噶尔、叶尔羌、英吉沙尔诸城均被围。宣宗命杨遇春、杨芳调兵赴援，褫那彦成职。会浩罕将与布哈尔构兵，遂解围而去，玉素普亦从之而西。十一年，浩罕请和，约定浩罕替中国监守和卓木族，中国则许其通市免税。约成，宣宗命喀什噶尔参赞大臣移居叶尔羌，以便居中控制。而浩罕自互市后，连年与布哈尔构兵，其酋战败死，于是国内悍徒，又嗾使张格尔子弟，起复仇之师。二十七年，和卓木加他汉等七人，连合布鲁特部，入寇边境，伊犁兵赴援，始败去：是为七和卓木之乱。自是中国兵威，不复能及葱岭以西。

瑶族散处于湖南衡、永、郴、桂四州郡及广东连州、广西全州，自成村落，不与汉人交通。道光十一年，湘、粤间奸民创立天地会，屡次劫略瑶寨的牲谷，奸民多通官吏，瑶民无所诉，遂相率反叛。首倡乱的，是湖南江华县锦田乡瑶赵金龙，成喜、海陵阿均为所败，瑶势益盛，众号数万。时宣宗已命卢坤、罗思举率大兵进剿，而瑶民分三路犄角出没，思举于是驱逼三路瑶民，归为一路，大兵合围，一举杀瑶民数千，金龙战死。后金龙余党赵子青作乱，不久即为卢坤所平。至十六年，又有湖南武冈州瑶蓝正樽等之变，为讷尔经额所定。二十七年，又有湖南新宁瑶雷再浩等之变，为郑祖琛所定。二十九年，又有广西五排瑶李沅发等之变，为向荣所定。瑶乱至是才完全肃清。

注释

①仁宗处决和珅时，其所宣布和珅的罪状，共二十款，其最重要的有：(一) 民乱以来，故意延阁各路军报，并欺蔽实情；(二) 擅改先帝诏书；(三) 隐

匿边情；（四）误外藩抚绥之法；（五）遍用官吏；（六）任意撤去军机处记名人员；（七）所建住宅，僭侈逾制，其多宝阁，皆仿照宁寿宫制度，其园寓之点缀，与圆明园蓬岛瑶台无异；（八）蓟州坟墓，居然设立宫殿，开设隧道，附近居民，有和陵之称；（九）借款十余万元于通州附近之当铺钱店，以生利息；（十）家仆虽至贱，有二十余万资产。又和珅私产被抄没，共分一百零九号，其已估价的，共值银二亿二千三百八十九万五千一百六十两，其未估价的，还有八十三号。或谓和珅私产，当在八亿两以上。按当时国库每年正入不过七千万两，以和珅二十年宰相所蓄，至当一国十年的岁入，其贪婪可知。

②我国人口，向无详确的调查。康熙五十一年，曾定滋生人口永不加赋之制，据当时户部公报，各省丁为二千四百一十七万，康熙末年，为二千五百三十万。雍正末年，为两千七百三十五万。乾隆十四年，为一万七千七百四十九万。乾隆末年，为二万九千七百万，计上距康熙间户部的公报，阅时只有七十四年，而人口增至十二倍有奇。

③清代原有木兰秋狝的典礼，意在监察蒙古，表示威严，仲秋之后，效鹿语以致鹿，叫做哨鹿。满洲称为木兰，因以为围场之名。自顺治初，世祖出张家口，独石口，是为塞外秋狝之始。康熙中，蒙古诸部，献其牧地以为围场（今热河围场县），是为秋狝画定围场之始。自是以后，岁岁都举行此种典礼。

第八章　鸦片战争

鸦片战争是我国近代史上一件大事：它打开了我国数千年来锁国的局面，把我国卷入到世界历史的舞台上，使我们老大的农业国和西洋新兴的工商业国觌面相逢。这次战争以后，我国经济上、政治上、思想上变动之剧，为以前所未有：这百年来的剧变，实胜过过去数千年中历史上的任何事变。这是我国历史上划时期的所在，我们必先把握到这一点，然后才能够明白近百年来我国局势的转变。这次战争表面上是为着鸦片而起，但实际上决不如此简单。原来英国是世界上开始资本主义生产最早的国家，其东略，虽较后于葡萄牙、西班牙、荷兰诸国，但它的东印度公司毕竟战胜了荷兰和法国的东印度公司，吞并了印度，并且代葡萄牙而起，取得了对华贸易独占权。在中国方面来说，则直到康熙二十四年（1685）才开放海禁，于广州、漳州、宁波、云台山（在江苏灌云县东北海中）四处各设海关，允许中外商人贸易。乾隆二十二年，封锁其他海港，只留广州一处。

当时广州掌管对外贸易的机关，叫做公行，最初由政府指定一人为经纪，专负对外贸易之责；至康熙五十九年，才增加为十三人的公行团体。凡外船进口后，即须将本船所载货物品类数量开单报告公行，并支付一切税项，手续清后，才将货物交由公行转售，其价格概由公行议定，至于洋商私与华商交易，则在严禁之列；又内地运到广州的货物要卖给洋商，也由公行经理，其价格亦由公行议定。英国东印度公司既独占对华贸易，而公行的束缚和粤海关的重税，却又于它不利，所以，于乾隆二十年，派哈利逊（Harrison）、洪任辉（Flint）到定海，请求改至浙江通商，为清廷所拒绝。后来公司又向粤督提出请求，要求改革通商的办法，亦为政府所拒绝。至是英国才决意正式派遣特使，到北京直接折冲。乾隆五十八年，特使马戛尔尼（Lord Macartney）至北京，要求自由通商，减轻税额，任听传教诸件；但为清廷所驳斥。嘉庆二十一年（1816），又派特使阿姆哈斯（Lord Amherst）到北京，要求自由通商，亦无结果而去。道光十四年（1834），英政府取消东印度公司对华贸易独占权，准许商人自由贸易于印度、中国各地，并徇中国政府之请，设置专员，以管理在中国的英国商人。英政府因特派商务监督来粤。其首任监督即为拿皮欧（William Jon Lord Napier）。他直入广州，不经公行，打算直递公函给粤督。粤督卢坤，因他不遵对总督用禀帖由公行转达的向例，就令他即日退出广州。拿皮欧抗命，粤督遂下令停止英商贸易。会拿皮欧病疟疾，不能视事，交涉由英商传转，商人谓拿皮欧不知例禁，将兵舰闯入黄埔，现知错误，求恩退出广州。旋拿皮欧乘兵舰驶退至澳门，不久，拿皮欧病死澳门。继任的监督都很软弱，采取缄默政策，以维持现状为主。十六年，改商务监督为领事，其首任领事即为义律（Captain Charles Elliot）。当时正值朝旨禁烟很严，义律建议英政府，谓中国禁烟已造成严重的局势，或将引起战祸，并且欲和中国自由通商，也非用武力不可。于是英国对华政策大变，就借着鸦片问题，爆发了鸦片战争。

鸦片旧称罂粟，又称阿芙蓉。传入中国，当在唐贞元中，传入者为阿剌伯人，当时只作药材用。到了明代，烟草从南洋输入，中国人开始吸食，其和以鸦片同熬的，则称为鸦片烟，才成为嗜好品。自明季至清初，鸦片都是由葡萄牙人输入中国，但为数甚少，至于吸食鸦片烟，则在雍正七年已有禁例：贩者枷杖，再犯边远充军。乾隆三十八年，英国东印度公司取得印度地方出产鸦片的专卖权,于是鸦片输入,逐年加多。这时外商鸦片,均由公行转售,粤关也视为货物,征取关税。乾隆末年,嘉庆初年,两次下诏禁止鸦片输入,并禁国内栽种鸦片。鸦片至此遂成为无税的私运品。输入转见激增。计自嘉庆五年至十六年,每年平均输入为四千零六十箱,自嘉庆十六年至道光元年,每年平均输入为四千四百九十四箱,道光元年至八年,每年平均输入为九千七百零八箱,而道光十五年至十九年四年间,每年平均竟增至三万箱。鸦片输入日多,现银的流出也随之日多,而铜钱价格也随之低落,于是以前纹银一两只换铜钱千文上下,至是增至一千六百文。至于吸食者多,则影响更为恶劣,所以湖广总督林则徐的奏疏中竟说:"如烟不禁,则国日贫,民日弱,数十年后,岂惟无可筹之饷,抑且无可用之兵。"鸦片的流毒,既如此深大,时大员如朱𬭎、许球、朱成列、黄爵滋、林则徐等,都先后奏请禁烟,严塞漏卮。于是宣宗严禁鸦片之意遂决。十八年(1813)十月,下诏禁烟;十二月,诏授林则徐为钦差大臣,驰赴广东查办海口事件,节制水师。十九年三月,则徐抵广州,即晓谕外商将所贮的鸦片,扫数缴官毁化,并出具甘结,声明"嗣后来船永远不敢夹带鸦片,如有带来,一经查出,货尽没官,人即正法"等字样,限期回禀。义律得知钦差谕帖,即由澳门至广州,欲与则徐直接交涉,一时粤人大惊,谣言蜂起,则徐因下令封舱,并命工役退出商馆,断绝外商食物供给,义律不得已,才令外商缴出鸦片二万零二百八十三箱。则徐命毁于虎门海岸①。各国商人均愿出具甘结,独义律抗命,并令在粤英商,退至澳门。则徐乃遣兵驻扎香山,控制澳门,禁给英人食物,并饬葡官驱逐英人出境,英人五十七家,终被迫而退居船上。义律至是始愿出具甘结,惟不肯书写人即正法字样,则徐态度强硬,并谓泊于外海船只,限于三日内出港,或驶归本国,否则将纵火焚之。会斯密(Smith)率英舰二艘,驶至虎门、川鼻岛,义律遂要求则徐取消焚毁英船命令,并准许英人住于岸上。水师提督关天培率兵船前向英舰,斯密令其后退,天培不从,英舰开炮,而战祸遂起,时道光十九年冬。旋义律以无政府命令,稍一接触,即退出虎门。而清廷即于是时,以则徐为两广总督,并下诏停止英商互市。

川鼻岛海战的消息传到伦敦,英国议会多主对华宣战,道光二十年三月议会开会,通过对华宣战案。五月,调印度、好望角兵一万余人,兵舰十六艘,命伯麦(Conlonel Sir Gordon Bremer)和乔治·义律(Gorge

Elliot）统率前来，以则徐守备周密，无隙可乘，乃转攻厦门，又因闽督邓廷桢有备，亦不克，遂北攻浙江，下定海县，进犯天津，入大沽。时天下承平日久，沿海各地除闽、粤守备颇周外，其他各省均现空虚之象，诸文武长官惧祸及身，乃各造蜚语，以中伤则徐。宣宗只好把则徐撤职，遣戍伊犁，廷桢亦奉旨革职，并命琦善署理两广总督，赴粤查办，而以伊里布赴浙，与英人议休战，伯麦旋亦率舰返舟山，以其军舰之半数还屯澳门，暂时与中国休战。二十一年一月，琦善至粤，尽反则徐所为，撤去海防。英人见琦善易与，就提出赔偿烟价二千万元和割让香港的要求。琦善允许赔款六百万元，惟拒绝割让香港。义律以所求不遂，遂炮击虎门外沙角、大角两炮台。琦善恐战事扩大，乃亲往澳门，与义律会商条件四款：一、割让香港；二、赔款六百万元；三、中英官吏交接，平等待遇；四、阴历正月十日后广州开市，惟不将和议条件入奏。及清廷得知英舰进攻虎门外炮台，始又弃和主战，罢免琦善，命奕山、杨芳、隆文统兵赴粤进剿，并调裕谦赴浙江，饬伊里布回江督任。英人见和议中变，于是击陷虎门，进迫广州，杨芳、奕山、隆文先后率兵赴援，也为所败。奕山恐惧，遂命广州知府余保纯与英军先定休战条约四款：一、将军及各省兵退屯广州城外六十里地；二、允于烟价外，先偿英国军费六百万元；三、军费交足后，英军退出虎门；四、以香港之割让为未定问题，俟日后协商。于是粤民大愤，城外萧冈三元里人民万余，组织平英团②，乘英兵陆续退去之际，包围义律不使出，后经余保纯往解，义律才得脱险。未几，六百万元偿金授受已毕，英军始退去，时二十一年四月。然不久又有英军再度北犯之事。原来当和约报告伦敦之时，英政府认为条件过于宽大，就把义律免职，而以璞鼎查（Sir Henry Potinger）代之，并对和约，予以否决。七月，璞鼎查伴巴尔克（Admiral Sir William Parker）抵澳门，旋即进陷厦门，寻又弃去，北上进攻浙江，再陷定海，继陷镇海、宁波。宣宗至是又主战，命奕经赴浙图恢复，又以怡良驻福建，以牛鉴总督两江，分任南北沿海防务。布置才定，而英兵已陷乍浦③，旋又进逼吴淞，牛鉴逃走，宝山、上海相继为英所有；英军乘胜陷镇江，于是进逼南京，其兵舰直抵城下。清廷至是战守之术俱穷，而和局遂定。

当英军驶入长江，南京危在旦夕，宣宗才决意言和，于是命耆英会同伊里布、牛鉴筹商和事。旋以英人谓耆英等未得全权委任，拒不与议，清廷徇其请,并以耆英等为全权大臣,于二十二年七月二十四日即公元1842年8月29日,与璞鼎查、巴尔克缔结《南京条约》:八二九纪念,由是成为我国人的奇耻大辱。《南京条约》又称《江宁条约》,又称《中英修好和约》,共十三款,今将其要点条举于下:一、清政府纳军费一千二百万元,商欠三百万元,鸦片赔偿六百万元,共二千一百万元,其款分四期付清,其最后一期定为公元1845年岁末。英国占领长江一带地方,于第一年赔款付清后,即行撤兵;惟舟山、鼓浪屿二处驻兵,则俟偿金全清,五港开放之后始撤;二、以香港全岛永远割让与英;三、开放广州、厦门、福州、宁波、上海五港,许英国派领事居住,并许英商贸易,携眷居住;四、英商货物进出口税,应秉公议定则例,由部颁发晓示;英货照例纳进口税后,准由中国商人贩运内地,除照估价则例加收若干分外,所过税关,不得加重课税;五、废除公行;六、放还英国俘虏,凡战役中为英军服务的华人,亦一律免罪。和约既成,清廷即于是年遵约交付第一期偿金,于是英将南京各地之兵撤退,而于舟山、鼓浪屿、香港各置守兵。二十三年五月,耆英奉命至粤,与璞鼎查交换两国所批准的《南京条约》,九月又于虎门订《补遗条约》十七款,以为《南京条约》的《附录》。美、法各国,见英国获利甚多,于是各遣使臣,来华缔结通商条约。明年,美使顾盛(Caleb Cushing)与耆英结《望厦条约》[④],接着法使剌萼尼(M. de Legrene),又与耆英结《黄埔条约》,其他如比利时、瑞典、挪威诸国,也先后与中国订立商约。二十六年,对英偿金全数付清,耆英乃与璞鼎查后任之香港总督带威(Davis)会于虎门,要求撤退舟山、鼓浪屿的英兵,带威以广州商埠延期开放,未能实行通商为辞,要求舟山永不割让予他国,始允撤兵。清廷许其请,至是英兵才退出舟山、鼓浪屿,以其地还中国,四年来鸦片战争之局由是终结。

鸦片战争是帝国主义者向中国进攻的第一炮,《南京条约》是帝国主义者的枷锁加在我国人身上的起点,这八二九纪念,是我们永远不能忘记的奇耻大辱。鸦片战争本因禁烟而起,但和议成后,对于禁烟一层,却无重大表示,结果竟弄到鸦片输入逐年增加的趋势[⑤]。而当时大员,毫无外交常识,只图一时的了结,不顾丧权辱国的重大,却引起日后无穷的纠纷,关于这点,我们在这里应该把条约中丧权的要点,逐项指出来:第一,最惠国条款见于《南京条约》的《附录》中,往后中国对于其他各国予以政治上或经济上的利益，英国即可援例享受。第二，领事裁判权在条约上叫做治外法权。《南京条约》的《附录》中载有"其英人如何科罪，由英国议定章程法律，发给管事官照办，华民如何科罪，应治以中国之法"一款，这是外人在中国取得治外法权的初步。其后《望厦条约》又载明"假如中、美人民发生冲突时，不能以别种和顺之法解决之，必须联合二国官吏，依公正平等之义而解决之"，这便是中外官吏会审案件之所由来。而《黄埔条约》所载"管理官在五口中，法人之犯罪案，操有审判彼等之权，故法人永久由彼等自己审判"，更明白承认外人在中国有治外法权了。第三，《补遗条约》规定从价税为值百抽五。从量税凡船在四百二十吨的，每吨抽银五钱，在七十五吨以下的，每吨抽银一钱。《望厦条约》改定船在一百五十吨以上的，每吨抽银五钱，在一百五十吨以下的，每吨抽银一钱。并规定以后变更税则，应先商于美官。协定关税，由是确定⑥。第四，一国的领海内河，为其主权所在的统治区域，外国兵舰不得自由巡行。《补遗条约》许英舰泊于五口，保护英商。《望厦条约》和《黄埔条约》，又许美、法兵舰至中国口岸。后来长江要埠开放，列强兵舰遂得自由航行于内河。第五，《补遗条约》《望厦条约》和《黄埔条约》均允许英、美、法商人携眷自由居住于五口，并得租借房屋及仓库，又得租借土地建筑房屋、仓库、义堂、病院、学校、营业所，后来上海各地租界的成立，就是根据以上诸约而来的。以上所指五项，便包括了不平等条约的一切本质，后来外交失败后所订的条约，都不过是《南京条约》《补遗条约》《望厦条约》及《黄埔条约》的扩延罢了。他如香港的割让，则更予英国侵略中国以特殊的便利⑦，而舟山不割让予其他各国的规定，则更是后来各国划定势力范围的先声。

注释

①焚烟之时，为道光十九年四月，即公元1839年6月3日，所以国民政府定这一日为六三纪念。

②当时按察使王兰廷与友人书，言广州之战："维时城门全闭，夜间，贼用火箭火弹，直打城中，城外东西南三处火光烛天，烧去民房千余，呼号之惨，不堪言状。大帅有令：官兵自城外逃回，开门准进，而城中百姓，不准放出一人。……所虑一蹶不振，从此为外邦所轻，更恐无赖匪徒，渐生心于内地。"由这一段叙述，足见当时广州人民所受战争之害。而三元里人民的奋起，便含有反对英人的决心。

或谓当时英兵退出广州,肆行劫掠,才惹起三元里人民的反抗。

③在今浙江平湖县东南三十里。

④望厦在澳门附近。

⑤道光二十五年,鸦片输入三万三千余箱;三十年,增至四万二千余箱;咸丰五年(1855),竟达六万五千余箱。道光二十年,虽在战争期中,输入也有一万五千余箱。

⑥如棉花输入,其进口税,向例为银二钱九分八厘,实课一两七钱四分,而《南京条约》后的新税率则为银四钱。又如四百二十吨船,以前抽税银二千六百六十七两,《南京条约》后的新税率便只抽钱一百八十余两。这不但使海关收入减少,并且外国货物得因税轻之故,可以充斥国内,而国产货物从此遂无出头之日。又依据条约,偿金二千一百万元,先交付六百万元,余以关税做担保,英国因派领事到五口监督海关。自是各国援例,也各自□收其国人的进口税,以交付中国。

⑦英得香港,自是英货可免海运往返之劳,而以中国的生货,制成熟货,以吸取中国的现金。从此经英国经营,荒凉小岛,遂成为英国侵略中国的大本营。此外外人在中国取得租界,建立工厂,也同样是侵略中国的最便当的方法。而银行的设立,纸票的发行,则更支配了中国的金融界。

第九章 太平天国与捻党之乱

太平天国的革命运动,是我国近代史上划时期的农民革命运动,是乾隆末年以来许多慢性的农民暴动的总和,同时也是辛亥革命的前驱。爆发这次革命的酵母,最主要的:第一是鸦片战后帝国主义的经济侵略,引起了我国农村经济的崩溃和失业者的增加。第二是由于政府财政的竭蹶和官吏的贪婪,加紧了对人民的榨取和剥削。第三是由于巨额赔款的交付、鸦片漏卮的增大以及外国廉价商品的输入,致使现银大批的流出,银贵铜贱引起了人民生活的不安。第四是土地的集中,商业资本的蓄积以及高利贷的横行,使贫农的生活益加贫乏化。第五是人口繁殖和天灾兵祸的延续致使人民谋生不易①。第六是满洲统治的高压及其外交的失败,引起了民族间的仇视②。原来当太平军革命尚未爆发之前,各地会党,即聚众作乱:如道光二年,白莲教余党与朱麻子起事于河南新蔡;三年,乾卦教徒马进忠起事于山东临清;十二年,离卦教徒尹老须起事直、鲁一带;同年,大乘教徒萧老尤起事于直隶巨鹿;十五年,白莲教余党曹顺起事于山西赵城;

十六年，坎卦教徒蓝正樽起事于湖南武冈；十八年，谢法真起事于贵州；二十一年，钟人杰因官厅禁止挖煤，起事于湖北崇阳；二十四年，因抗粮而称乱的，湖南耒阳有段、阳二姓，浙江奉化有张名渊；二十七年，天地会徒雷再浩，二十八年，天地会徒李沅发均起事于湖南新宁；二十九年，广西饥荒，天地会从中指使，于是张家祥、张家福、钟亚春、陈亚溃、刘官方、区振组、谢江殿，均先后称乱；同年，天地会徒黄毛五、大鲤鱼、大头羊、罗大纲又称乱于广东英德、清远、顺德、新会一带：以上是比较重大的骚动，此外较小的，更是不胜枚举。这些骚动的主力军，大部分是破产的农民，而天地会即其策动机关③。这些骚动，对满清统治表示着反抗的精神，而富于民族革命的思想。当时外官办事，都是上下相蒙，敷衍因循，所以这些骚动，在表面上虽不久即以次平定，但潜伏的隐患，并未消灭，同时政治的黑暗，又在不断地制造骚动的酵母，于是太平军兴，遂汇合一切慢性的暴动而爆发了伟大的革命运动。

道光以前，国人假宗教倡乱的，不外佛、道二宗；道光以后，其以基督教起事的，则自洪秀全始。先是，有白莲教徒广东人朱九涛，自称明室后裔，创立上帝会于广州，誓以恢复明室为志，广东花县人洪秀全、冯云山都拜他为师。九涛死，洪秀全因推广其教，并撷拾基督教的教义，另创三点会④，自称为上帝教。道光十六年，秀全、云山移其会于广西，居桂平、武宣二县间的鹏化山中，阴事布教，秀全妹婿萧朝贵及杨秀清、韦昌辉、石达开、秦日昌等先后入会。明年，秀全返广东，时入教的很多，皆称秀全为先生，遂公推为教主。秀全称上帝耶和华为天父，耶稣为天兄，而己为上帝的次子。凡入教者，只许敬拜上帝，不得敬拜别神；在教内一律平等，男称兄弟，女称姊妹。及秀全再至广西，则云山等势已大张；会广西大饥，各地贫苦农民多起骚动，其为清军所击破的，又相率加入上帝教，借求保护，秀全的声势，于是益大。三十年，秀全起兵于桂平金田村，胡以晃、林凤祥、罗大纲、洪大全等部先后率众依附秀全，数败清军。时宣宗已卒，四子奕詝即位，是为文宗（1851—1861）。咸丰元年，进陷永安（今广西蒙山县），建国号为太平天国，秀全自称天王，封秀清、朝贵、云山、昌辉、达开为东、西、南、北、翼王，大全为天德王，日纲、以晃等为丞相。二年，向荣与乌兰泰进围永安，秀全等突围而出，直逼桂林，大全为清军所擒、乌兰泰亦受重伤而死。秀全攻桂林不下，遂改攻全州。簧衣渡一役，忠源率团勇应援，才稍挫太平军，云山中炮死。秀全放弃全州，进窥湖南，连下道州、桂阳、郴州诸城，声势转盛；秀全驻郴州，命朝贵进迫长沙，巡抚骆秉章固守，会忠源率师应援，长沙以全，而朝贵战死。秀全力攻长沙，时张亮基代秉章为巡抚，守御甚坚，秀全遂弃长沙，出洞庭湖，陷岳州、汉阳、武昌诸城，三年，沿江东下，连陷黄州、蕲水、蕲州及至广济县的武穴，又大败陆建瀛的水师，于是攻陷九江、安庆，直入南京。太平军既入南京，以为都城，改名天京，并明定各种制度：一曰均田制度。《天朝田亩制度》："凡天下田天下人同耕，此处不足，则迁彼处，彼处不足，则迁此处。有田同耕，有饭同食，有衣同穿，有钱同使，无处不匀均，无人不饱暖也。凡男妇每人自十六岁以上受田，十五岁以下给其半。"二曰宗教的农业公社。《天朝田亩制度》："凡二十五家中设国库一，礼拜堂一，两司马居之。凡二十五家中所有婚娶、弥月、喜事俱用国库，但有限制，不得多用一钱。……凡二十五家中陶冶、木石艺匠俱用伍长及伍卒为之，农隙治事。凡两司马办其二十五家婚娶吉喜等事，总是祭告天父上主皇上帝，一切旧事歪例尽除。其二十五家中，童子俱日至礼拜堂，两司马教读《旧遗诏圣书》《新遗诏圣书》及《真命诏旨书》焉。"在公社中，并禁止财产私有。三曰军民合一的军事组织。凡三四口以上的家庭各出一人为兵。凡一万三千一百五十六人为一军，设一军帅；军帅统五师帅；每一师帅统五旅帅；每一旅帅统五卒长；每一卒长统四两司马；每一两司马统五伍长；每一伍长统四伍卒。故两司马统伍长五人，伍卒二十人，共二十五人，出自二十五家，其公社的组织，即随军事组织而定。四曰文化政策。太平天国的文化政策，富于宗教的色彩。定都南京以后，即努力于教堂的建立和宗教的宣传。在戎马倥偬之时，还发行了《旧遗诏圣书》《新遗诏圣书》《三字经》《天父上帝醒世诏》《十四朝诗》《幼学诗》《原道醒世训》及《天条》等，至于讲道理，读圣书以及早晚礼拜，则更为日常生活中所不可缺之事。同时又极端诋毁其他宗教和支配我国人心至二千余年之久的儒家。五曰男女平等的制度。太平军中，男女都从事革命工作，故有男女平等制度的确立。例如考试有男榜也有女榜；在军队和政府中同设女官；在教育和一切职业上男女享受同样的权利；禁止买卖婚姻，实行自由结合，但结合后绝对禁止离异；禁止纳妾蓄婢；废除片面的贞操，犯奸者男女同斩，夫死即嫁人；绝对禁止娼妓和缠足；凡此都给当时妇女以解放的光明。他如禁鸦片、戒饮酒、禁黄烟、行新历⑤、禁赌博，都是要政。以上诸制度，在当时并未全部实现，但从此我们可以看出其反封建的性质和基督教的色彩。

太平军定都南京后，即命林凤祥等北伐，胡以晃等西征。咸丰三年二月，林凤祥、李开芳北伐，陷扬州。凤祥留曾立昌守扬州，而亲率所部进逼安徽滁州，四月陷凤阳。杨秀清在南京，又于是时命吉文元由浦口犯亳州，与凤祥军合，转入河南。五月，归德陷，进围开封，以托明阿力御，不得下，遂渡河攻怀庆（今沁阳县），清命纳尔经额会同胜保及李僡往救。凤祥为纳尔经额所破，文元战死，遂由间道入山西，陷平阳。旋平阳为胜保所收复，凤祥遂东入直隶，陷深州，距京师只有六百里，清廷大震，逮问纳尔经额，诏命惠亲王绵愉、僧格林沁会胜保兵进讨。九月，凤祥为胜保所败，乃乘间直逼天津，凤祥攻之不下，退据静海，分兵据独流镇、杨柳青一带，以为犄角。十一月，败胜保兵于天津。四年一月，独流镇为清军所破，凤祥遂弃天津转趋阜城。这时秀清闻北伐军不利，乃命黄生才等入山东，陷临清，以牵制清军。三月，临清为胜保所收复；五月，立昌等均走死，山东大定，而阜城之势孤。五年，凤祥、开芳均为清军所擒，北伐军完全消灭。胡以晃、赖汉英等的西征军，于咸丰三年五月再陷安庆，分扰九江、湖口，进逼南昌。时江忠源奉命赴江南大营，闻南昌危急，遂飞檄曾国藩告急，国藩命楚勇、湘勇二千余合忠源师应援，南昌得全。湘楚勇的威名，至是始震烁一时⑥。九月，以晃出湖口，趋九江，进窥湖北。忠源又赴援九江，田家镇一战，为以晃所败。十一月，以晃取庐州（今合肥县），安徽告急，忠源率兵至庐州。十二月，忠源入庐州城，为以晃所围，城破，忠源投水死。湖广总督吴文镕于十二月进至黄州，又为以晃所败，文镕投水死。以晃乘胜，再陷汉阳。四年二月，以晃连陷德安、随州、枣阳诸城，又分兵下岳州，六月再陷武昌。于是两湖吃紧，至国藩所率湘军出，太平军始遇劲敌。

太平军由永安入湘时，向荣跟踪追逼，及至南京，而城已破，向军遂扎城外孝陵卫，叫做江南大营。扬州为林凤祥攻陷时，琦善由河南统军驻扬州城外，叫做江北大营。四年一月，太平军退出扬州，而江南大营又屡败太平军，于是南京危急。五年秋，陈玉成、李秀成进兵镇江、宁国，借分向军之势，以解南京之危。镇江、宁国攻陷后，玉成等夜渡长江，掩至扬州城下。时托明阿代琦善统率江北大营，为太平军所败，六年三月扬州再陷，托明阿褫职，诏以德兴阿接统江北大营，才把扬州收复，而镇江仍为太平军所有，江苏巡抚吉尔杭阿久围镇江不下，遂改攻高资，四月，吉尔杭阿战死，会向部张国樑驰救，连战连捷，太平军在高资的才撤退南京。五月，太平军由南京、镇江夹攻向军。向军败退丹阳。七月，向荣病死，诏以和春代领其军。七年十一月，德兴阿克瓜州，张国樑下镇江；八年三月，和春进至南京，所谓江南大营至是才再与南京相逼。九月，陈玉成陷扬州江北大营，德兴阿乞援于和春。和春命国樑北渡，卒复扬州。九年，德兴阿被劾去职，诏以和春兼辖江北大营。十年一月，国樑屡败太平军，而江南大营益进逼南京，二月，秀成决计入浙，以牵制和春兵。及秀成陷杭州，和春奉命驰救，而秀成又弃杭州回南京，同时玉成亦自安徽上游下江浦，于是和春疲于奔命，折回南京。闰三月，秀成、玉成夹攻江南大营，大营火起，和春败退丹阳。玉成、秀成又追至丹阳，与国樑大战，清兵死伤万余，国樑投河死；和春突围走常州，呕血死。太平军遂取苏、常，江南大营全溃。

当胡以晃陷岳州时，国藩奉命往援，于咸丰四年三月督水陆师北上，胡林翼亦以兵从国藩。湘军水师至洞庭湖，遇大风，坏船数十艘，陆师至岳州，战不利，退保长沙。太平军乘胜追至靖港，陷湘潭。国藩大败于靖港，会塔齐布来援，才把湘潭收复。及太平军再陷武昌，湖南又吃紧，国藩因遣林翼、塔齐布恢复所失湖南各城，进围湖北。闰七月，湘军复武昌，诏国藩从九江进窥安庆、南京。太平军林启荣坚守九江，久攻不下。明年一月，太平军进谋长江上游，以牵制国藩九江之围，于是武、汉又先后为太平军所有，湖北复大乱。国藩闻湖北事急，遂留塔齐布围九江，分遣罗泽南规复广信、饶州，而己则移驻南康。六月，塔齐布没，国藩命周凤山代领其众。八月，国藩命泽南、林翼围武昌，于是石达开乘江西空虚，先后下新昌、瑞州、临江、袁州诸城。国藩因檄凤山解九江围，回驻南昌。六年，樟树镇一役，凤山大败，抚州又陷，国藩困居南昌，而罗泽南围攻武昌，又中弹死，情势危急，会太平天国发生内讧，才予湘军以可乘之隙。原来秀全定都南京以来，军国大事，悉决于秀清。江南大营溃后，秀清自以功高望重，阴谋自立。于是毒杀罗大纲，迫秀全禅位。秀全召韦昌辉自江西归，又计杀秀清。时达开在湖北，闻变，驰归责昌辉，昌辉谋并杀达开。达开走宁国，昌辉尽杀其母妻子女，并恣杀秀全侍卫。秀全恐惧，复密约秀清余党计杀昌辉，传首宁国，召达开回南京辅政。达开见秀全对己疏忌，不自安，遂走安庆，不复归。自是太平军起事诸王略尽，而秀全兄弟安王仁发、福王仁达柄大政，天国的大势，遂呈散漫之象。其在湘军，则泽南死后，李续宾代领其军，于六年十一月，合林翼兵攻下武、汉。武、汉既下，续宾又进而恢复九江，并奉命入皖。续宾进至离庐州五十里的三河，为陈玉成及捻党张洛行所败，续宾战死，时八年十月。太平军既有三河之捷，声势转盛，十年，江南大营全溃，江、浙、皖三省重镇，多为太平军所有，于是诏以曾国藩为两江总督，驻师于祁门。十年八月，国藩命其弟国荃，克复安庆，玉成走死⑦，太平军精锐略尽。明年，林翼病死武昌，于是发纵指示之责，集于国藩一人；旋文宗亦没，穆宗载淳即位（1862—1874），专倚湘军，湘军之名大震。时国藩进驻安庆，荐左宗棠巡抚浙江，李鸿章巡抚江苏，沈葆桢巡抚江西，并命国荃合彭玉麟水师进围南京。原来当苏、常为太平军所陷时，江苏巡抚薛焕等避居上海，募印度人防守，以美人华德（Frederick Towsend Ward）为将，白齐文（H. A. Burgevine）副之，是为常胜军之所自始⑧。至是国藩始荐鸿章代薛焕巡抚江苏，命募淮军八千人⑨，赴上海。既至，鸿章率淮军及常胜军前进，于同治二年十月攻陷苏州，常州各地先后克复，太平军之势益蹙。其在浙江方面，则宗棠于同治元年六月，入浙大败太平军李世贤于衢州，会南京吃紧，李世贤奉命入援，于是宗棠乘之，收复严州。明年，合法国洋枪队，进陷富阳。又明年三月，遂下杭州，太平军守将陈炳文遁去，浙江全定，而太平军之势再蹙。其南京方面，则国荃于同治元年四月，进围南京，及苏、杭先后失守，秀全服药死，才于二年六月攻陷南京，秀全子福瑱于城陷时，为秀成弟名成所挟出走，转入江西，为清军所擒杀。秀成逃至湖州，为村民所获，送至国荃军，亦被杀，太平天国凡十五年而亡（1850—1864）。

太平军的主力虽已消灭，但其余支仍屡与清军作殊死战，分述如下。
一、石达开率领的一支。达开自太平天国内讧后，即别树一帜，由安庆率众数十万，于咸丰九年二月，入江西，转入湖南，连陷郴州、桂阳、进围永州。及刘长佑军至永州，达开始解围去，改攻宝庆。七月，为长佑等所败，走广西，围桂林。长佑合萧启江军进援广西，又大败达开。自是至十一年,达开转战楚、粤、桂、黔间,同治元年二月,卒由湘边入四川,旋入贵州,转至云南东川。二年二月,由滇入川,三月,渡金沙江,四月,走至老鸦漩河,为清军所获。斩于成都。二、陈得才率领的一支。陈得才自同治元年玉成被杀后遂别领一军,转战河南、陕西。时有蓝大顺、蓝二顺于咸丰九年倡乱云南,转入陕西,得才与之联合。同治元年八月,得才等为多隆阿所败,乃南犯湖北,又为多隆阿所破,遂入陕西,闻南京危急,得才又率所部东进,回救南京。三年二月,大顺为多隆阿所杀,得才至湖北,不得逞,及闻南京已陷,服毒死。旋二顺在陕西也为清军所平。三、李世贤、汪海洋率领的一支。李世贤系李秀成之弟,福瑱被杀后,即率所部据福建漳州,而汪海洋以师会,屯军长汀一带。同治四年,海洋、世贤先后败入广东,而世贤又因事为海洋所杀,势益孤;是年十月,海洋突陷嘉应州,又为清军所攻,海洋中炮死,余众全平。

当太平军进据江南时,而淮北又有捻党之乱。捻党起于康熙年间,据说最初是农民行傩逐疫,捻纸燃脂为龙戏,叫做"拜捻"。后来聚捻成队,报仇吓财,掠人勒赎,或数人为一捻,或数十百人为一捻,遂呼为"捻子"。初起于山东,后来才蔓延于河南、安徽、江苏、湖北间。太平军起事时,山东、安徽的捻党,乘机活动,及太平军北伐,捻党就到处骚动,响应太平军。咸丰五年,其首领张洛行起事于安徽亳州,北犯河南归德府,其势始张。八年,袁甲三胜保大破捻党于固始、六安。是年秋,会文宗狩热河,捻党又乘机北犯山东,陷济宁,略曹州附近。僧格林沁奉命进讨,大败于菏泽。捻党乘势由曹州趋郓城,攻泰安,围青州,而河南二十余县全为所占,且侵入畿辅。九年九月,捻党与叛练苗沛霖①,攻陷寿州。同治元年,沛霖降清,献陈玉成于胜保,因隶于僧格林沁部下。二年正月,僧格林沁大破捻党,张洛行败走宿州,又为沛霖所执,遂被杀。自是沛霖恃功益骄,卒于是年七月复叛,十一月,会沛霖部下有曾为陈玉成亲兵的,为玉成复仇,杀沛霖首以献,苗乱始平。捻党巨魁张洛行虽被杀,其从子总愚代领其众,走山东,与捻党任柱、牛洪及太平军将赖汶光,合为四大首领。三年,总愚又与陈德才合扰河南、湖北等处,会太平天国亡,其余众多合于捻党,势益盛。僧格林沁进讨,曹州一役,全军尽没,僧格林沁战死;于是京师震动,诏以曾国藩办捻。国藩以捻党来去无常,不易消灭,遂定"以有定之兵,制无定之寇"的战略,迎击而不尾追,坐以困敌。捻党在国藩重重压迫之下，其势渐离，遂有东捻和西捻之分：东捻归任柱、汶光统率，略山东、河南、湖北、江苏；西捻归总愚统率，略陕西。同治五年，国藩请疾，荐李鸿章以自代，国藩部将刘铭传、刘松山均受鸿章节制。六年十月，刘铭传屡破捻党，捻党潘贵升杀任柱以降，汶光走扬州，为清将吴毓兰所杀，东捻平。总愚入陕，初为刘松山所厄，乃由陕入晋，由晋入豫，由豫进迫畿南，又为鸿章所败，总愚自杀，西捻平，时同治七年六月。

太平天国革命运动的兴起及其经过已如上述，最后指出它失败的主因：第一，它只是以贫农为主力，缺乏集体的组织力；第二，它没有密切地联系全国的革命力量，如拒绝和张嘉祥匕首党合作⑪，便是最显明的例证；第三，它没有立即倾覆大清的政治中心（北京）和当时的经济中心（上海），致使反太平军在政治和经济上拥有最占优势的根据地；第四，革命领袖的腐化和内讧，减弱了革命的力量；第五，它没有正确的革命理论，只是假借基督教的迷信以煽动群众，结果反予曾国藩辈以反太平军的口实⑫；第六，革命没有深入群众，太平军所到之处即为革命势力存在之地，所以太平军一去，其革命势力即被清军镇压；第七，帝国主义帮助清军，以消灭太平军的革命运动；第八，在经济政策上，一方面实行农村公社的组织，另一方面又任商业资本充分发展，深入农村，结果前者竟为后者所支配。太平天国的革命虽未成功，但其影响却异常重大：第一，太平军的扫平，全靠湘军和淮军，自是清廷才重用汉人，结果督抚权力逐渐扩大，事实上竟形成地方分权的局面，而大权也就渐次旁落于汉人之手；第二，淮军后来蜕变为北洋军，为中国当时最有力的新式军队，辛亥革命，北洋军竟不受清廷指挥，反而逼它退位；第三，大功告成后，湘军退伍，没有正当职业，相率加入哥老会，统计在清末，不下七十余万人，后来和革命党联络反清，于是才有辛亥的革命；第四，太平军虽失败，但其余党流落国内外的，却日以兴汉灭满为职志，隐伏着日后革命的因素，像辅王杨辅清于事败后赴美洲旧金山组织三点会，便是一例。又当太平军占据南京，匕首党作乱于上海时，帝国主义趁火打劫，遂确定租界中立的原则⑬，取得租界行政权⑭和海关行政权⑮，并确立了会审公廨的制度⑯。

注释

①乾隆末年人口为二万九千七百万，嘉庆十六年增加为三万五千八百万，道光

三十年又加至四万一千四百万,咸丰元年加至四万三千二百万。天灾自乾隆以来,几乎岁岁皆有,除旱灾外,而黄河决口,关系更大。清初治河,每次用费不过百万两;至道光时,每次用费辄千万两,当时国家虽糜帑无算,但治河的官吏却视为利薮,结果徒然增加国家负担,而河决如故。至于兵祸,则参看第七章自明。

②由于满洲的压迫,自然激起反清的民族思想。这民族思想,是传统的,当明太祖起事时,就用以号召群众。清初的名儒,如顾炎武、黄宗羲、吕留良诸人,均富于民族思想,太平军的革命,也正表现出此种心理,杨秀清等的《讨胡檄文》即其一例。又当琦善与义律周旋时,广东民谣有"百姓怕官,官怕洋鬼"之句,及和议告成,广州开为商埠,广州民众反对英人入城,英商卒不得入,于是又有"官怕洋鬼,洋鬼怕百姓"之民谣。由此可以窥见由于清室外交失败所引起的人民对于官吏的心理的变更,而外交失败所给予人民的痛苦,当然更促起汉人对满洲统治的反抗。

③天地会或作添弟会,一作添帝会,原名三合会。其教徒分布的区划,分作五房:当时系以福建、江苏为长房,两广为二房,云南、四川为三房,安徽、湖广为四房,浙江、江西、河南为五房,每房均有头目。其起源,或谓始于康熙时福建九连山的少林寺僧。其时少林寺为清军所焚毁,寺僧有蔡、方、马、胡、李五人得免于难,是为天地会的前五祖。其后,吴、洪、姚、李、林五人又起而援救前五祖,就称此五人为后五祖。会中以五色旗为帜,以彪、寿、合、和、同五字为记号,奉祀前五祖及后五祖。其会奉佛、道二教,会规甚严,嘉、道以后,传布更广。

④即三合会,有"开口不离门,起手不离三"的口号。

⑤新历以三百六十六日为一年,每年十二月,双月三十日,单月三十一日,与现在的公历相同。历中无吉凶良日,意谓天父所定之日,无日不良。

⑥湘勇、楚勇都是由士绅富农组成的团练,楚勇最初由江忠源统率,蓑衣渡之战,即楚勇参战成功之始;湘勇最初由湘乡罗泽南、王鑫等统率,咸丰三年,湖南巡抚张亮基令丁忧在籍侍郎湘乡曾国藩主持团练事,驻长沙备防。国藩以团练保卫乡里,不能越境剿敌,疏请募为官勇,仿明戚继光成法,束伍练技,编为湘勇,令罗泽南、王鑫、塔齐布、邹寿璋、周凤山、储玫躬及其共弟国葆等分将之:是为湘军陆师编制之始。明年,又用江忠源及编修郭嵩焘等所建水攻之策,购造兵船,编成水师,以成名标、褚殿元、杨岳斌、彭玉麟、邹汉章、龙献琛、褚汝航、夏銮、胡嘉垣、胡作霖等分统之:是为湘军水师编制之始。

⑦起事诸王略尽以后,替太平军支持局势的,只有英王陈玉成和忠王李秀成二人。安庆为国荃克复时,玉成遁至庐州,至同治元年为多隆阿所败,又走寿州,依苗沛霖,沛霖执送督师胜保,遂见杀。

⑧华德于同治元年进攻宁波西北三十里之慈溪,受伤死,白齐文奉命代领常胜军。后白齐文阴通李秀成,遂改以英人戈登(Charles George Gordon)为将,而白

齐文卒因是加入太平军。同治三年，戈登辞职，常胜军归李鸿章统率。

⑨鸿章初为国藩幕僚，至是才由国藩力保，独当一面。其淮军的组织，仿自湘军，后来湘军退伍，淮军独盛。国藩死后，鸿章居最重要地位，同、光两朝的外交内政，都归其掌握。后来居要职的袁世凯，即其部下。

⑩沛霖本寿州诸生，捻乱起，为团练长，咸丰八年，隶胜保部下，阴持两端，其部众称为苗先生。至是又联络捻党作乱。

⑪张嘉祥有众数百，欲与秀全合作，语不合而去，后降向荣，改名张国樑，屡战太平军。匕首党亦称小刀会，系三合会的支流。咸丰三年，其首领刘丽川等人谋袭上海城，事泄，官府捕匕首党领袖八人，于是其党集合万余人攻入上海县署，连陷上海附近各县，丽川派人至南京，要求与太平军合作。竟被拒绝。后法人帮助清军，卒于五年元旦收复上海，丽川被擒杀。他如太平军对于捻党，也没有取得密切的联合。

⑫曾国藩《讨贼檄文》："自唐、虞三代以来，历世圣人扶持名教，敦叙人伦，君臣父子上下尊卑秩然如冠履不可倒置。粤匪窃外夷之绪，崇天主之教，自其伪君伪相，下逮兵卒贱役，皆以兄弟称之，谓惟天可称父，此外凡民之父，皆兄弟也；凡民之母，皆姊妹也。农不能自耕以纳赋，谓田皆天主之田也。商不能自贾以取息，谓货皆天主之货也，士不能诵孔子之经，而别有所谓耶稣之说，《新旧》之书，举中国数千年礼义人伦，诗书典则，一旦扫地荡尽，此岂独我大清之变，乃开辟以来，名教之奇变。我孔子、孟子之所痛哭于九泉，凡读书识字者，又焉能袖手坐观，不思一为之所也。"

⑬当匕首党占领上海县城时，外人联合宣言上海租界中立，并使海军陆战队登岸防护，同得组织义勇队，以保护外商。租界中立的原则，即始于此时。

⑭匕首党之乱，中国在上海的行政权，全部停止，于是各国领事，共当上海租界行政之任。后虽恢复原状，但行政未权卒收回。

⑮五口开放以后，各处均设管理海关的官员：广州由粤海关监督充任；福州、厦门两港，由福州将军兼理；宁波由宁绍台道台兼理；上海由苏松太道台兼理。匕首党之乱，苏松太道台吴煦逃至租界，海关征税，完全停止。上海英领事乘之，遂商通美、法二国领事，决定在秩序未恢复以前，三国领事暂代中国向外商征税。明年，改由中国政府在租界设立临时征税机关，归中国自管。但开征未久，税吏与外商结托，无税过关之船，逐渐加多，税收顿减。三国领事至是又提出保护中国政府收入及助长贸易的方法，决定设立适合外人品性兼顾华人职权的正当税收机关，于咸丰四年六月由英、美、法三国领事与上海道吴健章共同缔结关于上海关组织之协定，共计九条。七月，成立关税管理委员会，由英国 T. Wade、法国 A. Smith、美国 L. Carr 三委员负责。Wade 能操华语，极有才干，事实上操委员会的全权。

数月以后，Wade回任上海英领事馆副领事，原职由领事馆通译官 H. N. Lay接任，仍握实权。咸丰八年《天津条约》成立，外人管理海关的制度，遂推行于新旧各商埠。至光绪二十四年（1898），且用正式公文向英承认总税务司必用英人。

⑯英、美、法各国领事，乘匕首党之乱，操裁判之权，以后遂成定例，列强竟在租界设立会审公廨，租界内华、洋民刑事案件，均由外人会审。

第十章　英法联军之役

太平天国革命运动方炽之时，同时又有英、法联军之役。原来自《南京条约》成立后，五口遵约相继开为商港，英派领事至各港，管理商务。道光二十六年，英人至广州，欲入城，粤民群起反对。总督耆英恐酿大变，遂与香港总督达维斯约，请展期二年入城。至期，耆英内用，改以徐广缙为总督，叶名琛为巡抚。二十九年，香港新任总督文翰（Samuel George Bonham）率舰闯入粤河，请实行前约。广缙密召诸乡团练，结队示威；并亲至英舰，告以众怒不可犯。文翰至是始乞更定商约，而以英人不得入城之语载诸约中。咸丰二年，广缙调任湖广总督，名琛坐迁总督。名琛对外人傲慢自大，不屑与外人联络。会香港新任总督包冷（John Bowring）、广东领事巴夏礼（Harry S. Parker）也都刚愎自负，以不堪名琛的骄傲，屡欲借端寻衅，所以亚罗号（Arrow）事起，而战祸遂作。先是，沿海一带，常有海盗出入，中国商船，辄受其害，故多向香港政府注册，悬挂英国国旗，借其保护①。六年九月，有中国商船亚罗号，驶入粤河，桅张英旗。适值水师巡河，疑为奸民，即上船捕华人十二，并拔去英旗。于是巴夏礼向名琛提出抗议，要求礼还捕虏，并对毁旗事道歉。名琛遣一微员送所捕十二人至领事馆，巴夏礼拒绝不受，并乘机推翻前约，要求入城；并致书名琛，限二十四小时答复。名琛不答，但绝不准备战守。英舰因进攻黄埔炮台，名琛又下令勿与战。十月，广州城陷。时英军以未奉本国政府命令，故不久即退。广州人民见英军撤退，争起暴动，火焚英、美、法各国商馆及十三行；同时英兵亦在城外纵火焚烧沿濠诸民数千家。

亚罗号事件扩大之后，巴夏礼遂请示政府。英国会决议备战，并先遣特使至华要求改约，否则即诉诸武力以谋解决。时法国正是拿破仑第三执政，颇愿与英联合。会法国天主教神父在广西西林县被杀，遂引为口实，和英国联军。七年十一月，英使额尔金（Lord Elgin）、法使葛罗（Baron Gros）各率兵舰驶入白鹅潭，英要求开放广州，赔偿亚罗号事件损失以及修改条约诸端，法则要求惩办西林知县，赔偿损失，余略同于英。名琛逐条驳斥，于是二使致哀的美敦书于名琛，告以将攻广州，名琛既不答复，又不为备。联军遂登岸，陷广州，名琛被掳，送至印度孟加拉，后来就死在那里。名琛被掳以后，即改以黄宗汉为两广总督，从此广州被英、法军占领了三年，一切行政均受巴夏礼、额尔金的监督。联军既陷广州，遂乘势迫清廷改订约章，美使列卫廉（William B. Reed）、俄使布恬廷（Count Putiatin）也要求改订商约。四国使臣于咸丰八年二月联名致书两江总督何桂清，未有结果，遂决定联军北上。未几，四国兵舰先后抵集白河口，致书直隶总督谭廷襄，廷襄对英、法所提条款多予驳斥。四月初，英、法兵舰驶入大沽口，攻陷炮台，清廷大震，命僧格林沁驰赴天津防御，同时因美、俄二使愿出任调停，于是又派桂良、花沙纳赴天津议和，与英、法订立《天津条约》。《中英天津条约》五十六条，其中最重要的有：一、《南京条约》继续有效；二、英国公使大员等及其眷属得在北京自由居住；三、准英国自由传教；四、英国人民携带护照者得在中国内地游历；五、长江流域各口英国商船得自由通商；六、于五口之外，增开牛庄、登州、台湾、琼州、潮州为商埠，又长江一带，俟太平军平定后，许择三口通商②；七、英国人民讼案，皆归领事办理；八、赔偿英商损失银二百万两，英国军费二百万两；九、由双方派员协定新税则③，一经此次协定税则后，凡关于通商各款，每十年酌量修改一次。《中法天津条约》四十二条，其中最重要的有：一、赔偿法国军费二百万元；二、法国享有最惠国权利；三、于五口之外，增开琼州、潮州、淡水、台湾、登州、江宁为商埠，但江宁俟太平军平定后开放。其他条款，都和《中英天津条约》相同。还有美、俄两国，援最惠国条款，亦与中国订立条约。

当《天津条约》告成，四国军舰相率南下时，广东团练又起反英运动，额尔金遂要求解散团练，并撤黄宗汉职，桂良都一一答应。时僧格林沁移军天津，防务甚备。原来《天津条约》有"本约调印后以一年为期，经两国皇帝批准，在北京交换"的规定，九年二月，桂良奏称英使额尔金之弟卜鲁士（Fredederick W. A. Bruce）将入北京换约。文宗饬桂良告英使：请其于上海换约，并谕僧格林沁严防。卜鲁士不听，遂于五月与法使布尔布隆（M. de. Bourboulon），美使华若翰（John E. Ward）率英、法兵舰至拦江沙外，直隶总督恒福告以奉旨请其改由北塘上岸入北京换约。卜鲁士等又不听，并驶入白河，开炮攻我大沽炮台，僧格林沁命炮台还击，敌兵舰沉四艘，伤六艘，兵士死伤四百余人，英领队官亦受重伤。余舰逸去，惟美使华若翰独至北塘，换约而去。大沽战役的消息传至伦敦之时，英政府颇主慎重，训令使臣，倘得中国之请，仍可北上换约。拿破仑第三亦因欧洲问题，与英不协，也愿意从速了结。奏上，文宗不置可否，拿破仑才决定与英合作。十年三月，英、法致书中国政府，要求四事：一、中国道歉；二、公使驻京；三、赔偿兵费；四、进京换约。文宗一一予以驳斥。于是英、法联军北上，驶至北塘登岸，大败僧格林沁，进陷大沽，占领天津。清廷派桂良、恒福至津议和，巴夏礼要求开放天津，驻兵大沽，及赔款还清，方能撤退。文宗严旨拒绝。联军遂进迫京师，文宗奔热河，命恭亲王奕䜣留守京师，督僧格林沁、瑞麟二军驻海淀。僧格林沁以计擒巴夏礼，英人大愤，奋力攻城。海淀一战，僧军又败，于是联军火烧圆明园④，奕䜣不得已，才把巴夏礼释放，并开放安天门，联军遂入京师。俄使依格那提夫（Ignatieff）出任调停，奕䜣始与英、法二使订《北京条约》。《中英北京条约》最重要者有：一、《天津条约》继续有效；二、增开天津为商埠；三、割九龙之半为英领地；四、偿金改增为八百万两，由海关提出收入五分之一付交，恤金三十万两，立时付清。《中法北京条约》与英同，惟无割地一款，偿金亦改增为八百万两，只恤金少十万两。《北京条约》签订以后，并互换《天津条约》，和议既成，联军才尽离京师，文宗回京，诏设总理各国事务衙门，命奕䜣、桂良主持，专司外国交涉事宜。明年，天津、广州联军，亦尽撤退，清命薛焕为办理广州、厦门、宁波、上海、福州、潮州、琼州、台湾通商大臣，崇厚为办理天津、牛庄、登州通商大臣。只有长江流域因太平军未平，除镇江于咸丰十一年开放外，其余九江、汉口直到同治元年始开放。

最后，关于《天津条约》和《北京条约》的影响，也得附带说说：第一，咸丰以后，中国始有厘金之创设，条约中规定外货只纳子口税以代替在内地市场所课的各种内地税收，于是外货得以免除厘金，而国货反处处受厘金局卡的剥削，结果外货充斥泛滥，而国货受其排挤。第二，五口通商只限于沿海各口岸，全是，内地各埠亦增开为商埠，外人取得内河航行权，便无异于中国全部对外开放，扩大了资本主义侵略中国的门路。第三，鸦片战争后，来华的教士渐多，其传教的区域，只限于五口，至是，教徒得至内地传教，此后接二连三的教案，遂由此发生。第四，鸦片至是弛禁，列为商品，在政府只知增加海关收入，而毒祸蔓延与深入，直至今日，依然不止。除上四项外，还有赔款、割地以及领事裁判权的规定，权利的丧失，可以想见；而《天津条约》未经双方的谈判，更为自古所无，故外人讥为无谈判的条约云。

注释

①当时华船借英保护，固在于借其势力以御海盗，而偷运鸦片，免除海关盘查以及运货入口，减轻关税，却是华商的主要目的。又华商向香港政府注册，其期只有一年，亚罗号事件发生时，其注册期限已过。

②后开镇江、九江、汉口三处。

③后桂良、花沙纳、何桂清与英人定《英法通商税则》如下：一、进口税及出口关税一律值百抽五；二、子口税一律值百抽二点五；三、商船一百五十吨以上，每吨课税四钱，一百五十吨以下，每吨课税一钱；四、复进口税一律值百抽二点五；五、鸦片以洋药之名课税，每百斤税银三十两。

④圆明园系明代武清侯李伟清华园旧址。清康熙间修之，改名畅春园。后于园中辟地筑室赐雍邸，命名圆明。雍、乾两朝，大事修饰，所费不计亿万。至是被联军所焚，其珍物亦尽为联军抢去。

第十一章　《瑷珲条约》与《北京条约》

俄国自十七世纪末叶，即从事于北极探险，堪察加半岛和北太平洋殖民地，先后都入于俄国版图。这些地方，都缺乏粮食，并且和俄国本部及西伯利亚的交通，也异常困难①。在俄国看来，只有取得黑龙江自由航行权，才能解决这个问题。嘉庆十年，其使臣哥罗夫金（Golovkin）来中国，就是为此，不过当时没有如愿以偿罢了。鸦片战后，俄国在东方有对英国作防御战之必要，使俄国时时在打算占领黑龙江口，确保黑龙江航行的自由。最初有这种打算的，就是于道光二十七年受命为东部西伯利亚总督的木喇福岳福（Muravief）。就在这一年，木氏请托勒维尔斯可伊（Nevelskoy）从事黑龙江口的探险测量。探险测量的结果，证明库页实系一个海岛，可以从鞑靼海峡航行，以入黑龙江口，并且鞑靼海峡是不冻的，其入江口处可容吃水十五英尺深的汽船。三十年，勒氏在黑龙江口近旁建立伯特罗夫斯哥尔（Petrofskoe）和尼古拉维斯克（Nikolaiefsk）两要塞；咸丰三年，又在库页岛德喀斯勒（De Castries）湾建立亚历山大罗浦斯克（Alexandrofsk）要塞，并在黑龙江下游启齐湖（Lake Kizi）畔建立马利因斯克（Mariinsk）要塞，两要塞成犄角之势。当勒氏经营黑龙江下游时，木氏即返俄都，向俄皇尼古拉一世（Nickolas I）陈述俄国有占领黑龙江口的必要。会克里米战事发生，俄国和土耳其交战，英、法联合舰队越过博斯破鲁斯海峡，直入黑海，俄恐英舰占领堪察加半岛封锁黑龙江口，以制西伯利亚，遂于咸丰四年，由木氏率领士兵径航黑龙江，赴尼古拉维斯克布防，瑷珲副都统见其兵多，不敢抗拒。明年，木氏又在黑龙江航行，同时要求中国划界。清廷派吉林、黑龙江两将军及库伦办事大臣与木氏会议于马利因斯克，木氏要求划黑龙江左岸地归俄国，中国委员反对，会议遂无结果。六年，克里米战争告终，俄国无防御英、法的必要，而木氏仍命科尔萨可夫（Kosrakoff）作黑龙江第三次的航行，沿途并于黑龙江左岸选择要地作为贮藏粮食之所，且派兵留守。于是事实上俄国竟占领了黑龙江左岸地。这时清廷直接向俄政府外务部交涉，俄政府只要求黑龙江自由航行权，并允许俄国于江左岸设立粮食贮藏所。木氏听到这个消息，就径返俄都，会尼古拉一世去世，亚历山大二世继立，木氏向新皇陈述，谓黑龙江自由航行权已得中国许可，俄国所要求的应为划黑龙江左岸地归俄，且请合堪察加半岛、鄂霍次克海岸地及黑龙江左岸地，置东海滨省，俄皇许其请，而这一次的中、俄交涉又无结果。

咸丰七年，俄国乘中国外有英、法联军之役，内有太平军革命运动，于是派布恬廷为使臣，至中国划界，清廷谕其赴黑龙江与黑龙江将军奕山交涉。俄政府得悉，就命木氏至黑龙江与奕山会议。八年五月，木氏以重兵屯黑龙江口，至瑷珲迫奕山订立《瑷珲条约》三条：一、黑龙江北岸地归俄，但精奇里江以南豁尔莫勒津（Hormolazin）屯，即瑷珲城对岸的江东六十四屯地方的满洲屯户，仍归中国保护，俄国不得侵害和虐待，并不得要求迁居。二、自乌苏里江至东海岸之地，归中、俄两国共管；三、黑龙江、乌苏里江、松花江只准中、俄两国船舶通航及两国人民贸易。

当英、法联军抵天津与中国订约时，俄使布恬廷亦同时来津。等到英、法的《天津条约》成立后，布氏亦援例和中国订立《天津条约》十二条，其最重要的如次：一、除陆路通商，前此已有约章规定外③，今后亦准由海路之上海、宁波、福州、厦门、广州、台湾、琼州七处通商，若别国再在沿海增设商埠，准俄国一律照办；二、嗣后行文，不必经由萨纳特衙门及理藩院，可由俄外务部直达军机处或特派大学士，往来照会平等；三、俄国在中国海口通商处，得设领事馆，又得派兵舰停泊该处，以资保护；四、关于中、俄两国人民的争讼事件，中国官员须与俄国领事会同办理；五、准俄国教士在海口和内地传教；六、日后中国若有优待他国通商等事，俄国一律享有。

咸丰十年，英、法联军攻陷北京，俄国使臣依格那提夫以居间调停有功，于英、法的《北京条约》成立后，又迫奕䜣订立《中俄北京条约》十五条，其最重要的如次：一、中、俄两国，沿乌苏里江、松阿察河、兴凯湖、白稜河、瑚布图河、珲春河及图们江为界，以东属俄国，以西属中国，由两国派员查勘，定立界牌；二、西疆未勘定之界，此后应顺山岭大河及中国常驻卡伦等处，定界为标。自雍正五年所定之沙宾达巴哈岭之界牌末处起，往西直至斋桑淖尔湖，自此往西南，顺天山之特穆图尔淖尔，南至浩罕边境为界；三、允许两国人民在黑龙江、乌苏里江、松阿察河、图们江两岸无税自由贸易；四、俄商除在恰克图贸易外，其由恰克图照旧至北京经过之库伦、张家口地方，如有零碎货物，亦准行销；五、俄国得在库伦设立领事；六、许再开喀什噶尔为商埠，照伊犁、塔尔巴哈台试行贸易之例，一律办理；七、照伊犁、巴尔巴哈台之例，许俄国于喀什噶尔设立领事。

合以上三次条约来说，我国损失最大的，第一就是让地。《瑷珲条约》不但推翻了康熙时《尼布楚条约》内所定的格尔必齐河旧界，并且雍正时《恰克图条约》所谓以乌得河为两国共管地，也就成了历史上的陈迹。俄以《瑷珲条约》，不损一弹，不伤一兵，竟坐而获得黑龙江左岸一百四十万方里之地。在《瑷珲条约》中，还规定乌苏里江以东为两国共管地，但自《北京条约》成立后，乌苏里江一百万方里之地，又尽行割与俄国。后来，俄国把黑龙江北岸地建立阿穆尔省，把乌苏里江以东地并入东海滨省④，又筑海参崴军港，改名为乌拉寄夫思托克（Vladivoitok）⑤以作东方海军的根据地。不但如此，并且根据《瑷珲条约》，俄国得在松花江自由航行，又根据《北京条约》，俄国得在黑龙江、乌苏里江、松阿察河、图们江两岸自由贸易，这样一来，所谓"北满"，便无异成为俄国势力范围了。往后日、俄战争的因子，就是从这时伏根的。第二，俄国向中国的侵略，是在东北、西北同时并举的，《恰克图条约》只规定恰克图、尼布楚二处，为俄国通商地，自《北京条约》成立后，于是库伦、张家口、喀什噶尔一带，都辟为商埠，自是俄国的势力便深入西北，而西北疆界迄未明定，尤为日后无穷的隐患。第三，俄国根据《天津条约》，不但取得海口通商权、领事裁判权以及传教自由，并且俄国从此也就成为中国的最惠国。

注释

①十七世纪末叶，俄国亚特拉索夫（Atlassof）即从事堪察加半岛的探险。十八世纪前半期，白令（Bering）又从堪察加半岛往北太平洋探险，发现了白令海峡和白令岛，自是俄国陆续在北太平洋探险，占领了许多海岛。十八世纪末叶，从事于北太平洋毛皮贸易的公司陆续出现，至1799年，李札诺夫（Rezanoff）组织俄罗斯亚美利加公司，得俄政府特许，有毛皮贸易的独占权，许多小公司都为它所兼并。当时在北太平洋所获得的毛皮，都集中于堪察加半岛，再由此处从海路运至鄂霍次克海的鄂霍次克港上陆，越过石达乌衣山脉，再经雅库次克以达恰克图，其所费时日最多。故俄国从联络北太平洋殖民地以及贸易方面打算，很想取得黑龙江的自由航行权。

②尼古拉维斯克即庙街。又当勒氏未建立要塞时，俄人即暗中移动了外兴安岭的界碑。

③陆路通商口岸，在《恰克图条约》中有明白的规定。道光三十年，俄国又要求在伊犁、塔尔巴哈台和喀什噶尔三处通商，中国和俄结《伊犁塔尔巴哈台通商章程》，准俄人在伊犁和塔城通商，并得设立领事。

④阿穆尔省一扩阿穆尔州，东海滨省一称沿海州。

⑤扩张权力于东方之意。

第十二章　西北事变与中俄交涉

当太平军革命运动爆发时，云南又有回乱，接着陕、甘、新疆也发生回乱。咸丰五年，云南楚雄府（今县）南安州（今双柏县）石羊银厂，汉人和回民，互相仇杀，回民起而报复。总督恒春、巡抚舒兴阿恶回民屡变，密令大杀回民；于是远近回民纷起，推马德新为主，其侄马现佐之，同时，回酋杜文秀，起于蒙自，进陷大理，马联升占据曲靖。七年，马现进攻省城，恒春自缢死。诏命吴振棫为云贵总督，张亮基为云南巡抚。振棫率川兵入滇，虽奏称"回民就抚，地方肃清"，其实振棫、亮基都受回民监视，不能自主。八年末，亮基代振棫为总督，仍受制于马德新等。十年，亮基以病罢官，巡抚徐之铭挟回民以自固，回民亦挟之铭为傀儡，之铭授马现为总兵，改名马如龙，而以二品伯克授马德新。不久，潘铎受命为云贵总督，欲自树威权，而如龙等遂不受命。同治二年，回酋马荣进兵省城，把潘铎杀掉。自是前后新授督抚如刘源灏、福济、贾洪昭、林鸿年等，都畏葸不敢赴任，而省城一时遂为马荣等所支配。时杜文秀一股，仍据大理，势力最大，当马荣进驻省城之时，他所占地方，几居全省三分之二。并且设官分职，远近的回酋，都受他指挥。云南回乱，至是益加扩大。同治二年，劳崇光受命为云贵总督，得布政使岑毓英及受抚回民首领马如龙等帮助，才把马荣打败，收复省城。崇光到任，未一年病卒。故省城虽复，回乱仍炽。直到六年，诏命刘岳昭为总督，毓英为巡抚，又得如龙效力，以次收复各州县，进取曲靖，并大破回酋陶新春部众于黔、滇、川三省边境。而文秀又乘间率众数十万，连陷二十余城，省城戒严。赖杨玉科及如龙力战，才把文秀打退。十一年，玉科攻陷大理，文秀服毒自杀，明年，其他回酋也先后为毓英等所定，于是全省回乱肃清。

云南回乱大炽之时，而西北陕甘又有回乱。原来陕西回民，在盛清之时，即屡和汉民械斗，辗转报复，仇杀不已。咸丰末，严树森任河南巡抚，募陕西回民六百，编为义勇兵。后树森调任湖北，遂遣散回陕。同治元年，陈得才与捻党攻入武关，全陕大震。民间创办团练，张芾任督办，复召集自豫回陕的回勇，于是团练中汉勇与回勇又相互仇视。其始华州汉民杀戮回民，继而大荔、渭南一带回勇与回民结合，在任伍指导之下，杀张芾，进迫西安。诏命胜保进剿，并擢多隆阿为讨回前锋。胜保督兵进战，而遍地皆匪，迫而困守西安，清廷以胜保无功，赐自尽。同治二年，多隆阿尽杀省城内外叛回，与回众大战于渭河两岸，大败回众。会蓝大顺又于是时入陕，回众响应，乱事益加扩大。三年，多隆阿打败大顺，乱事粗定，而甘肃的回乱反炽。甘肃回乱，亦由于汉民团练压迫回民而起。同治二年，平凉回民和汉民械斗,进陷固原、宁夏、灵州(今灵武县),各地回民群起响应。而势力最大的,要推回教新教首领马化龙,入据宁夏城。又有马彦龙、马占鳌攻陷狄道(今临洮县),马桂原、马本源攻陷西宁(今青海省会)。四年,回酋马文禄攻陷嘉峪关,占领肃州(今酒泉县)。时陕、甘总督杨岳斌,在回民四处暴动之时竟一筹莫展,只得托病辞职。陕回本已略定,至是因甘肃回乱,而乱又起,当时自兰州(今皋兰)至西安都是烽火相望,而陕回白彦虎且占据董志原(在甘肃庆阳县之南),势力尤盛,同时捻党又深入陕西,进逼甘肃;而土匪董福祥,也于是时勾结叛回,占领灵州的花马池。六年,诏以左宗棠为陕甘总督。宗棠尽驱陕回入甘,实行围剿。八年,陕乱大定,刘松山收复花马池,董福祥投降。九年,松山进攻马化龙,中飞弹阵亡,宗棠令其从子锦棠带领其军,诛马化龙父子。同时,雷世绾又收复董志原。宗棠将各地降回徙居平凉、会宁、隆德、静宁、安定(今定西县)各县。未几,西宁又为锦棠所克复。同治十一年,白彦虎占据肃州,马文禄率众与之合。明年,锦棠下肃州,文禄伏诛,惟白彦虎逃至新疆。陕、甘回乱,至是完全肃清。新疆回乱,情形较为复杂。原来新疆回民分两种:一种称东干,就是汉装回,分住于新疆东部及伊犁地方,一种称达兰子(Tarantchis),住于伊犁①。东干和达兰子常起冲突;新疆回乱情形的复杂,就是基于这里而来的。现在为使易于了解起见,把新疆回乱表列于下:

首领姓名	起事时间	起事经过	占据地域	灭亡时间	所属种族	附注
阿浑妥明	同治三年	妥明本陕回,潜入乌鲁木齐,住于参将索焕章②之家,焕章即推妥明为主起事,称真清王	乌鲁木齐、迪化、奇台、绥来、昌吉、阜康、阿克苏、叶尔羌、吐鲁番、喀喇沙尔	同治九年,为阿古柏所灭。阿古柏并有其地	东干族	极盛时,据有伊犁和塔尔巴哈台
和卓木布格聂丁	同前	回酋马隆推布格聂丁为首领	库车	同治六年,为阿古柏所灭	东干族和达兰子联合反叛	回酋杨春、黄和卓、苏满拉、田满拉均属之
哈比布剌格	同前		和田	同治六年,为阿古柏所杀,阿古柏并有其地	东干族	

续表

首领姓名	起事时间	起事经过	占据地域	灭亡时间	所属种族	附注
阿布脱剌		同治四年,妥明占领伊犁。五年,布格聂丁有其地。至八年,阿布脱剌有其地,自称苏丹	伊犁	同治十年,为俄将哥尔帕可夫斯基所灭	东干族和达兰子联合反叛	
阿古柏③	同治四年	因回酋金相印之请,浩罕令布苏洛及阿古柏率安集延兵至新疆。后阿古柏把布苏洛放谪于西藏,自立为汗④	喀什噶尔、英吉沙尔、和田、叶尔羌、库车、乌鲁木齐	详后	达兰子	金相印、白彦虎、徐学功⑤、马八、马明、马仲及其子马人得均属之。极盛时,尽有天山南路及北路之乌鲁木齐以西至绥来

观上表所列,可知同治六年以后,阿古柏几于独霸新疆,而西北伊犁,又为俄人所占。当乱事扩大时,清廷擢用文麟、景廉进剿,屡战无功。同治十三年,穆宗卒,德宗(1875—1908)立,才命宗棠率军进讨。光绪二年,宗棠命刘锦棠进攻北路,连下乌鲁木齐、昌吉、绥来诸城。明年,进取吐鲁番。其时浩罕已为俄国所灭,阿古柏失其援助,而南路缠回,又不与阿古柏合作。阿古柏穷蹙,遂自杀。其子伯克胡里入喀什噶尔,即汗位,使白彦虎守开都河,又为锦荣及张曜诸军所破,库车、阿克苏、喀什噶尔、叶尔羌、英吉沙尔、和田均先后收复。两人均逃入俄境,于是天山南北路全定,惟伊犁仍为俄所占,而中、俄交涉遂起。

原来自《恰克图条约》成立后,俄国的势力即已侵入我国西北边疆。同治三年,俄国伊犁领事杂哈劳又与明谊订立《塔尔巴哈台界约》,因回乱大起,致未定立界碑。八年,奎昌又与俄巴布阔福(Babkov)遵照《塔尔巴哈台界约》订立《科布多界约》。九年,荣全与俄穆噜木策傅订立《乌里雅苏台界约》,而奎昌又与穆噜木策傅订立《塔尔巴哈台界约》。这三次的界约,就是同治三年《塔尔巴哈台界约》的实行,根据这三次界约,则在外蒙地方,中国竟将阿尔泰河、阿尔泰泊、乌梁海及诸部迤北千余里之地以及科布多乌科克卡伦以西及斋桑淖尔以西千余里之地,均划归俄国。这时的界约,最南只到塔尔巴哈台岭止,再向南行,如伊犁等地,因回乱关系，还不能涉及。十年，俄将哥尔帕可夫斯基占据伊犁，清廷诘以占领理由，俄国即以维持边境治安回答，并声明待中国平定新疆回乱后，即便交还。光绪四年，新疆回乱全定，清廷命崇厚赴俄交涉归还伊犁事。明年，与俄订立条约十八款，其主要的有：一、俄归还伊犁，由中国偿军费五百万卢布[5]；二、伊犁既归还中国，中国应将可西河以西及丽山以南之地，以至底克斯河（一作帖克斯河，又作天瞻须河，）尽让与俄；三、除喀什噶尔及库伦已照前约由俄设立领事外，俄国得再于嘉峪关、科布多、哈密、吐鲁番、乌鲁木齐、库车各地设立领事；四、蒙古及天山南北路，俄商货物往来，概实行免税；五、凡俄商贩运货物至张家口、嘉峪关、天津、汉口等处者，可通过同州、西安、汉中各路，其将中国货运往俄国，亦经此路；六、于设领事之地，并张家口，各立一通商局。崇厚所订立的条约，只可以说收回了伊犁一座空城，而伊犁以南的广大地域却划归俄有。这消息到达北京，廷议大哗，清廷因撤崇厚归国，褫职逮治，定为斩监候，在京各国公使闻而惊愕，尤以俄公使最为愤激，俄政府且命勒索夫斯基（Lesovski）率舰来中国海，并命可夫曼（Keuffman）率陆军进逼新疆以为要挟。清廷也命左宗棠、刘锦棠、金顺布防新疆，曾国荃布防辽东，鲍超驻防津海，中、俄战争大有一触即发之势。会英、法在京公使向清廷劝解及出使英法大臣曾纪泽奏请，才把崇厚暂行监禁，继诏免罪释放，以缓和俄国的空气。六年，诏命纪泽赴俄修改崇厚所订条约，纪泽至俄，几经交涉，才于七年与俄改订《伊犁条约》，其主要的有：一、中国赔偿俄国代守伊犁的军政费九百万卢布；二、中国伊犁地方与俄国地方交界，自别珍岛山顺霍尔果斯河，过伊犁河，南至乌宗岛山，界东属中国，界西属俄国；三、准在嘉峪关、吐鲁番设立领事；四、蒙古各盟，均许俄商贸易，照旧不纳税，并许俄商在伊犁、塔尔巴哈台、喀什噶尔、乌鲁木齐及天山南北路各城贸易，暂不纳税，俟将来商务兴旺，由两国议定税则；五、俄人在中国沿海通商者，照各国通商总例办理，在中国关内外陆路通商者，照此约及所附章程办理；六、俄人在中国贸易，苟生事端，由领事官及地方官公开审办。同年，又与俄订《通商章程》[6]。八年和九年，又屡与俄订西北界约[7]，失地颇多。按《伊犁条约》，崇厚所订的，固然丧权辱国，而纪泽所改订的，除了争回帖克斯河流域之地，其他损失，也不亚于原约。俄国自这次条约成立后，其经济势力便直接侵入腹地，而内外蒙古和新疆，事实上竟成为俄国的势力范围了。清廷知道西北风云极紧，才于光绪八年，改新疆为行省。最后，从国际上来说，俄国眼见英国在华势力与时俱进，并且由北印度逐渐侵入新疆⑧，和俄国从中亚细亚侵入新疆政策正相冲突，这些都使俄国不能安枕。但自《伊犁条约》成立后，情势为之一变，英国侵入新疆的政策，受着重大的打击，而英、俄的斗争也就从此加深了。

注释

①达兰子系乾隆二十七年从回疆移居伊犁的农业劳动者，即普通所谓缠回。一译作塔兰池，又译作多兰。

②《清朝全史》第七十六章："焕章为前甘肃总督索文之子，素蓄异志，师事妥明，故妥明在回教徒中势力日大。同治三年春，乌鲁木齐都统平瑞，征军饷之义捐于各州县，此时州役马金、马八等，假都统之命，苛虐人民以饱其贪囊，汉人愤甚，结团练以相抗。马金、马八者，东干也，至是又纠回民以备之。四月，汉人与马金战于奇台市。六月，索焕章遂举兵叛，推妥明为主，自号元帅。"

③即阿古柏伯克（Yakoob Beg），系张格尔子布苏洛（Buznrg Khan）的部将。

④建喀什噶尔国，自称毕调勒特汗（Badanlet Khan），即幸运汗之意。

⑤约合银二百八十万两。

⑥同治二年，中、俄订立《陆路通商章程》，后经同治四年和八年两次修改，其大要如下：一、边界百里内的贸易，概不纳税；二、俄商持有执照，得往蒙古各盟贸易，亦不纳税；三、俄货得由恰克图、张家口、通州运至天津，其至津者，按照海关进口税则减收税银三分之一；四、俄货于张家口销售者交纳正税，其未售出运津者，将多交之税发还；五、俄货自津运往他处者，补交正税及子口半税；六、俄商自他口贩运华货经津回国，于交完全税后，不再纳税；其在天津、通州贩运者，完一正税，在张家口者，始交正税及子口半税；七、俄商于中国贩运洋货，由陆路回国，其货已先纳税者，不再交税。至是中、俄两国修改章程，其关于征收税银及蒙古贸易权利，无异于前，其不同于前的有：一许俄商自科布多运货，经归化城至通州、天津贸易；一许俄货运至肃州，纳税照海关税则减少三分之一，如天津之例。

⑦在外蒙方面，有光绪九年的《科布多界约》和《阿列克别克河口界约》，凡斋桑淖尔全湖与阿列克别克河以西游牧地一百三十九万七千方里，尽归于俄，此二条约，均系由光绪七年的《伊犁条约》而产生。在新疆方面，有光绪八年根据光绪七年《伊犁条约》而订立的《伊犁界约》，失去伊犁河北岸地三万二千方里，又有光绪九年的《喀什噶尔东北界约》和十年的《喀什噶尔西北界约》，共失去札那尔

特河及廓克沙勒河上游地五万七千方里，此二条约，均由同治三年的《塔尔巴哈台界约》而产生。

⑧当左宗棠进剿阿古柏时，英使乌耶德劝告中国停止进剿，并代阿古柏求封册。阿古柏势力最盛时，俄、英、土都承认了阿古柏所建立的喀什噶尔国，英国且遣使者至其国，与之缔约。阿古柏自杀后，乌耶德又向中国政府要求保全喀什噶尔国，驻英使臣郭嵩焘献议亦同。由上所述，可知英国的策动，全在于保存喀什噶尔国势力以作对俄的缓冲地带，并利用之以侵略新疆。

第十三章　晚清之政局

原来当清中叶，内乱之初，业已明证旗兵绿营之不能战，太平军起，震动全国，更非旧日军队所能敌，所谓湘军、淮军就乘时而起：湘军首领曾国藩、淮军首领李鸿章，其所统之兵全由自由招募而来，其饷又筹自地方，本来和中央政府很少关系。清室自知旧有军队不堪一战，就只好倚靠他们，予以名目，许其有保举能员之权，借以戡平大乱。湘、淮军的组织，上自主将，下至部将士兵，都是借同乡或师生之谊，以维持其体系的。他们共利害、同生死，所以结合坚固，不易解体。主将对部将操有赏罚予夺之权，形式上，主将保举参奏，要得朝廷许可，但事实上，主将所保举参奏的，朝廷无不照准，这样一来，主将和部将的关系就日深，而部将对朝廷的关系就日浅，甚至无关。团结如此坚固，势力也就随着巩固，所以乱定以后，湘军虽已解散，而曾国藩、曾国荃、左宗棠辈还能成为政治上的重心，至于李鸿章，则清末几十年的政局，差不多全为他所左右，而淮军竟成为日后北洋军的前身。清初，外官如督抚，多用汉人；至乾隆朝，各省督抚又以满人为多，汉人仕外官的，能够位至两司，已是极品。咸、同军兴，情势陡变。当同治八九年间，各省督抚提镇，湘、淮军功臣几占其大半，而尤以曾国藩、李鸿章的地位为最高。当时朝廷大事，或对外交涉，都要交疆臣覆奏，疆臣的意见，足以左右朝廷政策的决定。曾、李一言，固然重如泰山，就是左宗棠、曾国荃、郭嵩焘以及后来的张之洞、刘坤一、袁世凯诸人，也都操有这种权力。不但如此，连财政方面，督抚也握有实权。大乱以前，各省款项，除赈饥外，非先奏请，不得动用；乱后情形一变，疆臣于款用后，即可一报了事。这样一来，督抚便无异形成为半独立的藩王了。甲午战后，汉人任督抚的虽已逐渐减少，任免督抚之权，虽操诸皇帝之手，督抚有"朝受参劾，印绶夕解"的危险，但是咸、同以后，政治上的重心，业已转移到汉人手里，不复是全由满人操纵的局面，却是彰明较著的事实。

晚清政局的变化，应当从文宗一朝讲起，文宗初位，正值天下大乱，他屡次下诏求直言，如文瑞、倭仁、罗惇衍、曾国藩诸人，都先后应诏论列时政，而一时名臣如曾国藩、胡林翼、江忠源、罗泽南、左宗棠、李鸿章等，也都得重用。不过他有始无终，到了咸丰八九年以后，因为内乱外患交逼而来，就渐次荒怠政事，而大权竟旁落于亲贵载垣、端华、肃顺①三人之手。十年，英法联军攻入京师，文宗奔热河，热河行宫本湫隘，内外禁防不甚严，载垣等更得出入自便，窃揽大权，后联军退出京师，留京王大臣都疏请回跸，载垣等以在热河便于专权，暗中阻止。明年，文宗死在热河。皇后钮祜禄氏无子，懿贵妃叶赫那拉氏生子载淳，是为穆宗。年方六岁，载垣等三人和景寿、穆荫、匡源、杜翰、焦佑瀛共八人，宣布遗诏，自署为赞襄政务王大臣。叶赫那拉氏和恭亲王奕訢密谋回銮，至京，才把载垣、端华、肃顺三人杀掉，其余五人均革职，于是尊钮祜禄氏为母后皇太后、那拉氏为圣母皇太后，同时垂帘听政②。两宫听政后，即以奕訢为议政亲王，那时将兵于外的，有曾国藩、左宗棠、李鸿章等，秉政于内的，有文祥、沈桂芬、李棠阶等，而奕訢尤能破除积习，信任汉人，所以太平军和捻党之乱，都能以次削平。乱平以后，那拉氏便渐次专恣起来。原来钮祜禄氏虽是嫡宫，但以有德无才，所以关于军国大计的裁决和群臣奏章的判阅，都归那富于政治才干的那拉氏主持。同治十一年，穆宗将择立皇后。钮祜禄氏属意于尚书崇绮之女阿鲁特氏，那拉氏欲立侍郎凤秀之女富察氏，相持不能决，乃命穆宗自择。穆宗选阿鲁特氏为皇后，富察氏为慧妃，那拉氏心滋不悦。自是两宫益加不睦，而那拉氏母子之间，也就生了隔阂。大婚之后，两宫归政，而那拉氏以穆宗疏于己，便禁止他与皇后同居，穆宗从此，郁郁不乐，不久致疾而死。穆宗卒，两宫召集王公大臣会议，钮祜禄氏主张立恭亲王奕訢之子贝勒载澂为嗣，恭亲王则称宣宗长子奕纬养子所生之溥伦当立，那拉氏对之均持异议，独谓醇亲王奕𫍽之子载湉可立。现在先把晚清的帝系表列如后，然后再述那拉氏要立载湉的用意。

```
                ┌─ 长子奕纬（早夭）──贝子溥伦
                │  文宗奕詝──穆宗载淳
                │  惇亲王奕誴──端郡王载漪──大阿哥溥儁
宣宗旻宁 ───────┤  恭亲王奕訢──贝勒载澂
                │              ┌─ 德宗载湉
                └─ 醇亲王奕譞──┤
                               └─ 摄政王载沣──废帝溥仪
```

原来在高宗时，曾定立嗣不能逾越世次之例，穆宗死后无子，依清室家法，溥伦当立，即令不立溥伦，也应立载澂。但是，如果立溥伦，则那拉氏位虽尊高，未免疏而无权，如果立载澂，则载澂年事已长，命之入嗣，那拉氏便再难听政。载湉系那拉氏之妹，福晋所出。年仅四岁，既幼且亲，那拉氏可视若己出，且得利用之以专大政。卒之载湉得立，是为德宗。两宫再垂帘听政，然自是两宫隔阂益深，而奕訢也益为那拉氏所憾。光绪七年，钮祜禄氏卒，自是那拉氏毫无顾忌，独掌大权。女主专权，便离不了宦官乱政。那拉氏最初宠爱的宦官，叫做安得海，那时奕訢在枢府，有碍他的行动，就在那拉氏面前进谗，把奕訢的议政权去掉。自是笼络朝士，收贿乱政。穆宗年长，才把安得海杀掉。得海死后，又宠任太监李莲英。莲英总管宫中太监，兼司那拉氏的库金，权倾朝右，一时贪缘无耻之徒，争奔走于其门。他如那拉氏卖官鬻爵，以及后来戊戌政变把德宗幽禁起来，莲英都是其中的主持人物。光绪十五年，德宗大婚，皇后叶赫那拉氏，系满洲桂祥的长女，亦即那拉氏的内侄女，并纳侍郎长叙二女，册为珍妃，瑾妃，德宗始亲政。这时，那拉氏名义上虽已归政，但一切用人行政的大计，仍旧操在那拉氏手中，德宗只不过是个傀儡罢了。光绪二十四年政变，那拉氏再垂帘听政，直到三十四年，德宗和那拉氏同时死去，女主专政的局面，才告终结，而清室不久也就亡了。

注释

①清初有八大王，俗称为铁帽子，其爵均世袭罔替。载垣袭爵为怡亲王，端华袭爵为郑亲王，都为咸丰初年官宗人府宗正，领侍卫内大臣。端华同母弟肃顺，初官户部郎中，入内廷供奉，寻迁户部尚书。

②尊钮祜禄氏为母后皇太后，那拉氏为圣母皇太后，系援用明万历朝故事。后来那拉氏不悦，才改上太后徽号为慈安皇太后，生母太后徽号为慈禧皇太后，并谕嗣后诏书奏牍，都以慈安、慈禧并称，从此便不复有母后圣母之别了。钮祜禄氏居

宫东所之绥履殿，那拉氏居宫西所之平安室，所以又有东太后、西太后之称。至于宫中，则呼为东佛爷、西佛爷。

第十四章　中法战争与西南藩属的丧失

　　封建时代的藩属，和帝国主义时代的殖民地截然不同。前者只是称臣纳贡，而仍保有独立统治权；后者为帝国主义榨取的对象，举凡政治、经济、文化都受其支配。我国历史上的藩属，属于前一类，就是清初所征服的国家或部落，亦莫不如此。那时清廷以天朝自居，只要它们臣服，也就不留意于进一步的经营了。鸦片战后，欧洲列强，肆力东略，老大的中国，连本国疆土还保不住，又焉有余力顾及藩属。于是我国所有的藩属，不到几十年，就陆续被列强吞并完了①。现在先述中、法战争和法并安南。在第六章中，曾说及阮福映恢复王业的事实。原来这次事变，是和法国有关的。法国觊觎安南，远在明末清初，直到乾隆五十二年，法人乘福映有恢复旧业的企图，才与福映结《法安同盟条约》，其内容是：一、法国援助福映恢复旧领地，供给军械；二、割化南岛与法，以康道耳群岛租借法国。时值法国大革命，约虽定而未经签字。

　　嘉庆七年，法国将校数十人，以私人志愿援助福映，尽驱旧阮，福映自称大南国皇帝，改国号为越南。九年，清封为越南国王。二十三年，法国路易十八遣使至安南，要求实行前约。福映不置回答。福映卒，子福皎立。道光十一年，法复遣使至，福皎拒绝法使，且下令驱逐其天主教士。福皎卒，子福璇立，仇教更烈。二十七年，法舰大败安南军，福璇怒，下令杀法人。福璇卒，子福时立，排法益烈。咸丰六年，拿破仑三世派舰至安南，要求履行旧约，福时拒绝其请，法舰遂炮击广南港堡垒，以孤军无援，不久即去。明年，安南杀西班牙教士，法人乘机说西班牙联军攻安南。八年，法、西联军攻陷下交趾，法以正与英进攻中国，不能兼顾，遂退守西贡。等到《北京条约》成立，法回兵击安南，安南大败，才被迫于同治元年结《西贡条约》，其要点如下：一、安南赔法、西军费四百万元；二、准法、西人士自由传教，准安南人自由信教；三、将边和、定祥、嘉定三州及康道耳群岛割让与法；四、自后安南有割地与他国时，须得法国同意；五、法、西、安三国人民得自由通商，法国商船及军舰得在安南内河自由航行。

六年，柬埔寨南部民众暴动，法人以恢复秩序为名，发兵袭取永隆、安江、和仙三州，自是并边和等三州，所有下交趾六州，全归法有。法人既得下交趾六州，便打算通航富良江。同治十二年，法人要求航行富良江，安南不许，于是法人进攻，旋为黑旗军刘义②所败，才退守河内。法人自受此次挫折后，遂改前次的威压政策为怀柔政策，十三年，尽撤驻守东京的法军，安南不察，遂与法结《法安亲善条约》，其要点如下：一、法认安南为独立国，并代安南平乱；二、法愿选派专门人才充安南海陆军教练，安南需要军舰军器时，法国尽力供给；三、自后安南外交事务，悉归法国监督；四、下交趾六州地正式割与法国；五、开河内、东京、宁海三处为商埠，且沿红河（即富良江上游）至中国境内蒙自的河道，许法国自由航行；六、法国得于各商埠设立领事及守备兵；七、法国有领事裁判权。安南为中国藩属，这是法国所明知的，今既与安南结《亲善条约》，自不得不探明中国的意旨。光绪元年，驻京法使以该约照会总理衙门，总署复书不能承认法、安所结条约。法政府不顾，更进而和安南结《通商条约》，并照会总署，总署置而不答。六年，法国谋实行《亲善条约》，派兵驻守河内各地，安南始悟前约之不利，于是一面遣使至北京，仍请为中国藩属，一面暗助刘义驱逐法人。八年，法兵袭击河内，为刘义所败。时清廷亦派兵入安南，命李鸿章督办安南事务。会法使宝海（M. Bourél）与李鸿章迭次交涉。才议定三款：一、中、法撤兵，法国声明无侵略土地之意；二、中、法二国划定境界，保护安南，共御外寇；三、安南开放保胜。宝海把交涉结果报告本国政府，法政府以宝海让步太多，遂于九年改派德理固（Authur Tricou）与李鸿章交涉，坚持《法安亲善条约》，否认宝海所订条款，鸿章拒绝其请。于是法军进攻安南，陷顺化海口炮台，迫安南结《顺化条约》，其要点如次：一、安南政府自认为法之保护国，虽与中国交涉，亦必经法国介绍；二、割平顺府永合于法领下交趾；三、法国于安南各要地皆得驻军；四、安南之外交事务与一切关税事务及土人以外之民事刑事司法事务，均归法人处理；五、安南各地警察与税务及全国各府州之大小官吏，均受法国监督；六、开归仁、广南、奇修安三港为商埠。时鸿章已内任，改以张树声督办边防，岑毓英统大军入安南，任刘永福为越南经略大臣，命徐延旭进军谅山，云南巡抚唐炯进军北宁。十年春，法将孤拔

（Cowbet）等来攻，北宁各地相继失守，清廷得信，遂以鸿章为全权大臣，因广东税务司德人达林克之介，与法预定《媾和草约》五款，其要点如下：一、法国不侵犯中国边境；二、中国承认法、安前后所订条约有效，中国在北安南的驻军，悉数撤回本国；三、法国不要求赔偿军费，中国许南境一带通商；四、自后法国与安南或订新约，或改旧约，不得插入有犯中国国威的字句。草约既成，于是举国哗然，一时群臣交章弹劾鸿章，而玉麟等反对尤力。十年五月，法军进至谅山，中国军队以未接到撤退命令，遂与法兵发生冲突。法政府接到冲突消息，就说中国不履行撤兵之约，要求赔偿军费一千万镑。中国拒绝其请，法军遂进攻台湾基隆港，为提督曹志忠等所败，法舰退回上海，其公使向总理衙门提出最后通牒，赔偿金减为三百二十万镑。清命曾国荃在上海与法使开始谈判，中国不允赔款，于是交涉破裂。八月，法国向马江进攻，福州各炮台士兵英勇抵抗，卒为法国所败，炮台全被破坏，南洋舰队二十二艘，也多被击沉。败报至北京，清廷才正式对法宣战。时法又移军攻台湾，陷基隆炮台，刘铭传尽力抵抗，法军稍挫，后孤拔得新来援兵，才把淡水和澎湖岛相继攻下。十一年，法舰又进攻浙江镇海海口，为欧阳利见所败，孤拔受伤死。这是属于海战方面的。至于陆战，则十年八月，苏元春等败法军于安南陆岸县；同时，提督方友升等与法军战于郎甲，败绩。十月，苏元春等又败法军于安南纸作社。十一月，刘永福又攻复安南的宣光、兴化、山西三州各府县。十一年正月，法军大举攻谅山，潘鼎新及苏元春等力战不能守，法军进攻镇南关，杨玉科战死，广西大震。这时冯子材、王孝祺先后至龙州，请于鼎新，收集溃勇成新军十八营。二月，法军进攻小南关，子材等力战，卒败法人，于是乘胜追击，连败法军，收复谅山。同时，岑毓英一军，又连败法军于广威、承祥一带，安南民兵也起而响应，法国至是进退两难，而又新败于德，知难久持于外，遂潜托总税务司英人赫德出面言和，当时清廷尚不知有谅山之捷，又不知法国政情③，也就派了鸿章与法使巴特纳（J. Pateustre）在天津订《越南新约》十款，其要点如下：一、中国承认安南为法国保护国；二、中国于老开以上谅山以北择二处开为商埠；三、中国于南数省建筑铁道时，雇用法人；四、两国另派员勘定边界，协定通商细则。明年，根据《新约》，又与法结《安南边境通商细则》，其要点如下：一、法国得派领事至老开以上谅山以北之通商口岸，中国得派领事至河内、海防二府,彼此皆以最惠国领事待遇;二、中国人民得在安南置地建屋,并得开设行栈,其身家财产均受安全保护,与最惠国人民同等;三、禁止鸦片烟贩卖;四、国境通商处,中、法、安三国人有刑事财产案件,由中、法二国官吏会审,侨居安南的中国商民有刑事财产案件,归法国官吏审判;五、新开二商埠之关税,输入税按照海关税则减五分之一征收,输出税按照海关税则减三分之一征收。十三年,法又迫我结《中越界务专约》和《商务续约》。《商务续约》有损我国主权更大,其要点如下:一、开广西龙州与云南蒙自及蛮耗为商埠;二、陆路贸易,输入税照海关税则减十分之三征收,输出税照海关税则减十分之四征收;三、解鸦片买卖之禁;四、异日中国南境及西境,与他国缔结通商条约时,无论何项利益,法国得一律享受;五、中国得在东京各大城市设立领事馆,法国得于云南、广西两省城设立领事馆。

缅甸自乾隆时臣服后,朝贡不绝。等到英并印度,缅甸就开始和英国的势力冲突。其时缅王孟云势最盛,于道光二年乘阿撒姆内乱,占有其地,阿撒姆求救于英。四年,英海陆军攻仰光,明年,进逼缅都阿瓦。缅人大惧,遂于六年,与英媾和,割阿撒姆、阿剌干、地那西林之地与英,并赔偿兵费一百万镑。十七年,缅王之弟孟坑,弑王自立。二十一年,孟坑率大军至仰光,欲索回阿剌干、地那西林之地,事未成,而孟坑又被弑。其子巴干麦即位,排英更烈,英海陆军再陷仰光。时缅甸又有政变,巴干麦为反对派所杀,其义弟墨多默即位,向英求和,遂于咸丰元年与英媾和,割摆古州(即白古)为英领地。当英侵缅甸时,同时并想从缅甸伸其势力于中国内地。同治七年,史拉登(Sladen)组织贸易考察团,欲从缅甸,入长江上游各省考察,会云南发生回乱,未成行。十三年,布拉翁(Browne)又组织探险队,得中国许可,至长江上游各省考察。这时,北京英领事馆派书记玛加理(Augustus Raymond Margary)由上海出发,经湖南入云南,与布拉翁会合,任布拉翁的翻译。明年,玛加理行至蛮允,为土人所杀,其探险队也被群众击阻,退回缅甸。英使威妥玛(Sir Thomas Francis Wade)闻耗,向总理衙门严重交涉,清廷将土番祸首十五名处死,并将官吏数名革职留任,以谢英人。英人不愿,威妥玛下旗退出北京,至芝罘,并命英国东洋舰队进迫直隶湾,以威胁清廷。清廷恐酿大变,就派李鸿章为全权大臣,约威妥玛至天津交涉,威妥玛不允,鸿章遂赶至芝罘,结《芝罘条约》（一称《烟台条约》），五款如下：一、中国赔偿恤款及用费银二十万两；二、派专使赴英谢罪；三、云南边境通商事宜，由英国特派员与云南巡抚派员会同商定；四、增开宜昌、芜湖、温州、北海（在广东）、重庆为商埠，并许设立英国领事，又安徽之大通、安庆，江西之湖口，湖北之武穴、陆溪口、沙市，准英轮停泊，但上下客货，由民船起卸；五、因两国法律不同，各口岸审判案件，只依被告人为何国人，即由何国官吏审判。其原告，本国官吏，只可赴承审处承审。此外，又有专款一条，规定英拟派员由北京启行，遍历甘肃、青海一带，或由四川等处入西藏抵印度，探访路程，中国应发给护照，并知会沿途地方官吏保护。

自是英国在缅势力日盛，惹起了法国的嫉视，光绪十年，法、缅遂结《攻守同盟密约》，缅许以湄公河以东之地让给法国。明年，法国竟将密约公布，英政府大惊，就在这一年，英国向缅甸致哀的美敦书，要求即时解决英、缅间一切纠纷问题。缅王不答，英海陆军同时并举，连陷蒲甘及旧都阿瓦、新都曼德勒，缅王被擒。明年，英并缅甸，编入英领印度之一部，于是缅甸全亡。英并缅甸，正值中、法战争吃紧，所以两国都无力顾及。中、法战后，清廷命曾纪泽向英政府提出抗议，英国始终不认缅甸为中国藩属。这时英人将实行《芝罘条约》，派员由印入藏，中国欲杜绝此事，几经磋商，才于光绪十二年在北京与英结《缅甸条约》，把缅甸问题一并解决。这条约的内容是：一、英国仍承认缅甸照常例十年遣使至中国进贡一次，但使节以缅甸种族为限；二、中国承认英国对缅甸有最高主权；三、滇、缅境界，由两国派员会同勘定，边境通商事宜，另立专约协定；四、《芝罘条约》许英国派员入西藏探测一件，兹以中国诸多窒碍，英国允将该件停止。二十年，驻英出使大臣薛福成与英外相劳思伯力（Rosebery）又结《滇缅界务商务条约》，其关于界务的有：永昌、腾越边境外的隙地，归于英国，木邦（即北丹尼）科干及从前中、缅共属之孟连、江洪二地，归于中国；但孟连、江洪二地，若不先与英国议定，不得让与他国。而关于商务的有：一、中国设领事于仰光，英国设领事于云南蛮允；二、中国船只得在大金沙江自由航行，其税钞与英同；三、中国课税，输入税照海关税则减十分之三征收，输出税照海关税则减十分之四征收；四、连接两国电线。又《法缅密约》，法国本来获得湄公河以东之地，及英并缅甸，于是法人应得权利，顿成泡影。英国预知法国必不甘心，所以在《滇缅界务商务条约》中，把湄公河畔孟连、江洪让给中国，借此避免与法冲突，再则中国如不能依约保守，即可借索别项赔偿。果然，当中、英《缅甸条约》宣布后，法国就以湄公河以东地曾属安南为口实，要求遢罗割让，遢罗不肯，法国进兵封锁湄南河口，直迫遢罗首都盘古，遢罗不得已，乃割湄公河东岸地及河中诸岛予法。但中国车里辖境，也在湄公河以东，至是法国遂以划界为请，于光绪二十一年，迫中国结《续议界务商务专条》。其关于界务的有：一、法国领土扩至湄公河上游东岸，江洪河畔确认属法，……于是普洱府所属猛乌、乌得两土司，以在江洪界内，也因此约而归法有。其关于商务的有：一、《商务续约》中所允开辟龙州、蒙自、耗蛮三处为商埠，今改以河口代耗蛮，加开思茅一处；二、云南、两广开矿，先向法人商办；三、安南已成或拟设的铁道，得接至中国境内，并连接中国、安南间的电线。明年，英、法订立协约，英国放弃江洪，以湄公河为两国势力范围界线，而以湄南河流域为中立地。英、法在湄公河上的纠纷既得解决，于是英国转而责备中国违背江洪不得让予他国之约，要求特种权利，以作赔偿，清廷不得已，遂派李鸿章与英结《滇缅界务续议附款》，其要点如下：一、现仍归中国所有之洪江及孟连地方，自后不先与英国议定，不得将片土让与他国；二、驻蛮允领事，改驻腾越或顺宁，并得设领事于思茅；三、云南如修铁道，须与缅甸铁道相接；四、增开梧州、三水、江根墟为商埠，并得设立领事；五、许英人航行香港、广州、三水、梧州间，沿途江门、甘竹滩、肇庆、德庆四处，均许上下客货；六、木邦、科干改属英国。

自法并安南，英并缅甸后，遢罗即介居两大之间，英、法都想扩张势力于遢罗。等到法国取得湄公河东岸地后，英、法冲突益烈，于是两国缔结协定，维持遢罗独立，各划势力范围，彼此互不侵犯。这时遢王库腊隆昆在位，颇能改革政治，亲游欧洲，遣子弟留学各国，更官制，定法律，兴学校，气象为之一新。大战时，遢罗加入协约国方面，没收德舰九艘，并派陆军二千人赴欧助战。巴黎和会，已确定其国际地位，并且收回了领事裁判权，加入了国际联合会，它虽处于两大均势之下，但仍不失为亚洲的独立国家。不过自经英、法协定后，和我国的藩属关系，早就断绝了。

所谓西南边徼诸藩属，就是廓尔喀、哲孟雄、不丹，兹分述如次：一、廓尔喀自乾隆时内附后，贡使不绝。后英灭孟加拉，乘胜攻廓尔喀，廓人血战力御,未遭蚕食。嘉庆间,与英屡次构兵,但对中国朝贡,则迄于光绪末年,从未间断;即民国元年,亦曾进贡四川一次。自后因西藏梗塞,遂不复通中国。现虽名为独立部落,但实际上徒供英人利用而已。二、哲孟雄一名锡金,为印、藏交通要道。嘉庆十九年,英与廓尔喀开战,英国获胜,遂割廓尔喀之台莱、么兰二地与哲孟雄,使之亲英。道光十九年,以年金三百镑赠哲孟雄而租得大吉岭地。咸丰十年,年金增至一千二百镑,英取得哲孟雄全境的铁道建筑权。《芝罘条约》英人本有入藏探测之权,不料藏人反对,英人不得已才于光绪十二年撤销英人入藏一条。藏人乘之,就派兵入哲孟雄,打算恢复在哲的势力,但不久即为英人所击败,并于光绪十六年与我结《藏印条约》,其第一款为"承认孟哲雄之内政外交概由英国保护监理",至是孟哲雄遂为英国的保护国。三、不丹一作布丹,本名布鲁克巴,乾隆时内附后,朝贡从未间断。其民好劫掠,常侵扰英领印度,亦屡为英人所击溃。同治四年,英与不丹订约,割第斯泰及亚山(一作阿赛密)上部以归英国。光绪末年,清廷积极经略川边(今西康省),英人恐中国进一步而干涉不丹内政,遂急起而谋解决不丹。宣统二年(1910),由英国驻哲、藏代表与不丹缔结《英不协定》,规定:一、英政府每年津贴不丹政府十万卢比;二、英国政府声明不干涉不丹内政,惟外交关系则不丹政府愿接受英国的指导。自是不丹无异为英国的保护国,而中国也就无从过问了。

注释

①哈萨克于道光二十年沦入俄国,布鲁特亦继之降俄,布哈尔于同治七年为俄所灭,浩罕于光绪元年为俄所灭。巴达克山后来并于阿富汗。自俄国势力在中亚细亚进展后,阿富汗即为英、俄两国必争之地。英国于光绪四年大败阿富汗,明年与阿缔结条约,规定阿国以后与他国宣战媾和,须经英国许可,且纳岁币十二万镑与英。自是英俄在阿明争暗斗,日益剧烈。直至光绪三十四年,始成立《英俄协约》,俄国承认阿富汗为英之保护国。民国八年,阿王阿孟乌拉新立,急谋独立运动,与英构兵,卒得英国承认为独立国。乾竺特一作坎巨堤,亦作谦特,位于今新疆蒲犁县西南境边外,面积九万三千方里,为南疆山入要道,亦印度北面门户。乾隆二十六年内附。道光时,为印度克什米尔所败,以乾酋岁贡克酋犬马各二头,克酋赏乾酋印度银千五百元媾和。同、光之交,英取克什米尔,自是乾竺特遂为中、英两属之邦。光绪十七年,英谋假道乾竺特入帕米尔,乾酋拒之,为英所败,逃至今蒲犁

县境。十八年,薛福成自英奏请与英会立前酋之弟为乾酋,清廷许其请。自是乾部虽为中、英共管,而实权则全操于英人之手。又帕米尔本为中、英、俄三国共辖地、其上分为八帕,均以山岭为界。光绪二十二年,英俄在伦敦缔结《私分帕米尔条约》,八帕之中,除塔克敦巴什一帕尚为我有外,其余七帕尽为英、俄所瓜分。但该条约,并未经我国签字,故谓帕米尔为中、英、俄未定界则可,谓帕米尔为英、俄所共有,则我国断不能承认。其他藩属的脱藩经过另详其他各章。

②太平军败后,其部将吴鲲率兵数千,侵入安南。鲲卒,其部将二人带领其众,取老开府为根据地。二人旋不协,遂分两派:一据老开称黑旗军,一据兴安府为黄旗军,皆以所用军旗著称。两派以黑旗军势最盛,其首领即刘义。义,广西博白人,入安南时,年已近六十,而勇壮豪迈,富于才略,为众望所归。安南知义不易制。遂厚遇义,招抚其军。义以容身有所,也就屡为安南策划,大得其王的欢心,至尚安南王的二女。义势既盛,黄旗军也相率归其麾下,所据土地,竟多至七百余方哩。后义与安南断绝关系,独据老开府,设官分职,兴教劝业,俨然有独立国的规模,其所统之众,亦多至二十余万人。及法侵安南,义始屡败法人。受清廷招抚后,改名永福。

③当时法政府要求增兵筹饷进攻中国,为国会所反对。

第十五章　中日战争

中日战争,又称中东战争,以其发生于光绪二十年(1894),岁次甲午,故又名甲午之役。现在先述战前的日本国势和中、日交涉。在上编四十三章中,我们指出日本的武人政治,即幕府政治。那时丰臣秀吉本有统一国内的趋势,但秀吉没后,国内复乱。后来其臣属德川家康继起,才把诸藩平定,开府江户(今东京)。幕府政权至是虽益加巩固,但欧、美资本主义的势力却又起而敲击日本的国门了。所以到了德川家庆的时代,美舰四艘驰入贺浦,幕府竟无力抵抗,结果就不得不和美国结通商条约(1853):是为日本和西洋诸国订约之始。

俄、英、法诸国继之,各结条约,允其互市,日本关门由是洞开。幕府政治到了此时便随处露出破绽:一方对外赔款增多,财政日益困难,他方新兴资产阶级抬头,要求有秩序有权力的政府,而藩士倒幕的策划,又益加促成这种政府的实现。明治天皇(1867—1912)即位,诸藩倡议归政天皇,幕府也就无法抵抗,而天皇统一政权,就开了"明治维新"的局面,使封建制度的日本，走上了资本主义的道路。不过日本资本主义的兴起，是在列强已经争取市场的时候，它受了这重大的刺激，所以为着要寻找市场，为着要获取工业原料和扩大投资范围，就不能不注目于近邻的朝鲜和中国了，中、日战争，就是在这种局势之下而爆发的。

中、日战前的日本国势已经明白了，现在要说战前的中、日交涉。清初惩明季倭寇之患，对日防范最严，只许华人赴日，不许日人来华。直到同治元年（1862），日本长崎奉行遣其属因荷兰领事言于上海道吴煦，请依西洋无约诸小国例，专至上海贸易，并设领事官照章完税，江苏巡抚薛焕许其请，才算是清代与日本互市之始。九年，明治天皇遣柳原前光至中国请求立约，朝命李鸿章、曾国藩筹议，二人都说可援西洋各国例结通商条约，惟约中不许载最惠国条款等字样。明年，伊达宗城为正使，前光为副使至天津，遂与李鸿章结《修好条约》和《通商章程》：是为中、日立约之始。两约的要点是：一、二国互遣使臣；二、兵船泊驻口岸，不得驶入内河湖港；三、二国设立领事于通商口岸，彼此都有领事裁判权；四、中国开放上海、镇江、九江、汉口、烟台、天津、牛庄、宁波、福州、厦门、台湾、淡水、汕头、广州、琼州，日本开放横滨、箱馆、大阪、神户、新潟、夷岛、长崎、筑地；五、进口货照海关税则完纳；税则未载明者，则值百抽五，彼此相同。这次条约，于日本并无特别利益，所以同治十一年，遂派副岛种臣与前光前来要求改约，鸿章许其修改数端。明年，改约成，互换于天津，并留前光为驻华公使，两国正式国交从此开始①，而台湾事件起。

琉球世受明册封，康熙元年，又受圣祖册封：不过自万历三十七年经江户幕府征讨后，事实上即和中国无甚关系。同治十年，有琉球船遇飓风，漂至台湾海岸，为台湾生番劫杀数十人。明年，其事闻于日本，日本遂封琉球王为藩王，并打算出兵台湾。但日本知台湾系中国属地，深恐中国出面阻害，所以命前光向总署大臣毛昶熙提出琉民被害事件，而昶熙竟以"番民皆化外"之语答复前光。前光遂言："生番杀人，贵国舍而不治，敝国将问罪于生番。"昶熙答言："生番既我之化外，伐与不伐，惟贵国自裁之。"前光归报，日政府遂于十三年出兵征台湾。清廷这时才知失策，始以台湾属中国统治不许擅讨为辞，要求日本撤兵，日本不允。清廷乃命王凯泰率兵二万余赴台，两国势将决战。会日军患暑瘴多死亡，有意退兵，而英使威妥玛又恐中、日战起，有碍通商，愿居间调停。于是和局告成，于十三年缔结《中日和约》，中国全权代表为奕䜣，日方为大久保利通，其要点是，一、日本征台为保民义举，中国不得认为不是；二、中国给琉球难民恤银十万两，赔偿日本在台修路建屋费用银四十万两；三、约束台湾生番，此后不得加害航民。根据这条约，中国便无异默认琉球为日本的属地了。光绪五年，日本废琉球王，设冲绳县，清廷抗议无效。至是清廷始知台湾重要，因于十一年改为行省，日本自台湾事件解决后，就转而经营朝鲜。

李氏朝鲜，自清初征服后，每岁进贡，未尝间断。同治二年，其王李昇卒，兴宣君昰应次子熙即位，封兴宣君为大院君，协赞大政。大院君坚持闭关主义，力主排外，法、美两国来攻，都被他打败。明治维新以后，日本屡次遣使至朝鲜，要求开埠通商，均为大院君所拒绝。光绪元年，日舰在朝鲜西岸江华岛测量，守兵发炮轰击，日舰应战，攻陷永宗岛炮台。日政府得信，遂向北京总署交涉，未有结果。明年，日命黑田清隆与井上良馨直赴朝鲜，责以炮击日舰事。这时李熙已亲政，大院君无权，王妃闵氏一族揽政，颇有与日修好倾向。结果遂与日结《江华条约》，其要点如次：一、朝鲜为自主国，保有与日本平等之权；二、朝鲜开放二港为商埠；三、日人在通商口岸的，享有领事裁判权。根据这约，日本遂得排斥我国对朝鲜的宗主权，逐渐把朝鲜移在日本支配之下。约既成，遂开元山、仁川二港为商埠，日命花房义质为代理公使，驻扎京城（即汉城），李熙又新置陆军二营，聘日将为教练官，并遣金玉均、徐光范留学日本。八年，京城兵士暴动，大院君利用时机，推翻闵党，于是围攻王宫，杀闵谦镐等，又焚日使馆，花房义质逃归日本。日本得报大愤，命花房义质、仁礼景范率军舰渡韩，向李熙提出要求数款。时张树声署直隶总督，闻朝鲜有变，就命丁汝昌、马建忠率兵舰至仁川，又命吴长庆东援。汝昌等先后入京城，平定暴乱，并捕祸首大院君②。同时，日本兵也入京城，要求改约，李熙不得已，遂与日结《修好续约》和《济物浦条约》。《济物浦条约》的要点是：一、朝鲜惩办凶徒；二、抚恤日人家属及伤者恤金五万元；三、偿日军费五十万元；三、日本使馆得置兵警备；四、朝鲜派大员赴日道歉。事定以后，李鸿章③知韩事日急，遂派周馥等至韩结《商务章程》，其要点有：一、北洋大臣札派商务委员驻韩，韩王派大员驻津；二、华商在韩享有领事裁判权，韩人在华则归地方官按律审判；三、二国商船得往彼此商港贸易。时华兵六营驻扎汉城，以袁世凯为营务处官，派员操练韩兵，并以陈树棠为商务委员。鸿章更荐前德领事穆麟德（Paul George Von Moellendroff）为韩国顾问，管理韩国海关，兼办外交事宜。这样一来，中国在韩的势力，便大异于前。但日本在韩的力量，也不可侮。那时朝鲜练新兵五营，三营归中国教练，余归日人教练。又朝鲜分为新旧二党，旧党以排拒外力依附中国为目的，称事大党，即亲中党，其首领为闵台镐、闵泳穆、闵应植、闵泳焕、闵泳骏诸人。新党以借日本援助谋国家独立为目的，称独立党，即亲日党，其首领为金玉均、朴泳孝、洪英植、徐光范、徐载弼、申福模、朴泳教诸人。《济物浦条约》成立后，日本即遣竹添进一郎为驻韩公使，驻扎京城，以兵一中队为护卫。且宣称日本将退还军费四十万元，李熙受其影响，也倾向于新党。光绪十年，朝鲜邮局成立，其总办洪英植设宴庆祝，邀请朝臣及各国公使到会，新党便想借此起事，尽除旧党。至期，朝臣及各国公使均至，独竹添进一郎托病不到，预运枪械至日使馆，酒间火起，新党遂入王宫，杀闵泳穆诸人，并引日兵至王宫，一时旧党尽除，而新党独掌朝政。旋旧党求救于吴长庆、袁世凯。长庆等率兵平乱，日兵退出王宫，斩英植诸人，竹添进一郎知事无可为，遂自焚日使馆，率兵退至仁川，金玉均、朴泳孝亦逃往日本。乱定，日本命井上馨赴韩责问，迫韩结《汉城条约》，其要点是：一、韩王修书，遣使至日道歉；二、给被害日人恤金十一万元；三、惩办杀害日本武官之凶手；四、赔日使馆修筑费二万元。未几，日命伊藤博文来津协议朝鲜事务，鸿章与日结《天津条约》三款：一、中、日两国于条约成立后四个月内，各尽撤驻韩军队；二、二国允劝韩国练兵，但均不派员教练；三、将来朝鲜如有重大事变，两国出兵，须互先行文知照。根据这约，朝鲜就无异成为中日两国的共同保护国了。约成，两国如期撤兵，中国仅留袁世凯为商务总办，留居京城。至光绪二十年，东学党事起，遂激成中日战争。

东学党为民间半宗教性的秘密会社，创于崔福成，其目的在"明人伦，诛污吏，匡秕政，救生灵"，所谓东学，就是以儒、老、佛为基础的中国之学，而竭力排斥耶稣教。同治三年，福成被捕处斩，然余党仍潜伏各地，其势不衰。李熙亲政以后，内则政治腐败，外则交涉屡受屈辱，人心浮动，颇思作乱，福成族人时亨遂利用时机，于光绪十八年会众于全罗道参礼郡，议定为福成雪冤。明年春，时亨率众至京城请愿，韩王将其解散。又明年，全罗道古阜郡农民抗税，全臻準遂乘机托东学党起事，庆尚、忠清二道，都闻风响应，李熙命洪启薰进兵往剿，反为所败。六月，朝鲜政府要求中国出兵援助，鸿章遂派叶志超、聂士成率兵屯于忠清、牙山。总署又按中日《天津条约》电谕驻日公使汪凤藻照会日本，告以"派兵援助，为我朝保护属邦旧例"。其外务大臣陆奥宗光复书凤藻，声明"帝国政府从未承认朝鲜为中国属邦"，并告以日本亦将出兵。于是日先后遣大鸟圭介、大岛义昌率大兵至朝鲜，同时并命其驻京公使小村寿太郎照会总署，告以日本出师平朝鲜内乱。东学党见中、日兵至，相率走散，大乱全定。世凯因照会大岛圭介，谓乱事已平，中、日两国应同时撤兵，大鸟不应，反率兵占领王宫，解除韩兵武装，诛逐闵氏之党，拥大院君摄政，并迫大院君宣言废除中、韩间一切条约。会这时中国所租英轮高升号载华兵及枪弹由大沽出发至牙山应援，途中已为日舰击沉，而北洋海军济远、广乙二艘行至丰岛附近，也为日舰所败，同时驻屯牙山的聂士成、叶志超之军又败绩于成欢；于是主战派李鸿藻、翁同龢、张謇等纷纷责备鸿章误国。七月一日，清廷遂正式下诏对日宣战，同日，日本亦正式宣战。原来当中国派兵由大沽出发应援牙山时，同时又命卫汝贵、马玉昆、丰伸阿、左宝贵同赴牙山应援。诸军齐至，而志超已败。时志超与诸军均集中平壤，日军来攻，败绩，宝贵奋战而死，独玉昆得全师退至鸭绿江西岸九连城：是为平壤之役。自是朝鲜境内，华兵绝迹。当战事爆发时，鸿章又命刘盛休应援平壤，并命丁汝昌率北洋舰队十二艘护送至大东沟登岸，事毕，诸舰将归旅顺，途中遭遇日舰，战于黄海海面：是为黄海之役。是役我军被日舰击沉五艘，伤七艘，由汝昌领率归威海卫。自是北洋舰队不敢复出，黄海的制海权全归日本，奉天南部黄海西岸，日兵遂得自由出入。又当大军屯平壤时，又命宋庆、刘盛休、依克唐阿应援平壤，诸军未集，而平壤之军已退。时大军七十余营，归宋庆调度，集九连城，日军云集义州，隔鸭绿江而守。旋日军分两路：一由义州渡鸭绿江，一取海道攻大连、旅顺。虎山一战，而士成不支，宋庆弃九连城，走凤凰城。日军进迫，凤凰城、大东沟、大孤山、岫岩州相继失守。时旅顺危急，宋庆往救，以士成代守摩天岭，士成与日军激战于摩天岭附近，屡挫日军，而依克唐阿在凤凰城东北，亦数败日军。后宋庆、玉昆、盛休等又自盖平反攻海城，与日军激战于瓦缸寨，大败日军。旋日军三次冲锋，我军才向营口、牛庄方面退却，不久，日军增援，遂陷盖平。自后依克唐阿及长顺统兵三万，吴大澂统兵四万，五攻海城不下。而宋庆诸军与日军战于东西七里沟一带，也屡为日军所败。于是大军溃退，而辽东半岛之势益危。日军进攻旅顺一军，初由花园口镇及貔子窝两处登岸，首陷金州，进又占领大连。日军进攻旅顺，连陷各堡垒，守将均逃遁，旅顺又陷。败报至京，朝廷大震，遂起奕䜣为军务大臣，任刘坤一为钦差大臣，总辖军务。这时坤一屯山海关，与宋庆、吴大澂合。大澂率李光久、魏光焘进图海城，转战于牛庄方面，为日军所败，大澂等逃奔入关。时宋庆守营口，及大澂逃，庆率军往救，留蒋希夷守营口，希夷又弃营口而逃。宋庆退至辽河以西，后日军猛攻，宋军不支，向西溃退，自是辽东半岛全为日军占领，而我军所守便仅限于锦州、山海关一带，陆军战事，至是告终。其在海军方面，自黄海战后，北洋舰队即潜伏威海卫，不敢再战，后日军又分扰山东，自成山上岸，陷荣城，进攻威海卫，丁汝昌以军舰降敌，而自仰药死。北洋舰队既覆，日军又进攻南洋舰队，陷澎湖群岛，进逼台湾。时休战条约虽已告成，而日本以欲夺取台湾之故，竟强置澎湖、台湾于休战条约之外，继续攻击。

　　当日军攻陷旅顺时，鸿章就央请各国调停，被日拒绝。光绪二十年十月，鸿章又遣天津海关税务司德璀琳（G. Detring）为媾和使，致书日相伊藤博文，伊藤谓私函非国书，德璀琳非中国大员，非钦派不能与议，美使田贞（Charles Denby）出面调停，改派张荫桓、邵友濂为议和全权大臣，于二十一年正月到日本。伊藤谓荫桓等所携全权勅书，不合通例，拒绝开议，荫桓等力争不得，遂返国。后陆奥又致书美使，谓中国如诚心求和，当派位望素隆之大员，畀以全权，乃可随时开议。清廷遂派李鸿章为头等全权大使，于是年二月与伊藤、陆奥会于马关，首议休战条约，伊藤提出条件四款：一、大沽、天津、山海关三处归日军占领；二、上三处中国军队的军器及军需全数缴给日军；三、天津、山海关间的铁道，归日军务官管辖；四、休战中日军队的军费归中国负担。鸿章以条件苛刻，请暂将休战问题搁置，直入媾和谈判。伊藤不允，鸿章请延缓三日，以资审虑。三日后，两方代表会议，鸿章仍执前议，伊藤约以明日再谈。鸿章由会所归旅馆，途中为浪人小山丰太郎所狙击，左颊负伤颇重，各国舆论大哗，日方至是才允许以无条件结休战约,但休战地域,仅限于东三省,至台湾、澎湖方面,依旧继续战争,鸿章力争无效。休战条约既成,遂进行媾和谈判。日方提出草案十一条,鸿章以条件过苛,反复辩论,日方不稍让步,鸿章不得已,遂与日方于是年三月结《马关条约》十一款,其要点如次:一、中国承认朝鲜为完全独立自主国;二、中国割让辽东半岛及台湾、澎湖与日本;三、赔偿日本军费银二万万两,分八次交付;四、割让地内居民,限二年以内迁徙,逾期不迁,即视为日民;五、开沙市、重庆、苏州、杭州四口通商,日船得自宜昌驶往重庆,自上海驶进苏州、杭州;日商贩运货物得暂存栈免除税捐;又得于商埠开设工厂,制造货物;六、换约后三月内订立通商航船条约及陆路通商章程;七、两国交还俘虏,中国宽贷关涉日本军队之华民;八、本约批准互换后,日本罢兵。当和议谈判日方提出割地要求时,朝野大愤;及鸿章成约归国,张之洞等都交章争劾鸿章,康有为等数千人上书尤为激昂,清廷颇为所动,遂命鸿章改约。鸿章以全权签约,未便更改,坚持不从。会俄、德、法三国出面干涉①,迫日退还辽东,中国才利用时机,要求修约。四月,命伍廷芳、联芳同赴烟台换约,要求退还辽东半岛,日使伊东美久治不允。会俄舰泊烟台十艘,将备战,伊东恐惧,电请国命,乃从归辽议,夜半换约。换约后,日兵尚驻辽东,三国严责日本退兵,日乃索赎辽东费一万万两,后经三国公断为三千万两,由鸿章与日本结《交还辽东条约》。十一月,张荫桓又与日结《中日通商航船章程》。在这章程中,日本取得了对中国的领事裁判权及最惠国的地位,旋又再议立专约,规定在华日厂制造货物的征税,同于华人设立的工厂。惟拟订陆路通商章程之事,则经打消。《马关条约》虽已签字互换,但关于割让台湾却还有一点枝节。原来当中、日战起之时,台湾巡抚邵友濂即命福建水师提督杨歧珍、广东南澳镇总兵刘永福率所部防台。等到朝鲜之师既败,辽东各城相继陷落时,友濂就密求内调。清廷遂以藩司唐景崧署台湾巡抚,调友濂抚湘。景崧既署抚,即命永福守台南,景崧自任守台北。及日军占澎湖,台湾遂孤悬海中,而台势益危。后来割台议起,台民群起反对,主事邱逢甲建议自主,组民主国,开议院,制蓝地黄虎国旗,拥景崧为大总统。四月,和约成立,朝命李经方(鸿章之子)为割台专使,并命景崧率军民内渡,至是台民遂决计自主,推景崧为台湾民主国大总统。时日本攻台益急,日军陷基隆,景崧变服内渡。台民又推永福为总统,永福不受,仍称帮办,在台南一带设防守。自是永福与日军苦战数月,互有胜负,卒因援绝粮尽,至光绪二十一年九月,亦为日本所败。永福内渡。于是台湾全归日本。

中、日战争,本因朝鲜问题而起,但其结果,则不仅朝鲜脱藩,我国还得赔款割地,并与日本结不平等条约,这实在是鸦片战后我国所遭遇的第二次重大打击。我们在这次战役中,应明白指出:第一,《马关条约》规定朝鲜为独立自主国,从此朝鲜落在日人掌握中,以后日本竟把整个的朝鲜攫夺而去。第二,日本既得台湾、澎湖,于是即以之为根据地,以制南海的海权,而与台湾成犄角之势的福建,却从此成为日本侵略的对象了。第三,日本取得辽东半岛,以旅顺、大连湾为海军根据地,便足以制黄海和渤海的海权;后虽因三国干涉,退还中国,但日本进出满洲的企图,却始终不曾打消。第四,日本是资本主义的后起者,其得有今日的强大,是经过中、日战争,日、俄战争,第一次世界大战三大阶段的。每经一次战争,日本资本主义便有一次飞跃的进展,同时对中国的进攻也就加紧一步。第五,中、日战争,反映在中国方面的,便是维新运动的兴起。

注释

①光绪二年,中国始派何如璋为驻日公使。

②大院君被捕后,即送至保定,至光绪十一年始释归。

③光绪九年,鸿章再任直隶总督,兼北洋通商事务大臣。

④和中日战争有关的,不外美、英、俄、德、法五国。美国在当时所持的态度,并不积极干涉日本,它只希望战争早日了结,以便和中国通商。战争初起,英国打算干涉日本,迨日本战无不胜,英却转而袒日,其目的又在防止俄国势力在远东的发展。只有俄国,因为日本占领辽东半岛,使它的东向政策受着绝大威胁,所以起来干涉日本。法国在当时和俄国同盟(用以对抗德、意、奥三国同盟),且欲在远东投资,所以和俄国联合共同干涉日本。德国以日占旅、大,将危险于欧洲的和平,所以也和俄联合,并借此以疏法、俄。

第十六章　《中俄密约》与沿海港湾之租借

中日战后,日本一跃而为东亚强国,从此在中国攫夺利益的斗争中,除了英、俄、德、法四国之外,又新添了日本这重要角色。原来世界资本主义的发展,到了十九世纪末叶,益加使列强对市场、对投资地、对原材料出产地的争夺战趋于白热化,列强的矛盾也就益加深刻起来。这反映在中国方面的,就是势力范围的划分,换言之:就是在这争夺战白热化的时候,已不容许任何一国,独占中国,而是由列强来共同分割中国。这就是中、日战后列强进攻中国的新趋势。

日本退还辽东后,俄国本欲向中国索取重偿,因为事前俄公使喀西尼(Carssine)和李鸿章已有成约。但鸿章自日缔约归国后,直督改由王文韶署理,鸿章入阁,所谓成约,俄国也就无从说起。光绪二十一年,俄皇尼古拉二世即位,明年举行加冕典礼,请中国派大员往贺。清廷诏派王之春为专使,喀西尼言其地位不称,示意总署,请改派鸿章。鸿章自中、日战后,本有借俄以制日之意,及抵俄京圣彼得堡,遂与俄结《中俄密约》,其要点如次:一、日本如侵占俄国、中国、朝鲜领土,中、俄两国应在军事上军需上互相援助;二、中、俄两国,现经协力御敌,非由两国公商,一国不能与敌议立条约;三、战时,中国口岸准俄国军舰驶入,如有所需,地方官应尽力援助;四、中国许俄于黑龙江、吉林地方,接造铁路,直达海参崴,由华俄银行承办,其合同条款由中国驻俄公使与银行商订;五、俄国于照第一条款御敌时,可用此铁路运兵、运粮、运械,平时亦得运过境的兵粮;六、本约效力以十五年为限,届期六个月以前,由两国再行商办展期。俄国旋根据此约,与驻俄公使许景澄结《华俄道胜银行①契约》,许该行有领收中国境内税收、代募公债、铸造货币及中国境内布设铁路、电线之权。同时,景澄又与道胜银行结《东省铁路公司契约》(一名《东清铁路会社条约》),其要点如下:一、中国入股银五百万两,铁路由道胜银行承办;二、铁路敷设,自俄国赤塔接至南乌苏里河;三、承办机关定名中国东省铁路公司,股票只准华、俄商民购买;四、公司总办由中国选派;五、公司得于沿路建屋及架设电线,并得开采沿路附近炭矿;六、公司得设置路警;俄国海陆军及军械过境,公司有即时运送之责;七、中国军队军械由铁路运输,收取半价;八、货物经过铁路由俄输华或由华输俄,照海关税则减三分之一征收,其运入内地者,再交子口税;九、公司自路成开车之日,经营八十年后,无条件归还中国,三十六年后,许中国备价赎还,路成开车之日,公司即将中国股银五百万两交还。依据条约,所谓东省铁路公司本系商办性质,但后来竟变成俄国财政部的附属机关;并且条约中规定的总办，我国亦未派人充任，而所谓股银五百万两，公司亦未照约交还。自是俄国独占东清铁路（即今中东铁路），而满洲风云也就日益紧迫了。原来俄国东略，其主要目的之一，就在于东方取得自由通海路和不冻军港。《瑷珲条约》成立后，俄已有相当收获，现进而谋夺辽东半岛。光绪二十三年，德国强占胶州湾，俄借口以危及东省为辞，要求租借旅顺、大连湾。清廷无力抗拒，卒于翌年与俄使巴布罗福（Pavlov）结《巴布罗福条约》，其要点如下：一、中国将旅顺、大连湾二处及其附近一带之地租与俄国，以二十五年为期；二、俄国得在租借地设置大吏，调度海陆军，治理地方，并得建筑炮台，安设防军；三、旅顺作为军港，只准中、俄船出入，大连湾除保留口内一港专为中、俄军舰应用外，开为商港，许各国商船往来；四、中国允东清铁路延长至大连湾，或由干路至营口、鸭绿江间沿海较便地方，筑一枝路。后许景澄与东省铁路公司订立合同，规定枝路达于旅顺、大连湾，定名东清铁路南满洲支路（即今南满铁路），并规定俄国得在租借地自行酌定税则，中国设海关于大连湾，其事务委托公司办理，归中国政府直接管辖②。约定，俄即以辽东半岛租借地，改建关东省，以旅顺为首府，置总督治之。这样一来，俄国固在辽东建立直接的统治权，而满洲也就完全成为俄国的势力范围了。又承筑铁路，也是列强争夺的对象，这在中、法《天津和约》中即已见其端倪。中、日战后，清廷有兴筑京汉铁路的计划，预计筑造费五千万两，本国只筹得一千三百万两，余数不得不借自外国。法使施阿兰（Auguste Cérard）闻讯，就根据中、法《天津和约》要求总署由法国承筑，总署复称条约上并无建筑铁路优先权以拒之。旋盛宣怀任铁路督办，欲向美国借款，又无结果。至二十三年，宣怀才与比国合股公司订立合同，规定由保定至汉口间的建筑费，由道胜银行出资，而该行即得承办该铁路之权。合同成立，英、德都提出抗议。当时清廷以合同条件较有利于中国，又以俄国请求，故对抗议，置之不理。同年，山西商务局倡修正太铁路，又向道胜银行借款六百八十万两，限二十五年偿还，并规定如到期不能偿还，则该铁路由银行代管。于是俄国势力，横跨山西，且侵入长江流域。英国认为俄国妨碍英国利益，乃向清廷要求：（一）天津、镇江间，（二）山西、河南至长江间，（三）九龙、广州间，（四）浦口、信阳间，（五）苏州、杭州、宁波间五线的承筑权，除第一线因牵涉德国势力范围暂付保留外，其余四线清廷均予以承认。后英、德二国协议，决定济南以北归德借款承筑，以南归英，清廷也更改路线，由天津直达浦口，这就是现在的津浦铁路。英国既取得长江流域铁路承筑权，同时又与我结《关外铁路借款契约》，规定由英银行借款与华，自山海关至牛庄、新民屯一段的铁路归英承筑，并以关外铁路作抵。英国欲借关外铁路以割断东清铁路和京汉、正太两铁路的联络，俄国大愤，强迫总署解除《关外铁路借款契约》，英坚决反对。直到光绪二十五年，才成立《英俄协定》：规定长江流域为英国的铁路筑造范围，长城以北为俄国的铁路筑造范围，其关外铁路承筑权，俄国亦承认归英。这样一来，俄国的势力范围便由满洲扩大至蒙古了。

英在华取得利益最多，及德占胶州湾，俄租旅、大，英国遂向总署提出要求四款：一、长江流域各省土地不得租借或割让与他国；二、开放内河；三、二年后开长沙为商埠；四、中国海关总税务司永久聘用英人。总署一一认承，时光绪二十四年。同时，又以"俄国以旅顺为军港危及中国，若以威海卫租与英国，方足以制俄"为辞，要求租借威海卫。时威海卫尚以担保赔款为日军所占，英国恐日本干涉，遂与日本协议：英国承认福建为日本的势力范围，日不反对英国租借威海卫。随又通知德国，谓英租威海卫专为抗俄，并承认山东为德国势力范围。英国布置既定，遂迫总署承认其要求，卒于光绪二十四年与我国结《威海卫租借条约》，其要点如下：一、威海卫租与英国，以二十五年为期；二、租借地归英国管辖，但限于不妨碍租借地之兵备，中国官员仍可在城各司其事；湾内水面，中国兵船仍可使用；三、宁海州以东至荣成角之北海岸及附近为中立地，归中国管辖，但英国得于域内择地戍兵及建筑炮台，又域内除中、英二国兵以外，不许他国兵进入。威海卫的租借，系英国在中国北方对抗俄国的成功，而在南方，因为中国允许法租广州湾，于是又借口危及香港为辞，要求推广九龙租借地。清廷无法抗拒，卒于二十四年与英结《九龙租借条约》，其要点如下：一、拓展九龙租借地，凡九龙半岛全部、香港附近大小四十余岛屿及大鹏湾、深州湾，均租与英国；二、租借地以九十九年为期；归英国管辖，但限于不妨碍租借地的兵备，中国官员仍可在城内司事，居民依旧乐业，大鹏湾、深州湾水面，中国兵船仍可使用。英国至是在北方和南方，都取得了海军根据地，至于长江流域之属于英国势力范围，则不但已得中国许可，并且在《英俄协定》中，也得到了俄国的承认。

原来当俄、法、德迫日退还辽东以后,俄、法都在中国取得很大的利益,只有德国向隅。光绪二十一年,德向总署商借屯煤海港,未有结果。明年,李鸿章出使至俄,道经德国,德皇威廉第二重申前请,鸿章答称待其归国再议。是年冬,德又要求租借胶州湾,为总署所拒。二十三年,山东曹州府巨野县匪盗戕杀德教士二名,德遂借为口实,以海军占据胶州湾,进占青岛及胶州城;并向总署提出要求六款:一、山东巡抚李秉衡革职,永不叙用;二、给教堂建筑费六万六千两,赔偿盗窃物品银三千两;三、钜野、菏泽、郓城、曹县、单县、鱼台、城武七县各建教士住房一所;共给银二万四千两;四、担保以后永无此等事件发生;五、以两国人资本,设立德华公司,筑造山东全省铁路,并许开采铁路附近的矿山;六、德国因办理此案所费银两,均由中国担负。几经谈判,德国才允许放弃赔款,而中国许以租借海港。旋李鸿章与德又结《胶澳租借条约》,其要点如次:一、将胶州湾海面与内外诸岛租与德国;二、德国得于租借地行使主权建筑炮台,但不得转租与他国,中国军舰商船来往,均照德国所定各国往来船舶章程一例待遇;三、租期定为九十九年;四、中国许德国在山东筑造自胶州湾经潍县、青州等处至济南和山东界以及自胶州湾至沂州经莱芜至济南之二铁路;五、德国有开采铁路附近三十里内矿产之权;六、以后山东省内开办任何事业,或需外资,或需外料,或聘外人,德国有尽先承办之权。条约既成,德皇遂改胶州湾租借地为胶州湾保护领,令归海军部管辖,至其经营铁路矿山诸事务,则命本国银行组织德华公司承办。同时,德又与英结《天津镇江铁路协约》,规定自天津至山东南境的铁路承筑权归德国,山东南境以南至镇江归英国。这样一来,山东便成了德国的势力范围。

原来中、法《天津和约》规定中国南数省修筑铁路,须雇用法人;二十一年的《中法续议界务商务专条》,又规定云南、两广开矿须聘用法人;事实上,法国早就把中国南部视为他的势力范围了。光绪二十三年,法以迫日本退还辽东有功于中国为辞,向总署提出要求:一、海南岛不得割让与他国;二、龙州铁路得延长至百色、南宁;三、雇用法人,开采云南、两广矿产;四、疏浚红河上流,并许法筑铁路达于云南省会。清廷予以承认。明年,法见德借胶州湾、俄借旅大,遂以要求均势为辞,向总署提出条件:一、云南、两广不得割让与他国;二、中国邮政局总办任用法人;三、自东京至云南省会的铁路归法国建筑;四、法国于南海租借储煤港湾。

除第二项须俟中国邮政独立时再议外，余三项，总署均予以承认。又明年，根据本约，与法结《广州湾租借条约》，其要点有六：一、将广州湾租借与法，以九十九年为期；二、租借区域为广州湾内外的岛屿及高州、雷州的一部分土地；三、租借地在租借期限内全归法国管辖，得为军事上的设备，又对于人民得发布命令，但不妨害中国的主权；四、中国船舶往来，依中国各通商口岸例，同一待遇；五、法国得自广州湾建筑铁路达于雷州西岸的安铺附近；自是云南、两广成为法国的势力范围。

中、日战后，日本一跃而为东亚强国，不料俄国崛起，处处阻碍日本发展。其所得辽东，既因三国干涉而退还中国，但不久又被俄国攫夺而去。日本这时正在战后，深知在经济、军事上都不能向任何强国轻易启衅，所以只得暂时休养，静待时机。会列强先后在中国划定势力范围，日本以福建邻近澎湖群岛，和日本关系最深为辞，先商于英、德二国，欲划为日本势力范围，英、德未有异议。光绪二十四年，日遂要求中国承认不割让福建及其沿海一带与他国。总署以为不许其请，恐日另有要挟，于是覆文承认其要求。自是福建成为日本的势力范围。

当列强分割中国时，意大利虽未曾跻立于强国之林，却也想从中染指。光绪二十五年，意大利政府宣布派遣舰队来华，同时训令其驻北京公使向总署要求租借浙江的三门湾为其海军根据地。事先意政府曾以此事通知列强，英、德、法三国，虽未有异议，但希望勿用兵力，日则以三门湾逼近福建，颇示反对之意。总署坚决拒绝，并于江、浙要地镇守重兵以备决裂，意以列强态度于己不利，未便用兵，遂放弃要求。清廷至是始自动开辟吴淞、秦皇岛、三都澳，以预杜列强的要求。

又澳门一地，原为葡萄牙租借之地，按年纳租。至道光二十九年，葡人抗不纳租。鸦片战后，鸦片解禁，且规定每百斤抽税银三十两。光绪九年《芝罘条约》续增专条中又定为鸦片百斤抽厘金银八十两。但这时香港、澳门一带私运鸦片入内地的很多，中国要求缉私；英国借口澳门若不缉私，则香港亦难照办。清廷不得已，卒于光绪十三年中、葡两国派员在葡京结《预立节略》四条，其第二条规定葡国有永居管理澳门之权；其第三条规定不得中国许可，葡国不得将澳门让与他国，是为我国条约上承认葡国占领澳门之始。

美国正式和中国订约，始于《望厦条约》，咸丰八年，又结《中美条约》，列强在中国享有的权利，美国一例均沾。同治七年，清廷任美国前任公使蒲安臣（Anson Burlingame）③为钦差大臣，赴华盛顿与美结《中美续约》，本约以平等互惠的精神为原则，于国家权利并无损失。及列强纷纷在华划定势力范围，美国大总统麦金莱（Mckinley）也同意瓜分中国，其国务卿海伊（John Hay）表示不可。盖当时美国对华贸易逐年增加，而美在外交上又处孤立地位，所以只要能保障其在华商业继续进展，美国暂时并不愿争取势力范围以惹起国际纠纷。海伊曾任驻英公使，颇与英国亲善，及任国务卿以后，英、美邦交更有进展。那时英国在华势力已居首位。自列强相率划分势力范围以来，英国在外交上一时颇难应付，故主张中国门户开放，以杜列强纷争，但未敢向各国提议。等到海伊主张英、美合作，英国遂助美取得粤汉铁路的承筑权，而美国正恐各国封锁势力范围，于己不利，于是前此为英国所倡导的中国门户开放政策，遂在英、美协调之下，由美国向列强提出。光绪二十五年，海伊先后向英、德、俄、法、日、意六国发表《开放中国门户宣言书》④，其要点如次：一、各国在中国已得之利益范围或租借区域或别项既得权利，互不干涉；二、各国范围内之各港，无论对于何国入港商品，皆遵中国现行海关税率课税，其税由中国政府征收；三、各国范围内之港，对于他国入港船舶，不课本国船舶以上的入港税；各国范围内各铁路，对于他国货物不课本国货物以上的运费。二十六年，各国都先后覆文赞同海伊氏宣言，于是美国政策成功，其商品遂得冲破各国势力范围而畅行中国各地了。

注释

①宣统二年，华俄道胜银行与法国北方银行合组新银行，改称俄亚道胜银行。惟性质及国籍则未改变。

②其用意不外削减英人势力和破坏为英人所垄断的海关制度。

③当英、法联军入京时，蒲安臣任美国驻北京公使，和议时，他任调人，颇为恭亲王奕䜣所信赖。至是竟得清廷任命为钦差大臣。

④海伊氏宣言首段："美国深信贵国决不致因在中国取得某项权利，借此排斥他国商业上之竞争。又深信中国许贵国以贸易自由者，即许全世界之贸易自由也。美国政府不能承认任何国在中国某部分享有专属利权，如迄时各约所订载者。且又深虑如此局面，危及美国在中国以条约取得之权利。故美国希望在各国所谓之利益范围内，作为世界公共市场，庶可消灭国际冲突之祸根，而各国庶可协同促进中国

政治之改良，维持中国领土之完全。美国政府以为欲达此项目的，须先由主张利益范围之各国，声明对于各该范围内之国际贸易，究持若何态度？"

第十七章　维新运动与戊戌政变

明、清之际，随耶稣会教士而传入中土的西学，当时虽采用其一部分；但反对的人，却依旧占有很大的势力。世宗驱逐教士以后，所谓西学就毫无声息了。道光时，虽间有一二卓识之士，像阮元之著《天象赋》《畴人传》，魏源之著《海国图志》，徐继畬之著《瀛寰志略》等，然多为世所非笑。鸦片战后，虽摧毁了我国闭关的局面，但英、法联军之役，疆臣像叶名琛辈，却仍旧不识世界大势。只有湘、淮军诸名臣，像曾国藩、李鸿章、左宗棠、郭嵩焘诸人，因为和外人接触较多，见闻较广，所以其见解亦较进步。他们颇知西人在物质科学方面有许多特长，认为中国衰弱，全由于缺乏这种科学。所以只要取西人之长，补我之短，中国就能自强，所谓洋务，就是根据这样的认识而来的。当时所兴办的洋务，如同治元年，安庆设军械所，上海设制炮局；如二年，上海设外国语言文字学馆；如三年，南京设金陵兵工厂；如四年，上海设江南机器制造局；如五年，福建设马尾船政局；如六年，北京设同文馆；如九年，天津设北洋机器制造局；如十年，拟在大沽设洋式炮台；如十一年，挑选学生赴美留学，又设轮船招商局；如光绪元年，筹办铁甲兵船，并请筹设洋学局于各省，分格致、测算舆图、火轮机器、兵法、炮法、化学、电学诸门，择通晓时务大员主之，于考试功令稍加变更，另开洋务进取一格；如二年，设四川机器厂，并派武弁往德国学习水陆军械技艺，又派马尾船政生出洋学习；如六年，始购铁甲兵舰，并于天津设水师学堂，又设南北洋电报局，又请修铁路；如七年，设开平矿务商局，又设开平至唐山间之运煤铁路，又创设公司赴英贸易；如八年，筑旅顺运港船坞，又于上海设商办机器织布局，又设金陵火药局；如十一年，天津设武备学堂；如十三年，开办漠河金矿；如十四年，北洋海军成军，如十九年，设汉阳铁政局；又如二十年，天津设医学堂。大抵都由曾国藩、李鸿章主持。国藩死后，鸿章位高望重，当时所谓洋务，几全归他一人主持；而国藩幕僚如黎庶昌、薛福成、容闳[①]诸人，也多所策划。综计鸿章所办洋务，大体不出整军裕财两途；而那时顽固守旧的人和自命为清流的人，却依旧表示反对；至于士子，也只囿于章句之学，根本就不明白洋务为何物。其在外交方面，这时也有改变。原来清代只有理藩院，以理藩属朝贡，那时持的是闭关政策，并不知有所谓外交。英、法联军之役前后，外交事务日繁，才建总理各国事务衙门（简称总署），专办对外交涉。自是朝廷对于外人要求通商，虽依旧深闭固拒，但迫于无可奈何，也就只好一一和外人订约了②。这样一来，从前的自大自尊心理，就无形打破，于是有同治七年遣使出聘有约各国之举③，有光绪元年派常驻使臣于国外之举④，但后来外交屡次失败却又由傲外变为惧外了。

中、日战后，我国竭全力所经营的北洋海军全部覆灭，便已明证专言船坚炮利，尚不足以拯救中国。中、日宣战之时，孙中山先生早已见到洋务之弊，上书李鸿章，力言"欧洲富强之本，不尽在于船坚炮利，垒固兵强，而在于人能尽其才，地能尽其利，物能尽其用，货能畅其流"，不见采用。战后列强纷纷租借军港，划定势力范围，瓜分之祸，迫在眉睫，才促起了士大夫前进分子的革新的意识，而蕞尔小邦的日本，竟能因明治维新战胜了广土众民的中国，则又直接予他们以重大的刺激。在这样情况之下，就产生了改良主义的维新运动。维新运动和洋务，并无本质上的差别，因为同是西化，不过后者只着重军备和工业，前者进而注意政治改革罢了。要叙述维新运动，首先就得说说西教士所设立的广学会。它成立于光绪十四年，英人李提摩太（Timothy Richard）主其事，其目的在启发中国文化，输入泰西学术，以谋中国的自强。它在当时本无政治意味，及李提摩太于中、日战后到北京，向王公大臣陈说改革事宜，于是朝臣如文廷式、孙家鼐、翁同龢、张荫桓诸人，士大夫如康有为及其弟子梁启超，都和他交游，讨论变法。在这一群主张变法的人里面，以有为、启超为最急进。有为治《公羊》学，主张张三世、通三统⑤。时廷式受李提摩太影响，已在北京设立强学会，会中并附设强学书局；有为闻风而起，在桂林讲学，也就和启超等组织桂学会。光绪二十一年，有为、启超赴京应试，正值中、日媾和，有为集公车一千三百人签名上书痛论变法救亡之策⑥。自是三年之间，有为屡次上书，立言变法不可再缓，皆不得达。时有为通籍，授工部主事，其变法主张，颇得官僚及士大夫的信仰。二十二年，有为与廷式过往甚密，遂偕启超相率加入强学会，推张之洞为会长，朝臣如孙家鼐、袁世凯均入会，翁同龢也表同情。旋得张之洞资助，又于上海设分会。北京强学书局，刊行一种报纸名《中外纪闻》，上海分会又刊行《强学报》。变法的空气，一时颇为弥漫，但不久强学会就被御史杨崇伊所奏封了⑦。上海分会被封后，由黄遵宪改办时务报馆，启超主撰时论，大受读者欢迎。明年，黄遵宪署理湖南臬司，与巡抚陈宝箴、学使徐仁铸（致靖之子），同心协力，倡立南学会，创设时务学堂，聘启超为总教习，又办《湘学报》，主张变法，湘省风气大开。那时各省学会纷纷成立，如桂林有圣学会，陕西有陕学会，武昌有质学会，苏州有苏学会，上海有蒙学会，广东有粤学会，北京有格致学会，此外还有天足会、禁烟会、农务会等，名目繁多，都附和有为变法的主张，官僚方面，如李瑞棻、徐致靖、徐仁境（致靖之子）、陈三立（宝箴之子）、张荫桓、张百熙、王锡蕃、王照、江标、端方、徐建寅、吴懋鼎、宋伯鲁、李岳瑞、张元济、熊希龄、杨深秀、杨锐、刘光第、林旭、谭嗣同、康广仁（有为胞弟）、高燮曾、汪康年、陈宝箴、徐仁铸、黄遵宪、屠守仁、黄绍基等，都可以说是附和有为主张变法的同志。会德国强占胶州湾，举国大哗，有为又上书力言变法。这次上书，他建议三策：第一策为"采法俄、日以定国是，愿皇上以大彼得之心为心法，以日本明治之政为政法"；第二策为"大集群才，而谋变政"；第三策"听任疆臣，各自变法"。书上，堂官不为代奏，独给事中高燮曾抗疏荐之。二十四年一月，德宗命王大臣传有为至总署，询问天下大计，有为上疏，陈述效法明治维新三大义："一曰大誓群臣以定国是；二曰立对策所以征贤才；三曰开制度局以定宪法。"疏既上，德宗下谕以后有为有关新政陈述之奏，当迅速进呈，毋使延搁。有为见知于德宗自此始。三月，有为又倡保国会⑧于北京，于是所谓维新运动就从此开始了。

原来德宗亲政以来，虽受制于那拉氏，但自德占胶州湾后，他就毅然有改革政治的决心。二十四年一月，先后下诏开经济特科，武科改试枪炮，至是得有为所上条陈，又因徐致靖、杨深秀、翁同龢后奏请，遂于四月二十三日下诏定国是。召见有为，命他在总理各国事务衙门行走，得专折奏事。七月，又命刘光第、林旭、杨锐、谭嗣同在军机章京上行走，均赏加四品卿衔，参预新政。自四月至八月，所下实行新政的诏谕，凡数十起。比较重要的有：废八股取士制，改定科举章程。废止考试诗赋小楷；开办京师大学堂，令各省府州县书院改设学堂；赏举人梁启超六品衔，办理译书局事务；设立报馆；编制预算；变更兵制，改习洋枪，裁汰冗兵，力行保甲；奖励士民著书制器及捐款兴学；开办中国通商银行；设立矿务铁路总局；整顿水师；增设铁路矿务学堂；设立农工商总局于北京；设立总商会于上海。此外还有删改各衙门则例、裁汰冗员、诰诫因循、广开言路，也都一一举行。这样一来，所谓新政固然轰轰烈烈地闹起来了，但一般顽固旧臣，却正在依附着那拉氏来推翻新政，到了八月初六日，所谓"戊戌政变"果然实现了。

原来那拉氏虽归政，但国家大事，德宗还得请示。中、日战后，德宗图治之心甚切，那拉氏私党孙毓汶、徐用仪等均为所黜，那拉氏因此就撤帝师翁同龢毓庆宫行走，使他不能和德宗接近⑨，又黜汪鸣銮及文廷式等，以孤德宗之势。及德宗召见有为，那拉氏就逼德宗黜翁同龢以为抵制，并以其党荣禄为直隶总督兼北洋大臣，节制北洋三军⑩，又命裕禄在军机处行走，以侦察内情。德宗这时，上受制于那拉氏，下阻于军机处和总署诸旧臣，要想推行新政，本来阻力很多。及有为开保国会于北京，御史李盛铎、文悌就相继上疏弹劾，刚毅也奏请查究会中人，德宗不许，反黜文悌，以警其余。等到下诏废除八股，于是全国迂谬守旧的士子，一旦失其出身之途径，也就日夜相聚，阴谋和新政为敌。礼部尚书许应骙更百计阻挠废八股，御史宋伯鲁、杨深秀交章劾奏，应骙竟转而劾奏有为以为抵制，德宗虽两不追问，但新旧之争，已到了短兵相接的地步了。不久，又下诏裁汰冗员，京师讹言有为欲尽撤六部九卿衙门，于是人心惶惶，在位诸旧党更力谋推翻新党。旋德宗以有为所上设立制度局事，交总署议行，为总署议驳。德宗震怒，又交军机处和总署会议，仍旧议驳。德宗益怒。总署及军机处不得已，才将其中末节无关大局者，准行数条，德宗也以有为为众矢之的，遂命有为督办《上海官报》，以保全有为。又德宗自行新政后，广开言路，礼部主事王照因上书请德宗出游东西各国，怀塔布、许应骙不肯代奏。事闻于德宗，就把怀塔布等革职，破格赏给王照三品顶戴，以四品京堂候补。怀塔布之妻，素侍颐和园宴游，颇得那拉氏欢心，至是其妻遂哭诉于那拉氏，谓德宗将尽除满人；德宗和那拉氏的冲突，因此加剧。及德宗命杨、刘、谭、林为军机四卿，专理新政，由是旧臣侧目，政变的实现，为期也就不远了。这时那拉氏定下了废立的计划，密令荣禄讽御史李盛铎奏请德宗奉那拉氏于九月至天津阅兵，打算乘机废掉德宗。定期阅兵的上谕下后，四卿恐惧，便打算利用袁世凯来制服那拉氏和荣禄。时世凯任直隶按察使，统新建军，归荣禄节制。八月初一日，德宗召见世凯，开去其直隶按察使缺，以侍郎候补，专办练兵事务。并赐以密诏，命夺荣禄兵权。旋德宗见那拉氏，那拉氏痛斥有为，并命拿办。明日，德宗遂命有为迅速出京。初三日，嗣同往说世凯，叫世凯于天津阅兵时，"保护圣主，复大权，清君侧，肃宫廷"。世凯为嗣同所胁，阳为表示同意。这时怀塔布、杨崇伊等已在津与荣禄密谋檄调聂士成军驻津，董福祥军驻长辛店，并三次急电总署，谓英、俄将在海参崴开战，请饬世凯返津防御。世凯至津，把新党秘密告诉荣禄，荣禄即时至京，与怀塔布、许应骙、杨崇伊、张仲炘至颐和园，上封事于那拉氏，请临朝训政，时八月初五日。明日，那拉氏下诏，称德宗病不能视事，复垂帘训政，并把德宗幽于南海瀛台。时有为已搭英轮先一日赴香港，启超亦走日本，那拉氏首捕康梁不得，遂电各省密拿。其他张荫桓、徐致靖、杨深秀、谭嗣同、刘光第、林旭、杨锐、康广仁均被捕下狱，荫桓戍边，致靖永禁，余六人均被杀：当时叫做六君子。此外和新党有关的，都处罚有差。这就叫做戊戌政变。所行新政，一律停罢。

注释

①容闳系彼得罗岛（Pedro Island）的华人，幼得教会之助，留学美国耶鲁大学，入国藩幕府，赞助洋务最力。又上表所列，只有同文馆系由恭亲王奕訢奏请而设，余多为鸿章所主办。同文馆教授英、德、俄、法文及天文、化学、算学、格致、医学，共八馆。

②俄、英、美、法、日立约，详见以上各章。其他如瑞典、挪威，立约于道光二十七年。如德，立约于咸丰十一年。如丹麦、荷兰，立约于同治二年。如比，立约于同治四年。如意，立约于同治五年。如奥斯马加，立约于同治八年。如秘鲁，立约于同治十三年，如日斯巴尼亚，立约于同治三年。如巴西，立约于光绪七年。如葡萄牙，立约于光绪十三年。综计十六国。其后又有刚果，立约于光绪二十四年。墨西哥、朝鲜立约于光绪二十五年。

③派志刚、孙家谷为钦差大臣，偕同蒲安臣等，出使日、美、英、法、普、俄、瑞、丹、荷、比、意、西诸国。

④郭嵩焘为正使，刘锡鸿为副使。

⑤当时顽固的人，认为非圣为不道，变法为不孝，所以有为只好借孔子的势力，以镇压反抗变法的人。公羊家所谓张三世，就是指据乱、升平、太平而言，依

次演进，所以要变法。所谓通三统，就是指夏、商、周三代不相沿袭而言，各因其宜，所以要改革。这是有为变法所运用的方法之一，他借此不但可以打击反抗他的人，并且在士大夫队伍里面还可以找到他的同志。当时张之洞也主张变法，其《劝学篇》也引经据典，力言法之不可不变，其用意盖与有为相同。

⑥有为变法，所运用的方法之二，就是得君行道，他要抓住皇帝，作他的傀儡，其屡次上书，就是为着要取得皇帝的信服，他认为如果得到了皇帝的信服，所谓变法便好办了。光绪十四年，有为上第一书。主张"变成法、通下情、慎左右"三事，书为国子监都察院所格，竟不得递，至是有为再上书。

⑦强学书局后经御史胡孚宸奏请，改办官书局，派孙家鼐主持，翻译西籍。旋侍郎李端棻又请推广为学校，将官书局改为京师大学。即后来北京大学的前身。

⑧《保国会章程》：三、为保国家之政权土地；四、为保人民种类之自立；五、为保圣教之不失；六、为讲内治变法之宜；七、为讲外交之故；八、为仰体朝旨，讲求经济之学，以助有司之治；九、本会同志，讲求保国保种保教之事，以为议论宗旨；十、凡来会者，激厉愤发，刻念国耻，无失本会宗旨。

⑨毓庆宫为皇上读书之所。

⑩即指董福祥的甘军，聂士成的武毅军及袁世凯的新建军。

第十八章　八国联军与《辛丑条约》

那拉氏既训政，于是旧党掌权，尽罢新政。光绪二十四年，那拉氏想谋废立，因命军机处密电南方各督抚，探询意旨，江督刘坤一、广东布政使岑春煊都表示反对；其党以意讽示各国公使，公使也不表赞同。明年，徐桐、荣禄、启秀，谋于那拉氏，欲行废立，怕坤一反对，就命他晋京陛见，改以鹿传霖置理江督。这年冬，旧党果立端郡王载漪之子溥儁为大阿哥，兼祧穆宗，预计徐承大统。大阿哥既立，载漪以生父之亲，又深得那拉氏之欢，在总署行走，权力日大，旧党诸臣，如徐桐、启秀、刚毅、赵舒翘，都相率依附他，反动力量，遂日益增大。原来政变以后，那拉氏因为康、梁托庇于英日势力之下，屡索不得①，颇有仇视英、日之意。及康、梁倡立保皇党于海外，那拉氏益恨外人，而溥儁之立，各国公使竟说"不知内情、未知所贺"，则更加引起那拉氏和载漪的排外心理；其他如徐桐、刚毅、启秀、赵舒翘诸人，也都仇视洋人，其在士大夫方面，则自康、梁倡言新政以来，早就立于反对地位，这时朝廷既满布着反动势力，不用说他们也就附和着倡言排外,像叶德辉、曾廉、王先谦诸人,即其代表人物。其在人民方面则自列强侵略以来,其生活的不安,已是日甚一日,而教案屡起②,又益加促起他们排外情绪的高涨,此外再加上洋人的辟展租界和开矿筑路③,处处都和他们的利益冲突,于是农民、失业群众,就自然被迫而走上排外的路上去。这就是产生义和团的根本原因。

义和团旧名义和会,即八卦教的支派,嘉庆时,严密缉拿,才改称大刀会、红灯会、梅花拳等名目,流行于山东。光绪二十一年,东抚李秉衡仇视西人,时其地有大刀会,主仇西教,秉衡每每奖励他们。后来秉衡因曹州教案革职,继任的毓贤庇护大刀会,会首朱红灯倡乱,于二十五年,杀害沂州(今临沂县)英教士卜克斯(S.M.Brooks),自称义和拳,建保清灭洋旗,毓贤出示改为义和团,掠教民,焚教堂,英公使诉诸清廷,才调毓贤入京,改以袁世凯为巡抚。世凯率所部进剿,才把朱红灯杀掉,拳民不能容于山东境,相率窜入直隶。原来义和拳分乾字拳、坎字拳、坤字拳、震字拳等名目,乾字拳、坎字拳势力最大,先后窜入直隶。又有红灯照、黑灯照、青灯照④,与义和团同宗异派,至是也起而附和,分扰京、津。光绪二十六年四五月间,义和团于天津京畿一带,到处设坛练拳,人民从者日多。其头目称大师兄,有曹福田、张德成诸人,各拥部众。大师兄令拳民诵咒,谓其咒可避洋人枪弹。又令拳民焚铁路,毁电线。又力排西教,称洋人、教士、教民为大毛子、二毛子、三毛子,凡家藏洋书洋画的,也称二毛子,均杀无幸免。又焚教堂,毁洋楼。假扶清灭洋为口号,到处骚动。这时,毓贤已奉命入京,向载漪、刚毅夸说义和团忠勇可靠,载漪等正在痛恶外人,因直告那拉氏,力言拳民可用,不可坐失良机。毓贤也因此得拜山西巡抚之命。直督裕禄、臬司廷雍见朝贵有意庇护拳民,遂不敢痛剿,反勾结其大师兄。只有荣禄力主进剿,并入朝面争,那拉氏不得已,才命刚毅、赵舒翘至涿州谕解拳民。二人回京覆命,都说:"天降义和拳以灭洋人,请太后召集为团练,以端郡王统之。"那拉氏因密令拳民入京,召见大师兄曹福田,奖其义勇,于是亲贵大臣府邸,都争设坛练拳,一时拳民布满京城。拳民指德宗为教主,那拉氏与载漪挟以自重,打算实行废立,拳民遂往来宫中,并扬言欲得一龙二虎。一龙谓德宗,二虎谓奕劻和李鸿章。时奕劻任总署大臣,鸿章则时论指为通番卖国贼。至是奕劻退职,代以载漪。中央政权全落排外派手。同时,又调董福祥所部入京。

五月十五日，拳民焚教堂，杀教民，日使馆书记杉山彬也于是日被武卫军杀于安定门外。二十日，纵火焚正阳门西，火及城楼。二十一日，命徐用仪、立山、联元往使馆，告勿调外兵来，若必欲开衅，可下旗归国。二十三日，那拉氏决定宣战，命许景澄告各国公使，限二十四点钟内出京。联元及王文韶均主慎重，而载漪、载勋、载濂、刚毅、徐桐、崇绮、启秀、赵舒翘、徐承煜力主战，遂下诏褒拳民为义民，给内帑十万两，二十五日，正式发出宣战诏旨。拳民骚动时，京津铁路已被破坏，各国公使见情势不稳，向停泊大沽的各国军舰请增派援兵入京。五月十四日，英海军大将西摩尔（Edward Symour）率英、美、俄、日、德、奥、意、法八国陆战队二千五百人，由京津铁路进至杨村，连日毙拳民数百名，以拳民破坏杨村以南铁路，联军遂不得进。二十一日，联军陷大沽炮台。败报至北京，排外党均主开战。荣禄请保护各国公使出京，启秀只准限二十四小时，逼其退出。那拉氏并出示悬赏："杀一男洋人者赏银五十两，杀一女洋人者赏银四十两，杀一洋孩者赏银三十两。"二十四日，载漪邀各国公使至总署，德公使克林德（Baron von Kettler）先行，为虎神营兵安海所杀，于是各国公使均谓华兵不能护送，遂固守使馆。二十五日，宣战诏谕下，并命董福祥率武卫军及拳民进攻使馆。宣战以后，东南各省经粤督李鸿章、江督刘坤一、鄂督张之洞、闽督许应骙互相协议，由上海道余联元与各国驻沪领事结《东南保护条约》九款，不奉清廷诏命，才安然无事；袁世凯也尽力保护外人；独山西巡抚毓贤自称义和团首领，任拳民杀洋人，焚教堂，为祸最惨。

原来西摩尔所部联军，行至杨村，以铁路为拳民所破坏，不得前进，旋又为董福祥、聂士成所败，遂退还天津租界。及六月中旬，各国援军大增，才进攻天津，士成战死，城陷。其在北京，这时诏以庄亲王载勋和刚毅提督义和团，而董军围攻使馆仍不下。后那拉氏颇为荣禄之言所动，下令停攻使馆，并命荣禄赴各使馆商议和局。及裕禄自津电奏，妄称战胜洋兵，那拉氏之意又变，复命急攻使馆。等到天津失守，那拉氏又打算任李鸿章督直，进行和议，许景澄、袁昶亦上疏请剿拳民。七月初一日，长江水师大臣李秉衡督师入援，才又决定再战。并立斩反对拳民之许景澄、袁昶、联元、立山、徐用仪诸人。那时马玉昆代领聂士成部众，屯兵杨村、北仓。七月十二日，联军陷北仓。明日，又陷杨村，裕禄自尽。诏以秉衡往河西坞视师，连战皆败，秉衡走通州，联军又陷通州，十八日，秉衡仰药死。十九日，联军进迫北京。董福祥迎战于广渠门外，败绩。二十日，福祥纵兵大略而西，联军乘广渠门空虚，遂入城。二十一日，那拉氏挈德宗由西直门出走，从者有溥儁、载勋、刚毅、赵舒翘等。二十七日，至宣化，以德宗名义下诏罪己，并准李鸿章便宜行事，命奕劻回京与鸿章进行和议。八月十七日，抵太原，忽传联军欲入山西，闰八月初八日，车驾发太原，阅数日至西安，设行在政府于抚署。

当战争初起时，俄国即乘机进占满洲，并谋夺取山海关至北京间的铁路。俄国势力的南下，最使英、日感觉不安，英国因尽力联德以抗俄。其在德国，却想借这次事变来扩大在华利益。因此，德国表面上虽与英国妥协，却又对俄国暗送秋波，以促起英、俄冲突的尖锐化，其在日本，则不但怕俄国势力膨胀，就是德国经营山东，也感觉不安。英国在长江流域，势力本厚，只因不愿法国进据云南、日本占有福建、德国据有山东，所以它和美国一样，依旧想维持中国领土完整，主张门户开放政策。英国如此打算又引起德、法、日诸国的不满。几个强国的冲突，既如此厉害，它们深怕因为分赃不匀，惹起彼此破裂，所以依旧不敢实行瓜分中国。北京陷后，德将瓦德西（Waldersee）才奉命到中国。他运用英、俄冲突，居然取得联军统帅的地位。他一方在北京城内，大施报复，滥行屠杀，纵兵抢掠⑤，一方阻碍和局，欲以武力屈服中国。那时和议正在进行，各国均申明应先惩办祸首，始可开议，而瓦德西尤力持此议。清廷不得已，承认照办。于是中国方面，由奕劻、李鸿章为代表，与英、美、日、德、奥、比、俄、西、法、意、荷十一国公使⑥，于光绪二十七年七月二十五日结《北京媾和条约》，以岁次辛丑，故又名《辛丑条约》，其要点如左：一、克林德被害一件，由中国派载沣为头等专使，赴德表示惋惜之意；杉山彬被害一件，由中国派户部侍郎那桐为专使，赴日表示惋惜之意；二、载漪、载澜黜爵，发往新疆永远监禁，载勋、英年、赵舒翘皆令自尽，毓贤、启秀、徐承煜均即正法，董福祥革职回籍，刚毅、李秉衡、徐桐已先死，追夺原官；徐用仪、立山、联元、许景澄、袁昶奉旨开复原官，以示昭雪；其杀虐外人之城镇，官长革职，地方停止文武考试五年；三、自订约日起，中国允许三年之内，禁止军火及制造军火之材料入境；四、赔款银四万五千万两，按年息四厘行息，分三十九年摊还，本息皆用各国金货付给，或按还时市价，易金付给。其担保品如下：（一）海关之收入，除给付担保旧借外债本利外，所剩余之款；又进口货税，现今增至值百抽五所得之款；（二）各通商口岸常关之进款，改归海关管理；（三）盐税收入之总额，但除担保旧债之一部；（四）推广各国使馆，重行划定地界，界内归使团管理，并得驻兵保护，惟华人不准居住界内；（五）拆毁大沽炮台，并削平有碍北京至海滨间交通之各炮台；（六）许各国驻兵黄村、廊坊、杨村、天津、军粮城、塘沽、芦台、唐山、滦州、昌黎、秦皇岛、山海关等处，以保北京至海滨无交通断绝之虞；（七）中国政府出示，永禁军民人等排外，违者处斩；（八）改总理各国事务衙门为外务部，班列六部之上。约既定，而鸿章以病卒。而鸿章先一日草遗疏，保荐袁世凯继任直督，朝廷许其请。各国军队退出京、津，惟俄占满洲不退，卒酿成日、俄战争。是年冬，那拉氏和德宗回京，并撤去溥儁大阿哥名号，令其出宫。拳民之变，至是告终。

注释

①康之脱险，系得上海英领救护。梁之脱险，系由日本大岛兵舰护送。及清廷索康、梁，英、日都以国事犯无引渡之例为理由，抗不交出。

②英、法联军之役以后，教禁大解，教案屡起。其发生的原因，不外：一、西教的仪式，不合中国习俗；二、初入教的多无业游民，假借外人势力，欺压同胞；三、地方官吏畏惧外人，凡关于教徒和人民争讼，虽曲在教徒也不敢依理判决，往往枉法压制良民；四、列强以传教为侵略手段，如法之于天主教，尤有此种打算，因此激起人民爱国嫉外的热情；五、由于讹传教堂有迷拐孩童挖眼取心配成药剂之说，激起仇教心理。教案之大者，如广西教案酿成英、法联军之役；山东教案，酿成德占胶州湾；义和团排教，酿成八国联军之役皆是。

③按外人辟租界、开矿山、筑铁路、建桥梁，不但和人民利益冲突，而且愚民以为这都是外人挖断龙脉，泄漏地藏宝气的行为，所以反对。

④红灯照以幼女成之，黑灯照以老妇成之，青灯照以孀妇成之，均云有术。

⑤《瓦德西拳乱笔记》："联军占领北京之后，曾特许军队公开抢劫三日，其后更继以私人抢劫，北京居民所受之物质损失甚大。……现在各国互以抢劫之事相推诿，但当时各国无不曾经彻底共同抢劫之事实，却始终存在。"但这次最重要的损失，却在我国数千年来的文化古物，今日各国大图书馆、博物馆所陈列的珍贵图籍和仪器，便是他们抢去的赃物。

⑥其中比、西、荷三国无军队加入作战。

⑦赔款四万五千万两之分配：俄占百分之二十九，德占百分之二十，法占百分之十五强，英占百分之十一强，日占百分之七强，美占百分之七强，意占百分之五强，比占百分之一强，奥占百分之一弱，其他各国占百分之一弱。三十九年本利合计，为九万八千二百二十三万八千一百五十两，这次赔款，普通叫做庚子赔款。后美国赔款首先退回，欧战后，德、奥赔款取消；俄、法、英等赔款也先后退回。

第十九章　远东之国际形势

中、日战后，远东问题日益紧张，列强间对立的关系，也日益错综而复杂。其重要主角，不外英、俄、日、法、德五强。美国因为在中国没有侵略根据地，所以坚持门户开放政策。在中国势力最雄厚的，首推英国；但自俄租旅、大，又借着拳变机会侵占了满洲以后，便首先使英国感觉不安。同时，法联俄国，争取长江流域和华南的利益，德国又急谋其势力伸张于长江流域，更使英国感受重大威胁。日本是新兴的强国，虽因三国干涉退还了辽东，但它始终没有打消进取满洲的企图，而独并朝鲜，又更是它寝食不忘的一桩大事。现在俄国独占满洲，进而又觊觎朝鲜，这当面与之冲突的，不用说，就是日本。而德国在山东势力的扩大，也同样威胁日本。就在这样的局势之下，列强各自进行其"勾心斗角"的外交，使远东国际形势日趋紧张。

俄租旅、大建立关东省以后，即进而急谋夺取整个满洲。当拳民尚未称乱之前，俄即于光绪二十六年四月中旬派遣军舰十九艘向东亚进发，预备占领满洲。北京拳乱既起，俄即占领满洲全境，派兵十八万人驻守，且进而谋占山海关，以夺取山海关、北京间的铁路，瓦德西至是才命联军驻于山海关，以防俄人南下。北京和议开始之时，俄迫奉天将军增祺订密约九款，其要点如次：一、增将军于奉天治安与建筑铁路，均当帮助俄国；二、增将军于上载地方华兵，皆当遣散，并解除其武装；三、拆毁奉天各处要塞及防御工程；四、俄国占领之地，待治安恢复后，交还中国；五、俄国设一监督政治之办事官，驻于奉天府。这时俄国实行瓜分中国，只要占领了满洲，便算"如愿以偿"，所以进行和议时，俄国极力主张北京撤兵，甚至对英、德、日所提出的惩办凶首也表示反对，以收买清廷。清廷大员，如直督李鸿章、驻俄公使杨儒，反受其骗，认为联俄足以制服列强。光绪二十七年二月。杨儒竟和俄国订密约十二条，其要点如下：一、俄皇愿与中国结好，不料有满洲之事，俟满洲归还之后，中国吏治，一切复旧。二、俄国派兵保护铁路，直至地方安定为止。三、若遇变急，俄兵得以全力助中国弹压。四、中国在东清铁路未竣工通车以前，不得在满洲设置军队，他日设置军队时，须与俄国商定数目，又禁止兵器弹药输入满洲。五、满洲之将军大员，办事不合邦交者，经俄国声诉，即予革职；所设马步巡捕，须与俄国商定数目；除机关炮供差人员外，不得用他国人。六、中国北方军队不得用他国人训练。七、金州归入租借地。八、国境各处，满蒙及新疆之塔尔巴哈台、伊犁、克什噶尔、叶尔羌、和阗等处矿山铁路，及他项利益，非经俄国许可，不得让与他国或他人，又非经俄国许可，中国不得在以上各地自行建造铁路；且除牛庄以外之地，不得租与他国。九、中国许俄国得由满洲铁路干线或支线，修一路至北京，直抵长城，其路准现行铁路条约办理。这密约首先发现于伦敦《太晤士报》，日、英、德、美、意、奥六国先后抗议，且向我声明，公约未定以前，不得与他国议立专约。俄国不得已，只得向各国声明废弃密约。

　　《辛丑条约》成立后，俄军仍占据满洲。九月中旬，俄国要求李鸿章协商以下诸条件：一、俄将满洲及牛庄与山海关铁路交还中国，但中国不得将该路保护权委与他国；二、俄以本年内撤退奉天之兵，并于两年内撤退吉林、黑龙江之兵；三、满洲军队，用俄国将校训练。又关于交还牛庄铁路，要求以下五款：一、牛庄铁路交还中国后，该路不得受他国干涉；二、日、英二国军队不得用此铁路输送；三、今后中国若建筑此铁路支线，须先得俄国同意；四、该铁路不得渡辽河，与阻碍俄国商业上的利益；五、俄国对该路所费一切用费，由中国支偿。要求提出之后，张之洞、刘坤一均反对批准，英、日也提出抗议，会鸿章病卒，遂由清廷宣布作废。等到英、日同盟实现，俄国颇畏其结合，不敢独占满洲，遂于二十八年三月，由俄公使雷萨尔与奕劻、王文韶结《满洲撤兵条约》四款，规定分期撤兵办法如次："本条约调印后，限六个月，俄国撤退奉天西南段至辽河之军队，再六个月，撤退奉天各段及吉林军队；再六个月，撤退黑龙江军队。"九月十五日，为第一次撤兵期，俄政府果于先半月开始撤兵。明年三月十五日，为第二次撤兵期，到期俄国不但一兵不撤，反向我国提出重要条件，日本抗议，遂成为日、俄战争的导火线。

日本原想独占满、韩；中、日战后，其在朝鲜势力大为扩张，同时又取得辽东半岛。谁知辽东因受三国压迫交还中国，而俄国反从中国手中把辽东攫夺而去；其在朝鲜，则中、日战后，朝鲜反有亲俄倾向，而俄国势力竟逐渐在韩伸展：这样一来，日本自然感觉着威胁；何况俄国乘着拳变独占了满洲呢！英国在远东利益，素来和俄国冲突，俄国在中国北部的进出，固然使英国不安，就是俄国的侵入西藏和中亚细亚，也是英国所不能坐视的。八国联军之时，英国很想联德以制俄，所以那时英、德在伦敦缔结《协约》，其要点是：一、中国河川及沿海诸港，无论何国人民贸易及其他各种正当经济上的活动，皆得自由开放，以谋各国共通永久的利益，凡英、德二国势力所及之中国领土，相约守此主义；二、英、德二国政府不利用现时的事变，为自己谋中国范围内领土上的利益，且维持中国领土不变更的政策；三、列国中若有利用现时事变希冀获得中国领土内利益之时，英、德二国政府为保护其在中国的自己利益计，得协商对付手段。这《协约》的作用，明显地是对俄国而发，不过德国这时的政策，是利用英、俄的冲突，以夺取在华利益，所以其态度游移不定，随其利益所在，有时可以联英，有时又可以联俄。果然，在俄国主张满洲为英、德二国势力所不及之地，不适用《英德协约》之时，德国与俄国妥协，即刻转变态度，声明《协约》不适用于长城以北之地。至是英国政策完全失败，乃不得不另求同盟者以为己助，而环顾列强，只有日本以需要相同，足与英国提携；而日本亦极力表示亲英以制俄：在这样情势之下，英、日同盟就告成功了。光绪二十八年正月，英、日结《同盟条约》如次：一、两缔盟国相互承认中国和朝鲜的独立，若因他国侵略行为，或因中国和朝鲜自起骚动致妨碍缔盟国利益时，两缔盟国得执行必要手段；二、两缔盟国若一方因防护利益与他国开战时，他一方缔盟国须严守中立，并努力阻止第三国加入敌国与缔盟国交战；三、若第三国或数国与敌国同盟而和缔盟国交战之时，他一方缔盟国即当出兵援助，协同战斗，其媾和亦与该缔盟国合意为之；四、两缔盟国无论何方，若不经他一方协议，不得与他国结妨害上记利益的别约；五、本条约自调印日起，五年间有效。

光绪四年，俄、法缔结同盟，以与德、奥、意三国同盟对抗，其作用本只限于欧洲方面。但法国在远东的利益，处处和英国冲突，所以法国的外交政策，每每联俄以制英。英、日同盟成立后，俄、法二国同样感觉不安,遂将原有俄、法同盟的效用扩大至远东方面,以与英、日同盟对抗。光绪二十八年二月,俄、法两国政府向各国声明:"俄、法两同盟国政府,以保持远东现状及全局之和平为目的,对于英、日同盟国之条约,确信其以保全中国和朝鲜两国领土及商业上两国门户开放为基础,与俄、法两国从来主张之诸原则不相违异,表示十分满足。俄、法两国政府,尊重前记之诸原则,且信此诸原则为两国在远东特别利益之保障,若因第三国侵略行动,或中国新生骚扰,致中国之保全与其自由发达不能巩固。因之,两缔盟国特别利益受侵犯之时,两国政府得取防卫之手段。"

第二十章　日俄战争与东三省

日、俄冲突,以库页岛事件为最早。库页岛在混洞江口外,明代称为苦夷,日本称为桦太岛,俄国称为萨哈连岛,原属中国。清初,遣兵征服其地,当时以其地处荒僻,故未实行驭治。乾隆初年,俄国东略,即占据库页岛北部。乾隆五十四年以后,俄国更占领其南岸母子泊地方。会日人亦巡行至该岛南部,遂屡与俄人冲突,直到光绪八年,两国才结条约:俄以千岛交换库页岛南部,于是库页岛全部均归俄有。库页岛原系荒凉之区,日本并不十分重视,其最使日本感觉不安的,还是俄国势力的侵入朝鲜和满洲。原来俄国正式和朝鲜缔结修好条约,始于光绪十年;十四年,俄又与韩结《陆路通商条约》九条。中、日战后,事实上朝鲜成为日本势力范围。日驻韩公使井上馨且草改革内政案二十条,迫韩廷矫正积弊,内阁各部皆聘日本顾问,军队也由日人训练。这样一来,朝鲜排日联俄之论遂盛,于是以闵妃为中心的亲俄党,乘井上归国之时,以光绪二十一年七月政变,亲日党首领朴泳孝逃至日本。井上闻变,随即渡韩,复组织亲日党内阁,以金宏集为总理大臣。二十二年亲俄党又勾结俄兵打败亲日党,金宏集以下诸亲日党要人多被杀戮,而政权遂全入于亲俄党之手。这时日本虽痛恨俄国,但还不敢与俄构衅,因于同年,与俄结第一次《日俄密约》,其要点如次:一、朝鲜若不得已必借外债时,由日、俄两国合意援助之;二、日、俄两国令朝鲜不借外债创设本国人组织之军队及警察,以保本国秩序,且由朝鲜自行维持。同时驻韩日使与驻韩俄使在京城又结如次之条款:一、日本为保护京城、釜山间电线,得派宪兵二百名分守各处。二、为备朝鲜人袭击居留民，日本于京城得置步兵二中队，于釜山、元山各置一中队，俄国为保护公使馆领事馆，于日本置兵各地，亦置同数之军队。依据以上二约，日、俄在韩的势力遂归于均等。后来俄国忽背条约，前后迫韩廷聘俄国将校三十余人为军队训练官，自是韩廷愤俄强暴，亲日党遂逐渐得势，而这时俄国正倾全力经营满洲，恐日本妨害，故对韩政策亦趋和缓。二十四年，俄国在韩教练官均归国，并与日本结第二次《密约》，其要点如次：一、日、俄两国互认朝鲜为完全独立国，皆不干涉其内政；二、朝鲜向日、俄请求援助之时，关于练兵、财政二项，非经两国协商后不得应聘；三、俄国不妨碍日本对朝鲜营工商营之发达。依据这约，俄国似稍让步，但对满洲的独占，俄国依旧不肯丝毫放松。俄国占据满洲事件，已详见上章。二十九年三月十五日，依约为俄国第二次撤退驻满军队之期，俄国不但一兵不撤，反向我国提出要求，打算独占满洲，且欲伸张其势力于蒙古。这时日、英、美三国都提出抗议，清廷遂拒绝其要求。五月，俄国复向清廷提出新要求：一、满洲官吏之任免黜陟，须经俄公使与清廷协定；二、驻扎满洲的华兵，须归俄公使节制；三、凡满洲中、俄通商之地，禁止他国通商；四、满洲关税，归中俄协办，铁路不许他国管理借用；五、满洲邮政电线，亦归中、俄协办；六、中、俄缔约中，若与他国交战，两国互相急难，若中国不肯，俄国当代而独当之，战胜之后，当以满洲全部归俄国管辖。依据这要求，俄国便显然在准备对日作战。同时俄陆相克鲁泡特金（Kuropatkin）并向我国声明："俄国鉴于满洲现状，纵令列国干涉，断不能无条件撤兵，虽因此事与日本开战亦所不辞。"六月，俄设远东大总督府，任亚历克塞夫（Alexiev）为大总督，管辖黑龙江沿岸及满洲全部。同时，俄又强占朝鲜龙岩浦，建筑炮台，设立军用电线，以威胁日本。日本至是遂电令驻俄日使栗野致觉书于俄政府，要求与俄划定两国在韩、满的特殊利益，提出《满韩交换案》，以作谈判的基础。日本提出的方案，表示着日本丝毫不愿放松其在朝鲜的卓越利益，并把俄国对于满洲的特别利益相提并论。俄国接到这方案以后，迁延不致可否，结果要求此案，移至东京谈判，日政府不得已允其所请。俄政府因电训驻日俄使及亚历克塞夫向日本提出对案。这对案，和日本提案完全相反，俄国只是对朝鲜问题，与日本协商，至于满洲问题，则不容日本过问。日本不能接受，因再致觉书于俄，俄致答复于日，仍执前记对案，且与日本平分朝鲜的权利。而第三次撤兵期又至，俄反阴集军队于朝鲜边境。至十二月十九日，日忍无可忍，遂命栗野公使向俄提出断绝国交公文，下旗归国，并促俄公使以同日退出东京，而日、俄战争遂起。

日本与俄断绝国交后，即先发制人，于十二月二十二日夜半，由东乡平八郎率领舰队袭击旅顺的俄舰，二十三日又击破俄舰二艘于仁川，至二十四日始正式向俄宣战；俄国至是，也正式向日宣战。战争开始，日本即要求中国严守中立，同时通牒各国，力言中国有中立之必要。英、美、德三国接受日本通牒后，各自为着在华利益计，不愿中国转入战争漩涡，也劝告日、俄尊重中国中立，同时英、美、德、法、意、奥诸国，亦次第宣告中立。中国至是，遂于十二月二十七日向日、俄两国发出中立的声明，两国都表示承认，并公认辽河以东为战区，以西为中立地，清廷并遣马玉昆率兵守辽西。日舰于仁川击沉俄舰二艘之时，其陆军第十二师团即由仁川上岸，于三十年正月占领平壤，二月进据定州，旋下义州，俄军败退，与日军扼鸭绿江而守。时日又派近卫师团及第二师团抵义州，合第十二师团编为第一军，乘俄军未集中，架桥渡过鸭绿江，连陷九连城、凤凰城、宽甸、摩天岭，于六月向辽阳进逼。当第一军规渡鸭绿江时，同时复遣第二军于三月至辽东半岛貔子窝登岸，四月占领金州，于是旅顺之后路遂绝。原来俄总指挥克鲁泡特金驻兵奉天，欲集大军于辽阳、奉天，乘日军疲敝之余，以一战收最后的胜利，所以不肯浪战，坐视日军由貔子窝登岸。等到旅顺危急，才集大军于得利寺，五月，得利寺又为日军所陷。日军北进，连陷熊岳、盖平，克鲁泡特金恐辽阳有失，遂以大兵守大石桥。时日又组第三军，以攻旅顺，而使第二军专攻辽阳。六月，日军陷大石桥，营口、海城、牛庄也相继为日军所下。俄军自旅顺被日军封锁后，专恃营口密输军械，及营口被陷，而辽阳、奉天之势益危。战事之初，日军恐第一、第二两军声援不接，因别遣第十师团，由大孤山上陆，后编为第四军，连陷分水岭、析木城。时日命大山岩为满洲军总司令，统辖各军作战。七月，大山岩命第一、第二、第四三军，会攻辽阳，与俄军苦战十日，日军死伤一万七千五百余人，卒攻陷辽阳，俄军退至浑河北岸。自是俄军屡出奇兵，颇有胜利，然终不能越过浑河。三十一年正月，日本四军分途向奉天进攻，俄军也分四路抵抗，战线长至四十余里，自正月十六日开战至二月初五日终，共二十一日，日军卒占领奉天。俄军败退后，克鲁泡特金辞职，李尼维齐代任总指挥,以恢复败军秩序,不暇作战,日军遂乘机进占开原、铁岭、昌图等处,于是满洲陆战告终。

其在海战方面,当东乡平八郎击沉俄舰二艘于仁川之后,即实行闭塞旅顺。自三十年一月至三月,日军凡三次闭塞旅顺口,卒告成功,巡洋舰以上之船,均无法通行,俄旅顺舰队效力全失。日军攻陷金州后,又进攻旅顺。六月,俄舰欲冲出旅顺口,为日舰队所包围,俄舰过半遁回港内,余舰分遁胶州湾、芝罘、上海等处,自是旅顺舰队,遂零落不成军。俄海参崴舰队,出没海上,初颇顺利,至七月为日舰击败,也就蛰伏港内,不敢复出。至是海上权遂全为日本所有。七月中旬以后,日军屡次进攻旅顺,直至十一月下旬,旅顺俄守将始降于日军。当海参崴舰队为日本击败之后,俄又派波罗的海舰队向远东出发,以解旅顺之危。三十年八月,俄以波罗的海舰队组织第二太平洋舰队,自波罗的海出发,同时要求土耳其政府许俄黑海舰队,通过他大尼里海峡,以与第二太平洋舰队,同往远东。英以英、日同盟之故,迫土耳其封锁他大尼里海峡,黑海舰队遂失其效力。及旅顺陷落后,俄更以波罗的海余舰全部,组织第三太平洋舰队,向远东出发。两次舰队,皆以英军扼守苏彝士运河,只得绕航好望角。三十一年二月,第二第三太平洋舰队集中法领安南西贡北之汉拔儿湾,谋入海参崴。四月,与日舰遇于对马海峡,俄舰三十八艘,大部为日舰所击沉,俄国海军战斗力全失,于是海战亦告终结,而和议遂起。

对马海战后,俄国国内主张与日讲和的空气大起,美国总统罗斯福认为时机已至,便向日、俄两国建议媾和,两国接受建议,各派全权代表赴华盛顿开媾和谈判,于三十一年八月初六日在朴次茅斯(Portsmouth)结《朴茨茅斯条约》,其要点如次:一、俄承认日本对朝鲜有政治上、军事上及经济上的卓绝利益,日本对于朝鲜行指导保护及监督之必要处置时,俄国不得阻碍。但俄国臣民在朝鲜者,受最惠国臣民之待遇。两国为避免误会计,于俄、韩边境,不为一切军事设备。二、辽东半岛租借权效力以外之满洲地域,两国同时撤兵;辽东半岛租借地域外,现时日、俄两国军队所占领之满洲全部,交还中国。俄政府声明:凡俄国于满洲侵害中国主权及与机会均等主义不相容之任何领土上的利益和优先权以及专属的让与等,皆不得拥有。三、中国因使满洲的商工业发达,为各国共同一般之设置时,日、俄两国互不阻碍。四、俄以中国政府的承诺,将旅顺、大连及附近领地领水的租借权,以及关联于该租借权或以其一部所组成的一切权利、特权及让与等,让与日本;又前记租借权效力所及地域的一切公共营造物及财产等,亦行移让;但在该地域内俄国臣民的财产权,受安全的尊重。五、俄以中国政府的承诺,将长春、旅顺间的铁路,及其一切支线,并同地方所附属的一切权利、特权及财产,与其所经营的炭坑等,无条件让与日本。六、日、俄两国相约:于满洲各自的铁路,全以经营工商业的目的为限,决不以军略上的目的经营之,但辽东半岛租借地域的铁路不在此限。七、日、俄两国以增进交通运输,且使便宜为目的,应使满洲各铁路相接续,另定别约,规定接续业务。这条约确认了日本独占朝鲜的合法,打开了俄国对满洲的封锁,并使日本在辽东半岛取得了经济上、军事上、交通上诸特权,俄国经营满洲和朝鲜的计划至是全为日本所破坏了。

当仁川海战时,日本即遣兵直入朝鲜京城。三十年一月,日驻韩公使林权助与朝鲜外部大臣李址镕结《日韩议定书》六条,其要点如下:一、日、韩两国为保持永久亲交,朝鲜政府关于施政改良,容纳日本忠告;二、因第三国侵害或内乱而危及朝鲜王室和领土时,日政府可速出临机的处置,日本为达此目的,得临机收用军略上必要的地点;三、日政府确保朝鲜的独立及领土完整;四、以后不经两国政府承认,不得与第三国缔结违反本约的条约。七月,林权助又与李址镕等结《保护新约》:一、朝鲜政府聘日政府所推荐之日本人一名,为财政顾问,凡关于财政事宜,悉听其意见施行;二、朝鲜政府聘日政府所推荐之外国人一名为外交顾问,凡关于外交事宜,悉听其意见施行;三、朝鲜政府自后与外国缔结条约及其他重要外交案件,须先与日本协商。根据两次条约,朝鲜已成日本的保护国。三十一年十月,日本命伊藤博文与朝鲜外务大臣朴齐纯结《日韩新协约》五条,其要点如下:一、今后朝鲜对于外国之关系事务,由日本外务省监理指导之;在外国之朝鲜居民及其利益,由日本派出公使与领事保护之。二、日政府代行朝鲜现在与他国所有诸条约,自后朝鲜政府不经日政府之手,不得与他国缔结条约。三、日政府置统监一员于朝鲜京城,专理外交事务,有亲谒韩王之权,又日政府于朝鲜开港场及日政府所认为必要的地方,得置理事官执行从来日本领事的职务,均受统监指挥。这约成立后,日本即撤废京城公使馆及各地领事馆,任命伊藤博文为统监,实行监督朝鲜内政和外交。朝鲜志士,愤日本高压,到处骚动,然不久均为日军所镇压。三十三年六月，海牙举行第二次万国和平会议，朝鲜李儁、李玮钟等，称奉韩王密旨，要求废除日、韩保护条约。并欲各国承认朝鲜独立。日政府闻讯，即命伊藤诘责韩王，同时勾结朝鲜总理大臣李完用等，迫李熙让位，太子坧继为韩王，同时由伊藤与李完用结《日韩新协定》，其要点如次：一、朝鲜政府关于施政改良，受统监指导；二、朝鲜政府制定法令与重要行政处分，须预先统监承认；三、朝鲜高等官吏的黜陟，以统监之意行之；四、朝鲜政府用统监推荐的日本人，为朝鲜官吏；五、朝鲜政府无统监同意，不聘请外国人。宣统元年（1909）六月，伊藤辞职，曾根荒助继任为统监。九月，伊藤借名漫游欧洲，实带重要使命来哈尔滨与俄国当局密约日、韩合并及处分满、蒙事件。伊藤至哈尔滨车站为朝鲜志士安重根所刺杀，于是日本谋并朝鲜之心益决。明年五月，寺内正毅代曾根荒助为总监，同时日、俄又成立新协约，决定日、俄在满、蒙的势力范围，及俄国承认日、韩合并。八月，寺内正毅迫韩王结《并韩条约》，其大要如次：一、朝鲜全部统治权永久让与日本；二、日本保全韩王及王族的尊严与名誉，并供给岁费。条约既成，于是日本改韩国为朝鲜，置朝鲜总督府，以寺内正毅为总督，韩国遂亡。

《朴次茅斯条约》成立后，同年十一月，日又派小村寿太郎至北京，与奕劻、瞿鸿玑、袁世凯结中、日《满洲善后协约》，规定中国承认《朴次茅斯条约》中第五条第六条[①]俄国转让与日本的各项权利；同时又结《附约》十一款，其要点如次：一、开奉天省的凤凰城、辽阳、新民屯、铁岭、通江子、法库门，吉林省的长春、吉林、哈尔滨、宁古塔、珲春、三姓及黑龙江省的齐齐哈尔、海拉尔、瑷珲、满洲里为商埠；二、安东、奉天间军用铁路，仍由日本接续经管，改为专运各国商工货物铁路，以十五年为限，即至光绪四十九年止，届期双方选举他国评价人一名，妥定该铁路价格，售与中国；三、准南满洲铁路与中国各铁路接续；四、营口、安东、奉天府各商埠，划定日本租界；五、设一中、日合同材木公司，以采伐鸭绿江右岸的森林；六、满、韩交界陆路通商，彼此以最惠国之例待遇。南满和北满两个名词，是日、俄战后，日、俄两国划分满洲势力范围而起的，即日本以南满为其势力范围，俄国以北满为其势力范围。日、俄战事结束之后，日本又与英国结新同盟[②]，并先后与俄、美、法各国订立协约[③]；于是日本在国际上的地位陡然增高，俨然以东亚盟主自居。三十二年，日本设立南满铁道株式会社，为它对南满施行经济侵略的大本营；又以租借地为关东州，设立关东都督府，旋因军民分治，析为关东司令部和关东厅两部，前者为它对南满施行军事侵略的大本营，后者为它对南满施行政治侵略的大本营。日本布置既定，于是向我国进行以下各案：一曰安奉铁路案。安奉铁路照《满洲善后协约附约》的规定，许日本将军用铁路，改为商运铁路，其兴工应在光绪三十二年十二月之前，其竣工，应在三十四年十二月之前。乃日人于宣统元年，才要求派员会勘路线。邮传部命东三省交涉使与日会勘，会勘既竣，日人要求收买土地。东三省总督锡良不许日人更改路线，并要求日本撤退该路的守备队和警察。日本以中国不遵约为口实，取自由行动，即日兴工，并动员海陆军，要挟中国。清廷不得已，才命锡良与日本结《协约》如次：一、安奉铁路轨道与京奉铁路同样；二、中国大体承认前此两国会同勘定的路线，惟陈相屯至奉天的路线，由两国再协议决定；三、本约签定的翌日，允即行开工。二曰间岛移民案。间岛系图们江中小岛，韩人争先往垦，名为间岛，我国称为江通滩，又系延边（吉林延吉道的边疆称延边）的门户。光绪三十三年，日本以保护朝鲜人为名，派统监府理事官率领宪兵多名入间岛，设统监府派出所。我国向其抗议，日本不答，反诱其商民居于间岛，以图永久占据之计。一时成为中、日间重要悬案，至宣统元年，才由外务大臣梁敦彦与日本驻华公使伊集院吉结《间岛协约》（一称《图们江中韩界务条款》），其要点如次：一、开龙井村、局子街、头道沟、百草沟为商埠，日本得置领事馆或领事分馆；二、中国允许朝鲜人在图们江北之垦地居住，服从中国法律，归中国地方官管辖裁判，其所有地产家屋，中国予以切实保护；三、中国将来将吉长铁路（吉林至长春）延长至延吉南边界，与朝鲜会宁铁路相连接（即吉会铁路）；四、本约签订后，日本于两个月内撤退其派出所及文武官员，并按约于两个月内在所开商埠内设立领事馆。三曰《满洲五案协约》。满洲五案是：一、新法铁路案。本来营口英商见满洲商务日盛，劝中国修筑新民屯至法库门的铁路，以分日本南满铁路的势力，日本抗议，谓新法铁路与南满铁路并行，即南满铁路的竞争线，我国不得已中止进行。二、营口支线案。这支线原系光绪二十五年东省铁路公司筑造哈尔滨、旅顺间铁路时，运送材料的路线，原约规定哈尔滨、旅顺间的铁路（即南满铁路）落成后，即撤去此路线。及南满铁路落于日人之手，日本借口开发满洲，遂不许我国撤去营口支线。三、抚顺煤矿案。日本以根据《朴次茅斯条约》及《满洲善后协约》为辞，要求抚顺煤矿归日经营，我国以该矿在东俄铁路三十里之外拒绝之，日本则以俄国修该煤矿铁路时，中国并未反对，且以东省铁路公司所采掘之矿大抵亦在三十里之外为辞坚持之。四、安奉路及南满路开矿案。安奉铁路沿线矿山，从未允许日本经营，而日本则坚持要求安奉铁路及南满铁路矿务由中、日合办。五、京奉铁路延长至奉天城根案。原来京奉铁路（北京奉天间）的奉天（即今日沈阳）京奉车站，在南满车站以西，距城过远，中国邮传部议架铁桥，跨过南满铁路，达于城根，屡与日本交涉。以上五案，多为光绪三十三年之事，至是全依日本要求，与间岛问题同时解决，兹将《满洲五案协约》的大要摘录于下：一、中国如筑新法铁路时，允与日本先行商议。二、许日本将大石桥至营口支线，俟南满铁路期限满了之时，一并交还中国，并允将该支线末端延长至营口新市街。三、允许日本开采抚顺、烟台二处的煤矿。四、奉安路沿线及南满干路沿线的矿务，除抚顺、烟台外，均由中、日合办。五、京奉路延长至奉天城根一节，日本允无异议。

　　《日俄协约》成立后，日、俄共同封锁满洲，后来日本势力渐次蔓延全满，美国认为日本如此行动，有违门户开放主义，因于宣统元年十二月，突向中、俄、日、英、法、德六国，提议由各国共同借款与中国政府，俾收买满洲各铁路管理权，而使满洲铁路中立，遂促成日、俄的接近，而有宣统二年《日俄新协约》的缔结①，于是美国的计划完全失败，而日、俄两国共同封锁满洲的政策，益形巩固。在这期间，俄国又向我国进行以下两案：一曰哈尔滨行政案。哈尔滨为东俄铁路的中心地，俄国打算把这地方的行政权置于东省铁路公司统辖之下，向清廷提出要求，日本以与俄有《协约》，且欲援俄例以扩张南满行政权，力袒俄国。会美、德两国反对，俄国才不得逞。光绪三十四年，俄东清铁路总办霍尔哇拖忽颁布东清铁路市制，规定居住哈尔滨市内中外人民，有缴纳商工业税、家屋税、借地税诸义务，中外人士，群起反对。清廷因命东三省总督徐世昌设自治局以争主权。宣统元年，霍尔哇拖至北京，与梁敦彦结《东清铁路界内自治会条约》十八款，其要点如次：一、铁路界内，首先承认中国主权，不得稍有侵害，凡中国主权应发布的法律命令及其他规则，由中国官吏宣布告示；二、铁路界内的重要都市，设立自治会，由该埠居民按地方人口多少选举议员，更由议员复选执行委员；三、议长由议员中选出；四、执行委员不得过三人，中外议员皆得被选，此外另由交涉局总办与铁路总办各派委员一名，会同议长组织一执行委员会；议员会议长即兼充执行委员会长；五、交涉局总办与铁路总办，在议长及会长之上，有随时监督检查自治会之权。自是以后，哈尔滨行政，由自治会主持，其主权虽属中国，但哈尔滨一市也就无异成为公共租界了。二曰松花江航行权案。《瑷珲条约》规定松花江只许中、俄船只航行，光绪七年《伊犁条约》中又申明这一点，但这二约所称的松花江，系指黑龙江下游而言，至于满洲内地的松花江，却仍不许俄人航行。八国联军之役，俄国占领满洲，实行航行松花江上游。日、俄战后，日人欲乘机开发松花江上游，以断俄人独占之患，俄国起而抗议。延至宣统二年，《日俄新协约》成立，俄国才和中国结约六款，其要点如次：一、中国开放满洲境内的松花江，许各国自由航行；二、两国国境各百里以内的消费货物各免征税。

注释

①即本章所录《朴次茅斯条约》的第四第五两条。

②第二次英、日同盟成立于光绪三十一年七月，其要点有三：一、确保东亚及印度地域的全局和平；二、确保中国的独立与领土完整，及列国商工业机会均等主义，以维持列国的公共利益；三、保全东亚及印度地域两缔盟国的领土权，并防护该地域两缔盟国的特殊利益。其他如协同作战等，与第一次同盟大致相同。宣统三年七月，又成立第二次英、日同盟，其条款与第二次同盟大致相同。这两次同盟的意义，仍在共同防俄，而英国更有借此以防德国向东方发展的意思。

③《日俄条约》定于光绪三十三年七月，其要点有二：一、缔约国的一方保全他一方的领土，又缔约国间以眷本交换两国与中国现行诸条约及契约所生的一切权利（但限于不违反机会均等主义的权利），及《朴茨茅斯条约》与日、俄间缔结诸特殊条约所生的一切权利，相约互相尊重之；二、缔约国承认中国的独立并保全其领土，且承认列国对中国商工业机会均等主义。《日法协约》订于光绪三十三年六月，其全文如次："日、法两国政府为巩固两国友谊；各除去将来之误解，缔结本协约。日本政府与法国政府相约尊重中国之独立，保全其领土，及在中国之各国商业臣民均等待遇主义；又两缔约国为保全两国在亚洲大陆相互之地位与领土权，对于两国所有主权保护占有权诸领域、接近于中国之诸地方，相约互维持其平和安宁。"《日美照会》成立于光绪三十四年十一月，其大要：一、两国政府希望奖励太

平洋两国商业的自由平等发达；二、两国政府的政策，其目的均在保护太平洋现状及中国商工业机会均等主义，不得有何等侵略的趋向；三、两国政府诚意尊重太平洋方面他一方的所有领地；四、两国政府以一切平和手段，维持中国独立，并保全其领土，同时维持列国对于中国商工业机会均等主义，以保持列国在华公共利益。

④《日俄新协约》要点：一、两缔约国为使各国交通便利商业发达起见，相互协力改善满洲的铁路，及整备该铁路的联络，绝不为妨害此目的之一切竞争事务；二、两缔约国尊重现时日、俄二国所结的条约，又日、俄与中国所结的一切条约及其他条约，以维持满洲现状；三、前记的现状，若发生带侵迫性质事件之时，两缔约国为协定维持该现状必要办法，得相互随时商议。

第二十一章 清代之制度与宪政运动

清代官制，中央以文华殿、武英殿、文渊阁、体仁阁大学士各一人，协理大学士二人①，同掌政务，是为相职。世宗时，设立军机处，其权在内阁之上。光绪末以各部组织新内阁，而军机处仍握大权，直到宣统三年，责任内阁成立，才把军机处裁撤。又有吏、户、礼、刑、工、兵六部，分理政务。长官有尚书满、汉各一人，侍郎满、汉各二人，但吏、户、刑、兵四部，于尚书、侍郎之上，又设管部大臣一人。咸丰时，增设总理各国事务衙门，《辛丑条约》成立后，才改总署为外务部。末年改革官制，又增为十一部，责任内阁成立，又定为十部。又有都察、翰林、理藩三院：都察院设左都御史，汉、满各一人，左副都御史，满、汉各二人，还有右都御史和右副都御史，则为督抚的兼衔。翰林院和明代相似。只有理藩院组织特异，名虽为院，而其设官，则和六部相同，但所用都是满、蒙人。末年改革官制，改为理藩部。又有九卿：曰通政司，掌章奏封驳；曰大理寺，掌刑狱平反之事，与刑部、都察院并称三法司，末年改为大理院；曰太常寺，一曰光禄寺；曰鸿胪寺，其职掌均与前代无异，末年三寺都并入礼部；曰太仆寺，末年并入兵部；曰上驷院，掌御马之事；曰武备院，掌武备之事；曰奉宸院，掌君主之事：三院长官皆用满人。又有四府：曰詹事府，本东宫官，因清朝不立太子，故此官但为翰林院升转之阶；曰宗人府，专理皇族之事；曰顺天府，掌辇毂下民政之事；曰内务府，掌宫内及太监之事。又有二监：曰国子监，清末并入学部；曰钦天监，掌天文授时之事。又有步军统领衙门，掌巡察逮捕等事。清季又有海军衙门，后来改为海军部。还有军咨府，同于日本的参谋本部；资政院为参政最高机关；弼德院为顾问最高机关；审计院为审核报销最高机关；盐政院掌理全国盐政：都是清末推行宪政时新组织的。地方官制，清代以督抚为地方最高长官；其下有布政司，掌一省民政兼钱谷；按察司，掌一省刑狱兼驿传；学政，主一省考试之事；其产盐省份，又设盐政司，以理盐政。清末改革官制：改按察司为提法司，改学政为提学司，其辟有商埠的省份，又另添交涉司，余仍旧。使、司之下，又置道：兵备道和分巡道，系沿明代旧制，其有河工省份，又设河工道；有漕粮省份，又设粮储道；产盐省份又设盐法道；辟有商埠省份，又设海关道。清末裁撤分巡道，另添巡警、劝业二道。各道之下，又有府直隶州和直隶厅：府设知府，辖数州、厅、县；直隶州设同知，辖数厅、县；直隶厅亦设同知，辖县或不辖县；再下有县州厅，治理一县、一州、一厅之事。至于各省设立高初等审判厅、高初等检察厅和咨议局，则是清季预备立宪时所推行的新政。

又清代对于满洲、蒙古、西藏、青海、新疆的治法，和内地不同。满洲以奉天为陪京，设府尹以治理汉人；又设户、礼、兵、刑、工五部，旗人的民刑诉讼，均归户、刑二部，而军事则属将军。吉林、黑龙江则只有将军、副都统等官。日、俄战后，始改为行省。内外蒙古为北藩，其部落各区为盟，盟又分旗，旗有札萨克统治其事。各部盟长，爵分亲王、郡王、贝勒、贝子、镇国公、辅国公六等，又有汗及台吉，无定额。札萨克之上，清廷特设驻防大臣以统驭之。其在外蒙古，清廷又设定边左副将军和定边参赞大臣，都驻在乌里雅苏台城。又有科布多参赞大臣和帮办大臣，都驻在科布多城，仍受定边左副将军的节制。其在内蒙古，则于察哈尔置都统和副都统，驻直隶宣化府；又于土默特置两将军，分驻归化、绥远二城。西藏、青海为西藩。西藏政教之权，初统于班禅、达赖两喇嘛，而以第巴等官，司兵、刑、财赋。清设办事大臣一人驻前藏，帮办大臣一人驻后藏。宣统三年，裁撤帮办大臣，改设左右参赞、办事大臣和左参赞驻前藏，右参赞驻后藏。青海各部，分为旗和族，清设办事大臣一人驻甘肃、西宁以统治之。新疆有伊犁将军，统辖参领、领队、办事、协办诸大臣，分驻天山南北路各城。清末始改为行省。

又清代官制有几个特点：第一是重用满人，汉人不能掌握大权。第二，清末预备立宪，中央设大理院，各省设审判厅、检察厅，虽未彻底实行，然确为行政和司法分离之始。当时中央又设资政院，各省设咨议局，虽不足以代表真正的民意，然确为行政和立法分离之始。而末年裁撤军机处，以各部大臣组织新内阁，为中央行政总汇，则司法、立法、行政三权分立，至是也粗具规模了。第三，中央官厅和地方官厅无统属的关系，两者都直隶于皇帝，遇有互相坚执的事务，只有用皇帝的诏勅来裁判，于是全国大权，集中于皇帝一人。第四，清廷官制，完全采用相互牵制的政策，使大权不得独专，中央官吏的相互牵制，已见第四章；至于地方官，则自督抚至县、州、厅一共五级，层层压制，彼此牵制，要想专擅，固然不易，就是打算有所展布，也很难办到。

清代的赋税制，多仍明旧，其田赋和丁税，也有黄册和鱼鳞册，行一条鞭法。田赋输纳共分三种，曰本征，即漕粮②；曰折征，即银钱并纳；曰本折各半，即米银合科。其征取系根据鱼鳞册，视土地的肥瘠以定赋额的多少。征取之期，也行夏秋两税法，即俗称上下忙。丁税根据黄册，视丁户的贫富，以定税额。凡载籍之丁：民年六十以上开除，十六以上添注。计丁出赋，以代力役，丁增而赋亦增。康熙五十一年，诏令丁税以五十年丁册为准，自后新增，叫做盛世滋生人丁，永不加赋。雍正初年，又定丁随地起之法，把直省丁税，以次摊入地粮，叫做地丁，大约地银一两，摊丁无过二钱。这样一来，所有赋役便全归有田之人担负；而无田坐拥巨资的人，反无输纳丁税的义务。田赋丁税之外，又有杂税，其中最重要的是关税，可分海关、常关、厘金三项来说。清初，海禁最严，直到康熙二十四年，才开海禁，设立海关四处③，税率由我国自订，分船钞、进出口税和附加税三种④。于是昔日的市舶司，遂一变而为今日的海关制度。《南京条约》成立后，首开五口通商，自是以后，新设的海关，逐渐增多，而税率也由自主变为协定⑤。至于海关归外人管理，尤为我国最大的损失。常关沿明旧制，于水陆冲途舟车商旅会集的地方置关设官以榷商货，即旧所称之钞关。海关、常关而外，清末还有厘金，为一种地方通过税，始于咸丰三年，雷以諴帮办扬州军务，奏请设厘捐局于江南泰州、宝应，抽收厘捐。初拟太平军平定以后，即行裁撤，然大利所在，始终没有废掉。自是厘金局卡，遍设各地，税率初定值百抽一，日久亦由征收官吏任意规定，每过一卡，抽收一次，于是商旅大困，物价也随着日昂。关税而外，又有芦课，行于江苏、安徽、江西、湖南、湖北五省，系于滨江随时坍涨之地，按亩征银。又有契税、牙税、店铺税、牛马税、鱼税、矿税、木税、典铺税，末叶因国用不足，又有清膏捐、国民捐、铁路捐、酒捐、随粮捐，名目繁多，旋设旋废，并无定额。

此外又有官营业，分盐、茶二种。盐由户部发引，商人纳盐于运库或道库（盐法道），然后领引行盐。引地各有一定。商人亦均世袭。这种引称为正引。有时引多商少，则另设票售之于民，称为票引。票引无地界，商人亦系临时投资。所谓盐税，系就盐课和盐厘合称之。盐课为盐商准照其引数所输纳的正税，称为正课；此外另征附加税，称为杂款。盐商贩卖官盐，于完纳正课和杂款之外，当运过监卡时，尚须缴纳盐厘，与盐课合而为盐税。茶亦行引法，与盐政相近，由户部颁发茶引，每百斤为一引，茶商必有引，始能往产茶处购茶。其后又就各关卡征收茶税。至于以茶与西番易马之制，则循明制，仅行于陕西、甘肃等省。

清代的兵制，初分旗兵和绿营。旗兵分满洲八旗、蒙古八旗、汉军八旗三种。满洲八旗系努尔哈赤所置，其初只有正黄、正白、正红、正蓝四旗，后增镶黄、镶白、镶红、镶蓝四旗。蒙古八旗和汉军八旗，系黄太吉所置。每旗置都统一，副都统二，凡辖五参领，一参领辖五佐领，一佐领辖三百人。入关以后，其满洲八旗环卫京师的，称为禁旅，分守要地的，称为驻防。八旗兵都系世袭，一丁得饷，全家坐食。绿营全为汉人，因军旗为绿色，故称绿营；有步、马之别，皆隶于提督、总兵，而受督、抚节制，总兵之下，有副将、参将、游击、都司、守备、千总、把总、外委等官。后来旗兵习于安逸，绿营也衰弱腐败，都不堪战阵，于是勇营代之而起。勇营系募乡勇而成，其编制：以一百人为一哨，五哨为一营；其马队则以五十人为一哨，也以五哨为一营。中、法和中、日两役，勇营又不足恃；于是又有练营。原来当李鸿章平定太平军时，便以洋枪队立功。后来鸿章督直，又摹仿西法练兵，设学堂，购新械，于是形式顿改旧观，而北洋练兵之名，也由是震动一时。中、日战起，胡燏芬奉命招练定武军十营于天津。光绪二十一年，袁世凯奉命督练新军，会这时朝廷调燏芬筹办津芦铁路，遂命世凯代领其军，驻扎离天津七十里的小站。其制全仿德国，并聘天津武备学堂学生为教练官，"小站练兵"之名，由是而起。同时，张之洞又练自强军于吴淞，中、日战争结束后，之洞调任两湖总督，于是聘德人至湖北，设武备学堂，仿新法练兵，成立自强军。戊戌政变后，那拉氏下令筹饷练兵，并将北洋军队，令归荣禄节制。荣禄因置武卫军，分为前后左右四军，命聂士成、董福祥、马玉昆、袁世凯四人分统，而自将中军，以卫京师。二十七年，那拉氏变法行新政，命各省绿营防勇限于本年内裁去十之二三，复命将各省原有各营严行裁汰，精选若干营，分为常备、续备、巡警等军，又命各省筹设武备学堂。明年，命世凯会同铁良办理京旗练兵事宜，又设立练兵处，命奕劻等管理，以徐世昌充练兵处提调，规定全国兵额为三十六镇，实行征兵之制。兵分三种：一曰常备军，由各省督抚派员会同各州县，就土著壮丁选募编伍，训练三年，各回原籍。二曰续备军，以常备军三年退伍之兵充之，每年十月，调府会操，遇有战事，征调入伍，三年递退。三曰后备军，以续备军三年递退之兵充之，仍旧会操候征，四年期满，退休为民。其编制：常备军每镇辖步队二协，协辖四标，标辖三营，营辖四队，队辖三排，排辖三棚；又辖马队一标，标辖三营，营辖四队，队辖二排，排辖二棚；又辖炮队一标，标辖三营，营辖三队，队辖三排，排辖三棚；又辖工程队一营，营辖四队，队辖三排，排辖三棚；又辖辎重队一营，营辖四队，队辖二排，排辖三棚。后来世凯成立新军六镇，遂奠立北洋军的基础。自是新军渐次推行于各省，而旧日绿营，则一律改为巡防队。清初，又有水师，分内河、外海。江西、湖南、湖北战船，属于内河。天津、山东、福建战船，属于外海。江、浙、广东，则两者兼有。均受水师提督节制。太平军兴，曾国藩又练水师，事定以后，遂成立为长江水师。同治元年，曾国藩、左宗棠奏请开船政局于福州、上海，而福州规模更大。光绪元年，设北洋水师，购铁甲以防长江口。六年，李鸿章奏请减水师裁绿营以练海军，立水师学堂于天津。十一年，从鸿章议，立海军衙门于京师，并建旅顺等处炮台，大购铁舰，以为海军根本。十四年，定海军制，以丁汝昌为海军提督，受北洋大臣节制，是为北洋舰队所自始。其时以威海卫为停宿海军之所，以旅顺口为修治战舰之所。并于大连湾建炮台，以固旅顺后路。中、日战后，北洋舰队覆灭，惟南洋舰队得保无恙。拳变之时，与列国联军战于东海，失驱逐舰四艘，海军势力益衰。宣统元年，设筹办海军处，明年，改设海军部，分所有舰队为巡洋舰队与长江舰队及闽、粤之小舰队，总计全国有大小船只四十二艘。

清代的学制，京师学分三类：一为太学，即国子监，其教官名称及入监读书学生的种类，大致与明代相同。学科于四书、五经外，兼及性理、等。杖自六十起，以十累加，至一百，共五等。徒刑自一年起，以半年累加，至三年，一年者予杖六十，以十累加，至一百，共五等。流自二千里起，以五百里累加，至三千里，均予杖一百，共三等。死分绞、斩、凌迟三等，各有立决监侯之别。此外有发遣、充军、刺字、枭首、灭族、戮尸等酷刑。国有大庆，则赦罪人，但常赦所不宥者及犯十恶者⑦不赦。审判拟罪之权，中央归三法司，刑部总理庶狱，都察院申理冤抑，大理寺平反狱讼；地方归州县，由州县、而府、而道、而按察司、而督抚，层层覆讯，以至刑部，如无异议，而狱始具；若有不服，得上诉，但不得越诉。清末准备司法独立，但未全部实行。清代对于八旗，其刑狱归将军都统副都统兼管，上三旗包衣⑧，由内务府审理，蒙古由该部长自理，不服上诉，则在理藩院。外国人犯罪的，向亦依律拟断。但自各国取得领事裁判权后，外国人在我境内犯罪的，彼由彼自行治理。光绪二十八年，欲挽回此项法权，遂命伍廷芳、沈家本为修订法律大臣，将一切现行律例，参酌各国法律，加以修订。当时所拟办法有三：一为修改旧律，其不适用于当代的悉加删除，又芟除凌迟、枭首、戮尸、刺字等重刑，并废刑讯之制。二为更改刑名，斩绞均改为死刑，充军改为安置，流徒改为工作，笞杖改为罚金。三为另编新律⑨，以期中外通行，为收回治外法权的准备。又开法律馆，以研究新律。但新律未成，而清室遂亡。

清代也用铜钱，户部设局，名曰宝泉；工部设局，名曰宝源；各省亦多设局，即以其地为名：均从事鼓铸。初时铸钱，每文重一钱，至雍正二年，乃定以一钱二分为常制。咸丰军兴时，国库匮乏，于是铸当十、当五十、当百、当五百、当千五种铜钱，后又增铸当五铜钱，于是钱制大坏，民生日困。至光绪十四年，才恢复使用当一铜钱。铜元则始于光绪二十八年，张之洞督鄂铸当十铜元，其后各省竞铸铜元，而铜钱遂渐为铜元所代。银币通常使用元宝、中锭、小锞、福珠、碎银五种⑩，而西班牙本洋和墨西哥鹰洋，以其成色分量有一定，尤便商旅。光绪十二年，张之洞在粤，始设厂鼓铸银元。接着奉天、吉林、直隶、江苏、安徽、湖北、福建，也相继设局制造。清季收回各省鼓铸权，归之户部。宣统三年，又定一元银币为本位，另铸五角、二角、一角小银币，及五分的白铜币，二分、一分、五厘、一厘的铜币，均以十进位，但未实行，而清室遂亡。至于纸币，通常由银号钱庄商店发行，而通行于附近之地。通商以后，外国银行纸币通行各地，政府亦无力限制。光绪三十一年，设立户部银行，三十四年，改名大清银行，但发行纸币之权，终未收归国有。而各省官钱局所发纸币，反各自流行于各省。

原来自从《辛丑条约》成立以后，国内反清的革命运动，便逐渐高涨，其统治的危机较戊戌政变以前还要厉害。那拉氏及其一党，当"痛定思痛"之余，也深感这危机的可怕，迫不得已，只好迎合国内趋势，下诏变法，借以和缓反清运动。日、俄战后，所谓"日以立宪胜，俄以专制败"的舆论，在士大夫间忽然占有很大的势力，那拉氏及其一党又迫不得已下诏预备立宪，以收买人心。这就是清末宪政运动的前景。光绪二十六年十二月，那拉氏假着德宗名义，在西安行在，下诏变法。明年三月，设立督办政务处。当时所谓变法，其最重要的，不过下面几项：第一是改革旧制，如裁汰各衙门胥吏差役，如停止捐纳实官，如归并詹事府于翰林院，都属于这一项。第二是新立机关，如设立督办政务院，如改总理各国事务衙门为外务部，如设立商部，将路矿局裁并，如设立练兵处、巡警部、学部，都属于这一项。第三是整理军政。第四是育才兴学，其详均见前。此外还有整理财政、修改法律、编订商律⑪，增设警察⑫，提倡实业以及准许汉、满通婚诸端，也属于当时的新政。不过那拉氏的变法，只在收拾人心，并无坚决推行的意思。所以虽然设了许多机关，颁布了几道变法的诏谕，但是所谓新政，却依然没有起色。

戊戌政变后，梁启超逃到日本横滨，组织保皇党，发行《清议报》，痛诋那拉氏，主张拥护德宗来推行新政。《清议报》后来改为《新民丛报》，力主君主立宪。《新民丛报》以君主立宪之说，可以在国内昌言之故，流行很广，在舆论界颇占势力。日、俄战后，"日以立宪胜，俄以专制败"的议论，支配着当时士大夫的心理，于是立宪派的主张，更为得势。同时同盟会的起事，又时有所闻，清廷为着迎合国内思想界的趋向，并巩固自己的统治地位计，也就只好依从驻法公使孙宝琦、湖广总督张之洞、两江总督周馥诸人的请求，预备立宪。三十一年，直督袁世凯又奏请简派亲贵大臣出洋考察政治。于是朝命载泽、绍英、端方、徐世昌、戴鸿慈为出洋考察政治大臣。这年七月，五大臣从京师起程，至正阳门车站，遇革命党吴樾以炸弹力掷，载泽、绍英都受微伤，行期遂展缓。九月，改派李盛铎、尚其亨代替徐世昌、绍英会同载泽、端方、戴鸿慈前往各国。十月，设立考察政治馆。明年一月，五大臣自国外奏请宣布立宪。七月，五大臣回国，又奏请宣布立宪宗旨，至十三日遂下谕预备立宪，并先从改革官制入手。预备立宪诏旨发布后，即派载泽等编纂官制，并召集御前会议，决定四大方针：一、十年或十年后实行宪政；二、宪政大体效法日本；三、废现制的督抚，各省新设督抚，其权限仅与日本府县知事相当，财政军事大权，悉归中央；四、中央政府组织，略与日本现制相同。不过集权中央，削减督抚势力，因为袁世凯表示不愿，所以只好先议中央官制，把地方官制按下不提。九月，宣示厘定内官制上谕，仍以军机处为行政总汇，内阁设外务部、礼部、学部、吏部、民政部（巡警部所改）、度支部（户部所改，以财政处及税务处⑬并入）、礼部（太常、光禄、鸿胪三寺并入）、陆军部（兵部所改）、农工商部（工部并入）、邮传部、理藩部，共十一部。其应增设的，还有资政院和审计院，又改大理寺为大理院，专任司法。又改督办政务处为会议政务处。三十三年七月，又改考察政治馆为宪政编查馆，归并会议政务处于内阁。

八月，再派达寿使日，汪大燮使英，于式枚使德，考察宪政。又派溥伦、孙家鼐为资政院总裁，筹备设立资政院。又令各省筹备设立咨议局，并预备设立各府县议事会。又命各省设立调查处，各部院设立统计处。三十四年，颁行《资政院章程》《各省咨议局章程》及《议员选举章程》，又颁《违警律》。清室这些措置，表面上似乎很热心宪政，但实际上却专事拖延，并且中央大权，名义上虽说不分汉、满，而清室却始终不愿汉人得势，以三十二年新授各官而论，军机处领袖大臣是奕劻，大臣是世续、瞿鸿玑，外务部管理大臣是奕劻，尚书是瞿鸿玑，度支部尚书是溥颋，礼部尚书是溥良，陆军部尚书是铁良，法部尚书是戴鸿慈，邮传部尚书是张百熙，理藩部尚书是寿耆，民政部尚书是徐世昌，农工商部尚书是载振，学部尚书是荣庆，吏部尚书是鹿传霖，这里面就只有四名汉员，满人却居其七。三十三年内阁改组，军机领袖大臣仍旧，大臣改以鹿传霖代瞿鸿玑，而世续仍旧，而以吕海寰为外务部尚书，善耆为民政部尚书，载泽为度支部尚书，陈润庠为吏部尚书，溥颋为农工商部尚书，陈璧为邮传部尚书，其他各部都未更动；这里面也只有汉人五员，而满人仍旧占大多数。中央政府的实权，既然在满人掌握中，便进而打算夺取督抚实权。这时督抚中最重要的是袁世凯，统有北洋军六镇，又是直督兼北洋大臣，所以早就成了满人眼中之钉。三十二年,满人以铁良为主脑,发动了排袁运动,到了三十三年竟把世凯、之洞调入京师为军机大臣,于是世凯兵权全去,而汉人任总督的两大柱石,也就从此倾覆了。这样一来,清室假借立宪美名,反把中央大权巩固起来,立宪的假面具,至是完全揭穿。

士大夫中主张立宪最有力的,便是梁启超。光绪三十三年夏季,启超和蒋智由等在日本东京组织政闻社,发表政纲,主张立宪。九月,有华侨联名向政府请愿,要求实行立宪;又有湘人熊范舆等联名向政府请愿,要求设立民选议院;自是国内各处,常有学生开会,作政治演说:大抵都是由政闻社主持的。清室认为显系聚众要挟,遂于十一月下谕严禁学生干预政治,又严谕禁止京师开会演说。三十四年七月,又严谕各省督抚查禁政闻社,将该社社员一律严加缉捕。政闻社虽已消灭,但士大夫的立宪运动,却风起云涌,于是江、浙有预备立宪公会,湖北有宪政筹备会,湖南有宪政公会,广东有自治会,主旨都和政闻社相同,而以预备立宪公会为最活动,其首要人物如朱福诜、张謇、孟昭常、郑孝胥、汤寿潜等,或系江、浙、闽的巨绅,或系实业界中的巨头。他们表面上避去康、梁的关系,所以清室也不便强硬压迫。三十四年六月,由郑孝胥领衔联名向政府请愿要求速开国会;七月,又纠合江、浙、闽、湘、鄂、粤、豫、皖、直、鲁、川、黔各省同志,齐集京师请愿。恰好这时,宪政编查馆已将《宪法大纲》《议院法》及《选举法要领》编就进呈,这年八月,政府就把这三种法规宣布,并定召集国会年限以九年为期。《宪法大纲》颁布后两个月,德宗和那拉氏都先后去世,溥仪即位,改明年为宣统元年(1909),其生父载沣为摄政王。时袁世凯任外务部尚书,兼军机大臣,虽无兵权,但统率北洋六镇的将官原是他的旧部,和他保有亲密关系,而军机大臣兼外务部管部大臣奕劻,陆军部侍郎荫昌都和他有特别关系,也很出力拥护他。载沣想把大权集中皇族,自然不容许袁世凯在中央得志,所以溥仪即位不久就谕"命袁世凯开缺回籍养疴"。载沣当国,表面上也很热心宪政,以收买人心:故于光绪三十四年十一月,下令规定嗣后谕旨由军机大臣署名之制,又于宣统元年二月,下谕宣示决行立宪。十月,各省咨议局次第成立。十二月,又颁布《厅州县自治章程》及《法院编制法》。二年九月,资政院正式成立。各省城及商埠亦次第设立审判厅。十月,又派溥伦、载泽为纂拟宪法大臣。这原是载沣牢笼人心的作法,所以他同时又谋集大权于皇族。袁世凯开缺回籍后，即于三十四年十二月，另编禁卫军，归他自己统率，并命其弟载涛及毓朗、铁良三人为专司训练大臣。宣统元年正月，命善耆、载泽、铁良、萨镇冰筹备海军。五月，载沣暂行代理大元帅职，并先行设立军咨处，以毓朗管理，寻又添派载涛管理。又命载洵（亦载沣之弟）、萨镇冰为筹办海军大臣。二年六月，命载洵为参预政务大臣。八月，命近畿陆军均归陆军部管辖。十一月，海军部成立，即以载洵为海军大臣。三年四月，设立军咨府，并以毓朗、载涛为军咨大臣。这样一来，皇族便掌握了中央海陆军大权。

其在宪政运动方面，则自各省咨议局成立后，江苏咨议局议长张謇就于宣统元年十一月通电各省咨议局要求政府速开国会，组织责任内阁。不久苏、浙、皖、赣、湘、鄂、闽、粤、桂、豫、鲁、直、晋、奉、黑、吉十六省咨议局各派代表组织国会请愿同志会，于十二月同集北京，向政府请愿，旋奉谕旨拒绝。二年四月，各省咨议局代表又联合各省政团商会及海外华侨组织国会请愿代表团，向政府请愿，又被拒绝。九月，资政院成立，代表团又向资政院上书，请提议设立责任内阁，速开国会，资政院议员议决上请，同时各省督抚也联电军机处，主张内阁国会，同时从速设立。载沣至是才下谕准许缩短立宪筹备期限，定宣统五年召集国会，在国会未开以前，先将官制厘定，设立内阁。国会请愿同志会中预备立宪公会一派以为有了相当结果，不再进行，但其他各派如湖南咨议局议长谭延闿、湖北咨议局议长汤化龙、四川咨议局议长蒲殿俊诸人，却依旧坚持速开国会的主张，同时东三省也来了许多代表参加。十一月，清廷把东三省代表解回原籍，并令各督抚开导弹压，如有违抗，查拿严办。十二月，天津温世霖进行请愿，又为政府发戍新疆。这样一来，速开国会的请愿运动就息止了。不过问题没有这样容易解决。当时的资政院议员，其大半固由皇帝钦派，但其中和各省咨议局通声气的，也不在少数。这些人都主张迅速成立责任内阁，而梁启超所主办的《国风报》，也著论附和这种主张。载沣不得已，才于宣统三年三月颁布新内阁制，裁撤旧内阁军机处和会议政务处。这时内阁总理大臣，依旧是奕劻，协理大臣二员是那桐和徐世昌，外务大臣是梁敦彦，民政大臣是善耆，度支大臣是载泽，学部大臣是唐景崇，陆军大臣是荫昌，海军大臣是载洵，法部大臣是绍昌，农工商大臣是溥伦，邮传大臣是盛宣怀，理藩大臣是寿耆。以上十三员，都是国务大臣，其中汉人只有四员,满人却有九员,而九员中皇族又占了五员。此外如军咨大臣载涛、毓朗,也都是满人。因此当时都称之为皇族内阁。各省咨议局,以其不合立宪公例,联合呈请都察院代奏,请另组内阁。奉旨申饬。于是一国政权,遂为皇族一家所私有。这年八月十九日(即阳历十月十日),革命军在武昌起义,各省先后响应。载沣至是始知大局不可收拾,才于二十三日下谕起用袁世凯为湖广总督,兼办剿匪事宜。九月六日,清廷命世凯为钦差大臣,节制各军。就在这一天,资政院中的立宪派,又提出四条的上奏案:一、取消亲贵内阁;二、宪法须由人民代表协赞;三、赦免国事犯;四、即开国会。清廷对这上奏案,正在筹划应付之时,驻在滦州的陆军第二十镇统制张绍曾、协统蓝天蔚等又电奏政府要求立宪。载沣迫不得已,才于九月九日下谕取消现行内阁章程,改组内阁,命资政院立即起草宪法,并下诏罪己。十一日,奕劻的内阁解职,十二日任命袁世凯为内阁总理大臣,组织责任内阁[14],十三日,宣布资政院所拟宪法重要信条十九条[15]。所谓清末的宪政运动,从此告终,以下便入于民国时代了。

注释

①文华、文渊二阁大学士以满人任之,武英、体仁二阁大学士以汉人任之,协理大学士二人,满、汉各一。

②只有苏、皖、湘、鄂、赣、浙、豫、鲁八省有漕粮,系依水路之便而运输者,每年约共四百五十万石,专供官俸军饷之用。

③广州海关设澳门,称粤海关;漳州称闽海关;宁波称浙海关;云台山称江海关。

④船钞系沿明制,为课洋舶出入的特税,最初船钞分三等,一等船征银三千五百两,二等船征三千两,三等船征二千五百两,至康熙三十七年始改为按丈量计算。进口正税,值百抽四,出口正税值百抽一点六,雍正六年加出口正税为值百抽二点六。附加税系按正税加一二成,视货物贵贱而为差等。

⑤《南京条约》成立后,进口税始终以值百抽五为原则,而以从价税为主,后来又改为以从量税为主。出口税亦为值百抽五,也以从量税为主。土货转运别口的,值百抽二点五,为复进口半税。子口税亦为值百抽二点五。洋货转运别口的,在三十六个月以内,免复进口税,逾期照进口正税完纳。均为协定税率。《辛丑条约》订明于中国裁厘之后加税至一二点五,但至今还未实行。

⑥诂经精舍与学海堂均为阮元所立。

⑦杀人、盗窃、纵火、发冢、受赃、诈伪、犯奸等，均为常赦所不宥的。十恶是谋反、谋大逆、谋叛、恶逆、不道、大不敬、不孝、不睦、不义、内乱。

⑧包衣即满洲语僮仆之义。清入关以前，凡各部落之被俘虏的，都以为包衣。其属上三旗的，叫做内务府包衣，隶内务府。属下五旗的，分隶王府为世仆。

⑨《刑律》之外，又订有《民律》及《商律》。

⑩元宝又称马蹄银，以其形似马蹄而得名。中锭约十两上下，有似马蹄形的，也有不似的。其似马蹄形的，称小元宝。重三两至五两，形状多似馒首的，称小锞。重一两至二三两的称福珠。将马蹄银切碎的，称碎银。

⑪详见本章刑制一节。

⑫光绪二十七年，创办巡警于北京，叫做巡警军。次年袁世凯奏定《警务章程》，着各省仿照办理。三十一年设巡警部于北京，设巡警道于各省，且令各省筹办巡警学堂。

⑬财政处清理财政，税务处总司税务，在当时均不统属于户部，至是才并入度支部。

⑭内阁总理大臣袁世凯；外务大臣梁敦彦，次官胡惟德；民政大臣赵秉钧，次官乌珍；度支大臣严修，次官陈锦涛；陆军大臣王士珍，次官田文烈；海军大臣萨镇冰，次官谭学衡；学部大臣唐景崇，次官杨度；法部大臣沈家本，次官梁启超；邮传部大臣唐绍仪，次官梁如浩；农商部大臣张謇，次官熙彦；理藩大臣达寿，次官紫勋。

⑮最重要的有：一、大清帝国之皇统万世不易；二、皇帝神圣不可侵犯；三、皇帝之权，以宪法所规定者为限；四、皇帝继承之顺序，于宪法规定之；五、宪法由资政院起草议决，皇帝颁布之；六、宪法改正提案之权，属于国会；七、上院议员，由国民于法定特别资格中公选之；八、总理大臣，由国会公选，皇帝任命之。其他国务大臣由总理大臣推举，皇帝任命之，皇族不得为总理大臣、其他国务大臣并各省行政长官；九、总理大臣受国会之弹劾，非解散国会即内阁总理辞职，但一次内阁不得为两次国会之解散；十、皇帝直接统率海陆军，但对内使用时，须依国会议决之特别条件；十一、不得以命令代法律，除紧急命令外，以执行法律及法律所委任者为限；十二、国际条约，非经国会之议决，不得缔结，但宣战讲和不在国会开会期内，由国会追认之；十三、官制规定，以法律定之。

第二十二章　清代之学术

清代的学术，可以叫做朴学①时代；其勃兴，可以说是王学的反动。

原来王学到了末流，便失诸空疏，而不切实际。所以到了清初，像顾炎武、颜元、黄宗羲、王夫之诸大儒，或排斥王学，或力矫王学的空疏，而皆以实用为主，其结果，自然要走到"为致用而学问"的一方面去，而炎武学问的笃实，更是清代朴学的鼻祖。以上是就学术思想的演变来说的。其次就政治来说，朴学的勃兴，又是清代高压政策的结果。原来炎武、宗羲当国破家亡之时，都有恢复明室之志，后来清室统治稳定，他们的反清运动，便无法进行，就只好研究些实事求是的学问，以备异日应用。但自清初屡兴文字狱以后，学者处在高压之下，便只有在故纸堆中去讨生活。而所谓故纸，又只有行世久远的经书为可宝贵，于是学者的精力，集中在经书上面，以研究从来典章制度的得失。不过愈在故纸堆中讨生活，其"学以致用"的精神便愈加减少，结果竟成为专重训诂名物的朴学。再其次就经济来说，也可以看出朴学勃兴的原因。原来自后三藩平定以后，中国本部，即已平静无事。这个平静期间，有一百多年，生产的增加，已经超过明末清初之上，国库的储蓄，也随着日益增加。生活既这样安定，同时清室又网罗逸民、学者，开馆修书，于是所谓朴学，也就应运而兴了。此外如外来的治学方法的运用以及达官要人的提倡和维护②，也都影响于朴学的发达。朴学勃兴的原因，已如上述，现进而述朴学的启蒙时期。这是指清初至雍正这一时期而言。这时朴学初萌芽，大抵以宋学为根柢，不分门户，各取所长，可以说是汉、宋兼采之学。这时期以顾炎武、阎若璩、胡渭三人为代表。炎武虽反对王学，但不攻击程、朱，即不攻击宋学，而其大倡"舍经学无理学"之说，则为清代朴学的先声。其治学方法，着重创造与博证，尤为清代朴学建立强固的基础。若璩著《尚书古文疏证》，专辨东晋晚出的《古文尚书》及同时出现的孔安国《尚书传》为伪书。这书千余年来，学者都视为神圣不可侵犯而无有议其为伪者，自若璩力辨其为伪，于是学者受此刺戟，对于一切经义经文，遂顿起疑惑，而一切经义经文，也就成为可以研究的对象了。胡渭著《易图明辨》，辨宋邵雍所传《河洛图书》非羲、文、周、孔所有，而与《易》义无关，明孔学自孔学，宋学自宋学。至是学者才知欲求孔子所谓真理，除宋人所用方法外，尚别有途径。总之，清代朴学，实由顾、阎、胡三人开其端，他如毛奇龄的直攻程、朱，姚际恒的怀疑古书，也和一代朴学颇有关系。这时期还有黄宗羲、王夫之、颜元诸人，虽和朴学无关，但于清初学术界亦占重要地位。宗羲、夫之的史学下面再讲。颜元之学,专以实践为主,不但反对讲理性的宋学,并且反对汉、唐训诂注疏之学。其再传弟子有李塨、王源,惟因清室法网太密,其实行精神又为当局所忌,故其学不久中绝。其时为理学守残垒的,还有孙奇逢、陆世仪、陆陇其、李颙诸人,然影响不大。次述朴学的成熟时期。这是乾隆以后的事,自惠栋、戴震辈出,"为经学而治经学"之风大昌,竟造成家诵许慎、郑玄而群薄程、朱的局面。这可以说是专门汉学。这时期的代表人物为惠栋、戴震:惠为吴派③的鼻祖,戴为皖派④的鼻祖。惠栋世传经学,治经笃执古训,为纯粹的汉学家。其弟子有江声和余萧客,萧客弟子江藩著《汉学师承记》,推栋为斯学正统。他如王鸣盛、钱大昕,也受学于栋,而以史学闻于世。汪中亦倾向吴派。戴震治学方法与惠栋不同:大抵震主精审有识断,栋则淹博而笃执古训,其弟子最著的有段玉裁、王念孙、王引之诸人,而任大椿、卢文弨、孔广森辈,亦莫不师戴。所谓朴学,当以此派为正宗。再次述朴学的衰落时期。嘉、道以后,今文学崛起,所谓朴学才逐渐衰落。但在这时期能为朴学保持残垒的,还有俞樾、孙诒让二人。直到晚清,刘师培、章炳麟,便为斯学殿军。按朴学的精神在考证,其研究对象为经书,所以对于经书的注疏、伪书的辨明、古书的校勘,都很有成就。同时因为考证必须借助于文字、音韵、金石,所以有清一代,文字学、音韵学、金石学的研究,也很精审。考证风气扩大以后,于是史、地之学,也带有浓厚的考证意味。此外,如佚书的搜辑,如丛书的校刊,也和朴学有深切的关系,且大有裨益于文化界。

康、雍、乾三朝,是清室的黄金时代。但自乾隆末年以后,清室的统治,便已开始动摇,道光以降,更是内忧外患,相逼而来。那种和现实生活隔绝的朴学,在太平之世,自然随着生活安定而日益发展。但一当乱离之世,朴学便失其存在根据,而一班留心经世之务的人,就不得不朝着现实生活方面走去。嘉、道以后今文学的复兴,就是因此而起的。其次,还有当时外来的西学,也促成这复兴运动。明代耶稣会教士传来的西学,以天算及地理为主;清代海禁大开以后,便连工艺和政制的书籍,也渐次输入中国。这使一班留心经世之务的人,明白了西洋富强实有其所以致此之道,而"抱残守阙固步自封"反足以自取灭亡,所以后来的今文学家,力谋"学以致用"的精神和西学结合,而形成了维新运动。原来经学有今古文之争,自郑玄混合今古家法,于是古文盛而今文衰。清代学者说经一尊东汉家法，着重名物训诂，自不免于支离破碎。今文学家治经方法，完全不同，重在"微言大义"的发现，不为训诂名物所拘束。清代开今文学的先声的，是乾隆时的庄存与。嘉庆时，其弟子刘逢禄继起，著《春秋公羊经传何氏释例》，专发明"张三世""通三统""绌周王鲁""受命改制"诸非常异义可怪之论。道光间，今文学始盛，其最著者有龚自珍和魏源。自珍痛诋专制政体，以阐发民权之义，颇影响于清季谭嗣同、梁启超辈。其经济之谈，颇主张贫富均齐之说。魏源有《公羊古微》《诗古微》《书古微》三书；其《诗古微》直攻《毛传》《大小序》为伪作；《书古微》一书，不但力言东晋晚出的《古文尚书》为伪造，且排斥郑说。同时邵懿辰著《尚书通义》和《礼经通论》，指《逸书》十六篇、《逸礼》三十九篇为刘歆伪造。这样一来，所谓古文诸经传便渐次发生真伪问题了。至康有为出，更全部推翻古文诸经传，而集今文学的大成。龚、魏两人，都是留心经世之务的人，至于有为则更运用今文学的理论，以进行维新运动。光绪时的今文学大师，首推王闿运，其弟子廖平，更推广师说，著《四益馆经学丛书》十数种，有为之学，颇受他的影响。有为的学说，表现在他的三部著作中。一部叫做《新学伪经考》，立证古文诸经传为刘歆所矫造，并说明刘歆欲佐新莽篡汉，故先谋湮没孔子的"微言大义"，至于秦朝焚书，实未厄及六经。后来崔适著《史记探原》《春秋复始》二书，光大有为之学，为今文学家的殿军。一部叫做《孔子改制考》，阐明真经的全部均为孔子"托古改制"之作。尧、舜诸人，便是孔子所托的人物。孔子作《春秋》，只有公羊家说的"张三世""通三统"，深得孔子的精义。何谓三统？即夏、商、周三代随时因革，不相沿袭。何谓三世？即据乱世、升平世、太平世，愈改而愈进。这就是有为主张变法的张本。一部叫做《大同书》，谓《春秋》中的太平世。即《礼运》中的大同，也就是孔子的理想社会，《大同书》中的理想社会，就是一个无国家、无家族、无财产，人人必须劳动的大同社会。不过他认为当时还是据乱世，离大同社会甚远，因此他从来就不把这书教人。

乾、嘉两朝，正是朴学炙手可热的时代，其时今文学还未大盛，而方苞一辈人所提倡的桐城派，就起而调和汉、宋之学。方苞的古文，摹仿归有光一派，并托宋学以自饰，后来亦稍治汉学，与同里姚范、刘大櫆，建立古文义法，抱着"因文见道"的见地，常与理学相结合，而以道统自任。

桐城派之名，由是成立。姚范的侄儿姚鼐，力主义理、辞章、考据并重之说，所选《古文辞类纂》，义例很严，学者多奉为圭臬，其门人有管同、梅曾亮、姚椿、刘开、方东树、姚莹，各以所学于姚氏者传授徒友，桐城派之文，由是大盛。其后恽敬等，受桐城派的影响⑤，也力倡古文，叫做阳湖派。咸、同时代，曾国藩为文也力遵桐城义法，当时中兴名将如罗泽南、李续宾辈，又都是受有理学影响很深的人，所以桐城派与宋学的结合就愈加密切，而桐城派的极盛时期也就在这个时候。自是虽有吴汝纶、黎庶昌、张裕钊诸人继起，但他们的成就，终以在文学一方面为多，其于学术思想方面，反无足称道。

清初治史学的，有王夫之和黄宗羲二人。夫之力排王学，推崇关学，其所著《黄书》《噩梦》，言黄帝为吾族之祖，指陈民生利弊甚切；又著《读通鉴论》《宋论》，辨夷夏之防，明民权之理，都有特见。宗羲力矫王学空疏之弊，教人治学必须穷经读史，为一代史学之祖，所著《明儒学案》，为我国学术史之祖。又著《明夷待访录》，其《原君》《原臣》《原法》诸篇，均显露民权主义的思想。其弟子万斯同又曾以独力成《明史稿》五百卷。斯同同里有全祖望，私淑宗羲，与宗羲子百家续《宋元学案》一百卷，以竟宗羲未竟之志。他如康熙时的庄廷鑨（浙江吴兴），雍正时的吕留良（浙江崇德），则更以史学著作而获罪。嘉庆时，章学诚著《文史通义》，发凡起例，以通古今之变，其学识在刘知几、郑樵之上。清末，更有章炳麟（浙江杭县），受祖望、学诚影响颇深，究心明、清间掌故，由治史学，而主张排满。以上诸人，可以称为浙东派史学，多以"经世致用"为主。朴学盛行时，以考证方法治史的风气，很为流行，像赵翼的《廿二史札记》、王鸣盛的《十七史商榷》、钱大昕的《二十一史考异》以及洪颐煊的《诸史考异》，都是以考证史迹、订正伪谬为主。惟其末流，专重考据，则与史学无甚关系。又崔述与章学诚同时，亦精考证，其所著《考信录》，尤有功于史学。此外，正史有张廷玉的《明史》，政史有《续通典》《续文献通考》《续通志》《皇朝通典》《皇朝文献通考》《皇朝通志》，与《三通》合称为《九通》。编年体有徐乾学等的《资治通鉴续编》、毕沅的《续资治通鉴》以及高宗所敕撰的《历代通鉴辑览》。纪事本末体有《左传纪事本末》《辽史纪事本末》《金史记事本末》《西夏纪事本末》《明史纪事本末》，以及《三藩纪事本末》，合《通鉴纪事本末》《宋史纪事本末》《元史纪事本末》，称为《九种纪事本末》。马骕的《绎史》，也属纪事本末体，是书录开辟至秦末之事，博引古籍，在史料上，实为有价值的著作。而魏源以独力改著《元史》，柯劭忞的《新元史》，都为一代佳构。

清初，顾炎武、刘献廷、顾祖禹，都治地理。炎武遍历国中各地，著《天下郡国利病书》，惜未完成。献廷亦精舆地，惟无书传世。祖禹著《读史方舆纪要》，以地为经，以史为纬，实为特出之书。康熙时，徐乾学等奉命撰《大清一统志》，其书首叙各行省的府、县沿革，每省各有分图，次述外藩，次述朝贡诸国。考据学盛行以后，所谓地理学，也无不倾向于考古一途，如戴震、孔广森、全祖望、杨守敬，都有考证《水经》的专著。如洪颐煊、陈澧，都有以水道治汉地理的著作。其考证先秦地理的，则有阎若璩、江永、焦循、程恩泽诸人的著作。其考证各史地理的则有杨守敬的《隋书地理志考证》。其通考历代的，则有李兆洛的《历代地理志韵编今释》及杨守敬的《历代疆域志》，都便于检阅。其考证《禹贡》的，则有胡渭的《禹贡锥指》。嘉、道以后，边徼多故，地理学者，才渐次留意研究西域、蒙古。如徐松的《西域水道记》《汉书西域传补注》及《新疆识略》，如张穆的《蒙古游牧记》，如何秋涛的《朔方备乘》，如龚自珍的《蒙古图志》，如魏源的《元代西域考》，都称佳构。至于外国地理，则以徐继畬的《瀛寰志略》与魏源的《海国图志》为最有名。以地图论，康熙时有《皇舆全览图》，为中国实测地图之始；其后，李兆洛有《历代地理沿革图》；及邹代钧出，博综旧籍，参用西法，著中外地图，始集清代地图学的大成。

清初的古文，首推侯方域、魏禧、汪琬三家。骈文则推陈维崧、吴绮诸人。当时承宋、明文风，古文颇占优势。到了盛清之世，因为朴学家的提倡，于是文风大变，而骈文反盛。当时首出的骈文家为胡天游。继起的有邵齐焘、袁枚、吴锡麒、洪亮吉、孙星衍、孔广森诸大家，而亮吉尤为杰出，其论经学的文章，也用骈文。至于汪中，则径把骈文移植于散文方面，使散文亦骈文化了。他如阮元、周寿昌以及清季的王闿运、李慈铭也都长于骈文。但自方苞、姚鼐提倡古文以后，于是桐城派古文独占文坛，延至清末，其势不衰。清初的诗，以钱谦益和吴伟业为最有名。其后南有施闰章，北有宋琬，都系名家。施、宋以后，称为一代诗宗的，又有王士祯，主神韵之说。其与士祯神韵说相对抗的，则有赵执信、沈德潜、袁枚三人；赵主声调，沈主格调，袁主性灵。其中袁诗发挥个性，清灵隽妙，不但反对神韵之说，即声调、格调之说，他也一概抹杀。自是诗人辈出，而尤以黄景仁为最有名。中叶以后，只有郑珍、金和、黄遵宪三家，造诣较深，而遵宪的《人境庐诗草》，不规规于前人死法，尤富于创造的精神。末季，如王闿运、陈三立、郑孝胥诸人，都只知以摹拟古人为贵，不足称述。清代的词，初期如吴伟业、王士禛都是以诗人而兼词人。又有朱彝尊，师法南宋，以崇尔雅为主，厉鹗、项鸿祚，都属这一派。又有纳兰性德，为清初天才词人。又有陈维崧，与朱彝尊齐名。乾隆时，张惠言宗师北宋，以深美闳约为旨。嘉、道以后，惠言一派，几乎支配了整个词坛。清末词人甚多，然无创造，只知摹拟，所以无足称道。清代戏曲，其初期以传奇为最盛。最负盛名的，有李渔、孔尚任、洪升、蒋士铨四大作家。李渔作品有《怜香伴》《风筝误》《意中缘》《蜃中楼》《凰求凤》《奈何天》《比目鱼》《慎鸾交》《巧团圆》《玉搔头》，号称《十种曲》。文字通俗易解，适宜于扮演，所以流布最广。孔尚任有《桃花扇传奇》，描写最为动人，为清代传奇第一部杰作。洪升根据白居易《长恨歌》和陈鸿《长恨歌传》，写《长生殿传奇》一部，与《桃花扇传奇》号称清代传奇中的双璧。蒋士铨以诗人兼剧曲家，有《藏园九种曲》①传世。乾隆以后，二黄西皮盛行，传奇所依据的昆曲为之压倒，于是传奇也就逐渐衰落了。诨词小说，起于宋代，至清而大盛。清代诨词小说作品，以言情论，有曹霑的《红楼梦》，为一代杰作，其后继之而起的，有魏子安的《花月痕》、陈球的《燕山外史》，又有陈森书的《品花宝鉴》、俞达的《青楼梦》及韩子云的《海上花列传》。以侠义论，有文康的《儿女英雄传评话》、石玉昆的《三侠五义》（原名《忠烈侠义传》），此外如《小五义》《七剑十三侠》《施公案》，都属于这一类。其以社会问题为题材的，则以吴敬梓的《儒林外史》最为杰出，此外还有李汝珍的《镜花缘》、李宝嘉的《官场现形记》、吴沃尧的《二十年目睹之怪现状》、刘鹗的《老残游记》及曾朴的《孽海花》都属于这一类。又弹词则流行于民间，如《玉钏缘》《玉蜻蜓》《珍珠塔》《再生缘》《天雨花》等皆是，惟大多不详作者姓氏。其他如短篇小说，则有蒲松龄的《聊斋志异》和纪昀的《阅微草堂笔记》，所记皆属怪异之事。

　　清初画家，多为文人士大夫，其称为一代画祖的，有王时敏、王鉴二人，并王翚、王原祁、恽恪、吴历称为清初六大家。原祁弟子有黄鼎，最能传其衣钵。此外有萧云从、孙逸称江左二家，程正揆、方亨咸、顾大申称鼎足名家,弘仁、八大山人、石涛、石谿称四大名僧,龚贤、樊圻、高岑、邹喆、吴宏、叶欣、胡慥、谢荪称金陵八大家,都是名手。而龚贤为初学山水者作口诀画法册,殆为习画本的嚆矢。又其门人王概增修李流芳所集的古来名家山水树石的画法成编,后为李渔刻于《芥子园画传》,为古今第一的习画本。雍正、乾隆间的画家,有高翔、高凤翰、李世倬、张鹏翀、董邦达诸人,此外还有扬州八怪(罗聘、李方膺、李鱓、金农、黄慎、郑燮、汪士慎、高翔),浙西三妙(黄易、奚冈、吴履),后四王(王廷元、王三锡、王廷周、王鸣韶)。其时院人画的钱维城、张宗苍、焦秉贞、冷枚、唐岱、沈瑜诸家,而院人意大利人郎世宁的画马,颇能折衷中、西画法。他如沈铨的花鸟,以其曾到日本卖画,故其画风被于日本。嘉、道间的画品稍下,其时董浩、黄钺、王学浩、朱本、朱鹤年、汤贻汾、张问陶等,均称名手。清末画家,当推张熊、朱熊、任熊,称为沪上三熊。其次有钱杜的山水,赵之谦的花卉、山水,也都为世所重。而吴昌硕、萧俊贤、陈衡恪、金城诸家,则至民国还健在。清代书法,康熙时有顾炎武,乾隆时有厉鹗、毕沅、刘墉、梁同书、翁方纲、钱大昕、阮元,嘉庆时有吴荣光,道光时有曾国藩、左宗棠、何绍基,均长于行楷,而隶篆则以乾隆时伊秉绶,嘉庆时邓石如为最有名。前述诸画家中,如恽恪、郑燮,也长于书法。论作书之法,当以包世臣为最,所著有《安吴论书》。清季书法,如俞樾的隶书、吴昌硕的大篆、李瑞清的魏碑、康有为的行书,也颇为世所重。

音乐初以昆曲为最盛,康熙时王奕清等奉命撰《钦定曲谱》,吕士雄等撰《南词定律》,乾隆时又有《九宫大成》《太古传宗》等书,于是昆曲的规律大备。此外还有安徽的枞阳腔(吹腔),湖广人的襄阳腔(湖广腔),陕西的秦腔,则其流行,仅限于少数地方。嘉庆以后,二黄、西皮流行,于是昆曲式微。至于雅乐,则康熙时有敕撰的《律吕正义》。乾隆时又有敕撰的《律吕正义后编》,均颁行天下。

先述算学。清初治算学的,有黄宗羲、王锡阐二家。圣祖也精数理,著《数理精蕴》。其时有梅文鼎,以整理西算自命,为清代算学开山祖师;其孙瑴成亦有名。同时如陈世仁、张潮,也以精通算学著名。乾隆时,开馆修《四库全书》,下诏求书,所收古算书最多。一时经师如戴震、江永、孔广森、焦循等,都无不精于算学。道光以后,算学大家有罗士琳、戴煦、董祐诚、徐有壬、朱骏声、郑伯奇、丁取忠诸家，都有著述行世。其时海禁已开，西学又复输入，李善兰客居上海，遂与西人伟烈亚力（Alexander Wylie）合译《几何原本》后九卷，并前利玛窦所译，合为十五卷，其后又与伟烈合译棣麽甘（Augustus de Morgan）《代数学》、罗密士（Elias Loomis）《代微积拾级》、胡威立（William Whewell）《曲线说》。又有华蘅芳，任职江南制造局，与西人傅雅兰[1]（Dr. John Fryer）合译华里司（John Wallis）《代数术》及《微积溯源》，又合译棣麽甘《决疑数学》，海麻士《三角数理》、伦德《代数难题》。

次述天文理化诸学。圣祖究心天文，有御定《历象考成》和《星历考原》；乾隆时，又御定《历象考成后编》和《仪象考成》。他如胡亶、薛凤祚、游艺、许伯政诸家，皆颇有名。咸丰以后，李善兰又与伟烈亚力合译侯失勒（Hershel）《谈天》，主地动之说。天文之外，他如理化诸学，咸丰以后，亦多自西洋输入。如雷侠儿（Lyell）的《地学浅说》，代那（Dana）的《金石识别》，蒲陆山（Bloxam）的《化学鉴原续编》和《化学分原》，富里西尼（Fresenius）的《化学求数》和《化学考质》，田大里（Dyndall）的《声学光学电学纲目》，都是江南制造局附设翻译馆所译，总计不下一百七十余种，主译事的，西人有傅雅兰、林乐知、金楷理、艾约瑟诸人，本国则有华蘅芳、李凤苞、王德均、赵元益、徐寿诸人。此外李善兰更与伟烈亚力合译奈端（Newton）的《数理》，并译有《植物》。而总税务司赫德又译有《西学启蒙》十六种。徐寿精理化，于造船造枪炮弹药等事，多所发明，并自制镪水棉花药汞爆药，我国军械赖以利用；其子建寅更多巧思，佐其父及蘅芳造成黄鹄船，旋又于上海助成惠吉、操江、测海、澄庆、驭远等船。

再次述政学。京师同文馆、江南制造局附设翻译馆所译西籍，虽有政制之书，但为数不多，并且译事也不精审。到了清季，严复才先后译出赫胥黎《天演论》、斯密亚丹《原富》、穆勒约翰《名学》、斯宾塞尔《群学肄言》、孟德斯鸠《法意》、甄克思《社会通诠》及穆勒《群己权界论》、耶芳斯《名学浅说》诸书。严氏译例，有信达雅三条，故所译诸书，都能不失原意。

最后述医学。清代医学，乾隆时，鄂尔泰等奉敕撰成《医宗金鉴》九

---

[1]"傅雅兰"即"傅兰雅"，下同。

十卷；而《古今图书集成》中的《医部》及《四库全书》中子部所收医书，尤为丰富。至于以医名家的，则有喻昌、张登、张倬、魏之琇及徐大椿诸人，都有著述行世，而大椿所著的书更多。道、咸以后，西医渐次传入，而其书亦多由西教士译为汉文。

注释

①朴学或称考证学：又有人叫做考据学，也就是许慎、郑玄一派的汉学。

②明末利玛窦输入西学于中土后，学问研究方法上生一种外来的变化。其初只有治天算学的人运用这种方法，到了朴学勃兴时，便拿这种方法来治经。所以近人谓其治学方法，合于西洋科学的精神。又如阮元、纪昀、毕沅诸要人，均尽力提倡朴学。

③吴派源于惠周惕及其子士奇，而成于其孙栋，惠氏江苏吴县人，故称吴派。

④皖派源于江永，而成于戴震，二人均为安徽人，故称皖派。

⑤恽敬，江苏阳湖人，与武进张惠言同为阳湖派首倡者。按阳湖派实出于桐城派，由刘大櫆之徒钱伯坰称诵师说于恽、张二氏，于是二氏遂舍其声韵训诂之学而习古文，而阳湖派之名以立。

⑥即《一片石》《空谷香》《桂林霜》《四弦秋》《香祖楼》《临川梦》《第二碑》《雪中人》《冬青树》。

第二十三章　清代之经济与社会

我国旧有手工业，都是小规模的经营，系一种行会组织，此外或为家庭工业，或为农村副业。道、咸之世，手工业中最负盛名的，首推丝、茶两业，次为糖、棉两业，再次为夏布、瓷器两业；在输出贸易上，都占最重要的地位。至于近世机器工业，则始于同治元年，依其发展的性质，得分作四个时期来说：自同治元年，至光绪三年，此十六年中，为我国机器工业萌芽时期。又可称为军用工业时期。这时期，始于同治元年曾国藩在安庆设机械所和李鸿章在上海设制炮局，四年，曾、李二氏奏请于上海设立江南制造局，并将制炮局归并。五年，左宗棠又设船政局于福建马尾；明年，崇厚又创立机器制造局于天津，制造军火。后来内阁学士宋晋等因制造轮船糜费太重，奏请暂行停止制造，李鸿章等极力反对，卒以格于时势，无法挽回，故光绪以来，造船事业，几入于完全停顿地步。惟兵工厂，则续有建设，如光绪三年丁宝桢奏设四川机器厂，即后来成都兵工厂的前身。又开矿一业，同、光之交，都用土法，至光绪三年，鸿章立开平矿务局，才算是我国用新法采矿的嚆矢。自光绪四年至二十年，此十七年中，为我国商品工业兴起时期。这一时期，以光绪四年左宗棠所设甘肃兰州织呢总局为滥觞，实为我国新式纺织工业的鼻祖。至九年，改为洋炮局①。新式缫丝工业，始于光绪四年法人在上海设立的宝昌丝厂，至十二年张之洞在粤设缫丝局，始渐见重要。张氏调任湖广总督后，又把在粤机器迁至武昌，于十七年，成立武昌缫丝局。新式棉织业，始于十六年李鸿章在上海设立的机器织布局，俗称洋布局，至十九年以不戒于火，全部被焚。就在这一年，盛宣怀招集私股，就机器织布局旧址，改建华盛纱厂，即今上海三新纺织有限公司的前身。同时，李氏又于上海设纺织新局，即今恒丰纺织新局的前身。十九年，张之洞又于武昌设立织布局、纺纱局，并缫丝局和制麻局，合称为湖北纺织官局。继开平煤矿之后，又有漠河（黑龙江省）金矿，于十五年开工，由李鸿章集合官商股本设立漠河采矿公司管理。接着又有大冶（湖北）铁矿，由张之洞筹款开采，于十七年开工；先一年张氏并于汉阳设立铁政局，都归官办②。此外还有德人于十二年在上海设立的正裕面粉厂，实开我国后此面粉业的先声；水泥业滥觞于十六年，由开平矿务局附设；新式制纸业，始于十七年李鸿章在上海设立的伦章造纸厂；火柴业，始于二十年湖北的聚昌火柴公司和盛昌火柴公司，多属官股；五金业，始于九年沪商祝大椿的源昌机器五金工厂。自光绪二十一年至二十八年，此八年中，为中国境内外人兴业时期。原来外人在华设立工厂，以前均借华商或合办名义，不敢明目张胆；至《马关条约》成立后，外人根据条约③，才公然在华设厂制造。以棉纱业论，英商的怡和纱厂和老公茂纱厂，德商的瑞记纱厂和美商的鸿源纱厂，都成立于光绪二十一年，并且都设在上海。同年华商大纯纱厂，因经营失败，售与日商，改名上海纺织公司；而日商日华纺织株式会社，也成立于此时。以面粉业论，二十二年，有英商设立的上海增裕面粉工厂和日商在上海设立的三井制粉工厂；二十六年，有俄商在哈尔滨设立的满洲制粉公司（即广源盛）。以矿业论，自二十四年中、德《胶州湾租借条约》成立后④，于是列强在华开矿权的争夺，遂呈排山倒海之势。是年，英、意合资成立福公司，取得开采河南煤矿之权。而德又与我订立《山东华德煤矿合办章程》，取得开采山东煤矿之权。二十六年，庚子变起，开平矿务局督办张翼恐矿有失，商请英人保护，加入英、比资本，改称中国工程矿务公司，于是开平煤矿又落于英人之手⑤。俄商又于二十六年，成立蒙古公司，取得开采外蒙十五处金矿之权；德商又于二十八年，与中国合办直隶井陉矿务公司⑥，开采井陉煤矿；其他或外人租办，或中外合办之矿为数更多，全国精华所在，不啻宰割殆尽。以制油业而论，则有二十一年，英商太古洋行于营口经营之厂。以造船业论，则有二十六年，英商于上海设立的瑞镕机器轮船工厂。以火柴业论，则有光绪二十七年中、日在重庆合办的燐火柴厂。当外人在华兴业之时，国人自营新式工业，也有发展。如棉纱业，则有苏州的苏纶钞厂、常熟的裕泰纱厂、无锡的业勤纱厂、宁波的通久源纱厂、杭州的鼎新公司纺织厂、萧山的通惠公司纺织厂、南通的大生纱厂，都成立于此时。如面粉业，则有上海的阜丰面粉公司、无锡的茂新面粉厂和南通的复新面粉公司，都成立于二十六年。二十八年，上海又设华兴面粉公司。如采矿业，则二十四年，有山西保晋公司，开采平定、寿阳、大同、晋城各处煤矿⑦；而萍乡煤矿，已于先一年由盛宣怀开始开采。此外还有奉天的华兴利煤矿公司，成立于二十二年，开采抚顺煤矿⑧；又有湖南常宁县水口山的铅矿，开办于二十一年；四川彭县的铜矿，开办于二十八年；而山东中兴公司则系中、德合办性资⑨，其他工业，如烟台张裕酿酒公司、上海华昌造纸厂、上海商务印书馆、上海科学仪器馆、长沙和丰火柴公司、汉口燮昌火柴公司、南京的公茂厂，都先后成立于这时期；而缫丝业在这时期中尤为发达。

自光绪二十九年至宣统三年，此九年中，为中国新工业一大过渡时期。在这时期中，列强已逐渐放弃其枪炮政策，而共同协调，以谋对华的经济侵略，同时，中国当局和新兴企业家也深感列强经济侵略的可怕，于是"提倡工业挽回利权"遂成为朝野上下一致的口号，而新式工业也随着有了相当的进步。据商部统计，自光绪二十九年至三十四年，已注册的新式工业，凡一二七家，资本 23199000 元和 10717000 两，其中以棉纱、缫丝、面粉诸工业为最发达。以上所述，系清季新式工业发展的几个阶段，现在我们要特别指出几点：第一，自机器工业兴起，列强商品大量输入以后，我国旧有手工业，便逐渐被其摧毁，结果农村中的失业群，遂不得不投入工厂，成为工资劳动者；第二，机器工业兴起以后，小规模的企业一变而为大资本的经营，于是生产逐渐增加，都市逐渐发达，人口逐渐集中，劳资逐渐分开，而展开为一种新的局势；第三，不过这新局面的展开是有限度的，因为自从不平等条约订立以后，我国已是个次殖民地的国家，关税不能自主，就不能阻遏外国商品的大量输入，列强可以在华设立工厂，利用我国的廉价劳动力和农产品，再加上它们的雄厚资本和进步的技术，我国落后的产业，也就无法和它们抗争。

我国之有新式交通机关，也是清季之事，现在分作三项来说：一曰轮船。我国轮船合资公司的建立，当以轮船招商局（简称招商局）为嚆矢，成立于同治十一年，由李鸿章奏请开办。截至民国十五年止，计有江海大轮船三十三艘，内河小轮三四十艘，总局设于上海，为我国第一轮船公司。其航行路线，沿海则为营口、大连、天津、烟台、龙口、上海、宁波、温州、厦门、福州、汕头、广州、香港、琼州各港；长江航线，则至重庆为止。宣统元年，虞和德等又创立宁绍商轮股份有限公司，张謇等又创立大达公司，陈志寅等又创立中国商业轮船股份有限公司，总公司均设在上海；明年，张本政等又创立政记轮船股份有限公司于烟台。外商经营的轮船公司，以同治六年太古洋行为最早，称中国航业公司，资本为九千万元，航业分三大路线：一为上海线，一为汉口线，一为香港线。光绪元年，日本邮船会社成立，政府每年补助四百万元，其航路遍及全球。三年，英商怡和洋行成立，资本金三千万元，其航行路线，以上海、汉口线，上海、天津线，上海、营口线，汉口、湘潭线为主。光绪三十三年，日商日清汽船会社成立，资本金八百十万元，其航路以上海、汉口线，汉口、宜昌线，汉口、湘潭线，汉口、常德线为主。中国轮船公司，资本薄弱，航线仅限于沿海各港及内河。且民国以后，受战事影响，屡被征发，故其营业，不能与外商公司竞争。

二曰铁路。同治五年，怡和洋行莫利逊（Morrison）创设上海、江湾间铁路，光绪二年，又由江湾延至吴淞口，长三十里，名淞沪铁路。那时风气未开，士绅群起反对，卒由两江总督沈葆桢以银二十八万五千两赎回拆毁。开平矿务局成立之时，为便利运煤之计，于光绪七年筑成自唐山至胥各庄间的铁路，长约二十里，未几续造六十里，南抵蓟河边阎庄。是为我国有铁路之始。十三年，鸿章又续成由天津经大沽、唐山至滦州之古冶线，十六年，又成由滦州至山海关之中后线，名津榆铁路。中、日战后，政府深感国内交通隔阂，于军事政治均感不便，于是陆续修成诸干路，如京奉铁路，由北京至奉天，长五二四哩，通车于光绪二十九年，即今北宁铁路；如京汉铁路，由北京至汉口，长七五四哩，通车于三十一年，即今平汉铁路。如京绥铁路，北京至绥远，长三七〇哩，即今平绥铁路，其由北京至张家口至绥远一段，于民国十年通车。如津浦铁路，由天津至浦口，长六二九哩，于光绪三十四年开工，民国元年通车。如陇海铁路，由兰州至海州长一一五四哩，共分四段，其由开封至洛阳一段称汴洛铁路，计一一五哩，于宣统元年通车，其余至民国时尚未竣工。如沪宁铁路，由上海至南京，长一九三哩，通车于光绪三十四年，即今京沪铁路。如沪杭甬铁路，由上海至宁波，其沪杭段长一二二哩，于光绪三十四年通车，其杭甬段仅成四八哩，于民国四年通车。如正太铁路，由石家庄至太原，长一五一哩，开工于光绪二十九年，通车于民国六年。如道清铁路，由道口至清化，长九二哩，于光绪三十一年通车。如粤汉铁路，由广州至武昌，其由武昌至渌口长二七五哩，于民国七年通车，其由广州至韶州长一四〇哩，于民国四年通车，又有支线由广州至三水，称广三铁路，长三〇哩，于光绪三十年通车。如东清铁路，由满洲里至绥芬河，长九二〇哩，其支路自哈尔滨达长春，长一四七哩，两路共长一〇六七哩，合旅顺、营口支线共长一七〇〇哩，于光绪二十七年通车。如株萍铁路，由株洲至萍乡，长六二哩，于光绪三十二年通车。如广九铁路，由广州至琛川，长八九哩，分为二段，在英租九龙界内，由英人建筑，在我国境内，由我自筑，于宣统三年通车。以上诸路除粤汉路由广州至韶州一段为商办，其余均系国有。此外尚有南浔铁路，由南昌至九江，长九七哩，于宣统元年开工，民国四年通车。又有胶济铁路，由青岛至济南，长二四五哩，由德人建筑，光绪二十五年开工，三十三年竣工，欧战时，日本强占该路，经华府会议之竭力交涉，始由我国备价赎回。更有商办铁路和省有铁路，以其不关重要，故不备述。至于国际铁路，其已成的，则有南满铁路，自长春至大连，系日、俄战后俄国让渡于日者，又有安奉铁路，即今安沈铁路，自安东至沈阳，长一六二哩，于宣统三年通车，亦归日本经营。又有滇越铁路，自老开至云南昆明，长二八九哩，于宣统二年通车，归法国经营。又有广九铁路自琛川至九龙一段，长二二哩，于宣统二年通车，归英国经营。总之，我国国有铁路，除平绥路外，全部多与外资有关。所以用人行政，备受束缚；而国际铁路，布于沿边各要地，尤于我国不利。

三曰电报电话邮政。光绪五年，李鸿章于大沽、北塘海口炮台设置电线以达天津，是为我国有电报之始。明年，遂试设南北两洋电线，均为官办。八年，由盛宣怀募集商股，改为商办，陆续展设水陆各线，遍及南北各省，以逮新疆、蒙古，综计线路十余万里。二十八年，清廷议收电报为国有，旋因商股反对，才允许各商股悉仍其旧。由政府设电政大臣以监督之，遂成为商股官办之局。二十九年，设立邮传部，归邮传部直辖。光绪七年，英商东洋电话公司在上海租界设置电话，于是各埠外商，相继安设。至于我国官办电话，则始于二十五年，由盛宣怀奏准附设于电报局内。拳乱以后，各省相继安置电话。三十一年，直督袁世凯购无线电机，置于海圻、海容诸军舰上，并于天津、南苑、保定行营设无线电台，颇著成绩。于是逐渐推行于上海、南京各地。至于长途电话，则始于民国初年的京、津长途电话。

递信机关，旧有驿站之制，专为官厅传递文书而设，民间不能享用。其后又有私设的信局和镖局，但因取费太昂，设局不多，至为不便。海通以来，各口有外国邮政局，归税务司兼办。既侵主权，复损权利。光绪四年，李鸿章才于各地海关设立邮政事务所，并于是年发行邮票，加入国际邮政同盟；英、法各国均愿将上海及各口岸邮政局取消，改归华关自办。二十一年，张之洞奏请设立邮政局，由总理衙门议准，推广海关邮递，开设官局并与各国联会。二十五年，设邮政总局于北京，置分局于各省。至宣统三年，各省通行邮务，共有六百余局，乡镇代办所四千二百余处。宣统三年，委法人帛黎为邮政总办。旧时驿站，至光绪二十四年，即已完全废除；至于民间信局，则在内地各城市中，至前十年尚有存者，近来也就罕见了。

清代商业，在海禁未开以前，北方的恰克图，南方的广州，都是中外互市之地。海禁大开以后，国内各地依照条约辟为商埠的，遂多至一百余处，于是外商足迹，遍于中国各重要口岸。外商在华经营，以不明中国情形，于是利用买办，以为中介；所谓买办阶级，因此成为帝国主义侵略中国的惟一工具。其次，外商利用中国协定关税，故其商品得充斥各地，而我国国货，则因备受关税的束缚和厘金的剥削，无论国内市场，或国外市场，都无法和外货竞争，这样一来，我国的对外贸易，遂造成惊人的贸易入超额①，其结果便是大量现银向外流出，而国民经济遂日陷于贫乏。此外如因外货充斥内地而酿成手工业的破产和手工业者的失业,如因帝国主义和买办的束缚而阻遏中国民族资本主义的发展,如因交通机关的发达、运输的便利,而使外商便于收买我国的原料,同时其商品又易于侵入内地,凡此都是海禁大开以后所特有的变化,而为我们所不可忽视的。至于国内经营商业的,则以山西商为最著名,以汇兑业为大宗,称为票号。然自外国银行开设于各省巨埠,各省又纷纷自设官银号及官钱局以来,而山西商所经营的票号,遂大受打击。其次有江西商,以经营茶木瓷纸药材为主。又有山东行商,散布内部各处,其势力且及于东三省和俄属远东地方。粤、闽二省商人,多有在海外经营的,势力很大;而广东商人之为买办者,尤不在少数。江南一带,以宁波人最善经商,其业买办者亦多。

清代的人民生活,在海禁未开以前,虽因商品经济的发达,乡村依赖城市的程度日深,虽因田价高涨,土地兼并,致使农民无田可耕;但是农村的旧有手工业,仍占着优势,所以大部分农民还能维持最低水准的生活。海禁大开以后,情形便完全两样了。第一,因为资本主义,挟其倾山倒海之力,把大量商品,充斥我国各地,其结果,遂破坏了旧有的手工业,造成了大量的失业农民,而人口的繁殖[11],又益加促成了生活的艰难。第二,因为白银不断的外流,银价高涨,铜钱低落,于是通常以铜钱为交换媒介的一般大众,便更加感受着生活上的绝大威胁。第三,因为交通机关的整备,运费尤廉,于是农产物输出得大量增加,而其价格亦因之愈昂[12],其结果致使人民生活愈陷于困境。在这种情况之下,政府虽有调济民食的政策和殖边垦荒的政策,但究竟不能解决这样重大的民生问题。人民于无可如何之中,其一小部分,便只有离开乡井,投身于城市的工厂中,去做工资劳动者;其滨海各省(如广东、福建),以交通方便,就远涉重洋,另谋出路,但大部分的无业游民,却迫着"铤而走险",组织种种秘密会社,其结果遂酿成接二连三的农民大暴动。所谓民生问题,不但仍旧原封未动,而且更加严重起来了。清代的农业,在政府方面,也有务农劝耕的政策,但是小农作的生产,在技术和组织上,都赶不上欧西各国,所以号称以农立国的中国,在粮食需要上,反不能不仰赖于外洋的供给[13],直到现在,还是如此。

我国旧有的宗教,如佛教、道教、喇嘛教、回教,在这一时期,均和前代无甚相异之处,所以略而不述。本章要说的,就是基督教的新教输入中土的情形。新教传道师最初来中国的,要推英人马利孙(Robert

Morrison)。他于嘉庆十二年抵广州,学习中国语言文字。二十四年,与米内(Milne)用浅近文字,译成《新旧约全书》,更著第一部《中英文字典》《中国文法书》等。继马氏来华的,又有美国公理会教士阿拜尔(D. Abel)和裨治文(E. C. Bridgman)。道光十一年,裨氏由美国运来印刷机一副,翌年,发行《中国文库杂志》,目的不但为播布传教新闻于外国人,同时亦介绍中国法律、历史、风俗、文学及时事于欧、美人士。十四年,公理会又命彼得拍克(Peter Parker)至中国传布医学知识,为教会医生最初至中国的一人。明年,彼得于广州设立眼科医院,治愈多人,以前华人对西医有各种误解,至是逐渐铲除。后于公理会来中国的,又有浸礼会、安立干会及长老会,惟其传教无甚成绩。《南京条约》成立后,教禁大解,天主教及新教在华传教,益形活跃。天主教将中国划为数区,交各教会分区传教,不相妨碍。耶稣会于上海徐家汇徐光启住宅设立总会,作活动的总机关,设高等学校教导华人,设图书馆收藏中国旧书,立观象台测量沿海气候,又立动植物博物院及印刷所,出版中西文书籍,在当时俨然为一学术中心机关。至于新教各会,则更为活动;道光二十二年,英国伦敦传教会将麻刺甲英华学校迁至香港,其校长理雅各(James Leggo)亦随同至香港,译《四书五经》为英文,介绍中国文化于欧洲,其功甚伟。二十七年,慕维廉(William Muirhead)至上海,译米纳(Milner)《大英国志》为汉文。同时,英国外国圣经会又遣伟烈亚力至上海,伟烈知天算,居中国三十年,译述甚多,为其时介绍西洋科学至中国的最有力者。二十八年,艾约瑟(Joseph Edkins)继至,关于中国有很多的著述,而尤精于佛学。同年,美国公理会教士卫三畏(Samuel Wells William)著《中国总论》二巨册,介绍中国历史、风俗于欧、美。三十年,美国长老会遣丁韪良(W. A. P. Martin)至宁波传教,后来得任北京同文馆馆长,译《万国公法》为华文。咸丰元年,美国圣公会在上海建一幼童学校,以后逐渐扩张,遂成为今日的圣约翰大学。英、法联军之役以后,新教传教事实,益加广布。咸丰十年,美国美以美会教士林乐知(Young J. Allen)抵中国,光绪八年,建中西书院于上海,即后来沪江大学的前身。林氏又于光绪元年,发行《万国公报》,光绪戊戌以前,中国人得知外国情形,全赖此报。咸丰十一年,英国教士傅兰雅(John Fryer)抵香港,后来入江南制造局,与华人合译西书,其所订名词如养气、轻气之类,多为中国学术界所援用。同治三年,美国长老会牧师狄考文（Calvin W. Mateer）立文会馆于登州，教育中国青年，以后并入于济南齐鲁大学。狄氏编有《笔算数学》《代数备旨》，为中国初办学校时各校所采用的算学教本。九年，英国浸礼会教士李提摩太（Timothy Richard）至山东青州传教，其后，主持广学会多年，出版书籍杂志甚多，尝与上海人蔡尔康合译马恳西（Mackenzie）的《泰西新史揽要》，卖出一百万部以上。拳乱以后，李氏请英政府留赔款银五十万两于太原，立山西大学，教育华人，是即今山西大学之所自始。光绪二十年，美国长老会教士李佳白（Gilbert Reid）在上海立尚贤堂，出版刊物，灌输西洋科学于中国。大抵自咸丰十年以后，西洋教士来中国的，除布道之外，并多尽力于文化事业，对于国人的思想和生活方式很有影响[⑬]。

在第四章中，我们曾指出清初诸帝对付汉人的羁縻政策和高压政策，自这些政策成功以后，士大夫的气节，已扫地无余。高者只知讲考据，治词章，不敢闻问国家大事；其次焉者，也只是用心科举，以求功名；下者则至于嗜利而无耻。中叶以后，国事日非，士大夫中的先觉，才稍稍预闻政治，其结果便是士大夫所领导的戊戌维新运动。不过大众的要求，已经超过维新派人物所提出的政纲，所以到了清季，竟种下了革命的种子，前进的士大夫才觉悟到有推翻满清统治的必要，而蓬勃的士气，也就出现在这个时候。其次，清初诸帝，早就看到了满汉畛域之见的可怕，所以也曾努力于满、汉思想的调和，但是满、汉两族在政治、选举、司法、教育诸方面所表现的不平等，却依旧存在，所以汉人反抗满清统治的心理，也就终于无法消解。不过汉人所反对的，只是满清帝室的统治，却不是满族大众，所以到了清季，因为满、汉的通婚以及文化上的同化，满、汉的界限，已无形化除。再其次，就社会的阶级来说，清初也颇致力于各地贱民的放免，如山、陕的乐户，绍兴的惰民，徽州的伴挡，宁国的世仆，常熟、昭文的丐户，江、浙、福建的棚民，在世宗时，均获除籍，又如广东的蜑户，浙江的九姓渔户，在高宗时，亦获放免。在清代所谓身家不清白的，不过是娼、优、皂隶以及曾经鬻身为奴的人，三世不得应试入仕罢了。不过士为四民之首，士大夫的身分，却依然高出于农工商之上。其次如礼俗，以婚姻论，大致和前代相同，但自西洋文明输入后，通都大邑，也间行新式结婚礼，由男女两家定期，选择场所，招致男女来宾，有唱歌按琴演说及交换结婚戒指诸仪式，略仿欧风，简而易行。至蒙人结婚，必男女相许，然后禀告父母,再倩冰人,颇合自由之义。若西藏地方,则有一妻多夫之制,与内地一夫多妻之制完全不同。以丧葬论,大致也和前代相同,而迷信风水之习,则较前代为甚。蒙古有火葬之法,又或委死者于旷野,以被鸟兽食尽,为升天堂。回教徒用白布缠死者埋葬,不用棺椁。藏俗有天葬,以尸肉喂鸢鸟;有地葬,以尸肉食犬。有水葬,投尸于河。以礼式论,清沿明制,用跪拜礼,但在汉族常礼则作揖,满族常礼则请安,蒙族则以鼻烟相供为敬,回族则以交手抚胸、合手抚面为敬,藏族则以长伸其舌为大敬。至于握手、脱帽敬礼,则行于通都大邑,其人多为欧、美留学生或基督教徒,颇有欧风。他如女子缠足和男子吸食鸦片的陋习,在清代最为流行,清季虽下令禁革,然积习太深,终究没有禁掉。

注释

①光绪三十二年,复改为织呢局,未有成效,自是屡开屡闭,至民国四年,乃完全停办。九年,又由商人租办改组为甘肃织呢股份有限公司。

②光绪二十三年,汉阳铁厂改归官督商办,由盛宣怀总理其事,至三十四年,盛氏又将大冶铁矿、汉阳铁厂及萍乡煤矿合并为一,改称汉冶萍煤铁矿厂有限公司。又萍乡煤矿在江西萍乡县,系光绪二十三年由张之洞集资开采的。

③《马关条约》第六款第四项:"现今中国已开通商口岸之外,应准添设下开各处,立为通商口岸:如沙市、重庆、苏州、杭州等,以便日本臣民往来侨寓,从事商业工业制造所。"各国援最惠国条款,亦得均沾利益。并参看第十五章。

④其第二章第四款规定:"于所开各铁路附近之处,相距三十里内,允准德国开挖煤矿等项及须办工程各事;亦可德商华商合股开采,其矿务章程,亦应另行妥议。"自是以后,列强争夺在华开矿权遂特别激烈,所以英相 Lord Salisbury 竟于光绪二十四年称之为矿权之战。

⑤英夺开平煤矿后,袁世凯又组织滦州矿务局,以与开平煤矿对抗。民国元年,因煤屑跌价,两方均有不支之势,于是互商联合营业的办法,合组开滦矿务总局,并规定十年后滦州矿务局有权购回开平煤矿。但十年之期,久已过去,而中国方面并未向英人提议购回。

⑥后来袁世凯特设井陉矿务总局,拟将井陉煤矿收归官有,与井陉矿务公司订立合办契约,中国方面专理矿务。德商方面专出资本开采煤田。欧战时,没收德商财产,于是井陉煤矿全归中国所有。至民国十一年,仍归中、德合办。

⑦英、意合组的福公司,原与山西商务局订有《借款章程》,规定山西各煤矿,统由福公司开采。山西商民群起反对,卒于光绪三十三年由商民集资二百七十五万

两，将福公司在晋采矿权赎回。而保晋公司，即由于反对福公司而成立。

⑧日、俄战后，为日本所占据，今并归南满铁道会社。

⑨光绪六年，李鸿章设中兴矿务局，开采峄县枣庄地方的煤矿。二十一年，停办。二十四年，向德借款，改称华德中兴煤矿公司。后因德股未能招集，遂先招华股，卒于三十四年，注销华、德字样，改为商办山东峄县中兴煤矿有限公司。又有湖南的锑矿，开采于二十一年，泰兴公司享有十年专利之权。继之而起的，又有梁鼎甫的华昌公司。

⑩据陈重民著《今世中国贸易通志》所引统计，我国对外贸易，从同治三年到宣统三年，其间四十八年，除同治三年及同治十一年至光绪二年其间六年为贸易出超外，此外四十二年均为贸易入超。这六年的贸易出超，总额为二千八百万两；而四十二年的贸易入超总额，则为二十万万九千三百万两。

⑪乾隆末年，全国人口共计 296968968；嘉庆十六年增至 358610039；道光三十年增至 414493899；咸丰元年增至 432164047。自是以后，因为内乱，略有减少，然至光绪二十七年，又增至 407253019。宣统二年，增至 438425000。

⑫清初斗米不过六十文，康熙时斛米值银二钱，雍正时每石米价以百文上下为率；乾隆三十五年，斗米值三百五十钱；道光以来，米价极贱时，一斗必在二百文外，昂时或千余钱。又据上海特别市社会局编《社会月刊》一卷二号所载，上海米价，同治十一年，粳米每石值二元七角一分；光绪元年，值二元九角八分；光绪二十二年，值五元零二分；光绪二十七年，值四元七角四分；光绪三十二年，值五元八角八分；宣统三年，值七元九角八分。

⑬同治十一年，洋米入口 658749 担；光绪十三年，增加为 1944251 担；十四年，增加为 7132212 担；二十一年，增加为 10096448 担；三十四年，增加为 6750732 担；宣统二年，增加为 9409594 担。至其来源，以安南、暹罗、印度等处为最多。

⑭又如天津北洋大学成立于光绪二十一年，实中、日战后盛宣怀延聘美国教士丁家立（Charles. D. Temey）所组成。又如上海南洋公学亦为盛宣怀聘请美国教士福开森（John C. Ferguson）。又如医学：嘉庆十年，有英国东印度公司医生皮尔孙（Alxander Pearson）传入种痘法；二十五年，有东印度公司外科医生立温斯敦（Livingstone）与马利孙在澳门所设立的医院；道光七年，又有东印度公司医生郭雷枢（T. R. Colledge）在澳门设立的眼科医院；明年，又有郭氏在广州设立的医院；十五年，有美人派克（Peter Parker）在广州设立的眼科医院；二十三年，有英人罗克哈忒（William Lockhart）在上海山东路设立的医院；自是以后，西教士来华设立医院的更多，而以北平协和医院为最有名。

第五编 现代史
（自民国成立至现在）

第一章 革命思想之勃兴与孙中山先生

《辛丑条约》成立后，清廷为收拾人心计，才下诏变法；日俄战后，清廷才又宣布预备立宪。但立宪和变法，在这时已不能解决人民所提出的问题；人民提出的问题已经超过立宪和变法的范围之外了。这就是清季革命运动爆发前的局势，也就是革命思想勃兴的由来。先从经济上来说，在上面我们已经指出中国新兴的民族资本主义前途的暗淡，这无疑地是列强侵入中国以后的结果，但反动的清廷，一味屈服于列强之前，却成了帮助列强阻遏中国民族资本主义发展的障碍物。因此，新兴的势力在这时便需要一个足以保障其利益与自由的新政府出现，这就是他们热烈赞助革命的原因。至于海外华侨，因为他们在外受着压迫，得不到清廷的保障，则更感觉同样的需要。再就农工来说，一方面由于列强侵略，造成了广大的失业群；他方面由于清廷官吏的贪污剥削使他们求生无术；在这样情况之下，他们为着求生存，自然成了革命运动中的有力队伍。其次从政治上来说，满清入主中国，其专制较前代为更甚，而政治的黑暗腐败，外交的屡次失败，更处处暴露清室的弱点。恰好在这时候，泰西的民权思想①输入中国，于是新兴的势力受了这思想的刺激，为着他们的利益计，自然要起来过问政治。而革命志士，为着争取群众，也就把泰西民权思想附会到我国古代的民本思想上面去，于是"推翻专制政体，建立民主国家"，竟成为清季革命运动中有力的口号。最后从民族本位上来说，汉族本位的思想，久已深入人心。宋人讲《春秋》，以"尊王攘夷"为根本大义。明太祖讨元檄文也说"自古帝王临御天下，中国居内以制夷狄，夷狄居外以奉中国，未闻夷狄居中国而制天下者"。明末遗老如顾炎武、黄宗羲之流，其言论，其行动,也以复明为职志。秘密会社,如三合会、哥老会等,其所提出的口号也是"反清复明";而太平军讨清檄文中竟说:"中国首也,鞑靼足也;中国神明也,鞑靼鬼魅也。"这种民族意识,既深入人心,而清廷反处处压迫汉人,便益加促成这意识的强化,所以在清季革命运动中"推翻满清"的口号,竟能唤起大多数的群众。以上所述,便是清季革命思想的三个主要源泉。

中山先生本名文,字逸仙,后因革命逃亡日本,隐名为中山樵,遂以中山称于世。以同治五年十月初六日即西历一八六六年十一月十二日生于广东香山县(今中山县)翠亨乡。光绪四年,入其叔所设的私塾,闻讲洪、杨故事,潜抱革命大志。旋随长兄彰德赴檀香山,入教会学校。七年,归国,入广州博济医学校,在校得交郑士良。八年,转学于香港阿赖斯医院,往来香港、澳门间,鼓吹革命,闻而附和的,有陈少白、尤烈(少纨)、杨鹤龄、陆皓东四人。十一年,毕业香港医校,行医于广州、澳门间。时值中、法战后,中山感觉国势日危,才决意倾覆清廷,创建民国。中、日战起,中山以时机可乘,遂赴檀岛,创立兴中会,同时发表宣言,指出:朝廷官府的腐败,人民生活的困苦以及帝国主义瓜分中国的危机。中山放洋后,又邮上李鸿章一书,痛言富强之道,端在"人能尽其才,地能尽其利,物能尽其用,货能畅其流",而鸿章不能用。中山在檀岛鼓吹数月,得邓荫南及德彰二人,愿倾家相助。二十一年,中日和约成立,人心愤激,上海革命党人宋跃如函促中山归国,乘机谋光复。中山遂遄返中国,开乾亨行于香港,命邓荫南、杨衢云、黄咏香、陈少白等主持;设农学会于广州,命陆皓东、郑士良等主持,中山往来两地,欲谋夺取广州以为革命根据地。这年九月九日,因运械失慎,手枪六百余杆被粤海关搜获。事泄,陆皓东及丘四、朱贵全死难。败后,中山间道至香港,与士良、少白同赴日本横滨,少白留日本联络彼邦人士,士良归国,收拾余众,交纳会党,中山则赴檀岛推广兴中会。二十二年,中山以檀岛进行迟滞,遂至美洲,向华侨宣传革命,但每埠所得同志不过数人或十余人,惟留美洪门党徒[②],颇受中山感化。这年八月,中山由美赴英,至伦敦,十月十一日,被清驻英公使龚照玙等诱禁于清使馆,欲私送回国,幸得其师康德黎竭力营救,才得释放。伦敦脱险后,漫游欧州各国,考察其政治经济,确立三民主义,以为革命的目标。自是中山对于革命,益加迈进;而清季屡起屡仆的革命运动,几全归其指导,其详留到下一章再讲。

革命主义确立以后，中山以日本与中国邻近，便于筹划，遂于光绪二十四年冬季由欧渡日，鼓吹革命，并与日本民党首领犬养毅、宫崎寅藏等时相往返。原来赞助中山革命的群众，国外是华侨，国内是会党；所谓士大夫群，在维新运动时期，几全集中于康、梁的旗帜下面。中山自广州革命失败后，其国内革命基础，完全消灭，而海外的鼓吹，又毫无效果，恰好在这个时候，康、梁又组织保皇党，其反对革命，较之清廷为尤甚。并且康、梁在戊戌政变以后，因为国内不能立足，只好到国外活动，于是向来为中山革命基础的华侨，至是又大半被康、梁夺取去了。所以中山《自传》竟说："由乙未初败以至于庚子，此五年间（一八九五至一九〇〇），实为革命进行最艰难困苦之时代。"这时日本有华侨万余人，但附和排满革命之说的，却只有百数十人。中山为着争取革命群众，就在他到日本的这一年，命陈少白在香港创办《中国报》，以鼓吹革命；令史坚如入长江，以联络会党，派郑士良在香港设立机关，招待会党：这样一来，长江、两广及福建会党，才并合于兴中会。拳变以后，清廷的威信已扫地无余。国势危急，大有岌岌不可终日之势，有志之士，多起救国之思，革命风潮便从此萌芽了。原来当拳变方始时，唐才常就在上海组织正气会，不久改名为自立会，谋在长江一带起事。到了拳变大作，才常便假保国救时的名义，联络严复、容闳、章炳麟、马良（湘伯）、文廷式一般志士，开会于上海张园，叫做国会。到了八月，才常在汉口起事失败，江督刘坤一查拿国会要人，国会无形解散。《辛丑条约》成立后，戢元丞又在上海创设作新社，从事译著新书，并发行《大陆月刊》，鼓吹革命。光绪二十八年，章炳麟、蔡元培等，在上海创立中国教育会。不久，东京留学生与驻日公使蔡钧发生冲突，吴敬恒等以扰乱治安罪名，被逐回国③，于是炳麟、元培、敬恒等合组爱国学社于上海，以进行排满革命的工作。爱国学社中，复有一秘密的革命组织，叫做光复会，由徐锡麟主持，元培、炳麟、敬恒及马宗汉、陈伯平、秋瑾等，都是会员④。这时上海又有《苏报》，由陈范主办。爱国学社社员章士钊为主笔，炳麟、敬恒都有文章在《苏报》上发表。二十九年，爱国学社社员反对桂抚王之春借法款假法兵平匪乱之议，在张园举行大会；不久，又在张园开拒俄大会，反对俄人要求改订《东三省撤兵条约》：革命团体，至是益形活跃。这时，邹容著《革命军》一书，力主排满革命，炳麟作《读革命军》一文，刊登于《苏报》，又作《馗书》，反对康有为的保皇主张。清廷因要求工部局捕拿邹容及炳麟、元培、敬恒四人。结果，邹、章各处徒刑三年，苏报馆被封，爱国学社也被解散，敬恒走伦敦，元培走柏林，陈范走日本：这便是有名的《苏报》案。三十年，黄兴又在湖南结合革命青年宋教仁、杨笃生、刘揆一等，与哥老会首领马福益联络，秘密进行革命。这时国内革命潮流高涨，党人活动，遍于各地⑤，而上海一隅，尤为党人集中之处。以上系就国内的革命活动而言。至于国外留学界，在《辛丑条约》成立后，也很活跃。原来这时往海外留学的，以日本为中心。在拳变前后一两年，留日学生，还不满百人。《辛丑条约》成立后，骤增至数千人。光绪二十七年春间，广东留日学生郑贯一、冯自由、王宠惠等，创立广东独立协会，主张广东向清廷宣告独立。留日粤侨也多加入协会：中山时居横滨，对于协会极力赞助。二十八年，各省留日学生在东京组织留学生会馆，开幕之日，吴禄贞演说，竟将会馆比作美国费府的独立厅。不久，又发起一个支那亡国二百四十二年纪念会，开会时，因驻日公使蔡钧要求日政府禁止，结果被日警干涉，到会留学生都愤激而散。二十九年元旦，留学生千余人在会馆举行团拜礼，蔡钧亦到，马君武、刘成禺等演说满清吞灭中国的历史，主张推翻满清，恢复汉族的主权，满座鼓掌。蔡钧军法制止，仅以开除刘成禺的学籍泄愤。四月，因俄军强占东三省，留学生组织拒俄义勇队，旋改为军国民教育会，推蓝天蔚为队长，报名的达千余人，每日操演不懈，后被日政府禁止。这年冬季，留学生得中山之助，秘密组织革命军事学校，请中山友人日野训练。三十年春间，黄兴到日本，又组织华兴会。海外的革命空气，至是遂弥漫于留学界。国内外的革命高潮既如前述，现在要说的是代表立宪党的梁启超的活动和代表革命党的中山的活动，以及这两党的斗争。原来在维新运动期间，康、梁并称，戊戌政变后，康、梁虽同是保皇党的领袖，但实际上启超亡命日本后，思想上，言论上，却逐渐脱离了有为的羁绊，丢了《公羊》之学不讲，而讲卢梭、孟德斯鸠诸人的民权学说。他在日本前后主办三种报：最初是《清议报》，其次是《新民丛报》，最后是《国风》报。他在《清议报》和《新民丛报》上所发表的言论，虽主张君主立宪，但为着迎合读者的心理，有时也主张革命，以为救时的良药。他的报纸成千整万地畅行于国内，就从这时起，他竟成为立宪党理论的指导者。至于中山却始终站在排满革命的立场上，以争取革命的群众。光绪三十年，中山预备再往欧美，得晤廖仲恺夫妇及马君武、胡毅生、黎仲实诸人，表示赞成革命，中山托其在日物色有志学生，结为团体。三十一年春间，中山重游欧洲，其地留学生多赞成革命，中山遂揭櫫三民主义五权宪法以号召同志，组织革命团体。于是开第一会于比京，加盟的三十余人；开第二会于柏林，加盟的二十余人；开第三会于巴黎，加盟的十余人：这便是中国同盟会在欧洲成立的先声⑥。这年七月，中山从欧返日，与华兴会首领宋教仁会面，讨论组织革命党的问题。决定合兴中会、华兴会、光复会而组织中国同盟会，八月二十日发布会章⑦，开正式成立会，推举中山为总理。加盟的人，除甘肃外，其余十七省皆有。同盟会成立之时其誓词有"驱除鞑虏，恢复中华，创立民国，平均地权"十六字，这便是三民主义最初表现的雏形。十月，同盟会机关报《民报》第一号出版，中山在《发刊词》中，更正式提出民族、民权、民生三大主义。就从这时起，《民报》便和代表立宪党的《新民丛报》作理论上的斗争。《民报》先后主编的重要人员为汪精卫、陈天华、胡汉民，都站在三民主义的立场上，主张推翻满清，建立民国，反对敷衍的改革和虚伪的立宪。《新民丛报》由启超主编，主张君主立宪，反对革命和破坏，说革命和破坏外可以召瓜分之祸，内可以招分裂之祸。两种刊物各有主张但在理论上，启超既不能克服敌党，在事实上，启超的保守的言论又不能迎合当时在苦闷中的青年心理，所以从来在言论界执牛耳的启超，到这时遇着强敌《民报》，其地位也就不能不摇动了。《民报》出版至第二十四号，因日政府受清廷运动被封禁了；《新民丛报》后来也停刊。宣统二年，启超又改办《国风报》，但同盟会早已入于革命的实行时期，理论斗争反在停止的状态中。至于启超的言论，在这时期中，因为不能取得青年志士的信仰也就没有什么作用了。

注释

① 邹容《革命军》："吾幸夫吾同胞之得卢梭《民约论》、孟德斯鸠《万法精理》，弥勒约翰《自由之理》、《法国革命史》、《美国独立檄文》等书，译而读之也。"

②中山《自传》："美洲各地华侨多立有洪门会馆。洪门者，创设于明朝遗老，起于康熙时代。盖康熙以前，明朝之忠臣烈士，多欲力谋恢复，誓不臣清，舍生赴义，屡起屡蹶，与虏拼命，然卒不救明朝之亡。迨至康熙之世，清势已盛，而明朝

之忠烈亦死亡殆尽。二三遗老,见大势已去,无可挽回,乃欲以民族主义之根苗,流传后代,故以反清复明之宗旨,结为团体,以待后有起者,可借为资助也;此殆洪门创设之本意也。"

③原来留日学生有蔡锷、吴慕良,欲以自费入成城军校、蔡钧不肯咨送。湖北留学生监督钱恂和吴汝纶往为关说,都无效。吴敬恒便与孙揆均率同二十余人强邀吴汝纶同往使署要求,坚持至夜半不肯出署。蔡钧唤日警将他们逐出,于是留学生连日结队往使署争闹,蔡钧因嗾使日政府以防害治安的罪名,将吴孙二人逮捕,押解回国。

④光复会倾向种族革命,其口号为:"黄河源溯浙江潮,卫我中华汉族豪,莫使满胡留片甲,轩辕神贤是天骄。"

⑤当时革命团体,除兴中会、光复会外,还有华兴会。又有日知会,为圣公会牧师所设,武昌、长沙各有会所,为长江上游的革命团体。又有贵州光复公会,系由哥老会主持。此外又有正气会。

⑥中山在欧组织的革命团体,到同盟会正式成立于日本之时,都一律称为同盟会。

⑦同盟会对内政纲为"驱除鞑虏,恢复中华,建立民国,平均地权"四大项。其措施分三期:第一期为军法之治,第二期为约法之治,第三期为宪法之治。其对外宣言有七:"一、所有中国前此各国缔结之条约,皆继续有效;二、偿款外债,照旧担认,仍由各省洋关如数摊还;三、所有外人之既得权利,一体保护;四、保护外国居留军政府占领之城内人民及财产;五、所有清政府与各国所立约,所许各国权利及与各国所借国债,其事件成立于此宣言之后者,军政府概不承认;六、外人有加助清政府以妨害国民军政府者,概以敌视;七、外人如有接济清政府可以为战争用之物品者,一概搜获没收。"

第二章　清季之革命运动

清季的革命运动,当以光绪二十一年陆皓东广州一役为嚆矢,其详已见上章。至二十六年,又有广惠之役和汉口之役。光绪二十六年,中山乘八国联军的机会,命郑士良人惠州,招集同志以谋发动;又命史坚如入广州,结合同志以谋响应。时台湾总督儿玉,颇赞成中国革命运动,命后滕和中山接洽,许以事起之后,可以相助。中山因命士良即日发动,谋先占广东沿海一带地点。士良得令,即率同志六百余人,洋枪三百杆,起事于三洲田。两广总督德寿闻讯,命何长清率虎门防军四千,进攻深圳;邓万林率惠州防军驻扎淡水，以塞三洲田的出路。士良亲率部众，攻扑新安、深圳的清兵，尽夺其械。革命军将直捣广州，会中山命至，因取道东北，破清军于佛子坳，获枪七百杆。复进攻永湖，大败清军，获枪六百余杆。自是转战于白芒花、三多祝等处，所向皆捷，新安大鹏至惠州平海一带沿海之地，几全为革命军所占有，以待中山接济。会日本内阁改组，新任内阁总理伊藤对华方针，与前内阁大异，禁止台湾总督与中国革命党接洽，又禁武器出口，并禁日本军官投效革命军。至是中山全部计划，遂遭破坏；因遣日人山田良政往士良处报告一切情形，并令士良自决进止。士良得报，以接济间断，不得已遂解散一部同志，而率其原有的数百人间道至香港，山田后以失路为清兵所擒被害。当士良在惠州苦战之时，坚如在广州屡谋响应不成，乃谋炸德寿，投炸弹于广东督署，毙清吏二十余人，坚如也被擒斩。自经这次革命之后，国人对革命党人才减少以前的谩骂诅咒的态度，有识之士，且多为党人失败惋惜；这却是中山的最大收获。汉口起事的主持者，是唐才常。才常得康、梁保皇党接济，联络会党，打算在长江流域起事。其原定计划是：才常和林圭在汉口布置，秦力山在大通布置，其他安庆、新堤、常德各处，也都有布置，约定光绪二十六年七月十五日，同时起事。后因康、梁汇款不到，再三展期，而大通方面于七月十三日，已被清吏察觉，十五日单独举事，旋即失败。汉口方面，以候款之故，延至二十七日，总机关被鄂督张之洞破获，唐、林以下同时被逮，殉难的共二十人，其他各地的运动，也同归消灭。这是保皇党利用会党谋以武力保皇的第一次，也就是最后一次，而中山所领导的革命党，就从这时起，几乎完全领导了各地的革命运动①。

同盟会成立后，革命运动，益加展开，于是有下述诸役：一曰萍浏之役。光绪三十二年，中部各省饥荒，而湘、赣接壤各区特甚。其地哥老会头目李金其、萧克昌、姜守旦、龚春台、王胜等，向受马福益指挥，及马殉难，李、萧诸人便谋复仇。会这时同盟会会员刘道一、蔡绍南等由日本回湘，在浏阳、醴陵、衡山等县，鼓吹同盟会的革命主义，李、萧等因与接洽，便乘这年饥荒，联络萍乡矿工及附近各处同党，决计起事。因事机不密，先期泄露，浏阳之军，先期于十月十九日发难，萍乡之军继起响应，都不久为清兵所败。二曰黄冈七女湖之役。萍、浏之役以后，同盟会在长江一带的活动基础，几全为清廷破坏；同时清廷又知国内革命运动，多为东京同盟会本部所策划，于是要求日本政府驱逐党人，日本竟容其请，于光绪三十三年一月命中山离去日境。中山因率汪兆铭、胡汉民二人同往安南，设机关于河内，以策划革命运动。于是革命活动的区域，遂限于滇、粤、桂三省的边隅，不久遂有黄冈之役，这年四月间，潮州饶平县的黄冈会党及韶安县的会党，因与同盟会有联络，谋劫黄冈协署军械起事。值会党某被捕，押入协署，会党即起围攻协署，杀清吏数人，将协署占领，又克寨城，不久为清兵所攻溃。同时，中山又命邓子瑜运动会党，在距惠州二十里之七女湖起事，博罗会党响应，也先后为清军所败。三曰钦、廉之役。黄岗、七女湖失败后，不久又有钦、廉之役。三十三年春间，廉州三那地方，有刘恩裕统率的万人会，抗纳粮捐，钦州张得清也聚众与三那会党结合。清廷派郭人漳、赵声各率新军三四千人往剿。郭为湘人，与黄兴相识；赵则早已加入同盟会；中山因命黄兴往说郭，胡毅生往说赵，要他们反戈相应。郭、赵答以"若有堂堂正正之革命军起，便即响应"。于是中山一面派人往约钦、廉各属士绅乡团为一致行动，一面派日人萱野长知往日本购械，并在安南招集同志，聘就法国退伍军官多人，拟器械一到，即可组织正式军队二千人，然后举事。后来购运器械的计划，因故失败，党军虽于这年七月攻破防城，但以军械不到，只得转逼钦州，希望人漳响应，人漳见党军势力薄弱，不敢动；党军又进围灵山，希望赵声响应，赵见郭不动，也不敢独动。结果党军失败，余众退入十万大山。四曰镇南关之役。钦、廉败后，中山与黄兴、胡汉民及法军官，改由安南谋窥广西，袭取镇南关，占领三要塞，收其降卒，打算会合十万大山党众，进攻龙州。但十万大山党众，以道远不能即到，中山只得亲领百余人据守三要寨，与陆荣廷、龙济光所统清军激战七昼夜，卒以众寡不敌，退入安南。五曰河口之役。镇南关败后，清廷即要求法政府将中山逐出安南。中山离安南之时，一面令黄兴再入钦、廉，集合其地同志，一面令黄明堂谋攻河口，以图进取云南，为革命根据地。后黄兴以二百余人出安南，横行于钦、廉、上思一带，转战数月，所向无前，清军闻而生畏，黄兴的威名因以大著，然卒以弹尽援绝而退。三十四年三月，黄明堂以百余人袭取河口，清边防督办被杀，收其降卒千余人。滇督锡良大惊，电调重兵图恢复。卒以寡不敌众，明堂只得率余众六百余人退入安南。河口败后，退往安南的余众，不为法政府所容，遣送至新加坡。新督以党人为乱民，不许登岸，后经法政府交涉，始准登岸。自是凡与中国密迩各地，如日本、安南、香港，中山都不能自由居住，乃重游美洲，专筹用款，而以国内策划之责，委托胡汉民、黄兴主持，于是革命运动又再陷于苦境。六曰广州之役。胡、黄既奉命策划革命运动，即于香港设立机关，与赵声、倪映典、朱执信、陈炯明、姚雨平等谋以新军举事，拟于宣统二年一月某日发难。会先期新军中热度过甚之士，因小事起风潮，遂致兵变，倪映典仓卒率变兵由沙河进攻广州，卒以准备不足，为广东水师提督李准所击溃，映典战死。七曰广州最后的壮举。河口败后，革命运动即已入于困境，其间虽有倪映典在广州的义举和熊成基在安庆的起事②，但都没有成功，而革命的进行，更陷于绝境。后经中山在国外募款，经费有着，于是始有辛亥三月二十九日广州的壮举。这次举事的计划，原定以广州新军为主干，并选同志五百人任先锋，担任发难之责，以领导新军和民军，广州一得，便以黄兴统一军出湖南趋湖北，赵声统一军出江西趋南京。他们决心"集各省革命党之精英，与彼虏为最后之一搏"。计划既定，遂约于宣统三年三月十五日举事，同盟会先锋队改为八百人，分为十路。因为等候器械，延迟到三月二十日，而总督张鸣岐和李准已探知了同盟会的计划。又因同年一月十日，温生才刺杀了将军孚琦，广州宣布戒严，并下令搜索党人。黄兴于三月二十五日入广州，而二十六日，广州的秘密机关就有被破获的。这时党人有主张延期的，黄兴独持不可，卒以众议决定下令展期。至二十八日，忽有人谓张鸣岐调来的防营，即本党同志，事尚可为，于是又下令定二十九日午后十二时起事。至二十九日正午，黄兴宅所附近的机关又被破获，迫不及待，遂于这日下午五时半，由黄兴统率先锋队约百人扑攻督署，同时并起的还有四路，黄攻入督署后，张鸣岐即逃往水师行台。黄旋又率众转攻他所，途遇温带雄所率防营军队数百人。温原与同盟会联络，相约响应，至是黄部见温部无革党白布臂章，遂先向温发枪，温即倒毙，黄部冲散，防军数百人因温死亦散。黄部既散，其他各路亦多为清兵所败，党人死者多至七十二人，事定后，广州善堂收死者之骨，丛葬于黄花岗。

当同盟会谋以武力起义之时，又有党人暗杀清廷大吏的壮举，今分述如次：一为徐锡麟枪杀皖抚恩铭。徐锡麟，浙江山阴人，久蓄排满光复之志，与秋瑾、陶成章、陈伯平、马宗汉等组织光复会，谋革命。后徐捐纳道员，往安徽候补，与皖抚恩铭纵谈军政，恩铭颇倚重他，得任巡警处会办兼巡警学堂堂长。这时，陶成章正在浙江联络武义、永康、东阳等处会党，秋瑾则任绍兴大通学堂堂长，与王金发、竺绍康等部署绍兴、嵊县等处会党，编立光复军：都与锡麟有密切联络。会党员有在长江下游某处被捕者，搜得党员名册，江督因知有革党要人潜伏皖境，便电告恩铭防范。恩铭不知党首就是锡麟，反令锡麟密查。锡麟恐为恩铭所觉，遂先发难，于光绪三十三年五月二十五日乘巡警学堂行毕业礼时，邀请皖省大吏集于学堂，想把他们一网打尽，然后集合军警起事。结果仅枪杀恩铭，余皆逃散；锡麟率学生占领军械库，被防营兵所围，陈伯平战死，徐锡麟、马宗汉皆被擒遇害，牵及秋瑾，亦被捕遇害。一为汪兆铭谋炸摄政王载沣。上述徐锡麟枪杀恩铭一事，还不是同盟会会员策动的，同盟会之实行暗杀，实自汪兆铭谋炸摄政王载沣始。原来自河口败后，兆铭颇为失望，打算改以暗杀政策，与虏酋拼命，而屡为黄兴、胡汉民所反对。宣统二年三月，兆铭入北京，谋暗杀载沣，黄、胡劝止，不听。兆铭到了北京，即与黄复生于地安门十刹海附近，设同生照相馆，作进行的机关，同时于要地，潜埋炸药。及事败，为清吏所执，与复生同时入狱，至辛亥革命始得释放。一为温生才刺杀广州将军孚琦。继兆铭而起的，又有温生才刺杀孚琦之事。生才广东嘉应人，尝遇中山于南洋，即以覆清为己任。宣统三年三月初十日，孚琦赴南门外观飞行家冯如演习飞艇，生才乘他回署，出其不意，以炸弹击毙之，生才被捕处斩。一为陈敬岳谋刺广东水师提督李准。陈敬岳，广东嘉应人，醉心革命，黄花岗之役，革命失败，即立志为同志复仇，与林冠慈谋炸水师提督李准，约定广州城外归陈负责，城内由林负责。宣统三年闰六月十九日午后，侦知李准由水师行台进城，冠慈以炸弹击之于双门底，李准仅伤右手及腰部，未死，冠慈当场被击毙，敬岳亦被捕处斩。至九月，党人李沛基又在广州炸毙清吏凤山。

注释

①自光绪二十六年以后，至同盟会成立止，又有两次义举，惜均不成。一次是二十九年洪福全、李纪堂联合洪门会，谋在广州起事。一次是三十年黄兴联合哥老会头目马福益谋在湖南起事，未成，而马殉难。

②安庆之役，并非同盟会直接指挥的，乃是"慕义之士，闻风兴起，独树一帜，以建义者"（中山语）。成基为安徽新军炮队营队官。宣统元年秋间，湖北、江

苏、安徽、江西四省新军，定期会操于安徽太湖，成基想乘时起事。恰逢德宗和那拉氏相继暴亡，消息传来，人心惶惶，以为将有大变，各省督抚因此防范严密，并查拿党人。成基恐被查觉，便于十月二十六日（那拉氏死后第四日）率安庆城外炮队营联合马队营起事。皖抚朱家宝闻变，闭城严守，又分电秋操新军和长江水师来援。成基因攻城不下，而敌方援军四集，遂溃散。后成基至哈尔滨谋刺载涛被捕，在吉林遇害。

第三章　辛亥革命与中华民国之成立

辛亥革命的导火线，是清廷的铁路干线国有政策。原来清廷的铁路干线国有政策，和列强的对华投资很有关系。列强对于中国，各谋扩张势力范围，除租界领地外，还要求铁路筑造权和矿山开采权。他们彼争此夺，造成了很严重的斗争形势。到了光绪末年，国人深感铁路矿山系国家的命脉，不容外人分占，于是急谋收回权利，不惜以重利赔偿各国费用把铁路筑造权和矿山开采权赎回很多。其在列强，也颇有避免彼此冲突，采取共同步调，对华投资的意思，而在华没有取得势力的美国，更抱着这样的打算。其在清廷，因为财政竭蹶，也想用振兴实业的美名，向列强借款，并使得列强相互牵制。这样一来，于是列强银行团借款给中国的事情，就发生了。宣统二年九月，美国与度支部大臣载泽订借款预约。美国邀英、德、法、日诸国共同参加，日本为着要避免各国的牵制，拒绝了美国的邀请。这年冬季，清廷以不肯承认英、美、德、法四国财政顾问条件，借款谈判忽告中止。日本乘机活动，竟于三年二月与邮传部大臣盛宣怀协定，用江苏折漕作担保，借款一千万元，为铁路公债，以作偿还铁路借款和政府其他费用。英、美、德、法四国见日本对华借款成功，遂急起直追，对于财政顾问问题，答应容后另议，不记入借款契约中。这年三月，载泽遂与四国银行团代表订结一千万磅（一亿元）借款契约，作改革币制及振兴东三省实业之用，而以东三省诸税作担保，使四国势力渗入东三省，借以牵制日、俄[1]。这笔借款支付四十万磅以后，即值武昌起义，银行团停止交款；到了民国就变为善后借款。到了实施铁路干线国有政策的时候，于是又向四国银行团作第二次借款。原来这政策的首倡者，是御史石长信和盛宣怀。到了宣统三年四月十一日，清廷方才下旨，决定实行铁路干线国有政策，惟支线仍准商民量力酌行,并命盛宣怀悉心筹划,迅速办理。其时资政院已成立,一切政策要交资政院协议,才由内阁决议施行,清廷恐资政院反对,竟不交议,并严谕有抗争的,一律以违旨论罪。当时弈劻为内阁总理大臣,是个贪婪而昏庸的人,于是乘着铁路干线国有政策的施行,假着"利用外资开发实业"的美名,就于四月二十二日,命盛宣怀与四国银行团代表缔结六百万磅借款条约②;以作筑造粤汉、川汉二路之用。自铁路干线国有政策和借款条约先后宣布以后,湘、鄂、川、粤四省士民就联合抗争,都说:"粤汉铁路,始由盛宣怀私售与美商合兴公司,光绪二十八年,各省人民争之,不惜竭血汗之资,惨淡经营,仅得收回,集股商办;今政府乃以国有政策,与民争利,是不啻夺我生命财产,付诸外人。"清廷恐酿成大变,就命端方为督办粤汉、川汉铁路大臣,因他曾任湖广总督,想靠他来笼络湘、鄂人士。又因郑孝胥著论盛倡铁路干线国有政策,就任他为湘南布政使,并停止湘省因筑路而抽收的苛捐③,以缓和人心。这时四省纷纷设立保路同志会,一面以咨议局为开会反抗的大本营,一面派代表进京请求政府收回成命,一面电请各省京官援助。湘抚杨文鼎和川督王人文,都以左袒商民被申饬。盛宣怀依靠载泽诸亲贵为后盾,丝毫不肯变更主张,对各省的反抗集会,并下格杀勿论之谕。日本留学生也援助商民,力主"路存与存,路亡与亡"之说;旅美粤侨,也开会集议,势尤愤激。而四省之中,尤以川省人民为最活跃。川代表刘声元在京,先后向摄政王载沣和弈劻请愿,被步军统领衙门押回原籍,旅京川人纷纷集合哭送:这是川人在京争路的情形。至于四川省内,尤为激烈,那时王人文已他调,继任的是赵尔丰,七月初一日,保路同志会决议罢市、停课,南至印、雅,西迄绵州,北及顺庆,东抵荣(荣昌)、隆(隆昌),都纷起保路。各国领事见情势不佳,照会政府请设法保护;赵尔丰也怕激成大变,与将军玉昆联名奏请川路暂归商办,奉旨申饬,不许。旋端方又奏劾赵尔丰庸懦无能,败坏路事,清廷遂命端方自湖北带兵入川查办。七月十五日,川人听说端方带兵入川,推举代表往督署,求阻端方。赵尔丰因前次容纳商民起见,被端方奏劾,负气不过问,代表再四请求,乃将代表蒲殿俊等八人拘禁署中;人民相率至署哀求释放,统领田征葵下令卫兵开枪,击毙四十余人。赵因电奏川人以争路为名,希图独立,意在变乱,与路事无涉。清廷遂命赵严饬新旧各军,相机剿办。时近省各县民团,多为官兵焚杀,死者很多。清廷至是又起用前两广总督岑春煊入川，与尔丰办理剿抚事宜。春煊到了武昌，和湖广总督瑞澂商议不协，尔丰也怕春煊入川后真相败露，于是捏报川乱敉平，春煊中止西行。清廷接报后，方以川事办理迅速嘉奖端方和赵尔丰，谁知民军却趁机兴起于武昌了。

原来湘、鄂自萍、浏之役以后，又发生了两个革命团体。一个是共进会，其首领在湘有焦大章，在鄂有孙武、居正。一个是武昌的文学社，以新军中的蒋翊武为首领。这两个团体的分子，多为同盟会会员，但其组织和行动，并不必由同盟会的命令。这时武、汉附近有新军一万六千余人，归统制张彪节制，其中也有很多军官士兵加入了同盟会的。至于同盟会的干部，则自辛亥三月广州大失败后，赵声忧愤成病而死，黄兴、胡汉民蛰居香港，也颇沮丧，而中山则在美洲筹款。陈其美、宋教仁、谭人凤等，由香港返沪，恐革命党的势力涣散不振，于是组织中国同盟会中部总会，打算把革命发动的中枢，由南方移到长江流域，而尤注重于武、汉。自中部会成立后，教仁、人凤往来沪、汉，与孙武、居正诸人筹商进行方法，于是文学社和共进会事实上就成了同盟会中部总会的分机关。等到铁路干线国有问题发生，湘鄂川一带，民情愤激，于是武、汉方面的同志，便欲乘端方带兵入川，武、汉空虚之时，发动举事，并促黄兴诸人来鄂主持。鄂督瑞澂早就探得党人将要起事的消息，遂于武、汉水陆各要地，加紧戒严。发难的日期，原定阴历八月十五日，后以准备未周，乃延迟十天。但到十八日午后，秘伏汉口俄租界的党人，因制造炸弹失慎，炸药爆发，被巡捕捕去党员二人。瑞澂闻警，派人向武、汉各处搜索，破获党人机关数处，捕获宪兵彭楚藩及女党员龙韵兰等数十人，并搜去革命旗帜、印信、文告及党员名册。这名册中，多属新军中人，新军党员怕政府按名围捕，遂于八月十九日（阳历十月十日）夜九时起事，首由工程第八营左队熊秉坤发难，改称民军，袖缠白巾，以"同心协力"为暗号，步队二十九、三十两标大部分士兵相继响应，占领火药局，直攻督署。瑞澂和张彪都仓促弃城逃走，于是武昌光复，公推二十一混成协统黎元洪为鄂军都督，咨议局议长汤化龙为民政部长。这就是辛亥革命的由来。二十日，占领汉阳；二十一日，占领汉口。武、汉三镇既得，民军乃组织中华民国鄂军政府，设司令、军务、参谋、政事四部，而总其成于都督。武、汉既定，军政府即照会驻汉各国领事，转呈各国政府，恪守局外中立④。各国领事接到照会后，即承认军政府为交战团体，决守中立。清廷闻武昌之警，即于八月二十一日，命陆军部大臣荫昌督师进攻民军，直到九月初间，清军毫无进展。九月初六日，起用袁世凯，而以冯国璋统第一军，段祺瑞统第二军，均归世凯节制。初七日，清军夺回汉口。同时，清廷为挽回民心计，又于九月初五日，革盛宣怀职，代以唐绍仪；初九日，复下诏罪己，并谕开党禁，取消皇族内阁。正当清廷一方用兵力压迫民军一方以空言怀柔人民的时候，各省却纷纷宣布独立，并与鄂军政府取一致行动了。今将各省光复的情形，表列如次：

省名	光复月日		民军都督	光复情形
	阳历	阴历		
湖南	十月二十二日	九月初一日	焦大章 陈作新 谭延闿	焦、陈均为会党首领，陈任新军四十九标排长，推为正副都督，旋因内变，焦被害，改推咨议局局长谭延闿为都督
江西	十月二十三日	九月初二日	马毓宝 吴介璋 彭程万	马为新军标统，于十月二十三日光复九江，称都督。十月三十一日，新军协统吴介璋又光复南昌，推为都督。后彭程万自称奉中山委任为赣军都督，介璋让之，马不服，旋彭又他去。于是马至南昌，就任都督
陕西	十月二十五日	九月初四日	张凤翙	新军于十月二十二日起事，二十三日克满城，二十五日公推新军管带张凤翙为都督。
山西	十月二十九日	九月初八日	阎锡山	阎为新军协统，公推为都督。清巡抚陆钟琦全家被害
云南	十月三十一日	九月初十日	蔡锷	蔡为新军协统，公推为都督
江苏	十一月五日	九月十四日	程德全 陈其美 林述庆 蒋雁行	十一月四日，党人光复上海，推陈其美为都督。明日，清巡抚程德全在苏州反正，被推为都督。而清总督张人骏、将军铁良、提督张勋仍据南京。十一月七日，镇江新军起义，推林述庆为都督；明日，新军统制徐绍桢起义，攻南京不克，退至镇江。十三日，镇江独立，推蒋雁行为都督。至三十日。苏浙沪镇联军，始攻克南京

续表

省名	光复月日 阳历	光复月日 阴历	民军都督	光复情形
浙江	同上	同上	汤寿潜	新军起义，巡抚增韫就获，公推寿潜为都督。后寿潜为交通总长，蒋尊簋代之
安徽	十一月九日	九月十八日	朱家宝 孙毓筠	咨议局宣布独立，推清巡抚朱家宝为都督。后朱以故他去，改推孙为都督
福建	同上	同上	孙道仁	起义后，推新军统领孙道仁为都督。清总督松寿仰药死，清将军朴寿被拘
广西	十一月七日	九月十六日	沈秉堃 陆荣廷	咨议局宣布独立，推清巡抚沈秉堃为都督。旋秉堃辞职，改推陆为都督
广东	十一月十日	九月十九日	胡汉民 陈炯明	咨议局宣布独立，推清巡抚张鸣岐为都督。张不受，遁去，乃改推胡为正，陈为副
山东	十一月十四日	九月二十三日	孙宝琦	孙系清巡抚，由保安联合会举为都督，旋又取消独立。孙去职后，清任胡建枢代为巡抚。民国元年二月，胡与民军议和。时民军都督为胡瑛
四川	十一月二十八日	十月初七日	蒲殿俊 尹昌衡	四川民军和官军冲突最久，外县以次先下，至是日，成都反正，推咨议局议长蒲殿俊为都督。同日端方为其部下所杀，后改推尹昌衡为都督，赵尔丰被杀
贵州	十一月五日	九月十四日	杨荩诚	
甘肃	民元一月六日	十一月十八日		新军三标一营起义，总督长庚被囚
新疆	民元一月七日	十一月十九日		
奉天	十一月十三日	九月二十二日	赵尔巽 吴景濂	赵本清东三省总督，吴为咨议局局长，保安会立，众推为正副会长

1059

除直隶、河南、吉林、黑龙江四省未曾宣布独立外，其他各省，差不多都是辛亥这一年脱离了清廷的羁绊。长江一带的海军，也于九月末响应了民军。到了九月中旬，陆军第二十镇统制张绍曾、混成协统蓝天蔚屯兵滦州，逼清廷宣布立宪。第六镇统制吴禄贞（旋为清室暗杀），也有异动。清廷不得已，才颁布宪法十九信条，并命袁世凯组织内阁，十月初七日，清军攻下汉阳，武昌危急；幸南京于十二日为苏、浙、沪、镇联军攻下，长江上游之势始固。南京既下，于是民军始进行临时政府的组织。

自武昌起义，各省纷纷响应后，各省都督遂感觉有组织中华民国临时政府的必要。九月二十二日，程德全、汤寿潜通电倡议各省公举代表，集议于上海，商议临时政府组织法。各省复电赞成，就近派已在沪者为代表，于二十五日开第一次会议，议决定名为各省都督府代表联合会。二十七日，代表会议以黎都督亦有通电，请各省派代表至武昌组织临时政府。遂于三十日，决定武昌为中央军政府，以鄂军都督执行中央政务，并请以中央军政府名义委任伍廷芳、温宗尧为民国外交代表。十月初四日，议决各省代表赴武昌，各有一人以上留上海，赴武昌者，议组临时政府事，留上海者，联络声气，为通信机关。赴鄂代表，为十月初十日开会，公推湘代表谭人凤为议长。十二日，选出苏代表雷奋、沪代表马君武、鄂代表王正廷为临时政府组织大纲起草员。又议决如袁世凯反正，当公举为临时大总统。明日，议决《临时政府组织大纲》二十一条⑤，并即日公布之。又明日，得悉南京已为民军光复，遂决议以南京为临时政府所在地，各省代表于七日内齐集南京，若有十省以上代表到达南京，即开临时大总统选举会，而留沪代表，忽于是日票举黄兴为大元帅，黎元洪为副元帅，议决以大元帅主持组织中华民国临时政府事，武昌代表通电否认。二十七日，黄兴通电辞职，各省代表议决，改举黎元洪为大元帅，黄兴为副元帅，而黄兴终辞不赴。十一月初六日，中山由美返沪，大元帅副元帅问题遂搁置不议，而由奉、直、豫、鲁、晋、秦、苏、皖、赣、浙、闽、粤、桂、湘、鄂、滇、川十七省代表于十一月初十日，票选中山为临时大总统。十三日，中山在南京就职，即以是日为中华民国元年一月一日，定五色旗为国旗，星旗为陆军旗，青天白日旗为海军旗。三日，选举副总统，黎元洪以十七票当选。同日，发表临时政府国务员，以黄兴、蒋作宾为陆军部总次长，黄钟英、汤芗铭为海军部总次长，伍廷芳、吕志伊为司法部总次长，陈锦涛、王鸿猷为财政部总次长,王宠惠、魏宸组为外交部总次长,程德全、居正为内务部总次长,蔡元培、景耀日为教育部总次长,张謇、马君武为实业部总次长,汤寿潜、于右任为交通部总次长。又设临时参议院为立法机关。二十八日,开参议院成立大会,举林森、王正廷为正副议长。临时政府的组织,至是遂告完成。当清军攻下汉阳时,袁世凯为内阁总理大臣,主张与民军议和。十月初十日,驻汉英领事出为介绍,两方商议停战,自十一日起,停战三日。十五日,世凯又电清军续停战十五日,并派唐绍仪为代表,与民军代表伍廷芳议和。十八日,各方省代表赴南京,由元洪和世凯商明,秦、晋、蜀三省,各不加增兵力或军火。乃定议自十月十九日至十一月初五日止,停战十五日,以上海为议和地点。二十八日,唐、伍两代表开第一次谈判,伍提议十九日停战后,鄂、晋、陕、鲁、皖、苏、奉各省,均须一律停战,不得进攻,应电致世凯,候有确实回电承诺后,始能开议,唐允许转达。十一月初一日,世凯停止进攻回电至,遂开第二次谈判。议定展长停战期限七日,而伍又提出必须承认共和,方可开议。唐遂以请召集国会,议决国体,极危切之言入奏清廷。初九日,清内阁奏请召集宗支王公开御前会议,以决大计,当日得旨报可。明日,开第三次谈判,议定开国民会议,解决国体问题,从多数取决。取决之后,两方均须依从。又明日,开第四次谈判,议定国民会议,由各处代表组织,每省为一处,内外蒙古为一处,前后藏为一处,每处各派代表三人,每人一票,若有某处代表到会不及三人的,仍有投三票之权。又明日,开第五次谈判,伍提出国民会议在上海开会,日期定为十一月二十日,唐代表允电达世凯。双方议和,颇为接近,及中山当选为临时大总统,于是政局一变,唐以交涉失败辞职,和议乃由世凯与伍直接往返电商,这时,清室亲贵载涛、载泽、载洵、溥伟、善耆与良弼、铁良等结宗社党,反对变更国体,力持战议,并深恨世凯与民军议和。党人中的激烈者,因和议停顿,便说世凯实为共和之梗,亦无不欲得而甘心。十一月二十八日(民元一月十六日),世凯遇炸,幸免,自是清隆裕①不纳亲贵疑忌之言,专依世凯决大计。十二月初八日,党人彭家珍又炸毙良弼,丁是宗社党失去中心。亲贵落胆,纷纷离开北京,而世凯独揽大权的局势遂告成。就在良弼被炸的这一天由段祺瑞领衔,联合北洋军将领姜桂题、张勋、段芝贵、倪嗣冲等四十六人,电请世凯代奏,要求清帝退位,宣布共和。旋由世凯复电,要他们"明白晓谕各该军队,静待朝廷办理"。十二月十七日(民元二月四日),段祺瑞又电近支王公、蒙古王公及内阁各府部院大臣,重申前请,电中竟有"谨率全军将士入京,与王公剖陈利害"等语。十九日,世凯邀集各王公及各部大臣,传阅段祺瑞电文,各亲贵王公皆失色,当即决定由世凯领衔,王公大臣依次署名,发出赞成共和长电一道,以止段氏北上。世凯这时的力量,足以左右全局:他利用北洋军的势力,一方威胁清廷,独揽大权,他方与民军周旋,打算于清帝退位后,取得政治上的领导地位。他和伍代表进行和议,往返电商,坚决否认中华民国临时政府的成立。这就是因为他不愿意中山出任临时大总统的缘故。在中山,却以为只要共和是以民权为基础,总统的位置是可以相让的。到了十二月二十日,临时政府便命伍代表以下列四项交世凯:一、清帝退位,放弃一切主权;二、清帝不得干预临时政府组织之事;三、临时政府地点须在南京;四、孙总统须俟列国承认临时政府,国内改革成就,平和确立,方行解职,袁在孙解职前,不得干预临时政府一切事务。二十二日,中山又提出五条,命伍代表电告世凯:一、清帝退位,由世凯同时知照驻京各国公使,请转知民国政府,或转饬驻沪各国领事转达亦可;二、同时袁须宣布政见,绝对赞成共和主义;三、文接到外交团或领事团通知清帝退位布告后,即行辞职;四、由参议院举世凯为临时总统;五、世凯被举为临时总统后,誓守参议院所定之宪法,始能授受事权。世凯接到这五个条件后,就开始与伍代表商议优待清室条件,这时的清室亲贵,因为良弼的被炸和段祺瑞的威胁,也就只有听世凯摆布,无法挣扎了。优待条件②议定后,清帝遂于十二月二十五日(民元二月十二日)下诏退位。

注释

①《日、俄第一次协约》成立后,满蒙一带,就为日、俄所封锁;美国因此向列强提出满铁中立案,打算牵制日、俄的行动。结果,美国的计划失败,反促成日、俄的结合,于是有日、俄的第二次协约。美国至是,遂改变方针,另采一种联合投资政策,以牵制日、俄。

②一、借款总额为六百万镑,利息五厘,期限四十年。二、此借款的用途,甲、偿还旧欠美商合兴公司公债二百五十万二千元及利息等;乙、筑造自武昌起至湖南宜章止的粤汉铁路的湘鄂段与自广水至四川夔州止的川汉铁路的湖北段。三、

③有米盐捐和房捐二种。

④照会全文:"军政府自广东小挫后,乃转而西向,遂得志于四川。在昔各国未认我为与国者,以惟有人民、主权,而无土地耳,今既得四川之土地,国家之三要素备矣。军政府复祖国之情切,愤鞑虏之无状,复命本都督起兵武昌,共图讨贼,以期维持世界之和平,增进人类之幸福。同时对于各友邦,益敦睦谊:所有军政府对外之行动,转行知照,免致误会。一、所有清政府以前与各国缔结之条约,皆继续有效。一、各国人民财产,居留于军政府领土城内者,一律承认保护。一、各国之既得权利,亦一律承认。一、赔款外债,照旧由各省按期如数摊还。一、各国如有助清政府可以为战事用品者,搜获一概没收。一、各国与清政府所结之种种条约,成立于此次照会之后者,军政府概不承认。一、各国若有助清政府与军政府为敌者,则仇视之。以上七条,特行知照,俾知师以义动,无排外之性质,参杂其间,相应照会贵领事转呈贵政府查照。"

⑤第一章,规定临时大总统由各省都督府代表选出,有统治全国和统率海陆军之权,得参议院之同意,且有宣战媾和及缔结条约之权。第二章,规定参议院由各省都督府所派之参议员组织之,为立法机关。第三章,规定行政方面设外交、内务、财务、军务、交通各部。

⑥隆裕为德宗后,系那拉氏之侄女,事事皆踵效那拉氏,那拉氏宠太监安得海、李莲英,隆裕亦宠太监张祥斋。

⑦甲、关于清帝退位后优待之条件:一、清帝退位后,尊号仍存不废,中华民国以待各外国君主之礼相待。二、清帝退位后,岁用四百万两,俟改铸新币后,改为四百万元,此款由中华民国拨用。三、清帝退位后,暂居宫禁,日后移居颐和园,侍卫人等,照常留用。四、宗庙陵寝,由中华民国酌设卫兵,妥慎保护。五、以前宫内所用各项执事人员,可照常留用,惟以后不得再招阉人。六、清帝原有私产,由中华民国特别保护。七、原有禁卫军,归中华民国陆军部编制,额数俸饷,仍如其旧。乙、关于清皇族待遇之条件:一、清王公世爵,概仍其旧。二、清皇族对于中华民国国家之公权及私权,与国民同等。三、清皇族私产,一体保护。四、清皇族免充兵之义务。丙、关于满、蒙、回、藏各族待遇之条件:一、与汉人平等。二、保护其原有之财产。三、王公世爵,概仍其旧。四、王公中有生计过艰者,设法代筹生计。五、先筹八旗生计,于未筹定之先,八旗兵丁俸饷,仍旧支放。六、从前营业居住等限制,一律免除,各州县听其自由入籍。七、满、蒙、回、藏原有之宗教,听其自由信仰。

第四章　二次革命之经过

　　元年二月十二日，清帝退位后，袁世凯即于次日通电南京临时政府，表示赞成共和政府。同日，中山咨达参议院辞临时大总统职，并推荐世凯，请举为继任总统。十五日，参议院开临时大总统选举会，十七省代表一致举世凯为临时大总统。旋临时副总统黎元洪，也电参议院辞职。二月二十日，参议院开临时副总统选举会，全场一致票选黎元洪为临时副总统。原来当中山向参议院咨请辞职时，咨文末尾，附有条件三项：第一是临时政府设于南京；第二是中山辞职后，俟新总统到南京受任之时，中山及各国务员始行解职；第三是临时政府《约法》经参议院制定颁布后，新总统必须遵守。中山用意，无非想世凯当选之后，离去北京的帝王巢穴，和腐败的旧势力相隔绝；同时想用《约法》来抑制他的非法行动。这时只有《临时政府组织大纲》，并无《约法》。到了清帝退位的事情十分成熟，临时大总统的位置要交给世凯了，于是《临时约法》的制定，就刻不容缓了。二月七日，参议院开始会议，起草《临时约法》，至三月八日，全案告终。十一日，由临时大总统孙文公布之。这《临时约法》和《临时政府组织大纲》根本不同之点：就是《大纲》采取总统制，《约法》采取内阁制。同时，参议院又可决政府设于南京。但情形还不容许乐观，因为站在世凯方面不愿意迁都南京的还有以北京为巢穴的军阀官僚和东交民巷的外交团。世凯就凭借这两种力量，通电反对政府设立南京，并且以退居相要挟。中山接电后，仍持原议，并派蔡元培、汪兆铭、宋教仁等为专使，于二年二月二十六日到北京，欢迎世凯南下就职。蔡、汪诸人至京，世凯待遇很优渥，也未表示拒绝南下之意，不过嗾使北京各团体，表示反对罢了。到了二十九夜，驻在北京归曹锟统率的第三镇军队忽然哗变，在东安门及前门一带，放火行劫，商民被害的数千家，汪、蔡诸人的寓舍，也被侵入，几至蒙难。明日，天津、保定的驻军，相继哗变。北京外交团借口兵变恐有危害外侨之虞，于是决议增调军队来京护卫，日本首先调兵一千数百人来京。这样一来，世凯的阴谋，便完全成功，于是汪、蔡诸人就电告南京，说："北京兵变，外人极为激昂，日本已派多兵入京，设使再有此等事发生，外人自由行动，恐不可免。培等睹此情形，集议以为速建统一政府，为今日最要问题，余尽可迁就，以定大局。"此时日本正想造成中国南北对峙的局面，中山恐怕中了日本的阴谋，也就不固执己意，允许世凯在北京就职。三月十日，世凯在北京宣誓就职，并提出唐绍仪为内阁总理，经南京参议院同意后，绍仪即于二十五日到南京组织新内阁。新内阁的阁员是：陆征祥长外交，赵秉钧长内务，熊希龄长财政，段祺瑞长陆军，刘冠雄长海军，王宠惠长司法，蔡元培长教育，宋教仁长农林，陈其美长工商，梁如浩长交通①，其中内务、陆军、海军三部，最为重要，都操在世凯掌握中；余则用以敷衍革命党和其他各派。四月一日，中山正式解职。五日，参议院议决政府迁于北京。南北至是一统。

满清末叶，形式上或为公开的政党的，只有一个宪友会②。当时宪友会不但在资政院中势力很大，并且各省还设有支部：如有直隶的孙洪伊、湖北的汤化龙、江苏的沈恩孚、山西的梁善济、奉天的袁金铠、江西的谢远涵、湖南的谭延闿、福建的刘崇佑、林长民、四川的蒲殿俊、罗纶等都是各支部的首领；这就是民元后进步党的前身。同盟会这时还是秘密的革命团体，到辛亥革命成功以后，才变成公开的政党。不过就在这个时候，同盟会起了分化，章炳麟一派和同盟会分离，另组中华民国联合会，湖北的孙武、蓝天蔚、刘成禺也和张伯烈、饶汉祥等分组民社，拥戴黎元洪为首领。宪友会在光复以后，也同样起了分化，如汤化龙、林长民一派的共和建设讨论会，孙洪伊一派的共和统一党，籍忠寅、周大烈一派的国民协进会，都是由宪友会分化出来的。南京临时政府时代，同盟会掌握大权，不满意同盟会的政团，便结合起来，和同盟会对抗。最初有统一党，系由中华民国联合会和旧日预备立宪公会的领袖张謇等，以江、浙人为中心而组成的。不久，统一党又和国民协进会合组共和党，以与同盟会对抗。同盟会是防制世凯专政的，自命为民权党；共和党是拥护世凯的，自命为国权党；后者以有世凯援助，所以在参议院中，居于主动地位。在这样情形之下，于是又有第三党出现，这就是谷钟秀、张耀曾、彭允彝、吴景濂诸人所组成而以蔡锷、王芝祥等为首领的统一共和党。那时北京参议院，同盟会和共和党各占四十余席，而统一共和党占二十五席，所以有举足轻重之势。此外还有许多小政党；如国民共进会，系由陈锦涛、徐谦、许世英等所组织，以伍廷芳为会长；如国民公党，系由温宗尧、王人文等所组织，以岑春煊、伍廷芳为名誉总理；但都不占重要地位；至于共和俱进会、民国公会、共和实进会、共和促进会、国民新政社及国民党③，则更没有什么力量。这时政党林立,但各党的政纲,并没有绝对的差别。因此,章士钊首先在《民立报》上发表"毁党造党"之说,主张国内各党,一律毁弃,另外造成对立的两大政党,以为实现责任内阁的基础。宋教仁赞同这种主张,就以同盟会为主,联合统一共和党、国民公党、国民共进会、共和实进会,另组国民党。接着共和党也把民国公会和潘鸿鼎一派的国民党吸收进去,以与国民党对抗;但统一党却于这时从共和党分离出来,不过两党依旧联合一致以对抗国民党,共和建设讨论会和共和统一党,也合并为民主党,同时还吸收共和俱进会、共和促进会、国民新政社诸小党,而以梁启超为首领。在第一次正式国会议员选举时,竞选的政党,因此就有国民党、共和党、统一党和民主党四派,而以国民党的势力为最大,后三党为着要在国会中和国民党对立,也就不久合组为进步党了。以上所述,便是民国初年政党分合的情形,现在叙述内阁的更迭和政党的关系。原来唐绍仪组织的内阁,叫做"混合内阁"。其中除陆征祥无所属,施肇基为绍仪的姻戚外,他如赵秉钧、段祺瑞、刘冠雄三人,便属于袁世凯系,熊希龄则属于统一党,蔡元培、宋教仁、王宠惠、王正廷四人,都属于同盟会。清帝退位后,绍仪加入了同盟会,所以同盟会很愿意绍仪组阁。世凯和绍仪本有旧交,且认绍仪是他的私人,可以指挥如意,所以也乐意绍仪组阁。但是,绍仪是思想比较清晰的人,对公私分别颇严,要他放弃内阁总理的公责,专听个人指挥,这是办不到的。因此,袁、唐之间,就时起暗斗。等到直督问题发生,绍仪倍受世凯压迫,便只好辞职出走了。先是,参议员在南京议决接收北方统治权案,有各省督抚一律改称都督,咨议局改为省议会,都督由省议会公举的规定。直隶同盟会党员因王芝祥是附于同盟会的要人,就运动直隶省议会举他为都督,打算要他就近监督世凯。绍仪到北京后,又以芝祥督直之说,请于世凯,世凯当面允许,绍仪因电芝祥来京。芝祥到了北京,世凯却嗾使直省军人反对,改委芝祥赴南京去遣散军队。绍仪对于芝祥的委状,拒绝副署[①],世凯竟将未经总理副署的委状交给芝祥,绍仪因此提出辞呈,不告而去:时民国元年六月十六日。绍仪辞职后,同盟会的四阁员及熊希龄、施肇基也联袂辞职。于是同盟会以为混合内阁不能维持阁议的一致,遂大倡"政党内阁"之说;而共和党以本党无组阁希望,却主张"超然内阁"主义,以与同盟会对抗。这种"超然内阁"主义,正合世凯心愿,世凯因推荐陆征祥组阁。当征祥被提出参议院征求同意时，同盟会的议员极端反对，共和党的议员极端赞成，结果因统一共和党的议员投同意票，所以到六月二十九日，征祥竟被任为国务总理。七月十八日，征祥提出财政总长周自齐、司法总长章宗祥、教育总长孙毓筠、农林总长王人文、工商总长沈秉堃、交通总长胡维德，求参议院同意，而内务、陆军、海军仍旧。同日，征祥到参议院宣布政见，言辞鄙俚，不满人意，且所提六国务员，完全秉承世凯的意志，因此遂被否决。二十三日，征祥又提出财政周自齐、司法许世英、教育范源濂、农林陈振先、工商蒋作宾、交通朱启钤，求参议院同意。同时，世凯嗾使北京军警，威吓参议院议员，对征祥所提阁员，迫令通过。结果，除蒋作宾外，其余五员，均经通过；后又提出工商总长刘揆一，也同样通过。不过参议院议员，对于征祥，并不心服，所以到二十七日，便提出弹劾陆总理失职案，征祥知难而退，称病不出，遂以赵秉钧代理国务总理。直到九月二十四日，始任命秉钧为国务总理。

依照《临时约法》，限《约法》施行后十个月内，由临时大总统召集国会。由国会制定《宪法》，选举正式大总统。元年八月，公布《国会组织法》及《选举法》，以众议、参议两院组织民国国会。同时，又颁布省议会议员选举法，又设筹备国会事务局，于元年十二月十日，举行众议院议员初选，二年一月十日，举行复选。又各省行政长官，限于二年二月十日以前，召集省议会，举行参议院议员选举。二年一月十日，发布《正式国会召集令》，限于二年三月以内，所有当选参议院及众议院议员，均须一律齐集北京。四月八日，举行国会第一次开会典礼；二十六日，参议院选举张继、王正廷为正副议长。二十八日，众议院选举汤化龙、陈国祥为正副议长⑤。中华民国的正式国会，由是成立。原来当同盟会改组为国民党时，中山及黄兴、宋教仁等都当选为理事。中山对于同盟会的改组为国民党，本不甚赞成，他这时虽不正面和世凯斗争，却尽力于培养下层民众的工作，委身于全国铁路事宜，对于国民党的政治活动，并不积极参加。黄兴是个忠厚老实的人，主张北洋军阀官僚和国民党合作，所以尽力与世凯交欢。只有宋教仁，是热衷政治活动的人，是主张政党内阁的急先锋，他尝说："正式大总统非袁公不克当此选，但内阁必须由政党组织，始能发挥责任内阁制度的精神。"及国民党选举战胜⑥，教仁便以组织政党内阁的候补者自居，由湘而鄂而皖而宁而沪，到处演说，对于时政的得失，尽意发挥。二年三月二十日，教仁拟乘沪宁车北上，在沪宁车站被刺，至二十二日逝世。后来捕获凶犯武士英及谋杀犯应夔丞①，并在应宅搜得谋杀证据多种，乃知谋杀犯中还有国务院秘书洪述祖和内阁总理赵秉钧，并且与世凯也有关系。于是举国舆论大哗。这时皖督柏文蔚、赣督李烈钧、闽督孙道仁、粤督胡汉民、湘督谭延闿都属国民党，势力很大，足以监视政府。自宋案发生后，世凯知道他和国民党势不两立，所以积极准备用武力来消灭国民党的工作，于是秘密促成大借款，以为用兵及贿买各方的资金，而善后大借款风潮便由是发生了。

原来清末有向四国银行团借款一千万英镑的契约，民国南北统一之时，四国银行团亦曾垫款四十万镑，而以承借将来大借款为条件。旋由内阁总理唐绍仪向四国银行团商借六万万元的大借款，四国以日、俄两国和中国关系密切，便劝诱两国加入银行团。日、俄两国要求满、蒙为其特殊势力范围，四国不许，因此两国就以拒绝加入银行团为抵制。这时绍仪又以四国银行团要求中国以后不得与他银行借款，显系垄断性质，也就把大借款问题延搁不谈，而忽于元年三月，以京张铁路作担保，与华比银行借款二十五万余镑；四国银行团提出抗议，绍仪不得已，允将比国借款，由将来大借款中偿还，始告终局。不久，日、俄以四国对于其满、蒙特殊利益，有相当的保障，遂于六月十八日，订立合约，成立六国银行团，向中国政府谈判大借款问题，以六国坚持监督借款用途主张，并增加监督盐税诸条件，损失国权太大，于是大借款又不成立。政府无可如何，遂令驻英公使刘玉麟向英国克立士浦公司秘密订立一千万镑借款，以盐税羡余为担保，八月三十日，在伦敦正式签约。契约发表后，六国银行团大起反抗，分电本国各银行，不与中国汇兑。中国政府不得已，又只好把这次契约取消，而与六国银行团再开大借款谈判。元年冬季，六国银行团，对于监督盐税的条件，允由中国设立盐务稽查所，自聘洋员以资襄办，而对于监督借款用途的条件，则允由中国于审计处设立外债稽核科，用外人为稽核员。不久，俄、法两国，忽主张本国必出一人，加入监督机关中，是与要求财政监督权无异，复被我国拒绝，大借款至是又未成立。二年四月，政府乃以参议院议决的六厘公债为抵押，令海军总长刘冠雄，以扩张海军名义，向奥国斯哥打军器公司密借三百二十万镑，以济急用。这时美国政府以六国银行团，既要求中国财政监督权，又不许中国于银行团外借款，为妨害中国政治独立，遂于二年三月二十日，宣布退出银行团。并声明美国以后不供给中国政治借款，准自由投资经济借款。这样一来，六国银行团就变为五国银行团了。同时，五国银行团协议，政治借款由银行团包办，经济借款由各国自由竞争。及宋案发生，世凯急欲大借款成立，以为镇定内乱之用，于是大借款契约，遂于二年四月二十六日，在北京签押⑧。这次大借款合同，世凯并未咨交参议院议决，因为怕国民党议员起而反对。二十九日，参议院认为大借款合同为违法签字，决不承认。五月五日，众议院也有同样表示。这时，国会中进步党议员还在拥护政府，虽一面承认政府签订合同的手续不合，一面却极力反对国民党的反袁运动。等到七月初间，又发现政府在这次大借款以前，还有向奥国的秘密借款，不惟未经过国会通过，并且不令国会与闻，后经国会议员再三质问，政府才承认有此借款。这样一来，进步党中一部分议员也不能容忍，所以到七月四日，众议院便对政府提出弹劾案，赵秉钧、周学熙因是免官，这就是大借款风潮的始末，而二次革命运动也就接着爆发了。

　　以上所述，便是二次革命前的局势。这时的袁世凯，拥有北洋雄厚的军事势力，在国会中又得着进步党的奥援，在外交上又得着帝国主义做靠山，所以他态度坚决，非将国民党的势力消灭不可。在国民党方面，只有中山和李烈钧始终坚持武力倒袁政策，而大部分国民党议员，却想与进步党提携，拿法律来制裁袁世凯；湘、皖两省，虽在国民党手中，但湘督谭延闿、皖督柏文蔚的态度，都很游移畏葸；江苏则自黄兴的留守府撤销后⑨，苏督程德全也是依违两可，并无倒袁决心；至于广东，则胡汉民与陈炯明不和，内容更为纷乱。国民党的阵容，既这样凌乱，倒袁自然没有胜算，等到李烈钧、柏文蔚、胡汉民三督通电反对大借款时，世凯先发制人，就借此为口实，说他们不服从中央，于二年六月把三督免职。七月十二日，世凯又命鄂北军司令李纯为九江镇守使，以防范李烈钧。就在这一天，驻德安的赣军旅长林虎，突竖讨袁军白旗，向李纯的部队进攻，同日，湖口宣布独立，由省议会推李烈钧为江西讨袁军总司令，欧阳武为江西都督。十四日，黄兴至南京，迫程德全于十五日宣布独立，响应江西；并分兵由津浦路至徐州，会同驻徐第三师冷遹部队，防御袁军南下；而令陈其美在沪起兵，围攻上海制造局。十七日，安徽宣布独立，柏文蔚组织安徽讨袁军。十八日，广东亦宣布独立。福建则都督孙道仁从师长许崇智之请，于二十日宣布独立。湘督谭延闿为党人所迫，也于二十五日宣布与中央政府断绝关系。当讨袁军发难时，世凯即于七月十六日，命段芝贵为第一军军长，对付赣方，命冯国璋为第二军军长，对付宁方。段芝贵、李纯合汤芗铭的舰队，于二十五日，占领湖口，八月十八日，袁军攻取南昌；江西全省遂为袁军所有。南京方面，因一部分军队，被世凯收买，发生内讧，而在徐州与袁军对垒的冷遹军，因后路空虚，只得退守临淮关。湖口被袁军占领后，南京内外震动，黄兴于二十九日潜离南京，程德全遂宣布取消独立。上海制造局由袁军郑汝成驻守，陈其美、居正、钮永建等，自七月二十三日起，屡攻不下，到二十九日，退至吴淞及宝山一带驻扎。八月十三日，陈其美等复弃吴淞炮台而去。安徽则于八月七日，柏文蔚的独立政府，也为军队所逐。八月八日，党人何海鸣入南京复宣布独立，与袁军血战兼旬，直到九月一日，南京始为张勋所夺取。于是长江下游，尽为袁军所有。广东独立未久，陈炯明即被部下驱逐，亡走香港，龙济光乘之，率军入粤；于是广东又归袁军所有。湘、闽两省，以各方战事不利，也就先后取消独立。其他如占据重庆的熊克武，不久亦为袁军攻溃。二次革命至是完全失败。

注释

①陈其美未就职，后由王正廷代理。梁如浩未经参议院通过，后来改任施肇基。

②宪友会系由国会请愿同志会演进而成的。

③这是由潘鸿鼎等所组织的国民党，并非后此由同盟会改组的国民党。

④《临时约法》第四十五条："国务员于临时大总统提出法律案，公布法律及发布命令时，须副署之。"

⑤张、王属国民党，汤、陈属进步党。

⑥众议院共计五九六席，国民党占二六九席；参议院共计二七四席，国民党占一二三席。两院合计八七〇席，国民党共占三九二席。

⑦武士英即吴福铭。应夔丞即应桂馨。武、应于租界被捕后，经英公堂迭次开庭，预审明确，移交中国法院审判。未几，武暴死狱中。洪述祖于应、武捕后，潜逃至青岛，虽由青岛德官捕获，而不允交回讯办。在上海地方审判厅审理时，原告方面要求传赵秉钧到案，而秉钧不到，案遂悬而不审。其后，应乘沪上乱事之隙而逃，宋案更无人过问。三年一月，应由京赴津，在火车中被刺身死。这时秉钧督

直,通电严缉杀应凶犯,不久秉钧亦暴卒。八年,洪又就捕。解京预审,卒判死刑。

⑧即善后借款。借款总额为二千五百万金镑,以盐督收入的全数——但担保以前借款之债务未清还者除外——为担保。合同中并规定中国政府于北京设盐务署,由财政总长管辖。盐务署内设稽核总所,由中国总办一员,洋会办一员,主管发给引票汇编各项收入之报告及表册各事。又在各产盐地方,设稽核分所,置华经理一员,洋协理一员,该二员会同担负征储盐务收入之责任。又规定凡领款凭单,须由审计处所属稽核外债室华洋稽核员,会同签押,以证核准。

⑨政府移至北京后,黄兴即为南京留守。后来黄兴为着要表示与袁合作的诚意,遂呈请撤销留守的职务,把所部军队解散。

第五章 民国初年之外交与蒙藏问题

原来宣统二年,日、俄结《第一次密约》,有俄许日本并韩,日许俄国侵略蒙古、新疆的规定。民国元年七月,又结《第二次密约》,划长春以南的满洲及内蒙古一部分为日本势力范围,而以长春以北的满洲及其余的蒙古地方为俄国势力范围;并约定相互援助,不相牵制。九月,俄外相访英外相于伦敦,许西藏的权利与英国,以交换英国在蒙古的权利,日、英、俄三国妥协成立后,同时又默认英国在长江流域的利益和德国在山东,法国在两广云南的利益。五国既得到谅解,于是俄、英、日三国,遂得先后进行侵略蒙、藏和南满的工作;而这五国所组成的银行团,则更是五国侵略民国采取同一步调的表示。美国的态度,正和这五国相反,坚持"门户开放机会均等"政策,首先退出银行团,并于民国二年五月承认中华民国。接着墨西哥、秘鲁、古巴也先后承认民国,而巴西却早在这年四月就承认民国了。只有英、俄、日等国,却想借承认民国问题为交换条件,以取得利益,所以英、俄、日、德、法、西、瑞、比、葡、荷、意、奥、丹十三国,一直延到这年十月,才由各国驻京公使,致文于我外交部,正式承认民国。现在把英、俄、日三国侵略中国的情形,各述如下。

原来自光绪十九年结《印藏续约》①后,英国在西藏即享有自由贸易和不纳税的权利。时藏人见中国不足恃,便打算联俄以抗英,而俄也早有窥伺西藏之意。这一来,西藏遂成为英、俄角逐之地。二十五年,喇嘛教徒道吉甫(俄国国籍)夤缘而为西藏达赖十三的教师,以联俄之说,怂恿达赖十三。明年,道吉甫充达赖十三的使节,携国书径赴俄都。英政府听到这消息,于二十七年向俄政府声明:英政府对于扰乱西藏近情的举动,不能漠视。俄政府一面对英否认俄、藏有任何政治或外交的关系,一面却迫清廷订立中、俄《西藏条约》②,以抵抗英国。二十八年,英、日同盟告成,英国于是年派兵至藏示威,俄政府向英抗议,英国不理,并于三十年乘日、俄宣战之时,迫藏人订立《英藏媾和条约》③。时清廷以西藏问题,急待解决,使于三十二年,与英缔结《藏英条约》:英国允许不占领西藏土地,不干涉西藏一切政治,中国亦承认不准外国干涉藏境及其内政,中国在西藏的主权,至是始得确定。但《英藏媾和条约》,却由这次《藏英条约》,得到中国追认。于是英国即进一步,乘俄国新败于日,于三十三年,迫俄国成立《英俄协约》:一、两国相互尊重西藏领土,并不干预其内政;二、两国承认中国为西藏的宗主国,此后不与西藏直接交涉;三、两国政府各不索取西藏的铁路电线及矿产等权利。英、俄在藏,至是始告妥协。其在我国,则自英迫藏人订立《英藏媾和条约》后,才知西藏边防重要,于是决计先从经营川边入手。三十二年,任赵尔丰为川滇边务大臣。先是,英兵入藏时,达赖十三亡命蒙古,又有联俄之意,清廷深以为虑。达赖十三不自安,遂请入北京。清廷劝他速归拉萨,毋庸进京。他却滞留西康塔尔寺不进。及英、俄妥协告成,清廷乃命他入京,三十四年入朝,清廷待以属臣之礼。宣统元年,返抵拉萨。那时尔丰正积极经营川边,而驻藏大臣联豫适于其时以藏番蠢动入告,于是尔丰奉命率川军入藏。达赖十三闻讯,潜逃印度,并欲联英为援。二年一月,川军进至拉萨,清廷废去达赖十三封号。外蒙独立时,西藏受其影响,遂亦乘机举事。民国元年三月,噶伦布的藏人,首举叛旗;未几,风靡全藏。七月,达赖十三赶回拉萨,正式宣布独立,并进犯川边,里塘、巴塘,相继失守。时袁世凯为临时大总统,遂命四川都督尹昌衡为征藏总司令,率军进讨,并命云南都督蔡锷出兵协助,于是,川、滇军先后收复里塘、巴塘,藏兵退至西藏。八月,英国驻华公使朱尔典,忽向我政府提出要求五条:一、中国不得干涉西藏内政;二、中国除驻藏官员外,不得派遣军队驻扎藏境;三、中国官吏不得在西藏地方行使与内地行省同样的行政权;四、关于西藏问题,中、英两国另以新约定之;五、中国如不承认以上各款,则英国不承认民国政府,且经印度入藏之交通,亦须暂时断绝。世凯以急欲取得英国的承认,不敢驳斥。对于西藏，遂改剿为抚，并改征藏总司令为川边镇抚使，同时恢复达赖十三的封号。民国二年一月，外蒙、西藏私立条约九款，其最重要的有：一、西藏承认蒙古的自治权和独立；二、蒙古承认西藏的自治权和独立；三、两方于内忧外患危险之际，永久互相援助。根据这条约，外蒙、西藏不但互相联络，并已互认为国家，其蔑视母国主权，莫此为甚。五月，我政府应英国的要求，提议开西藏会议于伦敦。英政府主张藏人亦得加入会议，并要求改在印度大吉岭会议，我国亦允之，并任命西藏宣抚使陈贻范为代表，前赴会议地点；乃英国忽又更改会议地点为希摩拉。十月，开第一次会议，西藏代表提出要求四条：一、中国承认西藏自主权，不得进兵西藏；二、西藏与中国以打箭炉为境界；三、西藏一切内政外交，自后不受中国的掣肘；四、西藏关于商业外交及矿山的开采，一切得自由与英国交涉。当经我代表反驳，于是会议停顿。三年一月，改在印度京城德里会议，因双方提出要求距离太远，故会议仍无结果。三月十一日，英代表又提出中、英、藏草约十一条，其最重要的有：一、本约内所记各项旧条约，除本约所更改或有与本约相异相背之处外，均继续有效；二、中、英政府同认西藏属于中国宗主权之国，并认外藏有自治权；外藏内政，由喇嘛政府管理，中、英均不干涉；中国政府不改西藏为行省，西藏不选出议员出席中国国会及其类似的团体，英国政府不兼并西藏境内任何部分；三、中、英对于西藏不驻军队，不设文武官员，不办殖民事业；四、上款所载，并不阻止中国驻藏代表率带相当卫队驻扎西藏，惟不得超过一百人；五、现以订本约之故，所有西藏境界与内藏、外藏①之分界，以红蓝线绘明于所附地图之中。依据这草约，便将以前中、英、藏所订各约，其与中国有主权有特殊地位之点，一概取消之，而定为属于中国宗主权之国。并且英国强将西藏分为内藏、外藏，把川边地方和青海南部，都划入在内外藏范围以内，其有损我国主权，可谓至巨。当时陈贻范不知轻重，便于四月对草约各条签字，并同时签字下记之草附约：一、订约国承认西藏为中国领土的一部分；二、达赖选举受职之后，由西藏政府呈明中国政府，中国政府即颁给达赖封号，由中国驻扎拉萨长官正式转授之；三、外藏官员由西藏政府任免；四、外藏不派代表出席中国国会及其类似机关；五、英国驻藏商务委员的卫队，不得超过中国驻扎拉萨长官卫队百分之七十五。陈贻范于草约签字后，即电告政府。政府接电大惊，急电训贻范不得于正约签字。又于五月二日，通告英国公使朱尔典，谓："草约虽可同意，界线万难承认。"自是以后，由外交部与英公使直接交涉。六月十三日，外交部对英公使提出办法四条，其重要之点，即将青海西南一部分与川边大部分划归内藏，至于原来之西藏，则全归外藏自治范围；达赖对内藏有选派寺僧、保守宗教之权，并声明中国于内藏境内，有经营之自由，现任文武官员，一律照旧。英公使认为远出草约范围，不肯承认。会欧洲大战发生，英国将对德宣战，英代表遂于七月与西藏代表将正约十一款签押。及四年六月，袁世凯欲将中、英交涉从速了结，以便进行帝制，便令外交部对英公使提出下列让步案：一、打箭炉、巴塘、里塘各土司所属之地，归四川省治理；二、察木多（即昌都）、八宿、类五齐各呼图克图及三十九族土司所属之地，划入外藏；三、昆仑山以南，当拉岭以北，及青海南部地，划入内藏，但内藏改名为康藏；四、云南、新疆的省界，依如旧治。英公使接这提案，并未答复；西藏问题，遂行搁置。然民国八九年间，英人屡次唆使达赖内犯，为川边大患⑤。直到今日，西藏问题还没有正式的解决。

  清廷对于蒙古，素用羁縻政策，只设库伦办事大臣、乌里雅苏台将军、科布多参赞大臣以镇抚该地。道光以后，充任这种要职的，多系贪财好利之徒，早就惹起了蒙古人的不满。宣统二年，清廷举办新政；库伦办事大臣三多因于库伦一城，新设局所二十余处，一切费用，都由蒙古供给。各王公惊疑益甚，于是渐起叛清之意。三年五月，库伦活佛哲布宗丹巴借会盟为名，召集外四盟在库伦密议独立事，其意在借俄力以为抵制，经众赞成署名。哲布宗丹巴因密遣代表赴俄求保护，并许以权利。七月，驻京俄使向我外交部要求取消蒙古所行新政，否则俄国不能默视。外交部以俄使要求电告三多，三多遂要求哲布尊丹巴发电阻止俄兵，并立召赴俄代表返库。再三磋议，哲布尊丹巴才答应照办，惟要求停止各项新政，并免治赴俄诸代表之罪。三多据情入奏，奉旨允准。会武昌首义，外蒙为俄所迫，遂于十月十九日，由哲布尊丹巴宣言独立。未几，乌里雅苏台及呼伦贝尔，也相继独立，声势益大。这时俄国一方阻止我国出征，一方复以兵力财力协助外蒙。民国元年九月，《俄蒙协约》成立，其大要有：一、俄政府扶助蒙古，保守现已成立的自治秩序及蒙古编练国民军，不准中国军队入蒙境及以华人移殖蒙地之权利；二、蒙古主及蒙古政府，准俄国属下之人及俄国商务，照旧在蒙古领土内享用此约所附专条内开各权利，其他外国人，自不能在蒙古得享权利,加多于俄国人在彼得享之权利;三、如蒙古政府以为须与中国或别国订约时,其所订新约,不经俄政府允许,不能违背或变更此协约及专条内各条件。协约签字后,又订《商务专条》十七条,其最重要的有:一、俄人在蒙古有自由居住及经营商业之权;二、俄人运货进口出口完全免税;三、俄人得在蒙古设立银行;四、俄人得在蒙古租地购地并建造房屋开垦耕种;五、俄人在外蒙随地可设领事;六、俄人得在外蒙设立邮局;七、俄人得在外蒙各内河航行。两约签字后,俄国即通告中日英法等国,以表明它在蒙古的特殊地位。我外交部接到通告后,即向俄政府声明:"蒙古为中国领土,无与他国订约之权,无论俄、蒙订立各项条约,中国政府概不承认。"旋由驻京俄使面交协约全文,也经外交部梁如浩驳拒。这时俄国与英、日有密约,法又与俄为同盟国,所以态度顽强,不肯退让,梁如浩以问题棘手,遂弃职而逃。于是全国哗然,一时征蒙论大起。袁世凯以蒙古有俄国为后援,不敢决征蒙之策;又明知俄国此举,于承认民国问题有关,便起用陆征祥为外交总长,与俄国屡次交涉,于民国二年五月订立中俄协约六款:一、俄国承认蒙古为中国领土的一部分;二、中国不更动外蒙自治制度,并许外蒙有组织军备及警察的专有权;三、俄国除领署卫队外,不派兵驻扎外蒙,并不殖民于外蒙;四、中国以和平办法,施用其权于外蒙;五、中国政府允许俄人在外蒙地方享受商务上的利益;六、以后俄国如与外蒙协定关于改动该处制度之国际条件,必须经中、俄两国直接商议,并经中国政府许可,方得有效。以上六条,经众议院通过,旋又为参议院否决。俄政府闻讯,遂推翻前议,陆征祥亦以无法进行,即辞职而去,会议暂行停顿。至孙宝琦继任外交总长后,才又于二年九月十八日,与俄使开议,至十月二十九日,前后会议十次,议定《声明文件》五款《另件》四款。而俄国至是才正式承认民国政府。《声明文件》五款:一、俄国承认中国在外蒙的宗主权;二、中国承认外蒙的自治权;三、中国承认外蒙古人享有自行办理自治外蒙之内政并整理本境一切工商事宜之专权;中国允许不干涉以上各节,是以不将兵派驻外蒙及安置文武官员,且不办殖民之举;惟中国可任命大员,偕同属员及卫队驻扎库伦;此外中国政府,亦可酌派专员驻扎外蒙地方,保护中国人民利益;俄国除各领署卫队外,亦不于外蒙驻兵,不干涉外蒙内政,不在该地殖民;四、中国声明承受俄国调处,按照以上各款大纲,以及前此的俄、蒙《商务专条》，明定中国与外蒙的关系；五、凡关于俄国及中国在外蒙的利益及各该处因现势发生的各问题，均应另行商订。《另件》四款：一、俄国承认外蒙古为中国领土之一部分；二、凡关于外蒙政治土地交涉事宜，中国政府允与俄国政府协商，外蒙亦得参与其事；三、正文第五款所载随后商订事宜，当由三方面酌定地点，委派代表接洽；四、外蒙自治区域，或应以前清驻扎库伦办事大臣、乌里雅苏台将军及科布多参赞大臣所管辖之境为限，惟现在因无蒙古详细地图，而各该处行政区域，又未划清界限，是以确定外蒙古疆域及科布多、阿尔泰划界之处，应按照《声明文件》第五款所载，日后商定。自这次《声明文件》及《另件》签订后，外蒙便获得自治的实利，而我国仅得宗主权的虚名，构成宗主权的最要部分如派官、驻兵、殖民三点，我国都无力执行。当时袁世凯以此件并非条约，所以未交国会决议。《声明文件》及《另件》成立后，中、俄、蒙三方面代表，即根据《声明文件》召集恰克图会议。于民国四年六月订立《中俄蒙协约》二十一条，其最重要的有：一、外蒙古承认中、俄《声明文件》及《另件》；二、外蒙古承认中国宗主权，中、俄承认外蒙自治为中国领土的一部分；三、自治外蒙无权与各外国订立政治及土地关系的国际条约，凡关于外蒙政治及土地问题，中国承认按照中、俄声明《另件》第二款办理；四、按照中、俄《声明文件》二三两款，中、俄承认外蒙自治官府，有办理一切内政并与各外国订立关于自治外蒙工商事宜国际条约及协约之专权；五、中国驻库伦大员及本协约第七条所指在外蒙各地⑥的佐理员，得监视外蒙自治官府及其属吏的行为，使其不违犯中国宗主权及中国与其人民在自治外蒙的各种利益；六、自治外蒙区域，照中、俄《声明另件》第四款，以前清库伦办事大臣乌里雅苏台将军及科布多参赞大臣所管辖之境为限，其与中国界线，以喀尔喀四盟及科布多所属，东与呼伦贝尔，南与内蒙，西南与新疆，西与阿尔泰接界之各旗为界，中国与自治外蒙的正式划界，应另由中、俄两国，及自治外蒙之代表会同办理，并在本协约签字后二年以内开始会勘；七、中俄《声明文件》《声明另件》及俄、蒙《商务专条》，均应继续有效。依据这约，中国在外蒙的地位，便全与俄国相等，所不同的，就只有中国驻库伦的大员的卫队较俄领署卫队为多，与活佛尊号由中国册封罢了。至于外蒙的工商事业，却全为俄人所操纵。又当外蒙宣布独立时，呼伦贝尔的蒙人也受俄国指挥，宣布独立。至《中俄蒙协约》成立，俄人又于四年十一月，迫我承认呼伦贝尔为特别地域，并结条约八款，其最主要的有：一、呼伦贝尔为特别地域，直属中华民国中央政府；二、呼伦贝尔副都统，由大总统择该地三品以上蒙员，直接任命，与省长有同等权利；三、呼伦贝尔军队，全以本地民兵组织之，若遇变乱不能平定时，中国预先通知俄国，得派兵赴援，但事定后即撤回；四、呼伦贝尔各种税收，及其他地方岁入，均充作地方经费；五、呼伦贝尔土地，为同地人民共有财产，中国人仅取得地权为止；六、呼伦贝尔将来敷设铁路，尽先与俄国借款。依据这约，呼伦贝尔便完全非我所有了。外蒙问题，告一结束后，政府因外蒙独立时，曾进犯内蒙，每起纠纷，于是将内蒙各旗，划为热河、绥远、察哈尔三特别区，以其余地分隶于东三省。以上所述，系民国初年的外蒙问题。及民国六年，俄国发生革命后，外蒙王公以外援断绝，才渐起归向中国之心。七年，俄旧党谢米诺夫在俄失败，欲以外蒙为其最后根据地，与俄国国内革命政府对抗，于是外蒙风声鹤唳，一夕数惊。哲布尊丹巴至是深觉不安，遂召集全蒙王公会议，决定取消自治，归政中央。八年十一月，哲布尊丹巴呈请大总统徐世昌撤销自治，并声明以前所订俄蒙《商务专条》、中俄《声明文件》《另件》及《中俄蒙协约》，一律无效。同时，呼伦贝尔也撤销自治。十一月二十二日，徐世昌允许所请，并加封活佛为蒙古翌善辅仁博克多哲布尊丹巴呼图克图汗，特派徐树铮为册封专使，李垣为副使。并责成徐树铮以西北筹边使名义，兼督办外蒙善后一切事宜。树铮驻节北京，遥为控制，所有外蒙事宜悉委李垣代行。直、皖战后，树铮潜逃，中央即于九年八月改任陈毅为西北筹边使，后又改任为库、乌、科、唐镇抚使，驻扎库伦，受中央特别委任，管理外蒙军民两政。陈毅未到任，而库伦变乱又起。原来当树铮任西北筹边使时，对于王公活佛，遇事强迫，早就为蒙人所恨。那时树铮所部边防军有四混成旅，都驻在北京，以防直系，所留以防边的，只有一旅一团，兵力这样单薄，而树铮又不为蒙人所仰戴，于是日人勾结谢米诺夫和蒙匪，就乘机骚乱了。九年冬，谢米诺夫得日人接济，首先进攻驻扎外蒙的中国边防军。明年二月，攻陷库伦，占领恰克图、科布多诸地，组织蒙古民族中央政府。后因不受谢氏指挥，谢氏又自行摧残之，于是蒙古青年遂奋起于恰克图，组织蒙古国民党，成立国民临时政府，联合赤塔远东共和国政府，把谢米诺夫的势力剿灭。旋又成立正式蒙古国民政府，以库伦为首都，仍以哲布尊丹巴为君主，十三年五月,哲布尊丹巴卒,遂将君主制取消,十一月正式召集国会,制定宪法,改称蒙古共和国,加入区域为外蒙喀尔喀四部及科布多等。而唐努乌梁海,亦由俄人扶助,成立为共和国。这时外蒙与苏俄定有密约,直到十三年五月,《中俄协定》成立,才规定"对于俄国自帝俄政府以来,凡与第三者(外蒙)所订之一切条约,无论将来或现在均不承认有效"。

日俄第二次密约成立后,民国二年五月,日本就与我国订立《中日满韩通商税约》,减轻满洲关税,以垄断满洲商业。同年七月,二次革命起,南部各省次第响应。九月中旬,张勋军队攻陷国民党所占领的南京,伤害日商三名,日本借为口实,派军舰六艘来南京示威,打算借此以解决满、蒙问题。袁世凯以张勋克复南京有功,不肯惩罚,日本迫促再四,未有结果,于是日本乘中国选举大总统之际,提出满、蒙五铁路的建筑权,以为承认民国政府的条件。所谓满、蒙五路,就是:一、开原至海龙城;二、四平街至洮南府;三、洮南府至热河;四、长春至洮南府;五、海龙城至吉林。袁世凯这时急欲以元首资格,取得国际上的地位,以便一意对内,所以就全部承认了;日本也于同年十月承认民国政府。这五条铁路,除开原至海龙城和海龙城至吉林二线外,其他三条,都是实际侵略东蒙古的铁路。这样一来,日本的势力,便深入到东蒙古了。

注释

①《藏印条约》缔结于光绪十六年,十九年又结中英《藏印续约》九款。

②一、西藏位于中亚与西伯利亚西部之间,中、俄均有维持该地和平的义务,如西藏有变故时,中国为保全其领土与俄国为防御其边疆起见,应互相照会,共同出兵。二、如有第三国(英国)扰乱西藏时,中、俄两国都有戡乱的责任。三、俄天主教及喇嘛教,悉听藏民自由信仰,但绝对禁止他种宗教。四、中、俄两国应双方补助西藏,养成其内部独立的政府,中国担任改编及训练西藏的陆军,俄国担任发展西藏的经济。

③其最重要的有:一、西藏允将江孜、亚东、噶大克为商埠;二、西藏赔偿英国军费五十万镑,分七十五年偿清;三、英国仍驻兵春丕,俟赔偿款缴清,或商埠妥立三年后,然后撤兵;四、西藏允将自印度边境至江孜及拉萨沿路的炮台山寨等,一律削平,并将所有军用防御工作,一概废除;五、西藏承认以下五事,非得英国许可,不得举办:甲、西藏土地不得让卖或租典任何国;乙、西藏一切内政,无论何国均不得干涉;丙、无论何国均不许派遣代表入藏;丁、无论何项铁路、电

线、矿产或别项权利，均不准各外国及各外国人民享受，若出让此项权利于他国时，则须将同等的权利给与英国；戊、西藏各项进款或货物金钱银币等，皆不许给与各外国及外国人民抵押拨兑。按这时达赖十三已逃至库伦，此约系英人迫班禅额尔德尼缔结的。

④外藏别为一省，包有昌都，设立独立政府，名义上仍在中国主权之下，中国与英国均不干涉其内政，惟得派代表驻于拉萨。内藏包有里塘、巴塘、川边一带地方及青海，归中国直接统治。

⑤西藏内犯时，班禅于十二年出奔，至民国二十六年始行入藏。又达赖十三于二十二年十二月圆寂，此外英国与中国的交涉，尚有滇、缅划界问题，至今尚未解决。所谓滇、缅划界问题，即一为片马问题，一为江心坡问题，两地均属中国，而英国强据之，现在两问题正在交涉中，尚无结果。

⑥佐理员分驻乌里雅苏台、科布多及恰克图各处，每处卫队规定不过五十名。

第六章　帝制运动与护国军

宋案发生后，国务总理赵秉钧即称病不视事，世凯改任段祺瑞代理国务总理。二年七月，世凯得到国会同意，特任进步党熊希龄为国务总理。九月，正式发表阁员：财政总长一席，由希龄兼任，周自齐任交通总长，梁启超任司法总长，陆军、海军两部仍旧，而以朱启钤任内务，孙宝琦任外交，汪大燮任教育，张謇任农商。九部之中，除财政、司法二部完全属于进步党以外，汪、张二人，却不过是进步党的名流罢了；至于其他五部，则都在世凯掌握中。时世凯任临时大总统，正在日夜企图当选为正式大总统。原来《临时约法》，把制定宪法之权，属于国会；所以国会既开，即视制宪为惟一职务，而总统选举法，本属宪法的一部分，因此先制宪法后举总统，成为不易之论。不过当时一般人，都以为民国不得列强承认，民国在国际上便无地位，并且非先有正式大总统，则列强便不易承认。世凯利用这种心理，嗾使私党，便大倡先举总统后制宪法之说。进步党这时是拥护世凯的，国民党虽反对世凯，但无力量，所以到了九月五日，众议院开会，竟把先举总统后制宪法的议案通过了。不久，参议院也同意该决议。十二日，开两院会合会，决定由国会中的宪法起草委员会提前草拟《大总统选举法》，交国会通过，即由国会以宪法会议名义公布。十月六日，依照《大总统选举法》，由两院议员组织大总统选举会，在众议院举行选举。世凯打算于"双十节"行正式大总统就职典礼,怕国民党议员捣乱,所以就在选举的这一天,嗾使私党组织公民团,包围众议院,迫即日选出他们所属望的总统。这日上午八时开始选举,最初两次投票,世凯得票最多,但都不足法定四分之三之数,不能当选。到了第三次投票,就只好将第二次得票较多的袁世凯、黎元洪二人行决选,世凯才以得票过半数当选。世凯当选之声传出,公民团才高呼大总统万岁而散。明日,选举副总统,元洪以得票满投票人四分之三以上当选。十月十日,世凯就正式大总统职。世凯当选以后,又提出增修约法案于众议院。原来《宪法草案》中,规定政府有紧急命令权及临时财政处分权,对世凯已算表示让步,不过《草案》中采用了责任内阁制,并把立法机关的权限特别扩张罢了。世凯对这种规定,还认为不利于己,故有提出增修约法案的一着。当时宪法起草委员会正将《宪法草案》交付三读,对世凯的提案,置之不理。十月十八日。世凯忽派施愚、顾鳌等八委员列席宪法会议及宪法起草委员会陈述意见。二十四日,宪法起草委员会开三读会,八委员来会要求出席,委员会以会章只许国会议员旁听,其他无论何人,不但不能出席陈述意见,即旁听亦在所不许,因此拒绝了八委员的要求。明日,世凯通电①各省都督、民政长、镇守使、师长、旅长,反对《宪法草案》。各省都有电响应,但对《宪法草案》的内容,均略而不谈,只主张解散国民党,撤销国民党议员,撤销《草案》,解散起草委员会,为根本推翻之计。这时进步党一部分议员,见情势不好,由丁世峄、蓝公武等出面,联络国民党温和派张耀曾、谷钟秀、汤漪、杨永泰诸人,组织民宪党,于二十一日开成立大会,宣言不为金钱势力所屈,以拥护《宪法草案》为职志。三十一日,《宪法草案》成立,共十一章一百十三条,因在天坛祈年殿起草,故又称为《天坛宪法》。但《宪法草案》这张纸,究竟抵不住世凯的势力,到了十一月四日,世凯以经由国务总理副署的命令,解散了国民党,撤销了国民党国会议员三百五十余人。不过两院仍足法定人数,依旧可以开会,世凯于是又撤销了跨党的国民党议员和二次革命前即宣告脱离国民党的议员八十余人。五日,两院开会,世凯派军警到两院检查,被撤销的议员,都不能入院,于是两院不足法定人数,不能开会。这要算是世凯的初步成功。其次,熊内阁成立不久,就因财政困难陷于不能支持的地步。原来总统府秘书长梁士诒兼交通银行总理,有交通银行在手里,运用自如,希龄却妙手空空。等到陆军部和各省督军纷纷向财政部索领军费，希龄不得已才向交通部挪移，周自齐故意和他为难，说交通银行垫款过多，不能再垫，希龄这时，已是事事棘手，但他还草就《大政方针宣言书》，主张废省，以固中央，预备列席国会宣布。世凯说大政方针关系最巨，须召集一种地方长官的代表委员会议方能决定，希龄也以为然，因此便有所谓行政会议组织的电令。行政会议还未成立，而国会已不能开会，于是世凯就改组行政会议为政治会议，以为立法施政的枢纽。十一月二十六日，世凯特派李经羲、梁敦彦、樊增祥、蔡锷、宝熙、马良、杨度、赵维熙会同国务总理各部总长蒙藏事务局所派代表，合组政治会议，而以李经羲为议长。十二月十五日，政治会议正式成立，希龄将《大政方针宣言书》提出，便大遭反对。十八日，世凯咨询政治会议以增修约法程序；会议答覆他说："宜于现在之咨询机关（即政治会议）及普通之立法机关以外，特设造法机关，以改造民国国家之根本法。"世凯因即令政治会议妥拟这种造法机关组织条例。三年一月二十六日，政治会议议决约法会议组织条例，由大总统公布之。这时主张约法采取总统制的空气很浓厚，希龄知责任内阁制无由实现，并且财政困难，无法应付，只好于二月十二日辞职，汪大燮、梁启超连带去职，所谓熊内阁至是告终，改以孙宝琦兼代国务总理，这要算是世凯的第二步成功。又当政治会议成立之时，各省都督民政长等即有呈请大总统解散国会残留议员的联电。二年十二月十八日，世凯据电咨交政治会议，迅速讨论具覆。三年一月四日，政治会议议覆，认原电所请为正当办法，于是世凯宣布停止两院议员职务。二月三日，又下令停办各省地方自治，并着内务部将自治制度重新厘订。六日，又下令停办京师自治，所有京师地方自治制度，由内务部一并厘订，汇案办理。三月二十八日，又以政治会议议决"省议会不宜于统一国家"为理由，下令解散各省省议会。这要算是世凯第三步的成功。又自《约法会议组织条例》公布后，即组织筹备约法会议事务处，办理约法会议议员选举事宜。这些议员，名义上由各省选举，实际上却全由世凯指派。三年二月二十八日，约法会议成立，孙毓筠当选为议长，施愚为副议长。三月二十日，世凯提出增修《临时约法》案咨交约法会议，同时并提出增修《临时约法》大纲七项，最重要的是改责任内阁制为总统制。约法会议遵照世凯所提大纲，把《临时约法》加以修改，定名为《中华民国约法》，凡十草六十八条，于五月一日由大总统公布，这就是一般所称的《新约法》。同时,《临时约法》亦经大总统宣布废止。这要算是世凯的第四步成功。《新约法》公布后,即于五月一日,由世凯下令,废止国务院官制,所谓内阁制,由是告终。同日,设政事堂于大总统府,并令自本日起,所有京外各官署向来呈国务总理事件,一律改呈大总统。特任徐世昌为国务卿,孙宝琦为外交总长,朱启钤为内务总长,周自齐为财政总长,段祺瑞为陆军总长,刘冠雄为海军总长,章宗祥为司法总长,汤化龙为教育总长,梁敦彦为交通总长,张謇为农商总长。二日,任命杨士琦为政事堂左丞,钱能训为政事堂右丞。三日,公布政事堂组织令:政事堂以国务卿为首脑,下置左右丞及参议,分设法制、机要、铨叙、主计、印铸五局及司务所。各部总长除例行公事外,一律须经国务卿核准。同日,任命张一麟机要局局长,吴廷燮为主计局局长,林长民、金邦平、伍朝枢、郭则沄为参议。四日,任命施愚为法制局局长,夏寿康为铨叙局局长,吴思亮为印铸局局长,吴笈孙为司务所所长。政事堂组织完全成立,裁撤大总统府秘书厅。十二日,又裁撤军事厅,成立海陆军大元帅统率办事处。至于地方官制,则裁撤各省都督,于北京置将军府,设将军诸名义,以督理一省的军务,军务既毕,即回将军府;又改各省民政长为巡按使,而加大其职权。又依照《新约法》,其立法机关,为一院制,定名曰立法院;另有参政院,为大总统的咨询机关,并规定在立法院未成立以前,由参政院代行其职权。约法会议,议决《参政院组织法》,于五月二十四日公布;依据《组织法》,参政院参政,全由大总统委任,于六月二十日成立,特任黎元洪为院长,汪大燮为副院长,原来的政治会议,至是取消。二十九日,更以命令宣布依据《新约法》以参政院代行立法院职权,至于《新约法》上所规定的立法院,虽至十二月二十七日,也公布了一种组织法及选举法,但始终不曾实现。八月十八日,参政院迎合世凯意旨,建议修改二年十月所公布的《大总统选举法》。十二月二十八日,约法会议通过一种修改案,次日由世凯公布,将大总统任期五年改为十年,连任也无限制。同时,世凯又公布《治安警察法》,以钳制人民言论集会的自由。世凯至此,已成为惟一无二的独裁元首,他的第五步,由是成功,而帝制的出现,便是指顾间的事情了。

　　世凯在国内的布置,已如上述,但他知道,要进行帝制,不得列强的默许,还不敢大胆进行。民国三年六月,欧战爆发,西方列强,无力东顾,日本成了东方的霸王,对德宣战,占领山东胶、济一带要地,并于四年一月十八日向世凯提出来"二十一条"的要求。这时国民党人像钮永建、程潜等,看到中国处境万分危险,恐世凯受内外夹攻的困难,不能专心御外,便通电宣言停止革命活动,主张一致对外。谁知世凯却认为这是进行帝制的良机,西欧列强既无暇东顾,只要勾结日本,就可以进行帝制的勾当了。到了五月九日,他果然承认了"二十一条"的要求。旋又嗾使他的顾问美人古诺德,于八月上旬,著《共和与君主》,刊登于《亚细亚日报》上,宣传君主专制,说共和不适宜于中国。八月十四日,杨度、孙毓筠、严复、刘师培、李燮和、胡瑛六人②在北京发起筹安会,鼓吹帝制。二十三日,筹安会发出启事,说:"本会宗旨,原以研究君主民主国体二者,以何适于中国,专以学理之是非,言事实之利害,为讨论之范围。"翌日,筹安会又电各省军民长官,要求他们参加讨论;当经各省覆电赞成并派代表参与。筹安会本来不是法定机关,对于变更国体的问题,没有决定的资格;于是杨度诸人,进而又利用各省旅京人士,分途组织各种公民请愿团,所有请愿书都由筹安会代办,预备向参政院请愿。九月一日参政院开幕,即有山东、江苏、甘肃、云南、广西、湖南、新疆、绥远等省的代表,呈递变更国体请愿书。六日,参政院开谈话会,讨论变更国体请愿事件。世凯于是日,派杨士琦到院宣言,略谓:"改革国体,极应审慎,如急遽轻举,恐多障碍,本大总统认为不合事宜;至国民请愿,要不外乎巩固国基,振兴国势,如征求多数之民意,自必有妥善之办法。"这时各省旅京人士,已经于十九日,成立全国请愿联合会,以促帝制的速成。二十日,参政院讨论变更国体问题,议决"请政府于年内召集国民会议,为根本上之解决,或另筹征求民意妥善办法"。议决后,连同请愿书八十三件,咨送政府。二十五日,世凯咨覆,决定召集国民会议,并定十一月二十日举行国民会议议员覆选举。但帝制运动的急进派如梁士诒诸人,还嫌国民会议的手续太繁重,于是嗾使全国请愿联合会,再向参政院请愿,说国民会议是决定宪法的机关,不能代决国体问题,应请参政院立即议定召集征求民意机关的办法。参政院接到此项请愿,即议定召集国民代表大会,以国民会议初选当选人为基础,选出代表,决定国体。十月六日,参政院议决《国民代表大会组织法》,八日,由世凯公布。二十五日,各省区开始选举代表;二十八日以后,各代表开始投票决定国体,在原定十一月二十日以前,国体投票,全国各省区一律告竣。十二月十一日,参政院开会,汇查全国国民代表共一九九三人，得主张君主立宪票1993张，并接准各省区国民代表大会文电，一致推戴今大总统为皇帝，并委托参政院为国民代表大会总代表，向世凯恭上推戴书。同日，参政院即草拟推戴书连同各省区的推戴书，一并呈上。世凯当天咨覆参政院，表示推让；参政院当天又上第二次推戴书，十二日，世凯承认为帝。十三日，在居仁堂受百官朝贺，封黎元洪为武义亲王，又设立大典筹备处，大封劝进功臣为五等爵。三十一日，下令改明年为洪宪元年。帝制运动至是告成。

当帝制运动正在酝酿时，全国人心已极恐惶。这时中山领导的中华革命党，正在进行反袁运动。四年，中山发出《讨袁宣言》和《讨袁檄文》，这年十一月十日，上海镇守使郑汝成的被刺就是中华革命党反袁的表示。接着又有肇和军舰的举义。原来，陈其美在日本受中山命谋在广州起事，及返国过沪，才改变谋占上海。十二月五日，其美率同志三十余人，袭占肇和军舰，发难讨袁，同时占领电报局等官署，后敌军云集，卒以寡不敌众而败，事虽未成，但护国军的崛起讨袁，却深受了这次义举的影响。

上面所说的，还是世凯进行帝制时中华革命党一方面的行动；此外如国民党、进步党的行动，也得说一说。上面说过，当日本向世凯提出二十一条要求时，留日国民党曾通电停止革命行动，主张一致对外。此电发出后，接着他们又组织欧事研究会，借此联络同志。及帝制运动发生，欧事研究会的活动，逐渐及于国内，和国内国民党筹谋反帝制的组织和行动，于是欧事研究会就成为反帝制的一种势力；同时国内国民党，也有一部分和进步党携手，进行反袁工作。在进步党方面，开始是拥袁，以与国民党斗争，等到知道受了世凯的愚弄，他们才有反袁的倾向，并且和国民党取一致行动。那时世凯的军队，分布全国，只有云南、贵州二省，可以作为发难地点。原来，辛亥革命时，蔡锷被推为云南都督，同时，蔡锷又命唐继尧率滇军入贵阳，从此贵州遂纳入云南的势力范围。后来蔡锷自知为世凯所忌，乃调唐继尧返滇，任云南都督，己则至北京任职，表示拥护世凯。等到帝制运动成熟时，遂与其师梁启超密谋倒袁。四年十二月十九日，蔡锷与其友戴戡秘密抵滇，说督理云南军务唐继尧反对帝制。同时国民党李烈钧、李根源也派人到云南活动，促继尧发难。蔡锷在赴滇的途中，曾在台湾与李烈钧讨论合作倒袁运动，并敦促章士钊、张耀曾诸人赴滇。二十三日，唐继尧和云南巡按使任可澄电请世凯取消帝制，惩办祸首，限二十五日午前十时答覆；届期不得答覆，便于是日宣布独立。五年一月一日，设立云南都督府，推唐继尧为都督，戴戡、任可澄为左右参赞，组织护国军三军，以蔡锷、戴戡、李烈钧分任军长。二十四日，戴戡一军到达贵阳，贵州护军使刘显世于二十七日宣布独立，响应护国军。广西方面，早就有国民党钮永建等向将军陆荣廷师长、陈炳焜运动独立，荣廷等以广东将军龙济光系世凯私人，恐受广东压迫，不敢发动。到了三月十五日，广西才宣布独立，赞助共和，并迎梁启超入桂。这时世凯知大势已去，便于三月二十一日，在公府召集会议，提出立即取消帝制之议。明日，宣布将四年十二月十二日承认帝制案撤销，并特任徐世昌为国务卿。二十三日，又特任段祺瑞为参谋总长，明令废止洪宪年号，仍以本年为中华民国五年，帝制的丑剧，至此告终。帝制撤销后，便用徐世昌、黎元洪、段祺瑞的名义，向蔡锷、刘显世、唐继尧、陆荣廷、梁启超发出一电，要求停战，商议善后办法。蔡锷覆电，却非世凯引咎退位不可。四月六日，广东龙济光被迫宣布独立。十二日，浙江独立。二十一日，世凯就只好下令：依《约法》制定政府组织令，委任国务卿总理国务，成立责任内阁，以保全大总统的虚位。明日，特准徐世昌免职，改任段祺瑞为国务卿兼陆军总长，组织内阁。这时国民党李根源、林虎、陈炯明、徐勤、杨永泰都知道龙济光靠不住，一致反对济光督粤。但陆荣廷、梁启超却为着急谋两广合力北伐，不得不和济光妥协，因此决议设临时都司令部于肇庆，公推岑春煊为两广都司令，以统一两广军事。民党方面，也只得暂时含忍下去。五月一日，两广都司令部成立，举岑春煊为都司令，梁启超为都参谋，李根源为副都参谋。八日，两广、云、贵独立各省，为谋筹设统一机关计，又于肇庆成立军务院，遥尊黎元洪为大总统，军务院置抚军若干人，以唐继尧、刘显世、陆荣廷、龙济光、吕公望、岑春煊、梁启超、蔡锷、李烈钧、陈炳焜、戴戡、罗佩金诸人为抚军，用合议制，裁决庶政。抚军中公推唐继尧为抚军长，岑春煊为抚军副长，唐继尧未能来粤，即以岑春煊摄行抚军长职权。又以梁启超兼任政务委员长及滇、桂、粤联合军都参谋，章士钊为军务院秘书长，唐绍仪为军务院特任外交专使，王宠惠、温宗尧为特任外交副使，李根源为滇、桂、粤联合军副都参谋兼摄都参谋，范源濂为驻沪委员，钮永建为驻沪军事代表。这样一来，事实上便有了南北两政府，此时冯国璋以督理江苏军务名义，坐镇南京，颇有左右南北两政府之势。五月一日，国璋通电各省，主张世凯对于民国暂负维持之责，俟国会开幕后，世凯即行辞职，由国会另选。此电发布后，反袁各派皆大哗，由唐绍仪领衔，以二十二省旅沪公民的名义，发表反对冯电的宣言书。冯国璋不顾，于五日至徐州，与督理安徽军务张勋及安徽巡按使倪嗣冲会商，决定在南京举行会议。南京会议还未举行前，中华革命党在鲁、苏、赣、湘、鄂、皖、闽各省谋起事的，已时有所闻。四月二十七日，湖南零陵镇守使望云亭，在永州宣布独立。五月初旬，中华革命党居正又在山东暴动；九日，陕北镇守使陈树藩在三原宣布独立，进攻西安，将军陆建章出走。就在各处动乱的时候，南京会议于五月十八日开幕，列席代表二十三人，独立各省未与会，由冯国璋主席。山东代表丁世峄主张独立各省也派员加入会议，共商善后方法。众赞成，于是由国璋通电各省请求独立各省一同加入会议。独立各省，坚持以世凯即刻退位为罢兵最低条件，反对加入南京会议。国璋于是宣告会议解散。这时世凯见国璋不为己用，打算用武力来对付护国军，不料到了二十二日，他的心腹四川将军陈宧因受川军第一师师长刘存厚的压迫，也宣布独立，二十九日，湖南将军汤芗铭素来拥护世凯，至是因湘西镇守使田应诏的独立和湘南受护国军的压迫，也只得宣布独立。世凯羞愤交集，竟于六月六日病死，所谓世凯退职的问题，也就无争论的必要了。而帝制运动至是完全消灭。

注释

①电文中有"国民党人，破坏者多，始作托名政党，为虎作伥，危害国家，颠覆政府，事实具在，无可讳言；此次宪法起草委员会，该党议员，居其多数；阅其所拟《宪法草案》，妨害国家者甚多"等语，其反对目的，仍集中于国民党。

②即当时所谓六君子。

第七章 二十一条之交涉

原来欧战发生后，我国即于三年八月六日，宣告中立。十五日，日本以履行英、日同盟为口实，要求德国舰队即时退出日本、中国海洋方面，否则解除其武装，并将胶州湾租借地全部，以还付中国为目的，于九月十五日以前，无条件交付日本。限二十三日正午以前明白答覆，届期不得答覆，日本遂于是日对德宣战。当时我国要求与日本共同出兵攻青岛，被日拒绝。二十七日，日本占领胶州湾外的朝连岛、大公岛。九月二日，日本陆军由龙口登岸，分三路会攻青岛。龙口南距青岛一百五十哩，并非德国租借地，我国既宣告中立，日本自无由龙口登岸之理。但日本欲乘机囊括山东，故截莱州半岛为交战区域。中国政府无可如何，因于九月三日，宣告中外，划莱州、龙口及胶州湾附近地方为战区，声明此外各处仍严守中立，并与日本约，日军不得越过潍县车站以西，十二日，日军占领即墨，进迫青岛之背。同时，英兵亦从劳山湾登岸，与日军会攻青岛。二十六日，日军占领潍县车站。十月六日，日军进逼济南，占领胶济铁路全线和铁路附近的矿产。中国政府提出抗议，日本却说这是胶州湾租借地延长的一部。十一月七日，日军攻陷青岛，胶澳遂由日军占领。日占青岛后，即将中国海关人员尽行驱逐，没收海关文件财物，并向中国政府声明，青岛海关人员，应由日本人充当。

青岛攻陷之后，世凯因于四年一月七日，宣告取消九月三日的宣言，要求北京英、日两公使，请其同时撤兵，英国无异议，而日公使日置益于九日答覆，竟说："奉本国政府训令，此项取消之举，实属独断，没却国际情谊，帝国政府不胜惊愕，并不胜愤懑，决不令山东之帝国军队，受此等取消之拘束。"十八日，日本外相加藤训令日置益径向世凯提出二十一条的要求案。该案共分五号：第一号，日本政府及中国政府，互相维持东亚及全局之平和，并期将现在两国友好善邻之关系，益加巩固，议定条款如次：一、中国政府允诺日后日本政府与德国政府协定关于德国在山东省依据条约或其他关系，享有一切权利、利益让与等项之处分，概行承认。二、中国政府允诺凡山东省内并其沿海一带土地及各岛屿，无论何项名目，概不让与或租借与他国。三、中国政府允准日本建造由烟台或龙口接连胶济铁路之铁路。四、中国政府允诺为外国人居住贸易起见，速自开山东省内各主要城市为商埠，其应开地方，另行协定。第二号，日本政府及中国政府，因中国向认日本在南满洲及东部内蒙古享有优越地位，兹议定条款如次：一、两订约国互相约定，将旅顺、大连租借期限，并南满、安奉两铁路期限，均展至九十九年为期。二、日本国臣民，在南满洲及东部内蒙古为盖造商工业应用之房厂，或为耕作，可得其需要土地之租借权或所有权。三、日本臣民，得在南满洲及东部内蒙古任便居住来往，并经营商工业等项生意。四、中国政府允将南满洲及东部内蒙古各矿开采权,许与日本臣民,至拟开各矿,另行商订。五、中国政府应允左开各项,先经日本政府同意,然后办理:甲,在南满洲及东部内蒙古允准他国人建造铁路向他国借款之时;乙,将南满洲及东部内蒙古各项税课作抵向他国借款之时。六、中国政府在南满洲及东部内蒙古聘用政治财政军事各顾问教习,必先向日本政府商议。七、中国政府允将吉长铁路管理经营事宜委任日本国政府,其年限自本约画押之日起,以九十九年为期。第三号,日本政府及中国政府,以现在日本资本家与汉冶萍公司有密接关系,愿增进两国共通利益,兹议定条款如次:一、两缔约国互相约定,俟将来相当机会,将汉冶萍公司作为两国合办事业,并允如未经日本政府同意,所有该公司一切权利产业,中国政府不得自行处分,亦不得使该公司任意处分。二、中国政府允准所有属于汉冶萍公司各矿之附近矿山,如未经该公司同意,一概不准该公司以外之人开采;并允此外凡欲措办无论直接间接恐于该公司有影响之举,必须先经该公司同意。第四号,日本政府及中国政府,为确实保全中国领土之目的,兹订立专条如次:中国政府允准所有中国沿岸港湾及岛屿,概不让与或租借与他国。第五号,一、中国中央政府须聘用有力之日本人充为政治财政军事等顾问。二、所有在中国内地所设日本病院、寺院、学校等,概允其土地所有权。三、向来中、日两国屡起警察案件,以致酿成纠葛不少;因此须将必要地方之警察,作为中、日合办,或在此等地方之警察官署,聘用多数日本人,以资筹划改良中国警察机关。四、由日本采办一定数量之军械(如中国政府所需军械之半数以上),或在中国设立中、日合办之军械厂,聘用日本技师,并采买日本材料。五、允将接连武昌与九江、南昌之铁路及南昌、杭州间,南昌、潮州间各铁路之建筑权,许与日本。六、福建省内筹办铁路矿山及整理海口(船厂在内),如需外国资本时,先向日本协议。七、允日本人在中国有宣教之权。日本这种要求,无异吞并中国,列强在华均势的局面,从此破坏无余。日本深恐列强干涉,所以提出要求案之后,同时要求中国政府严守秘密,倘若泄漏,当另索赔偿。日本又知世凯正进行帝制运动,所以日置益竟向世凯说:"日本臣民,大半以为贵总统反对日本,若不开诚交涉,是反对日本之证;若开诚交涉,则日本希望贵总统再高升一步。"世凯依从日本的请求,严守秘密,而以陆征祥、曹汝霖为谈判委员,自二月二日起,与日置益会议,屡次让步,而日本反益强硬。这时英、美两国,得知日本秘密向中国政府提出要求,遂质问日本,请它宣布内容;日本因将第五号各款完全删除,而以其余关系较轻的各款通知英、美,同时由总理大隈伯宣言,谓"日本对中国提议事件,与英、日同盟及日本与他国所订保全机会均等,与中国领土完全之条约,毫不违背",以欺骗世界。这样一来,英、美也就不再追究了。

日本二十一条提出后,中国政府虽严守秘密,但外国报章却把这消息披露出来了,于是全国反对,或组织爱国团体,唤醒民众,抵制日货,或上书政府,请勿退让;而主张和日本决一死战的空气,更弥漫全国;留日学生也罢学回国,表示与日本决绝。然世凯帝制心热,故虽有全国民众作政府后盾,还不敢和日本决裂,仍由陆、曹两委员与日置益进行谈判。

四月十七日,陆、曹两委员对于日本提案前四号都表示让步,惟对于第一号第一款,主张将来中国加入日、德媾和会议再定,又主张日本交还胶澳,恢复山东状况;至对于第五号各款,则完全拒绝;会议至是中止。二十六日,日置益向陆、曹提出最后修正案,如中国全体承认,日本亦可交还胶澳。但最后修正案对于原案让步之点,仅将第五号第三款合办中国警察及第五号第二款寺院二字取消之而止。中国政府因于五月一日,提出最后的答覆,除对于第五号第一款、第二款、第四款、第五款、第七款予以否认,及第一号第一款、第二款,有所主张外,悉如日本要求。日本仍不满意,竟于五月七日向中国政府提出最后通牒:"望中国政府至五月九日午后六时为止,为满足之答覆;如到期不接到满足答覆,则帝国政府将执必要之手段。"这时欧战正酣,列强无暇过问,美国虽向中、日两国发出同样通牒,声明:"中、日两国政府,无论有何同意或企图,如有妨害美国国家及人民在中国条约上之利益,或损害中国政府领土上之完全,或损害关于开放门户商工业均等之国际政策者,美国政府一律不能承认。"但日本的强硬态度并不因此稍有变更。世凯一方欲帝制速即实现,一方又知英、美列强无力干涉日本,就只好于五月九日答覆日本政府,承认日本所提要求。二十五日,陆征祥与日置益订结《中日互换条约》如次:

关于山东省之约:

一、与日本原案第一号第一款完全相同。

二、中国政府允诺自行建筑由烟台或龙口至胶济路线之铁路,如德国放弃烟潍铁路借款权之时,可向日本资本家商议借款。

三、中国政府允诺为外国人居住贸易起见，从速自开山东省内合宜地方为商埠。（另以照会声明：地点与章程，由中国自行拟定，与日本公使协商后决定之。）

关于山东省不割让，中国外交总长陆征祥之照会：本总长以中国政府之名义，对贵国政府声明，将山东省内及沿海一带之地方或岛屿，无论以何项名目，概不租与或让与外国。

关于南满洲及东部内蒙古之约：

一、与日本原案第二号第一款完全相同。

二、日本国臣民，在南满洲为盖造工商业应用之房厂，或为经营农业，得商租其需用土地。

三、日本国臣民，得在南满洲任便居住往来，并经营商工业一切生意。

四、如有日本国臣民及中国人民愿在东部内蒙古合办农业，及附随工业时，中国政府可允准之。

五、前三条所载之日本国臣民，除照例将所领之护照向地方官注册外，应服从中国警察法令及课税。民刑诉讼，日本国臣民为被告时，归日本领事官审判；中国人民为被告时，归中国官吏审判；彼此得派员共同旁听。但关于土地，日本国臣民中国人民之民事诉讼，照中国法律及地方习惯，由两国派员共同审判。将来该地方司法制度完全改良时，所有关于日本国臣民之民刑一切诉讼，即完全由中国法庭审判。

六、中国政府允诺为外国人居住贸易起见，从速自开东部内蒙古合宜地方为商埠。（地点与章程，由中国自行拟定，与日本公使协商后决定之。）

七、中国政府允诺以向来中国与各外国资本家所订之铁路借款合同规定事项为标准，速从根本上改订吉长铁路借款合同。将来中国政府关于铁路借款事项，将较现在各铁路借款合同为有利之条件给与外国资本家时，依日本国之希望，再行改订前项合同。

八、关于东三省中、日现行各条约，除本约另有规定外，仍一概照旧实行。

关于南满租期延长，中国外交总长陆征祥之照会：本日画押关于南满及东内蒙约内第一条所规定，旅顺、大连租借期限，展至民国八十六年，即西历一九九七年为满期。南满铁路交还期限，展至民国九十一年，即西历二〇〇二年为满期。安奉铁路期限展至民国九十六年，即西历二〇〇七年为满期。

关于南满开矿，中国外交总长陆征祥之照会：日本国臣民于南满洲下列各矿，除业已采勘或开采之各矿区外，速行调查选定，中国政府即准其采勘或开采。但在矿业条例确定以前，应仿照现行办法办理。属于奉天省之矿区有：本溪县中心台及田什付沟之煤矿。海龙县杉松岗之煤矿，通化县铁厂之煤矿，锦州暖池塘之煤矿，自辽阳至本溪县鞍山站一带之铁矿。属于吉林省之矿区有：和龙县杉松岗之煤矿及铁矿，吉林县红窑之煤矿，桦甸县夹皮沟之金矿。

关于满、蒙优先权，中国外交总长陆征祥之照会：嗣后南满洲及东内蒙需造铁路，由中国自行筹款建造，如需外资可先向日本资本家商借。又中国政府嗣后以南满、东内蒙之各种税课作抵（除中国政府业经为借款作抵之盐税关税等类以外之税课），与外国借款时，可先向日本资本家商借。

关于南满聘顾问，中国外交总长陆征祥之照会：嗣后如在南满洲聘用政治、财政、军事、警察之外国顾问教官时，可优先聘用日本人。

关于商租解释。日本公使日置益之照会：本日画押关于南满、东内蒙约内第二条商租二字，须了解含有不过三十年之长期限及无条件而得续租之意。

关于制限警察法及税则，日本公使日置益之照会：本日画押关于南满、东内蒙约内第五条之规定，日本国臣民应服从中国之警察法及课税，由中国官吏通知日本领事接洽后施行。

关于汉冶萍中、日合办，中国外交总长陆征祥之照会：中国政府因日本资本家与汉冶萍公司有密接之关系，如将来该公司与日本国资本家商定合办时，应允许之。非得日本资本家之同意，不将该公司归为国有，又不使该公司充公，又不使该公司借用日本国以外之他国资本。

关于福建，中国外交总长陆征祥之照会：中国政府兹特声明，并无在福建省沿岸地方，允许外国建造船所、军用贮煤所、海军根据地及其他一切军事上设施之事，又无借外资欲为前项设施之意事。

关于交还胶州湾，日本公使日置益之照会：日本国政府于现下之战役终结后，胶州湾租借地全然归日本国自由处分之时，于下列条件之下，将该租借地交还给中国。一、胶州湾全部开为商埠。二、由日本政府指定之地域，设置日本专管租界。三、如列国希望共同租界，可另行设置。四、此外关于德国之营造物及财产之处分，并其他之条件手续等，于实行交还之先，日本国政府与中国政府另行协定。

此外关于日本原案第四号，日置益许不用中、日两国订约及照会之形式，而由中国政府为自动的声明①。

观上述诸款，除日本原案第五号第六款关于福建问题用照会形式答覆，及第五号其余第五款②，允许日后另商外，其余均照日本原案所提各款，完全承认。这就是五九国耻纪念的由来。

注释

①世凯因此命参政院提出巩固国防的建议案，于五月十四日，依据该议案，颁布申令如下："查海疆边域，关系国防大计，亟应详审绸缪。该院议洵属识虑远大，特加宣布，嗣后中国所有沿海港口湾岸岛屿，无论何国概不承认租借或让与，并着海陆军两部及海疆官吏，力负责任，妥为筹防，以巩固国权之至意。"

②第五号原为七款，四月二十六日日本提出最后修正案，允许将第三款合办中国警察一款取消，故只剩六款，六款之中，关于福建问题一款用照会形式业经两国代表协定，故又只剩五款。

第八章 复辟之役与护法之役

世凯死后，元洪即于五年六月七日出任大总统。原来世凯临死，遗命依照《新约法》以副总统黎元洪代行大总统职权。军务院对元洪出任大总统甚表赞同，但依据《新约法》代行大总统职权，则军务院和国会议员都坚决反对，而主张根据二年国会所制定《大总统选举法》第五条的规定①，元洪应承继世凯的任期至七年十月为止。这个主张，目的在反对《新约法》，拥护《临时约法》（即《旧约法》），恢复旧国会。这时北方实力派，以段祺瑞地位最重要，却不愿恢复《临时约法》。到了二十五日，李鼎新受军务院的策动，便联合第一舰队司令林葆怿，练习舰队司令曾兆麟等，集合各舰于吴淞口外，发表独立宣言，加入护国军，以拥护《临时约法》为目的。祺瑞至是才表示屈服，元洪亦于二十九日申令恢复旧国会，并声明宪法未定以前，仍遵行《临时约法》，而二年的《大总统选举法》，系宪法的一部，应仍有效。同日，元洪特任段祺瑞为国务总理。七月六日，改各省督理军务为督军,民政长官为省长。十四日,唐继尧等通电宣告撤销军务院。八月一日,国会开会于北京。国会开会后,进步党分裂宪法讨论会和宪法研究会:前者以汤化龙、刘崇佑等为首领,后者以梁启超、林长民等为首领;不久又合并为宪法研究会,这便是研究系名词的由来,在内阁中,范源濂属于这一系。旧国民党也由张继等组织宪政商榷会,初分三系:一曰客庐系,以张继、王正廷、吴景濂、谷钟秀、张耀曾、欧阳振声等为首领;一曰丙辰俱乐部,以林森、居正、田桐等为首领,可代表中华革命党派;一曰韬园系,以孙洪伊、丁世峄、温世霖等为首领,系进步党中的急进派转入宪政商榷会者。不久,这三系又分为四系:一曰政学会,系谷钟秀、张耀曾等脱离客庐系而组成者;一曰益友社,以吴景濂等为首领;一曰民友社,系由丙辰俱乐部与韬园合组而成者;一曰政余俱乐部,以王正廷、褚辅成等为首领,系由益友社中分出者,在内阁中,孙洪伊、谷钟秀、张耀曾都属于宪政商榷会,研究系与祺瑞接近,而宪政商榷会则倾向于总统府方面,不过其中的政学会一系却倾向于段。这就是旧国会恢复后党派的新形势。

原来北洋军阀,以世凯为首领;世凯死后,事实上已陷于分裂的状态。那时长江巡阅使张勋,目击南方军人势力的扩大,就感觉到有团结北洋军人的必要;因于六月九日,召集徐州会议,到会的有京兆、热河、察哈尔各区和直、晋、豫、皖、奉、吉、黑各省代表,张勋主席,议决固结团体,遇事筹商,对于国家前途,务取同一态度。旧国会恢复后,国务院秘书长徐树铮与安徽省长倪嗣冲及张勋参谋长万绳栻等秘密往返,愿奉张勋为领袖,令各省区复派代表集会于徐州。九月二十一日,以张勋为领袖的省区联合会便出现了,加入此会的,共有皖、苏、赣、鄂、豫、鲁、闽、直、甘、奉、吉、黑各省,于是北洋军人的大团结完全成功②,而国会的行动,从此就感受着绝大的威胁了。在这督军团起来干政的时候,而中央又有府院的冲突。所谓府就是总统府,所谓院就是国务院。原来徐树铮是祺瑞的门人,最得宠信,所以自任国务院秘书长兼陆军部次长后,便一手把持了院务。总统府方面,任秘书长的是丁世峄,因不满于段、徐的跋扈,所以常与他们立于对峙的地位;而内务总长孙洪伊,又深得元洪信任,无日不至总统府,参预庶政,因此也和树铮时起冲突。所谓府院的冲突,便由此种下了因子。到十一月二十日,竟以大总统命令将洪伊免职,接着世峄也被迫辞职而去。其在国会方面，则开会后，即开始审议经过初读的《宪法草案》，至十二月八日，因民友社议员极力主张省制大纲规定在宪法中，并主张省长民选，就和研究系议员在会场中发生了围殴。事后研究系议员通电各省督军，攻击敌党议员，到二十一日，北洋军阀暗中主持的宪法促成会就出现了：这便是督军团威吓国会的第一声。到十二月末，便有二十二省军民长官忠告总统总理国会的联电，由苏督冯国璋领衔，忠告总统宜信任总理，总理秉持大政，国会宜早定宪法，勿干涉行政：这便是督军团威嚇总统和国会的第二声。等到对德参战问题发生，就引起国内的大政潮来了。中国对德绝交，是六年三月十四日的事情，那时如黎元洪、冯国璋、张勋、倪嗣冲等，在野名流如孙中山、唐绍仪等及各省商会，都反对加入协约国。只有梁启超极端主张加入。在国会中，研究系都服从启超的主张，也赞成加入，益友社和政学会，与研究系态度一致，惟丙辰俱乐部则绝对反对。这加入协约国的主张，原来系祺瑞的阴谋，他早与日本秘密勾结，想借此事得日本实力上的援助，以镇压国内的反对派。这个阴谋不但启超和国会议员不明白，甚至段系的督军省长也不明白。祺瑞因此召集各省督军入京，一面统一督军团的意见，一面借督军团的力量来威嚇国会和反对祺瑞的人。四月二十日五日，直督曹锟、晋督阎锡山、鲁督张怀芝、赣督李纯、鄂督王占元、吉督孟恩远、闽督李厚基、豫督赵倜及皖省长倪嗣冲，直省长朱家宝，都亲赴北京与会，其他各省非北洋系的督军，也各派代表到会。事先经祺瑞疏通，所以到会三十余人，一致赞成参战案。五月十日，众议院开会，讨论参战案，忽有公民请愿团三千余人，受祺瑞指使，包围议院，并殴辱议员多人，声言非俟参战案通过不解散。众议院因请祺瑞出席质问。下午七时顷，祺瑞至，才召警察，将公民请愿团驱散。自是两院对于祺瑞根本怀疑，便不再行开会。同时，国务员谷钟秀、张耀曾、程璧光、伍廷芳等相率辞职[③]，不久，范源濂也提出辞呈，于是所谓责任内阁，就只剩下祺瑞一人了，但是他仍咨催国会从速议决参战案。这时国会中，除研究系外，其它各派，都主张倒段。十八日，北京英文《京报》揭露祺瑞与日本勾结的秘密[①]，于是国会大多数，就更不信任祺瑞了。十九日，众议院开会，议员褚辅成提议：现内阁仅余段总理一人，不能举责任内阁之实，本院对于参战案不能议决，应俟内阁改组后再议。当经多数赞成，参战案从此搁置，这时督军团知国会无可挽回，遂设计破坏国会；研究系因为关于《宪法草案》的主张完全失败⑤，也决计利用督军团，来改造国会，于是鼓动督军团，假《宪法草案》二读会通过的条文不利于国家为口实，呈请大总统解散国会。五月十九日，孟恩远、王占元、张怀芝、曹锟、李厚基、赵倜、阎锡山、倪嗣冲、田中玉等，果然联名呈请大总统解散参众两院，另行组织。元洪因《临时约法》总统无解散国会之权，便向督军团表示：解决时局的办法，只有请祺瑞辞职。二十三日，国会要求元洪免祺瑞之职，元洪即以国务员伍廷芳副署的命令，免祺瑞职，以廷芳代理国务总理。祺瑞被免职后，即赴天津，并通电全国，说二十三日元洪的命令，未经国务总理副署，不能发生效力，将来地方国家，因此发生何等影响，他一概不负责任。这通电的用意，就在暗示督军团，起兵反抗。二十八日，特任李经羲为国务总理，经羲复书辞职。这时在京各督军业已离京，到二十九日，安徽省长倪嗣冲首先通电，和中央政府脱离关系，奉督兼省长张作霖、陕督陈树藩、豫督赵倜、省长田文烈、浙督杨善德、省长齐耀珊、鲁督兼省长张怀芝、吉督孟恩远、黑督兼省长毕桂芳、帮办军务许兰洲、直督曹锟、省长朱家宝、闽督李厚基、晋督阎锡山、第二十师师长范国璋、第七师师长张敬尧、第八师师长李长泰、绥远旅长王丕焕相继附和。六月二日，独立各省在津设立总参谋处，以雷震春为总参谋，并通电全国，谓独立各省，意在巩固共和政体，另订根本办法，设立临时政府、临时国会。研究系汤化龙则辞去众议院议长⑥之职，研究系议员相率不出席，国会无法开会。三日，副总统冯国璋⑦辞职，表示不负责任。这时，李盛铎由徐州至京，向元洪传达皖督张勋的话说："总统若命我入京，愿任调停。"元洪认为张勋非祺瑞真正同志，又系省区联合会的首领，果能出任调停，必能有效，于是即命盛铎赴徐往迎。七日，张勋统兵五千北上，八日，抵天津，先派兵入京，并电请元洪即日解散国会。元洪无法，只好于十三日，用步军统领江朝宗代理国务总理的名义⑧，发布国会解散令。明日，张勋来京，于是复辟的怪剧就开始了。

复辟运动的酝酿很早，在筹安会发生前，清室遗老劳乃宣、宋育仁等便想乘机复辟；三年十一月间，复辟的风说更盛。于是肃政使夏寿康等呈请查禁，世凯批交内务部办理，才由步军统领把宋育仁逮捕，解回原籍。护国军发动后，康有为又跃跃欲试。帝制撤销后，有为发表一篇论文，题为《为国家筹安定策者》，被梁启超的《辟复辟论》一驳，复辟的论调，才销声匿迹了。后来张勋在徐州开督军会议，表面上固在巩固北洋系的团体，实际上即在图谋复辟，这时张勋和有为秘密往来，许多帝制余孽，也多走归张勋。五年九月十一日，张勋又在徐州开督军会议，对于复辟事件作进一步的讨论。到会诸人，也都默认。及张勋统兵北上。路过天津，段派向张表示，只要解散国会，复辟一事，自可商量。国会解散后，独立各省，即于十九日，通电取消脱离中央政府的宣言。二十四日，特任李经羲为国务总理兼财政总长，王士珍为陆军总长兼参谋总长。二十八日，有为因张勋电召入京。三十日，张部定武军入城。七月一日，张勋假借冯国璋、陆荣廷的名义，奏请准许黎元洪归还大政，拥溥仪而出，宣告复辟。同日，降谕改民国六年七月一日，为宣统九年五月十三日，封黎元洪为一等公，任命冯国璋为两江总督兼南洋大臣，张勋为直隶总督兼北洋大臣，陆荣廷为两广总督，各省督军一律改为巡抚，惟祺瑞不见登任。张勋实行复辟后，元洪即日发出三电，命各省迅即出师讨贼。七月二日，又电南京冯副总统，依法代行大总统职权，并特任段祺瑞为国务总理。当日迁出大总统府，暂住日本公使馆。祺瑞在津，闻复辟实现，即驰赴马厂，得师长李长泰等赞助，于三日誓师讨贼。同日，浙、赣、湘、鄂等省，亦通电反对复辟。四日，冯、段联合电数张勋八罪，并宣告已率师致讨。浙督杨善德、直督曹锟、第十六混成旅旅长冯玉祥等亦均电告出师，公推段祺瑞为讨逆军总司令。祺瑞在津设立总司令部，任段芝贵为东路司令，曹锟为西路司令，分途进攻北京。曹锟军队，于五日占领卢沟桥；段芝贵军队，于同日占领黄村。七日，两路军占领丰台。十二日，讨逆军攻陷北京，张勋逃入荷兰公使馆，复辟要人，除张镇芳、雷震春、冯德麟三人，在丰台及天津被捕外，有为逃入英国公使馆，余均纷纷逃亡。复辟的怪剧，至是告终。

原来当讨逆军进攻张勋时，冯国璋即于六月七日在南京宣告就代理大总统职，电请各要人赴宁组织临时政府；同日，段祺瑞也商请将政府移设天津，次日，便在天津设立国务院临时办事处。十四日，祺瑞入京，元洪通电全国，引咎辞职。十七日，祺瑞与研究系组织联合内阁⑬，八月一日，冯国璋到京任职。这样一来，于是北洋军阀两首领⑭和研究系诸要人，便各得其所了；但南方的护法战争，也就酝酿成熟了。原来当六月间督军团干涉宪法时，孙中山、唐绍仪、岑春煊等即电请元洪维持约法，滇督唐继尧，也通电拥护国会。及倪嗣冲等宣告独立，李烈钧即赴粤，张开儒赴滇，谋兴护法之师。国会解散令下，粤督陈炳焜、桂督谭浩明遂于六月二十日，通电自主。复辟消灭后，祺瑞把持政权，不愿恢复国会，中山便于七月二十日赴粤，打算组织政府，二十一日，海军总长程璧光与第一舰队司令林葆怿率领全舰队赴粤，通电反对国会解散后的非法政府。八月十一日，唐继尧也通电反对北京政府。这时国会议员已陆续抵粤，十八日，中山因召集到粤议员举行谈话会，决定在粤开非常会议。三十日，非常会议通过《军政府组织大纲》：军政府设海陆军大元帅一人，元帅二人，下设财政、外交、内务、陆军、海军、交通六部。九月一日，选举中山为大元帅，陆荣廷、唐继尧为元帅。十日，中山就大元帅职，同日，中山命唐绍仪、伍廷芳、孙洪伊、张开儒、程璧光、胡汉民分任六部部长，南方的军政府，至是完全成立。当南方军政府还在酝酿时，祺瑞即决定了假借对德、奥宣战的名目，利用日本的援助，实行武力统一政策。六年八月十四日，由冯大总统宣布对德、奥宣战。祺瑞的阴谋，是"对外宣而不战，对内战而不宣"，所以首先就打算进攻湘、川两省。八月六日，任傅良佐督湘。原任湘督谭延闿早与陆荣廷有联络，良佐督湘令发表后，延闿即命零陵镇守使望云亭入京迎傅，而改委刘建藩为镇守使，并令湘军林修梅部开赴衡州。等到良佐率领王汝贤、范国璋两师入湘，刘、林便于九月十八日宣布独立。十月初旬以后，湘南开始发生战事，屡次战役，湘军皆不得利。及十一月，谭浩明率粤、桂联军援湘，才次第攻克衡山、宝庆、湘潭各城。原来北方入湘的王、范两师，都是冯国璋系的部队，王汝贤因为湘督的位置被良佐夺去，心中早怀不平，及南军得胜，冯国璋以力主和平，和祺瑞不合，便授意于王、范，叫他们宣布停战。到了十一月十四日，王、范通电停战，良佐只得由湘返京，王、范两师不久也退至岳州。于是湘、粤、桂联军进据长沙，而祺瑞用兵湖南的计划，遂完全失败。四川方面，自世凯死后，即于五年六月任蔡锷督理四川军务。七月，蔡辞职他去，改任罗佩金为四川都督。六年四月，川军师长刘存厚受了祺瑞的挑拨，遂去佩金，改以戴戡督川。七月，川军反对戴戡，戴氏在战乱中被杀。又改以周道刚督川，而任刘存厚为会办军务。护法战争开始前，祺瑞即于八月一日特任吴光新为长江上游总司令兼四川查办使，率兵入川。川军师长熊克武倾向西南，乘光新不备，于六年十一月把重庆的北军包围缴械，光新逃走，克武占领重庆。于是祺瑞用兵四川的计划，又告失败。川、湘战事失败后，直督曹锟、鄂督王占元、赣督陈光远、苏督李纯，便于十一月十七日联名通电，主张与西南和平解决。祺瑞提出辞呈,二十二日,冯国璋令准祺瑞免职,以汪大燮暂代国务总理,梁启超、汤化龙、林长民、范源濂诸研究系阁员连带去职。十二月一日,特任王士珍为国务总理,兼陆军总长。国璋是主张和平以要好于西南的人,任命谭延闿督湘,即其和平政策的表示。同时,国璋又知道祺瑞势力雄厚不可侮,所以又任命祺瑞督办参战事务,同时又把陆军总长的位置让给段芝贵,以敷衍祺瑞。在这和平空气浓厚的时候,南方看见祺瑞在北京政府仍旧握有实权,所以在双方停战之时,陆军第九师师长黎天才、鄂军第一师师长石星川便在湖北荆、襄一带宣布独立,七年一月二十七日,湘、桂军又把岳州攻下。于是段派军人,一致主张开战,反对调和。国璋受段派军人压迫,因于三十日,任命曹锟为两湖宣抚使,张敬尧为攻岳前敌总司令,率兵入鄂。二月二十一日,又特任鲁督张怀芝为湘、赣检阅使,率兵入赣,会同曹锟、张敬尧进攻湖南。二十六日,奉督张作霖率兵入关,分驻京奉铁路沿线各要地。奉军此举,名为率师南下,实则为段派利用,以压迫国璋。三月十八日,北军攻陷岳州。二十三日,特任段祺瑞为国务总理。四月二日,曹锟部下师长吴佩孚攻下长沙,十八日,攻陷衡山。祺瑞的武力统一政策,逐渐获得胜利,但北洋军人却因此起了内讧。原来攻陷岳州之后,湘督的位置,即被张敬尧占去;吴佩孚自认劳苦功高,反无重赏,心中不免有些不平。佩孚因此与南军信使往来,并于八月二十一日,通电请罢内战。军政府政务总裁主席岑春煊,又于三十日覆电佩孚,赞成促进和平主张。这样一来,祺瑞的武力统一政策,又归失败。祺瑞的武力统一政策,虽未成功,但他为着实现这政策,从六年八月,直到七年九月,却向日本借了巨款,以作对内战争之用。现在把这期间的借款,表列如次:

借款名目	借款数目	借款时日	中国方面当事人	日本方面当事人
善后借款内第一次垫款	一千万元	六年八月二十八日	财政总长梁启超	横滨银行代表小田切万寿之助
交通银行借款	二千万元	六年九月二十九日	交通银行总裁曹汝霖	台湾朝鲜兴业三银行代表山城乔六
吉长铁路借款	六百五十万元	六年十月十三日	交通总长曹汝霖 财政总长梁启超	南满铁路理事龙居赖三
第一次军械借款	一千六百万元	六年十一月十五日	北京陆军部	日本泰平公司

续表

借款名目	借款数目	借款时日	中国方面当事人	日本方面当事人
运河借款	五百万元	六年十一月二十日	中国政府代表熊希龄	与美国广益公司借款一千二百万元由日本分担五百万元
水灾借款	日金五百万元	六年十一月廿二日	直督水灾督办熊希龄	日本银行团代表李士伟
印刷局借款	日金二百万元	七年一月五日	财政部	日本三井洋行
善后借款内第二次垫款	一千万元	七年一月六日	财政总长王克敏	横滨正金银行代表武内金平
善后借款内第三次垫款	同前	同前	同前	同前
无线电信借款	五十三万六千二百六十七镑	七年二月二十一日	海军部刘传绥	三井物产株式会社大仓得大郎
有线电信借款	日金二千万元	七年四月三十日	交通总长曹汝霖	中华汇业银行经理陆宗舆理事柿内常次郎
吉会铁路垫款	一千万元	七年六月十八日	交通、财政总长曹汝霖	日本兴业银行代表直川孝彦
第二次军械借款	二千三百六十四万三千七百六十二元	七年七月三十一日	陆军总长段芝贵	日本泰平公司代表高木洁
金矿森林借款	三千万元	七年八月二日	农商总长田文烈 交通总长曹汝霖	中华汇业银行经理陆宗舆理事柿内常次郎
满蒙四铁路垫款①	日金二千万元	七年九月二十八日	驻日公使章宗祥	日本兴业银行副总裁小野英二郎
济顺高徐铁路垫款	日金二千万元	七年九月二十八日	同前	同前
参战借款	二千万元	同前	同前	日本朝鲜银行总裁美浓部吉

祺瑞不但向日本大借款，还与日本订立《中日共同防敌军事协定》[12]，名为防俄，实则利用日本的物质上援助，聘用日本的军事教官，新编参战军三师四混成旅，以镇压国内反对派。其在政治上，又利用日本的金钱，制造安福系的新国会。原来旧国会被解散后，祺瑞即召集临时参议院，以为政府造法机关。六年十一月十日，临时参议院开幕；七年二月十七日，临时参议院所修改的《国会组织法》及《选举法》公布；同时并组织安福俱乐部，以操纵选举[13]。八月十二日，新国会成立，安福系议员占绝对多数[14]。九月四日，新国会改选徐世昌为大总统[15]，于十月十日就职，国璋以期满退职，祺瑞自知不为国人所容，又因世昌力主和平，也就只得辞去国务总理一职，仍任参战督办。八年一月十一日，特任钱能训为国务总理。冯、段的斗争，至是结束。以上所述，是护法战争中北方的政局，其在南方的军政府，在这期间，也发生了党派的斗争。原来军政府中的实力派陆荣廷、唐继尧并非中山的真实同志，他们只反对祺瑞，有意联冯制段，在中山却根本不承认北方政府为合法政府。中山这时惟一可靠的实力，只有海军，滇军和桂军[16]，都各有打算，并不听命于中山。粤督陈炳焜是荣廷一系的，自然和中山作对。粤省长朱庆澜，是欢迎中山的，他有军队二十营，中山想编为护法军，直隶于军政府，也为炳焜所反对而罢。后来经胡汉民、程璧光调和，荣廷才把炳焜调开，以莫荣新继任粤督，庆澜的二十营军队，也依中山主张，改编为援闽粤军，以炯明为总司令。但荣新依旧和中山为难，庆澜亦被排挤去职，继任粤省长的李耀汉，又是受荣廷指挥的人。中山想把粤省长一职给程璧光，到七年二月二十六日，璧光就被桂系刺死了。中山和桂系的不能合作，既如此显明，而南下的非常国会议员，又有党派之分，并不完全听命于中山。非常国会中，大概分为三派：一、民友社可称为极左党，拥中山为首领，中山的中华革命党党员为此派的中坚，胡汉民、张继、孙洪伊、马君武、居正、谢持、田桐都属于这一派；二、政学系，即前此的政学会，可称为极右党，拥岑春煊为领袖，李根源、章士钊、杨永泰、谷钟秀都属于这一派；三、益友社，可称为中立党。拥吴景濂为领袖，褚辅成、王正廷都属于这一派。政学系和唐继尧、陆荣廷的关系最密切，而谷钟秀且和直系军人陈光远、李纯往来最密，采取以冯制段的政策，和中山的根本主张不同。益友社在非常国会中，据有两院正副议长四席中的三席，颇有举足轻重之势，在主张方面，开始也和中山接近。等到七年二月间，熊克武与滇、黔军结合，把川督刘存厚排挤了以后，于是西南粤、桂、滇、黔、川、湘六省实力派的联合便告成功。益友社鉴于军政府和滇、桂关系的疏远，不能发生实际的力量，渐向右倾，与政学系结合。四月下旬，改组军政府之议渐就成熟，中山知道政学系在联合桂、滇实力派反对他，就只好于五月四日，向非常国会辞去大元帅职。二十日，改组军政府为中华民国联合军政府，由非常国会选出孙中山、岑春煊、陆荣廷、唐继尧、唐绍仪、伍廷芳、林葆怿七人为政务总裁。七月五日，陆荣廷等通告联合军政府成立。八月二十一日，推定岑春煊为政务总裁主席。中山不久，即由粤赴日，再由日至沪，创办《建设杂志》，并草《建国方略》，创行易知难之说，以唤醒民众，继续革命。

　　南北政局的变化，即如上述，现在进而叙述南北和会的进行。原来当吴佩孚于七年八月通电请罢内战之时，岑春煊即电覆佩孚赞成促进和平。到了十月九日，军政府因为反对北方新国会选举徐世昌为大总统，于是通告代行国务院职权摄行大总统职务，和平前途由是发生障碍。但国际形势的变化，却又促成了和平的机运。当欧战发生后，日本便乘机单独侵略中国，到了七年冬季，欧战快要结束之时，于是美、英、法列强的视线，就转移到远东方面来了。七年十月间，美国首先劝告南北政府，希望牺牲意见，速谋统一；接着英、法两国又向北政府提出警告，说北政府不应缓交庚子赔款，将日本借款用在内战上。日本寺内内阁，原是支持祺瑞的，也在这时瓦解了；由原敬出来组阁，原敬恐怕惹起英、美的反抗，也就把前此的政策稍稍改变了一点。祺瑞受了这重大打击，武力统一政策，便无从实现，而国内和平空气，却浓厚起来了。十月二十三日，钱能训电请岑春煊设法解纷；同日，在野名流熊希龄、张謇、蔡元培、王宠惠等联名通电发起组织和期成会。十一月十六日，徐世昌下令前方军队停战退兵；二十三日，军政府也下令停战。南北和议的机会渐次成熟，于是两方各派代表到上海开会。八年二月，北方总代表朱启钤、南方总代表唐绍仪齐集上海，开始会议。和会开始之时，南方代表首先提出两个先决问题：一、陕西停战问题。原来陕西自七年春初，胡景翼等在三原宣告独立后，即推于右任主持；右任与陕督陈树藩对峙，北政府因受祺瑞的挟制，竭力进攻右任所部军队，想把该省放在停战的范围以外，南方则不承认。二、参战军和《军事协定》的取消以及停支参战借款问题。原来参战军和《军事协定》

以及参战借款的成立，皆以参与欧战为目的，现在欧战既告结束，故南方要求取消参战军和《军事协定》并停支参战借款，而北方则因受祺瑞挟制，坚不允诺。对于第二个先决问题，北政府仅将《军事协定》文书四种交付和会，而对于取消参战军、停支借款及取消《军事协定》诸端，反置诸不理，并且发表了一种与日本订结延长《军事协定》的《协约》⑰。把参战军改称为国防军，以表示永不消灭此种军队。对于第一先决问题，南方要求停战，撤换陈树藩，而北方反加派军队，节节向三原进攻。到了二月十六日，三原情势异常危险，唐绍仪因于二十八日在和会席上，向北方代表提出限四十八小时答覆的哀的美敦书，要求即刻停战，届时如无圆满答覆，则认北政府无讲和诚意。届期果无答覆，唐绍仪即于三月二日通电停止和议。和议停止后，经过一个月的时期，由苏督李纯、鄂督王占元、赣督陈光远及师长吴佩孚的调停，陕西战事才于三月三十日停止，双方始于四月四日再开谈话会，而对于第二先决问题，朱启钤允诺俟正式会议时议处，因决定于四月九日续开和议。和会再开以后，终因双方所提条件距离太远，毫无进展，直到五月四日，北平学生因巴黎和会失败发生示威运动，提出打倒曹汝霖、陆宗舆、章宗祥卖国贼的口号，于是祺瑞大受打击。唐绍仪乘机于五月十三日，在和会席上，突然提出下列八条：一、对于巴黎和会决定山东问题的条件，绝对不能承认；二、中、日密约，宣布无效，并惩办缔结密约之关系人；三、取消参战军及国防军；四、撤换劣迹昭著、不治民情之督军省长；五、由和会宣布六年六月黎元洪解散国会之命令无效；六、由和会推举全国最有声望之人，组织政务会议，和会决议各案件，由其监督履行，至国会得完全行使职权为止；七、和会已议定或审查未决之各案，分别整理决定之；八、执行以上七条，则承认徐世昌为临时大总统。北政府对于南方所提八条，除认第一条有讨论余地外，对于其余七条，则痛斥其非。于是和议破裂，后虽北遣王揖唐，南遣温宗尧，谋继续开议，然终不能实现，南北依旧分裂。

注释

① 第五条："大总统缺位时，由副总统继任，至本任大总统期满之日止。"
② 当时割据粤省琼崖的龙济光也派代表到会，故称为十三省区联合会，经过这次会议后，北洋军阀的团结虽告成功，但到会的代表，在精神上却是同床异梦，如

倪嗣冲便是借此拥护祺瑞的，如张勋便是借此谋复辟的，如冯国璋便是借此谋取总统的。惟其如此，所以后来在行动上，始终不曾到一致。

③陈锦涛和许世英早已去职。

④主笔为陈友仁。该报登载段氏由曹汝霖、陆宗舆议借日款一万万元，由日人代行整理三兵工厂，并请日本军官练兵。次日，陈友仁因此被捕。

⑤研究系主张修改《宪法草案》上的两院制为一院制，又主张省制须以普通法律定之，不可参入宪法中，并且反对省长民选。

⑥民国元年南京临时参议院成立时，公举林森为议长，王正廷为副议长。二年，正式国会成立时，参议院公举张继为议长，王正廷为副议长；众议院公举汤化龙为议长，陈国祥为副议长。国会第一次解散后，于五年八月恢复，改推王家襄为参议院议长，其他三议长仍旧。民国七年，旧国会议员南下，参议院公举林森为议长，王正廷为副议长；众议院公举吴景濂为议长，褚辅成为副议长。同时，北京新国会成立，参议院公举梁士诒为议长，朱启钤为副议长；众议院公举王揖唐为议长，刘恩格为副议长。

⑦五年十月三十日，选举冯国璋为副总统。

⑧当时伍廷芳不肯副署，而李经羲又未就职，就只好用这个方法叫江朝宗副署。

⑨陆军由段自兼，交通汪大燮，内务汤化龙，财政梁启超，司法林长民，农商张国淦，教育范源濂，交通曹汝霖，海军刘冠雄。

⑩段祺瑞安徽人，为皖系首领；冯国璋直隶人，为直系首领。

⑪ 一由开原经海龙至吉林，一由长春至洮南，一由洮南至热河，一由洮南至热河间一地点至某海港。

⑫七年三月二十五日，驻日公使章宗祥与日本外务大臣本野一郎，在东京交换两国共同防敌的公文；继于五月十六日，陆军委员长靳云鹏与日本陆军委员斋藤季次郎，在北京缔结中、日两国《陆军共同防敌协定》；又于十九日，海军委员长沈寿堃与日本海军委员吉田增次郎，在北京缔结中、日两国《海军共同防敌协定》。在日本政府的用意：一则借此可以出兵北满，攘夺俄国在北满的铁路及其他利权；二则借此可以出兵外蒙，实际测量外蒙的军事地理，并鼓动外蒙独立；三则假共同防敌之名，从物质上支持段系军阀，以练成亲日派的军队。

⑬安福俱乐部以王揖唐为首领，田应璜、刘恩格、王印川、曾毓隽、康士铎等，皆该系重要人物，而在背后操纵的，却是徐树铮。

⑭在新国会中，安福系议员占三百三十余席，居绝对多数。新旧交通系合计，不过占百数十席，研究系只占二十余席。按当时研究系，仍以梁启超为首领，其主要干部有林长民、蒲殿俊、徐佛苏、梁善济、陈国祥、王家襄、蓝公武诸人。旧交

通系，仍以梁士诒为首领，其主要干部有周自齐、叶恭绰、朱启钤诸人。新交通系以曹汝霖为首领，其主要干部有陆宗舆、丁士源、曾云沛诸人。新交通系为安福系的与党，旧交通系则与新交通系立异。此外还有与安福系对抗的己未俱乐部，由靳云鹏、钱能训统率；又有与新交通系关系最深的讨论会，由江天铎、孙润宇统率；但在新国会中，都不占重要地位。又新国会成立，系由安福系一手包办；然因两广、云、贵、川反对这次选举，湘、鄂、陕又以战乱未能举办；故实际参加选举的，仅其他十四省及由北京政府指定的蒙、藏议员。

⑮副总统未选出，因为主张南北调和的人，想留此一席给与南方的要人。

⑯驻粤的汉军，本是帝制战争时，由李烈钧带出来的。护法战争时，改由李根源指挥。

⑰八年二月五日，徐树铮与日本陆军代表乙东彦结延长《军事协定》的《协约》。

第九章 参战之经过与山东问题

欧洲大战起于民国三年，到了六年一月，德政府以受英、法包围，饷械断绝，难于持久，就决计采用潜艇战略，实行封锁海上，向世界宣布："将于二月一日以降，采用海上封锁策，对于中立国轮船航行，于一定禁止区域内，概予危险。"美政府首先反对，于二月三日对德绝交，并要求世界各中立国一同对德绝交。九日，中国政府向德国提出抗议；并答覆美政府，表明与美国采取一致的态度。日本政府大为注意，即向中国外交部声明："日本赞成中国对德抗议，惟此等大事，中国不告知日本，甚为遗憾，此后应请中国政府注意。"这种干涉外交的行动，即日本不承认中国为完全独立国的表示。但日本终以英、法、俄赞助中国加入协约国，不能再为制止。乃竭力与英、法、俄、意四国驻日大使秘密交涉，以日本承认中国加入协约国之条件，要求各国保证日本接收德国在山东的一切权利，与已经日本占领南洋赤道以北诸岛屿，结果均得各国承认，而事前中国并未闻知，中国对德提出抗议后，德国迟迟不覆；而协约国驻京公使，却在劝诱中国加入协约国，并声称：加入以后，如改正关税、收回治外法权以及缓付赔款诸问题，均可商议。只有美国劝我慎重加入。三月三日，段祺瑞至总统府，请电令驻协约各公使向驻在国政府磋商与德绝交后条件，黎元洪以此事须得国会同意，未允照发。祺瑞因于即日提出辞呈，离京赴津。旋经冯国璋至津调停,附以大总统不干涉对德外交为条件,祺瑞才返京任职,致驻协约国各公使电,旋即照发。九日,祺瑞宴会国议员于迎宾馆,疏通对德绝交问题。十日,国会通过对德绝交案。十四日,中国政府向中外发表对德绝交布告,我驻德公使颜惠庆,德驻华公使辛慈,各下旗归国。八月十四日,中国政府布告对德、奥宣战。七年三月一日,督办参战事务处成立,段祺瑞任督办。自是祺瑞假借参战名义,向日本借款购械,一意对内,而所谓参战,却不过是欺人之谈罢了。

欧洲大战,至民国七年十月初旬,协约国完全胜利,德、奥自请休战,和议行将开始。日本政府恐中国于将来和议席上占地步,竟嗾使协约国公使团于十月十三日,向中国政府提出参战不力的觉书①,以消灭中国在和会的资格。十一月四日,奥国与协约国订休战条约,十一日,德国又与协约国订休战条约,欧战至是告终。八年一月十八日,巴黎和会开幕。先是七年一月间,美国总统威尔逊曾提出和平条件十四条,中有外交公开、缩减军备、组织国际联合会诸项,欲以正义为前提,使国无强弱,同享均等的自由。所以我国对于巴黎和会,当时颇抱热望。我国赴会全权代表陆征祥、顾维钧、王正廷、施肇基、魏宸组,向和会提案两件:其一为请求废除民国四年五月廿五日中、日两国政府所定的条约及换文②,其一为希望条件③。谁知和会虽以公开外交为标榜,但实际上和会中由英、美、意、法、日五强别组最高会议,垄断一切,所以我代表的提案,最高会议竟认为"非和会权限所能裁决,当俟国际联合会行政部能行使职权时,请其注意"。于是中国代表在和会所提两案都无结果,廿七日,最高会议讨论处置德属殖民地办法,涉及胶澳租借地问题,邀请中国代表与会。我代表顾维钧、王正廷出席,日本代表牧野氏即向会议提出要求书,以为"胶州湾租借地及铁路,并德人在山东所有其他一切权利,德国应无条件让与日本"。顾维钧表示反对。二十八日,续开会议,顾、王二代表即正式提出说帖,要求胶澳租借地、胶济铁路及其他关于山东的德国权利,由德国直接归还中国,并声明理由五点④。这时除美国代表对中国表示同情外,英、法两国都因事前与日本有秘密换文⑤,一致左袒日本。其后王正廷向巴黎新闻界宣称,中国代表随时可能将中、日两国所订密约发表⑥,日本政府因训令驻京小幡公使警告我外交部,谓"以后中国代表在和会有所建白,皆须预得日本代表之同意,否则日本即取消归还青岛宣言"。然中、日密约,卒经我代表向和会宣布。四月以后,意国代表因要求阜姆港⑦不遂,退出和会。日本代表乘机扬言:"倘人种平等案⑧与山东权利继承问题,不能通过,日本只得步意国后尘,脱离和会。"英、法、美三国恐和会破裂,于四月二十四日,英、法、美、日四国再开最高会议,邀陆征祥、顾维钧二氏赴会。由威尔逊说明山东权利问题,因英、法与日本早有密约,允将山东权利让与日本,又因民国七年九月中国与日本有欣然同意的山东换文⑨,这样一来,在最高会议中,便只有美国一国不受拘束,他如英、法均因密约的牵制,不得不左袒日本,所以后来虽经美国代表提议,主张胶州湾由五国共管,但因日本的坚决反对,也就不能实现。结果山东问题,交由英、法、美三国专门委员核议,依照日本的意思,将德国在山东的权利,让与日本,插入《对德和约》第一五六、一五七、一五八三条中,我国对巴黎和会的要求,遂归失败⑩。

自和会决定把山东问题交由三国专门委员核议的消息传出以后,全国大愤。五月三日,北京北京大学、高等师范、法政专门、中国大学各校开会讨论,推派代表,与各校接洽,一致决定举行示威运动。四日下午,北京中等以上十三校学生约三千余人,手持白旗,上书"还我青岛""取消二十一条"和"诛卖国贼曹汝霖、陆宗舆、章宗祥"⑪等口号,齐集于天安门,排队至总统府,要求政府急电和会代表拒绝《对德和约》签字,并严惩曹、陆、章三卖国贼,为警察所阻。旋赴东交民巷英、美、法、意驻京使馆,行抵日本使馆时,以无中国政府执照,不许通行,乃推派代表数人,分赴各使馆,表示中国国民对于山东问题的真正意思,并要求各公使主持公道。大队至是转赴赵家楼曹汝霖住宅,曹已避去。群众因警察干涉,遂焚烧曹的住宅,并痛殴在曹宅的章宗祥。京师警察厅闻讯,派警察及保安队三百余人,赶至弹压。并拘捕学生七人,群众始行解散。这便是"五四运动"的来由。

五日,北京学生组织讲演团,出发四城宣传,并焚禁日货,要求政府释放被捕学生。七日,留日学生因纪念五七国耻,举行示威游行,被日本警察捕去数十人,打伤二十余人。十九日,北京学生宣言罢课,要求政府对巴黎和会,关于山东问题,拒绝签字,并惩办卖国贼,援助留日学生;各地学生,群起响应,一致罢课。六月三日,北京学生讲演团千余人,被军警拘禁于北京大学。五日,上海商人因北京学生被拘罢市,要求政府罢免曹、陆、章三人，释放被捕学生，并实行排斥日货；于是南京、杭州、天津、武昌、汉口、九江、济南、安庆、厦门各地，均先后罢市，实行排货运动；工界又起而罢工，北京本国银行界，亦要求政府罢免曹、陆、章三人，免使金融陷于绝境。政府不得已，才于十日下令罢免曹、陆、章三人，前后所拘学生，也早经释放。商界工界至是始开市开工。十五日，全国学生联合会成立于上海，各界团体，亦纷纷推派代表，晋京请愿，反对《对德和约》签字，要求废除中、日合办高徐、顺济两路草约。这样一来，政府才知民众势力的可畏，而《对德和约》卒经我国代表拒绝签字。原来当三国专门委员依照日本意思决定山东权利让与日本时，我代表即向和会提出山东问题保留案。五四运动后，政府即电令陆征祥相机办理，而巴黎我国学生侨民，也纷纷谒代表团，要求拒绝签字。五月二十六日，陆征祥正式通知和会，声明中国可以在《对德和约》上签字，但关于山东问题，保留另提，和会不置可否。中国代表又向和会要求，于和约内山东各条款下，声明保留，不允。次要求于和约文后，声明保留，亦不允。再次要求于合约外，另声明保留意义，又不允。再要求不用保留字样，仅声明而止，亦不允。二十八日，为和约签字之期。中国代表乃于午前分函英、美、法三国代表，要求改为临时分函声明，不因签字有妨碍将来的重议，又被拒绝。是日，旅法学生及侨民，结队包围陆征祥寓所，陆因不赴会场，拒绝签字，至于《对奥和约》，则因无特别纠纷，故于九月十日由陆征祥签字。九月十五日，用大总统布告，宣布中止对德战争。依照《对德和约》及《对奥和约》，两国都应放弃因庚子义和团事变在中国所得的权利和赔款，德国并须将庚子年所掠我国天文仪器归还。德约虽未签字，但德国也和奥国一样，照约履行。至于天津、汉口的德、奥租界，则于我国对德、奥宣战时，已由我国收回，改为特别区。又《国际联合会条约》，美国提出后，经各国同意，插入《对德奥和约》中，作为全约的一部，我国因曾签字于《对奥和约》，故仍为会员国之一。

注释

①觉书共十二项，最紧要的有：一、中国政府利用对德、奥宣战，取得缓交庚子赔款与关税余款，不经营生产，增进富力，以助协约国战时之物质，而徒供国内党派私争之用。二、中国参战机关训练之士兵，不以之参战，而供国内战争之用。

三、中国政府，任津浦、陇海铁路为土匪所扰乱，不严行取缔，使协约国政府与人民之资本，被土匪直接损害。四、敌国人在上海、天津营业，并为其他活动，中国政府不阻止。

②即二十一条《中、日互换条约》，详第七章。

③希望条件有七：一、废弃势力范围。二、撤退外国军队巡警。三、裁撤外国邮局及有线无线电报机关。四、撤销领事裁判权。五、归还租借地。六、归还租界。七、关税自主。

④一、由德国直接交还中国，程序简单，不致别生枝节。二、中国领土，不能因他国之战争而受影响。三、中国对德、奥宣战，同为参与战事之国，日本以武力强占胶州湾及铁路为侵害共同参战国之权利。四、中国于民国四年五月二十五日，与日本订立关于山东省之条约，系由日本胁迫而成，不应有效。五、德国对于山东权利，无转授予他国之权。

⑤民国六年二三月间，日本与英、法、意、俄诸国有密约，详见本章前节。

⑥即参战借款，中、日军事协定诸密约，详第八章。

⑦阜姆港在亚得利亚海东岸，意与巨哥斯拉夫争，后卒归意。

⑧日本对美国及英属南非、澳洲排斥黄种人入境，因提出人种平等案，以为山东权利作一交换条件。

⑨此换文日本称之为《山东善后协定》。因欧战将终时，日本寺内内阁欲灭中国将来在和会控诉日本的口实，乘段祺瑞内阁筹措军费时，密与驻日公使章宗祥提议，以中、日合办胶济铁路及济顺、高徐二铁路借日本款建筑为条件，日本允将山东之军队除留一部于济南外，其余全部撤至青岛，又将日本所设之警察及民政署，一概撤退，并允先垫款二千万元（即济顺、高徐铁路垫款）。段祺瑞受日本愚弄，特依日本要求，于覆文时，具"欣然同意"四字。和会中，威尔逊问中国代表："七年九月，欧战将停，日本决不能再压迫中国，何以尚有欣然同意之换文？"中国代表不能答。

⑩一五六条：德国根据1898年3月6日之《中、德条约》及其他关于山东省一切协约，所获得一切权力特权，胶州之领土、铁路、矿山、海底电线等，一概让与日本。德国所有胶济铁路权及其他支线权，及关于此项铁路一切财产、车站、店铺、车辆、不动产，并矿山及开矿材料，与附属一切权利利益，让与日本。自青岛至上海至芝罘之海底电线，及其附属一切财产，无报酬让与日本。一五七条：胶洲湾内，德国国有动产不动产，及关于该地直接间接之建筑及其他工事，无报酬让与日本。一五八条：德国于和约实行后三个月内，将关于胶洲之民治、军政、财政、司法等一切簿籍、地券契据、公文书让渡于日本。同期间内，德国将关系前两条所记权利特权之一切条约协约合同等，让渡于日本。

⑪当时曹任交通总长,陆任造币厂总裁,章任驻日公使。

第十章　华盛顿会议与中国

　　华盛顿会议,主要的在讨论太平洋问题,所以又叫做太平洋会议。原来在欧战期间,日本已成了远东的霸主,打破了列强在华的均势局面,并且巴黎和会之后,德属太平洋中赤道以北的岛屿,又委任它统治,使它在太平洋上的势力继长增高。这自然是英、美诸国所难容忍的。特别是美国,欧战后,其金元势力,已支配全世界,太平洋上霸权的争取,在它看来,不仅含有经济上的意义,并且要扩张海军,太平洋又是最好的根据地。英国是先进资本主义国家,欧战以前,早在东方夺取了广大的殖民地,并且对东方的贸易和投资,它素来又居最重要的地位,因此,在太平洋上,英国纵不打算再进一步的进取,但保障已有势力,却于它是必要的。这样一来,英、美、日三强在太平洋上的冲突,就展开起来了。欧战后,美国首先添造战舰,分全国海军为太平洋、大西洋、亚西亚三大舰队,把实力移至太平洋上;接着日本便有八八舰队计划,英国又有四大无畏舰计划①,以与美国相抗。这军备的竞赛,不但在国内增加人民负担,妨害战后经济的恢复,并且竞赛的结果,将不免于一战。因此列强一方面在制造战争,他方面却又在避免战争:这一矛盾,便是华盛顿会议产生的根本原因。华盛顿会议,是由英国建议美国而由美国发起的。民国十年六月,美国议会通过召集国际大会,商榷限制海陆军案。七月十日,美国大总统哈定(W. G. Harding)致通牒于中、英、法、日、意,征求各国同意;各国政府,除日本略有磋商外,余均立即赞成。八月十三日,美国对参加国发出正式请柬,各国先后答覆承认。十月四日,又补请荷兰、比利时、葡萄牙三国加入,参加国遂变为美、英、法、日、意、中、荷、比、葡九国。开会期定为十一月十一日,会议地点定为华盛顿。会议的主要目的,在调整英、美、日三强在太平洋和中国的冲突,在限制各国的军备。十一月十二日,会议开幕②;十二月十日,英、美、法、日四国因欲确保一般和平,维持太平洋上各自占有岛屿及领有岛屿,于是缔结《四国协约》③。并规定1911年(宣统三年)七月十三日在伦敦缔结的《英日同盟协约》,在本约发生效力时,即同时消灭。根据这《协约》,英、美、日、法四强在太平洋既得的权利,各自得着保障,而英、日同盟的取消,则不但于英国有利,即美国也从此可以不因英、日同盟关系而感受英、日的共同抵抗。会议中第二个重要问题,就是限制军备。英、美、日、法、意五强,对于陆军的限制,都无诚意,所以在大会中只缔结《五国海军条约》,规定英、美、日、法、意五国主力舰的比例为五、五、三、一点七五、一点七五,即英二十二艘,共五十八万吨;美十八艘,共五十七万吨;日十艘,共三十万吨;法九艘,共二十二万吨;意十艘,共十八万吨。又规定各国不得在太平洋岛屿新建要塞和军港。补助战舰,除航空母舰有相当的限制外,余多归失败。

远东问题中,以中国问题为最重要,因为这是各帝国主义者利害冲突最厉害的所在。欧战期间,日本单独侵略中国,打破了列强在华的均势。战后英、美提出中国铁路统一之议,由中国另起新债,将旧债分别偿还;其用意即在打击日本在华建筑铁路的独占权。八年五月,英、美、法、日四国在巴黎开会,组织新银行团,订立《草合同》,规定:一、除实业事务(铁路在内)已得实在进步者外,现存中国的借款合同及取舍权,均归共同分配;二、联合办理将来各种借款事务。后因日本提出满、蒙除外条件,未有结果。九年,美国银行团代表赴日,和日本银行团谈判,日乃放弃洮南、热河和洮、热间一地点至海口两铁路,而承认《草合同》。四国新银行团由是成立,并由四国公使于九年九月二十八日照会中国政府外交部。但因当时全国未能统一,所以借款之事,并未进行。这是华盛顿会议之前,英、美打破日本在华独占权的企图。等到华府会议开幕,中国问题便成为会议中的重要问题了。那时中国赴会的全权代表施肇基、顾维钧、王宠惠、伍朝枢诸人,因大会对于远东问题分作基本问题和特殊事件两项来讨论,所以我国代表于十一月十六日,向远东问题委员会④,对基本问题提出十大原则⑤,大会搁置不议,而通过美代表罗德(Elinu Root)所提出的四大原则⑥,并于十一年二月六日,由美、英、法、意、日、中、比、荷、葡缔结《九国公约》如次:一、缔约国除中国外约定:甲、尊重中国的主权独立及领土与行政的完全;乙、给中国以最充分而无障碍的机会,俾得自行发展并维持有效力而稳固的政府;丙、以其势力认真建设,并维持各国在中国全境内的工商业机会均等主义;丁、不得利用中国现状,营求特别权利或特别利益,致妨碍友邦人民在中国之权利,并不得为妨害此等友邦人民安全的行动。二、缔约国约定：不得相互间，或单独或会同与他国缔结足以违反或妨害第一条所述原则的任何条约、协定、合同及了解。三、为使各国在中国商工业门户开放或机会均等主义得更有效之实用起见，到会各国除中国外，不得营求或助其国民营求：甲、任何协定之足于私利本位上有关中国领土某特定部分商业及经济发展的一般优越者；乙、独占权或优先权之足以侵夺他国人民在华合法经营、或参加中国政府及地方当局各种公企业之权利者；或其范围有效期间及地理关系，足碍机会均等主义之实施者。但本条上列的规定，不能解作禁止取得因经营特别工商各业或鼓励发明所必需的财产或权利。中国承认以本条上列规定的原则，应付外国政府或外国人民对于经济权利及利益的请求，不问该外国是否本《公约》的当事国。四、缔约各国不得扶助其人民相互间因企图创设势力范围，或规定于中国领土特定部分享受共同排他的机会，而缔结任何协定。五、中国承认中国境内所有铁路不得实行或容许各种不正当的差别待遇；如关于运费及方便，不得以乘客的国籍、或乘客来去的国家、或货物的原产地或所有人、或货物来去的国家、或在中国铁路运输前后搭载此等乘客或货物之轮船或他种运输机关的国籍或所有人为理由，直接间接为差别的待遇。中国以外各缔约国，对于上述铁路，有因让与权、特别协定、或其他原因，处于或其国民处于管理的地位者，应负担同样的义务。六、中国以外各缔约国约定对于将来中国不参加的战争，完全尊重中国的中立权，中国声明中国为中立国时遵守中立的义务。七、缔约国约定无论何时遇有一种情形发生，经缔约国中一国认为有关本《公约》规定之实施，并须为实施之相当讨论者，缔约国应为完全且恳挚之交涉。八、非本《公约》签字国的国家，凡有经签字国承认的政府，且与中国有条约关系者，应邀其加入本《公约》。为达此目的，美国政府当对于非签字国为必要的照会，并以所接之答覆，通告各签字国。任何国家的加入，自美国政府接到加入通告时起发生效力。九、本《公约》应依缔约各国宪法所定手续批准之，自批准书全部寄存华盛顿之日起发生效力。美国政府当将批准书之认证誊本，分送其他各缔约国。本《公约》用英、法文作成，存储于美国政府档库，其认证誊本当由美国政府分送其他缔约国。关于特殊事件，我国代表向远东问题委员会提案，有：山东交还中国，撤废二十一条中、日协约，撤废领事裁判权，关税自主，退还租借地，取消势力范围，撤退外国驻华军警，撤废外国邮局，撤废外国无线电台，尊重中国战时中立，中国条约问题诸项，而美国代表所提出的，还有：公布中国条约问题及中国铁路管理统一诸项。现在把各案解决的情形，分述如下：

1. 山东问题。山东问题，自巴黎和会经我国代表拒绝《对德和约》签字后，即成为悬案。华府会议前，日本知我国必将山东问题提交大会解决，因于十年九月七日，又向中国外交部提出《山东善后处置大纲》，并声明这是日本的最后让步。中国政府因全国反对，遂于十月五日，驳覆日本，拒绝交涉，并声明保留遇适当机会谋解决此案之权。十月十九日，日本又向我国提出直接交涉的节略；十一月三日，中国政府再行驳覆。华府会议开幕后，中国代表即将山东问题提出大会，日本代表表示反对，并说这是特定国间的问题，不能在大会讨论，倘若移至华盛顿来解决，也只能由中、日两国代表直接交涉。后来英、美出面斡旋，决定山东问题在会外解决，而演成变相的直接交涉。于是在英、美代表监视之下，卒于民国十一年二月四日，由中、日两国全权代表缔结《解决山东悬案条约》二十八条，其大要如下：一、收回胶澳租借地，由中国开放商埠，允许外人自由居住，经营合法的工商业。日本不设专管租界或公管居留地；二、收回青岛海关，归中国政府管辖；三、日本放弃德国在山东所取得的优先权；四、公产原属中、德的，无价收回；日本占领时所获得或建造的，酌给原价数成收回；五、修筑济顺、高徐两铁路用费，归新银行团承借；烟潍铁路，由中国自建，若用外资亦由该团承借；六、胶济铁路沿路日本军警，俟中国派警接防时即撤，至迟不得过六个月；七、青烟、青沪海底电线，交还中国，惟该两线的一部分，为日本政府用以安设青岛、佐世间的海线，不在此例；青岛及济南的无线电台，于日本撤兵时交还中国，由中国秉公给价；八、淄川、坊子、金岭镇三矿，交由中国政府特许的中、日合股公司承办；该公司的日本资本，不得过于中国资本之额；九、胶州湾海岸盐场，由中国备价赎回；十、胶济铁路估价，约日金三千万元，由中国用国库支付券赎回，分十五年清偿，但五年后，以先期六个月的知照，得随时为全部或一部的偿还；在偿款未清以前，用日人一人为库务长，中、日各一人为会计长，均归局长统辖；局长用中国人。

2. 废弃二十一条问题。我国代表将废弃二十一条案提交大会后，即说明该约完全由压迫而成，破坏中国政治独立、领土完整与机会均等各原则，要求大会废弃该约。日本代表当即声明拒绝讨论,认为该约是特定国间的问题,系已成事实,不在大会讨论范围之内。并且认为该约由中国全权代表签字,元首批准,完全由中国主权之所发动,并未违反尊重中国主权的原则。这样一来,该案遂搁置不能进行。后来美国代表许士从中操纵,中国代表更无机会和日本代表争辩,直到十一年二月二日即大会闭幕前四日,才由日本代表为下记之宣言:一、日本将南满洲及东部内蒙古建筑铁路借款独占权,及以南满、东蒙古各种税收作抵借款优先权,均让与新银行团;二、日本放弃南满洲聘用日本政治财政军事警察各项顾问的优先权;三、日本将订约时对二十一条第五项的保留,声明放弃。当时中国代表,声明中国对于该约,始终视为事实上的压迫,不认其有法律上的效力,日本此项宣言,中国不能承认,要求大会予以详细答辩的机会。大会许中国代表于二月三日的委员会答辩。至期,中国代表仍主张废弃全约,日本代表反对,仅由大会承认将中国保留他日解决此案之权及美、日两国代表宣言⑦一并登入会议录而止⑧。

3. 撤废领事裁判权问题。关于撤废领事裁判权问题,中国代表提出应撤废之理由有五点⑨,提交大会讨论。结果各国主张组织委员会,调查中国司法状况,然后定夺;并决议于华府会议闭幕后三个月内组织成立。但闭幕后,各国有意延缓,所以直到民国十四年底,才派员来华调查。

4. 关税自主问题。会议中,我代表要求先将现在名义上的值百抽五,改为从价税实征百分之一二点五,然后于一定期间后,绝对免除外国的约束和限制。后经各国讨论,订立《九国间关于中国关税税则之条约》,其大要如下:一、现行关税改至实抽百分之五,应于议决后四个月内办竣;二、组织特别委员会审查实行二点五附加税,以为取消厘金制度的预备;增加奢侈品税百分之五以内;三、四年后再改正关税一次,经过该改正后,每七年改正一次;四、关于关税一切事件,应与缔约诸国以实际的平等待遇之机会;五、中国政府自行声明:无意为妨碍中国目前海关行政的变更。依照这决议,中国似已获得若干利益,但后来各国借故拖延,不予批准,致使关税特别会议不能即时召集,其详留到第十四章再讲。

5. 退还租借地问题。退还租借地问题,经中国代表提交大会后,未有结果,仅由各国代表声明。法代表声明:愿与各国共同交还;英代表声明;山东问题能得解决,威海卫可以交还;而日本于旅顺、大连,英国于九龙,均声明不愿放弃。其后仅威海卫于十九年四月交还。

6. 取消势力范围问题。中国代表将取消势力范围提交大会后，各国对此多无表示，结果仅规定禁止将来创设势力范围，订成《九国条约》第四条。

7. 撤退外国驻华军警问题。外国在华驻兵，有根据条约的，亦有不根据条约而擅自派兵驻华的。前者如北京公馆的卫队及北京至山海关铁路的保卫队，是根据《辛丑条约》的，如俄国在中东铁路、日本在南满铁路的护路队，是根据《朴次茅斯条约》的《附约》的[⑩]。后者如英、美、法、日在上海租界内驻兵，日本在汉口租界内驻兵，都无条约的根据。中国代表将撤退外国驻华军警提交大会后，经各国决议：其有条约根据的，由各国驻京外交官会同中国所派委员三人，调查有无驻兵的必要，将来各国对于调查事实承认与否听其自便；故此决议，实无效力可言。至于无条约根据的，各国允即撤退；但后来只有日本将其驻在汉口的兵撤退，此外均未照办。

8. 撤废外国邮局问题。各国在华设立邮局，始于咸丰十年，英、美、德、法、俄、日六国均有，都设在通商口岸、租借地和铁路附属地内。欧战后，德、俄在华邮局已不存在。中国代表将撤废外国邮局问题提交大会后，各国承认除租借地和条约特定者外，各国在民国十二年一月一日以前，将其在华邮局撤销，而以中国政府充分维持邮政事务，并保证外国人之邮政会办地位，声明不变更目前的邮务行政为条件。

9. 撤废外国无线电台问题。外国无线电台的设立，是辛丑以后之事，始于北京公使馆界内，而继之以租借地。中国代表将撤废外国无线电台问题提交大会后，经各国决议：一、根据《辛丑条约》设立于北京公使馆界内的，以收发官电为限；二、根据条约或由中国政府所特许而设立的，以收发其条约或条件所规定的电为限；三、南满铁路附属地和上海法租界的，另商，其后上海法租界的，也以收发官电为限；四、其他各无线电台，由中国备价收回。

10. 中国条约问题。清末以来，列强彼此间，往往缔结足以直接影响中国的协约，而不经中国参与，因此中国代表在大会将此问题提出抗争。后经各国决议：各国与中国所订及各国彼此间所订有关中国的条约，各国人民与中国政府或地方所订各种合同，都交大会秘书厅存案，并规定今后缔结含有上述性质的条约,当事国政府须于该约成立六十日内,通知参加华府会议各国。

11. 尊重中国战时中立问题。中国代表将尊重中国战时中立问题提出大会后,经各国议决:对中国不参加的战争,完全尊重中国的中立权,但中国声明为中立国时,须遵守中立的义务。

12. 中国铁路管理统一问题。关于中国铁路问题,英国主张中国境内铁路待遇各国一律平等;美国因欲由新银行团取得共同投资的机会,故主张中国统一铁路,自为管理,并由外人的人力财力协助之。后经各国议决:于各国在华铁路的扩张,与其既得适法的权利两立的最大限度,使中国政府,得于其所管理的铁路网,统一诸铁路;中国政府因此需用外国资本、技术,应即许之。

注释

①八八计划,即战舰和巡洋舰各八艘。四大无畏舰,亦称胡德(Hood)舰。
②十一年二月六日闭幕。
③第一条:"缔约国皆表同意,尊重关于其在太平洋上占有岛屿及领有岛屿之各自的权利。缔约国间,不论何国,如因太平洋问题发生争议,涉及上述的权利关系,而不能赖外交手段圆满解决、且有使现在缔约国间所存在之调和的协调受影响之虞时,则缔约国须招致其他缔约国,开共同会议解决之。"
④大会组织分总会、军备限制委员会、远东问题委员会三种。
⑤(一)甲、各国应尊重中国领土的完整及其政治与行政的独立;乙、中国声明中国领土或海岸,不割让或租借与他国;(二)中国赞同门户开放和工商业机会均等两原则;(三)倘不预先通知中国,俾中国有参加的机会,各国不得缔结直接有关中国或直接关系太平洋与远东一般和平之条约或协约;(四)各国在华所有特权、优先权及成约,均须公表于世,否则概作无效,而所公表之特权、优先权及成约等,又须加以审查,俾便决定其范围及是否有效,即系有效,亦须使其不自相抵触,并适合于华会所宣布的原则;(五)凡中国现受政治、行政、司法行动自由的限制,应即废止,或按情势所许废止之;(六)凡对于中国现行的成约,其无期限者,概须附以确定的期限;(七)遇有解释给与特权或优先权条约之时,当遵守有利于权利给与人之解释原则;(八)如遇战争,而中国不参加者,应尊重中国的中立权;(九)关于太平洋及远东国际纷争,应特设和平解决方法的规定;(十)为讨论关于太平洋及远东国际问题,以为将来有关系各国决定一致政策的基础,须特设规定,以便将来随时得开会议。

⑥即《九国公约》第一条中的四项。

⑦美代表在大会中发表反对该约的宣言。

⑧民国十一年十一月、十二年一月间,众参两院,先后通过请政府宣布该约及《互换条约》无效案。后由政府照会日本,声明废弃。

⑨一、剥削中国主权;二、同一地方,法庭之增加及法庭相互关系之错综,使司法行政上极感困难;三、因法律不确定及因国籍而法律不同之故,发生许多弊害;四、如被告为外国人,必解交领事厅审判,因距离太远,常有不能使必要证人莅所及搜集必要证据之事;五、中国司法已渐改良,领事裁判权即应取消,以免中国人民蔑视本国政府官吏及仇视厌恶外人之免于本国管辖。

⑩但这附约,中国并未承认。华府会议时,俄在东三省已无驻兵。

第十一章　军阀之混战

上海和议决裂后,国务总理钱能训于八年六月十三日免职,由龚心湛兼代;内阁仍为安福系所把持。二十四日,特任徐树铮为西北筹边使兼西北边防军总司令,把参战军和国防军都改为边防军。七月二十日,裁撤督办参战事务处,改设督办边防事务处,特任段祺瑞为边防督办。九月二十四日,龚心湛去职。十一月五日,特任靳云鹏为国务总理,重要阁员多为安福系有力分子①。中央军政大权,仍旧握在皖系手里,并进而与陕、甘、晋、鲁、浙、闽、湘、新、热、察、绥十一省区结合,势力很大,而皖督倪嗣冲、湘督张敬尧、浙督卢永祥、闽督李厚基、陕督陈树藩诸人则更是皖系要人。段氏戚属吴光新,又以长江上游总司令名义,统军驻扎湖北。直系曹、吴原系赞助和议反对段氏武力统一的,和议既经破裂,而皖系势力反日形扩大,遂一面与桂系妥协,一面与奉张联络,合倒皖系。张作霖曾经和徐树铮合作,以压迫冯国璋。外蒙取消自治后,徐以西北筹边使名义,宰制蒙疆,张认为侵入奉系势力范围,遂对皖系不满。再加上河南易督问题,便益加促成了奉、直的联合。原来豫督赵倜属于直系,皖系想用吴光新代赵,以制直督曹锟。曹为巩固地位计,乃组织八省联盟,以抵抗皖系。参与这联盟的,直系有直督曹锟、苏督李纯、鄂督王占元、赣督陈光远、豫督赵倜,奉系有奉督张作霖、吉督鲍贵卿、黑督孙烈臣。这样一来,不但奉、直联合完全成熟,并且河南易督问题也无形解决了。直系和桂系的妥协,早在上海和会开始之前。这时吴佩孚和军政府妥协,由军政府供给吴氏军饷，吴即撤兵北上，将湘南防地让给湘军。九年五月二十六日，吴率军北上，经过湖北，将军队驻扎京汉铁路的直、豫各要地。湘军乘机占领长沙，张敬尧逃至岳州，二十六日，张复由岳州遁走，岳州即为湘军赵恒惕所占领。直、皖的冲突，至是益加显明。恰巧这时又发生内阁问题。原来靳云鹏久为安福系所困，于五月十四日辞职，特任萨镇冰暂行兼代。直系不满，要求政府罢免安福系三总长曾毓隽、李思浩、朱深及徐树铮之职，以为抵制。徐世昌因请张作霖入京调停，张与曹锟会商之后，奉、直的结合倒段，益形坚决。七月初间，吴佩孚在郑州通电，攻击安福系，接着，曹锟、李纯、张作霖又通电宣布徐树铮罪状。四日，徐世昌才以命令免徐树铮职，并命边防军归陆军部直辖。八日，段祺瑞入京，迫徐下令将曹、吴免职，并改边防军为定国军，段自为总司令，徐树铮为总参谋长，段芝贵为前敌总司令，分三路进攻曹、吴。直系方面，以吴为总司令，亦分三路抵抗。十二日，曹、张通电讨段；十三日，奉军入关。十四日，直、皖战事爆发，两军激战于京汉铁路的涿州、高牌店、琉璃河等处，奉军也加入作战。结果皖军大败，曲同丰被虏，其在鄂的吴光新，亦为王占元所获。十九日，段氏通电辞职。二十六日政府下令撤销曹、吴等处分。又下令免段职。裁撤督办边防事务处，取消西北边防军名义。二十九日，下令惩办安福系祸首徐树铮、曾毓隽、段芝贵、丁士源、朱深、王郅隆、梁鸿志、姚震、李思浩、姚国桢等，徐、曾诸人都逃入日本使馆。八月三日，下令解散安福俱乐部，并通缉王揖唐等。直、皖战争，至是完全结束。九日，再任命靳云鹏署理国务总理，北京政府的政权，自是落于奉、直两系之手。

直、皖战后，军阀混战益加厉害，南北两政府在事实上均无统一全国的力量，于是所谓联省自治运动便应运而生。当时鼓吹这运动的，以进步党人为最力，中山以联治便于军阀割据，故极力反对。在各省中，首先进行自治的是湖南。张敬尧离湘后，湘军总司令谭延闿即于九年七月二十二日通电宣布湖南自治。十一月，谭去职，赵恒惕继任总司令，而由省议会选举林支宇为省长，废督军，宣布军民分治。十年三月，林辞职，省议会举赵兼任省长。并公布省议会所制定的《省宪法》及《选举法》等，湘省自治，就算告成了。接着浙、川、粤各省，也先后组织省宪起草委员会，着手起草省宪，联省自治运动的声浪遂波及全国。但军阀割据自雄争夺地盘的野心,并未稍减,所以自治的假面具,终于在川、湘、鄂战争中,完全暴露出来了。原来湖北一省,自二次革命失败后,即在北洋军阀宰割之下。督军王占元,自洪宪时代起,直到民国十年止,其地位并未摇动。王氏专事聚敛,惹起鄂人对王的不满,鄂人李书城、孔庚、蒋作宾等遂欲联络湘省,驱逐王氏,主张湖北自治。其时湘军部队过多,给养不足,而将领彼此不相上下,赵恒惕也难于统驭,因此赵就有假借援鄂自治,出兵湖北的企图。皖系陈树藩等,又在汉口设立中原银行,策动反直工作,与湘军联络,愿意帮助湘军军费,于是湘军攻鄂,便益加成熟了。其在四川,也和湖南处境相似,感于军队过多,防区不易分配,早有就食鄂省之意,所以也和湘军取得联系,进攻鄂西。所谓川、湘、鄂自治战争,便是在这样情势之下爆发出来的。十年七月,李书城、蒋作宾等先后赴湘开会,宣布《湖北自治临时约法》,公举蒋作宾为临时省总监,组织湖北自治军,以驻湘鄂军夏斗寅为先锋。湘军方面,由赵任援鄂军总司令,宋鹤庚为总指挥。由岳州进攻湖北。七月二十九日,两方军队在羊楼司开始冲突。八月初旬,湘军连占蒲圻、通山、通城诸要地,进至咸宁,迫近武昌。王占元辞职出走。九日,北政府任命吴佩孚为两湖巡阅使,萧耀南为湖北督军,孙传芳为长江上游总司令。十七日,吴命张福来为前线总指挥,与海军第二舰队司令杜锡珪开始对湘军施行总攻击,并先后将金口、咸宁、蒲圻之堤决断,用江水淹没湘军,湘军不支,岳州遂为北军所陷。赵恒惕至是与吴佩孚讲和,议定岳州由北军驻扎,至湘省公布省宪之日撤退。十一年一月一日,湘省宪法公布,北军于七月实行撤退。自是湘省因在直系鄂督萧耀南严重监视之下,也就只好借自治的招牌,"保境安民",不再作分外之想了。其在川省,则自七年一月熊克武打败川督刘存厚后,刘退入陕南,熊入据成都,自称靖国军总司令,编川军为八师:但懋辛、刘湘、向传义、刘成勋、吕超、石青阳、颜德、陈洪范分任师长。九年五月,向传义、吕超、石青阳、颜德联合滇、黔军会攻熊克武,熊氏败退陕南,又与刘存厚联络,攻下成都,十二月,刘存厚复为四川督军。不久,熊又攻刘存厚,刘氏再走陕南,熊氏旋亦下野。十年二月,但懋辛、刘湘宣言川省自治,刘湘被推为总司令兼省长,客军退出川境,川军改编为三军:但懋辛、刘湘、刘成勋分任军长。八月,川军援鄂,刘湘、但懋辛分任援鄂军总副司令。时湘战紧急,川军乘机占领秭归、巴东,进逼宜昌。其后北军陷岳州,鄂军大败，吴佩孚才以全力进攻川军，十月初旬，川军大败，退出秭归、巴东。于是佩孚以孙传芳驻守宜昌，川、鄂之战至是亦告结束。

原来皖系败后，直、奉两系为着划分地盘，于十年四月二十五日举行天津会议，会议结果：张取得东三省巡阅使兼蒙疆经略使的头衔，绥远、热河、察哈尔三特区，都归他管辖；曹依旧是直、鲁、豫巡阅使，吴依旧是直、鲁、豫巡阅副使，不过陕西一省落于直系之手罢了。中央政权问题，会议中也有决定。原来靳云鹏内阁，最感困难的，就是财政，要向新银行团借款，则外人以南北未能统一，拒绝借款；要向国内借款，则国内银行又为交通系周自齐、叶恭绰所把持，也无结果。因此在会议中，靳氏提出改组内阁问题，决定将财政总长周自齐、交通总长叶恭绰排去，改任李士伟长财政，张志潭长交通②。会议的结果，可谓各得其所，暂时维持均势之局。但自湘、鄂战争发生后，吴改任两湖巡阅使，萧耀南为鄂督，均势之局便从此破坏，而张、吴间的裂痕就日益显著了。中央方面，内阁改组后，靳氏对财政依然无办法，而交通系人物因受靳氏排挤，反勾结奉系，进行由交通系组阁的计划。十二月十四日，张作霖入京；十八日，靳氏辞职；十九日，曹锟因府院要请入京；二十四日，梁士诒的内阁成立。这次组阁，虽说经过曹、张同意，但实际上全由张一人主持；这样一来，中央政权便落于奉系之手；又惹起了吴对张的不满。交通系和奉系的联合，既告成功，进而又暗中结合安福系形成反直联合战线。十一年一月一日，下令特赦段芝贵等。不久，梁士诒为着要取得日本的金钱，又电令华府会议中国代表，主张对山东问题表示让步。消息传来，举国痛愤。吴因于五日通电，指摘梁士诒卖国媚外的行为。陕督冯玉祥、赣督陈光远、苏督齐燮元、鄂督萧耀南、鲁督田中玉、晋督阎锡山、豫督赵倜等，都先后通电附和吴氏。张作霖也通电替梁辩护。十九日，苏、鄂、赣、鲁、豫、陕六省督军省长，由吴领衔，电请罢免梁氏，并说于万不得已时，只好和内阁断绝关系。二十五日，梁氏托病请假，由颜惠庆代理。明日，政府为筹还内外短债起见，发行八厘债券，额定九千六百万元③，吴佩孚通电反对，并请将主张发行公债之财政总长张弧，交付法庭，从严治罪。三月七日，张弧辞职赴津。张、吴的火并，至是无可避免。当时奉张联络中山，欲其率师北伐，以牵制吴氏；又勾结河南赵倜、赵杰，乘机起事，以动摇吴氏根本；又结合皖系，以浙督卢永祥制服苏督齐燮元，以鲁督田中玉控制津浦、陇海两路交通；而曹锟及其兄弟曹锐、曹锳，则原不愿意和奉张开衅。谁知后来中山北伐，为陈炯明所阻；河南变乱，又为吴氏迅速平定④；浙卢于战事发动之时，反取观望态度；鲁田又转与直系合作⑤；曹氏兄弟亦因直系将领王承斌等主战，最后也和奉张决裂，把直系军队，交给吴氏指挥，对奉张作战。四月九日，张作霖率兵入关。当时两军阵势：奉军张作霖自任总司令，以京奉、津浦两线为东路，由张作相指挥，以固安方面为中路，由许兰洲指挥，以京汉线为西路，归张景惠指挥；直军任吴佩孚为总司令，而以彭寿莘、王承斌、吴佩孚分担东、中、西三路指挥。二十九日，两军开始在近畿接触。五月四日，西路直军取攻势，张景惠败退至丰台。东路奉军遂受牵动，张作霖退据滦州。其后滦州又受王承斌猛攻，张作霖不得已于五月十九日退至山海关。六月十六日，双方因英人介绍，成立《奉直媾和条约》，奉军完全退出关外，奉、直战争，至是结束。

当奉军败退时，徐世昌迎合直系意旨，即于五月五日下令惩办梁士诒、张弧、叶恭绰。任命周自齐为教育总长兼署国务总理，中央大权，落于直系之手。十日，下令免张作霖本兼各职。六月三日，东三省宣布自治，与中央脱离关系。原来徐世昌是接近奉系的，奉系失败后，虽极力拉拢直系，但直系将领，却早具有排除他的决心。五月十四日，吴佩孚通电各省，征求恢复旧国会的意见，苏、鲁、鄂各省，都复电赞成。十五日，孙传芳等通电，主张黎元洪复位，召集六年旧国会速制宪法，共选副座。十九日，曹、吴又通电各省，征求解决国事意见。二十四日，民六旧国会议员⑥在津开筹备处成立会，通电依法自行集会。二十八日，孙传芳复通电请徐世昌和中山同时下野，曹、吴于同日通电赞成恢复第一届旧国会。二十九日，苏督齐燮元通电劝告徐氏退位，豫督冯玉祥、鲁督田中玉、晋督阎锡山、陕督刘镇华、甘督陆洪涛、鄂督萧耀南，亦通电附和齐氏。三十一日，徐世昌退位。六月一日，参议院议长王家襄、众议院议长吴景濂，会同旧国会议员一百五十余人，在津开会，宣言即日行使职权，取消南北两政府，另组合法政府。二日，曹、吴通电，谓徐氏既退，应请黎元洪即日复职。皖系浙督卢永祥和淞沪护军使何丰林通电反对黎氏复职，非常国会林森等三百余议员通电主张继续民八国会，否认民六国会，中山也通电反对直系的主张。四日，国务院派代表高恩洪赴津欢迎黎氏。六日，黎氏通电以废督裁兵为复职条件。同日，中山发表宣言，要求惩办民六祸国罪魁，实行兵工计划，并请直系将领将所部军队半数，由政府改为工兵。曹锟、吴佩孚、田中玉、冯玉祥等分别通电，愿废督裁兵，请于黎氏复职后遵行。十日，黎氏在津发两电：一谓各督复电允废督裁兵，仅于十一日先行入京，一谓入京后暂行大总统职权，俟国会开会听候解决。十一日，黎氏入京复职，同日特任颜惠庆署理国务总理。十三日，黎氏下令，撤销民国六年六月十二日的解散国会令。八月一日，旧国会开会⑦，参议院正副议长仍为王家襄、王正廷；众议院议长仍为吴景濂，副议长陈国祥已故，改推张伯烈为副议长，颜阁成立不久，即辞职而去；九月十九日，特任王宠惠署理国务总理。原来自徐世昌下野后，直系将领即欲拥曹为总统，津、保方面的直系要人如曹锐、边守靖等便是其中的急进分子，而镇守洛阳的吴佩孚则主张缓进；因此同一直系之中，又分为津保派和洛派。王阁的后台是洛派，惹起了津保派对王的不满；而国会方面如吴景濂、张伯烈等又和津保派勾结，利用曹锟的总统热，来作一笔政治买卖；这样一来，国会也和王阁捣乱了。到了十一月十八日，国会方面果然借口阁员罗文干签订奥国借款展期合同有纳贿情事⑧，迫黎元洪立下手谕，将罗文干拘捕。二十日，吴佩孚致电黎氏责以捕罗之违法。二十三日，曹锟通电攻击罗文干，请依法根究。吴氏不得已才于二十四日发电声明："拥护黎总统，服从曹使，对罗案不再置喙。"二十五日，王阁全体辞职。十二月二十九日，提出张绍曾组阁，得了津保派和国会的同意；至十二年一月四日，张阁正式成立。张氏就职之后，即以和平统一相标榜，但曹、吴力主武力统一，张氏受曹、吴压迫，因于三月八日辞职。旋经黎元洪挽留，又于二十日复职。自是津保派为着要迫黎氏退位，仍在勾结国会进行倒阁，以为倒阁之后，使黎组阁不成，中枢无主，再令军警发生混乱，黎氏就不能不去位了。到了六月六日，张氏果然被迫辞职；黎氏亦于十三日离京赴津。十六日，两院承曹锟意旨，通过自十三日起，黎元洪所发命令通电为无效。内务总长高凌蔚以次席代摄阁揆，与阁员程克、李鼎新、吴毓麟兼摄大总统职权。二十九日，中山发表对外宣言，要求列强保留承认北京政府。七月十四日，国会中政学系及民党议员赴沪集会，发表对内对外宣言，反对在京议员的行动。自是南北两方议员，均不足法定人数，后曹锟用大量金钱，收买议员，直至十月五日，北京国会才凑足五百九十余人，举行大总统选举会，曹当选为大总统。八日，北京宪法会议开三读会，通过宪法十三章，一百四十一条。十日，曹晋京就职。十三年一月九日，特任孙宝琦组阁。后孙于七月一日辞职，直到九月十四日，才特任颜惠庆署理国务院总理。以上所述，是反直战前直系把持北京政权的情形。那时反对直系的，中山之外，还有卢永祥和张作霖。曹锟贿选告成后，中山于十月九日，通电全国，讨伐曹锟，并通缉选曹议员，又电段祺瑞、张作霖、卢永祥同时举义。十二日，卢永祥通电宣告停止与北京政府的公文往来。十三日，奉、浙及西南各省驻沪代表由汪兆铭、姜登选领衔，发布反曹通电。这时杭州、上海成为反直的中心，不过卢以所处环境，面面受到直系包围，而奉系准备尚未充足，广东方面中山和陈炯明又在相持之中，所以浙卢不敢即刻发难。直到十三年九月初旬，因为粤、奉、浙的三角同盟已告成立，并决定江、浙一动，粤、奉两方亦同时出兵，于是江、浙战事才首先爆发。江、浙战争的导火线，较远的为淞、沪的争议问题，较近的为浙卢收编福建臧致平、杨化昭的部队的问题。原来卢永祥由淞、沪护军使升任浙督时，即以其部属何丰林继任护军使。这淞、沪地方，原属江苏管辖，但自何丰林据有后，即成为浙江的附庸，苏督齐燮元反无权过问。这是苏齐对浙用兵的远因。福建问题，原很复杂，自十二年三月孙传芳督理福建军务以来，直系即欲假孙氏武力，进图粤、浙。孙氏入闽后，因王永泉、臧致平、杨化昭所部军队，不服指挥，无所进展。直到十三年三月，孙氏联合周荫人，才把王部缴械，王氏逃走上海；四月，又打败臧、杨两部，臧、杨遁入浙南，福建问题，至是粗定，于是北政府派孙为闽、粤边防督办，周为福建督理。孙以闽、粤边防督办，只是一个空衔，遂与苏齐合谋图浙，曹、吴允其所请，遂定下苏、闽、皖、赣四省围攻浙江的计划。浙卢见形势险恶，也积极备战，同时联络中山、奉张，牵制直系，又收编臧、杨部队，以厚实力。苏齐、洛吴以卢氏收编叛军，向他责问，卢氏不为稍屈。八月中旬，江、浙双方调动军队，准备作战，孙传芳亦率兵出发，向浙边推进。九月三日，卢永祥通电就任浙、沪联军总司令，以何丰林、陈乐山、张载阳分任第一二三军总司令，何、刘两军为北路，专备苏、皖，张军为南路，专备闽、赣。四日，奉张响应浙卢，通电攻击曹、吴；五日，中山发表宣言，克日移师北伐；九日，段祺瑞亦通电号召反直。其在直系，则江苏、安徽部队，归齐燮元、陈调元指挥，赣、闽部队归孙传芳及赣东镇守使杨以来指挥，共同对浙、沪联军作战。九月三日，双方在沪宁铁路的安亭开始接触，北路浙、沪联军初颇胜利，后南路因孙传芳、杨以来入浙，卢氏感受威胁，才于十八日离杭赴沪，集中兵力于松江，与直系作"背城借一"的决斗。二十日，北政府任命孙传芳督浙兼闽、浙巡阅使，任夏超为浙省长。十月初旬，浙、沪联军完全失败，十二日，卢永祥通电下野，与何丰林、臧致平同走日本，江浙战事至是告一段落，而北方奉、直战争又起。原来张作霖于九月四日通电响应浙卢后，即于十五日实行动兵，自称镇威军总司令，共分六军，以姜登选、李景林、张学良、张作相、吴俊陞、许兰洲分任各军总司令。直军则以吴佩孚、王承斌为讨逆军总、副司令，共分三军，以彭寿莘、王怀庆、冯玉祥分任总司令。十五日，双方开始接触，奉军节节胜利，直到十月二十三日，冯玉祥与奉系妥协成立，冯氏率所部由古北口退回北京，联合陕西师长胡景翼、大名镇守使孙岳、热河都统米振标及其所属旅长岳维峻、张之江、宋哲元、李鸣钟、刘郁芬、鹿钟麟、孙良臣、孙连仲等通电，主张停战。次日，冯玉祥派薛笃弼到府谒曹锟，迫曹发下命令四道：一、前线停战；二、撤销讨逆军总司令等职；三、免吴佩孚本兼各职；四、特派吴佩孚督办青海屯垦事宜。二十五日，冯玉祥、王承斌等在北苑会议，决定：一、召集元老会议解决国是；二、由王承斌等通电，中华民国国民军会议公推冯玉祥为国民军总司令兼第一军军长，胡景翼为副司令兼第二军军长，孙岳为副司令兼第三军军长，于是日就职。吴佩孚至是，一面对奉军作战，一面对国民军进攻，并密令齐燮元、萧耀南、孙传芳率兵北上讨冯，但京汉铁路因阎锡山驻兵石家庄，津浦铁路因鲁督郑士琦中立，于是直系北上军队，均被阻隔。吴氏前后受敌，遂于十一月三日，率领残部，由大沽乘军舰南下，战事暂告一段落。当冯玉祥倒戈之后，即进行改组内阁。十月三十一日，颜惠庆辞职，特任黄郛兼代。十一月二日，曹锟咨参众两院辞职，代理国务总理黄郛即宣告摄行大总统职务。贿选总统的命运，至是告终。五日，摄阁修正《清室优待条件》①，由冯玉祥派鹿钟麟等迫令溥仪出宫移居醇王府，这时直系各督表面上仍在拥戴吴佩孚，反对北京政府，但实际上却希望段祺瑞出山，借段氏从中斡旋，来缓和张、冯对直系进一步的压迫。十一月十日，苏督齐燮元、鄂督萧耀南、浙督孙传芳、闽督周荫人、皖督马联甲、赣督蔡成勋等联名通电拥护段祺瑞；但同时反对北京政府。十五日，张作霖、冯玉祥、卢永祥、胡景翼、孙岳在津会议，因直系各督反对北京政府，遂共推段氏任中华民国临时执政，入京收拾时局。段氏于廿一日通电准于二十四日就临时执政职。二十四日，段氏入京，执政府正式成立⑩。十二月十二日执政府下三令：一、撤销曹锟宪法；二、宣告《临时约法》失效；三、消灭国会机关。二十四日，公布善后会议条例，派许世英为筹备主任，借此次会议以解决时局纠纷。十四年一月十三日，开第一次会议，举赵尔巽、汤漪为正副议长，至四月二十一日，闭会。会议中通过《国民代表会议条例》及《军事委员会、财政委员会条例》。五月三日，派许世英筹备国民代表会议。十六日，派王士珍等为军事善后委员会委员，梁士诒等为财政善后委员会委员。又当善后会议行将终了时，执政府又于四月十三日公布《临时参议院条例》⑪；五月一日，派赵尔巽等为参政院参议，于七月三十日，在北京开会。等到奉、国、直混战爆发后，执政府也就倒了。

反直战后，奉系掩有直、鲁、苏、皖、热五省区⑫，国民军掩有豫、陕、甘、察、绥五省区⑬，而直系势力顿衰，仅在长江流域保有一部分势力⑭，段祺瑞则利用三派鼎立，以维持其临时执政的地位。地盘的瓜分，虽然如此，但不久即有齐、卢的战争。十三年十二月十一日，执政府将齐燮元免职后，齐氏即于十四日以苏督职权移交韩国钧兼理，自行离沪。卢永祥受任苏、皖宣抚使，于十四年一月七日南下抵蚌埠，奉军张宗昌率第一师抵浦口，卢氏旧部亦由江北开赴南京，十日，卢、张二人同入南京。十一日，齐氏密令驻沪旧部，联合孙传芳军，将摄阁所任命的淞、沪护军使张允明的军队缴械，齐氏自称浙、沪联军第一路总司令，孙称第二路总司令，联衔宣言反对奉军南下。卢氏得到沪变消息，即命张宗昌进攻上海。上海总商会恐上海将成战事焦点，遂倡议上海不驻军，不设军职，并将上海兵工厂移设他处。段祺瑞赞成其议，遂一面下令裁撤淞、沪护军使，废止兵工厂，此后上海永不驻兵；一面任命孙氏督浙、周荫人督闽、卢永祥督苏，表示虽免齐职，但对浙、闽并无进犯之意，同时又命吴光新南下，调和孙氏，使勿助齐。这样一来，孙氏遂取观望态度，结果齐军为张宗昌所败，齐走日本。事后，张宗昌与孙传芳在沪签订和平条约，将上海兵工厂交上海总商会接收保管，浙、奉两军均由上海撤退。齐、卢战争结束后，不久又有胡、憨的战争。原来当胡景翼入豫时，豫省还有吴佩孚残部，归张福来统率，谋抗胡氏，并且吴氏也由汉口到了洛阳。段祺瑞恐胡部不能消灭吴氏残部，遂密令陕督刘镇华派憨玉琨师由潼关东迫洛阳，吴氏不敌，遂于十三年十二月一日奔郑州后又被迫赴鄂,再由鄂走岳州。直系在豫的势力,完全消灭。六日,任命胡氏督豫,憨氏恃驱吴大功,以不得豫督为恨,由是种下胡、憨战争的因子。十四年二月中旬,两军开始冲突,后孙岳率兵助胡,刘镇华率兵助憨,结果刘、憨大败,刘走山西,辞陕督职,憨自杀。后以吴新田继任陕督。四月,胡氏病死,遗嘱以岳维峻代行职务,旋段氏正式命岳继任豫督。胡、憨战争结束后,不久又有奉、浙的战争。原来齐、卢战后,张宗昌驻兵徐州,谋取鲁督的地位。十四年四月,张作霖向段祺瑞要求张宗昌督鲁,调郑士琦督皖,段氏只得依奉张意思办理。旋张以北京近郊,全系国民军势力范围,颇为不满,又于五月中旬,派大军入关,分布京畿,国民军以势力不敌,只得退让。五卅惨案发生,上海骚动,张又以维持上海秩序名义,命张学良率兵二千进据上海,前此江、浙和平条约中上海永不驻兵的条件由是破坏无余。六月下旬,张学良北上,由姜登选部邢士廉率领奉军来沪驻扎,自是淞、沪遂入奉系势力范围。这时段、张之间,因张氏逼迫太甚,关系颇为恶劣,卢永祥因于七月十三日北上,调停段、张,未有成效,卢氏即辞去苏督之职。八月底,段氏容纳张作霖的要求,命奉系将领杨宇霆督苏、姜登选督皖,同时任命冯玉祥兼任甘督,孙岳任陕督,以敷衍国民军。九月十四日,杨宇霆、姜登选分赴苏、皖接任,且有进图浙江之意。浙督孙传芳先发制人,于十月十五日自称浙、苏、闽、皖、赣联军总司令,分五路向上海、宜兴方面进发。奉军以兵力单薄,于先一日退出上海,十六日,孙军占领上海,通电讨奉,鄂、皖、赣三省直系将领纷纷响应,声讨奉军,并电请吴佩孚出山,与孙氏共同主持大计。杨、姜知势弱不敌,遂率所部退至徐州,与张宗昌军会合。二十一日,吴至汉口,自称受苏、浙、豫、皖、陕、晋、湘、鄂、赣、川、粤、桂、闽、黔十四省推戴,就讨贼联军总司令职,打算假道河南,与孙会攻徐州。但豫督岳维峻宣言中立,不肯假道,吴氏计划未能实现。十一月七日,奉军退出徐州,徐州即为孙军占领,奉、浙战争告一段落,自是苏、浙、皖、赣、闽五省全为孙氏所宰制。然不久,奉、国战争又起。奉、国的失和,早在奉、浙战事之前。到了徐州被孙占领,岳维峻即向豫、鲁两省推进,而奉军则向北京出动,奉、国的战事,迫在眉睫。后经段祺瑞从中调和,把京汉路沿线交冯玉祥、岳维峻,津浦路沿线交张宗昌、李景林,才把战事和缓下去。到了十一月二十三日,奉系将领郭松龄①与冯玉祥联络，实行倒戈，由滦州出兵向关外移动，占领营口，同时国民军宋哲元又助郭由多伦进攻热河，热河都统阚朝玺回奉，宋哲元继任热河都统。这时日本以保护东三省权利为借口，出兵满洲，暗袭郭军后路，十二月二十三日，巨流河一战，奉张得日本援助，才把郭军打败，其所留部队，归其婿魏益三统率，改编为国民军第四军。直省方面，李景林原与冯、郭有约，共同反奉；及见国民军欲得直省地盘，不利于己，李氏才于郭倒戈后，忽宣布保境安民，拥护中央，与奉脱离关系。国民军因李氏忽变态度，也就决计对李用兵。十二月二十四日，天津一战，李军全败，其部队退入鲁境，李走依张宗昌，于是直省归国民军所有，改以孙岳督直。但不久又有奉、直结合，对国民军的抗斗。原来当奉、浙战争时，在豫国民军第二军第九师李纪才部即与直系余部陈文钊、王维城、王为蔚、田维勤各军联合，与奉军战于固镇、徐州间。十一月，李纪才占领泰安等地，打算进攻济南。时吴佩孚困居汉口，见国民军大部分兵力集中直、鲁与奉军作战，河南空虚，便有乘机而起之势，并且自郭倒戈后，吴氏又有联奉反国的意思。吴氏因令联军第一军总司令靳云鹗，假助国攻鲁为名，入鲁秘密勾结陈文钊、王维城、王为蔚、田维勤各部，并与张宗昌联络，反抗李纪才部，李氏不支，于十二月退入豫境。在国民军方面，冯玉祥自打败李景林后，即于十五年一月一日，通电下野，准备出洋考察，并以职权交张之江，所占西北地盘，与部属议决划分京畿、口北及察哈尔、绥远、热河、甘肃五区，以鹿钟麟、张之江、李鸣钟、宋哲元、刘郁芬分任总司令。十八日，鲁军张宗昌部师长方振武，通电与岳维峻、孙岳、冯玉祥合作，改称国民军第五军。张宗昌自知地位危险，早就尽力把张作霖、吴佩孚二人拉拢，到一月五日，奉张致电吴氏表示谅解，于是奉、直结合对抗国民军的形势以成。一月下旬，吴命湖北第一师师长寇英杰进攻河南信阳，国民军蒋世杰坚守信阳，经月不能下。而此时靳云鹗已由鲁侵豫，为吴氏策应，十四日，萧耀南在鄂暴卒，吴委陈嘉谟为鄂督。二十六日，靳军占领开封。寇军因攻信阳未下，乃绕出信阳后方，于三月一日进占郾城、许昌，信阳接济遂断，而岳维峻在郑州又东南两面受敌，亦只得于三月二日退至洛阳，洛阳附近红枪会复与岳军为难，岳氏逃入陕西，其残部退入直境的，又被阎锡山在石家庄解决。蒋世杰亦投降吴氏。于是国民军第二军完全失败，河南复归吴氏所有。十七日，吴命寇英杰为河南督办，靳云鹗为河南省长。其在东北方面，张作霖于一月十一日，以讨伐魏益三为名，通电出兵向关内进攻。十九日，奉军占领山海关。而张宗昌与李景林又合组直、鲁联军，向直隶进展，为奉军策应。二月下旬，李景林部突过马厂，天津危急，国民军第一军因推鹿钟麟至前线指挥军事，屡胜李军。张宗昌命山东海防总司令毕庶澄率舰攻大沽口，国民军遂封锁港口以为抵抗。三月十二日，日本驱逐舰二艘驶入大沽口，与国民军开炮互击。十六日，日本联合英、美、法、意、荷、比、西七国，向北京政府提出最后通牒，根据《辛丑条约》，要求"津沽间之航道停止战斗行为"。于是北京遂演成三一八惨案，而国民军在津、沽战事亦遇阻碍。旋奉军又进攻滦州，靳军亦由郑州分三路沿京汉铁路向北进攻，而阎锡山复出兵大同，威胁国民军后路。在京名流王士珍等至是遂主张和平，张之江、鹿钟麟、孙岳均通电赞成。二十一日，国民军由京奉、津浦、京汉三路总退却，集中近畿一带。二十二日，李景林占领天津，通电委张宗昌部下褚玉璞为直督。自是直、鲁联军及奉军、靳军节节进逼京畿。段祺瑞左右想勾结奉军，为鹿钟麟所发觉，鹿因于四月九日驱逐段祺瑞，释放曹锟⑮，并电请吴佩孚入京主持大政。吴氏不听，仍联合各军向京畿猛攻。十五日，国民军一三两军向南口撤退，而唐之道部，突叛国民军，占领北京。段氏复出而执政。十八日，吴氏电唐之道，令拘捕安福系首要，监视段祺瑞。二十日，段氏辞职逃津，执政府消灭，同日，张学良及直军田维勤部进据北京，魏益三部队归田维勤收编，唐之道部归奉军收编。六月下旬，张作霖、吴佩孚先后入京，决议会攻南口。时北京有李景林部不稳的谣传，到二十九日，奉、鲁两军首先就把李景林部解决，才于七月二日，开始进攻国民军，至九月十日，国民军完全失败，退入陕西。奉、直对国民军的战事，暂告结束。

注释

①外交陆征祥，内务田文烈，财政李思浩，陆军靳云鹏，海军萨镇冰，司法朱深，教育傅岳棻，交通曾毓隽，农商田文烈等。

②李士伟系亲日派，被人反对未到任，由次长潘复代，后改任高凌蔚。

③简称九六盐余公债。

④直、奉战争之时，赵倜于五月五日宣布河南自主，中牟一战，冯玉祥、靳云鹗打败赵杰，九日，政府下令免赵杰职。十日，又下令免赵倜职，以冯玉祥督豫，

陕督由省长刘镇华暂行兼署。奉张又联络皖督张文生,并勾结张勋发动旧部,进攻徐州。后因苏齐监视,张文生也只好表示保境安民,其计遂败。

⑤鲁督田中玉则以奉张派遣张宗昌入鲁,反与直系合作。

⑥这次旧国会的恢复,是由于未赴广州的王家襄一派及由广州退出的吴景濂一派与直系将领勾结而发动的,他们以恢复民国六年国会解散时的原状为目的,所以称为民六国会。其在广州召集的旧国会,称为非常国会,只有民六旧国会的一半,民国八年,用非常手段补足议员名额,所以又称作民八国会。民六国会的恢复,就是要拆民八国会的台。

⑦这次国会开会,宣言继续民国六年第二期常会。民八议员不能出席,遂生起民六民八议员之争,至八月三十日,民八议员竟闯入众议院议场,索打议长。九月十八日,民六国会乃举行第二届常会闭会式,以为无抵抗的抵抗,后来政府设置政治讨论会,以谋安插民八议员,民八议员才逐渐软化下去。

⑧按中国向德、奥借款共七次,除已还者外,计实负英金四百一十万磅,内有购货合同二百三十余万磅,留存奥国银行,贷既未交,债不成立;所余一百八十余万磅内,除在英国使馆挂号有效之债票七十万磅外,应负债款一百一十余万磅。巴黎和会,以中国为参战国,故议决德、奥在中国的债务,概作赔偿中国的损失,于是该项债票在欧洲直无价值可言。乃德、奥奸商,竟以极低价格购买该项债票四分之三以上,自称为债权者的代表,来京要求偿还,交涉数载,未有结果。民国十年,复改入意大利籍,委托华意银行,向中国政府换取新债票,财长罗文干于十一年十一月十四日签字承诺。明日,华意银行华经理徐亚翰突以罗文干密订奥款合同受贿八万磅报告吴景濂,所谓罗案,由是而起。后经法庭调查,悉罗并未受贿,至十二年中旬,罗始出狱。

⑨第一条:清帝永远废除帝号,与国民在法律上享有同等权利。第二条:补助清室家用每年五十万元,并特支二百万元,开办北京贫民工厂,尽先收容旗籍贫民。第三条:清室即日出宫。第四条:清室宗庙陵寝,由民国保护。第五条:清室私产,归清室完全享有;其一切公产,应归民国。同时组织清室善后委员会,以李煜瀛任委员长、易培基、范源濂等任委员,接收公产。

⑩执政府设国务委员,以唐绍仪任外交(唐未到任,由次长沈瑞麟代),龚心湛任内务,周光新任陆军,林建章任海军,李思浩任财政,章士钊任司法,王九龄任教育(王未到任,由章士钊兼),叶恭绰任交通,杨庶堪任农商。不设国务总理,由执政召集国务会议,处理国务。执政总揽军民政务,统率海陆军,对外代表国家。

⑪其议事范围:对内为调停纷争,对外为宣战媾和及缔结条约。

⑫直督改任李景林,鲁省则驻有多数奉军,归张宗昌统率;苏督齐燮元免职,

以省长韩国钧兼任,而命卢永祥为苏、皖宣抚使;皖督马联甲免职,改以王揖唐任省长兼督办;卢、王虽属皖系,然此时以利害关系,却均倾向于奉系;热河则以阙朝玺任都统。

⑬豫督张福来免职,以胡景翼继任;陕督仍为刘镇华,甘督仍为陆洪涛,而以孙岳任豫、陕、甘剿匪总司令,并参看胡、憨战争一节;又命张之江为察哈尔都统,李鸣钟为绥远都统。

⑭鄂、浙、闽三督未易,改以方本仁任赣督。

⑮奉系原分新旧二派:黑督吴俊升、吉督张作相为旧派首领,总参谋杨宇霆为新派首领;旧派主保守,新派主进取。而新派之中,又分士官派与大学派,士官派以杨宇霆、姜登选为首领,大学派以郭松龄、李景林为首领。第一次奉、直战后,旧派失势,新派渐见信用,杨、郭、李皆居要职。郭为张学良所佩服,奉军精锐全在张学良手中,而事实上全为郭所把持,因此郭益见忌于同僚。第二次奉、直战后,张宗昌、杨宇霆、姜登选、李景林皆得地盘,郭欲得一热河都统,而为杨宇霆所扼。及郭奉令入关,遂与冯玉祥、李景林联络,实行倒戈。

⑯曹锟辞职后,因北京地方检察厅检举其贿选,执政府把他监禁,以俟公判。至是乃恢复自由。

第十二章　中国国民党之改组与国民政府之成立

原来南方的军政府,自中山于八年八月辞职赴上海以后,唐继尧以领职滇省,唐绍仪以议和沪上,都无力过问;于是政学系和桂系勾结,把持了两广的政局。直、皖战后,北方靳云鹏组阁,倡议和平统一,岑、陆乘机和北方妥协,表示愿意取消自主。九年三月,滇、桂军冲突以后①,军政府内部政潮更烈:伍廷芳辞去总裁,离粤赴沪;在粤旧国会一部分议员又受粤督莫荣新压迫,也只好相率离粤,并于四月由两院议长林森、吴景濂领衔通电指斥岑氏阴与北方谋和及违背护法宗旨的举动,宣告另择地点开会。同时,伍廷芳、唐绍仪也通电军政府政务会议不足法定人数,不能成立。这时留粤议员,仍照常开会,并于五月四日补选熊克武、温宗尧、刘显世为总裁。其离粤议员,则移至云南开会,于七月十日,宣告成立,并于八月七日,撤去岑春煊总裁职务,补选刘显世为总裁。军政府至是,遂完全分裂。当军政府分裂时,自治运动的声浪,正普遍全国,于是"广东人的广东"一口号,也就盛倡于广东省,桂系陆、莫和岑氏都不自安。

会援闽粤军陈炯明部②奉中山密令于八月十七日率师返粤，宣言广东自治，驱逐陆、莫，以九月二十四日占领惠州。这样一来，岑、陆遂急谋与北方通款，竟于十月二十四日，用岑春煊、陆荣廷、林葆怿、温宗尧名义通电取消军政府，二十六日莫荣新又通电取消自主。旋莫为陈炯明所迫，于二十九退出广州，三十日陈氏入广州。三十一日，中山、伍廷芳、唐绍仪、唐继尧以军政府政务总裁名义，由沪通电，否认统一。十一月一日，陈炯明也通电否认岑、陆取消军政府及莫氏取消广东自主的通电。于是岑走上海，陆、莫回桂，中山与伍廷芳、唐绍仪相率返粤，于二十九日再开政务会议，执行军政府职权。留滇旧国会议员也先后返粤，于十年四月七日，再开非常会议，议决《中华民国政府组织大纲》，撤销军政府，票选中山为非常总统，中山于五月五日就职。同时中山宣言：如徐世昌肯舍弃其非法总统，则中山亦当同时下野。这时中山的权力，只能及于广东一省③；就是广东，陈炯明也和中山不能合作，中山要集中大权，而陈倾向联省自治，以谋割据。桂系知孙、陈暗斗，而唐继尧又被顾品珍逐去，桂军无后顾之忧，遂乘机作卷土重来之想。六月十三日，粤桂战争开始，粤军因桂军刘震寰通款，于二十六日占领梧州。七月十日，桂军沈鸿英通电自治，与粤军一致行动，于是粤军进占昭平、平乐、桂林。七月十六日，广西护军使陈炳焜通电声明解职，所有军事统归督军谭浩明办理。及粤军占领贵县，谭氏不战而逃，陆荣廷也只好于十九日退出南宁，通电解除两广督办职务。后沈鸿英在桂林，与陆、谭暗通消息，至八月三日，粤军又把沈鸿英打败，沈率兵逃入湘境，于是广西全省底定。广西定后，中山即决计由桂林取道湖南，出师北伐。事先中山与陈炯明接洽，把两广交陈氏主持，请他对北伐不加阻碍，并切实接济饷械。十一年二月二十七日，中山在桂林誓师，其先锋进至湘边，并与奉系联络，合倒直系。旋因入湘计划，不能成功④；中山才决定潜师回粤，由赣北伐。四月中旬，中山统率的部队到了梧州，陈炯明才知道。这时陈氏主要部队都在南宁，知不能与中山抗，便电请辞职。二十一日，中山下令免陈粤军总司令及广东省长职，另任伍廷芳为广东省长，并裁撤粤军总司令一职，粤军悉归大本营直辖。陈氏退走惠州。二十二日，中山抵广州，决计继续北伐，命诸军集中韶关。五月六日，中山在韶关誓师，十三日，占领赣州；而陈部叶举所统粤军六十八营，欲于此时开拔回粤。二十日，叶举抵广州，向中山要求恢复陈炯明本兼各职。

中山不得已，卒于二十七日命陈督办两广军务，所有两广军队，悉归节制调遣。但叶举所部以索饷为名，仍留广州，人心恐慌异常。中山因于六月一日，命胡汉民留守韶关，自率卫士回广州镇摄。时陈炯明已与赣督陈光远勾结，至十五日，陈部叶举、洪兆麟等竟统兵进攻总统府，中山蒙难，于十六日避居永丰舰①。十七日，中山率永丰各舰轰击广州，不克。七月十日，中山乘永丰舰进至白鹅潭，仍在舰中执行总统职权。时北伐军许崇智、黄大伟、李福林、朱培德等深入赣境，闻广州事变，即回军攻粤，屡与陈部冲突，不能胜，许、黄、李诸部退闽南，朱部退至桂林。中山接北伐军败退消息，亦于八月九日至香港；十四日抵沪；十五日发表宣言，历述其年来护法的苦衷及陈炯明叛变的经过，并主张裁兵，实行工兵计划。同日，陈炯明入广州，任粤军总司令。中山在沪，仍想恢复广东，以作革命的根据地。时许崇智等在闽南，与皖系旅长王永泉联络，谋驱闽督李厚基。十月二日，徐树铮通电设立建国军政制置府，自任总领，尊奉中山、段祺瑞为领导，联合许、王部队，向福州进攻。十二日，黄大伟、李福林军占领福州，李厚基逃。十七日，徐、许、王同入福州，以闽省军政交王永泉，以民政交林森⑥。中山至是，遂作入粤之想，于是以入闽各军，编为东路讨贼军，任许崇智为总司令兼第二军军长，黄大伟为第一军军长，李福林为第三军军长。陈炯明探知许等图粤的消息，也向闽边戒备，并任洪兆麟为援闽总司令。谁知福建方面还未发动，而广西早就发动了。原来中山于许、王取得福建后即派邹鲁等至香港，秘密结合在桂的滇、桂各军，由梧州进攻陈炯明。这时在桂的滇军原受中山指挥的，除朱培德部以外，还有杨希闵、范石生等部，桂军则有刘震寰、沈鸿英各部⑦，而驻在梧州、肇庆一带的粤军陈济棠、莫雄等部，也允于滇、桂军东下时响应。十二月二十九日，刘震寰在梧州宣布独立，讨伐陈炯明。于是各军陆续分途东下，九日，滇、桂军占领肇庆，陈军败退三水；十日，滇、桂军进占三水；陈势穷力蹙，于十五日通电下野，率所部退惠州，滇、桂军入广州。洪兆麟在汕头，见大势已去，也于十五日宣告离陈独立，欢迎中山、许崇智回粤。十九日，广州各军设立海陆军警联合维持治安办事处，推粤军将领魏邦平为主任。二十六日，中山发表宣言，说明和平统一的方法，只有实行裁兵，化兵为工。二月二日，许崇智率粤军由闽返粤。二十一日，中山抵粤，即组织大元帅府，以大元帅名义统率在粤各军，三月二日，大元帅的大本营组织告成，下设四部、二局、一库、二处⑨。曹、吴见中山回粤，于是打算利用沈鸿英来推倒中山，压迫国务总理张绍曾，任沈督理广东军务，并以军械军饷助沈。四月十六日，沈在新街就任北政府的广东军务督理，电请中山离粤，二十九日，中山命程潜、杨希闵率滇、粤、桂联军攻沈，沈军节节败退，率领余众走南雄。北江战事暂告结束，而东江陈炯明部又起。原来东江要地，在惠州、潮汕。当沈氏败退之日，陈部叶举即宣言反对中山，旋洪兆麟攻入潮州，林虎进占汕头，中山虽命刘震寰进围惠州，而陈部杨坤如坚守不下，且陈部熊略猛攻至石龙，于是惠州、博罗间的孙军，反有被包围之势。幸中山应付敏捷，得以无虞。十月下旬，孙军猛攻惠州，不克，而林虎、洪兆麟等已大举西上，解惠州之围。十一月初旬，陈军占领石龙、石滩，广州震动。幸得谭延闿、樊钟秀各率所部来援⑩，合力击退陈军，解广州之围，孙军进占石龙，孙、陈两军遂成相持之局。

原来国民党自二年被袁世凯解散后，中山即于三年在日本东京组织中华革命党，把以前党中温和派淘汰出去。八年，仍定名为中国国民党。这时正是民众运动高涨新文化运动勃兴的时期，苏俄革命的成功，又予中国知识分子以新的刺戟；中山在这时期中，撰述《建国方略》，把国民党的建设理论建立起来了。十一年十二月一日，国民党发表宣言，提出具体的政策，并且重新将三民主义，为明白的解释。十二年十一月，中山决定将国民党改组，发布《改组宣言》，凡属党员都要重行登记，着手市党部区党部区分部的组织，统一宣传机关。十三年一月二十日，开全国代表大会于广州，由中山主席，说明此次改组的意意，采用革命的方法，重新造党以建国。大会通过《中国国民党党章》，规定以创行三民主义、五权宪法的中山为总理，同时发布《宣言》⑩，规定最小限度的政纲以为目前对内对外施政的标准，又通过组织国民政府案。并且联俄容共的政策，也在大会中明白表示出来了⑪。大会闭幕后，各地党部逐渐成立，对民众作有系统有组织的宣传，于是国民党的主义才逐渐普及于民众。同年五月，蒋中正筹设的中国国民党陆军军官学校⑫正式开学，并任蒋为校长，以训练革命的基本队伍。七月，改用青天白日满地红为国旗。国民党改组不久，中山迫于情势⑬，又于九月十三日，发表讨曹宣言，把大元帅职务，交胡汉民代行，亲率谭延闿部湘军、朱培德部滇军及樊钟秀部豫军北伐，移驻韶关。在北伐进行的时期中，广州就发生了商团事变。原来广州商民，对大元帅府早就不满，他们认为杨希闵、刘震寰的剥削蹂躏，都是政府赐给他们的。香港英国政府，自国民党改组聘用苏俄顾问后，与苏俄冲突，日益厉害，因此乘着广州商民的不满，也就暗中操纵，打算推翻广州政府。陈炯明素以"粤人治粤"为号召，反对北伐，他这种说法，正迎合广州商民的心理，因此他受了英国的指使，也在勾结商民，进行推翻政府的工作。他如杨希闵、刘震寰，表面上虽服从中山，但心理上别有怀抱，也在勾结商民，排斥中山。有了这些原因，于是商团事变发生了。八月一日，商团团长陈廉伯（英国汇丰银行买办）由粤汉铁路总理许崇浩介绍向大元帅府领到一张买枪的执照。不到数天，九千余杆枪械，便已由丹麦船哈佛号运载入口。中山得讯，即命蒋中正把全部枪支扣留在黄埔军校⑭。商团不服，遂以罢市相要挟。二十七日，英国总领事竟出面干涉，谓华军如轰击商团，英国海军也将炮轰华军。中山并不示弱，亦向英国政府提出抗议。但这时广州政府以所处环境太恶，很愿与商团和平解决。到十月初旬，政府酌定折中办法，发还长短枪五千杆，以商团缴纳二十万元并抽收广州全市房捐一月，及商店开市为条件。商团答应了，遂定于十月十日将枪五千杆由黄埔运出，交给商团。这一天因为是双十节，广州有学生农民工人集会庆祝游行，与商团发生冲突，打死游行群众多人。次日，商团宣言非俟枪支全数发还，决不开市；并派团兵巡街，借口维持治安。同时煽动北江民团准备应援，谋断广州与韶关的交通。十四日晚，政府调许崇智所部粤军、李福林所部福军、吴铁城所部警卫军及黄埔军校的学生，至十五日，才把商团包围，全部缴械。商团事变，至是完全解决。后黄埔军校，把这些枪械成立了一个教导团，所谓党军，也至是才稍有基础。

中山的北伐，因受商团事变的牵制，所以没有结果。但那时直系已倒，段祺瑞执政，北方政局已起了很大的变化。中山以段祺瑞、张作霖、冯玉祥的公请，遂决计北上，谋与北方民众接近，以便宣传他对时局的主张。十一月十日，中山发表一篇对时局的宣言，首叙国民革命的目的，对内在扫除军阀，对外在取消一切不平等条约；最后主张召集国民会议，解决国事，在召集国民会议以前，主张先召集一预备会议。宣言发表后，中山于十三日离粤，十七日抵沪，在沪对新闻记者发表谈话，说明此次北上目的，一为召集国民会议，以消灭军阀干政；一为废除不平等条约，以打倒帝国主义。二十二日，离沪赴日，十二月四日，到了天津。这时段祺瑞已经看见十日中山对时局的宣言,他为着表示与中山主张一致起见,于二十一日入京就职时,也通电主张于一个月内召集善后会议,三个月内召集国民代表会议。不过段氏的主张,全系敷衍中山掩饰国人耳目的工具,和中山的主旨完全相反。并且段氏恐怕外交团不承认执政府,还声明尊重不平等条约。十四日,段氏派许世英、叶恭绰至津,欢迎中山入京,中山询问许、叶,得知段氏已接受外交团尊重不平等条约的通牒,便表示异常的愤慨。这时中山因感冒风寒触动肝病,正在调养中,及许、叶来津,才扶病于三十一日入京,受民众热烈的欢迎。十四年一月十七日,中山为委曲求全计,提出关于参加段氏所主持的善后会议的条件:一、须加入现代实业团体、商会、教育会、大学学生联合会、农会、工会诸代表。二、善后会议讨论军事财政诸问题,其最后解决之权,当还诸国民会议。二十九日,执政府答复中山,很为敷衍;中山认定与段已无合作可能,遂于三十日决定不参加善后会议。二月一日,善后会议开会;二日,国民党通电全国各公团,表示对善后会议不能赞同。十日,又通电主张国民自制《国民会议组织法》,声明善后会议非以人民团体为主,不能由此产生国民会议。自是国民党对于执政府的行动,遂取反对态度。这时中山病已沉重,卒于三月十二日逝世,在京举行隆重的丧仪,北京民众,群起参加;中山的主张,虽未实现,但其主义,却由此深入民众了。其在广东方面,则自中山北上后,其大元帅职务,仍由胡汉民代理。那时陈炯明见中山离粤,便认为时机已至,于是勾结广州近郊的滇、桂军作内应,于十四年一月七日向潮、汕出发,会同林虎等,分三路进攻广州。二十四日,东江战事开始。广州方面,以黄埔教导团及许崇智部粤军任右路攻淡水,桂军任中路攻惠州,滇军任左路攻河源。右路黄埔教导团于二月一日以后,以次克复东莞、石龙、淡水等地,至三月十九日遂占领五华、兴宁,粤军亦于此时占领梅县、大埔到达蕉岭。而中左两路,因与陈有联络,却始终未动,幸右路行动迅速,在两个月之内,即将陈军驱逐于潮、汕以外,广州才未动摇:这便是第一次东征的成功。在右路军克复兴宁时,发现了杨希闵与林虎等私通的密电;接着又发现了刘震寰暗约云南唐继尧[15]派兵由桂攻粤的秘密。这样一来,蒋中正、许崇智、谭延闿、朱培德等才决计讨伐杨、刘。六月十三日,蒋中正等大败杨、刘,把杨、刘所部滇、桂军二万余人,在广州近郊,完全缴械。八月间,廖仲恺被刺,陈炯明又以时机可乘,遂于九月一日,由刘志陆发动，占领潮、汕，洪兆麟响应，惠州仍为陈有。广州危急，蒋中正遂决计作第二次东征。随发觉川军熊克武⑯有通陈嫌疑，蒋氏即拘禁熊氏，把所部川军完全解散。十月十一日，国民政府发表《东征宣言》，决定扫除陈军，统一广东。十四日，蒋中正率黄埔教导团攻下惠州。十一月初旬，进占潮、汕；陈氏残部，退走闽边；东征之役至是结束。当第二次东征时，陈炯明又勾结粤南邓本殷进窥肇庆，以谋牵制东征军。十一月十日，陈铭枢击败邓军，旋东征军又抽调大军援助陈铭枢，邓势益不支，退走桂边。至十五年春间，琼、崖亦被肃清，广东全省至是完全一统。广西方面，自中山重建大元帅府后，因为广东内部多故，所以不暇西顾，陆荣廷乘机，遂谋恢复桂省地盘。十三年一月三十日，陆氏受曹锟任命为广西军务督办，在桂林就职。时广西内部的实力派，计有自赣回桂的沈鸿英和李宗仁、黄绍雄的桂军。李、黄倾向中山，沈虽中山叛徒，但亦不愿受陆氏宰制。六月中旬，沈氏投降中山，进攻桂林，北政府因命马济会同湘军叶琪旅入桂援陆。当沈、陆相持于桂林时，李宗仁又奉中山命进攻南宁，援助沈氏。二十六日，李宗仁占领南宁，沈、陆至是又停战媾和。七月十六日，李氏通电请陆荣廷下野，自称定桂讨贼联军总指挥。八月七日，李军占领柳州，沈鸿英见李、黄势盛，又与李、黄联合反陆。二十四日，沈军占领桂林，陆氏败退全州，旋即下野，所部入湘，由马济改编，同时湘军亦由全州退去。十月二十二日，李、黄、沈三氏在浔州开全省善后会议，李、沈两派相持，无法妥协。十一月初旬，中山遂命驻粤桂军领袖刘震寰为广西省长，令率所部回桂。沈、李两派，恐刘回桂于双方不利，遂一致拒绝刘氏返桂，并公推李为广西善后督办，黄为会办兼省长。十一月下旬，大元帅府任命李为广西绥靖处督办，黄为会办。沈见李、黄以广东为奥援，于己不便，遂于十四年一月再与李、黄开衅，李、黄得驻扎西江的粤军李济琛援助，于二月七日占领柳州，十四日占领桂林，沈氏残部退入湘、粤边境，广西全省，遂入于李、黄之手。然其时又有唐继尧入桂与李、黄冲突之事。原来唐抱大云南主义，很想向两广发展，当中山于十三年秋间北伐时，曾任唐为副元帅，而唐未就职。及中山北上，唐便勾结在粤滇军将领刘震寰、杨希闵为内应，乘李、黄与沈在桂林决战时，于二月二十三日派兵入桂占领南宁，并分兵由梧州向粤境出动。及中山逝世，唐便于三月十七日通电就副元帅职，打算独霸西南。二十日，国民党中委执行委员会通电讨唐，并命驻粤滇军范石生部会同李、黄部队进攻唐军。四月一日,唐、范两军在南宁附近接触,而沈鸿英残部又乘机在桂林、柳州复起。至五月十二日,经李、黄、范奋力抵抗,才把唐军阻住;就在这一天,唐以副元帅名义任命刘震寰为广西全省军务督办兼省长,刘部滇军拟由广东北江回桂,幸为朱培德部滇军所截阻。六月十三日,刘部在广州完全被解决,于是唐军在南宁亦失势。七月七日,唐军大败,回滇,沈的残部,也陆续平定,广西全省至是才真正统一。至十五年正月,李、黄与汪兆铭等在梧州会议,会商两广统一办法;三月十五日,国民政府政治委员会通过两广统一案,两广由是成为国民革命的根据地。

原来当国民党第一次代表大会时,曾通过组织国民政府案,采用委员制,其时因杨、刘盘踞广东,倘若改组,则杨、刘以军队在握,当然列为委员,这样一来,国民政府便难免不被军阀所操纵。所以虽经决议,并未即时组织。中山逝世后,党内无总理,推之以党治国的理论,则国家亦不复有元首了,这时本应成立国民政府,采用委员制,取消大元帅独裁制,但仍以杨、刘尚未铲除,故未成为事实。直到十四年六月十三日,杨、刘势力被铲除后,接着因为二十三日发生沙基惨案,外交棘手,胡汉民等为应付时艰计,才于二十五日发表改组国民政府宣言。七月一日,国民政府成立,采委员合议制,以汪兆铭、胡汉民、孙科、许崇智、伍朝枢、徐谦、张继、谭延闿、戴传贤、林森、张静江、程潜、廖仲恺、古应芬、朱培德、于右任十六人为委员,主持政务,并推汪兆铭为主席委员,许崇智为军事部长,胡汉民为外交部长,廖仲恺为财政部长。三日,改组广东省政府,设军事、民政、财政、建设、商务、教育、农工七厅,以许崇智、古应芬、廖仲恺、孙科、宋子文、许崇清、陈公博分任厅长,推许崇智任省务会议主席;另设广州市政厅,以伍朝枢为委员长。又国民政府成立以后,即实行整理军政和财政。关于军政方面,在国民政府之下设立军事委员会,以汪兆铭任主席,旋取消主席,设常务委员三人,以汪兆铭、蒋中正、谭延闿任常务委员,一切命令,由三人连署负责,并规定常务委员,有节制调遣军队之权。陈、杨、刘平定后,许崇智任粤军总司令,谭延闿任湘军总司令,朱培德任滇军总司令,程潜任攻鄂军总司令,及军事委员会成立,遂取消地域名称,一律改为国民革命军,以蒋中正任第一军军长,谭延闿任第二军军长,朱培德任第三军军长,李济琛任第四军军长,李福林任第五军军长⑰。又设海军局和航空局，统归军事委员会节制。后又新编第六军，以程潜任军长。广西统一后，又将桂军编为第七军，以李宗仁任军长。各军设党代表，以监督军官，又设政治部，专司宣传训练工作。国民政府的军权，至是统一。其财政方面，则广东自军兴以来，财政紊乱，达于极点。各军均于防地截留税款，或设局筹饷，而防地又有肥瘠的不同，致使各军收入无法平衡，于是此争彼夺，时局益陷于纠纷而不可收拾。十四年六月初间，国民党中央执行委员会决议整顿财政，军需独立，而以杨、刘尚未肃清，无法进行。杨、刘平定后，廖仲恺为财政部长，锐意整理财政，然不久被刺⑱。后来宋子文继任部长，召集财政委员会议，决定统一全省财政办法，划分国家税与地方税权限，分别征收。又禁止赌捐，以革弊政。及广西统一后，广西财政亦受国民政府指挥监督。国民政府的财政至是统一。

注释

①驻粤滇军，系帝制战争时，由李烈钧带出来的。后滇军完全落于接近桂系和政学系的李根源手中，李烈钧反无权过问。至是滇督唐继尧因不满意桂系和政学系，遂示好于民党，下令免李根源职，以所属部队，直隶滇督，并令李根源秉承军政府参谋部长李烈钧意志办理。于是驻粤滇军分化：一部分属根源，一部分属烈钧；而莫荣新帮助根源，滇督亦命唐继尧统兵东出帮助烈钧，由是发生滇桂军的战争。后经岑春煊调解，战事始停。

②护法军兴，闽督李厚基屡请讨粤，意欲要好段祺瑞，北政府遂授以闽、浙讨粤联军总司令名义。七年春，陈炯明率粤军数千，闯入闽南，占领三十余县，军政府任为福建省长。九年秋，陈有弃闽图粤之意，闽李亦亟欲收回闽南各县，遂允接济陈军饷械，双方条件妥协，陈遂率军回粤。

③当时广西尚在桂系陆荣廷手中，已投降直系。湖南已别树自治的旗帜。四川熊克武失位，刘湘当政，也宣告自治，贵州卢涛逐去刘显世，虽宣言与西南各省一致，但所谓一致者，一致不服从北政府而已，对于广东政府，也无关系。云南唐继尧虽表示与中山合作，但在十年二月七日，即被顾品珍所逐。

④陈炯明诱惑湖南当局，阻止北伐前进，同时陈对北伐军军费及枪械子弹，亦从未接济。

⑤今改为中山舰。

⑥后孙传芳入闽，王永泉与孙妥协，林森去职。至徐树铮则因闽人反对建国军

政府，于十一月二日离闽。

⑦沈鸿英自桂林败走后，即转徙于湘、赣之间，至是又受中山指挥。

⑧内政部谭延闿、外交部伍朝枢、财政部廖仲恺、建设部邓泽如、法制局古应芬、审计局刘纪文、金库林云陔、参谋处朱培德、秘书处杨庶堪。

⑨十一年七月，湘军陈嘉祐旅，因助北伐军攻赣失败，被省长赵恒惕免职。十二年六月，湘西镇守使蔡巨猷与陈嘉祐暗通声气，赵恒惕乃裁撤湘西镇守使缺，并改编蔡之部队。七月，蔡在湘西独立，受中山命讨赵。谭延闿由粤入湘，于八月七日在衡阳通电，宣布就中山所委之湘省长兼湘军总司令职。二十五日，谭、赵军队开始接触。赵主力部队有贺耀祖、唐生智、叶开鑫、唐荣阳四旅。谭主力部队有蔡巨猷、谢国光、吴剑学三镇守使及陈嘉祐、张辉瓒等军，第一师宋鹤庚，第二师鲁涤平亦加入。赵得吴佩孚援助及沈鸿英加入作战，卒于十一月中旬，把谭军打败。谭因率所部入粤，任湘军总司令，分湘军为五军，以宋、鲁、谢、吴、陈分任军长，合计二万余人。

⑩《第一次代表大会宣言》中第一段，说明中国之现状，指出封建军阀及帝国主义之为害中国，并说明当时的立宪派、联省自治派、和平会议派、商人政府派的主张，均不足以挽救中国。第二段，述国民党之主义，民族主义有两义：一为中国民族自求解放，二为中国境内各民族一律平等，民权主义，于间接民权之外，复行直接民权，即国民不但有选举权，且兼有创制、复决、罢官诸权。民生主义的主要原则有二：一曰平均地权，二曰节制资本。对外政策有：一、取消一切不平等条约。二、凡自愿放弃一切特权之国家，及愿废止破坏中国主权之条约者，中国皆将认为最惠国。三、中国与列强所订其他条约有损中国之利益者，须重新审定，务以不害双方主权为原则。四、中国所借外债，当在使中国政治上实业上不受损失之范围内保证并偿还之。五、六、七三项从略。对内政策有：一、关于中央和地方之权限，采均权主义。二、各省人民自定宪法，自举省长，但省宪不与国宪相抵触；省长一方面为本省自治之监督，一方面受中央指挥以处理国家行政事务。三、确定县为自治之单位，自治之县，人民有直接选举及罢免官吏之权，有直接创制及复决法律之权。四、实行普通选举，废除以资产为标准之阶级选举。五、厘订各种考试制度，以救选举制度之穷。六、确定人民有集会、结社、言论、出版、居住、信仰之完全自由权。七、改募兵制度为征兵制度，并改善士兵生活。八、严定田赋地税之法定额，禁止一切额外征收，如厘金等类，当一切废绝之。九、清查户口，整理耕地，调查粮食之产销，以谋民食之均足。十、改良农村组织，增进农人生活，十一、制定劳工法；改良劳动者生活，保障劳工团体，并扶助其发展。十二、于法律上经济上教育上社会上确认男女平等之原则，助进女权之发展。十三、厉行教育普及，以全力发展儿童本位之教育，整理学制系统，增高教育经费，并保障其独立。

十四、由国家规定土地法、土地使用法、土地征收法及地价税法，私人所有土地，由地主估价呈报政府，国家就价征税，并于必要时得依报价收买之。十五、企业之有独占之性质者，及为私人之力所不能办者，如铁道航道等，当由国家经营管理之。

⑪国民党未正式改组时，即聘请鲍罗廷为顾问，在代表大会时，苏俄代表加拉罕来电致贺，由大会表决复电致谢，忽接到列宁逝世消息，由大会表决去电致哀，并延会三日：这些都是联俄政策公开的表现。又国民党未改组前，共党李大钊即由张继介绍加入国民党；在代表大会时，又有人提议：本党党员不得加入他党。李大钊即出而声明："但共党加入本党系服从本党主义，遵守本党党章，参加国民革命，绝对非想把国民党化为共产党，其加入本党，系以个人资格加入本党，非以团体作用加入本党。"这便是容共政策的明白解释。

⑫后改为中央军事政治学校。

⑬九月一日，江、浙战争已爆发，奉、直第二次大战又正在准备中，那时中山联皖联奉以攻直系，所以江、浙战事一起，中山即认为时机已至，不能坐视，这是进行北伐的一个原因。其次，当时广州大元帅府所处环境，也十分险恶，陈炯明部固然没有肃清，与政府为敌，就是刘震寰、杨希闵表面上服从中山，实际上也在静候时机谋叛变，并且刘、杨军队在粤的剥削蹂躏，早就惹起粤人的不满。因此中山打算把这些军队都调去北伐，再由政府来整理广东财政，实现粤省自治，以平粤人之愤；而他自己，却想带领这些部队，出师北伐，另谋生路，这便是进行北伐的第二个原因。至于后来刘、杨不服调遣，仍旧占据广东，却也是中山早已料到的；在中山的意思，这样一来，也好让人民知道这些军队的反革命行为，不是出于革命政府的意思。

⑭即中国国民党陆军军官学校，因校址在黄埔，故又简称黄埔军校。

⑮唐于十年被顾品珍所逐后，即至香港。是年十二月，唐由香港至柳州，率领在桂滇军回滇，顾品珍被围战死，代总司令金汉鼎亦出走。十一年三月下旬，唐入云南省城，八月一日，就云南省长职。

⑯熊此时在川失败，率其所部，由湘来粤就食。

⑰黄埔所练的党军加入一部分粤军为第一军。第二军由湘军改编。第三军由滇军改编。第四军由江西方面的粤军改编。第五军由福军改编。

⑱廖于十四年八月二十日被刺。廖案发生后，国民政府即指定许崇智、汪兆铭、蒋中正组织特别委员会，全权处理政务。旋由许诱捕梁鸿楷等，胡汉民亦因嫌疑被捕，留广州有关廖案各军尽被缴械，而胡、梁等以未得确证释放，胡旋以国民政府名义赴俄考察，廖案遂了结。九月中旬，许部莫雄等有不忠于政府嫌疑，其部队为蒋中正所解决，许亦假病离粤赴沪。

第十三章　国民革命之经过

原来自五四运动以后，民众运动和工人运动，即逐渐展开。国民党改组后，提出"打倒帝国主义"和"工农政策"的口号，向全国民众作广大的宣传，策动全国反帝反军阀的民众运动，于是北京市民革命、三一八惨案和五卅等运动，就陆续不断地发生出来了。上面说过：段祺瑞的执政府，是利用奉、国、直三系的矛盾而存在的，其一切设施在在迎合军阀意旨，早为民众所不满。中山入京后，北京革命空气，一时很为弥漫。到了十四年五月七日，北京学生因举行国耻纪念游行大会，为教育总长章士钊、警察总监朱深所阻，群众遂赴章宅捣毁，与军警冲突，学生被捕多人。九日，北京学生四千余人，罢课游行，并赴执政府请愿，要求释放被捕学生，废止《出版法》《治安警察法》并罢免章士钊及肇事的责任当局。旋经警卫总司令鹿钟麟调停，被捕学生准予取保释放。五卅运动起后，革命潮流，益形高涨，而执政府仍尽力压迫群众运动。这时国民党在北京已取得半公开的活动，于是乘机策动，遂有北京市民革命之举。十四年十一月二十八日，北京市民、学生、工人约五万余人，齐集神武门开国民大会，决议：要求段氏下野，拿办朱深、章士钊、姚震、李思浩诸祸首。大会之后，接着举行示威大游行，行至执政府，为鹿钟麟所阻。群众至是在执政府前广场开国民大会，议决：推翻卖国政府，建设国民政府，并即刻组织国民政府临时委员会，执行政权。当时即以议决案交鹿氏，并决定于明日再开大会，由鹿出席答覆。散会后，群众分赴章士钊、朱深、李思浩住宅，捣毁器物甚多。二十九日，群众在天安门再开国民大会，议决：倒段，解散关税会议，组织国民政府临时委员会，召集代表民意的国民会议，惩办卖国贼，查办金佛郎案①，并责成国民军服从议决案。散会后，一部分群众，又捣毁研究系的晨报馆。原来国民军同情于民众运动，及段祺瑞获得国民军的谅解，才于三十日由鹿钟麟下令禁止群众集会，于是北京秩序恢复，段氏的地位，暂得保持；但未几又有三一八惨案的发生。三一八惨案的发生，是由于日本兵舰帮助毕庶澄在大沽口袭击国民军而起，这在前面已经说过了。原来自英、美八国向执政府提出最后通牒限四十八小时答覆以后，十五年三月十八日，北京各界民众在天安门开国民大会，由国民党党员徐谦主席，决议：督促执政府严重驳覆八国通牒。宣布《辛丑条约》无效，驱逐八国在京公使，散会后，即结队游行示威。群众至国务院时，执政府卫队三百人已布满门口，实弹警戒。不久，卫队开枪，一时秩序大乱，当场死四十七人，重伤者一百三十二人：是为三一八惨案。事后段祺瑞又下令通缉徐谦、李大钊、李煜瀛、易培基、顾兆熊五人，指为赤化分子，徐等都逃入东交民巷俄使馆。不久段氏去职，执政府消灭，于是此案的责任问题，遂无人过问。以上所述，是民众反帝反军阀统治最显明的表示，英、日眼见南方革命势力日益发展，北方军阀政权日见摇动，于是联合一致，支持它们的工具——北方军阀政权，来镇压中国民众的革命运动，轰轰烈烈的五卅运动，便是这样爆发出来的。十四年二月十六日，上海日本内外棉织株式会社华工三万余人，要求增加工资，实行罢工，结果失败。工人复工后，内外棉织会社日人忽于五月十五日无故枪杀华工顾正红，于是工人大愤，相率罢工。上海各大学学生援助工人，结队赴租界讲演顾正红被杀真相，并募捐接济死者家属。公共租界英捕房谓学生有意外行动，滥捕讲演学生。三十日，上海各大学中学学生集合大队，分赴公共租界各处讲演。下午三时，英捕房又派人在南京路捕去学生多名，于是学生群众齐赴老闸捕房，要求释放被捕学生，英捕头爱伏生（Everson）下令向群众开枪四十四响，当场死七人，伤数十人：是为五卅惨案。六月一日，上海公共租界中国商店全体罢市，工人罢工，学生罢课，而南京路因路人阻电车行驶，西捕二次开枪，死四人，伤十余人，并拘捕多人：是为六一惨案，并五卅惨案，总称为沪案。二日，执政府外交部以抗议五卅事件照会外交领袖意公使，声明保留查明详情后再提相当要求，并请转达驻京有关系国的公使，迅饬上海领事团将被捕之人全行释放。四日，公使团答覆外交部第一次照会，不承认租界捕房应负沪案的责任；外交部因即发第二次照会，声明华人死伤者枪弹均自背入，而巡捕无死伤，似此蔑视人道，应由租界当局完全负责。同日，上海罢市罢工范围更扩大，商业和交通几全部停顿，而外兵也于这时封闭学校、占领学校多处。五日，北京总商会决议先行对英、日经济绝交，援助沪案；全国各地，多起仿行。六日，公使团答覆外交部第二次照会，认为中国政府所得报告为不完全，并声明有关系各国即派代表赴沪调查。七日，执政府派蔡廷干、曾宗鉴为查办沪案专员；上海工商学各界也于是日组织上海工商学各界联合会②，对沪案提出先决条件四项，正式条件十三项，交蔡、曾二人向租界当局严重交涉。八日，英、日、法、美、意、比六国所派调查沪案委员团，由京南下。十一日，外交部致公使团第三次照会，声明沪案应由上海公共租界当局负责，并依据上海工商学各界联合会意见，提出取消当地戒严令，撤退海军陆战队，解散万国义勇队及巡捕武装，释放被捕华人，恢复被占各学校原状等项，以作交涉的先决条件。上海会审公廨至是才审讯被捕华人，讯明无罪释放。十二日，公使团答覆外交部第三次照会，对中国所提条件不即置覆，但声明已训令在沪委员团与领事团会同中国代表共讲最良的方策。十三日，上海总商会将上海工商学各界联合会所提条件修改为十三条③，请上海交涉员许沅向领事团正式提出。十五日，公使团电令在沪委员团组织解决沪案委员会，与中国专员迅速开议，不准上海领事团参与；执政府也令郑谦、蔡廷干、曾宗鉴、虞和德与六国委员接洽，并令许沅帮同办理交涉事宜，郑等即以上海总商会所提十三项作交涉根据。十六日，中外委员会开第一次谈判，六国委员对中国所提十三项，只承认前五项，余以与沪案无直接关系，表示拒绝。而中国委员，则坚持原案。二十四日，外交部致两照会于六国公使：一、沪案移京解决，以十三项为交涉根据；二、提议依公平主义修正中外条约。二十六日，六国公使答覆外交部二十四日的照会：一、沪案十三项要求请派专员分别办理；二、修改不平等条约，表示同情，惟须俟各国政府训令。同日，上海公共租界由华官及上海总商会劝告开市。但工界仍坚持罢工。自是六国公使对沪案主张司法调查，而中国政府则仍坚持十三项为交涉的根据，所谓沪案，遂无结果。司法调查，虽经中国反对，但英、日、美三国仍派员至沪进行；至十月一日，六国公使才照会外交部，对中国所提十三项，分条答覆④，但仍坚持司法调查一点。十一月二十七日，外交部照会六国公使，提出沪案解决办法三项：一、沪案归上海公共租界英工部局负责，须赔偿死伤及其他损失；二、收回上海会审公廨，按照中国法庭组织之；三、工部局依《洋泾浜章程》改组。十二月二十三日，公使团发表沪案司法调查报告书，其结果上海公共租界工部局总巡麦高云捕头爱伏生引咎辞职，工部局并以七万五千元的支票请领事团送交上海交涉公署，作为死伤抚恤费。二十九日，外交部以沪案解决手续，未经中国承认，即电上海交涉员将工部局支票退还。自是沪案交涉，外人置诸不问，直到十九年二月，工部局径将银十五万元，交给死者家属，才算不了结中的了结。至于内外棉织会社罢工问题，则于十四年八月间已由中、日官场协商解决复工,而收回上海会审公廨问题,亦于十五年八月单独解决⑤。又五卅惨案爆发后,反英、反日的民众解放运动,弥漫全国;英国为着要镇压这一运动,竟不断使用炮舰政策,于是又有汉口惨案和沙基惨案的发生⑥。原来自沪案发生后,武、汉学生即于六月三日罢课声援。十日,有英商太古轮船公司武昌号轮船到汉,因卸货错误,太古管栈印捕凶殴小工余金生毙命。十一日,太古码头工人二千余人,全体罢工,结队游行,向太古公司理论,并为沪案声援。驻汉英、日领事闻讯,即调集英、日水兵布防英租界,及工人群众游行至华、英交界处,英、日兵即发机关枪向群众扫射,当场死八人,重伤四十余人;是为汉口六一一惨案。十二日,汉口租界戒严,交通断绝,商店罢市,工人罢工,学生罢课,要求惩办凶手等条件。十三日,执政府外交部向英使抗议汉口事件,请英使即饬各处领事不得再有此类事件发生。十四日,英使答覆外交部抗议:认英兵开枪为出于不得已之举动,反要求中国制止仇英运动,日使也请求外交部保护日人。自是外交部及汉口交涉员屡次向英提出抗议,而英国答覆仍旧不肯承认汉口惨案的责任。迟至十月十六日,对英交涉始略有结果:大致不外撤退英舰,解除巡捕武装,撤消太古公司在租界外的行栈码头,及英人赔偿损失诸端。又当沪案消息传到广东时,正值广州革命政府征讨杨、刘等叛徒,故一时未有举动;及杨、刘乱平,政府与民众,才以一贯的精神,遥为沪、汉两惨案作声援。六月二十一日,香港和广州沙面的华工,同时总罢工,香港华工提出修改不平等条约及改良香港华人待遇等条件;沙面租界内华人,亦大部退出租界。二十三日,广州工商学政各界为沪、汉惨死烈士开追悼大会,当场提出废除一切不平等条约,为解决惨案的根本条件。散会后,各界举行示威大游行,行至沙面租界对岸的沙基地方,英兵即发机关枪扫射,英、法、葡兵舰并发大炮示威,当场死伤多至二百余人;是为沙基惨案。广州政府向英、法、葡领事严重抗议,并向全体领事声明以和平正当方法取消不平等条约。而英国反向执政府外交部抗议,说华人袭击沙面;法使也提出抗议,谓法人死伤请保留要求。二十六日,广州政府提出第二次抗议:一、关系国派大员谢罪;二、惩办关系长官;三、撤退关系国兵舰;四、将沙面租界交还广州政府;五、赔偿伤毙华人。二十九日,广州各界,决议对英经济绝交。七月十三日,英领事答覆广州政府第二次抗议,拒绝五项要求。自是双方经过数次谈判,均无结果。然省、港罢工，却直接予英国以绝大的打击。这次罢工，亦系援助沪、汉两惨案而起的，参加的，有男女工人二十余万，自十四年六月起，至十五年八月止，支持了一年以上。他们所提出的口号：为取消一切不平等条约，为拥护上海工商学各界联合会所提出的要求；其对香港政府，则要求：政治自由、法律平等、普通选举、劳动立法、减少房租及居住自由等六项。他们组织严密，以省港罢工工人代表会为最高议事机关，再由代表会选举十三人，成立省港罢工委员会，为最高执行机关，下设干事局，另设特别法庭，惩办一切汉奸和走狗。又成立工人纠察队二千人，以维持秩序、严拿汉奸、截留粮食、检查仇货。广东各海口，均由工人纠察队把守，发行特许证，凡非英船，可直接来黄浦营业；而省、港交通，由是完全断绝。其在香港政府方面，始则欲用武力镇压，并实行封锁政策以困广东；而工人罢工的答覆，却使香港一岛变为死港。英人见计不售，始改用离间政策，利用陈炯明、邓本殷等以推翻广州政府；同时又用恐吓政策，说将调大兵十万东来，并以赤化罪名，加诸广州政府，以淆乱国际听闻；又假纠察队扣留八艇货物为口实，唆使海关封关。及陈、邓讨平后，英国国内又有矿工大罢工，于是其离间政策和恐吓政策，均无由实现；而两广统一，农工商学兵大联合，以国民革命相号召，其势更不可侮。及北伐军兴，国民政府才变更政策，派甘乃光与省港罢工委员会协议：变更罢工战略，以全国民众新的杯葛运动代替旧式封锁政策，实行附加税①以津贴工人，未有工作的工人待遇仍旧，工人纠察队依旧存在；并进而主张整个的打倒帝国主义，废除一切不平等条约，以求国民革命的完成。其在英国亦表示退让：允许我国增加附加税，并取消海关封锁政策。

原来直系吴佩孚联合奉系打败国民军以后，即占有鄂、豫两省及直隶的保定、大名一带，京汉铁路全线都是他的势力范围。那时鄂督由吴氏委陈嘉谟担任；豫省由吴委靳云鹗任省长，寇英杰任豫军总司令。直系后起的巨头孙传芳，则宰制苏、浙、闽、皖、赣五省，自称五省联军总司令。奉系张作霖在关内则占有京奉铁路和津浦铁路北段，以张宗昌部属褚玉璞任直督，而山东仍归张宗昌所有。以上所述便是北洋军阀三大势力的分布情形。此外在北方，还有国民军和阎锡山的晋军。国民军自受奉、直、晋三军压迫后，即困守西北，东面与奉、直军作战，南面与陕西刘镇华军作战，晋军则乘机援助奉、直两军，压迫国民军。北伐前的局势大致如此，以下叙述前期北伐的经过。原来自两广统一后,国民政府军事委员会即于十五年六月六日任命蒋中正为国民革命军总司令,蒋于七月九日就职,即日下北伐动员令,二十七日,蒋由广州出发。那时北伐的作战计划,是在打倒吴佩孚,所以战事集中于湖南。湖南自赵恒惕倡联省自治以图自保后,其内部即已发生变化。赵部军队,原有四师,贺耀祖、刘铏、叶开鑫、唐生智分任师长;而唐以师长兼湘南督办,坐镇衡州,实力最厚。唐因不欲久居赵氏之下,遂输诚国民政府,以压迫赵氏。赵不得已,始于十五年三月十一日辞职赴沪,命唐氏代理省长。十七日,唐氏进驻长沙,叶开鑫所部退岳州。二十五日,国民政府代表白崇禧、陈铭枢抵长沙,唐因国民政府允予接济,遂于是日就省长职,并诱捕刘铏诸人。同时,进兵岳州,叶开鑫部不敌,退至鄂边。二十七日,叶得吴佩孚援助,反攻岳州。唐则联络赣督方本仁,使由赣侵鄂。后方受邓琢如部队压迫去职,孙传芳、吴佩孚会委邓为赣军总司令,唐氏之计失败,只得退出岳州。四月十九日,吴又委彭寿莘任湘、鄂边防督办,任讨贼联军湘军总司令,由岳州进攻;并令赣军唐福山部由萍乡进攻;唐氏不支,于五月初旬退至衡州,坚守待援。六月二日,唐氏就任国民革命军第八军军长兼前敌总指挥职,其时第七军李宗仁部夏威、胡宗铎、钟祖培各旅已入湘援唐,蒋中正又命第四军陈铭枢、张发奎两师入湘,于是湖南战事开始。当国民革命军入湘时,吴氏尚在长辛店指挥进攻国民军⑧,直系攻湘部队虽多,但指挥不能统一。国民革命军乘机,遂于七月十一日进攻叶开鑫,叶退岳州,唐再入长沙。这时黔军已入湘,联络直系,及长沙克复,黔军首领彭汉章、王天培、袁祖铭才投降国民政府。八月二十日,蒋中正命朱培德、程潜两军向赣西活动。二十二日,唐军占领岳州,李宗仁军亦由平江进攻通城。二十五日,羊楼司、通城均克复,武、汉震动。吴得湘战紧急消息,才由长辛店驰抵汉口。二十七日,吴偕刘玉春、陈嘉谟各军赴咸宁前线督战,蒋亦于是日由长沙进驻岳州。汀泗桥发生剧战,两军死伤甚多。三十日,吴军不支,退守武昌,旋任靳云鹗为武、阳、夏警备总司令,刘佐龙为鄂省长,陈嘉谟为鄂督理,会同刘玉春担任武昌防守事宜。九月初旬,武昌、汉阳城外,均有剧战。七日,刘佐龙在汉阳内应,唐生智遂占领汉阳。汉阳克复后,即进取汉口,吴、靳退守孝感。惟武昌仍由刘玉春、陈嘉谟坚守。八日,蒋抵武昌城外,限刘、陈于二十四小时内缴械出城。刘、陈不从,顽强抵抗,直到十月十日，武昌始下，刘、陈被擒。至于吴亲率各部队，则于九月十七日，因河南樊钟秀输诚国民政府，进迫武胜关，吴不得已退至郑州，而保定、大名一带地盘，又被奉军占领，于是所部三十余万人，遂困守于河南一隅。湖南战事得利后，国民革命军始进而向赣、闽进兵。九月七日，孙传芳致电蒋中正，限二十四小时内，将全部国民革命军退出湘境。八日，孙命邓琢如由南昌赴樟树镇督师，陈调元、卢香亭向武穴进兵。于是战事爆发。十日以后，战事转剧，修水、铜鼓一带先后被李宗仁部占领，而萍乡、袁州一带又被程潜、朱培德两军占领。二十日，程、朱克复南昌。时卢香亭在九江，至是始向南昌急进。孙传芳亦亲赴九江督师。二十四日，孙军恢复南昌。蒋中正驰赴袁州指挥，十月四日，李宗仁克复德安，孙军谢鸿勋部精锐尽丧，谢受伤身故。程、朱两军，又从高安攻南昌。十二日，南昌又为程、朱两军攻下。孙军猛力抗拒，才又恢复南昌。二十七日，陈铭枢、贺耀祖两师由长江进攻九江，赣北吃紧。十一月初。德安忽发现革命军，在九江的孙军，前后受敌。四日，贺耀祖师克复九江，孙传芳退至湖口，旋回南京。八日，程、朱两军，克服南昌，卢香亭等纷向鄱阳湖以东溃退，孙军师长岳思寅、唐福山及张凤岐等均被擒杀，于是江西全省入于国民革命军之手。其在福建方面，国民革命军分三路进攻：中路攻永定，由何应钦指挥；左路攻上杭，由谭曙卿指挥；右路攻诏安，由张贞指挥。孙军以闽督周荫人任总司令，亦分三路抵抗：中路归刘俊、孙云峰两旅担任；右路归李凤翔师担任，左路归张毅师担任。十月初，双方在永定、上杭一带接触。九日，何应钦占领永定。十二日，李凤翔部下族长曹万顺、杜起云投降国民革命军，周荫人即率队退至延平。松口一战，刘俊阵亡，其部队全归何应钦解决。张毅因中右两路均败，亦退至漳州；十一月三十日，又向福州退却。驻福州李生春部不许张毅入城，其所部大部被缴械，余众退至永福。十二月二日，李生春宣布服从国民政府。时周荫人军在延平，受革命军攻击，退至浙边；张毅残部亦归革命军改编，张走沪。何应钦进驻福州，于是福建全省克复。其在浙江方面，当江西战事吃紧时，浙省长夏超即于十月十六日宣布服从国民政府。孙调大军攻浙，夏超不支，弃杭州潜逃，旋为孙军击毙。十一月一日，孙委陈仪为浙省长，浙江暂时得保无虞，然不久浙、沪战事又起。原来赣、闽发生战事后，孙即先后派王占元、杨文恺北上，与鲁军张宗昌谋合作。十一月十八日，孙至天津，与张作霖、张宗昌会议，决定以镇威（即奉军）直、鲁、晋、孙、吴各军合组安国军，设总部于天津，以张宗昌为援军总司令。并决定直、鲁军出动，以长江北岸为止，请孙回南京，抵抗国民革命军。十二月一日，张作霖就安国军总司令职①。二十一日，张宗昌、孙传芳、陈调元在南京会议，决定以陈在皖沿江一带防止革命军东下，直、鲁联军由皖北进军作战，而孙以全力对付浙江。这时江西已全入于革命军之手，第三军王均一师且于十二月九日进至衢州，同时周荫人败兵，也溃入浙属温、处二州。十一日，浙军师长周凤岐在衢州宣布服从国民政府。十四日，杭州附近发现革命军便衣队，旋即入城。浙省长陈仪至是主张浙江自治，要求两方停止进兵，于是周凤岐部集中富阳，便衣队亦离杭而去。十九日，杭州成立自治政府，选出陈仪、周凤岐、蒋尊簋等九人为省务委员。二十二日，孙军孟昭月部进逼杭州，陈仪所部两团被孟部缴械，陈仪被孟军送至南京，于是孟昭月进驻杭州。十六年一月三日，孟军与周凤岐军开始作战，周军屡败，于是孟赴严州，进攻衢州。孙军与革命军在钱塘江上游剧战之后，孙军不支，孟氏退至杭州。旋孟部又与周荫人发生冲突，自相攻击，结果两部俱退，革命军乘机占领桐庐。二月十七日，孟部退出杭州，在嘉兴布防，周荫人部亦同退。十九日，革命军由东路前敌总指挥白崇禧统率入杭州，周荫人所部为周凤歧缴械，旋嘉兴亦为革命军所克复，孙军退至松江、太湖一带，于是浙江全省入于国民革命军之手。其在苏、皖方面：自九江被革命军克复后，安徽即呈紧张之状；浙江下后，江苏战事益形吃紧。十六年三月一日，孙传芳、张宗昌以陈调元态度不明，将陈在蚌埠的军队完全缴械；并决定以后军事，交直、鲁军负责，孙军暂开赴江北休养。浙江方面的国民革命军因乘机向苏州、太湖一带发展。五日，陈调元在芜湖宣布服从国民政府。同时上海铁路工人宣布罢工，直、鲁军军事运输遂大受影响。十二日，上海市民各团体举行临时会议，宣布受国民政府节制，建设民选市政府。十四日，海军总司令杨树庄在吴淞口外，宣布就国民革命军海军总司令职。十七日，国民革命军何应钦攻入宜兴。二十日，白崇禧进攻毕庶澄军，截断毕军与上海的联络。同时国民革命军赖世璜、曹万顺两部，占领常州，直、鲁军在沪宁铁路上的联络，全被截断。二十一日，国民革命军薛岳部占领龙华。上海总工会下令工人武装暴动，先袭击警署，取其枪械，即向驻车站各处的直、鲁军进攻。二十二日，白崇禧进驻龙华，击败直、鲁军，上海完全克复。二十三日，何应钦部克复镇江。二十四日，褚玉璞率直、鲁军退至浦口，南京即于是日为国民革命军占领。自是以后，张宗昌、孙传芳急谋反攻，直到六月二日，国民革命军占领徐州，七日占领清江浦，直、鲁军及孙军才退入山东境，于是苏、皖两省始全入于国民革命军之手。

原来国民党自召集第一次全国代表大会宣布改组后，即决定国共两党合作，联合苏联，并聘苏联鲍罗廷为顾问。十五年一月四日，又在广州召集国民党第二次全国代表大会，决议续聘鲍罗廷为顾问，开除西山会议派邹鲁、谢持⑩诸人党籍。三月二十日事变后⑪，国民党始通过整理党务案，大要为改善国、共两党的关系，并取缔共产党对于国民党的言论态度⑫。武汉克服后，国民政府及国民党中央党部，于十六年春迁至武昌。这时南京方面，蒋中正、吴敬恒、张人杰等主张清共⑬，而武汉方面，则主张容共，宁、汉分裂，至是遂成无法调解之势。三月十日，汉口召集中央执行委员会第三次会议，实行与南京对抗。四月中旬，在南京的执监委员开会议决：否认武汉政府，国民政府即移南京，并实行清共，于是宁、汉正式分裂。在宁、汉分裂时期，孙军曾一度渡江南犯，龙潭一役，何应钦、白崇禧、李宗仁诸部死力抵抗，才把孙军击退，南京始转危为安。其在武汉方面，在这时期，因得冯玉祥的援助，国民革命军才把河南平定⑭。而唐生智等，亦于七月间实行清共，自是以后，因国、共分裂而有南昌之变与广州之变⑮。宁、汉先后清共后，国民党本可统一进行北伐，但以武汉反蒋空气浓厚，蒋中正为着要宁、汉合作早日实现起见，遂于八月十三日通电下野。九月十五日，国民党中央执监联席会议在南京开会，决议成立中国国民党中央特别委员会⑯，受中央党部委托，分别行使中央执行委员会及监察委员会的职权，至第三次全国代表大会开会时为止。二十一日，唐生智通电反对南京中央特别委员会，另组武汉政治分会，以与南京对抗。同时，汪精卫亦表示反对特委会，认为其成立系违法篡党。于是南京政府下令李宗仁、程潜、朱培德分三路进讨唐生智，唐军不支，遂于十一月十一日通电下野，武汉政治分会消灭。这时汪精卫已由汉口赴广州，主张在粤召集第四次中央执行委员会全体会议，而宁方谭延闿等则主张在宁集会。十一月五日，汪通电，谓谭等既坚持在宁开会，则特别委员会应即取消，最低限度亦宜明白停止其职权，并于正式会议以前，在广州或上海先开一预备会议。六日,宁方复电赞成。十二月三日,粤方委员汪精卫、李济琛等与宁方委员蒋中正等在上海开预备会,汪精卫等提出请蒋中正继续任国民军总司令职权案,即通过,汪并表示个人可以引退。十七年一月九日,蒋发出复职通电。二月二日,四中全会正式开幕,议决重要议案多件⑫,宁、汉分裂以来不安的局势,至是才告一结束,而后期北伐军事亦从此开始。原来龙潭之役以后,孙部大受损失,只得率领残部,扼守蚌埠,而竭直、鲁军全力围攻河南。十月间,冯玉祥率领国民革命联军抵抗直、鲁军,屡次失败。至十一月初旬,国民革命联军才转取攻势。十一月中旬,何应钦部,先后恢复蚌埠、宿迁。十二月更攻下徐州。冯部鹿钟麟亦由砀山赶至会师,张宗昌部退至韩庄,损失最大,四中全会决议再度北伐后,于是国民革命军总司令蒋中正与冯玉祥等会商作战计划,将国民革命军改编为四个集团:第一集团军总令为蒋中正,下分一、二、三、四军团,以刘峙、陈调元、贺耀祖、(后改方鼎英)方振武为总指挥,出津浦铁路,主攻;第二集团军总司令冯玉祥,京汉铁路正面归第二方面军总指挥孙连仲担任,主守;大名方面,归第八方面军总指挥刘镇华担任,主攻,鲁西方面,归第一方面军总指挥孙良诚担任,亦主攻;第三集团军总司令阎锡山⑬,第一军团总指挥商震任北路,出京绥铁路,第二军团总指挥徐永昌,任南路,出石家庄,第三军团总指挥杨爱源,任中路,出广灵、灵邱;第四集团军总司令李宗仁,以所部为总预备队,李氏未赴前敌,全军归前敌总指挥白崇禧统率。其在安国军方面,则以孙传芳(孙军)任第一方面军团总司令,任由济宁攻徐州西面,截断国民革命军第一二集团军联络之责;以张宗昌(直、鲁军)任第二方面军团总司令,担任鲁南方面;以褚玉璞(直、鲁军)任第七军团总司令,担任大名方面;以张学良(奉军)任第三方面军团总司令,以杨宇霆(奉军)任第四方面军团总司令,担任娘子关、平型关方面及由京汉铁路南下之责;以张作相(吉林军)任第五方面军团总司令,担任晋北方面;以吴俊升(黑龙江军)任第六方面军团总司令,为预备队。国民革命军准备完成,蒋中正即于十七年四月一日抵徐州,五日誓师,九日下总攻击令。十日,第九军顾祝同部(属第一集团军)占领台儿庄。十一日,孙良诚部克郓城。十二日,刘峙部克韩庄,缪培南部(属第一集团军)克枣庄。十三日,刘峙部克临城。十五日,第三军团贺耀祖围攻艾亭、鱼台,失利,贺部师长龚宪阵亡,丰县亦被孙传芳占领。十六日，第二集团军石友三部，由兰封东进增援，贺耀祖乘势克复丰县，同时孙良诚部，乘虚进捣济宁城。十七日，缪培南、顾祝同两军克滕县、界河。十八日，石友三部克鱼台。孙传芳回窜济宁，与孙良诚部、方振武部激战。十九日，顾祝同部克曲阜，缪培南部克兖州，方振武部克金城。二十一日，国民革命军再克济宁，敌军退泰安、济南。张宗昌部许琨以三万人守界首，王栋率二万人守泰安。二十七日，第一集团部攻下泰安。二十九日，攻下界首。三十日午后，占领济南。五月一日，蒋中正亦进抵济南。当国民革命军占领济南后，至五月三日遂发生济南惨案⑲，山东省大半陷入日军势力范围，津浦铁路为之中断。第一集团军不能沿津浦铁路北进，惟第三集团军已于五月九日冲至石家庄，占领正定、定州、望都；其中路冲出龙泉、平型两关，进至灵邱、阜平；其北路冲出雁门关，达大同附近；其西北路出偏关，占领归绥。第二集团军亦于五月三日克顺德，五日克大名，十三日克德州。张作霖见革命军节节胜利，于五月九日，借济案通电主和，息争对外。国民革命军知为缓兵之计，蒋中正因先后与冯玉祥、白崇禧、阎锡山会商决定作战计划：一、京汉铁路东面，归第一二集团军担任，由冯玉祥指挥；二、京汉铁路正面，归第四集团军担任，由白崇禧指挥；三、京绥铁路方面，归第三集团军担任，由阎锡山指挥。三十日，第三集团军攻下保定，其北路商震军亦于同日占领张家口。六月二日，第一集团军占领沧州。张作霖见大势已去，遂于三日放弃北京，出关。六日，第三集团军入京，第二集团军韩复榘部亦早进驻南苑。二十日，中央政治会议议决，直隶省改称河北省，北京改名北平，与天津皆改为特别市。张作霖离京后，四日，其专车行抵京汉路与南满路交点皇姑屯，突然炸发，张与吴俊升均被炸毙。这时国民革命军又于六月五日，占领马厂。张宗昌、褚玉璞被迫离津，挟其残余负隅津东，孙传芳则只身逃出关外，走依奉军。九月，中央命白崇禧率领各军进剿，始将张、褚扫平。其在奉军方面，则退到关外后，即订定《东三省临时保安公约》。七月一日，张学良通电收束军事，并派代表至北平与蒋、冯、阎、李（宗仁）接洽。结果，奉方决定于七月二十二日易帜，旋因奉天日总领事出而阻止，延至十二月二十九日，东三省与热河始同时易帜，通电服从国民政府。北伐军兴以来，至是才告结束。

注释

①欧战以后，赔法庚款，佛郎有纸现之别，约四与一之比，我国欲以纸付，法反对，至是与法解决金佛郎案，依照光绪三十一年电汇方法计算，国库更受重大损失。

②工商学各界联合会以全国学生总会、上海学生联合会、总工会及各马路商界联合会四团体组织而成，上海总商会并未加入。

③一、撤销非常戒备。二、释放被捕华人，并恢复公共租界学校原状。三、惩凶。四、赔款。五、道歉。六、收回会审公廨。七、罢工人员将来仍还原职时，不得扣薪。八、优待工人，不得因此次罢工而加以处罚。九、工部局投票案，纳税华人与西人平等。十、制止越界筑路。十一、撤消印刷附律交易所领照案。十二、华人在租界内有言论集会出版之自由。十三、撤换工部局总书记鲁和。

④荷使代表公使团照会执政府外交部，对我国所提沪案十三条，逐条答覆，大要为：一、非常戒备已撤。二、所拘之人早已释放，封闭占据之学校亦经恢复。三、至该案责任所生之结果，除将总巡先行停职外，尚需详细研究（按即指司法调查），交换意见。四、工人问题愿尽力设法，令沪领事缔成劳资美满关系，惟中国政府亦当以类似之训令给当地官厅。五、交还会审公廨，已进备商议。六、华人加入公共租界董事会，已研求最易实施之办法。七、越界筑路，准备令沪领事与中国官厅协商解决。八、印刷附律交易所领照案等，并未议决公布，将来审核之际，必须顾及中国政府之意愿，使合于法律及合理之原则，并已准备给予上海公共租界董事会关于此事必要之论告。后执政府外交部致使团照会，对一日送来照会，表示赞同，惟反对司法调查。

⑤十五年七月，孙传芳命丁文江、许沅与上海英、日、美领事订定《收回上海会审公廨暂行章程》九条。十一月一日，实行收回，改组为上海公共租界临时法院，并设上诉院，为上诉机关；但会审制依然存在，且上诉院即为终审，又与我国司法制度不合，故当时国民党发表宣言，不承认孙传芳所订条约，并主张无条件收回上海会审公廨。该章程原定三年期满，但其时国民政府业已照会各国，声明取消领事裁判权，故至十九年四月，径行改组为上海特区法院。又，会审公廨起于清同治七年，原来当咸丰三年上海县城被太平军陷落时，清官吏全体逃走，租界华人无人管理；英、法、美三国领事，对于轻微罪及违警罪，遂擅行处置。至同治七年，始由上海道与三国领事协议，订立《洋泾浜设官会审章程》十条，公廨由是成立，辛亥革命，上海道及会审官都避匿，各国领事竟将公廨接管，擅委官员，并将权限肆行扩充，更成为毫无根据的机关。

⑥五卅惨案之前，尚有数次惨杀案：一、十二年六月一日，长沙市民学生因检

查仇货，禁乘日本轮船，被日本水兵击毙王焕廷、董焕卿二人，伤十余人，长沙市民组织后援会，议决罢市罢工罢课。二、同年九月一日，日本横滨、东京大地震，日人又乘机惨杀华侨四百余人。三、同年十二月，汉口日租界日捕又惨杀华工田仲香、贾邦敏。四、十三年六月二十二日，万县美籍英商与苦力争执，失足落水溺死，英舰架炮示威，迫地方官吏杀苦力二人。五卅惨案后，除正文所述诸惨案外，又有数次惨杀案：一、南京惨案，当五卅惨案发生后，南京英商和记洋行华工三千余人于六月五日罢工，援助沪案，至七月三十一日，洋行中英人竟枪击华工，死一人，同时英国军舰水兵上陆，向工人开枪，当场死三人，伤数十人。二、九江惨案，六月十三日，九江日商台湾银行因九江民众结队游行援助沪案，遂自焚银行图诈，向民众开枪，死伤人数不详。三、重庆惨案，七月二日，重庆民众游行示威援助沪案，英舰水兵开枪，击毙二人，伤数人。四、上海九七惨案，九月七日，上海民众举行《辛丑和约》国耻纪念大会，群众散会时经过公共租界，英捕开枪，死伤人数不详。五、十五年三月十二日，日本军舰炮击大沽口国民军，详见第十一章。六、同年九月五日，英舰又轰击万县，死伤无确数。

⑦在海关抽收，普通货物抽收二点五，奢侈品加倍。

⑧冯玉祥辞职后即赴苏联考察，于十五年八月派代表徐谦、李鸣钟赴粤，报告冯率国民军全体将士加入国民党，国民政府即任冯为军事委员会委员。国民党中央党部任冯为国民军党代表兼国民政府委员。冯旋回国，于九月十七日，在五原宣布就国民军联军总司令职，宣誓接受国民党的主义，于是率领所部死力抵抗吴佩孚、张作霖诸军，以牵制吴、张。

⑨张就职后，即特任吴佩孚、孙传芳、张宗昌为副司令。二十七日，张入京，改组内阁，以顾维钧署理国务总理。张又假讨赤为名，于十六年三月，大捕各校学生。四月六日，又检查东交民巷俄大使馆，捕去共产党员国民党员三十余人。二十八日，将被捕党人李大钊等二十人枪决，其余分别处以徒刑。直到六月，张又改安国军总司令名称为海陆军大元帅，任潘复为国务总理，成立军政府。

⑩十四年十二月二十三日，中央委员邹鲁、谢持、林森、居正等，在北京西山总理灵前，开一届四次全体会议，议决取消联俄容共政策，开除中委谭平山、李大钊、于树德，候补中委毛泽东、瞿秋白等党籍。普通称为西山会议派。

⑪三月二十日，海军代理局长兼中山舰长李之龙未得政府命令，即令中山舰驶出黄浦，政府以其有异，拘捕李之龙，以海军学校副校长欧阳格，权理舰队事宜。二十四日，国民政府又将俄员数十人解约遣送回国。各军党代表多人，亦撤职改派。国民政府主席汪兆铭称病辞职，主席由谭延闿代理。西山会议派因此在上海召集国民党第二次全国代表大会，选举林森、张继、田桐、邹鲁、沈定一等为执行委员，樊钟秀、石青阳等为监察委员。四月三日，将中止因西山会议派的活动，遂声

明维持联俄政策，三月二十日事变由个人负责，并对上海西山会议派的二次全国代表大会，取严厉反对之态度。十四日，释放李之龙，李亦声明脱离共产党。

⑫五月十五日，中央执行委员会特召集会议，解决党内纠纷及调整国、共两党关系，由谭延闿等九人提出整理党务案。十七日，中央执行委员会通过整理党务案，规定他党加入国民党，在高级党部任执行委员额数，不得超过总数三分之一，并不得任中央机关之部长。不许有国民党党籍者，在党外有组织及行动。限制第三国际对共产党之一切训令，须由国、共两党联席会议通过。中央执行委员会更通过党员重新登记案。又组织国、共两党联席会议，选出张静江、谭延闿、蒋中正、吴敬恒、顾兆熊等五人为出席代表。复决议设常务委员会主席一人，选张静江担任。

⑬十六年四月二日，中央监察委员在上海开紧急会议，由蔡元培主席，由吴敬恒提出检举共产党呈文。先一日，汪兆铭由法归国，在沪与蒋中正、张静江等晤面，蒋声明以后党务由汪主持，蒋任军旅，以免纠纷。四月四日，汪与共产党首领陈独秀发表联合宣言，声明两党合作。五月，汪兆铭、吴敬恒、李宗仁、李济琛、白崇禧、蔡元培等在沪开会，席间吴对汪、陈联合宣言，表示不满。议决四月十五日，在宁开中央执监联席会议，用和平方法，解决党务纠纷。汪旋离沪赴汉，而宁、汉从此正式分裂。十二日，上海总工会纠察队武装被解除，其他共产党人员亦多被捕拿。南京清共始末如此。

⑭自十六年五月十六日起，至六月一日止，其间唐生智部张发奎部贺龙部与奉军在河南战事最激烈，旋冯玉祥统国民军自陇海铁路西进，始完全收复河南。六月十日，冯发起郑州会议，汪兆铭、唐生智、张发奎、邓演达均出席，决定唐、张、贺各部均回师武、汉，镇压长江上游，将河南北伐东进之军事，交国民军担任。

⑮武、汉清共后，独立十五师贺龙及十一军二十四师叶挺之军队，即于十六年七月三十一日入据南昌。共产党于八月一日成立革命委员会，推李立三、恽代英、谭平山、贺龙、张国焘、吴玉章、邓演达、宋庆龄等二十五人为委员。武、汉政府派张发奎进讨，贺、叶放弃南昌，退至闽、粤边境，是为南昌之变。这时，广州政治分会主席陈可钰，即邀张发奎部回粤，巩固后防。十一月十七日，黄琪翔、李福林、薛岳各部联合反对桂系，黄绍雄出走。(时李济琛已离粤赴沪，参加四中全会，所任职务委黄代理。)二十七日，黄、李、薛等进攻广西，广州空虚，共产党乘机，遂于十二月十一日，联合第四军教导团在广州暴动，组织苏维埃革命政府。李福林、薛岳反攻，共党不支，始退出广州，占领海、陆丰一带。共党起事时，国民党即于十四日宣布对苏联绝交。广州定后，张、黄免职，李福林下野。广东仍归李济琛主持。

⑯此会系由宁、汉中央及西山会议派合组而成，而为西山会议派所把持。

⑰二月二日开幕，七日闭幕，其重要决议案有：一、改组国民政府案：国民政

府由中央执行委员会推举委员若干人组织之，并推定其中五人至七人为常务委员，于常委中推一人为主席。国民政府设内政、外交、财政、交通、司法、农矿、工商各部，并设最高法院、监察院、考试院、大学院、审计院、法制局、建设委员会、军事委员会、蒙藏委员会、侨务委员会。二、推定国民政府委员案：国民政府委员四十九人，推谭延闿、于右任、张人杰、李烈钧、蔡元培为常委，谭任主席。三、推定军事委员会委员案：委员七十三人，蒋中正、于右任、李济琛、李宗仁、白崇禧、冯玉祥、何应钦、阎锡山、朱培德、程潜等十六人为常委，蒋任主席。

⑱阎为旧同盟会会员。革命军节节胜利后，阎始于十六年四月间，表示加入国民党。六月六日，更在太原就国民革命军北方总司令职。九月以后，奉、晋决裂，晋军遂与奉军激战于京汉、京绥两路，而晋军死守涿州，历三月不下，尤为当时有名的战争。

⑲国民革命军攻下泰安时，日本借口保护侨民，出兵占领胶济路及济南商埠。济南攻下后，于五月三日有一华兵行经日军自行划定的防地，日军即开枪射死。旋日军大队至交涉公署，将交涉员蔡公时捆绑，割耳挖鼻，继开枪将蔡击毙，并纵火焚烧交涉公署，署员十六人均被害。三日晚间，日军又用大炮向我军攻击，贺耀祖部第七团全被缴械，并俘虏我徒手军民千余名。七日，日军提出四项要求：一、惩办高级军事长官；二、解除在日本军前抵抗军队的武装；三、在革命军治下严禁一切反日宣传；四、革命军应离开济南及胶济路两侧二十华里以外，并限十二点钟内答覆。我方要求延长答覆时间，日军不允，遂于八日轰击我济南城，我军留守济南之一团，于十日奉命冲出重围。日军遂入城，我军后方医院伤兵七百余人全被害。后我国屡与日方交涉，至十八年三月二十三日，始由王正廷与芳泽正式解决此案，其内容如下：一、日军撤退后，国民政府以全责保障日侨在华生命财产之安全，日政府准于换文签字之日起，至多二个月内，将山东现有日军，全部撤去。二、关于济案中、日两国所受之损害问题，双方任命同数委员，设立共同委员会，实地调查决定之。三、中、日两国政府，对于济南事件，双方鉴于全国国民固有之友谊，视此不快之感，已成过去，以期益臻亲睦。所谓济南惨案，遂如此结局。

第十四章　国难之演变

九一八事变是转移国际形势的重要关键，日本敢于向中国毫无顾忌的进攻，敢于向世界列强挑战，并不是没有原因的：第一，世界经济恐慌，是激成九一八事变的主要契机。原来日本是个资本主义落后的国家，轻工业——其中尤以纺织业为中心——虽特别发达，但重工业的发达却很微弱；

并且日本国内缺乏资源，国内市场异常狭小，又迫着日本不能不依靠国外市场与吸取国外原料以维持其资本主义的生产。日本对外贸易的主要市场，是中国与美国，其次是英属印度、马来殖民地及澳洲等地，但自一九二九年世界经济恐慌爆发以来，这些市场都已逐渐缩小了，就中尤以日本棉织物与生丝在美国的销路锐减，中国由于农村经济的崩溃对日本棉织物购买力的缩小，更加使得日本对外贸易一落千丈。对外贸易衰落的结果，便是滞货的增多，生产的缩小与失业者的骤增；由此而引起的；一方面便是资本家对工人的更惨酷的榨取，他方面便是社会的不安定与劳苦大众的革命化。日本资产阶级看见了这可怕的危机，于是为着要和缓这个危机，就不得不毫无顾忌地对着东三省抛下一颗炸弹，爆发了九一八事变，借此来转移全国的视线。第二、中国统一建设运动，也是激成九一八事变的主要契机。在过去我们曾经指出：日本早就选定了满、蒙为它的殖民地的对象这一事实，民国六年日本与美国订立的《蓝辛石井协定》，更明白承认了日本在满、蒙的特殊地位[①]。华盛顿会议中，美国虽结合英国，借着门户开放的美名，动摇了日本在满、蒙的特殊地位，但日本对满、蒙的经营与侵略，却并不因此而放松，相反地，在张作霖时代，东三省事实上几乎成了日本的殖民地，这在日本对东三省的投资额与贸易额看来，便表现得最为明白[②]。日本不肯放弃在满、蒙的特殊地位，从经济上讲，它认为满、蒙是它的"生命线"，从军事上讲，它认为满、蒙是它的必争之地，因此，田中义一的大陆政策，竟说："欲征服世界，必先征服支那，欲征服支那，必先征服满、蒙。"但是，自从国民革命军北伐以来，打倒了旧式的军阀，统一的新中国的出现，成为指顾间的事情，日本为着要实现它的大陆政策，最怕统一的中国出现，因此，在国民革命的初期，日本便用一切的力量，来阻止革命的发展，等到革命军到达长江，日本竟不顾一切地用武力来干涉中国的革命，这在济南惨案中表现得最为明白。东北张学良易帜后，中国统一建设运动有着飞跃的进展，尤其是英、美过剩资本在东三省的活跃，更加使得日属蒙受重大的打击[③]。在这样的情势之下，日本便不顾一切地爆发了九一八事变。第三、苏联建设的飞跃的猛进，也是激成九一八事变的因子。在过去，列强有过反苏联的联合战线，但由于列强相互间的矛盾无法调和与苏联应付列强进攻的得法，终于使这联合战线没有美满的成功。虽然如此，但列强为着要挽救经济恐慌，和缓国内社会的不安定，却始终没有放弃反苏联这工作。列强都在希望有一个国家，甘为祸首，挺身而出，来担任反苏联的急先锋。日本看到了这一点，所以一方面进攻东三省，一方面竟以反苏联的急先锋自任，来示好于列强。在这样的情势之下，在太平洋上拥有势力的列强，像法国，在当时也是以反苏联自任，自然是尽力来支持日本的，就是英、美也在列强共同一致反苏联这一点上，默许日本进攻东三省[④]。因此，社会主义国家与帝国主义国家的矛盾，也就构成了九一八事变的因素。

上节所述，是综合地说明九一八事变的背景，现在进而叙述九一八事变的导因。九一八事变的导因有二：一为万宝山事件，一为中村事件。万宝山在长春东北，当民国二十年间，有个叫做郝永德的，租得该处民地，转租与韩人耕种。其契约，未经长春县政府批准，而该韩人等，竟假借日本领事的威力，导引伊通河水，筑坝修堤，并强掘民田。因此激起了当地农民的忿怒，与韩人、日人发生冲突。日方一面派遣军警往万宝山镇压农民，一面对韩人宣传，谓中国农民排斥韩人。朝鲜境内因此发生激烈的排华运动，汉城、仁川、平壤、釜山各地华侨多遭朝鲜暴民与日本浪人的惨杀，华侨商店住宅也多被捣毁。我国政府虽数次提出抗议，而日方竟置之不理，但不久又有中村事件的发生。日本陆军上尉中村丽太郎，系奉日军命令前往内蒙侦察秘密军事的，于八月间失踪，日方说是为兴安岭的屯垦军所杀，于是一面向中国政府交涉，一面积极布置，准备借此为口实，实行用兵力来侵占满洲。至九月十八日夜间，日军乃将南满铁路，自行炸毁一段，诬为我军所为，径向我国沈阳的驻军射击，并用大炮轰击北大营。我军无抵抗退出，日军遂进占沈阳。同日，日军又进击长春，未遇抵抗，长春即为日军所占。长春既被占，于是日军循吉长铁路进逼吉林，吉林代省主席熙洽亦不抵抗而退出吉林。此外，东自延吉，西至营口，北自洮南，南至安东，凡北宁路、吉长路、吉敦路、四洮路、洮昂路、打通路、南满路沿线各重要城镇，无不在日军掌握之中，不数日间，辽、吉两省所辖国土一百六十万方里，遂全为日军所占有，造成历史上未有之奇观。事变发生后，我国政府除向日本提出抗议外，就只有诉之于国际信义的一途。那时，国际联合会正在日内瓦开会，我国政府即电中国代表要求国联按盟约制止日本军事行动。国联行政院因此召集特别会议，于九月三十日作成决议案，限日军于十月十四日以前，完全撤回铁路线内，并希望中、日双方直接和平解决。日本不理,反向锦州轰炸,至期日本又不撤兵,反在长江一带增派兵舰,而日机亦在东北大肆活跃。十月十三日,国联行政院又召开特别会议,并邀请美国代表列席。二十四日,国联作成第二次决议案:中、日两国消除敌对行为,日军在切实保障日人的生命财产的条件之下继续撤至铁路线以内,并限日军于下次开会,即十一月十六日以前,全部撤退。而日本悍然不顾,竟在此期间实行进击黑龙江。原来当日军强占辽、吉后,即嗾使汉奸袁金铠等在辽宁组织地方维持会,熙洽在吉林组织吉林省长公署。十一月初,日军又嗾使张海鹏进犯黑省,代主席马占山奋力抵抗,并炸断嫩江铁桥,使日军不能越嫩江一步。这时,日军虽不能得手于黑省,但其疯狂挑战行为并未稍杀,它一面在长春、哈尔滨一带不时以飞机投弹,并勾结白俄谢米诺夫,准备进攻中东路;一面派遣兵舰在连山湾、葫芦岛、秦皇岛一带示威。到了十一月中旬,日军借口修复嫩江铁桥,向黑省作第二次的进攻,并致最后通牒于马占山,要求马氏,退出黑省。马氏不理,日军遂用重兵进攻,并有野战队、坦克车、航空队助战。马军仍奋勇抵抗,不稍退让。后马军以兵少弹竭,不能支持,卒退至克山,而黑省省会齐齐哈尔(龙江)遂于十一月十九日落于日人之手。至是东三省全部为日军强占,总计三省,共失地三百三十万方里,人口二千六百三十余万。东三省相继失陷后,关外重地锦县仍在我军手中,那时荣臻在锦组织省政府,以冀保持关外一角之地。然日军复企图夺取锦县,并勾通汉奸,于十一月间,扰乱天津,挟清室废帝溥仪而去。那时,国联见日军又有夺取锦县的野心,于是又召开会议,由中国代表提议在锦设立中立区,派英、美、法、意驻华军队驻守,作为中、日两军缓冲地带,日本反对,并主张华军撤退山海关内,但日军有讨伐"土匪"之权。国联无可奈何,仅于十二月九日召集会议,决议组织一东北调查团,由英、美、法、意、德五国代表组织,到东北调查。直到十二月二十一日,日军竟大举进犯锦县,并以飞机坦克车等利器相威胁。荣臻无力抵抗,遂于二十九日下令退却。二十一年一月二日,日军入锦,东北军全部退入关内。

锦县陷后,美国虽照会日本,不承认任何事实上所造成的情势为合法,但日本政府看清了当时的国际局势,知道英、美的对立和法国的支持日本,都是有利于他的,所以对美国的照会,悍然不顾。就在这个时候,日本为着要转移国际的视线,竟由东北问题移到上海问题。日本之所以大规模地向上海进攻，其主要目的，就在借此来逼迫中国政府，承认它的更大的利益，就在借此来作为东北交涉的还价条件，就在借此来消灭中国民众的抗日运动。日本既有此打算，于是嗾使该国浪人，竟在上海向我国挑衅了。二十一年一月间，有日僧五名，在上海华界被殴。一月二十日，日方遂嗾使该国浪人多人勾结日本驻沪海军陆战队前往引翔港纵火焚烧三友实业社工厂，杀死华捕，并捣毁虹口一带中国商店。上海市政府向日本驻沪领事提出口头抗议，而日本反借日僧被殴事件，向市政府提出抗议，要求：一、正式道歉；二、赔偿损失；三、惩办凶手；四、取缔反日运动并解散一切反日团体。这时日本海军陆战队已实行戒严，如临大敌；继之，大批日本军舰又络绎来沪，向我示威。二十七日，日领向市政府提出最后通牒，限四十八小时内承认其要求，否则，日本海军将采取自由行动。上海市政府即于二十八日完全承认其要求，日领亦宣称满意了。乃日军于是夜，突然向我军进攻，上海事变由是爆发。那时我驻沪十九路军，以守土有责，遂起而奋力抵抗，计自战事发动起至三月一日我军退出淞、沪第一道防线止，共一月又四日，我军虽屡受损伤，而日军亦三次易将，死伤近万，我十九路军英勇抗敌的精神，遂为全世界所共见。今分述其战况如次：一、盐泽之失败。战事开始后，盐泽所统率的日军与我十九路军在闸北一带发生激烈的巷战，日军数度猛烈冲锋，均被击退，日军更以飞机掩护助战，于是有北火车站之被轰毁，商务印书馆与民房之被炸焚。二月三日以后，日军又利用其停泊附近海面之军舰发炮向岸上射击，掩护其海军向吴淞进攻，同时，在江湾、闸北方面，亦有步兵激战，但因我军誓死抵抗，日军卒不得逞，其飞机亦被我军击落数架，是为日军的第一次失败。二、野村之失败。盐泽作战不利后，日本当局即改以野村代理盐泽指挥作战。自二月六日起，日军改变战略，以海陆空军大举进攻吴淞，打算取得吴淞为根据地后，再以全力进攻闸北，然日军数次猛攻，均不得逞。日军至是乃趋吴淞后路之蕴藻浜，并加调重兵六千名，于是有十三日的大战，两方肉搏血飞，结果日军败溃，我方士气大振，是为日军的第二次失败。三、植田之失败。野村失败后，日军即改以植田任指挥，并于十四日调其第九师团来沪作战。十九日，日军向十九路军提出哀的美敦书，要求华军由吴淞、闸北退出二十基罗米突，十九路军不理。二十日，双方剧战于吴淞、闸北、江湾一带，而尤以庙行镇之役为最烈。是役我军初颇危急，幸援军赶至，抄敌后路,才转败为胜,是为日军第三次失败。日军自经三次失败后,遂改派白川义则任总司令统率十一、十二、十四师团来沪应援。这时日军增至七万余人,我方毫无后援,于是两方势力悬殊,日军遂占优势。白川抵沪后,即改变战略:注重侧面攻击,以军舰三十余艘,陆军一师团,飞机三十余架,袭击浏河、杨林口后防,抄袭华军真茹、南翔后路,同时在江湾、庙行方面复以一师团兵力向华军正面压迫。华军势渐不支,不得已于三月一日退出第一道防线,退守南翔一带,而战事遂归沉寂。当上海事变爆发时,我国代表在日内瓦曾请求国际联合会制止日军行动;国联遂议决:组织上海国际调查团,以英、德、法、意、西领事为委员,并邀美国加入,而美国于此时亦早已发布宣言,主张维护《九国公约》。三月三日,国联开会,十一日,决议限日军于五月十日以前,恢复二十年九月十日以前的原状,此正式议决案,如中国接受,而日本拒绝,则《盟约》第十六条⑤,自然有效。同时又通过:组织特别委员会,以英、法、德、意、西、挪、波、捷、爱尔兰、墨西哥、危地马拉、巴拿马、瑞士、瑞典、荷兰、比、匈、南斯拉夫、哥伦比亚十九国委员组成,负责处理中、日纠纷,并建议调解方案。十六日,十九国委员会开会,于十九日议决:令日本撤兵,将地方交还中国警察。直到五月五日,中、日双方始在沪签定《上海停战协定》,其大要如次:一、中日双方自二十一年五月五日起确定停战;二、日军退至公共租界,一如二十年一月二十八日以前原状,但为容纳日军人数起见,可暂驻上述之毗连地点;三、撤退上海附近十二公里以内华军,成立非军事区域;四、为证明双方之撤兵起见,设立共同委员会,加入友邦代表为委员,协助两方移交事宜。六日,共同委员会正式成立,上海战区陆续归我接管。所谓上海事变,至是结束。

日军占领锦县,东北军全部退入关内后,日本即开始进攻榆、热,打算把华北也囊括在它的势力范围之内。二十一年十二月间,驻锦日军以铁甲车一列开抵榆关挑衅,我驻军何柱国旅甘愿退让,一时暂告无事。二十二年一月一日,日军向榆关进攻,何旅奋勇抵抗,血占三日,卒为日军所败,于是历史上最负盛名的"天下第一关"——山海关(榆关)遂落于日军之手。一月十四日,日军又进而夺取九门口。自是日军积极准备,企图进攻热河。二月二十三日,日军联合伪"满洲国"军,三道进攻:一、北攻开鲁，我方为刘桂堂、冯占海、崔新五驻守；二、中攻北票、朝阳，我方为董福亭部驻守；三、南攻凌源、凌南，我方为于兆麟、孙德荃、沈克等部驻守。二十四日，开鲁失守，接着北票、朝阳，亦为敌军所陷。二十六日，全线退至赤峰、建屏、凌源。三月一日，张学良方下令张作相、万福麟反攻。不料四日，热河省主席汤玉麟即弃城潜逃，打算前进之张、万，见汤已走，也畏死逃回，于是承德留一空城，任一百二十八名日军，扬长而入。计此次战役，我国失地五十六万方里，人口六百五十万。热河失陷后，张学良以督责无方去职，另组北平军事分会，由何应钦主持华北军事。这时日军乘战胜之势，又向长城各口进攻，计自三月九日至五月十五日，我二十九军与十七军在喜峰口、古北口、南天门、冷口一带，与日军血战，曾屡挫日军。日军在长城各口失败后，遂改变作战计划，由榆关进攻滦东，摇动我军后防。于是长城各口相继陷落，日军遂进而包围平、津。五月十七日，驻平政务委员会成立，以黄郛任委员长，进行中、日和平交涉。结果由黄郛派熊斌与日方代表冈村，于五月三十一日成立《塘沽协定》，其大要如次：一、中国军队撤退至延庆、昌平、顺义、通州、香河、宝坻、宁河、芦台所连之线以西以南地区，不再前进，又不行一切挑战扰乱之举动；二、日军确认中国军队已撤至第一项协定之线时，不超越该线，续行追击，且自动撤归至长城之线；三、长城以南第一项协定之线及以北以东地域（即平东十九县）划为非武装区域，其治安由中国警察负责维持。协定签字后，华北始苟免于危。当日军取得热河后，接着又从多伦进占沽源，而察省告急。五月二十六日，冯玉祥等成立察哈尔民众抗日同盟军，宣言"武力保卫察省，收复失地"。七月十二日，抗日同盟军于克复康保、宝昌、沽源后，又克复多伦，共收复失地四十万方里，人民约百余万。直到八月五日，抗日同盟军因种种不利关系，不得已才自动宣布取消，而日军遂于八月十三日复占多伦。于是察省危急，大有岌岌不保之势。

原来自日军强占锦县后，日本即着手组织"伪满洲国"。二十一年一月十六日，日本嗾使汉奸臧士毅、郑孝胥、金梁、熙洽、张景惠等，在沈阳开所谓"满洲善后会议"；二月十九日，又召开所谓"东北行政委员会"，酝酿伪组织的成立。到了三月九日，日本竟挟溥仪在长春就"大满洲国"

执政职,而以郑孝胥为总理,采用民主立宪制,定年号为大同元年。我国在东北的税关、邮局以及盐务等机关,遂次第为所攘夺。九月十五日,日本单独承认"伪满国",并由武藤与郑孝胥主持成立"日满亲善条约",将前此和中国所订的不平等条约,关涉东北的,勒令"伪满"承认履行。又借口共同防卫,允许日军驻扎伪国境内。上文说过,当日军强占东北后,国联曾于二十年十二月九日决议组织东北调查团,到东北调查。二十一年春间,东北调查团由主席英国李顿爵士（Lord Leytton）率领东来,于四月二十一日开始调查。至六月四日,调查完毕,并在北平制作《调查报告》,于九月四日完成。报告书的内容是:一、日本的军事行动,不能认为合法的自卫;二、"伪满洲国"并非由真正自然的民意所产生,主张召集顾问会议,由中、日政府及当地人民代表组织之,设立满洲自治政府,聘用外国顾问,同时并主张解除中、日两国在东北的武装,而代以由各国军官训练的宪兵。在《报告书》中,英、美、法、意、德五国虽承认日本在满洲的优先利益,但仍坚持以门户开放利益均沾主义代替日本独占主义,即主张满洲由列强共管。这在中国自然不能承认,所以在伪国成立时,中国政府即已发表宣言,否认东北叛逆所组织的"伪满洲国",而《报告书》发表后,中国政府又表示不能完全接受。至于日本则反而痛诋国联调查团认识不足,坚持既成事实。到了二十二年二月二十四日,国联开非常会议,遂通过十九国委员会的《报告书》,决定不承认"伪满洲国",而依据调查团《报告书》,觅取解决方案,日本反于此时,宣言不赞同东北调查团之东北三省自治建议,宣布退出国联,以示要挟。并且自日军攻陷山海关后,"伪满洲国"在日人导演之下,又于二十三年三月一日发布"伪满洲帝国"组织法,拥溥仪僭号于长春,改年号为康德元年。同日午后,日本驻满全权大使菱刈隆与郑孝胥交换公文;而伪外长谢介石则于前一日向内外声明:称皇帝为伪国第一代皇帝,与亡清复辟不同,对于民国之国民,毫无敌意。我国外交部接到日方照会,知溥仪业已僭号称帝,遂由外交部长汪兆铭宣言决不承认此项伪组织。然日本至此,在东北已志得意满,而东北在事实上也就沦为日本的殖民地了。

自九一八以来,日本进攻中国,不费一兵一矢,竟占领我东北四省,并进而企图占领华北,独吞中国。现在将最近日本侵略中国的情形表列如下:

时期	事实	附注
二十三年四月六日	日伪军收东北三省民枪三百一十万支,并增兵长城各口及北宁铁路沿线	
四月十七日	日外务省情外部长天羽发表声明,反对国联对华援助及技术合作,视中国为其单独之保护国	国联对华援助,系对日本独占中国而发,故日本表示反对。又天羽声明,普通称为四一七声明
五月三十日	驻华日使返任宣布中日交涉之内容:(一)中国放弃反日政策,实行中日合作,或以日本为主体之国际团体,互相协助。(二)对第三国之对华援助,不问技术的或经济的,积极阻止之。(三)积极取缔一切排日抵货之行动,改订关税,整理旧债及通车通邮诸悬案,最短期内解决之。(四)中国当局倘不确认日本维持远东和平之责任地位,决取断然抨击手段	按此竟直视中国为其殖民地
六月八日	日本借口驻南京副领事藏本失踪酝酿大事变	后将藏本寻获,始告无事
六月三十日	日本要求修改海关进口税	结果主要日货减税,有多至百分之四五十者
七月一日	平、沈通车实行	
八月四日至二十五日	日本海陆军在塘沽、北平、天津及渤海湾各地举行示威演习	
九月十五日	日本关东军在张家口设武官室	
十一月十七日	日军部组织移民公司,资本三千万元,定十年内移民百万人至东北	
十一月二十六日	日华北驻屯军沿北宁路演习三日,交通断绝	
十二月二日	河北省政府决定由天津移保定,北平扩大市区,改为文化游览区	
十二月十日	日本偷税货船枪击秦皇岛海关缉私人员,伤三人,死一人	
二十四年一月十日	与东北四省实行通邮	
一月二十二日	日本广田外相在议会声明:今后中、日外交,决依四一七声明之主旨,而促其实现	

续表

时期	事实	附注
一月二十三日	日军武力占据察东沽源县属长梁乌泥河一带地方,中国民团死伤四十余人,日机在独石口掷弹	
二月二日	中、日在大滩会议,解决察东问题,决定中国军队退出石头子城、南石柱子、东栅子之线及以东之地域	
五月二十九日	日军提出华北要求:(一)于学忠下野,河北省政府移保定。(二)中央军撤退。(三)天津市长张廷谔、公安局长李俊襄均撤职,宪兵第三团团长蒋孝先、军训处长曾扩情均予免职。(四)河北省市党部军训处撤消并停止活动,并解散反日团体及特种组织。(五)取缔反日书籍及言论	六月一日至十日,对日本各项要求,均一一承认,并下《敦睦邦交令》。按上项要求即通常称为《何梅协定》内容之一部分
六月二十七日	日军又提出新要求:(一)察省主席宋哲元免职。(二)察省长城以外由保安队负责。(三)察省党部停止活动。(四)停止鲁省向张北移民	六月十二日,日军因无护照之日人四人旅行察哈尔被查阻,故又提出上项之新要求
七月三日	日使有吉对上海《新生周刊》登载《闲话皇帝》一文作无理之要求	七月七日,《新生》问题解决,通令取缔反日言论及运动,上海图书审查委员会取消,《新生》总编辑杜重远判徒刑一年二月
八月五日	滦榆区行政督察员陶尚铭为日使馆扣留	
九月二十九日	绥远省党部停止活动,日本并要求于太原、绥远、宁夏等处设立特务机关	
十月二十一日	日人在香河、宝坻、沧县等地收买汉奸,煽惑民众作伪自治运动	
十一月四日	日本政府反对并阻止中国政府货币改革政策,日外相广田,又有所谓中国交涉之三大原则:(一)中国政府彻底消灭反日。(二)"中日满"密切合作。(三)共同防共。同时对华北又提出撤消军分会等要求	
十一月二十五日	日本主使之华北五省(冀、察、绥、晋、鲁)自治政府运动一时失败,后即嗾使汉奸殷汝耕等成立伪冀东自治政府	

试看上表，我们便明白日本侵略中国正在一步紧一步地袭来，非至灭亡中国不止。以下还有几件大事，应该特别予以指出：这第一就是日本所要求的中、日经济合作或美其名曰中、日经济提携，其中包括减低关税及采矿、交通、工业、农业诸部门。在"日本工业中国农业"的原则之下，使中国在经济上隶属于日本，而成为它的殖民地。最近如中日实业股份公司与惠通公司的成立，如兴筑津石铁路、塘沽筑港、疏浚白河以及龙烟铁矿开采的进行，如消产合作社⑥的组织，都是所谓中、日经济合作的具体表现，而受惠的当然是日本，吃亏的当然是中国。第二是遍布全中国的走私问题。在过去，像鸦片、白面、军械、人造丝及白糖等，多半是走私的商品，由日本商人或浪人秘密输入中国，不过走私的私运口岸，只限于华北的天津、秦皇岛，华中的上海，华南的厦门几个地方，同时，走私的方法也多半是秘密的。但自《塘沽协定》签定后，日人便在非战区公开组织团体，携带武装，保护满载私货的船只强行登岸，就已经由秘密的变为公开的走私了。冀东伪自治政府成立以后，走私日益加厉，竟演成不可收拾的地步。走私的商品，除上述鸦片种类不计外，如棉织品、酒精、药品、颜料、苏打、海味、橡皮制品、自行车等，到现在也都走私了。总之，现在日本输入中国的货物，大都转向走私一途，而正当的贸易，反而减少了。再从走私的口岸来说，在华北方面，除天津、秦皇岛外，另有留守营、昌黎、北戴河、溪口、赵家口子等地，在华中方面当然还是上海，在华南方面，除了厦门外，更添了汕头、广州、琼崖、江门等地，至于私货的推销，中部内地自不用说，即边塞地方，也都充满了私货。据中国银行估计，单只二十四年一年，私货的价值，就达二万万一千万元之多。又据海关报告，自二十四年八月一日起至二十五年四月三十日止，因华北走私，海关损失共达二千六百万元，而二十五年四月份一个月关税收入损失，竟达八百万元，五月份三个星期中，损失亦达六百万元以上。假定每月损失以八百万元计算，则每年损失将达一万万元，几达我国关税全部收入的三分之一。像这样严重的走私问题，其影响不但损害了我国独立国家的地位，使海关税收减少，财政上受了巨大的损失，并且，我国根基不固的工业也因此受了重大的摧残，使商业趋于破产，我国金融发生动摇，而我国国民经济就在这样的情势之下日趋崩溃，在经济上非至沦为日本的殖民地不止。第三便是树立伪组织来分裂中国，满洲与冀东伪组织且不必说，最近如内蒙伪组织的树立，日本特务机关的遍设各地，收买汉奸，策动各地的伪自治运动，以及嗾使土匪王英诸部进攻绥东，处处都在分裂中国，削减中国的力量，以遂其吞并中国的毒计。第四，便是最近中、日的交涉，据报纸所载，日方所要求的除（一）中、日经济合作，（二）消灭反日运动之外，最主要的就是华北五省（冀、察、绥、晋、鲁）自主与共同防共两大问题。日本这种无理的要求，不但损害我国国权，并且是它的独吞中国的毒计的第一步工作，所以我国如果承认了它的要求，便无异断送了华北五省。此外，如华南海面日舰的演习，平、津、通州一带日军的大演习，以及在各地嗾使浪人收买汉奸的寻衅，都无不是日本侵略中国的事实。

注释

①Lansing Ishi Greement，其中有"美国政府承认日本在中国有特殊之利益，接壤日本所领之地方殊然也"等语。

②据民国十八年的统计，日本对满投资达一五一〇七五五〇〇元，占各国对满投资总额的百分之七三点二〇一；对满贸易总额达二二六八二二〇〇五海关两，其中输出为一一六八一五七八五海关两，输入为一一〇〇〇六二二〇海关两，两者均居第一位。

③在铁路方面，如沈海、吉海之联络北宁，打通、齐克之直达北满，便与日本铁路发生了所谓"并行线"的冲突，因之南满铁路在民国十九年的收入陡然减少。在商业方面，如葫芦岛筑港的经营，也使日本蒙受重大打击。

④但日本要永久独占东三省，却不是英、美两国所愿意的。

⑤第十六条："联合会会员，如有不顾本约第十二条，第十三条或第十五条所规定而从事于战争者，则据此事实，应视为对于所有联合会其他会员有战争行为。其他各会员，应即与之断绝各种商业上或金融上之关系；禁止其人民与破坏盟约国人民之一切交通；并阻止其他任何一国，为联合会会员，或非联合会会员之人民，与破坏盟约国之人民有金融、商业或个人之交通。"

⑥津石铁路自天津至石家庄，纵断河北省境，与正太铁路连接，通至山西。中、日交涉内容：一、设立津石路工程局；二、工程费额定一千五百万元，中、日各担任半数；三、预定在一年半内完成。塘沽筑港，预定经费为三千万元左右，以塘沽为上港，人沽为副港，以便利日货输入。疏浚白河，预算经费为五千万元左右，具体办法，已由日方委托坂本博士进行研究中。中、日合组之龙烟制铁公司，资本金为三千万元。消产合作社，为指导技术、供给种子、奖励种植棉与羊毛之机关，资本金为二百万元。

第十五章　七七事变与全面抗战

在上一章中,已指出国难的严重,对日本帝国主义的侵略,非团结全国一致起来抵抗不可。自九一八事变以来,除马占山在黑龙江省抵抗日寇的侵略外,又有民国二十一年淞沪之役,二十二年喜峰口之役及二十五年绥远之役,虽都表现了中华民族不可屈服的精神,但由于只是局部的抵抗,所以不能给日寇以致命的打击;直到七七事变展开为神圣的全面抗战,整个局势才为之一变。以下先述七七事变,次述全面抗战:

七七事变的爆发,原出于日寇的预定计划;即企图以占领沈阳的方式占领平、津,夺取华北,实现其灭亡中国的迷梦。民国二十六年六月,日寇按照预定计划,先将平、津驻屯军集中两联队的兵力于丰台一带;七月七日夜间,故意在卢沟桥附近施行演习,借口搜查一失踪的兵士,以袭击我宛平城。我驻军宋哲元部冯治安师的吉文星团,以守土有责,奋起抵抗,遂演成七七事变。以事变发生于卢沟桥。故又称为卢沟桥事变。

七七事变发生后十日,蒋主席发表重要谈话[①],内容共分四点:

第一,说明政府一贯的主张,"国家为进行建设,绝对的需要和平,过去数年中,不惜委曲忍痛,即系此理。……如果临到最后关头,便只有拼全民族的生命,以求国家生存;那时节再不容许我们中途妥协。须知中途妥协的条件,便是整个投降整个灭亡的条件,全国国民应认清所谓最后关头的意义,最后关头一到,我们只有牺牲到底,抗战到底,唯有牺牲到底的精神,才能博得最后的胜利"。

第二,说明最后关头的境界和七七事变的严重性:"从这次事变的经过,知道人家处心积虑谋我之亟,和平已非轻易可以求得,眼前如果要求和平无事,只有让人家的军队无限制的出入于我们的国土,而我们本国的军队反要任受限制,不能在本国领土里自由驻扎,或是人家向中国军队开枪,而我们不能还枪。换言之,就是'人为刀俎,我为鱼肉'。我们已快要临到这个人世悲惨的境地,这在世界上稍有人格的民族都无法忍受的。……现在冲突地点已到了北平的卢沟桥,如果卢沟桥可以受人压迫强占,那末,我们五百年故都、北方政治文化的中心与军事重镇的北平,就要变成沈阳第二。……北平若可变成沈阳,南京又何尝不可变成北平。所以卢沟桥事变的演变，是关系中国国家整个问题，此事能否结束，就是最后关头的境界。"

第三，说明我们是应战而不是求战："我们的态度，止是应战，而不是求战。……战端既开之后，则因我们是弱国，再没有妥协的机会，如果放弃尺寸土地与主权，便是中华民族的千古罪人，那时候便止有拼民族的生命，求我们最后的胜利。"

第四，说明解决事变最低限度的方案："我们的立场有极明显的四点：一，任何解决，不得侵害中国主权与领土之完整；二，冀、察行政组织不容任何不合法之改变；三，中央政府所派地方官吏如冀察政务委员会委员长宋哲元等不能任人要求撤换；四，第二十九军现在所驻地区不能受任何约束。"然蒋主席深知这最低限度的方案决非失掉理性的日寇所能接受，所以最后号召"全国国民亦必须严肃沉着，准备自卫"。

这便是我政府对七七事变所采取的立场，我外交部即据此向日本交涉[②]，以谋和平解决，而日寇却置之不理。当时日寇以兵力还未集中，为缓兵之计，又引诱宋哲元停战，双方派员调查，谋地方的解决，我中央政府也以最大的容忍，对于此种解决办法，未加反对。谁知日寇集中军队以后，突然在卢沟桥、廊坊等处，再行攻击我国驻军，并于七月二十六日发出哀的美敦书，要求我国军队撤出北平，且不待答覆，即猛攻北平、天津，旋又侵入冀南，并进攻南口，使战祸及于察省。这样一来，华北战事便随之扩大，直到八月十三日上海战事爆发，神圣的全面抗战也就从此展开了。

当华北战祸蔓延猖獗之际，日本士兵又于八月九日傍晚侵入我上海虹桥军用飞机场，不服警戒法令的制止，乃至发生事故，死中国兵一人，日军官兵二名。事件发生后，上海市政府立即提议以外交途径公平解决；日寇不理，反派遣大批兵舰陆军来沪，并提出种种要求，以图解决或减少我国自卫力量。迨至十三日，日寇竟向我上海市中心区猛烈进攻。十四日，我政府发表《自卫抗战声明书》："中国今日郑重声明：中国之领土主权已横受日本之侵略，《国际盟约》《九国公约》《非战公约》，已为日本所破坏无余。此等条约，其最大的目的，在维持正义与和平，中国以责任所在，自应尽其能力，以维护其领土主权，及维护上述各种条约之尊严。中国决不放弃领土之任何部分，遇有侵略，惟有实行天赋之自卫权以应之。"并谓

"中国为日本无止境之侵略所逼迫,兹不得不实行自卫,抵抗暴力"。全面抗战之局由是揭幕。

全面抗战的基础,建立在全国的团结上面,必须全国人民不分党派,不分地域,团结一致,集中力量,才能争取最后的胜利。就在这样的情况之下,国民政府于八月二十二日正式命令改编红军为国民革命军第八路军,并任命朱德、彭德怀为八路军正副指挥官。二十五日,朱、彭通电就职。九月二十二日,政府发表了中国共产党七月间即已提出的共赴国难宣言与蒋主席接纳共党宣言的谈话:在中共方面,为了团结御侮,向全国宣言:一,中山先生的三民主义为中国今日所必需,本党愿为其彻底的实现而奋斗;二,取消一切推翻中国国民党政权的暴动政策及赤化运动,停止以暴力没收地主土地的政策;三,取消现在的苏维埃政府,实行民主政治,以期全国政权之统一;四,取消红军名义及番号,改编为国民革命军,受国民政府军事委员会之统辖,并待命出动,担任抗战前线之职责。同时,蒋主席亦表示:"今日凡为中国国民,但能信奉三民主义而努力救国者,政府当不问其过去如何而咸使有效忠国家之机会,对于国内任何派别只要诚意救国,愿在国民革命抗敌御侮之旗帜下共同奋斗者,政府无不开诚接纳,咸使集中于本党领导之下,而一致努力。"这两个令人感奋的文件,不但表明了国共两党合作的决心,更巩固了全国团结御侮的基础。次年四月十三日及二十一日,国家社会党与中国青年党亦先后致书蒋主席,捐弃成见,共赴国难;同时,危害民国紧急治罪法既经取消,民众抗敌运动在公开合法的情况下普遍展开,这种举国团结一致的精神,对初期抗战的士气是极大的鼓励。

日本帝国主义早在甲午中日战争前后就抱有灭亡中国的野心,这只要一翻过去中日交涉史便可一目了然,而这次七七事变,便是日寇企图实现这种野心的有计划的行动,终于迫着我们起而抵抗,爆发为神圣的全面抗战。我们是保卫祖国与民族而应战,同时也是保卫世界和平与国际信义而应战,这种应战是义战。日寇发动侵略战争,则恰好相反:是不义之战,它不但企图吞噬中国,并且破坏了世界和平,毁灭了国际信义。义战者多助,不义战者寡助,义战者愈战愈强,不义战者愈战愈弱,我们在下面第十七章中,便可以看到最后的胜利之终于属于我们。

注释

①以谈话在庐山谈话会席上发表,故又称为庐山谈话。
②七月十三日及十九日,我外交部两次向日政府提议和平解决,日本均未置答。

第十六章 抗战建国纲领及其实施

蒋主席的庐山谈话及国民政府的自卫抗战声明书,实足以代表抗战初起时我政府的根本国策。及我军退出南京后,中国国民党复于二十七年三月召开临时全国代表大会,于四月一日制定抗战建国纲领,是为抗战期间我国最高根本国策。以下先述抗战建国纲领的内容,次述抗战建国纲领的实施:

抗战建国纲领①,共分七目三十二条。第一目总则,包含两条:一为"确定三民主义暨总理遗教为一般抗战行动及建国之最高准绳";一为"全国抗战力量应在本党及蒋委员长领导之下,集中力量,奋励迈进"。

第二目外交,包括五条:一为"本独立自主之精神,联合世界上同情于我国之国家及民族,为世界之和平与正义共同奋斗";二为"对于国际和平机构及保障国际和平之公约尽力维护,并充实其权威";三为"联合一切反对日本帝国主义侵略之势力,树立并保障东亚之永久和平";四为"对于世界各国现存之友谊,当益求增进,以扩大对我之同情";五为"否认及取消日本在中国领土内以武力造成之一切伪政治组织及其对内对外之行为"②。

第三目军事,包括四条:一为"加紧军队之政治训练,使全国官兵明瞭抗战建国之意义,一致为国效命";二为"训练全国壮丁,充实民众武力,补充抗战部队,对于华侨回国效力疆场者,则按照其技能施以特殊训练,使之保卫祖国";三为"指导及援助各地武装人民,在各战区司令长官指导之下,与正式军队配合作战,以充分发挥保卫乡土捍御外侮之效能,并在敌人后方发动普遍的游击战,以破坏及牵制敌人之兵力";四为"抚慰伤亡官兵,安置残废,并优待抗战人员之家属,以增高士气,而为全国总动员之鼓励"。

第四目政治，包括五条：一为"组织国民参政机关，团结全国力量，集中全国之思虑与识见，以利国策之决定与推行"；二为"实行以县为单位，改善并健全民众之自卫组织，施以训练，加强其能力，并加速完成地方自治条件，以巩固抗战中之政治的社会的基础，并为宪法实施之准备"；三为"改善各级政治机构，使之简单化合理化，并增高行政效率，以适合战时需要"；四为"整饬纲纪，责成各级官吏忠勇奋斗，为国牺牲，并严守纪律，服从命令，为民众倡导，其有不忠职守贻误抗战者，以军法处治"；五为"严惩贪污官吏，并没收其财产③"。

第五目经济，包括八条：一为"经济建设应该以军事为中心，同时注意改良人民生活，本此目的，以实行计划经济，奖励海内外人民投资，扩大战时生产"；二为"以全力发展农村经济，奖励合作，调节粮食，并开垦荒地，疏通水利"；三为"开发矿产，树立重工业的基础，并发展各地之手工业"；四为"推行战时税制，彻底改革财务行政"；五为"统制银行业务，从而调整工商业之活动"；六为"巩固法币，统制外汇，管理进出口货，以安定金融"；七为"整理交通系统，举办水陆空联运，增筑铁路公路，加辟航线"；八为"严禁奸商垄断居奇，投机操纵，实施物品评价制度"。

第六目民众运动，包括四条：一为"发动全国民众，组织农工商学各职业团体，改善而充实之，使有钱者出钱，有力者出力，为争取民族生存之抗战而动员"；二为"在抗战期间，于不违反三民主义最高原则及法令范围内，对于言论出版集会结社，当予以合法之充分保障"；三为"救济战区难民及失业民众，施以组织及训练，以加强抗战力量"；四为"加强民众国家意识，使能辅助政府肃清反动，对于汉奸严行惩办，并依法没收其财产"。

第七目教育，包括四条：一为"改订教育制度及教材，推行战时教程，注重于国民道德之修养，提高科学的研究与扩充其设备"；二为"训练各种专门技术人员，与以适当之分配，以应抗战需要"；三为"训练青年，俾能服务于战区及农村"；四为"训练妇女，俾能服务于社会事业，以增加抗战力量"。

抗战建国纲领中第一目总则所包括的两条，系纲领的基本精神，因为不树立共信，确定领导，则意志无由集中，行动无从统一，终必影响抗建大业的进行。八年以来，全国人民不分党派，不论男女，都能捐弃成见，破除畛域，服膺三民主义，接受中国国民党的领导，经过八年的苦斗，卒能摧毁强敌，获得最后的胜利，我们可以说，这都是纲领总则在实施中所收到的伟大成果。

此外六目，除外交政治经济三目的实施详见其他各章外①，兹将军事、民众运动及教育三目的实施情形，分述如下：

第一，从军事言：自抗战以来，即实施征兵制度，全国人民凡达到适龄壮丁者，均能踊跃应征。八年以来，兵员补充从未发生困难，其英勇为国牺牲的精神，实为获得最后胜利的主要根据，而人民纷纷自动请缨杀敌，尤足称述。三十二年冬，政府为适应战时需要，号召知识青年从军，全国各大学各高中的学生，无不自动应募，其于增强抗战兵力之功，不可湮没。纲领中所规定的"加强军队之政治训练"实施以来，收效亦大，八年以来，与日寇大小作战数千次而无一人肯生降者，即其明证。此外如敌后游击队之配合正规军作战以牵制敌人，后方对抗战军人家属的优待以提高士气，以及训练壮丁与华侨以增强抗战力量，也都一一按照纲领所规定的予以实施，其裨益抗战之功至大。

第二，从民众运动言：关于纲领所规定的"发动全国民众，组织农工商学各职业团体，改善而充实之"，实施以来，效果至为宏大：或本"有钱出钱"之旨，献金献粮，甚至倾其所有，以助抗战军需；或本"有力出力"之旨，参加铁路公路的修筑以及各种国防工程；其力量之伟大，爱国家爱民族的热忱，实为空前的表现。而沦陷区人民之不甘屈服，组织种种抗敌团体，起而与敌伪作肉搏的斗争，尤多可歌可泣之事。此外如合法保障言论出版集会结社之自由以唤起人民自动参加抗建工作，如救济战区难民及失业民众施以组训以加强抗战力量，也都依照纲领一一予以实施，收到全民动员参加全面抗战的效果。

第三，从教育言：抗战以来，大学中学之内迁者为数甚多，我政府均能尽量予以扶助，所以战事虽经历八年之久，而弦诵之声依然不绝；且适应战时需要，增设大学及国立中学多所，招收大量青年，施以严格教育。中国国民党临时全国代表大会宣言中指示抗战期中不可忽者，为道德之修养与科学之运动⑤。故纲领中亦"注重于国民道德之修养，提高科学的研究与扩充其设备"；实施以来，虽因战时生活艰苦，物质设备简陋，亦已收到相当的效果。以上系就正规教育说，此外还有中央训练团以及各省训练团与各县训练所的设立,专门训练行政干部,以适应战时需要;而各种短期训练学校或训练班的开办,则在于"训练各种专门技术人员,以应抗战需要",实施以来,裨益于抗战者至巨。他如"改订教育制度及教材,推行战时教程",如"训练青年,俾能服务于战区及农村",如"训练妇女,俾能服务于社会事业,以增加抗战力量",也都一一予以实施,尤以儿童保育院的普遍设立,大批妇女从事保育工作,对于后一代国民的培育,功劳至为伟大。

总上所述,可知抗战建国纲领实为集中意志统一行动以争取抗战必胜建国必成的基本纲领,凡我国民,均应恪守不渝,然后全国力量始能集中团结,以实现总动员的效能。所幸实施以来,效果至为宏大,抗战之所以能持久而至于获得最后胜利,全赖有此。现在抗战虽已胜利,而建国大业,经纬万端,尤非集中力量统一行动,不足以肩负重任。我们青年人责任綦重,学习本国史至此,便应深自警惕,努力迈进,以完成建国大业。

注释

①纲领之前有总说明,其文曰:"中国国民党领导全国,从事于抗战建国之大业,欲求抗战必胜,建国必成,固有赖于本党同志之努力,尤须全国人民戮力同心,共同负担,因此本党有请求全国人民捐弃成见、破除畛域,集中意志、统一行动之必要,特于临时全国代表大会制定外交、军事、政治、经济、民族运动、教育各纲领,议决公布,使全国力量得以集中团结,而实现总动员之效能"。

②临时全国代表大会宣言对外交方针有所决定,其文曰:"中国今日对外关系,惟当谨守以下两原则:其一,对于曾经参加之维持国际和平之条约,必确实遵守;其二,对于世界各国既存之友谊,必继续不懈,且当更求其增进。中国自知为贫弱的国家,平日所汲汲者,惟在力自振发,以至中国于自由平等。际此空前之国难,亦惟有依靠自力,艰苦奋斗,以自拔于危亡,决不稍存侥幸之念,以成倚赖之习。惟有当为世界各先进国家告者,世界和平不可分割一部分之利害即全体之利害:故每一国家谋世界之安全,即所以谋自国之安全,不可不相与戮力,以致力于保障和平,制裁侵略,俾东亚已发之战祸,终于遏止,而世界正在酝酿中之危机,亦予以消弭,此则不惟中国实受其益,世界和平胥系于此矣"。

③关于内政方针,临时全国代表大会宣言亦有明确的指示,其文曰:"至于内政方针,实与外交方针相为表里,盖建国大业,以三民主义为最高指导原理,外交方针,内政方针,皆由此出发。从外交言之,致中国于自由平等;从内政言之,求

所以致中国于自由平等之道；故其精神实为一贯。吾人本此精神，以从事抗战；同时本此精神，以从事建国。盖吾人此次抗战固在救亡，尤在使建国大业，不致中断。且建国大业，必非俟抗战胜利以后，重行开始，乃在抗战之中，为不断的进行。吾人必须于抗战之中，集合全国之人力、物力以同赴一的，深植建国之基础；然后抗战胜利之日，即建国大业告成之日，亦即中国自由平等之日也。世人于此，有所未察，以为建国大业，必有俟于抗战胜利之后，此不惟浪费中国之时间与精力，且不明抗战与建国之关系。盖非抗战，则民族之生存独立且不可保，自无以遂建国大业之进行；而非建国，则自力不能充实，将何以捍御外侮，以求得最后之胜利，吾人诚能究心三民主义之最高指导原理，则知抗战建国二者之相资相辅以相底于成，有必然者。"

④外交见第十八章，政治经济见第二十章。

⑤尚有二义，为抗战期间所必不可忽者：其一为道德之修养，其二为科学之运动。晚近以来，持急功近利之见者，往往以道德之修养，视为迂谈。殊不知抗战期间所最要者，莫过于提高国民之精神，而精神之最纯洁者，莫过于牺牲。牺牲小己以为大群。一切国家思想，民族思想，皆发源于此。而牺牲之精神，又发源于仁爱。惟其有不忍人之心，所以消极方面，己所不欲，勿施于人；积极方面，己欲立而立人，己欲达而达人；及其临于祸福关头，则充其有不忍人之心，无求生以害仁，有杀身以成仁：此道德之信条，所谓亘万世而不易者也。国民若无此仁爱之心，则必流于残忍，习于自私自利，强则穷兵黩武，弱则偷生苟活，视国家民族之存亡，曾不以动其念，个人人格已不存在，国家元气，因以丧失，何以抗战？何以建国？……至于科学之运动，在抗战期间，亦为最要。盖抗战为全国心力物力之总动员，亦为全国心力物力之总决赛，必当以沉毅勇壮之精神，脚踏实地，从事于心力物力之充实。在技术方面，则提高自然科学的研究，俾军需军器得无缺乏。在社会制度方面，则应用社会科学的学理，使社会的组织活动趋于合理化，成为有计划有系统的发达。其施之于教育者，宜知战时的科学，需要较平时为尤急，科学的探讨与设备，为抗战持久及抗战胜利之决定因素。其施之于文化运动者，宜知所谓文化运动，不外谋全部人类生活之充实向上，当在科学方面，使技术与社会制度相贯通，物质与精神相贯通，理智与感情相贯通，以求其平均发展，然后心力物力，乃能日即于充实。抗战必胜，建国必成，必由于此。

第十七章　全面抗战的经过

全面抗战爆发后，就其发展历程，可以分为第一期抗战与第二期抗战，兹分述之如下：

第一期抗战，始于二十六年七七事变，终于二十七年十月二十五日我军退出武、汉，历时十六个月，其中又可以分作三个阶段来说：

第一个阶段，始于七七事变，终于二十六年十二月十三日我军退出南京，历时五个月。七七事变发生后，日寇为缓兵之计，提出地方解决的办法；然而日寇却趁此时机，更积极作军事上的准备，等到准备好了，就于七月二十五日乘我军换防之际，突然袭占团河，同时由天津开往廊坊的日军亦与我驻军冲突，并攻击我芦沟桥的守军。二十六日，日军向宋哲元提出哀的美敦书，宋氏予以严词拒绝之外，并下令抵抗日军的进攻。

日寇既发动华北战争，于是为了牵制我华中兵力，为了完成其速战速决的迷梦，又于八月十三日借口虹桥军用飞机场事件进攻中国经济文化中心的上海。八月十二日，集中淞沪的日本兵舰已有二十余艘，海陆军一万余人。次日上午九时，闸北发生前哨冲突；下午四时，日军开始大举进攻，并以大炮轰击：这就是八一三全面抗战的揭幕。

原来在七七事变之际，我军在华北的力量甚为单薄，所以宋哲元虽一面下令抵抗，一面就不得不向保定撤退，于是北平天津陷于敌手[①]。平、津既失，敌人遂以主力沿平绥线进攻南口，自七月三十一日起，我军汤恩伯部固守二十余日，日寇终不得逞。直到八月二十五日敌陷张家口，汤部以孤军深悬，才迫而退守居庸关。日寇占领张家口、南口以后，又以全力西攻山西，九月十三日，大同陷敌。二十七日，雁门关弃守。与这同时，日寇另一支从阳高进占兴和，从大同之杀虎口进攻归、绥，并先后攻占平地泉、百灵庙与嘉卜寺。所以自南口弃守以来一个月之内，日寇实以破竹之势，几乎形成了控制我华北的局面。只有九月二十六日平型关一役，我军以游击队配合主力军的运动战，才歼灭了整个坂垣师团，造成了西战场的空前大捷，并暂时稳定了晋北的局面。

津浦路方面，当南口激战之时，敌我两军尚相持于唐官屯以北，并无激烈的大战。直到九月四日以后，日寇才向津浦路猛攻，于是马厂、兴济、沧州相继陷敌，德州告警。十月五日，德州弃守。

津浦、平绥两路的失败，直接影响我军平汉路的攻势甚大。先是我军自平、津撤退后，集中良乡一带，凭琉璃河固守，以阻击敌军主力南下。等到南口、大同、德州相继不守，平汉路我军便感受两面夹击的威胁，才不得不于九月二十四日退出德州。十月十二日，石家庄亦陷于敌。于是日寇从正太路西出娘子关，进迫太原，同时，雁门关日寇又向原平、忻口推进，造成原平、忻口的激战。忻口一役，我军奋勇抵抗，血战二十四日，郝梦麟军长壮烈殉国，而日寇亦蒙受重大损失。十一月五日，日寇占领忻口；九日，占领太原。自是晋南我军，奉令渡河，在河谷丘陵地带，展开了持久的游击战争，而战事遂暂呈胶着状态。

淞沪战事，跟华北完全不同，一开始便是血肉相搏的阵地争夺战。从八月十三日至二十二日的闸北沪东的前哨战，几乎是一个巷战，而我军突击汇山码头尤为英勇壮烈。八月二十三日，日寇在吴淞登陆，于是战线外延，我军为了避免敌舰大炮射程，遂于九月十三日移向事先准备好了的防线，北起浏河，经罗店、刘行、庙行、江湾、八字桥，迄于北站，全长六七十公里，复与日寇相持一月又十三日。直到大场被敌突破，牵动全线，闸北我军才撤至苏州河以北，然谢晋元团长所部八百壮士，独坚守四行仓库达四日之久，至十月三十日始奉命退入租界。

苏州河防线，累经敌军猛攻，屹立未动。直到十一月五日，日寇在杭州湾登陆，浦西沪西后路被袭，我军才迫而向西撤退，经过六日血战，我军撤离南市，而淞沪战事亦由是告终，总计是役凡经历三个月，敌人使用兵力在二十万以上，我军损失固大，而敌人三个月亡华的速战速决的迷梦却被我们打得粉碎了。

淞沪战事结束后，我军退至苏嘉国防线，北起浒浦口，经苏州、嘉兴，南迄杭州海盐。日寇一面猛轰海盐、乍浦，一面狂炸苏州，终于突破防线，于十一月十九日攻下苏州。战事推进到太湖沿岸的无锡与吴兴，日寇企图从京杭国道与京沪路两线威胁南京。三十日，日寇海军突破江阴要塞封锁线，同时常州亦告沦陷。十二月十三日，南京弃守。蒋主席于南京退出之日，特发表宣言，谓中国持久抗战，其最后决胜之中心，不但不在南京，抑且不在各大都市，而实寄于全国各村之广大强固之民心。全国人心，为之振奋。

第二阶段，始于二十六年十二月二十三日日寇进犯山东津浦路，终于二十七年五月二十日我军退出徐州，历时五个月。南京陷敌后，日寇作战的第二个目的，就在于夺取津浦陇海两路交叉点的徐州。由于山东统帅韩复渠的观望畏缩，敌人自二十六年十二月二十三日津浦路发动攻势以来，二十七日济南即告沦陷。二十七年一月四日，又陷兖州；十一日，攻下济宁；并西趋归德，企图截断陇海路，以包围徐州。但其时我军形势已重新调整，二月初我军反攻济宁，转战至二月下旬日寇始得攻占嘉祥，而从邹县南下进攻滕县的敌军亦遭到我军王铭章部的坚强抵抗，直到三月中旬才得占领滕县，而王铭章将军亦于是役壮烈牺牲。山东日寇的另一路攻势，则系从青岛沿公路下诸城、莒县，西取沂水，以压迫临沂，其目的仍在威胁徐州，因而三月中又有临沂的会战，敌军终不得逞，遂转而从津浦路正面出枣庄、峄县，直迫台儿庄。我军以机动的攻势防御，于四月六日晚间造成台儿庄的空前大捷，日寇被殉灭的有两师团，人数在三万以上。四月下旬，日寇一再增援，又进犯临沂、台儿庄，并取邳县、郯城，但由于我军流动部队与之犬牙交错，牵制了日寇的进退。

日寇为了完成徐州包围的形势，一面增兵苏北东台、盐城，一面从蚌埠、临淮关取蒙城、永城，同时鲁省敌军分三路向南进逼，然而徐州的我军却在消耗敌人之后，于敌人重炮飞机威胁之下，突围浍河而撤退了。徐州会战，实在是一种战略的胜利。

第三阶段始于二十七年六月初旬敌军进窥武汉，止于十二月二十五日我军退出武汉，历时六个半月。当徐州沦陷后，日寇复于六月四日攻下开封，十二日，黄河决堤，敌军撤退，于是转而向南，由合肥攻舒城陷太湖，再由太湖西上，陷宿松、黄梅，取广济、蕲水、黄陂；其另一路由舒城向六安出固始，于十月十二日攻陷平汉路正面的信阳，沿公路南下，包围武汉北面。同时，长江敌军亦于六月十三日攻陷安庆，七月四日陷湖口，二十六日陷九江，向西进迫。至十月间，三路包围形势业已告成，我军与之相持数月，消耗敌人兵力无数，才于十月二十五日退出武汉②。

总之，第一期抗战为我军以空间换取时间消耗敌人的时期，十六月之中，先后歼灭敌军共七十余万人。

当南京战事吃紧之际，我国民政府即于二十六年十一月二十日宣告中外，决定以重庆为陪都，从事长期抗战。南京弃守后，政府即移至重庆，然蒋主席仍留武汉，指挥作战。武汉撤退，重庆始正式成为我国的战时首都，蒋主席并于撤退之后，重申抗战的一贯方针："一曰持久抗战，二曰全面战争，三曰争取主动。"认定"抗战军事胜负之关键，不在武汉一地之得失，而在保持我抗战持久之力量"。这时敌军攻势能力业已发挥至最高度，从此敌人愈入愈深,其给养线亦随之愈加延长,所以我最高统帅即于二十七年十一月二十七日召开南岳军事会议,检讨全盘局势,认为中国抗战已达到一个划时期,当即规定结束第一期抗战,开始第二期抗战;同时强调第二期抗战的任务为转守为攻、转败为胜,决以加倍的努力以完成这一艰巨的任务。这第二期抗战又可以分作两个阶段:自武汉会战结束至太平洋战事发生为止,为第一阶段;太平洋战事发生后至抗战最后胜利为止,为第二阶段。这两个阶段,历时凡六年十个半月。

第二期战事,基本上已达于相持的阶段,不过由于我军自力不够,不能立于主动地位,所以日寇尚能以狼奔豕突的姿态发动局部的攻势——然亦只限于局部而已,较之第一期的攻势却大为削弱了。在第一阶段中,武汉日寇因感受鄂北我军的威胁,于二十八年五月间,发动所谓"随、枣会战",由襄河东岸向北迂回的日寇,先后攻占枣阳、新野、唐河,而从信阳西犯的敌军亦陷桐柏。可是到了五月下旬,我军增援反攻,却先后收复了各地,而且予敌以重创。

长沙位于粤汉路的中心,敌寇为打通粤汉路,势所必争。武汉会战结束后,日寇直扑长沙,长沙守将实行焦土抗战,敌军终于被迫撤退。到了二十八年九月,南昌敌军会合鄂南长江之敌,企图会攻长沙;转战经月,我军诱敌深入,在长沙外围福临铺等地区把敌歼灭,数在四万以上:是为长沙会战第一次大捷。

二十八年十一月中,日寇又在北海登陆,连陷防城、钦县,并于二十四日攻占邕宁,接着又陷宾阳、龙州各地。同时,粤北方面,敌人亦分别攻占琶江、英德、高田、新丰、翁源等地,互相策应。二十九年一月,我军开始反攻,直到十一月,先后才把失地收复,敌人狼狈逃遁,损失甚巨。

二十九年六月间,日寇又进犯宜昌,威胁重庆,而有所谓"宜昌会战"。敌军一面溯江西上,进叩宜昌门户;一面自荆门陷当阳,拊宜昌之背。敌寇虽于六月十一日攻占宜昌,然以我军阻击甚力,始终不能西越县城一步。不久,又有"枣河战役",张自忠将军虽以身殉,然日寇北限于伏牛,西阻于汉水,南为大洪山所挡,东为大别山所阻,我军待机反攻,经过苦战之后,也就把敌军打退了。

三十年九月中旬,日寇又以主力进犯长沙。九月底,敌骑已迫近长沙,敌方上海发言人秋山,居然要招待外国记者,自空中参观占领下的长沙。

然而由于我军将士的用命,与战略的成功,到十月初又传来了捷报,为我们三十年国庆添增无限光荣:是为长沙会战第二次大捷。

由上所述,可知在这三年中,战事已呈完全胶着状态,战争的确进入了相持的阶段。日寇每一次进扑,都成了徒然的消耗。邕宁的失而复得,是开始了中日战役上的转折点。日寇已不再是攻无不克,战无不胜,而我们的反攻有时也加强到足以收复重要的战略据点。

第二期抗战第二阶段始于三十年十二月八日太平洋战争的爆发,我国民政府于九日对日本正式宣战,从此,英、美诸国与我共同作战以抵抗暴日的侵略,而战争的形势,也从此为之改观。在这一阶段中,一开始就是长沙会战第三次大捷。原来自太平洋战争发生后,敌方即欲由大陆直达新加坡,以求运输的安全,并借以减轻其海军运输的负担。就在这样的情势之下,日寇于三十年十二月二十三日从湘北开始发动攻势,于三十一日过捞刀河,到达长沙城下。三十一年一月四日早晨,日寇向长沙城东南北三面猛攻,其总兵力在十万以上,共六个师团又两旅团。然而这企图又为我们所粉碎了:我正面由第十军浴血死守,南路外线某军进攻林子冲、黄土岭一带,使敌左翼侧背感受重大威胁,敌果不支,调攻南门之众增援,但又为我炮兵集中火力所消灭,于是敌势动摇,至午后三时开始向北移动,傍晚抵达浏阳、捞刀两河河岸,而各渡口又早为我各路大军合围堵塞,终于敌第三、第六两师团三万之众,为我全部聚歼。我军这一伟大的胜利,正当太平洋战争爆发之后,敌人志得意满无往不利之时,事实上,的确予敌寇气焰以重大的打击,而我军士气反为之大振。

接着又有缅甸之战。缅甸是盟国援助中国必经的要道,日寇早有截断这条运输线的企图。三十一年一月一日,英军在维多利亚角即已与敌接触;三日,中国宣布派遣远征军入缅增援盟国。三月初,日寇占领仰光,其时因我远征军入缅进行甚缓,而英印军士气又不振,所以日寇得以乘机获胜。可是三月底东瓜之役,由于我军的英勇果敢,六日之内,竟歼灭敌人精锐五千以上,使日寇也承认:这是发动太平洋战争后首次碰到的硬钉子。四月十九日,我盟国空军首次飞袭日本东京、大阪、横滨等地,我军即于此时收复了仁安羌油田,救出了被围的英军。自是以后,日寇续调大军,佐以空军与坦克,分三路猛力北犯,我军苦战多日,二十三日,敌窜入棠吉,我军迂回棠吉西面,先击溃其侧翼,继将棠吉四面高地攻占,向敌猛追,才于二十日晚间克复棠吉，而戴安澜师长亦于是役壮烈牺牲。敌寇因正面遭遇我军坚强抵抗，乃从暹罗经缅甸极东部，间道侧击腊戌。时我军主力在正面三路迎敌，后方比较薄弱，而英方又未将腊戌东方新辟的大路告知我军，遂予敌以可乘之机。至四月二十九日，腊戌被侵，于是缅甸战局急转直下。五月二日，我军放弃瓦城，英军向更的宛河转进。八日，阿恰布、密芝那亦被攻陷。五月中旬，西路英军退入印度，我远征军除在缅北建立据点外，也有一部随英军入印。东北方面，则日寇自腊戌沿滇缅公路东窜，初陷畹町，继陷遮放、龙陵，其一股窜过怒江，我军予以迎头痛击，敌乃北向攻陷腾冲。自是敌我双方凭怒江对峙，而日寇终未敢越过怒江一步。

接着又有浙赣之役。敌人由于三十一年四月十九日遭我盟国空军首次轰炸后，为了避免再炸的威胁，乃以我浙东空军基地为目标，开始了对浙东的进攻；同时为牵制我江西方面野战军队的东调，又配合发动对赣东的攻势。此外，它还有一个目的，就是打通浙赣路，以加紧对我的封锁，并切断我们沿海的交通。这样，日寇就在缅甸战事告一段落、太平洋闪电战得到初步胜利后，抽调十万之众，于三十一年五月十五日分由奉化、上虞、绍兴、萧山、富阳诸方面，同时西犯，其主力则沿浙赣路附近推进，另一部沿富春江以西地区窜扰。十六日，敌陷嵊县；十七日，陷诸暨，并以一部窜扰天台，继陷东阳、义乌、浦江；二十二日，陷永康；二十三日分窜至桐琴市、孝顺镇、横溪镇之线。这时沿富春江以西地区进扰之敌，亦已进占建德与洋溪镇。就战略形势说，敌已完成合击之势。我方洞烛其奸，即做周密的布置。虽汤溪、龙游、永昌等地又于此时先后被占，但我金华、兰溪的守军仍忠勇逾常，猛烈挫敌，血战五昼夜，毙敌无数。日寇以攻势顿挫，竟使用毒气。我军为保存实力，乃按预定计划，向敌侧及敌后转进，金华、兰溪遂于五月二十九日失陷。战事至此，敌复积极增援，于六月三日，续犯衢州。五日，敌军迫近衢州东南、东北各地，企图包围该城，截断我军退路。我为粉碎日寇这种企图以达消耗敌人的目的，除留置步兵一小部分于衢州城内继续打击敌人外，其余大军逐次向敌后转移。至七日晚，我留置城内的部队亦安然撤出，衢州也于是日失陷。敌占衢州后，继沿常山港、江山港两方面西进。当窜至常山、江山附近时，遭我猛烈抵抗，于是敌又施放毒气。迫不得已，我军于九日放弃常山，十一日放弃江山，十二日放弃玉山，敌进至广丰附近，其北路亦于十五日陷我上饶。以上系就浙省来说的，至赣东之战，则当敌进犯衢州时，又以主力沿浙赣路东犯，企图夹击我野战军。敌先后攻陷临川、崇仁、宜黄、南城、金溪等地，其主力于六月二日占领进贤。我军依次抵抗，转战至贵溪。十六日，贵溪弃守。七月一日，浙赣两方面敌军会师横峰，然而到了七月中旬，我军全线大举反攻，在遂昌、宣平、永康之间予敌重创，浙赣各地相继克复。

以后，敌军又于三十二年进占立煌，同年十一月进占常德，但一遇到我有力的反攻，敌军便立足不住，立煌、常德也随即收复。三十三年春，日寇因为在太平洋战争中节节失利，它在海上的运输感受到绝大的威胁，于是不得不倾全力再作最后一次攻势，以图打通粤汉、平汉的交通线，以便于万不得已时，它孤悬海外的百万大军可以从陆路撤退。四月十七日，敌强渡中牟以西泛滥区，展开中原会战，于二十二日侵占郑州，五月十五日攻占洛阳。当其西进受阻于函谷关时，于是折而由平汉路南下，同时武汉敌军亦北上与之会师于驻马店，打通平汉路。六月中，日寇占领长沙，沿铁路犯衡阳，我军苦战两月，终于八月八日退出。衡阳既陷，日寇复于二十日南陷耒阳。同时粤北敌军亦沿粤汉路北上，连下清远、英德、曲江，与南下之敌会师。至此，平汉、粤汉两线均被打通。于是日寇更循湘桂路侵入广西，十一月十日，桂林弃守，广东敌军亦溯西江侵入广西，苍梧、柳州相继沦陷。十二月，桂省之敌乘势北犯贵州，竟于五日攻占独山，不过旋即为我反攻克复，敌人流窜之势，亦至是告终。

三十四年一月以后，不论在太平洋上，或在中国大陆上，日寇的进攻已陷入休止状态，而走上下坡的路子，战争的胜负已经注定了，不管日寇怎样挣扎，已不能挽回它的崩溃的命运，接着德国投降，欧战结束，于是日寇更处于不利地位；所以当八月二日美国以原子弹轰炸广岛，八月八日苏联正式对日宣战以后，日本遂迫而于十日无条件投降，我们终于赢得了八年苦战的最后胜利，洗雪了已往的国耻。

中国的抗战，在军事上讲，本来是居于劣势的，然而不仅支持了八年之久，消耗了敌人无数的力量[3]，吸住了敌寇百万大军[4]，并且终于获得了最后胜利。其所以致此的原因虽多，但国策的正确，领导的得力，以及全国团结行动一致，却是最主要的一个，今天我们既已获得了胜利，以后的问题，就在于如何珍惜这胜利的果实，进而用抗战时期一样奋发的精神，来完成建国的大业。

注释

①北平陷于二十六年七月二十八日，三十一日，天津亦被陷。
②武汉撤退之前三日，即十月二十二日，广州亦陷于敌。
③根据三十二年七月七日军政部何部长应钦所著《抗战六年来之军事》一文，日寇在中国伤亡共计二，五四二，七〇五人。若算至日本投降时为止，当不止此数。

第十八章　八年来的国际形势和我国外交的胜利

抗战八年来国际形势的演变很激，侵略与反侵略，独裁与民主两条阵线的斗争，成为国际形势演变的主流；而反侵略的民主阵线之逐渐强大且进而获得最后胜利，则为这一主流的总趋向。这样的变化，对于我国抗战建国的最高国策是有利的。所以根据这最高国策而规定的外交方针，足以适应八年来国际形势的急激变化，终于获得了外交上的伟大胜利。以下先述抗战八年来国际形势的演变，次述我国外交的胜利：

日本帝国主义在民国二十年所制造的九一八事变，说明了世界和平的大受威胁，象征了第二次世界大战的行将到来。世界和平本来是不可分割的，然而当时的国联对这种破坏世界和平的侵略行为却没有采取积极有效的制裁。接着日本又于二十一年制造"一二八事变"，且进而组织伪满洲国，国联对此也一样没有运用有力的方法以制止日本的侵略行为①。这样，就助长了日本帝国主义的气焰，甚至宣布退出国联，以表示它今后的行动不受任何国际条约的拘束②；后来的七七事变和八一三事变，就是在这样的国际形势之下酝酿出来的。

祸不单行，义大利帝国主义接着也把侵略的火焰投向到阿比西尼亚的大地了。早在二十四年一月，法国外长赖伐尔为了觅取墨索里尼的友好，亲自访问罗马，就在那时决定予义以在阿行动自由的权利。十月间，义大利开始进攻阿比西尼亚。十一月，国联虽对义决议实施经济制裁，然而行动不够坚决，生怕过分触怒了侵略者。等到二十五年五月义、阿战事结束，墨索里尼的铁蹄踏上了整个阿境以后，英国又提议召开国联临时大会，于七月间通过撤销对义制裁。

继义大利而起的，便是德国。希特勒是德国国社党③的领袖，于二十二年一月获任内阁总理；次年八月，总统兴登堡逝世，希特勒继任总统，兼任总理，集大权于一身④。他以争取生存空间，摧毁《凡尔赛和约》为复兴德国的两大目标，遂于二十二年十月退出国联⑤，接着又退出军缩会议，于是重整军备，喊出"大炮代替牛油"的口号，以威胁欧洲的和平；而国联的答复，却只是温和的谴责，这自然不足以引起希特勒的注意。并且英、法对德国的妥协，反而助长了希特勒的野心，所以当二十四年一月，英、法决定将国联管理的萨尔区交给希特勒以后，当同年六月，英国对德国让步缔结伦敦海军协定⑥以后，希特勒抓住了英、法的弱点，竟敢于二十五年三月进军莱茵区⑦，打破了《凡尔赛和约》中莱茵区不准设防以及《罗加诺公约》各国对莱茵区重申予以担保的规定，英、法只是大惊失色，并没有采取积极有效的抵制。接着德、义于七月联合干涉西班牙内战⑧，这一内战的发展，便是欧洲大战的前奏。十月中旬，德、义缔结《德义协定》：德承认义大利并吞阿比西尼亚，义则承认德在奥国的权利。十二月，德、日又缔结《防共协定》，做出反苏的姿态。二十六年十二月，义也加入《防共协定》，轴心国的阵容遂渐次严整。就在这一年，日本发动了侵华战争，而德国也向欧洲各国提出了新要求，要收回它在上次大战时所丧失的殖民地。二十七年三月，德以大兵二十万实行吞并奥国，且进而向捷克要求割让苏台德区，英国首相张伯伦着了慌，曾两度飞德亲访希特勒，邀同法、义召开慕尼黑会议，决定迫令捷克屈服，于是苏台德区由德国占领，英、法对希特勒的绥靖政策至是可说是登峰造极了。二十八年三月，希特勒又以大军开入捷境，捷克至此，遂不见血而亡。接着，希特勒又从立陶宛收回米美尔委任统治地。五月以后，希特勒与义成立了《德义军事政治同盟》，与丹、爱、拉、苏缔结了互不侵犯条约，这一切准备好了，就只等着发动更大的侵略战争。九月一日清晨，德大军七十万配合大群飞机闪击波兰，二十七日攻陷华沙，波兰又告灭亡。德、波战争爆发后的第三天，英、法迫而对德宣战，第二次世界大战从此揭幕。德军鉴于第一次世界大战失败的教训，认定欲攻法国，必先加强右翼，由荷、比直捣巴黎。二十九年（一九四○）四月九日，德军又用闪电战术一举而占领挪京奥斯陆与丹京哥本哈根，丹、挪两国亦告灭亡。五月中旬以后，乘胜进攻荷、比。十三日，荷兰宣布投降；二十七日，比利时也宣布投降。而法国的色当、列日及纳穆耳，亦于此时被德军占领。六月十四日，德军攻陷巴黎；二十一日，法国投降，贝当在维琪组织新阁，而戴高乐将军则率领一部分舰队及殖民地军队在伦敦成立法国自由政府。

在欧战爆发的最初十个月，墨索里尼曾宣布严守中立，等到德国攻下丹、挪、荷、比并进迫巴黎之时，义大利才于二十九年六月十一日对英，法宣战。希特勒怕他在中途叛变，派遣大军驻扎义境监视，德国此时实际上不但没有得到墨索里尼的帮助，反而增加了自己的负担，其时英国仍在坚强作战，希特勒次一攻势的目标，遂不得不指向伦敦，从八月中旬起对伦敦所作的秋季攻势，因为英人的沉着抵抗，卒告失败，希特勒才转而进攻巴尔干，以消灭英人在欧陆的据点。其时，巴尔干诸国，罗马尼亚与保加利亚已入德国势力范围，受英国军事支持的，只有南斯拉夫与希腊两国。三十年四月，希特勒对南、希发动春季攻势，不到一个月，就把南、希两国灭亡了。计自德军攻波至希腊灭亡，为时仅历二十个月，为德军攻陷的，即有波、丹、挪、荷、比、卢、法、罗、保、南、希等十一个国家，若加上奥、匈、捷三国，便有十四个国家都在德国控制之下，希特勒已成为欧洲的霸王。

当二十九年五月间德军进攻荷、比时，英国政府改组，素来对德持着绥靖主义的张伯伦下野，而由邱吉尔组阁，政治阵容为之一新。其在美国，则开战之初，严守中立，成立中立法案，对反轴心各国的物资帮助，为"现购自运"，但对轴心国还保持着贸易关系。那时美国孤立派很占势力，没有加入战争的决心，直到二十九年十一月五日大选，罗斯福被选为三次连任总统，才于十二月九日发表"炉边谈话"，对内打击孤立派，对外反对侵略者，决定把美国形成为民主国的大兵工厂，以支持反轴心各国。三十年一月六日，罗斯福向国会提出扩整军备案，获得国会的通过。自是美国对内加紧军需工业的生产，对外压制侵略国家，并加强中、英诸国的物资援助：美国已走向战争的边沿，且逐渐形成为二次世界大战的领导者。

德国虽然控制了欧洲大部分土地，但没有忘记它东方的强邻苏联，希特勒认为若不及时击溃苏联，则不仅无法继续进攻英国，而且有被苏联攻击的危险。三十年六月二十二日清晨三时，希特勒亲自广播对苏作战的宣言，德、苏大战从此展开。十二月八日清晨，日寇又正式向英、美宣战，太平洋大战亦由是揭幕。这样一来，民主与轴心的阵线才分别显然⑤，而第二次世界大战也才从此名副其实地展开了。在德、苏战争与太平洋战争爆发后,德、日在军事上获得巨大胜利,但是,自三十一年十一月二十四日史达林格勒解围,苏军赢得决定性的胜利以来,联合国的作战便开始进入有利的形势。从这时起,苏联的英勇作战,获得了伟大成就,到三十三年冬季,整个苏联被占领区的四分之三的国土都得到解放,并且越过国界,深入罗国。在地中海战场上,先是英、美盟军于三十一年秋季,在北非发动反攻,接着在这年冬季及次年秋季战役中,把敌人赶出北非;继之在三十二年夏季战役中,先后在西西里与义大利南部实行敌前登陆,统治了义国二十年之久的墨索里尼,在义国人民反法西斯运动高潮的打击之下,于三十二年七月倒台,巴多格里奥政府实行了无条件投降,希特勒强盗集团开始了解体。在远东与太平洋战场上,则展开了长期而广泛的交通线的争夺战;日寇的进攻在澳洲与印度的边沿被阻止了,日寇企图配合德国夹击苏联以及会师印度的计划也被粉碎了,美军开始在太平洋上进行逐岛—越岛战争,以自己压倒的海空军实力的优势,去削弱日寇海空军基地的优势。这就是史达林格勒大捷后,世界战争的新的军事形势的简明轮廓。

不仅如此,并且由于史达林格勒大捷,加强了联合国家进一步合作。这首先表现在罗斯福与丘吉尔的三度会议上。第一次为三十二年一月十四日的卡萨布兰加(Casablanca)会议,第二次为五月十一日的华盛顿会议,第三次为八月十日的魁(Quebec)会议,这三次会议决定了战争的最终目标,确定了英、美的作战计划。第二,表现在苏联于同年五月十五日的宣布解散共产国际上,这样,不但祛除了英、美对苏联的疑虑,并且粉碎了德、日对联合国施行挑拨离间的阴谋。第三,表现在同年十一月间罗斯福、丘吉尔、史达林在伊朗首都德黑兰举行的三国领袖会议,发表了《德黑兰宣言》⑩,在军事上决定了开辟欧洲第二战场⑪的时间与地点,在政治上确定了战后维持长期和平的国际民主团结的原则。

企望很久的第二战场终于开辟了,三十三年六月六日,强大的英、美武装力量在法国诺曼底登陆,从东西两面夹击德国,逼使德国陷入两线作战的困境,这样就划开了世界军事、政治形势的新阶段,展开了反法西斯民主联盟共同事业的决定性的胜利。首先,在欧洲战场上,于第二战场开辟后的第四天,苏军就在卡累利阿地峡发动配合攻势,接着又从巴伦支海到喀尔巴阡山,长达二千多里的战线,卷起了攻势的狂风暴雨。苏军不但把它国土内的敌人完全消灭了,而且先后把芬兰、波兰、罗马尼亚、匈牙利的全部领土和南斯拉夫、捷克、奥大利的大部分领土从德寇的奴役下解放出来,并将战争带到德国本土去进行。英、美盟军则在法北登陆后,由于获得法、比国内内地军的有力配合。很快就把德寇大西洋防线粉碎,并进而把德寇从法、比、卢的全境和荷兰的部分境内驱逐出来。到了冬季,英、美盟军又在阿登山脉地带粉碎伦斯德特的反攻,三十四年春季在广大前线进行了更猛烈的战斗,把德寇的莱茵河防线也摧毁了。其次,在太平洋远东战场上,尼米兹元帅统率下的美国强大海空军力量已由吉尔贝特群岛跃进到马绍尔群岛,又由马绍尔群岛跃进到马里亚纳群岛,再由马里亚纳向北跃进到火山群岛,向西跃进到琉球群岛。麦克阿瑟元帅统率的大军则由澳洲,经过新几内亚,一步一步跳上了菲律宾。而马里亚纳群岛上建立的陆上空军根据地,加上美国特种混合舰队,挟数千架飞机的威力,已把毁灭带到日本本土。在亚洲大陆上,中美联军在史迪威尔将军指挥下,经过长期的苦战,光复了缅北,打通了中、印交通,中印公路和中印输油管的艰巨工程都光荣地完成了;此时日寇在我国正面战场的豕突狼奔,也只在说明日寇回光返照的时间的来临罢了。这就是第二战场开辟后世界战争的又一新的军事形势的简明轮廓,而德、日的崩溃,也就是指顾间的事情了。

联合国家的合作以争取战争的胜利与确立战后的持久和平,早在三十年八月十四日罗斯福、丘吉尔两领袖的宣言中⑫,便已经有了原则的确定。太平洋战争爆发后,美国正式加入反侵略的战争,才又于三十一年一月一日英、美、中、苏等二十六国在华盛顿签订共同宣言⑬,赞同罗、丘宣言中所包含的共同目的与原则,并加以补充。接着又有三国外长莫斯科会议、德黑兰会议与顿巴敦橡树会议⑭,这些对联合国家的合作都有很大的裨益。但是,自从第二战场开辟以后,由于战争的逐渐接近胜利,于是关于处理战后问题以及如何维持世界持久和平问题的解决,就成为联合国家最迫切的课题了。正是为了解决这重大课题,罗斯福、丘吉尔、史达林才又举行克里米亚会议,于三十四年二月发表了克里米亚会议报告⑮。接着又于四月二十五日举行旧金山会议。通过了联合国宪章,跟联合国家的合作的向前进步一样,联合国家的进攻侵略国家也在向前进步,胜利的日子终于到来,联合国的旗帜终于插在柏林市区了。横行一世的希特勒从此倒台,剩下的却只有强弩之末的日寇了。

为了最后要消灭日寇，杜鲁门、丘吉尔于七月二十六日签订了《波茨坦协议》，该协议当即送交我国蒋主席，并经蒋主席同意。后来，苏联对日宣战，也赞同该协议。日本投降的日子，快要到来了。八月六日，第一颗原子弹在广岛爆炸，两日以后，苏联即对日宣战，八月九日，第二颗原子弹在长崎爆炸。十日，在日本重臣集议后，日本的同盟社宣布了日政府致瑞士政府备忘录的原文，说日本准备接受《波茨坦宣言》条款。十四日，日本同盟社发表了盟方认可的日本政府投降的消息。翌日，日皇即宣读诏书，向日本人民宣示其投降决策。十九日，日政府代表飞抵马尼剌，与麦克阿瑟将军的代表商讨盟军占领日本的问题。二十二日，麦克阿瑟宣布盟军占领日本的日程表，随后即如期一一实行，麦帅与前批进驻日本的盟军，在东京附近厚木机场降陆。日本旋于九月二日正式无条件投降。九月三日签字投降书，这可纪念的九月三日遂被规定为胜利日。八年抗战由是结束，我们终于获得最后的胜利。

自七七事变起，我国为了世界和平与人类的正义，一直在独力抵抗侵略者。直到二十八年九月德军进攻波兰，英、法对德宣战，我们才在欧洲找到了反侵略的同志，但对我们的抗战并无直接的帮助。从此又熬过两年又三个月的苦难时期，等到太平洋战争爆发，我们才正式获得对日作战的英、美盟友。即使如此，然而我政府仍一本抗战建国纲领所规定的外交政策，继续奋斗，始终不懈，卒之"得道者多助"，国际形势的演变愈来愈有利于我，我们终于获得了外交上的伟大胜利。兹分述如下：

抗战爆发以来，我政府根据抗战建国纲领所定外交原则，以争取外援。其成就最大者：一为集体制裁日本侵略行动的实施；一为各国个别制日援我工作的展开。关于前者有国联认为日本侵略行为违反《九国公约》及谴责其滥炸平民，警告其勿使用毒瓦斯与国联会员国通用盟约关于政治经济制裁的第十六条诸项，此外尚有予中国以精神上的援助及各会员国不得减弱中国力量并考虑个别援助中国的办法等项[⑬]。这种集体制裁虽不甚积极，不足以阻遏日本的侵略，但我国为维持国际正义与世界和平而抗战的意义却已为世界爱好和平的国家所共晓。关于后者：对苏联言，则自抗战之始，即与我签订《互不侵犯条约》；二十八年又签订《中苏商约》与《通航条约》，以增进两国商务上与交通上的关系。二十九年冬，日本承认汪逆伪组织,苏联驻日大使又对日本政府声明:苏联对华政策绝不变更。对法国言:抗战以来,法国政府以《九国公约》为立场,一再斥责日本破坏条约,对我表示同情,对汪逆伪组织亦持否认态度。惟自法军为德军击溃后,维琪政府结欢日本,其所持远东政策遂处处于我不利⑰,我外交部,于三十二年八月一日宣言与维琪政府绝交。对英国言:抗战以来,英国政府亦坚持《九国公约》,斥责日本,且助我稳定外汇,并在国际交通上给予我方物资运输的便利。后来英国虽一再与日本妥协⑱,然至汪逆伪组织成立之时,英国政府即表示承认我国民政府为中国的合法政府,且进而贷款与我,并联合美国与我签订《平准基金协定》,以稳定我国的法币,而其通告日本废止《英日商约》及禁运物资赴日,则尤予日本以重大打击。对美国言:远在九一八事变以来,美国即坚持其一贯的远东政策,以《九国公约》为立场,反对日本侵略中国及其所欲建立的"东亚新秩序",其后又声明不承认汪逆伪组织。二十八年,美国政府通告日本废止《美日商约》,且对日实施禁运。至于美国对我的援助:则除三次对我贷金外⑲,二十九年又对我贷款一万万美元,以其半数稳定我国的法币;而三十年美国国会通过的军火租借法案⑳及美国志愿空军的应募来华,尤为美国军事援华的积极表示。上述苏、法、英、美四国之外,他如利比里亚、爱司托尼亚、伊拉克、多明尼加、古巴诸国,抗战以来,均先后与我签订友好条约;土耳其、伊朗诸国亦与我国互派使节:我与诸国的关系大为增进。只有德、义两国与日本缔结同盟,并于三十年承认汪逆伪组织,我政府才于同年七月一日宣布对德、义绝交。

  以上系抗战以来至太平洋战争爆发为止的外交情形,太平洋战争发生以后,国际形势急转直下,我政府与英、美一致对日本及德、义发表宣战文告,从此侵略者与反侵略者的壁垒完全明显,欧、亚战争冶为一炉,我国已非单独对日作战,实与英、美并肩对侵略国作战:我政府在外交上的既定方针,亦于以实现。三十一年一月一日,我与美、英、苏等十六国签订《反侵略共同宣言》,全世界反侵略的大团结由是告成,而侵略国之必告崩溃乃愈加显明。三十二年,又举行莫斯科会议,发表英、美、中、苏联合宣言,强调团结作战迅速实现共同胜利与密切合作建立广泛国际组织两点,而我国国际地位亦由是提高,列为世界四强之一。此外如伦敦、华盛顿两地举行的太平洋作战会议,我国均有代表参加,蒋主席且出席开罗会议,与罗斯福、丘吉尔商决有关太平洋作战的重要问题。自是以后,直到三十五年八月间在巴黎举行的和会为止,举凡国际上的集会,我国无不参加,且具有举足轻重之势:我国外交上的伟大胜利,即在于此。

欧洲战争经过四年多的岁月,中国抗日战争经过八年多的苦斗,卒之获得了最后的胜利。今后的问题:在国际上在于如何肃清侵略主义,以维持世界的持久和平,在国内则在于如何团结统一,以实现现代化的民主国家。我们绝不以赢得的胜利为满足,还得向前更进一步,以求这些问题的合理解决。

注释

①正当九一八事变爆发之时,国联在日内瓦举行会议,我国代表要求国联按盟约制止日本军事行动。国联行政院因此召集特别会议,于九月三十日作成决议案,限日军于十月十四日以前,完全撤回铁路线内,并希望中、日直接和平解决。日本不理,其军事行动反而更趋积极。十月十三日,国联行政院又召开特别会议并请美国代表列席。二十四日,国联作成第二次决议案:中、日两国消除敌对行为,日军在切实保障日人生命财产的条件之下,继续撤至铁路线以内并限日军于下次开会,即十一月十六日以前,全部撤退。日本悍然不顾,竟在此期间进攻黑龙江,并企图夺取锦县。国联至是又开会议,由中国代表提议在锦设立中立区,派英、美、法、义驻华军队驻守,作为中、日两军缓冲地带;日本反对,并要求华军撤退山海关内,但日军有讨伐"土匪"之权。国联无可奈何,仅于十二月九日召集会议,决议组织东北调查团,由英、美、法、德、义五国代表组织,到东北调查。二十一年一月,日军占领锦县,其时美国虽照会日本,不承认任何事实上所造成的情势为合法,日本不顾,且进而制造一二八事件,以转移国际视线。上海事件爆发后,我国代表向国联提出援用盟约第十条与第十五条制止日军行动,国联遂议决:组织上海国际调查团,以英、法、德、义、西驻扎上海的领事为委员,并邀美国加入。三月三日,国联开会,通过上海、东北问题均适用盟约第十五条,并限日军于五月十日以前,恢复二十年九月十八日的原状。此正式决议如中国接受而日本拒绝,则盟约第十六条自然有效。同时又通过组织特别委员会,以英、法、德、义、西、挪、波、捷、爱尔兰、墨西哥、危地马拉、巴拿马、瑞士、瑞典、荷、比、匈、南斯拉夫、哥伦比亚十九国委员组成,负责处理中、日纠纷,并建议调解方案。十六日,十九国委员会开会,决议令日本撤兵,将地方交还给中国警察。直到五月五日,中、日始在沪签订《上海停战协议》,上海事件至是结束。至于东北问题,则至二十一年春间,东北调查团始由主席英国李顿爵士率领东来,于四月二十一日开始调

查。九月四日，调查报告书完成，其内容有二：一、日本的军事行动，不能认为合法的自卫；二、伪满洲国并非由真正自然的民意所产生，主张召集顾问会议，由中、日政府及当地人民代表组织之设立满洲自治政府，聘用外国顾问，同时并主张解除中、日两国过在东北的武装而代以由各国军官训练的宪兵。在报告书中，英、美、法、义、德五国虽承认日本在满洲的优先利益，但仍坚持以门户开放利益均沾主义代替日本独占主义亦即主张满洲由列强共管。这在我国自然不能承认，所以在伪满洲国成立时，我政府即已发表宣言，否认东北叛逆所组织的伪满州国。而在报告书发表后，我政府又表示不能完全接受。到了二十二年二月二十四日，国联开非常会议，遂通过十九国委员会的报告书，决定不承认伪满洲国，而依据报告书觅取解决方案；日本反于此时宣言不赞同东北调查团之东三省自治建议，并宣布退出国联以示要挟。

②如四国公约与九国公约等。

③即国家社会党，音译纳粹党。

④三十二年二月，希特勒制造国会大火案，将所有反对派人物，尤其是共产党党员一网打尽，从此纳粹以外的一切党派全被解散，历时十余年的宪法也宣告消灭了。

⑤德国加入国联是十五年九月的事情，国联成立之初，它是被摈于国联之外的。

⑥伦敦海军协定，英允许德国由十八万吨增至四十万吨，此数超过义、苏，抗衡法国。

⑦十四年十月，英、法、德、义、比、波、捷所签订的《洛加诺条约》，规定各国互不侵犯，莱茵非武装区域不受任何攻击。而德却于此时破坏条约，进兵莱茵区。

⑧二十五年，西班牙展开了反法西斯的人民阵线的运动，成立新政府，而另一方面代表大资本家与大地主的军人，在佛朗哥领导之下，从西属摩洛哥进军，企图以武力扑灭民主的新政府。于是开始了内战，而德、义是支持着佛朗哥的。

⑨轴心国为德、日、义，其合伙打劫，为期甚早。二十五年十一月二十五日，德、日《防共协定》在柏林签字，算是第一次；次年，义亦加入。二十九年九月二十七日，三国同盟在柏林成立，算是第二次。三十一年一月十八日，德、日又在柏林签订《军事作战协定》；次年一月二十日，德、日在柏林，日、义在罗马又分别订立经济协定。至民主阵线的成立，则迟至三十一年一月一日才告成，是日，由英、美、苏、中、澳、比、加拿大、哥斯达黎加、古巴、捷克斯拉夫、多明尼加、萨尔瓦多、希腊、瓜地马拉、海地、洪都拉斯、印度、卢森堡、荷兰、纽西兰、尼加拉瓜、挪威、巴拿马、波兰、南非联邦、南斯拉夫二十六国在华盛顿签订《共同

反侵略宣言》。这就是联合国家的形成。凡以后在这宣言上签字的国家便作为联合国的一员。

⑩《德黑兰宣言》发表于三十二年十二月一日,其中有云:我们表示我们的决心,我们的国家在战争方面以及在随后的和平方面,都将共同工作,关于战争方面:我们的军事参谋曾参加我们的圆桌会议。我们已经议定了关于将德军消灭的计划,我们已就将从东面、西面和南面进行的军事行动的规模和时间,商得完全的协议。我们在这里达到的共同默契,保证胜利一定是我们的。关于和平方面:我们确信:我们的和协必将使和平成为一种永久的和平。我们完全承认我们以及所有联合国家负有无上的责任,要创造一种和平,这和平必将博得全世界各民族绝大多数人民大众的好感,而在今后许多世代中排除战争的灾难和恐怖。

⑪第二战场的要求的提出,早在三十年十一月初,史达林在红军二十四周年纪念会上所发表的演词中,他说:"红军失利的原因之一,是由于欧洲没有第二条战线来反对德国法西斯军队。这就是说:现时在欧洲大陆上没有英或美的任何军队来进行反对德国法西斯军队的战争;因此德国人得以不分散自己的力量,并无须在东西两方进行两条战线的战争。"依照史达林的说法,所谓第二战场,是要能够牵制德军约六十个师团及德国的盟军约二十个师团的战场,而且这战场一定要在德国的西方,只有东西两线作战,才能分散德国军力,取得胜利。

⑫罗、邱《大西洋宣言》的要点:"一、两国不自行扩张势力或领域或其他。二、凡未经有关民族自由意志所同意之领土改变,两国不愿共实现。三、尊重各民族自由决定其所赖以生存之政府形势之权利,各民族中此项权利有横遭剥夺者,两国俱欲使其恢复原有主权与自由政府。四、力使世界各国不论大小,无论胜利或溃败,对于贸易及原料之取得俱享受平等待遇;两国对各国现有之组织,亦当尊重。五、希望促成世界各国在经济方面之全面合作,以提高劳力标准、经济进步与社会安全。六、待纳粹之专制宣告最后之毁灭后,希望可以重建和平,使各国俱能在其疆土以内安居乐业,并使全世界所有人类悉有自由生活,无所恐惧亦不虞缺乏之保证。七、所有各民族应可在公海及大洋自由往来,不受阻碍。八、两国相信全球各国,无论为实际原因或精神上之原因,必须放弃使用武力。"

⑬二十六国共同宣言全文如下:"本宣言签字国政府,对于一九四一年八月十四日美国总统及英国首相共同宣言(即《大西洋宣言》)所包含之共同目的与原则,业经予以赞同。并信:为寻求适当生活、自主独立与宗教自由及保全其本国及其他各国之权利与正义起见,完全战胜敌国,实有必要。同时相信签字各国,正对企图征服世界之野蛮与兽性之武力,从事共同奋斗,爱特宣言:一、每一政府,承允对于与之立于战争状态之三国同盟分子国家及其加入国家,使用其全部军事与经济资源;二、每一政府,承允与本宣言签字国政府合作,并不与敌国缔结单独停战协定

或和约。凡正在或将作物质援助与贡献，以谋战胜希特勒主义之其他国家，均可加入上开宣言。

⑭莫斯科三国外长会议开幕于三十二年十月十九日，闭幕于三十日，到会的有美国国务卿赫尔、英外相艾登、苏联外交人民委员长莫洛托夫诸人，于十一月一日发表会议报告全文，其中有中、美、英、苏四国发表普遍安全宣言，这宣言的要点有："他们为对各该国的敌人进行战争而约定的联合行动，当为和平与安全的组织和维系而继续保持下去。二、他们中间对一个共同敌人作战的那些国家，对于和那个敌人的投降和解除武装有关的所有一切事情，当共同行动。三、他们当采取他们认为必要的一切措施，以防止对于迫使敌人接收的条款发生任何违背行为。四、他们承认必须在可能实行的最早的日期，确立一种普通的国际组织，以所有一切爱好和平的国家主权平等的原则为基础，这些国家不论大小都可加入为会员国，以维持国际的和平与安全。五、为保持国际和平与安全起见，在重建法律与秩序以及普遍安全制度创始以前，他们当互相商议，在必要时，并当和联合国家的其他分子商议，以便代表国家共同体，采取共同行动。六、战争终止以后，除非为实现这个宣言并经过共同商议，他们不得在他国的领土内使用他们的军事力量。七、他们当互相并与联合国家的其他分子磋商，而且合作，以便能就战后时期军备的规定，获得一个实际可行的普遍协定。"德黑兰会议即是继莫斯科外长会议而发展出来的三个领袖会议，其宣言要点见注释⑩。

⑮三十三年召开的顿巴敦橡树会议，其任务为拟定国际安全机构草案，其宣言有云："我们在克里米亚的会晤，已重申我们共同的决心，在今后的和平时期中，一定要保持并加强在这次战争中使联合国家胜利成为可能，并且确定无疑了的目的方面和行动方面的团结一致。我们相信这就是我们政府对于我们本国人民以及对全世界所有各国人民的一种神圣义务。惟有我们三国之间以及一切爱好自由的各国之间继续增进的合作与了解，才能实现人类最崇高的志愿——一种安全的而持久的和平。"

⑯二十六年九月二十八日，国联大会通过日机滥炸不设防城市的决议。十月六日，又通过"对于中国表示精神上之援助，并建议国联各会员国应勿采取足以减弱中国抵抗力量，以免增加中国此次冲突之困难之任何行动，并应就各该国对于中国之个别援助究能达何程度一节予以考虑"的决议。同日，决议采纳远东咨询委员会报告书及由该委员会所组织的小组委员会所提出的第一、第二报告书，以确定日本对于中国事变所应负的法律责任。二十七年五月十四日，国联行政院再通过决议，恳切敦促各会员国对于大会的决议，尽其最大之努力，使之发生效力，并警告日本勿使用毒瓦斯。九月三十日，国联行政院通过报告书，认定日本在中国所采取的军事行动为违法，各委员国得分别采取盟约第十六条所规定的各项办法，对日发

动经济上的制裁。二十八年一月二十日及五月二十四日，国联又两度通过援华决议案。又国联大会根据远东咨询委员会召开九国公约会议的建议，于二十六年十一月三日在比京召开九国公约会议发表宣言，其要点有三：一、认为日本违反《九国公约》；二、中、日问题不能由中、日直接解决；三、邀请有关各国考虑今后应取的态度。

⑰二十九年六月二十日越南开始禁运，封锁滇越路。九月二十七日，越南与日本签订协定，日军开入越南，占领北圻。三十年七月，维琪政府又与日本签订《共同防卫越南协定》及《联防越北议定书》，同时日军开入西贡，将整个越南拱手让日。同年十一月七日，维琪政府允许日本接收上海法租界的中国法院。太平洋战事爆发后，越南法军又与日本签订军事同盟。三十二年二月十七日，维琪政府纵容日军占领广州湾，我外交部乃宣布《中法广州湾租界条约》无效。同年五月十八日，维琪政府代表又与汪逆伪组织签订协定，将天津、汉口、广州法租界交与汪逆伪政权。至八月一日我政府始宣言与维琪政府绝交。

⑱抗战以来，英、日曾签订有关中国海关的协定及所谓"不阻碍日本作战"的《英、日初步协定》，我政府对之又先后提出抗议。二十九年七月十六日，英又与日签订关于封锁滇缅路的协定，以三个月为禁运期间。经我一再警告，英始表示禁运时效届满后决不再延长此项禁运。

⑲据已公布之数字，自抗战起至三十一年二月止，共计借款 150 000 000 镑，1 047 800 000 美元，1 030 000 000 法郎，120 000 000 法币，就中以美国为最多。

⑳原名《促进美国国防法案》。

第十九章　废除不平等条约的经过

中国受不平等条约的束缚与压迫而沦为次殖民地，为时已历百年，直至国民政府统一全国定都南京，才开始进行废除不平等条约的工作，到民国三十一年国庆纪念日遂告完成。以下先述废除不平等条约的经过，次述中英、中美新约的签订：

不平等条约的成立，始于道光二十二年（一八四二）的中英《南京条约》；后来外交屡次失败，不平等条约的内容也就随着增加起来。现在把历来与各国所订不平等条约的内容总括一下，除割地、赔款、外债三项不计外，最主要的有：协定关税、领事裁判权、租借地、租界、内河航行权、势力范围及优先权、内地旅行贸易权、筑路开矿权、驻兵警察权与传教权十项，而尤以前五项为最重要。以下把这最重要的五项的废除经过分节叙述：

一、关于协定关税者：有清一代，对于协定关税的改革，只有光绪二十八年的改订税率。这一年正是《辛丑条约》成立的次年，因为赔款太多，所以这一年缔结的中英通商条约，才许可我国于裁厘之后，将进口税增加到百分之一二点五，出口税增加到百分之七点五。二十九年，又与美、日缔结通商条约，三十年，又与葡缔结通商条约，其内容大致与中英通商条约相同。不过我国并未裁厘，因此，这次税率改革也就毫无结果。民国六年，中国以参加欧战有功，要求各国修改海关税则，旋经各国允许，于次年实行；但此次修改，亦不过值百抽三七罢了。巴黎和会时，中国要求关税自主，被大会拒绝。华盛顿会议，我国又将此案提出，经各国决议，订立九国间关于中国关税税则之条约①，并订明批准后三个月，中国得召集有关各国举行关税会议。十四年十月二十六日，执政府根据华府会议决定，召开关税特别会议，义、法、英、荷、比、班、葡、瑞、挪、丹、美、日十二国代表均出席，各缔约国均承认中国享受关税自主权，允许解除各该国与中国间各项条约中之关税上的束缚，并允许中国国定关税定率条例于民国十八年一月一日发生效力。中国政府亦声明裁厘与中国国定关税定率条例同时施行。然至次年四月，北京政变，段祺瑞下野，所谓关税会议便因此流产了。其时，国民党领导下的广东国民政府深知关税会议在北京召开，将有损于关税自主的实质，所以一再表示反对。十六年，国民政府奠都南京后，即正式宣告关税自主，并颁布国定进口税暂行条例，同时裁撤厘金；但以政府尚未经各国承认，故事实上窒碍甚多。直到十七年六月，全国统一，外交部长王正廷才照会各国：一、中国与各国间条约之届期满者，当然废除，另订新约；二、其尚未满期者，国民政府即以相当之手续，解除而重订之；三、其旧约业已满期而新约尚未订定者，应由国民政府另订适当临时办法，处理一切。其时不平等条约业已满期的，计有比、班、葡、日、法、义、丹七国，各国接到此项照会后，除日本外，均派遣代表，修改旧约。独日本坚持不肯废约。美国本为条约尚未满期之国，以日本蔑视《九国公约》，遂单独于十七年七月二十五日，与我缔结《中美关税条约》，其大要如下：一、历来两国所订有效条约内，所载关于在中国进出口货之税率，应即撤销作废，而适用国家关税完全自主之原则；二、缔约两国,对于上述及有关系之事项,在彼此领土内享受之待遇,应与任何国享受之待遇,毫无区别;三、缔约两国,不得以任何借口,在本国领土内,向彼国人民所运输进出口之货物,勒收关税或内地何项税款,超过于本国人民或其他国人民所完纳者或有区别。同年,又与德结《中德条约》,与挪威结《中挪关税条约》,与比结《中比友好通商条约》,与义结《中义友好通商条约》,与丹结《中丹友好通商条约》,与荷结《中荷关税条约》,与葡结《中葡友好通商条约》,与英结《中英关税条约》,与瑞典结《中瑞关税条约》,与法结《中法关税条约》,与西班牙结《中西友好通商条约》。次年,又与波兰结《中波友好通商航海条约》,与希结《中希通好条约》。十九年,更与捷克结《中捷友好通商条约》。以上各约,均与美约内容大致相同,而以平等为原则。惟日本一国,直到十九年五月六日,才签订《中日关税协定》[2]。新约签订后,我政府即于十八年二月一日起实行七级税率,最低七点五,最高二七点五,完全不受任何限制。又组织全国裁厘委员会,决定十八年上半年分期裁厘,同时举办消费税以抵补裁厘后的收入。但因内战发生,此种计划未能如期实行。及十九年十月,战事渐告结束,才于二十年一月一日,由国民政府明令实行裁厘,同时废除七级税率,另定新税率。关税自主,至是才完全实现。他如陆路边关税率,也早与有关各国协定声明和海关一律;至于税务司虽仍任用外人,但以前约束,即已失效,则亦可从此改由我国自由任用了。

二、关于领事裁判权者:取消领事裁判权的动机,起于《辛丑和约》后对英、日诸国的修改条约。巴黎和会中,我国代表提出取消领事裁判权案,被大会拒绝。华盛顿会议时,我又提出此案,大会决议:"须待各国调查中国法律、司法制度、司法行政后再议。"直到十四年末,各国才派遣委员来华,开调查法权会议。十五年一月十二日,会议正式在北京开幕,到美、英、法、日、比、义、荷、丹、西、挪、瑞、葡及中国十三国委员。当时国民政府以法权会议并无诚意取消领事裁判权,遂正式拒绝委员团前往广东调查。五月十日,中外委员二十八人,仅由北京赴汉口、九江、南昌、上海、杭州、青岛、哈尔滨、天津等处调查,至九月十五日,调查手续完毕,复在北京开会。直到十一月,委员会始作成调查报告书并建议案。其建议案大致在请中国政府确实保障法院不受行政机关干涉,并改良现有法律、司法制度及监狱制度。中国政府如能切实改良上述各点,然后可商渐进撤消治外法权的办法。于是所谓法权会议，也和关税会议一样，无形流产了，国民政府定都南京后，与各国改订条约，其中如义、丹、葡、西、比五约，始载明放弃领事裁判权；是为我国收回治外法权的权舆。墨西哥未订新约，但其政府亦于十八年宣言放弃在华领事裁判权。此外，还有英、法、美、荷、挪、巴六国与我国所订旧约，也有在华领事裁判权，国民政府因诸约尚未满期，遂拟成《管理在华外人实施条例》，定于二十一年元旦起实行。但因东北事变发生，筹备不及，便只好暂缓施行。

三、关于租借地者：外人在中国之有租借地，始于葡租澳门，其后德租胶州湾，俄租旅、大，英租九龙、威海卫，法租广州湾；日、俄战后，旅、大转租于日；欧战后，胶州湾又为日所占。其中除胶州湾在民国十一年中、日缔结《解决山东悬案条约》时交还我国外，其他各地，只有英租威海卫于十九年交还中国，至于英于九龙，日于旅、大，在华府会议中，均声明不肯放弃；法于广州湾，在华府会议时虽声明愿与各国同时交还，但未履行。

四、关于租界者：英、法、义、日、德、比、奥诸国在中国均有租界，其中如天津德国租界与奥国租界及汉口德国租界均于民国六年收回，九年又收回天津与汉口两处的俄国租界。国民革命军奠定湘、鄂后，又于十六年用革命外交收回汉口、九江两埠的英国租界。此外，镇江的英国租界与天津的比国租界，亦于十八年以后先后收回。直到七七事变前，专管租界之尚未收回者，有天津的英、法、义、日四国租界，汉口的日、法两国租界，沙市、重庆、苏州、杭州、厦门、福州、营口、沈阳、安东九埠的日本租界，广州沙面的英、法两国租界，营口的英租界，上海的法租界。而公共租界尚未收回者，则有上海、烟台、芜湖、鼓浪屿、厦门五埠。

上节所述，系七七事变前国民政府努力废除不平等条约的经过。抗日战争爆发以来，由于我抵抗侵略之英勇，由于我维持世界和平与国际正义之努力，国际地位随之逐渐提高，这象征着民族复兴机运的到来，百年来备受不平等条约束缚与压迫的旧中国将从此结束，独立自由平等的新中国将由此诞生。果然，三十一年的国庆日，我政府获得了英、美两国政府的通知，准备立时与我政府谈判，缔结平等互惠的新约。经过相当时期的谈判后，《中英新约》与《中美新约》，均于三十二年一月十一日签字。《中英新约》共九条，其要点有：

一、英国人民或公司在中国领土内，应依照国际公法之原则及国际惯例，受中国政府之管辖，其过去所享有之一切特权，均予以废除。

二、取消《辛丑条约》中英国所享有之一切权利，并将北平使馆界内之行政与管理交还中国。

三、将上海、厦门两处公共租界及天津英租界交还中国。

四、缔约双方在各该方之领土内，给予对方人民以旅行居住及经商之权利，并尽力给予对方人民或公司，关于各项法律手续，司法事件之处理及各种租税之征收与其有关事项，不低于所给予本国人民或公司之待遇。

五、废除领事裁判权。

又签订附件四款，其第一款包括：

一、英国放弃关于在中国通商口岸制度之一切现行条约权利。缔约一方之商船，许其有自由驶至缔约彼方领土内。

二、英国放弃关于上海及厦门公共租界特别法院一切现行条约权利。

三、英国放弃关于在中国领土内各口岸雇用外籍引水人之一切现行权利。

四、英国放弃关于其军舰驶入中国领水之一切现行条约权利。

五、英国放弃要求任用英籍臣民为中国海关总税务司之任何权利。

六、英国放弃其船舶在中国领水内，关于沿海贸易及内河航行之特权。

《中英新约》是在重庆签字的，《中美新约》则于同一时间在华盛顿签字，其精神与《中英新约》完全相同。

中国备受不平等条约的束缚与压迫，历时百年，中国之所以沦为次殖民地而不能独立自由，之所以日趋衰弱而濒于危亡，胥由于此。中山先生所倡导之国民革命，其目的亦在此。所幸此种枷锁从此解除③，中国之独立自由予以实现，而今后的问题，就只在于吾人如何努力以建设现代化的新中国了。

注释

①原来只有九国，中国在内，后又邀请西、丹、瑞、挪四国加入，如将中国除外，即为十二国。

②《中日关税协定》中并附表规定若干货物，彼此于一定期间，不得增税，以三年为期。

③德、奥与我所订的不平等条约于欧战后废除，俄国与我所订不平等条约于俄国革命后废除。至于日、意与我所订不平等条约，则于此次大战后，均应一律予以废除。

第二十章　现代的中国

现代的中国，正向着现代化的大道迈进，三十余年来，无论政治、经济、学术文化任何部门都有显著的进步，而尤以北伐完成全国统一以来的进步为最大。兹分述如下：

民国成立，依照欧、美民主国成例，政治组织采三权鼎立制：立法有国会，分参众两议院，为议决法律、监督政府的机关；司法有大理院及总检察厅，为全国最高司法机关；中央行政以大总统为首长，采内阁制，以国务院为全国行政最高机关。但自二次革命失败后，北京政府为军阀所把持，所谓三权鼎立制，徒拥虚名。直到国民政府成立，才根据国父遗教①，改革中央政治组织。十四年，国民政府正式成立，采委员合议制。十七年以后，逐渐成立行政、立法、司法、考试、监察五院；行政院下设内政、外交、军政、财政、教育、工商、交通、农矿八部，及建设、侨务、蒙藏三委员会。二十年，国民会议开会，通过《训政时期约法案》，关于国民政府的组织略有变更：设主席一人，对外代表中华民国，不负责实际政治责任，而以行政院总揽全国政务；五院正副院长，均由中国国民党中央执行委员会选任，行政院之下，设内政、外交、军政、海军、财政、实业、教育、交通、铁道、司法行政十部及建设、侨务、蒙藏、劳工、禁烟五委员会。而军事委员会及训练总监部、军事参议院、参谋部等机关，则直隶于国民政府。二十五年五月五日，国民政府公布"中华民国宪法草案"，拟召开国民大会施行宪政，因七七事变发生，遂告停止。抗战以后，为强化中央机构，以应战时需要，设立国防最高委员会，其委员长一席由中国国民党总裁担任，对于党政军一切事务，得不依平时程序，以便令为便宜的措置。又行政院所辖各部会，亦加以调整，现行政院之下，计有内政、外交、军政、财政、经济、教育、交通、农林、社会、粮食十部，蒙藏、侨务、振济、水利、抚恤五委员会及卫生、地政两署。此外如军事委员会，则增设军令、政治、后方勤务三部。二十七年七月，为集思广益团结全国力量起见，又设立国民参政会；旋又于各省设立省参议会，为一省的民意机关。三十二年国民党五届十一中全会又决议于战事结束后一年以内，制颁宪法，开始宪政之治。三十三年五月五日，五届十二中全会，又决议加紧推行地方自治，以建立宪政的基础。抗战结束后，国民政府明令于三十五年十一月十二日召集国民大会，结束训政，实施宪政。凡此均系抗战以来政治上最大的进步，而为实现民权主义所必经的程序。

地方制度，民国以来，屡有改变；至国民政府成立，始厘订为一有系统的制度。现制：各省均采委员制，以一人任主席，下设财政、民政、教育、建设四厅，厅长即就委员中任用。首都及人口在一百万以上而政治经济有特殊情形者均为特别市，与省同属于行政院。其人口在三十万以上或在二十万以上而营业土地等税占全部收入之半数以上者，则为普通市，不属于县而直隶于省。特别市与普通市，均设市长一人，下设公安、教育、卫生、财政、土地各局。县直隶于省，设县长一人。省与县之间，又设行政督察专员，督察数县或十余县。县之下有区，区之下有乡、镇，乡、镇之下有保，保为最基层的行政组织。抗战以来，为加紧推行地方自治，国民政府又于二十八年九月公布《县各级组织纲要》。《纲要》规定县为自治单位，置县长一人，下设民政、财政、教育、建设、军事、地政、社会各科。又设县参议会，为一县的民意机关。县之下有区，系县政府的辅助机关，代表县政府督导各乡镇办理各项行政及自治事务。区署设区长一人，指导员二人至五人，在未设区署的区域，由县政府派员指导。县以下的实际政治组织，在城市为镇，在乡村为乡，设乡、镇公所，置乡、镇长一人，副乡、镇长一人至二人，下分民政、警卫、经济、文化四股。每一乡、镇设中心学校一所，其校长由乡镇长兼任，在经济教育发达之区则以专任为原则。又设乡、镇民代表会，为一乡、镇的民意机关。乡镇之下为保，保设保办公处，置保长副保长各一人，下设干事二人至四人，分掌民政、警卫、经济、文化诸事务。每保设国民学校一所，其校长由保长兼任，在经济教育发达之区则以专任为原则，又设保民大会，为一保的民意机关。保之下为甲，置甲长一人②。实施以来，截至三十三年五月止，全国已成立乡、镇民大会一万一千余处，保民大会三十万余处。三十三年五月国民党五届十二中全会，又决议加强推行地方自治案，限三十四年底以前，各县市民意机关，除有特殊情形地方外，应一律完成；保民大会及乡、镇民代表会应依法实施选举，其完成自治条件者，得选举县长。凡此均系加紧推行地方自治的措施。宪政基础的确立，全系乎此。

鸦片战争以来，我国经济即随列强的侵略而濒于破产；民国成立后，益以不断的军阀混战，就更加陷于不可收拾的境地。直到全国统一，国民政府才努力经济建设，以谋中国的复兴。兹就其荦荦大端，分述于次：

一、复兴农村经济：国民政府为谋农村经济的复兴，于民国二十年请求国联行政院的国联技术组织，派遣专家来华，协助我国解决有关水利、棉业、蚕丝各种技术问题，继续工作达数年之久，成绩卓著。此外如堤防及沟渠的修筑以发展农田水利，中央农业实验所的设立以改良种子，推广植棉以增加产量，统制红茶产销以推广国外市场，以及改良蚕丝以求产品的精工；都跟农村经济的复兴有关，我政府无不尽力以赴。而农村合作社的广泛设立和农村放款的激增，则于调节农村金融裨益正多。

二、助长商工业发达：国民政府为提倡国产及奖励使用国货起见，于首都设立国货陈列馆，各省省会及各特别市亦先后设立国货陈列馆，并多附设国货商场，任人购买。又设立国际贸易局，主持对外贸易，并从事国内外商业的调查、研究及统计，以指导商工业的进行。又设商品检验局，以检验出口商品的品质，推广国外贸易。又设商标局，专办商标登记事宜。

三、发展交通：国民政府对于发展交通的努力，可分铁路、公路、航运、空运、邮政、电信六项来说。以新建的铁路说：有浙赣路，从杭州至南昌，与南浔路联接，再展至萍乡，与株萍路联接。有苏嘉路，由苏州至嘉兴，为京沪路的支线。有同蒲路，由大同至蒲州。有粤汉路的株韶段，自株洲至韶关。有淮南路，自安徽淮河淮南煤矿至芜湖。此外如陇海路已展至宝鸡。如鄂赣路由南浔路沙河站至粤汉路咸宁站，亦于二十三年开工。以新建的公路论：有京沪、京闽、沪桂、京黔、京川、汴粤、洛韶、京陕诸干线，以及西兰、西汉、湘黔、黔滇诸公路。总计二十四年全国公路通车里数为八万四千八百余万公里。以航运论：招商局收归国营后，至二十四年止，共有轮船二十八艘，合计七万余吨。以空运论：有国营中国航空公司和国营欧亚航空公司，共有飞机二十六架；又有两广与云南合组的西南航空公司，有飞机四架。以邮政论，增加的新业务，有举办平常快递、开办铁路车站邮电代理所及设立邮政储金汇业局三项。以电信论：有线电报在民国元年仅有局五六五所，线路长度六万余公里；至二十四年便增为一三四六所，九万余公里。无线电报在民国初年只有电台十处，至二十四年即增为六十处。至于国际电台，则成立于十九年，直达通报地点有马尼剌、香港、爪哇、西贡、东京、柏林、巴黎、日内瓦、莫斯科、伦敦、罗马、旧金山十二路。此外如长途电话，至二十四年止，归交通部经营的，有六四四处，通话里数共计二万余公里。

四、整理财政和金融：民国以来，北京政府的财政支出全恃内外债来维持，困难达于极点。国民政府成立之初，僻处广东一省，收入支出均属有限，然十四、五年之间，收支两抵；尚有盈余。北伐以后，至奠都南京为止，因军费支出浩大，始大部分由借垫各款及增发钞券以充之。北伐完成后，财政部于十七年召开第一次全国财政会议，决议划分国家财政与地方财政，我国财政至是才入于整理的阶段。二十年，实行修正进口税新税则，海关收入大增。同年，又裁撤各地常关厘金。二十一年，又设立税务署，办理全国统税。自经财政部积极整理之后，从二十二年起，国民政府财政预算额才达到收支平衡的目的。至于金融，则我国金融事业素极幼稚，直到十九年采行海关金单位，二十二年废两改元，二十四年实行法币政策，始粗具现代金融制度的规模。尤以改组中、中、交三行，为健全金融机构的重要措施，对推动政府金融政策上，贡献最大。

五、国民经济建设运动：国民经济建设运动发轫于二十四年，为蒋主席所倡导，其目的在"尽人力，辟地利，均供求，畅流通，以谋国民经济之健全发展"③，工作要点计有提倡征工、振兴农业、鼓励垦牧、调节消费、振兴工业、开发矿产、流通货运、调整金融八项，均为奠立初步经济建设的基本。其推行"必赖各地方政府之切实推动与全体人民之一致奋起"④，故另设国民经济运动委员会，以主其事。

在国民政府这样奖励和提倡之下，我国民营事业，都有显著的进步。以工业说：属于纤维工业的，如棉纱纺织工业，由二十年的二百七十三万锤增为二十三年的二百八十八万锤。如毛织工业，全国共有大小工厂二千五百余家，每年总产额值四千二百余万元。属于农产加工的，如制粉业，除东三省不计外，全国有厂六十六家，总资本额为二千四百余万元，每年总产额六千四百九十余万袋，如榨油业，全国有大小工厂一百一十二家，总资本额三百余万元，每年出产价值约为四千七百余万元。如制茶业，单在上海一处即有精制毛茶的工厂五十一家；而精致红茶和茶砖的大工厂，全国共有二家。如制糖业，规模较大的工厂全国共有五家，此外多为家庭手工业或作坊工业，如卷烟业，上海一处有工厂四十四家，资本总额为二千万元，他如浙、冀、皖、鲁、豫、晋各省亦有卷烟工厂，惟规模不大。属于畜产加工业的，如制蛋业，全国共有工厂二家，资本总额为二百五十万元。如制革业，全国共有工厂四十四家，其中上海一处占八家，资本总额为一百一十万元，河北有四家，资本总额为三十万元。属于化学工业的，如酒精工业，全国共有工厂十五家，资本总额为三百一十万元，平均每日产量为一万七千加仑。如火柴工业，全国有工厂七十三家，资本总额为一千一百一十五万元，每年产额约九千万箱。如橡胶业，集中于上海、广州二处，上海有工厂四十家，资本总额为三百一十万元，广州有十七家，资本总额为二十二万元。如造纸业，全国有工厂三十家，每年总产量值六百六十万元，而用手工制造的，每年总产量则值一千九百万元。如搪瓷业，集中上海一处，共有工厂二十二家。属于基本化学工业的，如酸类工业，全国共有工厂八家，资本总额为七百三十万元。如曹达工业，全国共有工厂十家，以永利制碱公司为最大，资本四百万元。如淡气工业，全国有工厂二家，资本总额为九百万元。属于制窑工业的，如玻璃工业，全国共有大小工厂七十八家，资本总额为三百万元。如砖瓦工业，上海有工厂十六家，资本总额约五百万元；上海之外，尚有二十二家，资本额不详。如水泥工业，全国共有工厂八家，此外还有造船工业，除国营的四所外，民营的只有一家。又机器工业，我国素称落后，凡较复杂或较精细的机器均须仰给外国，每年进口，达四五千万元之巨，而二十四年竟增至六千万元以上；至全国自营的机器工厂，则大小共有六百五十余家，资本总额为六百万元[⑤]。

以矿业论，如煤，全国有重要煤场六十余处，每年总产额约二千六百万吨。如石油，二十一年，川、陕、甘、新四省合计产量为八百桶，每桶四十二加仑。如铁，全国每年产量约二百万吨，有制铁工厂六家，每年产额约三万七千余吨；又制钢业；全国公私共有工厂六家，其产额不详。如锑，全国每年产额为一万三千六百吨，占全世界每年产量百分之七十。此外还有锡，年产约八千吨；如金，年产约八万两；如铜，年产约五百吨；如铅，年产约六万余吨；如亚铅，年产约一万六千吨；如钨，年产约六千吨；如砒，年产约八百吨；如锰，年产约一万至二万吨[⑥]。

以农业说，如米，全国总产量每年约为六万万一千五百五十余万石；如小麦，每年总产量约为四十万二千一百七十余万石；均系我国人民的主要食物。其次，如棉花每年总产量为一千一百二十万石左右。如丝、茧，以苏、浙两省言，每年总产量约为二百一十万石。农产品中丝、茶、桐油三种，均为重要输出品，以二十四年论：生丝出口值三千五百六十八万元，茶出口值二千九百六十余万元，桐油出口值四千一百五十八万元。

以上所述，系战前情形；七七事变后，遂由平时经济转为战时经济，一切以军事为中心，我国民政府依照抗战建国纲领的规定，而有下述诸措施：

一、关于金融方面者：由于战前法币制度的确立，所以抗战以来始终没有发生金融恐慌的现象。而财政当局努力稳定币值的工作，以及从事贴放，扶助工商业的发展，影响整个社会经济者尤巨。至于推动储蓄业务，尽量吸收游资，则于稳定物价上颇见成效。

二、关于财政方面者：抗战以来，军费支出浩大，而向来恃为财政收入的盐税、关税等，又因战地转移，不复为战时的固定税源，所以财政当局于抗战之始，即一面实施紧缩政策，一面努力开源，以应战时需要。关于前者，政府曾公布缩紧办法四项，对于与国防、治安、生产无直接关系的机关，一律暂行停办，对于旧有而无特别需要的骈枝机关，一律裁撤。关于后者，又可分增加租税和发行公债两项来说。增加租税计有：一、田赋征实，自三十年起实施，结果不但增加国税收入，并且对军粮公粮的供应以及民食的调剂，均收到宏大的效果，为抗战以来财政上最有成绩的一种措施。二、直接税的举办，除原有印花税外，又增加所得税，非常时期过分利得税、遗产税、免役税等。三、专卖事业的开办，计分食盐、粮食、火柴、烟类四项。四、战时消费税的举办，由海关负责征收，规定一税之后，任其所至，不再重征，而将各省市原有之货物产销税、特种营业税、饷捐等，全予废止。五、提高原有的统税。发行公债一项，计有二十六年救国公债五万万元；二十八年国防公债五万万元，关金公债、英金公债、美金公债三种，合计约十五万万元，振济公债三千万元，建设公债与军需公债两种，合计为六万万元。至二十九年建设公债，则以英镑、美金发行。以上为内债，至于外债，则详见上章。其中有三十一年五万万元美金借款及五千万镑英金借款，财政当局即以其一部分作担保，发行同盟胜利美金公债及美金储蓄券一万万元，另发行同盟胜利法币公债十万万元。以上各种公债，人民均能自动踊跃认购，所以进行很为顺利。

三、关于工矿方面者：抗战以来，政府对沿海沿江各地工矿即指导其内迁。计全国各厂矿得政府协助而迁入川、滇、陕、桂、湘、黔各省者，除汉阳钢铁厂及六河沟化铁炉外，共计三百四十一家，机件共重六万三千四百余吨，合之汉阳钢铁厂内迁机件，当共重十二三万吨之多。我政府复于经济部设立工矿调整处，贷出大量款项，协助民营企业。继又颁布《非常时期农矿工商管理条例》及《非常时期工矿奖励条例》，以支持民营工矿。经济部复成立资源委员会，凡企业之宜于国营的，均由该委员会主持。同时，又由政府及金融机关拨出大量资金，成立中国兴业公司，以进行重工业的建设。其他有关国防工业及民生工业的各种轻工业及化学工业等，亦在逐步建设中。而工业合作社普遍的设立，以及政府奖励手工业生产，尤足以补助战时机器生产之不足。至于湘桂铁路、黔桂铁路、天宝铁路的修建以及后方各地公路的增筑，则除便利军运外，尤有助于工矿业的发展。此外如各省企业公司的成立，对于各省特产的经营，亦表现显著的成绩，而为抗战以来一种新兴的事业。

四、关于农业方面者：抗战以来，一方因政府积极推行粮政，一方因后方各省连年丰收，所以粮价平稳，没有发生粮食恐慌的现象。此外农产品中，如棉花，近年以湘、鄂、陕各省产量丰富，亦足以供应后方军民的需要；惟丝、茶、桐油各种产品，因国际运输困难，致输出数量逐年减少。至政府对于战时农村金融的设施，则影响至巨，收效至宏，其要点分三项来说：一为发展土地金融，由中国农民银行兼办土地金融业务，其目的除帮助农民本身活动资金外，尤在协助政府实施平均地权政策。二为农贷，亦归中国农民银行办理，分农业生产贷款、农业运销贷款、农业推广贷款、农田水利贷款及战区边区贷款各种，即以三十一年而言，贷款总数已近七万万元，其对发展农业生产改善农民生活，均发生很大的效果。三为农村合作事业的推广，实施以来，至三十二年止，全国已有七十四万七千四百一十五社，其中以信用合作社为最多，占总数百分之五十三，此外尚有供给、农业生产、工业生产、运销、消费、公用、保险各种合作社，合计占总数百分之四十七。抗战结束以后，又明令停止征实，并切实施行二五减租，以苏民困；最近且有中美农业合作团的组织，以谋中国农产品的改良。

现代的学术文化，可以分作三项来说：

一、语文改革运动：现代的语文改革运动始于清末，其时有王照作官话合声字母，又有劳乃宣做简字字母，均用拼音之法，使字易于认识，以收教育普及之效。又有梁启超，为文尽脱古文的拘束，并搀用外来语，实为后来语体文的滥觞。直到民国六年，胡适提倡文学改革，语体文才从此普及，而为现代文学别开一生面。七年，北京政府教育部公布注音字母，并设立国语统一筹备会。八年，教育部又通咨各省区："自本年秋季起，国民学校一二年级改国文为语体文"，又颁行标点符号和国音字典。国民政府成立后，教育部通令改称注音字母为注音符号，并设立注音符号推行委员会，编制注音符号传习小册，以为推行的工具。抗战以来，国民党五届八全大会于三十年决议："积极推行注音识字运动，期于五年内普及注音识字，彻底扫除文盲，以宣扬三民主义，促进抗战必胜建国必成案。"注音符号，由是逐渐普及。又有国语罗马字运动，亦倡始于清季，主张用罗马字拼音以代替方块汉字⑦。民国二年，教育部召开读音统一会，会员吴敬恒即主张用罗马字母拼切汉字，但未见实行。十一年，黎锦熙在国语统一筹备会提出"废除汉字采用新拼音文字案"；十三年，黎氏又提出"请教育部令全国学校使用新文字案"；教育部因组织国语罗马字拼音研究委员会，以钱玄同、赵元任、黎锦熙等七人为委员，研究的结果，便是十五年十一月国语统一筹备会公布的"国语罗马字拼音法式"；至十七年九月，又经国民政府大学院正式公布。二十一年，教育部公布的国音常用字汇，即以国语罗马字和注音符号对照记音；三十年来专家的研究、至是乃得一结晶。

二、现代的学术思想：清季以来，国人对于西洋学术思想的了解渐有进步，其时严复翻译的西洋哲学与社会科学的名著以及稍后梁启超的介绍西洋学术思想，均有很大的影响。民国初年，国父提倡三民主义，最为博大精深，惜当时国人甚少理解。八年，胡适主讲北京大学，提倡实用主义，继又延聘其师杜威来华讲学，于是实用主义风靡一时，而整理国故之风大盛。其时，国父在沪主持《建设杂志》，前后发表其精构《民权初步》《孙文学说》与《实业计划》，国人至是在思想上才获得正确的指导。中国国民党改组前后，国父又公开讲演三民主义，一方发扬我国传统文化，一方撷取世界文化的精华，以形成最进步的革命主义；影响所届，三民主义便从此成为国人惟一的信仰。所以其后虽有人生观的论战⑧以及全盘西化论的提倡，然对学术思想上均无重要作用。国民政府成立后，由于三民主义教育的推行与三民主义文化的提倡，国人思想亦因之纳入于正轨。二十四年十一月，中国国民党第五次全国代表大会更决议"确定文化建设原则与推进方针以复兴民族案"，其原则共分四项：一为"确定三民主义为中国文化建设运动之最高原则"；二为"应针对时代需要，务期中国革命文化之建设与国民新生活之创造，相为辅车，并以发扬光大中国之固有文化与吸收外来文化，为文化建设之中心工作"；三为"消极的肃清与纠正封建思想，阶级斗争，颓废习尚，奴隶自弃之观念，积极的发扬民族精神，提倡科学知识，促进集团统一之生活，磨练伟大创造之毅力，开展人生服务之目的，以为文化建设之范畴"；四为"在国家社会经济之建设上，辟除阶级奋斗与自由竞争之主张，而遵照最高原则，实施统制运动，以为文化建设之趋向"。二十七年三月中国国民党临时全国代表大会复确定文化政策，认定"民族国家本位之文化，有三方面之意义：一为发扬我固有之文化，一为文化工作应为民族国家而努力，一为抵御不适合国情之文化侵略"；其原则有："一、根据总理'保持吾民族独立地位，发扬我固有文化，并吸收世界文化而光大之'之遗训，以建设中华民族之新文化；二、以文化力量，发扬民族精神，恢复民族自信，加强全国民众之精神国防，以达民族复兴之目的；三、对于一切文化事业，尽保育扶持之责，以督促指导奖励及取缔方法，促成全国协同一致之发展。"最近蒋主席在所著《中国之命运》中，对建设与革命哲学之建立问题以及社会与学术风气之改进问题，复有详尽的指示。以上所述，便是抗战期间以及准备抗战期间政府所确定的文化政策；现在抗战已告结束，宪政的实施为期不远，今后文化的创造，必获致更大的成果，是可以断言的了。

三、科学：我国科学素不发达，民国初年，吴敬恒等提倡科工教育，然不为人所重视。民国八年以后，地质学家葛拉普及生物学家杜里舒相继来华讲学，科学研究的空气，才随之逐渐浓厚。其中尤以葛拉普的影响为最大，后来地质调查所的成立以及该所工作的展开，直接间接都与葛拉普有关，而地质学专家如丁文江、翁文灏、李四光等的贡献亦复不少。其次，因地质学的发达，考古学亦因之展开，民国九年以来，关于地下发掘的工作，从未间断，专家有李济、袁复礼、董作宾诸氏，主持的机关，有地质调查所和中央研究院历史语言研究所考古组，经诸专家研究的结果，中国古史更获得了地下实物的证明。此外国人对于科学发明,亦时有所闻;然不过就外人已经发明的科学原理,对个别事物的运用而已,而真能称为科学上的发明的,尚不多见。我国科学的贫乏,可以想见。所幸国民政府成立以来,其教育政策与文化政策均以科学为重,提倡奖励不遗余力;抗战以后,又复加紧科学运动,以为建国的基础。循是以进,在最近的将来,我国科学的进步与发达,定有可观。

总上所述,可知现代中国的政治经济、学术文化都是正向着现代化的大道迈进,然而,由于中国的落后,这种现代化的进程,依然相当迂回而缓慢,而需要我们加倍的努力。现代的青年,是现代中国的创造者,学习本国史至此,自应立定志向,一致奋起,以求现代化的新中国的实现。

注释

①详见《国民政府建国大纲》。

②关于区乡镇保甲的划分,详见《县各级组织纲要》。

③详见《国民经济建设运动之意义及其实施》。

④详见《倡导国民经济建设运动》通电。

⑤关于工业所列各厂资本,凡未标明年数的均系根据二十四年的统计调查。

⑥以上所列各种矿物的产量数字,系从二十一年至二十四年中取其产量最多者。

⑦卢赣章作《中国第一快切音新字》,朱文熊作《江苏新字母》,刘孟扬作《中国音标字书》,黄虚白作《腊丁文臆解》。

⑧起于民国十二年,分为玄学与科学两派。

(北新书局,1946年5月新版)

◇2014年湖北省学术著作出版专项资金资助项目
◇2013年华中师范大学出版基金资助项目

杨东莼文集

专著卷（上）

◎ 杨东莼 著
◎ 周洪宇 主编

华中师范大学出版社

新出图证(鄂)字 10 号

图书在版编目(CIP)数据

杨东莼文集·专著卷(上中下)/杨东莼著;周洪宇主编.—武汉:华中师范大学出版社,2014.5
(杨东莼文集)
ISBN 978-7-5622-6393-7

Ⅰ.①杨… Ⅱ.①杨… ②周… Ⅲ.①社会科学—文集 Ⅳ.①C53

中国版本图书馆 CIP 数据核字(2013)第 279611 号

杨东莼文集·专著卷(上中下)
ⓒ 杨东莼著　周洪宇主编

责任编辑:向　力　郭志刚　张建英	
责任校对:易　雯　王　炜	封面设计:罗明波
出版发行:华中师范大学出版社	
社址:湖北省武汉市珞喻路 152 号	邮编:430079
电话:027—67863426(发行部)	027—67861321(邮购)
传真:027—67863291	
网址:http://www.ccnupress.com	电子信箱:hscbs@public.wh.hb.cn
印刷:湖北恒泰印务有限公司	督印:章光琼
总字数:1640 千字	总印张:104.25
开本:787mm×1092mm　1/16	
版次:2014 年 5 月第 1 版	印次:2014 年 5 月第 1 次印刷
总定价:248.00 元	

欢迎上网查询、购书

敬告读者:欢迎举报盗版,请打举报电话 027—67861321

编辑说明

一、杨东莼（1900—1979），原名人杞，又名岂匏，湖南醴陵人。曾用罗东蓴（莼）化名进行地下工作，20世纪30年代以后通用杨东蓴（莼）。杰出的马克思主义学者，著名的历史学家、翻译家、教育家和社会活动家，是五四以来爱国知识分子的优秀代表和卓有建树的学术大师。青年时代在李大钊指导下，与邓中夏、罗章龙等19人联合发起"马克思学说研究会"，投身五四运动，传播马克思主义，参加工人运动，后加入中国共产党。大革命失败后流亡日本，从事唯物论和中国学术史研究，并翻译出版《费尔巴哈论》等多部西方哲学名著，宣传唯物主义和辩证法。1930年回国后，仍从事教育和翻译工作，抗日战争爆发后，在中国共产党的领导下，积极进行爱国民主救亡活动和教育工作，曾任中山大学、武汉大学、四川大学、华西大学、厦门大学教授及广西师范专科学校校长，广西地方建设干部学校教育长，香港达德学院代理院长，香港《大公报》顾问等职。新中国成立后，曾任第一、二、三、四届全国人民代表大会代表，第四、五届全国人民代表大会常务委员会委员，中国人民政治协商会议第三、四、五届全国委员会委员、常务委员，中南军政委员会委员，中南行政委员会委员，广西大学校长，华中师范学院院长，国务院副秘书长，中央文史研究馆馆长，全国政协文史委员会副主任等职。1953年，加入中国民主促进会，参与创办广西、湖北和湖南的民进组织，历任民进广西自治区委会主任委员和武汉市委会主任委员，民进中央常务委员、秘书长、副主席。杨东莼一生致力于传播、宣传和研究马克思主义。在民主革命时期，长期从事革命活动，为党和人民的事业做了许多工作。新中国成立后积极参加社会主义革命和社会主义建设事业，积极开展统一战线工作，为党的统一战线和文化教育事业作出了不可磨灭的贡献。他一生涉猎甚广，著述颇丰，涵盖政治、历史、哲学、教育、文化、时事形势评论等，其中不乏闪光的思想和独到的见解，历经历史的沉淀，依然散发出智慧的光芒，对于今日我国的社会主义现代化建设事业，尤其是学术、文化、教育事业仍具有重要的借鉴意义。为了表达对革命先辈和学术大师的追思，更好地弘扬杨东莼的人格精神，传承杨东莼的思想学说，为后人学习和研究杨东莼提供重要参考，我们特编辑出版这套多卷本《杨东莼文集》。

二、本文集采用编年与分类相结合的体例，专著按其内容分类分卷编排，译著及论文则按年代编排（作者已注明写作时间的，则以写作时间为序）。附录部分收入了《杨东莼生平年表》、《杨东莼主要著译系年》及相关重要文献。

三、本文集共收录杨东莼的专著10部、译著3部、译文1篇、论文76篇，共约330万字。所著发表时间起自1921年，讫于2011年，内容涉及政治、历史、哲学、教育、文化、时事形势评论等诸多领域。由于种种原因，杨东莼的极少部分论著与译作未能收入文集，包括多方查找仍无结果的《中国历史讲话》（广西桂林文化供应社，1939年印行）、《斯宾洛莎与辨证①唯物主义》（神州国光社，1931年出版）。因破损严重、缺页较多的译作《生命的渊源》（德国著名进化论学者海克尔著，原名《生命之不可思议》，载于1921年9月8日至25日《学灯》）和著述《致基层干部十封信》、《两年来的干校》、

---

① 辨证"现为"辩证"。下同。

《干部政策》①（广西地方建设干部学校，1940年印行），《抗战的形势》（文化供应社，1941年出版）。因资料不全无法收入《顾颉刚编现代初中本国史参考》（1924年醴陵石印本）、《中国史参考资料（近世条约）》、《本国史参考书——中学校教员用》（出版信息不详）、《法律大意》（杨东莼、宁柏清编，上海北新书局，1936年出版），以及因其内容现在明显不适于公开的《何物自由主义》（湖北人民出版社，1957年出版）。可以说，目前能够找到、篇幅完整、内容适当的杨东莼所有重要著述，都已收入了本文集。本文集是迄今为止内容最丰富、最全面、最权威、最能体现和反映杨东莼思想体系、学术成就和人格精神的文集。

四、本文集所收各著作中，多次再版的以权威出版社（如商务印书馆等）最新出版的版本为准。早期出版发行的均改竖排为横排，繁体字改为简体字，通假字仍予保留。

五、以充分尊重原著原作为原则，但有明显编校排版错误及常识性、逻辑性错误的，径行改正，均不另加说明。

六、本文集所收各篇论文，均以页下注形式标明其出处及发表时间。

七、本文集所收各著作均在当时特定的历史条件下写成，有些外国人名、地名的译法与当下迥异。据我们所知所查，以注解形式标明现在通行的译名，正文则保留其原貌。由于同样的原因，本文集中有的观点带有历史的痕迹，为尊重历史，文中一仍其旧。

八、本文集由湖北省人大常委会副主任、民进湖北省委会主委、华中师范大学博士生导师周洪宇教授担任主编，范焕军、贺娜协编。民进湖北省委会专职副主委唐瑾从出版专业角度提供了有益意见；华中师范大学陶家元教授和民进湖北省委

---

① 该书为杨东莼代时任广西省政府主席、广西地方建设干部学校校长黄旭初撰写。

会赵霞、张琼、潘喜梅、程虹、吴建农、王慧勇、张琨、张军、李晋、陈媛、王宁德、徐斌、潘烁、向玉英参与部分编校工作。在文集的资料收集过程中，杨东莼长孙杨震等亲属提供了手稿、照片等原始资料，国家图书馆、中国科学院国家科学图书馆、上海图书馆、广西壮族自治区图书馆、湖北省图书馆、湖北省档案馆，民进中央组织部、研究室，民进广西省委会主委、广西大学陈自力教授和民进广西师范大学支部积极予以协助；华中师范大学图书馆、档案馆以及华中师范大学罗福惠教授提供了重要线索。华中师范大学出版社范军社长、段维总编辑对于本套书的及时出版给予了大力支持，在此一并表示衷心的感谢。

九、本文集选编历时一年，收集整理和校勘任务繁重，限于时间、精力和能力，难免有错漏之处，敬请读者指正。

编　者
2013 年 5 月 31 日初稿
2014 年 1 月 18 日定稿

目　录

中国文化史大纲

序言 ……………………………………………………………… 3
绪论 ……………………………………………………………… 1
　一、什么是文化 …………………………………………… 1
　二、什么是文化史 ………………………………………… 2
　三、中国文化之特征 ……………………………………… 2
　四、中国文化起源的根据地 ……………………………… 4
　五、其他文化枢核 ………………………………………… 5
　六、构成中国文化的诸民族 ……………………………… 6
第一编　经济生活之部 ………………………………………… 13
　第一章　初民的生活状况 ………………………………… 15
　　一、初民生活状况之一般 ……………………………… 15
　　二、传说中中国初民的生活状况 ……………………… 17
　　三、打破历史上的一种偏见 …………………………… 18

　第二章　农业 ……………………………………………… 20
　　一、农业的发明 ………………………………………… 20
　　二、农业的发达 ………………………………………… 20
　　三、代田法与牛耕法 …………………………………… 22
　　四、水利 ………………………………………………… 22
　　五、农业的破产 ………………………………………… 23

　第三章　土地制度与赋税制度 …………………………… 24
　　一、传疑的井田制度 …………………………………… 24
　　二、富豪的兼并与王莽的改革 ………………………… 26

三、授田制度与杨炎的两税法 …………………………………… 28
　　四、土地问题的紧迫与孙中山的平均地权说 …………………… 30
第四章　农业经济下的民生 …………………………………………… 33
　　一、奴隶制国家下的民生 …………………………………………… 33
　　二、封建制度确立以后的民生 …………………………………… 34
　　三、国际资本主义侵略以来的民生 ……………………………… 36
第五章　商业　货币　杂税 …………………………………………… 38
　　一、商业的发生 …………………………………………………… 38
　　二、商业的发达 …………………………………………………… 39
　　三、商业资本何以不曾代替土地资本——重农抑商的政策 …… 40
　　四、中西通商之始及其发达 ……………………………………… 42
　　五、东西新航路的发现 …………………………………………… 44
　　六、国际资本主义侵入以后的商业 ……………………………… 44
　　七、货币的发生及其沿革 ………………………………………… 46
　　八、杂税制度的沿革 ……………………………………………… 49
第六章　工业 …………………………………………………………… 53
　　一、工业的发生 …………………………………………………… 53
　　二、手工业 ………………………………………………………… 54
　　三、国际资本主义侵略之下的中国工业 ………………………… 55

第二编　社会政治生活之部 …………………………………………… 59
第一章　中国社会之演进及其结构 …………………………………… 61
　　一、社会演进之一般的法则 ……………………………………… 61
　　二、中国社会之演进 ……………………………………………… 63
　　三、中国社会之结构 ……………………………………………… 67
第二章　政治制度之变迁 ……………………………………………… 71
　　一、氏族社会的政治制度 ………………………………………… 71
　　二、神权政治 ……………………………………………………… 72
　　三、贵族政治与封建政治 ………………………………………… 73
　　四、专制政治与秦之废封建为郡县 ……………………………… 77
　　五、封建郡县并行制 ……………………………………………… 79
　　六、封建政治之再现与军阀政治 ………………………………… 81
　　七、魏晋以后的门阀 ……………………………………………… 82

八、专制政治之成熟 ……………………………………………… 84
第三章　中央官制与地方官制之演变 ………………………………… 85
　　一、官制之始 …………………………………………………… 85
　　二、中央官制之演变与中央政权之推移 ……………………… 86
　　三、地方制度与地方官制之演变 ……………………………… 90
第四章　乡治制度之演变 ……………………………………………… 95
　　一、古代之传疑的乡治制度 …………………………………… 95
　　二、《周礼》上之传疑的乡治制度 …………………………… 96
　　三、军国主义下的乡治制度 …………………………………… 97
　　四、秦汉的乡治制度 …………………………………………… 98
　　五、汉代以后的乡治制度 ……………………………………… 98
第五章　参政制度之演进 ……………………………………………… 101
　　一、《王制》上之传疑的参政制度 …………………………… 101
　　二、辟举制之发生及其演变 …………………………………… 102
　　三、科举考试制之发生及其演变 ……………………………… 103
第六章　教育制度之演进 ……………………………………………… 108
　　一、古代教育之权柄于官府 …………………………………… 108
　　二、上古之传疑的教育制度 …………………………………… 109
　　三、教育之解放 ………………………………………………… 111
　　四、学校制之继起 ……………………………………………… 112
　　五、书院制之代起 ……………………………………………… 113
　　六、现代的学校之兴起 ………………………………………… 114
第七章　司法制度之演进 ……………………………………………… 116
　　一、法之起源 …………………………………………………… 116
　　二、战国时代司法之变革 ……………………………………… 118
　　三、司法制度之成长 …………………………………………… 119
　　四、司法制度之完成 …………………………………………… 121
　　五、司法制度之改革 …………………………………………… 122
第八章　兵制之演进 …………………………………………………… 124
　　一、兵之起源与上古之传疑的兵制 …………………………… 124
　　二、民兵制度 …………………………………………………… 126
　　三、府兵制度 …………………………………………………… 127

四、募兵制度及其他 …………………………………… 128
　　五、兵制之改革 ………………………………………… 130
第九章　宗教 ………………………………………………… 132
　　一、宗教之起源与上古之宗教 ………………………… 132
　　二、道教及其变革 ……………………………………… 134
　　三、佛教之输入及其流派 ……………………………… 138
　　四、摩尼教、袄教、景教、回教之输入 ……………… 141
　　五、基督教之输入 ……………………………………… 143
　　六、喇嘛教之兴起及其改革 …………………………… 146
第十章　礼教 ………………………………………………… 149
　　一、周礼中之五礼 ……………………………………… 149
　　二、支配中国人心的礼教 ……………………………… 151

第三编　智慧生活之部 ……………………………………… 157
第一章　先秦诸子（上） …………………………………… 159
　　一、智慧生活与经济基础 ……………………………… 159
　　二、先秦诸子学说勃兴之原因 ………………………… 161
　　三、道家及其流派 ……………………………………… 163
　　四、儒家及其流派 ……………………………………… 169
第二章　先秦诸子（下） …………………………………… 177
　　一、墨家及其流派 ……………………………………… 177
　　二、法家及其代表人物 ………………………………… 182
　　三、道儒墨三家总论 …………………………………… 186
第三章　学术的厄运与经学的特盛 ………………………… 189
　　一、所谓学术的厄运 …………………………………… 189
　　二、经学的特盛与今古文学家 ………………………… 193
　　三、儒家与阴阳谶纬之关系 …………………………… 196
　　四、独树一帜的王充 …………………………………… 200
第四章　清谈与玄学的特盛 ………………………………… 204
　　一、清谈与玄学特盛的原因 …………………………… 204
　　二、清谈与玄学 ………………………………………… 206
　　三、葛洪的神仙说 ……………………………………… 208
　　四、鲍敬言的非君主制度说 …………………………… 210

第五章 佛学时代 ………………………………………… 212
一、佛学特盛的原因 …………………………………… 212
二、诸宗的历史及其教义 ……………………………… 213
三、李翱的复性书：宋明理学的开端 ………………… 217

第六章 理学时代 ………………………………………… 221
一、儒家的一大转变：理学的发生 …………………… 221
二、濂学——周敦颐 …………………………………… 224
三、洛学——程颢、程颐 ……………………………… 225
四、关学——张载 ……………………………………… 227
五、闽学——朱熹 ……………………………………… 229
六、象山学——陆九渊 ………………………………… 232
七、阳明学——王守仁 ………………………………… 234

第七章 考据学（汉学）时代 …………………………… 239
一、清代考据学特盛的原因 …………………………… 239
二、清初四大学者 ……………………………………… 241
三、考据学的建立及其特盛 …………………………… 245

第八章 维新运动与新文化运动 ………………………… 249
一、今文学的兴起 ……………………………………… 249
二、今文学与维新运动 ………………………………… 250
三、维新运动的二大健将——谭嗣同与梁启超 ……… 255
四、新文化运动前的国内外局势 ……………………… 260
五、新文化运动的前前后后 …………………………… 261

第九章 文学与美术 ……………………………………… 266
一、文字的起源及其变迁 ……………………………… 266
二、文学的起源及其演进 ……………………………… 268
三、文学革命与国语运动 ……………………………… 276
四、艺术——书、画 …………………………………… 277

第十章 科学 ……………………………………………… 281
一、天文历数 …………………………………………… 281
二、医学 ………………………………………………… 283
三、史学与地理学 ……………………………………… 284

中国学术史讲话

第一讲　学术思想的萌芽 ············ 291
　　概论 ····························· 291
　　鬼神 ····························· 291
　　术数 ····························· 294
　　天 ······························· 297
　　祖 ······························· 299
　　洪范 ····························· 301
第二讲　学术思想的解放与分野 ······ 306
　　概论 ····························· 306
　　学术思想的解放 ················· 306
　　老子 ····························· 308
　　孔子 ····························· 312
　　墨子 ····························· 316
　　孟子 ····························· 321
　　稷下派及其他 ····················· 327
　　庄子 ····························· 332
　　荀子 ····························· 334
　　韩非 ····························· 338
　　六艺之学及其他 ················· 340
第三讲　学术思想的混合与儒学的独尊 ····· 346
　　概论 ····························· 346
　　吕氏春秋 ························· 347
　　李斯 ····························· 349
　　陆贾与贾谊 ····················· 351
　　黄老之学 ························· 352
　　淮南子 ··························· 353
　　董仲舒 ··························· 355
　　司马迁 ··························· 358
　　刘向　刘歆 ····················· 359
　　王充 ····························· 361

郑玄 …………………………………………………………… 364
　　经学 …………………………………………………………… 365
第四讲　道教的兴起及其变革 ……………………………………… 373
　　概论 …………………………………………………………… 373
　　道教的开创 …………………………………………………… 374
　　魏伯阳与葛洪 ………………………………………………… 375
　　道教的完成 …………………………………………………… 377
　　道教的分派 …………………………………………………… 379
第五讲　自然主义的特盛 …………………………………………… 381
　　概论 …………………………………………………………… 381
　　代表这时代思潮的《杨朱篇》 ……………………………… 382
　　倡清谈之风的何晏王弼 ……………………………………… 383
　　阮籍 …………………………………………………………… 384
　　陶渊明 ………………………………………………………… 385
　　葛洪 …………………………………………………………… 386
　　反对清谈的范宁与傅玄 ……………………………………… 388
　　经学及其他 …………………………………………………… 390
第六讲　佛教的输入及其在中国的发展与影响 …………………… 395
　　概论 …………………………………………………………… 395
　　佛教的输入 …………………………………………………… 395
　　诸宗的教义 …………………………………………………… 399
　　佛教在中国学术上的影响 …………………………………… 407
　　儒佛道三教之争 ……………………………………………… 409
第七讲　理学未兴前学术思想界的倾向 …………………………… 411
　　概论 …………………………………………………………… 411
　　文中子 ………………………………………………………… 411
　　韩愈——《原道》与排佛 …………………………………… 414
　　柳宗元的三教合一说，《天论》及《封建论》 …………… 415
　　李翱的《复性书》 …………………………………………… 417
　　陈抟 …………………………………………………………… 419
　　刘知几 ………………………………………………………… 420
　　经学的变迁 …………………………………………………… 423

第八讲 儒学的大转变——理学 ………………… 426
概论 ………………… 426
理学家与佛学 ………………… 427
理学的先导 ………………… 429
濂溪之学 ………………… 429
康节之学 ………………… 431
横渠之学 ………………… 433
明道伊川之学 ………………… 434
晦庵之学 ………………… 438
南轩之学 ………………… 440
东莱之学 ………………… 440
象山之学 ………………… 441
永嘉之学 ………………… 443
永康之学 ………………… 443
文行之学 ………………… 444
白沙之学 ………………… 445
阳明之学 ………………… 446
蕺山之学 ………………… 450
东林学派 ………………… 451
经学与史学 ………………… 451

第九讲 西学东渐 ………………… 455
概论 ………………… 455
西学东渐的第一期 ………………… 455
西学东渐的第二期 ………………… 458
历法 ………………… 461
天文 ………………… 466
数学 ………………… 470
地理 ………………… 471

第十讲 朴学 ………………… 477
概论 ………………… 477
朴学的启蒙时期 ………………… 479
朴学的成熟时期 ………………… 484

朴学的衰落时期 …… 489
　　朴学的业绩 …… 489
第十一讲　今文学与维新运动 …… 493
　　概论 …… 493
　　今文学家的兴起 …… 495
　　康有为与维新运动 …… 496
　　维新运动中的两个思想家——谭嗣同与梁启超 …… 501
第十二讲　新文化运动 …… 509
　　概论 …… 509
　　新文化运动前国内思想界的趋势及这运动的黎明时期 …… 510
　　划时期的五四运动与新文化运动的奔放 …… 513
　　思想的分野与新文化运动的转变 …… 519

高中公民　社会问题　政治概要

社会问题

第一章　绪论 …… 525
第二章　人口问题 …… 529
　　第一节　人口概论 …… 529
　　第二节　吾国人口问题 …… 532
第三章　农村问题 …… 537
　　第一节　农村经济 …… 537
　　第二节　中国农村的衰落 …… 540
　　第三节　中国农村的复兴 …… 542
第四章　劳动问题 …… 545
　　第一节　劳动与生产 …… 545
　　第二节　劳资协作 …… 548
　　第三节　中国劳动问题 …… 550
第五章　职业问题 …… 552
　　第一节　职业训练 …… 552
　　第二节　职业选择 …… 553
　　第三节　职业道德 …… 555
　　第四节　失业救济 …… 555

第六章　婚姻问题 …… 557
　　第一节　婚姻之社会的意义 …… 557
　　第二节　订婚、结婚与离婚 …… 558
　　第三节　夫妻间之权义关系 …… 561

政治概要

第一章　绪论 …… 563
第二章　政治制度 …… 567
　　第一节　民主政治 …… 567
　　第二节　独裁政治 …… 572
　　第三节　吾国现行政治制度 …… 575
　　第四节　政党 …… 580
第三章　宪法 …… 584
　　第一节　宪法之意义与种类 …… 584
　　第二节　宪法的内容 …… 586
　　第三节　宪法之产生与修改 …… 589
第四章　国际关系与国际组织 …… 593
　　第一节　国家与国际组织 …… 593
　　第二节　国际会议与国际公约 …… 596
　　第三节　国际联合会与国际法庭 …… 599
　　第四节　中国与国际组织之关系 …… 601

战时教育问题

平时教育与战时教育 …… 607
中国过去教育的缺点 …… 608
什么是战时教育的任务 …… 610
战时教育的最高原则 …… 611
战时教育实施方法 …… 613
战时教育的实施问题 …… 615
结尾 …… 620

高中本国史

- 第一编　绪论 ······ 623
  - 第一章　历史之定义及其价值 ······ 623
  - 第二章　我国民族之形成 ······ 625
  - 第三章　中国疆域之沿革 ······ 627
  - 第四章　本国史时期之划分 ······ 629
- 第二编　上古史 ······ 631
  - 第一章　我国民族之起源 ······ 631
  - 第二章　太古之文化和社会 ······ 633
  - 第三章　唐虞之政治 ······ 638
  - 第四章　夏代之政教 ······ 640
  - 第五章　商代之政教 ······ 643
  - 第六章　周初之政治 ······ 647
  - 第七章　古代之封建制度 ······ 653
  - 第八章　中华民族之滋大 ······ 656
  - 第九章　春秋之霸业 ······ 658
  - 第十章　战国之七雄 ······ 661
  - 第十一章　中原文化之广播与疆域之拓展 ······ 666
  - 第十二章　春秋战国之学术思想 ······ 669
  - 第十三章　春秋战国之政制改革 ······ 673
  - 第十四章　上古之社会 ······ 677
- 第三编　中古史 ······ 682
  - 第一章　秦之统一及其政策 ······ 682
  - 第二章　秦汉之际 ······ 686
  - 第三章　前汉之政治 ······ 690
  - 第四章　新莽之改制 ······ 695
  - 第五章　后汉之政治 ······ 696
  - 第六章　两汉之制度 ······ 701
  - 第七章　秦汉之武功 ······ 706
  - 第八章　两汉对外之交通 ······ 713
  - 第九章　两汉之学术 ······ 716
  - 第十章　佛教与道教 ······ 719

第十一章	两汉之社会	722
第十二章	三国之鼎立	725
第十三章	晋之统一与内乱	728
第十四章	边徼民族与汉族之同化	732
第十五章	南北朝之对峙	739
第十六章	魏晋南北朝之制度	744
第十七章	魏晋南北朝之文化	750
第十八章	魏晋南北朝之社会	755
第十九章	隋之统一和政治	758
第二十章	唐之开国及其盛世	760
第二十一章	隋唐之武功	765
第二十二章	隋唐对外之交通	773
第二十三章	隋唐之制度	777
第二十四章	隋唐之学术文艺	783
第二十五章	佛教之分宗与新教之输入	789
第二十六章	中外文化之接触	794
第二十七章	唐中叶后之政局	800
第二十八章	隋唐之社会	808
第二十九章	五代之混乱	813
第三十章	宋之统一及其初年之政治	818
第三十一章	变法与党争	821
第三十二章	辽夏金之兴起	826
第三十三章	宋与辽夏之关系	830
第三十四章	宋与金之关系	834
第三十五章	宋之学术思想与文艺	839
第三十六章	宋之制度与社会	845
第三十七章	元之勃兴与各汗国之创建	854
第三十八章	中西文化之交通	863
第三十九章	元之制度	868
第四十章	元帝国之瓦解	872
第四十一章	明初之政局	877
第四十二章	明与北族之关系	881
第四十三章	明之殖民事业与外患	883

第四十四章　明末之政局 …… 888
第四十五章　明之制度 …… 891
第四十六章　元明之学术思想与文艺 …… 896
第四十七章　元明之宗教与社会 …… 899

第四编　近代史 …… 904

第一章　明清之际 …… 904
第二章　欧人之东略 …… 909
第三章　基督教与西方科学之传入 …… 912
第四章　清初之内政 …… 916
第五章　清初之外交 …… 922
第六章　清代之武功 …… 925
第七章　清中叶之内乱 …… 934
第八章　鸦片战争 …… 938
第九章　太平天国与捻党之乱 …… 944
第十章　英法联军之役 …… 954
第十一章　《瑷珲条约》与《北京条约》 …… 957
第十二章　西北事变与中俄交涉 …… 960
第十三章　晚清之政局 …… 966
第十四章　中法战争与西南藩属的丧失 …… 969
第十五章　中日战争 …… 976
第十六章　《中俄密约》与沿海港湾之租借 …… 983
第十七章　维新运动与戊戌政变 …… 990
第十八章　八国联军与《辛丑条约》 …… 995
第十九章　远东之国际形势 …… 1000
第二十章　日俄战争与东三省 …… 1003
第二十一章　清代之制度与宪政运动 …… 1012
第二十二章　清代之学术 …… 1025
第二十三章　清代之经济与社会 …… 1034

第五编　现代史 …… 1045

第一章　革命思想之勃兴与孙中山先生 …… 1045
第二章　清季之革命运动 …… 1050
第三章　辛亥革命与中华民国之成立 …… 1055
第四章　二次革命之经过 …… 1064

第五章　民国初年之外交与蒙藏问题 ………………………………… 1071
第六章　帝制运动与护国军 …………………………………………… 1079
第七章　二十一条之交涉 ……………………………………………… 1086
第八章　复辟之役与护法之役 ………………………………………… 1092
第九章　参战之经过与山东问题 ……………………………………… 1104
第十章　华盛顿会议与中国 …………………………………………… 1109
第十一章　军阀之混战 ………………………………………………… 1116
第十二章　中国国民党之改组与国民政府之成立 …………………… 1129
第十三章　国民革命之经过 …………………………………………… 1140
第十四章　国难之演变 ………………………………………………… 1154
第十五章　七七事变与全面抗战 ……………………………………… 1166
第十六章　抗战建国纲领及其实施 …………………………………… 1169
第十七章　全面抗战的经过 …………………………………………… 1173
第十八章　八年来的国际形势和我国外交的胜利 …………………… 1181
第十九章　废除不平等条约的经过 …………………………………… 1192
第二十章　现代的中国 ………………………………………………… 1197

世界之现状

例言 ……………………………………………………………………… 1209
一、一般的经济情况 …………………………………………………… 1210
　　1. 金本位的回复与货币的安定 …………………………………… 1210
　　2. 产业合理化的成功 ……………………………………………… 1211
　　3. 世界贸易的近况 ………………………………………………… 1212
　　4. 石炭产业 ………………………………………………………… 1213
　　5. 钢铁产业 ………………………………………………………… 1214
　　6. 纺织产业 ………………………………………………………… 1215
　　7. 恒久的失业状态 ………………………………………………… 1217
　　8. 资本主义的现势 ………………………………………………… 1217
二、革命后第十一年的苏俄 …………………………………………… 1219
　　1. 一年来的经济情况 ……………………………………………… 1219
　　2. 工业与农业的问题 ……………………………………………… 1221
　　3. 多涅滋炭坑事件 ………………………………………………… 1223
　　4. 党之民主化 ……………………………………………………… 1224

        5. 一年来的外交 …………………………………… 1224
        6. 一年来的军备 …………………………………… 1225
        7. 1928—1929 年度预算 …………………………… 1226
        8. 结论 ……………………………………………… 1227
    三、共和十年后的新德国 ………………………………… 1228
        1. 一般经济情况 …………………………………… 1228
        2. 一年来的劳动界 ………………………………… 1229
        3. 去年的总选举 …………………………………… 1231
        4. 莱茵撤兵之正式要求 …………………………… 1232
        5. 结论 ……………………………………………… 1233
    四、法西斯蒂统治下的意大利的第七年 ………………… 1234
        1. 法西斯蒂党一年来的独裁政治 ………………… 1234
        2. 人口问题与产业 ………………………………… 1235
        3. 军备 ……………………………………………… 1237
        4. 结论 ……………………………………………… 1238
    五、一年来的法国情况 …………………………………… 1239
        1. 一般经济情况 …………………………………… 1239
        2. 内政 ……………………………………………… 1240
        3. 外交 ……………………………………………… 1241
        4. 结论 ……………………………………………… 1241
    六、日本 …………………………………………………… 1243
        1. 1928 年经济界之回顾 …………………………… 1243
        2. 政治 ……………………………………………… 1246
        3. 外交 ……………………………………………… 1247
        4. 结论 ……………………………………………… 1248
    七、老大的英国 …………………………………………… 1249
        1. 英国产业之停滞 ………………………………… 1249
        2. 失业问题 ………………………………………… 1250
        3. 劳动状况 ………………………………………… 1252
        4. 反苏俄战线 ……………………………………… 1253
        5. 一年来英领殖民地的纠纷 ……………………… 1254
    八、黄金时代的美国 ……………………………………… 1256
        1. 一般的经济情况 ………………………………… 1256

  2. 美国的积极的侵略政策 …………………………… 1257
  3. 胡佛当选大总统的意义 …………………………… 1259
  4. 农业恐慌 …………………………………………… 1260
 九、目前国际外交与各国对立的尖锐化 ………………… 1262
  1.《和平公约》……………………………………… 1262
  2. 现今各国的具体的形态 …………………………… 1264
  3. 各国的对立 ………………………………………… 1266

第二次世界大战问题

例言 ……………………………………………………………… 1271
第一章 序说 ………………………………………………… 1272
第二章 第一次世界大战牺牲之总结算 …………………… 1275
第三章 资本主义之最近的危机 ………………………… 1279
 产业合理化的危机 ……………………………………… 1279
 煤油斗争 ………………………………………………… 1280
 石炭的危机 ……………………………………………… 1281
 铁及钢铁的斗争 ………………………………………… 1283
 独占之形成 ……………………………………………… 1285
 农业化与工业化 ………………………………………… 1286
 赔偿问题 ………………………………………………… 1290
第四章 大战后的世界分割 ………………………………… 1294
 《奥匈条约》……………………………………………… 1294
 《布尔加利亚条约》……………………………………… 1295
 《土耳其条约》…………………………………………… 1296
 英国 ……………………………………………………… 1297
 美国 ……………………………………………………… 1298
 日本 ……………………………………………………… 1298
 法国 ……………………………………………………… 1298
第五章 帝国主义列强对立之尖锐化 …………………… 1300
 英美的对立 ……………………………………………… 1300
 日美对立 ………………………………………………… 1308
 英法对立 ………………………………………………… 1310
 法意对立 ………………………………………………… 1311

法德对立…………………………………………………… 1311
第六章　列强军备的现势………………………………………… 1313
第七章　第二次世界大战中之海军的地位……………………… 1320
　　　英美战争…………………………………………………… 1321
　　　日美战争…………………………………………………… 1324
　　　英法战争…………………………………………………… 1326
第八章　反苏联的战争及民族革命战争………………………… 1328
第九章　结语……………………………………………………… 1332

经济概要

第一章　中国社会经济之特质…………………………………… 1335
　　第一节　中国民族的自然环境……………………………… 1335
　　第二节　中国经济的文化背景……………………………… 1339
第二章　中国之农业……………………………………………… 1345
　　第一节　农地及农产………………………………………… 1345
　　第二节　农业技术及组织…………………………………… 1351
　　第三节　农业经济…………………………………………… 1356
第三章　中国之工业……………………………………………… 1363
　　第一节　工业种类…………………………………………… 1363
　　第二节　工业技术及组织…………………………………… 1367
　　第三节　工业原料及动力…………………………………… 1371
　　第四节　工业投资及管理…………………………………… 1375
第四章　中国之商业……………………………………………… 1382
　　第一节　价值与价格………………………………………… 1382
　　第二节　市场与运输………………………………………… 1386
　　第三节　商业组织…………………………………………… 1391
　　第四节　商业金融…………………………………………… 1395
　　第五节　国际贸易与关税…………………………………… 1399
第五章　中国之金融……………………………………………… 1407
　　第一节　金融制度之沿革…………………………………… 1407
　　第二节　金融机关之组织与业务…………………………… 1411
　　第三节　钱币革命论与币制改革…………………………… 1416

第六章　中国之财政 ………………………………………… 1423
　　第一节　预算与决算 …………………………………… 1423
　　第二节　公共支出与收入 ……………………………… 1427
　　第三节　公债 …………………………………………… 1431
　　第四节　主计与会计 …………………………………… 1434
第七章　中国经济之改造 …………………………………… 1438
　　第一节　中山先生《实业计划》………………………… 1438
　　第二节　国民经济建设运动 …………………………… 1443
　　第三节　合作运动 ……………………………………… 1447
　　第四节　计划经济 ……………………………………… 1452

杨教育长报告集第三辑

第一分册　历史的教训和任务 …………………………… 1461
　两个伟大的纪念日——二十八年五月二十九日　总理纪念周报告
　……………………………………………………………… 1462
　如何纪念"七七"两周年——二十八年七月三日　总理纪念周
　报告 ………………………………………………………… 1469
　纪念"八一三"与我们应有的认识和任务——二十八年八月
　十四日　总理纪念周报告 ………………………………… 1485
　纪念廖仲恺先生的意义——二十八年八月二十一日　总理纪念周
　报告 ………………………………………………………… 1490
　纪念"九一八"——"九一八"八周年纪念会报告 ……… 1493
　纪念民族复兴节我们应有的努力——二十八年十二月二十五日民
　族复兴节纪念会上的报告 ………………………………… 1498
第二分册　工作的认识和工作的作风 …………………… 1505
　如何克服我们当前的困难——二十八年六月十三日、十九日
　总理纪念周报告 …………………………………………… 1506
　几个重要名词的解释——二十八年七月十日　总理纪念周报告
　……………………………………………………………… 1517
　关于实习——二十八年八月十八、二十六、三十日对第一大队
　学生训词 …………………………………………………… 1526
　检讨工作报告提纲——在第二大队小组指导员办公室第六次室
　务会议上的报告 …………………………………………… 1542

第三分册 战时生活与干部修养 ················· 1548
 应有公勇诚毅的精神——二十八年六月五日　总理纪念周报告
 ·· 1549
 集体生活与军事管理——七月二十四日　总理纪念周及二十六日
 报告 ··· 1557
 除三害——二十八年七月二十七日对第一大队学生精神讲话 ······ 1572
 战时生活——二十八年八月二日对第二期学生训话 ············ 1577
 关于干部问题——二十八年八月十二日对第一大队学生精神讲话
 ·· 1588
 青年思想与青年职业——二十八年六月二十六日　总理纪念周报告
 ·· 1594

国际新闻读法

一、引言 ··· 1601
二、各国通讯社的背景及其作用 ································· 1603
 1. 各种通讯社的背景 ······································ 1603
 2. 通讯社的作用 ·· 1605
三、从和平阵线与侵略阵线来读国际新闻 ························· 1607
四、从帝国主义间的矛盾来读国际新闻 ··························· 1610
五、从帝国主义进攻苏联来读国际新闻 ··························· 1617
六、从弱小民族的解放运动来读国际新闻 ························· 1621
七、从各国法西斯与左翼的斗争来读国际新闻 ····················· 1626
八、中国为世界之一环 ··· 1630

中国文化史大纲★

杨东莼 著

★ 此书原名《本国文化史大纲》，1931年6月在日本完成，于1932年11月初版，1934年4月二版，北新书局印行。

序　言

"文化就是生活。文化史乃是叙述人类生活各方面的活动之记录。"但是，中国历史"汗牛充栋""浩如烟海"，到底我们祖先的哪些活动，是和我们有关呢？是影响到现在的生活呢？这两个问题，便是编本国文化史的人首先应该注意的。我在编这部书的时候，不拘是哪一章，不拘是哪一节，我都要追究到这两个问题上面去。结果，如果我们祖先的活动和我们无关，并且不曾影响到现在的生活，那么纵令这种活动在当时的瞬间异常重大，我也就不顾一切地把这种活动摒除在本书之外；反转来说，如果我们祖先的活动和我们有关，而又影响到现在的生活，那么，纵令这种活动在当时的瞬间不曾发生重大的作用，我也要原原本本地把这种活动叙述在本书之内——这一点，就是本书取材的标准。

其次，谈到编著上的方法问题。通常的史家每每离不了朝代观念，好像离开朝代便不好从何处说起，说到何处为止。其实，按着朝代的更替去叙述每一朝代的活动，很易于变成一本"流水帐簿"，呆板而无生趣。例如在叙述土地制度与赋税制度的时候，并不顾虑到每一朝代的这些制度是否和我们有关、是否影响到现在的生活，却只是因为每一朝代有这样的制度，才在每一朝代之下排列一个项目来叙述这样的制度，结果，为项目——或者说为格式——所牵制，于是堆聚种种既无关系又不重大的史实，徒使学者印象模糊，而于这种"流水帐簿"之中，找不出一个"总结"，理不出一个头绪。并且，把时间割裂，强以朝代为准，则"断代为史，无复相因之义"——郑樵的话——这种弊病，前人早已道破了。我有鉴于上面所述这些坏处，所以我编本书的时候，就打破朝代观念，而以一个一个的事实做单元。但是，如果以一个一个的事实做单元，而又以每一朝代之同样的事实，一律排列在这个单元之下，那么，这种叙述的结果，虽然不是"流水帐簿"，却是一种"总簿"，这于学者，又有什么益处呢？因此，我在一个一个的事实做单元去写本书的时候，我就只将各时代之和我们有关而又影响于现代生活的重要事实加以叙述，并且力求阐明这些事实前后相因的关键。要如此，学者才能对于本国文化史获得一种明确的印象，而不会模糊。

  再其次，就是叙述上的方法问题。通常史家，或者认为对于史实要忠实，所以只是"秉笔直书"，一切都要还它一个本来面目——其实，要做到这一步，已是很困难的工作——而不加以批判，或者利用夹叙夹议的方法，一边叙述，一边批判。这两种方法，都有毛病：前者"秉笔直书"，倘然遇着所"直书"的史料之来源不真确，岂不是以讹传讹？后者"夹叙夹议"，倘然其所"议"的处所，出自主观的立场或先入为主的见解，岂不是固蔽读者的思索？因为这些缘故，所以我在叙述的方法上，尽力地固守着客观的立场，用经济的解释，以阐明一事实之前因后果与利病得失，以及诸事实间之前后相因的关联。

  以上我把本书取材的标准，编著上并叙述上的方法说明了，进而就要谈到本书的内容上的划分。这种划分，是根据编著上的方法而来的，全书共分三部：一、经济生活之部，二、社会政治生活之部，三、智慧生活之部。凡属农业、商业、工业、交通、财政、土地制度以及赋税制度等，都归经济生活之部。凡属政制、刑制、教育、宗教、选举、家族、婚姻、丧葬等，都归社会政治生活之部。凡属哲学、文学、艺术等，都归智慧生活之部。这种划分，既是根据编著上的方法而来的，则其间自无明确而不可逾越的界限，所以如教育一项，归之于智慧生活之部，亦无不可；不过在划分的时候，却也曾考虑到其应归于哪一部的性质上的轻重。即如教育一项，就带着很浓厚的社会生活的性质，因此，就把它归到社会政治生活之部去了。

  此外，还有两点要说明的。

  第一，本书各章篇幅的长短，并无一定，多者在一万字以上，少者三四千字，都是随一个题目所包含的材料之多少而决定的，因此，如采作教本用来教授的时候，决不是每一章为一个教授单元，其所需要的时间之长短，从而亦不一致，尚希采用本书的教师，善于活用。

第二，本书是供高级中学及大学预科的学生读的。同时，具有和高中及"大预"相同的学识的人，也可以拿本书作参考。但是，这些读者都于本国史具有相当的素养，所以本书对于政治史方面，除少数与本书有关可作时代的背景者之外，都一概不说。

最后，著者自知浅薄，如有疏忽或错误之处，尚希海内先进指正。至于引用他人的著作，都在每节之后注明。

1931年6月11日著者识于东京

绪 论

一、什么是文化

普通学者每每有一种偏见，以为文化就是指学术思想而言，并且认为文化是崇高而特殊的东西。果真如此，则文化的领域未免过于狭隘，而所谓野蛮民族似乎不应有文化。但是，事实所告诉我们的，却与此正相反。第一，学术思想，固然是属于文化领域以内的东西，而经济生活、政治生活、社会生活以及社会风尚等等，又何曾不是属于文化领域以内的东西呢？文化这个名词，不过是代表人类各方面的生活之总称。所以，文化就是生活。第二，文化既然就是生活，则不拘文明民族与野蛮民族，都应当各有其自身的文化，不过文化的程度各有不同罢了。例如美洲印地安人，固然是野蛮民族；但是，印地安人却有其固有的文化，而为所谓"古文化"的代表之一①。由此看来，文化便是极普遍而通常的东西，并不是崇高而特殊的东西。总括一句话：表现人类生活的东西，都可以叫做文化，而人类生活是多方面的，所以其文化也是多方面的；同时，即令各民族的生活方式，各有文野高低之不同，但是，因为只要是一种民族，都自有其生活方式，故此就自有其自身的文化。

由上所述，则一般认为文化就是指学术思想而言的这种见解，就显然是一种偏见，是一种错误。并且，认为文化是崇高而特殊的东西，也足以阻碍自己的文化之进展，同时，对异民族的文化抱着一种蔑视的心理。例如我国人每喜自夸，说中国是文化的古国，而鄙视日本的文化为各种文化

---

① 莫尔甘（今译摩尔根，以下不另注——选编者注）的《古代社会》，对于印地安人的文化，有详细的叙述。

的混合物。其实，只要生活方式一有变动，则文化随着变动。力倡保存中国固有文化的国粹派，难道能够不随着生活方式的转变，而抱残守缺地固持着过去时代的中国文化么？人家能够随着生活方式的转变而转变其文化，且英勇地向前发展着，难道我们能够固步自封，不随着生活的转变，而高唱着赞美中国古文化之歌，以求自娱么？果真如此，则这些都是衰颓的现象，没落的先兆，我们不但不能自夸为古文化国家的国民，而且人家行将驱逐我们于世界文化舞台之外。所以文化这个名词，如果不能得到正确的解释，则由此错误的见地而产生的心理，很足以引导我们入于迷途而不知自觉。

适才说过"文化就是生活"，"只要生活方式一有变动，则文化随着变动"。但是，生活方式又是由什么而决定的呢？不用说，生活方式是由社会的生产关系而决定的。人类的文化，即人类的生活，是人类的社会所创造的。换句话说，即人类的生活，不是孤立的个人所能办到的。人类要生活，就必得在社会内谋相互的分工合作，这种社会内相互的分工合作，就叫做社会的生产关系。人不是神，不是超人，所以人人都不能离开这种社会的生产关系，而且，必得加入于这种社会的生产关系。但是，社会的生产关系，又是由什么而决定的呢？不用说，社会的生产关系，是由生产方法而决定的，而后者，又是由生产工具而决定的，所以生产工具是经济基础之基础。由社会的生产关系所产生出来的物质的生活方式，如衣、食、住、行，便叫做物质文化。由社会的生产关系所产生出来的精神的生活方式，即由社会的生产关系所反映出来的意识形态，如法律、政治、艺术、哲学，便叫做精神文化。要这样去解释文化这个名词，才能获得这名词的真义。

二、什么是文化史

由上所述，文化既然就是生活，则文化史的内容，就不能离开生活上的叙述。而且，因为生活是多方面的，所以文化史的内容，也必得是多方面的。如果把文化史的内容，规定为学术思想，则这就是学术思想史，而不是文化史。总括一句话，文化史乃是叙述人类生活各方面的活动之记录。

三、中国文化之特征

世界各民族都各有其不同的文化，例如条顿民族的文化，决不和斯拉夫民族的文化一样；印度人的文化，决不和中国人的文化一样。这些不同的处所，便是民族文化之特征，换句话说，即各民族的文化都各有其特征。但是，为什么各民族的文化会各自不同呢？我们的答案就是：因为各民族的生活方式之不同，所以各民族的文化就不同。可是，生活方式又依从哪样的动力而发生转变呢？我们的答案就是：因为经济的基础发生转变，所以生活方式也随着转变①。如果经济的基础是资本主义的，则其文化也必然是资本主义的；如果经济的基础是封建的，则其文化也必然是封建的②。中国的经济的基础，从来就是手工业的农业的经济，带着很浓厚的封建的色彩。故此，中国文化之特征，就是农业经济之下的山林文化。

只是说中国文化之特征是山林文化，似乎过于抽象而不切实。最好，我们拿东西文化的特征之比较，以显示中国文化的特征之所在。陈仲甫（即陈独秀——选编者）说："西洋民族以战争为本位，东洋民族以安息为本位。西洋民族以个人为本位，东洋民族以家族为本位。西洋民族以法治为本位，以实利为本位，东洋民族以感情为本位，以虚文为本位。"③ 李守常（即李大钊——选编者）说："东西文明有根本不同之点，即东洋文明主

---

① 诚然，地理的形势，也决定一民族文化的特征〔如英国史家巴克尔（Buckle）于其所著《英国文明史》(History of Civilization in England) 上就说"欧洲地理的形势，是适宜于人的控制天然，这是欧洲文明发展的主因"，如李守常于其所著《东西文明根本之异点》上就说"溯诸人类生活史而求其原因，殆可谓为基于自然之影响。盖人类生活之演奏，实以欧罗细亚为舞台。欧罗细亚者，欧、亚两大陆之总称也。欧罗细亚大陆之中央有一凸地曰'棹地'（Table Land），此与东西文明之分派至有关系。因其地之山脉不延于南北，而亘乎东西，足以障碍南北之交通。人类祖先之分布移动乃以成二大系统，一为南道文明，一为北道文明。……南道文明者东洋文明也，北道文明者西洋文明也。南道得太阳之恩惠多，受自然之赐予厚，故其文明为与自然和解与同类和解之文明。北道得太阳之恩惠少，受自然之赐予啬，故其文明为与自然奋斗与同类奋斗之文明"〕。但是，决定一民族文化特征的主要原因，却依然是经济的基础，更直率地说，就是生产关系。

② 纯粹的社会形态是不会有的，所以在资本主义的社会中，多少残留着封建社会的痕迹"尤其是中国社会，更为复杂，因为自受国际帝国主义的压迫以后，固有的经济基础固然日趋于崩坏，然代之而起的经济基础却不曾确立起来，故此，相应而生的文化，也就五花八门光怪陆离；但是，中国文化的主要特征，依然未曾脱却山林文化的色彩"。

③ 参看《新青年》第一卷第四号《东西民族根本思想之差异》。

静西洋文明主动是也。……一为自然的,一为人为的;一为安息的,一为战争的;一为消极的,一为积极的;一为依赖的,一为独立的;一为苟安的,一为突进的;一为因袭的,一为创造的;一为保守的,一为进步的;一为直觉的,一为理智的;一为空想的,一为体验的;一为艺术的,一为科学的;一为精神的,一为物质的;一为灵的,一为肉的;一为向天的,一为立地的;一为自然支配人间的,一为人间征服自然的。"① 陈李二氏对于东西文化的比较,虽不能谓为完全正确,然东西文化相异的概观,却可以在此中窥见出来。总括一句话,中国文化以家族为本位,着重于保守与因袭,而为农业经济之反映;所以上面说,中国的文化是山林文化。

四、中国文化起源的根据地

埃及文化起源于尼罗河,印度文化起源于恒河,美索不达米亚文化起源于底格里斯河与幼发拉底斯河,中国文化则起源于黄河。古代文化的起源,与河流有这样深切的关系,完全是由于地势与地质使然的。单拿黄河流域来讲,其所以能够成为中国文化根据地的原因,不外以下数点:第一,黄河两岸的地带,都属于黄土层,便于耕种。第二,黄河流域地势甚高,不像长江流域之为沼泽一样,所以适于居住。第三,黄河两岸都是平原,不像长江两岸之多崇山峻岭一样,所以便于交通。既适于居住便于耕种,则人民易于团集;既便于交通,则彼此多接触的机会。团集既久,接触日多,则文化必然相应而生。

其次,拿上古诸王建都的传说来看,也足以证明黄河流域为中国文化起源的根据地。如庖牺都陈(河南陈州),神农亦都陈,后迁曲阜(山东曲阜县),黄帝都涿鹿(河北涿鹿县),颛顼都帝丘(河北濮阳县),帝喾都亳(河南偃师),帝尧都平阳(山西临汾),帝舜都蒲坂(山西永济),大禹都

---

① 参看民国七年《言治季刊》载《东西文明根本之异点》。李氏在同篇更说:"南道之民族因自然之富,物产之丰,故其生计以农业为主。其民族为定住的。北道之民族因自然之赐予甚乏,不能不转徙移动,故其生计以工商为主。其民族为移住的。唯其定住于一所也,故其家族繁衍;唯其移住各处也,故其家族简单。家族繁衍故行家族主义;家族简单故行个人主义。"李氏立说,盖全以自然支配文化一点为根据。其实,如果生产关系一经变动,则经济组织也随着变动,同时,建立在经济基础之上的文化也随着变动。

安邑（山西安邑县），都无不在黄河流域。不过庖牺、神农既已奠居黄河下游的沃壤，为什么以后的尧、舜、禹三帝，反居山西寒瘠之地呢？关于这个问题，很为重要，可以引用梁启超的话，来作答案。他说："吾确信高等文化之发育，必须在较温腴而交通便利之地。黄河下游为我文化最初枢核，殆无可疑；尧、舜、禹之移居高原，其唯一理由，恐是洪水泛滥之结果。孟子称舜为'东夷之人'，其所留史迹之地如历山，如负夏，学者多考定在今山东。夏代诸侯国之见于史者，如有穷，有仍，斟灌，斟寻等，其地亦在河南、山东间。吾侪因此种暗示，可推想虞、夏之交，我族一切活动，实以此域为中心。中间遭值水祸，去湿就燥，不过一时现象；水土既平之后，旋复其故也。"① 由此看来，黄河流域固为中国文化起源的根据地，而今山东、河南一带，则更为中国古代文化起源的枢核②。

五、其他文化枢核

上古时代，除汉族③占有黄河流域以蔚成自具体系的文化以外，其他各地，则为异民族所据，而成为诸种文化的枢核。因当时山河阻隔，交通不便，各民族彼此间没有往来接近的机会，随之其生活方式确保其固有的特性，所以各各遂其独自的发展，而形成种种不同的文化。

如长江流域今湖北、湖南、江西一带，便是苗族④文化的枢核。苗族

---

① 见《梁任公近著第一辑》下卷，《中国历史上民族之研究》。

② 一八九八年与九年之交，在河南省安阳县西北五里的小屯，于黄土层下掘发了无数龟甲兽骨的破片。骨片上多刻有极原始的文字。文字的内容是三四千年前殷代的王室占卜的记录。又最近在山东地方，也有古代遗物的发掘。由这些的发掘，不特明证黄河流域为中国文化起源的根据地，而且明证今山东、河南一带实为中国古代文化起源的枢核。

③ 古代没有汉族的名称，自汉代扩张领土播扬国威以后，四邻诸国才称我国人为汉人；这和称我国人为唐人是一样的。后来因为史家都沿用这汉族二字以代表我国人，所以汉族二字才成为种族的名称。

④ 据吕思勉的考证，苗是国名而不是种族名。他说："三苗是古代的一个国名，不是种族之名；他的民族，却唤做'黎'；黎族的君主，起初是蚩尤，后来才是三苗。"见吕氏著《白话本国史》第一册第13页。夏曾佑也说："案蚩尤为九黎之君。……其时，黎民踢蹯江湖之外，为我所鄙贱。"见夏氏著《中国历史教科书》第一册第17页。

在当时即已发明刑法、兵器以及宗教，且后来汉族所用的五刑、兵器及所信奉的鬼神教，也大概是为苗族所首创而为汉族所因袭的东西；由此看来，苗族在当时即具有相当程度的文化，便是无疑之事。

其次，如山东濒海半岛及安徽、江苏之淮河流域，便是东夷族的文化枢核。史书上所谓嵎夷、莱夷、岛夷、淮夷以及徐戎等，都是东夷族的别支。《史记》上说："太公至国，修政，因其俗，简其礼；通商工之业，便鱼盐之利；而人民多归齐，齐为大国。"太公望是在武王定天下之后封于营邱（山东昌乐县）的齐国祖先，太公既因其俗简其礼，则山东地方在很久以前，便已具有其特有的文化，乃系自明之事。

再其次，如四川便是巴蜀族的文化枢核。巴蜀本是属于氐族的，《三国志·魏书》引《魏略·西戎传》："氐……其种非一，称槃瓠之后，或号青氐，或号白氐，或号蚺氐，此盖虫之类出处中国，人即其服饰而名之也。"足见巴蜀族在最早为图腾社会（Totem Society），而以虫做他们的氏族的标帜。《尚书大传》说："唯丙午，王逮师前，师乃鼓付鼓，师乃慆，前歌后舞。"足见巴蜀族从来就善于歌舞，所以在周武王伐纣的时候，就有巴蜀的人替武王的军队歌舞①。并且，依地势来讲，四川地居温带，雨量丰富，适于农耕；又四周有大山，中央有平原，而岷江、涪江流贯于其间，所以不易受到外界的侵略，而宜于初民的繁殖。由此看来，四川地方在当时为巴蜀族文化的枢核，便是显而易见的事实。

此外，如浙江、福建、广东为百越族的文化枢核；山西、河北的大部分为狄族的文化枢核；辽东及河北的大部分为山戎、北戎的文化枢核；都是在史书上可以找到明证的。

六、构成中国文化的诸民族

中国文化的主干，自然要推汉族。但是，汉族是中国的土著呢？还是从他处迁徙而来的呢？一般学者对于这问题的讨究，多半说汉族不是土著，却是从他处迁徙而来的，就中尤以汉族西来说为最有力量。大抵太古时代，葱岭、帕米尔高原一带，为人类栖息之所，后来分向东西迁徙，向西者成

---

① 《华阳国志》说："周武王伐纣，实得巴蜀之师，巴师勇锐，歌舞以凌之。殷人倒戈，故世称武王伐纣前歌后舞也。"

为今日的白种,向东者成为今日的黄种,而汉族即系黄种之一族①。汉族入中国的途径,是由今新疆经甘肃,而广播于黄河流域,以蔚成自具体系的中国文化。

但是,今日之所谓汉族,决不是单纯的汉族,实在是经过多数民族的混合与同化而形成的一种共名;因此,中国文化虽以汉族为主干,然中国文化的构成分子,却早已包含了多数其他民族的种种文化;今就史书上有确证的诸民族,分述如下。

第一为东夷。东夷在春秋前后最显著的有莱夷、徐戎二者。莱夷在今山东环海半岛登、莱、青一带地方,自齐太公封于营邱以后,数百年间,已次第同化于汉族,到战国时候,就业已没有莱夷的痕迹了。徐戎在今淮水中流即江苏西北部。至周穆王时,徐偃王极强,为周宣王所败。"秦并六国,其淮泗夷皆散居为民户。"② 所以自汉以后,这一带地方就没有夷之名了。

第二为荆吴。荆吴之最显著的,为楚与吴二者。春秋时楚、吴两国本与诸夏为异族③,这是用不着说明的。楚以势力发展的结果,蚕食诸夏④;但是诸夏文化,原要较楚为高;所以楚欲统治其所灭的国家,就不得不自进而与之同化。春秋中叶以降,楚与晋"狎主夏盟",此后就成为中华民族的一主要成分。吴的先世,据《史记》上说:"吴太伯,太伯弟仲雍,皆周太王之子,而王季历之兄也。……太王欲立季历以及昌,于是太伯、仲雍二人乃奔荆蛮,文身断发,示不可用。……太伯之奔荆蛮,自号句吴。荆蛮义之,从而归之千余家,立为吴太伯。"由此可见吴地人民,都是断发文身的未开化民族,自太伯奔吴至春秋中叶五百余年,吴地实在汉族文化圈

---

① 王桐龄著《中国民族史》说:"黄色人种下了帕米尔高原以后,便分道往东南东北两方面进行;往东南方面进行的有三族,历史家称之为南三系,往东北方面进行的亦有三族,历史家称之为北三系。南三系中第一族……称之为交趾支那民族。第二族……为汉族。第三族……称之为藏族。北三系中第一系……称之为满族。第二系……称之为蒙族。第三系……称之为回族。"

② 见《后汉书·东夷传》。

③ 《史记·楚世家》里面,有两处记载楚人之言曰:"我蛮夷也。"即此便足以证明楚人在春秋初期还没有加入中华民族。

④ 《左传》上说:"汉阳诸姬,楚实尽之。"

外为独立的发展,直到"楚之亡大夫申公、巫臣怨楚将子反而奔晋,自晋使吴,教吴用兵乘车,令其子为吴行人,吴于是始通于中国"①。到战国时候,吴因争霸中原,以其文化低弱,也就完全同化于汉族了。

第三为苗蛮(此处延用《史记》的称呼——选编者)。此族与汉族交涉最早,而运命也最长。在太古时代,苗为汉族劲敌,其部长蚩尤,和黄帝战于涿鹿之野②,为黄帝所擒。以后经历代的放逐,苗族就愈窜而愈南,最后竟窜至云、贵、广西、湖南边界的深山穷谷中③。至其大部分,则已同化于汉族。

第四为百越。百越之最显著的,有越、瓯越、闽越、南越、山越五者。越的先祖,据《史记》上说:越之先世,"其先禹之苗裔,而夏后帝少康之庶子也。封于会稽(今浙江省绍兴县),以奉守禹之祀。文身断发,披草莱而邑焉"。由此足见当时的越,也是未开化的民族。到战国时候,越因争霸中原,以其文化低下,卒为汉族所同化。到战国以后,就再没有越这个异族的痕迹了。瓯越与闽越,在汉初为两国,武帝时"东瓯请举国徙中国,乃悉举众来处江、淮之间"④。从此,这两族就同化于汉族。南越又作南粤,即今广东。自秦始皇殖民南越以后⑤,南越人种,即已混杂。汉武帝平南越以后,又数次徙南越人民于江、淮间。由此看来,南越一族,也早就和汉族同化了。山越在今江苏、安徽一带地方,汉以前不见于史书,直到三国时候,才为吴孙权所讨平;自此以后,此族就不复见了。

第五为藏族即氐羌。此族与汉族交涉也很早。《商颂》上说:"昔有成汤,自彼氐、羌,莫不敢来享,莫敢不来王。"由此以来,氐羌族在商时就

---

① 见《史记·吴太伯世家》第一。

② 《史记·五帝本纪》上说:"黄帝者,少典之子,姓公孙,名曰轩辕。……蚩尤作乱,不用帝命。于是黄帝乃征师诸侯,与蚩尤战于涿鹿之野,遂禽杀蚩尤。"

③ 历代用兵征苗,强迫同化。自汉以来,代有是举;前清两次"改土归流",更属雷厉风行。苗族的变为汉族,大部分都是循着这条途径。

④ 见《后汉书·东夷传》。

⑤ 《史记·秦始皇本纪》上说:"三十三年,发诸尝逋亡人、赘婿、贾人,略取陆梁地(《正义》:'岭南之人,多处山陆,其性强梁,故曰陆梁。')为桂林、象郡、南海,以适遣戍。"

已经在羁縻之列。此族在春秋时代，有秦①、巴、庸、蜀诸系；秦、汉以后，即已与汉族同化。此后如两晋时代的前秦、后秦、后凉、仇池，唐代的吐蕃、党项，宋代的西夏，以及清代的大小金川，都属于氐羌族。中经五胡之乱、党项的归化②，其大部分就同化于汉族；只有大小金川，因它僻处徼外，所以不曾完全同化。

第六为满族。满族的根据地为东三省。唐虞三代的肃慎，汉代的扶余，东汉、三国、两晋、南北朝以及隋、唐时代的高丽百济，唐代的渤海，宋代的女真，明代的满洲，都属于此族。此族常与汉族交通，女真（即金）自迁汴以后，即已完全同化于中国。满洲入主中国，更加沾染了汉族的文化，而丧失其固有的文化。

第七为蒙古族。蒙古族的根据地在外蒙古。三代的獯鬻、玁狁、鬼方、昆夷、犬戎，秦、汉时代的匈奴，两晋时代的前赵、后赵、夏、北凉，宋代的蒙古，元代的帝室，明代的鞑靼、瓦剌，现今的内外蒙古与青海诸部，都属于此族。獯鬻、玁狁自商、周以来累为边患；到战国之末，秦、赵武功极盛，各筑长城以为塞，于是今长城所界，西自宁夏，东至大同，其南殆无匈奴。此族与汉族交通也很久，其中必有一部分已同化于汉族③。中经五胡之乱，与汉族往来益密。唯此族民性很强悍，所以元亡以后，此族还能保持其固有的文化，而不甚受同化。

第八为回族。回族的根据地在阿尔泰山附近。秦、汉时代的丁零、月

---

① 梁启超说："秦人虽自称出颛顼，而《史记》已称'其子孙或在中国或在夷狄'；秦之先即所谓夷狄者也；其最少必有一部分氐、羌混血，盖无可疑。"（见《梁任公近著第一辑》下卷，《中国历史上民族之研究》）。

② 党项最晚出而最强，后建立西夏国，历二百五十年。西夏末叶完全与汉族同化。《宋史》称："其设官之制，多与宋同；朝贺之仪，杂用唐、宋；而乐之器与曲则唐也。"又记其"建国学设弟子员三千，尊孔子为帝"。

③ 梁启超说："此族人与诸夏错居垂千年，其间必有一部分同化于我，此事理之至易推见者。据可信之史料，则此族有姓曰'隗'，而与我族广通婚姻。周襄王有狄后，亦称隗后，晋文公出亡居狄，狄人赠以二女叔隗、季隗，文公娶季隗，以叔隗妻赵衰，生盾，然则后此之赵氏，盖已混狄血之一半。……要之春秋二百余年中，群狄之次第同化者必不少，而晋实尸其枢。今山西、直隶之中华民族，其与匈奴混血，盖在二千五六百年以前矣。"（见《梁任公近著第一辑》下卷，《中国历史上民族之研究》）。

氏、乌孙，南北朝时代的高车、铁勒，隋、唐时代的突厥、回纥、薛延陀、沙陀，都属于此族。此族累为中国边患，故接触之时，此族与汉族两者的文化，多少有混合的机会；但此族除沙陀、突厥为短时间的割据华夏而外，始终未曾一度为中国的主权者，所以此族受汉族的同化亦较少，唯唐代将帅颇有此族人。

第九为满蒙混血族。此族的根据地在热河。秦时的东胡，汉代的乌桓、鲜卑，三国、晋初的辽东、辽西，两晋、南北朝时代的前燕、后燕、西燕、南燕、西秦、南凉、后魏、北周、北齐、吐谷浑、柔然，隋、唐时代的奚、契丹，宋代的辽与西辽，都属于此族。东汉末叶，乌桓屡为寇暴，为曹操所破，首虏二十余万人，余众都徙居中国为齐民，由是燕、代一带的中华民族，就吸收很多的乌桓分子。后魏与南朝中分中国，将近三百年，颇用华俗，就中改鲜卑姓为汉姓，更加是促进民族混合的大政策。至于契丹，则原有部落本甚微弱，部民都以汉人为多数，所以自辽室亡后，契丹族就不复存在了。

由上所述看来，今日之所谓中国文化，固属是以汉族为主干；但是，经过几千年来民族间不断的混合，中国文化的本质，就已经是极度的复杂的了。第一，在人种上来说，今日的汉族，已经不是太古的汉族，换句话说，即汉族之中，已经参加了异种族的成分；反过来说，许多异种族之中，也参加了汉族的成分。第二，从生活上来说，不论是饮食、衣服、起居，经过这几千年融合的结果，都无不带着几分"混合物"的性质。其他如风俗、习惯、艺术等，同样也起了重大的变化，而决不是汉族当日的本来面目。根据以上所说，所以我们现在研究本国文化史，脑袋中就不可有一种偏见，以为我们是汉族，以为我们是黄帝的苗裔，而具有超出其他民族的崇高而特殊的文化。其实，中国的文化，久已是一种"变质"的东西，最少也是一种"杂质"的东西。我们现在研究中国文化史，就在于打破这种偏见，而要还它一个本来面目。因此，如果这一步不能做到，则我们愈研究而愈入于迷途。

【问题提要】

（一）为什么文化就是生活？

（二）文化依着什么而转变？何以各种民族的文化各各不同？

（三）中国文化的特征是什么？何以中国文化具有此种特征？

（四）什么叫做物质文化与精神文化？

（五）何以生产工具是经济的基础之基础？

（六）中国文化起源的根据地，何以在黄河流域？

（七）试用经济的解释，去说明东西洋文化之不同。

（八）构成中国文化的，有哪几种民族？

（九）为什么中国文化是一种杂质的文化？

（十）试从本书序言的第一段，去说明我们研究本国文化史之重要。

第一编

经济生活之部

第一章　初民的生活状况

一、初民生活状况之一般

研究古代社会的最有权威的著作，要算是莫尔甘（Morgan）的《古代社会》（Ancient Society）。莫尔甘身居亚美利加土人印地安民族里面，前后经过数十年的考察，才把社会的演进与初民的生活状况系统地阐明出来。印地安民族是保存着"古文化"最完全的一种民族，所以拿它来做人类古代社会演进的代表，是很恰当的。

莫尔甘把初民生活的进化阶段，分为两大时代：蒙昧时代与野蛮时代。而此两大时代之中，各随其生活方法之进步，又各分为：初期、中期与高期。

蒙昧时代的初期——这是人类最幼稚的时期。人类在这时期，只是以自然界的果物、树根与胡桃为食物，唯其如此，所以热带森林，在太古最适宜人类住居。现在存在着的一切民族，它们的远祖，都无不经过此种最幼稚的时期，这就是人类跳出动物时代所必得经过的一个过渡。

蒙昧时代的中期——这个时期开始发明用火①，火的发明，是人类生活进化的一大阶段。同时，人类在这个时期，又知道拿鱼类作食物。鱼类和自然界的植物不同，是要煮熟才能吃食的；因此，鱼与火是同时发现、发明并使用的。人类自从经过这两大发明、发现以后，就渐次地沿着江河去找生活，而广布到大地的上面。但是，生活状况是随着生产方法而改进的，而生产方法又是随着生产工具而改变的，所以生活状况和生产工具有极密切的关系。人类在这个时期，有件极重要的生产工具，就是粗糙的石

---

① 由石头打石头，便是火的发明之起因。

器。制造这种石器的方法，大概是用石头去打碎石头；那尖锐的石片，便是刀斧，用以去打禽鸟或小兽，这就是原始的武器。随着原始的武器的发明，人类又渐次地知道狩猎；所谓渔猎生活，就是在这个时期中形成出来的。

蒙昧时代的高期——在蒙昧时代的中期，由狩猎所获的食物，不一定很多，这就是因为生产工具的笨拙的缘故。后来经过长期间的经验，才发明弓箭。弓箭的发明，便是蒙昧时代的高期之特征。生产工具既有了这样的改进，于是禽兽就成为日常的食品，狩猎就成为日常的劳动。并且，在这个时期，木工亦渐次地发明，而能制造独木舟以及木器用具；同时，又渐次知道用树枝树干以建造简单的房屋，而脱离从前穴居野处的生活；最后，在这个时期，极幼稚的纺织工也渐次地发明，如用手纺树皮纤维以及用树皮等编织篮篓。

野蛮时代的初期——人类自从习惯于狩猎生活以后，积聚着长期间的经验，又渐次地知道饲养家畜。因为由狩猎所获得的食品，依然是没有定规的，而家畜的饲养，却可以得到定规的食品，所以，家畜饲养的发明，便是野蛮时代的初期之特征。既然要饲养家畜，则饲养家畜上所必需的几种植物之种植，也就必然随着产生。

野蛮时代的中期——家畜繁殖成为大群以后，因为当时对于饲养家畜上所必需的几种植物之种植，还不足以应付成为大群的家畜之需要，所以人类就离开其祖先所居住的森林地带，逐水草而居，以转入到游牧生活。由渔猎生活进展到游牧生活，便是在这个时期中完成的。这个时期的生产工具，依然是石器，不过铜器业已发明了。

野蛮时代的高期——铸铁的发明，是这个时期的特征，并且是人类进到文明时代的渡桥。由铸铁的发明，人类才知道使用铁器。自从人类使用铁器以后，人类的生活状况就别有一种新生面。第一，因为铁器的使用，耕种的地面，才会渐次增大，荒野僻地，都逐次开垦为耕地与牧场，而使人类向着农业生活进展。第二，因为铁器的使用，就增加了人类的生活方法与活动能力。

以上所述，便是初民——先史的民族——的生活进化状况之一般，全世界无论哪一种民族，其祖先都无不经过此种进展的历程；故此，以下就中国古史的传说，以证明此种进展的历程①。

二、传说中中国初民的生活状况

《白虎通》上说："古之时，未有三纲六纪；民人但知其母，不知其父；能覆前而不能覆后；卧之詓詓，行之吁吁，饥即求食，饱即弃馀；茹毛饮血，而衣皮苇；于是伏羲仰观象于天，俯察法于地；因夫妇，正五行，始定人道；画八卦以治下，下伏而化之，故谓之伏羲也。谓之神农何？古之人民，皆食禽兽肉；至于神农，人民众多，禽兽不足；于是神农因天之时，分地之利；制耒耜，教民农作；神而化之，使民宜之，故谓之神农也。谓之燧人何？钻木燧取火，教民熟食；养人利性，避臭去毒，谓之燧人也。"

《易·系辞》上说："古者庖牺氏之王天下也，仰则观象于天，俯则观法于地；观鸟兽之文，与地之宜；近取诸身，远取诸物；于是始作八卦，以通神明之德，以类万物之情。作结绳而为网罟，以佃以渔。……庖牺氏没，神农氏作。斫木为耜，揉木为耒；耒耨之利，以教天下。"

司马贞《三皇本纪》上说："太皞庖牺氏，风姓，代燧人氏继天而王。……结网罟以教佃渔，故曰宓牺氏。养牺牲以充庖厨，故曰庖牺。……女娲氏……代宓牺，立号曰女希氏。……女娲氏没，神农氏作。……斫木为耜，揉木为耒，耒耨之用，以教万人。"

以上三种记载，当然是传说，不是真正的史实。司马迁说："学者多称五帝，尚矣。然《尚书》独载尧以来，而百家言黄帝，其文不雅驯，荐绅先生难言之。"当时对于黄帝，尚且是"难言之"，则黄帝以前的三皇，就益加用不着说了。但是，以上所说的三皇——普通都以燧人氏、伏羲氏、神农氏为三皇；而三皇的次序，当以《尚书大传》为准，即燧人在前，伏羲居中，神农在后——确实代表初民生活状况的三个时代。

第一，燧人氏代表渔猎生活的时代。"太古之初，人吮露精，食草木实。穴居野处，山居则食鸟兽，衣其羽皮，饮血茹毛；近水则食鱼鳖螺蛤，未有火化。"所谓"人吮露精，食草木实"，便明明是蒙昧时代的初期，还

---

① 关于此种进展历程，其详细可以参看莫尔甘著《古代社会》，倘若没有时间去看莫尔甘的大著，就可以参看蔡和森著《社会进化史》（上海民智书局发行），因为蔡氏这部书，就是莫尔甘的《古代社会》之缩写。

只知道吃食自然界的植物。到了"山居则食兽,近水则食鱼鳖螺蛤",则已进化到蒙昧时代的中期;在这个时期中,粗糙的石器,必已发明了。有了石器,然后发明火,故谓"于是有圣人以火德王,造作钻燧出火"。这时期的钻燧,决不是金属,而是石头;所谓"钻燧出火",便是钻与木因摩擦而生高热,至发火点则燃烧。既有石器,又已发明了火,于是渔猎就随着发达,并且,由渔猎而获得的食品,从此成为日常的食品,而且熟食。

第二,伏羲氏代表游牧生活的时代。所谓"结网罟以教佃渔",还未脱掉渔猎的生活;直到"养牺牲以充庖厨"——庖牺氏就是伏羲氏——才正是进到游牧的生活,而知道家畜的饲养。既能养牺牲,则必有用以去养牺牲之物,所以在这个时代,某几种植物的种植,也必定随着发明了。拿社会进化史的眼光来看,则伏羲所代表的这个时代,大约是蒙昧时代的高期与野蛮时代的初期并中期。

第三,神农氏代表农业生活的时代。有了家畜,自然就要种植饲养家畜的某几种植物,唯其如此,所以初步的农业也就发生出来了。不过我们要认清楚:这时代仍旧是以游牧为主,农业不外是一种副业而已。因为农业的发达,是要依靠铁器的,而在神农这个时代,并不曾发明铸铁,则又哪能产生发达的农业呢?所以"斫木为耜,揉木为耒",始终不曾脱掉木器的工具之使用,从而即令当时已有农业,也就不过是极初步的农业而已。拿社会进化史的眼光来看,则神农氏这个时代,还不曾脱离野蛮时代的中期,换句话说,即不曾进化到野蛮时代的高期。

三、打破历史上的一种偏见

上面说过:生活状况是随着生产方法而改进的,而生产方法又是随着生产工具而改变的。根据这一点,所以由蒙昧时代进到野蛮时代,由渔猎时代进到游牧时代,更由游牧时代进到农业时代,其间推进的原动力,都是生产工具。倘使没有石器的发明,则渔猎的生活,便无从发生。倘使没有铸铁的发明,则农业的生活,便无从发达。故此,这种生产工具,实在是经济基础的基础。旧派史学家或唯心派史学家,不懂得这种道理,从而每每在历史上发生一种偏见:他们以为生活的演进,是由一种超人的人,或半神体的人来主宰的,好像没有这种人来主宰,则人类生活就无从演进。因此,他们便肯定真有"钻木燧取火,教民熟食"的燧人氏,"作结绳而为网罟，以佃以渔"的伏羲氏，以及"制耒耜，教民农作"的神农氏。其实，拿社会进化史的眼光来看，历史上决没有这样超人的人或半神体的人。所谓燧人氏，不过是火的发明之象征；所谓伏羲氏或庖牺氏，不过是畜牧的发明之象征；所谓神农氏，不过是农业的发明之象征。一样事物的发明，决不是一个人的能力与才智所能办得到的，而是经过若干年积聚的经验所产生出来的。所以火的发明，网罟的发明以及耒耜的发明，都是由长期的经验之积聚的结果，决不是古代圣哲所创造出来的。要明白这一点，才能够去研究文化史，才能够理解到人类文化演进之所由来。故此，上面所说的这种偏见，是不得不打破的。

【问题提要】

（一）初民的生活状况之一般是怎样的？

（二）生活状况与生产方法，有怎样的关系呢？生产方法与生产工具，又有怎样的关系呢？

（三）什么是推动人类社会的原动力？

（四）传说中中国初民的生活状况是怎样的？

（五）历史上，何以无超人的人或半神体的人？

第二章 农 业

一、农业的发明

《白虎通》上说:"古之人民,皆食禽兽肉;至于神农,人民众多,禽兽不足;于是神农因天之时,分地之利,制耒耜,教民农作。"由这段话看来,似乎农业发明的原因,就在于"人民众多,禽兽不足"。不错,生齿日繁,素来用禽兽肉作食品的这种办法,无从应付,而迫着不得不另寻生活的途径——农业的发明,或者就是由这样来的。但是,因家畜的饲养对于种植的启示,却要较"人民众多,禽兽不足"这种原因,还要来得确切些;因为饲养家畜需要植物的种植,是积聚着长期间的经验而发生的。所以莫尔甘在叙述野蛮时代的初期,就说到因为家畜的饲养,而某几种植物的种植也随之开始。不过到了以后因为人类与牲畜所需要的食品渐渐增加,农业的生产的要求,才随着逐渐扩大。这种说法,却是近于情理的。

二、农业的发达

以上所述,便是农业的发明之原因,现在进而要谈到农业的发达。假定神农时代,就业已发明了农业,可是当时的农业,不外是一种最初步的,这是可以断言的。因为当时所使用的工具,就只有木制的耒耜,耜以起土,耒为其柄;由耜的形式看来,不但没有使用铁器,而且不能利用兽力。拿我们现在的情形来看,如果要开垦一块土地——姑无论其是否为荒土——以适于耕种,又岂是这种木制的耒耜所能办得到的么?即令办得到,然而用人力去推挽耒耜,人类整天地从事于劳动,其所得也是有限。根据这个说法,所以敢于断定神农时代的农业是最初步的而没有呈现出发达的情形;

甚至神农以后，到所谓"三代"，也是如此。

农业的发达，实在是始于周代①，因为在周代才发明铸铁，才知道以铁制成工具。江淹《铜剑赞》的序文上说："古者以铜为兵……春秋迄于战国，战国至于秦时，攻争纷乱，兵革互兴，铜既不充给，故以铁足之，铸铜既难，求铁甚易，是故铜兵转少，铁兵转多。"《国语》上说："美金以铸剑戟，试诸狗马；恶金以铸钼夷欘斤，试诸土壤。"② 从这两段文献看来，便知道在周代以前，并无所谓铁制的工具。有了铁制的工具，所以才能"钼夷欘斤，试诸土壤"。故此，我们说到了周代农业才发达。

上面说过，农业到了周代才发达，唯其如此，所以周代才设草人、稻人、司稼等官，以监察农事。草人"掌土化之法以物地（占其形色），相其宜而为之种，凡粪种：驿刚（赤色之土）用牛（以牛骨殖渍其种也），赤缇（缇色之土，浅绛曰缇）用羊，坟壤（无块曰壤，特起曰坟）用麋（似鹿而大），渴泽（故水处也）用鹿，咸潟（水已泻去，其地为咸卤）用貆（俗名猪獾，穴地食虫蚁），勃壤（土之粉解者）用狐，埴垆（土之粘疏者）用豕，疆㯺（音喊，土之坚强者）用蕡（烧麻取灰而用之），轻㶛（音燊，土之轻脆者）用犬"。稻人"掌稼下地（以水泽之地种谷也）"。"凡稼泽，夏以水殄草而芟夷之，泽草所生，种之芒种（泽有水及咸卤，皆不生草，即不宜稼，故择生草之泽，以种之芒种。芒种，稻麦也）。"司稼"掌巡邦野之稼而辨穜稑之种（先种后熟曰穜，后种先熟曰稑），周知其名（百谷之名），与其所宜地以为法，而县于邑间；巡野观稼，以年之上下出敛法；掌均万民之食，而周其急，而平其兴（兴，所征赋也）"③。由上所述，便知道肥料学与土壤学，在周代即已昌明，倘使农业不发达，这些学术又焉得昌明呢？又《公羊传》何注说："种谷不得种一谷，以备灾害。田中不得有树，以妨五谷。"这便是当时的耕种方法。《孟子》上说："五亩之宅，树之

---

① 周代姬姓这个部落，原来就是发明农业最早的民族，所以《史记》上所谓"周后稷名弃……及为成人，遂好耕农"，便是它以农神"后稷"做自己的祖先。后来农业逐渐发达，由古公而王季而文王，三代之间竟一天一天地隆盛起来，闹到"三分天下有其二"的地步，终于代殷而有天下。

② 美金就是铜，恶金就是铁。

③ 均见《周礼》。本节所引用者，系根据赵玉森著《本国史参考书》的引用文。

以桑，五十者可以衣帛矣。鸡豚狗彘之畜，毋失其时，七十者可以食肉矣。"这便是当时除农耕之外，还讲究蚕桑与家畜的情形。

三、代田法与牛耕法

随着农业的发达，又产生出农业的改良。汉武时搜粟都尉赵过所设的代田法与牛耕法，便是农业改良上最重要的事实。代田，就是把一亩作为三甽——古亩字，即广一尺深一尺的沟——每年易其甽而耕种的意思。他又作田器，教民耕种与养苗之法。结果用力少而收获多，他的代田法就为当时的农民所采用了[1]。其次，是牛耕法。以前的耕种方法，叫做耦耕，即两人相并从事耕种之意。这种方法，专凭人的劳力，自然其收获是有限的。赵过改用牛耕，便是利用兽力以代替人力。但是要用牛耕，则以前的耒耜这种工具就不适用，而必然要拿犁来代替耒耜。所以犁的使用，是农业上的一大改进[2]。牛耕法，就是"三犁共一牛，以一人将之，下种挽耧"[3]。像这种耕种法，其于劳动的效力与收获的结果，自然要特别增进，所以此法沿用至今，无大改变。

四、水利

与农业的发达最有关系的，又有水利。南北朝时，对于农田水利，即很讲求。到了宋代，益加进步。宋太宗时，于河北诸州，开水利田，起堤堰，设斗门，以便灌溉。神宗时，更遣使四出，考察农田水利，并于州县可兴水利的地方，建造塘堰，自熙宁三年至九年（公元1070—1076年）六年之间，计修水利一万零七百九十三处，田数凡三十六万一千一百七十八顷。自此以后，历代对于水利，都极留意。明末，西洋农法传入中土，徐光启因参酌西法著《农政全书》六十卷，就中水利一项，特采熊三拔所著《泰西水法》，更与我国农业的改良，有密切的关系。

---

① 当时行代田法的结果，便是平时有田 8 275 036 顷（百亩为顷），以当时户数 11 233 000 分配之，每户可得 67 亩 46 步余。见高桑驹吉著《中国文化史》（此处原文或计算有误，以田亩与户数相除，每户应有 73 亩余——选编者注）。
② 犁上面起土的耙，依现在的犁的形式看来，都是铁做的，所以有人疑惑在周代就已有犁这种工具。
③ 参看赵玉森著《本国史参考书》卷上之一的引用文。

五、农业的破产

我国数千年来，以农立国，所以从来对于农政，都异常讲究。但自受国际资本帝国主义的侵略以来，情形就剧变了。一方面，因资本帝国主义的侵略，使农业经济日趋破产，从而发生农业手工业的失业者。他方面，因资本帝国主义怂恿中国的内乱，致使连年战争，"闾阎为虚"。更加以河道淤塞，旱蝗相继；于是弄到田地荒芜，土匪成群，结果就是农业的破产。据民国三年北京农商部统计，我国耕地面积，除外蒙古、青海、西藏不计外，共有十五亿七千零五十二万五千二百七十亩，而荒地面积，据民国十一年统计，则为八亿一千八百九十八万三千零三十四亩。由这统计看来，便足以明证农业的破产。所以从来以农立国的我国，到现在农产品反要仰给于外国①。

【问题提要】

（一）农业是因什么而发明的？

（二）农业的发达，为什么与铸铁有关系？

（三）犁在农业上，有什么变化？

（四）什么叫做代田法？

（五）什么叫做牛耕法？

（六）中国农业为什么会破产？

---

① 据最近调查，米麦与面粉的进口，便如次表所示：

	民国13年	民国14年	民国15年
米担数	13 194 103	12 639 440	18 536 534
米两数	63 262 156	67 077 144	89 512 942
麦担数	5 167 234	700 205	4 156 378
麦两数	17 765 669	2 655 385	17 965 194
面担数	6 622 736	2 782 718	4 268 093
面两数	30 119 385	14 628 334	23 522 993
杂粉担数	74 054	133 090	1 362 812
杂粉两数	343 005	599 906	3 549 838
共计担数	25 058 127	16 255 453	28 323 817
共计两数	111 490 215	84 960 769	134 550 967

由上表看来，便证明最近我国仰给于外国农产物的趋势。

第三章　土地制度与赋税制度

一、传疑的井田制度

井田制度的有无，是历史上的一个大疑问。《孟子》上说："夏后氏五十而贡，殷人七十而助，周人百亩而彻，其实皆什一也。……夫世禄，滕固行之矣。《诗》云：'雨我公田，遂及我私。'"又说："夫滕，壤地褊小，将为君子焉，将为野人焉；无君子莫治野人，无野人莫养君子。请野，九一而助；国中，什一使自赋。卿以下，必有圭田，圭田五十亩，余夫二十五亩。死徙无出乡；乡田同井；出入相友，守望相助，疾病相扶持，则百姓亲睦。方里而井，井九百亩；其中为公田；八家皆私百亩，同养公田；公事毕，然后敢治私事；所以别野人也。"《通考》上说："昔黄帝始经土设井，以塞争端；立步制亩，以防不足。使八家为井，井开四道而分八宅，凿井于中。一则不泄地气，二则无费一家，三则同风俗，四则齐巧拙，五则通财货，六则存亡更守，七则出入相同，八则嫁娶相媒，九则有无相贷，十则疾病相救。是以情性可得而亲，生产可得而均。均则欺凌之路塞，亲则斗讼之心弭。既牧之于邑，故井一为邻，邻三为朋，朋三为里，里五为邑，邑十为都，都十为师，师七为州。夫始分于井，则地著；计之于州，则数详。迄乎夏殷，不易其制。"

以上所述，系井田制度的内容。现在，进而要研究井田制度的性质。在原始氏族公产社会中，其土地必为全社会成员所公有，即人人有土地的使用权而无所有权。等到由氏族社会进到奴隶制国家，土地私有权即已确立。这时候贵族是土地的所有者，奴隶却是替贵族种田的农夫。所谓"卿以下必有圭田"，圭田便是贵族的世禄；所谓"无野人莫养君子"，便是奴隶替贵族耕田以奉养贵族。《国语·晋语》上也说："公食贡，大夫食邑，士食田，庶人食力。"这里所谓公、大夫、士，便是贵族；所谓庶人，就是奴隶。由此看来，井田制度似乎是奴隶制国家下的一种土地制度。如果认定井田制度是氏族社会中的公产制，则贡、助、彻的什一之税，又有什么意义呢？并且，《孟子》上还说"经界不正，井地不均，谷禄不平"，"经界既正，分田制禄，可坐而定也"，便明明是说均井地的目的，在于平谷禄，而非均其利于民。这与公产制，又有什么关系呢？要之，井田制度的性质，大约就是这样：（一）土地为贵族全体——即所谓君子——所有；（二）贵族为欲榨取农民的劳力，乃将田授于民，夏时一夫五十亩，殷时一夫七十亩，周时一夫百亩；（三）农民耕种的收获，分一部分给贵族——即所谓小人养君子——所分出的部分，便是十分之一，即所谓贡、助、彻。

其次，要研究井田制度究竟行于什么时候。据最近考古学研究的结果，尧舜以前，似乎都是氏族社会——关于此点，留到第二编再说——似此，则黄帝时代决不曾施行井田制度，而《通考》上所引述的这一段话，或者是出自后儒的向壁虚造。夏殷二代，已由氏族社会进到奴隶制的国家，因此，井田制度或许始于夏代。《诗经》上说："信彼南山，维禹甸之。"郑康成《毛诗笺》说："六十四井为甸，甸方八里。"《周礼》上说："九夫为井，四井为邑，四邑为丘，四丘为甸。"都足以证明井田制度始于夏代这一说法。不过，这种制度，至多也只推行到少数地方，决非推行遍天下，因为沟洫的划分与测量，在当时是不容易办到这样整备与普遍的。殷代也是奴隶制的国家，周代的前半期依然存有奴隶制国家的残渣，准此，井田制度或许也行于殷代与西周。同时，因为夏殷周三代所领的土地与人民的多少各异，所以授田的亩数，也不一致，唯井田制度的根本精神，却是一贯的——以上所述，都是先假定有井田制度，然后才有这样的推论。但是，这种制度的有无，古今聚讼，莫衷一是，故此，本节的叙述，都只是一些推定，并未厘成定说；他日考古学进步，从古物上得到实在的明证，然后这个悬而未决的大问题，才可以得到究极的解答。

最后还有一点要说明的，就是井田制度的崩坏。吴贯因在其所著《中国经济史眼》上说明井田制度崩坏的原因是这样的："第一，井田之制，不能尽地利，益全国土地，其位置不同，肥硗各异，于是甲地之田，宜于小农制者，乙地之田，又或宜于大农制，缘此之故，国家授民以田，万不能取均一之制；而井田之法，则一夫授田若干亩，划一而不能变通，坐是，土地之利，多因以不举。不特此也，人类之智愚勤惰，万有不齐，其智而勤者，耕稼之能力，实超越此数，而为井田之制所限，其接壤之地，虽有旷土，不能取而经营之。其愚而惰者，耕稼之能力，实不及此数，而为井田之制所限，其领耕之地，虽半荒芜，他人亦不能起而代耕之。既妨害人类自由竞争，使不得尽地利，社会一进步，觉人力与地力，必使之各如其分量，以为调和，则此阻碍调和之物，自必归于淘汰，此乃经济之进化使然，初无待商鞅之开阡陌，其制始全破坏也。……第二，井田之制，严格行之，则全国经济界，每岁必生一大变动，不特民不堪其扰也，而国亦将受其敝。盖在井田制度之下，全国土地，亦既方里而井，一夫各授田百亩矣。然人口之滋生，逐岁增加，假令一旦新添若干人焉，其将依据定制，各授以百亩之田耶？则土地之面积有定，非能随时增加，何从得田而与之？既为此天然之面积所限，欲求土地分配之公平，势不得不取诸众人，以予此新添之人，于是井田之经界，必须变更……年年如是，不独糜费之多也，即农业亦必因而不举，劳民伤财之事，宁有过此？"从经济进化言，井田制度既有此二病，所以不得不归于崩坏；而商鞅开阡陌，也就不过应时势之需要罢了。

二、富豪的兼并与王莽的改革

《史记·秦本纪》上说："卫鞅说孝公……为田开阡陌。"王莽说："古者设井田，则国给人富而颂声作。秦为无道，坏圣制，废井田。"从这些话看来，似乎井田制度是坏自秦国。但是，据《孟子》所说："夫仁政，必自经界始。经界不正，井地不均，谷禄不平；是故暴君污吏，必慢其经界。"与朱熹所说："《汉志》言秦废井田，开阡陌。说者之意，皆以开为开置之开，言秦废井田而始阡陌也。……按阡陌者，旧说以为田间之道；盖因田之疆畔，制其广狭，辨其纵横，以通人物之往来。……当衰世法坏之时，则其归授之际，必不免有烦扰欺隐之奸；而阡陌之地，切近民田，又必有阴据以自私，而税不入于公上者。是以一旦奋然不顾……悉除禁限……听民兼并卖买……使民有田即为永业，而不复归授，以绝烦扰欺隐之奸；使地皆为田，田皆出税，以核阴据自私之幸……故《秦纪》《鞅传》皆云：'为田开阡陌封疆而赋税平。'"蔡泽亦曰："决裂阡陌，以静生民之业而一其俗。"以及《文献通考》所说："然所袭既久，反古实难。欲复封建，是自割裂其土宇，以启纷争；欲复井田，是强夺民之田亩，以召怨谤。书生之论，所以不可行也。随田之在民者税之，而不复问其多寡，始于商鞅。"则井田制度之坏，并不始自秦，而贵族的侵占私有致使井田经界陷于混乱，却是自孟子以前就是如此的。并且，根据这一点，足见商鞅的"为田开阡陌"，乃是原于要"使地皆为田，田皆出税，以核阴据自私之幸"。

由上看来，在秦的当时，土地久已集于富豪；从"富者田连阡陌，贫者亡立锥之地"这两句话看来，便知道当时已形成有地主与佃户两个阶级。佃户耕作地主之田，而纳其收获十分之五于地主，是所出之税较井田制约为五倍之多。唯其如此，才有贫无立锥的数百万力役，替秦始皇修长城，才有贫无立锥的七十万力役，替秦始皇经营骊山皇陵与阿房宫。

到了汉代，或许察知人民的痛苦，乃减其税率，只征十五分之一，其后又减到只征三十分之一，并且文帝十二年减其田租之半，翌年又全免之，然是时佃田而耕者多，所以这种减轻的利益，只是给了地主。地主得着这种利益，他们的实力，就更加扩大起来，而佃户的苦痛，就愈加深重。所以董仲舒说："富者田连阡陌，贫者亡立锥之地。又颛川泽之利，管山林之饶，荒淫越制，逾侈以相高。邑有人君之尊，里有公侯之富。小民安得不困？又加月为更卒，已复为正；一岁屯戍，一岁力役，三十倍于古。田租口赋盐铁之利，二十倍于古。或耕豪民之田，见税什五。故贫民常衣牛马之衣，而食犬彘之食，重以贪暴之吏刑戮妄加；民愁亡聊，亡逃山林，转为盗贼。……汉兴，循而未改。"当时地主与佃户两个阶级既如此悬殊，因之，董仲舒的办法就是："古井田法虽难卒行，宜少近古，限民名田，以赡不足。塞并兼之路，盐铁皆归于民。去奴婢，除专杀之威。薄赋敛，省徭役，以宽民力，然后可善治也。"像董仲舒这种办法，便是对于大地主的一种限制，而不是根本办法。到了王莽即位，便取断然处置，他下诏道："今更名天下田曰王田，奴婢曰私属，皆不得卖买。其男口不过八，而田满一井者，分余田与九族乡党。"王莽这种处置，就是国家社会主义的政策，即"土地国有""均产"，其目的就在于"均众庶，抑并兼"。但是，大地主的势力已经根深蒂固，王莽这种快刀斩乱麻的处置，是难得通行的，当时中郎区博就谏王莽曰："井田虽圣王法，其废久矣。周道既衰，而民不从。秦知顺民之心可以获大利也，故灭庐井而置阡陌，遂王诸夏。迄及海内未厌其敝，今欲违民心，退复千载绝迹，虽尧、舜复起而五百年之渐，弗能行也。天下初定，万民新附，诚未可施行。"所以王莽纵有这种改革的决心，但是因他敌不过大地主的势力，结果不久又下诏道："诸民食王田，皆得卖，勿拘以法。"于是轰轰烈烈的土地革命，就声销迹匿了。

王莽死后，代表地主政治的光武帝又上了舞台，所以东汉的土地制度，与西汉原无二致，光武时的赋税，也是三十取一，其所受利益的，依旧是大地主。到灵帝时，始加天下田税，每亩钱十文，叫做"修宫钱"。不过终两汉之时，田税之外，有几种赋税是人民都不能免的，尤其是佃农不能免。第一是口赋，分为二种，一为算赋，人民从十五岁起，至五十六岁止，每人每年出钱百二十文，谓之一算，以治库兵、车马。一为口钱，人民从七岁起，至十四岁止，每人二十钱，以食天子，谓之口钱。第二是更赋，《昭帝纪》注引如淳说："更有三品：有卒更，有践更，有过更。古者正卒无常，人皆当迭为之，一月一更，是为卒更也。贫者欲得顾更钱者，次直者出钱顾之，月二千，是谓践更也。天下人皆直戍边三日，亦名为更，律所谓徭戍也。虽丞相子，亦在戍边之调。不可人人自行三日戍，又行者当自戍三日，不可往便还。因便往，一岁一更；诸不行者，出钱三百入官，官以给戍者，是为过更也。"这种更赋，就是古代力役之征，富豪固然可以出钱了事，但是贫农与佃农，却不得不身亲徭役。

三、授田制度与杨炎的两税法

晋、魏、唐的土地制度，都具有同一的倾向，因为都是从两汉"兼并之风"所产生出来的反响。晋代所行的制度，叫做"占田制度"。晋武帝平吴以后，定男子一人占地七十亩，女子三十亩——这是指一户而言——其外丁男课田五十亩，丁女二十亩，次丁男半之，女则不课。男女年十六以上至六十为正丁；十五以下至十三，六十一以上至六十五为次丁，十二以下六十六以上为老小，不事。像这样，便是按人民的男女与老幼而课以一定额的土地。他方面，对于王公田宅及品官占田，则加以限制。至于人民的义务，则"丁男之户，岁输绢三匹，绵三斤；女及次丁男为户者半输"。

后魏所行的制度，叫做"均田制度"。即丁男课露田四十亩，丁女课露田二十亩，又别课桑田二十亩，奴婢准良丁之例。男女俱以十八受田，六十还田，而每年一月则为还受之期，但桑田为世业，所以没有还受的限制。至于征税，则公田每亩征五升，私田每亩征一斗。北齐仿后魏的制度，丁男课田八十亩，丁女课露田四十亩，又别课世业田二十亩；至于征税，则每年征粟二石五斗，绢一匹，绵二两；奴婢受田纳租，俱为良丁之半。

唐代所行的制度，叫做"班田制度"，是参酌后魏的均田制度而成功的。凡男子年十八以上的，给田百亩，以二十亩为永业，传之子孙；其余八十亩为口分，止限于一代。狭乡——田少的地方——授田，例得减于宽乡——田多的地方——之半。将田妄行卖买、典质，都在犯禁之列；但因移住他乡或因贫困不能举葬者，得卖去其永业田；又从狭乡移住宽乡者，得卖其口分田，唯既卖之后，则不复再授以田。至于租税，则定立租庸调制。受田者，每年输粟二石，叫做租。从其乡之所产，或纳绢、绫、缯各二丈，绵二两，或纳布二丈四尺、麻三斤，叫做调。力役每年二十日，逢闰年加二日，不役者，每日折输绢三尺，叫做庸。由上看来，所以租就是田租，调就是户税，庸就是口税。

以上所述晋、魏、唐的三种制度，在性质上讲，都是想办到地权平均这一步。晋代承汉末战乱相寻之后，后魏承五胡十六国大乱之后，唐代承隋末群雄割据之后，当时人民流亡，土地榛芜，无主之田很多，所以推行这些制度，并不感到困难。但是，晋、魏、唐在大乱以后，要整顿一切，便非谋赋税的收入不可。因此，这种制度的实施，或者就是由于一种租税政策。晋代定立占田制度之后，不多时天下又是大乱，故此种制度是否曾经推行，还是疑问。后魏的均田制度，虽推行于北方一带，但到北周的时候，却除掉年征粟五斛、绢一匹、绵八两不计外，还有所谓入门税、入市税以及盐池、盐井之禁，租税繁多，所以虽有意限制"豪强兼并"，可是农民实际上的负担，反倒加重了。至于唐代的班田制度，到唐代中叶，就完全绝迹了。因为唐代中叶，所谓节度使，便是封疆天子，手握土地、兵马、财赋、行政的大权，俨然一个独立的国家；在这样的封建社会之下，土地的兼并，已成必然的事实，而要想推行班田制度，岂不是空话？并且，唐代的班田制度及租庸调制之推行，是和户口的数目有密切关系的，如果户口不准确，则不但无法授田，并且无法征税。在班田制度开始推行的时候，每三年必造乡帐——户籍，每一年必造计帐——赋课的帐簿；然至安、史乱后，版籍荡然，而因战事所生的烦苛的赋役，又使人民相率逃徙，于是赋敛无定则，而租庸调制也就行不通了[①]。在这样的情形之下，才发生杨

[①] 《文献通考》上说："中叶以后，法制隳弛，田亩之在人者，不能禁其卖易；官授田之法尽废；则向之所谓输庸调者，多无田之人矣；乃欲按籍而征之，令其与富豪兼并者，一律出赋，可乎？"这便是说班田制度已坏，结果，人民不仅不曾得到人人有田之益，反要担负无田而须纳税之苦。

炎的两税法。其法：夏输无过六月，秋输无过十一月，"户无主客，以见居为簿，人无丁中，以贫富为差"。这种以人的贫富，定税额的多少，确实是救济当时的良法。但是，人的贫富，不易测定，所以推行的时候，也要发生许多弊病，陆贽所说"两税以资产为宗，少者税轻，多者税重，然而有藏于襟怀囊箧，物贵而人莫能窥；有场圃囷仓，物轻而众以为富；有流通蓄息之货，数少而日收其赢；有庐舍器用，价高而终岁寡利，计估算缗，失平长伪"，便是指这一点而言。不过杨炎的两税法，很为简易，所以宋、元、明、清都沿用此法，没有重大的改变。

四、土地问题的紧迫与孙中山的平均地权说

自唐中叶班田制度破坏以后，中经宋、元、明、清以至民国，千余年间，除对于农民痛苦略有解除，对于田赋制度略有改进①外，至对于土地问题，则均取放任政策，谈不到调剂均平这一步。然而，因生齿日繁，谋活不易，而酿成的千余年间屡次的农民骚动，却正是由于土地问题不曾得到究极的解决之结果。而百余年来，缘于资本帝国主义之侵略而暴发的农村经济的破产，又更使土地问题益加紧迫起来。

据日本人1917年的统计，则中国尚为小农制度，如下表所示：

所有面积	户数
十亩未满	17 805 125
十亩以上	13 248 473
二十亩以上	10 122 214
五十亩以上	5 348 314
百亩以上	2 835 464
合计	49 399 590②

---

① 从来都有力役之征，自宋代王安石行免役法，人民才解除为国家服力役的义务。又，明代神宗时行一条鞭法，总括一州县的赋役，量地计丁，凡地丁之赋及其他杂项支纳，总括为一，叫做一条鞭，都是计亩征银，由官代办，不必分缴粟米、绢布等物——这可以叫做田赋制度的一种改进。清代乾隆时，将丁税合地税为一，称为地丁，所以今日的田赋，就只计田收租，而丁税、户税，则已免除。

② 疑有误，但原文如此。

但是，因为兵祸天灾的影响与生活的不易，便有大多数的小农出卖田地变为佃农或工钱劳动者的趋势，结果就是土地集中，如下表所示：

	1917 年	1918 年	1919 年
十亩以下户数	17 805 125	17 914 231	11 829 123
十亩以上户数	13 248 473	11 303 570	8 281 187
二十亩以上户数	10 122 214	6 712 366	4 959 899
五十亩以上户数	5 384 314	4 137 136	3 022 101
百亩以上户数	2 835 464	2 273 355	11 456 219
共计	49 399 590①	42 345 658②	39 548 529

更据最近调查，中国约有农民三亿三千六百余万人，然此三亿三千六百余万人中，其有土地的农民，却只占全农民人数的百分之四十五，如下表所示：

	亩数	人数	占有土地
小农	一亩至十亩	44%	6%
中农	十亩至三十亩	24%	13%
富农	三十亩至五十亩	16%	17%
小地主	五十亩至百亩	9%	19%
大地主	百亩以上	5%	43%

（表中人数、土地百分数之和均为 98%——选编者注）

但是，简直没有土地的，却占全农民人数的百分之五十五；再加上小农，则现在需要土地的农民，就占全农民人数的百分之七十五了。

由上所述看来，可知土地问题，已到严重的地步，而必得予以最后的解决。孙中山看到这一点，所以力倡"平均地权""耕者有其田"之说③。

---

① 疑有误，但原文如此。
② 疑有误，但原文如此。
③ 参看熊得山著《中国社会史研究》。

【问题提要】

（一）井田制度为什么发源于奴隶制的国家？

（二）土地私有制，到什么时候才确立起来？并且，因什么而确立起来？

（三）井田制度为什么会破坏？

（四）富豪兼并是因什么而发生的？并且，兼并的影响，又是怎样？

（五）从经济的角度解释，去说明王莽的改革之失败。

（六）什么叫做授田制度？并且，授田制度是因什么而发生的？

（七）什么叫做两税法？并且，两税法是因什么而发生的？

（八）土地问题为什么会紧迫？究应如何去解决土地问题？

第四章　农业经济下的民生

一、奴隶制国家下的民生

在氏族社会中，其根本精神，就是氏族联带的公产制。当时的一个社会，和现在的一个家庭一样，都是"各尽所能，各取所需"，决不容许财产私有。《礼运》上说："大道之行也，天下为公，选贤任能，讲信修睦，故人不独亲其亲，不独子其子，使老有所终，壮有所用，幼有所长，鳏寡孤独废疾者皆有所养。男有分，女有归。货恶其弃于地也不必藏于己，力恶其不出于身也不必为己。是故谋闭而不兴，盗窃乱贼而不作，故外户而不闭，是谓大同。"① 这虽是孔子缅怀所谓"大同"生活的说法，其实，氏族社会下的生活，从大体上说，却是这个样子。

但是，自从产业发达，氏族公产制——财产公有——就不得不崩坏，其结果：就是私有财产之确立与奴隶制国家之形成。大约，中国在夏、商时代，这种奴隶制的国家，即已完成②。等到奴隶制的国家形成以后，于是氏族的族长就成为君主，氏族社会的社会成员就成为奴隶，而全社会因之分成贵族与奴隶的两大阶级。这时的奴隶，便是贵族的榨取对象，试看《禹贡》一书③，近于王畿的地方则贡农产物，其他远于王畿的地方则贡方

---

① 《礼运》中这几句话，是否为孔子所说，尚是疑问；但是，就大体上说，这几句话却道破了氏族社会的秘密。其详，可参看郭沫若著《中国古代社会研究》第 278～279 页。

② 据郭沫若著《中国古代社会研究》，则西周以前，都属于氏族社会，西周时代属于奴隶制的国家；但郭氏此说，尚在研究的途中，并未成为定论，所以本书依旧采用一般人的见解，即认为夏、商时代属于奴隶制的国家，周代属于封建制的国家。

③ 《禹贡》的本身之真假，很成问题；但是，在奴隶制的国家中，奴隶确是贵族的榨取对象。

物，这不明明是贵族榨取奴隶的办法么？由此看来，后儒赞美夏、商为治化之极的盛世，便似乎是欺人之谈。

二、封建制度确立以后的民生

自周代封建制度确立以后，身分的阶级，就愈加显明：在政治方面，便有官僚与人民；在农业方面，便有地主与农民；在商业方面，便有师傅与徒弟。在这样阶级对立的时候，站在被压迫一面的，当然是苦不堪言。试看《诗经·魏风·伐檀》所谓"坎坎伐檀兮，置之河之干兮，河水清且涟猗。不稼不穑，胡取禾三百廛兮？不狩不猎，胡瞻尔庭有县貆兮？彼君子兮，不素餐兮！"便是当时被压迫者为压迫者所榨取的一种活跃的写照。

秦废封建为郡县，论理，封建制的社会结构，应当在秦代告终；但是，事实上，我国的社会结构，却依然不曾脱离封建制①。不仅如此，并且，从春秋时代以来，富人阶级即已抬头②，而土地亦渐趋集中。秦始皇统一六国以后，便和富人及大地主勾结，用以剥削农民，去巩固自己的地位。然而，农民受不起这种剥削与压迫③，所以就爆发了陈胜辈所领导的农民

---

① 秦废封建为郡县，一般史家就认定这是封建制度的终结，其实，这完全是一种错误的见解。汉代的诸王，唐代的藩镇，明末的三藩，清代的督抚，民国的督军，都总民政财政于一身，难道说这就不是封建制的表现吗？

② 如猗顿之以盬盐，郭纵之以冶铁，都起自氓庶与王者埒富。又如弦高，竟以商人而干预军国大事。

③ 如乌氏倮，以畜牧起家，"秦始皇帝令倮比封君，以时与列臣朝请"。又如巴寡妇清，擅丹穴之利，"秦始皇以为贞妇而客之，为筑女怀清台"。——均见《史记·货殖列传》。他如徙天下富豪十二万户于咸阳——当时的京师。这些，都是始皇勾结地主与富豪以剥削农民的把戏。（不错，始皇之所以对待他们如此优渥，从他方面说，也为的是怕他们据地称雄，不服正朔。）《史记·秦始皇本纪》上说："三十二年……始皇乃使将军蒙恬发兵三十万人北击胡，略取河南地。……三十三年，发诸尝逋亡人、赘婿、贾人，略取陆梁地。……三十五年……隐宫徒刑者七十余万人，乃分作阿房宫，或作骊山。……二世皇帝元年……复作阿房宫……尽征其材士五万人为屯卫咸阳，令教射狗马禽兽。当食者多，度不足，下调郡县转输菽粟刍稿，皆令自赍粮食，咸阳三百里内不得食其谷。用法益深刻。七月，戍卒陈胜等反故荆地……山东郡县少年苦秦吏，皆杀其守尉令丞反，以应陈涉……不可胜数也。"由这段看来，便知道当时失业者之从军与充戍卒的人数之多，所以等到压迫到极点而秦政解纽时，就揭竿而起以反秦了。

反秦运动。

到了汉代，大地主与富人的地位，益加重大，同时，农民的生活，就日加困迫。《汉书·食货志》晁错所说"今农夫五口之家，其服役者，不下二人；其能耕者，不过百亩；百亩之收，不过百石。春耕，夏耘，秋获，冬藏；代薪樵，治官府，给徭役；春不得避风尘，夏不得避暑热，秋不得避阴雨，冬不得避寒冻；四时之间，亡日休息；又私自送往迎来，吊死问疾，养孤长幼在其中。勤苦如此，尚复被水旱之灾，急政暴虐，赋敛不时，朝令而暮改；当其有者，半贾而卖；亡者取倍称之息；于是有卖田宅，鬻子孙，以偿债者矣。而商贾大者积贮倍息，小者坐列贩卖；操其奇赢，日游都市；乘上之急，所卖必倍。故其男不耕耘，女不蚕织；衣必文采，食必粱肉；亡农夫之苦，有阡陌之得；因其富厚，交通王侯，力过吏势，以利相倾；千里游敖，冠盖相望；乘坚策肥，履丝曳缟；此商人所以兼并农人，农人所以流亡也"。——这不明明是大地主富人勾结王侯来剥削农民的情形么？生计的困迫既如此，但是，生活的出路，又是什么呢？据《史记·货殖列传》上所说，便是这样的："故壮士在军，攻城先登，陷阵却敌，斩将搴旗，前蒙矢石，不避汤火之难者，为重赏使也。其在闾巷少年，攻剽椎埋，劫人作奸，掘冢铸币，任侠并兼，借交报仇，篡逐幽隐，不避法禁，走死地如鹜者，其实皆为财用耳。今夫赵女郑姬，设形容，揳鸣琴，揄长袂，蹑利屣，目挑心招，出不远千里，不择老少者，奔富厚也。游闲公子，饰冠剑，连车骑，亦为富贵容也。弋射渔猎，犯晨夜，冒霜雪，驰坑谷，不避猛兽之害，为得味也。博戏驰逐，斗鸡走狗，作色相矜，必争胜者，重失负也。医方诸食技术之人，焦神极能，为重糈也。吏士舞文弄法，刻章伪书，不避刀锯之诛者，没于赂遗也。农工商贾畜长，固求富益货也。此有智尽能索耳，终不余力而让财矣。"读了司马迁这段话，便知道因为当日兼并的炽烈，就产生出无田可耕无业可执的失业者，这些失业者为着要穿衣吃饭，才不得不去替统治阶级冒矢石，到了没有兵当的时候，便顾不到法禁，而不得不去做土匪；妇女们没有饭吃，就不得不去卖淫，又哪能顾及到贞节与廉耻？替公家服务的人，眼见得人家"累巨万"，"衣必文采，食必粱肉"，又哪能顾及科禁，而不去贪赃枉法呢？民生的困迫，到了这种地步，所以只要机会一到，就群起骚动：或者利用统治阶级纲纪解纽的时候，例如赤眉绿林的起兵；或者利用饥荒为导火线，例如黄巾的起兵①。不过农民每一次的骚动,都为狡黠者所利用,立刻变成一种新的支配阶级②。因此,朝代只管改变,而封建制度的经济组织与政治组织,却依然无恙,结果,被压迫的被剥削的,仍旧是农民。总括一句:从秦、汉起直到清亡前约八十年止,中国的民乱——农民的骚动——都无不是由这样而起的,也无不是由这样而终的③。因此,封建制度的经济组织与政治组织,如果不根本推翻,则民生问题,永无解决之可能。

三、国际资本主义侵略以来的民生

近百年来,因国际资本主义的侵略,震撼了中国全部的社会组织,它首先以粗制工业与纤维工业,侵蚀农村的纺织业与家庭手工业;其次,以精制工业与重工业,使中国急速地殖民地化。农村的经济,受着这样的侵蚀,于是纺织业与家庭手工业就迅速地崩坏起来,同时,被迫而为佃农与雇农的人就日益加多,土地问题随而严重。其次,因中国的殖民地化,更使失业的农民,成为国际资本主义的劳动者,由是,中国全体农民的生活,

---

① 《后汉书·五行志》载:建宁四年(公元171年)三月,大疫。熹平元年(公元172年)六月,大水。熹平二年春正月,大疫。熹平四年夏四月,大水;六月,螟。熹平六年夏四月,大旱,蝗。光和二年(公元179年)春,大疫。光和五年春二月,大疫。光和六年夏,大旱。中和元年(公元184年)春二月,黄巾贼张角等起义。又《桓帝纪》载:元嘉元年(公元151年)夏四月,京师旱;任城梁国饥民相食。永兴元年(公元153年)秋七月,郡国三十二蝗,河水溢;百姓饥穷,流亡道路,至有数十万户,冀州尤甚。永寿元年(公元155年)春二月,司隶冀州饥,人相食。又《灵帝纪》载:建宁三年(公元170年)春三月,河内人妇相食,河南人夫相食。这些都是"黄巾贼"造反的导火线。

② 因为经济组织是封建制的,而市民阶级不曾建立起来,所以变来变去,自秦以来,依旧是代表大地主的利益的做了支配阶级。

③ 唐末的黄巢"作乱",便是由于"赋敛愈急,百姓困穷"而来;元末的韩林儿等"作乱",便是由于"横征暴敛"……而来;明末张献忠、李自成"作乱",便是由于饥馑而来,而"骤增田赋",却益加使流寇得势。总之,民生困迫,就要铤而走险,以上所举,不过是其荦荦大者而已。又民生困迫,势必失业者多,失业者多,就会"借交报仇,篡逐幽隐,不避法禁",就会歃血为盟结拜兄弟,就会假托神教惑众倡乱。清代政府看到这一点,所以保甲门牌上,就列有"立会烧香,立有教会名目,妄言祸福,聚众敛钱者治罪","结拜兄弟歃血为盟者治罪"两条禁章。

直接间接都操诸国际资本主义的掌握中。但是，因为封建制所加于农民的剥削，不特较以前没有减轻，而且更要加重，所以农民就处于两重压迫之下：即外受国际帝国主义的侵略，内受封建制的代表土、劣、贪、污的榨取。农民的生活，既处在夹攻之中，于是在北方就爆发为原始的反帝国主义之义和团运动，在南方就爆发为洪秀全所领导的太平天国革命运动①。直到现在，要谋民生问题的解决，依旧是：对外要打倒国际资本帝国主义，对内要铲除封建势力。

【问题提要】

（一）奴隶制国家下的民生是怎样的呢？
（二）封建制度确立以后的民生是怎样的呢？
（三）试依据本章第二节所用的方法，从《唐书》去叙述黄巢"作乱"的起因，从《明史》去叙述张献忠、李自成"作乱"的起因。
（四）为什么每一次的农民骚动，都会为狡黠者所利用，而归于失败？
（五）近百年来的民生是怎样的呢？
（六）试述太平天国革命之意义。
（七）应怎样才能解决中国最近的民生问题？

---

① 洪秀全定都金陵以后，就规定：土地田亩，不许私有，金钱不许私藏，藏银十两、金一两者，为私藏犯法。所以，他在当时，对于土地问题与民生问题之关系，有深切的了解。

第五章 商业 货币 杂税

一、商业的发生

《易·系辞》上说："包牺氏没，神农氏作……日中为市，致天下之民，聚天下之货，交易而退，各得其所。"这几句话，似乎是指中国商业之始而言。拿社会进化史的眼光来看，则商业的发生，大约在由渔猎生活推移到游牧生活的时候。因为在这个过渡时候，由于生产方法的各异，就发生物品有无的区别：渔猎部落，有的是鱼类及野物，无的是牛羊；游牧部落，有的是牛羊，无的是鱼类及野物。由于物品有有无的区别，才各各发生"以其所有易其所无"的需要。在这种"以物易物"的当儿，商业就发生了。

进而，从文字学上的研究，也足以证明这个说法。古代原始的货币，是贝类，故凡财、货、买（買）、卖（賣）、贡、贿、赂、贷、赁、贾、赋诸字，都从贝，钟鼎文中记"王锡贝"者很多。贝是产于水滨之物，因此，可以推想：原始的货币之发明，是由于渔猎部落。渔猎部落所富有的是贝类、鱼类以及野物，但所缺少的却是游牧部落所富有的牛、牛皮、牛奶以及牛身上的一切有用物品。故此，牛就成为一切物品代表，所以物字从牛。由这种文字学上的研究，我们可以推想：大约渔猎部落，以其所富有的贝类，去掉换游牧部落所富有的牛，便是交易——商业——之始[①]。

但有一点要注意，即是在这个过渡时候，并无所谓商人阶级来从事"懋迁有无"的买卖。商人阶级的发生，是要在社会的分业已经专门化的时候。

---

① 参看郭沫若著《中国古代社会研究》。

二、商业的发达

商业的发达,是以农业与手工业的发达为前提条件的。因为农业与手工业的发达,才会促成社会分业的专门化;分业到达专门化的地步,彼此交易的事件,才会纷繁;交易愈纷繁,则素来的"以其所有易其所无"的直接交易,就应付不来。在这个当儿,便需要一种人,站在生产者与消费者的中间,来担负交易的工作——这种人,就叫做商人。有了商人这个居间的阶级,商业才会发达起来。

前面说过,农业的发达,是在周代;同时,又可以推定:手工业的发达,也是在周代。关于这个推定的证明,且待第六章来说。周代的农业与手工业既已发达,则社会的分业就必然到达了专门化的地步。文王在程,作《程典》以告周民,他说:"士大夫不杂于工商。商不厚,工不巧,农不力,不可以成治;士之子不知义,不可以长幼;工不族居,不可以给官;族不乡别,不可以入惠;族居乡别,业分而专;然后可以成治。经国大献,无过于此矣。"后文王在鄗,作《文传》,以训武王,也说:"山林以遂其材,工匠以为其器,百物以平其利,商贾以通其货,工不失其务,农不失其时,是为和德。"《管子·小匡篇》上也说:"士农工商四者,国之石民也;不可使杂处;杂处则其言哤,其事乱;是故圣王之处士必于闲燕,处农必就田野,处工必就官府,处商必就市井。"由这些话看来,就很可以证明:社会的分业,在周代已到达专门化的地步。根据这一点,所以断定:商业的发达,是在周代。

周代商业既已发达,于是基于事实上的需要,就发生主持商政的官吏,《周官》中有司市之官,掌市的治教、政行,以禁止华靡的物品,杜绝诈伪的风气;又有肆长之官,以监督陈列的货物,不许有美恶混淆之弊;又有贾师之官,以厘定货物的价值,使无贵贱不清之弊。对于买卖的物品,更有种种的限制,《礼记·王制》上说:"有圭璧金璋,不鬻于市。命服命车,不鬻于市。宗庙之器,不鬻于市。牺牲不鬻于市。布帛精粗不中数,幅广狭不中量,不鬻于市。奸色乱正色,不鬻于市。锦文珠玉成器,不鬻于市。衣服饮食,不鬻于市。五谷不时,果实未熟,不鬻于市。木不中伐,不鬻于市。禽兽鱼鳖不中杀,不鬻于市。"以上这些限制,都是有用意的:或者为的是维系社会的阶级身份,或者为的是维系社会上的秩序与风俗,或者为的是保证人民的健康。至于市,则有大市朝市夕市之别:大市以百族为主,行于日昃;朝市以商贾为主,行于早晨;夕市以贩夫贩妇为主,行于晚间。此外更有旅商,周游各处,以从事买卖。规划精详到这个地步,自然是要在商业发达的时候才会有的。

商业既已发达,则由商业而获巨富的人,在社会上自必取得重要的地位。《诗经·小雅·十月之交》说:"择三有事,亶侯多藏。"——这便是说,有钱的人,也能够做官。但是,当时做官的人,无不出身世家贵族,现在既缘于金钱的力量,素不见重于社会的人,也可以做官,自然,在这种情势之下,一方面要惹起贵族怀恨富人①,他方面贵族目击着钱能通神,也就顾不到原来的世家身份,而要起来经营商业了。所以《诗经·大雅·瞻卬》上说:"如贾三倍,君子是识。"以上还是春秋时代以前的事。春秋中叶以后,郑国商人弦高,却能拿他的货品以纾国难,在政治舞台上,表现他的力量;并且郑的国君,还要和商人订盟誓②。像这样的事实,不明明确证了商人在社会所取得的重要地位么?

三、商业资本何以不曾代替土地资本——重农抑商的政策

到了战国时代,商业更加发达,各国的大都会,都成为商业的中心③。在这个时候,商业资本益形重要,如猗顿以贩盐起家,郭纵以冶铁为业,都无不与王侯埒富,至于魏国的白圭,却更以商人而兼政治家。《史记·苏秦列传》上说:"周人之俗,治产业,力工商,逐什二以为务。"《史记·游侠列传》上说:"周人以商贾为资。"《史记·货殖列传》上说:"鲁俗好儒,及其衰,好贾趋利,甚于周人。"《汉书·地理志》上说:"周人之失,巧伪

---

① 《诗经·正月》所谓:"佌佌彼有屋,蔌蔌方有谷,民今之无禄,天夭是椓。哿矣富人,哀此惸独!"便是当时对富人诉不平的表现。

② 《左传》昭十六年载子产对韩宣子说:"昔我先君桓公,与商人皆出自周。庸次比耦,以艾杀此地,斩之蓬蒿藜藋,而共处之。世有盟誓,以相信也,曰:尔无我叛,我无强贾,毋或匄夺。尔有利市宝贿,我勿与知。"

③ 秦的咸阳、齐的临淄、赵的邯郸、魏的大梁,都是当时的大都会。《战国策》记苏秦说:"临淄七万户,车毂击,人肩摩,连袂成帷,举袂成幕,挥汗成雨。"虽很铺张,但亦足以见到当时都会繁昌的大概。

趋利，贵财贱义，贵富下贫，喜为商贾，不好仕宦。"由这几段话看来，足见当时经商的风气是很厉害的。但是，商业资本既生出这样重大的效力，却为什么不能代替土地资本，而走入到另一个阶段——即中国的产业革命——上面去呢？关于这个问题的解答，且待讲完重农抑商的政策之后再说。

重农抑商政策的首倡者，大约就是秦国的商鞅。《通典·食货·田制》上说："秦孝公用商鞅，制辕田，开阡陌。鞅以三晋地狭人贫，秦地广人寡，故草不尽垦，地利不尽出；于是诱三晋之人，利其田宅，复三代，无知兵事，而务本于内……任其所耕，不限多少，数年之间，国富兵强。"由这段话看来，便可以知道商鞅重农抑商政策之所自来。所以《史记·商君列传》说："大小戮力本业耕织，致粟帛多者，复其身；事末利及怠而贫者，举以为收孥。"① 到了汉代，商人阶级的气焰，更有不可一世之概②。所以汉高祖既定天下之后，就令"贾人不得衣丝乘车，又重租税以困辱之"；惠帝则令"市井子孙，不得仕宦为吏"；至于武帝，却更用盐铁榷酤之法，王莽则设六筦之令③以实现国家专卖政策，而防止商人的垄断。自此以后，抑商政策，几乎代代皆有，如晋代政府"欲使力农，故重征商税"，隋高祖禁工商不得仕进，唐高祖定工商杂类不与于仕伍，明代更颁布贱商之令④，清代则以重税病商——凡此，都是一脉相承的重农抑商政策。

重农抑商政策，就是代表土地资本的统治阶级，用以维持封建势力的唯一方法。中国历史，自秦汉以至民国成立，其间每当更迭朝代的时候，便有所谓"群雄并起"，这种"群雄"，就是封建的割据之代表人物，他们都是些狡黠者，利用朝代更迭人民骚动的时机，来攫取统治阶级的地位，

---

① 但自吕不韦以阳翟大贾相秦以后，又力主重商主义。
② 参看第四章第二节晁错所说的话。
③ 盐铁之法——汉初，人民可以自鬻盐铁。武帝时，用孔仅做大农丞，使领盐铁事，收盐铁入官。禁止人民私铸铁器鬻盐。榷酤之法——即酒由官酤酿，人民不复得酤。六筦之令——一为盐，二为酒，三为铁，四为名山大川，五为均赊贷，六为铜冶，每一筦，申明科禁，犯者罪至死。
④ 《农政全书》上说："太祖加意重本折末，令农民之家，许穿绸纱绢布；商贾之家，只许穿布。农民之家，但有一人为商贾者，亦不许穿绸纱。"

以保持地主阶级宰割天下的局势。所以朝代只管更迭，却依旧不曾脱离封建社会，而走入到另一个阶段上面去。但是，为什么不能脱离封建社会呢？最简单的答案，就是：因为中国的产业没有发达①。产业没有发达，所以即令有势力雄厚的商业资本，其力量也止足以摇动封建社会的秩序②，却不能代替土地资本，而使中国的经济结构与社会结构走到另一个阶段上面去。一部二十四史的政权推移，翻来覆去，都不能跳出封建社会的圈子外面，其根本原因，即在于此。

四、中西通商之始及其发达

汉武帝武功极盛，自通西域以后，遂有与外国通商之事，然当时尚局限于亚洲方面。桓帝时，大秦（即罗马）王安敦（Marcus Aulerius Antoninus）遣使经印度洋及日南（即安南），献象牙犀角玳瑁于汉，以求绢布，是为中西通商之始，时在公元166年。汉代以后，中西交通不振，但与西域诸国的通商，则经南北朝至隋，还没有中断。隋时，武威、张掖这些地方，便是中西互市的集合点。唐代，因武威的结果，中西的通商就盛极一时了，兹分述如下：

（一）陆路的通商——唐置安西都护府于焉耆，中亚细亚及天山以南的商途就因此开辟了。西域诸国来中国营商者日多，而华商到波斯、印度者也日益增加。当时精于商务的犹太人，就乘机勃起，西至欧、非，东至印度、中国，商权都归他们掌握。他们或从红海经印度洋来中国南海，或从地中海东岸经天山南路而至中国长安。及大食国兴，亚拉伯（今译阿拉伯）人才代犹太人掌握商权。

（二）海路的通商——唐置安南都护府于交州，由是我国商途对西方作积极的进行：或经锡兰沿西印度海岸而入波斯湾，或沿亚拉伯海岸而至红

---

① 中国产业不发达的原因：第一由于地域广阔，东西横亘山脉过多，交通不便；第二由于北方民族长时间的侵入与入主中原，阻碍中国的进化；第三由于地主阶级的掌握政权，力倡重农尊孔。

② 春秋时代，因富人阶级的兴起，贵族的地位，即已发生动摇。到了以后，贵族阶级就趋于倾坏，所以《诗经》说："式微！式微！胡不归？微君之躬，胡为乎泥中？""琐兮尾兮，流离之子！叔兮伯兮，褒如充耳！"便是亡国的诸侯卿大夫，有时连奴隶都比不上了——这就是商业资本动摇封建社会的秩序之明证。

海湾口的亚丁。当时锡兰岛,为世界通商的中心地,中国人、印度人、马来人、波斯人、犹太人都集聚此岛,以经营商务。及大食国隆盛,西亚与北非诸沿海港湾及印度河口相继为它所有,更进而东向,经南洋诸国,以与中国通商;中国旧日在亚洲全境的航海权,遂为亚拉伯人所夺。到武后时,亚拉伯人之到广州、泉州、杭州诸港通商者,均以数万计。唐因设提举市舶司,征收海关诸税。

又当时与日本交通也很频繁,自隋至唐,日本累遣子弟来中土入学,中国文化,由是大被东岛。

宋代海外贸易的中心地为杭州、庆元(即宁波)、泉州,都置有提举市舶使,征收海关诸税。当时海关税率为十分之一,香料及宝货两种,则由官收买,更由官卖出。凡往海外经商者,必赴两浙市舶司领官券,如有违误,则没收其货。至于极东海上贸易地的枢核,便是三佛齐(即今苏门答腊岛的拔莲般),其时三佛齐与泉州之间,每年有两次定期航海,商务之盛,由此可以推想。又今菲律宾群岛之一部分,因当时中国商人的从事海上贸易,就业已为中国人所知,据此,则麦哲仑之发见是岛,当后于中国人五百年。

蒙古勃兴以来,于欧亚两洲建立空前的大帝国,许多割据的小国,都为它所并吞,交通往来,乃得自由;加以基于政治与军事上的目的,又新开官道,设驿站,商旅来往,因之无所阻碍;故元代东西交通,很为频繁。当时陆路都启程于西亚细亚及欧洲,一经中央亚细亚天山南路,一经西伯利亚南部与天山北路,以达到喀喇和林与燕京。海路则启程于波斯、印度的海岸,经印度洋、中国海而到达泉州、杭州诸港。而泉州一地,在是时实为世界第一的贸易港,亚拉伯人、波斯人来此地者很多。其时东西交通既很频繁,西洋学术遂渐次流布中土,而中国的罗盘针与活版术,或许亦于此时传入欧洲,是为中西文化的交流。又当时,意大利人马可波罗(Marco Polo)仕于元室,逗留中国共十七年,归著《马可波罗游记》,欧人读之,遂启东渐的野心。

明代和唐、宋一样,也于宁波、泉州、广州设提举市舶司。但是,南洋诸岛,却因郑和的下西洋——出使前后计七次,共二十五年——来归复中国的,便有三十余国。南海贸易,由是特盛。在这样交通频繁的时候,中国人到南洋去经商做工的,一定很多。时日既久,就渐次养成一种势力,如《明史》所载：吕宋的潘和五、婆罗的王、爪哇新村的村主、三佛齐的梁道明、陈祖义，竟借着这种势力，做了海外的"蛮夷大长"，而为今日闽粤人经营南洋者种下深固的基础。不幸，这种殖民，内无政府的保护，外受列强的高压，所以没有飞跃的进展。

以上所述，可以划为一个时期，因为自明代中叶以后，缘于新航路的发现，全世界就别开了一个新局面。

五、东西新航路的发现

《马可波罗游记》广播于欧洲以后，欧人东来者益众，然而自土耳其人陷君士坦丁堡以后，地中海航路，因而不通①，故欧人欲谋到达东方，就不能不另辟新航路。兹分述其重要事实如次：

（一）印度新航路的发现——1486年，葡萄牙政府命的雅慈（Bartholomer Diaz）航行非洲，至其南端，名曰好望角。1497年，华斯哥加马（Vasco Da Gama）奉命探印度，由好望角，经莫三鼻给、墨林达，驶至印度西南岸的加利库特（Colicut），印度新航路由是被发现。

（二）麦哲仑的环游地球一周——1519年，葡萄牙人麦哲仑（Magellon），奉西班牙王命，西航大西洋，过南美麦哲仑海峡，入太平洋，1521年发现菲律宾群岛，旋为土人所杀。1522年，其从者西航归本国。地为球状，至是才得证明。

东西新航路被发现以后，葡萄牙人遂由印度新航路以到达东方，西班牙人则循麦哲仑所走之路以到达东方，荷兰人及英国人继之而起，由是世界局面为之一新，而中国遂渐次成为国际贸易的角逐场。

六、国际资本主义侵入以后的商业

自明季欧人东渐以来，葡萄牙人就首先租借澳门，以作东方海上贸易的根据地。以后西班牙人、荷兰人、英国人相继东来。清初，专持闭关主义，到康熙二十四年（公元1685年），才开放海禁，于澳门、漳州、定海、云台山四处，设立税关。以后，又只留澳门一处，为外人通商之所，其他

---

① 以前欧人东来，都是由地中海，至君士坦丁堡上岸，再取陆程。

三处则一概停罢，同时对于外商，又加以种种制限①。但欧人因资本主义的发达，急欲寻找市场，而唯一的良好市场，又只有中国，所以当时虽受种种限制，却始终不能忘怀于这块良好的市场。

果然，中国自鸦片战争（公元1840—1842年）失败以后，于是不平等条约就束缚着中国，而国际资本主义，却挟其倾山倒海的力量，来侵略中国。第一，中国因条约的制限，关税不能自主，于是外货充溢各地，以排斥国货。第二，列强根据条约，有在中国租借土地之权，于是列强就在中国建立工场，以中国的原料，用中国的劳力，制成商品，转售于中国人。结果，中国的手工业破产，而所谓商业，就无异乎是替列强做中介人。中国的商业，到了这个地步，就等于破产。今以清季十年内的海关贸易册比较如下，就可以看到这种破产的趋势。

年份	洋货进口 （以银两为单位）	土货出口 （以银两为单位）
光绪二十八年	315 383 905	214 081 584
光绪二十九年	326 739 133	214 352 467
光绪三十年	341 060 608	239 486 683
光绪三十一年	471 100 791	227 888 197
光绪三十二年	410 270 082	236 456 739
光绪三十三年	416 401 369	264 380 697
光绪三十四年	349 505 478	276 660 403
宣统元年	418 158 067	338 992 814
宣统二年	462 964 894	380 833 328
宣统三年	471 503 943	377 338 166

以上所列，系清季十年中的情形，至于民国时代，则入超之数，更为可惊，兹表列如下：

---

① 当时外人通商，最不自由，不仅不许他们直接和人民通商，而且不许和普通商人通商。一切货物，都要卖给公行，再由公行卖给普通商人。此外更订有管束外商章程，规定：外国商人，除做买卖的时候，不许到广东；做买卖的期限，一年只有四十天，又定要住在公行所代备的商馆里面；住在商馆里面的外商，不得携带家眷；出外不得乘轿；要上禀帖，只能托公行代递，不准和官厅直接交涉。他如官吏征税的横暴，又益加使外商怀恨。其详，参看吕思勉著《白话本国史》。

年份	洋货进口净数 （以银元为单位）	土货出口净数 （以银元为单位）	入超数额
民元	473 097 031	370 520 403	102 576 628
民二	570 162 557	403 305 546	166 857 011
民三	569 241 381	356 226 629	213 014 752
民四	454 475 719	418 861 164	35 614 555
民五	516 406 995	418 797 366	34 609 629
民六	549 518 774	462 931 630	86 587 144
民七	554 893 082	485 883 031	69 010 051
民八	646 997 681	630 809 411	16 188 270
民九	762 250 230	541 631 300	220 618 930
民十	906 122 439	601 255 537	304 866 902
民十一	945 049 650	654 891 933	190 157 717
民十二	923 402 887	752 917 416	170 485 471
民十三	1 018 210 677	771 784 468	246 426 209
民十四	947 864 944	776 352 937	171 512 007
民十五	1 224 221 253	864 249 771	359 926 482
民十六	1 012 931 624	918 619 662	94 311 962

由上表看来，我国在国际贸易上，无年不是入超，而且入超之数，年年加大。自同治三年（公元1864年）起，六十余年间，海关表中，仅当年及同治末年以及光绪初年间为出超，其他五十余年，无一不是入超，计在过去六十年中，平均每年入超，约为一万万元，六十年合计，约五十余万万两。而且输出之货，多为原料品；输入之货，多为精制品，其损失之大，更无待说。中国的商业到了这个地步，不明明是破产么？所以欲谋中国商业的振兴，以抵制外货，自非取消不平等条约不可。

七、货币的发生及其沿革

相传黄帝范金为币，为中国货币之始，其实不然。《周礼·太宰》郑司农注："货，珠贝自然之物也。"大行人注："货，龟贝也。"本章第一节中，也说到渔猎部落的原始货币就是贝。所以我们断定贝为货币之始，是极有根据的。至于范金为币，却是以后的事，后儒认定黄帝为中国开国之祖，故一切制作，都集中于黄帝一人，而所谓"黄帝范金为币"，也就是由这种心理推想出来的。

最初的货币是贝类，这已经是用不着怀疑的事情，后来或者由真贝而珧贝而骨贝而铜贝（即蚁鼻钱），或者又用布，所以《史记·平准书》上说："虞、夏之币，金为三品：或黄，或白，或赤；或钱，或布，或龟贝。"但是，年代久远，当时制度的内容，已不可考，因此，《汉书·食货志》就说："凡货，金钱布帛之用，夏、殷以前，其详靡记云。"

关于货币真具有一定的制度的，还要算周代，因为商业的发达，始于周代。《食货志》说："太公为周立九府圜法。黄金方寸而重一斤；钱圜函方，轻重以铢；布帛广二寸为幅，长四丈为匹。"但是，我们征之殷墟上所发掘的东西以及周代的铜器文字，就知道贝货尚通行于殷代以至西周，根据这一点，西周时代是否通行铸造的货币，便依然是一个疑问①。

汉初铸荚钱。文帝时，荚钱多而轻，因又铸四铢钱，钱上面有"半两"二字，并许民间私铸，币制由是紊乱。武帝时，乃铸五铢钱，为汉代通行的货币。当时武帝因县官空虚，又以白鹿皮为皮币，值四十万，为后世商界行用纸币的先声；更造银锡白金，有龙文、马文、龟文白金三品，为后世商界行用银币的先声。王莽改制，作金、银、龟贝、钱布之品，叫做宝货，共五物（金、银、铜、龟、贝）六名（钱货、金货、银货、龟货、贝货、布货）二十八品（钱六品，金一品，银二品，龟四品，贝五品，布十品）。后因民间不通行，于是只以小钱值一，和大钱五十并行。

晋代用钱。但至南朝梁初，钱所通行的地方，仅限于三吴荆江湘梁益，

---

① 梁启超《先秦政治思想史》上说："近顷在彰德附近之古殷墟发现骨制之贝，人造货币现存者，当以此为最古。其后渐以铜仿制，俗所谓蚁鼻钱，即铜贝也。是为金属货币之始。再进则以铜仿制为刀形为农器形。为刀形者，今钱谱家所谓刀币也；为农器形者，彼辈所称'方足布''尖足布'等皆是。……'钱'为小农器，如今之锄或铲，方尖足布即仿其式。……当人类发明用铜之后，社会最贵重者，即为铜制之刀及农具；常以他种实物如牲畜、谷米、布帛之类与之交换，其后渐用之为价值公准；于是仿其形而缩小之以为代表。则一定量金属货币之所由起也。刀及钱皆仿缩原物，而加上一环，穿孔以便贯串。用之既久，其公准为社会所公认，则并其刀与钱（农器）之原形而去之，仅留一圆环；其后更将环之内孔易圆为方……则后世制钱之所由成立也。"梁氏这一段话，可以说是货币演进史。

其他各处，则以谷帛为交易媒介，武帝因之作五铢钱，彼又罢铜钱改铸铁钱，时私铸者多，价格无定。陈时用两柱钱鹅眼钱，而岭南诸州，尚以盐米布帛，代用货币。北朝，则后魏有永安五铢钱；北齐有常平五铢钱，但当时冀州之北，尚在以绢布代货币；北周所通用的钱币，则为后魏的五铢钱与五行大布钱等。

唐代最通行的，是高祖时所铸的开元钱。后来又有飞钱。玄宗时，令庄市交易，先用绢布、绫罗、丝绵等，但市价至一千以上的，可以钱物交用。以后，因钱的缺少，禁止持钱出关，并限制私人储钱的数目。结果：商人大困，而飞钱以起①。飞钱之法，即后世钞币的权舆。

宋、元、明三代，便是钞法盛行时代。宋代铜钱、铁钱并用，蜀人因铁钱太重，就私行发出一种纸币，叫做"交子"。每一交计钱一缗；每三年，将旧的收回，另发新的一次，叫做"一界"。后来主持其事的富户因为穷困下来，不能兑现，就弄到争讼屡起。于是转运使薛田，就请设"交子务"，来管理这种纸币，并改民间私发为官发。后来又改名"钱引"，其义和茶盐钞引相同，暂以代钱，实为兑现纸币。但是，因为滥发而无兑现准备的缘故，就弄到一缗只值钱十余文。南渡以后，也用交子，又有"会子"和"关子"，同样由于不兑现的缘故，以致价格低落。

元代钞法，不拿铜钱做标准，却拿丝与银做标准。世祖时，发行中统交钞九种——十文、二十文、三十文、五十文、一百文、二百文、三百文、一贯（一千文）、二贯（二千文）——以丝为本位，即用丝钞一千两代银五十两。其价是：中统交钞一贯＝银$\frac{1}{2}$两＝金$\frac{1}{20}$两。

以后因物重钞轻，又有至元钞（至元钞一贯等于中统钞五贯）与至大银钞（至大银钞一两等于至元钞五贯）。但是因为滥发的缘故，结果也是钞价大落。

明太祖鉴于前代钞法的弊病，因停止交钞而铸洪武通宝。但是，一因需费太多，国家负担陡然加重；二因令民间输铜，民间深以为苦；三因商人嫌铜钱太重，不便携带；四因私铸铜钱者多，所以又用钞法，发行一百

---

① "商贾至京师，委钱诸道院及诸军诸使富豪家，以轻装趋四方，合券乃取之，名曰飞钱。"

文、二百文、三百文、四百文、五百文、一贯六种，其价是：

钞一贯＝钱 1 000＝银一两＝金$\frac{1}{4}$两。并令一百以下用钱。后钞价跌落，至于只有千分之一二，结果：停止钞法，代之而起的，就是银两①。

清代自开国以来，历代都铸有铜钱，又许以银块当货币使用，故此，清代的货币，可以说是银铜并用。银块重量不一，成色不均，所以行使之时，每多不便。光绪时，因设厂铸银币，分一元、半元、二角、一角四种。后各省多开厂自铸，唯所铸银币，成色颇不一致，以致价格不等，行使不便。至于纸币，则多由商家私发，至光绪末年，因外国纸币充斥各地，始设立大清银行，发行纸币。

民国以来，关于币制，多仍清旧。但自军阀割据以来，币制愈不统一。军阀霸占一省，即擅自发行纸币，此种纸币，至多仅能通行于本省，而军阀一倒，纸币也就成为废纸了。同时，各省又私铸铜币，因所含铜质的多少，以致铜币价格亦不一致，有以银币一元可折铜元二千六百文者，有以银币一元可折铜元五千文者，更有十千文以上者。至于外国纸币，则充斥各地，虽有本国银行与之竞争，然以外国银行资本雄厚，深得一般人民的信用，也就无法和它抗衡了。

总观以上所述，可知：（一）中国货币始终未跳出铜币时代，（二）最近三百年来，始进于铜银并用时代，故当今日全世界通行金本位之时，我国所受国际贸易的损失，极为重大。因此，今后的币制问题，就在于：（一）如何使全国币制归于划一，（二）如何由银本位制以进于金本位制。

八、杂税制度的沿革

我国税收，在唐以前，原以田赋为主；唐代以后，始认杂税为国家大宗收入。所谓杂税，就是指田赋以外的一切收入而言。依其性质，可分物税（盐税、酒税等）与商税（厘金、关税等）二种。上古时代，无所谓杂

---

① 以银为本位铸造货币，是清末之事，而在明、清两代，银不外是用作为称量货币之物而已。至于外国银币——墨西哥银币——之输入，则始于明末，由西班牙人营商而携来的。

税;春秋以后,工商业发达,于是杂税始占重要地位。如管仲治齐,即着重盐铁政策,而以盐铁的收入,为国家收入的大宗①。到了汉武帝的时候,因东西征伐国用不给的缘故,于是有商贾之算、酒酤之榷诸种杂税,更置盐铁官以专卖盐铁②。

到了唐代,藩镇割据,地方赋收都不解送中央,所以杂税就成为国家收入的正宗。唐代杂税很多,兹将重要者分述如下:(一)盐税——汉代官盐之法,为隋初所废;至唐肃宗时,始征盐税。时第五琦做盐铁使,变盐法:于产盐各地,设立盐院,令民自煮盐,叫做盐户。盐户煮成以后,卖与大商人,再由大商人转卖各地,叫做"通商法"。政府则自大商人抽取盐税。唐代宗末年(公元779年),盐税为六百余万缗,占天下赋税的半数。五代以后,多仍唐制。元初更定引地的制度,于是食盐更有地域的制限,明、清以来,都沿用此法。(二)酒税——酒税自汉时即已有之,但不占国家收入的重要地位。唐代宗以后,课税于酒户,叫做"榷酤",后此沿用,就成为定例了。宋代用官酿之法,置"务"以酿酒,但民间亦得私酿。官卖者,叫做榷酒;民卖者,叫做税酒。明代以后,则榷酒之制全废。(三)茶税——唐以前没有茶税,茶税实始于唐德宗时。唐文宗时,宰相王涯始变茶法:禁民栽茶制茶,将民间所植的茶树移到官场,官自焙制,卖与商人。宋代则采民制官卖政策,植茶的地方,叫做山场;采茶的人,叫做园户,都是由政府所特许的。所出的茶,除供租税外,都由官收买,再在各处立"榷货务",转卖人民。商人要领茶售卖,则于京师榷货务纳钱,取得引卷,到政府所指定的地方领茶。元代,商人售茶,依旧要得到官厅许可,领取交引,但当时商人已直接向种茶者采买,却不定规要由榷货务转买了。明、清以后,茶禁渐废,政府不外照值抽税而已。(四)矿税——唐、宋二代,凡取得采取矿产的特许者,叫做坑户,而受官厅监督。宋徽宗时,又仿照税盐之法,令官置炉冶,收铁给引,招人通商。元代以后,矿产的采取,都是官民并管,至于铸器物以及售卖,则皆任民自由,不受官厅限制。

唐代以后,除以上四种税收外,还有其他各种物税,如香料、矾、硝矿、木材等,均征收税课,并且宋代对于香料与矾两物,则收归官卖。然

---

① 齐地临海,宜于工商,而不宜于农业,故其工商业很发达。
② 商贾之算,即"令诸贾人末作,各以其物自占,率缗钱二千为一算"。

官卖之法，流弊很多，未能久行，所以至今只有盐依旧用通商之法，官督商卖，人民不得私售，其他则都已解禁。民国以来，烟酒二物，又行官卖之法，然实效甚少，而流弊反多。

　　元、明以后，官卖之法已不能维持，因此，商税代物税而起，成为国家收入的大宗，兹就其要者分述如下：（一）营业税——汉武帝时所行的商贾之算，即营业税的权舆。东晋时，凡货物田宅有文卷，率钱一万输值四百入官，卖者三百，买者一百。北魏时，凡入市者，人出一钱，叫做"市税"。凡此，都是属于营业税的税收。但自唐、宋以来，则征收特重，商人交易大约每千钱征收三十。民国以来，又有印花税，也是属于营业税的一种。（二）通行税——通行税大概始自唐末①。宋初，"过税"每千钱抽二十。南宋以后，国用日绌，对于过税，益加苛刻。明宣宗时，始置钞关与收钞官，在沿河交通便利的地方以及城门，置官监守，凡经过商人，均须照章纳税。通行税就从此加重了②。到了清代洪杨革命时，又有厘金，本说乱平之后，即行裁撤；其后借口地方善后，就此相沿不废。凡各省内地，均设关卡，商人经过，层层征税，商人由是大困。最近国民政府，始有裁厘之令。（三）海关税——唐、宋、明三代的市舶司所征收的税，就是今日的海关税，即专指对外贸易征收之税而言，清代自鸦片战争以后，外人根据中英《天津条约》，规定税务司由外人充任；税额，则洋货入口与土货出口，均值百抽五，叫做进出口正税；土货转运别口者，值百抽二点五，叫做复进口半税；洋货转运别口者，在三十六个月之内免税，过期依正税之额完纳，叫做复进口正税；外商运货入内地，以及洋商入内地购买土货，均值百抽二点五，叫做内地半税。像这样的税则，叫做协定税则，换句话说，就是我国无关税自主权。其有损于我国利益，自不待言。但国民政府，正努力于关税自主，如最近中、日关税协定，即已取得关税自主云。

---

　　① 五代后周太祖，曾令诸道州府，不得征收牛畜经讨税，据此，则通行税至少是始于唐末。

　　② 宣宗时，因钞法不通，于各水陆冲衢，设关收钞，叫做钞关，其初本说钞法流通以后，即行停止，但后此却沿袭不废。

【问题提要】

（一）商业发生于什么时候？

（二）商业的发达，以什么为前提条件？又其故安在？

（三）富人阶级起于什么时候？又其地位怎样？

（四）重农抑商政策是因什么而发生的？又此政策何以维持至二千余年之久？

（五）为什么商业资本不曾代替土地资本？

（六）中西通商始于什么时候？又其发达情形怎样？

（七）东西新航路的发现与中国的商业有什么关系？

（八）中国的商业为什么会破产？

（九）货币发生于什么时候？并略述其演进的历史。

（十）厘金起于什么时候？为什么厘金会病商？

第六章　工　业

一、工业的发生

工业是生活的基础，因为生活的演进，全靠工业来做原动力。没有网罟，便无从渔猎；没有石头做的刀斧，就无法砍伐树木；没有耒耜，就无由耕种。这样看来，最粗笨的手工业——或者说是最粗笨的工艺，在渔猎部落中，早就发生了。《易·系辞》上说："庖牺氏……作结绳而为网罟，以佃以渔。……神农氏作，斫木为耜，揉木为耒……黄帝、尧、舜氏作……刳木为舟，剡木为楫……断木为杵，掘地为臼……弦木为弧，剡木为矢。"这里所谓网罟、耒耜、舟楫、杵臼、弧矢，便是我国最古而最粗笨的工业；但是，年代久远，已经不可详考了①。

古殷墟中所掘出的龟甲兽骨，总算是最可信的古代史料，由这种史料所得的研究的结果，是决无错误的。据郭沫若《卜辞中之古代社会》的研究，证明了商代的工业，已经发展到了相当的程度；郭氏从便宜上把当时的工业分作四项：（一）食器——鼎、尊、敦、卣、盘、甗、壶、爵；（二）土木——宫、室、宅、家、牢、囷、舟、车；（三）纺织——丝、帛、衣、裘、巾、幕、斾、旒；（四）武器——弓、矢、弹、箙、戈、钺、函、簇。郭氏接着说道："就这些文字上面已很可看出当时手工技术的盛况。特别是食器一项，那已经超过了粗制的土器和石器的时代，而进展到青铜器的时代了。……一方面青铜器虽已发达，而另一方面则石器骨器尚盛见使用，《殷墟古器物图录》中之各种石骨器即其铁证。而且尤可注意者则殷墟中无铁器的出现。……由此种种证据，可断然作结论，便是殷墟时代还是考

---

① 关于古代的工业，可参看郭沫若著《中国古代社会研究》第39～40页。

古学上所说的'金石并用时代'。"由上所述，便明证殷代的手工技术颇为发达；但是，因为在这个时代，社会的分业还没有专门化，换句话说，即是尚在自给自足的时代，唯其如此，所以工艺是人人所当为，并不曾成为独立的生活手段；最低限度，我们可以说：在这种奴隶制国家中，工艺便是奴隶童仆所专攻的，却没有成为一定的分业；工艺没有成为一定的分业，自然就够不上说工业的发达。

上面说过，社会的分业，到了周代，才进到专门化。在这样的时代，自足自给是办不到的。不错，在农业社会中，家庭手工业，占着重要地位，如《汉书·食货志》所谓"女修蚕织，则五十可以衣帛"，便明证纺绩在家庭手工业中的地位。但是，其他的工业，却不能由一个家庭负担起来，所以《考工记》上就有"凡攻木之工七，攻金之工六，攻皮之工五，设色之工五，刮摩之工五，抟埴之工二"。甚至蚕织，大约也逐渐地成为专业，试看《诗经·小雅·大东》所谓"小东大东，杼柚其空。纠纠葛屦，可以履霜？佻佻公子，行彼周行。既往既来，使我心疚"。《诗经·魏风·葛屦》所谓"纠纠葛屦，可以履霜？掺掺女手，可以缝裳？要之襋之，好人服之。好人提提，宛然左辟，佩其象揥。维是褊心，是以为刺"。以及《诗经·豳风·七月》所谓"七月流火，八月萑苇。蚕月条桑，取彼斧斨，以伐远扬，猗彼女桑。七月鸣鵙，八月载绩。载玄载黄，我朱孔阳，为公子裳"，多少就可以证明出来。到了春秋时代，铁的用途，业已由耕器推广到手工业上面去了①，于是工业就益加发达，而分业也益加专门化②。

二、手工业

中国的工业，几千年来，并未跳出手工业时代，在中国历史上，找不出工业革命——产业革命——的事实来。这种现象的原因，在上面已经说

---

① 《管子·海王篇》上说："今铁官之数曰：一女必有一针一刀……耕者必有一耒一耜一铫……行服连轺辇者必有一斤一锯一锥一凿。"便足以明证铁已使用到手工业方面。《管子》一书，固然不一定是管仲所作，但是，这部书总不失为齐国的国史。

② 《管子》上所谓"士之子恒为士，农之子恒为农，工之子恒为工，商之子恒为商"，便暗示着当时工商业的发达情形，因为如果工商业不发达，则社会的分业之专门化便不如是之严整。

过了①，现在只就二三项重要工业来说说。

瓷业——古代有陶器，只看"陶之得姓由于职业"可知。至于瓷，则始于唐代。《瓶花谱》云："古无磁，瓶皆以铜为之，至唐始尚窑器。"到了宋代，瓷产渐广。宋有柴窑、定窑、汝窑、官窑、哥窑、龙泉窑、吉州窑等，产品都很精良；而尤以景德镇所产为最。到了明代，更有永乐、宣德二窑，制品亦精。

蚕丝——相传黄帝元妃嫘祖始教民育蚕，治丝以供衣服。《汉书·食货志》也说"女修蚕织"，足见蚕丝发明最早。自此以后，历代对于蚕丝，均很重视。今日的江、浙，即丝织物产额最多、产品最良的地方。

此外如铜器、铁器、漆器、玉器，则皆发明最早，而制品亦良。在海禁未开以前，这些工业，都占极重要的位置。但是，我们所最应注意的，就是这些工业，虽然相传数千年，经过无数的改良，可是都不曾脱离手工业时代，还是使用少数人力的小规模手工业，因为这个缘故，所以自受国际资本主义侵略以来，这些手工业就受不起狂浪的打击，而逐渐地破产了。

三、国际资本主义侵略之下的中国工业

中国工业，自受国际资本主义侵略以后，就发生两种现象：一为固有的手工业之破产，一为外铄的工业革命之发生。

中国固有的手工业，在生产方法上，在生产手段上，以及在生产额上，自然敌不住国际资本主义的机器工业，因此中国手工业的破产，乃是必然的结果。第四章里面，曾经说到自受国际资本主义侵略以后的中国商业，其中关于洋货入口超出土货出口一项的统计，即足以明示中国手工业破产的趋势。即如从来视为大宗输出商品的蚕丝，近年以来，因为外国人造丝的发达，也就宣告破产了。

近代中国的工业革命是外铄的，就性质上讲，是属于前资本主义的。自鸦片战役（公元1840—1842年）、英法联军之役（公元1858—1860年）以后，国人目击西人的船坚炮利，曾国藩遂设军械所于安庆，李鸿章设制炮局于上海，是为近代机械输入中国之始。以后更有制呢局、织布局之设

---

① 参看第一编第五章第三节第42页注①。

立。但是，自机械输入中国以后，约三十余年之久，于中国工业，并无显著的进展。至欧战时期（公元1914—1918年），欧人不暇东顾，日人亦转入战争漩涡，于是中国工业始有飞跃的长进。

第一，由机械入口的数量之增加，可以明证中国工业的长进：

年份	购入机械值（以银两为单位）
民国二年（战前）	4 650 001
民国八年（战后）	14 100 439
九年	12 266 256
十年	55 647 780
十一年	49 413 423
十二年	26 677 796
十三年	22 069 315
十四年	15 578 087

第二，由工业公司的资本之增加，可以明证中国工业的长进：

年份	公司数	资本总数（以银元为单位）
1912	531	54 808 202
1913	565	49 875 160
1914	641	62 108 218
1915	644	106 901 214
1916	685	132 779 808
1917	557	128 243 727
1918	533	108 902 811
1919	425	192 221 247

然最近数年来，却呈现相反的现象，如纺织业在大战中及大战后，都有飞跃的进展，但最近则不特无进展，而且趋于倒闭；这第一是因为国内的战争阻碍产业的发达，第二是因为列强自身的工业，于最近数年间，已超过战前的水准，故进而重整旗鼓，以侵略中国。由此看来，中国的产业革命，尚站在两难的境地。

由于国际资本主义的侵略，而促成中国固有手工业的破产，其结果，则发生大群的手工业的失业者①；由于国际资本主义的刺激，而促成中国的产业革命，其结果，又发生大群的产业工人②。同时，工业的发展，又不能相应于手工业的失业者人数之增加率，其结果，便是失业者流于盗匪。盗匪愈多，而内乱又不息，于是整个的经济陷于破产，其影响所及，便是工业的没落。而工业的没落，同时又影响于产业工人的生活。总括一句：在这样两难的情况之下——国内的战争与国际资本主义的压迫——中国工业，决无发展之可言。

【问题提要】

（一）为什么工业是生活的基础？

（二）为什么中国的手工业会破产？

（三）中国手工业的破产，会生出什么现象来？

（四）为什么中国的工业不能发展？

（五）欧战期间，中国的产业，为什么有飞跃的进展？

---

① 手工业的失业者，固然可以变为工钱劳动者，但是中国的产业，却没有容受这许多失业者的力量，所以他们铤而走险，流为盗匪，便是必然的结果。

② 据《新生命》调查，中国现有产业工人 2 750 000 人。

第二编
社会政治生活之部

第一章　中国社会之演进及其结构

一、社会演进之一般的法则

社会形态的演进，是由原始公产制而奴隶制，由奴隶制而封建制，最后，由封建制而资本制。原始公产制的组织体，就是氏族社会。照近代科学来讲，不拘过去或现在，都不曾有过离社会而独立生活的人。即在原始时代，也已有人类间的纽带。当时的人，如果无他人的帮助，则不能行生存竞争。不过当时社会的结合，极其微弱。其能为着协同举行生存竞争而团结的，就只限于具有血缘关系的人。其无血缘关系的人，便不能为着生产活动而行自由结合。原始人因为生存竞争的激烈，使他们对于那些不与自己同生同居结合一起的人，一概以敌人看待。因此，原始时代的社会组织，就是血缘结合，或氏族的形态。氏族的根本生产关系，为单纯协业。其后，氏族内部，发生了某种程度的分业。最初，这分业是建立在有性或年龄之差别上的，即男子担任狩猎，妇女儿童担任采取果实。分配各人的劳动，不能让各人自由选择，因为对于自然的激烈斗争，不许这样办。为了避免劳力的浪费，那劳动者的活动，必然要保持严密的调和。劳动的组织，必定要依照氏族的共同利益，遵从氏族的一般意志。原始氏族的分配形态，完全适应其生产关系。因为生产中的劳动分配，不依据个人而依据集团的意志，所以那劳动生产物的分配，亦必须是集团全体的责任。集团依照各人必要而给予各人（各取所需）。因此，原始的分配，带了有组织的公产主义的性质。那时没有什么个人私有财产的形迹。共同生产，共同分配。分配的东西，马上消费掉，没有所谓蓄积①。以上所述，便是以石器

---

① 参看施存统译蒲格达诺夫（今译普列汉诺夫——选编者注）著《经济科学大纲》第一篇第一章第二节。

铜器为生产手段,以渔猎牧畜为生产本位的氏族社会;而氏族的血缘结合,又是以母系为主体,因此,氏族社会莫不以母系为中心。

但是,这种社会可以说因为铁器的发明便完全破坏了。盖铁器的发明促进了农业的进化,母系中心的社会便不能不转变为父系中心的社会。牧畜与农业的发明,都是男子的事体。男子由渔猎中发明牧畜的事业,由牧畜的刍秣中又发现禾黍菽麦的种植。照原始的习惯,各人随身的工具归各人所私有:男子有渔猎用的弓矢,女子便有家庭。到牧畜种植发明以后,男子也相沿领有六畜和五谷。这样生产的力量愈见增加,女子的家庭生产便不能不降为附庸,而女子也就由中心的地位一降而为奴隶的地位,这在社会的表现上,便是男权的抬头,私有财产制的成立,奴隶的使用,阶级的划分,帝王和国家的出现。在国家开始成立的时候,是纯粹的一种奴隶制。奴隶的来源是什么?便是被征服的异民族和同族中落伍的弱者。这时候的阶级,可以说只有贵族和奴隶两种。贵族是奴隶的所有主,奴隶是贵族的所有物。贵族是支配阶级,奴隶是被支配阶级。这时候的氏族的成分,可以说还严密地保存着,即贵族阶级至少是一氏一族。但到铁的冶金术愈见发达,农业愈见进展,而异民族的被同化者愈见加多,同族中的落伍者也愈见激增,血族的成分就渐次稀薄下来。以前的贵族久于养尊处优的习惯,日见与生产相离;而产业的生产权却操纵在多量的奴隶阶级的手里。这时候,便不能不来一个社会变革,即贵族的倒溃,奴隶阶级中的狡黠者之抬头,这自然会成为一种分析的地方割据的局势。在农业上便有庄园制的产生,在工商业上便有行帮制的出现,在政治的反映上便成为封建诸侯,于是奴隶制的社会又一变而为封建制的社会。封建制的社会和奴隶制的社会并无多大的悬殊;不过奴隶制是氏族社会的孑遗,多量的含有血族的成分,而封建制则是多量的含有地域成分的奴隶制。农业上与地主对立的农夫,行帮制下与师傅对立的徒弟,行政上与封建诸侯对立的臣庶,事实上只是变相的奴隶。但是,自从蒸汽机发明了以来,产业更进展到一种更新的阶段;大规模的生产,大资本的集中,海外大殖民地的发现等等——在封建社会的胎内生出它怎么也容纳不下的一个胎儿,于是社会上又来了一次变革。即封建制度逐渐崩溃了,在那封建社会的废墟上高耸出近代资本制的组织[①]。

---

① 参看郭沫若著《中国古代社会研究》第5~7页。

以上所述，便是社会演进之一般的法则；而社会演进的原动力，却在于生产关系的进展。

二、中国社会之演进

上面所述的社会演进之一般的法则，也符合中国社会演进的程序。不过中国古代社会，差不多是个不可究诘的谜，使我们的研究很难于着手。第一，古史的本身，已经不确定；例如三皇五帝之说，就聚讼纷纭，莫衷一是。有以天皇、地皇、泰皇为三皇，黄帝、颛顼、帝喾、帝尧、帝舜为五帝者，如《史记》；有以伏羲、神农、黄帝为三皇，少昊、颛顼、高辛、陶唐、有虞为五帝者，如《尚书序》；他如《白虎通》则谓伏羲、神农、燧人为三皇，《皇王大纪》又谓天皇、地皇、人皇为三皇，《月令篇》则谓大昊、神农、黄帝、少昊、颛顼为五帝，《皇王大纪》又谓庖牺、神农、黄帝、尧、舜为五帝。这些说法，都含有不少的传说和神话的成分，其可信赖的程度，也因时代的愈古而愈减。综括一句，所谓三皇五帝，实未必确有其人，不过为汉民族国民思想之反映之架空的理想人物而已。因此，要拿不可信赖的古史，去解释中国古代社会的演进，便不免陷于臆断的境地了。第二，中国古史的本身，既不确实，又加以后儒的渲染，就益加不足信赖的了。孔子删《书》，断自唐、虞，故儒家言政治者，必法尧、舜；尧、舜经过儒家的渲染，便成为儒家理想中的尧、舜，而绝对不是本来的尧、舜了。所以《韩非子·显学篇》就说："孔子、墨子，俱道尧、舜，而取舍不同；皆自谓真尧、舜，尧、舜不复生，将谁使定儒墨之诚乎？"

中国古史的本身，既这样的不可信赖，因此，拿古史去说明中国古代社会的演进，便是一种不可靠的方法。唯一可靠的方法，就只有从事于考古学而努力于地下发掘之一条大道。至于断断于文字记载的争辩，却不是研究古史的良法了。

1898年与1899年之交，在河南安阳西北五里的小屯，于黄土层下掘发了无数龟甲兽骨的破片。骨片上多刻有极原始的文字。经罗振玉与王国维的考证，断定这些文字是三四千年前殷代王室占卜的记录。最近十年来，关于这样的掘发，也时有所闻。如1923年，德国古生物学专家德日进（P. Teilbard de Chardin）与教士桑志华（E. Licent）在陕西榆林县南油坊头、甘肃宁夏县南水东沟及鄂尔多斯东南角萨拉乌苏沟发现旧石器时代的大宗石器，都以石英、石矽质灰石及其他坚致岩石做成；1925年夏，美国纽约博物院外蒙古调查团，在纳尔逊（N. C. Nelson）博士指导之下，发现旧石器时代的过渡期的石器；1921年，农商部矿政顾问安特生（J. G. Anderson）先后在辽宁锦西县沙锅屯与河南渑池县仰韶村采掘，得石器、骨器、单色陶器及彩色陶器等，断为新石器时代的遗物①；1923至1924年，安特生又先后在甘肃洮沙县新店附近、狄道县寺洼山、西宁县下洼及镇番县沙漠等地发现石器、陶器及少数铜器，断为新石器时代末期与铜器时代初期的遗物。不过这十年来的发掘，因为考证困难，还无明确的论断，可与古代的记载互证；至于安阳县所出现的龟甲兽骨的破片，则经学者的考订，可以得到以下几个论断：

（一）商代已有文字，但其时文字百分之八十以上为极端的象形图画，而且书法不一，一字有多至四十五种书法者，于字的构成上或倒书或横书，或左或右，或正或反，或数字合书，或一字析书。而文的构成上亦或横行或直行，横行亦或左读或右读，并无一定。由此可知其时文字的产生还不甚久，文字尚在形成的过程中。

（二）商代以牧畜为主要生产，卜辞中用牲之数多至三四百以上，即其明证。农业虽已发明，然当时的耕器还是蜃器或石器，所以当时的农业很幼稚。

（三）商代族与族间的攘夺行为，异常剧烈，卜辞中为征伐贞卜的事项甚多。既有征伐，则战败者自然降为奴仆，卜辞中有奚、奴、臣、仆等字即其证据。奴隶的用途，在于牧畜耕作。并且，奴隶的私有，在当时即已萌芽。因此，阶级制度，在当时或已成立。

（四）私有财产制度，在商代业已成立，卜辞中有锡朋的记载②，古金中每多锡贝朋之事，即其明证。当时王侯既能以少数的货贝宝物赐予其臣下，则族的公有物便成为王的私有物了，而臣庶也能有私有物的公然的权利。

由上所述，便知商代最多也不过是奴隶制的国家，而正是由氏族转变到国家的一个重要变革时期。其次，根据王国维的《殷周制度论》，则夏、

---

① 这时期的遗物，又屡屡在别处发现，现总称为"仰韶时代"或"仰韶期"。
② 朋为古人之颈饰。

商、周三朝实为三个不同的种族或部落,其发展的途径是平行的;但旧史每视为同种族之三个朝代的更迭,而误为一直线的继承①。王氏此说,虽未可断为定论,但夏代与商代为平行的两个部落,则或许实有其事。根据此点,故夏代亦或许是奴隶制的国家。夏商既是奴隶制的国家,则不可究诘的由黄帝至尧、舜这个时代,其为氏族的公产社会,便可断言。

但是,关于此项问题,尚在研究的途中,并未厘成定说。他日考古学的进步,对于此项问题,必然有个究极的解答。现在不过就前人的考订与论断,作一个这样的假定罢了。其次,更有一点应当注意,即"无纯粹的社会现象"。因社会的演进,前一社会形态的残渣,或多或少必留存在后一社会形态中。所以奴隶制的国家里面,必存有氏族社会的孑遗,而封建制的国家里面,也必存有奴隶制的国家的残余。

真正封建制的国家,实始于周代。相传禹会诸侯于涂山,执玉帛至者万国;商汤受命,只余三千;周武王观兵孟津,只余八百;春秋之时,见于记载的,仅百六十三国。这些国家,实系各自独立的部落,所谓诸侯,亦不过是部落的酋长,决非如周代所封的诸侯一样。周代的封建制度,便是这样的,《礼记·王制》:"王者之制爵禄:公、侯、伯、子、男,凡五等。诸侯之上大夫卿、下大夫、上士、中士、下士,凡五等。天子之田方千里。公、侯田方百里。伯七十里。子、男五十里。不能五十里者,不合于天子,附于诸侯,曰附庸。"此外,军队的编制,方伯二师,诸侯一师,天子自统六师②。周代的封建,原来有两个步骤:最初为广封先王之后③,后来才"众建亲贤以屏藩周"④。前者是承认旧部落,后者才是新封的

---

① 参看王国维著《观堂集林》卷十,《殷周制度论》。
② 禄的区别,据经古文说便是:公方五百里,侯方四百里,伯方三百里,子方二百里,男方百里。至于公、侯方百里,伯方七十里,子、男方五十里,却是经今文说。军队的编制,据经古文说便是:天子六军,大国三军,中国二军,小国一军;此处所引,却是经今文说。
③ 广封先王之后,如封黄帝之后于蓟,帝尧之后于祝,帝舜之后于陈,是为三恪;如封禹后于杞,纣子武庚于殷,并为二王之后。
④ 语见《左传》僖公二十四年。计封兄弟之国十五人,以周公旦为之首,封于鲁;同姓之国四十人,以召公奭为之首,封于燕;异姓之国二十人,以师尚父为之首,封于齐。

诸侯。

上面说过：封建制的国家里面，存有奴隶制的国家的残余。西周本来是封建制的国家，但其中正存有不少的奴隶制的残余。《书经》《诗经》中，便记载着周代使用奴隶来大兴土木，开垦土地以及供徭役征战的事情。《今文尚书》中，又记载着周公骂殷人"蠢殷""戎殷""庶殷"以及"殷之顽民"这一类的话语，并且周公还征发那些"庶殷"来作洛邑。这些，便明证当时尚存有奴隶制的国家的残余。

周代的封建制度，在周平王东迁洛邑以后，便发生动摇。经过春秋时代二百多年的长期纷争以后，所谓诸侯之国，合并的合并，灭亡的灭亡，到战国时代，只剩下齐、楚、燕、秦、韩、赵、魏七个大国。秦灭六国，封建制度在形式上归于消灭，统于一尊的政治组织乃继而开始。封建制度在形式上虽归于消灭，但是，因为中国的经济组织没有经过产业革命这个时期，所以实质的封建制度——或者说封建势力——却依然存在：农业方面地主和农夫对立的庄园制以及工商业方面师傅和徒弟对立的行帮制，固然是真正的封建制度之产物，即政治方面汉代的诸王、唐代的藩镇、明末的三藩、清代的总督以及民国的督军，又何曾不是真正的封建制度之产物呢？这样看来，中国的封建制度，实在是近百年来才发生根本的动摇，换句话说，即在资本帝国主义侵入以后才发生根本的动摇。

中国自受资本帝国主义的侵略以后，手工业的农村经济日趋没落，农村中的失业者才跑到城市做工场的工钱劳动者，因此，才产生资本家与工人的对立的关系，虽然其关系不十分明显而资本家与工人的数目又属有限。但是，中国近百年来的产业革命是外铄的而不是内发的。在欧战期间，中国自身的轻工业，虽有长足的进展，然而欧战以后，毕竟受不住资本帝国主义的狂风暴雨一般的摧击，也就没落下来了；因此，中国的经济状况，始终不曾脱离殖民地的地位。

其次，就上面所述的"无纯粹的社会现象"一点来说，则今日的中国社会形态，便不纯粹是资本制的，而封建制的地主与农夫对立关系以及师傅与徒弟对立关系，却依然占着重要的地位，不过从大体上来说，中国的社会形态已经进到资本制的了。

三、中国社会之结构

在氏族社会中,其结合的纽带为血缘,各氏族成员都立于平等的地位,故其社会结构,无阶级的差别。等到由氏族社会进到奴隶制国家的时候,阶级的划分就显明出来了。盖族与族斗争,战胜者自然居于统治阶级的地位,而战败者却居于被统治阶级的地位,降为奴隶,替统治阶级开垦土地以及从事征战等。就是同族中的人,如果成为落伍的弱者,其结果也必然和异民族的被征服者一样,而降为奴隶的地位。这样的阶级的对立——贵族和奴隶——便是奴隶制社会的结构关系。

夏曾佑说过:"……若论其宏纲巨旨,则莫如百姓与民之辨。盖凡优种人,战胜劣种人,而占其地,奴其人,欲其彼此相安,视为定命,则必创一宗教,谓吾与若,所生不同,本非同类,原无平等之义,如是则一切人权,所享大殊,不啻皆天之所命,而无可质矣。故亚利安种据印度,必造婆罗门人,从大梵顶生;刹帝利人,从大梵臂生;吠奢人,从大梵股生;戍陀人,从大梵足生之说。百姓与民之义,亦正如此。……帝王皆上帝之子,故明堂大祭,祭其祖之所自出,而以其祖配之也。百姓者,王公之子孙,亦即天子之子孙矣。百姓之义如此。至于民者冥也,言未见人道,因彼族三生凶恶,故著其事,而谓之民。故民字专为九黎有苗而设。如推其种所从出,则羌,羊种也;蛮,蛇种也;闽,亦蛇种也;貊,豸种也,貊之言貉,貉,恶也;狄,犬种也,狄之为言,淫辟也——其言异族之从出如此。百姓与民,既有天神与虫豸之别,故所享利权,因之大异,其纲要为礼不下庶人,刑不上大夫。案《礼经》所传者,莫完整于《仪礼》十七篇,皆为士礼,礼皆行于庙,庶人无庙(庶人即民),故无礼也。而《书·吕刑》,述民与刑之源流,最为详尽。其对民之处,皆称皇帝,与对本族称帝有别。盖所谓墨、劓、剕、宫、大辟诸刑,本黎民苗民之法,即以其人之法,还治其人之身;今欧人之驭殖民地之土人,莫不然也。"①

又《书·尧典》上说:"克明峻德,以亲九族。九族既睦,平章百姓。百姓昭明,协和万邦。黎民于变时雍。"

---

① 见夏曾佑著《中国历史教科书》第一篇第一章第十四节《黄帝之政教》。

以上两段，固未可尽信①，但百姓与民的划分，正暗示着奴隶制国家里面阶级对立的关系。殷人在快要被征服的时候说道："商今其沦丧，我罔为臣仆。"② 这正是说怕在被征服时，一一都要遭杀戮，要想做奴隶都办不到；并且，这两句话，又表明出商代贵族与奴隶对立关系之显明。由上所述，我们便可以推定夏、商时代的社会结构，或许就建立在贵族与奴隶这个阶级对立的关系上面。

　　这个社会结构，也明白地表现于西周时代——虽然封建制度始自西周。被征服的殷人，固然降为奴隶；即当时从事耕种的农夫，又何曾不是奴隶？"倬彼甫田，岁取十千。我取其陈，食我农人。"③ 这不明明是把农夫做榨取的对象，而贵族坐享其成，以其剩余陈腐的谷米给农夫吃么？"经始灵台，经之营之。庶民攻之，不日成之。经始勿亟，庶民子来。"④ "天子命我，城彼朔方。"⑤ 这不明明是要农夫去做工事供徭役么？"击鼓其镗，踊跃用兵，土国城漕，我独南行。"⑥ 这不明明是农夫被征发去从军么？这就叫做农工兵三位一体，在平时从事耕种，便是农夫；在大兴土木时去供徭役，便是工人；在战时去从军，便是军人。这样一来，农夫便成为奴隶了。

　　周室东迁以后，贵族统治逐渐崩坏，而所谓奴隶中的狡黠者也得乘机抬头。但自从这个时候起，封建制度就愈见确立起来了。在政治方面，如韩愈所说，便是："君者出令者也；臣者行君之令，而致诸民者也；民者出粟米、麻丝，制器皿，通货财以事其上者也。君不出令，则失其所以为君；臣不行君之令，则失其所以为臣；民不出粟米、麻丝，制器皿，通货财以事其上，则诛。"⑦ 如《孟子》上所说，便是："或劳心，或劳力。劳心者治人，劳力者治于人。治于人者食人，治人者食于人。"所谓君，所谓治人

---

　　① 黄帝本身带有传说的性质，故未可尽信。又上面说过，商代文字尚在形成的途中，故《尧典》这段文章，亦未可尽信。
　　② 见《商书·微子》。
　　③ 见《诗经·小雅·甫田》。
　　④ 见《诗经·大雅·灵台》。
　　⑤ 见《诗经·小雅·出车》。
　　⑥ 见《诗经·邶风·击鼓》。
　　⑦ 见韩愈《原道篇》。

者，便代表统治阶级的全体；所谓民，所谓治于人者，便代表被统治阶级的全体；所谓臣，则调和于二者之间，为统治阶级与被统治阶级的中间物，即仕而优则学、学而优则仕的智识分子全体。统治阶级凭借其政治权力剥削被统治阶级，以维持自己的生存；被统治阶级运用其经济手段直接或间接从事于生产，养活自己，兼供养活统治阶级全体；智识分子则不事生产，专依附统治阶级的权力，直接或间接以攫取被统治阶级的生产物。至于农业方面，则有地主榨取农夫，而又有所谓乡绅依附地主以欺压农民。在工商业方面，则有师傅榨取徒弟。中国社会的结构，从周室东迁以后直到最近百年前，便完全是这样的。

最近百年来，因资本帝国主义的侵入，中国社会的结构，起了剧变。在政治方面，固然和以前一样，统治阶级、被统治阶级以及智识分子，为构成社会的三大柱石。但在工业方面，却因外国资本主义之侵入与本国资本主义之逐渐发展，而呈现出资本家与工人的对立关系；同时，买办阶级①之发生，更是在资本帝国主义侵入中国以后的现象，这就是因为买办阶级完全是外国资本家剥削中国人的工具的缘故。在农村方面，则因资本主义的压迫，整千整万的农民，又流为无产者，而跑到都市去做工钱劳动者。在都市方面，除资本家与工人、商人与店员之外，更加上新式的智识分子，如大学教授、新闻记者以及律师等。

---

① 沙为楷编《中国之买办制》上说："买办云者，乃华人与外商根据互订之契约，在一定报酬之下，充外商之使用人；居于外商与华商之间，以外国商人之名义，与华商交易。一方面纳保证金，或具保证人；关于一切交易，须负无限保证之责任，于交易成就之后，而得其规定之佣金者也。是以买办一方立于外人之使用人地位，他方根据互订之特约，于所定职务权限之范围内，以完成其营业为目的。举凡一切交易，对于外商皆立于保证地位也。例如一般商场之买办，由店中给与一定之月薪，使之周旋各种交易，保证华人顾客之信用，并负顾主纳款之责任。或则处理货物之购入卖出等手续，而得相当之佣金。轮船公司买办，则在一定薪俸之下，使之招徕货物及乘客，并作缴纳水脚之保证。银行买办，则受银行一定薪俸，以一己之责任及利害，掌管一切出纳事物。凡经由买办之手，所有对于华人之汇兑买卖货款承受等，均负完全保证，同时由银行给以相当之佣金是也。"要之，买办阶级之发生，是由以下三种原因而来的：（一）中外语言之不同；（二）中外习惯之不同；（三）营业上的特别需要。

【问题提要】

（一）试略述社会演进之一般的法则。

（二）何以考古学在古史研究上占重要的地位？

（三）中国古史的研究之困难点在什么地方？

（四）夏、商二代，究竟属于哪样的社会形态？又黄帝至尧、舜这个时代，究竟属于哪样的社会形态？

（五）封建制度何以在中国有这样悠久的历史？又封建制的社会结构是如何的？

（六）何以无纯粹的社会现象？

（七）最初的社会的阶级对立是因何而产生的？

（八）试述百姓与民之区别。

（九）资本帝国主义侵入以后，中国社会的结构发生怎样的变化？

第二章　政治制度之变迁

一、氏族社会的政治制度

根据莫尔甘《古代社会》的研究，辛尼加（Seneca）氏族社会的政治制度之特征便如次所示：

（一）各氏族有酋长及临时性的军侯，由氏族成员中选出，唯军侯可选异姓。酋长之子不能继任为酋长，因系母系社会，男子应归于他族。

（二）一姓人得自由罢免酋长与军侯。

（三）同姓人有评议会，为一切成员之民主的集会，各人均有同等的表决权。由此评议会选举并罢免酋长与军侯。

黄帝以前不可考，我们率性不去理它；但自黄帝至尧、舜这个时代的政治制度，却颇与氏族社会的政治制度相似。

第一，相传尧以子丹朱不肖，而禅位于舜；舜以子商均不肖，而禅位于禹。普通史家，认为此系不传子而传贤，称曰揖让之世。其实，尧、舜、禹，或许都是由氏族成员公选出来的。我们在《帝典》中看那些四岳十二牧在皇帝面前推举，便明明是各姓的酋长军侯在开氏族评议会去选举新的酋长或诸侯。并且，在氏族社会中，父权并没有成立，所以父子还不能相承①。

第二，相传帝挚既立，才到九年光景，就被废了，改立帝尧。这在后世史家看来，便成为大逆不道；其实，在氏族社会中，这样的废立，却是

---

① 又如少昊不能传位于其子，而昌意之子颛顼却能出而代之；颛顼不能传位于其子，而玄嚣之孙帝喾却能出而代之，亦足与此说相印证。夏曾佑说："大约天子必选择于一族之中，而选举之权，则操之岳牧。"——见夏氏著《中国历史教科书》第一篇第一章第十八节。

通常的事体。

由上所述，则这个时代的政治制度，和氏族社会的政治制度颇有类似之处；不过这种解释，是从社会进化史的观点而来的，并且，因其尚在研究的途中，所以未可断为定论。

二、神权政治

神权思想是初民社会必然的产物。初民思想简单，对于自然界各种现象都不知其所以然，认为一切现象都可惊异，都含有神秘性，由此一切都神化了。不用说，初民社会之所谓神，必须是多神。但到奴隶制成立以后，人间权力统于一尊①，于是天上的神权也就必得归于一统。神权政治（Theocracy）的思想，便是这样产生出来的②。

表现神权政治思想最显明的书，要算《洪范》。《洪范》这一篇是箕子作的，而《洪范》九畴相传是大禹治水时所得的《洛书》。现在我们就来考究《洪范》中所表现的神权政治思想。

第一，《洪范》的立足点，就是首先承认存有一个唯一的人格神，即"天"或"帝"。所以《洪范》上说："唯天，阴骘下民，相协厥居。……我闻在昔，鲧堙洪水，汩陈其五行。帝乃震怒，不畀洪范九畴，彝伦攸斁。鲧则殛死，禹乃嗣兴。天乃锡禹洪范九畴，彝伦攸叙。"这个人格神，便是左右一切的主宰者，地上的天子之父，所以《洪范》上又说："天子，作民父母以为天下王。"这就无异乎说：所谓天子，一面为天之子，一面又为民

---

① 夏代天子的权威，实较前代为重，盖此时似已由氏族社会推移到奴隶制的国家。又从历史上，亦可考见夏代天子权威之重，如会稽之会，防风氏后至，竟为大禹所戮；如启继禹为天子，有扈氏不服，竟为启所灭，而天下诸侯为所慑服；都无不是天子权威加重之表示。

② 《国语·楚语》观射父之言曰："古者民神不杂。民之精爽不携贰者；而又能齐肃衷正；其知能上下比义；其圣能光远宣朗；其明能光照之；其聪能听彻之；如是则明神降之。在男曰觋，在女曰巫。是使制神之处位次主，而为之牲器时服。而后使先圣之后之有光烈，而能知山川之号，高祖之主，宗庙之事，昭穆之世……而敬恭明神者以为之祝。使名姓之后能知四时之生，牺牲之物……坛场之所，上下之神，氏姓之出，而心率旧典者为之宗。于是乎有天地神民类物之官，谓之五官。各司其序，不相乱也。民是以能有忠信，神是以能有明德。"像这样的政治，便是巫觋政治，即神权政治。

之父母。这个天子，就是替天行道的地上唯一主宰者。唯其如此，所以庶民只有拥戴天子服从天子，而无反抗天子之理。至于"天乃锡禹洪范九畴"，这《洪范》九畴，便是天给予天子的治国平天下的九条大法，这就是一个整齐划一的神权政治的体系。

第二，《洪范》五行——水、火、木、金、土，原来是初民解释自然的五大原素，初民思想简单，以为万事万物都是由这五大原素演化出来的。由五行演化出来，就有五事（貌、言、视、听、思）；所以"在天为五行，在地为五事"，天人相感，便形成休咎的五征（雨、旸、燠、寒、风）。这样由天上的五行去支配地上的人事，便是神权政治的中心结构。

第三，有了人事，自然就有刑政来处理人事，根据这个次序，才产生八政（食、货、祀、司空、司徒、司寇、宾、师），这就是国家组织之起源。

天子既要替天行道，作威作福，固然有刑政来范围庶民，但要贯彻他的神权政治，就不得不用占卜来欺骗庶民。《洪范》上说"汝则有大疑，谋及乃心，谋及卿士，谋及庶人，谋及卜筮"，便可见龟筮与天子、卿士并举，而获得一票表决权了。《洪范》上又说"汝则从，龟从，卿士逆，庶民逆，吉"，便可见凡事只要龟筮赞成，纵令卿士、庶民持异议，而天子也可以独行[①]。天子既是替天行道，又有这种方法来欺骗庶民，自然他就可以为所欲为，而把政权与教权合于一尊了。

三、贵族政治与封建政治

由氏族社会推移到奴隶制的国家的时候，便产生出贵族与奴隶两个划然不可相逾的阶级。这时的贵族，实际上就是政治上强有力的主动人。夏、商二代，固然是神权政治很盛行的时候，但当时的贵族，却居重要地位；所以关于出师用众迁国授官诸大事，都没有不先询之于父老托之于宗室的。西周虽行封建政治，然它以亲亲立国，所以贵族在政治上也表现出很可观的力量。常乃德著《中国政治制度小史》上说："王朝之内，则周、召二公，世为辅政，皆周之同姓，其余世卿若单、刘、虢诸氏，皆贵族之最著

---

① 河南安阳殷墟所发现的龟甲兽骨的破片，其中多数是殷代卜占的繇辞，足见神权政治，在殷代是很盛行的。

者，故厉王出奔，则周、召二公共和为政；平王东迁，则晋、郑二国是辅是依，皆贵族政治之证也。其余诸侯亦多效周制，或以同姓宗室为辅政，如鲁之三桓，郑之七穆，或以异姓世卿为辅政，如齐之高国，晋之六卿是也。盖其时贵族皆父子递传，世守其官，有一定之采地，有相当之属民，与君主地位相差不远。"① 又梁启超也说："若夫贵族平民两阶级，在春秋初期以前，盖划然不相逾。百姓与民对举，大夫、士与庶人对举，君子与小人对举，经传中更仆难数。乃至有'礼不下庶人，刑不上大夫'等语。似并法律上身分亦不平等。关于此方面真相如何虽未敢确答；要之政权恒在少数贵族之手，则征之《左传》中所记诸国情事，甚为明白。盖封建与宗法两制度之结果，必至如是也。"② 由上所述，便知西周贵族政治之盛。

其次，关于贵族政治之动摇与崩坏，梁启超也说过。他说："……虽然，此局（指贵族政治）至孔子出生前后，已次第动摇。'陪臣执国命'，各国所在多有。如齐之陈氏，本羁旅之臣，卒专齐政而有齐国。即以孔子论，彼明言'吾少也贱'，尝为委吏乘田，盖'庶人在官者'之流亚耳，然其后固又为鲁司寇参大政。然则政权并非由某种固定阶级永远垄断，在春秋中叶已然。贵族政治之完全消灭，在春秋以后。……然而环境之孕育此变化，实匪伊朝夕。其主要原因，则在智识之散布下逮。封建初期，政治教育与政治经验，皆少数贵族所专有。一般平民，既无了解政治之能力，复无参加政治之欲望。及其末期，则平民之量日增，而其质亦渐变。第一，小宗五世则迁，迁后便与平民等。故平民中含有公族血统者日益多。第二，当时贵族平民，互相通婚，故实际上两阶级界限颇难严辨。第三，各国因政变之结果，贵族降为平民者甚多。例如前文所举'栾、郤、胥、原，降在皂隶'。第四，外国移住民，多贵族之裔。例如孔子之祖孔父，在宋为贵族，而孔子在鲁为平民。此等新平民，其数量加增之速率，远过于贵族，而其智识亦不在贵族之下。此贵族政治不能永久维持之最大原因也。"③ 梁氏此说，大抵近是，然贵族政治崩坏的究极原因，却在于当时产业的发达，

---

① 见常乃德著《中国政治制度小史》第3页。
② 见梁启超著《先秦政治思想史》第76页。
③ 见梁启超著《先秦政治思想史》第76～77页。

而贵族平日习于养尊处优不事生产，故其生活日与生产事业相离，并且逐渐趋于没落；反之，奴隶在开垦荒土中，在使用为兵士向四方征服中，却逐渐获得自行制造私产的机会，而成为暴发户。"东人之子，职劳不来。西人之子，粲粲衣服。舟人之子，熊罴是裘。私人之子，百僚是试。"① 这不明明是说当时下等社会的人，往往有些暴发户，会爬到社会的上层去么？贵族既然在产业上趋于没落，必须在政治上不能占着重要的地位；而饭牛的宁戚、卖作奴隶的百里奚、郑国商人弦高以及起于罪隶的管仲，反能跳上政治舞台，建功立业。到了这个地步，所以贵族政治不能不由动摇而趋于崩坏。

　　再其次，请言封建政治。以前说过，封建制度，始于周代②。此制度，除列爵、锡土而外，尚有朝觐、巡狩、会同③等方法以维持主属的关系。如果照这样做去，则周室便是大一统的王廷，使全国的政治权力集中于一点。然而在实际上周室的权力，却不能逮及于诸侯，故其结果，所谓封建政治，竟为贵族政治造出一个大舞台。从而所谓封建政治，就无异乎是贵族政治。但是，封建制度是由宗法制度而来的，因此，最后还有一点要说明的，就是宗法与贵族的关系。我们说过夏、商二代是神权政治很盛行的时代，而殷代更有尚鬼尊祖的风习，所以周初建国，就利用这种报本尊祖的观念，把家族主义与政治结合为一，使中央王室与同姓诸侯形成一个大规模的家族，而产生所谓宗法。宗法组织的梗概，据《礼记·丧服小记》及《大传》所述，便是："别子为祖，继别为宗，继祢者为小宗。有百世不迁之宗，有五世则迁之宗。"

　　宗法的组织，如下图所示，这组织的要点，是"宗子"的地位和"大宗""小宗"的分别。"宗子"为"始祖"之代表。譬如某人征服了某地，而做了这个地方的王，他就是"始祖"；他的嫡长子，继承其王位，便称"大宗"；大宗以外的诸子，就称"小宗"。小宗又受封为诸侯，则其子孙复奉之为"始祖"，即所谓"别子为祖"；其嫡长子继为诸侯者，亦名"大宗"，即所谓"继别为宗"；而其他诸子，亦称"小宗"，即所谓"继祢者为

---

① 见《诗经·小雅·大东》。
② 参看第二编第一章第二节。
③ 《孟子·告子篇》上说："天子适诸侯曰巡狩，诸侯朝于天子曰述职。"

小宗"。因此小宗对祖国称小宗，而在所封国则为大宗。普通的小宗，高祖以上即迁入祧庙，没有时享，故曰"五世则迁"；至于大宗，则因其为始祖之后，所以"百世不迁"。被迁的小宗的族人，均由大宗收抚；故宗子有收抚同族之义务，而族人亦有尊奉宗子之义务，这就是《大传》上所说的"同姓从宗合族属"。

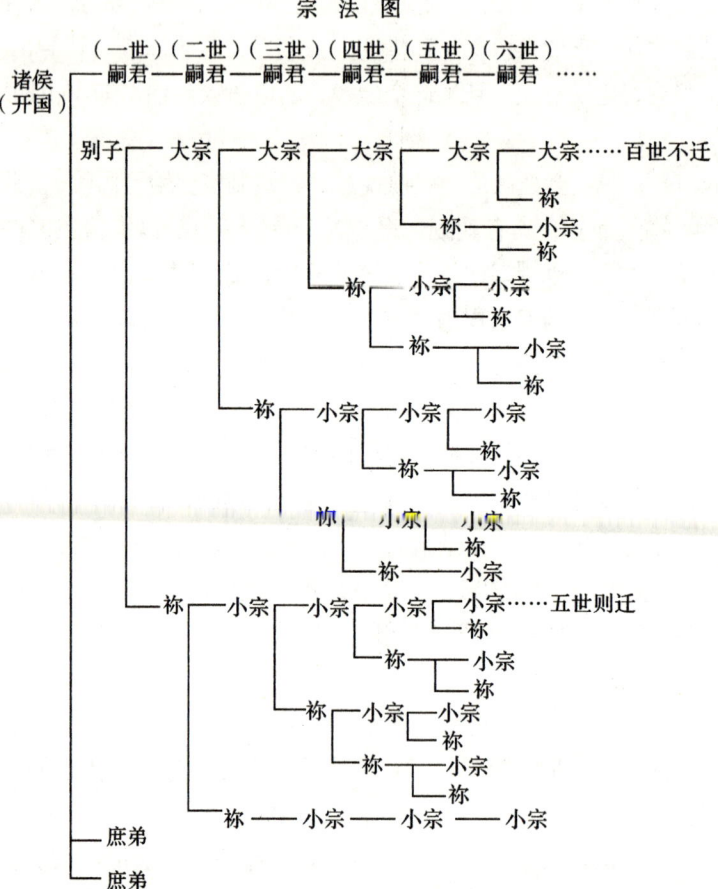

宗法组织既如此缜密，所以贵族阶级的团结就愈见坚固；进而，他们同族，不但均有分地，并且一有分地，就要互相扶持，使其永久不失，这便是《大传》上所说的"兴灭国，继绝世"。由此看来，便可以知道封建制度是由宗法制度发达而成的，并且，宗法与贵族的关系之密切，也可从此窥见了。

《大传》上又说："人道，亲亲也。亲亲故尊祖，尊祖故敬宗，敬宗故收族，收族故宗庙严，宗庙严故重社稷，重社稷故爱百姓。"这就无异把一国之事，视同一家之事。以家族组织，作为政治上的骨干，这便是宗法制度精神之所在①。

又宗法不但行之于贵族间，即一般平民亦有之。梁启超说："宗法又不唯行于王侯之支庶而已，一般平民亦有之。《左传》所记，'晋有翼九宗'，有'怀姓九宗'，翼九宗为晋之支庶，怀姓即隗姓，乃当时狄种也。《传》又记'楚人执戎蛮子，致邑立宗以诱其遗民'。又记'梗阳人有狱，魏戊不能断，以狱上其大宗也'。此可见凡民皆各有宗，且可以随时增立，而宗之所在，即民之所归也。"②族人宗法之制，既行于一般平民，于是家族主义遂成为社会组织之重要原素，此实农业社会所必有的现象③。所以直到今日，一般人仍重视家族，而不知有国家。

四、专制政治与秦之废封建为郡县

当贵族政治盛行的时候，只有秦国一国，始终不曾行贵族政治，盖秦贵族势力素来薄弱，不足以把持政治。孝公用商鞅，实行变法；而商鞅以法治主义为政治骨干，所以努力压抑贵族。变法令中所谓"宗室非有军功，不得为属籍"，便是论功行赏的办法。因此，虽属贵族，但若无功，依然不及爵秩。这不明明是压抑贵族么？又太子犯法，商鞅就说"法之不行，自上犯之"；在要法太子的时候，因为太子是嗣君，不可施刑，就只好"刑其傅公子虔，黥其师公孙贾"。这不明明是要实行法律平等，以打破前此贵族在法律上所具有的特殊保障么④？商鞅这样压抑贵族，其结果，就形成了秦国进到专制政治的准备阶段。

到了秦始皇的时候，他目击周室的衰弱与封建诸侯的强大，成了尾大

---

① 《中庸》上说："明乎郊社之礼，禘尝之义，治国其如示诸掌乎？"《孟子》上说"天下之本在国，国之本在家"。《大学》上说"欲治其国者先齐其家"。这都是家族主义在政治上所表现的精神。
② 见梁启超著《先秦政治思想史》第66页。
③ 龚自珍说："礼莫初于宗，唯农为初有宗。"
④ 前此贵族政治时代的法律是不平等的。如贵族犯法，有"议亲""议贵"等说的减轻刑名，有"刑不上大夫"的特殊保障，有"公族无宫刑"的特殊宽免。

不掉的情势，便毅然废封建行郡县①，以实现其大一统的理想。至是，中国的政治制度，就别开一新局面，而过渡到定于一尊的专制政治。夏曾佑说："秦自始皇二十六年并天下，至二世三年而亡，凡十五年，时亦促矣！而古人之遗法无不革除，后世之治术悉已创导，甚至专制政体之流弊，秦亦于此匆匆之十五年间尽演出之。诚天下之大观也。今试举前节所引，一一复案之，即可得其实证。并天下，一也。（三代之王，仅易一王室耳，前代之诸侯自若也。）号皇帝，二也。自称曰朕，三也。命为制，令为诏，四也。尊父曰太上皇，五也。天下皆为郡县，子弟无尺土之封，六也。（并天下，为尽取人之所有；废封建置郡县，为不复共之于人，故其事为二，非一事也。）夷三族之刑，七也。相国、丞相、太尉、御史大夫、奉常、郎中令、大夫、卫尉、太仆、廷尉、鸿胪、宗正、内史、少府、詹事、典属国、监御史、仆射、侍中、尚书、博士、郎中、侍郎、郡守、郡尉、县令，皆秦官，八也。朝仪，九也。律，十也。此十者，皆秦人革古创今之大端也。"②始皇所创的这些新刑政，其目的在于使国家权力集中于中央，而实现其大一统的集权制。但是，从这大一统的集权制出发的设施，尚不止此，第一，他又把天下富豪，迁到咸阳，收天下兵器，铸为"钟""鐻"与十二个铜人，以灭杀地方反抗之势；第二，他又统一度、量、衡等法度以及文字，使全国人民有所遵从③。专制政治到了这个地步，可算登峰造极的了。

---

① 初并天下时，丞相王绾等奏请："六国初破，燕、齐、荆地远，不为置王，无以填［镇］之，请立诸子，唯上幸许。"始皇下其议，群臣皆以为便。独廷尉李斯曰："周文、武所封子弟同姓甚众；然后属疏远，相攻击如仇雠；诸侯更相诛伐，周天子弗能禁止。今海内赖陛下神灵，一统皆为郡县。诸子功臣，以公赋税重赏赐之，甚足易制。天下无异意，则安宁之术也。置诸侯不便。"始皇曰："天下共苦战斗不休，以有侯王。赖宗庙，天下初定，又复立国，是树兵也；而求其宁息，岂不难哉？廷尉议是。"始皇深知天下共苦战斗不休，就为的是有王侯，所以他毅然废封建而分天下为三十六郡。

② 见夏曾佑著《中国历史教科书》第二篇第一章第五节。

③ 许慎《说文解字序》说："其后诸侯力政，不统于王；恶礼乐之害己，而皆去其典籍。分为七国，田畴异亩，车途异轨，律令异法，衣冠异制，言语异声，文字异形。秦始皇帝初兼天下，丞相李斯乃奏同之，罢其不与秦文合者。"

秦始皇厉行专制政治，心想天下从此太平，可以把皇统传到万世以至于无穷。谁知不胜力役之苦的陈胜、吴广等，揭竿而起，却把秦室推翻了①。这一次的革命，有人说是封建政体的反动，其实，革命的主力军，却是响应陈胜辈的农民、佚徒、浪子、流民。所以像这样反统治阶级的革命，便只好说是平民革命。

五、封建郡县并行制

当革命军纷起反秦的时候，六国后裔多有被人拥立为王者，如魏人张耳、陈馀立赵国后裔歇为赵王，如魏人周市立魏国公子咎为魏王。等到项羽刘邦快要纷争的时候，项羽竟自己分封诸侯②。这样一来，封建制度似乎又有复活的趋势。后来刘邦得帝，很得力于当时强有力者之背楚归汉，所以他为着要有求于人，更不得不论功分封。像他这样的行封建制度，实系出自当时环境的要求，而他的本心，却很怕异姓诸王强大，于己不利；因此六七年间，他竟把异姓诸王，或诛或废③，独长沙王芮以国小得久存（至文帝末年，以无后国除）。这便叫做"飞鸟尽，良弓藏"。但是，刘邦的矛盾心理，却又认为秦亡之速，或者由于孤立，而似乎有行封建之必要，不过异姓诸王不可靠，若改封同姓，便可以措一家的天下如磐石之安了。所以在他陆续废黜异姓诸王的时候，就大封子弟同姓为王④，并立誓"非刘氏不得王"。然权利所在，又那能禁人觊觎，故景帝时竟有吴、楚七国之乱。乱平之后，中

---

① 其时起兵反秦，固有六国遗臣，图复灭国之仇者；然革命之主力军，仍为陈胜辈迁徙之徒。

② 初楚怀王与诸将约："先入定关中者王之。"项羽不听，竟自立为西楚霸王，封刘邦为汉王、章邯为雍王、司马欣为塞王、董翳为翟王、魏王豹为西魏王、韩王成为韩王、申阳为河南王、司马昂为殷王、赵王歇为代王、张耳为常山王、英布为九江王、吴芮为衡山王、共敖为临江王、燕王广为辽东王、臧荼为燕王、齐王市为胶东王、田都为齐王、田安为济北王。

③ 杀楚王韩信与梁王彭越，逼反淮南王黥布，废辱赵王张耳之子敖，燕王卢绾小心人匈奴。

④ 当时刘氏王者有九国，即齐王肥、楚王交、赵王如意、梁王恢、淮阳王友、代王恒、淮南厉王长、吴王濞、燕王建。其中吴为高祖兄子，楚为高祖弟，余皆高祖庶子。

央对于封国多所压抑，不但削弱王国的土地，而且小国的列侯，也多留置京师，不使就国。至是，封建制度，便有名无实；而外戚政治，反继之而起①，竟移汉室的国祚。

汉初行封建制的时候，同时又行郡县制，使郡国杂处，犬牙交错，以相牵制。汉初，以秦郡过大，析为六十二郡，然南海、闽中、象郡、桂林已非汉力所及。武帝拓疆，境内郡国相间，计一百零三郡，二百四十一国，所属县邑一千三百十四②，而统摄于十三部③。除畿辅置司隶校尉外，其他各州均设刺史，以监督郡国的守相。后来国数愈减，郡数愈增，刺史的实权因之益大。自是以州统郡，以郡统县，由郡国制而变为州郡制。中央集权，从此益加确立。不过汉末大乱，州郡并得便宜行事，于是州牧④之权特重，而开据地自雄之风。降至三国，魏刺使任重者，得加"使持节都督"的名目，其任轻者，亦得加"持节"的名目，遂开后世藩镇之端。所以梁启超说："及其衰世，而小小反动起焉，曰州牧。晚汉州牧，实中唐藩镇之先声也。其土地初本受诸帝室，非封建也。乃传诸子孙，与封建无异矣。故前此诸侯王诸列王，无封建之实，而有其名；此州牧无封建之名，而有其实。"⑤

---

① 夏曾佑说："古者天子崩，太子即位，谅阴（谓三年不言也）三年，政事决之冢宰，未有母后临朝者也。母后临朝之制，至汉大盛，其事遂与中国相终始。然其事亦不起于汉，七国时已有之。案《史记·赵世家》，赵惠文王卒，孝成王初立，太后用事。又《范雎传》，范雎曰：'臣闻秦有太后穰侯，不知有王也。'此皆为汉太后临朝之先声也。推其原理，大约均与专制政体相表里。盖上古贵族政体，君相皆有定族，不易篡窃；故主少国疑，不难委之宰相。至贵族之制去，则主势孤危，在朝皆羁旅之臣，无可信托者，猝有大丧，不能不听于母后。而母后又向来不接廷臣，不能不听于己之兄弟，或旧所奔走嬖御之人，而外戚宦官之局起矣。"见夏氏著《中国历史教科书》第二篇第一章第二十节。夏氏说明外戚宦官专权之理由，可称近是。西汉末叶，大政全为外戚把持，卒之，王莽起而代汉。东汉一代，外戚与宦官交构，结果，何进、袁绍竟以外戚之力，尽杀宦官而造成诸侯割据之局。

② 其中通蛮夷之县邑称为"道"，计三十二。

③ 汉十三部，属于黄河流域者有司隶校尉部、豫州刺史部、徐州刺史部、青州刺史部、兖州刺史部、凉州刺史部、并州刺史部、冀州刺史部、幽州刺史部，属于长江流域者有益州刺史部、荆州刺史部、扬州刺史部，属于西江流域者有交州刺史部。

④ 成帝时，改刺史为州牧。

⑤ 见梁启超著《中国专制政治进化史》（见《新民丛报汇编》）。

六、封建政治之再现与军阀政治

晋武帝即位之初，惩魏室因孤立而亡，大封宗室，令诸王皆得自选国中长吏，拜诸王为都督，遣就国，各徙其国，使与州相近，由是诸王得典兵。卒之，诸王势力强大，惹起了八王之乱①。并且，因八王之乱，又引起五胡乱华，晋室天下，就从此破碎不堪了。封建政治，至是遂告一结束②。

其次，请言军阀政治。中国政治，自两晋南北朝经隋、唐以至五代十国，有一个特殊现象，即是军阀政治。曹魏、司马晋，其初都是军阀，不必论了。东晋废除封建、任州镇诸将募兵以后，政权不归于宗室而下移于镇将，军阀政治的局面，由是确立。东晋一代，元帝时王敦之乱③，成帝时苏峻之乱④，末年桓氏之乱⑤，都是军阀政治的表演。卒之，军阀刘裕迫帝禅位，代晋而有天下。刘裕既立，改国号曰宋，八传被篡于齐高帝萧道成；齐传七帝，被篡于梁武帝萧衍，梁传四帝，被篡于陈武帝陈霸先；陈传五帝，又为杨坚⑥所灭，这一系列的篡夺，又是军阀政治的表演。隋统

---

① 八王为汝南王亮、楚王玮、赵王伦、齐王冏、长沙王乂（yì）、成都王颖、河间王颙、东海王越。

② 唐代虽行封建，有亲王、郡王、国公，郡县开国公、侯、伯、子、男九等之号，然无官土，且王侯不必亲临其国，不过在京师衣食租税罢了。金、元宗室诸王势力很大，故其帝位时有攘夺之事，然此系异族所特有，与我国固有的封建制度无关。明初也行分封，且屡起变乱，然诸王力量，已不及汉之七国、晋之八王了。所以说"封建政治，至是遂告一结束"。

③ 王导及其从兄王敦，同事元帝。王导为相，王敦为将。故时人为之语曰："王与马，共天下。"后王敦果作乱，为苏峻所平。

④ 苏峻平王敦之后，威望渐著，遂潜有异志。及成帝以年幼初立，峻遂举兵反，后为温峤所平。

⑤ 桓氏仕晋，始自桓彝，彝长子温，幼时为温峤所赏，后温官至荆州刺史，屡立战功。孝武征温入朝，温至，有位望者，咸震慑失色，其势力之大可知。温死，其弟冲代领其众，时慑于谢安、谢玄之威，故不敢反。冲死后，桓玄又继其业，时谢安已卒，桓玄遂因时变，得自署总百揆、都督内外诸军事、录尚书事、扬州牧，领徐、荆、江三州刺史，后自称为楚相国，受安帝禅，国号大楚。后为刘裕、刘毅所平。

⑥ 杨坚先代，世仕北朝。坚幼以父（杨忠）荫，官散骑常侍，至定州总管。后坚入总朝政，都督内外诸军事，遂代北周而有天下。旋命韩擒虎、杨素等灭陈。

一天下，传至炀帝，又为太原留守李渊所篡。唐初统一中国，本有中央集权的力量①，然自玄宗设十节度使以后②，政治权力，遂由中央转移于地方的节度使，其结果，竟惹起了安、史之乱。安、史乱平，肃、代二宗，又专事姑息，诸镇节度使或由军士拥戴，或自由割据，或婚姻相结，或父子世袭，中央更无控制的能力。等到黄巢乱平，朱全忠竟以功任宣武节度使而篡唐。降至五代十国③，军阀益加横行，所谓五代，仅经五十四年，竟易八姓十三主其纷乱可知。等到宋代统一天下，军阀政治，始告终局。

七、魏晋以后的门阀

上面说过，魏晋以后，是军阀政治的时代，但是，从魏晋至唐中叶，所谓世族门阀，却间接影响于政治者甚大，所以要在这里将它叙述一下。关于门阀的起因，夏曾佑说得很好，他说："魏之于中国，其关系亦大矣！案魏文延康元年，以陈群之议，立九品官人之法。其法于州郡县，俱置大小中正，各取本处人，在诸府公卿及台省郎吏，有才德者充之，区别所管人物，定为九等，吏部不复审定，但委中正，铨第等级，凭之授受。其弊也，唯能知其阀阅，非复辨其贤愚，所谓下品无高门，上品无寒士也。南朝至于梁、陈，北朝至于周、隋，选举之法，虽互相损益，而九品及中正，终为定制。又因其时，匈奴、羯、胡、鲜卑、氐、羌诸族，深入禹域，与诸夏杂处，婚嫁不禁，种族混淆，衣冠之族，不能不自标异。积此诸因，

---

① 初唐统一中国，分地方行政区域为十道，以道隶州，以州隶县，而以州刺史为地方重要行政长官。同时行府兵制，全国设六百三十四折冲府，关内道占二百六十一，每年由各府轮流宿卫京师。当时军民分治，而总集大权于中央政府。

② 节度使之设，始于睿宗时任贺拔延嗣为凉州都督河西节度使。玄宗时，于边境设十节度（平卢、范阳、河东、朔方、陇右、安西、河西、北庭、剑南、岭南），往往加兼按察、安抚、度支等使，以统辖各州。由是民政、财政、军政都入于藩镇之手。

③ 十国中除南唐李昇与北汉刘崇外，其余皆起自节度使，如吴杨行密于唐时为淮南节度使，前蜀王建于唐昭宗时为西川节度使，楚马殷于唐时为武安节度使，闽王审知于唐昭宗时为威武节度使，吴越钱镠于唐昭宗时为镇海节度使，南汉刘隐于唐昭宗时为靖海节度使，后蜀孟知祥于后唐庄宗时为西川节度使，荆南高季兴于后梁太祖时为荆南节度使。

遂不得不由征辟之世，倒演而归于门阀之世。其所以与三代不同者：三代与政治相连，此不必与政治相连耳。"① 门阀的起因是如此，但其阶级制度又是怎样的呢？关于这点，也可以引用夏氏的话，他说："其时士庶之见，深入人心，若天经地义然。今所见于史传者，事实甚显。大抵其时士庶，不得通婚。故司马休之数宋武曰：裕以庶孽，与德文嫡婚，致兹非偶，实由威逼。沈约之弹王源曰：风闻东海王源，嫁女与富阳满氏，王满联姻，实骇物听。此风勿翦，其源遂开。点世尘家，将被彼屋。宜置以明科，黜之流伍。可以见其界之严矣。其有不幸而通婚者，则为士族之玷。如杨佺期自以杨震之后，门户承藉，江表莫比；有以其门第比王徇者，犹恚恨。而时人以其过江晚，婚宦失类，每排抑之。然庶族之求俪于士族者，则仍不已；不必其通婚也，一起居动作之微，亦以偕偶士族为荣幸。而终不能得。如纪僧真尝启齐武曰：臣小人，出自本州小吏。他无所须，唯就陛下乞作士大夫。帝曰：此事由江敩、谢瀹，我不得措意，可自诣之。僧真承旨诣敩，登榻坐定。敩命左右：移吾床，让客。僧真丧气而退，告帝曰：士大夫固非天子所命也。其有幸而得者，则以为毕生之庆。如王敬则与王俭同拜开府仪同，曰：我南州小吏，侥幸得与王卫军同拜三公，夫复何恨？甚至以极凶狡之夫，乘百战之胜，亦不能力求。如侯景请娶于王、谢。梁武曰：王、谢高门非偶，当朱、张以下访之。积此诸端观之，当时士庶界限，可以想见。……此皆南朝之例。若夫北朝，则其例更严。南朝之望族，皆与皇族联姻。其皇族，如彭城之刘，兰陵之二萧，吴兴之陈，不必本属清门。唯既为天子，则望族即与联姻，亦不为耻。王、谢二家之在南朝，女为皇后，男尚公主，其事殆数十见也。"② 此风至唐中叶以后，还很流行，所以《唐书·杜羔传》说："文宗欲以公主降士族，曰：民间婚姻，不计官品，而尚阀阅；我家二百年天子，反不若崔、卢耶？"世族在阶级上既有这样的名贵，所以在这种情势之下管理政事者，当然不是寒门卑贱之流。纵偶有出自寒门而通显者，亦只可视为例外。然此种制度，自隋、唐行科举以后，即已日在动摇之中，加之天宝乱后，"赐姓"与"义儿制度"盛行，而门阀之习，就因此破坏无余了。

---

① 见夏曾佑著《中国历史教科书》第二篇第二章第三十八节。
② 见夏曾佑著《中国历史教科书》第二篇第二章第三十八节。

八、专制政治之成熟

自秦迄唐,从大体上言,都是专制政治。然专制政治之成熟,则自宋始。宋太祖以归德节度使而为天子,亦如前代诸帝,为军士所拥立。他目击这种风气不利于己,所以力求减杀军人的特权,以实现中央集权的专制政治。他的办法便是:一、罢功臣典禁兵;二、以文臣知州事,各州皆设通判;三、命节度所领支郡皆直隶京师,得自奏事;四、设转运使,收诸路财政权于中央;五、选诸道兵入补禁卫,立更戍法,分遣禁旅戍守边城。这样一来,民政、财政、军政,才一统于中央,专制政治,到了这个地步,便可算到达极点了。至于明代,废除丞相,分其职于六部(吏、户、礼、兵、刑、工),则更是集大权于天子一人,以便凡事亲裁,他人不能措手,其专制程度,较诸宋代,却又进一步了。他如金、元、清入主中国,则以异族之故,猜防特严,专制程度,并不减于宋、明。要之,从宋至清,可以说是专制政治之成熟期。

【问题提要】

(一)何以五帝时代的政治制度有类于氏族社会的政治制度?

(二)神权政治因何而生?试述夏、商二代的神权政治。

(三)贵族政治因何而生?因何而灭?

(四)封建政治始于何时?

(五)宗法制度与贵族政治有什么关系?

(六)专制政治始于何时?又成熟于何时?

(七)军阀政治因何而起?

(八)门阀因何而起?因何而动摇、而消灭?

第三章 中央官制与地方官制之演变

一、官制之始

不论哪种民族，只要它的社会组织到达相当程度之后，就必有官职之设立。换句话说，就是要维护这社会之组织与生命，必得有主持维护责任的人。在氏族社会中，族长为一族之主祀者，同时又为一族之政治首长，以形成政教合一的体制。当时，民智未开，特重神权，所以巫觋之辈，成为全社会之最高主权者。太古各民族最初的职官，都是这样发生的。甄克思说："所考者：盖一，所以建立祭司大巫之神权，大巫号毕诃罗格；二，所以颂叹先灵，收其众，使亲附，有舞蹈之节，为歌诗，状述太古之事，曰阿尔赤灵阿；三，男女及年格者，于此受图腾之秘，若东方之冠笄，施洗割之礼，其事甚痛楚，往往数日始克竣事，或为其人文身黥刻，谓可不逢不若，便认识，终之乃命其所归之图腾，所居之辈行：凡此皆大巫之事，所定于是会者（按即指社会成员辈行序次时所举行之神閟之会），终身不易也。"① 观此，便可想见大巫权力之大。

今考中国古代社会，亦莫不如此。前章所引《国语·楚语》观射父之言，即其明证。所以梁启超在引用观射父之言之后，接着就说："吾侪今日读此，孰不以巫觋祝宗等为不足齿之贱业。殊不知当时之'巫'，实全部落之最高主权者。其人'聪明圣智'，而'先圣之后''名姓之后'皆由彼所'使'以供其职；而所谓'五官'者，又更在其下。盖古代政教合一之社会，其组织略如此。彼时代殆无所谓政治理想。藉曰有之，则神意必其鹄也。"②

---

① 见严复译甄克思著《社会通诠》第 11 页。
② 见梁启超著《先秦政治思想史》第 33~34 页。

此风在商、周，还颇盛行；准此，则尧、舜以前，就用不着说了①。

等到产业愈见发达，社会渐趋繁复，而私有财产制度又已确立的时候，这种设立官职之需要，也就日益迫切了。以下先述中央官制之演变，次述地方官制之演变。

二、中央官制之演变与中央政权之推移

相传虞舜设官，有司空（禹为之，掌平水土）、后稷（弃为之，掌播百谷）、司徒（契为之，掌敷五教）、士（皋陶为之，掌刑）、共工（垂为之，掌主百工）、虞（益为之，掌驯草木鸟兽）、秩宗（伯夷为之，掌礼）、典乐（夔为之，掌乐）、纳言（龙为之，掌出入王命）九官，分掌职务，为三代所因依；然此多附会之说，未可全信。夏代中央官制，据《王制》所传，便是"天子三公，九卿，二十七大夫，八十一元士"②，但此系指封建制度而言，夏既未行封建制度，则此等官职之设，其不足信，就无待多说了。又《礼记·曲礼（下）》："天子建天官，先六太：曰太宰，太宗，太史，太祝，太士，太卜，典司六典。天子之五官：曰司徒，司马，司空，司士，司寇，典司五众。天子之六府：曰司土，司木，司水，司草，司器，司货，典司六职。天子之六工：曰土工，金工，石工，木工，兽工，草工，典制六材。"郑玄注指此为殷时制，然亦与封建制度有关，殊未可信。但是，夏、商二代，既已由氏族社会进到奴隶制国家，则官职之设，较前代为繁复，却是可以相信的。

周代行封建制度，其中央官制可考者，如《五经异义》所说："古《周礼》说：天子立三公：曰太师，太傅，太保，无官属，与王同职；故曰：

---

① 《尚书·尧典》："尧命羲仲宅嵎夷，命羲叔宅南郊，命和仲宅西，命和叔宅朔方，以观象授时。"此盖注重于历象天文，以为人神之沟通。故少昊命官，首及历正；唐尧分职，先命羲和。又商代有巫咸、巫贤，《周官》有司巫之官，其流行可知。

② 郑玄注《王制》，谓"天子三公，九卿，二十七大夫，八十一元士"为夏制。他的根据，是《明堂位》的"有虞氏官五十，夏后氏官百，殷二百，周三百"。盖合三公、九卿、二十七大夫、八十一元士，得百二十之数，抹除二十，只说一百，合于古人举成数之例。然以《明堂位》一书，本不足信；则夏制之可疑，就无待多说了。

坐而论道，谓之三公。又立三少以为之副，曰少师，少傅，少保，是为三孤。冢宰，司徒，宗伯，司马，司寇，司空，是为六卿之属。大夫、士、庶人在官者，凡万二千。"至其所任职务，则伪《古文尚书·周官》说："立太师、太傅、太保，兹唯三公，论道经邦，燮理阴阳，官不必备，唯其人。少师、少傅、少保，曰三孤；贰公宏化，寅亮天地，弼予一人。冢宰掌邦治，统百官，均四海；司徒掌邦教，敷五典，扰兆民；宗伯掌邦礼，治神人，和上下；司马掌邦政，统六师，平邦国；司寇掌邦禁，诘奸慝，刑暴乱；司空掌邦土，居四民，时地利；六卿分职，各率其属，以倡九牧，阜成兆民。"以上所述，固属于古文家之说，不可尽信，然其言六卿，却颇合于《左传》上的记载。

夏曾佑说："三代之时，国国皆自成风尚，虽有天子，王朝之政，不能逮于诸侯。故当时官制，其见于《左传》《国语》《战国策》者，各国不同，而秦、楚两国，尤其特异者也。自秦人并六国，夷诸侯为郡县，天下法制，乃定于一，于是天下之官，皆秦制矣（秦官亦皆沿其国之旧，非始皇所创）。汉兴，高祖起亭长，萧曹皆刀笔吏，无学术，不能深考古今，定至良之法，而唯知袭亡秦旧制，喟然而叹皇帝之贵，此神州所以不复振也。考两汉官制，亦稍有不同：前汉皆袭秦旧，后汉则袭王莽，高祖、光武能取嬴氏、新室之天下，而不能革其制度，其皆学问不及故欤！"① 由夏氏之言，可知中国官制，至秦始定于一，而汉制又多沿秦旧；故秦制实开中国刑政之创局。考秦制取三权分立：以丞相总大政，太尉掌兵马，御史大夫司黜陟。丞相之下，又设奉常掌祭祀，郎中令掌宫殿掖门，治粟内史掌钱谷出入，卫尉掌门卫屯兵，宗正掌皇族宗籍，廷尉掌刑法狱讼，典客掌兵客之事，太仆掌舆马服御，少府掌山泽租税。前汉制度，全与秦同，不过九卿之名略有更改而已②。后汉沿王莽之制，废除丞相与御史大夫，而以太尉、司徒、司空为三公，分部九卿③，三公九卿之制，由是确立。此种

---

① 见夏曾佑著《中国历史教科书》第二篇第一章第六十六节。
② 汉之九卿为：太常（秦之奉常）、光禄勋（秦之郎中令）、卫尉（有时亦称中大夫）、太仆、廷尉（后更名大理）、大鸿胪（秦之典客）、宗正（后改为宗伯）、大司农（秦之治粟内史，有时改为大农令）、少府。
③ 即太尉之下有太常、光禄勋、卫尉，司徒之下有太仆、廷尉、大鸿胪，司空之下有宗正、大司农、少府。

九卿制度，沿及魏、晋、六朝，无有更易；至北周用苏绰之议，仿《周礼》作六官，而后六部始代九卿而起。

唐的官制，集三国、两晋、六朝之大成①，而与秦、汉不同。然唐制多沿于隋，且较隋为完备，故以下仅就唐制述之。唐制中央政府，固有三师三公之设②，然徒拥尊位，并无实权。握有中央实权者，则为三省与六部。三省就是门下、尚书、中书：中书省掌宣奉诏敕，门下省掌审查诏敕，中书宣奉、门下审查之后，尚书省始以之施行天下。尚书省之下，设左仆射，统吏、户、礼三部，又设右仆射，统兵、刑、工三部。由是九卿实权③，尽移于六部，是为六部制度。此制历宋、元、明、清，相沿无改④。

清代中央官制，除理藩院为增设机关外，其余多仍前代之旧。末叶，因外交频繁，始设总理各国事务衙门。至光绪二十七年（公元1901年），又改为外交部。变法以后，改订新官制，设外务、吏、民政、度支、礼、学、陆军、农工商、邮传、理藩、法十一部。宣统元年（公元1909年），又增设海军部。民国成立，南京政府时代，取总统制，设交通、外交、内务、财政、军务五部。正式政府成立，又增设海军、司法、教育、农林、工商五部。其后并农林、工商二部为农商部。国民政府成立，改行五院制，曰行政、立法、司法、考试、监察，而以各部隶属于行政院。

---

① 唐之六部，系出自北周之六官；而六官之分，其议创自苏绰；苏氏之议，又出自《周礼》天、地、春、夏、秋、冬六官。又吏部初名选部，三国魏始改今名。兵部起于魏之五兵尚书，后魏又名七兵，隋始有兵部之名。户部原名度支，三国吴始有户部之名。礼部原名祀部，北周始有礼部之名。其他如工部，在三国魏名左民尚书，隋始有工部之名；如刑部始于晋之三公尚书，至隋始有刑部之名。

② 唐代太师、太傅、太保三师，不主事，不置府，但与天子坐而论道；太尉、司徒、司空三公，参议国事，置府僚，无其人则缺。

③ 唐代称九卿为九寺，即太常、光禄、卫尉、宗正、太仆、大理、鸿胪、司农、太府。

④ 宋虽行六部制度，然于六部之外另立专职以分其权。如财政则有盐铁、度支二使，与户部合称三司，分理其事。军政则于兵部之上，又置枢密使，其权较兵部更大。故宋制：中书制民，三司理财，枢密治兵，其将财政军政独立于民政之外，盖含有集权之意。其制度之发生，则皆由于唐末藩镇跋扈，任意创制之结果。要之，宋之官阶，但以定禄秩而已，其所掌职务如何，全视临时差遣而定。见常乃德著《中国政治制度小史》第22页。

中央官制之演变既如上述，进而叙述中央政权之推移。

运用政治的枢纽，在于内阁。我国历史上内阁之名，虽起自明代，然秦、汉时之丞相，其权却与后世之内阁相等。我国"丞相""相国"之名，起自秦代。秦代相国与丞相，为"掌丞天子助理万机"之官，其权力之大，可想而知；而相国较丞相尤为尊重。汉初，丞相之权很重，至武帝时，天子亲揽庶政，九卿更进用事，于是丞相之权始轻。成帝时，置尚书省，以贵戚重臣领尚书事，于是政权渐由丞相府移至尚书省。后汉以太尉、司徒、司空为三公，而机要仍决于尚书台。

丞相一职，在汉代已失其实权。盖专制政治，君主不欲以政权委诸丞相，而丞相实权遂为君主左右所潜夺。尚书得势，其理即在此。尚书本一卑职，在少府之下，以掌秘书。然自武帝以宦官典尚书事，其权遂重。后汉光武，惩王莽以三公篡，故杀三公权，而专任尚书。明帝以后，三公录尚书者，才得预闻大政，由是三公成为虚职，而尚书反成为实际上的丞相了。魏文帝设中书监与中书令，尚书之权，复移至中书。晋始置尚书、门下、中书三省，而门下省之侍中（门下省之最高长官），为最有权，因侍中掌侍从傧相之事，极与天子接近。六朝侍中掌诏令机密，由是大权集于门下省。要之，自汉武至六朝，政权为尚书、中书、门下所迭掌。

隋初，设尚书、门下、内史（即中书）三省，同行宰相职权，由是中央政权从一省独掌，变为三省同掌。唐因隋制，设尚书、门下、中书三省，以其长官尚书令、侍中、中书令为宰相。中书面受机务，门下省掌封驳，尚书承而行之。三省在当时，并非各自独立的机关，却是合在一个政事堂内议事，所以中央政权，为三省所同掌。唯尚书令初为太宗兼领，不以授人，遂以次官"仆射"，改为尚书省之长官；后来又不甚真除，但就他官加以"同中书门下三品""同中书门下平章事"等名目，便算做宰相。此种三省合掌政权制度，沿及宋代，无有改易。至元代撤废二者，唯以中书独掌政权，却是官制上的一大变革。

明初仍元制，设中书省以为宰相，后因宰相胡惟庸反，遂废去中书省，以天下大政，分隶六部，而天子以一人总其成①。后此，以嗣君庸懦无能，

---

① 明太祖废去相职后，并谕群臣："……以后嗣君……毋得议置丞相。臣下有奏请设立者，论以极刑。"

殿阁学士遂起而握宰相的大权①。结果，权臣如严嵩辈，遂以阁老而掌政权。清初以文华殿、武英殿、文渊阁、体仁阁大学士各一人，协理大学士二人，同掌政务，其制与明代相似。雍正用兵西北，特设军机处，其后军机大臣遂夺内阁的实权，而成为实际上的宰相。末年立宪议起，始设内阁总理及各部大臣共议国政，是为吾国责任内阁制度实行之始。

三、地方制度与地方官制之演变

地方制度与地方官制是相关联的，所以二者要并做一处来说。

自周以前的地方制度，有两种标准，一是"服"的里数，一是"州"的划分。服的说法，《禹贡》上有"五百里甸服：百里赋纳总，二百里纳铚，三百里纳秸服，四百里粟，五百里米。五百里侯服：百里采，二百里男邦，三百里诸侯。五百里绥服：三百里揆文教，二百里奋武卫。五百里要服：三百里夷，二百里蔡。五百里荒服：三百里蛮，二百里流"。《周礼》上有"乃辨九服之邦国：方千里曰王畿，其外方五百里曰侯服，又其外方五百里曰甸服，又其外方五百里曰男服，又其外方五百里曰采服，又其外方五百里曰卫服，又其外方五百里曰蛮服，又其外方五百里曰夷服，又其外方五百里曰镇服，又其外方五百里曰藩服"。此即所谓"五服""九服"之说。州的划分，在《禹贡》上便是"冀州，济、河惟兖州，海、岱惟青州，海、岱及淮惟徐州，淮、海惟扬州，荆及衡阳惟荆州，荆、河惟豫州，华阳黑水惟梁州，黑水、西河惟雍州"；在《尔雅·释地》上便是"两河间曰冀州，河南曰豫州，河西曰雍州，汉南曰荆州，江南曰扬州，济、河间曰兖州，济东曰徐州，燕曰幽州，齐曰营州"；在《周礼》上便是"东南曰扬州，正南曰荆州，河南曰豫州，正东曰青州，河东曰兖州，正西曰雍州，东北曰幽州，河内曰冀州，正北曰并州"。此即所谓"九州"之说。

五服、九服以及九州之说，都是后儒附会的，不可相信。第一，中国古代的疆域，只在黄河中部，直隶、山西的北部是北狄，陕西的大部分是

---

① 殿阁学士，即指中极、建极、文华、武英四殿之学士而言。又文渊阁及东阁，"以其授餐大内，常在天子殿阁之下……故亦曰内阁"。殿阁学士，原为文学侍从之臣，管"票拟""批答"等事。明初废去丞相，殿阁学士接近人主，遂起而承此职之乏。

西戎，黄河下流是东夷，直到周宣王时候，长江流域的中部，还是荆蛮、南蛮，淮河流域还是淮夷、徐夷，似此，则《禹贡》上九州的划分，又怎样可能呢？第二，土地要划分得整齐，便要测量学，并且要经纬度，而测量学与经纬度，却是晚近的产物，似此，则每服规规整整的五百里，又怎能办到呢？第三，我们说过，铁是在周代才有的，然而梁州的贡赋上便已经有了铁，这不是后儒的附会又是什么呢？

五服、九服以及九州之说既不足信，则周礼《王制》上所说，"凡四海之内九州，州方千里。州建百里之国三十，七十里之国六十，五十里之国百有二十，凡二百一十国；名山大泽不以封，其余以为附庸间田。八州，州二百一十国。天子之县内，方百里之国九，七十里之国二十有一，五十里之国六十有三，凡九十三国；名山大泽不以朌；其余以禄士，以为间田。凡九州，千七百七十三国；天子之元士，诸侯之附庸不与"，便益加不足信了。因为即使有州，而各州面积广狭不齐，其间土著国家，原有多少，亦不相等，似此，则每州定为二百一十国，便显系后儒的附会了。

要之，五服、九服与九州之说，都是后儒泥于封建制度之成见，始有此整齐划一的区分，其不足信，无待赘述。

秦兴，废封建，为郡县①。最初分全国为三十六郡，后又增置四郡②。郡之下有县，郡置守，掌民事；置尉，掌军事；置御史，掌监察；县各置令尉，分理民事与军事。……是为地方两级制③。汉初，分天下为六十二郡，其制亦同于秦④。

---

① 郡县之制，不始于秦，春秋时，赵简子誓众，有上大夫受县、下大夫受郡之语；战国时，秦惠文十一年，有魏纳上郡十五县的记载。

② 秦三十六郡：在今陕、甘者五：即内史、汉中、上郡、北地、陇西；在今山西者五：即河东、上党、太原、代郡、雁门；在今直、奉者七：即邯郸、巨鹿、东郡、渔阳、上谷、辽西、辽东；在今特区者三：即右北平、云中、九原；在今山东者三：即齐郡、薛郡、琅琊；在今河南者三：即三川、颍川、南阳；在今江、浙者五：即砀郡、泗水、九江、会稽、鄣郡；在今四川者二：即巴郡、蜀郡；在今两湖者三：即南郡、长沙、黔中。后增设闽中、南海、桂林、象郡四郡，在今闽、粤一带。

③ 秦制军民分治，又有御史以司监察，且郡守、县令均由大于简任，故中央集权之势特强。

④ 汉行郡国制：郡设太守理民政，都尉主兵柄；国有相以监理国政，内史以理民政；郡国之下有县，设令长为亲民官。

等到武帝拓疆之后，始分天下为十三部①，除司隶校尉一部外，每部均设刺史，督察郡、县行政②。汉末，罢刺史，置州牧，选列卿尚书以本秩居之，总揽一州的民政军政财政，统辖郡守国相，地方三级制的基础，由是确立。晋初，分天下为十九州③，州下有郡、国，郡、国之下有县；州设都督刺史，总揽民政军政财政全权，郡设太守，国设内史，县设令长。隋代废诸郡名号，以州统县，其上复置总管府，设总管统辖诸州。唯总管非常设之官，时置时废，故名为三级制，实则仍为两级制。唐初，因山川形势之便，分天下为十道④，玄宗时，复分为十五道⑤，其下有府十五，州三百一十三，县千五百一十三。道设采访处置使，两畿以中丞领之，余皆以刺史领之，为监察官，非常设。道下有府、州，府、州之下有县。府设尹，州设刺史，县设令。大抵以道统府、州，府、州统县，为虚三级制。沿边又设六大都护府⑥，以统辖诸羁縻府州。开元以后，节度使擅权，遂俨然成为实三级制度，而十五道之制就因之破坏了。要之，自汉末至唐，所谓刺史、州牧、都督刺史以及节度使，都带有藩镇的性质，与地方制度本身根本无关，而隋之总管与唐之采访处置使，又非常设之官，故其时地

---

① 参看第二编第二章第五节第 80 页注③。
② 刺史的任务，与秦之御史相同，专司监察。汉制十二部各置刺史，以六条督察所部：（一）强宗豪右，田宅逾制，以强凌弱，以众暴寡；（二）二千石不奉诏书，遵承典制，背公向私，侵渔百姓，聚敛为奸；（三）二千石不恤疑狱，风厉杀人，怒则任刑，喜则任赏，烦扰刻暴，剥截黎元，为百姓所嫉，山崩石裂，妖祥讹言；（四）二千石选署不平，苟阿所爱，蔽贤宠顽；（五）二千石子弟，怙恃荣势，请托所监；（六）二千石违公下比，阿附豪强，通行货赂，割省正令。可见当时刺史并无行政之权。
③ 十九州即：司州（司隶改名）、兖州、豫州、冀州、幽州、平州、并州、雍州、凉州、秦州、梁州、益州、宁州、青州、徐州、荆州、扬州、交州、广州。
④ 十道即：关内、陇右、河东、河北、河南、山南、剑南、淮南、江南、岭南。
⑤ 十五道即：京畿（治西京）、都畿（治东都）、关内（京官遥领）、河南（治汴州）、河东（治蒲州）、河北（治魏州）、陇右（治鄯州）、山南东道（治襄州）、山南西道（治梁州）、剑南（治益州）、淮南（治扬州）、江南东道（治苏州）、江南西道（治洪州）、黔中（治黔州）、岭南（治广州）。
⑥ 六都护府为：（一）安东治平壤；（二）安南治交州；（三）安西治龟兹；（四）北庭治庭州；（五）安北治金山；（六）单于治云中。

方制度虽名为三级制，实则仍为两级制。

宋代惩唐代及五代藩镇跋扈之弊，实行中央集权制，尽罢诸藩镇，分天下为十五路①，后又分为十八路，神宗时复增为二十三路，废地方常置官，仅以朝臣出守各郡，称为"权知州军事"，以缩小地方权力。当时地方制度略分三级，路设转运使②，路下有府州军监，府州军监下有县，各设知事为亲民官③。

我国地方制度，总上所述，可分为秦、汉之两级制度、由汉至唐之虚三级制度以及宋代中央集权主义下之特殊的地方制度，降至元代，始有行省制度之设立。元代设中书省一；又设行中书省十一④，分辖各地方，略称为行省。……是即今日行省制度之所自始。省下有路府，路府下有州县，然府亦有隶属于路，州亦有统县者。……是为实三级制度。明代因元之旧，改行中书省为承宣布政使司，计分全国为十五区⑤。十五区中，以北直隶、南直隶为中央政府及行在政府所在地，以六部长官分理地方行政，其余十三布政使司，则各设布政使理民政，按察使司纠察，都指挥使主兵柄……是为三司。布政使司以下有府州县，府设知府，州设知州，县设知县，为亲民官。布政使司统府州，府州统县，为实三级制度。其后三司以上，复设总督、巡抚等官，总揽军政民政；三司以下，又设分守、兵备诸道，以巡察地方，或统领地方军政；由是三级制度渐变为五级制度了。清代分全

---

① 京东、京西、河北、河东、陕西、淮南、江南、湖北、湖南、两浙、福建、四川、陕西、广东、广西为十五路。真宗时，分陕西为利州、夔州二路，分四川为梓州、成都二路，分江南为东西二路，合计十八路。神宗时，河北、京东及淮南各分为二路，京西分为南北二路，陕西分为永兴、秦凤二路，合计二十三路。

② 宋代初无"监司"，后于各路设转运使以总财赋及其他诸事，又置提点刑狱，使属于转运使而分其权。

③ 所谓"权知州军事""知某某州军监事""知某某府事""知某某县事"，都含有差遣的性质，并不是正官。此外有专管一事由中央所委派者，则称使或提举，如发运使、宣抚使、市舶提举等，谓之"厘务官"。

④ 十一行中书省即：陕西、四川、甘肃、江浙、江西、湖广、云南、征东、辽东、岭北、河南。

⑤ 北直隶（北京顺天）与南直隶（南京应天）二区之外，尚有十三区，即：浙江、江西、福建、湖广、山东、山西、河南、陕西、广东、广西、四川、云南、贵州。

国为二十二行省①，各省设总督或巡抚，以揽一省民政，而以布政司理财，按察司司刑。省下有府州厅县，府设知府，州设知州，厅设同知，县设知县，大抵以省统府州厅，以府州统县，为实三级制度。民国成立，制度虽时有变迁，然依旧不能离三级制度与两级制度二者②。

【问题提要】
（一）官职是因何而设立的？
（二）巫觋在初民社会中，何以具有政治上的特权？
（三）中国官制统一于何时？
（四）试述秦代官制之特点。
（五）试述中央政权推移之状况。
（六）宋代官制有何特点？
（七）五服、九服以及九州之说，何以不可相信？
（八）试述地方行政区域划分之演变。
（九）行省制度始于何时？
（十）试述地方官制演变之状况。

---

① 二十二行省即：直隶、山东、山西、河南、陕西、甘肃、新疆、西藏、江苏、安徽、江西、湖北、湖南、四川、福建、浙江、广东、云南、贵州、奉天、吉林、黑龙江。

② 民国成立，各省设都督，为一省行政长官，罢府州厅，以县直隶于省，设县知事为亲民官，是为二级制。袁世凯秉政，又分省为道，遂变为三级制。袁氏死后，一省设督军以掌军政、省长以理民政，省以下有道，设道尹，道以下有县，设知事，仍为三级制。国民政府成立，各省皆设主席，以县直隶于省，又改为二级制。

第四章 乡治制度之演变

一、古代之传疑的乡治制度

马端临的《通考》上说:"昔黄帝始经土设井,以塞争端;立步制亩,以防不足。使八家为井,井开四道而分八宅,凿井于中。一则不泄地气,二则无费一家,三则同风俗,四则齐巧拙,五则通财货,六则存亡更守,七则出入相司,八则嫁娶相媒,九则有无相贷,十则疾病相救。是以性情可得而亲,生产可得而均。均则欺凌之路塞,亲则斗讼之心弭。既牧之于邑,故井一为邻,邻三为朋,朋三为里,里五为邑,邑十为都,都十为师,师七为州。……迄乎夏、殷,不易其制。"

《尚书大传》上也说:"古八家而为邻,三邻而为朋,三朋而为里,五里而为邑,十邑而为都,十都而为师,州十有二师焉。"

《孟子》上也说:"死徙无出乡。乡田同井,出入相友,守望相助,疾病相扶持,则百姓亲睦。"

古代这种乡治制度,是根据井田制度而发生的;汉儒更衍其意,以构成理想的乡治社会:"夫饥寒并至,虽尧舜躬化,不能使野无寇盗。贫富兼并,虽皋陶制法,不能使强不凌弱。是故圣人制井田之法而口分之:一夫一妇,受田百亩。……五口为一家。公田十亩。……庐舍二亩半。八家……共为一井,故曰井田。……井田之义:一曰无泄地气,二曰无费一家,三曰同风俗,四曰合巧拙,五曰通财货。因井田以为市,故曰市井。……别田之高下善恶,分为三品。……肥饶不得独乐,墝埆不得独苦,故三年一换土易居……是谓均民力。在田曰庐,在邑曰里。一里八十户。八家共一巷。中里为校室。选其有耆老有高德者名曰父老,其有辩护伉健者为里正；皆受倍田得乘马。父老比三老孝弟官属；里正比庶人在官者。民春夏出田，秋冬入保城郭。田作之时，父老及里正，且开门坐塾上。晏出后时者不得出，暮不持樵者不得入。五谷毕入，民皆居宅。里正趋缉绩，男女同巷，相从夜绩，至于夜中，故女功一月得四十五日。作从十月尽正月止。男女有所怨恨，相从而歌：饥者歌其食，劳者歌其事。男年六十女年五十无子者，官衣食之。使之民间求诗，乡移于邑，邑移于国，国以闻于天子。故王者不出牖户，尽知天下所苦，不下堂而知四方。十月事讫，父老教于校室。八岁者学小学，十五岁者学大学。其有秀者移于乡学。……三年耕，余一年之畜；九年耕，余三年之积；三十年耕，有十年之储。虽遇唐虞之水，殷汤之旱，民无近忧。四海之内，莫不乐其业。故曰什一行而颂声作矣。"①

井田制度之有无，在今日依然是个未决的问题，准此，则以上所述的乡治制度，便不足信了。

二、《周礼》上之传疑的乡治制度

古代言乡治制度最详尽的书，莫过于《周礼》。案《周礼》：王城之外为乡，乡之外为郭；郭之外为近郊；近郊之外为遂；遂之外为野；野之外为甸；甸之外为稍；稍之外为小都；小都之外为大都。甸、稍、小都、大都之地，均属采邑，行贡法；唯乡遂距王城近，足为诸侯之国的模范，故其乡治制度特详。乡以五家为比，五比为闾，四闾为族，五族为党，五党为州，五州为乡。比长为下士，闾胥为中士，族师为上士，党正为下大夫，州长为中大夫，乡大夫即是卿。遂以五家为邻，五邻为里，四里为酂，五酂为鄙，五鄙为县，五县为遂。遂大夫，县正，鄙师，酂长，里宰，均比乡官递降一级，而邻长无爵。总计凡六乡六遂。六乡之吏：乡大夫六人，州长三十人，党正百五十人，族师七百五十人，闾胥三千人，比长万五千人；六遂之吏，其数目同于六乡之吏。故六乡六遂合计，共有吏三万七千八百七十二人。至于职掌，则乡遂之吏略同，即：（一）调查户口；（二）征敛赋税；（三）调度人民对于国家的服役；（四）监督乡遂教育；（五）悬

---

① 见《公羊传·宣十五年》，何注。

布法令，使民公览，且教民读法；（六）联络人民的相互交际。

《周礼》上的乡治制度之内容，既如上述；然因《周礼》为伪书，则其所言之制度，自未可置信。

三、军国主义下的乡治制度

西周以前的乡治制度，由上所述看来，都是难以置信的。然至春秋以后，关于乡治制度，却存有可考的事实。当时提倡乡治最力的，便是齐国的管仲与秦国的商鞅。管仲与商鞅，都是法家，着重军国主义，因此，其所提倡的乡治制度，很有军国主义的精神。

《管子·立政篇》说："分国以为五乡，乡为之师；分乡以为五州，州为之长；分州以为十里，里为之尉；分里以为十游，游为之宗；十家为什，五家为伍，什伍皆有长焉。筑障塞匿，一道路，博出入，审闾闬，慎筦键。筦藏于里尉，置闾有司，以时开闭。闾有司观出入者，以复于里尉。凡出入不时，衣服不中，圈属群徒不顺于常者，闾有司见之，复无时。若在长家子弟臣妾属役宾客，则里尉以谯于游宗；游宗以谯于什伍；什伍以谯于长家。谯敬而勿复。一再则宥，三则不赦。凡孝悌忠信，贤良俊材，若在长家子弟臣妾属役宾客，则什伍以复于游宗；游宗以复于里尉；里尉以复于州长；州长以计于乡师；乡师以著于士师。……三月一复，六月一计，十二月一著。凡上贤不过等；使能不兼官。罚有罪不独及，赏有功不专与。"

《管子·小匡篇》说："五家为轨，轨有长；十轨为里，里有司；四里为连，连有长；十连为乡，乡有良人；三乡一帅。"又说："政既成，乡不越长，朝不越爵。罢士无伍，罢女无家。士三出妻，逐于境外；女三嫁，入于舂谷。是故民皆勉为善士：与其为善于乡，不如为善于里；与其为善于里，不如为善于家。是故士莫敢言一朝之便……皆有终身之功。……是故匹夫有善，可得而举；匹夫有不善，可得而诛。政成国安，以守则固，以战则强。"

这种制度，在当时是否完全实现，尚属疑问，但军国主义的精神，却活跃地表现在这种制度里面，所以江永的《群经补义》说："管仲参国伍鄙之法：制国以为二十一乡：工商之乡六，士乡十五，公帅五乡，国子、高子，各帅五乡；是齐之三军，悉出近国都之十五乡，而野鄙之农不与也。五家为轨，故五人为伍，积而至于一乡。二千家，旅二千人，十五乡三万人为三军。是此十五乡者，家必有一人为兵。其中有贤能者，五乡大夫有升选之法，故谓之士乡，所以别于农也。其为农者，处之野鄙，别为五鄙之法。三十家为邑，十邑为卒，十卒为乡，三乡为县，十县为属，五属各有大夫治之，专令治田供税，更不使之为兵。"

商鞅所定的乡治制度，便是这样的：令民为什伍（五家为保，十家为连），而相收司连坐（相收司即相纠发，一家有罪，九家举发，不纠发，则十家连坐），告奸者与斩敌首同赏，匿奸者与降敌同罚；有军功者，各以率受爵；为私斗者，各以轻重被刑①。这种乡治制度，明白地表现着军国主义的精神；秦之所以强大，其主要原因，或许就在这里。

四、秦汉的乡治制度

秦汉时代，十里为亭，亭有长；十亭为乡，乡有三老、啬夫、游徼。三老掌教化；啬夫职听讼，收赋税；游徼掌徼循，禁盗贼。《汉书·高帝纪》："二年五月癸未令……举民年五十以上，有修行，能帅众为善，置以为三老，乡一人。择乡三老一人为县三老，与县令丞尉，以事相教。"这时候的三老，或者是些年高有德的人，其所作所为，或许能够符合乡治制度的精神；但是，汉代以后的乡治制度，却名存实亡，而所谓里胥乡正，就成为官衙的爪牙了。

五、汉代以后的乡治制度

刚才说过，汉代以后的乡治制度，名存实亡，所以下面但就组织上的变化，略为叙述。

晋制：每县户五百以上，皆置乡，三千以上置二乡，五千以上置三乡，万以上置四乡。乡置啬夫一人；乡户每千以下置治书吏一人；千以上置吏佐各一人，正一人；五千五百以上置吏一人，佐二人；县率百户置里吏一人。

---

① 见《史记》。

唐制：诸户为里，五里为乡，四家为邻，三家为保，每里设正一人。在城市者为坊，别置坊正一人。在田野者为村，别置村正一人。其村满百家者，增置一人。

宋制：设衙前以主官物，里长、户长督赋税，耆长、弓手、壮丁逐捕盗贼，承符、人力、手力、散从以驱使。而衙前、里长，累民特盛，往往倾家不能给。王安石目击此种差役之害，遂改为募役；同时，行保甲之法①。

明制：以一百一十户为里，推丁多者十人为长，以百户为甲，甲凡十人，岁轮里长一人，管摄一里之事，城中曰坊，城外曰乡，乡都曰里。每里编为一册，首篇为一图，鳏寡孤独不任役者，则代管于百十户之外，而列于图后。

组织上虽有这许多变化，但设立这种制度的目的，却不外：（一）防御盗贼，纠察非违；（二）催督赋役，劝课农桑。至于元、清两代，以异族入主中国，则于此制度之中，更寓有防备汉人造反之意。里胥乡正这些人，既有权纠察非违，便可以滥用威权，去欺压农民；既有权督课赋役，便可以滥用威权去剥削农民；加以他们出入衙署，上下其手，于是包揽词讼，就成为他们发财的坦道。所以顾炎武在《日知录》上便说："明初，以大户为粮长，掌其乡之赋税，多或至十余万。运粮至京，得朝见天子。洪武中或以人材授官。至宣德五年闰十二月，南京监察御史李安及江西卢陵吉水二县耆民；六年四月，监察御史张政，各言粮长之害。谓其倍收粮石，准折子女，包揽词讼，把持官府，屡经禁饬，而其患少息。然未常以是而罢粮长也。"又明仁宗洪熙时，巡按四川监察御史何文渊也进言道："天下州县，设立老人，必选年高有德，众所信服者。……比年所用，多非其人：或出自隶仆，规避差科，县官不究年德如何，辄令充应。使得凭借官府，妄张威福，肆虐乡闾；或遇上司官按临，巧进谗言，变乱黑白，挟制官吏。"所谓老人，既然出自隶仆，则年高有德者，自然退避不遑；而愿充老人的，便多半是地痞流氓，结果就愈弄而愈糟。所以顾炎武在《日知录》

---

① 保甲之法：以十家为一保，保有长；五十家为一大保，有大保长；十大保为一都保，有都保正。教保长以武艺，使以转教保丁，以轮流备盗。

上又说:"近世之老人,则听役于官,而靡事不为。故稍知廉耻之人,不肯为此。而愿为之者,大抵皆奸滑之徒,欲倚势以凌百姓者也。"①

【问题提要】

(一)古代之传疑的乡治制度,何以与井田制度有关?

(二)何以管仲与商鞅所实施的乡治制度,含有军国主义的精神?

(三)试述秦汉乡治制度之内容。

(四)试述乡治制度之性质。

(五)何以乡治制度与现代民主政治下之地方自治制度不同?

---

① 本来乡治制度,是统治阶级所运用的政治制度这一架机器之一个小轮盘,这制度充分地表现着封建政治的性质,而与近代民主政治下的地方自治制度不同。所以柳子厚《封建论》上便说:"有里胥而后有县大夫,有县大夫而后有诸侯,有诸侯而后有方伯连帅,有方伯连帅而后有天子。"顾炎武的《日知录》上也说:"天下之治,始于里胥,终于天子,其灼然者矣。"汉文帝的诏书,对于这制度的性质,更说得明白。他说:"乡里乡党之制,所由来久。欲使风教易周,家至日见;以大督小,从近及远;如身之使手,干之总条。然后口算平均,义兴讼息。"从而,如果这制度运用得法,结果便是"口算平均,义兴讼息",否则,便是"妄张威福,肆虐乡间"。

第五章　参政制度之演进

一、《王制》上之传疑的参政制度

《王制》上说："命乡论秀士，升之司徒，曰选士。司徒论选士之秀者，而升之学，曰俊士。升于司徒者，不征于乡，升于学者，不征于司徒，曰造士。乐正崇四术，立四教，顺先王诗书礼乐以造士。春秋教以礼乐，冬夏教以诗书。王大子、王子、群后之大子、卿大夫元士之适子、国之俊、选，皆造焉。……将出学，小胥、大胥、小乐正，简不帅教者，以告于大乐正，大乐正以告于王。王命三公、九卿、大夫、元士皆入学。不变，王亲视学。不变，王三日不举，屏之远方，西方曰棘，东方曰寄，终身不齿。大乐正论造士之秀者，以告于王，而升诸司马，曰进士。司马辨论官材，论进士之贤者，以告于王，而定其论。论定，然后官之；任官，然后爵之；位定，然后禄之。"①

由《王制》所说的看来，似乎平民在当时也可以由乡学升入大学而为进士。其实，夏、商以及西周，都是贵族政治最盛的时代，在这个时代，教育都为学官所掌，舍学官外无所谓学问，贵族阶级就是智识分子，而平民对于学问，实无从问津。在这样情况之下，平民又怎能由国学以取得进士呢？即令取得进士，也未必能和那些由贵族出身的人一样，能够获得官爵。要之，在贵族阶级专政的时候，他们都是世禄世官，平民决无参政的

---

① 此外更有两种制度：一曰贡士，《礼记·射义》说："古者天子之制，诸侯岁献贡士于天子，天子试之于射宫。"一曰聘士，《白虎通》说："诸侯所以贡于天子者，进贤劝善者也。天子聘求之者，贵义也。……故月令，季春之月，开府库，出币帛，周天下，勉诸侯，聘名士，礼贤者。……及其幽隐，诸侯所遗失，天子所昭，故聘之也。"

机会。从而《王制》所说的选举方法，在当时便不见得实行过。

战国时代，贵族政治已经崩坏。且诸侯并立，互相竞争，都各延揽人才以自佐，于是平民中有一技之长者，皆可以立致宦达，如苏秦、张仪、商鞅、范雎、庞涓之徒，都无不是以匹夫崛起而为大国将相。然此系一时的现象，并非确定的参政制度。降至汉代，而后有辟举制之发生。

二、辟举制之发生及其演变

上面所述的战国时代平民参政的特殊现象，到了秦、汉统一的时候，便渐次地消失了。当时教育之途既狭，由学校出身以致仕宦，是办不到的。国家需用人才，在当时情况之下，就只好采用辟举制。汉高祖统一中国以后，即下诏求贤士大夫，与共安利天下。文帝时，诏诸侯王公卿郡守，举贤良能直言极谏者。武帝时，更诏举孝廉及博士弟子。武帝制郡国人口二十万以上，岁举一人；四十万以上二人；六十万三人；八十万四人；百万五人；百二十万六人；不满二十万，二岁一人；不满十万，三岁一人。限以四科：一曰德行高妙，志节清白；二曰学通行修，经中博士；三曰明习法令，足以决疑；四曰刚毅多略，遭事不惑①。当时举人之权操诸郡国之手，试验之权操诸丞相、御史等官之手，其至要者或由天子亲自策问。……故就此制之性质言，颇与古代"诸侯贡士"之制相似②。后汉冲帝时尚书令左雄因举人太滥，乃设限年之格，非年至四十以上者，不得被举，而且儒者须试以经学，文吏须试以章奏。……是即辟举制过渡到考试制之先声。

魏文帝时，用陈群之议，废限年之格，州郡置中正官以选择人物，依学行的差别而有上上、上中、上下、中上、中中、中下、下上、下中、下下九品之别，各授以官，是谓九品官人之法。至是举人之权不操诸郡国守令，而另有中正以专司其事③。其后两晋南北朝虽略有变更，然大体上依

---

① 当时虽限以四科，然实际上所举者，不外贤良方正、孝廉、博士弟子三者。此外更有文学高第、明兵法、有大虑及茂才异等可为将相及使绝域者，其名甚多，然非常制。

② 后汉时设选部专理辟举之事，为日后吏部之先声。

③ 九品官人之法，先由郡邑小中正定人材之品，乃上之大中正；大中正检其实，乃上之司徒；司徒再检，乃付尚书；然后加以选任。

旧通行九品官人之法①。

三、科举考试制之发生及其演变

科举考试制发生，是辟举制与九品官人法的反动。在实施辟举制的时候，人民参政之权，完全操诸官吏之手，士虽有奇才异能，倘不为官吏所知，即不能参预政治。魏、晋、南北朝实施九品官人之法，于是举人之权，操诸中正之手。当时中正多半是本地方的人，他们都有亲朋戚旧，徇私趋势的事情，自然不能免除。结果：中正"专称门阀，所论必门户，所议莫贤能"，有力者当然占有便宜，而贫寒之士，就永无出人头地之日了②。辟举制既不能使平民表现其奇才异能以参预政治，九品官人之法又弄到"上品无寒门、下品无世族"，于是科举考试制始代之而起。

隋炀帝时，始设进士科，以试诗赋取士，是为科举考试制之始。唐因隋制，定取士之法为三种：（一）从京师诸学馆（国子学、大学、四门学、律学、算学、弘文馆、崇文馆）与州县各学校，送其诸生之成业者于尚书省而使之受试者曰生徒；（二）不由学校出身而先在州县受试，及第再赴京师应尚书省试者曰乡贡；（三）天子数年诏行一次而以待非常之才者曰制举。生徒与乡贡的科目很多，最著者有秀才、明经、进士、俊士、明法、明字、明算等名，然而取之最多者，却只有进士、明经两科。其试法：秀才试方略策五道，以文理精通为主；明经先试帖经③墨义④，后答时务策

---

① 南北朝时，大抵沿袭魏制，而稍有变更：时梁有限年之法，州置州重，郡置郡崇，乡置乡豪，专司举荐之事，大抵年满三十者，始得入仕。

② 辟举制与九品官人之法，都要取决于一般的舆论，其举士始得公平；如果舆论为有力者所操纵，则举官便只有仰其鼻息，徇私趋势而无所谓公平了。

③ 《文献通考》说："帖经者，以所习经，掩其两端，中间开惟一行；裁纸为帖。凡帖三字，随时增损；可否不一。或得四，或得五，或得六为通。后举人积多，故其法益难，务欲落之。至有帖孤章绝句，疑以参互者以惑之。甚者或上折其注，下余一二字，使寻之难知，谓之倒拔。"

④ 《文献通考》说："愚尝见……吕许公夷简应本州乡举试卷，因知墨义之式。盖十余条。有云：作者七人矣，请以七人之名对。则对云：七人，某某也，谨对。有云：见有礼于其君者，如孝子之养父母也，请以下文对。则对云：下文曰：见无礼于其君者，如鹰鹯之逐鸟雀也，谨对。有云：请以注疏对者，则对云：注疏曰云云；有不能记忆者，则只云对未审。"

三道；进士试时务策五道，又试帖经，其后改重诗赋；明法试律令十条；明字先口试，后乃墨试《说文》《字林》；明算先口试，后乃试以各算书。此外尚有武科，始于武后长安二年，亦用乡贡之法，由兵部主其事。

以上所说，是取士之法。但登科以后，并不即授以官，还要试于吏部，谓之"释褐试"。通过了释褐试，才授之以官①。

授官之制，多沿前代，五品以上有册授，有制授，六品以下皆旨授。凡旨授官，悉由于铨选。铨选有文武，文选属吏部，武选属兵部。武选取其躯干雄伟，有骁勇才可为统帅者。文选择人以四事：一曰身，取其体貌丰伟；二曰言，取其言词辨正；三曰书，取其楷法遒美；四曰判，取其文理优长。玄宗时，始移举士于礼部，而吏部仅举官。于是举士与举官，分为两途②。玄宗又用吏部尚书裴光庭之议：授官但循资格，限年蹑级，毋得逾越，非负谴者，皆有升无降③。自是有司只勘资例，考课遂成死法。

宋制与唐制大同小异，除进士明经诸科外④，别有制科⑤。进士试诗赋论及帖经墨义，诸科专试帖经墨义。诸生每秋由诸州发解，冬集礼部，春考试。开宝中，有进士诉知举官用情取舍，太祖始择中选者，亲御讲武殿别试，自是殿试遂成永制⑥。但是，诗赋之弊，流于浮华，不切实际；帖

---

① 一登进士第，即授之以官，系宋制。

② 案唐制吏部之属，有考功郎中掌考课，考功员外郎掌贡举，玄宗以员外郎望轻，遂移贡举于礼部。

③ 此法本于北魏崔亮所立的停年之格。其法：凡补用之人，一以其停罢后岁月为断。是即以资格用人之始。

④ 明经诸科，即九经、五经、通礼、三礼、三传、三史，学究一经等。

⑤ 宋初制科有三：（一）贤良方正；（二）经学优深；（三）详闲吏理。皆袭周世宗时之制。真宗时，改为六科：（一）贤良方正；（二）博通坟典；（三）才识兼茂；（四）详明吏理；（五）识洞韬略；（六）材任边寄。仁宗别增三科：（一）高蹈丘园；（二）沉沦草泽；（三）茂材异等。哲宗立十科：（一）师表；（二）献纳；（三）将帅；（四）监司；（五）讲读；（六）顾问；（七）著述；（八）听讼；（九）治财；（十）能谳。

⑥ 宋太祖对近臣说："昔者科名多为势家所取，朕今临试，尽革其弊矣。"可见当时举官用情取舍的情形。

经墨义之弊，陷于记诵，不合实用。于是改革科举考试制度的声浪，就渐次高起来了。

仁宗时，范仲淹等更张贡举，先策论而后诗赋，使文士留心于治乱得失，罢帖经墨义而问大义，使执经者不专于记诵。就已经有改革科举考试制度的倾向，不过未曾实现罢了。等到神宗时，王安石出来变法，才实行改革这种制度。王安石的本意，不赞成用科举取士，却主张由学校养士，所以当他握政的时候，便增修大学，立三舍之法：初入学者为外舍生，定额七百人，后增为二千，以次升入内舍、上舍，内舍三百人，上舍百人。上舍试分三等：上等不须殿试，而命以官；中等免礼部试；下等免解试。这就是渐次用学校代科举的办法，不过行之不久罢了。王安石的以学校代科举的办法，既然行之不久，结果，就只有改革科举制度。改革的扼要处，就是罢诸科独存进士科，废除诗赋而改帖经墨义为大义。这种改革，其目的在于使士子不专于记诵，而着重于学问。同时，置《诗》《书》《周礼》三经义局，以王安石为之提举，颁发他自己所撰的《三经新义》以试举子。当时应科举的，都迎合举官的心理，于是所谓"问大义"，就弄到举子只会说《三经新义》上的话，而不能发抒自己的心得。所以王安石自己也叹道："本欲变学究为秀才，不料变秀才为学究。"① 改革运动，到了这个厄境，也就不能不归于失败了。结果，哲宗时，依旧恢复诗赋，与经义并行，至是进士分为诗赋与经义两科，终南宋之世，无有改易。

科举制度，至明清又一变，我们可以称这个时代为"以八股取士"的时代。明制有乡试、会试、殿试三种：凡子午卯酉之年，于各省试士，是谓乡试，中试者为举人。明年（丑未辰戌之年）举人至京师，应礼部试，是谓会试。中试者由天子试于殿中，是谓殿试，殿试及第者分三等：一等为一甲，限三名，第一曰状元，第二曰榜眼，第三曰探花，皆赐进士及第；二等为二甲，赐进士出身；三等为三甲，赐同进士出身；二等三等无定员。状元除翰林院撰修，榜眼探花除翰林院编修，二三甲选用庶吉士者，皆为翰林官，其他或授给事中、御史、主事、中书行人、太常博士，或授府推官、知州、知县。至于科目，则仅有进士一科。初场试四书义三

---

① 秀才为唐科举制中之最高科目，应此科者，均须真有学问之人。学究则只习于帖经墨义。

道，五经(《易》《诗》《书》《春秋》《礼记》)义四道；二场试论一道，判五道，诏、诰、表内科一道；三场试经史，时务策五道。乡会试同，唯殿试策一道。所试经义的格式，颇与宋代相同，然有两个特殊之点：(一)经义一尊程朱之说①；(二)体用排偶，即所谓八股②；由是思想定于一宗，不敢稍自违异，而八股文体，更使举子精力消磨殆尽。科举制度至此，已届末运。清兴，其制大抵仍明代之旧③。唯康乾时所开的博学鸿词科与光绪时所开的经济特科④，则系前代制科之类。清末，以国势不振，始废科举⑤。

综上所述，表面上似乎是参政制度，其实在专制政体之下，不拘辟举制抑为科举制，其结果，至多都不外是替帝室选拔一群人才，做他们统治人民的工具，而平民实际参与政治，却是一句空话。盖参政制度，系民主政治之产物。其参与政治之人物，非由人民直接选举，无由实现。

---

① 明自太祖以来，即尊重程、朱之说。成祖时，更令胡广、杨荣诸儒，采宋、元诸儒之说，撰《四书大全》《五经大全》《性理大全》，命应举者依此立言。

② 顾炎武《日知录》说："经义之文，流俗谓之八股，盖始于成化（明宪宗年号）以后。股者，对偶之名也。天、顺（即天启顺治，天启为熹宗年号，顺治为清世祖年号）以前，经义之文不过敷衍传注，或对或散，初无定格，其单题亦甚少。成化二十三年会试，'乐天者保天下'文：起讲先题三句，即讲乐天；四股过接四句，复讲保天下；四股复收四句，作大结。弘治（孝宗年号）会试，'贵难于君谓之恭'文亦然：每四股中，一反一正，一虚一实，一浅一深。其两对题，扇扇立格，则每扇之中有四股，次第之法，亦复如之，故今人相传谓之八股。"此外关于体用排偶的原因，可参看吕思勉著《白话本国史》第四册第 84 页。

③ 清制有岁试、乡试、会试、殿试之别：岁试士民先应县试及第，始应府试，又及第始受学政使亲试，其及第者称秀才；乡试每三年于各省会集省属各府之秀才而施行之，其及第者称举人；会试每五年在北京举行，各省举人皆应试，及第者称进士；殿试在会试之后，各进士皆对策于保和殿，其及第者所分等甲，与明制同。其所试项目，与明略异：即二场不试论判及诏、诰、表，而于头场试四书文三篇，五言试帖诗一首，二场试五经文三篇，三场试策论五道。

④ 康熙十八年（公元1679年）及乾隆元年（公元1736年），开博学鸿词科，以备著作上的顾问。光绪二十九年（公元1903年），开经济特科。

⑤ 戊戌变法，曾废八股，以策论经议试士。孝钦垂帘之后，又复八股；辛丑又废八股，试策论经义。光绪三十一年（公元1905年），因袁世凯奏请，始从丙午科起，废止科举。

【问题提要】

（一）《王制》上所说的参政制度，何以不足信？

（二）辟举制与九品官人之法，各始于何时？又其缺点为何？

（三）科举考试制，始于何时？并且因何而发生？

（四）王安石因何而改革科举考试制？又其改革之实况如何？

（五）以八股取士始于何时？又其流弊如何？

第六章 教育制度之演进

一、古代教育之权柄于官府

上古教育事业，是宗教事业的附庸。当时所谓教育，带着浓厚的宗教色彩。所以俞正燮说："虞命教胄子，止属典乐。周成均之教，大司成，小司成，乐胥，皆主乐。《周官》大师乐，乐师，大胥，小胥，皆主学。……子路曰：何必读书，然后为学。古者背文为诵，冬读书，为春诵夏弦地，亦读乐书。《周语》召穆公云：瞍赋矇诵，瞽史教诲。《檀弓》云：大功废业，大巧诵。……通检三代从上，书乐之外，无所谓学。"① 唯其如此，从而当时学校中所重的科目，就不出诗书礼乐四者。礼为仪文节目，乐为歌咏舞蹈，诗为乐之歌词，皆所以事神者。至于书，则系宗教中的古典。在这个时代，掌理教育事业者，当然是些"巫祝"之辈，而且只有他们，才是些智识分子；这种现象，正和欧洲中世纪教会柄世政的情形相同②。等到贵族执政的时候，教育的大权，就过渡到官府的手中，而官府以外，便无所谓学术。所以章炳麟说："古之学者多出王官。世卿用事之时，百姓当家则务农商畜牧，无所谓学问也。其欲学者，不得不给事官府，为之胥徒；或乃供洒扫为仆役焉。故《曲礼》云：宦学事师。学字本或作御。所谓宦者，谓为其宦寺也。所谓御者，谓为其仆御也。……《说文》云：仕，学也。仕何以得训为学？所谓官于大夫，犹今之学习行走

---

① 见俞正燮著《癸巳存稿》卷四。
② 欧洲在中世纪时，教会柄世政，凡才秀之士，多为祭司神甫，而书籍亦多聚于寺院。因此，当时求学者，都以祭司为师。从而教育之权，全为教会所握。

耳。是故非仕无学,非学无仕。"①"宦于大夫,谓之宦御事师(《曲礼》宦学事师,学亦作御)。言仕者又与学同;明不仕,则无所受书。"② 由这一段话看来,便知道当时教育之权,为官府所掌握。在这个时候,能够有机会去研究学问的,只有贵族阶级,至于平民,却不敢问津。因此,《汉书·艺文志》所谓"儒家者流盖出于司徒之官……道家者流盖出于史官……阴阳家者流盖出于羲和之官……法家者流盖出于理官……名家者流盖出于礼官……墨家者流盖出于清庙之守……纵横家者流盖出于行人之官……杂家者流盖出于议官……农家者流盖出于农稷之官……小说家者流盖出于稗官……"③便不见得毫无根据了。但是,到了春秋战国时代,一方因贵族阶级之崩坏,一方因自由讲学之风的特盛,于是智识始下逮普及于民间。

二、上古之传疑的教育制度

上古教育制度之较详者,当推周代。王桐龄于其所著《中国史》第一编中,叙述周代教育制度很有系统,他说:"有虞时代大学曰上庠,小学曰下庠,庠者养也。夏代小学曰西序,大学曰东序,序者叙也;夏重射,射以叙为主,故以名其学。殷代小学曰左学,大学曰右学,亦曰瞽宗;殷重鬼,祭祀则尚乐,故以名其学也④。周代兼用之,其制之可考者有七事:

---

① 见章炳麟著《诸子学略说》(刊在丙午年《国粹学报》)。
② 见章炳麟著《检论·订孔(上)》。
③ 《汉书·艺文志》的根据,是刘歆的《七略》。《七略》中除《辑略》为诸书之总要外,其《六艺》一略,与《诸子略》中之儒家相重复。《诸子略》中,分儒、道、阴阳、法、名、墨、纵横、杂、农、小说十家,除去小说家,谓之九流。此外四略为:《诗赋》《兵书》《术数》《方技》。各家学说,从来都以为出自王官,其所推未必尽是,然按诸当时政治情况,则不能谓无所根据。至于反对这种说法的,则有胡适的《诸子不出于王官论》(刊在胡氏著《中国哲学史大纲》附录中),可供参考。
④ 编者按:《礼记·王制》:"有虞氏养国老于上庠,养庶老于下庠;夏后氏养国老于东序,养庶老于西序;殷人养国老于右学,养庶老于左学;周人养国老于东胶,养庶老于虞庠。"这里所谓上庠、东序、右学、东胶,便是虞、夏、殷、周四代大学之专称;下庠、西序、左学、虞庠,便是四代小学之专称。这些都是教贵族子弟的学校。

（甲）类别：有乡学国学二种①，二种中又各有大小之别②。（乙）地址：天子小学在王宫东，诸侯小学在宫南之左，庶民小学随处有之；天子大学在国中，诸侯大学在郊，天子大学有在西郊者，乡学也。（丙）名称：大学在国内者有五：辟雍在中，为周制；其馀在南之成均，黄帝制也；在东之东序，夏制也；在西之瞽宗，殷制也；在北之上庠，虞制也。在乡者：乡有校，州有序，党有庠，亦兼各代之名③。小学则间有塾。诸侯之大学曰泮宫。（丁）教授：以养老教德行为主。大学教六艺及修己治人之道；小学教洒扫应对进退之节。军人凯旋，受俘献馘，亦于大学，以厉其尚武敌忾之气；不率教者，则有移郊移遂屏远方及夏楚以收威之法④。（戊）生徒：国学为王太子、王子、群后世子、卿大夫元士适子及国内俊选之士学习之所；

---

① 编者按：《周礼》："师氏掌国中失之事以教国子弟，凡国之贵游子弟学焉。"注云："国子、公卿大夫之子弟，师氏教之，而世子（天子诸侯之太子）亦齿焉。教之者使识旧事也。中，中礼者也；失，失礼者也。"又"大司乐掌成均之法，以治建国之学政，而合国之子弟焉。凡有道者有德者使教焉"。注云："国之子弟，公卿大夫之子弟，当学者谓之国子。""道，多才艺者。"这种国学，便是贵族进的。至于乡学，则"家有塾，党有庠，州有序"（见《礼记·学记》），这便是平民进的。

② 国学中有大学小学之别，见109页注④。编者按：《公羊传·宣十五年》何休注："一里八十户，八家共一巷，中里为校室。选其耆老有高德者，名曰父老。……十月事讫，父老教于校室。八岁者学小学，十五者学大学。"便是乡学中的大小学之别。

③ 编者按：《孟子》："夏曰校，殷曰序，周曰庠。"故王桐龄说："兼各代之名。"

④ 编者按：《周礼》师氏以三德教国子："一曰至德，以为道本。二曰敏德，以为行本。三曰孝德，以知逆恶。教三行：一曰孝行，以亲父母。二曰友行，以尊贤良。三曰顺行，以事师长。"故王桐龄说"以养老教德行为主"。又保氏养国子以道，乃教之六艺：一曰五礼，二曰六乐，三曰五射，四曰五驭，五曰六书，六曰九数。朱子《大学章句序》："人生八岁，则自王公以下，至于庶人之子弟，皆入小学，而教以洒扫应对进退之节，礼乐射御书数之文。及其十五年，则自天子之元子众子，以至公卿大夫元士之适子，与凡民之俊秀，皆入大学，而教之以穷理正心修己治人之道。"故王桐龄说"大学教六艺及修己治人之道，小学教洒扫应对进退之节"。又《王制》："命乡简不帅教者以告。耆老皆朝于庠，元日习射上功，习乡尚齿。大司徒帅国之俊士，与执事焉。不变，命国之右乡，简不帅教者移之左；命国之左乡，简不帅教者移之右。如初礼；不变，移之郊，如初礼；不变，移之遂，如初礼；不变，屏之远方、终身不齿。"故王同龄说"不率教者，则有移郊移遂屏远方之法"。

乡学为庶民子弟学习之所；天子乡学，亦以待俊选及诸侯之贡士者也。（己）教师：国学有师保、大乐正、小乐正、大胥、小胥、太师、大司成等教之，乡学以乡之有德行道艺者教之，小学或有易子而教者。（庚）学龄：小学自八岁至十四岁，大学自十五岁至二十四岁。"①

然此等传说，多系儒家改制所托，在当时并不见得有此种整齐划一的教育制度；即令有之，但以教育权柄诸贵族，平民也就不见得有受普及教育的机会。

三、教育之解放

在贵族政治时代，教育之权，柄于贵族，平民不敢问津；到了春秋战国时代，贵族政治崩坏，于是智识下逮普及，而教育因之解放。章炳麟说："自老聃写书征藏②，以诒孔氏，然后竹帛下庶人。六籍既定，诸书复稍出金匮石室间，民以昭苏，不为徒役。九流自此作，世卿自此堕；朝命不擅威于肉食，国史不聚奸于故府。"③ 以前为官府所藏的书籍，便这样地下移到民间④。

---

① 编者按：《尚书大传》："古之帝王者，必立大学小学，使王太子、王子、群后之子以至公卿大夫元士之适子，十有三年，始入小学，见小节焉，践小义焉；年二十入大学，见大节焉，践大义焉。"又"大夫士七十而致仕，老于乡里；大夫为父师，士为少师。……岁事已毕，余子皆入学。十五始入小学，见小节，践小义；十八入大学，见大节，践大义焉"。此与王氏所说不合。唯《公羊传·宣十五年》何休注："八岁者学小学，十五者学大学。"则与王氏所说相合。

② 夏曾佑说："九流百家，无不源于老子。老子楚人，周守藏室之史也。周制：学术、艺文、朝章、国故，凡寄于语言文字之物，无不掌之于史。故世人之谘异闻，质疑事者，莫不于史。史之学识，于通国为独高，亦犹之埃及、印度之祭司也。"见夏氏著《中国历史教科书》第一篇第二章第五节。

③ 见章炳麟著《检论·订孔（上）》。

④ 官府所藏的书籍，虽由孔子下布于民间，然刘向、刘歆传播书籍之功，亦不可没，故章炳麟曰："书布天下，功由仲尼；其后独有刘歆而已。微孔子则学皆在官，民不知古，乃无定桌。然自秦皇以后，书复不布。汉兴，虽除挟书之禁，建元以还，百家尽黜，民间唯有《五经》《论语》，犹非师授不能得。自余竟无传者。东平王求《史记》丁汉廷，桓谭假《庄子》于班嗣，明其得书之难也。向、歆埋校雠之事，书既杀青，复可移写，而书贾亦赁鬻焉。故后汉之初，王充游洛阳，书肆已见有卖书者。其后邠卿章句之儒，而见《周官》；康成草莱之氓，而窥《史记》；则书之传者广矣。"见《订孔（上）》注文。

周室衰微以后，学校不修①，王官失守，于是民间始有聚徒讲学之事，负笈从师之人。聚徒讲学之风，开自孔子。他一方面受学于老子，一方面删诗书，订礼乐，系《周易》，作《春秋》《孝经》，就俨然集前此文教之大成，而为当时学术界的领袖。他又以有教无类的精神，以打破前此教育上之阶级性②，故其弟子多至三千人③。墨子继之，其讲学亦以有教无类为主④。教育解放，到了这个程度，所以百家并起，各持一说，而从来所谓某官之守，就一变而为某家之学了。

书籍既已下移民间，自由讲学之风又特盛，更加以列国并立互竞，礼贤下士⑤，于是教育解放达于极点，而思想自由之结果，遂使东周以后的学术界形成一划时期的运动。

四、学校制之继起

秦统一中国，采取愚民政策，把民间书籍焚烧殆尽，而仅留"博士官所职"的书籍⑥。汉兴，诸事皆在草创之时，亦无暇建立学校；直到武帝

---

① 《诗经·郑风·青青子衿》序云："《子衿》刺学校废也。"又《左传·昭公十八年》云："秋，葬曹平公，往者见周原伯鲁焉，与之语，不说学。归以语闵子骞。闵子骞曰：'周其乱乎？夫必多有是说，而后及其大人。'"足见当时学校不修，人不说学的情况。

② 子张驵侩，颜浊聚大盗，均学于孔子。

③ 孔子弟子三千，通六艺者七十二人，其最著名者有四科中之十哲，即"德行：颜渊、闵子骞、冉伯牛、仲弓；政事：冉有、季路；言语：宰我、子贡；文学：子由、子夏"。见《论语》。

④ 大盗禽滑厘，学于墨子。

⑤ 当时如秦孝公、齐威王、宣王、梁惠王、燕昭王，乃至孟尝、平原、春申、信陵之四公子，都无不以礼贤下士为务；而游士为利禄所动，亦以讲求学问为务，所以苏秦竟说："且使我有洛阳负郭田二顷，吾岂能佩六国相印乎？"见《史记》本传。

⑥ 普通史家认为始皇尽焚天下书籍，所不去者，唯医乐卜筮种树之书。此实一种错误的说法。案《史记·秦始皇本纪》"非博士官所职，天下敢有藏诗书百家语者，悉诣守尉杂烧之"诸语，则当时所烧者，只是民间的书籍，而博士之诵诗书百家自若也。又汉初诸经师多故秦博士，亦足证明当时博士之师承传授并未断绝。

用公孙弘之议，始建太学置博士①。光武中兴，特重儒术，建立太学；中经明帝、章帝的提倡②，学术益昌；故至质帝时太学诸生竟达三万余人，而太学亦因之成为政治言论的中枢③。学校之制虽兴，然聚徒讲学之风，尚流行当时④。

两晋、南北朝，因干戈扰乱之故，学校不修。唯北朝、后魏建国子大学，四门小学，造明堂、辟雍，以奖励经学，而学术稍振。唐袭隋制，学校制度始臻完备。唐制：京师有国子学（以三品以上的子孙为主，定额三百人），大学（以四品以上的子孙为主，定额五百人），四门学（以七品八品的子孙及庶民的俊秀为主，定额五百人），律学（以八品以下的子弟及庶民之通于其事者为主，定额五十人），书学（同上，定额三十人），算学（同上，定额三十人），以属于国子监；更有弘文馆，崇文馆（宗室及功臣的子孙，皆可就学），以属于门下省。各地方又有府学、县学、州学。由上所述，唐代教育，似乎很盛。然以当时士子视线，集中于科举一途，故学校教育空有其表，而书院制遂不能不代学校而起。

五、书院制之代起

自隋、唐实施科举以后，所谓学校便不外徒拥虚名而已。当时士子皆骛于荣利，所学不出科举考试之范围以外，更和学校制度的主旨相违；故其反动，遂为书院制之代起。

晚唐之时，渐有私立书院以讲求学术之风。五代至宋，益加普及，当

---

① 公孙弘奏请"为博士官置弟子五十人，复其身。太常择民年十八以上，仪状端正者，补博士弟子。郡、国、县、道、邑，有好文学，敬长上，肃政教，顺乡里，出入不悖所闻者，令相、长、丞，上属所二千石。二千石谨察可者，当与计偕，诣太常，得受业如弟子"。武帝因置博士弟子五十人；昭帝时增为百人，宣帝时增为二百人，成帝末年增至三千人。至于书籍，则惠帝时已解挟书之令；武帝时又开献书之路，置写书之官以求业已散亡的书籍；更经河间王德之搜求先世经典，与刘向、刘歆父子之专理校雠，于是学术为之大振。

② 明、章两帝均尊崇儒学，车驾屡幸太学。章帝更会诸儒论经书异同，作《白虎通》。

③ 当时太学诸生多贵游子弟，每每替外戚结党，以攻击宦官，结果激成党锢之祸。

④ 如马融、郑玄，皆以私人而聚徒讲学。

时最著名的书院有四：（一）白鹿洞书院，在九江庐山，始于南唐；（二）石鼓书院，唐宪宗时李宽所建，在湖南衡阳；（三）应天书院，在河南商丘，宋真宗时应天府民曹诚所建；（四）岳麓书院，宋初潭州守朱洞所建。这些书院，均系地方所立，不为国家学制所限，故能充分发挥其自由研究自由讲习的精神，有宋一代理学之盛，其原因或由于此。元、明、清三代，书院的设立，更加普遍，凡文风稍盛之地，虽乡镇市集，也几乎遍立书院。当时书院，由地方聘请硕儒主持，叫做山长；学者寄宿其中，有膏火之费，以作补助，故能安心从事学术的探究；然因科举尚在盛行，学者所志唯在举业，故书院的精神，亦随而消失。

六、现代的学校之兴起

这里所谓现代的学校，是资本主义的产物，而与我国前此的学校完全不同。原来在太平军平定以后，当时要人如李鸿章辈，深知中国兵力，确实不能和外国比较①，于是在乱平之后，就注重练兵②。"中学为体，西学为用"的口号，遂广播于全国。但是，经过中法、中日两次战役以后，朝野之士，又深知只是仿效外人的物质文明——坚舰利炮——还不足以自强，而自强的唯一方法，却在于变法。当时康有为辈，认定变法的项目中，尤以废科举立学堂为最要紧。后来因为戊戌政变，轰动一时的变法运动也就烟消云散了。等到八国联军之役以后，清室始正式废除科举，改书院为学堂。

当时学制，仿自日本与西洋，有初等小学、高等小学、初级师范学堂、优级师范学堂、中学、高等学堂以及大学堂等名目；所有教本，亦多从日

---

① 太平军起事时，上海被刘丽川攻陷，法兵助清军克复县城。当时，英人已组成义勇队，以为防卫租界大计。内地富人，多聚集上海，亦共同集款，与外国人合商保卫之法。由是美人华尔与白齐文，始募欧人百名，马尼亚（今译马尼拉——选编者注）人二百名，组成常胜军。华尔死后，由戈登代为统率，收复昆山、太仓，并随李鸿章克复苏州。当时中兴诸将，由是知中国兵力不如外国，而着手于练兵。

② 当时中兴诸将如李鸿章，所知道的，只是外国的坚舰利炮，因此，他练兵的第一要着，就是设船政局与制造局。后来选派幼童赴美留学，以及兴办铁路、轮船、电报等等，都无不是由于惊叹西洋的物质文明所致。

籍转译而来。民国成立以后，又有新学制之改革。大旨以着重职业教育与合于社会需要为主。

　　上面所述的这种新学制从外国移植国内来，已经将近三十年，但是，在今日我们并不曾见到这种教育所发生的良果，却只听见教育破产的呼声，这是什么缘故呢？造成教育破产的根本原因就是：现代的学校，原来是资本主义的产物，它的课程及其精神，都相应于资本主义的需要，所以它所造就的人才，能替资本主义服务。反之，我国的经济组织，虽然进到前资本主义时代，但是封建式的手工业生产，却在经济上仍占着重要的地位，所以纵令把资本主义的教育移植过来，却不能适应于我国社会的需要，尽管后来有新学制的改革，可是问题依然原封未动地搁着，此所以吴敬恒有洋八股之叹，社会上有轮回教育之讥，教育界有教育之讥，教育界有教育破产之呼声[①]。至于政治没有上轨道致使教育也不能上轨道，却还是造成教育破产的副因。

【问题提要】

　　（一）何以古代教育之权操于官府？
　　（二）何以周代的教育制度不足信？
　　（三）试述教育解放的原因。
　　（四）孔子与教育解放有何关系？
　　（五）教育解放的结果是什么？
　　（六）试述唐代的学校制度。
　　（七）试述书院制发生的原因。
　　（八）何以现代教育陷于破产的境地？

---

① 关于教育破产的论文，可参看1930年商务印书馆出版的《教育杂志》的各卷。

第七章　司法制度之演进

一、法之起源

所谓司法制度，通常包含下面三个项目：（一）法典之编纂；（二）刑名之规定；（三）执行法律之机关。但是，初民社会的司法制度，决不如是之繁复。在氏族社会中，各成员的结合，都以血缘为主。而且各尽所能各取所需，彼此间无所争夺。所以当时就用不着法律条文来相互约束。然而如果社会中出有破坏秩序的人，就自然要受社会的裁制。这种裁制，或者就是法之起源。法本字作灋，《说文》："灋，刑也。平之如水，从水。廌所以触不直者去之，从廌去。"由此可见古代所谓法，并不是用律文以定是非曲直，却不外取决于无意识的事物而已。

等到由氏族社会进到奴隶制国家的时候，一方为着要威服奴隶，一方为着要确保私有财产制，正式定为条文的法与列成等级的刑才由此确立起来。相传古代的刑法，是我族袭用苗族的，《书·吕刑》所谓"苗民弗用灵，制以刑。唯作五虐之刑曰法，杀戮无辜，爰始淫为劓、刵、椓、黥"即其根据。大抵当时即用苗族之刑，以治苗族之人，换言之，即是以之治被征服的奴隶，故《吕刑》又云"报虐以威"。阶级既已确立——贵族与奴隶——被压迫阶级中的狡黠者，必然有些"乱政"；压迫阶级最怕的就是这种"乱政"，要镇压这种"乱政"，便需要刑法，所以说"夏有乱政而作《禹刑》，商有乱政而作《汤刑》，周有乱政而作《九刑》"[①]。所以说："先君周公制《周礼》……作誓令曰：'毁则为贼，掩贼为藏；窃贿为盗，盗器为奸；主藏之名，赖奸之用，为大凶德，有常无赦；在《九刑》不忘。'"[②]

---

① 见《左传·昭公六年》。
② 见《左传·文公十八年》。

要在这样的情形之下，刑与法才会产生出来①。

当时既有刑法的需要，则司法制度亦必渐次形成，兹分述如下：

(一) 刑名：《吕刑》说："墨罚之属千，劓罚之属千，剕罚之属五百，宫罚之属三百，大辟之罚，其属二百：五刑之属三千。"此外更有流宥、鞭扑、赎刑等名目②。

(二) 审判与诉讼之法："周制诉讼之法：以两造禁民讼，入束矢于朝，然后听之（讼谓财货相告者，造、至也；使讼者两至，既两至，使入束矢，乃治之也。不至，不入束矢，则是自服不直者也。必入矢者，取其直也。《诗》曰：其直如矢。古者一弓百矢，束矢其百个欤）。以两剂禁民狱，入钧金，三日，乃致于朝，然后听之（狱，谓相告以罪名者，剂，今券书也。使狱者各赍券书，既两券书，使入钧金者，又三日乃治之，重刑也。不券书不入金，则是亦自服不直者也。必入金者，取其坚也，三十斤曰钧）。刑事之讼，必以三刺断庶民狱讼之中：一曰讯群臣，二曰讯群吏，三曰讯万民。若决死刑时，士师受其宣告书，择日行刑。民事之讼，关于人事者，以证人为断；关于土地者，以地图为证（《周礼·小司徒》：凡民讼以地比证之，地讼以图证之）。关于钱债者，以约剂为重。而裁判官之对于案证，以五声听之：一曰辞听（观其出言，不直则烦）。二曰色听（观其颜色，不直则赧）。三曰气听（观其气息，不直则喘）。四曰耳听（观其听聆，不直则惑）。五曰目听（观其眸子，不直则眊）。"③

(三) 贵族在法律上的特殊保障：《周礼》："凡命夫命妇，不躬坐狱讼；凡王之同族，有罪不即市。"《礼记·文王世子》："公族，其有死罪，

---

① 《商君书·开塞篇》说："天地设而民生之。当此之时也，民知其母而不知其父。其道亲亲而爱私。亲亲则别，爱私则险；民众而以别险为务，则民乱。当此时也，民务胜而力征；务胜则争，力征则讼；讼而无正，则莫得其性也。故贤者立中正，设无私而民说仁。当此时也，亲亲废，上贤立矣。凡仁者以爱为务，而贤者以相出为道；民众而无制，久而相出为道，则有乱。故圣人承之，作为土地货财男女之分。分定而无制，不可，故立禁；禁立而莫之司，不可，故立官；官设而莫之一，不可，故立君。既立其君，则上贤废，而贵贵立矣。"《商君书》此段所言，虽在于说明国家组织之起源，然法之起源，亦可于此段中窥见。

② 至于宽宥之法，则有三宥：一曰宥不识；二曰宥过失；三曰宥遗亡。更有三赦：一曰赦幼弱；二曰赦老耄；三曰赦蠢愚。均见《周礼·小司寇》。

③ 见孟世杰著《先秦文化史》第303页。

则磬于甸人；其刑罪则纤剸，亦告于甸人。公族无宫刑。狱成，有司谳于公；其死罪则曰某之罪在大辟；其刑罪则曰某之罪在小辟。公曰：宥之；有司又曰：在辟。公又曰：宥之；有司又曰：在辟。及三宥，不对。走出，致刑于甸人。公又使人追之曰：虽然必赦之。有司对曰：无及也。反命于公。公素服，不举，为之变，如其伦之丧，无服，亲哭之。"《曲礼》："礼不下庶人，刑不上大夫。"《周礼·小司寇》更有八议之法：一曰议亲，二曰议故，三曰议贤，四曰议能，五曰议功，六曰议贵，七曰议勤，八曰议宾：皆所以宽宥亲贵有功之人。所以夏曾佑说："其时劓刖椓黥之法，唯行之于民，而贵族无之；贵族有罪，止于杀而已，其次则为执、为放。"①

至于法典，则有《九刑》与《吕刑》。以上所述，其中多杂有儒家的渲染，未可尽信；但是，刑与法之确立于这个时期，却是可以断言的。

二、战国时代司法之变革

战国时代，因贵族阶级之崩坏，而司法制度随之变革：第一，贵族阶级既已崩坏，则前此贵族在法律上所占有的特殊保障，就不能存在，而必得与平民受同一的法律制裁②；第二，当时法家辈出——如商鞅辈——提倡法治主义，而法治的观念因之发达，所以司马谈论六家要旨就说："法家不别亲疏，不殊贵贱，一断于法。"③

但是，因为当时封建"诸侯力政，不统于王"，所以纵令法治观念发达，然而各国诸侯，都为便己起见，也就弄到"律令异法"了④。以法典

---

① 见夏曾佑著《中国历史教科书》第一篇第二章第二十三节。
② 秦太子犯法。卫鞅曰"法之不行，自上犯之"，将法太子。太子，嗣君也，不可施刑；刑其傅公子虔，黥其师公孙贾（见《史记》）。弄到要"将法太子"，则其他贵族在法律上所占有的特殊保障，就自然不能存在了。
③ 见《史记·太史公自序》。又《尹文子》："万事皆归于一，百度皆准于法。归一者简之至，准法者易之极。"《韩非子·难势篇》："且夫尧、舜、桀、纣，千世而一出。……中者上不及尧、舜，而下者亦不为桀、纣。抱法则治，背法则乱。背法而待尧、舜，尧、舜至乃治，是千世乱而一治也。抱法而待桀、纣，桀纣至乃乱，是千世治而一乱也。"均足以见法家之法治主义。
④ 引号内文句，均见许慎《说文解字序》。

而论，则魏有《法经》①，韩有《刑符》，魏有《太府之宪》。以刑名而论，则秦刑有三族（见《史记·秦本纪》），七族（见《汉书·邹阳传》），十族（见《韩诗外传》），先具五刑而后腰斩（见《史记·李斯列传》），连坐（见《史记·商君列传》），腰斩、车裂、黥、劓、迁（均见《史记·商君列传》），弃市（见《史记·秦本纪》），凿颠、抽胁（均见《汉书·刑法志》）、枭首、鬼薪（均见《史记·秦始皇本纪》），士伍（见《史记·白起列传》），齐刑有烹（见《史记·田敬仲世家》），楚刑有冥室椟棺（即活葬之法，见《古文苑·诅楚文》）、灭家（见《国策》楚四），赵刑有夷（见《史记·赵世家》），魏刑有诛、籍、戍、膑、刖、臧、宫、夷其乡、族、罚金三市、笞、罚（均见本页注①）。由此看来，足见当时律令既不统一，而刑罚反较前为残酷，等到秦灭六国，司法制度始定于一。

三、司法制度之成长

司法制度，在战国时代，是各国异法的；等到秦统一六国，才归于一致。秦代所用的法典，就是李悝所著的《法经》六篇。其用法的深刻与刑罚的野蛮，并不减于战国时代。又设廷尉之官，专司刑法狱讼；汉兴，亦沿用之②。自是以后，司法制度始进于成长时代③。

---

① 桓谭《新论》引李悝《法经正律》略曰：杀人者诛，籍其家，及其妻氏；杀二人，及其母氏。大盗，戍为守卒，重则诛。窥宫者膑，拾遗者刖，曰：为盗心焉。其《杂律》略曰：夫有一妻二妾，其刑臧；夫有二妻，则诛；妻有外夫，则宫，曰：淫禁。盗符者诛，籍其家；盗玺者诛；议国法令者诛，籍其家，及其妻氏；曰：狡禁。越城，一人则诛，十人以上，夷其乡，及族；曰：城禁。博戏，罚金三市；太子博戏则笞，不止，则特笞，不止，则更立；曰：嬉禁。群相居，一日以上，则问，三日四日五日则诛；曰：徒禁。丞相受金，左右伏诛；犀首以下受金，则诛；金自镒以下，罚，不诛也；曰：金禁。大夫之家，有侯物，自一以上者族。其《咸律》略曰：罪人言十五以下，罪高三减，罪卑一减；年六十以上，小罪情减，大罪理减。夏曾佑谓："此即商君所从出也。"

② 虞舜时，皋陶作士，以明五刑，或即司法官之始；然此种传说，未可深信。战国时代，执刑之官，各国不同；至秦始以廷尉典刑，汉沿用之；以后名目虽有更改，然其官制系统，犹多袭秦、汉之旧。

③ 司法制度，在西周以前，多带传说的性质；战国时代，诸侯立政，又无定法；等到秦、汉以后，始渐趋一致，而有成长与进化之迹可寻。

这个时代，第一件值得注意的，就是法典之增删。汉初，萧何定律，将李悝的《法经》增为九篇，叔孙通又作《傍章》十八篇，后张汤又增益二十七篇，赵禹增益六篇，共六十篇。《汉书·刑法志》谓"律令凡三百五十九章；大辟四百九条，千八百八十二事；死罪决事比万三千四百七十二事"；由此便可见当时法律之杂乱。法律杂乱，就需要一种删定。所以到魏文帝时，便命陈群等删定，为新律十八篇。晋武帝嫌其"科网太密"，又命贾充等作《晋律》二十篇，即：刑名、法例、盗劫、贼律、诈伪、请赇、告劾、捕律、系讯、断狱、杂例、户律、擅兴、毁亡、卫宫、水火、厩律、关市、违制、诸侯。法典规模，至是粗具。南北朝时：南朝梁时，作《梁律》二十篇，即：刑名、法例、盗劫、贼叛、诈伪、受赇、告劾、讨捕、系讯、断狱、杂律、户律、擅兴、毁亡、卫宫、水火、仓库、厩律、关市、违制。北朝北齐作《齐律》十二篇，即：名例、禁卫、户婚、擅兴、违制、诈欺、斗讼、贼盗、捕断、毁损、厩牧、杂。北周又作《周律》二十五篇，即：刑名、法例、祀享、朝会、婚姻、户禁、水火、兴膳、卫宫、市廛、斗竞、劫盗、贼叛、毁亡、违制、关律、诸侯、厩牧、杂讼、诈伪、请赇、告言、逃亡、系讯、断狱。又《齐律》中更明著重罪十条：一曰反逆，二曰大逆，三曰叛，四曰降，五曰恶逆，六曰不道，七曰不敬，八曰不孝，九曰不义，十曰内乱，凡犯此者，皆罪在不赦，此即后代十恶之名之所自起。

第二件值得注意的，就是废除肉刑。原来秦代刑罚，极其残酷，如二世刑李斯，具五刑，腰斩，复诛三族。汉高祖入关，除秦苛法，与父老约法三章：杀人者死，伤人及盗者抵罪。然此为一时之计，决非定法，故"其大辟尚有夷三族之令。令曰：当三族者，皆先黥、劓、斩左右趾，笞杀之，枭其首，菹其骨肉于市；其诽谤詈诅者，又先断舌；故谓之具五刑。彭越、韩信之属，皆受此诛"①。直到高后时，始废夷三族之令与妖言令。至于废除肉刑一事，则在孝文帝时。《汉书·刑法志》说："齐太仓令淳于公有罪当刑，诏狱逮系长安。淳于公无男，有五女；当行会逮，骂其女曰：生子不生男，缓急非有益也。其少女缇萦自伤悲泣，及随其父至长安，上书曰：妾父为吏，齐中皆称其廉平；今坐法当刑，妾伤夫死者不可复生，

---

① 见《汉书·刑法志》。

刑者不可复属，虽后欲改过自新，其道亡由也。妾愿没入为官婢，以赎父刑罪，使得自新。书奏，天子怜悲其意。"遂下令废除肉刑①。此实我国法律史上之一大进化。

四、司法制度之完成

我国司法制度，完成于唐代，而唐又多沿隋旧。至于唐代以后各代关于司法的设施，则不过补苴而已。兹分述唐代司法制度如下：

（一）法典之编纂：我国法典，向分为二：一曰刑法典，一曰行政法典。刑法典始于李悝的《法经》六篇，至《晋律》二十篇，已粗具规模；《唐律》十二篇出（名例、卫禁、职制、户婚、厩库、擅兴、贼盗、斗讼、诈伪、杂例、捕亡、断狱），乃成定制②。行政法典，始自何时，未能确定；要其大成，当推唐代。开元十六年，始作《六典》，经十六年而完成；凡施政的准则，无不具备；明及清两代的会典，均以此为蓝本③。

（二）刑名之确定：唐代刑名有五，即：笞、杖、徒、流、死，皆沿隋旧。笞刑分五等，自十至五十，以十递加；杖刑分五等，自六十至百，以十递加；徒刑分五等，即：一年、一年半、二年、二年半、三年；流刑分三等，即：二千里配役二年，二千五百里配役二年半，三千里配役三年；死刑分二等，一为绞，一为斩。宋、元、明沿之，少有更易④。此外沿

---

① 当时肉刑有三：一曰黥，二曰劓，三曰刖左右趾。文帝除肉刑，始以髡钳代黥，笞三百代劓，刖则须刖左趾者笞五百，右趾者弃市。案：文帝本黄、老之治，其废除肉刑一事，实与其治术相关联；而其治术，又与当时之经济状况相关联。故夏曾佑说："汉之盛世，实在文、景。此时距秦、楚、汉三世递续之相争，已近三十年矣。大乱之后，民数减少，天然之产，养之有余；而豪杰敢乱之徒，并已前死，余者厌乱苟活之外，无所奢望：此皆太平之原理，与地产相消息，而与君相无涉也。若为君相者，更能清静不扰，则效益著矣。"见夏氏著《中国历史教科书》第二篇第一章第十七节。

② 明代刑法有《大明律》三十卷四百六十条，草创之初，律令总裁官李善长议："历代之律，皆以汉九章为宗，至唐始集其成，今制宜遵唐旧。"太祖从之，由此可知《大明律》多遵唐旧。至于清代，又多遵明旧。

③ 六典：一曰理典，二曰教典，三曰礼典，四曰政典，五曰刑典，六曰事典，共三十卷。

④ 宋代刑名亦分笞、杖、徒、流、死五种，每种各分五等，均与唐同；唯在此五种刑罚之外，加处臀杖脊杖二者，是谓折杖法。

《齐律》有十恶之名，即：谋反、谋大逆、谋叛、恶逆、不道、大不正、不孝、不睦、不义、内乱。更有八议之法，即：议亲、议政、议贤、议能、议功、议贵、议勤、议宾；如所犯为十恶之列，则虽当八议之条，而亦罪在不赦①。唐太宗时，又令长孙无忌等撰律令格式②各若干卷，由是正律之外，更有令格式等以补律之不足。

（三）执行司法之官吏：唐制：犯罪者，以在其罪发之州县推断为例；其在京师，则杖刑以下者，委诸当局的推断；徒刑以上者，交大理寺。至于决断大狱之时，则刑部尚书、御史中丞、大理卿俱集参同，是即明清两代三法司之制之所自起③。

五、司法制度之改革

清代司法制度，多仍明旧④；唯审判之时，每用非刑⑤以勒口供，名曰刑讯。自从帝国主义侵略强迫通商以来，各国便以中国法律野蛮、与中外法律不同为口实，要求领事裁判权；由是我国的治外法权，遂为各国所夺去。光绪末年，欲收回治外法权，以改良审判为入手方法。当时江督刘坤一，曾奏请流徒以下不准刑讯，修订法律大臣沈家本、伍廷芳等，又奏请轻刑禁用刑讯。虽经清廷允许，屡谕禁止。然承审各员，以非刑勒供如故。沈家本等又奉旨设立法律编译馆，编定民律、刑律、商律及民事诉讼法等草案，然均未实行而清室已亡。民国成立，沿清之旧，设四级三审制度：即初级厅、地方厅、高等厅、大理院四级，而以大理院为最高审判机关。后各县因经费困难，初级厅仍以知事兼理，而另设承审员以司诉讼。近年

---

① 明、清两代，均与唐同。

② 律令是尊卑贵贱之等数、国家之制度，格是百宜有司所常行之事，式是百官有司所常守之法。宋代更别有"敕"，神宗时，径改为敕令格式，他说："禁于未然之谓敕，禁于已然之谓令，设于此以待彼之谓格，使彼效之之谓式。"

③ 明制：掌刑狱之官，京师有刑部、都察院、大理寺，叫做三法司。刑部受天下刑名，都察院掌纠察，大理寺掌驳正。地方则知县、知州、知府、按察使，均有处决罪犯之权；如被告不服，得依次上诉，以至于都察院。清制亦与明同。

④ 明代镇抚司、锦衣卫、东西厂，并起而操刑狱之权，更有廷杖的苛刑；至清则已废止。

⑤ 非刑即非法之刑，官吏用之以勒供。其用意在于使犯人受肉体上的苦痛，至于求生不得欲死不能之时，不得不隐忍承认而后已。

以来，民众反帝国主义运动甚烈，收回治外法权的声浪，随之增高，列强思欲缓和民气，遂开法权会议于北京，并派代表至内地各处考察司法情况，均谓我国司法制度不完备，目前不能撤废领事裁判权，唯当时我国代表对于此种报告，已宣言否认。今国民政府成立，正以革命外交为手段，从事于治外法权之收回运动。

【问题提要】

（一）正式定为条文的法与列成等级的刑，要到什么时候才确立起来？并且因何而确立起来？

（二）最初的刑法是对付哪一阶级而立的？何以贵族在法律上得有保障？

（三）我国法典始创于何人？其书名为何？

（四）我国司法制度完成于何时？其情形如何？

第八章　兵制之演进

一、兵之起源与上古之传疑的兵制

在氏族社会中，无所谓兵，因为社会中的成员，均处于平等地位，人人有相互扶持、相互保卫及对于外来侵害的共同复仇之义务，从而就用不着特设一种兵去担负此种义务。等到由氏族社会进到奴隶制的国家的时候，才有所谓兵。兵的发生之唯一原因，就是战争；而战争发生之唯一原因，又是私有财产之确立，盖私有财产制一经确立，则一方不能不需要兵以保障此种财产制，他方又不能不利用兵的力量抢劫邻族的财产以富裕己族的私有①。大概在由氏族社会推移到奴隶制的国家的行程中，就已经有了"武人"，而且这时的武人都是氏族中的男子②。男子在这个时候，既然占有重要地位，前此以女性为中心的社会必然就转变为以男性为中心的社会，国家的组成亦必从而开始。国家既已组成，于是统治阶级便益加需要兵来保障其统治，来侵略邻近的部落。此时的社会，已经分为贵族与奴隶两个阶级，随之服兵役便是奴隶所专有的义务。

以上所述，系属于兵之起源。今请进而述上古之兵制。上古兵制，莫详于周代，而其说又有今古文家之不同。《周礼·小司徒》："乃会万

---

① 男子既要从事于战争，自然从事于生产的时候就少，因此不得不去抢劫邻族的财产以富裕己族的私有。

② 《周易》上所谓"武人为于大君"一句，便可以窥见这时候的社会转变。

民之卒伍而用之：五人为伍，五伍为两，四两为卒，五卒为旅，五旅为师，五师为军。以起军旅，以作田役，以比追胥，以令贡赋。乃均土地，以稽其人民而周知其数：上地家七人，可任也者家三人；中地家六人，可任也者二家五人；下地家五人，可任也者家二人。凡起徒役：毋过家一人，以其余为羡；唯田与追胥，竭作。"《周礼·夏官序》："凡制军：万有二千五百人为军；王六军，大国三军，次国二军，小国一军；军将皆命卿。二千有五百人为师，师帅皆中大夫；五百人为旅，旅帅皆下大夫；百人为卒，卒长皆上士；二十五人为两，两司马皆中士；五人为伍，伍皆有长。"此系古文家说。《白虎通·三军篇》："三军者何？法天地人也。以五人为伍，五伍为两，四两为卒，五卒为旅，五旅为师，师二千五百人，师为一军，六军一万五千人也。"《公羊传》隐五年何休注："二千五百人称师。天子六师，方伯二师，诸侯一师。"此系今文家说。要之，这多半是后儒的向壁虚造，未可全信。而且当时出兵的方法，和井田制度有深切的关联[①]；井田制度既不可信，则其军制更不可信了。

但是，我们可以决定的一点：就是当时服兵役的人，完全是些农人。《唐风·鸨羽》："肃肃鸨羽，集于苞栩。王事靡盬，不能艺稷黍。父母何怙？悠悠苍天，曷其有所！"便足以证明平时的农人就是战时的

[①] 《公羊传》宣十五年何休注："十井共出兵车一乘。"《汉书·刑法志》："因井田而制军赋：地方一里为井；井十为通；通十为成，成方十里；成十为终；终十为同，同方百里；同十为封；封十为畿，畿方千里。有税有赋：税以足食，赋以足兵。故四井为邑；四邑为丘；丘十六井也，有戎马一匹，牛三头；四丘为甸；甸六十四井也，有戎马四匹，兵车一乘，牛十二头，甲士三人，卒七十二人；干戈备具；是谓乘马之法。一同百里，提封为井，除山川、沈斥、城池、邑居、园囿、术路，三千六百井，定出赋六千四百井；戎马四百匹，兵车百乘；此卿大夫采地之大者也，是谓百乘之家。一封三百一十六里，提封十万井，定出赋六万四十井，戎马四千匹，兵车千乘，此诸侯之大者也，是谓千乘之国。天子畿方千里，提封百万井，定出赋六十四万井，戎马四万匹，兵车万乘，故称万乘之主。"凡此均可见当时出兵之法与井田制度有深切的关系。

军人①。盖西周仍存有奴隶制的国家之残渣，而当时所谓农人，其地位并无异于奴隶，从而服兵役也就是他们的义务了。

二、民兵制度

战国时代，列国互竞，时有征战，遂形成全国皆兵之局势，而开民兵

---

① 又《诗经·东山》一首诗，也明示平时的农人就是战时的军人。
附春秋与战国军制之异：
夏曾佑曰："二百赋税（兵制并见于此，春秋以上，二事不可分也。）鲁制之可见者……丘甲之法（九夫为井，四井为邑，四邑为丘。丘十六井，出戎马一匹，牛三头。四丘为甸，甸六十四井，出长毂一乘，戎马四匹，牛十二头，甲士三人，步卒七十二人），三军之法，四军之法，田赋之法（哀公十二年，用田赋。杜预注：丘赋之法，因其田财，通出马一匹，牛一头；今欲其田及家财，各为一赋）。郑制之可见者：偏伍之法（战车二十五乘为偏，以车居前，以伍次之，承偏之隙，而弥缝阙漏也；五人为伍；此盖鱼丽阵法）。丘赋之法（丘十六井，当出马一匹，牛三头）。晋制之可见者：州兵之法（五党为州，州二千五百家也；使州长各缮甲兵）。毁车崇卒之法（昭公元年，《传》云：晋魏舒请毁车以为行。杜预注：为步陈也。……案此，即废车战之渐矣）。楚制之可见者：有乘广之制（宣公十二年《传》云：广有一卒，卒偏之两）。齐制可见者：有轨里连乡之法。总诸事观之，知其时田赋军旅，互相关系；而各以车为主，其战术为极拙。僖公十八年《传》：郑伯始朝于楚，楚子赐金，既而悔之，与之盟曰：无以铸兵。遂铸以为三钟。是其时以铜为兵。而《史记·范雎传》云：铁剑利而勇士倡。则知战国已用铁为兵矣。……"（见夏氏著《中国历史教科书》第一篇第二章第二十三节）又曰："战国之于春秋，军政之异，当分三途言之：一军额之异，二战术之异，三征发之异。军额之异者：周制万有二千五百人为一军，天子六军，大国三军，次国二军，小国一军。其后，五霸迭兴，此制遂见破坏。齐桓公作内政以寄军令；其法以五家为轨，故五人为伍；十轨为里，故五十人为小戎；四里为连，故二百人为卒；十连为乡，故二千人为旅；五乡为帅，故万人为一军；国有三军。晋文公城濮之战，有兵车七百乘（五万二千五百人）。楚庄王邲之战，为广乘三十乘，分为左右，广有一卒，卒偏之两（十五乘为一广，百人为卒，二十五人为两，十五乘为大偏，言一广十五乘，有百二十五人从之）。统以上所引观之，知春秋时霸国全军，皆不及十万人；至战国之世，则燕带甲数十万，车六百乘，骑六千匹；赵带甲数十万，车千乘，骑万匹；韩带甲数十万；魏武士二十万，苍头二十万，奋击二十万，厮徒十万，车六百乘，骑五千匹；齐带甲数十万；楚带甲百万，车千乘，骑万匹；是其数皆十倍于春秋也。战术之异者：周制……以车为主要；至战国时，乃废乘而骑，赵武灵王之胡服习骑射，此为古今战术之一大转关。……征发之异者：春秋以前为征兵，战国以后为召募。……"（见夏氏著《中国历史教科书》第一篇第二章第二十四节）

制度之端绪。秦、汉因之，民兵制度由是确立。汉制："民年二十三为正，一岁为卫士①，一岁为材官骑士，习射御，驰战阵。年五十六，衰老，乃得免为庶民，就田里。"②此系汉代调兵之法。时京师有南北军：南军卫宫城，调之郡国，卫尉主之；北军卫京城，调之三辅，中尉主之。武帝时，更于北军置中垒、屯骑、步兵、越骑、长水、胡骑、射声、虎贲八校③；又于南军置羽林、期门④。至于郡国，则选引关、蹶张、材力武猛之人，以为轻车、骑士（即骑兵）、材官（即步兵）、楼船（即水兵）⑤。此为汉代军队编制之法。然东汉末年大乱，此种兵制便渐次破坏了。

三、府兵制度

晋初军制：初京师置中、后二卫及左军、右军、前军、后军、骁骑五军。平吴以后，大减州郡兵备，大郡不过武吏百人，小郡仅五十人。元帝渡江，王、谢诸大族握权，兵柄遂为彼辈所握。南朝兵制，其详不可考。至北周时，始创立府兵之制。其制：选民之魁健才力者为兵而蠲其租调，令刺史以农隙教练；合为百府，每府一郎将主之，分属二十四军。领军者叫做开府。一大将军统两开府，一柱国统二大将军：凡二十四开府，十二大将军，其上统以六柱国。隋沿其制，置十二卫将军。到了唐代，府兵之制，益加完善。唐制：于各道设折冲府，以折冲都尉领之。拆冲府分三等：上府统千二百人，中府千人，下府八百人。当时天下共十道，置六百三十四府，而关内一道，独置二百六十一府。故唐初中央权势颇强。其编制：十人为火，火有长；五十人为队，队有正；三百人为团，团有校尉。见于兵籍的人民，年二十而为兵，六十而免。平时从事耕种，教练皆在农隙⑥；事变起时，则待契符之下而从征；事平，各还其乡。至于将官，亦系于征伐时临时任命，征伐既终，则兵归其府，将上其印，故当时无拥兵之人。

---

① 一岁为卫士，即以一年赴京师入南北两军为兵。
② 见《汉书·高帝纪》注。
③ 武帝置八校，为募兵之始。
④ 期门是从六郡良家子孙中挑选出来者。羽林初名建章营，后又取从军死事者之子孙，养于羽林，教以五兵，名曰羽林孤儿——即世袭兵之始。
⑤ 车骑用于平地，材官用于山地，楼船用于水地。
⑥ 每岁冬季，由折冲都尉征集府兵，教以军阵进退之法。

又府兵不但镇压地方，且每年轮番上交代以宿卫京师；远者稍稀，近者则轮番甚频，大约一月一交代。以上所述，均系唐初之制，但自高宗以后，此制遂坏。

四、募兵制度及其他

唐初行府兵之制，已如前述。然自高宗以后，其制渐坏，盖当时府兵屯驻一地，积日既久，因家室资业之累，其精神遂形涣散，而番役更代，多不以时。玄宗时，张说奏请召募壮夫，以供宿卫，号曰圹骑——是为募兵制度。安、史乱后，藩镇割据，兵制遂乱。

宋初，惩唐末藩镇拥兵跋扈之弊，行中央集权制；于是集中央精兵于京师，叫做禁军，守京城，备征伐；其老弱留各州者，叫做厢军，以供役使；此外更有乡兵蕃兵①。至于各地要塞，则由禁军出守，一年一换，叫做番戍。其后禁军日增，教练日荒，也就不堪作战了②。至神宗时，王安石变法：遂裁减禁军，改番戍之制，置将统兵，分驻各路。又行保甲法：以十家为保，保有长；五十家为大保，有大保长；十大保为都保，有都保正、副；户有二丁者，以其一为保丁；保丁中每日轮派五人以备盗；教保长以武艺，由保长转教保丁。此实含有寓兵于民之意。然以党争关系，保甲之法，卒未久行。南渡以后，又立御前五军③，诸将跋扈，几与唐末相同。

元初兵制：有蒙古军与探马赤军；前者为本族人，后者则诸部族人。平金入中原以后，始发民为兵，叫做汉军。平宋以后所得之兵，叫做新附军④。其成兵之法：凡男子十五以上七十以下皆为兵，十人为一牌，牌有牌头；上马则备战斗，下马则屯聚牧养。幼孩稍长，藉而为兵，叫做渐丁

---

① 乡兵职在防守，蕃兵则纠察蕃人之内附者，恐其生变，以守御之。
② 西夏作乱时，陕西屯兵数十万，仍须倚赖民兵以作战，即此可见禁军之腐败。
③ 御前五军：杨沂中所领为中军，张浚所领为前军，韩世忠所领为后军，岳飞所领为左军，刘光世所领为右军。
④ 此外更有匠军、质子军（以诸侯将校之子弟为兵）、答刺罕军（即募兵）、炮军、弩军、水手军。其守卫本地者：则辽东有纠军、契丹军、女真军、高丽军，云南有寸白军，福建有畲军。

军——此系指蒙古军与探马赤军而言，且系通国皆兵之制。至于汉军，则无定法①。更定有兵籍，凡在籍之人，均有一定的服兵义务。其军官：则世祖时于中央立前、后、中、左、右五卫，各置亲军都指挥使，以总宿卫；外则万户（万人长）之下置总管，千户（千人长）之下置总把，百户（百人长）之下置弹压，皆总于枢密院；有征伐则立行枢密院，事毕废止。至于军器，亦多改变：日人高桑驹吉说："军器因在宋、明之际，已经使用火器，故已大改革，即战术亦从而异其方法。先是，在唐世，火药固已用之于破石、爆竹，然尚未有用之于战争者；迨宋太祖时始有火箭、真宗时始有火球之名；而金、元之战及宋、元之战，往往见有用大炮而名为震天雷者，此炮术盖自西域传来，在欧罗巴当公元 1330 年顷云，德意志僧人伯尔偷德修哇兹（Beltord Schuwaltz）始发明火药，然火药之发明，实以中国人为最古；至于大炮，则我们以为系亚拉伯（今译阿拉伯——选编者注）人所发明而传至中国及欧罗巴者。"②

明之兵制，与唐相似。其制：京师立二十六卫及前、后、中、左、右五军都督府。二十六卫系天子亲军，叫做上直卫。五军都督府设左右都督，管辖全国各地之都司、卫、所。每省设一都司，以都指挥使为长官，而统辖卫、所；然卫、所亦有属都督府直辖者。卫有指挥使为之长，统五千六百人；所分千户所与百户所二者，千户所以千户为之长，统千百二十人；百户所以百户为之长，统百十二人；百户以下，有总旗二人，小旗十人。从卫指挥使以下，官多世袭，其兵士亦父子相继。凡卫、所之兵，无事从事屯田，有事则命将统率出征，事毕，将上所佩印，兵亦归还卫、所。统率之权，操之都督府；征伐调遣，则由兵部。

清初有满洲旗兵，分正黄、正白、正红、正蓝四旗。后以兵多，加镶黄、镶白、镶红、镶蓝四旗，叫做八旗。其后，降蒙古、取中国，又立蒙古八旗与汉军八旗。其编制：每旗设都统一人，副都统二人，凡辖五参领；一参领辖五佐领；一佐领统三百人。八旗兵在京师者，叫做禁旅八旗；驻

---

① 汉军出兵之法：或以户之贫富论：户出一人者为独军户，合二三户而出一人者，则以一户为正军户，其他为贴军户；或以二十户出一卒；或以二十丁出一卒。

② 见李继煌译高桑驹吉著《中国文化史》第 343 页。

守各地者,叫做驻防八旗。八旗兵均系世袭,一兵受饷,全家坐食①。此外又有绿营,均以汉人充选,有提督总兵以统之,为平定内乱之常备兵。嘉庆以后,旗兵绿营皆已腐败,故川、楚"教匪"时,又另募乡民为兵,叫做练勇。太平军兴,亦赖湘、淮练勇讨平,勇营由是成为全国兵力之重心②。中、日战后,清室深感勇营亦趋腐败,于是乃有改革兵制之议。

五、兵制之改革

中、日战后,知勇营不足恃,始裁减绿营兵额,以所省之饷,于勇营之外,挑选精壮,加饷重练,叫做练军。当初练军,仍用旧法操练。至张之洞练自强军于湖北③,始用西法。袁世凯又练兵小站④,北洋新建陆军由是成为全国兵力之重心。清末更定全国新军为三十六镇,分驻各地。又行征兵之法:于各省设督练公所,选各州县壮丁有身家者入伍训练,为常备兵;三年归里,叫做续备兵;又三年退为后备兵;又三年始脱军籍;然未及大行,而清室已亡。

民国成立,兵制略与清同。其制:三排为连,三连为营,三营为团,三团为旅,二旅为师,各级均设长以统之,而以师为最高单位。定制:每师统步兵二旅,炮兵一团,骑兵一团,工兵一营,辎重一营。然以连年内战,兵制亦不统一:有合数师而成军者,更有合数军为军团者。至国民政府成立,始从事编遣。

---

① 八旗兵,因一兵受饷,全家坐食,故均不事生产。清亡以后,八旗生计,便成问题。

② 勇营编制:步兵百人为一哨,五哨为一营;马队以五十人为一哨,五哨为一营;水师以三百八十八人为一营。

③ "自强军"是1895年(光绪二十一年)中日战争期间,署理两江总督张之洞在江苏编练的新式军队。次年,张之洞返任湖广总督,以五百名自强军为基础,又添募新兵设立湖北护军营,练习洋操,时兵"湖北洋操队"。(编者注)

④ 初,胡燏棻招练定武军十营,步队三千人,炮队一千人,马队二百五十人,工程队五百人,共四千七百五十人,参用西法教练。光绪二十一年,袁世凯于天津督练新建陆军,即以胡所练定武军为基本,加募马步各队,凑足七千人。定武军原驻离津七十里之新农镇,即津、沽间所称为小站之地。袁氏练兵小站之兵,即由此起。

清初只有水师，分内河、外海。湖南、湖北、江西战船，属于内河。天津、山东、福建战船，属于外海。江、浙、广东，则两者兼有。太平军兴，曾国藩督练水师，始成立长江水师。清季始创海军，于北京置海军衙门，以总理海军事务。中、日一役，海军全没，因废海军衙门。宣统末年，复立海军部；然以良好军港，多为外人租借，且短于经费，故其成绩，无甚可观。民国成立，虽略有整顿，然亦无进展。

【问题提要】

　　（一）试略述兵之起源。
　　（二）何以周代兵制不足信？
　　（三）试略述武器进化之阶段。
　　（四）试略述春秋时代与战国时代兵制之异点。
　　（五）民兵制度始于何时？
　　（六）府兵制度始于何时？又其制度之内容如何？
　　（七）募兵始于何时？
　　（八）试述宋、元、明、清四代兵制之大概。

第九章 宗　教

一、宗教之起源与上古之宗教

宗教思想为初民社会必然的产物。盖当时人类，头脑简单，对于自己之生死，对于自然界中一切现象，均不明其所以然，而认为一切均可惊异，均带有神秘性质，由是一切都归于神化。所以夏曾佑说："初民之意：观乎人类，无不各具知觉。然而人之初生，本无知觉者也；其知觉不知从何而来。人之始死，本有知觉者也；其知觉又不知从何而去。于是疑肉体之外，别有一灵体存焉。其生也，灵体与肉体相合，而知觉显。其死也。灵体与肉体相分，而知觉隐。有隐现而已，无存亡也。于是有人鬼之说。既而仰观于天，日月升沉，寒暑迭代，非无知觉者所能为也。于是有天神之说。俯观乎地，出云雨，长草木，亦非无知觉者所能为也。于是有地示（祇）之说。人鬼天神地示，均以生人之理，推之而已。其他庶物之变，所不常见者，则谓之物魅；亦以生人之理，推之而已。此等思想，太古已然。"①案此，即宗教之所自起。

宗教起源之理既明，进而叙述吾国上古之宗教。《周礼》："大宗伯之职，掌建邦之天神、人鬼、地示之礼，以佐王建保邦国，以吉礼事邦国之鬼、神、示。"所谓天神，是指什么呢？《周礼》说："以禋祀祀昊天上帝；以实柴祀日、月、星、辰；以槱燎祀司中、司命、风师、雨师。"这些便是天神。所谓地示，又是指些什么呢？《周礼》又说："以血祭祭社稷、五祀、五岳；以貍沉祭山林川泽；以疈辜祭四方百物。"这些便是地示。至于所谓

---

① 见夏曾佑著《中国历史教科书》第一篇第二章第四节。

人鬼，便是指祖先崇拜，《周礼》："以肆献祼享先王，以馈食享先王，以祠春享先王，以礿夏享先王，以尝秋享先王，以烝冬享先王。"除上述三者之外，更有所谓物魅，即俗之妖怪。

以上所述的这些宗教思想，其起源固如夏曾佑氏所说；但是，"物本乎天，人本乎祖"①；则报德祈福的心理，却也是启发此种宗教思想的动力。至于祖先崇拜②，则与宗法有密切的关系：盖天子为大宗，有七庙；诸侯以其始封者为别子（别子为祖），不能复祖天子，就只有五庙，由是递减，大夫便只有三庙，士一庙，庶人无庙而祭于寝。又天唯天子可祭，则以天子代天宣化，故有此主祭之特权；而感生之说，亦由是而起③。

既有鬼神，进而又认定世间万事万物，都有鬼神主宰于其间，于是以五行之理，立术数之法，一以探鬼神之异，一以察祸福之机。术数之法：一曰天文，二曰五行，三曰蓍龟，四曰形法。除五行一项前已论及不必赘述外，兹将其他三项分述如下：

（一）天文　初民所最惊异的，便是天体的现象。他们认为天空的现象，都有神在那里主宰；天子既是代天宣化，则天上有变异，便会应征到人事方面来。如《左传》昭十年"春正月，有星出于婺女。郑裨灶曰：七月戊子，晋君将死"。昭十五年"春，将禘于武公。梓慎望氛曰：吾见赤黑之祲，非祭祥也，丧氛也，其在莅事乎？"即其例证。这和《洪范》里面的五征，是一样的道理。

（二）蓍龟　夏曾佑说："案卜筮分为二术。卜者，龟也。《周礼》太卜掌三兆之法：一曰玉兆，二曰瓦兆，三曰原兆。其经兆之体，皆百有二十，其颂皆千有二百；盖以火灼龟，观其纹罅，各从其形似占之；所谓使某卜之，其颂曰云云，皆卜也。筮者，蓍也。《周礼》筮人掌三易：一曰《连山》，二曰《归藏》，三曰《周易》。其经卦皆八，其别皆六十有四；盖用蓍草四十九枚，揲之成卦，以观吉凶；所谓使某筮之，遇某卦之某卦云云，

---

① 见《礼记·郊特牲》。
② 祖先崇拜，大约是在私有财产制确立以后之事，盖在原始公产社会中生民知有母而不知有父，既然父的观念都没有，则遑论祖先。
③ 感天而生的事实，可参看《史记·五帝本纪》。

皆筮也。其不言《周易》者，皆《连山》、《归藏》。"① 《左传·庄公二十二年》："初，懿氏卜妻敬仲。其妻占之曰：吉，是谓凤凰于飞，和鸣锵锵，有妫之后，将育于姜，五世其昌，并为正卿，八世之后，莫之与京。周史有以《周易》见陈侯者，陈侯使筮之，遇观☷之否☷，曰：是谓观国之光，利用宾于王。"此即可知当时用卜筮以占吉凶之术。

（三）形法　《荀子》："古者有姑布子卿，今之世梁有唐举，相人之形状颜色，而知其吉凶妖祥。"即所谓形法，其要亦由五行推演而来。《左传·文公元年》："王使内史叔服来会葬，公孙敖闻其能相人也，见其二子焉。叔服曰：谷也食子，难也收子；谷也丰下，必有后于鲁国。"此即以相定人将来之例。

到战国末年，神仙之说始盛。齐威、宣之时，驺衍以阴阳主运，显于诸侯；而燕齐海上之方士，又竞为神仙之说，以惑世主。齐威王、宣王、燕昭王，均信其说，使人入海求蓬莱、方丈、瀛洲三神山，谓诸仙人及不死之药在焉。未至，望之如云；及到，三神山反居水下；临之，风辄引去，终莫能至②。宗教思想，至此一变。

二、道教及其变革

上面说过，宗教思想，至战国末年而一变。战国以前的宗教思想，含有浓厚的入世观念③，此后的宗教思想，却带着出世的观念，由战国末年

---

① 郭沫若著《中国古代社会研究》说："《易经》全部就是一部宗教上的书，它是以魔术为脊骨，而以迷信为其全部的血肉的。'舍尔灵龟观我朵颐凶。''或益之十朋之龟弗或违。'龟本来是水产的动物，公然灵化了。龟之灵化当在八卦发现以后，而且在八卦的神秘化了以后。因为龟的背文有几分和八卦类似的缘故。八卦是上帝的意旨，龟是宣传意旨的工具。所以龟便这样的通灵，谁也不敢违背。'自天佑之吉无不利。''用享于帝。'至上神的观念在当时是已经有了。八卦是天人之间的通路，龟便是在这通路上来往着的宣传使者。所有人的祈愿由它衔告上天，所有天的豫兆由它昭示下民。一切的吉凶祸福，都可前知，龟当然可以成灵而谁也不敢违背了。谁敢违背，那便是凶。"郭氏所言龟之所以用作占卜的工具，颇有是处，故录之以供参考。

② 其详可参看《史记·封禅书》。

③ 上古之祀天神、地示（祇）、人鬼，盖以人生衣食，系得天时地利而来，己身所出，系由祖先而来，故其祀祭，均含有崇德报功的思想，而少有出世的观念。

求三神山之事，即可窥见此种转变的关键。促成此种转变的唯一原因，就是战国时代的连年战争，使人民流离失所，欲生不得，求死不能，以前替他们降福的鬼神，现在并不曾拯救他们；其结果遂促成他们厌弃现世，怀疑以前的宗教思想①；在这种厌弃现世的环境之下，才会产生出出世的观念，而中国的道教，就胚胎于此时了。

原来在战国末年，就有方士大倡神仙之说。秦时，儒家已容纳方士之说，而阿谀苟合之辈，又利用之，以长生不死之术，说人主而求富贵②。汉初诸儒，以荀子持宠处位终身不厌之术③，目击人主酷好方士之说④，乃以阴阳五行附会于《书》《易》《春秋》，由是儒术与方士糅合为一。然自刘歆倡《六经》皆史之说，而儒术与方士分离；儒术与方士分离，即道教之原始。夏曾佑说："……谶纬盛于哀、平之际，王莽藉之，以移汉祚。己既为之，则必防人之效己，此人之常情也；故有宜绝其原之命。然此时符命之大原，则实由于六艺。六艺为汉人之国教，无禁绝之理；则其为计，唯有入他说以乱之耳。刘歆为莽腹心，亲典中书，必与闻莽谋，且助成莽事。故为莽杂糅古书，以作诸古文经。其中至要之义，即六经皆史一语。盖经既为史，则不过记已往之事，不能如西汉之演图比谶，预解无穷矣。而其结果，即以孔子之宗教，改为周公之政法，一以便篡窃之渐，一以塞符命之源，计无便于此者。然以当时六艺甚备，师法甚明，必不能容不根之说，忽然入乎其间；于是不能不创言六经经秦火，已脱坏；河间献王、鲁恭王等，得山岩屋壁之藏，献之王朝，藏之秘府，外人不见，至此始见之云云。故秦焚书一案，又为古文经之根据也。……歆等挟帝王之力，以行儒术，其势甚顺。……桓、灵之际，党锢诸公，致命遂志，固无一毫谶纬之余习

---

① 《小雅·蓼莪》："瓶之罄矣，维罍之耻，鲜民之生，不如死之久矣！"《小雅·苕之华》："苕之华，其叶青青。知我如此，不如无生！"这便是厌弃现世的思想。《小雅·节南山》："昊天不佣，降此鞠凶！昊天不惠，降此大戾！"这便是对于天的一种责骂。
② 参看夏曾佑著《中国历史教科书》第二篇第一章第六十节。
③ 参看《荀子·仲尼篇》。
④ 武帝元光二年（公元前133年），李少君以祠灶却老方见上，上尊信之，遣方士入海，求蓬莱安期生之属。

也。虽然，鬼神术数之事，虽暂为儒者所不道，而此欢迎鬼神术数之社会，则初无所变更。故一切神怪之谈，西汉由方士并入儒林，东汉再由儒林分为方术，于是天文、风角、《河》、《洛》、风星之说，乃特于六艺之外，而自成一家。后世所相传之奇事灵迹，全由东汉人开之。……及张道陵起，众说乃悉集于张氏，遂为今张天师之鼻祖。然而与儒术无与矣。"①……此即道教之所自来。而东汉外患频繁②，戚宦柄政，不恤民瘼，则更为此道教造出一生长之地盘③。

首创道教者，是张良九世孙张道陵。他曾遍游名山，得道于龙虎山(今江西贵溪县)，著《道书》二十四篇。他能为人治病降魔，人均以天师呼之。他死后，以经箓印剑传其子衡，衡传其子鲁。当时张道陵的魔力，已极风靡，灵帝时，黄巾张角④以符水惑众作乱，即其门徒。巴郡又有张修，亦以术疗病，令病者出五斗米为酬献，号曰五斗米师。时张衡已死，张鲁新得印剑，乃博采角、修之术，益以其祖父之心传，据汉中之地，以鬼道教民⑤，前后凡三十年——道教的基础由是确立。后鲁为曹操所逐，遁走巴中，使其子盛还龙虎山，奉其祖传之正一玄坛。自是张氏世居龙虎山，称天师，至民国十五年，始为革命军所废。

道教原与老子无关：驺衍之辈，只推尊黄帝，而未尝言及老子。至东汉末年，张角以符水咒说治病，始托之于黄、老。魏伯阳作《参同契》，始以《周》《易》阴阳之说，参以老子清静之谈与方士服食之法，而形成所谓炼养之术。魏、晋以后，老、庄学说盛行，于是老子就被奉为道教之教主。

---

① 见夏曾佑著《中国历史教科书》第二篇第一章第六十二节。
② 西羌之患，与东汉相终始，而南蛮、鲜卑、高句丽，西南夷又时寇边。
③ 《昌言·理乱篇》："使饿狼守庖厨，饥虎牧牢豕；遂至熬天下之脂膏，斫生人之骨髓。……豪人之室，连栋数百；膏田满野，奴婢千群，徒附万计；船车贾贩，周于四方；废居积贮，满于都城；奇赂宝货，巨室不能容；马牛羊豕，山谷不能受；妖童美妾，填乎绮室；倡讴妓乐，列乎深堂。"要在这种"金樽美酒千人血，玉盘佳肴万姓膏"的情况之下，张角才能以道术乱天下。
④ 角事黄、老，自称大贤良师，以妖术教授，号太平道，咒符水以治病，十余年间，聚众数十万，"作乱"时，其徒均著黄巾为识，故时人谓之"黄巾贼"，又名为"蛾贼"。
⑤ 张鲁据汉中，自称师君，教人以诚信不欺诈；有病自首其过；犯法者三原然后行刑。道教以其教术教民自鲁始。

从而以符水咒说治病之道教，遂参有清静修养之老学。晋代道教之改革家为葛洪①，著有《抱朴子》八百一十六篇，形成道教中之丹鼎派，盛行于南方；至于北方，则张道陵以来所传之符箓勅水，仍拥有雄厚的势力，即所谓道教中之符箓派。至南齐陶弘景与元魏寇谦之②出，而符箓派益昌。然陶、寇亦未尝不言丹鼎之术。

唐代因帝室与老子同姓，益奉道教③。高祖建老子庙以祀老子，太宗列老子于释迦之上，至高宗则亲谒老子庙，奉以太上玄元皇帝之号，命王侯以下皆习《道德经》。中宗更令诸州各立道观，命道士郑晋思为秘书监，叶静能为国子祭酒，玄宗又于五岳设真君祠，长安、洛阳及诸州设玄元庙，以《道德经》冠群经之首，帝亲作注释，命士子各备一本，更于崇玄馆立玄学博士掌教授，于诸州立崇玄学生应贡举，叫做道举，道教由是成为唐代的正教。武宗尤崇奉道教，召道士赵归真等八十一人于宫中，亲受法箓，并以赵归真与刘元靖为光禄大夫，任崇玄馆学士，使在宫中修法；同时并毁佛寺排斥其他异教，道教势力至是可谓到达极点了。

宋亦崇奉道教：真宗于京师立玉清应昭宫，赐张道陵后裔正随为真静先生，赐号之事由是常行。徽宗尤崇道教：设先生、处士等道阶，立侍宸、校籍等道官，至于道士则尊帝为教主道君皇帝；其后更建道士学，置道学博士，修道史，以排斥佛教。

元代虽奉喇嘛教，然亦优遇道士，太祖且使邱处机总领道教。当时所行道教，盖有四派：一曰正一教，为张氏所传，专行于大江以南；二曰全真教，为宋末道士王重阳所创，其门徒邱处机深得太祖尊信，专行于大江以北；三曰真大道教，为金末道士刘德仁所创，五传至郦希诚，宪宗始赐以真大道教之名；四曰太乙教，为金道士萧抱真所创，因传太乙三元法箓之术，故有是名。

明代，至世宗时，亦深信道教：于宫中建立道观，赐道士邵元节为真

---

① 葛洪，字稚川，师其从祖葛仙公弟子郑隐，得炼丹术，后炼丹罗浮山，自号抱朴子。

② 陶弘景隐于丹阳、句容，为梁武帝所推尊，寇谦之为嵩山道士，修张鲁之术，为魏太武帝所推尊。

③ 相传唐高祖时，有吉善行自言于羊角山见白衣老父曰："为吾语唐天子，吾而祖也。"

人，使总天下道教，又举道士陶仲文。元节仕至礼部尚书，卒谥文康荣靖；仲文仕至少保礼部尚书，卒谥荣康仲肃。其推尊道教，可谓到达极点。至于清代，则更于京师置道录司，府置道纪司，州置道正，县置道会司等官，以督统道士。降至今日，龙虎山的法坛虽被毁坏，然道教符水咒说之术，尚为一般人民所迷信。

三、佛教之输入及其流派

佛教的始祖为乔答摩·悉达多，生于印度迦比罗国。其生卒年月，颇不可详。或云去今千三百余年，或云千五百余年，或云已过九百年，未满千年。晚近西人，则谓佛约先耶稣六百年生，似此则佛当与孔子并世。佛为迦比罗国王太子，为刹帝利种，年十九，或云二十九，以不满当时种姓的阶级，见人有生老病死的痛苦，遂于三月八日或云三月十五日，逾城出家，住雪山中，剃除须发，去宝衣缨络，着鹿皮衣，苦行六年，至尼连禅河畔菩提树下，以三月八日，或云三月十五日，成等正觉①，时年三十五岁。于是周游印度诸国，宣教说法，四十余年。最后至拘尼耶揭罗国阿特多伐底河畔沙罗树林中，以三月十五日入无余涅槃，时年八十岁。人称之为释迦牟尼②。以上所述，便是佛一生的略史。

原来印度土著为马来种人，自亚利安人由中央亚细亚南下入印度后，马来种人即居于被征服的地位。当时分人为四种姓：一曰婆罗门种，即僧侣，世掌宗教祭祀；二曰刹帝利种，即王族，世握军民两政；三曰吠奢种，即平民，世为农工商贾；四曰戍陀罗种，即奴隶，世执贱役。前三种为亚利安人，后一种则为土著。据《阿含部经》所说：此四种人，均从梵天而生，第一种从梵口生，第二种从梵肩生，第三种从梵脐生，第四种从梵足生。出生不同，故此四种人，贵贱亦不同，执业亦各异，不通婚姻，不相往还。印度梵文，婆罗门人自以为梵天所传，其四吠陀之书：一曰《阿山吠陀》，华言曰寿，谓养生缮性；二曰《殊夜吠陀》，华言曰祠，谓享祭祈祷；三曰《婆磨吠陀》，华言曰平，谓礼仪、占卜、兵法、军阵；四曰《阿达婆吠陀》，华言曰术，谓异能、技数、梵咒、医方。婆罗门人亦自以为梵

---

① 等正觉又名圆觉，即佛所悟之道，普遍彻底，无所窒碍，因有此称。
② 释迦牟尼，译言"能仁"，谓其德全道备堪济万物也。

天所制。此四吠陀，婆罗门人据为经典；他们以为万物皆梵天所造，人之灵魂不死，身死之后，仍与梵天相合。至佛生前一千年左右，此种教义，始渐次失其支配能力，由是学说蜂起，派别各异，而印度人的知识始大进①。佛祖既不满意于当时种姓的阶级，又目击人有生老病死之苦，更承千年来各家学说奔放之后，故能汇通各家加以修改，而别创佛教。以上所述，便是佛教之所由起。

佛说精深，自非本节所能详述，要之：一切平等之义，无人我之见，则为佛说的扼要点。佛祖圆寂之后，其高弟摩诃迦叶等，昌大其说，会弟子五百人于王舍城，为第一次结集。后百年，邪舍陀会佛徒七百人于毗舍离，为第二次结集；诸种姓向为婆罗门人所屈服者，至是多皈依佛教。至周赧王时，中印度摩揭陀国阿输迦王，会僧侣千人于国都华子城，为第三次结集，并定佛教为国教，印度全境由是皆宗佛教。摩揭陀国亡，佛教顿衰。至东汉明帝时迦腻色迦王君临大月氏，好佛法，始会佛徒五百人于罽宾，是为第四次结集，而一时大月氏遂为中亚文化的中心。当时南印度佛徒不与会，佛教因此分为南北二派：南派以狮子国（即今锡兰）为大本营，传于后印度诸国及南洋群岛；北派以大月氏为大本营，后传入中国，而广布于东亚。以上所述，便是佛教的发展情形。

鱼豢《魏略·西戎传》："汉哀帝元寿元年（公元前2年），博士弟子秦景宪从大月氏王使伊存口受《浮屠经》。"案当时大月氏王丘就郄，正征服罽宾；而罽宾实其时佛教最盛之地；则大月氏使臣对于佛教有信仰，而秦景宪从之问业，或确有其事。似此，则秦景宪为中国人诵佛经之始。《后汉书·楚王英传》："英晚节更喜黄、老学，为浮屠斋戒祭祀。永平八年（公元65年），诏令天下死罪皆入缣赎。英……奉送缣帛赎愆。……诏报曰：'楚王诵黄、老之微言，尚浮屠之仁慈。洁斋三月，与神为誓。何嫌何疑，当有悔吝？其还赎以助伊蒲塞、桑门之盛馔！'"此为中国人祀佛之始。《后汉书·襄楷传》载桓帝延熹七年（公元164年）楷上疏云："闻宫中立黄老浮屠之祠。"此为帝王奉佛之始。安息人安世高于东汉桓帝初（公元160年）至洛阳，译《安般守意经》等三十九部。此为译经之始。《后汉书·陶谦传》："丹阳人笮融，在徐州、广陵间，大起浮屠寺，上累金盘，下为重

---

① 当时学派甚多，有僧佉派、吠世史迦派、呢犍陀弗咀啰派等等。

楼。……作黄金涂像……"时公元195年,为中国人建塔造像之始。《历代三宝记》卷三年表中于魏甘露五年(公元260年)条下注云:"朱士行出家,汉地沙门之始。"由上所述,可知佛教输入中国,当在西汉末年。至于东汉明帝求佛一事(事在永平七年,即公元64年),则因近人梁启超有力之反驳(参看《梁任公近著》第一辑中卷),故不述及。

佛教自西汉输入以后,中经三国西晋,无甚进展。东晋以后,佛教始大发达,中经南北朝而至于隋、唐,佛教才到达登峰造极的地位。宋、元以后,便不过补苴而已。考东晋后佛教发达的原因,不外以下数者:(一)东晋时代,北方有五胡十六国之乱,其君主多胡人,胡人文化落后,其自身并无固有的文化,故接受外来的文化,至为容易。胡主如后赵石勒、前秦苻坚、后秦姚兴、后魏拓拔珪、拓拔嗣,均力倡佛教,即此之故。(二)两晋清谈风之特盛,多少于佛教的发达予以助力。(三)东晋至南北朝,干戈扰攘,民不聊生,故人人欲借佛教之说以求自慰,而佛教遂因之广播中土。以下就佛教发达的事实陈述之:西晋末,天竺沙门佛图澄至洛阳,后为后赵石勒所推尊,号为大和尚,替勒力改从来的暴政;佛图澄更大建佛寺,多至八百九十三所,其弟子以万计,而以道安为最有名①。道安弟子有惠远者,结白莲社于庐山,定心念佛,以期往生净土,是为我国净土宗之初祖。又有法显者,以东晋隆安三年(公元399年)出发长安,求法印度,以义熙六年(公元410年)归国,计前后共历十二年,其所译有《大般泥洹经》诸书,而以所著《佛国记》为最有名。当法显出国后二年,龟兹国鸠摩罗什来长安,后秦姚兴待以优礼。鸠摩罗什译述甚多,其主要者有《中论》《百论》《十二门论》《成实论》《智度论》《十住毗婆娑论》《阿弥陀经》《法华经》等书,大乘教义由是入中土;成实宗与三论宗亦因之传入。北凉元始元年(公元412年),中印度昙无识为凉主蒙逊迎至中国,后译《涅槃经》,于是我国始有涅槃宗。南北朝时,南朝以梁武帝最崇信佛教,当时受戒者达四万八千人。梁大通元年(公元527年),达摩从天竺由海来中国,著《悟性论》《破相论》诸书,为中国禅宗的始祖②。武

---

① 以释为氏,自道安始。
② 禅宗教义:不说法,不著书,直指本心,见性成佛;衣钵传授,以为法信。

帝又幸同泰寺，行盂兰盆会，为我国有盂兰盆会之始。后西天竺真谛也由海入中国，武帝迎召于法云殿；真谛译有《大乘起信论》《摄大乘论》《唯识论》《俱舍论》诸书，俱舍宗与摄论宗由是入中国。陈代更有智𫖮，创立天台宗。至于北朝，则后魏宣武帝永平元年（公元508年），有北印度菩提流支来朝，译《十地论》《净土论》诸书，光统律师依其译本，而地论宗始入我国。时佛教特盛：来自西域的沙门多至三千余人，国内寺院达万三千余所，僧侣总数二百万人。降至隋、唐，佛教益加发达。隋代有嘉祥，为一代大师，著述甚多，其主要者有《中论疏》《百论疏》《十二门论疏》《三论玄义》等书。唐代，太宗时有杜顺，著有《五教止观》《法界观门》各书，为华严宗的始祖。又有玄奘，于贞观三年（公元629年）西行求法，贞观十九年始回国，所译经论共七十四部，一千三百三十八卷，与其高足窥基（即慈恩大师），为中国法相宗之始祖。玄宗时，金刚智及其弟子不空来中国，合译《金刚顶经》，为中国真言宗之始祖。总上所述，除律宗于魏时由印度高僧昙诃迦罗输入中土外，其他十二宗则均初起于东晋至隋唐之时，其发达情形，由此可以窥见①。以上所述，便是佛教在中国的发达情形。宋、元以后，无甚进展，故略而不述。

四、摩尼教、祆教、景教、回教之输入

隋、唐经营域外，西及于波斯、大食，南至于南洋群岛，故西方各国所崇奉的宗教，如摩尼教、祆教、景教、回教，因之输入中国；兹分述如下：

（一）摩尼教　摩尼教为第三世纪中叶波斯人摩尼所创。其教以祆教旧说为根据，更参以佛教与基督教的哲理，别成一派。摩尼死后，其教由东罗马输入西方诸国，波及非洲北岸，唐武则天朝时，由波斯人拂多诞传入中国。回纥人素奉此教，至肃宗借兵回纥，回纥人多移居内地，于是摩尼教之势渐盛。代宗时，各地多建立摩尼寺，赐额为大云光明。宪宗元和二年，于河南、太原各置摩尼寺，与大秦寺、祆寺并称为三夷寺。及武宗信道教，排斥诸教，于是三夷寺同废，京城摩尼教信女七十二人皆见杀，流

---

① 十三宗中，只俱舍、成实两宗为小乘，其他均为大乘。又其中天台一宗，系中国人所自创。

回纥人于诸道,死者大半,其教遂衰亡。

(二)祆教 祆教即拜火教,公元前千年为波斯人左洛阿司太(Zoroaster)所创,其经典名 Zcnd Avesta。其教谓世界有善恶二神:善神曰 Ahuramazda,恶神曰 Ahriman,善神清净,为至善之本;恶神秽恶,系万恶之源。世间万有,均为此二神所统辖:善神得势,则群生幸福;恶神得势,则群生凋残。因劝世人就善神以避恶神。以火代表善神,拜火,故又名拜火教。以日为光明之源,拜日,故名祆教。其教通行于波斯及中央亚细亚一带,为波斯国教,亚力山大东征后,其势稍衰;及萨赞朝勃兴,建新波斯帝国,其势又盛。北齐、北周之际,此教曾传入中国北部,唯不甚广布。及大食勃兴,波斯、中亚皆为其所有,苛待祆教徒,祆教徒东遁,其教因之流布中国。唐高祖时,长安建立祆神祠;太宗贞观五年(公元631年),有波斯人何禄来长安传教,建祆祠,并设祆正、祆祝,主祀祆神。武宗排诸教独崇道教,祆教遂衰亡。

(三)景教 景教为基督教的一派。公元五世纪初约当南北朝宋文帝元嘉年间,有东罗马人乃司脱利安(Nestorius),谓耶稣为立教的圣人,非即上天之子,否认耶稣为神人合一之说;遂为众教徒所排斥,流放亚美尼亚而死。其徒亦遭屏弃,散处东方,其地基督教徒多从之,便形成乃司脱利安派。其教规:生不嫁娶;病不服药;死则裸葬。后流行于波斯,国王非鲁日斯竟崇之为国教。魏宣武帝、梁武帝时,其教已入中国。唐太宗贞观九年(公元635年),波斯人阿罗本(Olopen)赍其经典至长安,留禁中翻译经典,并建波斯寺,度僧二十一人。其徒自称其教为景教,盖取其教旨光辉发扬之义①。高宗时,更于诸州立波斯寺,以阿罗本为镇国大法王,其教大行。玄宗时,知景教之本,初非波斯而为大秦,因改波斯寺为大秦寺。德宗建中二年(公元781年),大秦寺僧景净等,更立大秦景教流行中国碑,其盛况可知。至武宗排异教,大秦寺与佛寺祆寺并废,碑亦埋没地中,其教遂衰亡②。

(四)回教 回教即亚拉伯人穆罕默德所创的伊斯兰教(Islam),为后

---

① 大秦景教流行中国碑上,有"真常之道,妙而难明,功用昭彰,强称景教"之语,足以证明景教命名之取光辉发扬之义。

② 此碑至明末始出土,景教在当时盛况,得从碑文中知之。

世回纥人所崇拜，故中国名之曰回教①；又以其出于天方（即唐之大食，今之亚拉伯），故又名天方教。其教为严肃的一神教，本于犹太基督二教之处甚多；其经典曰《古兰经》（Koran），共三十本，三千六百段；凡经典所载法规，信徒均应遵守。其传教时有例三条：凡人民皆须信仰《古兰经》，否则纳租贡以买其信教自由权，否则以刀剑征服之。其徒布教，左手执利剑，右手执《古兰经》；故其兵威所及，教权即随之立足。后统一亚拉伯全境，建立大食国。隋炀帝大业年间（七世纪初叶），其徒苏哈巴（一作撒哈八）等，由海入中国，于广东番州建怀圣寺，是为中国有回教寺之始。唐高宗以后，益加流行。武宗排异教，其势始衰。僖宗时，其南方教徒，多为黄巢所杀，其势益衰。至元太祖攻金时，其军中有畏吾儿人，信奉回教；于是回教在中国始渐次复兴。自是天山南路甘、陕、晋、川一带，遂为回教徒的根据地；至于南部，则其势稍弱。

五、基督教之输入

基督教最初输入中国者，为乃司脱利安派，不久中绝。元世又有也里可温教传人②，亦不甚流行。十六世纪初叶，马丁·路德所倡导的宗教改革运动起于欧洲，新教势力特盛。罗马旧教（即天主教）遂失落其欧洲固有的地盘。当时旧教中有志卫道之士，因推洛雅拉为首领，组织耶稣会，一面谋旧教内部之革新，一面谋恢复已失的地盘。其时欧、亚海上交通发达，葡萄牙人且掌握欧、亚航海权，于东方占有多数属地；于是葡王遂请耶稣会中人担任东方传教事业。旧教因是输入中国。

---

① 关于此点，更有一说，见金兆梓所编之《初级本国历史参考书》上册第231页。他说："世以为由回纥人奉其教，传入唐，故名回教，其说实误。盖唐时回纥人所奉者为摩尼教，由回纥人传入唐者，实为摩尼教而非回教。回纥自唐末西徙，宋时建畏吾儿（今作维吾尔——选编者注）国于今新疆东部。元兴，得畏吾儿，即用其人为兵，故《元史》有回回军，回回、回纥、畏吾儿，一音之转也。自大食之盛，其国势直逾葱岭而东，于是其教遂随而东来，盛行于今新疆之地，畏吾儿亦奉之。白元并中国，畏吾儿人亦以回回军杂居中国，其教复随之传人，回教之名，盖即起于是时。"

② 也里可温为基督教的一派。陈垣有《也里可温考》登载《东方杂志》上，今编入《东方文库》中。

明世宗嘉靖三十一年（公元1552年），东洋布教长方济各由印度来中国，行至广东上川岛而死，未得偿愿。神宗万历八年（公元1580年），意大利人利玛窦继至，居留广东肇庆，习华言，服华服，从事布教。后又至南京，结交官场，广通声气。于是信徒渐多，并于上海建立天主堂，开十字街。万历二十九年（公元1601年），利玛窦与其友人庞迪我至北京，贡献方物及基督圣母图。神宗礼遇甚优，令得于京内外建立天主堂。利玛窦颇富科学知识，著述亦多，又其传教时常参酌中国习俗古义以求调和，故公卿以下均乐与交接。万历三十八年（公元1610年），利玛窦死，南京反对基督教的声浪大作。万历四十四年（公元1616年），明廷下令禁止传教，并将在京教士逐回澳门。后明与满洲构兵，需用铳炮抵御，始于熹宗天启二年（公元1622年），从澳门召回教徒阳玛诺、罗如望等制造铳炮，明年又召用毕方济、艾儒略等，教禁遂解。其时教士留京师者，除庞迪我诸人外，尚有邓玉函、熊三拔、龙华民等，后更有德意志人汤若望，均能借科学以继承利玛窦以来的传教事业。直至明末，教徒已达数千人，思宗及永历帝母后，均一心信仰。母后并遗书罗马教皇，请其为明室祈福。原书现存罗马耶稣会藏书楼，实西教东渐之信物。

多尔衮入关后，汤若望即上书自陈中国历书之舛错①。清世祖顺治二年（公元1645年），即用汤若望的新历为时宪历，并命他掌钦天监事。旧钦天监人员，因此怀恨汤若望。圣祖康熙四年（公元1665年），杨光先上书攻击新法，并诬各省教士欲图谋不轨。汤若望因此下狱，各省教士，亦多被拘押。杨光先便为监正，复行旧法。康熙八年（公元1669年），圣祖察知杨光先所言诬妄，乃改任教士南怀仁为监正；更令教士徐日升、张诚、白进、安多等，轮班进讲。时教士亦能确守利玛窦遗法，允许入教的教徒，保存其从来的习惯仪式、祖先的崇拜与孔子的崇奉，概不禁阻；故清廷虽未明令允许人民信教自由，然当时信徒实已达数十万之多，天主教遂盛极一时。然利玛窦传教之法，后来为教中别派之人所反对，上书罗马教皇，谓前

---

① 汤若望于明末来到中国。适当时所用之大统历发生舛错，汤若望精于历数，故受命修订，从事测验。思宗崇祯十四年（公元1641年），新历告成。越二年，八月，诏称"西法果密，即改为大统历法，通行天下"。但不久有鼎革之变，竟未及施行。故多尔衮入关以后，汤若望便上书自陈。

此传教之人，容许中国崇拜祖先，有破坏基督教的教义。康熙四十三年（公元1704年），罗马教皇因派铎罗至北京，发表教皇的敕书，命不从教皇命令者退出中国。圣祖震怒，逮捕铎罗，押送澳门，并令教士不守利玛窦遗法者，一概出境。自是历世宗、高宗、仁宗三代，均严禁人民信教。唯新教一派，却于仁宗时代，由莫立逊（今译马礼逊——选编者注）传入中国。

世宗、高宗、仁宗三代，虽禁止人民信教，然西教士来中国布教者，尚不乏人。等到五口通商（宣宗道光二十二年，即公元1842年）以后，基督教士便接踵而至。英、法联军之役，中英《天津条约》更明定"耶稣教天主教徒之安分者，中国官不得苛待禁阻"。中法《天津条约》亦明定"天主教徒得入内地自由传教，地方官必厚遇保护"（两约均成立于文宗咸丰八年，即公元1858年）。西教士由是倚靠帝国主义的强权，挟其倾山倒海的势力，便深入内地从事传教了。数十年来，其势力的广布，足以令人寒胆，兹陈述如次：（一）传教事业：据1907年宣教会大会报告：中国全境共有宣教会六十四所，宣教士三千四百四十四人（内英国占百分之五十二，美国占百分之四十三），中国教徒十七万八千二百六十一人，宣教地点五千零二处（内属英者百分之五十七，属美者百分之三十七）。据1922年宣教会大会报告：则中国教徒已增至三十六万六千五百二十四人，宣教地点增至八万余处，宣教会亦增加百三十所。又《圣经》售出数目，据1928年调查，为一千一百四十五万三千八百六十三本。其进展之速，可以想见。
（二）教育事业：据1907年宣教会大会报告：教会所立学校共二千五百八十五所，计有学生五万七千六百八十三人。据1922年宣教会大会报告：则学校数增至七千零四十六所，学生数增至二十一万二千八百十九人。又据1927年《日本时事年鉴》所载，则教会在中国所设立的大学共有十三所，表列于次：

校　名	所在地	经营者	学生数
燕　京	北平	美以美会	427
圣约翰	上海	美圣公会	609
沪　江	上海	美浸信会	320
东　吴	苏州	监理会及美长老会	350
金　陵	南京	美以老会	850
之　江	杭州	美长老会	220

续表

校名	所在地	经营者	学生数
汇文女子	南京	美以老会	450
文 华	武昌	美圣公会	400
雅 礼	长沙	美雅礼会	228
华 西	成都	美浸礼会	954
华南女子	福州	美以美会	248
岭 南	广州	英美系教会	300
齐 鲁	济南	各教会	300

此等大学的经费，多为大资本家所捐助，如燕京、岭南两大学每年的数十万金元，即从美国煤油大王 Rockefellow① 捐助而来，又北平协和医科大学的基金千万金元，亦系 Rockefellow② 所捐助。

欧美教会，既有帝国主义的武力为之保护，又有大资本家的金钱为之资助，故其传教事业与教育事业之进展，有一日千里之势；而教会与教士，适成为资本帝国主义侵略中国的良好工具。

六、喇嘛教之兴起及其改革

喇嘛教为佛教的密宗，起于吐蕃（即今西藏），专以祈祷禁咒为事。初，吐蕃在唐世，其王弃宗弄赞深信佛教，曾派人至印度求经典。唐玄宗天宝年间，其王吃喋双提赞从印度召巴特玛撒巴巴至。巴特玛撒巴巴利用吐蕃人民"迷信"的性质，遂创立喇嘛教③。自是其教日盛，势凌国王。公元1253年，元宪宗之弟忽必烈攻吐蕃，其时正喇嘛扮底达握权，忽必烈因与扮底达言和，而国王唆火脱遂降；忽必烈乃伴扮底达之侄八思巴而归。旋忽必烈即位（即世祖），欲以喇嘛教"羁縻"吐蕃人民，遂尊八思巴为帝师，使领吐蕃地，其命令得与元室诏勅并行；自是元室历代帝王，无不崇奉其教。而八思巴之后，其继统喇嘛亦相继为帝师；其势之盛，达于极点。

---

① 疑有误，但原文如此。
② 疑有误，但原文如此。
③ 喇嘛同于梵语之郁多罗（Uttara），为"无上"之义。

其后上层喇嘛横暴，无恶不作，竟成为元室灭亡的原因之一①。

明兴，亦崇奉喇嘛为帝师，使其统治西藏以服属于明。迨宗喀巴出，始改革其教。宗喀巴以明成祖永乐十五年（公元1417年）生于甘肃西宁卫，入雪山修行，别创格尔格（Gerg）派。以旧教衣尚红色，遂黄其衣冠以示别；故人称之为黄教，而名旧教为红教。红教不禁娶妻，故法王能生子袭衣钵；黄教则不娶妻，故法王承继，均遵宗喀巴遗言，命其两大弟子达赖、班禅，世世以呼毕勒罕②，济度众生。宪宗成化十四年（公元1478年），宗喀巴死，达赖一世敦根珠巴继承宗喀巴衣钵，兼有西藏政教之权③。二世根敦错，始设弟巴等官，以掌政务；而己则专理教务。三世锁南坚错，始得蒙古诸部崇奉。时漠南俺达势强，迎锁南坚错至青海漠南布教，黄教势力至是大盛。四世云丹坚错（即俺达的曾孙），其教义直推行于漠北。后漠北以离西藏过远，遂自奉宗喀巴第三大弟子哲布尊丹巴后身，居于库伦，即今外蒙活佛之始。五世罗卜坚错，其教并行于满洲。

清代亦崇奉喇嘛教。世祖顺治九年（公元1652年），达赖来朝，为建黄寺，并封达赖为西天大善自在佛，使领天下释教。后来用兵西藏、青海，均得黄教之力不少。世宗更建雍和宫，以供养喇嘛。高宗时，又设金瓶掣签之法，为黄教解决继承争议的纠纷④。黄教经清室历代的崇奉，由是其势力遂宏布于中国本部的北方。要之：自元至清，历代均崇奉喇嘛教；其目的皆在借宗教以羁縻其人民，即至民国，亦莫不如此。

---

① 元代喇嘛横暴，达于极点。凡喇嘛往来于中国与吐蕃者，均佩金字圆符，滥用驿传，致使地方官吏苦于应付。其在民间，则驱迫男子，奸淫妇女，强夺民田，侵占财物。其最骄横者，则推杨琏真加，其攘夺财物，计金一千七百两，银六千八百两，玉带九条，玉器百十一件，杂宝百五十二件，大珠五十两，钞十一万六千二百锭，田二万三千亩。其包庇不纳租税的农户，共二万三千户。

② 呼毕勒罕，即转生之意。时达赖居拉萨，班禅居札什伦布。

③ 敦根珠巴本为吐蕃王室后裔，世为藏王，舍位出家，故得兼领西藏政教之权。

④ 达赖等呼毕勒罕之时，因不能确指某人，常起争继的纠纷。高宗乃预颁金奔巴（即瓶）二个，一贮于西藏大昭寺，一贮于北京雍和宫，凡达赖、班禅、哲布尊丹巴转生时，遇有争议，即书名于签，纳入金奔巴中，然后抽定去取，分别真伪。

【问题提要】
　　（一）宗教是因何而发生的？
　　（二）试略述吾国上古之宗教。
　　（三）战国以后宗教思想的特征是什么？又何以有此特征？
　　（四）为什么儒术与方士分离即道教之原始？
　　（五）佛教是因何而发生的？何时输入中国？输入以后，中国创有何宗派？
　　（六）唐代除佛教外，尚有何异教？
　　（七）天主教何时传入中国？基督教何以会成为资本主义侵略中国的工具？
　　（八）喇嘛教始于何时何人？其改革始于何时何人？

第十章 礼 教

一、周礼中之五礼

《说文》："禮，履也，所以事神致福也。从示从豊，豊亦声。"又"豊，行礼之器也，从豆，象形。"案礼从示从豊，其最初本义是宗教的仪节，正译当为宗教。后来礼字范围扩大，始含有处世接人的仪文的意义。第一，礼之作用，在于别上下，分贵贱，所以《礼记·坊记》上说："夫礼者，所以章疑别微以为民坊者也。故贵贱有等，衣服有别，朝廷有位，则民有所让。"所以《荀子》上说："礼者，养也。君子既得其养，又好其别。曷谓别？曰：贵贱有等，长幼有差，贫富轻重皆有称者也。"① 所以《哀公问》上也说："民之所由生，礼为大：非礼无以节事天地之神也，非礼无以辨君

---

① 荀子欲以礼为教之本，因推原礼的本始，说："礼有三本：天地者生之本也，先祖者类之本也，君师者治之本也。无天地恶生，无先祖恶出，无君师恶治，三者偏亡焉，无安人。故礼上事天，下事地，尊先祖而隆君师，是礼之三本也。"（见《礼论篇》）又说："礼起于何也？曰：人生而有欲，欲而不得，则不能无求，求而度量分界，则不能不争，争则乱，乱则穷。先王恶其乱也，故制礼义以分之，以养人之欲，给人之求，使欲必不穷乎物，物必不屈于欲，两者相持而长，是礼之所起也。"（见《礼论篇》）他更认定礼是人为的东西，所以又说："凡礼义者，是生于圣人之伪，非故生于人之性也。故陶人埏埴而为器，然则器生于工人之伪，非故生于人之性也。故工人斫木而成器，然则器生于工人之伪，非故生于人之性也。圣人积思虑，习伪故，以生礼义而起法度，然则礼义法度者，是生于圣人之伪，非故生于人之性也。若夫目好色，耳好声，口好味，心好利，骨体肤理好愉佚，是皆生于人之性情者也。感而自然，不待事而后生之者也。夫感而不能然，必且待事而后然者，谓之生于伪，是性伪之所生，其不同之征也。故圣人化性而起伪，伪起而生礼义，礼义生而制法度。然则礼义法度者，是圣人之所生也。故圣人之所以同于众，其不异于众者性也，所以异而过众者伪也。"（见《性恶篇》）

臣上下长幼之位也，非礼无以别男女父子兄弟之亲、婚姻疏数之交也。"第二，礼之作用，在于防恶于未然，而与法之作用在于禁恶于已然者不同，所以《大戴礼记·礼察篇》上说："孔子曰：君子之道，譬犹防欤！夫礼之塞乱之所从生也，犹防之塞水之所从来也。……故婚姻之礼废，则夫妇之道苦，而淫僻之罪多矣；乡饮酒之礼废，则长幼之序失，而争斗之狱繁矣；聘射之礼废，则诸侯之行恶，而盈溢之败起矣；丧祭之礼废，则臣子之恩薄，而倍死忘生之礼众矣。凡人之知，能见已然，不见将然。礼者禁于将然之前，而法者禁于已然之后。……礼云礼云，贵绝恶于未萌，而起敬于微眇，使民日徙善远恶而不自知也。"第三，礼之作用，在于节制人情，所以《礼运》上说："圣人耐以天下为一家、以中国为一人者，非意之也。必知其情，辟于其义，明于其利，达于其患，然后能为之。何谓人情？喜、怒、哀、惧、爱、恶、欲，七者弗学而能。何谓人义？父慈、子孝、兄良、弟悌、夫义、妇听、长惠、幼顺、君仁、臣忠，十者谓之人义。讲信修睦，谓之人利。争夺相杀，谓之人患。故圣人所以治人七情、修十义、讲信修睦、尚慈让、去争夺，舍礼何以治之？饮食男女，人之大欲存焉。死亡贫苦，人之大恶存焉。故欲恶者，心之大端也。人藏其心，不可测度也。美恶皆在其心，不见其色也。欲一以穷之，舍礼何以哉？"要之，礼之所由起，实与当时之贵族政治有深切的关系，盖贵族政治既重阶级，则不得不重名分，使贱不得干贵，下不敢犯上，而所谓礼即为维系此种名分之别的规定。唯其如此，所以才为贵族制礼，为庶民定刑，《礼记·曲礼》所谓"礼不下庶人，刑不上大夫"，便足见礼与刑所施的对象之各异。《周礼》中的五礼，系汉代所发见者，即贵族上层所谓天子、诸侯、卿大夫的专礼；今分述如下：

（一）吉礼　即祭祀之礼。其详可参看第九章上古之宗教一节。

（二）凶礼　即丧葬之礼。周代丧葬之礼，因贵贱而异其制。天子死曰崩，诸侯曰薨，大夫曰卒，士曰不禄，庶人曰死（《礼记·曲礼》）。天子七日而殡，诸侯五日而殡，大夫、士、庶人三日而殡（《礼记·王制》）。天子七月而葬，同轨毕至；诸侯五月，同盟至；大夫三月，同位至；士逾月，外姻至（《左传·隐公元年》）。其丧具，则天子之棺椁四重，诸侯三重，皆用松；大夫二重，用柏；士一重，用杂木；又制竹器瓦器之类，纳于棺中，叫做明器。丧服分五等：为父母服斩衰三年，祖父母伯叔父母兄弟服齐衰期年，从父母兄弟大功九月，再从伯叔父母兄弟外祖父母小功五月，三从伯叔父母兄弟缌麻三月。此五服之制，至今沿用。

（三）军礼　军礼以同邦国，如动众以大师之礼，简众以大田之礼。

（四）宾礼　即相见之礼。宾来之时，有介绍以达情。主延见之时，有傧相以传命。又有挚物以将意：天子用鬯，诸侯用圭，卿用羔，大夫用雁，士用雉。其礼分三等：（甲）天子：诸侯北面见天子叫做觐。诸侯西面，诸公东面，叫做朝。时见叫做会。殷见叫做同。诸侯称宾，大夫称客。宾常飨，客当燕。飨有体荐，以礼为主。燕有折俎，以情为主。飨燕之时，有赋诗赠答之节。此外更有郊劳、赠贿、授馆、授餐等礼。（乙）诸侯：相期叫做会。不期叫做遇。使大夫往叫做聘。歃血为誓叫做盟。其他燕飨之礼宾客之称，均与天子相同。（丙）臣下：有士大夫相见之礼，有士见君之礼，有见异邦人之礼，有侍坐侍食之礼，有初见复见之礼，有执物之礼，有称谓之礼。其详见《仪礼》一书。

（五）嘉礼　即冠、婚、乡之礼，分述如次。（甲）冠礼：男子二十行冠礼，表其成人之意。（乙）婚礼：娶妻不娶同姓。男子三十而娶，女子二十而嫁。行婚礼时，有纳采、问名、纳吉、纳征、请期、迎亲之六礼。（丙）乡饮酒礼：即乡大夫饮宾于庠序之礼，尊贤养老，所以明长幼之序。每三年集一乡之人而礼饮，乡大夫为主人，乡父老为宾客，推父老中齿德最尊者一人为大宾，余为众宾，皆以齿叙坐。（丁）乡射礼：即州长春秋以礼会民而射于州序之礼。

以上所述的五礼，都是贵族上层所用的专礼——虽间有一二种为庶人所通用——其仪文的琐细，固未可尽信，但案诸当时贵族柄政特重阶级一点而言，则或许曾有此种制度。此外尚有现今所传的《仪礼》十七篇，其中除《聘礼》《公食大夫礼》《觐礼》三篇为朝聘礼外，他如《士冠礼》《士婚礼》《士相见礼》三篇属冠婚，《士丧礼》《既夕礼》《士虞礼》《特牲馈食礼》《少牢馈食礼》《有司彻》《丧服传》七篇属丧祭，《乡饮酒礼》《乡射礼》《燕礼》《大射礼》四篇属射飨，都无不是以士为对象，换言之，即以贵族下层之"士"一阶级为对象，而与庶人无关。

二、支配中国人心的礼教

上面所说过的五礼，原是贵族政治维持其上下名分的规定，但到贵族政治崩坏以后，所谓五礼也就渐次失其作用。当时王纲解纽，礼乐征伐已不自天子出，弄到"臣弑其君，子弑其父"的地步。孔子目击当时纷争无主的现象，回想贵族政治最盛时代井井有条的阶级社会，真有去古日远之感。八佾原来是天子的舞乐，到此时毕竟季氏也用八佾，所以《论语》说："孔子谓季氏，八佾舞于庭，是可忍也，孰不可忍也？"此"不可忍"三字，便足以表明孔子不满意当时"乱名分"的心理①。孔子要想回复以前的治平，就不得不正名分，于是订礼乐，作《春秋》，便成为他的最迫切的工作②。《论语》说："子路曰：'卫君待子而为政，子将奚先？'子曰：'必也正名乎！'子路曰：'有是哉！子之迂也！奚其正？'子曰：'野哉由也！君子于其所不知，盖阙如也。名不正，则言不顺。言不顺，则事不成。事不成，则礼乐不兴。礼乐不兴，则刑罚不中。刑罚不中，则民无所措手足。故君子名之必可言也，言之必可行也。君子于其言，无所苟而已矣。'"由此看来，足见名不正之害处，竟可致礼乐不兴、刑罚不正、百姓无所措手足。所以当齐景公问政于孔子之时，孔子就对曰："君君臣臣，父父子子。"（见《论语》）"此君君臣臣父父子子"，即孔子的正名分。

孔子生当这个变革的大时期，目击"邪说暴行"，原想借"正名分"来挽狂澜于既倒，以实现他理想中的治平之世。如果在这个大变革的时期，中国的经济组织走入另一个阶段，则孔子的教义，必不能支配中国人心至二千余年之久。但是，中国的经济仍然逗留在农村自然经济这阶段中，因此封建的统治也就依然存续下去，存续至二千余年之久，随而孔子的教义也就随着封建统治存续至二千余年之久，以后更经历代帝王之提倡，诸儒

---

① 《论语·八佾第三》："三家者，以《雍》彻。子曰：'相维辟公，天子穆穆；奚取于三家之堂。'"又："子曰：'管仲之器，小哉！'或曰：'管仲俭乎？'曰：'管氏有三归，官事不摄，焉得俭！''然则管仲知礼乎？'曰：'邦君树塞门，管氏亦树塞门；邦君为两君之好，有反坫，管氏亦有反坫。管氏而知礼，孰不知礼？'"——孔子之讥三家与管仲，也有"不可忍"的神气。又："子贡欲去告朔之饩羊。子曰：'赐也，尔爱其羊，我爱其礼。'"——此足以明孔子之重礼。

② 孟子说："世衰道微，邪说暴行有作。臣弑其君者有之，子弑其父者有之。孔子惧，作《春秋》，天子之事也。是故孔子曰：'知我者，其唯《春秋》乎？罪我者，其唯《春秋》乎？'"又："昔者禹抑洪水而天下平。周公兼夷狄，驱猛兽，而百姓宁。孔子成《春秋》而乱臣贼子惧。"

之渲染①，于是"礼教"因以确立，而为我国人一举一动之规范。

中国二千余年来的经济组织，既然不曾脱离农村自然经济这阶段，而农业的生产，又以"安土重迁"与家族成员的劳作为前提，则家族之重要，便远在个人之上，由是国家之构成元素，遂以家族为本位，而不以个人为本位。所谓国家，无异乎是家族之扩大体，或是家族之集合体。唯其如此，所以家庭道德便成为治国平天下之大本。

儒家既重家庭道德，所以说"家人有严君焉，父母之谓也。父父、子子、兄兄、弟弟、夫夫、妇妇，而家道正，正家而天下定矣"（见《易经》）。所以说"老吾老，以及人之老，幼吾幼，以及人之幼，天下可运于掌"（见《孟子》）。但家庭道德之中，又以孝悌为本。故孔子曰："其为人也孝弟而好犯上者，鲜矣；不好犯上而好作乱者，未之有也。君子务本，本立而道生；孝弟也者，其为仁之本欤！"（见《论语》）所以《论语》又说："或谓孔子曰：'子奚不为政？'子曰：'《书》云孝乎。唯孝友于兄弟，施于有政，是以为政，奚其为为政？'"由此种家庭道德推广起来，便足以治国平天下。但是，个人在家庭中固有此三伦，倘若加入社会，就变成五伦了。所以子思就说："天下之达道五，所以行之者三。曰：君臣也，父子也，夫妇也，昆弟也，朋友之交也。五者，天下之达道也。知、仁、勇三者，天下之达德也，所以行之者一也。"（见《中庸》）所以孟子也说："父子有亲，君臣有义，夫妇有别，长幼有序，朋友有信。"此父子、君臣、夫妇、昆弟、朋友，便谓之五伦。

五伦既立，于是又立五常。此五常，便是"所以行之者"的达德。仁、义、礼、智、信，就是五常。此五者虽备于《论语》一书，然未曾以五者同时并举。至董仲舒对贤良策始谓"夫仁、义、礼、智、信，五常之道也"，五常之名，首见乎此。《白虎通·性情篇》更为此五常各立一定义，它说："五常者何？谓仁、义、礼、智、信也。仁者不忍也，施生爱之也。义者宜也，断决得中也。礼者履也，履道成文也。智者知也，独见前闻，不惑于事，见微者也。信者诚也，专一不移也。"五伦五常之目，至是确

---

① 汉高祖以太牢祀孔子，武帝之崇儒术，以及明、清两代之崇理学，都是天子提倡儒家教义之最显著者。汉代诸儒如董仲舒等，以及宋明的理学家，都是弘布儒家教义之健者。

立。然与五伦相发明者，尚有《左传》之六顺（君义、臣行、父慈、子孝、兄爱、弟敬）与《礼运》之十义（父慈、子孝、兄良、弟悌、夫义、妇听、长惠、幼顺、君仁、臣忠），亦可供参考。

适才说过，儒家是以家族为本位，换言之，即以血统关系，去组织国家社会。但家族中的道德，最重要者便是一个"孝"字，此孝字即五常之大本，即一切道德之根据，曾子发挥此理，异常精透。他说："君子之孝也，以正致谏；士之孝也，以德从命；庶人之孝也，以力恶食；任善不敢臣三德。"——此言孝有等差。又说："居处不庄，非孝也；事君不忠，非孝也；莅官不敬，非孝也；朋友不信，非孝也；五者不遂，灾及乎亲，敢不孝乎？"——此即社会的孝论，而以孝为一切道德之大本。又说："夫孝置之而塞乎天地，溥之而横乎四海，施诸后世而无朝夕。推而放诸东海而准，推而放诸西海而准，推而放诸南海而准，推而放诸北海而准。《诗》云：'自西自东，自南自北，无思不服，此之谓也。'"——此即宇宙的孝论。孝既为一切道德之大本，于是"孝为百行先"这句教条，就成为中国人一举一动的规范之规范了①。

以孝为中心的伦常既立，于是"天尊地卑，乾坤定矣；卑高以陈，贵贱位矣"。名分既已规定，由是君权、父权、夫权②，便成为天经地义万世不灭的定律。更由此推演下去，便是君要臣死臣不得不死，父要子亡子不得不亡。而所谓"三从四德"，更不能任那些没握有经济权的妇女们不接受。如果违背此等定律，则其人必为社会所不齿，而群目之为礼教的罪人、

---

① 儒家以孝为一切道德之大本，是与宗法的家族制有关的，而宗法的家族制又与中国的农业经济有关。唯其有农业经济之长期的稳定与存续，宗法的家族制才能够稳定，才能够存续下去。宗法的家族制，是以家长为一族的首领，而家长之所以能够维系其权力，就全恃乎有"孝"字来做家族成员的行动之规范。国家既是以家族为其组成之单位，则一国的皇帝，自然就是诸家长之上的一个顶大的家长。因此，皇帝所借以维系其权力的东西，固然是个"忠"字，而忠字却是从孝字推演出来的。曾子所谓"事君不忠非孝也"，所谓"孝子善事君"，即系此理。

② 儒家言孝，特重男统，此亦与我国农村自然经济有关。所谓"不孝有三，无后为大"；所谓"父在观其志，父没观其行，三年无改于父之道，可谓孝矣"；所谓"孟庄子之孝也，其他可能也，其不改父之臣与父之政，是难能也"；所谓"孝莫大于严父"，其言孝，都无一处不是从男统着眼。要如此，宗法的家族制才可以确立。宗法的家族制能够确立，所谓君权、父权、夫权才有寄托之所。

名教的罪人。由此看来，礼教支配人心之力量，其大要可想而知。综观以上所述，所谓礼教，实不承认个人在社会上自有其独自的人格，实不承认个人为组成国家组成社会之一员；反之，个人只不过是家庭中为父者之附属品而已，个人只不过是一国的帝王之奴才而已。是故礼教之戕贼个性，之窒灭人性，实无异乎杀人之刽子手。礼教之罗网既成，于是人人只知屈从，只知顺受，而不复敢反抗立异。其结果，就是"君权万岁""父权万岁""夫权万岁"。《吴虞文录》引日本福泽谕吉所说"支那旧教，莫重于礼乐①。礼者，使人柔顺屈从者也。乐者，所以调和民间郁勃不平之气，使之参顺于民贼之下也"。——实以一语而道破礼教之罪恶②。

【问题提要】

（一）试述礼之作用。

（二）何谓五礼？何以五礼与贵族政治有关？

（三）孔子教义何以能存续至二千余年之久？

（四）何谓五伦与五常？

（五）孝何以为一切道德之大本？

（六）试述礼教之害。

---

① 孔子所谓"兴于诗，立于礼，成于乐"。荀子所谓"夫乐者乐也，人情之所必不免也。故人不能无乐，乐则必发于声音，形于动静；而人之道，声音动静，性术之变尽是矣。故人不能不乐，乐则不能无形，形而不为道，则不能无乱。先王恶其乱也，故制雅颂之声以道之：使其声足以乐而不流；使其文足以辨而不諰；使其曲直繁省、廉肉节奏，足以感动人之善心；使夫邪汙之气无由得接焉。……故乐行而志清，礼修而行成。……且乐也者和之不可变者也，礼也者理之不可易者也。乐合同，礼别异，礼乐之统，管乎人心矣"（见《乐论篇》），都可以见到乐之作用。

② 宋、元、明三代，理学昌明，于是理学家之于礼教，其渲染益加不近人情，所谓"饿死事小失节事大"这个教条，即此一时代之产物。

第三编
智慧生活之部

第一章 先秦诸子（上）

一、智慧生活与经济基础

这里所谓智慧生活，就是指学术思想而言。通常认为学术思想，全系精神之产物，而与物质无关。结果，有时便把学术思想，当作是离开现实而独立的东西，其尤甚者，竟把学术思想，视为推动时代的原动力：像这样的因果倒置，真是玄之又玄的了。本编为着要避免这种谬见，所以首先就大胆地用智慧生活四个字，以代替学术思想四个字，使读者知道：所谓学术思想，也不外是人类生活之一种表现而已。

学术思想和宗教一样，同是观念形态之一；换言之，即同是社会上层建筑物之一。其存在根据与其发展历程，绝对不是偶然的、超时空的，却是社会经济基础上之必然的产物，而被社会经济基础所决定。社会经济基础一有变动，则学术思想亦随之而变动，因此，社会经济进展至某一阶段，则学术思想亦随之进展至某一阶段；社会经济停滞在某一阶段，则学术思想亦停滞在某一阶段。纵令有许多空想家，离开他的社会与他的时代，凭空创造某种思想，然而，正因为他的这种思想不曾在社会经济基础上获得其存在根据，所以他的思想，始终是乌托邦的空想并幻想，而必然地要消失下去。这样看来，学术思想是不能够离现实而存在的，是要适应于当时代当社会之要求的；反过来说：学术思想就是现实世界之反映，就是当时代当社会的经济基础之反映。其次，学术思想又不是超阶级的，而是阶级的工具；换言之，即无论哪种学术思想，都不能离开它的阶级的立场。要明白这些道理，才能够认识学术思想之本质。

请以哲学为例。哲学亦是观念形态之一，其存在根据与其发展，自然也不能逃出以上所述的定律。希腊哲学的第一个时期，为原始的唯物论，其主要代表如太利斯（今译泰勒斯——选编者注）、亚拿西满德（今译阿拉克西曼德——选编者注）以及德谟克利特等，都高举唯物论的旗帜，以反对旧式宗教的统治。这种唯物论之发生，决不是偶然的，而是当时社会的经济发展之必然的产物。原来希腊于公元前六七世纪时，其经济上曾发生重大的变化，即自然经济因商品经济之扩大而陷于崩溃，同时在沿海各地因商业的繁荣又予旧式经济以极大的打击，在此种情况之下，原始的唯物论才获得它的存在根据，才会在新兴阶级突起中出现①。到了公元前四五世纪左右，希腊哲学又开始了一大变化，即原始的唯物论变成唯心论，柏拉图、亚里斯多德的唯心论否定了原始唯物论。这一大变化，也不是偶然的，而是当时社会经济的转变之反映。原来，以前的经济发展是向上的，故商业资本表现了革命的作用，而原始的唯物论就成为进步阶级之工具。但现在的经济发展却是向下的，故唯心论成为统治阶级的武器。柏拉图、亚里斯多德其自身就出自当时的统治阶级，并且帮助过统治者去支配民众，因此，他们的唯心论正是当时统治阶级的要求之反映。中世纪的经院派哲学，更明显地表现其社会阶级的作用。它的任务，在于拥护当时社会的统治阶级——僧侣、贵族及地主；它的工作，只是锻炼宗教教条与研究教会经典；因此，经院派哲学又被称为"神学的婢女"。等到中世纪末叶，资本主义的经济兴起，封建的经济濒于崩溃，从而思想界激起重大的变化，唯物论也就在新兴资产阶级反封建统治的斗争中被恢复起来了。唯物论的这种复兴，到了18世纪的法国唯物论者，已算是登峰造极。18世纪的法国唯物论，成为当时资产阶级革命之重要的武器；尤其是这唯物论的无神论思想，更震动了18世纪的法国社会，促进了法国大革命之完成。这种哲学，完全是新兴法国资产阶级的要求之反映，而当时，法国唯物论者之主要代表——百科全书派——也就是新兴资产阶级的前卫斗士。资本主义社会的发展，到了某种阶段，因它的内在的矛盾，而必然地呈现出不安定的现象。在这个阶段，黑格尔的唯心辩证法竟由费尔巴哈的过渡，而到达今日的唯物辩证法。不用说，唯物辩证法又成了反资产阶级的武器了。

---

① 太利斯与亚拿西满德都出自米利都，德谟克利特则出自以佛那，这两个地方都是当时的重要城市。

以上所述，是西洋哲学发展的概略。它的发展历程以及各种哲学的发生，都无不是被各时代的社会经济所决定，而决不是偶然的、超时空的。要详细地叙述这个历程，并不是本书的任务；我们只是在这里拿西洋哲学做例子，使读者知道连世人目为玄而又玄的哲学，也要受着社会经济基础的支配；使读者破除一切传统的唯心的偏见，去把握学术思想之本质。如果传统的谬见不被廓清，则文化史的研究，便会走入歪道；而愈研究只是愈加迷惑，愈加离开现实，其为害社会、流毒青年，真是不知要到达哪样地步。

自然，中国的学术思想之发生及其发展，也不能有例外。所以，本编就运用这种方法，去叙述中国学术思想之发生及其发展。治学，并不在于立异，并不在于惊奇，却在于从现实上从客观上去阐明学术思想的究竟与本质——这便是本书所确守的态度。

二、先秦诸子学说勃兴之原因

在第一编与第二编中，曾再三地陈述春秋战国这个长期战乱的时代，是一个伟大的转变期。这个时代的经济发展，是由奴隶经济进到商业资本；这一发展之特征，便是奴隶在经济上得到解放，以及商人阶级之抬头。经济基础既然动摇，于是建筑在经济基础之上的政治也随着动摇。政治动摇的表现，就是奴隶在政治上得到解放，贵族政治陷于崩溃，以及商人阶级起而参与政治。经济基础既有这样的激变，政治组织又随着前者之激变而有这样的激变，于是在这激变的行程中，前此支配社会的传统思想就发生动摇，并且由动摇而失去其存在根据。这个动摇，表现在《诗经》中，现在陈述如下：

（一）对于天的怨望。在奴隶制的时代，都认为天是替人民降福的，但是，这时代的长期战争，闹到人民流离失所死亡丧乱，而天并不曾出马以拯救人民，因此，就怨起天来了。例如《唐风·鸨羽》："肃肃鸨羽，集于苞栩。王事靡盬，不能艺稷黍。父母何怙？悠悠苍天，曷其有所？"《大雅·召旻》："昊天疾威，天笃降丧。瘨我饥馑，民卒流亡。"

（二）对于天的责骂。对于天怨望，还存有一个"天"在脑袋中，但是，天既不能拯救下民，就决心来责骂天。例如《小雅·节南山》："昊天不佣，降此鞠凶！昊天不惠，降此大戾！"

(三)愤懑的厌世。天既不惠,而生活又极度的不安,于是就只好厌世了。例如《小雅·蓼莪》:"瓶之罄矣,维罍之耻。鲜民之生,不如死之久矣!"《小雅·苕之华》:"苕之华,其叶青青。知我如此,不如无生!"《桧风·隰有苌楚》:"隰有苌楚,猗傩其枝。夭之沃沃,乐子之无知!"

(四)厌世的享乐。愤懑的厌世,其结果,便只有一死;但死又不是人人所乐为的,所以在这种矛盾的生活时,就不如纵欲自恣地去享乐。例如《唐风·山有枢》:"山有枢,隰有榆。子有衣裳,弗曳弗娄。子有车马,弗驰弗驱。宛其死矣,他人是愉。""山有漆,隰有栗。子有酒食,何不日鼓瑟?且以喜乐,且以永日。宛其死矣,他人入室。"

(五)人的发见。从怨望天而责骂天,从厌世而纵欲,这一切都不能逃出当时的苦痛。但是,他们已经知道天是不能替下民降福除灾的了,奴隶们要得到解放,还是靠自己;这个解放运动的起点,就要认清自己是人——这便是人的发见。例如《小雅·何草不黄》:"何草不玄?何人不矜?哀我征夫,独为匪民。""匪兕匪虎,率彼旷野。哀我征夫,朝夕不暇。"

(六)阶级意识的觉醒。既然发见了自己是人,并不是兕和虎,但是,为什么要替人家作牛马呢?这一个疑问,便觉醒了他们的阶级意识。例如《小雅·北山》:"溥天之下,莫非王土。率土之滨,莫非王臣。大夫不均,我从事独贤。……或燕燕居息,或尽瘁事国。或息偃在床,或不已于行。或不知叫号,或惨惨劬劳。或栖迟偃仰,或王事鞅掌。或湛乐饮酒,或惨惨畏咎。或出入风议,或靡事不为。"《魏风·伐檀》:"坎坎伐檀兮,置之河之干兮。河水清且涟猗。不稼不穑,胡取禾三百廛兮?不狩不猎,胡瞻尔庭有县(同悬)貆兮?彼君子兮,不素餐兮!"①

要在传统的思想发生了动摇而且丧失其存在根据的时候,新思想才获得出生的地盘,才获得其存在根据。以上所述,便是先秦学术勃兴的根本原因。此外尚有许多次要原因,分述如下:

(一)由于教育的解放。前面说过:古代学术,柄于王官,庶民无享受高等教育之权。但到西周末年,学校不修,学术下移。老子以柱下史著书五千言,已开私家撰述之端;孔子聚徒讲学,又开私人讲学之风。而孔子教育主旨,在于"有教无类",更加打破前此教育上的阶级限制。其后如墨

---

① 参看郭沫若著《中国古代社会研究》第163～195页。

子、孟子、许行，都俨然授徒设教，甚且率弟子以就食于诸侯。教育权既下移于私家，于是停滞划一的学术思想一变而为自由奔放的学术思想。

（二）由于列国的延揽人才。梁启超说："列国并立互竞；务延揽人才以自佐。如秦孝公、齐威王、宣王、梁惠王、燕昭王乃至孟尝、平原、春申、信陵之四公子，咸以礼贤下士相尚。而处士声价日益重，而士之争自濯磨者亦日众。"

（三）由于智识交换之机会多。梁启超说："大师之门，从者恒数百；而大都会尤为人文所萃，如齐稷下常聚数万人，或赐列第为大夫，不治而议论；他国殆亦如是。智识交换之机会多，思想当然猛进。"

（四）由于书籍传写方法之发达。梁启超说："当时书籍传写方法，似甚发达。故苏秦发书，陈箧数十；墨子南游，载书甚多。可见书籍已甚流行，私人藏储，颇便且富。既研究有资，且相观而善，足以促成学术勃兴之机运。"①

由上所述，我们知道在这个社会转变期，传统的学术思想已经由动摇而丧失其存在根据，而替新思想形成一个出生的地盘；同时，教育之解放、列国之延揽人才、智慧之相互交换以及书籍传写方法之发达，又益加促成新思想学术勃兴之机运。故其结果：百家蜂起，诸子争鸣，各就所见，以谋社会问题与人生问题的解决。

三、道家及其流派

先秦诸子，派别繁衍。司马迁在《史记·太史公自序》里面述其父谈所论，则区为六家，其言曰："尝窃观阴阳之术：大祥而众忌讳，使人拘而多所畏；然其序四时之大顺，不可失也。儒者：博而寡要，劳而少功，是以其事难尽从；然其序君臣父子之礼，列夫妇长幼之别，不可易也。墨者：俭而难遵，是以其事不可遍循；然其强本节用，不可废也。法家：严而少恩；然其正君臣上下之分，不可改矣。名家：使人俭而善失真；然其正名实，不可不察也。道家：使人精神专一，动合无形，赡足万物；其为术也：因阴阳之大顺，采儒墨之善，撮名法之要；与时迁移，应物变化；立俗施事，无所不宜；指约而易操，事少而功多。"《汉书·艺文志》本刘歆的

---

① 见梁启超著《先秦政治思想史》第104页。

《七略》，则又区为十家，其言曰："儒家者流，盖出于司徒之官，助人君……明教化者也。……道家者流，盖出于史官，历记成败、存亡、祸福、古今之道，然后知秉要执本，清虚以自守，卑弱以自持，此君人南面之术也。……阴阳家者流，盖出于羲和之官，敬顺昊天，历象日月星辰，敬授民时，此其所长也；及拘者为之，则牵于禁忌，泥于小数，舍人事而任鬼神。法家者流，盖出于理官，信赏必罚，以辅礼制。……名家者流，盖出于礼官，古者名位不同，礼亦异数；孔子曰：必也正名乎？名不正，则言不顺；言不顺，则事不成。……墨家者流，盖出于清庙之守，茅屋采椽，是以贵俭；养三老五更，是以兼爱；选士大射，是以上贤；宗祀严父，是以右鬼；顺四时而行，是以非命；以孝视天下，是以尚同。……纵横家者流，盖出于行人之官，孔子曰：'诵诗三百，使于四方，不能颛对；虽多，亦奚以为？'又曰：'使乎使乎！'言其当权事制宜，受命而不受辞，此其所长也。及邪人为之，则尚诈谖而弃其信。杂家者流，盖出于议官，兼儒墨，合名法，知国体之有此，知王制之无不贯。……农家者流，盖出于农稷之官，播百谷，劝农桑，以足衣食……及鄙者为之，以为无所事圣王，欲使君臣并耕。……小说家者流，盖出于稗官，街谈巷语道听途说者之所造也……如或一言可采，此亦刍荛狂夫之议也。"又说，"其可观者九家而已"，故除小说家，又称为九流。但是，壁垒森严旗帜鲜明的，却只有道、儒、墨三大派。其后由三家演变汇合而突起者，又有法家一派。现在依照他们发生的先后，分述如下：

道家的开创者是老子。老子楚人，名耳，字聃，姓李氏。其生卒年月不可考，据近人胡适的考证，大约生在公元前570年左右，较孔子约长二十岁。他曾为周室"守藏室之史"，著书五千言，即现在的《道德经》。他的略史，大概就是这样。

老子是当时思想界的先锋，后来的诸子百家，多半源于老子。要明白老子在思想界的地位，顶好引用夏曾佑的话。他说："鬼神术数之学，传自炎、黄，至春秋而大备。然春秋之时，人事进化，骎骎有一日千里之势；鬼神术数之学，遂不足以牢笼一切。春秋之末，明哲之士，渐多不信鬼神术数者。《左传》所引，如史嚚曰：国将兴，听于民；国将亡，听于神。子产曰：天道远，人道迩，非所及也，何以知之？仲几曰：薛征于人，宋征于鬼，宋罪大矣。自此以来，蔽障渐开，至老子遂一洗古人之面目。九流百家，无不源于老子。老子楚人，周守藏室之史也。周制：学术、艺文、朝章、国故，凡寄于语言文字之物，无不掌之于史。故世人之咨异闻，质疑事者，莫不于史。史之学识，于通国为独高，亦犹之埃及、印度之祭司也。老子以犹龙之资，读藏室之富，而丁蜕化之时，乃著书上下篇，言道德之意，五千余言而去，莫知所终。"①

老子既是当时思想界的前卫战士，故其思想的精神，偏于破坏方面。因此，夏曾佑又说："老子之书，于今具在；讨其义蕴，大约以反复申明鬼神术数之误为宗旨。万物芸芸，各归其根；归根则静，是为复命；是知鬼神之情状，不可以人理推，而一切祷祀之说破矣。有物浑成，先天地生；则知天地山川五行百物之非原质，不足以明天人之故，而占验之说废矣。祸兮福所倚，福兮祸所伏；则知祸福纯乎人事，非能有前定之者，而天命之说破矣。鬼神、五行、前定既破，而后知天地不仁，以万物为刍狗；圣人不仁，以百姓为刍狗；閟宫、清庙、明堂、辟雍之制，衣裳、钟鼓、揖让、升降之文，之更不足言也。"②

老子在当时思想界的地位及其思想的精神，既已明白，现在进而陈述他的思想内容的大概。

（一）天论。老子以前的思想界，都认为天是有意志而能主宰一切的。但至春秋战国长期战乱的时代，就对天怀疑起来了，怨望起来了，并且责骂起来了。老子生当这个时代，所以他也说"天地不仁，以万物为刍狗"。老子既不相信有天，于是标出一个"道"来，以为万物之本。他所谓道，就是："有物混成，先天地生，寂兮寥兮，独立而不改，周行而不殆，可以为天下母。吾不知其名，字之曰道，强为之名曰大。"道是万物之本，所以他说："道生一，一生二，二生三，三生万物。"道之作用，并不是有意志的，只是一个自然，所以他说："大道泛兮，其可左右。万物恃之而生而不辞，功成不名有，衣养万物而不为主。"又说："天法道，道法自然。"——这个"自然"，便打破前此以天作万物之主宰的迷信。

（二）无为论。老子既着重自然，则万物都有一个独立而不变、周行而不殆的道理，既不用天来作主宰，也不用人来造作安排。唯其如此，就要

---

① 见夏曾佑著《中国历史教科书》第一篇第二章第五节。
② 见夏曾佑著《中国历史教科书》第一篇第二章第六节。

成为无为的放任主义。由他这个无为论,便生出他的人生哲学及其政治哲学。他的人生哲学,就是:"见素抱朴,少私寡欲。绝学无忧";就是:"众人熙熙,如享太牢,如登春台。我独泊兮其未兆,如婴儿之未孩。儽儽兮若无所归。众人皆有余,而我独若遗。我愚人之心也哉!沌沌兮,俗人昭昭,我独昏昏;俗人察察,我独闷闷。澹兮其若海,飏兮若无止。众人皆有以,而我独顽似鄙。"他的政治哲学,就是:"民之难治,以其上之有为,是以难治";就是:"我无为而民自化,我好静而民自正,我无事而民自富,我无欲而民自朴。其政闷闷,其民醇醇;其政察察,其民缺缺";就是:"太上,下知有之。其次,亲而誉之。其次,畏之。其次,侮之。信不足,焉有不信。犹兮其贵言,功成事遂,百姓皆谓我自然。"他的人生哲学与政治哲学,既是无为的放任主义,所以他的理想社会就是:"小国寡民,使有什伯人之器而不用,使民重死而不远徙。虽有舟车,无所乘之。虽有甲兵,无所陈之。使民复结绳而用之。甘其食,美其服,安其居,乐其俗。邻国相望,鸡狗之声相闻,民至老死不相往来。"他的理想社会既是如此,所以当时人人所乐道的仁、义、孝、慈、忠臣、圣哲,都是必得摈弃的。他说:"绝圣弃智,民利百倍;绝仁弃义,民复孝慈;绝巧弃利,盗贼无有";"大道废,有仁义;智惠出,有大伪;六亲不和,有孝慈;国家昏乱,有忠臣。"同样,周代所资以为治的礼,也是必得摈弃的,所以他说:"故失道而后德,失德而后仁,失仁而后义,失义而后礼。夫礼者,忠信之薄,而乱之首也。"——他这种极端的破坏主义和无为的放任主义,都是对于当时时势所发生的一种反响。

(三)无名论。老子既重无为,其结果,就会主张无名。他说:"道可道,非常道。名可名,非常名。无名,天地之始。有名,万物之母。故常无,欲以观其妙;常有,有以观其徼。此两者同出而异名。同谓之玄,玄之又玄,众妙之门。"这就是说,"无""有"本是一件东西,不过表现出来名相不同;同的名,却叫做"玄";天地之始,原来是"绳绳不可名"的混沌状态,所以无名,后来有"象"有"信"[1],才定立名字,所以有名万物之母。这种定立名字,原是由对比而来的,所以说:"天下皆知美之为美,

----

[1] 老子说:"道之为物,唯恍唯惚。惚兮恍兮,其中有象。恍兮惚兮,其中有物。窈兮冥兮,其中有精。其精甚真,其中有信。"

斯恶已；皆知善之为善，斯不善已。故有无相生，难易相成，长短相较，高下相倾，音声相和，前后相随。"但是，这种对比，是相对的，而不是绝对的，所以对比是靠不住的。因此，他又说："唯之与阿，相去几何？善之与恶，相去何若？"这种由对比而生的名，不但因其无一定的标准而靠不住，并且有了对比的名，就会因比较而不治，故他又说："民莫之令而自均，始制有名；名亦既有，夫亦将知之，知之所以不治。"与其有了名而乱，倒不如复归于"无名之朴"的混沌状态为好，所以他又说："道常无为而无不为。侯王若能守之，万物将自化。化而欲作，吾将镇之以无名之朴。无名之朴，夫亦将无欲。不欲以静，天下将自定。"这就是说：要天下自定，便要无欲；要无欲，就要返于"无名之朴"的混沌状态。

统观以上所述，老子思想的内容，不外自然、无为、无名三个基本观念，而此三观念都是一系列中的三个节环，并且都是从破坏当时的现状而生的。从他的破坏现状一点来说，他是富于革命精神的；但从他的"返于无名之朴的混沌状态"一点来说，他却是违背社会进化，努力开倒车的一位好手；他的学说之不足以支配中国人心，即在于此。

以下述道家的流派：

（一）庄周。庄周蒙人，曾做过蒙地漆园吏，其生卒年月不可考，据胡适考证，大约死在公元前275年。有《庄子》一书，今存三十三篇。

庄周学说，为出世主义，是从老子的无为主义推演出来的，而较无为主义更彻底。老子的无为主义，还含有处世之道的意味①，至于庄周的出世主义，却认为"天地与我并生、万物与我为一"，所以他说："今且有言于此，不知其与是类乎？其与是不类乎？类与不类，相与为类，则与彼无以异矣。虽然，请尝言之。有始也者！有未始有始也者，有未始有夫未始有始也者；有有也者，有无也者，有未始有无也者，有未始有夫未始有无也者；俄而有无矣，而未知有无之果孰有孰无也。今我则已有谓矣，而未

---

① 《庄子·天下篇》说："老聃，人皆取先，我独取后，曰受天下之垢；人皆取实，己独取虚，无藏也故有余……人皆求福，己独曲全，曰苟免于咎。以深为根，以约为纪，曰坚则毁矣，锐则挫矣，常宽容于物，不削于人，可谓至极。关尹、老聃乎！古之博大真人哉！"由这段话看来，足见老聃的无为主义，还含有处世之道的意味。

知吾所谓之其果有谓乎？其果无谓乎？天下莫大于秋毫之末，而大山为小；莫寿乎殇子，而彭祖为夭（yāo）。天地与我并生，而万物与我为一。既已为一矣，且得有言乎？既已谓之一矣，且得无言乎？一与言为二，二与一为三，自此以往，巧历不能得①，而况其凡乎！故自无适有，以至于三，而况自有适有乎！无适焉，因是已。"（见《齐物篇》）既然天地与我并生，自然就无终无始，非有非无；既然万物与我为一，自然就非小非大，无夭无寿。各尽自得之妙，互参平等之化。庄周既认万事万物都是齐一，并无大小、夭寿、是非、有无等等对比的区别，于是他的人生观，也就随着是一种"安时而处顺"、"依乎天理、因其固然"的人生观，所以他说："古之真人，不知说生，不知恶死。其出不䜣，其入不距。翛然而往，翛然而来而已矣。不忘其所始，不求其所终。受而喜之，忘而复之。是之谓不以心捐道，不以人助天，是之谓真人。"（见《大宗师》）

（二）杨朱。杨朱或曰字子居，其生卒年月亦不可考，据胡适考证，他的年代约在公元前440年与公元前360年之间。其思想，见于《列子》中之《杨朱篇》。

杨朱的思想为为我主义，是受了老子无名主义的影响而推衍出来的②，而当时连年的战乱与人民的痛苦，正足以使此种主义发生而为人民所欢迎③。《杨朱篇》："杨朱曰：伯成子高不以一毫利物，舍国而隐耕；大禹不以一身自利，一体偏枯。古之人损一毫利天下，不与也；悉天下奉一身，不取也。人人不损一毫，人人不利天下，天下治矣。"——这便是他的为我主义的根本思想。原来他把社会当作一个大实体，而各个"我"便是构成此社会的小实体，各个"我"的身子便是表现这小实体用的，所以各个"我"的身子虽有差别，而各个小实体即"我"实无差别。如果人人各安其差别之分，以得绝对无差别之乐，则社会必定安宁。这样看来，他的为我主义，便和老子的无名主义有密切的关系。他又说："有生之最灵者，人

---

① 疑有误，但原文如此。
② 《杨朱篇》中记杨朱弟子孟孙阳与禽滑厘问答的话，可以看到杨朱受了老子的影响，即："禽子曰：以子之言问老聃、关尹，则子言当矣。以吾言问大禹、墨翟，则吾言当矣。"
③ 孟子说："杨朱、墨翟之言盈天下。"又说："天下之言，不归杨则归墨。"足见杨朱学说之受当时人之欢迎。

也。人者，爪牙不足以供守卫，肌肤不足以自捍御，趋走不足以逃利害，无毛羽以御寒暑，必将资物以为养性，任智而不恃力。故智之所贵，存我为贵；力之所贱，侵物为贱。然身非我有也，既生，不得不全之；物非我有也，既有，不得不去之。身固生之主，物亦养之主。虽全生身，不可有其身。虽不去物，不可有其物。有其物，有其身，是横私天下之物，横私天下之身。其唯圣人乎。公天下之身，公天下之物，其唯至人矣！此之谓至至者也。"这一段，将为我主义说得更精密透彻。他在这里，更提出"我"和"身""物"的关系这个问题。他认为身是生之主，物是养之主，都是表现"我"的工具，都不为"我"所有。倘若人人不私其物不私其身，而公其物公其身，则整个的社会必定安宁。由此看来，他的为我主义，便不是损人利己的为我主义了。

（三）许行。许行生卒年月亦不可考，据梁启超考证大约其时代在公元前332年与公元前282年之间。其学说见于《孟子》书中。《孟子·滕文公上》："有为神农之言者许行，自楚之滕，踵门而告文公曰：'远方之人，闻君行仁政，愿受一廛而为氓。'文公与之处。其徒数十人皆衣褐，捆屦织席以为食。……陈相见许行而大悦，尽弃其学而学焉。陈相见孟子，道许行之言曰：'滕君，则诚贤君也，虽然，未闻道也。贤者与民并耕而食，饔飧而治。今也滕有仓廪府库，则是厉民而以自养也，恶得贤。'"《汉书·艺文志》将此派列为九流之一，号为农家，并批评道："以为无所事圣王，欲使君臣并耕，悖上下之序。"由此看来，许行君臣并耕之说，其宗旨，在绝对的平等：即人人自食其力，人人以享自己劳作的结果为限，无上下贵贱之分。老子说："民之饥，以其上食税之多，是以饥。"许行根据这个道理，所以说"有仓廪府库"，便是"厉民自养"，很与无治主义相近。

四、儒家及其流派

儒家的开创者为孔丘。孔丘字仲尼，鲁国人。生于周灵王二十一年（公元前551年），死于周敬王四十一年（公元前479年）。孔子少贫贱，及长，做了季氏史，料量平，又做了司职吏，而畜蕃息。以后又做过鲁国的司空和司寇。但是，因为他的政策不行，就弃了官去周游列国。他在外十三年，到过宋、齐、楚、卫、陈、蔡诸国，都不曾得着行道的机会。到了六十八岁,他转回鲁国,专从事教育与著述的事业。将古代官书,删成《尚书》;删历代诗歌,成《诗》三百篇;又订定了《礼》与《乐》。更出其读《易》心得,成《易·系辞文言》;又依据鲁国的史记,作了一部《春秋》。这些就是后来之所谓《六经》。此外,还有一部《论语》,是孔子弟子的弟子所记孔子与孔门诸子的谈话。至于《孝经》,却是后人依托的书①。如今要研究孔子的学说,最好是以《论语》《易传》《春秋》三书为主,因为他的思想的表现,全在这三书中。

孔子事略,已如上述。今请述孔子在当时思想界的地位。夏曾佑说:"老子为九流之初祖,其生最先。凡学说与政论之变也,其先出之书,所以矫前代之失者,往往矫枉过正。老子之书,有破坏而无建立,可以备一家之哲学,而不可以为千古之国教,此其所以有待于孔子欤?"②足见老子是思想的革命家,是替思想界开辟道路的前卫战士;而孔子却是踏着老子所开辟的道路从事建立适合于社会的思想体系的人,所以孔子的思想较老子为缓和,而是属于改进派的。

其次,请言孔子思想的内容。孔子思想的内容,大约可以用"正名主义""孝弟""礼""仁""忠恕"几个项目来包括。前三个项目,在第二编第十章中已经说得明白,现在单从仁和忠恕两项来说。

仁、忠恕、孝这三个项目,是不可分离的;而在孔子思想体系中,孝便是仁与忠恕之基础。孔子的思想,反映着宗法的家族制度,这在第二编第十章中已经详细说过。唯其如此,所以他的治国平天下的办法,都是从修身齐家扩大出来的,而修身齐家之本,就在一个孝字,所以有子曰:"其为人也孝弟,而好犯上者,鲜矣;不好犯上,而好作乱者,未之有也。君子务本,本立而道生;孝弟也者,其为仁之本欤!"所以孔子说:"弟子入则孝,出则弟,谨而信,泛爱众,而亲仁。"有了孝作基础,才能够进而谈到忠恕③。忠是尽己,恕是推己及人,所以《大学》说:"君子有诸己,而后求诸人。无诸己,而后非诸人。所藏乎身不恕,而能喻诸人者,未之有

---

① 参看胡适著《中国哲学史大纲》卷上第70页。
② 见夏曾佑著《中国历史教科书》第一篇第二章第六节。
③ 忠恕二字,另有一解,可参看胡适著《中国哲学史大纲》卷上第107～109页。

也。"这种推己及人的道理，在孔子看来，便是可以终身行之的行为规范。《论语》子贡问曰："有一言而可以终身行之者乎？"子曰："其恕乎。己所不欲，勿施于人。"这就是《大学》的絜矩之道："所恶于上，毋以使下；所恶于下，毋以事上；所恶于前，毋以先后；所恶于后，毋以从前；所恶于右，毋以交于左；所恶于左，毋以交于右：此之谓絜矩之道。"也就是孟子所说的"善推其所为"："老吾老以及人之老，幼吾幼以及人之幼，天下可运于掌。《诗》云：'刑于寡妻，至于兄弟，以御于家邦。'言举斯心加诸彼而已。故推恩足以保四海，不推恩无以保妻子。古之人所以大过人者，无他焉，善推其所为而已矣。"不过要作恕的功夫，就不能离忠，因为忠是尽己，恕是推己；既不尽己，便不能推己；不能推己，也就不能尽己；所以忠恕每每并提。《论语》曾子曰："夫子之道，忠恕而已矣。"《中庸》也说："忠恕违道不远。"而忠恕又一本于孝弟，故"爱亲者不敢恶于人。敬亲者不敢慢于人。""不爱其亲，而爱他人者，谓之悖德；不敬其亲，而敬他人者，谓之悖礼。""事亲者，居上不骄，为下不乱，在丑不争。"（均见《孝经》）——这就是说，能够孝，就能够爱人，就能够爱社会。能够忠，能够恕，才能够谈到仁。樊迟问仁，子曰："居处恭，执事敬，与人忠；虽之夷狄，不可弃也。"——这就是由忠以求仁。仲弓问仁，子曰："出门如见大宾，使民如承大祭。己所不欲，勿施于人。在邦无怨，在家无怨。"——这便是由恕以求仁。所以忠恕，就是达到仁的一条必由之路。要做到仁的地步，就能统摄诸德完成人格①。

但是，孔子脑袋中，却充分地含着阶级观念。他认为仁这个高德，只

---

① 蔡子民《中国伦理学史》谓孔子所说的仁，是"统摄诸德、完成人格之名"。胡适《中国哲学史大纲》赞成其说，并引用孔子答子路问成人一段——若臧武仲之知，公绰之不欲，卞庄子之勇，冉求之艺，文之以礼乐，亦可以为成人矣。认为成人即是尽人道，即是完成人格，即是仁。其实，《论语》所谓："人而不仁，如礼何！人而不仁，如乐何！"便是指仁统摄礼乐而言。又："里仁为美；择不处仁，焉得知。""仁者安仁，知者利仁。"便是指仁统摄知而言。又："仁者必有勇，勇者不必有仁。"便是指仁统摄勇而言。又："子张问仁。曰：'能行五者于天下，为仁矣。'请问之。曰：'恭、宽、信、敏、惠。'"便是指仁统摄恭宽信敏惠诸德而言。又："樊迟问仁。子曰：'爱人。'"便是指仁统摄爱人而言。这些便是蔡氏之所谓"统摄诸德"。

有君子才有，至于小人是决不会有的。所以他说："君子道者三，我无能焉：仁者不忧，知者不惑，勇者不惧。""君子而不仁者有矣夫，未有小人而仁者也。"（均见《论语》）这样一来，便难怪小人永远是被治者阶级，而君子就是治者阶级了①。

次述儒家的流派：

（一）子思。孔子之子为伯鱼，名鲤，年五十，先孔子而死。伯鱼生子思，名伋，年六十二卒。韩愈《送王埙秀才序》："孟子师子思，子思之学，盖出曾子。"由韩愈这几句话看来，便可以知道子思在儒家中所占的地位。子思的思想，见于《中庸》一书，今分述如下：

（甲）论性。《中庸》："天命之谓性，率性之谓道，修道之谓教。"又："诚者，天之道也。诚之者，人之道也。"这就是说：性是本来就有的，只要依着天性做去，就会合于道；不过因为气禀或异，故不能无过与不及之差，由是而有教；所谓教，便是礼乐刑政之属。至于"诚"，便是天理之本然，而与"天命之谓性，率性之谓道"二句相合；"诚之"，便是人事之当然，而与"修道之谓教"一句相合。这样看来，可见人人本来都含有诚的天性，如果"能尽天性"，就可以"与天地参"。所以《中庸》又说："唯天下至诚为能尽其性；能尽其性，则能尽人之性；能尽人性，则能尽物之性；能尽物之性，则可以赞天地之化育；可以赞天地之化育，则可以与天地参矣。"他这种性论，便影响于孟子性善之说。

（乙）中庸。《中庸》："喜怒哀乐之未发，谓之中。发而中节，谓之和。中也者，天下之大本也。和也者，天下之达道也。"喜怒哀乐都是情，当其

---

① 《论语》中记录君子与小人之别的地方很多，如"君子周而不比，小人比而不周"；如"君子怀德，小人怀土；君子怀刑，小人怀惠"；如"君子喻于义，小人喻于利"；如"君子坦荡荡，小人长戚戚"；如"君子成人之美，不成人之恶；小人反是"；如"君子泰而不骄，小人骄而不泰"；如"君子上达，小人下达"；如"君子求诸己，小人求诸人"；如"君子不可小知，而可大受也；小人不可大受，而可小知也"；如"君子有三畏：畏天命，畏大人，畏圣人之言；小人不知天命，而不畏也，狎大人，侮圣人之言"；如"君子有勇而无义为乱，小人有勇而无义为盗"。这些区别，原来是从人格上立论；但是，后来的狡黠者，假君子之名，以行小人之实，就把君子与小人看做身份的区别了。这样一来，所谓士君子当然成为治者阶级，而小人就是被治者阶级了。小人如果要过问政治，便叫做"造反"。所以孟子纵令提倡民贵君轻之说，然而依旧脱不了劳心者治人、劳力者治于人的主张。

未发的时候，就是性；性是不偏不倚的，所以叫做中；如果喜怒哀乐发而中节，便合乎情的正道，无所乖戾，所以叫做和。这是指性情方面说的。至于德行方面，便有所谓中庸之道。《中庸》："仲尼曰：君子中庸，小人反中庸。君子之中庸也，君子而时中；小人之反中庸也，小人而无忌惮也。"又："子曰：道之不行也，我知之矣：知者过之，愚者不及也。道之不明也，我知之矣：贤者过之，不肖者不及也。人莫不饮食也，鲜能知味也。"过与不及，都不是中庸之道。譬如饮食，只是要学那"知味"的人适可而止，不当吃坏肚子，也不当打饿肚子。这种中庸之道，只有君子才可以办得到；至于小人，都是反中庸的，所以弄到无所忌惮。他这种不偏不倚的折衷主义，到后来便养成中国人的一种"无可无不可"的奴隶性。

（二）孟子。孟子名轲，字子舆，邹人。生于周烈王四年（公元前 372 年），死于赧王二十六年（公元前 289 年）。他是子思的门人，学成以后，历游梁、齐、宋、鲁、滕诸国；因为没有行道的机会，就退而与弟子万章之徒，记录他游诸国与时人问答的话语，成《孟子》七篇。他的思想，见于《孟子》一书中，今分述如下：

（甲）性善说。孟子性善之说，受了子思的影响，上面已经说过。但当时言性的人，除了子思一派，还有几派。王充《论衡》："周人世硕，以为人性有善有恶：举人之善性养而致之则善长，恶性养而致之则恶长。如此，则性情各有阴阳，善恶在所养。"《孟子·告子篇》："或曰：性可以为善，可以为不善。是故文、武兴则民好善，幽、厉兴则民好暴。"这就是世硕的性有善有恶一派。《孟子·告子篇》："告子曰：性无善无不善也。"这就是告子的性无善无不善一派。又："或曰：有性善，有性不善。是故以尧为君而有象，以瞽瞍为父而有舜。"这就是有性善有性不善的一派。孟子答复他们道："乃若其情，则可以为善矣。乃所谓善也。若夫为不善，非才之罪也。恻隐之心，人皆有之；羞恶之心，人皆有之；恭敬之心，人皆有之；是非之心，人皆有之。恻隐之心，仁也；羞恶之心，义也；恭敬之心，礼也；是非之心，智也。仁、义、礼、智非由外铄我也，我固有之也，弗思耳矣。故曰求则得之，舍则失之；或相倍蓰而无算者，不能尽其才者也。"由这段话看来，便知道孟子认为人的才——即天生的本质——原来都是善的，至于不善，却是因为"不能尽其才"。人的本质何以是善的呢？第一，因为人人都具有"善端"，他说，"人皆有不忍人之心。……今人乍见孺子将入于井,皆有怵惕恻隐之心;非所以内交于孺子之父母也;非所以要誉于乡党朋友也;非恶其声而然也。由是观之,无恻隐之心,非人也;无羞恶之心,非人也;无辞让之心,非人也;无是非之心,非人也。恻隐之心,仁之端也;羞恶之心,义之端也;辞让之心,礼之端也;是非之心,智之端也。人之有是四端也,犹其有四体也"(见《孟子·公孙丑篇》)。第二,因为人人都有"良能良知",他说:"人之所不学而能者,其良能也;所不虑而知者,其良知也。孩提之童,无不知爱其亲者;及其长也,无不知敬其兄也。亲亲,仁也;敬长,义也。"(见《孟子·尽心篇》)

(乙)政治主张。孟子既认定人人的性都是善的,所以从性的方面说,人人都是平等的,他所说的"圣人与我同类者""尧、舜与人同耳"以及"舜何人也、予何人也、有为者亦若是",便是这个意思。唯其如此,所以他说"民为贵,社稷次之,君为轻",所以他说"君之视民如土芥,则臣视君如寇仇"。但是,他也和孔子一样,认为君子是治者阶级,而小人却是被治者阶级。所以孟子说:"有大人之事,有小人之事。……或劳心,或劳力。劳心者治人,劳力者治于人。治于人者食人,治人者食于人。天下之通义也。"(见《孟子·滕文公篇》)所以孟子又说:"无君子莫治野人,无野人莫养君子。"(见《孟子·滕文公篇》)唯其如此,故孟子的政治主张,虽带有民权主义的色彩,但是,他的政治是由上而下的,并不是由下而上的,只要在上的人"施仁政于民","保民而王",天下就会"莫之能御也"。唯其如此,所以孟子法先王,而"言必称尧、舜";从而他的"保民"的具体方法,就在于行井田制度,使人民能够仰事俯畜,然后才驱而为善,所以他说:"是故明君制民之产,必使仰足以事父母,俯足以畜妻子,乐岁终身饱,凶年免于死亡。然后驱而之善,故民之从之也轻。"而"制民之产"的具体方案,就是"五亩之宅,树之以桑,五十者可衣帛矣。鸡豚狗彘之畜,无失其时,七十者可以食肉矣。百亩之田,勿夺其时,数口之家,可以无饥矣。谨庠序之教,申之以孝悌之义,颁白者不负载于道路矣。老者衣帛食肉,黎民不饥不寒,然而不王者,未之有也"(均见《孟子·梁惠王篇》)。他从这种制民之产的方案,更论到井田之制,其言曰:"死徙无出乡,乡田同井。出入相友,守望相助,疾病相扶持,则百姓亲睦。方里而井,井九百亩。其中为公田,八家皆私百亩,同养公田。"(见《孟子·滕文公篇》)——这便是孟子的理想的政治组织。

（三）荀子。荀子名况，又称孙卿，赵人。曾游学齐国。后来又游秦、赵，最后至楚，为楚兰陵令。其生卒年月不可考，大约生于公元前310年，死于公元前230年。其学说具见于他所作的《荀子》三十二篇中。

荀子是儒家的改革者，对于各家都有确切的批评，甚至对于儒家的子思与孟子，也是反对的。《天论篇》："慎子有见于后，无见于先。老子有见于诎，无见于信。墨子有见于齐，无见于畸。宋子有见于少，无见于多。有后而无先，则群众无门。有诎而无信，则贵贱不分。有齐而无畸，则政令不施。有少而无多，则群众不化。"《解蔽篇》："墨子蔽于用而不知文。宋子蔽于欲而不知得。慎子蔽于法而不知贤。申子蔽于势而不知知。惠子蔽于辞而不知实。庄子蔽于天而不知人。"——这些都是他批评各家的话。《非十二子篇》："略法先王而不知其统，然犹而材剧志大，闻见杂博，案往旧造说，谓之五行；甚僻违而无类，幽隐而无说，闭约而无解；案饰其说而祇敬之曰：此真先君子之言也。子思唱之，孟轲和之，世俗之沟犹瞀儒，嚾嚾然不知其所非也，遂受而传之，以为仲尼、子游，为兹厚于后世：是则子思孟轲之罪也。"——这便是他反对子思孟子的话。他反对这些人的学说，他自己的学说又是什么呢？

（甲）他反对庄子蔽于天而力倡人事主义。《天论篇》："唯圣人为不求知天。"又："故君子敬其在己者，而不慕其在天者。小人错其在己者，而慕其在天者。君子敬其在己者而不慕其在天者，是以日进也。小人错其在己者而慕其在天者，是以日退也。"

（乙）他反对孟子性善之说而倡性恶之说。《性恶篇》："人之性恶，其善者伪也。今人之性，生而有好利焉。顺是，故争夺生，而辞让亡焉。生而有疾恶焉。顺是，故残贼生，而忠信亡焉。生而有耳目之欲，有好声色焉。顺是，故淫乱生，而礼义文理亡焉。然则从人之性，顺人之情，必出于争夺，合于犯分乱理，而归于暴。"又："今人之性：饥而欲饱，寒而欲暖，劳而欲休，此人之情性也。今人饥，见长而不敢先食者，将有所让也。劳而不敢求息者，将有所代也。夫子之让乎父，弟之让乎兄，子之代乎父，弟之代乎兄：此二行者，皆反于性而悖于情者也。然而孝子之道，礼义之文理也。故顺性情，则不辞让矣。辞让，则悖于性情矣。用此观之，然则人之性恶明矣。其善者伪也。"

（丙）人为主义。荀子既反对慕天，又言性恶，所以看重人为。《性恶篇》:"故枸木必将待隐括,烝矫然后直;纯金必将待砻厉然后利;今人之性恶,必将待师法然后正,得礼义然后治。……故性善则去圣王息礼义矣。性恶则与圣王贵礼义矣。故隐括之生,为枸木也;绳墨之起,为不直也;立君上,明礼义,为性恶也。"

（丁）礼乐。荀子既言性恶而着重人为,实现人为主义的工具,自然就是"以矫饰人之情性而正之、以扰化人之情性而导之"的礼乐。《礼论篇》:"礼起于何也?曰:人生而有欲,欲而不得则不能无求,求而无度量分界则不能不争。争则乱,乱则穷。先王恶其乱也,故制礼义以分之,以养人之欲而给人之求。使欲必不穷乎物,物必不屈于欲,两者相持而长,是礼之所起也。故礼者,养也。……君子既得其养,又好其别。曷谓别?曰:贵贱有等,长幼有差,贫富轻重皆有称者也。"《乐论篇》:"夫乐者,乐也,人情之所必不免也。故人不能无乐,乐则必发于声音,形于动静;而人之道,声音动静,性术之变尽是矣。故人不能不乐,乐则不能无形,形而不为道,则不能无乱。先王恶其乱也,故制雅颂之声以道之:使其声足以乐而不流;使其文足以辨而不諰;使其曲直、繁省、廉肉、节奏,足以感动人之善心;使夫邪汙之气无由得接焉。……故乐行而志清,礼修而行成。……且乐也者,和之不可变者也,礼也者,理之不可易者也。乐合同,礼别异,礼乐之统,管乎人心矣。"他这种礼乐师法的主张,影响及于他的弟子韩非、李斯,而主张用刑法以治国。

【问题提要】

（一）学术思想何以与社会经济有关系?
（二）试述先秦学术思想勃兴的原因。
（三）试述老子在思想界的地位和他的思想的精神。
（四）试述老子思想的几个基本观念。
（五）道家的流派有几?又其代表人物的思想为何?
（六）试述孔子在思想界的地位。
（七）试述孔子之所谓忠恕与仁。
（八）儒家的流派有几?又其代表人物的思想为何?

第二章　先秦诸子（下）

一、墨家及其流派

墨家的开创者是墨子。墨子名翟，姓墨，鲁人，或曰宋人。据胡适考证，墨子大概生在周敬王二十年与三十年（公元前500年至公元前490年）之间，死于周威烈王元年与十年（公元前425年至公元前416年）之间。如今《墨子》五十三篇，即其著作。

墨子的学说，和儒家有关系。《淮南要略》："墨子学儒者之业，受孔子之术，以为其礼烦扰而不悦，厚葬靡财而贫民，久服伤生而害事。"由这段话看来，可见墨子虽受了儒家的影响，但是又反对儒家。所以《墨子·公孟篇》说："儒之道足以丧天下者四政焉：儒以天为不明，以鬼为不神，天鬼不说，此足以丧天下；又厚葬久丧，重为棺椁，多为衣衾，送死若徙，三年哭泣，扶然后起，杖然后行，耳无闻，目无见，此足以丧天下；又弦歌鼓舞，习为声乐，此足以丧天下；又以命为有，贫富、寿夭、治乱、安危、有极矣，不可损益也，为上者行之，必不听治矣；为下者行之，必不从事矣，此足以丧天下。"——这便是墨子明鬼、薄葬、非乐、非命之所由起。他又见当时兵戈不息、人相残杀，所以又倡非攻与兼爱之说。兹分述如下：

（一）兼爱。墨子言兼爱，儒家却言仁；仁是由亲以及疏，所谓爱有等差者是，故孟子说，"亲亲而仁民，仁民而爱物""老吾老以及人之老，幼吾幼以及人之幼"。墨子反是，而言兼爱，《墨子·兼爱（上）》："圣人以治天下为事者也，必知乱之所自起，始能治之。不知乱之所自起，则不能治。譬之如医之攻人之疾者然。必知疾之所自起，始能治之。不知疾之所自起，则弗能治。治乱者何独不然。必知乱之所自起，始能治之。不知乱之所自起,则弗能治。圣人以治天下为事者也,不可不察乱之所自起。当(尝)察乱何自起,起不相爱。臣子之不孝君父,所谓乱也。子自爱,不爱父,故亏父而自利;弟自爱,不爱兄,故亏兄而自利;臣自爱,不爱君,故亏君而自利;此所谓乱也。虽父之不慈子,兄之不慈弟,君之不慈臣:此亦天下之所谓乱也。父自爱而不爱子,故亏子而自利;兄自爱而不爱弟,故亏弟而自利;君自爱而不爱臣,故亏臣而自利:是何也?皆起不相爱。虽至天下之为盗贼者亦然。盗爱其室,不爱异室,故窃异室以利其室;贼爱自身,不爱人身,故贼人身以利其身:此何也?皆起不相爱。虽至大夫之相乱家、诸侯之相攻国者亦然。大夫各爱其家,不爱异家,故乱异家以利其家;诸侯各爱其国,不爱异国,故攻异国以利其国。天下之乱物,具此而已矣。察此何自起?皆起不相爱。若使天下兼相爱,爱人若爱其身。犹有不孝者乎?视父兄与君若其身,恶施不孝?犹有不慈者乎?视弟子与臣若其身,恶施不慈?故不孝不慈亡有。犹有盗贼乎?视人之室若其室,谁窃?视人之身若其身,谁贼?故盗贼亡有。犹有大夫之相乱家、诸侯之相攻国者乎?视人家若其家,谁乱?视人国若其国,谁攻?故大夫之相乱家、诸侯之相攻国者亡有。若使天下兼相爱,国与国不相攻,家与家不相乱,盗贼无有,君臣父子皆能孝慈,若此,则天下治。故圣人以治天下为事者,恶得不禁恶而劝爱?故天下兼相爱则治,交相恶则乱。故子墨子曰:不可以不劝爱人者此也。"

(二)非攻。既言兼爱,必然因而倡非攻。《墨子·非攻(上)》:"今有一人,入人园圃,窃其桃李,众闻则非之,上为政者得则罚之。此何也?以亏人自利也。至攘人犬豕鸡豚者,其不义,又甚入人园圃窃桃李,是何故也?以亏人愈多,其不仁滋甚,罪益厚。至入人栏厩取人马牛者,其不仁义又甚攘人犬豕鸡豚。此何故也?以亏人愈多。苟亏人愈多,其不仁滋甚,罪益厚。至杀不辜人也,扡其衣裘、取戈剑者,其不义又甚入人栏厩取人马牛。此何故也?以其亏人愈多。苟亏人愈多,其不仁滋甚矣,罪益厚。当此,天下之君子皆知而非之,谓之不义。今至大为攻国,则弗知非,从而誉之,谓之义。此可谓知义与不义之别乎?杀一人,谓之不义,必有死罪矣。若以此说往,杀十人,十重不义,必有十死罪矣;杀百人,百重不义,必有百死罪矣。当此,天下之君子皆知而非之,谓之不义。今至大为不义攻国,则弗知非,从而誉之,谓之义。情不知其不义也,故书其言，以遗后世。若知其不义也，夫奚说，书其不义，以遗后世哉？今有人于此，少见黑曰黑，多见黑曰白，则必以此人不知白黑之辨矣。少尝苦曰苦，多尝苦曰甘，则必以此人为不知甘苦之辨矣。今小为非，则知而非之；大为非攻国，则不知非，从而誉之，谓之义，此可谓知义与不义之辨乎？是以知天下之君子也，辨义与不义之乱也。"但墨子非攻，亦未尝不言严守备，故《墨子·节葬（下）》说："凡大国之所以不攻小国者，积委多，城郭修，上下调和，是故大国不耆攻之。无积委，城郭不修，上下不调和，是故大国耆攻之。"他不但口言非攻，而且做非攻主义的实行家，所以当公输盘替楚造了云梯去攻宋的时候，他竟自鲁"裂裳裹足、日夜不休"地跑到郢，去见公输盘。公输盘九设攻城的机变，墨子九拒之，公输盘的攻械尽了，而墨子的守圉反有余，结果楚就不敢攻宋了（见《墨子·公输篇》）。

（三）节用。攻战从何而起，起于争。争从何而起，起于不足。所以没有方法去弭不足之患，攻战就没有停止之时。墨子因是而言节用。《墨子·节用（上）》："其为衣裘何？以为冬以圉寒，夏以圉暑。凡为衣裳之道，冬加温夏加清者则止；不加者去之。其为宫室何？以为冬以圉风寒，夏以圉暑雨。有盗贼加固者则止；不加者去之。其为甲盾五兵何？以为以圉寇乱盗贼。若有寇乱盗贼，有甲盾五兵者胜，无者不胜。是故圣人作为甲盾五兵。凡为甲盾五兵，加轻以利，坚而难折者则止；不加者去之。其为舟车何？以为车以行陵陆，舟以行川谷，以通四方之利。凡为舟车之道，加轻以利者则止，不加者去之。凡其为此物也，无不加用而为者。是故用财不费，民德不劳，其兴利多矣。"

（四）薄葬。墨子既言节用，必然因是而倡薄葬。他认为儒家厚葬久丧有三种害处：第一国家必贫，第二人民必寡，第三刑政必乱（见《节葬篇》）。因此他定为丧葬之法如次："桐棺三寸，足以朽体；衣衾三头，足以复恶"；"及其葬也，下毋及泉，上毋通臭"；"无椁"；"死无服"；"为三日之丧"。

（五）非乐。墨子既言节用，必然因是而非乐。他认为乐的害处有三：第一，乐器之费：民患饥寒劳苦，即为之撞钟击鼓，弹琴吹笙，民衣食之财，将安所得？第二，乐人之费：乐人不可衣短褐，不可食糠糟，美颜色衣服以悦观者，不从事衣食的生产，却衣食于人；第三，夺民衣食之时：丈夫为乐，废耕稼树艺；妇人为乐，废纺绩织纴（见《墨子·非乐篇》）。

以上所述，除兼爱外，全为消极方面的学说。今进而述其积极方面的学说，即述其对于政治组织之见解。

（六）尚同与尚贤。尚同与尚贤二者，是墨子的政治组织之见解，分述如下。第一，论社会国家的起源。《尚同（上）》："古者民始生，未有刑政之时，盖其语人异义。是以一人则一义，二人则二义，十人则十义。其人兹众，其所谓义者亦兹众。是以人是其义，以非人之义，故交相非也。是以内者父子兄弟作怨恶，离散不能相和合。天下之百姓，皆以水火毒药相亏害。至有余力，不能以相劳，腐朽余财，不以相分，隐匿良道，不以相教，天下之乱，若禽兽然。"天下既然人是其义以非人之义，于是需要一同天下之义；从事于一同天下之义的人，就是天子，所以《尚同（中）》说："明乎民之无正长，以一同天下之义，而天下乱也，是故选择天下贤良圣智辩慧之人，立以为天子，使从事乎一同天下之义。天子既以立矣，以为唯其耳目之请，不能独一同天下之义，是故选择天下赞阅贤良圣智辩慧之人置以为三公，与从事同一天下之义。"三公还不够左右天子，于是有诸侯，所以《尚同（下）》说："三公又以其知力为未足独左右天子也，是以分国建诸侯。诸侯又以其知力为未足独治其四境之内也，是以选择其次立为卿之宰。卿之宰又以其知力为未足独左右其君也，是以选择其次立而为乡长家君。"第二，言天子之权力。《尚同（上）》："正长已具，天子发政于天下之百姓。言曰：闻善不善皆以告其上。上之所是，必皆是之；上之所非，必皆非之。"《尚同（中）》："凡国之万民，上同乎天子而不敢下比。"天子的权力既是这样大，所以他的政治主张，近于绝对的干涉政治。第三，论限制天子的权力。《尚同（中）》说："夫既上同乎天子而未上同乎天者，则天灾犹未止也。……故古者圣王明天鬼之所欲，而避天鬼之所憎；以求兴天下之利，除天下之害。"这就是用天来限制天子的权力。第四，反对家族制度与贵族政治。《尚贤（中）》说："今王公大人有一裳不能制也，必藉良工；有一牛羊不能杀也，必藉良宰。……逮至其国家之乱，社稷之危，则不知使能以治之。亲戚则使之。无故富贵，面目姣好，则使之。"他主兼爱，当然反对贵族政治与家族制度。贵族政治既不好，他便抬出贤人政治来代替，所以《尚贤（中）》又说："尊尚贤而任使能。不党父兄，不偏富贵，不嬖颜色。贤者举而上之，富而贵之，以为官长。不肖者抑而废之，贫而贱之，以为徒役。"

（七）天志。墨子既反对亲疏厚薄之爱，又持薄葬非乐之论，其结果，自然要违反人类的本性，因为亲疏哀乐都是属于人类的本性的东西。所以庄子批判他道："其道大觳，反天下之心，天下不堪。"（见《天下篇》）墨子深知这个道理，恐怕因为反天下之心，而使他的道不行，所以他又推之于天志，申之以鬼神之赏罚。《兼爱（上）》说："天欲人之相爱相利，而不欲人之相恶相贼也。顺天意者，兼相爱，交相利，必得赏。反天意者，别相恶，交相贼，必得罚。"《兼爱（中）》说："今天下之君子之欲为仁义者，则不可不察义之所从出。然则义何从出？义不从愚且贱者出，必自贵且智者出。然则孰为贵孰为智？曰：天为贵天为智而已矣。然则义果白天出矣。"《兼爱（下）》说："顺天之意者兼也，反天之意者别也。兼之为道也，义正；别之为道也，力正。"他又在《兼爱（下）》总括地说："子墨子置立天志，以为仪法。若轮人之有规，匠人之有矩也。今轮人以规，匠人以矩，以此知方圆之别矣。是故子墨子置立天志以为法仪。"由此看来，他的所谓天志，不外是一种仪法，并不见得有宗教的意味。并且，要言天志，就不得不非命，就不得不明鬼，因为命之说行，则鬼神无以为赏罚。

总上所述，可知墨子学说，着重实利主义，而以兼爱为本。在消极方面，倡非攻、节用、薄葬、非乐，其目的在于必兼爱之行；在积极方面，倡尚贤、尚同、天志、明鬼、非命，其目的在于坚兼爱之信，所以墨子学说，并不见得含有宗教的性质。

次述墨家的流派：

（一）别墨。惠施、公孙龙属于这一派。《庄子·天下篇》："墨子之后，相里勤之弟子五侯之徒，南方之墨者苦获、已齿、邓陵子之属，俱诵《墨经》而倍谲不同，相谓别墨；以坚白同异之辩相訾，以奇偶不忤之辞相应。"又晋鲁胜《墨辩注序》："墨子著书，作辩经以立名本。惠施、公孙龙祖述其学，以正刑（同形）名显于世。"这一派专从名学上发展。

（二）宋钘、尹文一派。这派亦倡非攻寝兵之论，故疑其为墨家的流派。《庄子·天下篇》："不累于俗，不饰于物，不苟于人，不忮于众。愿天下之安宁以活民命。人我之养，毕足而止。……古之道术有在于是者，宋钘、尹文闻其风而说之。……语心之容，命之曰心之行。……见侮不辱，救民之斗；禁攻寝兵，救世之战。以此周行天下，上说下教，虽天下不取，强聒而不舍者也。……虽然，其为人太多，其自为太少。曰，请欲固置五升之饭足矣；先生恐不得饱，弟子虽饥，不忘天下。……不以身假物。以为无益于天下者，明之不如已也。以禁攻寝兵为外，以情欲寡浅为内。"观此可以知宋钘、尹文学说之出自墨子。

二、法家及其代表人物

法家成为一种有体系的学派，为时很晚，盖自慎到、韩非以后。但法治主义的思想，在管仲时却已萌芽。法家的学理上的根据，则儒道墨三家都各有一部分为它的先导，所以有人说法家就是儒道墨三家之末流嬗变汇合而成的东西。今分述如下：

（一）法家所受于儒家者为正名主义。尸佼说："天下之可治，分成也。是非之可辨，名定也。"又："明主之治民也……言寡而令行，正名也。君人者苟能正名，愚智尽情；执一以静，令名自正，赏罚随名，民莫不敬。"又："审一之经，百事乃成；审一之纪，百事乃理。名实判为两分为一。是非随名实，赏罚随是非。"

（二）法家所受于道家者为无为主义。梁启超说："法家所受于道家者何耶？道家言'我无为而名自正'。民何以能正？彼盖谓自有'自然法'能使之正也。自然法希夷而不可见闻，故进一步必要求以'人为法'为之体现，此当然之理也。及其末流即以法治证成无为之义。慎子曰：'大君任法而不弗躬，则事断于法。'《淮南子》曰：'今夫权衡规矩，一定而不易，不为秦、楚变节，不为胡、越改容。常一而不邪，方行而不流。一日刑（同型）之，万世传之，而以无为为之。'法治者纯以客观的物准驭事变，其性质恰于权衡规矩，慎子所谓'无建己之患无用知之累'也。夫是以能'无为而无不为'。彭蒙、慎到之流皆邃于道家言，而治术则贵任法，盖以此也。"①

（三）法家所受于墨家者为平等主义与一同天下之义。墨家主兼爱，反对儒家的亲亲主义，这就是平等主义的思想。儒家的礼义，只能行于君子，不能遍行全国；而法是遍行全国的，所以法律不得不平等。《慎子》佚文所谓，"法者，所以齐天下之动，至公大定之制也"，便是这个道理。墨家的一同天下之义，就是要使社会不可有两种是非，所以《尹文子》说："万事

---

① 见梁启超著《先秦政治思想史》第229～230页。

皆归于一，百度皆准于法；归一者简之至，准法者易之极。"

次言法家的主要代表。管仲、子产、申不害、商鞅都是实行的政治家，虽具有法治主义的观念，却不是法理学家，所以不能称为法家。以下仅就法家几个主要代表人物的思想略述一下。

（一）慎到。慎到赵人。其生卒年月不可考。其时代大约当公元前第三世纪。《汉书·艺文志》有《慎子》四十二篇，今多不传，唯存佚文若干条，后人集为《慎子》五篇。他的思想源于道家，而其结果则为法家。今分述如下：

（甲）尚法。他说："法者所以齐天下之动，至公大定之制也。故智者不得越法而肆谋，辩者不得越法而肆议，士不得背法而有名，臣不得背法而有功。我喜可抑，我愤可窒，我法不可离也。骨肉可刑，亲戚可灭，至法不可阙也。"此言法之重要。又说："法虽不善，犹愈于无法，所以一人心也。夫投钩以分财，投策以分马，非钩策为均，使得美者不知所以美，得恶者不知所以恶，此所以塞愿望也。"此言法之效力。

（乙）不尚贤。慎子既以法为主，所以万事只有守法。法既确立，即天子不贤，也不要紧；推之百官之事，也只有守法，而用不着尚贤。其言曰："立君而尊贤，是贤与君争，其乱甚于无君。"又："鹰善击也。然日击之，则疲而无全翼矣。骥善驰也，然日驰之，则蹶而无全蹄也。"此言恃贤为治之必败。

（丙）贵因。他说："天道因则大，化则细。因也者，因人之情也。人莫不自为也。化而使之为我，则莫可得而用。是故先王不受禄者不臣，不厚禄者不与；人人不得其所以自为也，则上不取用焉。故用人之自为，用人之为我，则莫不可得而用矣：此之谓因。"因为人人都有自为之心，所以因其自为之心而用之，就是"因"的道理。

（二）尹文。尹文原属于墨家的流裔，然其政治主张又属于法家。今分述如下：

（甲）论名与法的关系。他说："名者，名形者也；形者，应名者也。……万物具存，不以名正之则乱；万名具列，不以形应之则乖。……善名命善，恶名命恶。故善有善名，恶有恶名。圣贤仁智，命善者也。顽嚚凶愚，命恶者也。……使善恶尽然有分，虽未能尽物之实，犹不患其差也。……名称者何？彼此而检虚实者也。自古及今，莫不用此而得用彼而失。失者由名分混，得者由名分察。今亲贤而疏不肖，赏善而罚恶；贤不肖善恶之名宜在彼，亲疏赏罚之称宜属我。……名宜属彼，分宜属我。我爱白而憎黑，韵商而舍徵，好膻而恶焦，嗜甘而逆苦。白黑商徵膻焦甘苦，彼之名也；爱憎韵舍好恶嗜逆，我之分也。定此名分，则万事不乱。故人以度审长短，以量受少多，以衡平轻重，以律均清浊，以名稽虚实，以法定治乱，以简治烦惑，以易御险难。万事皆归于一，百度皆准于法。归一者简之至，准法者易之极。如此，顽嚚聋瞽可与察慧聪智同其治也。"从他这段论名与法的关系看来，便知道他的以法定治乱的精神。

（乙）政治主张。尹文言政治，也不外定名分以立法，所以他说："圣人任道以通其险，立法以理其差；使贤愚不相弃，能鄙不相遗。能鄙不相遗，则能鄙齐功；贤愚不相弃，则贤愚等虑；此至治之术也。名定则物不竞，分明则私不行。物不竞非无心，由名定故无所措其心；私不行非无欲，由分明故无所措其欲。然则心、欲人人有之，而得同于无心、无欲者，制之有道也。"

（三）韩非。韩非是韩国的公子，与李斯同受学于荀卿。他目击韩国削弱，乃发愤著书，攻击当时政府所养非所用、所用非所养；并主张国家变法，重刑罚，去无用的蠹虫。韩王不能用。后秦始皇见他所著的书，就叹道："嗟呼！寡人得见此人与之游，死不恨矣！"因急攻韩。韩王至是才使韩非入秦言存韩之利。秦王不能用，后因李斯的谗言，遂下韩非于狱。李斯使人送药与韩非，叫他自杀。韩非遂死狱中，时公元前233年。《汉书·艺文志》有《韩非子》五十五篇，今具存，唯其中多有后人附会加入进去的。今分述其学说如下：

（甲）政治主张。韩非反对势治而主张法治，所以他说："夫势者，非能必使贤者用己，而不肖者不用己也。贤者用之则天下治，不肖者用之则天下乱。人之情性，贤者寡而不肖者众；而以威势济乱世之不肖人，则是以势乱天下者多矣，以势治天下者寡矣。……夫势者，名一而变无数者也。势必于自然，则无为言于势矣。……今曰尧、舜得势而治，桀、纣得势而乱。吾非以尧、舜为不然也。虽然，非一人之所得设也。夫尧、舜生而在上位，虽有十桀、纣不能乱者，则势治也；桀、纣亦生而在上位，虽有十尧、舜而亦不能治者，则势乱也。……此自然之势也，非人之所得设也。若吾之言，谓人之所得设也。"（见《难势篇》）照他的意思：势治便是自然的惰性之产物，法治却为人为的努力所创造，故曰"人之所得设也"。进而他又反对贤人政治，他说："且夫尧、舜、桀、纣，千世而一出。……中者上不及尧、舜，而下者亦不为桀、纣。抱法则治，背法则乱。背法而待尧、舜，尧、舜至乃治，是千世乱而一治也。抱法而待桀、纣，桀、纣至乃乱，是千世治而一乱也。"（见《难势篇》）

（乙）法治的目的。天下不治，起于争，而争之起，又由于财用的不足，所以他说："古者丈夫不耕，草木之实足食也；妇人不织，禽兽之皮足衣也。不事力而养足，人民少而财有余，故民不争。……今人有五子不为多，子又有五子，大父未死而有二十五孙。是以人民众而货财寡，事力劳而供养薄，故民争。……故饥岁之春，幼弟不饷；穰岁之秋，疏客必食。非疏骨肉，爱过客也；多少之心异也。是以古之易财，非仁也，财多也。今之争夺，非鄙也，财寡也。"（见《五蠹篇》）争既不能免，则多数人为衣食所迫，实际上已生活于罪恶之中。他并不曾从经济上谋改革，使民得其平而不争，他只是想用法治，使多数陷溺之人免于罪恶，所以他说："夫圣人之治国，不恃人之为吾善也，而用其不得为非也。恃人之为吾善也，境内不什数；用人不得为非，一国可使齐。为治者用众而舍寡，故不务德而务法。夫必恃自直之箭，百世无矢；恃自圆之木，千世无轮矣。……然而世皆乘车射禽者，隐括之道用也。虽有……自直之箭，自圆之木，良工弗贵也。何则？乘者非一人，射者非一发也。不恃赏罚而恃自善之民，明主弗贵也。何则？国法不可失，而所治非一人也。故有术之君，不随适然之善，而行必然之道。"（见《显学篇》）这样看来，法的目的，在于使多数人"不得为非"，并不是为少数善良者而设。

（丙）进化的法治主义。韩非认为人事是有进化的，所以"论世之事，因为之备"，而不可法古。他说："有构木钻燧于夏后氏之世者，必为鲧、禹笑矣。有决渎于殷、周之世者，必为汤、武笑矣。然则今有美尧、舜、禹、汤、武之道于当今之世者，必为新圣笑矣。是以圣人不务循古，不法常可。论世之事，因为之备。"（见《五蠹篇》）既不可法古，所以他所谓法治也就随着时势而变化，他说："故治民无常，唯治为法。法与时转则治，治与世宜则有功。……时移而治不易者乱。"（见《心度篇》）唯其如此，所以他又主张变法。

三、道儒墨三家总论

春秋战国时代，诸子蜂起，百家争鸣，但其势力最大而影响于当时最巨者，却只有道儒墨三家。汉代以后，直到今日，二千余年来，只有儒教独盛，弄到"二千余年来无是非、皆以孔子之是非为是非"的地步；而道家思想，虽一度流行于魏晋之世，然不久即已归于无声无息；墨家学说，则至司马迁做《史记》时，即已消灭。这三家学说之起，固然不是偶然的；即其存亡，也不是偶然的。

夏曾佑曾经说过这三家存亡的原因，兹录于下，然后再加以论述。他说："老、孔、墨三大宗教，皆起于春秋之季，可谓奇矣！抑亦世运之有以促之也。其后孔子之道，成为国教；道家之真不传（今之道家，皆神仙家）。墨家遂亡。兴亡之故，固非常智所能窥，然亦有可浅测之者。老子丁鬼神术数，一切不取者也，其宗旨过高，非神州多数之人所解，故其教不能大。孔子留术数而去鬼神，较老子为近人矣；然仍与下流社会不合，故其教只行于上等人，而下等人不及焉。墨子留鬼神而去术数，似较孔子更近人；然有天志而无天堂之福，有明鬼而无地狱之罪，是人之从墨子者，苦身焦思而无报；违墨子者放僻邪侈而无罚也。故上下之人，均不乐之，而其教遂亡。"① 然他又说："孔子一身，直为中国政教之原。中国之历史，即孔子一人之历史而已。故谈历史者，不可不知孔子。……至孔子教育之指要，既有所窥；则自秦以来，直至目前，此二千余年之政治盛衰、人材升降、文章学问，千枝万条，皆可烛照而数计矣。"②

夏氏此说，并不恰当。第一，老子学说之所以不传，并非由于其宗旨过高，实系由于他违反社会经济进化的原则。老子不知社会经济的基础既已转变，则政治组织亦随着转变；所以他力倡返于自然之说，所以他力倡无名之朴的混沌状态，而形成他的老死不相往来的乌托邦。但是，他反对鬼神术数，在思想界上为后来的人开辟一条坦道，却又是他的不可磨灭的功劳。第二，墨子学说之所以灭亡，并不是如夏氏所说因为他的教义之"无报"与"无罚"，却是因为他的"兼爱"。上面说过，"兼爱"是墨子学

---

① 见夏曾佑著《中国历史教科书》第一篇第二章第十二节。
② 见夏曾佑著《中国历史教科书》第一篇第二章第三节。

说的中心，他的其他一切思想，都无不是由"兼爱"出发的。这种"兼爱"学说，正和封建政治不相容。不要忘记：封建政治自有其社会经济基础，封建政治建筑在君与臣、官僚与平民、地主与农民诸阶级对立的上面，所谓臣，便是君的家奴，所谓平民与农民，便是受官僚与地主之剥削的孝子，哪里容得下兼爱之说呢？所以在战国时代，那为封建政治张目的孟子，竟骂墨子兼爱为"无父"、为"禽兽"。其次，封建政治的组织，又宛如一个大家族，无论哪方面，统治阶级都要利用这种组织，以作剥削被统治阶级的工具，又哪里容得住兼爱之说呢？统治阶级正要引用其家族亲戚朋友作政治上的支柱，墨子却偏说"尚贤"；统治阶级正要拿命运来支配被统治阶级，墨子却偏说"非命"；统治阶级正要"争地以战，杀人盈野"，墨子却偏说"非攻"；统治阶级正要用礼乐来维持身份并且借以麻醉民众，墨子却偏说"薄葬"与"非乐"。这一切既不适合于统治阶级的需要，墨子的学说又焉得而不灭绝？第三，关于儒家，夏氏所谓"中国之历史，即孔子一人之历史"，这个说法是对的。但夏氏所谓"其教只行于上等人，而下等人不及焉"却又是不对的了。上面说过，孔子的思想，正是宗法的家族制度的表现，他的思想的中心，就是一个"孝"字。这种思想，正合于封建政治的需要，所以墨子学说之所以灭绝，即孔子学说之所以得势。中国的经济组织，二千余年来不曾跳出手工业的农村的经济而进到产业革命，则中国的封建政治亦必稳如泰山；封建政治既稳如泰山，则表现宗法的家族制度的孔子思想亦必与封建政治并存；这就是夏氏所说的"中国之历史，即孔子一人之历史"。孔子思想，固属为"上等人"所利用而成为驾驭"下等人"的工具。但是，从整个的社会之组成看来，其组成分子既以家族为单位，则表现宗法的家族制度的孔子思想，又无不透入于家族之中而成为维系家族制度的核心，在这种场合，便不论上等人抑或下等人，都无不受孔子思想的支配了。总之：孔子思想之支配中国人心，决不是后儒提倡之力，也不是帝王表彰之功，而是它自有其社会上的存在根据。如果它依以存在的社会经济基础起了变化，则孔子思想必然随而动摇。近十余年来正是孔子思想发生动摇的时期，这正是社会经济基础起了变化之反映；但是，因为封建势力的残渣，还没有完全消灭，所以孔子思想依旧不时地活跃着。

【问题提要】

（一）试述墨子与儒家的关系。

（二）试述墨子学说的内容，又其学说的中心为何？

（三）试述墨家的流派。

（四）试述法家所受儒、道、墨三家的影响。

（五）试述法家的几个代表人物及其思想。

（六）道家墨家何以不传？儒家学说何以能存续至二千余年之久？

第三章　学术的厄运与经学的特盛

一、所谓学术的厄运

春秋、战国时代，诸子蜂起，百家争鸣；后人视为这是中国学术的黄金时代。及秦统一六国，焚书坑儒；后人又目为这是秦灭古学，是学术的厄运。

焚书一事是这样的：始皇统一中国以后，博士淳于越等眼见李斯的革新变法、以制作自任，就提出反对的论调向始皇说："事不师古而能长久者，非所闻也。"始皇将这个案子交群臣议复。丞相李斯回奏道："五帝不相复，三代不相袭，各以治。非其相反，时变异也。今陛下创大业，建万世之功，固非愚儒所知。且越言乃三代之事，何足法也？异时诸侯并争，厚招游学。今天下已定，法令出一，百姓当家则力农工，士则学习法令、辟禁。今诸生不师今而学古，以非当世，惑乱黔首。丞相臣斯昧死言：古者天下散乱，莫之能一，是以诸侯并作，语皆道古以害今，饰虚言以乱实，人善其所私学，以非上之所建立。今皇帝并有天下，别黑白而定一尊。私学而相与非法教，人闻令下，则各以其学议之，入则心非，出则巷议，夸主以为名，异取以为高，率群下以造谤。如此弗禁，则主势降乎上，党与成乎下。禁之便。臣请史官非秦记皆烧之。非博士官所职，天下敢有藏诗、书、百家语者，悉诣守尉杂烧之。有敢偶语诗书者弃市。以古非今者族。吏见知不举者，与同罪。令下三十日不烧，黥为城旦。所不去者，医药卜筮种树之书。若欲有学法令，以吏为师。"始皇是其议，遂实行烧书。（见《史记·秦始皇本纪》）

坑儒一事，《秦始皇本纪》是这样记载的："侯生、卢生相与谋曰：'始皇为人，天性刚戾自用。起诸侯，并天下，意得欲从，以为自古莫及己。

专任狱吏，狱吏得亲幸。博士虽七十人，特备员弗用。丞相诸大臣皆受成事，倚辨于上。上乐以刑杀为威……下慑伏谩欺以取容。秦法，不得兼方不验，辄死。然候星气者至三百人，皆良士，畏忌讳谀，不敢端言其过。天下之事无大小皆决于上。上至以衡石量书，日夜有呈，不中呈不得休息。贪于权势至如此，未可为求仙药。'遂亡去。始皇闻亡，乃大怒曰：'吾前收天下书不中用者，尽去之。悉召文学方术士甚众，欲以兴太平，方士欲练以求奇药。今闻韩众去不报，徐市等费以巨万计，终不得药。徒奸利相告日闻。卢生等，吾尊赐之甚厚，今乃诽谤我，以重吾不德也。诸生在咸阳者，吾使人廉问，或为谣言以乱黔首。'于是使御史悉按问诸生，诸生传相告引，乃自除。犯禁者四百六十余人，皆坑之咸阳，使天下知之，以惩后。益发谪徙边。"

古学之灭，学术的厄运，到底是否因秦焚书坑儒而来的呢？这是值得研究的问题。

第一，始皇所焚的诗书百家语，只是民间所藏的，至于"博士官所职"，是没有焚烧的。所以夏曾佑说："《史记·秦始皇本纪》：非博士官所职，天下敢有藏诗书百家语者，悉诣守尉杂烧之，是所烧者，民间之书，而博士之诵诗书百家自若也。故始皇时每有建设，博士常与议。汉初诸经师，亦多故秦博士，此足为秦重博士之证。三十五年坑儒之令，乃因卢生之狱所致。不然，天下儒者，其数岂止四百六十余人哉？唯始皇、李斯之本意，在误以诗书为帝王之术。故己之外，必不愿他人习之，此其所以为愚耳。"①

第二，再退一步来说，即令夏氏之言，不免于今文家的门户之见②，和康有为、崔适陷着同样的毛病③；但是，始皇焚书虽多决没有焚尽天下之书，坑儒虽多，决没有坑尽天下之儒。关于此二点，可以从以下诸事实而得到立证：

---

① 见夏曾佑著《中国历史教科书》第二篇第一章第六节。
② 见夏曾佑著《中国历史教科书》第二篇第一章第六十二节有云："自东汉至国初，皆用古文学，当世几无知今文为何物者；至嘉庆以后，乃稍稍有人分别今古文之所以然；而好学深思之士大都皆信今文学，本编亦尊今文学者。"
③ 康有为的《新学伪经考》卷一以及崔适的《史记探源》卷三都以为始皇焚书，但烧民间之书；若博士所职，则诗书百家自存。这都是今文学家的见解。

（一）《汉书·艺文志》：儒家有《羊子》四篇，名家有《黄公》四篇，皆秦博士。

（二）汉高帝即位，用叔孙通制朝仪，张苍定律令，皆故秦博士。

（三）孝惠四年，除挟书之禁；孝文帝时，民间藏书渐出。

（四）《史记·儒林列传》："秦之季世坑术士。"观此，则知秦所坑者乃是一班望星气求仙药的方士。并且，从始皇所说的话里面——见上面所引一段——也可以明证其所坑者为方士，且只有四百六十余人。

（五）《史记·秦始皇本纪》载：始皇坑儒生于咸阳，长子扶苏谏曰："天下初定，远方黔首未集。诸生皆诵法孔子。今上重法绳之，臣恐天下不安。"杀儒生数百人，尚且要虑及天下的安危，可见儒家在当时的见重于天下。

由上五项观之，便足以明证焚书坑儒并没有灭绝古学，还不能算做学术的厄运①。

真正能够算做学术的厄运的事件，要推"罢黜百家，表章六经"一事。但是，这件事情，决不是偶然发生的，而是在社会经济基础上有其存在的根据的。以下陈述这件事情之史的发展以及它在社会经济基础上的存在根据。

原来秦国僻处西戎，种种文化，都赶不上中原诸国。襄公之后，徙居岐丰之地，才渐次和诸国往来。《史记·秦本纪》称文公十三年初有史以纪事，足证当时秦国尚在草昧未尽开的境地。孝公时，尚不曾加入中原诸国的会盟，诸国也以夷狄看待秦国。孝公因受诸国小视，于是下令国中说："宾客群臣有能出奇计强秦者，吾且尊官，与之分土。"商鞅闻之，西入秦，为孝公变法，秦国因以富强，为后来奠立兼并六国的基础。从孝公变法起，直到始皇统一天下，秦国所恃以强大的工具，就是商鞅的功用主义。等到

---

① 钟泰编《中国哲学史》第一编第十三章《秦灭古学》有云："且当天下分裂，忧时之士，各出其所尚，以救当世之急。此譬之人有疑难之症，为之子者，奇方异术，无所不搜。及夫六国既破，海内统一。曩时所持以应世者，已无所用。此譬之病起人愈，虽有良药，亦将斥去。故百家之传，全秦而绝；犹士官六艺之学，至春秋、战国而分。斯二者，皆势之所必然，非人力所得而为也。而昧者不察，专以灭古为秦之罪或以为百家之废，后世学术遂不如古。此岂为明于当时之势与古今之变者哉？"钟氏这段话，颇可玩味。

秦始皇要由二世三世传之无穷的时候，就用得着儒术了。他知道"子议父臣议君"之"甚无谓"，便想到"名分"之不可不正。在这个当儿，李斯便很合始皇的味口。李斯深知始皇很喜欢韩非的论调，所以在焚书一案的回奏上，便满口的功用主义的论调①；同时又深知始皇想到名分之不可不正，于是又用儒术来治天下，所以夏曾佑说："观其大一统、尊天子、抑臣下、制礼乐、齐律度、同文字、攘夷狄、信灾祥、尊贞女、重博士，无不同于儒术。……本孔子专制之法，行荀子性恶之旨。"② 在始皇未定天下以前，要整军经武，要充实自己的力量，正用得着狭义的功用主义；在既定天下以后，要维持皇位的传统，要厘正上下的名分，正用得着儒术；而战国时代的商业资本始终不曾代替土地资本去进到产业革命以摧坏封建统治，则更是大一统的皇室利用儒术以治天下的根本原因。有了这个根本原因，儒术自然而然地就找到它的存在根据；这个根本原因不消失，则以儒术治天下的精神也不会消失，所以夏曾佑又说："自始皇以来，积二千余年，国中社会之情状，犹一日也。"③

汉高帝起自亭长，本一市井无赖之徒，不过自己是一个狡黠者，所以逢着鼎革的时候，利用农民的力量，爬上了统治阶级的地位。以前他看见始皇尊严时所说的"大丈夫当如是也"一句话既已实现，自然也要学着始皇的样儿，命叔孙通定朝仪。当他在殿上目击"诸侯王以下莫不震恐肃敬、至礼毕尽伏"的景象，就难怪他不说"吾乃今日知为皇帝之贵也"的得意话了。并且当他过鲁以太牢祀孔子的时候，他心境中就把孔子的教义做他治天下的工具了。中国二千余年来，社会经济无剧变，孔子教义也就做了二千余年的王者治天下的工具。

由上所述，便明白以孔子教义为国教，并不是始自汉武的"罢黜百家，

---

① 商鞅说孝公变法，其言曰："三代不同礼而王，五霸不同法而霸；故智者作法，愚者制焉；贤者更礼，而不肖者拘焉。拘礼之人，不足与言事；制法之人，不足与论变。"韩非《五蠹篇》说："其学者则称先王之道，以籍仁义，盛容服，而饰辩说，以疑当世之法，而贰人主之心。"又其《六反篇》说："今学者皆道书筴之颂语，不察当世之实事。"这和李斯所说的"五帝不相复，三代不相袭"，如出一口。要之，韩非、李斯都师事荀子，故两人的政治主张，都受了荀子的影响。

② 见夏曾佑著《中国历史教科书》第二篇第一章第六节。

③ 见夏曾佑著《中国历史教科书》第二篇第一章第六节。

表章六经",而是自有其社会经济基础上的存在根据,不过汉武帝用天子的诏令,把这尊孔而抑百家的办法明示出来罢了①。武帝既这样尊孔,同时又诏"吏通一艺以上者,皆补右职",于是孔子教义固成为王者治天下的工具,而官吏学人也就竞托儒术以为进身的门径了。自是以后,中国学术界,除中经佛教一度的冲击以及最近受着西学东渐的影响以外,并未激起若何的变动,其原因就在于此——这才是学术的厄运②。

二、经学的特盛与今古文学家

西汉既崇儒家,则为孔子删定的经书,就成为必修的科目,经学的特盛即由于此③。当时《乐》已佚亡,所剩的只是《易》《诗》《书》《礼》《春秋》五经;并且因书籍流布之不易,所以学者都凭口说,以相传授,家法谨严。汉初五经的传授,据《史记·儒林列传》所载,便是:"言《诗》,于鲁则申培公,于齐则辕固生,于燕则韩太傅;言《尚书》,自济南伏生;言《礼》,自鲁高堂生;言《易》,自菑川田生;言《春秋》,于齐、鲁自胡母生,于赵自董仲舒。"武帝时,立五经博士,后来又分为十四博士。今将西汉五经的传授,表列如下:

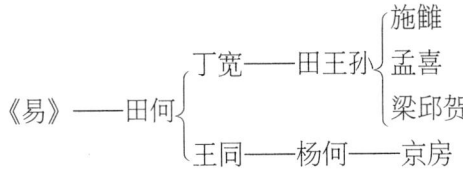

---

① 武帝时,董仲舒以贤良对策,请"诸不在六艺之科孔子之术者,皆绝其道,勿使并进";丞相卫绾,奏所举贤良,或治申、商、韩非、苏秦、张仪之言,乱国政;请皆罢。奏可"。这就是史所称道的武帝之表章六经罢黜百家。当时虽尊儒而抑百家,但是学黄、老之术者仍有杨王孙、耿况、矫慎诸人;好申韩刑名之学者仍有路温舒、于定国、郭弘、郭躬、阳球诸人;此外更有主父偃之学长短纵横术等等。不过赶不上儒家之盛而已。

② 学术的厄运,固属由于尊孔而抑百家,但是,孔学之盛,亦正由于社会经济之停滞而不曾走上产业革命的阶段上去。这就是中国学术无大变动的根本原因。

③ 原只有《诗》《书》《易》《礼》《春秋》,称为五经;继而《仪礼》《周礼》《礼记》对等,便称七经;复次《春秋公羊传》《春秋穀梁传》《春秋左氏传》并举,便称九经;最后又加入《孝经》《论语》《孟子》《尔雅》,竟衰成十三经了。

```
《书》──伏胜┬欧阳生
           └夏侯胜（大夏侯）──夏侯建（小夏侯）

      ┌鲁诗──浮邱伯──申公
《诗》┤齐诗──辕固生
      └韩诗──韩婴

            ┌胡母生┬严彭祖
      ┌公羊┤      └颜安乐
《春秋》┤    └董仲舒
      └谷梁──江翁

                  ┌戴德（大戴）
《礼》──高堂生──后苍┤
                  └戴圣（小戴）
```

以上所述，都是西汉的今文家①。到平帝时，始有所谓古文家。古文家之源，盖出于刘歆。歆移书博士曰："……鲁恭王坏孔子宅，欲以为宫，而得古文于坏壁之中：《逸礼》有三十九篇，书十六篇，天汉之后，孔安国献之，遭巫蛊仓卒之难，未及施行。及《春秋左氏》，丘明所修，皆古文旧书。多者二十余通，藏于秘府。"于是别立《古文尚书》《逸礼》《左氏春秋》，又有《毛诗》及《费氏易》。这一派为古文学。今表列如下：

《易》──费直

《书》──孔安国（鲁恭王壁中书，由孔安国读之者。）

《诗》──毛苌（河间献王所献。）

《春秋》──《左氏》──张苍──刘歆（张苍所献，刘歆得见于秘府。）

周礼──刘歆（河间献王所得。）

逸礼──不详传者（鲁恭王壁中所得。）

---

① 皮锡瑞《经学历史》："今文者，今所谓隶书；古文者，今所谓籀书。隶书汉世通行，故当时谓之今文；籀书汉已不通行，故谓之古文。许慎谓孔子写定六经，皆用古文；然则孔氏与伏生所藏书，亦必是古文。汉初发藏以授生徒，必改为通行之今文，乃便学者诵习。故汉立十四博士，皆今文家；而当古文未兴之前，未尝别立今文之名。"

嗣后王莽即位，歆为国师，遂立古文经博士①。光武时，又废古文经。至东汉末年，马融、郑玄等提倡古文经，古文经由是大兴。自是以后，直到清嘉庆时，通行的都是古文经。

经今古文之争，始自刘歆。今将其区别，表列如次：

今文学	古文学
一、崇奉孔子。	一、崇奉周公。
二、认孔子为哲学家、政治家、教育家。	二、认孔子为史学家。
三、以孔子为托古改制。	三、以孔子为信而好古、述而不作。
四、以六经为孔子所作，其次第：《诗》《书》《礼》《乐》《易》《春秋》。	四、以六经为史，其次第：《易》《书》《诗》《礼》《乐》《春秋》。
五、以《春秋》《公羊》为主。	五、以《周礼》为主。
六、经学传授多可考。	六、经学传授不可考。
七、西汉皆立于学官。	七、西汉多行于民间。
八、盛行于西汉。	八、盛行于东汉。
九、斥古文经为刘歆伪造。	九、斥今文经为秦火残缺之余。
十、今存《仪礼》《公羊》《谷梁》《小戴礼记》《大戴礼记》《韩诗外传》。	十、今存《毛诗》《周礼》《左传》。
十一、信纬书，以为孔子微言大义，间有存者。	十一、斥纬书为诬妄②。

要之：今文经的传授，虽很分明，但其师说则不免有所附会③。至于

---

① 武帝时，鲁恭王所得古文《尚书》《礼记》《论语》《孝经》凡数十篇，河间献王所得古文《周礼》《尚书》《礼记》等，以及费直之《易》，均未列入官学。至平帝时，《左传》《毛诗》《逸礼》《古文尚书》，始列入学官。至王莽以刘歆为国师，便连《周礼》也列入学官。

② 凡古文经说，都不言神怪，至郑玄乃糅合今文古文以注经，便和古文经说之旧不合了。

③ 见夏曾佑著《中国历史教科书》第二篇第一章第六十节。

古文经的传授,既不分明,而后人羼杂己意,更足以乱经之真伪,其不可信,无待说明①。不过,我们现在读古书,切不可先存门户之见以自蔽,最好是根据考古学上的事实,本于社会进化史的眼光,去探究古代社会进化之迹。

三、儒家与阴阳谶纬之关系

夏曾佑论秦皇、汉武:"自来论中国雄主者,曰秦皇、汉武……综两君生平而论之,其行事皆可分为三大端:一曰尊儒术,二曰信方士,三曰好用兵。此三者,就其表面观之,则互相牴牾,理不可解,既尊儒术,何以

---

① 见夏曾佑著《中国历史教科书》第二篇第一章第六十二节有云:"古文经之传授,其伪显然。今以历史因果之理推之,即可得其伪经之故。案王莽居摄时,天下争为符命封侯,其不为者,相戏曰:独无天帝除书乎?司命陈崇白莽。莽曰:此开奸臣作福之路,而乱天命,宜绝其原。乃诏非五威将所言者悉禁之。(《汉书·王莽传》)盖谶纬盛于哀、平之际,王莽借之,以移汉祚。已既为之,则必防人之效己,此人之常情也;故有宜绝其原之命。然此时符命之大原,则实由于六艺。六艺为汉人之国教,无禁绝之理,则其为计,唯有入他说以乱之耳。刘歆为莽腹心,亲典中书,必与闻莽谋,且助成莽事者,故为莽杂糅古书,以作诸古文经。其中至要之义,即六经皆史一语。盖经既为史,则不过记已往之事,不能如西汉之演图比谶,预解无穷矣。而其结果,即以孔子之宗教,改为周公之政法;一以便篡窃之渐,一以塞符命之源,计无便于此者。然以当时六艺甚备,师法甚明,必不能容不根之说,忽然入乎其间;于是不能不创言六经经秦火,已脱坏,河间献王鲁恭王等,得山岩屋壁之藏,献之王朝,藏之秘府,外人不见,至此始见之云云。故秦焚书一案,又为古文经之根据也。所以秦焚书一案定,而古文经之真伪亦明。案《汉书·儒林传》叙云:始皇兼天下,焚《诗》《书》,坑儒士,六艺从此缺矣。今考《史记》称李斯学帝王之术于荀子,知六艺之归。是斯固为儒家之大宗。始皇果绝儒生,何以用斯为丞相?又博士之官,数见于秦代。秦令曰:非博士所职,天下敢有藏诗书百家语者,悉诣守尉杂烧之。此为博士之书不烧之证。萧何入关,收秦丞相御史府图书,即此也。然则始皇所坑者,乃转相传引之四百余人;所焚者,民间私藏之别本耳;其余固无恙也。况始皇焚书坑儒,在三十四年,下距秦亡,凡五年,距至汉兴求遗书,不过二十余年;经生老寿,岂无存者?孔甲可以抱其礼器而奔陈涉,司马迁可以观孔子之车服礼器,则古人文物,彬彬具在,断无六艺遂缺之事;何必二百年后,待之山岩屋壁哉?所以当歆之时,士大夫颇非其说。师丹谓歆非毁先帝所立;公孙禄谓国师公颠倒五经;范升谓《费氏易》《左氏传》无本师,而多违反;亦皆集矢于刘歆也。"观此可以知古文经传授之伪。(参看康有为的《新学伪经考》卷一)

又慕神仙，既慕神仙，何以又嗜杀戮，此后人所以有狂悖之疑也。然若论其精微，则事乃一贯。盖皆专制之一念，所发现而已。其尊儒术者，非有契于仁义恭俭，实视儒术为最便于专制之教耳。开边之意，则不欲己之外，别有君长，必使天下归于一人，而后快意，非今日之国际竞争也。至于求仙，则因富贵已极，他无可希，唯望不死以长享此乐。此皆人心所动于不得不然，故能前后两君，异世同心如此。"① 其论儒家与方士之糅合又云："儒家尊君，君者，王者之所喜也；方士长生，生者，亦王者之所喜也。二者既同为王者之所喜，则其势必相妒，于是各盗敌之长技，以谋独擅，而二家之糅合成焉。"② 夏氏此说，颇有是处，但是还不曾把二家糅合的根本原因道破出来。

案五行原出《尚书》，自邹衍辈把它附会于天行，由是五行与阴阳相合，而有五德始终之说。《汉书·艺文志》载邹衍之书，有四十九篇，又终始五十六篇，今均佚失。但《吕氏春秋·应同篇》，尚存其说，其言曰："凡帝王之将兴也，天必先见祥乎下民。黄帝之时，天先见大螾大蚁。黄帝曰：土气胜。土气胜，故其色尚黄，其事则土。及禹之时，天先见草木秋冬不杀。禹曰：木气胜。木气胜，故其色尚青，其事则木。及汤之时，天先见金刃生于水。汤曰：金气胜。金气胜，故其色尚白，其事则金。及文王之时，天先见火、赤乌衔丹书集于周社。文王曰：火气胜。火气胜，故其色尚赤，其事则火。代火者必将水，天且先见水气胜。水气胜，故其色尚黑，其事则水。"其说之怪诞，可以想见。秦始皇统一六国，齐人上邹衍始终五德之说，始皇采而用之，以为周得火德，秦代周为水德之始——此即儒家与方士糅合之始。汉代秦兴，贾谊首谋改正朔，易服色，造汉太初历，以正月为岁首，色尚黄，数用五——此亦本于始终五德之说而来。自是以后，儒者莫不通阴阳之学。儒家倡尊君，固为帝王所好；但当鼎革之际，篡位窃国逐君弑君这些罪名，又非代起的帝王所喜，于是本来自己想登宝座，就偏说是"顺乎天意"不得不如此。始终五德之说固由此起，即符命之说亦莫不由此而起。儒家诸生既已做了帝王的工具，所以只要能够"得君行道"，又焉得而不容纳阴阳家的怪说而和方士糅合起来呢？更何况儒家本身

---

① 见夏曾佑著《中国历史教科书》第二篇第一章第十九节。
② 见夏曾佑著《中国历史教科书》第二篇第一章第六十节。

就相信天命之说！帝室的代起，像这样大的事体，都要本于始终五德之说，于是其他一切灾异，也就不得不归之于天行了。中国的经济基础没有变动而进入产业革命的阶段，则破除迷信的科学也就不会昌明，也就不能取得它的存在根据；所以当时虽有破除迷信的思想家桓谭、王充反对谶纬的怪说①，然而终久敌不过阴阳家言，卒之变成"始之阴阳折入于儒者，终乃儒为阴阳所夺"的地步。直到今日，这种怪说，还支配着中国大部分人的心理②。以上所述，便是儒家与方士糅合的根本原因，同时，也就是阴阳家的怪说能够至今支配中国人心理的原因。

由上所述，阴阳五行之说，既这样地支配着学术界，所以两汉的思想家，除掉一位大史学家司马迁、一位社会革命家王莽、几位批判家如王充、仲长统、王符而外③，其他经学大家，都无不为门户之见所蔽，多模仿少创造，而于学术思想界，无所贡献，更何况他们又多为五行阴阳之说所困呢！今将两汉两位经学大家的思想略述如下，以证他们的思想与阴阳五行的关系。

（一）董仲舒。董仲舒，广川人。景帝时，以治《春秋》为博士。武帝时，以贤良策对，为江都相，复相胶西王。《汉书·董仲舒传》："仲舒所著明经术之意，及上疏条教凡百二十三篇。而说《春秋》事得失、《闻举》《玉杯》《蕃露》《清明》《竹林》之属，复数十篇。"今传《春秋繁露》八十二篇，而阙文者三篇，实存七十九篇。但从《汉书》看来，《玉杯》《蕃露》，似各自为篇；然今以《繁露》名书，疑出后人掇拾。

---

① "谶"便是立言于前有征于后的预言。夏有"亡夏者桀"之谶，秦有"亡秦者胡"之谶，是谶之由来已久，不过没有用阴阳五行之说把它缘饰起来。至汉，谶便与阴阳家言附合，而与纬并行。"纬"是因经而立名，即所谓"经阐其理，纬绎其象，经陈其常，纬究其变"。由是而有五经六纬之名。《汉书·李寻传》：寻治《尚书》，独好《洪范》灾异，又学天文月令阴阳，以其时多灾异，说大司马王根语中有"五经六纬尊术显士"之说——五经六纬之名实起于此。王莽以符命篡汉，光武以赤伏符即位，所谓符命，都属于谶记之类。东汉哀、平之际，谶纬之说更盛，以通七纬者为内学，通五经者为外学。所谓七纬便是：《易纬》《书纬》《礼纬》《乐纬》《诗纬》《孝经纬》《春秋纬》。

② 如刘伯温的《烧饼歌》与李淳风和袁天罡合作的《推背图》二书，其怪诞荒谬，足以令人发噱，但能够支配大多数人的心理。

③ 关于司马迁的史学，留在以后再说。关于王莽，可参见第一编经济生活之部。仲长统与王符，只言及政治，故本书不叙及。

以下分述其思想：

（甲）天人合一说。他的思想的精华，就在天人合一说。《为人者天篇》："为生不能为人，为人者天也。人之人本于天，天亦人之曾祖父也。此人之所以上类天也。人之形体，化天数而成；人之血气，化天志而仁；人之德行，化天理而义。人之好恶，化天之暖清；人之喜怒，化天之寒暑；人之受命，化天之四时。人生有喜怒哀乐之答，春秋冬夏之谓也。喜，春之答也；怒，秋之答也；乐，夏之答也；哀，冬之答也。天之副在乎人，人之性情有由天者矣。"此言人之本于天。既本于天，便不可不循天之道，如天之为。但是，天地之道，分为阴阳，散为五行，故他又推广阴阳五行之说以论万事。其言曰："王者与臣无礼，貌不肃敬，则木不曲直，而夏多暴风。言不从，则金不从革，而秋多霹雳。视不明，则火不炎上，而秋多电。听不聪，则水不润下，而春夏多暴雨。心不能容，则稼穑不成，而秋多雷。"（见《五行五事篇》）此实阴阳家之謷说，而出于仲舒之口。他既着重于天，所以他的结论便是"天不变，道亦不变"（见《贤良策》）。

（乙）论性。仲舒论性，颇与荀子相同①。《深察名号篇》："今世暗于性，言之者不同。胡不试反性之名。性之名，非生欤？如其生之自然之资，谓之性。性者，质也。诘性之质于善之名，能中之欤！既不能中矣，而尚谓之质善，何哉？性之名不得离质；离质如毛，则非性已。不可不察也。"此言性不得谓善，与荀子同；然言善出于性，则与荀子异，故《深察名号篇》又说："性比禾，善比于米；米出禾中，而禾未可全为米也；善出性中，而性未可全为善也。善与米，人之所继天而成于外，非在天所为之内也。天之所为，有所至而止：止之内，谓之天性；止之外，谓之人事。事在性外，而性不得不成德。"他这样说善出性中，是虽不以性为善，也就未曾说性是恶；因为他的思想，一本于阴阳，天不能有阴而无阳，从而性也就不能有恶而无善，所以《深察名号篇》又说："栣众恶于内，弗使得发于外者，心也；故心之为名，栣也。人之受气，苟无恶者，心何栣哉？吾以心之名得人之诚。人之诚有贪有仁。仁贪之气，两在于身。身之名取诸天。天两

---

① 董仲舒治《公羊春秋》，而《公羊春秋》为荀子所传，足见仲舒之学出于荀子。其详可参看汪中的《荀子通论》。又汉初诸儒，皆出荀子，其详可参看夏曾佑著《中国历史教科书》第二篇第一章第六十节。

有阴阳之施，身亦两有贪仁之性。天有阴阳禁，身有情欲𢜩，与天道一也。"

（二）郑玄。郑玄字康成，北海高密人。师事京兆第五元。先通《京氏易》《公羊春秋》，后从张恭祖受《周官》《礼记》《左氏春秋》《古文尚书》。最后师事马融。他精通今古文学，所以他注经不主一家，集汉儒的大成。注有《周易》《尚书》《毛诗》《仪礼》《周礼》《礼记》《论语》《孝经》《尚书大传》《中候》《乾象历》，并作《天文七政论》《六艺论》《毛诗谱》等书，共百余万言。

郑玄的思想，散见于他所注各书，不易综观其全。如《中庸》："仁者人也。"注云："人也，读如相人偶之人，以人意相存问之言。"即其说仁之精。又如《孝经》："夫孝，德之本也，教之所由生也。"注云："人之行莫大于孝，故为德本。"此其说孝之精。要之：他的思想，一本儒家，并无独特的创见。然当时谶纬之说盛行，所以他受着纬书的影响，毕竟以纬释经。如《周礼·春官小宗伯》："兆五帝于四郊。"注云："苍帝灵威仰，赤帝赤熛怒，黄帝含枢纽，白帝白招矩，黑帝叶光纪。"即其明证①。

董仲舒与郑玄，为汉代两大儒。然一则推广阴阳五行之说以论万事，一则以纬释经。由此足见当时思想界的空气，全为阴阳五行与谶纬之说所笼罩②。所以两汉诸儒的业绩，除"结集经书"与"校勘诂释"③而外，实无可观。

四、独树一帜的王充

汉代阴阳谶纬之说特盛，儒家诸生均为所困，当时虽有桓谭反对图谶④，然能独树一帜对当时思想界施以严正的批判者，却要首推王充。

---

① 郑玄此说，本于《春秋纬文耀钩》。
② 如京房以日月失明，星辰逆行，所有灾异，都由于信任石显；翼奉（传《齐诗》）以山崩地动，由于二后之党满朝；这都是以为休咎之征，与政事之得失相应。此外如刘向等，莫不相信阴阳灾异之说。
③ 《诗》《书》百家语，既火于秦，而汉初诸儒为之结集，可以说是他们在文化史上的一种业绩，又自莽、歆提倡校勘诂释之学以后，到了东汉末年，马融、许慎、郑玄更覃心于笺注，形成训诂之学，也可以说是他们在文化史上的小贡献。
④ 桓谭说："凡人情忽于见事，而贵于异闻。观先王之所记述，咸以仁义正道为本，非有奇怪虚诞之事。""今诸巧慧小才伎数之人，增益图书，矫称谶记；以欺惑贪邪，诖误人主……其事虽有时合，譬犹卜数只偶之类。"又说："谶出河图洛书，但有朕兆，而不可知；后人妄复加增依托，称自孔子，误之甚也。"（见《后汉书·桓谭传》）

王充字仲任，会稽上虞人。史称他"师事扶风班彪。好博览，不守章句。博通众流百家之言。以为俗儒守文，多失其真。乃闭门潜思，绝庆吊之礼。户牖墙壁，各置刀笔。著《论衡》八十五篇，二十余万言。释物类异同，正时俗嫌疑"。和帝永元中卒，年七十余。以下略述其思想：

（一）自然。王充以天道为无意志，于是称它为"自然"、为"无为"，而以天地生物，一出于自然，所以他说："天地合气，万物自生；犹夫妇合气，子自生矣。""天之动行也，施气也。体动，气乃出，物乃生矣。由人动气也，体动，气乃出，子亦生也。夫人之施气也，非欲以生子；气施而子自生矣。天动不欲以生物，而物自生，此则自然也。施气不欲为物，而物自为，此则无为也。"（均见《自然》）万物既出于自然，于是因智力强弱之不同，其结果就有胜负之殊，而决无五行克制之理，所以他又说："凡物相贼刻。含血之虫则相服。至于啖食者，自以齿牙顿利、筋力优劣、动作巧绠、气势勇桀，若人之在世，势不与适，力不均等，自相胜服。以刃相服，则以刃相贼矣；犹物以齿角爪牙相触刺也。力强、角利、势烈、牙长则能胜，气微、牙短则诛，胆小、距顿则畏服也。人有勇怯，故战有胜负。胜者未必受金气，负者未必得木精也。"天生万物，既出于自然，则灾变也必出于自然，所以他又说："夫天之不故生五谷丝麻以衣食人，犹其有灾变不欲以谴告人也。物自生，而人衣食之；气自变，而人畏惧之。以若说论之，厣于人心矣。如天瑞为故；自然焉在？无为何居？"

（二）命论。道家儒家，均言有命；王充也言有命。不过他所谓命，并不是指冥冥中具有主宰一切之力的命而言，却在各人受气多少，以定终身，所以他说："俱禀元气，或独为人，或为禽兽。并为人或贵或贱，或贫或富。富或累金，贫或乞食。贵至封侯，贱至为仆。非天禀施有左右也，人物受性有厚薄也。"（见《奉偶》）人物受性何以有厚薄？王充则归之于偶然，所以他又说："命吉之主也，自然之道，适偶之数；非有他气异物，厌胜感动使之然也。"（见《偶会》）既没有使之然的他气异物，则"用气为性、性成命定"，人之寿夭，各有定数，而神仙之说不攻自破。所以他又说："人禀元气于天，各受寿夭之命，以立长短之形。犹陶者用土为簋廉，冶者用铜为拌杆矣。器形已成，不可大小，不可增减。用气为性，性成命定。体气与形骸相抱，生死与期节相须。形不可变化，命不可减加。以陶冶言之，人命短长，可得论也。"（见《无形》）然因人自受气有定形，命亦随定，不可更易；所以他又信相法，以为定形所赋，存于骨相①。要之，他以自然为其思想的中心，从自然出发，其推论必连类至此；而以当时科学不昌明的缘故，则这种思想上的矛盾，亦未可以独罪王充。

（三）论鬼。王充论鬼，近于无鬼论，他说："世谓死人为鬼，有知能害人。试以物类验之，死人不为鬼，无知不能害人。何以验之？验之以物。人，物也，物，亦物也。物死不为鬼，人死何故独能为鬼？世能别人物不能为鬼，则为鬼不为鬼，尚难分明。如不能别，则亦无以知其能为鬼也。人之所以生者，精气也。死而精气灭。能为精气者，血脉也。人死血脉竭。竭而精气灭，灭而形体朽，朽而成灰土，何用为鬼？人无耳目，则无所知。故聋盲之人，比于草木。精气去人，岂徒与无耳目同哉？"他又说："天地开辟，人皇以来，随寿而死，若中年夭亡，以亿万数计。今人之数，不若死者多。如人死辄为鬼，则道路之上，一步一鬼。人且死见鬼，宜见数百千万，满堂盈庭，填塞巷路；不宜徒见一两人也。"（均见《论死》）但是，世盖有生而见鬼者，这又是什么道理？王充因以生理上与心理上的理由，去解答这个问题，他说："凡天地之间有鬼，非人死精神为之也，皆人思念存想之所致也。致之何由？由于疾病。人病则忧惧，忧惧见鬼出。凡人不病，则不畏惧。故得病寝衽，畏惧鬼至，畏惧则存想，存想则目虚见。何以效之？《传》曰：'伯乐学相马。顾玩所见，无非马者。宋之庖丁学解牛，三年不见生牛，所见皆死牛也。'二者用精至矣。思念存想，自见异物也。人病见鬼，犹伯乐之见马，庖丁之见牛也，伯乐庖丁，所见非马与牛。则亦知乎病者，所见非鬼也。病者困剧身体痛，则谓鬼持箠杖殴击之。若见鬼把椎锁绳墨，立守其旁。病痛恐惧，妄见之也。初疾畏惊，见鬼之来；疾困恐死，见鬼之怒；身自疾痛，见鬼之击：皆存想虚致，未必有其实也。夫精念存想，或泄于目；或泄于口；或泄于耳。泄于目，目见其形；泄于耳，耳闻其声；泄于口，口言其事。昼日则觉见，暮卧则梦闻。独卧空室之中，若有所畏惧，则梦见夫人据案其身，哭矣。觉见卧闻，俱用精神。畏惧存想，同一实也。"（见《订鬼》）但是，王充的无鬼论，只说没有能够

---

① 《论衡·骨相》："人命禀于天，则有表候于体。察表候以知命，犹察斗斛以知容矣。表候者，骨法之谓也。"

为人形的鬼，至于阴阳鬼神之论，他却没有废弃①。这一点，便是他的思想不一贯之弊。

由上所述，王充思想虽未能前后一贯，但他能于当时充满着灾异之说的思想界中，独树一帜，以正时俗嫌疑，却是两汉不可多得的思想家。

【问题提要】

（一）古学之灭，是否由于秦的焚书坑儒？如果不是，则古学之灭的真正原因又在何处？

（二）何以尊孔就是学术的厄运？

（三）试略述今古文家的区别。

（四）两汉儒术何以与阴阳谶纬糅合为一？

（五）试述王充思想的大略。

---

① 《论衡·论死》："鬼神，荒忽不见之名也。人死精神升天，骸骨归土，故谓之鬼。鬼者，归也；神者，荒忽无形者也。或说：'鬼神，阴阳之名也。'阴气逆物而归，故谓之鬼；阳气导物而生，故谓之神。神者，申也；申复无已，终而复始。人用神气生，死复归神气。阴阳称鬼神，人死亦称鬼神。气之生人，犹水之为冰也。水凝为冰，气凝为人；冰释为水，人死复神。其名为神也，犹冰释更名水也。人见名异，则谓有知能为形而害人，无据以论之也。"

第四章 清谈与玄学的特盛

一、清谈与玄学特盛的原因

魏晋、南北朝，是怀疑主义的时代，同时，又是儒佛两宗的过渡时代。而此时代的特征，就是玄言与清谈之风。今考促成这种风尚的原因，约有以下数端：

第一，由于战争的扰乱，使学者思想发生厌世之观。原来汉末自张角倡乱以来，天下就没有安宁一天。继之而起的，又是军阀董卓、李傕、郭汜、曹操、袁绍、孙坚、刘备的互相厮杀，卒之弄成三国鼎立攻战不息的局面。后来司马氏虽然统一中国，但不久又有八王五胡之乱。在这个长久战乱的时期，必然闹成"原野厌肉，溪谷盈血"的景象。处在这种景况中的学者，既无所用，又日日在救死不暇的惶惑中，自然就谈不到实用的学术，而因感觉到死生无常，便有意识地或无意识地流入厌世这一条路上去了。这便是促成玄言与清谈之风的根本原因。

第二，由于训诂学的反动，使学者思想得以解放。原来两汉诸儒说经，都确守师说，争执门户之见，只知模仿因袭而少有创造；及其末世，训诂学大昌，由是弄成"碎义逃难，便辞巧说，说五字之文，至于二三万言，幼童而守一经，白首而不能通"的地步。在太平时候，生活安定，从事这种琐碎的训诂学，还不见得有什么毛病；但在离乱的时候，人人都感觉着生活上的威胁，又哪里有闲情来弄这个劳什子呢？所以训诂学的反动，就会使学者的思想由琐碎而趋于简易，由争执门户之见而趋于解放。

第三，由于礼教的反动，使学者思想不为礼教所束缚而趋于放诞。原来汉光武中兴，有鉴于新莽以爵禄来收买士大夫，使礼教扫地无余，于是尊崇儒术，提倡气节，而士风为之一变。当时士习，很重名誉，乡举、里选，都必事先考其行谊。如果一行不检，贻笑乡里，就易于抛弃终身。礼法之严，达于极点。东汉末世，汝南风俗有月旦评①，以品评乡里的人物；而太学诸生三万余人，以郭泰、贾彪为首，并与李膺、陈蕃更相褒重，标榜为高，而激成党祸。及曹操欲谋篡汉，认为这种标榜的风习，很不利于他觊觎神器的野心，于是崇奖跅弛之士②，而礼法大坏。不久司马氏又篡魏，禁网日密，言论渐不自由③。结果许多思想家目击魏、晋的篡窃，都无不是假借尧、舜揖让的美名，而所谓礼教，原来都是欺人的工具，到了这样的境地，就自然发出"礼岂为我辈设哉？"的反抗呼声，而放诞相高，便不知不觉地成为一种有力的风尚了。

有了上述这些原因，已经足以促成玄言与清谈之风，而当时儒业消沉，更足以使这种风气获得猖披的机会。《魏略》所谓"太和青龙（魏明帝年号）中，太学诸生有千数；而诸博士率皆粗疏，无以教弟子；弟子亦避役，竟无

---

① 当时汝南许劭和他的从兄靖，都有高名，喜欢核论乡党的人物，每月更易他们的品题，叫做月旦评。其详参看《后汉书·许劭传》。

② 当时曹操柄政，冀州平后，崇奖跅弛之士，下令曰："夫有行之士，未必能进取；进取之士，未必能有行也。陈平岂笃行、苏秦岂守信耶？而陈平定汉业，苏秦济弱燕。由此言之，士有偏党，庸可废乎？"又下令曰："昔伊挚、傅说，出于贱人；管仲，桓公贼也，皆用之以兴。萧何、曹参，县吏也；韩信、陈平，负污辱之名，见笑之耻，卒能成就王业，声著千载。吴起贪将，杀妻自信，散金求官，母死不归；然在魏，秦人不能东向；在楚，则三晋不敢南谋。今天下得无有至德之人，放在民间；及果勇不顾，临敌力战；若文俗之吏，高才异质，或堪为将守；负污辱之名，见笑之行；或不仁、不孝，而有治国用兵之术；其各举所知，勿有所遗。"又阮籍为步兵校尉，其母卒，方与人围棋，对者求止，籍留与决赌。既而饮酒二斗，举声一号，吐血数升，毁瘠骨立；居丧饮酒，无异平日。司隶何曾面质籍于司马昭座曰："卿纵情背礼，败俗之人，不可长也。"因谓昭曰："公方以孝治天下，而听籍以重哀饮酒食肉于公座，何以训人？宜摈之四裔，无令污染华夏。"昭爱籍才，常拥护之。在上者既然这样地鄙弃礼教，在下者自然就相率仿效了。

③ 当司马懿谋篡魏的时候，法网很密，何晏想拥护曹爽，竟被司马氏残杀了。同时，嵇康也因一种冤枉不明的谋反罪名被杀。当时的思想家，既不能对于现实的政治有所建白，就只好饮酒清谈，以保性命。《晋书·阮籍传》所谓"籍本有济世志，属魏、晋之际，天下多故，名士少有全者。籍由是不与世事，遂酣饮为常……钟会数以时事问之，欲因其可否而致之罪，皆以酣醉获免"，《世说新语》所谓"晋文王（司马昭）称阮嗣宗（籍）至慎，每与之言，言皆玄远，未尝臧否人物"，即其明证。魏晋清谈之风，便是因此而起的。

能习学","正始(在齐王芳年号)中,有诏议圜丘,普延学士。是时郎官及司徒领吏二万余人,而应书与议者,略无几人。又是时朝堂,公卿以下四百余人,其能操笔者,未有十人,多皆相从饱食而退",即其时儒业消沉的明证。

儒业既已消沉,礼教又不足以范围人心,琐碎的训诂学更不足以束缚学者的思想,而长期的战乱,不但使学者学无所用,抑且使学者救死不遑,于是厌世的人生观随之发生,而转入于老子的虚无主义,清谈玄言之风,因之而开。但是,阴阳五行之说,自汉代以来,便久已深入人心,所以当此离乱之时,除遁入老子的虚无主义以外,丹鼎、符篆、占验之术,又必为时人所好,而神仙之说又大盛。至于佛教思想,则久已流入中土,所以此时代的学者思想,杂有佛家言,又是必然的趋势。要之,这些都是在此一怀疑主义时代所必有的现象。

二、清谈与玄学

清谈之风,开自何晏、王弼。何、王在陈寿的《三国志》中无专传,仅附于曹爽、钟会传后。《曹爽传》:"南阳何晏、邓飏、李胜、沛国丁谧、东平毕轨,咸有声名,进趣于时。明帝以其浮华,皆抑黜之。及爽秉政,乃复进叙,任为腹心。"又,"晏,何进孙,少以才秀知名,好老、庄言,作《道德论》及诸文赋著述,凡数十篇。"《钟会传》:"会弱冠与山阳王弼并知名。弼好论儒道,辞才逸辩。注《易》及《老子》。"何、王二人的事略,尽在于此。然从裴松之的《三国志注》及刘义庆的《世说新语》中,却可以考见二人的生平。又何晏的《论语集解》,与王弼的《易注》《老子注》,至今都还存在;其引老、庄之说,释孔圣之经,均能案寻。案王、何同宗老、庄,所以《晋书·王衍传》说:"魏正始中,何晏、王弼等,祖述老、庄立论,以为'天地万物皆以无为本。无也者,开物成务,无往不存者也'。"然考何劭为王弼作传,则何、王言老子各有不同,劭说:"晏以为圣人无喜怒哀乐,其论甚精,钟会等述之。弼与不同,以为'圣人茂于人者,神明也;同于人者,五情也。神明茂,故能体冲和以通无;五情同,故不能无哀乐以应物。然则圣人之情,应物而无累于物者也。今以其无累,便谓不复应物,失之多矣'。"① 这样看来,足见何晏专主无,而王弼虽主无

---

① 见《三国志》注。

亦不废有。又《三国志·齐王芳传》载有何晏奏，其言曰："善为国者，必先治其身。治其身者，慎其所习。所习正，则其身正。身正，则不令而行。所习不正，则其身不正。其身不正，则虽令不从。是故为人君者，所与游，必择正人；所观览，必察正象。放郑声而弗听，远佞人而弗近；然后邪心不生，而正道可宏也。"这样看来，又足见何晏虽好老、庄，却并不见得遗落世事。要之，何晏的《论语集解》与王弼的《老子注》《易注》，对于东汉末叶腐儒的咬文嚼字，确系一剂清凉散，而清谈之风，虽为他二人所开，要亦时势有以促成之；至于末流的专尚浮虚遗落世事，则更非首倡者的罪过。

谈玄之风，虽倡于何、王，而广播这种风气的，却要算阮籍、嵇康二人。魏室末年，嵇康为中散大夫，好言老、庄，尚奇任侠，与阮籍、籍兄子咸、山涛、向秀、王戎、刘伶往来，都崇尚虚无，轻蔑礼法，纵酒昏酣，遗落世事，号为"竹林七贤"。康著《释私论》，以为"君子者，心不[1]措乎是非，而行不违乎道者也。何以言之？夫气静神虚者，心不存于矜尚。体亮心达者，情不系于所欲。矜尚不存乎心，故能越名教而任自然。情不系于所欲，故能审贵贱而通物情。物情顺通，故大道无违。越名任心，故是非无措也"。籍著《大人先生传》以为："世之所谓君子，唯法是修，唯礼是克。手执圭璧，足履绳墨。行欲为目前检，言欲为无穷则。少称乡党，长闻邻国。上欲图三公，下不失九州牧。独不见群虱之处裈中，逃乎深缝，匿乎坏絮，自以为吉宅也。行不敢离缝际，动不敢出裈裆，自以为得绳墨也。然炎丘火流，焦邑灭都，群虱处乎裈中，而不能出也。君子之处域内，何异乎虱之处于裈中乎？"其轻蔑名教，抛弃绳墨，由此可见。晋初，王衍、乐广，都尚清谈，不问国事。其后，"阮瞻、王澄、谢鲲、胡母辅之之徒，皆祖述于籍，谓得大道之本，故去巾帻，脱衣服，露丑恶，同禽兽，甚者名之通，次者名之达"[2]。这较之阮籍、嵇康，又变本加厉了。渡江以后，流风更广；南北朝时，流风所及，所谓士子便无不崇尚清谈玄言了。《南齐书·王僧虔传》载有僧虔戒子书，其言曰："往年有意于史。取《三国志》，聚置床头，百日许后业就。玄自当小差于史，犹未近仿佛。曼倩（东方朔）有云：'谈何容易？见诸玄，志为之逸，肠为之抽。专一书，转通十数家注。自小至老，手不释卷，尚未敢轻言。汝开《老子》卷头五尺

---

[1] 疑有误，但原文如此。
[2] 见《世说新语》卷一德行类刘孝标注引王隐《晋书》。

许,未知辅嗣(王弼)何所道,平叔(何晏)何所说,马(马融)郑(郑玄)何所异,指例何所明,而便盛于麈尾,自呼谈士,此最险焉。""开《老子》卷头五尺许",就"自呼谈士",便足见当时谈士之多了。

　　清谈的风尚,既这样地波及天下,元嘉(宋文帝年号)之间,遂至专立"玄学",以相教授。《宋书·何尚之传》:"上(宋文帝)以尚之为丹阳尹,立宅南郊外,置玄学,聚生徒……东海徐秀、庐江何昙、黄回、颍川荀子华、太原孙宗昌、王延秀、鲁郡孔惠宣,并慕道来学,谓之南学。"到了梁代,更以《庄》《老》《周易》,总谓"三玄",谈论则为"玄言",著述则为"玄部"。玄学之盛,达于极点。

　　当清谈玄言大盛的时候,两汉儒者所结集的经书,除一部《周易》以外,其他都无人过问。到了王弼注《易》,舍象而言理,就连汉儒言《易》的象数之说,也都抛弃了。何晏的《论语集解》,则不尽用郑(郑玄)义;晋世王肃的伪孔安国《尚书传》,更和郑玄立异;郑氏之学,由是大衰。他如杜预的《左传集解》、范宁的《谷梁集解》、郭璞的《尔雅注》,都无不和汉儒家法相异。南北朝时,北朝风气,变动稍晚,他们说经,多遵汉儒家法。《北史·儒林传》:"南人约简,得其英华;北学深芜,穷其枝叶。"又:"江左《周易》则王辅嗣,《尚书》则孔安国,《左传》则杜元凯。河洛《左传》则服子慎(服虔),《尚书》《周易》则郑康成,《诗》则并主于毛公,《礼》则同遵于郑氏。"由此看来,便可想见当时南北学派之不同。隋代统一天下,专尊南学,而北学遂绝。及唐孔颖达等撰《五经正义》,则《易注》用王弼,《书》用孔安国,《左传》用杜预《解》;而郑注《易》《书》,服注《左氏》,都弃置不取,所以从此以后,南学独盛。至于子书,向秀、郭象的注《庄子》,张湛的注《列子》,以及王弼的注《老子》,则更系玄言之宗。

　　最后,因为老、庄之学,多可与佛学相通,所以当时谈玄者,又往往杂有佛家思想。如孙绰的《喻道论》,所谓"夫佛也者,体道者也;道也者,导物者也;应感顺通,无为而无不为者也",便是杂有佛家思想的道家言。又绰所谓"周、孔即佛,佛即周、孔",便是儒佛一致的论调。他如支遁用佛说解《庄子》,周颙的儒、佛、道三教并论,都无不杂有佛家思想。所以当玄学之衰,佛学遂代之而起。

三、葛洪的神仙说

　　始皇时,侯生卢生都倡神仙之说。汉武迷信封禅,李少君、栾大之徒,相与炫惑，于是炼养服食之说益盛。到汉末魏伯阳著《参同契》，秘不传授，其焰益播。至晋葛洪始集神仙说的大成。葛洪著书名《抱朴子》。他说："若夫仙人，以药物养身，以术数延命。使内疾不生，外患不入。虽久视不死，而旧身不改。苟有其道，无以为难也。而浅识之徒，拘俗守常，咸曰世间不见仙人，便云天下必无此事。夫目之所曾见，尝何足言哉？天地之间，无外之大，其中殊奇，岂遽有限。诣老戴天，而或莫知其为上。终身履地，而或莫识其为下。形骸，己所自有也，而莫知其心志之所以然。寿命，在我者也，而莫知其修短之所至焉。况乎神仙之远理，道德之幽玄。仗其浅短之耳目，以断微妙之有无，岂不悲哉！"（《论仙》）此言神仙为必有。由是又进而论学仙者心意修养之法，所以他又说："人能淡默恬愉，不染不移。养其心以无欲，颐其神以粹素。扫涤诱慕，收之以正。除难求之思，遣害真之累，薄喜怒之邪，灭爱恶之端，则不请福而福自来，不禳祸而祸去矣。何者？命在其中，不系于外；道存乎此，无俟于彼也。"（《道意》）然欲学仙，又不可不求清净之地，所以他又说："为道者必入山林。诚欲远彼腥膻，而即此清净也。"（《明本》）既内修其心，外得清净之地，于是假金丹①方术之助，就可以成为神仙了。此即丹鼎派之名之所自起。此种神仙之说，固属怪诞可笑，然亦由于时势使然，无足为怪。唯葛洪所谓"欲求仙者，要当以忠孝和顺仁信为本。若德行不修，而但务求玄道，无益也"（《对俗》），则其言又与儒术相合。

此外更有符箓一派，较葛洪的丹鼎派为晚出，而其术又较丹鼎派为劣。其起源及其流派，在第二编关于宗教一章中，业已详述，兹不复赘②。最后，更有占验一派。梁启超说："自西京儒者翼秦、眭孟、刘向、匡衡、龚胜之徒，既已盛说五行，夸言谶纬。及光武好之，其流愈畅；东京儒者张衡、郎𫖮，最称名家，襄楷、蔡邕、杨厚等，亦班班焉。于是所谓风角、

---

① 《抱朴子·金丹》："夫金丹之为物，烧之愈久，变化愈妙。黄金入火，百炼不消、埋之毕天不朽。服此二药，炼人身体，故能令人不老不死。"

② 梁启超论符箓派："盖六艺九流，一切扫地，而此派独滔滔披靡天下矣。窃尝论之：其时佛教已入震旦，妖妄者流，窃象教密宗最粗浅之说，以欺惑愚众；故其所言天地轮环劫数终尽，略与佛经同。又言天尊之体，常存不灭，往往开劫度人；皆损益《四阿含》《俱舍论》等所说。剽窃之迹，显然可见。而复取两汉儒者阴阳五行之迷信以缘附之。故吾谓此时为儒佛过渡时代，此派实其最著者也。"见《饮冰室丛著》第五种。

遁甲、七政、元气、六日七分、逢占、日者、挺专、须臾、孤虚、云气诸术（诸术名义解，俱见《后汉书·方术列传》注，恕不具引），盛行于时。《后汉书·方术列传》，所载者三十三人，皆此类也。然其术至三国而大显，始俨然有势力于社会，若费长房、于吉、管辂、左慈辈，其尤著者也。其后郭璞著《葬书》，注《青囊》，为后世堪舆家之祖。……《隋志》著录《珞琭子》一书，言禄命者以为本经。而临孝公有《禄命书》，陶宏景有《三命抄》，实后世算命家之祖。卫元嵩著《元包》，庾季才著《灵台秘苑》，为后世言卜筮者之大成。陶宏景著《相经》，为后世言相法者之祖。凡千年以来，诬罔怪诞之说，汨溺人心者，皆以彼时确然成一科学，虽谓为魏、晋、六朝间，为陷溺社会之罪恶府可也。"①

四、鲍敬言的非君主制度说

《抱朴子·诘鲍篇》称："鲍生敬言，好老、庄之书，治剧辩之言。以为古者无君，胜于今世。"葛洪因此托于儒者之义，和鲍生论难。鲍生生平不可考，但其言论则为非君主制度。盖老子言政治以无为为主，鲍生既好老、庄之书，深受道家思想的影响，便自然形成这种激烈的言论了。他说："儒者曰：天生蒸民而树之君，岂其皇天谆谆言，亦将欲之者为辞哉？夫强者凌弱，则弱者服之矣；智者诈愚，则愚者事之矣。服之，故君臣之道起焉；事之，故力寡之民制焉。然则隶属役御，由乎争强弱而校智愚，彼苍天果无事也。"这就是说，君民之分，并不是决于天命，而是争强弱校智愚的结果。又说："夫混茫以无名为贵，群生以得意为欢。故剥桂刻漆，非木之愿。……诈巧之萌，任力违真。伐根之生，以饰无用。捕飞禽以供华玩，穿本完之鼻，绊天放之脚，盖非万物并生之意。夫役彼黎蒸，养此在官，贵者禄厚，而民亦困矣。夫死而得生，欣喜无量，则不如向无死也；让爵辞禄，以钓虚名，则不如本无让也。天下逆乱焉而忠义显矣，六亲不和焉而孝慈彰矣。"这就是说：群生以得意为欢，用不着役彼黎蒸，用不着贵者厚禄。又说："曩古之世，无君无臣，穿井而饮，耕田而食，日出而作，日入而息，泛然不系，恢尔自得，不竞不营，无荣无辱。山无蹊径，泽无舟梁。川谷不通，则不相并兼；士众不聚，则不相攻伐。……势利不萌，祸

---

① 见《饮冰室丛著》第五种。

乱不作，干戈不用，城池不设。万物玄同，相忘于道。疫疠不流，民获考终。纯白在胸，机心不生。含铺而熙，鼓腹而游。其言不华，其行不饰。安得聚敛以夺民财？安得严刑以为坑阱？"这就是说，上古时代没有君主制度，故人民各得其所，而其所享受的幸福，实胜于既有君主制度之后。又说："降及叔季，智用巧生。道德既衰，尊卑有序。繁升降损益之礼，饰绂冕玄黄之服。起土木于凌霄，构丹绿于棼橑。倾峻搜宝，泳渊采珠。聚玉如林，不足以极其变；积金成山，不足以赡其费。……去古日远，背朴弥增。尚贤则民争名，贵货则盗贼起。见可欲则真正之心乱，势利陈则劫夺之途开。造刿锐之器，长侵割之患。弩恐不劲，甲恐不坚，矛恐不利，盾恐不厚。若无凌暴，此皆可弃也。"这就是说，因为有凌暴，才有杀人的战具；因为贵货财，才有劫夺的盗贼；因为序尊卑，才有礼法；如果万物玄同相忘于道，又安得发生这些东西呢？又说："使夫桀、纣之徒，得燔人，辜谏者，脯诸侯，菹方伯，剖人心，破人胫，穷骄淫之恶，用炮烙之虐。若令斯人并为匹夫，性虽凶奢，安得施之。使彼肆酷恣欲，屠割天下，由于为君，故得纵意也。"这就是说，臣民之所以受专制的虐政，都是由于有君主制度。又说："君臣既立，众慝日滋；而欲攘臂乎桎梏之间，愁劳于涂炭之中，人主忧慄于庙堂之上，百姓煎扰乎困苦之中，闲之以礼度，整之以刑罚，是犹辟滔天之源，激不测之流，塞之以撮壤，障之以指掌也。"这就是说，如果不从根本上把君主制度铲除，纵令闲之以礼度，整之以刑罚，也是没有益处的。由上所述，可知鲍生的理想社会，和老子的老死不相往来的乌托邦是一样的。所以鲍生的言论，在消极方面，能明目张胆反对君主制度，但在积极方面，却不能提出一个改革社会国家的方案，而只知返于无名之朴的混沌状态。其思想之违背社会进化的原则，固不待言；然亦当时时势使然，未可独非鲍生。

【问题提要】

（一）试略述清谈与玄学特盛的原因。

（二）清谈之风，倡自何人？又至何时而大盛？

（三）玄学立于何时何人？

（四）试述玄言大盛时，经学所受玄言的影响。

（五）鲍敬言的非君主制度说，与老子的思想，有何关系？

第五章 佛学时代

一、佛学特盛的原因

佛教的输入及其发展，在第二编第九章中已说得很明白，本章用不着重述。本章所要说的，就是佛学何以特盛于六朝、隋、唐；就是诸宗的历史，及其教义。

要说明佛学何以特盛于六朝、隋、唐，首先就要说明自汉以来佛学在中国的发展史。梁僧祐撰《弘明集》，其后序有云："俗士疑骇觉海、惊同河汉。一疑经说迂诞，大而无征。二疑人死身灭，无有三世。三疑莫见真佛，无益国治。四疑古无法教，近出汉世。五疑教在戎方，化非华俗。六疑汉、魏法微，晋代始盛。以此六疑，信心不树。"由这段话看来，便知佛学在魏晋以前，还为一般士子所惊疑。但在东汉季世，却有一位牟融，引中国圣贤之言，阐西来佛陀之教。牟融有《理惑篇》，其主旨在于祛除那些怀疑佛学者的所见。其第七篇说："问：'子既耽诗书，悦礼乐，奚为复好佛、道，喜异术？岂能逾经传、美圣业哉？'牟子曰：'书不必孔丘之言，药不必扁鹊之方。合义者从，愈病者良。君子博取众善，以辅其身。子贡云：夫子何常师之有乎？尧事尹寿，舜事务成，且学吕望，丘学老聃。四师虽圣，此之于佛，犹白鹿之与麒麟，燕鸟之与凤凰也。尧、舜、周、孔，且犹学之。况佛身相好，变化无方，焉能舍而不学乎？'"牟融这论调，明明是尊佛而卑孔、老。但他又以老子之言，证明佛家言之无失。如："问曰：'夫福莫逾于继嗣，不孝莫过于无后。沙门弃妻子，捐财货，或终身不娶，何其违福孝之行也！'牟子曰：'夫长左者必短右，大前者必狭后。孟公绰为赵、魏老则优，不可以为滕、薛大夫。妻子财物，世之馀也；清躬无为，道之妙也。'老子曰：'名与身孰亲？身与货孰多？'""故前有隋珠，后有虩虎，见之走而不敢取。何也？先其命而后其利也。许由栖巢木，夷、齐饥首阳；孔圣称其贤，曰：求仁得仁者也。不闻讥其无后无货也。"即其明证。到清谈玄言之风特盛的时候，就开始从佛理说老、庄，继而又援老、庄而入佛。所以孙绰《喻道论》（绰，东晋人，《喻道论》见《弘明集》）说："夫佛也者，体道者也；道也者，导物者也；应感顺通，无为而无不为者也。"而张融《门论》（融字思光，宋时为封溪令，卒于齐世）所说："吾门世恭佛，舅氏奉道。道也与佛逗极无二。寂然不动，致本则同；感而遂通，达迹成异。其犹乐之不沿，不隔五帝之秘；礼之不袭，三皇之圣岂三。此皆殊时故不同其风，异世故不一其义。安可辄驾庸愚，诬罔神极。吾见道士与道人战儒、墨，道人与道士狱是非。昔有鸿飞天道，积远难亮；越人以为凫，楚人以为乙；人自楚、越耳，鸿常一鸿乎！夫澄本虽一，吾自俱宗其本；鸿迹既分，吾已翔其所集。汝可专遵于佛迹，而无侮于道本。"便是儒、佛、道一致的论调了。佛学到这时候，竟成了与儒、道三足鼎立的局面。但儒家学说，在清谈盛极一时的时代，已经不为学者所道；而老、庄的言虚无，却和法空之旨不远。所以清谈玄言之风愈盛，则佛学亦随之而盛。这个关联，便是佛学特盛于六朝、隋、唐的根本原因。而隋、唐国外交通频繁，有利于高僧的往外留学，也足以促成佛学的进展。

二、诸宗的历史及其教义

在第二编第九章中，曾说过六朝、隋、唐间佛教的宗派，分为成实、三论、涅槃、律、地论、净土、禅、俱舍、摄论、天台、华严、法相、真言十三宗，其中除涅槃、地论、摄论三宗归并他宗外，其余十宗，都经过极光大的时代，支配数百年间的思想界。以下就此十宗的历史及其教义的大略述之：

（一）俱舍宗。佛灭九百年后，世亲菩萨依《四阿含经》作《俱舍论》，便是本宗的起始。陈文帝时，印度高僧真谛三藏带来梵本，译为《阿毗达磨俱舍论》，叫做《旧俱舍》。后唐玄奘至天竺，从伽耶舍论师学习，归国重译为三十卷，叫做《新俱舍》。本宗以因果解释世间诸法，为法相宗的初步，故又名法相宗的附宗。

（二）成实宗。本宗祖师，为造《成实论》的诃梨跋摩，生于佛灭后九百年。本宗不盛行于印度，至姚秦时鸠摩罗什始译之以行于中土，昙影为之笔述，僧睿为之注释，自晋末至唐初很盛行。本宗在于阐发人空法空之理，为小乘中的最高者，乃三论宗的附宗。

（三）律宗。佛学分经、律、论三藏，所以律为三藏之一。现诸僧所通守者，为四分律，即：比丘戒、比丘尼戒及受戒犍度、安居犍度、房舍犍度，为昙无德罗汉所集，曹魏时昙摩诃罗译之，以传中土。中土开此宗者，则为南山律师道宣。南山受戒于智首，曾为玄奘书记，译律数百卷。其时尚有两派：一为法砺律师所创的相部宗，一为怀素律师所创的东塔宗，并南山宗统称为律家三宗，唯南山宗独流传至元不衰。本宗专言戒律；一切戒律，统括于止持、作持二门，止持即是诸恶莫作，作持即是众善奉行。

（四）法相宗。本宗以大意明唯识，所以又名唯识宗。因其开祖为慈恩，所以又名慈恩宗。自玄奘西行求法，得礼戒贤，尽受五大论（《瑜伽师地论》《分别瑜伽论》《大庄严论》《辨中边论》《金刚般若论》），博通因明唯识之学，归国后此宗始行于中土。玄奘高足窥基（即慈恩法师），更将《成唯识论》西竺十家所论，撷其精华，糅成一部，本宗由是确立。本宗以为宇宙万有，悉为识所变，三界唯心，心外无法，一切现象，都是心影，并非实有之物。

（五）三论宗。本宗以龙树所著的《中观论》《十二门论》，与提婆所著的《百论》而立名；又名一代教宗，以此三论为一代佛教的共通原理故。本宗亦由鸠摩罗什传入中土，三论翻译，都出自他的手笔。后来嘉祥阐发其义，本宗乃全盛。及慈恩法师受宗义于地婆伽罗而著《十二门宗致义记》，本宗始大成。本宗《中观论》，在于破大小二乘之迷，通于大小两教；《十二门论》在于破大乘之妄执，以显大乘的真义；《百论》在于破世间出世间之邪，以显一切之正。

（六）华严宗。本宗为佛祖第一时所说之教（即《华严经》），为佛乘中最高深之理。佛灭五百年，马鸣作《大乘起信论》，即本此经；又七百年，龙树造《大不思议论》；又九百年，天亲造《华严十地论》。此三师，称为本宗印度的列祖。其在中国，东晋时，跋陀罗译《华严经》六十卷，本宗始入中土。陈、隋间，杜顺著《华严法界观门》《五教止观》《十玄章》，大畅妙旨，是为本宗初祖。后智俨、法藏、澄观、宗密继起，盛弘华严，并杜顺称为华严五祖。华严法界玄门，以"一真法界"（万法缘起于一心，仍为一心所统摄，所以叫做一真法界）区别为四种：第一，诸众生色心等法，各有差别，各有分齐（如水与火不同，又如水有冰与汤之不同），叫做"事法界"；第二，诸众生色心等法，虽有差别，而同一体性（如冰汤虽异，其性则同，以真如法性，本来平等故），叫做"理法界"；第三，理由事显，事揽理成，理事互融（如水即波，波即水，事与理相融而无碍），叫做"理事无碍法界"；第四，一切分齐事法，称性融通，一多相即，大小互容，重重无尽（即宇宙万象，同是一法性所现，不但事与理无碍，即事与事亦无碍），叫做"事事无碍法界"。四法界中，只有事事无碍法界，微妙难识，所以又详说十门：一、同时具足相应门，如海之一滴，具百川味；二、广狭自在无碍门，如一尺之镜，见千里影；三、一多相容不同门，如一室千灯，光光涉入；四、诸法相即自在门，如金与金色，不相舍离；五、秘密隐显俱成门，如秋空片月，晦明相并；六、微细相容安立门，如玻璃之瓶，盛多芥子；七、因陀罗网境界门（因陀罗者，谓帝释天，其宫殿宝网，重重互照），如两镜互照，传曜相写；八、托事显法生解门，如擎拳竖臂，触目皆道；九、十世隔法异成门，如一夕之梦，翱翔百年；十、主伴圆明具德门，如北辰所居，众星皆拱。这便叫做"十玄门"。此外又说"六相"：一、总相，一即具多为总；二、别相，多即非一为别；三、同相，互不相违为同；四、异相，彼此不滥为异；五、成相，一多缘起和合为成；六、坏相，诸法各住本位为坏。总、同、成，叫做"圆融门"；别、异、坏，叫做"行布门"。而说行布法，圆融即在行布之中；说圆融法，圆融即在行布之内。

（七）天台宗。本宗又叫做法华宗，以依佛祖《法华经》立宗故。本宗不来自印度，首创者为智者大师。师名智顗，陈、隋间人，以居天台山，故此宗得名。天台止观法门，本于佛言定慧（佛以戒、定、慧为三学）。因为"止"是定因，慧是"观"果。由定慧而起止观，即以止观而证定慧。什么叫做止？《永嘉集正修止观》第九说："夫念非忘尘而不息，尘非息念而不忘（眼、耳、鼻、舌、身、意，叫做六根；色、声、香、味、触、法，叫做六尘；谓之尘者，以染污义故）。尘忘则息念而忘，念息则忘尘而息。忘尘而息，息无能息。息念而忘，忘无所忘。忘无所忘，尘遗非对。息无能息，念灭非知。知灭对遗，一向冥寂。阒尔无奇，妙性天然。"什么叫做观？同书又说："夫境非智而不了，智非境而不生。智生则了境而生，境了则智生而了。智生而了，了无所了。了境而生，生无能生。生无能生，虽智而非有。了无所了，虽境而非无。无即不无，有即非有。有无双照，妙悟萧然。"而止观二门，析之又为空假中三观：止者观空；观者观假；止而非止，观而非观，非止非观，即止即观，这便叫做中。三者具于一心，所以统名一心三观。有此三观，能破三惑（一见思惑，二尘沙惑，三无明惑），而成三智（一切智、道种智、一切种智）。

（八）真言宗。佛教分显密二教。本宗就是密教。什么叫做密教？不恃言语以立教者，叫做密教。佛有三身：一释迦佛，二大日如来佛，三弥陀佛；实一佛之德所流出的三体。大日就是释迦的法身，释迦就是大日的化身。所以后世学者，综别诸宗，也分为释迦教、大日教、弥陀教三类。本节所说的十宗，只有真言宗是大日教，净土宗是弥陀教（现在妇孺都念南无阿弥陀佛，即宗弥陀教），其他八宗都是释迦教。相传金刚萨埵亲受法门于大日如来，二传至善无畏。善无畏始来唐，译《大日经》，以授金刚智。金刚智实本宗中国传法开祖。后不空和尚东来，承金刚智之后，从事翻译，本宗始确立。但本宗不盛于中土，后经空海传到日本，而盛行于东岛。

（九）净土宗。本宗以《无量寿经》《观无量寿经》《阿弥陀经》及天亲菩萨所造的《往生净土论》为依据，即弥陀教。本宗为普通人说法，依阿弥陀佛的愿力，一心念佛，往生净土，是为钝根人开一捷径。今世俗所谓佛教，大半是本宗的末流。本宗印度先师，推天亲菩萨。天亲灭后五百年，菩提流支始传净土法门于中土。但在晋时，慧远结白莲社于庐山，念佛修行，即已为本宗的嚆矢；而菩提流支入中国，却在北魏时。后流支以授昙鸾，鸾著《往生净土论注》，而本宗大弘。其后隋有道绰，唐有善导，都是本宗的大师。

（十）禅宗。法相、天台、华严，叫做教下三家；禅宗叫做教外别传；这四宗，都是大乘上法。禅宗以"不著语言、不立文字、直指本心、见性成佛"为教义，一变佛教从来的窠臼。本宗历史：相传灵山会上，如来拈花示众，不说一言，大众不解佛意，独摩诃迦叶（即西天初祖）破颜微笑，佛言"吾有正法解藏，涅槃妙心，实相无门，微妙法门，不立文字，教外别传，付嘱摩诃迦叶"。自是密密相传，不著一字，直至达摩禅师，为印度本宗二十八祖。达摩于梁武帝时东来，为中国禅宗初祖，传授惠可、僧璨、道信、弘忍，称为本宗五祖。五祖弘忍尝命弟子，各依所解造偈，神秀说："身是菩提树，心如明镜台，时时勤拂拭，勿使惹尘埃。"慧能闻而易之曰：

"菩提本非树,明镜亦非台,本来无一物,何处惹尘埃?"慧能见性较高,乃得接受衣钵,叫做六祖。后神秀又师六祖,悟大法,于是禅宗分南北二派:南为慧能,北为神秀。六祖以后,钵止不传,而教外密传,遂极光大,以后竟衍为云门、曹洞、法眼、临济、沩仰五宗,今列其传授系统如下:

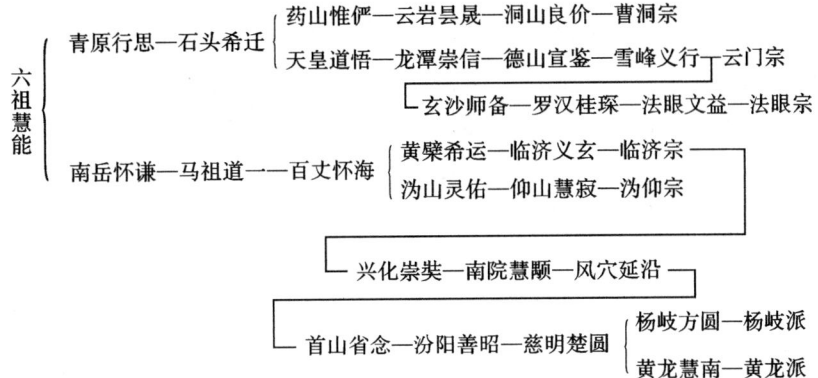

三、李翱的复性书:宋明理学的开端

佛教输入中国以来,中经六朝、隋、唐的全盛时代,对于中国文化,确实有很大的影响:例如佛典的翻译,使中国的文学起了变化;寺塔的建筑,使中国的艺术起了变化;而禅宗教义,影响于宋、明理学,却更是中国文化史上值得"特书"的事情。但是,受禅宗的影响而开宋、明理学之端的,首先要推李翱的《复性书》。

从来谈唐代文化史的人,多半看重韩愈,而忽略其弟子李翱。其实韩愈的《原道》,其主旨不过崇儒以黜佛、老,并无何等特见。而后世道统之说,反自韩愈发之,其言曰:"先王之教,在仁义道德,尧以传之舜,舜以传之禹,禹以传之汤,汤以传之文、武、周公,文、武、周公传之孔子,孔子传之孟轲。自孟轲死,不得其传。"至于他的《原性》中的性三品说,则实本于孔子性近习远智愚不移之说,亦非他所特创。要之,他在文学上稍有地位,在思想上却毫无地位,而有唐一代,能够成为思想转变的关键的人,却只有一个李翱。

李翱是服膺老、庄的人。他的思想,包含三种精神:一、《中庸》的精神;二、禅宗的精神;三、老、庄的精神。他的《复性书(上)》便趋重

《中庸》的精神；《复性书（中）》便趋重禅宗的精神；《复性书（下）》便趋重老、庄的精神。而他的思想的结论，仍不出老、庄的范围。不过他的主张并不十分鲜明，这是因为他表面谈儒里面谈佛、老的关系。

李石岑的《人生哲学》，关于李翱的思想，阐发得很清楚，现在把它撮要起来，抄在下面：

何以说《复性书（上）》趋重《中庸》的精神呢？《复性书（上）》说："人之所以为圣人者性也，人之所以感其性者情也。喜、怒、哀、惧、爱、恶、欲七者，皆情之所为也。情既昏，性斯匿矣，非性之过也。……虽然，无性则情无所生矣。是情由性而生，情不自情，因性而情；性不自性，由情以明。圣人者岂其无情耶？圣人者寂然不动。……虽有情也，未尝有情也。然则百姓者岂其无性者耶？百姓之性，与圣人之性，弗差也。虽然，情之所发，交相攻伐，未始有穷，故虽终身而不自睹其性焉。"他这段话，完全是《中庸》"喜、怒、哀、乐之未发谓之中，发而皆中节谓之和"的注脚。"情不自情，因性而情"，因为喜、怒、哀、乐含于未发之中；"性不自性，由情以明"，因为喜、怒、哀、乐见诸已发之和。何以圣人有情而未尝有情？因为圣人能保持"未发之中"的状态。何以百姓情之所发而不自睹其性？因为百姓不能保持"中节之和"的状态。这便是《复性书（上）》趋重《中庸》的精神之处。

何以说《复性书（中）》趋重禅宗的精神呢？《复性书（中）》说："或问曰：'人之昏也久矣，将复其性者必有渐也，敢问其方？'曰：'弗虑弗思，情则不生；情既不生，乃为正思。正思者，无虑无思也。'……曰：'已矣乎？'曰：'未也。此斋戒其心者也，犹未离于静焉。有静必有动，有动必有静，动静不息，是乃情也。……方静之时，知心无思者，是斋戒也。知本无有思，动静皆离，寂然不动者，是至诚也。'……问曰：'本无有思，动静皆离；然则声之来也，其不闻乎？物之形也，其不见乎？'曰：'不睹不闻，是非人也，视听昭昭，而不起于见闻者斯可矣。无不知也，无不为也。其心寂然，光照天地，是诚之明也。'"这段话完全是些禅谈。所谓"弗虑弗思"，所谓"正思"，便与禅宗的"无念者正念也"完全吻合。禅以无念为宗，恐滞两边，恐生执著，故主无念。譬如"斋戒其心"，是犹不免执著"静"的一边，有静斯有动，这还够不上说"万殊归一本、一本摄万殊"。所以要动静皆离，就是要把动静的执著都去了，才能达到佛心，才是所谓"至诚"。不过又要知道，所谓动静皆离，并不是不闻不见，而是"视听昭昭"，就是当视听的时候毫不起见闻之执著。这便是《复性书（中）》趋重禅宗的精神之处。而他用禅学去解《中庸》，弄到后来宋、明一般的理学家都作儒表佛里的事业，那就不能不怪李翱的始作俑了[①]。

何以说《复性书（下）》趋重老、庄的精神呢？《复性书（下）》说："昼而作，夕而休者，凡人也。作乎作者，与万物皆作；休乎休者，与万物皆休。吾则不类于凡人，昼无所作，夕无所休。作非吾作也，作有物；休非吾休也，休有物。作耶休耶，二者离而不存。予之所存者，终不亡且离也。人之不力于道者，昏不思也。天地之间，万物生焉。人之于万物，一物也。其所以异于禽兽虫鱼者，岂非道德之性乎哉？"案老子说："圣人处无为之事，行不言之教，万物作焉而不辞。"陆师农注说："万物之息，与之入而不逆；万物之作，与之出而不辞。"这就是"作乎作者，与万物皆作；休乎休者，与万物皆休"之意。圣人处无为之事，行不言之教，所以"昼无所作，夕无所休。作非吾作也，作有物；休非吾休也，休有物"。一任自然，无为而无不为。不过"作"与"休"二者离而不存。所以老子说："化而欲作，吾将镇之以无名之朴。"如果以"无名之朴"镇之，那就"化而欲作"者，其作也不作，其休也不休，自然"终不亡且离"了。庄子说："天地与我并生，万物与我为一。"可见"人之于万物，一物也"；既是人物一体，自然休作与共，又哪会"亡且离"呢？这便是《复性书（下）》趋重于老、庄的精神之处。不过他又是个儒表道里的人，因此又提出所以异于禽兽虫鱼的"道德之性"。

总观他的《复性书》上中下三篇，都着重在复性，不过说法不同。因为《中庸》提出一个"率性""尽性"的道理，禅宗又提出一个"明心见性"的道理，道家又提出一个"致虚极，守静笃"的道理，他把三种思想，糅而为一，所以结果弄出许多破绽。他想把"复性"的范围放大些，要叫人人知道宇宙万物都是走的"复性"的一条路，所以第三篇提出"作非吾作，休非吾休"的道理。老子说："万物并作，吾以观复。夫物芸芸，各复归其根。归根曰静，是曰复命。"庄子说："缮性于俗学以求复其初。"又

[①] 他解《中庸》和别人不同，他说："彼以事解，我以心通。"非有禅学的功夫，哪能做到"心通"的一步。

说:"危然处其所而反其性。"所谓归根复命,所谓复初反性,便是他《复性书》中的神髓。所以说他的思想的结论,仍不出老、庄的范围。

总之:他的工作,不是儒表佛里,就是儒表道里,宋、明人的理学,完全是由他开端。

【问题提要】

(一)佛学何以特盛于六朝、隋、唐?

(二)试略述诸宗的历史及其教义。

(三)李翱的思想何以在唐代文化史上占重要的地位?

第六章 理学时代

一、儒家的一大转变：理学的发生

在本编第一章中曾说过：儒家思想简直支配中国人心二千余年；儒家的礼教，二千余年来，简直成为中国人行为的规范。但儒家本身却经过几次的转变①。而其中最显明的一大转变，就是从"说经义"谈"修齐治平"的儒家，转变为谈"理气心性"的儒家，即从经学变为理学。从下面所引用的三位理学家的话看来，便知道这个转变的方向是朝着哪里走。

朱熹说："秦、汉以来，圣学不传，儒者唯知训诂章句之为事，而不知复求圣人之意，以明夫性命道德之归。"

张载说："六经须著循环，能使昼夜不息，理会得六七年，则自无可得看。若义理则尽无穷，待自家长得一格，则又见得别。"

程颐说："古之学者，先由经以识义理。盖始学时，尽是传授。后之学者，却须先识义理，方始看得经。盖不得传授之意云耳。"

所谓"性命道德"，所谓"义理"，便是理学家所走的方向。原来儒家立说，只看重人事方面，但自魏、晋、南北朝、隋、唐这长期间的佛、老

---

① 李石岑在他所著的《人生哲学》上说："譬如孔子的面目，究竟是那一副面目，就很难得捉摸。董仲舒、何休一班人所看的孔子，就不是马融、郑玄一班人所看的孔子；马融、郑玄一班人所看的孔子，又不是韩愈、欧阳修一班人所看的孔子；韩愈、欧阳修一班人所看的孔子，又不是程颐、朱熹一班人所看的孔子；程颐、朱熹一班人所看的孔子，又不是陆九渊、王守仁一班人所看的孔子；陆九渊、王守仁一班人所看的孔子，又不是顾炎武、戴震一班人所看的孔子；顾炎武、戴震一班人所看的孔子，又不是廖平、康有为一班人所看的孔子；廖平、康有为一班人所看的孔子，又不是陈独秀、吴虞一班人所看的孔子。"李氏这几句话，正是儒家转变的历史。

之学猖披以来,便产生从佛、老学说去探究性命的一派,李翱的"儒表佛里""儒表道里"的《复性书》便是一例。他的《复性书》便是这个转变的渡桥;而宋、明人的"儒表佛里"与"儒表道里"却比李翱更进一步。现在我们分析理学的成分,依旧不外儒、道、佛三者。

第一,黄震的《黄氏日抄》说:"本朝理学,虽至伊洛而精,实自三先生而始。"他所谓三先生,就是胡瑗、孙复、石介。他三人都以师道自任,讲明正学,以躬行实践为主,一变词章训诂之风,实宋、明理学的先导①。这便是宋、明理学所取于儒家的成分。

第二,朱震的《汉上易解》说:"陈抟以《先天图》传种放,种放传穆修,穆修传李之才,之才传邵雍。放以《河图》《洛书》传李溉,李溉传许坚,许坚传范谔昌,谔昌传刘牧。修以《太极图》传周敦颐,敦颐传程颢、程颐。时张载讲学于程、邵之间。故雍著《皇极经世书》,穆陈天地五十有五之数,敦颐作《通书》,程颐述《易传》,载造《太和》《参两》等篇。"案陈抟为隐居华山的道士,而宋、明理学之所本,实源于陈抟。所以宋、明理学有取于道家(此系汉以后的道家,不是诸子的道家)的成分,便用不着说明了。

第三,空谷景隆的《尚直编》说:"穆修又以所传《太极图》,授于濂溪周子。已而周子叩问东林聪(常聪)禅师《太极图》之深旨,东林为之委曲割论。周子广东林之语,而为《太极图》说。"又《居士分灯说》:"敦颐尝叹曰:'吾此妙心,实启迪于黄龙(黄龙山慧南),发明于佛印(庐山归宗寺佛印);然易理廓达,自非东林开遮拂拭,无由表里洞然。'"——此足以证明周敦颐所受禅宗的影响。弘孟的《纪闻》说:"濂一日与张子厚等

---

① 孙复与范仲淹书有云:"专守王弼、韩康伯之说,而求于《大易》,吾未见其能尽于《大易》也。专守《左氏》、《公羊》、《谷梁》、杜、何、范氏之说,而求于《春秋》,吾未见其能尽于《春秋》也。专守毛苌、郑康成之说,而求于《诗》,吾未见其能尽于《诗》也。专守孔氏之说,而求于《书》,吾未见其能尽于《书》也。"似此,则讲经不遵传注,实倡自孙复。宋儒讲经不遵经注,进而又舍经而言心,所以程颢于神宗有云:"先圣后圣,若合符节。非传圣人之道,传圣人之心也。非传圣人之心也,传己之心也。己之心无异圣人之心,广大无限,万善皆备。欲传圣人之道,扩充此心焉耳。"因此,就有所谓尽挑汉唐诸儒、而自以为直接孔门的心传。由是道统之说,始于昌黎,而成于宋儒。周、程、张、朱从此便直接孟子了。

同诣东林论性。聪曰：'吾教中多言性，故曰性宗。所谓真如性、法性，性即理也。有理法界、事法界，理事交彻，理外无事，事必有理。'诸子沉吟未决。濂毅然出曰：'性体冲漠，唯理而已。何疑耶？'横渠曰：'东林性理之论，唯我茂叔能之。'"——观此则张载之学，也与敦颐同出东林门下。程颐作《明道行状》说："明道泛滥于诸家，出入于释、老者几十年，返求诸六经，而后得之。"高攀龙说："先儒唯明道先生看得禅书透，识得禅弊深。"——观此则程颢也和佛家有关。《归元直指集》说："《嘉泰普灯录》云：'程伊川……问道于灵源禅师，故伊川之作文注书，多取佛祖辞意。……或全用其语。'如《易传序》'体用一源，显微无间'。"——观此则程颐与灵源的关系很深。至于朱熹之学，则出于大慧宗杲与道谦。《居士分灯录》说："熹尝致书道谦曰：'向蒙妙喜（大慧）开示。……但以狗子话时时提撕。愿投一语，警所不逮。'谦答曰：'某二十年不能到无疑之地，后忽知非勇猛直前，便是一刀两段。把这一念提撕狗子话头，不要商量，不要穿凿，不要去知见，不要强承当。'熹于言下有省。并撰有《斋居诵经诗》。"后来道谦死时，朱祭以文，略曰："……下从长者。问所当务，皆告之言，要须契悟。开悟之语，不出于禅，我于是时，则愿学焉。……始知平生，浪自苦辛，去道日远，无所问津。……师亦喜我，为说禅病；我亦感师，恨不速证。"——观此则朱熹所受大慧、道谦的影响很大。陆九渊说："某虽不曾看释藏经教，然于《楞严》《圆觉》《维摩》等经则尝见之。"王守仁说："因求诸老、释，欣然有会于心，以为圣人之学在此矣。"——观此则陆、王之学，又与禅宗有关。

　　总之，宋、明理学，表面上是些孔子、子思、孟子，骨子里却夹着老、佛。但他们既有得于老、佛，却为何又辟老辟佛呢？钟泰编《中国哲学史》对于这个问题解答得很好，现在抄录于下。他说："或曰：诸儒既有得于二氏，而又辟佛辟老，何也？曰：是亦有故。不见朱子之言乎？朱子曰：'道家有老、庄书，却不知看。尽为释氏窃而用之，却去仿效释氏经教之属。譬如巨室子弟，所有珍宝，悉为人所盗去，却去收拾破瓮破釜。'此非为道家言之，盖为儒者言之也。又不独朱子之心若是也，宋儒之心，盖莫不若是。彼始有见于佛、老之理，既反索之于六经，而亦得之。且又应有尽有，一无欠缺也。于是乃信自有家宝，而不必于他求。故其辟佛辟老，非以仇之，以为实无需乎尔。且释道与儒，言道则一，言用则殊矣。以中国尧、舜以来礼乐刑政之备,而欲其绝父子、黜君臣、群趋于髡发逃世之教,此必不能者也。是以取其意而弃其迹,斤斤于空实有无之辨。如曰:'儒释言性异处,只是释言空,儒言实;释言无,儒言有。'曰:'吾儒心虽虚,而理则实。若释氏则一向归空寂出了。'曰:'禅学最害道。庄、老于义理,绝灭犹未尽。佛则人伦已坏,至禅则又从头将许多义理扫灭无余。'(并见《朱子语类》)此正宋儒善用佛、老之长,而无佛、老之弊。故明高景逸(攀龙)盛称:'明道先生看得禅书透,识得禅弊真。'夫岂独明道一人哉?宋儒之辟佛辟老,盖大抵祖此矣。岂与昌黎《原道》之空言攻讦,而欲火其书庐其居者同乎?"要之,钟氏所说的"以中国尧、舜以来礼乐刑政之备……斤斤于空实有无之辨"数语,才真正是宋儒辟佛、老的原因。

二、濂学——周敦颐

《宋史·周敦颐传》:"周敦颐,字茂叔,道州营道人。……著《太极图》,明天理之根源,究万物之终始。……又著《通书》四十篇,发明太极之蕴。……掾南安时,程珦……使二子颢、颐往受业焉。敦颐每令寻孔、颜乐处,所乐何事。二程之学,源流乎此矣。故颢之言曰:自再见周茂叔后,吟风弄月以归,有'吾与点也'之意。"他的生平,大略如此。他的学说精髓,见于《太极图说》。其言曰:

"无极而为太极。太极动而生阳,动极而静,静而生阴,静极复动。一动一静,互为其根。分阴分阳,两仪立焉。阳变阴合,而生水、火、木、金、土。五气顺布,四时行焉。五行,一阴阳也;阴阳,一太极也;太极,本无极也。五行之生也,各一其性。无极之真,二五之精,妙合而凝,乾道成男,坤道成女。二气交感,化生万物。万物生生,而变化无穷焉。唯人也得其秀而最灵。形,既生矣。神,发知矣。五性感动,而善恶分,万事出矣。圣人定之以中正仁义,而主静(自注云:无欲故静)。立人极焉。故'圣人与天地合其德,日月合其明,四时合其序,鬼神合其吉凶'。君子修之,吉。小人悖之,凶。故曰:'立天之道,曰阴与阳;立地之道,曰柔与刚;立人之道,曰仁与义。'又曰:'原始反终,故知死生之说。'大哉《易》也,斯其至矣。"

这就是周敦颐本于《易》而阐发的万物发生说。原来乾坤二卦,出自━━━二爻;━ ━即是两种生殖器的象征。乾卦《彖辞》:"大哉乾元,万物资始。"坤卦《彖辞》："至哉坤元，万物资生。"这就是说：━ 明资始；╴╴明资生。《系辞下》："男女构精，万物化生。……乾坤其《易》之门耶？乾，阳物也。坤，阴物也。"周子本于这个道理，所以说"二气交感，万物化生"。至于所谓"太极"，便是说人类万物，其始同一本原。

但是，周子在表面上是本于《周易》而立说，骨子里却包含着老、佛的精髓。第一，《易》只言太极而不言无极，无极之名出于老子(《老子》：知其白，守其黑，为天下式；为天下式，常德不忒，复归于无极)。这便是周子有取于老子之说的处所。第二，所谓"无极之真，二五之精，妙合而凝，乾道成男，坤道成女"，便是男女各一太极。所谓"二气交感，万物化生，万物生生，变化无穷"，便是万物各一太极。但他又说"五行一阴阳也，阴阳一太极也"，便是男女万物又共此一太极。所谓一物一太极，物物一太极。物物各具的太极，即物物共有的太极。这就是华严宗的事理无碍法界，盖万法即理，理即万法，事与理相融而无碍。他所谓"无极而太极"，便是空而不废于有；所谓"太极本无极"，便是有而不碍于空：这和天台宗的双提空有相似。他所谓"一动一静，互为其根"，便是禅宗静定之功[①]。这便是周子有取于佛说的处所。由此看来，他的工作，不也是和李翱一样，同为"儒表道里"或"儒表佛里"么？

三、洛学——程颢、程颐

《宋史·程颢传》："程颢字伯淳。……自十五六时，与弟颐，闻汝南周敦颐论学。遂厌科举之习，慨然有求道之志。泛滥于诸家、出入于老、释者几十年。返求诸六经，而后得之。……颢之死，士大夫识与不识，莫不哀伤焉。文彦博采众论，题其墓曰明道先生。"他的生平，大略如此。他的学说，见于《识仁篇》与《答张横渠先生定性书》。《识仁篇》说：

"学者须先识仁。仁者浑然与物同体。义、礼、智、信，皆仁也。识得此理，以诚敬存之而已。不须防检，不须穷索。若心懈则有防。心苟不懈，何防之有？理有未得，故须穷索。存久自明，安待穷索？此道与物无对，大不足以名之。天地之用，皆我之用。孟子言'万物皆备于我，须反身而诚，乃为大乐'。若反身未诚，则犹是二物有对。以己合彼，终未有之，又

---

① 参看钟泰《中国哲学史》卷下第三编第9页。

安得乐？'订顽'意思，乃备言此体。以此意存之，更有何事？必有事焉而勿正，心勿忘，勿助长。未尝致纤毫之力。此其存之之道。若存得，便合有得。盖良知良能，元不丧失。以昔日习心未除，却须存习此心，久则可夺旧习。此理至约，唯患不能守。既能体之而乐，亦不患不能守也。"

明道把仁看做浑然与物同体，把义、礼、智、性看做仁，又把仁看做与物无对、大不足以明之，这正合于孔子的仁是"统摄诸德完成人格之名"这种说法。他又把仁看做良知良能，而和孟子"万物皆备于我"的说法相同。他这样阐明圣人之道，所以伊川竟说他是孟子之后一个唯一的继道统的人物。但是，明道说仁，却得力于禅宗。所谓"仁者浑然与物同体"，便是心、佛、众生，三无差别。所谓"天地之用，皆我之用"，便是三界唯心，森罗万象，一法之所印。所谓"万物皆备于我，反身而诚"，便是若自悟者，不假外求。凡此都是他"出入于老、释者几十年"的结果。至于《定性书》，则更与禅宗言相符合，略曰："所谓定者，动亦定，静亦定。无将迎，无内外。苟以外物为外，牵己而从之，是以己性为有内外也。且以性为随物于外，则当其在外时，何者为在内，是有意于绝外诱，而不知性之无外内也。既以内外为二本，则又乌可遽语定哉？……与其非外而是内，不若内外之两忘也。两忘则澄然无事矣。无事则定，定则明。明则尚何应物之为累哉？"

《宋史·程颐传》："程颐字正叔。……于书无所不读。其学本于诚。以《大学》《论语》《孟子》《中庸》为标指，而达于六经。……平生诲人不倦，故学者出其门最多。……涪人祠颐于北岩，世称为伊川先生。"他的思想是理一元论，所以他说"理即是性"，又说："心也，性也，天也，一理也。自理而言谓之天，自禀受而言谓之性，自存诸人而言谓之心。"他既着重于理，所以他又取《大学》的格物致知，而提出"穷理"之说，他说："格，犹穷也；物，犹理也；犹曰：穷其理而已矣。穷其理，然后足以致知；不穷，则不能致也。"又说："穷理即是格物，格物即是致知。"但穷理格物，并不专求于外，所以他又说："观物理以察己。""致知在格物，非由外铄我也，我固有之也。"明道、伊川之学，虽同出于周敦颐，但其间却有不同之处。明道谓"事有善恶皆天理"，伊川解释孔子所谓"性相近也，习相远也"两句话，则谓"此言气质之性，非言性之本也；若言其本，则性即是理，理无不善，孟子之言性善是也，何相近之有哉？"① 这就是因为明道之言杂有佛家言②，而伊川之说，却本于孟子。然观《归元直指集》所载，却又不能说伊川与佛家无关。

明道、伊川对于儒林的贡献，为表章《大学》与《中庸》。《大学》朱熹章句，首引程子之言，曰："《大学》，孔氏之遗书，而初学入德之门也。于今可见古人为学次第者，独赖此篇之存，而《论语》《孟子》次之。学者必由是而学焉，则庶乎其不差矣。"《中庸》朱熹章句，也首引程子之言，曰："不偏之谓中，不易之谓庸；中者，天下之正道；庸者，天下之定理。此篇乃孔门传授心法，子思恐其久而差也，故笔之于书，以授孟子。其书始言一理，中散为万世③，末复合为一理。放之则弥六合，卷之则退藏于密；其味无穷，皆实学也。善读者，玩索而有得焉，则终身用之，有不能尽者矣。"自是以后，《中庸》《大学》，就成为儒者必读之书。然程子表章《中庸》《大学》，也有原因。盖佛家之说，不出心性；而儒书中言心性最多而足以与佛相抗者，则唯有此二书，所以表而出之，以见儒家并不弱于佛。宋儒辟佛而不觉出入于佛，便是这个道理。

四、关学——张载

《宋史·张载传》："张载字子厚，长安人。少喜谈兵，至欲结客取洮西之地。年二十一，以书谒范仲淹。一见知其远器，乃警之曰：'儒者自有名教可乐，何事于兵？'因劝读《中庸》。载读其书，犹以为未足。又访诸释、老，累年，究极其说，知无所得，反而求之六经。尝坐虎皮，讲《易》京师，听从者甚众。一夕，二程至，与论《易》。次日，与人曰：'比见二程深明《易》道，吾所弗及，汝辈可师之。'撤坐辍讲。与二程语道学之要，涣

---

① 伊川又说："气有善不善，性则无不善也。人之所以不知善者，气昏而塞之耳。孟子所以养气者，养之至清明纯全，而昏塞之患去矣。"后来朱熹言心性，便得力于伊川。所以晦庵之学，出于伊川。

② 明道又说："心即性，性即心。"又："天下善恶皆天理，谓之恶者非本恶，但或过不及便如此。"此与《大乘起信论》言"一心三大，三者用大，能生出一切世间出世间善恶因果故"相似。后来陆九渊倡心即理，或得力于此，所以有人说九渊之学，出于明道。

③ 疑有误，但原文如此。

然自信,曰:'吾道自足,何事旁求。于是尽弃异学,淳如也。……载学古力行,为关中士人宗师。世称为横渠先生。'著书号《正蒙》。又作《西铭》。"

横渠之学,"以《易》为宗,以《中庸》为体,以孔、孟为法"(《宋史》)。他的《正蒙》,就是本于《易》;他的《西铭》,则多本于《中庸》,而以孔、孟之仁为主。今分述如下:

(一)《正蒙》。《正蒙》里面的"太和"与"太虚",便是《易》里面的"太极"。他说:"两不立,则一不可见;一不可见,则两之用息。"这里所谓"两",即指阴阳而言,所谓"一",即指太和而言;是阴阳虽二,合之则一;分之便叫做阴与阳,合之便叫做太和。他因此推广阴阳,以说一切。譬如言天地,就说:"天地变化,一端而已。"言人物,便说:"动物本诸天,植物本诸地。"言性,便说:"性其总合两也。"又:"形而后有气质之性,善反之,则天之性存焉。"言学,便说:"莫非天也。阳明胜则德性用,阴浊胜则物欲行,领恶而全好者,其必由学乎?"虽然,横渠之学,也有出于佛氏之处,譬如他说:"两不立则一不见,其究一而已。"便是差别即平等、现象即本体的道理。他虽有得于佛,却力辟佛,这原是宋儒一般的做法,并不仅横渠一人而已。

横渠之学,影响于程朱的,就是天地之性与气质之性。他命意在于要人家由气质之性,反到天地之性。所以他说:"形而后有气质之性,善反之,则天地之性存焉。故气质之性,君子有弗性者焉。"又说:"性于人无不善,系其善反与不善反而已。"既有气质之性,便要变化气质,所以他说:"人之刚柔缓急,有才有不才,气之偏也。天本参和不偏,养其气,反之本,而不偏,则尽性而天矣。"这种变化气质之说,影响程、朱不小,所以朱子说:"气质之说,起自张、程,极有功圣门,有补后学。"

(二)《西铭》。横渠著有《东铭》《西铭》①,《东铭》以戏言戏动过言过动为戒,不及《西铭》的精深博大,所以学者多言《西铭》而不及《东铭》。《西铭》说:"乾称父,坤称母。予兹藐焉,乃混然中处。故天地之塞,吾其体;天地之帅,吾其性。民吾同胞,物吾与也。大君者,吾父母宗子;其大臣,宗子之家相也。尊高年,所以长其长;慈孤弱,所以幼其

---

① 横渠讲学关中,于学堂双牖,右书"订顽",左书"砭愚"。伊川曰:"是起争端。"因改订顽曰西铭,改砭愚为东铭。

幼。圣，其合德；贤，其秀也。凡天下疲癃残疾、茕独鳏寡，皆吾兄弟之颠连而无告者也。'于时保之'，子之翼也；'乐且不忧'纯乎孝者也。违曰悖德，害仁曰贼，济恶者不才。其践形唯肖者也。知化则善述其事，穷神则善继其志。不愧屋漏为无忝，存心养性为匪懈。……富贵福泽，将厚吾之生也；贫贱忧戚，庸玉汝于成也。存，吾顺事；没，吾宁也。"这便是横渠言伦理的总要。程颐极推崇他这篇《西铭》，说道："《西铭》明一理而分殊。"又："订顽之言，极纯无杂，秦、汉以来，学者所未到，意极完备，乃仁之体也，以天地万物为一体，是求仁之学。"朱熹更推广其意而说道："以天地之间，理一而已。然乾道成男，坤道成女，二气交感，化生万物；则其大小之分，亲疏之等，至于十百千万而不能齐也。……程子以为明理一而分殊，可谓一言以蔽之矣。盖以乾为父，以坤为母，有生之类，无物不然，所谓理一也。而人物之生，血脉之属，各亲其亲，各子其子，则其分亦安得而不殊哉？一统万殊，则虽天下一家，中国一人，而不流于兼爱之弊。万殊而一贯，则虽亲疏异情，贵贱异等，而不梏于为我之私。此《西铭》之大指也。"

除二程、周、张之外，当时尚有一位邵雍，和他们并称为理学五子。《宋史·邵雍传》："邵雍字尧夫。其先范阳人。……雍年三十，游河南，葬其亲伊水上，遂为河南人。……北海李之才摄共城令，闻雍好学，尝造其庐，曰：'子亦闻物理性命之学乎？'雍对曰：'幸受教。'乃事之才，受《河图》《洛书》宓羲八卦六十四卦图像。之才之传，远有端绪。而雍探颐索隐，妙悟神契，洞彻蕴奥，汪洋浩博，多其所自得者，乃其学益老，德益劭。玩心高明，以观夫天地之运化，阴阳之消长。远而古今世变，微而走飞草木之性情，深造曲畅。……遂衍宓羲先天之旨，著书十余万言行于世，然世之知其道者鲜矣。……所著书曰《皇极经世观》《物内外篇》《渔樵问对》。诗曰《伊川击壤集》。"尧夫虽为理学五子之一，然因他独以图书象数之学闻名，且"《易》本明白简易，而康节（尧夫卒谥康节）装凑安排，昧于大道"（见黄宗炎的《先天卦图辨略》）。所以本节仅述其生平，至于他的学说，则存而不论。

五、闽学——朱熹

《宋史·朱熹传》："朱熹字元晦，一字仲晦。徽州婺源人。……父松病亟,尝属熹曰:'籍溪胡原仲、白水刘致中、屏山刘彦冲(原仲、致中之学出自程门,彦冲之学,不知所自出,或亦私淑二程者)三人,学有渊源,吾所敬畏。吾即死,汝唯事之,而唯其言之听。'三人谓胡宪、刘勉之、刘子翚也。故熹之学,既博求之经传,复遍交当世有识之士。延平李侗,老矣,尝学于罗从彦(李侗之学,亦出自程门)。熹归自同安,不远数百里,徒步往从之。其为学,大抵穷理以致其知,反躬以践其实,而以居敬为主。尝谓'圣贤道统之传,散在方策,圣经之旨不明,而道统之传始晦。'于是竭其精力,以研穷圣贤之经传。所著书有:《易本义》《启蒙》《蓍卦考误》《诗集传》《大学中庸章句》《或问》《论语孟子集注》《太极图通书西铭解》《楚辞集注辨证》《韩文考异》。所编次有:《论孟集义》《孟子指要》《中庸辑略》《孝经刊误》《小学书》《通鉴纲目》《宋名臣言行录》《家礼》《近思录》《河南程氏遗书》《伊洛渊源录》。皆行于世。熹没,朝廷以其《大学》《论语》《孟子》《中庸》训说,立于学官。又有《仪礼经传通解》,未脱稿,亦在学官。平生为文,凡一百卷。生徒问答,凡八十卷,别录十卷。"① 朱熹在理学中的地位最高,他是集理学之大成的人,以下把朱子之学,分作三项来说:

(一)居敬穷理。前面说过,朱熹和大慧宗杲很有关系,大慧的教旨,就是先慧而后定。《朱熹传》又说:"其为学,大抵穷理以致其知,反躬以践其实,而以居敬为主。"所谓穷理与居敬,就是慧与定的工夫。他阐发先慧后定的道理道:"所谓致知在格物者,言欲致吾之知,在即物而穷其理也。盖人心之灵,莫不有知,而天下之物,莫不有理。唯于理有未穷,故于知有未尽也。是以大学始教,必使学者即凡天下之物,莫不因其已知之理而益穷之,以求至乎其极;至于用力之久,而一旦豁然贯通焉,则众物之表里精粗无不到,而吾心之全体大用无不明。此谓物格,此谓知之至也。"依他这个说法,便是把格物解在穷理,而主张致知在格物。他这种格物,完全本着伊川"今日格一件,明日又格一件"的精神,和近代科学上的归纳法很相似。但是,穷理(即格物)只是属于知的一面,至于行的一面,他却提出一"居敬",这种行知并提,也是本于伊川"涵养须用敬,进

---

① 朱子在崇安时,把厅堂题为紫阳书堂。又建草堂于建阳的云谷,叫做晦庵。自号晦翁。晚年又卜筑于建阳考亭。所以学者或称他为紫阳、晦庵、考亭。

学则在致知"的精神。朱子说:"学者工夫,唯在居敬穷理二事。此二事互相发:能穷理则居敬工夫日益进,能居敬则穷理工夫日益密。譬如人之两足,左足行则右足止,右足行则左足止。……其实只是一事。"不过因为他主张先慧后定,所以他虽穷理与居敬并提,却依旧着重穷理,他说:"而今人只管说治心修身。若不见这个理,心是如何地治,身是如何地修。若如此说,资质好的,便养得成只是个无能的人;资质不好,便都执缚不住了。"又说:"万事皆在穷理后。经不正,理不明,看如何地持守,也只是空。"而穷理之要,又在于读书,所以他又说:"为学之道,莫先于穷理;穷理之要,必在于读书。欲穷天下之理,而不即经训史册以求之,则是正墙面而立尔。此穷理所以必在乎读书也。"

(二)理气。理气之说,出于伊川,至朱子,而其说益密。他以为理与气是有区别的,所以他说:"天地之间,有理有气。理也者,形而上之道也,生物之本也。气也者,形而下之器也,生物之具也。是以人物之生,必禀此理,然后有性;必禀此气,然后有形。"理与气既有分别,则理与气孰先孰后的问题就发生了,而他却认为理先于气,所以说:"未有天地之先,毕竟也只是此理。有此理,便有此天地。若无此理,便亦无天地。无人无物,都无该载了。有理便有气流行,发育万物。"理虽先于气,然理与气未尝相离,所以说:"有是理便有是气。"又说:"理未尝离乎气。"他所谓理,就是周敦颐所谓太极,所以说:"太极只是天地万物之理。在天地言,则天地中有太极。在万物言,则万物中各有太极。未有天地之先,毕竟是先有此理。动而生阳,亦只是理。静而生阴,亦只是理。"又说:"太极只是一个理字。"他所谓气,就是指阴阳而言,所以说:"阴阳是气,五行是质。有这质,所以做得物事出来。五行虽是质,他又有五行之气,做这物事方得。然却是阴阳二气,截做这五个;不是阴阳外别有五行。"天地之始,也只是由这阴阳之气而来,所以说:"天地初开,只是阴阳之气。这一个气运行,磨来磨去,磨得急了,便拶许多渣滓。里面无处出,便结成个地在中央。气之清者,便为天,为日月,为星辰;只在外常周环运动。地便只在中央不动,不是在下。"人物之始,也只是由这阴阳之气而来,所以说:"昼夜运行而无止,便是阴阳之两端。其四边散出纷扰者,便是游气;以生人物之万殊如面磨相似。其四边只管层层散出,如天地之气,运动无已,只管层层生出人物。其中有精有细,如人物有偏有正。"万物由太极而生，已如上述。现在再考究朱子所论太极与万物的关系。他说："人人有一太极，物物有一太极。合而言之，万物体统一太极也。分而言之，一物各具一太极。"这就是说：物物同由此太极生，物物同分得此理，一即万，万即一，故万物各具一太极。此正合于佛氏圆融无碍之旨，所以朱子又设譬以明此种道理，其言曰："如一海水，或取得一勺，或取得一担，或取得一碗，都是这海水。"又："本只是一太极而万物各有禀受，又各自全具一太极尔。如月在天，只一而已；及散在江湖，则随处而见，不可谓月分也。"

（三）性说。朱子言性，本于伊川横渠，分天地之性与气质之性。他说："有天地之性，有气质之性。天地之性，则太极本然之妙，万殊之一本也。气质之性，则二气交运而生，一本而万殊者也。"又说："天地间只是一个道理。性便是理。人之所以有善有不善，只缘气质之禀，各有清浊。"他这种说法，固属本于伊川横渠，但是和他的理气说也是一贯的。并且他言性，要比伊川横渠为精到，如他所谓"论天地之性，则专指理言。论气质之性，则以理与气杂而言之。未有此气，已有此性。气有不存，而性却常在。虽其方在气中；然气自是气，性自是性，亦不相夹杂。至论其遍体于物，无处不在，则又不论气之精粗，莫不有是理"，即其言性独到之处。性既说明，他进而说明性、情、心三者，他说："性以理言，情乃发用处，心则管摄性情者也。"更进而用譬喻以明心、性、情、欲，他说："心，譬水也；性，水之理也；性则水之静，情则水之动，欲则水之流而至于泛滥者也。"唯其如此，所以才有天理人欲之说，才主张克去人欲之私，以彰天理之公。

总观以上所述，便可知朱子虽多因袭而无发明，然他集诸说的大成，替理学树立一个体系，却是他在理学界中所独占的地位。

六、象山学——陆九渊

《宋史·陆九渊传》："陆九渊字子静。……至行在，士争从之游。言论感发，闻而兴起者甚众。教人不用学规，有小过，言中其情，或至流汗。……还乡，学者辐凑。每开讲习，户外屦满，耆老扶杖观听。自号象山翁，学者称象山先生。……或劝九渊著书。曰：'六经注我，我注六经。'又曰：'学苟知道，六经皆我注脚。'"

象山之学，和朱子不同。朱子的工夫，是先慧后定；象山之学，却是先定后慧。唯其如此，所以李石岑说朱子受了看话禅的影响，象山受了默照禅的影响。象山既不言理气之别，又不讲天理人欲的差异。论到心、性、情、欲的关系，他差不多看作是一件东西。所以伊川说"性即理也"。他就说"心即理"；横渠说："天地之塞，吾其体；天地之帅，吾其性。"他就说："宇宙即是吾心，吾心即是宇宙。"总而言之，他拿定这个"心"，认为此心此理，乃是充满宇宙的东西，"万物之所以序，彝伦之所以立"，都是由于此心此理。所以说："此理在宇宙间，未尝隐遁：天地之所以为天地者，顺此理而无私焉耳。人与天地并立而为三极，安得自私而不顺此理哉？"此理此心，虽充塞宇宙间，却只有一理，所以说："心，一理也；理，一理也。至当归一，精义无二。此心此理，实不容有二。"又："东海有圣人出焉，此心同也，此理同也；至西海、南海、北海有圣人出，亦莫不然。千百世之上有圣人出焉，此心同也，此理同也；至于千百世之下，有圣人出，此心此理，亦无不同也。"此心此理既无二致，所以做人就只以明理为要，用不着外求，故曰："此理本地所以与我，非由外铄我。明得此理，即是主宰。真能为主，则外物不能移，邪说不能惑。"又："汝耳自聪，目自明，事父自能孝，事兄自能弟，本无欠缺，不必他求，在乎自立而已。"这就是说：以一心为主，而此心即在于我，非自外有所增加，凡格物致知，都是发明我心以内的事，所以说："格物者，格此者也。伏羲仰象俯法，亦先于此尽力焉耳。不然，所谓格物，末而已矣。"这里所谓此，都是指心而言，所以有人说象山之学是心学，是禅学。但是，象山依然是儒表佛里，观其言"心即理也"一语，即知其言心则佛，言理则儒。

由上所述，则知格物亦只是格心，因此，读书著书，就不是象山教人为学之方了，所以他说："学苟知道，六经皆我注脚。"又："吾之学问与诸处异者，只是在我，全无杜撰；虽千言万语，只是觉得他底在我，不曾添一些。近有议吾者，云：'除了先生立乎其大者一句无伎俩'。吾闻之曰：'诚然'"；又："自立自重，不可随人脚跟，学人言语。"他这种方法，固然是以直指本心为教，有类于禅宗，但他亦未尝教人不读书（"束书不观，游谈无根"二句，即其明证）。不过此心此理不明，读书不得，所以他又说：

"学者须是打叠田地净洁。田地不净洁,若读书,则是假寇兵赍盗粮。"

总上所述,可知象山之学,纯以一心为主,而朱、陆异同,也可从此窥见。要之,朱主先慧而后定,重学问思辨,即物穷理;陆主先定而后慧,尚简易直截,言心即理;故一主经验,一主直觉;一主归纳,一主演绎:便是他二人的不同之处。

七、阳明学——王守仁

黄宗羲《明儒学案·王守仁传》:"王守仁字伯安,学者称为阳明先生。余姚人也。……先生之学,始泛滥于词章,继而遍读考亭之书,循序格物。顾物理吾心,终判为二,无所得入,于是出入于佛、老者久之。及至居夷处困,动心忍性,因念圣人处此,更有何道。忽悟格物致知之旨,圣人之道,吾性自足,不假外求。其学凡三变而始得其门。自此之后,尽去枝叶,一意本原,以默坐澄心为学的,有未发之中,始能有发而中节之和。道德言动,大率以收敛为主,发散是不得已。(学成以后第一变)江右之后,专提致良知三字,默不假坐,心不待澄,不习不虑,出之自有天则。盖良知即是未发之中,此知之前,更无未发;良知即是中节之和,此知之后,更无已发。此知自能收敛,不须更主于收敛;此知即能发散,不须更期于发散。收敛者,感之体,静而动也;发散者,寂之用,动而静也。知之真切笃实处,即是行;行之明觉精察处,即是知:无有二也。(学成以后第二变)居越以后,所操益熟,所得益化。时时知是知非,时时无是无非,开口即得本心,更无假借凑泊。如赤日当空,而万众毕照。(学成以后第三变)——是学成之后,有此三变也。"案阳明之学,出于象山①,而其受禅宗的影响,更较象山为甚;他如伊川、晦庵,亦与阳明以不小的影响。以下就其心即理、知行合一、致良知三者分述之,并指摘其学之所自出。

(一)心即理。心即理之说,本出于象山,然阳明比象山更说得精到。他说:"身之主宰便是心;心之所发便是意;意之本体便是知;意之所在便

---

① 自元以来,朱学盛而陆学微,阳明力倡陆学,至有"晦翁与象山为学,若有不同,要皆不失为圣人之徒。今晦庵之学,既已彰明于天下;而象山犹蒙无实之诬,莫有为之一洗"之语。

是物。……所以某说无心外之理，无心外之物。"又说："夫物理不外于吾心；外吾心而求物理，无物理矣；遗物理而求吾心，吾心又何物耶？心之体，性也，性即理也。……外心以求理，此知行之所以二也。求理于吾心，此圣门知行合一之义。"他这种"心即理""性即理"，便是他讲致良知讲知行合一的根据。

（二）知行合一。阳明的知行合一，颇受伊川、晦庵的影响。伊川说："知之深则行之必至。无有知之而不能行者，知而不能行，只是知得浅。饥而不食乌喙，人不踏水火，只是知，人为不善，只是不知。"又："未有知之而不能行者；谓知之而未能行，是知之未至也。"晦庵也说："知行常相须。如目无足不行，足无目不见。"由此可知伊川、晦庵也曾说过知行不可分的话，不过阳明所说的知行合一，其根据全在"心即理"一语上，所以和伊川、晦庵不同（见上条所引"外心以求理，此知行之所以二也……"一段）。

阳明既本于心即理去说知行合一，所以他说："知之真切笃实处，便是行。行之明觉精察处，便是知。若知时，其心不能真切笃实，则其知便不能明觉精察。不是知之时，只要明觉精察，更不要真切笃实也。行之时，其心不能明觉精察，则其行便不能真切笃实。不是行之时，只要真切笃实，更不要明觉精察也。"又："如好好色。如恶恶臭。见好色属知，好好色属行。只见那好色时已自好了，不是见了后又立个心去好。闻恶臭属知，恶恶臭属行。只闻那恶臭时已自恶了，不是闻了后别立个心去恶。如鼻塞人虽见恶臭在前，鼻中不曾闻得，便亦不甚恶，亦只是不曾知臭。就如称某人知孝，某人知弟，必是其人已曾行孝行弟，方可称他知孝知弟，不成只是晓得说些孝弟的话，便可称为知孝弟。又如知痛，必自己痛了，方知痛；知寒必已自寒了；知饥必已自饥了。"又："知是行的主意，行是知的工夫。知是行之始，行是知之成。若会得时，只说一个知，已自有行在。只说一个行，已自有知在。今人却将知行分作两件去做，以为必先知之，然后能行；我如今只去讲习讨论，做知的工夫；待知得真了，方去做行的工夫。故遂终身不行，亦遂终身不知。此不是小病痛，其来已非一日矣。某今说个知行合一，正是对病的药。"他这种知行合一的思想，后来流传到日本，强烈冲动了日本的思想界。

（三）致良知①。阳明年五十时，始以致良知三字教人。他说："某于良知之说，从百死千难中得来，非是容易见得到此，此本是学者究竟话头。"观此，可以知致良知说之重要。他所谓致良知，与他的知行合一说是一贯的，所以他说："知其为善，致其知为善之知，而必为之，则知至矣。知其为不善，致其知为不善之知，而必不为之，则知至矣。知犹水也，决而行之，无有不就下者。决而行之者，致知之谓也。此吾所谓知行合一者也。"他所谓良知，是人人所固有的，所以他说："良知之在人心，无间于圣愚，天下古今之所同也。"又："良知之在人心，亘万古塞宇宙而无不同。"又："良知良能，愚夫愚妇与圣人同。"但是，到底什么是良知呢？阳明解释良知最明白的处所，莫过于以下一段。他说："不思善，不思恶，认本来面目。此佛氏为未识本来面目者，设此方便。本来面目，即吾圣门所谓良知。"观此可知良知实和佛氏之所谓觉性者相近。虽然，阳明所谓良知，实百行的标准，而非佛氏的谈空说寂可比，所以他又说："夫良知之于节目时变。犹规矩尺度之于方圆长短也。"阳明这种儒表佛里，正与象山相似。

总观以上所述，便可以知道阳明学的大概②。但阳明学既与象山同一系统，则象山与晦庵异，阳明亦自有与晦庵不同之处。盖晦庵以为性即理，而阳明以为心即理，即是二氏立脚点的不同。立脚点不同，故由此立脚点出发的学说也随之不同。要之，晦庵主心外求理，故尽心知性，重见闻，而归于先知后行；阳明主心内求理，故明心见性，不重见闻，而归于知行合一。虽然，存天理去人欲之说，则阳明亦正同于晦庵③。

以上所述，不过列举理学中几个主要代表的思想。其实，在北宋时尚有杨时、谢良佐、游酢、吕大临谓之程门四杰。四杰之外，如胡正峰、李延平、张南轩，也都是程门后起之秀。而延平之学，更为朱熹之学之所从出。他如朱熹门人，则有蔡西山、蔡九峰、黄勉斋、陈北溪。九渊门人，则有杨简、舒璘、袁燮、沈燮，谓之甬上四先生。至于魏了翁、真西山二

---

① 致知见于《大学》，而不言良知。良知见于《孟子》，而不言致知。阳明兼而取之，遂有致良知之说。
② 要深究阳明思想，最好看阳明门人钱德洪所编的《传习录》。
③ 阳明说："学者学圣人，不过是去人欲而存天理。"

人，却是私淑朱学的。到了元代，传朱学者则有赵复、许衡、刘因诸人；传陆学者，则有陈范、赵偕诸人。而吴澄、郑玉之流，则属于朱、陆调和派。明初，吴与弼、薛瑄诸人，都恪守紫阳家法；至陈献章（白沙）出，始启静养之端，自立门户。及阳明嗣陆而倡心学，由是王学遍天下，而程、朱与陆、王遂为理学中的二大派。当时属王学一派者，有王畿、王艮、邹守谦、杨东明、罗洪先诸人。王学到了末流，便不守礼教，放浪形骸，以为"满街皆是圣人""酒色财气，不碍菩提路"。明末，刘宗周（念台）以慎独为宗，认为致知、格物、正心及修齐治平，都是慎独，而王学之风一变。以上所述，便是宋、元、明三代理学的大概。理学在中国学术思想史上，别开生面，要知道它的详细，可参看黄宗羲的《宋元明学案》。

总之，所谓理学，不问是宋儒的言性即理，或明儒的言心即理，都无不是援释入儒，或援儒入释，表面上虽承接孔、孟的道统，实质上，所谓理学，却已另成一个体系，而决不是孔、孟的真面目。我们研究理学，首先便应注意此点。至于既援释入儒或援儒入释而又力排释者，其原因固如钟泰氏所云（见前），然而孔、孟重日用人伦，释家主空寂，却是他们排佛的重要原因。

最后还有一点要陈述的，就是当朱、陆之学盛行的时候，有浙东永康永嘉学派；当王学遍天下的时候，便有高攀龙、顾宪成一派。永康学派的代表为陈亮（同甫），永嘉学派的代表为叶适（水心），要皆与吕祖谦之学相表里，而以事功为主。高、顾排王学而倡气节，议论国政，主持清议。盖永嘉、永康学派言事功，为理学末流"剽正心诚意为浮谈而视治国平天下为末务"之反动，南宋外患的频仍，实为促成此派的主因；顾、高论国政倡气节，为王学末流尚空谈轻礼教之一反动，而当时朝政腐败，又实为促成此派的主因。

【问题提要】

（一）试略述宋、明理学所含的成分。

（二）宋、明理学家既有得于老、佛，何以又辟老、佛？

（三）试略述周敦颐的学说。又其学说与老、佛有什么关系？

（四）试略述程颢的学说。又其学说与禅宗有什么关系？

（五）试略述程颐的学说。又其学说与程颢有何相异之处？

（六）程颢、程颐对于儒林有何贡献？

（七）试略述张载的学说及其学说影响于程、朱之处。

（八）试略述朱熹的学说。

（九）试略述陆九渊的学说及朱、陆相异处。又其学说与禅宗有何关系？

（十）试略述王守仁的学说及其学说之所自出。

（十一）当朱、陆之学特盛时，有何其他学派？又其主旨如何？

（十二）当王学盛时，有何其他学派？又其主旨如何？

第七章　考据学（汉学）时代

一、清代考据学特盛的原因

清代学术，可以叫做考据学时代。但清初学派，真能代表考据学的启蒙运动者，却只有顾炎武、胡渭、阎若璩诸人；他如颜元一派，则重在躬行实践；黄宗羲一派，则以史学为根据，而推之于当时之务；王锡阐、梅文鼎一派，则专治天算；王夫之一派，则在于复兴关学，而力排阳明学，都不能列为考据学派。不过因为颜元、黄宗羲、王夫之三人，在明末清初学术思想转变的当儿，也和顾炎武一样，占有重要的地位，所以本章有一节专讲这四位学者。而由黄宗羲一派所衍成的史学，以及王、梅的天算，则留到以后再讲。至于嘉庆以后的今文学，则因其与光绪时的维新运动有关，所以也留到以后再讲。"开场白"道过了，再来说清代考据学特盛的原因。

章炳麟《訄书》中的《清儒》有云："清世理学之言，竭而无余华；多忌，故诗歌文学梏；愚民，故经世先王之志衰；家有智慧，大凑于说经，亦以纾死，而其学近工眇踔善矣。"这寥寥数语，竟道破了清代考据学特盛的原因。现在总括起来，其特盛的主因，要之不外以下三端：

第一，王学的反动。王学末流，专尚浮谈不务实学，故其反动为实事求是；当时学者，且以亡国之罪，归之王学。顾炎武说："刘石乱华，本于清谈之流祸，人人知之。孰知今日清谈，有甚于前代者。昔之清谈谈老、庄，今之清谈谈孔、孟。未得其精而已遗其粗，未究其本而先辞其末。不习六艺之文，不考百王之典，不综当代之务。举夫子论学论政之大端，一切不问，而曰一贯，曰无言。以明心见性之空言，代修己治人之实学。股肱惰而万事荒，爪牙亡而四国乱。昔王衍妙善玄言，自比子贡。及为石勒所杀，将死，顾而言曰：'吾曹虽不如古人，向若不祖向浮虚，戮力以匡天下，犹可不至今日。'今之君子，得不有愧乎其言。"又："以一人而易天下，其流风至于百有余年之久者，古有之矣：王夷甫之清谈，王介甫之新说。其在于今，则王伯安之良知是也。孟子曰：'天下之生久矣，一治一乱，'拨乱世、反诸正，岂不在后贤乎？"（以上《日知录》）又："今之君子，聚宾客门人数十百人……而一皆与之言心言性；舍多学而识以求一贯之方，置四海之困穷不言而讲危微精一之说……我弗敢知也。"（《亭林文集·答友人论学书》）他这样力排王学提倡实学便为清代学术界别开一条出路。虽然，力排王学，却还不曾伤及程、朱。所以炎武一方面说，"古今安得别有所谓理学者，经学即理学也；自有舍经学以言理学者，而邪说以起"（全祖望《亭林先生神道表引》）；他方面却说，"由朱子之言，以达乎圣人下学之旨"（《亭林文集·下学指南序》）。他如黄宗羲则始终不非王学，不过纠正其末流的空疏罢了；王夫之虽黜王学，却宗宋学，而好言名理。唯颜元一人，直攻程、朱，其言曰："予昔尚有将就程、朱附之圣门支派之意；自入南游，见人人禅子，家家虚文，直与孔门敌对。必破一分程、朱，始入一分孔、孟。乃定以为孔、孟与程、朱判然两途，不愿作道统中乡愿矣。"（李塨著《颜习斋先生年谱》卷下）至惠士奇、惠栋、戴震出，始专于训诂之学。戴震以为，"由文字以通乎语言，由语言以通乎古圣贤之心志，譬之适堂坛之必循其阶，而不可以躐等"（《东原集·古经解钩沉序》）。于是又说："故训明则古经明，古经明则贤人圣人之理义明。歧故训理义二之。是故训非以明理义，而故训胡为？理义不存乎典章制度，势必流入异学曲说而不自知。"（《东原集·题惠定宇先生授经图》）至是考据学（即所谓汉学）的阵营始整，而夺了宋明学的地位。

第二，属于政治者。明季朝政腐败，宦官当权，当时有志之士，如顾宪成等，都结党以议朝政，且与宦官敌对，卒之酿成党祸。这一班有志之士，虽未得君行道，可是由他们所养成的尚气节持正谊的风气，却弥漫于一般士子的头脑中。鼎革时为这种风气所薰染而抱有家国之痛的学者，便有意来匡复明室；但累次的复明运动，都归失败，清室的江山已安如磐石，在这种情况之下，就只好干些实事求是的学问，以备日后的应用。所以顾、黄、王、颜这四位学者以及其他许多有志之士，都带有学以致用的色彩。当时王学的空浮，自然担不起这个重负，而要想谋社会的改革，树立一个合理的社会，又自非寻根究底地去研究从来一切典章制度的得失不可。这样一来，许多学者自然就并力于考古之一途，而精神所注，便不知不觉地集中在传世久远的经书上面。研究从来一切典章制度的得失，既只有集中经书，便要把经书还它一个本来面目。所以最初反对王学的空浮，继而又攻击程、朱的说经，而抬出去古不远的汉儒以压倒传统已久的宋儒，汉学的招牌，就由此树立起来了（后来的今文家，更进一步而复先秦之古，关于此点，留到以后再讲）。不过因为清廷累兴文字之狱，法网日密，却使学者不能不由经世致用之学而日趋于狭义的考据之学。

第三，属于经济者。自后三藩平定以后，康、雍、乾对于蒙古、准(噶尔)部、西藏等边地虽累累用兵，但中国本部，却久已平定无事。这个平静的期间，有一百多年，生产的增加，已经超过明末清初之上，随而国库的储蓄也日益增加。在这个期间，清廷开了几次博学鸿词科，来罗致一班逸民，借以消灭反清的恶感。所以康熙时虽有吕留良、黄宗羲、顾炎武、魏禧诸人立志不就，但毛奇龄、尤侗、汤斌一班人却已纷纷入彀。雍正时编辑《古今图书集成》时，也罗致很多的学者。乾隆时，除开博学鸿词科外，又开四库全书馆，当时参与校勘的人，除总纂官纪昀外，还有朱筠、戴震、王念孙一班积学之士。在这种情况之下，反清的恶感，自然会渐次地消失下去，而原来经世致用的治学精神，就必然地一变而专于考据之学了。

二、清初四大学者

章炳麟说："清世理学之言，竭而无余华。"所以清初代表陆、王派的虽有李中孚、李绂，代表程、朱派的虽有陆世仪、陆陇其，调和陆、王与程、朱的虽有孙奇逢，但他们说来说去，都无非出自剽窃，在学术思想上，没有重要的地位。真能在思想界占有地位的，便只有顾炎武、黄宗羲、王夫之、颜元四人。他四人的思想，都是王学的反动，不过其反动所走的方向各各不同：顾、王黜明存宋，而顾尊考证，王好名理；黄氏始终不非王学，而只是纠正王学末流的浮虚；唯有颜元一人，则不但攻击陆、王、程、朱，而且鄙薄考据之学，在四人中特出。今分述四人思想的大概如下：

（一）顾炎武。顾炎武字宁人，又号亭林，江苏昆山人。国变时，他母亲不食而卒，教他不得事二姓。他与同志举义兵不成以后，就刻厉为学，漫游南北，关塞险阻之处无不至。康熙时，诏征鸿博之士，他预告诸门人在京为之辞曰："刀绳具在，勿速我死。"所著有《左传杜解补正》《音学五书》《日知录》《天下郡国利病书》《文集》《诗集》等，而《日知录》尤为一生经意之作。顾氏之学，为王学的反动，前已言之，所以顾氏治学的精神，亦从力排当时骛高无实之病而来，而以致用为鹄的，其言曰："愚所谓于圣人之道者如之何？曰：博学于文，行己有耻。自一身以至于天下国家，皆学之事也；自子臣弟友以至出入往来辞受取与之间，皆有耻之事也。耻之于人大矣！不耻恶衣恶食，而耻匹夫匹妇之不被其泽。故曰：万物皆被于我矣，反身而诚。呜呼！士而不先言耻，则为无本之人。非好古而多闻，则为空虚之学。以无本之人而讲空虚之学，吾见其日从事于圣人而去之弥远也。"（《答友人论学书》）又："孔子删述六经，即伊尹、太公救民水火之心，故曰：'载诸空言，不如见诸行事。'……愚不揣有见于此，凡文之不关于六经之指当世之务者，一切不为。"（《亭林文集·与人书二》）虽然，顾氏高揭"经学即理学"的旗帜，而能为一代宗师者，却在于他的治学方法。他的治学方法，约有二端：①贵创。他说："有明一代之人，其所著书，无非盗窃而已。"又论著书之难："必古人所未及就，后世之所不可无，而后为之。"（以上《日知录》）其不蹈袭古人而贵创造，由此可见。②博证。《四库全书日知录提要》云："炎武学有本原，博赡而能贯通，每一事必详其始末，参以证佐，而后笔之于书，故引据浩繁，而牴牾者少。"又全祖望说："凡先生之游，载书自随，所至厄塞，即呼老兵退卒询其曲折，或与平日所闻相合，即发书而对勘之。"（《亭林先生神道表》）这就是他所用的治学方法，乾、嘉以还，固为学者所共习，然其创始则不能不归于炎武。总之，炎武高揭"经学即理学"的旗帜，采用博证的方法，而以致用为鹄的，实为一代考据学的辟祖。

（二）黄宗羲。黄宗羲字太冲，号梨洲，又号南雷，浙江余姚人。明亡，鲁王立于绍兴，他纠合里中子弟数百人走从鲁王，号世忠营。又赴日本求援。事不成，而鲁王亦覆。但他复明之志仍旧，东奔西走，和故将遗臣相要结，希望有所成就。天下平定，他知事不可为，便返里一意从事著述。后清室屡征，都力拒未就。所著有《明儒学案》，为中国有学术史之始。又有《易象数论》《明史案》《明夷待访录》《律吕新义》《南雷文定》等。又与子百家辑《宋元儒学案》，未完编，后为全祖望所完成。宗羲之学，出于刘宗周，不外阳明良知一派，然平生得力处，却在经史，所以他说："明人讲学，袭语录之糟粕，不以六经为根柢。"又："读书不多，无以证斯理之变化。多而不求诸心，则为俗学。"清初诸儒，多讲经世之务，即学问所以致用，宗羲得力于史，故于《明夷待访录》中所作《原君》与《原法》，更能道破君主制度的罪恶，而能言人之所不敢言。《原君》说："后之为人君者不然。以为天下利害之权，皆出于我。我以天下之利尽归诸己，以天下之害尽归于人，亦无不可。使天下之人，不敢自私，不敢自利，以我之大私为天下之大公。……视天下为莫大之产业，传之子孙，受享无穷。……此无他，古者以天下为主，君为客。凡君之所毕世而经营者，为天下也。今也以君为主，天下为客。凡天下之无地而得安宁者，为君也。……然则为天下之大害者，君而已矣。……今也天下之人怨恶其君，视之如寇仇，名之为独夫，固其所也。而小儒规规焉以君臣之义无所逃于天地之间，至桀、纣之暴，犹谓汤、武不当诛之……岂天地之大，于兆人万姓之中独私其一人一姓乎？"《原法》说："后之人主，既得天下，唯恐其祚命之不长也，子孙之不能保有也，思患于未然，以为之法。然则其所谓法者，一家之法，而非天下之法也。……三代之法，藏天下于天下者也。……法愈疏而乱愈不作，所谓无法之法也。后世之法，藏天下于筐箧者也。利不欲其遗于下，福必欲其敛于上。……故其法不得不密。法愈密而天下之乱即生于法之中，所谓非法之法也。论者谓有治人无治法，吾以为有治法而后有治人。"宗羲此种思想，在今日看来固然浅薄，但在当时确系惊人之论。清季谭嗣同、梁启超辈倡民权共和之说，亦多受宗羲思想的影响。要之，宗羲于史独具卓见，实为一代史学之祖。

（三）王夫之。王夫之字而农，号薑斋，湖南衡阳人。明亡，从瞿式耜于桂林。时桂王监国，授他为行人。后式耜殉节桂林，桂王亦覆。他知事不可为，遂退居不出，终身不剃发易服。学者称为船山先生。所著甚多，而其学略见于《噩梦》《黄书》《俟解》《思问录内外篇》《读通鉴论》《宋论》。《噩梦》《黄书》，言黄帝为吾族之祖，指陈民生利害甚切。《俟解》《思问录》，多为理气之谈，释、儒之辨。《读通鉴论》《宋论》，则辨夷夏之防，明民权之理。大之黜明存宋，所以力攻王学，而倡关学。他说："侮圣人之言，小人之大恶也……姚江之学，横拈圣言之近似者，摘一句一字以为要妙，窜入其禅宗，尤为无忌惮之至。"（《俟解》）即其攻王学之语。又说："张子之学，上承孔、孟，如皎日丽天，无幽不烛。惜其门人未有殆庶者。其道之行，曾不逮邵康节之数学。是以不百年而异说兴。"（《张子正蒙注序》）即其倡关学之语。他于天理人欲之辨，言之最当，所说"天理即在人欲之中，无人欲则天理亦无从发现"（《正蒙注》）。实发前人所未发，后此戴震思想，多由此衍出。然以他僻处深山，又不与当时学者往来，故其学所传不广，唯其乡后学谭嗣同，却深受他的影响，竟谓："五百年来学者，真通天人之故者，船山一人而已。"（谭嗣同《仁学》卷上）

（四）颜元。颜元字易直，又字浑然，直隶博野人。他先好陆、王之学，不久，又从事程、朱学，最后"始悟尧、舜之道在六府二事，周公教士以三物，孔子以四教，非主静专诵读流为禅宗俗学者所可托。于是著《存学》《存性》《存治》《存人》四编以立教，名其居曰习斋。帅门弟子行孝弟，存忠信，日习礼，习乐，习射，习书、数，究兵农水火诸学，堂上琴、竽、弓、矢、筹、管森列"（戴望《颜氏学记·颜元传》）。这样看来，习斋之学，实以事物为归，不以空言立教。唯其如此，所以习斋之学，能确守孔子旧章，而与后儒新说有别："其一，谓古人学习六艺以成其德行，而六艺不外一礼……礼必习行而后见，非专恃书册诵读也。孔子不得已而周游，大不得已而删订，著书立说，乃圣贤之大不得已，奈何以章句为儒，举圣人参赞化育经纶天地之实事一归于章句，而徒以读书纂注为功乎？无极、太极、河洛、先后天之说，皆自道家，而以之当圣人之言性与天道，至谓与伏羲画卦同功，宜其参杂二氏而不自知也。其二，谓气质之性无恶，恶也者，蔽也，习也。纤微之恶，皆自玷其体；神圣之极，皆自践其形也。孟子明言'为不善非才之罪'，'非天之降才尔殊'，'乃若其情，则可以为善'，又曰'形色天性也'；若曰气质有恶，是于天之降才即罪才矣，是歧天人而使之二本矣。况曰性善，谓智愚之性同是善耳，亦未尝谓全无差等。孔子曰：'性相近也，习相远也'，性之相近，如真金多寡轻重不同，而其为金相若也；唯其有等差，故不曰同；唯其同一善，故曰'近'，其引蔽习染溺色溺货以至无穷之罪恶，则皆以习而远于善，即所谓'倍蓰无算不能尽其才者'也。先生此言，合孔、孟而一之。……其三，谓圣门弟子不可轻议，诸贤一月皆至于仁，一日皆至于仁，每学之而愧未能。……子路鼓瑟不合雅颂，而门人不敬，孔子即不谓然；孟子谓'游于圣人之门者难为言'，举七十子之服孔子，其辞不遗一人。后儒乃动诋宰我、樊迟、季路、冉求、子贡、子张、游、夏诸子，而欲升周、程与颜、曾接席，是自亲贤于孟子矣。盖圣门弟子以竟业为本，唯在实学实习实用之天下，而后儒侈言性天，薄事功，故其视诸贤甚卑也。"（《颜元传》）观此，知颜元之学，不独不认宋、明理学为学，并不认汉学为学。盖其精神不在书本上的知识，而在实行。其弟子李塨、王源，都能实践颜氏之教。然因清室法网日密，他的实行精神，又为当局所猜忌，故其学不久中绝。

三、考据学的建立及其特盛

考据学的启蒙运动者为顾炎武，然同时还有阎若璩、胡渭、姚际恒三人，都是替考据学辟坦道的人。阎著《古文尚书疏证》，专辨东晋晚出的《古文尚书》及同时出现的孔安国《尚书传》为伪书。这种伪书，千余年来，学人都视为神圣不可侵犯而无敢议其为伪者，自阎氏力辨其为伪，于是学界受此刺激，对于一切经义经文顿起疑惑。胡著《易图明辨》，辨宋邵雍所传《河图》《洛书》，非羲、文、周、孔所有，而与《易》义无关。他以《易》还诸羲、文、周、孔，以《图》还诸陈抟、邵雍，明孔学自孔学，宋学自宋学。由是宋学（理学）所凭借的《河图》《洛书》，遂失其支配学人心理的势力，而学人才知道欲求孔子所谓真理，除宋人所用方法外，还有别的途径。姚著《古今伪书考》，疑《古文尚书》，疑《周礼》，疑《诗序》，甚至疑《孝经》与《易传十翼》，其怀疑精神，异常炽烈。这三人的工作，虽杂而不纯，但其为后此考据学奠立一个极强固的基础，却要归功于他们。

清代考证之学，已由顾炎武等开其端绪，然能使这种学问成一体系者，当首推乾隆时的吴派惠栋与皖派戴震，而戴的精深，远过于惠。

惠栋吴县人，字定宇。承祖周惕、父士奇之后，世传经学。栋所著有《九经古义》《易汉学》《周易述》《明堂大道录》《古文尚书考》诸书。其弟子最著的，有余萧客、江声、沈彤诸人。萧客弟子江藩，作《国朝汉学师承记》，把栋列为汉学的正统。其实，栋不如戴震，未足以完全代表一代的学术，不过汉学的阵营，从他才建立起来罢了。栋治学以博闻强记为入门，以遵古守家法为究竟。其言曰："汉人通经有家法，故有五经师，训诂之学，皆师所口授，其后乃著竹帛，所以汉经师之说，立于学官，与经并行……古字古言非经师不能辨……是故古训不可改也，经师不可废也……

余家四世传经，咸通古训……因述家学作《九经古义》。"(《九经古义首述》) 这样看来，足见他的治学，专以"古今"定"是非"，虽树立汉学的阵营，而清初诸儒怀疑的精神，却因之消失。所以梁启超说："惠派治学方法，吾得以八字蔽之，曰：'凡古必真，凡汉皆好'……平心论之，此派在清代学术界，功罪参半。"(《清代学术概论》) 其批评可谓至当。

建立考据学的功臣，首推戴震。"戴先生震，字东原，安徽徽州府休宁县人。生具异禀，十岁始能言。……授《大学章句》，至'右经一章'节，问塾师曰：'此何以知为孔子之言而曾子述之？又何以知为曾子之意而门人记？'师应之曰：'此朱文公所述。'即问：'朱文公何时人？'曰：'宋朝人。''孔子、曾子何时人？'曰：'周朝人。''周朝、宋朝相去几何时矣？'曰：'二千年矣。''然则朱文公何以知其然？'师无以应。"(刘光汉《戴震传》) 这一段故事，已足以说明戴氏治学的出发点，而戴氏之所以能成为一代学派的建立者，亦即在其治学方法。以下就其治学方法的特点分述之：

"年十五，普读群经。每字必求其义。好汉许氏《说文解字》，尽得其节目。又取《尔雅》《方言》及汉儒传注笺存于今者参互考究，一字之义，必本六书，贯群经，以为定诂。"

"年十七，即有志闻道。谓非求之六经、孔、孟不能得。非从事于字义制度名物，无由通其语言。……故其言曰：'经之至者，道也；所以明道者，其辞也；所以成辞者，字也。必由字以通其道，乃能得之。'是则先生之学，以小学为入门。"

"然音韵之学，较训诂之学尤精。尝以'训诂必出于声音，当据声音求训诂'，成《转语》二十章。"

"先生之学，先立科条，以审思明辨为归。凡治一学，著一书，必参互考验，曲证旁通，博征其材，约守其例。复能好学深思，实事求是，会通古说，不尚墨守。"

"先生有言：'学贵精不贵博。吾之学不务博也，故凡守一说之确者，当终身不易。'"

"又曰：'读书当识其正面背面，好学当得条理；得其条理，则由合而分，由分而合，无不可为。'"(以上《戴震传》)

"学者当不以人蔽己，不以己自蔽；不为一时之名，亦不期后世之名。有名之见，其弊二：非掊击前人以自表暴，即依傍昔贤以附骥尾。"(《东原

文集·答郑用牧书》）

"戴学分析条理，参密严瑮；上溯古义，而断以己之律令。"（章炳麟《清儒》）

综上所述，得知戴氏治经，以小学为入门，有清一代小学的发达，实由于戴氏提倡之功。又得知戴氏治学方法，不外：（一）参互考验，曲证旁通。（二）先立科条，以审思明辨为归。（三）实事求是，不主一家。（四）贵精不贵博。（五）不以人蔽己，不以己自蔽。（六）分析条理，识断精审。这些方法，都为后此考据学家所沿用，故戴氏有功于一代学术即以此，而与惠氏相异亦以此。盖惠氏淹博而不精；笃好古法而鲜审思明辨；富于引申而寡于裁断①。

戴氏著作，其最精的，属于小学的有《声韵考》《声类表》《方言疏证》《尔雅文字考》；属于历算的有《原象》《历问》《续天文略》《策算》《古历考》《勾股割圜记》；属于水地的有《校水经注》《直隶河渠书》《水地记》。而《孟子字义疏证》则为他晚年最得意之作。但《孟子字义疏证》不属考据学范围以内，而欲借此以树立他的哲学。原来宋儒讲学，以为"天理与人欲不两立，唯人欲净尽，斯天理流行"。他本于王夫之的学说，力斥其非，其言曰："古人所谓天理，不外絜民之求，遂民之欲，必求之人情而无憾，然后即安。理也者，即情欲之不爽失者也，故理即寓于欲中。盖一人之欲，即千万人所同欲也。自宋儒以意见为理，舍是非而论顺逆，然后以空理祸斯民。故人死于法，犹有怜之者；死于理，其谁怜之?"（《戴震传》引《孟子字义疏证》）。

戴门后学，名家辈出，而尤以金坛段玉裁、高邮王念孙及念孙子引之为最著。段著有《说文解字注》《六书音韵表》；念孙著有《读书杂志》《广雅疏证》；引之著有《经义述闻》《经传释词》，都是遵守戴氏治学方法而成功的名著。道光间，继戴氏之学者有俞樾，同治间则有孙诒让。俞著有

---

① 梁启超论戴、惠之别："戴、段、二王之学，其所以特异于惠派者，惠派之治经也，如不通欧语之人读欧书，视译人为神圣；汉儒则其译人也，故信凭之不敢有所出入。戴派不然，对于译人不轻信焉，必求原文之正确然后即安。惠派所得，则断章零句，援古正后而已；戴派每发明一义例，则通诸群书而皆得其读……戴派之言训诂名物，虽常博引汉人之说，然并不墨守之。"（见《清代学术概论》）

《群经平议》《诸子平议》《古书疑义举例》。孙著有《周礼正义》《墨子闲诂》。——是为考据学的全盛期。清季今文势盛,而能宏大正统派的考据学者,则有章炳麟。所著有《文始》《国故论衡》,其精义多为乾、嘉时人所未发。但章氏之学,已不限于考证学的范围,而转趋于排满的言论。关于这点,以后再说。

清代考据学的特盛,已如前述,而其一代学术的中坚,则在于诸经都各有新疏,观阮元所辑的《皇清经解》以及王先谦的《续编》所收罗的著作家,多至百五十七家,其业绩的伟大,即可想见。然其业绩,尚不止此,如小学,如音韵学,有清一代,也是作家辈出。他如史学、地理学、金石学、历算学,清儒亦多有发明。至于由校勘而纠正古书传抄踵刻的伪谬,罗辑旧书以免名著失佚,也是清儒的伟大工作。

【问题提要】

(一)试略述清代考据学特盛的原因。
(二)试述顾炎武的治学方法。何以他为一代考据学的辟祖?
(三)试略述黄宗羲、王夫之、颜元三人的学说。
(四)颜元之学,何以不久中绝?
(五)阎若璩、胡渭、姚际恒三人对于清代考据学有何贡献?
(六)试述戴震的治学方法及其与惠栋相异之处。

第八章 维新运动与新文化运动

一、今文学的兴起

清初学者的真精神,就是"经世致用"四个字,后来却抛弃了"经世致用"的精神,一般学者都离开现实在故纸堆中专做考据学——汉学(朴学)——的工作。清室要罗致学者,要灭杀读书人的反清意识,也就尽力来提倡这种学风——固然,清室也提倡程、朱理学,但是,其目的都一样是束缚士子的思想。这样一来,到了乾、嘉以后,所谓考据学便成了炙手可热的学问了。学术的本身,既已成了学阀,自然就免不了门户之见;而故纸堆中的考据工作,又是有限得很,在这种情况之下,所谓考据学就必然要溃裂起来,而学者思想也必然要朝向新的方面活动起来——这是就学术本身来说。

其次,清就当时的政治并经济方面来说。清室的黄金时代,要算康、雍、乾三朝,但到乾隆时代,却已呈现出渐就衰颓的倾向。因为高宗是个好大喜功的人,那号称"十全武功"的"东征西讨",早就把圣祖几十年岁月所蓄积下来的金钱花光了;加以晚年耄荒,宠用和珅,更加把政治弄到腐败不堪。到了嘉庆(仁宗年号)时代,虽然杀掉了乱政的和珅,可是清室的统治已经动摇,毕竟免不了接二连三的内乱——白莲教之乱、海盗之乱及天理教之乱。道光(宣宗年号)以降,内乱外患,相迫而来:外患如鸦片之役、英法联军之役、中日之役,内乱如太平军的革命运动、捻乱,都无不动摇了中国整个的政治局面与经济组织。在这种局势之下,离开现实的考据学,自然地丧失了它的社会的存在根据,从而许多有志于经世之务的学者,也就自然地相应于这种局势而朝着新的方向活动起来。

原来经学有今古文之争,这在以前已经说过了。清代一般所谓考据学家，其治经都是宗古文家法，到了乾、嘉时代，便闹到"家家许、郑，人人贾、马"的局面。他们愈加闹到炙手可热的时候，他们的工作就愈加离开现实，其结果，"学术专制"之局无法维持，而所谓今文家便在这个当儿和他们分立起来了。后来，清政陵夷衰微，外患内乱时时交迫，而海禁大开，所谓西学，又渐次输入中土，于是今文家遂将当时所输入的西学，以与清初的经世致用的精神相结合，和那在学术界素具权威的古文家对抗起来，结果，造成轰轰烈烈的维新运动。

二、今文学与维新运动

清代今文学的启蒙大师，便是武进庄存与。他著有《春秋正辞》，专求其所谓"微言大义"者，而不致力于训诂名物之末，和戴、段一派所用的方法，完全不同。其后武进刘逢禄继起，著《春秋公羊经传何氏释例》，专发明"张三世""通三统""绌周王鲁""受命改制"诸义[1]。道光时，仁和龚自珍通《公羊春秋》，说经宗庄、刘，为今文学健将，往引《公羊》义讥切时政，诋排专制，清末思想的解放，自珍很有功劳[2]。龚自珍虽言经学，然与戴、段一派之为经学而治经学者不同，盖自珍处清政衰微的时候，很留心于经世之学[3]。以上所述，可以说是今文学的初期运动，其中心专在《公羊》。道光末，邵阳魏源著《诗古微》与《书古微》，才攻击《毛传》《大小序》以及东晋晚出的《古文尚书》为伪作。同时，邵懿辰又著《礼经通论》，谓《古文逸礼》三十九篇，系刘歆伪作。这样一来，所谓古文诸经传，就渐次地都发生真伪问题了。至康有为出，乃全部推翻古文诸经传，而集今文学的大成，同时，所谓维新运动，亦自有为开其端。故以下详述有为之学，并阐明今文学与维新运动的关系。

有为少年时的事略及其学术思想的来源。"有为原名祖诒，字广夏，又

---

[1] 何休《公羊传注自序》："其中多非常异义可怪之论。"即指张三世、通三统诸义而言。

[2] 梁启超《清代学术概论》："晚清思想之解放，自珍确与有功焉。光绪间所谓新学家者，大率人人皆经过崇拜龚氏之一时期，初读《定庵文集》，若受电然，稍进乃厌其浅薄；然今文学派之开拓，实自龚氏。"

[3] 龚自珍著《西域置行省议》，又作《蒙古图志》；又魏源亦著有《元史》及《海国图志》，其留心边事与经世之务可知。

号长素，咸丰五年（1855年）生于广东南海县。其先代为粤名族，世以理学传家。……祖父赞修……专以程、朱之学提倡后进，粤之士林，咸宗仰焉。……父达初早逝，母劳氏，生子二人，长即有为，次广仁。有为既早孤，幼受教于祖父……七岁能属文，有神童之目……成童之时，便有志于圣贤之学，乡里俗子笑之，戏号之曰'圣人为'，盖以其开口辄曰圣人圣人也。……年十八始游朱九江之门授学焉。九江者，名次琦，字子襄，粤中大儒也。其学根于宋、明，而以经世致用为主，研究中国史学、历代政治沿革，最有心得……从之游凡六年而九江卒。其理学政学之基础，皆得诸九江。九江卒后，乃屏居独学于南海之西樵山者又四年……既出西樵，乃游京师。其时西学初入中国，学者莫或过问，先生僻处乡邑，亦未获从事也。及道经香港、上海，见西人殖民政治之完整，属地如此，本国之进步更可知，因思所以致此者，必有道德学问，以为之本原，乃悉购江南制造局及西教会所译各书尽读之。彼时所译者，皆初级普通学及工艺兵法医学之书，否则耶稣《圣经》论疏耳。于政治哲学，毫无所及。而先生……别有会悟，能举一反三，因小以知大，自是于其学力中别开一境界。"（梁启超著《康有为传》）"今文学运动之中心，曰南海康有为，然有为盖斯学之集成者，非其创作者也。有为早年，酷好《周礼》，尝贯穴之著《政学通议》，后见廖平所著书，乃尽弃其旧说。廖平者，王闿运弟子；闿运以治《公羊》闻于时……平受其学，著《四益馆经学丛书》十数种，颇知守今文家法……有为之思想，受其影响，不可诬也。"（梁启超著《清代学术概论》）

有为的著作及其学术思想。"有为最初所著书曰《新学伪经考》，伪经者，谓《周礼》《逸礼》《左传》及《诗》之《毛传》，凡西汉末刘歆所力争立博士者；新学者，谓新莽之学。时清儒诵法许、郑者，自号曰汉学，有为以为此新代之学，非汉代之学，故更其名焉。《新学伪经考》之要点：（一）西汉经学，并无所谓古文者，凡古文皆刘歆伪作；（二）秦焚书，并未厄及六经，汉十四博士所传，皆孔门足本，并无残缺；（三）孔子时所用字，即秦、汉间篆书，即以'文'论，亦绝无今古之目；（四）刘歆欲弥缝其作伪之迹，故校中秘书时，于一切古书多所羼乱；（五）刘歆所以作伪经之故，因欲佐莽篡汉，先谋湮乱孔子之微言大义。诸所主张，是否悉当，且勿论，要之此说一出，而所生影响有二：第一，清学正统派之立脚点,根本摇动;第二,一切古书,皆从新检查估价;此实思想界之一大飓风也。……《新学伪经考》出甫一年,遭清廷之忌,毁其版,传习颇稀。……有为第二部著述,曰《孔子改制考》。……有为之治《公羊》也,不断断于其书法义例之小节,专求其微言大义,即何休所谓非常异义可怪之论者,定《春秋》为孔子改制创作之书;谓文字不过其符号,如电报之密码……非口授不能明。又不唯《春秋》而已,凡六经皆孔子所作;昔人言孔子删述者误也,孔子盖自立一宗旨而凭之以进退古人去取古籍。孔子改制,恒托于古,尧、舜者,孔子所托也;其人有无不可知,即有,亦至寻常,经典中尧、舜之盛德大业,皆孔子理想上所构成也。又不唯孔子而已,周、秦诸子罔不改制,罔不托古。老子之托黄帝,墨子之托大禹,许行之托神农,是也。近人祖述何休以治《公羊》者,若刘逢禄、龚自珍、陈立辈,皆言改制,而有为之说,实与彼异。有为所谓改制者,则一种政治革命社会改造的意味也。故喜言通三统,三统者,谓夏、商、周三代不同,当随时因革也。喜言张三世,三世者,谓据乱世、升平世、太平世,愈改而愈进也。有为政治上变法维新之主张,实本于此。……《孔子改制考》之内容,大略如此。其所及于思想界之影响,可得言焉:(一)教人读古书,不当求诸章句训诂名物制度之末,当求其义理。所谓义理者,又非言心言性,乃在古人创法立制之精意;于是汉学、宋学,皆所吐弃,为学界别辟一新殖民地。(原文如此)(二)语孔子之所以为大,在于建设新学派(创教),鼓舞人创作精神。(三)《伪经考》既以诸经中一大部分为刘歆所伪造,《改制考》复以真经之全部分为孔子托古之作,则数千年来共认为神圣不可侵犯之经典,根本发生疑问,引起学者怀疑批评的态度。(四)虽极力推挹孔子,然既谓孔子之创学派与诸子之创学派,同一动机,同一目的,同一手段;则已夷孔子于诸子之列,所谓别黑白定一尊的观念,全然解放,导人以比较的研究。……上两书皆有为整理旧学之作,其自身所创作,则《大同书》也。……有为以《春秋》三世之义说《礼运》,谓升平世为小康,太平世为大同。《礼运》之言曰:'大道之行也,天下为公,选贤与能,讲信修睦,故人不独亲其亲,不独子其子,使老有所归,壮有所用,幼有所长,鳏寡孤独废疾者皆有所养,男有分,女有归,货恶其弃于地也,不必藏诸己,力恶其不出于身也,不必为己……是谓大同。'……有为谓此为孔子之理想的社会制度,谓《春秋》所谓太平世者即此。乃衍其条理为书,略如下:(一)无国家,全世界置一总政府,分若干区域;(二)总政府及区政府皆由民选;(三)无家族,男女同栖不得逾一年,届期须易人;(四)妇女有身者入胎教院,儿童出胎者入育婴院;(五)儿童按年入蒙养院及各级学校;(六)成年后由政府指派分任农工等生产事业;(七)病则入养病院,老则入养老院;(八)胎教、育婴、蒙养、养病、养老诸院,为各区最高之设备,入者得最高之享乐;(九)成年男女,例须以若干年服役于此诸院,若今世之兵役然;(十)设公共宿舍公共食堂,有等差,各以其劳作所入自由享用;(十一)警惰为最严之刑罚;(十二)学术上有新发明者,及在胎教等五院有特别劳绩者,得殊奖;(十三)死则火葬,火葬场比邻为肥料工厂。《大同书》之条理略如是。全书数十万言,于人生苦乐之根源、善恶之标准,言之极详辩,然后说明其立法之由。其最要关键,在毁灭家族。有为谓佛法出家,求脱苦也,不如使其无家可出;谓私有财产为争乱之源,无家族则谁复乐有私产;若夫国家,则又随家族而消灭者也。有为悬此鹄为人类进化之极轨,至其当由何道乃能致此,则未尝言。……有为虽著此书,然秘不以示人,亦从不以此义教学者。谓今方为据乱之世,只能言小康,不能言大同,言则陷天下于洪水猛兽。"(梁启超著《清代学术概论》)

总观以上所述,知有为之学,初出于九江,及受廖平的影响,始尽弃其旧说。又当他道经香港、上海时,见"西人殖民政治"之完整,因欲求所以"致此之故",乃尽读当时所译西籍。结果,有为便以今文学《公羊》所谓通三统张三世之义,衍为专制立宪共和政治进化的理论,又糅杂着肤浅的西学,就形成维新运动的中坚思想了。

原来洪、杨之役,清室借外力平内难,就震怖于西人的船坚炮利,于是上海才有制造局的设立,北京又设同文馆,并派幼童学生留美。中、日一役,海军全灭,老大帝国的声威一落千丈,于是变法维新的主张,就在这个时候取得势力了。有为利用这个时机,就在士大夫阶级里面广求同志,尽力宣传他的变法维新的主义。他最有力的信徒,要算梁启超。后来在北京大小官僚中,又得到徐致靖、杨深秀、杨锐、林旭、刘光第一班同志;在督抚中,要算陈宝箴最和他表同情。浏阳谭嗣同,却要算他同志中的前卫战士。他同时又设立学会,开办报馆。他在两广讲学的时候,设立了一个桂学会。后来北京文廷式等人,组织强学会,他便抓住这个强学会,推张之洞为会长,更立分会于上海。北京强学会又附设强学书局,发行一种报纸叫做《中外纪闻》。上海强学会又发刊一种《强学报》。后来御史杨崇伊说强学会宗旨不正,随即被封了。于是梁启超等又在上海发行《时务报》,大受当时人的欢迎,康、梁并称,就始于此时。但自强学会被封以后,有为的势力略受挫顿,唯不久因为德国强夺胶州湾的事件发生,全国人士很为震撼,有为利用这个机会,又在北京倡立保国会。这时各省感受这种维新运动的空气最厉害的,要算湖南,由谭嗣同等倡导,得巡抚陈宝箴的赞助,设立一个南学会,创办一个时务学堂,又发行一种《湘学报》。由是维新变法的空气弥漫全国,有为得徐致靖的疏荐,面见了德宗,痛陈变法之利。到了戊戌(光绪二十四年,即公元1898年)四月,便命有为以工部主事在总理各国事务衙门行走,同时,下诏定国是。七月又命内阁候补侍读杨锐、刑部候补主事刘光第、内阁候补中书林旭、江苏候补知府谭嗣同,均在军机章京上行走。轰轰烈烈的维新运动,就这样地大干起来了。但是,当时旧派势力很巩固,德宗上面有一个西太后,下面又有一个军机处的裕禄,京师以外还有一个兵权所寄的直隶总督荣禄,都是反对维新运动最有力的人。所以维新运动不到百日,便发生政变,结果,西太后垂帘听政,德宗被禁锢在北海的瀛台,康、梁逃难日本,杨深秀、杨锐、林旭、刘光第、谭嗣同、康广仁——即所谓六君子者——被杀。轰动一时的维新运动,从此告终,有为的政治生命与学术上的贡献,也随而告终。

维新运动虽告失败,然其影响于青年思想者至大。当《孔子改制考》刊行时,朱一新写信给有为说:"自伪古文之说行,其毒中于人心,人心中有一六经不可尽信之意,好奇而寡识者,遂欲黜孔学而立今文。夫人心何厌之有?六经更二千年,忽以古文为不足信,更历千百年,又能必今文之可信耶?……窃恐诋评古人不已,进而疑经;疑经不已,进而疑圣;至于疑圣,则其效可睹矣。"从朱氏这一段话看来,便知道有为的思想,足以启发学者的怀疑态度。学者既抱定怀疑态度,于是愈感觉中国旧有学识的贫乏,不足以满足其知识饥饿,而相率留学日本与从事译述事业的人,便渐次地多起来了。光绪二十七年(公元1901年)、二十八年(公元1902年)之交,译述事业特盛,定期出版的杂志不下数十种,日本每一新书出,译者动辄数家,新思想的输入,真是如火如荼。但是,当时译述,既无选择,又不精当,专以量多为贵,而不着重质的方面,而社会却以知识饥饿之故,反相率欢迎。唯当时独有侯官严复，先后从西籍直译赫胥黎《天演论》、斯密亚当（今作亚当·斯密——选编者注）《原富》、穆勒约翰（今作约翰·穆勒——选编者注）《名学》及《群己权界论》、孟德斯鸠《法意》、斯宾塞尔《群学肄言》等数种，都是名著，中国不由日本重译而直接与西洋思想发生关系，实自复始。

三、维新运动的二大健将——谭嗣同与梁启超

维新运动的首领，固属是康有为，然促成此运动者，却要算谭嗣同与梁启超二大健将。谭、梁的学术思想，均能影响于当时的学者，故略述之如次：

嗣同字复生，又号壮飞，湖南浏阳人。他幼时好作骈体文，因是以窥今文学。又崇王船山之学，喜谈名理。自交梁启超后，其学一变；自从金陵居士杨文会闻佛法后，其学又一变。他著作甚多，其学术宗旨，见于《仁学》一书。《仁学》的精神，在于打倒偶像，在于"冲决网罗"，故其《自序》说："窃揣历劫之下，度尽诸苦厄；或更语以今日此土之愚之弱之贫之一切苦，将笑为诞语而不复信，则何可不千一述之，为流涕哀号，强聒不舍，以速其冲决网罗，留作券剂耶？网罗重重，与虚空而无极。初当冲决利禄之网罗，次冲决俗学若考据若词章之网罗，次冲决全球群学之网罗，次冲决君主之网罗，次冲决伦常之网罗，次冲决天之网罗，终将冲决佛法之网罗。然既能冲决，亦自无网罗；真无网罗，乃可言冲决。"《仁学》之作，欲将科学哲学宗教冶于一炉，故其界说二十五说："凡为《仁学》者，于佛书常通华严及心宗相宗之书，于西籍当通《新约》及算学格致社会学之书，于中国书当通《易》《春秋公羊传》《论语》《礼记》《孟子》《庄子》《墨子》《史记》及陶渊明、周茂叔、张横渠、陆子静、王阳明、王船山、黄梨洲之书。"《仁学》中所谓冲决网罗者，到处皆是，不胜枚举，其冲决伦常名教之言曰："俗学陋行，动言名教，敬若天命，而不敢渝，畏若国宪，而不敢议。嗟呼！以名为教，则其教已为实之宾，而决非实也。又况名者，由人创造，上以制其下，而不能不奉之；则数千年来三纲五伦之惨祸烈毒，由是酷焉矣。君以名桎臣，官以名轭民，父以名压子，夫以名困妻，兄弟朋友，各挟一名以相抗拒，而仁尚有少存焉者得乎？然而仁之乱于名也，亦其势自然也。中国积以威刑，钳制天下，则不得不广立名，为钳制之器。如曰仁，则共名也。君父以责臣子，臣子亦可反之君父，于

钳制之术不便，故不能不有忠孝廉节一切分别等衰之名，乃得以责臣子曰：尔胡不忠！尔胡不孝！是当放逐也，是当诛戮也。忠孝既为臣子之专名，则终必不能以此反之；虽或他有所据，意欲诘诉，而终不敢忠孝之名为名教之所尚。"其冲决善恶之别曰："世俗小儒，以天理为善，以人欲为恶。不知无人欲尚安得有天理，吾故悲夫世之妄生分别也。天理善也，人欲亦善也。王船山有言曰：'天理即在人欲之中，无人欲则天理亦无从发见'，适合乎佛说。佛即众生，无明即真如矣。且更即用征之，用固有恶之名也。然名，名也，非实也；用，亦名也，非实也。名于何起，用于何始？人名名，而人名用，则皆人之为也，犹名中之名也。何以言之？男女构精，名之曰淫。此淫名也，淫名，亦生民以来沿习既久，名之不改，故皆习谓淫为恶耳。向使生民之初，即相习以淫为朝聘宴飨之巨典，行之于朝庙，行之于都市，行之于稠人广众，如中国之长揖拜跪，西国之抱腰接吻，沿习至今，亦孰知其恶者。乍名为恶，即从而恶之矣。或谓男女之体，生于幽隐，人不恒见；然如世之行礼者，光明昭著，为人易闻易睹；故易谓淫为恶耳。是礼与淫，但有幽显之辨，果无善恶之辨矣。是使生民之初，天不生其具于幽隐，而生于面额之上，举目即见，将以淫为相见礼矣，又何由知为恶哉？"嗣同亦宗今文学，他说："以《公羊传》三世之说衡之，孔最为不幸。孔之时，君主之法度，既已甚密而孔繁，所谓伦常礼义，一切束缚钳制之名，既已浸渍于人人之心，而猝不可与革。既已为据乱之世，孔无如之何也。其于微言大义，仅得托诸隐晦之辞，而宛曲虚渺，以著其旨；其见于雅言，仍不能不率于君主之旧制，亦止据乱之世之法已耳。据乱之世，君统也。后之学者，不善求其指归，则辨上下，陈高卑，懔天泽，定名位，只见其为民贼独夫之资焉矣。"又说："孔虽当据乱之世，而黜古学，考今制，托词寄义于升平太平，未尝不三致意焉。"唯其如此，所以嗣同又痛诋荀卿之冒孔子名，以败孔之道，其言曰："孔学衍为两大支：一为曾子传子思而至孟子，孟故畅宣民主之理，以竟孔子志；一由子夏传田子方而至庄子，庄故痛诋君主，自尧、舜以下，莫或免焉。不幸此两支皆绝不传，荀乃乘间冒孔之名，以败孔之道。曰法后王，尊君统，以倾孔学也。曰有治人，无治法，阴防后人之变其法也。又喜言礼乐政刑之属，唯恐钳制束缚之具之不繁也。一传而为李斯，而其为祸益暴著于世矣。……故尝以为二千年来之政，秦政也，皆大盗也；二千年来之学，荀学也，皆乡愿也。

唯大盗利用乡愿，唯乡愿工媚大盗。二者相交相资，而罔不托之于孔。执托者之大盗乡愿而责所托之孔，又乌能知孔哉?"《仁学》下卷，多政治谈，其言国家起源与民治主义，则曰："生民之初，本无所谓君臣，则皆民也。民不能相治，亦不暇治，于是共举一民以为君。夫曰共举之，则非君择民，而民择君也。……夫曰共举之，则因有民而后有君，君末也，民本也。天下无有因末而累及本者，亦岂可因君而累及民哉? 夫曰共举之，则且必可共废之。君也者，为民办事者也；臣也者，助办民事者也。赋税之取于民，所以为办民事之资也。如此而犹不办，事不办而易其人，亦天下之通义也。"他既言民治主义，故当清政衰微的时候，又倡排满革命，其言曰："天下为君主囊橐中之私产，不始今日，固数千年以来矣。然而有知辽、金、元、清之罪，浮于前此之君主者乎? 其土则秽壤也，其人则膻种也，其心则禽心也，其俗则毳俗也。一旦逞其凶残淫杀之威，以攫取中原之子女玉帛……马足蹴中原，中原墟矣。锋刃拟华人，华人靡矣。乃犹以为未餍，峻死灰复燃之防，为盗憎主人之计，锢其耳目，桎其手足，压制其心思，绝其利源，窘其生计，塞蔽其智术，繁拜跪之仪，以挫其气节，而士大夫之才窘矣。立著书之禁，以缄其口说，而文字之祸烈矣。且即挟此土所崇之孔教，为缘饰史传，以愚其人，而为藏身之固。悲夫! 悲夫! 王道圣教典章文物之亡也，此而已矣。……台湾者，东海之孤岛，于中原非有害也。郑氏据之，亦足存前明之空号。乃无故贪其土地，据为己有。据为己有，犹之可也，乃既竭其二百余年之民力，一旦苟以自救，则举而赠之于人，其视华人之身家，曾弄具之不若。噫! 以若所为，台湾固无伤耳。尚有十八省之华人，宛转于刀砧之下，瑟缩于贩卖之手，方命之曰：此食毛践土之分然也。夫果谁食谁之毛，谁践谁之土，久假不归，乌知非有，人纵不言，己宁不愧于心乎? 吾愿华人，勿复梦梦谬引以为同类也。"但是，他政治上的理想制度，却是大同主义与世界主义。所以他说："以言乎大一统之义，天地间不当有国也。"又说："以心挽劫者，不唯发愿救本国，并彼强盛之西国与夫含生之类，一切皆度之。"由上所述，可知嗣同思想驳杂已极，然其尽脱旧日传统思想的束缚，努力于解放与独造，却是有清一代的唯一思想家。

梁启超又名卓如，广东新会人。他自述其学术思想的来源说："启超年十三，治戴、段、王之学。越三年，而康有为以布衣上书被放归，启超遂执业为弟子,请康开馆讲学,则所谓万木草堂是也。草堂常课,除《公羊传》外,则点读《资治通鉴》《宋元学案》《朱子语类》等,又时时习古礼,启超弗嗜也,则治周、秦诸子及佛典,亦涉猎清儒经济书及译本西籍,皆就有为决疑。居一年,乃闻所谓《大同书》者,喜欲狂,锐意谋宣传。又二年,启超治《伪经考》,时复不慊于其师之武断,后遂置不复道。启超谓孔门之学,后衍为孟子、荀卿两派,荀传小康,孟传大同。于是专以绌荀申孟为标帜,引《孟子》中诛责'民贼''独夫''善战服上刑''授田制产'诸义,谓为大同精意所寄,日倡导之。又好《墨子》,诵说其兼爱、非攻诸论。其讲学最契之友,曰夏曾佑、谭嗣同。而启超之学,受夏、谭影响亦至巨。其后启超等之运动,益带政治的色彩,启超创一旬刊杂志于上海,曰《时务报》,自著《变法通议》,批评秕政,亦时时发民权论,但微引其绪,未敢昌言。已而嗣同等设时务学堂于长沙,聘启超主讲习,所言皆当时一派之民权论,又多言清代故实,胪举失政,盛倡革命。其论学术,则自荀卿以下汉、唐、宋、明、清学者,掊击无完肤。戊戌政变,嗣同死焉,启超亡命,学堂解散,盖学术之争,延为政争矣。"(《清代学术概论》)由这段话看来,可知启超之学,在戊戌政变以前,虽时时不慊于其师之武断,然其绌荀申孟诸大端,却依然一宗师说。因此,戊戌以前,他只可以算是有为的走卒,而不曾独树一帜。戊戌失败后,有为的思想始终没有变化,启超亡命日本,习日文读新书,思想言论,便渐次地脱离有为的羁绊,终于和有为分立起来了。当时他在日本所办的报,前后共有三个名目:即《清议报》《新民丛报》《国风报》,他那时已绝口不谈伪经,也不甚谈改制,可是有为却大倡设孔教会定国教祀天配孔诸议,他因此就力驳有为的主张,他说:"我国学界之光明,人物之伟大,莫盛于战国,盖思想自由之明效也。及秦始皇焚百家之语,而思想一窒;汉武帝表章六艺罢黜百家,而思想又一窒。自汉以来,号称行孔教二千余年于兹矣,而皆持所谓表章某某罢黜某某者为一贯之精神。故正学异学有争,今学古学有争,言考据则争师法,言性理则争道统;各自以为孔教,而排斥他人以为非孔教。……浸假而孔子变为董江都、何邵公矣,浸假而孔子变为马季长、郑康成矣,浸假而孔子变为韩退之、欧阳永叔矣,浸假而孔子变为程伊川、朱晦庵矣,浸假而孔子变为陆象山、王阳明矣,浸假而孔子变为顾亭林、戴东原矣,皆由思想束缚于一点,不能自开生面,如群猿得一果,跳掷以相攫,如群妪得一钱,诟骂以相夺,情状抑何可怜……此二千年来保教党所生之结果也。"又说:"今之言保教者,取近世新学新理而缘附之,曰:某某孔子所已知也,某某孔子所曾言也……然则非以此新学新理厘然有当于吾心而从之也,不过以其暗合于我孔子而从之耳。是所爱者,仍在孔子,非在真理也;万一遍索诸四书六经而终无可比附者,则将明知为真理而亦不敢从矣;万一吾所比附者,有人剔之曰:孔子不如是;斯亦不敢不弃之矣;若是乎真理之终不能饷遗我国民也。故吾所恶乎舞文贱儒,动以西学缘附中学者,以其名为开新,实则保守,煽思想界之奴性而滋益之也。"(以上《新民丛报》)又说:"摭古书片词单语以附会今义,最易发生两种流弊:一,倘所印证之义,其表里适相吻合,善已;若稍有牵合附会,则最易导国民以不正确之观念,而缘郢书燕说以滋弊。例如畴昔谈立宪谈共和者,偶见经典中某字某句与立宪共和等字义略相近,辄摭拾以沾沾自喜,谓此制为我所固有;其实今世共和立宪制度之为物,即泰西亦不过起于近百年,求诸彼古代之希腊、罗马且不可得,遑论我国。而比附之言,传播既广,则能使多数人之眼光之思想,见局见缚于所比附之文句;以为所谓立宪共和者不过如是,而不复追求其真义之所存。……此等结习,最易为国民研究实学之魔障。二,劝人行此制,告之曰:吾先哲所尝行也;劝人治此学,告之曰:吾先哲所尝治也;其势较易入,固也。然频以此相诏,则人于先哲未尝行之制,辄疑其不可行;于先哲未尝治之学,辄疑其不当治。无形之中,恒足以增其故见自满之习,而障其择善服从之明。……吾雅不愿采撷隔墙桃李之繁葩,缀结于吾家杉松之老干,而沾沾自鸣得意;吾诚爱桃李也,唯当思所以移植之,而何必使与杉松淆其名实者。"(《国风报》)他这几段话原来是对保教一个问题而发的,但是,这几段话,却道破了中国思想界的痼疾,尤其是对于当时拿西学来比附孔子思想的毛病,予以严重的攻击。唯其如此,所以康、梁的思想,由是分道而驰。启超反对拿西学来比附孔子的思想,所以从这时起,他便尽力于他所谓移植的工作,他所著的《西哲学说一脔》《外史鳞爪》,便是这个时代的产物。但是,他当时所介绍的,却不免于模糊影响笼统之谈,又不免于粗率浅薄,关于这个毛病,他自己也是承认的。不过自戊戌失败以后至辛亥革命前这个时期,他在思想界与言论界,确实握着很大的权威,尤其是关于破坏旧思想一点,他很有力量。鼎革以后,他便投身政治活动,想借北洋派的实力,来实现他的立宪政治;

但是，每次的尝试，都归于失败。欧战以后，他从欧洲游历回来，目击欧洲战后的荒凉，由是他著了一部《欧游心影录》，大倡西洋物质文明破产、东方精神文明复兴之说。从此以后，他就成了一个尾巴主义者，只是跟着时代后面走，却不能做开路的先锋了，而他整理国故的宏愿，就从这个时候立起来了。他著《清代学术概论》时曾说道："识者谓启超若能永远绝意政治，且裁敛其学问欲，专精于一二点①，则于将来之思想界当更有所贡献。否则亦适成为清代思想史之结束人物而已。"现在他已物故，他的宏愿并不曾实现，结果，他便成为清代思想史之结束人物了。

四、新文化运动前的国内外局势

辛亥革命后，代表封建势力的北洋军阀以其根深蒂固的雄厚实力，宰制了全国；而代表民主倾向的国民党，却因"二次革命"的失败，在国内已无立足的余地。这样一来，所谓中华民国，便只空悬着共和的假招牌，骨子里依然是封建势力在那里作祟。由是而有洪宪的帝制运动，由是而有因参战问题而惹起的复辟运动，由是而有因护法运动而惹起的南北战争，把整个的国家，弄成为支离破碎的割据局面，所谓中央政府，已经是号令不能出都门一步。在这个期间，中国的思想界已经陷入僵冻的状态里面。但是，国内的动乱，外强的侵略，却使中国思想界渐次地由僵冻的状态里面苏醒过来，而朝向着新的方面活动起来，而促成此种活动的主要素因，却不外以下二端：

第一，由于欧洲大战，欧人不暇东顾，使中国的资本主义得到相当的发展。资本主义的发展，需要统一的国家，反对封建的割据，需要轻松的税率，反对军阀的横征暴敛。唯其如此，所以在"五四"运动反帝国主义反军阀反卖国贼的斗争中，商人与资本家才起而罢市表同情于这个运动。

第二，苏俄革命的成功，使国内思想界受一极大的刺激。俄国的"沙皇"政府，要算世界上首屈一指的专制政府，然而却被布尔什维克党推翻了。接着德国的企图要做世界之王的威廉二世，又被社会党赶跑了。这种

---

① 启超务博而不精专，他题其女令娴《艺蘅馆日记》有云："吾学病爱博，是用浅且芜，尤病在无恒，有获旋失诸，百凡可效我，此二无我如。"

革命的狂潮，震荡全世界，中国思想界的僵冻状态，自然也为这个狂潮所冲破。

中国整个的经济组织既有这样的变动，而国外的革命狂潮又不时地震荡着这个垂死的中国，更加之以北洋政府的卖国行为与军阀的混战，于是爆发为伟大的"五四"运动，而所谓新文化运动才向前奔放地进展起来。

五、新文化运动的前前后后

要讲新文化运动，首先就要讲"五四"运动以前的北京大学。北京大学的前身，是京师大学堂，所以北大的学风，多半承袭着京师大学堂的"官僚气"。但自蔡元培出长北大以来，学风为之一变。他聘请教授，采取兼收并蓄主义，所以宗汉学的刘师培以及黄侃、沈尹默、钱玄同等固已为他罗致了，就是宗今文学的崔适也被他罗致了，甚至连辜鸿铭这样守旧的人，也做了北大的教授。那时文科的学长，就是陈独秀；文科的逻辑教授，便是章行严；以后又聘请了年轻的胡适，做了哲学教授。蔡氏认为北大是全国的最高学府，所以对于各派的学者，不拘新旧，都应罗致起来，既已认定北大为最高学府，所以对于教授的言论思想，又充分地听他们自由发表，并且听学生自由研究。他又把文科的事情，给陈独秀全权办理。北大的学风，就渐次由官僚的习气，变成全国研究学术的中心了。在这个时候，陈独秀发行《青年杂志》——从第二卷起，改名《新青年》——除介绍些新思想以外，主要地就在于改良中国的文学。民国六年，胡适在《新青年》上，首先发表《文学改良刍议》一篇文章，接着陈独秀又发表他的《文学革命论》。民国七年的《新青年》，便一律改用白话；同年四月，胡适又发表他的《建设的文学革命论》。是年冬季，陈独秀和李大钊又主办《每周评论》，这是重在批评时政的刊物，也用白话文。这种新文学运动的进行，和当时的思想有连带关系：新文学反对因袭的文学，新思想也反对因袭的思想；新文学运动日趋于平民化，新思想也日趋于平民化。这在当时的《新青年》上便可以看出来。到了民国八年一月，北大的学生发行《新潮杂志》，响应《新青年》的运动；同时同校保存国学的学生又发行《国故杂志》，来和这个新文化运动对抗；新旧的冲突，就从此开始了。同年三月，北京《公言报》上便揭载着林纾和蔡元培两方辩难的长信，林纾责备蔡氏，说他不应在大学里提倡新文学新道德并容纳这班有新主张的人充当教授；蔡氏很详细地为他们解释误会，这个辩论才算了结。但是，从此以后，新旧思想的冲突，便愈加剧烈起来了。这时《新青年》派的斗士，其攻击的目标，便是孔子和礼教，而立论最精到的，要算吴虞。《新青年》高举这个反孔子反礼教的旗帜以后，许多年少的学子都起来附和，由是新旧思想的冲突普遍于全国。几千年来支配人心的孔子和支配行动的礼教，到现在竟被人攻击，于是学子的怀疑精神，就随而扩大起来了，差不多对于社会的一切现状，都感觉着成为问题；要在社会一切现状都成为问题的时候，才能够使新文化运动向前奔放起来。但是，我们不要忘记：这是因为经济组织起了变动，才会使社会上一切现状成为问题的。

到了八年五月，巴黎和会失败消息传来，那空前未有的学生示威运动——即所谓"五四"运动——便爆发起来了。接着商界罢市，工界罢工，来响应这个伟大的运动。这个运动，在表面上看来，固然是为着外交问题，它的目的，固然在于打倒卖国贼曹汝霖、章宗祥、陆宗舆，但是，这个运动，决不是偶然的。上面所说过的经济上的变动、政治的腐败、军阀的横行，便是这个运动的根本原因。这是一个反帝国主义的含有民族主义的运动，唯其如此，所以这个运动的余波，才会影响到以后的"五卅"运动上面去。这是一个反封建势力的含有民主主义的解放运动，唯其如此，所以这个运动的余波，才会影响到以后的一切解放运动上面去。但是，这个运动，却又是一个启蒙运动，它的力量偏于破坏现状一方面，而少有建设的工作，唯其如此，所以"五四"运动以后的各种新主义新思想同时并起，五花八门，美不胜收；而新文化运动就这样地向前奔放起来了。以下就当时各派的思想及其蜕变的趋向分述之：

（一）《新青年》派　上面说过，《新青年》的主要工作，在于文学革命。"五四"以后，各地刊物，如雨后春笋一齐迸出，都用白话文。因此，关于文学革命一点，总算是成功了。其次，它的工作，就是排孔与反礼教。这个工作的结果，"五四"以后，便影响到家庭问题、婚姻问题、贞操问题、孝的问题上面，使人们对于那从来视为天经地义而神圣不可侵犯的礼教重新估定价值，而礼教的束缚便从此失却它的力量了。"五四"以后，《新青年》上最显明的主张，便是提倡德谟克拉西与赛恩斯，前者是反封建的武器，后者是反迷信的工具。不到几时，《新青年》受了苏俄革命的影响，便断片地介绍了马克思的学说，而李大钊竟在北大讲授唯物史观。后来思想分野，李大钊和陈独秀一派，便信奉马克思主义，而成为中国共产党的指导人物；胡适一派，便信奉杜威的实用主义，提出"多研究些问题、少谈些主义"的口号。九年，陈独秀所主持的《向导周报》，因此就成为鼓吹共产主义的言论机关。

（二）孙中山派　中山自广东失败以后，正遇着新文化运动高涨的时期。同时，苏俄革命的成功，又予他以不少的刺激。因此，他在这个时候，便决意暂时离开他的革命工作，而专从事于他的主义的建设与宣传。八年八月发行的《建设月刊》，便是他的机关杂志。他在这刊物上面，前后发表他的《实业计划》（物质建设）与《孙文学说》（心理建设）；同时，他的同志汪精卫、胡汉民、朱执信，都在这刊物上发表很重要的著作，而胡汉民运用唯物史观以研究伦理，在当时可算是凤毛麟角的作品。同年，他的同志戴季陶又在上海发行《星期评论》，和北京的《每周评论》遥相呼应。国民党机关报《民国日报》的《觉悟》，在这个时候，是邵力子主持。这两个刊物上面，都时时登载着讨论社会主义和介绍社会主义的文章。孙中山一派，在理论上经过这一次深入的并比较的研究以后，就定立了他以后的联俄等政策；而他的主义，也是在这个时期以后，才普及于全国群众。

（三）无政府主义派　这派的首领，要推刘师复、吴敬恒、李石曾。师复早死；吴、李二人，在这个新文化运动中所倡导的，就是半工半读的运动，因为他们信奉无政府主义，所以提倡各尽所能各取所需。八、九年之交，他们设立一个留法勤工俭学会，国内学子前后留法半工半读的，不下数百人。当时苏俄革命已告成功，而德国又正在革命高潮中，这些学子为那时的革命空气所笼罩，竟有一部分变成了共产主义的信徒，这是非他二人始料所及的。敬恒又力倡物质科学，甚恶所谓东方式的精神文明，其行文又多杂以俚语趣话，故为当时学子所欢迎。他们虽信奉无政府主义，然又深知此种主义的实现距今尚远，所以又都从事于国民党的革命工作。

（四）少年中国学会派　少年中国学会是"五四"以后，国内及留日专门以上学校有志改造社会的学生所结合的团体，他们的刊物就叫做《少年中国》。在启蒙运动时期，他们的共同目标，只是改造社会，但是对于改造社会所应取的手段,却不曾讨论过。后来因为讨论到手段问题,他们的思想便从此分野了:有的信奉共产主义,如张国焘等,便加入了共产党;有的信奉国家主义,如曾琦等,便形成了日后的《醒狮》派;此外有从这个学会退出来的,又加入到十一年所组成的创造社。

(五)进步党　进步党人如梁启超、孙洪伊等,在政治上的尝试失败以后,逢着这个新文化运动勃兴的时候,他们也跟着时代后面走,那时他们队伍中最出力的,除孙洪伊外,要算张东荪、蓝公武一班人,北京的《晨报附镌》和上海《时事新报》的《学灯》以及《解放与改造》月刊,便是他们的言论机关。在当时他们也讨论到社会主义的问题,可是没有深入的研究。后来徐六几等所提倡的基尔特社会主义,很和他们接近。他们又组织了一个共学社,出了许多书籍。但是,他们始终不忘情于政治活动,所以没有多大的成就与影响。

以上所述五派,不过就其影响较大者而言,此外如周作人所倡导的新村运动等等,则以其无甚关系,便用不着细述了。

最后,还要说说这次新文化运动所发生的作用与业绩。

第一,出版物的发达。"五四"以后,全国各地的杂志周刊,不下数百种,同时,丛书的编译,到处皆是。在质的方面,虽不甚精到,但在量的方面,却空前未有。

第二,西洋学者的来华讲演。"五四"以后,如杜威、罗素、葛利普、杜里舒、孟禄诸学者,均先后来华讲演,尤以杜威的教育哲学,影响于当时思想界者甚大。

第三,思想与行动渐趋一致。在这个运动以前,思想自思想,行动自行动。经过这个运动以后,思想与行动,始渐趋一致。后此"五卅"运动以及"三一八"运动,都以学生为中坚,其原因即在此。

这样看来,便知这次新文化运动,确实是中国文化史上一个划时期的运动。自此以后,直到近两年为止,在这个期间以内的一切文化运动,都无不是由这次运动推演出来的。

【问题提要】

(一)考据学何以陷于溃裂?今文学何以会勃兴起来?

(二)今文学初期运动中有何主要人物?又其运动之中心为何?

（三）魏源、邵懿辰二人对于今文学有何贡献？
（四）试述康有为的思想。又其思想与维新运动有什么关系？
（五）试述维新运动的实况及其影响。
（六）试略述谭嗣同的思想。
（七）试略述梁启超的思想。又康、梁思想不同之点为何？
（八）试略述促成新文化运动的主因。
（九）试述"五四"运动前后的新文化运动。
（十）新文化运动的作用与业绩是些什么？

第九章　文学与美术

一、文字的起源及其变迁

《易·系辞》："古者包牺氏之王天下也，仰则观象于天，俯则观法于地；观鸟兽之文，与地之宜；近取诸身，远取诸物，于是始作八卦，以通神明之德，以类万物之情。"（许慎《说文解字·序》也引用这几句话）

《尚书一·伪孔传序》："古者伏羲氏之王天下也，始画八卦，造书契，以代结绳之政，由是文籍生焉。"

许慎《说文解字·序》："黄帝之史苍颉，见鸟兽蹄远之迹，知分理之可相别异也，初造书契。"

现在就这三段话，来考究中国文字的起源。大抵初民生活单简，所以用结绳来记事；后来生活稍进于繁复，渐感觉结绳记事不足以应付这种生活，积若干年与若干人的经验，才发明八卦来代替结绳。八卦很和巴比伦的楔形文字相似，是从象征生殖器的阴阳二爻所推衍而成的。所谓八卦，就是：（一）乾，其画为☰，其义为天；（二）坤，其画为☷，其义为地；（三）震，其画为☳，其义为雷；（四）离，其画为☲，其义为火；（五）艮，其画为☶，其义为山；（六）坎，其画为☵，其义为水；（七）巽，其画为☴，其义为风；（八）兑，其画为☱，其义为泽。"天"覆"地"载，"山""泽"所以资牧畜，"水""火"为日用所必需，"风""雷"则震惊于自然力的伟大，所以最初就把这八样事物，各命一个名称，而纪之以画。后来因为所知的事物日多，不能一一纪之以画，于是又把这八卦作为符号，去标识其他性德相似的事物，所以《易·系辞》说："乾为天，为圜，为君，为父，为玉，为金，为寒，为冰，为大赤，为良马，为老马，为驳马，为木果。"但这还说不上书契，却只是些简单的符号。《尚书·伪孔传序》

因为要说"伏羲、神农、黄帝之书，谓之三坟"这话，所以不得不说伏羲时就有了文字，其实由这简单的符号，演进为文字，尚要经过一个长的期间。在这个期间中，生活益加繁复，所知的事物更加增多，于是又感觉到符号不够应付生活，积若干年与若干人的经验，才又发明独体的文，所以《说文解字·序》说："苍颉之初作书，盖依类象形，故谓之文。"六书中的象形指事，都叫做文。进而又觉得文还不够应付，于是又发明合体的字，所以《说文解字·序》接着又说："其后形声相益，即谓之字。"六书中的会意形声转注，都叫做字；至于六书中的假借，便是文与字。大抵文字的起源，就是这样的。不过有两点要注意：第一，所有文字，决不是苍颉一人所创造，因为文字的创造，是随着生活的演进而来的，生活上要求某个文字，才有创造某个文字的需要。第二，当时所创造的，必定以象形为最多，其次是指事，而且因为各地生活上的需要不同，所以创造出来的文字，各各不同，我们观商代文字的形体与书法不一致，便可想见。而现在我们则看到形声字是最多的了。

到了周代，文字始大备。《说文解字·序》说："周礼，八岁入小学，保氏教国子，先以六书：一曰指事，指事者，视而可识，察而见意，上下是也；二曰象形，象形者，画成其物，随体诘诎，日月是也；三曰形声，形声者，以事为名，取譬相成，江河是也；四曰会意，会意者，比类合谊，以见指㧑，武信是也；五曰转注，转注者，建类一首，同意相受，考老是也；六曰假借，假借者，本无其字，依声托事，令长是也。"六书之体，至是始备。及宣王时，太史籀大篆十五篇，与古文或异，以教学童，盖欲假此以统一文字。但孔子书六经，左丘明述《春秋传》，却都用古文，而不用大篆。

"其后诸侯力政，不统于王，分为七国，文字异形，言语异声。秦始皇帝初兼天下，丞相李斯，乃奏同之，罢其不与秦文合者。斯作《仓颉篇》，中车府令赵高作《爰历篇》，太史令胡母敬作《博学篇》（统谓之三苍），皆取史籀大篆，或颇省改，所谓小篆者也。"（《说文解字·序》）当时天下事繁，嫌篆书不便，于是始皇又命下杜人程邈作隶书，以趋约易。自是秦书有八体：一曰大篆；二曰小篆；三曰刻符（刻于符上之书）；四曰虫书（以书幡信）；五曰摹印；六曰署书（以题封检）；七曰殳书（以题兵器）；八曰隶书。

汉元帝时，史游又作《急就篇》，解散隶体，创作草书，各字相连的叫做草，不连的叫做章。新莽颇改古文，时有六书：一曰古文，即孔子壁中书；二曰奇字，即古文的别体；三曰篆书，即小篆；四曰左书，即秦隶书；五曰缪书，即秦摹印；六曰鸟虫书，即秦虫书。东汉时，张芝又作一笔草书，各字相连，叫做今草。王次仲又作楷书，叫做真书。于是字体大备。

至于字书，则以许慎《说文解字》为最详，共分五百四十部，九千三百五十三字，自天地鬼神，以及山川草木、鸟兽蛇虫、杂物奇怪、王制礼仪、世间人事，莫不备载。后人所以能解古人造字的根源，都是《说文》之功。

最后说说作书之具。古人作书之具，有竹木两种：木的叫做版，叫做牍，又叫做方。版长一尺，故又叫做尺牍。小的叫做札，又叫做牒。大的叫做椠，椠长三尺。方而有八角，有六面或八面可书写的，叫做棱，又叫做觚。刻木以记事叫做契，将它分做两半，或叫做契，或叫做券。竹的叫做简，又叫做策。篆籀篇籍範（范）笺符诸字，无不从竹，即古人通常以竹作书之证。此外又有用帛的，叫做缣素。简、策、牍、版，都是散漫不相连系的，再用韦（即柔皮）把它们编连起来，故孔子读《易》"韦编三绝"。至汉，蔡伦始造纸，有纸之后，书才叫做卷。笔始于蒙恬，以柘木做管，以鹿毛做柱，羊毛做被。然秦以前早有作书之具：楚叫做聿，吴叫做不律，燕叫做弗，除秦笔外，其余不可考。墨的由来不可考，汉人书中数见其名，唯始于何人，古书未载。然晋时所掘发的汲冢书，系以墨书字，则知用墨当在战国以前。又古代书籍，均系写本，并无印刷。五代冯道刻五经，是为中国有木版印刷之始，宋毕昇又作活字版（见沈括《梦溪笔谈》），印刷之术始大进。

二、文学的起源及其演进

一般研究文学起源的人，都以为文学肇始于风谣。《汉书·艺文志》："哀乐之心感而歌咏之声发。"朱子《诗集传序》："有欲则不能无思，有思则不能无言，言所不能尽而发于咨嗟咏叹之余者，必有自然之音响节奏而不能已。"这就是说：人生有欲则不能无情感，既有所感于中，就不能不谋有所以抒诸外。最初把情感抒诸外的东西，便是风谣。风谣合于自然的音响节奏，所以有韵之文又发生在无韵之文以前。

郭绍虞在《小说月报》《中国文学研究》上，有《中国文学演进之趋势》一文，他说：

"一般研究文学史的人推论文学之缘起都以为肇始于风谣。风谣实是最古的文学。其于后世文学不同者，即在于后世渐趋于分析的发展，而古初只成为混合的表现。今人研究风谣所由构成的要素不外三事：

（一）语言——辞——韵文方面成为叙事诗，散文方面成为史传，重在描写，演进为纯文学中之小说。

（二）音乐——调——韵文方面成为抒情诗，散文方面成为哲理文，重在反省，演进为纯文学中之诗歌。

（三）动作——容——韵文方面成为剧诗，散文方面成为演讲辞，重在表现，演进为纯文学中之戏曲。

在原始时代，各种艺术往往合而为一，所以风谣包含这三种要素，为当然的事情。即后世的文学犹且常与音乐舞容发生连带的关系，而与音乐的关系则尤为密切。这因语言与动作之间，以音乐为其枢纽之故。欲使其语言有节奏，不可不求音乐的辅助；欲使其音声更有力量，不可不借动作以表示。所以诗歌并言，歌舞亦并言。以音乐为语言动作的枢纽，正和以歌为诗与舞的枢纽一样。"

"《毛诗大传》论诗歌之起源，亦谓：'诗者，志之所之也。在心为志，发言为诗。情动于中而形于言，言之不足故嗟叹之，嗟叹之不足故永歌之，永歌之不足不知手之舞之足之蹈之也。'此节说明这三种艺术混合的关系更为明晰。以文学为主体而以音乐舞蹈为其附庸；以诗歌为最先发生的艺术，而其他都较为后起。这些意思，都可以于言外得之。盖昔人思虑单纯，言辞简质，虽有所感于中而不能细密地抒发于外，所以不得不借助于其他艺术。后来渐次进步，始渐与舞蹈脱离关系了；更进而后与音乐脱离关系了，迨到描写的技巧更进的时候，即由音乐蜕留的韵律，亦渐次可以破除了。至其依旧借助于舞蹈与音乐的地方亦更逐渐进步，而成为更精密的体制。于是文学上种种形式体裁与格律遂由以产生，而其源固导始于风谣。"

"风谣是原始的文学，由于风谣更进一步便成为诗。诗亦是原始的文学，诗小可以概括一切的创作文学。本来由于各体文学发生的程序而言，韵文常先于散文，所以由风谣更进一步的文学，实可以诗作为代表。风谣与诗本来没有什么区别，不过由于内容而言，风谣是未成熟的文学作品，诗是较成熟的文学作品。再从表现的工具而言，风谣是以语言为工具，而诗则用文字为工具而已。"

"前言风谣有三种要素，即是语言、音乐和动作。及其进而为诗，遂由语言的质素以演成史诗（即叙事诗），由音乐的质素以演成抒情诗，更由动作的质素以演成剧诗。旧时把《诗经》分成风、雅、颂三类，我们若从大体上观察，则雅可以当史诗，风可以当抒情诗，而颂字训容，恰可以当剧诗。"

郭氏这几段话，是他全文的总纲，其大意就是：文学肇始于风谣，风谣是无文字时代的文学作品，包含语言、动作、音乐三种要素；风谣进一步便是诗，诗亦是原始的文学。换言之，即诗是有文字时代的最初文学，它也包含此三种要素，其后文体之所以各异，即在于后世之趋于此种要素之分析的发展。他最后又说："由是可知无论何种文体，实在都有三个共同的倾向，即自由化，散文化，语体化。中国文学演进的趋势无论如何曲折迂回，却总是向着这三个目标以进行。"以下就他这个总纲，把中国文学中的小说、赋、诗、词、曲、文等项目的演进，略述一番：

（一）小说。小说是由历史传记演进而来的，而历史传记又是从诗史演进而来的。中国有无诗史——《尧典》虽为诗史，但我们认为这是后人的伪造——不可征实，但以文学演进的行程论，则中国古代似亦有诗史。章炳麟说：

"古者文字未兴，口耳之传，渐则忘失，缀以韵文，斯便吟咏而易记忆。意者仓、沮以前，亦直有诗史而已；下及勋、华，简篇已具，故《帝典》虽言多有韵，而文句参差，恣其修短，与诗殊流矣。其体废于史官，其业存于矇瞽，由是二雅踵起，借陈歌政，同波异澜，斯各为派别焉。"（《检论》五《附录正名杂义》）

由章氏之言，则知中国古代亦有诗史。后来因为"简篇已具"，有韵的诗史，便渐次变成历史的传记。用传记的体裁，描写荒唐诡异的事情，使成志怪小说。这种志怪小说，如《山海经》与《穆天子传》，即已开其端绪。降及两汉、六朝，志怪小说，始大发达，而小说一语，才始见于《汉书·艺文志》：

"小说家者流，盖出于稗官，街谈巷议，道听途说者之所造也。"

《汉书·艺文志》中，更列举小说十五家，千三百八十篇。这些小说，都已不传，唯其中虞初《周说》九百四十三篇，后世仰为小说的鼻祖。《汉书》记虞初的事是：

"虞初河南人，武帝时以方士侍郎，陇黄车使者。应劭曰：其说以《周书》为本。师古曰：《史记》云：虞初，洛阳人，即张衡《西京赋》：小说九百，本自虞初者也。"

观此，虞初既是方士，则其书为神仙怪诞之说，属于志怪小说一类，便不用说了。时武帝信神仙，怪诞之说并起。东汉时代，方士之说更盛。魏、晋清谈，佛、道继起。故这一时代的志怪小说很发达。而其取材，要以方士、佛、道诸家灵异、神怪之说为主，他如儿女之私及朝野遗闻轶事以资谈助者，亦为小说材料，不过不及前者的重要而已。今就《汉魏丛书》中所收集的两汉、六朝小说之主要者，如托于汉东方朔所撰的《神异经》、秦王嘉所撰的《拾遗记》、晋干宝所撰的《搜神记》、托于晋陶潜所撰的《搜神后记》、宋刘敬所撰的《异苑》、梁吴均所撰的《续齐谐记》、梁任昉所撰的《述异记》，便是志怪小说中之最有名者。如托于东方朔所撰的《海内十洲记》、托于汉班固所撰的《汉武故事》及《汉武内传》、托于汉郭宪所撰的《别国洞冥记》，便是属于方士神仙之说的志怪小说。如梁颜之推所撰的《还冤志》、宋刘义庆所撰的《宣验记》、齐王琰所撰的《冥祥记》，便是言佛家因果报应之说的志怪小说。他如记儿女之私的，就有托于汉伶玄所撰的《飞燕外传》及无名氏的《杂事秘辛》。资谈助的，就有托于汉邯郸淳所撰的《笑林》及刘义庆的《世说》。记朝野遗闻轶事的，就有托于汉刘歆所撰的《西京杂记》。又如汉赵晔所撰的《吴越春秋》与汉袁康所撰的《越绝书》，在《四库全书提要》中虽录于《史部载记类》，但其中亦多小说的记载。总之，两汉六朝是志怪小说最盛行的时代，而其托名为汉人所撰的，大概都不可靠，或系魏、晋以后人所作。

唐代小说，较两汉、六朝更为发达，更为进步。洪容斋说："唐人小说，不可不熟，小小情事，凄惋欲绝，洵有神遇而不自知者，与诗律可称一代之奇。"胡应麟说："变异之谈，盛于六朝，然多是传录舛讹，未必尽幻设语。至唐人乃作意好奇，假小说以寄其笔端。"是唐代小说，已转变至一新时期，即传奇小说时期。据日本盐谷温《中国文学概论》，则唐代传奇小说，可以分作别传、剑侠、艳情、神怪四类，今将《唐人说荟》（一名《唐代丛书》）所收集的小说依盐谷温的分类法略述如下：

（甲）别传：如韩偓所撰的《海山记》《迷楼记》《开河记》三种，都是记录隋炀帝的逸事的；如无名氏的《李林甫外传》，便是描写当时道教流行的作品；如陈鸿所撰的《东城老父传》，便是记玄宗时代斗鸡盛行的事；如郭湜的《高力士传》、曹邺的《梅妃传》、陈鸿的《长恨歌传》以及乐史的《太真外传》四篇，可以说是明皇内传，是记录玄宗宫闱间秘事的好史料。

（乙）剑侠：如张说所撰的《虬髯客传》，杨巨源所撰的《红线传》，薛调所撰的《刘无双传》，段成式所撰的《剑侠传》，都无不是些武侠男女的勇谈。

（丙）艳情：艳情类以佳人才子的风流韵事为主，实唐代传奇的精萃，如蒋防的《霍小玉传》、白行简的《李娃传》、许尧佐的《章台柳传》、元稹的《会真记》、张文成的《游仙窟》，都属此类，而尤以《会真记》为最重要，因为后此赵德麟的《商调鼓子词》、董解元的《西厢挡弹词》、王关的《西厢》杂剧、明人的《西厢》传奇，都是由《会真记》转来的末流，我们由此可以找出宋、金、元、明间声曲发达的沿革，最为清楚。

（丁）神怪：神怪类是关于神仙、道、释怪谈的小说，和《神异经》一样，但唐人的手笔，却情节有趣，文章华丽，固不可同日而语。如李朝威的《柳毅传》、郑还古的《杜子春传》、李公佐的《南柯记》、李泌的《枕中记》、皇甫枚的《非姻传》、陈元祐的《离魂记》，都是神怪类小说中的最有名者。要之，唐代传奇小说，大抵想象离奇，情绪丰富，文笔华丽，记叙委婉，皆非以前所及，实唐人的绝作。后此元、明间杂剧流行，每每取其事以被之管弦，也叫做传奇。如《会真记》便有元王实甫的《西厢记》（见前），《长恨歌传》便有清初洪昇的《长生殿》，《虬髯客传》便有明凌初成的《虬髯翁》，张凤翼、张太和的《红拂记》，《南柯记》便有明汤临川《四梦》的《南柯记》。至宋以后，诨词小说始代传奇小说而起，然唐人传奇体的小说，亦间有作品，如宋洪迈的《夷坚志》、明瞿祐的《剪灯新话》、明李祯的《同馀话》、清蒲松龄的《聊斋志异》、清钮琇的《觚剩》、清张潮的《虞初新志》、清余怀的《板桥杂记》以及清陈球的《燕山外史》均属之。

诨词小说起于宋代，盐谷温说："小说起于汉代，从六朝经过唐渐渐发达，其文体为秾艳绮縟之文语体，然而还不过是词人文士的余业。真正的有国民文学之意味的小说，创于宋代。这叫做诨词小说。诨为戏言、笑语、滑稽谈之意味，诨词小说是以俗话体很有趣的写成的小说。"观此，便知道诨词小说，就是由文言转变为语体的一种国民文学。而且唐代传奇小说是短篇的多，宋以后的诨词小说却是章回体。宋代诨词小说传到今日的，只有《宣和遗事》一种，系南宋无名氏之作，徽宗、钦宗的二代记。至元代，诨词小说始盛行，这第一是由于元以异族入主中国，仕路沮塞，所以许多文人便喜以游戏的笔墨，描写社会的情状，以抒发其平日的积郁之气；第二是由于元人向处荒寒瘠苦之乡，一朝得志中原，醉心汉族文明，趋向娱乐方面，所以欢迎杂剧与小说，以取快乐；至于唐、宋以来佛家说法与理学家语录的喜用语体，也是促成此种诨词小说的原因。元代诨词小说的代表作品，有《水浒传》，相传为施耐庵所作，又有罗贯中的《三国志演义》，至今还很流行，成为一般人的读物。降及明代，又有吴承恩的《西游记》以及相传为王世贞所作的《金瓶梅》，并《水浒传》《三国志演义》，称为小说四大奇书。他如《平妖传》《今古奇观》《龙图公案》《两汉演义》以及《东周列国志》，都是明代小说中的最好者。清代诨词小说，则以曹雪芹的《红楼梦》为一代代表作品。他如燕北闲人所作的《儿女英雄传》以及《三侠五义》（后更名《七侠五义》），便是侠义小说的代表作品。吴敬梓的《儒林外史》，便是讽刺小说之祖。清末，更有李伯元的《官场现形记》及吴趼人的《二十年目睹之怪现状》。又如《镜花缘》便是拥护女权的作品，《花月痕》便是才子佳人的韵语，《品花宝鉴》便是美少年的秘话。清末，林纾又译西洋小说若干种，为西洋文学翻译的开始，但他喜用古文，所以弄到与原著者的意思相违。新文化运动以后，新进作家辈出，有如风起泉涌一般，创作与翻译，都有很长足的进步。

（二）诗。诗与赋原出于《诗经》中之所谓风，至春秋战国时才分为两途。宋严羽《沧浪诗话》说："风雅颂既亡，一变而为《离骚》，再变而为西汉五言，三变而为歌行杂体，四变而为沈（佺期）宋（之问）律诗。"最初诗与音乐是不能分离的，汉代以后，诗与乐分为两途：当时诗有五言、七言、四言、六言之分，五言始于古诗十九首（其中有九首为枚乘所作）及李陵、苏武之作，七言始于武帝时柏梁台的唱和诗，四言始于汉楚王傅韦孟，六言始于汉司农谷永（此外有三言始于晋夏侯湛，九言始于曹魏高贵乡公）。然汉、魏、六朝的作品，仍以五言、七言两体为多，这些都是古诗。至于乐府，则始于汉高帝的《三侯章》及唐山夫人的《房中乐》，至武帝定郊祀之礼，立乐府，以李延年为协律都尉，采司马相如等所作诗赋，论其律吕使和于八音之调,而乐府之名始立。东汉以后,乐章亡绝,不可复知,由是所谓乐府之作,便不过是"依前曲作新声"①的事业而已,而乐府也就因此成为诗中之一体。降及晋世,音韵学渐次发达,而梁沈约创四声八病之说,嗣后诸家遵轨,已开律体之端。到了唐代,所谓近体诗始正式成立。近体诗是别于古体而言,所谓古体诗,就是汉、魏、六朝的诗,这种诗虽以五言七言为多,但是每篇的句数并无一定,每句又没有定声。至于近体诗,却是取古体五言七言诗,调以声律,加以排整,而通篇都为五言或为七言的一种诗,不过近体诗中,又有律诗绝句之分。诗的体制,至是大备,后此宋、元、明、清都不能出此范围。唯自唐宋以后,受佛家说法与宋儒理学语录的影响,而以俚语入诗之风大开,其结果遂形成今日之所谓新体诗,即自由诗。诗之演进,大概如是。至于历代作家,则有文学史的叙述,故不复赘。

(三)赋。上面说过,赋也是出于诗,所以班固《两都赋序》也说:"赋者,古诗之流也。"赋之源固合于诗,但其末却不同于诗。从性质上说:诗——"在心为志,发言为诗"(《诗大序》);赋——"赋者,铺也;铺采摛文,体物写志也"(刘勰《诠赋》)。从作用上说:诗——"书曰'诗言志,歌永言',故哀乐之心感,而歌咏之声发。诵其言谓之诗,咏其声谓之歌"(《汉书·艺文志》);赋——"不歌而诵谓之赋"(《汉书·艺文志》)——诗与赋的分别,大概如此。最初的赋,叫做短赋,短赋可以说是无韵的小诗,因为当时的诗都与音乐有关,而短赋却和音乐无关。《左传》载士蒍为夷吾筑城不慎,被献公所斥责,士蒍便退而赋曰:"狐裘尨茸。一国三公,吾谁适从!"这便是短赋的好例。由短赋而进为骚赋。骚赋的开创者是屈原,它是诗与赋间过渡的产品,所以刘勰说:"轩翥诗人之后,奋飞辞家之前。"又说:"赋也者,受命于诗人,拓宇于《楚辞》。"由骚赋再进而为辞赋。赋的名称之成立,实由于荀卿与宋玉,而屈原之赋全属抒情,

————————
① 《晋书·乐志》:"汉自东京大乱,绝无金石之乐,乐章亡绝,不可复知。及魏武平荆州,获汉雅乐郎河南杜夔,能识旧法,以为军谋祭酒,使创定雅乐。"又引曹植《鼙舞诗序》云:"故汉灵帝西园鼓吹有李坚者能鼙舞。遭世荒乱,坚播越关西,随军段煨。先帝(曹操)闻其旧技,下书召坚。坚年逾七十,中间废而不为,又古曲甚多谬误,异代之文未必相袭,故依前曲作新声五篇。"

还有古诗的遗意。至荀卿之赋，却已和屈原不同。刘勰说："荀况《礼智》，宋玉《风钓》，爰锡名号，与诗尽境。"扬雄说："诗人之赋丽以则，辞人之赋丽以淫。"盖骚赋为诗人之赋，而辞赋则为辞人之赋。后此司马相如、枚乘、扬雄诸人，都是辞赋的大家，而他们所代表的汉赋，即是赋的正宗。由辞赋再进而为骈赋。骈赋为魏、晋、六朝时之赋，专用俳体，竞尚奇巧，其气势局格，已比不上汉赋。由骈赋再进而为律赋，就益加比不上汉赋而流入为下品了。所谓律赋，始自唐世，以迄宋代，盖从沈约四声八病之说起，而唐诗有律诗，唐赋亦遂有律赋。律赋专以音律谐协对偶精切为工，至于情韵气势，却置诸不顾的了。由律赋再进而为文赋。文赋就是散文的有韵者。其体虽源于荀卿《礼智》诸赋，然实完成于宋人。原来自唐韩愈提倡古文力排骈文以来，至宋而散文始完全战胜骈文，所以宋人别创一格，而以散文作赋。如欧阳修的《秋声》及苏轼的《赤壁》，便是文赋的好例。最近语体流行，所谓语体的散文诗，或许就是一种白话赋。

（四）词与曲。王元美《艺苑卮言》："三百篇亡而后有骚赋，骚赋难入乐而后有古乐府，古乐府不合俗而后以唐绝句为乐府，绝句少婉转而后有词，词不快北耳而后有北曲，北曲不谐南耳而后有南曲。"由他这段话看来，便知道词与曲的来源了。原来唐人拿绝句度曲，至五代两宋衍成长短句就创成为词，所以有人说，词是诗之馀。词要播入管弦，所以讲究音律。但自金元入主中原，所用胡乐，词不能按，就更成为北曲。其后北曲不合于南乐，所以明初又创南曲。至于词与曲的作家，则有文学史为之讲述，故不复赘。

（五）文。这里所谓文，是指散文而言。以前说过，有韵之文发生在无韵之文之先。中国六经，诗固全为韵语，而其余各经以及周、秦间诸子所著书，其间皆时有韵。至秦、汉间，有韵之文与无韵之文，界画始清。秦世作家如李斯辈，两汉作家如贾谊、晁错，都是很有名的，而司马迁的《史记》，更为唐代以后直至清代古文诸家所宗法。后班固撰《汉书》，亦能继迁之业。降及东汉，便每每以单行之句，运排偶之词，文体遂和西汉不同。至建安七子出，骈俪之风始盛。晋初陆机的《连珠五十》，尤为四六文的嚆矢。南北朝时，谢灵运、颜延年、鲍照、徐陵、庾信继起，便专事绮辞缛句，置情理于不顾了。唐初王、杨、卢、骆四杰，虽其为文，力事遒劲，然托体仍为骈偶。后陈子昂出，始稍复两汉的旧观。迨韩愈、柳宗元出，才毅然以转移文风为己任，效法秦汉之文，力倡古文运动。宋世欧阳修、王安石、曾巩、三苏继起，始完全战胜骈文。自是以后，直至清代，虽间有骈文作家，然文章正宗，却不曾逸出唐、宋所谓古文以外。

三、文学革命与国语运动

原来中国国语是不统一的，所以做思想上与知识上之媒介的工具，便只靠文言。汉武帝时，丞相公孙弘奏道："臣谨案诏书律令下者，明天人分际，通古今之谊，文章尔雅，训辞深厚，恩施甚美。小吏浅闻，弗能究宣，无以明布谕下。"当时的小吏还看不懂"文章尔雅"的诏书律令，更何况百姓。这可见古文在那时就已成了一种死文字了。但是，只因二千多年来统治阶级的提倡与科举制度的拥护，所以它还能苟延寿命到这样的长久。不过，这种顺于自然的语体文学，在社会上却依然占有它的潜势力，最近五百年中语体小说的发达，便是一个明证。清季维新时代，梁启超作文，已渐趋解放；而王国维主张文学以自然为主以及认白话胜于文言，实已开文学革命的端绪。然正式高揭文学革命的旗帜者，则首推胡适与陈独秀。胡适的《文学改良刍议》说："文学者随时代而变迁者也。一时代有一时代之文学……唐人不当作商、周之诗，宋人不当作相如、子云之赋——即令作之，亦必不工。逆天背时，违进化之迹，故不能工也。……以今世历史进化的眼光观之，则白话文学之为中国文学之正宗，又为将来文学必用之利器，可断言也。"陈独秀和之，作《文学革命论》，而建立三大主义，即"推倒雕琢的阿谀的贵族文学，建设平易的抒情的国民文学；推倒陈腐的铺张的古典文学，建设新鲜的立诚的写实文学；推倒迂晦的艰涩的山林文学，建设明瞭的通俗的社会文学"。不久，胡适又作《建设的文学革命论》，而主张国语的文学。但是，当时一班主张文以载道的守旧人物，如林纾辈，却起来反对这种文学革命。不过，不久因为继"五四"运动而迈进的新文化运动之推进与提倡，这种文学革命就终于成功了，而建立为国语的文学。

其次，请言国语运动。原来自明末欧人初来中国时，以华语华字难通，便利用罗马字母去代替，已经伏下了改革的动机。清季维新变法时代，官话书报初起，许多人就已经认定白话是普及教育的利器；当时王照的官话字母与劳乃宣的简字字母，竟得到了官厅的提倡而推行颇广。民国元年，教育部为要范正汉文的读音，制定了注音字母三十九个。直到国语文学的呼声大张之后，教育部始于七年十一月公布这种注音字母；不久，又设立国语统一筹备会，明年更通咨各省区"自本年秋季起，国民学校一二年级先改国文为语体文"；旋又修正《国民学校令》，改国文为国语。而新式标点符号与《国音字典》，都是在这一年颁行的；同时，还开办有国语讲习所。经过这一番运动，于是国语始成为学校的必修科目，而国语文学的进行也从此得到许多便利；等到近几年来，国语竟在中学课程中也占有重要地位了。

四、艺术——书、画

所谓艺术，是包括书、画、音乐、建筑、雕刻、塑像以及其他工艺而言，这些都属于专门学问，所以本节只把艺术中与我们关系最切的书、画简略地说说。

（一）画。画与书本出于一源，唯商代以前已不可考。周时已有壁画，大抵都简朴古拙。壁画至汉大盛：文帝时绘诽谤木、敢谏鼓等于承明殿，武帝时绘天地、太一、诸鬼神于甘泉宫，宣帝时绘功臣像于麒麟阁，都是壁画，而且含有劝戒的意思。文帝时，又有尚方画工毛延寿等，是为后世画院的嚆矢。至东汉明帝，始特设画官，命班固等述经史故事，使画工描绘成图，这就是汉明帝《画官图》五十卷。又遣使月氏国，收集佛教雕刻画像，仿造数本，置于清凉宫；又画《千乘万骑绕塔三匝图》于白马寺的壁上，即佛寺壁画的滥觞，亦即印度画入中国之始。至于当时以画名者，则有刘褒、赵岐、蔡邕、张衡，而刘的《云汉图》，张的《地形图》，尤为有名。三国时，以吴曹不兴最善画。晋代名画，首推协卫和师事协的张墨与荀勖。其后顾恺之出，更在协之上，他于人物、神兽、风景，无不擅长，为中国言画者之所祖。南北朝时，刘宋有陆探微，以恺之画法，作连绵不绝的一笔画，与恺之、张僧繇及唐代吴道子，并称为画家四祖。刘宋又有宋炳，长于山水，以实地写景为主，开后世画家的创格。萧齐有谢赫，善画人物，他所著《画品录》序文中所举的六法①，为后世论画的典型。梁张僧繇画山水，参用印度画染晕法，特创没骨皴法，为中、印画法融合的

---

① 六法即：气韵生动，骨法用笔，应物象形，随类赋彩，经营位置，传摹移写。

成功者。隋代画家，如展子虔以画马胜，孙尚子以鬼神鞍马胜，郑法士以游宴豪华胜，董伯仁以台阁车马胜，杨契丹以衣冠簪组胜，都各有所长。唐初有阎立德、立本兄弟，均长于画，而立本绘像，尤为特出。开元、天宝间，吴道子、李思训、王维出，遂于画史上别开生面：吴道子长于画佛；李思训好作金碧山水，为后世着色山水之所祖，又为北派之祖；王维工诗画，喜为破墨山水，为南派之祖①。而周昉的水月观音，更为创作，与张僧繇、曹仲达（南北朝高齐时人）、吴道子并称佛教画上的四典型。晚唐，则张南本以佛教画胜，荆浩以山水胜。五代时，山水有后梁的关同，人物有前蜀的禅月大师贯休及后蜀的石恪，花鸟有南唐的徐熙与蜀的黄筌；而后唐李夫人（郭崇韬之妻），就窗影而画竹，种墨竹之祖。北宋盛行寺观宫殿壁画，当时院人②如董羽则专工龙水，黄居寀（黄筌之孙）则以花鸟胜，燕文贵与郭熙则长于山水，而熙所创影壁，更为特出。其非院人而以画为专业的，则山水有范中正，花鸟有徐崇嗣、赵昌、易元吉等。他如以画而寄其逸雅之气韵者，则前有李成、董源、释巨然，后有李公麟（龙眠山人）、米芾、苏轼，而米、苏兼工书，尤为世所推重。又宋徽宗，也工山水花鸟。南宋画院突兴，名师辈出：李唐的画，与李思训不相上下，大斧劈皴，即他所创；李迪长花鸟竹石，又善小景山水；李安思专绘化鸟；苏汉臣工道、释人物，画婴儿尤为得意；马兴祖善花鸟杂画；萧照、阎次平工山水；刘松年以画纤巧流丽的青绿山水称；梁楷工人物，创水墨减笔描法；马远长于山水，只画一角半边的山水，故有马一角之称，为宋末水墨派院人的代表。元世，以从政之暇而作画的：有赵孟頫的人物山水竹石；高克恭的云山；李衎、柯九思的枯林竹石；任仁发的天马；王蒙的山水。专门画家，则有颜辉的人物；王渊的花鸟；孙君泽、丁野夫的山水。而在野文人，如钱选、曹知白、黄公望等亦长于绘画。明代院画盛行：太祖时，周位的山水；成祖时，蒋子成的水墨观音与山水，郭纯、上官伯达的山水；范暹、边文进的花鸟；宣宗时，商喜的山水人物，李在的山水，林良的水

---

① 《芥舟学画编》记南北二派传统如下：南派：王维、董源、释巨然、米芾、倪瓒、黄公望、王蒙、董其昌；北派：李思训、李昭道、郭远、马远、夏珪、刘松年、赵伯驹、李唐、戴进、周臣。

② 宋设翰林图书院，内有画院书院等，故出自画院的画家，称为院人。

墨花鸟（写意派的元祖）；宪宗、孝宗时，吴伟的山水，吕文英的花鸟；武宗时，王谔的山水；都是佳构。院体衰落以后，自世宗至明末，士大夫文人的绘画，就继之而起，原来士大夫文人以画名者，在明初有王冕、王绂。其后又有沈周、唐寅、文徵明、董其昌四大家。至世宗时，便有钱谷的山水，项元汴的松竹古木兰梅。神宗时，便有邹迪光、张瑞图的山水，王思任的云山。明末，便有陈继儒的山水，黄道周、杨文骢的山水竹石，都是很有名的。至于花卉，则于前述院人之外，文人中尚有沈启南、陆治、周之冕、陈淳四大家。人物画除院人蒋子成外，后有阮福、丁云鹏，而曾鲸的写照，更为出神。又神宗时，利玛窦来中国，能画耶稣圣母像，曾波臣乃折衷其法，而作肖像，为西洋画风入中国之始。明末，又有崔子忠、陈洪绶也工人物，而以陈作为最有名。清初画家，多为文人士大夫：王时敏、王鉴、王翚、王原祁（四王）及恽恪、吴历六大家，为一代画家所宗。其次有萧云从、孙逸称江左二家，程正揆、方亨咸、顾大申称鼎足名家，弘仁、八大山人、石涛、石溪称四大名僧，龚贤、樊圻、高岑、邹喆、吴宏、叶欣、胡慥、谢荪称金陵八家，都是名手。而龚贤为初学山水者作口诀画法册，殆为习画本的嚆矢，又其门人王概增修李流芳所集的古来名家山水树石的画法成编，后为李渔刻于《芥子园画传》，为古今第一的习画本。雍正、乾隆间的画家，有高翔、高凤翰、李世倬、张鹏翀、董邦达等，而高凤翰以左手书，最纵逸而有味。此外有扬州八怪（罗聘、李方膺、李鱓、金农、黄慎、郑燮、汪士慎、高翔）、浙西三妙（黄易、奚冈、吴履）、后四王（王廷元、王三锡、王廷周、王鸣韶），而金声更有名，郑燮的墨竹，也能自成一家。其时院人有钱维城、张宗苍、焦秉贞等，而院人意大利人郎世宁的西法画马，更为佳构。他如沈铨的花鸟，则以其曾到日本卖画，故其画风被于日本。嘉庆、道光间的画品稍下，其时董诰、王学浩，及朱本、朱鹤年等称名手。咸丰、同治至光绪间，则初有张熊的山水、朱熊的花卉、任熊的人物，称为沪上三熊。其次钱杜、赵之谦，亦有名。人物画则有费丹旭及光绪时任颐。清末及民国，又有吴石仙、陆恢、吴昌硕、陈衡恪、萧俊贤、金城、王震，亦均以画名。唯西洋画风已披靡一时，以后我国画界，或从此另辟一境界。

（二）书。上面说过，秦程邈作隶书。不过当时隶书，只用于文牍，而纪功勒石，却都用小篆。到了汉代，便通用隶书。后汉又由隶书变为楷书与草书。刘德昇又作行书。而蔡邕创飞白，卫凯则善古文。三国魏之钟繇，备具各种书法，为后世言楷书者所祖。晋王羲之师法钟繇，总百家之精，兼诸体之妙，其书称为古今第一，其子献之也工书，称为二王。南北朝时，南朝宗钟、王，北朝宗卫顗，书法遂分为二派。隋统一中国，始兼二派之长，自成一格，《龙藏寺碑》即此时的代表作品。而羲之七世孙僧智永，刻羲之《兰亭序》于石，则为法帖之始。唐代选举中有书法遒丽一条，所以名家辈出，而太宗、高宗、武氏、玄宗都好王书，故其时大家如虞世南、褚遂良、欧阳询、李邕，都无不宗王。又张旭以草书得名，称为草圣；李阳冰则以篆书得名，与秦李斯称为二李。他如颜真卿虽宗王，而能集诸体的大成；柳公权之书，则出自真卿，唯能自创新意，另成一格。宋代大家，当推蔡襄、黄庭坚、苏轼、米芾四人。蔡的楷书，出自真卿，其真行草，都属妙品，而其草书尤有名，称为飞草。庭坚宗工而自成一家，尤长楷书，亦工行草。米书效法献之，而别树一帜。苏书自称仿佛褚、薛、颜、柳之笔。四家之书，均变化淋漓，而与唐代欧、虞、褚异其趣。元世书家有赵孟頫与鲜于枢，均以小楷著名。明代书家，当以文徵明、董其昌为名手，而其昌尤能自成一格。清世厉鹗、恽恪、刘墉、郑燮、翁方纲、梁同书、钱大昕、阮元、伊秉绶、左宗棠、何绍基、曾国藩诸人之书，均见重于世。

【问题提要】

（一）试略述文学的起源。

（二）试略述文字的演进。

（三）文学肇始于什么？

（四）试略述诗、赋、小说、词、曲的演进。

（五）试略述散文的演进。

（六）试略述各时代书画的代表作家。

第十章 科 学

一、天文历数

天文历数的发明，大概在农业已经发明之后，因为播植收获，都是随着节候寒暑为定准的。但根据我国的传说，在黄帝时代，就业已发明了天文历数之学。相传黄帝使羲和占日，常宜占月，臾区占星气，伶伦造律吕，隶首作算数，大挠作甲子。容城综此六术而作历（《史记·历书索隐》）。于是以甲子纪日（甲乙丙丁戊己庚辛壬癸叫做天干，子丑寅卯辰巳午未申酉戌亥叫做地支），合支干以明日，积余分以置闰。《后汉书·郡国志》更谓黄帝推分星次，以定律度。尧时，以璿为玑，以玉为衡，以象天体的转运——这就是后世所称为浑天仪的滥觞。又窥日月五星的运行，以三百六旬有六日为一岁，以闰月定四时（《尚书·尧典》），后世称为阴历之祖。夏、商、周三代，都因其制；唯月正之建，各有不同：夏以寅为人正，故建寅为正月（即现在大阴历的正月）；商以丑为地正，故建丑为正月（适当夏的十二月）；周以子为天正，故建子为正月（适当夏的十一月）。周代又有冯相、保章二氏，以掌天文。分天体为二十八宿；又将列国的领土，分配于天体，叫做分野；谓属于分野的分星，如有变异之时，则此分野之国，必有灾难。这就是占星术的发明。当时如周之史佚、苌弘，鲁之梓慎，晋之卜偃，郑之裨灶，宋之子韦，齐之甘德，楚之唐昧，赵之尹皋，魏之石申，都掌着天文，以星占名世。

到了汉代，天文学更有进步。尧时的璿玑玉衡，据说是浑天仪的权舆，后遭秦而灭。汉宣帝时，耿寿昌始铸铜而为之象，衡长八尺，孔径一寸，玑径八尺，圆周二丈五尺，旋转而望之，以观日月星辰之所在，即璿玑玉衡的遗法，汉代叫做浑天仪。安帝时，张衡又作候风地动仪以配之。至于历法，则武帝时有太初历，依夏正以正月为岁首。

原来太阳与各行星相缠的宿度，每岁有不及之分，其差很微，而在以前都不知道，至晋虞喜，始发明此理，因立岁差法，为历代所宗。

隋时，刘焯造七曜新历，颇能纠正当时之失。唐代李淳风又造铜浑天仪，作《麟德历》及诸算经；其后僧一行又作《开元大衍历》与《算经》。玄宗时，更有九执历，出于西域，为瞿昙悉达所译，与现今欧西之法相同。

元代郭守敬出，始集古代历法的大成。郭氏所创造者有五：（一）太阳盈朒。（二）黄道赤道差。（三）黄道内外度。（四）白道交周。（五）月行迟疾。这五项推测，都比古代为周密，与天亦合，为前此所未有。

明初用大统历，为刘基所进。其后，太祖以西域人推测天象至精，诏译其书，置回回司天监，改用回回历。万历时，利玛窦来中国，著《乾坤体义》《经天该》等书，李之藻从之学，于是西法始萌芽。后徐光启又依西法推算日食甚验，而大统历与回回历均不合，于是开局于北京首善书院，用西人邓玉函、熊三拔、龙华民等从事修改，制造仪器。时熊三拔著有《简平仪说》，阳玛诺著有《天问略》。后又用汤若望、罗雅谷等译《崇祯历书》百余卷，即以新历代旧历，然未及实行而明亡。清世祖入关，又用汤若望掌钦天监，颁行西法的时宪历书。圣祖时，旧钦天监职员杨光先等排斥西教，一时西法遂废。后圣祖命钦天监副吴明烜与南怀仁各测日影使之对照，吴测验有误，而南怀仁的测验准确，因此用南怀仁掌钦天监，颁行新法时宪历。又命徐日升修复以前为李自成所破坏的测天仪，南怀仁更著《新制灵台仪象志》，编康熙永年历；圣祖又著有《历象考成》，并其所著《数理精蕴》《律吕正义》二书，合称《律历渊源》。其后南怀仁死，白进、张诚等，又共备历政的顾问。

数学本与天文历法有深切的关系，故历数并称，象数并称。相传黄帝命隶首作算数，虽不可信，然数的观念与日常生活有关，故其发明亦最早。至周，关于数学始有专书，《周髀算经》与《九章算术》，即假托周公所著的数学书。唐时，李淳风与僧一行，均以明历而兼明算著名；且唐代选举，有明算一科，国子监中又设算学一科，当时算学的发达，可想而知。元代中西交通频繁，西学渐次输入中土，当时如郭守敬，即以西法治历兼治算学；而李治专治算学，著有《测海圆镜》一书。明末，西教士前后来华，其所译著：如利玛窦的《几何原本》《勾股义》，艾儒略的《几何纪要》，罗雅谷的《比例规解》，均甚有名。而李之藻、徐光启辈，多从西教士学，亦长于算学。清代圣祖，精于算学，著有《数理精蕴》。然为一代开山之祖者，当推梅文鼎与王锡阐。同时大师如黄宗羲、江永辈，亦倡导数学，故清儒治经者亦多明算数。当时如文鼎的《勿庵历算全书》，江永的《慎修数学》，李锐的《李氏遗书》，董佑诚的《董方立遗书》，焦循的《里堂学算记》，张作楠的《翠微山房数学》，刘衡的《六九轩算书》，徐有壬的《务民义斋算学》，邹伯奇的《邹征君遗书》，丁取忠的《白芙堂算学丛书》，李善兰的《古昔斋算学》，均系一代有名之作。又曾国藩设江南制造局于上海，颇译西洋科学书，其算学名著，即出于李善兰与华蘅芳之手。维新运动以后，西洋数学书籍译本，就更加增多了。

二、医学

相传伏羲"尝草治砭，以治民疾"；神农"味草木之滋，察其寒温平热之性，辨其君臣佐使之义……遂作方书，以疗民疾"（《路史》依据孔丛子《帝王世纪》所引）。又相传黄帝咨于岐伯而作《内经》，复命俞跗、岐伯、雷公察明堂，究息脉，巫彭、桐君处方饵。不过此种传说，未可相信。即令有之，其术亦很简陋，且以当时迷信盛行，亦必以巫觋兼医师。

到了周代，医学始略有可考。据《周礼》：医师掌医之政令，而食医、疾医、疡医、兽医，复各分职治事。春秋时，名医有扁鹊，相传《难经》一书，即他所作。然自西周至战国，民间以医师治病者甚少，大半多用巫觋以治疾病。医学的不发达，由此可见。

东汉时，张机（仲景）服官长沙，感其家人多因伤寒致死，乃著《伤寒诸病论》及《金匮玉函经》等书，实为中国医家之祖。三国时有华佗，能解剖开刀，称为医中的神者。南北朝以后，中国医学始受印度的影响。至隋、唐时代，遂有孙思邈的《千金方》，王焘的《外台秘要》，甄权的《脉经》《针方》及《明堂人形图》，为时人所宗。金、元之际，有李杲（明之）精医学，著《内外伤辨惑论》及《脾胃论》。元代朱震亨，著《格致余论》《局方发挥》及《金匮钩玄》诸书。医学至是，始大发达。同时，犹太人以泰西医方输入中土，实为中国有西医之始。明初，名医辈出，如吕复、王履、戴思恭，均于医有所发明，而李时珍所著的《本草纲目》三十九卷，实为中国药用植物学的名著。然自海通以后，西医渐次输入中国，于是始有人用西洋科学的方法，以谋中医的改革。

三、史学与地理学

相传黄帝以仓颉为左史，沮诵为右史，是史官设立之始。然年代久远，已不可考。《尚书》真伪，姑置不论；然其中如《尧典》则为起居注，《皋陶谟》《益稷》则为朝廷琐记，《禹贡》则为地志，《甘誓》则为谕旨或宣言书之类，都不足以言正史；只有《商书》的《盘庚》《微子》，以人名篇，有类后世的本纪列传。春秋时，列国之史：如晋有《乘》，郑有《书》，宋有《志》，鲁有《春秋》，楚有《梼杌》，都是史名。当时良史，有齐之南史，晋之董狐；而孔子修《春秋》，为编年体之祖；左丘明作《国语》《左传》，则为纪事体。然体例完备的，却应推司马迁的《史记》，故司马迁实中国史学之祖①。后班固仿《史记》而作《汉书》②，为我国断代史之祖。晋陈寿的《三国志》与南北朝时宋人范晔的《后汉书》，都是断代为史，与

---

① 梁启超说："《史记》千古之绝作也，不徒为我国开历史之先声而已。其寄意深远，其托义皆有独见，而不徇于流俗。本纪之托始尧、舜（五帝）也，世家之托始秦伯也，列传之托始伯夷也，皆贵其让国让天下，以诛夫民贼之视国土为一姓产业者也。陈涉而列诸世家也，项羽而列诸本纪也，尊革命之首功，不以成败论人也。孔子而列诸世家也，仲尼弟子而为列传也，尊教统也。孟、荀传而包含馀子也，著两大师以明群学末流之离合也。老子、韩非同传，明道、法二家之关系也。游侠有传，刺客有传，励尚武之精神也。龟策有传，日者有传，破宗教之迷信也。货殖有传，明生计学之切于人道也。故太史公诚汉代独一无二之大儒矣。"（见《国学蠡酌·中国古代思潮》）

② 郑樵评班固道："自《春秋》之后，唯《史记》擅制作之规模。不幸班固非其人，遂失会通之旨，司马氏之门户，自此衰矣。……《史记》一书，功在十表，犹衣裳之有冠冕，木水之有本源；班固不通旁行邪上，以古今人物，强立差等；且谓汉绍尧运，自当继尧，非迁作《史记》厕于秦、项，此则无稽之谈也。由其断汉为书，是致周、秦不相因，古今成间隔。……且善学司马迁者，莫如班彪。彪续迁书，自孝武至于后汉，欲令后人之续己，如己之续迁，既无衍文，又无绝绪，世世相承，如出一手，善乎其继志也！……司马谈有其书，而司马迁能成其父志；班彪有其业，而班固不能续父之书。固为彪之子，既不能保其身，又不能传其业，又不能教其子，为人如此，安在乎言为天下法？范晔、陈寿之徒继踵，率皆轻薄无行，以速罪辜，安在乎笔削而为信史也？孔子曰：殷因于夏礼，所损益可知也；周因于殷礼，所损益可知也。此言相因也。自班固以断代为史，无复相因之义。虽有仲尼之圣，亦莫知其损益；会通之道，自此失矣。"（见《通志总序》）

《史记》《汉书》合称为四史。他如：南北朝时梁人沈约的《宋书》与萧子显的《南齐书》，北齐魏收的《魏书》；唐房乔等的《晋书》，姚思廉的《梁书》与《陈书》，李百药的《北齐书》，令狐德棻等的《周书》，李延寿的《南史》与《北史》，魏征等的《隋书》；后晋刘昫等的《旧唐书》；宋欧阳修等的《新唐书》，薛居正等的《旧五代史》以及欧阳修的《新五代史》，都是断代史。至宋，始将《旧唐书》与《旧五代史》除外，自《史记》以至《新五代史》统称为十七史，定为正史。明世，又加元人脱脱的《宋史》《辽史》《金史》及明人宋濂的《元史》，称为二十一史。清世，于二十一史中，又加清张廷玉的《明史》，便称为二十二史；再加入《旧唐书》与《旧五代史》，便称为二十四史。

言典章制度文物的沿革者，在唐有杜佑的《通典》，为中国文化史之祖。至宋，有马端临的《文献通考》与郑樵的《通志》，与《通典》合称为《三通》。而宋王应麟的《玉海》，亦属于此类。清世，更有《续通典》《续文献通考》《续通志》与《皇朝通典》《皇朝文献通考》《皇朝通志》，与《三通》合称为《九通》。

评史之书，在唐有刘知几的《史通》，是书融会古今，洞悉利病，自《史记》至《隋书》，旁及杂史，一一取其体例，而批评之，实为后世史评诸书之祖。清世，章学诚作《文史通义》，议一家著述，注重史意，为千古史学开其榛芜，其价值可比《史通》。

编年体的史书，首推《春秋》。至宋世司马光奉敕与刘邠、刘恕、范祖禹等撰《资治通鉴》（起自周威烈王二十三年，迄后周世宗显德六年，其间凡一千三百六十二年），为编年体首出的史书。南宋朱熹本之，作《资治通鉴纲目》；刘恕又作《通鉴外纪》，录庖牺氏以后至周威烈王二十二年之事，以与《资治通鉴》相衔接；金履祥更作《通鉴前编》，与《通鉴外纪》同，以接《资治通鉴》之前；朱熹又作《续资治通鉴长编》，录自宋太祖至钦宗之事，以接《资治通鉴》之后。至于明代，更有陈桱的《通鉴续编》，专述宋代史事；胡粹中的《元史续编》，以补《元史》的缺略；商辂等的《续资治通鉴纲目》，述自宋太祖至元顺帝之事；薛应旂的《宋元通鉴》，专述宋、元两代事；更至清代，则有徐乾学等的《资治通鉴续编》与毕沅的《续资治通鉴》。至于综贯以上诸书而抄录出来的，则有明袁黄的《历史纲鉴补》与清周之炯、周之灿的《纲鉴易知录》，而清高宗所敕撰的《历代通鉴辑览》，更为完备。

纪事本末体，始于宋袁枢的《通鉴纪事本末》。袁枢依司马光《资治通鉴》之文，以一事为一单位，各各详其本末，成书四十二卷。明陈邦瞻仿其体例，又撰《宋史纪事本末》与《元史纪事本末》。至于清世，则更有高士奇的《左传纪事本末》，李萍的《辽史纪事本末》与《金史纪事本末》，张鉴的《西夏纪事本末》，谷应泰的《明史纪事本末》，合《通鉴纪事本末》与《三藩纪事本末》，合称为《九种纪事本末》。此外如清马骕的《绎史》，亦属纪事本末体；是书录开辟至秦末之事，博引古籍，在史料上，实为有价值的著作。

学史的著作，始于黄宗羲的《明儒学案》；其《宋元学案》，则其子百家与全祖望先后续成之①。

清代以考据学为最发达，故此时代的史学，亦带有考据学的色彩。赵翼的《二十二史札记》，王鸣盛的《十七史商榷》，钱大昕的《二十一史考异》，洪颐煊的《诸史考异》，诸书目的，都在于考证史迹，订伪正谬。其专考证一史者，则有惠栋的《后汉书补注》，梁玉绳的《史记志疑》《汉书人表考》，钱大昕的《汉书辨疑》《后汉书辨疑》，梁章巨的《三国志旁证》，周寿昌的《汉书注补校》《后汉书注补正》，杭世骏的《三国志补注》。唯其末流，专重考据，则与史学无关。金石学在清代亦彪然成为一科学，而补助于史学不少。顾炎武著《金石文字记》，实此学的滥觞。后此名家辈出，如武亿、洪颐煊、严可均、陈介祺诸人的著作，都无不考证精彻。晚近罗振玉辈，更为斯学巨子。

地理学以《禹贡》为最古，然其书或系后人伪作，未可深信。《水经》一书，为地理中重要著作，至北魏郦道元，始作《水经注》。清世戴震有

---

① 梁启超："大抵清代经学之祖推炎武；其史学之祖当推宗羲，所著《明儒学案》，中国之有学术史，自此始也。……清代史学极盛于浙，鄞县万斯同最称首出，斯同则宗羲弟子也。唐以后之史，皆官家设局分修，斯同最非之，谓'官修之史，仓卒成于众人，犹招市人与谋室中之事'。以独力成《明史稿》，论者谓迁、固以后一人而已。其后斯同同县有全祖望，亦私淑宗羲，言文献学者宗焉。会稽有章学诚，著《文史通义》，学识在刘知几、郑樵上。……章炳麟少受学于俞樾，治小学极谨严；然固浙东人也，受全祖望、章学诚影响颇深，大究心明、清间掌故，排满之信念日烈。"（见《清代学术概论》第30页、32页及157页）

《校水经注》，而《水经》遂为一时研究的中心。故孔广森有《水经释地》，全祖望有《新校水经注》，赵一清有《水经注释》，张匡学有《水经注释地》，至杨守敬作《水经注疏》，遂集斯学的大成。他如二十四史中的地理志与三通中言州郡、边防各卷以及地理略，亦属地理学的专著。东晋以后，佛教徒西行求法，其著作也有关于地理学者，如东晋法显的《历游天竺记传》（今存，有英、德、法三种译本），宝云的《游履外国传》，姚秦时智猛的《游行外国传》，刘宋时法勇的《历国传记》与道普的《游履异域记》，元魏时宋云的《家记》（以上五书均佚）。唐代玄奘的《大唐西域记》（今存，有英、法译本），义净的《南海寄归内法传》（今存，有英译本）与《大唐西行求法高僧传》（今存，有法译本），无行的《中天附书》，继业的《西域行程》（以上二书均佚），惠超的《往五天竺国传》（久佚，今复出），都是顶好的地理著作。在此一时代，受佛教徒影响而撰著地理书籍者，则有道安的《西域志》，程士章的《西域道里记》，彦琮的《大隋西国传》与《西域玄志》，裴矩的《隋西域图》，王玄策的《中天竺行记》，韦弘机的《西域记》，许敬宗等的《唐西域图志》等，惜其书均已不存。元、明东西交通渐次频繁，当时因交通的影响，使地理学的范围更为扩大，而《马可·波罗游记》一书，实为介绍中国与西方人会面的第一部著作。清世，顾炎武与刘献廷均酷嗜地理学，所著书皆未成，而顾祖禹的《读史方舆纪要》，有组织，有制断，以地为经，以史为纬，实为当时绝学。上面说过，清世以考据学为最盛，故此一时代的地理学，亦带有考据学的色彩。如洪颐煊的《汉志水道疏证》与陈澧的《汉书地理志水道图说》，便是以水道治汉地理的著作。如阎若璩的《四书释地》，徐善的《春秋地名考略》，江永的《春秋地名考实》，焦循的《毛诗地理释》，程恩泽的《国策地名考》，便是考证先秦地理的著作。其考证各史地理者，则以吴卓信的《汉书地理志补注》与杨守敬的《隋书地理志考证》，为最精博。其考证《禹贡》者，则有胡渭的《禹贡锥指》。其通考历代者，则有陈芳绩的《历代地理沿革表》与李兆洛的《历代地理志韵编今释》，皆便检阅。而杨守敬的《历代疆域志》与《历代地理沿革图》，更为综核。乾隆以后，边徼多故，故嘉、道间学者，渐留意新疆、青海、西藏、蒙古诸地理，如徐松的《西域水道记》《汉书西域传补注》及《新疆识略》，如张穆的《蒙古游牧记》，何秋涛的《朔方备乘》，如龚自珍的《蒙古图志》，均称佳构。至于外国地理，则有徐继畲的《瀛环志略》与魏源的《海国图志》。近三十年来，西学渐次发达，而外国地理亦随之有长足的进步。

【问题提要】

  （一）天文历数的发明，与农业有什么关系？

  （二）阴历始于何时？占星术始于何时？

  （三）元、明、清之交的历法有何变动？

  （四）试略述司马迁的《史记》之优点。

  （五）班固的《汉书》，何以不及《史记》？

中国学术史讲话

第一讲　学术思想的萌芽

概　论

中国学术与苗族及东夷族

中华民族有四千多年的历史，它的学术思想一定发生很早。它最初就和苗族接触，不久又和东夷族接触，它的学术思想中一定吸收了苗族和东夷族的成分。这些事实，都是可以断定的；不过因为关于上古学术思想的情形，都只有传说，而无可靠的记录，所以我们对于这些情形，不能获得确当的知识。司马迁世为史官，生当二千年之前，还说："学者多称五帝，尚矣；然《尚书》独载尧以来，而百家言黄帝，其文不雅驯，荐绅先生难言之。"孔子删《书》，也只断自唐、虞；则唐、虞以前的情形，在二千多年以前的人看来，就已经不大明白，就已经难以置信。因此，我们要把上古学术思想的情形，写成一个有系统而可置信的记述，便是一件很困难而不可能的事体。不过我们从《诗》《书》《左传》《国语》一类书籍的追述中，很可以看到春秋以前这个长期间学术思想的大概情形；所以以下就根据这些书籍，分作四项来说：

（一）鬼神；
（二）术数；
（三）天；
（四）祖。

鬼　神

《楚语》中言鬼神

　　原始时代，人类知识浅陋，以为宇宙间万事万物，都有神为之主宰。《国语·楚语》说：

"昭王问于观射父曰：'周书所谓重、黎实使天地不通，何也？若无然，民将能天乎？'对曰：'非此之谓也。古者民神不杂，民之精爽不携贰者，而又能齐肃衷正，其知能上下比义，其圣能光远宣朗，其明能光照之，其聪能听彻之，如是则神明降之。在男曰觋，在女曰巫。是使制神之处位次主，而为之牲器时服。而后使先圣之后之有光烈，而能知山川之号，高祖之主，宗庙之事，昭穆之世……而敬恭明神者以为之祝。使名姓之后，能知四时之生，牺牲之物……坛场之所，上下之神氏姓之出，而心率旧典者为之宗。于是乎有天、地、神、明、类物之官，谓之五官，各司其序，不相乱也。民是以能有忠信，神是以能有明德，民神异业，敬而不渎。故神降之嘉生；民以物享，祸灾不至，求用不匮。及少皞之衰也，九黎乱德，民神杂糅，不可方物。夫人作享，家为巫氏，无有要质。民匮于祭祀而不知其福。烝享无度，民神同位。民渎齐民盟，无有严威。神狎民则，不蠲其为。嘉生不降，无物以享。祸灾荐臻，莫尽其气。颛顼受之，乃命南正重司天以属神，命火正黎司地以属民。使复旧常，无复侵渎，是谓绝地天通。'"

《左传》中言鬼神

又，《左传·昭公二十九年》：

秋，龙见于绛郊，魏献子问于蔡墨曰："吾闻之，虫莫知于龙，以其不生得也，谓之知，信乎？"对曰："人实不知，非龙实知。古者畜龙，故国有豢龙氏，有御龙氏。……及有夏孔甲，扰于有帝，帝赐之乘龙，河、汉各二，各有雌雄，孔甲不能食，而未获豢龙氏；有陶唐氏既衰，其后有刘累，学扰龙于豢龙氏，以事孔甲，能饮食之，夏后嘉之，赐氏曰御龙。"……献子曰："今何故无之？"对曰："夫物，物有其官，官修其方，朝夕思之，一日失职，则死及之，失官不食，官宿其业，其物乃至，若泯弃之，物乃坻伏，郁湮不育，故有五行之官，实列受氏姓，封为上公，赐为贵神，社稷五祀，是尊是奉。木正曰句芒，火正曰祝融，金正曰蓐收，水正曰玄冥，土正曰后土。龙，水物也，水官弃矣，故龙不生得。"……献子曰："社稷五祀，谁氏之五官也？"对曰："少皞氏有四叔：曰重，曰该，曰修，曰熙，实能金木及水，使重为句芒，该为蓐收，修及熙为玄冥，世不失职，遂济穷桑，此其三祀也。颛顼氏有子曰犁，为祝融，共工氏有子曰勾龙，为后土，此其二祀也。后土为社稷田正也，有烈山氏之子曰柱，为稷，自夏以上祀之。周弃亦为稷，自商以来祀之。"

自然崇拜与灵魂崇拜

上面两段话，都是追述，当然不完全正确。相传少皞是黄帝之子，颛顼是黄帝之孙，黄帝之事既难置信，则这两段记载少皞、颛顼的话，便多少也含有传说的性质。但是，从社会进化史的眼光看来，人类在原始时代，却的确经过这样的一个阶段。当时人智浅薄，不解自然现象，不解生人之理，所以不得不把宇宙万有，都归之于鬼神。大抵当时的鬼神，不外天神、地祇、人鬼、物彪四者，这都不出乎自然崇拜与灵魂崇拜之外。《周礼》一书，本不可信，但是，它叙大宗伯之职一段，却可以看出上古对鬼神崇拜的情形。它说：

天神

以禋祀祀昊天上帝；以实柴祀日月星辰；以槱燎祀司中、司命、风师、雨师。——案此即天神。

地祇

以血祭祭社稷、五祀、五岳；以狸沈祭山林川泽；以疈辜祭四方百物。——案此即地祇。

人鬼

以肆献祼享先王，以馈食享先王，以祠春享先王，以禴夏享先王，以尝秋享先王，以烝冬享先王。——案此即人鬼。

鬼神崇拜与日常生活

这种崇拜，都无不与当时的日常生活有关。得天时之和，所以拜天；受地利之饶，所以拜地；土可殖财，所以有社；谷可养生，所以有稷；山林川泽可以利人，所以拜山林川泽；至于人之有才能功烈为人所崇仰者，死后即成为神，也受后人的祭祀。又物之变异不常者，也认为是神。凡此，都是生民不解自然现象与生人之理所致。

多神

人格的神

政教不分

其次，从上面所引用的《左传》与《国语》两段话中，更可以窥见以下所述几点：（一）当时所谓神，一定是多神，所以说"制神之处位次主"；（二）当时所谓神，一定是拟人的，一定是具有人格的神，所以说"上下之神氏姓所出"，所以说神能降福受享，能凭降于人；（三）当时有专门事神的官，如觋巫宗祝之类，他们为一部落中的最高主权者，和埃及的法老、犹太的祭司长一样，由此足见当时实为政教不分。

术　数

既信鬼神能够主宰宇宙万物，于是立术数之法，以探鬼神之意，以察祸福之机。《汉书·艺文志》说：

> 数术者，皆明堂羲和史卜之职也。史官之废久矣，其书既不能具，虽有其书而无其人。《易》曰："苟非其人，道不虚行。"……序数术六种。

天文

> 天文者，序二十八宿，步五星日月，以纪吉凶之象，圣王所以参政也。《易》曰："观乎天文，以察时变。"

历谱

> 历谱者，序四时之位，正分至之节，会日月五星之辰，以考寒暑杀生之实。故圣必正历数以定三统服色之制。又以探知五星日月之会，凶厄之患，吉隆之喜，其术皆出焉。此圣人知命之术也。

五行

> 五行者，五常之形气也。《书》云："初一曰五行，次二曰羞用五事。"言进用五事以顺五行也。貌言视听思心失而五行之序乱，五星之变作，皆出于律历之数而分为一者也。其法亦起五德终始，推其极则无不至。

蓍龟

> 蓍龟者，圣人之所用也。《书》曰："汝则有大疑，谋及卜筮。"《易》曰："定天下之吉凶，成天下之亹亹者，莫善于蓍龟。是故君子将有为也，将有行也，问焉而以言，其受命也如向。无有远近幽深，遂知来物，非天下之至精，孰其能与于此？"

杂占

> 杂占者，纪百事之象，候善恶之征。《易》曰："占事知来。"众占

非一，而梦为大。故周有其官，而《诗》载熊罴虺蛇众鱼旐旟之梦，著明大人之占，以考吉凶，参卜筮。

形法

　　形法者，大举九州之势，以立城郭室舍。形人及六畜骨法之度数，器物之形容，以求其声气贵贱吉凶。犹律有长短，而各征其声，非有鬼神，数自然也。然形与气相首尾，亦有有其形而无其气，有其气而无其形；此精微之独异也。

以上所述天文、历谱、五行、蓍龟、杂占、形法六者，便是当时的术数，屡见于《春秋左氏传》中，今分述如下：

《左传》中的天文历谱五行

　　昭公八年："楚灭陈。晋侯问于史赵曰：'陈其遂亡乎？'对曰：'未也。……岁在鹑火，是以卒灭。……今在析木之津，犹将复出。'"

　　昭公十年："春王正月，有星出于婺女。郑裨灶言于子产曰：'七月戊子，晋君将死。'"

　　昭公十五年："春，将禘于武公，戒百官。梓慎曰：'禘之日，其有咎乎？吾见赤黑之祲，非祭祥也，丧氛也，其在莅事乎？'"

　　昭公十七年："冬，有星孛于大辰，西及汉。申须曰：'彗所以除旧布新也。天事恒象，今除于火，火必布焉。诸侯其有火灾乎？'梓慎曰：'若火作……其四国当之。……其宋、卫、陈、郑乎？……其丙子若壬午作乎？……'郑裨灶言于子产曰：'……若我有瓘斝玉瓒，郑必不火。'"

　　昭公十八年："春王二月，乙卯，周毛得杀毛伯过而代之。苌弘曰：'毛得必亡，是昆吾稔之日也。'"

　　昭公二十年："春王二月，己丑，日南至，梓慎望氛曰：'今兹宋有乱，国几亡，三年而后弭，蔡有大丧。'"

　　昭公三十二年："夏，吴伐越。……史墨曰：'不及四十年，越其有吴乎？越得岁而吴伐之，必丧其凶。'"

　　以上天文历谱五行。

《左传》中的蓍龟

　　庄公二十二年："初，懿氏卜妻敬仲。其妻占之，曰：'吉，是谓凤凰于飞，和鸣锵锵，有妫之后，将育于姜；五世其昌，并为正卿；

八世之后，莫之与京。'周史有以《周易》见陈侯者，陈侯使筮之，遇观䷓之否䷋，曰：'是谓观国之光，利用宾于王。'"

襄公二十五年：崔武子将娶棠姜。"筮之，遇困䷮之大过䷛，陈文子曰：'妻不可娶也。其繇曰：困于石，据于蒺藜，入于其宫，不见其妻，凶。'"

以上蓍龟——案卜筮为二术，卜以龟，筮以蓍。

《左传》中的杂占

桓公二年："初，晋穆公之夫人，以条之役，生太子，命之曰仇，其弟以千亩之战生，命之曰成师。师服曰：'异哉！君之名子也。……始兆乱矣，兄其替乎？'"

僖公五年："八月，甲午，晋侯围上阳，问于卜偃曰：'吾其济乎？'对曰：'克之。'公曰：'何时？'对曰：'童谣云：丙之晨，龙尾伏辰，均服振振，取虢之旗，鹑之奔奔，天策焞焞，火中成军，虢公其奔。其九月十月之交乎？丙子旦，日在尾，月在策，鹑火中，必是时也。'"

以上杂占。

《左传》中的形法

文公元年："王使内史叔服来会葬，公孙敖闻其能相人也，见其二子焉。叔服曰：'谷也，食子；难也，收子。谷也丰下，必有后于鲁国。'"

以上形法。

祝的三种责任

这六种术数，在上古时代，是很重要的。这些术数，都有专门的官来掌握。在上面引用的《国语》中，便有觋巫宗祝这些官职，又有"命南正重司天以属神，命火正黎司地以属民"这两句话。《尧典》也说："乃命羲和，钦若昊天，历象日月星辰，敬授民时。"又说："璇玑玉衡，以齐七政。"这都可以窥见上古重术数的情形。至于商代，则因"甲骨"的出现，更明证当时深信占卜。大抵当时所谓祝，其职务除司祀之外，还负有以下三种责任：（一）协时月正日以便民事，（二）推终始五德以定天命，（三）占星象卜筮以决吉凶；史官以外，这种"祝"便是上古学术思想的中心点。

这种术数，在春秋时还很盛行，观以上所引《左传》各节，便可知道。

那时楚国的梓慎,郑国的裨灶,晋国的卜偃,宋国的子韦,都精通这种术数而备国君的顾问。他们都著重于"天人之际"的道理,后此阴阳家与五行家,即由此推衍而生。

天

一神
主宰的天

以上讲鬼神一节,实原始社会中的普遍现象,夏商以后,天帝之观念起,遂由多神而进为一神,然多神论亦并未消灭。天是最高的神,或称皇天(《召雅》),或称上天(《信南山》),或称帝(《洪范》),或称上帝(《尧典》),或称皇天上帝,要之,都是指主宰宇宙万有的天而言。分而言之,称其体则曰天,称其德则曰帝,所以孔颖达说:

> 据其在上之体谓之天,天为体称,故《说文》云:"天,颠也。"因其生育之功谓之帝,帝为德称也,故《毛诗传》云:"审谛如帝。"(《礼记·郊特牲疏》)

形体的天
形容的天
科学的天
哲学的天
主宰的天有五种性质

此外还有形体的天,是指有形的苍穹而言,这是天的本义,如"怀山襄陵,浩浩滔天"(《舜典》)"鹤鸣于九皋,声闻于天"(《鹤鸣》)之类是。又有形容的天,如《诗·鄘风·柏舟》称父为天者是,这是以天去形容父。又有科学的天,如《荀子·天论篇》把天解释为"自然"者是。更有哲学的天,如《中庸》所说"天命之谓性"及宋儒以"理"释天者是。现在所要说的,就是那主宰宇宙万有的天,或者叫做宗教的天。这种天,是有意识的人格神,第一,它能生育万民,为之立君,如:

> 邶子曰:"天生民,而树之君,以利之也。"(《左传·文公十三年》)
> 晋师旷曰:"天生民,而立之君,使司牧之,勿使失性。"(《左传·襄公十四年》)

第二,要尊崇天,要敬事天,然后可以得天祐,如:

小心翼翼，昭事上帝，聿怀多福。（《大明》）

敬天之怒，无敢戏豫；敬天之渝，无敢驰驱。（《板》）

皇天无亲，惟德是辅。（《左传·僖公五年》宫之奇引《周书》）

第三，天掌赏罚之权，如：

天命有德，五服五章哉；天讨有罪，五刑五用哉。（《皋陶谟》）

宋公曰："孤实不敬，天降之灾。"（《左传·庄公十一年》）

第四，天监督一切政治，如：

皇矣上帝，临下有赫。监观四方，求民之莫。（《皇矣》）

第五，天命非人力所能左右，如：

楚子曰："天将兴之，谁能废之，违天必有大咎。"（《左传·僖公二十三年》）

王孙满曰："周德虽衰，天命未改，鼎之轻重，未可问也。"（《左传·宣公三年》）

天能制定制度法典

以上所述，是直认天为有人格的有意识的神，天既能为民立君，于是人君所行种种制度法典，亦必为天所制定，如：

天生烝民，有物有则。民之秉彝，好是懿德。（《烝民》）

不识不知，顺帝之则。（《皇矣》）

无旷庶官，天工，人其代之。天叙有典，敕我五典五惇哉。天秩有礼，自我五礼有庸哉。（《皋陶谟》）

皇帝亲问下民。……乃命三后，恤功于民。伯夷降典，折民惟刑。禹平水土，主名山川。稷降播种，农殖嘉谷。三后成功，惟殷于民。（《吕刑》）

我闻在昔，鲧堙洪水，汩陈其五行。帝乃震怒，不畀洪范九畴，彝伦攸斁。鲧则殛死，禹乃代兴。天乃锡禹洪范九畴，彝伦攸叙。（《洪范》）

所谓"有物有则"，所谓"帝之则"，所谓"天叙有典""天秩有礼"，所谓"洪范九畴"，在昔都认为是天所制定。这就是一种十足加一的神权政治。

天子

执行这种政治的，就是天子，所以说：

> 天子作民父母，以为天下王。（《洪范》）

但是，"天生烝民"，明明就是说万民都是天之子，何以王者独称天子呢？《尚书·召诰》说：

> 有王虽小，元子哉。

这里所谓元子，就是指天子而言，郑玄更解释道：

> 言首子者，凡人皆云天之子，天子为之首耳。（《召诰疏》所引）

《穀梁传·庄公三年》，也说到这一点：

> 母之子也可，天之子也可，尊者取尊称焉，卑者取卑称焉。范宁注曰："王者尊故称天子，众人卑故称母子。"

家族主义的神权政治

这样看来，可见王者就是生民中有高德受天宠独厚而即君师之位的人，以其尊贵，所以称为天子，《表记》所谓"惟天子受命故曰天子"，就是这个意思。换句话说：君主就是天之元子，臣民就是天子之庶子，从而君主与臣民都是以天为祖的一个大家族，君主便是家长，臣民便是子弟，所以《洪范》说："天子作民父母以为天下王。"这样的政治，可以说是家族主义的神权政治。

元子既是由天所命，所以天又可以"改厥元子"（《召诰》），要"改厥元子"，则天必有所本。它本于什么？就是本于民意。所以说：

> 天聪明，自我民聪民；天明畏，自我民明威。（《皋陶谟》）
>
> 天视自我民视，天听自我民听。（《孟子·万章上》引《泰誓》）
>
> 天矜于民，民之所欲，天必从之。（《左传·襄公三十一年》穆叔引《泰誓》，又《国语》单襄公亦引之。）

后此孟子言"民贵君轻"，便是从这种思想出发。

祖

祭祖的意义

《礼·郊特牲》说："万物本乎天，人本乎祖。"所以敬天与敬祖并重。敬祖的意思有二，最初是享鬼神，为的是求福避祸；后来民智日进，才有"慎终追远""反古复始"的意思。

> 气也者，神之盛也；魄也者，鬼之盛也；合鬼与神，教之至也。众生必死，死必归土，此之谓鬼。骨肉毙于下阴为野土，其气发扬于

上为昭明；焄蒿凄怆，此百物之精也，神之著也。因物之精，制为之极，明命鬼神，以为黔首，则百众以畏，万民以服。圣人以是为未足也，筑为宫室，设为宗祧，以别亲疏远迩，教民反古复始，不忘其所由生也。(《小戴礼·祭义》)

敬祖与宗法

这段话很表明了祭祖的意义。但是，敬祖这件事，却含有宗法的意思，子孙敬祖，必敬其族之祖，所以说：

神不歆非类，民不祀非族。(《左传·僖公十年》)

鬼神非其族类，不歆其祀。(《左传·僖公三十一年》)

非其鬼而祭之，谄也。(《论语·为政篇》)

所谓"不孝有三，无后为大"，便是从这宗法的观点而发生的。

其次，从庙数方面，更可以看出这宗法的意味。《尧典》所谓"受终于文祖""归格于艺祖用特"，虽未明指所祀为何人，但指尧之祖庙而言，却无疑义。到了夏世，便规定为天子五庙；殷世，天子六庙；降及周世，则更详备：即天子于天下为大宗，有七庙；诸侯则其始封者为别子，即为祖，不得复祖天子，故五庙；顺是大夫三庙，士一庙；庶人无庙而祭于寝(见《礼记·王制》)。惟其敬祖含有宗法的意味，所以说：

人道，亲亲也。亲亲故尊祖，尊祖故敬宗，敬宗故收族。(《大传》)

家族本位

此敬祖观念与敬天观念相结合，于是推论之结果，直认全人类为一大家族。中国的政治，以家族为本位，中国的社会，以家族为本位，都是由这观点出发的。(自然我们不应忘记：这是农业经济的反映。)惟其如此，所以说：

明乎郊社之礼，禘尝之义，治国其如示诸掌乎？(《中庸》)

天下之本在国，国之本在家。(《孟子》)

欲治其国者先齐其家。(《大学》)

孝

家族既这样重要，而维系这家族的规范就是孝。孟子言孝，首称大舜，他说："舜尽事亲之道而瞽瞍底豫，瞽瞍底豫而天下化，瞽瞍而天下之为父子者定，此之谓大孝。"像这说法，简直以孝为治天下的大本。后来契敷五教，把父子有亲，列在君臣有义、夫妇有别、长幼有序、朋友有信之前；《周官》六行，则孝居友、睦、姻、任、恤之首（见《周官·大司徒》）。孝之重要，由此可以想见。所以后来竟有百行孝为先之说，而孝也就成为中华民族的惟一道德，如：

> 夫孝始于事亲，中于事君，终于立身。（《孝经》）

> "夫孝，德之本也。""人之行莫大于孝。"（《孝经》）

> 居处不庄，非孝也。事君不忠，非孝也。莅官不敬，非孝也。朋友不信，非孝也。战陈无勇，非孝也。（《礼·祭义》）

> 孝有三：小孝用力，中孝用劳，大孝不匮；思慈爱忘劳，可谓用力矣；尊仁安义，可谓用劳矣；博施备物，可谓不匮矣。（《礼·祭义》）

上述四节，便是上古学术思想的大概，然我国后此的学术思想界，都无不与此有关，其影响我民族之大，也就可想而知了。但是，殷、周之际，还有两部著作——《洪范》与《周易》——与后世学术思想有关，故略述如次。

洪 范

《洪范》一篇，照它的本文说是箕子作的，即令非箕子所作，然而也不是东周以后的儒者所假造的；关于这一点，郭沫若的《中国古代社会研究》一四八页—一四九页考证颇详，读者可取作参考，这里用不着赘述。我们所要说明的，就在于指出《洪范》所代表的学术思想。

《洪范》所由来

《洪范》是怎样来的呢？它是天赐给大禹的：

> 我闻在昔，鲧堙洪水，汩陈其五行，帝乃震怒，不畀洪范九畴，彝伦攸斁。鲧则殛死，禹乃代兴。天乃锡禹洪范九畴，彝伦攸叙。

这正和《旧约》中言摩西在西奈山受十戒于上帝一样。九畴就是天子用以治国平天下的九条大法，这充分地表现了神权政治的意味。九畴是什么呢？现在逐一分述于次：

五行

第一是五行　五行就是水、火、木、金、土五者。这是自然界的五大原素，宇宙间万事万物就是由这五大原素所演化出来。《洪范》中的五事、五征、五福都和这五行有关，如次表：

五行	五事	五征	五福
水	貌	雨	寿
火	言	旸	福
木	视	燠	康宁
金	听	寒	攸好德
土	思	风	考终命

这是个对宇宙对人生的有系统的解释，这样的配合，虽然牵强，但是，后此中国的学术思想，却被这五行说支配了，往后我们讲到驺衍的"终始五德"之说以及汉代儒者如董仲舒一班人的思想，便可以看到五行的势力之大。后此所谓五方、五味、五声、五色、五常、五脏、五官，都无不与五行配合，如次表：

五行	五方	五味	五声	五色	五常	五脏	五官
水	北	咸	羽	黑	智	肾	耳
火	南	苦	徵	赤	礼	心	舌
木	东	酸	角	青	仁	肝	眼
金	西	辛	商	白	义	肺	口
土	中	甘	宫	黄	信	脾	鼻

五事

第二是五事　五事就是貌、言、视、听、思。五事的解释是：

貌曰恭，言曰从，视曰明，听曰聪，思曰睿。恭作肃，从作×，明作哲，聪作谋，睿作圣。

郑玄与马融，都把恭、从、明、聪、睿，解作为人君之事，把肃、×、哲、谋、圣，解作为人臣之事；这却不如孔颖达所说的"一人之上有此五事也"之为妥当。因为"在天为五行，在人为五事"，这五事就是人君用以修己治人的大本。

八政

第三是农用八政　八政就是食、货、祀、司空、司徒、司寇、宾、师。有了自然而后有人事，有了人事而后有刑政，《洪范》的八政，就是国家的起原，就是国家的统治机关。这八政的次序，很可注意。它把食列为第一，货列为第二，足见经济基础，是一切政治组织的根本，所谓民以食为天，就是这个意思。第三就是祀，这一点又可看出上古政教合一之风。接下来就是司空、司徒、司寇，这都属于内政；宾、师都属于外政。像这样，国家的统治机关便完备了。

五纪

第四是五纪　五纪就是岁、月、日、星辰、历数。以岁纪四时，以月纪一月，以日纪一日，星为二十八宿，辰有十二，观测星辰，所以纠正历的谬误。日月的运行与二十四气，便是历数。这五纪和农政有关，所以在八政之下，就有五纪。

皇极

第五是皇极　皇极是洪范九畴的中心点，是洪范九畴中最重要之处。上面所述的五行、五事、八政、五纪，都有一贯的体系，是按次发生的，这些东西都操在"天"的手里。"天"要交给他的儿子来替天行道，所以说：

　　天子作民父母，以为天下王。

这个道就是不偏不陂不高不低不左不右既中且平的正道，所以又说：

　　无偏无陂，遵王之义。无有作好，遵王之道。无有作恶，遵王之路。无偏无党，王道荡荡。无党无偏，王道平平。无反无侧，王道正直。

不用说，这既中且平的正道，是要顺天意的，既顺天意，便可以为天下后世训，所以又说：

　　是彝是训，于帝其训。

这是十足加一的神权政治，人民在这神权政治统治之下，只有很恭顺地拥护天子，只有很恭顺地遵从既中且平的正道（王道），要这样，才可以得到幸福，否则，就是有罪的。这样一来，便没有人敢于作乱，而天子的地位也就亿万年了。

三德

第六是三德　皇极的目的，就在于使天子的地位不生动摇。但宇宙一切都变动不居，一切的变动，都是由不平衡的对立物的冲突而来的，要使天子的地位不生动摇，就要消灭对立物的冲突，或者使对立物即于平衡。对立物的平衡，就只有"中"的地步，这就是说：截长补短，做到无过无不及的地步。这截长补短之权，完全操在天子手中，所以接着

又有三德:

> 六,三德:一曰正直,二曰刚克,三曰柔克。平康正直。强弗友,刚克。燮友,柔克。沉潜,刚克,高明,柔克。

这就是天子统御臣民之道:对于"刚弗友"的人,要压制他;对于和顺的人,要扶植他;这样才是平康正直的中道。要这样,天子的地位,才不会动摇;天子的权柄,才可以保持;所以又说:

> 惟辟作福,惟辟作威,惟辟玉食。

倘若臣子也作福作威得备珍味,那便是国家衰乱之源了。(参看孙星衍《尚书今古文注疏》)

稽疑

第七是稽疑 作威作福的方法是怎样的呢?就是拿宗教迷信来欺骗臣民。这欺骗方法有两:一是在人事方面拿卜筮来欺骗臣民,就是这里所要讲的"稽疑";一是在天时方面借休咎来骇人,就是以下所要讲的"庶征"。先讲"稽疑"。

> 七,稽疑。择建立卜筮人,乃命曰卜筮。曰雨,曰霁,曰蒙,曰驿,曰克,曰贞,曰悔。凡七,卜五,占用二,衍忒。

这就是天子对于人事有疑惑不能决的时候,就去"谋及卜筮",这显然是宗教迷信的骗局,是欺骗臣民的绝妙方法。

庶征

第八是庶征 庶征就是雨、旸、燠、寒、风。这五者都是天时的现象,这神权政治的体系,却把这五者安排到人事上去,而形成所谓"休咎"之理。这五者来得合时,便是休征,来得不合时,便是咎征。这休咎之所由来,就是因为人事上顺不顺天,人事顺天,则五者来得合时,便是休征,不顺天,则五者来得不合时,便是咎征。如此所示:

	时雨←肃←貌→狂→恒雨	
	时旸←乂←言→僭→恒旸	
休征	时燠←哲←视→豫→恒燠	咎征
	时寒←谋←听→急→恒寒	
	时风←圣←思→蒙→恒风	

五福六极

第九是五福六极 五福就是寿、福、康宁、攸好德、考终命,六极就是凶短折、疾、忧、病、恶、弱。这就是天的赏罚，行善便可以得五福，作恶便得六极，所以孔颖达说：

> 五福六极，天实得为之，而历言此者，以人生于世，有此福极，为善致福，为恶致极，劝人君，使行善也。

以上所述，是个神权政治的体系，至少在商代是行这种政治的；但《洪范》中所说的五行说及天人相感的休咎说，却影响于后世的学术思想者甚大，这是要注意的。此外还有《周易》一部书，也是殷周之际的作品，于后世学术思想也很有影响，不过因为《易传》是春秋时代的作品，所以留到第二讲再说。

第二讲　学术思想的解放与分野

概　论

政教不分与官师不分

　　第一讲所述，是学术思想的萌芽，这个时期很长，开初是部落社会，学术思想的中心，在觋巫宗祝手里，后来进到封建社会，学术思想的中心，又转移到贵族手里。开初是政教不分，后来是官师不分。掌握学术的人，虽前后不同，但是，在这个长期间，却只有鬼神术数，此外无别的学术；根据这一点，所以把这个长期间并为一讲。

变革时期

　　到了春秋之世，情形就完全两样了。从这时起，直到汉代大一统止，这个长期间，是个顶重要的变革时期，举凡经济基础、政治制度、社会组织，都有根本的变革。春秋之世，所谓井田制度，已渐趋破坏，建立在井田制度之上的贵族政治，也随着崩溃，农奴与商人，都在这个时候抬起头来，社会组织就根本动摇了。（关于这些变革，因为限于篇幅，不能详说，请读者参看拙编《本国文化史大纲》及冯友兰的《中国哲学史》第二章第二节《古代哲学发达之原因》）经济基础既有这重大的变革，不用说，建立在这基础上的意识形态也就随着变革起来了。以下分作两项来叙述这个变革时期的学术思想：第一，说明当时学术思想解放的情形；第二，说明学术思想的分野情形，即诸子的勃兴。

学术思想的解放

　　学术思想的解放，首先是对宗教迷信而得到解放，关于这一点，又可分作两项来说：

对鬼神的解放

第一，对鬼神的解放。春秋以前之相信鬼神，已如前述，但是，到了春秋之时，就不信鬼神了，如：

  史嚚说："国将兴，听于民；国将亡，听于神。"（《左传·庄公三十二年》）

  仲虺说："薛征于人，宋征于鬼，宋罪大矣。"（《左传·定公元年》）

对天的解放

第二，对天的解放。以前认为天为有意识的人格神，但到西周之末，这种思想便完全动摇起来了，如：

  彼苍者天，歼我良人，如可赎兮，人百其身！《秦风·黄鸟》

  浩浩昊天，不骏其德，降丧饥馑，斩伐四国。昊天疾威，弗虑弗图，舍彼有罪，既伏其辜，若此无罪，沦胥以铺。（《小雅·雨无正》）

  昊天不佣，降此鞠讻！昊天不惠，降此大戾！（《小雅·节南山》）

这种对天的怀疑，在春秋时，更为显明，如：

  子产说："天道远，人道迩。非所及也，何以知之？灶焉知天道，是亦多言矣，岂不或信？"（《左传·昭公十八年》）

以前都认为天能降福，所以敬天；到现在这大变革时代，流离死亡依然是流离死亡，并不见得天会显些什么威灵，因此就对天怨望起来了，怀疑起来了，甚至痛骂起来了。

人本主义

鬼神与天，既不足信，于是才有人敢于拿人来代替神权，换句话说，就是拿人本主义来代替神权，如：

  史嚚说："妖由人兴也，人无衅焉，妖不自作；人弃常则妖兴，故由妖。"（《左传·庄公十四年》）

  季梁说："夫民，神之主也，是以先王先成民而后致力于神。"（《左传·桓公六年》）

这明明说人意就是天意，而神只是依人而行。根据这一点，于是有人又以人本主义，去解释各种制度的发生，而打破前此以人间制度为天所制作之神权说，如：

  叔向诒子产书说："昔先王议事以制，不为刑辟，惧民之有争心也，犹不可禁御。是故闲之以义，纠之以政，行之以礼，守之以信，奉之以仁。制为禄位以劝其从，严断刑罚以威其淫。惧其未也，故诲之以忠，耸之以行，教之以务，使之以和，临之以敬，莅之以强，断之以刚。犹求神哲之上，明察之官，忠信之长，慈惠之师，民于是乎可任使也，而不生祸乱。民知有辟，则不忌于上，并有争心，以征于书，而徼幸以成之，弗可为矣。夏有乱政而作禹刑，商有乱政而作汤刑，周有乱政而作九刑。三辟之兴，皆叔世也。今吾子相郑国，作封洫，立谤政，制参辟，铸刑书，将以靖民，不亦难乎？"（《左传·昭公六年》）

对贵族的解放

各种制度，既得人本主义的说明，则当时学术思想的解放，便大有可观了。不过这种解放，只是对宗教迷信的解放，而得到人的发见；至于当时学术的中心，却还在贵族手里，要到孔子出来，倡自由讲学之风，以"有教无类"为宗旨，中国学术思想才对贵族而得到解放。学术思想界，开首对宗教迷信而得到解放，于是神权之说破，而人本主义显，其后又对贵族而得到解放，于是"王官世守"笼断学术之局毁，而知识始下逮普及。这样一来，加上又遇着大变革的时期，于是各本其术以救时弊，而"诸子蜂起，百家争鸣"，就形成学术思想界的分野了。

谈先秦诸子的派别的，有《庄子·天下篇》《荀子·非十二子篇》《淮南子·要略》《史记》、司马谈《论六家之要指》以及《汉书·艺文志》的九流十家。

本讲只就各派学说出生的先后，分为（一）老子（二）孔子（三）墨子（四）孟子（五）稷下派及其他（六）庄子（七）荀子（八）韩非八项述之。

老　子

老子学说代表革命的左派，其学较早出——本夏曾佑(《中国历史教科书》)、胡适(《中国哲学史大纲》)、钟泰(《中国哲学史》)诸氏之说，而崔东壁《洙泗考信录》、汪中《老子考异》、梁启超《评胡适之〈中国哲学史大纲〉》、冯友兰《中国哲学史》则疑《老子》为战国时人所作，兹姑从夏、胡诸氏之说——今本其所著《道德经》分述于次：

道

（一）道　上面说过：对于"天"的信仰，在春秋时便已动摇，至老子

却更彻底地反对"天",他说:

> 天地不仁,以万物为刍狗。

他既不信"天",于是提出一个"道"来以为宇宙万物"所以如此"的原理,他说:

> 道生一,一生二,二生三,三生万物。

> 有物混成,先天地生,寂兮寥兮,独立而不改,周行而不殆,可以为天下母。吾不知其名,字之曰道,强为之名曰大。

这种"道",并不是有意识的,只是自然如此,所以又说:

> 大道泛兮,其可左右,万物恃之以生而不辞,功成不名有,衣养万物而不为主。

> 人法地,地法天,天法道,道法自然。

无为

(二)无为 老子既着重自然,所以宇宙万物都无不有一个"独立而不变,周行而不殆"的道理,既用不着天来主宰,也用不着人的安排。惟其如此,所以他又主张无为,其人生哲学,则曰:

> 见素抱朴,少私寡欲,绝学无忧。

> 众人熙熙,如享大牢,如登春台。我独泊兮其未兆,如婴儿之未孩。儽儽兮若无所归。众人皆有余,而我独有遗。我愚人之心也哉?沌沌兮!俗人昭昭,我独昏昏;俗人察察,我独闷闷。澹兮其若海,飂兮若无止。众人皆有以,而我独顽似鄙。

其政治哲学,则曰:

> 民之难治,以其上之有为,是以难治。

> 我无为而民自化,我好静而民自正,我无事而民自富,我无欲而民自朴。其政闷闷,其民醇醇;其政察察,其民缺缺。

惟其如此,所以他的乌托邦就是:

> 小国寡民,使有什百人之器而不用,使民重死而不远徙。虽有舟车,无所乘之。虽有甲兵,无所陈之。使民复结绳而用之。甘其食,美其服,安其居,乐其俗。邻国相望,鸡狗之声相闻,民至老死不相往来。

方法论

(三)方法论 老子的"道"与"无为",固然是他的学术思想的根本;

但他的方法论，却更重要。他的方法论，似乎是辩证法的。辩证法的展开，在《周易》中已经表现了（以后再说），老子方法论的辩证法的展开，或者受了《周易》的暗示。

司马谈《论六家之要指》，就已无意地指出老子方法论中的辩证法的展开，其言曰：

> 道家……其为术也……与时迁移，应物变化。……指约而易操……事少而功多。……道家无为，又无不为。其术……无成势，无常形，故能究万物之情。不为物先，不为物后，故能为万物主。有法无法，因时为业；有度无度，因物与合。故曰："圣人不巧，时变是守。"

司马谈这段话，便已指明出辩证法的两个观念：一个是变动流转的观念，一个是对立的融合。我们且看《老子》中的这两个观念：

> 天地之间，其犹橐籥乎，虚而不屈，动而愈出。

天地就是阴阳对立的代表符号，他用乐器的空管比这阴阳相摩相荡的形相；说它本身虽空洞无物，但动起来可以出许多声音，这个"动"，便是宇宙万有的来源。这就是老子以"动"来解释万有变化的方法。

其次，要说到对立的融合。他说：

> 道生一，一生二，二生三，三生万物。

他所谓"一"，就是阳的象征；"二"就是阴的象征；"一""二"对立，其融合为"三"。"三"生出来以后，其自身又是个"一"，更有一个"二"与之对立，其融合又是"三"。如此正反相合，生出万物。以下更就他所说，分类述之，以示其辩证法的意味：

> 天下皆知美之为美，斯恶矣。皆知善之为善，斯不善已。故有无相生，难易相成；长短相较，高下相倾；音声相和，前后相随。

> 唯之与阿，相去几何？善之与恶，相去何若？

> 名与身孰亲？得与亡孰病？

> 祸兮福之所倚，福兮祸之所伏。

> 曲则全，枉则直，洼则盈，敝则新，少则得，多则惑。

> 飘风不终朝，骤雨不终日。

此言"善恶""有无""祸福""难易""长短""枉直"诸对立的关系，以明诸对立的相互转换。

>天下之至柔，驰骋天下之至坚。
>
>天下莫柔弱于水，而攻坚强者莫之能胜。
>
>将欲歙之，必固张之；将欲弱之，必固强之；将欲废之，必固兴之；将欲夺之，必固与之。
>
>不自见故明，不自是故彰，不自伐故有功，不自矜故长；夫惟不争，故天下莫能与之争。
>
>知其雄，守其雌，为天下豁。……知其白，守其黑，为天下式。……知其荣，守其辱，为天下谷。
>
>以其终不自大，故能成其大。
>
>甚爱必大费，多藏必厚亡。
>
>是以欲上民，必以言下之；欲先民，必以身后之。
>
>夫惟病病，是以不病。

此以"柔坚""强弱""兴废""夺与""雌雄""荣辱""先后"诸对立的相互转换，以明处世做人之道。

>天下多忌讳，而民弥贫。民多利器，国家滋昏。人多伎巧，奇物滋起。法令滋彰，盗贼多有。
>
>五色令人目盲，五音令人耳聋，五味令人口爽，驰骋田猎令人心发狂，难得之货令人行妨。
>
>道常无为而无不为。候王若能守之，万物将自化。化而欲作，吾将镇之以无名之朴。
>
>民之难治，以其上之有为，是以难治。
>
>民之轻死，以其求生之厚，是以轻死。
>
>我无为而民自化，我好静而民自正，我无事而民自富，我无欲而民自朴。

此以"无为有为"的对立关系，以明治世治人之道。

明白了老子的方法论，然后才可以明白老子的政治哲学中所谓无为而无不为，然后才可以明白老子的人生哲学中所谓知白守黑，然后才可以明白老子之所谓愚人乃是"大智若愚"之愚，然后才可以明白老子的乌托邦乃是"大文明若野蛮"（见冯友兰著《中国哲学史》）的社会。老子方法论的重要，盖如此。

孔 子

孔子学说代表改良主义的中派,为儒家的开山祖师。其学着重人事方面,而力崇周代的文献,所以孔子说:

周监乎二代,郁郁乎文哉!吾从周。(《论语·八佾》)

周代以前的文献,至周公始集大成,章学诚说:"自有天地而至唐、虞、夏、商,迹既多,而穷变通久之理亦大备。周公以天纵生知之圣,而适当积古留传道法大备之时,是以经纶制作,集千古之大成;则亦时会使然,非周公之圣制能使之然也。"(《文史通义》)惟其如此,所以孔子又极崇拜周公,《淮南子·要略》谓"孔子修成、康之道,述周公之训",司马迁《史记·太史公自序》谓"周公卒五百岁而有孔子",都是说孔子能继周公之业。孔子自己也说:

"如有用我者,吾其为东周乎?"(《论语·阳货》)

孔子既崇周公,而周公之学在于六艺(章学诚谓"六艺周公之典章",此与经古文家说合,而今文家则谓孔子作《春秋》,自比文王;要之《春秋》确经孔子手定,而六艺亦未必为周公所作),所以孔子亦以六艺教人。孔子对于传统的学术,既如此尊重,从而对于传统的信仰,也就持守旧的态度。传统信仰中的"天"与"命",在孔子是深信的,这一点便和老子不同,《论语》中言天之处,如:

子见南子,子路不说。夫子矢之曰:"予所否者,天厌之!天厌之!"(《论语·雍也》)

颜渊死,子曰:"噫!天丧予!天丧予!"(《论语·先进》)

子曰:"不怨天,不尤人;下学而上达。知我者其天乎?"(《论语·宪问》)

《论语》中言命之处,如:

孔子曰:"君子有三畏:畏天命,畏大人,畏圣人之言。"(《论语·季氏》)

伯牛有疾,子问之,自牖执其手,曰:"亡之命矣夫!斯人也而有斯疾也!斯人也而有斯疾也!"(《论语·雍也》)

虽然,孔子对于鬼神,却有特别的见解,如:

祭如在,祭神如神在。(《论语·八佾》)

> 季路问事鬼神，子曰："未能事人，焉能事鬼？"曰："敢问死。"曰："未知生，焉知死？"(《论语·先进》)

从以上所述看来，更知道孔子是个改良主义者，所以他虽"不语怪力乱神"，却仍不敢反对天命。

孔子既以继周公为职志，所以他的政治理想，亦不出乎周代的封建政治。这一点，又是和老子不同之处。

今以《论语》为主，就孔子的学说，分述如次：

一贯之道

（一）一贯之道　孔子一生事业，就在修己治人二者。而统摄这二大事业的，就是一贯之道。

> "赐也，汝以予为多学，而识之者与？"对曰："然，非与？"曰："非也，予一以贯之。"(《论语·卫灵公》)

> "参乎，吾道一以贯之。"曾子曰："唯。"子出，门人问曰："何谓乎？"曾子曰："夫子之道，忠恕而已矣。"（《论语·里仁》)

照曾子的解释，一贯之道，便是忠恕两个字（章太炎与胡适都把忠恕解作是孔子的方法论，可参看《章氏丛书·检论》《订孔》下及胡著《中国哲学史大纲》）。曾子这个说法，是否确当，姑不置论，但是，通观孔子的言论，我们却可以把一贯之道，分作两项来说，即中庸与仁。孔子很尊重中庸，所以说：

> 中庸之为德也，其至矣乎！民鲜久矣。(《论语·雍也》)

> 不得中行而与之，必也狂狷乎？(《论语·子路》)

> 君子中庸，小人反中庸。君子之中庸也，君子而时中。小人之中庸也，小人而无忌惮也。……天下国家可均也，爵禄可辞也，白刃可蹈也，中庸不可能也。(《中庸》引孔子语)

此外又说："回之为人也，择乎中庸"，"君子依乎中庸"，"中立而不倚"，"执其两端，用其中于民"，"知者过之，愚者不及"，不遑枚举。并且《洪范》也尊重中庸，孔子祖述先王之教，自然也尊重中庸。像这样，所谓一贯之道，便含有中庸的意思，因为这种中庸之道，不偏不倚，无过不及之弊，很与孔子的改良主义相合。这里所谓中庸，是就道的形式上来说。至于就道的内容上来说，就是个"仁"字。上面说过：孔子的事业，在于修己治人，在政治上言便是治人，在伦理上言便是修己，这二者都不能离

"仁"。就政治言便是仁政，所以说：

> 如有王者，必世而后仁。(《论语·子路》)

这种仁政，是从上而下，在于施恩泽于民，是儒家政治的中心（参看梁启超著《先秦政治思想史》）。就伦理上言，仁就是爱人，《论语》：

> 樊迟问仁，子曰："爱人。"(《论语·颜渊》)

这爱人是本于忠恕之道而来的。曾子谓"夫子之道忠恕而已矣"，朱子解释为"尽己之谓忠，推己之谓恕"。这解释很扼要，所以《论语》上也说：

> 居处恭，执事敬，与人忠。(《论语·子路》孔子答樊迟问仁)

> 夫仁者，己欲立而立人，己欲达而达人，能近取譬，可谓仁之方也已。(《论语·雍也》)

> 己所不欲，勿施于人。(《论语·颜渊》孔子答仲弓问仁)

由此可见孔子所谓爱人，是推己及人的爱，是孟子所谓"老吾老以及人之老，幼吾幼以及人之幼"的爱，儒家之尊重家族，由此可见。以上系就仁之对人的方面而言，至于对己，则所谓仁，不外以下三义：

一、"克己复礼为仁"(《论语·颜渊》)——此言克己为仁；

二、"刚、毅、木、讷，近仁"(《论语·子路》)——此言厚重为仁；

三、"仁者不忧"(《论语·子罕》)，"仁者寿"(《论语·雍也》)——此言悦乐为仁。

由上所述，足见孔子之所谓一贯之道，实不外中庸与仁二者，今表列如次：

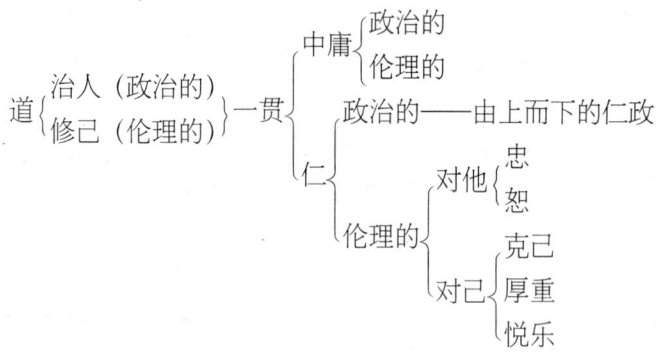

孝弟

(二) 孝弟　如上所述，孔子之道，实以中庸与仁为本，而仁之本则为爱。然孔子的思想，未尝离开家族主义，他实欲以家族主义的道德，而谋当时社会的改革；此种思想，正是家长的农业经济之反映。他既以家族主义的道德为改革社会的工具，所以他特重孝弟。他认为孝弟，就是为政，《论语·为政》：

> 或谓孔子曰："子奚不为政？"子曰："《书》云：'孝乎！惟孝友于兄弟，施于有政。'是亦为政，奚其为为政！"

有子更衍其义，而认孝弟为仁之本，其言曰：

> 其为人也孝弟，而好犯上者，鲜矣；不好犯上，而好作乱者，未之有也。君子务本，本立而道生。孝弟也者，其为仁之本与！（《论语·学而》）

孔子这样重孝弟，后来到曾子竟把孝目为一切道德之本，而成为支配国人行动的不二轨范。

政治论

(三) 政治论　孔子的政治论，分作以下三项来说：

(1) 从上而下的政治　这一点，在上面已经略略说过。现在还得详细说明。这从上而下的政治，就是从家长制度脱胎出来的；家族的家长如果能正，则一家人也能正；推而至于国，亦何莫不然。所以只要在上位的能正，在下的臣民也就无不正了。故曰：

> 政者正也。子帅以正，孰敢不正？（《论语·颜渊》答季康子问政）
>
> 其身正，不令而行；其身不正，虽令不从。（《论语·子路》）
>
> 苟正其身矣，于从政乎何有？不能正其身，如正人何？（《论语·子路》）
>
> 上好礼，则民莫敢不敬。上好义，则民莫敢不服。上好信，则民莫敢不用情。（《论语·子路》）

惟其如此，所以他的政治，又是人治主义，故曰：

> 子欲善，而民善矣。君子之德风，小人之德草，草上之风必偃。（《论语·颜渊》）

(2) 以德为治之本　孔子之道，既以仁为本，所以其政治，又为德治主义，其言曰：

> 为政以德，譬如北辰居其所，而众星拱之。（《论语·为政》）
>
> 道之以政，齐之以刑，民免而无耻；道之以德，齐之以礼，有耻

且格。(《论语·为政》)

(3) 正名主义　孔子的政治理想，在于实现东周家长制的封建政治，但在他生时，这种政治已经崩坏了，孔子目击这个情形，很为愤慨，我们在《论语》中，可以找到他愤慨的情形：

孔子谓季氏，八佾舞于庭，是可忍也，孰不可忍也。(《论语·八佾》)

三家者，以《雍》彻。子曰："相维辟公，天子穆穆；奚取于三家之堂！"(《论语·八佾》)

唯名与器，不可以假人。(《左传·成公二年》)

天下有道，则礼乐征伐，自天子出。天下无道，则礼乐征伐，自诸侯出。(《论语·季氏》)。

惟其天下无道，所以他就力求天下有道，要求天下有道，所以不得不正名分，《论语》：

子路曰："卫君待子而为政，子将奚先？"子曰："必也正名乎？……名不正，则言不顺。言不顺，则事不成。事不成，则礼乐不兴。礼乐不兴，则刑罚不中。刑罚不中，则民无所措手足。故君子名之必可言也，言之必可行也。君子于其言，无所苟而已矣。"(《论语·子路》)

齐景公问政于孔子，孔子对曰："君君，臣臣；父父，子子。"公曰："善哉！信如君不君，臣不臣，父不父，子不子，虽有粟，吾得而食诸？"(《论语·颜渊》)

他这种正名分，就是要严阶级，重礼法；他以为果能如此，则天下未有不治。

墨　子

墨子之学，代表保守的右派，重功利，而处处与孔子立异，故《淮南子·要略》说：

墨子学儒者之业，受孔子之术，以为其礼烦扰而不悦，厚葬靡财而贫民，久服伤生而害事，故背周道而用夏政。

《墨子·公孟篇》也说：

儒之道足以丧天下者四政焉：儒以天为不明，以鬼为不神，天鬼不说，此足以丧天下；又厚葬久丧，重为棺椁，多为衣衾，送死若徙，三年哭泣，扶然后起，杖然后行，耳无闻，目无见，此足以丧天下；又弦歌鼓舞，习为声乐，此足以丧天下；又以命为有，贫富、寿夭、治乱、安危有极矣，不可损益也，为上者行之，必不听治矣，为下者行之，必不从事矣，此足以丧天下。

案此即墨子明鬼、薄葬、短丧、非乐、非命之所由起。

今以《墨子》为本，分述墨子的学术如下：

兼爱

儒家言爱有等差，墨子却言兼爱，他说：

圣人以治天下为事者也。必知乱之所自起，焉能治之。不知乱之所自起，则不能治。譬之如医之攻人之疾者然。必知疾之所自起，焉能治之。不知疾之所自起，则弗能治。治乱者何独不然。必知乱之所自起，焉能治之。不知乱之所自起，则弗能治。圣人以治天下为事者也，不可不察乱之所自起。当察乱何自起？起不相爱。臣子之不孝君父，所谓乱也。子自爱，不爱父，故亏父而自利；弟自爱，不爱兄，故亏兄而自利；臣自爱，不爱君，故亏君而自利；此所谓乱也。虽父之不慈子，兄之不慈弟，君之不慈臣；此亦天下之所谓乱也。父自爱而不爱子，故亏子而自利；兄自爱而不爱弟，故亏弟而自利；君自爱而不爱臣，故亏臣而自利；是何也？皆起不相爱。虽至天下之为盗贼者亦然。盗爱其室，不爱异室，故窃异室以利其室；贼爱其身，不爱人身，故贼人身以利其身；此何也？皆起不相爱。虽至大夫之相乱家、诸侯之相攻国者亦然。大夫各爱其家，不爱异家，故乱异家以利其家；诸侯各爱其国，不爱异国，故攻异国以利其国。天下之乱物，具此而已矣。察此何自起？皆起不相爱。若使天下兼相爱，爱人若爱其身，犹有不孝者乎？视父兄与君若其身，恶施不孝？犹有不慈者乎？视弟子与臣若其身，恶施不慈？故不孝不慈亡有，犹有盗贼乎？视人之室若其室，谁窃？视人之身若其身，谁贼？故盗贼亡有，犹有大夫之相乱家，诸侯之相攻国者乎？视人家若其家，谁乱？视人国若其国，谁攻？故大夫之相乱家，诸侯之相攻国者亡有。若使天下兼相爱，国与国不相攻，家与家不相乱，盗贼无有，君臣父子皆能孝慈，若此，则天下治。故圣人以治天下为事者，恶得不禁恶而劝爱？故天下兼相爱则治，交相恶则乱。故子墨子曰：不可以不劝爱人者此也。（《兼爱上》）

惟其言兼爱，所以又言非攻。攻起于争，争起于不足，果无方法以弭不足之患，则攻战便无止日，所以他由言非攻，又进而言节用。既言节用，所以又言薄葬、短丧，所以又言非乐。这都是从兼爱出发的数个环节。其反对当时诸侯互相攻伐、奢侈淫逸，可想而知。

尚同与尚贤

尚同与尚贤，是墨子的政治组织的见解。论社会国家的起源，《尚同上》说：

> 古者民始生未有刑政之时，盖其语人异义。是以一人则一义，二人则二义，十人则十义；其人兹众，其所谓义者亦兹众。是以人是其义以非人之义，故交相非也。是以内者父子兄弟作怨恶，离散不能相和合。天下之百姓，皆以水火毒药相亏害；至有余力不能以相劳，腐朽余财不以相分，隐匿良道不以相教，天下之乱，若禽兽焉。

天下既是人是其义以非人之义，于是需要一同天下之义；从事于一同天下之义的人，就是天子，所以又说：

> 明乎民之无正长以一同天下之义而天下乱也，是故选择天下贤良圣智辩慧之人，立以为天子，使从事乎一同天下之义。天子既以立矣，以为唯其耳目之请，不能独一同天下之义，是故选择赞阅贤良圣智辩慧之人置以为三公，与从事乎一同天下之义。（《尚同中》）

三公还不够，所以有诸侯等等，《尚同下》说：

> 三公又以其知力为未足独左右天子也，是以分国建诸侯。诸侯又以其知力为未足独治其四境之内也，是以选择其次立为卿之宰。卿之宰又以其知力未足独左右其君也，是以选择其次立而为乡长家君。

这样一来，行政百官，都已齐备，而国家也就完成了。于是进而言天子的权力，《尚同上》说：

> 正长已具，天子发政于天下之百姓。言曰：闻善不善皆以告其上。上之所是，必皆是之；上之所非，必皆非之。

《尚同中》也说：

> 凡国之万民，上同乎天子而不敢下比。

天子权力既这样大，故其政治主张近于绝对的干涉政治。但天子权力过大，恐有为所欲为之弊，所以又抬出一个天来，以限制天子的权力，《尚同中》说：

> 夫既上同乎天子而未上同乎天者，则天灾犹未止也。……故古者圣王明天鬼之所欲，而避天鬼之所憎；以求兴天下之利，除天下之害。

不过墨子主兼爱，所以其政治主张，又反对私幸政治与贵族政治，而赞同贤人政治，其言曰：

> 今王公大人有一裳，不能制也，必借良工；有一牛羊，不能杀也，必借良宰。……逮至其国家之乱，社稷之危，则不知使能以治之。亲戚，则使之。无故富贵，面目姣好，则使之。（《尚贤中》）

此墨子反对私幸政治与贵族政治之言。又说：

> 尊尚贤而任使能。不党父兄，不偏富贵，不嬖颜色。贤者举而上之，富而贵之，以为官长。不肖者抑而废之，贫而贱之，以为徒役。（《尚贤中》）

此墨子主张贤人政治之言。

天志与明鬼

《庄子·天下篇》说："其生也勤，其死也薄，其道大觳。使人忧，使人悲，其行难为也。恐其不可以为圣人之道，反天下之心，天下不堪。"此盖言墨学之弊。墨子深明此理，所以又推之于天志，申之以鬼神之赏罚。其言曰：

> 故天子者，天下之穷贵也，天下之穷富也。故欲富且贵者，当天意而不可不顺。顺天意者，兼相爱，交相利，必得赏；反天意者，别相恶，交相贼，必得罚。（《天志上》）

> 天之意不欲大国之攻小国也，大家之乱小家也，强之暴寡，诈之谋愚，贵之傲贱：此天之所不欲也。不止此而已；欲人之有力相营，有道相教，有财相分也；又欲上之强听治也，下之强从事也。上强听治，则国家治矣；下强从事，则财用足矣。若国家治，财用足，则内有以洁为酒醴粢盛，以祭祀天鬼；外有以环璧珠玉以聘挠四邻，诸侯之冤不兴矣，边境兵甲不作矣。内有以食饥息劳，持养其万民，则君臣上下惠忠，父子兄弟慈孝。故唯毋明乎顺天之意，奉而光施之天下，则刑政治，万民和，国家富，财用足，百姓皆得暖衣饱食，便宁无忧。是故子墨子曰：今天下之君子，中实将欲遵道利民，本察仁义之本，天之意不可不慎也。（《天志中》）

此言兼爱，非攻皆出于天之意。

逮至昔三代圣王既没，天下失义，诸侯力征，是以存乎为人君臣上下者之不惠忠也，父子弟兄之不慈孝弟长贞良也，正长之不强于听治，贱人之不强于从事也。民之为淫暴寇乱盗贼，以兵刃毒药水火，御无罪人乎道路术径，夺人车马衣裘，以自利者，并作。由此始，是以天下乱。此其故何以然也？则皆以疑惑鬼神之有与无之别，不明乎鬼神之能赏贤而罚暴也，今若使天下之人，偕若信鬼神之能赏贤罚暴也，则夫天下岂乱哉？（《明鬼》）

此言鬼神之能赏贤罚暴。墨子既言天志，又言明鬼，则不能不非命，盖运命之说行，则鬼神无以为赏罚。

墨子之学，已如上述。然墨学的特点，重实行，重服从，则其与儒、道相异之点。观墨子为宋以拒公输般之攻城，便可知其实行精神。而《淮南子》谓："墨子服役者百八十人，皆可使赴火蹈刃，死不旋踵"，则不但墨学重实行，而且其门徒之服从墨子，亦可想见。又墨者有钜子，即墨者的首领。墨者纪律极严，钜子对于犯墨者之法者，有生杀之权。其详可参看《吕氏春秋·上德》《去私》二篇及孙诒让《墨学传授考》，兹不具述。

以上述老孔墨三人之学竟。通常以此三人为道、儒、墨三家的开山祖师，而三家之学，亦各各不同，观以上所述自明。但三家之学，其所出生的环境，亦各有异，这或者是三家之学各各不同的原因，今分述如下：

三家之学的出生的环境

孔子先世为宋贵族，他自己又做过鲁国的官吏，《史记》说：

> 孔子生鲁昌平乡陬邑。其先宋人也。……孔子年十七，鲁大夫孟釐子病不能相礼，且死，诫其嗣懿子曰："孔丘圣人之后，灭于宋。其祖弗父何始有宋而嗣，让厉公。及正考父佐戴武宣公，三命兹益恭……吾闻圣人之后，虽不当世，必有达者。今孔丘年少好礼，其达者欤！吾即没，若必师之。"……
>
> 孔子贫且贱。及长，尝为委吏，料量平。尝为司职吏，而畜蕃息。由是为司空。（《孔子世家》）

孔子生息于这样的鲁国：

> 周礼尽在鲁矣。吾乃今知周公之德，与周之所以王也。（《左传·昭公二年》韩宣子语）

老子是周守藏室之史，《史记》：

> 老子者，楚苦县厉乡曲仁里人也，名耳，字聃，姓李氏，周守藏室之史也。（《老子·韩非列传》）

老子生息于这样的楚国：

> 楚有江汉川泽山林之饶，民……食物常足。故呰窳偷生，而亡积聚。饮食还给，不忧冻饿，亦亡千金之家。（《汉书·地理志》）

墨子鲁人，或曰宋人，尝为宋大夫（《史记·孟荀列传》），而宋是这样的地方：

> 宋地，房心之分野也。……其民犹有先王遗风，重厚多君子，好稼穑，恶衣食，以致畜藏。（《汉书·地理志》）

孔子既出身贵族，又生息在保有周代文化的鲁国，故其学为传统的，为改良主义的。老子为史官，知天人之变，又生长在不忧冻饿的楚国，故其学为急进的，不急急于实际生活，而有余暇以探究宇宙论。墨子为宋大夫，颇受宋地的影响，而宋地"有先王遗风，重厚多君子……恶衣食"，故其学重实行，主节用，重保守。三家之学与环境之关系，其重要如此，以下言三家之学的兴替。

三家之学的兴替

老学在汉初盛行，为帝王南面之术，六朝时衍为清谈，而道教祖尚无为与清净，也多本于老子。墨学，"其道大觳"，"反天下之心"，其言兼爱、非攻、节用，又为王者诸侯所不喜，故其学至秦季而绝。只有孔学，守中庸，尊名分，重孝弟，既为帝王所喜，又适合于中国农业经济的社会组织，故经汉世表彰，其学遂支配中国学人至于二千余年之久。

孟　子

孔子之后，儒家有孟子荀子二大师，兹先述孟子。孟子邹人。邹与鲁近，都是儒家的根据点。孔子之志在于继周公之业，孟子之志则在于继孔子之业，所以他说：

> 昔者禹抑洪水而天下平，周公兼夷狄驱猛兽而百姓宁，孔子作《春秋》而乱臣贼子惧。……我亦欲正人心，息邪说，距诐行，放淫辞，以承三圣者。予岂好辩哉？予不得已也。（《孟子·滕文公下》）

惟其如此，所以孔子以六艺教人，孟子亦以六艺教人；孔子崇周制，孟子亦"遵先王之法"，而言仁政。（参看《离娄上》及《滕文公上》）以下就《孟子》七篇，分述其学之大概：
性善
性善是孟子学的中心。当时人似乎很着重性的问题，所以《告子篇》记载论性的，共有三派：

> 公都子曰：告子曰："性无善无不善也。"或曰："性可以为善，可以为不善。"……或曰："有性善，有性不善。"

孟子的答复是：

> 乃若其情，则可以为善矣，乃所谓善也。若夫为不善，非才之罪也。恻隐之心，人皆有之。羞恶之心，人皆有之。恭敬之心，人皆有之。是非之心，人皆有之。恻隐之心，仁也。羞恶之心，义也。恭敬之心，礼也。是非之心，智也。仁义礼智，非由外铄我也，我固有之也，弗思耳矣。故曰：求则得之，舍则失之。或相倍蓰而无算者，不能尽其才者也。（《告子上》）

又曰：

> 富贵子弟多赖，凶岁子弟多暴，非天之降才尔殊也，其所以陷溺其心者然也。（《告子上》）

孟子在论性时，提出一个才字，才与材同义，所以朱子说："才犹材质，人之能也。"这个才，就是本质，他认为人的本质，都具有善的可能性，都有恻隐之心、羞恶之心、恭敬之心、是非之心——《公孙丑》篇，把此四者，名为四善端，不过把恭敬之心易作辞让之心而已，其余皆同——所以说："非由外铄我也，我固有之也。"至于人之所以为不善，却是由于"不能尽其才"，由于"陷溺其心"。

人的本质，既同具善端，所以又说：

> 人皆可以为尧舜。（《告子下》）
> 圣人与我同类。（《告子上》）
> 何以异于人哉？尧舜与人同耳。（《离娄下》）
> 舜何人也，予何人也，有为者亦若是。（《滕文公上》）

他言民本主义，即根据于此。

既言性善，则必然的结果，就要归到先天的良知良能论。所以他又说：

> 人之所不学而能者，其良能也。所不虑而知者，其良知也。孩提之童，无不知爱其亲也。及其长也，无不知敬其兄也。亲亲，仁也。

敬长，义也。（《尽心上》）

后此王阳明的良知说，即祖述于此，而略有变更。

五伦

孔子未尝言五伦，至孟子始详述五伦的道理。他本于《尧典》上的五教而立论，其言曰：

> 人之有道也，饱食暖衣，逸居而无教，则近于禽兽。圣人有忧之，使契为司徒，教以人伦：父子有亲，君臣有义，夫妇有别，长幼有序，朋友有信。（《滕文公上》）

后三伦用不着详说，现在只说重要的前二伦。兹先说父子有亲。上面说过，中国特重家族主义，而家族的道德，又以孝弟为本；孟子亦信仰此传统的道德，所以说：

> 尧、舜之道，孝弟而已矣。（《告子下》）

至于孝道方面，则孟子主张顺乎亲，其言曰：

> 不得乎亲，不可以为人；不顺乎亲，不可以为子。（《离娄上》）

后来所谓"天下无不是底父母"，便以此为根据。其次，言孝必如曾子之养志，所以说：

> 曾子养曾晳，必有酒肉，将彻，必请所与。问有余，必曰有。曾晳死。曾元养曾子，必有酒肉，将彻，不请所与。问有余，曰：亡矣，将以复进也。此所谓养口体者也。若曾子，则可谓养志也。事亲若曾子者，可也。（《离娄上》）

再其次，事亲必以礼，《孟子·滕文公上》引曾子之言曰：

> 生事之以礼，死葬之以礼，可谓孝矣。

这正是孔子所谓"无违"的注脚。最后，言孝则不当绝祖先之祀。故曰：

> 不孝有三，无后为大。舜不告而娶，为无后也。君子以为犹告也。（《离娄上》）

所谓不孝有三，就是：（1）阿意曲从，陷亲不义；（2）家贫亲老，不为禄仕；（3）不娶无子，绝先祖祀。孟子言孝，以无后为大，实由于重视家族主义而来。

其次请言君臣有义。孟子距杨、墨，说："无父无君，是禽兽也"（《滕文公下》），又推称孔子的正名分，说："世道衰微，邪说暴行有作，臣弑其君者有之，子弑其父者有之。孔子惧，作《春秋》。《春秋》，天子之事也。是故孔子曰：'知我者，其惟《春秋》乎？罪我者，其惟《春秋》乎？'"（《滕文公下》）又说："孔子成《春秋》，而乱臣贼子惧。"（《滕文公下》）由此看来，足见孟子也重视君臣之分。虽然，孟子言性善，而侧重于万人同具善端之说，所以他力主平等，而流为民本主义的思想。故曰：

> 民为贵，社稷次之，君为轻。是故得乎丘民，而为天子。（《尽心下》）

> 桀、纣之失天下也，失其民也。失其民者，失其心也。得天下有道，得其民，斯得天下矣。得其民有道，得其心，斯得民矣。（《离娄上》）

惟其以民为本，所以孟子言君臣之分，有与孔子不同之处，他说：

> 君之视臣如手足，则臣视君如腹心。君之视臣如犬马，则臣视君如国人。君之视臣如草芥，则臣视君如寇仇。（《离娄下》）

> 君有大过则谏，反覆之而不听，则易位。（《万章下》）

但是，此民本主义，亦非孟子所发明。上古之时，所谓"天视自我民视，天听自我民听"的传统思想，即孟子民本主义之所自本。惟其以"天命""天意"为主，故此民本主义决非后世的民主主义。

仁义

孟子言德，有仁义礼智四者，而尤着重于仁义。故孟子对梁惠王言利，则曰：

> 王何必曰利，亦有仁义而已矣。（《梁惠王上》）

何谓仁义？他说：

> 仁，人心也；义，人路也。（《告子上》）

> 仁，人之安宅也；义，人之正路也。旷安宅而弗居，舍正路而不由，哀哉！（《离娄上》）

由此看来，"居仁由义"，便是做人之理。

他说：

> 仁之实，事亲是也。义之实，从兄是也。智之实，知斯二者弗去是也。礼之实，节文斯二者是也。乐之实，乐斯二者。（《离娄上》）

观此，更知孟子之特重仁义。

存养

孟子曰:"学问之道无他,求其放心而已矣。"(《告子上》)又曰:"存其心,养其性,所以事天下。"(《尽心上》)观此,可知孟子之重视存养。孟子言存养,可分二方面述之:

(1) 消极的　消极的存养法,第一在于寡欲,故曰:

> 养心莫善于寡欲。其为人也寡欲,虽有不存焉者寡矣。其为人也多欲,虽有存焉者寡矣。(《尽心下》)

其次在于存夜气,故曰:

> 虽存乎人者,岂无仁义之心哉?其所以放其良心者,亦犹斧斤之于木也,旦旦而伐之,可以为美乎?其日夜之所息,平旦之气,其好恶与人相近也者几希。则其旦昼之所为,有梏亡之矣。梏之反覆,则其夜气不足以自存;夜气不足以存,则其违禽兽不远矣。人见其禽兽也,而以为未尝有才焉者,是岂人之情也哉?(《告子上》)

最后在于思,故曰:

> 耳目之官,不思而蔽于物。物交物,则引之而已矣。心之官则思,思则得之,不思则不得也;此天之所与我者。(《告子上》)

(2) 积极的　积极的存养法,第一在于扩充,故曰:

> 凡有四端(仁义礼智)于我者,知皆扩而充之矣。若火之始燃,泉之始达。(《公孙丑上》)

其次在于养气。孟子言养气,似乎注意于肉体与精神的关系,其言曰:

> 夫志,气之帅也。气,体之充也。夫志,至焉。气,次焉。故曰:持其志,无暴其气。既曰:志,至焉,气,次焉;又曰:持其志,无暴其气;何也?曰:志壹则动气,气壹则动志也。今夫蹶者趋者,是气也,而反动其志。(《公孙丑上》)

他所谓志,便是精神作用;所谓气,似乎是从肉体的方面来说的;观上所引用的一段,便知精神支配着肉体,而同时肉体也影响于精神。他本于这一点,主张养气为存养的方法。养气到达完满的境界,便是浩然之气。什么是浩然之气?他说:

> 其为气也,至大至刚,以直养而无害,则塞于天地之间。(《公孙丑上》)

至于养此浩然之气的方法,孟子则曰:

> 其为气也，配义与道，无是馁也。是集义所生者，非义袭而取之也。行有不慊于心，则馁矣。……必有事焉，而勿正，心勿忘，勿助长也。(《公孙丑上》)

果能至此地步，则

> 居天下之广居，立天下之正位，行天下之大道，得志与民由之，不得志独行其道。富贵不能淫，贫贱不能移，威武不能屈：此之谓大丈夫。(《滕文公下》)

仁政

孟子言行政，是从他的性善说而来的，性既善，所以"人皆有不忍人之心"，"以不忍人之心，行不忍人之政"(《公孙丑上》)，就是仁政。仁政就是王政，所以说："以力假仁者霸……以德行仁者王。"(《公孙丑上》) 以下分述其行仁政的方法与仁政的内容：

(1) 行仁政的方法　行仁政的方法，与孔子同，也是由上而下的人治主义，其言曰：

> 君子之守，修其身而天下平。
> 君仁莫不仁，君义莫不义，君正莫不正。
> 惟仁者宜在高位。不仁者而在高位，是播其恶于众也。

惟其如此，所以他注重分工的原则，其言曰：

> 或劳心，或劳力；劳心者治人，劳力者治于人。治于人者食人，治人者食于人。(《滕文公上》)

至于其治民的方法，则曰：

> 劳之，来之，匡之，直之，辅之，翼之，使自得之。

果如此，便可以化民成俗，其结果："民日迁善而不知为之者。"但是，如前所言，孟子力崇民本主义，故其言治，虽有劳心劳力之分，然治者阶级，要皆以民意为准，所以说：

> 所欲，与之聚之；所恶，勿施尔也。(《离娄上》)

既以民意为准，则一切反于人民利益的设施，都应与以反对。其言曰：

> "杀人以梃与刃，有以异乎？"曰："无以异也。""以刃与政，有以异乎？"曰："无以异也。"曰："庖有肥肉，厩有肥马，民有饥色，野有饿莩，此率兽而食人也。兽相食，且人恶之；为民父母行政，不免于率兽而食人，恶在其为民父母也？"(《梁惠王上》)

由此看来，所以为君者必得顺民意以尽君道，否则，便不叫做人君。

所以《梁惠王下》有这样的一段：

> 齐宣王问曰："汤放桀，武王伐纣，有诸？"孟子对曰："于传有之。"曰："臣弑其君可乎？"曰："贼仁者，谓之贼；贼义者，谓之残。残贼之人，谓之一夫。闻诛一夫纣矣，未闻弑君也。"

(2) 仁政的内容　孟子的仁政，是他理想的仁政。他以为行仁政的第一要着，就是"制民之产"，其言曰：

> ……明君制民之产，必使仰足以事父母，俯足以畜妻子；乐岁终身饱，凶年免于死亡。（《梁惠王上》）

要"制民之产"，他就主张行土地国有的井田制度：

> 方里而井，井九百亩，其中为公田。八家皆私百亩，同养公田。（《滕文公上》）

> 五亩之宅，树之以桑，五十者可以衣帛矣。鸡豚狗彘之畜，无失其时，七十者可以食肉矣。百亩之田，勿夺其时，八口之家，可以无饥矣。（《梁惠王上》）

但是，因为"饱食、暖衣、逸居、而无教，则近禽兽"，所以又

> 谨庠序之教，申之以孝悌之义。（《梁惠王上》）

仁政到了这个地步，则人民自然就

> 死徙无出乡，乡田同井。出入相友，守望相助，疾病相扶持，则百姓亲睦。（《滕文公上》）

稷下派及其他

当孟子时，齐的稷下，为学术思想的一个重要地方。《史记·孟荀列传》说："自驺衍与齐之稷下先生，如淳于髡、慎到、环渊、接子、田骈、驺奭之徒，各著书，言治乱之事。"又《庄子·天下篇》也说："姓宋名钘，姓尹名文，并齐宣王时人。……并齐之隐士，俱游稷下。"这些人的学说，多半是本于黄、老，而转入到"名""法""阴阳"；这个转变的关键很重要，所以以下备述各人的学术思想。

驺衍

驺衍的书已经不传，只《史记》中有这样的记载：

> 齐有三驺子。其前驺忌，以鼓琴干威王……先孟子。其次驺衍，后孟子。

邹衍睹有国者益淫侈，不能尚德；若《大雅》整之于身，施及黎庶矣。乃深观阴阳消息，而作怪迂之变，《终始》《大圣》之篇，十万余言。其语闳大不经，必先验小物，推而大之，至于无垠。先序今以上至黄帝，学者所共术，大并世盛衰，因载其禨祥制度，推而远之，至天地未生，窈冥不可考而原也。先列中国名山大川，通谷禽兽，水土所殖，物类所珍，因而推之，及海外人之所不能睹。称引天地剖判以来，五德转移，治各有宜，而符应若兹。以为儒者所谓中国者，于天下乃八十一分居其一分耳。中国名曰赤县神州，赤县神州内自有九州，禹之序九州是也，不得为州数。中国外如赤县神州者九，乃所谓九州也。于是有裨海环之，人民禽兽莫能相通者；如一区中者，乃为一州。如此者九，乃有大瀛海环其外，天地之际焉。其术皆此类也。然要其归，必止乎仁义节俭，君臣上下六亲之施，始也滥耳。……驺奭者，齐诸驺子，亦颇采驺衍之术以纪文。……驺衍之术，迂大而闳辩。奭也文具难施。……故齐人颂曰："谈天衍，雕龙奭。"（《孟荀列传》）

　　自齐威、宣时，驺子之徒论著终始五德之运……驺衍以阴阳主运显于诸侯。（《封禅书》）

　　由上所述，可知邹衍的"深观阴阳消息"，颇受道家的影响；而"五德转移"之说，则系阴阳家言，故《汉书·艺文志》把他列为阴阳家。

　　邹衍的学说，在于运用阴阳五行的思想，以形成一种宇宙观。他的方法是"先验小物，推而大之，至于无垠"。他用这方法，在时间上，从现在推到黄帝，更推到天地未生时；在空间上，从中国推到海外的大九州。他以"禨祥制度""符应""五德转移"为本，而归到"仁义节俭，君臣上下六亲之施"。他这种思想，在汉代发生很大的影响，以后再来详说。

慎到

　　慎到的学说，是由道家到法家的一个转机，故其学说兼有道法两家的思想。其学见于后人所辑的《慎子》与《庄子·天下篇》。《天下篇》说：

　　公而不党，易而无私。决然无主；趣物而不两。不顾于虑；不谋于知。于物无择，与之俱往。古之道术有在于是者，彭蒙、田骈、慎到闻其风而悦之。齐万物以为首，曰："天能覆之而不能载之，地能载之而不能覆之，大道能包之而不能辩之。"知万物皆有所可，有所不可，故曰："选则不遍，教则不至，道则无遗者矣。"是故慎到弃知去己而缘不得已，泠汰于物，以为道理。曰："知不知，将薄知而后邻伤之者也。"謑髁无任，而笑天下之尚贤也。纵脱无行，而非天下之大圣。椎拍辁断，与物宛转。舍是与非，苟可以免。不师知虑，不知前后，魏然而已矣。推而后行，曳而后往，若飘风之还，若羽之旋，若磨石之隧。全而无非，动静无过，未尝有罪。是何故？夫无知之物，无建己之患，无用知之累，动静不离于理，是以终身无誉。故曰："至于若无知之物而已，无用圣贤。夫块不失道。"豪杰相与笑之曰："慎到之道，非生人之行，而至死人之理，适得怪焉。"田骈亦然，学于彭蒙，得不教焉。彭蒙之师曰："古之道人，至于莫之是莫之非而已矣。"其风窢然，恶可而言？常反人，不见观，而不免于魭断。其所谓道非道，而所言之韪，不免于非。彭蒙、田骈、慎到不知道。虽然，概乎皆尝有闻者也。

由上所述，得知慎到之学，多本于道家。所谓"齐万物以为首"，便是庄子的"齐物"，即视万物为齐一平等。所谓"于物无择，与之俱往"，所谓"决然无主"，便是老子所谓任自然，任其自尔。他主张法治起于因势，因势要平等，都是由这里出发的。至于慎到的法家思想，则可分为以下二点：

(1) 尚法　他说："法者所以齐天下之动，至公大定之制也。故智者不得越法而肆谋，辩者不得越法而肆议，士不得背法而有名，臣不得背法而有功。我喜可抑，我忿可窒，我法不可离也。骨肉可刑，亲戚可灭，至法不可阙也。"——此言法之重要。又说："法虽不善，犹愈于无法，所以一人心也。夫投钩以分财，投策以分马，非钩策为均，使得美者不知所以美，使得恶者不知所以恶，此所以塞愿望也。"——此言法之效力。但是，由他这两段话，已可看出他尚客观任自然的道理。

(2) 因势　他说："天道因则大，化则细。因也者，因人之情也。人莫不自为也。化而使之为我，则莫可得而用。是故先王不受禄者不臣，不厚禄者不与；人人不得其所以自为也，则上不取用焉。故用人之自为，不用人之为我，则莫不可得而用矣；此之谓因。"此言因势，便完全是自然主义，盖随事之势，因人之自为，便是"无为而无不为"的道理。

他如慎到不尚贤，则是由于尚法而来，在法家学理中也颇重要。

彭蒙、田骈之学，其得力于道家，与慎到同，俱见《天下篇》，故不赘述。
宋钘

宋钘即宋牼，在稷下派中，另成一系，其学说大要，也见于《庄子·天下篇》：

> 不累于俗，不饰于物，不苟于人，不忮于众，愿天下之安宁以活民命，人我之养毕足而止，以此白心，古之道术有在于是者，宋钘、尹文闻其风而悦之（马国翰《玉函山房辑佚书·宋子序》，谓《天下篇》所述为宋钘的主张，非尹文的主张；今以马氏说为本，用《天下篇》所述代表宋钘的学说），作为华山之冠以自表。接万物，以别宥为始。语心之容，命之曰心之行。以聏合驩，以调海内，请欲置之以为主。见侮不辱，救民之斗。禁攻寝兵，救世之战。以此周行天下，上说下教，虽天下不取，强聒而不舍者也。故曰："上下见厌而强见也。"虽然，其为人太多，其自为太少，曰："请欲固置五升之饭足矣。先生恐不得饱。弟子虽饥，不忘天下。"日夜不休，曰："我必得活哉！"图傲乎救世之士哉！曰："君子不为苛察，不以身假物"，以为无益于天下者，明之不如已也。以禁攻寝兵为外，以情欲寡浅为内。其小大精粗，其们适至是而止。

由上所述，可知宋钘之学，不外："接万物以别宥为始"、"情欲寡浅"、"见侮不辱，禁攻寝兵"三者。别宥的宥字，毕沅"疑宥与囿同，谓有所拘碍，而识不广也"（《吕氏春秋校正注》）。由此看来，宥就是蔽的意思。《吕氏春秋·去宥篇》有一段，和宋钘的别宥相同，现在把它引用在下面：

> 夫人有所宥者，因以昼为昏，以白为黑，以尧为桀；宥之所败亦大矣。亡国之主，其皆甚有所宥邪？故凡人必别宥而后知。

观此，则宋钘所谓别宥，就不外是别万物，而与慎到诸人之言齐万物者不同。至于他言"情欲寡浅"，则颇受道家的影响；言非攻，则颇受墨家的影响。

尹文子

《尹文子》一书据说是尹文作的，但据唐钺（《清华学报》第四卷第一期《尹文及尹文子》）顾实（《〈汉书·艺文志〉讲疏》）的考证，均谓此书为伪作。所以我们这里所讲的，只可看作是《尹文子》的思想，不可看作是尹文的思想。《尹文子》中最重要之处，就是论名与法的关系，它说：

> 名者，名形者也；形者，应名者也。……万物具存，不以名正之则乱；万名具列，不以形应之则乖。……善名命善，恶名命恶。故善有善名，恶有恶名。圣贤仁智，命善者也。顽嚚凶愚，命恶者也。……使善恶尽然有分，虽未能尽物之实，犹不患其差也。……名称者，别彼此而检虚实者也。自古及今，莫不用此而得，用彼而失。失者由名分混，得者由名分察。今亲贤而疏不肖，赏善而罚恶；贤不肖善恶之名宜在彼，亲疏赏罚之称宜属我。……名宜属彼，分宜属我。我爱白而憎黑，……白……彼之名也，爱……我之分也。定此名分，则万事不乱也。故人以度审长短……以法定治乱，以简治烦惑，以易御险难。万事皆归于一，百度皆准于法。归一者简之至，准法者易之极。如此，顽嚚聋瞽可与察慧聪智同其治也。

观其正名，实类于名家，故《汉书·艺文志》以《尹文子》列名家。但是，所谓"万事皆归于一，百度皆准于法"，却是法家之所本。

以上述稷下派竟；惟淳于髡、接子、环渊以其书不传，故不具述。

许行　陈相

许行与孟子同时，其学见于《孟子》中：

> 有为神农之言者许行，自楚之滕，踵门而告文公曰："远方之人，闻君行仁政，愿受一廛而为氓。"文公与之处，其徒数十人，皆衣褐捆履[1]织席以为食。陈良之徒陈相，与其弟辛，负耒耜而自宋之滕，曰："闻君行圣人之政，是亦圣人也，愿为圣人氓。"陈相见许行而大悦，尽弃其学而学焉。陈相见孟子，道许行之言曰："滕君则诚贤君也。虽然，未闻道也。贤者与民并耕而食，饔飧而治。今也滕有仓廪府库，则是厉民而以自养也。恶得贤？……从许子之道，则市价不贰，国中无伪，虽使五尺之童适市，莫之或欺。布帛长短同，则价相若；麻缕丝絮轻重同，则价相若；五谷多寡同，则价相若；履大小同，则价相若。"（《滕文公上》）

《汉书·艺文志》把许行列为农家，并谓："无所事圣王，欲使君臣并耕，悖上下之序。"

由上所述，可知许行之说，近于无政府主义，受道家影响颇深。

---

[1] 履，《孟子》通行本作"屦"。

陈仲子

陈仲子也与孟子同时，其学也见于《孟子》中：

"仲子，齐之世家也。兄戴，盖禄万钟。以兄之禄，为不义之禄，而不食也。以兄之室，为不义之室，而不居也。辟兄离母，处于于陵。"

"居于陵，三日不食，耳无闻，目无见也。井上有李，螬食实者过半矣，匍匐往将食之，三咽，然后耳有闻，目有见。"

"仲子所居之室……所食之粟……彼身织屦，妻辟纑，以易之也。"

（以上《滕文公下》）

由上所述，可知陈仲子是极端的个人主义者，自食其力，而反对社会性的生活，或者也受有道家的影响。

杨朱

杨朱学说，在当时很流行，所以孟子说："杨、墨之言盈天下。天下之言，不归杨，则归墨。杨氏为我，是无君也。"而孟子亦以"距杨、墨"，为己任（以上《滕文公下》）。其学不传（《列子·杨朱篇》是魏晋人所作，以后再讲），据《孟子》言："杨子取为我，拔一毛而利天下，不为也"（《尽心下》），《淮南子》言："全形保真，不以物累形，杨子之所立也"（《氾论》），则杨朱实一顺世的个人主义者，而受老子思想的影响颇深。

它嚣　魏牟

二人为战国时持极端的纵欲主义者，荀子说："纵情性，安恣睢，禽兽之行，不足以合文通治。然而其持之有故，其言之成理，足以欺惑愚众，是它嚣，魏牟也。"（《非十二子篇》）

此外还有别墨一派及辩者公孙龙、惠施，都于名学上有贡献，详见胡适《中国哲学史大纲》及冯友兰《中国哲学史》，兹不赘述。

庄　子

庄子有书五十二篇，今存三十三篇，属道家（见《汉书·艺文志》），其学有与老子相同之处，亦有与老子相异之处，今分述之如下：

道

庄子以道为宇宙万物所以发生之理，所以说："道无不在"（《知北游》），他所谓道，是无始无终而永存的，故曰：

> 夫道有情有信，无为无形；可传而不可受，可得而不可见。自本自根，未有天地，自古以固存；神鬼神帝，生天生地。在太极之先而不为高，在六极之下而不为深，先天地生而不为久，长于上古而不为老。（《大宗师》）

此言道之性质，至于道之作用，则与老子所说相同，也是法自然的，所以说：

> 技兼于事，事兼于义，义兼于德，德兼于道，道兼于天。

（《天地》）（案天即自然，故《天地》又说："无为为之谓天。"）

此言"道兼于天"，即老子"道法自然"之理。惟其如此，所以万物之生，都是"自化"，都是"自取"，其言曰：

> 物之生也，若骤若驰，无动而不变，无时而不移。何为乎？何不为乎？夫固将自化。（《秋水》）

> 夫吹万不同，而使其自己也，咸其自取，怒者其谁邪？（《齐物论》）

政治论

万物之生，既是"咸其自取"，所以把此理运用到政治方面，则为极端的不干涉主义，绝对放任，使社会复归于自然，案此点亦与老子同，其言曰：

> 马，蹄可以践霜雪，毛可以御风寒，龁草饮水，翘足而陆，此马之真性也。虽有义台路寝，无所用之。及至伯乐曰："我善治马。"烧之，剔之，刻之，雒之，连之以羁馽，编之以皂栈，马之死者十二三矣。饥之，渴之，驰之，骤之，整之，齐之，前有橛饰之患，而后有鞭策之威，而马之死者已过半矣。……然且世世称之曰："伯乐善治马……"此亦治天下者之过也。（《马蹄》）

人生观

庄子的人生观，与老子不同，老子言处世之道，庄子却是十足加一的达观主义。庄子的达观主义，是出他的齐物主义而来的，其言曰：

> 可乎可，不可乎不可。道行之而成，物谓之而然。恶乎然？然于然。恶乎不然？不然于不然。物固有所然，物固有所可。无物不然，无物不可。（《齐物论》）

既然"物固有所然，物固有所可。无物不然，无物不可"，则天下万事万物都各有其存在之理，是这样便是这样，用不着来区别。惟其如此，所以他又说：

> 天地莫泰于秋毫之末，而大山为小；莫寿乎殇子，而彭祖为夭。天地与我并生，而万物与我为一。（《齐物论》）

达观到了这地步，自然就会形成一种"安时而处顺""依乎天理，因其固然"的人生观，故曰：

> 古之真人，不知说生，不知恶死。其出不䜣，其入不距。翛然而往，翛然而来而已矣。不忘其所始，不求其所终。受而喜之，忘而复之。是之谓不以心捐道，不以人助天，是之谓真人。（《大宗师》）

庄子这种思想，后来在六朝很有势力，与老子并称，衍而为清谈。

荀 子

荀子与孟子，同为孔子以后的大儒。孟子死后，儒业寖衰，至荀子出，而儒学大振。

荀子晚出，对于以前各派都有批评，他说它嚣、魏牟、陈仲、史鳅、墨翟、宋钘、慎到、田骈、惠施、邓析十子，都"足以欺惑愚众"（《非十二子》），而对于儒家子思、孟轲，也很反对，其言曰："略法先王而不知其统，然而犹材剧志大，闻见杂博，案往旧造说，谓之五行，甚僻违而无类，幽隐而无说，闭约而无解，案饰其辞而祗敬之曰：'此真先君子之言也！'子思唱之，孟轲和之。世俗之沟犹瞀儒嚾嚾然不知其所非也，遂受而传之，以为仲尼子游为兹厚于后世。是则子思、孟轲之罪也。"（《非十二子》）他反对这十二子，却推崇孔子，其言曰："若夫总方略，齐言行，壹统类，而群天下之英杰，而告之以大古，教之以至顺，奥窔之间，簟席之上，敛然圣王之文章具焉，佛然平世之俗起焉……仲尼、子弓是也。"（《非十二子》）由此看来，他实系孔门杰出之士，在孔门中能独树一帜，今就《荀子》一书，述其学之大概如下：

天论

孔子言天，为主宰的天；孟子有时亦言主宰的天（孟子曰："仁或使之，止或尼之，行止非人所能也。吾之不遇鲁侯天也，臧氏之子，焉能使

予不遇哉?"即此孟子言主宰的天之证);荀子则不然,而以自然释天,此或受老、庄的影响,其言曰:

> 天行有常,不为尧存,不为桀亡。应之以治则吉,应之以乱则凶。强本而节用,则天不能贫。养备而动时,则天不能病。循道而不忒,则天不能祸。(《天论》)

此言天与人事无关。又曰:

> 列星随旋,日月递照,四时代御,阴阳大化,风雨博施,万物各得其和以生,各得其养以成,不见其事而见其功:夫是之谓神。皆知其所以成,莫知其无形:夫是之谓天功。唯圣人为不求知天。(《天论》)

此言天之变化,都是自然的运行,其何以致此之故,虽圣人亦不求知。惟其不求知,所以特重人事,其言曰:

> 若夫志意修,德行厚,知虑明,生于今而志乎古,则是其在我者也。故君子敬其在己者而不慕其在天者;小人错其在己者而慕其在天者。(《天论》)

当时"营于巫祝,信机祥"(《史记·孟荀列传》),所以荀子以自然释天,力排当时的宿命说以及对于天变之迷信的解释——其言俱见《天论》,兹不赘——又作《非相》,以斥相法。

性恶

孟子言性善,荀子则言性恶,其言曰:

> 人之性恶,其善者伪也。(《性恶》)

然则何谓性?何谓伪?其言曰:

> 不可学,不可事,而在人者,谓之性。(《性恶》)
>
> 生之所以然者,谓之性。(《正名》)
>
> 可学而能,可事而成之在人者,谓之伪。(《性恶》)
>
> 心虑而能为之动,谓之伪。虑积焉,能习焉,而后成,谓之伪。(《正名》)

如此,则性与伪又有什么关系呢?其言曰:

> 性者,本始材朴也。伪者,文理隆盛也。无性则伪之无所加,无伪则性不能自美。性伪合然后成圣人之名。(《礼论》)

性与伪之关系既明,请进而言何谓善恶,其言曰:

> 凡古今天下之所谓善者，正理平治也；所谓恶者，偏险悖乱也：是善恶之分也已。(《性恶》)

观此，则是以行为的结果，去判断善恶，而不是以行为的动机，去判断善恶。但人为何而为恶呢？则以性为恶故。其言曰：

> 今人之性：生而有好利焉……生而有疾恶焉……生而有耳目之欲。(《性恶》)

> 目好色，耳好声，口好味，心好利，骨体肤理好愉佚：是皆生于人之性情者也。(《性恶》)

惟其如此，所以用得着"伪"，其言曰：

> 故枸木必将待檃括烝矫然后直，钝金必将待砻厉然后利，今人之性恶，必将待师法然后正，得礼义然后治。……古者圣人以人之性恶，以为偏险而不正，悖乱而不治。是以为之起礼义，制法度，以矫饰人之性情而正之，以扰化人之性情而导之也。(《性恶》)

礼乐

荀子既言性恶而重人为，而"矫饰人之性情而正之，扰化人之性情而导之"的工具，便是礼乐。其论礼曰：

> 礼起于何也？曰：人生而有欲，有欲不得，则不能无求，求而无度量分界，则不能不争，争则乱，乱则穷。先人恶其乱也，故制礼义以分之，以养人之欲，给人之求。使欲必不穷乎物，物必不屈于欲，两者相持而长，是礼之所起也。故礼者，养也。……君子既得其养，又好其别。曷谓别？曰：贵贱有等，长幼有差，贫富轻重，皆有称者也。(《礼论》)

> 贵贵、尊尊、老老、长长，义之伦也。行之得其节，礼之序也。(《大略》)

此言礼之起源，而其作用，在于"分""别"与"序"。其论乐曰：

> 夫乐者，乐也，人情之所不能免也。故人不能无乐。乐则必发于声音，形于动静；人之道也。故人不能无乐。乐则不能无形。形而不为道，则不能无乱。先王恶其乱也，故制雅颂之声以道之，使其声足以乐而不流；使其文足以纶而不息；使其曲直繁省、廉肉节奏，足以感动人之善心；使夫邪污之气无由得接焉。……故乐者，所以道乐也。金石丝竹，所以道德也。……故乐者，治人之盛者也。(《乐论》)

此言乐之起源，而其作用，在于涵养节制人的情欲。

政治

荀子言政治，很有精到之处，分述如下：

(1) 社会之组织　社会之所以组成的原因，就为着是"人生不能无群"（《王制》与《富国》二篇述此意甚详，可参考）如果能群，便能应付外界，故曰：

> 力不若牛，走不若马，而牛马为用，何也？曰：人能群，彼不能群也。……和则一，一则多力，多力则强，强则胜物，故宫室可得而居也。（《王制》）

人类为着应付外界而团结为群，但是一群之中，如果杂乱无章，则依然不足以应付外界，所以进而又言各守其分，其言曰：

> 人之生不能无群，群而无分则争，争则乱，乱则穷矣。（《富国》）

既要各守其分，于是不得不采分业之制，故曰：

> 百技所成，所以养一人也。而能不能兼技，人不能兼官，离居不相待则穷，群而无分则争。穷者，患也；争者，祸也。救患除祸，则莫若明分使群矣。（《富国》）

(2) 国家之成立　其次，言国家之成立。荀子认为国家成立的要素有四，即：土地、人民、法制、君主四者，其言曰：

> 无土则人不安居，无人则土不守，无道法则人不至，无君子则道不举。故土之与人，道之与法也者，国家之本作也；君子也者，道法之总要也。（《致士》）

四者之中，土地、人民，用不着多说。今请进而言法制。荀子所谓礼，本来含有政治的与伦理的二义，因此，所谓"道法"，就是政治的礼，也就是法制。其言曰：

> 国无礼则不正。礼之所以正国也，譬之犹衡之于轻重也，犹绳墨之于曲直也，犹规矩之于方圆也。（《王霸》）

他把礼比做衡，比做绳墨与规矩，所以礼含有法制之意。惟其如此，故治国必以礼，其言曰：

> 礼者，治辨之极也，强国之本也，威行之道也，功名之总也。（《议兵》）

> 人之命在天，国之命在礼。（《强国》）

既以礼为治国之本，则违礼者必有罚，所以又论到赏罚，其言曰：

> 王者之论，无德不贵，无能不官，无功不赏，无罪不罚。朝无幸位，民无幸生。尚贤使能，而等位不遗。析愿禁悍，而刑罚不过。百姓晓然，皆知夫为善于家，而取赏于朝也；为不善于幽，而蒙刑于显；夫是之谓定论。(《王制》)

> 赏重者强，赏轻者弱；刑威者强，刑侮者弱。(《议兵》)

他这样重赏罚，以及主性恶说，后来很影响于韩非。其次请言君主。其言君主之职分曰：

> 君者何也？曰：能群也。能群也者何也？曰：善生养人者也，善班治人者也，善显设人者也，善藩饰人者也。善生养人者，人亲之；善班治人者，人安之；善显设人者，人乐之；善藩饰人者，人荣之；四统者俱，而天下归之；夫是谓能群。(《君道》)

虽然，荀子亦尝言："君者仪也，仪正而景正；君者槃也，槃圆而水圆；君者盂也，盂方而水方"(《君道》)，是则荀子言政，仍不失儒家从上而下的政治之主张。

(3) 民政　国家既已成立，则对民政的设施当如何？《王制》曰：

> 王者之法：等赋政事，财(同裁)万物，所以养万民者也。田野什一，关市几而不征；山林泽梁，以时禁发而不税。相地而衰政(政读为征)，理道之远近而致贡。通流财物粟米，无有滞留，使相归移也。四海之内若一家。

观此，则与孟子言仁政，实大同而小异。

韩　非

韩非是法家的建立者。前此如管仲、申不害、商鞅、慎到的政治主张，虽近于法家，但是，他们只可算法理学者，并不曾树立有体系的法治主义。至韩非出，始集前此诸子的大成，本于荀子与道家之言(参看荀子及稷下派二节)，而建立一学派。

法家能成立一学派，与当时社会政治经济的转变很有关系。前此贵族政治赖以维系主属的关系的东西，就是礼。春秋战国之世，此种政治，业已崩坏，而渐趋于集权的君主专制政治，并且，新有产阶级勃兴，以前备受压迫的人民，渐次抬头，而获得独立与自由，于是前此维系主属关系的礼，便不足以言治，而不得不尚法，观管仲治齐，子产治郑，即可想见。所以说法家的产生，是与当时社会政治经济的转变有关；而贵族之恶法家与秦皇之信法家，其原因也就从此可以明白了。

以下就《韩非子》一书，述韩非之学的大要如下：

历史观

前此学者，如孔子、孟子，无不道尧、舜、周公，而赞美古代的政治，并且，想把所谓古代的仁政实现起来。但是，韩非却与此相反，而力言历史的进化观，其言曰：

> 今有构木钻燧于夏后氏之世者，必为鲧、禹笑矣。有决渎于殷、周之世者，必为汤、武笑矣。然则今有美尧、舜、禹、汤、文、武之道于当今之世者，必为新圣笑矣。是以圣人不务循古，不法常可。论世之事，因为之备。（《五蠹》）

> 夫古今异俗，新故异备；如欲以宽缓之政治急世之民，犹无辔策而御驿马，此不知之患也。（同上）

这种说法，在《商君书·更法篇》中，也可找到。韩非的主要意思，就是"论世之事，因为之备"，就是"古今异俗，新故异备"，时代不同，政制与治法自然也随之不同。李斯的政治主张，便受了这种历史观的影响。

法治主义

他以为法治是最可靠的，儒家的人治，却不免有"人存政举，人亡政息"之病，所以力言法治之重要。其言曰：

> 且夫尧、舜、桀、纣，千世而一出。……中者上不及尧、舜，而下者亦不为桀、纣。抱法则治，背法则乱。背法而待尧、舜，尧、舜至乃治，是千世乱而一治也。抱法而待桀、纣，桀、纣至乃乱，是千世治而一乱也。（《难势》）

此言人治之不可靠。又曰：

> 释法术而任心治，尧不能正一国。去规矩而妄意度，奚仲不能成一轮。……使中主守法术，拙匠执规矩尺寸，则万不失矣。（《用人》）

此言法治之万不失。法既定立，则不论何人均须遵守，故曰：

> 人主虽使人，必以度量准之，以刑名参之。以事遇于法则行，不遇于法则止。（《难二》）

由此看来，法实高出一切。惟其如此，所以凡言行不著于法令者，都

在禁止之列。其言曰:

> 明主之国,无书简之文,以法为教;无先王之语,以吏为师。(《五蠹》)

李斯焚书,便套着这个调子。

严赏罚

法家重威势,因为推行法治,无威势是不可能的,所以他说:

> 夫马之所以能任重引车致远道者,以筋力也。万乘之主,千乘之君,所以制天下而征诸侯者,以其威势也。威势者,人主之筋力也。(《人主》)

人主威势之表现于外者,就是赏罚,其言曰:

> 明主之所导制其臣者,二柄而已矣。二柄者,刑德也。何谓刑德?杀戮之谓刑,庆赏之谓德。为人臣者,畏诛罚而利庆赏,故人主自用其刑德,则群臣畏其威而归其利矣。(《二柄》)

此二柄操在君主手里,君主利用臣民畏罚利赏的心理,而自执二柄以责其效,则法治可以推行而无阻。

以上所述系韩非之学的几个要点;此外他也言性恶(见《六反》),则与荀子同;也言无为(见《大礼》与《扬权》),则与老子同;也言功利(见《五蠹》),则与墨子同;兹不具述。由此看来,便可知法家所受儒墨道三家的影响。

六艺之学及其他

六艺

六艺为儒家之学,影响于后世者甚大,故略述之如下:

孔子虽以六艺教人,然未立六艺之名。六艺之名并提,见于《庄子·天下篇》。其言曰:

> 《诗》以道志,《书》以道事,《礼》以道行,《乐》以道和,《易》以道阴阳,《春秋》以道名分。

而司马迁言六艺之内容与性质,更为扼要,其言曰:

> 《易》著天地阴阳四时五行,故长于变;《礼》经纪人伦,故长于行;《书》记先王之事,故长于政;《诗》记山川溪谷禽兽草木牝牡雌雄,故长于风;《乐》所以立,故长于和;《春秋》辩是非,故长于治

人。是故《礼》以节人，《乐》以发和，《书》以道事，《诗》以达意，《易》以道化，《春秋》以道义。(《史记·太史公自序》)

此六艺经汉武推崇以后，于是成为儒家的经典，而为学人所必诵。六艺之中，以《易》与宋儒理学有关，故略述其大意如下：

《易》有三义

《易》有三义，即简易、变易、不易三者（见《易纬·乾凿度》）。宇宙现象与人事，如昼夜的运行，如人生由幼少而老死，都是变化不居，此之谓变易。但是，变易虽多，其间却有一定不易的理法，如天尊地卑，如君臣父子的关系者是，此之谓不易。此种理法，极明且简，此之谓简易。明此三义，可以知《易》。

阴阳对立

《易》为阴阳二元论，它用此以说明宇宙万有的现象及社会的人事，所以《系辞》说："一阴一阳之谓道。"天地间一切的对立，都归之于阴阳的对立，如次表所示：

宇宙现象	天、日、明、暑	地、月、晦、寒
时	春、夏、昼	秋、冬、夜
场所	上、前、高、东、南	下、后、低、西、北
人伦	父、君、夫、男	子、臣、妇、女
人事	贵、尊、吉、福	贱、卑、凶、祸
	阳	阴

以对立的矛盾说一切变化

它以阴阳对立的矛盾，去说明宇宙一切变化，故曰：

> 天地絪缊，万物化醇，男女构精，万物化生。（《系辞》）

宇宙之二元的说明，并不充分，所以《易》学者，又认为阴阳是从太极而来的，故曰：

> 易有太极，是生两仪。（《系辞》）

这便是包含的一元论，和老子所说的"道生一，一生二，二生三，三生万物"，有些相似。

阴阳对立的矛盾，在这矛盾中展开变化，便是《易》的宇宙观与人生观之根本，今列举几条如次：

> 天地睽而其事同也，男女睽而其志通也，万物睽而其事类。睽之

时用大矣哉！（《睽彖》）

天地解而雷雨作；雷雨作而百果草木皆甲坼。（《解彖》）

天地革而四时成。（《革彖》）

阖户谓之坤；辟户谓之乾；一阖一辟谓之变；往来不穷谓之通。（《系辞》）

日中则昃，月盈则食，天地盈虚，与时消息。（《丰彖》）

善不积不足以成名，恶不积不足以灭身。小人以小善为无益而弗为也，以小恶为无伤而弗去也。故恶积而不可掩，罪大而不可解。（《系辞》）

凡此，都是从对立的矛盾中去看出变化，《易》之有变易之意即指此，《易》之有辩证法的预知即指此。

但是，万事万物，虽有变化，却都有一定的秩序，《易》之有不易之意即指此，《易》之有简易之意即指此，故曰：

天地以顺动，故日月不过，而四时不忒。（《豫彖》）

天地之道，恒久而不已也。利有攸往，终则有始也。日月得天而能久照，四时变化而能久成。……观其所恒，而天地万物之情可见矣。（《恒彖》）

阴阳对立，本是生殖器的象征，后来把这对立的矛盾，推到万物的生成，人事的变化，都无不正确，于是这种宇宙观人生观，便充满着辩证法的展开。但是讲到这里，提出一个"恒"的道理，就渐次把相对变成绝对而丧失了辩证法的意义了。因此，《易》在伦理上在人事上，便承认有固定的阶级，故曰：

天尊地卑，乾坤定矣。卑高以陈，贵贱位矣。（《系辞》）

家人，女正乎内，男正乎外；男女正，天地之大义也。家人有严君焉，父母之谓也。父父、子子、兄兄、弟弟、夫夫、妇妇、而家道正；正家而天下定矣。（《家人彖》）

以上述《易》之大意竟。不过我们要明白，《易》本来是为筮所用的东西，充分地含有宗教的迷信；而以上所引的这些文句，却都是儒家的《易》学。

又小戴《礼记》中的《礼运》《大学》《中庸》，亦与后此儒家的思想有关，兹分述之如次：

礼运

其言曰：

> 孔子曰："大道之行也，与三代之英，丘未之逮也，而有志焉。"大道之行也：天下为公，选贤与能，讲信修睦。故人不独亲其亲，不独子其子，使老有所终，壮有所用，幼有所长，矜寡孤独废疾者皆有所养，男有分，女有归，货恶其弃于地也，不必藏于己，力恶其不出于身也，不必为己。是故谋闭而不兴，盗窃乱贼而不作，故外户而不闭，是谓大同。今大道既隐，天下为家，各亲其亲，各子其子，货力为己，大人世及以为礼，城郭沟池以为固，礼义以为纪，以正君臣，以笃父子，以睦兄弟，以和夫妇，以设制度，以立田里，以贤勇智，以功为己。故谋用是作，而兵由此起；禹、汤、文、武、成王、周公由此其选也。此六君子者，未有不谨于礼者也，以著其义，以考其信，著有过，刑仁讲让，示民有常；如有不由此者，在势者去，众以为殃：是谓小康。

清世今文学家，言三世，言大同小康，即本于此。然观《礼运》所言大同，实受道家政治哲学影响甚深。

大学

《大学》，朱熹以为是曾子之作，汉贾逵与宋王柏以为是子思之作，其重要处在三纲领八条目，其言曰：

> 大学之道，在明明德，在亲民，在止于至善。知止而后有定，定而后能静，静而后能安，安而后能虑，虑而后能得。物有本末，事有终始。知所先后，则近道矣。古之欲明明德于天下者，先治其国。欲治其国者，先齐其家。欲齐其家者，先修其身。欲修其身者，先正其心。欲正其心者，先诚其意。欲诚其意者，先致其知。致知在格物，物格而后知止，知止而后意诚，意诚而后心正，心正而后身修，身修而后家齐，家齐而后国治，国治而后天下平。自天子以至庶人，壹是皆以修身为本。其本乱而末治者，否矣。其所厚者薄而其所薄者厚，未之有也。此谓知本，此谓知之至也。

今表列如下：

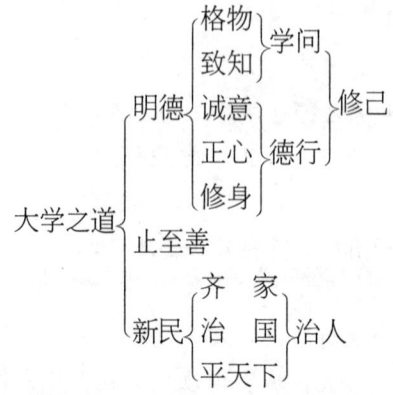

由上所述，可知修己治人之道，尽在这一段中，所以子程子曰："《大学》，孔氏之遗书，而初学入德之门也。"此书经程子表彰，遂与《中庸》《论语》《孟子》并列为四书。而宋儒言致知格物，全本于此。

中庸

《中庸》据《史记》说，是子思所作。《中庸》影响于后儒的，约有数端。

第一，言天、道与性。《中庸》第一句就说：

> 天命之谓性，率性之谓道。

这就是说：性是天赋的，循性便是道。道虽至尊至大，然在吾人本性之外，实无所谓道。因此，天道便是人道，人道也就是天道。换言之：天地的法则，即是人之本性，也就是诚，故曰：

> 诚者，天之道也；诚之者，人之道也。

诚是天地自然的法则，是无始无终恒久不变的，故曰：

> 至诚无息，不息则久，久则微，征则悠远，悠远则博厚，博厚则高明。博厚所以载物也，高明所以覆物也，悠久所以成物也。博厚配地，高明配天，悠久无疆。

天地的法则既然是诚，则不但人之本性是诚，天地万物之本性，也莫不诚，所以说：

> 诚者，物之终始，不诚无物。

这就是说：诚不但是天人合一的契机，而且是内外物我合一之枢纽，故曰：

> 唯天下之至诚为能尽其性，能尽其性，则能尽人之性，能尽人之

性，则能尽物之性，能尽物之性，则可以赞天地之化育，可以赞天地之化育，则可以与天地参矣。

《中庸》这种见解，后来经过李翱的发挥，程颢的提倡，遂成为理学中的主要要素。

第二，修养。对于修养工夫，《中庸》揭出二大纲领，即"尊德性而道学问"。这是德育与智育两方面的修养，二者并重，不可偏废。道学问的细目，就是"博学之，审问之，慎思之，明辨之，笃行之"。学与问，属于外的知识；思与辨，属于内的知识；至于行，就是去实行所知的东西。若拿"诚之者，人之道也……诚之者，择善而固执之者也"这段话来说，则道学问的五个细目，恰如次表所示：

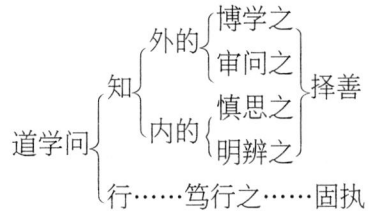

这"尊德性、道学问"的修养工夫，到宋儒手里，便各有偏重，结果成朱陆之争。

此外还有"中庸"一个根本观念，也很重要，原是本于孔子之说而来的（孔子说中庸见前），限于篇幅，只好从略。

第三讲　学术思想的混合与儒家的独尊

概　论

由分而合的趋势

上一讲，已经把学术思想分野的情形说过了。这个时期，起自公元前六世纪至公元前三世纪，约有三百年之久。但是，到了这时期之末，学术思想界就呈现着由分化而混合的趋势；上一讲所述的法家的学术思想，便表现了这种混合的趋势。接着所谓杂家的《吕氏春秋》出世（书成于公元前239年），更明显地表现着这种趋势。

学术第一次统一

到公元前230年至221年之间，秦以武力平定了六国，建立空前的统一的大帝国。这帝国之所以强，很得力于法家，所以秦皇时，法家就成了"显学"。荀子的学生李斯，便本着韩非的学说，大做其学术上"别黑白而定一尊"的工作。这工作的结果，就是"儒表法里"。

这帝国只有十多年（前222至207年）的寿命，接着革命军蜂起，推倒了这帝国；经过十五年（前209至195年）的战乱，第二次统一的帝国又出现了。高祖即位以后，实行"飞鸟尽良弓藏"的政策，在这专制淫威之下，又哪有思想的自由呢？接着文帝（前179至前57年），窦太后（她当国二十多年，自前156至前135年）又好那和阴阳家有密切关系的黄、老之学，于是黄、老之学，又成为"显学"。所谓杂家的《淮南子》，就在这时出世——《淮南子》只存《淮南内》二十一篇，其余均失传，而此二十一篇之成，约在公元前140年——这又是学术思想的一大混合。

学术第二次统一

等到窦太后死了（前135年），武安侯田蚡做丞相，才绌黄、老刑名百家之言，力崇儒家。前一三四年，武帝用董仲舒之策，"诸不在六艺之科、孔子之术者，皆绝其道，勿使并进"，于是儒家独尊；而董仲舒辈以阴阳家言糅合于儒学，遂使这一尊的儒家，又成为儒家与阴阳家的混合物。

及刘歆佐王莽篡汉（公元1至7年），倡"六经皆史"之说，于是儒家与阴阳家分；但是，因为阴阳家言已深入儒者的思想里，所以大儒如郑玄说经，也未能完全遵守纯儒家的态度。直到王充出来——王充生于公元27年，死于和帝永元（89至105年）中，年七十余——树立自然主义的旗帜，中古的学术思想界，才放出一道异彩。

由上所述，便可看到这四百多年学术思想混合的大势。以下就学者或著作出世的先后，分项述之。

吕氏春秋

代表杂家的著作有两部，即：秦皇时的《吕氏春秋》与汉武时的《淮南子》。何谓杂家？《汉书·艺文志》说：

> 杂家者流，盖出于议官。兼儒、墨，合名、法，知国体之有此，见王治之无不贯：此其所长也。及荡者为之，则漫羡而无所归心。

这个定义，并不见得十分正确；其实《吕氏春秋》与《淮南子》乃是以老、庄思想作中心而综合儒、墨、阴阳、名、法各家的杂家；我们在以下便可以看到这所谓杂家的内容。现在先说《吕氏春秋》。

《吕氏春秋》是秦国丞相吕不韦的宾客所作。

《序意》说：

> 盖闻古之清世，是法天地。凡十二纪者，所以纪治乱存亡也，所以知寿夭吉凶也。上揆之天，下验之地，中审之人：若此，则是非可不可遁矣。天曰顺，顺维生；地曰固，固维宁；人曰信，信维听。三者咸当，无为而行。行也者，行其理也。行（其）数，循其礼，平其私。夫私视使目盲，私听使耳聋，私虑使心狂。三者皆私设，精则智，无由公。智不公则福日衰，灾日隆。

这是全书的大意，而其主旨在于"法天地"。"法天地"就是老子的自然主义的根本观念。以下就《吕氏春秋》的主要思想，分为五项述之：

贵生

上面引用文中，有"天曰顺，顺维生"之语；这就是说，人要顺天，而顺天之道在于贵生。其言曰：

> 圣人深虑天下，莫贵于生。………尧以天下让于子州支父，子州支父对曰："以我为天子，犹可也；虽然，我适有幽忧之病，方将治之，未暇在天下也。"天下，重物也，而不以害其生，又况于他物乎？惟不以天下害其生也者，可以托天下。(《贵生》)

> 倕，至巧也；人不爱倕之指而爱己之指，有之利故也。人不爱昆山之玉，江、汉之珠，而爱己之一苍璧小玑，有之利故也。今吾生之为我有而利我亦大矣！论其贵贱，爵为天子不足以比焉。论其轻重，富有天下不可以易之。论其安危，一曙失之，终身不复得。此三者：有道者之所慎也。(《重己》)

这是个人主义的思想。杨朱思想，在战国时代很流行，《吕氏春秋》的贵生，或者受了杨朱思想的影响。

重孝

《吕氏春秋》和儒家一样，也重孝行，其言曰：

> 夫执一术而百善至、百邪去、天下从者，其惟孝也。(《孝行览》)

不过儒家言孝重在己身所自生的父母，《吕氏春秋》主贵生，其言孝则重在我自己，所以它很着重曾子所说的"身者，父母之遗体也；行父母之遗体，敢不敬乎"这一类全生重身的话。

五德终始

《吕氏春秋》亦言五德终始之说，《应同》说：

> 凡帝王之将兴也，天必先见祥乎下民。黄帝之时，天先见大螾大蝼。黄帝曰："土气胜。"土气胜，故其色尚黄，其事则土。及禹之时，天先见草木，秋冬不杀。禹曰："木气胜。"木气胜，故其色尚青，其事则木。及汤之时，天先见金，刃生于水。汤曰："金气胜。"金气胜，故其色尚白，其事则金。及文王之时，天先见火，赤乌衔丹书集于周社。'文王曰："火气胜。"火气胜，故其色尚赤，其事则火。代火者必将水；天且先见水气胜。水气胜，故其色尚黑，其事则水。

又《月令》一篇，不知何人所作，见于《洪范》与《礼记》，而《吕氏春秋》亦引用之，要之都是阴阳五行家之言。此种天人之际的思想，后来很影响于汉世的儒者。又《吕氏春秋》有《有始览》一篇，亦言大九州之说，也是阴阳家言，兹不具述。

变法

《吕氏春秋》为秦学，很与韩非相似，也言变法，《察今》说：

> 故治国无法则乱，守法而弗变则悖；悖乱不可以持国。世易时移，变法宜矣。譬之若良医，病万变，药亦万变。病变而药不变，向之寿民，今变为殇子矣。故凡举事必循法以动，变法者因时而化。若此论则无过务矣。
>
> 夫不敢议法者，众庶也。以死守（法）者，有司也。因时变法者，贤主也。是故有天下七十一圣，其法皆不同，非务相反也，时势异也。

李斯为吕不韦的门客，不用说，也抱着这种见解。

功利主义的政治论

《吕氏春秋》为秦学，主贵生，故其言政治为功利主义的。《恃君》说：

> 凡人之性，爪牙不足以自守卫，肌肤不足以捍寒暑……然而犹裁万物，制禽兽……不唯先有其备而以群聚耶？群之可聚也，相与利之也。利之出于群也，君道立则利出于群，而人备可完矣。

此言政府的起源，由于全生，由于利群。惟其如此，所以说：

> 天下非一人之天下也，天下之天下也。（《贵公》）

惟其如此，所以又说：

> 圣人南面而立，以爱利民为心，号令未出，天下皆延颈举踵矣。（《精通》）

综上所述，可知《吕氏春秋》实综合了各派的思想，然其中心的思想，则为法天地的自然主义。

李　斯

李斯是荀子的学生，韩非的学友，吕不韦的门客；他变法的观念，便是从这三人得来的（荀子有法后王之说，韩非及《吕氏春秋》言变法见前）。他的焚书议，代表了他的思想，也就代表了大一统的秦国的思想。其言曰：

焚书议

> 五帝不相复，三代不相袭，各以治。非其相反，时变异也。今陛下创大业，建万世之功，固非愚儒所知。且越言（淳于越反对他变法，其言曰："事不师古而能长久者，非所闻也"），乃三代之事，何足法

也。异时诸侯并争，厚招游学。今天下已定，法令出一；百姓当家则力农，士则学习法令、辟禁。今诸生不师今而学古，以非当世，惑乱黔首。丞相臣斯昧死言：古者天下散乱，莫之能一，是以诸侯并作，语皆道古以害今，饰虚言以乱实。人善其所私学，以非上之所建立。今皇帝并有天下，别黑白而定一尊，而私学相与非法教。人闻令下，则各以其学议之；入则心非，出则巷议；夸主以为明，异取以为高，率群下以造谤。如此弗禁，则主势降于上，党与成乎下。禁之便。臣请史官非秦纪，皆烧之。非博士官所职，天下敢有藏诗书百家语者，悉诣守尉杂烧之。有敢偶语《诗》《书》，弃市。以古非今者族。吏见知不举者，与同罪。令下三十日不烧，黥为城旦。所不去者医、药、卜、筮、种树之书。若有欲学法令，以吏为师。（《史记·始皇本纪》）

始皇焚书，是否灭绝古学，关于这问题，编者在拙著《本国文化史大纲》中有详细的解答，这里用不着再说。现在要说明的，就是李斯的反对"不师今而学古"。以前不论是儒、墨、道哪一家，其言政治，都无不抬出一个"先王"来，以重其言。韩非早看到了这个弊病，所以说：

  孔子、墨子俱道尧、舜，而取舍不同，皆自谓真尧、舜。尧、舜不复生，将谁使定儒、墨之诚乎？………不能定儒、墨之真，今乃欲审尧、舜之道于三千岁之前，意者其不可必乎？无参验而必之者愚也。弗能必而据之者诬也。故明据先王必定尧、舜者，非愚即诬也。（《显学》）

韩非这见解，实足以打破那托古改制、捏造证据、以耳为目、不察实际以及迷古守旧的心理。李斯根据这见解，而反对"不师今而学古"的陋见，在学术思想史上，实占重要地位，且值得后人的崇仰。

李斯这"别黑白而定一尊"的工作，虽受了韩非的影响，但这工作，却与秦国政治上的大一统有密切的关系，这是我们所不可忽略的。

李斯之学，虽与法家有关，然其统一学术，则为"儒表法里"，故夏曾佑说："观其大一统，尊天子，抑臣下，制礼乐，齐律度，同文字，攘夷狄，信灾祥，尊贞女，重博士，无不同于儒术。……本孔子专制之法，行荀子性恶之旨。"（见《中国历史教科书》第二篇第一章第六节）

陆贾与贾谊

汉初儒者，有陆贾与贾谊，但都不是纯粹的儒者。陆贾有《新语》，《汉书·艺文志》列为儒家，然其言历史近于荀子、韩非，其言政治又与老子相似，则实非纯儒，今分述如次：

历史观

陆贾的历史观，自一方面言，则与荀子"法后王"之说相合，其言曰：

> 善言古者，合之于今；能述远者，考之于近。……道近不必出于久远，取其致要而有成。《春秋》上不及五帝，下不至三王，述齐桓、晋文之小善，鲁之十二公，至今之为政，足以知成败之效，何必于三王？故古人之所行者，亦与今世同。……万世不易法，古今同纪纲。

但在他方面言，却又与韩非的见解相同，其言曰：

> 制事者因其则，服药者因其良。书不必起仲尼之门，药不必出扁鹊之方。合之者善，可以为法，因世而权行。

政治论

陆贾的政治论，是无为的，颇与老子相似，而鼎革之变以后，国家元气未复，也是促成这种政治论的原因，我们看汉初施行六十多年的无为政治，便可知当时时势的需要了。陆贾说：

> 道莫大于无为……何以言之？昔虞舜治天下，弹五弦之琴，歌南风之诗，寂若无治国之意，漠若无忧民之心，然天下治。……故无为也，乃无不为。

> 是以君子之为治也，块然若无事，寂然若无声，官府若无吏，亭落若无民。……不言而信，不怒而威。岂特坚甲利兵深刑刻法朝夕切切而后行哉？

贾谊有《新书》五十八篇，《汉书·艺文志》列为儒家。然贾谊实非纯儒，司马迁谓"贾生明申、商"（《太史公自序》），即其近似法家之证，而其言道术，则有时似老有时似儒，由此看来，贾生之学，实杂而不纯。《新语·道术》说：

道术

> "数闻道之名矣，而未知其实也。请问道者何谓也？"对曰："道者所从接物也。其本者谓之虚，其末者谓之术。虚者言其精微也，平素

而无设施也。术也者所从制物也,动静之数也。凡此皆道也。"曰:"请问虚之接物如何?"对曰:"镜仪而居,无执不臧。美恶毕至,各得其当。衡虚无私,平静而处。轻重毕悬,各得其所。明主者,南面而正,清虚而静。命名自宣,命物自定。如鉴之应,如衡之称。有酆和之,有端随之。物鞠其极,而以当施之。此虚之接物也。"

案此即老子所谓"我无为而民自化、我好静而民自正"之意。

《道术》又说:

"请问术之接物何如?"曰:"对曰:人主仁,而境内和矣,故其士民莫弗亲也……举贤则民化善,使能则官职治。英俊在位则主尊。……术者接物之遂。凡权重者必谨于事,令行者必谨于言,则过败鲜矣,此术之接物之道也。"

案此即孔子所谓"政者正也,子帅以正,孰敢不正"之意。

黄老之学

黄、老之学,始于六国末年,成于秦、汉之际,大盛于文、景之时。

它是由阴阳家驺衍之流的五行终始与道家的清静无为、天道观念、自然主义糅合而成的,它和儒墨"托古改制"言必称尧、舜一样,也抬出一个远古的黄帝来,与老子合称,所以叫做黄、老之学。《史记·乐毅传》记这派的传授道:

黄老之学的传授

> 乐臣公学黄帝、老子,其本师号曰河上丈人,不知其所出。河上丈人教安期生,安期生教毛翕公,毛翕公教乐瑕公,乐瑕公教乐臣公,乐臣公教盖公。盖公教于齐高密、胶西,为曹相国师。

无为的政治观

黄、老之学,在秦皇时代,"求神仙及不死之药"的运动很流行,但自此以后,直到汉武求仙为止,这七十多年间,却不曾发生这运动;而黄、老之学的无为的政治观,却支配了这时期至六十多年之久。黄、老之学的这政治观能在这期间发生很大的作用,自有它的根本原因,《汉书·食货志》说:

> 汉兴,接秦之敝,诸侯并起,民失作业,而大饥馑,凡米石五千。人相食,死者过半。……天下既定,民亡盖尽,自天子不能具钧驷,

而将相或乘牛车。

像这样的经济状况，在政治上自然不能有所作为，而高祖的专制淫威与吕后的污秽昏乱，更使一班有思想的人都感觉到多一事不如少一事，其结果：必然要走到无为的政治观一条路上去。在高祖时，曹参治齐治汉，便已本于他的先生盖公的黄老术，而实行无为的政治，以不扰民为主。文帝治国，以慈俭为宗旨，废除肉刑，减赋税，对南越及匈奴取和平政策，都是这无为政治的表示。皇后窦太后更笃信黄老之学，所以《史记》说"窦太后好黄帝、老子言，帝（景帝）及太子（武帝）诸窦不得不读黄帝、老子，尊其术"。她做了二十三年的皇后，十六年的皇太后，六年的太皇太后，先后共四十五年；在这期间，她的黄老之术，战胜了儒家的政治观，当时儒家赵绾、王臧竟因推行儒术而被迫自杀，黄老之学的独占，可想而知。这种无为政治施行了六十多年，结果竟弄到家给人足的地步。等到窦太后一死，"武安侯田蚡为丞相，绌黄、老、刑、名之言"（《史记》），而武帝崇儒术，儒家始为之一振。自是儒家独尊，而与阴阳家糅合；至于黄、老的无为思想，直到六朝才得到复兴的机会。

淮南子

《淮南子》是淮南王刘安的门客所作，其性质与《吕氏春秋》同，也是属于杂家。它包罗万有，当得起杂家这个名称。它的内容，见于《要略》，其言曰：

> 若刘氏之书，观天地之象，通古今之事，权事而立制，度形而施宜。原道之心，合三王之风，以储与扈冶。玄眇之中，精摇靡览，弃其畛挈，斟其淑静。以统天下，理万物，应变化，通宇殊类。非循一迹之路，守一隅之指，拘系牵连于物而不与世推移也。故置之寻常而不塞，布之天下而不窕。

这段话明白地表示着它是各派学术思想的混合物。兹分述如下：

道

《淮南子》言道，与老、庄相似，也认为是宇宙万物所以生之理，其言曰：

> 夫道也者，覆天载地，廓四方，柝八极，高不可际，深不可测，包裹天地，禀授无形，源流泉浡，冲而徐盈，混混汩汩，浊而徐清。

故植之而塞于天地，横之而弥于四海，施之无穷，而无所朝夕，舒之幎于六合，卷之不盈于一握。约而能张，幽而能明，弱而能强，柔而能刚。横四维而含阴阳，纮宇宙而章三光。甚淖而滒，甚纤而微。山以之高，渊以之深，兽以之走，鸟以之飞，日月以之明，星历以之行，麟以之游，凤以之翔。(《原道训》)

宇宙论

《淮南子》宇宙论见于《俶真训》中，其言曰：

有始者，有未始有有始者，有未始有夫未始有有始者，有有者，有无者，有未始有有无者，有未始有夫未始有有无者。所谓有始者，繁愤未发，萌兆芽蘖，未有形埒，冯冯蠕蠕，将欲生兴，而未成物类。有未始有有始者，天气始下，地气始上，阴阳错合，相与优游竞畅于宇宙之间，被德含和，缤纷茏苁，欲与物接，而未成兆朕。有未始有夫未始有有始者，天含和而未降，地怀气而未扬，虚无寂寞，萧条霄霏，无有仿佛，遂气而大通冥冥者也。有有者，言万物掺落，根荄枝叶，青葱苓茏，崔扈炫煌，蠉飞蠕动，蚑行哙息，可切循把握，而有数量。有无者，视之不见其形，听之不闻其声，扪之不可得也，望之不可极也，儵与扈泠，浩浩瀚瀚，不可隐仪揆度，而通光耀者。有未始有有无者，包裹天地，陶冶万物，大通混冥，深闳广大，不可为外，析毫剖芒，不可为内，无环堵之宇，而生有无之根。有未始有夫未始有有无者，天地未剖，阴阳未判，四时未分，万物未生，汪然平静，寂然清澄，莫见其形。若光耀之间于无有，退而自失也。

这宇宙论中的七个层次，本于《庄子》的《齐物》。要之，都是以自然的演化，去说明宇宙万物的起源。又有《天文训》，言天地之所以生成，《地形训》言人物之所以变化，兹不具述。

政治观

《淮南子》的政治观，也是无为主义的，其言曰：

万物固以自然，圣人又何事焉？

是故圣人内修其本而不外饰其末，保其精神，偃其智故；漠然无为而无不为也，澹然无治而无不治也。所谓无为者，不先物为也。所谓无不为者，因物之所为也。所谓无治者，不易自然也。所谓无不治者，因物之相然也。(以上《原道训》)

虽然，其言不法先王，则有类于荀子，其言变法，则有类于李斯、韩非（以上均参看《氾论训》与《修务训》），其言民本，则有类于孟子（参看《主术训》），是则《淮南子》的政治观，实不全与老、庄相合。

天人感应说

《淮南子》受了阴阳家的影响，一方面主神仙家的人生观（参看《原道训》与《精神训》），同时又主天人感应说，其言曰：

> 物类相动，本标相应。故阳燧见日则燃而为火，方诸见月则津而为水。虎啸而谷风至……贲星坠而渤海决。人主之情上通于天，故诛暴则多飘风，枉法则多虫螟，杀不辜则国赤地，令不收则多淫雨。（《天文训》）

> 天之与人，有以相通也。故国危亡而天文变，世惑乱而虹霓见。（《泰族训》）

他如《地形训》《时则训》（即《月令》）《览冥训》《人间训》诸篇，也力言这天人感应说。这思想竟支配了西汉时代，直到王充出来，才把它渐次廓清。

董仲舒

董仲舒和李斯一样，都是做那"别黑白而定一尊"的工作的人。上面说过，汉初黄、老之学特盛，儒家退处，毫无势力。窦太后死后，始黜黄、老之学。武帝即位，举贤良对策，因董仲舒之言，才正式把儒家定为一尊。董仲舒的对策说：

> 《春秋》大一统者，天地之常经，古今之通谊也。今师异道，人异论，百家殊方，指意不同。是以上亡以持一统，法制数变，下不知所守。臣愚以为诸不在六艺之科孔子之术者，皆绝其道，勿使并进。邪僻之说灭息，然后统纪可一而法度可明，民知所从矣。（《汉书·董仲舒传》）

自此以后，儒家既居独占地位，于是代表儒家之学的六经遂成为学人必读的经典。自董仲舒以下，直至康有为，凡著书立说，欲以取信于人，也无不本诸六经。但是，自经董仲舒以阴阳家言与儒糅合以后，所谓儒家，却不是本来面目的儒家了（不要忘记，这一次的定于一尊，也与这大帝国的大一统的局势有关，当时家给人足，正是武帝有为之时，所以黜黄、老的无为而力崇儒术。其详可参看拙编《本国文化史大纲》)。

仲舒著作，今传《春秋繁露》八十二篇，兹分述其学说如下：

天

仲舒学说的基础，就是"天"。分述如下：

(1) 天为万物之本。他说："天者群物之祖也，故遍覆包函，而无所殊。"(《贤良对策三》)又说："父者子之天也，天者父之天也。无天而生，未之有也。天者万物之祖，万物非天不生。"(《顺命》)

(2) 天人相类。他说："天地之精，所以生物者，莫贵于人。……物疢疾莫能偶天地，唯人独能偶天地。人有三百六十节，偶天之数也。形体骨肉，偶地之厚也。上有耳目聪明，日月之象也。体有空窍理脉，川谷之象也。心有哀乐喜怒，神气之类也。……天以终岁之数，成人之身，故小节三百六十六，副日数也；大节十二分，副月数也。内有五脏，副五行数也。外有四肢，副四时数也。乍视乍瞑，副昼夜也。乍刚乍柔，副冬夏也。乍哀乍乐，副阴阳也。心有计虑，副度数也。行有伦理，副天地也。"(《人副天数》)

(3) 王者为天所命。他说："天以天下予尧、舜，尧、舜受命于天，而王天下。"(《尧舜汤武》)又说："德侔天地者，称皇帝，天佑而子之，号称天子。"(《三代改制质文》)

(4) 瑞祥为受命之符。他说："臣闻天之所大奉使之王者，必有非人力所能致而自至者，此受命之符也。天下之人同心归之若归父母，故天瑞应诚而至。《书》曰：'白鱼入于王舟，有火复于王屋，流为乌。'此盖受命之符也。周公曰：'复哉！复哉！'"(《贤良对策一》)又说："有非力之所致而自至者，西守获麟，受命之符是也。"(《符瑞》)

(5) 王者以天为法，而奉戴天意。他说："受命之君，天意之所予也。故号为天子者，宜事天如父，事天以孝道也。"(《深察名号》)又说："天者群物之祖也，故遍覆包函，而无所殊，建日月风雨以和之，经阴阳寒暑以成之。故圣人法天而立道，亦博爱而亡私，布德施仁以厚之，设谊立礼以导之。春者天之所以生也，仁者君之所以爱也。夏者天之所以长也，德者君之所以养也。霜者天之所以杀也，刑者君之所以罚也。由此言之，天人之征，古今之道也。"(《贤良对策三》)王者既以天为法，所以国家设官，亦以天为法。他以为三（天地人曰三才、日月星曰三光）、四（春夏秋冬为四时）、十（天地阴阳火金木水土人为十端）、十二（十二月为一岁）为天数，故三公、三卿、三大夫、三士，均从三之数；公、卿、大夫、士四阶级，从四之数；三公、三卿、三大夫、三士，这四选十二臣，取四时十二个月之意；三公、九卿、二十七大夫、八十一元士，共百二十臣，取十端十二个月之意，即取百二十个月之意。此与《左传》所说"天有十日，民有十等"相合（《左传》昭公七年）。

（6）以天为最高之神。他说："天者百神之君也，王者之所最尊也。"（《郊义》）又说："天者百神之大君也，事天不备，虽百神犹无益也。"（《郊语》）

（7）天人感应。他说："臣谨案《春秋》之中，视世已行之事，以观天人相与之际，甚可畏也。国家将有失道之败，而天乃先出灾害，以谴告之。不知自省，又出灾异，以警惧之。尚不知变，而伤败乃至。以此见天心之仁爱人君，而欲止其乱也。"（《贤良对策一》）又说："王者与臣无礼，貌不肃敬，则木不曲直，而夏多暴风。言不从，则金不从革，而秋多霹雳。视不明，则火不炎上，而秋多电。听不聪，则水不润下，而春夏多暴雨。心不能容，则稼穑不成，而秋多雷。"（《五行五事》）

（8）道本于天。他说："道之大原出于天。天不变，道亦不变。"（《贤良对策三》）道是什么呢？他说："夫仁义礼智信，五常之道，王者所当修饰也。"（《对策一》）而五常是本于五行而来，所以说："东方者木，农之本，司农尚仁。南方者火也，本朝司马尚智。中央者土，君官也，司营尚信。西方者金，大理司徒也，司徒尚义。北方者水，执法司寇也，司寇尚礼。"（《五行相生》）

三纲

何谓三纲？他说："阳兼于阴，阴兼于阳。夫兼于妻，妻兼于夫。父兼于子，子兼于父。君兼于臣，臣兼于君。君臣父子夫妇之义，皆与诸阴阳之道。……天为君而覆露之，地为臣而持载之，阳为夫而生之，阴为妇而助之，春为父而生之，夏为子而养之。……王道之三纲，可求于天。"（《基义》）他又言五纪，惟不见于《春秋繁露》，而《白虎通》有三纲六纪之说，其言曰："三纲者，何谓也？谓君臣父子夫妇也。六纪者，谓诸父兄弟族人诸舅师长朋友也。……君为臣纲，父为子纲，夫为妻纲。……敬诸父兄，六纪道行；诸舅有义；族人有序；昆弟有亲；师长有尊，朋友有信。"此六纪是否含有董氏所谓五纪,不可得而知。

董氏学说,大致如此。他如言性,亦本诸阴阳,以性为阳,以情为阴,性为善,而情为恶,兹不具述。又他答江都王,有"正其谊不谋其利,明其道不计其功"之语,则多本于孟子之说义利,亦不赘述。但是,观上所述各点,即知董氏虽力崇儒,而其言阴阳五行,却受阴阳家影响甚深。所以自董氏以后,直到古文家出现为止,所谓儒家,也不过儒其表而阴阳其里罢了。而董氏尝言"以无为为道"(《离合根》),"人君者,居无为之位,行不言之教"(《保位权》),则又近于老子之说①。

司马迁

司马迁是西汉首屈一指的学者,是中国史学之祖。在他以前,虽有《尚书》《春秋》《国语》诸史书,但都偏于政治,而鲜及于学术。自他的《史记》出,始集前此学术的大成,而为中国史学界别开一新局面。以体例言:《春秋》一书,为编年体之祖,而《史记》则为传记体之祖。至《史记》,作十表八书,历叙天文历数各项,则又《春秋》所无,而后此《汉书》诸史之作,亦莫不沿其体例,少有变更。所以说:他是中国史学之祖。依《太史公自序》分述他之所以作《史记》及《史记》之内容如下:

《史记》之所由作

他说:"先人有言:'自周公卒五百岁而有孔子。'孔子卒后,至于今五百岁,有能绍明世,正《易传》,继《春秋》,本《诗》《书》《礼》《乐》之际,意在斯乎!意在斯乎!小子何敢让焉。"又其父谈:"执迁手而泣曰:'余先,周室之太史也。自上世常显功名于虞、夏,典天官事,后世中衰,绝于予乎?汝复为太史,则续吾祖矣。……幽、厉之后,王道缺,礼乐衰,孔子修旧起废,论《诗》《书》,作《春秋》,则学者至今则之;

---

① 西汉诸儒,受老子影响者不止仲舒一人,他如司马谈、扬雄亦莫不如此。司马谈《论六家之要指》,甚称扬道家(见《史记·太史公自序》),则其倾向于道家可知。扬雄拟《易》作《太玄》,取老、庄之旨以释玄,其《法言·问道篇》更说:"夫老子之言道德,吾有取焉耳。及搥提仁义,灭绝礼学,吾无取焉耳。"而《法言》拟《论语》,则其学之兼孔、老又可想而知。兹为篇幅所限,未能具述,特附记于此。

自获麟以来，四百有余岁，而诸侯相兼，《史记》放绝，今汉兴，海内一统，明主贤君、忠臣死义之士，余为太史而弗论载，废天下之史文，余甚惧焉，汝其念哉！'""迁俯首流涕曰：'小子不敏，请悉论先人所次旧闻，弗敢阙。'"——观此，则《史记》之作，实欲承父志以继周、孔之业。

《史记》之内容

他说："网罗天下放失旧闻，王迹所兴，原始察终，见盛观衰，论考之行事，略推三代，录秦、汉，上记轩辕，下至于兹，著十二本纪。既科条之矣，并时异世，年差不明，作十表。礼乐损益，律历改易，兵权山川鬼神天人之际，承敝通变，作八书。二十八宿环北辰，三十辐共一毂，运行无穷，辅拂股肱之臣配焉，忠信行道以奉主上，作三十世家。扶义俶傥，不令已失时，立功名于天下，作七十列传。凡百三十篇，五十二万六千五百字。为太史公书序，略以拾遗补艺，成一家之言；厥协六经异传，整齐百家杂语。"

《史记》之特点

至于《史记》的特点，则梁启超言之颇详，兹录于下：

> 《史记》千古之绝作也……其寄意深远，其托义皆有所独见，而不徇于流俗。本纪之托始尧、舜（《五帝》）也，世家之托始泰伯也，列传之托始伯夷也，皆贵其让国让天下，以诛夫民贼之视国土为一姓产业者也。陈涉而列诸世家也，项羽而列诸本纪也，尊革命之首功，不以成败论人也。孔子而列诸世家也，仲尼弟子而为列传也，尊教统也。《孟荀列传》而包含余子也，著两大师以明群学末流之离合也。老子、韩非同传，明道法二家之关系也。游侠有传，刺客有传，厉尚武之精神也。龟策有传，日者有传，破宗教之迷信也。货殖有传，明生计学之切于人道也。（见《中国古代思潮》）

《史记》而后，班固有《汉书》之作，全仿《史记》体例；而断代为史，无复相因之义，亦自固始。

刘向　刘歆

校理旧籍

刘歆为向之子，系汉宗室。他父子在学术界的地位，就是校理旧籍。原来自孔子删述六经以后，中经秦火，楚、汉相争之际，又多亡佚，至向父子出，始校理旧籍，把中国学术理出一个头绪来。《汉书·艺文志》说：

> 至成帝时，以书颇散亡，使谒者陈农求遗书于天下，诏光禄大夫刘向校经传诸子诗赋，步兵校尉任弘校兵书，太史尹咸校数术，侍者李柱国校方技，每一书已，向辄条其篇目，撮其旨意，录而奏之。会向卒，哀帝复使向子侍中奉车都尉歆卒父业。歆于是总群书而奏其《七略》，故有《辑略》，有《六艺略》，有《诸子略》，有《诗赋略》，有《兵书略》，有《术数略》，有《方技略》。

这种校理工作，有两大好处。第一，把中国古代学术理出一个系统来，"提要钩玄，洞明流变"。第二，把中国的古籍，普及民间，所以章炳麟说：

> 书布天下，功由仲尼；其后独有刘歆而已。微孔子则学皆在官，民不知古，乃无定桑。然自秦皇以后，书复不布。汉兴，虽除挟书之禁，建元（武帝年号）以还，百家尽黜，民间唯有《五经》《论语》，犹非师授不能得；自余竟无传者。东平王求《史记》于汉廷，桓谭假《庄子》于班嗣，明其得书之难也。向、歆理校雠之事，书既杀青，复可移写，而书贾亦赁鬻焉。故后汉之初，王充游洛阳，书肆已见有卖书者。其后邠卿阜甸之儒，而见《周官》；康成草莱之氓，而观《史记》：是则书之传者广矣。（《检论·订孔》上）

谶纬
儒家与阴阳家分

上面说过，阴阳五行之说，很为儒家所信奉。像这样的风气，差不多支配了一切的儒者。大儒如董仲舒，固不用说，他如京房以日月失明星辰逆行，由于信任石显；翼奉以山崩地动，由于二后之党满朝；刘向著《洪范五行传》（书已亡佚），以言符瑞灾异：都无不本诸阴阳五行之说，以言人事。到哀、平之际，谶纬盛行。原来谶是立言于前有征于后的预言，秦有"亡秦者胡"之谶，是谶之由来已久，不过没有用阴阳五行之说把它缘饰起来。至汉，谶便与阴阳家言附合，而与纬并行。纬是因经而立名，即所谓"经阐其理，纬绎其象；经陈其常，纬究其变"。由是而有五经六纬之名。哀、平之际，以通七纬（《易纬》《书纬》《礼纬》《乐纬》《诗纬》《孝经纬》《春秋纬》）者为内学，通五经者为外学。谶纬之说，盛极一时，"王莽借之，以移汉祚。己既为之，则必防人之效己，此人之常情也；故有宜绝其原之命。然此时符命之大原,则实由于六艺。六艺为汉人之国教,无禁绝之理;则其为计,惟有入他说以乱之耳。刘歆为莽腹心,亲典中书,必与闻莽谋,且助成莽事。故为莽杂糅古书,以作诸古文经。其中至要之义,即'六经皆史'一语。盖经既为史,则不过记已往之事,不能如西汉之演图比谶,预解无穷矣"(夏曾佑著《中国历史教科书》第二篇第一章第六十二节)。这样一来,儒家始与阴阳家分离,孔子之学,遂渐次得以恢复;而握此转变的枢纽者,则为刘歆一人。

王 充

王充的思想,接近老子,是廓清两汉迷信之说的战士,今本《论衡》一书,分述其思想如下:

万物生成说

王充以为万物生成,皆由于气,故曰:

> 万物之生,皆禀元气。(《言毒》)

> 夫天覆于上,地偃于下,下气蒸上,上气降下,万物自生其中间矣。(《自然》)

万物之生,虽本于气,但气有阴阳之分,故曰:

> 夫人所以生者,阴阳气也。阴气生为骨肉,阳气生为精神。(《订鬼》)

观此,可知他言阴阳,全本于《易》。人与物都是禀阴阳之气而生,所以人与物是一,《论死》也说"人,物也"。果如此,则人与物有何分别呢?他认为人是有智慧的,而万物则无,所以说:

> 夫倮虫三百六十,人为之长;人,物也,万物之中,有智慧者也。(《辨祟》)

但是,人为什么又有贤愚之差呢?他以禀气的多少,来解答这问题,其言曰:

> 至德纯渥之人,禀天气多,故能则天自然无为。禀气薄少,不遵道德,不似天地,故曰不肖。……天地为炉,造化为工,禀气不一,安能皆贤?(《自然》)

但是,又为什么会有禀气之差呢?关于这问题,他却不曾解答出来。不过要注意的,就是他言天生万物,全系自然,这便与老子之说相似,其言曰：

> 儒者论曰："天地故生人。"此言妄也。夫天地合气，人偶自生也。犹夫妇合气，子则自生也。夫妇合气，非当时欲得生子。情欲动而合，合而生子矣。且夫妇不故生子，以知天地不故生人也。然则人生于天地也，犹鱼之于渊，虮虱之于人也。因气而生，种类相产，万物生天地之间，皆一实也。……夫天地不能故生人，则其生万物，亦不能故也。天地合气，物偶自生矣。（《物势》）

论命

王充主有命说，以为死生贵贱均由于命，故曰：

> 操行有常贤，仕官无常遇，贤不贤才也，遇不遇时也。（《逢遇》）
>
> 凡人遇偶及遭累害，皆由命也。有死生寿夭之命，亦有贵贱贫富之命。（《命禄》）

惟其主命，故坦然恬淡，不怨不尤，以到达"不贪进以自明，不恶退以怨人，同安危而齐死生，钧吉凶而一败成"（《自纪》）的境界。观此，其受老子思想的影响可知。不过他以禀气的多少，以定人之终身，则人之命，亦有定数，所以说"用气为性，性成命定"（《无形》）。盖他的宇宙论，既以气与自然为中心，则其推论必连类至此。他如言相法，亦莫不由此中心思想出发，所以也说："人命禀于天，则有表候于体。……表候者，骨法之谓也。"（《骨相》）

论性

王充有《率性》《本性》二篇，《率性》述他自己的见解，《本性》叙述以前关于论性的各说，并各各加以批评，以确固他自己的主张。《本性》说：

> 周人世硕以为"人性有善有恶。举人之善性，养而致之，则善长；性恶，养而致之，则恶长"。如此，则性各有阴阳善恶，在所养焉。故世子作《养书》一篇。密子贱、漆雕开、公孙尼子之徒，亦论性情，与世子相出入，皆言"性有善有恶"。

接着他历叙孟子言性善，告子言性无善恶之分，荀子言性恶，陆贾言"天地生人以礼义之性"，董仲舒言情性之说，刘向言"性在于身而不发情接物而然"之说，都与以一个"未能得实""竟无定是"的批评，而谓世硕之说，"颇得其正"。于是他本于世硕之说，而提出他的主张，其言曰：

> 鄙文茂记，繁如荣华，恢谐剧谈，甘如饴蜜，未必得实。实者，人性有善有恶，犹人才有高有下也。高不可下，下不可高。谓性无善恶，是谓人才无高下也。禀性受命，同一实也。命有贵贱，性有善恶。谓性无善恶，是谓人命无贵贱也。（《本性》）

此言人性有善有恶，而恶亦可变为善，故曰：

"人性善者，固自善矣。其恶者故可教告率勉，使之为善。"

"人之性善可变为恶，恶可变为善。"

"尧、舜之民，可比屋而封。桀、纣之民，可比屋而诛。竟在化不在性。"（以上《率性》）

是则他虽主性有善恶，然亦非谓性之善恶不可移。而他言"人之善恶，共一元气，气有多少，故性有贤愚"（《率性》），则实与他的万物禀气而生之说相合，而宋儒言气禀说，却早为他所道破。

破除迷信

《论衡》中《九虚》《三增》《订鬼》《论死》，以下诸篇，均叙当时的迷信，而一一予以反驳。他第一反对天人感应之说，《变虚》说：

> 夫天体也，与地无异。诸有体者，耳咸附于首。体与耳殊，未之有也。天之去人，高数万里。使耳附天，听数万里之语，弗能闻也。人坐楼台之上，察地之蝼蚁，尚不见其体，安能闻其声。何则？蝼蚁之体细，不若人形大，声音孔气，不能达也。今天之崇高，非直楼台，人体比于天，非若蝼蚁于人也。谓天非若蝼蚁于人也。谓天闻人言，随善恶为吉凶，误矣。

第二，他反对有鬼，《论死》说：

> 世谓死人为鬼，有知能害人。试以物类验之，死人不为鬼，无知不能害人。何以验之？验之以物。人，物也；物，亦物也。物死不为鬼，人死何故独能为鬼？世能别人物不能为鬼，则为鬼不为鬼，尚难分明。如不能别，则亦无以能知其为鬼也。人之所以生者，精气也。死而精气灭。能为粗气者，血脉也。人死血脉竭。竭而精气灭，灭而形休朽，朽而成灰土，何用为鬼。人无耳目，则无所知，故聋盲之人比于草木。精气去人，岂徒与无耳目同哉？

此言无鬼。但世间竟有生而见鬼者，却又是什么道理呢？他因以生理上与心理上的理由，以解答这问题，《订鬼》说：

> 凡天地之间有鬼，非人死精神为之也；皆人思念存想之所致也。致之何由？由于疾病。人病则忧惧，忧惧则鬼出。凡人不病，则不畏惧。故得病寝衽，畏惧鬼至，畏惧则存想，存想则目虚见。……夫精念存想：或泄于目；或泄于口；或泄于耳。泄于目，目见其形；泄于耳，耳闻其声；泄于口，口言其事。昼日则觉见，暮卧则梦闻。独卧空室之中，若有所畏惧，则梦见夫人据案其身，哭矣。觉见卧闻，俱用精神。畏惧存想，同一实也。

但是，他所谓无鬼，只言无能为人形的鬼，至于阴阳鬼神之论，却并不废弃，所以《论死》又说：

> 鬼神，荒忽不见之名也。人死精神升天，骸骨归土，故谓之鬼。鬼者，归也；神者，荒忽无形者也。或说："鬼神，阴阳之名也。"阴气逆物而转，故谓之鬼；阳气导物而生，故谓之神。神者，申也；申复无已，终而复始。人用神气生，死复归神气。阴阳称鬼神，人死亦称鬼神。气之生人，犹水之为冰也。水凝为冰，气凝为人；冰释为水，人死复神。其名为神也，犹冰释更名水也。人见名异，则谓有知能为形而害人，无据以论之也。

此外，尚有《四讳》《讥日》《卜筮》《辨祟》《诘术》《解除》诸篇，要皆历举当时各种迷信，而一一予以反驳。又有王符与桓谭，亦均立论以破迷信，惟不如王充的周详，故略而不述。

总上所述，可知王充的思想，实足以破除当时的迷信；不过因为当时科学不发达，所以他持论亦不免有前后矛盾之处。但是，他的著述体例，多半先陈述反对派的意见，然后予以反驳，再申述自己的主张，则似亦合于科学方法。

郑 玄

后汉儒学，在郑玄以前，如郑兴及其子郑众、贾逵、卫宏、许慎、马融、卢植、服虔，均为古文大师；而李育、何休、范升则治今文，至郑玄出，遍注群经，不主一家，始集经学的大成。

《后汉书·郑玄传》："玄师事京兆第五元先，始通京氏《易》《公羊春秋》《三统历》《九章算术》，又从东郡张恭祖受《周官》《礼记》《左氏春秋》《韩诗》《古文尚书》。"

案京氏《易》《公羊春秋》《礼记》《韩诗》均为今文，《周官》《左氏春秋》《古文尚书》均为古文，观此，则他从师之时，已不主家法，而今古文并采。

《郑玄传》："玄所注《周易》《尚书》《毛诗》《仪礼》《礼记》《论语》《孝经》《尚书大传》《中候乾象历》，又著《政论》《鲁礼禘祫义》《六艺论》《毛诗谱》《驳许慎五经异义》《答临孝存周礼问难》，凡百余万言。"

今文学绝

观此，可见他学成之后，遍注群经，著作的丰富，两汉当推第一，而其内容，则今古文兼采。如笺《诗》，以毛本为主，而又兼采齐、鲁、韩三家。如《春秋》，虽主《左传》，而又兼取《公羊》《穀梁》。如注《尚书》用古文，而又与马融不同，或马从今而郑从古，或马从古而郑从今。如注《仪礼》也兼用今古文。自是以后，今古文家法混，而今文经也就从此绝了。直到清季，才有今文学的复兴运动。

不过，郑玄学问渊博，所注群经，又能网罗众说，删裁荒芜，所以郑注一出，能够支配学人至数十年之久，及王肃出，始发生反郑学的运动。

郑玄学说，散见于各书之注，不易窥其全豹，故略而不述。惟玄以纬释经，却是他的坏处。如《周礼》春官小宗伯"兆五帝于四郊"，注云"苍帝灵威仰，赤帝赤熛怒，黄帝含枢纽，白帝白招拒，黑帝叶光纪"，即他以纬释经之证。

经　学

六经中，乐本无经——说详邵懿辰《礼经通论》——其他五经，在西汉均由师传授，今分述如下：

易

《易》为卜筮之书，免于秦火，其传不绝。孔子六传为田何，汉初言《易》，都以田何为祖。武帝时，田何再传杨何，始立博士。宣帝时，田何三传弟子施雠、孟喜、梁丘贺，始立学官。元帝时，又立京房《易》，京房为杨何弟子，又学于焦延寿。民间又别有费直《易》，后汉时大行，马融、郑众、郑玄、荀爽等，均传费氏《易》。民间又有高相《易》，专说阴阳灾异，传高康《毋将永》，与费氏《易》，均未立学官，惟不及费氏《易》之盛。晋永嘉之乱，施、梁丘二氏之《易》亡；孟、京、费三氏之《易》不传。南北朝时，只郑玄注与王弼注行世。唐世，孔颖达取王注作《正义》，而郑注亦微。今列汉初《周易》传经表如下：

孔子→商瞿→桥庇子庸→馯臂子弓→周醜→孙虞→田何→王同→杨何→京房
　　　　　　　　　　　　　　　　　　　　　↓
　　　　　　　　　　　　　　　　丁宽→田王孙┬→施雠
　　　　　　　　　　　　　　　　　　　　　├→孟喜
　　　　　　　　　　　　　　　　　　　　　└→梁丘贺

书

《尚书》原有百篇，秦火时，博士伏生（胜）窃之藏诸壁中，汉兴，《书》出，得二十九篇，即：《尧典》《皋陶谟》《禹贡》《甘誓》《汤誓》《盘庚》《高宗肜日》《西伯戡黎》《微子》《大誓》《牧誓》《洪范》《金縢》《大诰》《康诰》《酒诰》《梓材》《召诰》《雒诰》《多士》《无逸》《君奭》《多方》《立政》《顾命》《费誓》《吕刑》《文侯之命》《泰誓》。其书以隶文书写，为《今文尚书》，其传经图如下：

伏生┬→晁错
　　├→张生→百子侯都尉→夏侯始昌→夏侯胜→夏侯建
　　└→欧阳生→兒宽→欧阳生子→欧阳高

汉武时，鲁共王坏孔子宅，得《古文尚书》。孔安国以之与今文比较，多十六篇，即：《舜典》《汩作》《九共》《大禹谟》《益稷》《五子之歌》《胤征》《汤诰》《咸有一德》《典宝》《伊训》《肆命》《原命》《武成》《旅獒》《冏命》。然所传者只二十九篇，贾逵、马融、郑玄均有注，至于所多十六篇则失传，其传经图如次：

　　　┬→兒宽
孔安国┼→都尉朝→庸谭→胡常→徐敖┬→王璜　　桑钦
　　　└→司马迁　　　　　　　　└→涂恽→贾徽→贾逵

成帝时，诏征《古文尚书》，东莱、张霸以伪作古文《百两篇》进，经刘向与宫中所藏古文对校，多不合，遂黜其书。东晋元帝时，梅赜得《孔安国传尚书》五十八篇，即所谓伪《孔传》者是。南北朝时，南朝主梅本伪《孔传》；北朝主郑玄注。唐世，孔颖达作《正义》，本伪《孔传》，由是伪《孔传》盛行。宋吴才老、朱子均疑《孔传》，至清阎若璩作《尚书古文疏证》，始定《孔传》为伪作。

诗

《诗》三百五篇，汉兴，传《诗》分齐、鲁、韩及毛《诗》四家，皆出于子夏，前三家《诗》为今文，毛《诗》为古文，东汉时，毛《诗》盛而三家衰，其后三家失传。兹列各家传经图如下：

齐诗辕固生 → 夏侯始昌 → 后苍 → 翼奉

鲁诗浮丘伯 → 申公 ┬ 王臧
　　　　　　　　　├ 赵绾
　　　　　　　　　└ 孔安国

韩诗韩婴 → 韩商 → 涿韩生 → 赵子 → 蔡谊

毛诗大毛公亨 → 小毛公苌

礼

周政衰微，诸侯欲逾法度，恶礼之害己，多去其典籍，故孔子之时，《礼》已不具。秦兴，力改周制，由是《礼经》更多崩坏。汉初，鲁高堂生传《士礼》十七篇，即今《仪礼》。孝文时，鲁徐生善为颂，传子至孙延、襄，惟不能通经。高堂生三传至后苍，始立学官，宣帝时，其弟子戴德、戴圣，并立学官。又别有鲁共王得古文于壁间，较高堂生所传多三十九篇，即所谓《逸礼》，后郑玄注《仪礼》止及十七篇，而此三十九篇遂佚。又河间献王与鲁共王共得《礼记》二百十五篇，戴德删为八十五篇，即所谓《大戴礼》；戴圣又删八十五篇为四十九篇，即所谓《小戴礼》；又名《礼记》。又《周礼》本名《周官》。河间献王广开献书之路，李氏上《周官》五篇，佚《事官》一篇，因取《考工记》，以备六官之数。这书藏在秘府，诸儒不得见。王莽时，刘歆始以之立于学官，即《汉书·艺文志》所谓《周官经》六篇。刘歆授杜子春，杜子春授郑兴、郑众，贾逵作《周官解诂》，马融作《周官传》，马融授郑玄，玄作《周官》注。《周官》晚出，汉林孝存何休，清万斯大崔述，均有著作以疑《周官》。《周官》并《仪礼》《礼记》称为三礼。今将《仪礼》《周官》传经图列于下：

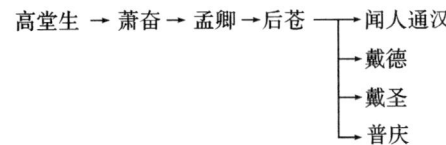

春秋

传《春秋》者有左氏、公羊、穀梁、邹氏、夹氏五家。邹氏、夹氏书早佚。汉兴，公羊先出，穀梁次之，左氏最后。《公羊传》由子夏传之公羊高，其后四传至公羊寿，始著于竹帛，胡毋生、董仲舒皆其弟子。《穀梁传》本于子夏弟子穀梁赤，其传授不明。《左氏传》出自孔子弟子左丘明，十四传得刘歆、贾护，其学大昌。公羊家范升述左氏失十四事以难左氏，陈元为之辩。其次，李育又陈难左氏义四十一事，而贾逵著《左氏长义三十事》以驳之。其次，何休著《公羊墨守左氏膏肓穀梁废疾》以张《公羊》，而郑玄又著《箴膏肓发墨守起废疾》以辩之。后《左氏》独盛，余二家寖衰，至清季，《公羊》始复兴。兹将三传经授图列下：

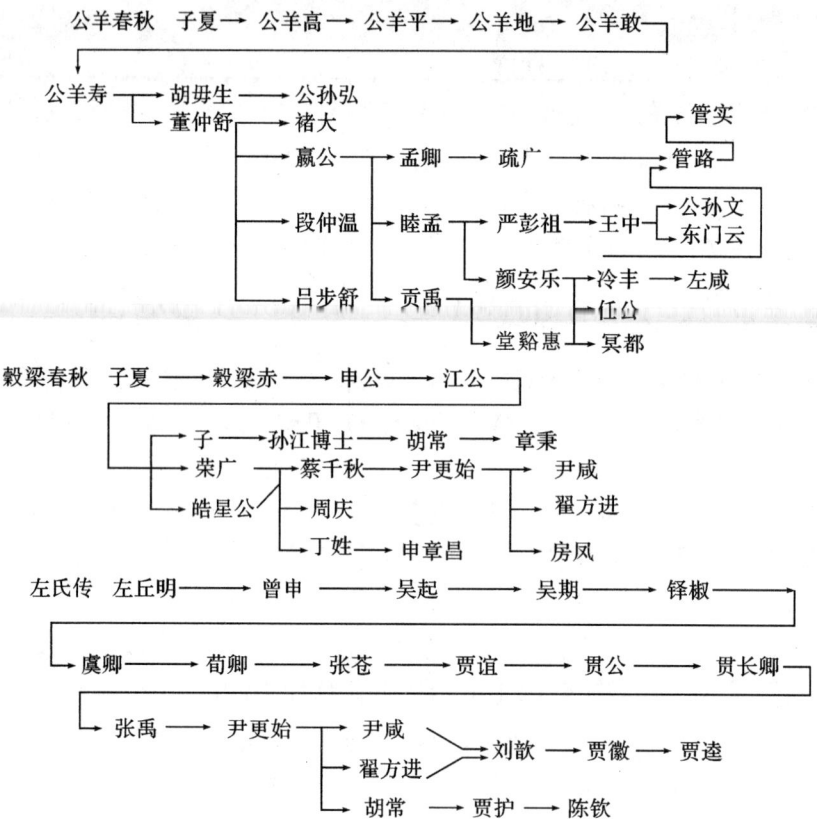

经有今古文之异，用隶书写者为今文经，用籀文写者为古文经，今本友人周予同所作《经今古文学》，将西汉今文十四博士与西汉末所发现的古文经传表列如下：

今古文经之异

经	今文		古文	
	家	备记	家	备记①
易	施雠（1） 孟喜（2） 梁丘贺（3） 京房（4）	四家同出于田何。武帝时立易经博士，宣帝时分立为施孟梁丘三家，元帝时又立京氏。	费氏（直）	《汉书·儒林传》："费直字长翁，东莱人。……亡章句，徒以彖、象、系辞十一篇文言解说上下经。"
			高氏（高相）（附）	《汉书·儒林传》："高相，沛人……亡章句，专说阴阳灾异。"
书	欧阳（生）（5） 大夏侯胜（6） 小夏侯建（7）	三家同出于伏胜。武帝时立书欧阳氏博士，宣帝时添立大小夏侯。	《古文尚书》（孔安国）	《汉书·艺文志》："《古文尚书》者，出孔子壁中。武帝末，鲁恭王坏孔子宅，欲以广其宫，而得《古文尚书》……经凡数十篇，皆古字也。……孔安国者，孔子后也，悉得其书，以考二十九篇，多得十六篇。"
诗	鲁（申公）（8） 齐（辕固生）（9） 韩（韩婴）（10）	鲁诗韩诗文帝时立博士，齐诗景帝时立。	《毛诗》（毛公）	《汉书·儒林传》："毛公，赵人也；治《诗》，为河间献王博士。"又《艺文志》："自谓子夏所传，而河间献王好之。"
礼	大戴（德）（11） 小戴（圣）（12） 庆（普）②	三家同出于高堂生。武帝时立礼经博士，宣帝时分立为二家。	《逸礼》	刘歆让太常博士书："鲁恭王得古文于坏壁，《逸礼》有三十九篇。"又《汉书·艺文志》："《礼》古经者，出于鲁淹中。"
			《周官》	贾公彦序《周礼》废兴引《马融传》云："至孝成皇帝，达才通人刘向子歆，校理秘书，始得序著于录略。"

---

① 古文经传的备记，都采自刘歆、班固、许慎诸人的话。

② 庆氏礼本今文学，据《后汉书·儒林传》，未立于学官，所以不在十四博士之内。

续表

经	今文		古文	
	家	备记	家	备记①
春秋	公羊 严（彭祖）（13） 颜（安乐）（14）	二家同出于胡毋生董仲舒。武帝时立春秋公羊博士。宣帝时分立为严颜二家。	《左氏》 （左丘明）	《汉书·儒林传》："汉兴，北平张苍及梁太傅贾谊京兆尹张敞大中大夫刘公子皆修《春秋左氏传》。" 《说文》序："北平侯张苍献《春秋左氏传》。"
	穀梁②	《汉书·儒林传》："瑕丘江公受《穀梁春秋》于鲁申公。"按《穀梁》宣帝时始立博士。	郑氏（附）	《汉书·艺文志》："无师。"
			夹氏（附）	《汉书·艺文志》："未有书。"

其次就今古文学的不同，表列如下：

今古文学之异

今文学	古文学
(1) 崇奉孔子。	(1) 崇奉周公。
(2) 尊孔子为受命之素王。	(2) 尊孔子为先师。
(3) 视孔子为哲学家政治家教育家。	(3) 视孔子为史学家。
(4) 以孔子为托古改制。	(4) 以孔子为信而好古，述而不作。
(5) 以六经为孔子作。	(5) 以六经为古代史料。
(6) 以《春秋公羊传》为主。	(6) 以《周礼》为主。
(7) 为经学派。	(7) 为史学派。
(8) 经的传授多可考。	(8) 经的传授不大可考。
(9) 西汉皆立于学官。	(9) 西汉多行于民间。
(10) 盛行于西汉。	(10) 盛行于东汉。
(11) 斥古文经传为刘歆伪作。	(11) 斥今文经传为秦火残缺之余。
(12) 今存《仪礼》《公羊传》《穀梁传》及《韩诗外传》。	(12) 今存《毛诗》《周礼》《左传》。
(13) 信纬者，以为孔子微言大义间有存者。	(13) 斥纬书为诬妄。

---

① 古文经传的备记，都采自刘歆、班固、许慎诸人的话。
② 《春秋穀梁传》，宣帝甘露间始立为博士，不在十四博士之列。

今古文经之争,自西汉末季至东汉末年二百多年间,共经四次,今本友人周予同《经今古文学》所述,表列如下:

今古文之争

次第	时期	人物		对象	结果
		今	古		
第一次	西汉哀帝建平元寿间(公元前六—一)	太常博士 孔光 龚胜 师丹 公孙禄(附)	刘歆	《古文尚书》(古) 《逸礼》(古) 《左氏春秋》(古) 《毛诗》(古)	古文经传不得立
第二次	东汉光武建武间(公元二五—五五)	范升	韩歆 许淑 陈元 李封	费氏《易》(古) 《左氏春秋》(古)	《左氏春秋》立于学官旋废①
第三次	东汉章帝建初元年至四年(公元七六—七九)	李育	贾逵	《左氏春秋》(古) 《春秋公羊传》(今)	②
第四次	东汉桓帝至灵帝光和五年(公元一四七—一八二)	何休 羊弼	郑玄	同上	③

东西两汉经学之异

最后就东西两汉经学之异点,分述如下:

第一,西汉以一经为专门之学,兼通数经者甚少,如申公通《诗》与《春秋》,韩婴通《诗》与《易》,孟卿通《礼》与《春秋》,都是稀有之事,至于夏侯始昌通五经,则更是绝无仅有之事。东汉却不然,兼通五经者甚多。

---

① 第二、三、四次之争,参看上述《春秋》条。
② 第二、三、四次之争,参看上述《春秋》条。
③ 第二、三、四次之争,参看上述《春秋》条。

第二，西汉主今文，东汉主古文。

第三，西汉专凭口述，墨守师法，罕有撰述，可数者止有京房的六十六篇、董仲舒的《春秋繁露》、韩婴的《诗内外传》、后苍的《曲台记》。东汉则不一定遵守师法，可以参酌各家，以为经说。

第四，西汉虽言训诂，然用力不多；东汉则训诂大昌，说五字之文，至于二三万言。

第五，西汉传经之业在学官，东汉则散诸民间。

经学三变

要之：两汉经学凡三变，西汉主今文，而董仲舒糅合阴阳五行家于儒，于是说经非纯本孔子之见，是为一变；刘歆倡古文，使儒与阴阳五行家分，于是说经渐次回复孔子之本来面目，而古文学大昌于东汉，是为一变；郑玄遍注群经，不主一家，混合今古文家法，于是郑说行，而今文绝，是为一变。

第四讲 道教的兴起及其变革

概 论

道教起于东汉桓帝时代（147至167年），首创者为张道陵，至魏伯阳、葛洪而一变，至寇谦之而其基础始固，自是以后，道教成为民间信仰，而其势力遂不可侮。

道教的兴起，自然有它的社会的存在根据①，但是，在学术思想上，却有它的蜕变的脉络可寻。在未说到道教的兴起之先，还得研究当时的学术思想怎样地会蜕变为道教这个问题。

阴阳家的宗教思想

原来齐地的宗教思想很浓厚，齐民族的原始宗教有八神将：天主、地主、兵主、阴主、阳主、月主、日主、四时主。阴阳五德之说和神仙之说都起于这个地方，原不足奇。《史记·封禅书》说："蓬莱、方丈、瀛洲，此三神山者……诸神仙及不死之药皆在焉。其物禽兽尽白，而黄金银为宫阙。未至，望之如云；及到，三神山反居水下。临之，风辄引去，终莫能至云。"又说："自齐威、宣之时，驺子之徒论著终始五德之运，及秦帝，而齐人奏之，故始皇采用之。而宋毋忌、正伯侨、充向、羡门子高最后，皆燕人，为方仙道，形解销化，依于鬼神之事。驺衍以阴阳主运显于诸侯，而燕、齐海上之方士传其术，不能通；然则怪迂阿谀苟合之徒自此兴，不可胜数也。"——这便是阴阳家一流的宗教思想。

儒与阴阳家分即道教之始

这种宗教思想，因为不曾具备宗教的组织与仪式，所以没有成为一种

---

① 参看拙编《本国文化史大纲》二五七页、二五八页。

宗教。但是，这思想却为秦皇、汉武所信仰，那时方士入海求神仙及不死之药，以及炼丹，都是由这宗教思想而发生的。其后，儒家又把骈衍的阴阳五行说，附会到《周易》《春秋》《洪范》一类的经典上去。到董仲舒的时候，儒家便完全与阴阳家糅合在一起，再加上谶纬的流行，于是灾异神怪之说，盛极一时。自刘歆倡古文经，主"六经皆史"之说，而儒家始与阴阳家分离。因为经既是史，则不能如西汉所持的今文经，得以演图比谶，预解于无穷。但是，灾异神怪之说，依旧为社会所欢迎，并不因儒家与阴阳家的分离而随之消灭。这样一来，持阴阳谶纬的方术者便自成一家，据《后汉书·方术传》所载风角、遁甲、七政、元气、六日七分、逢占、日者、筵篿、须臾、孤虚、云气诸术，都是在这时候发生的，而杨原、郎顗、襄楷便是精通这些方术的名家，此外还有精通长生不死之术的，又有精通容成公补导之术的。更有费长房等，能够驱使鬼神，迷信的风气，弥漫于社会，所以当时虽有王充、王符著论力排迷信，终究没有什么力量。而桓帝与楚王英却都在这个时候，崇奉黄、老——桓帝奉黄、老始于延熹九年（一六六年），《后汉书·襄楷传》也说"闻宫中立黄、老、浮屠之祠"，不过这时的黄、老，还是被目为清虚无为的黄、老，却不是日后道教中之所谓黄、老——由此更可想见当时迷信之风的厉害了。

现在所要讲的道教，就是在这种迷信风气极浓厚的环境中产生出来的。

道教的开创

张道陵

道教创始于东汉桓帝时代的张道陵①。道陵生于沛国丰邑，晚年学长生之道，得金丹，入鹄鸣山（一说龙虎山），著道书二十四篇，引诱人民，入道者出米五斗，所以叫做五斗米道。道陵死后，其子衡及孙鲁，三世均修此术，称道陵为天师，衡为嗣师，鲁为孙师。五斗米道的方法：凡有病者则使饮符水；或书病者的姓名作三通，揭其一于山上，埋其一于地中，

---

① 案《三国志》裴注云："张陵汉顺帝时人。"《茶香室三钞》引宋陈元静《岁时广记·汉天师家传》则谓："真人讳道陵……于光武建武十年甲午正月望日，生于吴地天目山。"建武十年为公元34年，顺帝时代为公元126年至144年，两者相差几百年。今依日本小柳司气太考证，断为是桓帝时人。

沉其一于水中，叫做祈祷三官。若病不愈，则谓其人未信道。鲁又自号师君，称初学者为鬼卒，信徒为奸令，又为祭酒，教鬼卒读《老子》，又于各地建设免费的旅舍，置免费的米肉，任旅客自由取用。鲁子盛，又移居江西龙虎山，世世相传，称为天师，而以剑、印及都功箓三者为传家之宝。

张角

又有张角者，创太平道。案《后汉书·襄楷传》说："初，琅邪宫崇诣阙，上其师于吉于曲池泉水上所得神书百七十卷，号《太平清令书》，其言阴阳五行为家，而多巫觋杂语，有司奏崇所上，妖妄不经，乃收藏之，后张角颇有书焉。"看到这个记载，便知道张角之术所自本了。又案《后汉书·皇甫嵩列传》说："巨鹿张角自称大贤良师，奉事黄、老道，畜养弟子，跪拜首过，符水咒说以疗病。"观此，便知张角的天师道，是属于符箓一派。不过张角一派，其传不如张道陵一派之盛，所以道陵一派竟成为日后正统派的道教。

以上两派，都是教匪，都属于符箓派，拿宗教的力量，去笼络愚民，所以五斗米道又叫做米贼，张角一派又叫做黄巾贼或蛾贼。他们用宗教来倡乱，是与当时社会的紊乱政治的腐败生活的不安有联系的，关于这点，读者可参看拙编《本国文化史大纲》六三页、六四页、二五七页及二五八页，这里用不着赘述。这两派在当时并不曾正式形成为道教，道教的正式确立还是以后的事。至于他们托于黄、老却有两个原因：第一，取黄、老的虚无主义，以笼络不平之徒；第二，灾异鬼神之术，自东汉以来，已为儒家所摈弃，自度其说不足以取重于士大夫，所以不得不自托于黄、老。

魏伯阳与葛洪

张道陵的五斗米道，固然是道教之始，但道教的学理的基础，却是由魏伯阳与葛洪建立起来的，今分述如下：

魏伯阳

伯阳生平不可考，葛洪《神仙传》说："魏伯阳，上虞人，通贯诗律，文辞赡博，修真养志，约《周易》作《参同契》，桓帝时以授同郡淳于叔通。"据五代后蜀、彭晓的考证，断定他是东汉桓帝时代的人。他对于道教最大的贡献，就是把老子的修真养性之说，附会到道教里面去，他所著的《参同契》，便是后世道教言炼养之所自本。他说："将欲养性，延命却期。

审思后未，当虑其先。"又说："惟昔圣贤，怀玄抱真。含精养神，通德三光。津液腠理，筋骨至坚。众邪辟除，正气长存。"又说："黄、老自然，含德之厚，归根返元，近在我心，不离己身，抱一毋舍，可以长存。"——这便是专以阴阳消息之道，发明长生久视之理。

葛洪

葛洪字稚川，丹阳句容人，少时博览多识，不求闻达，尤好神仙炼养之法。其从祖葛玄，是左慈的弟子，即世称为葛仙公仙术家。仙公传郑隐，隐又传洪，洪更问学于鲍玄。当时干宝很器重葛洪，推荐于东晋元帝，洪固辞不就。后闻交趾产丹砂，乞为句漏县令，为刺史所留。不得已隐居罗浮山，著《抱朴子》行世。《抱朴子》分《内篇》《外篇》，《外篇》论人事，《内篇》论神仙术，兹就其论神仙一部分略述如下：

第一，他认神仙为必有。《论仙篇》说："或问：'神仙不死，信可得乎？'抱朴子答曰：'虽有至明，而有形者不可毕见焉。虽禀至聪，而有声者不可尽闻焉。虽有大章竖亥之足，而所常履者，未若所不履之多。虽有禹益齐谐之识，而所识者，未若所不识之众也。万物云云，何所不有？不死之道，曷为无之？夫仙人以药物养身，以术数延命。使内疾不生，外患不入。虽久视不死，而旧身不改。苟有其道，无以为难也，而浅识之徒，拘俗守常。咸曰世间不见仙人，便云天下必无此事。夫目之所曾见，尝何足言哉？天地之间，无外之大，其中殊奇，岂遽有限。诣老戴天，而或莫知其为上。终身履地，而或莫识其为下。形骸，己所自有也，而莫知其心志之所以然。寿命，在我者也，而莫知其修短之所至焉。况乎神仙之远理，道德之幽玄；仗其浅短之耳目，以断微妙之有无，岂不悲哉？'"

第二，既有神仙，则修道自有成仙之法。葛洪定修道之法有二，一为胎息与房中术（见《释滞篇》），这是属于内的；一为服药，这是属于外的。《仙药》一篇，即言制药的方法与服药的方法，而重要者，则莫如金丹。魏伯阳亦言炼丹之术，然全为譬况之说，不易明白，至葛洪作《金丹》《黄白》二篇，始详载药品的分量与制法，而集炼丹说的大成，后此言炼丹者，无不本于葛洪。其言金丹之重要，则曰："余考览养性之书，鸠聚久视之方；曾所披涉，篇卷以千数矣。莫不皆以还丹金液为大要者焉。然则此二事，盖仙道之极也。"其言金丹之性质与作用，则曰："夫金丹之为物，烧之愈久，变化愈妙。黄金入火百炼不消，埋之毕天不朽。服此二药，炼人身体。故能令人不老不死。此盖假求于外物，以自坚固。有如脂之养火，而不可灭。铜青涂脚，入水不腐。此是借铜之劲，以捍其肉也。金丹入身中，沾洽荣卫，非但铜青之傅矣。"（以上《金丹篇》）他这些话虽怪诞可笑，但是，后此道教能取得一般愚民的信仰，亦未始不由于此。

第三，以上所述，固是学仙之法，然学仙亦不可不讲求心意修养之法，所以他又说："人能淡默恬愉，不染不移；养其心以无欲，颐其神以粹素；扫涤诱慕，收之以正；除难求之思，遣害真之累，薄喜怒之邪，灭爱恶之端；则不请福而福自来，不禳祸而祸去矣。何也？命在其中，不系于外；道存乎此，无俟于彼也。"（《道意篇》）

以上系葛洪言神仙的大旨。然洪生长晋世，正老、庄学流行的时候，所以他于长生久视之道，言术则有丹诀，言理则取老、庄，以投合时好，所以《至理》一篇，明无为之旨，更为明显。其言曰："夫有因无而生焉，形非神而立焉。有者，无之宫也；形者，神之宅也。故譬之于堤，堤坏则水不流矣；方之于烛，烛糜则火不居矣。身劳则神散，气竭则命终。根竭枝繁，则青青去木矣；气疲欲胜，则精灵离身矣。夫逝者无返期，既朽无生理。达道之士，良所悲矣。轻璧重阴，岂不有以哉？故山林养性之家，遗俗得志之徒，比崇高于赘疣，方万物乎蝉翼；岂苟为大言，而轻薄世事哉？诚其所见者了，故弃之如忘耳。是以遐栖幽遁，韬鳞掩藻。遏欲视之目，遗损日月之色；杜思音之耳，远乱听之声。涤除玄览，抱雌守一。专气致柔，镇以恬素。遣欢戚之邪情，外得失之荣辱。割厚生之腊毒，谧多言于枢机。反听而后所闻彻，内视而后见无朕。养灵根于冥钧，除诱慕于接物。削斥浅务，御以愉漠。为乎无为，以全天理。"

由上所述，可知道教自得魏、葛二氏在学理上的建立以后，除符箓为固有外，又加上了清静、炼养、服食诸说，而道教学理乃渐趋完备，其教理亦渐接近于老子。

道教的完成

道教经典模仿佛经

道教虽经魏、葛二氏对于学理的发挥，然尚未具备宗教的体系与仪式，至南北朝时，佛、道两教并盛，于是道教剽窃佛教的经典而作诸经，模仿佛教的仪式而定道教的仪式，道教至此，才俨然成一大宗教。

据唐玄嶷的《甄正论》，谓《洞真部》多为葛玄、陆修静、顾欢等所作，《洞神部》为张道陵所作，《本际经》为隋刘进喜、李仲卿等所作，《海空经》为黎兴方长所作，《洗沐经》为李荣所作，《大献经》《九幽经》为刘无待所作。又据道世的《法苑珠林》，列举《洞玄经》（汉王褒作）、《灵宝经》（张道陵）、《上清经》（吴葛洪先）、《化胡经》（晋王浮）、《三皇经》（鲍静）、《六十四真步虚品》（齐陈显明）、《太清经》及《众醮仪》（梁陶宏景）、《长安经》（隋辅惠祥）等书名。此外更有《高上玉皇本行集经》《太上老君父母恩重经》《道士法轮经》《智慧观身大戒经》《老子大权菩萨经》及《灵宝法论经》等。这些经典，多半是南北朝时人所作，或系魏、晋、南北朝人的伪托。更重要者，如梁陶宏景所作的《真诰》二十卷，《登真隐诀》三卷，《真灵位业图》一卷，都是道教中的名著，也出生在南北朝这个时代。这些经典，多有模仿佛经之处，例如《真步虚品偈》云"有见过去尊，自然成真道，身色如金山，端严甚微妙，如净琉璃中，内现元始真，圣尊在大众，敷衍化迷强"，便完全是模拟《妙法莲华经》所云"又见诸如来，自然成佛道，身色如金山，端坐甚微妙。如净琉璃中，内现真金像，世尊在大众，敷衍深法意"一段而来。又如《本相经》所云"天尊说法时，乾闼婆及人非人等，六牙白象，四众围绕，一日数匝，大尊以中夏一音，演说此义，众生随言类解"，便是拟佛经所谓天尊在林中，出眉间白毫，光明照南方大千国土。其他拟佛经之处很多，限于篇幅，不及备举。至于道教的仪式，亦多有模仿佛教之处，其详可参看日本小柳司气太所著的《道教概说》。

寇谦之

道教的经典与仪式虽已确立，然使道教能在社会上占有强固的基础者，则不能不归功于元魏寇谦之。谦之字辅真，夙好仙道，修张鲁之术，后入嵩山修道，自言尝遇老子，得《云中首诵新科戒》二十卷，又得服气导引的秘传，使清整道教。后又从李谱文受《录图真经》六十卷及劾召鬼神法、金丹云英八石玉浆秘法。谦之得宰相崔浩的推荐，遂为元魏太武帝所信用，于魏都平城建立天师道场，作五层的重坛，集道士百二十人，每日祈祷六次，一时朝野上下，无不信道，而韦文秀、祁纤、绛略、吴劭、阎平、鲁祈、王道翼、罗崇之等，便是当时有名的道士。道教自经谦之提倡并得帝王信用以后，于是在社会上遂俨然成立为一有势力的大宗教，而斋醮科仪、辟谷修养、烹炼丹药与老、庄之学，糅杂混合，遂成为道教的教理。

唐代虽佛教颇盛，然以道教得帝王的崇奉，故其势力终不敌道教。相传唐高祖时，有晋州人吉善行自言于羊角山见白衣老父，曰"为吾语唐天子，吾而祖也"，由是诏于其地立庙。后高宗至亳州，谒老子庙，上尊号曰太上玄元皇帝，诏王公以下皆习《道德经》，免道士赋役，以道士隶宗正寺，班在诸侯王之次。玄宗亲为《道德经》注疏，两京诸州，各诏立玄元庙，依道法斋醮；又立崇玄馆，置崇玄博士；崇玄学生，得应贡举，叫做道举。又尊玄元为大圣祖，庄子、文子、列子、庚桑子为真人，其书为真经，以《道德经》列群经之首。当时道士有张果、刘进喜、叶法善、赵归真等，而李筌、孙思邈、司马承祯、张志和、罗隐、谭峭、无能子、天隐子等，则为道教中的著名学者。当时朝野上下争奉道教，其盛达于极点。

五代及宋，道教文献上的著名者，有孙光庭、吕纯阳、张君房、林灵素诸人；当时帝王，亦多有崇奉道教者，道教势力，并未稍衰。

道教的分派

南北二宗

宋室南渡以后，道教分为南北二宗：南宗主性，属于丹鼎一派；北宗主命，属于符箓一派。二宗之中，以北宗王嚞为最著。嚞字知明，号重阳子，生于宋徽宗政和三年（1113 年），死于孝宗乾道六年（1170 年），咸阳人。自言遇吕纯阳的化身，而得仙术。其立教，先使人读《孝经》及《道德经》，而修孝谨纯一之德，立说多及于六经。称为全真教。门人谭处端、刘处元、马钰、邱处机最有名，而全真教之大盛，尤以邱处机之力为多。

真大道教

二宗之外，金世刘得仁又创真大道教。得仁自言遇一老叟，得《道德要言》，而玄学大进。其教以苦节危行为主，不妄享施与。五传至郦希诚，元宪宗（1251 至 1259 年）赐以真大道教之名。

正一教　太一教

此外更有正一教与太一教。正一教即张道陵一派，其第三十六代张宗演，得元世祖（1260 至 1294 年）之命，总领江南道教。其门人以张留孙与吴全节为最有名。太一教起于金天眷年间（1138 至 1140 年），为萧抱珍所创，传授太一三元法箓之术。四传至萧辅道，甚得元世祖信用，其门人以李居寿为最有名。

明世，道教中的最著名者有张三丰，至世宗时（1522至1566年），陶仲文邵元节最得帝之信仰，元节仕至礼部尚书，总领天下道教；仲文仕至少保礼部尚书；其推尊道教，不亚唐代。清代又设官以督统道士，张天师一派，为民间所最信仰。至民国十五年革命军北伐，龙虎山的法坛，始被破坏；然民间信仰道教，至今不衰。

第五讲 自然主义的特盛

概 论

思想上的解放

魏、晋、南北朝是自然主义特盛的时代，这时代足有三百多年，学术销沉，达于极点，但在思想上，却由儒学独占，而得到解放。代表这时代的思想的，从来叫做清谈，但这用语，并不能整个地代表这时代的思想，例如陶渊明和鲍敬言的思想，就不是这用语所能包括的。这时代老、庄思想很盛，几个代表时代的人物，无不受老、庄思想的影响；而老、庄思想正表现着自然主义的色彩，因此本讲就标题为"自然主义的特盛"。

自然主义特盛的原因

这时代自然主义的特盛，当然也是时代的产物。第一，自汉季而后中经三国直到八王五胡这三百多年的扰乱，经济的动摇与生活的不安，使学者思想发生厌世之观。第二，汉儒治经，确守门户，囿于训诂，使那处在生活不安定中的学者，顿生厌倦。第三，曹氏欲谋篡夺，毁坏礼法，"崇奖跅弛之士"，于是节义之防失，而风俗大败。第四，司马氏篡魏，禁网日密，使学者不敢过问实际的政治，只好纵酒清谈，以保性命。第五，汉代外戚宦官，更迭用事，方正之士，频遭惨祸，使人人感到生命的危险。以上这些事实，都足以使学者厌世而遁入虚无，但从学术思想本身的蜕变说来，却也有可寻的脉络。原来汉儒治经，囿于训诂章句，牵于五行灾异，在王充时代，就已举起叛旗，而趋向于自然主义，而他的《变虚》《异虚》诸篇，且以老子为上德。这种对汉儒的反动的潜流，遇着魏、晋这个时代，受着环境的激刺，就必然展开起来，群趋于老、庄，而汇成为自然主义的思想，何况佛教业已输入，其出世思想更与这时代思潮以助力呢？

代表这时代思潮的《杨朱篇》

伪《列子·杨朱篇》，多半是魏、晋人伪作，很足以代表这时代的思潮。兹分述如下：

人生的无常

人生的无常：《杨朱篇》："百年、寿之大齐，得百年者，千无一焉。设有一者，孩提以逮昏老，几居其半矣；夜眠之所弭，昼觉之所遗，又几居其半矣；痛疾哀苦亡失忧惧，又几居其半矣。量一数年之中，逌然而自得，亡介焉之虑者，亦亡一时之中尔。则人之生也，奚为哉？奚为哉？"又曰："十年亦死，百年亦死……生则尧、舜，死则腐骨，生则桀、纣，死则腐骨。腐骨一矣。"

纵欲

人生既无常，就只得纵欲：《杨朱篇》："太古之人，知生之暂来，知死之暂往，故从心而动，不违自然。"又曰："恣耳之所欲听，恣目之所欲视，恣鼻之所欲向，恣口之所欲言，恣体之所欲安，恣意之所欲行。夫耳之所欲闻者音声，而不得听，谓之阏聪。目之所欲见者美色，而不得视，谓之阏明。鼻之所欲向者椒兰，而不得嗅，谓之阏颤。口之所欲道者是非，而不得言，谓之阏智。体之所欲安者美厚，而不得从，谓之阏适。意之所欲为者放逸，而不得行，谓之阏往。凡此诸阏，废虐之主。去废虐之主，熙熙然以俟死，一日一月，一年十年，吾所谓养。拘此废虐之主，录而不舍，戚戚然以至久生，百年、千年、万年，非吾所谓养。"

排圣哲

人生且无常，还有什么圣哲，所以进而又排圣哲：《杨朱篇》："天下之美，归之舜、禹、周、孔；天下之恶，归之桀、纣。然而舜……天民之穷毒者也……禹……天民之忧苦者也……周公……天民之危惧者也；孔子……天民之遑遽者也；凡彼四圣者，生无一日之欢，死有万世之名。名者固非实之所取也，虽称之弗知，虽赏之不知，与株块无以异矣。桀……天民之逸荡者也；纣……天民之放纵者也：彼二凶也，生有从欲之欢，死被愚暴之名。实者固非名之所与也，虽毁之不知，虽称之弗知，此与株块奚以异矣。"

反旧道德

既排圣贤，自然没有旧道德：《杨朱篇》："忠不足以安君，适足以危身；义不足以利物，适足以害生。安上不由于忠，而忠名灭焉；利物不由于义，而义名绝焉。君臣皆安，物我兼利，古之道也。"

不作恶

既知人生无常，便只有一任自然，群趋于无为。既无为，则一面固不受道德的束缚；而他面也就不作恶：《杨朱篇》："生民之不得休息，为四事故：一为寿，二为名，三为位，四为货。有此四者，畏鬼、畏人、畏威、畏刑，此之谓遁人也。可杀可活，制命在外。不逆命，何羡寿；不矜贵，何羡名；不要势，何羡位；不贪富，何羡货：此之谓顺民也。"

反对自杀

既主无为而一任自然，所以又反对自杀：《杨朱篇》："孟孙阳曰'若然，速亡愈于久生，则践锋刃，入汤火，得所志矣。'杨子曰：'不然，既生则废而任之，究其所欲以俟于死；将死则废而任之，究其所之以放于尽。无不废，无不任，何遽迟速于其间乎？'"

不侵人的为我主义

不侵人的为我主义：《杨朱篇》："古之人，损一毫利天下，不与也；悉天下奉一人，不取也。人人不损一毫，人人不利天下，天下治矣。"

以上所述，都是这时代思潮的特征，以下就代表这时代思潮的人物分别述之，便可看见这些特征之所在。

倡清谈之风的何晏王弼

老庄盛行

原来自魏武帝、文帝提倡文学以来，士风就渐趋于浮华，到废帝正始中（240至248年），何晏、王弼出，始祖述老、庄立论，而开清谈之风。何晏字叔平，南阳人，有《道德论》及《论语集解》。王弼字辅嗣，山阳人，有《易注》《老子注》。《晋书·王衍传》："晏、弼祖述老、庄，谓天地万物，皆以无为本。无也者，开物成务，无往不存者也：阴阳恃以化生，万物恃以成行，贤者恃以成德，不肖恃以免身。故无之为用，无爵而贵矣。"老、庄盛行从此始。自此以后，六经中除《易》以外，尽皆阁束不观，而学者群趋于《老》《易》，《老》《易》并称，便成为当时最流行的名词。

清谈之风，虽开自何晏、王弼，但他们并不遗落世事，所以何晏说："善为国者，必先治其身。治其身者，慎其所习。所习正，则其身正。身正则不令而行。所习不正，则其身不正。其身不正，则虽令不从。是故为人君者，所与游，必择正人。所观览，必察正象。放郑声而勿听，远佞人而弗近。然后邪心不生，而正道可宏也。"（《三国志·齐王芳传》）至于何的《论语集解》与王的《易注》《老子注》，能够不囿于训诂章句，而别有心得，却较之东汉儒者的咬文嚼字要高明得多。

阮 籍

清谈之风，虽开自何、王，但其流不广，至阮籍、嵇康诸人出，其风始炽。以下拿阮籍为代表，以见这时代一般人的行动与思想。

阮籍的行为
阮籍的大人先生传

《晋书·阮籍传》："阮籍字嗣宗，陈留尉氏人也。……籍容貌瑰杰，志气宏放，傲然独得，任性不羁，而喜怒不形于色。或闭户视书，累月不出；或登临山水，经日忘归。博览群籍，尤好《庄》《老》。嗜酒，能啸，善弹琴。当其得意，忽忘形骸。……籍本有济世志，属魏、晋之际，天下多故，名士少有全者。籍由是不与世事，遂酣饮为常。……籍嫂尝归宁，籍相见与别。或讥之，籍曰：'礼岂为我设耶？'邻家少妇有美色，当垆沽酒。籍尝诣饮，醉，便卧其侧。"从这段话看来，便知嗣宗由于深恐触犯禁网，所以才纵酒放浪，遗弃世事；既然遗弃世事，所以他的行动也就非礼法所能拘束的了。他又作《大人先生传》，以讥弹礼法，其言曰："世之所谓君子者：惟法是修，惟礼是克，手执圭璧，足履绳墨，行欲为目前检，言欲为无穷则，少称乡党，长闻邻国，上欲图王公，下不失九州牧。不见群虱之处裈中，逃乎深缝，匿乎坏絮，自以为吉宅也；行不敢离缝际，动敢不出裈裆，自以为得绳墨也。然炎丘火流，焦邑灭都，群虱处裈中而不能出也。君子之处域内，何异虱之处裈中乎？"

竹林七贤
王衍乐广
玄学
清谈之风的三变

嗣宗又与嵇康、阮咸、山涛、向秀、王戎、刘伶相友善，都蔑弃礼法，纵酒昏酣；好言老、庄，崇尚虚无；当时慕其放达，叫做"竹林七贤"。不过阮籍一班人的放诞，都是有所托而然；到了以后，清谈之风，日盛一日，就不一定有所寄托，也都专务玄谈放诞不羁起来了。如王衍、乐广、阮瞻、王澄诸人，就是这样的。王衍被石勒所擒，快到死的时候，便说："呜呼！吾曹虽不如古人，向若不祖尚浮虚，戮力以匡天下，犹可不至今日。"（《晋书·王衍传》）由此足见清谈的毒害，竟使居高位的王衍，也感觉着了。渡江以后，元嘉之间（424至453年），竟专立玄学，把《老子》《庄子》《周易》总为三玄，以相教授；在这个时候，一般读书人，更不必懂得多少《老》《庄》《周易》，更不明白何、王所说所道，也就手捉麈尾，自称谈士了。所以清谈之风，虽开自何、王，但至阮籍而一变，至王、乐又一变，渡江以后，便已经三变了。不过崇尚虚无，一任自然，却是他们共通的倾向。

陶渊明

陶渊明字元亮，或云潜，字渊明；浔阳柴桑人。渊明的思想，也受了老、庄的影响，很趋向于自然主义；不过他和清谈者流不同，他虽放达，却不似阮籍一般人的放诞不羁，更没有阮瞻一般人"脱衣服、露丑恶"的行径。他有一篇《五柳先生传》，是他的自传，很足以表现他的为人，现在把它写在下面：

五柳先生传

> 先生不知何许人，亦不详姓氏。宅边有五柳树，因以为号焉。闲静少言，不慕荣利，好读书，不求甚解，每有会意，欣然忘食。性嗜酒，而家贫不能恒得。亲旧知其如此，或置酒招之。造饮辄尽，期在必醉，既醉而退，曾不吝情去留。环堵萧然，不蔽风日。短褐穿结，箪瓢屡空，晏如也。尝著文章自娱，颇示己志。忘怀得失，以此自终。

归去来辞

他这种人生，完全是乐自然的人生，在他的《归去来辞》中，也表现得很明白。其言曰：

> 归去来兮！田园将芜胡不归？既自以心为形役，奚惆怅而独悲？……实迷途其未远，觉今是而昨非。……木欣欣以向荣，泉涓涓而始流，羡万物之得时，感吾生之行休。已矣乎！寓形宇内复几时，曷不委心任去留，胡为遑遑欲何之？富贵非吾愿，帝乡不可期。怀良

辰以孤往，或植杖而耘耔。登东皋以舒啸，临清流而赋诗。聊乘化以归尽，乐夫天命复奚疑？

桃花源记

他这种任自然的人生，很表现老、庄的思想，而他理想的乌托邦，却在《桃花源记》一篇，从这篇文章中，更知道他受老、庄思想的影响最深，其言曰：

> 晋太元中，武陵人，捕鱼为业。缘溪行，忘路之远近；忽逢桃花林，夹岸数百步，中无杂树。……渔人甚异之。复前行，欲穷其林。林尽水源，便得一山。山有小口，仿佛若有光。便舍船，从口入。初极狭，才通人。复行数十步，豁然开朗。土地平旷，屋舍俨然。有良田美池桑竹之属，阡陌交通，鸡犬相闻。其中往来种作，男女衣著，悉如外人。黄发垂髫，并怡然自乐。见渔人，乃大惊。问所从来，具答之。便邀还家，设酒杀鸡作食。村中闻有此人，咸来问讯。自云："先世避秦时乱，率妻子邑人，来此绝境，不复出焉，遂与外人间隔。"问今是何世，乃不知有汉，无论魏、晋。此人一一为具言，所闻皆叹惋。余人各复延至其家，皆出酒食。停数日，辞去。此中人语云："不足为外人道也。"

渊明这种乌托邦，正和老子所说的"甘其食，美其服，安其居，乐其俗；邻国相望，鸡狗之声相闻，民至老死不相往来"相合；不过渊明虽服膺老、庄，然亦未尝忘孔氏，我们从他的诗句中，便可以看得出来。例如"游好在六经"（《饮酒》），"诗书敦夙好"（《辛丑岁七月赴假还江陵夜行涂中》），"先师遗训，予岂之坠"（《荣木》），"所说圣人篇"（《答庞参军》），都无不表示他未尝忘孔的意思。从这一点看来，他的自然主义就更和阮籍一般人不同了。

葛 洪

以上所述，王弼、何晏、阮籍一派的清谈，可以叫做玄理派；陶渊明的自然主义，可以叫做纯粹的达观派；要皆受老、庄思想的影响很深。此外还有葛洪一派，却除掉老、庄思想以外，还杂有方士神仙之说；关于这一派，在第四讲中已经说过，这里用不着再述。此外又有鲍敬言一派，则受老、庄的影响最深，生当乱离之世，而力唱无君论。

无君论

鲍敬言的生平及著作均不可考，只有葛洪《抱朴子·诘鲍篇》中就记载着他的无君论，其言曰：

儒者曰："天生蒸民而树之君。"岂其皇天谆谆言，亦将欲之者为辞哉？夫强者凌弱，则弱者服之矣。智者诈愚，则愚者事之矣。服之，故君臣之道起焉。事之，故力寡之民制焉。然则隶属役御，由乎争强弱而校智愚，彼苍天果无事也。……夫役彼黎蒸，养此在官，贵者禄厚而民亦困矣。夫死而得生，欣喜无量，则不如向无死也。让爵辞禄，以钓虚名，则不如本无让也。天下逆乱焉而忠义显矣，六亲不和焉而孝慈彰矣。曩古之世，无君无臣，穿井而饮，耕田而食，日出而作，日入而息。泛然不系，恢尔自得。不竞不营，无荣无辱。山无径蹊，泽无舟梁。川谷不通，则不相并兼。士众不聚，则不相攻伐。……势利不萌，祸乱不作，干戈不用，城池不设。万物玄同，相忘于道。疫疠不流，民获考终。纯白在胸，机心不生。含哺而熙，鼓腹而游。其言不华，其行不饰。安得聚敛以夺民养？安得严刑以为坑阱？

降及叔季，智用巧生。道德既衰，尊卑有序。繁升降损益之礼，饰绂冕玄黄之服。起土木于凌霄，构丹绿于棼橑。倾峻搜宝，泳渊采珠。聚玉如林，不足以极其变；积金成山，不足以赡其费。澶漫于淫荒之域，而叛其大始之末。去宗日远，背朴弥增。尚贤则民争名，贵货则盗贼起，见可欲则真正之心乱，势利陈则劫夺之涂开。造剞锐之器，长侵割之患。弩恐不劲，甲恐不坚，矛恐不利，盾恐不厚。若无凌暴，此皆可弃也。故曰："白玉不毁，孰为珪璋？道德不废，安取仁义？"使夫桀、纣之徒得燔人，辜谏者，脯诸侯，菹方伯，剖人心，破人胫，穷骄淫之恶，用炮烙之虐。若令斯人并为匹夫，性虽凶奢，安得施之？使彼肆酷恣欲，屠割天下，由于为君，故得纵意也。君臣既立，众愿日滋。而欲攘臂乎桎梏之间，愁劳于涂炭之中，人主忧慄于庙堂之上，百姓煎扰乎困苦之中，闲之以礼度，整之以刑罚。是犹辟滔天之源，激不测之流，塞之以撮坏，障之以指掌也。……君臣既立，而变化逐滋。夫獭多则鱼扰，鹰众则鸟乱，有司设则百姓困，奉上厚则下民贫。壅崇宝货，饰玩台榭。食则方丈，衣则龙章。内聚旷女，外多鳏男。采难得之宝，贵奇怪之物，造无益之器，恣不已之欲。非鬼非神，财力安出哉？夫谷帛积，则民有饥寒之俭；百官备，则坐靡供奉之费。宿卫有徒食之众，百姓养游手之人。民乏衣食，自给已剧，况加赋敛，重以苦役。下不堪命，且冻且饥，冒法斯滥，于是乎在。王者忧劳于上，台鼎颦蹙于下，临深履薄，惧祸之及。恐智勇之不用，故厚爵重禄以诱之；恐奸衅之不虞，故严城深池以备之。而不知禄厚，则民匮而臣骄；城严，则役重而攻巧。故散鹿台之金，发巨桥之粟，莫不欢然；况乎本不聚金而不敛民粟乎？休牛桃林，放马华山，载戢干戈，载櫜弓矢，犹以为泰；况乎本无军旅而不战不成乎？茅茨土阶，弃织拔葵，杂囊为帷，濯裘布被，妾不衣帛，马不秣粟。俭以率物，以为美谈。所谓盗跖分财，取少为让，陆处之鱼，相煦以沫也。夫身无在公之役，家无输调之费，安土乐业，顺天分地，内足衣食之用，外无势利之争；操杖攻劫，非人情也。象刑之教，民莫之犯，法令滋彰，盗贼多有。岂彼无利性而此专贪残，盖我清净则民自正，下疲怨则智巧生也。任之自然，犹虑凌暴。劳之不休，夺之无已。田芜仓虚，杼柚乏空，食不充口，衣不周身，欲令勿乱，其可得乎？所以救祸而祸弥深，峻禁而禁不止也。关梁所以禁非，而猾吏因之以为非焉；衡量所以检伪，而邪人因之以为伪焉；大臣所以扶危，而奸臣恐主之不危；兵革所以静难，而寇者盗之以为难：此皆有君之所致也。

由鲍氏这段话看来，便知其思想的激烈，为当时人所无；而他反对君主与一任自然的精神，也完全流露在这段话里面。

反对清谈的范宁与傅玄

儒学的消沉

当清谈之风初起的时候，儒学就已销沉达于极点，所以鱼豢的《魏略》说："从初平元年（190年），至建安之末（219年），天下分崩，人怀苟且，纲纪既衰，儒道尤甚。……正始中（240至248年），有诏议圜丘普延学士，是时郎官及司徒，领吏二万余人。……而应书与议者，略无几人。又是时朝堂公卿以下四百余人，其能操笔者，未有十人；多皆相从，饱食而退。嗟呼！学业沉陨，乃至于此。"但当时尚能替儒学保持残垒的，如贾洪之流，对于儒学也有相当的贡献，至于一面为儒学保持残垒一面又反对清谈的，却要推范宁与傅玄。

范宁

范宁字武子，南阳顺阳人，所著有《春秋穀梁传集解》。他以当时士尚虚浮、儒术衰替的罪过，归于何晏、王弼，其言曰："王、何蔑弃典文，不遵礼度，游辞浮说，波荡后生。饰华言以翳实，骋繁文以惑世。搢绅之徒，翻然改辙。洙泗之风，缅焉将坠。遂令仁义幽沦，儒雅蒙尘。礼坏乐崩，中原倾覆。古之所谓言伪而辨、行僻而坚者，其斯人之徒欤？……王、何叨海内之浮誉，资膏粱之傲诞，画螭魅以为巧，扇无检以为俗。郑声之乱乐，利口之覆邦，信矣哉！吾固以为一世之祸轻，历代之罪重，自丧之衅小，迷众之衍大也。"他这样地崇儒排俗，所以他终身事业，差不多都用在教授生徒振兴儒学上面。

傅玄

傅玄字休奕，北地泥阳人，所著有《傅子》数十万言，《文集》百余卷，但多亡佚，今有叶德辉所辑《傅子》《傅玄集》各三卷行世。当清谈之风特盛时，他也上疏晋武帝，排斥当时的士风，其言曰："先王之御天下也：教化隆于上，清议行于下。近者魏武好法术，而天下贵刑名；魏文慕通达，而天下贱守节。其后纲维不摄，虚无放诞之论，盈于朝野，使天下无复清议；而亡秦之病，复发于今。"（《晋书·傅玄传》）他一方面力斥当时清谈之风，他方面却提出儒家修己治人之说，其言曰："立德之本，莫尚乎正心。心正而后身正，身正而后左右正，左右正而后朝廷正，朝廷正而后国家正，国家正而后天下正。故天下不正，修之国家；国家不正，修之朝廷；朝廷不正，修之左右；左右不正，修之身；身不正，修之心。所修弥近，而所济弥远。禹、汤罪己，其兴也勃焉，正心之谓也。心者神明之主，万理之统；动而不失正，天地可感，而况于人乎？况于万物乎？夫有正心，必有正德。以正德临民，犹树表望影，不令而行。《大雅》云：'仪刑文王，万邦作孚'；此之谓也。"（《正心篇》）他这段话，无异是《大学》正心诚意修己治人的注脚。他又阐明儒家之所谓仁，其言曰："夫仁者盖推己以及人也。故己所不欲，无施于人；推己所欲，以及天下。推己心孝于父母以及天下，则天下之为人子者，不失其事亲之道矣。推己心有乐于妻子以及天下，则天下之为人夫者，不失其室家之欢矣。推己之不忍于饥寒，以及天下之心，含生无冻馁之忧矣。"（《仁论篇》）他这些话，完全是儒家言论。不过当时老、庄思想很流行，他有时也受老、庄思想的影响，所以他也说："天下之福，莫大于无欲；天下之祸，莫大于不知足。"

裴頠

此外尚有裴頠著《崇有论》,以排何、王之所谓无,其言曰:

> 夫至无者,无以能生。故始生者,自生也。自生而必体有,则有遗而生亏矣。生以有为己分,则虚无是有之所遗者也。故养既化之有,非无用之所能全也。理既有之众,非无为之所能循也。心非事也,而制事必由于心。然不可以制事以非事,谓心为无也。匠非器也,而制器必须于匠。然不可以制器以非器,谓匠非有也。是以欲收重泉之鳞,非偃息之所能获也。陨高墉之禽,非静拱之所能捷也。审投弦饵之用,非无知之所能览也。由此而观,济有者,皆有也。虚无奚益于已有之群生哉?

以上所述三人,都是当时攻击清谈之风最有力的人,不过他们所持的理由,或过于薄弱,或囿于常识,所以对于清谈之风无损于毫末。

经学及其他

魏、晋经学,不及两汉之盛,而且两汉家法,也为魏、晋人所败坏;不过王弼、何晏诸人,多衍空理,不守训诂,却是魏、晋经学的一大变革。今将魏、晋经学的几个特点,分述如下:

今文学的绝灭

经今文学盛于西汉,哀、平之际,古文学兴,今文学就渐次衰落。当时天下大乱——汉末黄巾、董卓之乱,三国的纷争,西晋时外族的蹂躏——学者流离失所,经籍灭裂焚毁,人人救死惟恐不暇,所以谈不到古籍的保存与发扬。据史籍所载:《齐诗》、魏时已亡;永嘉(311年)之乱,《易》亡施氏、梁丘,《书》亡欧阳、大小夏侯,《诗》亡《鲁诗》《韩诗》,孟氏《易》、京氏《易》无传人;《春秋公羊传》《穀梁传》寖衰,虽存若亡。到东晋元帝设立博士,置《周易》王氏(弼)、《尚书》郑氏(玄)、《古文尚书》孔氏(伪孔安国)、《毛诗》郑氏、《周官》《礼记》郑氏、《春秋》《左传》杜氏(预)服氏(虔)、《论语》《孝经》郑氏博士各一人,于是西汉今文十四博士已无一存,而今文学由是绝灭。直到清季,始有今文学的复兴。

反郑学运动

原来自东汉郑玄兼采今古文遍注群经以后,今古文的家法,就已涤然混乱。当时学者苦于今古文家法的繁琐,震于郑氏经术的洽博,也就翕然宗从。郑学因此就独盛一时。但不到数十年的光景，就发生反郑学的运动。这运动的开始者是王肃。肃兼通今古文，不主一家。他反对郑学，并无一定的立场：或用今文说以驳郑氏的古文说，或用古文说以驳郑氏的今文说。郑主六天说，王则主一天说；郑主帝王感生说，王则祖述《毛传》否认郑氏这种说法。他反对郑学的专著，叫做《圣证论》；又伪作孔安国《尚书传》《论语》《孝经注》《孔子家语》《孔丛子》五书，以互相证明。他为晋武帝外祖，因此借帝王的威权，把他的《尚书》《诗》《论语》《三礼》《左氏解》及其父朗的《易传》，都立于学官，而且当时朝廷典制、宗庙丧纪轻重之礼，也都尊王说，不用郑义。郑学由是大受打击，今古文的家法，从此无人过问，而当时儒者，也就只知斤斤于郑、王之辩了。

说经多衍空理

魏、晋人说经多衍空理，不讲训诂，开后此南朝经学一派。皮锡瑞《经学历史》说："世传十三经注，止一《孝经》，为唐明皇御注；其余汉人与魏、晋人各居其半。郑君笺《毛诗》，注《周礼》《仪礼》《礼记》；何休注《公羊传》；赵岐注《孟子》，凡六经，皆汉人。孔安国《尚书注》，王肃伪作；王弼《易注》，何晏《论语集解》，凡三经，皆魏人注。杜预《左传集解》、范宁《穀梁集解》、郭璞《尔雅注》，凡三经，皆晋人注。以注而论，魏、晋人似不让汉人矣；而魏、晋人注，卒不能及汉者。《孔传》多同王肃，孔《疏》已有此疑，宋吴棫与朱子及近人阎若璩、惠栋，历诋其失，以为伪作。……王弼、何晏祖尚玄虚……王弼《易注》，空谈名理，与汉儒朴实说经不似……何晏《论语集解》，合包、周之《鲁论》，孔、马之《古论》，而杂糅莫辨。……杜预《左传集解》，多据前人说解，而没其名，后人疑其杜撰。……范宁《穀梁集解》，虽存《穀梁》旧说，而不专主一家，序于三传皆加诋諆……郭璞《尔雅注》，亦没前人说解之名，余萧客谓为攘善无耻。此皆魏、晋人所注经，准以汉人著述体例，大有径庭，不止商、周之判。"皮氏批评魏、晋人注经的坏处，可说是深中其弊；但是魏、晋人说经不主家法，专尚空理，却不能不说是汉儒治经的一个反动，而南朝一派的经学，则更是由魏、晋人所开端。

南北学派

魏、晋经学已如上述，现在进而说南北朝的经学。《北史·儒林传序》说："江左《周易》则王辅嗣，《尚书》则孔安国，《左传》则杜元凯；河洛《左传》则服子慎，《尚书》《周易》则郑康成；《诗》则并主于毛公，

《礼》则同遵于郑氏。南人约简，得其英华；北学深芜，穷其枝叶。"我们看到这段话，便可知南北学派不同之所在。大抵北人俗尚纯朴，无浮华的习气，而经学又专宗郑、服，远有师承，所以能够穷理尽微。南人尚虚谈，宗老、庄之说，而治经又守魏、晋经师之说，所以喜谈新理。兹分述之如下：

北朝经学

晋室东迁以后，北朝经过五胡十六国的争乱，到了北魏的时候，道武帝才设太学，置五经博士。天兴二年，大学生增至三千人。后又设立乡学、小学，教养诸生，优待学者，奖励儒学，由是学者辈出。其最著名的：有魏刘献之、徐遵明，齐李铉、周沈重、熊安生等。刘氏著有《三礼大义》四卷及《三传略例》《毛诗序义》，徐氏著有《春秋义章》三十卷，李氏著有《孝经》《论语》《毛诗》《三礼义疏》及《三传异同》《周易义例》，沈氏著有《三礼》《毛诗义》，熊氏著有《周礼》《礼记》《孝经义疏》。其中以徐氏讲学最久，为海内所宗。郑注《周易》《尚书》《三礼》及服注《春秋》，皆徐氏所传（只有《毛诗》，则为刘氏所传）。据《北齐书·儒林传序》，徐氏门下，如下所示：

郑注《周易》：

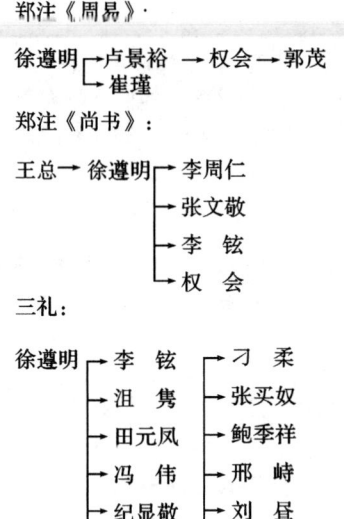

郑注《尚书》：

三礼：

服注《春秋》：

徐遵明→张买奴、马敬德、邢峙、张思伯、张奉礼、张雕、刘昼、鲍长宣、王元则

其后又有刘焯、刘炫。刘焯著《稽极》十卷、《历书》十卷及《五经述义》。刘炫著有《论语述义》十卷、《春秋攻昧》十卷、《五经正名》十二卷、《孝经述义》五卷、《春秋述义》四十卷、《尚书述义》二十卷、《毛诗述义》四十卷、《诗序》一卷、《算序》一卷。惟二刘崇信伪书，又传南人费甝之学，是为北学折入于南之一证。

南朝经学

东渡以后，宋、齐之间，虽开国学，但未普及。至梁武帝天监四年，始开五馆，立国学，置五经博士各一人。其后，武帝尊信佛教，儒学也就随着寖衰了。然当时大儒，尚有梁崔灵恩、皇侃，陈沈文阿、戚衮、张讥诸人。崔氏著有《三礼义宗》四十七卷、《左氏经传义》二十二卷、《左氏条例》十卷及《毛诗集注》《周礼集注》《公羊穀梁文句义》等。皇氏著有《论语义疏》十卷、《礼记义疏》五十卷。沈氏著有《春秋》《礼记》《孝经》《论语义记》《仪礼》《经典大义》。张氏著有《周易》《尚书》《毛诗》《孝经》《论语》《义》等。都无不遵守魏、晋经师之说，侈谈新理。惟严植之习郑氏《礼》《易》《毛诗》，却有北学之风。

义疏之学

南北朝经学家为义疏之学颇多，观上所述诸氏的著作，即可概见。后此唐人义疏之风特盛，实由南北朝人开端。惟诸氏著作，已多亡佚，只有皇侃的《论语义疏》及《礼记义疏》尚存，熊安生的义疏，则多见于《礼记疏》中。

音韵学

这个时代，学术上还有一件值得特书的，就是音韵学的发达。颜之推论韵学的历史有云："九州之人，言语不同。自《春秋》标'齐言'之传，《离骚》目《楚辞》之经，此盖其较明之初也。后有扬雄著《方言》，其书大备，然皆考名物之同异，不显声读之是非也。逮郑玄注《六经》，高诱解《吕览》《淮南》，许慎造《说文》，刘熹制《释名》，始有譬况假借，以证音字耳。而古语与今殊别，其间轻重清浊，犹未可晓；加以外言、内言、徐言、读若之类，益使人疑。但孙叔然（炎）创《尔雅音》，是汉末人独知反

语。至于魏世，此事大行，高贵乡公不解反语，以为怪异。自兹厥后，音韵锋出，各有土风，递相非笑。指马之喻，未知孰是，共以帝王都邑，参校方俗，考核古今，为之折衷。权而量之，独金陵与洛下耳。"(《颜氏家训·音辞篇》)由此看来，便知古人音书，止为譬况之说，到孙炎始为反语。但据郑樵《通志·艺文略》，却谓"切韵之学，起自西域所传十四字贯一切音，文省而音博，谓之《婆罗门书》"。而前《汉书·地理志》，广汉郡梓潼下应劭注，也明载："潼水所出，南入垫江。垫音徒浃反。"似此则在孙炎之前，或许就有了反切之法，而且是从西域得来的；不过到孙炎手上，才把它整齐划一以代直音罢了。南北朝时，南齐周颙又著《四声切韵》，梁沈约更撰《四声谱》，于是又有平上去入四声之分。当时沙门神珙称沈约创立纽字之图，并且因之更立《五音图》。后唐僧守温即借这反纽之法，以定见、溪、群、疑、端、透、定、泥、帮、滂、並、明、非、敷、奉、微、知、彻、澄、娘、精、清、从、心、邪、照、穿、床、审、禅、晓、匣、影、喻、来、日三十六字母。现今注音字母的声母，就是损益这三十六字母而成的。

伪书之流行

　　最后，还有一点要说明的，就是魏、晋、南北朝伪书之作，很为流行。上面所说的《列子》，其中有些部分，便是魏、晋人的伪作。王肃的伪作孔安国《尚书传》等五书，在上面已经说过了。后来刘炫看见朝廷下诏求天下遗书，也就伪造书百余卷，题名《连山易》《鲁史记》等。又如《汉魏丛书》中所收集的两汉、六朝的小说，其中也有很多伪作，例如陶潜的《搜神后记》，便是魏、晋以后人所作；尤其是其中托名汉人所撰的，大抵不可靠，而是魏、晋时人或魏、晋以后人的伪造。以上所述，不外是几个例子，至于其他多数伪书，更是不胜枚举，只得从略。

第六讲　佛教的输入及其在中国的发展与影响

概　论

上面说过，魏、晋、南北朝是自然主义特盛的时代，是老、庄学说特盛的时代；但是，到了南北朝时，佛教就已特别发达，降至隋、唐，更是光焰万丈，发展达于极点，宋、元以下，便不过补苴而已。因此，本讲所要叙述的，就是从东晋到唐末这六百年间佛教的发展和它在中国学术上所发生的影响。

佛教与中国学术思想

中国在魏、晋、南北朝时代，固有的儒学，销沉达于极点，除了老、庄思想的猖披，学术界差不多成了僵冻状态。但是，自佛教输入并经过这长期的发展以后，中国学术界却生了一个激变。以后我们讲到宋、明理学的时候，便可以看到理学所受到佛教的影响是怎样的厉害。不但如此，就是文学、建筑、雕刻、绘画、音乐、宗教各方面，也因佛教的影响，而生出了变化。我们可以说：中国学术界几百年来的僵冻状态，简直是因佛教的影响才苏醒过来。这是中国学术思想史上的一大关键，研究中国学术思想史的人，决不可看轻这个关键。

佛教的输入

关于佛祖的生平，因为限于篇幅，只得从略；读者可参看我所编的《本国文化史大纲》二五〇页及二六〇页与夏曾佑《中国历史教科书》第二册第二篇第一章第六十三节。以下就佛教输入的历史，加以叙述：

中国人诵佛经之始
中国人祀佛之始
帝王奉佛之始
译经之始
建塔造像之始
西行求法之始
中国人出家之始

鱼豢《魏略·西戎传》说:"汉哀帝元寿元年（公元前2年），博士弟子秦景宪从大月氏王使伊存口受《浮屠经》。"案当时罽宾为佛教最盛之地，而罽宾正为大月氏王丘就却所征服，则大月氏王使对于佛教有信仰，而秦景宪从之问业，或真有其事。似此，则秦景宪为中国人诵佛经之始。《后汉书·楚王英传》说:"英晚节更喜黄、老学，为浮屠斋戒祭祀。永平八年（65年），诏令天下死罪皆入缣赎。英……奉送缣帛赎愆。……诏报曰：'楚王诵黄、老之微言，尚浮屠之仁慈。洁斋三月，与神为誓。何嫌何疑，当有悔吝？其还赎以助伊蒲塞、桑门之盛馔！'"——案此为中国人祀佛之始。《后汉书·襄楷传》载桓帝延熹七年（164年）楷上疏云："闻宫中立黄、老、浮屠之祠。"——案此为帝王奉佛之始。《文献通考》说："至桓帝时（160年顷），有安息国沙门安静赍经至洛，翻译最为通解。灵帝时（168至189年）有月氏沙门支谶、天竺沙门竺佛朔等，并翻佛经；而支谶所译《泥洹》经二卷，学者以为大得本旨。"——案此为译经之始。《后汉书·陶谦传》说："丹阳人笮融，在徐州、广陵间，大起浮屠祠，上累金盘，下为重楼。……作黄金涂像……"——时公元195年，案此为中国人建塔造像之始。《文献通考》说："甘露中，有朱士行者，往西域，至于阗国，得经九十章，题曰《放光般若经》。"又《历代三宝记》卷三年表中于魏甘露五年（260年）条下注云："朱士行出家，汉地沙门之始。"——案此为中国人西行求法之始，亦即中国人出家之始。由上所述，可知佛教输入中国，当在西汉之末。到了晋世，佛教就渐次发达起来了。

静土宗之始
成实宗与三论宗的输入

涅槃宗之始

晋武帝泰始中（265至274年），月氏沙门竺法护，西游诸国，得了很多佛经，携至洛阳翻译，所译有《光赞般若》《新道行》《渐备一切智》《正法华》等二百十部，佛法由是广布中土。晋末（310年顷），天竺沙门佛图澄至洛阳，后为后赵石勒（319至333年）所推尊，号为大和尚，替勒力改从来的暴政；佛图澄更大建佛寺，多至八百九十三所，其弟子以万计，而以道安为最有名。道安为中国佛教界第一建设者：符秦时代（351至394年）的译业，实由道安主持；符坚之迎鸠摩罗什，实由道安建议；四阿含、阿毗昙的创译，由安组织，翻译文体，由安厘正。道安弟子有惠远者，结白莲社于庐山，定心念佛，以期往生静土——是为中国净土宗的初祖。又有法显者，于东晋隆安三年（399年）游印求经典，义熙十二年（416年）归国，在印共十五年，历三十余国。著有《佛国记》，今存藏中；治印度学的人，视此书为最古的宝典。在印得《摩诃僧祇律》《杂阿含》《方等泥洹》诸梵本。《僧祇律》由觉贤译出，《杂阿含》由求那跋陀罗译出，显自译《方等泥洹》。自显归国后，西行求法的风气大开；除与显同行的法勇、智严、宝云、慧景、道整、慧应、慧嵬、僧绍七人外，其最著者还有智猛、道普、道泰、惠生、智周诸人。中、印交通，一时颇盛。当显去国后二年，龟兹国鸠摩罗什来长安，后秦姚兴待以优礼。什译书三百余卷，其主要者有《中论》《百论》《十二门论》《智度论》《十住毗婆娑论》《阿弥陀经》《法华经》等，龙树派的大乘教义由是入中土，成实宗与三论宗亦因之传入。什弟子数千人，最著名的有僧肇、僧睿、道生、道融，时号四圣。北凉元始元年（412年），中印度昙无谶为凉主沮渠蒙逊迎至中国，译《大般涅槃经》，于是我国始有涅槃宗。后又译《大集》《大云》《悲华》《地持》《金光明》诸经、复六十余万言。

禅宗之始

俱舍宗与摄论宗的输入

天台宗的创立

地论宗的输入

南北朝时，南朝以梁武帝最崇信佛教，当时受戒者达四万八千人。武帝大通元年（527年），达摩从天竺由海来中国，著《悟性论》《破性论》

诸书，为中国禅宗的始祖。武帝大同十二年（546年），西天竺真谛来中国，武帝迎召于法云殿；真谛译有《摄大乘论》《唯识论》《俱舍论》等六十四部二百七十八卷。——俱舍宗与摄论宗由是入中国，陈代（557至588年）更有智顗，创立天台宗。至于北朝，则后魏宣武帝永平元年（508年）有北印度菩提流支来朝，译《十地论》《净土论》诸书，光统依其译本，而地论宗始入中国。

律宗始完成

华严宗之始

法相宗之始

真言宗

降至隋、唐，佛教益加发达。隋开皇间（581至600年），南山宣明《四分律》（四分律为曹魏时昙摩阿罗所译），而律宗以完。又有嘉祥，为隋一代大师，著述甚多，其主要的有《中论疏》《百论疏》《十二门论疏》《三论玄义》等书。唐代太宗时（627至649年）有杜顺，著《五教止观》《法界观门》各书——为华严宗的始祖。又有玄奘三藏，于太宗贞观二年（629年）出游印度，十九年归，从彼土大师戒贤受学，邃达法相。归国后，从事翻译，十九年间（645至663年）所译经论七十四部一千三百三十八卷，其最重要的有《大般若经》六百卷、《大毗婆娑》二百卷、《瑜伽师地论》百卷、《顺正理论》八十卷及《俱舍论》三十卷。玄奘与其高足窥基（即慈恩大师）——为中国法相宗的始祖。唐武后证圣间（695年），于阗人实叉难陀重译《华严经》及《大乘起信论》等书。又有义净三藏，以高宗咸亨二年（671年）出游印度，历三十七年始归。归后专事翻译，所译五十六部二百三十卷。律部之书，至净始备；密宗教义，至净始传。玄宗时（713至755年），金刚智及其弟子不空来中国，合译《金刚顶经》——为中国真言宗的始祖。

总上所述，佛教十三宗，均初起于东晋至隋、唐之时，其发达情形，由此可以窥见。晚唐以后，无大发展，故略而不述。

以上十三宗，除涅槃归入天台、地论归入华严、摄论归入法相外，其余十宗，均经过极光大的时代，今按其所属教乘，表列如下：

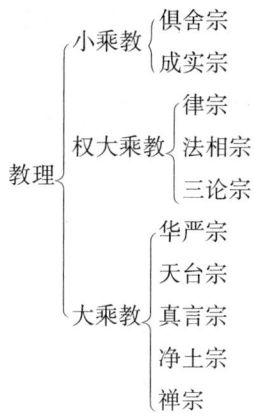

诸宗的教义

诸宗的教义,很为繁复,非这里所能详述,现在只将诸宗教义的梗概,分述如下:

俱舍宗的教义

佛灭九百年后,世亲菩萨依《四阿含经》作《俱舍论》,便是本宗的起始。时印度自佛家乃至外道,莫不竞学,大显势力于西域。陈文帝天嘉四年(563年),印度高僧真谛带来梵本,译为《阿毗达磨俱舍论》,叫做《旧俱舍论》,陈智顗、唐净慧皆为作疏。后唐玄奘到天竺,从僧伽耶舍学习,归国重译为三十卷,叫做《新俱舍论》,其弟子神秦、普光等为之作疏,流传很广。此宗本为法相宗的初步,所以又叫做法相宗的附宗。

本宗依着因果,解释世间诸法,第一说到四谛。什么叫做四谛?就是苦谛、灭谛、集谛、道谛四者。现在先说苦谛。苦便是人生的真相,最显著的为生、老、病、死四大苦,此外还有"爱别离苦""怨憎会苦""求不得苦"等等。这些苦都是集的结果,所以又说到集谛。集是苦的原因。换句话说:一切苦的真因,便是无明与行。说到无明与行,就要说到十二缘起(又名十二支)。什么叫做十二缘起?就是无明、行、识、名色、六处、触、受、爱、取、有、生、老死。无明即是惑,行即是业。从惑与业所造的因,就生现在"识、名色、六处、触、受"受苦之果;有"爱、取、有"的因,就生"生、老死"的果。苦因与苦果既已明白,现在要求苦的解脱,于是进而说到灭谛。苦因立于苦果之前,苦因不起则苦果不生,所以解脱的最吃紧处，就在于断苦因。要断苦因，就要断无明，因为由无明才生我执，而我执又是一切苦恼的起因。如果没有我执，换句话说：即如果除掉了无明的障碍，则一切苦恼自可无形解脱。如果是这样，才叫做达到了涅槃的境界。但要达到涅槃的境界，却有达到此境界的方法，所以最后一步，就要说到道谛。什么叫做道谛？就是佛祖最初所宣说的八圣道，即正见、正思、正语、正业、正命、正精进、正念、正定八者，这八圣道，就是达到涅槃的方法。正见即正确的观察，对于四谛有正确的认识，便是如实知见的智慧。正思即正当的思想，就是助成正见达到实行的过渡状态。正语即正确的言语，求正见与正思之正确的发表。正业即正当的行为，求所行与所言之一致。正命即正当的生活，正精进即正当的努力，都是求正当行为之现实与向上。正念即正当的念虑，谓不起邪念；正定即严正的精神，谓心专境一。这八圣道，就是到火之道。——以上所述，便是观四谛之理，以得涅槃之乐。

成实宗的教义

本宗的初祖，为造《成实论》的诃梨跋摩，生于佛灭后九百年。本宗不盛行于印度，鸠摩罗什译之才流入到中国。自晋末至唐初二百年间，本宗极为盛行；唐中叶以后寝衰。

本宗为小乘教中的最高者，发挥人空法空之理。以人空观破除烦恼障，以法空观破除所知障。人空法空之理，是罗汉小乘，由五趣地而至罗汉果，共分七十二位，断三界的思惑。但《成实论》本与《三论》并译，其传法者多两者俱习，所以本宗又叫做三论宗的附宗。

律宗的教义

佛学分经、律、论三藏，所以律为三藏之一。中国初有此宗，始于曹魏嘉平二年（250年）昙摩阿罗所译《四分律》。什么叫做《四分律》？即比丘戒、比丘尼戒及受戒犍度、房受犍度、安居犍度四者。其后鸠摩罗什又译《十诵律》，觉贤又译《僧祇律》，律宗遂渐次完备。然卓然完成本宗的，还要推南山道宣。南山系智首律师的门徒，译律数百卷，弘布《四分律》，称为南山派，其势力至元时不衰。同时与南山派并立者，又有两派：一为法砺律师所创的相部宗，一为怀素律师所创的东塔宗，然均不光大。

一切戒律，包括于止持、作持二门。止持是诸恶莫作，作持是众善奉行。止持门有比丘、比丘尼二部戒本，叫做具足戒。具足戒中，有五戒、八戒、十戒、六法之别，表列如下：

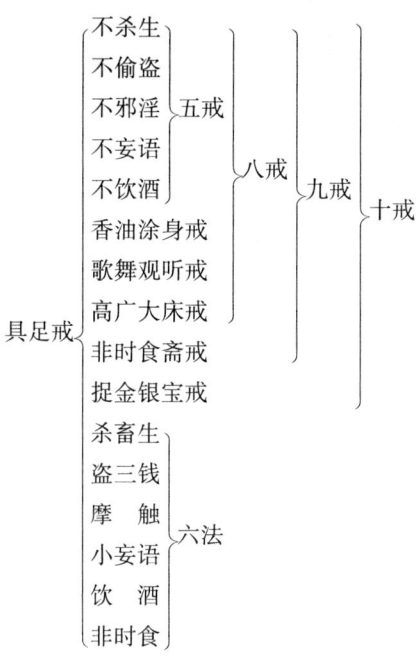

法相宗的教义

法相、天台、华严三宗，叫做教下三家。法相宗以大意明唯识，所以又叫做唯识宗。本宗开祖为慈恩，所以又叫做慈恩宗。佛说大乘经中，《华严经》《解深密经》等，均阐明万法唯识之义，实为本宗所本。佛祖死后九百年，弥勒慈尊应无着菩萨之请，说《瑜伽师地论》《分别瑜伽论》《大庄严论》《辨中边论》《金刚般若论》。无着承弥勒之旨，又作《显扬论》《对法论》。无着之弟世亲菩萨，作《五蕴论》《百法明门论》《唯识三十颂》，大弘斯旨。后二百年，有难陀护法等十大论师，皆注世亲的《唯识三十颂》，各有心得；而护法弟子戒贤论师，更称斯学巨子，自此以后，西域此学寖衰。唐世，玄奘三藏至印，问教戒贤，尽受斯学。归国以后，他的高足窥基（即慈恩法师）又从玄奘学，大畅妙旨，法相宗由是确立。再传得惠治，著《唯识了义灯》；三传得智周，著《唯识演秘》；本宗遂日益昌大。

本宗以为宇宙万有，都是由识所变，所谓三界唯心，心外无法，一切现象，都是心影，便是本宗的教义。据《解深密经》所示，分佛教诸经为三个时期：

1. 有教——是我空法有论，即俱舍宗等；
2. 空教——有为固空，无为亦空，是我法俱空论，即成实宗等；
3. 中道教——非有非空，是心有境空论，即法相宗。

欲明唯识之理，则有五位百法。什么叫做五位？即心法、心所法、色法、不相应行法、无为法五者，与俱舍宗同。百法之中，心法有八，即是八识。什么叫做八识？即于耳、目、鼻、舌、身意、俱舍六识之外，更有末那识、阿赖耶识二者。前五识都是感觉作用；第六识能回忆过去，思考未来，是理智作用；末那识是意识之根，能判别意识的善恶；阿赖耶识，其义为藏，谓能藏一切法；以水为例：阿赖耶是水之体，末那是水之流，前六识是水之流。百法之中，以心王为主，而心王又以阿赖耶为根本。除无为法，都是由此藏的种子而生；种分有漏无漏，随前七识的熏缘，无漏得势而为善，有漏得势而为恶；各有无限能力，因而发生宇宙一切万有，依阿赖耶为万法缘起的根本。合有漏无漏，又分为本有种子与新熏种子，《唯识论》所谓"种子生现行，现行熏种子"，便是本宗的因果论。

研究法相，又分四分三境。什么叫做四分？即相分、见分、自证分、证自证分四者。这是指主观的心象作用而言。至于从客观所缘之境，又分为性境、独影境、带质境三者，这是从一心转变的幻相，并非实用，因为心内不现其象则心不起，心不起则心内亦不现其相。

三论宗的教义

三论就是指《中论》《十二门论》《百论》而言，或加《大智度论》，便叫做四论宗。《中论》《十二门论》为龙树菩萨所作，《百论》为提婆菩萨所作。鸠摩罗什是提婆的三传弟子，四论翻译，皆出其手。什门下有道生、僧肇、道融、僧睿、昙影、慧观、道恒、昙济，叫做八杰，均受此宗大义。昙济传道朗，道朗传道诠，道诠传法朗，法朗传嘉祥，至嘉祥而此宗大盛。其后玄奘三藏又问学印度清辨、智光，更受微言；又有地婆伽罗东来，口授宗义于慈恩；慈恩因远承什译，近禀奘传，旁参伽说，而作《十二门宗致义记》，而此宗遂以大成。至中唐以后，此宗渐衰。

本宗以破邪显正为宗旨。其欲破之邪有外道、毗昙、成实、大执。邪既然破，正自然显。但欲破邪，又必须从二谛八不入手。什么叫做二谛？第一是真谛，即是说森罗万象一切皆空。第二是俗谛，即是说森罗万象种种差别。所以俗谛是有，真谛是空。但是言空言有，均非宇宙真理，所以如来以八不中道，破除执有执空之谜。什么叫做八不中道？就是不生、不灭、不去、不来、不一、不异、不断、不常八者。中道既立，有空自破。但此宗所谓八不中道，意义很高，与法相宗并为权大乘教。

华严宗的教义

佛祖初说《华严经》，理论太高，不易了解。佛灭后五百年，马鸣菩萨造《大乘起信论》，演真如缘起法门，即本此经。次七百年，龙树菩萨又作《大不思议论》以解释之。次九百年，天亲菩萨作《华严十地论》。以上三师，称本宗印度的列祖。其在中国，东晋义熙十四年（四一八年），跋陀罗始译《华严经》六十卷，然尚未确然成一宗派。陈、隋间，杜顺始提义纲，标立宗名，著《华严法界观门》《五教止观》《十玄章》诸书，弘畅斯旨，是为本宗初祖。二祖智俨，三祖法藏，均有著述。法藏死后，慧苑私逞臆见，刊落师说，宗统将坠；四祖澄观起而作《华严大疏钞》，破斥异辙，恢复正宗。五祖宗密，兼通诸宗，并弘华严，本宗遂益昌大。以上五杰，称为华严五祖。晚唐以后，本宗渐衰。

华严法界玄门，以"一真法界"（万法缘起于一心，仍为一心所统摄，所以叫做一真法界），区别为四种：第一，诸众生色心等法，各有差别，各有分齐，叫做"事法界"；第二，诸众生色心等法，虽有差别，而同一体性，叫做"理法界"；第三，理由事显，事揽理成，理事互融，叫做"理事无碍法界"；第四，一切分齐事法，称性融通，一多相即，大小互容，重重无尽，叫做"事事无碍法界"。四法界中，只有事事无碍法界，微妙难识，所以又详说十门：一，同时具足相应门，如海之一滴，具百川味；二，广狭自在无碍门，如一尺之镜，见千里影；三，一多相容不同门，如一室千灯，光光涉入；四，诸法相即自在门，如金与金色，不相舍离；五，秘密隐显俱成门，如秋空片月，晦明相并；六，微细相容安立门，如琉璃之瓶，盛多芥子；七，因陀罗网境界门（因陀罗者，谓帝释天，其宫殿宝网，重重互照），如两镜互照，传曜相写；八，托事显法生解门，如擎拳竖臂，触目皆道；九，十世隔法异成门，如一夕之梦，翱翔百年；十，主伴圆明具德门，如北辰所居，众星皆拱。——这便叫做"十玄门"。此外又说六相：一，总相，一即具多为总；二，别相，多即非一为别；三，同相，互不相违为同；四，异相，彼此不滥为异；五，成相，一多缘起和合为成；六，坏相，诸法各住本位为坏。总，同，成，叫做"圆融门"。别，异，坏，叫做"行布门"。然说行布法，圆融即在行布之中。说圆融法，行布即在圆融之内。因该果海，果澈因源。——这便是华严法界玄门的大概。

天台宗的教义

本宗依《法华经》立宗，所以又叫做法华宗。本宗不起自印度，创始者为我国智顗，智顗居天台山，所以叫做天台宗。当时有南岳、慧思禅师，自证三昧，智顗往谒，则曰："昔日灵山，同听《法华》，宿缘所追，今复来矣"，乃使修《法华》三昧。越十四日，智顗大悟，遂直接佛传，创立本宗。湛然《止观义例》说："一家教门，所用义智，以《法华》为宗骨，以《智论》（即《大智度论》）为指南，以《大经》（即《涅槃经》）为扶疏，以《大品》（即《大品般若经》）为观法，引诸经以增信，引诸论以助成。观心为经，诸法为纬，织成部帙，不与他同。"本宗创立的真相，都为这几句话所概括。智顗之后有章安，结集本宗诸说，以成一宗典籍。后又有智威、慧威、玄朗、妙乐诸师，广播宗风。唐末湛然，更有声名。

天台止观法门，本于佛言定慧（佛以戒、定、慧为三学，以三学分配三藏，则戒学属律，定学属经，慧学属论），因为"止"是"定"因，"慧"是"观"果。由定慧而起止观，即以止观而证定慧。什么叫做止？玄觉《永嘉集·正修止观》第九说："夫念非忘尘而不息，尘非息念而不忘（眼、耳、鼻、舌、身、意，叫做六根；色、声、香、味、触、法，叫做六尘；谓之尘者，以染污义故）。尘忘则息念而忘，念息则忘尘而息。忘尘而息，息无能息。息念而忘，忘无所忘。忘无所忘，尘遗非对。息无能息，念灭非知。知灭对遗，一向冥寂。阒尔无寄，妙性天然。"什么叫做观？同书又说："夫境非智而不了，智非境而不生。智生则了境而生，境了则智生而了。智生而了，了无所了。了境而生，生无能生。生无能生，虽智而非有。了无所了，虽境而非无。无即不无，有即非有。有无双照，妙悟肃然。"而止观二门，析之又为空假中三观：止者观空；观者观假；止而非止，观而非观，非止非观，即止即观，这便叫做中。三者具于一心，所以统名"一心三观"。有此三观，能破三惑（一见思惑，二尘沙惑，三无明惑），而成三智（一切智，道种智，一切种智）。

真言宗的教义

佛教有显教密教之别。什么叫做密教？密教就是真言宗，此宗以《大日经》《金刚顶经》等为依，立十住心，统摄诸教，建立曼荼罗，三密（身、口、意）相应，即凡成圣，其不思议力用，惟佛能知，非因位所能测度，所以叫做密教；自余之法门，叫做显教。据佛家说：佛有释迦佛、大日如来佛、弥陀佛三身，实一佛之德所流出的三体。大日是释迦的法身，释迦是大日的化身。故后世学者综别诸宗，亦分为释迦教、大日教、弥陀教三类。本节所述十宗，只真言宗属大日教，净土宗属弥陀教，其他八宗都属释迦教。相传金刚萨埵亲受法门于大日如来。如来灭后七百年，萨埵以授龙猛菩萨，龙猛传龙智，龙智传善无畏。善无畏于唐世来中国，译《大日经》以授金刚智。金刚智便是中国此宗初祖。其后不空东来，承金刚智之后，从事翻译，本宗因以确立。但此宗不盛行于中国，后由空海传到日本，日本至今尚盛行此宗，西藏、蒙古、暹罗，亦颇流行。

本宗与他宗不同：天台、华严均以理为本，本宗却以事为本；他宗以真如为宇宙本体，而本宗却以六大为本体。什么叫做六大？就是地大、水大、火大、风大、空大、识大六者。前五大为理，属于胎藏界；识大为智，属于金刚界。从这六大造成一切佛一切众生器界等类。其实胎金为一，色心不二，不生不灭，无先无后，现象即实在，实在即现象，融圆无碍；但从两部曼荼罗所有诸佛菩萨，都依五智而成。什么叫做五智？就是法界体性智、大圆镜智、平等性智、妙观察智、成所作智五者，与法相宗所说相似。由识生五智，识又包地大、水大、火大、风大、空大，互相圆融，为宇宙自在无碍的本体；此本体即佛的本体，智慧具足；我们如能修行三昧，便可转识成智，即身成佛。

净土宗的教义

本宗以《无量寿经》《观无量寿经》《阿弥陀经》及天亲菩萨所作的《往生净土论》为依据，就是弥陀教。印度先祖，当推天亲。天亲死后五百年，菩提流支始传净土法门于中国。但是后汉时安息国沙门安清高已译有《无量寿经》二卷，而晋世慧远结白莲社于庐山，念佛修己，却已是本宗的嚆矢，不过法门未备而已。及北魏永平元年（508年）菩提流支来中国，本宗始正式确立。流支传昙鸾，鸾著《往生净土论注》，本宗大盛。其后，隋有道绰，唐有善导，都是本宗的大师。本宗与禅宗、天台、法相、华严诸宗不同，诸宗教义微妙，非钝根人所能了解，所以信奉的人，都是些士大夫；本宗却专为普通人说法，依阿弥陀佛的愿力，一心念佛，往生净土，凡难觉的教义，概置不论，所以它的势力很大，披靡全国，现今世俗所谓佛教，大抵都是本宗的末流。

阿弥陀译言无量寿无量光，阿弥陀佛就是西方极乐世界的教主，在无量劫前身为国王，闻自在王佛说法，因弃位出家为沙门；他怜念三界众生沉沦苦海，发四十八愿，以念佛名号为往生净土的方法。净就是心，土就是境，不是别有一处地方，乃是在心境之内；所以净土就是佛心所证的真如体，念佛法门很多，如觉性念、观相念、持名念等，要之都不外摄众念为一念，化染念为净念，念到一心不乱，以成净业而已。

禅宗的教义

法相、天台、华严，叫做教下三家；禅宗叫做教外别传。这四宗，都是大乘上法。禅宗以"不著语言、不立文字、直指本心、见性成佛"为教义，一变佛教的窠臼，后此宋、明间儒、佛混合，皆自此始。本宗历史，相传如来在灵山会上，拈花示众，摩诃迦叶（即西天初祖）破颜微笑。如来说："吾有正法眼藏，涅槃妙心，实相无门，微妙法门，不立文字，教外别传，付嘱摩诃迦叶。"其后迦叶以衣钵传阿难，中间经马鸣、龙树、天亲等二十七代，密密相传，不著一字，直至达摩。达摩为印度二十八祖，梁时来中国，后入嵩山，面壁十九年，始得传法之人，传已遂入灭；故达摩又叫做中国禅宗初祖。二祖慧可、三祖僧璨、四祖道信，皆依印度祖师之例，不说法，不著书，止求得传钵之人，即自灭寂。至五祖弘忍，始开山授徒，门下千五百人，神秀为首座，竟不能传法；而赁春人慧能，反受衣钵，是为六祖。后神秀复师慧能，悟大法，于是禅宗分南（慧能）北（神秀）二派。六祖以后，钵止不传；而教外密传，遂极光大，以后竟衍为云门、法眼、曹洞、沩仰、临济五宗，宋、明以来，势力披靡全国，今列禅宗五门表如下：

```
         ┌ 青 石 ┌ 药山惟俨→云岩昙晟→洞山良价……曹洞宗
         │ 原 头 │                              ┌ 云门文偃……云门宗
六祖 ┤ 行 希 ┤ 天皇道悟→龙潭崇信→德山宣鉴→雪峰义存→┤ 玄沙师备→罗汉桂琛→
         │ 思 迁 │                              └ 法眼文益……法眼宗
         │       └
         │                        ┌ 黄檗希运→临济义玄……临济宗
         └ 南岳怀谦→马祖道一→百丈怀海┤
                                  └ 沩山灵祐→仰山慧寂……沩仰宗
```

佛法最普遍的莫如净土，而最特殊的则莫如禅宗，禅宗拣根器，净土则普溉，净土但念佛可以生西，而禅宗则非见性无由成佛。《血脉轮》说："若欲见佛，须是见性，性即是佛，若不见性，念佛诵经，持斋修戒，亦无益处。"这便是禅宗与净土根本不同之点。所谓见性，性乃遍在有情无情，普及凡夫圣贤，都无所住。故无住之性，虽在于有情，而不住于有情，虽在于恶，而不住于恶，虽在于色，而不住于色，虽在于形，而不住于形，不住于一切，故云无住之性。又此性非色、非有、非无、非住、非明、非无明、非烦恼、非菩提，全无实性。觉之名为见性，众生迷于此性，故轮回于六道，诸佛觉悟此性，故不受六道之苦。所以见性在禅宗是惟一的工夫。由此看来，可知禅宗以觉悟佛心为禅之体；而佛心指心之自性，所以说直指本心，见性成佛。因为人心之性即佛性，从而发见佛性便叫做成佛。

（注）本节多取材于以下各书：梁启超《中国古代思潮》，钟泰著《中国哲学史》，王治心著《中国学术源流》，李石岑著《人生哲学》及拙编《本国文化史大纲》。

佛教在中国学术上的影响

佛学与理学

佛教在中国学术上最大的影响，就是促进了宋、明理学的完成。宋、明理学固然是儒学的一大转变，固然是儒学的哲学化，但是，宋、明理学之为儒表佛里，却是谁也不能否认的。以后讲到宋、明理学的时候，我们便可以看见这些理学家和禅师有怎样的关系，便可以看见这些理学家的思想和禅师的思想有怎样的关系。

佛教与道教

其次，佛教的影响，促进了道教的完成。道教的沿革，上面已经说过。但是，道教真正具有宗教的组织与宗教的规模，却是受了佛教的影响以后的事情，所以梁启超《中国古代思潮》说："其时佛教已入震旦，妖妄者流，窃其象教密宗最粗浅之说，以欺惑愚众，故其所言天地轮坏劫数终尽，略与佛经同，又言天尊之体，尚存不灭，往往开劫度人（彼中言天尊开劫，已非一度，有延康、赤明、龙汉、开皇等年号，其间相去四十一亿万载云云，皆窃佛氏过去七佛之说成住坏空四劫之论也），皆损益四阿含、俱舍论等所说。剽窃之迹显然可见，而复取两汉儒者阴阳五行之迷信以缘附之。"

佛教与文学

再其次，佛教翻译文学的影响，使中国文学发生变化。梁启超《翻译文学与佛典》，其中《翻译文学之影响于一般文学》一节，讨论这一点很详细，现在摘要写在下面。第一，国语实质的扩大："或缀华语而别赋新义，如'真如''无明''法界''众生''因缘''果报'等；或存梵音而变为熟语，如'涅槃''般若''瑜伽''禅那''刹那''由旬'等。……近日本人所编《佛教大辞典》，所收乃至二万五千余语。此诸语者非他，实汉、晋迄唐八百年间诸师所创造，加入吾国语系统中而变为新成分者也。夫语也者所以表观念也；增加三万五千语，即增加三万五千个观念也。由此观之，则自译业勃兴后，我国语实质之扩大，其程度为何如者？"第二，语法及文体之变化："吾辈读佛典，无论何人，初展卷必生一异感；觉其文体与他书迥然殊异。其最显著者：（一）普通文章中所用'之乎者也已焉哉'等字，佛典殆一概不用（除支谦流之译本）。（二）既不用骈文家之绮词俪句，亦不采古文家之绳墨格调。（三）倒装句法极多。（四）提挈句法极多。（五）一句中或一段落中含解释语。（六）多覆牒前文语。（七）有联缀十余字乃至数十字而成之名词。——一名词中，含形容格的名词无数。（八）同格的语句，铺排叙列，动至数十。（九）一篇之中，散文诗歌交错。（十）其诗歌之译本为无韵的。凡此皆文章构造形式上，画然辟一新国土。质言之，则外来语调之色彩甚浓厚，若与吾辈本来之'文学眼'不相习；而寻玩稍进，自感一种调和之美。……尤有一事当注意者，则组织的解剖的文体之出现也。稍治佛典者，当知科判之学，为唐、宋后佛学家所极重视。其著名之诸大经论，恒经数家或十数家之科判；分章分节分段，备极精密。推原斯学何以发达，良由诸经论本身，本为科学组织的著述。我国学者，亦以科学的方法研究之，故条理愈剖而愈精。此种著述法，其影响于学界之他方面者亦不少。夫隋、唐义疏之学，在经学界中有特别价值，此人所共知矣。而此种学问，实与佛典疏钞之学同时发生。吾固不敢径指此为翻译文学之产物，然最少必有彼此相互之影响，则可断言也。……自禅宗语录兴，宋儒效焉；实为中国文学界一大革命；然此殆可谓为翻译文学之直接产物也。"第三，文学的情趣之发展："吾为说于此。曰：'我国近代之纯文学——若小说，若歌曲，皆与佛典之翻译文学有密切关系'……须知大乘在印度本为晚出，其所以能盛行者，固由其教义顺应时势以开拓，而借助于文学之力者亦甚多。大乘首创，共推马鸣。读什译《马鸣菩萨传》，则知彼实一大文学家大音乐家；其弘法事业恒借此为利器。试细检藏中马鸣著述：其《佛本行赞》，实一首三万余言之长歌。今译本虽不用韵，然吾辈读之，犹觉其与《孔雀东南飞》等古乐府相仿佛。其《大乘庄严论》，则直是'《儒林外史》式'之一部小说；其原料皆采自《四阿含》，而经彼点缀之后，能令读者肉飞神动。马鸣以后成立之大乘经典，尽汲其流；皆以极壮阔之文澜，演极微眇之教理。若《华严》《涅槃》《般若》等，其尤者也。此等富于文学性的经典，复经译家宗匠以极优美之国语为之移写。社会上人人嗜读；即不信解教理者，亦靡不心醉于其词缋。故想像力不期而增进，诠写法不期而革新，其影响乃直接表见于一般文艺。我国自《搜神记》以下一派之小说，不能谓与《大庄严经论》一类之书无因缘。而近代一二巨制《水浒》《红楼》之流，其结体运笔，受《华严》《涅槃》之影响者实甚多。即宋、元、明以降，杂剧、传奇、弹词等长篇歌曲，亦间接汲《佛本行赞》等书之流焉。"

以上所举，系其荦荦大端，至于音乐、绘画、建筑、雕刻、塑像、地理学以及医学所受影响，则以限于篇幅，故从略。

儒佛道三教之争

从夷夏立论
从学理立论
从伦理立论

自魏、晋以后，佛教道教同时盛行，势成对立，自不能不有争。当时儒道与佛之争，最初是从夷夏立论，进而乃从学理与伦理上立论。南北朝宋世顾欢作《夷夏论》，其言曰："五帝三王，不闻有佛。国师道士，无过老、庄。儒林之宗，孰出周、孔。若孔、老非圣，谁则当之？……道济天下，故无方而不入。智周万物，故无物而不为。其入不同，其为必异。各成其性，不易其事。是以端委缙绅，诸华之容；翦发旷衣，群夷之服。擎跽磬折，侯甸之恭；狐蹲狗踞，荒流之肃。棺殡椁葬，中夏之风；火焚水沉，西戎之俗。全形守礼，继善之教；毁貌易性，绝恶之学。虽舟车均于致远，而有川陆之节。佛道齐乎达化，而有夷夏之别。若谓其致既均，其法可换者，而车可涉川，舟可行陆乎？今以中夏之性，效西戎之法……舍华效夷，义将安取？"《夷夏论》出，于是谢镇之有《折夷夏论》，朱昭之有《难夷夏论》，朱广之有《咨夷夏论》，释慧通有《驳夷夏论》，明僧绍有《正二教论》，一时争论不休，而释僧愍等竟推天竺为中国，故其言曰："君贵以中夏之性，效西戎之法者，子自出自井坎之渊，未见江湖之望矣。"如经曰："佛据天地之中，而清导十方，故知天竺之土，是中国也。"——这便是从夷夏立论而相争。南齐竟陵王、子良（武帝子）精信佛教，而范缜盛言无佛，子良因问道："君不信因果，世间何得有富贵？何得有贫贱？"缜答道："人之生，譬如一树花，同发一枝，俱开一蒂。随风而堕，自有拂帘幌，坠于茵席之上；自有关篱墙，落于溷粪之侧。坠茵席者，殿下是也。落溷粪者，下官是也。贵贱虽复殊途，因果竟在何处？"——这便是从学理立论而相争。梁刘勰《灭惑论》说："或造《三破论》：第一破曰入国而破国。诳言说伪，兴造无费，苦刻百姓；使国空民穷，生人减损。况不蚕而衣，不田而食。国灭人绝，由此为失。日用损废，无纤毫之益。五灾之害，不复过此。第二破曰入家而破家。使父子殊事，兄弟异法。遗弃二亲，孝道顿绝。忧娱各异，歌哭不同。骨肉生雠，服属永弃。悖化犯顺，无昊天之报。忤逆不孝，不复过此。第三破曰入身而破身。人生之体：一有毁伤之疾；二有髡头之苦；三有不孝之逆；四有绝种之罪；五有亡体从诫。惟学不孝，何故言哉？诫令不跪父母，便竞从之。儿先作沙弥，其母复作阿尼，则跪其儿。不礼之教，中国绝之，何可得从？"而佛教徒则以为："一夫全德，则道洽六亲，泽流天下，虽不处王侯之位，亦已协契皇极，在宥生民。是故内乖天属之重，而不违其孝；外缺奉主之恭，而不失其敬。"——这便是从伦理上立论而争。至于王浮作《老子化胡经》（见《高僧传》）以诬谤佛法，顾欢《夷夏论》引玄妙内篇之说谓"老子入关，之天竺、维卫国，国王夫人名曰净妙，老子因其昼寝，乘日精入净妙口中，后年四月八日夜半时，剖右腋而生，坠地即行七步，于是佛道兴焉"，以诋佛氏，却都是牵强附会之谈，无甚可取，所以略而不述。

儒道与佛之争虽烈，但始终没有一个结论，各是其是，各非其非，所以到了王通这些人手中，就有三教合一之说。

第七讲　理学未兴前学术思想界的倾向

概　论

儒学之衰

　　由上所述，我们已经知道中国学术思想界，自魏、晋、南北朝，老、释盛行以后，起了一个绝大的变化。在这时期中，儒学消沉已经达于极点。中经隋代而入于唐代，更只见佛、道两教的发达，而佛教名师辈出，更盛极一时；至于儒学，虽经唐初帝王崇奖，然而所谓儒徒，却只有文人，而无儒者①。直到宋代理学勃兴，儒学才受了佛教思想的影响而转变起来。但隋、唐这过渡期间，却有许多人的思想，为宋代理学的前驱。要明白了这些人的思想，然后才可以知道儒学怎样地会转变为理学。所以在我们未讲到宋、明理学以前，对于过渡期中这些人的学术思想，必得予以简单的介绍。

文中子

王氏六经

　　据说文中子就是王通。龙门王通是隋末大儒，门徒很多，唐初如杜如

---

①　唐初极崇术学，设学校，开弘文馆，以杜如晦等十八人为学士；然当时学者，多借此以为进身之阶，少有以明道修己治人的儒者。开元八年（720年）国子司业李元瓘上书曰："《三礼》《三传》及《毛诗》《尚书》《周易》等，并圣贤微旨，生人教业。今明经所习，务在出身；咸以《礼记》文少，人皆竞读。《周礼》经邦之轨则，《仪礼》庄敬之楷模，《公羊》《穀梁》历代宗习，今两监及州县，以独学无友，四经殆绝。"开元十六年国子祭酒杨玚上奏曰："今明经习左氏者，十无二三，又《周礼》《仪礼》《公羊》《穀梁》，殆将绝废，请量加优奖。"王劲也说："魏、晋浮华，古道湮替，历载三百，士大夫耻为章句；唯草野生专经自许，不能博究择从其善，徒欲父康成兄子慎，宁道孔圣误，讳言郑服非。"（《新唐书·元澹传》）

晦、房玄龄、魏徵、薛收等，都是他的弟子。所著有《礼论》《乐论》《续书》《续诗》《元经》《赞易》，叫做《六艺》王氏；然多半亡佚，今存者只有《中说》十篇。

关于文中子是否确有其人，又《中说》是否为后人伪作，有些人认为这是个疑问。宋王明清《挥麈录》："文中子，隋末大儒，欧阳文忠公、宋景文修《唐书·房杜传》中，略不及其姓名；或云：其书阮逸伪作，未必有其人。"但同书接着又说："然唐李习之尝有《读文中子》，而刘禹锡作《王华卿墓志》，序载其家世行事甚详，云门多伟人；则与书所言合矣，何疑之有？又皮日休有《文中子碑》，见于《文粹》。"又《旧唐书·王勃传》也说："祖通，隋、蜀郡司户书佐，大业末弃官归，以著书讲学为业。依《春秋》体例，自获麟后，历秦、汉至于后汉。著纪年之书，谓之《元经》。又依孔子《家语》、扬雄《法言》例，为客主对答之说，号曰《中说》。皆为儒士所称。义宁元年（六一七年）卒，门人薛收等相共议，谥曰文中子。"又《新唐书·王绩传》也说："兄通，隋末大儒也。聚徒河、汾间，仿古作六经，又为《中说》，以拟《论语》，不为诸儒称道，故书不显，惟《中说》独存。"——这样看来，上面的疑问便解决了。

王通摹仿孔子

王通是个极力摹仿孔子的人，看他作《元经》以拟《春秋》，作《中说》以拟《论语》可知。他的目的，在于王道之实现；而实现王道，就必得行周、孔之道，所以他说："如有用我者，吾其为周公所为乎？""千载而下，有申周公之事者，吾不得而见也。千载而下，有绍宣尼之业者，吾不得而让也。"（以上《天地篇》）惟其如此，所以他重礼乐，其言曰："二三子皆朝之预议者，今言政而不及化，是天下无礼也；言声而不及雅，是天下无乐也；言文而不及理，是天下无文也；王道从何而兴乎？"（《王道篇》）"冠礼废，天下无成人矣；婚礼废，天下无家道矣；丧礼废，天下遗其亲矣；祭礼废，天下忘其祖矣。呜呼！吾末如之何也已矣。"（《礼乐篇》）惟其如此，所以他重家族，其言曰："宗祖废，而氏姓离矣。"惟其如此，所以他重伦常，其言曰："……仁……五常之始也。……性……五常之本也。"（以上《述史篇》）

王通复古

在大体上言，他是个复古主义者，《立命篇》这样说："贾琼曰：'淳漓朴散，其可归乎？'子曰：'人能弘道，苟得其行，如反掌尔。……治乱相易，浇淳有由。兴衰资乎人，得失在乎教。其曰太古不可复，是未知先王之有化也。"他虽主张复古，但又能够通变，其言曰："通其变，天下无弊法；执其方，天下无善教。"（《周公篇》）

王通的三教合一观

既是"通其变，天下无弊法"，所以他又主张三教合一观，《问易篇》："程元曰：'三教何如？'子曰：'政恶多门久矣。'曰：'废之何如？'子曰：'非尔所及也，真君建德之事，适足推波助澜，纵风止燎尔。'子读《洪范》《说议》曰：'三教于是乎可一矣。'程元、魏徵进曰：'何谓也。'子曰：'使民不倦。'"① 既是"通其变，天下无弊法"，所以他不以晋乱梁亡之罪归之于老、释，其言曰："诗书盛而秦世灭，非仲尼之罪也；虚玄长而晋室乱，非老、庄之罪也；斋戒修而梁亡，非释迦之罪也；《易》不云乎？'苟非其人，道不虚行。'"

王通与老释

不过他的思想，实有得力于老、释之处。《立命篇》："古者圣王在上，田里相距，鸡犬相闻，人至老死不相往来，盖自足也。是以至治之代，五典潜，五礼措，五服不章，人知饮食，不知盖藏，人知群居，不知爱敬；上如标枝，下如野鹿；何哉？盖上无为下自足故也。"《天地篇》："董常曰：'夫子之道，与物而来，与物而去，来无所从，去无所视。'"《述史篇》："温彦博问知。子曰：'无知。'问识。子曰：'无识。'——这种以无为言治、以顺应言处世、以无知无识言道，便是他得力于老子的处所。《立命篇》："气为上，形为下，识都其中，而三才备矣。……夫天者统元气焉，非止荡荡苍苍之谓也。地者统元形焉，非止山川丘陵之谓也。人者统元识焉，非止图首方足之谓也。"——这种以识言心，便是他得力于佛的处所。

由上所述，便知王通以直承周、孔自任，而通变取舍，却又言三教合一。从这点看来，可知王通之学，实启宋代理学之端。

---

① 王通亦言佛教不可用之于中国，《周公篇》："或问佛。子曰：'圣人也。'曰：'其教何如？'曰：'西方之教也，中国则泥。轩车不可以适越，冠冕不可以之胡，古之道也。'"但他认佛为圣人，却不似韩愈对佛之开口谩骂了。

韩愈——《原道》与排佛

昌黎韩愈（768年至824年），在文学上占着重要的地位，在学术思想界却没有特殊贡献，不过因他对于宋代理学很有关系，所以必得说说。

他有集四十卷，又外集十卷。他的思想，见于《原道》《谏佛骨表》《原性》《与孟尚书书》诸篇中，《原性》一篇论性，分性为上中下三品，实本于孔子性近习远、智愚不移之说，韩氏并无特见，故略而不说；以下仅就其余三篇，以见韩氏的思想。

原道

《原道》一篇，在于阐明儒教要旨以斥佛老。其言曰："夫所谓先王之教者何也？博爱之谓仁，行而宜之之谓义，由是而之焉之谓道，足乎己无待乎外之谓德。其文《诗》《书》《易》《春秋》，其法礼、乐、刑、政，其民士、农、工、商，其位君臣、父子、师友、宾主、昆弟、夫妇，其服麻丝，其居宫室，其食粟、米、果、蔬、鱼、肉，其为道易明，而其为教易行也。是故以之为己，则顺而祥；以之为人，则爱而公；以之为心，则和而平；以之为天下国家，无所处而不当。是故生则得其情，死则尽其常，郊焉而天神假，庙焉而人鬼飨。"他这段话，简明地叙述了儒教的精神。按着又说："尧以是传之舜，舜以是传之禹，禹以是传之汤，汤以是传之文、武、周公，文、武、周公传之孔子，孔子传之孟轲。轲之死不得其传焉。荀与扬也择焉而不精，语焉而不详。"他这段话，便是宋儒道统之说的发端。他于孟子以后，只推重荀、扬，但因其"择焉而不精，语焉而不详"，所以不能继孟子而直承这个道统；同时，从这段话的语气看来，我们便知他以孟子以后的一人自任。他认孟子辟杨、墨，其功不在禹下，所以能继这道统；他自己排佛、老，以弘布儒教自任，自然也足以继承这个道统。其言曰："汉世已来，群儒区区修补，百孔千疮，随乱随失，其危如一发引千钧，绵绵延延，寖以微灭于是时也，而唱释、老于其间，鼓天下之众而从之。呜呼！其亦不仁甚矣。释、老之害，过于杨、墨；韩愈之贤，不及孟子；孟子不能救之于未亡之前，而韩愈乃欲全之于已亡之后；呜呼！其亦不量其力，且见其身之危，莫之救以死也。虽然，使其道由愈而粗传，虽灭死，万万无恨。"（《与孟尚书书》）

他既以弘布儒教自任，所以他又力言圣人设礼乐刑政以为民除害以教民生养之理,其言曰:"古之时,人之害多矣。有圣人者立,然后教之以相生养之道:为之君,为之师,驱其虫蛇禽兽,而处之中土;寒然后为之衣,饥然后为之食;木处而颠,土处而病也,然后为之宫室;为之工,以赡其器用;为之贾,以通其有无;为之医药,以济其夭死;为之葬埋祭祀,以长其恩爱;为之礼,以次其先后;为之乐,以宣其湮郁;为之政,以率其怠倦;为之刑,以锄其强梗;其欺也,为之符玺斗斛权衡以信之;相夺也,为之城郭甲兵以守之:害至而为之备,患生而为之防。"(《原道篇》)从这一点出发,所以他(一)反对老子的无为,《原道篇》:"今其言曰:'圣人不死,大盗不止;剖斗折衡,而民不争。'呜呼!其亦不思而已矣。"(二)反对佛家的治心而外天下国家,《原道篇》:"《传》曰:'古之欲明明德于天下者,先治其国;欲治其国者,先齐其家;欲齐其家者,先修其身;欲修其身者,先正其心;欲正其心者,先诚其意。'然则古之所谓正心而诚意者,将以有为也。今也欲治其心,而外天下国家,灭其天常,子焉而不父其父,臣焉而不君其君,民焉而不事其事。"——他这样推尊《大学》,实开宋代二程子表章《大学》之端。

谏佛骨表

他的《谏佛骨表》,专在于排佛,其言曰:"佛本夷狄之人,与中国言语不通,衣服殊制,口不道先王之法言,身不服先王之法服,不知君臣之义,父子之情。假如其身至今尚在,奉其国命,来朝京师,陛下容而接之,不过宣政一见,礼宾一设,赐衣一袭,卫而出之于境,不令惑众也。况其身死已久,枯朽之骨,凶秽之余,岂宜令入宫禁?……乞以此骨,付之有司,投诸水火,永绝根本,断天下之疑,绝后代之惑。"其《与孟尚书书》亦曰:"孔子云:'丘之祷久矣。'凡君子行己立身,自有法度;圣贤事业,具在方册,可效可师;仰不愧天,俯不愧人,内不愧心;积善积恶,殃庆各自以其类至;何有去圣人之道,舍先王之法,而从夷狄之教,以求福利也?《诗》不云乎?'恺悌君子,求福不回。'"他这样从夷夏之见从祸福之见去排佛,实在不曾触犯佛教的真髓,无损于佛教的毫末,所以结果在儒者中反引起了柳宗元的反对论。

柳宗元的三教合一说,《天论》及《封建论》

上面说过:王通主张三教合一。但在北齐时,颜之推就首倡儒释一致的论调,其言曰:"内(释)外(儒)两教,本为一体,渐极为异,深浅不同。内典初门,设五种禁;外典仁义礼智信,皆与之符:仁者不杀之禁也,义者不盗之禁也,礼者不邪之禁也,智者不淫之禁也,信者不妄之禁也。"(《颜氏家训·归心篇》)至唐又有柳宗元的三教合一说。

柳宗元的三教合一说

河东柳宗元,与韩愈同时,所著有集四十五卷,又外集二卷。其三教合一说,见于《送元十八山人南游序》,其言曰:"太史公尝言:'世之学孔子者,则黜老子;学老子者,则黜孔子。道不同,不相为谋。'今观老子,亦孔子之异流也,不得以相抗。……其后有释氏固学者之所怪骇,逆其尤者也。今有河南元先生者……悉取向之所以异者,通而同之,搜择融液,与道大适,或伸其所长,而黜其奇衺,要之与孔子同道。"宗元借着这篇序,叙述他的三教合一论。后来这序被韩愈看见了,便责斥宗元不排佛教,宗元因在《送曾浩初序》中详论佛教之不可排,其言曰:"浮屠诚有不可斥者,往往与《易》《论语》合,诚乐之;其于性情,奭然不与孔子异道。退之好儒,未能过扬子。扬子之书,于庄、墨、申、韩,皆有取焉。浮屠者,反不及于庄、墨、申、韩之怪僻险贼耶!曰:以其夷也。果不信道,而斥焉以夷,则将友恶来盗跖而贼季札由余乎?非所谓去名求实者矣。吾之所取者,与《易》《论语》合;虽圣人复生,不可得而斥也。退之所罪者,其迹也,曰:髡而缁,无夫妇父子,不为耕农蚕桑,而活乎人:若是虽吾亦不乐也。退之忿其外,而遗其中,是知石而不知韫玉也。"又其《曹溪第六祖赐谥大鉴禅师碑》也说:"孔子无大位,没以余言持世;更杨、墨、黄、老益杂,其术分裂。而吾浮图说后出,推离还源,合所谓生而静者。……其教人:始以性善,终以性善。……生而性善,在物而具;荒流奔轶,乃万其趣。匪思愈乱,匪觉滋误。"其《百丈碑铭》也说:"儒以礼立仁义,无之则坏;佛以律持定慧,去之则丧。"——他这种会通儒释的见解,实与日后儒表佛里的理学以相当的影响。

论天

论封建

又宗元的其他思想,亦颇有独见,所以附带说说。其论天曰:"上而玄者,世谓之天。下而黄者,世谓之地。浑然而中处者,世谓之元气。寒而暑者,世谓之阴阳。其乌能赏功而罚祸乎?功者自功,祸者自祸,欲望其赏罚者，大谬。呼而怨，欲望其哀而且仁者，愈大谬。"（《天说》）其不信天能主宰人的祸福如此。然同时有刘禹锡亦作《天论》，其言似较宗元为精到，所以宗元写信给禹锡说："凡子之论，乃吾《天说》注疏耳。"其论封建曰："君长刑政生，故近者聚而为群。群之分，其争必大。大而后有兵有德。又有大者，众群之长，又就而听命焉，以安其属。于是有诸侯之列。则其争又有大者焉。德又大者，诸侯之列，又就而听命焉，以安其封。于是有方伯连帅之类。则其争又有大者焉。德又大者，方伯连帅之类，又就而听命焉，以安其人（民）。然后天下会于一。是故有里胥，而后有县大夫；有县大夫，而后有诸侯；有诸侯而后有方伯连帅；有方伯连帅，而后有天子。"（《封建论》）他这段话，解释政治制度的发生很明白。

李翱的《复性书》

陇西成纪李翱，是韩愈的侄婿，又尝学文于愈，所以他很受韩愈的影响。当韩氏以排佛自任时，他也作《去佛齐论》，其言曰："惑之者，溺于其教；而排之者，不知其心，虽辩而不当，不能使其徒无哗而劝来者，故使其术若彼之炽也。"从这一点看来，可见他懂得佛教。

李翱与佛学

从韩氏游三年以后（799年），泗州开元寺僧澄观，要他作一个钟铭，他便回信给澄观说："吾之铭是钟也，吾将明圣人之道焉，则于释氏无益也。吾将顺释氏之教而述焉，则惑乎天下甚矣，何贵乎吾之先觉也。"（《答泗州开元寺僧澄观书》）澄观是当时华严宗的高僧，而且就在这一年得了国师的尊号，他能够与高僧来往，可见他于佛学颇有造就。

元和十五年（820年），正是韩氏因谏佛骨被贬潮州的后一年，他做了朗州刺史。这年他问道药山禅师，药山答曰："云在青天水在瓶。"他因拜谢药山，而述一偈曰："炼得身形似鹤形，千株松下两函经，我来问道无余说，云在青天水在瓶。"由这一点看来，又可见他和药山禅师的思想有点关系。

以上把李翱的思想的来源，简略地说过了。现在要进而说他的《复性书》。《复性书》分上中下三篇，上篇讲性情的关系，中篇讲复性灭情的方法，下篇讲复性的归结。

复性书

他开首就说:"人之所以为圣人者性也,人之所以惑其性者情也,喜怒哀惧爱恶欲七者,皆情之所为也,情既昏,性斯匿矣,非性之过也。"这就是说,七情交来,足以惑性,而不足以充实性。接着他又用水火来比喻这个说法,其言曰:"水之浑也,其流不清;火之烟也,其光不明;非水火清明之过。沙不混,流斯清矣;烟不郁,光斯明矣。"(以上上篇)这就是说,水的性,原来是清澈的;水之所以浑,就是因为沙泥的缘故;当水混浊时,水的性并不是随之无有;只要久而不动,沙泥自沉,于是那清明之性,便鉴于天地,而决不是自外而来的。因此,在水混浊时,水的性本没有失,当它复归于清澈的时候,水的性也没有生;人的性,就是这样的。如此,情又是什么呢?他说:"情者性之动也。"(上篇)又说:"情者性之邪也。"(中篇)又说:"无性则情无所生矣。是情由性而生,情不自情,因性而情。"(上篇)惟其如此,所以他认为我们终局的目的,就在于灭邪妄之情,以复天命之性。

但是,灭情复性的方法,又是怎样的呢?他的方法就是:"弗虑弗思,情则不生。情既不生,乃为正思。正思者,无虑无思也。"但只用这方法还是不行,所以他接着又批评这种方法,其言曰:"此斋戒其心者也,犹未离于静焉。有静必有动,有动必有静,动静不息,是乃情也。""方静之时,知心无思者,是斋戒也。"这"斋戒其心"的办法,既不足以复性,于是他接着又说:"知本无有思,动静皆离,寂然不动者,是至诚也。"要办到这一步,才能"本性清明,周流六虚"(以上中篇),才能"广大清明,照乎天地"(上篇)。这就是复性。

如果能够复性,就会办到"万物与我为一""休作与共"的境地,这就是他的复性的归结。其言曰:"昼而作夕而休者凡人也。作乎作者,与万物皆作;休乎休者,与万物皆休。吾则不类于凡人,昼无所作,夕无所休。作非吾作也,作有物;休非吾休也,休有物。作耶休耶,二者离而不存。予之所存者,终不亡且离也。人之不力于道者,昏不思也。天地之间,万物生焉。人之于万物,一物也。其所以异于禽兽虫鱼者,岂非道德之性乎哉?"(下篇)

以上所述,是《复性书》的大意。我们从《复性书》中,可以窥见李翱的思想,在表面上固然挂着儒学的招牌,但骨子里面却全是释、老的思想。

李翱与中庸

第一，他认《中庸》为性命之书，其言曰："呜呼！性命之书虽存，学者莫能明，是故皆入于庄、列、老、释，不知者，谓夫子之徒，不足以穷性命之道。信之者皆是也。"（上篇）他因学者不明，于是用他的见地去解释《中庸》，其言曰："彼以事解者也，我以心通者也。"（中篇）他很以他的解释，能够阐发"诚""明"的精义，所以他竟说："呜呼！夫子复生，不废吾言矣。"（上篇）——从这一点看来，他的思想实在是理学的前驱，而以《中庸》为性命之书，更是理学谈性命之所本。

第二，他以佛说说《中庸》。上面说的"我以心通"，便是禅宗的功夫。《复性书》中性与情的对立，便是本于佛教的真如与无明之说。他言"动静皆离"，便是禅宗除去动静的执着的意思。至于他说："不睹不闻，是非人也。视听昭昭，而不起于见闻者，斯可矣。无不知也，无弗为也，其心寂然，光照天地，是诚之明也。"（中篇）则更是用一些禅宗的话头，去解释至诚之明。——他这种以佛教的精神去解释儒教经典，更是后来理学家所喜做的，而弄成理学为儒表佛里的东西。

第三，他《复性书》中，又夹杂着老、庄思想。老子说："圣人处无为之事，行不言之教，万物作焉而不辞。"李翱本着这种一任自然无为而无不为的道理，所以也说："作乎作者，与万物皆作，休乎休者，与万物皆休。……昼无所作，夕无所休。作非吾作也，作有物；休非吾休也，休有物。"庄子说："万物与我为一。"他也说："人之于万物，一物也。"这便是《复性书》中含有老、庄思想之处。不过他恐怕人家说他入于老、庄，所以他接着又说："其所以异于禽兽虫鱼者，岂非道德之性乎哉？"这异于禽兽虫鱼的道德之性，便完全是儒家的说法，而与"人物一体"的见解相反。惟其他这样的夹杂，所以他的思想，又不免是儒表道里的了。

理学的前驱

总之：李翱的思想，完全是宋代理学的前驱，而他的援释入儒，更是儒表佛里的理学的前驱；不过他虽援释入儒，却不见援释入儒之迹罢了。

陈 抟

太极图

真源陈抟，五代宋初人，隐居华山。他是传《无极图》与《先天图》

的人，后来周敦颐与邵雍的思想，很受了他的影响。黄宗炎（宗羲之弟）《太极图辩》说："周子《太极图》，创自河上公，乃方士修炼之术也。河上公本图，名《无极图》。魏伯阳得之，以著《参同契》。钟离权得之，以授吕洞宾。洞宾后与陈图南（抟）同隐华山，而以授陈。陈刻之于华山石壁。陈又得《先天图》于麻衣道者①。皆以授种放。放以授穆修与僧寿涯。修以《先天图》授李挺之。挺之以授邵天叟。天叟以授子尧夫（雍）。修以《无极图》授周子。周子又得先天地之偈于寿涯。"②《无极图》与《先天图》的传授既如此，则周、邵之学，不得谓为与道家无关；不过他们只借用道家的图，其用意并不同于道家，却是不可不注意的。

刘知几

以上所述，是专论几个与理学有关的人的思想；但在这过渡期中，还有几位学者的学术思想，也很重要，也得在这里附带说说。章炳麟说："然其卓荦自得，又不违于质信者，唐世亦非无一二也，史如刘知几，政典如杜佑，谋议如陆贽，齐此则止矣。"（《检论·案唐》）陆贽的谋议，偏于现实的政治，在这里用不着说；所以以下仅就刘知几一人述之，并兼述杜佑。

刘知几治学的经过

彭城刘知几自叙其治学经过曰："予幼奉庭训，早游文学。年在纨绮，便受《古文尚书》……而其业不成。……先君……始授以《左氏》，期年而讲诵都毕……次又读《史》《汉》《三国志》。既欲知古今沿革，历数相承，于是触类旁观，不假师训。自汉中兴以降，迄乎皇家实录……而窥览略周。……旅游京洛，颇积岁年，公私借书，恣情批阅。至如一代之史，分为数家，其间杂记小书，又竟为异说，莫不钻研穿凿，尽其利害。加以自小观书，喜谈名理，其所悟者，皆得之襟腑，非由染习。故始在总角，读班、谢两《汉》，便怪前书不应有《古今人表》，后书宜为更始立纪。……其后见张衡、范晔集，果以二史为非。其有暗合于古人者，盖不可胜

---

① 宋时《正易心法》，托之麻衣道者，认为陈抟之学所自出，实则南宋时戴师愈的伪作。（见朱熹《书麻衣心易后》）
② 晁公武说周敦颐师事鹤林寺僧寿涯，得其"有物先天地，无形本寂寥，能为万象主，不逐四时凋"之偈。

纪。……昔仲尼以睿圣明哲，天纵多能，睹史籍之繁文，惧览者之不一，删《诗》为三百篇，约《史记》以修《春秋》……其文不刊，为后王法，自兹厥后，史籍逾多。苟非命世大才，孰能刊正其失。嗟予小子，敢当此任。其于史传也，尝欲自班、马已降，讫于姚、李、令狐、颜、孔诸书，莫不因其旧义，普加厘革。但以无夫子之名，而辄行夫子之事，将恐致惊末俗，取咎时人，徒有其劳，而莫之见赏，所以每握管叹息，迟回者久之。非欲之而不能，实能之而不敢也。既，朝廷有知意者，遂以载笔见推，由是三为史臣，再入东观。……虽任当其职而吾道不行，见用于时而美志不遂，郁怏孤愤，无以寄怀。……故退而私撰《史通》，以见其志。"（《史通自叙》）

《史通》的宗旨与内容

他接着又言《史通》的宗旨与内容："若《史通》之为书也，盖伤当时载笔之士，其义不纯，思欲辨其指归，殚其体统。夫其书虽以史为主，而余波所及，上穷王道，下掞人伦，总括万殊，包吞千有。自《法言》已降，迄于《文心》而往，固以纳诸胸中，曾不蒂芥者矣。夫其为义也，有与夺焉，有褒贬焉，有鉴诫焉，有讽刺焉。其为贯穿者深矣，其为网罗者密矣，其所商略者远矣，其所发明者多矣。盖谈经者恶闻服、杜之嗤，论史者憎言班、马之失；而此书多讥往哲，喜述前非，获罪于时，固其宜矣。犹冀知音君子时有观矣焉。尼父有云：'罪我者《春秋》，知我者《春秋》'，抑斯之谓也。"（《史通自叙》）

评古史

他批评古史轻事重言之失道："盖古之史氏，区分有二焉：一曰记言，二曰记事。而古人所学，以言为首，至若唐、虞之《典》，商、周之《诰》……凡有游谈专对献策上书者，莫不引为端绪，归其的准。其于事也则不然，至若少昊之以鸟名官，陶唐之御龙拜职，夏氏之中衰也，其盗有后羿、寒浞，齐邦之始建也，其君有蒲姑、伯陵，斯并开国承家，异闻奇事，而后世学者罕传其说，唯夫博物君子或粗知其一隅。此则记事之史不行，而记言之书见重，断可知矣。及左氏之为传也，虽义释本经，而语杂他事，遂使两汉儒者嫉之若雠，故二传大行，擅名于世。又孔门之著录也，《论语》专述言辞，《家语》兼陈事业，而自古学徒相授，唯称《论语》而已。由斯而谈，并古人轻事重言之明效也。然则上启唐、尧，下终秦、穆，其书所录，唯有百篇，而书之所载，以言为主，至于废兴行事，万不记一，语其缺略，可胜道哉！故令后人有言：'唐、虞以下帝王之事，未易明也。'"（《史通·疑古》）

他又批评古史之"动皆隐讳，爱憎由己"，其言曰："案《论语》曰：'君子成人之美，不成人之恶。'又曰：'成事不说（事已成，不可复解说），遂事不谏（事已遂，不可复谏止），既往不咎（事已往，不可复追咎）。'又曰：'民可使由之，不可使知之。'（由，用也。可用而不可使知者，百姓日用而不能知。自此引经三处，注皆全写先儒所释也）夫圣人立教，其言若是。在于史籍，其义亦然。是以美者因其美而美之，虽有其恶，不加毁也。恶者因其恶而恶之，虽有其美，不加誉也。故孟子曰：'尧、舜不胜其美，桀、纣不胜其恶。'魏文帝曰：'舜、禹之事，吾知之矣。'汉景帝曰：'言学者无言汤、武受命，不为愚。'斯并曩贤精鉴，已有先觉，而拘于礼法，限以师训，虽口不能言，而心知其不可者，盖亦多矣。又案鲁史之有《春秋》也，外为贤者，内为本国，事靡洪纤，动皆隐讳，斯乃周公之格言。然何必《春秋》，在于六经，亦皆如此。故观夫子之刊书也，夏、桀让汤，武王斩纣，其事甚著，而芟夷不存（此事出《周书》。案：《周书》是孔子删《尚书》之余以成其录也）。观夫子之定《礼》也，隐闵非命，恶视不终，而奋笔昌言，云'鲁无篡弑'。观夫子之删《诗》也，凡诸国风，在于鲁国，独无其章（鲁多淫僻，岂无刺诗，盖夫子删去而不录）。观夫子之《论语》也，君娶于吴，是谓同姓，而司败发问，对以'知礼'。斯验圣人之饰智矜愚，爱憎由己者多矣。"（《史通·疑古》）

他这样怀疑古史，于是旁及诸书，列举可疑之处十条，逐一批驳，而归结到"远古之书，其妄甚矣"（《史通·疑古》）。所以知几《史通》，实为中国史评诸书之祖，后此惟有清代章学诚《文史通义》，足与《史通》抗衡。至于他反对隐讳，反对主观的爱憎，注重兴废行事，则更是史家应有的史德与史识。

杜佑的《通典》

唐代更有万年、杜佑，贯通古今，网罗洪纤，以作《通典》。其书分食货、选举、职官、礼乐、兵、刑、州郡、边防八门，各门沿革演变，都有原原本本的叙述，实为中国文化史之祖。宋世马端临的《文献通考》与郑樵的《通志》，即本于《通典》而作。

经学的变迁

经学统一

在这过渡期中还有一点要说明的，就是经学的变迁。上面说过，南北朝时，经学有南北派之分。《北史·儒林传序》："江左：《周易》则王辅嗣，《尚书》则孔安国，《左传》则杜元凯；河洛：《左传》则服子慎，《尚书》《周易》则郑康成；《诗》则并主于毛公，《礼》则同遵于郑氏。"南北派之分，即如此。隋统一南北，经学也因之统一，其时：《易》王弼注、《书》伪孔传、《诗》毛传、《礼》郑注、《春秋公羊》何休注、《穀梁》范宁注、《左传》杜预注，并行于世。由是南学战胜北学①

五经正义

唐世，"太宗以儒学多门，章句繁杂，诏国子祭酒孔颖达与诸儒，撰定五经义疏，凡一百七十卷，名曰《五经正义》，令天下传习"（《旧唐书·儒学列传序》）②。于是经义定于一尊。今将《五经正义》所用注疏表列如次：

《毛诗正义》：毛传、郑笺、孔颖达疏

《尚书正义》：伪孔传、孔颖达疏

《周易正义》：王注、孔颖达疏

《礼记正义》：郑注、孔颖达疏

《左传正义》：杜预集解、孔颖达疏

后《礼记》之外，《仪礼》《周礼》（二书均用郑注、贾公彦疏）并用，是曰三礼；《左传》之外，《公羊传》（何休解诂、徐彦疏）、《穀梁传》（范宁集解、杨士勋疏）并用，是曰三传；三传、三礼之外，再加《诗》《书》《易》，是为九经。

---

① 皮锡瑞言南学所以胜北学的原因，其言曰："南朝衣冠礼乐，文采风流，北人常称羡之。……经本朴学，非专家莫能解。俗目见之，初无可悦。北人笃守汉学，本近质朴。而南人善谈名理，增饰华词，表里可观，雅俗共赏；故虽以亡国之余，足以转移一时风气，使北人舍旧而从之。"（《经学历中》）

② 案当时修《正义》者，《周易》则马嘉运、赵乾叶，《尚书》则王德韶、李子云，《毛诗》则王德韶、齐威，《春秋》则谷那律、杨士勋，《礼记》则朱子奢、贾公彦、李善信、柳士宣、范义颇、张权，并非一人之书，其标名孔颖达者，盖以名位所重云。

义疏之学

这种义疏,都是本诸六朝,对于经义,并无发明,所以章炳麟说:"唐初《五经正义》,本诸六代,言虽烦碎,宁拙不巧,足以观典型。"(《检论·案唐》)惟陆德明的《经典释文》,颇能博采众说,而不主一家。

经义定于一尊

上面说过,唐初以《五经正义》,令天下传习;而当时科举,又以《正义》取士;由是经义定于一尊,而天下士子,专务仕进,也就"尽入彀中"①。这样一来,儒学的消沉,便达于极点。所以《旧唐书·儒学列传》说:"高宗嗣位,政教渐衰,薄于儒术,尤重文史,于是醇醲日去,华竞日彰,犹火销膏而莫之觉也。及则天称制,以权道临下,不吝官爵,取说当时……至于博士、助教,惟有学官之名,多非儒雅之实。……因是生徒不复以经学为意,惟苟希侥幸,二十年间,学校顿时隳废矣。"韩愈《答崔立之》也说:"及来京师,见有举进士者,人多贵之。仆诚乐之,就求其术,或出礼部所试赋诗策等以相示,仆以为可无学而能。……闻吏部有以博学宏辞选者,人尤谓之才,且得美仕。就求其术,或出所试文章,亦礼部之类。……退自取所试读之,乃类于俳优者之辞……夫所谓博学者,岂今之所谓乎?夫所谓宏辞者,岂今之所谓乎?"其《答窦秀才书》也说:"凡所辛苦而仅有之者,皆符于空言,而不适于实用;又重以自废,是故学成而道益穷。"(并参看本讲概论注一)

李鼎祚啖助

陆淳

不过在天下士子都遵守《正义》的时候,也有二三人能够不受这种束缚,从别的途径,去研究经学,如资州李鼎祚与赵州啖助,就是这样的人。鼎祚有《周易集解》十七卷,网罗三十五家之说,以解《周易》。其《自序》中说:"刊辅嗣之野文,补康成之逸象。"盖自王弼之《易》盛行以后,而汉《易》遂亡;今历千数百年之后,而能窥汉《易》象数的一端者,实赖鼎祚之有是书。啖助有《春秋例统》六卷,专考三传的长短,以补缀其阙陋。他爱公、穀二家,而不取左氏。他认左丘明决不是孔子的门人,决

---

① 太宗私幸端门,见新进士缀行而出,喜曰:"天下英雄入吾彀中矣。"(王定保《摭言》)

不是《论语》中的左丘明，而《左氏传》亦非其所作。他门人河东赵匡与吴郡陆淳，更鼓吹他这种说法。陆淳本其师说，著《春秋集传纂例》十卷、《微旨》三卷、《辨疑》十卷。《纂例》十卷，其大意有三：（一）左氏为六国时人，非《论语》中的左丘明；（二）《左氏传》系杂采诸书而成之作，其中多不可信之处；（三）《公》《穀》二传系子夏所传，其中多可信之处。《微旨》三卷，首列三传的异同，再参以啖、赵二氏之说，以断三传的是非。《辨疑》十卷，专述辨驳啖、赵二家的三传之言。啖、陆的说法，固不免穿凿之病①，但其所言，亦未必不是孔子之意，而实际上，唐代消沉的儒学，却正因此而获得新生命，以渐趋于改革之途。所以经五代而至宋，其新学的勃兴以及对于经典的批评，谓为由李翱、李鼎祚及啖助等所引起，亦无不可。

---

① 欧阳修评啖助曰："啖助在唐，名治《春秋》，摭讪三家，不本所承，自用名学，凭私臆决。尊之曰：孔子意也。赵、陆从而唱之，遂显于时。呜呼！孔子没乃数千年，助所推著，果其意乎？其未可必也。以未可必而必之，则固持一己之固，而倡兹世则诬。诬与固，君子所不取。助果谓可乎？徒令后牛穿凿诡辩，诉前人，舍成说，而自为纷纷，助所阶已。"（《新唐书》）章炳麟也说："其后说经，务为穿凿，啖助、赵匡于《春秋》……皆自名其学，苟异先儒，而于诸子名理甚疏。"（《检论·案唐》）但是，惟其"不本所自"，惟其"苟异先儒"，所以啖助之辈，始能开宋儒发明经旨以义理相尚之风。

第八讲　儒学的大转变——理学

概　论

儒学哲学化的演变

　　孔子的学说，本来注重人事方面，很少谈到哲学的处所。孟子继起，于性善性恶的问题，争论了一场，便已有哲学的意味。汉世，儒学独占，一班经师都只知墨守成说，不事创造，到了后汉，训诂学异常发达，就闹到"碎义逃难，便辞巧说，说五字之文，至于二三万言，幼童而守一义，白首而不能通"的地步（引文见《汉书·艺文志》），其间大师虽前有董仲舒，后有郑玄，然而他们在学术思想界所占的地位，还比不上《淮南子》与王充的《论衡》。降及魏、晋，老、庄之说大行，于是援老、庄以入儒，就成为当时的风尚；后来佛教发达，学者遂援释以入老、庄，进而更援释以入儒。这种风尚，固属是汉季专重训诂的反动，然而到了末流，学者便率性谈佛。不过儒家之学，从魏、晋直至唐代，经过释、道的渲染，也就哲学化了。上一讲所说的李翱诸人的思想，便很表现出这种哲学化的趋势。到了宋代理学勃兴，儒学的哲学化，便正式成熟了。这是儒学的大转变：他们要尽挑汉、唐诸儒，而自以为直接孔门的心传；便是理学的一个特色①。不过有一点要认清

---

① 朱熹说："秦、汉以来，圣学不传，儒者唯知训诂章句之为事；而不知复求圣人之意，以明夫性命道德之归。"张载说："六经须著循环，能使昼夜不息，理会得六七年，则自无可得看。若义理则尽无穷，待自家长得一格，则又见得别。"程颐说："古之学者，先由经以识义理。盖始学时，尽是传授。后之学者，却须先识义理，方始看得经。盖不得传授之意云耳。"这所谓"性命"，所谓"义理"，都是理学的特色。至于舍经而言心，则实始于宋儒，程颢告神宗有云："先圣后圣，若合符节。非传圣人之道，传圣人之心也。非传圣人之心也，传己之心也。己之心无异圣人之心，广大无限，万圣皆备。欲传圣人之道，扩充此心焉耳。"

楚，即：理学之兴，是在佛学既敝之时，他们虽兼采佛学之长，然其大体，却在于恢复孔子之学，以救佛学末流之弊；亦正因其如此，所以理学也就不是"真正老牌"的孔子之学了。

理学家与佛学

排佛

理学家得力于道家之处，在前一讲中已经说过了，现在要说理学家与佛学的关系。原来中国的佛教，在晚唐时候，只有禅宗的势力笼罩一切，上一讲所说的李翱便与药山禅师很有关系。当时有思想的文人，也多和禅师来往。韩愈立意卫道，在那时便竭力排佛。到了宋初，儒家大师孙复，也力排佛教，其言曰："仁义不行，礼乐不作，儒者之辱也。儒者之辱，始于战国，杨朱、墨翟乱之于前，申不害杂之于后；汉、魏以下又甚焉：佛、老之徒横行于中国，与儒相并而为三，甚可怪也！彼等破灭人伦，儒者鸣鼓而攻之可也。"（《儒辱说》）而欧阳修亦作《本论》，以斥佛教，其言曰："佛法之为中国患千余岁矣。世之卓然不惑而有力者，无不欲去之。去而复集，终至莫可如何，此为我有阙废也。补缺修废，明王政，充礼乐，虽有佛，亦无所施事于我民也。"石介又作怪说和之，其言曰："中国道德之所治，礼乐之所施，五常之所被也。然而汗漫不衍之教行，妖诞幻惑之说满，可怪也。"像这种排佛的论调，一时朝野上下，无不如响斯应。

儒释融合

在这浓厚的排佛空气中，佛教徒中的有识者，很想作"儒、释融合"的运动。在宋代与欧阳修同时的，便有两个人物：一个是明教大师契嵩，一个是大觉怀琏。契嵩的《辅教篇·原教》说："万物有性情，古今有生死。"其自注云："性者寂静不动，人之资质者也；情者感而通，人之欲者也。"这就是拿性情来配合本觉不觉。当时文人如王安石、苏轼兄弟、黄庭坚、陈师道之辈，看见契嵩的著作，竟渐次为佛所化。大觉答修选孙氏问教，更力倡儒、释一致的论调，其言曰："妙道之意，圣人寓之于《易》。周衰，先王之法坏，礼义沦亡，奇言异术，出而乱俗。及我释迦之入中土，以第一义示人，以慈悲化众生，亦时之所趣也。……圣人之教，迭为扶持，化成天下，如天有四时，循环而生成万物。至其极也，而弊生焉。然弊迹也，道一而已。自秦、汉至今，千有余岁，风俗靡靡，愈趋愈薄，圣人之教，裂而鼎立，互相诋訾，不知所从，大道寥寥，不知其返，良可叹也。"他这种论调，在学术思想界上也很有影响。惟其如此，所以当时儒者，也多和佛教徒往来，如苏轼之友佛印了元，欧阳修之友祖印居讷，张商英之友往洪觉范，都无不过从很密。

理学家与佛学

理学开山祖师周、张、二程，便生活在这种环境中。风尚所及，他们自然也研究佛学。敦颐是否从学于寿涯，是否参禅于慧南，是否有得于佛印(《居士分灯录》)，是否师事过常聪(空谷景隆《尚直编》)，我们不必过问，但是他所著的《太极图说》与《通书》，却处处可以寻出禅家思想的脉络。横渠(即张载)是否伴着敦颐晋谒过常聪以得东林理性之论(弘益纪闻)，我们也不必过问，但《宋史·张载传》却明明载着他"又访诸释、老，累年，究极其说"，又他批判《楞严经》，也有深得《楞严经》的处所。程颐是否问道于灵源禅师(《嘉泰普灯录》)，我们也不必过问，但他以释敬为主一，却完全是佛教的心一境性。至于程颢，则程颐的《明道行状》更明白地说："明道泛滥于诸家，出入于释、老者几十年，返求诸六经，而后得之。"不但他们四人如此，就是张栻、吕祖谦、游酢、吕大临、谢良佐、杨时以至朱熹，都无不与佛学有深切的关系；至于陆九渊，就更用不着说了。他们目击佛学横行，虽有孙复一班人攻击，而王安石辈却反为佛所化，所以他们虽力辟佛，却仍要从佛学中窃取其长，以入于儒，建立儒家的新哲学——即后来所谓理学——而与佛学相抗。明白了这一点，则所谓理学的源泉，也就明白了，并且，理学家既有得于释、老，何以又力辟释、老的道理，也就明白了。①

---

① 钟泰《中国哲学史》："或曰：诸儒既有得于二氏，而又辟佛辟老，何也？曰：是亦有故。……彼始有见于佛、老之理，既反索之于六经，而亦得之，且又应有尽有，一无欠缺也。于是乃信自有家宝，而不必于他求。故其辟佛辟老，非以雠之，以为实无需乎尔。且释、道与儒，言道则一，言用则殊矣。以中国尧、舜以来礼乐刑政之备，而欲其绝父子，黜君臣，群趋于髡发逃世之教，此必不能者也。是以取其意而弃其迹，斤斤于空实有无之辩。……此正宋儒善用佛、老之长，而无佛、老之弊。"金李屏山云："李翱见药山，因著《复性书》。张载，二程出，其徒张九成、刘屏山、张南轩、吕伯恭、朱熹，皆借佛祖之意，笺注经书，自为一家之言。其论佛、老也，实与之而文不与，阳挤之而阴助之，盖有微意存焉。"李氏所言，虽为党佛之论，要亦颇当于事理。

理学的先导

理学的开山祖师，固当首推周、张、二程，而为理学的先导者，却要算胡瑗、孙复、石介三人，故黄震《黄氏日钞》说："本朝理学，虽至伊、洛而精，实自三先生始。"

胡瑗

胡瑗字翼之，泰州如皋人，学者称安定先生。安定讲学，分经义、治事两斋，实宋儒好言经世之学之始。

孙复

孙复字明复，晋州阳平人，学者称泰山先生。泰山排佛，已如前述，而宋儒讲经不依传注，则自泰山始，其言曰："专守王弼，韩康伯之说，而求于《大易》，吾未见其能尽于《大易》也。专守《左氏》《公羊》《穀梁》、杜、何、范氏之说，而求于《春秋》，吾未见其能尽于《春秋》也。专守毛苌郑康成之说，而求于《诗》，吾未见其能尽于《诗》也。专守孔氏之说，而求于《书》，吾未见其能尽于《书》也。"泰山又著《春秋尊王发微》，则又为宋代理学严名分、重纲纪之始。

石介

石介字守道，奉符人，学者称徂徕先生。徂徕排佛、老，已如前述，其所作《中国论》，实为宋儒斥时文黜华采之始。

三人均以师道自任，讲明正学，力排佛、老，以躬行实践为主，一变从来词章训诂之风，实宋代理学的先导。

他如范仲淹、韩琦、欧阳修、富弼、司马光，皆为宋初名儒，而兼为名臣者。传司马氏之学者，又有刘安世、范祖禹、晁说之。又士建中、刘颜、陈襄、陈烈、郑穆、周希孟、杨适、杜淳、王开祖、丁昌期、吴师仁、章望之、黄晞、侯可、申颜、宇文之邵诸人，亦均当时名儒。以上诸氏，或直接或间接，均有影响于理学，不过不如胡、孙、石三人之重要而已。故略而不述。

理学的来源，既已明白，以下请述理学中代表人物的学术思想，至于在理学中无特殊贡献者，则略而不述。

濂溪之学

周敦颐字茂叔，道州营道人，学者称濂溪先生，为理学开山祖师，明道、伊川即出其门。其学术思想，见于他所著《太极图说》与《通书》中。

太极图说

《太极图说》为濂溪言宇宙观与人生观之作。其言宇宙观，则曰："无极而太极。太极动而生阳；动极而静。静而生阴，静极复动。一动一静，互为其根。分阴分阳，两仪立焉。阳变阴合，而生水、火、木、金、土，五气顺布，四时行焉。五行一阴阳也，阴阳一太极也，太极本无极也。五行之生也，各一其性。无极之真，二五之精，妙合而凝。乾道成男，坤道成女。二气交感，化生万物。万物生生，而变化无穷焉。"这就是濂溪本于《易》及五行之说，以解释宇宙。《系辞下》："男女构精，万物化生。……乾坤其易之门耶？乾，阳物也；坤，阴物也"；即濂溪之所本。世界之所以变易，是原于阴阳的变化而来，至于太极（本体），则固无所谓不同。这是濂溪对于世界变化的说明。若以物质论，则万物的原质，都无非是气，而水、火、木、金、土，则皆气之所为，万物的错综，则又五行之所为。由气而分为五行，由五行而化为万物，其原动力都是太极。其言人生观，则曰："惟人也得其秀而最灵。形，既生矣；神，发知矣；五性感动，而善恶分，万事出矣。圣人定之以中正仁义，而主静，立人极焉。故'圣人与天地合其德。日月合其明，四时合其序，鬼神合其吉凶'。君子修之，吉。小人悖之，凶。故曰：'立天之道，曰阴与阳；立地之道，曰柔与刚；立人之道，曰仁与义。'又曰：'原始反终，故知死生之说。'"旧说分人性为仁、义、礼、智、信五端，而配以木、金、火、水、土五行。濂溪也沿用此说，而总括人性为仁义两端，以配阴阳。太极是本体，本无所谓恶，从而人性亦无所谓恶，其所以有善与恶之分者，则原于动。果能主静，便到了"人极"的地步，这便是道德的极轨。能做到这一步，便无往而不合，所以说"圣人与天地合其德，日月合其明，四时合其序，鬼神合其吉凶"，所以说"君子修之，吉"。不能做到这一步，便要遇着必然的祸害，所以说"小人悖之，凶"。此仅就行为而言，若以知识论：则宇宙现象的纷纭繁复，都不外是阴阳五行的变化，而阴阳五行又不能离太极；果能明白这个道理，则于宇宙间一切现象，便无不贯通了，所以说"原始反终，故知死生之说"。至于篇末所谓"大哉《易》也，斯其至矣"。则正所以表明他本诸《易》理以明一切。

通书

至于《通书》，则专言人事，而归之于诚与静。其言曰："诚者，圣人之本，大哉乾元，万物资始，诚之源也。乾道变化，各正性命，诚斯立焉。纯粹至善者也。故曰：'一阴一阳之谓道，继之者善也，成之者性也。'元亨诚之通，利贞诚之复。大哉《易》也，性命之源乎！"又："圣，诚而已矣。诚，五常之本，百行之源也。静无而动有，至正而明达也。五常百行，非诚非也，邪暗塞也。故诚则无事矣。"又："'圣可学乎？'曰：'可。'曰：'有要乎？'曰：'有。'请闻焉。曰：'一为要。'一者，无欲也。无欲则静虚动直。静虚则明，明则通。动直则公，公则溥。明通公溥，庶矣乎！"濂溪教人以见其大，其言曰："'颜子一箪食，一瓢饮，在陋巷。人不堪其忧，而不改其乐。'夫富贵，人所爱也。颜子不爱不求而乐乎贫者，独何心哉？天地间有至贵至富，可爱可求；而异乎彼者，见其大而忘其小焉尔。见其大则心泰，心泰则无不足，无不足则富贵贫贱处之一也。处之一则能化而齐，故颜子亚圣。"

康节之学

邵雍字尧夫，范阳人，赐谥康节。所著有《皇极经世》《观物内外篇》《渔樵问对》，有诗曰《伊川击壤集》。康节之学，偏于言数，所以理学家不认为正宗。其学说见于《先天图》中，其《观物篇》则康节推其卦图之意以说万事之作。

先天图

康节《先天图》有四：即《八卦次序图》《八卦方位图》《六十四卦次序图》《六十四卦方位图》，谓伏羲所画之卦，因对文王后天之卦而言，所以说先天。其次序与方位，均与文王八卦不合，所以黄宗炎说："《易》本明白简易，而康节装凑安排，全昧大道。"（《先天卦图辨略》）惟康节亦以阴阳解释宇宙，而名阴阳之原为太极，则固不离乎《易》。其言曰："物之大者，无若天地。然而亦有所尽也。天之大，阴阳尽之矣。地之大，刚柔尽之矣。阴阳尽而四时成焉，刚柔尽而四维成焉。天，生于动者也，地，生于静者也。一动一静交，而天地之道尽之矣。动之始，则阳生焉。动之极，则阴生矣。一阴一阳交，而天之用尽之矣。静之始，则柔生焉；静之极，则刚生焉。一刚一柔交，而地之用尽之矣。动之大者，谓之太阳；动之小者，谓之少阳。静之大者，谓之太阴；静之小者，谓之少阴。太阳为日，太阴为月，少阳为星，少阴为辰。日月星辰交，而天之体尽之矣。太柔为水，太刚为火，少柔为土，少刚为石。水火土石交，而地之体尽之矣。"(《观物内篇》)案此，其言万物变化，也与濂溪相合。但康节不用五行，而采水、火、土、石四者，则与濂溪有别。今表列如下：①

太阳	日	暑	性	目	元	皇
太阴	月	寒	情	耳	会	王
少阳	星	昼	形	鼻	运	帝
少阴	辰	夜	体	口	世	霸
少刚	石	雷	木	气	岁	易
少柔	土	露	草	味	月	书
太刚	火	风	飞	色	日	诗
太柔	水	雨	走	声	时	春秋

康节不取五行而别取水、火、土、石，亦自有故，其言曰："木生于土，金出于石。水、火、木、金、土者后天，水、火、土、石者先天。后天由先天出。一以体言，一以用言也。"康节言宇宙万物大致如此，其"装凑安排"，在今日看来，固属可笑，然宋儒对宇宙万物的探讨，出以穷根究柢的精神，却未可厚非。

观物篇

以上系康节的宇宙观，至于人，则康节以为万物之灵，其言曰："人之所以灵于万物者，谓其目能收万物之色，耳能收万物之声，鼻能收万物之气，口能收万物之味。人亦物也，一物当兆物。圣亦人也，一人当兆人。是知人也者，物之至者也。圣也者，人之至者也。"(《观物内篇》)蔡西山(元定)更推广其意而言曰："万物感于天之变，性者善目，情者善耳，形者善鼻，体者善口。万物应于地之化，飞者善色，走者善声，木者善气，草者善味。人则得天地之全。暑寒昼夜无不变，雨风露雷无不化，性情形

---

① 言天有四象，日月星辰。言地有四体：水火土石。推是以言天变，则有寒暑昼夜。以言地化，则有雨风露雷。以言动植物之感，则有性情形体。以言动植物之应，则有走飞草木。言人，则有耳目鼻口、声色气味。言时，则有元会运世、岁月日辰(一时为辰，十二辰为日，三十日为月，十二月为岁，三十岁为世，十二世为运，三十运为会，十二会为元)。言经，则有《诗》《书》《易》《春秋》。言治，则有皇王帝霸。

体无不感,走飞草木无不应。目善万物之色,耳善万物之声,鼻善万物之气,口善万物之味。盖天地万物,皆阴阳刚柔之分,人则兼备乎阴阳刚柔,故灵于万物,而能与天地参也。"

康节之学,偏于术数,故传者甚少。其子伯温,颇传家学,然肤浅不足观。惟司马光以《潜虚》拟《太玄》,颇类于康节以《经世》拟《易》,不过温公言五行,却和康节不同。

横渠之学

张载字子厚,长安人,学者称横渠先生,所著有《东铭》《西铭》《正蒙》《理窟》《易说》等,其学"以《易》为宗,以《中庸》为体,以孔、孟为法"(《宋史·张载传》)。

正蒙

《正蒙》十七篇,言天地万物之理;以其得于《易》之处多,所以仍不出阴阳变化之说。横渠以气为万物的原质,其言曰:"凡可状皆有也,凡有皆象也,凡象皆气也。"又曰:"太和所谓道,中涵浮沉、升降、动静相感之性;是生絪缊相荡,胜负屈伸之始。其来也,幾微易简;其究也,广大坚固。散殊而可象为气,清通而不可象为神。"横渠所谓神,所谓道,所谓气,实一物而异名,此即宇宙的本体。但合之则为气,分之则为阴阳;因气为本体,动则入于现象界,故分为阴阳。横渠本此,以解释一切,言天地则曰:"天地变化,二端而已。"言人物则曰:"动物本诸天,植物本诸地。"言性则曰:"性其总合两也。"言学则曰:"莫非天也,阳明胜则德性用,阴浊胜则物欲行。领恶而全好者,其必由学乎?"其《大易篇》更明言阴阳为万物变化之原,其言曰:"一物而两体,其太极之谓欤!阴阳天道,象之成也。刚柔地道,法之效也。仁义人道,性之立也。三才两之,莫不有乾坤之道。"案此,与濂溪所说,大致相同;而《宋史》谓横渠之学"以《易》为宗,以《中庸》为体",亦可由这段话看出来。

西铭

以上系横渠的宇宙观,至其人生观,则见于《西铭》。其言曰:"乾称父,坤称母。予兹藐焉,乃混然中处。故天地之塞、吾其体,天地之帅、吾其性。民吾同胞,物吾与也。大君者,吾父母宗子,其大臣,宗子之家相也。尊高年,所以长其长;慈孤幼,所以幼其幼。圣其合德,贤其秀也。凡天下疲癃残疾、惸独孤寡,皆吾兄弟之颠连而无告者也。于时保之,子之翼也。乐且不忧，纯乎孝者也。违曰悖德，害仁曰贼。济恶者不才，其践形，维肖者也。知化则善述其事，穷神则善继其志。不愧屋漏为无忝，存心养性为匪懈。恶旨酒，崇伯子之顾养；育英才，颖封人之锡类。不弛劳而底豫，舜其功也；无所逃而待烹，申生其恭也。体其受而全归者参乎！勇于从而顺令者，伯奇也。富贵福泽，将厚吾之生也；贫贱忧戚，庸玉汝于成也。存吾顺事，没吾宁也。"案其人生观，以一仁字为归宿。故《宋史》谓横渠之学"以孔、孟为法"。上面说过，横渠认宇宙间只有一气，惟其如此，所以一切皆平等，从而其言仁，亦能以天地万物为一体。虽然，横渠深明"一理而分殊"之理，则固不流于兼爱之弊，所以晦庵说："程子（伊川）以为明理一而分殊，可谓一言以蔽之矣。盖以乾为父，以坤为母，有生之类，无物不然，所谓理一也。而人物之生，血脉之属，各亲其亲，各子其子，则其分亦安得而不殊哉？一统万殊，则虽天下一家，中国一人，而不流于兼爱之弊。万殊而一贯，则虽亲疏异情，贵贱异等，而不梏于为我之私。此《西铭》之大指也。"

理窟

除《正蒙》《西铭》之外，而《理窟》言变化气质，则颇影响于程、朱，其言曰："变化气质。孟子曰：'居移气，养移体，况居天下之广居者乎？'居仁由义，自然心和而体正。"又曰："为学大益，在自能变化气质。不尔，卒无所发明；不得见圣人之奥。"案此实本于天地之性与气质之性之分而来，横渠命意，盖欲由气质之性，以反于天地之性；所以他又说："形而后有气质之性，善反之，则天地之性存焉。故气质之性，君子有弗性者焉。"

横渠不徒言学，而且言兵，又重礼法。《宋史·张载传》："张载……少喜谈兵，至欲结客取洮西之地。……与诸生讲学，每告以'知礼成性变化气质之道，学必如圣人而后已'。以为'知人而不知天，求为贤人而不求为圣人，此秦、汉以来学者大蔽也'。故其学尊礼贵德，乐天安命。……其家昏丧葬祭，率用先王之意，而傅以今礼。又论定井田、宅里、发敛、学校之法，皆欲条理成书，使可举而措诸事业。"惟其如此，故其门下，亦多喜言礼言兵：言礼如吕大忠、吕大钧、吕大临，言兵如种师道、范育、游师雄、李复、张舜民，皆其门徒。

明道伊川之学

程颢字伯淳，洛阳人，学者称明道先生；其弟颐，字正叔，学者称伊川先生。明道、伊川少受业于濂溪。明道有《识仁篇》及《答张横渠先生定性书》；伊川有《易传》四卷，又《春秋传》有序而书未成，其平日讲说，门人合明道而录之，以为《语录》。二程之学，同出濂溪，所以在大体上言，其学问宗旨，无不相合，今合述之如下：

二程学中最重要者，就是理气二字。二程以为一切现象——抽象的或具体的——都只是气，而其所以使气如此者，则原于理。明道说："有形总是气，无形是道。"伊川说："阴阳气也，所以阴阳者道。"这里所谓道，即是理，盖同物而异名。

宇宙既只有一理，则人之所以禀受为人者，亦不外此理，所以伊川说："性即是理。自尧、舜至于途人一也。才禀于气。气有清浊：禀其清者为贤，禀其浊者为愚。""性即理也。天下之理，原其所自来，未有不善。故凡言善者，皆先善而后恶；言是非者，皆先是而后非；言吉凶者，皆先吉而后凶。""气有善有不善，性则无不善。人之所以不知善者，气昏而塞之耳。"明道也说："在天为命，在人为性，主于身为心。"

宇宙既只有一理，而性亦只是此理，然则此理的性质又是什么呢？明道《识仁篇》，即以其性质，归之于"仁"，其言曰："学者须先识仁。仁者浑然与物同体。义、礼、智、信，皆仁也。识得此理，以诚敬存之而已。不须防检，不须穷索。若心懈则有防。心苟不懈，何防之有？理有未得，故须穷索。存久自明，安待穷索？此道与物无对，大不足以明之。天地之用，皆我之用。孟子言：'万物皆备于我，须反身而诚，乃为大乐。'若反身未诚，则犹是二物有对。以己合彼，终未有之，又安得乐。'顶顽'意思，乃备言此体。以此意存之，更有何事？必有事焉而勿正，心勿忘，勿助长。未尝致纤毫之方。此其存之之道。若存得，便合有得。盖良知良能，元不丧失。以昔日习心未除，却须存习此心，久则可夺旧习。此理至约，惟患不能守。既能体之而乐，亦不患不能守也。"案明道认为仁就是生。宇宙现象，变化无穷，都不外是生生不息；故一切现象，均可用一生字概括之；从而生之外便无余事，所以生之大也就没有什么东西可以与之对立。生既是仁，所以仁之大也没有什么东西可以与之对立。惟其如此，所以"仁"就是一贯之道，得此一贯之道，便可会通万物，更何假于外求？

定

仁固然是一贯之道，但是，人又从何而识仁呢？明道归之于定，以代替濂溪之所谓静，其言曰："所谓定者，动亦定，静亦定。无将迎，无内外。苟以外物为外,牵己而从之,是以己性为有内外也。且以性为随物于外,则当其在外时,何者为在内,是有意于绝外诱,而不知性之无内外也。既以内外为二本,则又乌可遽语定哉?夫天地之常,以其心普万物而无心;圣人之常,以其情顺万事而无情。故君子之学,莫若廓然而大公,物来而顺应。《易》曰:'贞吉,悔亡,憧憧往来,朋从尔思。'苟规规于外诱之除,将见灭于东而生于西也。非惟日之不足。顾其端无穷,不可得而除也。人之情,各有所蔽,故不能适道。大率患在于自私而用智。自私则不能以有为为应迹(一作物),用智则不能以明觉为自然。今以恶外物之心,而求照无物之地,是反鉴而索照也。《易》曰:'艮其背,不获其身;行其庭,不见其人。'孟氏亦曰:'所恶于智者,为其凿也。'与其非外而是内,不若内外之两忘也。两忘则澄然无事矣。无事则定,定则明。明则尚何应物之为累哉?"(《答横渠先生定性书》)案明道所谓"内外两忘",就是定的功夫,而其大要:就是因物付物,以到达私欲净尽的地步;惟其能因物付物,故能不自私,能不用智;能不自私不用智,则可与言识仁。所以伊川也说:"外物不接,内欲不萌,如是而止(案伊川曰:'释氏多言定,圣人则言止。'明道曰:'知止则自定'),乃得止之道。有疑病者,事未至,先有疑端在心。周罗事者,先有周罗事之端在心。皆病也。"又说:"人多不能止。盖人万物皆备,遇事时,各因其心之所重者,更互而出。才见得这里重,便有这事出。若能物各付物,便是不出来也。"

致知

"定"固然是"识仁"之道,但要到达"定"的地步,却还有方法,这方法就是伊川所说的"涵养须用敬,进学在致知"。明道之言敬曰:"中者,天下之大本。天地之间,亭亭当当,直上直下之正理。出则不是。惟敬而无失最尽。"伊川之言,则更精当,其言曰:"有主则虚,虚则邪不能入。无主则实,实则物来夺之。……大凡人心不可二用,用于一事,他事便不能一,事为之主也。事为之主,尚无思虑纷扰之患,若主于敬,又焉有此患乎?所谓敬者,主一之谓敬。所谓一者,无适之谓一。且欲涵泳主一之义,一则无二三矣。但存此涵养,久之,自然天理明。"这就是伊川"涵养吾一"之说。至于言致知,则实本于《大学》的"格物致知"之说,所以伊川说:"穷理即是格物,格物即是致知。"又说:"格,犹穷也。物,犹理也。犹曰:穷其理而已矣。穷其理,然后足以致知。不穷,则不能致也。"

虽然，所谓格物穷理，又不是专求之于外，以格尽天下之物，以穷尽天下之理；所以伊川又说："观物理以察己。""致知在格物，非由外铄我也，我固有之也。""所务于穷理者，非道须尽了天地万物之理，又不道穷得一理便得，只是要积累多后，自然见去。"致知之说，明道也曾说过，《语录》："问：'不知如何持守？曰：'且未说到持守；持守甚事？须先在致知。'"不过明道训格物致知之格为至，言穷理而至于物，则物理尽；在用语上和伊川不同而已。

最后还有一点要说的，就是二程的表彰《大学》《中庸》二篇。自汉以来，儒者都只尊孔子之书；韩愈出，才说欲求圣人之道，必自《孟子》始。二程出，又表彰《大学》《中庸》二篇。至是《大学》遂被认为"初学入德之门"的书，《中庸》遂被认为"孔门传授心法"的书。二程这样表彰《大学》《中庸》，其用意盖不外借此二篇言性心之处以与佛家言心性相抗而已。

二程弟子甚多，惟明道就死，所以及门之士，多成就于伊川之手。

今将二程门徒的传授，表列如下：

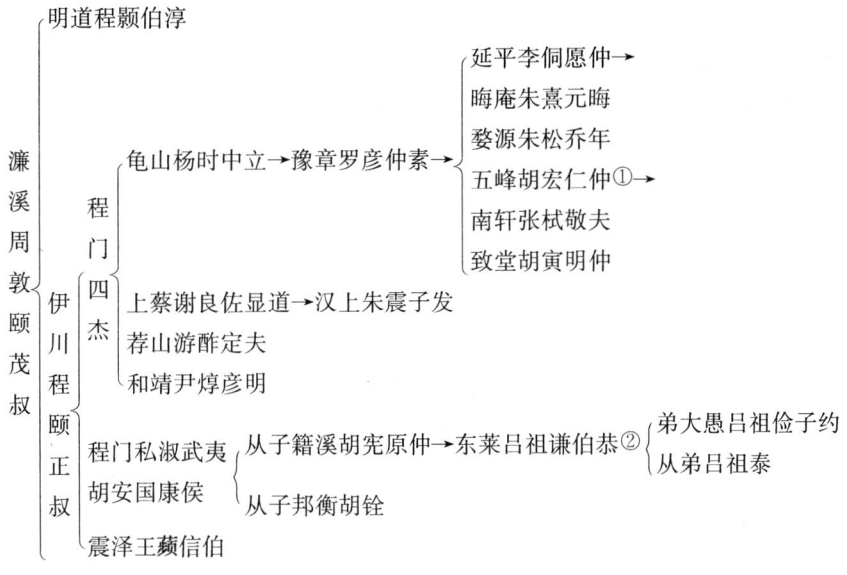

---

① 五峰为武夷子，致堂为武夷兄子。

② 东莱又事汪应辰。应辰为张九成弟子，而九成又为龟山弟子。故东莱之学与晦庵同出于龟山。

晦庵之学

朱熹字元晦，一字仲晦，又称晦庵，晦翁、紫阳，徽州婺源人。"尝谓'圣贤道统之传，散在方册。圣经之旨不明，而道统之传始晦'。于是竭其精力，以研穷圣贤之经训。所著书有：《易本义》《启蒙》《蓍卦考误》《诗集传》《大学中庸章句、或问》《论语孟子集注》《太极图通书西铭解》《楚辞集注辨证》《韩文考异》。所编次有：《论孟集义》《孟子指要》《中庸辑略》《孝经刊误》《小学书》《通鉴纲目》《宋名臣言行录》《家礼》《近思录》《河南程氏遗书》《伊洛渊源录》。皆行于世。熹没，朝廷以其《大学》《语》《孟》《中庸》训说，立于学官。又有《仪礼经传通解》，未脱稿，亦在学官。平生为文，凡一百卷；生徒问答，凡八十卷，别录十卷。"（《宋史·朱熹传》）

晦庵集理学之大成

宋世理学当以濂溪二程为正统，而晦庵实集斯学的大成。今分述晦庵之学如下：

理气之说

晦庵理气之说，本于伊川。其言曰："天地之间，有理有气。理也者，形而上之道也，生物之本也。气也者，形而下之器也，生物之具也。是以人物之生，必禀此理，然后有性；必禀此气，然后有形。"案此为晦庵的宇宙观，而分理气为二。然晦庵又说："理气本无先后之可言。必欲推其所从来，则须说先有是理。然理又非别有一物，即存乎是气之中。""天地之间，只有动静两端，循环不已，更无余事，此之谓易。而其动其静，则必有所以动静之理，是则所谓太极者也。"观此则晦庵分理气为二，却又非谓气之外别有所谓理，则其所谓理，实与濂溪之所谓太极同。又晦庵所谓气，其实就是阴阳，所以晦庵说："阴阳是气，五行是质。有这质，所以做得物事出来。五行虽是质，他又有五行之气，做这物事方得。然却是阴阳二气，截做这五个；不是阴阳外别有五行。"晦庵本于这阴阳五行之说，进而推想宇宙的起源，进而推想万物的发生，故曰："天地初开，只是阴阳之气。这一个气运行，磨来磨去，磨得急了，便楼许多渣滓。里面无处出，便结成个地在中央。气之清者，便为天，为日月，为星辰，只在外常周环运转。地便在中央不动，不是在下。""造化之运如磨，上面常转而不止。万物之生，似磨中撒出。有粗有细，自是不齐。""生物之初，阴阳之精，自凝结成两个，一牝一牡。后来却从种子渐渐生去，便是以形化。"

性说

晦庵论性，与其理气之说相合，其言曰："天地间只是一个道理。性便是理。人之所以有善有不善，只缘气质之禀，各有清浊。"案此分天地之性与气质之性，颇与伊州、横渠之说相合，惟晦庵言之更精。晦庵既认定理就是太极，则理自无不善；而"性便是理"，则性亦自无不善，所以说："人生而静以上，即是人物未生时。人物未生时，只可谓之理，说性未得，此所谓在天为命也。才谓之性，便是人生以后，此理已堕在形气之中，不全是性之本体矣。"观此，则"性之本体"，实无不善，其所以不善，都是为气所累，故进而又说："天地之运，万端而无穷。日月清明，气候和正之时，人禀此气，则为清明浑厚之气，须做个好人。若是日月昏暗，寒暑反常，皆是天地之戾气；人若禀此气，则为不好的人。""人生都是天理，人欲却是后来没把鼻生底。"晦庵根据这一点，便进而又言天地之性与气质之性，其言曰："论天地之性，则专指理言。论气质之性，则以理与气杂而言之。未有此气，已有此性。气有不存，而性却常在。虽其方在气中，然气自是气，性自是性，亦不相夹杂。至论其遍体于物，无处不在。则又不论气之精粗，莫不有是理。"案此即晦庵言性较横渠、伊川为精到之处。

论仁

"仁"为儒家道德的极轨，濂溪、明道均详言之，晦庵言仁，亦不外以仁为最大之德，其言曰："仁者仁之本体；礼者仁之节文；义者仁之断制；知者仁之分别；信以见仁义礼智，实有此理。必先有仁，然后有义礼智信。故以先后言之，则仁为先；以大小言之，则仁为大。"

居敬穷理

晦庵言居敬穷理，实本于伊川"涵养须用敬，修学在致知"二语。居敬为修养工夫，穷理为学问工夫，两者不可偏废，所以晦庵说："学者工夫，唯在居敬穷理二事。此二事互相发。能穷理，则居敬工夫日益进；能居敬，则穷理工夫日益密。譬如人之两足，左足行则右足止，右足行则左足止。又如一物悬室中，右抑则左昂，左抑则右昂。其实只是一事。"不过晦庵于两者之中，尤注重于穷理，其言曰："万事皆在穷理后。经不正，理不明，看如何地持守，也只是空。"

晦庵年齿最高，讲学最久，其门人亦最多，今表列其门徒的传授如下：

朱学之在南者
→西山蔡元定季通——子九峰蔡沈仲默（其律历象数之学，足以补师门之缺）
→勉斋黄幹直卿——金华何基子恭——鲁斋王柏会之——仁山金履祥吉父
→北溪陈淳安卿（辟陆学最力）
→潜庵辅广汉卿——鹤山魏了翁华父——於越黄震东发（辅氏四传）
→詹体仁元善——西山真德秀景元

朱学之在北者——江汉赵复仁甫

南轩之学

北宋濂溪、二程、横渠、康节，并称为理学五子；南宋晦庵集理学的大成，然与晦庵同时讲学者尚有南轩、东莱二人，今分述二人的学术思想如下：

天理人欲

张栻字敬夫，广汉人，学者称南轩先生，所著有《文集》《论语孟子解》等。其言天理人欲之辨，见于《南轩答问》中：问："吾心纯乎天理，则身在六经中。饥而食，渴而饮，天理也。昼而作，夜而息，天理也。自是而上，秋毫加焉，即为人欲矣。人欲萌而六经违矣。"曰："此意虽好，然饥食渴饮，异教中亦有拈出此意者；而其与吾儒异者何哉？此又不可不深察也。孟子即常拈出爱亲敬长之端，最为亲切。于此体认，便不差也。"南轩与晦庵同出程门，亦同言居敬穷理，惟晦庵重穷理，南轩重居敬，则其不同之点，其言曰："格物有道，其惟敬乎？"又曰："诚能起居食息主一而不舍，则其德性之知，必有卓然不可掩于体察之际者。"案此即以居敬贯穷理之说。

南轩之学，盛行于湖、湘，流衍于西蜀，惟数传而渐衰。

东莱之学

东莱不主一门之说

吕祖谦，字伯恭，其先河东人，后徙婺州，学者称东莱先生，所著有《春秋左氏传说》《左氏博议》《吕氏家塾读书记》等。当时讲学，晦庵与象山每多不合，东莱则介于其间，颇多调停而不主一门之说，故其言曰："学问做得主张，则诸子百家长处，皆为吾用。"（《童蒙训》）宋室南渡以后，学者每喜剽窃正心诚意以为浮谈，而视经世之务为末着，故东莱有《周礼说》以救其病，其言曰："教国子以三德三行立其根本，固是纲举目张。然又须教以国政，使之通达治体。古之公卿，皆自幼时便教之，以为异日之用。今日之子弟，即他日之公卿。故国政之是者，则教之以为法。或失，则教之以为戒。又教之以如何拯救，如何措画，使之洞晓国家之本末原委。然后他日用之，皆良公卿也。自科举之说兴，学者视国事，如秦、越人之视肥瘠，漠然不知。至有不识前辈姓名者。一旦委以天下之事，都是杜撰，岂知古人所以教国子之意。然又须知上之人之所以教子弟，虽将以为他日之用；而子弟之学，则非以希用也。盖生天地间，岂可不知天地间事乎？"后此永康学派，实道源于东莱。

象山之学

陆九渊，字子静，号存斋，抚州金溪人，学者称象山先生。"或劝九渊著书者。曰：'六经注我，我注六经。'又曰：'学苟知道，六经皆我注脚。'"（《宋史·陆九渊传》）故今所传，只有《文集》《语录》。"象山之学，本无所承。东发以为遥出上蔡，予以为兼出信伯。"（全祖望语）案上蔡、信伯，均出程门，故象山之学，实与伊川有关。

心学

《宋史·陆九渊传》："读古书，至宇宙二字，解者曰：'四方上下为宇，往古来今曰宙。'忽大省曰：'宇宙内事，乃己分内事；己分内事，乃宇宙内事。'又尝曰：'东海有圣人出焉，此心同也，此理同也，至西海、南海、北海有圣人出，亦莫不然。千百世之上，有圣人出焉，此心同也，此理同也，至于千百世之下，有圣人出，此心此理，亦无不同也。'"故象山之学，实摄万有于一心。惟其如此，象山之学，可以"简易直截"四字概括之，而纯一心为主，其言曰："此理充塞宇宙。所谓道外无事，事外无道。舍此而别有商量，别有趋向，别有规模，别有形迹，别有行业，别有事功，则与道不相干；则是异端，则是利欲；谓之陷溺，谓之曰窠；说只是邪说，见只是邪见。"又曰："我治其大而不治其小，一正则百正。"

先立其大者

象山教人，以"先立乎其大者"为主，所以说："志于声色货利者，固是小；剿模人之言语者，与他一般是小。"又曰："学者须是打叠田地净洁，然后令他发奋植立。若田地不净洁，则发奋植立不得，亦读书不得。若读书,则是借寇兵,资盗粮。"惟其如此,故不必他求,其言曰:"汝耳自聪,目自明;事父自能孝,事兄自能弟;本无欠阙,不必他求,在自立而已。"

象山之学,虽主于一心,其教人虽以"立大"为主,然而并非尽弃万事,不言知识,故其言曰:"夫子曰:'吾十有五,而志于学。'今千百年,无一人有志,也是怪他不得。志个甚底?须是有智识,然后有志愿。"又曰:"人要有大志。常人汩没于声色富贵间,良心善性,都蒙蔽了。今人如何便解有志,须先有智识始得。"

由上所述,可知象山之学,实与晦庵不同,今表列如下:

朱陆异同

象山之学　　　　晦庵之学
（一）简易直截;　（一）重学问思辨;
（二）心即理;　　（二）即物穷理;
（三）主直觉;　　（三）主经验;
（四）主演绎。　　（四）主归纳。

虽然,《中庸》言"诚则明,明则诚","诚则明",即先尊德性后道学问,"明则诚",即先道学问后尊德性;似此,则象山、晦庵之学,其异中自有同处。

象山之学,不及晦庵力量之大,盖朱学自宋理宗时(1225年至1264年)得朝廷表彰,元延祐(1314年至1320年)科举又用其法以后,朱学几于一统;至明王阳明出,始表彰象山之学。兹将象山之学的传授,表列如下:

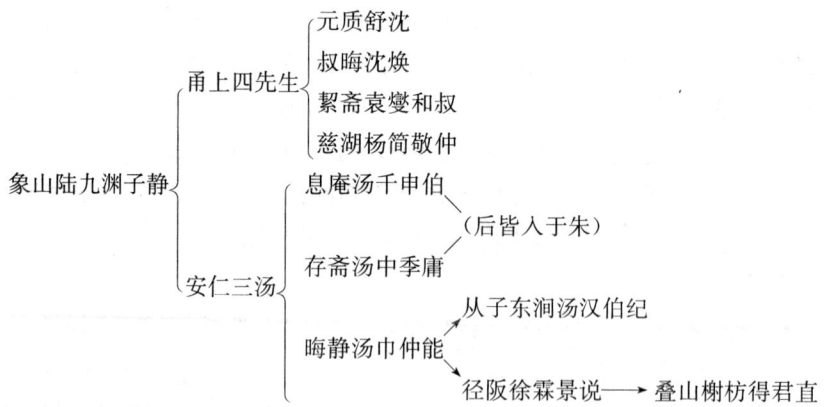

永嘉之学

宋世理学家，不重事功，南渡以后，国是日非，于是浙学出，力矫以前之失，主经制以求事功。浙学又分永嘉永康二派，以下先言永嘉之学，再言永康之学。

薛季宣

永嘉之学，始于薛季宣。季宣字士龙，号艮斋，永嘉人，师事袁道洁。道洁是伊川门人，故艮斋之学，亦出程门。艮斋所著有《浪语集》。艮斋颇言功利，故"于古封建、井田、乡遂、司马法之制，靡不研究讲画"（《宋史·薛季宣传》）。其徒陈君举（陈傅良字君举，瑞安人，学者称止斋先生，所著有《诗解诂》《周礼说》《春秋后传》《左氏章指》）继之，也究心古人经制治法，要皆与二程之学，无大出入。至叶适出，永嘉之学，便显与周、程立异。

叶适

叶适字正则，号水心，永嘉人，所著有《水心文集》《水心别集》《习学记言》等。

水心以为圣人之学，必务平实，而幽深玄妙之言，决非圣人之学。惟其如此，所以水心力斥周、张、二程之学所根据的《易》，其言曰："孔子《彖辞》，无所谓太极者，不知传何以称之？自老聃为虚无之祖，然犹不敢放言。曰：'无名天地之始，有名万物之母'而已。庄、列始妄名字，不胜其多。故有太始、太素、茫昧广远之说。传《易》者将以本原圣人，扶立世教。而亦为太极以骇后学。后学鼓而从之，失其会归。而道日以离矣。"

宋儒亟言道统之说，又尊《大学》《中庸》《孟子》，而水心均力反之，将濂溪以来所号为不传之绝学者，颠覆殆尽，而其学遂归结于功利，其言曰："正谊不谋利，明道不计功，初看极好，细看全疏阔。古人以利与人，而不自居其功，故道义光明。既无功利，则道义乃无用之虚语耳。"

永康之学

陈适

永康之学，虽源于东莱，然与东莱实异，盖东莱虽言史，却不偏于功利。永康之学，成于陈适。适字同父，永康人，学者称龙川先生。所著有

《龙川文集》三十卷。

龙川之学，破儒者门户褊狭之见甚力，其言曰："谓之圣人者，于人中为圣。谓之大人者，于人中为大。才立个儒者名字，固有该不尽之处矣。学者，所以学为人也，而岂必其儒哉？"又曰："以为得不传之绝学者，皆耳目不洪、见闻不惯之辞也。人只是这个人，气只是这个气，才只是这个才。譬之金银铜铁，炼有多少，则器有精粗。岂其本质之外，挨出一般，以为绝世之美器哉？故浩然之气，百炼之血气也。使世人争骛高远以求之，东扶西倒，而卒不著实而适用，则诸儒所以引之者过矣。"观此，则龙川之学，其偏于功利可知。

王应麟

他如王应麟（字伯厚，鄞县人，学者称厚斋先生，所著有《困学纪闻》《玉海》等）亦属浙学，与东莱之学有关，然以其偏于考证，故略而不述。

文行之学

以上言宋代理学竟，然宋季有邓牧者，其学不明其所自承，以其影响于后世者深，故别为一节述之。

邓牧字牧心，钱塘人，学者称文行先生，所著有《大涤洞天记》，归入《道藏》，又有《伯牙琴》，仅存文二十九篇，诗十三首。文行目击亡国之痛，忧郁不能自释，所以激而为世外放旷之言，世人不明其意，遂目文行为释、道之流；今观文行《君道》《吏道》二篇，却大不然。

君道
吏道

其《君道篇》曰："古之有天下者，以为大不得已；而后世以为乐，此天下所以难有也。生民之初，固无乐乎为君，不可得拒者。天下有求于我，我无求于天下也。……不幸而天下为秦，坏古封建……筑长城万里，凡所以固位而养尊者，无所不至，而君益孤。惴惴焉若匹夫怀一金，惧人之夺其后，亦已危矣。天生民而立之君，非为君也。奈何以四海之广，足一夫之用耶？故凡为饮食之侈，宫室之美者，非尧、舜也，秦也；为分而严，为位而尊者，非尧、舜也，亦秦也。后世为君者，歌颂功德，动称尧、舜，而所以自为，乃不过如秦，何哉？……彼所谓君者，非有四目两喙鳞头而羽臂也，状貌咸与人同，则夫人固可为也，今夺人之所好。聚人之所争，慢藏诲盗，冶容诲淫，欲长治久安，得乎？……夫惧人夺其位者，甲兵弧矢以待盗贼，乱世之事也，恶有圣人在位，天下之人，戴之如父母，而日以盗贼为忧，以甲兵弧矢自卫耶？"

其《吏道篇》曰："古者军民间相安无事，固不得无吏，而为员不多。……唐虞建官……择才且贤者，才且贤者又不屑为，是以上世之士，高隐大山深谷，上之人求之，切切然恐不至也。故为吏者，常出不得已，而天下阴受其赐。后世之所以害民者牧民，而惧其乱，周防不得不至，禁制不得不详，然后大小之吏布于天下。取民愈广，害民愈深。才且贤者愈不肯至，天下愈不可为矣。今一吏，大者至食邑数万，小者虽无禄养，则亦并缘为食以代其耕。数十农夫力有不能奉者，使不肖游手，往往入于其间，率虎狼牧羊豕，而望其蕃息，岂可得也。……夫夺其食不得不怒，竭其力不得不怨，人之乱也，由夺其食，人之危也，由夺其力。而号为理民者，竭之而使危，夺之而使乱。……天之生斯民也，为业不同，皆所以食力也；今之为民，不能自食，以日夜窃人货殖，攫而取之，不亦盗贼之心乎？盗贼害民，随起随仆，不至甚焉，有避忌故也。吏无避忌，白昼肆行，使天下敢怨而不敢言，敢怒而不敢诛。岂上天不仁，崇淫长奸，使与虎豹蛇虺均为民害耶？然则如之何？曰：得才且贤者用之。若犹未也；废有司，去县令，听天下自为治乱安危，不犹愈乎？"

文行之言，很明立君置官的原理；知专制之不可为治，故归本于民之自为治。后二百年，黄宗羲本其说作《原君》《原臣》，然后民贵君轻之旨始大昌。

白沙之学

元代科举用朱学，故朱学特盛。北方自江汉传朱学后，而后有鲁斋许衡、静修刘因，而有元一代，尤以鲁斋能继晦庵之学。南方则有仁山金履祥，一传而得白云许谦，再传而得长山胡翰、潜溪宋濂，而潜溪又为明初大儒正学方孝孺之师。至于陆学，则传者颇稀，仅静明陈苑与宝峰赵偕二人，他如草庐吴澄则由朱以入陆，师山郑玉则由陆以入朱。

明初诸儒，如正学方孝孺、月川曹端、敬轩薛瑄、康斋吴与弼、敬斋胡居仁，都笃守宋儒矩矱，至白沙出，始别树一帜，而为阳明的先驱。今述白沙之学如下：

陈献章，字公甫，号石斋，新会人，学者称白沙先生，所著有《白沙子集》。

白沙的创获

白沙之学，虽出于康斋，然能于康斋之外，别有创获。黄宗羲说，"先生之学，以虚为基本，以静为门户，以四方上下往古来今穿纽凑合为匡郭，以日用常行分殊为功用，以勿忘勿助之间为体认之则，以未尝致力而应用不遗为实得；远之则为曾点，近之则为尧夫，此可无疑者也。故有明儒者不失其矩矱者亦多有之，而作圣之功至先生而始明，至文成而始大"（《明儒学案》）。此言白沙之学，最为扼要。

白沙与象山

然观其《与林缉熙书》，则白沙又与象山接近，其言曰："终日乾乾，只是收拾此心而已。此理干涉至大。无内外，无终始，无一处不到，无一息不运。会此，则天地我立，万化我出，而宇宙在我矣。得此欛柄入手，更有何事？往古来今，四方上下，都一齐穿纽，一齐收拾。随时随处，不是这个充塞。色色信他本来，何用尔脚劳手攘。"案此即象山所谓宇宙即吾心，吾心即宇宙之意。要之：白沙之学，实上承象山，下开阳明。

阳明之学

王守仁，字伯安，余姚人，学者称阳明先生，所著有《诗文集》《五经臆说》《大学古本旁释》；其门人钱绪山所编的《传习录》，最足以见阳明学的大概。

阳明之学的三变

黄宗羲叙阳明进学的变化甚扼要，其言曰："先生之学，始泛滥于词章，继而遍读考亭之书，循序格物。顾物理吾心，终判为二，无所得入，于是出入于佛、老者久之。及至居夷处困，动心忍性，因念圣人处此，更有何道。忽悟格物致知之旨，圣人之道，吾性自足，不假外求。其学凡三变而始得其门。自此之后，尽去枝叶，一意本原，以默坐澄心为学的，有未发之中，始能有发而中节之和。道德言动，大率以收敛为主，发散是不得已。（学成以后第一变）江右之后，专提致良知三字，默不假坐，心不待澄，不习不虑，出之自有天则。盖良知即是未发之中，此知之前，更无未发；良知即是中节之和，此知之后，更无已发。此知自能收敛，不须更主于收敛；此知即能发散，不须更期于发散。收敛者，感之体，静而动也；发散者，寂之用，动而静也。知之真切笃实处，即是行；行之明觉精察处，即是知：无有二也。（学成以后第二变）居越以后，所操益熟，所得益化。时时知是知非，时时无是无非，开口即得本心，更无假借凑拍。如赤日当空，而万众毕照。（学成以后第三变）——是学成以后，有此三变也。"（《明儒学案》）观此，则阳明之学，实出象山；而白沙不过是明代倡陆学的前驱而已。以下分述阳明之学：

理气合一说

宋学至晦庵而集大成。晦庵认宇宙间有形象者为气，而所以使之然者为理。阳明则倡理气合一说。其言曰："理者气之条理，气者理之运用。无条理固不能运用，无运用亦无所谓条理矣。"

心即理说

心即理说，本出于象山，然阳明言之更精。阳明既认理与气是一，进而更归到理就是心。其言曰："夫物理不外于吾心。外吾心而求物理，无物理矣。遗物理而求吾心，吾心又何物耶？心之体性也，性即理也。故有孝亲之心，即有孝之理。无孝亲之心，即无孝之理矣。有忠君之心，即有忠之理。无忠君之心，即无忠之理矣。理岂外于吾心耶？……外心以求理，此知行之所以二也。求理于吾心，此圣门知行合一之义。"又曰："在物为理，处物为义，在性为善；因所指而异其名，实皆之心也。心外无物，心外无言，心外无理，心外无义，心外无善。吾心之处事物，纯乎理而无人伪之杂谓之善，非在事物有定所可求也。处物为义，是吾心之得其宜也，义非在外可袭而取也。格者格此也，致者致此也，必曰事事物物上求个至善，是离而二之也。伊川所云：'才明彼，即晓此'，是犹谓之二。性无彼此，理无彼此，心无彼此，善无彼此也。"观此，则阳明之学，实以心为主，故其言曰："人者，天地万物之心也；心者，天地万物之主也。心即天，言心则天地万物皆举之矣。"

致良知

心既是天地万物之主，但心的主宰又是什么？阳明认为就是良知，其言曰："心者身之主也，而心之虚灵明觉，即所谓本然之良知也。"又曰："良知者心之本体，即前所谓恒照者也。"又曰："不思善，不思恶，认本来面目。此佛氏为未识本来面目者，设此方便。本来面目，即吾圣门所谓良知。"又曰:"未发之中,即良知也,无前后内外而浑然一体者也。有事无事可以言动静,而良知无分于有事无事也。寂然感通可以言动静,而良知无分于寂然感通也。"案此言良知的性质。阳明又曰:"良知即是未发之中,即是廓然大公寂然不动之本体,人人之所同具者也。但不能不昏蔽于物欲,故须学以去其昏蔽。然于良知之本体,初不能有加损于毫末也。"案此言良知为人人所同具。《明儒学案》:"问:'近来工夫稍知头脑,然难寻个稳当处。'曰:'只是致知。'曰:'如何致?'曰:'一点良知。是尔自家的准则,尔意念着处,他是便是是,非便是非,更瞒他一些不得,尔只不要欺他,实实落落,依着他做去。善便存,恶便去,何等稳当,此便是致知的实功。'"案此言为学做人在于不欺良知,而首要尤在于致知,故曰:"夫学问思辨笃行之功,虽其困勉至于人一己百,而扩充之极至于尽性知天,亦不过致吾心之良知而已,良知之外岂复有加于毫末乎?今必曰穷天下之理,而不知反求诸其心,则凡所谓善恶之机,真妄之辨者,舍吾心之良知,亦将何以致其体察乎?"阳明着重致知一点,故凡格物、博文约礼、明善诚身、以及知言集义,都用致知以解释之。虽然,良知的本体,在于即知即行,所以知而不行,则其知已非真知,而为物欲所蔽,其言曰:"吾子谓语孝于温清定省,孰不知之,然而能致其知者鲜矣。若谓粗知温清定省之仪节,而遂谓之能致其知,则凡知君之当仁者,皆可谓之能致其仁之知;知臣之当忠者,皆可谓之能致其忠之知;则天下孰非致知者耶?以是而言,可以知致知之必在于行,而不行之不可以为致知也,明矣。"惟其知必在行,所以才有知行合一之说。

知行合一说

阳明言知行合一之处很多,如"行之明觉精察处便是知,知之真切笃实处便是行。若行而不能明觉精察,便是冥行,便是学而不思则罔,所以必须说个知。知而不能真切笃实,便是妄想,便是思而不学则殆,所以必须说个行。原来只是一个工夫"。如"某尝说知是行的主意,行是知的工夫;知是行之始,行是知之成。若会得时,只说一个知,已自有行在;只说一个行,已自有知在"。而他说知行合一最精到处,尤在于以下一段:"今人学问,只因知行分作两件,故有一念发动,虽是不善,然却未曾行,便不去禁止。我今说个知行合一,正要人晓得一念发动处,便即是行了。发动处有不善,就将这不善的念克倒了。须要彻根彻底,不使那一念不善,潜伏在胸中，此是我立言的宗旨。"

统观阳明之学，全在"心即理"三个字上，而"心即理"又源于理气合一而来。惟其是"心即理"，所以说"致吾心之良知"，所以说"一念发动处，便即是行了"。阳明既以心为理，自与晦庵之以心外求理不同，而接近于陆；虽然，今观阳明《答徐成之书》，固多于朱、陆相异处，以求其同，其言曰："《象山文集》所载，未尝不教其徒读书穷理，而自谓理会文字颇与人异者，则其意实欲体之于身；其亟所称述以诲人者，曰'居处恭，执事敬，与人忠'，曰'克己复礼'，曰'万物皆备于我，反身而诚，乐莫大焉'，曰'学问之道无他，求其放心而已'，曰'先立乎其大者，而小者不能夺'是数言孔、孟之言也，恶在其位空虚者乎？独其易简觉悟之说，颇为当时所疑。然易简之说，处于《系辞》；觉悟之说，虽有同于释氏，亦自有同于吾儒，而不害其为异者，惟在于几微毫忽之间而已。晦庵之言曰'居敬穷理'，曰'非存心无以致知'，曰'君子之心常存敬畏，虽不见闻，亦不敢忽，所以存天理之本然，而不使离于须臾之顷也'，是其为言，虽未尽莹，亦何尝不以尊德性为事，而又恶在其为支离乎？……仆尝以为晦庵之与象山，虽其所为学者若有不同，而要皆不失为圣人之徒。"

明代学术，自当以王学为中心，王学流传，《明儒学案》分为浙中、江右、南中、楚中、北方、粤闽、泰州七派，而最重要的，却只有浙中、江右、泰州三派，今表列如下：

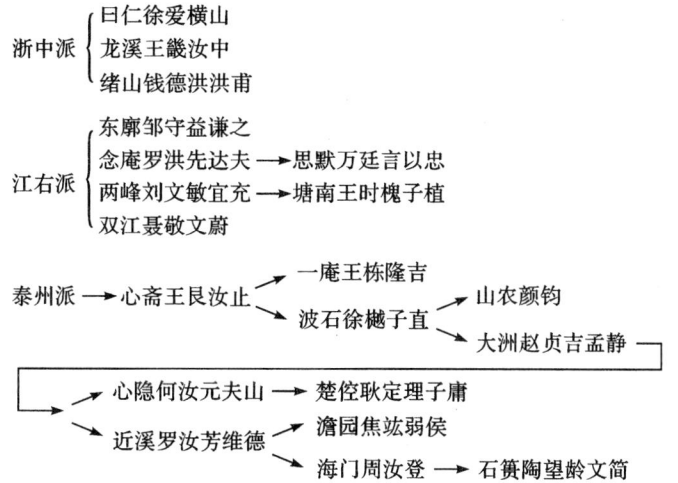

江右派为王学正宗，所以黄宗羲说："姚江之学，惟江右为得其传，东廓、念庵、两峰、双江其选也，再传而为塘南、思默、皆能推明阳明未尽之旨。"浙中、泰州两派，虽出自王门，但已与阳明立异，所以黄宗羲说："阳明先生之学，有泰州、龙溪而风行天下，亦因泰州、龙溪而渐失其传。泰州、龙溪，时时不满其师说，益启瞿昙之秘而归之师，盖跻阳明而为禅矣。然龙溪之后，力量无过于龙溪者，又得江右为之救正，故不至十分决裂。泰州之后，其人多能以赤手搏龙蛇，传至颜山农、何心隐一派，遂复非名教之所能羁络矣。"（以上《明儒学案》）

蕺山之学

王学到了明末，便是"束书不观，游谈无根"，便非"名教之所能羁络"，因此弄得所谓"酒色财气不碍菩提路"的狂禅，滔滔于天下。在这时期，王学中便起了反动，而代表这反动倾向的人物，就要推蕺山与东林派。以下先述蕺山之学，再述东林之学。

刘宗周，字起东，号念台，浙江山阴人，学者称蕺山先生，所著有《古易钞义》《圣学宗要》《学言》《人谱》《文集》等。

慎独

蕺山之学，一主江右，力矫明末王学之失，而提出"慎独"二字，其言曰："知善知恶之知，即好善恶恶之意，亦即无善无恶之体。意者，心之所存，非所发也；心之体，非心之用也；与起念之好恶不同。人心无思无不思，无思虑未起时。必物感相乘，思为物化，乃憧憧往来耳。阳明以诚意为主意，致良知为工夫。谓诚意无工夫，工夫皆在致知。殊不知好善恶恶，即知善知恶；非知善后好，知恶后恶，故更无知善知恶之可言。然则知即意也。好必善，恶必恶，故心善。意者，心之所存。好善恶恶之心，即好善恶恶之意，故意有善而无恶。此所谓独知也。良知不虑而知，诚者不思而得，故诚即知。致也者，诚之者也。离却意根一步，即无致知可言。故诚意慎独非二事。宋儒不从慎独认取，故不得不提敬于格物之前。阳明云：'有善有恶者意之动。'是以念为意。善恶杂糅，何处得觅归宿？专提致良知三字，遂致以流行心体承当。今知诚意即慎独，离意根一步，即妄而不诚，则愈收敛，是愈推致；而动而省察可废。何也？存静不专属静，省察正存养之得力处也。"

东林学派

东林学派，始于顾泾阳与高景逸。泾阳名宪成，字叔明；景逸名攀龙，字存之。都是无锡人。泾阳所著有《泾皋藏稿》《小心斋札记》《大学通考》《还经录》《证性编》。景逸所著有《遗书》《周易简说》《春秋孔义》。

顾泾阳与高景逸

明末朝政腐败，达于极点，景逸与泾阳讲学故里东林书院，主持清议，兼议国政。东林之名由是起。二人均力矫王学之失：

黄宗羲说："先生深虑近世学者乐趋便易，冒认自然，故于不思不勉，当下即是，皆令究其源头，果是性命上透得来否？勘其关头，果是境界上打得过否？而于阳明无善无恶一语，辩难不遗余力，以为坏天下教法，自斯言始。"(《明儒学案·顾宪成传》)景逸说："姚江之弊，始也扫闻见以明心耳，究而任心而废学，于是乎诗书礼乐轻，而士鲜实悟；始也扫善恶以空念耳，究且任空而废行，于是乎名节忠义轻，而士鲜实修。"(《崇文会语序》)

二人承王学空疏之弊，所以一面讲学，一面干政；后来复社、几社的运动，都是继东林而起的，其势力之大，可想而知。

经学与史学

宋、元、明三代学术的中心，当然是理学，但这时代的经学史学及其他，也有可述之处，现在分项说在下面：

（一）经学　经学至宋庆历间（1041至1048年）而一变，庆历以前，多尊章句注疏之举，至刘敞作《七经小传》及王安石作《三经新义》，才以己意改经，与前此诸儒之说立异。他如欧阳修排《系辞》，修与苏轼兄弟毁《周礼》，李觏、司马光毁《孟子》，苏轼讥《书》，晁说之黜《诗序》，都力排经师旧说；所以纪昀说："汉儒重师传，渊源有自；宋儒尚心悟，研索易深。汉儒过于信传，宋儒勇于改经，计其得失，亦复相当。"此言汉宋治经方法之异很扼要。今将宋代五经流派，表列如次：

宋代五经流派

(一)《易》
- 以象数说《易》者→陈抟
  - 刘牧(《易数钩隐图》)
  - 邵雍(《皇极经世书》)
- 以义理言《易》者
  - 程颐(《易传》)
  - 胡瑗(其门人倪天隐述师说而作《周易口义》)
- 以义理象数而言《易》者→朱熹(《周易本义》《易学启蒙》)

(二)《尚书》
- 以象数言《尚书》者→胡瑗(《洪范口义》)
- 疑古文孔传者→始于吴棫，朱熹继之。
- 考《禹贡》山川者→毛晃(《禹贡指南》)

(三)《诗》
- 攻毛、郑者
  - 欧阳修(《本义》)
  - 郑樵(《诗传辨妄》)
  - 王柏(《诗疑》)
  - 朱熹(《诗集传》)
- 宗毛、郑者→范处义(《诗补传》)

(四)《礼》
- 《周礼》
  - 王安石(《周官新义》)
  - 易袚(《周官总义》) ｜皆断以己意，与先儒颇有异同｜
  - 王昭禹(《周礼详解》)
  - 叶时(《礼经会元》)
- 《仪礼》
  - 张淳(《仪礼识误》)
  - 李如圭(《仪礼集释》) 笃实米汉儒。
- 朱熹(《仪礼经传通解》)→较唐、贾疏简明。
- 《礼记》→卫湜(《集说》)

(五)《春秋》
- 孙复(《春秋尊王发微》) 尊唐、陆淳之说。
- 刘敞(《春秋传》) 褒贬义例，多取诸《公》《穀》。
- 孙觉(《春秋经解》) 杂取三传。
- 崔子方(《春秋本例》) 推明《公》《穀》不主一家。
- 苏辙(《集解》) 从《左氏》而废《公》《穀》。

四经正义

朱注盛行

此外又有《四经正义》：(一)《孝经正义》，(二)《论语正义》，(三)《尔雅疏》，(以上三书均邢昺作疏)(四)《孟子正义》(旧本题孙奭疏)。但是，自南宋理宗表彰朱学以后，言经已渐主晦庵之说，至元仁宗延祐元年(514年)定科举法，始专以宋儒《四经注》及《五经注》。四书(《大学》《论语》《孟子》《中庸》)专用朱氏《章句》《集注》；五经则《易》用朱子《本义》，《书》用蔡沈《集传》，《诗》用朱子《集传》，《春秋》用胡安国

《传》，惟《礼记》仍用《郑注》。明以制义试士，也专主宋儒：其时四书主朱氏《集注》，《易》主《程传》、朱子《本义》，书主蔡氏《传》及古注疏，《春秋》主三传及胡安国、张洽《传》，《礼记》主古注疏。经学至此，可谓完全统一于宋儒之下。至永乐间（1403至1424年），朝廷颁《四书大全》《五经大全》，始废注疏不用，经学之衰，亦从此时起，所以顾炎武说："儒臣本旨修《四书五经大全》，可以章一代教学之功，启百世儒林之绪；而仅取已成之书，钞誊一过，上欺朝廷，下诳士子，唐、宋之时，有是事乎？经学之废，实自此始。"

司马光

（二）史学　宋代编年体的巨制，首推司马光的《资治通鉴》，全书共二百九十四卷，起自周威烈王二十三年，下迄后周世宗显德六年，其间凡一千三百六十二年。朱熹本之，作《资治通鉴纲目》九十四卷，仿《春秋》笔法，寓褒贬于其中。刘恕又作《通鉴外纪》，录庖牺氏以后至周威烈王二十二年之事，以接《资治通鉴》之前；朱熹又作《续资治通鉴长编》，录自宋太祖至钦宗之事，以接《资治通鉴》之后。降及明代，又有陈桱作《通鉴续编》，专述宋代史事；胡粹中作《元史续编》，以补《元史》的阙略；商辂等作《续资治通鉴纲目》，述自宋太祖至元顺帝之事；薛应旂作《宋元通鉴》，专述宋、元两代事——以上属编年体。

袁枢

纪事本末体则创于宋袁枢。袁枢因司马光《资治通鉴》，区别门目，以类排纂，每事各详其起讫，自为标题，每篇各编年月，自为首尾，使传纪编年，贯而为一，名其书为《通鉴纪事本末》。明陈邦瞻仿其体例，作《宋史纪事本末》与《元史纪事本末》，并清代高士奇《左传纪事本末》、李萍《辽史纪事本末》、张鉴《西夏纪事本末》、谷应泰《明史纪事本末》及《三藩纪事本末》，合称为《九种纪事本末》。

郑樵

马端临

文化史之书，则有宋郑樵的《通志》，凡帝纪十八卷，皇后列传二卷，年谱四卷，略五十一卷，列传一百二十五卷；其中最精要者为略，计分氏族、六书、七音、天文、地理、都邑、礼谥、服器、乐、职官、选举、刑法、食货、艺文、校雠、图谱、金石、灾祥、草木、昆虫二十类。后马端临又作《文献通考》，分田赋、钱币、户口、职役、征榷、市籴、土贡、国用、选举、学校、职官、郊社、宗庙、王礼、乐兵、刑、经籍、帝系、封建、象纬、物异、舆地、四裔二十四门。二书言典章制度沿革，均极详尽，与杜佑《通典》合称为《三通》。后并清世《续通典》《续文献通考》《续通志》《皇朝通典》《皇朝文献通考》《皇朝通志》，合称《九通》。

至于正史，则宋以前，汉以后，代有著作，今表列如下，以供参考：

书名	著者	卷数	年代公元
史记	前汉司马迁	一三〇	太古——前122
前汉书	后汉班固	一二〇	前206——公元24
后汉书	刘宋范晔	一二〇	25——220
三国志	晋陈寿	六五	220——280
晋书	唐房玄龄	一二〇	265——419
宋书	梁沈约	一〇〇	420——478
南齐书	梁萧子显	五九	479——501
梁书	唐姚思廉	五六	502——556
陈书	唐姚思廉	三六	556——580
魏书	北齐魏收	一一四	386——556
北齐书	唐李百药	五〇	550——577
周书	唐令狐德棻	五〇	557——581
隋书	唐魏徵	八五	581——617
南史	唐李延寿	八〇	420——589
北史	唐李延寿	一〇〇	386——617
旧唐书	石晋刘昫	二〇〇	618——906
新唐书	宋欧阳修	二二五	618——906
旧五代史	宋薛居正	一五二	907——959
新五代史	宋欧阳修	七五	907——959
宋史	元托克托	四九六	960——279
辽史	元托克托	一一六	916——1125
金史	元托克托	一三五	1115——1234
元史	明宋濂	二一〇	1206——1367
明史	清张廷玉	三三六	1368——1643

第九讲　西学东渐

概　论

中国的学术思想，受国外学术思想的影响者，前后共有两次。前一次是佛教的输入，后一次是西学东渐。西学东渐，分作两个时期讲。但是，因为中国的历法、天文与数学等也受了西学的影响，而起了绝大的变化；所以讲完了西学东渐以后，接着讲中国的历法、天文各项。

西学东渐的第一期

西洋学术之初入

蒙古勃兴，于欧、亚两洲之间，建立一个空前的大帝国，东西交通，因之频繁。1245 年至 1247 年之间，罗马法王因诺建（Innooent）四世派人访钦察汗拔都于萨来，又访元定宗于喀喇和林。1253 年，法兰西王路易九世派人访元宪宗于喀喇和林，以谋弘布基督教。1293 年，罗马法王尼古拉司（Nicholas）又命孟德可儿威诺（Joan du Monte Corvino）至燕京，得元世祖允许，建立教堂，一时信徒达六千余人。自此以后，欧人来中国传教者，相继不绝。当时元室用人，不问国籍，不分种别，所以女真、波斯、阿拉伯以及欧洲各地之来仕者很多。1275 年，意大利人马可波罗（Marco Polo）来中国，仕元历十七年之久，归著《马可波罗游记》，广布全欧，遂启日后欧人东渐的动机。此外，还有法兰西及意大利的技术家、画家、职工，也相率来中国。西洋学术，由是渐次流入中土；不过蒙古帝国瓦解以后，东西交通一时断绝，欧洲亦因宗教改革等问题，无暇东顾；所以在东西文化一度接触之后，并无进展，就彼此隔绝了。——以上所述，可以说是西学东渐的发端。

新航路的发见

到了十五世纪末叶,即明代中叶以后,全世界却换了一个新局面。在这期间,科仑布于 1492 年发见了新大陆,华斯哥加马(Vasco DaGama)于 1497 年发见了印度新航路。到了 1520 年,麦哲仑(Magellon)环游地球一周又告成功。自是以后,葡萄牙人及西班牙人,便纷纷向东方进取;继之而起的,又有荷兰人;最后则为英吉利人与法兰西人。从印度起,经过南洋群岛、菲利宾以至中国、日本,都是他们当时侵略的区域。1563 年,葡人租借澳门,是为欧人向中国进攻之始。自是以后,澳门便成为欧人侵略中国的根据地。欧人传教事业与通商事业,由是日有进展。

原来欧洲在 1517 年时,德人马丁路德倡宗教改革,新教势力很盛;以前的罗马旧教(天主教)大受顿挫。旧教中人,因此组织耶稣会,力谋改革。等到葡人在东方已取得许多属地时,葡王就托耶稣会中人担任东方传教事业。所以明代中叶以后,这些旧教徒便相率东游。

利玛窦

汤若望

南怀仁

1552 年,他们的东方布教长方济各来中国,行至广东上川岛便死。1580 年,利玛窦(Matheus Ricci)继至,居留广东、肇庆,习华言,服华衣,从事传教。1601 年,利玛窦与其友庞迪我(Diegode Pantoja)至北京,献方物及基督圣母图,并自述其制器观象的学力,以表明他不专靠布教为生。神宗念他们远道而来,礼遇优渥,令得于京内外建立礼拜堂。利玛窦颇有学术,其传教又能参酌中国习俗古义以求调和,所以朝臣如徐光启、李之藻诸人,都很信服他。1610 年,利玛窦死,南京方面群起反对西人布教。1616 年,明廷便下令禁止传教,在京教士均被逐回澳门。后来因为明朝与满洲作战:需用铳炮,于是到 1622 年又从澳门召回教士阳玛诺(Emmanuel Diaz)、罗如望(Joannes de Rocha)等制造铳炮。明年又召用艾儒略(Julio Aleni)、毕方济(Francesco Sambiaso)等,教禁遂解。不久,明朝又因历法舛误,急待改正,于是汤若望(Johann Adam Schallvon Bell)、罗雅谷(Jacobus Rho)、邓玉函(Johann Terrenz)等到北京,从事修正历法。他如龙华民(Nicolao Longobardi)等,也相率入京布教。明亡清兴,圣祖以好西学故,尝令徐日昇(Thomas Pereira)、张诚(Jean-

Francois Gerbillon)、白进（Joachim Bouvet）、安多（Antoniws Thomas）诸人轮流进讲。又令南怀仁（Ferdinand Verbiest）为钦天监副，恩理格（Christianus Herdtricht）与闵明我（Philippus Maria Grimaldi）二人，亦以精于历法，得留居北京。圣祖又命费隐（Xaverius Fhrenbertus Fridelli）、杜德美（Petrus Jartroux）、雷孝思（Joannes Baptist Regis）、麦大成（Franciscus Joannes Cardoso）、潘如（Bonjour）、汤尚贤（Petrus Vincentius du Tartre）、冯秉正（Joseph Francois Moyra de Maillac）及德玛诺（Romanus Hinderer）等，往各地测绘，成《皇舆全览图》。计自1622年召用教徒至1717年《皇舆全览图》完成止（明熹宗天启二年至清圣祖康熙五十六年），这个时期，可以称为西学东渐的第一期。在这时期中，西学之输入中国者，可别为四类，兹分述之如下：

天文历算之学

利马窦来中国，初译《几何原本》。其后，明代所用《大统历》——即元代《授时历》，沿用二百七十余年——累生舛误，遂议改行西法。思宗时（1628至1643年），命利马窦之徒徐光启改订历法，成《历书》二百三十余卷。清代因之，遂用西法所制之历为《时宪历》。后又用汤若望、南怀仁掌历政，其间虽经杨光先等攻击，仍用《大统历》，然因西法推测精密，所以终清之世，均用《时宪历》。

力艺之学

力艺之学，始自邓玉函的《奇器图说》与明泾阳王徵的《诸器图说》。邓书大旨谓：天地生物，有数，有度，有重；数为算法，度为测量，重即力艺之学，均相资而成。所以先论重之本体，说明立法之所以然，共六十一条；次论各种器具之法，共九十二条；再次为"起重""引重"诸图，每图均有说明，其于农器水法，更为翔实。王书共图十一，亦各有说明，并附以铭赞。

舆地测绘之学

利马窦来中国，为《万国全图》，于是中国人始知地球有五大洲。又著《乾坤体义》，谓地与海合而为一，地球居于天中。1623年，艾儒略依利马窦旧本，著《职方外纪》五卷，为中国有五洲万国地志之始。而1717年的《皇舆全览图》（又名《康熙内府图》），尤影响于中国的学术思想界。

农田水利之法

农田水利之法，以徐光启的《农政全书》六十卷为最有系统，计《农本》三卷，《田制》二卷，《农事》六卷，《水利》九卷，《农器》四卷，《树艺》六卷，《蚕桑》四卷，《蚕桑广类》二卷，《种植》四卷，《牧养》一卷，《制造》一卷，《荒政》十八卷，很受西法影响。又熊三拔（Sabatinus de Ursis）撰《泰西水法》六卷，亦有可观。

以上所述四类，系西学东渐第一期的成果，欲知其详，可参看郑鹤声、郑鹤春合编的《中国文献学概要》第五章。

西学东渐的第二期

由上所述，可知西学的输入，和旧教传教事业有密切关系。康熙中叶（1691年）以后，却生出一种新的变化来了。原来旧教徒如利玛窦等在中国布教，很能参酌中国风俗，容认中国教徒一面奉教一面拜孔子、拜天、拜祖先。后来这种情形传到罗马法王那里去了，法王认为破坏教规，遂于1704年派遣铎罗（Tourmon）来中国，并令凡不遵教规的教徒，一律退出中国。圣祖因此大怒，下令逮捕铎罗，送至澳门，并命凡不遵守利玛窦遗法的教徒，一律出境。世宗（1723年至1735年）即位，更令凡不在钦天监供职的教徒，不得居留内地，并改教堂为公所，禁止人民奉教。这种禁令，经高宗（1736年至1795年）仁宗（1796年至1820年）两朝，形式上均未解禁，直到宣宗时鸦片之役（1840年）以后，为和约所限，西人布教事业始大进展。

玛礼孙

1807年，玛礼孙（Dr. Robort Morrison）受英国传道会委托至中国布教，原拟在澳门登陆，因旧教徒的嫉忌，乃往麻拉甲暂时驻足，以植基础；于是从事著作，成第一部《华英字典》，并以耶教《圣经》译成汉文，供华人披阅，为新教一派布教至中国之始。后此来华教徒，都奉玛礼孙所著字典及所译《圣经》，以为圭臬。鸦片战役以后，中国以香港割让与英，时玛礼孙已死，英人为纪念玛礼孙布教之功，遂于香港建立玛礼孙学校一所。英人既得香港，于是据此以为对中国通商布教的大本营。1844年，《中美条约》与《中法条约》相继成立。自此以后，又有英法联军之役，1858年订立《天津条约》，资本帝国主义列强侵略中国，由是又获得极强固的保障。同时，国内又有太平军的革命运动，从 1850 年起，至 1864 年始告平定。在这内外多事之秋，中国的闭关主义已经无法维持，深感中国固有学术不足，而渐有倾向西学的表示。

所谓洋务

鸦片战役以后，魏源便于 1844 年著《海国图志》，1849 年徐继畬又著《瀛环志略》，由这一点便可看到中国学者倾向西学的趋势。中国经过几次挫败以后，一般知识分子，都震于西洋物质科学的可怕，而在政治上最有力量在社会上最有声望如曾国藩、李鸿章、左宗棠这班人，因为在军事上外交上和西人接触的机会多，并目击西人华尔、戈登戡平太平军的力量，于是更感觉到西洋学术的可怕；所以在太平军平定之后，他们就努力从事于"洋务"。当时"洋务"中最有影响的事件，便是：

1863 年　设外国语言文字学馆于上海；

1865 年　设江南机器制造局于上海；

1866 年　奏设轮船制造厂于福建；

1867 年　江南机器制造局内添设翻译馆；

1870 年　设机器制造局于天津；

1872 年　挑选第一批学生派容闳指导赴美留学；请开煤铁矿；设轮船招商局；

1875 年　筹建铁甲兵舰；请设洋学局于各省，分格致、化学、电学、炮法、兵法、火轮、机器、舆图、测算诸门，派通晓时务大员主持，并于考试功令稍加变通，另开洋务进取一格；

1876 年　派武弁赴德学习水陆军械技术，又派福建船政生出洋留学；

1880 年　购置铁甲兵舰；设水师学堂于天津；设南北洋电报局；奏请建设铁路；

1881 年　设开平矿务商局；

1882 年　筑旅顺军港船坞，设商办织布局于上海；

1885 年　设武备学堂于天津。

以上这些新政，都是曾国藩、左宗棠、李鸿章所创办的，就中尤以鸿章所创办者为最多（但在 1861 年时，北京即设有同文馆，附属总理各国事务衙门，同文馆聘西人为教习，教授英、法、德、俄四国语言文字，分天文、化学、算学、格致、医学诸科目）。国藩死后，宗棠又以全力经营新疆，于是鸿章就成为主持洋务的中心人物。他如郭嵩焘、曾纪泽、薛福成诸人，也都是鼓吹洋务最有力的分子。他们都认定西洋所长的是物质科学，是船坚炮利①，所以迻译之书，亦多偏重于这方面。当时翻译西籍，以同文馆翻译馆为中心，西教会教徒，也多从事翻译。1903 年，梁启超撰《西学书目表》，把译出诸书，分为学、政、教三类；除教类之书不计外，其余诸书，分为三卷：

译述之盛

（上卷）为西学诸书，包括算学、重学、电学、化学、声学、光学、汽学、天学、地学、全体学、动植物学、医学、图学各类；

（中卷）为西政诸书，包括史志、官制、学制、法律、农政、矿政、工政、商政、兵政、船政各类；

（下卷）为杂书之类，包括游记、报章、格致总、西人议论之书、无类可归之书各类。

以上各书，共计三百五十三种，八百九十三本。从事翻译者，有西人傅兰雅、林乐知、金楷理、李提摩太、艾约瑟，他如李善兰、华蘅芳、赵仲涵等亦任翻译，他们都学有根底，对于所译诸书，都能忠实。不过当时所译各书，偏重物质科学，略于社会科学，却是一个很大的缺点；但是，从这一点正可以看出当时人士的眼光。其后张之洞亦谈洋务，其目光亦只限于西洋物质科学，他的"中学为体，西学为用"，竟成为这一时期的口号。以上所述，便是西学东渐的第二期。甲午（1894 年）战败以后，国人目光，始大转变，而渐着重于社会科学；惟当时所译各书，多出自日文，且肤浅不充实，却是一个缺点；至严复出，其风始一变。

---

① 梁启超批评李鸿章的所谓洋务，说他"知有兵事而不知有民政，知有外交而不知有内治，知有朝廷而不知有国民，知有洋务而不知有国务；……以为吾中国之政教风俗，无一不优于他国，所不及者惟枪耳，炮耳，船耳，机器耳，吾但学此，而洋务之能事毕矣"。这几句话，正道破李鸿章一般人所谓洋务之失。

历法

刘洪

姜岌

虞喜

何承天

祖冲之

张子信

刘焯

僧一行

徐昂

曹大为

郭守敬

人类对于历法的知识，在石器时代已开其端。中国的历法，大概发源于有史以前。相传"黄帝使羲和占日，臾区占星，伶伦造律吕，大挠作甲子，隶首作算，容成综此六术而著调历"①。这虽是神话，却可表现中国历法内容之一斑。《尚书·尧典》说："乃命羲和，钦若昊天，历象日、月、星辰，敬授民时。"又说："期三百有六旬有六，以闰月定四时成岁。"从此数语，可见周以前的历法，已和后代的历法差不多，也是阴阳合历。夏、商以降，建置岁首，各有不同。"夏正以正月，殷正以十二月，周正以十一月。"孔子对于各种历法，赞同夏正，所以有"乘殷之辂，用夏之时"的话。战国之际，相传有历法六种，而秦用《颛顼历》，汉因秦制。至武帝时，乃使洛下闳等作浑天仪，邓平等作历，号《太初历》。这历法对于合朔、月建大小、定二十四气、推日月交食、置闰、五星躔度等，均有法度可考。不过推算不精，至东汉时，已较天象差七十八刻。以后各代，对于推算之法，各有改良。但始终没有超出旧历的范围，尤其纠缠不清的，便是元法、纪法、蔀法、章法、年法、日法②。各逞臆算，所以历屡更改，

---

① 容成作历之说，见于《世本》。

② 章蔀纪元之说，是至朔同日谓之章，同在日首谓之蔀，蔀终六旬谓之纪，岁朔又复谓之元。天元冬至之时，日月如合璧，五星如连珠。

仍然不准确。从汉至清，变更凡六十余种。其中值得叙述的历法大家，只有几个。一个是刘洪，他观察月绕地的轨道，不是正圆，而是椭圆，所以运行有迟有疾。一个是姜岌，他测出日行在二十八宿的度数，可于月食时的月行速度之冲而检得。一个是虞喜，他测出恒星也有运动，所以冬至日的宿度，时有更易。这样，便将从前关于斗分①的疑问解释了。一个是何承天：他发明以朔望及弦去定大小余。一个是祖冲之，他应用岁差说于历，又发现北极星并不是不动的北极——距不动处还有一度余。一个是张子信，他测出日月交道有表里，五星亦有迟疾留逆。一个是刘焯，他发现日的运行也有盈缩，所以由冬至至春分，春分至夏至，夏至至秋分，秋分至冬至，每季的日行度数，并不相同。一个是僧一行，他以大衍数一变古法，始以朔有四大三小，定九股交食之异。一个是徐昂，他发现日食时有气差、刻差、时差。一个是曹大为，他废除牵强附会的积元而用截元法。一个是郭守敬，他集古历的大成，废从前所附会的律吕蓍策而用纯粹的算学。他所用的算法：一，勾股测望；二，弧矢割圆；三，黄赤道差；四，黄赤道内望度；五，白道交周；六，日月五星平定立三差；七，里差刻漏；所以古历法中以郭氏的《授时历》为最精。但是郭氏历法的最大缺陷，便是算法还没到圆善的地步。因为以勾股去算浑圆，终难合辙。至明、成化以后，郭法的疏漏愈阔。其时西洋人庞迪我、熊三拔等，携西洋的弧三角术来，以改正郭法之失。到清康熙时，便用南怀仁为钦天监，以西法改古法；但当时的改革，仍是就古历的规模，而用西法的推算，至民国始完全废除古历而与世界各国取同一的历法。兹将历代历法的变革，列表于下：

历名	造者	行用时期	特点	缺点
黄帝历	相传容成所作			
颛顼历		传秦汉时皆用此历		
夏历			以建寅月为岁首	
殷历			以建丑月为岁首	
周历			以建子月为岁首	

---

① 斗分是古代度天，以南斗为起首，分周天为三百六十五度，尚有四分之一有奇，则归于斗。而岁差之数，亦与斗分混合。

续表

历名	造者	行用时期	特点	缺点
鲁历		传孔子作《春秋》所用		
太初历	西汉太初元年邓平等造	西汉至东汉共一百八十八年	历法可考者从此始	至东汉元和后天七十八刻
三统历	刘歆造	应用于推古历未见诸施行		粗疏至极毫无可取而班固甚称之
四分历	东汉元和二年扁䜣造	行于东汉及蜀汉共一百二十一年	改正太初之失	至建安时后天七刻
乾象历	建安十一年刘洪造	行于东吴凡三十一年	知太初四分之斗分不可靠	至魏景初时后天七刻
黄初历	魏黄初时韩翊造	未见施行	改正乾象斗分	
景初历	魏景初元年杨伟造	行于魏两晋凡二百零六年		至晋元嘉时先天五十刻
泰历	即景初历晋武帝改名			
元嘉历	宋元嘉时何承天造	行于宋代二十年	以朔望及弦定大余小余	至大明七年先天五十刻
大明历	宋太明六年祖冲之造	当时未用至梁天监中始采用	始悟太阳有岁差	至魏正光时先天十二刻
三纪甲子历	后秦姚兴时姜岌造	未见施行	知以月食之冲检日宿度	
玄始历	北魏平凉时得赵欧所修	行于北魏初年		
五寅元历	北魏崔浩造	未见施行		
正光历	北魏正光年李业兴等造	行于北魏凡十九年	合张洪等九家历而成	至兴和时先天九十九刻
甲子元历	北魏兴和二年李业兴造	行于魏末凡十年		至北齐天保时先天十三刻
天保历	北齐天保元年宋景业造	行于北齐十七年		至周天和时先一日又八十七刻
甲寅元历	北周天和元年年甄鸾造	行于北周十三年		至大象时先天四十刻
景寅元历	北周大象元年马显造	行于周末隋初凡五年		至隋开皇时后天十刻

续表

历名	造者	行用时期	特点	缺点
开皇历	隋开皇四年道士张宾造	行于隋代二十四年	增减何承天法	至大业时后天七刻
刘孝孙历	北齐末年刘孝孙造	未见施行	后与张宾攻讦甚激	
大业历	大业四年张胄玄造	行于隋末十一年	依据祖冲之法	至唐武德时后天七刻
皇极历	大业时刘焯造	未见施行	悟日行有盈缩	
戊寅历	唐武德时傅仁均造	行于唐初四十六年	祖刘孝孙始用定朔	至麟德时后天四十七刻
麟德历	高宗麟德二年李淳风造	行于盛唐六十三年	约取刘焯法	至开元时后天十二刻
光历	武则天时释瞿昙罗造	行于周时民间仍用麟德历		取旧法之所弃者甚为粗疏
景龙历	中宗时南宫说造	行于则天死后不久即废		法甚粗疏与光历同
大衍历	开元十二年僧一行造	行于盛唐三十四年	用《周易》大衍之数一变古未成法	至宝应时先十四刻
至德历	肃宗时韩颖造	行于肃宗时		
五纪历	宝应元年郭献之造	行二十三年		至贞元时后天二十四刻
贞元历	贞元元年徐承嗣造	行二十七年		至长庆时先天十五刻
观象历	长庆二年徐昂造			
宣明历	造者姓名失传	行于长庆后七十一年		至景福时先天四刻
崇元历	景福二年边岗造	行于唐末十四年及五代		至周显德时先天四刻
符天历	建中时曹士蒍造	行于民间号曰小历	变古法取截元	
调元历	石晋时马良绩造	行于石晋时四年		
钦天历	周显德时王朴造	行于周末五年		至建隆中后天五刻

续表

历名	造者	行用时期	特点	缺点
应天历	宋建隆元年王处讷造	行于宋初五十一年		至太平兴国时后天五刻
乾元历	太平兴国六年吴昭素造	行于宋代五十年		
仪天历	咸平四年史序造	行于宋代五十三年		
崇天历	天圣二年宋行古造	行于宋代四十年		至治平甲寅后天五十四刻
明天历	治平元年周琮造	行十年		
奉天历	熙宁十七年卫朴造	行十八年		至元祐时后天七刻
观天历	元祐七年皇居卿造	行三十一年		至崇熙时先天三刻
占天历	崇熙二年姚舜辅造	行三年		至崇熙五年后天四刻
纪元历	崇熙五年姚舜辅造	行二十一年		
统元历	南宋绍兴五年陈德一造	行于南宋三十五年		
乾道历	乾道元年刘孝荣造	行九年		至淳熙时后天一刻
淳熙历	淳熙二年刘孝荣造	行十五年		
会元历	绍熙二年刘孝荣造	行八年		至庆元时后天十刻
统天历	庆元五年杨忠辅造	行八年		至开禧时后天七刻
开禧历	开禧元年鲍浣之造	行四十四年		至淳祐时后天七刻
淳祐历	淳祐十年李德卿造	行二年		
会天历	宝祐元年谭玉造	行十八年		至咸淳时后天一刻
成天历	咸淳七年陈鼎造	行四年		至元至元时后天一刻

续表

历名	造者	行用时期	特点	缺点
大明历	辽至和二年贾俊等造	行于辽代及金初	即祖冲之遗法	
重修大明历	金大定二十年赵知微重订	行于金代一百一年		至元至元时后天十九刻
乙未历	金大定时耶律履造	未见施行		
庚午元历	元耶律楚材造		增减大明历	
授时历	元至元时郭守敬造	行于元代及明承用二百八十余年	以算学为主体较各历均精	至成化后交食不合
大统历	明刘基取授时历改名	行于明		
回回历	元至元四年札马鲁丁造	元明两代与中法并行		至成化后交食亦不合
时宪历	清康熙时南怀仁造	行于清代至清亡	以弧三角纠正勾股错误	
万国公历		民国采用与世界各国一律		

天　文

中星

中国人对于天文的知识，大概发轫于夏、商之间。《尧典》① 上所述的"日中星鸟，以殷仲春"；"日永星火，以正仲夏"；"宵中星虚，以殷仲秋"；"日短星昴，以正仲冬"；能够应用中星以定四时，则当时对于各主要恒星的名称与地球转运的情形，似乎有相当的了解。《大戴礼·夏小正》：正月，"鞠则见，初昏参正，斗柄县（即悬）在下"；三月，"参则伏"；四月，"昴则见，初昏南门正"；五月，"参则见，初昏大火中"；六月，"初昏斗柄正在上"；七月，"汉案户，初昏织女正，东乡，斗柄县在下，则旦"；八月，

---

① 《尧典》与《夏小正》，虽然都不是夏、商时代的典籍，但关于中星的记载，确是夏、商时的情形。因为周代的中星，已较虞、夏时不同。如《豳风》之"七月流火"，《吕氏春秋》之"季夏之月昏火中"，那时大火中时在季夏而非仲夏。岁差之理，至晋虞喜始发现，作伪的决不能预知。由此可知，周以前的人，对于天象也有推步。

"辰则伏，参中则旦"；九月，"内火辰系于日"；十月，"初昏南门见，织女正北乡，则旦"。这时对于恒星的伏见昏旦中，有明确的记载，则当时的天文学，似更有进展。春秋、战国之际，风角之术已兴，分野之说甚炽，星宿名称渐繁，五星运行之理亦明，对于中星，更有详细记载，《吕氏春秋》说："孟春之月，日在营室，昏参中，旦尾中"；"仲春之月，日在奎，昏弧中，旦建星中"；"季春之月，日在胃，昏七星中，旦牵牛中"；"孟夏之月，日在毕，昏翼中，旦婺女中"；"仲夏之月，日在东井，昏亢中，旦危中"；"季夏之月，日在柳，昏火中，旦奎中"；"孟秋之月，日在翼，昏建星中，旦毕中"；"仲秋之月，日在角，昏牵牛中，旦觜巂中"；"季秋之月，日在房，昏虚中，旦柳中"；"孟冬之月，日在尾，昏危中，旦七星中"；"仲冬之月，日在斗，昏东壁中，旦轸中"；"季冬之月，日在婺女，昏娄中，旦氐中"。观上所述，可知那时除定每月昏旦中星之外，更能应用二十八宿，以作天体变次的标识，而定日月躔行之所在。两汉以后，天文的知识，日渐发达，推步方面，日见精密；日月合朔交食，和五星躔度，与黄赤道度数划分，均较前进步。但因太阳象系恒星，亦有运动；从而古代所载情形，渐有不合；虞喜因而发现岁差之理。各月的中星，也与古代不同，唐人曾取《月令》所载昏旦中星，加以更改，以符合当时的情形，如"孟春之月，日在虚，昏昴中，晓心中；仲春之月，日在营室，昏东井中，晓箕中；季春之月，日在娄，昏柳中，晓南斗中；孟夏之月，日在昴，昏翼中，晓牵牛中；仲夏之月，日在参，昏角中，晓危中；季夏之月，日在东井，昏氐中，晓东壁中；孟秋之月，日在张，昏尾中，晓娄中；仲秋之月，日在角，昏斗中，晓毕中；季秋之月，日在角，昏牵牛中，晓东井中；孟冬之月，日在房，昏虚中，晓张中；仲冬之月，日在箕，昏营室中，旦轸中；季冬之月，日在南斗，昏奎中，晓亢中"，与战国时，相差几二十度。降及清代，对于中星，推测更完密，不取某宿，而取某宿中之第几星或某宿中某星附近之若干度分。《会典》所载，每月每日昏旦的中星都有了。

宿名

星宿的名称，《尚书》所载，仅鸟、火、昴、虚四个。《诗》三百篇，间亦有咏及星宿，如"定之方中""七月流火""嘒彼小星""东有长庚""西有启明""维南有箕维北有斗""歧彼织女""三星在罶"之类都是。那时的星名，已与后人所名者无甚差异。至春秋、战国时，史佚、苌弘、子韦、裨灶、甘公、唐昧、尹皋、石申等，均以识天文著名。子韦著有《司星子韦》一书，见于《汉书·艺文志》，至今未传。二十八宿的全称与分野，详见《淮南子》。至《史记》的《天官书》，对星宿的名称，始有系统的记载。《史记》将各星宿，分作五部分。中宫纪北极、紫微、太微、天市、三垣诸星；东宫纪苍龙七宿诸星；南宫纪朱鸟七宿诸星；西宫纪白虎七宿诸星；北宫纪玄武七宿诸星；共百余名。岁星荧惑填星太白辰星等之行度，均有较详的记载。《汉书·天文志》云，"凡天文在图籍昭昭可知者，经星常宿中外宫凡一百八十名，积数七百八十三星"，已较《史记》更详。《晋书·天文志》则云，"常明者百有二十四，可名者三百二十，为星二千五百，微星之数，盖万一千五百二十"，较之汉人所识，增加了十余倍。过此以后，因无望远镜，故少新发现。间有新见之星及忽没之星，为数琐碎，不可胜记。因为古有之星而今灭或古无而今现者有数百之多的原故。隋、丹元子作《步天歌》，简明易诵，颇为一时所称。元、明之际，西域、西洋天文学输入，中国天文学也蒙其影响，所谓双蝎白羊等十二宫及罗睺计都四余等名称，皆采自外国。

度次

天体茫茫，并无经界，人乃有度次之分。春秋、战国十二次之名，《左传》屡称之。十二次者，即：寿星、大火、析木、星记、元枵、娵訾、降娄、大梁、实沈、鹑首、鹑火、鹑尾是。十二次的部位，各家所述不同。兹取班固据《三统历》所述者叙之如下：自轸十二度至氐四度为寿星，自氐五度至尾九度为大火，自尾十度至南斗十一度为析木，自南斗十二度至婺女七度为星记，自婺女八度至危十五度为元枵，自危十六度至奎四度为娵訾，自奎五度至胃六度为降娄，自胃七度至毕十一度为大梁，自毕十二度至东井十五度为实沈，自东井十六度至柳八度为鹑首，自柳九度至张十六度为鹑火，自张十七度至轸十一度为鹑尾。十二次之外，尚将周天分作三百六十五度，即以地球每日公转所生之弧为一度，其纪法则就二十八宿首尾所占之度为志。洛下闳等所作浑仪，其度数如下：角十二度，元九度，氐十五度，房五度，心五度，尾十八度，箕十一度，南斗二十六度，牵牛八度，婺女十二度，虚十度，危十七度，营室十六度，东壁九度，奎十六度，娄十二度，胃十四度，昴十一度，毕十六度，觜觿二度，参九度，东井三十三度，舆鬼四度，柳十五度，七星七度，张十八度，翼十八度，轸十七度。洛下闳等所测为赤道度数，而日之躔度则在黄道，贾逵等乃更测之，其数与洛大殊，兹不具述。但当时推步之说未精，后僧一行等对于二十八宿之度合各有推算，亦各有不同，至明乃采西域六十分法，分三百六十度而去其五又四分之一度，至今沿之未改。

测天仪器

测天仪器，代有制作。相传尧时有"璇玑玉衡"（见《尧典》），即浑天仪之始，但此说难于取信。周、秦之际，历法渐明，仪器制作，想亦备具。史称畴人散之四方，其术失传。汉武时，洛下闳等作浑天仪，于地中转运，以定时节，《太初历》即依之而定。东汉以天象运行，与仪不符，永元十五年贾逵等，乃造太史黄道仪，于洛仪多所更正。汉末，张衡于延熹七年，更造浑仪，以四分为一度，周一丈四尺六寸一分，史称"夜于密室中以漏水转之，令司之者闭户，唱之以告灵台之观天者，视机所加，某星始见，某星已中，某星今没，皆如合符"。孙吴时，有王蕃者，以衡仪过大，贾仪过小，乃折衷其制，以三分为一度，周丈九寸五分又四分之一。同时有陆绩，以天体为椭圆形，更作卵形仪。六朝、宋、梁，均有新制，然无特殊异人处。唐李淳风作表里三重仪，外曰六合仪，上刻周天经纬度及二十八宿；中曰三辰仪，有璇玑规月游规列宿垣度七曜所行转；内曰四游仪，以玄枢为轴，象北辰及玉衡之转运，以识晷度。较李为后，有梁令瓒作黄道游仪，其制之精，迈越往古。其仪外刻列宿黄赤道及周天度数，注水激轮令转，一昼夜而周天；外有二轮，缀以日月，令得运行；每天西旋一周日东行一度，月行十三度十九分之七，二十九转有余而日月合朔，三百六十五转有余而日周天；以木柜为地平，令仪半在地下，晦明朔望，迟速有准；立木人二于地平上，其一前置鼓以候刻，其一前置钟以候辰；刻至则击鼓，辰至则撞钟；柜中各施轮轴勾键，关锁交错，其制之巧妙，较西洋钟表而过之。此后制作，有仿梁仪者，立七人以司七曜，十二神以司十二时，时至则出辰牌；然系因袭，不足称述。至利玛窦来中国，始以西洋之浑天仪及地球仪赍来。清世铜仪为南怀仁所作，庚子之役为德人劫去，今已归还。

论天体

中国人之论天体者，有周髀（即盖天）、宣夜、浑天三家，然皆以地为中心，周髀之说，谓天如盖笠，地如覆盂；又谓东方日中，西方夜半，西方日中,东方夜半,似乎知地为浑圆,但该法谓天如笠,与天文家实测不合,故后人不用。宣夜之说,不得而详。浑天之说,则谓"天如鸡子,地如鸡子中黄",盖以天包地,似乎也知地圆。但后来的天文学家,对于地的部分不注意,而以天为主体;所以浑天仪象,仅以平线代地。至利玛窦等来中国,始介绍哥白尼的地动地圆之说。中国人因为它与古说相近,所以不十分反对;现代学术完全取法西洋,更不用说了。

数 学

筹算

珠算

周髀算经

九章算数

张丘建

刘徽

何承天

祖冲之

孙子算经

印度算学之输入

九执术

秦九韶

朱世杰

中国人的数学,起初跟着历学走,所以历学家大半明算,《世本》上也说隶首作算,容成综而作历。古人的算法,最初是用筹算,征以古书所云"运筹帷幄""持筹而算"等语,可知言算必言筹。汉后始有珠算,其法上一下四,颇与今法异。古代学者,泰半知算。汉经学家若刘歆、贾逵、马融,均以善算闻于时。惟算数古籍,如《许商算术》《杜忠算术》等,皆不流传。今所通行的《周髀算经》与《九章算数》,皆未见记录,大约为汉人伪造。惟《九章算数》,为后世言算者所祖。其术曰方田,以御田畴面积;曰粟米,以御交贸变易;曰差分,以御贵贱赋税;曰少广,以御积幂方圆;曰商功,以御商功积实;曰均输,以御远近劳贵;曰盈不足(一名盈朒),以御隐见杂觉;曰方正,以御错糅正负;曰勾股,以御高深广远。《九章》

之中，可分作两种性质：方田、少广、商功、勾股，以物形为主，颇类几何、三角；粟米、差分、均输、盈不足、方程，以算计为主，颇类算术、代数。故后人言算，不出《九章》范围。晋张丘建精明算术，发明级数，著有《算术》，其中有垛积百鸡术、弧矢术等。刘徽则发明相似三角测量法，术号重差，后人演之为《海岛算术》。宋时，何承天、祖冲之，皆为历法大家而兼算学家。何之调日法，用强弱二率；祖之求圆法，立约密二率；其算法虽均不传，据数推知，似已知大衍天元之术。又有《孙子算经》者，托名孙子，实系六朝人伪造，其"物不知数"之题似为不定方程式。唐时，对于算学，颇为注意，设有明算科以取士，士子所习者为《孙子算经》《九章》《五雷》[1]《海岛》《张丘建》《夏阳》[2]《周》《许》《五经算术》《缀术》《缉古》等。其时印度算学已流入中国，《隋书·经籍志》中，有《婆罗门算经》三卷。开元六年，太史监瞿悉达，亦译《九执术》，惟印法数字繁难，其术亦失传。宋有秦九韶，著《数书九章》，其中大衍求一术，实即大代数。元朱世杰著《垛积术》《测海圆镜》等书，颇有发明。明代无足称述，至利玛窦东来，中国算学始受西洋影响，可参看本讲西学东渐各节及第九讲，兹不具述。

地　理

古代研究地理，每每是史家的余事。各史中多有郡国地理之志，虽于当代封域，条分缕析，罗列诸名，颇为详尽。但是，它的材料，泰半取诸版籍户册，未能亲身测验；所以各郡国仅有其名与其属县，至于山川形势，土宜物产，民情风俗，四周疆界，均盖阙如。自唐以后，如李吉甫等所著郡县志，虽单独成书，并具图谱；而其体例，亦无大异于史。直至清康熙时，西洋教士费隐等分赴各省测量，而后地图稍得正确。清代之治地理学者，方能另辟蹊径，而成今日之本国地理学。

汉代以前的地理典籍

西汉以前，言及地理的典籍，有《禹贡》《山海经》《尔雅》《淮南子》《史记·河渠书》《周官·职方》等，《禹贡》一文，叙禹敷水土名山川之

---

[1] 五雷，疑为"五曹"之讹。
[2] 夏阳，当为"夏侯阳"。

绩；首述九州约略境界，与其主要湖泽江河，土壤种类，田赋等第，草木特产，夷民俗习，水运要道；次叙弱水、黑水、河、江、淮、济诸水源流概要；最后述甸、候、绥、要、荒五服之制。其文虽仅一千一百余言，非夏禹所作，而内容丰富，记载翔实，实中国最古之古地理典册。《山海经》托名于禹及伯益所作，殊未可信。然刘安及司马迁均引用之，约为战国时书；其卷帙较繁，为各文冠；首述东西南北中五山之山川神物，次海外，次大荒，次海内。其言大都怪诞不经，仅可视为神话；然不实中，亦有可信之处，如《海外经》中之扶桑、青丘、交胫、黑齿、大人、君子、白民、劳民诸国，近之西洋学者，已能考证其地；又其所称帝俊、王亥之人，王国维、罗振玉辈又以之考证商前古史；盖此书作者，为方士之流，耳闻海客瀛涯之谈，故作神异惊人之语。其书虽可用于考古之助，但是于地学本身价值甚少。《尔雅·释地》《释邱》《释山》《释水》四篇，颇与地学有关。所谓九州、五岳、四渎，均甚简略；是书为训诂之用，要不为地理而作。刘安之《淮南鸿烈》，内有《地形训》，其言九州及各方物产，则采自《禹贡》《尔雅》，其言海外诸国，则采自《山海经》，杂阴阳五行之说，失之穿凿。《周官·职方》篇中所云九州，与《禹贡》颇有出入，而体例以东西南北中九方分州，每州各举其山镇泽薮川浸各一，次言特产人民谷畜所宜，末述九服邦国。文较《禹贡》尤短，眉目清醒，则更过之。司马迁《史记》有《河渠书》，除述禹治水外，即言郑国、李冰等开渠凿堆之事，与地理无甚关系。迁之《史记》体例，可称美善，而叙天官不及地理，斯为缺憾。由上所述，可知西汉以前之地理学，犹在萌芽时代。

史书中之地理志

地理学之稍有系统较为详密者，当推班固之《汉书·地理志》。其文首引《禹贡》《周官》之九州沿革，次序汉代一百零三郡国，胪举一千三百一十四县邑之名与户口；最后叙秦、魏、韩、赵、燕、齐、宋、卫、楚、周、吴、粤十二国之历史及其分野，以天文中之二十八宿及十二次配之，十二国下，各系以汉之郡国，并述其民情风俗，开以后各史地理志之端。汉后之郡邑沿革，自此始斑然可考。东汉时，尚有桑钦作《水经》，后魏郦道元为之作注，凡四十卷。九州的江河本支源流，大体均已具备。其书至今尚为一般学者所常称道。郦注则更为后人所赞美。汉以后之史籍，多仿班书之例，泰半有州郡郡国地理等志，于叙建制沿革之外，即列所隶县名及户口。惟欧阳修之《新五代史》，比较十国五代之州郡汇成一表，颇见精要，其余无足述者。

一统志的发轫与完成

一统志之成为专门书籍，发创于南北朝三国以后，学者竞为地方图志；如谯周之《三巴记》、潘岳之《关中记》、陆机之《洛阳记》、邓行俨之《东都记》、薛冥之《西京记》、张勃之《吴地记》、郭仲彦之《雍州记》等，陆澄汇集是项书籍，为《地理书》凡一百五十卷，集古代地理书之大成，惜其书遗逸殆尽，仅于《隋书·经籍志》能考其目录而已。方志既盛行，一统志亦随而为各代所重，阚骃有《十三州志》，顾野王有《舆地志》，任昉有《地记》，皆卷帙浩繁。虞茂有《隋区宇图志》，凡一百二十八卷，郎蔚之有《隋诸州经集》，凡一百卷，此数书，今亦遗亡。

现存的一统志

现存的一统志最古者，为《元和郡县志》，为唐李吉甫所撰，凡十卷。起自京兆府，终于陇右道，共四十七镇。每镇皆具图，冠于叙事之前；次则叙各镇所属，体例略似各州郡志。宋代则有《太平寰宇记》，为乐史所撰，凡一百九十三卷，始于东京，终于四裔。又有《元丰九域志》，为王存所撰，其书于一州之内，首叙州封，次及旁郡，总二十三路、四京府、十次府、三百四十二州、三十七军、四监、一千二百三十五县，各述建置沿革及山川名胜。南宋时，有《方舆胜览》，为祝穆所撰，凡七十卷，分叙十七路，各系所属府州军于下，而以南宋首都行在临安为首，所述亦仅南宋疆域，体例亦无大异于《元和》《元丰》。元代疆域辽阔，藩属且及欧洲，有《大元一统志》，不著撰人名氏，共一千三百卷，篇帙之繁，为古今冠，惜其书今已散逸。《永乐大典》中虽存其一部，然已不成片段。明代有《大明一统志》，为李贤等所撰，内容多袭元之旧，颇多舛讹。清代有《大清一统志》，为徐乾学、阎百诗等所撰，初为三百四十二卷，乾隆中叶，即平准部、金川，西域版图大增，乃广为五百卷。首叙各行省府县之沿革，每省各有分图，次述外藩，次述朝贡各国，欧洲诸地，亦列于朝贡国之内；其述本部各省，尚无大误，言及异域，则殊疏阔。历代一统志之沿革，大略如此。

地方志与游记

一统志之外，各地复有分志，其源始于《华阳国志》及《三巴记》。自此以后，方志并作，前已举其要者。全国各省各府各县，几无县无志，名目之繁，难于殚述。其他名胜山川，亦有志乘。最古者则有《三辅黄图》《洛阳伽蓝记》之属。至今则丛林古刹名山大川稍涉名胜者，莫不有志，亦不能具述。再有私人记游之属，如杜环《经行记》等，皆记其耳目所及，后世流为文艺品。柳宗元即以游记闻于时。故于地理无多神补。惟明末有徐宏祖者，以游为癖，曾由浙入闽、粤、赣、湘、桂，至云南，穷金沙江，至星宿海，著有《徐霞客游记》一书，于西南山脉川源，平铺直叙，皆其亲身阅历，不同臆造，故有功于地理颇巨。

异域志的萌芽

异域地志，《山海经》《淮南鸿烈》均有纪载，惟皆海客谈瀛，不实不尽。《史记》为匈奴大宛等立传，后世修史者因之，皆有四夷传之作，所纪虽近事实，亦多耳食道听，讹传错脱。专记异域之事者，六朝有杨宇之《交州异物志》、朱应之《扶南异物志》，沈莹有《临海水上异物志》，沈怀远有《南越志》，宋云有《魏国以西十一国事》，裴矩有《高丽风俗》，常骏有《赤土国记》，王玄策有《中天竺国行记》，释智猛有《外国传》，释清盛有《历国传》，释法显有《佛国记》；无著人名字者，有《日南传》《林邑国记》《真腊国事》《奉使高丽记》《西域道里记》《男女二国传》《突厥所书风俗事》诸书，今除法显之《佛国记》外，多已失传。唐有释玄奘之《大唐西域记》，记所经行西域诸国，流传至今，其所叙多亲身所历，颇为详赡，间亦多神话存于其间。

现存异域志之著者

现存典籍之记异域地理山川风俗者，宋代有徐兢之《宣和奉使高丽图》。徐在高丽数年，熟悉该国之事，所记颇为近实。赵汝适有《诸藩志》，赵氏为市舶司，所纪南洋及印度波斯等处事，其材料多闻诸海贾，半可信，半为神话。朱辅有《溪蛮丛笑》，则纪五溪蛮之习俗。元代有周达观之《真腊风土记》，周氏曾留暹逻三年，所记之事，凡四十则。汪大渊有《岛事志略》，汪为江西吉安人，曾随贾客泛海，亲历数十国，一一纪其山川险要方域疆界物产人民，较诸赵氏之《诸蕃志》则胜多许。邱处机有《长春真人西游记》，邱为道士，奉元世祖之召西行，历记所见，是与法显玄奘之作媲美。明代有张燮之《东西洋考》，其内容分八项：一为《西洋考》，纪十五国，附四国；二为《东洋考》，凡七国，附十二国；以上各国，皆与明互市者；三为《外纪考》，叙日本与红毛番（即葡萄牙），日本倭寇在明为患海滨，与明国交几绝，而红毛远在泰西，对明亦无朝贡；四为《税饷考》，纪互市关税之事；五为《舟师考》，纪航海方向里程；六为《税珰考》，纪明宦官勾通外国及舞弊情形；七为《艺文考》；八为《逸事考》；是书成于郑和七下西洋之后，故其纪亦翔实。马观则有《瀛涯纪胜》，马曾随郑和七赴南洋，亲历二十余国，对当地人情风俗道里山川，均曾加考察，故其书与汪氏之《岛事志略》为尤详。同时，巩珍亦曾随郑和出使，著有《西洋番国志》，所纪二十国，与马书互有短长。此外有钱古训之《百夷传》，纪云南、缅甸间摆夷之事；张洪有《南夷书》，董越有《朝鲜杂志》，薛俊有《日本考略》，郑名曾有《日本图说》《朝鲜图说》《琉球图说》《安南图说》等书，皆足为治地理学史者之参考。至明末西洋教士来华，艾儒略献《职方外纪》，于是欧罗巴、亚细亚等五洲之名，始见于华字典籍；今日国外地理之学，亦由此而渐萌。

清代诸儒的地理学

清代诸儒，崇尚朴学，又逢西洋教士赍地图新说来华之后，对于地理学颇能实事求是。若顾炎武遍历国中各地，所著《天下郡国利病书》，虽未完成，亦有卓识。次则有徐星伯之《新疆识略》及《西域水道志》。徐氏因罪谪戍西域，遍历各地，绘其道里远近山川形势，并详询土人，得其习俗物产，无一语虚泛，中国纪西域之书籍，未能出其右者。次有魏源著《海国图志》《俄罗斯朝聘记》《元代西域考》诸书，为国人治西洋地理之先驱，其识亦卓绝。其他治域外地理学者，若蔡汝贤有《东西夷图记》《岭海异闻》，李言恭有《日本考》，张石洲有《蒙古游牧记》，何源舣有《朔方备乘》，洪亮吉有《西夏国志》，各有所长，较宋、明人为进步。

沿革地理学

专治地理沿革者，六朝京柏璠有《春秋土地名》；《隋书·经籍志》有《古今地谱》，不著撰人姓氏；今皆失传。现今书籍之最古者，有欧阳忞之《舆地广记》，其前四卷，皆叙历朝疆域沿革。《历代地理沿革图》，题苏轼作，始自帝喾，终于宋代，为图四十有四。明人有《今古舆地图》，不著撰者姓名，凡五十卷，各有图冠其端，以墨书明代郡县名，而以五色笔书历朝疆域名称；内分区域总要、历代山名、历代水名辰次分野、列国分野、天象分野、山河两界。书虽不精，规模已具。清初，有朱约淳之《阅史津要》，内有历代疆域图十一，割据图八，省会图千七九，边图十一，镇蕃图二，镇蛮图三，漕河海运图一，黄河图一，域外图九，天文图一，亦颇精审。其最著名者，则有胡渭之《禹贡锥指》，顾祖禹之《读史方舆纪要》，二人皆长于考证，能正前人之失，此外，若钱邦宪之《历代舆地徵信编》，李兆洛之《历代地理沿革图》，亦有闻于世。李氏作图，以经纬变纪里程，已开近世沿革图之端。

历代图籍概要

地理学，于纪载山川物产民俗之外，最要者为图。图之起源，渺不可考。《管子·地图篇》有"凡兵之道，必先审之地图"之语，且言水名山道谷径川陵陆丘及道里远近城郭大小名邑废邑等事，则当时于地图，似已能详其要。燕轲以督亢地图裹匕首以刺秦王，尤足见战国时各国皆有详明地图，惜秦、汉以前之物，遗佚已久。隋、唐《经籍志》所余之《洛阳图》《阆州图》《隋区宇图》《长安四年十道图》《开元三年十道图》《剑南地图》等，今亦失传。现存之古籍，若《元和郡县志》《太平寰宇记》《奉史高丽图》等书，今多记存图逸；有图各书，其图亦为疏略；山川方位，每以意为之，不甚正确；其记里程，以二百里为一格者，亦非实测。白艾儒略献《职方外纪》、南怀仁献《坤舆图记》，始以经纬变绘里程方位，法优于前人。清圣祖知昔时地图之缺，乃使教士费隐等，分赴陕、甘、云、贵各省及蒙、回各地，实地测量，由费隐总其成，绘成全国总图及各省分图，名为《皇舆全览图》，为中国实测地图之始。至今除参谋部曾一度草率测量各省外，书坊出版之地图，尚无十分正确者。

第十讲　朴学

概　论

朴学特盛之原因

这里所讲的朴学，是专指清代经学的正统派而言，即专指清代经学的古文家而言。清代朴学的特盛，并不是偶然的，而自有其存在根据。第一，是由于王学的反动：明代王学遍天下的时候，学者都尚空谈而不务实学。顾炎武竟谓明代之亡实由于此，其言曰："刘石乱华，本于清谈之流祸，人人知之。孰知今日之清谈，有甚于前代者。昔之清谈，谈老、庄；今之清谈，谈孔、孟；未得其精而已遗其粗，未究其本而先辞其末。不习六艺之文，不考百王之典，不综当代之务，举夫子论政论学之大端一切不问，而曰一贯，曰无言，以明心见性之空言，代修己治人之实学。股肱惰而万事荒，爪牙亡而四国乱。昔王衍妙善玄言，自比子贡。及为石勒所杀，将死，顾而言曰：'吾曹虽不如古人，向若不祖尚浮虚，以匡天下，犹可不至今日。'今之君子，得不有愧乎其言。"炎武又曰："以一人戮力而易天下，其流风至于百有余年之久者，古有之矣：王夷甫之清谈，王介甫之新说，其在今日，则王伯安之良知是也。孟子曰：'天下之生久矣，一治一乱'，拨乱世、反诸正，岂不在后贤乎？"（以上《日知录》）他如王夫之、朱舜水等莫不排斥王学，黄宗羲虽不排斥王学，亦力矫王学的空疏；至于颜元，则不但攻击王学，而且直攻程、朱。清初诸儒，受了国破家亡的痛苦，因之这样热烈地反对王学的空疏，其反动，自然地要走到实学一方面去，而炎武学问的笃实，更是清代朴学的鼻祖。第二，是由于政治的影响：清初诸儒，如黄宗羲、顾炎武都抱有恢复明室之志，并且屡谋举义不成，后来清朝政局稳定，他们反清运动，更无法进行。在这种情形之下，他们就只好做些实事求是的学问工夫，以备他日的应用。顾炎武的究心地理与音学，黄宗羲与王夫之的着重史学，颜元的注意实践，虽各人所取途径不同，但都不出"学以致用"这种精神。但是自圣祖、世宗、高宗三朝屡兴文字之狱以后①，法网之密，达于极点；学者处在这种高压之下，也就只好在故纸堆中去讨生活；而所谓"故纸"又只有行世久远的经书为可宝贵，这样一来，所以学者的精力，更集中在经书上面。不过愈在故纸堆中讨生活，清初诸儒"学以致用"的精神就愈加减少，结果竟成为盛极一时专重训诂名物的朴学。第三，由于经济的影响：自从三藩平定以后，圣祖、世宗、高宗三朝，虽屡次用兵边徼，但中国本部，却早已平静无事。这个平静期间，有一百多年，生产的增加，已经超过明末清初之上，随而国库的储蓄也日益增加。在这期间，圣祖时曾开博学鸿儒科，以罗致逸民；世宗时编辑《古今图书集成》，以网罗学者；高宗时除开博学鸿词科，又开四库全书馆，全国一班绩学之士，网罗殆尽。这样一来，所谓朴学自然随着要发达起来。——以上所述，便是清代朴学特盛的原因。

清代朴学特盛的原因已经说过了，进而要说明清代学术变迁的大势。

清代经学凡三变

皮锡瑞《经学历史》说"国朝经学凡三变：国初汉学方萌芽，皆以宋学为根柢，不分门户，各取所长，是为汉、宋兼采之学；乾隆以后，许、郑之学大明，治宋学者，说经皆主实证，不空谈义理，是为专门汉学；嘉、道以后，又由许、郑之学，导源而上，《易》宗虞氏以求孟义，《书》宗伏生、欧阳、夏侯，《诗》宗鲁、齐、韩三家，《春秋》宗《公》《穀》二传。汉十四博士今文说，自魏、晋沦亡千余年，至今日而复明，实能述伏、董之遗文，寻武、宣之绝迹，是为西汉今文之学"。——皮氏这段话，把清代经学的变迁说得颇扼要；友人周予同作《经今古文学》，引申梁启超之说②，却较皮氏更为清楚。他说："清初学术界承晚明王学极盛之后，学者

---

① 圣祖时有庄廷鑨之狱与戴名世之狱，世宗时有查嗣庭之狱、谢济世之狱、陆生楠之狱与吕留良之狱，高宗时有胡中藻之狱、王锡侯之狱、徐述夔之狱与沈德潜之狱。

② 见梁著《清代学术概论》十三页，又《新民丛报·中国学术思想变迁之大势》第八章，亦可参看。

束书不观,游谈无根,于是顾炎武等起而矫之,大唱'舍经学无理学'之说。那时汉学初萌芽,大抵以宋学为根底,而不分门户,各取所长,可以说是汉、宋兼采之学,也可以说自明复于宋而渐及于汉、唐。这是第一期。乾隆以后,惠栋戴震等辈出,'为经学而治经学'之风大昌。说经主实证,不空谈义理,于是家诵许、郑,而群薄程、朱。这可以说是专门汉学,也可以说是自宋而复于东汉。这是第二期。嘉庆、道光以后,由许、郑之学导源而上,《诗》宗三家而斥毛氏,《书》宗伏生、欧阳、夏侯而去古文,《礼》宗《仪礼》而毁《周官》,《易》宗虞氏以求孟义,《春秋》宗《公羊》而排左氏,西汉十四博士之说至是复明。这可以说是西汉今文学的复兴,也可以说是自东汉复于西汉,这是第三期。光绪末年,康有为作《孔子改制考》,说先秦诸子都是'托古改制',经皆孔子所作,尧、舜皆孔子依托,于是诸子学大兴,其影响直及于现代之古史研究者。……这可以说自西汉复于周、秦,也可以说是超经传之诸子的研究。这是第四期。"——以上便是清代学术变迁的大势。

朴学的启蒙时期

本讲所要说的,只是周氏所说的第一期及第二期,即是朴学的启蒙时期与成熟时期,至于第三期及第四期,即今文学运动,则留到第十一讲再说。现在先讲朴学的启蒙时期。这时期的大师,有顾炎武、阎若璩、胡渭三人,分述如次:

顾炎武

上面说过:炎武是反对王学最力的人;但他对于程、朱,即对于宋学,却不攻击,所以他说:"由朱子之言,以达乎圣人下学之旨。"(《亭林文集·下学指南序》)他既反对王学的"束书不观,游谈无根",所以他大唱"舍经学无理学"之说①。他这种见解,便是清代朴学的先声。而他治学的方法着重于创造与博证,则更为清代朴学奠立一个强固的基础;所以他能当一代开派宗师之名。所著《日知录》与《音学五书》,为考据典制之作,

---

① 全祖望《亭林先生神道表》:"而于学无所不窥,晚益笃志六经,谓古今安得所谓别有理学者,经学即理学也,自有舍经学以言理学者,而邪说以起,不知舍经学,则其所谓理学者禅学也。"

很影响于后学。
阎若璩
若璩著《尚书古文疏证》，专辨东晋晚出的《古文尚书》及同时出现的孔安国《尚书传》为伪书。疑《古文尚书》为伪书者，始于宋吴棫朱熹，继之者有元吴澄、明归有光，然皆有所畏惮，不敢断定；自若璩出，才确定这书为伪书。这书千余年来，学者都视为神圣不可侵犯而无敢议其为伪者，自若璩力辨其为伪，于是这书的神圣地位因之动摇；学者受此刺戟，对于一切经义经文遂顿起疑惑，而一切经义经文，也就成为可以研究的对象了。

胡渭
胡氏著《易图明辨》，辨宋邵雍所传《河洛图书》非羲、文、周、孔所用，而与《易》义无关。他以易还诸羲、文、周、孔，以《图》还诸邵雍、陈抟，明孔学自孔学，宋学自宋学；由是宋学所凭借的《河洛图书》遂失其支配学者心理的势力，而以阴阳五行说经说理的异说亦因之廓清。这样一来，学者才知道欲求孔子所谓真理，除宋人所用方法外，尚别有途径。他又著《禹贡锥指》，指摘汉伪孔安国《注疏》、唐孔颖达《疏》及宋蔡沈《集传》于地理上的疏舛；又博考群书，以辨九州山川形势及古今郡国分合异同。胡氏此书，也引起学者怀疑的精神。

总之：清代朴学，实由顾、阎、胡三人开其端，而阎书专据康成以折伪孔，胡著《禹贡锥指》多引郑注及《说文》以正孔疏、蔡传，则更唤起一代朴学家崇拜许、郑的心理。他如毛奇龄的《大学知本图说》《中庸说》《论语稽求篇》，则更直攻程、朱，与后此清儒所治诸学颇有关系；而姚际恒的《古今伪书考》，其怀疑精神亦颇影响于后学。

以上所述顾、阎、胡三人，均系朴学启蒙时期的主要人物；然当时王学势力业已衰落，而新学派如朴学者又未正式树立，学术思想界既无定于一尊之弊，故自由研究的精神特盛；不过因为承明季王学空疏之后，所以各人研究领域虽不同，但大致都倾向于"学以致用"的精神。现在就当时学者中其学术思想有影响于后代者的几位，分述如下：

黄宗羲
宗羲少受学于刘宗周，虽不反对王学，然亦力矫王学空疏之弊。惟其如此，所以他特重经学与史学；全祖望《梨洲先生神道碑》言之甚详："忠端之被逮也。谓公曰：'学者不可不通知史事，可读《献徵录》。'公遂自明十三朝实录，上溯二十一史，靡不究心而归宿于诸儒。既求经，则旁求之九流百家，于书无所不窥者。公谓明人讲学，袭语录之糟粕，不以六经为根柢，束书而从事于游谈；故受业者必先穷经，经术所以经世，方不为迂儒之学；故兼令读史。又谓读书不多，无以证斯理之变化，多而不求于心，则为俗学。故凡受公之教者，不堕讲学之流弊。"我们由这段话，便知宗羲之特重史学；梁启超说他是一代史学之祖，诚非过誉。他所著《明儒学案》，为中国有学术史之始。他又深痛专制君王的毒害，故其所著《明夷待访录·原君》《原臣》《原法》诸篇均显露民权主义的思想，晚清梁启超、谭嗣同倡民权共和之说，很受他的影响。

王夫之

夫之僻处深山，其学无所师承。他力攻王学，其言曰："侮圣人之言，小人之大恶也……姚江之学，横拈圣言之近似者，摘一字一句以为要妙，窜入其禅宗，尤为无忌惮之至。"（《俟解》）他对于宋学，提倡关学，其言曰："张子之学，上承孔、孟，如皎日丽天，无幽不烛。惜其门人未有殆庶者。曾不逮邵康节之数学。是以不百年而异说兴。"（张子《正蒙注序》）他于天理人欲之辨，有独到的见解，其言曰："天理即在人欲之中，无人欲则天理亦无从发现。"（《正蒙注》）后此戴震思想，多由此衍出。而晚清谭嗣同，亦多受他的影响；他所著《黄书》《噩梦》，言黄帝为吾族之祖，指陈民生利弊甚切；他又长于史论，所著《读通鉴论》《宋论》，辨夷夏之防，明民权之理，都有特见；惜以后其学不昌。

颜元

颜元之学，重实行而恶空谈；他不但反对宋学，而且反对汉学，其言曰："昔者孔子没而诸子分传。杨、墨、庄、列乘间而起，鼓其诐说。祖龙遂废井田封建，焚书坑儒。使吾儒经世之大法，大学之制，沦胥以亡。两汉起而治尚杂霸，儒者徒拾遗经为训传，而圣学之体用残缺莫振。浸淫于魏、晋、隋、唐，训诂日繁，佛、老互扇，清谈词章，哗然四起。祸积而至五季，百氏学术，一归兵燹。尧、舜、周、孔之道，更孰从而问之乎？宋代当举世愦愦罔知所向之时，而周子独出，以其传禅僧寿崖道士陈抟者，杂入儒道，绘图著书，创开一宗。程、朱、陆、王皆奉之。相率静坐顿悟，验喜怒哀乐未发时气象，曰：以不观观之。暗中二氏之奸诡，而明明德之实功沤矣。相率读讲注释，合清清训诂为一堂，而习行礼乐兵农之功废，所谓亲民者无其具矣；又何止至善之可言乎？以故于尧、舜三事之事，周、孔三物之物，偭矩而趋。而古大学教人之法，秦人强使之亡而不能尽者，潜奸暗易，而消亡遂不知所底矣。生民之祸，倍甚晋、唐。道法遂湮，人才寥落。莫谓虞、夏、商、周之文物，尽灭其迹；虽两汉英雄之干才，贤守令之政务，亦莫及焉。而语录恣其张皇，传赞肆其粉饰，竟若左右虞、周，颉颃孔、孟者。试观后世之国学乡学，尚有古大学学习之物否？试观两宋及今五百年，学人尚行禹、益、孔、颜之实事否？徒空言相续，纸上加纸，而静坐语录中有学，小学大学中无学矣；书卷两庑中有儒，小学大学中无儒矣。"（《习斋馀记·大学辨业序》）他既薄宋、明之学，又恶汉、唐之训诂注疏，然则他究以何学学教人呢？他以为"尧、舜之道在六府二事，周公教士以三物，孔子以四教，非主静专诵读流为禅宗俗学者所可托。于是著《存学》《存性》《存治》《存人》四编以立教，名其居曰习斋。师门弟子行孝弟，存忠信，日习礼、习乐、习射、习书数，究兵农水火诸学，堂上琴、竿、弓、矢、筹、管森列"。（戴望《颜氏学记·颜元传》）由此看来，可见颜元只是教人实践，教人做事，所以他说："生存一日，当为生民办事一日。"（《年谱》卷下）他有弟子李塨、王源，均能实践其教；然以清室法网日密，其实行精神，又为当局所忌，故其学不久中绝。

唐甄

唐甄有《潜书》九十七篇。他称道阳明，而自比孟子；因为唐氏之学，自阳明而入，而阳明言良知又出于孟子。惟其宗孟，所以抑尊，其言曰："圣人定尊卑之分，将使顺而率之，非使亢而远之。为上易骄，为下易谀，君日益尊，臣日益卑。是以人君之贱视其臣民，如犬马虫蚁之不类于我，贤人退，治道远矣。太山之高，非金玉丹青也，皆土也。江海之大，非甘露醴泉也，皆水也。天子之尊，非天帝大神也，皆人也。是以尧、舜之为君，茅茨不剪，饭以土簋，饮以土杯。虽贵为天子，制御海内，其甘菲食，暖粗衣，就好辟恶，无异于野处也，无不与民同情也。"（《潜书·抑尊》）他注重治世之术，而其言治，则归于上下平均；其言曰："天地之道故平，平则各得其所；及其不平也，此厚则彼薄，此乐则彼忧。……王公之家，一宴之味，费上农一岁之获，犹食之而不甘。吴西之民，非凶岁，为餍粥，杂以荍秸之灰。无食者见之，以为是天下之美味也。人之生也，无不同也；

今若此，不平甚矣。提衡者，权重于物则坠；负担者，前重于后则倾；不平故也。是以舜、禹之有天下也，恶衣菲食，不敢自恣；岂所嗜之异于人哉？惧其不平以倾天下也。"（《潜书·大命》）因为他这样主张，所以在《室语》篇中，竟斥自秦以来的帝王为贼，而在《省官》篇中又说官多害民。他既注重事功，从而他就认定只有治世者才叫做儒，其言曰："老养生，释明死，儒治世。三者各异，不可相通。合之者诬，校是非者愚。"（《潜书·性功》）他著书，不肯一字袭古，其言曰："言，我之言也；名，我世所称之名也。今人作述，必袭古人之文；官爵郡县，必反今世之名，何其猥而悖也。"（王闻远《唐圃亭先生行略》所引）

胡承诺

承诺有《释志》六十篇，又《自叙》一篇。其学以宋儒为依归，务实务平，不离事而言理，其《古制》篇论古封建井田的兴废，很可以看出他这种精神，其言曰："虽有三代之良法，不可行于今者，千百年之后，制度不相近也。虽有汉、唐之良法，不可行于今者，千百年之后，利病不相因也。居今而欲善治，亦取制度相近利病相因者，损益用焉已尔。"他这样言损益，足见他不是个泥古的人，而和陆生柟、吕留良一班人不同。

梅文鼎

文鼎为清代天算学开山之祖。有《勿庵历算全书》二十九种，凡七十四卷。其孙毂成亦精算学。同时，吴江王锡阐亦通天算，有《晓庵新法》六卷，文鼎治天算，不分中西，均能取其所长，而无主奴之见；清代经师多治算学，文鼎之功不小。

刘献廷

献廷精地理学，喜游历，观览山川形胜，以证所学。又长于音韵学，著《新韵谱》，惜其书不传；惟全祖望《刘继庄传》中记其厓略，今注音字母，即采其成法不少。

以上诸人，其学术思想都有独到处。他如余姚朱之瑜（有《舜水文集》），则以其讲学日本，日本受其影响很深，而中国反无所闻。又如太原傅山，则以任侠闻，信老、庄之学。他们两个人，都与后此学术无关，故略而不述。至为宋、明理学守残垒者，则有以下数人：

理学诸子

（一）容城孙奇逢以阳明和通程、朱讲学于北方；
（二）太仓陆世仪以紫阳和通陆、王讲学于南方；

（三）平湖陆陇其一主程、朱，力攻阳明；

（四）桐乡张履祥虽师宗周，而得力于紫阳，其学着重于治生，曰："能治生则能无求于人；无求于人则廉耻可立，礼义可行"；

（五）盩厔李颙，其学虽得力于自己，而一宗陆、王家法，又力补王学之失，曰："明道存心以为体，经世宰物以为用"（《答顾炎武书》）；又曰："理学经济，原相表里"（《答许学宪书》）。

总观以上五人，虽仍守理学残垒，然已由明而返于宋。不过他们个人道德都很好，所以能够斤斤自守，较之以后拿理学去逢迎时主的大官们却要高尚得多了。

朴学的成熟时期

以上所讲，为朴学的启蒙时期，那时汉学的堡垒尚未建立，说经还是汉、宋兼采。乾隆（高宗年号，从 1736 年至 1795 年）以后，才正式进到朴学的成熟时期。促成这种机运的原因，如前所述，固属是：

（一）顾、阎、胡为之先导，（二）政局稳定，生活安全，使学者有余裕以自厉其学，（三）法网日密，使学者不得不在故纸堆中讨生活；但是，还有两点，也是促成这种机运的原因：

促成朴学成熟的原因

第一，外来的研究方法：自明季利玛窦等输入西学于中国以后，学问研究方法上生一种外来的变化；其初只有治天算学的人运用这种方法，到了这个时候就把它运用到别的方面去了；所以近人谓他们治学的方法，合于西洋科学的精神①。

---

① 梁著《清代学术概论》："吾尝研察其治学方法：第一曰注意：凡常人容易滑眼看过之处，彼善能注意观察，发现其应特别研究之点；所谓读书得间也。……第二曰虚己：注意观察之后，既获有疑窦；最易以一时主观的感想，轻下判断；如此则所得之'间'，行将失去。考证家决不然；先空明其心，绝不许有一毫先入之见存；惟取客观的资料，为极忠实的研究。第三曰立说：研究非散漫无纪也，先定一假定之说以为标准焉。第四曰搜证：既立一说，绝不遽信为定论；乃广集证据，务求按诸同类之事实而皆合；……第五曰断案，第六曰推论：经数番归纳研究之后，则可以得正确之断案矣；既得断案，则可以推论于同类之事项而无阂也。"

第二，达官要人的提倡与维护：当时达官要人如阮元①纪昀②毕沅③等，大都倾心朴学，尽提倡与维护之力。

成熟时期的代表人物，为惠栋、戴震、段玉裁、王念孙、王引之，而惠为吴派首领，戴为皖派鼻祖，今分述之如下：

（一）吴派：吴县惠栋，世传经学；周惕、士奇，虽宗汉诂，然有时仍以空言说经，至栋始弘布汉学，而汉学的门户因之建立。栋有《九经古义》《易汉学》《周易述》《左传补注》诸书，其《九经古义·首述》云："……汉经师之说，立于学官，与经并行……古字古言，非经师不能辨……是故古训不可改也，经师不可废也。"我们看到他这几句话，便知道他的笃执古训，所以梁启超以"凡古必真，凡汉皆好"八个字概括惠派的治学方法。——这一派可以说是纯粹的汉学，而与皖派不同。

栋弟子最著者有：吴县江声，著《尚书集注音疏》《六书说》；吴县余萧客，著《古经解钩沈》。萧客弟子有甘泉江藩，著《汉学师承记》，推栋为斯学正统。嘉定王鸣盛与同乡钱大昕，也都受学于惠栋，而以史学闻于世。江都汪中亦倾向惠派，有《广陵通典》《周官征文》《左氏春秋释疑》诸书，而《述学》内外篇尤为有名。

皖派

（二）皖派：皖派鼻祖为休宁戴震，而震受学于婺源江永。震治学方法，与惠栋相异，震主精审有识断，栋则淹博而笃执古训。他说："学者当不以人蔽己，不以己自蔽。"（《东原文集·答郑用牧书》）钱大昕说他"实事求是，不主一家"（《潜研堂集·戴震传》）；余廷灿说他"有一字不准六书，一字解不通贯群经，即无稽者不信，不信必反复参证而后即安，以故胸中所得，皆破出传注重围"（《戴东原先生事略》）。——观此足见戴氏治学方法，深合于近代科学的精神，所以刘光汉《戴震传》说："先生之学，先立科条，以审思明辨为归。凡治一学，著一书，必参互考验，曲证旁通，

---

① 阮元，仪征人，乾隆进士，道光时官至体仁阁大学士，历官中外，所至以提倡学术自任，在粤设学海堂，在浙设诂经精舍，又校刊《十三经注疏》，汇刻《学海堂经解》等书，以饷学者。

② 纪昀，河间人，乾隆进士，官至协办大学士，修《四库全书》，昀为总纂。

③ 毕沅，镇洋人，乾隆进士，官至湖广总督，经史小学金石地理之学无所不通。

博征其材，约守其例。复能好学深思，实事求是，会通古说，不尚墨守。"后此朴学之所以光大，完全是受了他这种治学方法的影响。——这一派可以称为朴学。

戴氏著述宏富，其最著者有《毛郑诗考正》《考工记图》《孟子字义疏证》《方言疏证》《原善》《原象》《勾股割圜记》《策算》《声韵考》《声类表》《仪礼正误》《尔雅文字考》《古历考》《历问》《续天文略》《水地记》《校水经注》及《直隶河渠书》等，而《孟子字义疏证》，则为戴氏哲学的著作。他这种哲学，很得力于王夫之所谓"天理即在人欲之中，无人欲则天理亦无从发现"这两句话。原来宋儒把欲与理与性视为两种东西；戴氏却视欲与理与性为同物。所以他说："记曰：'饮食男女，人之大欲存焉'；圣人治天下，体民之情，遂民之欲，而王道备。人知老、庄、释氏异于圣人。闻其无欲之说，犹未之信也；于宋儒则信以为同于圣人。理欲之分，人人能言之；故今之治人者，视古圣贤体民之情遂民之欲，多出于鄙细隐曲，不措之意，不足为怪。及其责以理也，不难举旷世之高节著于义而罪之。尊者以理责卑，长者以理责幼，贵者以理责贱，虽失谓之顺；卑者、幼者、贱者以理争，虽得谓之逆。于是下之人不能以天下之同情天下所同欲达之于上，上以理责其下，而在下之罪，人人不胜指数。人死于法，犹有怜之者；死于理，其谁怜之？"又曰："古圣贤所谓仁义礼智，不求于所谓欲之外，不离乎血气心知；而后儒以为如有别物焉凑泊附著以为性，由释杂乎老、释，终昧于孔、孟之言故也。"（以上见《孟子字义疏证》）他这些话的根本意思，就是要人人各得其情，各遂其欲，而勿悖于道义；欲以外更无所谓仁义礼智，更无所谓理。他这种人生哲学，着重在"欲遂其生"四个字上，所以他又说："人之生也，莫病于无以遂其生。欲遂其生，亦遂人之生，仁也。欲遂其生，至于戕人之生而不顾者，不仁也。不仁实始于欲遂其生之心，使其无此欲，必无不仁矣。然使其无此欲，则于天下之人生道穷促，亦将漠然视之；己不必遂其生而遂人之生，无是情也。"（《孟子字义疏证》）总括一句，就是以遂人之欲达人之情为"遂其生亦遂人之生"的方法，以"遂其生亦遂人之生"为解决人生问题的指针。戴氏人生哲学的大意，尽在于此。

戴氏后学，名家辈出，今分述之如下：

（一）金坛段玉裁，讲求古义，深于小学，著述很多，而以《说文解字注》《六书音均表》《诗经小学录》为尤著。

（二）高邮王念孙，亲受学于戴氏，精训诂，著有《广雅疏证》及《读书杂志》。其子引之，亦精训诂，著有《经义述闻》与《经传释词》。

玉裁、念孙、引之并戴氏，为朴学的中坚人物，故世称戴、段、二王。他如治数学者有汪莱，治韵学者有洪榜，治《三礼》者有金榜、胡匡衷、凌廷堪；而任大椿、卢文昭、孔广森辈，亦莫不师戴。——戴学之盛，可谓达于极点。

朴学启蒙时期与成熟时期之异点

以上述朴学的成熟时期竟，进而请言朴学启蒙时期与朴学成熟时期的异点：

（一）启蒙时期对于宋学，仅攻击其一部分，而仍因袭其一部分；成熟时期，则置宋学于不顾；

（二）启蒙时期学者均抱有"学以致用"的精神，成熟时期的学者则为经学而治经学，为考证而考证；

（三）启蒙时期的考证学，不过粗引端绪，仅居一部分势力；成熟时期则占学术界全领域而日益精密。

在这朴学独占时期，其他学术思想，几无立足的余地；但是，在这时期中，依旧有几个学者肆力于他种学问。今分述于后：

彭绍升

汪缙

罗有高

吴县彭绍升，休宁汪缙，瑞金罗有高三人都是在朴学独占时期，以和会儒、释，而独树一帜者。彭有《二林居集》，汪有《汪子文录》，罗有《尊闻居士集》。三人之学，最相契合，要皆华梵交融，禅净并重；盖不但空言参悟，而且力事行持；这与宋儒糅杂佛说只谈明心见性而不发愿往生者大有分别。

洪亮吉

亮吉亦治经学，亦治史学，有《诗文集》六十四卷，《意言》二十篇。他于清代盛世，亟言生计之学，其言曰："人未有不乐为治平之民者也，人未有不乐为治平既久之民者也。治平至百余年，可谓久矣。然言其户口，则视三十年以前，增五倍焉；视六十年以前，增十倍焉；视百年百数十年以前，不啻增二十倍焉。试以一家计之：高曾之时，有屋十间，有田一顷；身一人，娶妇后不过二人；以二人居屋十间，食田一顷，宽然有余矣。以一人生三子计之，至子之世，而父子四人；各娶妇，即有八人。八人即不能无佣之助，是不下十人矣。以十人而居屋十间，食田一顷，吾知其居仅仅足，食亦仅仅足也。子又生孙，孙又娶妇。其间衰老者或有代谢，然已不下二十余人。以二十余人，而居屋十间，食田一顷，即量腹而食，度足而居，吾以知其必不敷矣。又自此而曾焉，自此而玄焉，视曾高时，口已不下五六十倍。是高曾时为一户者，至曾玄时不分至十户不止。其间有户口消落之家，即有丁男繁衍之族，势亦足以相敌。或者曰：高曾之时，隙地未尽辟，闲廛未尽居也。然亦不过增一倍而止矣，或增三倍五倍而止矣。而户口则增至十倍二十倍，是田与屋之数，常处其不足；而户与口之数，常处其有余也。又况有兼并之家，一人据百人之屋，一户占百户之田；何怪乎遭风雨霜露饥寒颠踣而死者之比比乎？曰：天地有法乎？曰：水旱疾疫，即大地调剂之法也。然民之遭水旱疾疫而不幸者，不过十之一二矣。曰：君相有法乎？曰：使野无闲田，民无剩力。疆土之新辟者，移种民以居之；赋税之繁重者，酌今昔而减之。禁其浮靡，抑其兼并，遇有水旱疾疫，则开仓廪悉府库以赈之。如是而已。是亦君相调剂之法也。要之：治平之久，天地不能不生人；而天地之所以养人者，原不过此数也；治平之久，君相亦不能使人不生；而君相之所以为民计者，亦不过前此数法也。然一家之中，有子弟十人，其不率者，常有一二。又况天下之广，其游惰不事者，何能一一遵上之约束乎？一人之居，以供十人已不足；何况供百人乎？一人之食，以供十人已不足；何况供百人乎？此吾所以为治平之民虑也。"（《意言·治平篇》）——他这见解，《韩非子·五蠹篇》上早就说过了，不过生在盛时，人人都在歌舞升平的时候，而能深虑于民生问题，却是当时不可多得之士。

　　他如李汝珍著《镜花缘》，俞正燮著《癸巳类稿》，其中多讨论妇女问题的地方，颇有可观，不过不为当时人士所重视罢了。

朴学的衰落时期

俞樾
孙诒让

当朴学极盛时期,朴学便独占了学术界,嘉、道以后,庄存与崛起,提倡今文学(即常州派),以与朴学分立;到这时,朴学才渐次走到它的衰落时期。但在这衰落期,而能为朴学保持残垒者,尚有二人:

(一)德清俞樾,著《群经平议》《诸子评议》《古书疑义举例》诸书;

(二)瑞安孙诒让,著《周礼正义》《墨子间诂》诸书。不过当时今文学的势力日大,所以他们在学术思想界上不占重要地位。直到晚清杭县章炳麟出,始为朴学大张其军。

章炳麟

炳麟少受学于俞樾,于小学很有研究;又受章学诚、全祖望影响颇深,故究心明、清间掌故,颇促成其排满之念。旋研究华严宗,每以瑜伽华严释老、庄,自谓别有所得。所著《文始》及《国故论衡》,颇影响于现代学术界。他亡命日本时,又时时陟猎西籍,喜以新知附益旧学。这样看来,他的学术,便不仅限于朴学了,所以他说:"汉、宋争执,焉用调人?喻以四民,各勤其业,瑕衅何为而不息乎?……自揣平生学术,始则转俗成真,终乃回真向俗。……秦、汉以来,依违于彼是之间,局促于一曲之内,盖未尝睹是也。乃若昔人所诮:专致精微,反致陆沈,穷研训诂,遂成无用者:余虽无腆,固足以雪斯耻。"(《菿汉微言》)不过他门户之见很深,所以我们不能不说他是清代朴学的殿军。

朴学的业绩

朴学的精神在考证,朴学的研究对象为经书,但到朴学极盛时期,此种精神便运用到其他学术上而为专门化的研究。兹分述之于次:

经书的注疏

朴学以经学为研究对象,而其最有功于经学之处,即为诸经几乎都有新注疏。如《书》有江声的《尚书集注音疏》、孙星衍的《尚书古今文注疏》、段玉裁的《古文尚书撰异》及王鸣盛的《尚书后案》。如《易》有惠栋的《周易述》与张惠言的《周易虞氏义》。如《周礼》有孙诒让的《周礼正义》。如《诗》有陈奂的《诗毛氏传疏》、马端辰的《毛诗传笺通释》及胡承珙的《毛诗后笺》。如《仪礼》有胡承珙的《仪礼古今疏义》与胡若翚的《仪礼正义》。如《左传》有刘文祺的《春秋左氏传正义》。如《孝经》有皮锡瑞的《孝经郑注疏》。如《论语》有刘宝楠的《论语正义》。如《尔雅》有邵晋涵的《尔雅正义》与郝懿行的《尔雅义疏》。如《孟子》有焦循的《孟子正义》。如《大戴礼记》有孔广森的《补注》与王聘珍的《解诂》。

文字学

清儒教人读书必先识字，故许氏《说文》即其圣经。研究《说文》的名著，有段玉裁的《说文注》、王筠的《说文释例》、桂馥的《说文义证》以及朱骏声的《说文通训定声》。此外研究文字学的名著，更有戴震的《方言疏证》、王念孙的《广雅疏证》及江声的《释名疏证》诸书。而以极严正的训诂家法贯群书而会其通者，则有王念孙的《经传释词》与俞樾的《古书疑义举例》。

音韵学

音韵学为文字学的附庸，清儒认为证古音，为诵读古书的工具，故此学亦特别发达，如顾炎武有《音韵古音表》与《唐韵正》，戴震有《声韵考》与《声类表》，段玉裁有《六书音均表》，姚文田有《说文声原》，苗夔有《说文声读表》，严可均有《说文声类》，陈澧有《切韵考》。

金石学

顾炎武著《金石文字记》，为清代研究金石学的最初著作。其后有钱大昕的《潜研堂金石文字跋尾》，武亿的《金石三跋》，洪颐煊的《平津馆读碑记》，严可均的《铁桥金石跋》，陈介祺的《金石文字释》。这派专以金石为考证经史的资料，另外有黄宗羲一派，则从金石以研究文史义例，宗羲著《金石要例》，其后王芑孙、梁玉绳、郭麟、刘宝楠及冯登府等，都有著作。

史学

黄宗羲、万斯同为一代史学之祖，黄、万均浙江人，后此浙人如全祖望、章学诚、章炳麟均精于史，其风习实自黄、万二氏开之。宗羲有《明儒学案》，为中国学术史之始；其《宋元学案》，则其子百家与祖望先后续成之。斯同以独力撰《明史稿》，为唐以后所罕见。其后，赵翼有《廿二史札记》，王鸣盛有《十七史商榷》，钱大昕有《二十一史考异》，洪颐煊有《诸史考异》，诸书均以考证史迹订正讹谬为主。其专考证一史者，则以惠栋的《后汉书补注》，梁玉绳的《史记志疑》《汉书人表考》及钱大昕的《汉书辨疑》《后汉书辨疑》为最著。至于表志之书，则有万斯同的《历代史表》，其后，又有顾栋高的《春秋大事表》，齐召南的《历代帝王年表》以及林春溥的《竹柏山房》十五种；此外又有洪亮吉的《三国疆域志》《东晋疆域志》《十六国疆域志》，侯康的《补三国艺文志》、倪灿的《补辽金元三史艺文志》、顾怀三的《补五代史艺文志》及钱大昕的《补元史艺文志》。凡此都是以经学考证之法，移以治史。至于专研究史法者，则章学诚的《文史通义》，为一时特出之作；他不斤斤于考证，所用方法与朴学异；惟言"六经皆史"，则又与今文学家异。他如魏元以独力改著《元史》，柯劭忞的《新元史》，毕沅的《续资治通鉴》，均为一代佳构；而崔述精考证，其所著《考信录》，尤有功于史学。

地理学

清初顾炎武、刘献廷都好地理学，惜著作均未成。惟顾祖禹的《读史方舆纪要》，言天下险要，很为精详，而颇带考古的色彩。其后，所谓地理学，均无不偏于考古一途：如戴震的《水地记》与《校水经注》，孔广森的《水经释地》，全祖望的《新校水经注》，齐召南的《水道提纲》，洪颐煊的《汉志水道疏证》，陈澧的《汉书地理志水道图说》，都属此类。其考证先秦地理者，则有阎若璩的《四书释地》，徐善的《春秋地名考略》，江永的《春秋地名考实》，焦循的《毛诗地理释》及程恩泽的《国策地名考》。其通考历代者，则有陈芳绩的《历代地理沿革表》与李兆洛的《历代地理志韵编今释》。其考证各史地理者，则以吴卓信的《汉书地理志补注》与杨守敬的《隋书地理志考证》最为精核。至于地图，则康熙时有《皇舆全览图》，杨守敬有《历代地理沿革图》。他如研究青海、西藏、蒙古、新疆地理者，则有徐松的《西域水道记》与《新疆识略》，张穆的《蒙古游牧记》，何秋涛的《朔方备乘》。

天算学

清初治天算者，首推王锡阐、梅文鼎（见前），而黄宗羲、江永诸人，亦提倡斯学。圣祖尤好天算，著《数理精蕴》与《历象考成》，并其所著《律吕正义》，合称《律历渊源》。江永有《慎修数学》九种，戴震有《算经》；时尚所好，后此诸经师遂多兼治算学；其有名著作，计有：李锐的《李氏遗书》，董祐诚的《董方立遗书》，焦循的《里堂学算记》，张作楠的《翠微山房数学》，刘衡的《六九轩算书》诸书；而晚清李善兰、华蘅芳迻译西籍（见前），尤称名手。

其他如类书的编纂①，丛书的校刊②，伪书的辨明③，佚书的搜辑④，以及古书的校勘⑤，都是这些经师的最大业绩，而很有益于后学。

---

① 类书以《图书集成》与《四库全书》为最重要。
② 丛书以通志堂《九经解》、阮元《皇清经解》，毕沅《经训堂丛书》、卢文弨《抱经堂丛书》、孙星衍《平津馆丛书》以及鲍廷博《知不足斋丛书》为最重要。
③ 见前节《朴学的启蒙时期》述阎若璩、胡渭、姚际恒各条。
④ 辑佚以马国瀚的《玉函山房辑佚书》为最丰富。
⑤ 校勘以子书为最多，如《墨子》《荀子》《孙子》《吴子》《列子》《慎子》《韩非子》均有校本。

第十一讲　今文学与维新运动

概　论

桐城派
阳湖派

　　由上一讲所述看来，可知清代学术思想的正统派，只有朴学；朴学的势力，要算是和前清朝运相终始。当朴学的启蒙时期，虽有孙奇逢、李中孚、刁包、张尔岐、陆陇其、张履祥、陆世仪这些人为理学谋最后的挣扎，但是他们的力量，已经敌不住清初学者的反理学运动。到了乾、嘉时代(1736至1820年)，更是朴学的炙手可热的时代。

　　正在这个时代，桐城方苞和他的同乡姚范、刘大櫆，便倡古文运动，以与朴学对抗。他们为文效法曾巩、归有光，主张辞章与义理并重，建立古文义法，叫做"桐城派"；他们又抱着"因文见道"——欧阳修语——的见地，常与理学相结合，而以道统自任。姚范的侄儿姚鼐，欲从戴震问学，被震所拒；鼐因此愤愤不平，屡次为文以诋诃朴学的残碎。鼐弟子方东树又著《汉学商兑》，更痛斥朴学的矫诬，无微不至①。——朴学与"桐城派"由是交恶起来了。其后，阳湖恽敬与武进张惠言，受"桐城派"影响②，也力倡

---

　　① 梁启超说："方东树之《汉学商兑》，却为清代一极有价值之书。其书成于嘉庆间，正值正统派炙手可热之时，奋然与抗，亦一种革命事业也。其书为宋学辩护处，固多迂旧，其针砭汉学家处，却多切中其弊，就中指斥言'汉易'者之矫诬，及言典章制度之莫衷一是，尤为知言。后此治汉学者颇欲调和汉宋，如阮元著《性命古训》，陈澧著《汉儒通义》，谓汉儒亦言理学，其《东塾读书记》中有《朱子》一卷，谓朱子亦言考证，盖颇受此书之反响云。"(《清代学术概论》一百十二页及一百十三页)——观此可知方氏《汉学商兑》的重要。

　　② 按"阳湖派"实出于"桐城派"，由刘大櫆之徒钱伯坰称诵师说于恽、张二氏，于是二人遂舍其声韵训诂之学而习古文，而"阳湖派"之名以立。

古文，叫做"阳湖派"。咸、同时代（1851 至 1874 年），曾国藩为文也尊"桐城"义法，并把姚鼐和周、孔并列①；而当时平定太平军革命运动的中兴名将如罗泽南、李续宾、江忠源等，又都是受了理学影响颇深的人，所以"桐城派"与理学的结合就愈加密切，而"桐城派"的极盛时期也就在这个时候。自此以后，虽有吴汝纶、张裕钊、黎庶昌诸人继起，但是因为学术思想界正在转变的时候，所以"桐城派"的运命也就此告终。这派在朴学独占时期，能够奋起与之对抗，不能说他们没有勇气；不过他们为文偏于因袭治学过于空疏，所以在学术思想界不能占重要地位，而真正能对朴学举起叛旗并且在学术思想界激起狂涛的，却要推今文学家。

当时的局势

上一讲说过：清初学者的真精神，就在"学以致用"四个字上面。但在朴学独占时，一般学者都只在故纸堆中做考证工作，而渐次和现实生活相隔绝。我们知道：清代黄金时期，要算康、雍、乾三朝（1662 至 1795 年）；但到乾隆时代，却已呈现出渐就衰颓的倾向。因为高宗是个好大喜功的人，那号称"十全武功"的"东征西讨"，早就把圣祖数十年所积蓄的金钱花光了；加以晚年耄荒，宠用和坤，更加把政治弄到腐败不堪。到了嘉庆时代，虽然杀掉了乱政的和坤；可是清室的统治已经动摇，毕竟免不了接二连三的内乱——白莲教之乱、海盗之乱及天理教之乱。道光以降，资本帝国主义的列强又以"倾山倒海"的力量侵略中国，于是而有鸦片之役、英法联军之役及中日之役；因列强的侵略及清室统治的动摇，于是又有以农民为主干的太平军革命运动、捻乱及义和团运动。这样相逼而来的外患内乱，便是当时的现实生活。和现实生活相隔绝的朴学家，固然不能支持这个危局，就是和理学相结合的"桐城派"，也无法渡过这个难关；所以这现实生活的反映，就必然地使那留心经世之务的学者，转变其进路的方向，而朝着现实生活走去。——这就是今文学运动出生的惟一母胎。

西学的促成

其次，还有当时输入进来的西学，也促成这个运动。明代西教士传入

---

① 曾国藩作《圣哲画像赞》（见《曾文正公全集》），竟将姚鼐和周公、孔子并列，足见曾氏对于道德观念之深及其与理学相结合之迹。

中国的西学，以天文、数学及地理为最多。到了海禁大开，便连工艺和政制的书籍，也渐次输入进来了。有时一般留心经世之务的学者，才因此知道西洋富强实有其所以致此之道，而"抱残守阙固步自封"反足以自取灭亡；所以他们一面向保守派的朴学进攻，一面力谋"学以致用"的精神与西学结合，而形成出由今文学家主动的维新运动。

今文学家的兴起

原来经学有今古文之争，这在前面已经说明了。自东汉郑玄以古文大家遍注群经以后，古文盛而今文衰。清代朴学独占时期，学者说经一尊东汉家法，结果弄到"家家许、郑，人人贾、马"的局面。他们抱着为学问而治学问的态度，着重名物训诂的研究，其所用方法固属合于科学，但是因为他们的研究对象过于支离破碎，所以于思想上没有很大的贡献。今文学家治经方法，却完全和他们不同，而着重在"微言大义"的发现，不为训诂名物所拘束。惟其如此，所以今文学家能在学术思想界上掀起一个有力量的波涛。

庄存与

刘逢禄

龚自珍

魏源

邵懿辰

清代今文学的启蒙大师为武进庄存与，他是乾隆时代的人，与戴震相友善，惟治经和戴学相反。著有《春秋正辞》，专求"微言大义"，开今文学的先声。嘉庆时，他的弟子武进刘逢禄继起，著《春秋公羊经传何氏释例》，专发明"张三世""通三统""绌周王鲁""受命改制"诸非常异义可怪之论①。又著《左氏春秋考证》，说此书本来叫做《左氏春秋》，不叫做《春秋左氏传》，原为记事之书，非解经之书，其解经之处，为刘歆所伪造。道光间，今文学始盛；其最著者有仁和龚自珍与邵阳魏源。自珍通《公羊春秋》，有文集三卷及续集四卷；集中如《古史钩沉论》诸篇，多痛诋专制

---

① 何休《公羊传注自序》："其中多非常异义可怪之论"，即指"张三世""通三统"诸义而言。

政体，以阐发民权之义；其思想的解放，颇影响清末谭嗣同、梁启超辈①。自珍处清室陵替的时候，故又留心经世之务，著有《西域置行省议》及未刊稿《蒙古图志》；而集中如《平均篇》所云②，却多经济之谈，和近世社会主义相类似。魏源有《公羊古微》《诗古微》《书古微》三书：其《诗古微》一书直攻《毛传》大小序为伪作；《书古微》一书，则不但说东晋晚出的《古文尚书》为伪造，而且力斥郑说。源亦好言经世，有《海国图志》，颇奖励国民对外的观念。同时仁和邵懿辰又著《尚书通义》与《礼经通论》，指《逸书》十六篇《逸礼》三十九篇为刘歆伪造。这样一来，所谓古文诸经传便渐次地皆发生真伪问题了。至南海康有为出，更全部推倒古文诸经传，而集今文学的大成。

由上所述，便知今文学的兴起，始自庄、刘；而龚、魏二氏，却于治今文学之外，更注重经世之务，我们从这一点看来，便会知道今文学家所走的路向，必定要朝着现实生活上去，而归结为康有为一般今文学家所主持的维新运动。所以下面接着就讲有为之学及今文学家与维新运动的关系。

康有为与维新运动

康有为的师承

在未说到有为之学以前，对于王闿运与廖平两个人，还得简单地说说：因为有为之学和他们两个人有关。

王闿运，湘潭人，说经主《公羊》，有《尚书笺》《礼经笺》及《公羊笺》诸书，为光绪时（1875至1908年）今文学大师。他的弟子井研廖平，更推广师说，著《四益馆经学丛书》十数种；戊戌（1898年）以后，因畏祸遂自卖其学，但是有为之学颇受他的影响，却是事实③。

---

① 梁启超说："晚清思想之解放，自珍确与有功焉；光绪间所谓新学家者，大率人人皆经过崇拜龚氏之一时期。"（《清代学术概论》一百二十二页及一百二十三页）谭嗣同诗云："汪、魏、龚、王始是才。"观此便知梁、谭诸人所受自珍的影响。

② 《平均篇》说："至极不祥之气，郁于天地之间。郁之久，乃必发为兵燹，为疫疠。……其始不过贫富不相齐之为之尔。小不相齐，渐至大不相齐；大不相齐，则至丧天下。"

③ 梁启超《论中国学术思想变迁之大势》："康先生之治《公羊》治今文也，其源渊颇出自井研（廖平），不可诬也。"

有为之学，不但得力于廖平，而且受他的先生南海朱次琦的影响很深。次琦是粤中大儒，其学本于宋、明，而以经世致用为主，研究中国史学、历代政治沿革，很有心得。他从学次琦共六年，其理学政学的基础，都是从次琦得来的。

有为与西学

有为之学，又颇受西学的影响。梁启超著《康有为传》说："……其时西学，初入中国，学者莫或过问，先生僻处乡邑，亦未获从事也。及道经香港、上海，见西人殖民政治之完整，属地如此，本国之进步更可知，因思所以致此者，必有道德学问，以为之本原，乃悉购江南制造局及西教会所译各书尽读之。彼时所译者，皆初级普通学及工艺兵法医学之书，否则耶稣《圣经》论疏耳。于政治哲学，毫无所及。而先生……别有会悟，能举一反三，因小以知大，自是于其学力中别开一境界。"

有为与佛学

有为之学，又受有佛学影响。原来今文学家并不和古文学家一样的硁硁自守，而他们思想的解放，又颇能容纳异派，所以龚、魏诸人，都喜佛法。而有为好华严宗，其《大同书》，更明示他受此宗影响之深。

新学伪经考

由上所述，便知有为之学的成分是多方面的；这就是有为思想的来源。我们讲明了有为思想的来源，才进而讲有为思想的内容。有为思想，表现在他三部著作中。他第一部著作，叫做《新学伪经考》。什么叫做"伪经"？他说："夫推经学所以迷乱乖迕之由，盖出于刘歆伪为古学以乱真经之故。以刘歆伪经写以古文，遂目真经为今文。自汉季来，经学遂有今文古文之异。今文者西汉世立于学官，若《诗》则齐、鲁、韩，《书》则欧阳、大小夏侯，《礼》则《仪礼》、大小《戴记》，《易》则施、孟、梁丘，《春秋》则《公羊》《穀梁》，与夫《齐鲁论》；凡此皆孔子之真经，七十子后学之口说传授，今虽有窜乱，然大较至可信据者也。古文者，毛氏《诗》、孔氏《书》、费氏《易》《周礼》与左氏《春秋》，与其他名古文者及与古文证合者，皆刘歆所伪撰而窜改者也。"① 伪经又为什么叫做新学？他说："夫古学所以得名者，以诸经之出于孔壁写以古文也。夫孔壁既虚，古文亦赝伪

---

① 见《新学伪经考》的《重刻伪经考后序》。

而已矣，何古之云？后汉之时，学分今古；既托于孔壁，自以古为尊，此新歆所以售其欺伪者也。今罪人斯得，旧案肃清，必也正名，无使乱实。歆既饰经佐篡，身为新臣，则经为新学，名义之正，复何辞焉。后世汉、宋互争，门户水火，自此视之，凡后世所指目为汉学者，皆贾、马、许、郑之学，乃新学非汉学也。"① 有为何而作《伪经考》？他说："始作伪乱圣制者自刘歆，布行伪经篡孔统者成于郑玄。阅二千年岁月日时之绵暧，聚百千万亿衿缨之问学，统二十朝王者礼乐制度之崇严，成奉伪经为圣法，诵读尊信，奉持施行，违者以非圣无法论；亦无一人敢违者，亦无一人敢疑者。于是夺孔子之经以与周公，而抑孔子为传；于是扫孔子改制之圣法，而目为断烂朝报。……然提圣法于既坠，明六经于暗；刘歆之伪不黜，孔子之道不著。"② 总括一句：《伪经考》的主旨，在于立证古文诸经传为刘歆所矫造，而刘歆之所以作伪经，盖欲佐新莽篡汉，故先谋湮没孔子的"微言大义"；至于秦朝焚书，实未厄及六经③。有为这部书，固然不免武断之弊，但是朴学的立脚点，却因此根本动摇，而其怀疑精神，则更影响于当时学术思想界。后此崔适著《史记探原》《春秋复始》二书，光大有为之学，主讲北京大学，为今文学家的殿军。

孔子改制考

有为第二部著作，叫做《孔子改制考》。《新学伪经考》在立证古文诸经传为刘歆所矫造、所窜乱，而《孔子改制考》则在于阐明真经的全部分为孔子"托古改制"之作。他认为孔子和基督一样，是创教的教主。孔子要创教，所以才把自己的理想托于古人；尧、舜诸人，就是孔子所托的人

---

① 见《伪经考》卷一。
② 见《伪经考》卷一。
③ 《伪经考》卷一《秦焚六经未尝亡缺考第一》："按后世六经亡缺，归罪秦焚，秦始皇遂婴弥天之罪，不知此刘歆之伪说也。歆欲伪作诸经，不谓诸经残缺，则无以为作伪窜入之地；窥有秦焚之间，故一举而归之，一则曰'书缺简脱'，一则曰'学残文缺'，又曰'秦焚《诗》《书》，六艺从此缺焉'，又曰：'秦焚书，书散亡益多。'学者习而熟之，以为固然，未能精心考校其说之是非，故其伪经得乘虚而入；蔽掩天下，皆假校书之权为之也。……按焚书之令，但烧民间之书；若博士所职，则诗书百家自存。夫政、斯焚书之意，但欲愚民而自智，非欲自愚；若并秘府所藏博士所职而尽焚之，而仅存医药卜筮种树之书，是秦并自愚也，何以为国？"

物。不但孔子托古改制，即周、秦诸子亦莫不如此，如老子托黄帝，墨子托大禹，许行托神农。孔子作《春秋》，寓有改制创作的微言大义在里面，只有公羊家说的"张三世""通三统"，深得孔子的精义。何谓"三统"？即夏、商、周三代随时因革不相沿袭。何谓"三世"？即据乱世、升平世、太平世愈改而愈进。改制之义立，有为便以为《春秋》不过是"绌君威而申人权、夷贵族而尚平等、去内竞而归统一、革习惯而遵法治"的东西。"三世""三统"之义立，有为便以进化之理，解释政制的演变。有为又谓子游受微言以传孟子，子夏受大义以传荀子；微言就是太平世大同教，大义就是升平世小康教。因此导入政治问题，有为便扬孟子而抑荀子，发明当由专制演进为立宪共和之理。有为这种学说的作用，就在于借举国崇奉的大成至圣孔子的招牌，来镇服那些反对维新变法的人。这便是他维新运动思想的基础。有为这种立论，固属是有意识的有目的的，而不免于矫诬之弊；但是有为敢于把数千年来人人视为神圣不可侵犯的经典，都认定是孔子"托古改制"之作，则他治学的勇气，不但引起学者怀疑批判的态度，而且鼓励学者创造的精神。

大同书

有为第三部著作，叫做《大同书》。如前所讲，《大同书》的创作，固有得力于华严宗之处。而《礼运》大同之旨，却是他全书的骨干。《礼运》上说："大道之行也，天下为公，选贤与能，讲信修睦，故人不独亲其亲，不独子其子，使老有所归，壮有所用，幼有所长，鳏寡孤独废疾者皆有所养，男有分，女有归，货恶其弃于地也，不必藏诸己，力恶其不出于身也，不必为己……是谓大同。"有为以《春秋》"三世"之义说《礼运》，谓《春秋》所谓"太平世"即《礼运》的"大同"，而认此为孔子的理想社会。有为引申《礼运》之说，而作《大同书》。《大同书》中的理想社会，简单地说：就是一个无国家、无家族、无私有财产、人人必须劳动的大同社会。有为深信"三世"愈改而愈进之义，认为当时还是"据乱世"，只能言"小康"，不能言"大同"，所以他从来就不把这书教人。

变法

以上把有为三部著作的内容说明了，我们从他的著作中，便可窥见有为思想的内容。但是，我们要认清楚：有为的思想完全是当时时代与社会的反映，有为并不是为学问而治学问的人，却只是拿着他的学说去做维新运动的手段。他接触过西学，目击西人富强自有道德学问为之根本，所以他身处国势动摇的时候，要挽回颓运，就非维新变法不可。但是，当时士大夫都是一般顽固守旧的人，脑袋里充满着"中学为体西学为用"的见解，并不相信西人有什么道德学问足以为我们的师法，从而如果有人主张维新变法，自然地要被他们目为"大逆不道"。有为深明此中消息，所以他要维新变法，首先就抬出数千年来举国崇敬的孔子来作教主，以塞反对派之口；但孔子之教全在六经，故此又非力排东汉以来的古文经而追求孔子之"微言大义"不可，有为说经之所以宗今文，有为之所以作《新学伪经考》，其根本原因就在这里。伪经已绌，孔子之真经既明，于是有为进而又力言孔子的"托古改制"，阐明"通三统""张三世"的精义，时代不同，政制亦异，有为维新变法的张本就在这里，所以他继《伪经考》之后又作《孔子改制考》。至于以"三世"之义说《礼运》而作《大同书》，则不过是有为欲完成孔子之教的一贯的理论，才有此一着，所以他只言"小康"，而不言"大同"。有为抓住了这些理论上的根据，满以为足够镇压守旧派的反对，于是轰轰烈烈的维新运动就开始干起来了。

维新的影响
严复

维新运动虽然不过百告[1]日就失败——它失败的原因，不是本书应当讲的，自有政治史来叙述它——但是它的影响却很大；它影响于政治方面的，我们抛开不讲，现在只讲它影响于学术思想方面的。当《伪经考》《孔子改制考》刊行时，朱一新写信给有为说："……自伪古文之说行，其毒中于人心，人心中有一六经不可尽信之意，好奇而寡识者，遂欲黜孔学而立今文。夫人心何厌之有？六经更二千年，忽以古文为不足信，更历千百年，又能必今文之可信耶？……窃恐诋评古人不已，进而疑经，疑经不已，进而疑圣，至于疑圣，则其效可睹矣。"同时卫道的叶德辉也说："今之《公羊》学，非汉之《公羊》学也，汉之《公羊》学尊汉，今之《公羊》学尊夷。"又说："康有为……其貌则孔，其心则夷。"我们从这几段话看来，便知道有为思想足以启发学者的怀疑精神，而叶德辉之所谓"尊夷"正表现出中国学术贫乏与学者向外追求的倾向。所以戊戌政变以后，一般知识欲

---

[1] "告"当作余。

极烈的人,都相率留学日本并从事译述,出版事业盛极一时,然量多而质不精,惟侯官严复从西籍真译耶方斯《名学浅说》、穆勒《名学》、斯宾塞尔《群学肄言》、甄克斯《社会通诠》、穆勒《群己权界论》、斯密亚当《原富》、孟德斯鸠《法意》及赫胥黎《天演论》各书,都是名著,中国不由日本重译而直接与西洋思想发生关系,实自复始。又林纾治"桐城派"古文,也译有西洋小说百余种,今并收在商务印书馆出版的《新译说部丛书》中。

维新运动中的两个思想家——谭嗣同与梁启超

维新运动的首脑,固属是康有为,但促成这运动者,却要推浏阳谭嗣同与新会梁启超两个思想家。他两个人的学术思想,在前清末叶,都有很大的影响,故略述之如下。至于有为弟子南海陈千秋,虽其思想颇多独到之处,然因千秋早死,其思想无甚影响,所以略而不述。

嗣同思想的来源

嗣同所处的时代,正和康有为一样。他思想的来源,也和康有为有些相同。第一,他得力于今文学,所以他说"汪、魏、龚、王始是才"。这于他以后绌荀申孟、提倡民权反对专制很有关系。第二,他得力于王夫之之学,所以他说:"五百年来学者,真通天人之故者,船山一人而已。"又得力于黄宗羲,所以他力赞宗羲的《明夷待访录》①。这于他以后提倡民主很有关系。第三,他得力于佛教的唯识宗和华严宗,他《仁学》之作,即受佛学影响很深。此外于格致算学之书,他亦有深造。他《仁学》一书,就是推以上这些思想,冶为一炉,故其界说二十五说:"凡为《仁学》者,于佛书当通华言及心宗相宗之书,于西籍当通《新约》及算学、格致、社会学之书,于中国当通《易》《春秋公羊传》《论语》《礼记》《孟子》《庄子》《墨子》《史记》及陶渊明、周茂叔、张横渠、陆子静、王阳明、王船山、黄梨洲之书。"这在一方面看来,便知道他的思想的驳杂,没有一贯的体系;但从别一方面看来,却又指导他思想的驳杂,正是他那一时代的反映,因为中国和列强的战争屡次失败以后,精进的学者都明白只是"抱残守阙"

---

① 《仁学》:"君统盛而唐、虞后无可观之政矣,孔教亡而三代下无可读之书矣。乃若区玉检于尘编,拾火齐于瓦砾,以冀万一有当于孔教者,则黄梨洲《明夷待访录》其庶几乎!其次为王船山之《遗书》,皆于君民之际,有隐恫焉。"

还是无补于时艰，而必得在学术上另找出路；这原是一般人的见解，不过没有嗣同那样敏锐罢了。

嗣同的思想来源既已讲明，以下便分述嗣同思想的内容：

嗣同与佛学

第一，嗣同思想得力于佛教的唯识宗和华严宗，所以他主三界惟心，万法惟识，而力破一切的对待。他说："一多相容也，三世一时也，此下士所大笑不信也，乌知为天地万物、自然而固然之真理乎？真理之不知，乃……执妄为真……自愚自惑，遂为对待所瞒耳。对待生于彼此，彼此生于有我。我为一，对我者为人，则生二。人我之交，则生三。参之伍之，错之综之。……由是大小多寡长短久暂一切对待之名，一切对待之分别，淆然哄然。其瞒也，其自瞒也，不可以解矣。……虚空有无量之星日，星日有无量之虚空，可谓大矣；非彼大也，以我小也。人有不能见之微生物，有微生物不能见之微生物，可谓小矣；非彼小也，以我大也。何以有大？比例于我小而得之。何以有小？比例于我大而得之。然则但有我见，世间果无大小矣。多寡长短久暂，亦复如是。"又说："暂者绵之永，短者引之长，涣者统之萃，绝者续之亘，有数者浑之而无，有迹者沟之而无迹，有间者强之而无间，有等级者通之而无等级。……可摄川于涓滴，涓滴所以汇而为川；可缩昼夜于瞬息，瞬息所以衍而为昼夜。"他抓住了这对待的融合，所以他对于生死、动静、善恶、奢俭、新旧、男女以及天理与人欲这些对待的问题，都能使之"各得其所"地消解起来。在《仁学》中，他处处用这方法以消解对待的问题；这里限于篇幅，恕不详细介绍，只好让读者自己去参看他的原著。不过我们在这里要特别提示的，就是以上所讲，乃是他治学的根本方法；他运用这方法异常灵活，所以数学上的正负，物理学上的运动与静止，生物学上的生灭，在他看来，都无不是极容易解决的问题。惟其如此，所以他才说"冲决网罗"，所以他才说"然既能冲决，亦自无网罗；真无网罗，乃可言冲决。故冲决网罗者，即是未尝冲决网罗；循环无端，道通为一"。

嗣同与今文学

第二，嗣同思想得力于今文学，所以他也言"改制"言"三世"。他说："古而可好，又何必为今之人哉？……夫孔子删《书》则断自唐虞，存《诗》则止乎三百，然犹早岁从周之制作也。晚而道不行，掩涕于获麟，默知非变法不可，于是发愤作《春秋》，悉废古学，而改今制，复何尝有好古之云云也。"又说："孔虽当据乱之世，而黜古学，改今制，托词寄义于升平太平，未尝不三致意焉。"又说："方孔之初立教也，黜古学，改今制，废君统，倡民主，变不平等为平等，亦汲汲然勤矣。岂谓为荀学者，乃尽亡其精意，而泥其粗迹，反授君主以莫大无限之权，使得挟持一孔教以制天下。"惟其如此，所以他主张变法，所以他绌荀申孟，所以他痛诋李斯、叔孙通、刘歆、韩愈、孙复一班人，而反对君权提倡民权。至于他的理想社会，也和有为一样，同是归于世界大同主义，所以他说："《春秋》大一统之义，不当有国也。"又说："不可自言为某国人，当平视万国，皆其国，皆其民。"

嗣同与宗羲、夫之

第三，嗣同思想得力于黄宗羲与王夫之，所以他又主张民主主义——这一点，和他治今文学有关联——与排满。他说："生民之初，本无所谓君臣，则皆民也。民不能相治，亦不暇治，于是共举一民以为君。夫曰共举之，则非君择民，而民择君也。……夫曰共举之，则因有民而后有君，君末也，民本也。……夫曰共举之，则且必可共废之。"——这便是他所倡道的民主主义。他说："天下为君主囊橐中之私产，不始今日，固数千年以来矣。然而有知辽、金、元、清之罪，浮于前此之君主者乎？……一旦逞其凶残淫杀之威，以攫取中原之子女玉帛……乃犹以为未餍，峻死灰复然之防，为盗憎主人之计，锢其耳目，桎其手足，压制其心思，绝其利源，窘其生计，塞蔽其智术……方命之曰：此食毛践土之分然也。夫果谁食谁之毛，谁践谁之土，久假不归，乌知非有，人纵不言，己宁不愧于心乎？吾愿华人，勿复梦梦谬引以为同类也。"——这便是他的排满主张。

由上所讲看来，嗣同的学术思想，诚然驳杂；但驳杂之中，并非全无脉络可寻。他言今文学，同时又推尊黄宗羲与王夫之，其原因就在乎同是伸民权抑君权。他治佛学，同时又治西洋科学，其原因就在于能以佛理证科学。他崇孔教，同时又谈佛教与耶教，其原因就在于同是变教同主平等①。不认清他这个脉络，自然就只看见嗣同学术思想的矛盾，这样一来，

---

① 《仁学》："×××曰：'三教教主一也，吾拜其一，则皆拜之矣。'斯言也，吾取之。"

岂不冤屈了嗣同么？

启超思想的来源

梁启超是康有为的弟子，他早年的思想，很受有为的影响；虽然他也治过戴、段、王之学。后来与夏曾佑、谭嗣同友善，又受了他们一些影响；而曾佑也是个治今文学而排荀最力的。当时正是"学问饥荒"之时，启超深感中国固有学问不足以拯救时艰，所以他对于西学异常留心。这一点于他以后努力介绍西洋学术思想很有关系。他又好华严宗，与嗣同同受当时佛学大家杨文会的影响很深。民国以后，启超尝讲学南京，又从欧阳竟无学大乘唯识宗的教理。他晚年对于佛学有浓厚的趣味，与这一点有关。——以上便是他学术思想的来源。

第一时期

启超的学术思想，可以分做三个时期。第一个时期，是从他师事有为起至戊戌政变止。他在这个时期中，并没有他独自的思想，却完全以有为的思想为他的思想；有为倡保教尊孔，他也倡保教尊孔；有为斥伪经治今文学，他也斥伪经治今文学；有为言改制言"张三世""通三统"，他也言改制言"张三世""通三统"；有为绌荀申孟，他也绌荀申孟；有为主变法，他也主变法。总之在这个时期，他不过是有为底化身与走卒，在学术思想界中并无独立的地位。所以关于他这个时期，我们没有什么话讲。但在这个时期，他在上海创办《时务报》，却已出了名，而一般人便以康、梁并称。

第二时期

第二个时期，是从戊戌政变以后至民国六年为止（1898 至 1917 年）。在这时期中的前十四年（1898 至 1911 年），他的思想言论几乎笼罩了全国的读书人，这时他才在学术思想界取得独立的地位。原来戊戌以后，有为的思想完全没有变化，启超亡命日本，读了些日译本的西洋社会政治的书籍，思想上便渐次地起了转变，而和有为立异；他在这时已绝口不谈伪经，也不甚谈"改制"，却谈孟德斯鸠、卢梭、伯伦知理；已经不谈保教尊孔，却"论保教非所以尊孔"。启超这时在日本前后办了三个报，从1898 年 10 月至 1901 年叫做《清议报》，1902 年以后叫做《新民丛报》，1901 年以后叫做《国风报》。他这三种报的思想，前后虽有矛盾，但其一贯精神，却在于打破现状，所以他自己也说："启超之在思想界，其破坏力不小。"第一，他反对当时拿近世新学新理以缘附孔子之教，其言曰："今之言保教者，取近世新学新理而缘附之，曰：某某孔子所已知也，某某孔子所曾言也。……然则非以此新学新理厘然有当于吾心而从之也，不过以其暗合于我孔子，而从之耳。是所爱者仍在孔子，非在真理也；万一遍索诸四书六经而终无可比附者，则将明知为真理而亦不敢从矣；万一吾所比附者，有人剔之曰：孔子不如是，斯亦不敢不弃之矣；若是乎真理之终不能饷遗我国民也。故吾所恶乎舞文贱儒，动以西学缘附中学者，以其名为开新，实则保守，煽思想界之奴性而滋益之也。"（1902年《新民丛报》）又曰："摭古书片词单语以傅会今义，最易发生两种流弊：一、倘所印证之义，其表里适相吻合，善已；若稍有牵合附会，则最易导国民以不正确之观念，而缘郢书燕说以滋弊。例如畴昔谈立宪谈共和者，偶见经典中某字某句与立宪共和等字略相近，辄摭拾以沾沾自喜，谓此制为我所固有；其实今世共和立宪制度之为物，即泰西亦不过起于近百年，求诸彼古代之希拉罗马且不可得，遑论我国。而比附之言，传播既广；则能使多数人之眼光之思想，见局见缚于所比附之文句；以为所谓立宪共和者不过如是，而不复追求其真义之所在。……此等结习，最易为国民研究实学之魔障。二、劝人行此制，告之曰：吾先哲所尝行也；劝人治此学，告之曰：吾先哲所尝治也；其势较易入，固也。然频以此相诏，则人于先哲未尝行之制，辄疑其不可行，于先哲未尝治之学，辄疑其不当治。无形之中，恒足以增其故见自满之习，而障其择善服从之明。"（1915年《国风报》）启超认清了中国几千年来思想的痼疾，就在于"好依傍"与"名实混淆"，所以他力破这个痼疾，启发学者的思想向独立自由的路上走去。他这破坏现状的精神，的确很能影响当时的思想界。他为着要把西学还它一个本来面目，不可拿来和中国孔子这一些人的学说缘附，所以他又努力于移植工作，现在《饮冰室从著》中所收集的《西哲学说一脔》等等，便是这工作的成果。他所移植过来的东西，虽然肤浅，虽然笼统，但当着那"学问饥荒"的时候，他这些著作却成为"甘露"而为一般学子所喜诵。这一点却不能不说是他的一种功绩。第二，他反对从容模棱之言，他说："著书者，规久远明全义者也；报馆者，救一时明一义者也。故某以为业报馆者，既认定一定目的,则宜以极端之议论出之,虽稍偏稍激焉而不为病。何也?吾偏激于此端,则同时必有人焉偏激于彼端以矫我者,又必有人焉执两端之中以折衷我者,互相倚,互相纠,互相折衷,而真理必出焉。若相率为从容模棱之言,则举国之脑筋皆静,而群治必以沉滞矣。夫人之安于所习而骇所罕闻性也。故必变其所骇者而使之习焉,然后智力乃可以渐进。……不宁惟是,彼始焉骇甲也,吾则示之以倍可骇之乙,则能移其骇甲之心以骇乙,而甲反为习矣。及其骇乙也,吾又示之以倍可骇之丙,则又移其骇乙之心以骇丙,而乙又为习矣。如是相引,以至无穷,所骇者进一级,则所习者亦进一级,驯至举天下非常异义可怪之论,无足以相骇,而人智之程度乃达于极点。"(1902年《新民丛报·敬告我同业诸君》)他这篇文章,虽然是对报界同业诸君的敬告,但这是他立论的一种方法,其精神在于打破现状,他能在当时思想界握有权威,就在于他能用这种方法,更何况他笔端常常带着感情具有吸引一般读者的魔力呢?——以上所述两点,都是值得注意的,因为启超之所以能够支配当时的思想界就在这些处所;不过我们要认清楚:这也是时代的产物,当时学者都处在反动局势之下,又深感知识的饥荒,故此遇到启超那样偏激的言论与那种声情激越的文字,便不能不为启超的魔力所降伏了。不过从1905年同盟会成立发行《民报》以后,启超的《新民丛报》遇着《民报》章炳麟、汪精卫那些劲敌,他在言论界所占"独执牛耳"的地位,就渐被同盟会推翻了。

第三时期

第三个时期,是从1917年到他死为止。启超在思想界最有权威的时期,严格地说,便只有从1898至1905年这个期间,过此以往,他在思想界的地位,便渐次为同盟会中一班人所夺取;等到辛亥革命以后至1917年这个期间,他全部精力与时间,差不多完全用在实际的政治活动上面,于学术思想界便没有什么力量。1914至1919年的世界大战,1917年的俄国革命,1919年的五四运动,这接二连三的大变动,冲荡着他的头脑,在他思想上也曾掀起些波浪,但是,因为这旧有的意识不曾克服,所以在这伟大的转变期中,他不能做英勇迈进的领导者,却反成为时代的尾巴主义者。他经过几次政治活动的尝试以后,深感在政治上找不到出路,于是他退而讲学，并从事著述事业①。在这个时期中，他赓续《新民丛报》时代整理国故的事业，前后著有《中国历史研究法》《墨子学案》《清代学术概论》《先秦政治思想史》诸书，又把这几年的讲演辑为《梁任公学术讲演集》三卷。他这些工作，多半是整理，而少有发明与特殊的见解，并且启超的最大毛病，就在"博而不精"四个字上面，所以他谈的方面愈多——艺术、文学、中国哲学、西洋哲学、佛学、历史、政治、法律、经济诸方面，无不谈到——他的结果就愈不精彩。世界大战以后，他从欧洲游历归来，眼见欧洲战后的荒凉，刺戟他著了一部《欧游心影录》，便大倡西洋物质文明破产东方精神文明复兴之说，往年醉心西化的心理，到这时却回转头来倾倒东方文明，他不曾把握着世界大战的本质，反说西方物质文明制造出大战的恶果，于是他的思想一天一天地落后，更够不上做开路的先锋，而他要做"中国学术史的志愿"，也就在这时立定了。他在《清代学术概论》上曾说道："识者谓启超若能永远绝意政治，且裁敛其学问欲，专精于一二点，则于将来之思想界当更有所贡献；否则亦适成为清代思想史之结束人物而已。"现在他已物故，并不曾做到"更有所贡献"一步，结局，启超真的做了"清代思想史之结束人物"。

总之：启超对中国学术思想界，有功亦有罪；这用不着我们去批评，最好是看他自己的批评，他在《清代学术概论》上说："启超之在思想界，其破坏力确不小，而建设则未有闻。晚清思想界之粗率浅薄，启超与有罪焉。……彼尝言：'我读到性本善，则教人以人之初而已'；殊不思'性相近'以下尚未读通，恐并'人之初'一句亦不能解；以此教人，安见其不为误人。……启超务广而荒，每一学稍涉其樊，便加论列；故其所述著，多模糊影响笼统之谈，甚者纯然错误；及其自发现而自谋矫正，则已前后矛盾矣。平心论之，以二十年前思想界之闭塞萎靡，非用此种卤莽疏阔手段，不能烈山泽以辟新局；就此点论，梁启超可谓新思想界之陈涉。"他这个自己批评，在我们今日看来，是很对的。

夏曾佑

谭、梁之外，关于钱塘夏曾佑，我们也得略为说说。曾佑亦治今文学，

---

① 其实，当1915至1916年之交他办《大中华》杂志时，就已主张抛弃政治专从改造社会入手；但当时他却依然参加反帝制运动。

亦绌荀申孟，所著有《中国历史教科书》三卷①。其论孔子有云："孔子一身，直为中国政教之原。中国之历史，即孔子一人之历史而已。故谈历史者，不可不知孔子。"② 寥寥数语，颇具卓识。他如论"儒家与方士之糅合"、论"儒家与方士之分离即道教之原始"，都有特见，读者可以参看《中国历史教科书》，兹不赘述。

---

① 《中国历史教科书》于1904年在商务印书馆出版，闻现已绝版。全书分三册，叙至隋代为止，以下并不曾赓续作去。
② 《中国历史教科书》第一册八十四页。

第十二讲　新文化运动

概　论

促成新文化运动的动力

　　1911年的革命运动，推翻了满清的统治，但代之而起的，却是代表封建势力的北洋军阀；孙中山所领导着的国民党，因1913年二次革命的失败，在国内已无活动的余地；中山所揭橥的三民主义，也早就消灭在北洋军阀统治的高压下面去了。反动的封建势力达到其最高点的时候，便有1916年的洪宪帝制运动，便有1917年的张勋复辟运动；所谓"中华民国"也早就"虚有其表"了。袁世凯死后，北洋军阀失掉了惟一的中心，它内部便起了分化作用；同时，因护法运动而惹起的南北战争，更显明地把整个的"中华民国"截成为两橛；结果，军阀的互相厮杀，遂造成各霸一方的割据局面。在这个时候，政治的黑暗，已经到达极点，领土这样广阔的国家，竟没有一个统一政令的中央政府。政治既然这样混乱，加以内战又时时不绝，在这个时期，所谓学术思想界早就沉寂下去了，早就进到僵冻状态里面去了；更何况一般深于教养的人只在谋政治活动而抛弃学术生活呢！但是，新的种子，却正萌芽在这个时期；世界大战的变动，列强的侵略，国内的动乱，这一切都使沉寂而陷于僵冻状态中的学术思想界苏醒过来而朝着新的方向展开，而促成此种展开的惟一动力，就是世界大战。

　　1914到1918年资本帝国主义列强争取市场的世界大战，把全世界转变为一个新的局势，关于这一点，不是在这里可以讲明的，现在我们只把它有关于中国新文化运动的各方面简略地述在下面：

　　第一，世界大战时，西欧列强无暇东顾，殖民地和半殖民地自发的产业，就乘着这个间隙发展起来。印度和中国的产业能在当时发展，便是这个原因。但是,这产业的发展,需要的是统一的国家与轻松的税率,而中国军阀的割据与横征暴敛,正是产业发展的障碍。因为这个原故,所以在五四运动反帝国主义反军阀反卖国贼的斗争中,新兴的资本家与商人才起而罢市表同情于这个运动。这一点充分地表现着封建势力与资产阶级的民主势力的斗争,而形成日后的新文化运动的诸特征之一。

第二,世界大战正在激烈的时候,俄国却发生了伟大的革命运动。它这个革命有它的悠久的历史,这里用不着讲;但是在专制魔王"沙"政府统治之下,竟发生了这惊天动地的革命运动,不但是发生,而且成功了这运动,这一点却不能不使世界人类震骇起来,却不能不使世界人类受一巨大的刺戟。中国的沉寂的学术思想界,受了这革命运动的震荡,自然要激起一个狂涛。这一点于日后新文化运动的谈社会主义与做社会运动很有关系,而形成这新文化运动诸特征之一。

第三,正是世界大战终止的一年,德国社会党又把那想做世界之王的威廉第二赶跑了,而建立一个民主国家。德谟克拉西的空气,一时弥漫于全球。中国思想界受了这种震荡,自然也要掀起一个波浪。这一点于日后新文化运动的鼓吹德谟克拉西很有关系,而形成这新文化运动诸特征之一。

此外,由于世界大战欧人不暇东顾,日本遂得乘间加速度地侵略中国,并为中国制造长期的内乱;又由于日本的侵略与制造内乱,而促成中国民众的反帝国主义运动,爆发为五四运动;这一切都与新文化运动以很大的助力,而世界大战则为这一切助力的原动力。

沉寂而陷于僵冻状态中的中国学术思想界,在这样的转变期中,在中国的经济组织发生变化的时期中,自然要渐次苏醒过来,否,在"久伏思起"这原则之下,还要向前奔放起来。这就是新文化运动出生的地盘。许多近视的观察者说新文化运动是由于胡适、陈独秀诸人的提倡而来的,实在是种错误的见解,在这里我们更足以证明"思想为时代的产物"这句名言之正确。

新文化运动前国内思想界的趋势及这运动的黎明时期

戊戌政变以前,国内思想界最时髦的东西,就是变法与维新,康有为、梁启超诸人,便是这种思想的代表人物;待到这种思想笼罩着思想界的时候,便有守旧派叶德辉著《翼教丛编》来反驳康、梁的主张,张之洞也著《劝学篇》以"中学为体、西学为用"的口号来调和这思想上的冲突。

排满的空气

戊戌政变以后，梁启超的"打破现状论"虽然吸引了全国青年，独执思想界的牛耳，但是启超只主张立宪却反对革命，所以待等《民报》发行以后，启超在思想界的地位又渐次降落下来了。原来在《民报》未发行以前，排满革命的潮流就已渐次高涨，孙中山的兴中会、黄兴的华兴会以及唐才常的自立会，固属是行动上排满革命的有力团体，而思想上的结集，又有吴敬恒、章炳麟、蔡元培等主持的爱国学社与陈范主持的《苏报》。那时邹容的《革命军》一书，更发生很大的影响；他如章行严的《荡肤丛书》、刘光汉的《攘书》与《中国民族志》、陈去病的《清秘史》与《陆沉丛书》以及《黄帝魂》诸书，也都是宣传排满革命的出版物。后来同盟会成立，章炳麟、汪精卫、胡汉民诸人主持《民报》，来和梁启超的《新民丛报》对抗，于是思想界便集中在排满革命一点上——这种倾向，一直继续到1911年推倒满清为止。

章行严

民国成立以后，政党一天到晚地闹着争政权，报章杂志满纸载着都是讨论政制的文字，在这个时候，学术思想界已经沉寂达于极点。当时梁启超办了一个《庸言》报，后来又改办《大中华》，他那时虽主张抛弃政治专从改造社会着手，但怎样去改造社会，因此，他这主张不曾收到效力。正在大战爆发的一年，长沙章行严在日本办了一个《甲寅》杂志。行严精通逻辑，为文谨严，和启超笔端常带感情的文章不同；他运用逻辑式的文章，讨论政治问题，很受当时社会的欢迎。在《甲寅》上做文章的人，还有一个黄远庸。远庸目击当时政论与一般社会不生关系，便在他与《甲寅》记者书中说："居今论政，实不知从何处说起。……根本救济，远意当从提倡新文学入手。总之当使吾辈思潮，如何能与现代思潮相接触，而促其猛醒；而其要义，须与一般之人生出交涉；然须以渐近文艺普遍四周。"我们读了远庸这段话，便可以知道当时学术思想界的动向。

陈独秀
吴虞
胡适

洪宪帝制消灭以后，行严即投身政治活动，《甲寅》因之停刊。不久，陈独秀从日本归国，在上海发行《新青年》杂志，继《甲寅》而起成为国内有时代性的惟一杂志。那时正是国会为着定孔教为国教闹得很凶的时候，独秀便拿住这个题目，在《新青年》上彻底攻击孔教，说它是专制的护身符，不合现代社会的需要。独秀为文能单刀直入，说理又透彻，所以《新青年》就很受一般人的欢迎。后来，独秀受北京大学校长蔡元培聘请做了北大的文科学长，仍旧继续主持《新青年》。独秀友人吴虞，又时时在《新青年》上发表些反孔教的文字，接着因为反对孔教，又连带反对礼教。这样一来，《新青年》的地位就日见增高，而且因为几千年来人人目为"金科玉律"的礼教到现在居然也有人敢于反抗，所以旧思想的动摇更加使新思想的动向明白地表现出来了，而新文化运动的种子也就萌芽起来了。1917年胡适又从美国寄回《文学改良刍议》在《新青年》上发表，不久胡适归国做了北大的哲学教授，和陈独秀、钱玄同诸人，努力文学改良。但自独秀的《文学革命论》发表以后，他们的主张才由文学改良而进为文学革命，接着胡适又发表他的《建设的文学革命论》，而归结到"国语的文学、文学的国语"十个字上面；这样一来，文学革命的旗帜才鲜明起来。但是我们不要忘记：文学革命决不是限于文学领域以内的事件，因为文学革命反对贵族文学提倡平民文学，所以由文学革命的德谟克拉西的精神，一定要引起其他思想上的革命，一定要引起种种平民的运动。《新青年》这种反孔教反礼教以及文学革命的主张，就是新文化运动黎明时期的动向。

两种精神

1918年的冬季，陈独秀又发行《每周评论》，登载些讨论社会问题政治问题的文章，有时严正地批评当时的现实社会；同时，北大学生傅斯年、罗家伦等又组织"新潮社"，发行《新潮》杂志，介绍西洋最近哲学、文学以及政治的思潮。这些刊物，都是受《新青年》的影响而产生出来的。到了《新青年》七卷一号，便发表了一篇宣言。——这宣言是陈独秀做的——对社会表明他们的主张是拥护德谟克拉西（民主主义）与提倡赛恩斯（科学）。从他们这宣言看来，我们便知道他们的意特沃罗几已经起了变化——但是我们要认清楚：这正是时代的反映与产物，决不是陡然在陈独秀诸人脑筋中起了这样的变化——而新文化运动已经正式进到它的黎明时期，并且黎明时期中这运动的方向与目标也都明显地表示出来了。

林蔡之争

新文化运动到了这个时候，却遇着一个反响，这就是新思想与旧思想的斗争，这就是新意特沃罗几与旧意特沃罗几的斗争。1919年3月林纾写给蔡元培的信，便是这斗争的开始。这信的大意是责备蔡元培不应在大学里面提倡新文学与新道德并容纳这些有新思想的人充当教授。这信发表在北京《公言报》上，蔡元培也就在这报上回林纾一封信，解释当时一般人对北大的误会。结果因为林纾所持的反对理由过于薄弱，他那卫道的精神，已经不能获得一般人的同情，所以这个斗争的期间并不久，而新思想终于取得了胜利。

划时期的五四运动与新文化运动的奔放

林、蔡辩论是1919年3月间的事，但一到五月，就发生了划时期的五四运动。原来在世界大战发生的时候，日本借口英、日同盟，向德宣战，出兵和英军会攻青岛，德军以势孤出降，日本遂占领青岛。后来中国要求撤兵，日本便于1915年1月18日由其驻京公使日置益径向中国政府提出二十一条的要求。中国派曹汝霖等为全权委员于2月2日开始和日本会议。延到5月7日，日本发出最后通牒，迫中国政府速即承认，以5月9日午后6时为限。9日午前，中国政府即答复承认。这就是最可痛心的"五九国耻"。到了1917年，中国因德国使用无限制潜艇攻击，也向德国宣战。明年大战停止，中国便于1919年1月派陆徵祥等为全权代表，参与凡尔塞和会。中国代表在和会提出许多要求，并要求德国在山东的权利直接交还中国。日本代表反对，会议由是停顿。最后由英国倡议将山东问题交由英、法、美三国专门委员会核议。这个消息传到中国，舆论大为激昂，于是5月4日，6月3日这两天北京专门以上学校学生便先后举行两次激烈的示威运动，要求惩办与中、日交涉案有关的交通总长曹汝霖、驻日公使章宗祥及币制总裁陆宗舆。风声所播，到处学校罢课，商店罢市。又有铁路工人联合罢工之说，形势日见紧张，政府不得已才将曹、章、陆三人免职。这便是五四运动的来历。

五四运动的意义

五四运动，从表面上看来，固属是为着外交问题而起，这运动的目的，固属是在于打倒卖国贼曹、章、陆；但是，这运动却有它的存在根据，决不是偶然的，上面说过的经济上的转变，国外局势的转变，政治的腐败以及军阀的割据，便是它的存在根据。它是个反帝国主义的民族主义运动，往后的五卅运动，便是它的继续。它是个反封建势力的民主主义运动，往后的一切解放运动，便是它的继续。这运动又是个划时期的运动，在这运动以前，全国的学生、工人以及商人，并没有团体的结合，并不过问政治；在这运动以后，各种各样的民众团体如雨后春笋一般地发生出来了①，他们为着各自的利益都起来过问政治。但是，这里有一点我们要认清楚：五四运动的领导者是学生，学生并没有它独自的阶级立场，并没有它独自的阶级意识，惟其如此，所以这运动的目标，虽然确定出来了，但是，由于没有一个具有阶级立场与阶级意识的阶级去领导这运动向着这目标走去，从而这运动自身固属是划时期的运动，却同时又是个启蒙运动，并不曾集中力量去达那已经确定了的目标。因为这个缘故，所以五四运动的直后，各种各样的新主义新思想，各种各样的问题，都同时并起；真可算"五花八门，光怪陆离"：这就是启蒙运动最显著的特征。正因为这启蒙运动是多方面的，随而新文化运动才能向前奔放而到达它的成熟时期。

新文化运动的成熟时期有些什么现象可说呢？

新文化运动成熟期的主要现象

第一，以前成为问题的，到"五四"以后便不成为问题了。例如文学革命，在"五四"以前，还有林纾这些守旧派出来反对，但到"五四"以后，各地的报章杂志如雨后春笋一般地一齐出来了，都一律改用白话文；在这个时候，只研究怎样去完成白话文学——国语文学，并没有白话与文言孰得孰失之争了。

第二，以前不成为问题的，到"五四"以后却成为问题了。"五四"以前，固然也反对礼教，固然也提倡德谟克拉西；但是当时理论自理论，行动自行动，两者并不曾打成一片；"五四"以后，却因为一般人参加实际运动，在行动上往往和旧社会旧制度相抵触，在这个当儿，要求理论与行动打成一片，于是以前不成问题的，到现在都成为必得予以解决的问题了。以下把这些问题逐项予以简单的叙述：

（一）工人问题　大战期间，中国产业已有相当的进展，在这个时期，

---

① 1912年，江亢虎虽已打出社会党的招牌，各地虽有工会的组织，但都是"空有其表"，没有丝毫力量；所以中国有真正民众团体的组织，却只能说是从这个时期起。

资本家与工人自然多少要发生冲突,"五四"以后,工人渐次觉醒,和资本家冲突的事件,就日益增加,而工人问题就成为当时急待解决的问题了;我们只要看到当时《新青年》讨论纱厂女工待遇问题以及发行《五一劳动节》特刊,便可以知道工人问题在当时之重要。往后从1921年至1923年,便不断地发生罢工风潮,例如:1921年1月1日粤汉铁路工人罢工,3月3日开平煤矿工人罢工,6月20日京绥铁路机工罢工,10月12日粤汉铁路罢工,11月20日陇海铁路机师罢工,1922年1月12日香港中华海员罢工,7月22日汉阳钢铁厂工人罢工,8月5日上海丝厂工人罢工,同日招商局海员罢工,8月30日京汉铁路工人罢工,9月8日粤汉铁路工人罢工,10月19日唐山京奉路工人罢工,10月23日开滦矿务局所属五矿区矿工罢工,10月27日京绥路罢工,12月15日正太铁路罢工,1923年1月10日汉口花栈工人罢工,2月4日京绥路工人罢工,2月7日汉口军队干涉京汉路罢工,2月20日正太铁路工会因罢工风潮,被直晋当局解散。工人运动的兴起,后来在五卅反帝国主义运动中工人阶级竟握着领导权。

(二)家庭问题　中国家庭组织建立在农业经济上,自从资本帝国主义侵略以来,中国整个经济组织已经发生变动,尤其是农村经济的崩溃,使家庭组织跟着崩溃。家庭组织尽管在崩溃,但家庭中的家长权及夫权却仍然有很大的力量,《新青年》时代,一般思想较进步的人,即已看到了这一点,所以在那时《新青年》上屡屡有反对礼教、讨论家庭问题并贞操问题的文章发表。自"五四"以后,一般青年的意特沃罗几起了剧变,觉醒了自己应做一个独立的社会的人,而不是家庭的附属品,这样一来,家庭问题便日益紧迫起来了。易家钺等所组织的家庭问题研究会,就是这种觉醒的产物。家庭问题所包含的方面很多,如孝的问题、贞操问题、婚姻问题、男女平等问题,都总括在内;这些问题,在当时都经过很多人的研究,并且在社会上获得相当的成果;不过因为中国的经济组织与建立在这组织上的社会制度没有得到整个而完全的改造,所以许多过激而有为的青年竟不免做了这个时代的牺牲者。

(三)教育问题　中国的教育制度,是由外国移植过来的,是现代资本主义式的教育制度;这种制度在资本主义国度里自有它的作用,但是移植到中国来却因为中国经济组织不曾整个地资本主义化,所以就失掉了它的作用,而其结果就是造就了许多高级游民。1914年黄炎培感觉到这种弊病,便提倡实利主义的教育,但在社会上不曾得到回声。"五四"以后,杜威来华讲演,他的实用主义的——美国式的——教育学说,便在国内掀起一个波涛,1921年全国教育会联合会所决议的新教育系统案恰恰就是受了他这实用主义教育学说的影响的产物。同时,如前所述,五四运动含有平民主义的倾向,而杜威的教育学说,也具有平民主义的精神,因此,平民主义的教育又盛极一时,而且有许多教育家从事实际的平民教育运动。但是我们不要忘记:美国式的教育制度也自有它的存在根据,美国是资本主义极发达的国家,它这教育制度自有它的"实用"——在资本主义正在崩溃的行程中,这制度在美国也发生出极显明的破绽——我们去模仿它这制度,便不见得"实用"了,不然,近年来又从何处会发生中国教育破产的呼声呢?

以上三项,不过是举其荦荦大端而言,此外还有宗教问题(少年中国学会在当时曾敦请梁漱溟、李石曾、屠孝实诸人讲演宗教问题,后来更有非宗教大同盟),男女社交问题等等,因其关系较小,恕不备述。

其次,新文化运动的成熟时期在学术思想方面又有些什么可说呢?

学术思想的变化

第一,关于哲学方面者:中国哲学,在这时期以前,并不是没有人去研究,但是,能够用有系统的方法去整理中国哲学,却要算胡适。胡适是杜威的学生,深受实用主义方法论的影响,又受过朴学家所用的治学方法的训练,所以他著的《中国哲学史大纲》[①] 很有条理;不过他的毛病,只着重在"时代背景",并不曾把经济转变影响到哲学方面的契机说出来[②]。他如谈西洋哲学的张东荪,谈印度哲学的梁漱溟,都有相当的成就。李石岑主办的《民铎杂志》,在这个时候,发行几次专号,对于尼采、康德、以及柏格森的哲学,都作了有系统的介绍。同时,罗素来华主讲数理哲学,张崧年对它颇有研究。翻译的哲学书籍也很多,如《尚志学会丛书》及

---

① 胡适著《中国哲学史大纲》,最初在北大印成讲义,1919年2月始正式由商务印书馆出版。

② 关于批判胡适的著作,可参观神州国光社出版的《读书杂志》胡秋原著《贫困的哲学》一文。又最近冯友兰著《中国哲学史》,颇能运用黑格儿的辩证法,于中国哲学史研究领域上辟一新天地。

《共学社丛书》便着重在哲学方面，但是缺乏有系统的介绍。在这个期间，一般人研究哲学的兴趣都很浓厚，到1923年便有所谓玄学与科学之战①，不过两方的战士在方法论方面都没有良好的武器，所以一场论战依然得不到最后的解决。

第二，关于科学方面者：科学方面最值得记述的，便是考古学的发展。1898年与1899年之交，河南安阳县曾掘出商代甲骨的破片；当时研究甲骨文的人，以王国维、罗振玉为最有心得。1921年，农商部矿政顾问安特生（J. G. Andersson）先后在辽宁锦西县沙锅屯与河南渑池县仰韶村采掘，获得石器、骨器、单色陶器及彩色陶器，断定为新石器时代的遗物；后在他处又屡屡发见这时期的遗物，现总称为"仰韶期"。1923年，德国博物院古生物学专家德日进（P. Teilhard de Chardin）及天津教士桑志华（E. Licent）在陕西、甘肃及鄂尔多斯各地发现旧石器时代的大宗石器，1923年至1924年，安特生又先后在甘肃洮沙县新店附近，狄道县李洼山、西宁县下洼及镇番县沙漠等地发现石器、陶器及少数铜器，断定为新石器时代末期与铜器时代初期的遗物。1925年，美国纽约博物院外蒙古调查团，在纳尔逊（N. C. Nelson）指导之下，发现旧石器与新石器时代的过渡期的石器。安特生将发现的结果，作成《中国远古之文化》一文。他如丁文江、翁文灏主办地质，对于考古学亦有相当贡献，翁文灏更撰《近十年来中国史前时代之新发见》一文，详记屡次发见的经过与结果。这些发见，很影响于中国古史的研究，使我们对于中国古史的观念改变过来，知道以前所谓三代盛世并不见得那样完美。其次，科学方面值得记述的，还有：（一）杜里舒（H. Driesch）与葛拉普（A. W. Grabau）的来华讲学，杜氏有讲演集，其《爱因斯坦氏相对论及其批评》一书，为张嘉森译成汉文；葛氏所著《地球与其生物之进化》，有赵国宾译本。（二）史地方面，如顾颉刚的《古史辨》，颇具疑古精神，多半受有今文学家的影响；如陈垣专研究古代外国人同化于中国的历史，最有心得；又如冯承钧迻译《中国西部考

---

① 1923年，张嘉森（君劢）在北京清华学校讲演，反对科学的人生观。接着丁文江在《努力周报》上反驳张氏的讲演，为科学辩护。——玄学与科学的论战由是发生。当时学者如胡适、陈独秀、梁启超、吴敬恒、唐钺、范寿康、任鸿隽、王星拱、张东荪及林志钧等，都参加这个论战。

记》《中国史乘中未详诸国考证》《昆仑及南海古代航行考》及《东蒙古辽代旧城搜考记》诸书,也于中国史地的研究,有相当的贡献。(三)他如王光祈研究西洋音乐理论,刘海粟的西洋绘画,李金发的雕刻与造像,均有相当的造就。

第三,关于思想方面者:上面说过,五四运动是启蒙运动;在这启蒙运动时期,虽然大众的目标,在于改造社会,在于反抗旧势力与旧束缚,但是,当时的思想,却是"五花八门,无奇不有"。现在总括地说,可以分成以下各种:

第一,谈社会主义者:《新青年》在七卷一期的宣言上,原是拥护德谟克拉西,但到五四以后,陈独秀、李守常、顾兆熊一班人,却也谈起马克斯主义来了。当时《晨报附镌》《时事新报·学灯》《民国日报·觉悟》、戴季陶主办的《星期评论》、陈独秀主办的《每周评论》、进步党的《解放与改造》(后改称《改造》)、国民党的《建设》,都无不时常登载介绍或讨论社会主义的文章。《建设月刊》上,竟登载胡汉民运用唯物史观以研究伦理的作品。风气所播,在当时几乎无人不谈社会主义,新青年社翻译的柯祖基著《阶级斗争》,商务印书馆翻译的马克斯著《价值价格及利润》与柯祖基著《人生哲学与唯物史观》,便是这时期的产物,不过当时所谈的过于肤浅,而且时有错误,在社会上并不曾获得回声。此外还有徐六几、郭梦良等谈基尔特社会主义,与进步党颇接近,关于柯尔(G. D. H. Cole)的著述介绍颇多,但在社会上也没有什么影响。

第二,谈无政府主义者:中国谈无政府主义最早者,要算张继、刘师复、吴敬恒、李石曾诸人。张继从事政治活动,师复早死,都与无政府主义运动无甚关系。敬恒、石曾二人在新文化运动时期,力倡半工半读运动①;大战以后,他们设立留法勤工俭学会,国内学子前后往法半工半读的,不下数百人。当时俄国革命已告成功,德国亦正在革命狂潮中,这些学子为这种革命空气所笼罩,后来竟有一部分成为××主义的信徒。敬恒又提倡物质科学,尝为文反对东方式的精神文明,颇得一般学子的欢迎。

第三,谈新村者:中国谈新村运动者,以周作人居首。这运动是用消极的方法,不采用反抗的手段,去谋社会改造。这运动在思想上,受了日

---

① 无政府主义者主张各尽所能各取所需,所以他们提倡半工半读运动;又当时王光祈等所组织的工读互助团也可算属于这一派。

本武者小路实笃的影响；他们看见人类的堕落，社会的腐败，只想用温情主义不抵抗主义去转变它，所以他们主张组织新村。他们想离开现实社会，去建立他们理想中的生活，这便是他们的根本错误。武者小路实笃的新村运动，经过一度尝试以后，已经宣告失败，他本人也渐陷于颓丧的状态；因为这个缘故，所以中国新村运动也不过在纸上谈谈，并不曾见诸事实，它在社会上更没有什么影响。

第四，谈三民主义者：正在新文化运动高潮时，孙中山从广东失败回到上海，他目击思想界的转变与苏俄革命的成功，深知欲完成中国革命非从主义的宣传与建设不可。他在1917年，就作成了《民权初步》（社会建设）；明年又作成《孙文学说》（心理建设），《建设月刊》出版时，他又在这月刊上前后发表他的《实业计划》（物质建设）；后来把这三书合订一册，便是他的《建国方略》。同时，他的同志汪精卫、胡汉民、廖仲恺、戴传贤，也不时在《建设》上发表作品。1923年，他又把他的三民主义讲演一遍，并印成讲演录。三民主义——孙文主义——经过这一番深入的研究与宣传以后，才广布到全国群众。

此外还有少年中国学会，是些国内专门学校以上学生及留日学生组织的，目的在于改造社会，但改造社会的手段却不曾明定出来。总之：在新文化运动的高潮中，各种思想与主义，都同时并起，各人所信奉的主义，一般地来说，也不曾确定；往后不久，思想与主义的分野，就显明地表现出来了。

思想的分野与新文化运动的转变

思想的分野

新文化运动随着五四运动而达到其成熟时期，当时一般较进步的人，都怀抱改造社会的思想，都要求一种新生活，但是，关于怎样去改造社会，关于怎样去实现这新生活，却不曾找出一种确定的手段与方法来；惟其如此，所以这时期的思想与主义异常乱杂；而且对于各派各样的主义，都没有深刻的把握。等到这一般较进步的人，遇到现实的问题而必得予以解决的时候，遇到他们自己要在政治上社会上找出路的时候，于是迫着他们不能不采取一种确定的手段与方法，去应付这种需要，换句话说，就是迫着他们不能不采取明确的立场，去应付这种需要；在这个当儿，便发生思想的分野。这正是新文化运动进展的现象。以下就当时思想分野的大势，作一个梗概的叙述：

第一，《新青年》派：这派的人物，以陈独秀与胡适为主干。陈独秀一派，倾向××主义，与李守常、郑超麟等，于1920年组织劳工协会秘书部，发行《向导周报》，专事××主义宣传；1921年才正式组织中国××党。胡适一派，主张好人政府主义，打算加入当时的政治运动去改造当时的政治，蔡元培、罗文幹、王宠惠都属于这一派，1922年发行的《努力周报》，可算是这一派的机关报。

第二，少年中国学会派：这派在这期间的地位很重要，因为这派自分化以后，不拘在政治上，抑或在学术思想上，都取得重要的地位。这派完全是些有为的青年所组织的，在没有分化以前，大家的目标，不外是改造社会。待到各人要在政治上社会上找出路的时候，这派便发生改造社会的方法问题。其中信奉××主义为改造社会方法的，如张国焘、邓中夏、黄日葵，后来便加入××党，成为××党中的重要人物。其中信奉国家主义为改造社会方法的，如曾琦、陈启天、余家菊，便组织国家主义青年团，《醒狮周报》便是他们的机关报。还有一部分人，如郭沫若等，便另外组织创造社，发行《创造季刊》及《创造周刊》，介绍文艺思潮。1925年以后，郭沫若也加入到××党里面去了。

第三，国民党：孙中山自从经过累次失败及目击俄国革命成功以后，便决心要改组中国国民党：1923年11月发表改组宣言，改组后，于明年1月在广州举行全国代表大会，决定联俄容共政策①，提出"打倒帝国主义""废除不平等条约"诸口号，"国民革命"事业才从此开始。

第四，无政府主义派：这派在中国很少实际运动，他们认为无政府主义的实现，离目前还遥遥得很，而目前最迫切的工作，却是国民革命，所以他们——如吴敬恒、李石曾——一面是无政府主义者，一方面又是国民党员，从事国民革命工作。

由上所述看来，思想的分野，不外三大派：即三民主义、共产主义与国家主义。在当时只有这三派在思想界获得各自的地位，至于进步党及其他却已声销迹匿了。

---

① 1920年，苏俄优林到北京，与北大教授学生发生了一点关系。1921年，苏俄代表越飞到北京，北京新潮社等十四个团体以国民团体的资格开宴会欢迎他，表明中国智识阶级代表全体国民对苏俄表示友好的意义。从此以后，北京《晨报》才有联俄问题的讨论。这一点，颇影响于国民党的联俄政策。

到了1925年，国内情势又起了剧烈的变化。第一，上海的五卅惨案，引起了空前的反帝国主义运动；在这运动中充分地表示着民众的力量，并且这运动推动中国革命向前奔放。第二，孙中山的北上与孙中山之死，把"打倒帝国主义""废除不平等条约"诸口号深刻地印入到民众的脑筋中，革命空气因此弥漫全国。不久，北京又有三一八惨案与首都革命的发生；接着国民革命军北伐，革命便已经到达它的高潮；在这个时候，农民运动与××党都得到异常的发展。经过这个高潮以后，新文化运动便走入它的转变期。以下就这转变期的主要现象略为说说：

新文化运动的转变

在革命高潮时，国家主义派已失却其存在根据，所以当时支配思想界的，就只有三民主义与共产主义。经过这高潮以后，依然只看见这两种主义在思想界活跃着。这就是转变时期的特征。现在再把这特征引申地来说：

第一，在这转变期中，治学术的人，都不能不有他各自的立场：例如谈中国经济结构问题，便有两种论调：一种说中国经济是前资本主义时代的经济，他一种说中国经济是封建性的经济；例如谈文学，便有民族主义文学与普罗文学之分野；例如谈哲学，便有观念论与唯物论之分野。

第二，在这转变期中，新兴社会科学得到异常的进展：这种进展，绝不是偶然的，而自有其存在的根据。自1930年至1931年，讨论中国社会结构的著作特别丰富，并且渐次地能用新的方法去分析中国的社会结构。又如对于中国古代社会的研究，也渐次地能用新的方法从科学上说明中国古代社会的演进。不用说，这些讨论与研究，都能替中国学术思想界开辟一个新局面。

中国的学术思想，有几千年悠久的历史，中间经过几次的大转变，这从本书以上所述各讲看来便可了然。海通以来，不满百年，其间又经过维新运动与新文化运动；到现在更进到新文化运动的转变期。今后我们学术思想的出路，就从这转变期中决定。我们生在这一时代的人，都负着中国文化的未来的重任，所以我们决不能放松这个转变期，而必得从意识上予以认识。

(北新书局，1934年4月二版)

高中公民 社会问题 政治概要

杨东莼 熊得三 著

社会问题

第一章　绪论

(一)何谓社会问题　为着要了解什么是社会问题,首先就得说明什么是社会。人类自动物进化成为人以后,开始即营群居生活。孤独生活的个人在历史上不曾有,而且也不能有。人们要取得食物,要保卫自身的安全,就要与毒蛇猛兽争斗,要与各种各样的自然界力量争斗。因此,人类必须结成团体来生活,这是第一点。既然是群居的,是结成团体的,则人类彼此之间,一定要发生相互连带关系。在经济上,在政治上,在生活习惯乃至道德信仰上,都有共同的休戚之感。所以,人类的群不像其他生物那样是简单乌合的群,而是有各种相互关系为纽带,有互助合作为基础。这是第二点。人类社会还有一特点,即永不停滞而不断的向前发展。人们在其相互关系中,互相协助,互相推动,互相调合,使之向前迈进,这是第三点。

那么,人类社会何以又发生问题呢?无疑,这是社会中某部门或许多部门,发生窒碍;使全部结构不调和,不融洽。社会是极复杂的有机体,包括人们各种各样的生活,即包括人们相互间的各种各样的关系。比如衣食住行,是人生的基本要素。假若某时期年岁歉收,若干人们衣食不足,这就成为严重的社会问题。若这些为饥寒所迫的人们,再铤而走险,犯上作乱,则由这一经济性质的社会问题,连带成为政治的、道德的问题。又如"男女居室,人之大伦",夫妇和,不仅家道齐,社会亦以安定。假若有许多男女们,彼此不能和合,因而发生悔婚,离婚,独身,或因婚姻而自杀杀人,这又成为严重的社会问题,它不仅影响社会秩序,且有关民族前途。

由此,我们可以知道,社会原是人类之互助合作的集团。假如有某部门不能互助与合作,就成为病态,而发生问题。假如这发生病态的是次要部门，则其影响力还小；若果是关系人们之基本生活的衣食住行，发生了病态与问题，则其影响与蔓延力极大，将使全社会都不安定。由此，我们又可以知道，正因社会是极复杂机构，所以某一部分发生病态，将影响到其他部门。反之亦然，假若医治了某重要部门的病症，则其他的社会问题，也可以连带解决。

（二）现代社会问题的发生 现代世界各国都发生有社会问题，历史上各时期，也都有社会问题发生。但社会问题的内容，却因时因地而不一样。现代欧美诸国是资本主义极度发达的社会，财富集中在少数人手里，绝大多数的人口则毫无所有，而都成为雇佣劳动者。少数资本家压迫多数劳动者，后者又企图反抗，使整个社会陧杌不安。因此，劳动问题成为诸国之最重要的社会问题。最近全世界不景气发生以来，各国失业者动以千百万计，于是劳动问题更成为极端的重要。由此我们可以知道，欧美诸国的社会问题的发生，是资本主义极度发展的结果。

帝国主义势力没有侵入中国以前，吾国还是闭关自守的封建的农业社会。那时，中国社会虽不算怎样富庶康宁，然实不像现在这样的百孔千疮。自帝国主义势力侵入以后，吾国旧的社会组织逐渐崩溃。资本主义的经济与文化虽早已发生，但以不平等条约的束缚，使中国社会进步迟缓，远不能与欧美并驾齐驱。帝国主义者向中国输入大批商品与资本，购买原料，使中国经济不能发展；更从政治、文化、军事各方面来干涉中国社会生活，使中国社会贫而且弱，由此贫弱又产生其他许多病症。所以，中国社会问题的发生，固然有其本身的原因，但实由帝国主义的侵略所促成。

（三）现代社会问题的内容 现代各国社会问题的内容，固然不完全一样，但本质上则大体相同。兹参照吾国情形，可以概括为如下几点：

第一是人口问题。社会是由人集合而成，国家的盛衰，民族的隆替，与人口的多寡强弱有直接关联。人口的增加是快是慢；出生率与死亡率孰大孰小；其分布是否平均；体质与智能是否发育健全；若人口不足，将何以奖励生殖；若过剩，又如何讲求移民。凡此诸端，均为人口问题的内容。

第二是农村问题。这在欧美先进国家，还不像吾国的极端严重。吾国向以农立国，农业人口占百分之八十以上。但近年以来，荒地日多，农产日减，农民相率离村，粮食仰给外人；于是农村破产，国本动摇。这里，应该认识各种病象，追求病源，因而研究出救济的方案。

第三是劳动问题。现代社会的特征之一，是资本家与劳动者的不调和。吾国资本主义虽不甚发展，但依出卖劳力而生活的当以千百万计。工资的高低，工时的长短，童工与女工应有如何的特别保护，工人的卫生与安全应有怎样的注意，工人的集会结社怎样，失业如何救济，劳资的关系如何，怎样能使他们和谐的协作，怎样能增加生产与发展国民经济。这一切，都是急待研究与解决的问题。

第四是职业问题。吾国号称地大物博，但近年来，不独一般劳动者失业为普遍现象，即中上层人士，亦多无业可作，或者有业而不能精。是以，首先应讲求职业训练，提倡职业教育；阐明职业道德；使人们慎于择业，忠于所业。不独应使每个人有自食其力的专长，且应勤求苦习，以与现代进步技术相平行。

第五是婚姻问题。向来吾国婚姻的成立，是由于父母之命，媒妁之言，这种婚制有若何弊病，应如何改革。青年男女应具备什么条件，方能订婚与结婚。婚姻具有若何社会意义，夫妇的同居生活应怎样建立，彼此的权利义务关系如何。若不幸而离婚，则在道德上与法律上有若何责任。

社会问题本极繁复，但这五点是其主要者。

(四) 社会问题的解决 我们知道，各种社会问题的发生是有连带关系的，而其缓急轻重又彼此不同。是以解决社会问题时，可以从基础处着手。例如农村问题是吾国的基本问题，如果能复兴农村，则工商业可趋发达，劳动问题与职业问题等自易解决。反之，若根本未固，仅事枝叶的修培，即不致徒劳无功，亦将费力多而成功少。自然，分工并不妨害合作，治标大有助于治本，从各方面来努力，亦正是吾人应取的途径。其次，中国社会问题的发生，既然是帝国主义的侵略所促成，其所以极端严重，也是由于帝国主义的束缚则显然，要彻底解决中国社会问题，首先必要的就是应消灭一切外来的压迫。我们试想，假如外国廉价商品还是不断的向中国输入，外人更在内地设厂制造，占据中国领土，干涉中国内政，扰乱中国的统一与和平，这时将如何解决社会问题。所以，一点一滴的干去是需要的，肃清本身的一切大小病根，也是需要的。然而最要紧的，还是应消除最大的魔障，即帝国主义的压迫与束缚。最后，中国有自己之特殊的传统；中国社会问题的发生，有其特殊的原因；其内容又与别国不一律；则其解决，也应有自己的特殊方式，而不能盲目抄袭他人。以上三端，是吾人寻求吾国社会问题的解决时，所应特别注意的。

参考书

1. C. A. Eilwood：《社会问题》（商务）
2. 熊得山：《社会问题》（北新）
3. 萨孟武：《中国社会问题》（新生命）

问题

1. 何谓社会？何谓社会问题？
2. 现代社会问题怎样发生？
3. 中国社会问题的发生与内容有何特殊处？
4. 怎样解决中国社会问题？

第二章 人口问题

第一节 人口概论

（一）**世界人口现状** 现在全世界的人口，究竟有多少，还是不能十分确定的问题。据国联统计，1913年为十八万万零八百万；1929年则为二十万万八千六百五十万。这数目大概与实际相差不远。又据奥斯丁（Austin）氏的估计，最近百余年来，全世界人口的增加与分布状况，约如下表（数字以百万为单位）：

年代 洲别	1800年	1850年	1900年	1925年
欧洲	175	269	408	516
北美	12	33	119	140
南美	8	19	48	61
亚洲	335	619	802	840
非洲	95	107	120	137
海洋洲	15	28	40	47
合计	640	1075	1534	1829

至于世界主要各国人口数目及其密度；则除中国为人口最多之国家外，印度有人口三万万以上，其次俄国一万万七千万，美国一万万二千万。日本、德国各六七千万，英、法、意各四五千万。人口密度，以比利时与荷兰最高，每方哩在六百人以上；次为英国，每方哩近五百人；日、德、意三国每方哩均超过三百人；美国为四十人；苏俄最稀，每方哩仅三人[1]。

（二）**人口增减的原因与结果** 人口增加的原因，我们很容易想到，其

---

[1] 此处计算疑有误，原文如此。

最主要的是人类的自然生殖力。其次，是社会经济的发展，使人们易于谋生，因而易于繁殖。第三，由于医学进步，讲求卫生，能防止疫疠的侵袭，因之，死亡率减低。最后，还有因为富国强兵的要求，由国家社会奖励，如现在德、日、意诸国那样。

若人口增加率减低，或者甚至人口减少，这是反自然反社会的不良现象。而这种现象产生的原因，则不外是以下诸点。第一，社会经济不发达，物价昂贵，食物缺少，人民谋生不易，因此引起高度死亡率。第二，自然的灾难如水灾、旱荒、火灾、地震等使人口大批死亡。第三，医学不发达或者应用不普遍，使死亡加多。第四，战争直接毁灭人类，随着战争而来的又常是饥馑疫疠。第五，现代欧、美各国中上层的人士，为自身享乐而减少子女的担负，风行节制生育，也是人口停滞或减少的原因。

这还是就一般而言，至于殖民地的许多弱小民族，如美洲印第安人，非洲黑人，澳洲土人及印度土人等，因为帝国主义的屠杀，压迫，剥削，使人口大量地减少。甚至有的民族将要绝种。

由人口的增或减所发生的影响，至为明显。就整个人类社会而言，多一个人即多一分从事生产的力量，若就民族或国家而言，则更是多一分保障民族、捍卫国家的力量。反之，若人口停滞，或甚至减少，必然得到相反的结果。若果人口一般的减少，那将危及人类社会的前途。

（三）出生率与死亡率 所谓出生率，是指每千人中每年增加若干人，死亡率则指每千人中每年死亡的数目。假若企图人口的增加，自然应当提高出生率，但更要紧的是减低死亡率。若出生过多，死亡的亦多，则不仅是两下相消，且表示该民族的不健全。大半各进步国家，医学进步，公共卫生的设备较周，其人民的文化程度较高，对婴儿的抚养得法；所以，虽其出生率并不甚高，其人口总数还是增加，盖其死亡率更低也。反之，若在落后国家，对婴儿无适当方法抚养，对疾病无科学的医疗，卫生设备不全，人们身体发育不强，营养不足，劳动过度；因此，虽其出生率甚高，而其人口的增加颇慢，盖其死亡率亦高也。例如1930年，印度人口出生率为千分之三六，这不能谓不高，但该年人口增加率仅得千分之九强，因其死亡率高至千分之二七弱，这可以说是生育的浪费。

（四）马尔萨斯人口论 马尔萨斯（J. R Malthus 1767—1834）是有名的经济学者，他的名著是《人口论》。他以为人口问题之不可解决的症结，是人口与食物增加率的不平衡。他说人口是以几何级数而增加，如二，四，八，十六等。而食物则以算术级数而增加，如一，二，三，四等。因此，他得出极悲观的结论，如不以人为的方法来限制人口，则世界将有人满之患；社会上的罪恶，并不是因为社会制度不良，而是人口增加过速的必然结果。

马氏这种说法，显然与实际不符。第一，人口并不一定以几何级数增加，上表可以证明；而食物更决不只以算术级数增加。现在科学发达，技术进步，人类征服自然的力量日益加强，食物生产的能力，飞跃的发展；试就英、美诸国最近历史看，其食物生产的增加且较人口的增加更快。第二，人口增加即从事劳作与生产的力量增加，其协作与互助的效能也要增加。第三，现在的人口过剩，并不是由于食物不能供给，而是资本主义的结果；试看，美国不是把大批的麦、糖、咖啡等当煤烧或者倾在大海里吗？但同时却有近千万的啼饥号寒的失业者哩。

（五）人口的分布　某一国家，如产业发达，则必然产生都市人口与乡村人口分布不平衡的现象。接着来的是贫穷、犯罪、自杀等病征。在十七世纪初年，欧洲万人以上的都市仅有四十处；到十九世纪初，人口十万以上的已有二三个；1900 年则增至 146 处；1920 年更增至 202 处。至于城市人口的百分比，且以英、美、德三国实例以示大概。1881 年，英国都市人口占百分之四八；1921 年则增至百分之七九点三。美国，1800 年为百分之四；1880 年为百分之二九点五；1920 年则为五一点九。德国，1880 年为百分之二八；1920 年则为百分之六四。其他各进步国家都有与此同样的情形。至于世界著名大都会如纽约、芝加哥、伦敦、巴黎、柏林、维也纳、莫斯科、大阪、上海等处，其人口集中的高度更超越寻常。

人口何以向都市集中呢？其原因有以下种种：（一）都市工厂林立，商店繁多，能吸收很多的人口。（二）农业技术改良，使农村劳动力过剩，乃向都市流注。（三）轮船、铁路等交通便利，使乡村人口易于流动。（四）资本主义愈发展，小农经济愈不能立足，失业破产的农民群趋于都市。（五）都市生活条件较优，文化程度较高，容易引诱乡村人口。

人口向都市集中，使都市与乡村演成对立状态，一方面是富裕与开化，另方面则是贫穷与愚昧。真正完满的社会，应是都市与乡村的混合与调和。

（六）移民　解决人口过剩的普通办法是移民。移民的方法有二，即国外的移民与国内的移民。现在欧、美主要国家，都极力注意向国外的移民。二三百年来，美洲、澳洲、非洲以及亚洲的一部分，都充满了欧洲的移民。不过，他们的移民都不是纯为解决人口过剩的问题，而是一种侵略行为；其目的是剥削殖民地的财富。这种移民政策的应用，是有限制的。例如现在世界上一切地面都有了主人，假如某个后起的国家，要想取得移民区域，实无处插足。若果专一向这方面追求，则只有以武力夺取，于是，战争即随之而起。第一次世界大战即为著例。

（七）**生育限制与优生学** 数十年来，生育限制的风气在世界上颇为流行。最近则优生学的呼声更高。所谓生育限制，即是以人工方法来限制人口的增殖。在过去，以杀婴或堕胎来达到这种目的；现在则是避孕。现在欧、美有不少主张限制生育的学者。他们的理由：第一，现在生活程度日高，人们的经济能力有限。如子女过多，其衣食已成问题，教育更难顾及。若有许多失教失养的孩子长成，对于社会国家都无益处。第二，普通人口过剩都发生于下层社会，若不从事节制生育，则是不断的产生无业游民，这将影响社会治安。第三，生育限制并不违反自然；反之，可以说是对自然的征服。因人口过多时实不妨以和平方法限制之。更有学者们如山格大人站在妇女方面设想，主张限制生育。其理由以为妇女生产过多，将损害其身体的健康。特别是子女过多，使妇女终身为看护，剥夺其一切社会文化活动的机会。这使妇女解放不能完成。

至于优生学者的见地，则是认为人的智愚贤不肖，以及体格之健全与否，主要的是得之于遗传。因此，他们主张：凡低能者，废疾者，犯罪者，及有恶性遗传病者，应实行严格限制，不使其繁殖。对于优秀分子，则奖励其生殖。不过，优生学还是萌芽的学问，人类遗传性究竟怎样尚未全知。而且社会环境，生活条件，对人们智能体格的影响，比遗传还要巨大。这是不可不注意的。

第二节 吾国人口问题

（一）**吾国人口概数** 因为统计的缺乏，吾国人口数目至难确定。各方面研究的结果，颇多出入。陈长蘅氏十九年计算为四万万五千六百二十万人。王士达氏则认为只三万万七千二百五十六万余人，其最近的估计则谓为四万万三千万人。美人韦科克亦谓只三万万四千二百万人。邮政总局二十三年调查为四万万三千六百〇九万人。这几个数目，相差至一万万之巨。至于吾国政府统计，则十七年内政部统计为四七四，七八七，三八六人；同时期立法院统计处所发表的数字为四四五，〇〇〇，〇〇〇人。后二者数目相差不大，且为政府机关所制定，当较可靠。

（二）各省区人口的分布与密度 吾国各省区人口的分布，至不齐一。有的人口过密，每方公里多至三百人；有的过稀，每方公里至不足一人。兹根据近年来各省区统计，制成一表如下：

省别	人口数目	密度（方公里）	调查年度
江苏	23151982	30632	二十一年
浙江	19841832	196.77	二十一年
安徽	22020591	153.51	二十二年
江西	14226016	84.56	二十二年
福建	9131457		十八年
广东	30497116	137.43	十七年至二十年
广西	11949453	54035	二十一年
湖南	30236835	140.34	二十一年
湖北	25746738	140.24	二十二年
四川	37427539	92073	二一年至二三年
西康	416113	0.88	二十至二三年
贵州	6906361	39013	二十二年
云南	11795486	29.59	二十二年
辽宁	14705084		十九年
吉林	7512838		二十二年
黑龙江	3791659		二十年
河北	38466530	203.74	十九年
河南	32623930	192.15	二十二年
山东	36768997	241.69	二十二年

续表

省别	人口数目	密度（方公里）	调查年度
山西	11092553	66.54	二十一年
陕西	8971666	45.99	十九年
甘肃	5977871	15.70	二十年
宁夏	485914		二十年
绥远	2275072	7.48	二十一年
察哈尔	1775748		二十一年
热河	2963027	17.03	二十二年
青海	1190509	1.63	二十年
新疆	2453393		十七年
外蒙	905000	0.56	十八年
西藏	769249	0.85	

（各省区人口数目包括寄居外人在内）

（三）超常度的死亡率　要窥测某一民族健全与否，其文化进步与否，可以从其人口的出生率和死亡率上看出。这在上节中曾略说过。中国人口出生率与死亡率，虽没有具体材料可资说明，但据一般的推测都是非常之高。中国到现在还是大家庭组织，社会风气都是崇拜多子多孙；若无子嗣，不独难免"不孝有三，无后为大"之讥，且遭人们的鄙视。还有中国多妻制度，也是使子女增多的原因之一。自然，从事农业经济的人们总是企图增加人口的，因为人口的增加即表示劳动生产力的增加。有了这些根据，我们可以肯定的说中国人口出生率很高；我们日常所见到的事实也确是如此。

至于死亡率之高，那更不难推知。第一，近年来中国水旱天灾，连年不息，死亡人数不可胜计。即以民二十为例：甘肃人民直接死于旱灾的四十余万；死于疫疠的六十余万；死于凉属地震的五六万等，其总数将近二百万。同时期，陕西连旱三年，死亡无确数可考，但当以数十百万计。绥远在三年中人口减少三百万。青海在该年亦死亡五十万。同时，长江流域发生空前未有的水灾，死亡人数十五万余。自然，这一年的灾情是特别惨重；然中国全境，每年总有受灾的区域，死亡人数定为不少。其次，是二十年来的战乱,每次战争,多则死亡十数万,少亦以千计。第三是夭折,因吾国一般人民向不知保婴方法,加以过度贫穷,小儿营养不足,又无适当的医药,是以未成人而夭折者累累皆是。第四,吾国医学幼稚,卫生不讲;一有疾病,无法医治,若遇疫疠,更是死亡枕藉。

因此,吾国人口死亡率之高,恐驾任何国家而上之。照陈达氏估计,吾国人口出生率为三八·〇,死亡率为三三·〇,这是如何可惊的现象。我们希望,不仅应减低死亡率,且应减低出生率。因为体弱多病,失教失养的国民,虽多亦无所用;徒留病夫之消而已。

(四)农村人口的减少 吾国原以农立国,农业人口占百分之八十以上。但近年以来,一因天灾频仍,屡岁歉收;二因战争不息,匪患遍地,使民不聊生;加之地租捐税的搞吸;贪污豪劣的压榨,更使农民无法支持。于是,有的铤而走险,有的则流浪都市,形成农村人口大批的逃亡;结果土地荒废,国本动摇。另方面,城市人口则异常迅速地增加。例如上海1930年还只二百六十余万;1934年为三百四十余万;最近且增至三百八十万之多。其他如各省大都会也有同样情形。若在工商业发达的国家,城市人口的增加,还有经济的意义。而在中国则全是病态的现象,结果,是乡村劳动力不足,而城市则过剩。

(五)移民问题 在强大的国家,其人口相对过剩时,可以向殖民地移民以为调节;但吾国人口却无这条出路。本来,南洋一带,数百年来均为吾国移民区域,美洲也有不少的移民。但近来各帝国主义者均限制移民,吾国原有在外侨民多被迫回国,更难重新向外移出。就国内各省区人口分布而论,本不均匀;有的每方公里多至三百人,有的则一人不到(见上表)。有许多地方可以移民垦殖,如西北的渭河平原,绥远平原,河套平原,宁夏平原,甘肃西部以及新疆、青海各地;西南如云、贵、广西亦可移植。最好的是包括松花江、辽河及嫩江三流域的松辽平原,土壤肥沃,人烟稀少,实为最优良的移垦区域;惜乎现在已落入外人手中,断绝吾国人口的最大出路。

(六)在吾国目前的状况下 要讲求优生学的实施,自属难能。但就一般而言,对各个人体格发育的完全与健康,智能的培养;即对整个民族在数量上,体质上乃至质量上,实万分迫切的应加以注意。例如禁止纳妾,以防止过度的生育;禁止早婚,以防止不健全婴儿的生育以及父母身体的戕贼；普及最低限度的生理卫生以及保护婴儿的知识；提倡科学的医药治疗；普及公民教育；提倡体育及其他正当娱乐；对于生育过多而又无能力教养的人们，应从道德的、社会的、经济的见地给以训导。首先应该减低死亡率，其次应减低出生率，再其次则当努力提高民族的质量，这是目前最紧迫的问题。

参考书

1. 陈达：《人口问题》（商务）
2. 孙本文：《人口论 ABC》（世界）
3. 陈长蘅：《中国人口论》（商务）

问题

1. 试详述马尔萨斯人口论。
2. 何谓出生率，死亡率？其相互关系如何？
3. 何谓生育节制，何谓优生学？
4. 中国人口何以出生率与死亡率均高？
5. 中国移民有何出路，有何障碍？
6. 怎样能保障中华民族体质健全，智力发展，数量增加？

第三章　农村问题

第一节　农村经济

（一）农村经济的重要　现代世界各国，无论其工商业如何发达，农业仍为其经济生活的主要部门。因粮食及其他重要工业原料的供给，均唯农业是赖。固然，世界范围的经济分工早已存在，但若某国在食物与原料方面，过甚的依赖国外供给，则其地位必异常危险。大不列颠是粮食生产最不能自给的国家，然有广大的殖民地为之供给。至于其他诸国，均努力提高农业生产，以趋于自给。特别是大恐慌袭击以来，国际市场范围缩小，关税壁垒高筑，各国为使其贸易得到有利的平衡，不使国富外流，于是特殊注意农产的自足。

自工业革命以后，继续不断的新发明、新技术，不只应用到制造与交通等业，农业也大改旧观。耕地、播种乃至收获，均使用机器，节省许多人力；实行种籽选择，施用人造肥料，注意运河灌溉，驱除害虫，使农产大量增加。凡此诸端，是欧、美诸先进国家的农业状况。

中国向以农立国，依农业而生活的占全人口百分之八十以上。近数十年来，工商矿交通等业，均有若干进步；唯独农业不仅未见进步，且日渐衰替。以农立国的吾国，而粮食输入，年增一年，这是国民经济的生死问题。近来大家都知道中国农村破产，或者已到"无产可破"。既然百分之八十的人口，其生活来源发生问题，则其购买力自必降到零点。因此，吾国工商业亦必随农业之后而趋于破产。我们当不难了解，挽救吾国农村经济，实第一要图。

（二）农业经营　农村经济包括有许多问题，我们且先从农业经营开始。这里首先注意的是用什么技术来经营农业。粗笨的犁锄与牲畜，其生产力自远不及用电汽来驱使机器。但要从极落后的经营方法，发展到最进步的经营方法，实非一蹴可及，且有许多辅助与过渡办法。首先，新式工具需大量资本，这不是中小农能力所能胜任。其次，新式经营必然是大规模生产，这里需要组织能力，且需要销售市场。若就经营范围的大小而言，则有大规模的经营与小农经营。大规模经营自然应有新技术为先决条件，但也应有高度集中的土地。若土地已分裂为小块，而又要进行大规模经营，则只有组织合作农场。再或者如苏俄那样，把土地收为国有后，由政府来经营。

吾国农业经营的方法，还是普遍的落后；应用新式技术的寥若晨星。因之，在方式上小农经营占绝对大多数。即有某地主占若干万亩土地，亦分裂为无数小块来分佃与农民。就令吾国没有不平等条约的束缚，没有其他非法的压迫与剥削；仅是以犁锄与机械抗，以小经营与大规模抗，亦必处于劣败地位无疑。

（三）**土地的分配与使用** 农业经济之最主要的生产手段为土地，是以土地的分配情形，影响农村经济非常之大。土地集中，则新式大规模农业易于发展；若土地分散则反是。另方面，若土地虽集中，而仍普遍地行分佃制；则不仅农业不能发展，且必招致多数农民的穷困。中国土地分配的情形，大约如下：

每户所有面积	所有者户数百分率	所有土地百分率
十亩以下	44	6
十亩至三十亩	24	13
三十亩至五十亩	16	17
五十亩至百亩	9	19
百亩以上	5	43

若以占地十亩以下为贫苦农民，十亩至三十亩为小农，则他们的户数为百分之六八，而其土地则只百分之十九。至于百亩以上的地主，户数只百分之五，占地则百分之四十三。是以，中山先生以平均地权为挽救中国农业的第一方案。

至于土地的使用，既然吾国普遍的是落后的小规模农业，所以大小地主的土地，都不是自己经营，而是分佃给无地农民。据北平大学农学院的研究，全国土地有百分之四十以上为佃耕。其租佃形式有几种：第一是地主仅供给土地；第二是地主除土地外，还供给全部或一部农具、耕牛、种籽等。若从性质上看，则有永佃、暂佃等差别。农民与地主的关系，由地租表现出来。地租的形态历史上有力役地租、实物地租与货币地租三种；在中国现在则以实物地租为主，力役地租只留极少残余，货币地租亦仅萌芽。至地租高度，则各省区因土地之肥瘠而不同；但就全国范围来看，平均约为每年农产物百分之五五左右。

（四）**水利与肥料** 对农业有极大关系的，还有水利与肥料。我们看，农业较发达的区域，必是灌溉便利的区域。但仅依赖天然河流的灌溉，其效有时而穷。是以开运河，凿沟渠，建蓄水池，疏浚河流，均为农业要政。我国各区，河流纵横，天然水利本不算坏。但若干年来，河流未浚，沟渠失修；一遇水季则泛滥为灾，千里泽国，若雨水稍缺，则又赤地千里，无法灌溉。这都是近年来屡次发生的现象。其次，土地的生殖力有限，使用过久，地力自然日薄，应有肥料来补助。而且，天然肥料，其量不丰，其力不厚。是以各国都肆力于化学肥料的制造，这也是目前吾国所急需努力的。

（五）**农业金融** 农业经济固自有其特征，但一样也需要有充分流通的金融为之挹注。而且农业生产的特征，是小规模的，分散的，季节的，其产量与种类又是相当固定的。所以这里的金融流通，成为特殊的烦难问题。有时候，农村需要大批金融，有时候则极少资金亦不能容纳，有时候，农民通融的数目虽极小，但与其生产的关系却极大。吾国农村金融，现在成为异常严重的问题。洋货深入穷乡僻壤，吸收农民血汗；贪官污吏，苛捐杂税，搞入农民骨髓；偶有遗留的富户又因地方不静，挟其资金而逃入城市。因此使内地资金异常枯竭。农民当青黄不继的时候，不得不举债。据古楳君估计，中国有百分之八十的农民需借债，而其利息之高实属惊人。高利贷固然破坏农村经济，但若农民害怕高利贷而不举债，或欲借高利贷而不可得，则又是因资本不足，肥料不用，使生产减少，更甚的则是根本使土地荒废。是以，怎样供给农村以足够的资金，怎样调节其流通，这是最迫切的问题。

以上诸端，是农村经济中的基干事项，其他如改良种籽与农具，提倡农村副业，提倡各种合作经营，拓殖荒地等，亦都是应注意的事件。

第二节　中国农村的衰落

中国农村衰落，破产，这是无可否认的事实。我们从下面诸端，即能充分的明了。

（一）耕地减少　中国农业经营，还是使用一向的落后方法。假如要增加生产，则唯一可能的方法，是扩大耕地面积。但近二十年来，情形却恰相反。据民国三年北京政府农商部的调查，全国耕地面积为十五万万七千八百三十四万余亩。但民国二十一年国民政府主计处统计，则仅为十二万万四千八百七十八万余亩。在十余年间，耕地面积减少三万二千九百余万亩。

耕地减少的另一面，即为荒地的加多。民国三年，中国荒地面积为三五八，二三五，八六七亩。民国八年增至八四八，九三五，七四八亩。民十九年内政部的统计，则全国荒地达一，一七七，三四〇，〇〇〇亩之巨。

（二）农村人口减少　在农业经营没有向更集约的方向发展时，耕地的减少，即意谓着农业人口的减少。战争，匪患，水旱天灾，饥馑疫疠，这毁灭了中国大批人口。在破产的状况之下，幸免了上述灾难而未死的人们，有的为兵为匪，有的则流浪都市。虽吾国缺乏精确数字的说明，亦可以断定农业人口是大批的减少。民国三年北京政府农商部统计，除贵州未计入外，全国农户为五千九百四十余万户。但民十六年武汉政府的统计，全国只五千六百余万户。从那时以后，战争、水旱、匪灾更不知又毁灭多少农业人口。

（三）农产减少　耕地减少，农业人口减少，则其直接结果是农产物减少。以前的且不说，即以最近几年而言，据有调查之十一省计，籼粳稻平常年产量应为八七，三〇五万担，二十二年则仅八一，〇五一担。据有调查之九省计算，糯稻年产应为一〇，四二九万担，二十一年则仅七，九三六万担。

小麦常年产量应为四二，三三七万担，而二十二年则只三九，〇五〇万担，大麦常年产量应为一二，八二〇万担，而二十二年仅一一，一七二担。

粮食为吾国最主要农产，近年产额均略见减少。其他如丝茶棉等主要产物，也是一样情形。民十五年，吾国输出丝一六八千担，民十八输出一八九千担,至民二十一年,则仅七万八千担。二十四年虽稍多,亦只十万担。茶的输出,在民国八年以前,年约一五〇万担以上,民十八年已减至九十余万担,而民二一年则更减至五十余万担,廿四年则仅三十八万余担。棉花产量在民国八年为一〇,二二〇,七七九担,二十一年则减至八,一〇五,六三七担,二十四年更仅四七〇,四一三担。

（四）**粮食进口** 以农立国的吾国,而至每年输入大批粮食,这是若何危险的现象。近二十余年以来,米麦进口情形,且用一简表表示如下:

年度	米（千担）	麦（千担）
民国元年	2700	2
民十七年	12656	903
民十九年	19891	12830
民二一年	21386	52058
民二四年	12964	5209

（五）**农民穷困** 在上述诸情形之下,还在土地上继续挣扎的农民们,其生活状况实异常困苦。最近政府机关、学校团体调查农民的收支情形,普遍的是入不敷出,且相差极巨。但我们这里不能征引许多数字,读者不难自己参考。一般农民,一年四季是衣不蔽体。一到冬季,若有杂粮充饥,已不易得,即非荒年,以树皮树叶、糠秕、野菜,乃至观音土果腹的,实不在少数。我们可以总括的说,吾国农民是在死亡线上挣扎,过的非人的生活。

我国农村衰落的现状,大体已如上述,下面要来看看衰落的原因:

（一）**帝国主义的侵略** 中国农业所以衰落,以帝国主义的侵略为最主要原因。第一,廉价的商品,破坏了农村家庭手工业,使农民收入减少,支出加多,且不得不卖贱买贵。第二,输入大批粮食,使中国丰收亦成灾难。第三,胁持中国关税,使中国每年有巨额入超,近年来入超多时至八九万万,少亦四五万万。这还是就直接破坏农村而言,其间接影响更难历举。

（二）**高额地租** 中国农民有百分之五十为佃农；土地有百分之四十以上为佃耕地。是以地租的高低,能影响农村经济极大。吾国地租高度,最低占产量百分之四十五,最多的且占百分之六十以上。除此常规地租以外,还有许多额外需索。农民终岁劳苦，新谷登场，除缴纳地租外，多不能维持过冬季的生活。

（三）苛捐杂税 中国各地，除田赋正额外，例有附加。附加税名目之多，有至数十种者；其数量之大，则亦超过正税数十倍。更有一种特殊现象，即预征田赋，如现在民国二十五年，田赋已征至民国六七十年，这样，农民如何担负得起。

（四）高利贷 农民既然常年穷困，自不得不乞助于借贷。农村既无正规的资金供给机关，乃趋于高利贷。其所付利息，最低如二分三分已不易担负，何况常规的不只三分，甚至有的高至百分之一百五十的。

（五）鸦片 鸦片的种植，需要最肥沃的土地。鸦片种植愈多，则正当农产愈少。中国种烟区域之广，实属惊人。西北如甘、陕、宁夏，西南如云、贵，西部如鄂西与四川，这都是著名的产烟区域，其他如河南、河北等省，也有种植鸦片的地方。

（六）战争与匪患 民国以来，吾国战争次数，实难以数计。每次战争迁延的时日，多则数年，少亦数月。其范围大则遍全国，小亦及数省，征发人民与粮食什物，蹂躏农田，摧毁村屋，其破坏实无所不至。至于匪患，其为害与战争无异。

（七）天灾 我国近年来，水灾，旱灾，虫灾，风灾，震灾等各种自然的灾难，层出不穷。我们当不难记忆数年前西北大旱灾与长江大水灾，那给与农村经济的影响该如何的严重。

吾国农村衰落的原因，其主要者约如上述诸点。

第三节　中国农村的复兴

（一）解除帝国主义的束缚 我们从上面已经知道了中国农村的衰落与其原因，则现在来谈农村复兴，自必要对症下药，即消灭那些使农村衰落的原因。所以第一点应注意的，是解除外力的束缚。明言之，即废除不平等条约，使中国农业能独立的发展。例如关税不能自主，外货大量输入来榨取中国农民。特别是农产品的入口，更直接压迫中国农村。是以中山先生竭毕生之力，企图中国之自由独立，最后于其遗嘱中，仍谆谆以不平等条约的废除昭示后人。另方面，中国工商业不振，自然也影响农村，但这也是外力压迫的结果。确实，消灭帝国主义的束缚，非一朝一夕所能达到，更非空言所能收效。但最根本的救济方案，在此一举。

（二）**平均地权** 中国土地的分配与使用形态，在上面曾大略提及。要想根本复兴农村，则平均地权亦为要图。中山先生不独在民生主义中，把平均地权与节制资本，双举并重；且进一步特殊着重平均地权。他曾经说："中国革命也可以说是土地问题的解决。"然则平均地权，是什么意思呢？中山先生把这与"耕者有其田"相并列。他说："我们解决农民痛苦，归结是耕者有其田。这个意思就是要农民得到自己的结果，要这种劳动的结果不令别人夺去了。"至于平均地权的实施方法，则是"由国家规定土地法，土地使用法，土地征收法，及地价税法。私人所有土地，由地主估价呈报政府，国家就价征税，并于必要时依报价收买之"。

以上两端，是复兴中国农村的根本方案，但其实现则异常困难。此外，我们还应注意以下诸点。

（三）**减轻地租整理田赋与废除苛杂** 中国农民的担负，实在过于繁重。地租去其全产额的百分之五十以上，田赋及一切附加税，一切苛捐杂税，最后都落在生产者农民身上。目前最迫切的办法，是从这几方面来减轻他们的重荷。无论如何，总应使农民终岁勤劳之后，得有最低限度的生活资料。近数年来，政府已有见及此，且企图挽救。如二十三年全国财政会议，决定"现有田赋附加，无论已否超过正税，自二十三年度起，不得以任何急需名目，再有增加"。又规定"田赋附加现已超过正税者，应限期递减，并以土地陈报所增赋额尽先充抵补减轻附加之用"。该会又决定："不合法捐税各款，统自民国二十三年七月一日起至二十三年十二月底止，分期一律废除。"这些决定虽犹为不足，但已表示政府向这方面的改善。

（四）**流通农村金融** 应用政府的力量，或者由政府倡导，鼓励私人资本，来普遍设立农民银行。使需款的农民有款可借，而又不至陷入高利贷的网罗。例如举行生产事业放款，以适应当时当地生产上的需要；储押放款，以储蓄农产，调节民食与平衡市价；实物放款，如种籽、农具、肥料等放款；贫农放款，以最低利息从事最小规模的放款。其次，与此有连带关系的，是发展内地交通，便利农产品的运销，亦为要着。

（五）**发展合作事业** 农民的地位是分散的，孤立的与被动的，其一买一卖，必由商人操纵，受损失不少。急应提倡合作事业，如消费合作，生产合作，信用合作，购买合作等，使他们于购肥料、种籽、农具及其他必需品时，支付较低廉的价格，于出卖其农产品时，得到较公平的报酬。此外，还可以训练农民的组织与团体生活。

（六）**农业改良** 这里包括有许多改进农业生产方法，增加农产的方法。第一是改革农业技术；自然，像欧、美那样的新式机器，不易购买，更不易制造；但总应逐步改进，决不能老囿于极原始的工具。第二是改良肥料，我国急应创设大规模化学肥料制造厂，并提倡新肥料的使用。第三是改良栽培方法，吾国一切耕作，向是墨守旧章。急应提倡新的科学的栽培方法，特别是稻、麦、丝、茶、棉等主要农产应首先进行。第四是疏浚河流，开沟渠等，以调节水利；防除害虫以杜祸源。第五是提倡农村工业，既然农村手工业已遭破坏，恢复亦势有不能。应就各地生产情形，提倡罐头、制糖、酿酒、养蜂、缫丝、纺织等业。

（七）**普及农村教育** 中国农民尚有绝大多数不识字，其传统的精神，是顽固、迷信与守旧。急应改变他们的脑筋，则一切救济与改革，才易施行。不然，上述许多办法，即不遭他们反对，亦必滞碍难行。目前所需的农村教育，第一是强迫的义务教育，这不独儿童应受，成人亦然。第二是特殊的农业教育，这要看各地的农业条件而提倡某种农业教育。

以上七点，是略举其大者，若能照此切实执行，则中国农村定不难有复兴的前途。

参考书

1. 李圣五：《农村经济》（商务）
2. 古楳：《中国农村经济》（中华）
3. 章渊若：《复兴农村之理论与实际》（商务）

问题

1. 农村经济学研究些什么？
2. 中国农村衰落的现状如何？
3. 中国农村衰落的原因如何？
4. 帝国主义与中国农村有何关系？
5. 如何复兴中国农村？

第四章　劳动问题

第一节　劳动与生产

（一）劳动是生产要素之一　在物质方面，衣食住行是人生四大基本要素，缺一不可。人类自降生以来，经常为满足这些基本要求而与外界争斗。这种努力即为劳动，由劳动而有所创造，即为生产。但因人类社会的发展不同，技术的繁简大异，是以各时期的生产方式不一律，劳动在生产中的地位也不一样。在从前，人们用自己的简单工具与原料，在自己家里或作坊里从事生产，或者也有一二工匠或学徒为帮手；这时问题比较的单纯，劳动与生产有相当的统一。但自十八世纪工业革命完成以后，情形完全改变。复杂庞大的机器代替了简单的工具；大规模的工厂代替了狭小的作坊。能劳动的人们无力购买机器原料等；能购买机器原料与开设工厂的人们，又不得不雇佣别人来从事生产。因此，劳动与生产，表现出相对的分离。

但是，仅有劳动或者仅有机器原料等，生产终是不能成立。虽然现在具有生产之各种要素的，并不是同一个人，但他们仍要彼此把诸要素结合起来，生产才能进行。机器原料工厂等是属于资本家的，由资本购买而来；这是人对物的利用，自然不发生问题。但劳动是人的活动，劳动者以这一要素与其他要素结合时，即与诸要素的所有者（资方）发生人的关系，我们所谓的劳动问题，就从这里发生。大概说来，最易发生争议的，约有如下几点：

（二）工资　资方雇佣劳动者而支付一定量的报酬，即为工资。资方经营企业，为能赚得利润，总是趋于减少工资以压低成本；劳动者则依赖工资而生活，总企图提高工资；所以许多劳资争议都因为工资问题。究竟工资应达到若何水准，这很难定。若从社会幸福的见地而言，可以说工资的高度至少应能维持劳动者的最低生活。但事实上劳动也要看市场的供求状况而定其价格,若求业的人过多而需要有限,则工资将极度低落。

工资的种类很多,但主要的为时计工资与件计工资两种。时计工资是工作一定的时间,得一定量的报酬,似很平允;但资方可以用各种方法来加强劳动强度,使劳动者精神与体力不易支持。又或市场景气不佳,雇主可以减少工作时间或轮流休息,也影响劳动者生活。件计工资是照生产的件数来计算工资;这在资方说,可以产生粗制滥造的结果;在劳方说因企图多得工资,不得不日夜加紧工作,损害身体的健康;而且资方因此将减少每件的工资。

若从工资的作用上看,有名义工资与实际工资的差别。工人由劳动所得的货币,是名义工资;实际工资则是此项货币所代表的购买力。例如上海的名义工资比内地为高,但上海物价比内地更高;是以仅从名义工资的多寡,还不能决定劳动状况的好坏,要紧的还是要注意实际工资如何。

(三) **工作时间**　与工资同样重要,且与之相联的另一问题,是工作时间。工人出卖其劳动力,不独希望工资提高,且要求工作时间愈短愈好。雇主方面,恰与此相反,他企图以一定量的工资,购买长时间的劳动。工人是不能独立的,且劳动力过剩是现社会的经常现象,工作时间只得由雇主来决定。工作时间过长,不独妨害健康,且直接引起危险。因过度的疲乏,使注意力不能集中,容易发生意外。是以历来的劳动运动,除增加工资外,以减少工时为主要目的。各国在资本主义初期,劳动时间大半极长(十六时),后来才逐渐缩短。另方面,生产技术愈进步,使劳动强度大为增加,生产效能亦提高,事实上不能,且不要求过长时间的劳动。所谓"三八制",是现代劳动者减少工作时间的要求,其意义是认为劳动者每天只能工作八小时,余为教育八小时,休息八小时。这种八小时工作制,有些国家已实行,有的国家则还相差很远。

(四) **童工与女工**　现代机器工业中,还有显著的特征,即童工与女工日益加多。这里的原因有几种:使用机器的劳动非常简单,不需要熟练的技术;儿童与妇女较为软弱,易于驾驭,其工资又较低,资方乐于雇用;劳动者收入过少,不能维持家庭生活,不得不使其妻儿也出卖其劳动力。但从社会或民族的见地而言,童工与女工都容易发生弊害。就童工而言,有如下的不良结果:第一,儿童从事劳动,将直接使其身体发育不健全,使其劳动力早衰。第二，剥夺儿童受教育的机会，不能上进，永为不熟练的劳动者。第三，以未成熟的儿童担任劳动，容易积劳致病，以至夭亡。第四，儿童工作的注意力和紧张力，普遍都不及成年人，容易遭受意外的危险。第五，工厂中多雇用一名儿童，即减少一个成人就业的机会，而且儿童与妇女同样易于驾驭，这将使雇主忽视劳动者的福利。第六，儿童是社会未来的劳动者，若预先支取其劳动，则社会将来自受其咎。

女工的弊害，不亚于童工：第一，女子的生理结构与男子不同，不能与男子同样工作；且月经妊娠时期的劳动，更影响女子的健康。第二，女子在妊娠时工作，常产生危险的结果。第三，女子从事工作，自必不能注意儿童的教养，这影响后一辈国民的健全。

上述童工与女工的弊害，显然不仅关系他们本身，且影响社会幸福，民族前途，应有良善的方法以资救济。

（五）失业　有劳动能力，有劳动志愿而不能找得工作，这叫做失业。失业，这在目前世界是极重大的问题，亦是劳动问题中之最主要者。自1929年世界恐慌爆发以来，欧、美各国即有空前广大的失业群存在。多的在一千万以上，如美国；其次三五百万，如德、英、法等国；少的亦百数十万，如日、意等国。这广大的失业群，形成现代社会不安定的主要原因。

为什么有这样多的人失业呢？最主要的原因如下：

第一，现代社会的生产是无计划的自由竞争。各资本家认为某种企业可以生利，即盲目地大批制造，并没有顾虑到社会购买力的大小。一旦销路停滞，生产过剩则群趋于停工关厂，或者缩小范围。

第二，现代科学进步，新发明层出不穷；同样大小的生产事业，其劳动力的需要日渐减少。加之童工女工的应用，更减少成年工人就业的机会。

第三，农业机械化，或农村破产，使大批农村人口向都市流注，但都市又无法容纳。

第四，政治的不安定，影响经济的活动，也可以造成失业。特别是战争，直接破坏农田、工厂及交通工具；间接妨害社会经济的活动。

以上所述，系失业主要的社会原因。其他如产业景气的循环，劳动季节的变动，也导致失业。至于个人方面，也有招致失业的原因。如像身体不健康，不能从事工作；没有劳动技术的训练，因而不能担任现代劳动；或因品性不良，酗酒，怠惰及其他恶劣习惯而致解雇。

第二节 劳资协作

（一）劳资协作的重要 在上节中，已将劳动与生产的关系，劳动在生产中的作用，及由此而产生的劳资问题，作了简单的叙述。在本节中，我们要来说明，劳资两方并不是绝对的互相矛盾；而是互相调和与协作的。人类的幸福，社会的安宁，端赖这种和谐的协作存在。自工业革命成功以来，小规模的独立生产不能存在，大规模的机器生产取得支配的地位。因此，在生产的构成中，必然应有一部分人拿出资本，建造厂屋，设置机器，购买原料；另一部分人们则用自己的劳力，来运用机器，使原料变为制造品。这种机构，是社会的趋势，亦且是社会的进步，人们不应违反这种进步趋向。我们试想，假如这种劳资的协作一旦不存在，则一切大企业大工厂势将停闭，那将成如何世界。把人们从大规模的分工合作的机构里驱逐出来，那将无法维持社会生活。

上面曾经说过，生产的要素有许多种，劳动亦不过生产诸要素之一。资方提供出机器、原料、工场等，劳动者提供出劳动力；合起来两方均有利益，分开来则均无所用。这是表现社会的分工、合作与人们之相互依赖。不过，劳资两方是人的结合，其利害当然不能一致，在上节中已略述大概。是以紧要的不只是了解劳资协作的要需，尤应知道怎样使劳资协作。

（二）国家立法与政府监督 劳资双方的利益是相冲突的，这在上面已经说过。所以，要能使劳资协作充分和谐地进行，必然需要第三者的力量来监督。最适宜的第三者，是国家的立法与政府的监督。在资本主义初期，各国对劳资双方的关系，向取放任态度；就无一定法律的规定，遇劳资争议发生，亦听其自生自灭。但后来渐感觉到，劳资双方的问题，不是私人问题；而是关系多数劳动者，关系全部社会生活的问题。是以自十九世纪下期以后，欧、美各国都有劳动法规的制定。在平时，劳资双方的关系，应依照一定法规来建立；一遇争议，政府调查其争执的原因，而给以调解与仲裁。

（三）劳工法的国际化 不仅是各国都各自注意劳动立法的问题，近且趋于使各国能有一致的劳动法规。是以《凡尔塞和约》中，即有关于国际劳工立法的原则的规定：

1. 劳工不应单视为货物或商品，这是主要原则。

2. 劳工与雇主在合法的范围以内有同等集会结社权。

3. 劳工所得工资应使足以维持其时其地的相当生活程度。

4. 凡未采取一日工作八小时和每周四十八小时劳动制的国家，应努力进行，务期促其实现。

5. 采用每星期最少休息二十四小时的制度，应于可能范围中以星期日为休息日。

6. 取消童工制并限制少年工人的工作，使不妨害其教育的继续及其身体的充分发展。

7. 男女同工同酬。

8. 各国由法令所规定的劳动条件的标准，须注意使合法居住境内的全体劳工得到经济上的公平待遇。

9. 各国应设监督制度，并使妇女参加以求劳工法令的厉行。

以上九项，是期望各国一致采取的基本原则。此后，国际联盟中即设有劳工局，经常注意各国劳动立法的改进与实施。

（四）劳工法规的类别 劳工法规中，对劳动者最切要的是工厂法或工厂条例。这里面规定工人最低年龄，最低工资，最长工作时间，童工女工的保护，休息，例假，夜工，工人津贴与抚恤，安全与卫生设备等。这些都是直接关系工人日常生活的，劳资间的争议大部分由这里产生。其次是工会法，规定组织的目标及其活动的范围，会员的资格，权利，义务等项。我们知道，在一个企业之下，可以有成千万的工人。若没有组织，则其意见与行动决不能一致，更不易得到社会的道德的与政治的各种训练；特别对于他们自身利益而言，更需要组织。第三是劳资争议处理法，规定争议处理的机关、程序等。因仅有国家的立法，还不能完成劳资的协调；政府在平时固然应监督劳动法的实施，但特别紧要的是当劳资争议时，根据劳工法来给以公平的处置。第四种是社会保险法，如失业保险，健康保险，产母保险，养老保险等。这项立法与前三种不同，不是直接关系于劳动者的日常生活，而是对他们的意外给以社会的保障。

以上四种法规，现代欧、美诸国多已采行。吾国对工厂法，工会法，劳资争议法亦已制定施行。政府应用政治的权力，根据一定的法律，来维持劳资双方的公平权利，这样才能有劳资之和谐的协作。此外还应注意的，是失业的救济。劳动者是社会的生产分子，一旦失业，社会国家应有相当的救济。上面所说的保险法规，有时还不能完全有效，需要特殊的救济，这就不得不期待于政府了。并且，这也是劳资协作中应采取的方案。

第三节 中国劳动问题

（一）中国是次殖民地的国家 劳动问题在中国，自然也很严重；但其性质则与其他国家不同。这里主要的原因，就是中国为次殖民地国家。中国经济，政治，文化各方面都受帝国主义者的束缚与压迫。数十年来，中国的贫穷，衰弱，以及连年不息的匪患与战争，可以说都是帝国主义侵略的恶果。近数年来，国土更蹙，权利更失，并且欲求次殖民地的地位而亦不可得。因此，吾国目前最大的问题，是争取整个民族的生存与解放。在此大目标之下，各阶层的人们，都应牺牲私见私利，而共同向外奋斗。所以劳动问题在中国是次要的问题，且要待民族解放成功，它才能得到较完满的解决。

欧、美诸国，产业均极发展，且又有对殖民地次殖民地的掠夺，是以其经济较繁荣，社会富庶；其劳动者的待遇因之远优于中国。吾国受帝国主义的剥削，整个社会经济趋于破产，劳动条件亦因之低劣。自然，在可能范围内，应改善劳动者的生活，然终不能与欧、美劳动者相提并论。

（二）中国劳动者的任务 从上面看来，我们可以知道，帝国主义的压迫与剥削，使中国经济不能发展，因之又使劳动者生活困苦，贫穷与失业。这样，中国劳动问题本身即与帝国主义发生直接关联。他们参加民族解放的斗争，亦即是为他们自己的利益而斗争。帝国主义者在中国开设工厂，直接压迫与剥削中国劳动者；限制中国关税，输入大批商品，压迫中国工业；吸收中国金钱，使中国一般趋于破产；这一切都直接影响到劳动者身上。孙中山先生说："我们中国现在是做世界列强的奴隶，凡是和中国有约通商的国家，都是中国的主人……国家的地位既然是很低，我们人民的地位自然也是低，做工人的地位当然是更低……中国工人现在还不受本国资本家的害……中国工人是受外国资本家压迫……"由这一段话中，就可以知道中国劳动者目前最主要的任务，是反帝国主义。

（三）解决中国劳动问题的根本方案 把帝国主义的束缚消灭以后，来充分的发展中国的产业，那时中国劳动问题才得解决。中山先生在"民生主义"中曾说："要解决民生问题，一定要发达资本，振兴实业。振兴实业的方法很多：第一是交通事业，像铁路运河都要大规模的建筑；第二是矿产，中国矿产极其丰富，货弃于地，实在可惜，一定是要开辟的；第三是工业，中国工业非要赶快振兴不可。"又说："中国今日单是节制资本，仍恐不足以解决民生问题。必要加以制造国家资本，方可解决之。何谓制造国家资本呢？就是发展国家实业是也，其计划已详于《建国方略》第二卷之'物质建设'，又名曰'实业计划'。"所以，发展国家资本，节制私人资本，这是解决劳动问题的根本方案。

（四）目前劳动条件的改善 中国劳动问题固然有其特殊性，但在可能范围内，终应使劳动待遇改善。资方若以国难作掩护，肆意剥削劳动者，则不仅有违劳资协作的本意，亦且违反社会正义。如中国目前的工人待遇，工资有的低至不能维持个人生活，工作时间有的多至十五六时；童工女工的待遇更大半苛刻；工厂卫生不讲，劳动保护不周；凡此一切，都应加以特别注意。中国劳工法规，创立不久，尤应严厉使其实行。

参考书

1. 《民生主义》
2. 《劳动问题及劳动法》（太平洋）
3. 《中国劳动问题》（民智）

问题

1. 时计工资与件计工资各对劳资双方利害如何？
2. 生产要素有哪些种？
3. 女工童工何以要有特别保护？
4. 劳资协作如何能实现？
5. 中国劳动问题有何特殊性？
6. 要怎样解决中国劳动问题？

第五章 职业问题

第一节 职业训练

（一）职业训练的重要 在以前闭关时代，社会生活简单，工作范围狭小，劳动技术幼稚；各人的职业，多数由于父兄的传授，极少数比较专门的技艺则从师学习。那时，固然不能说没有职业的训练，但那种训练极简陋，只是让从业者在实际生活中照着前人的陈迹揣摩；绝没有系统的，理论与实验的来学习某种技能。现在情形完全不同，是科学与技术支配一切的时代。无论从事工、农、商、矿、医、教育、法律、交通等任何职业，均需要相当专门的训练；不然，只有永远占在劣败的地位。例如作一农夫，似乎是最简单的职业；然而要成为一真正现代农夫也要具备若干知识与技能，如对土壤、气候、温度、选种、施肥、除虫、灌溉以及使用与修理农业机器等，均需要相当的训练。其他任何职业也都是一样。

吾国向称地大物博，然近年以来，贫乏日甚，这里的原因虽甚复杂；但许多人民无业，有业者又多不能精，这也不失为主要原因之一。无论在乡村或城市，游惰无所事事者触目皆是；即有业者又多墨守成规，或缺乏该业所必需的知识与技能。这都是没有得到职业训练的缘故。目前吾国救贫之道，虽有多端；但实行普遍的职业训练，使各社会层的人士都能对社会有所贡献，对自己能养家活口，则社会秩序自然安定，国富自然增加。

（二）职业教育 职业训练的实施，固然可以有许多方式，但在目前吾国，最重要的是提倡职业教育。在以前，吾国教育目的，仅是养成政治人才；一入学门，即不事生产。所谓"学而优则仕，仕而优则学"，把求学与作官紧密的连在一起。近数十年来，虽科举已废，学校兴，但教育日的未明显确定，内容亦不充实，使学校亦成为科举的变象。然而官场位置有限，决不能尽量容纳年年增多的毕业生。据最近教育部的统计，"二十二，二十三，二十四这三个年度的，全国专科以上毕业生，共二万六千九百五十九人。其中失业人数约占百分之三十，而此失业者大致多为文法两科毕业生，教育商业者极少，理农工科则多半就业"。从这个简单的统计中，可以看出吾国教育的不健全。其实，这还是就专科以上的毕业生而言，他们就业的机会比较多；至于初中高中毕业生，未升学而又未就业的，更不知超出这数目若干倍。吾国中学教育，较之大学教育更不健全。全国公私立中学多系普通科，青年学子以父兄血汗之资，辛苦学习三年或六年，毕业后仍是一无专长。除说几句洋话，背诵几个公式外，不能担任任何技术工作。这是吾国教育最大的病征。

所以，目前吾国的职业训练，最主要的是提倡职业教育，使大多数的青年都能习得一艺之长。事实上，吾国任何产业均较他国远为落后，急需大批人才以资改进。特别，以农立国的我国，粮食输入年增一年，而重要的出口农产品亦趋衰落，若长此下去，其何以堪。是以一般的职业教育固应提倡，而农业人才尤应注意养成。近二三年来，吾国当局已注意到这问题。在大学方面限制文法科，在中学方面多设职业学校。希望更就全国范围加以全盘的设计，就各省各地方的实际情形，来创办更实际更有效的职业学校。至于普通中学，也应使课堂的学习与实际生活发生联系，养成学生之健全的脑与手。不仅能坐而言，更要能起而行，这才是我们所需要的教育。

学生是民族的优秀分子，社会的导引者。若都能这样务实际，各人成为一有用的实才。则他们在社会上，既可以振作人们的精神，又能在知识上，在技术上来指导人们，能开辟或增多许多职业门路。因此，提倡职业教育，直接使学生有职业训练，间接也可以训练其他人们。此外，如短期的职业学校，训练所，习艺所等亦至为必要。这可以使没有机会受中等教育的人们也有职业训练的机会。

第二节　职业选择

知道了职业训练的重要与必要之后，还应进一步来决定怎样选择职业。这一问题的解决，应遵照各人的实际情形而定，决难作抽象或普遍的确定。不过，在原则方面也应有若干基本认识，兹略举如下：

（一）择业者的兴趣体力与资质　在择业者方面首先应注意到的，是他的兴趣。我们知道各人的工作兴趣，可以影响他的事业成就很大。如职业适当，他可竭毕生精力以赴之；若反之，则在精神上感觉痛苦，而事业亦决难有优良成绩。社会上的事业无虑千百种，正不必有所勉强，应各依性之所近以择一职业。其次要注意的是择业者的体力。有的事业需要坚强的体力，有的只要平常身体即能胜任，有的需优良的视力，有的又需要极健全的听觉；这一切都要加以考虑。第三应注意的是择业者的资质问题。因为各人的秉赋至不齐一，而各个人对各方面的天资也不一样。有的宜于测量，而短于机械；有的宜于纺织，而拙于农林。兴趣与体力适合，若资质不宜，亦将难有优良结果。

（二）择业者的经济能力　择业是最初步的准备工作，并不是择业后即能就业，而是应有相当时间的训练。训练期间的长短，即决定需要经济支持力的大小。较高深的专门技能，需十年八年的学习；简易的则只数月或一二年即可。择业者不应只照自己的兴趣或希望来贸然从事，绝对应顾及自己的经济能力。常见有许多青年，好高骛远，薄浅易职业而不为，拣取较高深的职业训练；一旦财力不继，不得不中道而止，前功尽弃。因而颓废，消极；甚而以此犯罪自杀者亦有之。须知职业本无高下之分，只要有一技之长，终算维持自己的生存与服务社会。

（三）社会的需要　上述二点是偏于主观方面的；此外，还应注意客观条件，即当时当地的社会需要。因时代的不同，地方的不同，社会生活不同，所以择业者亦应适合于社会需要而定。如果工商业繁荣，则可以向这里发展；如果是农业社会，则又当别论。又如现在是科学时代，是人类征服自然的时代，若选择巫祝之类的职业。则不独自己没有前途，抑且违反社会的进步。

（四）职业指导　缺乏知识与经验的人们，要想正确地选择职业，颇不易得，所以，应该寻求师长的指导。而且，个人的指导能力常嫌不足；最好是政府或公共社团成立职业指导机关，有计划有系统的来指导青年的择业。就上述各条件，替择业者详加考虑与分析，以便他自己有所决定。即在就业以后，职业指导仍属必要，因为这时要为他解决困难，纠正错误，并鼓励其兴趣。

第三节　职业道德

（一）职业的尊严　职业为人们立身处世的凭借，本无所谓尊严。但目前吾国一般社会风尚，尤其是在中上社会层中，对职业常有轻视的观念。在上节中，谈到吾国教育时已曾提及。青年学子，一出校门，必需名列官籍方以为荣。若毕业后仅能得一普通职业位置，自己既郁郁不得志，家人戚友亦不之尊。风气所趋，虽工业或农业毕业生，亦舍弃本行，营营苟苟以攒得一科员股长为荣。苟官不可得，则上焉者为政客或高等流氓，下焉者流为劣绅讼棍。这还是"万般皆下品，唯有读书高"这种错误思想的遗毒！现在，我们应该认识，无论是当学徒或受专门教育，无非是使人学得一种专长，以服务社会。职业本无高下之分，只有无业才是可耻之尤。因此，我们应以尊重职业为职业道德中之最主要者。

（二）职业为终身事业　职业不仅是谋生之具，且是一种事业。正因如此，是以绝不应见异思迁。择业一定，即终身以之。昔管子治国，使四民居有定所，且世袭其业，齐国因以富庶。吾国又有谚云，"行行出状元"，此实包含有真理存在。特别，现在是科学世界，生产技术日新月异；从事各种事业者更应努力精进，趋与时代的进步相平行。若果朝东暮西，或时作时辍，则其事业必无若何成就。

以上二者，看来似乎很抽象。但就吾国目前情形而论，实职业道德中之最主要者。此外，还有其他应具备的道德条件：第一，应除尽怠慢，放荡，欺骗等恶习，而绝对忠于职守。第二，力求节约时间与精神，以符合经济的原则。第三，无论是为自己工作，或受雇佣而工作，必须勤慎从事。第四是尊重契约。第五是服从其职务上其他人们的指导。凡此诸端，均为每个就业者所应具备的条件。

第四节　失业救济

（一）发展国民经济　以上三节所述，系就各人立身处世的技能与态度而言。虽然具备上述条件，有时亦不免失业之苦。试看世界不景气笼罩以来，不仅是成千累万的劳动者失业；即一般中上层有业者亦多无所事事。当这种事态发生时，应讲求救济之道。而这根本的方策，则是发展国民经济。吾国目前，工商不振，农业破坏；许多有职业训练的人们都无事可做。

假如吾国能将新式交通普遍于内地；煤铁石油等矿大量开采；制造工业发展到足以自给；农业加以改良与发达；定将感觉各门人才的不足，决不至有失业之虞。

（二）社会的救济 发展国民经济，自是救济失业的最好方案。但这非一朝一夕所能将事；特别中国受帝国主义的严重压迫，要振兴实业，更非易事。因此，治标的方法亦应讲求。第一，由社会团体，或者政府机关，或者各业社团，广设职业介绍所；登录各种人才而妥为介绍。第二是倡导失业保险，使人们一旦失业而仍得勉维生活。第三，由社会或政府倡办临时事业，录用一般有做事能力的人们。第四，在公共机关服务的人们，应由政府与社会给以安定的保障，若更迭过于频繁，不仅招致失业，且引起人们侥幸之心。第五，最后到不得已时，社会或政府应筹发救济金，这种办法本多流弊，且不易普遍，然必要时仍可采用。

（三）个人的救济 就各个人本身而言，自不应等待社会经济的发展；或依赖社会国家的救助。应是刻苦耐劳，脚踏实地的自作准备。第一，对于自己的职业要忠实，力求精进，一有特长，自少失业的危险。第二，有业时务必力求节约；收入与支出仅是平衡，已落下乘，若入不敷出则更是危险。所以无论收入多少，总要按期有定量的储蓄。第三，职业本无高下之分，同是赡养身家与服务社会。若较优裕的职业不可得，即当退而思其次。须知不依赖人，不恳求人，以自己的手与脑而独立活动于天地间，是最高的快乐，亦是人格之最高的表现。

参考书

1. 庄泽宣：《职业教育通论》（商务）
2. Kohen：《职业指导之实施与原则》（商务）
3. 潘文安：《服务道德》（商务）

问题

1. 试说明职业训练的重要。
2. 中国应否提倡职业教育，怎样提倡？
3. 青年选择职业时，应注意些什么条件？
4. 何谓职业道德？
5. 试略述救济失业的各种方案。

第六章 婚姻问题

第一节 婚姻之社会的意义

（一）人类的延续与发展 人类有两种基本的本能，一是求个体的生存，一是求种族的延续。要满足前者，必须劳动与生产，以维持其必要的物质生活。自远古以至今日，人类生产的方式，虽经过许多变化，如采集、渔猎、畜牧、农业以至工业；但其根本动力无非是满足人们的物质要求。至于第二种本能，初看似乎不若前者之重要；因人不能一日不饮食，而没有婚媾却仍可以生存。但事实则不是这样简单，社会是由人结合而成的，若人口消灭，自无社会之可言。我们试设想假如人类停止婚媾，则数十年后，人类岂不绝迹于地球？古人所说的"食色，性也"，亦正是指的这两种本能而言。性本能的发挥为性生活，其正常的形态为婚姻。因此，我们可以知道，婚姻的产生与成立，决不是单纯为满足个人之性的享乐，而是具有重大的社会意义。婚姻不是单纯的个人行为，而是社会行为。所谓独身主义，或视婚姻为游戏，都是违反自然，违反社会的。所以，在任何时代，任何国家，政府对婚姻有一定的法律规定，社会对婚姻有一定的道德制裁，也正是这个原因。

（二）婚姻的各种形态 婚姻是男女之性的结合，人生而有性的本能，是以人类自降生之始，即有婚姻的结合。不过，因社会发展的阶段不同，婚姻形态亦各异。据现在历史社会学的研究，认为人类最初没有固定婚姻形式，只过着没有规则的性生活，这是所谓乱婚时代。第二个时期的婚姻则较进步，有相当限制；即只有同世代的男女们才能结为婚姻，否则不允许。这里的原因大概是自然淘汰的结果，因世代相同，则其年龄，体力，兴趣亦大致相同，是以易于有性的结合，这是所谓血缘婚姻。第三个时期，是集团婚姻。这时更进一步，凡同血统的男女不能结为婚姻，而是这一集团的男子群与另一集团的女子群结为夫妇。由这种婚姻形态再进一步，即为对偶婚姻。即每一男子在若干妻中有一正妻，每一女子在若干夫中有一正夫。这是由集团婚到一夫一妻制的过渡。以上四种婚姻形态，都是存在于有史以前的时期，且多半是理论的推测，在现代落后的民族中，也没有这样的婚姻形态，只第三第四种还有若干残余遗迹而已。到文明时期，婚姻形态主要的是一夫一妻制，但同时也还有一夫多妻与一妻多夫及其他的婚姻形态存在。

（三）现代各国通行的婚姻制度 现代各民族的婚姻制，异常复杂。如在东方，还通行一夫多妻，在西藏等地还有一妻多夫，但主要的是一夫一妻，这在上面曾经说过。若我们要来看婚姻的成立，就可以看出是采取几种不同的程序。第一是掠夺婚姻，这是原始时代的残留，在现代野蛮民族中还偶然发现。其次是买卖婚姻，视女子如财货一般，这在落后国家颇为流行。第三是聘娶婚姻，名义上不是买卖，但骨子里与买卖无异，在文明各国多有通行的。第四是自由婚姻，即完全根据两当事人的自由结合，既不容许第三者干预，亦丝毫不包含物质条件在内。这样的两性结合，在其他国家也部分的存在，但以苏联为普遍流行。我国现在婚制，仍以"父母之命，媒妁之言"为最普遍，其他如早婚，男女年龄相差太远，童养媳，多妻制等等不良恶习，仍多流行，至于真正的自由婚姻，还是近年来才开始施行，求其普遍通行犹有待于社会多数人士努力。

第二节　订婚、结婚与离婚

上面简单提到的，有许多种类的婚姻形态，其成立的程序亦有许多种。但这里所要讨论的，是现代最流行，吾国近来所采取的自由婚姻。是以本节所讨论的订婚结婚与离婚，都以自由婚姻为主体。

（一）订婚 照中国数千年来的习惯，婚姻的成立，是由于父母之命，媒妁之言。这里的弊端，尽人而能知之，无需赘言。但所谓自由婚姻，也并不是漫无规则的结合。即以订婚而言，也有一定的条件与程序。首先，是对手方面的选择。人们资质的禀赋，至不齐一；经济能力，生活习惯以及所受教育程度亦各不相同。青年男女，当其选择对象时，当在这各方面予以注意。所谓订婚，即是共同生活的准备。而共同生活的最基本条件是要互相了解，互相协调。因此，两方的资质，性情，所受教育，经济能力，生活习惯等，总要相差不能过远。以前的婚姻多半受门第的限制，这自是不当，但现在若完全忽视这许多社会的家庭的差别，亦未必能得圆满结果。因各人的生活环境若相差太远，则其情趣必不同。这样的结合，必然有某一方屈服于另一方，没有真实的平等。目前，男子选择对象，多趋于娇美的女子；女子则多趋于有权势与财富的男子，这固然有其社会的原因，但青年男女亦当自负责任。其次，彼此的了解不是容易达到的，这需要相当长久的时间。是以青年男女要达到订婚的历程，先要有许多准备阶段。大概最初是两性间的认识；其次是两性间的交际；由交际而发生友谊；再由友谊的增进而到恋爱。经过这些过程，彼此能互相谅解，自认在他们的生命中，能共甘苦患难，然后才能订婚。必须要这样慎重，方不至有后来的不幸。所谓"萍水相逢，一见倾心"，这不是正常的办法，且多没有好结果。那么，男女青年要到什么年龄才适宜于订婚呢？显然，这要到成年时期。因为，对手方面的选择，并非易事。若无相当的学识与社会经验，而全凭青年的感情冲动，则未有不失败的。尤不只此，所谓青年，都是各方面发育未全，正在迅速的变动过程中。若订婚过早，则两方在学问，志趣，性格诸方面的发展，不一定能保持平衡与调和。常见有当订婚时虽是两心情愿，但二三年后又发生悔婚情事，即为这种事态的例证。照一般说，婚姻是应绝对自由的，但父母亲长的指导与监督，师友的规告，也是不可以缺少的。

（二）**结婚** 结婚是人生最重大事件之一，它不独能决定前途的幸福与否，且能左右一生的事业。是以结婚是一种神圣的，理智的事业，绝不应受盲目的感情的支配。男女双方应具备若何基本条件，方能结婚；这一点在订婚一项中已略述及。在此无妨着重的重复说：结婚应是两对手方面之爱的结合；彼此要能充分的了解；要能充分的调和与互助。若这些基本条件具备了，是否可以毫无顾忌的结婚呢？不能，还有其他限制。第一要注意的是年龄，中国有许多地方还流行有早婚恶习，这不仅戕害婚姻双方的身体，且危及种族的前途。就吾国情形而言，男女双方总要到二十以外，才能结婚。其次，是身体的健康与否亦应顾及。上面曾说过，婚姻不是单纯的个人行为，而是有重大的社会意义。若有恶性传染病的人而贸然结婚，匪特遗害对方，且为祸于社会不小。第三应注意的是知识，结婚是人类在社会独立生存的表示，所以这时应具备有生存的知识与技能。若尚在求知时期即行结婚，则心志既分，负累随以增加，必然影响其知识与技能的完成。第四要注意的，是经济能力。即是说要能自食其力，且有赡养子女的能力，方可结婚。若经济上不能独立生存而即结婚，则在开始时也许感觉到结婚的快乐，但生育一开始，则必然只有痛苦与黑暗。以上诸端，是每个青年人所应特别留心的。

（三）离婚 我们既主张结婚的自由，则另方必然要主张离婚的自由，不过，我们同时应知道离婚是两性关系的病态。这种病态的产生，固然有社会的原因，各当事人也有应负的责任。例如中国近来社会变动异常迅速，许多青年男女感染现代文化的洗礼，立即感觉由父母之命，媒妁之言所构成的婚姻的痛苦，是以离婚案件层出不穷。这可以说大部分是社会的责任。但也有自由恋爱的结合，亦不旋踵即告仳离，这不能不由当事人负主要责任。对于离婚的态度，自不应盲目加以反对。因为婚姻的要件，是爱情，互相谅解，协调互助；若缺乏这些条件而勉强维持夫妻关系，则必然产生许多罪恶，如伤害、犯奸乃至自杀杀人等。是以，离婚虽是病态，但一旦有离婚的必要，还是以迅速离婚为宜。离婚病的治标办法，还只有以离婚来医治。至于治本的办法，则是：提高婚姻的自由；阐明婚姻对个人对社会的重大意义；厉行婚姻的道德训练；使人们不致轻举妄动的结婚，则离婚事件亦必减少。

现代文明国家，对离婚问题的法律限制，以及社会舆论的态度，多不一致。美国离婚法的规定，请求离婚的理由中，最重要的是犯奸，其次为生理不全，疯狂，虐待及婚后犯重罪等；此外如恶意遗弃，久不同居及习惯的酗酒等，也构成离婚的理由。西欧诸国离婚法大致与美国相似，惟英国稍觉保守。英国教会人士大都反对离婚，其离婚条件，远较其他国家为苛刻。与英、美等国相反的是苏联，那里对离婚没有丝毫限制。男女任何一方要求离婚，即能成立；只不过对他们所生的子女负相当的教养费而已。

中国数千年来，女子绝没有离婚的权利，惟独男子可以离弃其妻，且其弃妻的理由亦颇不充分。如《大戴礼记》所说："妇人七出：不顺父母，无子，淫，妒，有恶疾，口多言，窃盗。"历来的法律虽未完全采取这"七出"之说，但仍绝未顾及女子的权利。民国成立以后略采欧、美民主主义的精神，但去男女平权尚远。国民政府奠都南京以后，对离婚法的规定，比较的平允。男女任何一方犯有下列诸款之一者，其对方即可请求离异：（一）重婚，（二）与人通奸，（三）不堪同居之虐，（四）妻对夫之直系尊亲属虐待，或受夫之直系尊亲属所虐待，至不堪共同生活，（五）恶意遗弃，（六）意图杀害他方，（七）有不治之恶疾，（八）有重大之精神病，（九）生死不明已逾三年，（十）被处三年以上之徒刑等。

第三节　夫妻间之权义关系

（一）男女平权的真谛　男女平等，这是现代民主主义的要义之一，各文明国家都采入法律系统中；吾国最近的立法也充分地应用这一原则。如选举权，被选举权，财产承继权，所有权等，女子如男子一样的享受。因此，今日的女子，不像三从四德时代的女子，成为丈夫的所有物一样；而是具有独立的人格，同男子一样具有各种权利。婚姻的成立，既然是由于两独立人格之自由意志的结合，则必彼此尊重对方之人格与一切权利。只要男子认识到这一点，则不难了解夫妻间的权义关系是完全平等。某方妨害另一方的权利，是法律上所不允许的。不过，夫妻的结合与平常的结合不同，这里有爱情，互相谅解，互助，共甘苦患难的同情心等为其基础，决不至完全在利害关系上打算。尤其，在现代社会中，女子一结婚后，因为生育子女，因家庭事务等，常不能行使其自己的权利。然不能因此就认为男女权利义务的不平等，整个人类社会是需要分工的，家庭也是需要分工的。在目前社会情状之下，实在有许多事实是女子所不便与不能参加的。不过，为丈夫的却不可因此而轻视其妻或甚至蹂躏女权。

（二）妇女与家庭　现在关于妇女运动的理论，主要的有两派。一派主张，妇女要能达到彻底的解放，要能实现真正的男女平等，其最重要条件，是把妇女从家庭琐务中解放出来，直接参加社会生产。不然，法律上的平等是空的，纸上的权利不会自己行使；妇女还是沦为被支配的地位。另一派则与此相反，他们主张妇女应回到家庭里。特别近年来世界不景气，失业者到处皆是，这派人更叫嚣着妇女夺去男子的职业。吾人试平心而论，前一主张在理论上确较圆满，但在事实上决不是一蹴可及；要使女子不为家庭所束缚，则最切要的条件是儿童由国家抚养，而这只有未来的大同社会方能谈到，现在实无从说起。至于第二种意见，固然适合现社会的实际情况，然要剥夺妇女参加社会活动的机会实大可不必，假如有某些女子能够摆开家庭的束缚，而从事各种社会服务，这是人类社会的进步，决不应非难，吾人应加以鼓励与提倡。

（三）目前吾国的需要　女权运动在吾国，还只在萌芽状态，加之教育不普及，文化不发达；是以几千年来的传统恶习还多数存在。吾人目前的急务，是消灭不合理的婚姻制度，解除妇女所受的压迫，扫清家庭的黑暗与罪恶；决不是不落实地，可望而不可及的，抽象好听的名词。具体说来，夫妻间绝应彼此互相尊重对方之人格与权利；但因合组家庭，因分工，亦有各自的义务。男子专门从事生产，女子则除协助生产外（如能独立生产自然更好），应主理家计，抚育子女，消灭过去家庭中一切的罪恶与腐败，形成充分协调互助的现代家庭。

参考书

1. 郝伯珍：《婚姻问题总论》（大公报）
2. 堺利彦：《妇女问题的本质》（北新）
3. 本间久雄：《妇女问题十讲》（开明）

问题

1. 婚姻的社会意义如何？
2. 中国现在流行的有何种婚制，以何种为合理？
3. 青年应具备些什么条件，方能结婚？
4. 离婚何以为社会病态，应如何诊治？
5. 男女平等的意义如何？

政治概要

第一章　绪论

政治生活虽不是同人类的起源有一样悠久的历史。但自有历史记载以来，政治活动即成为人类生活之重要的一面。是以先哲有言，"人是政治的动物"。在初民社会，人们日出而作，日落而息，共同生产，共同消费，大家熙熙融融，固无所谓政治，尤没有一定的政治制度。但后来社会规模日大，人与人的关系日益繁复；特别是人类劳动技术大有进步，生产的力量较前大增；因之社会有财产的积聚，分配财富，占有财富，都需有一定的规则以范围人们的行动，使不至于发生扰攘争夺的局面。因此，政治就应运而生了。

在起初，人类的政治生活必然非常简单，政治组织或制度亦必仅具雏形。事实上，古时社会规模极狭小，数十百里的土地，十数万的人口，即形成为一独立社会集团，共同经营其简单的政治生活，没有一定的法制，没有一定的组织，只因事实的需要，在习惯中逐渐养成政治法则而已。随着社会的发展，生活的复杂化与文化的进步等，政治的内容亦渐丰富，政治组织亦渐复杂。是以，政治制度如同其他社会制度一样，不是永久的，固定的；而是随着社会与时代而发展而变化的。

就历史所经历的政治制度而言，有奴隶政治，有封建政治，有君主专制政治，有民主政治，有独裁政治等。但每种制度都有其一定的社会基础，决不是凭空产生。或者如某些学者所言，最初为神权政治，次为君权政治，近代为民权政治。这也可以表现各时期政治内容与组织之不同。历史上曾经有一时期，人类社会分为主人与奴隶两大集团。一切生产事业，大半由奴隶担负，主人的重要事业，除从事一般文化的创造而外，为管理政务，这是所谓的奴隶政治。虽然希腊政治有民主主义的发展，但终限于少数公民方面，奴隶没有丝毫政治权利。又有一时期，政治组织建筑在等级与身份制之上；一方面是立足于土地占有之上的各级诸侯，彼此有分封与隶属的关系；另方则是一般受压迫，无权利的农民，予夺生杀，一切唯诸侯之命是从；这是所谓的封建政治。后来王权发达，许多诸侯之上，有一大诸侯为国王，统治广大的土地与人口；组织大规模的朝廷，有宝塔式的政治结构，有复杂的官僚系统，国王自谓受天之命，为最高统治者，国王的命令即成为法律，一切大权均操在他一人手中；这是所谓的君主专制政治。

近几世纪以来，社会的发展异常迅速；经济生活与以前迥不相同。在经济的自由竞争之下，贵族地主可能成为破落户，而善于治筹握算的行商坐贾之流，则可以成为财势兼备的伟人。因此，昔日的等级制身份制实无存在的余地。而且由此产生的文化发展，思想解放，将以前的神权与君权的政治理想，攻击到体无完肤。代替他们的是民主政治。民主政治的主要内容有三，即以人民为主体的政治，法治的政治与责任的政治。至其实施，则利用由人民选举的议会为最高立法机关，最高官吏由人民选举。大战以后，政治发展的趋向，又有了变更，即由民主而渐趋于独裁。这里的原因，是社会不安定，人民生活困苦，秩序不易维持，各国之间的竞争异常剧烈；非强有力的集权政府，不能应付实际上的需要。独裁政治就在这样的现实环境之下而形成。

政治制度不独随时而异，亦且因地而不同。同是民主政治，但在英为内阁制，在美为总统制，在瑞士则为委员制。同为独裁，但意大利政治制度不同于德国，德国又不同于苏俄。中山先生的政治主张，自亦为民主主义，然绝不是对欧、美制度的盲目抄袭。权与能的划分；民权由选举权一种扩张为四种，政府权由三种扩大为五种；建国程序分为军政、训政与宪政三阶段；凡此一切，均为中山先生根据欧、美民主政治的精华，参照吾国历史的传统，所锻炼而成。吾国现行政治制度，即根据中山先生遗教而创立的。政治制度亦如其他生活方式一样，原则尽可相同，实施方案则不必一致，何况中山先生的政治理想，较之一般民主主义更为周密而精确。

在民主政治之下，吾人所常见到的，是有政党的活动。人民既都有了参政的自由，则见解相同，趋向一致，利益相近的人们自不难团结一致以从事政治活动，这就是政党的起源。不过，乌合之众，还不能成为政党。正式政党的成立，必须具备有党纲，实现党纲的政策以及团结力量的组织与纪律，这样才算是政党。在政治进步中，政党亦有极大的作用。他可以训练民众，教育民众，组织民众。在野党代表人民，有系统的给政府以督促与批判，使政府不得不小心将事，为人民谋利益。是以自民主政治发展之始，政党即随之产生。甚至就某方面而言，民主政治为政党政治。近百数十年来，欧、美各国政党的活动，可谓已登峰造极了。不过，民主既渐趋于独裁，则政党的活动即随而受限制，即以前的多党政治，现成为一党专政了，意、德、苏俄以及吾国，均为一党专政的国家。

上面曾经说过，民主政治的主要特征之一，是"依法为治"。这不仅是说一般事务须以法律为根据，还有如国家的组织，政府的机构等，都有最高的基本法来规定。这种最高法即是宪法，现代任何民主国家，必须具备有宪法；自然，其形式可以有成文与不成文之不同，其内容有繁简之差。既然主权在民，但事实上人民不能每个去管理政治，是以用这根本大法来束缚政府；宪法是民意的代表，根据宪法而行动，即是服从民意。制定宪法的手续，随各国各时期而不一致，但宪法的内容则大体相同。如人民的权利义务，中央政府的组织，中央政府各部分以及中央与地方相互间的关系等，大都列入。时代愈近，政治组织愈完密，宪法内容亦愈丰富。中山先生的五权宪法思想，更具有特殊见地，读者在后面当能见到。

时至今日，谈政治者，其目光与见解必不囿于国家范围。数百年来，世界交通网的发达，商品的流通，文化的交换等，已将全世界各国结合成为一广大的社会。世界各国，无论其距离如何遥远，但在经济政治与文化各方面，必互相利用，互相依赖。若在今日而仍图闭关自守的孤立生活，那便是非愚即妄。不过，国家而欲加入国际舞台，成为国际社会中之一员，必须对内能完成统治，对外能遵守国际道义，因而取得各国的承认，然后才能达到目的。既取得各国的承认而加入国际社会后，随即获得其对外应有的权利，如独立权，平等权，自卫权与交接权等。其次，国家与国家间的交接，具有一定的规范，不可逾越。如办理政治交涉，则派遣使节；如为通商保侨事项，则派遣领事；遇有临时事故发生，又可派遣临时使节。至于两国交涉的方式，则有国际法为准绳，无论在平时或战时，都有一定的规则可循。

正因国际生活的重要，国际关系的错综与复杂，是以常有国际会议的召集。在每一国际会议，参加者少则数国，多至数十国。对于重大的国际问题，互相磋商讨论，得出结果后，作成宣言或公约，各国全权代表签字于其上，誓相遵守以保持国际的和平与利益。不过，国际间的矛盾太大，各国虽暂能妥协于一时，终难相安于永久，是以国际会议终不易收良好的效果。就国际公约而言，各国既签字承认，理应遵守不渝；但事实上并不如此。例如《国联盟约》、《九国公约》及《非战公约》，为战后最重要的三种公约。近五六年来，殆已被野心侵略的国家撕毁无余。所谓国际道义，国际条约的尊严，毫不能束缚野心国家的暴行！

　　大战以后，各国政治家鉴于战祸之惨酷，和平之可宝贵，乃因威尔逊之提倡，即群相赞和而组织国际联合会。联合之目的，即保障各国之领土完整与政治独立；进行裁减军备；以仲裁方法解决国际间纠纷；以集体制裁来压抑野心国的暴行等等。1919年，国联会即正式成立，加入的会员国约五十。此外，更根据《国联盟约》，于1922年成立国际法庭，专从事于国际纷争的裁判。这二者是目前两个重要的国际组织。从理论看，宜大有助于国际和平。但实际上，数年来若干国家迭次破坏盟约，违反国际道义与《国际盟约》，国联终莫如之何，因而其信誉与尊严大受损害。吾人试平心而论，国联仅一正义的机关，并无实力为后盾，对违约行为，除向正义申诉外，实无其他有力办法。何况国联向为若干大国所把持，有时竟连正义的主张亦不显明揭举起来。至于《盟约》中所载的集体制裁，则各国利害不一致，对外关系不同，更不容易实现。国联之所以不能有实际的建树，正是因此。不过，国际风云日益险恶，战争危机迫在眉睫，国联还有其作用与使命，这要在各会员国家善于和衷共济的运用。

第二章　政治制度

第一节　民主政治

（一）**民主政治的意义**　政治的意义及其演进，在上章中曾简略地说过。这里，首先要来解释的是何谓民主政治。第一，民主政治是以人民为主体的政治。在封建时代，负政治责任的封建主，最好的也不过看待人民如手足或儿女，坏的且视人民如草芥。而人民亦以奴仆臣属自处，视高高在上的统治者如天，父，神明。任统治者如何暴乱凌虐，人民少敢反抗。"天子圣明，臣罪当诛"，"朕即国家"，在这种传统之下，人民没有丝毫政治权利可言。在民主政治之下，情形却完全相反：人民是最高的主权者，政府当局不过是代理执行民意而已。林肯所说的"民有，民治，民享"，中山先生所提倡的民族，民权，民生，既是以人民为主体的具体说明。在这种意义之下，人民有其不可侵犯的基本权利，如信仰、言论、出版、集会、结社等自由权，财产权等。

第二，民主政治是法治的政治。在以前，国家很少有系统的成文法律，即有，亦大半是统治者的敕令文书等所集成，那完全是根据统治者的意志，对于人民则是单纯的压迫与束缚。而且"朝令夕改"，"严刑峻法"，这是封建时代的一般特征。在民主政治之下，国家一切行政，都由法律规定。一切从政者的活动，均须受法律的束缚，不能违反法律来作威作福。而这所谓法律，绝不是由权威的少数统治者所制定，乃是由全体人民直接或间接所制定。是以，这种法律是一般人民共同意志的表现。没有阶级、官阶、职业及其他任何差别，在法律之前，人人都是平等的。无论何人，在法律规定以外，不受纠问、逮捕、拘禁等非法处置。另方面，即国家最高统治者，若其行动超过其法定职权以外，或有违法行为，则如同任何人民一样的受法律裁判。

第三，民主政治是责任的政治。在从前，中国为帝王者常谓"受命于天，以统万民"，是以自称"天子"；欧洲的则谓"受上帝的差遣"，自命为"上帝的仆役"。其权力来源，是高不可触，缈不可测的神，是以毫无限制与束缚。上焉者也还稍知休养生息之道；次焉者深居简出，庶政不问，即所谓的"无为而治"；下焉者暴厉恣睢，无恶不作，涂炭生灵。在民主政治之下则不然，行政长官的活动，不仅有消极的法律限制；而且人民给他们以一定的责任。他们的权力来源是人民，也对人民负最后责任。因此，他们再不是天命的统治者，而是人民的公仆。仅仅是不作奸犯科，还是不够，要紧的是应尽职责。不然，人民可以撤退他们，而以其他人们来补充。

（二）民主政治的实施 民主政治的基本原则既明，现在来进一步研究其实施。我们知道，在古代国家如雅典与罗马，均曾实行过较今日更为彻底的民主政治。那时，全国一切公民，都直接参与国政；他们定期的集合在一定场所，制定国家法律，选举官吏及讨论其他一切重要事项。这可以叫做直接民主制，较之今日的民主制更为本义的。但现今各国，幅员辽阔，人民众多，要把全体国民集合在一处来商议国事，在事实上为不可能。在古代，一国公民不过十数万人，其居住的范围亦至狭小，是以其全体公民会议乃为可能。加之那时是奴隶社会，一切生产事业均有奴隶担负；所谓公民则终日无所事事，专于从事政治的活动。而现代的公民，为自己的生活而终日忙碌，即有参加政治活动的兴趣，实际上亦不可能。

因此，现代通行的，不是直接民主制，而是间接民主制。即由人民选举代表，组织议会。由议会制定法律，人民则间接地参与立法。所以这种民主制又叫议会政治或代议政治。在这种制度之下，民权的行使，是通过议会。因之，选举法的优良与否，议员的贤能与否，有极重大的关系。在十九世纪，许多国家对选民资格有财产、身份、宗教信仰等限制，现在则已趋于没有这些限制的普选。唯当选举时，难免不为有权势者所操纵，于是，议员是否能赤诚为人民服务，尚属问题。

由民权方面出发，我们已知道人民是经过议会来间接行使政权。若从政治的机构来观察，则民主主义的实施，是应用三权分立的学理。自希腊以降，常有许多学者主张政权的分立，以达到"互相制衡"的作用，唯多无具体的阐明。到1748年孟德斯鸠的《法意》出版，对三权分立的主张才有系统的说明。即把治权分为立法、行政、司法三种；且使之各有独立行使的机关，互为钳制，互为平衡。以议会为立法机关，制定国家法律；内阁为行政机关，执行一切政务；法院为司法机关，解释或应用法律来判决是非曲直。三种机关各自分立，使专制、违法、循私等弊病不易发生。孟氏这种三权分立学说，自十八世纪以来，即为现代民主政治的重要因素；不独许多学者风动景从，即各国的政治结构，亦以此为原则。

（三）民主政治的缺点 任何一种制度，绝不能尽善尽美，民主政治自不能例外。在理论上讲，民主政治是以人为主体，一切人民都平等、自由、有参政权力。但事实上，要使人民能行使其参政权，实非易事。首先，大多数的劳苦人民，终岁胼手胝足，惶惶然犹恐不得温饱，安有余暇来过问政治。其次，政治是最复杂的事项，不独管理政治不易，即了解亦甚困难。未受教育者固不待言，受过初等中等教育的，亦多对政治茫然无所知。以这样的人民来参加政治，实难免不被野心者所操纵。少数有钱有势的人们，他们可以支配教育，操纵舆论，使政治知识不充分的人民，供自己驱使。试就选举而言，当选的总是上层人士，穷苦人民绝少当议员，更难有作官吏的。何况，在选举时，除操纵舆论外，还有地位，能力等关系，甚者且用金钱运动。所谓三权分立，其用意固甚佳，但实际终不如理想之完美。现代各国多系政党政治，如某党取得政权，则在议会亦必占多数，在司法机关亦可能的占支配地位。此政党以其一定的政策来支配国家，其同党党员自属一致，他们不难互相调和，互相妥协。这所谓互相钳制，互相平衡的作用，便因此不能实现。我们从事实上看，民主主义仍当成为少数人专政的现象。何况，三权分立之说，其本身已不完全，是以中山先生要用五权来代替，这一点在本章第三节中我们可以看到。现在，我们以英、美与瑞士作代表，来研究民主政治的各种形态。

（四）英国的内阁制 英国政治制度是"内阁制"，或"责任内阁制"，亦称"议会制"。国王是最高元首，但无政治实权；自十七世纪以来，由于权利法典与习惯的限制，到现在国王仅徒拥虚名而已。一切法律命令，虽以国王名义公布，但不经阁员副署，即不生法律效力。

英国国会为两院制，上议院由贵族、僧侣与法官所组成，他们或为世袭，或为选举，或为敕任，且多半为终身职。1832年以前，上议院权力最大，后来逐渐限制，到1911年国会法成立，其权力大削，在立法上远不及下议院权力之大。下议院议员由全国男女公民直接选举,任期五年。自1911年以后,下议院操立法大权,一切法案在这里连续通过三次以后,虽上议院不同意,亦得成为法律。

内阁掌握行政全权,对议会,特别是下院负责。内阁的领袖为首相,其他阁员称臣或相。虽形式上首相由国王任命,但实际上必系下议院所信任的人物,普通是多数党的领袖。首相一定,则他必援引与自己政见相同的人,呈请国王任命为阁员。

内阁的设施,均须对议会负责,且特别受下议院的立法限制。所以,可能的内阁与下议院发生冲突。例如议会可以否决内阁所提出的重要法案特别是预算案,或通过内阁所不赞成的法案,而责其实行,或者更进一步对内阁投不信任票。这时候,内阁有两条路可走:一是自己辞职,避让贤路;一是呈请国王解散下议院;但若新成立的下议院,仍不信任内阁,则内阁终需辞职。

英国责任内阁制还有另一特征,即阁员相互负连带责任,任何一阁员的政治言论行动,由全体阁员负责。是以阁员的去留,亦全体一致。大半一党内阁,适宜于这种连带责任;若如法国那样的多党内阁,则宜采取个人负责制。

英国司法系采单一制,审理一切民刑诉讼及行政诉讼的,全国只一种法院,分设各级。以上议院为最高法院,这与美国之另有独立的最高法院不同。

(五)美国的总统制　美国的政治制度为总统制,总统由人民间接选举,任期四年;担负一切政治的实际责任,且不对议会负责;宪法允许总统任命各部部长,组织国务院;国务员为总统之僚属,对总统负责。是以,美国总统的权力极大,即包括全部联邦行政权,且在立法方面有提交议会复议权,又可以任免法官。这是所谓总统制的大概。

掌立法权的为国会,由参众两院所组成。参议院由每邦民选二人组织,任期六年,每二年改选三分之一。众议院议员,依各区人口为比例,由人民直接选举,任期二年,任满全部改选。在立法权方面,两院平等,一切法案须经两院依次通过,始能成立。唯参议院还有如下权力,即总统任命高级官吏,如各部部长,驻外使节,最高法院法官以及缔结条约,均需要参院同意;且对众院提出的弹劾案,有审判权力。众议院则有首先提出财政案的权力，且得对政务官及最高法院法官提出弹劾案。

议会所议决的法案，如总统认为不能实行时，可于该法案通过后十日内有否决权，提出反对理由交议会复议。若两院各以三分之二的多数，再通过原案，则该案即成为法律。

在司法方面，除联邦设有各级法院外，最高法院有最大权力。在别的国家，凡法案依据法定手续由议会通过，经政府公布，即发生效力。但在美国，国会议决任何法案，如最高法院宣判为与宪法相抵触时，即不能成立。

英国行政区划为单一制，各县市均直接隶属于中央政府。美国则为联邦制，合四十八州而成。各州有极大限度的自治权，唯外交、国防、国际贸易、州际贸易、国家财政等则集中在联邦政府之手。

（六）瑞士的委员制 瑞士为联邦国，由十九邦组成。行政机关的最高责任不由一个首领担负，而是由一委员会行使，故称委员制。联邦国会掌立法权，分上下两院。上议院由每邦代表二人组成，其任期与选举法均由各邦自定。下议院则依人口的比例，由各地人民直接选举，任期三年，任满全部改选。两院有同等权力，一切法案须经两院依次通过，始得成立。

负行政责任的为行政委员会，由两院联席会议选举七人组成。国会又于此七人中选举总统副总统各一人，任期一年，不得连任。总统除对外代表国家，对内为国务会议主席外，没有特殊权力。正副总统及其他五委员各领一部，各部部长对各部事务，没有单独决定权；一切重要事件均须交行政委员会决议，由委员会名义公布实行。以行政委员会整体而言，完全听命于议会。议会议决的法案，他们必须服从，不能否决或要求复议；议会决定的政策，他们必须执行。

至于司法方面，则联邦有一最高法院，审理关于联邦法律的犯罪以及各邦的上诉案件。法官由国会选举，任期九年，连选得连任。

（七）三种民主制度的比较 在内阁制之下，元首不负实际责任，一切政治设施由内阁负责。总统制则由元首操国家大权，各国务员对总统负责。委员制则一切由全体委员会负责。就三权分立而言，英国最不显明，内阁与议会相互关联颇密，上议院且兼为最高法院。其优点是行政立法司法三权能结合一片，易于和谐合作，其劣点则易失掉相互制衡的作用。在美国，三权的分立则甚显明，但一方面总统权力甚大，易流于专断；另一方面最高法院又常束缚了立法机关的权能,且阻碍行政的进行。瑞士委员制,以立法机关操较大权力,委员会合负行政责任,自是最为民主。但也有流弊,如行动不能敏捷,责任不甚明了;且只有地小民寡的国家,才宜实行这种制度。

第二节 独裁政治

（一）**民主政治的没落** 民主政治的基本特征,是平等与自由;但这都是属于政治方面,若在经济上则难得有自由,更远不能平等。且经济的不平等,使政治的自由平等完全等于具文。《大英百科全书》中说:"人类已经解除其多种桎梏了,奴隶和农奴制已被摧毁,人们用普选的手段,已经获得了宗教,社会和个人的自由。可是经济上的自由却还没有完成,财阀还支配了民主政治。"关于这点,蒲来斯在其所著《现代民主政体》中也说:"从前人们希望政治的平等,能保障社会上一般的满足与和平。现在政治的平等已得到了,非但不能保证社会上一般的满足与和平,反而使有产与无产二阶级间的悬隔,日甚一日;这二阶级除了投票权的平等之外,再没有别的平等了。假如国家的行为仍然不能改良人民的生活状况,那么从前人民千辛万苦所争到的参政权,究有什么用处呢?"这两段引文,已说明了现代民主政治之致命的缺点。在从前封建政治或专制政治之下,民主主义实演了极大的革命作用,它将人类社会从残酷的束缚之下解放出来,使之能自由发展。后来民主主义占统治的力量时,社会经济迅速繁荣,人类文化大量发展。但到最近是所谓帝国主义时代,经济生活为少数大资本家所垄断;因而国家大权,亦直接间接落在他们手里,所谓平等自由,成为没有内容的空文。

（二）**独裁政治的兴起** 如上所述,资本主义经济本身的发展,已由自由竞争达到独占;必然感觉到议会政治的迂缓与散漫,而要求强化的集中权力。从这一点来说,民主政治已是到穷途末日了。再加上其他原因,使独裁政治应运而起。大战以来,各国经济受到异常的破坏,短期复兴之后,接着来的又是空前的不景气。数百年发展起来的资本主义,现在已呈十分不稳定的状况;为了要维持现社会制度的存在,不得不使用更坚强的政治力量来补救,此其一。资本主义既在没落,大恐慌无法解决,于是大量的关厂停工,使千百万的工人踯躅街头,无衣无食;另方面大批的农民群,也陷入同样的困苦中。即中层人士，原为小有产者或有一定的职业，现在亦大感生活的威胁。这许多为经济所压迫的人们，到万不得已时，难免不作奸犯科。近十多年来，各国劳动者的革命运动，日趋激烈，俨若暴风雨之快将到来。现存政府为要能应付这种困难，使穷苦者不致发生骚动或革命，自然要加强其统治力，此其二。帝国主义最重要的是殖民地；原料，市场，投资地带与廉价的劳动力等都唯殖民地是赖。但现在殖民地已分割完尽，大恐慌袭击以来，各国增加关税壁垒，降低币值，竞争倾销；这样仍不能解决其经济难关，乃加紧扩张军备，准备战争，企图殖民地的再分割。这一切也是需要非常强有力的政府，此其三。因为有这许多现实的条件，所以十余年来，独裁政治的趋向日盛一日。许多资本主义的国家，已实现彻底的独裁，其他若干大国亦有这种趋向。这里且以意、德二国为例，说明独裁政治的大概。至于苏联的苏维埃制度，是一种特殊的政治组织，但通常也把它归于独裁制之列，在本节中也给与简单的叙述。

（三）意大利的独裁制　外表上，意大利现在还是立宪君主制，最高元首为国王，下有内阁，有国会，有司法机关；但实质上已完全没有宪政的内容。1923年莫索里尼夺取政权后，首先就消灭其他一切政党，除法西斯蒂以外，不许任何政党存在。这样，造成一党专政的局面。同时，更改革政制，以为独裁的张本。

莫索里尼自为首相，其他阁员亦由首相提请国王任命。内阁原规定对国王负责，但国王却无任免内阁之权。因国王任免首相时，即需现任首相的副署；假如现任首相不自动辞职，国王即无法任命新首相；一切阁员既由首相提出，自亦为首相所信赖。所以，就对国王的关系而言，意大利首相实为最高统治者。

国会仍为两院制，上议院除以王族若干人为当然议员外，余由国王任命。下议院由四百人组成，行职业代表制。先由全国各种职业团体提出候选议员一千人，交"法西斯蒂大会议"审定。"大会议"就名单中圈定四百人，交由人民票决，如多数赞成，即全部通过；如赞成者为少数，则举行第二次选举。国会在表面上仍是立法机关，但事实上已是独裁的赘疣。因任何法案，必事先取得首相的允许，方能提交议会讨论；如与首相意志相抵触的法案，根本不能提交议会。反之，首相却可以发布与法律相类似的命令。

法西斯蒂大会议，是意大利最高统治机关，除上面说过的由这里圈定议会候选人外，其权力之大，竟是无所不包，如修改宪法，王位继承与国王权力，提出内阁名单，批准法律，国家政策及对外关系等，都是决定于此。至于莫索里尼，以一身兼任首相、外交、内务、陆军、海军、空军、司法、殖民等部，更是独裁中的独裁者了。

（四）德意志的独裁制 照1919年的《威玛宪法》，德意志为联邦共和国。其政治组织兼采总统制与内阁制二者，相辅为用。总统由人民直接选举，任期七年，连选得连任。因行责任内阁制，总统平常没有实权，凡法令必由阁员副署，才生效力。另方面，德国总统亦不像英、法的元首，根据宪法第四十八条的规定，总统可以解散国会，可以颁布紧急命令，可以采取各种手段以维持"公共安全与秩序"。国会所通过的法律，总统有权交付人民票决，以决定其成立与否。内阁本对国会负责，如二者发生冲突时，总统的意向有极大作用。若总统袒国会，内阁自须辞职，反之，总统可以解散国会。

国会虽为两院所组成，但参议院无立法权，事实上是一院制。参议院议员由各邦依人口之多寡而派遣，以内阁总理为议长，其他阁员亦为议员。凡内阁对国会的提案，参议院有权审议，且对国会有建议权。下院议员由人民直接选举，任期四年，每六万选民可选代表一人。联邦全部立法权，操在这里。此外，有由各种职业团体所派代表组成的经济会议，为经济性质的参议机关，得向政府提出经济性质的立法建议。

照上所述，德国总统的权力已是至高无上了，很易于走向独裁。1933年希特勒夺取政权以后，更是变本加厉，完全步意大利的后尘。首先是消灭其他一切党派，只有国社党能公开活动。解散国会，国社党以威胁利诱来操纵选举。破坏联邦政治组织，削弱各邦的自治权，将各邦置于中央政府直接管辖之下。兴登堡死后，希特勒自为"国家领袖"，一身兼总统与总理大权，宪法给与人民的权利，殆已丝毫无存，希特勒的意志即成为最高法律。

（五）苏维埃制度 苏联所行的苏维埃制，较为特殊。一方面是高度的民主，另方面又是彻底的独裁。在苏联，公开的否认普遍的自由与平等，所以只允许劳动者有选举权；凡剥削者寄生者都没有选举权。三权分立，各国都认为是民主主义最高原则，但苏联则把一切权力都集中在苏维埃。

这几点是苏维埃的主要特征。此外，苏联也是一党专政的国家，除共产党外，任何党派都不能存在。

所谓苏维埃，原为劳动者代表会的意思。全国各级政府，称为各级苏维埃，最下级为乡苏维埃，其上为区、府、州，再上为国家苏维埃，最后则是苏维埃联邦。苏联由七个共和国所组成，其全称为"苏维埃社会主义共和国联邦"。就全苏联而言，其政治组织可别为四级：（一）联邦苏维埃代表大会，（二）联邦中央执行委员会，（三）联邦常务委员会，（四）联邦人民委员会。联邦所辖各邦的政治组织，也大概与此相同。

联邦苏维埃代表大会，由各地方苏维埃选出代表组织之，代表总数约在二千以上，每年或每二年开会一次。这是苏联最高权力机关，宪法及一切大政方针都决定于此。

由此大会选出四百余人组织联邦中央执行委员会，大会闭会期间，中执委为最高权力机关。中执委会复分为"联邦院"与"民族院"二院，各有专司而又互相合作。中执委会每年约开会三次，决定一切政策与法令，对大会负责。

由联邦院与民族院各选九人，再由全中执委会选九人，共二十七人组成常务委员会，或称主席团，对中执委会负责，为中执委会闭会时之最高权力机关。

实际负行政责任的为人民委员会，由中执委会选举十余人组成；设主席一人，副主席二人，余为各部部长；此会与其他国家的内阁相类似。此外，有一劳动国防会议，专司经济建设计划之责；有一最高法院为苏联最高审判机关；又有国家政治部为政治侦查机关；此三者为人民委员会的辅助机关。

第三节　吾国现行政治制度

（一）权与能的划分　现代欧、美民主政治，是君主政治的反动。往往民权极发达，而政府权力反觉过小，动受限制，不能发生其最大效能。另一方面，社会生活日渐复杂，人们的相互关系日益频繁，是以国家的职务亦应扩大；如解决劳资纠纷，管理土地分配，调节粮食供给等现在都成为国家事务。因此，向来提高民权，限制政府权的民主趋向，显然发生流弊。即就民权而言，大半只一选举权，若他们所选举的议员贤良，自能为人民谋幸福；议员不贤，人民亦只得徒唤奈何而已。也正因此，所以人民总顾虑政府权力的过大。

中山先生为解决这种困难，发明权能划分的原则，不仅把民权更扩大，且把政府的权力也更扩大。依照中山先生的意见，权是民权，亦即政权，是人民监督政府的权。能是治权，属于政府，为政府处理国事的权。所谓政权，并不只是简单的选举权，此外更加上罢免、创制、复决三种政权。假如这四种政权能纯熟的应用，则人民可以充分的驾驭政府而不怕其擅作威福；所以中山先生又把属于政府的权扩大，除立法、行政、司法之外，又加上考试与监察，共为五权。中山先生说："在我们的计划之中，想造成的新国家，是要把国家的政治大权，分开成两个。一个是政权，要把这个大权，完全交到人民手内，要人民有充分的政权，可以直接管理国事，这个政权便是民权。一个是治权，要把这个大权完全交到政府的机关之内，要政府有很大的力量，治理全国事务。这个治权，便是政府权。"由这一段话看来，则权能划分的内容与作用，我们可以明了。

（二）政权治权的运用　　在现代许多民主国家中，人民主要的只有选举权；罢免、创制、复决等权，多数国家完全没有采用，即使在美国与瑞士，也只极小部分的应用而已。人民既不能都直接管理政治，只得选举官吏代为执行，但选举出来的人并不能绝对可靠，一旦大权在握，可能的违法渎职，损害人民权利；这时，需有罢免权以为补救。是以，选举权与罢免权二者互相为用，使人们于用人方面能发能收。人民自己不能立法，将立法大权委托议会，但可能的，议会所制定的法律，不是人民所需要的；而人民所需要的法律，议会偏不制定。这时候，如果人民有创制权，自可制定新的法律，或者对原有法律补充新的条文。如果议会制定的法律不合人民需要，可以行使复决权来加以否决或修改。因此，在立法方面，人民亦能操纵自如。

关于五种治权的运用，则立法权司法律的制定，行政权管理一切内政外交，司法权为审判诉讼，这从第一节中可以知道。这种三权分立的制度，还不十分完美，还得给以补充。本来，自十八世纪始，议会即有监察权，对失职的官吏，甚至全内阁，可以弹劾。到十九世纪中叶，政府又采考试方法以任用官吏。不过，以监察权附于议会，以考试权附于政府，仍不能发挥其充分效能。现代为政党政治，议会的多数党与政府多系一致，最易发生偏袒之弊；且以立法机关而兼掌监察权，责守不专，事权不一，自难收效。至于行政机关兼握考试权，则任用私人，滥竽充数的弊病最易发生。

中山先生一方鉴于各国制度的缺点，另方又采取吾国历来监察制（御史制）与考试制的长处，所以主张在三权之外，又加以监察与考试而成为五权政治。监察机关掌管一切弹劾及审计事务，考试机关管理一切典试与铨叙事务。这样五权并举，相辅为用，然后政府的职掌方全，分工允当，而能发挥其最高效能。

（三）军政训政与宪政　像上述那样的民主政治，是国民革命中政治建设的鹄的，但非骤然可以达到。是以中山先生把政治建设的程序，分为三个时期。第一为军政时期，主要任务是肃清反动，扫除障碍。第二为训政时期，其主要任务为诱导人民，训练民权。第三为宪政时期，这时候政权归诸人民，实行民治。所谓军事时期，还是实行革命的破坏时代，用武力来消除一切反革命势力，打破旧社会的障碍。这时，党政军的关系固然也与训政时相似，但最重要的是革命武力的培养，与政权的巩固，还不能进行民主政治的建设。

军事时期已过，社会秩序已安定，于是训政开始。所谓训政，是自上而下的训练人民的参政能力。即是，国家的最高统治权，既不属于人民，也不属于政府，而是属于中国国民党。中国国民党全国代表大会，代表国民行使最高政权。大会闭会期间，则以中央执行委员会为最高权力机关。凡人民的选举、罢免、创制、复决等权，均由国民党代为行使。中央执行委员会之下，为政治委员会，凡立法原则，施政纲领，国防大计，财政计划，国民政府主席及委员，院长副院长等，均由这里决定，交由国民政府执行。是以，国民党一方面代理人民行使政权，另方面又指挥政府的治权。

像这样以党来专政，仅是为完成训政，达到宪政的手段，而并不是目的。因为吾国人民，智识简陋，数千年被压迫于专制淫威之下，向不知政治为何物；若一旦给以选举、罢免、创制、复决等大权，他们将茫然无所措手足，甚或为少数狡黠者所利用，以达到个人目的。所以军政以后，必需以训政为过渡时期。中山先生有云："夫以中国数千年专制而被征服亡国之民族，一旦光复，而欲成一共和宪政之国家，舍训政一道，断无由速达也。"

然则由训政到宪政的过渡,需要若何设施,以收训练人民的效果呢?根据中山先生的遗教,最重要的是实行地方自治。首先为县自治,次为省自治;到各省都能自治了,则训政可以结束。是以中山先生说:"训政时期之宗旨,务须指导人民从事于革命建设之进行。先以县自治为单位,于一县之内,努力于除旧布新,以深植人民权力之基本,然后扩而大之,以及于省。如是,则所谓自治始为真正之人民自治,异于伪托自治之名,以行其割据之实者。而地方自治已成,则国家组织始臻完密,人民亦可本其地方上之政治训练,以与闻国政矣。"

宪政时期开始,国民党将政权归还给人民。当县达到充分自治时,可由选举成立县地方自治政府,并得选代表参与中央政事。省内各县皆达完全自治时,人民代表会可选举省长,成立省政府。"全国有过半数省份达至宪政开始时期,即全国之地方自治完全成立时期,则开国民大会决定宪法而颁布之。""宪法颁布之后,中央统治权则归于国民大会行使之,即国民大会对于中央政府官员有选举权,有罢免权,对于中央法律有创制权,有复决权。"

(四)我国现行政治组织 国民政府为总揽治权机关,有统率陆海空军,行使宣战、媾和、订约、大赦、特赦、减刑、复权、授与荣典、公布法律,发布命令等权。设主席一人,委员若干人,由国民党中央执行委员会选任。主席除对内对外代表国民政府外,不负实际政治责任。国民政府主席及委员组织国民政府委员会,处理国务及解决院与院间的问题。国民政府设行政、立法、司法、考试、监察五院以处理政务。各院各自对中国国民党中执委会负责,正副院长由中国国民党中央执行委员会选任。

行政院为国民政府最高行政机关,分设内政、外交、军政、海军、财政、实业、教育、交通、铁道等部,及蒙藏、侨务、禁烟等委员会。行政院会议,由行政院正副院长,各部部长及各委员会会长组织之,凡行政院重要事件及各部会间不能解决的问题,都由这里决定。但其所发命令及处分,其关于一般行政的,须由全体部长副署,其关于局部行政的,须由各关系部长副署,始生效力。

立法院为国民政府最高立法机关,有决议法律案、预算案、大赦案、宣战案、媾和案及其他重要国际事项的职权。除正副院长外,设委员四十九至九十九人,由院长提请国民政府主席依法任免,任期二年,但得连任,唯不能兼任其他官职。当立法院会议时,各院院长及行政院各部会长得列席说明。

司法院为国民政府最高司法机关,关于特赦、减刑及复权事项,由院长依法提请国民政府主席署名行之。分设最高法院,主管民刑诉讼最高审判;行政法院主管行政诉讼审判;公务员惩戒委员会主管文官法官惩戒事项;司法行政部主管司法行政事项。

考试院为国民政府最高考试机关,依法行使考试及铨叙等职权。设铨叙部以管理全国公务人员的资格审定,成绩考查及升降转调奖恤等事;设考选委员会管理全国公务员考选事宜。

监察院为国民政府最高监察机关;依法行使弹劾与审计之权。除正副院长外,设监察委员二十九人至四十九人,由院长提请国民政府主席依法任免。监察委员受有保障,非依法律,不得侵犯。监察委员专司弹劾;审计部则专管审计及稽核事务。

以上所述,系吾国中央政府五院之组织及其职权之大概。此外,在军事方面,有下列直辖于国民政府的诸重要机关:(一)为军事委员会,为全国最高军事机关。凡国防绥靖、军事章制、军事教育、军事建设、军队编遣等,由这里作最高决定。(二)为军事参议院,为全国军事最高咨询机关,其职权平时专备咨询建设,战时得参加高级指挥。(三)为训练总监部,掌管全国军队及所辖学校教育及国民军事教育事宜。(四)为参谋本部,掌管国防及用兵计划等。

吾国地方制度,分省县二级。省设省政府,委员七人至九人,一人为主席,均由国民政府任命。省政府依据国民政府《建国大纲》及中央法令,管理全省政务;并于不抵触中央法令范围内,对省行政事得发省令,并得制定省单行条例及规程,但关于限制人民自由,增加人民负担者,非经国民政府核准,不得执行。省政府设民政、财政、教育、建设等所。县政府设县长一人,任期三年,得连任,分设公安、财政、建设、教育等局,综理全县事务。

省县而外,尚有市组织两种。凡人口在百万以上,或在政治经济上有特殊情形,及首都所在地,则成立市政府,直隶行政院,与省相等。若具有上述第一二种条件,但为省政府所在地,或人口在三十万以上者,或人口在二十万以上,而其所收营业税、牌照费及土地税,每年合计占该地总收入二分之一以上者,则成立市而隶于省政府。

第四节 政党

（一）政党的产生　在专制时代，君主是最高的统治者；君主的意志，即成为法律；人民为奴隶臣民，没有任何发表政治意见的机会，自然更没有成立政党的可能。民主政治成立以后，情形完全不同。人民有言论、出版、集会结社的自由；而且，所谓民主政治，正是人民管理政事之谓。每一国家，其公民数目虽动以千百万计，品类虽至不齐一，但大体上终有若干人们环境相同，利害相近，兴趣相投。这样的人群，在政治上容易有一致的意见与主张；他们为要实行其政治见解，自不难结合而成为一团体；这就是政党的来源。一个国家内，像这样的团体，必不只一个，少的有二三个，多的且有七八个；他们互相排斥，互相争斗，形成现代各国政治史中的党争或政争。当民主主义兴起与封建统治争斗时，拥护民主主义的人们常结成一党；迨民主主义胜利以后，有的人们主张共和，有的则主张立宪；有的要求限制选举，有的则要求普选制；有的要实行保护政策，有的又要实行自由贸易；诸如此类的政见不同，可以形成互相水火的党派。到资本主义已十分发展，劳动者的势力随之增大；他们为保障其自身利益，也起而组织独立的政党，从事政治的活动。若在殖民地半殖民地的国家，外受帝国主义的压迫，内受封建制度的束缚，于是从事民族解放争斗的人们势必团结起来，以与其内外敌人争斗。

但一般的人民，并不是每个都有政治意识，而有兴趣有能力作政治活动的人尤为少数。所以政党的组成，开始时人数常很少，只包含某部分人们中的有觉悟的急进分子，后来虽人数可以增加，但与其所代表的人数比较，必然只极小的成数。不过，一般的人们虽不积极参加政党活动；但他们可以因某党的政治主张于自己有利，则拥护该党而为其群众。因此，政党不是一般人民的组织，而是人民中先进分子的结合，他们大半代表某部分人民的利益与意见而行动。

（二）政党成立的要素　若仅是一群人们之偶然的暂时结合，还不能成为政党，这只能算是政党的雏形而已。政党的成立，还具备几种基本因素才行。第一是党纲或政纲，既然政党的结合，不是为的个人利益，而是有一定的政治目的，则应把此目的系统化、简明化，使一般人都能了解。这种政纲或党纲，对党员而言，是他们行动的最高指导，是他们奋斗的最后目的，它可以统一党员的意志，整齐他们的步伐。对群众而言，使他们能了解政党所企求的目标，吸引群众的同情与拥护。这还是就一般的政党而言，若是以推翻某种社会制度为目的的政党，则除简单政纲而外，还有更精深的主义为基础，如三民主义之于国民党，马克思主义之于共产党即为著例。

第二是政策，政纲是基本目的，有永恒性质，不能中途改变。政策则不然，这是实际行动的步骤，可以因为实际环境的不同而临时变动。"行远必自迩，登高必自卑"，政治上的最终目的，非一蹴所可达到。何况，政治运动常是一种争斗行为，所以随时随地应有随机应变的政策。政党要实现其政策，达到其政纲目的，可以采取不同的手段。大体说来，有和平的手段，有革命的手段。若在议会政治的国家，政党可以集中力量作议会活动，尽力在议会中争取多数议席，在议会中宣传自己的主张，提出自己的法案。若某国原没有议会，或有议会而某党不能或不愿作议会活动，常采取暴力行动，以武力来夺取政权，这即为革命。

第三是组织，一个政党，可以包括数万乃至数十百万党员。以这样庞大的集团，自应有一定的组织，以范围他们的行动，统一他们的步调。既然政党常是同其他势力作斗争的，则如同军队一样，组织愈严密，于是行动愈敏捷，力量亦愈大。至于组织的基本原则亦有多种。有的使用独裁制或集权制，即一切政纲政策等都决定于最高领袖，一切党员只有绝对服从领袖的指挥，不能发表自己的意见。其次是民主制，即党的一切政见，由党员大会讨论，决议，然后付诸实施。第三是民主集中制，前两种制度，易生流弊；第一易流于专制，第二又近于散漫迟滞；第三种则是采前二者之长而去其短。政见大纲由党员大会决定，最高干部则依据此大纲，可以自由决定政策，以应付实际问题。

第四是纪律。仅有政纲、政策与组织，自然可以形成政党，但未必能组成健全的政党。要完成这个目的，还需有严明的纪律。因人数一多，则难免不有假公济私之徒，或甚至不服从党的指挥，作叛党行为。这时，需有纪律以资补救。纪律愈严明，则团结愈固，力量愈大。

（三）**政党的作用** "民可使由之，不可使知之"这种思潮，早成过去；在民治时代，重要的是启迪人民，诱导人民，使人民有参政的兴趣与能力。政党的活动，在这方面发生极大的作用。因为政党企图取得人们的信赖，所以在民众中努力宣传自己的主张，批判别党的主张。这无异于教育民众，提高他们对政治的认识能力；把政治事件与民众日常生活联结起来，即是提高他们的政治兴趣。尤不止此，政党鼓动了群众以后，常加以组织与团结，使之成为强固的力量，这又使人民习于团体训练与集体生活。在议会政治之下，一切国家大计，都先由议会决议而后实行。议会有二个以上的政党存在，则各提出自己的主张：互相辩论批判，主张最完善的取得多数的赞同。若非如此，则议会亦将因循敷衍，奄奄无生气。至就对政府而言，政党的作用亦复不小。如某党为政府党，则可以从正面来督促并指挥政府；如为在野党，则常以批判的态度来指陈政府的得失，这样，政府顾虑失掉人民的信赖，而不敢胡作妄为。最后若果某国处在历史的危急时期，需要推翻现存的统治，创建新的政权，这时更需要政党来团结革命力量，领导群众行动，方克有济。正因为政党有这些伟大的功用，是以一切民主主义的国家，都允许政党的存在与活动。

（四）各国政党　英国是最早实施民主政治的国家，其政党的组织亦最早。远在十七世纪之末，即已发生具有雏形的政党，到1832年，今日的保守与自由两大党即正式成立。十九世纪末年，又发生第三大党即工党，直到现在，英国还是这三党鼎峙之局。保守党代表上层阶级，极端拥护资本家利益。自由党代表中层阶级，要求对资本作相当限制。工党原为劳动者的代表，但近已逐渐右倾，大都与前两党合作。在大战以前，英国向由保守与自由两党更迭执政，近来则工党势力且较自由党为更大。除这三党以外，英国还有独立工党、共产党与法西斯等小党。

法国政党远较英为复杂。小党林立而无显著的大党，各党分合无常，名称屡易。右倾方面，有法兰行动派、爱国青年团、法西斯党等。中派的有民主共和联盟、民主社会共和党。左派方面有急进社会党、社会党与共产党。正因政党多，而其势多不相上下，是以不能组织一党内阁，只能成立数党联合的内阁。

美国最主要的是共和党与民主党两大党。许久以来，向是两党更替的秉政。但最近也发生共产、法西斯等小党。

日本的大党为政友会与民政党；小党有无产者各派组织与法西斯各派组织。近二三十年，两大党虽也曾掌握过政权，但日本军人力量过大，议会政治与政党政治在日本不曾有明显的发展。

意大利、德国、苏俄原来都是多党的国家。但苏俄自十月革命后，是共产党一党专政；意、德自莫索里尼与希特勒登台后，是法西斯专政；在这些国家内，其他任何政党都不能存在。

（五）中国国民党 中国国民党为孙中山先生所首创，有四十余年的革命历史。在过去，曾推翻满清，缔造共和；现在则掌握政权，统治国家。国民党以中山先生全部学说为理论基础，有远大的政纲，有详明的政策，有严密的组织与纪律，为中国唯一合法的党。吾国今日非仅一党专政，且是"以党治国"；国民政府最高官吏，均由中国国民党中央执行委员会选任，并不像德、意、苏俄那样，当权政党只能从暗中操纵政府而已。自然，这是训政时期的过渡办法，宪政开始，政权即返诸人民。吾国今日，外患不独未除，反日益加剧，内忧虽较前略减，但并未根绝，这一切都需要国人，特别是国民党之更大的努力。

参考书

1. 王世杰：《比较宪法》
2. 孙寒冰（译）：《政治科学与政府》
3. 孙中山：《三民主义、建国大纲》
4. 《中华民国国民政府组织法》

问题

1. 试述民主政治的意义。
2. 何谓直接民主制与间接民主制？
3. 何谓内阁制、总统制与委员制？
4. 试述独裁政治产生的背景。
5. 权能划分的原理如何？
6. 中国政治建设何以必经训政时期？
7. 政党的要素如何？

第三章 宪法

第一节 宪法之意义与种类

（一）何谓宪法 现代民主主义的国家与以前的专制国家相比较，其主要的差别之一，即为现代国家具有宪法。上面讲过，所谓民主政治是以人民为主体的政治，是法治的政治；则最高主权者无论其为国王或总统，绝不能依自己的意志来破坏国家的政治组织，或剥夺人民的权利；而是要服从某种最高法则的支配。这种最高法则即是宪法。普通人民的权利与义务，政府的组织及其职权，都在这里规定，成为国家的根本法或组织法。现代各国政治制度，无论其有多少差别，必然具备这种最高的组织法；惟其内容可以有繁简之不同，其形式可以有成文与不成文之别而已。

宪法的起源，因各国的历史传统而不一律，但大概说来，总在人民反对"君权至上"的奋斗中而产生。有的国家，专制王权不曾发展到极端的形式，人民逐渐地以法律来限制王权，这样的许多和平改革的法案，可以发展为国家的最高法。若果专制王权的过分压迫而激成革命，则是以武力推翻旧统治，制定宪法而成立新政府。又若是后起的国家，专制政府鉴于先进各国民治成绩的优良，怵于人民革命的恐怖，亦常自上而下的制定宪法。

（二）宪法之形式上的意义 若就外表上说，宪法既为根本法或组织法，则其效力自必超过一切普通法律。世界各国，无论其宪法制定经过若何程序，总保持这种最高效能。议会本为立法机关，但这里所制定的法律，绝不能与宪法相抵触；如抵触时，新法案即不能成立。如最近美国罗斯福所提出的许多社会法案，虽经国会通过，但一经最高法院宣判其为违宪，即不得成立。另方面，宪法的修改亦不像普通法律那样容易，即普通立法机关如议会没有修改宪法的权力。大概各国宪法本身对宪法的修改即有规定，或者由国民代表会议，或制宪会议来修改；有时候亦允许议会有修改宪法之权，但这时候，议会的法定人数必较平时为多，其决议手续亦较审慎。英国本为不成文宪法，宪法的制定与修改，本都属于议会的权力范围。但实际上，英国议会修改宪法仍极慎重，且多属于引申与补充性质。

（三）**宪法之实质的意义**　除上述形式的意义以外，最重要的是实质上的意义，这即是宪法的内容。各国宪法，有繁有简，其着重点亦各不同。但对人民的权利义务，国家之领土与人民的构成，政府机关的组织，职权及各部门的相互联系等，却都有规定。特别是政府的机构，组织原则与权力的运用等，为宪法中必不可缺少的要素。至于人民权利义务，有时因为某些正当原因而可以不规定于宪法。例如，联邦国的宪法，则因各邦的宪法已有这项规定，是以无需重述；又如有的国家，既有《人民权利宣言》或《权利法案》成为宪典，则宪法中亦可缺少这一项的规定。

不过，我们应注意，无论宪法规定到如何完密，若政府没有执行宪法的意志，人民没有维护宪法的能力，则所谓宪法亦等于具文，无补实际。孟子所谓"徒善不足以为政，徒法不能以自行"，此语实含至理。尤有进者，宪法的内容，如全部政治思想一样，随着历史社会的发展，时代潮流的演进，而日益改变与丰富其内容。

（四）**宪法的种类**　宪法的分类，依各种不同的标准而不一其名称。第一，以制定宪法的机关为标准，可以分为钦定、协定与民制宪法三种。凡宪法由君主制定，颁布施行；既不经人民创制，亦不由人民审议；是为钦定宪法。由上而下，实行政治的摹仿与改革的国家，常有钦定宪法，例如日本。凡由国王与国民代表制定，或由国会制定，经由国会承认的为协定宪法。这亦发生于民权初张，和平改革的国家，如普鲁士宪法。凡宪法的产生，纯由人民代表机关，如人民代表会议或特别成立的宪法会议所制定，君主不能置喙或者君主制已被推翻，这即为民制宪法。大半经过武力革命的国家即有这类宪法。

第二，以宪法构成的形式为标准，有成文宪法与不成文宪法两种。凡宪法由一部独立文件组成，其内容包括宪法的各基本要素；或者由若干部文件合组而成，互相补助而组成宪法的基本要素，这都称为成文宪法。前者如美国宪法，后者如法国宪法。凡宪法不由一部或数部具体文件所构成，而是散见于许多历史文件及一般传统习惯之中,即为不成文宪法,英国宪法即为著例。但吾人应注意,这只是相对的说法。任何成文宪法的国家,亦有宪法所未规定,但为一般所遵守的最高习惯。例如日本宪法中并无元老的规定,但元老在日本政治中却有极重要的地位。另方面,英国宪法亦包含有许多重要文件,并非全由习惯而构成。

第三,以修改宪法的难易为标准,则有所谓刚性宪法与柔性宪法之分。凡宪法的修改,较普通法律的修改,需采取较繁难手续的,为刚性宪法。反之,若与普通法律采用同样的修改手续,则为柔性宪法。大概不成文宪法,为柔性宪法;议会虽对于修改宪法较为慎重,但在形式上一如修改其他法律一样。成文宪法,本身即附有修改的一定程序,是以为刚性宪法。惟意大利宪法虽为成文的,但并没有规定修正的手续,可以由议会依对普通法律的方式而改正,是以亦为柔性宪法。

第二节 宪法的内容

各国宪法的内容,至为复杂,繁简亦不一致。但大体上总包括如下几个主要部分;如人民的权利义务,最高政府机关的组织,其各部分的相互关系以及各级政府间的关系最后则说明修正宪法的手续。上面曾讲过,宪法的内容是随时代的演进,而日益演变与丰富的。后起各国的宪法,较之先进国的宪法愈精明详明,内容更深广,如德国1919年《威玛宪法》及苏俄最近颁布的宪法即为例证。中山先生吸取欧、美各国政治思想之精英,补以吾国数千年所发展起来的考试与监察制度,因而确定五权宪法的基本原则。是以,就内容的严密与丰富而言,各国宪法实远不能与五权宪法相比拟。吾国现为训政时期,宪法尚未颁布施行。但立法院所起草的《中华民国宪法》,曾于二十三年十月十六日立法院三读通过;后经立法院修正,又于二十四年十月二十四日三读通过。现虽仍未成为定本,但规模已具,不会有大的变更;吾人试以此为根据,来阐明中山先生五权宪法的内容。

(一) 中华民国的构成与人民的权利义务 宪法草案第一章为总纲,规定吾国为三民主义共和国;主权属国民全体,凡具有中华民国国籍者即为国民;领土为现行之二十八省及蒙、藏二区,非经国民大会之决议,不得变更;国内各民族均为中华民族之构成分子,一律平等。

其第二章则详述人民的权利义务。这里的条文很多，但综合起来概括为五点。第一是确定人民在法律上的一律平等。第二是保障人民的自由，如身体的自由，居住与迁徙的自由，言论著作出版及通信的自由，信仰与集会结社的自由，财产的自由等等。第三是人民有依法律请愿、诉愿及诉讼之权。第四是确定人民的参政权，如人民有选举、罢免、创制与复决之权，有依法应考试之权。第五则规定人民的义务，如纳税的义务、服兵役的义务、服工务的义务。此外，又于最后说明，为保障国家安全，避免紧急危难，维持社会秩序，政府得暂时限制人民的自由与权利。

（二）**国民大会**　第三章为国民大会，由全国国民用"普通平等直接无记名投票"的方法，选举代表成立国民大会。选举人与被选举人除有年龄的规定外，没有任何限制，其任期为四年。国民代表违法或失职时，原选举人得罢免之。国民大会之职权：选举总统副总统，立法监察两院院长及立法委员、监察委员；罢免总统副总统，立法、司法、监察、考试四院院长及立法委员、监察委员；创制法律；复决法律；修正宪法等。

（三）**中央政府**　第四章为中央政府的机构，以总统为国家元首，对外代表中华民国，总揽行政权，对国民大会负责。任期四年，连选得连任一次。

行政院为中央政府行使政权之最高机关，正副院长，政务委员，各部部长，各委员会委员，均由总统任免，各对总统负责。行政院设行政会议，其主要职权，为议决提出于立法院之法律案、预算案、戒严案、大赦案、宣战案、媾和案、条约案及其他关系重要国际事件之议案；各部各委员会间共同关系之事项等。

立法院为中央政府行使立法权之最高机关，对国民大会负责。其权限为：议决法律案、预算案、戒严案、大赦案、宣战案、媾和案、修约案及其他重要国际事项。行政、司法、监察、考试各院，关于其主管事项，得向立法院提出议案。总统对于立法院之议决案，得于公布或执行前，提交复议；但若立法院三分二的委员决议维持原案时，总统仍需公布执行，唯遇法律案与条约案，得提国民大会复决。

司法院为中央政府行使司法权之最高机关，掌理民事、刑事及行政诉讼之审判，公务惩戒司法及行政。院长由总统任命，对国民大会负责。关于特赦、减刑、复权事项，由院长提请总统行之；司法院有统一解释法律之权，法官依法律独立审判。

考试院为中央政府行使考试权之最高机关，掌理考选诠叙。院长由总统任命，对国民大会负责。凡公务员任用资格，公务候选人资格，专门职业及技术人员执业资格，均由考试院诠定。

监察院为中央政府行使监察权之最高机关，掌理弹劾与审计，对国民大会负责，监察院为行使监察权，得依法向各院各部各委员会提出质询。监察院对于中央及地方公务员违法或失职时，得提出弹劾案。对总统副总统及立法、司法、考试、监察各院院长违法或失职时，得向国民大会提出弹劾案。

（四）地方政府 第五章为地方制度，规定为省县或市二级。省设省政府，执行中央法令及监督地方自治，省长由中央政府任免。省设省参议会，由各县市议会选举一人组织，任期三年，连选得连任。

县为地方自治单位，县民关于县自治事项，依法律行使创制复决之权；对县长及其他县自治人员，依法律行使选举罢免之权。县设县议会，议员由县民大会选举之。县政府设县长一人，由县民大会选举。市的组织约与县同。

（五）国民经济 第六章为国民经济，规定吾国之经济制度，应以民生主义为基础，以谋国民生计之均足。关于平均地权方面，规定国家得按照土地所有人之申报或政府估定之地价，依法征税或征收之；附着于土地之破产及经济上可供公众利用之天然力，属于国家所有；土地价值非因施以劳力资本而增加的，应以征收土地增值税方法收归人民公共享受；国家对于土地之分配整理，以扶植自耕农及自行使用土地人为原则。

关于节制资本方面，则规定国家对于私人财产及私营事业，认为有妨害国民生计之均衡发展时，得依法节制之。国家应奖励指导及保护国民生产事业及对外贸易。公用事业及有独占性质的企业，以国家公营为原则；必要时可特许国民经营，唯遇国防紧急需要，国家得临时管理之。并得与以适当之报偿而收归公营。

关于劳工与农民方面，国家应施行保护劳工政策；对妇女儿童劳工，应按其年龄与身体状态，施以特别保护。劳资双方应依协调互助原则，发展生产事业。国家应充裕农村经济，改善农村生活，以科学方法提高农民耕作效能；国家对农产品之种类，数量及分配，得调剂之。此外，关于国家的财政赋税，亦有原则上的规定。

(六) 教育 第七章为教育，规定中华民国之教育宗旨，在发扬民族精神，培养国民道德，训练自治能力，增进生活智能，以造成健全国民。人民受教育之机会一律平等；六岁至十二岁之学龄儿童，一律免费受基本教育；此外，关于教费在预算中的成数，对学术机关的奖励等亦都有明文规定。第八章为附则，说明宪法高于一切法律，修改宪法之权，属于国民大会。

以上系吾国五权宪法之大概的具体内容，这里有几个主要的特征，不像一般宪法之仅包括人民权利义务及政府的组织而已。第一，吾国为多民族国家，首先即确定各民族的平等，这是民族主义之具体的表现。其次，在人民权利义务中，不仅是选举权，且有创制、复决、罢免与应考之权。以"普通平等直接无记名"投票，选举国民大会为国家最高权力机关，亦为各国宪法中所无。第三，关于中央政府的结构，非如欧美之三权，乃五权并立；互相钳制，互相平衡，实为最灵活的政治机器。最后，各国宪法，大抵只及于政治，而略于经济。吾国宪法则规定国民经济与教育之最高原则，凡平均地权，节制资本，保护工农的基本方针，均厘定于此，这可以表现民生主义的真谛。是以，吾国宪法，实可称之为三民主义的五权宪法。

第三节　宪法之产生与修改

(一) 宪法的产生 在上面曾经说过，宪法的种类，有成文的，有不成文的；成文宪法之中，又有钦定宪法、协定宪法与民定宪法之别。这种分类法，即系以宪法的产生方式为根据的。现依次略述于下：

钦定宪法的产生　十九世纪为民主潮流极盛的时期，许多专制君主都感觉到时代潮流之不可遏，人民势力之不可忤；另方面又鉴于宪政国家的易臻于富强，而思效法。是以自动的放弃绝对王权，宣布宪法，允许人民以一部分权利。法国路易十八于大革命之后，共和政府虽已倾覆，但封建制度的基础已遭掘挖，仍不得不以自己的权力来制定历史上最早（1814年）的钦定宪法。他如1848年的普鲁士宪法，1848年的意大利宪法，1889年的日本宪法，均或为革命势力所威胁，或由于国王之锐意维新而产生的钦定宪法。

协定宪法的产生　如某国民主势力的发展，虽不足以推翻帝制，改建共和；然亦不许国家的命运完全取决于君主，因而有君民协定宪法的产生。其具体程序，或先由国会制定，后由国王承认，如法国1830年的宪法；或先由君主钦定，后由议会修正而成立，如1850年的普鲁士宪法，均为其著例。

民定宪法的产生　凡经过激烈革命而产生共和政府的国家，或战后所成立的许多新民主国家，其君主势力被铲除殆尽，乃由人民来决定国家的基本组织法。但民定宪法产生的方式可以有各种不同。第一是由普通议会所制定。第二是先由议会制定，再由人民投票表决。第三种方式最为通行，即由人民选举特别制宪机关制定。如1788年的美国宪法，由各邦代表所组成的会议起草，各邦人民所选出的宪法会议所表决。1919年德国宪法，亦为特殊召集的国民会议所制定。

不成文宪法的产生　英国的不成文宪法，由逐渐发展而成，虽无一定的产生方式，但其成立的踪迹仍可追寻。这里有的是由历史传统演进而成，如经过数百年的生长，到十五世纪而成立的两院制的国会；有的是由君民协定的文书而组成，1688年的权利法典即英宪法中之重要部分；更有的为若干世纪以来，法院的解释与判例等。

以上为宪法产生的各种方式，就中自以人民选举代表，组织制宪机关，为最适宜，且最为民主。宪法既为国家根本大法，自不能与普通法律同等，由议会来制定。

(二) **宪法的修改**　修改宪法的手续，大体依宪法产生的方式而定。若产生自民定，修改之权自属人民；若产生自协定，修改亦为协定。惟产生自钦定，则不能由君主自由修改；因宪法一经宣布，君主权力即当缩减，而将自己置于宪法之下，必须依照宪法所规定之手续，方能从事修改。吾人试综合观察，则各国宪法的修正普通常采取如下几种方式。

第一，以修改宪法的权付之议会。英国为不成文宪法，意大利原为成文宪法，但没有规定修改的手续；是以英、意宪法修改权均属议会，且与普通修改法律的手续无甚差异。但一般国家，议会修改宪法时，有较严格的限制。例如，需有较高的出席人数与赞成人数。有的国家，修改普通法律时，只需议员过半数的出席，出席议员过半数的赞成，即能成立。但修改宪法，则需有议员三分二的出席，出席议员三分二的同意，始能生效。又有的国家，议会议决修改宪法后，还需有第二次的决议。即议会决议以后，经若干时期再审议一次，始成定案；或者两院各决议宪法修正案之后，再开联席会议来共同决定；又或宪法修正案成立后，旧国会解散，如新国会亦同意该修正案,方能成立。

第二,以修正权付之专门的宪法会议,即由人民选举代表,组织会议,专以修正宪法为任务。美国各邦中,有的采用此制,南美诸共和国亦多行此制的。

第三,议会决议修正案之后,还需由各邦复决,始成定案。这种办法只适宜于联邦国家。如在美国,经国会两院各三分二的议员决议,可以成立宪法修正案;但若各邦有三分二的邦议会要求,则需召集宪法会议作最后之决定。又如墨西哥,宪法修正案经联邦国会通过之后,还需交各邦议会复决。

第四,宪法修正的最后决定权,属于国民复决。凡宪法草案经国会或宪法会议决议通过后,还不能发生效力,应交由国民票决。有的规定,必须交由国民票决,这称为强制的复决。有的则需有特别法定机关要求之后,才付国民票决,这称为任意的国民复决。

(三)中国宪法的产生与修改 中华民国成立已二十余年,但尚无一部正式的宪法;所以这里只能简略的叙述吾国制宪的经过,以及最近立法院宪法的草案的成立。

满清末年的立宪运动 自鸦片战争以后,吾国迭受帝国主义的压迫,危迫如垒卵。除孙中山先生领导革命运动,企图推翻满清,创建民国外;另有一部分人士则企图变法维新以挽救危亡。戊戌变法失败以后,又发生八国联军之役;国家地位更穷促万状,革命势力日益发展,虽反动的清廷亦不得不有制宪之拟议。光绪三十一年,清廷派五大臣出洋考察宪政,预备立宪。三十四年颁布《宪法大纲》,并定九年为预备立宪期间,到宣统二年以时势紧迫,又缩短预备期为四年。武昌起义,全国响应,清廷为挽回其最后命运,颁布《宪法信条十九条》,但革命之势已成,不久清廷即归覆亡。

中华民国《临时约法》 武昌起义之后,各省相继独立,派代表会议于武昌,议决《临时政府组织大纲》,共二十一条。元年一月一日孙中山先生在南京就临时总统职,参议院亦相继成立,因《大纲》之不完备,乃加以修改,成立《中华民国临时约法》,共五十六条。并规定于十个月内,成立国会,制定宪法。

《天坛宪法草案》与《新约法》 民国二年四月,国会成立。参众两院各选代表三十人,组织宪法起草委员会,以天坛为开会地点。十月,宪法草案通过三读会，是为《天坛宪法草案》。这时，袁世凯为大总统，惧怕宪法束缚自己，乃指使其爪牙反对宪法，且解散国会；另行组织政治会议，更由此召集约法会议，于民国三年公布《临时新约法》六十八条，成立参政院。根据《新约法》，总统为事实上的独裁者，任期十年，连选得连任。每届总统选举时，由现任总统推荐三人为候选人，现任总统为当然候选人，甚且规定参政院若认为必要时，可以决议总统连任一次。

民国十二年《贿选宪法》 袁世凯死后，黎元洪继任，国会恢复，继续制宪工作。六年黎氏被迫解散国会，复辟乱平之后，国会仍未恢复，因而有中山先生南下护法之举。十一年奉直战争之后，黎元洪复任大总统，二次恢复旧国会。十二年直系逼走黎元洪，以巨金收买国会议员，选举曹锟为大总统，并通过宪法，舆论称之为《贿选宪法》。

《训政时期约法》 十五年国民革命军北伐，十七年统一全国。军事时期渐次结束，乃实施中山先生的建国程序，开始训政时期。二十年五月，在南京召开国民会议，制定《中华民国训政时期约法》，全部八章，共八十九条，这即为目前吾国的基本法。

宪法草案修正案 训政既施行，理应制定宪法，以备宪政之开始。二十二年初，立法院组织宪法起草委员会，起草宪法。二十三年十月，《中华民国宪法草案》，在立法院三读通过。二十四年十月，立法院又加以修正，三读通过。其大概内容见于上节所述。

参考书

1. 王世杰：《比较宪法》
2. 立法院：《中华民国宪法草案》
3. 陈立茹：《中国宪法史》
4. 《中华民国训政时期约法》

问题

1. 试述宪法的意义与总类。
2. 制定宪法有哪几种方法，并以何者为优？
3. 宪法的内容大概为何？
4. 宪法修改的手续有哪几种？
5. 五种宪法之特征为何？

第四章 国际关系与国际组织

第一节 国家与国际组织

(一) 国际关系的成立 在今日,全世界已成为一个伟大的社会集团。国与国之间,经常的需有经济政治与文化诸关系存在。任何国家,若想闭关自守的独立生活,在事实上为不可能。不过,某一国家要能成为国际社会中之一员,与其他国家建立正常的关系,必得具备一个先决条件,即取得其他国家的承认。对内能完成国内的统治,对外能履行国际义务,这样的政府方能为国际所承认为国家的代表而加入国际社会。

某一国家既已取得国际社会成员的资格,则它在对外关系上,可以享受以下诸权利:

第一是独立权,国家对其内政外交,有自由处理的最高主权,他国不得干涉。例如国体的变更,宪法的修订,法律的制定,以及对外之宣战、媾和与缔结条约等,都不容有他国的干涉。但是,这所谓独立权,也并不是绝对的,须以不侵害其他国家的独立为限制。假若在法律上奖励对其他国家或国民的排斥,或者阻碍正常的对外关系,又或以武力威胁其他国家的独立;凡此均为国际道义所不许。

第二是平等权,假若是完全主权的国家,则无论其领土之大小,人口之多寡,国势之强弱,在国际社会中,应取得平等的地位。自然,这是法律上的平等;实际上还只是弱肉强食,优胜劣败。是以这所谓平等只能在形式上表现,如尊重国旗国徽,在条约上使用本国文字,以及许多外交仪节之类。

第三是自卫权,如某国家的独立被人威胁,平等被人破坏以及其他任何权利被人侵犯时,该国可以采取各种手段以图自卫。自卫的方法,固不必尽为武力的行使，和平手段有时亦可完成自卫目的，但终当以武力为后盾，方能使对方有所畏惧。

第四是交通权，某国家既取得各国的承认，为国际社会中之一成员，则具有与其他国家相互交接权。就政府方面说，可以互派使节与领事；在人民方面，可以运输商品，互通有无等。国际间相互承认的国家，须彼此尊重这种交通权。

（二）国际关系的实施 上面曾简略地说明国际关系的必需与其成立，现在来看这种关系是怎样实施与完成。现代各国，均设有外交部，负对外交涉的总责、专管外交问题，其职权在一切外交官之上。在国外，则派驻使节，办理与各驻在国的一切交涉，并设置各级领事，以管理商业事务；若遇特殊事件发生，则派遣临时使节。

使节为国家的代表，例分四级。第一级为大使，第二级全权公使，第三级驻节公使，第四级代办公使。大使与公使同为国家的代表，其职权无甚区别，唯其在驻在国所享受的礼遇不同而已。大使享受的礼遇最隆，俨同元首。全权公使与驻节公使次之，代办公使更次之。前三级使节，当其赴任时，由本国元首颁给国书；抵任后，向驻在国元首呈递国书。至于代办公使，则仅由本国外交部长颁发国书，抵任时向驻在国外交部长呈递国书。

使节既为国家的代表，是以在驻在国享有两种特殊权利。一是不可侵犯权，即使节的身体财产书信馆舍等，具有最高的独立自由，驻在国不得侵犯之。一是治外法权，即使节、属员及其眷属等，不受驻在国的法律所支配。这两种特权，给使节以安全保障，使他能根据自己的意志来执行对外折冲。不过，所谓特权，仍是有限制的。假如使节利用此特权而恣意妄为，谋不利于驻在国政府，则此特权可以随时被侵犯被取消，国际间正有不少这样的实例。

使节的责任，为办理两国间的外交事项。至于管理商务，保护侨民等，则由领事负责。领事亦由国家派遣，其等级有四。第一级为总领事，管辖较大或较重要的区域。第二级为领事，管辖较小的区域。第三级为副领事，为总领事或领事的助手。第四级为代办领事，驻在领事区域内之一定地方，代办一部分的领事职务。

国家除派遣使节与领事而外，遇有特殊临时事故发生，如订约、议和、庆吊及其他国际会议等。还应派遣临时使节。

(三) **国际交涉的规范** 现代国际交涉极为频繁，其所包含的问题亦极复杂；一不慎，常引起国际间的纷争。是以，应有一种为各国所公认的法则，为国际交涉的规范。国际法就是适应这种要求而产生的；在这里，规定国家对外交涉所应采取的正常途径。普通国际交涉的方式，有和平与强制两种。和平方式包括以下诸端。第一，最通常的办法，是两国的外交官吏直接谈判，彼此同意之后，即订立条约，使争议的问题得一结束。第二，如两争议国各执己见，难于磋商，则第三国可以出而劝解；向两方面缓和，使他们能互相接近，因而进行谈判。第三，当两国争执不相下时，第三国不仅是劝解，且进一步提出具体办法，向两方调停。即是第三者提出调停方案，作为两争议国磋商的基础。第四为仲裁裁判，即两国发生争议时，依条约举行仲裁裁判。即两方各选仲裁员若干人，将争议事件交其裁判。仲裁人的判决，两方都有服从的义务。

国际交涉的强制方法，亦有种种。第一为报复，凡甲国以不公正行为加诸乙国时，乙国亦用同性质同程度的不公正行为以报复之。这样来促进前者的反省与改正。第二为报仇，若甲国对乙国有不法行为时，乙国不限于以同性质同程度的行为，以为报复；而是采取更激烈更广泛的对抗行动，是为报仇。第三为封锁政策，若甲国强迫乙国服从其要求时，可以用武力封锁乙国，断绝其对外交通。这种办法，只能强国施之于弱国。第四为经济绝交，某国家受别国的欺压过甚，而又不能以武力抵抗时，常由国民采取经济绝交的办法，这是弱国对付强国的策略。

若和平交涉与强制交涉，均不能解决两国争议，则最后只有战争之一途。所谓战争，是以实力来解决国际纷争的办法。两交战国家，仍须受战时国际法的限制，如不得虐待俘虏，不得毁坏无防御的城市，不得残杀非战斗员，不得没收交战国人民之私产等等。不过，现在是有强权，无公理的世界。条约义务，法律尊严，在平时且不能维持；战事发生，更成废纸。

(四) **国际组织** 现代国际关系，异常复杂与错综。两国间的问题，自可由两国依外交途径解决之。但常有许多事件，关联及于两个以上的国家。欧战以前，像这样关系多数国家的共同事务，系临时开国际会议来解决。近来，各国间的共同事务已成为国家生活的一部分；其中重大事件固仍由国际会议来解决，但有许多经常事件，需有常设机关负责处理。这就是国际组织所以成立的原因。目前，已成立的国际组织，为国际联合会与国际法庭二者，这在本章第三节将要论述，暂不赘。

第二节　国际会议与国际公约

（一）**国际会议**　关系多数国家的事件，常由各国派遣代表共同商议与解决，是为国际会议。自十八世纪以后，世界各国常有国际会议的举行；到最近，这种会议更为频繁与重要。参加的国家，少则数国，多则数十国。会议的目的，各有不同。每当战争之后，常有国际会议以解决善后问题，如拿破仑战后的维也纳会议，克里米亚战后的巴黎会议，俄、土战后的柏林会议，世界大战后的巴黎会议。有为保障世界和平，限制军备而成立的国际会议，如1899年及1907年之两次海牙和平会议，1921年之华盛顿会议以及五强军缩会议等。又有为国际一般合作而举行的国际会议，如国际劳工会议，国际邮政会议，国际红十字会议等。自今以往，国际关系必愈密切，国际会议亦必愈多。

国际会议的召集，例需有强有力的国家发起，将开会的目的通知各国，征求同意；俟各国赞同，然后发送请帖，邀请赴会。会议地点，可以在发起国的首都，如太平洋会议之在华盛顿开会是；但为会议之能自由而不受干涉的进行，常取中立国或小国的首都为会址，是以荷兰之海牙，比利时之布鲁塞尔，瑞士之日内瓦等处常为国际会议的会址[1]。

各国派遣参加国际会议的代表，需具有全权证书，以证明其全权代表的权限。且在开会之先，例需审查各代表证书之是否完全。既乃推定大会议长，由议长任命秘书长及其他职员，议定会议日程及会议组织。如遇会议内容复杂，则除大会之外，还可分组各种委员会。会议成功之后，将议决事项，作成宣言或公约，由各国全权代表签字而发生效力。

从法理上说，像这样的国际会议，其发起召集、参加讨论等，无论强国弱国都有平等权利；其议决的宣言或公约，对一切签字国亦有同样的拘束力。但实际上并不如此，每次会议例都由少数强国所支配；而所谓公约，只成为束缚小国的工具，强国常是违约毁约，而莫如之何。

---

[1]　疑有误，原文如此。

(二) 国际公约　　国家与国家之间所订立的契约，是为条约。规定国家相互间的法律关系，确立国际的权利与义务。条约的成立，需具下列三因素：一是以国家为当事者，二是双方同意的结果，三是具有合法的目的。若不具备此三因素，条约不成立。所谓公约，本与条约具有同样的性质。不过吾国习惯，将两国间所订立的契约称为条约；如关联两个以上的国家的契约，则称为公约。在本质上，二者并无若何差别。或者说，以限制战争，谋取世界和平为目的，由多数国家共同订立的契约，称为国际公约。

准此而论，国际间许多重要会议，其所议决的宣言或约章，具有上项性质者，均可以称为公约。大战以后，国际间所成立的重要公约，且与吾国有密切关系的，为《国联盟约》、《九国公约》与《非战公约》三者。现在略述三种公约的内容如次。

(三) 《国联盟约》　　《国联盟约》为历来最完备最重要的国际公约，其内容几同于国际组织的宪法。全《盟约》凡二十六条，在《盟约》前文中，首先列举联合会两大目的，为增进国际互助与保障国际和平。次则标明四大原则：(一) 缔约国承认不从事于战争之义务；(二) 维持各国间光明公允荣誉之邦交；(三) 确守国际公法之规定以为各国政府间行为之轨范；(四) 在有组织之民族间彼此待遇公平并恪遵条约上一切义务。

《盟约》第一条至第七条，规定联合会之构成分子，入会之条件，各种机关的组织等。第八条至二十一条，规定联合会的消极职务，如裁兵、仲裁及其维持和平的一切活动。如第八条规定各国应将军备裁减至最低限度。第十条规定各会员国应相互尊重领土之完整及政治上的独立。第十一至十五条，说明消弭战的危险，为国联职责；会员间发生争议时，应提交公断，或法律裁判，或交行政院审查；行政院制定设立国际永久法庭之计划，审判会员国之争议。第十六条则规定对违反《盟约》会员国的制裁办法，即某会员国如违约而从事战争，则全体会员国应即与之断绝商业上或金融上之关系，并禁止各国人民与该国人民往来。十七条说明虽从事战争者为非会员国，联合会亦得施以制裁。第十八至二十一条，则规定各会员国所订条约，不得与《盟约》相抵触。第二十二至二十五条，为关于联合会的积极职务，如殖民地之委任统治；国际劳工之保护；贩卖毒物、枪械与人口等之禁止，红十字会运动及卫生改良等项。第二十六条规定《盟约》的修改手续。

（四）《九国公约》 在华盛顿会议中，美、英、法、意、日、比、葡、荷及中国共同签定公约，即《九国公约》。这公约的目的，如其绪言所云，是"巩固远东局势之和平，保障中国之权利与利益，并根据机会均等原则增进中国与他国间之交际"。

《公约》全文共九条，第一条揭举四大原则：（一）当尊重中国之主权独立及领土的与行政的完整；（二）当给与中国以最完全及最无障碍之机会俾自行发展并维持一有力而安固之政府；（三）当用彼等之势力以期有效确立并维持各国人民在中国全领土之商工业机会均等主义；（四）当自行抑制勿利用中国之情形以求获得足以减损友邦臣民或市民之权利之特别权利或特典并勿容许有害友邦安宁之行为。

以上四端，为《九国公约》的基本精神与最高原则。从二至九条，均根据此原则作详明而具体的规定。

（五）《非战公约》 1928年8月27日，德、美、比、法、英、意、日、波、捷诸国在巴黎签订一条约，以防止战争的爆发，是为《非战公约》。后于1929年3月，中国亦正式加入。《公约》非常简单，全文只三条，绪言说明订约的缘起，谓各国"深感增进人类幸福为彼等之庄严责任；深知公然抛弃战争为国家政策之工具之时期已至，庶现存各国民间之和平友谊关系可永垂久远；深知所有各国民间关系之变更，只可用和平方法暨温和有秩序的手续使其实现……"

> 第一条 缔约国兹以各该国人民之名义，郑重宣言诉于战争以解决国际纠纷之非，及在相互关系上利用战争为国家政策之工具应行抛弃。
>
> 第二条 缔约国互允各国设有争端或冲突，不论其性质及起源为何，只可用和平方法解决之。

上二条为该约的主要内容，第三条只说明其发生效力的必经手续，以及其他国家加入的手续。

以上三种国际公约，除《九国公约》专对吾国而签订外，《国联盟约》与《非战公约》，是关联一般的，但吾国也包括在内。后二公约虽只规定各国应遵守的义务，但在《国联盟约》中，说明遇会员国违反盟约时，且有一定的制裁办法。唯在实际上，条约的效能，是需有实力作后盾的；是以强国可以利用国际条约来束缚弱者,至于强国违约,弱者实莫如之何。九一八事变以来,上述三种公约,实已被强邻撕毁无余矣。

第三节　国际联合会与国际法庭

(一) 国际联合会　国际联合会为巴黎和会的产物,1920年正式成立于日内瓦。其规约在上节已略述大概,这里,将其组织与活动给以简单的说明。联合会目的既在维持世界和平,消弭战争,是以除独立国外,凡完全自治的属地或殖民地均得加入,如加拿大、南非、埃及、印度等国亦得为联合会会员。全世界加入联合会的国家约五十,除美国始终不曾加入,日、德二国曾加入而现已退出外,其余如英、法、俄、意等强国,目前还是联合会会员国。

联合会的组织,有大会、行政院(理事会)与秘书厅三种。大会由各会员国派遣代表组成,每会员国可派代表三人,唯投票权只有一权。大会每年开会一次,九月举行。其职务为:审查新会员的加入;选举非常任理事;审核预算;考核理事会工作报告并指示工作方针。如遇国际事变紧急时,得开临时大会以筹对策。

行政院由十三国理事组成,理事有常任与非常任之分。常任理事为诸强国所垄断(原为英、法、日、意四国充任;后德国加入,为五常任理事;现日、德退盟,俄加入,又为四国充任),非常任理事九人,由其他会员国选举。行政院每年至少开会一次,多则四次,必要时得开临时会。行政院职权为派定秘书处职员;决定裁军计划;设计保障会员国领土完整及政治独立的方案;审查并调解国际争议;议定制裁违约国方案;监督委任统治的施行等等。

秘书厅为联合会之永久的事务机关,置秘书长一人,由行政院经大会同意任命之;下置事务员若干人。秘书厅的职务,为预备各种开会程序,保管联合会一切文件,办理联合会一切杂务。

联合会的主要职务,上面虽有片段的说明,这里无妨作概括的记述。第一是裁减军备,使会员国之军备缩小至最小限度。裁军方案由行政院拟定。第二是保障会员国之领土完整与政治独立;如会员国遇有外来之侵犯时,行政院当建议履行上项保障义务之方案。第三为和平解决争议,如会员国间发生争议,不能依通常外交手段解决者,当交付仲裁或提交领事会审议；即会员国与非会员国之间，甚或两非会员国之间的争议，也适用这种仲裁办法。第四为对违约的制裁，其步骤有二：一为经济的制裁，即经济绝交与封锁，二为军事制裁，其执行方法由行政院决定。第五为纠正条约，凡会员国以后缔结条约或国际协定，均须由秘书处登记并公布之，否则不生效力；各会员国不得订立与盟约相抵触的条约，已成条约之与盟约相违反的应行修改。第六，监督委任统治地的统治。第七，维持国际工人之公平与人道的待遇。此外，还有其他许多职务，这里不能详述。

（二）**国际法庭** 现在的国际法庭，系根据国际联合会《盟约》第十四条的规定而设立，正式成立于1922年。在此以前，早有建立国际法庭的企图。如1899年海牙和平会议以后，已设有一"常设仲裁院"，类似国际法庭。但那时由各国所推举的裁判官，并无常任职务，遇有争议案件提出，临时由当事国从名簿中选任裁判官组织仲裁法庭；案件了结，裁判官即解职。像这样临时组织的法庭，权力有限，且手续繁，费用大，是以无甚结果。1909年第二次海牙会议，各国谋另设一仲裁法院。卒因关于裁判官任命方法，各国意见不一致，未能实现。

1922年国际法庭成立以后，每年按时开庭，执行裁判职务，为国际社会间常设的司法机关。另方面，海牙"常设仲裁院"，也仍存在，争议国仍可向这里请求裁判。这两个国际司法机关相辅而行。国际法庭由正式裁判官十一人及候补四人组织之。各会员国均得提出裁判官候选人，由联合会大会及行政院就候选人中选举之。裁判官任期九年，可以连任，唯不得兼任各国政治上职务。国际法庭每年开庭一次，通常自6月15日起，至案件结束时止。必要时亦得临时开庭。每次开庭，需正式裁判官全数出席，如有缺席，由候补裁判官补充。判决案件，依出席裁判官多数意见为标准；若两方意见人数相等，则取决于院长。既判决之后，两造有服从之义务，不得上诉。

国际法庭的职权，有诉讼及咨议两种。诉讼的职权，原则上属于自愿的性质，即当事国双方合意将争议案件提请法庭裁判。另方面也可以有强制裁判，即遇有一方起诉时，对方无论愿意与否，必须出庭答辩，法庭可以实行强制裁判。适用这种强制裁判的事项，为约章的解释；关于国际法的问题；违反国际义务的事实之存在问题；对于违反国际义务应予赔偿之性质及程度等。至于咨议职务，即法庭对于国际联合会大会或理事会交付法庭审议之争议事件，得陈述意见。这种意见，实际上也几与判决有同样效果。

第四节　中国与国际组织之关系

（一）**国际组织的评价**　国际联合组织的思想，在上次大战以前很久，即已存在。许多政治家与学者们，一方鉴于各国间战争的起伏不定，牺牲大量的财富与生命；另方又因世界交通的发达，各国之间已结成必不可少的相互依存关系，是以鼓吹国际的结合。有的主张单纯的以国际组织作为避免战争的工具。有的则更进一步，以为国际组织可以成为一世界联邦。即国际联合会成立之初，不少人士对之存莫大的热望，认为这是国际联治主义的实现；且群相庆幸战争的惨祸将因之而绝迹于人间。对十余年来的历史，特别是最近五年来的事变，又使一部分人士异常颓丧。他们眼见国际条约已大部被人撕毁，国联的《盟约》及其决议案完全不能束缚野心者侵略行为，因而谓国联已是毫无作用的废物了。

实际上，这两种评价都欠正确。首先，国联虽是各国所承认的国际组织，然并非太上政府；各国的加入与退出，仍有其绝对自由。其次，《国联盟约》所规定之各国家行动的规范，性质上固为国际最高法典。然而它却缺乏武力作为施行法律的后盾。若在寻常国家，其法令之所以能实行，因为有军警监狱等作进一步的惩戒。国联缺乏这一切，是以只能成为精神上的制裁工具。第三，虽然盟中规定有制裁办法，但此制裁的实施，并不是由于国联本身，而是要假手其他强大国家。事不干己，谁肯为人牺牲。而且国联一开始即为强国所把持，他们对于世界的统治，对弱者的压抑，早已具有默契，当然不会有"代打不平"之举。因此，过高的估价国联，是没有根据的。

然而，若完全否认国联的作用，也是错误。国联虽不能实际上有所作为，但总不失为一正义的机关。他将违约国之不合理的行为，向全世界的人们宣布，犹有其精神上的作用。我们只见到国联不能制止侵略国的暴行，试想，假如没有国联，则野心者的面目将更狰狞可怖。何况，在国际和平事业中，国联实有了不少的成就。是以，公正的说来，国联不是国际的太上政府，不能以超过他实力以上的事件来企望它；但国联是世界和平的惟一机构，假如会员国能和衷共济，则将大有造福于人类。

(二) 要努力自强方能运用国联　　吾国为国联创始会员之一。自国联成立以来,即与之保持密切的关系,确守一切国际义务,吾国实无负于国联。自九一八以来,强邻的侵略纷至沓来,国联未能丝毫挽救吾国之恶运,这亦为尽人周知的事实。然而,这里的责任却不应完全推在国联身上。吾国人士对国联的认识,实欠充分。当九一八事变发生后,多不自图应付,过于依赖国联,以为后者必能仗义执言,制裁侵略国的暴行;坐使大好山河,送入敌手。在国联方面言,固曾给吾国以同情,指明侵略行为的违约,然而缺乏实力作后盾,制裁无法执行,只得徒唤奈何而已。1932 年的国联《调查团报告书》,极尽委婉曲折之能事,未敢公然指斥侵略国的罪恶,国联实有其苦衷。国人因对国联的失望,因而鄙视国联,认为毫无价值,这亦如上面所言,过低的估计国联,亦非得计。

　　国联固非实力的主体,然而为国际和平与正义机关。吾人若希望从国联取得有益的援助,首先须努力自强,自力更生,方克有济。语云,"天助自助者",正是此意,吾人试回想,数年来国联给与吾人道德上的援助,世界各国给与吾人舆论上的支持,不可谓不多;只因吾人未能一致团结,惕励奋发以挽回国运,是以国际正义不能产生积极的效果。假若吾国国势增强,则左右国际局势的力量增大,国联亦不难给吾人以具体而着实的支持。现在国人对于团结御侮,一致抗敌的要求日益强烈,最近的将来终有实现神圣的民族战争之一日。吾人希望于国际的道义援助正多,国联将有极大的作用,实不应简单的予以鄙夷。

参考书

　　1. 周鲠生:《国际法大纲》
　　2. 宁协万:《现行国际法》
　　3. 胡愈之:《国际法庭》
　　4. 董学文:《国际联盟与国际会议》

问题

　　1. 国家加入国际社会后,取得些什么权利?
　　2. 国际交涉的和平与强制方法为何?
　　3. 使节与领事的职务为何?
　　4. 试述《九国公约》的大概内容。

5. 国际联合会的组织如何？
6. 国际法庭的组织如何？
7. 怎样才能使国际条约与国际组织发生效能？

（本书为杨东莼、熊得三[1]合著，北新书局，1937年5月初版）

---

[1] 熊得三，1891年生于湖北江陵熊河镇吴桥村熊家大湾，原名熊学峻，字子奇，又字德山、德三、康年。清末留学日本，肄业于明治大学，先后加入共进会和同盟会，还与胡鄂公在保定成立共和会。辛亥革命爆发后任北方革命总司令部指挥处秘书长。五四运动后接受马克思主义理论，与胡鄂公等在北京组织马克思主义研究会。在天津发刊《大中华日报》，任编辑。1922年在北京创办《今日》杂志，宣传革命，并加入中国共产党。其后熊回乡，任武昌《商大周刊》主编、武昌法科及中山大学教授。1928年与李达、邓初民等人在上海创办昆仑书店，昆仑书店的出版物一直遭到国民党当局的查禁。1932年底昆仑书店被以"宣传赤化、危害民国"为由，遭查封。在昆仑书店存在的这几年时间里，熊得三出版了马克思主义著作和社会科学译著达数十种。如杨东莼的译著《机械论的唯物论批判》。1929年，熊得三加入中国社会科学家联盟和中国互济会。1932年任教广西大学，直至1939年逝世。著有《中国社会史研究》《社会问题》，译有《物观经济学史》《欧洲经济通史》及《西方美术东渐史》等。

战时教育问题

杨东莼　著

战时教育问题

平时教育与战时教育

关于战时教育问题，作者在《文化战线》与《战时教育》两种刊物上，发表过不少的意见，但都没有系统，并且不很完备，现在打算在这篇文章里比较有系统地详细地来讨论这问题。

近来有些朋友提出这样一个问题："战时教育与平时教育有无不同之点？"我们的答复是"有"。

第一，从全国总动员来说，政治、经济、军事诸部门既由平时状态入于战时状态，集中一切力量于抗战，则教育这部门自不能单独例外。并且教育不是孤立的，只有在它与政治、经济诸部门取得密切联系时，才能发挥其积极的作用；因此，当一切部门都在变动时，教育也不能不跟着变动。

第二，从半殖民地国家反侵略国家的民族解放战争来说，更显示出知识分子在战争中地位的重要。现代学校教育制度，原系资本主义社会的产物，把它移植到处在半殖民地地位的中国来，自然是"橘过淮为枳"，发生了"鑿枘不相入"的现象。但从另一方面看，却不能否认中国最近几十年来知识分子在屡次改革运动与革命运动中所起的作用。目前是全民族统一的抗战时候，要取得最后胜利，就必得发动全国民众一致支持并参加抗战；而所谓全国民众，主要的就是指着那人数最多而力量又最大的工农大众而言。但由于他们文化水平的低落，由于他们一向不曾参加政治生活，要他们起来一致支持并参加抗战，固然主要的应该把改善工农生活这问题联在一块来谈；可是决不能忽视知识分子在目前有着组织并教育他们的重大任务。因此，教育在这时便起着特殊作用，而这作用在平时是向来被教育工作者所漠视的。

第三，以抗战发动后一般教育情形来说，至少有几点是教育工作者所引为深忧的：首先是全国高等教育机关，过去多集中在平、津、京、沪诸重要都市，平、津陷落后，敌机滥施轰炸后，已经使得全国主要高等教育机关受了绝大损害，而不能不亟亟忙于迁校运动。其次，战区学校一律停课，所有失业教员与失学青年究应如何处理，成了当前最严重的问题。再其次，敌机到处滥施轰炸，使得原来集中都市的人口都分散到农村中去，于是非战区都市的学校也无法继续维持下去。再其次，由于私人经济的困乏，使得许多学生无力继续入学，顿时造成了大群无所事事的有闲知识分子。最后，即令私人经济能够勉强继续入学，但民族解放战争的怒潮，也迫着学生无心学习那与当前抗战无关的学科。上述这些情形，都是抗战后发生出来的，并且根本上改变了平时教育的情形。

单就上述三点来说，便已充分表明战时教育与平时的不同之点。但现在要谈战时教育问题，却还得先谈谈。

中国过去教育的缺点

第一，中国过去教育充分地表示了半殖民地性。中国实施现代学校教育，算来不过是最近四十年来的事情。在兴办学校之初，一般维新志士，都认为"废科举，兴学堂"乃是中国救亡图存的"不二法门"。但他们并不明白：现代学校教育原系现代资本主义社会的产物，把它移植到古老的中国来，究竟可能发生怎样的作用？现代学校教育是适应于现代资本主义社会需要而建立起来的（但这里还得指出：到了资本主义没落期，也就动摇了这一适应需要的原则），中国是个半封建半殖民地的国家，硬生生地把它移植过来，其结果自然是"橘过淮为枳"，不能适应社会需要。十余年来，教育界人士高呼"教育轮回说"与"教育破产"，其根本原因就在这里。在教育破产的呼声中，也曾有过教育制度的改革，也曾有人提倡职业教育与生产教育来补救这缺点，但变来变去，仍旧是"换汤不换药"，丝毫无补于实际。因为以前是模仿日、德，现在不过是模仿美国罢了。总括一句：这即是中国教育始终不曾脱离它的半殖民地性。于是学非所用，用非所学，理论与实践不相联系，原则与工作互相脱离，便是必然的现象，也就是它的根本缺点。

第二，中国过去的教育，是小众的教育，不是大众的教育。谁也不能否认：过去学校教育，特别是中等、高等教育，大都是少数特权富有者的事业；对于广大劳苦群众是很少关系的，因此形成出"教育自教育，民众自民众"的现象，质言之：即是只有小众的教育，没有大众的教育。即令有少数进步分子尽力于民众教育事业，但力量有限，就全国整个的来说，还没有获得显著的成效。像这样的教育，不但埋没了许多天才，并且由于大众文化水平低落，由于文盲人数过多，还使得国家任何事业，都无法获得顺利的进展。

第三，中国过去的教育，表现出充分的帮口性。私立学校，不用说，已经成了少数人的私产，任由他们把持；就是政府设立的学校，上自高等教育机关中等教育机关，下至国民教育机关，都无不充分表现了帮口性。教育文化事业是国家民族的生命，决不能任由少数人把持操纵，成为私人渔利的机关。并且把持操纵的结果，一定是排挤倾轧，各立门户，把整个教育文化事业闹成天昏地黑；同时，在他方面，许多有学识而又洁身自爱的学者，却反而弄到英雄无用武之地，这样，便简直可以说是国家民族的重大损失。

第四，中国过去学校的训练方法，是个人主义的，从来不曾有过集体主义的训练方法。个人主义的训练方法，只能训练出个人主义的英雄，绝不能够养成为民族国家而不顾一切牺牲的战士。我们要扫除自私自利的观念与行动，养成为民族国家而牺牲的精神；我们要严格地执行自我批判，克服知识分子的动摇性与浪漫主义；我们要实施严肃而有纪律的战斗性的集体生活，在集体生活中体验出组织的方法与工作的技术；我们要提高政治教育，在政治教育中养成强有力的干部人员；我们要侧重有组织的活动，在有组织的活动中养成民主的精神；我们要廓清一切不切实际的理想主义与"我行我素"的感情冲动，提高现实主义与崇尚理智的精神：这一切，都不是过去个人主义的训练方法所能做到的，只有集体主义的训练方法才能够完成这些任务。质言之：我们要用集体主义的训练方法养成不怕困难不畏牺牲的新英雄。

第五，中国过去学校教育是形式主义的教育，并没有充实的内容。这缺点的根本原因，就是没有把教育与实际生活打成一片，于是造成"教育自教育"、"生活自生活"不相适应的现象。办教育的人，只要设备齐全、校舍宏大，再加上教员与学生，便认为是在办理教育；教育的内容是什么？

教育与生活有无联系？在他们是不会加以考虑的，同时也不愿意加以考虑。这样一来，便使得在学校生活惯了的人，一旦投身社会，竟处处感觉困难，一举一动都与社会隔膜，并不知道用怎样的方法，去克服这些困难。像这样的教育，只着重形式，并无内容，便叫做死的教育，对个人与社会，都没有积极的作用。

单就上述五点，便明白看出：中国教育平时所有的缺点，一到战时，会怎样地发展下去？就在这样的情况之下，所谓战时教育才会真的成为当前严重的问题，并迫着每一位教育工作者，去求解答。但在未解答之先，我们还得问问到底。

什么是战时教育的任务

这第一应该是动员全国教育工作者一致起来用全力支持当前民族解放战争并充实起这一抗战的力量。半殖民地国家对侵略国家的解放战争，其所以能够有着最后胜利的把握，就是由于我们是为了民族生存、为了国家存亡、为了世界和平与正义而战！我们在这一主义认识之下，才能动员全国力量，把它结成一个巨人一般，来予侵略者以打击。而在侵略国家，则恰恰相反，他们是为了帝国主义夺取殖民地、为了法西统治的稳定、为了少数资产阶级与军阀的利益而战争。像这样的战争，决不能够统一全国各阶级的力量，战争一持久，它国内的变化，行将给这战争以恶劣的影响，必然使得这战争走到失败的结论。其次，拿中国对日本帝国主义侵略的抗战来说，中国因为人力物力雄厚，利于持久战，日本恰恰相反，只利于速战速决；所以战争一持久，其最后胜利，一定属于中国。但问题是在怎样发动全国人力，是在怎样动员全国民众，一致奋起来支持并参加神圣的民族解放战争，以增加并充实抗战的力量。这里所谓人力，所谓民众，其力量最大而人数又最多的，自然是工农大众。然而由于他们文化水平的低落，由于他们从来就被摈除在教育圈外，因此，到目前要他们起来，一致支持并参加神圣的民族解放战争，不用说，给他们以民主的政治生活，对他们的生活加以改善，乃是当前最急迫的事情；但同时需要着千千万万的教育工作者去教育并指导他们，去组织并训练他们，却仍旧是当前最主要的工作。因此，所谓动员全国教育工作者一致起来用全力支持当前民族解放战争并充实起这一抗战的力量，质言之，就是全国教育工作者应该站在自己的岗位上，去教育并指导工农大众，去组织并训练工农大众。

这第二应该是改革现行学制与现行课程，使它适合于当前民族解放战争的需要，以增加并充实抗战的力量。现行学制与现行课程，在平时已经漏洞百出，要它在战时配合着当前民族解放战争的需要，以增加并充实抗战的力量，自非对它加以彻底的改革不可。

这第三应该是替未来的新中国建立起新文化的基础。战争毁灭了文明，但同时又建立起新的文明，尤其是在半殖民地国家反侵略国家的民族解放战争中，有着这样光明的前途。中国这一次对日本帝国主义的抗战，是在求得民族的生存，并进而求得民族的独立自由，建立起独立自由平等幸福的新中国。这是一个神圣的历史任务，但要建立起新中国，就必得有新的文化做它的基石。这新文化，不是在抗战胜利之后才建立起来的，它是要在抗战过程中，逐渐扫除腐朽的旧文化，就在这旧文化的废墟上，建立起新文化的基础。这里需要着千千万万的文化教育工作者的加倍努力，没有这样的努力，新文化的基础无论如何是建立不起来的。

战时教育的基本任务，不外上述三点，现在且让我们来谈谈。

战时教育的最高原则

这第一应该认定战争本身就是一种教育。书本的智识始终敌不过实际的体验。我们尽管宣说日本帝国主义凶暴、日本帝国主义要灭亡中国，但听众不见得会在脑中烙下一个深刻印记，起来积极参加救亡运动。只有在战争中，在日本帝国主义兽性发作时，人人感觉到亡国惨祸就在眼前，才会一致奋起团结得像一个巨人一般来抢救垂亡的中国。我们在平时尽管宣说大家应该刻苦自励，应该振奋，但听众不见得会在脑中烙下一个深刻印记，并振作起来做一个顶天立地的好汉。只有在战争中，在巨大战争洪炉中，人人才会体验出人生的真义，才会奋起振作把自己锻炼成一个艰苦卓绝铜筋铁肋的战士。我们在平时尽管宣说大家应该扫除自私自利的个人主义，牺牲自己来为国家民族谋幸福，但听众不见得会在脑中烙下一个深刻印记，并立愿牺牲小我来完成大我。只有在战争中，在同舟共济急难相扶时，人人才会抛弃个人的利益，发挥出人类同情心与人类的爱，抱定"我不入地狱谁入地狱"的信念，情愿牺牲自己，来争取国家民族的生存。我们在平时尽管宣说科学的真理与迷信的愚昧，但听众不见得会在脑中烙下一个深刻印记,并扫除愚昧的迷信。只有在战争中,在日本帝国主义飞机大炮滥施轰炸时,人人才会明白迷信终究敌不住科学。总括一句:战争本身是一种教育:它能够把帝国主义的凶暴面目指给我们看,把人生的真义告诉我们,它能够锻炼我们成为不畏艰苦不怕牺牲的战士,它能够使我们尝尽人世间人生的滋味。一切形式主义的教育,其效果决敌不过一个为人类和平与正义为民族生存而激起的反侵略的战争。

这第二应该是战时教育合理化的原则,即费最少的财力物力以收得最大的效果。中国过去教育,不拘哪一个部门,大都浪费而不合理。这浪费而不合理的情形,表现在好几方面:(一)学校只着重形式,不注意内容,把校舍建筑得像皇宫一般,听说某某大学建立一个大门楼竟花费了好几千元,如今却被敌人的炮火化为灰烬。就是各地民众教育馆,也同样犯着这个毛病。(二)政府对专门以上的学校,没有依照一定计划而予以调整,因此,在同一都市中,同性质的学校或学院,甚至多到三四处。(三)学校对教职员的支配来得异常浪费,据说某几个大学职员竟多至二百人以上,并且还有连一点钟功课都不担任而领干薪的教授。(四)许多文化机关,尤其是用庚子赔款而建立起的文化机关,大都有文化之名,而无文化之实,其中的浪费,更不可数计。根据上述几点,所谓战时教育合理化的原则不外是:(一)任何场所都可以用作学校,如庙宇、祠堂、会馆之类,甚至草房茅舍也可用作校舍;(二)政府应根据战时需要对各省区学校予以合理的调整;(三)尽量减少学校职员,用集体主义的训练方法,让学生与教师共同来处理校务;(四)立即裁并不必要的文化机关,以其经费,举办合于战时需要的教育文化事业。此外,对大学教授的薪俸,应减至最低限度,对小学教师待遇,应予以相当改善,在目前也有绝对的必要。

这第三应该是:战时教育的实施,即战时教育的一切活动,都该有一个总目标,这就是集中于抗战这一点上,以争取最后胜利。根据这个原则,应该是:(一)把那不合于抗战需要的学校与文化机构合并的合并,裁撤的裁撤;(二)为了适应抗战需要,应该新立许多直接与抗战有关的学校与文化教育机关。

战时教育的任务与原则既已明白,现在进而谈谈。

战时教育实施方法

这第一是集体主义的训练方法。目前我们正在要求完成一个历史上空前的伟大而神圣的任务,它不但要完成中华民族彻底的自由与解放,建立起新中国,同时还带来了整个世界,人类自由与解放的信号。但这任务,决非可以侥幸完成的,它要求我们支付千万人的热血与生命,它要求我们流无量数的血,耗无量数的力,每一个人都应抱着牺牲小我的决心,以求大我的民族意志之实现。因此,我们每一个人都应锻炼成不怕死、不要钱、为民族、为国家而硬干、实干、苦干的战士。再也不容许我们自私自利、动摇不定与浪漫放任,再也不容许我们享乐与贪生,我们要用集体主义的训练方法,建立起最严肃而有纪律的生活,建立起理智的战斗的生活。

但集体主义的训练方法,决不蔑视民主精神,恰恰相反,只有集体主义的训练方法,才能够培养出真正的民主精神。这方法,侧重集体的生活与有组织的活动;集体的生活与有组织的活动,决不容许个人恣意的行动与独断主义的存在,这里应严格执行自我批判,充分保有每个人发表意见的权利与机会,但基于集体主义的自我批判是每个人应当诚恳接受的,并且每一行动或每一计划一经决定之后,每个人就应切实执行,决不容许在决定以后再来自由发表意见。因此,这方法,是真正培养出民主精神的方法,并且也只有这样,每个人的行动才能是自发的、创造的、自动的,从而也只有这样才能保证我们这一个要求民族解放的大集体是一个有血有肉的活生生的巨人,而不是一架死板板的机器。只有我们的大集体是一个活生生的巨人,我们才能取得最后胜利。

集体主义的训练方法,既是着重集体的生活,则所有参加这集体的人,都是这集体的成员,在过去,教育者始终是站在"教育人家"的立场来执行教育工作,并不承认教育者也应被教育,即令在事实上教育者已经在被教育着,但为了他的虚伪的尊严,却坚决不肯承认。这样,形式地把教育者与被教育者对立起来,自然,在教育的效果上讲,是一种重大的损失,而教育者与受教育者之间一切不必要的摩擦与隔阂,反从此更加深刻化。要避免这些缺点,教育者便应在任何集体生活中都只能当作集体的成员而出现,只有这样,才能做到彼此共同生活的地步,才能做到彼此共患难共生死的地步;并且也只有这样,教育的效果才能格外增加。

这第二应该是相应于集体主义的训练方法而发生的集体主义的自我教育。集体主义的自我教育与集体主义的训练方法，是不能分开的，这两者相互为用，才能收到教育的最大效果。集体主义的自我教育把教育与现实生活打成一片，把学与用、知与行联系起来；它是理论与实践的统一的教育；它的最高原则，就是在一切集体生活中，在一切集体组织中，于一定的计划之下，把一切活动，一切工作以及经常发生的事件，都认定是教育活动的主要内容，也即是教育活动自身。但这里所谓一定的计划，必定是透过某一正确的理论与认识而得到的结论；不然的话，便会犯着实用主义与经验主义的错误。彻底了解了这原则，教育工作者就会懂得那具备着教室、实验室、研究室以及图书馆的教育活动，固然是教育活动，但根据这原则而发生的一切集体组织一切集体生活中的活动又何尝不是教育活动呢？尤其是在战时，我们更有充分的理由认定后一种教育活动，将成为最有效而又最广大的教育活动，将成为支持抗战的最有力的支柱；甚至连前一种教育活动，在目前，也必得根据集体主义的自我教育的原则，才能够发挥其最大的效能。

要实施集体主义的自我教育，其步骤不外是：（一）在已有的各种各样的组织中如学校、学社、学生会、研究会等等，或者在新创造的各种各样的组织中如救亡协会、义勇军、游击队、看护队、救护队、歌咏团、剧团等等，建立起一个正常的集体生活。（二）在集体的方式下面，根据正确的理论与认识，来规划我们的日常生活、战时工作计划以及整个计划上需要学习的基本知识。（三）在集体生活中，执行团体的铁的纪律，只有这纪律才能保证我们工作计划的顺利的实现。（四）工作一经按照计划执行之后，便应不断地对工作实况作精密的检讨，在不断的检讨中，来纠正错误，来教育自己，来修正工作计划。只有这样，才能使得工作积极进行，才能收得工作的效果。（五）工作检讨与自我批判绝对不能分开，因为有了工作检讨而无自我批判，便无从使得自己进步，并纠正自己的错误。但在执行自我批判时，执行批判的以及受批判的人，都应站在集体生活的观点上面，认定自我批判只是对事不对人的问题。只有这样，才能扫除个人主义的英雄色彩；也只有这样，才能扫除小资产阶级的支配欲与领袖欲，而养成服从集体服从真理的精神。（六）在有计划的工作中，要不断注意工作经验的积累，并且从这工作经验的积累中，使得我们的理论与认识更加深化。

（七）在不断的工作中，在不断地使理论深化中，应经常地把理论与经验纪录下来，使得纪录下来的东西成为一本活动而有生气的教科书。

最后，我们不要忘记：在学校中固然可以执行集体主义的自我教育，就是在一切集体生活与集体组织中，也一样可以执行集体主义的自我教育。

关于战时教育的理论问题，在上面已经说得很充分，以下再谈谈。

战时教育的实施问题

根据战时教育的任务与原则，对于战时教育的实施，可以分作战时学校教育，战时社会教育，战地教育三项来说。现在先说战时学校教育。这第一是对于专门以上学校的处理，应该把不必要的即与抗战无直接帮助的学校，一律停办，而由政府择定几个地区，开办几所与当前抗战有直接帮助的大学或专科学校，例如医科大学、农科大学、工科大学、理科大学、交通大学以及抗日政治大学之类。在这一改革过程中，希望政府把那一向为学阀所把持而视为一己私有物的专科学校与大学校予以彻底的改造，我们认定学术与文化是全民族的所有物，决不能让少数学阀把持，一方面造成垄断的局面，使得许多有学识的人不能展其所长，一方面造成派系的斗争，把整个教育界学术界闹得一塌糊涂。其次，我们主张把不必要的学校停办，不但合于抗战需要，并且合于眼前的事实：一则由于私人经济的穷困，能负担巨额学费的专科学校以上的学生一定大量的减少，因此，即令各大学各专科学校按照老模老样办下去，其结果恐怕是教授多于学生，而不免于浪费；一则由于抗战的展开与持久，还拿着"教育为百年大计"的理由，叫大批学生在学校里过着平常时期的生活，即令学生一向是绵羊，到这时恐怕也要变成了觉醒的狮子，教授们在教室里只管讲得眉飞色舞天花乱坠，学生们恐怕也不会安坐在那里静听他们这些捞什子。这些是事实，是铁一般的事实，离开这些事实，而高唱着"教育为百年大计"的理论，主张维持现状，这不是自欺欺人，便是别有用心。

这里应该特别说明的，就是抗日政治大学。抗日政治大学，应该是由过去文科、商科、法科、美术科、师范科以及政治经济科等等合并起来而加以改造的大学。上述诸科，如果仍照平常时期一样的办下去，在目前自然是一种绝大的浪费。以文学论，这时已不是研究文学概论与文学史的时候，而应把文学与抗战配合起来，使文学成为抗战宣传的重要工具，这决不是教室与图书室里面的工作,而应是目前文学在抗战上的实践。其他诸科,也莫不如此。因此,我们很有理由,把诸科一律停办,而另外成立一个抗日政治大学。在抗日政治大学里面,除掉必修科目应当详细规定外,至少可以组织各种研究会,这些研究会都必得与抗战的需要配合起来,如战时文学、战时外交、战时贸易、战时经济、战时教育、战时国际宣传、国际问题等等。在研究会中,一定是教授与学生合作,采取集体主义的研究方法,并以研究的成果,贡献给政府。同时,抗日政治大学,又必得是养成政治干部的总机构,抗战越持久,需要政治干部就越多,没有这样一个机构来积极训练政治干部,是无法应付今后局势的发展的。

以上所述,是指那些有能力仍能继续入学的大学生来说的,至于那些无力继续入学的,政府还得按照学科性质开办各种短期训练班,经过训练之后,由政府指派服务。

第二是对于中学的处理。中学这阶段,是过渡的阶段,但为了要养成更多的下级干部,来配合当前的民族解放战争的需要,我们便不能仅仅这样了解就算了结了对中学教育的任务,我们还应进一步,认定中学在某种教育活动之下,可能养成多数为民族解放战争而努力的下级干部。基于这个认识,我们主张提高中学的政治教育,并按照战时需要,来改革中学整个课程,就中尤其应把外国语文的学习时间减到最低限度,甚至可以根本停止这个课程。此外,中学教育在数量上与性质上,也都应当基于战时教育的原则,来一个根本改革。与中学教育同一学级的各种职业学校,应当予以相当的扩充,而这些学校,又应当与各工厂各实验机关联系起来,即工厂与实验机关所在之地。也就是学校所在之地。只有这样,才能够训练出大批工业农业的技术干部,来支持抗战并增加抗战的力量。并且,在持久抗战中,由于海口被封锁与战事上迫切的需要,一切有助于抗战的工业生产与农业生产的大规模或小规模的经营,都有着相当的前途;因此,职业教育便应朝着这个方向充分发展下去,以支持持久的抗战。

第三是对于小学的处理。小学原来应该是国民义务教育,但在过去,我们仍旧有着广大数量的儿童,被摈除在这国民义务教育的圈子外边。目前,我们并不主张停办小学教育,恰恰相反,我们要求今日的小学教育的主要任务,是在怎样把那些失学儿童都能享有他们的受教育权;同时,小学教育也应当根据上述战时教育原则在性质上予以改造。

在上述各级学校中，为了要求得教育的最大效果，除执行上述集体主义的训练方法与集体主义的自我教育外，还得：（一）按照各级学校的程度提高政治教育，并使得学生在一般的政治生活中去学习政治教育。（二）除初中及小学生外，一律应当实行军事训练，在军事训练这一课程中，其主要目的，并不是训练学生走上战场杀敌，而是叫他们的生活养成得更有纪律，叫他们的动作训练得更敏捷。（三）学校当局应给学生以课外活动的充分自由，学校当局并应当与学生共同工作，采取集体主义的训练方法。（四）学校校务会议，学校当局应允许学生派遣代表出席，学生有权利向学校当局提出正当的要求。

其次是战时社会教育。战时社会教育有一个原则，即一切社会组织都应该是实施战时社会教育的场合。这第一是一般的职业团体，如商店、公司、工厂、报馆以及行政机关等。这些地方固然有集体的生活，但未必都已直接参加抗战行动，所以我们决不能仅仅要求他们在本身工作中训练自己。我们认为在这些组织中，应该作如下的办法：（一）推举或者聘请一位战时教育设计员，负责计划指导战时教育工作；（二）认清自己的团体在全面抗战中间的特殊使命，把自己的工作与教育着重在这方面；（三）单独或联合其他团体举行集体生活讨论，时事讨论，或政治研究；（四）与同性质的团体联合起来组织战时服务团或各种有利于抗战的团体，在这些有组织的集体工作中，提高自己的技术训练，必要时也可以请求有经验的人来作实地指导；（五）训练干部与执行自我批判等。

这第二是一般的公共机关，如图书馆、戏园、电影院、说书场、旅馆、公园、博物园、纪念堂等等。这些组织也与第一类一般的职业团体相似，都不能直接参加抗战行动，但它们对战时社会教育的实施，除与第一类所述五点相同外，却还可以利用种种机会，举行讲演会，举行募捐慰劳前线将士，举行各种各样的宣传。

这第三是一般的民众。如果民众有职业，当然按照职业性质来组织各种救亡协会或战时服务团。如果民众没有职业而是散漫的，则应由政府、救亡团体以及教育机关切实合作，组织战时普及教育委员会，负责设计指导，同时动员大中小学生组织战时普及教育服务团，深入民间进行教育活动。其活动方法，最好完全改变旧日的态度，而着重民众组织工作。这里应该首先根据他们的日常生活，组织一般的互助团体，如难民互助会、战时互助会、民众消防队、民众侦察队以及村镇里弄联合会之类，然后才逐渐把这些团体转化为直接的抗战团体。在教育活动中，进行这些组织，在这些组织的生活中，进行教育工作。

在这里，我们把《上海市战时普及教育服务团工作大纲》介绍在下面，以作参考：

一、工作总路线：（一）在战时工作的组织中进行教育；（二）将民众组织起来，进行教育。

二、工作的原则：（一）在有组织的行动中，执行全面抗战时的自我教育以辅助他人计划学习为主要任务；（二）在各个不同的对象中，运用各种不同的形式，但以抗战为归宿；（三）教育民众的组织，应以文化的经济的发展到战时工作团体，在每一个进程中引起其自觉；（四）全面抗战越发展，都市将越缩小，因此本团工作，应特别注重乡村；（五）文字符号为民众取得抗敌救亡知识的必要工具，因此本团应郑重注意文字普及的工作；（六）接受党政机关指导，并取得当地驻军人士密切联络。

三、工作内容：（一）在各种与本团有关系的组织（包括已有的及新创造的）内，进行集体主义的自我教育；（二）在各种与本团有关系的组织内，进行一般政治教育；（三）在各种与本团有关系的组织内，进行战时技术教育；（四）在各种与本团有关系的组织内，进行宣传，组织民众之理论经验的教育；（五）在文盲中施行识字教育；（六）运用原有的学校及教育团体，改造质的内容，进行适合战时的教育。

四、工作及其进行：（一）本团之下层基础工作：甲、在已有的各种战时组织中，如军队、义勇军、救护队、伤兵医院、侦察队等，乙、在乡村里，在生产与职业性的组织里，如工厂、店铺、矿穴中，建立起经济性、文化性或战时工作性的团体，如互助会、读书会、歌咏会、国术队、俱乐部、工人义勇队、保卫团、农民义勇队、除奸团、侦察队、失业工人会、妇女救国会等，按需要分别举行一、二、三、四四种教育。（二）推动地方当局及学校当局改变教育机构：甲、建立中学生救亡协会，乙、建立小学生救国团，丙、建立小先生团、小先生队。辅助其执行上款一、二、三、五各种教育工作，并进行彼等自身之自我教育及上款之第四项教育。（三）在上述各组织中，选择优秀分子开办训练班，培养各团体自我教育干部。（四）本团团员自身之自我教育：甲、一般的训练（包括政治集体自我教育、宣传与组织），乙、战时技术的分组训练，丙、其他文化上的修养。（五）扩大战时教育运动：甲、出版定期刊物，乙、建立战时普及教育服务团，丙、口头宣传，丁、扩大组织。（六）战时教材编辑：甲、儿童战时教材，乙、民众战时教材，丙、宣传组织民众之理论及经验。

这个工作大纲详尽而切实，可作战时社会教育的一般的工作纲领。其次，我们不应忘记，战时社会教育又担负了新启蒙运动的任务。上面说过：战时教育的第三个任务，应该是替未来的新中国建立起新文化的基础。

这即是说：在民族解放战争中，是我们创造新文化的开始。这工作的第一步，便是新启蒙运动。现阶段新启蒙运动的内容是什么？这第一是提高并强调落后大众的政治教育。目前，我们所需要的是全民族统一的抗战，因此，政治教育的主要课题就是民主运动。只有这样，才能够动员全国民众组织起来支持全面抗战；也只有这样，全面抗战才有胜利的前途。这第二是提高并强调落后大众的科学教育。科学教育的主要任务：消极方面在扫除传统的迷信与玄学的见解，积极方面在建立起理性的世界与科学知识的大众化。前者的意义，是扫除抗战的障碍；后者的意义，是替持久抗战树立一个新的基础。在过去，由于中国经济的落后，科学这东西成了少数知识分子的专有品，广大的民众始终不曾跨进科学之门，愚昧无知与"封神榜"型的思想布满在民间。科学教育倘若仍旧依照过去的方式来进行，我相信它决无力量来完成上述两个任务。因此，我们要求以抗战的实践中，动员全国教育工作者，动员全国科学家，广开科学之门，把研究室实验室里面的工作，由学究式的变成通俗的，由少数知识分子的专有品，变成大众的粮食，同时，大众由于当前抗战的展开，正需要着这样的粮食，则更是我们提高并强调落后大众科学教育的绝好机会。只有这样，科学教育才能够完成上述两大任务。这第三是推广识字教育，厉行新文字运动，以扫除全国大多数的文盲。扫除文盲的重要，是任何教育工作者所深切了解的，但主要的，就是要求全国教育工作者把这运动赶紧地与抗战的实践配合起来，使得这一运动的展开更容易更顺利。上述三点，是现阶段新启蒙运动的主要内容。我们必得在抗战这一总目标之下，展开新启蒙运动。这就是新文化的基础，也就是新文化的开始，有了这个始基，新文化才有开花结实的一天。

最后来谈战地教育。战地教育的主要工作，应该是战时社会教育。其惟一的任务，就是把战地民众赶快通过教育的方式组织起来。其次应该是对战地中小学教师的特种短期政治军事训练，养成他们为主持战地民众运动的主要干部。

关于战时教育问题的各方面，已经说得很多，现在还让我们说几句，以作本文的结尾。

结尾

第一，全国教育工作者应站立在自己的岗位上，集中自己一切力量，支持抗战到底，并充实增加抗战的力量，同时还得替行将到来的新中国建立起新文化的基础。

第二，全国教育工作者应站在民族自主的立场上，在民族解放战争中，求得中国教育的独立自主。以这一战争过程中，体炼出新的教育经验，建立起新的教育理论，要切切实实地来一个教育改革运动，来一个新教育运动。

（战时出版社，1938年1月初版）